grand dictionnaire de la psychologie

grand dictionnaire de la psychologie

sous la direction de

Henriette Bloch, Roland Chemama,
Alain Gallo, Pierre Leconte, Jean-François Le Ny,
Jacques Postel, Serge Moscovici,
Maurice Reuchlin et Éliane Vurpillot

Larousse

17, rue du Montparnasse, 75298 Paris cedex 06

Didier Casalis
coordination éditoriale

Fabienne Ganachaud et Michel Jullien
secrétariat d'édition

Anne-Marie Diény, assistée de Nelida Fortunato
secrétariat

Bernard Dauphin, Pierre Aristide, Chantal Barbot,
Claude Dhorbais, Hugues Gerhards, Françoise Mousnier
correction

Thierry Chauchat
dessin

Alain Joly
direction artistique

Claude Guérin
fabrication

Michel Vizet
composition

Gérard Fritsch, Simone Matuszek
couverture et reliure

ISBN 2-03-501030-6

Présentation

▶ Le *Grand Dictionnaire de la psychologie* est un **dictionnaire des sciences psychologiques.** Il se veut à la fois le plus complet et le plus accessible possible. C'est pourquoi, comme tout dictionnaire encyclopédique, il contient : 1° des définitions ; 2° des développements encyclopédiques ; 3° enfin des noms propres : auteurs et institutions.

▶ Le **public** auquel l'ouvrage s'adresse est le plus large possible ; il comprend notamment les étudiants, les professionnels confrontés aux problèmes voisins de leur activité, les chercheurs et, aussi, le grand public cultivé désireux de s'initier aux savoirs et aux pratiques psychologiques, qui connaissent aujourd'hui une expansion sans précédent.

▶ Les **secteurs** couverts par le *Grand Dictionnaire de la psychologie* constituent le champ des sciences psychologiques envisagé dans sa plus grande extension : psychologie générale et expérimentale, psychologie cognitive, psychophysiologie, psychologie de l'enfant et du développement, psychologie différentielle et tests, statistique, psychologie clinique, psychiatrie, psychothérapie, toxicologie et toxicomanie, psychanalyse, psychopathologie, psychopharmacologie, neuropsychiatrie, psychologie animale et éthologie ; à cela s'ajoutent quelques institutions, des aperçus méthodologiques pour chaque matière ainsi que les grands noms de ces disciplines.

▶ Chaque **mot** est suivi de sa catégorie grammaticale en français et de sa traduction anglaise ou d'un équivalent anglais ; les termes de la psychanalyse sont également suivis de leur traduction allemande.

▶ Les acceptions des termes qui possèdent plusieurs sens sont classées sous des **rubriques** spécifiques ; la liste des abréviations utilisées en est donnée plus loin, p. XV. On a pris soin d'indiquer la rubrique chaque fois qu'elle peut aider à situer plus commodément le domaine du savoir où la définition se situe, ainsi que dans les cas où le mot n'est expliqué que dans un emploi très partiel par rapport à toutes ses significations.

▶ Chaque **définition**, en caractères gras, est suivie de son développement encyclopédique, de façon que le lecteur puisse immédiatement rapprocher la signification d'un terme qu'il cherche et le secteur du savoir auquel il appartient.

▶ Le **développement encyclopédique** est conçu dans cet ouvrage comme un complément inséparable de la définition, indispensable pour la cerner et renforcer sa compréhension. À vrai dire, il constitue dans le *Grand Dictionnaire de la psychologie* une définition au sens large du terme, et c'est aussi une raison pour laquelle les éditeurs ont jugé préférable de rapprocher, dans l'ordre de la présentation, définition et développement encyclopédique. **L'illustration iconographique** dans les secteurs où elle s'avère indispensable, comme la physiologie, la neuroanatomie, la perception, par exemple, constitue un autre volet qui éclaire les notions définies dans le *Grand Dictionnaire de la psychologie.* Le nombre de dessins et schémas est d'environ une centaine.

▶ Le dictionnaire contient un peu plus de 3 000 **articles** (et plus de 3 350 acceptions). Parmi ceux-ci, quelque 250, traitant de sujets importants, ont été présentés sur deux colonnes.

▶ Certains articles sont suivis d'une **bibliographie.** Celle-ci a été conçue essentiellement pour permettre au lecteur la consultation de livres fondamentaux sur le sujet, ce qui ne désigne pas nécessairement le dernier livre paru, sauf dans le cas où celui-ci est très important à lire. En effet, les bibliographies ont en général pour but d'aider le lecteur qui recherche les ouvrages d'accès facile sur les sujets traités. Cependant, on a indiqué les références à des articles de revues spécialisées dans les cas où cette mention paraissait indispensable. Enfin, certaines bibliographies indiquent la référence unique et parfois ancienne pour les sujets qui s'appuient sur une recherche fondamentale et qui fait autorité. Ces bibliographies comprennent des ouvrages et des articles en langue anglaise.

▶ Les responsables du *Grand Dictionnaire de la psychologie* ont fait appel aux **spécialistes** de leur discipline et le lecteur trouvera à la fin de l'ouvrage la liste de tous les articles avec leurs auteurs.

▶ Des **renvois** sont placés dans les articles, soit à l'aide d'astérisques (*) pour renvoyer le lecteur à un complément d'information, soit sous forme d'une énumération de termes placés en ordre alphabétique précédée d'une flèche (→). Il s'agit par ce biais de permettre au lecteur de se constituer un petit groupe de notions dont fait partie le sujet de la notice qu'il consulte et qui forment ensemble une constellation de concepts ; il peut ainsi constituer rapidement un premier domaine à l'intérieur d'une discipline donnée.

▶ Le choix de **noms propres** qui figurent dans ce dictionnaire répond à plusieurs exigences. Le lecteur trouvera en effet : 1° les auteurs les plus importants de chaque discipline ; 2° les « pères fondateurs » du XIXe et du début du XXe siècle ; 3° certains auteurs contemporains ; 4° quelques institutions sociales et d'intérêt pratique, notamment en psychiatrie. Le nombre des noms propres est de l'ordre de 160.

▶ Un **glossaire anglais-français**, en ordre alphabétique de l'anglais, placé en fin d'ouvrage, peut aider le lecteur dans la lecture de la littérature anglo-saxonne, très importante pour les domaines couverts par le *Grand Dictionnaire de la psychologie.*

LES ÉDITEURS

Directeurs de l'ouvrage

Henriette BLOCH, directeur à l'École pratique des hautes études, directeur de l'U.R.A. 315 du C.N.R.S., et Éliane VURPILLOT, docteur d'État, professeur honoraire de psychologie à l'université René-Descartes (Paris-V), directeur de recherche en psychologie du développement:

la psychologie de l'enfant et du développement

La psychologie du développement tient, dans la littérature de langue française comme dans la littérature psychologique internationale, une place considérable. Aussi ne s'étonnera-t-on pas de la part qui lui a été réservée dans cet ouvrage. En outre, peu de secteurs de la psychologie ont changé autant que celui des études ontogénétiques. D'abord dominée par des théories générales et fortes, la psychologie du développement s'est consacrée pendant plus d'un demi-siècle à leur validation. Puis le progrès des techniques lui a ouvert de nouvelles méthodes d'investigation et lui a permis d'étendre son champ, notamment à des âges réputés difficilement accessibles. Dans le même temps, les avancées réalisées dans d'autres disciplines, en neurophysiologie, en linguistique, l'ont amenée à reformuler ou à réviser des problématiques anciennes, voire à poser des questions nouvelles et à briser des cadres devenus trop étroits ou trop lourds. Ce qui chez elle, d'évidence, caractérise les trente dernières années, c'est une abondante collecte de données: certaines ont confirmé des intuitions et spéculations antérieures, d'autres, plus souvent encore, ont porté à corriger des hypothèses et des conceptions tributaires de limitations méthodologiques.

Les concepts et notions qui ont été retenus ici sont ceux que le lecteur rencontre dans une littérature devenue « classique » aussi bien que dans les écrits contemporains. Nombre d'entre eux nous viennent du langage courant et du sens commun. Ils ont peu à peu vu se préciser et se transformer leur acception. Ces évolutions sont signalées et, autant que possible, justifiées. Nombre d'entre eux demeurent polysémiques: quand leurs sens diffèrent selon leurs domaines d'application ou les courants de pensée, on a pris soin d'illustrer ces différences par des exemples.

Nulle partie d'une discipline ni aucune discipline ne se construisent seules et de façon strictement autonome. La psychologie du développement emploie des concepts qui appartiennent en commun à d'autres secteurs, à des disciplines voisines, quitte à les spécifier pour son usage propre. On en trouvera ici maints exemples.

Le choix présenté dans le dictionnaire des sciences psychologiques s'est voulu large; il ne saurait se prétendre exhaustif, s'agissant d'un secteur ouvert depuis toujours à la contribution pluridisciplinaire et dont les transformations actuelles s'avèrent rapides et considérables.

Roland CHEMAMA, psychanalyste:

la psychanalyse

La psychanalyse exclut toute démarche objectivante, qui séparerait radicalement un discours prétendant à la scientificité de l'expérience où il se constitue. Ainsi, l'éclectisme y serait particulièrement néfaste parce qu'il ferait croire à une équivalence possible entre des catégories qui procèdent d'orientations très différentes. Ne pouvant donc tout rassembler, on a préféré privilégier les concepts freudiens fondamentaux, de l'inconscient au surmoi, quitte à présenter dans certains cas des développements conceptuels ultérieurs dans le cadre d'articles concernant l'œuvre des auteurs qui les ont introduits (Melanie Klein, Donald Woods Winnicott, etc.).

Il reste que, en ce qui concerne la psychanalyse freudienne elle-même, il serait illusoire de croire qu'elle constitue une doctrine close, dont le sens serait défini une fois pour toutes. On sait qu'elle a pu donner lieu à plusieurs lectures assez différentes, soit qu'on privilégie, par exemple, son attention à l'histoire individuelle du sujet dans sa dimension événementielle, soit qu'on mette l'accent sur une perspective plus structurale, l'aspect circonstanciel étant resitué dans la dimension structurelle où il apparaît, et, pour le dire plus précisément, sur le sujet rattaché à l'univers de langage et de discours qui le produit. Cette seconde perspective, qui fut celle de Jacques Lacan, inspire assurément les auteurs des articles de psychanalyse et, peut-être, d'abord le choix des thèmes abordés directement et l'importance relative de chacun d'eux. Il n'est pas question ici de constituer un corps de doctrine dogmatique; mais, là où la compréhension des thèses freudiennes ne va pas de soi, le choix d'une orientation claire qui a marqué l'ensemble du mouvement psychanalytique français assure une réelle cohérence.

On peut enfin ajouter que Lacan n'a pas seulement souligné à sa façon une thèse déjà freudienne (l'inconscient est structuré comme un langage). Il a repris plusieurs questions essentielles — et délicates — au point où Freud les avait laissées: on peut penser en particulier aux conséquences de l'idée d'une pulsion de mort sur la représentation de la satisfaction visée par le sujet humain; ou encore à ce qui différencie les deux sexes, s'il est vrai qu'un même symbole organise la sexualité pour les hommes comme pour les femmes; on peut enfin évoquer la question de ce qui rapproche la détermination individuelle du sujet de ce qui produit le social. De là la place donnée à des concepts qui ne sont pas encore à l'œuvre chez Freud: le concept de *jouissance*, celui de *sexuation*, qui réinterroge la problématique du phallus, et celui de *discours*. Ils trouvent ici une place nécessaire, associés à quelques concepts proprement lacaniens.

Alain GALLO, maître de conférences, Centre de recherche en biologie du comportement, C.N.R.S., université de Toulouse-III :

l'éthologie

Le vocabulaire de l'éthologie est hétérogène, peut-être à cause de la jeunesse de la discipline, mais plus vraisemblablement parce que les efforts de définition des concepts constituent une activité théorique jugée superficiellement comme de peu d'intérêt pour une discipline empirique, une « science naturelle », fondée sur un travail d'observation minutieuse. La rigueur serait obtenue plus par le contrôle des dispositifs d'expérimentation et/ou d'observation, par la qualité des faits que par la rigueur des définitions et la cohérence des propositions.

Il en résulte une disparité révélée par l'existence de trois vocabulaires différents :

1. les mots techniques ayant une acception propre à l'éthologie comme *empreinte*, par exemple, ou *Umwelt*, liés en réalité à des écoles ;
2. ceux qui appartiennent au langage courant comme *exploration, hiérarchie*, termes malléables, sans grande consistance ;
3. ceux empruntés à d'autres disciplines comme *interaction* ou *phénotype*.

Le choix a été fait de représenter les écoles et le vocabulaire technique de la discipline mais nous avons été contraints aussi de définir, de façon souvent évidente, le vocabulaire habituel moins spécifique mais largement utilisé par les éthologistes ; le lecteur, nous l'espérons, comprendra ces nécessités.

Pierre LECONTE, professeur de psychologie à l'université de Lille-III :

la psychophysiologie

La position prise d'emblée pour la constitution de la liste de psychophysiologie a été d'en limiter l'étendue aux seuls concepts utilisés dans les travaux où la problématique est de nature psychologique ; il n'était pas question, en effet, de faire un dictionnaire de physiologie inclus dans un dictionnaire consacré aux sciences psychologiques.

Mais les concepts de psychophysiologie renvoient par définition à des concepts physiologiques. Il s'est alors agi que le lecteur puisse avoir, rapidement, une définition de ces derniers lui permettant une approche aussi complète que possible. La définition succincte d'un très grand nombre de concepts de neuroanatomie par exemple s'est avérée nécessaire pour ne pas rendre les articles de psychophysiologie hermétiques ou trop indigestes par la nécessité de définir chaque terme utilisé. Dans la très grande majorité des cas, les concepts physiologiques présents ici sont indispensables car utilisés dans les autres articles.

Pour l'élaboration de la liste des concepts fondamentaux, les index des ouvrages de psychologie et de psychophysiologie les plus récents ont été les sources essentielles. La difficulté a été de déterminer la longueur relative de chaque article : chaque spécialiste à qui a été confiée la rédaction de ces articles a pu trouver trop restreinte la place qui était faite à ses centres d'intérêt. Pour compenser les erreurs qui auraient pu être faites dans l'appréciation de la longueur de chaque article, le nombre de rédacteurs a été limité afin que chacun ait une liste conséquente d'articles à écrire. Les auteurs étaient alors libres d'opérer des réajustements de longueur tout en restant à l'intérieur d'un volume total pour l'ensemble des articles. Un autre avantage lié au petit nombre d'auteurs a été de permettre une relative cohérence dans les articles consacrés à un champ d'investigation.

Il y a sans aucun doute une hétérogénéité résiduelle, certainement aussi des omissions. Sur certains concepts, il aurait peut-être fallu davantage insister sur les données les plus récentes. Mais le problème a été aussi d'éviter de réduire le dictionnaire des sciences psychologiques à un manuel alphabétique.

Jean-François Le Ny, professeur à l'université de Paris-Sud, centre scientifique d'Orsay :

la psychologie générale et appliquée et la psychologie cognitive

Le dictionnaire des sciences psychologiques que nous présentons ici répond à trois objectifs principaux. Le premier est naturellement d'apporter au lecteur, pour un mot dont il ignorerait le sens, une définition concise qui lui permette de savoir « ce que veut dire » le mot en question. Cette définition est normalement assortie d'une information complémentaire, qui permet à l'utilisateur d'enrichir et de préciser dans son esprit le concept correspondant. Une telle organisation va à la rencontre de l'idée — elle-même éminemment psychologique — suivant laquelle les connaissances encyclopédiques font partie, elles aussi, des significations de mots, c'est-à-dire de cette partie de la mémoire de chaque individu que l'on appelle son lexique, où elles ne sont pas séparées des connaissances définitionnelles.

Le deuxième objectif mérite qu'on s'y arrête un instant. Il est fondé sur les mêmes bases que le précédent, mais il s'applique à des situations différentes. Il concerne en effet les mots pour lesquels le lecteur a déjà une signification à sa disposition mais en la ressentant comme un peu floue ou, même, en soupçonnant qu'elle ne correspond plus exactement à la conceptualisation et à l'usage actuels.

On peut alors dire de ce deuxième objectif qu'il vise à assurer un « réglage des concepts » — au sens de « réglage » qui s'utilise par exemple pour un poste de radio sur lequel on s'efforce de trouver avec précision la longueur d'onde qui permettra la meilleure audition. L'analogie est ici assez parlante : ce dont il s'agit d'abord, c'est bien de faciliter la réception du mot quand il est utilisé dans un contexte. C'est, plus précisément, de bien régler le stade terminal de la saisie cognitive de ce mot, celui de l'interprétation, afin de rendre facile son insertion exacte dans la signification de la phrase et, donc, de garantir au lecteur une compréhension efficace et harmonieuse.

Mais, au-delà, le deuxième objectif a également une portée sociolinguistique : au lieu de « réglage », on pourrait aussi bien parler d'« accordage », la référence étant cette fois au piano. Il s'agit alors de contribuer à la « mise en commun des significations », principe obligatoire pour toute communauté de langue, sans lequel la communication avec autrui devient stérile.

Enfin, le troisième objectif, qui est également visé par la partie encyclopédique du dictionnaire, est d'apporter à l'utilisateur une information de base bien à jour, appuyée sur les développements de la recherche psychologique récente, afin de lui permettre d'élargir ses connaissances dans le domaine considéré.

Le choix des mots répond à des considérations liées à la nature de l'ouvrage, le dictionnaire encyclopédique. Il accorde un peu moins d'importance aux néologismes et aux termes très techniques ; l'histoire a opéré parmi ceux-ci une décantation, de sorte qu'un certain nombre d'entre eux ont été peu à peu abandonnés et n'ont pas survécu. Nous avons cherché à faire, en quelque sorte, un dictionnaire conceptuel plutôt qu'un dictionnaire de langue, en faisant preuve de vigilance, notamment à l'égard des termes étrangers non consacrés par l'usage.

Nous avons accordé une importance particulière aux aspects historiques des changements de sens, qui constituent une manifestation caractéristique de l'évolution des idées, et aussi de l'affermissement des concepts. Une partie de ceux-ci s'enrichissent par l'apport de faits nouveaux, auxquels ils s'appliquent sans difficulté : c'est la façon dont se constituent les connaissances encyclopédiques. Mais d'autres concepts doivent, pour suivre les progrès de la recherche empirique ou les exigences de la modélisation, se transformer de l'intérieur.

On a, chaque fois que c'était nécessaire, distingué les usages descriptif et interprétatif des mots. En outre, les termes théoriques qui ont été choisis et définis sont ancrés dans la recherche objective et, notamment, dans l'expérimentation. Cela n'implique pas qu'aient seuls droit de cité les concepts qui sont directement opérationnalisables : l'épistémologie psychologique d'aujourd'hui accepte parfaitement l'utilisation de termes théoriques qui ne sont reliés aux observations systématisées de la recherche qu'au travers de raisonnements intermédiaires. Néanmoins, la liaison ultime possible avec les observables est un critère que nous avons mis en œuvre avec constance.

C'est d'abord à des observables que, dans leurs propres conditions, la psychologie clinique et, plus généralement, la psychologie appliquée ont aussi affaire. Nous avons eu le souci que les concepts élaborés par la recherche s'adaptent de façon naturelle à l'application. C'est évidemment une préoccupation de grande importance : une situation comme celle qui a prévalu un certain temps — et qui heureusement se résorbe peu à peu — dans laquelle la psychologie appliquée utilisait un vocabulaire, avec sa propre conceptualisation, et la psychologie de recherche, un autre, est dommageable pour tous. Les échanges continus de sens entre la recherche et l'application, pourvu qu'ils soient rigoureux, sont un puissant vecteur de progrès à l'intérieur de la psychologie.

Nous avons accordé une particulière attention aux problèmes d'ambiguïté. Pour beaucoup de termes psychologiques, la variabilité sémantique est importante. On peut considérer qu'elle prend deux formes principales. Parfois, autour d'un sens pivot relativement bien définissable, les usages des individus particuliers dessinent une nébuleuse floue : tous les usagers de la langue psychologique n'ont pas un souci égal de l'exactitude de leur vocabulaire et de leurs concepts. Nous avons indiqué que l'un des objectifs du dictionnaire des sciences psychologiques était de contribuer à régler et à accorder les concepts : dans ces cas, ce sont les observations systématisées faites par la recherche qui doivent constituer le noyau dur de connaissances autour desquelles les sens peuvent se cristalliser de façon valide.

Mais parfois aussi se développent, pour un même vocable, plusieurs sens également justifiés et dont chacun est assez bien défini. Cette polysémie normale peut être d'autant plus gênante que les sens en question sont plus proches les uns des autres et, par là, plus aisément générateurs de confusion. C'est donc de façon permanente que l'effort vers la distinction des sens doit s'exercer : nous avons veillé à bien séparer les sens différents trop voisins.

En vérité, aucune discussion sur des problèmes de psychologie ne peut se dérouler de façon fructueuse sans que les interlocuteurs se demandent l'un à l'autre, à des intervalles plus ou moins espacés selon leur communauté de pensée : « Qu'entendez-vous exactement par le mot *x* ? » C'est une technique de communication qui, certes, à l'égard d'usagers qui n'ont aucune intention d'« entendre exactement » quelque chose par quelque chose — niera-t-on qu'il s'en rencontre ? — peut se révéler totalement désespérée. Mais, dans les autres cas, un dictionnaire peut aider à la mettre en œuvre.

En bref, nous avons essayé d'appliquer à la confection du dictionnaire des sciences psychologiques quelques-unes des idées que l'on peut tirer de la psychologie elle-même. C'est à travers l'usage qu'elle fait de son langage, c'est-à-dire en fait par les concepts qui sont présents dans l'esprit de chacun, qu'une discipline peut véritablement se développer.

Serge Moscovici, directeur d'études à l'École pratique des hautes études en sciences sociales :

la psychologie sociale

Les trois aspects solidaires du dictionnaire des sciences psychologiques, quant à la psychologie sociale, sont le choix des notions, la pondération de leur importance dans le vocabulaire de la spécialité et la recherche d'auteurs susceptibles d'en proposer une définition satisfaisante.

Le premier aspect est le plus délicat, vu que la psychologie sociale est une discipline située à l'intersection des sciences sociales et des sciences psychologiques. Partant, bon nombre de ses notions, par exemple celles de *représentation sociale*, de *rôle*, de *catégorisation*, de *imitation*, etc., se retrouvent dans plusieurs domaines avec des sens techniques relativement différents. Nous avons procédé à ce choix en consultant plusieurs dictionnaires et index de manuels courants afin d'en dresser une liste raisonnablement complète. Elle a été discutée avec plusieurs spécialistes pour s'assurer que rien d'essentiel n'a été omis.

Le deuxième aspect, à savoir la pondération des notions, et donc de l'espace qu'on leur alloue, est une affaire empirique. On a tenu compte à la fois de l'acquis historique et de la vitalité des tendances de la recherche en France et en Europe. Par exemple, les notions associées aux phénomènes cognitifs, celles de relations entre groupes ou d'influence sociale ont été privilégiées, eu égard au nombre de recherches les concernant. On peut imaginer que, dans dix ou vingt ans, les priorités auront changé. Il s'agit en somme d'un critère d'usage et donc d'utilité pour le lecteur.

Enfin, le troisième aspect touche aux auteurs sollicités de participer à ce travail collectif. Il est évident que nous nous sommes adressés d'abord aux psychologues sociaux ayant déjà une expérience de la chose et dont le talent de condenser une grande somme d'informations en un article relativement bref et compréhensible est reconnu. C'est un talent particulier et rare que seule une longue pratique révèle. Sans doute avons-nous eu recours, autant que possible, à des auteurs francophones de premier plan. Mais, pour des raisons évidentes de qualité, nous avons demandé le concours de spécialistes belges, italiens, américains ou britanniques, suisses, grecs. De nombreuses notions ont été définies par leurs inventeurs ou par des chercheurs qui les ont enrichies par des travaux originaux. Il s'agit de définitions de première main, d'articles inédits. Ce qui a pour effet que l'ensemble représente en quelque sorte un manuel cohérent de psychologie sociale, composé de chapitres plus ou moins brefs, rangés par ordre alphabétique et raisonnablement complet, car rien d'important n'a été omis de ce qui touche à la psychologie sociale.

Jacques POSTEL, médecin-chef du centre hospitalier Sainte-Anne, ancien professeur associé de psychopathologie clinique à l'université de Paris-VII :

la psychiatrie et la psychologie clinique

La psychiatrie et la psychopathologie qui l'éclaire sont traitées ici à la fois sur un mode spécifique et avec de larges ouvertures sur l'anthropologie et les diverses théories philosophiques et scientifiques qui les sous-tendent et les enrichissent depuis près de deux siècles. L'aspect historique n'a pas été négligé chaque fois qu'il permettait de mieux comprendre l'origine et l'évolution d'un concept, d'une entité morbide ou d'un simple néologisme.

On reproche parfois aux psychiatres d'être obscurs et de cacher leur science derrière un rideau de termes ésotériques et peu compréhensibles. C'est un défaut que nous avons constamment cherché à éviter en nous efforçant à la clarté des définitions et en permettant à tout homme cultivé, mais non forcément spécialiste, de saisir l'essentiel des diverses notions psychiatriques et psychopathologiques sans négliger de montrer, quand c'était nécessaire, ce qu'elles pouvaient avoir de problématique ou même de provisoire. Car la psychiatrie évolue et passe actuellement par une période critique de son développement. C'est une spécialité encore jeune née au début du XIXe siècle, qui s'est longtemps contentée de suivre le modèle de la pathologie médicale somatique en subissant, en particulier, l'autorité abusive de la neurologie. En France, c'est seulement depuis 1967 qu'elle s'est enfin séparée de cette dernière et qu'elle a cessé d'être une « neuropsychiatrie » pour devenir enfin une discipline véritablement consacrée aux maladies de l'esprit. Sans doute ne renie-t-elle pas la connaissance du cerveau et de ses troubles ni les acquisitions fondamentales des neurosciences. Mais son approche de la souffrance mentale ne peut se contenter de techniques sémiologiques, de tests psychométriques ou biologiques, d'examens complémentaires, aussi sophistiqués qu'ils soient, pour établir un diagnostic et donner un traitement. Son approche, qui est forcément intersubjective, doit tenir compte à la fois des éléments psychodynamiques de l'individu souffrant et de son insertion dans un milieu social et familial, au sein d'un système relationnel et d'interactions qui jouent parfois un rôle prédominant dans le déclenchement et le maintien de sa « maladie » mentale.

On comprend que la psychiatrie reste ainsi au centre des grandes problématiques de l'organogenèse, de la psychogenèse et de la sociogenèse de la pathologie, de celles aussi de l'inné (héréditaire, génétique) et de l'acquis (les traumatismes, les stress, les difficultés existentielles, les conditions du développement de la personnalité). Dépassant constamment la dualité cartésienne du soma et de la psyché, elle ne peut se définir que comme une médecine de l'homme dans sa globalité. D'où la nécessité d'emprunts permanents à l'anthropologie, à l'écologie, à la psychologie individuelle et sociale, à la sociologie, à l'ethnologie, etc., sans négliger pour autant les données de la biologie et de la pathologie médicale chaque fois qu'elles paraissent nécessaires à la compréhension d'une notion. C'est pourquoi la lecture de ces notices gagnera souvent à être complétée par celle des autres domaines du dictionnaire des sciences psychologiques. Loin d'être des spécialités à part, la psychiatrie et la psychopathologie font partie intégrante de cet ouvrage. Elles en sont même peut-être le liant qui donne à l'ensemble sa cohérence et son unité profonde.

Maurice Reuchlin, professeur émérite de psychologie différentielle de l'université de Paris-V :

la psychologie différentielle

Les termes définis et commentés dans le domaine de la psychologie différentielle peuvent être classés en quelques catégories : tests et, plus généralement, dispositifs utilisés pour mesurer les différences individuelles ; notions méthodologiques régissant la construction et l'utilisation de ces dispositifs ; caractéristiques variant d'un individu à un autre. Plusieurs de ces termes peuvent être employés dans d'autres sous-disciplines, à l'égard desquelles la psychologie différentielle se trouve en position à la fois de débitrice et de créancière. Les méthodes psychométriques s'appliquent en effet à toute utilisation de la mesure en psychologie ; et les caractéristiques susceptibles de varier d'un individu à un autre peuvent aussi être l'objet d'une étude générale faisant provisoirement abstraction de cette variation.

On trouvera ces convergences d'intérêts complémentaires — et donc ces convergences lexicales — entre les études différentielles et les études générales portant sur les grandes fonctions, sur le développement de l'enfant, sur les conduites sociales. Cependant, le découpage conceptuel inhérent à la rédaction des articles d'un dictionnaire risque de masquer l'unité du domaine couvert par l'ensemble de ces concepts. Ce découpage risque même de suggérer une image biaisée du contenu de ce domaine. C'est ainsi que l'on remarquera peut-être le grand nombre de termes désignant des épreuves et des méthodes psychométriques parmi les entrées « différentielles ». Il ne faudrait pas en conclure que les préoccupations des psychologues différentialistes se limitent à la construction de tests et aux raffinements méthodologiques. Cette pondération tient seulement au fait que les termes dont le sens sera cherché le plus souvent par les lecteurs de textes de psychologie différentielle seront probablement — du moins l'a-t-on pensé — ces termes les plus techniques. Le contenu et l'orientation actuels de la psychologie différentielle ont fait l'objet d'un article relativement développé *(psychologie différentielle)*, qui devrait permettre au lecteur d'éviter les distorsions pouvant naître d'une consultation seulement ponctuelle d'un dictionnaire.

Maurice Reuchlin :

la statistique

On ne s'étonnera pas de trouver dans le dictionnaire des sciences psychologiques un certain nombre de termes de statistique. La psychologie moderne fait en effet un usage fréquent de notions et de méthodes empruntées à cette discipline mathématique. Comme toutes les sciences fondées sur l'observation et l'expérience, la psychologie utilise des données affectées d'un grand nombre de facteurs de variation, quelque effort que l'on fasse pour contrôler les effets de certains d'entre eux. Il est donc indispensable de parvenir à dégager les tendances principales des observations, à distinguer les effets que l'expérience permet d'attribuer aux variables que l'expérimentateur a manipulées en fonction de ses hypothèses, ces tendances et ces effets risquant d'être confondus avec d'inévitables fluctuations aléatoires.

Si des méthodes statistiques sont employées par la psychologie, à des degrés inégaux, dans toutes ses sous-disciplines, celles de ces méthodes qui sont employées le plus souvent ne sont pas les mêmes d'une sous-discipline à une autre. Mais ces distinctions ne sont que relatives et nous avons eu de toute façon l'ambition d'introduire dans ce dictionnaire tous les termes qu'un lecteur d'ouvrages de psychologie a des chances raisonnables de rencontrer. Nous avons fait leur place aux méthodes permettant d'envisager des structures de relations et de s'interroger éventuellement sur la compatibilité d'un ensemble de données observées sur des variables multiples avec tel ou tel modèle hypothétique : les développements récents de ces méthodes paraissent constituer un progrès important, susceptible peut-être de modifier les problématiques utilisées en psychologie. En ce qui concerne le style de ces articles, nous avons retenu l'idée que ce dictionnaire ne s'adresse pas à des mathématiciens mais à un public intéressé par la psychologie. On s'est donc efforcé de suggérer de façon aussi précise que possible une intuition des notions et des méthodes statistiques employées par les psychologues. Cette présentation devrait être accessible à un large public et permettre de comprendre les objectifs, l'esprit et les limites d'une méthode statistique utilisée dans un ouvrage touchant les sciences psychologiques. Enfin, quelques aperçus épistémologiques ont été suggérés au lecteur.

Ont collaboré à cet ouvrage

Jean-Claude Abric, docteur ès lettres, professeur et directeur du laboratoire de psychologie sociale de l'université de Provence.

Mélinée Agathon, chargée de recherche au C.N.R.S., chargée de cours à l'université de Paris-V, directeur de l'unité de thérapie comportementale du centre hospitalier Sainte-Anne.

Isabelle Amado-Boccara, interne en psychiatrie des hôpitaux de Paris, service hospitalo-universitaire de santé mentale et thérapeutique du professeur H. Lôo, hôpital Sainte-Anne.

Nicole Anquetil, psychiatre, psychanalyste.

Jacques Ardoino, professeur des sciences de l'éducation, université de Paris-VIII.

Gabriel Balbo, psychanalyste, membre de l'Association freudienne, de la SFPPG et de l'IPP, Turin; titulaire d'une maîtrise de psychologie clinique, de psychopathologie, d'un diplôme d'études supérieures de droit privé.

Brigitte Balbure, psychanalyste, membre de l'Association freudienne; service de psychiatrie du professeur A. Bourguignon, Créteil.

Laurence Bardin, maître de conférences à Paris-V.

Pierre-Marie Baudonnière, directeur de recherche au C.N.R.S.

Jean-Léon Beauvois, professeur de psychologie sociale, université des sciences sociales de Grenoble-II.

Jean Bergès, psychiatre, psychanalyste, chargé de la section de biopsychopathologie de l'enfant, centre Henri-Rousselle, hôpital Sainte-Anne.

Guy Beugnon, chargé de recherche (CR 1), C.N.R.S., Centre de recherche en biologie du comportement, université de Toulouse-III.

Michael Billig, chef du département de sciences sociales et professeur à l'université de Loughborough, comté de Leicester, Grande-Bretagne.

François Bing, service du docteur Jacques Postel, C.H.S. Sainte-Anne.

Henriette Bloch, directeur à l'École pratique des hautes études, directeur de l'U.R.A. 315 du C.N.R.S.

Mireille Bonnard, allocatrice de recherche du ministère de la Recherche et de la Technologie (neurosciences), Marseille.

Claude Bonnet, professeur de psychologie à l'université de Paris-V, directeur du laboratoire de psychologie expérimentale, associé au C.N.R.S.

Marie-Claire Botte, directeur de recherche au C.N.R.S., responsable de l'équipe de perception auditive du laboratoire de psychologie expérimentale, Paris-V, E.P.H.E., E.H.E.S.S., C.N.R.S.

Marie-Charlotte Cadeau, psychanalyste.

Jean-Claude Cadieu, enseignant agrégé en sciences naturelles, collège Émile-Zola, Toulouse.

Nicole Cadieu, chargée de recherche (CR 1), C.N.R.S., Centre de recherche en biologie du comportement, université de Toulouse-III.

Mireille Campan, chargée de recherche (CR 1), C.N.R.S., Centre de recherche en biologie du comportement, université de Toulouse-III.

Raymond Campan, professeur au Centre de recherche en biologie du comportement, C.N.R.S., université de Toulouse-III.

Séverine Casalis, titulaire d'une maîtrise de psychologie, d'un D.E.S.S. (psychologie normale et pathologie des acquisitions et du développement), d'un D.E.A. (psychologie cognitive).

Pierre-Christophe Cathelineau, psychanalyste.

Georges Chapouthier, directeur de recherche au C.N.R.S.

Michel Charolles, professeur de linguistique, université de Nancy-II.

Didier A. Chartier, psychiatre, psychanalyste, membre du Centre d'étude et d'expression.

Roland Chemama, psychanalyste.

Jean-Marie Coquery, professeur de psychobiologie à l'université des sciences et techniques de Flandres-Artois (Lille-I).

Jean-Michel Cruanes, psychiatre à l'hôpital international de l'université de Paris.

Boris Désiré Damba, docteur ès sciences de la vie et de la santé, membre de la Société francophone de chronobiologie.

Marc Darmon, psychanalyste, membre de l'Association freudienne.

Jean-Pierre Deconchy, professeur à l'université de Paris-X, directeur du laboratoire de psychologie sociale de Paris-X.

Pascale Dégrange,, psychanalyste, membre de l'Association freudienne.

Patrick De Neuter, docteur en psychologie, chargé d'enseignement à l'université catholique de Louvain, Belgique; psychanalyste, membre de l'Association freudienne.

Michel Denis, directeur de recherche au C.N.R.S., Centre d'études de psychologie cognitive à l'université de Paris-Sud, Orsay.

Jean-Claude Deschamps, professeur de psychologie sociale à l'université de Lausanne.

Blandine Didier, interne au service hospitalo-universitaire du professeur H. Lôo, hôpital Sainte-Anne.

Willem Doise, professeur de psychologie sociale à l'université de Genève.

Claude Dorgeuille, médecin des hôpitaux psychiatriques.

Nicole Dubois, docteur ès lettres et sciences humaines, professeur de psychologie à l'université de Grenoble-II.

Perla Dupuis-Elbaz, psychanalyste.

Choula Emerich, psychanalyste, membre de l'Association freudienne de Paris.

Eugène Enriquez, professeur de sociologie et directeur de la formation doctorale de sociologie à l'U.F.R. des sciences sociales à l'université de Paris-VII.

Jacqueline Fagard, chargée de recherche au C.N.R.S.

Robert M. Farr, professeur au département de psychologie sociale de la London School of Economics and Political Science, Grande-Bretagne.

Michel Fayol, professeur de psychologie à l'université de Bourgogne.

Pierre Ferrari, professeur de psychiatrie infantile à la faculté de médecine de Reims, chef du service de psychothérapie de l'enfant et de l'adolescent à l'hôpital Robert-Debré à Reims.

Catherine Ferron, psychologue, psychanalyste.

Pierre Fouquet, président fondateur de la Société française d'alcoologie.

André Galinowski, chef de clinique, service hospitalo-universitaire de santé mentale et de thérapeutique du professeur H. Lôo, hôpital Sainte-Anne.

Ida Galli, maître-assistant à l'université de Naples.

Alain Gallo, maître de conférences, Centre de recherche en biologie du comportement, C.N.R.S., université de Toulouse-III.

Christian George, professeur de psychologie générale à l'université de Paris-VIII.

Jacques Gervet, directeur de recherche (DR 2), C.N.R.S., équipe d'éthologie UPR 51, Institut de neurophysiologie et psychophysiologie, Marseille.

Rodolphe Ghiglione, professeur de psychologie sociale à l'université de Paris-VIII.

Marie-Dominique Gineste, maître de conférences à l'université de Paris-XIII (laboratoire CEPCO).

Michel Godfryd, psychiatre des hôpitaux, médecin-chef de service hospitalier, licencié en droit.

François Hartmann, chef de clinique, service du professeur H. Lôo, hôpital Sainte-Anne.

Yvette Hatwell, professeur de psychologie à l'université des sciences sociales de Grenoble-II.

Jean-Paul Hiltenbrand, docteur en médecine, psychanalyste.

André Holley, professeur à l'université Claude-Bernard, Lyon-I, directeur du laboratoire de physiologie neurosensorielle.

Cécile Imbert-Collée, docteur en psychanalyse et en psychopathologie clinique, titulaire d'une maîtrise de philosophie et d'un D.E.A. en philosophie, psychothérapeute.

Angela Jesuino-Ferretto, titulaire d'un D.E.S.S. de psychologie clinique, d'un D.E.A. de psychanalyse.

Denise Jodelet, docteur d'État, maître de conférences à l'École des hautes études en sciences sociales.

François Jouen, chargé de recherche au C.N.R.S.

Robert Joule, docteur ès lettres et sciences humaines, professeur de psychologie sociale à l'université de Provence.

Michèle Kail, directeur de recherche au C.N.R.S.

Serge Kannas, psychiatre des hôpitaux, chef de service, membre de l'Institut de la famille de Toulouse.

Nicolle Kress-Rosen, agrégée de l'université, psychanalyste.

Christiane Lacôte, ancienne élève de l'E.N.S., agrégée de philosophie, psychanalyste, membre de l'Association freudienne.

Claire Lambert, docteur en psychologie, maître de conférences de psychologie, université de Lille-III.

Alain Lancry, docteur en psychologie, professeur de psychologie à l'université de Picardie.

Bibb Latané, professeur à l'Institute for Research in Social Science, Manning Hall, université de Caroline du Nord, Etats-Unis.

Jean-Pierre Lecanuet, directeur de recherche au C.N.R.S.

Pierre Lecocq, professeur de psychologie cognitive au laboratoire des acquisitions cognitives et linguistiques, université de Lille-III.

Pierre Leconte, professeur de psychologie à l'université de Lille-III.

Roger Lécuyer, maître de conférences, centre H.-Piéron.

Rozenn Le Duault, psychanalyste, membre de l'Association freudienne.

Jacqueline Légaut, psychiatre, psychanalyste.

Jean-François Le Ny, professeur à l'université de Paris-Sud, centre scientifique d'Orsay.

Jean-Claude Lepecq, chargé de recherche au C.N.R.S.

Marie-Louise Le Rouzo, maître de conférences de psychologie à l'université de Paris-X, laboratoire de psychobiologie de l'enfant.

Claude Lévy-Leboyer, professeur de psychologie, université de Paris-V, directeur du laboratoire de psychologie de l'environnement (associé au C.N.R.S.).

Jacques-Philippe Leyens, professeur de psychologie sociale à l'université catholique de Louvain, Louvain-la-Neuve, Belgique.

Edmond Marc Lipianski, psychologue, maître de conférences à l'université de Paris-X, chercheur au laboratoire de psychologie sociale de Paris-X.

Jean Maisonneuve, professeur émérite à l'université de Paris-X, Nanterre.

Pierre Marcie, chargé de recherche à l'I.N.S.E.R.M.

Daniel Martins, maître de conférences de psychologie à l'université de Paris-VIII, chercheur au Centre d'études de psychologie cognitive, université de Paris-Sud.

Benjamin Matalon, professeur à l'université de Paris-VIII.

Jean Médioni, professeur, Centre de recherche en biologie du comportement, C.N.R.S., université de Toulouse-III.

Daniel Mellier, maître de conférences en psychologie de l'enfant, université de Haute-Normandie.

Charles Melman, ex-médecin des hôpitaux psychiatriques, membre fondateur de l'Association freudienne.

Jean-Marc Monteil, professeur de psychologie sociale à l'université Blaise-Pascal de Clermont-Ferrand.

Germaine de Montmollin, professeur émérite, université René-Descartes, Paris-V.

Serge Moscovici, directeur d'études à l'École pratique des hautes études en sciences sociales.

Jacqueline Nadel, docteur d'État ès lettres et sciences humaines, directeur de recherche au C.N.R.S.

Giovanna Nigro, maître-assistant à l'université de Naples, Italie.

Valentin Nusinovici, psychiatre et psychanalyste, membre de l'Association freudienne, ancien chef de clinique médicale.

Dominique Oberlé, maître de conférences en psychologie sociale, université de Paris-X, Nanterre.

Birgitta Orfali, docteur en psychologie, chargée de cours à l'université de Paris-I, département des sciences sociales.

Geneviève Paicheler, docteur en psychologie, chargée de recherche au C.N.R.S., Paris.

Jean Pailhous, directeur de recherche au C.N.R.S., Marseille.

Stamos Papastamou, professeur de psychologie sociale, université « Panteio » des sciences sociales et politiques, Athènes, Grèce.

Claude Parada, interne en psychiatrie.

Marie-Germaine Pêcheux, directeur de recherche au C.N.R.S., Paris, docteur ès lettres et sciences humaines.

Catherine Péquignot-Desprats, maître de conférences à l'université de Paris-VII.

Jean Périn, professeur à Paris-VIII, psychanalyste.

Annick Pétraud-Périn, psychologue clinicienne, psychanalyste.

Gilberte Piéraut-Le Bonniec, directeur de recherche au C.N.R.S., laboratoire de psychobiologie de l'enfant, E.P.H.E.-C.N.R.S., Paris.

Marie-France Poirier-Littré, C.R.I.-I.N.S.E.R.M., hôpital Sainte-Anne.

Jacques Postel, médecin-chef du centre hospitalier Sainte-Anne, ancien professeur associé de psychopathologie clinique à l'université de Paris-VII.

Viviane Pouthas, chargée de recherche au C.N.R.S., laboratoire de psychobiologie de l'enfant.

Yvon Queinnec, professeur, Centre de recherche en biologie du comportement, C.N.R.S., université de Toulouse-III.

Maurice Reuchlin, professeur émérite de psychologie différentielle de l'université de Paris-V.

Jean-François Richard, professeur de psychologie à l'université de Paris-VIII, directeur de l'U.R.A.-C.N.R.S. 2297 « psychologie cognitive et traitement de l'information symbolique ».

Bernard Rimé, professeur de psychologie expérimentale à l'université de Louvain, Louvain-la-Neuve, Belgique.

Hector Rodriguez-Tomé, directeur de recherche au C.N.R.S.

Michel-Louis Rouquette, professeur à l'université Paul-Valéry de Montpellier.

Jean-Claude Roy, professeur de psychophysiologie à l'université de Lille-I.

Denise Sainte Fare Garnot, médecin psychanalyste.

Edmonde Salducci, psychanalyste, membre de l'Association freudienne.

Alain Savoyant, chargé de recherche au C.N.R.S.

Gérard Schmaltz, maître de conférences de psychophysiologie, université de Lille-III.

Gün Semin, professeur de psychologie sociale, Free University of Amsterdam, Honorary Fellow in Psychology, University of Sussex, Grande-Bretagne.

Xavier Seron, professeur à l'université catholique de Louvain, faculté de psychologie, unité de neuropsychologie cognitive.

Liliane Sprenger-Charolles, chargée de recherche au C.N.R.S. (laboratoire de recherche sur l'acquisition et la pathologie du langage), U.R.A. 1031, Paris-V.

Jean-Pierre Suzzoni, maître de conférences, laboratoire de biologie des insectes, université de Toulouse-III.

Bernard Thon, chargé de recherche (CR 1), C.N.R.S., Centre de recherche en biologie du comportement, université de Toulouse-III.

Hubert Touzard, professeur de psychologie sociale à l'université René-Descartes (Paris-V), directeur du laboratoire de psychologie sociale.

Marc Valleur, psychiatre des hôpitaux, Centre médical Marmottan, Paris.

Bernard Vandermersch, psychanalyste.

Éliane Vurpillot, docteur d'État, professeur honoraire de psychologie à l'université René-Descartes (Paris-V), directeur de recherche en psychologie du développement.

Dominique Weil, docteur ès lettres, maître de conférences, université de Strasbourg-I.

Liste des abréviations

Liste des abréviations des rubriques

ANIMAL.	Psychologie animale.
BIOL.	Biologie.
CARACTÉROL.	Caractérologie.
DÉVELOP.	Psychologie de l'enfant et du développement.
DIFFÉR.	Psychologie différentielle.
ÉTHOL.	Éthologie.
GÉNÉR.	Psychologie générale, expérimentale et cognitive.
LING.	Linguistique.
LOG.	Logique.
MATH.	Mathématiques et logique.
NEUROBIOL.	Neurobiologie.
NEUROPSYCHOL.	Neuropsychologie.
PSYCHAN.	Psychanalyse.
PSYCHIATR.	Psychiatrie.
PSYCHOL.	Psychologie.
PSYCHOPHYS.	Psychophysique.
PSYCHOPHYSIOL.	Psychophysiologie.
PSYCHOSOCIOL.	Psychosociologie.
RÉFLEX.	Étude des réflexes.
SOCIAL.	Psychologie sociale.
STAT.	Statistique.
THÉRAP.	Thérapie et psychothérapie.
TOXICOL.	Toxicologie.
TYPOL.	Typologie.

Liste des abréviations ordinaires

adj.	adjectif.
allem.	allemand.
amér.	américain.
angl.	anglais.
art.	article.
coll.	collaborateurs.
dir.	sous la direction de.
Éd. ou éd.	édition.
Ed(s)	Éditeur(s). [directeur(s) de la publication]
Fig.	Figure.
fr.	français
n. m., f.	nom masculin, féminin.
p.	page.
pl.	pluriel.
tr ; trad.	traduction.
v.	voir.

A

A (type)

(angl. Type A, A-Type Personality)

Selon une définition empirique, ensemble des observations faites sur des sujets particulièrement susceptibles d'être atteints par certains troubles cardio-vasculaires. M. R.

→ type A et type B.

abandon

n.m. (angl. Abandonment)

→ abandonnisme.

abandonnique

adj. et n. (angl. Derelict)

Se dit d'une personne, notamment d'un enfant, qui souffre d'abandonnisme ou d'un enfant ou d'un adulte qui présente des troubles d'ordre dépressif liés à un abandon réel.

L'abandonnique interprète l'attitude de la mère comme un refus d'amour et son conflit se situe en deçà de l'œdipe. Selon G. Guex, le sentiment d'insécurité de la personne concernée serait probablement, si l'on en croit certains auteurs, étayé par un facteur constitutionnel. R. L.

abandonnisme

n.m. (angl. Abandonment Complex)

Sentiment et état psychoaffectif d'insécurité permanente, liés à la crainte irrationnelle d'être abandonné par ses parents ou ses proches, sans rapport avec une situation réelle d'abandon.

Sans doute, on trouve souvent dans l'histoire infantile du patient des épisodes d'abandon réel ou de deuil, de rejet par les parents à l'occasion de discorde conjugale, de divorce ; mais on sait par ailleurs que beaucoup d'enfants orphelins, ou séparés très jeunes de leurs parents, ne deviendront pas pour autant des abandonniques. Il y a donc chez ces derniers une prédisposition ou des interactions parentales pathogènes très précoces qui en ont fait des sujets hypersensibles, anxieux, instables sur le plan caractériel, fragiles sur le plan émotionnel, et réagissant en général fort mal à toute frustration.

À l'analyse psychologique, il y a chez eux à la fois une souffrance de déréliction, un repli sur soi, une autodévalorisation, des tendances à régresser vers un retour au sein maternel et à des positions infantiles, et en même temps à perpétuellement agresser l'autre, dans une sorte de comportement réactionnel impulsif. Comme l'a vu J. L. Faure, le problème psychoaffectif est chez eux « de l'ordre d'une frustration imaginairement ressentie ou redoutée et inacceptable, comme dans l'attente d'un abandon toujours virtuellement possible (mais dont la réalisation concrète, si par accident elle advient, s'avère sans influence sur ce sentiment ou même, paradoxalement, l'atténue, dans la mesure sans doute où l'expérience de la réalité vient alors se substituer à l'attente imaginaire) ».

Les psychanalystes suisses C. Odier et G. Guex ont tenté d'isoler une entité nosologique, la *névrose d'abandon*. Celle-ci serait caractérisée par cet abandonnisme développé chez l'enfant à partir d'un fond d'avidité affective insatiable (plus constitutionnelle que conflictuelle) et par une association d'angoisse, d'agressivité réactionnelle, de non-valorisation de soi (non aimé parce que non aimable) et de mentalité de catastrophe avec risque de passages à l'acte suicidaires. Guex distinguait deux types : le *négatif-agressif* passant facilement à l'acte, et le *positif-aimant* de pronostic plus favorable. L'isolement de cette névrose a été contesté (en particulier par D. Lagache et J. Favez-Boutonier) tant sur le plan structurel que sur le plan clinique. Il n'en reste pas moins que le caractère abandonnique existe comme un mode de réaction assez spécifique de certaines personnalités fragiles classées par certains dans le cadre des états limites, et par d'autres dans celui des psychonévroses narcissiques (O. Kernberg). La psychothérapie peut les aider, mais la psychanalyse de type orthodoxe est généralement inopérante et déconseillée. J. P.

aboulie

n.f. (angl. Aboulia ou Abulia)

Diminution de la volonté entraînant indécision et impuissance à agir.

C'est un trouble assez fréquent chez les psychasthènes et les obsessionnels. On distingue (avec P. Foulquié) une aboulie par impuissance de la volonté, une aboulie par incapacité d'un comportement rationnel, et des paraboulies dues à une obsession idéative, une idée fixe impulsive ou une phobie. J. P.

aboulique

adj. et n. (angl. Abulic)

Se dit d'une personne qui souffre d'aboulie. J. P.

Abraham (Karl)

Médecin et psychanalyste allemand (Brême 1877-Berlin 1925).

Il travaille avec E. Bleuler au Burghölzli, l'hôpital psychiatrique de Zurich. Il y rencontre C. Jung qui l'initie aux idées de S. Freud. Il fonde en 1910 l'Association psychanalytique de Berlin, première branche de l'Association psychanalytique internationale, dont il devient le président en 1925. Il est l'un de ceux qui ont le plus contribué à la diffusion de la psychanalyse hors de Vienne. Sa contribution personnelle est très riche : introduction de la notion d'objet partiel, définition des processus d'introjection et d'incorporation, étude des stades prégénitaux.

Outre sa correspondance avec Freud, son œuvre comporte de nombreux ouvrages : *Rêve et Mythe* (1909), *Examen de l'étape la plus précoce de la libido* (1916). R. L.

abréaction

n.f. (angl. Abreaction ; allem. Abreagieren)

Apparition dans le champ de la conscience d'un affect jusque-là refoulé.

Certains affects, qui n'ont pas été normalement ressentis au moment de leur actualité, se sont trouvés maintenus dans l'inconscient en raison de leur liaison avec le souvenir d'un traumatisme psychique. Affects et souvenirs ainsi liés ont alors été refoulés à cause de leur caractère pénible. Lorsque l'affect et la verbalisation du souvenir font irruption en même temps dans la conscience, l'abréaction se produit et se manifeste par des gestes et des paroles explicitant ces affects. Une baisse de vigilance (colère, ivresse) peut permettre leur surgissement. Le plus souvent, l'abréaction a lieu lors de la levée de la résistance à cette irruption, au cours d'une cure analytique et grâce au transfert sur l'analyste. Certains agents chimiques ont pu être utilisés pour produire cette abréaction (narco-analyse). L'effet thérapeutique de ces techniques est, en règle générale, transitoire, à cause du maintien dans l'inconscient du conflit psychique ou du traumatisme que ce type d'intervention ne permet pas d'analyser. R. L.

absence

n.f. (angl. Absence)

Courte période (5 à 12 secondes) d'atténuation ou de perte de la conscience, se manifestant par une suspension de l'activité volontaire avec conservation habituelle des automatismes moteurs, et suivie d'une amnésie lacunaire des événements de cette période.

L'absence se rencontre chez les hystériques. Mais c'est surtout une variété de crise épileptique ne s'accompagnant pas de manifestations convulsives généralisées, très caractéristique du «petit mal», forme la plus fréquente de l'épilepsie infanto-juvénile. Elle se traduit à l'électroencéphalographie par des pointes-ondes bilatérales et synchrones à une fréquence de 2-3 cycles par seconde, disparaissant dès la fin du paroxysme critique. J. P.

→ épilepsie.

absinthe

n.f. (angl. Absinthe)

Liqueur obtenue par distillation d'une plante aromatique *(Artemisia absinthium)*, variété d'armoise, après macération dans l'alcool.

Cette boisson alcoolique, consommée additionnée d'eau sous forme d'apéritif, connut un engouement extraordinaire à partir de 1850, dans la classe bourgeoise d'abord, et plus tard chez les ouvriers. Sa toxicité due à une essence, la thuyone, entraîna sa prohibition totale en France depuis 1915. P. F.

abstème

adj. et n. (angl. adj. Abstemious, n. Abstainer)

Se dit d'une personne qui refuse la consommation de toute boisson alcoolique. P. F.

abstinence

n.f. (angl. Abstinence, Teetotolism)

En alcoologie, absence volontaire de toute consommation de boissons alcooliques ou de mets alcoolisés soit par conviction religieuse ou principe moral, soit par nécessité thérapeutique chez les malades alcooliques. P. F.

abstinence (règle d')

(angl. Rule of Abstinence; allem. Grundsatz der Abstinenz)

Principe selon lequel le travail de la cure ne peut être mené à bien que s'il exclut ce qui pourrait pallier dans l'immédiat les difficultés névrotiques du sujet, notamment les satisfactions qu'il pourrait trouver en réponse à l'amour de transfert.

S. Freud estime que l'énergie psychique ne peut être vraiment disponible pour la cure que si elle n'est pas immédiatement réinvestie sur des objets extérieurs au travail lui-même. Aussi déconseille-t-il aux patients de prendre durant leur cure des décisions très importantes pour la suite de leur vie. Ainsi également il recommande à l'analyste d'éviter de gratifier le sujet de satisfactions affectives qui pourraient lui suffire et rendre désormais beaucoup moins nécessaire le travail qui conduit au changement.

L'évaluation actuelle du principe d'abstinence est délicate. Les psychanalystes ont généralement renoncé à proscrire toute décision importante durant le temps des cures. Mais historiquement, le principe d'abstinence a eu cette valeur de remettre en cause la représentation d'une totale neutralité de l'analyste : c'est ce qui apparaît nettement dans la «technique active», de S. Ferenczi, qui proscrit notamment certaines pratiques répétitives qui paralysent le travail analytique. R. C.

abstinent, e

adj. et n. (angl. adj. Abstemious, n. Abstainer)

Se dit d'une personne qui pratique l'abstinence. P. F.

abstraction

n.f. (angl. Abstraction)

GÉNÉR. 1. **Activité de traitement cognitif par laquelle, dans une situation particulière donnée, un individu néglige certaines parties ou certaines caractéristiques de cette situation pour n'en retenir qu'un certain nombre d'autres.**

Cette acception correspond à l'expression «faire abstraction de». L'abstraction est souvent, en psychologie cognitive, reliée ou même assimilée à l'«attention sélective». Elle a une grande importance dans la plupart des activités intellectuelles.

Ainsi on peut considérer un objet indépendamment de sa couleur, ou de sa forme, etc., un repas indépendamment de celui ou de ceux qui mange(nt), de ce qui y est mangé, du lieu où il se déroule, etc. Dans l'un et l'autre cas on néglige certains aspects, certaines caractéristiques, certaines parties ou certains objets constituants, en un mot certaines informations, qui appartiennent «normalement» au réel tel qu'il est : on en fait abstraction. Cette activité relève du dispositif de traitement cognitif des individus et elle se déroule sur de courtes durées (des secondes ou des minutes).

LES TÂCHES DE CLASSIFICATION

La réussite d'une telle activité est bien mise en évidence dans les tâches simples de classification : si on présente à un sujet un ensemble d'objets qui se distinguent les uns des autres par leur couleur, leur forme et leur taille, par exemple, et qu'on demande à ce sujet de «mettre ensemble tous les objets grands», il devra faire abstraction de la couleur et de la forme. Si on lui demande, de façon plus complexe, de regrouper «tous les objets qui sont grands et circulaires» (ou «ronds»), il ne pourra réussir cette tâche qu'en écartant tous les objets petits, même s'ils sont ronds, et tous les objets carrés, même s'ils sont grands, et aussi en mettant ensemble aussi bien des objets bleus que des objets verts ou rouges, etc., c'est-à-dire en faisant abstraction de la couleur.

RÔLE DES CRITÈRES

De telles tâches peuvent comporter un nombre plus ou moins grand de facteurs de classification, et divers critères de décision prenant en compte ces facteurs : les exemples précédents illustrent l'usage d'un seul critère, ou de deux. Ces tâches peuvent naturellement concerner toutes sortes d'objets, ou d'entités qui ne sont pas des objets (par exemple, lors d'une classification des pays selon les critères de taille de la population et de revenu national).

L'usage expérimental fait que l'on se sert assez souvent d'objets très simples comme des blocs de bois ou des dessins géométriques. Mais l'activité étudiée s'applique en principe à toutes les catégories d'objets ou d'entités; du point de vue psychologique, on dira : à toutes les sortes de concepts.

UTILISATION DANS LES TESTS

Ces tâches expérimentales peuvent être utilisées, dans une perspective de psychologie générale ou comparative (par exemple, au cours du développement de l'enfant), pour l'étude des activités intellectuelles, ou plus généralement de l'intelligence, dont l'abstraction est une composante essentielle.

Ces tâches peuvent aussi se présenter sous forme de test mental et permettre de situer l'état des capacités abstractives d'un individu. Elles sont utilisées en psychologie différentielle, en psychologie du développement, ou en psychopathologie, pour déterminer les détériorations de ces capacités, etc. Bien que l'intérêt de tels tests soit très grand et qu'ils appartiennent à de nombreuses batteries psychométriques, il faut naturellement se garder de penser qu'ils pourraient fournir de façon simple une mesure de la capacité d'abstraction et, a fortiori, de l'« intelligence ».

La modification des classifications

On peut utiliser encore cette même situation de façon plus complexe : après avoir, par exemple, obtenu du sujet qu'il « mette ensemble les objets grands et ronds », on peut lui demander de modifier sa classification et de « mettre maintenant ensemble les carrés bleus ». Ce que l'on change ainsi, c'est le critère de classification, tout le reste de la situation demeurant constant : le sujet doit désormais tenir compte de la forme, comme auparavant, mais faire abstraction de la taille et réintroduire une prise en compte de la couleur.

La capacité à changer ainsi de critère de classification est une seconde caractéristique cognitive très importante qui relève de l'abstraction. Elle est le support d'une troisième capacité : celle qui consiste à trouver le ou les bon(s) critère(s) de classification, lorsque ceux-ci ne sont pas fournis par la situation ou par l'expérimentateur. Il faut, en général, essayer plusieurs critères, et les changer s'ils sont inadaptés.

La résolution de problèmes

La mise en œuvre de ces modes d'activité se retrouve dans pratiquement toutes les tâches cognitives. Le dernier correspond typiquement aux tâches de résolution de problèmes. La réussite y dépend très largement de la sélection des bons critères, ceux qui sont pertinents par rapport à l'objectif.

On a montré que dans des problèmes simples d'arithmétique (problèmes de l'école du premier degré, du type « robinets » ou « parcours de trains »), l'échec des écoliers provient le plus souvent de ce qu'ils tiennent compte d'informations fournies dans les données et auxquelles ils sont habitués à porter attention, mais qui ne sont pas pertinentes pour la résolution du problème. Celle-ci exige souvent que l'on néglige les critères de classification les plus habituels (notamment perceptifs) et que l'on prenne en considération des informations concernant les relations, informations qui sont moins familières et plus abstraites que les précédentes.

Ces résultats ont une grande portée et il semble qu'ils soient généralisables à toutes les activités intellectuelles : savoir faire abstraction des caractéristiques non pertinentes d'une situation est une clé essentielle de toute résolution de problème.

GÉNÉR. 2. **Activité d'apprentissage par laquelle, à partir d'un ensemble de situations partiellement semblables et partiellement différentes, un sujet extrait des connaissances générales et les stocke dans sa mémoire conceptuelle.**

Dans les exemples précédents, le sujet est censé disposer déjà de la connaissance, explicite ou implicite, de ce qu'est une taille, une couleur, une forme, etc., c'est-à-dire des facteurs de classification, et de leur relation aux objets (du fait qu'un bloc de bois a une forme, une taille, etc.). On dira que cette connaissance est explicite si le sujet peut l'exprimer dans le langage qui lui correspond, et implicite ou procédurale dans le cas contraire.

Le rôle des valeurs d'attribut

Parmi les facteurs de classification, une catégorie essentielle est constituée par les caractéristiques ou propriétés des objets. En psychologie, on parle ordinairement d'attributs pour désigner de telles caractéristiques ou propriétés (telles celles citées plus haut), et de valeurs d'attribut pour désigner leurs modalités (telles que « rouge » ou « bleu » pour l'attribut « couleur », « petit » ou « moyen » pour l'attribut « taille », « carré » ou « rond » pour l'attribut « forme », etc.).

On considère généralement comme fondamental (bien que son rôle et sa généralité soient discutés) le fait suivant : il est possible de décrire les objets, et les concepts qui leur correspondent, à partir de la conjonction (et de la disjonction) de valeurs d'attribut. Ainsi, une assiette peut être décrite comme un objet généralement circulaire, plat ou légèrement creux, en faïence ou en verre, etc.

Le fonctionnement cognitif repose donc sur la connaissance ou la maîtrise de tels attributs et concepts, et de leurs relations. Les plus simples (ceux déjà cités) sont essentiellement d'origine perceptive. Au-delà, les propriétés arithmétiques, géométriques, relationnelles des objets ou des entités (par exemple le nombre, sous ses diverses formes, la masse ou la vitesse d'un corps, le caractère premier d'un nombre, la validité d'un raisonnement ou d'une méthode, la récursivité d'une procédure, le produit national brut dans une économie nationale, etc.) sont aussi des attributs, toutefois plus difficiles que les précédents à acquérir et à manipuler; les attributs se complexifient progressivement et forment des hiérarchies conceptuelles.

L'acquisition des valeurs d'attribut

Leur acquisition constitue un aspect très important du développement cognitif. On considère généralement qu'elle s'effectue par abstraction à partir de la mise en relation d'ensembles de situations partiellement semblables et partiellement différentes, d'où les individus extraient de l'information générale, qui se constitue en connaissances. Celles-ci sont ensuite stockées dans la mémoire cognitive, conceptuelle.

Cette extraction de l'information générale est un processus d'abstraction différent de celui décrit précédemment. Il s'étend plutôt sur des durées longues (des jours, des semaines ou des mois) et détermine les structures de la mémoire à long terme, alors que l'abstraction initialement décrite relève de la mémoire de travail. De même que cette dernière est assimilable à l'attention sélective, l'abstraction décrite ici pourrait aussi être appelée apprentissage abstractif.

Le langage y joue un rôle déterminant qui ne cesse de croître, dans la mesure où les concepts et les attributs abstraits ne sont psychologiquement maniables qu'à la condition de pouvoir être nommés. Au reste, un très grand nombre de connaissances sont introduites, dans les sociétés modernes, au moyen du langage.

LOG. et LING. **Propriété d'un concept, ou d'une signification de mot, qui se rapporte à son contenu, par comparaison avec d'autres (dits plus concrets).**

La caractéristique d'abstraction, qu'il faut distinguer des activités d'abstraction, s'applique aux concepts et aux significations de mots. On peut dire que l'abstraction est une propriété des concepts au même titre que la forme et la grandeur sont des propriétés des objets. Ainsi, le concept de « quadrilatère » est abstrait par comparaison avec le concept de « prairie », de même que la signification du mot « végétal » (signification qui, normalement, coïncide aussi avec un concept), par comparaison avec celle du mot « salade ». Par extension, on pourra parler de l'« abstraction d'un mot » : on désigne ainsi ce qui est, en toute rigueur, l'« abstraction de la signification de ce mot ».

Les degrés d'abstraction

Il est commode de considérer cette propriété des concepts comme graduée et de l'appeler plutôt degré ou niveau d'abstraction. Cela implique qu'on ne subdivise pas les concepts ou les significations en seulement deux classes, auxquelles on appliquerait les termes d'« abstrait » et de « concret », mais en beaucoup plus.

Bien entendu, le *degré d'abstraction* n'est pas mesurable, mais il peut être estimé et exprimé au moyen de techniques et d'échelles classiques. Ainsi on dira, en utilisant des jugements ordonnés, que « être vivant » est à un niveau d'abstraction plus élevé que « animal », celui-ci que « mammifère », celui-ci que « chien », celui-ci que « setter », celui-ci que « setter irlandais » : on a dans ce cas 6 degrés ou niveaux d'abstraction.

On a davantage de difficultés à comparer le niveau d'abstraction de concepts qui appartiennent à des domaines sémantiques différents : par exemple, le concept de « véhicule » est-il situé à un niveau d'abstraction plus élevé que celui d'« animal », ou l'inverse ? On peut également mettre en œuvre des techniques expérimentales éprouvées, pour fournir des estimations du niveau d'abstraction qui soient indépendantes des domaines. On a établi par ce moyen des échelles et élaboré des « tables » qui indiquent le niveau comparatif d'abstraction d'un ensemble de concepts, ou de significations de mots.

L'usage veut que l'on utilise également le mot abstraction pour désigner les niveaux élevés sur une échelle. C'est un sens légèrement différent du précédent : abstraction désigne alors une valeur d'attribut au lieu de l'attribut (de la propriété) dans son ensemble. Le mot signifie dans ce cas « caractère de ce qui est très abstrait »; son opposé est « concrétude » (« caractère de ce qui est concret, peu abstrait »).

Pour distinguer les deux sens voisins, et souvent confondus, d'abstraction, on peut comparer la phrase : « L'abstraction du concept mathématique de "continu" le rend difficile à saisir » (où abstraction signifie « le caractère hautement abstrait de ») avec la phrase : « L'abstraction du concept de "setter irlandais" est assez faible » (où abstraction signifie « le niveau d'abstraction » de ce concept, ce qui renvoie, en l'occurrence, à son caractère faiblement abstrait).

L'usage systématique des expressions de degré ou niveau d'abstraction permet assez bien d'échapper à ces difficultés.

Extension et compréhension

La propriété d'abstraction est étroitement corrélée à celle de « généralité-spécificité » : plus un concept est abstrait, plus il est général, et, inversement, plus il est concret, plus il est spécifique.

On retrouve là ce qui a été parfois exprimé sous la forme d'une « loi logique », dite *loi de Port-Royal* (concernant la relation inverse entre l'« extension » et la « compréhension » d'un concept). Il n'est pas nécessaire à la psychologie de se référer à une loi logique pour observer la force de cette corrélation, que toutes les études empiriques incluant des estimations du niveau d'abstraction ont confirmée.

Les degrés de familiarité

Il existe aussi des corrélations empiriques élevées entre le niveau d'abstraction des concepts et le « degré de familiarité » correspondant (qui est lui-même corrélé à des fréquences, celle des mots et celle des objets ou des situations). On doit mentionner aussi la corrélation élevée entre le niveau d'abstraction et le « degré d'imagerie », appliqués à des mots. Tout cela indique que l'on doit manier ces notions avec précision.

L'étude expérimentale a néanmoins bien montré que le niveau d'abstraction d'un concept ou d'une signification est un facteur important pour son traitement cognitif. On affirme souvent que plus les concepts ou significations sont concrets, plus leur traitement cognitif est facile, rapide et dépourvu d'erreurs. En fait, cela semble n'être vrai que d'une façon partielle, qui varie selon les domaines sémantiques. Des études bien documentées, celles qui se rapportent au niveau de base des représentations, conduisent à voir les choses différemment : il existe bien un niveau d'abstraction préférentiel, privilégié, pour le traitement, mais il se trouve vers le milieu de l'échelle plutôt qu'à une de ses extrémités. J.-F. L. N.

Bibliographie

Lindsay, P.H., Norman, D. A., 1980, *Traitement de l'information et comportement humain. Une introduction à la psychologie.* Trad. fr. Montréal, Editions vivantes.

acalculie

n.f. (angl. Acalculia)

Forme d'aphasie caractérisée par la perte de la capacité à reconnaître ou former des chiffres et symboles arithmétiques et à effectuer des calculs mathématiques élémentaires. J. P.

accommodation

n.f. (angl. Accommodation)

Biol. **Ajustement actif d'un organisme aux pressions du milieu.** R. L.

Génér. **Élévation du seuil de réponse d'une fibre nerveuse lorsque le temps d'établissement du courant de stimulation est long.**

Le seuil d'excitation est le plus bas quand le courant s'établit instantanément. Plus le courant est progressif, c'est-à-dire plus la pente est faible, plus l'intensité liminaire s'élève. G. S.

Dévelop. **Dans la perspective piagétienne, ajustement qui se fait par modification des schèmes d'assimilation lorsque ceux-ci s'avèrent inopérants dans une nouvelle situation.**

L'accommodation survient lorsqu'il y a échec de l'assimilation; l'une comme l'autre sont complémentaires au sein de l'adaptation*, qui exprime le développement de l'individu dans son milieu. L'accommodation visuelle atteint sa valeur maximale à 3 mois. Elle n'est observée chez le nourrisson qu'à partir du début du 2e mois, bien que son cristallin soit plus tôt souple et adaptable et que les objets proches et lointains soient perçus de la même manière. Le très jeune nourrisson a une acuité visuelle très inférieure à celle de l'adulte et un diamètre pupillaire plus court. Il a donc une grande profondeur de champ. Si le bébé n'accommode pas dans des conditions où l'adulte le fait, c'est qu'accommoder ne lui apporterait rien : il ne reçoit pas un signal sensoriel de « flou ». E. V.

Physiol. **Mécanisme réflexe qui permet d'accroître le pouvoir de réfraction du cristallin par une contraction du muscle ciliaire quand le point fixé par les yeux est plus proche de l'observateur, et d'assurer la vision nette sur des images de la rétine.**

L'*amplitude d'accommodation,* mesurée en dioptries, est la différence entre deux distances, l'une proche *(punctum proximum)* et l'autre lointaine *(punctum remotum),* entre lesquelles l'accommodation est effective. Elle diminue avec l'âge. C. B.

→ acuité, presbytie, profondeur.

accomplissement (besoin d')

(angl. Achievement Need, Need to Achieve, Need Achievement, N Ach)

Aspiration généralement stable de l'individu à atteindre dans une compétition un but conforme à des normes d'excellence ou simplement à réaliser une tâche en fonction d'un critère d'excellence.

C'est l'un des besoins faisant partie du système proposé par H. A. Murray dans *Explorations in Personality* (1938).

En psychologie, les termes d'*accomplissement,* de réussite (angl. Achievement) se retrouvent associés soit au concept de besoin, soit au concept de motif et à celui de motivation. Murray définit ce besoin comme un besoin secondaire, psychogène, qui porte l'individu à accomplir quelque chose de difficile, à dominer, manipuler et organiser des objets physiques, personnes et idées, à surmonter les obstacles et à atteindre un niveau élevé, à exceller. Par la suite, le besoin d'accomplissement a été étudié d'une manière extensive par une équipe de psychologues sous la direction de J. W. Atkinson et D. C. McClelland. Ce dernier a développé une méthode pour mesurer le *besoin d'accomplissement* (ou parfois *de réussite*) [angl. Need for Achievement, ou NAch]. En particulier, McClelland, en employant la technique projective du TAT *(Thematic Apperception Test)* mise au point par Morgan et Murray, a élaboré un système pour mesurer l'intensité du besoin d'accomplissement. Cette technique demande que le sujet imagine des historiettes en réponse à une série de planches (de quatre à six) en noir et blanc. Le sujet — après avoir vu chaque scène sous forme de planches projetées sur un écran — répond à quatre questions. Le contenu de ces petites histoires est analysé selon des critères fixés. L'intensité du besoin d'accomplissement est quantifiée en enregistrant la fréquence des réponses qu'on peut classifier sur la base des différentes catégories et sous-catégories prévues. Le *score du besoin d'accomplissement* (angl. NAch Score) pour chaque individu est donné par le total des scores obtenus à toutes les histoires qu'il a écrites.

De nombreuses expériences ont été conduites en utilisant le test développé par McClelland. Les résultats de ces recherches ont contribué à mieux définir la théorie de la motivation à l'accomplissement. Dans l'ouvrage *Motives in Fantasy, Action and Society* (1958), on a analysé, parmi d'autres, deux aspects du besoin d'accomplissement, c'est-à-dire l'espoir du succès et la peur de l'échec. Le premier est défini comme un motif d'approche qui implique la perspective d'une récompense, et le deuxième comme un motif d'éloignement qui implique la crainte d'une punition. Dans les années 1960, Atkinson a élaboré une véritable théorie du besoin d'accomplissement ou motivation à réussir. Selon cet auteur, l'intensité de la motivation est le produit de l'intensité du motif, de l'attente (la probabilité subjective) et des *motivations* (angl. Incentives). Si le produit est positif, on parle de « motivation à la réussite »; si le produit est négatif, on parle de « motivation à éviter l'échec ». Un individu avec une motivation à éviter l'échec plus forte que la motivation à la réussite évitera d'entreprendre des activités orientées au succès, à moins d'y être obligé par d'autres sources de motivation positive (par exemple, le besoin d'approbation sociale). En général, la personne motivée par le besoin d'accomplissement est attirée par des domaines qui demandent la pratique d'activités qui mènent au succès. Une telle personne n'est pas particulièrement intéressée à jouer avec le hasard où le résultat dépend de la chance. Il s'agit d'une personne réaliste, non intéressée par des tâches faciles ou très difficiles, qui ne perd pas son temps à poursuivre l'impossible. Sur la base des données recueillies par McClelland, il semblait que les femmes étaient moins motivées par le besoin d'accomplissement que les hommes. Pour expliquer cette tendance, Horner a introduit le concept de « peur du succès » : les femmes auraient tendance à éviter le succès, car la société verrait d'une façon négative le succès féminin. Ce phénomène, lié aux processus de socialisation et aux stéréotypes des rôles sexuels, a été par la suite analysé dans le cadre théorique de l'attribution*. Enfin, McClelland (1961) a essayé de montrer qu'il existe une relation entre besoin d'accomplissement et développement économique des sociétés. Selon cet auteur, développement et déclin d'une société sont en rapport avec l'éducation à l'indépendance des enfants et avec la présence d'une recherche très forte de succès chez un nombre non négligeable de citoyens d'un pays. En outre, McClelland a soutenu qu'il existe une relation entre besoin d'accomplissement et religion.

G. N. et M. R.

→ approbation sociale, attribution.

Bibliographie

Atkinson, J. W. (Ed.), 1958, *Motives in Fantasy, Action and Society*, Princeton, Van Nostrand.
McClelland, D. C., 1961, *The Achieving Society*, Princeton, Van Nostrand.
Morgan, Murray, H.A., 1953, *The Achievement Motive*, New York, Appleton Century Croft.

accomplissement de désir

(angl. Wish - Fulfilment; allem. Wunscherfüllung)

Formation psychique permettant chez un sujet la réalisation du désir sur le mode imaginaire, sous une forme plus ou moins détournée.

C'est dans *l'Interprétation des rêves* (1900) que S. Freud énonce que le rêve, en tant que formation de l'inconscient, est un accomplissement de désir. Le désir s'y met en scène sur le mode hallucinatoire, sous une forme plus ou moins déguisée par le travail du rêve, en raison de la censure. De la même façon, le fantasme, en tant que scénario imaginaire du sujet, qui s'y manifeste d'une manière plus ou moins dissimulée comme acteur et/ou spectateur, illustre par excellence l'accomplissement de son désir. Le symptôme partage avec le rêve le statut de formation de compromis. À cet égard, il apparaît comme le produit détourné d'un accomplissement de désir, qui s'y exprime sous une forme travestie.

R. L.

accoutumance

n.f. (angl. Drug Habituation)

État résultant de la consommation répétée d'une drogue, et provoquant le désir de la renouveler.

Avant 1969, le terme d'accoutumance signifiait pour les experts de l'Organisation mondiale de la santé : un désir de continuer à prendre de la drogue ; peu ou pas de tendance à augmenter les doses ; une dépendance psychique mais non physique ; des effets nuisibles possibles, mais seulement pour l'individu. Il désignait donc une simple habitude, s'opposant à l'aliénation de la toxicomanie ou assuétude*.

Plus généralement, l'accoutumance ne représente que l'un des aspects de la pharmacodépendance ou des toxicomanies : l'adaptation ou habituation du sujet exposé à la prise régulière d'une substance psychotrope. Elle implique un degré indubitable de dépendance psychologique, et est pour certains auteurs (par exemple, A. Porot) synonyme du phénomène de tolérance physiologique : l'adaptation de l'organisme à une substance implique alors une augmentation des doses pour obtenir un effet identique. La tolérance est l'une des clés de la dépendance physique. Pour une même substance, elle est variable selon les effets : ainsi pour les opiacés, il existe une tolérance aux effets psychotropes, mais aussi à la dose mortelle. Les toxicomanes sont donc amenés à consommer quotidiennement des doses qui tueraient un non-habitué. Pour les barbituriques au contraire, la tolérance ne s'exerce pas sur la dose létale : le danger d'accoutumance est alors évident.

M. V.

acétylcholine

n.f. (angl. Acetylcholine)

Neurotransmetteur d'action centrale et périphérique (jonction neuromusculaire et système parasympathique) caractérisé par sa synthèse, son stockage, sa libération, son action post-synaptique et son inactivation.

L'acétylcholine (ACh) est synthétisée dans le neurone à partir de la choline (Ch) et de l'acétylcoenzyme A (AcCoA). Cette réaction est catalysée par l'enzyme choline-acétyltransférase (CAT)

AcCoA + Ch → Acétylcholine + CoA.

L'acétylcoenzyme A est produit dans les mitochondries neuronales à partir du pyruvate dérivé du glucose.

Le stockage d'ACh est un processus actif et spécifique. La libération est due à la dépolarisation de la terminaison nerveuse (calcium-dépendante). L'action postsynaptique correspond à l'interaction avec les récepteurs membranaires cholinergiques : récepteurs muscariniques et nicotiniques ou plaques motrices neuromusculaires. Les curares non dépolarisants bloquent les récepteurs cholinergiques postsynaptiques de la plaque motrice. L'inactivation de l'acétylcholine est due à l'hydrolyse en choline et en acétate par l'action de l'acétylcholinestérase au niveau de la jonction synaptique.

L'acétylcholine subit une action inhibitrice des neurones dopaminergiques au niveau du striatum. Cette régulation expliquerait l'efficacité d'une thérapeutique anticholinergique dans les syndromes de libération extrapyramidale comme la maladie de Parkinson ou lors de l'utilisation des neuroleptiques.

C. P.

achromatopsie

n.f. (angl. Achromatopsia)

Absence, congénitale ou acquise, de vision colorée chez un sujet qui ne perçoit alors que des niveaux lumineux (ou niveaux de gris).

Dans la forme congénitale, typique mais rare, ce déficit s'accompagne d'amblyopie, de la présence d'un scotome fovéal et d'un nystagmus témoignant d'une absence de fonctionnalité des cônes.

Dans les formes atypiques, il peut n'y avoir qu'absence de perception des tonalités chromatiques, avec ou sans déplacement du maximum de la courbe photopique, et d'efficacité lumineuse vers les courtes ou vers les grandes longueurs d'onde.

C. B.

acmesthésie

n.f. (angl. Acmesthesia)

Sensibilité tactile relevant du sens de la piqûre et relative à la perception du caractère pointu ou émoussé de la pointe d'une aiguille.

C. B.

acrophase

n.f. (angl. Acrophase)

Position temporelle du pic d'une fonction sinusoïdale : c'est le moment où le

maximum d'intensité du rythme apparaît.

L'acrophase est un des paramètres définissant un rythme biologique. Par exemple, le rythme biologique de la température centrale, qui est un rythme circadien, présente son acrophase en début de soirée. P. L.

→ rythme biologique.

acte (passage à l')

→ acting-out.

acte manqué

(angl. Faulty Act; allem. Fehlhandlung)

Acte par lequel un sujet substitue, malgré lui, à un projet ou à une intention qu'il vise délibérément, une action ou une conduite totalement imprévues.

Alors que la psychologie traditionnelle n'a jamais prêté d'attention particulière aux actes manqués, S. Freud les intègre de plein droit au fonctionnement de la vie psychique. Il réunit tous ces phénomènes en apparence disparates et sans lien en un même corps de formations psychiques, dont il rend compte du point de vue théorique par deux principes fondamentaux. En premier lieu, les actes manqués ont un sens; en second lieu, ce sont des « actes psychiques ». Postuler que les actes manqués sont des phénomènes psychiques significatifs revient à supposer qu'ils résultent d'une intention. C'est pourquoi ils doivent être considérés comme des actes psychiques au sens strict.

L'intuition neuve de Freud sera, non seulement d'identifier l'origine de l'acte manqué, mais encore de chercher à en expliciter le sens au niveau de l'inconscient du sujet. Si l'acte manqué apparaît au sujet comme un phénomène qu'il attribue volontiers à un effet du hasard ou de l'inattention, c'est que le désir qui s'y manifeste est inconscient et lui signifie précisément ce dont il ne veut rien savoir. C'est en tant que l'acte manqué réalise ce désir qu'il est un authentique acte psychique; acte que le sujet exécute, toutefois, à son insu. S'il faut voir dans l'acte manqué l'expression d'un désir inconscient du sujet qui se réalise malgré lui, l'hypothèse freudienne présuppose alors nécessairement l'intervention préalable du refoulement. Dans l'acte manqué, c'est le retour du désir refoulé qui fait irruption sous l'espèce d'une tendance perturbatrice qui va à l'encontre de l'intention consciente du sujet. Le refoulement d'un désir constitue donc la condition indispensable à la production d'un acte manqué, comme le précise Freud : « Une des intentions doit avoir subi un certain refoulement pour pouvoir se manifester par la perturbation de l'autre. Elle doit être troublée elle-même avant de devenir perturbatrice (*Introduction à la psychanalyse,* 1916). L'acte manqué résulte alors de l'interférence de deux intentions différentes. Le désir inconscient (refoulé) du sujet tentera de s'exprimer malgré son intention consciente, en induisant une perturbation dont la nature ne semble dépendre, en fait, que du degré de refoulement, selon, par exemple, que le désir refoulé ne parvient seulement qu'à modifier l'intention avouée; selon, encore, qu'il se confond simplement avec elle; selon, enfin, qu'il prend directement sa place. Ces trois sortes de mécanismes perturbateurs se trouvent particulièrement bien illustrés par les lapsus, dont Freud fournit de nombreux exemples en 1901 dans *Psychopathologie de la vie quotidienne.* On peut donc identifier les actes manqués à des formations de symptômes en tant que les symptômes résultent eux-mêmes d'un conflit : l'acte manqué apparaît bien comme une formation de compromis entre l'intention consciente du sujet et son désir inconscient; lequel compromis s'exprime par des perturbations qui affectent la forme d'« accidents » ou de « ratés » de la vie quotidienne.

Avec la théorie psychanalytique de l'acte manqué se trouvent radicalement éconduites les tentatives d'explication, soit purement organiques, soit psychophysiologiques, fréquemment alléguées à l'endroit de tels « accidents » de la vie psychique. La méthode des associations libres, judicieusement appliquée à l'analyse de ces « accidents », ne cesse de conforter l'assimilation qui est faite de l'acte manqué à un véritable symptôme aussi bien pour ce qui est de sa structure de compromis que de sa fonction d'accomplissement de désir. En outre, eu égard à la nature des mécanismes inconscients qui gouvernent la production de tels « accidents », la théorie psychanalytique des actes manqués constitue une introduction fondamentale à l'étude et à la compréhension du fonctionnement de l'inconscient, au moins pour ce qui est du processus primaire. R. L.

ACTH

n.f. (angl. Adreno-Cortico-Trophic-Hormone)

Hormone d'origine hypophysaire qui contrôle la sécrétion du cortisol par le cortex surrénalien. (Syn. corticostimuline, corticotrophine, hormone corticotrope.)

L'ACTH est formée d'une chaîne de 39 maillons d'acides aminés, dont les 24 premiers sont identiques dans toutes les espèces et sont responsables de l'activité biologique. La sécrétion d'ACTH est soumise à trois facteurs de régulation : rétrorégulation (feed-back négatif); régulation rythmée par l'alternance veille-sommeil; régulation par une agression quelconque (état de choc, brûlures, hémorragies [syndrome d'alarme de Selye]). L'excès de sécrétion d'ACTH provoque un hypercorticisme (maladie de Cushing). R. L.

actile (période)

(angl. Actil Period)

Période de performance optimale dans l'exécution d'une tâche.

La période actile correspond à l'une des périodes d'évolution de la performance d'un opérateur au cours d'une activité monotone, continue et répétitive ou d'une tâche nécessitant une attention soutenue (K. F. H. Murrell, 1962). Dans ce type de tâche, on peut distinguer trois périodes correspondant à différents niveaux d'efficacité : une période initiale de *mise en train* (angl. Warm-Up), une période de performance maximale (période actile) et une période de détérioration de la performance. La longueur de la période actile dépend, d'une part, du niveau d'exigence de la tâche et, d'autre part, de caractéristiques individuelles. Elle peut être allongée par une interruption ponctuelle de l'exécution de la tâche. A. L.

acting-out

n.m. (allem. Agieren)

Comportement impulsif qui s'exprime sous forme d'un agir. (Syn. passage à l'acte.)

Pour S. Freud, l'Agieren tentait de recouvrir les actes d'un sujet aussi bien hors de l'analyse que dans l'analyse. Ce terme d'Agieren laisse naturellement planer une ambiguïté puisqu'il recouvre deux significations : celle de bouger, d'agir, de faire une action; celle de réactualiser dans le transfert une action antérieure. Dans ce cas précis, pour Freud, l'Agieren viendrait à la place d'un « se remémorer » : agir donc, plutôt que de se souvenir, de mettre en mots. L'anglais to Act Out respecte cette ambiguïté. En effet, il signifie aussi bien jouer une pièce, un rôle, donner à voir, montrer que agir, prendre des mesures.

Les psychanalystes français ont adopté le terme d'« acting-out » en lui adjoignant pour traduction et synonyme celui de « passage à l'acte », mais en ne retenant de l'acte que la dimension de l'interprétation à donner dans le transfert.

Jusque-là, l'acting-out était habituellement défini comme un acte inconscient, accompli par un sujet hors de lui-même, effectué à la place d'un « se souvenir de ». Cet acte, toujours impulsif, pouvait aller jusqu'au meurtre ou au suicide. Pourtant, aussi bien la justice que la psychiatrie classique s'étaient vues régulièrement confrontées à ces questions d'actes hors de toute relation transférentielle, pour déterminer une éventuelle responsabilité civile.

C'est à partir de là que la psychanalyse s'est posé la question : qu'est-ce qu'un acte pour un sujet?

J. Lacan, dans son *Séminaire inédit de 1962/63,* a proposé une conceptualisation différenciée entre l'acte, le passage à l'acte et l'acting-out, en s'appuyant sur deux observations cliniques de Freud : *Dora* et *Psychogenèse d'un cas d'homosexualité féminine* (1920). Dans ces deux cas, les Agieren étaient situés dans la vie de ces deux jeunes filles avant même que l'une ou l'autre n'aient envisagé la possibilité d'un travail analytique.

Ainsi, qu'est-ce donc qu'un acte?

Pour Lacan, un acte est toujours signifiant. L'acte inaugure toujours une coupure structurante qui permet à un sujet de se retrouver, dans l'après-coup, radicalement transformé, autre que ce qu'il était avant cet acte. La différence introduite par Lacan pour distinguer acting-out et passage à l'acte peut être illustrée cliniquement. Tout le manège de Dora avec Monsieur K était monstration de ce qu'elle n'ignorait pas les relations que son père entretenait avec Madame K, et c'est là ce que sa conduite tentait de masquer.

En ce qui concerne la jeune homosexuelle, tout le temps qu'elle passe à se promener avec sa dame sous les fenêtres du bureau de son père ou autour de leur maison est un temps d'acting-out à l'endroit du couple parental : elle vient leur montrer la demi-mondaine dont elle est éprise, et qui est cause de son désir.

L'acting-out est donc une conduite tenue par un sujet et donnée à déchiffrer à l'autre à qui elle s'adresse. C'est un transfert, bien que le sujet ne montre rien. Quelque chose se montre, hors de toute remémoration possible et hors de toute levée d'un refoulement.

L'acting-out donne à entendre à un autre devenu sourd. C'est une demande de symbolisation exigée dans un transfert sauvage.

Pour la jeune homosexuelle, ce que sa monstration dévoile, c'est qu'elle aurait désiré, comme phallus, un enfant du père, au moment où, âgée de 13 ans, un petit frère vient s'ajouter à la famille, et lui arrache la place privilégiée qu'elle occupait auprès de son père. Pour Dora, d'avoir été la cheville ouvrière pour faciliter la relation entre son père et Madame K, ne lui permet en rien de savoir que c'est Madame K l'objet qui cause son désir. L'acting-out, dans une recherche de la vérité, mime ce qu'il ne peut dire, par défaut de symbolisation.

Celui qui agit dans l'acting-out ne parle pas en son nom. Il ne sait pas qu'il est en train de montrer, pas plus qu'il ne peut reconnaître le sens de ce qu'il dévoile. C'est à l'autre qu'est confié le soin de déchiffrer, d'interpréter les scénarios. C'est l'autre qui se doit de savoir que se taire est métonymiquement un équivalent de mourir.

Mais comment cet autre pourrait-il déchiffrer l'acting-out, lui qui ne sait pas lui-même qu'il ne soutient plus la place où le sujet l'avait installé. Comment le père de Dora aurait-il pu aisément comprendre que la complaisance de sa fille tenait à ce qu'ils aient tous deux le même objet, cause de leur désir. Et quand bien même il l'aurait deviné, aurait-il pu le dire à Dora? Comment aurait-elle pu y répondre autrement que par une dénégation ou un passage à l'acte? Car l'acting-out est précisément un coup de folie destiné à éviter une angoisse trop violente. Il est mise en scène aussi bien du rejet de ce que pourrait être le dire angoissant de l'autre, que du dévoilement de ce que l'autre n'entend pas. Il est le signe fait à quelqu'un, de ce qu'un faux réel vienne à la place d'un impossible à dire.

Durant une analyse, l'acting-out est toujours le signe que la conduite de la cure est, du fait de l'analyste, dans une impasse. Il révèle la défaillance de l'analyste, pas forcément son incompétence. Il s'impose lorsque, par exemple, l'analyste au lieu de soutenir sa place, se comporte en maître ou fait une interprétation inadéquate, voire trop juste ou trop hâtive.

Pas plus qu'un autre, l'analyste ne peut interpréter l'acting-out, mais il peut, par une modification de sa position transférentielle, donc de son écoute, permettre à son patient de se repérer autrement et de dépasser cette conduite de monstration, pour s'insérer à nouveau dans un discours. Car être seulement un faux réel implique pour l'acting-out que le sujet puisse en revenir. C'est un billet aller-retour, sauf s'il entraîne dans sa suite un passage à l'acte, qui, lui, est le plus souvent un aller simple.

LE PASSAGE À L'ACTE

Pour Dora, le passage à l'acte se situe au moment même où Monsieur K, lui faisant la cour, lui déclare : « Ma femme n'est rien pour moi. » Et alors que rien ne le laissait prévoir, elle le gifle et s'enfuit.

Le passage à l'acte chez la femme homosexuelle, c'est cet instant où, croisant le regard courroucé de son père, alors qu'elle se fait le chevalier servant de sa dame, elle s'arrache de son bras et se précipite du haut d'un parapet, sur une voie de chemin de fer désaffectée. Elle *se laisse tomber* (allem. Niederkommen) dit Freud. Sa tentative de suicide consiste autant en cette chute, ce « laisser choir », qu'en un « mettre bas, accoucher », les deux sens de niederkommen.

Ce « se laisser tomber », c'est le corrélat essentiel de tout passage à l'acte, précise Lacan. Il complète ainsi l'analyse faite par Freud en soulignant que, à partir de ce passage à l'acte, lorsqu'un sujet est confronté radicalement à ce qu'il est comme objet pour l'Autre, il y réagit sur un mode impulsif, par une angoisse incontrôlée et incontrôlable, en s'identifiant à cet objet qu'il est pour l'Autre et en se laissant choir. Dans le passage à l'acte, c'est toujours du côté du sujet que se repère ce « se laisser tomber », cette évasion hors de la scène de son fantasme, et sans qu'il puisse s'en rendre compte. Il se produit pour un sujet lorsque celui-ci est confronté au dévoilement intempestif de l'objet *a* qu'il est pour l'Autre, et c'est toujours au moment d'un grand embarras et d'une émotion extrême lorsque, pour lui, toute symbolisation est devenue impossible. Il s'éjecte en s'offrant à l'Autre, lieu vide du signifiant, comme si cet Autre devenait pour lui imaginairement incarné et pouvait jouir de sa mort. Le passage à l'acte est donc un agir impulsif inconscient et non pas un acte.

Contrairement à l'acting-out, il ne s'adresse à personne et n'attend aucune interprétation, même s'il survient lors d'une cure analytique.

Le passage à l'acte est demande d'amour, de reconnaissance symbolique sur fond de désespoir, demande faite par un sujet qui ne peut se vivre que comme un déchet à évacuer. Pour la jeune homosexuelle, sa demande était d'être reconnue, vue par son père autrement qu'homosexuelle, dans une famille où sa position désirante était exclue. Refus donc d'un certain statut dans sa vie familiale. Par ailleurs, il faut remarquer que c'est à propos de la jeune homosexuelle que Freud fait son unique passage à l'acte face à ses patients. C'est de son fait qu'il arrête l'analyse de la jeune fille pour l'adresser à une analyste femme.

Le passage à l'acte se situe du côté de l'irrécupérable, de l'irréversible. Il est toujours franchissement de la scène, au-devant du réel, action impulsive dont la plus typique consiste en la défenestration. Il est jeu aveugle et négation de soi; il constitue la seule possibilité, ponctuelle, pour un sujet de s'inscrire symboliquement dans le réel déshumanisant. Il est souvent le refus d'un choix conscient et accepté entre la castration et la mort. Il est révolte passionnée contre l'incontournable division du sujet. Il est victoire de la pulsion de mort, triomphe de la haine et du sadisme. Il est aussi le prix toujours payé trop cher pour soutenir inconsciemment une position de maîtrise, dans l'aliénation la plus radicale, puisque le sujet est même prêt à la payer de sa vie.

C. E.

action

n.f. (angl. Action)

Modification du cours naturel des choses, réalisée par un agent en vue d'un but.

Une action est définie par quatre composantes :

1. le type d'intervention dans le cours naturel des choses. Si le cours naturel des choses est un état, l'action peut consister à initier un changement (par exemple, déplacer un objet) ou à laisser la situation en l'état (par exemple, conserver ce qu'on a). Si le cours naturel des choses est un changement (un procès), l'action peut consister à interrompre le déroulement du procès (par exemple, retenir quelqu'un qui tombe) ou à laisser se dérouler le procès (laisser le robinet couler);
2. le type d'état ou de procès sur lequel porte l'action. L'état peut être une localisation, la valeur d'un attribut (sec, humide, chaud, froid), un état de possession ou d'existence. Le procès peut être un changement d'état d'un objet (du point de vue de son existence, de sa possession, de sa localisation, de ses attributs), ce peut être également un assemblage d'un objet avec d'autres selon la relation parties-tout (par exemple, une construction, un rassemblement, une fixation, etc.),
3. l'environnement actantiel qui définit les paramètres de l'action : l'agent responsable de l'action, le patient, éventuellement le lieu, l'instrument;
4. le but en vue duquel est réalisée l'action et qui est responsable du déclenchement de l'action. Le but est généralement le résultat de l'action, mais il se peut aussi que l'action

ait des effets secondaires non escomptés (par exemple, « en voulant prendre la bouteille, il renversa le vase »). J.-F. R.

action research

n.f.

→ recherche-action.

activation

n.f. (angl. Activation)

GÉNÉR. **Processus hypothétique utilisé dans une famille de modèles cognitifs, en vertu duquel des représentations ou des procédures cognitives peuvent être portées à des niveaux variables d'activité.** (Syn. niveau d'activation.)

La notion d'activation ne désigne un processus hypothétique que dans les modèles de psychologie générale. Dans le domaine de la neurophysiologie, elle ne l'est nullement puisque l'on dispose de catégories d'observations bien établies pour l'attester. Mais son usage en psychologie générale est différent, et on ne peut sans précaution généraliser d'un domaine à l'autre. La neurobiologie permet de dire que des structures neuronales, anatomiquement définies, sont activées, et non que des structures cognitives, fonctionnellement définies, le sont.

La notion d'activation est, malgré tout, largement utilisée de façon hypothétique dans toute une famille de modèles de psychologie cognitive. Cette modélisation repose sur les idées suivantes. D'abord, étant donné des entités (elles-mêmes hypothétiques) telles que des procédures ou des représentations cognitives, on peut supposer que celles-ci peuvent exister en étant dans deux états différents : un état inactif ou un état actif. Ensuite, on ajoute généralement l'hypothèse que, dans le second cas, il peut exister des niveaux plus ou moins élevés d'activité : on a donc alors une multiplicité d'états plutôt que simplement deux. On peut alors faire des hypothèses sur les déterminants.

L'hypothèse théorique majeure sous-jacente à ces modèles de psychologie générale est que des structures neuronales particulières correspondent aux entités psychologiques du modèle. Cette hypothèse, bien que plausible, n'a pas été jusqu'ici vérifiée de façon étendue.

Dans les modèles d'activation, les principales entités ou structures cognitives qui sont considérées comme susceptibles d'être activées sont, on l'a vu, des *représentations cognitives* (qu'il s'agisse d'items lexicaux, d'unités sémantiques, d'images mentales, de schémas ou de frames*, etc.) et des *structures d'exécution* (qu'il s'agisse de règles, de procédures, d'opérations, de schémas d'actions, de stéréotypes, de stratégies, etc.).

À l'intérieur de la méthodologie purement psychologique — c'est-à-dire en dehors du recours à des observations de type neurobiologique —, on peut inférer de façon plausible qu'une structure cognitive a été activée lorsque sont remplies deux conditions primitives, communes en psychologie expérimentale : la présence d'une situation pertinente, dont on suppose qu'elle détermine l'activation ; l'observation d'un comportement pertinent, et de certaines de ses caractéristiques, qui témoignent de l'activation et, le cas échéant, de son niveau.

Les situations pertinentes qui ont un caractère primitif sont, évidemment, les stimulus directs : un stimulus visuel tel qu'un oiseau réel, ou un dessin d'oiseau, ou des parties d'oiseau, est supposé activer la représentation perceptive correspondante ; le mot oral ou écrit « oiseau » est supposé activer la représentation cognitive correspondante, y compris éventuellement des éléments de la représentation perceptive (son image mentale).

On confirme cette activation par l'observation d'un comportement adéquat, qui peut être emprunté à la vie courante. Par exemple, dans le domaine du langage, on dira que la représentation sémantique, ou la signification, du mot « crayon » a été activée si la phrase : « Voudriez-vous me donner le crayon ? » a été prononcée et si le sujet choisit le crayon parmi un ensemble d'objets pour le tendre à son interlocuteur.

Plus intéressantes sont les situations de laboratoire dans lesquelles on tente d'inférer, en faisant varier les situations, la présence de niveaux différents d'activation. Une mesure comportementale fréquemment utilisée à cet effet est le temps de réaction ou de réponse. Plus intéressantes également sont les situations dérivées, dans lesquelles le stimulus primitif pertinent (le stimulus A correspondant à une représentation A) n'est pas directement présent, mais où se trouve présent un autre stimulus B, qui est similaire ou sémantiquement apparenté au stimulus pertinent A. (On peut incidemment observer que, dans ces modèles, on considérera qu'en toute rigueur ce sont les deux représentations cognitives, plutôt que les deux stimulus, qui sont apparentées.)

Un exemple caractéristique à la fois d'une telle situation dérivée et de l'usage des temps de réponse pour inférer des niveaux d'activation, est fourni par le phénomène d'amorçage (→ amorçage 1). Si, dans une tâche de décision lexicale, on présente un mot A (tel que « docteur ») précédé par un stimulus neutre, on peut observer un certain temps de réponse à A (« temps de décision »), qu'on peut appeler t0. Si maintenant on présente ce même stimulus A précédé d'un stimulus B qui lui est sémantiquement apparenté (par exemple, « infirmier »), on observera un autre temps de décision, t1, à A. L'expérimentation montre que t1 est plus court que t0 (quelques dizaines de millisecondes) : ce résultat définit le phénomène d'amorçage.

Dans un modèle d'activation, on interprète ce fait en disant qu'une représentation cognitive telle que A (ici la signification du mot « docteur ») peut se trouver activée non seulement, de façon normale et primitive, par le stimulus pertinent A (le mot « docteur »), mais aussi, de façon anticipée, automatique et non consciente, par la présentation antérieure d'un stimulus apparenté B (le mot « infirmier »).

En toute rigueur, il faut dire que la représentation cognitive A (la signification de « docteur ») a été indirectement préactivée par la représentation cognitive B (l'autre signification, celle d'« infirmier »), qui avait elle-même été directement activée par son stimulus pertinent, le mot B.

Cette interprétation exige une notion supplémentaire, celle de diffusion de l'activation, c'est-à-dire de « passage » de l'activation depuis une représentation cognitive vers une autre, ici de B à A. C'est cette notion supplémentaire qui fait le prix et la fécondité de la notion d'activation.

La notion d'activation est en compétition, pour l'interprétation des phénomènes, avec les notions empruntées de façon directe à l'informatique, telles que « présence dans un registre », « transfert d'un registre à un autre » ou « d'une base de données à un registre », etc. Cette compétition s'exerce évidemment en premier lieu sur le terrain de la compatibilité avec les données expérimentales proprement psychologiques (situations et comportements).

Néanmoins, il n'est pas indifférent que les modèles d'activation soient, eux, bien compatibles avec les notions et données de la neurobiologie ; cela vaut même si, comme on l'a dit, il n'y a entre les deux domaines qu'une correspondance analogique et non une coïncidence directe. J.-F. L. N.

PHYSIOL. **Augmentation du niveau d'activité du système nerveux central.**

S'agissant d'un changement d'état, il faut garder présent à l'esprit que l'importance de ce changement dépend de plusieurs facteurs, dont la nature et la signification de la stimulation qui le provoque, et le niveau d'excitabilité du système nerveux au moment de la stimulation. Les indices de cette activation sont nombreux ; on les recueille aux niveaux central et périphérique (activité électroencéphalographique, débit sanguin cérébral, tonus ou réflexes musculaires, fréquence cardiaque, réponse électrodermale, diamètre pupillaire, température centrale ou taux de catécholamines urinaires, etc.). On utilise encore, puisqu'il existe une relation entre le niveau d'activité centrale et le comportement, des indices comportementaux permettant de définir des niveaux de vigilance, tels que la performance à des épreuves dites de vigilance (détection de signaux) ou des réponses à des questionnaires d'autoestimation de la vigilance.

En 1951, D. B. Lindsley propose la *théorie de l'activation* sur la base de la constatation d'une relation entre les comportements et l'activité électroencéphalographique observable lorsque ces comportements sont émis. Il ne s'agit pas d'une simple corrélation puisque la stimulation de la formation réticulée mésencéphalique (structure centrale dont la stimulation entraîne une activation généralisée d'un grand nombre de structures cérébrales) est suivie de modifications comportementales dont l'intensité est fonction de l'intensité de la stimulation : on peut, de cette manière, déclencher des comportements d'attente, d'excitation ou de rage. Inversement, la destruction de cette structure activatrice entraîne des comportements d'apathie ou de sommeil. Selon la théorie de l'activation, le comportement dépend donc du degré d'activité réticulaire. P. L.

→ vigilance.

BIBLIOGRAPHIE

Anderson, J. R., 1983, *The Architecture of Cognition.* Cambridge, Harvard University Press.

Kekenbosch, C., Denhière, G., 1988, « l'Activation et la diffusion de l'activation: une revue critique », *L'Année psychologique*, 237-255.

Le Ny, J-F., 1989, *Science cognitive et compréhensive du langage,* Paris, P.U.F.

Reuchlin, M., 1981, *Psychologie,* 4e éd., Paris, P.U.F.

actives (méthodes)

Méthodes fondées sur la participation, l'initiative et l'autonomie des élèves.

Cette conception de la pédagogie, et la pratique qu'elle induit, met l'accent sur l'activité propre de l'apprenant. Elle est à la base de l'*école active,* méthode consacrée par une tradition qui remonte au livre de A. Ferrière, qui a précisément pour titre *Méthode active* (1920). R. L.

1. activité

n.f. (angl. Activity)

BIOL. et ÉTHOL. **Ensemble des déplacements et des mouvements d'un organisme.** R. L.

→ activité (cage d').

2. activité

n.f.

Dans la caractérologie de G. Heymans et E. Wierma, caractéristique d'une personne qui présente en elle-même une disposition à l'action à l'égard des buts qu'elle poursuit.

L'activité s'oppose à la non-activité. On classe les sujets en actifs/non-actifs primaires, secondaires, etc. R. L.

activité (cage d')

(angl. Activity Box)

Cage munie d'un dispositif qui sert à mesurer l'activité spontanée d'un animal.

Les plus connues des cages de ce type sont celles qui sont construites comme un tambour grillagé, et dans lesquelles un animal, en général un rongeur, peut courir indéfiniment sans récompense particulière. D'autres cages sont plus ordinaires, et comportent simplement un plancher mobile qui permet d'enregistrer une somme de déplacements indifférenciés d'un animal; d'autres encore comportent des cellules photoélectriques qui détectent les déplacements.

Leur rôle est de permettre la mesure sur de longues périodes des comportements spontanés, non orientés vers un but, des animaux, comportements qui ne sont pas déterminés par un stimulus ou une incitation externe, mais qui sont fonction de l'état interne de l'organisme. J.-F. L. N.

activité oculomotrice

(angl. Oculomotor Activity)

Ensemble de déplacements conjugués des deux yeux. Les déplacements conjugés des yeux sont de deux sortes: les uns sont spontanés (micronystagmus, mouvement autocinétique); les autres sont déclenchés par des stimulus lumineux (réflexe de fixation, saccade, poursuite visuelle). Il existe différents types de mouvements oculaires. Le mouvement des yeux est fondamentalement lié à l'acquisition cognitive. [Syn. oculomotricité.]

LES TYPES DE MOUVEMENTS OCULAIRES

GÉNÉR. Le micronystagmus consiste en mouvements de très faible amplitude, 20 secondes d'arc en moyenne, 50 au maximum, et de grande fréquence, 30 à 50 par seconde. Cette sorte de tremblement est incontrôlable et non perçu par le sujet. Il a pour fonction d'empêcher que les cellules réceptrices soient excitées de façon continue. La suppression de l'effet du micronystagmus par une stabilisation artificielle de l'image rétinienne entraîne une disparition plus ou moins longue et plus ou moins complète de la perception, par adaptation des cellules stimulées. La poursuite est un déplacement continu des yeux qui permet de suivre un mobile en gardant le regard fixé sur lui. Le réflexe de fixation, déclenché par une stimulation lumineuse de la rétine périphérique, a pour effet d'amener ce stimulus en vision fovéale. La saccade est un déplacement très rapide (environ 30 millisecondes pour 5 degrés d'arc, 100 ms pour 40^0 chez l'adulte) dont la trajectoire est programmée avant le départ de l'œil. L'enchaînement de saccades et de fixations constitue un trajet oculaire dont la forme est déterminée par les localisations successives des fixations. Aussi bien dans l'obscurité qu'en milieu éclairé, que ce dernier soit ou non structuré, nous déplaçons nos yeux à un rythme moyen de 2 à 3 fois par seconde chez l'adulte. Les déplacements horizontaux sont plus fréquents et plus amples que les verticaux, ce qui peut s'expliquer par le simple fait que 6 muscles oculomoteurs doivent se coordonner pour exécuter un déplacement vertical, 2 seulement pour un mouvement horizontal. Les fixations oculaires se concentrent préférentiellement sur certains points (zone à fort contraste, contour d'une figure et surtout ses points d'inflexion qui constituent de véritables pôles d'attirance du regard).

DÉVELOP. Toutes ces activités oculomotrices sont présentes dès la naissance mais, pendant les premiers mois, les déplacements oculaires sont moins rapides, leur latence plus grande (plusieurs secondes pour une saccade chez le nouveau-né), leur amplitude plus faible (plusieurs saccades successives peuvent être nécessaires pour réaliser la poursuite et même le réflexe de fixation). Aussi a-t-on pu parler de programmes autogènes d'exploration oculaire, fonctionnels à la naissance et inscrits dans la mécanique oculaire.

ACTIVITÉS OCULAIRES ET ACTIVITÉS COGNITIVES

GÉNÉR. Très tôt les psychologues ont été tentés de voir dans la localisation des pauses du regard, ou fixations, la marque d'un choix délibéré, dans leur durée une estimation du temps nécessaire au traitement de l'information disponible dans la zone fixée, et dans la séquence des fixations la trace d'une stratégie délibérée de recherche et de mise en relation d'informations en vue de l'atteinte d'un but. Chez l'adulte, plusieurs recherches ont apporté des arguments en faveur de cette position. Ainsi une analyse fine des paramètres de l'exploration oculaire a mis en évidence une relation entre leurs valeurs et les exigences du traitement psycholinguistique de même qu'avec la difficulté de compréhension d'un texte. La pratique d'une tâche, comme l'exploration d'un écran de radar ou le déchiffrage d'une radiographie, entraîne une économie dans le nombre et la durée des fixations, ainsi qu'une meilleure répartition de celles-ci, qui s'accompagne d'une meilleure performance.

DÉVELOP. L'exploration visuelle d'enfants de 3 à 9 ans a été enregistrée au cours de tâches cognitives d'identification et de différenciation entre dessins d'objets ou de scènes familières (E. Vurpillot). L'évolution du trajet oculaire passe par deux phases. Jusqu'à environ 6 ans, l'activité oculomotrice est pratiquement indépendante des exigences de la tâche : l'enfant regarde en fonction de l'intérêt que suscite en lui le stimulus par sa nouveauté, sa complexité, sa signification. Aussi se contente-t-il souvent d'explorer une zone très limitée de ce qu'on lui présente. La forme de son trajet oculaire est déterminée par les caractéristiques structurales du stimulus : les fixations se concentrent sur les pôles d'attirance, les déplacements oculaires se font de préférence le long d'alignements d'éléments discrets, surtout s'ils sont horizontaux. L'exploration est modelée par le matériel : le trajet oculaire change de forme en même temps que celui-ci, même quand la tâche demeure la même, alors qu'il garde la même forme lorsque l'enfant doit exécuter une autre tâche avec le même matériel. À partir de 6 ans apparaissent de véritables stratégies d'exploration. Par exemple, lorsqu'ils ont à décider si deux maisons ou deux colliers sont identiques ou non, les enfants récoltent autant d'informations qu'ils jugent nécessaire de disposer pour arriver à une décision et organisent leur trajet oculaire en fonction des comparaisons qu'ils se proposent de faire. Bref, leurs critères de décision (définition de l'identité ou de la non-identité de deux objets dans l'exemple choisi) deviennent les principaux déterminants de l'étendue et de la structure de l'exploration. E. V.

activité perceptive

(angl. Perceptual Activity)

→ perceptive (activité).

activité phasique du sommeil

(angl. Phasic Activity of Sleep)

Phénomènes transitoires apparaissant dans certaines périodes de sommeil, tels que les mouvements oculaires rapides et les secousses musculaires du sommeil paradoxal, ou les spindles du stade 2 de sommeil. P. L.

activités intellectuelles

(angl. Mental Processes)

Activités de traitement de l'information symbolique peu automatisées, utilisant des connaissances explicites, intervenant dans la compréhension, le raisonnement, l'acquisition de connaissances et la résolution de problèmes.

Les activités intellectuelles constituent le domaine de l'intelligence abstraite qu'on oppose souvent à l'intelligence pratique. Cette opposition s'appuie principalement sur la psychométrie qui, dans la mesure de l'intelligence, distingue des tests d'intelligence théorique et des tests d'intelligence pratique. Si cette distinction a une certaine validité pour les tâches élémentaires telles que celles qui sont proposées dans les tests, elle ne l'a plus pour les tâches complexes qui exigent une décomposition de la tâche en sous-objectifs qu'on puisse atteindre, un ordonnancement de ces objectifs, la mise en œuvre d'heuristiques de recherche en l'absence de procédures connues, l'évaluation des résultats de l'action et éventuellement une remise en cause de l'interprétation de la situation. Ces tâches font intervenir un nombre considérable d'inférences, que ce soit pour comprendre la situation ou pour élaborer des décisions d'action. De fait, les corrélations obtenues sont faibles, quand on met en relation les performances aux tâches complexes et les résultats aux tests d'intelligence. Cela s'explique en premier lieu par le fait que les situations utilisées dans les tests ne sont pas finalisées et donc ne mettent pas en œuvre les activités d'évaluation, de contrôle et de réorientation de l'action, qui sont essentielles dans les tâches complexes. Une seconde raison est que les tâches abstraites utilisées dans les tests sont en grande partie de nature logicomathématique (découverte de règles) ou de nature métalinguistique (définition de termes), et que celles utilisées pour mesurer l'intelligence pratique ont souvent des composantes perceptives importantes.

Dans la perspective moderne, où les activités cognitives sont conçues comme des activités de traitement de l'information, cette distinction perd son sens. Les tâches de démonstration de type démonstration géométrique ou transformation algébrique sont analysées dans le même cadre conceptuel que les problèmes de transformation d'états tels que le problème des missionnaires et cannibales ou celui de la tour de Hanoi*. Dans cette perspective, on a des états qui sont les états physiques de la situation ou l'ensemble des informations disponibles, celles qui étaient données au départ et celles qui ont été déduites à partir d'elles. On a des manipulations qui consistent à passer d'un état à un autre : ce sont les actions physiques ou les déductions. On a enfin des règles de passage d'un état à un autre : dans un cas, ce sont les théorèmes utilisables et les règles générales de la logique qui garantissent la validité du raisonnement, et, dans l'autre, ce sont les règles qui définissent les actions licites dans la situation, par exemple ne jamais avoir plus de cannibales que de missionnaires sur une rive.

L'ensemble des états accessibles par les règles de transition entre états définit un espace de recherche. La situation initiale, que constituent les données du problème, est un état; le but (ou la proposition à démontrer) est également un état dans cet espace. Élaborer une solution consiste à trouver dans cet espace un chemin qui permette de rejoindre l'état constituant le but à partir de l'état initial. Une démonstration est également un cheminement qui consiste à relier les propositions admises au départ à la proposition à démontrer. L'espace dans lequel se situe ce cheminement est l'espace de toutes les déductions que l'on peut faire à partir des théorèmes connus et des propositions de départ. Dans la perspective du traitement de l'information, il est préférable d'opposer les activités de traitement de l'information symbolique qui utilisent des connaissances explicites, ou du moins explicitables dans une certaine mesure, d'une part aux activités perceptives, d'autre part aux activités fortement automatisées qui utilisent principalement des connaissances implicites.

Les activités perceptives mettent en œuvre des traitements qui consistent pour l'essentiel à extraire de l'information des stimulus et qu'on appelle pour cette raison des traitements *ascendants* (angl. Bottom Up). Les traitements symboliques utilisent principalement des connaissances, d'où la dénomination de traitements *descendants* (angl. Top Down). Une partie de ces traitements sont extrêmement automatisés, tels ceux qui interviennent dans la mise en œuvre des savoir-faire ou dans l'activation des significations associées aux termes du lexique. Ils constituent les savoirs spécialisés caractéristiques de l'expertise. Ces savoirs sont marqués par l'extrême rapidité de leur mise en œuvre, par leur spécificité et leur faible transférabilité, par leur caractère implicite, qui rend leur étude très difficile. Leur étude relève de celle de la mémoire dans la mesure où ils sont constitués par des connaissances implicites, dont la mise en œuvre dépend essentiellement de mécanismes d'activation.

Sous l'appellation d'activités intellectuelles, on considère les activités qui mettent en jeu des inférences reposant sur des connaissances explicitables, ce que l'on appelle des raisonnements, lesquels constituent également une part importante de l'expertise, celle à laquelle on a le plus facilement accès et qui est formalisée dans les systèmes experts.

On peut distinguer quatre types d'activités relevant du traitement de l'information symbolique :

1. *les activités de compréhension*. Elles incluent à la fois la compréhension du langage et la compréhension de situations physiques, dans la mesure où celle-ci met en jeu des connaissances;
2. *les activités de raisonnement*. Elles consistent à produire des inférences, les unes de nature inductive, les autres de nature déductive et visant soit la compréhension, la communication ou l'acquisition de connaissances, soit l'élaboration de décisions d'action;
3. *l'acquisition de connaissances*. Elle se produit soit par l'enseignement ou les textes, soit par une expérience de découverte dans la résolution des problèmes;
4. *l'élaboration de décisions d'action*. C'est notamment la planification de tâches complexes, telles que celles qui sont réalisées quotidiennement dans l'activité professionnelle.

La compréhension

La compréhension traite des significations véhiculées par des textes ou par des situations physiques. (La compréhension des textes est analysée ici; pour la compréhension des situations → problème.) Comprendre un texte répond à différentes finalités : communiquer (interpréter un message), acquérir des informations événementielles (réelles ou romanesques), acquérir des connaissances générales (dans une perspective didactique), réaliser des actions spécifiques (consigne, mode d'emploi, recette).

L'information qui sera stockée en mémoire ou utilisée pour l'action immédiate au terme de l'activité de compréhension est le résultat d'une élaboration qui dépend de la finalité de la compréhension. La compréhension de textes qui ont pour finalité la production d'actions consiste principalement à spécifier l'énoncé pour l'appliquer au contexte particulier de la situation, ce qui exige d'ajouter de l'information à celle qui est fournie par l'énoncé.

Un texte de consignes ou une recette décrivent une façon de faire pour obtenir un résultat précis, ce que l'on appelle une procédure. Ce qu'il convient de faire est décrit de façon assez générale et exige en fait beaucoup de connaissances de la part du lecteur. Le texte est loin d'énoncer la suite de toutes les actions à réaliser : il y a beaucoup d'implicite et il faut faire de nombreuses inférences pour passer du texte aux actions. Dans un texte à visée narrative, la compréhension consiste le plus souvent à remonter des actions qui sont décrites aux buts des acteurs, qui, très souvent, n'ont pas été explicités par le texte au moment où l'action est décrite, et à remonter des buts aux contraintes de la situation et aux intérêts des individus qui ont pu motiver ces buts.

Comprendre, c'est retrouver la chaîne causale qui a produit les événements décrits. Beaucoup d'informations fournies dans le texte sont alors négligées : ce qui est compris est plus général que ce qui est dit. L'interprétation consiste surtout à généraliser, alors que dans le cas précédent, elle consiste principalement à particulariser. Les relations qu'il est nécessaire d'établir entre les éléments d'information explicitement décrits et ceux qu'il est nécessaire d'ajouter pour construire une interprétation du texte qui soit adaptée à sa finalité peuvent être produites par des inférences ou peuvent être récupérées directement en mémoire, si l'on a déjà traité précédemment des situations similaires et si les résultats de ces traitements ont été mémorisés. La part des informations récupérées en mémoire est plus ou moins importante dans la construction d'une interprétation.

On peut distinguer quatre modes de construction d'une interprétation en fonction de l'importance relative des informations inférées par rapport à celles qui sont retrouvées en mémoire, et du fait que l'interprétation consiste à particulariser ce qui est dit dans le texte pour l'adapter à la situation ou qu'elle a pour objet de construire une explication des événements, par définition plus schématique que la description des événements eux-mêmes. Bien entendu, plusieurs de ces modes de construction peuvent intervenir simultanément dans la compréhension d'un texte précis. Ainsi, dans la compréhension d'une énigme policière, il ne suffit pas de savoir qu'une action a été réalisée, il faut se demander comment elle a été réalisée dans le détail, quels instruments ont été utilisés, quel temps elle a pris, etc.

PARTICULARISATION D'UN SCHÉMA

Un schéma est un ensemble organisé d'informations concernant des événements ou des actions : un repas au restaurant, une cérémonie de mariage, une visite chez le médecin ou la manière de faire cuire un œuf à la coque. (→ schéma.) C'est une unité de connaissances qui est autonome, insécable et récupérée en bloc. Les schémas sont des structures générales qui s'appliquent à un grand nombre de situations concrètes différentes. De ce fait, ils contiennent un certain nombre de variables qui sont destinées à être remplies par des éléments spécifiques de la situation. Comprendre en utilisant un schéma, c'est d'abord sélectionner ce schéma et remplacer ses variables par les éléments de la situation : le résultat de l'interprétation est le schéma particularisé. Un schéma est sélectionné généralement à partir d'un nom qui lui sert d'étiquette ou d'éléments qui lui sont spécifiques. Le schéma a deux fonctions.

INTERPRÉTATION DES ÉLÉMENTS. La première fonction est de permettre d'interpréter les éléments d'information du texte. Si je lis dans un récit : « Il alla voir le médecin. Une jeune personne le fit entrer dans une sorte de petit salon où il y avait trois adultes qui lisaient des illustrés », le schéma « visite chez le médecin » permet d'identifier la jeune personne comme la secrétaire ou l'assistante médicale, et les trois autres, comme des clients qui attendent.

INFÉRENCE DES INFORMATIONS MANQUANTES. La deuxième fonction du schéma est de permettre d'inférer des informations manquantes. Dans l'exemple précédent, on peut inférer que la pièce est la salle d'attente et que les illustrés sont probablement ceux qui sont mis à la disposition des clients.

CONSTRUCTION D'UNE REPRÉSENTATION

La construction se fait par analogie avec une situation connue. Il s'agit du transfert à un autre domaine des significations d'un domaine : on utilise les relations et les propriétés connues d'un domaine pour comprendre ce qui se passe dans un autre domaine.

LA PRATIQUE DE L'ANALOGIE. On en a de nombreux exemples dans la compréhension des phénomènes physiques. On a montré à partir de l'analyse des réponses sur les circuits électriques que les conceptions des non-spécialistes concernant les phénomènes électriques sont construites selon des modèles mécaniques ou hydrauliques. Dans le modèle mécanique, le courant électrique est vu comme un parcours de mobiles (par exemple, une foule dans le métro aux heures de pointe) : le nombre de mobiles est la quantité de courant, la largeur des couloirs est la résistance et la poussée des mobiles est le voltage. Dans le modèle hydraulique, de même que l'eau s'écoule à travers les tuyaux, l'électricité est considérée comme circulant dans des fils. Le voltage est l'analogue de la pression dans les tuyaux, la résistance est l'analogue du diamètre du tuyau.

Le recours à l'analogie se pratique dans l'interprétation que l'on se fait des appareils utilisés quotidiennement. Ainsi, dans l'utilisation d'une calculette à mémoire, la copie dans le registre mémoire du nombre affiché est conçue comme un transport physique, la mémoire étant l'analogue d'un magasin. De la sorte, le nombre affiché est considéré comme n'étant plus présent et comme ne pouvant être utilisé dans un calcul, ce qui est inexact. Le recours à l'analogie peut être utilisé dans l'enseignement : pour faire acquérir le sens de la retenue dans la soustraction, on peut assimiler la retenue à un échange, avec ses deux faces, l'emprunt et la restitution, en faisant réaliser l'opération avec des cubes, des réglettes de dix cubes et des blocs de dix réglettes.

LES LIMITES ET LES CORRECTIONS DE L'ANALOGIE. Dans la mesure où l'analogie n'est en général pas complète, son utilisation conduit à l'erreur, ce qui suscite une certaine méfiance à son égard. Elle reste cependant un mécanisme très puissant pour aborder de nouvelles situations. Son intérêt principal est de permettre d'engendrer des hypothèses dont le test délimite son domaine de validité.

Un moyen de correction très intéressant est l'utilisation d'analogies multiples : une seconde analogie est utilisée pour corriger les insuffisances de la première. Ainsi, on peut faire comprendre le concept de « variable » relativement à l'opération d'affectation dans un langage de programmation comme le basic, à partir de trois analogies : l'analogie de la boîte comme contenant, celle de l'égalité en algèbre et celle de la mémoire pour conserver une information.

CONSTRUCTION D'UN RÉSEAU DE RELATIONS

Lorsque la situation décrite n'est assimilable à aucune des situations que l'on connaît, comprendre consiste à construire un réseau de relations au fur et à mesure de la lecture du texte. Les informations de base sont considérées comme étant les propositions (au sens de structure prédicat-argument). Certaines sont éliminées purement et simplement parce qu'elles ne sont pas connectées à d'autres informations du texte, d'autres sont remplacées par une proposition plus générale qui résume un ensemble de propositions. D'autres enfin sont construites pour exprimer les relations de haut niveau entre les informations du texte. Dans le cas d'un récit, ce sont les relations de causalité entre les événements, les relations de buts à sous-buts entre les actions des personnages, qui constituent la superstructure qui donne son sens au récit et qui permet de dire qu'on l'a compris. Dans certains cas, plusieurs superstructures peuvent être construites, qui sont compatibles avec les informations fournies. C'est la caractéristique des romans policiers où l'interprétation que l'on est incité à construire tout d'abord n'est pas l'interprétation définitive et devra être remise en cause.

CONSTRUCTION D'UN MODÈLE DE SITUATION

On peut être amené dans certains cas à construire une interprétation de la situation qui consiste à se représenter très concrètement les lieux, les personnages ou les actions.

La compréhension de consignes. Si on lit dans une recette « écraser dans un bol quatre cuillerées à soupe de beurre ramolli », il faut comprendre qu'on doit d'abord faire ramollir le beurre en le laissant un moment à la température de la pièce après l'avoir sorti du réfrigérateur, puis prendre un bol, ensuite prélever quatre cuillerées de beurre et enfin écraser le beurre dans le bol. Il faut donc ajouter beaucoup d'informations, qui doivent être inférées (à partir des connaissances que l'on a sur la cuisine), pour déterminer la suite des actions à réaliser. Cette activité de production des inférences qui sont nécessaires pour l'explicitation de la consigne n'est faite automatiquement que si l'on a des connaissances spécialisées.

On a montré que si l'on demande à des sujets n'ayant pas de pratique de la cuisine de mémoriser une recette dans laquelle certaines informations sont données de façon explicite (comme « faites ramollir quatre cuillerées de beurre en le mettant à la température de la pièce et écrasez-le ») ou implicite (« écrasez quatre cuillerées de beurre ramolli »), ils mentionnent nettement moins souvent dans une épreuve de rappel les actions formulées de manière implicite que celles qui sont explicitement décrites. En revanche, les sujets expérimentés rappellent aussi fréquemment les actions implicites que les actions explicites. Cela signifie qu'à la différence des sujets expérimentés, les sujets novices ne se représentent pas, au moment de la lecture, la façon de réaliser les actions exprimées seulement de manière indirecte par leur résultat. Les sujets expérimentés ajoutent donc ce type d'information au moment de la lecture, mais cette programmation est très automatisée, car le temps global de lecture est le même pour les deux catégories de sujets.

La lecture d'un récit. Dans la lecture de récits, la représentation du détail des actions et de la topographie des lieux ne semble pas faite en général spontanément au moment de la lecture, sauf dans les cas où la compréhension de la suite du texte le requiert, comme c'est souvent le cas dans les énigmes policières. On a montré qu'après l'écoute d'un passage d'une nouvelle de C. Doyle, racontant comment Sherlock Holmes et le docteur Watson s'introduisaient nuitamment dans la maison d'un maître chanteur pour récupérer des lettres compromettantes, les sujets étaient pour la plupart incapables de dessiner le plan de la villa et le trajet effectué par les héros dans la villa pour se rendre dans la pièce où se trouvaient les documents. Pourtant à une seconde lecture, informés de la tâche qui les attendait, ils se sont révélés capables de fournir un plan relativement précis.

Ces résultats montrent que la construction d'un modèle de situation est une tâche coûteuse du point de vue cognitif, qui n'est réalisée automatiquement que par des sujets très familiers du domaine, et qui n'est mise en œuvre que si elle est nécessaire à la réalisation de la tâche dans laquelle est intégrée la compréhension du texte.

Le raisonnement

Raisonner, c'est produire des inférences. Si l'on considère la nature des inférences qui sont faites, on peut distinguer deux classes de raisonnements : les raisonnements à visée épistémique et les raisonnements à visée pragmatique. Les premiers ont pour objectif de comprendre, d'apprendre, d'argumenter, d'établir la filiation d'événements : c'est le cas des raisonnements qui interviennent dans le diagnostic, la recherche de causes, l'identification de responsabilités. Ils consistent à engendrer des hypothèses, à tester la cohérence d'interprétations, à déterminer les implications d'énoncés, à faire des généralisations. Les seconds ont pour objectif l'élaboration de décisions d'action : ils consistent à définir les objectifs, à imaginer des plans d'action en vue de les réaliser et à programmer la suite des actions nécessaires à cette réalisation.

Si l'on compare le degré de généralité des conclusions par rapport à celui des prémisses, on peut distinguer deux formes de raisonnements : ceux dont les conclusions sont plus générales que les prémisses et ceux dont les conclusions sont plus spécifiques. Les premiers produisent des généralisations, les seconds des particularisations. Les premiers sont orientés plutôt vers la découverte de règles et de lois, vers la construction de connaissances. Les seconds sont utilisés dans la déduction et dans l'application de connaissances générales à des contenus particuliers.

Du point de vue de la validité, on peut distinguer les inférences proprement dites et les déductions. Les déductions sont des inférences dont la validité est garantie par le fait qu'elles sont produites en suivant des règles bien précises qui sont celles définies par la logique. Au sens large, les inférences englobent les déductions, qui sont des inférences qui n'ajoutent pas d'information mais qui dégagent les implications des énoncés tenus pour vrais. Les inférences au sens strict ajoutent de l'information, que ce soit par généralisation, par remontée de la chaîne causale ou par spécification. On s'est beaucoup préoccupé de la validité des raisonnements : c'est la base de la démonstration scientifique et de l'argumentation. Depuis l'Antiquité, l'effort des logiciens a été de définir des règles de déduction et de délimiter leur domaine de validité. Cet effort se poursuit aujourd'hui pour définir des règles valides dans d'autres domaines que celui de la logique classique, où il y a deux valeurs de vérité et où l'univers auquel s'applique le discours est considéré comme stable. La validité n'est pas nécessairement la qualité première d'un raisonnement : il arrive que dans certains cas on ne puisse plus rien déduire de valide des informations que l'on a. Une autre qualité importante d'un raisonnement, c'est d'être productif, c'est-à-dire de permettre de former des hypothèses, d'orienter la recherche ou l'action vers des voies dont la validité n'est pas assurée mais qui ont de meilleures chances de rapprocher de la solution que de ne rien faire ou de faire n'importe quoi. C'est ainsi que se développent des logiques dites non monotones, dans lesquelles un énoncé déduit en conformité aux règles peut être remis en cause par une information ou une déduction nouvelle.

Le raisonnement inductif

Une première catégorie de raisonnement est constituée par le raisonnement inductif. Celui-ci comporte deux types d'activités : la formation et l'évaluation d'hypothèses, d'une part, la recherche d'information pour tester des hypothèses, d'autre part.

La formation des hypothèses. La formation et l'évaluation d'hypothèses ont été étudiées principalement à partir de situations consistant à identifier une règle de classification (identification de concepts). Les stimulus sont construits à partir d'un certain nombre d'attributs (taille, forme, couleur, etc.) qui en général ont chacun deux valeurs possibles (grand et petit, carré et rond, etc.). Pour chaque attribut, le stimulus a une valeur (grand, rond, bleu, etc.).

L'expérimentateur définit une règle de classification. Celle-ci est en général unidimensionnelle : appartiennent à la classe les objets ayant une valeur donnée d'un attribut donné, par exemple les ronds ou les bleus. Dans la procédure courante, on montre un stimulus à chaque essai, et on indique au sujet si l'objet appartient ou non à la classe. Le sujet doit identifier la classe qui est telle que tous les objets qui ont la valeur correspondant à cette classe sont accompagnés de l'information OUI et que tous les objets qui n'ont pas cette valeur sont accompagnés de l'information NON. Ces recherches ont montré qu'un facteur très important dans la réussite de cette tâche est le fait que l'information soit positive ou négative. Les contre-exemples (information NON) apportent logiquement autant d'information que les exemples. Si un stimulus est jaune et si l'information est NON, « bleu » est une hypothèse compatible avec cette information si « bleu » est l'autre valeur possible de la couleur. On peut faire la même inférence si le stimulus est bleu et si l'information est OUI. En fait, dès 6-7 ans, les enfants rejettent pratiquement toujours une hypothèse incompatible avec l'information présentée quand celle-ci est positive (par exemple, l'hypothèse « bleu », si le stimulus est jaune et si l'on a OUI). En revanche, jusqu'à 10 ans, ils conservent fréquemment une hypothèse infirmée par une information négative (par exemple, l'hypothèse « jaune », si le stimulus est jaune et si l'information est NON). La raison est vraisemblablement que les jeunes enfants ne savent pas former une hypothèse à partir d'une information négative, alors qu'ils savent le faire à partir d'une information positive. Le premier essai du problème peut servir à étudier la difficulté de former une hypothèse, puisque au départ du problème il n'y a pas d'hypothèse privilégiée. Dans le cas où le stimulus est un exemple de la classe, les sujets, dès 6-7 ans, adoptent pratiquement toujours une hypothèse compatible avec l'information qui leur a été fournie. Il n'en va pas de même lorsque l'information est négative : avant 10 ans, ils choisissent une hypothèse compatible avec l'information fournie dans les deux tiers des cas seulement.

Il n'y a donc pas symétrie entre le traitement de l'exemple et celui du contre-exemple. Jusqu'à 10 ans, l'exemple est privilégié pour former une hypothèse et pour reconnaître qu'elle est invalide. Chez l'adulte, il n'y a pas de différence au niveau de la réussite, mais cette asymétrie se marque par des temps de réponse plus longs quand il s'agit de traiter de l'information négative. Il faut dans ce cas en effet raisonner sur le complément : du constat que l'objet est jaune par exemple et que l'information est NON, il faut inférer que la valeur complémentaire de «jaune» pour la couleur est «bleu» et que «bleu» est une hypothèse plausible puisque «jaune» est exclu.

LA RECHERCHE DE L'INFORMATION. Dans le raisonnement inductif, il ne s'agit pas seulement de former et d'évaluer des hypothèses à partir de l'information que l'on reçoit, il faut également rechercher l'information utile pour tester la validité d'une hypothèse : cela correspond aux situations d'expérimentation. Avant l'apparition de stratégies systématiques, telles que faire varier un attribut en maintenant les autres constants, a été mise en évidence une stratégie plus primitive chez les enfants pour les situations simples, mais aussi chez les adultes dans les situations complexes. Cette stratégie consiste à rechercher une situation telle que, si l'hypothèse que l'on cherche à tester est correcte, elle soit confirmée par une information positive plutôt que par une information négative. Par exemple, pour tester si «bleu» est l'hypothèse correcte, les enfants de fin d'école élémentaire choisissent dans la plupart des cas un objet bleu plutôt qu'un objet jaune.

Ces résultats corroborent l'idée que l'exemple apparaît plus convaincant que le contre-exemple et relèvent de la même interprétation que celle invoquée pour expliquer la plus grande facilité de traitement de l'information positive. Chercher, en vue de vérifier une hypothèse, une situation où la modalité correspondant à l'hypothèse est présente, revient à rechercher des cas où, si l'hypothèse est vraie, elle puisse être confirmée positivement, c'est-à-dire par un cas qui est un exemple de la classe. Cela explique le phénomène que l'on a décrit sous le nom de «biais de confirmation». Il consiste à rechercher des situations où, si l'hypothèse que l'on cherche à vérifier est vraie, elle soit confirmée par une information positive. L'alternative serait de rechercher des situations telles que l'hypothèse, si elle est vraie, soit confirmée par une information négative. Cette façon de faire peut conduire à des illusions de confirmation : on maintient une hypothèse qui est en fait inexacte, bien qu'ayant reçu beaucoup de confirmations positives.

LA DÉDUCTION

Une deuxième catégorie de raisonnement est la déduction, dont le prototype est le syllogisme. Les syllogismes qui ont été le plus étudiés sont les syllogismes conditionnels, fondés sur la relation d'implication, et les syllogismes catégoriques, fondés sur la relation d'inclusion. (→ raisonnement.)

Toutes les études ont montré que les sujets, y compris les adultes de niveau universitaire, font beaucoup d'erreurs lorsqu'on leur demande de faire des déductions sur des énoncés arbitraires qui n'ont pas de contenu référentiel et qui de ce fait ne peuvent être rattachés à un domaine de l'expérience. En revanche, quand les énoncés se réfèrent à des situations dont les sujets ont une expérience directe ou qui peuvent être rattachées à des situations connues, les performances sont nettement meilleures. Cela montre que les sujets non spécialistes de logique manient très peu de règles de déduction au niveau purement formel, c'est-à-dire en l'absence de tout contenu. En revanche, ils possèdent des schémas pragmatiques de raisonnement, applicables à des classes bien délimitées de situations : ce sont ces schémas qui guident leurs déductions, plutôt que des règles générales de déduction du type de celles que l'on enseigne en logique. Un exemple typique de la difficulté de manipulation des règles formelles de déduction est le raisonnement par exclusion. Il consiste à conclure à la vérité d'un énoncé en démontrant la fausseté de toutes les autres alternatives possibles. De nombreux casse-tête logiques reposent sur ce type de raisonnement. Il y a beaucoup de difficulté à comprendre et à admettre des preuves qui consistent à démontrer une proposition en montrant que sa négation conduit à des contradictions : c'est le cas du raisonnement par l'absurde abondamment utilisé en mathématiques et très mal compris par les élèves.

L'ACQUISITION DE CONNAISSANCES

Il y a deux formes de base d'acquisition des connaissances : l'apprentissage par la découverte à partir de situations d'exploration et de résolution de problèmes, et l'apprentissage par l'instruction.

Dans le cas de l'apprentissage par l'instruction, les connaissances sont présentées de façon générale et sont organisées à partir d'une logique propre qui est celle de la cohérence entre les informations et de l'intégration aux connaissances déjà possédées. Dans l'apprentissage par la résolution de problèmes, les connaissances sont construites progressivement à partir du contexte particulier de la tâche : ce sont donc des connaissances spécifiques et qui sont organisées non pas à partir d'une logique interne, mais à partir des problèmes rencontrés. Ce sont par là des connaissances orientées vers l'utilisation et la mise en œuvre dans des contextes spécifiques.

Il y a deux dimensions qui distinguent l'apprentissage par la découverte et l'apprentissage par l'instruction : la dimension particulier-général, la dimension logique interne d'organisation-logique d'utilisation. Ces deux dimensions ne sont pas indépendantes. La première concerne le choix du degré de généralité auquel exposer les concepts et les relations. Un haut degré de généralité présente l'avantage d'être économique et de rattacher plus facilement les connaissances à faire acquérir aux connaissances existantes. Mais il faut que l'apprenant soit capable de produire spontanément une représentation concrète des énoncés généraux pour être à même de comprendre. Les exemples tentent de remédier à cette difficulté dans la mesure où ils particularisent l'énoncé. Toutefois un exposé général, accompagné ou non d'exemples, suit le plus souvent une logique qui est celle de l'organisation interne des connaissances. Les exemples ne sont que des illustrations. Ce ne sont pas des applications des connaissances à la résolution de problèmes spécifiques.

La difficulté d'un apprentissage par l'instruction est que les connaissances semblent mémorisées mais ne sont pas mises en œuvre dans les contextes où elles seraient utiles. On a souvent fait la remarque que les élèves n'utilisent pas les connaissances abstraites qu'ils possèdent : cela est imputé au fait qu'elles ne sont pas assimilées. La difficulté est en réalité de transformer en procédures applicables à des problèmes concrets des connaissances qui sont organisées en mémoire selon une logique de cohérence interne et non en fonction des types de problèmes qu'elles peuvent permettre de résoudre.

La démarche inverse est réalisée dans l'apprentissage par l'action et la découverte. On cherche la solution de problèmes spécifiques et, à partir de là, on construit par des procédures inductives (formation et vérification d'hypothèses) des connaissances sur la situation qui sont structurées par les problèmes à résoudre. De ces connaissances, on peut déduire des procédures plus générales, valables pour des classes de situations, et à partir de l'analyse de ces procédures peuvent être construites des propriétés relationnelles de ces situations. Celles-ci permettent de déduire les procédures et par là expliquent leur bien-fondé. Le savoir procédural est construit d'abord, le savoir relationnel ensuite. L'efficacité des acquisitions de connaissances réside dans la combinaison judicieuse de ces deux modes d'apprentissage.

Pour ces deux formes d'apprentissage, deux facteurs sont essentiels : le rattachement aux connaissances antérieures (par l'analogie notamment) et la nécessité des élaborations, c'est-à-dire de la production d'inférences pour former des hypothèses à partir des observations ou pour établir des relations entre les différentes informations du texte. Il y a beaucoup de différences entre les sujets concernant la production spontanée d'inférences soit dans la compréhension de textes, soit dans l'analyse des résultats de l'action. On a montré que des incitations à la production d'inférences améliorent les acquisitions, surtout chez les sujets de niveau plus faible.

L'ÉLABORATION DES DÉCISIONS

Les décisions se placent à deux niveaux : le choix des objectifs et des tâches à réaliser, compte tenu des valeurs, des motivations et des situations, et le choix des actions à effectuer, compte tenu de la tâche choisie. (L'élaboration des décisions d'action est analysée ici; pour le choix des objectifs (→ décisions.)

Les tâches d'exécution ou de résolution de problème mettent en jeu beaucoup de raisonnements qui sont à visée pragmatique, mais qui relèvent des mêmes processus que ceux décrits précédemment. Dans ces tâches, on ne demande pas explicitement de faire des inférences ou des déductions, mais la réalisation de la tâche exige ce genre d'activité. Ces raisonnements interviennent tant dans la compréhension de la situation que dans l'élaboration des décisions d'action. La compréhension de la situation est un élément fondamental de l'activité de résolution de problème. Cela est vrai tant des problèmes de type casse-tête que des problèmes qui se rencontrent dans la vie professionnelle, notamment la détection et la réparation de pannes, le diagnostic et la récupération d'incidents de fonctionnement dans les systèmes. Les inférences qui interviennent dans la compréhension sont celles qui sont à l'œuvre dans les raisonnements à visée épistémique : formation d'hypothèses à partir de la connaissance des relations causales, évaluation des hypothèses à partir des observations qui sont faites sans qu'elles soient provoquées, recherche de situations adéquates pour tester les hypothèses, vérification de la cohérence de l'interprétation par rapport à l'ensemble des éléments d'information disponibles. Les raisonnements qui interviennent dans l'élaboration des décisions d'action relèvent de la planification de l'action. La planification se situe à deux niveaux : un niveau général et schématique, qui concerne l'organisation générale de la tâche, le découpage en sous-buts et l'ordonnancement des sous-buts (à ce niveau ne sont pas considérés les détails de l'exécution). L'autre niveau est celui de la réalisation des sous-buts et concerne spécifiquement l'exécution : il consiste à déduire les actions à réaliser à partir des procédures disponibles, à réaliser un ordonnancement des actions qui soit compatible avec les contraintes définies dans la procédure et avec d'autres contraintes d'optimalité qui sont introduites au moment de l'exécution, telles que le regroupement des actions qui ont des prérequis communs ou qui minimisent les déplacements.

La planification peut se faire par une démarche régressive qui part du but et essaie de définir des étapes intermédiaires permettant d'atteindre le but. Elle peut se faire aussi de façon prospective : le plan est construit à partir de l'examen de ce que l'on peut faire dans la situation pour se rapprocher du but et en anticipant les effets des actions. Quand un premier plan a été construit, il est mis en œuvre et il est réaménagé par corrections successives à partir des informations obtenues au cours de sa mise en œuvre.

Il y a souvent des va-et-vient entre la démarche descendante et la démarche ascendante : un plan général est ébauché à un niveau schématique et sa mise en œuvre fait apparaître des contraintes qui n'avaient pas été prises en compte au niveau général où il avait été élaboré. On a appelé *planification opportuniste* cette démarche qui se caractérise par des allers et retours constants entre différents niveaux d'abstraction. Le choix d'un bon niveau d'abstraction est affaire de compromis et d'ajustement. Il n'est pas judicieux de considérer d'emblée le détail de l'exécution, car l'élaboration du plan est extrêmement lourde et coûteuse et la considération de plans alternatifs pratiquement impossible. Par contre, si l'on se place à un niveau trop abstrait, on néglige trop de contraintes d'exécution, de sorte qu'on est souvent amené à repenser complètement l'organisation du plan. Le choix du bon niveau est crucial et demande souvent un haut niveau d'expertise. J.-F. R

BIBLIOGRAPHIE

Oléron, P., 1972, *les Activités intellectuelles,* Paris, P.U.F.

Richard, J.-F., 1990, *les Activités mentales : comprendre, raisonner, trouver des solutions,* Paris, Colin.

Richard, J.-F., Bonnet, C., et Ghiglione, R. (Eds), 1990, « le Traitement de l'information symbolique » t.2, in *Traité de psychologie cognitive,* Paris, Dunod.

actogramme

n.m. (angl. Actogram)

ÉTHOL. **Tracé obtenu après analyse des enregistrements de l'activité d'un individu placé dans un actographe.**

L'aspect d'un actogramme permet de connaître la répartition temporelle de l'activité du sujet : le tracé peut être monophasique, et caractérise alors une espèce diurne (acrophase en séquence claire) ou une espèce nocturne (acrophase en séquence sombre) ; il peut être diphasique et caractériser une espèce crépusculaire ; certaines petites espèces (Souris, Mulot, Musaraigne) présentent, en raison d'un métabolisme basal intense, un tracé polyphasique. R. L.

actographe

n.m. (angl. Actograph)

Dispositif permettant de mesurer la répartition temporelle de l'activité comportementale d'un être vivant.

L'actographe est un appareil qui doit détecter l'activité du sujet en observation et enregistrer certaines caractéristiques de celle-ci (moment, durée, intensité, fréquence, etc.). La mise en activité du sujet provoque des modifications énergétiques dans son environnement. Cette variation d'énergie, nécessaire pour la détection, peut être produite par le sujet lui-même ou apportée au système de l'extérieur. Dans le premier cas, l'animal interviendra par exemple par son poids pour mettre en œuvre un système de cage à bascule, ou en produisant une énergie sonore, un rayonnement thermique, des émissions lumineuses, etc. Dans le second cas, lorsqu'une énergie extérieure est fournie au système, l'activité de l'animal aura pour effet de modifier quantitativement ou qualitativement le signal utilisé. La source d'énergie peut être distante de l'animal (par exemple, rayon lumineux, faisceau d'ultrasons, source radioactive) ; elle peut être portée par l'animal (particule aimantée lorsque l'animal se déplace dans une bobine d'induction, traceur radioactif, etc.) ; chez les animaux de taille suffisante, il est possible de repérer à distance leur activité en utilisant les émetteurs radio miniaturisés. L'évolution technique des actographes a permis de réaliser des études en réduisant au minimum les perturbations provoquées chez l'animal par le matériel ou par la présence de l'expérimentateur. Elle a aussi permis de passer de l'étude de l'activité globale du sujet à celle d'activités particulières (alimentation, prise de boisson, locomotion) permettant de qualifier à tout moment le comportement du sujet étudié. R. L.

actuariel, elle ou actuarial, e

adj. (angl. Actuarial)

Se dit d'une méthode utilisant la statistique et le calcul des probabilités dans l'étude de questions relevant de la prévoyance sociale (assurances, etc.).

En psychologie, les méthodes actuarielles ont été utilisées pour établir des pronostics dans des domaines tels que l'apparition ou l'évolution de troubles de la conduite, le risque de récidive pour un délinquant libéré, l'échec scolaire, etc. Dans tous ces cas, le pronostic relatif à un individu est calculé (en termes de probabilités) à partir de certaines observations faites sur cet individu et des relations statistiques, constatées antérieurement dans la population à laquelle il appartient, entre ces observations et l'événement ultérieur sur lequel doit porter le pronostic. Ces méthodes peuvent s'appliquer dans des domaines où, à partir des mêmes observations, un pronostic est souvent émis en adoptant une attitude et une méthode cliniques. M. R.

acuité

n.f. (angl. Acuity)

Capacité d'atteindre une certaine limite du pouvoir séparateur d'une modalité sensorielle, c'est-à-dire de sa capacité à discriminer deux stimulations.

L'*acuité visuelle* (angl. Visual Acuity), ou limite de résolution spatiale, est la mesure du plus petit angle visuel qui permet de juste discriminer deux points ou deux barres. (→ article suivant) *L'acuité stéréoscopique* (angl. Stereoacuity) est la mesure du plus petit écart de disparité* rétinienne permettant de percevoir une différence de profondeur. En d'autres termes, c'est la distance minimale entre deux points pour laquelle l'un d'eux est perçu plus proche que l'autre de l'observateur. Les valeurs obtenues chez l'adulte pour les seuils de séparation, alignement et profondeur sont remarquablement voisines pour un même individu. Mais cette valeur varie fortement avec les conditions dans lesquelles elle est mesurée : elle peut atteindre 5 secondes (une variation de profondeur de 0,4 mm est perçue à 1 m de distance) en vision fovéale et avec un excellent éclairage. Elle diminue rapidement lorsque l'éclairage baisse et/ou lorsque les points à distinguer sont de plus en plus excentriques sur la rétine. *L'acuité tactile* est la mesure du plus petit écart spatial qui permet de discriminer deux stimulations. *L'acuité de latéralisation auditive* désigne la finesse de discrimination dans la latéralisation d'un son. On peut appeler *acuité temporelle* un seuil de discrimination de durées. C. B. et E. V.

acuité visuelle

(angl. Visual Acuity)

Mesure du pouvoir séparateur de l'œil par le plus petit angle sous lequel deux points sont vus distinctement.

GÉNÉR. L'acuité visuelle est variable d'une espèce à l'autre. Elle dépend de la taille et de la densité des récepteurs rétiniens, ainsi que du taux de convergence des récepteurs aux neurones bipolaires et ganglionnaires. Il y a plusieurs manières de définir et de mesurer un seuil d'acuité visuelle. Le *minimum visibile* est le seuil de perception d'une figure sur un fond, la taille minimale d'un point noir unique pour laquelle il est perçu sur une feuille de papier ; le *minimum separabile* est la valeur minimale de l'écart angulaire entre deux points ou lignes pour laquelle il y a perception de deux figures distinctes. Le *minimum separabile*, ou acuité de séparation, est mesuré à l'aide d'optotypes : lettres de l'alphabet, anneaux de Landolt, trames, etc. *L'acuité d'alignement*, ou acuité-vernier, est mesurée par le décalage minimal perceptible entre deux segments verticaux.

DÉVELOP. L'acuité visuelle peut être mesurée chez le nourrisson par les méthodes du temps de fixation relatif, du nystagmus optocinétique et des potentiels évoqués. L'acuité du nouveau-né est très faible, environ 30 minutes d'arc, ce qui correspond à des raies de 2,5 cm de large vues à 30 cm. Elle augmente rapidement pour atteindre 6 minutes d'arc à 6 mois. Les enfants de 4 ans ont la même acuité que les adultes. E. V.

→ acuité.

adaptation

n.f. (angl. Adaptation)

BIOL. **Ensemble des ajustements réalisés par un organisme pour survivre et perpétuer son espèce dans un environnement écophysique donné.**

GÉNÉR. **Ensemble des modifications des conduites qui visent à assurer l'équilibre des relations entre l'organisme et ses milieux de vie et, en même temps, des mécanismes et processus qui soustendent ce phénomène.**

Les processus d'adaptation sont mis en œuvre chaque fois qu'une situation comporte un ou plusieurs éléments nouveaux, inconnus ou simplement non familiers. J. Piaget les dit *assimilateurs* quand ils intègrent les données nouvelles à des patterns comportementaux antérieurement constitués, et *accommodateurs* quand les données nouvelles transforment un pattern ou un schème préexistant pour le rendre compatible avec les exigences de la situation. Entre les premiers exercices du réflexe de succion du nouveau-né et ses manifestations appliquées à divers objets (le pouce, le hochet, la tétine, etc.), il y a extension progressive de la réaction, mais aussi changement de forme par ajustement à la forme du nouvel objet. Assimilation et accommodation sont considérées par Piaget comme des activités essentielles pour le développement de l'individu dont elles expriment ensemble le dynamisme. Le développement de l'intelligence représente l'adaptation la plus élevée et la plus complète ; elle prolonge l'adaptation biologique en procédant comme elle à des régulations successives à des fins de connaissance et non plus simplement de survie. E. V.

PHYSIOL. **Ensemble des phénomènes sensoriels et comportementaux qui se traduisent par la mise en place d'un nouvel équilibre de fonctionnement à la suite d'une perturbation.**

Adaptation neurosensorielle. La notion d'adaptation a été d'abord, à la suite d'E. D. Adrian, utilisée pour désigner, en général, une baisse de sensibilité transitoire de récepteurs sensoriels, entraînée par la persistance d'une stimulation. (→ sensation.) L'adaptation à l'obscurité se traduit par une baisse des seuils de luminance, et donc par une amélioration de la sensibilité visuelle, due principalement à la régénération des pigments rétiniens. En psychophysique sensorielle, la notion désigne aussi une modification de la sensibilité dans les neurones sensibles sélectivement aux caractéristiques de la stimulation (couleur, orientation, fréquence spatiale, direction et sens du mouvement, etc.). Cette adaptation sélective entraîne, à la cessation de la stimulation, des effets consécutifs*. Le terme d'adaptation sélective désigne aussi les procédures expérimentales utilisées pour produire ces effets.

Adaptation prismatique. Certains prismes entraînent une déviation systématique des rayons lumineux et donc de la localisation apparente des objets. Lors de leur port prolongé, les erreurs de localisation diminuent progressivement puis s'annulent. On invoque une recalibration progressive des représentations spatiales pour expliquer cette disparition des erreurs. Lorsque l'on enlève les prismes, des erreurs de sens opposé se produisent (effet consécutif), qui à leur tour disparaissent progressivement.

Niveau d'adaptation. Dans la théorie de H. Helson, le niveau d'adaptation désigne le point médian apparent d'une série de stimulus. Ce point est supposé être la moyenne géométrique de la série. C. B.

→ accommodation, assimilation, consécutif (effet), équilibration 1., régulation.

addiction

n.f. (angl. Addiction ou Drug Addiction)

Relation de dépendance aliénante, particulièrement pharmacodépendance, assuétude ou toxicomanie.

L'anglais Addiction (asservissement) est généralement traduit par « assuétude », Drug Addiction par « toxicomanie ». En reprenant le mot désuet d'addiction, certains auteurs francophones mettent l'accent sur le versant psychogène des toxicomanies, de la toxicophilie ou de la recherche de dépendance. Le terme addiction, qui provient d'un mot latin signifiant « esclavage pour dettes » ou « contrainte par corps », désigne métaphoriquement la toxicomanie, dans une conception psychologique qui ferait de la dépendance physique l'équivalent d'une peine auto-infligée. La clef de la dépendance serait à chercher dans la source de ce sentiment de dette dans le vécu du sujet : « [...] il s'agit de considérer à la suite de quelles carences affectives le sujet dépendant est amené à payer par son corps les engagements non tenus et contractés par ailleurs » (J. Bergeret). M. V.

addition latente

(angl. Latent Addition)

Phénomène de sommation dans lequel des stimulations électriques répétées d'une fibre nerveuse ou d'un muscle provoquent une réponse, tandis que les mêmes stimulations délivrées isolément restent inefficaces.

Ce phénomène traduit une addition d'effets latents ou, selon l'expression elliptique de C. Richet (1879), une addition latente. G. S.

adhésion

n.f. (angl. Membership)

Action d'adhérer, de s'inscrire à une association, un parti.

Il faut d'abord distinguer entre l'adhésion formelle et l'adhésion implicite. Définir l'adhésion, c'est envisager la notion dans ses deux sens : le premier, qui renvoie à une décision formelle de participer à un groupe (l'individu prend une carte, signe un bulletin d'adhésion et paie une cotisation) ; le deuxième, qui renvoie à une acceptation implicite de l'idéologie, du discours de tel ou tel groupe (on dira ainsi « j'adhère aux idées de ce parti parce que... »).

C'est le premier de ces deux sens qui est le plus fréquemment retenu. Le terme adhésion est souvent associé au monde politique et associatif. Cependant, un individu peut très bien prendre la carte d'un parti ou d'une association, devenir officiellement membre de tel ou tel groupe, sans pour autant en épouser les opinions, pour des raisons personnelles qui n'auraient pas de rapport direct avec les intérêts du groupe en question. De même, un individu peut être entièrement d'accord avec l'idéologie et l'action d'un groupe donné sans en être un membre véritable. On dira de lui qu'il est un sympathisant. Cela révèle la complexité de la notion d'adhésion. Comment peut-on en effet distinguer l'adhésion réelle de la seule sympathie, et la première est-elle nécessairement synonyme d'adhésion profonde tandis que la deuxième relèverait d'une adhésion superficielle ?

En ne retenant que le premier sens du mot adhésion, on ne peut étudier le phénomène en tant que tel qu'en ayant recours à des méthodes quantitatives, de type statistique par exemple. On peut en effet comptabiliser le nombre d'adhérents dans tel groupe pour en évaluer l'importance.

M. Duverger note (*les Partis politiques*, 1951) que la notion d'adhérent est liée à celle de parti de masse. C'est la loi du nombre qui définit en ce cas l'adhésion. Mais, dans la mesure où l'on peut défendre les opinions de tel groupe sans en être un membre à part entière, il existera par ailleurs une large frange de gens que l'on ne comptera pas dans les adhérents dudit groupe. Comment alors les appréhender, comment comprendre leur démarche, où les situer?

Les motivations

En s'interrogeant sur les motivations à l'origine de l'adhésion, on peut être à même de mieux cerner la complexité de la notion d'adhésion. Quand on évoque l'adhésion, il faut se demander pourquoi un individu adhère à un groupe — ou bien n'adhère pas, alors qu'il peut être convaincu par l'idéologie du groupe. Les raisons de ne pas adhérer peuvent être aussi éclairantes que celles qui poussent un individu à adhérer. Dans le refus s'exprime aussi une image, une représentation du groupe qui est signifiante pour le groupe lui-même. L'identité, la spécificité d'un groupe, quel qu'il soit, ne vient pas du nombre de ses adhérents, même si le nombre peut bien entendu impressionner — voire attirer — de nouveaux membres. Ce sont les attentes des adhérents qui sont importantes, car ce sont elles qui vont pousser à l'action des personnes souvent hétérogènes de par leur origine socioprofessionnelle, leur âge, leur sexe, etc.

En fait, l'adhésion se vit sur plusieurs modes. Elle ne peut se réduire à la signature d'un bulletin, la prise d'une carte et le paiement d'une cotisation. Elle est cela, mais aussi autre chose. Dans un parti politique par exemple, trois types de participation se dégagent, qui vont du simple membre au militant, en passant par l'adhérent. Il s'agit bien pour tous d'adhésion, mais un *vécu* et un *comportement* différents caractérisent ces trois types : le premier correspond à une participation impersonnelle à la vie partisane, le deuxième rend compte d'une participation personnelle mais passive, le troisième enfin représente la participation personnelle active.

D'après B. Orfali, l'adhésion est définie par rapport aux types de participation. Les militants prennent la carte d'un parti parce qu'ils sont entièrement convaincus de la valeur de la cause défendue. C'est l'action partisane qui les caractérise le mieux. On peut mesurer la gradation du militantisme grâce à l'analyse hiérarchique que S. Moscovici a mise au point pour l'étude du militantisme dans les années 1950. Une série de neuf questions à l'ordre décroissant est proposée au sujet et l'on procède par éliminations successives. Les questions étaient à l'époque les suivantes : 1. avez-vous collé des affiches politiques ?; 2. avez-vous eu des conversations politiques avec un collègue ?; 3. avez-vous essayé de convaincre des gens d'adhérer à ce parti ?; 4. avez-vous assisté à des réunions publiques ?; 5. avez-vous donné de l'argent à un parti ?; 6. aimiez-vous avoir des discussions politiques ?; 7. vous considérez-vous comme assez bien informé politiquement ?; 8. avez-vous voté en 1946 ?; 9. avez-vous voté en 1951 ?

Ce type de questions peut être adapté pour étudier d'autres formes de militantisme, comme le militantisme syndical par exemple, sur lequel se sont penchés J. Capdevielle et R. Mouriaux.

Les différences entre les types d'adhésion

Le seuil qui sépare le militant de l'adhérent est difficile à délimiter cependant, malgré ce type de méthode. L'analyse qualitative permet en revanche de mieux cerner les différences, notamment parce qu'elle autorise l'introduction d'éléments annexes qui se révèlent utiles dans l'interprétation des comportements liés au phénomène d'adhésion. Ainsi, l'*adhérent* se définit essentiellement par rapport à l'enjeu du groupe, ce qui l'amène à agir au sein du groupe. Pour les adhérents, défendre le groupe signifie se défendre eux-mêmes et défendre des valeurs qui leur sont chères. Les *militants* sont moins impliqués dans l'action du groupe ; même s'ils participent à la vie du groupe, c'est de façon passive, quoique personnelle. Ils ne sont pas entièrement d'accord avec les options du groupe, hésitent, tergiversent souvent. Défendre le groupe signifie pour eux se défendre d'eux-mêmes, s'autopersuader. Il existe enfin un troisième mode d'adhésion qui concerne les personnes qui deviennent *membres* d'un groupe. Ces dernières ne participent que de façon impersonnelle à la vie du groupe, pratiquent très peu le prosélytisme, paraissent en somme moins concernées par leur présence au sein d'un groupe.

Les différences entre ces trois types d'adhésion étant posées, il est maintenant légitime de se demander les raisons de ces différences. En fait, c'est dans les motivations psychosociologiques de l'adhésion que l'on peut les cerner. Très souvent, l'adhérent adhérera à un groupe pour défendre des principes, des valeurs qui lui paraissent être en péril du fait de l'évolution socioculturelle, politique ou économique. Son action sera justifiée par un souci d'adéquation entre son idéal de société et la société réelle. L'enjeu du groupe deviendra le sien propre et toutes ses actions et ses paroles seront légitimées par l'appartenance au groupe. En ce qui concerne le militant, l'enjeu du groupe n'est pas pour lui primordial. Ce qui compte, c'est le bien-être personnel, le sentiment de symbiose, d'appartenance à une communauté de gens pareils à lui, qui vivent les mêmes choses. Le militant participe personnellement mais de façon passive, car ce qu'il recherche dans l'adhésion, c'est un lieu convivial, l'esprit de camaraderie et une microsociété où il se sente rassuré. Le monde extérieur au groupe d'appartenance est pour lui menaçant et le repli sur le groupe le sécurise, même s'il lui arrive de craindre également ses pairs dans le groupe. C'est l'opposition qui le caractérise sans doute le mieux, opposition qui peut se conjuguer parfois avec un certain dogmatisme. Enfin, le simple membre appartient souvent à un groupe par une sorte de hasard. Il adhère entraîné par d'autres. L'enjeu du groupe, son opposition éventuelle à des groupes extérieurs lui importent peu. C'est davantage une recherche identitaire qui le définit, d'où sa participation impersonnelle à la vie du groupe. L'adhésion correspond dans son cas à une forme de suivisme, voire de conformisme. Quand il est question du nombre d'adhérents de tel ou tel groupe, il est souvent fait allusion au nombre de membres. Le rôle de ces derniers est d'assurer au groupe sa transformation en parti de masse s'il s'agit d'un parti, voire d'assurer la transformation d'une minorité agissante en mouvement social.

L'adhésion se conjugue donc sur le mode de l'activisme comme sur le mode de la passivité, sur le mode de l'action comme sur celui de la réflexion. En plus de la connotation politique de cette notion, il est nécessaire de l'envisager du point de vue psychosociologique pour en appréhender la complexité. En effet, l'adhésion renvoie essentiellement aux comportements, attitudes et rôles de l'individu au sein d'un groupe. B. O.

Adler (Alfred)

Médecin et psychologue autrichien (Vienne 1870 - Aberdeen 1937).

Élève de S. Freud dès 1902, il participe au premier congrès de psychanalyse de Salzbourg (1908). Il se sépare rapidement

(1910) du mouvement psychanalytique, car il ne partage pas l'opinion de Freud sur le rôle de la pulsion sexuelle, et pense que l'on peut rendre compte de la vie psychique de l'individu à partir du sentiment d'infériorité qui résulte de l'état de dépendance dont chacun fait l'expérience dans son enfance. Selon Adler, le sentiment d'infériorité est compensé par une volonté de puissance qui pousse l'enfant à vouloir se montrer supérieur aux autres. (Freud admet que le sentiment d'infériorité est un symptôme fréquent, mais il pense que c'est une construction qui vient masquer les mobiles inconscients, qui doivent être approfondis.) Adler fonde son propre groupe et intitule sa théorie la psychologie individuelle. Ses principaux ouvrages sont: *le Tempérament nerveux* (1912), *Théorie et Pratique de la psychologie individuelle* (1918), *la Psychologie de l'enfant difficile* (1928), *le Sens de la vie* (1933). R. L.

A.D.N. (acide désoxyribonucléique)

(angl. DNA, DesoxyriboNucleic Acid)

Acide nucléique formé de deux chaînes de polynucléotides très longues et enroulées en double hélice autour d'un axe commun, chaque nucléotide comprenant une molécule d'acide phosphorique, un sucre, le désoxyribose, et une base organique qui peut être l'adénine, la guanine, le thymine ou la cytosine.

L'A.D.N. est le support matériel des caractères héréditaires. La séquence répétitive sucre-acide phosphorique constitue chaque brin de la double hélice et joue un rôle structural. Les bases sont à l'intérieur; elles représentent la partie variable de l'A.D.N. et recèlent l'information génétique. G. S.

adolescence

n.f. (angl. Adolescence)

Période du développement au cours de laquelle s'opère le passage de l'enfance à l'âge adulte.

Caractérisation de l'adolescence

Le début de l'adolescence, chronologiquement associé au démarrage de la maturation pubertaire, se situe vers l'âge de 11-12 ans et son achèvement vers l'âge de 18 ans, terme qu'il convient de retenir même si les limites sont floues entre la fin de l'adolescence et le statut de jeune adulte. En effet, les transformations biologiques, psychologiques et psychosociales propres à l'adolescence sont accomplies vers l'âge de 18 ans, bien que le développement se poursuive au-delà dans d'autres domaines et selon d'autres modalités.

La période de l'adolescence est marquée par la convergence de trois faits fondamentaux, à partir desquels on peut dresser un tableau compréhensif des événements qui caractérisent le passage de l'enfance à l'âge adulte:

— vive accélération de la croissance, dont la poussée staturale est l'un des signes les plus frappants;

— importance des changements qui se produisent et qui intéressent l'ensemble de l'organisme et de la personne;

— grande variabilité interindividuelle: la vitesse de ces changements et le moment (âge) de leur survenue varient largement d'un enfant à l'autre; et grande variabilité intra-individuelle: chez un même individu, les changements ne se font pas tous au même moment, ni suivant le même rythme, dans tous les secteurs du développement: physique, intellectuel, socio-affectif. Ces deux formes de variabilité sont inhérentes au développement normal.

Répercussions de la maturation pubertaire

Centrale à l'adolescence, la question de l'identité ne saurait être élucidée par le sujet sans en référer au corps, même si le sens de l'identité ne s'épuise pas là. Au cours de la puberté, le corps de l'enfant se modifie dans sa morphologie, dans son fonctionnement et dans son apparence; en peu de temps — en moyenne 4 ans —, il devient un corps d'adulte, sexualisé. L'adolescent doit s'adapter à ces changements, intégrer dans les images de soi ce corps en transformation, assumer son identité de genre, masculine ou féminine, et s'avancer sur le chemin menant à la sexualité génitale adulte.

La grande majorité des adolescents y parvient sans connaître de perturbations psychologiques majeures; la tâche n'est pourtant pas aisée et comporte bien des inquiétudes, des doutes, des angoisses. D'autant que, si la maturation pubertaire touche l'adolescent dans son intimité corporelle, elle entraîne également des changements dans la manière dont il est perçu et considéré par son entourage: parents, camarades, enseignants, etc. De sorte que l'adaptation aux changements corporels se joue aussi dans le contexte des relations avec autrui, souvent influencées par des représentations collectives et des croyances portant sur l'avènement précoce ou tardif de la puberté, sur la nature et le sens des signes qui annoncent la maturation sexuelle (comme l'apparition des premières règles chez la fille), ainsi que par les standards culturels de beauté et de séduction associés aux formes de l'homme et de la femme.

La pensée à l'adolescence

Des changements importants dans le mode de fonctionnement de la pensée s'observent au cours de l'adolescence. Selon la théorie opératoire de J. Piaget, ces changements correspondent à l'acquisition des structures de la pensée formelle, qui caractérisent le stade d'achèvement du développement cognitif. D'après B. Inhelder et Piaget, avec l'avènement de la pensée formelle — entre 11-12 et 14-15 ans — s'opère une inversion de sens entre le réel et le possible; celui-ci ne se manifeste plus simplement sous la forme d'un prolongement du réel ou des actions exécutées sur la réalité, c'est au contraire le réel qui se subordonne au possible, dont il ne constitue alors qu'une réalisation parmi d'autres. Dans cette perspective, l'adolescent devient apte à raisonner en termes d'hypothèses, énoncées verbalement, et non plus seulement en se référant à des objets concrets et à leurs manipulations; il accède donc à la pensée hypothético-déductive: la logique des propositions se superpose — ou s'ajoute — à la logique des classes et des relations portant sur des objets concrets, qui constitue l'une des acquisitions majeures de l'enfant d'âge scolaire. La mise en place de la pensée formelle suppose la construction de deux structures opératoires: la combinatoire (à l'œuvre par exemple lorsqu'en face d'un problème on dissocie les facteurs en jeu pour ensuite les associer méthodiquement en envisageant toutes les combinaisons possibles), et le groupe des transformations qui coordonne en un seul système les réversibilités par inversion (ou négation) et par réciprocité, lesquelles fonctionnent indépendamment dans la pensée de l'enfant; cette structure intervient notamment dans la compréhension des systèmes mathématiques, physiques ou cinématiques, tels les proportions arithmétiques, les équilibres mécaniques ou les mouvements relatifs.

De nombreuses recherches, utilisant des épreuves dérivées des travaux d'Inhelder et Piaget, ont fait apparaître que de forts pourcentages d'adolescents, et même d'adultes, ne les réussissaient pas. Ces résultats mettent en cause la généralité des théories piagétiennes et suggèrent que l'acquisition et le maniement de la logique formelle ne seraient que l'une des réalisations possibles du développement cognitif à l'adolescence. L'influence positive dans ce sens des stimulations offertes par l'environnement familier des enfants est évidente. Mais il faut également prendre en compte la différenciation des aptitudes — littéraires, artistiques, scientifiques, pratiques — qui s'accroît fortement à l'adolescence, et le fait que toutes n'impliquent pas, ni au même degré, la contribution de la logique formelle à l'élaboration des conduites adaptatives. Il en va de même pour ce qui est des différents domaines d'exercice de l'intelligence (par exemple, le domaine professionnel).

Comme Piaget lui-même le rappelle, la logique n'est pas tout dans la pensée. Aussi, pour mieux comprendre la pensée de l'adolescent, doit-on se référer à d'autres modalités de fonctionnement non nécessairement dépendantes de l'acquisition de la logique formelle, ou du moins ne s'y réduisant pas. Des progrès sensibles par rapport à l'enfant apparaissent notamment en ce qui concerne la métacognition (connaissance que chacun peut avoir de ses propres processus mentaux) et la pensée récursive (penser à la pensée, de soi ou d'autrui: «je pense qu'il pense que tu penses que...»). Ces deux aspects de la pensée réfléchie se retrouvent dans le penchant de l'adolescent pour l'introspection, la rumination, la rêverie, et se traduisent dans la construction de formes plus élaborées de la connaissance de soi et d'autrui en tant que personnes bien différenciées par leurs idées, leurs traits de personnalité, leurs émotions, leurs ambiguïtés, leurs contradictions. Cette évolution des conceptions de soi et d'autrui apporte des arguments (sans en être pour autant le moteur) aux revendications d'autonomie, d'égalité et de réciprocité qui alimentent tant de conflits de l'adolescent avec son entourage.

La pensée de l'adolescent se distingue encore de celle de l'enfant par les tentatives qu'il fait de donner, ou de trouver, un sens à tous les aspects de son expérience concrète du monde, enrichie des contacts avec de nouveaux groupes et institutions. L'interrogation sur soi s'étend alors à des questions plus vastes, émotionnellement investies, comme l'amour et l'amitié, la société, la justice, la religion, la moralité. Bien sûr, tous les adolescents ne construisent pas des théories originales; la plupart acquiescent à des croyances et à des idéologies disponibles dans leur environnement; mais ce faisant, ils se donnent tout de même les moyens d'insérer le quotidien vécu dans un cadre interprétatif qui le dépasse. C'est un fait de l'adolescence que de saisir et de poser pour la première fois, sous une forme achevée et compréhensive, la question du sens de la vie et de la mort.

Socialisation de l'adolescent

La transition de l'état de dépendance infantile à l'état d'autonomie affective et sociale de l'adulte se négocie d'abord dans le milieu familial. C'est dans ce contexte que la psychanalyse, à partir d'A. Freud, situe la crise d'adolescence, déclenchée par le réveil des pulsions que provoque la maturation sexuelle. Selon cette approche, au moment de la puberté, dans une répétition de la période sexuelle enfantine, se réactive la situation œdipienne. Les perturbations et inadaptations transitoires de l'adolescent résultant du conflit entre un ça relativement fort et un moi relativement faible, sont conçues comme normales et même nécessaires pour un développement ultérieur plus équilibré. L'issue de la crise est marquée par l'abandon des anciennes identifications parentales (l'adolescent doit en faire son deuil), l'élaboration de nouveaux mécanismes de défense et le renforcement des activités autonomes du moi qui mènent, entre autres, à une diversification des relations avec autrui.

Quelle que soit l'approche que l'on prenne, il est clair qu'à l'adolescence l'enfant doit abandonner le mode de rapport qu'il avait jusqu'ici avec ses parents, et en construire un autre dans lequel l'autonomie et l'identité des partenaires seront pleinement reconnues. La conduite des parents doit se modifier en conséquence, aussi bien du point de vue de l'expression des affects que pour ce qui tient à leur rôle en tant qu'agents de socialisation. Cette transition ne va pas sans désaccords, confrontations et conflits. Mais ceux-ci ne prennent pas toujours l'allure dramatique que peut suggérer une généralisation des observations faites par les cliniciens dans leur pratique.

En même temps que ses relations avec la famille changent, l'adolescent s'ouvre à un monde beaucoup plus large dans lequel les camarades vont prendre une place très importante. Les groupes de camarades de même âge constituent dans cette période de puissants agents de socialisation dont les fonctions sont plutôt complémentaires qu'opposées à celles du groupe familial. Ils facilitent, en effet, le développement des relations amicales, très investies à l'adolescence, et l'expérience de l'intimité; ils stimulent les identifications réciproques et contribuent ainsi au remaniement de l'identité personnelle et sociale; ils donnent enfin aux adolescents la possibilité d'expérimenter des rôles et des situations sociales qui s'inscrivent dans une dialectique du «faire» et de l'«interdit» relativement autonome par rapport à l'ordre institutionnel.

Autre agent de socialisation, l'école, d'une part crée des conditions propices à la constitution et au fonctionnement des groupes de camarades, et d'autre part stimule, ou devrait stimuler, la confrontation avec les statuts professionnels adultes.

La question de l'identité

Le remaniement de l'identité représente un enjeu majeur de cette période: l'adolescent doit assimiler et intégrer dans les représentations de soi l'ensemble des changements physiques, psychologiques et relationnels dont il fait l'objet; il doit, de plus, s'insérer dans une perspective temporelle personnalisée: se reconnaître dans un passé qui est le sien et qui fonde la certitude de la continuité de soi, et, en ayant conscience du caractère transitoire du présent, se rapporter à un avenir qu'il peut essayer de construire. H. R.-T.

Bibliographie

Robertoux, P., et Carlier, M., 1976, *Génétique et comportements*, Paris, Masson.

Szabo, D., Gagné, D., et Parizeau, A., 1972, *l'Adolescent et la société*, Bruxelles, Dessart.

adoption

n.f. (angl. Adoption)

Acte juridique créant, entre deux personnes qui ne sont pas nécessairement parentes par le sang, un lien de filiation.

L'adoption vise actuellement à pourvoir de parents les enfants abandonnés ou orphelins et à doter d'enfants les couples (parfois les célibataires) qui n'arrivent pas à en avoir. Chaque année, 4000 à 5000 adoptions sont prononcées, alors que le nombre de demandes reste, lui, très largement supérieur à ce chiffre. Le Code civil distingue deux types d'adoption: l'adoption plénière et l'adoption simple.

L'adoption plénière confère à l'enfant une filiation qui se substitue à sa filiation d'origine: l'adopté cesse d'appartenir à sa famille par le sang. L'adoption confère à l'enfant le nom de l'adoptant (en cas d'adoption par les deux époux, le nom du mari). L'adopté a dans la famille de l'adoptant les mêmes droits et les mêmes obligations qu'un enfant légitime. L'adoption plénière nécessite d'abord qu'un certain nombre de conditions soient remplies, tant par les futurs adoptants que par le futur adopté (conditions d'âge, enfant juridiquement adoptable). L'adoption est prononcée, après instruction et placement provisoire de l'enfant, par un jugement du tribunal de grande instance. Le recours en appel est possible, mais dès que la décision judiciaire est définitive, l'adoption plénière est irrévocable.

L'adoption simple est une forme d'adoption plus rare, qui maintient les liens de l'enfant avec sa famille d'origine. L'enfant conserve dans celle-ci tous ses droits, notamment ses droits héréditaires. L'adoption simple confère le nom de l'adoptant à l'adopté en l'ajoutant à celui de ce dernier. L'adoption simple est révocable et il est également possible de la transformer en adoption plénière pendant toute la minorité de l'enfant.

Les enfants pupilles de l'État peuvent être adoptés par des personnes qui reçoivent un agrément de la commission départementale mise en place par le président du conseil général. Les futurs adoptants font l'objet d'investigations visant à apprécier les conditions d'accueil au plan familial, éducatif, financier et psychologique. Un examen psychiatrique est souvent demandé à cet effet.

L'enfant adopté peut poser des problèmes éducatifs s'il a été changé souvent de nourrice ou de collectivité ou s'il a été élevé en pouponnière. De possibles carences affectives, un retard d'acquisition (marche, parole) ou l'impossibilité d'établir des liens stables peuvent conduire à des troubles graves de la personnalité. En ce qui concerne la révélation de l'adoption à l'enfant, la majorité des auteurs pensent actuellement qu'il doit y avoir une manière adaptée à chaque âge. Cela contraste avec les notions antérieures de révélation solennelle de l'adoption à l'enfant de 4-5 ans.

M. G.

→ génétique du comportement (analyse).

adualisme

n.m. (angl. Adualism)

DÉVELOP. **Indifférenciation entre soi et les objets et personnes du monde extérieur.**

L'adualisme a longtemps été pris pour caractéristique principale du nouveau-né et considéré comme un trait résurgent de comportement pendant l'enfance.

L'agitation de masse, les colères brusques et les pleurs irrépressibles, comme aussi l'apathie soudaine du nouveau-né, le faisaient croire incapable de réponses différenciées aux sollicitations de l'environnement. On le supposait perdu dans une confusion efflorescente (W. James). Sans aller jusque-là, J. Baldwin, au début du siècle, voyait dans un adualisme primitif la source des premières réactions circulaires, qu'il décrivait comme des accommodats. Cette conception n'a jamais été unanimement partagée. Combattue par A. Gesell, elle a volé en éclats autour des années 1960 quand, à l'aide de méthodes nouvelles, on a pu recueillir chez le nouveau-né des réponses organisées à des stimulations externes. Si la notion d'adualisme primitif est aujourd'hui à juste titre récusée, il n'en demeure pas moins que le comportement du nouveau-né demande à être extrait d'un bruit de fond, ce qui suggère que ses rapports avec le monde extérieur diffèrent de ceux de l'adulte, qui a, lui, élaboré un schéma corporel et une connaissance de soi susceptibles de jouer un rôle organisateur dans les conduites à l'égard du milieu.

On avait également perçu des relents d'adualisme au cours de l'enfance, dans certains traits transitoires du dessin et dans les réactions animistes. Entre 3 et 4 ans, un enfant représente un bonhomme sur un chemin en continuant les lignes du chemin à travers le corps du sujet. À la même époque, il attribue volontiers aux objets inanimés des qualités des êtres vivants, telles que l'intention, l'émotion, les affects. Toutefois, il manifeste par ailleurs, en particulier verbalement, des distinctions claires qui s'opposent à une interprétation adualiste. Aussi celle-ci est-elle rejetée au profit d'explications plus nuancées qui admettent des niveaux de fonctionnement ou de représentation différents et simultanés.

H. B.

affect

n.m. (angl. Affect; allem. Affekt)

État émotionnel parmi d'autres, dont l'ensemble constitue la palette de tous les sentiments humains, du plus agréable au plus insupportable, qui se manifeste par une décharge émotionnelle violente, physique ou psychique, immédiate ou différée.

Cet aspect descriptif montre l'intrication obligée des concepts d'affect, de pulsion et d'angoisse. La notion d'affect est contemporaine de la naissance même de la psychanalyse, puisque S. Freud opère sa première classification des névroses selon la façon dont un sujet se comporte au regard de ses affects. Il écrit à W. Fliess en 1894 *(Naissance de la psychanalyse)*: « J'ai maintenant des névroses une vue d'ensemble et une conception générale. Je connais trois mécanismes : la conversion des affects (hystérie de conversion); le déplacement de l'affect (obsessions); la transformation de l'affect (névrose d'angoisse, mélancolie). » Dans ce premier repérage, on constate que, pour Freud, la pulsion sexuelle se manifeste par un affect: l'angoisse. Cette angoisse se transforme donc de trois façons: en un symptôme hystérique (paralysie, vertiges) vécu sans angoisse mais comme une atteinte organique; en se déplaçant sur un autre objet (crainte obsédante de la mort d'une personne aimée); en se convertissant en une réaction corporelle immédiate et catastrophique (crise d'angoisse, cauchemars). Cette première description clinique est contemporaine de l'hystérie et de la direction de sa cure. Dès 1894, dans *Études sur l'hystérie,* la cure se fait soit par l'hypnose, soit par la parole (la « Talking Cure », ainsi nommée par sa patiente Anna O), et par le biais de l'abréaction ou du retour du refoulé consistant à ramener dans le conscient les traces mnésiques, les souvenirs et les affects trop violents ou condamnables, pour obtenir la levée du symptôme hystérique.

Tous ces concepts sont repris par Freud en 1915, dans *Métapsychologie*. Ainsi, dans son article sur *l'Inconscient* (1915), il définit l'affect de cette façon: « Les affects et les sentiments correspondent à des processus de décharge dont les manifestations finales sont perçues comme des sensations. » De plus, il rend le refoulement responsable de « l'inhibition de la transformation d'une notion pulsionnelle en affect », laissant ainsi le sujet prisonnier de ces éléments pathogènes inconscients. Mais, si l'approche intuitive de l'affect décrit l'état actuel de nos sentiments, c'est également par lui que Freud expose son concept de la pulsion, puisque, dit-il, « si la pulsion n'apparaissait pas sous forme d'affect, nous ne pourrions rien savoir d'elle ».

C'est le deuxième volet de l'affect dans son aspect quantitatif. En effet, par le biais du facteur quantitatif de cet affect refoulé, Freud rend compte du destin de nos pulsions qu'il dit être de trois types: soit l'affect subsiste tel quel; soit il subit une transformation en un quantum d'affect, qualitativement différent, principalement en angoisse; soit l'affect est réprimé, c'est-à-dire que son développement est franchement empêché. Freud reconnaît qu'une pulsion ne peut devenir objet de la conscience. Ce qui nous en donne une idée, c'est la représentation, elle bien consciente, des avatars de ladite pulsion. De même, le destin de nos investissements pulsionnels ne saurait nous être totalement inconscient, puisque la pulsion est soit partiellement satisfaite, soit satisfaite, avec les manifestations affectives que cela entraîne.

En ce qui concerne l'affect, l'apport de J. Lacan consiste principalement à avoir expliqué de façon plus précise la constitution du désir d'un sujet. Pour lui, « l'affect qui nous sollicite consiste toujours à faire surgir ce que le désir d'un sujet comporte comme conséquence universelle, c'est-à-dire l'angoisse » (Leçon du 14 novembre 1962). Pour Lacan, que l'affect soit une manifestation pulsionnelle n'implique pas qu'il soit l'être donné dans son immédiateté, ni que ce soit non plus le sujet sous une forme brute.

L'affect, nous le retrouvons toujours, converti, déplacé, inversé, métabolisé, voire fou. Il est toujours à la dérive. Pas plus que la pulsion, il n'est refoulé, mais comme dans la pulsion, ce qui de l'affect est refoulé, ce sont, dit Lacan, « les signifiants qui l'amarrent » *(ibid.)*. Pour lui, l'affect est toujours lié à ce qui nous constitue comme sujet désirant, dans notre relation: à l'autre notre semblable; à l'Autre, comme lieu du signifiant, donc de la représentation; à l'objet cause de notre désir, l'objet a.

Cela, la névrose traumatique peut nous aider à l'illustrer. Dans cette névrose, ce qui est refoulé et qui est transformé en angoisse, c'est un affect qui s'est produit pour un sujet quand celui-ci a été confronté, dans la réalité, à l'imminence de sa mort. La gravité de cette névrose est d'autant plus patente que le quantum d'affect refoulé a été plus important. Ce qui a été actualisé dans cette névrose, c'est un traumatisme dont le prototype archaïque est celui de la naissance. Ce trauma remet en question l'existence même du sujet, et ce, comme dans le temps premier de radicale dépendance à la mère. La mère, cet objet primordial, dont la présence et l'absence font naître chez l'enfant tous les affects, de la satisfaction à l'angoisse. La mère, dispensatrice, à son insu, de la proche inscription et de sa relation au besoin, à la demande et au désir. Nous sommes, dans ce qui nous affecte, en tant que sujet, toujours totalement dépendant de ce désir qui nous lie à l'Autre, et qui nous oblige à n'être qu'en cet objet toujours méconnu et manquant.

C. E.

affectivité

n.f. (angl. Affectivity)

Ensemble des réactions psychiques de l'individu face au monde extérieur.

Les psychologues et les physiologues distinguent l'affectivité de base, ou *holothymie,* qui recouvre les sentiments vitaux, l'humeur et les émotions, de l'affectivité organisée et différenciée, ou *catathymie,* qui recouvre des manifestations plus complexes telles que les passions et les sentiments sociaux. Avec la psychanalyse de S. Freud, la conception de l'affectivité diffère totalement, notamment avec l'introduction du concept d'inconscient. En posant que le refoulement empêche la manifestation de l'affect, Freud s'est écarté de la conception psychologique de l'affectivité. Selon lui, en effet, « les deux systèmes conscient et inconscient luttent constamment pour s'assurer le primat dans le domaine de l'affectivité » (*l'Inconscient*, 1915). Pour Freud, l'affectivité se manifeste essentiellement par une modification du milieu intérieur de l'individu sans action directe sur le monde extérieur, ce qui la distingue de la motricité, qui vise à transformer le monde extérieur. R. L.

afférence

n.f. (angl. Afferent System)

Entrée d'un système biologique.

De manière restrictive, on envisage souvent l'afférence comme un message engendré au niveau périphérique et acheminé vers le système nerveux central. Chez les Vertébrés, immédiatement après leur entrée dans la moelle (par les racines dorsales essentiellement), les fibres afférentes se divisent en deux groupes ascendants : le système lemniscal qui véhicule rapidement et de manière très précise les messages issus principalement des mécanorécepteurs, et qui permet une discrimination et une localisation très fine du stimulus ; le système spino-thalamique antérolatéral dont la conduction est plus lente et les projections plus diffuses, et qui véhicule une large gamme de modalités sensorielles (douleur, chaleur, froid). J. P. et M. B.

affiliation

n.f. (angl. Joining)

Ensemble d'actes du thérapeute ayant directement comme but de le relier aux membres de la famille ou au système familial.

Les trois principales techniques d'affiliation sont l'accommodation, le tracking, ou suivi à la trace, et le mimétisme. L'accommodation permet au thérapeute de s'affilier à la famille en devenant congruant à ses modes relationnels habituels. Dans le tracking, le thérapeute « suit le contenu des communications des membres de la famille et de leur comportement » comme une aiguille suivant le sillon d'un disque. Avec le mimétisme, il essaye de ressembler le plus possible aux personnes du groupe familial. M. G.

affiliation (besoin d')

(angl. Affiliation Need, Need for Affiliation, N Aff)

Besoin qui se manifesterait par une tendance éprouvée par le sujet à se sentir proche d'une personne qui lui ressemble ou qui l'aime, avec laquelle la coopération ou les échanges lui soient agréables ; à plaire à cette personne, à gagner son affection ; à rester fidèlement attaché à un ami.

C'est l'un des besoins identifiés par H. A. Murray dans son ouvrage *Explorations in Personality* (1938). Il peut être évalué à partir des réponses du sujet au *Thematic Apperception Test*. Dans ce domaine, les femmes tendent à avoir une note moyenne plus élevée que celle des hommes. Une corrélation négative est constatée avec le besoin d'accomplissement*. M. R.

affinité

n.f. (angl. Affinity)

SOCIAL. **Rapport de convenance et d'attraction entre deux personnes.**

Les psychologues sociaux utilisent ce concept en insistant sur son aspect sélectif débordant le cadre parentaire, mais toujours lié à un champ social déterminé. J. Maisonneuve a souligné l'intérêt d'un concept qui convienne à toutes les relations qui impliquent une opération de choix et une signification affective vécue par ses agents. Un tel concept présente trois ressources :

1. il est suffisamment général pour englober des processus de durée et d'intensité variables : sympathies réciproques surgies dans des groupes multiples et parfois éphémères ; liens d'amitié ou d'amour unissant intimement deux personnes ;
2. grâce à ses aspects opératoires, il se prête à des enquêtes visant à déceler et à mesurer les sélections au sein des ensembles sociaux (→ sociométrie) ;
3. il convient aux aspects phénoménologiques propres à tout rapport affectif en connotant l'attrait suscité par la rencontre et sa promesse d'attachement. En revanche, les deux caractères précipités de la dilection excluent à la fois du champ des affinités les sélections sans attachement (rapports « instrumentaux » ou « intéressés ») et les attachements sans sélection (liens familiaux ou corporatifs coutumiers).

L'intrication des facteurs psychiques et sociaux ressort clairement dans le cas d'une « paire d'amis » : occasion de rencontre résidentielle, professionnelle, ludique ou apparemment fortuite, mais dépendant toujours de l'organisation sociale ; modèles culturels ou locaux recommandant certaines conditions de convenance selon un « champ des éligibles » ; présence en chacun de besoins affectifs, relationnels, complexes dans leur nature, leur histoire, leur intensité ; attrait mutuel spécifique : ne deviennent amis que ceux pour qui la relation est source de satisfactions réciproques se détachant sur un fond de contacts indifférents ou déplaisants (la seule attraction, à la différence de l'affinité, peut être unilatérale) [→ attraction interpersonnelle].

Ces quatre facteurs interfèrent évidemment au niveau des conduites concrètes. Mais l'étude systématique des affinités requiert deux démarches successives : d'une part, déterminer les régulations sociales qui interviennent dans leur processus ; d'autre part, analyser les aspects strictement interpsychologiques, notamment le jeu des similitudes et/ou des complémentarités. J. M.

BIBLIOGRAPHIE

Maisonneuve, J., 1966, *Psychologie des affinités*, Paris, P.U.F.

affordance

n.f. (angl. Affordance)

Selon J. J. Gibson (1979), ensemble des aspects psychologiquement pertinents et significatifs de l'environnement d'un être vivant.

Les affordances sont des propriétés réelles des objets qui peuvent avoir une valeur utile pour leur observateur. Elles portent sur ce que l'on perçoit en fonction de ce sur quoi on peut agir. Ainsi, nous percevons qu'un petit objet est préhensible, alors qu'un grand ne l'est pas. Les affordances sont déterminées conjointement par les caractères physiques d'un objet et par les capacités sensorielles, motrices et mentales d'un être vivant. Pour un même objet, elles diffèrent d'une espèce à l'autre, d'un individu ou d'une situation à l'autre. Ainsi, un caillou peut être perçu comme un presse-papiers, l'élément d'un jardin de rocaille ou un marteau. E. V.

→ Gibson (James Jerome).

after-effect

n.m.

→ consécutif (effet).

âge

n.m. (angl. Age)

Temps écoulé depuis le début de la vie d'une personne, d'un être vivant.

Il y a plusieurs façons de fixer la date de ce début.

L'*âge postnatal* est le temps écoulé à partir de la naissance. C'est l'évaluation la plus fréquente, à laquelle se réfère l'état civil.

L'*âge conceptionnel* ou *gestationnel* est le temps écoulé depuis la conception. Le point d'origine est fixé arbitrairement au premier jour des dernières règles de la mère. La marge d'erreur est de plusieurs jours.

L'*âge corrigé* n'est utilisé que pour les prématurés. Il est calculé de la façon suivante : on compte le nombre de semaines et de jours qui séparent l'âge gestationnel du prématuré de l'âge gestationnel d'un bébé né à terme (soit 40 semaines). On déduit ensuite le chiffre obtenu de l'âge postnatal du bébé prématuré. Ainsi, un bébé né 5 semaines avant terme, aura à l'âge postnatal de 13 semaines, un âge gestationnel de 48 semaines (35 + 13) et un âge corrigé de 8 semaines.

L'âge conceptionnel paraît le mieux approprié à l'évaluation du niveau de développement biologique, alors que l'âge postnatal donne la meilleure estimation du degré d'expérience de l'environnement. L'appariement par l'âge conceptionnel ou par l'âge postnatal de bébés nés à terme ou prématurés a permis dans une certaine mesure de comparer l'importance respective de la maturation et de l'expérience acquise dans certains types de tâches. Ainsi, à âge conceptionnel égal, de jeunes nourrissons nés à terme et prématurés de 3 semaines, ont la même performance dans certaines épreuves de différenciation entre dessins, alors que, dans des épreuves spatiales, c'est à âge postnatal égal que prématurés et enfants nés à terme ont la même performance. E. V.

→ article suivant.

âge mental

(angl. Mental Age)

Niveau de développement intellectuel défini, dans un test comportant une série d'épreuves de difficulté croissante («échelle»), par les réponses observées en moyenne dans la population des enfants d'un âge chronologique déterminé.

On constate que tous les enfants du même âge chronologique n'ont pas nécessairement le même âge mental; certains («avancés») répondent comme le font en moyenne les enfants plus âgés; d'autres («retardés») comme le font en moyenne les enfants plus jeunes. Par exemple, un enfant de 7 ans *(âge postnatal)* sera crédité d'un âge de 6 ans si sa performance est la même que la performance moyenne des enfants de 6 ans; il aurait été crédité d'un âge mental de 8 ans s'il avait atteint le niveau de performance moyen des enfants de 8 ans. Ce moyen d'évaluer le niveau mental par un certain nombre de mois ou d'années d'avance ou de retard a été proposé dans *l'Année psychologique* (1905) par A. Binet et T. Simon à propos du dépistage des enfants «arriérés» relevant d'un enseignement spécial. Il a été constamment utilisé depuis dans le domaine de l'intelligence.

M. R. et E. V.

→ développement, quotient d'intelligence.

agénésie

n.f. (angl. Agenesis)

Absence de développement d'une structure biologique.

Certains cas d'agénésie constituent des modèles utiles en psychophysiologie. Ainsi, l'agénésie du corps calleux permet une approche originale du fonctionnement différentiel de chacun de nos hémisphères cérébraux. P. L.

agent

n.m. (angl. Agent)

Mot ou signification de mot qui, dans une phrase ou un texte, se rapporte à celui (ou ce) qui accomplit une action.

La notion psychologique d'agent reprend la notion élaborée par les linguistes qui ont inventé l'analyse actancielle (L. Tesnière) ou casuelle (C. J. Fillmore). Elle lui ajoute l'idée que tous les locuteurs possèdent, dans leurs représentations mentales, une certaine connaissance des différents rôles impliqués par une action, et que cette connaissance (sans doute antérieure au langage lui-même) leur permet d'identifier à partir d'une phrase et de sa syntaxe celui (ou ce) qui se trouve dans le rôle d'agent.

Le rôle d'agent est un de ceux qui ne posent guère de problème à une analyse actancielle ou casuelle. Il est cognitivement lié à une certaine représentation de la causalité. C'est celui des rôles qui est le plus précocement et le plus facilement maîtrisé par les enfants au cours de leur développement psycholinguistique. J.-F. L. N.

agitation

n.f. (angl. Agitation)

Comportement à base d'excitation psychomotrice, où peuvent se manifester l'agressivité, la colère, la turbulence, le théâtralisme, l'érotisme, la violence, l'anxiété et plus généralement tous les phénomènes à expression émotionnelle et motrice d'un état d'inadaptation grave et actuelle dépendant à la fois d'une structure psychopathologique particulière et des conditions environnementales défavorables.

On peut décrire autant de types d'agitation que de maladies mentales en cause. Les états anxieux, confusionnels, déficitaires, psychopathiques, maniaques, schizophréniques, épileptiques, hystériques et alcooliques seront les cadres les plus fréquents de l'agitation. Mais celle-ci ne se déclenche, le plus souvent, que dans une situation particulière généralement en rapport avec l'intolérance du milieu au patient, ou avec des conditions de vie pénibles, devenues même insupportables pour ce dernier, soit chez lui, soit à l'hôpital. C'est pourquoi l'agitation accompagne souvent l'urgence psychiatrique, à la fois sa cause et sa conséquence, et apparaît comme la manifestation principale de la «folie à interner». À tel point que *fou* et *agité* se confondent pendant tout le XIXe siècle et la première moitié du XXe, et que l'agitation apparaît comme le symptôme le plus important que doit traiter l'aliéniste. J. B. M. Parchappe écrivait en 1853 que depuis que «l'on a commencé à s'occuper des conditions spéciales d'habitation pour les aliénés, l'agitation était considérée comme l'état en quelque sorte habituel de l'aliéné, et l'asile d'aliénés a été exclusivement, ou presque exclusivement, constitué par une série de cellules en nombre à peu près égal à celui des malades». L'effort thérapeutique aura donc comme principal but la sédation de cette agitation; et c'est pourquoi les médicaments neurosédatifs seront de loin les plus utilisés en psychiatrie. Ce n'est qu'au début des années 1950 qu'on a réalisé que l'agitation pouvait être provoquée et entretenue par l'institution asilaire elle-même. Dans sa thèse sur le *Traitement collectif dans un quartier d'agités,* P. Paumelle montrait que la «modification de l'atmosphère générale du pavillon» permettait le plus souvent de calmer l'agitation des malades, et pouvait conduire progressivement «à la disparition totale du quartier d'agités, en même temps que la transformation de tout l'hôpital». Mais c'est aussi à cette époque (1952) qu'on commence à utiliser le premier des neuroleptiques, la chlorpromazine. Ce médicament a un effet sédatif puissant sur l'agitation. Il en est de même de tous ses dérivés si largement employés de nos jours. Et l'usage des neuroleptiques a ainsi fait oublier la question, bien embarrassante, de la naissance et de l'entretien de l'agitation par les structures mêmes de l'institution psychiatrique. J. P.

agnosie

n.f. (angl. Agnosia)

Atteinte des fonctions d'intégration perceptive caractérisée par une incapacité d'identifier certains objets et formes.

On distingue, selon la modalité sensorielle concernée, des agnosies tactiles, auditives et visuelles (l'odorat et le goût, moins utilisés au niveau symbolique, ne permettent pas d'y repérer des agnosies spécifiques). Certaines agnosies sont cependant supramodales comme les agnosies spatiales. Enfin, au sein d'une même modalité sensorielle, on décrit différents types d'agnosies selon la nature des stimulus considérés (par exemple, dans le domaine visuel, on décrit : l'agnosie des objets, l'agnosie des visages [ou *prosopagnosie*], l'agnosie des lettres [ou *alexie agnosique*] et l'agnosie des couleurs). On décrit aussi des agnosies somatiques (somatognosies) liées à des perturbations du schéma corporel. Les lésions corticales responsables de ces troubles se situent essentiellement dans le lobe pariétal pour les agnosies tactiles et somatiques, dans le lobe temporal pour les agnosies auditives (aire de Heschl) et dans le lobe occipital (aires associatives) pour les agnosies visuelles. Depuis les années 1970, on assiste à un profond renouvellement des recherches dans le domaine des agnosies sous l'impulsion de travaux et de modèles en provenance de la psychologie cognitive et de l'intelligence artificielle. Ces recherches visent à préciser la nature des déficits agnosiques en les situant dans des modèles qui décrivent l'organisation et le fonctionnement normal des différentes étapes de traitement de l'information perceptive. J. P. et X. S.

agnosique

adj. et n. (angl. Agnosic)

Se dit d'une personne qui est atteinte d'agnosie.

◇ adj. **Relatif aux agnosies.** J. P.

agonistique

adj. (angl. Agonistic)

ÉTHOL. **Se dit d'une conduite intraspécifique débouchant potentiellement sur un combat effectif, mais souvent réduite à ses actes initiaux, au moins en partie ritualisés.**

Liée à une concurrence pour la reproduction, l'occupation de l'espace, etc., la conduite agonistique joue un rôle dans la régulation démographique de l'espèce.

Le terme est parfois étendu à des rapports interspécifiques mais ne saurait s'appliquer à des conduites de prédation. J. G.

→ agression.

agoraphobie

n.f. (angl. Agoraphobia)

Peur immotivée se traduisant par l'appréhension et parfois l'impossibilité de traverser, seul, des places, des ponts, des rues, de passer dans un tunnel ou de se trouver dans un espace découvert.

L'agoraphobie recouvre également la peur de se rendre dans des lieux publics, d'être pris dans une foule, un rassemblement ou un moyen de transport public dont on ne pourrait s'échapper rapidement.

Décrite par C. Westphal en 1871, l'agoraphobie est accompagnée d'angoisses et de sensations vertigineuses dont l'intensité peut être telle que le sujet évite de se rendre dans des lieux publics, au point parfois de rester confiné chez lui et de ne pouvoir s'écarter de son domicile qu'à l'intérieur d'un étroit périmètre de sécurité dont tous les recoins lui sont familiers. Dans les cas les plus graves, il ne lui est plus possible de rester seul chez lui.

À l'heure actuelle, les classifications américaines des troubles mentaux permettant leur diagnostic (DSM-III et DSM-III R) distinguent, cliniquement, deux types d'agoraphobies suivant qu'elles sont ou non accompagnées d'attaques de panique, les troubles paniques pouvant, dans certains cas, survenir indépendamment de l'agoraphobie. On s'écarte ainsi de l'hypothèse suivant laquelle une angoisse de séparation apparue dans l'enfance serait à l'origine de toutes les agoraphobies. L'attention se porte plus spécifiquement sur l'étude des composantes somatiques des attaques de panique dont la survenue brusque et souvent inopinée est un énorme handicap entraînant, outre la peur de ne pouvoir s'échapper d'un lieu, celle de ne pas être secouru à temps et, également, celle de se donner en spectacle. L'agoraphobie débute rarement avant l'âge de 20 ans et semble prévaloir chez les femmes. Chez les hommes, ses conséquences sur les plans professionnel et social en augmentent la gravité. Elle est classée parmi les troubles anxieux et constitue une indication de psychothérapie ou de thérapie comportementale. Il reste cependant à préciser l'étiologie des symptômes de l'agoraphobie lorsqu'elle s'accompagne d'attaques de panique ou de symptômes tels que palpitations, oppression, gêne thoracique, transpiration, impression de vertige ou d'évanouissement, etc. M. A.

agrammatisme

n.m. (angl. Agrammatism)

Perte de la capacité de construire correctement ses phrases avec mésusage ou disparition des désinences et des marques syntaxiques.

C'est généralement une forme d'aphasie d'expression, appelée aussi aphasie syntaxique. C'est parfois une forme de désintégration du langage dans la schizophrénie, une dyslogie. J. P.

agraphie

n.f. (angl. Agraphia)

Altération grave de l'écriture, indépendante d'une atteinte motrice, se voyant dans certaines aphasies d'expression et dans les syndromes démentiels. J. P.

agression

n.f. (angl. Aggression)

ÉTHOL. **Attaque intraspécifique résultant de l'exacerbation d'une conduite agonistique.**

Dans le cadre d'une telle conduite, l'agression résulte d'une mobilisation psychophysiologique intense de l'organisme, débouchant sur un combat. La forme, voire l'intensité de cette mobilisation ont été dites liées à des traits psychobiologiques précis. J. G.

→ agonistique, agressivité.

BIBLIOGRAPHIE

Karli, P., 1988, *l'Homme agressif*, Paris, Éd. Odile Jacob.

agressivité

n.f. (angl. Aggressivity, Aggressiveness; allem. Aggressivität)

GÉNÉR. **Tendance à attaquer l'intégrité physique ou psychique d'un autre être vivant.**

DÉFINITION

Derrière cette définition simple se cache l'ambiguïté majeure de ce concept. À ce titre, la dualité des traductions anglaises est intéressante. *Aggressiveness* fait référence à une agressivité positive, à la base du dynamisme général de la personnalité et des comportements adaptatifs ; agressivité serait ici synonyme de combativité. *Aggressivity* traduit l'agressivité dans son sens négatif habituel.

Cette distinction, dont on perçoit le caractère arbitraire et subjectif, a le mérite d'amener l'idée selon laquelle un comportement agressif peut être une tentative plus ou moins réussie d'adaptation à l'environnement et non la simple projection d'une énergie interne. Le neurophysiologiste P. Karli, spécialiste de l'étude des comportements agressifs, refuse d'utiliser le terme *agressivité* : il dénonce « le glissement sémantique qui s'opère lorsqu'on passe des manifestations d'agressivité (notion purement descriptive) aux manifestations de l'agressivité », celle-ci devenant une vision quasi platonicienne, une entité naturelle universelle, source interne dont naîtraient les comportements d'agression. Or, un comportement agressif est toujours le résultat d'une rencontre entre deux êtres vivants dans une situation donnée. Les criminologues, qui ont beaucoup étudié la notion de passage à l'acte, schématisent cette rencontre de la manière suivante :

individu + situation → infraction + victime (passage à l'acte)

Ce schéma résume bien les multiples interactions intervenant dans le déclenchement et l'expression d'une manifestation agressive.

DESCRIPTION

L'agressivité, qui n'est pas synonyme de violence, peut se manifester par de nombreux comportements différents. Les actes agressifs sont ceux qui retiennent le plus souvent l'attention en raison de leur caractère spectaculaire et potentiellement dangereux. Ils vont des gestes menaçants au meurtre, utilisent la force de l'agresseur ou un médiateur (arme), peuvent s'exercer indirectement (envers des objets).

De la tolérance plus ou moins grande de la société à leur égard dépend le seuil à partir duquel ils deviennent des délits, voire des crimes. Les attitudes agressives (regards, mimiques, etc.) ont un caractère très provocateur et peuvent déclencher une agressivité plus active en retour. Les paroles agressives peuvent l'être ouvertement (menaces, insultes, critiques) ou de façon plus insidieuse (médisance, ironie, causticité). Enfin, les fantasmes et les formations de l'inconscient à valeur agressive sont extrêmement fréquents et d'ailleurs utilisés par le thérapeute dans la cure analytique.

Chez l'enfant et l'adolescent, de nombreux troubles du comportement peuvent avoir une connotation agressive latente : mensonges, troubles alimentaires, fugues, mauvais résultats scolaires, conduites marginales, etc.

ÉVALUATION

Que ce soit pour le psychiatre, le psychologue ou le criminologue, l'évaluation de l'agressivité d'un individu est un problème fréquent, essentiel et extrêmement difficile. Elle est sous-tendue par l'idée de prédire, donc de prévenir la survenue de conduites agressives. Il est impossible de faire une telle prédiction de façon suffisamment sûre pour qu'elle soit acceptable sur le plan éthique et utilisable en pratique.

SUR LE PLAN PSYCHOPATHOLOGIQUE

Quelques éléments peuvent toutefois être dégagés comme étant des facteurs prédisposant à une plus grande potentialité agressive : l'existence de violences subies dans l'enfance, des antécédents personnels d'agressivité envers les autres mais aussi envers soi-même, un alcoolisme ou une toxicomanie et certains traits de personnalité comme l'impulsivité, la labilité émotionnelle, la rigidité, l'intolérance aux frustrations.

À ces données très parcellaires peuvent s'ajouter les apports des tests psychologiques. Le MMPI, s'il ne retrouve pas de profil type d'une personnalité agressive, montre souvent une élévation des échelles psychopathie, paranoïa, manie. Les tests projectifs permettent, eux, une approche plus globale de l'agressivité, replacée dans le contexte de la structuration de la personnalité et de ses mécanismes de défense. Enfin, il faut signaler l'existence d'outils spécifiques d'évaluation quantitative et qualitative de l'agressivité (questionnaire d'hostilité de Caine, échelle d'hostilité de Buss-Dunkee, etc.).

SUR LE PLAN BIOLOGIQUE

Aucun élément n'a été retrouvé comme étant lié de façon spécifique et indiscutable à l'agressivité. Les recherches génétiques ont beaucoup fait parler d'elles en induisant la notion du prétendu « chromosome du crime », dernier avatar du courant bioanthropologique de la criminologie : certaines études ont constaté la fréquence supérieure d'un chromosome Y surnuméraire (XYY) chez les criminels et les malades mentaux dangereux. Au Danemark, une étude systématique chez les appelés aurait retrouvé une impulsivité plus marquée chez ces sujets. Mais ces notions sont à replacer dans le contexte d'une personnalité marquée par d'autres anomalies (en particulier un retard mental), et toute interprétation univoque est abusive.

SUR LE PLAN HORMONAL

Il apparaît tout aussi simplificateur de faire de la testostérone l'hormone de l'agression, même si elle semble effectivement jouer un rôle dans la sensibilité à la menace et à la frustration.

APPROCHES THÉORIQUES

Différents courants psychologiques (comportementalisme, phénoménologie) ont donné des interprétations théoriques de l'agressivité. La psychanalyse fournit l'approche la plus complète. L'importance de l'agressivité et son lien complexe avec la sexualité ont été soulignés de plus en plus précisément par les psychanalystes. Dans sa dernière théorie des pulsions, S. Freud introduit la notion d'union-désunion des pulsions de vie et de mort, correspondant globalement au dualisme agressivité-sexualité : de la désunion triomphe la pulsion destructrice et naît le comportement agressif. Pour M. Klein, l'agressivité, très importante dans la première enfance, apparaît dès les premiers mois (fantasmes de destruction et de dévoration) et elle joue un rôle fondamental dans la maturation de la personnalité, en particulier par la structuration progressive du sujet par rapport à l'objet. Pour D. Lagache, aucun comportement humain n'est sans rapport avec l'agressivité. En ce qui concerne les comportements agressifs pathologiques, la clinique psychanalytique insiste sur le rôle des carences affectives précoces et des violences exercées très tôt par le père, aboutissant à un trouble de l'identification et à un défaut d'élaboration symbolique : l'agressivité ne peut trouver son sens positif. « Enfants privés d'amour, ils deviendront des adultes pleins de haine » (R. Spitz).

L'approche biologique est dominée par les travaux des neurophysiologistes, en particulier ceux de Karli. Pour cet auteur, tout comportement agressif est un comportement instrumental s'inscrivant dans une stratégie, dont les buts sont soit l'affirmation de soi et la satisfaction de besoins ou de désirs, soit la défense contre ce qui menace l'intégrité physique ou l'équilibre relationnel. L'élaboration de cette stratégie comprendrait schématiquement trois niveaux possibles : un niveau de comportement « réflexe » en grande partie préprogrammé génétiquement, un niveau où est associée au stimulus une connotation affective, en fonction du vécu individuel, enfin un niveau d'élaboration cognitive où sont pris en compte les expériences personnelles et le contexte socioculturel. Sur le plan physiologique, la notion d'un centre de l'agressivité est totalement réfutée, mais on a pu montrer le rôle essentiel de certaines structures cérébrales : dans la modération de la réactivité aux stimulus « agressogènes » interviendraient en particulier l'hypothalamus ventromédian, le septum et les noyaux du raphé. C'est dans ces noyaux que se situent la plupart des neurones à sérotonine, ce qui corrobore la notion d'un déficit sérotoninergique lors des manifestations d'agressivité excessive. L'amygdale, sur laquelle se projette une partie de ces neurones sérotoninergiques, semble être une structure centrale dans l'élaboration d'un comportement agressif : c'est à ce niveau que le stimulus, par référence aux traces mnésiques, acquiert sa signification affective. Enfin, le cortex préfrontal a un rôle essentiel de modulation et de contrôle.

PATHOLOGIES PSYCHIATRIQUES ET AGRESSIVITÉ

Dans les états névrotiques, l'agressivité est d'autant moins apparente que les mécanismes de défense, qui lui permettent de s'exprimer de façon codée, sont plus efficaces.

C'est dans la névrose obsessionnelle que l'agressivité est la plus intense mais aussi la plus masquée par des formations réactionnelles extrêmement organisées. Quelques émergences peuvent se manifester (colères, tics, ironie), mais les passages à l'acte restent exceptionnels et sont souvent marqués par l'ambivalence, le remords et le désir de punition. Dans l'hystérie, l'agressivité s'inscrit plus ouvertement dans la mise en échec et la culpabilisation de l'autre.

Chez les psychopathes, les passages à l'acte agressifs court-circuitent l'élaboration psychique, surviennent à la moindre frustration et jalonnent une biographie tourmentée.

Les états psychotiques voient survenir des comportements agressifs de mécanismes divers : agressivité en relation directe avec l'angoisse psychotique, la déstructuration de la conscience et le vécu délirant dans les psychoses délirantes aiguës ; agressivité immotivée, discordante des schizophrènes ; agressivité en réaction aux persécutions dans les délires paranoïaques.

Les états dépressifs représentent un modèle de l'intrication entre auto- et hétéroagressivité, comme l'illustre le suicide altruiste des mélancoliques. Mais, outre ce cas extrême, on peut souvent repérer des manifestations agressives discrètes au cours des dépressions et elles doivent toujours faire redouter un risque suicidaire. Chez l'enfant et l'adolescent, tout comportement agressif doit faire rechercher une pathologie dépressive sous-jacente.

L'agressivité des états déficitaires organiques traduit l'altération du contrôle émotionnel.

Chez l'épileptique, elle s'inscrit classiquement dans les troubles de personnalité mais elle peut aussi survenir en paroxysmes lors des crises, allant jusqu'à la fureur épileptique, particulièrement violente.

Il faut mentionner deux exemples d'expressions pathologiques bien particulières de l'agressivité : chez le patient psychosomatique, l'agressivité prisonnière s'inscrit sur le corps ; chez le pervers, elle est érotisée et canalisée dans le scénario choisi.

Enfin, il faut signaler que l'alcool et les drogues, par leur effet désinhibiteur, favorisent la survenue des passages à l'acte agressifs.

TRAITEMENT

Outre les cas où elle s'inscrit dans une maladie psychiatrique avérée, qui a son traitement propre, l'agressivité peut nécessiter, en tant que telle, une intervention thérapeutique. Celle-ci devra souvent associer différents niveaux d'action.

Les chimiothérapies peuvent avoir ici une place tout à fait justifiée : certaines situations d'urgence nécessitent un traitement sédatif par des tranquillisants. Dans une perspective plus préventive, des traitements sont maintenant utilisés de façon spécifique comme agressivolytiques : l'efficacité des thymorégulateurs (lithium-carbamazepine) dans cette indication paraît désormais établie. Celle des antidépresseurs sérotoninergiques reste plus hypothétique.

Différentes psychothérapies peuvent être indiquées : les thérapies comportementales permettent de modifier assez rapidement des comportements ; les thérapies analytiques offrent une appréhension plus globale des mécanismes en jeu ; mais la dimension relationnelle du problème incite à privilégier, dans toute la mesure du possible, les prises en charge élargies (familiales, de groupe).

Enfin, des interventions sociales pourront parfois s'avérer essentielles : amélioration des conditions de vie, tentatives de médiation lors de conflits, actions pédagogiques visant à renforcer, en les valorisant, les attitudes de tolérance, de compréhension, etc., dérivation de l'agressivité vers des situations symboliques (fêtes, jeux, sports, etc.). B. D.

PSYCHAN. **Ensemble des manifestations réelles ou fantasmatiques de la pulsion d'agression.**

La conception freudienne de l'agressivité a évolué parallèlement à la théorie des pulsions. Dans un premier temps, S. Freud se refuse à reconnaître, comme A. Adler l'y invite dès 1908, derrière les conduites agressives l'œuvre d'une pulsion spécifique. Cette spécificité ne ferait que recouvrir à ses yeux celle de toute pulsion : une poussée contraignante qui doit surmonter les obstacles. Cette vue sera sensiblement modifiée avec l'introduction, en 1920, de la pulsion de mort ; Freud rend alors compte du sadisme par la partie de la pulsion de mort mise directement au service de la pulsion sexuelle, et du masochisme érogène par une autre partie de la pulsion de mort qui reste dans l'organisme, où elle est liée à la libido par l'excitation sexuelle. Dans la perspective de Freud, la pulsion d'agression apparaît donc comme l'expression même de la pulsion de mort tournée vers l'extérieur (→ acting-out.). J. Lacan se place dans une perspective quelque peu différente (*l'Agressivité en psychanalyse*, 1948, dans *Écrits*, 1966) puisqu'il émet l'hypothèse d'une agressivité qui serait liée « à la relation narcissique et aux structures de méconnaissances et d'objectivation systématique qui caractérisent la formation du moi » ; ce n'est que par l'identification œdipienne que cette agressivité pourra être dépassée. R. L.

DIFFÉR. Le déclenchement de l'agression « spontanée », paraissant ne pouvoir s'expliquer que par la satisfaction intrinsèque qu'il procure à l'agresseur, dépend de certains facteurs de situation jouant en interaction avec certains facteurs personnels tels que « l'appétit de stimulation », qui peut être évalué par un questionnaire de J. Strelau. Les sujets de type A sont plus agressifs, dans certaines circonstances, que les sujets de type B. Les sujets obtenant une note élevée sur une *échelle de conscience de soi* (angl. Self-Consciousness Scale) contrôlent mieux leur agressivité. M.R.

→ acting-out, pulsion.

BIBLIOGRAPHIE

Castets, P., 1974, *la Mort de l'autre. Essai sur l'agressivité de l'enfant et de l'adolescent,* Toulouse, Brivat.

Karli, P., 1988, *l'Homme agressif,* Paris, Ed. Odile Jacob.

agrippement

n.m. (angl. Grasping)

Réactions primitives réflexes de la main à des stimulations tactiles.

C.M. Twitchell, qui les a particulièrement étudiées, distingue les réactions d'agrippement des réactions d'évitement. Les unes et les autres apparaissent très précocement, évoluent avec l'âge puis disparaissent. Leur interaction joue un rôle décisif dans la genèse de la préhension volontaire.

Twitchell subdivise les réactions d'agrippement en deux :

1. la *réponse traction*, observable jusqu'à environ 7 semaines. Une traction passive du bras et de l'épaule entraîne la fermeture de la main et une flexion de toutes les articulations du membre intéressé ;
2. le *réflexe d'agrippement proprement dit*, qui débute vers 2 semaines. Une légère pression de la paume de la main facilite simplement la réponse traction. Puis, vers 4 semaines, une pression plus locale, entre le pouce et l'index, déclenche la flexion de ces deux doigts, suivie de celle de toutes les articulations de la main. Un peu plus tard, la pression de n'importe quelle partie de la paume est efficace, la main serre l'objet touché (par exemple, l'index d'un adulte), et la prise est assez vigoureuse pour permettre de soulever le bébé. Un fractionnement du réflexe se développe à partir de la 16e semaine, marqué par une indépendance progressive des doigts, chacun d'eux pouvant se plier isolément en réponse à une stimulation localisée sur sa face interne. La réponse traction disparaît conjointement. Le réflexe d'agrippement persiste jusqu'à la fin de la première année, mais devient de plus en plus difficile à obtenir, alors que s'instaure une « préhension instinctive », marquée par la supination de la main, quand son bord radial entre en contact avec un objet, ou sa pronation, quand c'est le bord cubital qui est touché, et finalement par un ajustement de la main à la forme de l'objet et à sa saisie.

Les réactions d'évitement sont provoquées par une stimulation très légère du dos de la main. À peine ébauchée à la naissance, la flexion du bras, en vue d'écarter la main du stimulus, devient nette à partir de quelques semaines. Entre 12 et 20 semaines, c'est la stimulation du bord cubital de la main qui devient la plus efficace, mais un véritable geste d'évitement, avec flexion, extension, rotation et abduction, apparaît seulement entre 20 et 40 semaines. Twitchell voit dans les réponses d'évitement un facteur aussi important que le guidage visuel du geste dans la genèse de la préhension. E. V.

agrypnie

n.f. (angl. Agrypnia)

→ insomnie.

agueusie

n.f. (angl. Ageusia)

Diminution marquée ou abolition complète du sens gustatif, se produisant dans les atteintes du nerf facial et du nerf glossopharyngien. J. P.

Aichhorn (August)

Éducateur et psychanalyste autrichien (Vienne 1878-*id.* 1949).

Après une pratique professionnelle d'éducateur dans le domaine de la délinquance, il est admis en 1922 à la Société psychanalytique de Vienne et analysé par P. Federn. Il est un des rares à faire de la délinquance un champ d'application possible de la psychanalyse. À la source de l'inadaptation à la vie sociale, qu'il appréhende avec les mêmes méthodes d'investigation que les névroses, il repère une perturbation des relations objectales précoces, et recommande à l'analyste de se situer à la place du moi idéal du délinquant. Son ouvrage principal, écrit en 1925, est *Verwahrloste Jugend* (*Jeunesse à l'abandon*). R. L.

aide sociale à l'enfance ou A.S.E.

Service administratif départemental qui a pour rôle d'assurer aux enfants la protection et les conditions affectives et éducatives les plus favorables.

Depuis les lois sur la décentralisation des années 1983 et suivantes, ce service public dépend du président du conseil général. Gérant des foyers de l'enfance ainsi que des établissements spécialisés, l'A.S.E. a également dans ses attributions les placements familiaux et l'adoption des enfants juridiquement adoptables. M. G.

air de famille

(angl. Family Resemblances)

→ famille (air de).

aire corticale

(angl. Cortical Area)

Région délimitée du cortex cérébral, caractérisée par son architecture cellulaire et par sa fonction.

K. Brodmann (1908) a divisé le cortex cérébral de l'homme en 52 aires différentes, numérotées de 1 à 52, en se fondant sur la taille des neurones, leur densité, le nombre de couches présentes dans chaque région et l'abondance des axones myélinisés. La carte établie par Brodmann sert toujours de référence. G. S.

Ajuriaguerra (Julien de)

Neuropsychiatre français d'origine espagnole (Bilbao 1911).

Il s'oriente très tôt vers la recherche neuropsychologique sous l'influence, notamment, de J. Lhermitte, de H. Wallon et de J. Piaget. Dès 1949, il publie avec H. Hécaen *le Cortex cérébral*, qui ouvre la voie à une nouvelle spécialité : la *neuropsychiatrie* (« neuropsychopathologie »). Cette orientation ne cesse de s'affirmer tout au long de sa carrière et, en particulier, à travers son activité clinique et ses recherches en psychiatrie infantile, où l'ensemble de ces travaux aboutit à la publication d'un *Manuel de psychiatrie de l'enfant*, en 1970. Cet ouvrage rassemble le produit d'un enseignement dispensé principalement à la faculté de médecine de Genève, où il est professeur de 1959 à 1975. En 1975, il est nommé professeur au Collège de France, à la chaire de neuropsychologie du développement. Ses recherches, essentiellement axées sur le développement de l'enfant dans ses premières années, s'efforcent de rassembler, dans une vaste synthèse, des matériaux d'expériences, d'observations issues de la neurologie, de la psychiatrie, de la psychologie expérimentale et de la psychanalyse. R. L.

ajustement

n.m. (angl. Adjustment)

Modifications fines de l'organisme destinées à le rendre mieux adapté à son environnement. J.-F. L. N.

→ adaptation.

ajustement ontogénétique

(angl. Ontogenetic Adjustment)

Adaptation transitoire aux situations particulières rencontrées au cours de la vie (selon S. Oppenheim, 1981).

L'expression, forgée par Delage et Goldsmith en 1912, voulait rendre compte de la continuité des adaptations accommodatrices au milieu, qui permettent à l'individu d'acquérir et de stabiliser les mécanismes et les structures de comportement utiles.

Elle était tombée en totale désuétude quand Oppenheim l'a exhumée et lui a conféré un sens nouveau. Elle désigne désormais des adaptations qui n'ont pas nécessairement d'effet sur le cours du développement. Si elles sont qualifiées d'ontogénétiques, c'est à la fois parce qu'elles apparaissent comme des moments bien délimités dans le décours temporel des transformations qui affectent l'organisme et la personnalité (les exemples qui en sont donnés se situent, pour la plupart, au cours de l'embryologie et de la prime enfance, c'est-à-dire à des périodes où le rythme des changements est rapide) et parce que, obéissant à un principe de conservation, elles contribuent à la survie. On conviendra que, dans cette acception, l'adjectif « ontogénétique » apparaît peu explicite et même ambigu. En fait, il s'agit de phénomènes transitoires qui peuvent être aussi bien morphologiques, biochimiques, physiologiques que nerveux et comportementaux et qui ont pour caractères distinctifs principaux de répondre à des besoins immédiats et de s'éteindre, ou de disparaître, pour laisser place à d'autres formes d'adaptation, dans lesquelles on ne retrouve généralement pas leur trace.

On remarque, dans l'embryologie de tous les êtres organisés, des traits de ce type. Chez les Vertébrés supérieurs, les migrations cellulaires massives de la gastrula, la formation de la plaque neurale à partir du chordomésoderme et la présence de branchies en font partie. La surproduction et la mort de cellules, dans de nombreuses régions du système nerveux central, constituent des phénomènes antagonistes mais normaux de l'épigenèse. Un exemple d'ajustement transitoire, à la fois morphologique et fonctionnel, a été noté dans le développement du cervelet : des cellules gliales apparaissent très tôt dans le cervelet des Primates ; selon Rakic (1975), elles guideraient la migration des cellules granulées et contribueraient ainsi à la formation des couches granulaires profondes. Lorsque celles-ci sont constituées, les cellules gliales se différencient en astrocytes et assurent, alors, d'autres fonctions. On a également de nombreuses raisons de penser que les contacts entre neurones, établis précocement, ont une fonction trophique étrangère à leurs fonctions ultérieures.

Au plan du comportement, les ajustements ontogénétiques repérés ou présumés représentent, dans leur majorité, des adaptations fonctionnelles. Ainsi, la diminution des mouvements fœtaux, dans les dernières semaines de la gestation, chez les Mammifères, n'apparaît pas due à des changements de mécanismes, mais semble constituer une préparation à la naissance. Certains réflexes du nouveau-né, voués à une disparition plus ou moins rapide et qualifiés d'archaïques (→ archaïque [réflexe]), seraient à compter parmi les ajustements transitoires : on tend aujourd'hui à considérer le réflexe de Moro comme une réponse d'équilibration à une sensation de vection. Il en est de même des réactions rythmiques, qui, elles, persistent tout au long de la première année, comme le pédalage ; cette réaction s'interpose très fréquemment, et de façon immédiate, entre l'apparition d'un stimulus attractif (par exemple le biberon) et la réponse adaptée (saisir la bouteille, ouvrir la bouche) et pourrait servir de régulateur du niveau d'activation. Les imitations réciproques et la synchronie des actions entre pairs constituent un mode d'interaction sociale spécifique aux enfants de 2 à 3 ans, qui cède ensuite le pas à d'autres formes d'échange. La variété des exemples cités montre que les ajustements ontogénétiques peuvent intéresser tous les domaines de relation avec un milieu déterminé. Ceux qui, en raison d'une pathologie quelconque, perdurent trop longtemps, au-delà des conditions qui ont présidé à leur mise en œuvre, seraient préjudiciables au développement.

Ce sont les éthologistes qui, sensibles aux aspects spécifiques des différents milieux auxquels l'individu est confronté au cours de sa vie, ont attiré l'attention sur ces phénomènes transitoires. Mais une notion aussi clairement finaliste que celle d'ajustement ontogénétique suscite à bon droit la défiance, en raison des difficultés de la contrôler ou de la réfuter. H. B.

akinésie

n.f. (angl. Akinesia)

Signe majeur du syndrome parkinsonien qui se traduit par la rareté du geste, la difficulté de la mise en route, la perte du balancement du bras au cours de la marche et qui, pour une grande part, est à l'origine de l'amimie et de la rareté du clignement palpébral. R. L.

alcoolémie

n.f. (angl. Blood Alcohol Concentration, BAC)

Présence d'alcool dans le sang.

Le taux d'alcoolémie s'exprime en grammes par litre de sang. En France, la loi fixe à 0,80 g d'éthanol pur par litre de sang le taux au-delà duquel la conduite d'un véhicule automobile est un délit, même en l'absence d'accident ou d'infraction au Code de la route. La loi s'applique également aux auteurs et aux victimes de crimes et délits de droit commun. La mesure de ce taux d'alcoolémie s'opère soit par un analyseur d'haleine, ou éthylomètre (détection d'éthanol dans l'air expiré), soit par analyse chimique du sang prélevé par ponction veineuse. P. F.

alcoolique dangereux

(angl. Dangerous Alcoholic)

Alcoolique dont on peut présumer qu'il est dangereux pour autrui.

En adoptant le 15 avril 1954, une loi relative au traitement des alcooliques dangereux pour autrui, le Parlement se proposait de faire soigner de façon obligatoire les alcooliques dangereux qui ne sont pas délinquants et ceux qui ne présentent pas de troubles mentaux justifiant d'un internement. En effet, de nombreux alcooliques, bien que n'entrant dans aucune de ces deux catégories, n'en présentent pas moins un danger pour leur entourage ou la société. Toutefois, la loi ne définit pas en quoi consiste cette dangerosité. Or, chez l'alcoolique, l'effet désinhibiteur de l'alcool et son rôle de facilitateur du passage à l'acte font que la dangerosité est toujours potentielle. De plus, il faut tenir compte des facteurs situationnels et sociaux dans l'appréciation de cette dangerosité. Ces facteurs restant le plus souvent contingents, il est donc particulièrement difficile de porter le diagnostic d'alcoolique dangereux. M. G.

alcoolisme

n.m. (angl. Alcoholism)

1. **Dépendance à l'égard de l'alcool et ensemble des manifestations pathologiques dues à cette dépendance.** 2. **Perte de la liberté de s'abstenir d'alcool (P. Fouquet).**

En 1849, un médecin suédois, M. Huss, ayant observé que de nombreuses affections gastro-entérologiques, neurologiques, psychiatriques, cardiologiques étaient manifestement liées à l'absorption inconsidérée d'eau-de-vie de haut degré alcoolique, créa le mot *alcoolisme*, désignant ainsi le commun dénominateur de cette pathologie si diverse. Le terme en usage jusqu'alors était *ivrognerie*. Ce mot en « isme » avait l'avantage de ne plus véhiculer la charge affective qui rejetait les ivrognes dans le domaine du péché. Ce « vice », longtemps considéré par les classes dirigeantes comme l'apanage exclusif des classes laborieuses, fut d'abord rapporté à la consommation excessive des seules boissons distillées, alors que les boissons fermentées (vin et bière) étaient réputées « hygiéniques » et sans danger. Ce n'est guère qu'après la Seconde Guerre mondiale que la notion d'alcoolisme comme maladie prévalut, que des recherches objectives furent entreprises et que des échanges internationaux, avec la participation de l'Office mondial de la Santé (O.M.S.), furent instaurés.

L'ALCOOL

Il est admis que, depuis l'aube de l'humanité, les premiers hommes avaient observé qu'un jus de fruits sucré exposé à l'air libre devenait en quelques jours, grâce aux levures ambiantes, un breuvage ayant des propriétés psychotropes spéciales. Celles-ci furent d'abord utilisées à des fins mystiques et sacrées avant de servir aux usages profanes. Quatre millénaires avant Jésus-Christ, la bière et le vin étaient connus des Sumériens et peut-être aussi des Chinois. Plus tard, chez les Grecs, Homère en parle expressément dans *l'Iliade* et *l'Odyssée*, tandis que ces boissons sont fabriquées en Chaldée, en Judée, en Palestine et surtout en Égypte. Le vin est très cité dans la Bible. Dans les Évangiles, Jésus-Christ consacre le vin comme matière eucharistique. Les Romains connaissaient l'art de cultiver, de tailler la vigne et d'en sélectionner les plants. Aux premiers siècles de notre ère, l'expansion du christianisme alla de pair avec l'extension de la viticulture en Gaule. Quant aux Barbares du nord de l'Europe, ils savaient fabriquer une variété de bière, la cervoise. Deux événements majeurs marquèrent alors l'histoire de l'alcool :

— au VIIe siècle après Jésus-Christ, Mahomet prohiba la consommation de toute substance pouvant nuire à la pureté de l'âme et particulièrement du vin. Après la mort du Prophète, les conquêtes arabes balayèrent pendant des siècles l'usage de l'alcool chez tous les peuples islamisés ;

— la découverte de l'art de la distillation, à la fin du Ier millénaire, ne fut connue en Europe qu'au XIIIe siècle (Raymond Lulle et Arnaud de Villeneuve), bien qu'il ne soit pas établi si l'invention de l'alambic était due aux Grecs ou aux Arabes. L'eau-de-vie (*aqua vitae*) obtenue grâce à ce procédé ne fut connue comme boisson qu'à partir du XVIIe siècle, ayant été jusqu'alors réservée à des fins pharmaceutiques — préparation des teintures — et à des fins thérapeutiques pour conserver la jeunesse et prolonger la vie. Depuis Platon jusqu'à Huss, médecins, philosophes, hommes d'Église, juristes, écrivains et poètes avaient reconnu le double visage des boissons alcooliques fermentées ou distillées : ferments de réconfort, de joie, de convivialité et de « santé », mais aussi pour certains sources de misère et de déchéance. D'où, dans la littérature mondiale, soit des hymnes de glorification excessive, soit des condamnations véhémentes (par exemple, après la prohibition islamique, la prohibition aux États-Unis de 1919 à 1933). « L'eau brûlante » ayant reçu le nom d'alcool vers 1635 (Bornehave), ce n'est qu'au XIXe siècle qu'elle fut introduite dans la famille chimique des alcools sous le nom d'*éthanol*, avec le matricule CH_2CH_3OH.

LES BOISSONS ALCOOLIQUES

Elles se composent de deux grands groupes.

LES BOISSONS FERMENTÉES

Les vins sont obtenus par fermentation alcoolique du raisin. Ils sont diversifiés à l'extrême en crus fort nombreux : rouges, blancs, rosés, mais aussi selon le terroir en fonction de la saveur et du degré alcoolique. Celui-ci peut varier de 8,5 à 13° et parfois plus pour certains vins doux naturels. La bière est obtenue par fermentation alcoolique d'un moût fabriqué avec du houblon et du malt d'orge pur ou associé à 30% au plus de grains d'orge crus ; la bière titre entre 4 et 9° d'alcool selon qu'il s'agit d'une bière blonde de table ou d'une bière brune de luxe. Les cidres et poirés proviennent de la fermentation du jus de pommes ou de poires fraîches avec ou sans addition d'eau et titrent de 5 à 6°. L'hydromel, probablement la toute première boisson alcoolique, s'obtient par fermentation d'une solution de miel dans l'eau de pluie.

LES BOISSONS DISTILLÉES

On trouve parmi celles-ci les eaux-de-vie. Alors que les boissons fermentées ne peuvent avoir un degré d'alcool supérieur à 16°, les eaux-de-vie titrent de 40 à 50° : par exemple, les eaux-de-vie de cidre type calvados (40°), les eaux-de-vie de fruit type kirsch (50°), les eaux-de-vie de grain type whisky, gin, genièvre, vodka, aquavit, rhum industriel ou agricole (jusqu'à 50°). Les spiritueux sont des apéritifs à base de vin (porto 20°, madère 17°) ou à base d'alcool (anis ou pastis 45 à 50°) ou encore des bitters. Les liqueurs ou digestifs sont des boissons très sucrées à base d'eau-de-vie fortement aromatisée titrant de 15 à 60°.

MÉTABOLISME DE L'ALCOOL

L'alcool ingéré est absorbé au niveau du duodénum et du jéjunum. Il arrive massivement au foie par l'intermédiaire de la veine porte. Trois systèmes enzymatiques (ADH, catalase et méos) transforment l'éthanol en acétaldéhyde. Celui-ci à son tour, par des mécanismes complexes, est métabolisé en acétate, qui est éliminé par l'organisme.

Les travaux récents font ressortir le rôle capital de l'acétaldéhyde dans la survenue de la dépendance envers l'alcool soit au niveau du métabolisme du tissu cérébral, soit au contact des membranes cellulaires. Le dépistage biologique de l'alcoolisme, aujourd'hui de pratique courante, comporte en plus de certains tests hépatiques (transaminase par exemple) la mesure du volume globulaire moyen et le dosage d'une enzyme. La constatation d'une macrocytose est un stigmate fréquent d'alcoolisme, tandis que l'augmentation de la gamma G.T. peut sous certaines réserves signer l'intoxication alcoolique.

Réalités et ampleur du phénomène alcool-alcoolisation-alcoolisme

Pendant longtemps, les conséquences individuelles et collectives de la consommation d'alcool ont été mal connues et délibérément sous-estimées ou, à l'inverse, majorées de façon occasionnelle. Aujourd'hui, en France, le Haut Comité d'étude et d'information sur l'alcoolisme publie chaque année des informations fiables concernant la production (par catégories : vin, bière, cidre, rhum, etc.), la distribution (nombre de débits), le nombre d'emplois présents dans l'ensemble des activités relatives à l'alcool, le coût de l'alcoolisme pour les finances de l'État et celles de la Sécurité sociale, la mortalité (3ᵉ cause de décès en France après les maladies cardio-vasculaires et les cancers), la morbidité (environ 2 à 2,5 millions d'alcooliques en France, dont 25% de femmes, avec presque autant de surconsommateurs, individus à haut risque sur le point de devenir d'authentiques malades alcooliques). On sait aussi que l'absentéisme par arrêt de travail pour maladie (4 fois plus élevé chez les alcooliques que dans un groupe témoin), les changements de poste (dans 40% des cas) ou les incidences juridiques (19% de toutes les infractions confondues) font partie des conséquences collectives ou individuelles de la consommation pathologique.

Étiologie

Pour saisir les conditions étiologiques susceptibles de rendre vulnérable à l'alcool (devenu alors agent pathogène) un individu dans son milieu, il y a lieu d'envisager les trois dimensions du syndrome alcoolique.

Facteurs psychologiques

Existe-t-il chez certains individus des facteurs psychologiques ou psychopathologiques, innés ou acquis, susceptibles de provoquer ou d'interdire l'apparition d'une alcoolopathie ? La notion de personnalité préalcoolique peut-elle être retenue ? La consommation pathologique d'alcool est liée à ses effets psychotropes : le plaisir pour beaucoup, l'annihilation de l'angoisse pour certains. Or, l'angoisse, symptôme majeur de la pathologie mentale, peut selon J. Bergeret être l'expression d'une structure psychotique, d'une structure névrotique ou celle de certains états limites. Le recours à l'alcool peut apaiser les tensions, mais temporairement, d'où nécessité de nouvelles libations, ce qui peut être une voie d'entrée dans la dépendance. La psychiatrie traditionnelle s'est montrée relativement peu féconde dans le secteur alcoologique, sauf en ce qui concerne les relations possibles entre alcoolisme et dépression : des observations cliniques et des études génétiques tendent à mettre en évidence, dans certains cas, alcoolisme et états dépressifs (G. Winokur, 1972).

La psychanalyse avait au début du siècle élaboré des hypothèses psychogénétiques : K. Abraham (1908), S. Ferenczi (1911), S. Rado (1933). Plus récemment, des auteurs français comme J. Clavreul (1959), A. de Mijolla et S. A. Shentoub (1973), F. Perrier (1974), Bergeret (1978), F. Curtet (1978), C. Brisset (1978), M. Lasselin (1979) ont montré de l'intérêt pour l'alcoolisme en mettant en cause le plus souvent des anomalies ou des altérations des schémas identificatoires initiaux et des déficits narcissiques. D'autres types d'études sont réalisés grâce à des informations recueillies par l'application des tests d'efficience ou de personnalité avec pour objectif de cerner les traits supposés spécifiques d'une personnalité alcoolique. On étudie également les conditions d'éducation et les anomalies parentales. Enfin, on effectue des recherches longitudinales prédictives : W. MacCord (1960), C. Robins (1962) et G.H. Jones (1968).

L'ensemble de ces travaux multiples, divergents, parfois contradictoires, ne permet de tracer aucun profil type. Mais l'intérêt des hypothèses formulées dans le champ psychologique pour essayer de répondre au défi que représente l'opacité de la conduite alcoolique reste vif.

Facteurs physiologiques

Ils constituent l'ensemble des dispositions somatiques ou des prédispositions atypiques susceptibles d'influencer la vulnérabilité et la tolérance à l'alcool. Plusieurs hypothèses relatives aux mécanismes biochimiques ont été émises : au niveau des neurotransmetteurs (rôle des produits de condensation, rôle des catécholamines et de la sérotonine), au niveau du métabolisme cérébral et au niveau des membranes neuronales en fonction de leurs structures. Les travaux de ce type sont au centre de l'intérêt des chercheurs contemporains. De même, des études génétiques qui posent le problème de la transmission d'une disposition héréditaire provoquant une vulnérabilité innée à l'alcool ont mis en évidence, grâce à l'observation de jumeaux ou d'enfants adoptés, la part probable d'un facteur héréditaire (notion de profil génétique spécifique).

Facteurs socioculturels

Par facteur socioculturel, on entend l'ensemble des influences qui s'exercent sur l'individu en tant qu'il appartient à un certain milieu, qu'il fait partie d'un groupe ethnique défini, observant des mœurs ou des coutumes traditionnelles, ou encore qu'il adhère à une religion, à certaines conceptions métaphysiques ou morales. L'influence de la structure de la société, capitaliste ou socialiste, rurale ou urbaine, dans laquelle vit l'individu joue un rôle important. De plus, cet individu évolue à un niveau professionnel stable ou variable à l'intérieur de la pyramide sociale. Enfin, les modalités de son éducation, la position de son groupe social vis-à-vis de l'alcoolisme pèsent sur les conduites individuelles ou collectives.

Voici quelques exemples. Traditionnellement, les juifs, consommateurs de boissons alcooliques, ont toujours eu la réputation de rester sobres. S. Snyder a mené plusieurs enquêtes aux États-Unis, montrant que le taux d'alcoolisme dans le groupe de ceux qui pratiquaient effectivement cette religion était particulièrement faible. Mais, dans les années 1980, l'observation des différents groupes d'immigrés en Israël a révélé que le problème de l'alcoolisme existe bel et bien dans cette jeune nation. Les immigrés irlandais aux États-Unis, très nombreux au XIXᵉ siècle et au début du XXᵉ siècle, le plus souvent d'origine rurale, ont dû faire face à de grosses difficultés d'adaptation. Le taux d'alcoolisme chez les individus composant ce groupe est très élevé, mais, dès la deuxième génération, il passe de 38% à 20%. Les communautés chinoises installées aux États-Unis exercent en raison de traditions culturelles très anciennes un contrôle familial et social très vigilant vis-à-vis de l'alcool, contrôle que les contacts avec la civilisation américaine n'ont pas entamé.

Un anthropologue français, A. Robert, a bien étudié les données historiques, sociologiques et ethnologiques des comportements populaires vis-à-vis des boissons alcooliques. Le rôle du cabaret, des débits de boissons, tavernes ou cafés est bien celui d'un lieu privilégié où se tissent les liens de sociabilité. Bien des remèdes populaires font une large place à l'alcool.

Les attitudes culturelles à l'égard de l'alcool s'expriment dans les enquêtes d'opinion publique. L'alcool symbolise et évoque beaucoup plus les réunions agréables et les bons repas que les déchéances éventuelles qu'il peut entraîner. Tout en rejetant l'alcoolique, l'opinion publique française admet le mythe de l'ivresse joyeuse et virile.

Facteurs économiques

Ils constituent l'ensemble des éléments concernant la production, la distribution et la consommation d'alcool ainsi que les pressions exercées sur le groupe ou les individus qui ont des intérêts engagés dans ce secteur de l'activité.

La France, premier producteur mondial de vin, compte 1,5 million de viticulteurs. Avec les producteurs de bière, de cidre, d'eau-de-vie, avec aussi tous ceux qui ont affaire au commerce ou à l'industrie des boissons alcooliques, on compte 3,5 millions de personnes, soit plus de 10% de la population active. Si l'on ajoute que 20% des exportations agroalimentaires françaises sont constituées par les boissons alcooliques, on mesure l'importance des intérêts en jeu. Les prix de vente sont relativement bas, les efforts de diffusion, de présentation et d'accessibilité sont manifestes, soutenus par une publicité importante. Celle-ci a fait l'objet de quelques limitations en 1988. Le poids des facteurs économiques, léger dans les contrées non productives, est lourd dans les pays producteurs.

L'intrication des trois sortes de facteurs, physiologiques, socioculturels et économiques, est constante. Leur influence est réciproque. La formulation de E.M. Jellinek, qui remonte à 1960, reste toujours valable : « Dans les groupes sociaux ne tolérant que de faibles consommations quotidiennes d'alcool, seuls des individus qui, en raison d'une grande vulnérabilité, ont tendance à s'opposer à ces normes sociales courent un risque d'intoxication. À l'inverse, dans les groupes sociaux qui autorisent de fortes consommations journalières, il suffit de présenter une vulnérabilité mineure, d'ordre psychologique, pour être exposé à ce risque. » L'étiologie de l'alcoolisme est bien multifactorielle. Cerner, définir ces multiples facteurs, préciser leur mode d'action, les mettre en place, leur assigner une valeur restent difficiles, d'autant qu'il existe toujours une intrication et une interaction des uns avec les autres.

Les alcoolopathies

Le diagnostic de ces états pathologiques est théoriquement simple : premiers entretiens avec le patient pour recueillir des informations relatives à ses antécédents médicaux, psychiatriques ou proprement alcoologiques, relatives aux retentissements de son comportement sur sa vie familiale, professionnelle et sociale. On pratique sur ces sujets des tests psychologiques, des examens physiques et biologiques (pour ces derniers, recherche du taux de gamma G.T. et du volume globulaire moyen).

En fait, le premier contact est infiniment complexe, mettant en cause la personnalité du patient et celle du médecin. En effet, le polymorphisme des tableaux cliniques est particulièrement déroutant car parfois aucun signe n'est apparent ; le malade vient consulter pour des manifestations pathologiques qui sont déjà des complications mais qui, pour lui, ne sont pas à l'évidence liées à son intoxication (il n'en parle pas). De bonne foi, il peut ignorer qu'il est déjà dépendant de l'alcool ; le malade peut adopter face au médecin une attitude défensive, refuser de coopérer, nier ou dissimuler plus ou moins ; il peut enfin exister une pathologie associée, physique ou psychique (état dépressif par exemple, derrière laquelle se cache le syndrome toxique qu'il faut savoir dépister). La plupart des cliniciens s'accordent à penser qu'il n'y a pas un alcoolisme, mais des alcoolismes. Le polymorphisme des alcoolopathies a incité à des classifications à l'intérieur du syndrome alcoolique. Le tableau ci-dessous résume la classification de P. Fouquet (1951).

En 1960, E. M. Jellinek (1890-1963) a publié une classification des alcoolopathies pour laquelle il s'est servi des cinq premières lettres de l'alphabet grec. L'alcoolisme *alpha* comporte un recours à l'alcool purement psychologique. L'alcool est employé pour soulager des douleurs somatiques ou émotionnelles. En réalité, cette forme constituerait le prélude de la forme gamma décrite plus bas. L'alcoolisme *bêta* correspond à une alcoolisation excessive et de longue durée au cours de laquelle surviennent des complications de type somatique (cirrhoses, polynévrites), sans qu'on puisse mettre en évidence de dépendance physique. Alors que dans la forme gamma le choix de l'alcool se porte surtout sur des alcools forts, il s'agit ici de consommateurs hypertolérants choisissant plutôt des boissons fermentées de faibles degrés alcooliques. En fait, l'alcoolisme bêta serait la forme qui précède l'alcoolisme delta décrit plus bas. L'alcoolisme *gamma*, avec perte de contrôle de la consommation d'alcool, correspond à quelques détails près à l'alcoolose. L'alcoolisme *delta*, avec incapacité de s'abstenir d'alcool un seul jour, comporte une forte composante toxique et correspond à la forme

Alcoolites, alcooloses et somalcooloses

	Alcoolites	**Alcooloses**	**Somalcooloses**
Pourcentage et répartition par sexe	♂ 45 à 50 % des cas. ♀ 1 à 5 % des cas.	40 à 45 % des cas. 80 à 85 % des cas.	1 à 5 % des cas. 15 % des cas.
Âge d'intolérance	Malades examinés : après l'âge de 40 ans.	Entre 20 et 45 ans.	Entre 30 et 60 ans.
	Vin+++. Bière++. Quantités élevées	De préférence : apéritifs, liqueurs fortes. Quantités moyennes.	Pas de choix. Parfois eau de Cologne, alcool à brûler. Quantités faibles.
	En compagnie.	Souvent seul et dissimulé.	Strictement solitaire et rigoureusement clandestin.
	Ivresses exceptionnelles.	Ivresses fréquentes et atypiques.	Ivresses anormales et immédiates.
Alcool	Goût pour les boissons alcoolisées.	Peu d'attrait, parfois dégoût.	Dégoût habituel, répulsion en dehors des crises.
	Consommation quotidienne continue.	Consommation discontinue, arrêts et reprises de plusieurs mois. Intervalles libres de plus en plus rares et de plus en plus brefs.	Consommation exclusivement intermittente. Crises brèves de quelques heures à quelques jours. Compulsion. Alcoolepsies.
	Aucun sentiment de culpabilité. Rationalisations tardives. Apsychognosie.	Culpabilité nette. Essai de lutte contre l'alcool.	Culpabilité très forte.
Hérédité	Alcoolisme du père.	Névrose ou psychose d'un des parents.	?
Famille	Femme du malade souvent plus âgée. Nombreux enfants. Sexualité longtemps normale. Tendance à la jalousie.	Différends conjugaux précoces. Troubles de la sexualité.	Si malade ♀, maladie non identifiée par le conjoint pendant plusieurs années. Troubles de la sexualité.
Évolution	Début : fin de l'adolescence. Durée : 20, 30, 40 années. Ou : arrêt spontané possible au début de la sénescence. Ou : apparition d'intolérance, soit lente, à forme hépato-digestive, soit brusque (delirium tremens), soit progressive, vers l'alcoolose.	Début plus tardif. Durée : 5 à 10 années. Troubles graves et précoces du comportement. Évolution psychotique possible.	Début tardif. Durée indéterminée. Forme de passage possible vers l'alcoolose.

alcoolite. L'alcoolisme *epsilon* a des caractéristiques très comparables aux somalcooloses.

En 1980, l'Association américaine de psychiatrie a édité un manuel diagnostique et statistique des troubles mentaux le DSMIII*, qui distingue pour l'alcoolisme : les critères d'abus d'alcool, c'est-à-dire à la fois un mode de consommation pathologique soigneusement défini et un handicap de fonctionnement social et professionnel lié à cette consommation; le syndrome de dépendance comportant augmentation de la tolérance et syndrome de sevrage. Bien d'autres tentatives nosologiques ont vu le jour depuis 40 ans. Aucune n'est entièrement satisfaisante, mais elles ont le mérite de stimuler la réflexion concernant ce que l'O.M.S. a décidé d'appeler le syndrome de dépendance alcoolique.

Les complications des alcoolopathies ne peuvent que faire l'objet d'énumérations succinctes. Elles sont soit d'ordre gastro-entérologique et hépatique (gastrites, cancer sur l'œsophage, pancréatites, stéatose, cirrhose), soit d'ordre neuropsychiatrique (ivresses simples ou pathologiques, délire alcoolique aigu, subaigu ou chronique, névrite optique rétrobulbaire, polynévrites, encéphalopathies). Il existe aussi une pathologie cardio-vasculaire liée aux alcoolopathies.

L'ALCOOLISME FÉMININ

Longtemps contourné par les spécialistes, qui, partageant la méconnaissance collective, le recouvraient d'un voile pudique, l'alcoolisme féminin a pour caractéristique sa gravité, son intrication presque constante à des facteurs psychonévrotiques, l'ampleur des troubles organiques qui l'accompagnent, la difficulté de sa prise en charge thérapeutique, la clandestinité à laquelle le condamne l'opprobre social.

L'alcoolisme féminin se différencie de l'alcoolisme masculin par:
1. une moindre importance numérique: 30% de femmes sur le nombre total d'alcooliques en France, soit 800 000 à 900 000. Cette proportion semble en augmentation depuis 25 ans pour les malades hospitalisées. Mais cette augmentation doit être relativisée car elle peut varier dans des proportions étonnantes: aux États-Unis, un alcoolique sur deux est une femme, tandis qu'à la Martinique le nombre des femmes alcooliques est presque égal à celui des hommes;
2. la consommation pathologique, qui débute plus tôt que chez l'homme et s'éteint plus tardivement;
3. la durée de l'intoxication avant la demande de soins, qui est plus brève que chez l'homme;
4. le type d'alcool consommé, qui varie d'un pays à l'autre. En Écosse, par exemple, on ne trouve pas de différence significative entre hommes et femmes alors que, en France, les femmes alcooliques ont une préférence marquée pour les alcools forts et parfois des boissons telles que l'eau de Cologne.

Il y a unanimité pour reconnaître que l'organisme féminin est plus vulnérable que celui de l'homme. L'âge moyen d'apparition des cirrhoses chez les femmes est de 10 années inférieur à celui des hommes. Un homme met 10 à 20 ans pour se constituer une cirrhose, une femme peut ne mettre que 5 années. Les anomalies électroencéphalographiques sont plus fréquentes chez les femmes que chez les hommes, les polynévrites et les complications neuropsychiatriques plus précoces et plus sévères. La surmortalité chez les femmes alcooliques jeunes montre aussi qu'elles sont plus touchées que les hommes alcooliques du même âge. L'inégalité physiologique s'ajoute donc à une inégalité sociologique.

Du point de vue clinique, l'importance des problèmes psychonévrotiques est majeure. On repère des structures névrotiques ou de forts éléments dépressifs; les approches psychanalytiques en France (M. Fontan, Lasselin) montrent que tout se passe comme si la femme alcoolique avait d'elle-même une image trouée, morcelée et se voyait comme un terrain de failles et de blessures narcissiques non cicatrisées. Ce vide central ne peut être comblé provisoirement que par l'ingestion de l'objet réel, l'alcool. Au-delà du poids des facteurs sociologiques et de la vulnérabilité physiologique propre à l'organisme féminin, le recours pathologique à l'alcool chez la femme a la même signification que chez l'homme, celle d'un leurre et celle d'un échec.

Enfin, le pronostic chez une femme enceinte alcoolique est difficile à établir. Les conséquences pour le fœtus peuvent être très sévères (retard de croissance, anomalies morphologiques spécifiques sur le crâne et les membres, malformations). La contraception pose des problèmes spécifiques.

L'ALCOOL ET LES JEUNES

Depuis une vingtaine d'années, cette alcoolisation a pris un caractère nouveau. À l'alcoolisation traditionnelle par imitation, par habitude ou par goût a succédé un recours à l'alcool qui parfois se substitue à la toxicomanie mais qui peut aussi y conduire ou l'accompagner. L'alcoolisation prend alors un caractère particulier avec agressivité, délinquance, tendance suicidaire, imprudence délibérée en matière de conduite automobile ou de véhicule à deux roues.

L'âge moyen de la première consommation tend à baisser depuis 10 ans et l'alcoolisation régulière ou excessive commence entre 12 et 14 ans. Les garçons consomment plus que les filles dans tous les milieux.

Cette alcoolisation concerne:
1. de jeunes scolaires (enquête I.N.S.E.R.M., F. Davidson et J.-P. Choquet, 1980) chez lesquels une médiocre adaptation scolaire joue un rôle déterminant; alcool et tabac sont souvent associés;
2. de jeunes travailleurs (J. Zourbas): ils consomment plus d'alcool que les jeunes lycéens;
3. de jeunes recrues (J.G. Bernard): à la caserne, la consommation d'alcool est relativement faible (seuls 25% des appelés boivent régulièrement des boissons alcooliques). Par contre, les sorties du samedi soir peuvent être très copieusement arrosées.

Dans la majeure partie des cas, cette alcoolisation ne débouche pas vers la constitution d'un syndrome alcoolique à l'âge adulte grâce à une maturation et à une stabilisation de bon aloi. Par contre, l'anxiété, la dépression, la morosité ou des structures prépsychotiques sous-jacentes à des alcoolisations précoces peuvent nécessiter une prise en charge thérapeutique.

THÉRAPIE

Au lourd pessimisme thérapeutique qui régnait jusqu'en 1950 se sont substituées des conduites thérapeutiques très diverses, mises en œuvre dans des structures de soins originales. Les responsables de la santé publique, l'opinion médicale, l'opinion publique ont beaucoup évolué.

Les objectifs à atteindre sont de deux ordres. Il faut en effet traiter le symptôme alcool et ses complications, c'est-à-dire effectuer une rupture avec le toxique, opérer un sevrage, suivi d'une abstinence totale et inconditionnelle. Il faut aussi aider le patient à reconstruire l'ensemble d'une trajectoire lésée par l'alcool, réorganiser sa vie, restaurer ses capacités relationnelles, retrouver son autonomie, en un mot vivre heureux sans alcool. Faciles à énoncer, ces principes sont difficiles à suivre. En effet, la demande de soins est rarement claire et explicite. Elle est parfois masquée derrière une symptomatologie d'emprunt, digestive ou neurologique. Souvent aussi elle est formulée indirectement par un tiers: conjoint, employeur, médecin du travail, police, autorités de santé publique, etc. Poussé à demander une aide thérapeutique dont il reconnaît mal le bien-fondé, le patient, face au thérapeute, risque de se montrer réticent, voire hostile.

Classiquement, le médecin, qu'il soit généraliste ou spécialiste (ici plus particulièrement gastro-entérologue ou psychiatre), est seul investi de la fonction thérapeutique. Mais, en fait, bien d'autres intervenants participent activement à cette entreprise: assistantes sociales, visiteurs sociaux, conseillers en alcoologie, psychologues, infirmiers ainsi que d'anciens malades adhérents de groupes néphalistes*. Le pouvoir thérapeutique de ces personnels est incontestable, surtout dans le suivi à long terme.

Le premier contact entre patient et thérapeute est un acte important, qui inaugure une très longue relation. Non seulement il convient pour le médecin de faire montre de son savoir, mais aussi, avec tact et patience, de son savoir-faire. Il n'est plus question de faire un diagnostic, mais d'amener l'alcoolique à se reconnaître comme tel, à exposer tout ou partie de sa situation en évitant de travestir la vérité trop ouvertement. La pratique des tests (de personnalité ou d'efficience) peut être un moyen de contact, de même que les examens biologiques. Savoir écouter les plaintes de la famille ou de l'entourage pourra concourir à un premier bilan global qui va orienter le programme thérapeutique. Le programme thérapeutique est l'ensemble cohérent et prévisionnel des moyens de soins médicamenteux, psychologiques et sociologiques. Choisi par le ou les thérapeutes, en accord avec le patient et son entourage, il doit tenir compte des situations de chacun pour atteindre les deux objectifs définis plus haut. Certains thérapeutes ont cru pouvoir se fixer comme but la restauration d'une tolérance normale à l'alcool. La reprise d'une consommation contrôlée serait possible sans pour autant que réapparaissent les manifestations psychiques, physiques ou sociales de la maladie alcoolique. Après de nombreuses expérimentations, la plupart des auteurs concluent au caractère fallacieux de cette notion.

Dès le début de l'application du programme thérapeutique se pose la question suivante : une hospitalisation est-elle nécessaire ou non ? Le choix sera guidé par les appréciations portées sur :

— l'état du malade, manifestant ou non l'impossibilité d'un sevrage ambulatoire, une altération grave de son état général, des comportements psychiatriques, des réactions suicidaires possibles, une dangerosité potentielle ;

— le degré d'intolérance de l'entourage, nécessitant ou non une rupture momentanée avec le milieu.

Les chimiothérapies sont essentiellement constituées par les tranquillisants, les antidépresseurs, les neuroleptiques et les vitamines. Les techniques d'aversion utilisent l'apomorphine tandis que les techniques d'interdiction ont recours à d'autres médications (disulfirame et métronidazole). Enfin, le magnésium fait partie de certains schémas chimiothérapiques.

Toutes les psychothérapies individuelles ou de groupe ont été utilisées. Aucune d'elles ne peut se prévaloir d'une supériorité prolongée sauf celle, originale, mise en pratique par les associations d'anciens buveurs ou groupes néphalistes.

L'évolution au long cours est émaillée d'incidents ou d'accidents qui sont imprévisibles et échappent à toute description. La (ou les) rechute(s), c'est-à-dire la reprise de la consommation d'alcool, n'est qu'un des éléments de la trajectoire. Elle ne doit être ni majorée ni passée sous silence. L'apparition d'éléments dépressifs avec risque suicidaire mérite d'être mentionnée en raison de sa relative fréquence. Le caractère répétitif de certaines séquences : hospitalisation, rechute, rehospitalisation, rechute, etc., doit inciter à une nouvelle estimation du programme, à la mise en cause des thérapeutes eux-mêmes ainsi que de l'appréciation des facteurs individuels ou situationnels dans lesquels l'alcoolique se trouve enfermé. Si les éléments pronostiques se révèlent généralement inadéquats, les résultats eux-mêmes à court, moyen ou long terme, fonction de tant de paramètres, ne peuvent être évalués de façon globale. Tel qui a été l'objet de soins attentifs pendant 10 années avec des échecs constants et réitérés peut arriver à une excellente période de stabilité pendant les années suivantes. À l'inverse, après avoir conçu un bon résultat pendant 10 à 20 ans, tel autre va rechuter gravement et entrer dans une phase pathologique sévère et durable. Ces imprévisibilités et ces incertitudes ne doivent pas inciter les équipes thérapeutiques au découragement et à l'abandon. Sauf si des complications organiques graves ou des détériorations psychiques irréversibles interviennent, il y a lieu de poursuivre sans défaillance les thérapies entreprises.

Alcoologie médico-sociale

L'élaboration d'un ensemble de textes législatifs et réglementaires est contemporaine de l'évolution des idées concernant l'alcoolisme à partir de 1950. Les causes économiques sont visées dans la mesure où la surproduction favorise la surconsommation, d'où tentatives de limitation du vignoble, abolition progressive du privilège des bouilleurs de cru, contingentement des débits pour ralentir la distribution et freiner la publicité. La loi de 1954 a institué une procédure (trop complexe) pour inciter les alcooliques dangereux à se soigner, mais en même temps et pour la première fois a créé des établissements de soins, centres de 100 lits ou sections de 25 lits. L'application reste insuffisante. Le Haut Comité d'étude et d'information sur l'alcoolisme a été créé la même année. À partir des années 1970, le ministère de la Santé a créé des centres dits « d'hygiène alimentaire » (en fait centres alcoologiques de prévention et de soins), à l'initiative d'un médecin de la S.N.C.F., le Dr Le Go. En 1989, plus de 250 centres de cet ordre sont répartis sur le territoire français. La plupart d'entre eux sont gérés par l'A.N.P.A. (Association nationale pour la prévention de l'alcoolisme), qui a succédé au Comité de défense contre l'alcoolisme.

De nombreuses enquêtes, tant en France qu'à l'étranger, montrent le rôle de l'imprégnation alcoolique sur les accidents de la route. Dès 1955, des mesures ont été prises pour tenter d'enrayer l'hécatombe routière (jusqu'à 16 000 morts et 300 000 blessés en 1976). Les études les plus précises ont été menées en France par C. Got à l'hôpital de Garches : près de 40% des accidents sont en corrélation directe avec une alcoolémie supérieure au taux légal de 0,8 g d'alcool pur par litre de sang. Une série de nouvelles lois ou décrets tentent de maîtriser le phénomène, mais ils restent d'une application difficile malgré les progrès récents en matière de dosage d'alcool dans le sang (à l'Alcootest a succédé l'éthylomètre). [→ alcoolémie.]

Dans le domaine de la prévention, bien des efforts sont accomplis au niveau des individus et de l'opinion. Tâche ingrate mais nécessaire, la prévention n'a pas encore trouvé ses bases scientifiques (en particulier épidémiologiques), tandis que ses effets réels sont difficiles à mesurer. La médecine du travail correspond à un système de médecine préventive placé sous le double contrôle des bénéficiaires (comité d'entreprise) et de l'État (inspection du travail). L'examen périodique des salariés permet de dépister les surconsommateurs et les alcooliques, et de prévoir certains accidents (changements de poste). Dans certaines entreprises, la médecine du travail, en accord avec les groupes néphalistes corporatifs, peut jouer un rôle actif dans l'information et la prévention. P. F.

alcoolite

n.f. (angl. Alcohololitis)

Une des formes cliniques des alcoolopathies, la plus répandue chez l'homme en France.

L'alcoolite comporte un facteur psychique non prédominant au départ : le sujet — individu « para-normal » qui, dès la fin de l'adolescence, consomme quotidiennement et en compagnie de fortes quantités de vin, de bière ou de cidre — ne présente apparemment aucune structure névrotique, psychotique ou perverse. Les facteurs de milieu jouent un rôle important ; la sexualité est normale. On observe un asservissement progressif du facteur de tolérance, et les ivresses sont relativement rares. L'évolution est lente pendant 10 à 20 ans avant l'apparition de manifestations hépato-digestives ou de troubles du comportement. Le facteur toxique augmente parallèlement au facteur de tolérance. P. F.

alcoologie

n.f. (angl. Alcohology)

« Discipline consacrée à tout ce qui a trait, dans le monde, à l'alcool éthylique : production, conservation, distribution, consommation normale et pathologique avec les implications de ce phénomène, causes et conséquences, soit au niveau collectif, national et international, social, économique et juridique, soit au niveau individuel, spirituel, psychologique et somatique. Cette discipline autonome emprunte ses outils de connaissance aux principales sciences humaines, économiques, juridiques et médicales, trouvant, dans son évolution, ses lois propres » (P. Fouquet, 1967).

Ce nouveau concept centré sur l'objet alcool a permis un élargissement, un enrichissement et une meilleure cohérence vis-à-vis de la psychiatrie et des toxicomanies. L'alcoologie fait l'objet d'enseignements universitaires et a conduit en 1978 à la création d'une société française d'alcoologie. P. F.

alcoolopathie

n.f. (angl. Alcoholopathy)

État comportemental essentiellement constitué par des troubles de la tolérance à l'éthanol et par l'installation d'une dépendance à l'égard de ce produit.

Ensemble hétérogène dont le polymorphisme expressionnel est très vaste, les alcoolopathies revêtent au niveau de l'individu des significations existentielles très diverses dont le commun dénominateur est la perte de la liberté de s'abstenir d'alcool. Leur étiologie est mal connue. P. F.

alcoolose

n.f. (angl. Alcoholosis)

Une des formes cliniques des alcoolopathies, très fréquente chez la femme.

Le facteur psychique est dominant : angoisse, dépression, faible tolérance aux frustrations, quête affective inassouvie, troubles de la sexualité, déséquilibre psychopathique, états limites, etc. Le facteur de tolérance est moyen chez des sujets pour lesquels l'alcool fort est utilisé plus comme agent thérapeutique que par goût. Le facteur toxique reste de moyenne intensité car les épisodes pathologiques de consommation solitaire sont intermittents, discontinus et de brève durée.

Ces malades sont amenés à consulter après une évolution relativement brève — de l'ordre de quelques années — en raison de troubles graves et précoces du comportement (ivresses atypiques). P. F.

alerte

n.f. (angl. Alertness)

État de l'organisme dans l'attente d'un événement. P. L.

Alexander (Franz)

Psychanalyste américain d'origine allemande (Budapest 1891-New York 1964).

Après des études de médecine, il est l'un des premiers étudiants d' l'Institut de psychanalyse de Berlin (1919). Un des pionniers de la psychanalyse aux États-Unis, il est nommé, dès 1930, professeur de psychanalyse à l'université de Chicago et fonde en 1931 l'Institut de psychanalyse de Chicago. C'est dans le cadre de cet institut qu'il met au point les principes de la « psychothérapie analytique brève », qui apparaît comme un aménagement de la « cure type ». Cette technique active ne cessera d'être confortée par le contexte analytique américain, avant tout soucieux de favoriser l'adaptation et l'intégration sociales du patient. Il s'intéresse également à la médecine psychosomatique et préside la Société américaine de recherche en médecine psychosomatique. Il est l'auteur de nombreuses publications, dont *The Scope of Psychoanalysis : Selected Papers of F. Alexander* (1921-1961), *Psychothérapie analytique : principes et application* (1946), *Principes de psychanalyse* (1948) et *Psychoanalytic Pioneers* (1966). R. L.

Alexander (échelle d')

(angl. Alexander's Scale)

Échelle de performance, c'est-à-dire d'intelligence pratique, concrète, non verbale.

Conçue par W. P. Alexander (*Une échelle de performance pour la mesure de l'intelligence pratique,* 1950) pour des enfants de 11 ans, l'échelle d'Alexander s'est révélée utilisable de l'âge de 7 ans jusqu'à l'âge adulte. Elle comprend trois tests : *cubes de Kohs**, *construction avec cubes* et *Passalong**. Ce dernier consiste en 9 problèmes de difficulté graduée, dans chacun desquels une certaine disposition de pièces rouges et bleues doit être modifiée par le sujet, par glissement des pièces, pour reconstituer une autre disposition reproduite sur la carte modèle. Les fondements théoriques de l'échelle sont constitués par les résultats des recherches factorielles d'Alexander, psychologue britannique qui, en 1935, mit en évidence l'existence d'un facteur d'intelligence pratique commun aux tests de performance à côté d'un autre facteur commun aux tests verbaux. Ces deux facteurs peuvent être considérés comme des subdivisions du facteur g d'intelligence générale. M. R.

alexie

n.f. (angl. Alexia)

Forme d'agnosie visuelle caractérisée par la perte de la capacité de lire la langue écrite ou imprimée, en dépit de la conservation de l'intelligence et de la fonction visuelle.

Il faut distinguer une alexie optique pure sans agraphie ni trouble du langage intérieur, une alexie optico-agnosique avec agnosie des couleurs, des objets et de l'espace, enfin une alexie s'accompagnant d'agraphie lorsque le patient ne peut plus ni lire ni écrire. J. P.

alexithymie

n.f. (angl. Alexithymia)

Incapacité de pouvoir exprimer ses émotions.

Le terme d'*alexithymie* apparu aux États-Unis vers 1973 (P. E. Sifneos), s'applique à la description de la personnalité de certains malades psychosomatiques se caractérisant par une grande difficulté à verbaliser leurs sentiments et émotions, une vie fantasmatique particulièrement pauvre et une activité de pensée et de discours essentiellement orientée vers des préoccupations concrètes. Et c'est uniquement au travers de leurs plaintes somatiques que de tels patients peuvent laisser apparaître leur état émotionnel. Ils éprouvent en effet de grandes difficultés à distinguer leurs mouvements affectifs de leurs sensations corporelles.

Ce tableau clinique est souvent associé à une symptomatologie somatique importante. Il se rencontre fréquemment chez les sujets à statut socio-économique et culturel bas, chez certains toxicomanes et après des événements traumatiques graves. Dans des maladies psychosomatiques comme l'asthme, les patients alexithymiques présentent une évolution nettement plus défavorable que ceux qui ne le sont pas. Ils sont généralement peu sensibles à la psychothérapie et bénéficient plutôt de la relaxation, du biofeedback et des thérapies d'inspiration comportementale. J. P.

algésimètre

n.m. (angl. Dolorimeter)

Dispositif qui permet de mesurer l'intensité d'une stimulation atteignant le critère liminaire de la douleur. (Syn. algomètre.)

Les appareils les plus anciens utilisaient des piqûres, des compressions ou des pincements calibrés. L'utilisation de la chaleur radiante, qui élimine le contact de la pression, est aujourd'hui d'un usage courant. La mesure de la douleur peut également être réalisée par application d'une stimulation électrique, de solutions de substances chimiques à diverses concentrations ou par ischémie. Le critère de la douleur peut être une réponse physiologique (par exemple un réflexe de flexion), comportementale (par exemple une réaction d'échappement) ou verbale (par exemple échelle subjective d'intensité). J.-M. C.

algorécepteur

n.m. (angl. Nociceptor)

→ nocicepteur.

aliénation mentale

(angl. Insanity)

Trouble grave et prolongé de l'activité psychique, proche des notions de folie et de maladie mentale, signifiant à la fois une perte du contact normal à la réalité et avec autrui et une profonde atteinte à la liberté morale.

P. Pinel préconise l'expression d'*aliénation mentale* dès 1797 pour remplacer le terme de *folie,* qui n'est pas, pour lui, assez médical, renvoyant à des perspectives existentielles et anthropologiques trop générales. Il écrit dans son article de l'*Encyclopédie méthodique* (« Manie, vésanies, aliénation mentale ou dérangement des fonctions intellectuelles ») : c'est un « terme heureux qui exprime dans toute leur latitude les diverses lésions de l'entendement ». Il le préfère également à celui de *vésanie* qui aurait un sens trop limité et largement connoté par celui de *névrose*, renvoyant aux maladies organiques du système nerveux (dans la signification que lui avait donnée W. Cullen). Pour Pinel, c'est en fait un retour à la vieille terminologie d'*aliénation d'esprit* (*alienatio mentis*) qu'on rencontre dans le discours médical dès le début de la Renaissance (et qu'utilise A. Paré à la fin du XVIe siècle) pour décrire la folie, celle que les médecins doivent soigner, celle aussi qui n'est parfois que transitoire (par exemple, une aliénation par ivresse). Mais c'est aussi une évocation du sens que J.-J. Rousseau a donné au mot *aliénation* dans son *Contrat social*. Alors que, pour le philosophe, le citoyen libre devait justement aliéner une partie de sa liberté naturelle en faveur de la société, seule capable de défendre la liberté conventionnelle de chacun, pour l'aliéniste, l'aliéné mental a totalement perdu sa liberté morale du fait des graves lésions de son entendement. C'est à la société, représentée par le médecin, qu'incombe le soin à la fois de protéger (par des mesures d'interdiction, ou de déresponsabilisation devant les sanctions sociales) et d'assister (par des mesures de traitement, d'hospitalisation et d'hygiène) celui qui a perdu l'usage de cette liberté conventionnelle du fait de l'aliénation de son esprit. Sans doute, diront certains, la folie lui avait redonné un usage brutal et archaïque de sa liberté naturelle. Mais celle-ci ne pouvait que le rendre dangereux pour la société et pour lui-même, ce qui rendait cet usage intolérable.

Il en découle que l'utilisation de l'expression *aliénation mentale* est à la fois généreuse (d'inspiration rousseauiste) et réductrice (ramenant la folie dans l'unique champ des pratiques médicales). Elle implique l'institution de tout un dispositif médico-légal (de l'article 64 du Code pénal à la loi du 30 juin 1838) et l'organisation d'une assistance hospitalière (l'asile), précédée et complétée de mesures d'hygiène préventive (pouvant aller jusqu'à la stérilisation des malades dont l'aliénation risquerait d'être considérée comme héréditaire — thèse des partisans de la dégénérescence à la fin du XIXe siècle).

On comprend que l'expression *aliénation mentale* subira peu à peu un discrédit (comme certains concepts philosophico-politiques de Rousseau). Trop employée par les élèves de Pinel, E. Esquirol en tête, et par certains législateurs et administrateurs, elle deviendra progressivement péjorative, comme le mot *asile*, son corollaire. À tel point qu'elle sera de plus en plus absente du langage médical, puis administratif, jusqu'à ce que la circulaire ministérielle du 4 février 1958 en impose la disparition et le remplacement par celle de *maladie mentale*. J. P.

→ folie, psychiatrie.

aliéné

adj. et n. (angl. Alienated, Insane, Lunatic, Mad)

Se dit d'une personne atteinte d'aliénation mentale.

Terme devenu désuet, qui avait lui-même remplacé celui d'« insensé » à la fin du XVIIIe siècle (P. Pinel). J. P.

→ aliénation mentale.

aliéniste

n.m. (angl. Alienist)

Synonyme ancien de *psychiatre* qui désignait jusqu'à la fin du XIXe siècle le médecin qui s'occupe des malades mentaux.

◇ adj. **Relatif à la pratique des aliénistes.** J. P.

alimentaire (comportement)

(angl. Feeding Behavior)

Ensemble des activités de recherche et de prise de nourriture.

Le comportement alimentaire est régulé par le système nerveux central, qui intègre des informations concernant les aliments, l'état de l'organisme et de ses fonctions métaboliques, l'expérience alimentaire antérieure. Le système intégrateur principal se situe au niveau de l'hypothalamus. Des expériences de lésion, de stimulation et d'enregistrement de l'activité neuronique ont permis de distinguer deux régions aux fonctions antagonistes : l'hypothalamus ventromédian et l'hypothalamus latéral.

On trouve dans l'hypothalamus latéral des neurones sensibles à une ou plusieurs modalités d'un stimulus alimentaire : goût, odeur, aspect. Les signaux sont issus des récepteurs olfactifs, tactiles et gustatifs du nez et de la cavité orale, des chémorécepteurs de l'intestin ou du foie. Ces neurones font partie des « circuits de récompense » du cerveau et si, par exemple, l'on permet à un Rat de les stimuler, on observe que la cadence d'autostimulation croît avec le degré de privation de nourriture. Leur activité est par ailleurs modulée par l'expérience et par l'apprentissage : les aliments préférés entraînent des variations de décharge plus importantes; les stimulus non alimentaires sont sans effet. Ces neurones déclencheraient les fonctions végétatives (sécrétion d'insuline, par exemple) et somatomotrices intervenant dans la prise de nourriture. De fait, la stimulation électrique de l'hypothalamus latéral provoque une compulsion alimentaire; sa destruction s'accompagne d'une réduction de la prise de nourriture, voire d'aphagie. Pour ces raisons, on a considéré l'hypothalamus latéral comme un « centre de la faim ».

L'hypothalamus latéral est soumis au contrôle inhibiteur de l'hypothalamus ventromédian, où l'on trouve des neurones sensibles aux conditions métaboliques de l'organisme : taux d'insuline ou de glucose, distension stomacale, température et sans doute poids du corps et état des réserves en graisse. La stimulation des noyaux ventromédians réduit la prise de nourriture, leur destruction l'augmente et entraîne une obésité importante et durable. Ces données ont amené à considérer l'hypothalamus ventromédian comme un « centre de la satiété ». On a pu montrer toutefois qu'il n'agit pas directement : d'une part, sa destruction perturbe le métabolisme lipidique, favorisant la constitution de réserves de graisse aux dépens de leur utilisation; d'autre part, elle accroît l'importance des aspects sensoriels des aliments, levant un frein sur la sensibilité des neurones de l'hypothalamus latéral aux influences sensorielles ou centrales qui déclenchent leur activité.

Si les facteurs métaboliques et sensoriels qu'intègre l'hypothalamus ont un rôle majeur dans la régulation de l'équilibre énergétique de l'organisme, ils sont néanmoins subordonnés à l'expérience passée de l'individu : l'apprentissage. Chez l'Homme, l'éducation et la culture prennent le pas sur les facteurs purement physiques ou organiques : la fréquence et l'heure des repas sont largement conditionnées; à côté des préférences innées (goût pour les aliments sucrés, aversion pour les substances amères) se développent des goûts spécifiques d'un groupe ou d'un individu (appétence pour les cuisines familiales ou nationales). Ces derniers facteurs mettent en jeu les structures intervenant dans la régulation des conduites apprises : système limbique, néocortex. J.-M. C.

alimentaires (rythmes)

(angl. Alimentary Rhythms)

1. **Comportement alimentaire en fonction des variations spontanées du métabolisme énergétique.** 2. **Incidence des variations provoquées de ce comportement sur les activités psychologiques.**

Pour Reinberg, quatre aspects permettent de présenter les résultats des recherches utilisant des méthodes chronologiques en nutrition :

1. des rythmes circadiens, ultradiens et circannuels dans le comportement alimentaire spontané et la prise alimentaire peuvent être mis en évidence (chez le nouveau-né, prise alimentaire de périodicité d'environ 90 minutes; à 4 ans, mise en évidence d'un rythme circadien avec un creux en milieu de la journée, couplé à un rythme circannuel; mêmes types de rythmicité chez l'adulte);
2. la plupart des rythmes circadiens persistent durant le jeûne ou pendant un régime particulièrement restrictif, ce qui implique que le rythme circadien d'un grand nombre de variables physiologiques n'est pas induit par le rythme des apports nutritifs;
3. la prise d'aliments ne joue pas un rôle important de synchroniseur chez l'homme, même si la prise alimentaire d'un nombre important de calories et de protéines peut influencer l'acrophase de certains rythmes circadiens;
4. les changements biopériodiques du métabolisme des nutriments doivent être connus et leurs effets pris en considération. Cela devrait permettre de constituer une

chrononutrition qui pourrait proposer des solutions adaptées à chaque individu pour ce qui concerne la qualité et la quantité des prises alimentaires.

Diverses études ont pu montrer que les rythmes alimentaires avaient un impact sur le comportement ou l'activité des enfants scolarisés. La prise de petits déjeuners le matin ainsi qu'un nombre de repas quotidiens variant entre 4 et 6 seraient bénéfiques sur le rendement scolaire. La prise d'un petit déjeuner substantiel annulerait le nombre d'accidents survenant en ateliers en fin de matinée. Un petit déjeuner consistant éviterait aux élèves en ayant bénéficié les baisses importantes de l'attention observées en fin de matinée chez les enfants n'ayant pas déjeuné.

Les rythmes alimentaires font partie des facteurs péri-scolaires dont il faut tenir compte dans l'étude des rythmes scolaires.

C. L.

alliance

n.f. (angl. Alliance)

Union, accord entre deux ou plusieurs personnes, afin de concourir à des buts ou à des intérêts communs.

Au niveau familial, toute alliance transgénérationnelle est illégitime. Elle aboutit à modifier la hiérarchie fonctionnelle de la famille et peut ainsi être à l'origine de troubles psychopathologiques chez l'un des membres du groupe naturel. M. G.

alliance thérapeutique

(angl. Helping Alliance)

Modalité de certaines psychanalyses, caractérisée par une aide apportée par le moi adaptatif du patient à la poursuite de son analyse, et entretenue par le désir de surmonter sa névrose, la volonté consciente et rationnelle de coopérer à la cure et l'aptitude à suivre les conseils et les insights de l'analyste.

Pour les psychanalystes qui la préconisent, cette alliance thérapeutique serait la contrepartie nécessaire de la névrose de transfert qui lie le patient au thérapeute. Elle empêcherait que cette dernière ne s'instaure d'une manière définitive, rendant l'analyse interminable. Car il serait nécessaire que le « névrosé établisse et maintienne un autre type de rapport à l'analyste, en marge de ses réactions de transfert, s'il veut entrer et travailler de plain-pied dans la situation analytique » (R. R. Greenson).

Le terme semble avoir été introduit par E. Zetzel, en 1956. Elle en montrait l'importance et soulignait qu'on pouvait facilement distinguer les analystes classiques des analystes de l'école d'A. Freud, suivant qu'ils ignoraient ou utilisaient cet aspect particulier du transfert. C'est en effet avec son ouvrage *le Moi et les mécanismes de défense* (1936) que cette dernière apporte la notion de moi adaptatif en confondant du même coup résistances et défenses de ce moi. Parallèlement, l'école américaine de l'égopsychologie avec H. Hartmann, E. Kris et R. Loewenstein avait développé ces mêmes conceptions. Dès 1939, Hartmann décrivait les fonctions autonomes du moi dont les rudiments se feraient jour dès les premiers mois de la vie et qui appartiendront au moi lorsque celui-ci se sera individualisé. Ces notions d'autonomie de certaines fonctions du moi et de leur développement autonome ont donc donné son fondement et sa justification à l'alliance thérapeutique.

Greenson, L. Stone, H.W. Loewald vont donc la préconiser à la fin des années 1950, à l'époque où les analyses sont justement devenues interminables aux États-Unis, pour permettre au patient d'arriver plus rapidement à la fin de sa cure. Ils retrouvent d'ailleurs cette modalité de cure déjà décrite dans le transfert rationnel d'O. Fenichel (1941), et dans ce que R. Sterba repérait en 1929, à propos de l'identification du patient à l'analyste le conduisant à s'intéresser au travail qu'ils doivent accomplir en commun. Sterba avait aussi noté, en 1934, que cette volonté de collaboration mutuelle s'échangeait « entre le moi raisonnable du patient et le moi analysant de l'analyste ». En effet, dans cette relation d'alliance, le patient réalise une identification partielle à l'analyste, travaillant sur lui-même et interprétant ses résistances, un peu comme le fait son thérapeute. Mais il faut qu'il soit capable de maintenir et de contrôler cette forme de transfert relativement « rationnel, désexualisé et non agressif ». Il est évident que les sujets narcissiques, borderline, psychopathes et à plus forte raison psychotiques n'en sont pas capables. Il faut que le patient ait, d'une part, le besoin de réactions de transfert et la capacité de régresser, et, d'autre part, « un moi fort, ou cette forme particulière de plasticité du moi qui lui permet d'interrompre sa régression pour établir une alliance de travail raisonnable et motivée » (H. W. Loewald).

Cette variante de la cure-type a soulevé de nombreuses critiques chez les psychanalystes, en particulier chez ceux qui s'opposaient à l'égopsychologie dont elle s'inspirait. Si certains se sont contentés de dire que « ça marchait d'autant mieux que le patient n'était pas vraiment malade », d'autres, les plus nombreux, avec J. Lacan en particulier, y ont vu une véritable perversion de la psychanalyse. Pour Lacan, une telle analyse en effet ne ferait que dessiner « la relation d'un moi avec un moi ». En divisant le moi du patient en partie saine et en partie malade, on crée une série de « bipartitions du moi du sujet » qui, poussées *ad infinitum*, se réduiraient à la limite au moi de l'analyste. Et dans cette voie, « peu importe que l'on procède selon une formule où se reflète bien le retour au dédain traditionnel du savant pour la "pensée morbide", en parlant au patient "son langage", on ne lui rendra pas pour autant sa parole ». En considérant que la terminaison de la psychanalyse implique l'identification du sujet avec le moi de l'analyste (W. Hoffer), on exclut le sujet de toute fondation dans sa parole. Et l'analyste ne pourrait rien communiquer au patient « qu'il ne tienne d'un savoir préconçu ou d'une intuition immédiate, c'est-à-dire qui ne soit soumis à l'organisation de son propre moi » (Lacan, *Variantes de la cure-type*).

Malgré ces critiques et le fait qu'elle soit tombée en désuétude avec le déclin de l'égopsychologie chez les psychanalystes, l'alliance thérapeutique reste largement préconisée et utilisée dans diverses psychothérapies d'inspiration analytique ou cognitive. C'est ainsi qu'il existe, pour mesurer la qualité de la relation entre le patient et son thérapeute, un *Helping Alliance Questionnaire* qui comporte deux versions parallèles, l'une destinée au malade et l'autre au soignant. Pour beaucoup de psychothérapeutes, l'efficacité de leur psychothérapie dépendrait en grande partie de la qualité de cette alliance de travail, qu'ils cherchent à provoquer et à repérer dès le début de la prise en charge. Et dans les études les plus récentes sur les facteurs de succès des psychothérapeutes, il est rare que l'alliance thérapeutique ne soit pas citée comme un des plus déterminants.

J. P.

BIBLIOGRAPHIE

Freud, A., 1936, *le Moi et les mécanismes de défense*, tr.fr., Paris, P.U.F., 1950.

Greenson, R.R., 1967, *Technique et pratique de la psychanalyse*, tr.fr. Paris, P.U.F., 1977.

Lacan, J., 1955, *Variantes de la cure-type*, Paris, E.M.C.

allocation aux adultes handicapés

Prestation sociale que peuvent percevoir les adultes handicapés qui remplissent les conditions d'attribution.

C'est la loi d'orientation du 30 juin 1975 en faveur des personnes handicapées qui a instauré cette allocation aux adultes handicapés (A.A.H.). Son attribution est subordonnée à l'existence de conditions médicales, administratives et financières.

Les conditions médicales sont appréciées par la commission technique d'orientation et de reclassement professionnel (COTOREP) qui existe dans chaque département. La personne handicapée doit justifier d'un taux d'incapacité permanente d'au moins 80 %. Ce taux est apprécié suivant le guide-barème des invalidités, applicable au titre des pensions militaires d'invalidité et des victimes de guerre. À défaut d'atteindre 80 %, la personne doit justifier d'un handicap permanent, physique, sensoriel ou mental la mettant dans l'incapacité de se procurer un emploi.

Les conditions administratives sont vérifiées par la caisse d'allocations familiales (C.A.F.). L'intéressé doit être âgé de plus de 20 ans, résider en France, être de nationalité française ou ressortissant d'un pays ayant conclu une convention pour l'attribution de cette allocation.

Les conditions de ressources sont également vérifiées par la C.A.F. L'ensemble des ressources de l'intéressé ne doit pas dépasser un certain plafond.

C'est la COTOREP qui fixe la durée d'attribution de l'allocation; cette durée est toujours temporaire, comprise entre 1 et 5 ans; l'allocation est renouvelable dans les mêmes conditions que celles de son ouverture. C'est la C.A.F. qui assure la liquidation et le paiement de l'allocation. La perception de l'A.A.H. entraîne l'affiliation à titre personnel et obligatoire au régime général de sécurité sociale. En cas d'hospitalisation de la personne handicapée pendant plus de 60 jours, le montant de l'allocation est réduit : de 20% si l'allocataire est marié, de 50% s'il est célibataire, veuf ou divorcé. Aucune réduction n'est faite lorsque l'allocataire a un enfant ou un ascendant à sa charge. L'A.A.H. peut être augmentée de l'allocation compensatrice si le sujet nécessite l'aide d'une tierce personne ou si son activité professionnelle lui impose des frais supplémentaires. À partir de 60 ans, les C.A.F. orientent les intéressés vers l'organisme d'assurance vieillesse compétent et les invitent à demander s'il y a lieu l'allocation supplémentaire du Fonds national de solidarité. En cas de litige d'ordre technique, un recours peut être formé devant la commission régionale du contentieux technique de la Sécurité sociale. M. G.

allocation d'éducation spéciale

Prestation sociale que peut percevoir la famille d'un enfant handicapé ou le handicapé lui-même s'il est majeur, à condition qu'en soient remplies les modalités d'attribution.

C'est la loi d'orientation du 30 juin 1975 en faveur des personnes handicapées qui a instauré cette allocation d'éducation spéciale (A.E.S.). C'est la commission départementale d'éducation spéciale (C.D.E.S.) qui est seule compétente pour attribuer cette allocation. Un certain nombre de conditions doivent être réunies, tant en ce qui concerne les parents que l'enfant lui-même.

L'enfant ou l'adolescent doit avoir moins de 20 ans et résider régulièrement en métropole ou dans un département d'outre-mer. Il doit en outre justifier d'un taux d'incapacité permanente d'au moins 80%. Ce taux est apprécié suivant le guide-barème des invalidités, applicable au titre du Code des pensions militaires d'invalidité et des victimes de la guerre. Si l'enfant est atteint d'un handicap physique, sensoriel ou mental dont le taux d'incapacité est compris entre 50 et 80%, il peut aussi faire l'objet de l'attribution d'une telle allocation. Mais encore faut-il qu'il fréquente un établissement d'éducation spéciale pour handicapés ou bien que son état exige le recours à un service d'éducation spéciale ou de soins à domicile dans le cadre des mesures préconisées par la commission départementale d'éducation spéciale. L'allocation n'est pas due lorsque l'enfant est placé en internat avec prise en charge intégrale des frais de séjour par l'assurance maladie, l'État ou l'aide sociale.

Les parents doivent, quant à eux, résider en métropole ou dans un département d'outre-mer et exercer une activité professionnelle normale; à défaut, ils doivent justifier d'une impossibilité de travailler. Il n'existe par ailleurs aucune condition de ressources. Les intéressés doivent également assumer la charge effective et permanente de l'enfant remplissant les conditions d'ouverture des droits.

C'est la C.D.E.S. qui fixe la durée d'attribution de l'allocation; cette durée est toujours temporaire, comprise entre 1 et 5 ans; l'allocation est renouvelable dans les mêmes conditions que celles de son ouverture. C'est la caisse d'allocations familiales (C.A.F.) qui assure le versement de l'allocation spéciale. L'attribution de cette allocation entraîne l'affiliation automatique à l'assurance vieillesse des mères ou femmes ayant la charge de la personne handicapée de moins de 20 ans. Un complément d'éducation peut être accordé pour l'enfant atteint d'un handicap dont la nature et la gravité exigent des dépenses particulièrement élevées ou nécessitent le recours fréquent à l'aide d'une tierce personne.

En cas de litige d'ordre technique, un recours gracieux peut être formé devant la commission elle-même; de même, un recours contentieux peut être formé devant la commission régionale du contentieux technique de la Sécurité sociale. À partir de l'âge de 20 ans, la personne handicapée peut se voir attribuer une allocation aux adultes handicapés par la commission technique d'orientation et de reclassement professionnel (COTOREP), si elle en remplit les conditions légales. M. G.

allométrie

n.f. (angl. Allometry)

Différence de dimension entre deux éléments ou parties d'un ensemble.

Chez les êtres organisés, le fait que les différentes parties du corps ont des rythmes de croissance différents entraîne des rapports allométriques de poids et de taille. H. B.

→ croissance.

allométrique (rapport)

(angl. Allometric Relationship)

Différence quantitative entre deux parties du corps dont les vitesses de croissance ne sont pas identiques. H. B.

→ croissance.

Allport (Gordon Willard)

Psychologue américain (Montezuma, Indiana, 1897-Cambridge, Massachusetts, 1967).

Professeur à Harvard à partir de 1942, il étudia principalement les problèmes de la personnalité (*Personality : a Psychological Interpretation*, 1937; *Becoming*, 1955). R. L.

alpha (rythme)

(angl. Alpha Rhythm)

Rythme cérébral dont la fréquence est comprise entre 8 et 13 hertz et l'amplitude entre 30 et 50 microvolts.

C'est H. Berger, inventeur de l'électroencéphalographie, qui a appelé alpha ce rythme qui constitue l'essentiel du tracé de veille diffuse (présent au repos, à l'obscurité ou yeux fermés), prédominant dans les régions pariéto-temporo-occipitales. Le rythme alpha est interrompu par des stimulations sensorielles ou l'activité intellectuelle (c'est ce qu'on appelle la « réaction d'arrêt »). Pour chaque individu, on note une certaine constance de la fréquence de l'alpha. Ce rythme apparaît au cours des premières années de la vie et sa proportion dans le nycthémère* augmente avec l'âge. P. L.

Alpha Test Army

Test collectif d'intelligence.

Il a été mis au point par un comité de psychologues américains présidé par R.M. Yerkes, à partir d'un projet initial de A.S. Otis, au moment de l'entrée des États-Unis dans la Première Guerre mondiale (1917). D'une utilisation facile, il fut appliqué à quelque 1 250 000 personnes au moment de leur enrôlement dans l'armée, en vue de classer et d'orienter ces recrues. Son étude, réalisée avec des moyens importants, accéléra les progrès des méthodes psychométriques et leur mise en application dans de nombreux domaines non militaires. Un test non verbal pour illettrés, le Beta Test Army, fut également mis au point dans les mêmes conditions. M. R.

alternance

n.f. (angl. Alternation)

Tendance comportementale, lorsqu'une suite de réponses est demandée et qu'un choix entre deux réponses est offert, à choisir alternativement l'une puis l'autre.

Des *comportements d'alternance* (angl. Alternation Behavior) ont pu être observés chez des Rats placés dans un labyrinthe en T (ou de toute autre forme à axe de symétrie) lorsque les deux points d'arrivée sont également récompensés. De façon semblable, chez des sujets humains qui ont à choisir au hasard entre deux éventualités (par exemple, répondre « rouge » ou « vert »), on observe une tendance à l'alternance.

Il s'agit sans doute d'un banal effet d'inhibition de la réponse qui vient juste d'être donnée. Ce comportement est à rapprocher de ce que C.L. Hull appelle l'*inhibition réactive*, c'est-à-dire la tendance, pour un Animal ou un Homme qui a choisi, librement ou non, l'un des termes d'une alternative, à choisir ensuite l'autre terme. C'est ce qui est subjectivement ressenti chez l'Homme comme évitement de la monotonie. Le comportement d'alternance peut être détérioré dans certaines conditions pathologiques ou pharmacologiques.

J.-F. L. N. et G. C.

alternances (loi des)

(angl. Law of Alternations)

DÉVELOP. **Succession d'une période caractérisée par certains aspects physiologiques et d'une autre période caractérisée par d'autres aspects généralement inverses.**

Une période de forte augmentation de la taille, non accompagnée d'augmentation du poids, est suivie d'une période d'accroissement du poids avec maintien de la taille à son niveau précédent. L'alternance entre périodes de croissance et périodes de repos, entre augmentation de poids et accroissement de taille s'observe aussi au niveau des différents segments corporels. La loi des alternances rend compte de l'absence de parallélisme entre les courbes de croissance de taille et de poids obtenues chez l'enfant.

E. V.

→ croissance.

alternances fonctionnelles

(angl. Alternate Functions)

Oscillations naturelles qui, au cours du développement, gouvernent des orientations opposées de la vie psychique, tantôt tournée vers le monde extérieur pour s'ajuster aux situations et tantôt concentrée sur soi à des fins d'intime élaboration.

L'expression, due à H. Wallon (*l'Évolution psychologique de l'enfant,* 1941), se veut explicative : elle rend compte des sens contraires que peut prendre successivement une conduite. Selon Wallon, toute composante de la vie psychique est par nature ambiguë et susceptible de contribuer à la formation de la personne ou de servir à l'adaptation au milieu. Ainsi, les réactions musculaires du nourrisson seraient d'abord produites en réponse réflexe à un excitant externe. Ce faisant, elles révéleraient les sensibilités à elles-mêmes et leur seraient alors associées. Par cette distribution alternée des fonctions s'expliqueraient la transformation des réactions réflexes en mouvements dirigés et leur possible inhibition.

Un autre exemple d'alternance fonctionnelle est donné par les changements du rythme veille-sommeil qui surviennent dans la première année chez le bébé : les très longues périodes de sommeil du nouveau-né et du nourrisson répondraient à un besoin de restauration biopsychologique. On sait en effet que les dépenses énergétiques sont d'autant plus élevées que l'organisme est jeune et que le nouveau-né consomme rapidement ses ressources. La réduction de ce besoin de restauration entraînerait le changement de rythme et orienterait l'activité, pendant une veille de plus en plus longue, vers l'environnement.

L'illustration la plus expressive des alternances fonctionnelles réside dans l'imitation : induite d'abord par un modèle dont elle n'est que l'écho, puis unie au modèle dans une sorte d'« interaction mimétique », elle en deviendrait enfin un réinvention dans laquelle l'imitateur se distingue nettement du modèle.

La succession des alternances fonctionnelles forme des cycles qui ne sont jamais de simples répétitions ; ils comprennent toujours une modification des mécanismes du comportement, due à la fois à l'effet des actions passées et à l'orientation du moment. C'est ainsi que les alternances fonctionnelles participent à l'ontogenèse. Il est clair que les mécanismes distribués en sens opposés s'apparentent à ceux de l'accommodation et de l'assimilation, tels qu'ils sont décrits par d'autres auteurs, en particulier par J.M. Baldwin et par J. Piaget.

H. B.

alternant (système)

(angl. Rotating Shift-Work)

Planification des horaires de travail dans laquelle les travailleurs sont alternativement affectés à l'une des trois équipes (matin, après-midi, nuit) selon une périodicité donnée.

Le système alternant le plus fréquent est celui des 3x8 avec une périodicité hebdomadaire : 7 postes de matin, 7 postes d'après-midi et 7 postes de nuit suivis d'une période de repos de durée variable. Il s'agit alors d'un cycle long. Le cycle, ou durée de rotation des postes, définit la période entre deux affectations à un poste identique. De nombreuses études portant sur les répercussions du travail posté sur la santé et la vie hors travail démontrent que le cycle long est le moins bien supporté. En effet, la répétition des mêmes horaires pendant 5 à 7 jours consécutifs provoque un début d'ajustement des rythmes biologiques aux horaires de travail mais qui n'est pas terminé au moment du changement de poste.

L'organisme est donc en perpétuel bouleversement, qui se manifeste par un syndrome psychosomatique à dominante psychique (névrose de situation caractérisée par une asthénie, une insomnie, une somnolence postprandiale excessive et des épisodes agressifs et dépressifs) ou à dominante somatique (troubles gastro-intestinaux et cardiaques). En revanche, le cycle court (2 jours par poste) ne provoque pas de déséquilibre biologique ni psychologique important. Il nécessite cependant la création d'une cinquième équipe, augmentant ainsi le nombre de personnes exposées aux effets du travail posté.

Les effets du travail posté alternant peuvent être accentués par des facteurs individuels comme l'âge, la personnalité et l'amplitude des rythmes biologiques et des facteurs situationnels se rapportant au type de travail, à la qualité du logement et à l'éloignement du lieu de travail.

A. L.

→ posté (travail).

altruisme

n.m. (angl. Altruism)

ÉTHOL. **Conduite par laquelle un individu favorise la reproduction d'un autre aux dépens de la sienne propre.**

Selon un modèle darwinien, la sélection progressive ne se conçoit que si l'individu aidé est suffisamment apparenté à l'individu altruiste pour qu'ils aient de nombreux gènes en commun ; le surplus de reproduction apporté se traduit alors par la transmission de gènes identiques à ceux de l'individu altruiste. Celui-ci trouve à sa conduite un « avantage génétique » lorsque ces gènes sont plus nombreux que ceux qu'il aurait transmis en se reproduisant lui-même. Le surplus ainsi transmis représente l'avantage génétique de la conduite altruiste.

J. G.

GÉNÉR. et DIFFÉR. **Comportement par lequel un individu vient en aide à un autre de façon désintéressée.**

Les recherches sur les comportements altruistes analysent les facteurs qui déclenchent ou inhibent chez un sujet les conduites d'*aide à autrui* (angl. Helping Behavior), en particulier ceux qui suscitent ou non une intervention de la part d'un spectateur d'une situation dans laquelle une personne se trouve en danger (angl. Bystander Involvement). Ces recherches concernent la psychologie différentielle dans la mesure où elles mettent en évidence l'existence de différences individuelles dans des traits pouvant être évalués par des épreuves appropriées (en général des questionnaires) : l'orientation prosociale, le machiavélisme, l'empathie, etc. Ces caractéristiques individuelles entrent en interaction avec les conditions de la situation pour expliquer les conduites observées chez un sujet.

M. R. et J.G.

→ machiavélisme, société animale, sociobiologie.

Alzheimer (maladie d')

(angl. Alzheimer's Disease)

Démence présénile décrite pour la première fois en 1906 par A. Alzheimer, débutant vers 55 ans, se caractérisant par une détérioration intellectuelle progressive et globale et produite par une atrophie cérébrale diffuse avec deux caractéristiques sur le plan histopathologique : la chromatolyse totale des cellules nerveuses, où les imprégnations argentiques montrent un réseau fortement coloré (dégénérescence neurofibrillaire) ; la fréquence de plaques spéciales argyrophiles, dites « séniles ».

Cliniquement, le *début* est lent, insidieux, progressif, souvent difficile à préciser chronologiquement. Il est marqué par un déficit mnésique global s'aggravant lentement sans fabulation ni fausse reconnaissance (à ce stade) et par une désorientation spatiale d'emblée assez intense. Dès ce stade, on note un déficit mental global.

L'activité psychomotrice est ralentie avec apathie progressive et indifférence, émaillée parfois de bouffées de colère ou d'anxiété. On note encore quelquefois un début avec troubles psychotiques de type confuso-onirique, hallucinations diverses ou idées délirantes peu structurées à thèmes de préjudice ou de jalousie. Dans certains cas, une dépression chronique ouvre le tableau. Dès cette période, la pensée symbolique peut être touchée. Cette atteinte est responsable des troubles des praxies, de l'écriture, de la lecture et même parfois du langage. Il ne s'agit pas de véritable apraxie ou aphasie, mais de difficultés dans la compréhension symbolique des consignes et dans l'activité opératoire. Là se situe le déficit de la pensée représentative, opératoire ou instrumentale.

À la *période d'état*, qui ne survient qu'au bout de quelques années, la démence est profonde, massive, portant aussi bien sur les hautes fonctions intellectuelles, jugement, abstraction, synthèse, que sur les fonctions élémentaires. La mémoire est considérablement altérée avec un déficit global portant sur les fonctions de fixation et de remémoration. L'attention spontanée et provoquée est grossièrement touchée. Les troubles de l'orientation temporo-spatiale sont très intenses et réalisent un symptôme dominant; l'orientation dans l'espace immédiat est la plus perturbée : les malades se perdent continuellement dans leur appartement ou à l'hôpital où ils ont dû être hospitalisés.

La disparition complète des activités opératoires et symboliques s'accompagne alors d'une atteinte de la pensée représentative formelle, entraînant un véritable syndrome aphaso-apraxo-agnosique (J. de Ajuriaguerra).

L'aphasie, de type sensoriel, est caractérisée par une perte complète de la compréhension symbolique. On note l'écholalie, qui n'est que la réponse formelle «en écho» à la question posée, et la palilalie, répétition itérative de syllabes, de mots ou de courtes phrases par association purement formelle, l'émission du mot entraînant immédiatement son «écho». Ces troubles s'accompagnent de jargonaphasie incompréhensible. Cette dernière peut être considérée comme une «inconscience de l'aphasie» si l'on considère que l'aphasie sensorielle est initiale (ce qui est le cas dans certaines atteintes cérébrales vasculaires). Ici, l'aphasie est davantage la conséquence de la détérioration globale et il semble plus exact de parler de «pseudo-aphasie». La lecture et l'écriture restent parfois possibles, mais sur un plan purement formel et automatique, lecture épelée, écriture de copiage sans compréhension du sens; on ne peut parler que de «pseudo-aphasie» et de «pseudo-agraphie».

La disparition des fonctions opératoires entraîne des troubles praxiques très importants. L'apraxie idéatoire est manifeste avec conservation de certains gestes automatiques (l'allumette est frottée sur la boîte, mais, sauf par hasard, non sur le frottoir). Il y a une apraxie de l'habillage à peu près complète. Dans le copiage d'un dessin, les résultats sont très médiocres. On note souvent le phénomène du closing-in. Les troubles gnosiques sont bien entendu très marqués : reconnaissance imparfaite des couleurs, agnosie pour les formes et parfois pour les physionomies, agnosie spatiale coexistant avec une apraxie géométrique et des troubles du schéma corporel.

Sur le plan du comportement, le ralentissement psychomoteur aboutit à un apragmatisme de plus en plus complet avec l'apparition, surtout nocturne, de crises d'agitation intense.

Des troubles psychotiques sont souvent signalés; idées délirantes mal structurées à thèmes de préjudice, de jalousie, de persécution, accompagnées ou non de phénomènes hallucinatoires. L'agressivité vis-à-vis de l'entourage ou de sa propre image spéculaire est souvent due à de fausses reconnaissances ou à la méconnaissance des physionomies familières, le sujet ayant l'impression d'être plongé dans un milieu étranger et hostile.

J. Delay et S. Brion notent que «la conscience du trouble morbide est paradoxalement assez longtemps conservée malgré la démence et a pu entraîner des bouffées dépressives réactionnelles». Ces réactions «catastrophiques» sont très significatives et s'opposent à l'indifférence foncière des cas de maladie de Pick.

«Enfin, un autre élément propre à la maladie d'Alzheimer est une certaine variabilité des troubles avec exagération ou atténuation pendant quelques jours ou semaines, variabilité transitoire qui ne modifie en rien la progression inexorable de l'affection» (Delay et Brion).

Les manifestations neurologiques sont essentiellement représentées par une hypertonie (excès de tension musculaire) avec akinésie, réalisant un aspect pseudo-parkinsonien et s'accentuant progressivement. Un grasping-reflex apparaît tardivement dans certains cas. Les crises comitiales sont, classiquement, assez fréquentes.

Enfin, à sa *période terminale*, la maladie évolue vers un état démentiel profond avec apragmatisme et gâtisme complets, apparition de comportements archaïques (Oral Reflex, boulimie) et diminution progressive de la jargonaphasie vers un mutisme total. L'hypertonie peut dans certains cas devenir une véritable rigidité de décérébration. La cachexie (maigreur extrême) accompagne alors l'état grabataire et la mort survient au cours d'une affection intercurrente et des complications de décubitus (escarres, affections pulmonaires).

L'évolution totale dure de deux à quatre ans, dans de rares cas plus de dix ans.

La maladie d'Alzheimer, par ses lésions cérébrales diffuses, représente ainsi le cas typique de la détérioration progressive et globale des fonctions de l'activité nerveuse supérieure. Elle s'adapte parfaitement à un schéma de désorganisation progressive des fonctions, à tel point qu'Ajuriaguerra a pu parler de l'«alzheimérisation» progressive des démences aussi bien préséniles que séniles. Et c'est dans cette perspective qu'on a, depuis quelques années, tendance à confondre dans le même cadre nosologique d'une «démence dégénérative primaire» la démence présénile d'Alzheimer stricto sensu et les démences séniles dégénératives plus tardives. On parle alors de «démence sénile type Alzheimer» (SDAT), la différence entre les deux affections n'étant plus représentée que par l'âge auquel elles apparaissent.

L'étiologie de ces démences dégénératives primaires reste encore mal connue : prédisposition héréditaire, facteurs congénitaux (un rapprochement avec la trisomie 21 s'est avéré d'abord prometteur, mais n'a pu être confirmé), troubles métaboliques divers, intoxications, infection à virus lent, etc. Toutes ces causes restent encore des hypothèses de recherche. Le vieillissement progressif des populations occidentales a rendu de plus en plus fréquente cette affection redoutable, pour laquelle il n'existe donc pas de prévention possible. Seule une prise en charge médicopsychologique intensive du patient visant à le maintenir le plus longtemps possible dans son cadre de vie (pour éviter une défaillance psychique), une aide de sa famille, une organisation d'assistance médicosociale très diversifiée permettent de retarder une évolution malheureusement inéluctable. J. P.

amacrines (cellules)

(angl. Amacrine Cells)

Cellules de la rétine assurant des liaisons horizontales.

Leurs dendrites sont situées au niveau des jonctions synaptiques des cellules bipolaires et des cellules ganglionnaires. C. B.

ambiéqual, e, aux

adj. et n. (angl. Ambiequal)

Dans la typologie de H. Rorschach, se dit d'un type mental dont les tendances à l'extraversion et à l'introversion s'équilibrent, ce qui traduit, le plus souvent, une prédisposition à l'indécision et à l'ambivalence. R. L.

ambiguïté

(angl. Ambiguity)

Caractère de ce qui peut donner lieu, dans le langage, à plusieurs interprétations et, de façon plus générale, de tout ce qui suscite plusieurs sortes d'identifications, de perceptions, etc.

La perception de stimulus ambigus, et plus particulièrement de figures ambiguës, a été un des secteurs d'étude favoris de la Gestalttheorie. Il s'agit toujours de stimulus qui peuvent donner lieu à deux ou plusieurs apparences ou interprétations à partir de l'information sensorielle proprement dite. Dans certains cas, le sujet oscille d'une interprétation à l'autre.

Dans le langage, l'ambiguïté peut se rencontrer à différents niveaux : le lexique, la syntaxe (les ambiguïtés syntaxiques ont constitué l'un des points de départ de la théorie de N. Chomsky), la sémantique. On a tout spécialement étudié les ambiguïtés lexicales : celles des mots qui possèdent plusieurs acceptions bien séparées (par exemple « grève » signifiant plage et « grève » signifiant cessation du travail). Dans le contexte, l'ambiguïté passe totalement inaperçue du locuteur, elle est non consciente, aussi bien en production qu'en compréhension; dans ce dernier cas, il y a désambiguïsation immédiate et automatique. C'est seulement en cas de conflit que l'ambiguïté devient consciente. Dans le cas des ambiguïtés lexicales, tous les modèles supposent que les deux significations du mot ambigu sont *stockées* en mémoire à long terme, et donc disponibles pour le système de traitement du sujet. Le problème est alors de savoir comment s'effectue cognitivement le choix entre l'une et l'autre signification et pourquoi il est automatique.

Dans le cas d'autres stimulus, dispositifs ou situations ambigus, l'interprétation n'est pas préexistante, elle est *construite* au moment même du traitement de l'information. L'explication de l'ambiguïté et de la désambiguïsation doit donc reposer sur une analyse détaillée de ce traitement.

J.-F. L. N.

→ désambiguïsation.

ambivalence

n.f. (angl. Ambivalence; allem. Ambivalenz)

Disposition psychique d'un sujet qui éprouve ou manifeste simultanément deux sentiments, deux attitudes opposés à l'endroit d'un même objet, d'une même situation. (Par exemple, l'amour et la haine, le désir et la crainte, l'affirmation et la négation.)

La notion d'ambivalence a été introduite par E. Bleuler en 1910 à la suite de ses travaux sur la schizophrénie, où cette tendance paradoxale lui apparaissait dans ses formes les plus caractéristiques. Ensuite, S. Freud a eu recours à cette notion, dont il n'a cessé de souligner l'importance dans différents registres du fonctionnement psychique; cela aussi bien pour rendre compte de conflits intrapsychiques que pour caractériser certaines étapes de l'évolution libidinale, voire l'aspect fondamentalement dualiste de la dynamique des pulsions.

La coexistence, chez un sujet, de tendances affectives opposées à l'égard d'un même objet induirait l'organisation de certains conflits psychiques imposant au sujet des attitudes parfaitement contradictoires. Dans le même sens, M. Klein évoque l'attitude foncièrement ambivalente du sujet dans sa relation à l'objet, qui lui apparaît qualitativement clivé en « bon objet » et « mauvais objet ».

L'amour et la haine constituent, en l'espèce, une des oppositions les plus décisives dans l'avènement de tels conflits.

L'ambivalence apparaîtrait aussi comme un facteur constitutivement lié à certains stades de l'évolution libidinale du sujet, où coexistent dans le même temps des motions pulsionnelles contradictoires. Soit, par exemple, l'opposition amour-destruction du stade sadique-oral, activité-passivité du stade sadique-anal. En ce sens, l'ambivalence est alors directement articulée à la dynamique pulsionnelle.

L'idée d'une ambivalence intrinsèquement liée au dynamisme des pulsions se trouverait, par ailleurs, confortée par le caractère oppositionnel des pulsions elles-mêmes : pulsions d'autoconservation - pulsions sexuelles, et plus nettement encore dans le dualisme pulsions de vie - pulsions de mort.

R. L.

amblyopie

n.f. (angl. Amblyopia)

Déficit fonctionnel de la sensibilité visuelle sans lésion optique apparente.

Cet affaiblissement de la sensibilité peut avoir des causes variées, congénitales ou toxiques. L'amblyopie *ex anopsia* est due à un défaut d'usage d'un œil par suite d'un strabisme ou d'un astigmatisme non corrigés.

C. B.

amimie

n.f. (angl. Amimia)

Perte plus ou moins complète de la mimique, qui s'observe dans certaines affections neurologiques comme la maladie de Parkinson.

R. L.

amnésie

n.f. (angl. Amnesia)

Perte de la mémoire qui se marque notamment par l'impossibilité de se rappeler des expériences passées alors qu'on en recherche l'évocation.

L'amnésie représente une atteinte sérieuse des fonctions cognitives, résultant soit de lésions cérébrales organiques, soit d'un trouble purement affectif, traduisant l'existence de conflits psychiques.

On distingue des *amnésies partielles* et des *amnésies totales*, ou extensives. Parmi les *amnésies partielles*, l'amnésie « élective » est généralement psychogène, liée au refoulement de conflits sexuels et fréquente chez l'hystérique; l'*amnésie lacunaire* est caractéristique des crises comitiales, des bouffées délirantes et confusionnelles et des crises émotionnelles paroxystiques, laissant après la crise une lacune dans l'histoire du sujet; l'*amnésie post-traumatique*, survenant après un traumatisme crânien, arrête l'évocation de la période précédant immédiatement l'accident (quelques secondes à quelques minutes avant la survenue de celui-ci).

Les *amnésies totales* sont beaucoup plus fréquentes. Elles sont en général évolutives et extensives. On les sépare en deux grands types. L'*amnésie rétrograde* se caractérise par l'impossibilité de plus en plus prononcée d'évoquer tout ou partie d'un passé correctement organisé. Elle touche donc la mémoire d'évocation, en suivant une marche généralement régressive, préservant longtemps, selon la loi de T. Ribot, les souvenirs les plus anciens et les plus chargés affectivement. L'*amnésie antérograde*, ou *de mémoration*, se manifeste par l'impossibilité de fixer de nouveaux souvenirs. C'est une atteinte de la mémoire de fixation, liée de façon quasi constante à un trouble général de la conscience, et même de la vigilance, perturbant le présent et empêchant de l'organiser en passé. C'est, à la limite, l'oubli à mesure, tel qu'on peut l'observer dans la psychose de Korsakov, où la mémoire de fixation est particulièrement touchée.

Ces deux types d'amnésie s'associent souvent, en particulier lorsque l'état démentiel s'aggrave et que les fonctions cognitives sont alors globalement et gravement perturbées : c'est l'*amnésie antéro-rétrograde* de la démence avancée, quelles qu'en soient la nature et l'origine.

J. P.

amodalité

n.f. (angl. Amodality)

Propriété d'un objet perçu qui n'est pas liée à une modalité sensorielle particulière, par opposition à ce qui dépend strictement de l'une de ces modalités.

On dit d'une propriété qu'elle est amodale si elle peut être appréhendée par plusieurs systèmes perceptifs. Tel est le cas par exemple de la forme, de la taille ou de la texture d'un objet, qui sont perceptibles à travers la vision et le toucher, ou encore de la localisation spatiale (en direction et en distance), perceptible à travers la vision, l'audition et le toucher. Au contraire, la couleur est une propriété spécifique au système visuel, alors que la température et le poids sont des propriétés spécifiques au système tactilo-kinesthésique.

Dans la psychologie moderne, l'amodalité est également attribuée par certains auteurs non seulement à certaines propriétés des objets, mais aussi à la perception de ces propriétés. Cela ne peut se justifier que si on distingue bien les perceptions des sensations. Les *sensations* sont toujours spécifiques à chaque modalité (la sensation apportée par la vue d'un fruit sera nécessairement différente de la sensation apportée par le toucher de ce fruit, ou le goût de ce fruit, etc.). Mais la *perception* (c'est-à-dire l'information tirée des flux sensoriels) peut être amodale car, étant la même dans toutes les modalités, elle n'a pas (ou n'a plus) de lien avec le système perceptif qui a véhiculé ces flux jusqu'au système central. Pour les psychologues gestaltistes qui ont introduit et développé cette notion d'amodalité (parfois aussi appelée « supramodalité ») [W. Köhler, K. Koffka, A. Michotte], cela signifie que nous pouvons percevoir des données qui n'ont aucune base sensorielle. Ainsi, lorsqu'un livre est posé sur une table, nous *percevons* la portion de table masquée par le livre bien que sensoriellement notre rétine ne reçoive aucune excitation en provenance de cette partie de la table (Koffka, 1935). De même, nous *percevons* la « collision » entre deux objets si l'un d'eux se déplace en direction de l'autre, puis stoppe ou ralentit brusquement lorsqu'il arrive à son contact, et que le deuxième objet commence à se déplacer dans la même direction que le premier (Michotte, 1946). Les psychologues contemporains vont encore plus loin (J. J. Gibson, 1966; Bower, 1974; etc.). Pour eux, percevoir quelque chose comme « pointu », « rugueux » ou « proche » se fait de manière amodale pour deux raisons. D'abord parce que de telles informations sont susceptibles d'être apportées simultanément ou successivement par plusieurs modalités sensorielles (ici, la vision, le toucher et l'audition). Mais la perception est amodale surtout parce que l'*information* tirée est représentée au niveau central sous une forme abstraite qui ne doit plus rien aux caractéristiques sensorielles de la vision, du toucher ou de l'audition.

Cette conception de la nature des percepts a des implications importantes quant à la coordination des différentes modalités sensorielles entre elles et au transfert intermodal, c'est-à-dire à la transmission des informations d'une modalité à l'autre. Y. H.

→ transfert intermodal.

BIBLIOGRAPHIE

Gibson, J. J., 1966, *The Senses Considered as Perceptual Systems*, Boston, Houghton Mifflin Co.

Hatwell, Y., 1986, *Toucher l'espace. La main et la perception tactile de l'espace*, Lille, Presses universitaires de Lille.

Koffka, K., 1935, *Principles of Gestalt Psychology*.

amok

n.m. (angl. Amuck)

État d'exaltation émotionnelle avec tendances impulsives à l'homicide et à la course sauvage.

Le passage à l'acte est fréquent au cours d'une crise de « fureur sanguinaire », généralement suivie d'une amnésie lacunaire qui peut évoquer un accès épileptique crépusculaire ou une bouffée délirante. En fait, cet état aigu qui ne touche que les hommes paraît spécifique aux conditions culturelles particulières de la Malaisie (où il a été décrit pour la première fois) et de l'Asie du Sud-Est. J. P.

1. amorçage

n.m. (angl. Priming)

GÉNÉR. **Phénomène cognitif dans lequel un stimulus, généralement doté d'une signification, met préalablement en route des activités normalement produites par un second stimulus.**

Un exemple simple d'amorçage est celui dans lequel on présente à des sujets des couples composés d'un mot et d'une lettre, avec la consigne de produire un second mot commençant par la lettre. Ainsi, en condition expérimentale : « chien-c », puis « os-n »; en condition de contrôle : « joueur-c », puis « os-n ». La première série de prédictions est qu'un grand nombre de sujets donneront à la lettre « c » la réponse « chat » dans la situation expérimentale, et la réponse « carte » dans la situation de contrôle, puis qu'ils donneront les uns et les autres la réponse « nourriture » à la lettre « n ». L'observation confirme ces hypothèses. On prédit ensuite que les sujets qui répondent « nourriture » le feront plus vite dans la situation expérimentale que dans la situation de contrôle. C'est de nouveau ce que l'on observe. On dit alors que cette réponse a été, dans les deux situations, déclenchée par « os-n », mais qu'elle a également été, dans la situation expérimentale, amorcée par « chien », ce qui n'a pas été le cas dans la situation de contrôle.

Un second exemple d'amorçage est celui qui met en œuvre une tâche de décision lexicale. On présente au sujet des suites de lettres dont les unes forment un mot et les autres non. Le sujet doit répondre le plus vite possible s'il s'agit d'un mot en appuyant sur l'un des deux boutons « oui »-« non ». On mesure les temps de décision. On compare alors trois sortes de situations possibles. La suite de lettres sur laquelle se fait la décision (par exemple « beurre ») peut être présentée immédiatement après : 1. un premier ensemble de lettres neutres (par exemple « xxxxx »); 2. un mot sans rapport avec le mot critique (par exemple « train »); 3 un mot qui a un rapport sémantique durable avec ce mot critique (par exemple « pain »). Les données expérimentales témoignent que c'est dans la dernière situation que le temps de décision est le plus court; il est le plus long dans la deuxième; il est intermédiaire dans la première. On dit alors que « pain » a amorcé la décision sur « beurre », alors que « train » l'a ralentie (par rapport à « xxxxx »). L'amorçage est rapporté ici aux relations sémantiques qui existent entre les mots dans la mémoire sémantique à long terme (le lexique) des sujets.

On note que, dans cette situation, l'intervalle temporel entre les deux mots a une grande importance. L'*effet d'amorçage* survient au mieux lorsque cet intervalle est raisonnablement court : par exemple 200 à 400 millisecondes. On considère parfois, sur la base, il est vrai, de peu d'expériences, que ce dernier intervalle est le plus favorable.

Si l'on raccourcit l'intervalle, l'effet d'amorçage devient moins net et, vers 50 millisecondes d'intervalle, il disparaît complètement. Ces valeurs donnent une estimation du temps nécessaire pour que l'influence du premier stimulus (l'« activation » dans le modèle le plus répandu) chemine jusqu'au second.

Pour ces intervalles courts, le sujet est incapable de prendre conscience de la relation sémantique qui existe entre les deux stimulus : on infère de là que la prise de conscience est un processus qui se développe séparément et qui prend plus de temps que l'amorçage. Ce dernier est dès lors considéré comme un processus automatique.

Si on allonge l'intervalle jusqu'à atteindre deux ou plusieurs secondes, la prise de conscience de la relation sémantique apparaît. Le sujet peut à partir d'elle déployer des stratégies cognitives diverses. Mais on sort du cadre de l'amorçage proprement dit.

Un autre type encore d'amorçage peut être observé lors de la compréhension de textes. Supposons que des sujets aient à lire un paragraphe ou un texte dans lequel il est dit qu'« une voiture a renversé une borne ». Supposons qu'à la suite de cette lecture on soumette ces sujets à une épreuve de reconnaissance, du type « oui »-« non », avec mesure du temps de reconnaissance. Et supposons enfin que le mot « borne » se trouve parmi les stimulus à reconnaître.

Ce mot peut, cette fois encore, être présenté en seconde position dans un couple, avec trois situations possibles : 1. précédé par « xxxxx »; 2. précédé par un mot non présent dans le texte; 3. précédé par un mot (comme « voiture ») qui se trouvait inclus, à l'intérieur du texte, dans un même fragment de signification.

On observe de nouveau que c'est la dernière situation qui conduit aux temps de reconnaissance les plus courts, ce qui témoigne en faveur d'un amorçage. Il est engendré cette fois par un mot qui vient d'être tout récemment associé (par l'intermédiaire du texte) au mot critique à reconnaître.

La notion d'amorçage, qui est en elle-même descriptive et métaphorique, est fortement liée à celle d'activation* (et de diffusion de l'activation), qui en fournit une interprétation théorique.

Le phénomène d'amorçage peut servir d'autre part de méthode, comme le montre la dernière sorte d'expérience citée, pour mettre en évidence l'existence et la force de toutes sortes de relations sémantiques, notamment au cours de la compréhension. J.-F. L. N.

BIBLIOGRAPHIE

Anderson, J. R., 1985, *Cognitive Psychology and its Implications*, New York, Freeman, 2e éd.

« L'accès au lexique », 1989, *Lexique*, Numéro spécial, n° 8.

2. amorçage

n.m. (angl. Low-Ball)

SOCIAL. **Technique de soumission dont le principe consiste à amener un sujet à prendre une décision soit en lui cachant certains de ses inconvénients, soit en mettant en avant des avantages fictifs; elle a été proposée par R. B. Cialdini et coll. (1978).** R.-V. J.

→ soumission.

amorce

n.f. (angl. Prime)

Stimulus qui est présenté le premier dans une situation d'amorçage et qui,

par son action, produit le phénomène d'amorçage. J.-F. L. N.

→ amorçage.

amphétamine

n.f. (angl. Amphetamine)

Drogue synthétique dérivée de la phényléthylamine, psychostimulante (noo-analeptique), dont les propriétés et la structure s'apparentent à celles de l'éphédrine et de l'adrénaline.

Les amphétamines constituent actuellement une grande part de la classe des psychostimulants, aux côtés de stimulants mineurs comme la caféine, voire le khat, et d'une drogue majeure, la cocaïne.

Après l'isolement au début du siècle de l'éphédrine, alcaloïde d'*Ephedra vulgaris* utilisé en Orient depuis toujours, les premiers essais de synthèse de l'amphétamine eurent lieu dans les années 1930 aux États-Unis. Des dérivés encore plus actifs devaient être rapidement expérimentés : la dex-amphétamine en France, la méthyl-amphétamine en Allemagne dès 1938, etc.

Ce groupe de substances est caractérisé par des effets périphériques sympathomimétiques (vasoconstriction, accélération du rythme cardiaque, bronchodilatation, mydriase, etc.) et par deux types d'effets centraux : effet anorexigène (coupe-faim) et surtout effet psychostimulant avec une certaine euphorie, augmentation de la vigilance, diminution de la sensation de fatigue, du sommeil.

Le premier usage important fut donc lié à ces dernières capacités, utilisées par les armées américaine, britannique, allemande et japonaise durant la Seconde Guerre mondiale. Très tôt apparurent les limites de ces « dopants » (troubles de la concentration, états psychotiques) ainsi que des possibilités d'abus : la première vague importante de toxicomanie aux amphétamines survint au Japon dans les années qui suivirent la guerre. M. V.

amphétaminomanie

n.f. (angl. Amphetamine Abuse, Addiction)

Toxicomanie aux amphétamines.

Pendant les années 1960, avec l'éclosion des toxicomanies actuelles, les amphétamines — le « speed » — allaient se répandre en Occident et notamment aux États-Unis. Les *amphétaminomanes* (angl. Speed Freaks) utilisaient des substances de contrebande fabriquées clandestinement ou recouraient à la fabrication d'ordonnances. Tous les modes d'utilisation se rencontrent, mais les grands toxicomanes en viennent assez vite à la voie intraveineuse, qui procure des effets bien particuliers.

Les amphétamines, le speed, correspondent à des valeurs d'efficacité, d'énergie, d'action, voire de violence. Elles s'opposent à d'autres drogues qui favorisent au contraire le repli sur soi ou l'expérience intérieure.

Les effets recherchés sont de plusieurs ordres.

Tout d'abord et comme corollaire des effets euphorisants et psychostimulants, les amphétamines donnent à nombre de sujets l'impression de pouvoir s'exprimer, entrer en contact avec les autres, « exister vraiment ». Cette action désinhibitrice peut dans de nombreux cas expliquer le choix du toxique. Le flash aux amphétamines est souvent décrit de façon particulière : véritable choc alors que l'aiguille est encore dans le bras, comparé à une sensation orgasmique généralisée, parfois localisé à la face, aux reins, aux organes génitaux. Il est immédiatement suivi de sensations d'hypervigilance, d'euphorie. La tolérance (accoutumance) entraîne très vite, en cas de consommation régulière, une augmentation spectaculaire des doses utilisées.

Les usagers du speed (comme de la cocaïne) utilisent parfois la drogue de façon continue pendant un maximum de temps. Aux États-Unis, on appelle *Run* une telle période d'utilisation permanente, durant laquelle le sujet peut se faire jusqu'à 10 injections par jour. Après quelques jours ou semaines, l'hyperactivité prend une teinte de plus en plus pathologique. Certains s'enferment dans des activités stéréotypées, d'autres présentent des réactions agressives, voire des passages à l'acte dangereux.

L'effet paranoïde est alors la règle, et les toxicomanes connaissent bien la « parano », impression d'être observé, poursuivi par la police, etc., qui est un début de délire interprétatif. À un stade supérieur surviennent des hallucinations auditives et un tableau franchement psychotique.

Avant d'en arriver là, le toxicomane se résout généralement à arrêter, au moins temporairement, la prise de drogue *(descente de speed)*. Le *sevrage d'amphétamines* n'entraîne pas, selon la majorité des auteurs, de troubles physiques (bien que puissent être notées des modifications électroencéphalographiques). Mais cette descente est souvent dramatique, faite d'angoisse et de dépression pouvant conduire à des tentatives de suicide. La dépression au cours du sevrage constitue une manifestation sérieuse de la dépendance psychique aux amphétamines. Pour y échapper, le sujet se réfugie souvent dans le sommeil en s'aidant de tranquillisants, d'hypnotiques, barbituriques ou non.

L'usage alterné d'amphétamines et de barbituriques a été fréquent : le rythme veille-sommeil est alors maintenu artificiellement.

Comme le mélange cocaïne-héroïne, le mélange amphétamines-barbituriques ou opiacés injecté en intraveineuse constitue ce qu'on appelle en américain une Speed-Ball.

La complication majeure de la toxicomanie aux amphétamines est donc la *psychose amphétaminique*. La forme mineure d'effet parano peut en effet se compléter par des hallucinations auditives, voire un syndrome d'automatisme mental. Le caractère flou du délire, les troubles thymiques le font plus souvent confondre avec un début ou un épisode fécond de schizophrénie qu'avec une paranoïa. Le plus souvent, ces états cessent après l'arrêt de la drogue, parfois en quelques jours. Certains auteurs ont soutenu la possibilité de création d'états psychotiques chroniques par les amphétamines. Il est à noter toutefois que ces substances sont souvent utilisées par des sujets à la personnalité très perturbée. En provoquant un état délirant, ils cherchent parfois à maîtriser un vécu psychotique.

Les contrôles stricts ont grandement réduit l'usage de ces substances comme « dopants ». La quasi-disparition des amphétamines en tant que médicaments ainsi que l'évolution des toxicomanies ont rendu leur abus plus rare ces dernières années. La remontée de l'usage de cocaïne en a certainement réalisé une sorte de relais. Toutefois, des dérivés amphétaminiques restent encore prisés des toxicomanes : les anorexigènes, dérivés d'amphétamines détournés de leur usage ; des substances synthétiques, en anglais Designer Drugs, à effet proche des hallucinogènes (ainsi le S.T.P. [sérénité, tranquillité, paix], la D.O.M. [diméthoxy-méthylamphétamine] ou la M.D.M.A. [méthylène-dioxy-méthamphétamine], redécouverte par certains consommateurs et les médias sous le nom d'« ecstasy »). M. V.

amplitude

n.f. (angl. Amplitude)

PHYSIOL. et ÉTHOL. **Écart entre les valeurs extrêmes d'un phénomène enregistré de façon permanente sur une période donnée.**

L'amplitude est un des paramètres définissant un rythme. P. L.

→ période d'un rythme, rythme biologique.

amusie

n.f. (angl. Amusia)

Forme d'agnosie auditive caractérisée par l'incapacité d'identifier des mélodies et des timbres musicaux.

L'amusie est généralement due à une lésion des aires associatives du lobe temporal du côté de l'hémisphère non dominant. Par extension, c'est aussi l'impossibilité de chanter ou de fredonner un air. Mais l'amusie reste rare chez les aphasiques. J. P.

amygdale

n.f. (angl. Amygdala)

Complexe nucléaire situé à la face interne de chaque lobe temporal, dans une formation en crochet dénommée de ce fait « uncus ».

Ce noyau sous-cortical fait partie du système limbique (→ limbique [système], fig.) ; il a des connexions réciproques avec l'hippocampe, le thalamus et l'hypothalamus. Le complexe amygdalien intervient dans l'élaboration et dans l'expression des émotions. G. S.

anaclitique (dépression)

(angl. Anaclitic Depression; allem. Anlehnungsdepression)

Syndrome dépressif de la première enfance.

Dès 1945, R. Spitz décrivait sous le nom de *dépression anaclitique* un syndrome survenant au cours de la première année de l'enfant, consécutif à l'éloignement brutal et plus ou moins prolongé de la mère après que l'enfant a eu une relation normale avec elle. Son tableau clinique est le suivant : perte de l'expression mimique, du sourire; mutisme, anorexie; insomnie; perte de poids; retard psychomoteur global. La dépression anaclitique, qui résulte d'une carence affective partielle, est réversible. Elle cesse souvent très rapidement dès que la mère (ou le substitut maternel) est restituée à l'enfant. Elle s'oppose à l'hospitalisme, également décrit par Spitz, où la séparation mère-enfant, totale et durable, peut engendrer des dégâts irréversibles. La dépression anaclitique reste toutefois, dans son processus dynamique, fondamentalement différente de la dépression chez l'adulte. R. L.

anal (stade)

(angl. Anal Stage; allem. Anale Stufe)

Stade prégénital d'organisation libidinale, que S. Freud situe entre les stades oral et phallique (entre 2 et 4 ans).

Le stade anal est caractérisé par la prédominance des pulsions sadique et érotico-anale et par l'opposition activité-passivité, l'activité étant la manifestation de la pulsion d'emprise et la passivité celle de l'érotisme anal proprement dit, dont la source est la muqueuse anale érogène. Selon S. Freud, au stade anal, comme au stade génital, l'organisation des pulsions sexuelles permettrait un rapport à l'objet extérieur. Cependant, après l'instauration définitive de l'organisation génitale, les motions pulsionnelles de l'érotisme anal continuent de se manifester dans les productions de l'inconscient (idées, fantasmes et symptômes). Dans l'inconscient, écrit Freud (1917), « les concepts d'excrément (argent, cadeau), d'enfant et de pénis se séparent mal et s'échangent facilement entre eux ». Il souligne également que, chez les sujets souffrant de névrose obsessionnelle, les fantasmes conçus primitivement sur le mode génital « se transforment en fantasmes de nature anale ». Parlant (1917) du premier cadeau (l'excrément) du nourrisson à la personne aimée, Freud note que l'enfant se trouve pour la première fois devant le choix suivant : ou bien il cède l'excrément et le « sacrifie à l'amour », ou bien il le retient « pour la satisfaction auto-érotique et, plus tard, pour l'affirmation de sa propre volonté ». Ce dernier choix préfigure l'un des aspects du caractère anal : l'obstination. Les autres particularités sont selon Freud l'ordre et l'économie ou, selon une autre formulation, l'avarice, la pédanterie. Ces traits se retrouvent dans le caractère obsessionnel, où ils prennent la forme de défenses réactionnelles. R. L.

analgésie

n.f. (angl. Analgesia)

Suppression de la douleur.

L'analgésie n'est pas une anesthésie : la sensibilité discriminative subsiste tandis que les messages nociceptifs sont atténués, voire supprimés. L'analgésie peut être réalisée de façon endogène ou exogène. Parmi les mécanismes endogènes, il faut mentionner :

1. l'effet inhibiteur des messages cutanés véhiculés par les fibres de gros calibre sur les relais spinaux des afférences nociceptives;
2. l'activation de divers noyaux du tronc cérébral (substance grise périaqueducale, noyau raphé magnus) soit artificiellement par stimulation électrique, soit naturellement par les afférences douloureuses diffuses qu'ils reçoivent; ces noyaux sont à l'origine de faisceaux descendants qui inhibent les relais nociceptifs spinaux;
3. la libération par le tronc cérébral des enképhalines et des endorphines, peptides d'une structure apparentée à celle de la morphine; ces substances ont un effet inhibiteur direct sur la moelle et renforcent par ailleurs le contrôle de la douleur qu'exercent les noyaux du tronc cérébral.

Parmi les moyens exogènes, on citera l'utilisation d'analgésiques mineurs (par exemple l'aspirine), agissant au niveau des récepteurs à la douleur, ou majeurs (morphine et autres dérivés de l'opium), agissant sur les structures centrales. J.-M. C.

analogie

n.f. (angl. Analogy)

ÉTHOL. **En éthologie et en zoologie, identité de l'aspect et des fonctions de comportements ou d'organes qui pourtant ont une origine phylétique et embryologique différente.**

Cette analogie est due à une convergence. D'autre part, on peut par l'analogie tenter d'expliquer un comportement dans une espèce par comparaison avec un comportement similaire dans une autre espèce dont l'étude est plus approfondie. N. C.

1. analyse

n.f. (angl. Analysis)

GÉNÉR. **Dans la conception de I. P. Pavlov, l'une des deux fonctions essentielles de l'activité nerveuse supérieure, l'autre étant la synthèse.**

Une forme d'analyse des stimulations de l'environnement est assurée par l'existence d'*analyseurs* spécifiques; d'autres formes sont assurées par les processus de différenciation (ou d'apprentissage discriminatif, dans une terminologie plus récente). J.-F. L. N.

DIFFÉR. → canonique (analyse), composantes principales (analyse en), correspondances (analyse des), covariance, critérielle (analyse ou rotation), discriminante (analyse), factorielle (analyse), groupes (analyse en), latente variable, MAVA, régression, variance.

2. analyse

n.f. (angl. Analysis)

→ psychanalyse.

analyse de contenu

(angl. Content Analysis)

→ contenu (analyse de).

analyse du discours

(angl. Discourse Analysis)

→ discours (analyse du).

analyse séquentielle

(angl. Sequential Analysis)

Ensemble de méthodes mathématiques et statistiques utilisées pour caractériser l'organisation temporelle d'une série d'événements comportementaux successifs.

Le point de départ de ces méthodes réside généralement dans la « matrice de transition » qui indique le nombre de fois où deux actes comportementaux se sont succédé au cours de la séquence observée. Les méthodes statistiques (test du chi-2, analyse des correspondances) ou des modèles mathématiques (chaînes de Markov notamment) permettent de révéler dans quelle mesure l'apparition d'un acte comportemental dépend de la nature des actes qui l'ont précédé. B. T.

analyseur

n.m. (angl. Analyzer)

GÉNÉR. **Système fonctionnel qui assure dans le système nerveux l'analyse spécifique de certaines caractéristiques de l'environnement (I. P. Pavlov).**

On parle ainsi de l'analyseur visuel, de l'analyseur auditif, de l'analyseur olfactif, etc. Dans cette conception, la notion d'analyseur ne recouvre pas seulement les récepteurs périphériques, mais aussi les régions cérébrales qui leur correspondent. Les analyseurs sont ainsi censés effectuer un premier filtrage des actions de l'environnement sur le système nerveux. J.-F. L. N.

PSYCHOSOCIOL. **Événement, objet dont l'action inconsciente, souvent imprévisible, produit un effet de sens et fait éclater des groupes ou des personnes unis sous les images du moi.**

À la différence de l'analyste, professionnel, personne humaine, l'analyseur est événement, impersonnel. Pour certains, les analyseurs surgissent de façon totalement irrationnelle et l'analyste n'a que la possibilité de s'en saisir ou de les écraser; pour d'autres, la production d'analyseurs, d'événements qui soient autant de coupures dans la réalité quotidienne, est l'enjeu d'un travail permanent. Il s'agit de monter des machines institutionnelles qui fassent irruption dans tel ou tel champ déterminé par un objet, social ou de désir particulier, pour y redistribuer les cartes, en transformer les rapports de force, prélever ce qui permettra d'opérer ailleurs de nouvelles coupures. Les analyseurs sont essentiellement nomades : le même analyseur traverse alors plusieurs groupes, qu'il soumet au crible de son interpellation. Mais l'analyseur est souvent éphémère dans un groupe. R. L.

anamnèse

n.f. (angl. Anamnesis)

Ensemble des renseignements que le médecin peut recueillir auprès du patient et de son entourage pour connaître l'histoire de sa maladie.

On parle d'enquête anamnestique quand il s'agit de rassembler ce qu'on peut savoir des antécédents et des débuts de l'affection. C'est donc, si l'on reprend l'étymologie grecque, un retour en arrière, une « remémoration » et une « récapitulation » des souvenirs concernant le passé du malade et de sa maladie. C'est une véritable « réminiscence » (évoquée par Platon à la fois dans la *République* et dans le *Ménon*, où Socrate aide l'esclave inculte à retrouver une démonstration de géométrie anciennement connue). L'anamnèse peut mettre en évidence l'origine, la cause des troubles morbides. C'est pourquoi l'investigation anamnestique accompagne toute recherche étiologique. « Concevoir une anamnèse dans le domaine de la psychopathologie suppose de s'appuyer sur trois théories : une théorie de la réminiscence, une théorie de l'étiologie des troubles mentaux, une théorie de la technique de la conduite de l'entretien » (D. Anzieu). J. P.

anancastique

adj. (angl. Anancastic)

Se dit d'un état dans lequel on se sent forcé de penser, d'agir ou de sentir contre son gré.

Ce sentiment accompagne tout particulièrement les compulsions, les obsessions et les phobies. Le psychiatre allemand K. Schneider a décrit une *personnalité anancastique* dont les traits sont à la fois ceux de la personnalité obsessionnelle et ceux du caractère anal (obstination, ordre, économie) avec tendance à l'introversion. Les « anancastes » se présentent comme des sujets particulièrement soigneux, avec une certaine pédanterie, une attitude exagérément correcte, de la minutie, sur un fond d'inquiétude et même d'anxiété s'accompagnant de rituels et de phénomènes phobo-obsessionnels très fréquents. Ils sont particulièrement prédisposés à des décompensations dépressives. J. P.

anarthrie

n.f. (angl. Anarthria)

Aphasie motrice sous-corticale, caractérisée par une atteinte de l'articulation de la parole sans qu'il y ait de lésions des organes phonatoires.

L'anarthrie se traduit par une impossibilité d'articuler des mots, alors que la compréhension, la lecture et l'écriture demeurent normales. Cette aphasie purement motrice, décrite par P. Marie, est due à des lésions cérébrales de la zone lenticulaire. Le malade s'exprime très mal, ou même pas du tout lorsque l'affection est totale. Il ne peut prononcer que quelques interjections, quelques jurons. Dans les formes moins intenses, la parole reste possible, mais très déformée. Il s'agit alors de dysarthrie*. Le trouble ne porte pas sur les locutions conservées, mais seulement sur les autres mots qu'on demande au patient de prononcer, en particulier les mots d'épreuve classiques.

Une hémiplégie avec paralysie faciale accompagne généralement l'anarthrie (du côté dominant). Un examen minutieux permet souvent de retrouver une atteinte du langage intérieur, ce qui a conduit H. Head à récuser l'existence d'une anarthrie pure en considérant qu'il s'agit plutôt d'une « aphasie verbale ». J. Froment a repris cette idée en affirmant que l'atteinte de l'articulation de la parole n'est qu'une simili-anarthrie, l'aphasie motrice pure n'étant qu'une amnésie verbale dissociée : le malade se représente visuellement le mot et peut donc l'écrire, mais il ne l'entend plus et ne peut donc plus le prononcer. J. P.

Anastasi (Anne)

Psychologue américaine (New York 1908).

Elle a consacré son enseignement, ses recherches et ses publications à la psychologie différentielle, dans laquelle elle a trouvé (en lisant C. Spearman) un moyen de combiner son intérêt pour les mathématiques et pour la psychologie scientifique. Elle a enseigné à l'université de Fordham. Ses recherches ont porté sur l'analyse factorielle, la construction de tests et le rôle des différences culturelles dans l'interprétation de leurs résultats. Ses principaux ouvrages, qui ont connu plusieurs éditions successives, sont les suivants : *Differential Psychology* (1937), *Psychological Testing* (1954), *Fields of Applied Psychology* (1964). Elle a présidé en 1972 l'American Psychological Association. M. R.

ancrage (effet d')

(angl. Anchor Effect)

Effet privilégié d'une valeur de référence (stimulus étalon par exemple) dans des tâches de jugement ou de choix.

Cet effet apparaît dans la construction d'une échelle psychophysique, dans des classements ou des tris ou dans tout jugement portant sur des niveaux ou des modalités. C. B.

androgynie

n.f. (angl. Androgyny)

Conception de l'humain selon laquelle les différences psychologiques entre individus de sexe masculin et de sexe féminin sont considérées comme beaucoup moins importantes que les ressemblances psychologiques entre les individus des deux sexes.

Les tenants de l'androgynie s'opposent donc à la thèse qui soutient que le dimorphisme sexuel des humains entraîne inévitablement un dimorphisme psychologique. Ils s'efforcent de démontrer que d'éventuelles différences psychologiques entre individus des deux sexes ne sont pas à expliquer par des variables liées seulement au sexe biologique, mais par d'autres variables telles que les statuts et rôles sociaux, les traditions éducatives. Ils s'opposent également à l'idée que, pour réussir sa vie, le développement personnel et social devrait nécessairement viser l'adhésion aux images stéréotypées des catégories sexuelles par l'adoption de normes de comportement distinctives de la catégorie d'appartenance.

Les théoriciens de l'androgynie psychologique prétendent que l'identification à ces stéréotypes n'est ni désirable ni nécessaire en vue de la construction de l'identité de soi. Cette identification empêcherait, au contraire, l'expression de potentialités individuelles et freinerait l'adoption de comportements variés en fonction de contextes changeants. La notion d'androgynie psychologique renverse donc en quelque sorte la question de l'identification sexuelle en considérant comme positive une identité qui ne reflète pas exclusivement l'image masculine ou l'image féminine. Selon des conceptions traditionnelles de la socialisation, l'individu sexué, masculin ou féminin, ressentirait le besoin de rendre consistants ses propres comportements avec les normes correspondantes à son appartenance sexuelle. Ces normes seraient progressivement intériorisées et amèneraient l'évitement de comportements qui pourraient être considérés comme indésirables ou non conformes à son sexe. Ainsi, l'identité masculine entraînerait des difficultés au niveau de l'engagement dans des comportements stéréotypés féminins, l'identité féminine rendrait difficile l'engagement dans des comportements stéréotypés masculins. Mais, pour les tenants à l'androgynie (par exemple S. Bem), l'identité mixte, androgyne, doit permettre à l'individu de s'engager librement dans les comportements dits « masculins » et « féminins ».

L'identité androgyne correspond ainsi à une identité plus personnelle. Elle découle de l'incorporation et du mélange, au sein de l'image de soi, de traits spécifiques de l'identité collective de chacun des deux sexes. Si le masculin ou le féminin, en tant que tels, renvoient à des identités collectives, spécifiques à des groupes clairement identifiés, l'androgynie, en tant que mélange de masculin et de féminin, amène le dépassement des frontières de ces groupes et de leurs spécificités propres. En tant qu'identité partagée par les hommes et les femmes, elle favorise leur indifférenciation en opérant la fusion de leurs spécificités collectives. La théorie de l'androgynie psychologique prône de ce fait l'avènement d'individus aux potentialités nouvelles.

La notion d'androgynie psychologique, dans sa définition la plus simple, qui présidait aux premières recherches, coïncidait avec la mesure qui en a été faite dans les questionnaires, où elle s'est traduite par la présence dans les réponses d'un même individu de traits masculins et féminins à des niveaux d'intensité équivalents. Une définition actuelle met l'accent sur un processus cognitif à l'œuvre chez les individus ; elle caractérise alors une modalité particulière de traitement de l'information qui implique l'emploi peu fréquent des catégories sexuelles (on parle dans ce cas d'absence de « schème cognitif de genre »). Les individus androgynes, comparés aux sexués, feraient relativement moins souvent appel aux distinctions entre masculinité et féminité dans leurs interprétations d'événements et de comportements, dans leurs opinions sur soi et autrui.

M. C. Hurtig et M. F. Pichevin ont montré que l'étude des rapports entre les sexes n'acquiert que très difficilement un statut d'objet scientifique, en psychologie tout particulièrement. Il manque encore un cadre théorique qui permettrait de prendre en considération les conséquences psychologiques de la hiérarchie sociale entre les sexes, les effets d'asymétrie qu'elle provoque, l'importance psychologique des rapports de sexe, qu'ils soient interindividuels ou intergroupes. F. Lorenzi-Cioldi a insisté sur l'homologie structurale entre les positions de sexe masculin et de sexe féminin et les positions de dominants, considérés comme des individus singuliers, libres et autonomes, et de dominés, considérés comme faisant partie d'agrégats d'individus peu différenciés et soumis au même sort. W. D.

anesthésie

n.f. (angl. Anesthesia)

Suppression de la sensibilité.

L'anesthésie peut être obtenue par action aux différents stades de la production et de la transmission du message nerveux sensoriel : blocage du récepteur, de la conduction nerveuse, de la transmission dans les relais neuroniques. J.-M. C.

angles (illusion des)

(angl. Angle Visual Illusion)

Illusion optico-géométrique dans laquelle on surestime les angles aigus, alors que leurs côtés sont sous-estimés, et sous-estime les angles obtus, alors que leurs côtés sont surestimés. R.L.

→ illusion.

angoisse

n.f. (angl. Anxiety, allem. Angst)

PSYCHIATR. **Ensemble de sentiments et de phénomènes affectifs caractérisé par une sensation interne d'oppression et de resserrement et par la crainte réelle ou imaginaire d'un malheur grave ou d'une grande souffrance devant lesquels on se sent à la fois démuni et totalement impuissant à se défendre.**

S. Freud l'a longuement décrite comme une peur devant un danger qui reste inconnu, indéterminé, venant le plus souvent de l'intérieur de soi. C'est une réaction d'alarme primitive, inscrite dans le corps, comme un réflexe archaïque.

La distinction entre angoisse et anxiété est difficile à faire. L'anglais ne connaît que le terme *Anxiety*, et l'allemand celui de *Angst*. En français, il est classique de réserver à l'angoisse les formes les plus graves de l'anxiété. C'est pourquoi on décrit une angoisse psychotique, une angoisse de morcellement, une angoisse de castration, une angoisse de mort, une angoisse de destruction, etc. Alors que l'anxiété reste ressentie le plus souvent à un niveau essentiellement psychique, l'angoisse, par définition, s'accompagne de manifestations somatiques et neurovégétatives multiples : constriction œsophagienne, précordialgies, dyspnée, tachycardie, tremblements, hypersudation (à type de sueurs froides, non liées à l'effort ni à la température extérieure), spasmes intestinaux avec parfois diarrhée profuse (P. Moebius).

Ces troubles vont accompagner d'une manière intense certaines crises d'angoisse paroxystique comme les « attaques de panique ». J. P.

→ panique (attaques de).

PSYCHAN. **Affect de déplaisir plus ou moins intense qui se manifeste à la place d'un sentiment inconscient chez un sujet dans l'attente de quelque chose qu'il ne peut nommer.**

L'angoisse se traduit par des sensations physiques, allant de la simple constriction épigastrique à la paralysie totale, et elle est souvent accompagnée d'une intense douleur psychique.

L'angoisse a été repérée par Freud dans ses premiers écrits théoriques comme la cause des troubles névrotiques. Ainsi, dans une lettre à W. Fliess de juin 1894 (*la Naissance de la psychanalyse*, 1950), Freud impute l'angoisse de ses névrosés en grande partie à la sexualité : « Au début, je m'engageais dans de fausses voies. Il me semblait que l'angoisse dont souffraient les malades n'était que la continuation de l'angoisse éprouvée pendant l'acte sexuel, donc en fait un symptôme hystérique. » Dans cette même lettre entièrement consacrée à « Comment naît l'angoisse », Freud avance que « l'angoisse découle d'une transformation de tension accumulée », cette tension pouvant être de nature physique ou psychique. Pour lui, c'est une conversion de l'angoisse qui produit l'hystérie et la névrose d'angoisse. Mais, dit-il, « dans l'hystérie, c'est une excitation psychique qui emprunte une mauvaise voie en menant à des réactions somatiques », alors que « c'est une tension physique qui ne peut se décharger psychiquement » qui serait à l'œuvre dans la névrose d'angoisse. Plus tard, en 1926, il écrit dans *Inhibition, symptôme et angoisse* : « Autrefois, je considérais l'angoisse comme une réaction générale du moi soumis aux conditions de déplaisir. » Il revient sur cette conception en soulignant ces deux limites : faire entre l'angoisse et la libido sexuelle une relation particulièrement intime ; considérer le moi comme seul et unique lieu de l'angoisse. C'est grâce à l'apport de O. Rank, qui considère le traumatisme de la naissance comme inaugural de l'angoisse, que Freud reconsidère ses positions. Et il remonte de la réaction d'angoisse à la situation de danger, dont la naissance restera le prototype. Freud donne alors à l'angoisse deux sources différentes : l'une, involontaire, automatique, inconsciente, explicable lorsque s'instaure une situation de danger analogue à celle de la naissance et qui met en péril la vie même du sujet ; l'autre, volontaire, consciente, qui serait produite par le moi lorsqu'une situation de danger réel le menace. L'angoisse aurait là pour fonction de tenter d'éviter ce danger.

Freud aboutit alors à une nouvelle définition de l'angoisse, dont il distingue deux niveaux. Dans le premier, « c'est un affect entre sensation et sentiment, une réaction à une perte, à une séparation » (*ibid.*). C'est cette partie de l'angoisse que Freud qualifie d'« originaire » et qui serait produite par l'état de détresse psychique du nourrisson séparé de la mère, « qui satisfait tous ses besoins sans délais» (*ibid.*). Dans le second, l'angoisse est un affect, signal en réaction au danger de la castration en un temps «où le moi du sujet tente de se soustraire à l'hostilité de son surmoi» (*ibid.*). Il s'agit là pour Freud de l'angoisse qui survient chez un sujet «au moment de la phase phallique» (*ibid.*). Ainsi, pour Freud, la survenue de l'angoisse chez un sujet est toujours articulable à la perte d'un objet fortement investi, qu'il s'agisse de la mère ou du phallus.

J. Lacan consacra une année de son enseignement à élaborer, après Freud, une articulation aussi précise que possible de ce concept qu'est l'angoisse (*Séminaire inédit de 1962-63 : l'Angoisse*). Pour lui, il s'agit non pas tant de la comprendre ou de la décrire que de la repérer dans sa position structurale et dans ses éléments signifiants. Voici comment il reprend la définition de Freud : l'angoisse est un affect dont la position a minima est d'être un signal. Mais pour Lacan l'angoisse n'est pas la manifestation d'un danger interne ou externe. C'est l'affect qui saisit un sujet, dans une vacillation, quand il est confronté au désir de l'Autre.

Si pour Freud l'angoisse est causée par un manque d'objet, par une séparation d'avec la mère, ou le phallus, pour Lacan l'angoisse n'est pas liée à un manque d'objet. Elle surgit toujours dans un certain rapport entre le sujet et cet objet perdu avant même d'avoir existé, ce dont parle Freud dans l'*Esquisse d'une psychologie* et qu'il nomme «das Ding», la chose. Pour Lacan, cet objet n'est pas aussi perdu que nous sommes portés à le croire puisque nous en retrouvons les traces visibles et patentes sous les formes du symptôme ou dans les formations de l'inconscient. Nous reconnaissons, dans le fait de dire que l'angoisse «n'est pas sans objet», le rapport étroit qui la lie au phallus ou à ses équivalents. Il s'agit de la castration symbolique, comme Freud l'avançait également. L'angoisse, pour Lacan, est la seule traduction subjective de ce qu'est la quête de cet objet perdu. Elle survient chez un sujet quand cet objet, équivalent métonymique du phallus, structuralement manquant, devient un objet de partage ou d'échange. Car, pour Lacan, il n'y a pas d'image possible du manque.

Cet objet manquant et spécifiquement concerné dans l'angoisse, Lacan le qualifie de «support» puis de «cause du désir» et le nomme «objet a». Cet objet a, dit Lacan, c'est l'objet sans lequel il n'est pas d'angoisse. C'est le roc de la castration dont parle Freud, réserve dernière et irréductible de la libido. «C'est de lui dont il s'agit partout où Freud parle de l'objet quand il s'agit de l'angoisse» («Leçon du 28 novembre 1962», *Séminaire inédit de 1962-63 [...]*). Pour Lacan, ce qui constitue l'angoisse, «c'est quand quelque chose, n'importe quoi vient apparaître à la place qu'occupe l'objet cause du désir» (*ibid.*). L'angoisse est toujours suscitée par cet objet qui est ce qui dit «je» dans l'inconscient et qui tente de s'exprimer par le biais d'un besoin, d'une demande ou d'un désir.

Pour qu'un sujet puisse être désirant, dit Lacan, il faut qu'un objet cause de son désir puisse lui manquer. Que cet objet a vienne à ne pas manquer et nous nous trouvons précipité, comme sujet, dans la situation de l'inquiétante étrangeté (Unheimlich), et c'est alors que surgit l'angoisse. Selon Lacan, il y a une structure, un champ de l'angoisse : c'est toujours encadrée qu'elle se manifeste, c'est une scène, une fenêtre où, comme dans le fantasme, vient s'inscrire l'horrible, le louche, l'inquiétant, l'innommable. Lorsque la place du manque n'est pas préservée pour un sujet, son image spéculaire, habituellement vissée au miroir, s'en détache et, comme dans *le Horla*, devient l'image d'un double autonome et désarrimé, source de terreur et d'angoisse. Ainsi, pour Lacan, l'angoisse n'est pas le signal d'un manque mais la manifestation pour un sujet d'un défaut de cet appui indispensable qu'est pour lui le manque. En effet, ce qui engendre l'angoisse de la perte du sein pour un nourrisson, ce n'est pas que ce sein puisse venir à lui manquer, mais c'est qu'il l'envahisse par sa toute-présence. C'est la possibilité de son absence qui préserve pour l'enfant un au-delà à sa demande, constituant ainsi un champ du besoin radicalement séparé de celui du désir.

Toute réponse qui se veut comblante ne peut pour Lacan qu'entraîner le surgissement de l'angoisse. L'angoisse, c'est donc «la tentation non pas de la perte de l'objet, mais la présence de ceci que les objets, ça ne manque pas» («Leçon du 5 décembre 1962», *ibid.*). Lacan rend compte de l'angoisse en usant de trois points de repère (la jouissance, la demande, le désir), mais où la dimension du rapport à l'Autre est dominante. Selon Lacan, l'angoisse se caractérise donc par ce qui ne trompe pas, c'est le pressentiment, ce qui est hors de doute. Ce n'est pas le doute, mais la cause du doute. L'angoisse, c'est l'affreuse certitude, c'est ce qui nous regarde, comme l'Homme aux loups, à travers la lucarne, au comble de l'angoisse, se voyait regardé par les cinq paires d'yeux de son fantasme. L'angoisse est toujours ce qui nous laisse dépendant de l'Autre, sans aucun mot, hors symbolisation. C. E.

BIBLIOGRAPHIE

Favez-Boutonier, S., 1963, *l'Angoisse*, Paris, P.U.F.

Klein, D.F., Rabkin, J.G., éd., 1981, *Anxiety. New Research and Changing Concept*, New York, Raven Press.

angoisse (névrose d')

(angl. Anxiety Neurosis; allem. Angstneurose)

Névrose caractérisée cliniquement par un état d'excitabilité générale et d'attente anxieuse, par des accès d'angoisse, avec des manifestations somatiques et neurovégétatives, et par des phobies.

S. Freud proposa en 1895 d'isoler cette forme de névrose de la neurasthénie définie par G. Beard. Pour Freud, cette affection était due à une «dérivation de l'excitation sexuelle somatique à distance du psychisme» et à une «utilisation anormale de cette excitation» vers des manifestations corporelles. La cause déclenchante du trouble n'était donc pas, pour lui, du côté d'une pathogénie psychique, comme pour l'hystérie ou la névrose obsessionnelle, mais restait proche du somatique; elle ne relevait pas du refoulement d'une représentation et du déplacement de son affect. Il s'agissait le plus souvent de jeunes adultes ayant subi une brutale interruption de leur vie sexuelle. Et donc cette névrose ne justifiait pas une cure psychanalytique. Elle n'est plus reconnue comme une entité nosologique actuellement et elle apparaît davantage comme la première manifestation d'une structure prépsychotique. J. P.

angoisse du 8e mois

(angl. Eight Month Anxiety)

Réaction négative aux personnes étrangères, qui marque une étape cruciale dans le développement psychique du très jeune enfant (R. Spitz).

Aux alentours du 8e mois, le nourrisson devient capable de distinguer entre visages connus et visages inconnus, et la présence d'une personne étrangère réactive le désir de la mère absente. Auparavant, le bébé, à partir du 3e mois, sourit indifféremment à tout visage humain et manifeste du déplaisir quand ce visage disparaît. Le visage constitue un «Gestalt-Signal» (une configuration signifiante), dont les attributs superficiels (présence d'éléments déterminés, comme les yeux et le nez; mouvement; relations spatiales entre éléments) importent seuls : le visage de profil ne provoque pas le sourire.

Le sourire est le *premier organisateur* en ceci qu'il marque le passage entre la réception des expériences internes, seules prises en compte pendant les premières semaines de vie, et la perception des stimulus externes. Mais si à ce stade le bébé peut manifester de la peur en présence de stimulus associés à des expériences déplaisantes, l'angoisse proprement dite ne survient qu'aux alentours du 8e mois, lorsqu'une relation à un objet libidinal a été construite, objet qui peut être évoqué au-delà des attributs superficiels perçus, et désiré. Spitz souligne deux aspects importants de ce *second organisateur* que constitue l'angoisse du 8e mois. D'une part, ses manifestations sont extrêmement variables selon les enfants, allant de la non-réponse aux avances et de la méfiance aux hurlements irréductibles. D'autre part, cette étape est absolument nécessaire à la construction de relations objectales : la frustration joue un rôle décisif dans la constitution du moi.

Différentes observations ont mis en question la théorie de Spitz. Tout d'abord, les nouveau-nés discriminent l'odeur maternelle d'une odeur étrangère, et la voix maternelle de voix étrangères ; on peut cependant arguer ici qu'une réactivité différentielle de l'organisme doit être distinguée d'une relation objectale. Par ailleurs, cette période de réactions négatives à l'étranger apparaît dans une marge d'âge très large (entre 6 et 15 mois), en liaison avec le type d'attachement* à sa mère que l'enfant a. Enfin, cette réaction peut survenir en présence de la mère et, en l'absence de celle-ci, peut alterner avec des tentatives d'approche de l'adulte ; elle pourrait alors être interprétée comme une réaction ambivalente à la nouveauté, sans spécificité de l'image maternelle. M.-G. P.

Animal

n.m. (angl. Animal)

Être vivant formé d'une ou plusieurs cellules eucaryotes, c'est-à-dire à noyau vrai, par opposition à la cellule procaryote des Bactéries et des Cyanophycées.

Les Animaux se distinguent des autres eucaryotes (Végétaux chlorophylliens et Champignons), dont ils ne sont pas nettement séparés au niveau des formes unicellulaires, par l'absence de chloroplastes et de membrane squelettique entourant la cellule.

Les Animaux sont très généralement doués de motricité et sont sensibles à divers stimulus ; les formes pluricellulaires sont dotées le plus souvent de fibres musculaires, d'un système nerveux et d'organes des sens servant d'interface avec le milieu extérieur et permettant des relations complexes avec ce milieu.

Les relations entre l'Animal et son milieu s'expriment par son comportement, où interviennent sa mémoire et ses capacités cognitives. C'est l'étude de cette relation dynamique qui est l'objet de l'éthologie. N. C.

animale (psychologie)

(angl. Comparative Psychology)

Domaine de la psychologie expérimentale consacré à l'analyse de certains aspects du comportement, traités comme des révélateurs des activités psychologiques, chez les Animaux.

Schématiquement, on peut différencier la psychologie animale de l'éthologie par les points suivants :

— privilège accordé à la rigueur expérimentale, dans des situations simplifiées et bien reproductibles (openfields, labyrinthes, etc.), plutôt qu'à l'étude des activités de l'Animal en milieu naturel ou seminaturel ;

— études centrées sur la probabilité d'émission de telle ou telle réponse « locale » (réflexe salivaire conditionné, appui sur le levier dans la boîte de Skinner), considérée comme l'indicateur d'une opération mentale, plutôt que prise en compte et description fine de l'ensemble des conduites observables et de leur enchaînement séquentiel ;

— l'espèce animale utilisée a le statut de « matériel biologique » favorable et est choisie à ce titre, et non en raison de son intérêt intrinsèque en tant qu'apport à la connaissance du monde animal ;

— implicitement ou explicitement, enfin, la psychologie animale a pour référence les fonctions psychologiques de l'espèce humaine ; elle se soucie peu ou pas d'autres comparaisons interspécifiques (par exemple, dans une perspective phylogénétique).

Ces éléments de contraste entre psychologie animale et éthologie aboutissent à souligner la complémentarité heuristique de ces deux approches du comportement des Animaux. J. M.

→ comportement, éthologie.

animal chronique

(angl. Chronic Animal)

→ chronique (animal).

animisme

n.m. (angl. Animism)

Caractère de la mentalité enfantine entre 3 et 7 ans.

Pendant cette période, l'enfant considère les choses comme vivantes et leur attribue des capacités de pensée, de connaissance et d'intention : par exemple, le vent sait qu'il souffle, la lune suit le promeneur, etc. E. V.

Anna O (Bertha Pappenheim, dite)

Femme viennoise (1859-1936) rendue célèbre sous son pseudonyme par S. Freud et J. Breuer et considérée comme la première « patiente » de l'histoire de la psychanalyse.

Souffrant depuis la mort de son père de troubles hystériques spectaculaires, elle rencontre Breuer en 1880 et prend l'habitude de l'entretenir de ses symptômes, de lui raconter ses fantasmes, ses hallucinations. Ces entretiens réguliers, conduits le plus souvent sous hypnose, sont bientôt investis d'une fonction thérapeutique inattendue lorsque l'un des symptômes d'Anna O disparaît totalement à la faveur fortuite de son évocation. Anna O prend alors l'initiative d'appliquer systématiquement ce procédé au cours des séances suivantes avec Breuer. Ce protocole d'entretien, opportunément désigné par elle « cure par la parole », promeut du même coup une action thérapeutique originale au rang d'une authentique stratégie clinique, dont l'application sera généralisée par Freud et Breuer sous le nom de « méthode cathartique », laquelle préfigure l'élaboration de la thérapeutique psychanalytique. Les luttes que Bertha Pappenheim mènera désormais toute sa vie contre l'exploitation de la femme feront d'elle une des plus illustres figures du mouvement féministe européen. R. L.

anomie

n.f. (angl. Anomia)

Concept d'origine sociologique forgé pour caractériser la situation où se trouve l'individu lorsque les cadres et règles sociales sont absents, incompatibles entre eux ou ont perdu leur puissance de régulation des conduites.

C'est plus de trois siècles après son apparition, au XVIe siècle, que le terme d'*anomie* trouve, avec E. Durkheim, son plein emploi théorique et conceptuel. Durkheim s'est, en effet, attaché à montrer que tout affaiblissement des règles et pressions sociales avait sur l'individu des conséquences négatives. Confronté à une absence de règles ou à des règles trop relâchées, l'individu éprouve alors, en raison de la désorganisation qui s'ensuit, une véritable démoralisation, dans laquelle Durkheim a vu, notamment, l'une des raisons des suicides. Cette thèse de la désorganisation sociale et de ses conséquences psychologiques a été illustrée dans les travaux de W. I. Thomas et de F. Znaniecki traitant de l'immigration de familles de paysans polonais aux États-Unis. L'idée centrale issue de ces travaux était que les sociétés traditionnelles présentent peu de phénomènes de déviance en raison d'un contrôle social personnel, familial et communautaire, rendu possible par une stabilité sociale liée à une relation intime de l'individu aux systèmes de valeurs normalisant ses conduites et structurant ses idéaux. À l'inverse, les grandes cités, structurellement instables, généreraient plus probablement des conduites anomiques. En d'autres termes, la conception de Durkheim de l'anomie traduit la nécessité pour l'individu d'être confronté à un ensemble de règles et de prescriptions sociales susceptibles d'orienter ses conduites et de lui éviter ainsi une démoralisation aux conséquences dommageables. On retrouve exemplairement les éléments de la pensée de Durkheim dans sa façon d'appréhender les sanctions des inévitables crimes et déviances comme constituant également des moyens de souligner les règles de la société et les conséquences de leur violation.

Plus contemporaine, la thèse de R. K. Merton lie l'anomie à la structure sociale et l'envisage comme le résultat d'une contradiction fondamentale entre le fait, pour une société, de fixer à ses membres des buts à atteindre et le fait de ne pas fournir les moyens de les atteindre. Dans une culture comme la nôtre, par exemple, où l'on exalte volontiers la réussite, certains, pour des raisons d'origine sociale, peuvent se trouver privés des moyens de cette réussite. Dès lors, selon la conception de Merton, l'apparition de conduites déviantes deviendrait hautement probable.

Une dernière conception, celle de T. Parsons, inscrit effectivement l'anomie dans l'incertitude des règles et des buts, dans l'absence de références concrètes et dans la présence d'attentes conflictuelles. J.-M. M.

BIBLIOGRAPHIE
Besnard, P., 1987, *l'Anomie*, Paris, P.U.F.

anorexie

n.f. (angl. Anorexia Nervosa)

Trouble de la conduite alimentaire caractérisé par un refus plus ou moins systématisé de s'alimenter, intervenant comme mode de réponse à des conflits psychiques.

PSYCHIATR. Cette conduite de restriction alimentaire méthodique, avec amaigrissement, survient le plus souvent chez une adolescente qui présente, par ailleurs, une aménorrhée et une hyperactivité associées à des changements du caractère ainsi que des troubles de la perception de son corps.

Les conduites anorexiques ont été décrites dès le XIe siècle (Avicenne), mais le terme d'*anorexie mentale* a été créé par H. Huchard en 1883. Rattachée dès cette époque aux troubles mentaux tels que l'hystérie ou la névrose obsessionnelle, l'anorexie fut par la suite attribuée à une insuffisance hypophysaire (cachexie hypophysaire) par les endocrinologues. Cependant, depuis la Seconde Guerre mondiale, les progrès de la neuroendocrinologie ont démontré l'origine fonctionnelle des troubles endocriniens de l'anorexie, confirmant son origine psychique. Les travaux psychopathologiques sont très nombreux et parfois divergents, mais la définition du syndrome anorexique est bien établie (G.P. Feighner, DSM III). L'âge de début se situe avant 25 ans chez une adolescente qui justifie un régime alimentaire par un discret embonpoint. Il s'agit d'une « conduite active de restriction alimentaire avec lutte contre la faim » (P. Jeammet). Peuvent s'y associer des accès boulimiques, un intérêt particulier pour la nourriture, des rites alimentaires, des vomissements et la prise de laxatifs et de diurétiques. L'amaigrissement, souvent spectaculaire, atteint ou dépasse 25% du poids initial. L'aspect physique est particulier, avec effacement des formes féminines et fonte musculaire prédominant aux membres, qui sont décharnés. L'aménorrhée est liée aux troubles fonctionnels de l'axe hypothalamo-hypophysaire et elle coïncide souvent avec l'apparition de l'anorexie. Mais, surtout, il n'existe pas de troubles mentaux apparents, ce qui explique les difficultés qu'ont les parents et certains médecins d'accepter l'origine psychologique de l'anorexie et la gravité des troubles, souvent banalisés ou attribués à un traumatisme. Or, ce qui signe le diagnostic, c'est la méconnaissance par la malade de sa maigreur, son absence d'inquiétude pour son état de santé.

Au contraire, elle est heureuse de sa maigreur et de pouvoir exercer une totale emprise sur la forme de son corps. Elle persiste à se trouver trop grosse et se livre à d'incessantes vérifications, en particulier de son tour de cuisse. Elle tente de maîtriser son poids par des exercices violents, traduisant ainsi sa méconnaissance de la fatigue, et la recherche de l'ascèse. Le sommeil est perturbé, écourté, comme si l'anorexique ne s'autorisait pas la détente et l'abandon. De même, la sexualité est refoulée massivement par défaut d'investissement érogène du corps. L'investissement intellectuel semble brillant, mais la peur de l'anorexique concernant sa réalité psychique interne entraîne un refuge dans le conformisme et le manque d'imagination nécessaire à la créativité. Les secteurs professionnels les plus investis sont les professions médicales et paramédicales, ou faisant appel à une esthétique (dessin, danse, gymnastique). Le retentissement somatique de l'anorexie, en particulier les troubles hydroélectrolytiques et gastriques et les dégâts dentaires, rend cette affection toujours grave. La mort peut survenir par dénutrition, troubles de la conduction cardiaque ou lors d'une réanimation orale trop brutale. Le suicide est rare mais peut se produire après une période d'accès boulimiques. Les rechutes sont fréquentes. La normalisation du poids n'est pas une preuve de guérison. Les règles réapparaissent tardivement.

Des symptômes psychiatriques émaillent l'évolution de l'anorexie : phobies, obsessions, accès de dépersonnalisation, états dépressifs, troubles des conduites (toxicomanie, alcoolisme, compulsif surtout). Parfois, on assiste à une véritable psychotisation. Le problème de l'étiologie de cette affection reste entier. Les études psychopathologiques ont cherché à travers les psychothérapies d'anorexiques à retrouver la structuration de la personnalité. H. Bruch considère que le trouble fondamental et spécifique est un trouble de l'image du corps, secondaire à des perturbations de la perception intéroceptive (sensations, besoins du corps). Durant les apprentissages précoces, la mère aurait imposé ses propres sensations et besoins à l'enfant au lieu de l'aider à percevoir et à reconnaître ses propres besoins. M. Palazzoli-Selvini fait de l'anorexie une forme de psychose monosymptomatique. E. Kestemberg souligne que l'organisation pulsionnelle se caractérise par un recours spécifique au masochisme érogène primaire, où le plaisir est lié directement au refus de la satisfaction des besoins. Le modèle développemental de l'école psychanalytique américaine met en évidence l'insistance des parents sur le contrôle du plaisir et l'importance des activités de maîtrise anale. Toutes les études placent la problématique de l'identité au cœur de l'anorexie. Jeammet attire l'attention sur l'importance du conflit autonomie-dépendance. Les mesures thérapeutiques tiennent compte des positions théoriques des auteurs. L'hospitalisation avec réalimentation prudente, si possible par voie orale, par une équipe de soignants fixes, permet de nouer une relation plus confiante et de réaliser l'isolement, qui est considéré depuis J. M. Charcot et C. Lasègue comme le meilleur traitement symptomatique. Elle va de pair avec le contrat qui porte sur le poids à partir duquel la sortie pourra être envisagée. Ce contrat doit être respecté par les soignants et la famille. Il permet à la patiente d'intégrer son agressivité et de tester la fiabilité des thérapeutes (Jeammet).

Une action auprès des parents est toujours souhaitable et fait même l'essentiel du traitement pour les thérapeutes familiaux systémiques. D'autres auteurs utilisent les thérapies comportementales. J.-M. C.

PSYCHAN. Dès sa naissance, l'enfant se trouve pris dans une relation à la mère qui s'inscrit entre le besoin et la demande. L'objet alimentaire qui satisfait le besoin est aussi objet d'une demande d'amour à la mère nourricière. L'enfant demande à être nourri et aimé dans le même temps où la mère qui l'aime lui demande aussi d'absorber la nourriture qu'elle prépare pour lui.

Dès lors que le désir de l'enfant s'insère entre le besoin et la demande en se fondant sur un manque, l'enfant peut être amené à rejeter la nourriture en refusant de répondre à la demande excessive d'une mère qui confond nourriture et amour, d'une mère qui aime trop nourrir à défaut de pouvoir aimer. « C'est l'enfant que l'on nourrit avec le plus d'amour qui refuse la nourriture et joue de son refus comme d'un désir » écrit J. Lacan (*Écrits*, 1966). D'où l'indication d'une conduite psychothérapeutique à tenir conjointement au traitement et à la surveillance organique. Dans le cas de l'anorexie mentale du nourrisson, c'est la relation d'objet de la mère à l'enfant qui doit être modifiée. Il faut donc traiter la mère (psychothérapie ou psychanalyse) pour guérir l'enfant.

Chez l'adolescent ou l'adolescente, au contraire, c'est dans l'isolement strict d'avec le milieu familial que se résoudra l'intervention majeure permettant au sujet, ainsi soustrait à l'influence conflictuelle de l'entourage, de modifier avec l'assistance de mesures psychothérapeutiques la relation pathologique qu'il entretient avec lui. Et cela, tout spécialement, au regard de l'ambivalence (haine/amour) du sujet pour ce milieu, laquelle semble sous-tendre toute la conduite anorexique. R. L.

BIBLIOGRAPHIE
Brunch, H., 1979, *l'Énigme de l'anorexie. La cage dorée*, Paris, P.U.F.
Kestemberg, E. et J., Deabert, S., 1972, *la Faim et le corps. Une étude psychanalytique de l'anorexie mentale*, Paris, P.U.F.

anorexigène

adj. et n.m. (angl. Anorectic Agents)

Se dit d'une substance psychotrope dont l'effet principal est la suppression de la sensation de faim.

Les « coupe-faim » efficaces sont en principe des médicaments dont la seule indication serait certaines formes d'obésité par boulimie. Ces substances posent un problème particulier car tous les spécialistes de l'obésité s'accordent sur le fait que — malgré un effet spectaculaire à court terme — les anorexigènes ne sont d'aucun secours dans le traitement de l'obésité (un effet rebond à l'arrêt du traitement les rend plutôt nuisibles et l'accoutumance empêche tout traitement au long cours).

À l'exception de la fenfluramine, tous les anorexigènes sont apparentés aux amphétamines et doivent être rangés dans cette catégorie. Si tout usage d'anorexigène est en quelque sorte un usage abusif, la question se pose d'une toxicomanie aux anorexigènes : y seraient recherchés tant l'effet « coupe-faim » que l'effet psychostimulant. Maîtriser son corps et ses pulsions, atteindre l'extase à la limite de la défaillance physique sont des éléments communs aux vécus de l'anorexique et du toxicomane. Il existe des cas cliniques d'anorexie associée à un abus d'anorexigènes, d'amphétamines, voire de cocaïne (dont l'effet anorexigène est très important).

Comme les autres indications thérapeutiques des amphétamines ont disparu (effet stimulant ou antidépresseur), les seuls amphétaminiques légaux existant sont des anorexigènes. Déviés de leur usage, ils constituent actuellement la majorité du « speed » ou des « amphés » consommés par les toxicomanes. M. V.

anosmie

n.f. (angl. Anosmia)

Perte du sens de l'olfaction.

Il s'agit parfois de formes limitées : anosmie préférentielle, qui est une incapacité de sentir certaines odeurs seulement, ou anosmie spécifique, qui est une incapacité de sentir, et donc de reconnaître, un ou plusieurs corps chimiques particuliers. J. P.

anosognosie

n.f. (angl. Anosognosia)

Méconnaissance par un patient, pouvant aller jusqu'à la négation, de sa maladie ou de la perte de ses capacités sensorielles ou motrices.

Il peut s'agir de l'inconscience d'une hémiplégie du côté non dominant (syndrome de Babinski) ou d'une cécité corticale par lésion du cortex occipital. J. P.

ANOVA

Sigle souvent utilisé par les auteurs de langue anglaise pour ANalysis Of VAriance. M. R.

→ variance (analyse de la).

antalgique

adj. et n.m. (angl. Pain Relieving)

Se dit d'un facteur qui atténue ou supprime la douleur.

La réduction de la douleur peut être obtenue par anesthésie locale, par section des voies afférentes nociceptives, par déclenchement des mécanismes nerveux ou humoraux qui contrôlent le transit des messages nociceptifs, par administration de drogues qui bloquent la transmission des afférences nociceptives, par hypnose, relaxation ou biofeedback. J.-M. C.

antérograde (amnésie)

(angl. Anterograd Amnesia)

→ amnésie.

antibiotique

n.m. (angl. Antibiotic)

Substance naturelle ou synthétique ayant la propriété d'empêcher la multiplication des bactéries (bactériostatique) ou de les détruire (bactéricide).

À ce titre, les antibiotiques sont de remarquables médicaments anti-infectieux. G. S.

anticipation

n.f. (angl. Anticipation)

Toute conduite qui manifeste une préparation spécifique à un événement futur ou une prévision consciente.

En créant un lien cohérent entre le présent et le futur, les conduites d'anticipation favorisent l'adaptation au milieu par la coordination des actions et la connaissance. On observe, chez l'Animal et l'Homme, des réactions anticipatrices à une stimulation quand celle-ci est annoncée par un signal. Ces réactions se caractérisent par des temps de réaction très brefs, distincts du temps de réaction à la stimulation elle-même, et qui participent d'une « préparation motrice » à cette réaction, en fait seconde.

En perception, l'anticipation est attestée par l'adoption d'une position corporelle, locale ou générale, dans la direction d'un événement ou d'un stimulus, avant que celui-ci se produise. Les conduites perceptives d'anticipation réclament donc la mobilité d'un organe sensoriel ou du segment corporel qui le porte. Chez l'Homme, elles se mettent en place, après la naissance, autour du 3e mois. Toutefois, par apprentissage, elles peuvent être obtenues plus tôt dans les modalités sensorielles déjà efficientes. Par exemple, une anticipation visuelle du lieu d'une stimulation antérieurement répétée a pu être observée chez des nouveau-nés de quelques jours. La sensibilité au mouvement perçu par les organes extéroceptifs entraîne des pseudo-anticipations : ce sont des positionnements en avance sur la trajectoire suivie par la cible, qu'on a pu détecter au cours d'une activité de poursuite chez le nouveau-né. Mais ces avances sont de très faible amplitude et semblent d'abord dues à un contrôle mal assuré du mouvement propre. L'anticipation perceptive augmente en amplitude, et en durée, avec l'âge, et la mobilisation qui l'accompagne se transforme au fur et à mesure que changent les relations au temps, comme en témoignent l'évolution des conduites d'attente au long de l'enfance et les inhibitions de réponse. Elle est un critère de la constance de position.

L'anticipation cognitive, qui permet de comprendre les systèmes de transformation qui sous-tendent le flux de la réalité, peut prendre plusieurs formes. Elle est figurale quand elle est faite d'images mentales préfigurant par exemple des positions d'objet, soit en fonction d'un mouvement propre du sujet, soit en fonction d'un mouvement de l'objet. La position qu'atteindra un mobile à l'issue d'un mouvement complexe et l'image qu'en aura un observateur fixe ne sont pas reliées d'emblée chez l'enfant. Les rotations mentales étudiées par Shepard fournissent des exemples variés des difficultés qui subsistent à cet égard chez l'adulte. L'anticipation cognitive peut aussi se passer d'images et résulter de mises en relation notionnelles, d'un raisonnement de type opératoire concret ou hypothétique, tel qu'on peut l'observer dans les conservations d'ordre. H. B.

anticipation (méthode d')

(angl. Method of Anticipation)

Dans l'étude expérimentale traditionnelle de la mémoire par cœur, méthode, due à H. Ebbinghaus, qui consiste à présenter deux stimulus, ou davantage, en succession répétée et à demander au sujet de dire quel sera l'élément suivant au moment où on lui présente un stimulus.

Cette méthode peut être utilisée avec des couples de mots ou avec des listes entières ; on l'a parfois appelée aussi *méthode de soufflage*. Elle a connu un grand succès durant toute une période où l'on essayait de réduire les phénomènes de mémoire à des anticipations simples (par exemple à des conditionnements) ; elle est beaucoup moins employée aujourd'hui. J.-F.L. N

antidépresseur

n.m. (angl. Antidepressant)

Substance qui a la capacité d'inverser l'humeur du déprimé. (Syn. thymoanaleptique.)

Les antidépresseurs constituent un ensemble de substances hétérogènes sur le plan de leur structure moléculaire et de leur effet biochimique. Pendant longtemps, on n'a disposé pour traiter les états dépressifs que du laudanum de T. Sydenham (morphine), amenant une sédation de la souffrance du patient en attendant la terminaison spontanée de l'épisode. En effet, la dépression, contrairement à d'autres syndromes psychiatriques, est caractérisée par une évolution naturelle vers la rémission. Cependant, cette évolution spontanée peut durer plusieurs années et le risque suicidaire reste très élevé. Aussi le recours, avant la Seconde Guerre mondiale, aux méthodes de choc, et en particulier au choc électrique (électrochoc ou sismothérapie), a-t-il transformé le pronostic des dépressions. On disposait d'un traitement actif sur le trouble de l'humeur proprement dit. Grâce à l'anesthésie générale et aux curarisants d'action rapide, l'électrochoc, que l'on appelle désormais *électronarcose*, est devenu le traitement le plus efficace et, probablement, le moins dangereux des états dépressifs. Malheureusement, son effet n'est pas durable et la poursuite à titre préventif de séances d'électronarcose dites « d'entretien », à un rythme généralement mensuel, représente une méthode trop contraignante pour la majorité des déprimés.

La découverte des premiers antidépresseurs

En 1957 ont été découverts presque simultanément les chefs de file des deux principales familles d'antidépresseurs : l'iproniazide et l'imipramine. Ces familles se sont enrichies de nombreux composés. Plus tard sont apparus de « nouveaux antidépresseurs », molécules de deuxième génération, beaucoup plus hétérogènes sur le plan de leur structure.

Les psychiatres français (G. Buisson, J. Delay, P. Deniker et T. Laine) avaient été les premiers à remarquer, dès 1952, l'action antidépressive de l'isoniazide, médicament antituberculeux utilisé en pneumologie. Cinq ans plus tard, N.S. Kline, notant l'effet activateur d'un antituberculeux de structure voisine, l'iproniazide, sur les souris rendues inertes par la réserpine, put confirmer son efficacité thymoanaleptique chez le déprimé. Cette efficacité apparaissait d'autant plus grande que la dépression était de type « endogène », survenant sans facteurs déclenchants existentiels, et accompagnée de signes neurovégétatifs marqués. Les chercheurs américains firent l'hypothèse, encore retenue de nos jours, d'une inhibition enzymatique responsable de l'effet antidépresseur. L'iproniazide, comme tous les médicaments du groupe des inhibiteurs de la monoamine-oxydase (I.M.A.O.), empêche la destruction par oxydation des amines cérébrales (noradrénaline, dopamine, sérotonine), dont le taux augmente dans la fente synaptique (Fig. 1). Les composés de ce groupe sont donc définis par le mécanisme supposé de leur effet antidépresseur.

Peu après, le premier antidépresseur tricyclique, l'imipramine, prototype de l'autre grande famille d'antidépresseurs, fut introduit en thérapeutique (Fig. 2). On souhaitait synthétiser un analogue des neuroleptiques. Le Suisse Kuhn, chargé des essais cliniques, reconnut l'inefficacité de l'imipramine chez les schizophrènes. Il eut l'idée d'essayer le nouveau produit dans une indication originale : la dépression, pour laquelle on ne disposait pas de traitement en dehors de l'électrochoc. L'imipramine se montra efficace sans que l'on ait à redouter autant d'effets secondaires dangereux qu'avec les I.M.A.O. Contrairement aux I.M.A.O., qui sont définis par un mécanisme d'action biochimique, les antidépresseurs tricycliques sont caractérisés par leur structure chimique à trois cycles aromatiques.

Il serait plus rigoureux de parler de tricycliques imipraminiques, d'autres composés non antidépresseurs comme les neuroleptiques phénothiaziniques possédant également la même structure tricyclique.

Classification

On peut classer les antidépresseurs selon leur formule chimique en trois groupes : les antidépresseurs tricycliques, les inhibiteurs de la monoamine-oxydase (I.M.A.O.) et les antidépresseurs non tricycliques non I.M.A.O.

Les antidépresseurs tricycliques

Dérivés de l'imipramine. Les tricycliques diffèrent entre eux par la structure de leur chaîne latérale. Certains sont très proches de l'imipramine, comme la désipramine et la clomipramine. Ce dernier antidépresseur est devenu le composé de référence en Europe, particulièrement en France. Il n'est pas encore commercialisé aux États-Unis (1989) et les Américains, dans les essais comparatifs de nouveaux antidépresseurs, se réfèrent surtout à l'imipramine. La trimipramine, couramment employée par les Nord-Américains, a l'originalité d'associer au noyau de l'imipramine une chaîne latérale correspondant à un neuroleptique sédatif, la lévomépromazine, ce qui expliquerait ses propriétés sédatives ajoutées à son pouvoir antidépresseur.

Dibenzo-cycloheptadiènes. On trouve dans ce groupe l'amitriptyline, qui associe des propriétés sédatives à une activité antidépressive égale à celle de l'imipramine. Certains composés de cette famille (nortriptyline, protriptyline) ont une action antidépressive moins puissante.

Dibenzoxépines. Dans ce groupe, la doxépine possède des propriétés anxiolytiques à faible dose et des propriétés antidépressives à dose plus élevée.

Dibenzépines. La dibenzépine est également tranquillisante à faible dose et antidépressive à dose élevée.

Dibenzo-oxazépines. L'amoxapine appartient à cette famille qui comprend aussi un neuroleptique, la loxapine. Employée dans les mêmes indications que les tricycliques, avec les mêmes effets secondaires, l'amoxapine a pu entraîner certains effets extra-pyramidaux de type neuroleptique.

Amineptine. Composé tricyclique original par son effet sélectif sur la dopamine, l'amineptine exerce un effet stimulant rappelant celui des I.M.A.O. Par ailleurs, elle n'entraîne pas comme l'imipramine d'effets secondaires gênants à type d'hypotension artérielle et de sécheresse des muqueuses.

Composés tétracycliques. Le modèle de ces substances apparentées aux tricycliques reste la maprotiline, dérivée d'un tranquillisant mais douée de propriétés antidépressives authentiques. Ce groupe comporte également la miansérine, douée d'un effet sur les récepteurs neuronaux présynaptiques régulant le flux de noradrénaline.

Les inhibiteurs de la monoamine-oxydase (I.M.A.O.)

Les I.M.A.O. sont utilisés moins fréquemment que les tricycliques. La surveillance clinique nécessaire, le nombre élevé d'associations médicamenteuses contre-indiquées et la lenteur de leur élimination expliquent la prudence des cliniciens. Les I.M.A.O. dits « réversibles et compétitifs », plus spécifiques d'une des enzymes de dégradation des monoamines, la M.A.O.A., suscitent cependant un intérêt nouveau (toloxatone, moclobémide...). Ils n'entraînent pas les effets secondaires des I.M.A.O. classiques en cas d'interaction avec des médicaments ou des aliments potentiellement dangereux. Leur efficacité ne serait cependant pas comparable à celle des I.M.A.O. traditionnels.

Les I.M.A.O. classiques appartiennent à deux sous-groupes :

- hydrazines ou hydrazides : en particulier iproniazide, nialamide (les deux seuls I.M.A.O. classiques commercialisés en France en 1989) ;
- composés non hydraziniques : tranylcypromine (→ I.M.A.O).

Les antidépresseurs non tricycliques non I.M.A.O.

Ce groupe comprend un ensemble hétérogène d'antidépresseurs ayant donné la preuve de leur efficacité. Sans être plus effi-

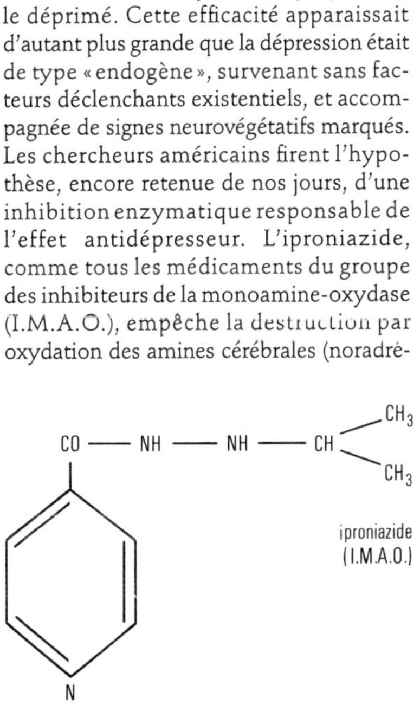

Fig. 1. Structure chimique de l'iproniazide.

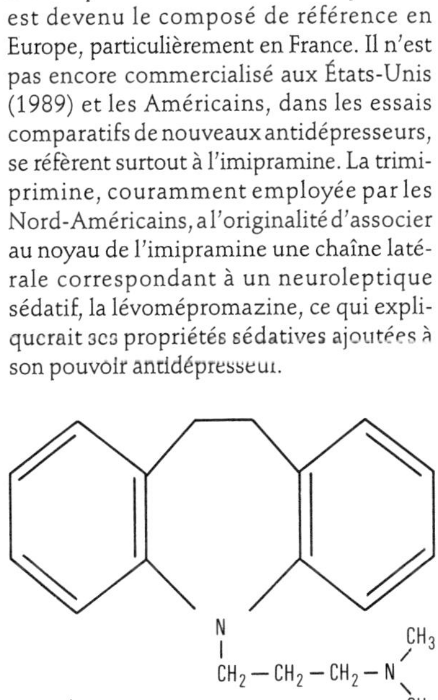

Fig. 2. Structure chimique de l'imipramine.

caces que les imipraminiques et que l'électronarcose, ils sont généralement mieux tolérés. Leur mécanisme d'action monoaminergique est en règle plus spécifique que celui des premiers antidépresseurs. Ce mécanisme permet ainsi de classer les nouvelles substances.

La viloxazine, de mécanisme noradrénergique, apparentée aux bêta-bloquants sans en posséder les propriétés, a un effet antidépresseur et stimulant. Elle est dénuée d'effets secondaires de type atropinique, ce qui permet de l'utiliser dans certaines contre-indications des tricycliques. Deux composés plutôt stimulants, l'un (nomifensine) de mécanisme surtout dopaminergique, et l'autre (indalpine) sérotoninergique, ont été retirés du marché malgré leur efficacité clinique en raison d'effets secondaires repérés en pharmacovigilance.

Dans le groupe très étudié des inhibiteurs spécifiques de la recapture de la sérotonine, on peut citer la fluvoxamine, la trazodone et la fluoxétine. Certains nouveaux antidépresseurs, commercialisés comme la médifoxamine ou la tianeptine, ou en phase de développement, possèdent des mécanismes d'action originaux.

Devant l'hétérogénéité des structures et des mécanismes biochimiques, Deniker, après P. Kielholz, propose une classification clinique des antidépresseurs selon leurs effets latéraux prédominants : psychotonique (stimulant) ou sédatif (Fig. 3).

Caractéristiques générales des antidépresseurs

Quel que soit leur type, les antidépresseurs ont en commun, à des degrés divers, certains effets caractéristiques :

Action thymoanaleptique

Les antidépresseurs redressent l'humeur dépressive. Dépassant leur but, ils peuvent entraîner une inversion de l'humeur, qui devient euphorique. Cette capacité à induire des « virages » thymiques les distingue d'autres psychotropes pouvant soulager le déprimé sans être de vrais antidépresseurs (tranquillisants par exemple). L'inversion de l'humeur se produit après un délai de dix à quinze jours, parfois davantage, et cela quel que soit le type de composé ou de traitement (électronarcose par exemple).

Action neurologique

C'est l'inversion de l'effet d'un neuroleptique, la réserpine, qui constitue le modèle le plus classique d'effet antidépresseur chez l'animal. Chez l'homme, les antidépresseurs réduisent l'akinésie induite par les neuroleptiques ou causée par la maladie de Parkinson. Les antidépresseurs peuvent entraîner un tremblement et une dysarthrie (difficulté à parler), généralement discrets. Ils agissent sur le système neurovégétatif, entraînant une hypotension orthostatique (chute de la pression artérielle lorsque le sujet se lève), plus rarement des bouffées de chaleur et des sueurs. Très caractéristiques des imipraminiques sont les effets atropiniques, ou anticholinergiques : sécheresse de la bouche, constipation, vision floue et surtout risque de glaucome ou de rétention urinaire chez les sujets prédisposés, qu'on ne doit pas traiter par les imipraminiques.

À dose massive (tentative de suicide par exemple), les antidépresseurs peuvent induire des crises épileptiques.

Action biochimique

Les antidépresseurs ont en commun la propriété d'augmenter le taux de certaines monoamines cérébrales : les I.M.A.O. en inhibant le processus oxydatif de dégradation ; la majorité des autres antidépresseurs en inhibant la recapture par le neurone des différentes monoamines. J. Glowinski et J. Axelrod (1964) ont montré que l'imipramine inhibait la recapture présynaptique de la noradrénaline, augmentant sa concentration dans la fente synaptique. Le cerveau du déprimé disposerait ainsi d'un stock plus important, et jusqu'alors insuffisant, de neuromédiateurs monoaminergiques. Par ailleurs, on a montré que les antidépresseurs diminuaient le nombre de récepteurs neuronaux postsynaptiques de deux grands systèmes de neurotransmission : les récepteurs bêta-noradrénergiques et certains récepteurs sérotoninergiques. Le temps nécessaire à cette diminution du nombre de récepteurs correspondrait bien au délai d'action des antidépresseurs. Cependant, dans ces processus, plusieurs systèmes sont en interaction. Les résultats sont parfois contradictoires selon les méthodes d'observation (biochimie, électrophysiologie). On s'oriente aujourd'hui vers un modèle interactif à plusieurs portes d'entrée dans lequel les antidépresseurs viendraient rétablir l'équilibre.

Utilisation des antidépresseurs en dehors de la dépression

Si les antidépresseurs sont par définition des médicaments de la dépression, ils sont également utilisés dans d'autres indications. On a d'ailleurs critiqué le terme même d'*antidépresseur*, qui qualifie des substances très différentes. Ces substances ont peut-être, en dehors du champ de la dépression, des propriétés que l'on risque de méconnaître en les désignant par un seul de leurs effets. Les antidépresseurs ont été utilisés :

Dans la schizophrénie. Lorsque le tableau de schizophrénie est dominé par l'athymormie (déficit de l'humeur et perte de l'élan vital), les neuroleptiques s'avèrent moins efficaces. On tente alors de les associer à un antidépresseur non sédatif.

Dans les syndromes paranoïaques. Associés ou non aux neuroleptiques, les antidépresseurs à faible dose se sont montrés efficaces lorsque les patients apparaissent déprimés, enfermés dans des comportements masochistes et pessimistes.

On peut en rapprocher le délire de relation de E. Kretschmer (le sujet rapporte à lui-même, dans un sens persécutoire, le comportement de son entourage) : les tricycliques sont utilisés à doses moyennes, associés à un neuroleptique en cas de réaction hypersthénique.

Dans certaines névroses. Les organisations névrotiques dominées par la psychasthénie (caractérisée par la fatigue, l'indécision et les difficultés de concentration) sont sensibles aux I.M.A.O. et à certains antidépresseurs stimulants (amineptine). De même, les anciennes névroses obsessionnelles, appelées aujourd'hui troubles obsessionnels-compulsifs, s'améliorent-elles avec des doses élevées de clomipramine. La clomipramine inhibe préférentiellement la recapture de la sérotonine, neuromédiateur en jeu dans la pathologie obsessionnelle. Les nouveaux antidépresseurs, sérotoninergiques purs, revendiquent la même efficacité.

Dans les états hypocondriaques. Ces tableaux recouvrent souvent des états dépressifs masqués par les plaintes somatiques incessantes des patients. Ils sont alors sensibles aux antidépresseurs.

Dans les états anxieux. C'est surtout dans les « troubles paniques » (caractérisés par la répétition d'épisodes aigus d'angoisse) que les antidépresseurs se sont révélés plus efficaces que les tranquillisants benzodiazépiniques classiques (Klein). Les composés utilisés (I.M.A.O., imipramine) sont paradoxalement des antidépresseurs stimulants, ce qui a contribué à différencier les attaques de panique des autres troubles anxieux, sensibles aux substances traditionnellement sédatives et anxiolytiques.

Dans certains troubles alimentaires. Les boulimies répondent parfois aux antidépresseurs, en dehors même de tout syndrome dépressif. Le type d'aliment consommé semble important à déterminer : lorsque les patientes consomment des aliments sucrés, on a plutôt recours aux

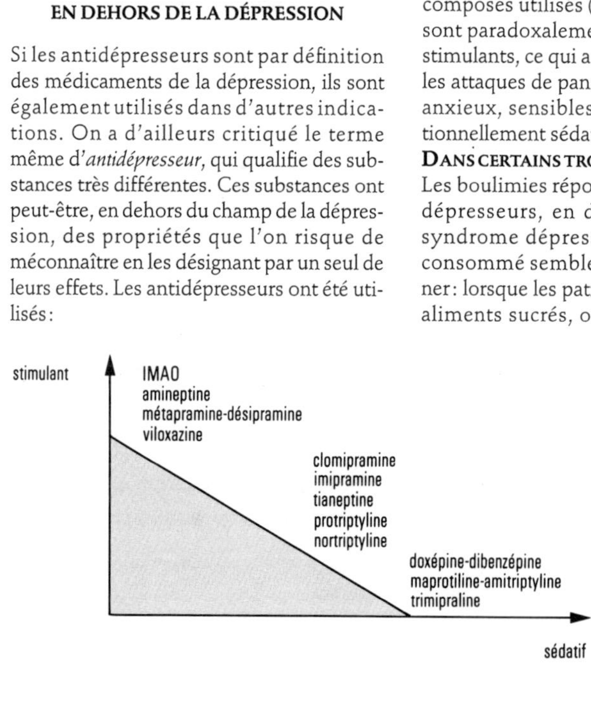

Fig. 3. Antidépresseurs stimulants et sédatifs.
Ce schéma, issu des travaux de Deniker, indique une classification clinique selon deux axes, qui constituent les effets dominants de chaque antidépresseur.

antidépresseurs sérotoninergiques (fluvoxamine, trazodone, fluoxétine). En effet, le tryptophane, précurseur de la sérotonine, régulerait la consommation de glucides. Dans les boulimies salées, on utilise plutôt les antidépresseurs noradrénergiques (maprotiline).

ENFIN DANS DE NOMBREUSES AUTRES PATHOLOGIES. Certaines pathologies, liées ou non à la dépression, ont pu bénéficier de la chimiothérapie antidépressive. Il s'agit de la douleur chronique, du syndrome subjectif des traumatisés du crâne, du sevrage de l'alcool ou des opiacés, de l'énurésie chez l'enfant, de la narcolepsie...

La richesse des indications des thymoanaleptiques et le constant développement de molécules nouvelles témoignent de leur efficacité. Sur le plan théorique, en tant qu'outils pharmacologiques, les antidépresseurs ont donné naissance aux hypothèses monoaminergiques, sur lesquelles se fondent encore aujourd'hui les modèles biologiques de la dépression. A. G.

BIBLIOGRAPHIE

Deniker, P., 1987, *Psychopharmacologie. Les médicaments et les drogues psychotropes*, Paris, Éditions Marketing.

Burrows, G.D., Norman, T., Davies, B. (Eds), 1983, *Drugs in Psychiatry: Antidepressants*, Amsterdam, New York, Oxford, Elsevier.

Zarifian, E., Lôo, H., 1982, *les Antidépresseurs*, Neuilly-sur-Seine, Roche.

antidromique (conduction)

(angl. Antidromic Conduction)

Direction de l'influx nerveux parcourant l'axone de la périphérie vers le corps cellulaire, à l'inverse du sens naturel de propagation, qui s'effectue du corps cellulaire vers la périphérie (sens orthodromique). G. S.

antiépileptique

adj. et n.m. (angl. Antiepileptic)

Se dit de ce qui prévient ou arrête les crises épileptiques ou qui est employé pour traiter l'épilepsie.

Le traitement antiépileptique repose sur un certain nombre de médicaments qui ont une action essentiellement symptomatique : empêcher la crise. Ils doivent être pris d'une manière continue et ne sont malheureusement pas dépourvus d'effets secondaires gênants. Leur emploi doit donc être adapté par le médecin à chaque malade et surveillé régulièrement (avec des contrôles électroencéphalographiques périodiques).

Le phénobarbital est le seul barbiturique encore largement utilisé, sous forme d'une seule prise quotidienne, le soir. Les hydantoïnes sont aussi très efficaces, mais difficiles à manier car nécessitant une surveillance des taux sanguins assez rapprochée. La carbamazépine, active sur les diverses variétés de crises, est très employée, surtout pour prévenir les crises partielles. Le valproate de sodium est particulièrement utilisé chez l'enfant contre les absences du petit mal et les troubles caractériels. Les benzodiazépines, qui ont, en plus de leurs effets tranquillisants, une action anticonvulsivante, sont depuis quelques années largement prescrites, en particulier le clobazam, le clonazépam et le diazépam, réservé aux périodes de crises subintrantes et à l'état de mal. D'autres produits pourraient encore compléter cette liste, qui n'est pas limitative. Le choix est donc grand et permet de changer facilement de médicament en cas d'échec. Il semble en revanche sage de s'en tenir, dans la mesure du possible, à la monothérapie, en surveillant de très près, pendant les premiers mois du traitement, l'apparition des signes d'intolérance ou de surdosage. Et, lorsque l'association de médicaments antiépileptiques s'avérera nécessaire dans certaines formes sévères de comitialité, cette surveillance devra être encore plus étroite en raison d'interactions médicamenteuses nécessitant en particulier des dosages plasmatiques répétés. J. P.

antihistaminique

adj. et n.m. (angl. Antihistaminic)

Se dit d'un médicament qui s'oppose à l'action nocive de l'histamine, en particulier dans les cas d'urticaire et d'affections allergiques diverses.

Les médicaments antihistaminiques se regroupent en cinq classes principales : les éthalonamines, les éthylènediamines, les alkyamines, les pipérozines, ou cyclizines, et les phénothiazines. C'est dans cette dernière classe que D. Bovet, P. Charpentier et P. Decourt ont expérimenté une nouvelle molécule antihistaminique, la chlorpromazine, dont les effets sédatifs sont très importants sur le système nerveux central. Ce produit est devenu le premier des neuroleptiques, utilisé en psychiatrie (J. M. Harl, J. Delay et P. Deniker) en 1951-1952. J. P.

antiparkinsonien

n.m. (angl. Antiparkinsonian Drug)

Substance qui traite la maladie de Parkinson.

La maladie de Parkinson est la maladie dégénérative du système nerveux central, caractérisée par une disparition des neurones dopaminergiques. Elle bénéficie de l'administration d'un précurseur de la dopamine : la lévodopa. L'instauration du traitement dopaminergique est généralement précédée d'une première phase de traitement par des substances anticholinergiques ou par l'amantadine, agoniste dopaminergique.

Les psychiatres ont recours aux antiparkinsoniens pour corriger les effets secondaires des neuroleptiques. Les neuroleptiques peuvent en effet être responsables de trois types de symptômes moteurs, essentiellement au niveau du système extrapyramidal : hyperkinétiques précoces ou tardifs (akathisie, tasikinésie), akinéto-hypertoniques de type parkinsonien et akinétiques. Les antiparkinsoniens sont utilisés dans ces trois types d'effets secondaires, même si les effets hyperkinétiques tardifs et surtout l'akinésie peuvent requérir d'autres composés.

LA CLASSIFICATION DES ANTIPARKINSONIENS

Les antiparkinsoniens appartiennent à trois familles principales :

Dérivés du benzhydrol. D'emploi très fréquent, ces composés (trihexiphénidyle, bipéridène) ont généralement une action psychostimulante en plus de leur effet au niveau extrapyramidal. Certains sont plus sédatifs, comme l'étybenzatropine, utilisée par voie parentérale lors d'épisodes dystoniques aigus, et la benzatropine, qui a la faveur des psychiatres anglo-saxons.

Dérivés des dibenzothiazépines. La tropatépine entraîne une sédation. Elle possède, comme les dérivés du benzhydrol, des propriétés anticholinergiques.

Dérivés de la phénothiazine. Moins employés à l'heure actuelle, ces composés de structure proche des neuroleptiques phénothiaziniques (diéthazine, profénamine) sont peu stimulants.

AUTRES COMPOSÉS

D'autres substances ont été proposées comme antiparkinsonien mais restent rarement employées en psychiatrie : l'amantadine, agoniste dopaminergique qui a aussi été utilisé comme médicament antiviral, et la bromocriptine, qui stimule le PIF (Prolactine Inhibiting Factor), réduisant la sécrétion de prolactine responsable des aménorrhées-galactorrhées, observées également sous neuroleptiques. Ces deux composés sont couramment utilisés dans le traitement de la maladie de Parkinson.

De nombreux composés stimulants, en dehors des antiparkinsoniens proprement dits, ont été utilisés pour lutter contre l'akinésie, qui reste le plus fréquent des effets secondaires provoqués par les neuroleptiques. Les amphétaminiques ne sont plus guère préconisés en raison des risques de résurgence délirante. On a souvent recours aux antidépresseurs psychotoniques imipraminiques à faible dose.

LA QUESTION DES TRAITEMENTS NEUROLEPTIQUES

Les antiparkinsoniens sont parfois prescrits systématiquement à titre préventif lors d'un traitement neuroleptique. Cette attitude est controversée car les effets extrapyramidaux, bien que plus fréquents avec certains neuroleptiques incisifs, ne se manifestent en moyenne que dans 20% des cas sur un plan clinique, alors que les antiparkinsoniens peuvent être à l'origine d'une pathologie iatrogène, particulièrement chez le sujet âgé. A. G.

antipsychiatrie

n.f. (angl. Anti-Psychiatry)

Mouvement, apparu au début des années 1960, d'interrogation critique remettant en cause la psychiatrie traditionnelle et la notion de maladie mentale, sur laquelle elle s'appuyait depuis le milieu du XIXe siècle.

L'ANTIPSYCHIATRIE ANGLAISE

Si le début de cette contestation apparaît dès 1957 avec le psychiatre américain T. Szasz, qui met en doute la réalité de la maladie mentale, dont il fait un simple «mythe» (dans son ouvrage *Douleur et Plaisir*), et sous un angle très philosophique avec la fameuse *Histoire de la folie à l'âge classique* de M. Foucault, parue en 1961, c'est aux Anglais D. Cooper, A. Esterson et R. Laing qu'on doit le terme *Anti-Psychiatry* et le grand mouvement qui bouleversa la psychiatrie. Les premiers, ils ont poussé jusqu'au bout les conséquences d'une critique constamment refoulée vis-à-vis des psychiatres : la folie est un phénomène social dont la définition est imposée par la société et utilisée en vue de la relégation de certains «étiquetés fous», grâce au psychiatre et à l'institution psychiatrique, émanations et instruments de cette société dite «aliénante». Il y aurait donc, dans la relation du psychiatre avec le malade mental, et même dans celle du psychanalyste avec l'analysé, une «hypocrisie confortable et autoprotectrice», une véritable complicité avec la société dans la défense d'une «normalité» exorbitante, une soumission servile à l'ordre établi et une méconnaissance profonde, souvent teintée de sadisme, de celui qui est considéré comme malade. Les psychiatres devraient donc adopter une attitude tout à fait différente s'ils veulent donner la parole à ce dernier, attitude faite d'humilité et de modestie, qui lui laisserait en quelque sorte le premier rôle.

Pour Cooper et ses amis, il faudrait donc oublier tout ce qu'on a appris en psychiatrie, quitter les institutions et hôpitaux, ne plus croire aux progrès de la thérapeutique. La seule voie serait de vivre avec les fous : habiter avec eux, dans de petites communautés, désapprendre la psychiatrie et ses diagnostics, devenir en quelque sorte les élèves des schizophrènes en payant son écot et, pourquoi pas, les leçons qu'ils peuvent donner. Car «les fous ont beaucoup de choses à nous apprendre, non seulement sur eux, mais aussi sur nous». À la limite, seules leurs expériences peuvent être véritablement formatrices et didactiques pour le futur antipsychiatre.

L'ANTI-HÔPITAL

À l'hôpital classique doit succéder l'«anti-hôpital». Cooper relate l'expérience tentée au pavillon 21, une unité de schizophrènes dans un grand hôpital psychiatrique de la banlieue londonienne. Dans ce pavillon, les méthodes et les attitudes classiques ont été systématiquement éliminées ou totalement inversées. Malgré les difficultés éprouvées par le personnel soignant, car «il ne peut accéder à la réalité du groupe institutionnel qu'à condition de sacrifier ses moyens d'existence ou de les mettre, à tout le moins, quelque peu en péril», les malades sont devenus, en quelque sorte, les soignants. Il faut, bien entendu, dépasser pour cela cette «frontière particulièrement menaçante qui sépare personnel et patient, santé et folie». Mais, comme le regrette Cooper, «la réponse officielle fut loin d'être favorable». Et c'est en dehors des services publics qu'il conseille de fonder ces anti-hôpitaux, comme il le fit lui-même dans le cadre associatif de la Philadelphia Association, créée avec ses amis Esterson et Laing en 1965. Le plus célèbre de ces *homes* fut le fameux Kingsley Hall, centre communautaire de la banlieue de l'Est londonien où séjournèrent 119 personnes (de 1965 à 1970), dont Mary Barnes, véritable vedette du mouvement antipsychiatrique anglais. Elle devait y poursuivre, aidée par le psychiatre J. Berke, qui a raconté son histoire, une longue régression-renaissance, et y devenir, à partir des fresques qu'elle réalisait au début avec ses matières fécales, un peintre de talent. Sa schizophrénie n'était qu'une étiquette que la société lui imposait pour faire taire, étouffer sa révolte, avec l'aide de la psychiatrie officielle, «toujours prête à faire violence à la folie» (Cooper).

LA MÉTANOÏA

Si le mouvement antipsychiatrique anglais entraînait la disparition des divers diagnostics de psychoses chroniques, dans sa contestation antinosographique, il admettait cependant l'existence de «psychoses aiguës». Mais, pour celles-ci, il suffisait d'en respecter l'évolution normale, qui devait aller spontanément vers la guérison puisque c'étaient à la fois les traitements et l'internement qui provoquaient la chronicisation. Il suffisait de suivre le malade dans son voyage. Laing admettait que certains sujets peuvent présenter des crises psychotiques aiguës, véritables voyages métanoïaques où l'esprit se change, que l'on peut provoquer avec des substances psychomimétiques comme le L.S.D. Ces voyages sont bons ou mauvais selon que le milieu les favorise ou les contrarie. Les services et cliniques psychiatriques classiques, les considérant comme des maladies, les traitent comme telles, et en font ainsi des psychoses chroniques, des schizophrénies. En revanche, lorsque le milieu est favorable, ce voyage est une découverte plus profonde de soi-même avec un dynamisme révolutionnaire bénéfique. La catastrophe ne surviendrait en fait que lorsque l'appareil social, policier et médical s'y oppose. Laing devait appeler cette crise, ce voyage, une *métanoïa*, mot grec trouvé dans les Évangiles et qui a le sens de repentir, de regret, mais aussi de conversion, de transformation spirituelle. Lorsque le sujet est en métanoïa, il suffit qu'il soit mis quelque temps dans un de ces anti-hôpitaux pour que le déroulement de la crise, qui ne serait tolérée en aucun milieu, psychiatrique ou non, se poursuive jusqu'à son terme, généralement sous une forme régressive. Laing racontait volontiers le cas d'un jeune médecin militaire, atteint d'une bouffée paranoïde aiguë, dont il s'était occupé tout au début de sa carrière. Au lieu d'appliquer au patient les traitements classiques (insuline, électrochocs ou sédatifs), il avait passé de nombreuses heures avec lui. Il avait déliré avec lui, devenant son associé dans ses projets : attaquer la Banque d'Angleterre, être Jules César, Hamlet ou Robin des Bois. En dehors de son existence rassurante et de sa compagnie, Laing ne lui fournissait donc aucune thérapeutique. Au bout de six semaines de non-traitement, le militaire abandonna ses fantasmes délirants et fut apte à reprendre sa vie normale. Ainsi, la psychose porterait en elle-même sa solution et les moyens d'en guérir. Elle est même, ajoutait-il, une expérience très enrichissante, «un tournant favorable dans l'évolution de la personnalité». On pourrait se demander s'il ne faudrait pas parfois la provoquer pour faire apparaître, derrière le *soi artificiel* (angl. False Self), le *soi profond et authentique* (angl. Inner Self). Selon Laing (*le Moi divisé*), c'est là que se situerait l'intérêt de certains états psychédéliques, de ces voyages comme les appellent aussi les amateurs de L.S.D. Et Laing réitère cette «invitation au voyage» dans son livre suivant, *Politique de l'expérience*, que certains ont pu considérer comme une véritable provocation à la toxicomanie.

LA PATHOGÉNIE FAMILIALE ET SOCIALE

Dans cette perspective, Esterson et Laing ont mis l'accent, à partir de leurs études de familles de schizophrènes, sur une causalité essentiellement sociale et familiale du trouble mental. Il s'agissait pour eux de dénoncer une certaine conception erronée de l'individualité psychophysique du malade et de diriger les recherches vers le processus dialectique et historique qui s'est développé à travers le jeu complexe des relations interpersonnelles. Comme ils l'indiquent, «notre intérêt se porte sur les personnes, toujours en relation avec nous ou entre elles, et toujours à la lumière du contexte de leur groupe, qui, dans ce travail, est d'abord la famille, mais peut aussi inclure les réseaux personnels extrafamiliaux des membres de la famille s'ils ont une portée spécifique sur les éléments que nous essayons d'éclairer». La famille est ainsi considérée par eux comme une «texture relationnelle, un champ d'interactions concrètes où les affrontements et les influences réciproques se trouvent majorés en fonction de la proximité des êtres dans un face-à-face permanent». Nexus familial est le terme par lequel ils désignent cette structure nodale privilégiée qui permet à un individu de se comprendre dans ses interactions familiales.

Dans leur recherche faite sur onze familles au sein desquelles se trouvait un schizophrène, Esterson et Laing montrent que le comportement considéré cliniquement comme symptomatique de la schizophrénie n'est que le résultat d'interactions familiales. Cette maladie ne serait donc qu'une création du milieu sociofamilial. Ils se sont intéressés, en particulier, aux symptômes dits « processuels », c'est-à-dire à ceux qui seraient, dans une perspective psychobiologique, les manifestations directes d'un processus biologique comme l'a décrit E. Bleuler. Or, de tels symptômes, lorsqu'ils sont repris dans une perspective sociofamiliale, sortent du « réduit biologique » pour apparaître comme une stratégie inventée par le sujet pour arriver à vivre dans ce qui est devenu pour lui invivable. On retrouve donc, dans la symptomatologie bleulérienne, les manifestations d'une adaptation dramatique d'un individu que les conditions familiales acculent en quelque sorte à une véritable situation de survie. Et, à ce titre, le film *Family Life*, de K. Loach, a été une illustration cinématographique exemplaire de ces thèses.

Sans doute, les antipsychiatres anglais n'étaient pas les premiers à avoir étudié la pathologie mentale intrafamiliale. Aux États-Unis, on s'intéressait beaucoup à la pathologie familiale. T. Lidz et son groupe lui avaient appliqué une lecture psychanalytique en privilégiant la triade familiale et en montrant le décalage qui apparaîtrait entre l'organisation consciente des rôles parentaux et la recherche par l'enfant « futur schizophrène » de sa propre identité dans le développement de sa personnalité. L. C. Wynne avait de son côté repéré, dans la psychopathogenèse familiale de la schizophrénie, des relations particulières de pseudo-mutualité et de pseudo-hostilité. Mais c'était surtout l'école dite « de Palo Alto » qui avait déjà acquis une certaine renommée en étudiant les troubles de la communication. J. Weakland et D. Jackson avaient en particulier utilisé la notion de *double lien* (angl. Double Bind) introduite par l'éthnosociologue G. Bateson, qui avait montré que cette distorsion de la communication intrafamiliale pouvait jouer un rôle essentiel dans l'apparition et les manifestations cliniques de la schizophrénie.

Mais tous ces travaux ne cherchaient à rendre intelligibles les relations familiales du schizophrène que selon l'hypothèse psychosociologique introduite au départ de la recherche, les parents n'étant finalement impliqués dans la maladie de leur enfant qu'au niveau de ce modèle. Et on sait bien maintenant que ces modèles ne donnaient aux chercheurs que l'illusion d'avoir trouvé une clef. Tous ces systèmes d'organisation familiale et les idéologies attenantes, continuant à faire leur œuvre, risquaient tout au plus de leurrer le thérapeute trop pressé de trouver des « facteurs pathogènes ». Et il semble bien acquis maintenant que le double lien comme le concept de « déviation de la communication », introduit et développé par l'équipe Wynne, n'ont rien de spécifique et ne constituent pas des facteurs prédictifs et diagnostiques suffisants de la schizophrénie.

ANTIPSYCHIATRIE ET POLITIQUE

Il y avait dans ce mouvement anglais une sorte d'engagement héroïque à se situer dans le paradoxe d'une opposition à une société aliénante avec toutes les normes et l'orthodoxie qu'elle exige, associée à une identification au malade mental qui serait finalement le personnage sain en face de ladite société malade. Mais il est finalement plus facile de participer à la révolte de celui-là qu'à la réforme de celle-ci.

À vouloir trop critiquer la psychiatrie traditionnelle, on risque sans doute d'oublier de se mettre en cause et d'analyser sa propre agressivité. En orientant celle-ci dans le même sens que celle du malade, on supprime le problème de sa propre angoisse en face de lui. On est « avec les malades » contre l'institution, l'administration, la société. Mais on n'a pas pour autant supprimé le problème de la folie. On s'est seulement acheté à bon marché une bonne conscience. Or, on sait que cette bonne conscience n'est rien d'autre qu'un False Self, siège par excellence de la plus profonde méconnaissance de soi. On entretient ainsi sa méconnaissance des motivations du psychiatre en la matière, de sa culpabilité à rester du « bon côté » et à tirer son épingle du jeu, voire « de son agressivité inconsciente qu'il s'agit d'annuler en s'identifiant à l'agressé (là où peut-être le psychiatre de tradition s'identifierait à l'agresseur), en tout cas de son malade en toute relation de pouvoir, ici négativée par l'engagement antipsychiatrique » (J.L. Faure et E. Ortigues).

Il y a en effet, dans toute institution thérapeutique, une relation de pouvoir de plus en plus difficile à préciser, mais qui ne peut en aucun cas être escamotée. Et c'est à partir de la philosophie sartrienne que Laing et Cooper se sont efforcés de l'analyser politiquement. Ils connaissaient parfaitement l'œuvre de Sartre, beaucoup mieux que la majorité des psychiatres français. Ils lui ont d'ailleurs consacré un ouvrage intitulé *Raison et Violence : une décennie de la philosophie de Sartre*, pour lequel le philosophe leur a écrit un avant-propos. Ils y étudient la *Critique de la raison dialectique, Questions de méthode* et *Saint Genet, comédien et martyr*. Déjà en 1960, dans *le Moi divisé*, Laing tenait à décrire en termes existentiels et relationnels la maladie mentale et, plus spécialement, la schizophrénie. Sans négliger l'œuvre de Freud, il cherchait à montrer que la société occidentale ne réprime pas seulement les instincts et la sexualité, mais aussi toutes les formes de transcendance. « Un homme, écrit-il, qui préfère être mort plutôt que communiste est normal. Un homme qui déclare qu'il a perdu son âme est fou. Un homme qui dit que les hommes sont des machines peut être considéré comme un grand scientifique. Un homme qui dit qu'il est une machine est "dépersonnalisé" selon le jargon psychiatrique. Un homme qui proclame que les nègres sont une race inférieure peut être largement respecté. Un homme qui prétend que sa blancheur est une forme de cancer risque de se faire interner. » Et Cooper, en retournant le concept de santé mentale, abondait dans le même sens : « La santé mentale telle que je la conçois, c'est la possibilité pour tout être humain de s'engager non seulement jusqu'au cœur de la folie, mais encore au cœur de toute révolution trouvant dans cette voie-là une solution à la préservation du moi. »

Il n'y avait donc rien d'étonnant à ce que les antipsychiatres anglais s'engagent ainsi dans une voie authentiquement révolutionnaire. Et les actes du Congress on the Dialectics of Liberation tenu à Londres en 1967 sont sur ce point très éloquents. On y retrouvait, à côté de Laing et de Cooper, H. Marcuse et S. Carmichael. Le but de ce congrès était de « créer une véritable conscience révolutionnaire en joignant l'idéologie à l'action sur les individus et sur les masses sans refuser la violence si elle est nécessaire ». Mais il semble que l'accord n'y ait pas toujours été complet, et les perspectives de Carmichael y sont nettement plus « engagées » que celles de Cooper. Les antipsychiatres semblaient pratiquer un anarchisme somme toute assez utopique. Il est difficile de voir un acte de résistance vraiment sérieux et dangereux dans le fait, comme ils le conseillaient, de déchirer publiquement le quotidien « pourri » qu'ils venaient d'acheter chez leur marchand de journaux.

Il est révélateur de voir Cooper, dans son adresse de conclusion au Congrès, s'extasier sur les communards tirant sur les horloges publiques pour « supprimer le temps des autres, le temps de leurs oppresseurs, et réinventer ainsi leur temps à eux ». Quand on sait que, pendant ce « temps à eux », ils laissaient les versaillais réoccuper tranquillement le mont Valérien, d'où l'implacable et féroce reprise de Paris allait pouvoir s'effectuer, on se demande si ces horloges brisées ne sont pas le signe de l'utopie et de la faiblesse d'un mouvement pourtant profondément révolutionnaire. D'autres « horloges cassées », en 1968, n'ont amené, comme on l'a vu, que le renforcement de la vieille société bourgeoise. « Ce paysage d'horloges brisées » (*vista of broken clocks*) que Cooper apercevait au-delà de la « mer des visages » de ses congressistes n'est-il pas en soi une fin, et du même coup la fin de toute antipsychiatrie ? Ce ne fut pas le cas en Italie, où le mouvement allait conduire à la disparition de l'asile, en étant d'ailleurs encore plus politisé.

L'ANTIPSYCHIATRIE ITALIENNE

En Italie, même si F. Basaglia n'aimait pas tellement qu'on l'appelle antipsychiatre, le mouvement allait conduire à une réforme radicale : la suppression de la vieille loi de 1904 régissant l'internement sur un mode assez voisin de la loi française de 1838.

C'est en 1962 que commence à Gorizia la transformation du vieil asile, sous l'impulsion de son médecin-directeur, Basaglia. Ce dernier, qui a travaillé en particulier avec M. Jones à Londres, où il a appris le fonctionnement d'une communauté thérapeutique, institue les fondements d'une vie communautaire dans son établissement psychiatrique. Avec une équipe à la fois dynamique et très politisée, il se rend compte que cela ne suffit pas pour changer l'asile et il constate la persistance des effets iatrogènes de celui-ci sur les patients. Il en conclut que l'internement ne peut qu'aggraver la maladie mentale. Il faut donc « libérer les malades ». Ceux-ci seraient surtout des « déshérités », des pauvres, des « damnés de la terre », victimes d'une société intolérante, rejetant toute déviance. Et finalement, le « travail communautaire » n'est qu'un alibi pour les soignants. L'asile n'est qu'un instrument de rejet et d'enfermement et doit être détruit. C'est à cette conclusion qu'arrive Basaglia à la fin de son livre *l'Institution en négation* (1968). Basaglia refuse donc le perfectionnisme technique de la communauté thérapeutique, du travail de secteur et même des différentes approches de psychothérapie institutionnelle. Pour lui, l'amélioration des techniques psychiatriques ne fait que reculer le moment où doit disparaître l'asile. Car « la science est toujours au service de la classe dominante » et l'hôpital psychiatrique n'est qu'une des « institutions de violence » par lesquelles celle-ci dirige et opprime les masses. Et le psychiatre italien, suivi par le mouvement « Psychiatria Democratica », fondé par ses élèves, préconise un renversement de toutes les institutions psychiatriques : « la négation (des institutions), comme seule modalité actuellement viable à l'intérieur d'un système politico-économique qui absorbe en lui toute nouvelle affirmation et l'utilise en vue de se consolider ». Ce mouvement si radicalisé ne devait pas être suivi par tous les professionnels de la psychiatrie, en Italie. Il fut, au contraire, toujours représenté par une minorité d'entre eux, mais fort politisée et très agissante. À tel point que, en 1978, une commission parlementaire où sont représentés tous les partis propose la suppression de la loi de 1904 et une nouvelle loi intégrant la psychiatrie italienne dans une réforme sanitaire globale où disparaît l'hôpital psychiatrique. C'est la *loi 180*. Mais celle-ci conduit en fait à une certaine médicalisation de la psychiatrie, qui n'est plus qu'une spécialité médicale parmi d'autres. Ce retour de la folie dans le strict cadre de la médecine déplaît à beaucoup de militants de Psychiatria Democratica. Cependant, Basaglia, qui a obtenu satisfaction avec la fermeture de l'asile, ne s'y opposera pas. Et c'est le début d'une période difficile pour la psychiatrie italienne, qui continue à poursuivre un débat assez houleux entre opposants à ces réformes et partisans de ces réformes, au détriment des malades, qui ne trouvent plus toujours la structure soignante dont ils auraient besoin.

L'antipsychiatrie en France

Elle a connu un grand succès auprès des intellectuels gauchistes dans la mouvance de 1968. Mais elle a eu peu d'applications pratiques, la plupart des psychiatres français ayant cru pouvoir dépasser la problématique antipsychiatrique avec la politique sanitaire de sectorisation psychiatrique et la psychothérapie institutionnelle.

Se sont ouverts cependant, surtout en psychiatrie infanto-juvénile, quelques lieux d'accueil et de liberté pour la déviance sous ses diverses formes, avec une certaine proportion d'échecs qui pourraient être une occasion précieuse de réflexions théoriques et critiques. La critique essentielle, c'est peut-être que ces lieux se sont donnés, tacitement, comme des lieux de vie idéaux. Comme il est impossible que ne s'y développent pas des tensions et des conflits — comme au sein de tout groupe sans médiation —, on voit se reproduire la même situation que dans une famille. Les conflits et les tensions familiales sont écrasés par l'idéalisation de la famille, au moins pour le jeune enfant. Ceux qui opposent ces lieux communautaires à la famille ne s'aperçoivent pas qu'ils la reproduisent, tant que ces communautés se présentent comme idéales et rêvent de s'instaurer comme permanentes (O. Mannoni).

Dans un « lieu dit d'antipsychiatrie » (l'École expérimentale de Bonneuil-sur-Marne), M. Mannoni a cherché à tenir compte de ces difficultés. On peut dire qu'elle s'est inspirée de Kingsley Hall, mais aussi de la critique que la théorie psychanalytique permet de faire de l'expérience britannique.

Elle organisa à Paris, les 21 et 22 octobre 1967, un colloque sur les psychoses où, pour la première fois en France, Cooper et Laing prirent la parole et exposèrent leurs conceptions, celui-ci sur la métanoïa, celui-là sur les grands principes d'une antipsychiatrie « renonçant à toute fin de réadaptation » et visant au contraire à la « libération de celui qui vient nous trouver » (*Enfance aliénée*, II).

Mais l'enthousiasme n'a pas été général et H. Ey a rassemblé autour de lui les psychiatres les plus critiques de l'antipsychiatrie. Le médecin de Bonneval pensait en effet que cette dernière représentait une « tendance psychiatricide » particulièrement dangereuse pour sa spécialité. Car, en confondant la notion de maladie mentale et les troubles de la vie de relation, elle risquait de « se heurter à l'impossibilité de définir et de saisir la maladie mentale » et en arrivait à la nier. Il ne s'agit donc, pour Ey, que d'une négation pure et simple de la psychiatrie, négation qu'il ne pouvait bien entendu admettre.

Vingt ans après, que reste-t-il de l'antipsychiatrie ?

Dès avant la mort de Basaglia (en 1980) et de Cooper (en 1986), leur mouvement semblait déjà passablement oublié. Sans doute reste-t-il « dans l'inconscient collectif, et notamment celui des jeunes schizophrènes », un « écho des grandes options de l'antipsychiatrie. Il est resté de cette aventure généreuse comme la nostalgie d'un lieu d'accueil de la folie, antithèse de la lugubre servitude des neuroleptiques... » (C. Koupernik). La critique radicale de l'institution hospitalière psychiatrique classique a joué aussi un rôle non négligeable dans les réformes entreprises et dans le mouvement qui se poursuit de « dépérissement de l'asile ». Quant à Laing et Esterson, grâce à leurs études sur les familles de schizophrènes, ils apparaissent maintenant, avec les chercheurs de l'école de Palo Alto, comme les pères fondateurs des thérapies familiales, qui se sont fortement développées depuis.

Mais surtout, l'antipsychiatrie mettait « en garde de façon salutaire contre une certaine chosification de la psychiatrie », représentée en particulier dans l'utilisation d'un « DSM III révisé » avec son « caractère prétendument athéorique » et « dans l'ambition d'asepsie des comportementalistes, qui, après tout, ne visent qu'à gommer un symptôme » en récusant ainsi « une conception holistique de l'homme et de sa folie » (Koupernik). Et qui nous prouvera que ce que l'on désigne habituellement par psychose chronique n'est pas parfois une simple complication d'un état psychotique aigu, d'un moment fécond où il aurait fallu permettre à la personne d'accéder au statut de sujet, en respectant son trajet métanoïaque ? Car l'évolution de la maladie mentale dépend sans doute de la prise en charge psychiatrique, mais parfois dans le sens de la chronicisation. On le voit bien avec certaines bouffées délirantes qui, traitées à l'occidentale, se transforment en schizophrénies. Et, « si le psychiatre n'était pas innocent ? » (L. Israël). C'est la question que ce dernier, comme les antipsychiatres, ne doit cesser de se poser dans l'exercice des diverses modalités de sa pratique. J. P.

Bibliographie

Cooper, D., 1970, *Psychiatrie et antipsychiatrie*, Paris, Éd. du Seuil.
Delacampagne, C., 1974, *Antipsychiatrie*, Paris, Grasset.
Koupernik, C., 1974, *l'Antipsychiatrie, sens ou non-sens*, Paris, Grasset.

anxiété

n.f. (angl. Anxiety)

Génér 1. **État émotionnel de tension nerveuse, de peur, fort, mal différencié, et souvent chronique.**

Génér 2. **Prédisposition d'une personne aux états anxieux.**

État émotionnel

La différence entre peur et anxiété est affaire de degré et surtout de cognition. On appelle plutôt *peur* un état dont l'objet est bien connu du sujet, c'est-à-dire un état qui a un contenu émotionnel et représentatif de son objet.

Au lieu de parler d'objet, les conceptions béhavioristes parlent du *déclencheur* ou du *stimulus* de la peur.

On peut aussi parler d'*intention*, au sens phénoménologique du terme, ce qui correspond dans le langage au complément de nom du mot *peur*, ou au complément direct du verbe *craindre* : « il a peur de X » ou « il craint X» (par exemple : «il a peur du gros chien»); ou encore «il a peur que p» ou «il craint que p» s'il s'agit d'un événement décrit par une proposition, plutôt que d'un simple objet au sens propre (par exemple : «il a peur que le gros chien ne le morde»).

Par contraste avec ces situations, on réserve souvent le mot *anxiété* aux cas où l'objet est mal différencié cognitivement. Mais on peut aussi l'appliquer à des peurs intenses ou à celles qui sont répétitives, chroniques et, finalement, pathologiques.

Prédisposition aux états anxieux

Il faut en toute rigueur bien distinguer entre ce qui est parfois appelé «anxiété-état» et «anxiété-trait». La notion d'état émotionnel, comme son nom l'indique, correspond à un état passager, qui peut survenir chez tout individu.

L'anxiété-trait est une caractéristique individuelle, apparemment innée, qui se manifeste à son tour de deux façons : la prédisposition à éprouver des états de peur en présence de stimulus qui, pour d'autres individus, sont moins fortement anxiogènes, voire pas anxiogènes du tout (dans certains cas, il semble y avoir absence de tout stimulus ou objet); la prédisposition à développer des peurs conditionnelles à l'égard de stimulus qui ne sont pas par eux-mêmes directement anxiogènes. Un niveau élevé d'anxiété-trait est réputé avoir un caractère pathologique. J.-F. L. N.

Psychiatr. **État de non-quiétude dans lequel prédomine l'appréhension d'une situation qui, bien que généralement indéterminée, pourrait s'avérer désagréable, voire dangereuse.**

Pour P. Pichot (1987), «l'anxiété (ou l'angoisse) est un état émotionnel fait sur le plan phénoménologique de trois éléments fondamentaux : la perception d'un danger imminent, une attitude d'attente devant ce danger et un sentiment de désorganisation lié à la conscience d'une impuissance totale en face de ce danger».

Outre cette attente inquiète anticipant la possibilité de survenue d'événements malheureux, l'anxiété peut s'accompagner de tension musculaire, d'inhibition motrice et surtout de manifestations neurovégétatives. Parmi celles-ci, les plus courantes sont: des palpitations ou de la tachycardie où le pouls et la respiration s'accélèrent bien que le sujet soit au repos; des sensations vertigineuses ou d'étourdissement; des bouffées de chaleur ou de froid ou une sudation excessive, des accès de rougeur et de pâleur, une sécheresse de la bouche; des nausées; une boule dans la gorge ou une gêne au creux de l'estomac, de la diarrhée ou un besoin fréquent d'uriner.

De nombreuses réactions anxieuses occasionnées par des facteurs de stress (par exemple la présence d'un danger imminent et réel, une situation d'examen, un deuil ou la maladie d'un proche) restent normales. Elles pourraient même avoir un rôle protecteur en inhibant une action intempestive du sujet. De même que les réactions de peur, elles se dissipent, de façon prévisible, lorsque le facteur de stress ou le danger perçu ont disparu. Mais l'anxiété est généralement définie comme se manifestant sans raison valable et est ressentie comme un lourd handicap dont les cliniciens cherchent à évaluer la nature et l'intensité.

Dans l'*anxiété pathologique*, les composantes autonomes décrites ci-dessus sont exacerbées et peuvent prendre, par exemple dans l'anxiété généralisée, un caractère plus durable. L'anxiété pathologique a également des composantes comportementales, inhibant l'action du sujet ou l'incitant à éviter de nombreuses situations, et des composantes cognitives, l'amenant à sous-estimer ses capacités réelles, si bien qu'elle est souvent en rapport avec des affects dépressifs.

Les troubles anxieux restent au premier plan des névroses, dont la classification avait été inspirée par les concepts de S. Freud. Les recherches biochimiques, d'une part, montrant l'utilisation possible d'anxiolytiques et de bêtabloquants sur la sédation de l'anxiété, les traitements comportementaux ayant recours aux techniques de relaxation, d'autre part, permettent d'aborder ces troubles dans une optique plus biologique. L'anxiété est ainsi soumise non seulement à l'influence de facteurs extérieurs, mais également à celle de prédispositions internes, psychophysiologiques, qui se manifestent avec plus ou moins d'intensité selon les sujets.

Cependant, mise en évidence en psychologie dans de nombreux questionnaires, l'anxiété se présente comme un trait de personnalité qui, lui-même, se définit par plusieurs composantes. Certains de ces questionnaires permettent de faire une distinction fort utile en clinique entre une anxiété qui serait permanente chez un même sujet et une anxiété dont l'intensité varierait avec l'état du sujet lors de ses réactions émotionnelles. M. A.

Différ. Les différences individuelles dans une disposition personnelle relativement générale (tendant à se manifester quelle que soit la situation) et relativement stable à éprouver de l'anxiété ont fait l'objet d'un grand nombre de recherches, qui ont donné lieu à la construction de plusieurs instruments.

L'évaluation de cette disposition («anxiété-trait») doit être distinguée de l'évaluation de l'anxiété actuellement éprouvée par un individu («anxiété-état).

Les recherches différentielles portant sur l'anxiété sont inspirées, dans leur diversité, de la diversité des théories générales de l'anxiété. Bien que l'évaluation de l'anxiété puisse utiliser des mesures physiologiques, des observations du comportement dans une situation déterminée ou des tests de personnalité (comme le rorschach), ce sont des questionnaires spécifiques qui sont employés le plus souvent. J. A. Taylor a proposé une *échelle d'anxiété manifeste* (angl. Manifest Anxiety Scale ou MAS) composée d'items empruntés au Minnesota Multiphasic Personality Inventory (→ article suivant.) Le sujet se décrit à l'égard de sentiments d'insécurité, de manque de confiance ou quant à certains symptômes physiologiques. Les recherches réalisées à l'aide de cet instrument peuvent conduire à considérer les différences individuelles d'anxiété comme explicables par une tendance acquise. Dans la même orientation, des questionnaires d'anxiété ont été proposés pour des situations spécifiques; les examens par tests, les situations sociales, les situations scolaires, etc. R.B. Cattell a mis au point un questionnaire d'anxiété de 40 items fournissant une note générale d'anxiété et deux notes correspondant respectivement à l'anxiété manifeste et à l'anxiété voilée. L'étude de ce questionnaire a utilisé l'analyse factorielle et conduit à considérer l'anxiété comme un facteur de second ordre, auquel contribuent cinq facteurs primaires de personnalité dont l'importance relative peut varier d'un individu à un autre : structures caractérielles socialement approuvées, faiblesse du moi, sentiment d'insécurité sociale, pression du surmoi, forces pulsionnelles du ça. H. J. Eysenck considère que le facteur d'anxiété se ramène à une combinaison de deux des facteurs fondamentaux par lesquels il décrit la personnalité : le névrosisme et l'introversion. Pour J. A. Gray, l'anxiété constitue elle-même un des facteurs fondamentaux de la personnalité (l'autre étant l'impulsivité), même si elle peut se décrire par une telle combinaison. M. R.

→ angoisse, peur.

Bibliographie

Eysenck, H. J., 1981, *A Model for Personality*, Berlin, Springer Verlag.

Pichot, P., 1987, *l'Anxiété*, Paris, Masson.

Selye, H., 1970, *The Stress of Life*, New York, McGraw-Hill.

Spielberger, C. D., 1975, *Emotions, their Parameters and Measurement*, New York, Raven Press.

anxiété (questionnaire d')

(angl. Anxiety Questionnaire)

Ensemble de questions élaborées systématiquement et posées dans un ordre toujours identique à des sujets, en vue d'apprécier et d'évaluer leur anxiété.

Utilisés en psychopathologie quantitative depuis une trentaine d'années, les questionnaires sont des instruments d'*autoévaluation* (angl. Self Rating) que P. Pichot tient à distinguer nettement des échelles d'évaluation qui sont, elles, des instruments d'hétéro-évaluation.

Parmi les questionnaires d'anxiété, certains restent assez généraux, incluant plusieurs éléments psychopathologiques repérables par une analyse factorielle. C'est ainsi que la Hopkins Symptom Checklist (HSCL) présente un facteur «anxiété» isolable d'autres comme la somatisation, la dépression, les troubles obsessionnels compulsifs (T.O.C.), la sensitivité. Elle est très utilisée par les psychiatres nord-américains, et a connu une adaptation française (J. Guelfi, 1983). D'autres sont plus centrés sur l'anxiété et ses diverses manifestations. C'est le cas du questionnaire de C.D. Spielberger (1960) ou de celui de W.W.K. Zung (1974). Ce dernier dénommé Anxiety Status Inventory (ASI) comprend 20 items dont 5 s'adressent à l'anxiété directement ressentie, et 15 à ses manifestations somatiques. Enfin, certains sont centrés sur un symptôme précis. Par exemple, l'échelle des peurs de J. Wolpe et P.J. Lang (1967) s'adresse à des malades phobiques, ses 72 items se regroupant en 6 catégories déterminées : peur des animaux, peur des situations interpersonnelles, peur des atteintes corporelles, peur des bruits, autres phobies classiques, et peurs diverses. De même, le questionnaire des peurs de I. Marks et M. Mathews (traduit en français par J. Cottraux en 1985) permet « d'auto-évaluer l'intensité de l'angoisse et de l'évitement chez les patients phobiques ainsi que les éléments dépressifs et anxieux éventuels ».

Tous ces questionnaires n'ont qu'un intérêt relatif pour le clinicien qui préfère généralement des échelles d'hétéro-évaluation comme l'échelle de M. Hamilton (Hamilton Anxiety Rating Scale, HARS) utilisée depuis 1960. En effet les questionnaires d'auto-évaluation sont à la fois trop sensibles et peu discriminants, et leurs résultats sont le plus souvent mal corrélés avec ceux des échelles d'hétéro-évaluation, beaucoup plus sûres et objectives. J. P.

anxiogène

adj. (angl. Anxiogenous)

Qui suscite des états de peur ou d'anxiété chez la plupart des individus.

J.-F. L. N.

→ anxiété, peur.

anxiolytique

n.m. (angl. Anxiolytic)

Médicament de l'anxiété.

L'anxiété est un syndrome retrouvé dans différentes pathologies et sensible à de nombreux composés. En pratique, il s'avère difficile de séparer l'anxiolyse de la sédation, ou réduction de l'activité de certaines fonctions physiologiques, dont la vigilance. La majorité des anxiolytiques appartiennent à la vaste catégorie des psycholeptiques, ou sédatifs (J. Delay et P. Deniker, 1957). On les situe dans le sous-groupe des tranquillisants mineurs et sédatifs classiques.

Les tranquillisants se définissent par comparaison avec les autres composés de la famille des psycholeptiques : sur le plan pharmacologique, ils ne sont ni des hypnotiques, ni des neuroleptiques, ni des régulateurs de l'humeur.

Historiquement, la découverte de substances neuroleptiques douées de propriétés sédatives sans effet hypnotique prédominant, comme la chlorpromazine (1952), a fondé la classe des tranquillisants. Ces derniers peuvent avoir des effets antipsychotiques ou neuroleptiques. Les Anglo-Saxons les appellent *tranquillisants majeurs* (angl. Major Tranquillizers) ou *antipsychotiques*, alors que les Français restent attachés au terme « neuroleptiques ». À l'opposé, il existe des *tranquillisants mineurs* (angl. Minor Tranquillizers), qui ont un effet symptomatique sans modifier profondément le cours de la maladie ni induire d'effets secondaires neurologiques de type extrapyramidal comme les tranquillisants majeurs. Par ailleurs, ils correspondent à un ensemble beaucoup plus hétérogène sur le plan pharmacologique. Ce seront les tranquillisants au sens de tranquillisants mineurs qui seront analysés ici.

Classification des tranquillisants

Dérivés des hypnotiques

Ces composés, proches du méthylpentynolcarbamate, ont un effet sédatif. Ils altèrent la vigilance et ne sont pas dénués d'action hypnotique.

Tranquillisants à effets neurovégétatifs prédominants

Cette classe regroupe des antagonistes des systèmes sympathique et parasympathique. Ainsi, l'hydergine, substance antiadrénergique constituée d'alcaloïdes de l'ergot de seigle, est indiquée dans certains troubles anxieux à expression neurovégétative. Des médicaments traditionnels (belladone, atropiniques, dérivés de l'ergotamine) ont le même type d'action.

Antihistaminiques

Ils comprennent : 1. les dérivés du benzhydrol; ces dérivés, plutôt stimulants, regroupent des substances variées comme l'azacyclonol, la captodiamine et l'hydroxyzine (sédative); 2. les phénothiazines; ce groupe comprend des substances largement utilisées comme la prométhazine, précurseur de la chlorpromazine, et l'alimémazine, davantage connue pour ses propriétés hypnotiques. Certains de ces composés se situent à la frontière entre tranquillisants et neuroleptiques.

Tranquillisants myorelaxants

Cette catégorie regroupe les substances les plus largement usitées et les plus originales, en particulier les benzodiazépines.

Les benzodiazépines. Les propriétés myorelaxantes caractéristiques du groupe s'expliquent par le lien initial avec des curarisants (bloqueurs de la transmission neuromusculaire utilisés en anesthésie) comme la méphénésine, qui ont fait preuve d'un effet central. Outre leurs effets chez l'animal, ces tranquillisants ont la particularité d'inhiber les réflexes polysynaptiques (impliquant non seulement la moelle épinière, mais aussi le système nerveux central). Ils ont l'inconvénient d'entraîner une dépendance se traduisant par des réactions de sevrage lorsque le traitement est interrompu brutalement après une utilisation prolongée.

Le méprobamate. Il est surtout utilisé dans le traitement des sevrages alcooliques.

Le chlordiazépoxide. Il a été le premier (1959) de la longue série des benzodiazépines. Toutes les benzodiazépines possèdent à des degrés divers des propriétés anxiolytiques, sédatives et hypnotiques, myorelaxantes et anticonvulsivantes. Le délai nécessaire pour obtenir le pic plasmatique et la demi-vie d'élimination sont les paramètres pharmacocinétiques qui guident le prescripteur.

L'opipramol. Il fait la transition avec les antidépresseurs diazépiniques.

Composés de transition

Ces substances se situent entre les antidépresseurs et les neuroleptiques. En effet, certains tranquillisants possèdent des propriétés antidépressives, insuffisantes cependant pour les classer sans réserve parmi les antidépresseurs : c'est le cas de la dibenzépine, de la doxépine et de la benzoctamine.

On a également pu classer dans cette catégorie des neuroleptiques : certains thioxanthènes qui entraînent bien une catalepsie chez l'animal comme tous les neuroleptiques, mais induisent peu d'effets extrapyramidaux chez l'homme.

En dehors de ces différents tranquillisants, des substances appartenant à diverses classes thérapeutiques possèdent des propriétés anxiolytiques, parfois fonction des doses employées : c'est le cas de certains neuroleptiques à faible dose et des antidépresseurs à effets latéraux anxiolytiques. On citera également les bêtabloquants, particulièrement efficaces sur les signes physiologiques de l'anxiété (tachycardie, tremblement). Ces effets cliniques n'apparaissent pas toujours dans les modèles animaux d'anxiété, construits essentiellement à partir des propriétés des benzodiazépines.

Indications des tranquillisants

Anxiété et névrose d'angoisse

Les tranquillisants sont avant tout utilisés pour réduire l'anxiété. On tend aujourd'hui, avec l'école américaine du DSM III, à distinguer plusieurs types d'anxiété. L'anxiété généralisée n'est pas structurée en phobies ou en troubles obsessionnels-compulsifs. Elle n'évolue pas sous la forme d'une succession d'attaques de panique. Elle se caractérise par une tension motrice, une hyperactivité du système nerveux autonome, une attente anxieuse et une hypervigilance évoluant de façon durable. L'ensemble des tranquillisants, et en particulier les benzodiazépines classiques, se montrent efficaces sur ce type d'anxiété.

Au contraire, les troubles paniques consistent en de véritables « attaques » d'anxiété aiguë, de durée limitée, qui ne sont pas seulement des réactions à des stimulus redoutés par le patient. Les benzodiazépines classiques sont peu efficaces sur ces manifestations, qui sont sensibles à un composé de la nouvelle classe des triazolobenzodiazépines : l'alprazolam. Mais ces troubles paniques répondent également à des agents antidépresseurs considérés comme non sédatifs : les I.M.A.O. (inhibiteurs de la monoamine-oxydase) et les tricycliques (imipramine), ce qui remet en cause la conception traditionnelle des anxiolytiques. La pharmacologie a contribué à mettre en lumière l'hétérogénéité du concept d'anxiété.

Autres indications psychiatriques des tranquillisants

Ce sont les accès confuso-oniriques des alcooliques en sevrage (delirium tremens); les névroses structurées (phobiques, hypocondriaques...) ; l'insomnie, les terreurs nocturnes, l'instabilité motrice, les troubles du comportement chez l'enfant; les psychoses, en association avec d'autres traitements, chimiques ou non.

Indications non psychiatriques

Les tranquillisants sont utilisés par de nombreuses spécialités médicales : en prémédication avant une anesthésie, en cardiologie, dans les affections psychosomatiques, etc. Comme en psychiatrie, les tranquillisants n'exercent qu'une action symptomatique et, à la différence d'autres psychotropes comme les neuroleptiques et les antidépresseurs, ils ne doivent pas constituer le traitement de fond de l'affection.

Précautions

Sans énumérer toutes les contre-indications des tranquillisants, ensemble de médicaments pharmacologiquement hétérogène, il est possible de relever quelques points communs.

Le risque majeur de l'emploi des tranquillisants à visée anxiolytique, parfois considérés comme des médicaments de confort, « aspirine psychologique » dont on abuse, est représenté par le développement d'une dépendance psychologique et physiologique responsable de réactions de sevrage à l'arrêt du traitement.

Les tranquillisants amènent une baisse de la vigilance qui peut gêner des activités psychomotrices complexes et dangereuses comme la conduite automobile. Cette baisse de la vigilance est potentialisée par l'alcool. Elle est plus fréquente chez le sujet âgé. Les tranquillisants peuvent décompenser une insuffisance respiratoire. Ils sont généralement contre-indiqués en cas de myasthénie et dans les premiers mois de la grossesse.

La découverte de molécules nouvelles, apportant une meilleure réponse thérapeutique mais constituant aussi des outils pharmacologiques originaux, représente l'un des enjeux de la recherche sur l'anxiété. Les benzodiazépines, anxiolytiques de loin les plus utilisés, ont suscité de nombreuses hypothèses sur les mécanismes biologiques de l'anxiété. Cependant, sur le plan thérapeutique, on leur reproche leur effet sédatif mal dissocié de l'action anxiolytique, leur effet dysmnésiant, le développement possible d'une tolérance et d'un état de dépendance pouvant entraîner un syndrome de sevrage. Les nouveaux composés, se fixant ou non sur les récepteurs GABA-Benzodiazépiniques, n'auraient pas ces inconvénients.

Les récepteurs centraux aux benzodiazépines

Dès 1977, deux laboratoires concurrents (Squires et Braestrup, Möhler et Okada) constatent que le diazépam tritié se fixe sur des sites de liaison prédominant dans le cortex frontal. L'utilisation d'antagonistes de ces récepteurs benzodiazépiniques a montré que l'action des benzodiazépines passe par une sous-classe de récepteurs de l'acide gamma-aminobutyrique, principal neurotransmetteur inhibiteur du système nerveux central : le complexe $GABA_A$/Benzodiazépinique. Les benzodiazépines, en se liant à une sous-unité de ce complexe, augmentent la capacité du gaba d'activer le flux d'ions chlore vers l'intérieur du neurone, diminuant ainsi l'excitabilité neuronale. D'autres composés sédatifs (barbituriques, éthanol) augmentent également ce flux. Au contraire, des substances dites « agonistes inverses », comme certaines bêta-carbolines, contrent cet effet du gaba et sont anxiogènes chez l'homme comme dans les modèles animaux. Ces mécanismes biochimiques survenant dans les zones cérébrales de la vie émotionnelle, comme le système limbique, seraient déclenchés par des signaux internes et externes, responsables respectivement de l'anxiété endogène et exogène. L'affinité pour le récepteur $GABA_A$/Benzodiazépinique, l'activité intrinsèque et les paramètres pharmacocinétiques (comme la demi-vie d'élimination) varient selon le type d'anxiolytique. Selon ce modèle, une benzodiazépine à haute affinité pour le récepteur $GABA_A$/Benzodiazépinique, à activité intrinsèque élevée et à courte demi-vie est responsable de phénomènes de sevrage plus intense. Des modifications structurelles du récepteur lui même, devenant progressivement plus sensible aux agonistes inverses, pourraient amener le développement de la tolérance.

En administration chronique cependant, le binding in vivo des benzodiazépines radiomarquées (c'est-à-dire leur liaison in vivo) diminue, évoquant une désensibilisation des récepteurs : une modification quantitative (diminution du nombre de sites) et non plus qualitative serait à l'origine de la tolérance.

Le récepteur $GABA_A$/Benzodiazépinique a été séquencé en 1987 et les gènes codants ont été clonés, permettant d'analyser au niveau moléculaire la synthèse et le métabolisme de ce récepteur. Comme pour la dopamine et maintenant la sérotonine, la mise au point de techniques d'imagerie cérébrale utilisant la caméra à positon (PET scan), associée à l'étude des débits sanguins cérébraux régionaux sous benzodiazépines, amènera une meilleure compréhension du phénomène de la tolérance, dont on pense aujourd'hui qu'il est étroitement lié à l'apparition de la dépendance.

On sait par ailleurs qu'il existe plusieurs types de récepteurs aux benzodiazépines : oméga 1 et oméga 2 correspondant aux récepteurs centraux, et oméga 3 désignant un récepteur retrouvé en périphérie. Les imidazopyridines, composés possédant des propriétés anxiolytiques et hypnotiques, sont par exemple des ligands sélectifs des oméga 1.

De même que les récepteurs opiacés ont conduit ultérieurement à l'identification d'opiacés endogènes, les récepteurs aux benzodiazépines indiquent-ils l'existence de ligands endogènes intervenant dans l'anxiété ? De nombreux composés ont été évoqués pour ce rôle d'anxiolytique naturel, comme le N-desméthyldiazépam, identifié à l'aide d'anticorps monoclonaux antibenzodiazépiniques. Cette substance a même été retrouvée dans les cerveaux conservés de sujets décédés avant la découverte des benzodiazépines, semblant éliminer l'hypothèse d'un artefact. Cependant, ces molécules benzodiazépine-like pourraient provenir de bactéries saprophytes ou de certains aliments. Inversement, des substances comme la tribuline (Sandler et coll., 1984) ou le DBI (Diazepam Binding Inhibitor), isolé dans le cerveau humain (Guidotti et coll., 1983), sont des antagonistes endogènes des benzodiazépines. On a montré par exemple que le taux de DBI fluctuait chez les joueurs pathologiques en fonction des gains et des pertes.

Ces recherches posent la question des frontières entre les définitions pharmacologiques de l'anxiété, du stress et de la dépression et de leurs manifestations : ainsi, certaines équipes ont montré que des dérivés des bêta-carbolines, antagonistes des benzodiazépines, peuvent induire des états de *désespoir appris* (angl. Learned Helplessness), caractéristiques des situations de « dépression » chez l'animal.

Les nouveaux anxiolytiques : le rôle de la sérotonine

D'autres neuromédiateurs que le gaba interviennent dans l'anxiété. Le système noradrénergique (NA), largement distribué dans l'organisme, exerce un contrôle sur certains comportements comme la vigilance et l'adaptation au stress. La stimulation du locus caeruleus chez le singe induit des phénomènes anxieux, de même que les stimulants du système NA, comme la yohimbine, chez l'homme. Cependant, la destruction chirurgicale ou pharmacologique du système NA ne semble pas entraîner d'effet anxiolytique dans les tests animaux de conflit, à la différence des benzodiazépines.

Mais, surtout, le rôle du système sérotoninergique (5HT) dans l'anxiété apparaît de plus en plus important. Une hyperactivité 5HT accompagne certains types d'anxiété. On a décrit plusieurs types de récepteurs sérotoninergiques impliqués dans l'anxiété. Des agonistes partiels des sites récepteurs 5HT 1A (buspirone, gépirone, isapirone) diminuent le turnover de la sérotonine. On sait d'autre part que les lésions du système 5HT font perdre à la buspirone ses propriétés anxiolytiques dans les tests de conflit. Enfin, la clinique a confirmé les propriétés anxiolytiques de ces ligands 5HT 1A.

Les récepteurs 5HT 2 sont actuellement les mieux caractérisés, l'autonomie des autres sites récepteurs n'étant pas suffisamment établie pour certains auteurs. Un antagoniste 5HT 2, la ritansérine, a fait la preuve de son efficacité anxiolytique dans les études animales comme en clinique. L'effet anxiolytique chez l'homme serait qualitativement différent de celui des benzodiazépines, ce qui évoque l'existence de mécanismes originaux, passant peut-être par une modification du cycle du sommeil. Les agonistes 5HT 1B et les antagonistes 5HT 3 posséderaient également des propriétés anxiolytiques.

Les modèles animaux ont jusqu'à présent été construits à partir des propriétés des benzodiazépines, comme les tricycliques ont fixé les modèles de prédictivité d'un effet antidépresseur. On risque ainsi de rejeter des molécules efficaces mais trop différentes des composés connus. S'il faut recourir à de nouveaux modèles animaux d'anxiété, il faut aussi tenir compte du remaniement actuel du concept d'anxiété. Le DSM III R souligne l'autonomie des troubles paniques, paradoxalement sensibles à des antidépresseurs stimulants, a priori anxiogènes. Les nouveaux anxiolytiques, en particulier les antagonistes 5HT 2, pourraient dans les prochaines années nous amener à remettre en cause les conceptions classiques de l'anxiété.

EFFETS COGNITIFS DES ANXIOLYTIQUES

Parmi les effets indésirables des anxiolytiques traditionnels, les troubles cognitifs sont généralement infracliniques mais peuvent être observés à des doses thérapeutiques. Pour les apprécier, on a recours à l'étude chez l'homme de situations de la vie courante, comme la conduite automobile. On peut également étudier l'effet des anxiolytiques sur le *Critical Flicker Fusion Test* (CFF), qui traduit le niveau global de vigilance et de réactivité sensorimotrice. Le sujet doit déterminer dans une situation de test standardisée le seuil de fréquence auquel des points lumineux clignotants à une fréquence variable sont perçus comme clignotants (fréquence basse) ou fixes (fréquence élevée). Les benzodiazépines par exemple abaissent le seuil du CFF.

INDUCTION EXPÉRIMENTALE DES ATTAQUES DE PANIQUE

Les attaques de panique peuvent être provoquées par diverses méthodes expérimentales. Les patients souffrant d'attaques de panique ne font généralement pas de crises en situation d'hyperventilation avec alcalose respiratoire, contrairement à l'opinion courante. L'inhalation d'air contenant du CO_2 en revanche induit des attaques de panique, de même que les perfusions de lactate de sodium. Le lactate de sodium reste sans effet chez le sujet sain. Les composés efficaces dans le traitement des attaques de panique se sont également avérés efficaces dans ce modèle expérimental proposé par plusieurs équipes nord-américaines. À Montréal, J. Bradwejn a provoqué des attaques de panique en injectant à des volontaires de la cholécystokinine. Les sujets ont généralement accepté d'être filmés et se sont montrés coopérants dans une recherche consacrée à une pathologie relativement fréquente (0,4% de la population, Weissman, 1978) et particulièrement invalidante. A. G.

BIBLIOGRAPHIE

Britton, K. T., 1988, «The Neurobiology of Anxiety» in *Psychiatry*, R. Michels et alii (Eds), Philadelphie, Lippincott.

Gardner, C.R., 1988, *Potential Use of Drugs Modulating 5HT Activity in the Treatment of Anxiety*, Gen. Pharmac., 10, 347-356.

apgar

n.m. (sigle de l'angl. Appearance, Pulse, Grimace, Activity, Respiration)

Méthode de classement des nouveau-nés à partir d'échelles en trois points (0, 1, 2) pour cinq indices : rythme cardiaque, effort respiratoire, irritabilité réflexe, tonus musculaire, couleur de la peau.

Pour chaque indice, la condition optimale est notée 2, la plus mauvaise, 0. La note apgar maximale est 10. L'évaluation est faites 60 secondes après la naissance et peut être répétée 3, 5 et 10 minutes après. Cette cotation est très largement utilisée et permet de faire un certain pronostic sur les chances de survie du nouveau-né. E. V.

aphasie

n.f. (angl. Aphasia ou, plus rarement, Dysphasia)

Ensemble des troubles du langage consécutifs à une atteinte cérébrale, plus souvent corticale que sous-corticale et hémisphérique gauche que droite.

On a coutume, en clinique neurologique, de distinguer plusieurs formes d'aphasies selon le type d'altération du débit verbal (rapide pour les aphasies fluentes, ralenti pour les non fluentes) et selon la prédominance des troubles dans les diverses activités verbales que constituent la dénomination, la répétition orale et la compréhension auditive (voir tableau, bas de la page).

Cette classification est aujourd'hui contestée en raison de l'hétérogénéité des troubles et des patients regroupés au sein des mêmes syndromes et parce qu'elle est établie sans relation avec les modèles actuels du fonctionnement linguistique. Enfin, ses fondements neuroanatomiques ne font pas l'unanimité. La classification des aphasies reste cependant une base pour la communication entre les chercheurs en leur fournissant un premier descriptif général des troubles. Le terme d'«alexie» (ou «dyslexie») renvoie à des troubles du langage au niveau de la lecture, celui d'«agraphie» (ou «dysgraphie») à des troubles au niveau de l'écriture.

Certaines formes d'aphasies font l'objet de descriptions spécifiques : l'aphasie de l'enfant, l'aphasie survenant chez les sujets plurilingues et celle survenant chez le gaucher. On décrit aussi une aphasie congénitale et une aphasie développementale lorsque les troubles du langage résultent d'une atteinte cérébrale périnatale ou qui a précédé le développement du langage chez l'enfant.

Les travaux sur l'aphasie sont extrêmement nombreux et constituent à l'intérieur de la neuropsychologie une véritable sous-discipline appelée, selon les cas, «neurolinguistique» ou «aphasiologie».

Ces travaux ont pour objet la description des troubles du langage, la détermination des aires cérébrales et des mécanismes neurophysiologiques sous-jacents aux activités langagières et la compréhension des processus psychologiques responsables de l'altération des différents niveaux linguistiques de l'activité verbale (phonologique, lexicale [entrée/sortie], syntaxique [structure/morphologie], sémantique et pragmatique). X. S.

→ neurolinguistique.

La classification des principales aphasies

	Débit	Répétition	Compréhension	Dénomination
Aphasie globale	non fluent	–	–	–
Aphasie de Broca	non fluent	–	+	–
Aphasie transcorticale motrice	non fluent	+	+	latence
Aphasie de Wernicke	fluent	–	–	–
Aphasie de conduction	fluent	–	+	–
Aphasie amnésique	fluent	+	+	–
Aphasie transcorticale sensorielle	fluent	+	–	–

– : gravement perturbé.
\+ : normal ou modérément perturbé.

aphasique

adj. et n. (angl. Aphasic)

Se dit d'une personne atteinte d'aphasie. R. L.

aphème

adj. et n. (angl. Aphemic)

Se dit d'une personne atteinte d'aphémie. J. P.

aphémie

n.f. (angl. Aphemia)

Impossibilité pour une personne de prononcer des mots dont elle a pourtant entière conscience de leur représentation.

Dénomination très générale, devenue obsolète, recouvrant à la fois les aphasies motrices dues à des lésions cérébrales et certaines aphonies fonctionnelles et hystériques. Le terme avait été utilisé par P. Broca en 1861 pour dénommer l'atteinte du langage qu'il avait individualisée et que A. Trousseau, dès 1865, avait préféré appeler « aphasie ». J. P.

appareil psychique

(angl. Psychic Apparatus; allem. Psychischer ou Seelischer Apparat)

Figuration de la structure élémentaire et fondamentale qui formalise un lieu, celui du déroulement des processus inconscients.

Le terme même d'*appareil* risque d'engendrer la méprise car la présentation de départ de S. Freud prend pour modèle une figuration neurophysiologique. Loin d'être une vision mécaniciste, elle est au contraire rupture complète avec une telle conceptualisation puisqu'elle met en œuvre le caractère foncièrement inadéquat de l'organisme à entériner désir et plaisir sexuels sans en subir un désordre dans son fonctionnement même. Ainsi, le caractère en apparence scientiste de ce modèle doit être d'autant plus écarté que Freud définit cette construction comme un lieu psychique, désignant à proprement parler le champ analytique même.

Mise en place historique

C'est dans *l'Interprétation des rêves* (1900) que Freud présente un appareil psychique capable de rendre compte de l'inscription, entre perception et conscience, de traces mnésiques inconscientes dont l'effet symbolique ultérieur participe à la constitution du symptôme. *L'Interprétation des rêves* est tout entière tournée vers la découverte des règles qui régissent l'inconscient. Comme le montre la correspondance de Freud avec W. Fliess, la formalisation de ce lieu est bien antérieure. Dès septembre 1895, Freud produit une élaboration théorique dans *l'Esquisse d'une psychologie*, restée à l'époque inédite, qui éclaire l'exposé abrégé de *l'Interprétation des rêves* et qui montre les conditions théoriques et cliniques de cette construction. Dans la même veine doit être prise en considération la lettre 52 à Fliess (lettre 112, nouvelle édition), laquelle trace déjà la fonction du signifiant dans son rapport au refoulement.

Freud est revenu sur l'appareil psychique dans sa *Note sur le bloc magique* (1927). Mais c'est véritablement dans *Au-delà du principe de plaisir* (1920) qu'avec l'automatisme de répétition les processus inconscients sont développés dans leur fonction symbolique, car la construction de l'appareil psychique répond d'abord à la nécessaire mise en place de cette fonction. En 1923, un autre appareil a été produit dans *le Moi et le ça* qui réinsère le système perception-conscience dans sa corrélation aux moi, ça, surmoi, sans rien de nouveau quant au processus inconscient même. J. Lacan a produit d'autres appareils. Bien qu'ayant été désignés du terme de *schémas*, (optique, L et R), ces derniers s'inscrivent dans cette même perspective. Ces schémas, élaborés au cours des trois premiers séminaires de Lacan, explicitent deux faits fondamentaux. Le premier, par le schéma optique, situe la fonction libidinale du moi dans sa forme originelle, imaginaire et centre la pulsion libidinale en grande partie sur cette fonction imaginaire. Le second fait, développé par les schémas L et R, démontre la jonction du symbolique et de l'imaginaire dans leur rapport au réel, comme articulés par le discours de l'inconscient (discours de l'autre), liant ainsi le refoulement à la fonction du signifiant.

Signification structurale de l'appareil psychique

Ces appareils, de *l'Esquisse* et de *l'Interprétation des rêves*, ont été élaborés à partir de deux faits d'observation essentiels dans l'hystérie, et plus largement dans les névroses, qui impliquent une première épure des notions de défense et de refoulement tels qu'ils sont à l'œuvre dans le symptôme.

1. Si l'hystérique souffre de réminiscences, ces dernières sont constituées de vécus sexuels de nature traumatique liée au caractère prématuré. Ce constat rend compte de l'aspect inassimilable de toute expérience sexuelle première dans sa corrélation au désir; cet inassimilable étant fait de structure.
2. Dans l'opération de défense qui en résulte, la représentation est séparée de l'affect. Cette *déliaison* (allem. Entbindung) entraîne pour ces deux éléments un destin différent : la possibilité pour la représentation de s'inscrire comme trace mnésique et donc de pouvoir être refoulée alors que l'affect ne peut l'être en aucun cas; mais libre, ce dernier va s'attacher à d'autres représentations ou traces mnésiques et produire des effets erratiques du symptôme.

Néanmoins, une telle description n'éclaire pas la causalité d'un tel processus. Dans *l'Esquisse d'une psychologie*, Freud observe que l'appareil psychique est sous la domination du principe du plaisir, qui se définit par une diminution de l'excitation. Le désir au contraire engendre une augmentation de l'excitation. Cette antinomie structurale du désir et du plaisir révèle la fonction de la défense : assurer la pérennité de moindre excitation, donc du plaisir. Les systèmes évoqués dans *l'Esquisse d'une psychologie* et *l'Interprétation des rêves* assurent l'inscription des traces mnésiques, sous forme de frayages, dans leur diversité simultanée, tout en obéissant à l'instance plaisir-déplaisir. Ces systèmes en réseaux seraient menacés dans leur fonction par une élévation excessive d'excitation, suscitée par le désir (engendrant du déplaisir), s'il ne leur appartenait pas un système de régulation (par filtres, barrières, déviations des excitations) permettant de tempérer, voire de refouler les désirs. N'étant pas en mesure d'assumer pleinement les excitations reçues, le système est pour une grande part tourné contre le désir, définissant ainsi la fonction de la défense, à laquelle s'attache le contrôle par le je, qui inhibe l'excitation et reste attentif à ce que l'investissement d'une image de souvenir hostile ou désagréable, ou trop agréable, ou non conforme (hallucinatoire), soit inhibé. Or, cette image de souvenir est précisément une trace mnésique laissée par une expérience primordiale de plaisir ou de déplaisir. C'est ici que Freud introduit le concept de neurone perdu, autrement dit de signifiant originairement refoulé, attaché à la *chose* (allem. das Ding) et appelé « le complexe du prochain », le désignant comme « le premier objet de satisfaction, en outre le premier objet hostile, de même la seule puissance secourable » : à savoir l'Autre primordial.

Ce rappel de l'articulation majeure de *l'Esquisse d'une psychologie* montre l'importance de la fonction symbolique, attachée à la fois à ce qui est perdu (signifiant du manque), inducteur de l'automatisme de répétition, et à l'Autre primordial. Ainsi, la fonction de l'appareil n'est pas à envisager sur le modèle de l'arc réflexe perception-motricité, mais indique la mise en place de traces mnésiques selon un ordre déterminé en rapport avec le refoulement originaire.

Cette question reste latente dans l'appareil présenté dans *l'Interprétation des rêves*, qui prend en compte la notion du temps, la durabilité et la simultanéité des inscriptions sans préciser la façon dont s'opèrent le choix et l'accumulation des traces ni leur fonction ultérieure. Le fait que Freud pose que « mémoire et conscience s'excluent » signale que la figuration contient deux systèmes bien séparés : cette absence de continuité entre les deux est le lieu du refoulement et de l'inconscient. En effet, la notion de perception peut être qualifiée d'hypothèse de départ pour autant que la constitution de traces mnésiques la suppose à l'origine. Quant au conscient, son intégration est d'autant plus problématique qu'il va contre le désir, l'inconscient et même certaines perceptions, qu'il occulte délibérément; « instance critique », « il représente le moi officiel ».

Comment éclairer le paradoxe contenu dans cet appareil et qui tient au fait d'une certaine autonomie de la fonction symbolique et cela au niveau des traces mnésiques en tant que signifiants ?

Dans la lettre 52 à Fliess, Freud part de « l'hypothèse que notre mécanisme psychique est né d'une superposition de couches dans laquelle, de temps en temps, le matériel composé de traces mnésiques a subi un bouleversement de son ordre pour de nouvelles relations, un bouleversement dans l'inscription ». Cette hypothèse admet la possibilité de remaniements dans la structure au niveau des symptômes comme du procès de la cure. Et Freud propose un schéma des inscriptions qui respecte la suite temporelle de l'appareil psychique, dans lequel s'explicite déjà une formalisation de l'inscription d'une batterie de signifiants comportant le signifiant originairement tombé en tant que refoulé.

Mais comment se réalise ce bouleversement de l'un à l'autre terme, dans la suite des inscriptions de ces traces mnésiques ? Par une traduction qui est temporellement double : elle concerne le passage d'un point à l'autre de l'appareil et est une transcription des inscriptions d'une époque de la vie sexuelle sur une autre. Ainsi, l'appareil est un lieu où s'opère un certain nombre de traductions. Les psychonévroses tiennent au fait que « la traduction de certains matériaux ne s'est pas effectuée ». « *Le refus de traduction* (allem. die Versagung der Übersetzung) est ce qui s'appelle en clinique un refoulement. » Or, une traduction au sein d'une même langue consiste à substituer un signifiant à un autre, soit le processus de la métaphore, qui est précisément l'une des deux figures de style qu'emprunte le rêve.

L'appareil psychique met donc en place ce *lieu* — cette autre scène, celle du langage — où sont à reconnaître les premiers linéaments de processus inconscients structurés comme un langage, déjà élaborés par Freud comme tels. J.-P. H.

appariement

n.m. (angl. Pairing, Matching)

1. **Méthode de comparaison par paires.**

Toutes les combinaisons possibles d'un ensemble d'items, constitués en paires, sont présentées au sujet pour qu'il puisse porter une série de jugements comparatifs (par exemple, « A plus grand que B » ou « je préfère A à B », etc.). Cette méthode a été d'abord utilisée en psychophysique, puis étendue à d'autres domaines. Elle vise à la constitution d'échelles ordinales.

2. **En méthodologie générale, substitut d'appareillage, lorsque l'on crée, à des fins expérimentales, deux groupes de sujets comparables en tout point, sauf en ce qui concerne la variable expérimentale.**

3. **Opération mentale hypothétique dans laquelle un sujet s'efforce de faire correspondre deux représentations identiques ou semblables.**

C'est un équivalent fonctionnel, en psychologie, de ce qui existe en informatique sous l'expression anglaise de Pattern Matching. J.-F. L. N.

appariés

adj. pl. (angl. Paired)

Se dit d'éléments tels que des stimulus, des mots, des syllabes, des items qui font partie d'un même couple dans la méthode d'apprentissage par paires, où le premier élément sert de stimulus (ou d'indice) et le second de réponse.

Il s'agit d'une variante de la méthode d'anticipation. J.-F. L. N

appartement thérapeutique

(angl. Therapeutic Apartment)

Petite « unité de soins, à visée de réinsertion sociale, mise à la disposition de quelques patients pour des durées limitées et nécessitant une présence importante, sinon continue, de personnels soignants ».

L'arrêté ministériel du 14 mars 1986, « relatif aux équipements et service de lutte contre les maladies mentales », précise ainsi la définition d'un appartement thérapeutique, qui est donc une « structure intermédiaire » mise à la disposition du malade mental entre sa sortie de l'hôpital et sa réinsertion totale dans la société.

C'est une alternative à l'hospitalisation prolongée, faisant généralement partie de l'équipement d'un secteur psychiatrique et assurant à la fois l'hébergement et le suivi thérapeutique. J. P.

appartenance

n.f. (angl. Membership)

Propriété d'être un élément d'un ensemble.

En psychologie, l'appartenance et l'inclusion sont souvent étudiées ensemble sous les rubriques des « catégories » et de la « catégorisation ». En principe, l'appartenance devrait renvoyer d'abord à l'*identification*, en particulier perceptive, comme dans la situation « (je perçois que) ce stimulus en face de moi est un chat ».

L'*appartenance inclusive* est une relation entre un élément et un ensemble, indépendante de toute relation spatiale entre les éléments.

L'*appartenance partitive* est une relation perceptive, spatiale entre un élément ou un morceau et le tout dont il fait partie, par exemple nez dans un visage.

L'élément en question n'appartient à l'ensemble que dans la mesure où il est proche des autres, ce qui est le cas pour les collections figurales.

L'*appartenance schématique* est une identification d'un élément par assimilation recognitive à un schème perceptif ou sensori-moteur. E. V. et J.-F. L. N.

→ schème.

appartogramme

n.m.

Plan de l'habitation familiale tel que le dessine un membre, malade ou non, de la famille.

L'attribution et l'utilisation de l'espace au niveau du territoire familial sont toujours riches d'enseignements quant au fonctionnement du groupe. M. G.

appréhension (champ d')

(angl. Span of Apprehension)

Nombre d'éléments qui peuvent être saisis et retenus au cours d'une exposition brève.

Ce nombre varie de 5 à 7 éléments. Il peut s'agir par exemple de lettres ou de chiffres, ou bien encore de mots. C. B.

apprentissage

n.m. (angl. Learning)

1. GÉNÉR. **Chez un individu, modification de sa capacité de réaliser une tâche sous l'effet des interactions avec son environnement.**

Selon le contexte, le terme désigne le processus ou le résultat du processus. Il est généralement entendu que la modification consiste en un progrès.

2. **Dans les sciences de l'éducation, modalité d'acquisition des connaissances, des compétences ou des aptitudes.**

CARACTÉRISTIQUES PSYCHOLOGIQUES DE L'APPRENTISSAGE

GÉNÉR. Dans la définition, le terme « capacité » renvoie à des caractéristiques inobservables du psychisme. Elles ne sont pas spécifiées car elles dépendent du cadre conceptuel et théorique adopté. En première approximation, on peut considérer qu'il s'agit de savoirs et de savoir-faire. Le mot « tâche » concerne des activités très diverses, de l'adaptation biologique au milieu à la poursuite de buts imposés ou spontanés. Les modifications constitutives de l'apprentissage ne sont apparentes que si la situation permet leur manifestation. L'apprentissage ne peut être étudié qu'au travers des modifications de la *performance* observée dans une situation appropriée. Une grande difficulté de cette étude est que la performance est la résultante de plusieurs facteurs, dont la maturation, la fatigue, les fluctuations de l'attention et celles de la motivation. Le premier facteur a fait l'objet de nombreuses polémiques sur la part de l'inné et de l'acquis, mais il s'avère très souvent difficile d'isoler la part respective de l'un et de l'autre dans le développement de l'enfant.

L'étude de l'apprentissage confronte les modifications de la performance et celles de l'environnement afin d'identifier les facteurs favorables ou défavorables. Elle permet d'inférer les mécanismes et la nature des changements du psychisme responsables des modifications constatées. Différents indicateurs reliés à la performance sont utilisés, comme l'évolution du nombre de bonnes réponses ou la latence de la réponse, l'analyse de la nature des erreurs, l'analyse de la procédure adoptée, etc.

Il existe plusieurs classifications des apprentissages selon le critère utilisé. Les critères usuels sont le secteur d'activité concerné (apprentissage sensori-moteur, verbal, etc.), la nature des activités psychologiques (apprentissage par cœur, par imitation, etc.), la nature des interactions avec l'environnement (apprentissage par l'action, par le tutorat, par le texte, etc.). Dans ce qui suit, on adopte une dichotomie qui fait apparaître deux grandes classes reliées à deux grands niveaux d'intégration de l'activité psychologique. Le premier niveau concerne des conduites élémentaires étroitement subordonnées aux stimulus présents dans l'environnement, conduites prévisibles à partir de la connaissance de ces stimulus. Au second niveau, on ne peut rendre compte des conduites sans envisager par surcroît les *représentations symboliques* mises en jeu par l'individu. Celles-ci déterminent le processus d'interprétation de la situation par l'individu et règlent l'élaboration des réponses.

LES APPRENTISSAGES ÉLÉMENTAIRES RELATIFS AU CONTRÔLE PAR LES STIMULUS DE L'ENVIRONNEMENT

Ils ont été étudiés chez l'Animal et chez l'Homme, mais les résultats sont beaucoup plus caractéristiques et réguliers chez le premier, car le second fait intervenir de nombreuses activités d'interprétation qui peuvent compliquer le schéma. Ils se manifestent soit sous forme d'un changement des stimulus antécédents susceptibles de déclencher un comportement relativement fixe, soit sous forme d'une modification simultanée des stimulus et du comportement (on peut dire qu'il y a seulement modification des « entrées » du système dans le premier cas, et modification des « entrées » et des « sorties » dans le second). Les situations expérimentales concernées sont l'empreinte et le conditionnement pavlovien dans le premier cas, le conditionnement opérant (dit aussi instrumental) dans le second.

L'EMPREINTE. Elle résulte de l'exposition à certains stimulus au cours d'une brève période de la vie dite « période sensible ». Elle se traduit de façon spectaculaire chez des Oies ou des Canards nouvellement éclos par l'apparition d'une conduite consistant à suivre un stimulus mobile, qu'il s'agisse d'un congénère, d'un objet ou de l'expérimentateur. Ces premières expériences ont un effet différé sur les déclencheurs du comportement sexuel ultérieur.

LE CONDITIONNEMENT PAVLOVIEN. Le conditionnement pavlovien typique consiste en présentations répétées d'un couple de deux stimulus, dont l'un est initialement neutre en ce sens qu'il ne provoque pas de réaction spécifique, alors que l'autre est un déclencheur régulier d'une réaction caractéristique dite « réaction inconditionnelle RI ». Le premier stimulus est dit « stimulus conditionnel SC », le second est dit « stimulus inconditionnel SI ». Après un nombre variable de couplages, le premier stimulus déclenche la même réaction que le second, ou une réaction similaire, dite « réaction conditionnelle RC ». Ainsi, avec des sujets humains, on peut utiliser un son comme SC, présenté une seconde avant le SI constitué par un jet d'air au coin de l'œil. Celui-ci déclenche de façon automatique une réaction de fermeture de la paupière (c'est le réflexe palpébral). Après plusieurs dizaines de couplages, le son seul suffit à déclencher la fermeture de la paupière. Il faut souligner que les présentations des SC et SI sont programmées indépendamment du comportement du sujet.

LE CONDITIONNEMENT OPÉRANT. Dans le conditionnement opérant, la présentation d'un stimulus ayant une valeur agréable ou désagréable est dépendante de la réalisation d'une action particulière par le sujet, et survient donc toujours après celle-ci. L'action qui détermine la présentation du stimulus consécutif est dite « réponse instrumentale » parce qu'elle constitue le moyen d'obtenir celui-ci. La répétition des couplages entre réponse instrumentale et stimulus consécutif entraîne une augmentation de la probabilité d'apparition de la réponse si ce dernier est agréable, et une diminution s'il est désagréable. Dans le premier cas, on dit que le stimulus consécutif est un *renforçateur* de la réponse, et dans le second cas un *punisseur* de celle-ci. Lorsqu'on entend insister sur l'information apportée par le stimulus consécutif, plutôt que sur sa valeur affective ou son effet sur l'apprentissage, on dit qu'il constitue un *feedback*.

Dans le conditionnement opérant, la conduite est sous le contrôle des stimulus de l'environnement de deux façons différentes. Elle est déterminée tout d'abord par les stimulus qui constituent l'effet des réponses, comme il a été noté précédemment. Elle dépend en outre des stimulus contextuels antérieurs ou concomitants à l'émission de la réponse, lorsque les conséquences possibles d'une conduite varient selon la situation. C'est le cas dans la conduite automobile, où l'effet d'une même commande comme accélérer ou actionner la manette de l'éclairage dépend de l'état antérieur du véhicule. L'individu parvient à discriminer les différentes situations dans lesquelles une même action entraîne des effets différents. Les indices utilisables pour cela sont dits *stimulus discriminatifs*.

Les situations physiques font intervenir de nombreuses relations de dépendance entre des actions et leur(s) conséquence(s), par exemple lancer une boule ou heurter un vase. D'autres relations de dépendance sont arrangées par l'environnement social, qui renforce certains comportements et en pénalise d'autres. Dans les études de psychologie animale, on a construit des dispositifs spécialement adaptés à des espèces comme le Pigeon ou le Rat, les *boîtes de Skinner*. Ces dispositifs permettent de modifier systématiquement certaines caractéristiques du programme : les renforçateurs, par exemple ; des boulettes de nourriture sont délivrées de façon intermittente après plusieurs appuis au lieu d'être délivrées après chaque appui.

Les trois situations décrites ci-dessus constituent trois procédures expérimentales caractéristiques permettant à l'expérimentateur de placer un comportement d'un sujet sous le contrôle de certains stimulus environnementaux. Le même type de résultat final peut, selon des modalités parfois bien différentes, être obtenu par un individu qui contrôle délibérément son activité intentionnelle afin qu'elle s'ajuste aux stimulus successifs de la situation. Il s'agit des cas bien connus de formation des habitudes, comme lors de l'exécution quotidienne d'un même trajet ou d'un même scénario pour la toilette, ou lors de l'apprentissage de la conduite automobile. Le contrôle des stimulus sur le comportement se manifeste alors parfois de façon intempestive par la substitution d'un automatisme à l'action projetée lorsque surviennent des stimulus spécifiques du premier au cours de l'exécution de la seconde (on parle souvent alors d'inattention).

LES FACTEURS DES APPRENTISSAGES ÉLÉMENTAIRES

Plusieurs facteurs cruciaux sont connus depuis longtemps. Le premier est la *contiguïté*, c'est-à-dire la simultanéité ou un faible délai de succession entre le SC et le SI dans le conditionnement pavlovien, entre la réponse instrumentale et sa conséquence dans le conditionnement opérant. Le deuxième est la *répétition* du couplage fondamental entre deux stimulus ou entre une réponse et le stimulus conséquent. L'effet de celui-ci est mis en évidence par la construction de courbes d'apprentissage comportant en abscisses le nombre d'essais ou le temps écoulé et en ordonnées un indicateur de la performance. Le troisième facteur est l'*intensité* du stimulus inconditionnel ou la grandeur de la récompense utilisée comme renforçateur, ces deux variables étant parfois regroupées sous le terme de *renforcement*.

Les recherches de ces dernières décennies ont permis d'identifier d'autres facteurs qui viennent s'ajouter, et peut-être même selon certains auteurs se substituer, à ceux mentionnés ci-dessus. Le plus important est la *validité prédictive* des stimulus quant à l'évolution possible de la situation (on dit aussi valeur informationnelle). Un exemple très simple peut être présenté en se référant au conditionnement pavlovien. Imaginons que dans une condition expérimentale le SC soit présenté 100 fois, le SI 100 fois également, et que le SC soit toujours couplé avec le SI. C'est la condition expérimentale typique. Imaginons maintenant une autre condition, dans laquelle il y a 100 SC, 200 SI, et où le SC est toujours présenté couplé avec le SI. Il y a 100 couplages SC-SI comme dans la première condition, mais cette fois le SI peut survenir aussi en dehors de ces couplages, sans être « signalé » par le SC. Ce type d'expériences donne des résultats clairs : il est beaucoup plus facile d'instaurer un conditionnement dans le premier cas que dans le second. Cette différence n'est bien sûr pas imputable au nombre de répétitions du couple SC-SI, puisqu'il est identique dans les deux cas, mais au fait que le SC est un excellent prédicteur du SI dans le premier cas, et un mauvais prédicteur dans le second. Cette explication est corroborée par le fait que la probabilité de la réponse conditionnelle est fonction de la validité prédictive du SC. Ces résultats simples sont parfois rendus très complexes par la présence de stimulus contextuels ayant également une validité prédictive et pouvant donc constituer des indices utiles supplémentaires par rapport au SC.

Les théories béhavioristes de l'apprentissage ont considéré que l'un ou l'autre des trois premiers facteurs mentionnés ci-dessus avait un rôle causal dans la création d'associations. La plupart de ces théories ont envisagé des associations stimulus-réponse (associations S-R) dont l'existence et la « force » dépendraient de la répétition (J.B. Watson), de la contiguïté (R. Guthrie), du renforcement défini par l'effet des réponses (E.L. Thorndike, C.L. Hull, B.F. Skinner). Quelques auteurs ont envisagé des associations stimulus-stimulus (associations S-S), interprétées comme des « attentes » ou « expectations » des sujets (E.C. Tolman).

LES APPRENTISSAGES COMPLEXES MÉDIATISÉS PAR DES REPRÉSENTATIONS SYMBOLIQUES

Dans les situations envisagées ici, la conduite peut être affectée par des stimulus qui ont cessé d'être perceptivement présents depuis un temps parfois fort long. Par surcroît, les stimulus interviennent moins par leurs caractéristiques physiques, comme c'était le cas précédemment, que par la signification qu'on leur attribue. Ces deux faits constituent avec d'autres des arguments en faveur de l'idée que, dans de nombreux cas, notre activité sensori-motrice et psychique est réglée par des représentations mentales qui s'intercalent entre les « entrées » sensorielles et les « sorties » verbales ou motrices de chaque individu. En première approximation, on peut entendre ici la représentation comme étant une conception ou une conceptualisation soit d'une classe particulière de situations, soit seulement de la situation présente.

Toute représentation fait intervenir des entités qui constituent des substituts d'autres entités. La représentation est symbolique lorsque la relation entre les entités « représentées » et les entités « représentantes » est arbitraire, comme dans le langage. On a toutefois des raisons de considérer que la représentation peut avoir un support plus abstrait que le langage et qu'elle n'est pas nécessairement consciente. Les représentations d'un individu doivent être reconstituées à partir de divers indicateurs indirects, en particulier ses paroles, ce qui nécessite de nombreuses précautions méthodologiques afin de s'assurer que toutes les hypothèses sont testables.

Non seulement les apprentissages complexes font intervenir des représentations mais ils aboutissent aussi à des modifications stables de certaines représentations stockées en mémoire et assimilables à des connaissances. Ces modifications apparaissent d'inégale importance selon les connaissances concernées. En effet, certaines connaissances sont plus fondamentales que d'autres en ce sens qu'elles constituent des instruments permettant de structurer les représentations et d'acquérir de nouvelles connaissances. Par exemple, on peut avancer que les connaissances subsumées sous les notions de nombre, de causalité ou de sériation sont plus fondamentales que les connaissances relatives aux comètes, à la foudre ou à Jules César. Les premières peuvent être dites *connaissances structurantes*, les secondes, *connaissances structurées*.

On ne peut toutefois classer les connaissances en fonction de la dichotomie structurant-structuré car, loin d'avoir un statut constant, la plupart des connaissances sont tantôt structurantes, tantôt structurées. Leur statut dépend des modalités momentanées de leur utilisation, selon qu'elles sont utilisées comme un instrument permettant de réorganiser et de manipuler d'autres contenus de connaissance ou comme un contenu manipulé. Tel est le cas par exemple de la notion de causalité, qui intervient constamment comme instrument servant à structurer notre expérience, mais qui est parfois elle-même remise en question et remaniée. Quoi qu'il en soit, et même si le statut d'une connaissance est variable, il n'en demeure pas moins que certaines connaissances sont plus souvent structurantes que d'autres. On remplace ainsi une dichotomie par un gradient. Cette différence de conception des connaissances a une incidence sur la conception des apprentissages. Dans le cadre d'une conception dichotomique, on considère généralement que les connaissances structurantes sont acquises par des mécanismes radicalement distincts de ceux des autres connaissances (J. Piaget) ou sont innées (N. Chomsky, J. Fodor). Dans le cadre de la conception d'un gradient, on est amené à considérer que certains mécanismes peuvent intervenir à la fois pour les connaissances structurantes et pour les connaissances structurées, sans affirmer toutefois que l'apprentissage des premières est identique à celui des secondes. On envisagera des connaissances factuelles puis notionnelles, les secondes étant plus structurantes que les premières, ainsi que des savoir-faire, ou connaissances procédurales.

LES CONNAISSANCES FACTUELLES. Elles concernent toutes les assertions relatives aux objets et entités de notre univers, comme « dans un fast-food le client n'a pas d'assiette » ou « treize est un nombre premier ». Elles comportent différents degrés de généralité, selon qu'elles se réfèrent à un exemplaire d'une classe (une occurrence d'un type) ou à la classe (le type). Leur acquisition intervient constamment, soit au cours de l'expérience propre de chaque individu, soit par la communication de l'expérience d'autrui. Elles relèvent de plusieurs sortes d'apprentissages, définis par rapport à la nature des interactions avec l'environnement, principalement l'apprentissage par l'observation, par le texte et l'image, par l'enseignement. Ces acquisitions sont souvent attestées de façon explicite par les nouvelles propositions formulées par l'apprenant. Cependant, d'autres aspects de ces acquisitions sont généralement peu ou pas manifestes en l'absence de techniques appropriées pour les mettre en évidence, comme l'assemblage des connaissances élémentaires en faisceaux constituant des *schémas* ou des *scripts*, et l'organisation des différentes catégories utilisées. Ce qu'il faut souligner ici, c'est que l'activité de l'individu ne se borne par à mémoriser l'information perçue ou communiquée ; elle comporte également une large part d'activités de différenciation, d'abstraction, de mise en relation, de généralisation. Différents modèles ont été proposés pour expliquer comment la connaissance de plusieurs exemplaires d'une catégorie permet de construire une connaissance d'ordre supérieur relative à la catégorie elle-même, ou comment la répétition de certaines configurations d'information aboutit à la constitution d'un schéma.

LES CONNAISSANCES NOTIONNELLES. Elles concernent des propriétés ou relations qui ne correspondent pas à un attribut spécifique ou groupe d'attributs de l'entrée sensorielle, et qui sont donc de ce fait abstraites, comme le cardinal d'une collection, le repérage temporel en années, le lien de parenté, l'inclusion de classe, la transitivité, la mesure d'une longueur. Leur acquisition met en jeu principalement l'apprentissage par l'enseignement (familial ou institutionnel) et l'apprentissage par l'action. Elle fait intervenir des durées beaucoup plus longues que les acquisitions factuelles et une activité de l'apprenant beaucoup plus importante. Les facteurs et mécanismes sont difficiles à identifier. Différents travaux, notamment dans les domaines des mathématiques et de l'initiation à l'informatique, ont souligné l'importance de la référence à des notions plus anciennes servant de précurseurs de la nouvelle notion, des mises en relation avec les autres concepts du domaine, de l'abstraction d'invariants relationnels ou procéduraux à travers toutes les occurrences de la notion, de l'insertion de la notion dans des activités pratiques ou mentales permettant de lui donner un sens.

On a souligné que le choix du précurseur pour introduire une notion est délicat, car celui qui entraîne initialement les progrès les plus rapides peut devenir ultérieurement un obstacle pour de nouveaux progrès. Ainsi, une pratique pédagogique usuelle consiste à présenter la multiplication $m \times n$ comme l'addition du nombre m réitérée n fois. Cette pratique permet aisément à l'élève de donner un sens à des exercices comme 5 × 3, ou même 5,5 × 3, mais non à 5 × 3,5 ou à 5,4 × 3,5, puisque le nombre d'itérations n'est plus un entier. Le choix des exemples présentés est également important car, s'il n'est pas suffisamment diversifié, il peut conduire à des interprétations restrictives. Ainsi, beaucoup d'élèves, après avoir réalisé de nombreuses divisions, considèrent que l'effet de la division est d'obtenir un résultat plus petit que le dividende (ce qui est vrai seulement avec un diviseur > 1). Ils en infèrent à tort que, dans les problèmes comme celui consistant à calculer le prix de 0,4 kg d'un produit valant m francs le kilo, il faut utiliser une division puisque le résultat anticipé est inférieur à m.

LES CONNAISSANCES SUR LES PROCÉDURES. Elles concernent les suites d'actions ou d'opérations mentales qui permettent de réaliser un objectif défini dans une classe de situations plus ou moins large, comme dessiner un triangle équilatéral, utiliser un appareil photo, calculer une proportion. Elles se différencient par leur mode d'organisation interne et par l'extension de la classe de situations où elles peuvent être utilisées avec succès. Ces connaissances possèdent usuellement une organisation hiérarchique, la procédure étant décomposée en plusieurs sous-procédures et celles-ci en unités d'ordre inférieur comme les règles locales, au lieu d'être constituées d'un enchaînement linéaire plus ou moins rigide. Cette organisation est généralement en relation avec les différentes catégories de sous-buts que l'apprenant peut identifier. Elle est identifiée à partir du pattern des erreurs et du pattern des temps de réaction observés dans des exercices diversifiés.

L'apprentissage se manifeste ici simultanément par des modifications successives de l'organisation interne de la procédure et par son extension à un nombre croissant de situations. L'apprentissage est parfois réalisable exclusivement par l'action et plus souvent par une combinaison où interviennent l'enseignement (voire le texte) et l'action. Dans le second cas, l'apprenant est invité à « appliquer » les instructions ou les règles qui lui ont été communiquées, mais l'analyse de l'activité montre que la simple observance des instructions est une affaire déjà complexe, car il faut identifier les éléments de la situation qui correspondent aux termes mentionnés dans les instructions. Par surcroît, un même élément a parfois plusieurs significations ou fonctions [cf. le signe + dans l'expression + 4 + (-2)]. Les choses sont encore plus complexes s'il faut adapter la procédure enseignée à des situations inédites.

Dans les domaines conceptuels très fortement structurés comme les mathématiques, les connaissances sur les procédures sont étroitement imbriquées avec les connaissances notionnelles : les premières facilitent l'appropriation des secondes, les secondes donnent une justification aux premières et permettent de discriminer très exactement les circonstances où elles sont pertinentes. Les secondes permettent également de lever les contradictions apparentes enregistrées au cours de l'utilisation des procédures, notamment que l'utilisation d'une même procédure puisse avoir des résultats différents (par exemple que le résultat de la division soit tantôt plus petit, tantôt plus grand que le dividende) ou que des procédures différentes puissent être utilisées pour atteindre un même objectif (par exemple que retrancher 4 soit équivalent à ajouter − 4).

LES CONNAISSANCES PROCÉDURALISÉES. Une sous-classe des connaissances des procédures est constituée par des connaissances procéduralisées (ce terme est préférable à celui de *connaissances procédurales*, souvent utilisé dans le même sens mais qui a d'autres acceptions et qui, de ce fait, est ambigu). Il s'agit de savoir-faire que l'on peut aisément mettre en œuvre alors qu'il est difficile ou impossible de les décrire sous forme de règles permettant de les communiquer. Il en existe de nombreux exemples familiers dans le domaine sensori-moteur, comme garder son équilibre à bicyclette ou faire un nœud de cravate, alors qu'ils concernent des compétences moins largement répandues dans les habiletés cognitives. Certains individus par exemple emploient parfaitement le subjonctif tout en étant incapables d'en expliciter les règles, d'autres ont une aisance exceptionnelle pour résoudre les équations algébriques mais ne peuvent décrire leur stratégie. Ce décalage entre le savoir-faire et son explicitation se manifeste soit chez ceux qui ont acquis une grande connaissance dans un domaine, soit au contraire chez les enfants. Il résulte souvent dans le premier cas d'une automatisation de composantes initialement conscientes et, dans le second cas, d'une absence provisoire d'abstraction et d'explicitation des propriétés ou relations communes aux actions réussies.

Pour toutes les connaissances mentionnées ci-dessus, l'apprentissage ne se réduit pas à de simples adjonctions de nouveaux éléments aux éléments déjà mémorisés. Une conception seulement cumulative des progrès est inadéquate. Certains progrès consistent au contraire en l'élimination de propositions ou de règles erronées (il s'agit le plus souvent de substitution, car on abandonne rarement une connaissance non satisfaisante sans contrepartie). Mais le progrès prend souvent la forme d'une restructuration des connaissances antérieures, comme la différenciation d'une notion en deux notions duales, l'intégration de nouveaux éléments dans une même structure de connaissances, l'intégration de deux structures sous une même troisième superordonnée. Si les changements les plus évidents sont qualitatifs, il en existe d'autres qui sont quantitatifs et jouent un grand rôle dans l'efficience du fonctionnement cognitif. Ces derniers concernent notamment l'accessibilité des informations stockées en mémoire et se manifestent par la probabilité de recouvrer une information à partir d'une autre servant d'indice de rappel ou par la rapidité de ce recouvrement. Ces variations quantitatives ont parfois été conceptualisées avec le concept de « force » d'une liaison par des théoriciens cognitivistes (par exemple J.R. Anderson), mais les éléments invoqués dans la liaison ne sont pas réduits à des stimulus et à des réponses comme chez les théoriciens béhavioristes.

LES FACTEURS DES APPRENTISSAGES COMPLEXES

Les facteurs les plus importants concernent non pas l'environnement, comme dans les apprentissages élémentaires, mais l'apprenant, et plus particulièrement celles des connaissances antérieures disponibles qu'il active, ainsi que les activités cognitives de traitement de l'information qu'il déploie. Les connaissances interviennent dans la construction d'une représentation momentanée de la situation permettant de donner une signification à ses éléments, et dans la recherche d'informations utiles pour élaborer une réponse aux problèmes rencontrés. Les activités de l'apprenant, et en particulier les inférences et les analogies qui conduisent à un changement de la représentation momentanée de la situation, déterminent de façon très stricte ce qui sera appris. L'intervention de ces facteurs est modulée par le type d'apprentissage.

L'APPRENTISSAGE PAR LE TEXTE. Dans l'apprentissage par le texte, de nombreux travaux ont montré l'importance des *élaborations*, c'est-à-dire l'utilisation d'informations supplémentaires permettant d'expliciter les informations cibles à apprendre et de les coordonner avec les connaissances antérieures. Ces élaborations peuvent prendre des formes multiples, comme des exemples, des analogies, des oppositions, des reformulations, la déduction des conséquences possibles. Elles peuvent être réalisées par l'auteur du texte, et insérées dans celui-ci, ou par le lecteur du texte.

En règle générale, lorsque le test de l'apprentissage consiste en un simple rappel des informations cibles mémorisées par l'apprenant, les élaborations de l'auteur ne sont pas efficaces, ou ne le sont que très peu, comparativement à celles du lecteur. Si on compare des situations d'apprentissage intentionnel et des situations d'apprentissage incident (voir ci-après, à propos de la motivation), l'effet des élaborations de l'auteur est limité au second cas. Cependant, les élaborations de l'auteur s'avèrent efficaces lorsque le texte concerne des procédures (par exemple relatives à un logiciel de gestion de fichiers) et que le test de l'apprentissage consiste en l'utilisation de celles-ci dans des circonstances diverses. Un bon procédé pour susciter et orienter les élaborations du lecteur consiste à introduire des questions dans le texte. Par ailleurs, toutes les informations préliminaires sur le contenu thématique d'un texte (angl. Advance Organizers), comme les résumés, titres et sous-titres, ont une grande utilité, de même que toutes marques linguistiques permettant d'attirer l'attention sur les informations importantes.

L'APPRENTISSAGE PAR L'ACTION. Dans l'apprentissage par l'action, les progrès sont évidemment tributaires de la valeur informationnelle du feedback, mais pas exclusivement. L'information minimale est l'indication d'une réussite ou d'un échec dans la réalisation de l'objectif poursuivi. L'apprenant peut errer longtemps avant de repérer en quel point il y a eu erreur, lorsque la tâche nécessite une longue procédure et que l'indication sur la réussite survient seulement à la fin de celle-ci. Il se trouve aussi démuni pour rectifier son action lorsque les messages d'erreur ne spécifient pas la nature de celle-ci (par exemple, en algèbre, erreur de calcul arithmétique, erreur stratégique consistant à factoriser au lieu de développer, ou vice versa, erreur dans la réécriture d'une expression en une autre, etc.).

L'effet du feedback ne dépend pas seulement de sa valeur informationnelle intrinsèque, mais aussi de la manière dont il est interprété. Cette interprétation est déterminée par le niveau d'organisation de l'action, qui est en quelque sorte la manière dont celle-ci est « pilotée ». Ainsi, lorsqu'un apprenant élabore son activité à partir d'une hypothèse, c'est à l'hypothèse elle-même qu'il pourra imputer l'insuccès. Dans les situations de découverte d'une règle de catégorisation d'un ensemble d'objets ou d'une règle de fonctionnement d'un dispositif, deux démarches très contrastées ont été observées. Certains sujets sont très dépendants des constats accidentels et de l'induction, alors que d'autres organisent leur exploration à partir d'un ensemble d'hypothèses préalablement définies et de déductions. L'apprentissage est plus rapide chez les seconds.

Apprentissage et motivation

Les relations entre la motivation et l'apprentissage sont plus complexes qu'on ne le croit habituellement. La motivation est une importante condition facilitatrice.

Cependant, dans de nombreuses situations étudiées, elle n'est ni une condition nécessaire ni une condition suffisante de l'apprentissage. Le premier point est illustré par l'opposition entre apprentissage intentionnel et apprentissage incident. Une des façons d'étudier ce facteur consiste à assigner aux sujets des objectifs différents. Une expérience classique consiste à présenter un même matériel verbal avec des tâches différentes selon les sujets, comme mémoriser les mots présentés, porter des jugements sur les graphismes utilisés, porter des jugements sur la catégorie conceptuelle des mots. En soumettant tous les sujets à un test de rappel des mots présentés, test attendu dans le premier groupe mais non dans les deux autres, on constate que le premier et le troisième groupe ont des résultats comparables et très supérieurs à ceux du deuxième. Ainsi, ce qui est déterminant ici, c'est non pas l'intention d'apprendre, mais les activités de traitement réalisées sur le matériel à apprendre.

Par ailleurs, de nombreuses observations montrent que, quel que soit le degré de la motivation, celle-ci est inopérante si le sujet ne dispose pas des outils conceptuels qui, dans la tâche considérée, sont des prérequis indispensables pour analyser et donner un sens aux informations présentées.

Ce qui précède ne doit pas conduire à négliger les facteurs motivationnels, mais à mieux analyser leur rôle. L'idée importante qui s'en dégage est que la motivation incite l'apprenant à mettre lui-même en jeu les stratégies d'étude et les opérations de traitement nécessaires à l'apprentissage.

On constate ainsi que, jusqu'à 6 ou 7 ans, il n'y a pas de différence entre des enfants auxquels on demande de regarder ou d'écouter (*apprentissage incident*) et ceux auxquels on demande d'apprendre le matériel présenté (*apprentissage intentionnel*) : les uns et les autres mémorisent la même proportion d'éléments. Au-delà de cet âge, les différences apparaissent entre les deux conditions, car les enfants commencent à acquérir des méthodes de mémorisation volontaire sous l'effet, en particulier, de la scolarisation. Par ailleurs, la motivation ne doit pas être considérée comme une sorte de pouvoir indifférencié : elle est liée aux objectifs précis poursuivis par l'apprenant.

On a par exemple constaté dans plusieurs expériences que les connaissances acquises à l'issue de la lecture d'un texte ne sont pas les mêmes, et sont moins superficielles lorsque le texte est lu en vue de son utilisation ultérieure dans des problèmes que lorsqu'il est lu pour être mémorisé.

Existe-t-il des apprentissages inconscients ?

On sait que de nombreuses connaissances sont inconscientes (comme le sont de nombreux processus de traitement). Cela n'implique aucunement que leur acquisition ait eu lieu inconsciemment : une connaissance acquise consciemment peut ne plus être accessible à un rappel conscient et néanmoins continuer à affecter la conduite à la suite de son automatisation. On parlera ici d'apprentissage inconscient (ou automatique) lorsque des informations non consciemment identifiées lors de leur occurrence affectent ultérieurement la conduite. Ce type d'apprentissage ne doit pas être confondu avec l'apprentissage incident car, dans les études réalisées, les sujets sans intention d'apprendre sont néanmoins très conscients des informations utilisées.

Contrairement à une opinion très répandue, le conditionnement de sujets humains ne peut être réalisé à leur insu malgré les diverses tentatives effectuées pour cela en laboratoire. Il n'existe pas de données convaincantes d'un apprentissage inconscient lorsque le test de l'acquisition est constitué par un rappel explicite des informations censées être passées inaperçues au moment de leur présentation. Les résultats sont beaucoup plus controversés lorsque le test consiste à montrer que des informations non détectées consciemment affectent néanmoins certaines conduites, comme l'exploration visuelle ou l'ajustement à certains signaux d'un dispositif. Plusieurs auteurs défendent l'idée que certaines informations comme la localisation spatiale d'un élément, la fréquence d'occurrence d'un attribut ou le degré de covariation entre deux attributs peuvent être assimilées automatiquement. Notons enfin que des patients amnésiques ne gardent aucun souvenir conscient d'avoir réalisé certaines activités, comme le jeu de la tour de Hanoi, alors que, lorsqu'ils jouent, ils conservent le bénéfice des procédures apprises précédemment.

Les mécanismes de l'apprentissage

Les théories ou les modèles de l'apprentissage doivent spécifier quels sont les mécanismes supposés intervenir dans les changements de la compétence d'un individu. Contrairement aux théories béhavioristes, qui tentent généralement d'expliquer les apprentissages par un seul mécanisme, toutes les théories cognitivistes en invoquent plusieurs. Par ailleurs, les mécanismes ne sont plus guère identifiés à l'action causale d'un facteur de l'environnement privilégié par l'auteur, mais plutôt à une combinaison particulière d'opérations de traitement provoquant un changement défini de l'état des connaissances. L'*effectivité* de ces mécanismes, c'est-à-dire leur propriété d'être suffisants pour engendrer les changements dont ils prétendent rendre compte, est souvent testée par des modèles de simulation informatique. Un mécanisme se présente souvent comme un groupement de règles formelles.

Bien qu'il n'y ait pas de consensus sur la liste des mécanismes, plusieurs d'entre eux sont souvent invoqués. On peut les répartir en trois classes.

Première classe : les modifications quantitatives. La première classe concerne les modifications quantitatives de certains paramètres de connaissances déjà constituées. Elles sont souvent désignées comme des modifications de la « force » d'un item lexical, d'une règle d'action ou de la liaison entre deux items lexicaux. Cette augmentation est attribuée soit aux utilisations répétées de l'un de ces éléments, soit parfois, pour les règles d'action, aux utilisations renforcées par la réussite. On peut invoquer en faveur de ce mécanisme d'incrémentation de nombreux phénomènes dans lesquels la fréquence d'occurrence ou d'utilisation d'un mot ou d'un signal entraîne une diminution graduelle du seuil de reconnaissance et du temps de réaction.

Deuxième classe : la sélection et la mémorisation. La deuxième classe de mécanismes concerne la sélection et la mémorisation de certains faits constatés ou communiqués par autrui. Tous les faits perçus ne sont pas mémorisés. Les études expérimentales montrent que leur sélection dépend de critères multiples, comme leur pertinence par rapport aux buts poursuivis, leur caractère inattendu, les réactions d'éveil émotionnel qu'ils suscitent. Une autre restriction provient de la limitation de la capacité de la mémoire de travail, qui peut imposer une sélection supplémentaire parmi les faits intéressants. Dans plusieurs modèles, la mémorisation des informations nouvelles est également fonction de leur relation avec d'autres faits déjà connus.

Troisième classe : les activités mentales. La troisième classe englobe les différents groupements d'activités mentales permettant d'engendrer de nouvelles informations à partir des informations déjà connues. Ces mécanismes peuvent conduire à rechercher des informations supplémentaires parmi celles qui sont fournies par la situation mais, en pareil cas, ce qui est fondamental, c'est la transformation de celles-ci et non leur mémorisation. Les mécanismes les plus souvent invoqués sont :

— l'analogie, ou transfert analogique : la découverte d'une similitude partielle entre certains éléments d'une situation déjà connue, dite « situation source », et la situation présente, dite « situation cible », conduit à rechercher d'autres similitudes éventuelles. Les similitudes peuvent concerner des aspects très divers comme des relations, des fonctions, de segments de procédure, des sous-buts. Les deux situations étant différentes, l'identification de similitudes nécessite une abstraction plus ou moins importante ;

— la formulation et le test d'hypothèses : les informations déjà connues suggèrent une ou plusieurs conjectures, qui font l'objet d'une évaluation. Celle-ci peut consister en une simple appréciation de la plausibilité d'une hypothèse, compte tenu des connaissances antérieures, ou en une activité systématique de recueil et d'analyse d'informations empiriques pour déterminer si elles sont compatibles ou incompatibles avec l'hypothèse considérée ;

— l'induction : la constatation de l'identité d'une caractéristique de tous les exemplaires déjà connus d'une classe déterminée conduit à inférer qu'il s'agit d'une caractéristique de la classe elle-même ;

— la généralisation d'une connaissance : une notion ou une règle locales sont transformées en une connaissance plus générale en levant certaines restrictions ou en remplaçant certaines caractéristiques par d'autres superordonnées aux premières (cf., en informatique et en logique, la substitution d'une variable à une constante) ;

— l'assimilation à une exemplaire connu : on adopte le même comportement à l'égard d'un objet nouveau qu'à l'égard de celui des objets déjà connus qui a la plus grande ressemblance avec lui. Ce mécanisme est plus simple que les mécanismes de l'analogie et de la généralisation, mais il peut éventuellement favoriser la mise en œuvre de ces deux derniers.

Le transfert

Une question d'un grand intérêt pratique et théorique concerne la possibilité d'utiliser les connaissances acquises dans des situations différentes de celle de l'apprentissage, ou de les appliquer à de nouveaux objets. Les résultats font apparaître de très grandes restrictions à l'intervention d'un transfert. Par exemple, les enseignants constatent que des problèmes qui requièrent exactement les mêmes valeurs numériques et le même calcul sont de difficulté très inégale selon ce que représentent les nombres, en d'autres termes selon l'« habillage » du problème. Ces restrictions au transfert peuvent relever de phénomènes très différents.

Dans certains cas, l'analyse montre que le transfert attendu est en droit impossible. Cela survient notamment lorsqu'on se trompe sur la nature de l'acquisition, en pensant par exemple que le sujet utilise une notion logique ou mathématique alors qu'il utilise en fait une procédure empirique : celle-ci est inapplicable dans une autre situation parce que les informations indispensables à sa mise en œuvre font défaut. Cela survient également lorsqu'on considère deux tâches comme étant équivalentes parce qu'elles mettent en jeu la même opération arithmétique, alors que leur structure relationnelle est très différente. Cela survient encore lorsque la réalisation d'un objectif, par exemple sérier des objets par leur grandeur, est effectuée par une procédure qui impose le stockage transitoire d'un grand nombre d'informations : des variations minimes de situation peuvent bloquer son utilisation parce que la mémoire de travail est saturée.

Les restrictions fondamentales concernent le contenu des connaissances et le contrôle de leur utilisation. Ainsi, les concepts sont tout d'abord « taillés » sur les exemples et les situations rencontrés lors de leur apprentissage, c'est-à-dire qu'ils en retiennent les particularités avant de se constituer en structures de relations plus générales. Dans ces conditions, l'extension de l'utilisation d'un concept à une nouvelle situation ne constitue pas primitivement une simple particularisation d'une connaissance générale. Elle nécessite la découverte de similitudes et la possibilité de transposer ce qui est connu pour d'autres situations à la situation présente.

C. G.

Psychophysiologie de l'apprentissage

Trois types de mécanismes peuvent être impliqués dans la psychophysiologie de l'apprentissage : des mécanismes *anatomiques* (rôle de certains noyaux de l'encéphale), *bioélectriques* (rôle des séquences d'impulsions qui circulent le long des neurones) et *biochimiques* (liés à l'action des médiateurs du cerveau et de la synthèse protéique).

Certaines parties de l'encéphale jouent un rôle dans l'apprentissage : la formation réticulée (qui contrôle la vigilance), les corps striés (qui interviennent dans les apprentissages de choix alternés), le cortex préfrontal (qui intervient dans l'attention) et le système limbique. Ce système, qui comprend les importants noyaux de l'hippocampe et de l'amygdale, intervient indirectement par le fait qu'il contrôle le comportement émotionnel et assure une signification plaisante ou déplaisante aux apprentissages. Il intervient plus directement dans le passage d'une mémoire à court terme en une mémoire à plus long terme, ainsi que dans les phénomènes de rappel (remémoration). À certaines lésions de ce système sont associées des amnésies d'apprentissage (amnésies de fixation).

Diverses corrélations ont été proposées entre les activités bioélectriques et l'apprentissage sur le plan global (électroencéphalogramme, potentiels évoqués) comme sur le plan local (rôle de certains rythmes bioélectriques de l'hippocampe). Malgré toutes ces études, le rôle de l'activité bioélectrique dans l'apprentissage reste mal compris. On sait en revanche que la suppression de l'activité bioélectrique par l'électrochoc se traduit par un oubli des apprentissages récemment acquis.

Divers médiateurs du cerveau modulent l'apprentissage, en le facilitant (acétylcholine, noradrénaline) ou en le perturbant (gaba). Les substances qui s'opposent au gaba facilitent l'apprentissage, mais sont également anxiogènes, d'où l'idée d'un lien entre apprentissage et anxiété. Enfin, la synthèse protéique semble avoir un rôle essentiel dans la consolidation de nombreux apprentissages.

G. C.

Analyse différentielle de l'apprentissage

On peut parler de *styles d'apprentissage* pour évoquer les faits suivants : des individus différents peuvent réagir différemment à des conditions d'apprentissage identiques ; ils peuvent utiliser des stratégies d'apprentissage différentes ; ils peuvent réaliser des acquisitions différentes dans la même situation d'apprentissage. Par exemple, dans l'apprentissage d'une tâche simple comme le barrage d'une lettre déterminée dans un texte, les sujets les plus introvertis apprennent mieux s'ils travaillent isolément, les sujets les plus extravertis apprennent mieux s'ils travaillent en groupe. De façon plus générale, des recherches de psychopédagogie expérimentale ont montré que les procédures didactiques optimales ne sont pas nécessairement les mêmes pour tous les individus, et l'on peut parler à ce sujet des « interactions aptitudes × traitements ». D'autres chercheurs ont analysé les stratégies mises en œuvre par des étudiants différents dans une tâche d'étude concrètement définie et la même pour tous, l'étude d'un article scientifique par exemple. Ils ont pu distinguer des sujets adoptant une stratégie d'étude « profonde » (ils interagissent avec le texte, le restructurent, rapprochent les idées qu'il exprime de celles qu'ils ont rencontrées ailleurs, etc.) et des sujets adoptant une stratégie « superficielle » (ils se focalisent sur les termes employés, les données de fait rapportées, les idées telles que l'auteur étudié les exprime, etc.).

M. R.

Étude éthologique de l'apprentissage

Deux aspects de l'apprentissage ont particulièrement mobilisé les chercheurs en psychologie animale et en éthologie : les contraintes exercées par l'organisme lui-même et le milieu de vie sur les compétences d'apprentissage dans tel ou tel groupe zoologique ; les relations entre apprentissage et niveau phylogénétique.

Les contraintes

La notion de contraintes canalisant les possibilités d'apprendre est apparue relativement récemment, en réaction aux vues de I. Pavlov et de J. B. Watson, selon lesquelles un sujet pouvait apprendre la relation, quelle qu'elle fût, entre des événements arbitrairement conjoints dans une situation expérimentale de conditionnement.

Certaines de ces limitations sont triviales, car liées aux capacités fonctionnelles de l'organisme étudié (l'aversion alimentaire ne peut être acquise sur la base d'un signal coloré chez le Rat ; ni d'un signal gustatif chez la Caille ; et ce, en raison d'un développement très médiocre des systèmes sensoriels correspondants dans les espèces considérées). Mais d'autres contraintes sont beaucoup plus intéressantes, car rattachables au mode de vie de l'Animal, dans des situations où nul déficit sensoriel ne peut être invoqué. Ainsi, chez l'Abeille, la fonction olfactive permet la détection et la discrimination de substances odorantes non répulsives, mais sans rapport avec son régime alimentaire et ses activités de récolte (acide butyrique et ses dérivés). Lors de l'apprentissage d'une association entre de telles odeurs et l'accès à une source de provende (sirop de sucre), le développement de la performance est lent et relativement limité. En revanche, si le signal pertinent est une odeur de fleur, un seul essai d'entraînement suffit à l'atteinte d'un niveau de performance quasi maximal.

Or, cette différence n'est pas liée à l'expérience antérieure de l'Abeille : le même privilège des odeurs florales se retrouve, en effet, chez des butineuses dont tout le développement s'est effectué en ruche artificielle, en l'absence d'odeurs de fleurs et de contacts avec des congénères susceptibles de régurgiter un nectar odorant et de les en nourrir.

L'intérêt immédiat pour les odeurs de fleurs et le statut privilégié de tels signaux, en situation d'apprentissage associatif, expriment donc une potentialité génétique spécifique.

Apprentissage et niveau phylogénétique

On a longtemps considéré les Animaux « inférieurs » comme dépourvus de toute capacité de s'adapter par apprentissage individuel. À l'inverse, on tend à penser aujourd'hui que certaines formes de plasticité comportementale, mettant en jeu l'apprentissage, peuvent se rencontrer même chez des Unicellulaires.

En fait, l'investigation des capacités d'apprentissage chez un grand nombre d'Animaux, Invertébrés ou Vertébrés, montre que — dans un même embranchement du règne animal — le développement des fonctions de relation et des possibilités d'apprendre qu'elles sous-tendent est étroitement dépendant du mode de vie.

L'exemple le mieux connu est sans doute celui des Vers plats, ou Platodes. Ce groupe zoologique comprend : des formes adaptées à la vie endoparasitaire (Trématodes, comme la Douve du foie ; Cestodes, comme le Ver solitaire [le Ténia]), très « perfectionnées » pour ce qui concerne leur métabolisme, leur reproduction et leur dissémination passive, mais dont les fonctions de relation ont régressé jusqu'à un minimum ; des formes libres, les Planaires, dotées d'un équipement sensoriel et d'un système nerveux encore primitifs, mais leur permettant de développer des modalités efficaces d'apprentissage non associatif et associatif. Des contrastes similaires se retrouvent à l'intérieur d'autres embranchements plus évolués, par exemple chez les Mollusques. Suivant qu'il s'agit de formes fixées ou mobiles, les possibilités d'apprentissage semblent extrêmement contrastées : très limitées chez les Moules, elles seront extrêmement développées chez des prédateurs (Seiche, Poulpe). J. M.

→ conditionnement, mémoire, observation (apprentissage par), représentation mentale, transfert 1.

Bibliographie

Blancheteau, M., 1982, *l'Apprentissage animal*, Bruxelles, Mardaga.

Ehrlich, S., 1975, *Apprentissage et mémoire chez l'homme*, Paris, P.U.F.

George, C., 1983, *Apprendre par l'action*, Paris, P.U.F.

Segal, J. W., Chipman, S. F. et Glaser, R., (Eds), 1985, *Thinking and Learning Skills* (2 vol.), Hillsdale, N.J., Erlbaum.

Vergnaud, G., 1981, *l'Enfant, la mathématique et la réalité*, Berne, Peter Lang.

apprentissage verbal

(angl. Verbal Learning)

Mémorisation d'un matériel verbal et, plus largement, apprentissage mettant en jeu des stimulus verbaux et des réponses verbales.

L'apprentissage verbal ne doit pas être confondu avec l'apprentissage de la langue ; il ne fait que mobiliser le système verbal à un moment de son évolution pour constituer des structures transitoires avec les sons et les mots de la langue.

Les principaux paradigmes expérimentaux sont l'apprentissage de couples associés, l'apprentissage sériel et l'apprentissage avec rappel libre. Le matériel à apprendre a été pendant longtemps constitué par des unités sans signification, puis par des mots, des phrases ou des textes. L'apprentissage verbal est souvent utilisé pour identifier les lois générales de la mémoire ou de l'apprentissage. Des travaux ayant montré que certains résultats étaient spécifiques à la nature verbale du matériel, l'apprentissage verbal a été utilisé plus récemment comme révélateur de l'organisation et du fonctionnement du système constitué par la représentation en mémoire des signifiés des mots. Un fait bien établi est que la forme littérale d'un matériel significatif est moins bien retenue que son contenu. C. G.

approbation sociale

(angl. Social Approval)

Désir, recherche de l'appui d'autrui, d'autoprotection et d'évitement de l'insuccès.

Le *besoin d'approbation sociale* (angl. Need for Approval) est caractéristique de l'individu dépendant du jugement favorable d'autrui et tendant à éviter l'autocritique. Au début des années 1950, les chercheurs s'attachaient à définir les facteurs à même d'expliquer pourquoi un individu rédigeant un inventaire de personnalité donnait le plus souvent des réponses socialement désirables. En général, ce comportement produit une altération des profils ressortant des tests d'autodescription. A. L. Edwards a été le premier à s'intéresser à la variable « désirabilité sociale » et l'a définie comme une tendance, dont le sujet en grande partie n'est pas conscient, à se présenter sous un jour favorable. Cette conduite, selon Edwards, peut être symptomatique d'une incapacité de s'analyser introspectivement, d'une propension à se duper soi-même ou d'une résistance à reconnaître ses propres limites. Pour étudier les effets de la désirabilité sociale dans les réponses aux tests de personnalité, Edwards a élaboré une échelle appropriée. Successivement, D. P. Crowne et D. Marlowe ont formulé l'hypothèse selon laquelle la façon dont les individus s'autodécrivaient à travers les tests de personnalité était fonction d'un besoin d'approbation, et que cela reflétait des caractéristiques de personnalité de ces mêmes sujets.

Ces auteurs ont postulé que la tendance à rédiger des inventaires de personnalité d'une manière socialement désirable constituait un comportement significatif qui avait un but. En d'autres termes, l'approbation sociale, d'abord simple variable, devenait une véritable motivation. Cette hypothèse a été vérifiée au cours de nombreuses expériences de laboratoire. Crowne et Marlowe ont également élaboré une échelle pour mesurer la désirabilité sociale. Cette échelle, appelée *échelle de Marlowe-Crowne de désirabilité sociale* (M-C DS Scale), est constituée par 33 items auxquels l'individu doit répondre exclusivement en utilisant la dichotomie vrai/faux. Crowne et Marlowe ont vérifié expérimentalement que les individus ayant un besoin d'approbation sociale élevé se conduisaient d'une façon plus conforme aux pressions sociales, modifiaient plus fréquemment leurs conduites sous l'effet du renforcement verbal, étaient moins portés à manifester des réactions d'agressivité, en situation de provocation, et se révélaient plus prudents dans le choix de leurs objectifs en situation de risque.

Les résultats d'une série de recherches de laboratoire conduisent à considérer le besoin élevé d'approbation comme le résultat d'une estime de soi basse : les individus ayant un fort besoin d'approbation se révèlent incapables de se conduire d'une façon autonome, orientée à l'affirmation de soi, et évitent de parler d'eux-mêmes introspectivement. Ils ont, en outre, une attitude plus favorable envers une tâche ennuyeuse et monotone. Le comportement complaisant et conformiste de ces individus suggère que la conformité sociale peut constituer un moyen de satisfaction du besoin d'approbation de la part des autres. En effet, selon Marlowe et Crowne, certains aspects du comportement du conformiste semblent adaptés à la description de l'individu ayant un besoin élevé d'approbation sociale. Pour une telle personne, s'aligner sur la conduite des autres devrait la porter à obtenir un renforcement positif, tandis que le non-conformisme comporterait la punition ou, du moins, une satisfaction minimale du besoin. Ainsi, à partir de la complaisance et de la dépendance du jugement d'autrui, on peut déduire une disposition à rechercher l'approbation et le soutien des autres personnes. Crowne et Liverant, dans leur étude sur les différences entre conformistes et non-conformistes, se rapportent à la théorie de l'apprentissage social de Rotter, selon laquelle la conformité serait un comportement visant à protéger l'individu d'un échec probable. Après avoir établi le lien entre besoin d'approbation et conformité sociale, Crowne et Liverant ont conclu que le besoin se fonde, du moins particulièrement, sur des comportements de type défensif. I. G. et G. N.

BIBLIOGRAPHIE

Crowne, D. P., et Marlowe, D., 1964, *The Approval Motive : Studies in Evaluative Dependence*, New York, Wiley.

approche directe

(angl. Direct Approach)

Chez le bébé, mode d'approche manuelle succédant à l'approche parabolique à partir de 32 semaines de vie.

À ce moment, on observe une extension du bras directe et précise vers l'objet. À partir de 40 semaines, le poignet joue un rôle prépondérant. E. V.

→ préhension.

approche manuelle

(angl. Reaching)

Geste en extension du bras et de la main vers un objet proche, perceptivement localisé.

L'expression a été forgée à deux fins : pour distinguer, chez l'adulte, les phases de mouvement préalables à la prise manuelle proprement dite ; en psychologie du développement, pour rendre compte de conduites considérées, de prime abord, comme intermédiaires entre le réflexe d'agrippement et la préhension organisée.

Située et étudiée, dans un premier temps, entre 2 et 5 mois, l'approche manuelle s'adresse à un objet à distance. Elle n'atteint pas toujours sa cible (le geste peut s'arrêter à proximité de celle-ci), et, quand elle l'atteint, son contact ne suscite pas la fermeture brutale des doigts sur l'objet, qui caractérisait la réaction d'agrippement. Elle n'aboutit pas non plus, le plus fréquemment, à une saisie manuelle (sans ou avec transport). L'approche manuelle du nourrisson n'inclut pas de modelage anticipateur de la main ; elle ne réalise pas un pointage précis. Enfin, les segments corporels qui participent au geste, la commande et l'organisation de celui-ci composent un tableau typique, transformé dans l'acte de préhension volontaire.

Les origines et l'émergence de l'approche manuelle chez l'enfant, sa description même demeurent source de débat. Elle dépend d'une localisation perceptive de l'objet cible. De ce fait, elle se présente comme une des coordinations sensorimotrices les plus précoces. Relativement aisée à observer chez l'Homme au-delà du 2e mois de vie, l'approche manuelle a été attestée plus tôt, dès la 1re semaine. Mais elle requiert alors, pour être obtenue, des conditions de situation et des conditions posturales particulières. Le geste d'approche manuelle évolue avec l'âge : la direction du mouvement vers l'objet s'affirme de plus en plus nette, de plus en plus tôt à partir de l'amorce d'une extension. La vitesse du mouvement, lente chez le nouveau-né, augmente jusqu'à une projection balistique (vers 5 ou 6 mois). Bras et mains apparaissent d'abord soudés dans le même mouvement, avant que ne se différencie le mouvement propre de la main, avec freinage final et ouverture anticipatrice, accordée à la taille et à la forme de l'objet. Sa latence, à partir d'une fixation perceptive sur l'objet, diminue, elle aussi, au cours du temps. Le rôle qu'assume la perception dans le déroulement de l'approche manuelle évolue également. C'est la perception de l'objet qui déclenche le geste d'approche, mais, chez le nouveau- né, elle ne paraît pas être la condition nécessaire et suffisante de son succès. Plus tard, chez l'enfant et chez l'adulte, la perception guide le geste, à différents moments de sa réalisation, mais jamais, semble-t-il, de façon continue ; ce guidage permet des corrections de trajectoire et des régulations de vitesse qui améliorent la précision du pointage manuel. H. B.

apragmatisme

n.m. (angl. Apragmatism)

Incapacité d'origine purement psychique de maintenir une activité et un comportement bien adaptés aux besoins et aux conditions de vie.

Ce trouble grave de l'activité volontaire conduit souvent un schizophrène apragmatique à une désinsertion sociale et professionnelle progressive pouvant aller jusqu'à l'institutionnalisation définitive en milieu hospitalier, ou à la clochardisation. L'apragmatisme apparaît aussi, plus rarement, chez le psychasthène. C'est alors une « aboulie d'exécution » (P. Guiraud) provoquée par le doute perpétuel de l'obsessionnel incapable de choisir entre deux types d'action, entre deux attitudes contradictoires, entre deux objets différents.

Dans les deux cas, il s'agit d'un trouble grave du contact avec la réalité, s'accompagnant fréquemment de sentiments de dépersonnalisation et d'états de déréalisation. J. P.

apraxie

n.f. (angl. Apraxia)

Trouble de l'activité gestuelle apparaissant chez un sujet dont les organes d'exécution sont intacts (n'ayant pas d'atteinte paralytique motrice ni coordinatrice) et qui possède la pleine connaissance de l'acte à accomplir (sans déficit intellectuel).

C'est donc une incapacité d'exécuter des actes volontaires adaptés, devenus plus ou moins automatiques à la suite d'exécutions répétées. Due à des lésions cérébrales multiples, l'apraxie peut revêtir plusieurs aspects cliniques.

On distingue une forme mélocinétique, qui est une désorganisation des mouvements assez proche des troubles moteurs élémentaires, une forme dynamique, se manifestant par des persévérations et l'impossibilité de soumettre son action à un plan, une forme idéomotrice, généralement bilatérale (*apraxie idéomotrice*), se manifestant dans des gestes sans utilisation d'objet (salut militaire par exemple), une forme idéatoire (*apraxie idéatoire*), interdisant des gestes complexes qui nécessitent un enchaînement harmonieux (alors que les gestes élémentaires restent possibles), et une forme constructive (*apraxie motrice* ou *apraxie optique de Kleist*), où le trouble atteint la réalisation de formes concrétisées dans l'espace (impossibilité de dessiner une figure, un plan, de réussir une petite construction).

On décrit aussi une *apraxie de l'habillage*, dans laquelle se trouvent altérés les gestes d'habillage et de déshabillage, et une *apraxie bucco-linguo-faciale*, qui concerne la gestualité orale et faciale. Selon les cas (nature de la lésion cérébrale), les apraxies sont uni- ou bilatérales.

Par rapport à d'autres domaines de la neuropsychologie, le champ des apraxies a relativement peu évolué ces dernières années. Les interprétations actuelles oscillent toujours entre deux courants principaux : l'un qui accentue l'existence de déficits portant sur les aspects représentatifs des gestes à accomplir (par exemple, les connaissances relatives à l'utilisation des objets et impliquées dans des tâches non motrices), l'autre qui met l'accent sur les désordres intervenant dans le contrôle moteur proprement dit (planification et programmation des actions). X. S et J. P.

aprosexie

n.f. (angl. Aprosexia)

Impossibilité de soutenir l'attention, survenant soit lorsque la vigilance est atteinte par la fatigue ou une affection organique, soit dans la confusion mentale, les états crépusculaires et certaines phases processuelles d'une psychose, soit dans l'hystérie, la psychasthénie, et au cours d'accès anxieux par oxystiques. J. P.

apsychognosie

n.f. (angl. Apsychognosy)

État psychopathologique d'apparition très lente chez certains patients présentant la forme clinique alcoolique, en raison d'une éthylémie permanente pathologique évoluant depuis plusieurs années.

L'apsychognosie est caractérisée par l'inconscience de l'état morbide, une baisse de la vigilance avec perte de la capacité de se voir, de se juger, de se jauger par rapport aux autres et à soi; par l'absence du rôle de guide que jouent les instances instinctivo-affectives les plus archaïques, d'où perturbations caractérielles et relationnelles; par le maintien des apparences dans la routine professionnelle quotidienne; enfin, par la réversibilité possible, même après des années, s'il y a eu sevrage.

Cet état infraclinique peut rester méconnu pendant des années ou faire l'objet d'une découverte fortuite, par exemple lors d'un contrôle inopiné sur la route ou à l'occasion d'un accident du travail. Il se situe entre l'état d'ivresse et certaines encéphalopathies irréductibles. P. F.

aptitude

n.f. (angl. Ability)

Dimension selon laquelle se différencient des individus dont on étudie la conduite.

Les différences individuelles directement observées dans une épreuve sont en général attribuées à des caractéristiques sous-jacentes non directement observables. Les aptitudes constituent une classe de telles caractéristiques. Cette définition très générale de l'aptitude est le plus souvent précisée par les auteurs qui utilisent la notion. Mais ces connotations, explicites ou implicites, peuvent varier d'un auteur à un autre.

Les aptitudes peuvent être considérées comme des caractéristiques élémentaires supposées fondamentales, voire « primaires » (L. L. Thurstone, 1938, *Primary Mental Abilities*). En ce sens, les tests d'aptitudes, fournissant une série de caractérisations analytiques (« profil » psychologique), s'opposent aux échelles d'intelligence du type de celle de Binet et Simon, fournissant une caractérisation globale unique (âge mental ou quotient d'intelligence). L'analyse factorielle a été largement utilisée dans les recherches relatives à cette conception. Cependant, le modèle factoriel hiérarchique issu des travaux de C. Spearman et de C. Burt et utilisé notamment par P. E. Vernon ou R. B. Cattell dépasse l'opposition sur laquelle cette conception se fondait d'abord; il propose une structure des aptitudes humaines en forme d'« arbre » mettant en œuvre des aptitudes à champ de plus en plus étroit (→ hiérarchie).

Les aptitudes peuvent être considérées surtout comme des caractéristiques cognitives responsables de l'acquisition et du traitement de l'information. Elles se distinguent en cela des caractéristiques motivationnelles et tempéramentales, assignant certaines fins ou conférant un certain style au fonctionnement de ces mécanismes cognitifs. Cette distinction se reflète dans celle qui sépare les épreuves d'aptitude des épreuves de personnalité. Mais, de nouveau, la distinction se relativise. Un auteur comme Cattell illustre dans *Abilities: their Structure, Growth and Action* (1971) les liaisons et interactions qui s'observent entre aptitudes et traits de personnalité. M. Huteau, dans *les Conceptions cognitives de la personnalité* (1985), décrit l'évolution des théories générales dans ce domaine par une « cognitivisation » des théories dynamiques et une « personnalisation » des théories cognitives.

L'aptitude peut aussi être définie d'abord par son caractère constitutionnel, déterminé, au moins en partie, par des facteurs génétiques (H. Piéron, 1949, *la Psychologie différentielle*). En ce sens, les tests d'aptitudes se distinguent surtout des tests de connaissances acquises : leurs résultats ne dépendent en principe d'aucune connaissance spécifique préalable. Plus généralement, on a construit des tests aussi « indépendants de la culture » que possible. Cette troisième définition renvoie aux problèmes posés par la distinction entre les facteurs génétiques et les facteurs de milieu de la variabilité interindividuelle, distinction qui tend à apparaître comme beaucoup moins simple qu'il ne semblait d'abord, des interactions s'établissant entre ces deux catégories de facteurs.

Différenciation des aptitudes. Lorsqu'on applique une série de tests d'aptitudes à des enfants et des adolescents, on constate souvent que le nombre des facteurs nécessaires pour rendre compte des corrélations entre ces tests tend à augmenter avec l'âge. Un facteur unique (facteur général) qui suffit d'abord à expliquer la plus grande partie de la variance explicable de ces tests perd progressivement de son importance, alors que le poids des facteurs qui n'affectent chacun qu'une catégorie d'épreuves (facteurs de groupe verbal, numérique, spatial, etc.) tend au contraire à augmenter. Autrement dit, les différences interindividuelles paraissent s'établir d'abord sur une aptitude générale et donc unique, puis se manifestent de façon plus ou moins indépendante dans des domaines dont chacun est plus limité. Ces résultats restent cependant d'une interprétation difficile, en partie pour des raisons méthodologiques. Ils ont été rattachés à des principes formulés par le philosophe anglais H. Spencer, selon lequel tout développement s'opère par un passage progressif « d'une homogénéité indéfinie et incohérente à une hétérogénéité définie et cohérente ». M. R.

→ génétique du comportement (analyse).

BIBLIOGRAPHIE

Reuchlin, M., 1969, *la Psychologie différentielle*, Paris, P.U.F.

aptitude mentale primaire

(angl. Primary Mental Ability)

Ensemble de facteurs considérés comme sources de variation sous-jacentes dans les résultats d'un test.

L. L Thurstone a publié en 1938, sous le titre *Primary Mental Abilities*, les résultats d'une importante analyse factorielle portant sur un nombre élevé de tests d'intelligence et d'aptitudes. Il put mettre en évidence un certain nombre de facteurs, qu'il interpréta comme autant de sources de variation sous-jacentes aux résultats des tests et rendant compte des corrélations observées entre ces résultats, les « aptitudes mentales primaires » (ou PMA). Les principaux sont les facteurs verbal (V), spatial (S), de raisonnement (R), numérique (N), de fluidité verbale (W). Ces facteurs ont été retrouvés plusieurs fois depuis cette première publication, au cours de travaux réalisés par l'école de Thurstone et par d'autres chercheurs. Ils servent souvent de variables de référence. Certains ont pu être décomposés en facteurs à champ plus restreint, ce qui relativise le sens du terme « primaire ». On a également constaté qu'ils présentaient entre eux des corrélations (ils constituent une structure simple « oblique ») dont on peut rendre compte par un facteur général de second ordre, interprétable comme facteur d'intelligence générale.

L. L. et T. G. Thurstone ont publié des tests utilisables pour la mesure de ces aptitudes. Il existe en version française un test d'aptitudes mentales primaires pour sujets de 11 à 17 ans qui fournit une note dans chacune des cinq aptitudes mentionnées ci-dessus et une note globale, évaluation du facteur général d'intelligence de second ordre, obtenue par sommation pondérée de ces cinq notes. M. R.

arbre (test de l')

(angl. Tree Test)

Test projectif par lequel on demande au sujet de dessiner un arbre.

L'interprétation du test de l'arbre est fondée sur l'hypothèse suivante : l'arbre est la représentation symbolique du corps humain. Pour Koch, le dessin de l'arbre est préférable au dessin d'un personnage, car le sujet, ignorant la signification symbolique, ne mobilise pas ses résistances contre le test. Les différents éléments de l'arbre ont des significations particulières : les racines et la cime, qui permettent l'échange permanent avec la terre et l'air, représentent le sujet dans ses échanges avec son milieu ; toute mutilation de l'arbre est l'indication d'une zone traumatique chez le dessinateur. Les racines représentent les pulsions fondamentales. D'autre part, les formes de ces éléments révèlent les stades d'évolution de la personnalité, leurs perturbations. Les observations, considérées comme caractéristiques d'un trait de personnalité, mettent en rapport tel détail (par exemple l'affinement des branches, les ramifications fines de la cime) avec tel trait de la personnalité (hypersensibilité). R. L.

BIBLIOGRAPHIE
Stora, R., 1978, *le Test de l'arbre*, Paris, P.U.F.

arc

n.m. (angl. Link)

Dans un réseau, liaison entre deux nœuds.

La notion d'arc est utilisée dans les modèles psychologiques fondés sur une structure de réseau, modèles qui sont surtout mis en œuvre à propos de la mémoire et du langage. Tout réseau est par définition composé de nœuds et d'arcs. Ceux-ci sont, en quelque sorte, fournis de façon parfaitement libre par la structure formelle, et on peut, dans un modèle, leur donner n'importe quelle sémantique (ou n'importe quel sens), c'est-à-dire leur faire correspondre n'importe quelle entité théorique relevant de la psychologie, à condition de le faire de façon justifiée et non ambiguë. Mais, du point de vue de la psychologie elle-même (et aussi dans d'autres sciences cognitives comme la « représentation des connaissances »), c'est une question très importante pour la construction d'un modèle que de savoir quel type d'entité on met sur les arcs. Il convient également ensuite de ne pas confondre les modèles ainsi établis, qui peuvent être très différents.

Les principales entités psychologiques utilisées dans la littérature et qui ont été placées sur des arcs sont des associations libres ou des forces associatives (dans l'associationnisme classique), des associations étiquetées (dans le néoassociationnisme), des relations sémantiques (telles que « est-un », « est-un-superordonné-de », dans une certaine famille de réseaux sémantiques), des prédicats désignant des attributs (tels que « a pour couleur ») ou correspondant à des verbes (tels que « mange »), ou encore des cas grammaticaux ou des cas sémantiques (dans d'autres familles de réseaux sémantiques), des « poids » de connexions (dans les modèles néoconnexionnistes), des transitions (dans les réseaux de transition pour la compréhension du langage), etc.

La psychologie sociale emploie de même pour son compte plusieurs sortes de relations interpersonnelles. J.-F. L. N.

→ réseau.

archaïque (réflexe)

(angl. Primitive Reflex)

Comportement moteur automatique sous-cortical observable à la naissance et qui disparaît au cours des premiers mois de vie en fonction de la maturation du système nerveux central.

Plus de 70 réflexes ont été répertoriés chez le nouveau-né. Ils sont généralement utilisés pour tester l'intégrité neurologique du nouveau-né. Bien que la nature réflexe et archaïque de ces réponses ait été contestée par certains auteurs (Touwen, 1984), leur évolution développementale est considérée comme fondamentale en ce qui concerne le diagnostic de développement neurologique. L'absence de certains de ces réflexes à la naissance ou, au contraire, la persistance de certaines réponses au-delà des premiers mois de vie peuvent être le signe d'une pathologie du système nerveux central. Les plus connus sont les réflexes de fouissement et des points cardinaux (réflexes buccaux), les réflexes toniques du cou (réflexes proprioceptifs), les réflexes toniques labyrinthiques, de redressement et de Moro (réflexes vestibulaires), les réflexes d'agrippement et de réaction à la traction (réflexes propriotactiles) et, enfin, les réflexes de placement et de marche automatique. F. J.

argumentation

n.f. (angl. Argumentation)

Ensemble des moyens rhétoriques employés pour persuader une personne ou un groupe.

Le mot *argument* est employé dans deux sens différents qui sont liés à l'étude de la persuasion. Il sert à décrire un discours raisonné qui soutient un message particulier et qui s'appuie sur des justifications. Ainsi, le texte dit par un orateur peut être décrit comme un argument s'il a une conclusion qui se fonde sur des justifications. L'étude psychosociologique des arguments s'est donc en ce sens intéressée à l'examen de la persuasion relative de différentes sortes d'arguments. Le terme *argument* sert encore à désigner des discussions ou des débats entre deux ou plusieurs personnes qui ne partagent pas le même point de vue. L'étude de l'argumentation dans ce sens requiert l'examen des discussions et des débats. Dans ces deux sens, l'investigation psychologique de l'argumentation peut être comprise comme une continuation moderne de l'ancienne discipline qu'était la rhétorique, qui, selon la définition d'Aristote dans la *Rhétorique*, cherchait à « découvrir les moyens disponibles de la persuasion ».

LES EFFETS PERSUASIFS DES ARGUMENTS

Les anciens rhétoriciens réfléchissaient aux modes de persuasion les plus convaincants pour exposer un discours raisonné. La question de l'importance rhétorique de l'argumentation elle-même était en fait matière à controverse. Certains rhétoriciens, dont Démosthène, étaient persuadés que les auditeurs étaient plus impressionnés par le style d'un orateur que par le contenu de son message. D'autres se demandaient si un argument faible pouvait devenir un argument de poids, persuasif, grâce au style employé. Ces vieilles questions ont été réexaminées de nos jours par les psychosociologues, qui espéraient que les techniques de l'expérimentation viendraient éclairer de réponses probantes les dilemmes non résolus.

Le programme de recherche le plus connu est celui des Études de communication de Yale dont les chercheurs principaux étaient C. Hovland, I. Janis et M. Sherif. Le point de départ de ce programme de recherche se situe pendant la Seconde Guerre mondiale, quand il fut demandé à des psychologues américains de conseiller l'armée américaine au sujet de problèmes pratiques. On demanda par exemple à Hovland quelle était la manière la plus appropriée pour présenter des informations dans des films de propagande destinés aux soldats. L'une des premières expériences avait pour but de déterminer lequel de l'argument unilatéral ou de l'argument bilatéral serait le plus efficace dans les films de propagande. Les arguments unilatéraux étaient ceux qui ne donnaient de justifications qu'à un seul point de vue ; les arguments bilatéraux présentaient également l'antithèse ainsi que des critiques de cette antithèse.

Les chercheurs de Yale poursuivirent leur recherche pour cerner un certain nombre de problèmes concernant l'efficacité relative du mode de présentation des arguments. Ils firent ainsi une expérience qui comparait des messages jouant sur les peurs de l'auditoire et des messages qui défendaient un cas sans passion. Ils se demandèrent également quel était l'ordre le plus efficace pour présenter des messages persuasifs. La recherche donna rarement des conclusions non ambiguës. Elle ne réussit pas à découvrir qu'une forme particulière d'arguments produisait généralement le message le plus convaincant. Cela dépendait beaucoup de la composition de l'auditoire, de sa bonne volonté pour accepter les arguments et du sujet du message.

Faisant suite aux études de Yale, un certain nombre de recherches expérimentales qui s'intéressaient aux réponses argumentaires de l'auditoire ont été menées. La théorie d'inoculation d'attitude de W. Mc Guire a d'ailleurs été très influente en la matière. McGuire suggérait que les messages attaquant des « truismes culturels » ou des présomptions incontestées seraient vraisemblablement efficaces parce que l'auditoire ne possédait pas de contre-arguments déjà formulés. Si l'auditoire avait été auparavant vacciné — si on lui avait fourni des contre-arguments —, alors il aurait pu mieux résister au message persuasif. Mc Guire suggéra aussi que la résistance de l'auditoire serait accrue si on pouvait le pousser à formuler ses propres contre-arguments plutôt que de recevoir passivement des contre-arguments.

On trouve ce genre d'idées dans la partie centrale du travail sur la psychologie de la persuasion réalisé récemment par

R. Petty et J. Cacioppo. Ils suggèrent qu'il y a deux voies de persuasion, l'une centrale et l'autre périphérique. Sur la voie périphérique, le rôle de l'argumentation est minime : les auditoires sont impressionnés par les répliques périphériques d'un message, telles que son ton ou ses associations. La plupart des publicités modernes visent à communiquer l'image d'un produit plutôt qu'à soutenir un message particulier. Selon Petty et Cacioppo, ce genre de publicité cherche la voie périphérique de la persuasion et reste vraisemblablement plus efficace quand il vise un auditoire inattentif. Cependant, quand l'auditoire se sent impliqué par tel ou tel problème, ce sont les processus de cognition les plus centraux qui seront prégnants. Petty et Cacioppo pensent que de tels auditoires seront influencés par la force d'argumentation d'un message et qu'ils trouveront vraisemblablement des contre-arguments pour résister à des arguments de peu d'envergure. En décrivant les réactions d'auditoires attentifs (ou de ceux qui auront des chances d'être convaincus par la voie centrale), Petty et Cacioppo sont allés au-delà de l'étude de l'argumentation en termes de réaction de l'auditoire à un morceau de discours raisonné. Le deuxième sens d'*argumentation* — celui de débat ou de discussion — est crucial. Les chercheurs s'interrogent sur les manières dont les auditoires défendent ou rejettent les discours (ou arguments) raisonnés qu'ils reçoivent. Ce genre de recherche stipule en somme que, quand les gens pensent à des messages d'argumentation destinés à convaincre, ils s'engagent eux-mêmes dans l'activité d'argumentation.

ARGUMENTATION ET PENSÉE

L'étude psychologique de l'argumentation n'est en aucun cas réduite à l'étude de messages persuasifs et de leurs effets éventuels. Ces dernières années, des chercheurs en sciences sociales ont montré un intérêt renouvelé pour la tradition de la rhétorique. Le livre de C. Perelman et L. Olbrechts-Tyteca *la Nouvelle Rhétorique* a été particulièrement important, en ce sens qu'il mettait l'accent sur la critique et la justification dans la pensée. Le renouveau de la rhétorique peut se comprendre comme un aspect du large mouvement postmoderniste qui appréhende les disciplines académiques et leurs revendications de pureté scientifique comme des entreprises rhétoriques ou argumentaires. Partant, le renouveau postmoderniste de la rhétorique souligne l'importance psychologique de l'argumentation dans la vie sociale. C'est ainsi que l'on trouve, parmi les psychologues influencés par le mouvement postmoderniste, un intérêt croissant pour l'argumentation, non pas en tant que moyen de persuasion, mais en tant qu'aspect central de la pensée humaine.

La perspective rhétorique peut être entendue comme une réaction aux tendances de la psychologie cognitive, qui met l'accent sur le processus d'information. Les théoriciens de la rhétorique, à l'opposé des cognitivistes, insistent sur les aspects socioculturels de la pensée et sur les fondements argumentaires de la pensée en particulier. L'idée que la pensée de sens commun est essentiellement rhétorique a été avancée, car le talent de l'argumentation est utilisé dans la vie de tous les jours quand les gens pensent et discutent du monde social. La perspective rhétorique en psychologie considère par conséquent les gens comme des rhétoriciens quotidiens et elle suggère que l'étude de la pensée ordinaire, de sens commun, se fonde sur l'étude de l'argumentation.

De cette position découlent un certain nombre d'implications. Il ressort tout d'abord que l'aptitude de la pensée quotidienne est apprise et que l'expérience du débat d'argumentation est cruciale pour cet apprentissage. Dans *le Langage et la pensée chez l'enfant*, J. Piaget affirme que la discussion est un stade crucial dans le développement de la pensée chez l'enfant. Les enfants apprennent, grâce à l'argumentation, à formuler des critiques et des justifications ; ils apprennent surtout quelle sorte de raisonnement est considérée comme convaincante. Une deuxième conséquence de la position rhétorique est d'ordre méthodologique. Les psychologues ont souvent affirmé que la pensée est un processus privé que l'on ne peut directement observer. Cependant, si l'on considère l'argumentation comme pensée, les psychologues sociaux peuvent étudier les processus de pensée directement à travers l'observation des discussions publiques, ou d'échanges d'arguments entre les gens.

Actuellement, il existe une controverse au sujet de la meilleure méthode d'étude des arguments. Les psychosociologues se sont notamment demandé s'il valait mieux employer des techniques qualitatives telles que l'analyse de conversation et l'observation anthropologique, pour l'étude des arguments qui sont naturellement exprimés, ou s'il était préférable d'utiliser des techniques expérimentales : la question et sa réponse font aussi partie de la pratique psychosociologique elle-même.

M.B., traduction de B. O.

BIBLIOGRAPHIE

Billig, M., 1987, *Arguing and Thinking*, Cambridge, Cambridge University Press.

Nelson, J. S., Megill, A., et McCloskey, D. N., 1987, *The Rhetoric of the Human Sciences : Language and Argument in Scholarship and Public Affairs*, Wisconsin, University of Wisconsin Press.

Perelman, C., et Olbrechts-Tyteca, L., 1958, *la Nouvelle Rhétorique*, Paris, P.U.F.

Petty, R. E., et Cacioppo, J. T., 1981, *Attitudes and Persuasion*, Dubuque, Iowa, W. C. Brown.

arithmomanie

n.f. (angl. Arithmomania)

Tendance compulsive à compter les objets, apparaissant le plus souvent dans un contexte phobo-obsessionnel comme un moyen de lutte contre l'anxiété.

Le sujet ne peut s'empêcher de faire des calculs sur tout ce qui l'environne. J. P.

A.R.N. (acide ribonucléique)

(angl. RNA, RiboNucleic Acid)

Acide nucléique formé d'une seule chaîne de polynucléotides, chaque nucléotide comprenant une molécule d'acide phosphorique, un sucre, le ribose, et une base organique qui peut être l'adénine, la guanine, l'uracile ou la cytosine.

Les cellules contiennent trois catégories d'A.R.N. : l'A.R.N. messager (A.R.N.-m), l'A.R.N. de transfert (A.R.N.-t) et l'A.R.N. ribosomique (A.R.N.-r), de loin le plus abondant. La synthèse des A.R.N. s'effectue dans le noyau de la cellule à partir de l'A.D.N.*, qui sert de matrice. G. S.

arriération mentale

(angl. Mental Retardation, Backwardness, Mental Deficiency)

Carence d'intelligence congénitale ou précocement acquise, qui se caractérise par un fonctionnement intellectuel global significativement inférieur à la moyenne générale de la population, associé à des déficiences des conduites adaptatives entraînant une incompétence sociale, ou incapacité de s'adapter correctement aux exigences du milieu.

PSYCHIATR. Il y a dans cette définition deux dimensions de l'arriération : celle du retard de développement intellectuel et celle de l'insuffisance du comportement adaptatif. La première correspond à la classification traditionnelle reposant sur la mesure du quotient d'intelligence (Q.I. de W. Stern) grâce à l'échelle métrique d'intelligence créée en 1905 par A. Binet et T. Simon, perfectionnée par L. Terman en 1937 et modifiée dans les échelles actuellement utilisées comme celle de Brunet-Lézine, ou celle de Wechsler adaptée aux enfants (WISC). On distingue alors :

— les arriérés profonds, dont le Q.I. reste inférieur à 0,30 ; ce sont les « idiots » décrits par J. Esquirol, qui n'ont ni langage, ni contrôle sphinctérien suffisant, ni autonomie psychomotrice ; réduits à une vie végétative, ils sont totalement dépendants du milieu et parfois grabataires ;

— les débiles profonds, dont le Q.I. se situe entre 0,30 et 0,50 ; ce sont les classiques « imbéciles » ou « crétins », qui n'ont qu'un langage rudimentaire et ne sont que partiellement éducables ;

— les débiles moyens, dont le Q.I. se situe entre 0,50 et 0,70 ; susceptibles d'une certaine autonomie et semi-éducables, ils présentent souvent de gros troubles de la compétence sociale et une grande instabilité caractérielle ;

— les débiles légers, dont le Q.I. va de 0,75 à 0,85 ; ils sont éducables dans le cadre d'une scolarité spécialisée et peuvent acquérir une autonomie sociale (ils sont capables d'apprendre un métier simple et de l'exercer correctement si les conditions du milieu ne sont pas trop exigeantes).

On comprend que cette dernière catégorie a été l'occasion de critiquer la notion d'arriération, dont la limite supérieure paraissait surtout liée à des critères sociaux, une société aux normes scolaires plus élevées risquant de sécréter plus de « débiles » qu'une autre. Et il est certain que la loi de J. Ferry, en rendant l'école obligatoire pour tous, a fait apparaître une population d'enfants « inadaptés scolaires » qui, jusque-là, s'adaptaient fort bien à un milieu professionnel analphabète.

C'est pourquoi une classification des arriérations mentales par le quotient d'intelligence est à la fois arbitraire, inexacte et insuffisante. Et « seule une étude clinique attentive, appuyée sur de larges références théoriques, peut, dans chaque cas, situer le jeu complexe des conditions et facteurs en cause » (R. Misès, R. Perron et R. Salbreux). Les causes sont effectivement multiples. Certaines sont organiques (enzymopathies héréditaires comme la phénylcétonurie, détectée par le test de Guthrie, encéphalopathies endocriniennes, phacomatoses, trisomie 21, embryo-fœtopathies multiples et souffrance périnatale) ; d'autres sont surtout psychogénétiques, assez proches dans leur développement des évolutions psychotiques ou dysharmoniques de l'enfance. Le plus souvent, les facteurs étiologiques sont intriqués et il n'est pas rare d'assister à la « débilisation secondaire » par le milieu de certaines déficiences limitées au départ. Actuellement, une meilleure connaissance génétique et neurobiologique permet de mieux comprendre certaines formes organiques et, donc, de les prévenir et de les traiter plus efficacement. La théorie psychanalytique a pu, sur un autre plan, donner un meilleur éclairage sur la psychogenèse et orienter ainsi les abords psychothérapiques et éducatifs de l'arriération. Enfin, une analyse critique du milieu familial et institutionnel où vit l'enfant arriéré (M. Mannoni) a souvent su éviter cette débilisation secondaire si néfaste pour son avenir. J. P.

DIFFÉR. Binet a proposé entre 1905 et 1911 une méthode permettant d'établir un diagnostic du niveau intellectuel en termes d'âge mental : chaque âge mental est défini en principe par la performance moyenne des enfants normaux ayant cet âge chronologique. On peut donc évaluer par un nombre d'« années » le retard présenté par un enfant arriéré. Ultérieurement, ce retard a été exprimé en termes de quotient d'intelligence (Q.I.), variable d'abord définie par le quotient, exprimé en centièmes, de l'âge mental par l'âge chronologique et donc constamment égal à 100 en principe chez un sujet normal. Des catégories ont été conventionnellement définies pour décrire des degrés d'arriération. Ces conventions varient d'un pays à l'autre et souvent d'un auteur à l'autre. On remarquera que le terme « arriération », qui s'applique au sens large à tous les retards de développement peut, en un sens restreint, se substituer à celui de « débilité » pour désigner les retards les plus importants. Terman, l'auteur d'une échelle de niveau mental inspirée de celle de Binet et qui a été largement utilisée, a proposé la classification suivante, qui est un exemple de terminologie américaine : *Dullness* (Q.I. de 80 à 90) ; *Feeblemindedness* (70-80) ; *Moron* (50-70) ; *Imbecile* (20-50) ; *Idiot* (au-dessous de 20). L'Organisation mondiale de la santé a recommandé en 1968 une autre classification : *arriération légère* (52-67), *modérée* (36-51), *sévère* (20-35), *profonde* (moins de 20). L'apparition d'un autre mode de définition du Q.I., proposé par D. Wechsler (→ quotient d'intelligence), ajoute à cette confusion, qui illustre bien le caractère purement conventionnel de coupures établies sur une variable, le niveau intellectuel, qui est en fait continue. M. R.

BIBLIOGRAPHIE

Mannoni, M., 1964, *l'Enfant arriéré et sa mère*, Paris, Éd. du Seuil.

Misès, R., 1975, *l'Enfant déficient mental. Approche dynamique*, Paris, P.U.F.

Misès, R., Perron, R., Salbreux, R., 1980, « Arriération et débilité mentale », *Encyclopédie Médico-chirurgicale*, Paris, Psychiatrie 32270 A,10.

Arthur (échelle de performance de Grace)

(angl. Grace Arthur Performance Scale)

→ Grace Arthur (échelle de).

articulation

n.f. (angl. Articulation)

Mode d'union de plusieurs éléments entre eux.

Dans son sens le plus général, une articulation est soit la solution de continuité, tout à la fois *rupture et enchaînement*, permettant de réunir et de relier des éléments, des pièces, des articles, qui peuvent être hétérogènes entre eux, pour constituer, ainsi, un ensemble ou un sous-ensemble organisés, soit l'action qui va mettre en œuvre, en vue de telles fins, ces substances ou facteurs intermédiaires.

La notion s'emploie originellement en anatomie. L'acception phonétique indique l'action de prononcer distinctement les sons d'une langue, à l'aide des mouvements des lèvres et de la langue, dans l'intention de signifier quelque chose à quelqu'un. Enfin, le sens juridique vise plus techniquement l'énonciation écrite, article par article, de faits et d'arguments organisés à l'appui d'une demande en justice. La référence biologique, impliquant les idées de vivant et de nature, avec leurs rapports à une temporalité, à une histoire, semble prédominer à travers les différents emplois, malgré l'évocation de l'artifice attaché à l'organisation. Cette notion semble appelée à jouer un rôle de plus en plus important dans le champ des sciences anthroposociales, à partir du moment où l'intelligibilité de phénomènes complexes suppose une pluralité d'approches et de regards qui ne se trouvent pas préharmonisés entre eux. D'autres notions telles que repérage, distinction, conjugaison, s'appliquant à des réalités reconnues différentes et non réductibles les unes aux autres, s'y trouveront associées. Ainsi, les ensembles pratiques (J.-P. Sartre, *Critique de la raison dialectique*) peuvent être regardés et décrits en tant que groupes (approche psychosociologique, dynamique des groupes), en tant qu'organisations (sociologie des organisations, analyse organisationnelle) et en tant qu'institutions (analyse institutionnelle). Ces différents regards, comme les langages propres à décrire les réalités ainsi découpées, doivent être réarticulés, de même que les perceptions visuelles et le sens du toucher doivent être coordonnés pour permettre l'impression du relief et acquérir, ainsi, une certaine profondeur. J. A.

artificialisme

n.m. (angl. Artificialism)

Selon J. Piaget, démarche de l'enfant, entre 3 et 7 ans, par laquelle il attribue les éléments et les phénomènes naturels à l'action de l'homme ou à celle d'un être imaginaire qui œuvrerait comme un homme.

Par exemple l'enfant affirme que les lacs ont été creusés par des hommes qui ont amené l'eau dans des tuyaux. E. V.

art-thérapie

n.f. (angl. Art-Therapy)

Toute entreprise à visée thérapeutique utilisant la médiation d'une conduite ainsi que de son objet et se référant explicitement aux catégories de l'art.

L'art-thérapie est parfois considérée comme une méthode thérapeutique originale et suffisante par elle-même pour la résolution de certaines difficultés psychologiques. Le plus souvent, elle est située dans le cadre des méthodes d'aide psychothérapiques. En général, elle concerne l'utilisation à des fins thérapeutiques de techniques relevant des arts plastiques : peinture, dessin, modelage, sculpture, mais englobe parfois les thérapies musicales, celles qui utilisent la danse, le mime ou le théâtre.

HISTORIQUE ET SITUATION DU PROBLÈME

Le concept d'art-thérapie est né, dans sa forme actuelle, de l'observation clinique. Il repose sur la constatation de l'expression spontanée des malades asilaires, qui évoque des conduites dites « normales », habituellement considérées comme présentant une visée d'ordre artistique.

Si les thérapeutiques anciennes des maladies mentales ne manquaient pas d'inclure l'utilisation de l'art, il s'agissait alors d'un recours « passif » à des stimulations artistiques, censées réintroduire dans l'esprit malade l'harmonie qui lui faisait défaut, voire tempérer ses passions. Cette pratique se prolonge aujourd'hui dans les thérapies (surtout musicales) dites « réceptives », où le sujet est soumis à la fréquentation d'un produit artistique, par opposition aux thérapies « actives » ou « créatives », où il est invité à le réaliser.

L'exemple de la « cure » de la mélancolie du roi Saül par la lyre de David semblait alors confirmer les prescriptions antiques et servir à cet égard de modèle. Au XIXe siècle, le développement de la clinique psychiatrique et l'essor des thérapeutiques entraînèrent une grande relativisation du recours à l'art, sans toutefois que ce dernier soit véritablement abandonné. Des expériences d'inspiration scientifique furent menées afin d'explorer la validité thérapeutique des techniques qui en découlent. Elles reléguèrent leur utilisation au rang de thérapie adjuvante, dont le but explicite fut de plus en plus de placer le patient dans des conditions externes où intervient l'art, afin de détourner son attention de ses préoccupations morbides et de lui faire explorer d'autres champs de perception et de pensée.

Parallèlement, l'attention des cliniciens se porta sur l'expression spontanée des aliénés. Les réalisations plastiques de ceux-ci furent intégrées dans les descriptions de leurs symptômes. En même temps, on assista à un renouveau des tentatives faites par la psychopathologie pour annexer la psychologie de la création artistique.

La constatation de la création spontanée des malades et de l'effet comportemental de celle-ci fut la source d'une première organisation conceptuelle dont est issue la thérapie occupationnelle. L'observation est simple : certes, les malades vont mieux dès qu'on leur donne de quoi s'occuper, mais ils vont mieux aussi dès qu'on les laisse s'occuper par eux-mêmes et de quelque chose qui, pourtant, est étroitement en corrélation avec leur mal, voire en offre des aspects nouveaux. Il apparaît donc logique d'encourager ce genre d'activités, voire de les utiliser comme monnaie d'échange dans les tentatives de socialisation. On passe alors de l'idée de distraction à celle d'expression. L'expression plastique, de spontanée, devient autorisée, puis favorisée et les œuvres sont détournées de leur fonction initiale démonstrative vers le champ esthétique, auquel il est ainsi démontré que l'aliéné n'est pas étranger.

Parallèlement, la psychanalyse s'occupait des différentes modalités d'expression du patient et non exclusivement de ses manifestations verbales. Elle intervint non seulement au sujet du contenu des manifestations artistiques, mais aussi à propos du processus créateur lui-même. Il fallait enfin que le concept même d'art dépassât ses limites traditionnelles et que les artistes se trouvassent une parenté avec les « primitifs, les enfants, les fous et les prisonniers pour que l'on s'avisât que ce qui était une expression spontanée des malades pouvait bien être aussi une façon à eux de se soigner, voire de se guérir ». Il devenait clair que les réalisations plastiques leur permettaient d'exprimer ce qui les préoccupait en contournant les limites imposées à leurs manifestations verbales aussi bien par leur réticence que par l'indicibilité de leur expérience morbide. C'est ainsi que l'observation clinique se prolongea en un travail dynamique sur les dimensions gestuelles et communicatives de la création et sur les réactions bilatérales qu'elle engendre. On put dès lors intégrer l'expression spontanée dans un jeu relationnel où il suffit à l'autre de se placer en position de thérapeute, empreint d'un certain désir de soigner, pour que se dégage d'elle-même la notion de thérapie.

ART-THÉRAPIE : BUTS ET MOYENS

L'art-thérapie pose comme première exigence technique la réalisation ou l'apport en séance d'un objet de nature artistique élaboré, créé par le patient et « montré » au thérapeute ou à l'animateur. Elle intègre donc un geste et un objet concret, produit de cet acte qui prend sens à la fois par lui-même et par le processus qui l'a fait naître. Les façons de considérer la place et la polarité de ce geste et de cet objet sont dès lors extraordinairement variables.

L'état actuel de l'art-thérapie recèle la diversité de ses origines conceptuelles et des appartenances idéologiques et professionnelles de ceux qui la gèrent, malgré la référence générale à la créativité libre. On serait bien en peine de trouver une théorie générale de l'art-thérapie et les théories proposées se trouvent être le plus souvent, justement parce qu'elles concernent une expression non verbale, soit dans le prolongement des théories psychanalytiques, soit en opposition avec celles-ci, qui prennent valeur de caution (les travaux de D. W. Winnicott y sont une référence quasi constante). Cela tient aussi à la diversité des pratiques : si l'art-thérapie a la réputation de concerner surtout la référence aux arts plastiques, la musique, la danse, le théâtre, le masque et les marionnettes offrent aussi des médiations qui se veulent toutes plus ou moins spécifiques. On ne peut cependant, à les considérer, isoler au sein des art-thérapies proposées quoi que ce soit qui ressemblerait à une conceptualisation discriminative des indications. En fait, celles-ci semblent plutôt ressortir des tonalités émotionnelles supposées être favorisées préférentiellement par tel ou tel moyen d'expression, et non de quelque référence à une clinique ou à une psychopathologie.

Certains pôles d'intérêt se dégagent cependant et l'art-thérapie peut être investie selon plusieurs axes, parfois assez distants de ce que l'on voudrait classiquement entendre par thérapie. C'est ainsi que l'on propose, en espérant des bénéfices, une activité, une expression différente, une possible mutation, un plaisir même, étant entendu que, si l'expression non verbale est a priori le lieu de la mise en forme de l'impensable, voire de l'indicible, il n'y a pas obligatoirement un effet thérapeutique au sens d'une mutation. En fait, les bénéfices escomptés d'une art-thérapie se situent aux différents niveaux d'une évolution qui part des activités occupationnelles et des ergothérapies, passe par le contact avec une matière docile ou au contraire significativement résistante, par l'apprentissage de techniques susceptibles de faire naître une production à la fois personnelle et admissible par les autres, issue d'un véritable dialogue avec soi-même pour aller vers la verbalisation d'impressions nouvelles. L'expression est alors liée à un contenu dont la valeur prend un sens plus ou moins symbolique et qui se révèle dans la prise de conscience de nouvelles lois, non pas issues du contexte socioculturel ou des apprentissages anciens, mais des résistances propres au support, au média utilisé. Le point ultime est alors la mise en forme d'un contenu expressif dans un projet de communication de soi au travers d'un codage impliquant l'autre mais ne découlant pas directement de l'autorité propre de celui-ci.

L'élargissement des possibilités d'expression au-delà du langage verbal ne peut enfin exclure un retour ultime à celui-ci, considéré alors comme le fin du fin de tout projet authentiquement thérapeutique. À cet égard, l'art-thérapie se rapprocherait du concept d'*analyse transitionnelle* élaboré par D. Anzieu, c'est-à-dire d'une pratique nécessaire et transitoire, destinée à placer le patient dans une situation analytique mais en respectant, voire en satisfaisant les besoins internes qui lui en interdisent encore l'accès.

À l'origine, et parallèlement à la genèse même de la psychanalyse, l'expression pouvait être présentée comme ayant une fonction cathartique, par le dégagement dans l'acte d'un trop-plein émotionnel. La présentification de la réalité intérieure, favorisée par l'expression spontanée, deviendra secondairement son but thérapeutique. Il faut bien considérer alors que l'expression n'est pas une traduction de cette réalité intérieure, une transmission directe du latent dans le manifeste de l'œuvre, mais une représentation de celle-ci. L'art-thérapie se propose alors de mettre le sujet en contact avec des sensations primitives en court-circuitant la raison rationalisante censée se mettre au service de ses résistances internes. Les théories de l'art-thérapie s'étayent alors sur celles des diverses thérapies à médiation corporelle.

Au-delà de ces finalités premières, l'expression, « cheville ouvrière du concept d'art-thérapie », n'est cependant plus repérée comme un simple phénomène de mise à l'extérieur de soi de choses cachées, dissimulées ou retenues, volontairement ou non. Exprimer, c'est aussi montrer et montrer à quelqu'un, ce qui introduit la question du transfert et amène à diverses prises de position sur la conduite à tenir par le thérapeute en fonction de son état, de sa formation et de ses buts. Ces considérations représentent rétroactivement des justifications quant à la pertinence de telle ou telle formation (l'art-thérapeute doit-il ou non être un artiste ?).

Il faut noter que le recours à l'idée du beau, l'introduction de l'esthétique, est alors systématiquement écarté : le bénéfice attendu n'est pas la réalisation d'un objet plaisant mais celle d'un objet signifiant pour le sujet par rapport à lui-même et à sa dynamique interne. L'accent est ainsi déplacé des catégories du plaisir vers celles de la connaissance de soi, l'esthétique étant considérée comme se développant dans le champ transférentiel et n'y manifestant qu'un stade préliminaire.

Lorsque l'art-thérapie se rapproche des psychothérapies classiques, la question de l'analyse de l'objet créé se pose alors. Les techniques divergent entre celles qui proposent une analyse du contenu de l'expression, celles qui n'envisagent qu'une analyse du contenant et celles qui reposent sur les associations verbales suscitées devant l'objet créé. L'œuvre est alors considérée comme produit de création si elle entraîne chez le créateur comme chez le spectateur un effet de surprise susceptible d'engendrer un développement de la pensée réflexive.

La capacité de l'œuvre de créer la surprise peut être regardée comme une sorte d'aboutissement thérapeutique, dans la mesure où elle implique un codage de ce qui auparavant n'était caché que par sa propre évidence, le codage faisant alors fonction de mise en perspective, de dégagement de l'effet traumatique, au sens de la sidération de la pensée, de l'expression brute. Cela revient à poser l'art-thérapie dans un projet qui irait de l'affirmation de soi, d'un établissement de l'identité propre du sujet vers la création d'un lien de signification fondateur d'une communication interactive : lien intersystémique, modèle du lien intrasystémique représenté par l'élargissement de l'espace interne de dialogue avec soi-même.

Création

L'extrême diversité des théories, ou plus exactement des références théoriques de l'art-thérapie, illustre assez bien un de ses caractères fondamentaux : la créativité bilatérale. Si le patient est mis dans une situation où il est censé s'éprouver dans une dynamique créatrice personnelle, et y trouver une restauration narcissique, cela se fait en présence d'un art-thérapeute, d'un « animateur » susceptible de se placer dans les conditions personnelles habituelles d'une thérapie, mais aussi porteur à la fois d'une expérience technique de l'art et d'une expérience personnelle de la création. Cette dernière caractéristique lui permet de créer une relation identificatoire avec le patient, telle que celui-ci puisse vivre de façon créative et dynamique le travail psychique intense développé lors de la réalisation artistique et dont l'œuvre se fait le miroir. Cette œuvre est ainsi appelée à la fois à témoigner d'une dynamique psychique et à rassurer le sujet sur la stabilité d'une identité pourtant ébranlée par ce travail, mais qu'elle signe et désigne de façon permanente. À ce titre, il apparaît clair que l'art-thérapie ne peut se donner comme but une quelconque recherche du salut par l'art. L'œuvre réalisée en thérapie ne doit être, au bout du compte, que la réalisation de soi. L'œuvre réalisée est ce au travers de quoi le patient se réalise lui-même. Le risque d'une telle entreprise (risque d'ailleurs continuellement encouru par les artistes eux-mêmes) est que l'œuvre ne maintienne le sujet dans un état d'infirmité créatrice, la réalisation de l'œuvre d'art prenant par elle-même le pas sur l'intérêt thérapeutique de la démarche. C'est en cela que l'art-thérapie porte un nom qui risque d'induire en erreur, car son objet est le *processus créateur* et non pas l'*objet créé*.

Espaces techniques

L'art-thérapie, malgré le développement actuel d'ateliers « en ville », reste profondément marqué par ses origines asilaires, et, en France tout du moins, les communications qui sont faites à son sujet émanent de services d'hospitalisation des populations adultes, mais aussi infanto-juvéniles. Les techniques proposées dépendent le plus souvent des catégories professionnelles auxquelles appartiennent les art-thérapeutes : celles-ci incluent aussi bien des formations artistiques que des formations psychologiques ou psychiatriques. L'accent peut alors être mis soit sur la technique propre, soit sur l'objet réalisé, soit sur la relation et son devenir. L'aspect pédagogique peut être repris soit au titre de l'initiation à une technique censée libérer le sujet des entraves de la forme par l'apprentissage, soit au titre d'une identification fondatrice au désir du thérapeute.

L'art-thérapie, sur le plan technique, se définit par un contenant et un contenu : le contenant est l'atelier et le contenu, ceux qui s'y trouvent. L'atelier se définit lui-même par ce qui l'inclut (ou, pour certains, l'exclut) : l'hôpital ou la société ; en ce sens, l'atelier peut se définir comme un lieu « non médical » dans l'hôpital, un lieu de secret hors des références de la folie ou, a contrario, comme un lieu de déni de la maladie. Ses caractéristiques, ouverture ou fermeture, liberté ou organisation de l'accès, sont considérées comme ayant déjà par elles-mêmes des fonctions soignantes. Le rythme des séances, leur organisation ont, au même titre que l'espace cadré, limité, du support, une fonction restructurante par la représentation qu'ils offrent de l'opposition dedans-dehors.

Les séances d'art-thérapie se font dans le cadre soit d'une atmosphère de groupe, soit d'une relation individuelle. La gestion des séances est donc essentiellement différente dans un cas et dans un autre. Dans le premier cas, les interventions portent sur les interactions à l'intérieur du groupe, sur les influences réciproques et la communication des émotions dont les œuvres se font les supports. Dans le cas des séances individuelles d'art-thérapie, tout dépend des besoins du patient, et les interventions de l'art-thérapeute peuvent aller d'un certain degré de pédagogie, au sens d'un apprentissage des conditions minimales d'exercice technique, à une induction dans la réalisation des œuvres de telle sorte que celles-ci puissent porter le style personnel de leur auteur et lui renvoyer une image de certains aspects de son fonctionnement dans le jeu dialectique de ce qui se montre et de ce qui se cache.

La dimension plus purement psychothérapeutique de l'art-thérapie est plus difficilement isolable. Le travail reste fixé sur la verbalisation, c'est-à-dire qu'il ne suppose pas d'interventions directes sur le contenu pictural. Le travail porte sur les associations suscitées par l'œuvre chez son créateur et suppose qu'elles ne réduisent pas celle-ci. La présence de l'œuvre devant les regards du couple formé par le thérapeute et son patient vient compléter le langage verbal et constitue une réassurance contre une déperdition de l'indicible comme partie constituante du langage.

Au total, l'art-thérapie, qui recouvre un ensemble assez hétérogène de pratiques, est un cadre assez souple pour permettre des usages adaptés à chaque cas. Elle semble actuellement offrir un complément à d'autres pratiques thérapeutiques jugées réductrices dans leurs relations au primat concédé à l'expression verbale.

D. C.

Bibliographie

Broustra, J., 1987, *Expression et psychose*, Paris, E.S.F.

Chemama, B., et Roussel, M.-H., 1982, « Dynamique du travail en art-thérapie », in *Expression et signes, psychologie médicale*, 14, 8, pp. 1249-1254.

Wiart, Cl., 1974, « l'Art-thérapie sur la sellette », in *Expression et signes*, 4, 4, pp. 193-212.

asilaire

adj. (angl. Asylar)

Relatif à l'asile.

Cet adjectif est utilisé aujourd'hui le plus souvent avec une intention péjorative.

J. P.

asile ou asile d'aliénés

n.m. (angl. Asylum)

Établissement hospitalier public où étaient traités les malades mentaux ; terme remplacé en France, à partir de 1938, par celui d'*hôpital psychiatrique* et, plus récemment, par celui de *centre psychothérapique* ou de *centre hospitalier spécialisé* (1968).

C'est la loi du 30 juin 1838 qui fait obligation à chaque département français d'ouvrir un établissement public réservé à l'internement et au traitement des aliénés. Mais déjà P. Pinel avait conseillé la création de telles institutions, dont Bicêtre pour les hommes, la Salpêtrière pour les femmes, qui représentaient, avec Charenton, les premières expériences parisiennes. Malgré les réformes proposées par Pinel, et partiellement appliquées, ces institutions n'étaient pas des exemples à imiter, ne serait-ce que par leur trop grande importance et la lourdeur de leur fonctionnement médico-administratif. Ce que Pinel avait surtout préconisé, suivi dans ce sens par E. Georget, élève de son élève E. Esquirol, c'était l'*isolement* de l'aliéné pour lui éviter, au moins durant la première partie de la cure de sa maladie, les contacts avec son milieu familial et social, dont il avait bien vu tous les effets pathogènes à la fois sur le déclenchement et l'entretien des troubles mentaux. Cet isolement est d'ailleurs pour lui la condition essentielle du traitement moral lorsqu'il en expose pour la première fois les principes en 1798. Mais cette condition va devenir peu à peu l'axe même du traitement : un glissement est perceptible entre les deux éditions du *Traité médico-philosophique* [...], qui deviendra un véritable dérapage sous la plume d'Esquirol dans son mémoire de 1832, où l'isolement est devenu pour lui « un grand moyen de guérison des aliénés ». Et il est à la fois utile et nécessaire, en particulier « pour leur sûreté, pour celle de leurs familles et pour l'ordre public ». Là s'inscrit la doctrine de la loi de 1838 qu'Esquirol a inspirée au ministre de l'Intérieur de l'époque, le comte de Gasparin. Comment s'étonner dès lors de ce que, à la Chambre des pairs, où est discutée la loi, un des représentants, jugeant l'analogie parfaite entre « isolement thérapeutique » et « placement en milieu fermé », se félicite de « cette heureuse coïncidence qui, dans l'application des mesures rigoureuses, fait concourir l'avantage du malade avec le bien général ». On comprend que cette récupération politique d'une méthode médicale déjà bien pervertie ait rendu de grands services à la société bourgeoise de la monarchie constitutionnelle, puis du second Empire et de la IIIe République. Comme l'a montré R. Castel, les asiles d'aliénés sont devenus ainsi « des lieux exclusifs de gardiennage, terrains désolés pour une gestion purement administrative de la déviance. Les psychiatres ont répété le ritualisme monotone de la ségrégation sociale. On ne leur demandait pas autre chose. » Et les asiles ont ainsi provoqué, entretenu, aggravé la chronicisation de malades mentaux de plus en plus nombreux dont l'internement risquait le plus souvent d'être définitif. J. P.

asilisme

n.m. (angl. Asylum Dementia)

Atteinte psychique pseudo-démentielle chronique, d'origine iatrogène, liée à une hospitalisation prolongée dans un milieu asilaire.

L'asilisme a pu être comparé à certaines psychoses carcérales et a été dénoncé dès la fin du XIXe siècle par des psychiatres anglais, qui l'ont dénommé *Asylum Dementia*. En France, c'est Marandon de Montyel, médecin de l'asile de Ville-Évrard, qui écrit, en 1896 : « Nos asiles actuels sont des fabriques d'incurables par l'isolement que nous imposons à nos malades [...]. À l'hygiène de l'isolement, il faut substituer l'hygiène de la liberté. »

Une forme mineure, mais encore très fréquente, de l'asilisme est représentée par la *névrose institutionnelle* décrite par R. Barton, en 1959, chez des schizophrènes hospitalisés depuis plus de deux ans. Il la décrit ainsi : « maladie caractérisée par l'apathie, le manque d'initiatives, la perte de l'intérêt, spécialement pour les choses qui ne touchent pas directement le malade, la soumission passive, l'inaptitude apparente à élaborer des plans pour l'avenir, le manque d'individualité et parfois une posture et une démarche caractéristiques ». Tout en distinguant ce qui peut relever de la schizophrénie du malade, il pense que l'isolement, la perte du contact avec le monde extérieur et les anciens amis, la suppression de la présence et de l'usage de biens et d'objets personnels, la prise en charge par des tiers de tous les problèmes (par la mise en tutelle), le paternalisme des soignants, les médicaments neuroleptiques, l'atmosphère du pavillon, etc., tous ces facteurs produisent cet état de régression et d'indifférence affectives finalement plus grave que la maladie elle-même. De telles constatations, partagées par beaucoup d'observateurs, sont à l'origine de la psychothérapie institutionnelle et des mouvements antipsychiatriques qui ont conduit au dépérissement et même à la suppression des asiles dans certains pays. J. P.

asocial,e,aux

adj. et n. (angl. Antisocial)

Se dit d'une personne dont le comportement n'est pas adapté aux normes de la vie sociale, ou qui les refuse. R. L.

asomatognosie

n.f. (angl. Asomatognosia)

Forme d'agnosie caractérisée par une atteinte du schéma corporel avec méconnaissance plus ou moins complète du corps.

Il peut s'agir d'une hémiasomatognosie liée à des lésions de l'hémisphère cérébral mineur, s'accompagnant d'un refus d'admettre l'hémiplégie massive qui l'accompagne (syndrome de Babinski). J. P.

aspiration (niveau d')

(angl. Level of Aspiration)

Niveau que l'on souhaite et que l'on espère atteindre, soit au laboratoire dans une tâche répétée, soit à long terme dans des domaines concernant la vie tout entière (la profession par exemple).

De larges différences individuelles existent quant au niveau d'aspiration. M. R.

→ expectation (niveau d').

assertion

n.f. (angl. Assertion)

Acte de parole par lequel un locuteur pose une proposition comme vraie.

L'assertion (ou l'affirmation) est la forme la plus normale de parole, par opposition à la négation. On peut dire, plus scientifiquement, que la première est non marquée et la seconde, marquée.

Toutes les études du fonctionnement cognitif montrent qu'en règle générale les assertions sont plus faciles et plus rapides à interpréter, à juger ou à produire que les négations.

C'est également un fait d'observation courant qu'une réponse « oui » d'appui sur un bouton est systématiquement plus courte qu'une réponse « non ».

Le maniement et l'étude des relations entre les propositions et leurs valeurs de vérité « vrai/faux » sont le domaine de la logique.

Il n'existe parfois qu'une différence infime entre « attribuer la valeur "vrai" à une proposition » et « asserter », mais cette différence peut avoir une certaine pertinence psychologique. J.-F. L. N.

assertivité

n.f. (angl. Assertiveness)

Caractéristique d'une personne qui exprime avec aisance son point de vue et ses intérêts, sans anxiété, sans dénier ceux des autres.

THÉRAP. Les techniques d'entraînement à l'assertivité, parfois appelée assez improprement *affirmation de soi*, se proposent d'aider un sujet se plaignant d'inhibition sur le plan social ou de difficultés de communication à mieux exprimer et soutenir son point de vue. Il s'agit de diminuer son anxiété sociale soit en lui apprenant à vaincre des problèmes qu'il impute parfois à sa timidité, soit, au contraire, en l'incitant à modérer son agressivité et à modifier les composantes (gestuelles, mimiques, vocales) de son comportement de façon à mieux les intégrer aux normes de son entourage et à obtenir une meilleure coopération avec lui.

Ces techniques se pratiquent soit lors de séances individuelles avec un thérapeute comportemental, soit en groupes de trois à cinq personnes. Le thérapeute, après une analyse souvent collective des comportements que chaque sujet désire se voir modifier, propose des jeux de rôle comportementaux portant sur des situations rencontrées par les participants du groupe. Parfois, il joue lui-même le rôle de modèle ou souffle une réponse adaptée à la situation.

Ainsi peut s'acquérir une certaine « compétence sociale » ou plus d'adresse dans la façon de défendre ses droits, d'exposer son opinion et également de ne pas heurter celle des autres.

Ces techniques assertives, qui font constamment appel à des facteurs cognitifs, sont très fréquemment utilisées en thérapie comportementale lorsque l'anxiété engendrée par les situations sociales reste dans le registre des névroses. Elles ont cependant été également proposées, en s'assignant des buts comportementaux limités — par exemple l'insertion dans un milieu professionnel —, à des malades mentaux plus gravement handicapés, le problème restant d'obtenir que les progrès réalisés lors des séances d'entraînement à l'assertivité se généralisent aux circonstances de la vie courante. M. A.

assimilation

n.f. (angl. Assimilation)

Biol. **Intégration à des structures préalables biologiques ou psychologiques.**

Dévelop. **Dans le modèle de J. Piaget, mécanisme psychologique qui modifie les données extérieures par un ensemble d'actions, lesquelles, une fois coordonnées, constituent un schème d'assimilation, structure stable, répétable, pouvant incorporer de nouveaux objets et événements.**

Les schèmes d'assimilation sont ce qui confère une signification aux actions et, par suite, à ce que l'on perçoit ou conçoit. Piaget distingue trois types d'assimilation chez le nourrisson. L'assimilation reproductrice ou répétitive fixe dans sa forme une action ou une suite d'actions par simple reproduction. L'assimilation généralisatrice incorpore des objets nouveaux et variés dans un même schème ; ces objets prennent par là une même signification. L'assimilation recognitive discrimine entre objets susceptibles et objets non susceptibles d'entrer dans un schème particulier. E. V.

→ schème.

assise (station)

(angl. Sitting Position)

Étape posturale du développement de l'enfant survenant entre 6 et 9 mois. J. F.

assistance éducative

(angl. Educative Help)

Mesures ordonnées par le juge des enfants lorsque la santé, la sécurité ou les conditions d'éducation d'un mineur non émancipé ne sont pas assurées, de sorte qu'il est en danger.

Sont ainsi considérés en danger l'enfant malade physiquement et/ou mentalement que ses parents refusent de faire soigner, l'enfant victime de mauvais traitements, l'enfant qui fugue, l'enfant victime d'un conflit grave avec ses parents, etc. Pour chaque cas dont il est saisi, le juge des enfants entend les père et mère, le tuteur ou le gardien de l'enfant. Il entend de même le mineur, à moins que l'état physique et mental ou l'âge trop bas ne le permettent pas. Il peut ordonner toute mesure d'information et faire notamment procéder à une étude de la personnalité de l'intéressé, en particulier au moyen d'une enquête sociale, d'examens médicaux, psychiatriques ou psychologiques, d'une observation du comportement ou d'un examen d'orientation professionnelle. Après une audience non publique, le juge prend les décisions qui s'imposent.

Chaque fois qu'il est possible, le mineur doit être maintenu dans son milieu actuel. Dans ce cas, le magistrat désigne soit une personne qualifiée, soit un service d'observation, d'éducation ou de rééducation en milieu ouvert ; mission leur est donnée d'apporter aide et conseils à la famille afin de surmonter les difficultés matérielles ou morales qu'elle rencontre. Cette personne ou ce service est chargé de suivre le développement de l'enfant et d'en faire rapport périodiquement. Le juge peut aussi subordonner le maintien de l'enfant dans son milieu à des obligations particulières, telles que celle de fréquenter régulièrement un établissement sanitaire ou d'éducation, ordinaire ou spécialisé, ou d'exercer une activité professionnelle. S'il est nécessaire de retirer l'enfant de son milieu actuel, le juge peut décider de le confier au parent qui n'en avait pas la garde, à un membre de la famille, à un service ou à un établissement (sanitaire ou d'éducation, ordinaire ou spécialisé), au service départemental de l'aide à l'enfance.

Les décisions du juge peuvent à tout moment être rapportées ou modifiées ; elles sont également susceptibles de faire l'objet d'un appel. M. G.

association

n.f. (angl. Association)

Génér. **Liaison de caractère psychologique établie entre deux éléments déterminés.**

La notion d'association peut, en réalité, recevoir des sens très différents selon la nature des entités entre lesquelles l'association est supposée être établie. Il est donc particulièrement important de distinguer entre les sens théoriques et le sens descriptif. Les sens théoriques sont eux-mêmes fortement contrastés.

Les conceptions anciennes

Historiquement, on a d'abord parlé d'« association des idées ». Cette expression recouvre deux notions : celle d'idée, équivalente ici à celle d'événement ou d'état mental, en général, sans restriction au domaine conceptuel ; et celle d'association proprement dite, qui recouvre de son côté deux hypothèses : d'abord, lorsqu'une idée est présente dans l'esprit d'un sujet, elle engendre ou cause l'apparition d'autres idées bien déterminées, ensuite cette apparition dépend d'une liaison, de caractère permanent, qui existe chez le sujet entre la première idée et un certain nombre d'autres.

Ces notions ont été utilisées dès l'époque d'Aristote ; celui-ci avait déjà énoncé trois principes de l'association des idées : la contiguïté, la ressemblance et le contraste. Au XIXe siècle, la psychologie introspectionniste et la philosophie empiriste ont accordé une grande place à la notion d'association et développé, sous sa première forme, l'associationnisme en tant que doctrine.

Elles ont formulé des lois de l'association. Outre les trois déjà citées, considérées comme primaires, elles ont présenté des lois secondaires : la primauté (temporelle), la récence, la fréquence et la *vivacité* (angl. Vividness).

La conception béhavioriste

Le béhaviorisme a repris la notion d'association, mais en la dissociant de celle d'idée, évidemment bannie en raison de son caractère subjectif. Dans le nouvel associationnisme qui s'est développé ainsi, l'association, autrement appelée parfois *liaison, lien,* (anglo-amér. Bond ou Link) ou *connexion* (anglo-amér. Connection), est établie, en principe par apprentissage, entre deux éléments *observables,* qu'il s'agisse d'un stimulus et d'une réponse (S — R), de deux stimulus (S — S), ou éventuellement de deux items (par exemple deux mots).

Une caractéristique essentielle de l'association ainsi conçue est qu'elle est regardée comme plus ou moins forte et est donc quantifiable ; c'est en principe la *force de l'association* (angl. Associative Strength) qui détermine les phénomènes observables : si plusieurs items, B, C, D, E..., sont liés par association à un item A, mais si la force associative de A-D est supérieure à celle de A-B, A-C, A-E, etc., c'est D qui apparaîtra le plus souvent, le plus rapidement ou avec le plus d'intensité lorsque A sera présent.

Bien que cette conception soit en accord avec nombre de résultats expérimentaux et d'observations cliniques, elle apparaît aujourd'hui trop simple. Aux caractéristiques exclusivement quantitatives de l'association (sa force), certains auteurs ont jugé nécessaire d'adjoindre des caractéristiques qualitatives systématiques ; ils ont ainsi généralisé les anciennes catégories d'association par contiguïté, par ressemblance, par contraste et créé de nouvelles catégories, variables selon les auteurs ; on parle à ce propos d'« associations étiquetées ». Les théories qui utilisent ces dernières sont appelées « néo-associationnistes ».

L'association verbale

L'emploi descriptif le plus habituel est celui qui concerne le domaine verbal. Une association verbale simple est définie par la situation suivante : on demande à un sujet de « répondre à un mot par le premier mot qui lui vient à l'esprit ». On appelle « inducteur » le mot présenté, et « associé » le mot donné en réponse à celui-ci.

On peut étendre ce schéma : on parle d'*associations en chaîne* si on demande au sujet de répondre par une suite de mots ; du point de vue expérimental, cette situation est imparfaite puisque, après la première réponse, on ne peut savoir si les réponses ont pour inducteur le mot présenté en premier ou les réponses du sujet elles-mêmes. Mais cette technique peut présenter un intérêt dans l'examen clinique. On parle d'*association contrôlée* si la consigne précise que la réponse doit appartenir à une catégorie donnée, absolue ou relative à l'inducteur. Dans ce dernier cas, on retrouve la notion d'*association étiquetée* (angl. Labelled Association), qui en est le correspondant théorique.

On peut recueillir les associations verbales simples données par un ensemble de sujets après leur avoir proposé une liste déterminée de mots inducteurs : on établit ainsi des normes d'association (ou associatives) qui, pour chaque mot inducteur, fournissent la réponse dominante, celle qui est donnée par le plus grand nombre de sujets (on l'appelle parfois « associé primaire ») ; en outre, ces normes indiqueront la fréquence de cette réponse, c'est-à-dire le pourcentage de sujets qui l'ont donnée dans l'ensemble considéré. Pour une population donnée, ces normes associatives sont relativement stables ; elles varient si on change les caractéristiques de la population.

La situation d'association verbale, libre, en chaîne ou sous forme de discours continu, est largement utilisée en psychologie clinique. Elle est une technique de base de la psychanalyse. Elle a été quelque peu systématisée par C. Jung sous forme de *test d'association verbale* ; on utilise alors des mots inducteurs standardisés, mais on vise une interprétation individuelle des réponses et de leurs latences. L'emploi, à titre de référence, des normes associatives peut se révéler utile pour cet usage clinique. Les normes d'association ont prouvé qu'elles étaient un paramètre important dans de nombreuses tâches perceptives, de mémorisation, de production du discours, etc. Ces résultats ont servi de justification aux théories associationnistes ; toutefois, il peut exister des interprétations théoriques des phénomènes d'association verbale qui ne soient pas à strictement parler associationnistes. J.-F. L. N.

BIBLIOGRAPHIE

Jodelet, F., 1965, « l'Association verbale », in P. Fraisse et J. Piaget, *Traité de psychologie expérimentale*, vol. VIII, Paris, P.U.F..

Reuchlin, M., 1977, nouv. éd. 1988, *Psychologie*, Paris, P.U.F.

association (méthode de libre)

(angl. Free Association Method; allem. Methode der freien Assoziation)

Méthode constitutive de la technique psychanalytique, selon laquelle le patient doit exprimer, pendant la cure, tout ce qui lui vient à l'esprit sans aucune discrimination.

La méthode de libre association fut suggérée à S. Freud en 1892 au cours d'un traitement où une de ses patientes (Emmy von N.) lui demanda expressément de cesser d'intervenir sur le cours de ses pensées et de la laisser parler librement. Progressivement et jusqu'en 1898, où elle fut définitivement adoptée, cette méthode s'est substituée à l'ancienne méthode cathartique et est devenue dès lors la règle fondamentale de la cure psychanalytique : le moyen privilégié d'investigation de l'inconscient. Le patient doit exprimer toutes ses pensées, idées, images, émotions telles qu'elles se présentent à lui, sans sélection, sans restriction, même si ces matériaux lui apparaissent incohérents, impudiques, impertinents ou dépourvus d'intérêt. Ces associations peuvent être induites par un mot, un élément de rêve ou tout autre objet de pensée spontanée. Le respect de cette règle permet le surgissement des représentations inconscientes et actualise les mécanismes de résistance (silence comme non-respect de la règle).

R. L.

association par contiguïté

(angl. Association by Contiguity)

→ contiguïté.

associationnisme

n.m. (angl. Associationism)

Théorie qui fait un usage explicatif important de la notion théorique d'association.

À peu près toutes les théories psychologiques font un certain usage de cette notion ; cela ne suffit pas pour qu'elles soient qualifiées d'associationnistes. La psychanalyse ou la théorie pavlovienne du conditionnement en sont deux exemples caractéristiques. Les diverses sortes d'associationnisme ont en commun de considérer la notion d'association comme centrale et comme susceptible de rendre compte à elle seule d'un très grand nombre de phénomènes psychologiques. Ces théories sont, d'une manière générale, inspirées par des positions empiristes, c'est-à-dire qu'elles regardent l'influence du milieu ou de l'environnement, donc celle des apprentissages et de l'histoire de l'individu, comme essentielle.

Les divers associationnismes diffèrent, parfois de façon assez profonde, par la façon dont ils considèrent la notion d'association et surtout par le type d'entités psychologiques entre lesquelles ils supposent l'existence d'associations.

Par *néoassociationnisme*, on désigne une famille de théories ou de modèles associationnistes récents, relevant en général de la psychologie cognitive. Dans ces modèles, les associations sont supposées lier des *représentations*, qui sont en principe stockées en mémoire à long terme. D'autre part, on y utilise largement la notion d'*association étiquetée*, c'est-à-dire contextuelle : de telles associations lient deux éléments (ici deux représentations) par l'intermédiaire, ou moyennant la mise en activité, d'un troisième. J.-F. L. N

→ connexionnisme, néoconnexionnisme.

assuétude

n.f. (angl. Addiction)

Asservissement à une drogue, avec dépendance psychique et souvent physique.

L'assuétude est pour les experts de l'O.M.S. synonyme de *toxicomanie*, c'est-à-dire qu'elle désigne une relation de dépendance très aliénante, au contraire de la simple *accoutumance*. Le terme est moins employé actuellement que *pharmacodépendance*.

Il est toutefois fréquemment utilisé pour traduire l'anglais *Addiction* lorsque ce mot désigne une relation aliénante, non forcément à une substance chimique. Pour nombre d'auteurs (par exemple S. Peele), la toxicomanie n'est qu'une des nombreuses formes possibles de pathologies de l'assuétude. Dans la relation entre un sujet et une drogue existerait une infinie variété de situations entre l'indépendance absolue et l'aliénation totale. Non seulement chaque individu se situerait différemment le long de ce continuum, mais un même sujet s'y déplacerait dans un sens ou dans l'autre le long de son existence (contrairement au dogme des Alcooliques anonymes : « une fois alcoolique, toujours alcoolique »...). Par ailleurs, ce concept souple et n'impliquant pas la relation à un « toxique » permet d'appliquer une réflexion issue de recherches en toxicomanie à d'autres champs de l'expérience humaine : relations amoureuses exclusives, aliénantes et destructrices, assuétude à la télévision, au travail (les *Workaholics* américains), au jeu, à certains sports, troubles des conduites alimentaires, etc. En sortant du champ strict de la clinique des toxicomanies, certaines approches psychosociales rejoignent des conceptions psychanalytiques fondées sur les notions de dépendance ou d'addiction. M. V.

astasie-abasie

n.f. (angl. Astasia-Abasia)

Difficulté à se tenir debout (astasie) et à marcher (abasie) sans troubles moteurs ou sensitifs susceptibles de la justifier.

L'astasie-abasie peut être liée à des lésions du labyrinthe, du cervelet ou des noyaux gris centraux assurant le contrôle de l'équilibration. Elle apparaît aussi, sans atteinte anatomique, dans l'hystérie comme un symptôme de conversion assez fréquent. J. P.

astéréognosie

n.f. (angl. Astereognosis)

Forme d'agnosie tactile caractérisée par l'incapacité de reconnaître des objets en les touchant et manipulant, généralement consécutive à des lésions du lobe pariétal.

À côté d'une astéréognosie primaire où les formes (amorphognosie) et la matière (achylognosie) des objets ne sont plus discriminées, J. Delay a décrit une astéréognosie secondaire où ces caractéristiques sont reconnues, sans que l'objet puisse être identifié (asymbolie tactile ou agnosie sémantique). J. P.

asthénie

n.f. (angl. Asthenia)

État de fatigue générale, physique et psychique, s'accompagnant d'une diminution du dynamisme psychomo-

teur, d'un relâchement de l'attention et d'un déficit de la volonté. J. P.

astigmatisme

n.m. (angl. Astigmatism)

En vision, réfraction inégale selon les méridiens ou orientations.

Ce défaut optique est dû à une irrégularité (asphéricité) soit de la cornée, soit du cristallin. Il est généralement repéré en comparant le contraste apparent de lignes noires de différentes orientations. Les astigmatismes optiques portent surtout sur les orientations verticale ou horizontale. L'*astigmatisme oblique* est un déficit « normal » de sensibilité pour les orientations obliques. Il peut être d'origine neurologique et non optique. C. B.

asymétrie fonctionnelle (principe d')

(angl. Functional Asymmetry Principle)

Principe qui permet de rendre compte des différences fonctionnelles entre les deux hémisphères cérébraux, apparaissant au niveau du comportement.

Cette notion a été élaborée initialement par A. Gesell dans son étude sur l'*Embryologie du comportement.* En dépit d'une structuration bilatérale et symétrique des systèmes sensoriels et moteurs, on observe chez le bébé et l'adulte une organisation asymétrique de l'architectonique des systèmes d'action.

Le réflexe tonique asymétrique du cou du nouveau-né ou l'unidextérité de la main sont des exemples caractéristiques. D'origine essentiellement posturale, l'asymétrie fonctionnelle est maintenant décrite comme ayant des conséquences fondamentales sur l'organisation du comportement néonatal. Le maintien de postures asymétriques durant les premiers mois de la vie se traduit par une asymétrie au niveau du tonus musculaire et au niveau du traitement des informations sensorielles : un traitement asymétrique (généralement en faveur de la droite) de stimulations tactiles, gustatives, auditives et visuelles a été clairement mis en évidence chez le nouveau-né. L'origine génétique ou environnementale des asymétries motrices et sensorielles n'est pas définitivement établie. F. J.

atavisme (théorie de l')

(angl. Atavism Theory)

DÉVELOP. **Théorie qui explique les caractéristiques du jeu de l'enfant par la nécessité de faire disparaître des fonctions rudimentaires exercées par nos ancêtres et devenues inutiles.**

La théorie de l'atavisme est inspirée de la loi biogénétique fondamentale de E. Haeckel. E. V.

→ biogénétique fondamentale (loi de)

ataxie

n.f. (angl. Ataxia)

Perte d'une bonne coordination dans les mouvements volontaires, alors que la force musculaire reste intacte, due à un déficit du contrôle normalement exercé par le cervelet (*ataxie cérébelleuse*) et les formations sensitives kinesthésiques (*ataxie sensitive*).

C'est ainsi que les lésions des cordons postérieurs de la moelle (dans le tabès), du thalamus, du cortex pariétal produisent une ataxie, éventuellement unilatérale (hémiataxie). J. P.

ataxie mentale (ou psychique)

Perte de cohérence entre les idées, les sentiments et leur expression émotionnelle.

C'est le cas, par exemple, d'un rire immotivé survenant alors que l'on décrit un accident tragique. Cette « ataxie » est proche de la discordance affective décrite par P. Chaslin en 1912. J. P.

atelier protégé

n.m. (angl. Sheltered Workshop)

Unité économique de production qui met les travailleurs handicapés en mesure d'exercer une activité professionnelle salariée dans des conditions adaptées à leurs possibilités.

Les ateliers protégés doivent favoriser la promotion des travailleurs handicapés et leur accession à des emplois en milieu ordinaire de travail. Ils ne peuvent engager que les travailleurs handicapés dont la capacité de travail est au moins égale à un tiers. Seule la commission technique d'orientation et de reclassement professionnel (COTOREP) peut déclarer qu'une personne handicapée relève de la formule de l'atelier protégé. Les collectivités ou organismes publics et privés, et notamment les entreprises, peuvent créer des ateliers protégés, mais ils doivent avoir reçu l'agrément du ministre du Travail. Le travailleur handicapé y est considéré comme salarié pour l'application des dispositions législatives, réglementaires et conventionnelles en vigueur (conditions de travail, représentation des travailleurs). Il reçoit un salaire qui tient compte de l'emploi qu'il occupe, de sa qualification et de son rendement par rapport à la production normale. Ce salaire ne peut en aucun cas être inférieur à la moitié du salaire normalement alloué au travailleur salarié effectuant la même tâche. Il est éventuellement affecté d'un complément de ressources, versé par l'État, pour atteindre le minimum garanti de 90% du S.M.I.C.

Des ateliers appelés « centres de distribution du travail à domicile » peuvent procurer aux travailleurs handicapés du travail à effectuer à domicile. Ces centres sont le plus souvent rattachés à un atelier protégé et, en tout état de cause, assimilés à lui.

Avec leur accord et en vue d'une embauche éventuelle, les travailleurs handicapés peuvent être mis à la disposition d'un autre employeur. M. G.

athétose

n.f. (angl. Athetosis)

Trouble de la motricité caractérisé par des mouvements parasites anormaux assez lents, à type d'enroulement, atteignant la main, le cou, la langue, la face, ou d'autres régions du corps, de façon quasi permanente.

Ces mouvements ont une allure reptatoire, avec succession d'hyperextension et de flexion, puis de rotation. Ils s'accompagnent d'une hypertonie musculaire et sont aggravés par l'émotion et les stimulations sensorielles intenses. Ils altèrent grossièrement la motricité volontaire dans le territoire atteint, risquant de créer un véritable handicap moteur.

Ce trouble est consécutif à l'interruption des circuits de rétroaction entre les noyaux gris, le thalamus et le cortex cérébral. Il est souvent associé à un syndrome choréique (choréo-athétose). J. P.

atmosphère (effet d')

(angl. Atmosphere Effect)

Effet de la formulation des prémisses d'un raisonnement sur la conclusion qui en est tirée, qui se manifeste par des erreurs.

Il semble bien, par exemple, que des prémisses positives conduisent à accepter des conclusions positives, et des prémisses négatives à accepter des conclusions négatives. Si l'une des prémisses est positive et l'autre négative, on observe une tendance à accepter une conclusion négative. De façon semblable, des prémisses universelles prédisposent à des conclusions universelles, et des prémisses particulières à des conclusions particulières.

Ces effets limitent la capacité des sujets à tirer de façon naturelle (sans apprentissage de la logique) des conclusions logiquement valides. Certains auteurs ont voulu donner un statut théorique universel à ces observations. Toutefois, d'autres faits vont dans un sens différent et témoignent en faveur d'une fréquente capacité des individus à juger correctement de la validité des inférences. De plus, certaines erreurs de raisonnement peuvent venir d'une interprétation erronée des prémisses, plutôt que du processus de raisonnement lui-même.

La conclusion générale va dans le sens d'une relativisation des capacités logiques. J.-F. L. N

ATN

(Sigle de l'angl. Augmented Transition Network)

→ transition (réseau de).

atomisme

n.m. (angl. Atomism)

Selon J. Piaget, représentation de tout objet, liquide ou solide, comme constitué de particules identiques entre elles et demeurant invariantes en quantité de substance, poids et volume, quels que soient les déplacements qu'elles subissent.

L'enfant doit disposer de l'atomisme pour avoir la conservation des quantités continues. E. V

→ conservation.

attachement

n.m. (angl. Attachment)

DÉVELOP. **Lien affectif d'une personne avec une autre, d'un animal avec un congénère.**

La théorie de l'attachement, formulée par J. Bowlby en 1959, rompt avec toutes les théories antérieures des premiers liens sociaux et affectifs de l'enfant humain. Dans une telle perspective, la tendance à rechercher le contact avec un congénère n'est pas une tendance dérivée, mais primaire et permanente. La théorie de l'attachement s'oppose donc aussi bien à toutes les théories de l'apprentissage social, pour lesquelles les liens affectifs se construisent avec des individus intervenant dans la réduction des besoins primaires, qu'à la théorie psychanalytique, pour laquelle le lien à la mère s'étaie sur la satisfaction du besoin de nourriture. Deux lignes de recherche ont fourni à Bowlby matière à réflexion. D'une part, les travaux de R. Spitz sur les effets de la carence maternelle précoce montrent que, même si les besoins physiques sont pris en charge par l'environnement, la satisfaction alimentaire ne suffit pas pour la construction de relations objectales (→ hospitalisme). D'autre part, la perspective éthologique a établi chez l'animal l'existence de systèmes innés de comportements, qui permettent l'établissement immédiat de relations avec un congénère : recherche de contact physique, succion des mamelons, cris (travaux de H. F. Harlow).

La notion d'attachement a suscité un grand nombre de recherches empiriques, qui ont mis en évidence plusieurs aspects importants.

1. De même que le nouveau-né dispose de moyens tout prêts pour attirer l'attention du congénère, celui-ci n'a pas à constituer un répertoire de réponses à ces signaux ou de moyens efficaces de stimulation: ceux-ci sont intuitifs, voire innés. Les liens d'attachement sont donc à concevoir comme le fonctionnement d'un système et non pas d'un individu.
2. Si l'attachement à *un* congénère, en général la mère, est crucial, des liens d'attachement sont en général tissés avec plusieurs figures stables de l'environnement de l'enfant: père, fratrie, nourrice, etc.
3. À partir des réactions des enfants à une situation standardisée, où la présence/absence de la mère et d'un étranger est systématiquement contrôlée (*Strange Situation*), Ainsworth met en évidence plusieurs types d'attachement: l'attachement sécurisant, l'attachement ambivalent et l'attachement esquivé, où la mère constitue une base de sécurité plus ou moins efficace. Ces modes d'attachement sont stables pour une figure d'attachement donnée, mais ils peuvent évoluer en fonction des conditions de vie.
4. Les relations d'attachement ne sont pas des relations de dépendance — une base de sécurité fiable permet et favorise l'autonomie — et elles sont importantes pendant toute la vie. M.-G. P.

attente

n.f. (angl. Expectation)

ÉTHOL. **Situation d'un animal qui resterait au même endroit avant la survenue d'un stimulus ou d'un renforçateur.**

Dans une situation de conditionnement, le courant de pensée cognitiviste propose que l'animal qui réagit au stimulus conditionnel (conditionnement pavlovien) ou qui émet la réponse opérante (conditionnement skinnérien) s'attend à la venue du stimulus inconditionnel ou de l'agent renforçateur. Cette attente révèle l'existence de processus de type représentationnel et peut se traduire au plan comportemental par des réactions au stimulus conditionnel, par exemple, différentes des réactions au stimulus inconditionnel (exemple: nage à reculons au lieu de fuite en avant chez les poissons soumis à des chocs électriques précédés d'un stimulus lumineux). A. G.

→ cognitivisme.

attention

n.f. (angl. Attention)

Activité par laquelle un sujet augmente son efficience à l'égard de certains contenus psychologiques (perception, intellection, souvenir).

Le concept d'attention implique clairement le caractère de sélectivité et de focalisation des activités de traitement de l'information ainsi que la concurrence entre certaines opérations de traitement.

Si l'attention est une notion très familière pour le sens commun, elle n'est apparue que tardivement comme notion scientifique. À la différence de fonctions telles que la perception, la mémoire, l'intelligence, elle n'a pas de statut dans la pensée philosophique : elle est contemporaine de la psychologie scientifique.

Cette notion recouvre un ensemble de phénomènes qui ont un air de famille, sans présenter une définition générale vraiment satisfaisante: préparation à l'action, sélectivité de la prise d'information, concurrence entre opérations de traitement. Récemment s'est formé le concept de processus attentionnels, qu'on oppose à des processus automatiques. Cette distinction caractérise certaines formes de traitement et définit des modes de fonctionnement des opérations cognitives. Les processus attentionnels sollicitent la mémoire de travail, de sorte qu'il y a concurrence et que plusieurs opérations relevant de ces processus ne peuvent être exercées concurremment.Ce concept explique à la fois les aspects de focalisation, de sélectivité et de concurrence et constitue par là une définition possible des phénomènes attentionnels.

LES PHÉNOMÈNES ATTENTIONNELS

On distingue trois catégories de phénomènes: la préparation à l'action, la sélectivité dans la prise d'information et la concurrence entre les tâches.

LA PRÉPARATION À L'ACTION

Un premier aspect de la préparation à l'action est la préparation temporelle: c'est la préparation liée à la date d'arrivée du stimulus pertinent pour la tâche. L'incertitude ne porte pas sur le stimulus mais sur le moment de son apparition. Les questions qui ont été étudiées sont le temps nécessaire à l'installation d'une attitude préparatoire, le temps pendant lequel un état de préparation peut être maintenu efficacement, le rôle de la probabilité des différents délais possibles d'apparition et l'effet du dernier intervalle présenté. On a étudié principalement la latence de la réaction et les composantes psychophysiologiques de la préparation, notamment par l'étude des potentiels évoqués.

Le second aspect de la préparation à l'action est la préparation sélective. L'incertitude porte alors non pas sur la date d'arrivée du stimulus mais sur le stimulus lui-même. Deux types de tâches sont utilisées: perceptives et motrices. Dans les tâches perceptives, on s'est essentiellement intéressé à l'effet d'une information préalable sur la composante utile du stimulus. On présente des stimulus multidimensionnels et on informe le sujet de la dimension sur laquelle il devra répondre. Dans les situations de temps de réaction, on a étudié surtout le rôle du nombre d'alternatives et de la probabilité de chacune des alternatives.

LA SÉLECTIVITÉ DANS LA PRISE D'INFORMATION

Les recherches effectuées dans ce domaine visent à répondre à la question: peut-on traiter simultanément plusieurs messages? L'information provient de plusieurs sources, le sujet est en général invité à focaliser son attention sur l'une des sources, qui délivre l'information pertinente pour la tâche à réaliser, et on étudie ce qui a été perçu de la source non prioritaire. On a pu mettre en évidence deux types de facteurs de limitation dans le traitement de l'information : des limitations qui concernent la saisie et l'encodage de l'information, comme le fractionnement de la présentation de l'information utile sur plusieurs canaux, et des limitations qui concernent les conditions d'élaboration de la réponse, comme la saturation de la mémoire de travail par le stockage des informations nécessaires à la réponse.

La concurrence entre tâches

Ce thème a pour objet de répondre à la question : peut-on faire plusieurs choses en même temps ? Quelles sont les choses que l'on peut faire simultanément et celles que l'on ne peut faire ? On a mis en évidence l'existence d'un système à capacité limitée de traitement, faisant appel à la mémoire de travail : certaines opérations de traitement sollicitent ce système et donc ne peuvent être réalisées concurremment ; d'autres ne le requièrent pas et mettent en œuvre seulement des processus de récupération en mémoire à long terme qui sont automatiques.

Les opérations qui font appel au système à capacité limitée sont, par exemple, l'identification d'un stimulus non familier ou celle d'un stimulus familier présenté dans des conditions perceptives défavorables, le stockage en mémoire d'une information à rappeler ultérieurement pour réaliser la tâche, l'élaboration d'une réponse nouvelle, le contrôle de la précision d'un mouvement. En revanche ne font pas appel à ce système des opérations telles que l'encodage d'un stimulus familier présenté dans des conditions favorables, le déclenchement d'une réponse automatisée, le déroulement d'un programme moteur.

Processus attentionnels et processus automatiques

Cette distinction a été utilisée en premier lieu par Posner et M. Snyder à propos de l'analyse des effets de préparation. Ces auteurs ont mis en évidence l'existence de deux types de préparation : une *préparation attentionnelle*, qui se caractérise à la fois par un effet de facilitation (par rapport au traitement de l'information focale) et un effet d'inhibition (par rapport au traitement de l'information non focale) ; une *préparation automatique*, caractérisée par un effet de facilitation seulement.

L'état de préparation engendré par des effets de fréquence ou par une attente intentionnelle est de nature attentionnelle. Celui qui est engendré par un *amorçage* (angl. Priming) consistant à présenter juste avant le stimulus un stimulus qui lui est lié est de nature automatique. Ainsi, la préparation attentionnelle est de nature sélective : il y a inhibition des stimulus qui sont en dehors de l'état de préparation. En revanche, la préparation automatique est non sélective : elle n'a pas d'effet sur les stimulus auxquels le sujet n'est pas préparé.

Cette distinction a été reprise par Schneider et Shiffrin, qui, dans une série d'expériences, ont montré que les processus attentionnels faisaient appel à la mémoire de travail, tandis que les processus automatiques font seulement appel à la mémoire à long terme. La mémoire de travail fait partie du système de traitement à capacité limitée, de sorte que, si ce système est occupé à traiter un stimulus, les autres stimulus à traiter sont mis en attente : s'ils ne sont pas traités dans un certain délai, de l'ordre de quelques secondes, ils disparaissent de la mémoire de travail et ne sont donc pas traités du tout.

La tâche utilisée consiste à rechercher un certain nombre de lettres (de une à quatre) sur des planches présentées à cadence rapide et a en signaler la présence, si l'une d'elles apparaît. Dans une première condition, la liste des lettres à surveiller varie d'un essai à l'autre et doit donc être retenue en mémoire de travail. Dans une seconde condition, cette liste est fixe, de sorte qu'elle peut être mémorisée en mémoire à long terme. Lorsque la liste est fixe, le temps de réponse pour signaler la présence d'une lettre ainsi que le taux de détection ne varient pas en fonction du nombre de lettres à surveiller. Ce n'est pas le cas lorsque la liste est variable : le taux de détection est moindre et le temps de réponse plus long quand le nombre de lettres à surveiller est plus grand. L'interprétation est que chaque lettre est considérée à tour de rôle pour rechercher si elle est présente sur la planche ; lorsque la liste est fixe, la recherche est faite pour toutes les lettres à la fois. On dit que le traitement est séquentiel dans le premier cas et parallèle dans le second.

Dans une autre expérience, les auteurs ont montré que l'on peut faire passer les sujets d'un traitement séquentiel à un traitement parallèle : c'est un apprentissage qui requiert des milliers d'essais et qui a pour effet d'automatiser la recherche en mémoire en permettant de mémoriser en mémoire à long terme la liste des items à détecter.

La notion de charge mentale ou de coût cognitif est donc liée au fait que les opérations de traitement entrant dans une tâche donnée font plus ou moins largement appel à la mémoire de travail et au système à capacité limitée. L'automatisation d'une activité diminue la charge mentale parce qu'une partie de plus en plus importante du traitement se fait par accès direct aux informations stockées en mémoire à long terme et ne fait plus appel à un stockage transitoire des informations en mémoire de travail. J.-F. R.

Psychophysiologie de l'attention

Du fait de la capacité limitée de traitement du système nerveux, l'organisme opère des choix parmi les informations sensorielles présentes et parmi les réponses motrices possibles. L'attention peut être considérée comme l'ensemble des processus centraux qui permettent et réalisent ces sélections dans les conduites perceptives et motrices.

À la base des conduites attentives, la *réaction d'orientation* focalise les capacités exploratrices et réceptrices de l'organisme vers un caractère nouveau ou saillant du champ stimulant. Cette réaction met en jeu des mécanismes sous-corticaux qui permettent l'immobilisation attentive et activent les structures responsables des réactions motrices spécifiquement déclenchées par le stimulus. Tel est le cas des collicules supérieurs qui réalisent l'intégration des caractéristiques visuelles, somatiques et auditives d'un stimulus et orientent les yeux, la tête et le tronc dans sa direction par l'intermédiaire de centres moteurs appartenant à la *formation réticulaire* du tronc cérébral. Il n'est sans doute pas indifférent pour l'organisation physiologique des conduites attentives que cette dernière structure ait acquis au cours de l'évolution un rôle dynamogénique général affectant le cerveau et la moelle, qui se manifeste dans la gradation des états vigiles et qu'on peut mettre en évidence en lui appliquant une stimulation électrique modérée : l'activité de base et les réponses sensorielles des neurones corticaux s'intensifient alors, la circulation cérébrale augmente, le tonus moteur s'élève, les réflexes deviennent plus amples, les mouvements plus vigoureux. Corrélativement, les seuils perceptifs sont abaissés, les temps de réaction diminuent. Cette intensification généralisée des réactions physiologiques et des performances se retrouve dans les comportements attentifs. Aussi a-t-on longtemps privilégié (c'est le cas notamment de la *théorie de l'activation*) la régulation intensive des comportements qu'exerce la formation réticulaire. Dans ce cadre théorique, l'attention apparaît comme un niveau d'activation de l'organisme ou, à tout le moins, comme le système répartiteur de ressources limitées de traitement.

Toutefois, les seuls mécanismes de régulation intensive ne suffisent pas à expliquer la sélectivité de l'attention, et leur caractère unitaire ne permet pas non plus de rendre compte de la multiplicité des traitements subis par les informations auxquelles on prête attention. La sélectivité se manifeste à l'égard de ce qu'il est convenu d'appeler des *canaux*, soit systèmes neuroniques de transmission d'un message sensoriel, soit, plus abstraitement, toute dimension permettant de décrire un stimulus : position, hauteur tonale, couleur, signification, etc.

Si l'on présente à un sujet des stimulus visuels, auditifs ou tactiles, en lui demandant de focaliser son attention sur une seule modalité, l'irrigation sanguine augmente bien dans l'ensemble du cortex, mais cette augmentation est plus marquée dans les aires spécifiquement impliquées dans l'analyse de la modalité vers laquelle est tournée l'attention. Des modulations spécifiques sont également observées dans les ondes corticales déclenchées par un stimulus (potentiels évoqués), portant sur la présence, la latence ou l'amplitude de leurs différentes composantes. Elles apparaissent quand les sujets doivent focaliser leur attention sur les stimulus appartenant à telle modalité ou, au sein d'une même modalité, sur ceux qui présentent telle hauteur tonale, telle structure phonémique, telle origine spatiale.

Les expériences de chronométrie mentale, utilisant les temps de réaction et les potentiels évoqués, laissent envisager que la sélection des caractéristiques pertinentes d'un stimulus implique des traitements organisés hiérarchiquement: la position spatiale ou la modalité font l'objet d'un traitement précoce, les caractéristiques physiques ou sémantiques étant analysées ultérieurement. Les mêmes techniques, jointes aux observations cliniques de lésions cérébrales chez l'homme ou à l'étude de l'activité individuelle des neurones chez l'animal vigile, permettent aussi de décomposer les déplacements de fixation de l'attention en une série d'étapes (telles les opérations de *dégagement, de mouvement, d'ancrage*, proposées par Posner), opérations relevant chacune de structures nerveuses particulières (collicules supérieurs [mésencéphale], cortex pariétal postérieur notamment) et susceptibles de ce fait d'être différentiellement affectées par des lésions neurologiques. J.-M. C.

BIBLIOGRAPHIE

Chance, M.R.A., Larsen, R.R., 1976, *The Social Structure of Attention*, Londres, New York, Viley.

Richard, J.-F., 1980, *l'Attention*, Paris, P.U.F.

attention conjointe

(angl. Joint Attention)

Regard porté sur ce que l'autre regarde.

L'attention conjointe implique la présence d'au moins deux personnes qui portent intérêt à une même cible visuelle (en général un objet). Son importance pour le développement de la communication est depuis longtemps établie. En effet, elle permet de relier les deux sources d'intérêt que constituent l'environnement social et l'environnement physique: l'objet devient source d'intérêt en raison de l'attention que lui porte le partenaire ou, inversement, la personne devient attractive en raison de l'objet qui capte son attention. Les avis divergent sur sa date d'apparition et ses conditions d'émergence: puisqu'il y a attention conjointe dès qu'une des deux personnes porte attention à ce que regarde l'autre, le phénomène peut être à l'initiative exclusive de l'adulte. Selon certains auteurs, c'est le cas jusque vers un an: le bébé regarde ce qui l'intéresse et la mère mobilise son attention sur ce que regarde son enfant (G. Collis et H. Schaffer). D'autres chercheurs discutent les conditions de l'expérience qui aboutit à ces résultats. Dans des situations plus contrôlées, où l'adulte établit d'abord le contact visuel avec le bébé puis tourne la tête et le regard dans une direction donnée, ils concluent que la majorité des bébés de huit mois sont capables de localiser dans l'espace la source de l'attention du partenaire (M. Scaife et J. Bruner) et qu'il est même parfois possible d'observer cette capacité dès deux mois (J. Churcher et M. Scaife). Mais localiser la nouvelle direction d'un regard est-il équivalent à regarder ce que regarde l'autre? Les expériences d'autres auteurs (G. Butterworth et E. Cochran) clarifient ce point: les bébés de six mois regardent dans la bonne direction, comme s'ils cherchaient à voir ce que la mère regarde, mais ils ne localisent la cible visuelle que si elle est dans leur propre champ de vision (par exemple: pas derrière eux). Il faut attendre dix-huit mois pour que le bébé se montre capable de localiser ce que regarde la mère, quel que soit l'endroit: l'enfant se comporte donc comme si son propre champ de vision était le même que celui de l'adulte. Cela renvoie à ce que J. Piaget a nommé l'égocentrisme* de l'enfant.

Ces derniers résultats expliquent peut-être le décalage trouvé par d'autres auteurs (R. Bakeman et L. Adamson) entre la capacité d'attention conjointe des mêmes enfants selon que le partenaire est un adulte ou un autre enfant du même âge: il faut attendre dix-huit mois pour que l'attention conjointe avec un pair soit établie chez la plupart des enfants. J. N.

BIBLIOGRAPHIE

Bakeman, R., et Adamson, L., 1984, « Coordinating Attention to People and Objects in Mother/Infant et Peer/Infant Interaction », *Child Development*, 55, 1278/1289.

Butterworth, G., et Cochran, E., 1980, « Towards a Mechanism of Joint Visual Attention in Infancy ». *International Journal of Behavioral Development*, 4, 253/272.

Churcher, J., et Scaife, M., 1982, « How Infants see the Point » in G. Butterworth et P. Light (éd.), *Social Cognition: Studies of the Development of Understanding*, Brighton, Harvester.

Collis, G., et Schaffer, H., 1975, « Synchronization of Visual Attention in Mother/Infant Pairs », 81, *Journal of Child Psychology and Psychiatry*, 16, 315/320.

Scaife, M., et Bruner, J., 1975, « The Capacity for Joint Attention in the Infant », *Nature*, 253, 265/266.

attention flottante

(angl. Suspended Attention; allem. Gleichschwebende Aufmerksamkeit)

Règle technique à laquelle tente de se conformer le psychanalyste en ne privilégiant, dans son écoute, aucun des éléments particuliers du discours de l'analysant.

L'attention flottante est la contrepartie de l'association libre proposée au patient. S. Freud formule cette technique explicitement ainsi dans *Conseils aux médecins sur le traitement analytique* (1912): « Nous ne devons attacher d'importance particulière à rien de ce que nous entendons et il convient que nous prêtions à tout la même attention flottante. » Il assigne également à l'inconscient de l'analyste de se comporter à l'égard de l'inconscient du patient « comme l'écouteur téléphonique à l'égard du microphone ». L'attention flottante suppose donc de la part du praticien la suppression momentanée de ses préjugés conscients et de ses défenses inconscientes. R. L.

atténuation

n.f. (angl. Attenuation)

STAT. **Sous-estimation d'un coefficient de corrélation calculé entre deux variables de fidélités imparfaites.**

Ch. Spearman a proposé une correction de cette atténuation: il rapporte la corrélation calculée à la moyenne géométrique des fidélités des deux variables (racine carrée de leur produit). Il faut interpréter avec prudence un coefficient ainsi corrigé: la valeur corrigée tend à être d'autant plus élevée que l'on utilise des observations plus largement entachées d'erreur. M. R.

attitude

(angl. Set [Génér.]; Attitude [Log. et Soc.])

GÉNÉR. **État de préparation dans lequel se trouve un individu qui va recevoir un stimulus ou donner une réponse et qui oriente de façon momentanée ou durable certaines réponses motrices ou perceptives, certaines activités intellectuelles.**

On utilise souvent pour désigner cet état l'expression plus explicite d'« attitude préparatoire ». Cette attitude peut moduler les réponses ou les activités psychologiques.

L'exemple le plus classique se rencontre dans la situation expérimentale de temps de réaction simple.

Le sujet attend un stimulus, auquel il doit répondre le plus vite possible. En se plaçant dans une attitude préparatoire convenable d'attente, il peut raccourcir son temps de réaction. Il risque alors aussi de répondre faussement ou prématurément, alors qu'aucun stimulus n'a été donné (« fausse alarme »).

Les « faux départs » des coureurs relèvent du même phénomène. Les attitudes (préparatoires) peuvent être très diverses dans leur contenu et influencer les comportements de façon complexe.

DIFFÉR. L'expression verbale d'une attitude est une opinion. La mesure des attitudes s'effectue à l'aide de questionnaires composés d'items après chacun desquels le sujet interrogé est invité à exprimer son accord ou son désaccord (ou encore son degré d'accord). Ce sont des échelles d'attitude, dont il existe plusieurs types : échelles de Likert, de Guttman, etc.

LOG. **Attitude propositionnelle, phrase qui dépend d'un verbe comme « croire que », « désirer que », etc.**

Les *attitudes propositionnelles* (angl. Propositional Attitude) ont été introduites par B. Russell, et ensuite étudiées par W. Quine, pour distinguer, du point de vue de la logique, les propositions ordinaires, celles qui font l'objet d'assertions, des propositions qui apparaissent comme complément d'un certain nombre de verbes : « croire que », « penser que », « désirer que », « craindre que », etc. Des exemples des premières sont : « Jean est plus grand que Paul », « Paul est plus grand que Pierre ». À partir d'elles, on peut tirer des inférences logiquement valides : ici « Jean est plus grand que Pierre ».

Des exemples des secondes sont : « Marie croit que Jean est plus grand que Paul » ou « Marie croit que Paul est plus grand que Pierre ». De là, on ne peut tirer aucune inférence logiquement valide : ni, naturellement, qu'il est vrai que « Jean est plus grand que Pierre », ni même qu'il est vrai que « Marie croit que Jean est plus grand que Pierre ».

Dans ce second cas, on devrait évidemment être à l'intérieur de la psychologie. Mais la notion d'« attitude propositionnelle » a eu plutôt pour but d'échapper à celle-ci. J.-F. L. N. et M.R.

SOCIAL. **Disposition interne durable qui sous-tend les réponses favorables ou défavorables de l'individu à un objet ou à une classe d'objets du monde social.**

Qu'elle soit disposition interne implique que l'attitude n'est pas observable directement ; elle doit être inférée à partir des réponses verbales et comportementales. L'attitude est aussi une disposition individuelle : l'individu est le lieu où se forme et se modifie une attitude ; elle est le produit et le résumé de toutes ses expériences, directes ou socialement relayées, avec l'objet ou la classe d'objets. L'attitude possède aussi une signification sociale : au niveau individuel, le milieu social fournit des modèles et des supports ; au niveau interpersonnel, la communauté d'attitudes est une base d'attraction mutuelle et de formation des groupes ; au niveau collectif, la distribution des ressemblances et des différences individuelles dans une société constitue un fait sociologique.

UN CONCEPT CLASSIQUE, MAIS MAL DÉFINI

Ce concept ancien couvre un domaine très compartimenté où les recherches — descriptives (enquêtes), expérimentales (sur le changement d'attitude), méthodologiques (échelles de mesure) — sont les plus nombreuses depuis les débuts de la psychologie sociale. Il n'y a pourtant pas d'accord sur sa définition. Les chercheurs se dispensent d'une définition, se contentent d'une définition opératoire ou sont d'accord sur un certain nombre de points, mais non sur l'extension du champ des réponses incluses dans le concept.

Pour les uns, l'attitude est seulement une disposition favorable ou défavorable, éveillée par la présence physique, imagée ou symbolique de l'objet. Cette définition étroite confine l'attitude dans le domaine affectif et la distingue à la fois de l'opinion, qui relève du cognitif, et des tendances d'action ; les relations entre attitude, opinion et action sont traitées en termes d'influence réciproque. Pour les autres, une attitude est définie comme un ensemble à trois composantes, affective, cognitive, conative, dont les relations se posent en termes de cohérence intra-attitude. Une tendance plus récente prête à l'attitude deux composantes seulement : évaluative et cognitive.

Les travaux sur la mesure des attitudes correspondent plutôt à la définition étroite ; ceux sur le changement d'attitude, plutôt à la définition large : ils portent aussi bien sur des aspects évaluatifs, sur des croyances ou des intentions d'agir, certains opérant simultanément sur les trois modes de réponses. Les travaux récents sur la relation attitude-comportement appellent plutôt la troisième définition.

LA MESURE DES ATTITUDES

À des fins descriptives, comparatives ou théoriques, on a attribué aux attitudes beaucoup de propriétés : *direction* (le sens favorable ou défavorable de l'orientation) ; *amplitude* ou *polarité* (le degré de faveur/défaveur ; on parle aussi d'« extrémisme ») ; *intensité* (confondue le plus souvent avec l'extrémisme) ; *ambivalence* (la proportion d'aspects favorables/défavorables) ; *saillance* (le degré d'accessibilité facilitant l'expression de l'attitude ; se confond avec la centralité, ou importance de l'objet pour l'individu).

La plupart de ces propriétés sont quantifiables, mais on a rarement mesuré autre chose que le degré de faveur/défaveur. Les recherches sur les *échelles d'attitude* ont commencé dans les années 1930, sans doute portées par la vague mesurante en psychologie.

Des mathématiciens, analysant les propriétés formelles de ces procédés, critiquent leur peu de conformité aux normes de la mesure des phénomènes physiques. Certains psychologues mettent aussi en doute la capacité de l'individu de connaître par introspection ses états internes et/ou de donner des réponses verbales véridiques, non biaisées consciemment ou inconsciemment dans le sens de la désirabilité sociale ou de la défense du moi.

Les échelles de mesure des attitudes ne sont ni une vraie mesure ni une mesure des vraies attitudes, mais elles offrent une approximation qu'on peut, en l'état des choses, estimer raisonnable. Elles sont, à une exception près, spécifiques d'un objet et d'une population donnés. Il existe d'autres moyens que les échelles (mesures physiologiques, observations du comportement, techniques semi-projectives, etc.), mais leur utilisation est malaisée pour de grands échantillons, ce qui les rend peu populaires.

LA MÉTHODE THURSTONE

Première proposée (1927), elle emprunte à la psychophysique l'idée d'une mesure basée sur l'estimation subjective d'un état interne, mais ici sans mesure physique correspondante.

Elle comporte une première étape de construction de l'échelle. On soumet une assez longue série d'énoncés, exprimant une opinion plus ou moins favorable/défavorable, à un grand nombre de juges. Selon la *méthode des intervalles successifs apparaissant égaux*, ils doivent les regrouper en un certain nombre de classes ordonnées (de très défavorable à très favorable), auxquelles on attribue des valeurs numériques croissantes ; pour chaque énoncé, on calcule une tendance centrale et une dispersion. On procède alors au choix des énoncés qui vont constituer l'échelle : on élimine ceux qui ont une forte dispersion et on choisit ceux dont les tendances centrales s'échelonnent à des intervalles aussi égaux que possible, à raison d'au moins un énoncé par échelon.

Dans la phase de mesure, on présente aux sujets, dans le désordre, les énoncés sélectionnés. Ils doivent dire s'ils sont en accord/désaccord avec chacun d'eux ; la note individuelle est la médiane, ou la moyenne, des valeurs d'échelon des énoncés avec lesquels un sujet est d'accord. Jugée trop coûteuse en temps et en personnes, cette méthode est assez peu utilisée aujourd'hui.

LA MÉTHODE LIKERT

Proposée en 1937, elle est fondée sur le principe psychométrique et factoriel d'une batterie de tests : chacun d'eux mesurant à la fois le facteur général et un facteur spécifique, on a une bonne estimation du facteur général si, disposant d'un certain nombre de tests, on somme les notes partielles. Pour mesurer une attitude générale, on va donc utiliser une batterie d'énoncés et sommer les notes obtenues sur chacun d'eux.

Pour chaque énoncé, les sujets indiquent leur degré d'accord/désaccord en choisissant un intervalle sur une échelle de réponses qui en compte au moins 5 ; la note individuelle est la somme des valeurs numériques associées aux réponses à tous les énoncés. La logique de cette méthode implique que les notes obtenues par les sujets sur l'un quelconque des énoncés sont corrélées avec leur note globale : on rend les énoncés *homogènes* en éliminant ceux pour lesquels la corrélation est faible et on recalcule une note par sujet.

Cette méthode semble plus rapide, elle est la plus utilisée ; mais, dans de nombreux cas, on ne respecte ni l'idée d'un large échantillon d'énoncés ni la règle de correction pour homogénéité.

La méthode Guttman

Proposée en 1947, elle comporte une mise en ordre hiérarchique des énoncés, ce qui permet de s'assurer de l'unidimensionalité de ce qu'on mesure. On formule un certain nombre d'énoncés, en général petit, qui représentent différents degrés de faveur/défaveur. On demande aux sujets s'ils sont en accord/désaccord avec chacun d'eux et on calcule la fréquence avec laquelle, dans le groupe interrogé, chaque énoncé a été accepté (= *popularité*).

On construit une matrice (= *scalogramme*) en mettant en colonnes les énoncés, rangés en ordre inverse de leur popularité, et en lignes les configurations individuelles de réponses, depuis celles qui ne comportent que des accords jusqu'à celles qui ne comportent que des désaccords. L'échelle (ordinale) est hiérarchique si, dans l'ensemble des configurations, l'acceptation d'un énoncé implique celle de tous les énoncés d'ordre inférieur. La note individuelle (= fréquence cumulée des accords sur tout ou partie de l'échelle) a la propriété d'être *reproductible* : on peut retrouver la configuration des réponses d'un sujet à partir de sa note.

Mais il est rare de parvenir à une hiérarchie parfaite : certains sujets font des erreurs (l'acceptation d'un énoncé n'implique pas celle de *tous* les énoncés d'ordre inférieur). Il faut d'abord éliminer les énoncés sur lesquels il y a beaucoup d'erreurs, puis calculer un *coefficient de reproductibilité* (= le rapport du nombre d'erreurs au nombre de sujets et d'énoncés) ; un écart de 10% est tolérable. On a par la suite proposé d'autres formules (coefficient de scalabilité ; indice de cohérence ; rapport d'erreurs ; test d'homogénéité).

Le différenciateur sémantique

Seule méthode standard, elle a été conçue à l'origine (1954) pour mesurer les associations sémantiques d'un concept : on utilise une série d'échelles de réponses dont les pôles sont deux adjectifs qualificatifs antonymes, séparés par 5 ou 7 échelons auxquels on attribue ensuite des valeurs numériques. Le sujet indique l'intervalle dans lequel le sens du concept lui semble se situer par rapport à l'un ou à l'autre des qualificatifs. À partir des corrélations entre notes, on a montré, par analyse factorielle, qu'il existait trois dimensions de base : une dimension évaluative, la plus importante, une dimension d'activité et une dimension de puissance.

C'est à cause de cette structure factorielle qu'on a ensuite utilisé le différenciateur pour mesurer les attitudes. On le réduit souvent à 3 ou 4 échelles de réponses, correspondant à la seule dimension évaluative (par exemple bon/mauvais ; agréable/désagréable), sur lesquelles sont jugés le nom de l'objet et quelquefois plusieurs des concepts qui relèvent du champ de l'attitude. La note individuelle est la moyenne des valeurs attribuées aux réponses sur les échelles.

De la mesure à la structure.

Les enquêtes s'intéressent de plus en plus aux aspects structuraux, intra- et inter-groupes, intra- et inter-attitudes. Orientation rendue possible par le progrès des méthodes d'analyse des données inspirées de l'analyse factorielle (exemple : analyse en composantes principales ; analyse des correspondances) et qui coexiste avec le regain d'intérêt théorique pour l'attitude en tant que système ou univers d'objets et d'aspects auquel doit correspondre une approche multivariée.

Le changement d'attitude

Les attitudes sont *acquises* : un objet neutre devient capable de provoquer une réaction favorable ou défavorable et une tendance comportementale à l'approche ou à l'évitement. Au fil des années, les psychologues ont proposé diverses théories de la formation des attitudes. D'abord associationnistes (conditionnement pavlovien ; apprentissage instrumental), elles sont plutôt cognitives aujourd'hui (modelage par observation et par communication ; auto-observation) ; il n'est pas certain qu'elles traitent des mêmes aspects de l'attitude. Elles mettent presque toujours l'accent sur le rôle du milieu social, de la communication verbale et du fonctionnement symbolique. Sans nier l'existence des expériences directes avec l'objet, leur rôle semble moins important que celui des relais sociaux.

Les attitudes sont *durables*, mais elles peuvent changer dans certaines conditions. C'est à l'analyse de ces conditions qu'ont été consacrés une masse énorme de travaux expérimentaux, dont l'origine remonte aux années 1950 (C. I. Hovland). En fait, on ne s'est intéressé qu'aux changements induits par une *communication persuasive* : une source adresse un message, généralement argumenté, en faveur d'une position vis-à-vis d'un objet ou d'un problème social, à un récepteur, ou cible, qui primitivement est sans avis ou d'un avis contraire.

Ce vieux problème de la persuasion est plus actuel que jamais du fait de l'ampleur des moyens de communication de masse et de l'usage quasi permanent des campagnes électorales, publicitaires, de santé. Ce chapitre de la psychologie théorique a donc aussi un intérêt pratique.

Les plans expérimentaux se sont compliqués. On a d'abord cherché à isoler les facteurs puis on a fait varier plusieurs facteurs à la fois, ce qui a permis souvent de constater qu'un facteur qui, isolément, apparaissait efficace était en fait sous la dépendance d'un ou de plusieurs autres (interactions).

Facteurs liés à la source

Un des premiers facteurs étudiés est la *crédibilité* : la source doit apparaître à la fois compétente et digne de confiance. La première composante peut prendre différents aspects : on a montré qu'un message a plus d'impact qu'il provient d'une source perçue par le récepteur comme supérieure en savoir, en instruction, en intelligence, en réussite professionnelle. Il est toutefois difficile de faire la part du prestige social associé à tous ces aspects. Par la suite, on a montré que la compétence de la source n'avait d'effet que sur certains récepteurs (par exemple ceux pour qui compte d'abord la validité d'une opinion). La seconde composante présente aussi plusieurs aspects : est plus influente une source perçue comme objective, désintéressée et ne manifestant pas une trop grande volonté d'influencer, ce qui évite de déclencher chez le récepteur une *réactance** (S. Brehm). Les cibles des communications persuasives sont souvent très soupçonneuses : plus les hommes que les femmes, et surtout les sujets informés.

L'*attirance* exercée par la source est un autre facteur très étudié. Le message d'une source que le récepteur trouve sympathique, impression immédiate ou induite par l'apparence physique, le caractère familier ou la similitude ont plus d'impact. Toutefois, l'effet, relativement faible, varie avec la certitude du récepteur et l'importance qu'il accorde au problème.

L'effet des facteurs de source dépend de la saillance des indices sur la base desquels la source est jugée ; sans doute aussi de l'orientation du récepteur — certains sujets seraient centrés sur la source et d'autres, centrés sur le message — ou de ses besoins fondamentaux, affiliation, ce qui rend sensible à l'attirance, ou réussite, ce qui rend sensible à la compétence de la source.

Le crédibilité de la source relève plutôt du cognitif, l'attirance, de l'affectif ; le changement induit serait dû à des processus différents, intériorisation dans le premier cas, identification dans le second. Les théories de la cohérence (par exemple la théorie de la dissonance* cognitive), appliquées au cas où une source aimée émet une opinion contraire, prédisent qu'une tension désagréable est engendrée chez le sujet, qu'il cherche à réduire en se rapprochant de la source.

Facteurs liés au message

Les questions de forme ont été les premières étudiées, mais il est devenu difficile de résumer les résultats car les facteurs de forme sont sous la dépendance de nombreux autres. Après une longue éclipse, les aspects formels font actuellement l'objet de très actifs programmes de recherche dans une perspective de traitement de l'information.

Le contenu du message : les appels à la peur. On peut faire appel à la raison en démontrant, avec des arguments factuels, le bien-fondé d'une opinion. On peut aussi faire appel aux émotions du récepteur : dans le domaine de la santé par exemple, pour le convaincre d'adopter une règle d'hygiène, on cherche à lui faire peur en lui décrivant de façon dramatique les dangers qui le guettent.

Une des premières recherches conclut à la supériorité d'un message modérément effrayant : un message peu effrayant n'éveillerait pas le besoin de faire cesser le danger en acceptant la recommandation et un message très effrayant engendrerait un état si désagréable qu'il entraînerait une réaction immédiate de rejet.

Cette recherche en a inspiré beaucoup d'autres, qui le plus souvent ont démontré la supériorité d'un message très effrayant. Ces incohérences ont mené à un vaste programme de recherches portant sur un large éventail de problèmes de santé et de sécurité, une grande variété de sujets et sur plusieurs niveaux de réponses (croyance ; intention d'agir ; comportement affectif).

Les résultats montrent que l'efficacité d'un message très effrayant dépend du niveau de réponse, du type de problème, du mode de présentation de la recommandation, de la crédibilité de la source ainsi que de l'état du récepteur. Le récepteur s'orienterait soit vers le « contrôle du danger », attentif au problème et à sa solution, soit vers le « contrôle (immédiat) de sa peur », en fonction du sentiment de sa vulnérabilité à la maladie, à l'accident. Se sentir peu vulnérable signifie qu'on pense avoir des chances d'échapper au danger en acceptant la recommandation du message, se sentir vulnérable signifie qu'on pense n'avoir aucune chance quoi qu'on fasse.

Le contenu du message : la grandeur de la divergence. On a montré que, à mesure que grandit la divergence entre la position de la source et celle du récepteur, le changement d'attitude augmente d'abord, puis plafonne ou diminue. De plus, l'effet d'une forte divergence est sous la dépendance de certains facteurs de source (la crédibilité) et de récepteur (l'importance du problème ; la certitude de sa propre opinion).

Une interprétation théorique (M. Sherif et Hovland) généralise au domaine des attitudes les phénomènes d'*ancrage*, d'*assimilation* et de *contraste* d'abord observés dans les jugements perceptifs. Autour du point qui, sur l'échelle, correspond à la position individuelle, il y a une marge d'acceptation et, au-delà d'une certaine distance, une marge de rejet, séparées par une marge d'indifférence. Une opinion peu divergente tombe dans la marge d'acceptation du récepteur, mais le changement est faible parce qu'elle est perçue, par assimilation, plus proche qu'elle ne l'est réellement, tandis qu'une opinion très distante tombe dans la marge de rejet : il y a donc une distance optimale à la limite des marges d'acceptation et d'indifférence. Les extrémistes ayant une marge de rejet large et une marge d'indifférence étroite, il est difficile de les amener à changer.

La théorie de la dissonance cognitive prédit que le sujet peut dévaloriser la source lorsqu'il est confronté à une opinion si contraire qu'elle menace d'ébranler ses certitudes. Mais le moyen le plus radical d'éviter une telle dissonance serait de ne s'exposer qu'à ce qui confirme son opinion (*exposition sélective*). Cette hypothèse a fait l'objet d'un grand nombre de recherches expérimentales : la conclusion en est que l'évitement des opinions contraires est loin d'être une tendance générale et qu'il dépend de facteurs personnels (l'anxiété ; le manque de confiance en son opinion) et psychosociologiques (un groupe protège sa cohésion en se fermant à toute opinion différente).

Facteurs liés au récepteur

Deux tendances s'observent dans les recherches : l'une s'intéresse aux caractéristiques individuelles qui sont liées au changement d'attitude dans les situations de persuasion ; l'autre est centrée sur les états temporaires et les activités mentales de l'individu dans ces situations.

Caractéristiques personnelles. On a cherché à voir quelles sont celles qui favorisent le changement : le sexe, l'intelligence et l'estime de soi sont les caractéristiques les plus étudiées. Les premières recherches concluent de façon simple et généralement cohérente : les communications persuasives ont plus d'effet sur les femmes, sur les gens peu intelligents, sur ceux qui ont une faible estime d'eux-mêmes. Le nombre des recherches croissant, le tableau devient moins clair. Certaines incohérences se réduisent si l'on fait intervenir plusieurs facteurs à la fois : on a montré, par exemple, que les sujets intelligents étaient plus convaincus par une argumentation bilatérale, par une conclusion implicite, par une source compétente, etc.

Un récepteur actif. Longtemps négligée, l'activité interne du récepteur est devenue aujourd'hui un thème de recherches empiriques et théoriques. On a depuis longtemps montré que, lorsque le sujet est averti qu'il va recevoir un message contraire à son opinion, il résiste à la persuasion. L'avertissement déclencherait une activité de contre-argumentation : le sujet cherche à réfuter à l'avance les arguments de l'adversaire ; ce que confirme expérimentalement d'autres chercheurs. La recherche anticipée d'arguments qui renforcent la position initiale (« immunisation de support ») n'a pas un effet aussi grand qu'une « immunisation de défense » (W. J. McGuire). Le récepteur a aussi une activité cognitive durant la réception du message : il rapporte de nombreuses réponses cognitives quand on lui demande à quoi il a pensé (Petty et Cacioppo). Si on l'empêche de penser et de contre-argumenter, en le distrayant par exemple, il se laisse davantage influencer par le message.

La plupart des facteurs affecteraient le changement par l'intermédiaire des réponses cognitives : les sujets contre-argumentent moins quand la source est compétente, quand ils sont anxieux, mais plus lorsque la divergence entre positions est grande, quand ils sont intelligents ou très impliqués dans le problème.

Il est des cas où le fait de s'être engagé dans une activité *comportementale* contraire à son intime conviction entraîne une auto-persuasion. Les sujets qui argumentent en faveur d'une position contraire à la leur auraient, pour bien jouer leur rôle, mentalement fait passer au premier plan les arguments en faveur de la position à défendre, ce qui, par un *biais d'examen* (angl. Biased Scanning), entraîne un affaiblissement des arguments en faveur de leur propre position.

Selon la théorie de la dissonance cognitive, les cas d'*obéissance forcée*, qui relèvent de la même problématique, ont une autre explication : un sujet qui accepte, contre une faible récompense, de dire le contraire de ce qu'il pense aligne son opinion sur son comportement (L. Festinger et Carlsmith) : la contradiction dans laquelle il s'est mis est « insuffisamment justifiée », d'où une dissonance que réduit le changement d'opinion — ce qui ne se produit pas quand la récompense promise est forte.

Ce type de résultat et d'explication a entraîné une vaste polémique. Les plus récentes recherches ont restreint la portée de la théorie à des conditions particulières : implication du moi et engagement public, conséquences du comportement pour autrui et responsabilité personnelle. Il s'agirait plus de paraître (angl. Self-Image Management) que d'être cohérent avec soi-même. Une position plus radicale (Bem) évacue la notion de conflit : l'individu ne connaît ses états et ses orientations internes que par inférence à partir des informations que lui fournit son comportement (angl. Self Observation).

Pour conclure, on a montré que le changement d'attitude est multidéterminé, que certains facteurs sont sans doute plus importants que d'autres — mais il est impossible, en l'état des connaissances, de les ordonner —, que l'individu ne change pas n'importe quand, n'importe comment, surtout si son opinion est tranchée, fondée sur des arguments, l'impliquant personnellement vis-à-vis d'un objet ou d'un problème social qu'il juge important.

Les grandes orientations théoriques

Aucune théorie générale ne rend compte de tous les facteurs. Les interprétations sont partielles et souvent concurrentes, sans critère factuel pour les départager. On peut cependant distinguer deux familles théoriques.

La tradition de H. Hull (apprentissage instrumental)

Hovland et ses collaborateurs ont proposé une interprétation qui a quelque chose d'un béhaviorisme libéralisé : le récepteur change d'attitude quand il *attend* une récompense de sa nouvelle position. La récompense peut être d'ordre affectif (par exemple la satisfaction anticipée de se retrouver d'accord avec une source sympathique ; le soulagement d'adopter une recommandation qui permet d'éviter un danger effrayant) ou d'ordre cognitif, quand le récepteur change d'opinion parce qu'il espère que la nouvelle est plus valide (par exemple garantie par une source compétente ou par des arguments non réfutables). Cette théorie rendrait compte des effets de nombreux facteurs, mais elle est assez vaguement formulée.

Sous des formes plus élaborées, elle est encore d'actualité. Une variante est formulée en termes probabilistes : le changement, comme toute décision, est fonction de l'espérance mathématique, c'est-à-dire à la fois de l'importance subjective du gain attendu et de la probabilité subjective d'obtenir ce gain (Fishbein). Une autre version, plus cognitive, fait dépendre le changement de la « probabilité d'élaboration » de réponses cognitives, en particulier de contre-arguments (Petty et Cacioppo). Dans ces deux théories, la plupart des facteurs peuvent prendre place en jouant sur les probabilités.

La tradition de K. Lewin (résolution de conflit)

Les théories de la cohérence des années 1960 ont une tonalité plus affective : le moteur du changement est la tension désagréable résultant d'un manque d'équilibre ou de « consonance » (Festinger) entre cognitions. Elles ont une portée plus limitée, ne rendant compte que de quelques facteurs : par exemple, la théorie de la dissonance est évoquée dans le cas d'une source aimée, dans l'approche et l'évitement de l'information et dans les cas d'obéissance forcée.

Selon Festinger, le changement d'attitude n'est qu'un des moyens de réduire la dissonance, et les conditions où ce moyen a le plus de chances de se produire sont mal précisées. Mis à part la théorie de l'auto-observation (Bem), qui explique autrement le changement qui va du comportement à l'attitude, la théorie de la dissonance, bien que très populaire pendant plus de deux décennies, n'a pas de descendance.

Les processus de changement

Ce qui semble actuellement aider le plus à mettre de l'ordre dans les résultats expérimentaux et à formuler de nouvelles hypothèses, ce sont des modèles descriptifs de processus.

Un modèle à étapes (Hovland, McGuire). Il postule l'existence d'étapes qui se conditionnent séquentiellement: étape de *réception* du message — le sujet doit d'abord faire attention au message, puis le comprendre ; étape d'*acceptation* (angl. Yielding) de la conclusion du message, et donc changement d'opinion (la plupart des recherches expérimentales s'arrêtent là). Si on s'intéresse aux effets à long terme, il faut ajouter une étape de *rétention*, non des circonstances du changement, mais de la nouvelle opinion, qui doit se consolider ; une dernière étape concerne la mise en *action*, la réponse comportementale. Une étape d'*évaluation*, précédant l'acceptation, est nécessaire selon certaines théories, optionnelle selon d'autres.

Un tel schéma permet d'attribuer l'effet d'un facteur à son influence sur la probabilité qu'une étape soit franchie. Ainsi, l'apparence physique de la source peut attirer l'attention sur le message, une conclusion explicite peut en faciliter la compréhension et une divergence modérée peut faciliter l'acceptation. Plusieurs facteurs peuvent jouer ensemble sur la même étape : leurs effets s'additionnent s'ils sont de même sens, interfèrent s'ils sont de sens inverse. Un facteur peut jouer différemment sur deux étapes : par exemple, l'intelligence du sujet peut faciliter la compréhension, mais freiner l'acceptation ; la distraction peut favoriser l'impact du message quand elle empêche le sujet de contre-argumenter, mais l'affaiblit quand elle détourne son attention.

Un modèle à plusieurs voies (Petty et Cacioppo). Les changements induits par une communication persuasive peuvent être durables ou passagers, superficiels ou profonds : il pourrait y avoir des processus différents pour différents types de changements.

Il y aurait deux « voies » de persuasion selon le mode d'acceptation de la conclusion du message par le récepteur. S'il a été convaincu, par la valeur des arguments, de la validité intrinsèque de l'opinion de la source (la voie centrale), cette opinion est intégrée dans son système personnel, les circonstances qui ont produit le changement sont oubliées, mais l'opinion acquise est durable. S'il a accepté la conclusion du message pour toute autre raison (la voie périphérique), sa nouvelle position peut encore changer au gré des circonstances qui modifient ses intérêts et les moyens de les satisfaire. Certains facteurs personnels ou situationnels augmenteraient la probabilité que le récepteur s'engage sur l'une ou sur l'autre voie.

Attitude et comportement

L'attitude permet-elle, comme on l'a longtemps cru, de prédire le comportement ? Les certitudes en ce domaine ont été ébranlées en 1969 par une revue des travaux qui montrait que les corrélations entre mesure des attitudes et mesure des comportements correspondants étaient dans l'ensemble très faibles. Certains auteurs ont suggéré d'abandonner la notion d'attitude, d'autres ont cherché des solutions à ce qui est devenu un problème.

Une des solutions proposées est méthodologique (I. Ajzen et Fishbein) : pour obtenir une corrélation élevée, il faut que la mesure de l'attitude et celle du comportement soient au même niveau de spécificité ou de généralité. Une conduite est spécifique d'un objet particulier : elle est déterminée de façon interne par l'attitude générale envers la classe de l'objet et de façon externe par les caractéristiques de la situation locale et de l'objet particulier. C'est donc l'attitude *spécifique* vis-à-vis de l'objet particulier qui correspond à une conduite *particulière*. D'autre part, une attitude *générale* correspond à une *classe* de comportements et un indice calculé sur plusieurs comportements permet d'obtenir une meilleure corrélation entre attitude générale et tendance comportementale.

Une autre stratégie est de rechercher expérimentalement les conditions qui peuvent augmenter ou diminuer la relation entre attitude et comportement. On a déjà montré l'existence de différences interindividuelles dans la force de la liaison. De plus, une conviction forte, appuyée sur des expériences personnelles, des raisons conscientes ou un système idéologique, se traduit en acte. Le rôle des normes sociales et de la solidarité en groupe reste à explorer.

On a aussi proposé des modèles théoriques. Le plus connu est le modèle d'« action raisonnée » (Fishbein et Ajzen) : le meilleur prédicteur du comportement est l'intention d'agir, qui dépend de l'attitude vis-à-vis de l'action et de la norme personnelle concernant cette action. L'attitude est définie en termes d'espérance mathématique (= valeur subjective du résultat attendu de l'action × probabilité subjective que ce résultat se produise) ; la norme personnelle est fonction de la norme sociale (= ce que l'entourage pense qu'il est bien de faire), pondérée par le désir qu'a l'individu de suivre cette norme. Le modèle est opérationnalisable et un certain nombre de recherches ont montré qu'il prédit, avec une bonne approximation, le comportement individuel en matière de planning familial, de consommation d'alcool, de vote sur des installations nucléaires. Une conception voisine (H. C. Triandis) accorde une importance déterminante au comportement passé dans la prédiction du comportement futur. Ces modèles limitent beaucoup la portée de la notion d'attitude : spécifique d'un objet ou d'une action particulière, elle n'est plus un point de vue général sur le monde social.

G. M.

Bibliographie

Dawes, R. M., Smith, T. L., 1985, *Attitude and Opinion Measurement*, in G. Lindzey et E. Aronson, Eds., *The Handbook of Social Psychology*, 3e éd., New York, Random House.

McGuire, W. J., 1985, *Attitudes and Attitude Change*, ibidem.

attraction interpersonnelle

n.f. (angl. Interpersonal Attraction)

Processus préférentiel, réciproque ou non, intervenant dans les groupes sociaux avec une intensité et une durée variables selon les individus et les situations.

Cette notion est proche de celle de l'affinité*.

L'affinité implique pour sa part une réciprocité. De tonalité plus strictement opératoire, elle se prête directement aux procédures sociométriques et aux enquêtes sur les liens affectifs propres aux membres de collectivités ou d'échantillons divers.

Les recherches requièrent ici une conjonction d'approches centripètes, allant du contexte des rencontres jusqu'à l'intimité singulière des dyades et des sujets, donc la mise en jeu de terrain et de méthodes multiples. D'une part, il s'agit de distinguer au sein des espaces sociaux les conditionnements et les régulations qui interviennent pour favoriser les contacts en déterminant un « champ des éligibles »; on procède ainsi à l'étude du cadre social des attractions à l'aide d'enquêtes, d'observations, éventuellement d'expérimentations. D'autre part, il s'agit d'analyser les aspects proprement psychologiques impliquant l'interaction des personnes, liée à un ensemble de perceptions et de motivations affectives; en se centrant ici sur les dyades dont on veut expliquer l'histoire, on recourt soit à des méthodes cliniques (d'inspiration psychanalytique ou phénoménologique), soit à des méthodes de caractères psychométrique et différentiel.

Les cadres sociaux des attractions entre les personnes

Une première vague de travaux (1950-1965) est marquée, surtout aux États-Unis, par une multiplicité d'études sociométriques à visée intégrative au sein de groupes restreints et d'enquêtes relationnelles portant sur des ensembles plus étendus. Ces travaux font ressortir deux phénomènes majeurs : l'*effet de voisinage* (angl. Vicinity) et l'*effet de similarité* des statuts et des valeurs (angl. Homophily).

Les enquêtes de L. Festinger sur des cités universitaires et celles de R. K. Merton sur de grands ensembles homogènes ou multi-raciaux montrent l'influence très significative de ces facteurs sur les connaissances et les relations amicales.

Un peu plus tard, en France, des études portant sur des collectivités ou des échantillons de population confirment l'importance des cadres sociaux dans le jeu des attractions. Les travaux de A. Girard sur le choix du conjoint et ceux de J. Maisonneuve sur le choix des amis soulignent le rôle combiné du voisinage, de l'homogamie et de la similitude, c'est-à-dire de la proximité spatiale et sociale. Les aires affinitaires comprennent à la fois les groupements localisés dont les individus sont membres (voisinage, milieu de travail, de loisir, etc.) et des ensembles latents dont ils se sentent plus ou moins solidaires (catégorie d'âge, de sexe [pour l'amitié], profession, éducation, système de valeurs). Les gens sont d'ailleurs peu conscients de la prégnance de ces modèles ou même ils les récusent; alors que les deux tiers environ des liens amicaux unissent des personnes relevant de catégories similaires, on constate que « l'appartenance à un même milieu social » se trouve classée en dernier rang sur un questionnaire relatif aux fondements de l'amitié.

L'interpersonnologie : perceptions et motivations

Au niveau descriptif, certains chercheurs développent une analyse relationnelle : R. Tagiuri aux États-Unis, P. H. Maucorps en France ont prolongé la sociométrie sélective en demandant aux sujets non seulement qui ils choisissaient mais par qui ils pensaient être choisis (ou rejetés). La conjonction des deux types de réponses permet d'établir un éventail de relations dyadiques allant du choix sans espoir de réponse ou de l'attente imaginaire jusqu'aux réciprocités conscientes, l'« empathie » interpersonnelle étant exposée à deux genres d'erreurs, par omission ou par illusion. On constate notamment que les dyades harmoniques parfaites (celles dont les membres se choisissent mutuellement et comptent l'un sur l'autre) ne représentent que le cinquième des relations qui se nouent dans les groupes. En outre, les progrès de l'ajustement interpersonnel à travers le temps restent médiocres et les relations apparaissent notoirement instables.

À un niveau plus théorique, T. M. Newcomb élabore un *modèle prédictif* des attractions fondé sur la présomption de similitude selon un système triadique (ABX) englobant les objets et valeurs qui médiatisent toute relation dyadique; car les partenaires (A et B) ne se rencontrent pas dans un vide psychosocial et le tiers (X : personne, objet ou valeur) est, avec le temps, source de renforcement ou de conflit, à la limite de la rupture. Les perceptions se combinent ici aux affects pour assurer le caractère gratifiant propre à l'attrait amical ou amoureux. L'équilibre relationnel peut être perturbé par une donnée nouvelle et susciter une tension entre deux tendances : l'une autistique, consistant à récuser la source de trouble pour préserver le lien; l'autre, réaliste, visant à assumer les avatars du rapport à autrui. Quant aux motivations attractives, le bilan des recherches se présentait selon deux paradigmes, celui de la similarité et celui de la complémentarité. Aussi bien observe-t-on chez les paires d'amis et les couples les plus unis une ressemblance quant aux systèmes de valeurs et quant à certains traits de personnalité, tandis que, pour d'autres aspects, ils apparaissent complémentaires. En gros, on pourrait dire que les similitudes répondent à une motivation sécurisante tandis qu'altérité et complémentarité répondraient à un désir d'accomplissement. Dans cette perspective, toute affinité se fonderait minimalement sur une connivence narcissique, qui, dans des cas privilégiés mais souvent éphémères, pourrait se muer en communion proprement transitive, intensément vécue. Le rôle de l'idéal personnel apparaît ici décisif, car il oriente le choix d'objet (amical ou amoureux) et nourrit en quelque sorte le lien dilectif par les états gratifiants liés à sa poursuite. C'est à son niveau que s'effectue l'ensemble des médiations : entre identité et altérité, sécurité et accomplissement, plan du vécu et de l'inconscient, nostalgie du passé et énergie du projet. Enfin, c'est aussi une connivence qui peut rendre compte de la zone d'échanges importants relevant de la fantaisie.

Études de laboratoire

De nombreux travaux expérimentaux se sont succédé au cours des années 1970 et 1980. Ceux de D. Byrne visent à établir la primauté de la similitude — et de son renforcement positif — sur tout autre facteur d'attraction. Sa méthode se fonde sur la comparaison des réponses à des questionnaires d'attitudes remplis par les sujets et par des personnes (fictives) qu'on leur demande ensuite d'évaluer; elle a donc à la fois ses limites, puisqu'il s'agit d'exprimer un attrait sans contact, et une portée tendancielle générale.

Certaines études portent sur les premières impressions et sur les effets de l'apparence physique. À cet égard, il ressort que les individus jugés les plus beaux sont considérés bien plus favorablement que leurs pairs et voient leurs performances surestimées; cela à tous âges et dans des contextes très variés. Mais, comme le souligne I. Ajzen, ce ne sont pas les attributs eux-mêmes qui créent l'attirance, mais plutôt les croyances et les représentations d'autrui inférées à partir de ces attributs — avec un effet sur les prévisions du sujet quant au déroulement de son interaction éventuelle avec la personne-stimulus.

Recherches récentes sur les relations intimes

Ces recherches peuvent s'ordonner selon quelques axes d'exploration et selon leurs modèles théoriques de référence. On retrouve d'abord (issu de H.H. Kelley) le courant fonctionnaliste de l'échange social — pris au sens rémunérateur de l'économie : gains et coûts affectifs liés aux qualités et aux ressources du partenaire ou à leur contraire; une solution de « rechange » étant envisagée si des relations plus avantageuses apparaissent disponibles. Toutefois, les chercheurs admettent certains processus d'évolution tendant à rendre la relation aussi importante que les besoins propres.

D'autres courants sont centrés sur la dimension *communicative* de l'intimité aux niveaux conscient et inconscient, verbal et non verbal. Divers travaux se réfèrent ici au modèle psychanalytique et à une approche essentiellement clinique. C'est le cas, en France, de Y. Castellan (à partir des tests de Rorschach) et de J. Lemaire (à partir d'entretiens intensifs); ils dégagent chez les partenaires une similitude partielle des formes d'affectivité, source de réassurance narcissique; et, même chez les couples stables, un cheminement, souvent ponctué de crises, vers un espace commun de communication et d'action. Selon Lemaire, le choix mutuel se ferait non seulement en fonction de la constitution antérieure de la personnalité et de la référence aux images parentales, mais aussi en fonction d'une structure dyadique de congruence entre les tendances et les conflits respectifs. L'attraction tiendrait à une similitude de problématique chez les partenaires et à une complémentarité de leurs modes de réaction aux problèmes. On retrouve ici la combinaison des modèles exposés plus haut à propos de recherches antérieures. D'autres travaux, anglo-saxons, confirment que les couples satisfaits sont ceux qui peuvent dialoguer en cas de désaccord et engager une certaine évolution convergente, tandis que les couples malheureux se bloquent dans des monologues symétriques et récurrents — outre leurs malentendus dans l'interprétation des messages non verbaux liés à la vie quotidienne. Aussi bien l'expressivité et la propension à l'« autorévélation » (processus crucial pour intimiser le lien) varient-elles selon les sexes, les personnes et le trajet du couple.

L'HARMONIE DES STYLES

Il s'agit de l'ultime dimension du lien affinitaire, évoquée par J. Maisonneuve en 1966, celle du style de communication. Quelques travaux ont avancé dans cette direction; les uns, localisés, examinent la part de certaines différences stylistiques dans les conflits conjugaux (Duck et Gilmour). D'autres (J.L. Beauvois et R. Ghiglione), de portée plus générale, établissent d'abord que le langage constitue une réalité autonome et non pas seulement un système, un véhicule; les sujets, dans leur rapport à cet objet, développent certaines attitudes distinctes qui peuvent être référées à la bipolarité du langage selon R. Jakobson: axe paradigmatique (caractérisé par la similarité), axe syntagmatique (caractérisé par la contiguïté), auxquels paraissent correspondre deux attitudes langagières dominantes; celles-ci pourraient donc influencer directement le jeu des attractions. Enfin, certains travaux sur la personnalité (M. Huteau) dégagent l'existence de styles cognitifs concernant notamment la pensée associative et l'organisation du système représentatif. J. M.

→ affinité, communication, perception sociale.

BIBLIOGRAPHIE

Brehm et Harvey, 1989, *Intimate Relationships*, New York, Random House.

Byrne, D., 1971, *The Attraction Paradigm*, New York, Academie Press.

Duck et Gilmour, 1981, *Personal Relationships*, New York, Academie Press.

Lemaire, J., 1979, *le Couple, sa vie, sa mort*, Paris, Payot.

Maisonneuve, J., 1966, *Psycho-sociologie des affinités*, Paris, P.U.F.

Maucorps et Bassoul, 1950, *Empathie et connaissance d'autrui*, Paris, C.N.R.S.

Newcomb, T., 1961, *The Acquaintance Process*, New York, Holt.

attribut

n.m. (angl. Attribute)

LOG. **Caractéristique ou propriété d'un objet.**

En ce sens du mot, « rouge » ou « rougeur » désignent un attribut.

GÉNÉR. **Dans l'étude des concepts: domaine de variation caractéristique d'un ensemble d'objets.**

Dans cette conceptualisation mieux différenciée, c'est « couleur » qui désigne l'attribut; « rouge » ou « rougeur » désignent alors une *valeur* de cet attribut. De façon semblable, dans cet usage, c'est « poids » (et non « lourd » ou « léger ») ou « sexe » (et non « masculin » ou « féminin ») qui correspondent à l'attribut. Dans cette optique, les descriptions des objets et des entités sont données d'une part en termes d'attributs, d'autre part en termes de valeurs d'attribut. En ce qui concerne les premiers, la représentation de « pomme », par exemple, comportera une couleur, une forme, un poids, dans certaines circonstances une possibilité d'être dénombrée, etc., mais cette représentation ne comportera pas de profondeur ni d'acuité sonore. En revanche, une flaque d'eau comportera une profondeur et un son de piano, une acuité sonore. En ce qui concerne maintenant les valeurs d'attribut, la représentation de « pomme » aura, *sur* l'attribut de couleur, les valeurs « vert » ou « jaune » ou « rouge », mais (en principe) jamais « bleu » ni « violet ». La distinction entre attributs et valeurs d'attribut est d'une grande utilité aussi bien en psychologie cognitive que, plus généralement, en science cognitive (« représentation de connaissances »). J.-F. L. N.

attribution

n.f. (angl. Attribution)

Processus cognitif mis en œuvre dans les explications que les gens, dans la vie quotidienne, avancent de leurs propres comportements et de ceux d'autrui.

LES IDÉES DE HEIDER

C'est F. Heider qui a, en 1944, posé les bases d'une nouvelle problématique pour la psychologie sociale cognitive en élaborant une théorie de l'attribution qui devait rendre compte de la production, par inférence, de certaines cognitions à partir de l'observation des comportements. Dans cette perspective, les individus vont au-delà des données de la situation. Ils cherchent à donner un sens aux événements, aux conduites, aux interactions.

L'attribution est un processus cognitif qui renvoie à une partie de la perception et du jugement de la personne (soi ou autrui); elle nous permet d'expliquer notre comportement (autoattribution) et celui d'autrui (hétéroattribution) en fonction des caractéristiques de la personne ou de la situation. L'idée de base est que les événements, les conduites sont dus à des forces, à des déterminismes émanant soit des personnes en cause (on parle de causalité interne ou de facteurs dispositionnels), soit de l'environnement (causalité externe ou facteurs situationnels). Il y a sous-jacente l'idée selon laquelle le type d'attribution effectuée par un individu aura des conséquences sur ses comportements futurs.

Pour Heider, l'attribution est le processus par lequel « l'homme appréhende la réalité et peut la prédire et la maîtriser ». C'est la recherche par un individu des causes d'un événement, c'est-à-dire la recherche d'une structure permanente mais non directement observable qui sous-tend les effets, les manifestations directement perceptibles.

LE MODÈLE DES INFÉRENCES CORRESPONDANTES

En 1965, E. Jones et K. Davis s'intéressent à la perception des causes des actions d'autrui. Ils étudient la relation qui est établie entre un comportement et les attributs susceptibles d'en rendre compte. L'idée centrale de cette théorie est que l'observateur pense que le comportement d'un individu acteur est causé par un de ses traits de caractère ou une de ses dispositions spécifiques. Pour qu'un observateur puisse alors accéder aux intentions sous-jacentes d'un acteur, il faut en premier lieu que cet observateur repère les effets de l'action qui a été voulue par cet acteur. Il faut donc, au départ, que l'observateur suppose que l'acteur était conscient des effets de son action et qu'il possède bien les capacités nécessaires pour accomplir cette action. Ce n'est qu'à partir de ces deux conditions qu'un acte et ses effets peuvent apparaître à l'observateur comme dus à l'acteur et non au hasard ou aux circonstances. L'acteur doit être perçu comme ayant une certaine liberté de choix: ce n'est que si l'acteur a, dans une situation donnée, le choix entre plusieurs actions possibles que l'observateur peut être sûr que l'acte est bien le fait de la volonté de l'acteur et n'est pas dû, par exemple, aux exigences de la situation. De plus, un acte peut avoir plusieurs effets différents, mais des actes différents peuvent avoir des effets communs. Le problème est donc de savoir comment un sujet observateur peut attribuer avec certitude à un acteur une intention spécifique. Le sujet observateur se fierait aux effets non communs aux différentes actions et ce sont ces effets qui correspondraient à une intention spécifique.

En fin de compte, le processus d'attribution se déroulerait de la façon suivante: 1. le sujet observateur repère les effets d'une action; 2. il compare ces effets aux effets des actions possibles mais non effectuées par le sujet acteur afin de déterminer les effets communs et les effets spécifiques; 3. enfin, le sujet observateur *attribue*, c'est-à-dire établit une correspondance entre l'action, une intention et une disposition en se basant sur les effets spécifiques de l'action choisie et des actions rejetées.

LE MODÈLE DE LA COVARIATION

La théorie de Jones et Davis porte essentiellement sur les attributions qu'un individu effectue à partir du comportement d'autrui (hétéroattributions). Le modèle développé par H. Kelley en 1967 est plus général: il vise aussi bien les attributions que l'on peut faire sur soi-même (autoattributions) que celles que l'on peut faire sur autrui. Pour cet auteur, l'attribution est conceptualisée comme renvoyant à un processus qui permet la perception des propriétés des entités de l'environnement; il s'agit bien, là encore, d'inférer des causes à partir des effets. La logique du processus d'attribution serait la même que celle de cette technique statistique qu'est l'analyse de variance. Dans ce modèle, la variation des effets est examinée en fonction de quatre facteurs : 1. les entités (les objets) que l'on cherche à appréhender ; 2. les personnes en interaction avec ces objets (soi compris) ; 3. les modalités temporelles et (4.) circonstancielles d'interactions avec ces objets.

Cependant, soit que nous nous contentions d'un minimum d'information, soit que nous n'ayons accès qu'à ce minimum d'information, les attributions que nous faisons sont, la plupart du temps, effectuées de façon plus simple. Pour rendre compte du fait que chaque situation ne demande pas nécessairement une analyse causale complète et que, de toute façon, cette analyse ne peut souvent pas être faite faute de temps ou d'information, Kelley introduit la notion de *schéma** causal. Cette notion désigne le fait que, bien souvent, l'individu utilise son expérience passée, l'expérience qu'il a du monde externe pour faire des attributions.

L'erreur fondamentale

De nombreux exemples donnent à penser que les attributions sont souvent effectuées en termes de causalité interne : c'est ce qu'on appelle, à la suite d'un article de L. Ross de 1977, l'*erreur* fondamentale* et qui serait à la base de la tendance générale à inférer des causalités internes plutôt qu'externes, en bref à considérer que les individus sont responsables de ce qu'ils font et de leur sort. Néanmoins, la perception de la causalité interne ou externe dépend de nombreux autres facteurs (relations de pouvoir, fait qu'un individu tente de maintenir une relative haute estime de soi en attribuant son succès à des causes internes et son échec à des causes externes).

Attributions à soi et à autrui

S'il existe une tendance générale à oublier les contraintes environnementales dans la perception de la personne (soi ou autrui), la question qui se pose est celle de savoir s'il y a une différence entre auto- et hétéroattribution.

Une première réponse est fournie par les théoriciens de l'autoperception, par exemple D. Bem en 1967, pour lesquels il n'y aurait pas de différence « de nature » quand on passe de l'attribution à autrui à l'autoattribution : les individus seraient de simples observateurs de leur propre comportement. La perception de soi serait alors identique à la perception d'autrui lorsqu'on possède les mêmes informations sur soi et sur autrui.

Mais de nombreuses recherches suggèrent qu'un acteur perçoit plus son propre comportement comme une réponse à la situation alors qu'un observateur attribuerait davantage le même comportement à des dispositions personnelles de l'acteur. Pour E. Jones et R. Nisbett, dans l'ouvrage *Attribution : Perceiving Causes of Behavior*, 1972, cela illustre le fait que l'acteur n'est pas un double, une copie de l'observateur. D'une part, acteurs et observateurs ne disposent pas d'une même connaissance (les acteurs disposant en général de plus d'informations sur leurs comportements antérieurs, leurs motivations) et, d'autre part, acteurs et observateurs analysent la situation selon des éclairages différents (certains éléments d'information sont saillants pour les uns et non pour les autres et les acteurs voient dans les caractéristiques de la situation la cause de leur comportement, alors que les observateurs sont plus centrés sur les individus). Cependant, pour d'autres auteurs (par exemple A. Buss), les différences entre auto- et hétéroattribution sont dues au fait que, face au comportement à expliquer, acteurs et observateurs sont impliqués différemment. Demander à un acteur d'expliquer son comportement n'a donc pas le même sens que de demander à un observateur l'explication du comportement d'un acteur. Lorsqu'on demande à un acteur d'expliquer son comportement, on lui demande de justifier son action par rapport aux normes admises. L'acteur explique alors son comportement en termes de raisons, tandis que l'observateur explique le même comportement en termes de causes.

Les théories de l'attribution ont connu beaucoup d'applications thérapeutiques et ce cadre conceptuel permet de réinterpréter de nombreux travaux effectués dans des domaines divers en psychologie sociale. Mais de nombreux problèmes demeurent. J.-C. D.

Bibliographie

Heider, F., 1958, *The Psychology of Interpersonal Relations*, New York, Willey.

Jones, E. E., et allii, 1972, *Attribution Perceiving Causes of Behavior*, Morristown, N.J., General Learning Press.

Aubert (effet)

Effet, décrit par Aubert en 1861, selon lequel, si l'on regarde, dans l'obscurité, une ligne verticale et que l'on incline fortement la tête, la verticale semble s'incliner du côté opposé. J.-F. L. N.

audiogramme

n.m. (angl. Audiogram)

Représentation graphique des variations du seuil d'audibilité (habituellement inscrites en perte d'audition en décibels) en fonction de la fréquence. R. L.

audiométrie

n.f. (angl. Audiometry)

Ensemble de mesures de l'audition au moyen de différentes techniques.

Selon les stimulus employés, on distingue l'audiométrie tonale, qui, lorsqu'elle détermine les seuils absolus, est appelée *audiométrie liminaire tonale*, et l'audiométrie vocale, qui mesure la perception de mots ou de phonèmes. D'autres méthodes, dites « objectives », consistent à enregistrer les réponses électriques évoquées par des sons à la périphérie du système auditif (électrocochléographie) ou dans les centres (potentiels évoqués), ou encore à mesurer l'impédance de l'oreille (impédancemétrie). L'audiogramme est l'ensemble des valeurs des seuils pour des sons purs de différentes fréquences. M.-C. B.

audition

n.f. (angl. Hearing)

Fonction de perception des sons par l'intermédiaire du système auditif.

Les sons sont des vibrations mécaniques se propageant dans les milieux matériels et y provoquant des variations de la pression ; dans l'air, le passage d'une onde sonore cause des surpressions et des dépressions par rapport à la pression atmosphérique. Ces variations de pression, transmises à l'oreille interne, déterminent un ensemble de mouvements des structures cochléaires (→ cochlée) et l'excitation des cellules réceptrices d'où partent les messages nerveux en direction des centres auditifs. Chez l'Homme, l'aire d'audition couvre, en fréquence, une gamme de 20 à 16 000 herz (Hz) et, en amplitude des variations de la pression, une marge allant de 20 micropascals (μPa) [niveau de pression acoustique de 0 décibel (dB)] à 20.10^6 μPa (= 120 dB, seuil de la douleur). La meilleure sensibilité différentielle de l'oreille atteint 0,5 dB dans le domaine des niveaux et quelques herz, en fréquence ; le système binaural est sensible à des différences de temps d'arrivée de quelques microsecondes (μs) d'une oreille à l'autre. Un son perçu possède plusieurs attributs relativement indépendants les uns des autres (tels que la sonie, la hauteur, le timbre, la localisation spatiale) ainsi que certaines qualités liées à la nature de l'environnement (salle réverbérante par exemple). Le système auditif possède une fonction d'organisation perceptive qui consiste à regrouper ensemble les indices qui proviennent d'une même source lorsque l'environnement en comporte plusieurs. Ces groupements sont opérés de façon simultanée : il y a ségrégation de différents sous-groupes d'indices cohérents qui sont fusionnés pour former une image par source. D'autres groupements s'effectuent également de façon séquentielle et il en résulte la formation de flux auditifs (mélodie par exemple). Entendre renseigne sur la nature et la localisation des sources sonores présentes dans l'environnement et permet de comprendre leur comportement et le message porté lorsqu'il s'agit, par exemple, de la parole. M.-C. B.

Bibliographie

Botte, M.-C., et alii, 1990, *Psychoacoustique et perception auditive*, Paris, Inserm -EM.

Buser, P., et Imbert, M., 1987, *Audition*, Paris, Hermann.

Gribenski, A., 1964, *l'Audition*, Paris, P.U.F.

Tiberghien, F., 1988, *Introduction à la psychophysique*, Paris, P.U.F.

autisme

n.m. (angl. Autism)

Repliement sur son monde intérieur du sujet qui refuse le contact avec le monde extérieur.

Les définitions et les descriptions de l'autisme

Le terme d'« autisme » est dérivé du grec *auto*, qui signifie « soi-même ». Il a été introduit pour la première fois en psychiatrie en 1911 par E. Bleuler, dans son ouvrage sur *le Groupe des schizophrénies*, pour désigner, chez les malades schizophrènes adultes, la perte du contact avec la réalité, entraînant comme conséquence une grande difficulté à communiquer avec autrui, la vie intérieure acquérant une prédominance morbide aux dépens du rapport avec la réalité. Plus tard, d'autres auteurs décriront, de façon analogue, l'autisme comme un symptôme important bien que non spécifique de la schizophrénie infantile.

Mais c'est en 1943, dans son article original *Autistic Disturbance of Affective Contact*, que le psychiatre américain L. Kanner décrira, sous le terme d'*autisme infantile précoce*, un tableau clinique différent de la schizophrénie infantile et caractérisé selon lui par une incapacité du petit enfant dès sa naissance à établir des contacts affectifs avec son environnement.

La description de Kanner

Kanner, dans sa description, a isolé un certain nombre de signes cliniques caractéristiques de la psychose autistique une fois constituée :

— *le début précoce des troubles*, généralement dans les deux premières années de la vie ;

— *l'isolement extrême* ; l'attitude de l'enfant frappe par son indifférence et son désintérêt total vis-à-vis des personnes comme des objets qui l'entourent;

— *le besoin d'immuabilité* ; il s'agit du besoin impérieux de l'enfant de maintenir stable son environnement matériel habituel, la permanence et la stabilité des repères faisant l'objet de la part de celui-ci de fréquentes vérifications plus ou moins ritualisées ;

— *les stéréotypies gestuelles* ; il s'agit de gestes répétés inlassablement et dont certains frappent par leur étrangeté — remuer les doigts devant le visage, marcher sur la pointe des pieds de façon mécanique, tournoyer sur soi-même par accès, se balancer rythmiquement d'avant en arrière ;

— *les troubles du langage* ; ils sont constants : soit l'enfant ne possède aucun langage, soit il émet un jargon qui a la mélodie du langage mais sans en avoir la signification, soit, enfin, l'enfant possède un langage mais qui n'a que peu ou pas de valeur communicative, marqué par l'écholalie (répétition en écho de mots ou de phrases prononcés par autrui), l'incapacité de manier les pronoms personnels (utilisation du « tu » à la place du « je »), des mots déformés avec invention de néologismes.

Dans sa description de l'autisme, Kanner insistait en outre sur la mémoire remarquable de certains de ces enfants et leur aspect intelligent, caractère différentiel d'avec les états d'arriération décrits antérieurement par les psychiatres classiques, tel Esquirol.

Progressivement, d'autres affections proches de l'autisme décrit par Kanner sont regroupées sous le terme générique de *psychoses infantiles précoces*. Elles ont en commun avec l'autisme de débuter précocement, durant les deux premières années de la vie, d'être marquées par un trouble profond du contact avec le monde extérieur. Elles s'en différencient par certaines particularités cliniques.

Ainsi, en 1957, M. Mahler a décrit la *psychose symbiotique*, dont elle s'efforce de préciser les particularités :

— le début dans le courant de la seconde année de la vie, précédé d'une phase normale du développement, tout au plus marquée par une hypersensibilité aux stimulus sensoriels et par quelques troubles du sommeil;

— son apparition à certains moments clés du développement, impliquant l'abandon de la fusion symbiotique d'avec la mère et l'épanouissement du sentiment d'individuation.

La psychose symbiotique est ainsi cliniquement marquée par une angoisse massive d'annihilation en réponse à ces expériences de séparation aussi courantes que l'entrée en maternelle ou une hospitalisation. Elle s'inaugure par l'apparition d'une brusque désorganisation de la personnalité, avec une perte marquée de certaines fonctions, une détérioration du langage, l'apparition de symptômes psychotiques. Plus tard, Mahler reconnaît l'existence de combinaisons et de formes de passages possibles entre les deux types d'organisation, autistique et symbiotique.

La description de Tustin

Ultérieurement, en 1977, la psychanalyste anglaise F. Tustin, dans son ouvrage *Autisme et Psychose de l'enfant*, a proposé de classer l'autisme en trois groupes.

L'autisme primaire anormal. Il serait une sorte de prolongation anormale d'un autisme primaire normal. Cette forme, qualifiée d'« amibienne » par l'auteur, serait caractérisée par le fait qu'il n'existerait pas chez le bébé de véritable différenciation entre son corps et celui de sa mère, ni de véritable délimitation de sa surface corporelle.

Le fonctionnement mental s'organiserait autour de sensations très primitives. Cette forme serait le résultat d'une carence et d'une défaillance dans le domaine des nourrissages essentiels.

L'autisme secondaire à carapace. Cette forme semble correspondre à l'autisme tel qu'il avait été décrit par Kanner. Dans celle-ci, il n'y aurait plus, comme dans la forme précédente, indistinction du moi et du non-moi mais au contraire surévaluation de cette différence.

Il y aurait là création d'une véritable barrière autistique formant carapace, destinée à interdire l'accès au « non-moi » terrifiant. Le corps de l'enfant apparaîtrait ici raide, insensible, fuyant le contact physique. L'activité fantasmatique serait pauvre, centrée autour de certains processus corporels, et l'acte de pensée inhibé. Tustin qualifie cette forme de « crustacé » et y fait jouer un rôle important à l'hypersensibilité de l'enfant aux stimulus sensoriels et à la dépression de la mère.

L'autisme secondaire régressif. Enfin, Tustin décrit l'autisme secondaire régressif, qui recouvre en fait la schizophrénie infantile. Dans cette forme, après une évolution apparemment normale, apparaîtraient des manifestations régressives, avec retrait de l'enfant dans une vie fantasmatique assez riche centrée sur les sensations corporelles. Il y aurait ici pour l'enfant entremêlement et confusion entre lui et sa mère, processus sous-tendu par le mécanisme de l'identification projective décrit par les auteurs kleiniens.

Les auteurs français (R. Misès, S. Lebovici, J.-L. Lang) ont apporté de leur côté une contribution originale à la clinique des affections psychotiques précoces. Ils ont ainsi intégré, dans le cadre des psychoses infantiles précoces, les « psychoses à expression déficitaire », marquées par la coexistence d'une symptomatologie à type de déficience intellectuelle et d'une relation psychotique à l'environnement. Ils ont souligné également le fait que toute psychose précoce porte en elle les germes d'une possible évolution déficitaire. Ils ont également intégré dans ce cadre les « distorsions psychotiques précoces de la personnalité », formes qui se séparent de l'autisme par le caractère moins massif du retrait, qui coexistent avec un certain maintien du contact, lequel semble se faire néanmoins sur un mode très pathologique correspondant à des modalités très primitives d'investissement objectal.

D'autres auteurs français (Lebovici, M. Soulé, D. Houzel) se sont efforcés de repérer les signes très précoces d'évolution psychotique au sein de la dyade interactionnelle mère-enfant, premiers signes qui viennent traduire par le biais du jeu somatique une difficulté d'établissement de la relation objectale, première amorce de l'instauration du processus psychotique. On conçoit l'importance de ces signes, qui permettent un diagnostic précoce de l'affection : refus du biberon, insomnies agitées avec mouvements autoagressifs ou, au contraire, calme, absence d'attitudes anticipatrices de l'enfant et d'ajustement postural de celui-ci, non-apparition du sourire du troisième mois et de l'angoisse du huitième mois, inintérêt pour les jouets ou intérêt trop exclusif pour les jeux de mains devant les yeux, existence d'angoisses phobiques massives.

GENÈSE DE L'AUTISME

L'étiologie des psychoses autistiques a donné lieu à de multiples controverses entre partisans de l'organogenèse et de la psychogenèse. En fait, la genèse de ces affections est très vraisemblablement multifactorielle et il n'est pas possible de séparer de façon simpliste facteurs organiques et facteurs psychologiques, les uns et les autres entrant en interaction permanente dans le processus de structuration psychologique de l'enfant.

DOMAINE GÉNÉTIQUE

Les recherches dans ce domaine montrent que le risque d'autisme est accru dans la parenté d'un sujet autistique par rapport à la population générale. La méthode des jumeaux montre que la concordance du diagnostic est plus élevée chez les jumeaux monozygotes que chez les jumeaux dizygotes, ce qui est en faveur de l'intervention possible de facteurs génétiques dans certains cas d'autisme. Cependant, cette influence de certains facteurs génétiques n'est jamais exclusive et laisse une large place aux influences environnementales, quelle qu'en soit la nature. Il convient par ailleurs de souligner que l'autisme apparaît trois à quatre fois plus fréquent chez le garçon que chez la fille.

De nombreuses recherches dans le domaine de la neurochimie ont été effectuées. Ces études ont permis de mettre en évidence certaines modifications biochimiques, mais dont aucune n'apparaît spécifique de l'autisme. L'anomalie la plus fréquemment retrouvée est sans doute l'élévation de la sérotonine sanguine et plaquettaire (E.R. Ritvo, J.M. Launay, P. Ferrari), mais certains auteurs pensent que cette élévation est plus liée au retard du développement intellectuel qu'au processus psychotique lui-même. Récemment, certains auteurs ont mis en évidence un accroissement de la synthèse de la sérotonine à partir du tryptophane par les plaquettes d'enfants autistes (Launay, Ferrari).

En ce qui concerne les systèmes dopaminergiques et noradrénergiques, certains auteurs ont mis en évidence une diminution du taux de noradrénaline, d'adrénaline et de dopamine dans les plaquettes, accompagnée d'une élévation de l'adrénaline et de la noradrénaline dans le plasma chez les enfants autistes (Launay, Ferrari). L'acide homovanilique (HVA) urinaire, principal métabolite de la dopamine, a été trouvé élevé chez les enfants autistes, alors que le métoxy-hydroxy-phénylglycol (M.H.P.G.), principal métabolite de la noradrénaline, était retrouvé abaissé (G. Lelord).

De cet ensemble de recherches, qui demandent, pour certaines, confirmation, il n'est pas possible actuellement de dégager une explication biochimique univoque applicable à l'autisme et aux psychoses précoces.

Les études dans le domaine neurophysiologique ont montré par ailleurs que les amplitudes des composantes tardives des potentiels évoqués auditifs et visuels sont plus faibles, et les temps de latence plus courts. Ces résultats peuvent être interprétés comme les témoins d'une défaillance de la fonction de filtre sensoriel et pourraient expliquer la tendance de l'organisme à rejeter les influx sensoriels (Garreau, Ornitz).

Les études sur le sommeil de l'enfant autiste ont montré enfin qu'il existait des modifications qualitatives de celui-ci avec une importante diminution des mouvements oculaires rapides qui accompagnent les activités de rêve.

Certains auteurs insistent sur la fréquence de l'association au syndrome autistique d'une affection organique cliniquement repérable (encéphalopathie, anomalie génétique, déficit sensoriel, épilepsie, souffrance néonatale). Il n'est pas possible actuellement de préciser la nature du lien qui unit les deux affections, mais il paraît douteux qu'il puisse s'agir d'un lien causal simple et univoque. Enfin, certains auteurs auraient récemment mis en évidence une anomalie de développement des lobules VI et VII du vernis cérébelleux chez certains enfants autistes (E. Courchesne).

DOMAINES PSYCHANALYTIQUES

De nombreuses recherches psychanalytiques ont tenté d'élucider les mécanismes psychopathologiques à l'œuvre dans les psychoses précoces. La plupart introduisent les notions de narcissisme primaire, d'autoérotisme, de système pare-excitation.

Mahler insiste sur le rôle, dans les états autistiques, des conduites hallucinatoires négatives et du renforcement du système pare-excitation et sur le rôle, dans les états symbiotiques, du maintien d'une relation symbiotique avec la mère.

B. Bettelheim, dans son ouvrage *la Forteresse vide*, pense que l'enfant autiste serait la proie d'une véritable angoisse de mort en raison du fait qu'il serait confronté trop tôt à une situation vécue par lui comme extrêmement menaçante. Parallèlement à cette perception d'une menace mortelle s'effectueraient un retrait du monde extérieur et un désinvestissement du monde intérieur visant à l'effacement de tous les affects.

S'inspirant de la pensée de M. Klein, certains auteurs ont développé de nouveaux concepts concernant la psychopathologie de l'autisme. Ainsi, Tustin a introduit la notion de « dépression psychotique », reprise également par D. W. Winnicott. Il s'agit d'un vécu de rupture dans la continuité corporelle, sorte de trou noir persécuteur venant rompre brutalement l'illusion de la continuité corporelle.

D. Meltzer introduit, lui, la notion d'un autoérotisme dissocié lié au « démantèlement » du self. Le démantèlement du self, résultat de la défaillance de la force liante de l'attention, laisserait les différents sens externes et internes s'attacher isolément à l'objet le plus stimulant du moment. Le résultat de ce processus aboutirait à la création d'événements unisensoriels non disponibles pour la mémoire ou la pensée. Ce même auteur a insisté sur l'absence d'espace intérieur du self et de l'objet, vécus comme pure surface. L'absence d'espace interne du self et la non-élaboration de la fonction de « peau psychique » (E. Bick) seraient à l'origine d'un défaut de contention du self, incapable de retenir les contenus mentaux et physiques.

LA PRISE EN CHARGE DE L'ENFANT AUTISTE

Dans les pays européens, les enfants autistes sont généralement soignés dans le cadre des hôpitaux de jour. Dans ce type d'institution, qui permet le maintien du lien familial, la prise en charge thérapeutique de l'enfant s'effectue dans un esprit pluridisciplinaire : activité éducative visant à amener l'enfant à se reconnaître comme individu et à reconnaître en tant qu'individus les autres membres du groupe ; activité pédagogique et scolaire adaptée à l'état de l'enfant ; travail rééducatif de type psychomoteur ou travail de rééducation du langage, prenant en compte les caractères particuliers du trouble instrumental ; psychothérapie individuelle de l'enfant, surveillance et soins pédiatriques. Une intégration à temps partiel en milieu scolaire normal est généralement tentée lorsque l'état de l'enfant le permet. Enfin, l'hôpital de jour permet, si cela paraît nécessaire, d'apporter aux parents, durement éprouvés, une aide psychologique. La prise en charge éducative de l'enfant autiste centrée sur la simple obtention de modifications du comportement de l'enfant, dans une perspective béhavioriste et par des méthodes de conditionnement, est parfois pratiquée mais paraît moins souhaitable.

Le pronostic à long terme a été amélioré par les thérapeutiques actuelles, mais il reste encore parfois réservé. L'évolution déficitaire, qu'elle soit globale ou en secteur, est sans aucun doute le risque évolutif majeur. Parfois, l'évolution se fait vers une persistance du processus psychotique avec possibilité d'évolution schizophrénique à l'adolescence. La névrotisation, enfin, apparaît comme une forme plus favorable d'évolution lorsqu'elle permet l'établissement d'un lien relationnel satisfaisant avec autrui. P. F.

BIBLIOGRAPHIE

Bettelheim, B., 1974, *la Forteresse vide*, Paris, Gallimard.
Mahler, M., 1977, *Psychose infantile*, Paris, Payot.
Meltzer, D., et alii, 1980, *Autisme infantile*, Paris, Payot.
Rutter, M., Schopler, E., 1978, *Autism ; A Reappraisal of Concepts and Treatment*, New York, Plenum.
Sauvage, D., 1984, *Autisme du nourrisson et du jeune enfant (0-3 ans). Signes précoces et diagnostics*. Rapport de psychiatrie. Congrès de psychiatrie et de neurologie de langue française (Luxembourg, 1984), Paris, Masson.
Schopler, E., Reichler, R. Lansing, M., 1988, *Stratégies éducatives de l'autisme*, Paris, Masson.
Tustin, F., 1977, *Autisme et psychose de l'enfant*, Paris, Éd. du Seuil.

autiste

adj. et n. (angl. Autistic)

Se dit d'une personne atteinte d'autisme. J. P.

autistique

adj. (angl. Autistic)

Se dit de ce qui caractérise l'autisme.

Dans la psychopathologie de l'adulte, on décrit des délires autistiques s'accompagnant d'un repli total sur soi, d'une perte de contact avec la réalité (E. Minkowski) et de la reconstruction d'un monde hallucinatoire impénétrable. J. P.

autoaccusation

n.f. (angl. Self-Accusation)

Action de s'accuser soi-même de fautes imaginaires ou très exagérées par rapport à leur réalité.

Liée au sentiment de culpabilité et à la perte de soi, elle est un symptôme habituel de la dépression mélancolique. J. P.

autoanalyse

n.f. (angl. Self-Analysis; allem. Selbstanalyse)

Analyse du sujet par lui-même, empruntant à la psychanalyse les techniques de l'association libre et de l'interprétation des rêves.

L'autoanalyse, qui se différencie de l'introspection classique par le recours à l'interprétation des rêves et aux associations libres, est considérée par K. Abraham comme une résistance particulièrement élaborée à la psychanalyse elle-même. S. Freud la considère tantôt comme une entreprise limitée, mais valable et suffisante «pour quiconque est un bon rêveur et n'est pas trop névrosé», écrit-il en 1914, et tantôt comme une étape précédant, dans le meilleur des cas, la cure analytique. R. L.

autocinétique (mouvement)

(angl. Autokinetic Movement)

Illusion dans laquelle un sujet qui regarde dans l'obscurité un point lumineux immobile, en le fixant de façon continue, croit le voir se déplacer.

En psychologie sociale, on a montré que ce phénomène était sensible aux effets d'influence, et on l'a utilisé pour les étudier. J.-F. L. N.

autodépréciation

n.f. (angl. Self-Depreciation)

Profonde atteinte de l'estime de soi, conduisant un sujet à émettre sur lui des jugements défavorables et péjoratifs.

C'est un symptôme fréquent de la dépression mélancolique. J. P.

autoérotique

adj. (angl. Auto-Erotic)

Relatif à l'autoérotisme. R. L.

autoérotisme

n.m. (angl. Auto-Erotism; allem. Auto-Erotismus)

GÉNÉR. **Comportement sexuel dans lequel le sujet obtient une satisfaction en recourant à son corps sans se servir d'un objet extérieur, comme, par exemple, dans la masturbation.**

DÉVELOP. **Ensemble des activités sexuelles précoces de l'enfant.**

Ces activités, qui ont pour objet le corps propre, caractérisent une phase du développement libidinal marquée par la séparation de la pulsion sexuelle de fonctions non sexuelles comme la nutrition. Dans le souci de distinguer la sexualité infantile de la sexualité adulte, S. Freud a été tenté, dans *Trois Essais sur la théorie de la sexualité* (1905), de concevoir l'autoérotisme comme un stade libidinal, ou du moins comme une phase préobjectale antérieure au narcissisme, c'est-à-dire ce moment du développement de la personnalité où les pulsions partielles s'unifient et trouvent pour objet privilégié le moi lui-même. Cependant, si Freud qualifie d'autoérotique «la possibilité de satisfaction narcissique», il convient néanmoins de ce qu'une partie des pulsions sexuelles n'est pas originairement apte à cette satisfaction, dans la mesure où elle «exige d'emblée un objet». Plus tard, dans *Introduction à la psychanalyse* (1917), l'hypothèse d'un narcissisme primaire, précédant la constitution du moi et dont le modèle serait le stade anobjectal de la vie intra-utérine, entraîne l'assimilation de l'autoérotisme à l'activité sexuelle du stade narcissique. Cette conception a été critiquée par divers auteurs, dont M. Klein, pour qui les relations d'objet du nourrisson existent dès l'origine et vont de pair avec des états narcissiques caractérisés par un réinvestissement libidinal d'objets intériorisés. R. L.

autoévaluation

n.f. (angl. Self-Evaluation, Self-Rating)

Dans certaines épreuves psychologiques, évaluation par le sujet lui-même de tel ou tel aspect de ses intérêts, de sa personnalité, de ses attitudes, etc.

Ces épreuves comportent des items après chacun desquels on offre au sujet une procédure de réponse lui permettant de dire dans quelle mesure le contenu de l'item peut s'appliquer à lui. M. R.

autolyse

n.f. (angl. Self-Destruction)

Comportement autodestructeur conduisant à la mort.

Synonyme de suicide, dans le langage psychologique et psychiatrique. J. P.

automatique

adj. (angl. Automatic)

Se dit d'une activité qui se caractérise par son aspect involontaire, très rapide et irrépressible. (Contr. contrôlé, délibéré.)

La distinction volontaire/involontaire, qui reprend une ligne de pensée classique, a reçu de nouveaux arguments à partir de résultats expérimentaux récents. Par exemple, dans les situations d'amorçage qui portent sur une décision lexicale, on peut observer deux sortes d'effets (→ amorçage 1). Entre le mot sur lequel doit porter la décision lexicale et le mot qui lui est relié sémantiquement, on peut laisser un intervalle très court, soit 200 ou 400 millisecondes. Cet intervalle permet d'observer l'effet d'amorçage proprement dit. Or, avec un tel intervalle, le sujet est parfaitement incapable de se rendre compte de la relation sémantique qui existe entre les deux mots. Cela n'empêche nullement l'effet d'amorçage d'avoir lieu et le sujet ne peut s'y opposer. En outre, l'effet présente pour de telles durées un optimum (le raccourcissement le plus important du temps de décision par rapport à la situation neutre). Si l'intervalle est encore plus court, l'effet d'amorçage (le raccourcissement du temps de décision) est encore moindre; aux alentours de quelques dizaines de millisecondes, il devient nul.

Si, par contraste, on laisse s'écouler un intervalle plus long entre les deux stimulus (par exemple 2 secondes), le sujet a le temps de prendre conscience de la relation sémantique existante et il peut développer des stratégies mentales.

On dira dès lors que les effets d'amorçage, tels qu'ils sont observés avec un intervalle court, sont involontaires, rapides, irrépressibles, automatiques. Au contraire, les effets que l'on observe avec un intervalle plus long sont contrôlés par les stratégies du sujet, lents, et peuvent être empêchés.

L'irrépressibilité est un critère important et facilement observable des activités automatiques les plus communes. Par exemple, si quelqu'un parle à voix haute à proximité d'une autre personne, cette dernière ne peut s'empêcher de comprendre ce qui est dit. Les activités de compréhension du langage, en dépit de leur très grande complexité, sont automatiques. J.-F. L. N.

En psychologie cognitive, se dit d'un type de traitement exécuté sans contrôle cognitif sur le déroulement de ses opérations.

Les habiletés sensori-motrices sont des exemples d'activités devenues automatiques par l'exercice. Un tel traitement n'utilise pas de ressources attentionnelles et permet ainsi la réalisation d'une autre tâche sans provoquer d'interférences. Les traitements automatiques peuvent fonctionner stimultanément, en parallèle. Ils sont indivisibles et modulaires et il est difficile d'intervenir sur leur déroulement. Ils n'exigent que peu d'efforts pour être mis en œuvre et conduisent à des performances d'un niveau élevé en rapidité et en précision. C. B.

automatique

n.f. (angl. Automatic)

Discipline concernée par l'étude et la modélisation des systèmes physiques.

La physiologie et la psychophysique sensorielles lui empruntent de nombreux modèles pour décrire le fonctionnement des systèmes neuroniques et des systèmes sensoriels. C. B.

automatisme mental

(angl. Clérambault's Syndrome)

Syndrome décrit par G. G. de Clérambault, caractérisé par l'association de phénomènes psychopathologiques entraînant chez le patient le sentiment et la conviction délirante qu'il n'est plus maître de sa volonté et qu'une force étrangère et extérieure à lui agit sur lui et contrôle toute son activité psychique en dirigeant ses actes, sa pensée et ses perceptions.

On distingue un grand et un petit automatisme mental.

Le premier est fait à la fois d'un automatisme idéo-verbal (hallucinations verbales avec commentaires des actes et écho de la pensée, sentiment de devinement et de vol de la pensée, répétitions de phrases d'allure impersonnelle, qui seraient imposées au sujet), d'un automatisme moteur se traduisant par des impulsions qui entraînent des tics et des stéréotypies gestuelles parasitant la motricité volontaire du patient, et d'un automatisme sensoriel et sensitif avec de multiples hallucinations visuelles, gustatives (goûts bizarres dans la bouche), olfactives (odeurs désagréables), tactiles, génitales (sensations voluptueuses) et cénesthésiques (douleurs viscérales inexpliquées, spasmes, décharges électriques) — tous ces troubles psychosensoriels restant anidéiques, c'est-à-dire sans accompagnement délirant, au début.

Dans le petit automatisme, les troubles sont plus discrets, plus subtils : simples sentiments d'étrangeté de la pensée, de dévidage de souvenirs non sollicités, d'émancipation des idées abstraites, de réflexions et séries de mots imposées, d'arrêt subit du courant de la pensée, tout cela donnant au sujet l'impression d'un fonctionnement passif de la pensée, comme par contrainte, par action extérieure (xénopathie).

Cet automatisme mental apparaissait, pour Clérambault, comme le point de départ de la psychose hallucinatoire chronique. Le phénomène initial était pour lui un trouble cérébral de nature probablement organique, à partir duquel se développait, dans une phase secondaire, le délire. C'était une explication mécaniciste de la construction délirante, liée à une psychopathologie localisatrice et atomistique qui n'est plus défendue actuellement. Reste une description clinique phénoménologiquement très fine d'un syndrome, qui a gardé tout son intérêt dans la pratique même la plus récente du diagnostic psychiatrique. J. P.

automatisme psychique

(angl. Psychic Automatism)

Activité mentale et psychomotrice échappant au contrôle de la volonté consciente du sujet.

Certains de ces automatismes font partie de la vie quotidienne, représentant en particulier toute une série de comportements réflexes et d'actes habituels à l'adaptation normale du sujet. Mais d'autres sont des conduites pouvant exprimer l'altération du champ de conscience (P. Janet) ou la libération d'infrastructures inconscientes laissant échapper des exigences instinctivoaffectives profondes. L'écriture automatique si prisée des poètes surréalistes a pu être ainsi considérée comme un moyen de lever la censure interdisant à ces exigences de se manifester.

Les *automatismes psychomoteurs* peuvent apparaître au cours d'états « seconds » chez des hystériques, ou d'états crépusculaires chez des épileptiques. Certaines victimes de commotions cérébrales peuvent également se déplacer, prendre un train, au cours des minutes qui suivent leur accident, dans une sorte d'automatisme ambulatoire, sans en garder ensuite le moindre souvenir. J. P.

automutilation

n.f. (angl. Self-Mutilation)

Comportement autodestructeur pouvant conduire au suicide, apparaissant chez l'adulte dans le cadre d'une dépression mélancolique ou d'une schizophrénie (dans ce dernier cas, sous forme fréquente d'impulsions autocastratrices), et chez l'enfant dans celui d'une arriération mentale ou d'une évolution psychotique.

Chez l'enfant, l'automutilation serait le résultat d'un échec dans l'établissement des relations objectales précoces, échec qui le réduit à ne disposer que de son corps pour une relation avec l'autre, par un comportement de recherche à la fois de plaisir et de déplaisir. Spécifiquement relationnel, ce comportement sollicite autrui au niveau de sa propre angoisse. Un aspect hétéroagressif est finalement inclus dans toute conduite autoagressive : l'enfant y accuserait l'autre de le laisser seul dans son univers vide et morcelé. L'automutilation est ainsi une conduite ultime avant le retrait autistique profond, une dernière tentative de maintenir un contact avec l'environnement, de solliciter l'autre au moins pour avoir conscience de l'existence de quelqu'un qui n'est pas soi et pour affirmer sa propre existence. J. P.

autonomie fonctionnelle

(angl. Functional Autonomy)

Caractéristique d'un être animal qui, à chaque moment de son développement, constitue une unité fonctionnelle dont les capacités de réaction sont ajustées à ses besoins.

C'est à É. Claparède (1930) qu'est due la notion d'autonomie fonctionnelle, qui fait partie des lois qui régissent le développement. Elle permet d'en comprendre la signification comme les lois structurales permettent d'en comprendre l'organisation. Du fait que « tout organisme vivant constitue un système qui tend à se conserver », il a toujours une unité. De là découle la loi d'autonomie fonctionnelle.

Cette loi implique qu'un organisme immature n'est pas moins unifié qu'un organisme parvenu à sa maturité et qu'il est capable d'adaptation « aux circonstances qui lui sont propres ». Si, au lieu de se prendre pour référence, l'adulte accepte d'étudier le développement du propre point de vue de l'enfant, il comprendra qu'à chaque âge ses réactions, ses actions, ses jeux constituent une réponse appropriée à ses besoins du moment et qu'il n'est pas un adulte imparfait, de même que le têtard n'est pas « une grenouille manquée ».

Dans cette optique, la motricité, la perception, la mémoire, l'intelligence sont à étudier comme des instruments d'adaptation et des fonctions vicariantes.

Claparède s'est surtout attaché à montrer combien, dans l'éducation, le respect de la loi d'autonomie fonctionnelle, qui conduit à solliciter les formes d'activités spontanées de l'enfant plutôt qu'à lui imposer celles de l'adulte, était bénéfique au développement. L'expérience d'éducation fonctionnelle réalisée par la Maison des petits à Genève a constitué l'illustration éclatante de cette conception. H. B.

autopunition

n.f. (angl. Self-Punishment)

Conduite de punition de soi-même, généralement liée à de forts sentiments de culpabilité imaginaire.

Dans la théorie psychanalytique, les conduites autopunitives sont liées à la tension entre un surmoi autoritaire et exigeant, et le moi. Elles se voient chez les névrosés, sous forme de conduite d'échec, de refus du plaisir sexuel (dyspareunie, frigidité) ou de troubles fonctionnels viscéraux. Elles sont aussi caractéristiques de la dépression mélancolique, où elles accompagnent l'autoaccusation et peuvent conduire le patient à l'automutilation et même au suicide. J. P.

autorégulation

n.f. (angl. Self-Regulation)

→ homéostasie

autorenforcement

n.m. (angl. Self-Reinforcement)

Renforcement, au sens instrumental ou opérant, qu'un individu peut se donner lui-même cérébralement de façon directe en effectuant une réponse.

Le renforcement a pour conséquence de rendre plus fort ou plus fréquent un comportement donné. L'autorenforcement est utilisé dans les situations où très peu de chaînons externes existent entre le comportement et son renforcement. La plus caractéristique est l'autostimulation cérébrale produite chez des rats par l'intermédiaire d'une électrode implantée dans leur cerveau. Un autre exemple est constitué par les auto-injections d'une drogue calmante qu'un rat, placé dans une cage électrifiée, peut se donner en appuyant sur un levier. Dans cette situation aussi, une réponse conditionnelle s'établit avec facilité.

J.-F. L. N.

→ autostimulation.

autorisation

n.f. (angl. Authorization, Permission)

Action par laquelle on reconnaît à une personne la faculté, le droit, le pouvoir de faire légitimement quelque chose, lui permettant ainsi de l'accomplir.

Cette acception suppose, à l'évidence, l'existence d'une relation de subordination ou de dépendance entre celui (ou ceux) qui donne(nt) l'autorisation et celui (ou ceux) qui la sollicite(nt). La conception de l'autorité ainsi traduite est celle de la pensée héritée de notre culture. Conformément à l'étymologie, l'autorité est le fait de l'auteur, de celui qui crée, engendre. En découlent l'autorité parentale ou, plus encore, l'idée que toute autorité finalement vient de Dieu. La contrepartie de cette théorie pratique, encore empreinte d'une théologie implicite, est l'hypothèse d'une psychologieconstitutionnalisteconfortant le mythe du chef-né. Pour n'être pas nécessairement évidente, la relation avec la sexualité est néanmoins profonde. La simple évocation de la génitalité y conduit. Au niveau des représentations triviales, il y a ceux qui possèdent naturellement l'autorité et ceux qui en sont dépourvus (« il en a » ou « il n'en a pas »); il y a des « meneurs » et des « suiveurs », comme exemplaires d'espèces différentes. C'est pourquoi, en dépit d'autres significations plus sociologiques, cette notion semble principalement ancrée dans les champs de la psychologie et de la psychologie sociale, voire de la psychanalyse. Les problématiques de l'autorité et de l'autorisation intéressent avant tout des individus, des personnes, des sujets dans leurs interrelations, plus encore symboliques que fonctionnelles. Dans le cadre des espaces éducatifs assignés à l'enfance (famille, école), c'est évidemment l'acception « accorder une permission » qui prédomine. Mais cet usage très limitatif masque, sans doute, une problématique beaucoup plus essentielle à l'éducation et au développement du sujet : celle d'une autorité psychoarchaïque élaborée dès sa préhistoire.

L'éclairage psychanalytique a justement souligné la prégnance des figures parentales archétypiques dans la constitution de l'appareil psychique, à travers ses instances (ça, surmoi et moi), et les avatars transférentiels qui en découlent, au niveau des substituts de ces « modèles », ainsi investis de « contentieux » fantasmatiques. Sous cet angle, la conquête de l'identité dépend du jeu des processus d'identification enracinés dans la dépendance. Les psychanalystes étendent ensuite de telles représentations, issues du travail clinique de la cure, à une lecture anthropologique plus large. C'est pourquoi M. Lobrot (*Pour ou contre l'autorité*) et G. Mendel (*Pour décoloniser l'enfant*) veulent, à partir de leurs analyses respectives, rejeter la notion d'autorité hors du champ scientifique, en en dénonçant le caractère mythique : « L'humanité a pris conscience lentement et obscurément que l'autorité était l'obstacle essentiel à sa libération et qu'il fallait la détruire. » On doit donc briser cette chaîne et « congédier une fois pour toutes l'homme primitif ». De son côté, J. Misumi, voulant construire une théorie du leadership (*Behavioral Science of Leadership*), aboutit également, à travers une approche béhavioriste et fonctionnaliste, à une telle attitude d'exclusion. La notion d'autorité lui apparaît tellement polysémique, tellement surdéterminée qu'elle ne permet plus une analyse scientifique rigoureuse des réalités qu'elle désigne. Ces positions nous paraissent très contestables. On ne se débarrasse pas des questions épineuses en les censurant. Tout à l'opposé, le véritable problème semble être celui du passage de la représentation psychoarchaïque de l'autorité à une démarche, à un *processus d'autorisation*, cette fois entendus comme capacité acquise, conquise autant par le travail et les effets complexes de l'éducation que par l'expérience de la vie, de devenir soi-même son propre coauteur. L'autorisation des partenaires devient, alors, la visée essentielle de l'entreprise éducative et/ou thérapeutique. À ce titre, elle conserve toute son utilité et ne peut se laisser confondre avec la question de la dévolution du pouvoir, très différente. Mais cette problématique contradictoire, intéressant tout à la fois le rapport à la loi et la transgression nécessaire de celle-ci (au sens psychanalytique de ces termes), suppose le dépassement du fantasme lié aux origines (s'engendrer soi-même) et la négation seulement magique de ce qui y fait obstacle. C'est pourquoi nous parlons bien, ici, de devenir coauteur.

La notion d'autorisation peut également prendre des formes plus impersonnelles. Ainsi, la coutume s'autoriserait de l'usage, tout comme l'impunité autoriserait le crime. On est communément autorisé par la loi, parfois par le fait du prince, à entrer en possession de certains biens, à faire valoir certains droits. L'adjectif « autorisé(e) » désigne aussi bien celui qui a reçu autorité, et qui l'exerce, que celui qui a obtenu une autorisation au sens de permission. La personne, la source ou le porte-parole autorisés évoquent encore l'idée de compétence (au double sens juridique et technique) déjà attachée à la notion d'autorité (« faire autorité » dans un domaine donné). Dans ces derniers cas, on voit s'estomper, par moments, le caractère de légitimité au profit d'une relation causale supposée, au moins indirecte. Une certaine parenté de sens se laisse, ainsi, constater entre autoriser et instituer. De même, une confusion fréquente subsiste entre les significations respectives des termes « pouvoir » et « autorité ». L'autorité de la république, celle de l'État ou du gouvernement, évoquent bien explicitement des personnes (morales), mais, parce que désignant des entités, intéressent plutôt, en fait, la problématique sociologique et politique, plus fonctionnelle, du pouvoir. Par contre, la « puissance », à partir d'une polysémie renvoyant aussi bien à des métaphores machiniques qu'à des analogies biologiques, laisse entrevoir plus aisément ses enracinements imaginaires et fantasmatiques, toujours liés au destin des pulsions et à leurs avatars. L'autorité sera alors définie comme le pouvoir de se faire respecter, obéir, de commander, de décider.

Sous ce rapport se pose, déjà, la question de l'autorité des parents, du maître, de l'enseignant, du formateur dans la relation éducative. Là, elle doit être distinguée de la relation de pouvoir, avec laquelle elle interfère constamment. L'enseignant, le formateur, les éducateurs naturels remplissent des fonctions dans le cadre de systèmes larges ou plus étroitement définis. Ils y sont *agents* et *acteurs*. À ce titre, ils exercent des compétences, des capacités, des pouvoirs dont ils doivent user et dont, par conséquent, ils risquent d'abuser. Il est préférable de réserver l'usage du mot « pouvoir » à ces aspects organisationnels et institutionnels de leur fonction (→ pouvoir). L'intelligibilité de ceux-ci dépend surtout d'une analyse sociopolitique (organisationnelle et institutionnelle). Mais ces mêmes personnes, agents-acteurs, sont encore, parce que « figures d'autorité », objets de désirs, de manifestations transférentielles, de projections et d'investissements affectifs, plus ou moins inconscients, à travers les demandes de leurs partenaires. Outre leurs fonctions et leurs statuts formels, elles remplissent encore, plus informellement, des rôles. L'élucidation de tels processus, des jeux et des enjeux symboliques, des implications, de l'imaginaire, des fantasmes, des phénomènes de dépendance relève, plus volontiers, d'une optique psychanalytique. Ce ne sont pas du tout les mêmes processus, mécanismes psychologiques et psychosociaux, les mêmes représentations du déterminisme qui se trouvent mis en œuvre dans l'un et l'autre versant de cette relation complexe. La formation professionnelle des enseignants et des formateurs devrait en tenir compte. Lorsque les psychanalystes, dans le cadre de leur formation professionnelle, parlent d'habilitation, il s'agit tout autant d'autorisation que de reconnaissance par les pairs.

J. A.

autoritarisme

n.m. (angl. Authoritarianism)

Attitude d'un individu exigeant des autres obéissance et subordination.

L'autoritarisme est souvent associé à la servilité à l'égard des supérieurs, au mépris des faibles, à la rigidité, à l'intolérance à l'égard de l'ambiguïté, ce qu'analysent T. Adorno et ses collaborateurs dans *la Personnalité autoritaire* (1950). M. R.

autorité

n.f. (angl. Authority)

En psychologie sociale et en sociologie, concept définissant la capacité d'un individu, occupant une position hiérarchique ou possédant une compétence reconnue à l'intérieur d'une organisation, d'obtenir de la part de ses collaborateurs et de ses subordonnés une conformité aux normes édictées et une obéissance aux ordres, sans avoir à utiliser de violence mais avec le seul système de sanctions positives ou négatives prévues par l'organisation.

Le terme *autorité,* qui signifie « faire croître », est souvent confondu avec celui de *leadership** et de *pouvoir**, sinon avec celui d'*influence.* Les expériences de psychologie sociale sur le rôle des leaders, sur la contrainte ou les mécanismes de prise de décision confondent souvent pouvoir et autorité, pouvoir et leadership, autorité et leadership. Ce qui ne contribue pas à éclaircir cette notion. Les travaux des sociologues, parfois, ont les mêmes conséquences. La définition restrictive donnée vise à séparer strictement les trois notions.

Les formes d'autorité

M. Weber, le premier, a distingué trois formes d'autorité :
1. une *autorité traditionnelle,* héritage des mœurs et des coutumes du passé, signes et symboles de l'identité de l'organisation ou du groupe ; c'est une autorité subordonnée au pouvoir politique ;
2. une *autorité rationnelle légale* : *rationnelle,* du fait qu'elle est émise par un individu occupant une fonction officielle et stable, ayant des compétences attestées par des diplômes et de l'expérience professionnelle ; *légale,* puisqu'elle dérive de l'application impersonnelle de règles fixes, lois et règlements administratifs connus de tous ;
3. une *autorité charismatique,* autorité dévolue à une personne faisant montre d'un don, d'une grâce ou de qualités exceptionnelles (prophète ou chef de guerre)

Depuis Weber, d'autres auteurs ont décrit d'autres formes d'autorité : coopérative, technocratique, stratégique. Parmi les différentes formes d'autorité, on peut retenir l'autorité rationnelle légale (ou bureaucratique) et l'autorité technocratique, fondées toutes deux sur la rationalité et l'expertise (l'expertise technocratique couvrant un champ plus vaste que la compétence bureaucratique).

Ces deux formes d'autorité peuvent être considérées comme légitimes par les individus sur lesquels elles s'exercent dans la mesure même où elles se réfèrent au logos qui procède par démonstration argumentée et où elles peuvent, dans ces conditions, fournir des justifications rationnelles des choix effectués et des décisions prises (rationalité totale si la décision est considérée comme la meilleure possible [F. W. Taylor, 1911], rationalité limitée si est adopté le point de vue de J. G. March et H. Simon [1958] selon lequel le décideur dispose d'un choix restreint d'alternatives, rationalité contingente si, avec P. R. Lawrence et J. W. Lorsch [1969], on admet que les décisions d'une organisation doivent s'adapter à la structure de l'environnement). M. Crozier (1964), dans la lignée de March et Simon, n'appelle *autorité* que le pouvoir fondé sur des règles organisationnelles et légitimé. Pour lui, l'autorité n'est qu'une forme de pouvoir parmi d'autres.

Les implications de la confiance

Pour tous ces auteurs, l'autorité implique la confiance des subordonnés ou de la clientèle (par exemple, les malades par rapport aux médecins) dans la compétence des décideurs, et donc leur consentement à leur droit d'action, comme le soulignent D. Katz et R. L. Kahn (1967).

Des expériences nombreuses de psychologie sociale expérimentale confirment ce point de vue. Les plus significatives sont celles de P. G. Zimbardo et de S. Milgram. Zimbardo (1973) a proposé à des sujets volontaires de jouer des rôles de gardiens et de prisonniers. L'expérience a dû être écourtée en raison des sévices et des violences que faisaient subir les gardiens aux prisonniers. Milgram (1974) a testé le conformisme en acte en mettant au point un dispositif où des sujets, là aussi volontaires, devaient envoyer des décharges électriques de plus en plus fortes (décharges fictives, mais les sujets n'avaient pas connaissance de ce fait) à des individus en situation d'apprentissage de mots, chaque fois que ces derniers commettaient une erreur. Ces types d'expérience montrent que plus des deux tiers des personnes prises au hasard obéissent ou n'osent pas exprimer de refus à une autorité légitime (l'expérimentateur qui les a choisies et qui leur semble incarner *la science*), même si cette obéissance doit entraîner la mort d'homme. Une étude sur un criminel de guerre comme celle menée par H. Arendt (1963) sur A. Eichmann montre que celui-ci ne se vivait que comme un bon fonctionnaire devant exécuter correctement le travail exigé par une autorité incontestable. D'où la conclusion de Arendt sur la banalité du mal, chaque être humain ayant « peur de la liberté », suivant l'expression de E. Fromm (1942), et pouvant se conduire comme un tortionnaire.

Le mécanisme de la soumission

J. L. Beauvois et R. V. Joule (1981), reprenant la théorie de Keisler sur l'engagement externe, contribuent à élucider le mécanisme de soumission. Ils démontrent que, lorsqu'un individu a été amené (par contrainte, pression ou conformisme) à se conduire d'une certaine manière, il aura tendance à continuer ou à amplifier sa conduite. L'acte engage donc le sujet, et cela d'autant plus que le sujet a été amené, d'une part par intériorisation des valeurs environnantes, d'autre part par des circonstances manipulées, à se conduire conformément à son engagement, en éprouvant néanmoins un sentiment de liberté.

Pourtant, ce conformisme qui peut transformer des individus normaux en exécuteurs est battu en brèche, comme le note R. Sainsaulieu (1977), lorsque les subordonnés commencent à s'interroger sur la rationalité des décideurs et opposent, suivant les termes de Weber, la « rationalité des fins » à la « rationalité instrumentale ». Cette dernière proposition amène à se demander (E. Enriquez, 1972) si la centration exclusive sur la question de l'autorité n'a pas pour fonction implicite de faire l'économie d'une réflexion politique (l'autorité occulte le pouvoir ; la division du travail, l'aliénation et la réification ; le conformisme, le blocage de la parole novatrice) et d'éliminer également de la sphère d'analyse tout ce qui ne concerne pas l'organisation visible, c'est-à-dire les processus inconscients tant individuels que collectifs. E. E.

autorité parentale

(angl. Parental Authority)

Pouvoir que la loi reconnaît au père ou à la mère sur la personne et les biens de leur enfant mineur et non émancipé.

Depuis 1971, l'autorité parentale remplace la notion de puissance paternelle. Dans la famille légitime, cette autorité est exercée conjointement par le père et la mère. S'il s'agit de parents naturels, la loi du 22 juillet 1987 leur permet de demander à exercer conjointement l'autorité parentale (laquelle est, à défaut, exercée en priorité par la mère) par simple déclaration devant le juge des tutelles. En cas de divorce, selon l'intérêt des enfants mineurs, l'autorité parentale est exercée soit en commun par les deux parents, soit par l'un d'eux. En cas d'exercice en commun de ce pouvoir, le juge indique le parent chez lequel les enfants ont leur résidence habituelle. M. G.

autostimulation

n.f. (angl. Self-Stimulation)

Procédure par laquelle un Animal s'administre une stimulation électrique intracérébrale.

En 1954, J. Olds et T. Milner montraient que la stimulation de certaines régions cérébrales pouvait être utilisée comme agent renforçateur positif chez le Rat. L'animal, auquel on a préalablement implanté des électrodes profondes, est placé dans une boîte* de Skinner ; il déclenche une stimulation chaque fois qu'il appuie sur un levier : il s'agit donc d'une procédure opérante. Constatant qu'au cours de la séance le nombre d'appuis sur le levier ne cesse d'augmenter, on en déduit le caractère attractif de cette stimulation. Les régions où l'autostimulation est obtenue concernent principalement l'hypothalamus et le septum, ainsi que certaines zones du thalamus et du tegmentum. D'autres régions cérébrales ont une valeur négative. On a pu établir des cartes qui indiquent la valeur renforçatrice d'une autostimulation en différentes régions.

Par rapport à un conditionnement opérant, l'autostimulation présente un certain nombre de spécificités. On n'observe aucune satiation, l'animal cessant d'appuyer sur le levier seulement par épuisement physique ; l'extinction est extrêmement rapide et le réapprentissage est quasi immédiat. Si l'animal a le choix entre un agent renforçateur alimentaire et la stimulation, c'est cette dernière qu'il choisira, préférant dans certains cas se laisser mourir de faim plutôt que de cesser de s'autostimuler.

Certains auteurs expliquent ce phénomène par le fait que les structures qui sont les plus sensibles à l'autostimulation sont celles qui sont les plus impliquées dans le comportement alimentaire, en particulier l'hypothalamus latéral.

L'autostimulation a pu être observée chez le Poisson rouge, le Marsouin, le Pigeon, le Rat, le Chat, le Singe et l'Homme : ce dernier rapporte alors des sensations de plaisir. P. L.

→ opérant (conditionnement).

autosuggestion

n.f. (angl. Autosuggestion)

Suggestion que l'on se donne à soi-même consciemment ou non, de telle sorte que la conduite suggérée (et imaginée) à un moment donné se réalise, en dehors de la volonté consciente, d'une manière presque automatique.

Cette influence sur la vie psychique et le comportement d'une idée qui a été, au départ, volontairement privilégiée, sert de fondement à la méthode d'É. Coué, élève de A.A. Liébeault et de H. Bernheim. Il a compris le premier qu'il ne fallait pas confondre l'autosuggestion avec une simple éducation de la volonté. L'autosuggestion serait plutôt « une éducation de l'imagination ». Et il n'y aurait suggestion que lorsque la volonté et l'effort sont suspendus. Ce qui l'amenait à penser que toute suggestion passe forcément par l'autosuggestion. « Le sujet est soumis au suggestionneur beaucoup plus en apparence qu'en réalité : il est soumis dans la mesure où il s'imagine et s'autosuggère qu'il doit l'être. Que le praticien se serve donc de la suggestion (hétérosuggestion), mais seulement comme d'un moyen d'éduquer l'autosuggestion » (C. Baudoin). On retrouve ces mêmes principes à la base des méthodes actuelles de suggestopédie. J. P.

autotopoagnosie

n.f. (angl. Autotopoagnosia)

Agnosie spatio-corporelle décrite par F. Pick, caractérisée par l'incapacité de reconnaître la localisation des différentes parties du corps.

Elle est due généralement à des lésions pariétales importantes siégeant sur l'hémisphère dominant et débordant sur les régions frontale et occipitale. Cela explique qu'elle s'accompagne le plus souvent de troubles aphasiques et agnosiques complexes rendant difficile la mise en évidence de ses symptômes somatognosiques spécifiques. J. P.

autre, Autre

n.m. (angl. Other ; allem. Ander)

Lieu où la psychanalyse situe, au-delà du partenaire imaginaire, ce qui, antérieur et extérieur au sujet, le détermine néanmoins.

L'élaboration des instances intrapsychiques s'accompagne nécessairement, pour la psychanalyse, d'une attention au rapport du sujet à l'autre, ou à l'Autre. D'emblée, bien sûr, l'accent est mis sur la place et la fonction de ceux par rapport auxquels se forme le désir de l'enfant : mère, père, voire, dans une dimension de rivalité, frères et sœurs. Encore faut-il, même à ce niveau d'évidence, distinguer des registres qui ne s'équivalent pas. Il est clair, par exemple, que l'enfant constitue son moi, avec toute une dimension de méconnaissance, à travers des mécanismes d'identification à l'image de l'autre : l'identification imaginaire, source d'agressivité autant que d'amour, qualifie une dimension de l'autre où l'altérité d'une certaine façon s'efface, les partenaires tendant à se ressembler de plus en plus, à s'équivaloir.

À cette première dimension de l'altérité doit cependant en être opposée une seconde, une altérité qui ne se résorbe pas, un Autre qui n'est pas un semblable et que J. Lacan écrit avec un A majuscule, un « grand A », pour le distinguer du partenaire imaginaire, du petit autre.

Ce qu'il s'agit de marquer par cette convention d'écriture, c'est que, au-delà des représentations du moi, au-delà aussi des identifications imaginaires, spéculaires, le sujet est pris dans un ordre radicalement antérieur et extérieur à lui, dont il dépend même quand il prétend le maîtriser.

La théorie de l'œdipe pourrait servir ici au moins à introduire ce qu'il en est de cet Autre. Ainsi, le père, par exemple, peut apparaître sous les formes sorties de l'imaginaire du père débonnaire ou du père fouettard, il peut se confondre avec l'autre de la rivalité. Mais, par sa place dans le discours de la mère, il est aussi l'Autre dont l'évocation empêche de confondre les générations, de laisser subsister une relation seulement duelle entre la mère et l'enfant.

On peut faire, à partir de là, un pas de plus. Si la référence à une instance Autre se fait dans la parole, l'Autre, à la limite, se confond avec l'ordre du langage. C'est dans le langage que se distinguent les sexes et les générations et que se codifient les relations de parenté. C'est dans l'Autre du langage que le sujet va chercher à se situer, dans une recherche toujours à reprendre, puisque nul signifiant ne suffit, en même temps, à le définir. Il convient d'ailleurs de noter que Lacan articule cette nouvelle définition de l'Autre avec celle que l'on peut produire à partir de l'Œdipe, en dégageant cette dernière de tout élément imaginaire. C'est le Nom-du-Père*, qui est au point d'articulation, le Nom-du-Père, c'est-à-dire le « signifiant qui dans l'Autre en tant que lieu du signifiant est le signifiant de l'Autre en tant que lieu de la loi ».

Le désir et la jouissance

Dès lors qu'elle est introduite, cette catégorie de l'Autre se révèle indispensable pour situer une bonne part de ce que la psychanalyse est appelée à connaître. Si l'inconscient, par exemple, constitue la partie d'un discours concret dont le sujet ne dispose pas, il n'est pas à concevoir comme un être caché dans le sujet, mais comme transindividuel, et plus précisément comme discours de l'Autre. Cela au double sens du génitif : c'est de l'Autre qu'il s'agit dans ce que dit le sujet, fût-ce sans le savoir. Mais aussi, c'est à partir de l'Autre qu'il parle et qu'il désire : le désir du sujet, c'est le désir de l'Autre.

Mais en fait, la question centrale pour la psychanalyse, en ce qui concerne l'Autre, c'est celle de ce qui peut rompre la nécessité du retour du même. Ainsi, par exemple, dès lors que S. Freud démontre que toute libido s'ordonne autour du phallus comme symbole, que toute libido est phallique, la question resurgit de ce qui tout de même, au-delà de la référence effective des hommes et des femmes au phallus, qualifie le sexe féminin comme Autre. C'est à partir de là d'ailleurs que peut être introduite aussi l'idée d'une jouissance Autre, une jouissance pas toute phallique, c'est-à-dire qui ne serait pas ordonnée strictement par la castration. On notera que la jouissance* elle-même se présente comme satisfaction Autre par rapport à ce qui fait repasser le sujet si aisément par des voies balisées, celles du plaisir, qui lui permettent de retrouver au plus vite une moindre tension. L'Autre dans le sujet n'est pas l'étranger ou l'étrangeté. Il constitue fondamentalement ce à partir de quoi s'ordonne la vie psychique, c'est-à-dire un lieu où insiste un discours qui est articulé, même s'il n'est pas toujours articulable. R. C.

aversion

n.f. (angl. Aversion)

Répulsion ou répugnance extrêmes.

L'aversion a été utilisée pour réduire certains états, tels les états de dépendance comme l'alcoolisme, et des problèmes d'orientation sexuelle (pédophilie, exhibitionnisme, fétichisme, travestisme et même homosexualité) dans des cas où, pour des raisons diverses, ils n'étaient pas accessibles à une psychothérapie. Les techniques aversives consistent à faire suivre le comportement dont se plaint le patient d'une conséquence désagréable, voire d'un stimulus nociceptif. C'est ainsi que les cures de dégoût, couramment pratiquées depuis 1929 dans l'éthylisme, consistent à associer une ingestion d'alcool à la prise d'un produit émétique, les vomissements provoqués par ce dernier entraînant une véritable répulsion pour l'alcool, auquel ils sont imputés.

D'autres méthodes, en vogue à la fin des années 1950 mais tombées en désuétude de nos jours, soumettent le sujet à un véritable rappel à l'ordre sous forme, par exemple, de faibles stimulations électriques, lorsque le comportement visé se produit. Ce modèle punitif de traitement est emprunté aux principes du conditionnement et est présenté comme un déconditionnement. Il a été utilisé sous une forme différente, dans laquelle le stimulus aversif est imaginé : le sujet est, lors des séances, invité à se représenter mentalement en train d'émettre le comportement indésirable, puis incité par le thérapeute à imaginer en les exagérant les conséquences les plus fâcheuses qui pourraient s'ensuivre. Outre des critiques portant sur leurs aspects éthiques, il est reproché aux techniques aversives, d'une part, d'utiliser de façon erronée les lois du conditionnement et, d'autre part, de décider d'ignorer trop délibérément la complexité des problèmes sous-jacents au comportement visé. M. A.

aversion gustative conditionnée

(angl. Acquired Taste Aversion)

Répulsion violente, obtenue par conditionnement, envers un stimulus gustatif initialement appétitif.

L'aversion gustative conditionnée est généralement obtenue par association d'un stimulus gustatif et d'une maladie. Ainsi, chez le Rat, qui a une forte appétence pour la saccharine, si l'on rend l'animal malade par l'injection de chlorure de lithium (qui provoque nausées et vomissements) juste après la consommation d'eau saccharinée, on constate l'apparition d'une aversion à toute alimentation contenant de la saccharine. Cette aversion se développe très rapidement puisqu'il suffit d'un seul essai, et elle peut être extrêmement puissante. Cette technique est utilisée dans certaines cures de désintoxication alcoolique chez l'Homme. P. L.

aveugle

adj. et n. (angl. Blind)

Se dit légalement de toute personne dont l'acuité visuelle est égale ou inférieure à 1/10.

On différencie les aveugles des malvoyants, ou amblyopes, qui ont conservé 3/10 à 4/10 d'acuité et peuvent distinguer des ombres ou des contours, en cas de brillances ou d'éclairements fortement contrastés. H. B.

aveugle (rotation)

(angl. Blind Rotation)

En analyse factorielle, toute rotation des facteurs opérée dans l'ignorance de la nature des variables sur lesquelles l'analyse a porté.

De telles rotations sont uniquement guidées par des critères formels (« structure simple » par exemple). M. R.

aveugle-né

adj. et n. (angl. Born-Blind)

Se dit d'un enfant privé de vision dès sa naissance par cécité congénitale.

Les causes de ce handicap se révèlent diverses. (→ cécité.)

La détection précoce, bien qu'elle ait beaucoup progressé dans les dix dernières années, n'est pas encore pratiquée systématiquement partout. Qu'elle conduise ou non à une opération chirurgicale, elle entraîne d'abord à des pratiques éducatives et, de plus en plus, à l'utilisation de prothèses qui permettent de réduire les retards de développement naguère constatés. Ainsi, le port d'un guide ultrasonique, dès les premiers mois de la vie, favorise la localisation des objets dans l'espace environnant, dirige les explorations tactiles et, plus tard, aide le bébé aveugle à organiser ses déplacements. En France, et dans la plupart des pays développés, l'aveugle-né a droit à une assistance et à une éducation spécialisée (accès au braille) destinée à lui procurer une relative autonomie. H. B.

axe

n.m. (angl. Axis)

→ facteur.

axone

n.m. (angl. Axon)

Prolongement unique de la cellule nerveuse (fibre nerveuse), dans lequel l'influx nerveux se propage du corps cellulaire vers la périphérie.

L'axone est généralement lisse ; sa longueur peut atteindre 1 m chez l'homme. Il est soutenu par un important cytosquelette. Ses ramifications peu nombreuses, sauf à son extrémité, se détachent à angle droit et constituent autant de collatérales, dont certaines peuvent être récurrentes. Le diamètre de l'axone est le plus souvent constant sur toute sa longueur. Des gaines d'origine gliale entourent l'axone ; la plus interne est la gaine de myéline. Elle peut être absente, ce qui permet de distinguer des fibres myélinisées et des fibres amyéliniques. La seconde enveloppe, toujours présente, est la gaine de Schwann. Même lorsqu'il existe une gaine de myéline, elle ne débute qu'à une certaine distance du corps cellulaire, ménageant ainsi un segment initial amyélinique, et s'arrête en amont de l'arborisation terminale. Au niveau des terminaisons axoniques, le message nerveux se transmet à d'autres éléments excitables. G. S.

B

B (type)

(angl. Type B, B-Type Personality)

→ type A et type B ou TABP.

babil

n.m. (angl. Babble)

→ babillage.

babillage

n.m. (angl. Babble)

Activité vocale articulatoire du nourrisson.

Les productions sont influencées par le milieu langagier : d'une part, les phonèmes n'appartenant pas à la langue parlée autour de l'enfant vont disparaître ; d'autre part, l'émission des phonèmes de cette langue se perfectionne et ces derniers deviennent identifiables. Une recherche récente a montré que des adultes français sont capables de différencier, à partir d'enregistrements, le babillage de bébés de 8 mois élevés en milieu francophone de celui des bébés du même âge élevés en milieu arabophone. Dès cet âge, le babillage présente des intonations et des accentuations qui le font ressembler au langage de l'adulte. E. V.

→ vocalisations préverbales.

baby-test

(angl. Infant Test)

Pour les bébés, équivalent des tests d'intelligence des enfants d'âge scolaire.

Les premiers baby-tests, mis au point à la fin des années 1920, ont été développés surtout aux États-Unis. Le pionnier des baby-tests est A. Gesell. Son test, repris et adapté en France par O. Brunet et I. Lézine, comporte quatre sous-échelles : posturale, de coordination, de langage et sociale-personnelle. N. Bayley a joué un rôle important dans le développement des baby-tests puisqu'elle est l'auteur d'un des premiers (1933) et du dernier (1969) baby-test classique et également l'auteur d'études longitudinales qui ont montré que les baby-tests n'étaient absolument pas prédicteurs de l'intelligence ultérieure. Les auteurs de ces tests se sont trouvés confrontés à ce problème et ont tenté d'améliorer cette prévision sans grand succès. Cela a conduit à une interrogation sur ce que mesurent les baby-tests. Pour Brunet et Lézine, ils permettent une évaluation globale du comportement comme équivalent biologique de l'intelligence. C'est la raison pour laquelle les auteurs de baby-tests ne calculent pas le Q.I. mais donnent des notes séparées par échelles pour Gesell ou un quotient de développement (Q.D.) pour Brunet et Lézine.

Le succès de la théorie de J. Piaget a provoqué l'émergence d'une deuxième génération de baby-tests, différents dans leurs méthodes et leurs objectifs. Ces tests, mis au point par I. Casati et I. Lézine en France, I. Uzgiris et J. Hunt aux États-Unis, ne visent plus à mesurer un niveau de référence mais à situer à quel stade piagétien se trouve un bébé. Leur pratique est relativement faible, peut-être à cause du déclin de la théorie de Piaget dans la description du développement des bébés, mais aussi à cause des décalages horizontaux : on parvient à des stades différents suivant l'épreuve considérée. Enfin, l'absence de note unique résumant l'épreuve est un handicap, même si l'attribution d'une telle note paraît peu raisonnable.

Comme tous les tests, ceux destinés aux bébés semblent actuellement en déclin, mais une troisième génération est peut-être en train de voir le jour, fondée sur la vitesse d'habituation visuelle (diminution des durées d'exploration) considérée comme vitesse de traitement de l'information. Des corrélations significatives avec le Q.I. ultérieur auraient été montrées. Il convient toutefois de rester prudent sur ce point. R. L.

BIBLIOGRAPHIE

Brunet, O., et Lézine, I., 1951, *le Développement psychologique de la première enfance*, Paris, P.U.F.

Casati, I., et Lézine, I., 1968, *les Étapes de l'intelligence sensori-motrice*, Paris, Éditions du Centre de psychologie appliquée.

Lewis, M., 1983, *Origins of Intelligence*, New York, Plenum Press.

balayage

n.m. (angl. Sweeping)

Mode d'approche manuelle sous forme de déplacement du bras entier mis en abduction et ramené vers la ligne médiane du bébé, par rotation autour de l'épaule, le coude demeurant à demi fléchi. E. V.

→ préhension.

Baldwin (James Mark)

Psychologue américain (Columbia, Caroline du Sud, 1861 - Paris 1934).

J. M. Baldwin apparaît, dans la psychologie scientifique, comme le premier théoricien de l'ontogenèse. Les théories générales du développement, plus récentes, font toutes référence à ses idées et, spécialement, aux deux volumes de synthèse intitulés *le Développement mental chez l'enfant et dans la race* (trad. fr., 1897) et *Interprétation sociale et morale des principes du développement mental* (1896 ; trad. fr., 1899).

Né en Caroline du Sud, dans une famille d'origine et de sympathies nordistes, Baldwin reçoit d'abord une formation de philosophe, à Princeton, à laquelle il adjoint un peu de théologie. Mais, dès ses premières années d'université, il se montre fortement attiré par la psychologie et passe, avant de préparer son doctorat, une année complète à Berlin et à Leipzig, où il bénéficie de l'enseignement novateur de W. Wundt et fréquente son laboratoire. Il en gardera des souvenirs précis qui, quelques années plus tard, l'aideront à rédiger un *Traité de psychologie* (1889). Auteur d'une thèse de philosophie, il est nommé dans cette discipline à Lake Forrest (Illinois), puis obtient, à Toronto, la chaire de métaphysique et de logique (1889). Il y fonde un petit laboratoire de psychologie expérimentale et commence à y étudier de très jeunes enfants. En 1893, il regagne Princeton comme professeur de psychologie et y organise aussitôt un laboratoire. Les dix ans qu'il y passe, entrecoupés de voyages en Europe, sont sans doute les plus fructueux de sa carrière scientifique. Il publie alors ses principaux ouvrages, parmi lesquels les deux livres ci-dessus mentionnés, complétés par *The Story of the Mind* (1898) ; il participe à la fondation de revues prestigieuses (*Psychological Review, Psychological Monographs*) et sera président de l'American Psychological Association. En 1903, il se voit confier le poste et le laboratoire de Stanley Hall à l'université Hopkins, après le départ de G. S. Hall à Clark. Enfin, en 1908, il quitte les États-Unis, d'abord pour Mexico, puis pour Paris (1913), où l'attend une chaire à l'École des hautes études. Il y vit jusqu'à sa mort, en 1934. Baldwin a rédigé également un *Dictionnaire de philosophie et de psychologie* (1901-1906) et d'autres études comme *Développement et Évolution* (1902), *Individu et Société* (1910).

L'intérêt de Baldwin pour l'étude du développement prend source dans les théories évolutionnistes, par lesquelles on cherchait alors à expliquer le développement individuel, et dans les travaux de F. Galton. Des théories de l'évolution, Baldwin retient la visée adaptative de tout développement, ce qui le conduit à adopter une option fonctionnaliste et l'idée darwinienne de sélection, qu'il transforme en notion de « sélection organique », notion proche de celle que soutiennent aujourd'hui les théories épigénétiques. De cette notion sont issus ses travaux sur l'*inhibition* (angl. Arrest) ainsi que son explication des « réactions circulaires ». L'expression lui est due : elle désigne les actions du bébé, dont la répétition est engendrée par l'effet qu'elles produisent. Baldwin repère les premières réactions circulaires dès le 2e mois de vie postnatale. Elles lui apparaissent comme la forme la plus primitive d'adaptation au monde extérieur, par accommodation : c'est l'effet du milieu qui, petit à petit, transforme un acte réflexe en une activité dirigée. Ainsi, c'est le son produit par le hochet que l'enfant secoue qui entraîne la répétition du mouvement et ses transformations (changements de rythme, variations d'amplitude, etc.).

D'autre part, Baldwin fait sienne la préoccupation majeure de Galton : explorer les différences interindividuelles afin de comprendre comment les capacités personnelles évoluent au service d'un ajustement réussi de l'individu à son milieu. « Est-il possible d'établir, pour l'individu isolé dans la société, une ligne de conduite tirée de sa nature spécifiquement personnelle et, si ces règles sont possibles, quelles sont leurs relations avec les règles auxquelles on arrive en partant de l'ensemble de la société ? » Une de ces règles de conduite sera, pour Baldwin, l'imitation, dont il fera une « longue et pénétrante étude » (G. Tarde). Nombre de recherches actuelles qui retrouvent combien l'imitation importe aux processus de socialisation et de communication, chez le jeune enfant, ignorent cette étude et semblent pourtant directement inspirées d'elle.

Pour déterminer quels sont les principes qui dominent le développement de l'individu (« principes d'organisation, de développement, de conduite »), Baldwin prône sans cesse le recours à une méthode génétique qui repose sur l'observation directe d'enfants d'âges différents, qu'il est nécessaire d'entreprendre dès le début de la vie. Cette méthode a valeur scientifique du fait qu'elle admet le contrôle des faits et peut être corroborée par des examens répétés.

H. B.

Balint (Michael)

Psychiatre et psychanalyste britannique d'origine hongroise (Budapest 1896-Londres 1970).

Il pratique la psychanalyse, de 1926 à 1939, à l'Institut de psychanalyse de Budapest, qu'il dirige à partir de 1935. Passé en Grande-Bretagne, il exerce la psychiatrie, notamment à la Tavistock Clinic de Londres, dont il est le fondateur. Ses observations cliniques et l'influence de S. Ferenczi (qui fut son analyste) l'amènent à proposer la notion d'amour primaire, qui postule l'existence d'une phase postnatale antérieure au narcissisme primaire et où existe déjà une relation d'objet primaire dont la base biologique est l'interdépendance de la mère et de l'enfant sur le plan instinctuel. Balint a tenté par ailleurs d'isoler la notion de « défaut fondamental » comme facteur important de la pathogenèse mentale. Il est également à l'origine d'un mouvement qui se propose de reconsidérer profondément le problème des relations médecin-malade-maladie. (→ Balint [groupe].) Les principaux ouvrages de Balint sont *Amour primaire et Technique psychanalytique,* (1952) *le Médecin, son malade et la maladie,* (1957), *les Voies de la régression,* (1959), et, en collaboration avec E. Balint, *Techniques psychothérapeutiques en médecine* (1961).

R. L.

Balint (groupe)

(angl. Balint Group)

Groupe de discussion réunissant une dizaine de médecins, praticiens de médecine générale le plus souvent, sous la conduite d'un psychanalyste, afin que chaque participant prenne conscience, grâce au travail du groupe, des processus psychiques qui interviennent dans sa relation avec ses propres patients.

R. L.

balistique (geste)

(angl. Ballistic Gesture)

Déplacement continu d'un segment corporel, déclenché par une stimulation externe.

Le geste se décompose en une phase d'accélération suivie d'un ralentissement. Aucun ajustement correctif ne vient modifier sa trajectoire à l'approche du but. Le déroulement de ce geste obéit à un programme moteur en boucle ouverte (angl. Feed Forward), dont les instructions sont anticipatrices. Une saccade de positionnement oculaire, l'orientation de la tête vers une source sonore, la projection du bras vers une source visuelle (préhension précoce ou geste d'atteinte) sont des mouvements balistiques.

E. V.

ballant

n.m. (angl. Banging)

PHYSIOL. **Technique d'appréciation du tonus musculaire passif, qui consiste à imprimer un mouvement énergique à un segment de membre ou à un membre et à évaluer le degré de résistance.**

DÉVELOP. **Ensemble des réactions posturales caractéristiques.**

Par exemple, chez le nouveau-né, la mobilisation tonique du tronc donne lieu à un important ballant de la tête alors que les membres sont solidaires du tronc. À l'inverse, chez le bébé de plus de 3 mois, la tête sera solidaire du tronc et les membres présenteront un ballant considérable.

F. J.

ballant, e

adj. (angl. Banging)

Se dit d'une articulation devenue anormalement mobile dans différentes directions en raison d'un trauma, d'une intervention chirurgicale ou d'une malformation congénitale.

F. J.

Ballard (phénomène de)

(angl. Ballard Phenomenon)

Phénomène observé par P.B. Ballard en 1913, dans lequel un rappel de mémoire qui survient après un certain intervalle (entre 24 heures et 7 jours) est supérieur à un rappel immédiat.

J-F. L. N.

→ réminiscence.

ballottement

n.m. (angl. Head Banging)

Chez le nouveau-né maintenu en position assise ou en suspension ventrale, mouvement de la tête qui a tendance à tomber en avant, malgré la capacité du nourrisson de la relever et de la maintenir verticale pendant de courts instants.

Ce comportement de la tête, avec alternance d'efforts couronnés de succès et de relâchement, constitue une des premières étapes de l'acquisition du contrôle tonique et postural de la tête.

F. J.

banque d'items

(angl. Item Bank)

Ensemble de questions dans lequel on peut puiser pour construire une épreuve répondant à certaines spécifications.

La constitution d'une banque d'items implique l'étude des caractéristiques des items qui la composent (difficulté, fidélité, validité) pour des populations déterminées.

M. R.

barbiturique

adj. et n.m. (angl. Barbiturate)

Se dit d'un dérivé de l'acide barbiturique, ou malonylurée, utilisé comme anesthésique, antiépileptique, sédatif et surtout hypnotique.

La découverte en 1863 de la malonylurée est due à A. von Baeyer. En 1903, la première synthèse d'un dérivé hypnotique, le barbital, ou véronal, est obtenue par E. Fischer et J. von Mering. Durant plus d'un demi-siècle, les barbituriques deviennent les hypnotiques (somnifères) les plus répandus et les plus efficaces. Pour les médecins, il fallait distinguer les barbituriques selon leur action rapide ou prolongée et selon leurs indications diverses : insomnies d'endormissement ou de réveil, mais aussi épilepsie (le phénobarbital reste l'un des meilleurs antiépileptiques) ou anesthésie (les théobarbituriques d'action rapide ayant leur place en ce domaine).

Médicaments du sommeil, les barbituriques deviennent rapidement dans l'esprit du public les drogues du suicide : ils restent encore l'un des moyens les plus efficaces pour se donner la mort. Ils donnent rapidement lieu également à des usages abusifs, sinon toxicomaniaques. La tolérance (accoutumance) aux barbituriques est nette et apparaît très vite en cas d'usage régulier. Pour obtenir un même effet sédatif ou hypnotique, on peut en venir à utiliser des doses dix fois supérieures aux doses initiales. Il existe entre les barbituriques et l'alcool une potentialisation et une tolérance croisées. Les dangers d'une telle dépendance progressive sont évidents, car la tolérance de l'organisme est bien moindre en ce qui concerne la dose létale : pour simplement dormir, certains sujets en viennent à flirter régulièrement avec la dose mortelle.

Les barbituriques font aussi partie de la panoplie des jeunes toxicomanes actuels, qui recherchent dans ces substances deux sortes d'effets : l'effet thérapeutique de la sédation et du sommeil et l'effet paradoxal de l'ivresse barbiturique. Dans le premier cas, les barbituriques servent à éviter les souffrances d'une « descente de speed » (amphétamines) ou d'un manque d'opiacés. Ils peuvent aussi être pris directement en association avec d'autres drogues. Dans le second cas, ils provoquent une ivresse qui survient lorsque le sujet ne sombre pas rapidement dans l'inconscience. Comparable en tous points à l'ivresse alcoolique, y compris quant aux troubles moteurs de type cérébelleux, elle dépasse plus facilement le stade de la loquacité ou de l'euphorie pour produire des épisodes d'excitation agressive ou des syndromes confusionnels. À la différence de la plupart des autres « planètes », l'ivresse barbiturique est généralement suivie d'amnésie.

Une intoxication chronique entraîne des troubles de la mémoire et de l'attention, des modifications de l'humeur, qui devient explosive, imprévisible, en rupture avec la personnalité antérieure du sujet.

Au décours d'une accoutumance vraie, le sevrage peut présenter des risques sérieux. Ce syndrome comporte des nausées et vomissements, un sentiment de malaise, une angoisse importante avec irritabilité, tremblements. Le danger majeur tient à la possibilité de crises, voire d'état de mal épileptique. Plus rarement a été décrit un delirium de sevrage barbiturique, comparable au delirium tremens d'origine alcoolique. La plupart des auteurs s'accordent pour prôner un sevrage en milieu hospitalier, en utilisant une méthode de diminution progressive.

La complication majeure de cette toxicomanie est le coma barbiturique avec risque de mort. Certains barbituromanes chroniques, en recherchant l'ivresse, la sédation ou l'oubli, se rapprochent sans le savoir de la dose mortelle : ces cas historiques sont plus rares aujourd'hui. Un usage explosif de barbituriques par des toxicomanes est toujours possible, parfois par utilisation de la voie intraveineuse. Sans être exclusive de l'usage de produits, la dimension ordalique, la recherche du risque sont ici à leur apogée. Cette fonction de « roulette russe », vertige devant la mort, appel à une puissance Autre et espoir en une survie miraculeuse, existe dans nombre de comas. Une recrudescence de ces pratiques a fait classer en 1988 le sécobarbital (barbiturique d'action rapide) au tableau B des substances vénéneuses. D'autres psychotropes sédatifs et hypnotiques sont utilisés par les toxicomanes aux mêmes fins et quasiment avec les mêmes dangers. Ce fut le cas de la métaqualone, c'est aujourd'hui le cas de certains sédatifs et hypnotiques de la série des benzodiazépines. M. V.

barbiturisme

n.m. (angl. Barbiturate Dependence)

Intoxication chronique aux barbituriques. (Syn. barbituromanie.) M. V.

→ barbiturique.

barorécepteur

n.m. (angl. Baroreceptor)

Récepteur viscéral sensible à la pression sanguine et à ses variations.

Les barorécepteurs situés dans la crosse aortique et à la bifurcation carotidienne (sinus carotidien) jouent un rôle primordial dans la régulation réflexe de la pression artérielle. G. S.

barrage

n.m. (angl. Obstruction, Thought Blocking)

Brusque interruption du discours ou de l'activité psychomotrice, liée à un trouble profond du cours de la pensée.

C'est un symptôme décrit par E. Kraepelin dans le cadre du négativisme* de la démence précoce et repris par E. Bleuler, qui en a fait un des signes fondamentaux de la dissociation schizophrénique. J. P.

Bateson (Gregory)

Anthropologue et ethnologue américain d'origine britannique (Cambridge, Grande-Bretagne, 1904 - San Francisco 1980).

En 1936, à la suite d'un séjour dans une tribu de Nouvelle-Guinée, il publie *Naven*. Il y décrit en particulier la différenciation des groupes qui, à la longue, si elle est effectuée de façon progressive, aboutit à ce qu'il appelle une schismogenèse. C'est ainsi que, d'une façon générale, on peut décrire les interactions entre individus, en termes soit de symétrie, soit de complémentarité. Dans le premier cas, les partenaires adoptent un comportement en miroir, et, dans le second, le comportement de l'un complète celui de l'autre. En 1956, après un travail de recherche à l'hôpital psychiatrique pour anciens combattants de Palo Alto (Californie), il fait paraître *Vers une théorie de la schizophrénie*.

Avec D. D. Jackson, J. Haley et J. H. Weakland, il décrit notamment l'hypothèse du double-lien*.

Par la suite, il poursuit ses travaux sur la communication et la métacommunication chez les Animaux. Il s'intéresse également aux processus d'apprentissage. Il appelle « apprentissage zéro » la réception d'un message, « apprentissage I » les changements dans l'apprentissage zéro et « apprentissage II » le fait « d'apprendre à apprendre à recevoir un signal ». En 1971, tous ces thèmes sont regroupés dans *Vers une écologie de l'esprit*.

Dans *la Nature et la Pensée*, en 1979, il passe en revue l'aboutissement de recherches sur l'anthropologie, l'ethnologie, l'éthologie, la cybernétique et la psychiatrie. Il s'interroge en particulier sur « la structure qui relie toutes les créatures vivantes »; il insiste à nouveau sur le contexte, sans lequel les mots et les actes n'ont aucun sens.

L'ensemble de ses travaux constitue les fondements de la genèse et du développement des thérapies familiales. M. G.

batterie de tests

(angl. Test Battery)

Ensemble de tests utilisés conjointement afin de tenir compte de plusieurs aspects des aptitudes ou de la personnalité des sujets dans un diagnostic ou dans un pronostic de réussite. M. R.

Bayley (échelles de)

(angl. Bayley Scales of Infant Development)

Échelles qui évaluent le développement de certaines fonctions.

La psychologue américaine N. Bayley a mis au point trois instruments applicables aux enfants dont l'âge est compris entre 2 mois et 2 ans et demi. L'*échelle mentale* (angl. Mental Scale) évalue le développement de fonctions comme la perception, la mémoire, l'apprentissage, la résolution de problèmes, les débuts de la communication verbale, etc. L'*échelle motrice* (angl. Motor Scale) évalue la capacité de se tenir assis ou debout, de marcher, de monter les escaliers ainsi que l'habileté dans les manipulations. On peut procéder pendant l'application de ces deux épreuves à des observations du comportement de l'enfant en utilisant une *feuille d'observations normalisée* (angl. Infant Behavior Record). Ces épreuves ont fait l'objet de nombreuses études et ont été largement utilisées. M. R.

Bechterev (Vladimir Mikhaïlovitch)

Psychophysiologiste russe (Sorali, gouvern. de Viatka, 1857-Leningrad 1927).

Il enseigne à Saint-Pétersbourg (1881-1885), à Kazan (1885-1893) puis de nouveau à Saint-Pétersbourg (1893-1907). Il s'intéresse à la psychiatrie et à la neuropsychologie et utilise la méthode des réflexes conditionnés ; il crée le terme de « réflexologie » (parfois attribué à I. P. Pavlov) et développe, avant J. B. Watson mais de façon moins systématique, l'idée d'une psychologie objective, fondée sur l'étude des réponses à des stimulus. Parmi ses ouvrages, on peut citer *la Psychologie objective* (1907-1910 ; trad. fr. en 1913), *les Principes de la réflexologie humaine* (1917). R. L.

bégaiement

n.m. (angl. Stuttering)

Difficulté du langage parlé caractérisée par la perte de la fluidité de la parole, avec hésitations, troubles du rythme, interruptions répétées du flux verbal et parfois spasmes des muscles respiratoires ou phonatoires.

Le bégaiement s'intègre dans les troubles de l'apprentissage du langage, liés à la fois à des facteurs somatiques et à des facteurs psychologiques et socioculturels. Pour E. Pichon et S. Borel-Maisonny (1937), il s'agit essentiellement d'une « insuffisance linguispéculative ». On pense actuellement qu'il dépend de l'hérédité, d'altérations de la dominance cérébrale et des processus d'intégration sensori-motrice (R. Diatkine et J. de Ajuriaguerra), et souvent de troubles psychoaffectifs névrotiques. C'est pourquoi une rééducation orthophonique du bégaiement ne peut se concevoir qu'après un examen complet de la personnalité du patient, pouvant conclure à la nécessité d'un accompagnement psychothérapique. J. P.

Behavior Therapy ou Behaviour Therapy

→ comportementale (thérapie).

béhaviorisme

n.m. (angl. Behaviourism ; amér. Behaviorism)

Courant de la psychologie cognitive qui a recours à l'approche comportementale des activités psychologiques, fondé sur le principe d'économie explicative et rejetant tout recours à des variables intermédiaires entre l'entrée, ou stimulus, et la sortie, ou réponse.

En raison des caractéristiques spécifiques de la composante américaine de ce courant, on conserve généralement l'appellation *béhaviorisme* plutôt que celle, moins typique, de *comportementalisme.*

Ce courant est né aux États-Unis vers le début du siècle. Il prit tout d'abord une forme peu doctrinale dans les travaux de E. L. Thorndike. C'est J. B. Watson qui en a exprimé ensuite les vues théoriques et on considère généralement que l'acte de naissance du béhaviorisme se trouve dans l'article-manifeste publié par lui en 1913 dans la revue qu'il dirigeait, la *Psychological Review* ; cet article avait pour titre « la Psychologie telle qu'un béhavioriste la voit ». Ces conceptions furent reprises et développées par Watson dans divers articles et ouvrages et, notamment, dans *le Béhaviorisme,* qui date de 1925.

Des idées voisines, quoique moins systématiques, étaient apparues vers la même période en Allemagne, en Russie et en France. Ce qui, toutefois, caractérise Watson, c'est sa prise de position très nette contre une psychologie qui voudrait être à la fois scientifique et introspective et qui prétend se situer dans la ligne de pensée de W. Wundt ; Watson juge que l'apport de ce courant a été nul et qu'il faut s'en tenir à la seule considération des comportements et des stimulus qui les font apparaître. Il défend ces idées avec constance, sans apporter lui-même de contribution expérimentale majeure, si l'on excepte les expériences risquées qu'il réalise avec Rayner sur les conditionnements émotionnels chez les jeunes enfants.

Mais il comprend très tôt l'importance des découvertes que fait I. P. Pavlov sous la dénomination de *physiologie* de l'activité nerveuse supérieure. Watson incorpore explicitement ces travaux et leurs résultats à la *psychologie* objective naissante ; comme on vient de le dire, il tente de leur apporter sa contribution personnelle dans le domaine des émotions humaines, considérées elles-mêmes comme des comportements.

Le béhaviorisme a connu un très grand développement aux États-Unis et il a influencé toute la psychologie mondiale jusque vers les années 1950. Pour en juger correctement aujourd'hui, il faut bien distinguer sa face méthodologique et sa face théorique.

Le *béhaviorisme méthodologique* s'exprime par le souci de construire la psychologie sur la seule base de faits observables par tous, à l'exclusion des expériences subjectives privées de l'individu psychologue ; sur ce point s'accordent, aujourd'hui encore, tous les psychologues à visée scientifique.

Le *béhaviorisme théorique,* qui n'est nullement une conclusion nécessaire de la précédente position, s'exprime, quant à lui, dans la règle positiviste suivante : ne parler que des phénomènes observables ou de leurs relations directes. Cette position est représentée de façon typique par ce qu'on appelle parfois la théorie béhavioriste S-R, qui est en fait un refus de théoriser. B. F. Skinner, avec son « analyse du comportement », en est le représentant le plus connu.

En fait, tous les béhavioristes — y compris Skinner, qui a paradoxalement développé toute une idéologie béhavioriste en marge de son analyse comportementale — ont à un degré plus ou moins élevé utilisé des notions qui ne sont pas immédiatement réductibles à des observations ou à des collections d'observations : des variables intermédiaires ou des *concepts hypothétiques* (angl. Hypothetical Constructs). Mais ils les ont restreintes au minimum dans leur travail scientifique.

C'est cette voie qui s'est, dans les années 1950, révélée inadéquate pour rendre compte des faits de comportement eux-mêmes. Beaucoup de psychologues, pourtant attachés à la méthode expérimentale et à l'observation objective des comportements, se déclarent aujourd'hui non béhavioristes, voire anti-béhavioristes, dans la mesure où ils considèrent qu'il est nécessaire de prendre en compte les activités ou processus internes des individus et de construire des modèles théoriques, explicatifs, fondés sur des hypothèses qui acceptent l'existence de ces activités ou processus.

Cette position est essentiellement représentée par le cognitivisme, dans lequel on peut retrouver un acquiescement au béhaviorisme méthodologique, associé à un refus du béhaviorisme théorique. Le cognitivisme conserve en effet l'attachement aux faits objectifs et n'a rien de commun avec une psychologie mentaliste fondée sur la subjectivité, qui subsiste par ailleurs. J.-F. L. N. et J. M.

→ comportement.

BIBLIOGRAPHIE

Richelle, M., 1966, *le Conditionnement opérant,* Genève, Delachaux et Niestlé.

Skinner, B. F., 1979, *Pour une science du comportement,* Genève, Delachaux et Niestlé.

bénéfice

n.m. (angl. Gain from Illness ; allem. Krankheitsgewinn)

Idée générale selon laquelle la formation de symptômes permet au sujet une réduction des tensions engendrées par une situation conflictuelle conformément au principe de plaisir.

Dans une note de 1923 consacrée au cas Dora, qu'il avait publiée en 1905 dans *Cinq Psychanalyses,* S. Freud écrit que « le motif de la maladie n'est autre que le dessein de réaliser un certain bénéfice ». Il y définit le bénéfice primaire comme « la solution la plus commode dans le cas d'un conflit psychique », dans la mesure où « elle épargne d'abord un effort ». Il y précise que des facteurs extérieurs comme, par exemple, la modification à l'avantage du patient de relations avec son entourage entrent dans le bénéfice primaire de la maladie. Le bénéfice secondaire de la maladie est décrit en 1926, dans *Inhibition, symptôme et angoisse,* comme l'effort du moi pour pactiser avec une maladie déjà installée. Effort qui mobilise les capacités intégratives du moi : « Le moi tente de supprimer le caractère étranger et isolé du symptôme, en tirant parti de toutes les possibilités qui peuvent s'offrir de se lier de quelque façon que ce soit, et de l'incorporer par de tels liens à son organisation.» Dès lors, le moi s'adapte au symptôme comme il le fait ordinairement pour le monde extérieur. Cet effort se heurte, cependant, à l'un des aspects irréductibles du symptôme, qui est d'être un substitut de la motion pulsionnelle refoulée, renouvelant continuellement son exigence de satisfaction en entraînant le moi dans une nouvelle lutte défensive. Le bénéfice secondaire apparaît donc comme un gain fragile. R. L.

benzodiazépine

n.f. (angl. Benzodiazepine)

Famille chimique de substances qui possèdent, à des degrés divers, des propriétés anxiolytiques, sédatives, myorelaxantes, anticonvulsivantes et hypnotiques.

Le terme *diazépine* désigne un cycle à 7 atomes auquel est rajouté un cycle benzénique (benzo-). La première benzodiazépine, le chlordiazépoxide, fut synthétisée en 1959, suivie par le diazépam. Depuis lors, plus d'une dizaine de produits sont apparus sur le marché. Des variations minimes de la structure chimique des benzodiazépines peuvent modifier le profil d'action pharmacologique de ces substances. Ainsi, certaines benzodiazépines sont plus particulièrement utilisées dans le traitement de l'épilepsie (propriété anticonvulsivante) ou en rhumatologie (effet myorelaxant).

Plusieurs composés sont proposés dans le traitement des troubles du sommeil, tels que le nitrazépam ou le flunitrazépam (propriété hypnotique). L'indication principale des benzodiazépines reste néanmoins l'anxiété, qu'elle soit primaire, comme dans la névrose d'angoisse (ou trouble de l'anxiété généralisée selon la dénomination américaine), ou secondaire à une pathologie psychiatrique ou médicale. Les règles de prescription de ces substances sont guidées par certaines données pharmacologiques.

La vitesse d'absorption, reflétée par le délai nécessaire pour atteindre la concentration plasmatique maximale, est d'un intérêt pratique pour traiter rapidement une crise d'angoisse aiguë. La durée d'action de la benzodiazépine est un autre paramètre qui permet d'orienter la prescription en fonction de la pathologie à traiter.

Si les benzodiazépines ont fait la preuve formelle de leur efficacité et de leur innocuité, leur recours doit être prudent en cas de traitement prolongé du fait d'apparition de phénomènes de tolérance et de dépendance. Ainsi, un véritable syndrome de sevrage aux benzodiazépines a été récemment décrit après arrêt brutal du médicament.

La recherche biologique sur les propriétés de ces substances a été stimulée par la découverte de récepteurs spécifiques aux benzodiazépines. Ces récepteurs sont plus particulièrement localisés au sein du cortex et du système limbique, structures anatomiques dont on connaît l'implication dans la vie émotionnelle. F. H.

besoin

n.m. (angl. Need)

État de l'organisme résultant d'un déséquilibre entre, d'une part, des normes physiologiques ou culturelles et, d'autre part, des informations sur l'état du milieu intérieur ou extérieur, ou des représentations.

Les normes peuvent être innées (tels les paramètres normaux du fonctionnement des divers types de cellules ou l'organisation nerveuse propre à une espèce) ou acquises (c'est le cas de certaines normes physiologiques et de la totalité des normes culturelles). À ces normes sont comparées des informations sur les conditions du milieu ou sur l'état fonctionnel du système nerveux, informations émanant de l'activité sensorielle ou de celle du système nerveux central lui-même. La discordance éventuellement constatée entre les deux termes de la comparaison constitue le besoin, qui éveillera, dans le système nerveux central, les populations neuroniques contrôlant les comportements compensateurs. (→ motivation.) Chacun des termes de la comparaison est susceptible de varier, au cours du temps pour les conditions de milieu ou, pour les normes, en fonction de la structure, de la maturation et de l'expérience des organismes individuels. Il n'est donc pas possible de dénombrer les besoins ni de les caractériser de façon définitive. Tout au plus peut-on définir de grandes catégories.

Les besoins organiques fondamentaux, ou *besoins primaires,* concernent la survie de l'individu et de son espèce. Ils sont liés au maintien de l'homéostasie du milieu intérieur (besoin d'eau, d'oxygène, d'aliments, d'excrétion, etc.), à la préservation de l'intégrité corporelle (évitement des stimulus douloureux), à la perpétuation de l'espèce (reproduction, soins parentaux). Il convient sans doute de considérer aussi comme primaires certains besoins liés au développement et au fonctionnement physique ou mental de l'individu (besoin de contact, de stimulation, de sommeil).

Sur ces besoins primaires se greffent, par généralisation ou conditionnement, des *besoins secondaires* d'autant plus nombreux et variés que le système nerveux est plus complexe : tels sont la plupart des besoins sociaux, cognitifs et culturels. J.-M. C.

besoin de punition

(angl. Need for Punishment; allem. Strafbedürfnis)

→ punition (besoin de).

bêta (rythme)

(angl. Beta Rhythm)

Rythme cérébral de fréquence rapide (supérieure à 13 hertz) et d'amplitude faible (entre 5 et 10 microvolts), caractéristique du tracé électroencéphalographique de l'adulte éveillé.

Bremer a proposé d'appeler ces ondes bêta «rythme d'activité». Le rythme bêta est principalement recueilli dans les zones frontopariétales. Selon la fréquence, on distingue un rythme bêta 1 et un rythme bêta 2. P. L.

bêtabloquant

n.m. (angl. Adrenergic Beta-Blocker)

Substance capable d'inhiber de façon spécifique le fonctionnement des récepteurs adrénergiques de type bêta.

Le propranolol, l'alprénolol, l'aténolol sont des exemples de bêtabloquants. G. S.

Bettelheim (Bruno)

Psychanalyste américain d'origine autrichienne (Vienne 1903 - Silver Spring, Maryland, 1990).

Après des études de psychologie, il acquiert une formation psychanalytique. Il est déporté en raison de ses origines juives à Dachau et à Buchenwald, d'où il est libéré grâce à l'intervention de la communauté internationale. De cette expérience, il retire un rapport intitulé *Individual and Mass Behavior in Extreme Situation* (1943), que le général Eisenhower donna à lire à tous les officiers de l'armée américaine. Il retira également de cette expérience *le Cœur conscient* (1960) et *Survivre* (1979), où il analyse les attitudes humaines dans les situations extrêmes et hiérarchise les comportements qui paraissent les plus efficaces pour sauvegarder l'intégrité fonctionnelle du moi. Il se rend après sa libération aux États-Unis, où il devient professeur d'éducation (1944) puis de psychiatrie (1963) à l'université de Chicago. Il prend également la direction, en 1944, d'un institut destiné aux enfants en difficulté, qu'il réforme en 1947 sous le nom d'*Institut orthogénique de Chicago*. Il organise cet institut, qu'il décrit dans *Un lieu pour renaître* (1974), comme un milieu isolé des pressions extérieures, notamment des parents, et dans lequel il prend en charge les enfants autistes. Il remet en cause par sa pratique et par ses observations les conceptions de l'autisme en avançant que la cause première de cette maladie est un incident survenu dans la toute petite enfance, en particulier dans une relation mal établie entre l'enfant et sa mère. Il décrit un enfant autiste dans *la Forteresse vide* (1967). Dans son institut orthogénique, il ne laisse aucun détail au hasard : environnement à tout instant favorable à l'enfant, répartition des pensionnaires en six groupes de huit, respect absolu de ce que veut l'enfant, sans intervention d'aucune hiérarchie car, selon ses dires, «le pouvoir corrompt». Ses méthodes se réfèrent à S. Freud, à A. Aichorn et surtout à E. Erikson, promoteur du «principe de la sécurité fondamentale». Bettelheim se rattache aussi au courant de l'égopsychologie. Après avoir écrit *Dialogue avec les mères* (1962) et s'être intéressé aux mythes et aux contes de fées (*Psychanalyse de contes de fées*, 1976), il publie *les Blessures symboliques* (1976). L'importance de Bettelheim, bien que parfois contestée, se marque notamment par la volonté de laisser à l'enfant toute la faculté d'autonomie possible, y compris dans ses tendances au repliement, pour que de lui-même il accède à l'autre, au monde, de façon personnelle et authentique. R. L.

biais

n.m. (angl. Bias)

STAT. **Erreur systématique qui suscite des estimations supérieures ou inférieures en moyenne à la valeur du paramètre dans la population.** M. R.

PSYCHOPHYS. **Modification systématique des performances par des facteurs tels que la fréquence d'apparition des stimulus, l'étendue de leur distribution, leur succession temporelle, etc.**

En principe, un biais concerne le système d'élaboration des réponses et n'affecte par la sensibilité. C. B.

SOCIAL. **Distorsion que subit une information en entrant dans le système cognitif ou en en sortant.**

Dans le premier cas, le sujet opère une sélection des informations; dans le second, il réalise une sélection des réponses. G. M.

→ cognition sociale.

bilatérale (épreuve), bilatéral (test)

(angl. Two-Sided ou Two-Tailed Test)

Épreuve statistique portant sur une différence pouvant être positive ou négative. M. R.

→ signification (test ou épreuve de).

bilatéralité

n.f. (angl. Bilateralness)

Caractère d'une structure dans laquelle les côtés gauche et droit ont un rôle fonctionnel.

Les organes moteurs et sensoriels sont bilatéraux et situés symétriquement de part et d'autre de l'axe médian du corps. Une activité ou une stimulation peuvent donc être bilatérales ou unilatérales. L'apparente symétrie des structures recouvre souvent une asymétrie de fonctionnement. Ainsi, la plupart des individus ont une main préférée, un œil préféré, une oreille préférée et choisissent toujours le même pied pour commencer à monter un escalier ou pour taper dans un ballon. Les hémisphères cérébraux, qui contrôlent les fonctions cognitives et sensori-motrices, sont aussi bilatéraux. Bien que la plupart des fonctions soient bilatéralement représentées dans chaque hémisphère, il existe une spécialisation hémisphérique telle que chaque hémisphère contrôle préférentiellement certaines fonctions. J. F.

binaural, e, aux

adj. (angl. Binaural)

Qui concerne les perceptions auditives engendrées par une stimulation simultanée des deux oreilles. (Syn. biaural, binauriculaire.) R. L.

binauralité

n.f. (angl. Binaurality)

Caractéristique des perceptions auditives nées d'une stimulation simultanée des deux oreilles. R. L.

Binet (Alfred)

Psychologue français (Nice 1857 - Paris 1911).

Après une formation de naturaliste, A. Binet se consacre à la psychologie. Il s'intéresse d'abord à la psychologie pathologique telle que J. M. Charcot la pratiquait à la Salpêtrière et publie plusieurs ouvrages dans ce domaine. Mais, chez Binet, ces intérêts de clinicien sont associés à des intérêts scientifiques qui orientent son activité vers l'analyse expérimentale rigoureuse de faits limités et vers l'utilisation de méthodes de mesure objectives. Il devient en 1894 directeur du Laboratoire de psychologie physiologique qui fonctionnait à la Sorbonne depuis 1889. C'est aussi en 1894 qu'il fonde *l'Année psychologique*. Il effectue de nombreuses recherches de psychologie expérimentale tout en conservant le souci — peut-être sous l'influence de ses intérêts de clinicien — de ne pas se cantonner aux processus les plus élémentaires. Il accorde une grande importance à l'étude des différences individuelles. En 1896, il publie dans *l'Année psychologique*, avec V. Henri, un article sur « la Psychologie individuelle » dans lequel il souligne que les différences individuelles sont bien plus marquées dans les processus supérieurs (comme l'intelligence) que dans les processus élémentaires (comme la sensation). Il critique par là les premiers tests psychologiques déjà publiés, notamment par le psychologue américain J. McKeen Cattell.

Chargé, au sein d'une commission de l'Instruction publique, de chercher un moyen de dépister les enfants retardés afin d'améliorer l'enseignement qui leur est donné ou de les orienter vers un enseignement spécialisé, il a l'idée d'élaborer une série d'épreuves et d'examiner à quel âge elles sont réussies par des enfants normaux. Il crée ainsi l'Échelle métrique de l'intelligence (1905 puis 1908 et 1911) avec la collaboration de T. Simon.

Cette échelle connaîtra une notoriété mondiale tant en ce qui concerne la méthode d'examen (série d'épreuves proches de la vie courante) qu'en ce qui concerne le mode d'évaluation des résultats (âge mental). M. R.

→ Binet-Simon (échelle).

Binet-Simon (échelle)

(angl. Binet-Simon Scale)

Échelle de développement de l'intelligence constituée par une série de petites épreuves concrètes proches de la vie courante, brèves et variées, faisant appel au jugement, à la compréhension, au raisonnement.

Cette échelle a été publiée par A. Binet et T. Simon dans *l'Année psychologique* en 1905, 1908 et 1911. Les modalités d'application de chaque épreuve et d'évaluation des réponses sont précisées. Les épreuves et les types de réponses qu'elles suscitent sont gradués et correspondent en principe à des âges allant de 3 à 13 ans. L'échelle fournit une évaluation de l'« âge mental » d'un sujet, c'est-à-dire de l'âge qu'ont les enfants normaux faisant habituellement les réponses que ce sujet a fournies. L'épreuve était à l'origine conçue pour évaluer les retards de développement d'enfants susceptibles de bénéficier d'un enseignement spécial.

L'échelle de Binet-Simon a connu une notoriété mondiale et a fait l'objet de nombreuses adaptations, notamment aux États-Unis, grâce aux travaux de psychologues comme L. M. Terman. Les échelles de D. Wechsler en dérivent aussi. En France, R. Zazzo et son groupe ont publié en 1966 une révision intitulée « Nouvelle Échelle métrique de l'intelligence » ou N.E.M.I.* M. R.

binomiale (loi, variable)

(angl. Binomial Distribution, Law, Variable)

Loi de distribution statistique.

Une urne contient N boules dont Np blanches et Nq noires ($p + q = 1$). On procède à un tirage avec remise de n boules. La probabilité d'obtenir, dans un ordre quelconque, x boules blanches et $n - x$ boules noires est fournie par la *loi binomiale* : pour les valeurs successives de x (de 0 à n), ces probabilités sont fournies par les termes du développement du binôme $(p + q)^n$. La loi binomiale peut être représentée sous la forme d'une distribution, les valeurs de x étant en abscisse et les probabilités correspondantes en ordonnée. Une variable qui se distribue sous cette forme est une *variable binomiale*.

En psychologie, on se réfère le plus souvent à la *distribution binomiale* obtenue pour $p = q = 0{,}5$. Dans ce cas les probabilités d'obtenir 0, 1, ..., n-1, n boules blanches sont proportionnelles aux coefficients des termes du développement du binôme. Ces coefficients sont représentés dans le « triangle de Pascal » :

Pour n = 2 1 2 1
Pour n = 3 1 3 3 1
Pour n = 4 1 4 6 4 1
Etc.

(Chacun des nombres est égal à la somme de celui qui figure au-dessus de lui et de celui qui est à la gauche de celui-ci.) On voit que, dans ce cas, la distribution binomiale est symétrique. M. R.

Binswanger (Ludwig)

Psychiatre suisse (Kreuzlingen 1881-*id.* 1966).

Il a tenté une synthèse entre psychanalyse et phénoménologie, où la seconde l'emporte nettement sur la première.

Issu d'une famille de psychiatres possédant la clinique de Kreuzlingen, près du lac de Constance, il poursuit des études à la fois médicales et philosophiques à Lausanne et à Heidelberg. À Zurich, où il se rend ensuite, il est l'élève puis l'assistant d'E. Bleuler à l'hôpital psychiatrique du Burghölzli. C'est là qu'il fait la connaissance de C. Jung, qu'il accompagne à Vienne en 1907 pour y rencontrer S. Freud et commencer une formation psychanalytique. Cette formation l'amènera au comité directeur de la Société suisse de psychanalyse en 1919.

Tout en dirigeant la clinique familiale, il s'intéresse de plus en plus à la phénoménologie d'E. Husserl, puis de M. Heidegger, pour l'appliquer à l'observation clinique et à l'étude psychopathologique de ses malades, dont il publie quelques cas devenus célèbres, en particulier ceux de Suzan Urban et d'Ellen West. C'est dans *Existence* (trad. angl. Clarion Books, 1967) que cette dernière observation est longuement présentée, comme un modèle de l'analyse existentielle que préconise Binswanger. Pour lui, le psychiatre doit reconstituer et comprendre phénoménologiquement le monde de l'expérience intérieure de son malade s'il veut tenter de le guérir. C'est l'« être-au-monde », le « Dasein » (Heidegger) qui doit rester au centre de cette analyse que Binswanger a longuement développée dans ses six articles des *Archives suisses de neurologie et de psychiatrie*, à propos de la conscience, ou plus précisément du « monde maniaque », sur la fuite des idées (*Über Ideenflucht*, série d'articles de 1930 à 1932 et publiés sous ce titre en 1933).

Tout en s'éloignant de plus en plus de l'orthodoxie psychanalytique, Binswanger reste jusqu'au bout fidèle à Freud et lui consacre son dernier livre de souvenirs (*Erinnerungen an Sigmund Freud*). Des articles importants ont été regroupés, publiés (1947) et traduits en français sous le titre *Introduction à l'analyse existentielle* (1971 ; rééd. 1989). Les ouvrages les plus marquants sont *Einführung in die Probleme der allgemeinen Psychologie* (1922), *Grundformen und Erkenntnis menschlichen Daseins* (1942), *Schizophrenie* (1957). C'est dans ce dernier ouvrage que se trouve *le Cas Suzan Urban* (trad. fr. en 1957, préfacé par Binswanger).
J. P.

biofeedback

n.m.

Thérapie comportementale visant à établir un autocontrôle sur certaines fonctions physiologiques involontaires. (Syn. rétroaction biologique.)

Pour cela, certains rythmes ou certaines réactions physiologiques sont recueillis et amplifiés, puis traduits, par un appareillage électronique, en un signal sensoriel, le plus souvent lumineux ou sonore, immédiatement retransmis au sujet. Grâce à l'information que lui apporte le biofeedback, le sujet est rendu plus conscient de son fonctionnement biologique et peut apprendre à exercer graduellement un certain contrôle sur lui-même.

C'est par un schéma de conditionnement opérant que s'explique le mode d'action du biofeedback. La seule perception d'un paramètre biologique, par exemple la retransmission par l'électrocardiographe du rythme cardiaque ou par l'électromyographe d'une activité musculaire, ne parviendrait pas à faire acquérir au sujet ce contrôle. Il faut, s'il est décidé à voir diminuer ou augmenter son rythme cardiaque ou la tension de certains de ses muscles, que toute modification obtenue, même infime mais cependant décelable par le dispositif d'intégration de l'appareillage électronique miniaturisé, lui soit retransmise dans un bref délai. Cette transmission se fait par le truchement d'un signal sensoriel agissant en termes de conditionnement opérant (comme un renforçateur positif) et en incitant le sujet à disposer son organisme de façon à faire apparaître le plus souvent et le plus longtemps possible le renforçateur. Cependant, les processus mis en jeu dans le biofeedback apparaissent trop complexes pour être analysés par les seules théories de l'apprentissage. Ils impliquent d'autres processus ; ceux-ci sont médiationnels et sont encore mal explorés : ce qui peut expliquer la diversité des résultats obtenus.

Les applications cliniques du biofeedback sont très diverses : troubles cardiovasculaires, hypertension essentielle, rééducation neuro-musculaire, céphalées de tension. Elles s'étendent à des problèmes gastro-intestinaux, par exemple la diarrhée ou la constipation, et ont abordé les insomnies en faisant prendre conscience au patient des rythmes alpha ou des rythmes de repos de ses ondes cérébrales. Le biofeedback, qui se propose d'apprendre au sujet à « maîtriser les rythmes de son corps » (B. Brown), semble exercer sur l'anxiété une action sédative non négligeable. M. A.

biogénétique fondamentale (loi de)

(angl. Biogenetic Law)

Loi formulée par E. Haeckel en 1866, qui s'énonce ainsi : « L'ontogénie est une courte récapitulation de la phylogénie. »

Selon cette loi, tout embryon présente successivement les formes embryonnaires des ancêtres de son espèce. La présence de fentes branchiales chez l'embryon humain est un des arguments apportés à l'hypothèse de Haeckel. La loi biogénétique eut un très grand succès auprès des psychologues du début du siècle, qui la généralisèrent, sous les noms de *théorie de l'atavisme* ou d'*hypothèse de récapitulation héréditaire*, au développement psychologique : les comportements de l'enfant évolueraient en passant par les étapes que franchirent ceux de ses ancêtres au cours des siècles. La loi biogénétique fondamentale, et surtout ses applications à la psychologie du développement, demeure très controversée, mais sa valeur heuristique fut grande dans l'étude du dessin et du jeu enfantins. E. V.

→ dessin enfantin, jeu.

Bion (Wilfred Ruprecht)

Psychiatre et psychanalyste britannique (Muttra, auj. Mathura, Inde, 1897-Oxford 1979).

Élève de M. Klein, il a été président de la Société britannique de psychanalyse (1962-1965). Il a orienté une partie de son travail sur les petits groupes et surtout sur l'analyse des psychotiques. Sa contribution s'étend à l'étude de l'« appareil protomental », qu'il définit comme un système constituant une voie d'approche des phénomènes psychosomatiques, à celle du mouvement « désintégration-intégration » qui opère dans tout apprentissage par expérience, à celle du psychisme vu comme système gastro-intestinal-intellectuel-émotionnel. Il s'est également intéressé au développement de la pensée de l'enfant — et de ses troubles —, en relation étroite avec la capacité maternelle de le « contenir », de recevoir ses projections et de le nourrir psychiquement. Ses principaux ouvrages sont *Recherches sur les petits groupes* (1961), *Aux sources de l'expérience* (1962), *Éléments de la psychanalyse* (1963), *Transformation* (1965), *l'Attention et l'Interprétation* (1970), *A Memoir of the Future* (1975-1979). R. L.

bipolaire

adj. (angl. Bipolar)

PSYCHIATR. **Se dit de l'évolution alternante d'une psychose maniaco-dépressive, passant d'un état d'excitation (maniaque) à un état dépressif (mélancolique), les deux états étant séparés par un intervalle de rémission pouvant aller de quelques semaines à quelques années.**

Il est classique d'opposer les formes bipolaires de cette psychose, avec leur alternance plus ou moins régulière d'accès maniaques et d'accès dépressifs, aux formes monopolaires (ou unipolaires), au cours desquelles les malades présentent toujours le même type d'accès (soit dépressif, le plus souvent, soit maniaque, plus rarement). Beaucoup de psychiatres pensent actuellement que le terme de *psychose maniaco-dépressive* (créé par E. Kraepelin en 1899) devrait être réservé aux formes bipolaires. En effet, les épisodes mélancoliques des psychoses périodiques bipolaires sont aussi caractérisés cliniquement par la prédominance symptomatique de l'inhibition psychomotrice, du ralentissement et de la somnolence, alors que ceux des dépressions récurrentes unipolaires sont marqués symptomatiquement « par l'importance de l'agitation anxieuse » (J. Guelfi).

Il y aurait donc deux psychoses périodiques différentes : la bipolaire, qui seule mériterait le nom de *psychose maniaco-dépressive*, et la monopolaire, psychose récurrente surtout dépressive. Il semble d'ailleurs que la distinction se fasse également au niveau des effets préventifs du lithium sur les rechutes. La lithiothérapie paraît beaucoup plus efficace sur la véritable psychose périodique bipolaire que sur la psychose récurrente. J. P.

bipolaire (facteur)

(angl. Bipolar Factor)

En analyse factorielle, facteur présentant des saturations positives et des saturations négatives. M. R.

bipolaire (variable)

(angl. Bipolar Variable)

STAT. **Variable comportant des valeurs positives et des valeurs négatives.**

On ne conserve en général cette forme à une variable que s'il existe une raison psychologique justifiant l'existence d'un point neutre de part et d'autre duquel les conduites observées présentent un caractère antithétique (par exemple, introversion-extraversion, autonomie-dépendance, dominance-soumission, etc.). M. R.

bisériale (corrélation)

(angl. Biserial Correlation)

Corrélation entre deux échelles d'intervalles dont l'une est dichotomisée. M. R.

Bleuler (Eugen)

Psychiatre suisse (Zollikon, près de Zurich, 1857-*id.* 1939).

C'est à Zurich qu'il fait ses études de médecine avant de commencer son apprentissage en psychiatrie à l'hôpital de la Waldau de Berne (avec Schaerer). Il complète ensuite sa formation à Paris avec J. M. Charcot et V. Magnan, à Munich avec von Gudden et à Zurich, où il revient terminer son assistanat dans le service universitaire de A. Forel, au Burghölzli. C'est dans cet établissement psychiatrique qu'il succède à Forel en 1898 et qu'il reste jusqu'à sa retraite, en 1927.

Il a été tout d'abord un des premiers psychiatres universitaires à s'intéresser à la psychanalyse. En même temps que son assistant C. G. Jung, il noua des relations avec S. Freud et édita avec lui le *Jahrbuch für psychopathologische und psychoanalytische Forschungen*. En 1910, il publie une défense enthousiaste de Freud. Mais en 1912, à la suite des désaccords entre Freud et Jung, il quitte l'Association psychanalytique internationale et fonde avec Jung l'école de Zurich, appelée depuis *école de psychologie analytique*.

Bleuler a surtout introduit en psychanalyse la notion d'*ambivalence*, adoptée immédiatement par Freud et ses disciples. L'ambivalence était pour lui un des symptômes fondamentaux de la schizophrénie, terme qu'il utilise pour remplacer celui de « démence précoce » qu'avait imposé E. Kraepelin pour décrire cette psychose chronique dont l'évolution paraissait inéluctablement déficitaire, démentielle. C'est contre ce pronostic si pessimiste que Bleuler s'insurge. Pour lui, en effet, non seulement les fonctions intellectuelles restent pratiquement intactes chez le « dément précoce », mais ce dernier conserve aussi une vie intérieure très riche. La maladie du « schizophrène » (c'est le terme que préfère employer Bleuler) n'est donc pas caractérisée par l'effacement et la perte des activités psychiques, mais par leur défaut d'harmonisation, la dissociation mentale. Comme l'a écrit son fils, M. Bleuler, « cette dissociation se combine avec un amalgame de représentations, sentiments et tendances contradictoires qui se manifeste dans la pensée, les sensations et les actions du schizophrène. C'est pour cette raison que Bleuler ne voulait pas inclure le mot "démence" dans l'appellation de la maladie et c'est également pour cette raison qu'il désapprouvait la comparaison entre la démence précoce et la démence sénile » (trad. par S. von de Fenn). Et comme cette *dislocation* des processus intérieurs (allem. Spaltung; angl. Splitting) n'est pas le propre d'une seule maladie mentale comme le voulait Kraepelin avec la démence précoce, on peut penser que beaucoup d'affections psychiques aux origines différentes sont marquées par cette dissociation. C'est pourquoi Bleuler préférait parler du « groupe des schizophrénies ». Ainsi s'explique le titre de sa monographie de 1911 pour le *Traité de psychiatrie* d'Aschaffenburg, « Dementia praecox oder die Gruppe der Schizophrenien ». Il y expose pour la première fois ses conceptions sur cette maladie, qu'il aurait d'ailleurs aussi bien appelée « folie discordante », comme l'avait fait P. Chaslin, s'il avait eu connaissance de ses travaux, comme il le dira souvent plus tard.

Bleuler utilise la psychanalyse en montrant qu'elle permet de trouver le sens de toute une série de symptômes de la schizophrénie. Car, pour lui, cette symptomatologie est l'expression d'un mouvement psychopathologique provoqué par la maladie. Mais ce sont seulement des symptômes « secondaires » qui sont analysables. Les symptômes « primaires » renvoient, eux, à des processus organiques et sont donc inaccessibles à toute recherche de sens. Car, malgré son intérêt pour l'interprétation psychanalytique, Bleuler reste persuadé de l'origine organique de la schizophrénie.

Il le confirme en 1926, au congrès de Lausanne, dans le seul texte qu'il ait écrit en français sur cette maladie : « Dans tous les cas prononcés de schizophrénie, on constate des modifications anatomopathologiques dans le cerveau, modifications d'un caractère suffisamment déterminé et qu'on ne trouve point dans les autres psychoses. L'intensité de ces modifications correspond à peu près à la gravité des symptômes primaires [...]. La schizophrénie est ainsi non seulement une entité clinique, mais en même temps une entité anatomopathologique ». On voit au passage qu'il ne parle plus de « schizophrénies » au pluriel et qu'il rejoint finalement la position uniciste et organiciste de Kraepelin, qu'il avait tellement critiquée en 1911.

Ainsi, Bleuler a donné à la schizophrénie son identité clinique et psychopathologique. Mais, en privilégiant son organogenèse, il a d'emblée justifié tous les traitements biologiques qui lui seront systématiquement appliqués à partir de la fin des années 1930. J. P.

blocage

n.m. (angl. Mental Block)

Comportement caractérisé par un refus, une incapacité apparente et provisoire de poursuivre un apprentissage, de réagir à une situation. R. L.

boîte à problèmes

(angl. Problems Box)

Dispositif employé pour étudier soit un apprentissage, soit un comportement « intelligent », principalement chez des Animaux comme les Chats (E. L. Thorndike) ou les Singes (R. M. Yerkes).

Ce dispositif consiste en une boîte munie d'une serrure plus ou moins complexe (du type chevillette-bobinette). Un animal motivé est placé à l'intérieur, avec une récompense à l'extérieur (ou l'inverse). On observe comment l'animal résout, ou apprend à résoudre, le problème de la sortie (ou de l'entrée). J.-F. L. N.

boîte de Skinner

(angl. Skinner Box)

Cage conçue par B. F. Skinner pour étudier le conditionnement opérant des animaux, et plus particulièrement les variations du débit des réponses opérantes sur de longues périodes de temps.

Une réponse opérante (ou instrumentale) est un comportement entraînant une modification de l'environnement à valeur de récompense ou de punition. Il existe plusieurs types de boîte de Skinner afin de tenir compte de l'équipement sensori moteur de l'espèce étudiée. La boîte de Skinner a permis également d'étudier d'autres phénomènes, par exemple la réponse émotionnelle conditionnée, qui relève du conditionnement pavlovien.

Elle comporte typiquement un dispositif pour émettre les réponses, un distributeur de nourriture ou d'une autre forme de sanction des réponses, un dispositif de présentation de stimulus discriminatifs visuels ou auditifs, un dispositif d'enregistrement des réponses et une unité de contrôle (souvent un micro-ordinateur aujourd'hui). Le dispositif de réponse pour le Rat est constitué par une sorte de pédale facilement actionnée par un appui des pattes avant, et pour le Pigeon par une touche éclairée insérée dans la paroi et actionnée par des coups de bec. La boîte de Skinner permet éventuellement de distribuer des stimulations aversives (son intense ou choc électrique) ou d'enregistrer d'autres aspects du comportement de l'animal. La relation entre les réponses et leurs résultats est spécifiée par une règle déterministe ou probabiliste dite *programme de renforcement*. Les règles typiques dépendent du nombre de réponses émises ou du temps écoulé. Dans les situations complexes, il y a alternance ou enchaînement entre deux programmes, ou encore choix entre deux programmes simultanément en action grâce à la présence de deux dispositifs de réponse. C. G.

→ opérant (conditionnement).

Bonaparte (Marie)

Psychanalyste française (Saint-Cloud 1882-Saint-Tropez 1962).

Fille de prince Roland Bonaparte et épouse du prince Georges de Grèce et de Danemark, analysée par S. Freud à partir de 1920, elle fut la déléguée officielle de celui-ci à Paris, où elle est cofondatrice de la Société psychanalytique de Paris (1926) et de la *Revue française de psychanalyse* (1927). Elle a aidé Freud et sa famille à fuir le nazisme et à s'installer à Londres. Outre les premières traductions des textes de Freud, on lui doit *E. Poe, sa vie, son œuvre, étude analytique* (1931), *Introduction à la théorie des instincts* (1934), *Psychanalyse et anthropologie* (1952) et plusieurs textes sur la sexualité féminine, dont *la Sexualité de la femme* (1951). R. L.

bonhomme (test du)

DÉVELOP. **Test de développement intellectuel décrit et étalonné par F. Goodenough, qui consiste à demander à un enfant de dessiner en temps libre un bonhomme sans gommer.** (Syn. test de Goodenough.)

Le dessin est ensuite coté en tenant compte de la présence de toute une série de détails. Vers 5 ans, l'enfant donne une représentation sexuée du corps; le profil n'apparaît que vers 12 ans, etc. La note est transformée à l'aide d'une table en âge mental, lequel peut être transformé en quotient de développement. Le test du bonhomme, du fait de son indépendance des facteurs socioculturels et de sa grande facilité d'emploi (on peut également l'utiliser en passation collective) et de cotation, est très largement employé. Il peut donner des renseignements non seulement sur le développement intellectuel de l'enfant, mais aussi sur sa personnalité. R. L.

bonhomme-têtard

n.m. (angl. Tadpole Man)

Première représentation graphique de l'être humain par le très jeune enfant.

La forme de base est un rond à la partie inférieure duquel s'attache un long trait vertical (bonhomme-têtard unijambiste). Ce dessin schématique devient par ajouts successifs et doublement du trait vertical le bonhomme-têtard classique, composé d'une tête, avec deux yeux et une bouche, et de deux jambes terminées par des pieds mais partant directement de la tête. E. V.

→ dessin enfantin.

Bonnardel (Raymond)

Psychologue français (Limay 1901-Blois 1988).

Docteur ès sciences et docteur en médecine, R. Bonnardel s'oriente vers la psychologie sous l'influence de H. Laugier et de H. Piéron. Il dirige le Laboratoire de psychologie appliquée de l'École pratique des hautes études de 1939 à 1966 et le Laboratoire de psychologie des usines Peugeot de 1939 à 1959. Il fait alors autorité dans le domaine de la psychologie industrielle, qu'il enseigne à l'Institut de psychologie de l'université de Paris. Il anime l'Association internationale de psychologie appliquée et dirige la revue *le Travail humain*. Il construit et étudie un grand nombre de tests et contribue largement au développement en France des méthodes d'analyse factorielle. M. R.

borderline

n.m. (angl. Borderline Case)

Cas limite se définissant sur le plan nosologique et structural comme intermédiaire ou « à la frontière » entre une structure névrotique et une structure psychotique.

Il s'agit donc de troubles mentaux dont la position nosographique reste assez ambiguë : les termes de *psychonévroses graves,* d'un côté, de *schizophrénies pseudo-névrotiques,* de l'autre, ont pu, à une certaine époque, les situer sur le plan diagnostique. Mais c'est plus au niveau de la structure de la personnalité, avec les travaux de O. Kernberg et de H. Kohut aux États-Unis, de J. Bergeret en France, que la notion s'est précisée. On écrit maintenant des *personnalités limites* et des *états limites,* et l'anglicisme tend à être progressivement supprimé. J. P.

→ état limite.

bouc émissaire

(angl. Scapegoat)

En psychologie des groupes, personne rendue responsable par le groupe d'un dysfonctionnement et jouant aux yeux de l'observateur un rôle d'informateur ou d'indicateur de ces dysfonctionnements.

Pour les thérapeutes familiaux, le bouc émissaire a une fonction de neutralisation des forces antagonistes à l'intérieur de la famille, permettant ainsi le maintien de son homéostasie. Le bouc émissaire peut être reconnu comme malade, c'est alors le « patient désigné »; il peut également ne pas être reconnu comme tel et il doit alors souvent sacrifier une partie de lui-même en vue de l'expiation d'une faute groupale, dont l'origine peut d'ailleurs être transgénérationnelle. M. G.

boucle

n.f. (angl. Loop)

Suite d'instructions d'un programme informatique exécutée de manière répétitive jusqu'à ce qu'une condition de sortie soit réalisée.

En psychophysiologie, un système en boucle possède une réafférence qui renseigne le point de départ du système sur l'état du point d'arrivée. P. L.

→ rétroaction.

bouffée délirante

(angl. Brief Delusional and Schizophreniform Disorder)

Épisode psychotique transitoire caractérisé par un délire à thèmes polymorphes, souvent accompagné de troubles hallucinatoires multiples, survenant brusquement chez un sujet jusque-là indemne de troubles psychiques graves et rétrocédant spontanément au bout de deux à trois semaines en guérissant la plupart du temps sans laisser de séquelles.

C'est V. Magnan et son école de l'hôpital Sainte-Anne (en particulier M. Legrain) qui, de 1880 à 1890, ont décrit ces manifestations délirantes subaiguës à début brutal et inattendu, sans systématisation, souvent illogiques et absurdes, à contenus multiples et variables (avec une certaine prédominance de thèmes persécutoires et mystiques), s'accompagnant fréquemment de phénomènes hallucinatoires plurisensoriels et se produisant sur des sujets prédisposés au terrain psychique particulièrement fragile : les dégénérés. Ces sujets atteints de dégénérescence sont pour Magnan des sujets « tarés », soit arriérés et débiles mentaux, soit « dégénérés supérieurs » atteints de « déséquilibre » et de lacunes du sens moral, de l'émotivité ou de l'intelligence. Dans les conceptions de l'école de Saint-Anne, la *bouffée délirante des dégénérés* s'oppose à la *psychose délirante chronique* avec son délire bien construit et son évolution systématique survenant sur une personnalité antérieure normale.

En plus des troubles délirants et hallucinatoires, on note la présence, dans les bouffées délirantes, d'un trouble thymique allant de la dépression à l'excitation d'allure maniaque et d'une habituelle altération de l'état de conscience et de la vigilance : distractivité, aprosexie, atteinte subconfusionnelle de l'orientation spatiale et temporelle. Ce qui explique que E. Régis y verra un *délire onirique* d'origine toxique s'inscrivant dans le cadre de la confusion mentale, E. Dupré une *psychose imaginative aiguë*, W. Mayer-Gross une *crise oniroïde*, véritable *état crépusculaire de la conscience*, et H. Ey un *état confuso-onirique* où la conscience est en grande partie « déstructurée » puisqu'elle n'est plus « conscience ni du monde interne ni de l'objectivité du monde externe ». Ce dernier auteur, avec cette notion pour lui fondamentale de « déstructuration du champ de la conscience », a donné leur véritable identité psychopathologique à ces bouffées et états délirants subaigus. Il les a opposés aux affections mentales chroniques, en rapport avec une atteinte de la personnalité. Il a montré d'autre part que le contexte de survenue de la bouffée délirante peut être très divers : elle peut être liée à un état dysthymique avec une « déstructuration de conscience » plus profonde que dans la simple manie, ou mélancolie; elle peut représenter le début ou l'exacerbation d'une schizophrénie jusque-là latente; ou elle peut être réactionnelle, en rapport avec un état de stress ou, parfois, une maladie organique, une intoxication, un syndrome de choc ou d'épuisement (bouffées délirantes réactionnelles des victimes d'un tremblement de terre ou d'un bombardement par exemple). Sans évoquer de nouveau la vieille dégénérescence, Ey admet qu'une personnalité immature, fragile, labile sur le plan émotionnel favorise la survenue d'une telle affection.

Celle-ci été récemment précisée dans son diagnostic clinique par C. Pull et P. Pichot, en utilisant le système LICET (Listes Intégrées de Critères d'Évaluations Taxinomiques) selon trois critères principaux : 1. le mode du début, aigu et sans antécédents psychiatriques autres qu'une éventuelle bouffée délirante antérieure; 2. l'absence de chronicité, les phases actives disparaissant au bout de quelques semaines, et, en cas de rechutes, l'intervalle entre chacune d'elles ne s'accompagnant pas d'anomalie psychique grave; 3. les signes cliniques caractéristiques, représentés par les idées délirantes et/ou hallucinations les plus diverses; par la dépersonnalisation et/ou déréalisation avec ou sans confusion; par un état thymique anormal soit dans le sens de l'euphorie, soit dans le sens de la dépression; par la variabilité des symptômes et leur instabilité d'un jour ou même d'une heure à l'autre.

L'évolution reste le problème le plus difficile de la bouffée délirante. Selon une statistique récente (L. Barrelet, 1986), cette évolution est loin d'être uniforme : dans un cas sur sept, la bouffée a été le premier diagnostic d'une schizophrénie débutante; dans un cas sur quatre, l'évolution a été celle d'une psychose maniaco-dépressive; dans un cas sur dix, elle a représenté l'accident aigu d'une personnalité borderline. Restent près de 50% des cas, où elle a été sans lendemain. C'est pourquoi le pronostic peut rester optimiste, avec une certaine prudence néanmoins.

Il est sans doute aussi fonction du traitement, pour lequel l'hospitalisation est indispensable avec, si besoin, recours à une mesure d'internement. Le traitement associe généralement un neuroleptique incisif à un neuroleptique sédatif et est prescrit le plus souvent initialement par voie intramusculaire, étant donné la réticence habituelle du patient à accepter le traitement. Le relais est ensuite pris par voie orale avec une poursuite du traitement neuroleptique dans les semaines qui suivent la sortie du patient. En cas d'évolution favorable (disparition totale des idées délirantes et réinsertion socioprofessionnelle correcte), son arrêt progressif peut être envisagé. Mais il est indispensable dans tous les cas de continuer à suivre le patient pendant au moins deux ans. Il a été parfois conseillé, en cas de récidive sur un mode maniaco-dépressif, de mettre en route, à titre préventif, une lithiothérapie.

Entité nosologique uniquement décrite par les psychiatres français il y a maintenant un siècle, la bouffée délirante a trouvé peu à peu sa place dans les classifications internationales. On la retrouve dans la catégorie des « réactions délirantes aiguës » de la neuvième classification internationale des maladies (C.I.M.-9) et dans les catégories des psychoses délirantes et réactionnelles brèves (298-80) et des troubles schizophréniformes (295-40) du DSM III révisé. J. P.

Bouguer (Pierre)

Physicien français (Le Croisic 1698-Paris 1758).

Il pratiqua l'astronomie, l'hydrographie et les mathématiques et fut le créateur de la photométrie. Dans son *Traité d'Optique sur la gradation de la lumière* (1760), il a énoncé la loi selon laquelle les différences d'éclairement juste perceptibles conservent aux différents niveaux d'éclairement une valeur relative constante. Cette loi n'est autre que celle redécouverte par E. H. Weber en 1831. Cette antériorité historique voudrait qu'on l'appelle la loi de Bouguer-Weber. C. B.

→ Weber (Ernst Heinrich).

boulimie

n.f. (angl. Bulimia)

Trouble du comportement caractérisé par des accès incoercibles de fringale, avec absorption massive et ininterrompue de grandes quantités de nourriture, suivis de vomissements provoqués ou d'endormissement.

Le poids du sujet est normal ou fluctuant du fait de tentatives de perdre du poids par des régimes ou des médicaments. Les accès s'accompagnent souvent d'une humeur dépressive et de culpabilité. Il s'agit d'une entité psychiatrique d'individualisation récente, d'origine nord-américaine. Classiquement, la boulimie correspond à la consommation exagérée d'aliments liée à une faim excessive. Elle était reconnue dans certaines formes de pathologies mentales, comme la schizophrénie, ou certaines démences. C'est dans les années 1960-1970 que l'intérêt suscité par l'anorexie mentale et son traitement a permis de reconnaître la fréquence des conduites boulimiques au cours, ou au décours, de l'anorexie. L'alternance d'épisodes de boulimie et d'anorexie a d'ailleurs été soulignée par certains auteurs sous le nom de « bulimiarexia ». Les conduites boulimiques se rencontrent essentiellement chez les jeunes femmes étudiantes ou exerçant des professions valorisant l'esthétique (mannequins, danseuses). Il semble exister une nette augmentation de ces conduites dans les pays occidentaux (certains parlent de 7 à 20 % des adolescents et adultes jeunes).

La forme typique est la boulimie normopondérale avec vomissements. Le déclenchement de l'accès est souvent brutal : celui-ci se déroule en cachette, indépendamment des repas, en fin de journée ou après une contrariété. Le patient s'isole, ingère de grandes quantités d'aliments riches en calories (parfois plus de 10 000 calories sont absorbées sous forme de pain, beurre, pâtes et chocolat). Le patient ressent souvent alors des douleurs abdominales, un sentiment de malaise, de honte et une peur pathologique de grossir qui favorise l'abus de laxatifs, de coupe-faim de même que l'hyperactivité. Il est conscient du caractère anormal de son comportement et provoque les vomissements, qui peuvent devenir automatiques. Les accès peuvent se reproduire plusieurs fois par semaine ou même se succéder dans la journée.

Les troubles psychologiques associés les plus fréquents sont un état dépressif, avec parfois une ou plusieurs tentatives de suicide, l'anxiété et l'intolérance aux frustrations et à la solitude. La personnalité des boulimiques évoque celle des états limites avec des traits névrotiques variés. Mais ce sont l'impulsivité et la facilité des passages à l'acte qui gênent les entreprises thérapeutiques. Le patient recourt à l'alcool, aux drogues et aux médicaments pour lutter contre son angoisse et ses difficultés. Cette conduite apparaît le plus souvent à la fin de la puberté et peut se prolonger de longues années. Le retentissement familial, social et professionnel est considérable. Sur le plan physique, il est moins apparent que celui de l'anorexie, mais on retrouve les atteintes biologiques liées à l'abus des laxatifs et diurétiques. Les lésions digestives (gastriques surtout) sont fréquentes.

La psychopathologie de la boulimie reste encore difficile à cerner. Certains auteurs (P. Jeammet) insistent sur l'importance de la relation de dépendance du patient envers son entourage. Il est à la fois « très sensible aux attitudes d'autrui et capable de s'opposer et de mettre en échec toute tentative de le faire changer ». Cette dépendance serait à mettre en rapport avec un échec relatif des processus d'intériorisation des premières relations de l'enfant avec l'entourage, notamment sa mère. Pour d'autres, les facteurs biologiques sont au premier plan et de nombreuses études ont tenté de relier ces conduites aux troubles de l'humeur, en tirant argument des facteurs familiaux, des marqueurs biologiques de la dépression, de la réponse de certains patients aux chimiothérapies antidépressives. Le traitement est donc difficile et nécessite d'obtenir la collaboration du patient. Parfois, l'hospitalisation est nécessaire mais d'efficacité limitée dans le temps. Le traitement antidépresseur est parfois efficace. L'approche diététique est indispensable, de même que les thérapies de groupe, surtout celles gérées par les patients eux-mêmes. Les psychothérapies d'inspiration analytique, qui visent à une modification de la personnalité sous-jacente, nécessitent une préparation et des thérapeutes entraînés. Le but est d'éviter ou de restreindre la désinsertion sociale des patients et la limitation de leurs investissements. J.-M. C.

BIBLIOGRAPHIE

Igoin, L., 1979, *la Boulimie et son infortune*, Paris, P.U.F.

Laxenaire, M., 1983, *la Nourriture, la société et le médecin*, Paris, Masson.

Samuel-Lajeunesse, B., et Fass, D., 1984, « la Boulimie, symptôme ou syndrome ? », in *Annales médico-psychologiques*, 142, n° 1, 1-23.

bourgeonnement nerveux

(angl. Nerve Sprouting)

Accroissement des prolongements du neurone par progression amiboïde d'une cône de croissance qui émet des pseudopodes très hérissés (filopodes).

Un bourgeonnement nerveux s'observe dans trois contextes différents :

1. un neurone immature, ou neuroblaste, accroît ses prolongements — axone et dendrites — afin d'établir des connexions correspondant à la « circuiterie nerveuse »;
2. un neurone, après section de l'axone, est parfois capable de rétablir des relations synaptiques normales avec ses cellules cibles : c'est le phénomène de régénération;
3. un neurone intact émet à l'extrémité de l'axone une ou plusieurs *collatérales surnuméraires* (angl. Collateral Sprouting) afin de remplacer les terminaisons perdues par un neurone lésé ou détruit.

Cette suppléance conduira, dans les cas les plus favorables, à une restauration structurale et fonctionnelle. Le bourgeonnement nerveux est sous la dépendance de facteurs physiques et de facteurs chimiques tels que le *facteur de croissance nerveux*, ou NGF (angl. Nerve Growth Factor) G. S.

bourgeons du goût

(angl. Taste Buds)

Organes récepteurs chimiosensibles de la fonction de gustation, abrités par des papilles situées surtout sur la face supérieure de la langue et secondairement sur le palais et l'arrière-bouche.

Un bourgeon contient plusieurs dizaines de cellules de différents types qui sont constamment renouvelées. Les cellules réceptrices proprement dites sont innervées par des neurones primaires sensitifs dont les fibres périphériques forment des branches des nerfs facial (corde du tympan), glosso-pharyngien et vague. Un même neurone primaire se montre sensible à des stimulus représentant plusieurs modalités (sucré, amer, acide, salé) mais répond mieux à l'une des modalités. La transduction sensorielle suppose une interaction entre les molécules sapides et les microvillosités portées par le pôle apical des cellules réceptrices, dans la région du pore par lequel le bourgeon gustatif s'ouvre sur la cavité buccale. Des récepteurs membranaires spécifiques assurent la détection des stimulus sucrés et amers. La modalité acide, qui dépend surtout de la concentration en protons, et la modalité du salé, qui repose principalement sur l'activité des ions sodium, semblent s'exprimer par une action directe des stimulus sur des canaux ioniques. A. H.

→ goût, gustation.

bouton synaptique

(angl. Synaptic Knob, Bouton)

Extrémité de chacune des ramifications de l'axone de la cellule nerveuse, ayant la forme d'une petite sphère riche en mitochondries et en vésicules synaptiques.

Les boutons synaptiques sont également dénommés *boutons terminaux* (angl. End Boutons). G. S.

bovarysme

n.m. (angl. Bovarism)

Comportement d'un sujet que l'insatisfaction, surtout psychoaffective, entraîne à s'adonner à des rêveries diurnes où il se crée une image de lui particulièrement brillante, irréaliste et avantageuse dans un dessein compensatoire.

Le terme, introduit par J. de Gaultier à partir du nom de l'héroïne du roman de G. Flaubert, décrit une conduite névrotique narcissique s'accompagnant d'une perturbation de la fonction du réel et d'une exagération des activités imaginatives, fréquente chez les hystériques (J. Delay) et dans certains états limites avec système d'idéalisation défensif (« soi grandiose » de H. Kohut). J. P.

Bower (Thomas G. R.)

Psychologue britannique (né en 1941).

Il s'est notamment intéressé au développement du bébé humain. Il a enseigné à l'université Harvard (États-Unis) et à l'université d'Edimbourg (Grande-Bretagne).

C'est un des pionniers de l'étude expérimentale des activités perceptives du très jeune bébé. L'originalité des thèmes de recherche, le caractère révolutionnaire des données obtenues, l'audace de ses interprétations ont eu un fort impact sur l'étude du développement précoce à partir des années 1960. Certains psychologues l'ont violemment contesté, d'autres ont été fascinés, mais l'essentiel est que les thèmes abordés ont été repris, développés, enrichis par de nombreux chercheurs.

Bower est le premier à avoir mis en évidence la préhension précoce (geste d'approche) chez des bébés de quelques jours, des constances perceptives avant l'apparition de coordination entre préhension et vision, etc. Parmi les autres thèmes traités, on trouve la validité des lois d'organisation perceptive de la gestalthéorie, la distinction entre identité et permanence de l'objet, l'existence de relations intermodales chez le très jeune bébé.

Du point de vue méthodologique, il a insisté sur le rôle important joué par la posture du bébé dans la perception visuelle, la supériorité d'objets réels, en trois dimensions, sur des dessins ou photos dans l'étude du nourrisson. En ce qui concerne le bébé de moins de 2 mois, il défend les postulats suivants : l'espace est amodal, il y a des programmes innés de comportement, il y a anticipation des résultats d'une action. Bower a notamment écrit *Development in Infancy* (1974). E. V.

Bowlby (John)

Médecin et psychiatre britannique (Londres 1907).

Clinicien et chercheur en psychiatrie de l'enfant et de la famille, il a développé la théorie de l'attachement. Bowlby fait ses études de médecine et de psychologie à Cambridge et à Londres. En 1946, il entre à la Tavistock Clinic et au Tavistock Institute of Human Relations, où il exerce et enseigne jusqu'en 1972. Son expérience pendant les années de guerre le font choisir comme responsable d'une étude sur les besoins des enfants orphelins, demandée par l'Organisation mondiale de la santé. Le rapport est publié sous le titre « Soins maternels et santé mentale » en 1949 et provoque l'intérêt et la critique des psychiatres classiques comme des psychanalystes. Les travaux de H. F. Harlow sur les conséquences de la déprivation maternelle chez les Singes (1959) apportent une dernière preuve à l'appui de la théorie naissante de l'attachement*. Le premier tome d'*Attachement et Perte*, l'œuvre maîtresse de Bowlby, paraît en 1969 et concerne la notion d'attachement. Le deuxième tome, paru en 1973, s'intitule *Séparation : anxiété et colère*. Le troisième et dernier volet, publié en 1980, a pour titre *Perte : tristesse et dépression*. Le dernier ouvrage de Bowlby, *Une base de sécurité*, paru en 1988, reprend les textes de diverses conférences et présente une synthèse claire des divers aspects de sa théorie. M.-G. P.

bradykinésie

n.f. (angl. Bradykinesia)

Ralentissement global des mouvements et des activités psychomotrices sans atteinte neurologique.

La bradykinésie se rencontre dans la maladie de Parkinson et dans les séquelles de l'encéphalite épidémique et peut aller parfois jusqu'à l'akinésie (avec kinésies paradoxales sous l'effet de certaines émotions). J. P.

bradypsychie

n.f. (angl. Bradypsychism)

Ralentissement de la pensée avec diminution de l'attention volontaire, de l'intérêt spontané et de l'initiative.

C'est une lenteur des processus psychiques que l'on remarque dans les états confuso-démentiels, dans les séquelles de l'encéphalite épidémique, dans l'épilepsie et dans certaines maladies neurologiques comme celle de Parkinson. Elle doit être distinguée de la détérioration intellectuelle, qui ne l'accompagne pas forcément. J. P.

brainstorming

n.m. (angl. Brainstorming)

Technique de recherche d'idées originales pour la résolution de problèmes qui consiste en la mise en commun, dans un groupe, des libres associations d'idées de ses membres à partir d'un thème donné.

Pratiqué dès 1938 par Osborn, alors directeur d'une agence de publicité aux États-Unis, le brainstorming, aujourd'hui utilisé dans de nombreux services de prospective, de publicité et de marketing, repose sur trois constats. D'une part, les habitudes mentales acquises au cours de la scolarisation aboutissent à un conformisme cognitif qui bride l'imagination et favorise les réponses habituelles, rationnelles et acceptables pour autrui. D'autre part, il est nécessaire de dissocier la production des idées de leur évaluation car la peur du jugement inhibe la pensée. Enfin, la situation de groupe, quand y règne un climat ludique, libère la créativité personnelle. Le groupe de brainstorming est donc envisagé comme un lieu de déconditionnement, qui permet la production d'idées nouvelles.

Quatre consignes favorisent un nouvel environnement sociocognitif : 1. le jugement est rigoureusement proscrit et tout énoncé évaluatif, ou « phrase fatale », est aussitôt interrompu ; 2. l'imagination libre est encouragée : les idées apparemment les plus fantaisistes, les plus impraticables doivent être exprimées ; 3. c'est la quantité des idées qui est recherchée : un objectif de qualité inhiberait la production, et l'hypothèse est faite que, plus nombreuses sont les idées, plus grandes sont les chances d'y voir figurer de « bonnes idées » ; 4. le pillage des idées des autres est recommandé, à partir desquelles de nouvelles combinaisons et de nouvelles inventions peuvent être produites.

Une séance de brainstorming varie habituellement entre une demi-heure et une heure pour un groupe d'une douzaine de personnes. Deux animateurs soutiennent la production du groupe et la stimulent, si besoin est, par des questions qui visent à relancer l'activité, à favoriser de nouvelles combinaisons et transformations d'idées déjà émises, à accentuer la dimension imaginaire de l'investigation. La séance proprement dite est précédée d'une phase où les groupes sont constitués, le thème précisé et délimité. Par ailleurs, elle est nettement disjointe de la phase ultime, celle de l'évaluation et de la sélection des idées retenues (10% environ), effectuée le plus souvent par un groupe différent de celui qui a pratiqué le brainstorming et qui connaît les enjeux et détient le pouvoir de décision. Le brainstorming est une méthode empirique dont on a cherché après coup à valider les effets. L'avantage de la situation groupale n'a pu être vérifié. Par contre est confirmé le rôle très positif de la dissociation entre la production et l'évaluation des idées. D. O.

Bravais-Pearson (coefficient de corrélation de)

(angl. Bravais-Pearson Correlation Coefficient)

Coefficient donné par $\bar{r}$ dans la formule :

$$\bar{r} = \frac{\Sigma (x - \bar{m})(y - \bar{m}')}{\sqrt{\Sigma (x - \bar{m})^2 \Sigma (y - \bar{m}')^2}}$$

dans laquelle x et y sont des variables, $\bar{m}$ et $\bar{m}'$ sont des moyennes de distributions marginales de l'échantillon, Σ indique la sommation étendue aux N éléments de l'échantillon. M. R.

→ corrélation.

break-down

n.m. (angl. Breakdown)

Effondrement de l'activité mentale, en rapport avec un état dépressif.

Le terme de *break-down* est en fait synonyme de « dépression nerveuse » dans le langage populaire anglo-américain et a gagné le vocabulaire psychiatrique pour qualifier certaines formes de dépressions subaiguës dues à l'épuisement ou au surménage. Chez l'adolescent et dans le cadre des états limites, M. R. Laufer parle de « break-down à l'adolescence » pour caractériser une certaine fragilité de la personnalité : « menace constante de rupture dans la continuité de la représentation du soi et de l'image de soi (en particulier l'image du corps) et dans la continuité des investissements de soi et de l'objet », prédisposant à des décompensations psychotiques. J. P.

Brentano (figures de)

(angl. Brentano's Optical Illusions)

Variantes des figures de Müller-Lyer qui produisent une illusion semblable : un segment de droite compris entre des pennes divergentes est perçu comme plus grand qu'un segment égal compris entre des pennes convergentes. R. L.

→ illusion.

Breuer (Josef)

Médecin autrichien (Vienne 1842-*id.* 1925).

On lui doit la découverte du mécanisme de l'autorégulation de la respiration et celle du contrôle des postures du corps par le labyrinthe. Remarquable clinicien, il est surtout connu pour sa rencontre avec S. Freud (1880) et sa collaboration suivie avec celui-ci (1882-1895), inaugurée par la célèbre étude du cas Anna* O, fondamentale aussi bien pour la compréhension psychopathologique de l'hystérie que comme point de départ de la théorie de l'inconscient et de la méthode analytique, anticipée par Breuer sous le nom de *méthode cathartique**. Mais la théorie freudienne de l'étiologie sexuelle des névroses l'oppose à Freud et leur collaboration prend fin en 1895, l'année même où le produit de leur travail théorique était publié sous le titre *Études sur l'hystérie*. R. L.

brillance

n.f. (angl. Brightness)

Terme remplacé aujourd'hui dans son acception subjective par « luminosité ». C. B.

Broca (aire de)

(angl. Broca's Area)

Aire corticale située sur la face externe de l'hémisphère cérébral dominant, à la partie inférieure de la troisième circonvolution frontale.

La destruction de l'aire de Broca provoque une aphasie motrice, ou anarthrie. Dans l'aphasie dite « de Broca », la parole est laborieuse et lente, l'articulation est altérée. En conséquence, le langage, bien que sémantiquement cohérent, revêt un « style télégraphique » (→ hémisphère cérébral, Fig. 1). G. S.

→ dominance cérébrale.

brown sugar

n.m. (angl. Brown Sugar)

Variété impure d'héroïne, ainsi nommée en raison de son aspect brun.

Dans les années 1970, le brown passait pour un succédané nettement inférieur à la « blanche ». La diffusion actuelle de l'héroïne fait que les diverses variétés en circulation en diffèrent non par la pureté mais par les substances choisies pour la couper. Selon les périodes, le brown sera meilleur ou pire que la «blanche», la «rose», l'«iranienne», etc. M. V.

bruit

n.m. (angl. Noise)

Par référence à la théorie de la communication, toute perturbation aléatoire qui parcourt un canal de communication et dont l'effet est de détériorer à l'arrivée l'identification des signaux transmis par ce même canal.

Ce terme peut dès lors être utilisé non seulement à propos de transmission sonore, mais également de transmission électrique ou encore, en psychologie, de transmission lumineuse ou cognitive et, en physiologie, de transmission de l'influx nerveux dans un nerf. On parle de «bruit de fond» pour désigner les modifications aléatoires, non pertinentes, de ce qui est transmis, et de «signal» pour désigner les modifications pertinentes. Le *rapport signal-bruit* est un important déterminant de la discriminabilité d'un signal. J.-F. L. N.

→ signal, signal (détection du).

bruit neural

(angl. Neural Noise)

Activité nerveuse aléatoire habituellement considérée comme un simple «bruit de fond».

Ce type d'activité recèle peut-être des messages que nous ne savons pas identifier. On doit à von Foerster l'introduction du principe de «création d'ordre à partir du bruit». G. S.

Bruner (Jerome Seymour)

Psychologue américain (New York 1915).

Diplômé des universités Duke (1937) et Harvard (1941), il est professeur de psychologie à Harvard (États-Unis) en 1952, à Oxford (Grande-Bretagne) en 1972. Homme et chercheur brillant, connu internationalement, J. S. Bruner a joué un rôle important dans le développement de la recherche dans plusieurs domaines : perception, pensée, développement cognitif de l'enfant, éducation. Il a fondé le Centre d'études cognitives de Harvard en 1960 et l'a dirigé et animé pendant de nombreuses années, invitant et rassemblant des chercheurs venus de nombreux pays pour étudier le développement de l'enfant et la psycholinguistique.

Les premières recherches de Bruner se situent dans le cadre du fonctionnalisme probabiliste, courant d'idées qui rassemble, vers 1950, plusieurs chercheurs dont la préoccupation commune est d'introduire une nouvelle approche de la perception («new-look» perceptif). Convaincus que la perception n'est jamais entièrement déterminée par le contenu du message sensoriel, ils démontrèrent, à l'aide d'expériences ingénieuses, l'influence de diverses variables (expériences antérieures, besoins organiques et sociaux, émotion, défenses, mobiles, valeurs, etc.). Bruner lui-même propose alors une véritable théorie de la perception, qu'on peut présenter comme suit.

Au moment où des stimulations atteignent les récepteurs sensoriels, un sujet est toujours dans un certain état de préparation, qui découle à la fois de toutes ses expériences antérieures et des événements qui viennent de se produire. Cet état «central directeur» va orienter la sélection et le traitement des informations véhiculées par les stimulations. Pour Bruner, la perception est catégorielle, inférentielle et prédictive. Toute expérience perceptive est une identification et il n'est pas de perception totalement inclassable. À partir des informations présentées dans les stimulations, le sujet percevant confirme ou modifie une hypothèse préalable (attente perceptive) et infère la catégorie à laquelle appartient l'objet présenté. Le classement dans une catégorie permet d'inférer les différentes propriétés de l'objet, y compris celles sur lesquelles le message sensoriel ne transmet aucune information, par exemple les propriétés tactiles d'un objet vu mais non touché. En 1956, Bruner et ses collaborateurs publient une étude sur les stratégies employées dans un apprentissage de concept. La stratégie de base consiste à faire des hypothèses sur le concept à découvrir, hypothèses que les sujets conservent ou rejettent en fonction des informations fournies par une série d'objets.

Les recherches suivantes sont consacrées au développement cognitif de l'enfant, puis du bébé, dans le cadre des travaux du Centre d'études cognitives, à Harvard. Représentation, classification, mémorisation, récolte d'informations, etc., en sont les thèmes. Un rôle fondamental est accordé au langage, car Bruner voit dans le développement linguistique la cause du développement intellectuel.

L'étude du nourrisson n'apparaît dans l'œuvre de Bruner qu'à la fin des années 1960 et ce n'est pas la perception que le bébé a du monde qui l'intéresse le plus, mais ses actions observables. Pour lui, le développement du bébé est avant tout celui de ses *habiletés motrices* (angl. Skills). L'activité motrice est toujours orientée vers l'atteinte d'un but, mais la capacité de réalisation de l'intention est très limitée à l'origine. Toute action efficace peut être décomposée en segments; ceux-ci sont d'abord des liens sensori-moteurs innés, préadaptés mais mal exécutés : du fait d'une faiblesse motrice, ils ne sont ni ordonnés ni articulés et c'est par l'expérience que le bébé apprend à les organiser. L'intérêt porté par Bruner à l'éducation s'est manifesté dès le début et tout au long de sa carrière sous diverses formes (conférences, publications, etc.). Il a écrit notamment *A Study of Thinking* (en coll. avec J. J. Goodnow et G. A. Austin, 1956), *The Process of Education* (en coll. avec Smith White, 1960), *Toward a Theory of Instruction* (1966), *Studies in Cognitive Growth* (en coll. avec R. R. Olver et P. M. Greenfield, 1966). E. V.

Brunet-Lézine (échelle de)

(angl. Brunet-Lézine Scale)

Échelle de développement psychomoteur de la première enfance applicable dès le premier mois et jusqu'à 5 ans, qui comporte des observations sur la posture, la coordination, le langage, les conduites sociales-personnelles.

Mise au point par O. Brunet et I. Lézine, cette échelle fournit un quotient de développement (Q.D.). M. R.

Bibliographie

Brunet, O., et Lézine, I., 1951, *le Développement psychologique de la première enfance*, Paris, P.U.F.

Brunswik (indice de)

(angl. Brunswik Index)

Indice, proposé par E. Brunswik en 1929, qui mesure la *constance perceptive* (C) d'une propriété intrinsèque d'objet en rapportant l'estimation quantifiée de cette propriété, appelée R (pour réponse), d'une part à sa mesure objective (O) et, d'autre part, à sa mesure projective, dite aussi «apparente», désignée par la lettre S (de l'allem. *Scheinbar*).

Ce rapport a la forme suivante :

$$C = \frac{R - S}{O - S}.$$

Les mesures O et S sont, par principe, indépendantes de toute évaluation perceptive. Mais elles sont censées correspondre aux bornes extrêmes de la perception. La valeur O se confondrait ainsi avec la perception lorsque l'objet étudié est placé dans le plan fronto-parallèle à une distance d'acuité maximale, considérée comme nulle. C'est une valeur absolue. La valeur S constitue une mesure de la propriété d'objet étudié pour toute position de l'objet en dehors du plan fronto-parallèle et à distance non nulle.

C'est une mesure géométrique et relative, fondée sur une position de l'objet par rapport à celle d'un observateur. Par exemple, la taille S d'un objet est mesurée par sa grandeur O, corrigée par la distance qui le sépare de l'observateur; sa forme S, par la forme O corrigée par l'angle visuel et la distance; sa couleur S, par la valeur O de couleur, rapportée à l'éclairement ambiant, etc.

Une estimation perceptive R, quand elle est égale à la valeur O, fournit un indice C = 1 et indique une constance parfaite.

Une estimation perceptive R égale à une valeur S fournit un indice C = 0 et indique, à l'opposé, une perception uniquement dépendante de la position spatiale de l'objet.

La constance perceptive est censée se situer toujours entre ces deux pôles; compromis entre l'un et l'autre, ou expression d'une dualité, elle signifierait que la perception d'une propriété invariante n'est jamais totalement indépendante des variations apparentes dues à la position de l'objet considéré.

Aussi bien, toutes les valeurs comprises entre 0 et 1 seraient-elles indicatives de constances à des taux divers.

Ce point de vue n'est plus unanimement partagé : certains chercheurs ont préconisé l'utilisation de la formule de Brunswik pour établir des seuils, considérant que seules les valeurs C supérieures à la médiane témoignent d'une constance. Par ailleurs, on a parfois obtenu des indices C supérieurs à 1, indiquant ce que J. Piaget a appelé une «*sur-constance*», c'est-à-dire une correction exagérée de l'apparence. Par exemple, un objet lointain qui paraît très petit peut être estimé plus grand qu'il n'est réellement, en particulier par surestimation de son éloignement.

Malheureusement, les recherches (fort nombreuses dans les années 1950-1960) d'une loi de composition invariante entre valeur de position et valeur d'état, du type, par exemple, loin × apparemment petit = réellement grand, ont échoué à trouver la cohérence escomptée. Bien qu'elles aient renforcé la suspicion qui s'attache à l'idée de la constance compromis, elles se sont montrées impuissantes à élaborer une autre forme de mesure. Aussi l'indice de Brunswik demeure-t-il la mesure la plus facile et la plus directe du phénomène de constance.

H. B.

→ constance perceptive.

bulbe ou bulbe rachidien

(angl. Bulb)

Partie du tronc cérébral qui fait suite à l'extrémité supérieure de la moelle épinière, traverse le trou occipital et se termine en s'unissant à la protubérance annulaire. R. L.

Burt (Sir Cyril Lodowic)

Psychologue britannique (Stratford on Avon 1883-Londres 1971).

Il exerça une grande influence sur le développement de la psychologie différentielle et de ses applications. Il occupa un poste de psychologue scolaire au London County Council (1913), travailla au National Institute of Industrial Psychology (1919), devint professeur en sciences de l'éducation à l'université de Londres (1924) et enfin succéda à C. Spearman comme professeur et chef du département de psychologie à University College, à Londres, de 1931 à sa retraite (1950). C'était un érudit à la culture encyclopédique. Il écrivit plusieurs ouvrages sur le développement de l'enfant, l'arriération mentale, la délinquance juvénile. Il créa un grand nombre de tests et surtout perfectionna de façon importante les méthodes d'analyse factorielle, notamment en ce qui concerne l'emploi d'un modèle «hiérarchique» comprenant un facteur général et des facteurs de groupe (*The Factors of Mind*, 1940). Il était un partisan convaincu (trop partisan et trop convaincu sans doute) de l'importance des facteurs héréditaires dans l'origine des différences individuelles en matière d'intelligence. Il fut aussi un homme autoritaire manifestant des tendances paranoïaques dans ses relations avec ses collègues et surtout à l'égard de ses critiques. À la fin de sa vie, ces tendances s'accentuèrent alors qu'il devait faire face à de graves problèmes de santé et à de sérieuses difficultés familiales et matérielles. Il se laissa aller alors à «reconstituer» des données recueillies sur des jumeaux qui avaient été détruites pendant la guerre, c'est-à-dire en fait à fabriquer de toutes pièces des observations. La tromperie fut découverte après sa mort et fut à juste titre sévèrement condamnée. Il convient cependant de remarquer que cette falsification n'entache en rien les données recueillies sur des jumeaux par d'autres psychologues aux méthodes irréprochables; et que ce drame d'une vieillesse malheureuse ne doit pas faire oublier l'importance des apports antérieurs de Burt, notamment dans le domaine méthodologique. M. R.

BIBLIOGRAPHIE
Hearnshaw, L., 1979, *Cyril Burt, Psychologist.*

but

n.m. (angl. Goal)

En psychologie animale, et notamment dans les conditionnements instrumentaux (par exemple les parcours de labyrinthes ou de couloirs), lieu où se trouve le stimulus renforçateur.

En psychologie animale, le but est considéré indépendamment de la représentation que l'animal peut s'en faire : l'explication du comportement rejette le finalisme et cherche une explication purement positive.

En psychologie cognitive, dans une activité intentionnelle ou volontaire, état de choses que le sujet veut atteindre; sa représentation mentale chez le sujet.

On parle aujourd'hui de «but» pour désigner la solution de tout problème, pratique ou intellectuel, en faisant référence à la représentation mentale anticipée que le sujet peut en avoir. On considère que la suite des actions qui permettent l'atteinte du but peut le plus souvent être décomposée en étapes, dont chacune vise à atteindre un *sous-but*.

Pour chaque problème (ou classe de problèmes), la structure des buts et des sous-buts (l'«espace» du problème) détermine la structure des actions à entreprendre et conditionne la possibilité de résolution du problème. J.-F. L. N.

→ problème.

C

ça

n.m. (angl. Id ; allem. Es)

Instance psychique, dans la deuxième théorie de l'appareil psychique énoncée par S. Freud, qui est la plus ancienne, la plus importante et la plus inaccessible des trois.

Le ça est en relation étroite et conflictuelle avec les deux autres instances, le moi et le surmoi, qui en sont des modifications et des différenciations.

Pour Freud, le ça est inconnu et inconscient. Réservoir premier de l'énergie psychique, il représente l'arène où s'affrontent pulsions de vie et de mort. La nécessité impérieuse de la satisfaction pulsionnelle régit le cours de ses processus. Expression psychique des pulsions, ses contenus inconscients sont d'origines différentes ; pour partie, il s'agit de tendances héréditaires, de déterminations innées, d'exigences somatiques et, pour partie, des faits acquis, de ce qui provient du refoulement.

La conquête du ça, ce noyau de notre être pour Freud, ce lieu d'être pour J. Lacan, est facilitée par la psychanalyse.

Freud et Groddeck

C'est en 1923 que Freud, alors qu'il travaille sa deuxième théorie de l'appareil* psychique, avance dans *le Moi et le Ça* le pronom démonstratif (impersonnel) *ça,* qu'il reprend de G. Groddeck. Accordant à la façon de voir de celui-ci « la place qui lui revient dans la science », et intéressé par l'idée qu'il défend, selon laquelle nous sommes habités par des forces inconnues et non maîtrisables qu'il appelle *ça,* Freud lui emprunte ce terme, quoiqu'il ne suive pas Groddeck quant à ce qu'il définit et représente. Cet emprunt et ces divergences, Groddeck lui-même les souligne, notamment, dans son livre *la Maladie, l'art et le symbole,* où il rappelle que Freud lui reconnaît l'invention de ce terme et où il insiste sur la différence foncière de leur usage respectif de celui-ci. Freud, comme il le dira dans la trente et unième des *Nouvelles Conférences d'introduction à la psychanalyse* (1932), reprend à son compte ce terme car il lui paraît le plus approprié pour exprimer le caractère radicalement autre, étranger et impersonnel de « la partie obscure, inaccessible de notre personnalité ».

Ça et inconscient

Freud, dans sa première théorie de l'appareil psychique, proposait des frontières à l'inconscient* que la deuxième théorie de l'appareil psychique l'amène à reconsidérer. Dans l'ensemble, les caractères attribués à l'inconscient dans la première théorie sont repris par Freud pour qualifier le ça. Il s'avère pourtant que l'inconscient n'est plus là abordé comme un système mais est donné comme une propriété du ça : « L'inconscient est la seule qualité dominant à l'intérieur du ça », écrit Freud dans l'*Abrégé de psychanalyse* (1938). Cette qualité, dans cette deuxième théorie, est aussi une propriété d'une partie du moi* ou du surmoi*. Ainsi, le ça n'est pas le tout de l'inconscient, mais a la propriété d'être totalement inconscient, comme le moi et le surmoi sont non pas totalement, mais en majeure partie inconscients. Mais quoique inconscients comme le ça, moi et surmoi n'ont pas pour autant, dit Freud dans les *Nouvelles Conférences,* « les mêmes caractères primitifs et irrationnels ».

Ce qui provient du refoulement*, le refoulé, que Freud dans sa première théorie assimile à l'inconscient, s'il se confond avec le ça, n'est cependant qu'une partie du ça. Celui-ci représente aussi le lieu où les exigences d'ordre somatique trouvent un premier mode d'expression psychique, de même que les tendances héréditaires, les déterminations constitutionnelles, le passé organique et phylogénétique, ce qui amène Freud à parler d'un « ça héréditaire ». Est repris en partie par cette expression ce que Freud entendait dans la première théorie par « noyau de l'inconscient », où il plaçait des contenus non acquis, phylogénétiques.

Le ça et l'inconscient sont dans un rapport très étroit et ont des liens quasi exclusifs l'un avec l'autre. Leurs propriétés sont similaires et ils connaissent les mêmes processus. Mais, si « à l'origine tout était ça », comme le dit Freud dans l'*Abrégé de psychanalyse,* un premier refoulement marque aussi un temps premier à l'origine des premières formations inconscientes, inaugurales de l'inconscient. Sans refoulement, pas d'inconscient tel que le théorise la première théorie de l'appareil psychique mais, sans le ça, inconscient, pas de psychisme qui en constitue le premier fond originaire.

L'appareil psychique et les pulsions

Avec le ça, « province psychique » comme dit Freud, sans organisation, sans volonté générale, le système inconscient, organisé, « structuré comme un langage » selon Lacan, présente donc des différences notables, quoique la place qu'il occupe dans la première théorie soit à peu près la même que celle du ça dans la deuxième et que, pour l'un et l'autre, les processus et les contenus se recoupent. De plus, avec le ça, c'est toute une dimension du pulsionnel laissée dans l'ombre par la théorisation de l'inconscient dans la première théorie qui se trouve reconnue par Freud.

La prise en compte d'un ensemble de considérations cliniques, la butée incessante sur d'obscurs obstacles mettant en échec le travail dans la cure contraignent Freud à ce qui se présente comme une nécessité spéculative, l'amenant notamment à reprendre la théorie de l'appareil psychique et à refondre la théorie des pulsions*. Avec le ça, Freud délimite et reconnaît, dans le psychisme, un rôle jusqu'alors négligé : celui des pulsions de destruction et de mort. Dans le ça, qu'il représente ouvert en son fond sur l'organique, règnent sauvagement, obscurément soutient-il, ces pulsions qui s'affrontent avec les pulsions de vie. Chaos, marmite bouillonnante pleine d'excitations, telles sont les comparaisons, les images qui viennent à Freud pour tenter d'exprimer ce ça habité par des puissances aveugles, non maîtrisables, qui représente « l'arène » où sont en lutte les pulsions. Avec le terme de *ça,* c'est donc une référence déterminante et incontournable au pulsionnel et par-delà au biologique que Freud met en avant. N'en vient-il pas d'ailleurs à affirmer dans l'*Abrégé de psychanalyse* que l'énergie, la puissance du ça traduisent dans le psychisme « le but véritable de la vie organique » ? C'est un point de vue « biologisant », un modèle vitaliste, évolutionniste, naturaliste, parfois proche de certaines formulations de Groddeck, que soutient Freud avec cette deuxième théorie de l'appareil psychique. Par là, il accentue et réargumente ceci qu'il a découvert au fil de l'expérience de la cure et qui ne cesse d'être rebelle à toute pleine saisie : autre chose que nous en nous, neutre et impersonnel, procédant en nous à notre insu, qui nous agit, qui nous pense.

Des expressions communes telles que « ça m'a pris tout d'un coup », « ça m'a fait souffrir » ou encore « ça bouge », « ça tombe » ou le fameux « ça parle » de Lacan, rejoignent cette approche de Freud.

Réfléchissant sur ce qui s'énonce là, comme ça, Lacan en vient à avancer dans son séminaire sur *la Logique du fantasme* que « ça est ce qui, dans le discours en tant que structure logique [structure ici grammaticale], est tout ce qui n'est pas je, c'est-à-dire tout le reste de la structure ».

Un travail de civilisation

Le peu que l'on sache du ça, « nous l'avons appris par l'étude du travail du rêve et de la formation du symptôme névrotique, et la plus grande partie de ce que nous connaissons a un caractère négatif, ne peut se décrire que par opposition au moi », écrit Freud dans les *Nouvelles Conférences sur la psychanalyse* (1933 ; trad. franç. 1971).

Le moi, qui pousse au refoulement, est un morceau du ça « modifié de manière adéquate par la proximité du monde extérieur » dit-il encore. Il ne fait qu'emprunter au ça, réservoir premier de l'énergie pulsionnelle, son énergie. Dans sa partie inconsciente, il se mélange au ça, tout comme le refoulé. Pas plus que le moi, le surmoi n'est complètement séparé du ça. Lui-même, en grande partie inconscient, « plonge dans le ça », avec lequel il a des relations étroites et complexes.

À l'origine, donc, « tout était ça », et moi et surmoi se sont constitués par différenciation progressive.

Ces trois instances, c'est en fait par un véritable artifice que Freud les sépare en trois « provinces ». On pourrait, dit-il dans les *Nouvelles Conférences sur la psychanalyse,* plutôt les « représenter par des champs de couleur qui s'estompent comme chez les peintres modernes ».

Pour reprendre cette image de Freud, le champ de couleur du ça est de loin, pour lui, le plus important. De ce champ qui constitue pour Freud « le noyau de notre être », la psychanalyse peut faciliter et permettre la conquête progressive. C'est là pour Freud un travail de civilisation et de construction comparable à la réalisation des polders, à l'assèchement de zones de terre qui viennent au jour à la place de la mer, là où elle était juste avant. « Wo es war soll ich werden » écrit Freud, ce que la dernière traduction française des *Nouvelles Conférences* traduit par « Là où était du ça doit advenir du moi ». Lacan soutient qu'il y va là non pas du moi « constitué en son noyau par une série d'identifications aliénantes », mais du *je,* du « sujet véritable de l'inconscient », qui doit venir au jour en ce lieu d'être qu'est ça.

C. P.-D

cacophagie

n.f. (angl. Cacophagia)

Comportement pathologique caractérisé par l'ingestion orale de substances impropres à la consommation alimentaire.

Ce mot a remplacé le terme presque abandonné de *pica**.

J. P.

cadre de référence

(angl. Frame of Reference)

Ensemble des données perceptives issues de la situation mais aussi, à défaut ou concurremment, des normes et savoirs fournis par la culture ou construits avec les autres, qui permettent, à un moment donné, de situer ou de juger un événement particulier.

Les expérimentations de M. Sherif (1935) montrent que, en l'absence d'un contexte perceptif fourni par la situation, un phénomène ambigu (le déplacement illusoire d'un point lumineux) donne lieu, en situation individuelle, à l'élaboration d'un standard personnel qui servira de point de comparaison et, en situation de groupe, à l'élaboration d'une norme commune ayant la même fonction. Sur cette base, et par extension, des normes sociales (et notamment celles des groupes de référence) pourront être tenues, lorsqu'elles interviennent dans un contexte particulier, comme fournissant à l'individu un cadre de référence pour son activité de jugement.

J.-L. B.

→ comparaison sociale, groupe de référence, norme.

caféisme

n.m. (angl. Coffee Dependence ou Coffee Addiction)

Accoutumance au café ou effets d'un usage abusif de café.

Le café

Cultivé dans le nord-est de l'Afrique depuis le haut Moyen Âge, le café est sans doute la substance psychotrope la plus répandue au monde. D'Arabie et de Turquie (l'origine du mot est arabe), il devait commencer à se répandre en Europe dès la fin du XVIe siècle : connu comme médicament dès 1570, c'est en tant que drogue de confort et de convivialité qu'il devait se populariser. Le premier débit spécialisé — le premier café — aurait été ouvert à Venise en 1683.

Malgré les polémiques sur le danger de son usage ou le caractère passager de cette mode, le café est devenu l'un des produits de base des échanges internationaux. Actuellement, il est surtout cultivé au Brésil, en Colombie, en Côte-d'Ivoire et en Éthiopie.

La caféine

La caféine, le principe actif, fut isolée dès 1820. Elle se trouve aussi dans le thé, le cacao (chocolat), la noix de cola. Nombre de boissons non alcoolisées contiennent de la caféine.

La caféine est un stimulant psychique (noo-analeptique de J. Delay et P. Deniker ou excitantia de K. Lewin). Son action principale est l'augmentation de la vigilance, la diminution de la durée et de la profondeur du sommeil. Sur le plan physique, elle produit une tachycardie et des tremblements. À haute dose surviennent des céphalées, voire des convulsions. Pour les doses usuelles, l'action s'exerce quelques minutes après la prise et dure quelques heures.

Caféinomanie ?

Si les effets à court terme de la caféine sont bien connus, le retentissement du caféisme chronique sur le psychisme est discuté. Dans la première moitié du siècle, certains auteurs avaient fait une place au caféisme dans la genèse de la paranoïa (sans doute du fait de l'exacerbation de la vigilance et d'une facilité à interpréter les événements communes aux deux « pathologies »). À cette théorie ancienne fait aujourd'hui écho l'existence d'états psychotiques interprétatifs induits par des noo-analeptiques puissants comme les amphétamines ou la cocaïne.

De fait, le caféisme chronique est aujourd'hui souvent ramené à une accoutumance à la caféine avec même, pour certains auteurs, apparition d'une dépendance physique : le sevrage entraîne alors des céphalées importantes, avec fatigue et irritation.

Les effets de l'intoxication chronique sont surtout l'insomnie durable, l'augmentation de l'anxiété. Si l'usage de café ne constitue pas un « fléau social » et n'est pas réellement source de toxicomanies, l'accoutumance peut donc augmenter les difficultés psychologiques de certains sujets.

M. V.

calleux (corps)

(angl. Corpus Callosum)

Épaisse lame de substance blanche réunissant les deux hémisphères cérébraux.

C'est la plus importante des commissures interhémisphériques, formant un véritable pont télencéphalique d'un hémisphère à l'autre, au-dessus du diencéphale. Il comprend environ 200 millions de fibres dont la plupart sont myélinisées.

Avec la commissure antérieure, le corps calleux a pour rôle de transmettre l'information localisée dans une aire corticale à l'aire controlatérale homologue. C'est ainsi que la section de ces commissures (*Split Brain*) empêche le transfert d'informations entre l'aire interprétative générale de l'hémisphère dominant et le cortex moteur controlatéral, ce qui entraîne une perturbation des activités motrices au niveau de la main et du bras gauches en l'absence de tout trouble moteur élémentaire. De même, on assiste à une perturbation du transfert des informations somesthésiques, auditives et visuelles entre l'hémisphère droit et l'aire interprétative générale de l'hémisphère gauche, ce qui peut provoquer des troubles de la reconnaissance des objets, de l'écoute dichotique et du schéma corporel.

Le corps calleux est donc une structure intracérébrale indispensable à la coopération fonctionnelle entre les deux hémisphères. J. P. et G. S.

camisole de force

(angl. Strait Jacket)

Blouse en toile très forte empêchant les mouvements des membres supérieurs.

C'est un moyen de contention utilisé pour maîtriser certains malades mentaux particulièrement agités. W. Battie en Angleterre, W. Cullen en Écosse, P. Pinel et J. B. Pussin en France furent parmi les premiers à remplacer les chaînes qui jusque-là maintenaient les grands insensés dans leur loge par des « gilets de force », qui devinrent des « camisoles » avec E. Esquirol et W. Tuke. C'est au milieu du XIXe siècle que R. Gardiner Hill et J. Conolly en déconseillent l'usage et préconisent le non-restraint* systématique. Elles ne sont pratiquement plus utilisées actuellement. J. P.

cancérophobie

n.f. (angl. Cancerophobia)

Peur obsédante et sans fondement d'être atteint de cancer ou de se trouver en contact avec une personne souffrant de cette maladie.

Non seulement le sujet craint d'être lui-même contaminé mais il peut s'estimer responsable de communiquer à ses proches une contamination qui aurait pu se faire à travers un contact avec une personne suspecte ou même avec un lieu que celle-ci aurait fréquenté.

De même que dans les nosophobies caractérisées par la peur injustifiée d'être atteint de diverses maladies, le fait que les examens médicaux pratiqués se révèlent négatifs ne rassure que temporairement le sujet. Cette phobie prend alors un caractère obsessionnel dans lequel il ne peut se débarrasser de la pensée obsédante du cancer et doit parfois se livrer à des rites de lavage, de nettoyage de ses vêtements ou même des meubles ou des tentures qu'il estime être contaminés. M. A.

candela

n.f. (angl. Candela)

Unité d'intensité lumineuse définie par l'énergie (1/683 watt par stéradian) d'une radiation monochromatique de fréquence 540.10^{12} hertz.

Cette définition a été adoptée par la Conférence générale des poids et mesures en 1979, en modification de la définition antérieure de 1948. Ce changement de définition ne change pratiquement pas la valeur de cette unité. C. B.

cannabisme

n.m. (angl. Cannabism ou Cannabis Addiction)

État d'intoxication aiguë ou prolongée au chanvre indien (*Cannabis sativa*) ou à ses dérivés.

Le cannabis

Le *chanvre indien,* ou *Cannabis sativa,* est une plante de la famille de l'ortie pouvant atteindre jusqu'à 4 m de hauteur et susceptible d'être cultivée sur toute la surface du globe. Rabelais célèbre avec son *Pantagruelion* l'utilité du chanvre comme plante à tout faire. Il faut distinguer le chanvre textile des pays tempérés, riche en fibres (utilisées pour fabriquer des cordages), du chanvre tropical, plus riche en résine et donc à l'action psychotrope plus élevée. Le principe actif en est le tétrahydrocannabinol, et c'est des variantes de concentration en T. H. C. que viennent les différences d'effets des préparations du cannabis : les feuilles séchées et découpées constituent l'*herbe,* ou *marijuana*, le *kif* en Afrique du Nord. Elles sont le plus souvent fumées sous forme de « joint » ou de « stick »; le haschisch, le *shit,* est la résine de cannabis (en Inde, le *charas*). Il peut être fumé dans des pipes spéciales (chilom) ou en joint, mélangé à du tabac. Il peut aussi être ingéré sous forme de boissons, de friandises, de confitures.

Historique

Les effets du cannabis étaient connus depuis les temps les plus reculés en Chine, en Inde, en Assyrie. La multiplicité de ses usages va de pair avec les polémiques quant à ces usages. Médicament dans la Chine ancienne (comme anesthésique et sédatif), substance sacrée pour les hindous, aidant au repli sur soi, à la méditation, il fut aussi utilisé pour des cérémonies religieuses par les Scythes. Égyptiens, Grecs, Romains connaissaient l'usage et les propriétés du chanvre. Dioscoride l'aurait prescrit comme euphorisant et aphrodisiaque, Galien soulignant le danger d'un usage abusif.

En Inde, on a notamment accusé le cannabis d'encourager la passivité, la soumission. Mais il peut aussi être rendu responsable de violence, de l'exaltation des vertus guerrières, comme dans l'histoire remontant au XIe siècle, et rapportée par Marco Polo, du « Vieux de la montagne ».

L'usage du cannabis s'est répandu dans tout le monde arabe. En Europe, l'intérêt pour cette plante exotique s'accroît après l'expédition de Napoléon en Égypte. Vers 1840, en France, le « club des Haschischins » consacre le cannabis comme drogue de littérature. Les initiés se réunissent pour y consommer le « Dawamesk », confiture au haschisch. Parmi ceux-ci, Balzac refuse d'y goûter tandis que Théophile Gautier devait donner de ses expériences des récits très « psychédéliques ». Baudelaire dénonça le haschisch, « démon désordonné », contrairement à l'opium, apaisant. Le psychiatre J. Moreau de Tours devint l'un des pionniers de l'expérimentation psychopharmacologique en recherchant les liens entre les effets du cannabis, les rêves et les délires des malades mentaux.

Les effets du cannabis

L'ivresse cannabique consiste dans un premier temps en une sensation de flottement, le plus souvent agréable. Le sujet conserve sa lucidité, a même l'impression que toutes ses sensations, son intelligence sont exacerbées. Ensuite, surtout pour des doses élevées, surviennent des distorsions, des modifications de perception, des synesthésies, voire des phénomènes hallucinatoires. Après ce « high » ou cette « planète », le sujet se trouve en repos et peut dormir sans que s'ensuive une « gueule de bois » comme avec l'alcool.

Sur le plan physique, cette expérience entraîne une certaine mydriase et une rougeur des conjonctives, une légère tachycardie et une hypoglycémie qui serait à l'origine de la faim toujours présente.

Deux aspects importants de ce voyage sont la modification de la perception du temps (qui paraît se dérouler très lentement) et la suggestibilité. Ce dernier point explique les contagions d'euphorie qui surviennent dans les groupes où circule un joint. Ces effets sont ressentis différemment selon l'ambiance et l'expérience de l'utilisateur. Dans de mauvaises conditions, ou pour un novice anxieux, l'expérience pourra être angoissante, désagréable : peuvent alors survenir des vertiges, des nausées. Curieusement, il semble même exister un phénomène inverse de la tolérance ou l'accoutumance : les effets sont plus rapides et plus contrôlables lorsque le sujet est un habitué, un Pot Head.

Les risques de l'usage prolongé de cannabis sont très controversés. Certes, le risque cancérigène chez les fumeurs semble bien établi, mais la polémique concerne la possibilité d'une diminution durable des capacités intellectuelles, surtout de la mémoire et de l'attention. Le « syndrome amotivationnel » souvent décrit consiste en un retrait du monde extérieur, une grande passivité, un déficit de l'attention : pour certains, il s'agit de troubles neurologiques; pour d'autres, il s'agit d'effets recherchés plus ou moins délibérément en relation avec une intoxication volontaire.

Il n'existe donc pas d'accoutumance ou de dépendance physique du cannabis et il est difficile en la matière de pouvoir parler de toxicomanie. De très nombreux jeunes ont depuis les années 1970 fait en Occident l'expérience ponctuelle ou régulière d'un usage de marijuana. Très peu deviennent des habitués que l'on peut considérer comme psychiquement dépendants. Cette situation a fait du cannabis l'exemple de « drogue douce », car moins dangereuse que l'alcool, socialement moins néfaste que le tabac. La mise en cause de législations réprimant son usage depuis le début du siècle est l'un des éléments les plus souvent repris par les tenants d'une « délégislation » en matière de drogues. M. V.

BIBLIOGRAPHIE

Moreau de Tours, J., 1980, *Du haschich et de l'aliénation mentale*, rééd., coll. Ressources.

Snyder, S. H., 1973, *la Marijuana*, Paris, le Seuil.

canonique (analyse)

(angl. Canonical Analysis)

Méthode d'analyse des données visant à décrire au mieux la liaison entre deux groupes de caractères quantitatifs ou de modalités de caractères qualitatifs tous mesurés sur *n* individus.

Dans certains cas, on dispose d'un ensemble de variables prédictives (par exemple des observations psychologiques et sociales pratiquées sur des enfants) et d'un ensemble de variables devant être « prédites » ou « expliquées » (par exemple des observations sur les comportements scolaires de ces mêmes enfants). On peut alors chercher quelle est la fonction d'un certain sous-ensemble de variables prédictives qui présente la corrélation la plus élevée avec une fonction d'un certain sous-ensemble de variables à expliquer. Cette corrélation est une *corrélation canonique* (angl. Canonical Correlation), et cette forme d'analyse des données constitue l'*analyse canonique*. M. R.

capacité

n.f. (angl. Ability, Skill, Competence)

Selon H. Piéron, possibilité de réussite dans l'exécution d'une tâche.

Pour lui, l'une des conditions de cette réussite est la possession initiale par le sujet d'une certaine aptitude. (→ aptitude.) Le *degré de réussite* (angl. Achievement) dans une tâche déterminée est en général mesurable. Il atteste la capacité du sujet et c'est en principe à partir de cette mesure que l'on peut, dans certaines conditions, estimer l'aptitude. La distinction entre aptitude et capacité est souvent négligée, comme en témoigne la terminologie anglaise, qui utilise le plus souvent le même mot, Ability, pour les deux notions. On appelle *capacité de traitement* et *capacité mnésique* la quantité maximale d'information qu'un système cognitif peut traiter et conserver. Cette notion est l'équivalent théorique de celle de champ d'appréhension* ou d'empan. M. R. et J.-F. L. N.

captativité

n.f. (angl. Attention Seeking)

Tendance très habituelle chez l'enfant à s'attribuer exclusivement les objets et l'affection des personnes de son entourage. R. L.

capture

n.f. (angl. Capture)

DÉVELOP. **Processus de sélection d'une partie des informations véhiculées par les flux énergétiques lorsqu'elles atteignent les récepteurs sensoriels.**

Capture sensorielle. Un dispositif sensorimoteur a pour fonction d'amener le stimulus sur une zone sensorielle. Dans la modalité tactile, les zones de capture sont la bouche et la main ; dans la modalité visuelle, c'est la fovéa de l'œil. Les dispositifs de capture fonctionnent très précocement ; pour l'œil, c'est le réflexe de fixation ; pour la main, le réflexe d'agrippement ; pour la bouche, le réflexe des points cardinaux.

Capture perceptive. Lorsque, grâce à un trucage, un même objet fournit des informations contradictoires dans deux modalités, le conflit perceptif ainsi créé se résout parfois par un compromis, généralement par la dominance quasi totale d'une des modalités. Lorsque le conflit est entre tact et vision, on observe le plus souvent une capture visuelle : les données tactiles sont ignorées. E. V.

caractère

n.m. (angl. Character)

Ensemble des habitudes, sentiments et idéaux qui rendent les réactions d'un individu relativement stables et prédictives.

Le caractère, concept du langage courant, apparaît comme un aspect important de la personnalité et, pour certains, la résume.

Selon les écoles, le caractère représente une somme de traits isolables ou bien un tout insécable. La caractérologie a tenté de définir les dimensions fondamentales sur lesquelles toutes les réactions individuelles peuvent être classées. Plusieurs philosophes ont pris le caractère comme sujet de réflexion : en France, R. Le Senne, G. Berger, A. Le Gall, P. Ricœur, par exemple. Certains d'entre eux ont proposé des caractérologies (appelées aussi *typologies*) et des questionnaires destinés à situer chaque individu dans une typologie. Une des plus célèbres caractérologies, celle de G. Heymans et E. Wiersma, considère que trois dimensions suffisent à une représentation exhaustive : celle de passivité-émotivité ; celle d'inactivité-activité ; celle de primarité-secondarité. Les individus se placent sur la première en raison de leur sensibilité immédiate et manifeste aux événements ; sur la deuxième en raison de leur préférence pour la réflexion ou l'action ; sur la troisième en raison de l'impact des événements à plus ou moins long terme sur leur affectivité. La notion de caractère est difficile à distinguer de celle de tempérament, qui met davantage l'accent sur les facteurs biologiques des régularités individuelles dans le style des conduites ; et de celle de personnalité, qui est plus globale et intègre les apports durables au style des conduites d'un individu, des expériences de cet individu dans son milieu.

En psychologie du développement, on a plutôt considéré le caractère comme un tout, soumis à des influences biologiques et sociales. Ainsi, H. Wallon (1947) a insisté sur le rôle du tonus, de l'expression des émotions, des réactions de prestance. Pour lui, le caractère se forme par étapes, de la naissance à 3 ans. La première étape, celle de la « sociabilité syncrétique », débute à 6 mois et se caractérise par une fréquence maximale des relations à autrui, quel qu'il soit. Lui succède, vers 12 mois, la période du « syncrétisme différencié », où apparaissent le mimétisme affectif, la jalousie, la sympathie, qui marquent des distinctions et des préférences. Cette période se résoudrait dans un état transitoire, dit « de la personnalité interchangeable », autour de 30 mois, qui prendrait fin avec la crise d'opposition et l'affirmation du moi, vers 3 ans.

Aux États-Unis, où le terme de *tempérament* est préféré à celui de *caractère*, les études consacrées à l'évolution du tempérament avec l'âge se sont focalisées sur l'impulsivité, opposée à la réflexivité. Ces concepts antagonistes admettent des définitions opérationnelles qui s'appliquent aux premiers comportements observables. D'où un regain d'intérêt pour ce domaine, abordé dans la prime enfance, parfois dans une perspective comparatiste dans l'étude des différentes espèces animales.

H. B. et M. R.

→ caractérologie.

BIBLIOGRAPHIE

Wallon, H., 1947, *les Origines du caractère chez l'enfant*, Paris, P.U.F.

caractériel, elle

adj. (angl. Characterial)

Se dit le plus souvent d'un enfant dont le comportement est perturbé et l'adaptation au milieu difficile et instable sans qu'il présente une véritable maladie mentale.

L'origine des troubles caractériels est parfois constitutionnelle. Elle est le plus souvent liée à des problèmes affectifs et relationnels en rapport avec une organisation névrotique de la personnalité du sujet. Ces problèmes vont se traduire par des désordres de l'activité et des conduites agressives. Les premiers se caractérisent par une instabilité psychomotrice avec turbulence, agitation, grimaces, terreurs nocturnes et surtout dispersion continuelle de l'attention, conditionnant l'insuffisance du rendement scolaire. La coexistence de certaines stéréotypies gestuelles (tics, onychophagie) n'est pas rare. Quant aux secondes, elles se traduisent tantôt par des réactions franchement opposantes, des explosions de colère pouvant aller jusqu'à la violence clastique, des crises d'impulsivité, tantôt par une opposition plus camouflée : force d'inertie ou lenteur de l'exécution des ordres, bouderie anormale par sa répétition et sa durée, hostilité plus ou moins latente.

Parfois, il s'agira de conduites à la limite de la délinquance, le caractériel devenant un véritable psychopathe. J. P.

caractérologie

n.f. (angl. Characterology)

Étude psychologique des caractères individuels pour élaborer des classifications en types et en tempéraments en fonction des causes qui sont supposées déterminer la formation des caractères.

La caractérologie la plus usitée en France est celle de G. Heymans et E. Wiersma (1909), reprise par R. Le Senne (*Traité de caractérologie*, 1945). La caractérologie présuppose l'idée de traits de caractère permanents, sur lesquels elle fonde sa classification. Cette permanence appelle, en elle-même, l'idée d'un caractère inné ; conception qui n'écarte d'ailleurs pas, pour la caractérologie, l'existence de traits de caractère pouvant être acquis secondairement sous l'influence du milieu. L'interaction permanente du caractère inné et du caractère acquis expliquerait ainsi la possibilité que possède tout sujet de transformer son caractère sous l'effet de déterminants personnels (effort, persévérance, volonté) ou de déterminants socioculturels (morale, religion, etc.). La conception d'un caractère inné reste, encore à ce jour, une pure hypothèse puisque aucun fait d'expérience ou d'observation décisif n'est à même d'en rendre compte. Cette thèse se fonde, en dernière instance, sur une conception essentiellement organiciste du psychisme, c'est-à-dire dans une perspective réductionniste par elle-même problématique. Une telle hypothèse semble devoir fonder son crédit dans la répétition objective de certains traits de caractère observés d'une génération à l'autre. La caractérologie tend à tomber en désuétude en raison de son manque de rigueur théorique et méthodologique, en raison aussi des présupposés moraux et idéologiques qui la sous-tendent. Par ailleurs, la psychanalyse tend à destituer le principe même de la caractérologie en apportant régulièrement la preuve de l'aspect dynamique du caractère et en rendant compte de la pluralité des processus psychiques qui déterminent la constitution du caractère. R. L.

carcérale (psychose)

(angl. Prison Psychosis)

Psychose subaiguë, délirante et confusionnelle, réactionnelle à l'incarcération plus ou moins prolongée d'un détenu souffrant particulièrement de sa claustration et de son isolement.

S'il s'agit le plus souvent de bouffées délirantes ou de crises confusionnelles (revêtant parfois l'aspect du syndrome de Ganser) provoquées par l'emprisonnement, ce dernier peut aussi causer des états dépressifs prolongés où dominent les idées de suicide et de persécution.

Ces troubles mentaux n'apparaissent généralement que sur des personnalités fragiles et prédisposées, marquées avec une grande fréquence par la psychopathie, l'alcoolisme et les toxicomanies les plus diverses.

La création de centres médico-psychologiques à l'intérieur même des prisons a permis de prévenir, ou de traiter sur place, une grande partie de ces troubles psychopathologiques d'origine carcérale. Seuls les plus graves nécessitent un traitement en milieu hospitalier spécialisé. J. P.

carence

n.f. (angl. Deficiency)

Absence ou insuffisance d'aliments biologiques ou psychologiques indispensables au développement harmonieux de l'être humain ou animal.

Il y a plusieurs sortes de carence. Les conséquences d'une carence, quelle qu'elle soit, ne sont dramatiques que lorsque celle-ci se produit au cours de périodes critiques du développement.

Carence alimentaire, ou malnutrition

Elle a, sur la croissance du système nerveux central, un effet direct d'autant plus désastreux qu'elle survient plus précocement. Pendant la période prénatale, la malnutrition gêne la division cellulaire. Pendant la première année de vie, elle freine la multiplication des cellules et empêche leur croissance normale. Dans un cas comme dans l'autre, le dommage causé est irréversible et, si un bébé a été mal nourri à la fois avant sa naissance et pendant sa première année, son cerveau risque de ne présenter que 80% d'un cerveau normal. Survenant après la première année, le malnutrition peut empêcher temporairement les cellules nerveuses d'atteindre une taille normale, mais une alimentation correcte suffit alors pour tout remettre en ordre.

Carence affective

La carence affective est une privation de la présence de la mère ou d'un substitut maternel satisfaisant pendant plusieurs mois. Lorsque cette carence survient au cours du deuxième semestre de la première année, chez un nourrisson qui avait jusqu'alors entretenu de bonnes relations avec sa mère, une véritable maladie s'installe. Une privation d'une durée inférieure à 3 mois entraîne une dépression anaclitique, une privation plus longue entraîne l'hospitalisme.

Carence informationnelle

La carence informationnelle est une restriction plus ou moins durable et importante de l'usage d'une modalité sensorielle ou d'une activité motrice. Les conséquences d'une privation sélective d'informations ont été étudiées chez l'animal, Singe ou Chat, pendant sa période de croissance. La privation de vision pendant quelques jours, à la fin de la troisième semaine de vie d'un chaton, a des effets dramatiques et durables sur le développement des cellules réceptrices visuelles et sur la perception des formes. Par exemple, un chat élevé dans un environnement visuel dont ont été exclues toutes les lignes verticales devient incapable de les détecter plus tard dans un environnement normal, mais il se déplace normalement. Des chatons privés d'expérience motrice, de même que des chatons que le port d'une collerette a empêché de voir leurs pattes lors de leurs déplacements, présentent des troubles dans leurs comportements spatiaux (localisation, programmation de transport du corps et des membres), mais n'ont aucun problème dans la perception des objets et des formes. E. V.

carré latin

(angl. Latin Square)

Plan d'expérience symbolisé par un carré de *n* lignes et de *n* colonnes formé de *n* lettres latines différentes de façon telle que chaque lettre apparaisse une fois et une fois seulement dans chaque ligne et dans chaque colonne.

Exemple :

	1	2	3	4
I	A	D	B	C
II	B	A	C	D
III	C	B	D	A
IV	D	C	A	B

Si par exemple les lettres représentent quatre épreuves psychologiques, les lignes quatre sujets et les colonnes les quatre rangs d'application des épreuves, on voit en particulier que les différences entre les moyennes des quatre épreuves sont indépendantes des différences moyennes entre les sujets (chaque sujet a passé une fois chaque épreuve) et entre les moyennes des rangs d'application (chaque épreuve a été passée une fois à chaque rang).

De façon plus générale, si les lignes, les colonnes et les lettres sont associées à trois facteurs susceptibles d'affecter une certaine mesure et comportant chacun le même nombre de niveaux (quatre dans l'exemple), l'effet éventuel de chacun peut être mis en évidence indépendamment de l'effet éventuel des deux autres. L'utilisation de ce plan suppose cependant qu'il n'existe pas d'interactions entre les trois facteurs, c'est-à-dire que la différence entre deux niveaux donnés d'un facteur ne varie pas pour des niveaux différents d'un autre facteur.

Le plan en carré latin peut être étendu à un plan en cube latin. Il peut l'être aussi, d'une autre façon, à un plan en carré gréco-latin : des lettres grecques représentent un quatrième facteur, chaque lettre grecque étant associée une fois et une fois seulement à chacune des lettres latines. M. R.

carte cognitive

(angl. Cognitive Map)

Représentation d'une partie plus ou moins étendue de l'espace physique,

qui permet à un individu de se situer dans l'espace et de planifier un déplacement.

Le terme a été introduit par E. C. Tolman pour rendre compte de ce que, quand le trajet appris par des rats dans un labyrinthe n'est plus possible, ceux-ci prennent un raccourci dans la direction de la chambre de but. Pour Down et Stea, la *mise en carte cognitive* (angl. Cognitive Mapping) est « un processus composé d'un ensemble de transformations psychologiques par lesquelles un individu acquiert, code, stocke, rappelle et décode l'information concernant les places relatives et les caractéristiques de son environnement spatial habituel ». Le terme de *carte* est donc métaphorique : les systèmes de codage de la réalité spatiale en dispositif heuristique pour résoudre un problème sont multiples. Une suite de *repères* (angl. Landmarks), dont chacun est perceptible à partir du précédent, est une carte cognitive au même titre qu'un *chemin* (angl. Route-Map) constitué par des segments dont le cap et la longueur sont spécifiés, ou qu'une *configuration* (angl. Survey-Map), indépendante du sujet et permettant l'anticipation de chemins nouveaux. Au cours du développement de l'enfant, ces trois types de codages sont successivement mis au point sans que les plus précoces soient abandonnés. De plus, à l'intérieur d'une carte, le niveau de précision peut être hétérogène : des enfants de 5 ans reproduisent sans erreur les relations spatiales à l'intérieur d'un espace fonctionnellement défini (le coin-cuisine, le coin-peinture) mais n'établissent que des relations lâches entre ces différents modules.

M.-G. P.

carte familiale

(angl. Family's Card)

Schéma d'organisation des transactions familiales et des frontières entre les différents sous-systèmes.

Le thérapeute établit la carte familiale à partir des communications verbales et non verbales ainsi que des comportements de la famille au cours des séances de thérapie. Cela permet de formuler des hypothèses sur les domaines où la famille fonctionne bien et sur ceux qui paraissent dysfonctionnels. De la sorte, la détermination des objectifs thérapeutiques s'en trouve facilitée. C'est surtout S. Minuchin qui, à Philadelphie, a utilisé cette technique de représentation picturale.

M. G.

cas

n.m. (angl. Case)

Ensemble des connaissances liées au rôle des individus dans une action ou un état de choses.

En psychologie, la notion de cas renvoie aux deux grandes hypothèses suivantes :
1. tous les individus savent que dans toutes les actions ou états de choses, il existe le plus souvent des protagonistes distincts, qui ont des rôles différents : un agent, un patient, un lieu, etc. ; c'est là une *structure de connaissance* générale, fondamentale et permanente ;
2. lorsqu'ils sont informés sur une action ou un état de choses, les individus cherchent activement à savoir qui (ou quoi) se trouve dans les rôles respectifs d'agent, de patient, de bénéficiaire, etc. ; ce sont là des *structures de traitement* de l'information, qui sous-tendent directement le traitement des phrases.

Le problème est compliqué par le fait qu'il n'existe pas une correspondance directe, univoque, entre l'information linguistique (en français, la place du mot dans la phrase et d'autres informations plus complexes), le rôle grammatical (notamment celui de sujet et celui d'objet), et le rôle sémantique, qui est l'aboutissement du traitement.

Par exemple, les enfants doivent apprendre, au cours de leur développement psycholinguistique, à interpréter des phrases compliquées telles que « la souris est mangée par le chat », « la souris, le chat l'a mangée », « c'est la souris que le chat a mangée », « la matin, le chat ne mange pas les souris » et bien d'autres, dans lesquelles la règle « l'agent de l'action est indiqué par le premier nom de la phrase » ne s'applique nullement.

J.-F. L. N.

case-work

n.m.

Technique d'aide, surtout utilisée par les assistants sociaux, visant à faire prendre conscience au sujet, au moyen d'entretiens, des difficultés psychologiques qui sous-tendent la demande qu'il formule à partir de problèmes sociaux concrets, dans le but de l'aider à prendre une décision de le faire bénéficier au mieux des mesures qui pourraient lui être proposées.

Naturellement l'enquête d'information sur le milieu social du sujet n'est pas exclue par cette méthode. La différence avec le traitement psychothérapique traditionnel est que cette méthode se limite au problème précis posé par le consultant et ne vise pas à rééquilibrer l'ensemble de sa personnalité.

R. L.

caste

n.f. (angl. Caste)

ÉTHOL. **Chez les Insectes sociaux, catégorie d'individus révélée par le polymorphisme ou le polyéthisme.**

Par exemple, chez l'Abeille et les Fourmis, on distingue deux castes, reine et ouvrière. Chez plusieurs espèces de Fourmis, la caste ouvrière est elle-même polymorphe et on distingue ouvrières minors et ouvrières majors.

J.-P. S.

→ polyéthisme, polymorphisme.

castration (complexe de)

(angl. Castration Complex ; allem. Kastrationskomplex)

1. Pour S. Freud, ensemble des conséquences subjectives, principalement inconscientes, déterminées par la menace de castration chez l'homme et par l'absence de pénis chez la femme. 2. Pour J. Lacan, ensemble de ces mêmes conséquences en tant qu'elles sont déterminées par la soumission du sujet au signifiant.

POUR FREUD

Freud décrit le complexe de castration lorsqu'il rapporte la théorie sexuelle infantile qui attribue à tous les êtres humains un pénis (*les Théories sexuelles infantiles*, 1908). Le pénis étant pour le garçon — seul le cas du garçon est alors envisagé — « l'organe sexuel autoérotique primordial », celui-ci ne peut concevoir qu'une personne semblable à lui-même en soit dépourvue. Il n'y a de complexe de castration qu'en raison de cette valeur du pénis et de cette théorie de sa possession universelle. Le complexe s'installe lorsque l'enfant est menacé, en raison de sa masturbation, d'avoir le sexe coupé. Il comporte de l'effroi (Freud parlera plus tard de l'« angoisse de castration ») et de la révolte, qui sont proportionnels à la valeur accordée au membre et qui, en raison même de leur intensité, sont refoulés. Freud s'appuie sur son expérience analytique (en particulier sur l'observation du petit Hans) et sur l'existence de nombreux mythes et légendes articulés autour du thème de la castration.

Le mécanisme de ce qui est « le plus grand traumatisme de la vie de l'enfant » sera précisé ultérieurement. En effet, Freud observe que le garçon très souvent ne prend pas au sérieux la menace et que celle-ci à elle seule ne peut le contraindre à admettre la possibilité de la castration. D'autre part, « le préjugé du garçon l'emporte sur sa perception » : à la vue des organes génitaux d'une petite fille, il dit régulièrement que l'organe est petit mais qu'il va grandir. Il faut donc l'intervention des deux facteurs : la vue des organes génitaux féminins et la menace de castration (de simples allusions ont la même portée), pour que le complexe apparaisse. Un seul facteur est insuffisant mais le second — leur ordre de survenue importe peu —

rappelle le souvenir du premier dans un effet d'après-coup et déclenche l'apparition du complexe de castration.

Lorsqu'il a admis la possibilité de la castration, le garçon se trouve contraint, pour sauvegarder l'organe, de renoncer à sa sexualité (la masturbation est la voie de décharge génitale des désirs œdipiens, désirs incestueux). Il sauve l'organe au prix de sa « paralysie » et du renoncement à la possession de la mère (la paralysie est momentanée et constitue la « phase de latence »). Le complexe de castration met ainsi fin au complexe d'Œdipe et exerce par là une fonction de normalisation (*la Disparition du complexe d'Œdipe*, 1924). Mais la normalisation n'est ni constante ni toujours complète : souvent, le garçon ne renonce pas à sa sexualité, soit qu'il ne veuille pas admettre la réalité de la castration et qu'il poursuive la masturbation (*le Clivage du moi dans le processus de défense*, 1940), soit que, malgré l'interruption de celle-ci, l'activité fantasmatique œdipienne persiste et même s'accentue, ce qui compromet la sexualité adulte ultérieure (*Abrégé de psychanalyse*, 1938).

Lorsqu'il établit l'existence d'un primat du phallus pour les deux sexes (la fille comme le garçon ne connaissent qu'un seul organe génital, l'organe mâle, et tout individu qui en est dépourvu leur apparaît comme châtré), Freud insiste sur le fait qu'« on ne peut apprécier à sa juste valeur la signification du complexe de castration qu'à la condition de faire entrer en ligne de compte sa survenue à la phase de primat du phallus » (*l'Organisation génitale infantile*, 1923). Deux conséquences découlent de cette affirmation.

La première est que les expériences préalables de perte (celle du sein, celle des fèces, dans lesquelles des psychanalystes avaient voulu voir autant de castrations) n'en sont pas puisqu'« on ne devrait parler de complexe de castration qu'à partir du moment où cette représentation d'une perte s'est reliée à l'organe génital masculin ». On peut penser que les expériences préalables de perte n'ont pas la même signification que la castration, car elles ont lieu dans le cadre de la relation duelle mère-enfant tandis que la castration est précisément ce qui met fin, dans les deux sexes, à cette relation (comme en témoigne le fait que l'enfant attribue toujours au père la castration).

La seconde est que le complexe de castration concerne tout autant la femme que l'homme. « Le clitoris de la fille se comporte d'abord tout à fait comme un pénis. » Mais, chez elle, la vue de l'organe de l'autre sexe déclenche immédiatement le complexe. Dès qu'elle aperçoit l'organe masculin, elle se tient pour victime d'une castration. Elle se considère d'abord comme une victime isolée, puis étend progressivement ce malheur aux autres enfants et enfin aux adultes de son sexe, qui lui apparaît ainsi dévalorisé (*la Disparition du complexe d'Œdipe*). La forme d'expression que prend chez elle le complexe est l'envie du pénis : « D'emblée elle a jugé et décidé, elle a vu cela, sait qu'elle ne l'a pas et veut l'avoir » (*De quelques conséquences psychiques de la différence anatomique entre les sexes*).

L'envie du pénis peut subsister comme envie d'être dotée d'un pénis, mais l'évolution normale est celle où elle trouve son équivalent symbolique dans le désir d'avoir un enfant, ce qui conduit la fille à choisir le père comme objet d'amour (*Sur la sexualité féminine*). Le complexe de castration exerce donc une fonction normalisante en faisant entrer la fille dans l'œdipe et par là en l'orientant vers l'hétérosexualité.

Freud cependant met aussi l'accent sur les conséquences pathologiques du complexe de castration et sur leur résistance à l'analyse : le complexe de castration est le « roc » sur lequel l'analyse vient buter (*l'Analyse sans fin et l'analyse avec fin*, 1937). Chez la femme, l'envie du pénis peut persister indéfiniment dans l'inconscient et être facteur de jalousie et de dépression. Chez l'homme, c'est l'angoisse de castration qui constitue souvent la limite du travail analytique : toute attitude passive à l'égard du père, et en général de l'homme, garde la signification de la castration et déclenche une révolte, mais la révolte, comportant imaginairement la même sanction, ne trouve aucun aboutissement et l'homme reste dépendant tant dans la vie sociale qu'à l'égard de la femme.

POUR LACAN

Lacan, qui parle plus volontiers de la castration que du complexe de castration, la définit comme étant une opération symbolique qui détermine une structure subjective : celui qui est passé par la castration n'est pas complexé, il est au contraire normé en vue de l'acte sexuel. Mais il souligne qu'il y a là une aporie : pourquoi l'être humain doit-il être d'abord castré pour pouvoir parvenir à la maturité génitale ? (« la Signification du phallus », 1965, in *Écrits*). Et il cherche à l'éclairer à l'aide des trois catégories du réel, de l'imaginaire et du symbolique.

La castration ne concerne évidemment pas l'organe réel : ce n'est précisément que lorsque la castration symbolique n'a pas eu lieu, c'est-à-dire dans les psychoses, qu'on peut observer des mutilations de l'organe pénien (manifestant que « ce qui est forclos du symbolique revient dans le réel »).

La castration porte sur le phallus en tant qu'il est un objet non pas réel mais imaginaire. C'est la raison pour laquelle Lacan n'envisage pas les rapports du complexe de castration et du complexe d'Œdipe de façon opposée selon le sexe. L'enfant, fille ou garçon, veut être le phallus pour capter le désir de sa mère (c'est le premier temps de l'œdipe). L'interdiction de l'inceste (deuxième temps) doit le déloger de cette position idéale du phallus maternel. Cette interdiction est le fait du père symbolique, c'est-à-dire d'une loi dont la médiation doit être assurée par le discours de la mère. Mais elle ne vise pas seulement l'enfant, elle vise également la mère et, pour cette raison, elle est comprise par l'enfant comme castrant celle-ci. Au troisième temps intervient le père réel, celui qui a le phallus (plus exactement celui qui, pour l'enfant, est supposé l'avoir), celui qui, en tout cas, en use et se fait préférer par la mère. Le garçon, qui a renoncé à être le phallus, va pouvoir s'identifier au père et il a alors « en poche tous les titres à s'en servir dans le futur ». Quant à la fille, ce troisième temps lui a appris de quel côté elle doit se tourner pour trouver le phallus (*Séminaire inédit de 1962-1963* : « les Formations de l'inconscient »).

La castration implique donc d'abord le renoncement à être le phallus, mais elle implique encore de renoncer à l'avoir, c'est-à-dire à s'en prétendre le maître. Il est remarquable que le phallus, qui apparaît, sous des aspects innombrables, dans les rêves et les fantasmes, y soit régulièrement séparé du corps. Cette séparation, Lacan l'explique comme un effet de l'« élévation » du phallus à la fonction de signifiant. Dès lors que le sujet est soumis aux lois du langage (la métaphore et la métonymie), c'est-à-dire dès lors que le signifiant phallique est entré en jeu, l'objet phallique est imaginairement tranché.

Corrélativement, il est « négativé » dans l'image du corps, ce qui veut dire que l'investissement libidinal qui constitue le phallus n'est pas représenté dans cette image. Lacan cite l'exemple de la petite fille placée devant le miroir et qui passe rapidement sa main devant son sexe comme pour l'effacer. Quant au garçon, s'il s'aperçoit vite de son insuffisance par rapport à l'adulte, il constatera, devenu adulte, qu'il n'est pas maître du phallus et devra « apprendre à le rayer de la carte de son narcissisme pour que ça puisse lui servir à quelque chose ».

De ce phallus qu'elle sépare du corps, la castration fait du même coup l'objet du désir. Mais cela ne tient pas simplement à cette perte imaginaire, cela tient d'abord à la perte réelle qu'elle détermine. La castration en effet fait de l'objet partiel, dont la perte dans le cadre de la relation mère-enfant n'est jamais définitive, un objet définitivement perdu, l'objet a. (Lacan parle à ce propos du paiement de la livre de chair.) Cet « effet de castration » qu'est l'objet a met en place le fantasme et par là entretient le désir. Il est la « cause du désir », l'objet de celui-ci étant le phallus. La castration est ainsi, comme le dit ironiquement Lacan, ce miracle qui fait du partenaire un objet phallique.

De ce fait, elle règle les modalités de la jouissance : elle autorise et même commande la jouissance d'un autre corps (« jouissance phallique ») tout en faisant obstacle à ce que la rencontre sexuelle puisse jamais être une unification.

Mais la castration ne porte pas seulement sur le sujet, elle porte aussi et d'abord sur l'Autre, et c'est en cela qu'elle instaure un manque symbolique. Comme cela a été dit plus haut, elle est d'abord appréhendée imaginairement comme étant celle de la mère. Mais ce manque de la mère, le sujet doit le symboliser, c'est-à-dire reconnaître qu'il n'y a pas dans l'Autre de garantie à laquelle lui-même puisse se raccrocher. Phobie, névrose, perversion sont autant de façons de se défendre contre ce manque.

Lacan ne tient pas le complexe de castration pour une limite que l'analyse ne puisse dépasser. Il distingue à cet égard la crainte de la castration de son assomption (*Écrits*, «Du "Trieb" de Freud»). La crainte de la castration est certes normalisante puisqu'elle interdit l'inceste, mais elle fixe le sujet dans une position d'obéissance au père qui témoigne que l'œdipe n'a pas été dépassé. Au contraire, l'assomption de la castration est celle du «manque qui crée le désir», un désir qui cesse d'être soumis à l'idéal paternel. V. N.

CAT

→ Children's Apperception Test.

C.A.T.

→ centre d'aide par le travail

catalepsie

n.f. (angl. Catalepsy)

État caractérisé par une rigidité musculaire particulière, dite «plastique».

Les anciens auteurs décrivaient cet état comme une flexibilité cireuse (lat. *flexibilitas cerea*). Le sujet cataleptique, spontanément immobile, résiste à la mobilisation passive comme de la «cire molle». Il peut garder très longtemps les positions qu'on lui fait prendre. Il existe également des formes de catalepsie rigide où l'on n'observe pas la même flexibilité des membres en position cataleptique.

Bien que rattachée à certains syndromes organiques, notamment infectieux (catalepto-catatonie dans la fièvre typhoïde) et neurologiques (pathologie cérébelleuse), la catalepsie est essentiellement observée en psychiatrie : schizophrénie, hystérie de conversion, catalepsie induite par l'hypnose. En pharmacologie animale, la capacité de provoquer une catalepsie caractérise les neuroleptiques et les distingue des autres psycholeptiques, notamment des tranquillisants. A. G.

cataplexie

n.f. (angl. Cataplexy)

Perte soudaine du tonus musculaire, généralement accompagnée d'une diminution de la force musculaire et d'un incoercible besoin de dormir.

Elle touche les muscles des membres ou du tronc. La cataplexie fait partie du tableau clinique d'un trouble du sommeil : la narcolepsie essentielle ou maladie de Gélineau. Elle est déclenchée par des émotions intenses (surprise, rire, pleurs). Dans la narcolepsie, la chimiothérapie peut agir sur les accès de somnolence et sur le sommeil, mais reste généralement sans effet sur les accès cataplectiques. A. G.

catastrophes (théorie des)

(angl. Catastrophe Theory)

Théorie, due au mathématicien R. Thom, selon laquelle, d'une part, toute situation stable qui résiste à des perturbations infinitésimales connaît des limites rigides à sa stabilité et, d'autre part, la connaissance de ces limites permet de prévoir les changements brusques, dont le nombre possible est fixé à 7.

L'intérêt de cette théorie, selon son auteur, est qu'elle peut s'appliquer à des situations définies dans presque tous les domaines des sciences humaines, comme la biologie, la linguistique, la psychiatrie.

En psychopathologie, la difficulté majeure de la formalisation, comme dans d'autres domaines des sciences humaines, réside, d'une part, dans le nombre des paramètres qui entrent en jeu et, d'autre part, dans le caractère discontinu de ces paramètres. La théorie des catastrophes prend précisément appui sur ces deux caractéristiques. La compréhension des processus morphogénétiques (c'est-à-dire créateurs et destructeurs des formes) est possible sans avoir recours aux propriétés spécifiques des éléments matériels ni à la nature des forces qui agissent in situ. Cette théorie suppose que, si un processus est déterminé par la maximalisation ou la minimalisation de 4 facteurs, la singularité de surface ainsi produite pourra s'assimiler à l'une des 7 catastrophes.

Cependant, cette théorie, appliquée aux sciences humaines notamment, entraîne une conception réductrice de la science : objection qui s'estompe si l'on accepte la nécessité de simplifier, même de façon arbitraire, un phénomène, pourvu qu'on puisse le décrire correctement. Les éléments en jeu dans le modèle mathématique sont appelés «attracteurs»; ils se situent dans une zone d'attraction et c'est leur conflit qui entraîne la catastrophe. On appelle «catastrophe élémentaire» toute situation de conflit entre attracteurs qui peut se produire d'une manière stable sur l'espace-temps (c'est-à-dire à 4 dimensions).

Dans le domaine des sciences humaines, le modèle le plus fréquent parmi les 7 décrits par Thom est le modèle appelé «fronce», celui dans lequel il y a 2 dimensions de contrôle et 1 dimension de comportement.

E. C. Zeeman a ainsi décrit le modèle de l'agression chez un chien pris entre la rage et la peur. Le chien chez lequel la rage et la peur ont atteint une forte intensité et une valeur égale ne peut plus être neutre. La fronce atteint les limites de la bifurcation et le comportement devient bimodal. En d'autres termes, soit le chien prend la fuite, soit il devient agressif.

De même, dans la psychose maniaco-dépressive, l'excitation et l'inhibition de deux paramètres de contrôle constituent la situation de la psychose. Si l'on examine les excitations possibles, on trouve que l'excitation expansive est mieux qualifiée pour la psychose que l'excitation paranoïaque. L'état habituel du sujet n'est ni l'excitation expansive ni l'inhibition. Mais, à mesure que les paramètres augmentent en quantité, le point de la surface de contrôle projeté sur la surface de comportement s'approche du site de bifurcation.

Arrivé près du site, le comportement bascule soit d'un côté, soit de l'autre. Selon certains auteurs (P. Wiener, «les Applications de la théorie des catastrophes en psychopathologie», in *Évolution psychiatrique*, 1977, n° 3, tome 42, 955-974), il peut y avoir des états mixtes : s'ils sont légers, ils restent dans la zone de bifurcation; s'ils sont graves, il y a sans doute une dissociation. À droite (voir schéma), on pourrait observer des états hypomaniaques, un trop-plein de pulsion, etc.; l'évolution peut se faire en direction de la crise maniaque ou vers la dépression. À gauche, on pourrait observer une baisse de la tension psychique : le malade se plaint d'épuisement et de désinvestissement. L'évolution peut aboutir à la mélancolie.

Le modèle peut ainsi représenter l'évolution clinique. L'intérêt de la théorie des catastrophes ici est de représenter dans un seul continuum l'intégration du passage qualitatif discontinu de la mélancolie à la manie et inversement. Il faut bien voir enfin qu'un tel modèle représente la psychose

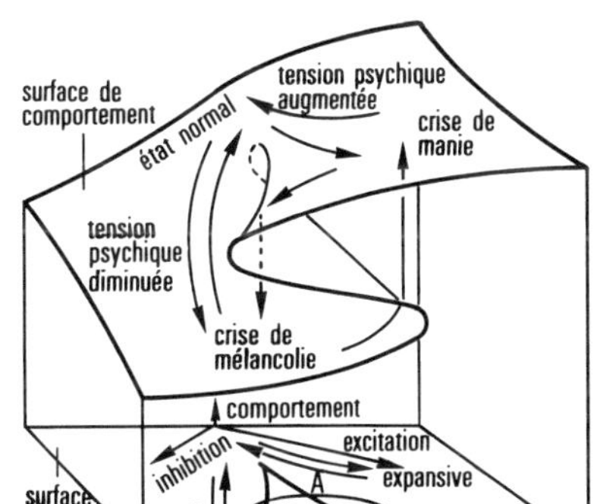

La psychose maniaco-dépressive dans la théorie des catastrophes

L'excitation expansive est en conflit avec l'inhibition. À l'état normal, rien ne se passe. Lorsque les paramètres augmentent, la projection du point correspondant de la surface de contrôle sur la surface de comportement s'approche du site de bifurcation. Le basculement près du site se fait du côté du facteur prépondérant. Si les états mixtes sont graves, on postule une dissociation : à droite (tension psychique augmentée), on observe des comportements hypomaniaques, un surinvestissement, etc. ; à gauche (tension psychique diminuée), un épuisement, un désinvestissement. Sur la surface de contrôle, plusieurs évolutions sont possibles : accès de manie, isolé ou non (A), accès de mélancolie (B), évolution à forme circulaire (C).

maniaco-dépressive de façon limitée et surtout qu'il ne l'explique pas.

Le choix de paramètres est évidemment important. La catastrophe en forme de *fronce* résume à 2 le nombre des groupes de facteurs pour passer d'un extrême à l'autre; les autres aspects du tableau clinique ne sont pas pris en compte. On a appliqué ce modèle à d'autres cas cliniques, comme l'épilepsie. La catastrophe en *queue d'aronde* (3 dimensions de contrôle, 1 dimension de comportement) peut s'appliquer à l'anorexie; la catastrophe en *papillon* (4 dimensions de contrôle, 1 dimension de comportement) peut aussi, et même mieux, la représenter.

L'intérêt des travaux de Thom et de Zeeman est de poser la question de la formalisation (usage des modèles) en sciences humaines et, notamment, en psychopathologie. Pratiquement, elle se traduit par l'aptitude plus ou moins grande des médecins et des psychiatres à l'utilisation des mathématiques. Une série de modèles se présentent à eux : sont-ils utilisables, satisfaisants, perfectibles? La réponse à cette question appartient à l'avenir. R. L.

catatonie

n.f. (angl. Catatonia)

État pathologique de la psychomotricité caractérisé par une perte de la spontanéité et de l'initiative motrices, l'inertie et le négativisme.

C'est un comportement moteur plus ou moins permanent ne répondant pas d'une manière adaptée aux stimulations du milieu, s'accompagnant souvent d'impulsions et de stéréotypies gestuelles (maniérisme, tics de balancement) ainsi que de catalepsie (maintien d'attitudes avec raideur et impression pour l'observateur de flexibilité cireuse). On distingue des formes mélancoliques, ou périodiques, et des formes schizophréniques. C'est dans ces dernières que la catatonie peut se transformer brusquement en agitation et violence impulsive catatoniques.

D'abord décrite par K. Kahlbaum en 1874 comme *folie de tension* (allem. Spannungirresein) ayant une évolution en quatre phases successives (mélancolique, maniaque, confuso-stuporeuse et démentielle), la catatonie est intégrée par E. Kraepelin, en 1899, dans le cadre de la démence précoce, dont elle devient la forme catatonique. Comme celle-ci apparaît souvent chez les malades jeunes, avec une phase dépressive et négativiste particulièrement prolongée, on parlera de forme hébéphréno-catatonique, forme clinique qui sera ainsi reprise quelques années plus tard par E. Bleuler dans sa schizophrénie. P. Chaslin fera de la catatonie une « folie discordante motrice type », et H. Baruk et De Jong décriront en 1928 des *catatonies expérimentales*, toxiques (bulbocapnine) et infectieuses (colibacilles). De même, certaines drogues hallucinogènes permettront à des expérimentateurs de produire une pharmacocatatonie (L.S.D., cannabis). Mais la catatonie est avant tout une forme clinique de la schizophrénie. Elle est devenue plus rare avec les progrès de l'assistance psychiatrique. Pour beaucoup de psychiatres, et en particulier ceux de l'école de psychiatrie dynamique de Chicago (F. Alexander, J. Masserman), elle ne serait que l'expression d'une régression à un stade psychoaffectif et psychomoteur très archaïque, avec des attitudes fœtales effectivement fréquentes chez les malades catatoniques. J. P.

BIBLIOGRAPHIE

Baruk, H., 1959, *Précis de psychiatrie*, Paris, Masson.

Kahlbaum, K., 1874, « la Catatonie ou Folie tonique », tr. fr. in *Évolution psychiatrique*, 1987, tome 52, n° 2, pp. 367-439.

catécholamine

n.f. (angl. Catecholamine)

Groupe de neuromédiateurs présents dans différents organes et caractérisés par la présence d'un noyau catéchol sur lequel vient se greffer une chaîne aminée latérale.

Deux molécules, la noradrénaline et la dopamine, se différencient très nettement comme chefs de file de ce groupe.

Les systèmes catécholaminergiques (neurones, récepteurs, neuromédiateurs) sont localisés au niveau périphérique dans plusieurs organes tels que la peau, l'œil, le cœur, les poumons, le système digestif ou l'appareil génital.

Au niveau central, les corps cellulaires des neurones sont regroupés en noyaux, localisés principalement au niveau du tronc cérébral. De là partent des axones qui remontent vers l'encéphale ou descendent vers la moelle, formant de véritables systèmes. Les groupes cellulaires constituent selon J. Glowinski une véritable anatomie biochimique du cerveau. On distingue ainsi quatre grands groupes de noyaux : les groupes bulbaire, pontique, mésencéphalique et diencéphalique.

Les manipulations pharmacologiques des récepteurs de ces systèmes ont montré que leur champ d'action est très vaste : modulation cardiaque et vasomotrice, influence sur le tractus digestif, thermorégulation, fonctions sexuelles et ovulation, fonctions endocriniennes, comportement alimentaire, comportement d'autostimulation, agressivité, cycle veille-sommeil, motivation, kinésie.

Ces données montrent l'importance de ces systèmes tant dans les phénomènes régulateurs simples ou élémentaires, comme un ajustement vasomoteur ou thermique, que dans les comportements où seront intégrées des réponses végétatives. L'interpénétration créée par ces structures révèle le haut degré d'articulation du système nerveux central et autonome.

Il n'apparaît donc pas surprenant qu'une atteinte localisée au niveau d'une partie de ce système puisse se répercuter sur d'autres versants (exemple du stress associé à l'ulcère gastrique ou à l'hyperthyroïdie).

Cette diversité des systèmes rend compte de la difficulté de traiter des troubles liés à une atteinte spécifique. Ainsi, un neuroleptique, tout en traitant le dysfonctionnement dopaminergique que l'on suppose être au centre de la schizophrénie, peut faire apparaître des dyskinésies et même un développement exagéré des seins chez l'homme (gynécomastie), qui révèlent l'impact de ces substances sur la motricité ou les fonctions endocriniennes. F. H.

catégorie

n.f. (angl. Category)

Ensemble d'éléments possédant en commun une ou plusieurs caractéristiques.

En psychologie, le terme de *catégorie* est généralement utilisé pour désigner une entité de nature cognitive. Il s'agit, au plan cognitif, de la représentation d'une classe d'objets regroupés sur la base du partage des propriétés communes. L'étude des catégories naturelles, qui sont le plus souvent désignées par un lexème (« oiseaux », « plantes », « vêtements », etc.), fait apparaître leur organisation en réseaux hiérarchisés (ou taxonomies) tels que l'appartenance d'une catégorie à une catégorie surordonnée est définie par le fait qu'elle possède toutes les caractéristiques de cette dernière. Les relations d'inclusion catégorielle peuvent être représentées en extension, chaque catégorie étant essentiellement définie par sa relation aux autres catégories. Une approche complémentaire consiste à considérer les catégories en intension, c'est-à-dire à les caractériser principalement par les attributs qui définissent les classes correspondantes.

Il existe des propriétés susceptibles de conférer un relief cognitif particulier à certaines catégories. L'une de ces propriétés est le degré de représentativité de la catégorie à l'égard de la catégorie qui lui est surordonnée. Cette propriété définit le degré de typicalité de la catégorie. Une autre propriété est le niveau d'abstraction de la catégorie dans la hiérarchie à laquelle elle appartient. Le « niveau de base » correspond au niveau le plus élevé d'une hiérarchie dont les éléments ont encore en commun un nombre élevé de propriétés, mettent en jeu des programmes moteurs identiques et possèdent des caractéristiques figuratives similaires. M. D.

→ catégorielle (pensée), catégorisation, cognition, cognition sociale.

catégorielle (pensée)

(angl. Categorial Thought)

Forme de pensée qui permet d'opérer des classements d'objets, en fonction de propriétés communes, par ensembles distincts et, en principe, exclusifs.

Ainsi, on peut réunir tous les objets métalliques, par opposition à ceux qui sont en bois; ou bien tous les arbres, quelles que soient leur forme et leur taille, qu'ils gardent ou perdent leurs feuilles, qu'ils donnent ou non des fruits, etc., par opposition aux autres plantes. Les catégories sont diversement étendues suivant le ou les critères qui président à leur constitution.

L'acquisition de la pensée catégorielle

L'expression, due à K. Goldstein (1921), a été très usitée durant la première moitié de ce siècle. Elle était censée marquer une étape du développement intellectuel, repérée d'après les réponses des enfants à des épreuves de classement d'objets concrets et familiers, comme dans le test de Goldstein-Weigh-Scherer, ou d'objets dits « conceptuels » tels que, par exemple, les cubes de Hanfmann-Kasanin.

Les jeunes enfants, priés de mettre ensemble ce qui va ensemble, groupent les objets concrets d'abord en fonction de leur usage et les objets conceptuels en configurations ayant une signification concrète : ainsi, l'enfant de 4-5 ans associe un triangle rouge à un carré jaune pour faire une maison. Vers 6 ans, les critères de rassemblement changent. Les objets concrets sont alors réunis à partir d'une communauté de forme, de matière ou de couleur, indépendamment de leurs fonctions. Les épreuves de pensée catégorielle sont considérées comme réussies quand les catégories obéissent à des critères homogènes et que le sujet peut en expliciter le principe.

Âge de l'enfant et modélisation

L'accession à la pensée catégorielle paraît aujourd'hui moins tardive qu'on ne le supposait. Les enfants de 4 ans se montrent capables de classer les objets naturels (animaux, plantes) et les objets de leur environnement suivant des critères catégoriels (par exemple, de séparer mammifères marins et terrestres), même quand des éléments ne leur sont pas familiers, en se basant sur des caractéristiques morphologiques. On sait aussi que des catégorisations perceptives sont effectuées plus tôt : autour de 18 mois à 2 ans, les enfants repèrent dans les objets des détails caractéristiques de leur classe, plutôt que de leur individualité, et donnent la même réponse à tous ceux qui les possèdent.

Les premières catégorisations ne manifestent pas toujours des disjonctions exclusives, mais elles témoignent de critères fidèlement suivis et, parfois, ordonnés : la catégorie « oiseau » peut représenter, pour l'enfant de 4 ans, tout ce qui, à partir d'une certaine taille (excluant les insectes), a des ailes et peut voler. Dans ce cas, le manchot, qui a des ailes, peut y être inclus, bien qu'il ne vole pas.

Le modèle auquel souscrivait l'idée de pensée catégorielle considérait le développement intellectuel comme une marche du particulier, de l'individuel au général. Il prenait appui sur les régressions observées chez des adultes ayant subi des lésions cérébrales. Cette analogie et ce modèle sont fortement remis en question aujourd'hui. On distingue encore la segmentation perceptive des sons de parole en unités telles que la syllabe, en la désignant en termes de perception catégorielle, bien que le critère précis de cette catégorisation aux premiers moments de la vie où elle a été détectée soit encore mal connu. H. B.

→ catégorie, catégorisation, cognition.

catégorisation

n.f. (angl. Categorization)

Activité cognitive visant à ranger dans une même classe des objets ou des personnes de même nature.

SOCIAL. Les membres d'une même classe ou catégorie sont caractérisés par une identité pour ce qui concerne le critère de catégorisation.

Depuis peu, des modèles de catégorisation, dite « prototypique », permettent d'envisager des degrés dans l'appartenance à des catégories et dans la possession de caractéristiques typiques d'une appartenance catégorielle donnée.

Accentuation des ressemblances et des différences

En psychologie sociale, un ensemble de recherches a d'abord porté sur la catégorisation définie comme un processus qui consiste à accentuer d'une part les ressemblances entre éléments appartenant à une même catégorie et d'autre part les différences entre éléments appartenant à des catégories différentes. Dans un article de 1959, H. Tajfel a défini les conditions qui amènent ou non une accentuation des différences dans des jugements sur des stimulus appartenant à des catégories différentes. Les différences dans les jugements portant sur les membres de deux catégories différentes seraient surtout accentuées lorsqu'il existe un lien systématique entre la répartition des stimulus dans les deux catégories et l'intensité avec laquelle ils possèdent la caractéristique qui est l'objet du jugement. De plus, quand des différences de valeurs sont aussi en rapport avec des appartenances à deux catégories, les contrastes dans les jugements portant sur les membres de ces catégories seront davantage encore accentués.

Plusieurs expériences ont illustré la valeur heuristique de ces prédictions, notamment dans le domaine des jugements portant sur des stimulus physiques, sur des énoncés d'opinions ou sur des personnes. Si à l'origine le modèle portait sur l'accentuation des contrastes entre membres de catégories différentes, Tajfel l'a fait porter par la suite sur l'accentuation des ressemblances entre membres d'une même catégorie. L'accentuation des contrastes entre groupes irait de pair avec l'accentuation des ressemblances à l'intérieur des groupes. Toutefois, plusieurs recherches montrent que cette accentuation des ressemblances intervient d'une manière asymétrique selon que les individus émettent des jugements sur des membres de leur propre groupe d'appartenance ou sur des membres d'un autre groupe : l'homogénéisation est beaucoup plus forte dans les jugements portant sur des membres du hors-groupe que dans les jugements portant sur les membres de l'intra-groupe.

Une dynamique de classification particulière se reflétant dans des jugements sur des opinions a été amplement étudiée par M. Sherif et C. I. Hovland. Elle consiste en une accentuation des ressemblances entre les opinions qu'un individu partage et celles qui leur sont proches et une accentuation des différences entre les opinions auxquelles on adhère et celles qui en sont éloignées. À partir de ces idées, Sherif a conçu une méthode, appelée *technique des catégories personnelles*, pour mesurer l'intensité des attitudes. Elle demande au sujet de ranger, dans autant de catégories que celui-ci juge nécessaires, des énoncés portant sur un problème donné. Les énoncés dans chaque catégorie doivent aller ensemble, doivent exprimer une même attitude, et les différentes catégories doivent être rangées selon le degré plus ou moins favorable de l'attitude qu'elles expriment à l'égard de l'objet d'attitude. L'essentiel de la méthode est de ne pas suggérer aux sujets le nombre de catégories qu'ils doivent utiliser.

On a pu réaliser deux mesures avec cette méthode. D'abord, on a obtenu le nombre de catégories utilisées. Plus l'engagement d'une personne sera intense, moins elle utilisera de catégories pour classer un ensemble d'énoncés allant d'un extrême à l'autre. Ensuite, on a pu estimer l'extension des catégories désignées. Une personne avec un certain engagement dans le domaine étudié distribue ces jugements d'une manière bimodale, le mode le plus important regroupant les énoncés contestés et le mode le plus petit regroupant les énoncés les plus acceptables (M. Sherif et C. W. Sherif, *Social Psychology*, 1960). Le modèle théorique sous-jacent à cette procédure est celui de l'assimilation et du contraste, les personnes engagées dans une cause tendant à rejeter les énoncés qui ne leur semblent pas acceptables, donc aussi les énoncés intermédiaires, et à assimiler à leur position les énoncés acceptables. L'utilité de cette méthode a été démontrée empiriquement. Des individus moins engagés, considérés comme modérés, utilisent en général plus de catégories que des individus plus engagés ou ayant des attitudes plus extrêmes. Ces derniers classent plus souvent l'ensemble des énoncés qui leur sont proposés, tandis que les sujets moins engagés hésitent à classer certains énoncés.

Le modèle de la prototypicalité

Les modèles de catégorisation couramment utilisés en psychologie sociale étaient généralement fondés sur une logique simple d'appartenance ou de non-appartenance catégorielle. Au début des années 1970, E. Rosch a introduit un autre modèle de catégorisation, celui de la prototypicalité. Un prototype n'est pas seulement défini par des différences avec les membres d'une autre catégorie, mais également par des différences avec les autres membres de sa catégorie d'appartenance. Ce modèle admet explicitement que l'appartenance à des catégories est affaire de degré, autrement dit que certains membres d'une catégorie le sont plus que d'autres. Les membres les plus représentatifs d'une catégorie sont appelés des *prototypes*. Ils existent aussi bien pour des catégories dites « naturelles », telles que couleurs ou fruits, pour des produits fabriqués, tels que meubles ou voitures, que pour des catégories sociales comme des professions, des situations de rencontre, des types de personnalité. Les membres considérés comme plus exemplaires d'une catégorie seront le point de référence dans les jugements portant sur les autres membres. Des asymétries se reflètent dans des jugements de ressemblances et de différences, comme le montrent les études de A. Tversky, de J. P. Codol et de L. Arcuri.

Un autre domaine d'études a été beaucoup exploré par les chercheurs sur la *prototypicalité* : il concerne les niveaux de catégorisation, selon qu'elle est plus abstraite ou concrète. Les études distinguent le plus souvent trois degrés d'inclusion des catégories : une catégorie supra-ordonnée comme, par exemple, la catégorie « meubles », qui est la catégorie la plus abstraite et inclusive, une catégorie subordonnée comme la catégorie « table de cuisine », qui est la moins inclusive et la plus concrète, et une catégorie intermédiaire, ou de base, comme la catégorie « table ». Pour l'étude de la prototypicalité, ces catégories de base sont plus importantes, elles sont en même temps riches en attributs et bien différenciées par rapport à d'autres catégories de base. Par exemple, « table », « lampe » et « chaise » sont trois catégories de base ; elles évoquent beaucoup de caractéristiques, mais en ont relativement peu en commun. Chacune des ces catégories regroupe plusieurs objets qui peuvent être décrits avec beaucoup de détails et qui provoquent des comportements semblables, pour autant qu'ils appartiennent à la même catégorie de base, mais qui donnent lieu à des comportements différents quand ils appartiennent à des catégories différentes. À un niveau plus subordonné, les catégories comme « chaise de cuisine », « chaise de salon », « chaise de bistro » sont aussi riches par rapport aux caractéristiques évoquées, mais elles ne permettent pas des différenciations aussi nettes au même niveau d'inclusion. Ces différences de niveau d'inclusion interviendraient également dans la représentation de personnages, de rôles sociaux ou de traits de personnalité.

La particularisation

Un processus opposé à celui de catégorisation est le processus de particularisation décrit par M. Billig, qui consiste à séparer un élément particulier des autres membres d'une catégorie, à le considérer comme un cas spécial ou exceptionnel. Plusieurs chercheurs étudient aussi les systèmes cognitifs, théories implicites ou explicites, qui interviennent dans l'établissement de critères de classification et dans la définition d'autres rapports que ceux qui sont d'habitude formulés en termes de degré de similitude, qui peuvent relier entre eux les éléments d'une catégorie.

Les cadres sociaux de la catégorisation

L'origine des différents modèles de catégorisation se trouvent encore principalement dans l'étude de l'organisation perceptive ou cognitive. Cependant, les processus de catégorisation sont aussi, et sans doute d'abord, fondamentalement impliqués dans l'activité des individus sur leur environnement physique et social. Une tâche importante qui incombe aux psychologues sociaux est d'étudier les conditions sociales qui favorisent l'actualisation de classifications plus dichotomiques par appartenances en tout ou rien, de classifications de type croisé (→ intergroupe) faisant intervenir plusieurs appartenances, de classifications prototypiques permettant d'envisager des degrés variés d'appartenance ou de processus de particularisation. En effet, il ne s'agit pas de décider dans l'abstrait quelle forme de classification serait la plus adaptée, ou la plus caractéristique de notre fonctionnement psychologique. Il s'agit de déterminer le genre de rapports sociaux qui suscite telle forme de catégorisation plutôt que telle autre. W. D.

La catégorisation chez l'enfant

DÉVELOP. La classification opératoire n'est acquise par l'enfant que vers 8 ou 9 ans. Mais des activités de rassemblement d'éléments autour d'une propriété commune ont été observées dès le milieu de la première année.

Groupements par l'usage

Vers l'âge de 6 mois, les bébés savent classer les objets en fonction de l'action qu'ils peuvent leur appliquer : objets suçables, saisissables, faiseurs de bruit, etc. J. Piaget voit dans ce mode de groupement une simple appartenance schématique. Les définitions par l'usage (une chaise, c'est fait pour s'asseoir, une maman pour vous aimer, etc.) données par des enfants beaucoup plus grands témoignent d'une persistance de ce mode de groupement.

Associations diverses

Ce sont des associations qui se font de proche en proche, opérées, à partir d'un ensemble d'objets plus ou moins hétéroclite, par les enfants entre 2 et 5 ans lorsqu'on leur demande de « mettre ensemble ce qui va ensemble ». Le groupement se fait par appartenance à une même structure perceptive (collections figurales), par lien fonctionnel (le cheval tire la voiture) ou thématique (l'homme surveille les moutons) ou par des groupements successifs mais non indépendants autour de différentes propriétés communes : par exemple, une balle et une banane vont ensemble parce qu'elles sont jaunes, la banane est associée à la poire et aux cerises parce qu'on peut les manger, etc.

Abstraction d'un invariant perceptif

Dès l'âge de 6 mois, le nourrisson est capable d'extraire une invariance à l'intérieur d'un ensemble d'objets. Ce peut être l'orientation, commune aux photos de différents hommes tous présentés de face, ou bien l'identité individuelle d'un même homme photographié sous divers angles (de profil, de face, de trois quarts), ou encore l'ensemble des visages masculins opposé à celui des visages féminins. Avec un matériel plus complexe, dans lequel une série de visages varient sur plusieurs dimensions à la fois, par exemple la longueur du nez, la distance entre les yeux, les bébés de 10 mois se construisent un « prototype » de l'ensemble à partir des valeurs moyennes prises sur ces dimensions au cours de l'apprentissage. Ce prototype n'a besoin de correspondre à aucun des visages présentés, c'est cependant à lui que sera confronté tout nouveau visage.

Collections non figurales de Piaget

Entre 5 et 7 ans, l'enfant constitue de petits ensembles, qu'il divise à l'occasion en sous-ensembles. L'indifférenciation entre compréhension et extension, qui caractérise les collections figurales, cède la place à une différenciation partielle et à un début d'ajustement réciproque entre compréhension et extension. Mais le réglage des relations entre tous et quelques n'est pas encore maîtrisé. E. V.

→ cognition sociale.

BIBLIOGRAPHIE

Rosch, E., Lloyd, B. B., 1978, *Cognition and Categorization*, Hillsdale, H. J., Erlbaum.
Sherif, M., Hovland, C. I., 1961, *Social Judgment : Assimilation and Contrast Effects in Communication and Attitude Change*, New Haven, Yale University Press.
Tajfel, H., 1981, *Human Groups and Social Categories*, Cambridge, Cambridge University Press.

catégoriser

v.t. (angl. to Categorize)

Ranger mentalement dans une catégorie en qualité d'exemplaire. J.-F. L. N.

→ catégorie, exemplaire.

cathartique (méthode)

(angl. Cathartic Method ; allem. Katartische Methode)

Toute méthode thérapeutique qui vise à obtenir une situation de crise émotionnelle telle que cette manifestation critique provoque une solution du problème que la crise met en scène.

Aristote a fait de la *catharsis* le pivot de sa conception de la tragédie : la fonction tragique consisterait à « purifier » les passions mauvaises (crainte, pitié) par leur mise en jeu à l'occasion de représentations d'actes « vertueux et accomplis ». J. Breuer et S. Freud reprennent ensuite ce terme pour désigner leur première méthode psychanalytique : la reviviscence d'une situation traumatique libérerait l'affect « oublié » et celui-ci restituerait le sujet à la mobilité de ses passions. La catharsis est liée à la pratique de l'hypnose par Freud ; la meilleure preuve en est que, lorsqu'il élabore les notions de transfert et de libre association et abandonne de ce fait l'hypnose, il abandonne également la catharsis. Freud fera remarquer bien longtemps après (1920) que cet abandon fut accompli par lui lorsqu'il remarqua le paradoxe qu'entraîne la notion de catharsis : si, en effet, toute reviviscence de la scène entraîne une purification, on ne voit pas pourquoi de sa répétition renouvelée ne devrait pas s'ensuivre un soulagement d'autant plus grand. D'ailleurs, on ne voit pas non plus pourquoi le fait de vivre une scène traumatique devrait en abolir la nocivité. Le transfert n'est donc probablement pas une reviviscence d'une scène ancienne. L'abandon de la notion de catharsis signe l'entrée de Freud en analyse.

J. Lacan fait remarquer qu'Aristote non plus n'explique pas en quoi le surgissement des passions nocives suffirait à les évacuer. Pour lui, la catharsis revêt un sens plus caché que celui décrit par Aristote, si l'on accepte de reconnaître que le sujet de la passion tragique (Antigone, Œdipe) est promis à un destin qui le fait passer dans une zone de souffrance ordinairement inaccessible à chacun, car la tragédie en tant que jeu consiste à mettre en scène et à dissimuler ce moment de passage. L'effet cathartique de la tragédie prend alors un autre sens : il est le surgissement chez le spectateur de sentiments afférents à ce moment de limite, en tant que le spectateur reste sur la rive de cette zone et n'y pénètre pas. La tragédie est donc un jeu avec cette zone hors limite. R. L.

Cattell (James McKeen)

Psychologue américain (Easton, Californie, 1860-Lancaster, Pennsylvanie, 1944).

Il fut l'élève puis l'assistant de W. Wundt à Leipzig et introduisit l'usage de la statistique dans le traitement des données expérimentales en psychologie. Il témoigna d'un grand intérêt à l'égard de l'étude des différences individuelles. On lui attribue la paternité de l'expression « test mental », paternité qu'il paraît avoir partagée avec F. Galton, auprès de qui il fit un séjour d'étude. Les tests proposés par Cattell (et par Galton) portaient sur des processus élémentaires et l'on s'aperçut qu'ils n'avaient qu'une faible validité prédictive, difficulté que devait surmonter l'échelle de A. Binet s'adressant aux « processus supérieurs ». Cattell fut professeur de psychologie à l'université de Columbia, créa plusieurs revues de psychologie et fonda une organisation, la Psychological Corporation, fournissant à ses clients des services de psychologie appliquée. Ses travaux ont été réunis par ses élèves sous le titre *James McKeen Cattell, Man of Science* (1947, 2 vol.). M. R.

Cattell (Raymond Bernard)

Psychologue américain (West Bromwich, Warwickshire, Grande-Bretagne, 1905).

Il fit ses études de psychologie à Londres sous la direction de C. E. Spearman et commença à enseigner en Grande-Bretagne. Il émigra aux États-Unis, où il fut à partir de 1944 professeur à l'université de l'Illinois. Son œuvre porte essentiellement sur l'étude de la personnalité (qui inclut pour lui l'intelligence) par l'analyse factorielle. Il étudia aussi l'influence des facteurs génétiques et des facteurs de milieu par une méthode d'analyse de la variance qu'il proposa, la *Multiple Abstract Variance Analysis* (→ MAVA). Il écrivit ou dirigea de nombreux ouvrages, parmi lesquels on peut citer *Handbook of Multivariate Experimental Psychology* (1966), *Abilities : their Structure, Growth and Action* (1971), *Motivation and Dynamic Structure* (1975), *Handbook of Modern Personality Theory* (1977). M. R.

causalité (relation de)

(angl. Relationship)

Relation qui lie un événement, un objet ou une classe d'objets à un autre événement, un autre objet ou une autre classe d'objets et qui le (la) détermine.

La relation de causalité est un principe explicatif des sciences qui, selon chacune, admet une acception et une qualification différentes. Cette question épistémologique ne sera pas abordée ici.

Dans le comportement des êtres vivants, la relation de causalité, qui rapporte à un agent A un événement ou un objet B, peut être subjective ou objective. Elle est subjective quand elle attribue un rôle actif à un objet ou à un événement sans tenir compte de leurs propriétés propres. L'animisme enfantin est caractérisé par des relations de ce type. Elle est objective quand elle repose sur la lecture de l'action réellement effectuée par un agent et sur le contrôle que cette action réalise une condition suffisante pour entraîner l'événement ou l'objet conséquent. La relation de causalité s'exprime par les conjonctions « puisque », justificative, et « parce que », explicative.

On différencie aussi les relations de causalité selon la fonction mise en jeu pour les appréhender : on distingue ainsi une causalité perceptive et une causalité opératoire. La causalité perceptive s'établit sur des rapports de contiguïté spatio-temporelle entre deux éléments distincts, comme l'a montré A. Michotte (1946). Elle s'accompagne d'illusion : quand on regarde un mobile A se déplaçant à vitesse uniforme vers un objet B qui, lorsque A arrive près de lui, se met en mouvement dans la même direction, on voit A pousser B. Cette perception s'accompagne d'une illusion qui fait croire que la vitesse de A s'est accélérée au voisinage de B. Plusieurs interprétations de ces phénomènes complexes ont été proposées.

La causalité opératoire se révèle dans les arguments qui fondent les réponses de conservation ; elle représente un lien de nécessité qui, chez l'enfant, est d'abord empirique mais réversible, avant de devenir logique. H. B.

cause

n.f. (angl. Cause)

1. Événement qui produit un effet dans le fonctionnement psychologique. 2. Représentation mentale d'un événement qui produit un effet dans le monde réel (ou imaginaire) et qui constitue, en tant que représentation, un facteur psychologique.

Rôle de la cause

La notion de cause se rencontre à des places diverses dans la psychologie : les modèles explicatifs en psychologie peuvent ou non avoir un contenu causal. Dans le cas positif, la question est alors de savoir quel type d'entité joue le rôle de cause (et corrélativement d'effet) ; autrement dit, « qu'est-ce qui (d'après le modèle) cause quoi ? »

Dans la psychologie introspective ancienne, et aujourd'hui dans certaines formes de la psychologie cognitive philosophique, on considère que ce sont des *événements mentaux* qui peuvent être des causes ; ils sont alors la cause d'autres événements mentaux. Dans la psychologie béhavioriste, qui était d'inspiration positiviste et, par conséquent, récusait les explications causales, la notion de cause a perdu l'essentiel de son rôle au profit des notions de « facteurs » ou de « variables ». On ne peut même pas dire que pour le béhaviorisme le stimulus est la cause de la réponse, encore que cela y ressemble parfois beaucoup.

Dans la psychologie cognitive du traitement de l'information se trouve en revanche plus nettement réintroduite une forme de causalité par l'idée que c'est l'activité interne des individus qui détermine leurs comportements. En outre, les événements d'une phase de traitement de l'information sont plus ou moins vus comme la cause des événements qui se passent dans la suivante. Il y a là une analogie avec le fonctionnement des ordinateurs, dans lesquels se déroulent des événements physiques liés par des relations causales, ou avec le fonctionnement cérébral, qui est, à son propre niveau, du même type. Un certain nombre de modèles cognitivistes ont ainsi un statut causal ou quasi causal, et d'autres non.

Cause représentée

Mais la notion de cause intervient aussi en psychologie en tant que cause représentée.

Dans le domaine perceptif, par exemple, A. Michotte a étudié en détail les conditions de l'appréhension directe de la causalité dans le mouvement, sous la forme d'un sentiment spontané : lorsqu'un sujet voit sur un écran un petit cercle se déplacer vers un autre, et s'arrêter à son contact, et le second cercle commencer à son tour à se déplacer, il a le sentiment irrépressible que le mouvement de l'un cause celui de l'autre — ainsi que cela pourrait se passer lors d'un choc entre deux boules de billard en mouvement.

Dans un autre ordre d'idées, on a récemment montré que l'existence de relations de causalité entre des actions accomplies par des personnages à l'intérieur d'un récit, ainsi que la cohérence entre ces relations, constitue un facteur puissant de compréhension et de mémorisation de ce récit. J.-F. L. N.

BIBLIOGRAPHIE

Michotte, A., 1954, *la Perception de la causalité*, Louvain, Presses universitaires.

C.D.E.S.

→ commission d'éducation spéciale.

cécité

n.f. (angl. Blindness)

Privation totale ou quasi totale de vision.

La cécité est un handicap sévère. Elle peut être congénitale (→ aveugle-né) ou bien survenir brutalement par accident, ou encore s'installer graduellement en raison d'une dégénérescence.

Causes de la cécité

La cécité peut être due à des atteintes de l'appareil optique, comme dans le cas des cataractes (opacité congénitale ou sénile du cristallin), à des lésions périphériques (décollement rétinien) ou à des lésions centrales qui déterminent une agnosie visuelle. Dans ce cas, l'individu, bien que son organe sensoriel demeure intact, présente des troubles graves de reconnaissance, d'identification et de discrimination des objets et qualités visuels.

En pratiquant, chez l'Animal sain, des privations expérimentales de la vue, par occultation des yeux ou par élevage dans l'obscurité, on a pu montrer que l'absence prolongée de stimulations visuelles pendant les premiers mois postnataux entraîne des déficits perceptifs à long terme et crée des lésions irréversibles des structures nerveuses impliquées. Toutefois, il n'est pas établi que toutes les opérations chirurgicales précoces entraînent des récupérations fonctionnelles meilleures que des opérations plus tardives.

La récupération de la vue

La vision apparaît comme la modalité la plus directement intéressée dans le recueil et le traitement des informations spatiales. Aussi les discussions à partir du XVIIIe siècle, et l'opération réussie par W. Cheselden d'un jeune aveugle-né (1728), ont-elles eu pour objet de savoir si la récupération de la vision s'accompagnait d'emblée d'impressions spatiales. Les conclusions des observations cliniques faites sur l'Homme dans la première moitié du XXe siècle et des expériences plus récentes réalisées sur l'Animal laissent penser que la récupération fonctionnelle n'est, à cet égard, jamais totale : elle s'effectue progressivement et persistent toujours une acuité inférieure à la normale, des troubles de la reconnaissance des formes et, parfois aussi, de l'évaluation des distances.

Cécité et développement sensoriel

Les cécités sensorielles, si elles constituent un handicap pour toutes les activités et structurations figuratives, n'entraînent pas en revanche de retard considérable dans le développement des activités intellectuelles à support verbal ni dans le raisonnement. Quand elles surviennent chez des personnes âgées, elles n'entraînent pas non plus de déficits comparables à ceux observés chez les jeunes enfants aveugles-nés car elles laissent intactes des structures centrales d'élaboration cognitive qui suppléent à la perte d'information visuelle. H. B.

cénesthésie

n.f. (angl. Coenesthesia)

Sensibilité commune ou générale concernant l'ensemble plus ou moins diffus des sensations relatives à l'état du corps (bien-être, santé, maladie) et aux fonctions organiques (faim, soif, nausée, suffocation, etc.). J.-M. C

cénesthopathie

n. f. (angl. Coenesthopathy)

Perturbation de la cénesthésie ressentie d'une manière à la fois anormale et pénible.

Ce terme créé par Dupré et Camus regroupe les diverses anomalies (non organiques) de ce domaine perceptif interne et, en particulier, les illusions et hallucinations cénesthésiques que l'on peut retrouver dans certains délires hypocondriaques. J. P.

censure

n. f. (angl. Censorship; allem. Zensur)

Instance psychique qui empêche l'émergence des désirs inconscients dans la conscience autrement que sous une forme déguisée.

Le but de la censure est de travestir les contenus des désirs inconscients et d'inhiber leurs affects afin qu'ils soient méconnaissables pour la conscience. Elle s'exerce, dans la première topique, aux limites des systèmes inconscient-préconscient et préconscient-conscient.

Dans le premier système établi par S. Freud, les procédés de déformation sont le déplacement et la condensation, l'omission et le renversement en son contraire d'une représentation. Ces procédés sont ceux du travail du rêve. Les affects sont inhibés par le jeu du désinvestissement d'une représentation trop chargée et l'investissement d'une autre plus anodine. Dans le second système, les productions préconscientes de l'inconscient, tels les formations substitutives, les fantasmes, peuvent être de nouveau refoulées si elles sont trop intenses, puis surinvesties avant de surgir dans la conscience. Dans la seconde topique, la censure est représentée par le surmoi. La censure a une action de défense contre le surgissement de l'angoisse et autres affects pénibles pour la conscience. Elle œuvre dans la cure analytique comme une résistance. Lorsque les matériaux censurés sont redevenus conscients, le refoulement est aboli. R. L.

centilage

n. m. (angl. Centilation)

Opération par laquelle on divise une distribution en cent classes d'effectif égal. R. L.

centile ou percentile

n. m. (angl. Centile, Percentile)

Chacune des valeurs d'un caractère quantitatif qui partagent l'étendue des valeurs en cent sous-ensembles d'effectifs égaux.

Le $n^{ième}$ centile d'une distribution de mesures est celle de ces mesures qui est dépassée par n % de la distribution. M. R.

centrale (valeur)

(angl. Central Value)

Valeur située au centre d'une distribution et pouvant en ce sens être considérée comme la plus représentative de l'ensemble des valeurs. (Syn. tendance centrale.)

Dans une distribution unimodale et symétrique, la moyenne, le médian et le mode coïncident sur la valeur centrale. Dans une distribution non symétrique, la moyenne et le médian offrent deux définitions différentes de la valeur centrale. Le mode n'est plus au centre de la distribution et offre une autre définition de la valeur « la plus représentative » de l'ensemble de la distribution. M. R.

→ médian, moyenne.

centration

n.f. (angl. Centration)

Selon J. Piaget, effet produit par les « interactions immédiates entre élé-

ments perçus simultanément lors d'une seule fixation du regard». (Syn. effet de centration.)

Toute centration est déformante et entraîne la surestimation relative d'une partie du champ visuel. Cette surestimation peut être reliée à divers facteurs : 1. l'hétérogénéité de la rétine : l'objet qui est vu fovéalement est perçu plus grand que le même en périphérie; 2. l'orientation de l'attention : si on demande à un observateur de fixer du regard un certain segment tout en portant son attention sur un autre segment de même longueur, situé à droite ou à gauche, c'est ce segment périphérique qui est surestimé; 3. la durée de fixation : plus elle est grande, plus la surestimation est forte; 4. l'ordre de succession : le dernier élément fixé est surestimé; 5. la netteté objective : l'élément le mieux éclairé, le plus proche, est surestimé. E. V.

centrations relatives (loi des)

(angl. Law of Relative Fixations)

Modèle probabiliste de la perception proposé par J. Piaget.

Dans son œuvre, Piaget, insiste sur la différence fondamentale qui oppose les systèmes d'équilibre additifs, caractéristiques des structures logiques de l'intelligence, aux systèmes non additifs qui se manifestent dans la perception. Alors que le développement de l'intelligence aboutit à la réversibilité et à la composition totale des opérations logiques, les structures perceptives demeurent non additives et irréversibles car les compositions n'y sont qu'exceptionnellement complètes et leur stabilité fragile. Au début des années 1940, Piaget fait l'hypothèse que la présence de déformations pourrait être «inhérente à la nature propre des mécanismes perceptifs qui procèdent par échantillonnage probabiliste au lieu de fournir une copie précise de l'objet».

Voyant dans les erreurs perceptives, et notamment dans les illusions optico-géométriques, un matériel privilégié pour mettre à l'épreuve cette hypothèse, c'est sur elles que Piaget et ses collaborateurs ont poursuivi une série de recherches entre 1942 et 1960. Celles-ci ont fourni une masse de données sur les variations de la longueur subjective d'une ligne, de l'ouverture d'un angle, etc. (de taille constante), en fonction de variations dimensionnelles des autres éléments d'une figure géométrique. La loi des centrations relatives est l'aboutissement de ces travaux. Pour son auteur, elle exprime «la probabilité des déformations sur une figure donnée en fonction des variations de celle-ci et naturellement sans prétendre prédire la valeur absolue de ces déformations». Il y a trois concepts de base dans le modèle piagétien : centration, rencontres et couplages.

Centration

Une centration est définie par «la réunion des rapports perçus simultanément en fonction d'un point de fixation du regard». Chaque centration entraîne une déformation des éléments perçus, qui va dans le sens d'une surestimation relative du point centré. Plus la durée d'une fixation est grande, plus la surestimation est forte. Plus le nombre de centrations est grand, plus les déformations qu'elles entraînent ont des chances de se compenser. Si la compensation est complète, la perception est exacte. Par exemple, lorsque le point de fixation oculaire est à égale distance de deux lignes verticales égales, celles-ci sont perçues de même longueur. Ce n'est déjà plus le cas lorsque, au cours d'une présentation brève (situation de tachistoscopie), le point de fixation est plus près d'une des lignes. Ce l'est encore moins lorsqu'il y a des inégalités dimensionnelles dans la figure à percevoir : la taille de certains traits est surestimée relativement à celle d'autres traits. Piaget interprète l'effet de centration, ou «erreur élémentaire I», par le fonctionnement d'un mécanisme hypothétique de *rencontres*.

Rencontres

Ces rencontres prennent place entre des «unités», hypothétiques elles aussi, dont les unes se situent dans l'observateur et les autres dans la figure. Piaget ne fait aucune hypothèse sur la nature biologique des unités réceptives du sujet, qui, dit-il, pourraient aussi bien être des cellules que des micromouvements oculaires ou autre chose encore. Quant aux unités de la figure, il les représente par des microsegments, égaux, en lesquels la ligne centrée peut être découpée et dont le nombre est arbitraire. Le modèle piagétien postule que : 1. le nombre de rencontres réalisées pendant une centration augmente avec la durée de celle-ci; 2. un point déjà rencontré ne joue plus de rôle s'il est rencontré par hasard une seconde fois. La croissance de l'effet de centration est donc exponentielle, ce dont Piaget offre la démonstration suivante.

Supposons que :
1. la ligne centrée L se compose de N unités rencontrables;
2. *n* unités rencontrantes du sujet sont mobilisées pendant un temps *t;*
3. pendant un temps *t*, *n* unités rencontrantes rencontrent effectivement αN unités rencontrables de *l*.

Pendant le temps t_1, αN rencontres auront été effectuées; à la fin de t_1, seules demeurent rencontrables $N_1 = N - \alpha N = N(1-\alpha)$ unité de la figure L.

Pendant t_2, $\alpha(N-\alpha N)$ rencontres se font et, à la fin de t_2, seules resteront rencontrables N_2 unités, soit $N_2 = N(1-\alpha)-\alpha[N(1-\alpha)] = N(1-\alpha)_2$, et ainsi de suite.

La quantité globale de rencontres s'accroît avec le temps, mais de moins en moins, ce qui se traduit au niveau perceptif par un accroissement exponentiel de la longueur subjective de L. L'effet de centration est fonction de la probabilité de rencontres.

Couplages

Lorsque la figure est composée de deux lignes L_1 et L_2, aux rencontres entre chaque ligne et les unités réceptives du sujet s'ajoutent des correspondances appelées couplages entre les points de rencontre sur L_1 et sur L_2. Il y a couplage lorsqu'une unité de L_1, rencontre une unité réceptrice en même temps qu'une unité de L_2 rencontre une autre unité réceptrice (couplage simultané). Il y a aussi couplage lorsqu'une même unité réceptrice rencontre successivement une unité de L_1 et une unité de L_2 (couplage successif). Les couplages peuvent être complets ou incomplets. Ils sont complets lorsque chaque point de L_1 a été associé à chaque point de L_2; il y a alors la même densité de rencontres sur les deux lignes, la perception est exacte. C'est le cas, par exemple, pour les deux côtés d'un carré. Les couplages incomplets résultent soit d'inégalités dimensionnelles entre lignes, soit de l'intervention d'activités perceptives (polarisation, transport, etc.). Lorsque les couplages sont incomplets, la densité de rencontres n'est pas la même sur deux traits de longueur inégale. Les couplages qui ont le plus de chances d'être incomplets sont les couplages de différence entre les rencontres sur une ligne courte, L_2, et la différence (L_1-L_2) entre cette ligne et L_1. Les couplages de ressemblance, entre L_2 (partie de L_1 égale à L_2) et L_2 n'ont a priori aucune raison d'être incomplets.

En résumé, les rencontres sont un facteur de surestimation absolue *(effet de centration)*. Les couplages complets entraînent une compensation totale de cet effet (décentration). Les couplages incomplets entraînent une inégalité de la densité de rencontres sur les éléments comparés et en conséquence une surestimation relative (erreur élémentaire II) qui s'ajoute à la surestimation absolue de l'effet de centration.

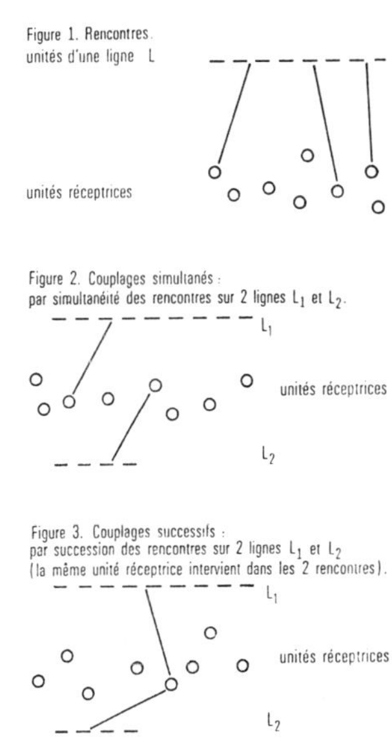

Loi des centrations relatives. Figures illustrant les notions de rencontre et de couplage.

Loi des centrations relatives

Piaget la présente sous forme d'une équation simple.

$$P = \frac{(L_1 - L_2)\, L_2}{S} \times \frac{nL_2}{L\,max} = \frac{NL(L_1 - L_2)L_2}{S \times L\,max}$$

P = déformation (sur- ou sous-estimation) mesurée sur une des longueurs de la figure, maintenue constante et choisie comme unité.
L_1 = la plus grande des deux longueurs comparées, par exemple le grand côté d'un rectangle.
L_2 = la plus petite des deux longueurs comparées.
L max = la longueur maximale de la figure, par exemple le plus grand côté d'un rectangle, d'un parallélogramme.
S = la surface du champ de comparaison entre L_1 et L_2.
n = le nombre des comparaisons distinctes entre L_1 et L_2 ; dans le rectangle, n = 1, dans la ligne hachurée de l'illusion d'Oppel, n = nombre des intervalles.
L = la longueur de référence considérée.

L'équation représente un double rapport probabiliste dont le premier exprime la probabilité des couplages de différence : $(L_1-L_2)\, L_2$, rapportée à l'ensemble des couplages possibles : S. Le deuxième exprime la probabilité des rencontres sur L, l'élément de référence, par rapport à celles qui sont possibles sur la longueur totale.

L'équation de Piaget permet de calculer le degré prévisible d'erreur en fonction des seules variations physiques d'une figure. La confrontation entre une courbe théorique, construite à partir de l'équation, et une courbe expérimentale a permis à Piaget de mettre en évidence entre elles une concordance dans la position de certains points importants comme le maximum d'erreur positive (surestimation de l'élément de référence), le point neutre (pas d'erreur) et le maximum négatif (sous-estimation de l'élément de référence) pour un certain nombre d'illusions optico-géométriques. Elle a surtout permis d'établir qu'une illusion conserve la même forme générale au cours du développement. E. V.

→ centration, champ (effets de), illusion.

Bibliographie

Piaget, J., 1961, *les Mécanismes perceptifs*, Paris, P.U.F.

Piaget, J., 1975, « le Développement des perceptions en fonction de l'âge », in *Traité de psychologie expérimentale*, t. VI, J. Piaget, P. Fraisse, E. Vurpillot, et R. Francis (Eds), Paris, P.U.F.

centre d'aide par le travail ou C.A.T.

Établissement offrant aux adolescents et adultes handicapés qui ne peuvent, momentanément ou durablement, travailler ni dans une entreprise ordinaire ni dans un atelier protégé, ou exercer une activité professionnelle indépendante, un soutien médico-social et éducatif et un milieu de vie favorisant leur épanouissement personnel et leur intégration sociale.

Les centres d'aide par le travail (C.A.T.) ne peuvent engager, sauf nécessité particulière, que les travailleurs handicapés dont la capacité de travail est inférieure à un tiers. Seule la commission technique d'orientation et de reclassement professionnel (COTOREP), commission départementale instaurée par la loi du 30 juin 1975, peut déclarer qu'une personne handicapée relève de la formule du C.A.T. Pour les personnes handicapées âgées de 16 à 20 ans, la décision ne peut être prise qu'après avis de la commission départementale d'éducation spéciale. Dans tous les cas, la COTOREP prend une décision provisoire valable pour une durée d'essai de six mois au maximum ; cette période est renouvelable une fois, le cas échéant. Ce n'est qu'ultérieurement que la décision définitive peut être prise.

Certains C.A.T. comportent un foyer d'hébergement ; les handicapés qui y séjournent doivent contribuer aux frais de cet hébergement, sans pouvoir être privés d'un minimum de ressources. Les personnes handicapées accueillies dans les C.A.T. ne relèvent pas du Code du travail de la même façon que tout autre salarié du secteur privé. En C.A.T., il n'y a ni contrat de travail ni embauche au sens du Code du travail ; cependant, les conditions d'hygiène et de sécurité ainsi que les règles de la médecine du travail restent applicables. En ce qui concerne le salaire, l'État est tenu de verser un complément égal à 55 % du S.M.I.C. au maximum aux travailleurs à qui le C.A.T. ne peut verser que 15 % ou moins. Pour les autres, ce complément est calculé de manière à assurer des ressources tirées du travail égales à 70 % du S.M.I.C., auxquelles s'ajoutent des bonifications éventuelles, qui tiennent compte des efforts réalisés. Dans certains cas, des personnes handicapées admises en C.A.T. peuvent exercer une activité à l'extérieur de l'établissement.

M. G.

centre d'hébergement et de réadaptation sociale ou C.H.R.S.

Structure d'accueil sociale qui peut recevoir des individus ou des familles en difficulté, mais aussi des alcooliques sortant d'une cure hospitalière, isolés, sans famille, sans domicile et sans travail ; cet hébergement temporaire vise à la réinsertion et à la réadaptation.

Ce type d'établissement est voisin des centres d'accueil et des centres d'adaptation à la vie active (C.A.V.A.). Il ne doit pas être confondu avec les centres d'hygiène alimentaire et d'alcoologie (C.H.A.A.), lieux de prévention et de soins. Ces derniers (environ 250 en France, dont une grande partie sont gérés par l'Association nationale pour la prévention de l'alcoolisme, A.N.P.A.) fonctionnent soit par simple consultation, soit en appliquant des programmes plus complets allant de l'information à l'hospitalisation. P. F.

centre hospitalier spécialisé ou C.H.S.

Établissement hospitalier public spécialisé le plus souvent en psychiatrie.

La loi du 31 décembre 1970 a débaptisé les hôpitaux psychiatriques pour les classer dans la catégorie des centres hospitaliers spécialisés. Ce sont des établissements publics administratifs, dont l'organisation, le fonctionnement et le contentieux respectent les règles du droit administratif. Ces hôpitaux sont dotés de la personnalité morale et de l'autonomie financière depuis 1968. Cette autonomie est toutefois relative dans la mesure où ces hôpitaux sont soumis à des contrôles administratifs et financiers de la part des autorités de tutelle auxquelles ils sont rattachés (D.D.A.S.S., préfet, D.R.A.S.S., ministère de la Santé). La loi du 30 juin 1938 a entraîné la création d'un établissement départemental (le plus souvent), spécialement destiné à recevoir et à soigner les « aliénés ». Chacun de ces établissements est administré par un conseil d'administration, dont le président est le président du conseil général. Le directeur de l'hôpital, nommé par le ministre de la Santé, est le représentant légal de l'établissement. Chaque hôpital comprend des services administratifs, techniques et médicaux. À la tête de chaque service se trouve un médecin chef de service et de secteur psychiatrique. Des commissions concourent aussi au bon fonctionnement de l'ensemble dans un esprit de concertation : commission médicale d'établissement, comité technique paritaire, comité d'hygiène et de sécurité, commissions administratives paritaires.

La loi du 31 décembre 1985 dispose que chaque département n'est plus tenu d'avoir un établissement destiné aux aliénés, mais seulement d'assurer les soins des malades mentaux dans un ou plusieurs établissements hospitaliers à caractère public. La même loi fait cependant de tels établissements le centre du dispositif de prévention, de soins et de postcure des maladies mentales, dans les secteurs psychiatriques desservis. Les biens, meubles et immeubles, affectés aux services publics de lutte contre ces affections sont mis à la disposition des centres hospitaliers spécialisés. Les dépenses de ces établissements sont actuellement prises en charge entièrement par les régimes d'assurance maladie, dans le cadre d'une dotation globale annuelle. M. G.

centre d'hygiène alimentaire et d'alcoologie ou C.H.A.A.

Structure d'accueil, de soins et de prévention assurant le suivi ambulatoire de toute personne confrontée de quelque manière que ce soit à un problème d'alcoolisation.

À partir de 1970 ont été créées des consultations d'hygiène alimentaire ; ces consultations sont assurées de façon hebdomadaire par un médecin et une infirmière.

Ceux-ci ont pour but de répondre aux besoins des « buveurs excessifs » qui n'ont pas de problèmes psychiatriques. De plus, l'idée est que l'alcoolisme doit être abordé comme une maladie de la nutrition en général, d'où le nom donné à ces consultations. Mais cette formule ne répondant qu'imparfaitement aux objectifs assignés, il a été créé à partir de 1975 des centres d'hygiène alimentaire, comprenant un médecin, une ou plusieurs infirmières, une secrétaire, une assistante sociale et un visiteur social bénévole. Le centre d'hygiène alimentaire est décrit comme un poste d'accueil, d'écoute et d'urgence ouvert en permanence ; l'accent est mis sur l'accueil et le traitement rééducatif du buveur excessif.

Une circulaire ministérielle de 1983 redéfinit l'organisation et les missions de ces centres, qu'elle appelle dorénavant « centres d'hygiène alimentaire et d'alcoologie ». Elle assigne à ces centres une mission d'accompagnement du malade alcoolique ; cet accompagnement doit être médical, relationnel et social. Les centres doivent aussi mener des actions de prévention, comme l'information ou l'éducation de la santé. Ces actions sont à effectuer auprès des consultants, en milieu professionnel, en milieu scolaire, universitaire et hospitalier. Les centres doivent de préférence être situés soit dans une habitation aménagée selon les besoins, soit au sein d'un centre de santé, d'un dispensaire ou d'un autre établissement de prévention ou de soins. Les centres doivent être facilement accessibles et être en étroite relation avec les différents organismes ou établissements qui concourent à la réinsertion du malade alcoolique : établissements hospitaliers spécialisés ou non, secteurs de psychiatrie, services sociaux, justice, A.N.P.E., mouvements d'aide aux buveurs. Les centres d'hygiène alimentaire et d'alcoologie peuvent être gérés par une association, mais ils peuvent également être communaux ou départementaux. Certains consultants présentant des troubles psychiatriques importants ne peuvent pas être suivis par les centres et doivent être hospitalisés en milieu psychiatrique. D'une façon générale, lorsqu'une hospitalisation est nécessaire, elle doit être un temps privilégié de sensibilisation et d'amorce de l'accompagnement thérapeutique qui sera poursuivi après la sortie. À cet égard, la circulaire de 1983 préconise que, dans chaque centre hospitalier, quelques lits soient réservés à l'accueil des malades alcooliques ; et que, dans les cas où cela est nécessaire, soit créée une véritable unité d'alcoologie. M. G.

centre médico-éducatif ou C.M.E.

(angl. Child Guidance Clinic)

Établissement accueillant des personnes âgées de 3 à 20 ans, atteintes d'un déficit intellectuel exigeant le recours, sous contrôle médical, à des techniques non exclusivement pédagogiques.

Ces centres ou instituts médico-éducatifs comprennent : les instituts médico-pédagogiques, qui reçoivent des enfants âgés de 3 à 16 ans et leur apportent un enseignement général ainsi qu'une formation gestuelle ; les instituts médico-professionnels, qui prennent la suite des établissements précédents et dispensent une formation professionnelle adaptée à chaque handicap.

Ces instituts fonctionnent sur le mode de l'externat ou de l'internat. M. G.

centre médico-psychologique ou C.M.P.

(angl. Medico-Psychological Center)

Unité de prévention, de diagnostic et de soins organisée pour lutter contre les maladies mentales.

Les ancêtres de ces centres ont d'abord été les dispensaires d'hygiène mentale, fonctionnant sur le même modèle que les dispensaires antituberculeux. C'est dès 1937 qu'une circulaire ministérielle permet d'envisager une organisation de l'hygiène mentale en dehors de l'hôpital psychiatrique. En 1955, un décret précise que le dépistage et la prophylaxie des maladies mentales et de l'alcoolisme sont assurés par des dispensaires d'hygiène mentale ; il en est de même pour les postcures des malades ayant fait l'objet d'hospitalisations psychiatriques ou de cures de désintoxication alcoolique. La circulaire de 1960 instaurant le secteur de psychiatrie donne quelques informations supplémentaires. Ce dispensaire doit être prévu au chef-lieu du département, ainsi que dans toutes les villes de plus de 20 000 habitants. Il peut être installé soit dans des locaux indépendants, soit dans un dispensaire polyvalent. En 1974, une autre circulaire précise que ce local, doté d'un téléphone et d'un secrétariat, constitue un lieu de référence pour l'équipe ; il permet non seulement de dispenser des consultations, mais encore d'accueillir des petits groupes permanents de malades et de les soigner pendant des temps thérapeutiques partiels.

Ce même texte précise que, selon les circonstances, la préférence sera donnée soit à la concentration de toutes les institutions extrahospitalières en un centre de santé mentale de secteur, soit à une formule dispersée.

En 1986, un arrêté ministériel définit les centres médico-psychologiques ; ce sont des unités de coordination et d'accueil en milieu ouvert, organisant des actions de prévention, de diagnostic, de soins ambulatoires et d'interventions à domicile, mises à la disposition d'une population. Ces centres peuvent comporter des antennes auprès de tout établissement ou institution nécessitant des prestations psychiatriques ou de soutien psychologique. Les centres d'accueil permanent sont également considérés comme des centres médico-psychologiques habilités à répondre à l'urgence psychiatrique, ouverts vingt-quatre heures sur vingt-quatre ; ils peuvent comporter quelques lits pour des prises en charge ne pouvant dépasser quarante-huit heures. Actuellement, chaque service de psychiatrie sectorisé dispose de un ou plusieurs centres médico-psychologiques ; c'est la même équipe pluridisciplinaire qui intervient à l'hôpital et dans les structures extrahospitalières du secteur (aire géographique de 70 000 habitants). M. G.

centre médico-psycho-pédagogique ou C.M.P.P.

Centre de soins ambulatoires dans lequel les enfants en difficultés psychologiques sont pris en charge par une équipe pluridisciplinaire composée de psychiatres, psychologues, assistantes sociales et psychothérapeutes.

Créés après la Seconde Guerre mondiale, en même temps que la première chaire de psychiatrie infantile à l'université, les C.M.P.P. n'ont été reconnus et financés par le ministère de la Santé qu'en 1956. Ce sont des organismes privés ou semi-publics à but non lucratif, gérés par des associations régies par la loi de 1901. Certains sont subventionnés par l'Éducation nationale sous forme de détachement de personnels, ou de locaux prêtés. D'autres appartiennent à la Caisse d'allocations familiales, à des municipalités ou à des œuvres diverses. À la différence des dispensaires d'hygiène mentale gratuits, la rémunération se fait par le paiement à l'acte du professionnel, pris en charge par la Sécurité sociale. À leur vocation première de structures de soins complétant les moyens mis en œuvre par l'enseignement spécialisé public, les C.M.P.P. ajoutent le dépistage et le diagnostic des troubles mentaux des enfants, rejoignant ainsi les dispensaires médico-psychologiques des intersecteurs de pédopsychiatrie*. Cependant, leur clientèle continue d'être constituée pour une large part d'enfants ayant des problèmes d'adaptation scolaire. Les C.M.P.P. sont aujourd'hui très nombreux, regroupés dans une association nationale. J.-M. C.

centre de traitement et de réadaptation sociale ou C.T.R.S.

Service pilote créé dans quelques hôpitaux psychiatriques publics français, après la Libération, pour traiter des malades mentaux en vue de leur réinsertion sociale rapide et éviter la chronicisation de leurs troubles.

Avec des subventions importantes de la Sécurité sociale, les premiers de ces centres sont implantés en province à Bonneval avec H. Ey, et dans la région parisienne à Villejuif avec L. Le Guillant et à Ville-Evrard avec P. Sivadon. Ce dernier en a bien défini les principes : « Thérapie et rééducation des malades constituent les deux aspects complémentaires d'une psychiatrie efficace [...]

Les méthodes de rééducation seront des méthodes actives, mettant en œuvre l'expressivité et la créativité sur un mode concret (activités physiques, expression plastique, travail, activités sociales); elles utilisent les fonctions adaptatives résiduelles du handicapé mental en recherchant systématiquement et en développant les niveaux fonctionnels intacts; elles cherchent à développer l'efficacité des fonctions ainsi rétablies en favorisant les mécanismes de compensation, habituellement grâce à la spécialisation et à l'utilisation de milieux protégés.» Comme on le voit, ces centres étaient orientés vers une réadaptation* socio-professionnelle précoce, et donnaient un rôle essentiel à l'ergothérapie*. Ils ouvraient la voie à la politique de secteur qui allait être mise en œuvre une décennie plus tard. Mais ils donnaient peut-être trop d'importance à l'aspect rééducatif dans la prise en charge du malade mental, en envisageant surtout son handicap dans la perspective fonctionnaliste du néojacksonisme organo-dynamique de Ey. J. P.

centrée (variable)

(angl. Deviation Score from the Mean)

Variable dont les valeurs sont exprimées en prenant pour origine sa tendance centrale (en général la moyenne). M. R.

centroïde (analyse factorielle)

(angl. Centroid Factor Method)

Méthode d'analyse factorielle permettant d'extraire une série de facteurs orthogonaux «communs», c'est-à-dire susceptibles de rendre compte des corrélations entre variables observées.

Chaque facteur à son tour passe par le centre de gravité (centroïde) de l'ensemble des variables. Avant la généralisation de l'emploi des ordinateurs, cette méthode avait l'avantage de n'exiger qu'un volume de calculs relativement limité. On utilise maintenant en général à sa place la méthode d'analyse en facteurs principaux (ou en composantes principales). M. R.

céphalo-caudale (loi de progression)

(angl. Law of Cephalo-Caudal Progression)

Loi selon laquelle les progrès de la maturation nerveuse se font selon un certain ordre, en débutant par la tête, puis en gagnant successivement le torse, les jambes et les pieds. E. V.

cérébelleux (pédoncule)

(angl. Cerebellar Peduncle)

Lames de substance blanche au nombre de six, qui unissent le cervelet aux différentes parties du tronc cérébral et qui sont le lieu de passage des voies afférentes et efférentes du cervelet. R. L.

→ cervelet.

cérébelleux (syndrome)

(angl. Cerebellar Syndrom)

Signes cliniques consécutifs à une atteinte du cervelet ou des voies cérébelleuses.

Le syndrome cérébelleux se manifeste essentiellement par des troubles de l'exécution du mouvement qui rendent le geste incoordonné (ataxique). L'ataxie cérébelleuse est principalement due à une hypotonie des extenseurs, à un tremblement pendant le mouvement, à un manque de puissance dans la contraction (asthénie) et à un défaut d'ajustement de l'amplitude des gestes (dysmétrie). J. P. et M. B.

cerveau

n.m. (angl. Brain)

Masse nerveuse contenue dans la boîte crânienne et enveloppée, ainsi que le cervelet et le tronc cérébral, par les méninges.

Le terme d'encéphale lui est souvent préféré dans le langage scientifique. (→ Figures: p. 126, encéphale, hémisphère cérébral.)

Historique

Jusqu'au XVIIIe siècle, l'étude du cerveau demeure strictement anatomique (descriptions de Galien, de Vésale et de Vicq d'Azyr). Les théories fonctionnelles et localisationnistes apparaissent alors avec P. Broca. Le XIXe siècle voit se développer l'approche morphologique véritable. Durant cette période, l'apport de l'histologie est également décisif pour la description du cerveau (C. Golgi). Enfin, le début du XXe siècle marque l'âge d'or des localisations cérébrales, même si d'autres théories plus globalisantes se sont auparavant succédé (J. M. Charcot). Actuellement, l'apport des techniques neurobiologiques et électrophysiologiques, ainsi que des techniques d'imagerie cérébrale, permet une description très précise.

Description générale

Le poids du cerveau adulte est d'environ 1 450 g. Il est composé de cellules nerveuses ou neurones (entre 10 et 100 milliards). À l'état frais, on distingue deux substances caractéristiques de couleur différente : une matière blanche (composée d'axones recouverts d'une couche isolante ou gaine de myéline) et une matière grise (corps cellulaire et axones non myélinisés) qui se retrouve en surface, formant ainsi le cortex cérébral.

Système protecteur

Le cerveau est protégé par diverses structures. Les parois osseuses du crâne et les méninges (constituées par l'enveloppe externe ou dure-mère, la couche intermédiaire ou arachnoïde et la couche interne ou pie-mère) en constituent les structures externes. Le liquide céphalo-rachidien circule dans les espaces sous-arachnoïdiens et dans les cavités cérébrales internes. Les cavités cérébrales internes ou ventricules sont au nombre de quatre : deux ventricules latéraux sont reliés par le trou de Monro au troisième ventricule, qui communique lui-même avec le quatrième ventricule par l'aqueduc de Sylvius. La barrière hémato-encéphalique est un processus biologique qui permet le passage des substances nutritives du milieu sanguin au liquide céphalo-rachidien et empêche la diffusion de certains produits nocifs.

Les différentes parties du cerveau

Le cerveau est divisé en trois parties. Le *cerveau antérieur* comprend le télencéphale (composé du néocortex, des noyaux gris de la base et du système limbique) et le diencéphale (constitué par le thalamus, l'épithalamus et l'hypothalamus). Le *cerveau moyen* est composé du mésencéphale. Le *cerveau postérieur* est formé par le métencéphale et par le myélencéphale.

Embryologie

À partir de l'ectoblaste, la plaque neurale se forme avant de constituer le tube neural. Celui-ci s'épaissit pour former, dans sa partie antérieure, l'encéphale. Le cerveau se constitue alors à partir de trois renflements : la vésicule cérébrale antérieure qui deviendra le télencéphale (celui-ci constituant à son tour les hémisphères cérébraux), la vésicule cérébrale moyenne qui deviendra le cerveau moyen et la vésicule cérébrale postérieure qui constituera le myélencéphale et le métencéphale.

Structures spécifiques

Le *métencéphale* est une surface proéminente avec, dans sa partie externe, la protubérance annulaire, anneau de fibres qui entoure le tronc.

Le *mésencéphale ou cerveau moyen* est constitué des pédoncules cérébraux, et comprend, dans sa partie dorsale, des relais visuels importants, c'est-à-dire les deux tubercules quadrijumeaux supérieurs et les deux inférieurs. La partie interne du mésencéphale contient, parmi d'autres noyaux, la formation réticulée impliquée dans la vigilance, l'éveil et le sommeil.

Le *cerveau antérieur* est composé du diencéphale et du télencéphale. Dans le diencéphale, il faut distinguer le thalamus, l'épithalamus et l'hypothalamus. Le thalamus comprend plusieurs noyaux qui peuvent être regroupés selon leurs projections ou leurs fonctions. Le premier type de noyaux constitue le relais de toutes les voies conduisant vers les aires corticales appropriées. Le deuxième type de noyaux est constitué de structures d'association qui se projettent sur des aires corticales spécifiques, associatives, sans recevoir de projection sensorielle. Le troisième groupe de noyaux est formé de noyaux thalamiques intrinsèques. Ceux-ci reçoivent leurs projections d'autres noyaux thalamiques sur lesquels ils se projettent à leur tour. Ils sont également en liaison avec la formation réticulée. L'épithalamus est composé essentiellement de l'épiphyse. Il semble jouer un rôle important dans les processus de régularisation des rythmes circadiens. Enfin, l'hypothalamus est constitué par une série de noyaux, sous le thalamus. Ces noyaux ont une action prépondérante dans l'activité végétative et endocrinienne de l'organisme et sont impliqués dans la faim, la soif, la régulation thermique et les comportements émotionnels.

Le *télencéphale* se divise en trois parties : les noyaux gris de la base, le système limbique et le néocortex. Les noyaux gris de la base forment, avec le thalamus, les noyaux gris centraux du cerveau et occupent presque toute la partie interne des hémisphères. On distingue le noyau caudé, le noyau lenticulaire, le noyau amygdalien ainsi que les corps de Luys, locus niger, substance noire et noyaux rouges. Ces noyaux sont liés à la plupart des structures du cerveau. Ils semblent impliqués dans l'activité motrice extrapyramidale et potentiellement dans les processus mnésiques. Le système limbique est composé de plusieurs structures reliées entre elles (corps mamillaires, cortex cingulaire, hippocampe, etc.). Ces structures seraient impliquées dans la mémoire et dans les relations émotionnelles. Le néocortex est une partie du cerveau qui comprend un très grand nombre de scissures. Il n'existe pas chez l'Animal et constitue chez l'Homme le cortex cérébral. Les hémisphères cérébraux sont séparés l'un de l'autre par la scissure interhémisphérique. Celle-ci se termine sur une structure de fibres blanches liant les deux hémisphères : le corps calleux. Les autres scissures, à dimension plus restreinte et variable, délimitent les lobes et les circonvolutions.

Les différents lobes

Le *lobe frontal* comprend la partie antérieure des hémisphères située devant la scissure de Rolando et latéralement à la scissure de Sylvius. Dans la partie caudale de ce lobe se trouve la circonvolution frontale ascendante qui contient les cellules du système moteur pyramidal. La face ventrale est parfois appelée lobe orbitaire. Le lobe frontal comprend des aires motrices primaires responsables des principaux mouvements, des aires motrices secondaires qui organisent et contrôlent les mouvements moteurs fins et, enfin, le cortex préfrontal (ou zone tertiaire), aire d'intégration connectée à d'autres structures corticales et au thalamus. Il est essentiellement vascularisé par l'artère cérébrale antérieure.

Le *lobe pariétal* est délimité, en avant, par la scissure de Rolando, dans sa partie inférieure, par la scissure de Sylvius et, dans sa partie caudale, par une ligne imaginaire entre la scissure de Sylvius et la scissure pariéto-occipitale. Ce lobe comprend trois circonvolutions : la pariétale ascendante, site de projection des informations somesthésiques provenant des voies spino-thalamiques, la circonvolution pariétale supérieure et la circonvolution pariétale inférieure. Cette dernière semble être impliquée dans le langage. Les aires pariétales postérieures reçoivent des projections de l'aire somatosensitive du cortex associatif frontal et temporal ainsi que de certaines structures sous-corticales. Le lobe pariétal est vascularisé par l'artère cérébrale antérieure sur sa face interne et par l'artère cérébrale moyenne sur sa face externe.

Le *lobe temporal* inclut les structures cérébrales sous-jacentes à la scissure sylvienne. Il est limité dans sa partie inférieure par l'inscissure préoccipitale et dans sa partie médiane par le gyrus de l'hippocampe. Le néocortex temporal comprend le gyrus fusiforme et le gyrus transverse de Heschl. Ces formations constituent les aires primaires des projections auditives. La portion limbique du lobe temporal inclut la cinquième circonvolution temporale et l'hippocampe (parfois appelés lobe limbique), l'amygdale, les formations olfactives, l'uncus et le septum. Les connexions intracorticales du néocortex temporal avec les lobes voisins sont multiples. Les structures néocorticales des deux lobes temporaux sont interconnectées par le corps calleux. Les deux structures limbiques sont connectées par la commissure blanche antérieure. Le complexe amygdalien reçoit des afférences sensorielles et somesthésiques multiples et assure la représentation et l'intégration des fonctions auditives. L'hippocampe est impliqué dans le contrôle de la vie émotionnelle et dans la mémorisation. Le lobe temporal est essentiellement vascularisé par l'artère cérébrale postérieure.

Le *lobe de l'insula,* lobe profond, est mis en évidence lorsque la scissure de Sylvius est écartée. Il est de forme triangulaire et comprend cinq circonvolutions.

Le *lobe occipital* est situé à la partie postérieure du cerveau. Sa face interne comprend plusieurs scissures et circonvolutions. La scissure du corps calleux et la scissure callosomarginale délimitent la circonvolution du corps calleux. La scissure pariéto-occipitale est située sur la face externe de l'hémisphère, tandis que le cuneus, autre circonvolution du lobe occipital, est délimité par la scissure calcarine. Autour de celle-ci aboutissent les informations des structures sensorielles visuelles de la rétine. À la partie interne du lobe se trouve le gyrus lingual. Le lobe occipital est vascularisé par l'artère cérébrale postérieure.

Division cytoarchitectonique du cortex cérébral

Le cortex cérébral peut être divisé en six couches lors de l'étude de la morphologie cellulaire. On distingue successivement de l'extérieur vers l'intérieur : les cellules plexiformes (couche I), la couche granulaire externe (couche II), la couche pyramidale externe (couche III), la couche granulaire interne (couche IV), la couche pyramidale interne (couche V), les cellules fusiformes (couche VI). Les études actuelles ont permis d'illustrer les liens fonctionnels que chacune de ces couches peut établir avec les autres et avec le reste du cerveau. Les techniques de stimulation électrique et d'enregistrement électrophysiologique ont démontré une grande spécificité dans l'organisation de l'information de ces aires. Il a été également établi un isomorphisme entre le système sensoriel périphérique et sa représentation centrale.

Neurochimie du système cérébral

Le cerveau se compose de neurones et de cellules gliales. Les neurones sont reliés les uns aux autres par des synapses et l'information se transmet d'un neurone à l'autre en passant par l'espace synaptique. Cela est rendu possible par le passage de neurotransmetteurs chimiques contenus dans des vésicules, appelées vésicules synaptiques. La cellule nerveuse est, au repos, chargée électriquement. Sa dépolarisation induit la libération d'une quantité précise de neurotransmetteurs dans l'espace synaptique (cette cellule est l'élément présynaptique). Le neurotransmetteur se lie ensuite à des récepteurs spécifiques qu'il reconnaît au niveau de la membrane postsynaptique (appartenant à la cellule réceptrice). Il s'ensuit la production d'un signal au niveau de cette cellule, se traduisant par des modifications de la conformation de la membrane et l'entrée de sodium ou de potassium à l'intérieur de la cellule. Cette modification peut avoir un rôle d'excitation ou d'inhibition au niveau de la voie concernée. Après l'activation synaptique, le neurotransmetteur peut être dégradé dans l'espace synaptique ou recapté par l'élément présynaptique pour être utilisé à nouveau. Il existe plusieurs types de neurotransmetteurs cérébraux. Les molécules classiques de type acétylcholine, noradrénaline, sérotonine ou dopamine sont des amines de faible poids moléculaire. Les trois dernières font partie du système catécholaminergique. Il existe également d'autres neurotransmetteurs constitués par des acides aminés (glycine, acide gamma-aminobutyrique, acide glutamique). Enfin, ces dernières années ont été marquées par la découverte d'un grand nombre de neurotransmetteurs appartenant au système peptidergique (substance P, enképhalines, endorphines, etc.). Certains neurotransmetteurs ont une localisation cérébrale préférentielle et il est possible d'établir, à l'aide de traceurs radioactifs ou immunologiques, une cartographie sélective de systèmes cérébraux utilisant un type particulier de neurotransmetteurs. Au sein d'un neurone, plusieurs neurotransmetteurs peuvent coexister et être libérés lors de stimulations électriques.

EXPLORATION DU CERVEAU HUMAIN

Elle est actuellement essentiellement constituée par les techniques électrophysiologiques, par les techniques d'imagerie et par les investigations nucléaires.

TECHNIQUES ÉLECTROPHYSIOLOGIQUES

L'électroencéphalogramme permet d'enregistrer l'activité électrique cérébrale à partir d'électrodes appliquées sur le scalp. Il localise, par leur activité électrique anormale, des zones pathologiques et diagnostique également une maladie épileptique. L'électrocorticographie est un enregistrement de l'activité électrique cérébrale effectué au moyen d'électrodes appliquées directement sur le cortex, au cours d'une craniotomie. Elle permet une exploration privilégiée du cortex cérébral et s'avère très utile dans certains cas d'épilepsie à localisation complexe. La stéréoencéphalographie permet l'enregistrement de l'activité électrique cérébrale à l'aide d'électrodes implantées en profondeur par des techniques stéréotaxiques. Cette méthode est employée dans l'étude de l'épilepsie et des mouvements anormaux. Les potentiels évoqués mesurent les réponses électriques données par le système nerveux, face à des stimulus externes spécifiques qui peuvent être visuels, auditifs ou somatosensitifs. Cette technique permet de diagnostiquer un obstacle sur une voie sensorielle ou une sclérose en plaques débutante.

TECHNIQUES D'IMAGERIE CÉRÉBRALE

La radiographie permet d'apprécier les différentes structures osseuses du crâne et de faire le diagnostic d'éventuelles lésions osseuses. La tomographie est un procédé radiologique qui étudie le crâne par tranches ou sections successives. Actuellement, c'est la tomodensitométrie ou scannographie (scanner) et la tomographie magnétique ou résonance magnétique nucléaire (R.M.N.) qui sont les plus utilisées pour l'exploration des tissus cérébraux. Ces techniques permettent de dépister avec une haute précision la majorité des lésions cérébrales organiques. Dans les prochaines années, la résonance magnétique nucléaire pourrait remplacer le scanner grâce à la précision supplémentaire qu'elle apporte. Elle est, en effet, particulièrement utile pour établir un diagnostic de sclérose en plaques ou de certaines tumeurs qui échappent au scanner. L'angiographie explore les artères cérébrales et a été progressivement remplacée par le scanner. Son intérêt actuel réside dans le dépistage des lésions vasculaires.

TECHNIQUES NUCLÉAIRES

La radio-isotopie cérébrale permet, à l'aide d'un traceur radioactif, d'établir une cartographie cérébrale. Elle étudie le flot sanguin et détecte des lésions intracérébrales. Récemment sont apparus deux développements importants. Il s'agit des appareils à positons, le Positon Emission Tomography (PET) et le Single Photon Emission Computerized Tomography (SPECT). Le premier utilise des substances marquées libérant des positons (déoxyglucose, oxygène) pour étudier le débit cérébral et le métabolisme cellulaire. Le second permet, par des procédés tomographiques, d'étudier le débit régime cérébral.

I. A.-B.

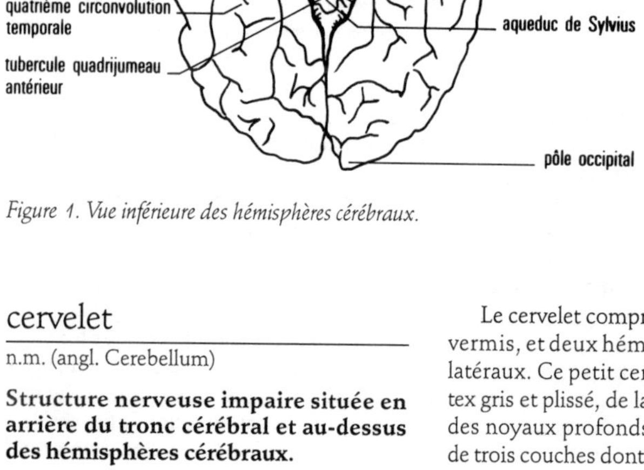

Figure 1. Vue inférieure des hémisphères cérébraux.

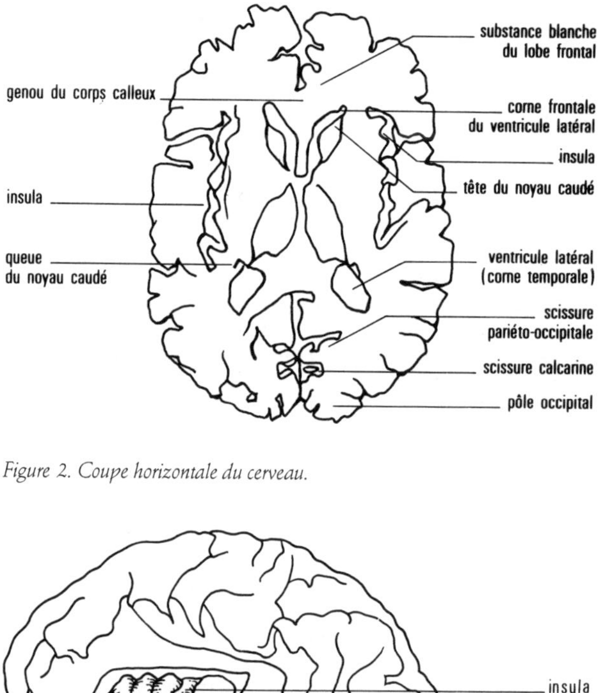

Figure 2. Coupe horizontale du cerveau.

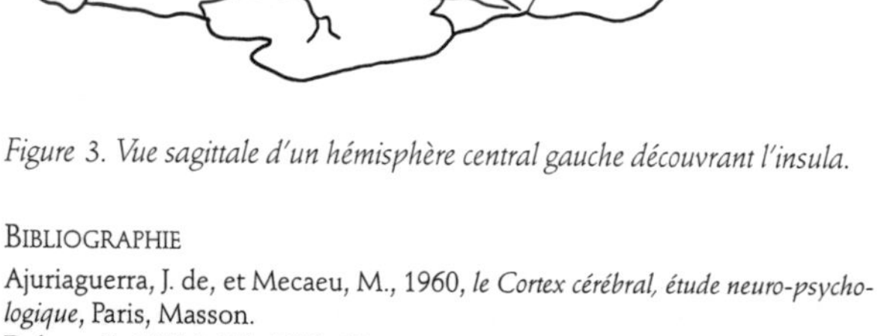

Figure 3. Vue sagittale d'un hémisphère central gauche découvrant l'insula.

BIBLIOGRAPHIE

Ajuriaguerra, J. de, et Mecaeu, M., 1960, *le Cortex cérébral, étude neuro-psychologique*, Paris, Masson.

Delmas, J., 1945 (rééd. 1975), *Voies et centres nerveux*, Paris, Masson.

Hubel, D., et alii, 1978, *le Cerveau*, « Pour la Science », Paris, Belin.

Lazorthes, G., Gouazé, A., Salomon, G., 1976-1978, *Vascularisation et circulation de l'encéphale*, Paris, Masson, 2 volumes.

cervelet

n.m. (angl. Cerebellum)

Structure nerveuse impaire située en arrière du tronc cérébral et au-dessus des hémisphères cérébraux.

Le cervelet comprend un lobe impair, le vermis, et deux hémisphères cérébelleux latéraux. Ce petit cerveau possède un cortex gris et plissé, de la substance blanche et des noyaux profonds. Le cortex est formé de trois couches dont la plus caractéristique est la couche des cellules de Purkinje. Les messages nerveux arrivent au cervelet par les fibres grimpantes et les fibres moussues. Les voies efférentes partent des cellules de Purkinje. Avant de quitter le cervelet, elles font relais soit dans les noyaux du toit, soit dans les noyaux dentelés ou olives cérébelleuses. On distingue trois secteurs fonctionnels ayant une origine phylogénétique différente : l'archicervelet est impliqué dans le maintien de l'équilibre ; le paléocervelet a deux fonctions principales, la régulation du tonus musculaire et le contrôle de l'exécution des mouvements ; le néocervelet, en relation avec des aires motrices du cortex cérébral, participe à la préparation des mouvements. Placé en dérivation sur les grandes voies sensorielles et motrices, recevant une riche innervation sensitive, surtout proprioceptive, le cervelet joue un rôle important dans la régulation des activités motrices. G. S.

C.H.A.A.

→ centre d'hygiène alimentaire et d'alcoologie.

champ (effets de)

(angl. Field Effects)

Erreurs perceptives résultant d'interactions immédiates entre les éléments d'un champ.

Elles sont observables même en l'absence de toute activité d'exploration puisqu'une présentation tachistoscopique de moins de 400 ms suffit à les faire apparaître. Les plus connus des effets de champ sont les illusions optico-géométriques. L'erreur observée est fortement liée aux relations de taille et d'orientation entre les éléments d'une figure.

Elle consiste essentiellement en surestimation de la longueur d'un segment (Müller-Lyer), en déplacement (Poggendorf), en déformation par courbure (Bourdon-Titchener), etc.

Pour les théoriciens de la forme, ces erreurs sont dues à un déséquilibre entre forces cohésives et forces relationnelles à l'intérieur d'un champ physiologique cérébral. J. Piaget voit dans ces erreurs le résultat d'un équilibre non additif établi à partir d'effets élémentaires simples et peu nombreux à l'intérieur d'un champ de centration. Il offre une interprétation des illusions et de leur variation en fonction de divers facteurs, par sa loi des centrations relatives. E. V.

→ centrations relatives (loi des).

champ de centration

(angl. Centration Field)

Zone de l'espace à l'intérieur de laquelle se manifestent les effets d'une centration. E. V.

champ cérébral

(angl. Cerebral Field)

Champ de forces dans lequel W. Koehler a vu le fondement de l'organisation perceptive.

L'arrivée d'excitations sensorielles sur le cortex entraîne la diffusion d'ions dans le milieu environnant. À un champ physique hétérogène correspond un champ cérébral hétérogène, de même forme. Cette hétérogénéité se manifeste par des différences dans les degrés de concentration des ions dans les diverses zones du champ. Ces différences sont plus fortes à l'intérieur d'une figure que sur le fond, plus fortes aussi sur les lignes du contour que sur les lignes intérieures de la figure. Une diffusion des ions se fait des zones à forte concentration vers les zones à faible concentration, ce qui crée une force électromotrice le long des frontières entre zones. Au niveau perceptif, cette force se traduit par la perception du contour et par la ségrégation entre figure et fond et entre parties de la figure. Du fait de l'isomorphisme entre champs physique, cérébral et perceptif, toute modification de taille ou d'orientation des éléments d'une figure-stimulus entraîne un changement d'équilibre des forces du champ physique qui se transmet au champ cérébral et modifie la perception. E. V.

→ gestaltthéorie.

champ récepteur

(angl. Receptive Field)

Région de la surface réceptrice dont la stimulation active ou inhibe un neurone qui lui correspond.

En raison de la convergence des récepteurs sur les cellules nerveuses, chacune de celles-ci est activée ou inhibée par la stimulation d'une région de la surface réceptrice, qu'il s'agisse de la vision, du toucher. Ainsi, en vision, le champ récepteur d'un neurone est la surface de la rétine et de l'espace environnant correspondant dont la stimulation par un contraste lumineux entraîne une réponse du neurone. Les champs récepteurs des cellules ganglionnaires de la rétine constituent des surfaces circulaires comportant deux zones concentriques à activités antagonistes. Les champs récepteurs des neurones du cortex visuel ont une forme allongée. Certains comportent des zones antagonistes séparées (cellules simples), d'autres non (cellules complexes). C. B.

champ visuel

(angl. Visual Field)

Étendue de l'espace environnant l'observateur à l'intérieur de laquelle les objets peuvent être perçus lorsque le regard et la tête sont immobiles.

Le champ visuel monoculaire correspond à l'étendue de cet espace vue par un seul œil. Le champ visuel binoculaire est l'étendue vue par les deux yeux ; il comprend une partie centrale vue par les deux yeux et deux extrémités temporales monoculaires. Le champ visuel binoculaire d'un adulte est une ellipse à grand axe horizontal dont l'ouverture est de 190° sur l'axe horizontal et 110° sur l'axe vertical. Chez le nouveau-né humain, le champ visuel est beaucoup moins étendu, 60° sur 20°. C. B. et E. V.

changement (mesure du)

(angl. Change Measurement)

STAT. Une mesure du changement doit être effectuée dans les problèmes où l'on est conduit à traiter deux ou plusieurs observations réalisées sur les mêmes sujets à des dates différentes : effets de l'âge, d'un enseignement, d'un traitement, etc. (études longitudinales). On remplace parfois ce type de données par celles que l'on obtient en pratiquant chacune des observations à comparer sur un groupe différent, par exemple des enfants d'âges différents (études transversales). Les sources de variation intervenant dans ces deux catégories d'études ne sont pas toutes identiques. Le changement peut être décrit par des courbes de développement obtenues en mettant en abscisse la succession des mesures et en ordonnée la valeur de chacune d'elles (valeurs moyennes s'il s'agit d'un groupe). Dans la plupart des cas, des mesures pratiquées à des âges différents sont des mesures relatives, chaque sujet étant situé dans le groupe d'âge auquel il appartient (exemple du Q.I.). Dans ces cas, la corrélation entre mesures pratiquées sur les mêmes sujets à des âges différents traduit seulement le degré de stabilité du classement de ces sujets. La fidélité des notes obtenues en faisant la différence entre deux mesures successives du même sujet est faible en général, d'autant plus faible que la corrélation entre ces mesures est forte. Pour comparer les changements intervenus chez des sujets différents, mieux vaut par exemple comparer les résultats de la seconde mesure en tenant constante la première mesure (analyse de la covariance). On peut s'intéresser à la relation entre le niveau initial des sujets et l'amplitude des changements observés chez eux (par exemple, la vitesse de croissance de l'intelligence est-elle différente chez des sujets qui étaient initialement d'intelligence différente ?). Il faut dans ce cas tenir compte de « l'effet de régression » : la corrélation entre les deux mesures successives étant inférieure à 1,00, le sous-groupe des sujets ayant dans la mesure initiale une note moyenne x_1 aura nécessairement dans la mesure terminale une note moyenne y_1 plus proche de la moyenne des y_1 que x_1 ne l'était de la moyenne des x. M. R.

Charcot (Jean Martin)

Neurologue français (Paris 1825 - près du lac des Settons, Nièvre 1893).

Il devient médecin des hôpitaux en 1856 et est agrégé de médecine en 1860. Il est nommé en 1862 chef de service à la Salpêtrière, où il va collaborer avec A. Vulpian dans l'étude de la pathologie des vieillards, puis dans celle des maladies neurologiques. Le premier, il individualise, grâce à la méthode anatomoclinique, la sclérose latérale amyotrophique qui porte son nom, certaines formes de la sclérose en plaques et diverses affections médullaires localisées. Il décrit aussi une affection rhumatismale chronique déformante et les arthropathies du tabès. Ces travaux lui valent d'être élu professeur de clinique des maladies nerveuses, en 1882, dans une chaire créée spécialement pour lui à la demande de Gambetta.

C'est à l'occasion d'une réorganisation des locaux qu'à son service de la Salpêtrière sera adjoint le « quartier des épileptiques simples », où se trouvent de nombreuses hystériques. Il se passionne bientôt pour l'hystérie dont il entreprend l'étude dans une démarche qu'il voudrait purement anatomoclinique, espérant qu'elle lui réussira autant que pour ses précédentes recherches. Il doit cependant admettre que l'hystérie n'est pas due à des lésions cérébrales anatomiques, mais tout au plus à des « lésions fonctionnelles ». Il s'efforce de décrire un « tableau clinique » de la névrose avec ses manifestations critiques et intercritiques, ses « stigmates » et son évolution, sans se douter qu'il ne s'agit que de l'effet de la suggestion qu'exerce le médecin, comme le montraient alors H. P. Bernheim et A. A. Liebeault à Nancy. Et même s'il admet que ses malades sont bien parfois en état d'hypnose, c'est pour ajouter qu'il ne s'agit que d'une manifestation de plus de l'hystérie. Cet édifice clinique va être détruit, du côté de la neurologie, par J. Babinski, un des élèves du maître. On sait aussi que l'école de Nancy avait en grande partie raison. Mais surtout, le jeune S. Freud, stagiaire à la Salpêtrière durant l'hiver 1885-1886, allait profiter à la fois de l'enseignement clinique du maître et des critiques nancéennes pour découvrir l'inconscient et plus tard la psychanalyse. P. Janet, promoteur d'une psychopathologie dynamique, sera aussi un élève fidèle de Charcot, qui apparaît ainsi, malgré son échec devant l'hystérie, comme un grand maître non seulement de la neurologie, mais aussi de la neuropsychiatrie française de la fin du XIXe siècle. J. P.

charge mentale

(angl. Mental Load)

Astreinte ou coût, pour un travailleur, résultant des contraintes relatives aux exigences d'une tâche.

La notion de *charge mentale* repose sur la conception, dérivée de la théorie de l'information, selon laquelle l'homme fonctionne comme un canal de transmission et de traitement de l'information à capacité limitée. La saturation (surcharge) du canal, lorsque les exigences de la tâche sont importantes, se manifeste par l'apparition d'erreurs, d'oublis, de temps de réaction plus longs. L'opérateur peut diminuer la charge mentale pour améliorer la qualité de son travail par des changements de procédures de travail (régulation par changement de mode opératoire). La mesure de la charge mentale ne peut être qu'indirecte, soit grâce à des indicateurs physiologiques, soit par la technique de la tâche ajoutée. Cette mesure n'est en fait jamais totalement satisfaisante, car peu fiable et peu valide. On utilise aujourd'hui plutôt la notion plus générale de charge de travail, c'est-à-dire l'ensemble des conséquences physiques et mentales des exigences qu'impose l'exécution d'une tâche donnée à un opérateur. Il s'agit alors moins de mesurer précisément cette charge que de se préoccuper d'améliorer les conditions de travail en éliminant ou en diminuant les facteurs de charge. A. L.

→ ergonomie.

chémorécepteur

n.m. (angl. Chemoreceptor)

Récepteur sensoriel spécifiquement sensible à un stimulus de nature chimique.

Les chémorécepteurs de la crosse aortique et du glomus carotidien (ou plaque sensorielle située sur la paroi des arcs aortiques et carotidiens) réagissent à la composition chimique du sang artériel, notamment au taux d'oxygène et de gaz carbonique ainsi qu'à l'acidité du sang. Ils sont à l'origine des réflexes respiratoires ou locomoteurs, notamment en apnée. Les cellules gustatives et olfactives sont également des chémorécepteurs. G. S.

chémoréception

n.f. (angl. Chemoreception)

Aptitude d'un organisme à capter des modifications de la composition chimique du milieu intérieur et à y réagir.

La chémoréception est à l'œuvre dans les activités du glomus carotidien ou dans celles des cellules de l'hypothalamus qui mesurent le taux de glucose dans le sang et qui mettent en œuvre, si besoin, des réflexes régulateurs. R. L.

chi carré ou chi deux (χ^2)

(angl. Chi Square ou Chi Squared)

Variable aléatoire distribuée comme une somme de carrés de variables indépendantes distribuées chacune suivant une loi de Laplace-Gauss.

On est amené dans certains cas à comparer des effectifs observés à des effectifs « théoriques » ou « attendus » leur correspondant. Ces effectifs théoriques sont ceux qui seraient observés s'ils étaient entièrement déterminés par une certaine hypothèse. Par exemple : effectifs observés pour les *n* classes d'une distribution comparés aux *n* effectifs qui seraient observés si la variable respectait exactement la loi binomiale ; effectifs observés dans les quatre cases d'une table de contingence définie par le croisement de deux variables à deux modalités comparés aux effectifs qui seraient observés si ces deux variables étaient exactement indépendantes ; etc. Pour décrire l'écart entre les effectifs observés et les effectifs théoriques, on calcule une quantité χ^2 :

$$\chi^2 = \frac{\sum_i (O_i - T_i)^2}{T_i}$$

O_i : effectif observé *i*
T_i : effectif théorique correspondant à O_i.

Pour un effectif total donné, χ^2 est d'autant plus grand que l'écart entre les deux séries d'effectifs est plus grand. On connaît la distribution d'échantillonnage de χ^2 pour un nombre donné de « degrés de liberté ». Ce nombre ν est celui des effectifs qui pourraient être modifiés librement en respectant les totaux des distributions d'effectifs étudiées. Il est de $n - 1$ pour une distribution comportant *n* classes, de $(k - 1)(l - 1)$ pour une table de contingence de *k* colonnes et de *l* lignes. En consultant une table fournissant ces distributions d'échantillonnage (table de χ^2), on peut savoir s'il est possible de rejeter, à un niveau de signification donné, l'hypothèse selon laquelle les effectifs observés ne sont pas différents des effectifs théoriques. M. R.

chiasma optique

(angl. Optic Chiasm)

Lieu de décussation des fibres optiques.

La proportion des fibres qui croisent au niveau du chiasma optique est variable (→ sensation, fig. 6) ; elle est fonction du degré de chevauchement des champs visuels des deux yeux. Chez les Vertébrés inférieurs, la décussation est complète. Chez l'Homme, 50% des fibres croisent ; ce sont les fibres situées dans l'hémichamp nasal. G. S.

Children's Apperception Test ou CAT

Test projectif dérivé du TAT (Thematic Apperception Test) mettant en scène des animaux et destiné aux enfants de moins de 8 ans. R. L.

choc (traitement de)

(angl. Shocktherapy)

Tout moyen thérapeutique utilisé en psychiatrie, visant à provoquer une crise avec perte de conscience dans le but de rétablir un équilibre mental chez certains malades psychotiques.

L'idée de ces traitements est ancienne puisque déjà Van Helmont proposait, au début du XVIIe siècle, l'immersion soudaine et brutale avec noyade quasi complète du malade qui, réanimé au dernier moment, était censé reprendre ses esprits en oubliant définitivement son délire mélancolique. Cette immersion deviendra le « bain surprise » que l'on retrouve appliqué à Charenton, et à Gand avec J. Guislain, pendant la première moitié du XIXe siècle, malgré les violentes critiques de P. Pinel qui considérait ce traitement comme un véritable délire médical.

Mais c'est avec les débuts de la psychiatrie biologique, vers 1930, après les succès de J. Wagner von Jauregg dans le traitement de la paralysie générale par la malariathérapie, que certains des élèves de ce dernier préconisent l'utilisation de crises convulsives et comateuses dans le traitement de la schizophrénie. Ils se fondaient sur une constatation épidémiologique qui s'est révélée par la suite inexacte : l'incompatibilité entre schizophrénie et épilepsie. Ils reprenaient également de vieilles conceptions hippocratiques insistant sur la nécessité de provoquer une crise pour obtenir la guérison de certaines maladies chroniques. C'est ainsi que M. Sakel donne de l'insuline pour produire des « comas insuliniques » chez des psychotiques chroniques, à partir de 1932. Deux ans plus tard, L. von Meduna utilise le solucamphre, puis le cardiazol, en injection intraveineuse, ce qui provoque des crises comitiales convulsives chez des schizophrènes. Ce sera la première sismothérapie.

En 1838, à Rome, V. Cerletti et L. Bini inventent l'électrochoc, ou la sismothérapie par excitation électrique cérébrale. Ils l'utilisent d'abord sur des délirants chroniques, mais très vite se rendent compte que leur électrosismothérapie est surtout efficace dans la dépression mélancolique où elle reste encore actuellement préconisée (→ électrochocs). Ce qui n'est pas le cas de la cure de Sakel et de celle de von Meduna qui ont été abandonnées dès l'apparition des neuroleptiques, en 1953.

Considérées souvent comme brutales et même dangereuses, ces thérapeutiques de choc ont eu leur utilité à une époque où les traitements biologiques faisaient défaut en psychiatrie. J. P.

choc psychique

(angl. Shock)

État de sidération affective et émotionnelle avec incapacité de réponse adaptée à la suite de l'apparition brutale et inattendue d'un événement créant un traumatisme psychologique majeur.

Il s'accompagne de réactions psychopathologiques diverses allant de la simple anxiété avec réactions neurovégétatives minimes jusqu'à la stupeur. Se produit alors une véritable dissolution de la conscience avec obnubilation pendant une période allant de quelques minutes à quelques heures, et même parfois quelques jours. La restructuration secondaire de l'activité psychique peut se faire sur un mode névrotique ou même psychotique. J. P.

→ névrose, psychose traumatique.

choix

n.m. (angl. Choice)

En psychophysique, opération qui consiste à sélectionner une éventualité de la réponse parmi plusieurs possibles.

Dans les tâches de choix, le nombre d'éventualités est restreint et connu à l'avance du sujet. Ce choix est très souvent binaire, du type « oui » - « non », « vu » - « non vu », « plus grand » - « plus petit », etc. Les méthodes psychophysiques de mesure des seuils* impliquent une procédure de choix. Par différence avec le jugement*, la notion de choix conduit toujours à s'interroger sur les *probabilités* d'apparition des différentes éventualités et particulièrement des différentes réponses. C'est la raison pour laquelle l'étude des processus de choix porte sur la *décision* des sujets en fonction des éventualités de la réponse.

La théorie principale du choix dans la théorie de la décision est basée sur le principe de l'utilité maximale attendue. Pour un choix entre deux éventualités, le sujet choisira celle qui a l'utilité la plus élevée. L'une des composantes d'une théorie du choix est l'analyse combinatoire. Dans ce cadre, un choix est une éventualité de la combinatoire. C. B.

→ psychophysique.

choix (temps de réaction de)

(angl. Choice Reaction Time)

Situation de temps de réaction dans laquelle les réactions à différents stimulus doivent être différentes.

Cette situation comporte plusieurs stimulus et plusieurs réponses possibles, par exemple la pression sur différents boutons ou leviers, et même, le cas échéant, des pressions sur des pédales avec les pieds. Elle a été notamment utilisée en psychologie du travail; elle y a servi de test psychologique (pour des conducteurs de trains, de tramways, etc.). Elle n'a pas démontré qu'elle était supérieure en validité à des situations moins réalistes et plus simples. Elle ne doit pas être confondue avec le temps de réaction discriminative qui comporte plusieurs stimulus et seulement une réponse possible, autrement dit une alternative réponse/non-réponse. J.-F. L. N.

choix forcé

(angl. Forced Choice)

Situation d'un sujet face à un ensemble de plusieurs réponses à chaque item d'une épreuve, également désirables, mais associées à des valeurs différentes.

Dans les épreuves utilisant la technique du choix forcé, chaque item présente au sujet différentes réponses entre lesquelles il doit choisir (choix multiple). Mais ici ces réponses ont été étudiées de façon à présenter en principe le même degré de « désirabilité sociale » (→ approbation sociale) tout en étant associées à des valeurs différentes d'un certain critère que l'épreuve se propose de diagnostiquer ou de prévoir. Cette technique est parfaitement fondée, bien qu'elle puisse sembler arbitraire à des personnes peu informées. Elle repose sur l'idée que même une réponse qui semble donnée purement au hasard, dans la subjectivité de son auteur, peut en réalité comporter une certaine détermination. D'autre part, elle exploite la possibilité qui existe toujours d'extraire d'un ensemble pas trop petit de réponses, par un traitement statistique approprié des résultats, la part qui est attribuable objectivement au hasard. J.-F. L. N. et M. R.

→ choix forcé (méthode du).

choix forcé (méthode du)

(angl. Forced Choice Method)

Méthode psychophysique dans laquelle, à chaque essai d'une expérience de détection, un stimulus est toujours présenté selon l'une ou l'autre de deux éventualités exclusives et dans laquelle le sujet doit obligatoirement choisir celle des deux éventualités correspondant à la présence du stimulus.

Cette méthode est conçue pour, en principe, éliminer les biais de réponse. La probabilité de réponses correctes en fonction de l'intensité du stimulus varie entre 50% (réponses au hasard) et 100%. Le seuil correspond généralement à une probabilité de 75%.

La plus répandue est la méthode de *choix forcé à alternative temporelle* (angl. Two-Alternative Forced Choice ou 2AFC). Chaque essai se compose de deux intervalles temporels successifs (T1 et T2). Le stimulus apparaît au hasard dans le premier ou dans le second. La tâche du sujet consiste à indiquer dans lequel le stimulus a été présenté.

Dans la méthode de *choix forcé à alternative spatiale,* les deux éventualités d'apparition du stimulus sont spatiales. En vision, par exemple, le stimulus peut apparaître soit à gauche, soit à droite du point de fixation. C. B.

→ choix forcé.

choix multiple

(angl. Multiple Choice)

Choix qui s'exerce entre des éventualités ou items en nombre supérieur à deux.

La probabilité de donner par hasard une réponse correcte décroît en fonction du nombre d'éventualités. Cette propriété est utilisée dans de nombreux domaines : étude de la perception ou de la reconnaissance, jugements, enquêtes, tests psychologiques ou pédagogiques, etc. Dans les items à choix multiple, le sujet doit choisir entre plusieurs éventualités de réponse qui lui sont proposées. L'évaluation des réponses tient compte de la probabilité de réussite par un choix au hasard. La correction est complètement objective et peut facilement être assurée par des procédés automatiques. Les questionnaires de connaissances utilisant cette méthode sont désignés par le sigle Q.C.M. (questionnaire à choix multiple). J.-F. L. N. et M. R.

chorée

n.f. (angl. Chorea)

Trouble neurologique de la motricité, caractérisé par des mouvements brusques et saccadés, à la fois variables et imprévisibles, touchant un ou plusieurs segments corporels.

On distingue ainsi deux chorées:
— la *chorée de Sydenham,* ou danse de Saint-Guy, maladie de l'enfance donnant lieu à un syndrome choréique sévère et généralisé pouvant s'accompagner d'agitation, d'irritabilité et parfois de troubles confusionnels et subdélirants, spontanément curable en quelques semaines ou quelques mois;
— la *chorée de Huntington,* d'évolution chronique et progressive, due à une affection héréditaire dégénérative touchant les noyaux gris centraux et le cortex cérébral, et qui provoque une détérioration des fonctions cognitives conduisant inexorablement à un état démentiel, puis à la mort dans un état de cachexie et d'émaciation, quinze ans environ après le début des troubles. J. P.

chronaxie

n.f. (angl. Chronaxy)

Durée d'une stimulation électrique juste suffisante pour générer une réponse dans un tissu, mesurée avec un courant constant d'intensité double du courant liminaire appelé *rhéobase*. C. B.

chronicité

n.f. (angl. Chronicity)

PSYCHIATR. **En pathologie mentale, permanence d'une maladie dont l'évolution se poursuit d'une manière continue ou progressive pendant une longue période de temps, en altérant d'une façon durable l'activité psychique.**

C'est le cas de certaines névroses graves, et de psychoses dites « chroniques », comme les délires ainsi qualifiés et la schizophrénie.

On a pu incriminer le vieil asile, et d'une manière plus générale toute institution psychiatrique hospitalière, comme responsable de cette chronicisation. On constate malheureusement actuellement qu'une prise en charge plus diversifiée et extrahospitalière n'a pas abouti, comme on pouvait l'espérer, à la disparition totale de cette chronicité. Celle-ci s'est seulement déplacée en d'autres lieux, que ce soit dans les structures intermédiaires les plus variées ou dans certains milieux familiaux (où elle avait d'ailleurs toujours été entretenue). J. P.

chronique (animal)

(angl. Chronic Animal)

Animal portant des électrodes implantées à demeure.

Cette technique, par opposition à l'expérimentation aiguë où l'animal est sacrifié après l'étude, permet des enregistrements électrophysiologiques et/ou des stimulations sur de longues périodes, tout en laissant l'animal libre de ses mouvements. P. L.

chronobiologie

n.f. (angl. Chronobiology)

Étude de l'organisation rythmique des processus biologiques.

La chronobiologie est récente, car, au XIXe siècle et au début du XXe siècle, les physiologistes se sont surtout attachés à mettre en évidence la constance du « milieu intérieur » et sa résistance au changement. C'est en particulier W. B. Cannon qui introduisit le terme d'homéostasie pour rendre compte de la constance de l'environnement interne. Le modèle homéostatique considère que l'organisme est doté de mécanismes régulateurs qui permettent de maintenir un certain équilibre du milieu intérieur. Mais depuis une vingtaine d'années, et bien que les concepts de base de l'homéostasie se soient révélés fondés, les recherches démontrent que l'environnement interne est constamment changeant, ce changement se présentant fréquemment sous la forme d'une oscillation régulière. La chronobiologie se propose donc de faire une description quantitative des rythmes biologiques.

A. Reinberg définit la chronobiologie comme « l'étude de la structure temporelle de chaque être vivant et celle de ses altérations ». Il résume en quatre formules les aspects les plus importants de la chronobiologie : 1. la plupart des rythmes biologiques ont un caractère endogène prépondérant, c'est-à-dire qu'à de rares exceptions près ils ont un caractère héréditaire; 2. les variations rythmées d'un certain nombre de facteurs du milieu ambiant ou de l'environnement sont capables d'exercer une influence sur les rythmes biologiques et de modifier les paramètres qui les caractérisent : la période, la phase, l'amplitude et le niveau moyen; 3. la modification du mode de synchronisation d'un sujet est suivie de perturbations et d'altérations plus ou moins importantes et plus ou moins longues des variables physiologiques de ce sujet; 4. on peut analyser, à l'aide d'instruments statistiques, les paramètres des rythmes biologiques. P. L.

→ homéostasie, rythme biologique.

BIBLIOGRAPHIE

Reinberg, A., 1979, *Des rythmes biologiques à la chronobiologie,* Paris, Gauthier-Villars éd., coll. Discours de la méthode.
Reinberg, A., 1989, *les Rythmes biologiques,* Paris, P.U.F., coll. Que sais-je?

chronométrique (méthode)

(angl. Chronometric Method)

Utilisation de toutes sortes de mesures de temps portant sur des aspects variés du comportement des sujets étudiés, en vue d'en tirer des conclusions de caractère psychologique.

On range sous cette rubrique l'usage des divers « temps de... », ainsi que les techniques de mesure de seuils temporels à partir de situations tachistoscopiques.

Une hypothèse qui sous-tendait beaucoup d'utilisations de la méthode chronométrique a été, durant toute une période, que la variation des temps observés correspond de façon simple (par exemple, additive) à des changements des processus internes qui leur sont sous-jacents. On considère aujourd'hui que cette hypothèse doit être maniée avec prudence. J.-F. L. N.

→ temps de...

chronopathologie

n.f. (angl. Chronopathology)

Spécialisation de la chronobiologie qui étudie les altérations des caractéristiques temporelles déterminant un état pathologique ou résultant de celui-ci.

Toute altération des rythmicités biologiques a de nombreuses et souvent dramatiques conséquences sur notre équilibre psychologique. Pour comprendre cette relation, il suffit de rappeler ce fait bien connu des désorganisations temporaires provoquées par les vols transméridiens. On sait que les vols comportant le franchissement d'au moins cinq fuseaux horaires sont suivis d'une désynchronisation des rythmes (essentiellement les rythmes circadiens). On connaît bien aussi l'effet désynchronisateur du travail posté, et notamment du système dit « des trois-huit », à rotation hebdomadaire : chaque semaine, le travailleur subit un changement de phase de huit heures qui affecte progressivement, de manière profonde, la structure circadienne de l'organisme et conduit à des manifestations pathologiques.

Le vol transméridien et le travail posté sont des causes externes de la perturbation des rythmes biologiques. Il existe aussi des causes internes : ainsi, dans la maladie d'Addison, qui se manifeste par une insuffisance chronique du système corticosurrénalien et qui est due le plus souvent à la destruction complète ou partielle des deux glandes surrénales par un processus tuberculeux, on observe une altération de plusieurs rythmes circadiens, tel celui de l'excrétion du potassium, du sodium et de l'eau, etc. On comprend, dans ces conditions, l'importance qu'il y a à connaître la structure temporelle individuelle, car l'étude de ses dérèglements peut conduire à la détection et à l'identification de certains troubles pathologiques. P. L.

→ chronobiologie.

chronopharmacologie

n.f. (angl. Chronopharmacology)

Étude des effets différentiels que produit la prise des médicaments selon le moment où ils sont introduits dans l'organisme. P. L.

→ chronosensibilité.

chronopsychologie

n.f. (angl. Chronopsychology)

GÉNÉR. **Étude des variations périodiques affectant les processus psychologiques et l'organisation des conduites animales ou humaines.**

Chez l'Homme, les performances et l'efficience cognitive ne sont pas stables, mais fluctuent selon des périodicités diverses. Il existe certains parallélismes entre ces rythmicités psychologiques et les rythmes biologiques étudiés par la chronobiologie. Mais la psychologie peut étudier pour eux-mêmes les rythmes psychologiques, car il s'agit d'une voie d'approche originale et prometteuse dans la tentative d'explication de nos comportements. Les travaux menés dans ce domaine ont des implications pratiques évidentes dans le domaine de l'éducation, du travail et de la santé. P. L.

ÉTHOL et GÉNÉR. Dès 1885, H. Ebbinghaus montre que la valeur de l'empan mnémonique varie au cours de la journée : faible le matin, il culmine vers 11 heures, puis décroît tout au long de l'après-midi. Par la suite, l'émergence de la chronobiologie offre un cadre interprétatif à ces premières observations. Des précurseurs comme N. Kleitman (1939) ou M. J. F. Blake (1967) associent l'étude des variations rythmiques des paramètres biologiques (notamment la température corporelle ou les composants sanguins et urinaires) et l'analyse de variations journalières des performances lors de tests mettant en jeu divers processus psychologiques.

Ces tests (temps de réaction, calcul mental, tri d'objets, transposition spatiale, utilisation d'un code, etc.) apportent tous la confirmation du caractère rythmique de l'efficience. Néanmoins, le parallélisme entre l'évolution circadienne (c'est-à-dire sur 24 heures) de la température corporelle et celle des performances conduit à traduire cette corrélation en relation causale : l'accroissement de « l'activité globale de l'organisme » (attestée par la valeur de la température du corps) entraîne une mobilisation accrue et une capacité supérieure des systèmes sensoriels et du fonctionnement cérébral. À partir des années 1970, les travaux du laboratoire de Brighton dissipent ce malentendu. En effet, W. P. Cocquhoun démontre que la baisse de la vigilance intervenant en tout début d'après-midi (dépression postprandiale) ne s'accompagne pas d'une variation des paramètres biologiques. Cette observation, et bien d'autres, accrédite l'idée de variations rythmiques intrinsèques des processus étudiés. Ces variations, caractérisées par leur période, peuvent siéger à relativement court terme (rythmes ultradiens de période inférieure à 20 heures), à moyen terme (rythmes circadiens de période comprise entre 20 et 28 heures) ou encore à long terme (rythmes infradiens de période supérieure à 28 heures). Pour des raisons méthodologiques, les rythmicités circadiennes sont les mieux maîtrisées. Elles concernent des variations journalières de la sensibilité, des aptitudes sensori-motrices, des capacités d'attention, de la mémoire, de processus cognitifs ou intellectuels. À l'heure actuelle, l'inventaire des fonctions ou des processus montrant de telles rythmicités est loin d'être achevé. Par ailleurs, la nature même des mécanismes responsables de ces fluctuations reste souvent problématique (à la différence des mécanismes qui sous-tendent les rythmicités biophysiologiques). Il serait simplificateur de penser qu'un sujet présente de fortes capacités à certaines heures et de faibles capacités à d'autres heures : l'évolution *hors de phase* de nombreuses fonctions module et structure, tout au long des 24 heures, ses potentialités.

Les retombées pratiques concernent au moins trois domaines de la psychologie. En psychologie génétique et psychopédagogie, il y a là une voie d'approche soit des processus de maturation (mise en place plus ou moins précoce des rythmes), soit des difficultés rencontrées en milieu scolaire. En psychopathologie, le caractère cyclique de certains troubles n'est plus à démontrer : le caractère périodique des psychoses maniaco-dépressives a été, dès 1921, l'un des critères pour les distinguer des autres psychoses. En psychologie ergonomique, enfin, la chronopsychologie offre un cadre interprétatif à la distribution temporelle des « erreurs humaines ». Elle contribue aussi à une meilleure conception d'équipements techniques adaptés, de jour comme de nuit, aux capacités réelles des opérateurs. Y. Q.

→ chronobiologie, rythme psychologique.

BIBLIOGRAPHIE

Beugnet-Lambert, C., Lancry, A., et Leconte, P., 1988, *Chronopsychologie. Rythmes et activités humaines,* Lille, Presses universitaires de Lille.

Leconte, P., Lambert, C., 1990, *la Chronopsychologie*, Paris, P.U.F. « Que sais-je ? ».

Reinberg, A., 1989, *les Rythmes biologiques,* Paris, P.U.F., coll. « Que sais-je ? »

chronoscope

n.m. (angl. Chronoscop)

Appareil, en général d'horlogerie, qui servait à mesurer la durée d'un phénomène psychologique et plus particulièrement les temps de réaction.

Il est le plus souvent remplacé aujourd'hui par une instrumentation électronique et informatique. J.-F. L. N.

chronosensibilité

n.f. (angl. Chronosensibility)

Sensibilité, variable dans le temps, à des événements externes ou internes à l'organisme.

L'organisme réagit de manière extrêmement variable aux modifications du milieu selon les moments de l'année et de la journée. Ainsi, chez l'Homme, on décèle des variations annuelles du pourcentage de naissances pathologiques, particulièrement en ce qui concerne les maladies congénitales. A. Reinberg montre que le taux de mortalité dû aux atteintes cardio-vasculaires et respiratoires culmine pendant l'hiver et que, chez des adultes sains ayant la même organisation veille-sommeil, la durée d'action d'un antihistaminique est doublée si celui-ci est administré à 7 heures du matin plutôt qu'à 19 heures. Les conséquences en thérapeutique humaine sont importantes. La chronopharmacologie s'intéresse à l'effet différentiel des médicaments selon le moment de leur administration. P. L.

→ chronobiologie.

C.H.R.S.

→ centre d'hébergement et de réadaptation sociale.

C.H.S.

→ centre hospitalier spécialisé.

cible

n.f. (angl. Target)

1. **Tout stimulus visé par une activité intentionnelle, c'est-à-dire volontaire.**

Ainsi, on dira que, dans une tâche de détection (par exemple, retrouver toutes les occurrences de la lettre *a* dans une suite non organisée de lettres ou dans un texte), ou encore dans un test de barrage où on demande au sujet de barrer certaines lettres d'un texte (test de mesure de l'attention), ce sont les occurrences de *a* ou les signes à barrer qui constituent la cible de l'activité du sujet. Cela s'applique à de nombreuses sortes de tâches, de reconnaissance, de perception, de poursuite, de recherche, etc.

2. **Dans le cours d'une activité mentale, par exemple de recherche en mémoire, toute entité mentale, en principe une représentation interne, qui est supposée être visée par l'activité cognitive du sujet.**

Supposons que l'on présente à un sujet un ensemble de stimulus à mémoriser, par exemple 5 chiffres, puis qu'un peu plus tard on présente un stimulus isolé (stimulus sonde), qui est à nouveau un chiffre, et que la tâche du sujet soit de dire si ce dernier chiffre faisait ou non partie de l'ensemble présenté antérieurement. Dans un modèle cognitif, on dira que ce qui constitue la *cible interne, potentielle,* du sujet, c'est la représentation mentale du chiffre qu'il doit rechercher en mémoire à l'intérieur du souvenir du premier ensemble. Si, dans ce premier ensemble, il existait effectivement un stimulus identique au stimulus sonde, et si le sujet répond « oui », on dira qu'il a retrouvé sa trace en mémoire et qu'il a atteint sa cible interne. J.-F. L. N.

cinèse

n.f. (angl. Kinesis)

Déplacement aléatoire d'un organisme en réponse à des stimulus du milieu.

À la différence des taxies, les cinèses ne sont pas orientées par rapport à la source de stimulation. La clinocinèse se traduit par une variation de la fréquence des changements de direction au cours du trajet et l'orthocinèse par une variation de la vitesse de locomotion. Les cinèses peuvent conduire à un déplacement orienté lorsqu'elles s'effectuent selon un gradient de stimulations. G. B.

cinétique (image)

(angl. Cinetic Image)

→ image ou image mentale.

cingulum

n.m. (angl. Cingulum)

Faisceau d'association intrahémisphérique enroulé comme une ceinture (d'où son nom) autour du seuil de l'hémisphère cérébral, réunissant le lobe frontal au lobe temporal.

L'ablation de sa partie antérieure (cingulectomie) a été préconisée en psychochirurgie* par F. Le Beau pour traiter certains psychotiques agités, coléreux et violents, et certains épileptiques caractériels et impulsifs. Ce type d'intervention n'est plus pratiqué actuellement. J. P.

circadien (rythme)

(angl. Circadian Rhythm)

Rythme qui a une périodicité d'environ un jour.

Tout rythme dont la période est comprise entre 20 et 28 heures est appelé circadien. On connaît de très nombreux rythmes biologiques circadiens : le rythme veille-sommeil chez l'homme adulte, le cycle de la température centrale, de la composition sanguine et de nombreuses fonctions métaboliques.

L'établissement d'un rythme circadien se manifeste sur un actogramme par une dérive régulière d'un jour à l'autre du moment de prise d'activité. P. L.

→ rythme biologique, rythme psychologique.

circuits réverbérants

(angl. Reverberating Circuits)

Réseaux de neurones organisés en circuits fermés plus ou moins complexes.

D. O. Hebb, en 1949, a fait l'hypothèse que la circulation de trains de potentiels d'action dans des circuits réverbérants pourrait constituer le support initial de la trace mnésique. G. S.

circulaire (réaction)

(angl. Circular Reaction)

Selon J. M. Baldwin, répétition d'une action en vue d'obtenir la reproduction d'une stimulation sensorielle déclenchée antérieurement par cette action.

J. Piaget a repris ce concept en lui donnant un sens plus restreint qui tient compte du double aspect d'acquisition et d'activité qui caractérise cette conduite. Sa définition devient « exercice fonctionnel aboutissant au maintien et à la découverte d'un résultat nouveau intéressant ».

La réaction circulaire primaire. Elle caractérise le 2e stade sensori-moteur de Piaget (1 - 4 mois et demi). Elle se limite à la répétition, accompagnée de variations, d'une activité appartenant au répertoire de réflexes héréditaires du bébé. L'activité est entretenue pour elle-même. Son but est de prolonger ou de retrouver un effet connu. La protrusion de la langue, la succion du pouce ou du poing sont des réactions circulaires primaires.

Les réactions circulaires secondaires. Elles apparaissent au 3e stade (4 mois et demi - 9 mois) et marquent le début d'une véritable intentionnalité de l'action du bébé et un début de causalité. Ayant produit fortuitement un résultat intéressant, le bébé s'efforce de le faire durer, puis de le reproduire en appliquant les schèmes sensori-moteurs qui lui sont familiers. Il manifeste ainsi une compréhension du fait que c'est sa propre action qui a entraîné le résultat. Par exemple, Piaget observa que sa fille, en agitant ses jambes, touchait par hasard une poupée suspendue à la capote de son berceau; elle effectua ensuite des essais de mieux en mieux réussis pour faire à nouveau bouger la poupée.

Les réactions circulaires tertiaires. Elles apparaissent au 5e stade (11 - 18 mois). Plus besoin d'avoir obtenu par hasard un résultat intéressant pour essayer de le produire. Pour parvenir à la production d'un événement nouveau intéressant, survenu dans son environnement, ou pour prendre connaissance d'un objet nouveau, le bébé utilise systématiquement tous les schèmes de son répertoire. S'il n'obtient pas ainsi le résultat recherché, il trouve des moyens nouveaux pour atteindre son but. E. V.

circularité

n.f. (angl. Circularity)

Propriété d'un système selon laquelle une causalité linéaire de type A-B rétroagit également de façon linéaire sur l'origine A du processus en cours.

La boucle ainsi formée se répète périodiquement dans le temps, faisant qu'il devient impossible d'isoler la cause de l'effet.

Dans les psychothérapies familiales, la circularité est devenue un outil conceptuel qui permet de rendre compte de la causalité circulaire des symptômes, des rétroactions de la famille aux informations qui lui sont demandées sur ses relations interfamiliales, et de l'individualisation de chacun de ses membres. La circularité est ainsi à la base d'une technique d'entretien dans les psychothérapies familiales. M. G.

circumplex

n.m. (angl. Circumplex)

Modèle proposé par L. Guttman pour décrire les relations entre des variables différentes par leur contenu et dont chacune peut être considérée comme intermédiaire entre deux autres.

On peut alors se les représenter comme disposées sur une circonférence. Les corrélations doivent être plus élevées entre variables voisines qu'entre variables éloignées. M. R.

Claparède (Édouard)

Psychologue suisse (Genève 1873-*id.* 1940).

Né dans un milieu protestant auquel les préoccupations politiques et sociales ne sont pas étrangères, il est initié très jeune par un oncle, professeur de zoologie à l'université de Genève, aux théories darwiniennes. Il fait des études de médecine, mais, très vite, il s'intéresse à la psychologie. Tout en exerçant son métier de médecin, il entre dans le laboratoire de psychologie qu'avait créé, en 1892, à la faculté des sciences, son cousin T. Flournoy. En 1901, il crée avec ce dernier la revue *Archives de psychologie* et, en 1904, il devient directeur du laboratoire; il est alors chargé de la chaire de psychologie à la faculté des sciences de l'université de Genève, chaire qu'il occupera jusqu'à sa mort. Mais Claparède est aussi un homme d'action qui met ses recherches sur la psychologie de l'intelligence au service des affaires de la cité : il s'intéresse à la morale en politique, à la manière dont se forme l'opinion publique, à la validité des témoignages en justice, enfin à la pédagogie : c'est ainsi qu'en 1912, il crée l'École des sciences de l'éducation ou Institut J.-J. Rousseau.

Son but fut toujours de détourner la psychologie des a priori métaphysiques et de lui donner une base empirique, en particulier biologique : or, le problème biologique par excellence, dit-il, est celui de la fonction. Par exemple, s'intéressant à la psychophysiologie du sommeil, il considère celui-ci comme le résultat d'une fonction active, comme un mécanisme inhibiteur destiné à prévenir la fatigue, et non comme un phénomène passif d'intoxication ou d'asphyxie cérébrale. Cette conception fonctionnelle de la vie mentale l'a amené à aborder des domaines où psychologie animale et psychologie humaine se

rejoignent : quelles sont les circonstances qui déterminent l'intervention de l'intelligence ? Contre les théories associationnistes, il veut montrer que l'intelligence est une fonction active d'adaptation aux situations nouvelles, par opposition à l'instinct, adaptation innée, et à l'habitude, adaptation acquise. En cas de situation nouvelle, le sujet tâtonne, mais de façon non aléatoire, grâce au processus d'implication qui l'oriente dans la recherche d'hypothèses à vérifier. Il existe cependant des différences individuelles qui sont essentiellement qualitatives. C'est pourquoi on peut chercher, non pas à mesurer l'intelligence, mais à diagnostiquer les aptitudes. Il y aurait, par exemple, deux formes générales d'intelligence : la *compréhension,* caractérisée par la dominance relative du processus qui va de la sensation à l'idée, et l'*invention,* qui est dominée par le processus qui va de l'idée à la sensation. Dans beaucoup de domaines de la psychologie cognitive, Claparède apparaît comme un pionnier, et son influence fut considérable dans le développement de la psychologie, non seulement genevoise, mais européenne. Il a notamment écrit : *la Question du sommeil,* 1912; *Comment diagnostiquer les aptitudes chez les écoliers,* 1924; *l'Éducation fonctionnelle,* 1931 : *la Genèse de l'hypothèse,* 1933; *Morale et politique ou les Vacances de la probité,* 1940.
G. P.-L. B.

classe

n.f. (angl. Class)

Groupe, ensemble d'objets, de personnes, etc., obtenus en réunissant les objets, personnes, etc., ayant des traits communs dans un classement et étant les seuls à les avoir.

Une épreuve ou expérience suscite en général un nombre élevé de réponses différentes constituant autant de valeurs observables. On décide souvent de procéder à un groupement de ces valeurs observables en un nombre plus restreint de classes afin de mettre les données sous une forme plus économique, de mettre plus clairement en évidence la forme de la distribution ou même d'assigner à cette distribution une forme voisine de celle d'un certain modèle (en constituant alors des classes regroupant des nombres différents de valeurs observables). Les classes sont séparées par des limites de classe. L'intervalle de classe est la distance entre les deux limites d'une classe. Toutes les valeurs placées dans une même classe sont considérées comme égales à la tendance centrale de cette classe (en général, la moyenne de ses limites), ce qui entraîne bien entendu une certaine perte d'information par rapport aux données initiales.
M. R.

classification

n.f. (angl. Sorting, Classification)

Tâche dans laquelle on demande à un sujet de répartir un ensemble de stimulus, d'objets ou de mots dans plusieurs classes, celles-ci pouvant ou non lui être fournies.
J.-F. L. N.

→ catégorisation.

classique (réaction conditionnelle)

(angl. Classical Conditional Reaction)

Réaction conditionnelle décrite et étudiée par I. P. Pavlov, fondée sur l'existence préalable d'un stimulus et d'une réaction inconditionnelle.

Le terme « classique » s'oppose à « instrumental » ou à « opérant », qui qualifient une réaction conditionnelle qui ne repose pas sur l'existence préalable d'un stimulus inconditionnel..
J.-F. L. N.

→ conditionnement.

clastique

adj. (angl. Clastic)

Se dit d'une crise ou d'une colère violentes, marquées par des bris d'objets.

Ces états aigus se rencontrent dans des périodes d'agitation et d'agressivité au cours de certaines évolutions épileptiques (états crépusculaires), maniaques et catatoniques. Ils sont aussi très fréquents dans le comportement réactionnel des psychopathes et des hystériques.
J. P.

claustromanie

n.f. (angl. Claustromania)

Comportement de tout sujet qui s'impose une claustration d'une manière prolongée ou répétitive.

C'est le plus souvent une réaction antisociale et asociale allant avec la tendance à l'isolement ou le repli autistique de certains schizophrènes et psychotiques chroniques (se croyant persécutés et l'objet de menaces extérieures). Elle peut s'accompagner de clinophilie*.
J. P.

claustrophobe

adj. et n. (angl. Claustrophobic)

Se dit d'une personne atteinte de claustrophobie.
M. A.

claustrophobie

n.f. (angl. Claustrophobia)

Peur de se trouver enfermé dans un endroit clos.

Le claustrophobe redoute la fermeture des issues du lieu où il se trouve par crainte de ne pouvoir les ouvrir en cas de besoin. Cette crainte porte non seulement sur les événements extérieurs (incendie, par exemple) qui motiveraient la nécessité de sortir au plus vite de ce lieu, mais également sur les sensations internes (impression d'étouffement, par exemple) qui pourraient l'amener à chercher rapidement de l'aide. C'est ainsi que certains claustrophobes, s'ils n'évitent pas les salles de spectacle, doivent impérativement se placer près d'une issue, et que d'autres ne supportent pas les transports en commun, qu'ils soient terrestres, maritimes ou aériens, ne peuvent fermer leur porte de salle de bains, évitent de prendre l'ascenseur. La claustrophobie est un trouble anxieux qui, dans sa forme bénigne, se rencontre fréquemment chez des sujets de tous âges. Dans ses formes les plus graves, le malade ne peut pas rester seul chez lui.
M. A.

cleptomane

adj. et n. (angl. Kleptomaniac)

Se dit d'une personne atteinte de cleptomanie.
R. L.

cleptomanie

n.f. (angl. Kleptomania)

Impulsion obsédante à voler, en l'absence de toute nécessité économique et même de tout désir conscient de l'objet.

C'est un besoin irrésistible et irraisonné auquel obéit le sujet, malgré une lutte anxieuse entre sa conscience morale et cette véritable obsession-impulsion. Le comportement cleptomaniaque est souvent répétitif et entraîne inévitablement, au bout d'un certain temps, des conséquences judiciaires et médico-légales. Les psychanalystes expliquent volontiers ce comportement en montrant que l'objet dérobé est investi symboliquement d'une grande valeur érotique, le vol signifiant alors la réparation d'un deuil ou d'une séparation dont souffrirait inconsciemment le patient.
J. P.

Clérambault (Gaëtan Gatian de)

Psychiatre et médecin légiste français (Bourges 1872 - Malakoff 1934).

Il est surtout connu par ses travaux cliniques et psychopathologiques à l'infirmerie spéciale du dépôt de Paris où il succéda à son maître E. Dupré, après y avoir été son adjoint pendant plus de quinze ans.

Ses premières études psychiatriques portent sur les psychoses toxiques et les intoxications à l'alcool, au chloral et à l'éther. Mais il va surtout s'illustrer dans la description des psychoses délirantes passionnelles, en particulier l'érotomanie*, qu'il isole radicalement des paranoïas.

Son travail psychopathologique le plus célèbre porte sur ce qu'il appelle « l'automatisme mental » comme générateur du délire chronique. Taxées par certains (H. Ey) d'atomistiques et de mécanicistes, ses explications de l'éclosion délirante par un dysfonctionnement cérébral localisé que traduiraient les phénomènes autonomes et primitifs de l'automatisme mental, l'ont conduit à une description clinique et phénoménologique très fine du stade précoce des délires. Cette description, débarrassée de sa théorie organogénétique aujourd'hui obsolète, reste magistrale et a influencé plusieurs générations de ses internes. L'un des derniers, J. Lacan, après s'être brouillé avec lui pendant quelques années (et avoir réuni les psychoses passionnelles à la paranoïa), le reconnaissait plus tard et en faisait son seul maître en clinique psychiatrique.

Derrière le psychiatre officiel, un deuxième personnage, un amoureux des étoffes, se passionnait pour l'étude du drapé auquel il consacrait un enseignement à l'École nationale des beaux-arts et des recherches ethnographiques approfondies. Après sa mort dramatique (suicide par arme à feu devant son miroir et ses nombreux mannequins) dans son pavillon de Malakoff, on apprit qu'il avait légué près de vingt mille documents photographiques sur ce sujet au musée de l'Homme du palais du Trocadéro. J. P.

clinique (psychologie)

(angl. Clinic Psychology)

Branche de la psychologie qui se fixe comme but l'investigation en profondeur de la personnalité considérée comme une singularité.

Née de la psychologie pathologique, dont les fondateurs furent en France T. Ribot et P. Janet, la psychologie clinique a élargi le champ de cette dernière, puisqu'elle ne s'intéresse pas uniquement à l'homme réputé malade. Elle se distingue également de la psychologie expérimentale, dont le but est la découverte des lois générales qui règlent le comportement humain sans tenir compte des différences individuelles. Les techniques dont dispose la psychologie clinique sont essentiellement l'entretien non directif, l'observation de la conduite de l'individu en situation et, accessoirement, les tests. L'intuition du psychologue y joue donc un grand rôle, et, le plus souvent, il s'appuie sur les concepts psychanalytiques, même si sa fonction et les situations dans lesquelles il intervient sont différentes de celles d'un psychanalyste. Le psychologue clinicien se propose de diagnostiquer et d'aider un patient aux prises avec un problème. Les psychologues cliniciens exercent souvent en liaison avec un psychiatre. R. L.

clinophilie

n.f. (angl. Clinophilia)

Comportement d'un sujet qui reste couché en dehors des périodes habituelles de sommeil, parfois en permanence.

C'est une réaction de retrait du milieu social et de désintérêt pour la vie quotidienne familiale et professionnelle. Elle accompagne souvent l'apragmatisme et le repli autistique chez le schizophrène, la crainte d'affronter des difficultés et de devoir prendre des décisions chez le psychastène, la peur d'attraper de nouvelles maladies ou d'aggraver celles qu'il croit avoir chez l'hypocondriaque ou le névrosé anxieux et nosophobique. J. P.

clivage de l'objet

(angl. Splitting of the Object; allem. Objektspaltung)

Mécanisme de défense archaïque se manifestant dès la position schizo-paranoïde en scindant, pour se soustraire à l'angoisse, l'objet pulsionnel en bon et mauvais objet. R. L.

clivage du moi

(angl. Ego Splitting; allem. Ichspaltung)

Coexistence, au sein du moi, de deux jugements contradictoires relativement à la réalité extérieure.

Le clivage du moi est inséparable du déni de la réalité. C'est ainsi que, dans le fétichisme, deux positions antagonistes (sans formation de compromis névrotique), relatives au manque de pénis chez la femme (déni et reconnaissance de ce manque), persistent côte à côte sans s'influencer mutuellement. Outre le fétichisme, ce mécanisme de défense se retrouve dans la psychose. R. L.

clochard

n.m. (angl. Tramp)

Personne sans domicile ni revenus réguliers, vivant d'expédients et de mendicité.

Les clochards forment, surtout dans les grandes villes, une population marginale dans laquelle peuvent se retrouver des psychopathes et même de grands malades mentaux. La désinstitutionnalisation psychiatrique a entraîné dans certaines métropoles occidentales, comme New York, une véritable clochardisation de nombreux schizophrènes qui n'ont pas pu se réinsérer dans la vie socioprofessionnelle normale. J. P.

clonie

n.f. (angl. Clonia)

Contraction brève et involontaire qui met en jeu un segment de muscle, un muscle dans son ensemble ou encore un groupe musculaire.

Cette contraction peut entraîner un mouvement visible. On distingue classiquement les clonies arythmiques liées à des modifications physiologiques (hypoglycémie, hypocalcémie, etc.), à certaines intoxications endogènes (par exemple, l'insuffisance rénale) ou exogènes (provoquées par certains insecticides), des clonies rythmiques consécutives à certaines affections nerveuses centrales, cérébelleuses, bulbaires ou même spinales. Le clonus correspond à la contraction répétitive d'un muscle ou d'un groupe de muscles antagonistes après un étirement passif. Il s'observe essentiellement dans les syndromes pyramidaux. F. J.

clôture

n.f. (angl. Closure)

DIFFÉR. et GÉNÉR. **Hypothèse émise à propos d'un *système de variables* (angl. Closed System), qui consiste à poser qu'il n'existe pas de variable extérieure au système qui soit liée à la fois à deux des variables du système, en particulier à une variable explicative et à une variable à expliquer.**

La validité de cette hypothèse doit être évaluée dès l'interprétation d'une simple corrélation jusqu'à celle d'équations structurales. M. R.

→ clôture (loi de).

clôture (loi de)

(angl. Closure Law)

Tendance à organiser en un tout structuré et unitaire des éléments plus ou moins isolés.

Les gestaltistes voient en elle une loi d'organisation perceptive et la considèrent comme un cas particulier de la loi de prégnance. La clôture désigne ainsi une capacité de structuration perceptive permettant de saisir, plus ou moins vite selon les sujets, la structuration perceptive d'un stimulus incomplet ou brouillé par des stimulus parasites et de « reconnaître » ainsi ce stimulus.

Lorsqu'un dessin peut être organisé en une figure fermée ou en une figure ouverte, on perçoit de préférence la forme fermée parce que mieux équilibrée et plus stable.

Les sujets se différencient ainsi quant à l'aisance avec laquelle ils sont capables de passer d'une structuration à une autre en présence d'un stimulus ambigu (angl. Flexibility of Closure).

Le terme de clôture est utilisé dans un sens plus large. L'organisme aurait tendance à supprimer les lacunes, non seulement par un processus d'organisation perceptive, mais aussi par la pensée. La clôture serait donc influencée par l'activité perceptive et les acquis antérieurs. C'est bien ce qui a été observé dans des recherches sur l'identification de dessins lacunaires avant et après apprentissage chez des enfants. E. V. et M. R.

→ gestaltthéorie, structuration perceptive.

C.M.E.

→ centre médico-éducatif.

C.M.P.

→ centre médico-psychologique.

C.M.P.P.

→ centre médico-psycho-pédagogique.

coadaptation

n.f. (angl. Coadaptation)

Émergence d'un ajustement mutuel entre organismes (animaux et/ou végétaux) présents dans un même écosystème.

ÉTHOL. Cette notion, susceptible de faire intervenir le comportement lui-même, s'utilise par exemple dans le cas de certaines relations prédateur-proie, hôte parasite, ou encore dans la pollinisation croisée des fleurs par des insectes en quête de nectar; et, plus généralement, dans les transformations phylogénétiques de la fonction de communication. J. M.

coalition

n.f. (angl. Coalition)

Alliance de deux (ou plusieurs) personnes dirigée contre une troisième.

Dans les familles et dans les institutions psychiatriques ou médico-sociales, les coalitions sont fréquentes; mais le plus souvent, elles sont cachées ou niées. M. G.

coarté, e

adj. (angl. Coarctate)

Dans la typologie de H. Rorschach, se dit d'un type de personnalité défini par une inhibition massive émotionnelle et affective, une restriction des intérêts et des modes d'expression.

Il s'oppose aux types introverti et extratensif. R. L.

cocaïne

n.f. (angl. Cocaine)

Alcaloïde psychotrope aux effets euphorisants et excitants, extrait des feuilles de coca.

HISTORIQUE

La mastication des feuilles de coca (de l'arbuste *Erythroxylum coca*) est une tradition millénaire chez les Indiens d'Amérique du Sud. Cette coutume très répandue a plusieurs fonctions : une fonction analgésique et sociale grâce à l'effet stimulant, antifatigue et anorexigène, ainsi qu'une fonction religieuse. Objet de fête, d'offrande aux puissances supérieures ou aux morts, le coca a été considéré comme une plante diabolique par les conquérants chrétiens.

Mais l'histoire de la cocaïne comme drogue moderne remonte à son isolement par C. Niemann en 1859 et surtout aux premiers essais cliniques : en 1884, S. Freud publiait le premier de ses textes en la matière, *Über Coca*. Dans cette « monographie botanique », il étudie la substance, son origine, ses propriétés stimulantes et antidépressives. Il tenta de communiquer son enthousiasme pour ce produit à ses proches. Il le conseilla même comme traitement de la morphinomanie à son ami et collègue E. von Fleichl Marxow. La mort de ce dernier ainsi que la mise à l'index de la cocaïne en tant que drogue dangereuse (L. Lewin-R. Erlenmayer) devaient constituer une phase éprouvante de sa vie. Si lui-même n'a pas caché l'importance de cette désillusion dans sa carrière, nombre d'auteurs s'attachent à cerner la place de l'usage de cocaïne dans la vie et l'œuvre de Freud. C'est également en 1884 que C. Koller, autre ami de Freud, devait démontrer l'intérêt des effets anesthésiques locaux de la cocaïne; en lui découvrant des propriétés médicales appréciables, il contribua lui aussi à la diffusion de cette substance.

La fin du XIXe siècle et surtout le début du XXe devaient connaître une grande vogue de cocaïnomanie, d'abord aux États-Unis, puis en Europe. Même si le chiffre avancé de 80 000 cocaïnomanes parisiens en 1924 est sujet à caution, l'importance du phénomène ne fait guère de doute. La vogue du vin Mariani, à base de coca, témoigne même de l'intérêt des grands de ce monde pour ce stimulant, alors que le succès du Coca-Cola fut un signe de l'attrait du grand public pour le coca.

LA VOGUE DE COCAÏNOMANIE

La vogue actuelle des toxicomanies a remis la cocaïne à la mode. Le coca est cultivé de façon intensive dans certaines zones d'Amérique du Sud (particulièrement en Bolivie, au Pérou, en Colombie). Le trafic s'oriente vers les pays occidentaux, particulièrement les États-Unis où, dans les années 1980, la cocaïne est devenue la principale substance utilisée par les toxicomanes. Après macération dans du kérosène et traitement à l'acide sulfurique, on obtient des feuilles de coca la *pasta* : assez riche en cocaïne, cette substance peut être fumée, selon une pratique qui se répand en Amérique du Sud. Après traitement par du bicarbonate s'obtient le crack, substance cristalline utilisée aux États-Unis. D'autres transformations produisent le chlorhydrate de cocaïne, poudre blanche : c'est ce qu'on appelle la neige, la coke. Des manipulations supplémentaires permettent d'obtenir la cocaïne base. Il existe donc bien des formes et bien des modes d'utilisation de la cocaïne : la poudre se sniffe, le plus souvent avec une paille qui permet de priser une ligne ou un rail. Elle peut aussi s'injecter, se shooter, procurant alors un flash*. L'association avec l'héroïne ou des sédatifs constitue alors un Speed Ball*. La vogue du crack a mis à l'honneur la « fumette » qui procure aussi un effet immédiat. Le Free Basing consiste en une inhalation.

LES EFFETS DE LA COCAÏNE

Comme l'héroïne, la cocaïne est un euphorisant, très tôt considéré comme stupéfiant et interdit à l'usage. Comme les amphétamines, c'est un psychotrope excitant, une drogue d'éveil.

Cela explique son image mythique et sa diffusion dans certains milieux : la coke, produit de luxe et euphorisant, peut servir à des artistes, journalistes, écrivains à se tenir en éveil durant plusieurs jours sans dormir, en sauvegardant une belle sensation de lucidité et d'efficacité. À cet état d'excitation s'ajoute un effet anorexigène, et sur le plan physique une mydriase, une tachycardie avec hypertension. L'overdose est possible avec troubles respiratoires et cardiaques.

Mais les principaux risques de la cocaïne proviennent de la dépendance particulière qu'elle entraîne et qui la rapproche des amphetamines. L'effet de la cocaïne est très bref, et c'est ce qui explique sa rareté en tant que monotoxicomanie : il est en effet possible de s'approcher d'une consommation de 10 g par jour (les prescriptions comme médicament se faisaient en milligrammes) alors même qu'il n'y a pas de tolérance physique.

Utilisée de façon récréative ou épisodique, la cocaïne peut passer pour un stimulant anodin. Mais un usage intensif peut conduire à un état psychotique hallucinatoire proche des psychoses amphétaminiques. Les sentiments de « parano », de persécution sont présents. S'y ajoutent souvent des hallucinations tactiles, avec la sensation de parasites grouillant sous la peau, dans le cadre d'un état proche d'une bouffée oniroïde.

La dépendance psychologique est soulignée par les difficultés de la descente, lors de l'arrêt de l'intoxication : le malaise, le flip conjugue angoisse, dépression et éléments confusionnels. Après cette descente, d'authentiques syndromes dépressifs peuvent survenir. Pour aider un sujet à se sevrer, les médecins recourent à des prescriptions de tranquillisants ou d'hypnotiques (nombre de toxicomanes s'autoprescrivent ces substances pour interrompre, par une cure de sommeil, une phase d'intoxication). M. V.

cocaïnisme

n.m. (angl. Cocainism)

Synonyme de cocaïnomanie.

cocaïnomane

n. (angl. Cocaine Addict)

Personne atteinte de cocaïnomanie.

R. L.

cocaïnomanie

n.f. (angl. Cocainomania)

Toxicomanie à la cocaïne. (Syn. cocaïnisme.) M. V.

cochlée

n.f. (angl. Cochlea)

Partie de l'oreille interne contenant les cellules réceptrices du système auditif, les cellules ciliées.

Les vibrations aériennes sont transmises à la cochlée par l'intermédiaire du tympan et des osselets de l'oreille moyenne. Les cellules ciliées internes sont excitées passivement par les mouvements de la membrane basilaire qui les supporte et ceux du liquide qui les entoure. Aux faibles niveaux de stimulation, ces déplacements sont amplifiés activement par des mouvements des cellules ciliées externes qui sont des cellules contractiles. Chez l'Homme, la membrane basilaire s'étend sur 35 mm depuis la base de la cochlée jusqu'au sommet, en devenant de moins en moins raide. Pour cette raison, en un point donné de la cochlée, les déplacements de la membrane basilaire et l'excitation des cellules ciliées sont maximaux pour une fréquence sonore donnée (fréquence caractéristique). Les fréquences caractéristiques se répartissent de façon ordonnée depuis la base de la cochlée (hautes fréquences) jusqu'à son sommet (basses fréquences). Les messages des cellules ciliées internes sont convoyés vers les centres par les fibres afférentes du nerf auditif, mais la cochlée reçoit également un important contingent de fibres efférentes qui placent l'activité de toutes les cellules ciliées sous le contrôle des centres.

M.-C. B.

codage génétique

(angl. Genetic Coding)

Ensemble des opérations permettant à l'information contenue dans la molécule d'A.D.N. d'être transcrite en molécules d'A.R.N., puis traduite en protéines.

La première étape, appelée transcription, se déroule dans le noyau de la cellule : l'A.D.N. est copié en une chaîne complémentaire d'A.R.N. messager (A.R.N.-m). La seconde étape, ou traduction, a lieu dans le cytoplasme. Les bases constituant la molécule d'A.R.N.-m sont « lues » par groupes de trois ; chaque triplet ou codon spécifie un acide aminé selon un code génétique universel. Le codon G-A-.G. (G = guanine ; A = adénine), par exemple, code pour l'acide glutamique.

G. S.

codage nerveux de l'information

(angl. Neural Encoding of Information)

Transcription dans le langage propre au système nerveux des informations qu'il reçoit, qu'il traite et qu'il distribue aux systèmes efférents, muscles, glandes, etc., sous forme d'ordres interprétables par ces effecteurs.

Les messages sont constitués de trains de potentiels d'action, de durée et de fréquence variables, transportés par les fibres nerveuses sur de longues distances sans diminution d'amplitude, donc sans perte d'information.

Le codage nerveux repose en premier lieu sur l'information structurale inscrite dans la spécificité des voies de conduction qui caractérise l'origine du message.

Au niveau des récepteurs sensoriels, le codage nerveux des stimulus (pression, lumière, etc.) a pu être étudié de manière privilégiée ; en effet, on peut isoler certains paramètres de ces stimulus, en particulier leur intensité, qui seront traduits dans le message nerveux. Les différentes étapes de cette « transduction sensorielle » entraînent l'apparition, au niveau du premier neurone de la voie afférente, d'un potentiel local, d'amplitude variable (le « potentiel générateur »), qui est à l'origine des potentiels d'action propagés. L'amplitude du potentiel générateur présente avec l'amplitude du stimulus une relation logarithmique. La fréquence des influx dans le premier neurone présente par suite une relation logarithmique avec l'amplitude des stimulus dans la zone moyenne de réponse du neurone.

Si l'on considère que les impulsions nerveuses constituent un code propre au système nerveux, on peut, comme pour tout langage, évaluer sa capacité de transmission en bits d'information, selon les théories de C. E. Shannon. La méthode la plus simple est de considérer chaque impulsion comme un symbole binaire, présent ou absent à un moment déterminé dans une séquence temporelle. Dans cette hypothèse, chaque impulsion transporte au maximum un bit, et la capacité de transmission est limitée par la fréquence maximale des potentiels d'action dans une fibre (en fait, quelques centaines par seconde).

La modulation de fréquence des influx serait beaucoup plus efficace en termes de transmission d'information que le fonctionnement binaire. L'utilisation de la modulation de fréquence suppose un mécanisme d'estimation des intervalles temporaires extrêmement précis, les centres nerveux devant discerner des faibles variations de l'intervalle séparant les impulsions. Sur la base d'une telle hypothèse, on aboutit à une estimation théorique d'une capacité de transmission très supérieure à un bit par impulsion, dans un train d'influx modulé en fréquence.

J.-C. R.

→ code biochimique de l'information.

code biochimique de l'information

(angl. Biochemical Code of Information)

Théorie selon laquelle l'information qui guide le comportement des organismes est stockée dans des molécules.

Cette théorie a été amplement vérifiée pour l'information génétique. On sait aujourd'hui que cette information innée, qui détermine une bonne part du fonctionnement du système nerveux et du comportement, est située dans l'A.D.N. (→ protéique [synthèse]) des gènes du noyau cellulaire. La même idée reste en revanche plus hypothétique en ce qui concerne l'information acquise par le cerveau, c'est-à-dire la mémoire.

Des hypothèses de codage moléculaire de la mémoire ont été proposées dans les années 1960, mais les arguments expérimentaux apportés pour les démontrer n'ont pas entraîné la conviction générale. Les principales molécules envisagées étaient les A.R.N.* messagers (Hyden, McConnell), les protéines* (Hyden) ou des peptides* (G. Ungar). À l'heure actuelle, le code moléculaire de la mémoire reste une idée séduisante, mais dont la démonstration expérimentale reste à faire.

G. C.

cognitif, ive

adj. (angl. Cognitive)

Relatif à la cognition. R. L.

cognition

n.f. (angl. Cognition)

Ensemble des activités et des entités qui se rapportent à la connaissance et à la fonction qui la réalise.

Certains auteurs considèrent parfois la cognition comme un équivalent de la connaissance, en tant que désignation soit d'un processus (l'activité de connaître), soit d'entités que l'on peut considérer, manipuler et transformer (les connaissances). Ces auteurs se rencontrent plutôt chez les informaticiens, les logiciens, etc., qui ont normalement affaire à des connaissances exactes (vraies) et à des raisonnements valides.

Les psychologues prennent en considération de façon généralement beaucoup plus forte les erreurs ou les biais qui se rencontrent de façon normale au cours de la constitution ou du développement des représentations mentales, aussi bien que de leur manipulation : ils considèrent ces erreurs et ces biais comme des phénomènes naturels au même titre que les connaissances exactes et les raisonnements valides. En outre, ils observent que l'étude objective de ces distorsions apporte beaucoup d'informations, et finalement une connaissance objective et scientifique de second degré sur les processus de la connaissance et la nature de celle-ci. Les résultats de cette étude peuvent être intégrés au domaine plus vaste auquel contribuent la logique, le traitement sur ordinateur des connaissances, la linguistique, les neurosciences cognitives, etc.

Dans cette optique, il n'y a naturellement plus d'équivalence entre cognition et connaissance, le premier des deux concepts devant alors subsumer l'autre en qualité de son superordonné. Néanmoins, la connaissance demeure l'objectif, ou la *fonction* — au sens que la biologie confère à ce mot —, de la cognition. La définition de cette dernière recouvre donc à la fois *l'ensemble des activités qui concourent à la connaissance,* qu'elles fonctionnent de façon correcte ou plus ou moins incorrecte, et *l'ensemble des produits de ces activités,* qu'il s'agisse de connaissances proprement dites, d'erreurs franches, de représentations et de croyances approximatives ou partiellement inexactes.

J.-F. L. N.

BIBLIOGRAPHIE

Bonnet, C., et alii, 1989, *Traité de psychologie cognitive*, t. I, Paris, Dunod.

cognition animale

(angl. Animal Cognition)

Ensemble des opérations intellectuelles ou mentales que réalise un être vivant dans l'élaboration d'un savoir sur le monde et/ou dans la construction de son monde propre ou Umwelt.

Chez l'Animal, la question qui se pose est de décider si cette construction repose sur des éléments appartenant au monde lui-même (données objectives) ou à des substituts, des symboles (intentionnalité). Dans le premier cas, le système de pensée est béhavioriste, dans l'autre, cognitiviste.

Le phénomène de cognition recouvre deux ordres de processus : les opérations qui permettent la construction d'éléments de base (images, symboles, éventuellement concepts) et les opérations qui portent sur ces éléments et les relient entre eux (raisonnement, par exemple).

Le comportement est ainsi parfois défini comme une réalisation de processus cognitifs qui commencent à la perception elle-même pour certains auteurs et peuvent aller jusqu'à la conceptualisation.

Les études sur la cognition animale s'intègrent aujourd'hui dans le grand ensemble des sciences et techniques de la cognition (S.T.C.), qui regroupe aussi bien des linguistes, des psychologues et des épistomologues que des neurophysiologistes ou des spécialistes de l'intelligence artificielle. Les modèles de fonctionnement cognitif qui pourront résulter des échanges interdisciplinaires auront donc des conséquences générales : selon la conception que ces modèles auront du traitement des informations, celles-ci seront considérées comme ayant une signification par elles-mêmes ou comme de simples perturbations ; le choix d'une position entre ces deux extrêmes dépendra du rôle d'instruction de la réalité que l'on attribuera au milieu et/ou à la conscience. A. G.

→ cognitivisme, comportement.

BIBLIOGRAPHIE

Pearce, J-M., 1987, *An Introduction to Animal Cognition,* Hillsdale (New Jersey), Lawrence Erlbaum.

cognition sociale

(angl. Social Cognition)

Domaine de la psychologie sociale qui concerne le traitement, par l'individu, des informations sur le monde social (personnes, y compris soi-même, groupes, relations interpersonnelles, situations).

La cognition sociale désigne les opérations mentales et les outils conceptuels grâce auxquels l'individu donne du sens à son environnement social et y adapte ses conduites. Elle englobe les domaines du jugement, attributif (identification ; qualification) et inférentiel (explication causale ; attente et prédiction), de la mémoire, de la solution de problème et de la planification des actions. Les phénomènes étudiés relèvent du niveau individuel de description et d'explication, et même intra-individuel (« ce qui se passe dans la tête de l'individu ») ; certains auteurs mettent cependant l'accent sur l'origine sociale et l'aspect communautaire de la cognition. La cognition sociale est un des grands chapitres de la psychologie sociale ; les recherches utilisent essentiellement la méthode expérimentale et de nombreux concepts hypothétiques.

UN DOMAINE EN EXPANSION

Les recherches actuelles sur la cognition sociale sont l'aboutissement d'une évolution où l'on est passé de l'étude des seuls déterminants externes (la situation) du comportement social à celle des seuls déterminants internes, et même des seuls phénomènes mentaux, sans référence, le plus souvent, au comportement ni aux autres phénomènes internes, motivations et affects.

Il existe depuis longtemps, en psychologie sociale, un courant cognitiviste minoritaire du temps du béhaviorisme, qui est devenu aujourd'hui si dominant que « psychologie sociale et psychologie sociale cognitive sont aujourd'hui presque synonymes » (R. B. Zajonc). Ses origines remontent à la gestaltthéorie dont l'idée centrale d'organisation perceptive a été transposée par K. Lewin, S. E. Asch et F. Heider, aux représentations qu'a l'individu de son milieu social.

Deux thèmes de la théorie du champ de Lewin ont marqué les orientations de la psychologie sociale cognitive : l'espace de vie (l'environnement n'a d'effet sur la conduite que lorsqu'il prend un sens pour l'individu, en relation avec ses buts) ; les conflits et leur résolution au niveau comportemental ou cognitif.

À Asch, on doit les premières recherches expérimentales relatives à la perception des personnes, en termes de traits de personnalité se constituant en ensembles structurés qui donnent leur unité aux impressions, et relatives à l'influence sociale, où l'accent est mis sur les deux sources d'information qu'a l'individu à partir du monde (expérience directe et communication sociale) et en tenant compte du rôle positif qu'ont les conflits cognitifs entre individus dans les progrès de la pensée humaine.

Dans l'analyse par Heider de la psychologie naïve, on trouve esquissés des thèmes qui seront développés par la suite : les propriétés structurales (symétrie, transitivité) qu'ont, pour l'individu, les relations interpersonnelles ; la théorie naïve de la causalité des actions humaines ; le besoin que les éléments cognitifs d'une relation soient en équilibre *(balance)*.

Chacune des décennies suivant la décennie 1950 va être dominée par un thème préférentiel de la cognition sociale. Les années 1960 sont celles des *théories de la cohérence** dont la plus connue et la plus féconde est la théorie de la *dissonance* cognitive* de L. Festinger. Les années 1970 sont celles des *théories de l'attribution** de Heider.

Dans les années 1980, le thème central devient celui des *structures* (hypothétiques) *du savoir social* (par exemple, les prototypes, les scripts*) et de leur rôle dans le traitement des informations en provenance du monde social. L'influence de la psychologie cognitive est alors déterminante car les cognitivistes en sont venus à supposer l'existence d'« unités (cognitives) d'ordre supérieur » (aux mots et aux phrases) parce que, pour comprendre et mémoriser des textes et pour concevoir des programmes d'ordinateur capables de les traiter, il fallait, dans certains cas, disposer de « blocs de savoir » sur les situations sociales : la notion de *script* a clairement cette origine. (→ script.)

Ce que l'individu a appris sur le monde social, par expérience directe ou par transmission sociale verbale, se trouverait représenté en mémoire par ce qu'on a pris l'habitude, commode mais peu précise, d'appeler des *schémas**.

PERCEPTION ET CONNAISSANCE DES PERSONNES

La perception sociale est le plus souvent une *inférence clinique*. Presque tous nos jugements sur autrui concernent, non des caractéristiques physiques, mais des caractéristiques ou états psychologiques non observables (émotions, intentions, sentiments, traits de personnalité, etc.) sur la base d'indices observables (expressions du visage, attitudes corporelles, paroles, comportements, etc.). Pour interpréter ces indices, il faut utiliser d'autres informations, présentes (le contexte) et en mémoire (le savoir).

Juger qu'une personne a peur, c'est observer son visage, percevoir la situation dans laquelle elle se trouve et savoir, par expérience personnelle ou enseignement social, qu'une telle situation engendre de la peur *(reconnaissance des émotions)*. Penser qu'une personne est bonne, c'est observer son comportement, distinguer s'il s'agit d'un comportement spontané ou imposé par un rôle et estimer que l'acte observé est au-delà de ce que l'on sait être le comportement normal *(théorie de l'attribution)*.

L'individu utilise, pour juger autrui, des adjectifs qualificatifs qui correspondent à ce que le psychologue appelle des traits de personnalité (par exemple, chaleureux, intelligent, impulsif, etc.). Plusieurs traits sont le plus souvent attribués à la même personne, qui composent une impression unitaire et hiérarchisée : il y a des traits centraux et périphériques (Asch, *Formation des impressions*).

Toutefois, les relations entre traits ne seraient pas de type gestaltiste : l'impression globale qui résulte de l'attribution d'une série de traits, lorsqu'elle est mesurée sur une dimension donnée, correspondant le plus souvent à une valeur affective (l'impression est plus ou moins favorable ou défavorable), est égale à la moyenne pondérée des valeurs que prennent sur la dimension considérée les traits composants (H. H. Anderson, *Intégration des informations*).

De plus, lorsque le sujet naïf décrit des personnes, il y a des traits qui apparaissent fréquemment ensemble ; en analysant les *cooccurrences* (fréquence avec laquelle deux termes apparaissent ensemble dans plusieurs protocoles de jugements catégoriels) ou les *corrélations* (degré de covariation de deux réponses dans plusieurs protocoles de jugements sur des échelles quantitatives), on peut mettre en évidence la structure ou les dimensions de base des jugements sur les personnes (M.J. Rosenberg et Sedlak).

Le sujet percevant n'a pas une conscience claire des relations entre traits lorsqu'il les utilise conjointement pour décrire une personne : on dit qu'il a une *théorie implicite de la personnalité** que J. Bruner et R. Tagiuri ont énoncée.

Attribuer un trait à une personne ou à un objet, c'est la ou le *catégoriser* comme appartenant à une classe de gens ou d'objets qui possèdent les attributs associés au trait qui sert de label à la catégorie. (→ catégorisation.) En ce qui concerne la catégorisation des personnes, l'utilisation des traits de personnalité par le sujet percevant est restée longtemps le seul modèle de traitement pour la perception des individus. Le riche savoir que nous avons accumulé sur une personne connue est-il représenté par un simple ensemble de traits superordonnés ? Il apparaît que, dans ce cas, la représentation est plus complexe et inclut aussi une composante figurative (les traits physiques) et plusieurs autres catégorisations, sociales (par exemple, rôles familiaux et professionnels), culturelles et idéologiques (par exemple, goûts, croyances, habitudes, etc.). Les traits de personnalité ne sont donc qu'un type parmi les nombreuses *catégories taxonomiques* avec lesquelles nous opérons des subdivisions dans le domaine des personnes et traitons l'information dans ce domaine.

Parmi les personnes singulières du monde social, il en est une qui est centrale dans notre système cognitif, c'est nous-même. La *connaissance de soi* serait organisée en schémas-traits, reflets des invariances qu'on découvre dans ses propres comportements et des catégorisations répétées de soi par soi-même et par les autres personnes (H. Markus). Nous sommes schématiques si nous nous attribuons un trait (par exemple, indépendant) et que nous pensons que ce trait est central dans notre personnalité ; ce schéma-trait sert alors à traiter les informations relatives à soi dans le domaine de l'indépendance et à anticiper ses propres conduites dans ce domaine.

Un autre concept de la psychologie sociale s'est trouvé renouvelé par l'approche cognitive : celui de préjugé ou *stéréotype**.

PERCEPTION ET CONNAISSANCE DES INTERACTIONS ET SITUATIONS SOCIALES

La connaissance des personnes, prises individuellement ou en groupe, a tenu et tient toujours une grande place dans la psychologie sociale ; mais il existe d'autres domaines du savoir social dont l'étude est plus récente.

LES SCHÉMAS DE RELATIONS ET DE RÔLES

Quand on évoque les verbes « aimer (d'amitié) » ou « commander », on sait quelles sont les propriétés de la relation interpersonnelle qui est subsumée par ces mots : égalité et réciprocité, ou symétrie, dans un cas, hiérarchie et non-réciprocité dans l'autre (C. B. De Soto). Ce savoir abstrait, schématique, acquis par expérience directe et par communication sociale, est utilisé pour comprendre et mémoriser les faits d'observation ou les récits concernant deux ou trois personnes particulières.

D'autres schémas représentent le contenu du savoir sur les rôles, c'est-à-dire l'ensemble des *actions stéréotypées* qu'on attend d'une personne en tant qu'occupante d'un rôle vis-à-vis de celle(s) qui occupe(nt) le rôle complémentaire. Le monde social est ainsi découpé en de nombreux rôles, familiaux (par exemple, le rôle de père vis-à-vis du fils), professionnels (le rôle d'avocat), administratifs (le rôle de préfet), etc. Une particularité de ces schémas est de servir à comprendre et à anticiper les interactions dans lesquelles on est impliqué comme observateur ou comme acteur ; dans ce dernier cas, le schéma sert à programmer et à contrôler ses propres actions dans le rôle.

LES SCHÉMAS DE SITUATIONS

De la même manière que les schémas précédents, les scripts (par exemple, aller au restaurant, aller chez le dentiste) sont des ensembles d'actions stéréotypées impliquant l'individu comme observateur ou comme acteur. (→ script.)

LES FAIBLESSES DU FONCTIONNEMENT COGNITIF

En psychologie sociale plus qu'ailleurs, on a très souvent mis l'accent sur les *biais** qui se manifestent tant à l'entrée du système cognitif (la sélection des informations) qu'à la sortie (la sélection des réponses). Cela peut tenir au fait que, de façon cyclique, une métathéorie de la nature irrationnelle de l'Homme prévaut en psychologie sociale. Toutefois, cette orientation a été méthodologiquement utile, puisque l'étude des biais cognitifs révèle quelque chose des processus opératoires et des structures mentales directement inobservables.

Quand le sujet percevant juge une personne, il a tendance à lui attribuer des traits qui ont tous une valeur positive ou tous une valeur négative *(effet de halo)*, à utiliser davantage la partie positive des échelles bipolaires *(effet d'indulgence* ou *biais de positivité)*, mais à donner un poids plus grand aux informations négatives *(biais de négativité)*. Quand il cherche la cause de la conduite d'une autre personne, il a plus tendance à la trouver dans la personne elle-même que dans la situation *(erreur* fondamentale)* et à changer de type d'explication selon que le sujet est auteur ou observateur d'une action.

Quand il doit traiter des données multiples, le sujet utilise des stratégies simplificatrices, se basant sur les informations saillantes, concrètes ou familières au lieu d'explorer systématiquement l'ensemble des données présentes. Il chercherait plutôt à confirmer ses hypothèses ; il généralise trop vite à partir de cas particuliers ou d'échantillons trop petits, ne sait pas bien exploiter les données probabilistes et les rapports de fréquences *(corrélation illusoire)*.

Le traitement schématique cependant ne garantit pas une fidélité stricte aux données d'information : si on saisit plus vite et si on retient mieux ce qui est cohérent avec le schéma activé, on va au-delà des informations présentes parce que, sur la base de ce qu'on sait, on « bouche les trous » ou on tire des inférences qu'on prend pour des données ; il arrive de plus qu'on se trompe de schéma, et donc d'interprétation du comportement d'une personne ou d'une situation sociale.

La mise en évidence de la nature sélective du fonctionnement cognitif n'est pas une nouveauté : depuis longtemps, on a décrit l'individu comme interprétant le monde social en fonction de ses affects, de ses motivations, y compris le souci de maintenir *l'estime qu'il se porte à lui-même* (angl. Self-Esteem), de ses attitudes, croyances et préjugés. Cependant, la tendance aujourd'hui est d'attribuer ces faiblesses au fonctionnement cognitif lui-même : ayant des capacités limitées de traitement de l'information, l'individu simplifie le complexe et ramène le nouveau à ce qu'il connaît déjà.

LES INCERTITUDES DE LA COGNITION SOCIALE

Les recherches actuelles sur la cognition sociale laissent un certain nombre de questions sans réponse satisfaisante.

FONCTIONNEMENT COGNITIF ET MOTIVATION

Quels sont les effets des facteurs motivationnels et affectifs sur le fonctionnement cognitif ? Cette question générale prend une acuité singulière en psychologie sociale : quel objet de connaissance autre que l'individu humain a le pouvoir d'évoquer, chez le sujet percevant, les idées de similitude et de réciprocité, et celui de manipuler ses apparences, conduites et discours pour qu'on ait de lui une image favorable (angl. Self-Presentation) ? Vis-à-vis des objets sociaux, personnes et situations sociales, l'individu se sent personnellement impliqué, certainement plus qu'en face des objets du monde physique. De sorte que, si les cognitivistes ont tendance à considérer que la cognition sociale est un cas particulier, un peu plus complexe, de la cognition générale, certains psychosociologues pensent qu'elle a quelque chose de spécifique.

La dimension évaluative (jugement de valeur explicite ou implicite), présente dans toute perception sociale, devrait certainement être intégrée dans les schémas sociaux, jusqu'ici pures constructions cognitives. Et par motivation, il faudrait en tout premier lieu entendre le but pour lequel l'individu entreprend de traiter les informations présentes : par exemple, comment le fait d'être acteur ou observateur dans une situation, juge ou futur partenaire d'une personne entraîne-t-il l'activation d'un schéma de savoir particulier et le type des informations qui sont recherchées, y compris en mémoire ?

Structures du savoir social

Comment se forment les structures du savoir social ? L'acquisition du savoir social se confond-elle avec celle de la langue, et plus particulièrement avec l'apprentissage des mots qui servent de labels aux catégories de personnes, de rôles et de situations ? Ou bien s'agit-il d'un apprentissage inductif par accumulation d'expériences personnelles dans des interactions et situations sociales variées et qui se transforment, grâce au langage, en généralisations abstraites ? Ou bien encore d'un apprentissage indirect, social, par communication ?

Il y a peu de recherches génétiques en ce domaine. Il semblerait cependant que les premiers schémas acquis par les jeunes enfants soient les scripts des situations qui leur sont familières.

Dans les schémas une fois formés, quelle est la part de la stabilité, condition de leur utilité, et quelle est celle des changements, condition d'adaptabilité de l'individu à son milieu ? On a jusqu'ici mis davantage l'accent sur les processus (sélection perceptive et mémorielle des informations) qui contribuent à la maintenance des schémas que sur les conditions qui entraînent leur modification, sur les aspects des schémas qui sont modifiables (attributs composants ou relations entre attributs) et sur les modes de transformation (par exemple, sous-catégorisation).

Subjectivité du savoir social

Le savoir social est-il une construction subjective ? À trop mettre l'accent sur l'activité du sujet et sur le rôle, déterminant pour ses actions et conduites sociales, des représentations et théories naïves qu'il se construit sur le monde, la psychologie sociale cognitive risque de se confondre avec une phénoménologie.

Pour éviter ce rétrécissement du domaine, il faut réintroduire, dans les théories de la cognition sociale, l'idée d'une correspondance avec le monde, sans laquelle on ne comprend pas comment l'Homme peut s'adapter à son environnement.

Si le savoir social comporte une part de construit et une part de réalité, on comprend alors comment il est aussi en partie consensuel : un ensemble d'individus qui ont un équipement cognitif identique, une langue commune et qui cohabitent dans le même monde social, partagent un certain savoir social, ce qui leur permet de communiquer, de se comprendre, d'interagir et d'agir ensemble, et de contribuer mutuellement à la constitution du savoir de chacun.

G. M.

Bibliographie

Zajonc, R. B., 1969, « Cognitive Theories in Social Psychology », in G. Lindzey et E. Aronson (Eds), *The Handbook of Social Psychology*, 2nd edition, Reading, Mass., Addison-Wesley.

Zajonc, R. B., et Markus, H., 1985, « The Cognitive Perspective in Social Psychology », *ibid.*, 3rd edition, New York, Random House.

cognitive (psychologie)

(angl. Cognitive Psychology)

Partie de la psychologie qui concerne l'étude des processus et des structures de la cognition.

La psychologie cognitive peut être caractérisée de différentes façons, qui sont très largement corrélées, mais ne sont pas absolument identiques.

L'étude des fonctions cognitives

L'une de ces façons consiste à dire que la psychologie cognitive est l'étude de l'ensemble des *fonctions cognitives* et à donner une liste de ces dernières. Au lieu de fonctions, certains auteurs disent aujourd'hui à nouveau facultés, cognitives ou psychologiques. Quoi qu'il en soit, il s'agit de la perception, de l'attention, de la mémoire, du langage, des activités intellectuelles et, le cas échéant, d'autres domaines d'étude qui sont directement apparentés à ceux-là. Il existe un accord à peu près unanime aujourd'hui pour dire que ces fonctions constituent l'objet de la psychologie cognitive.

Elles sont alors considérées prioritairement dans leur mise en œuvre chez l'Homme, qu'elles lui appartiennent de façon exclusive (comme le langage ou les activités intellectuelles supérieures) ou qu'elles soient largement imprégnées par ces dernières (comme la perception, l'attention, la mémoire). Cela n'implique pas qu'il ne puisse y avoir de psychologie cognitive animale ; les auteurs qui travaillent dans cette direction sont ceux qui admettent qu'il existe, à des degrés divers suivant l'espèce, des activités animales internes qui préfigurent les activités humaines (par exemple, certaines formes de représentation).

La caractérisation de la psychologie cognitive ainsi faite conduit à tracer une ligne de démarcation plus ou moins nette à l'intérieur de la psychologie générale, ligne de démarcation qui est liée à l'objet, ou aux sous-domaines, de l'étude. On est alors amené à distinguer les fonctions cognitives d'autres fonctions, ou d'autres domaines ou aspects du fonctionnement psychologique. On peut regrouper ces derniers en un autre ensemble bien identifié au sein de la psychologie générale : il concerne les phénomènes qui relèvent de l'affectivité, des motivations, des émotions, etc., ainsi que la façon dont celles-ci contribuent aux structures de la personnalité. Peuvent s'y rattacher les désordres du psychisme qui relèvent de l'affectivité, c'est-à-dire une très vaste part des troubles psychopathologiques mineurs (névroses). Si l'on n'est pas très exigeant sur les concepts, on qualifiera ce second domaine de « psychologie clinique ». Il faut observer que les dysfonctionnements qui relèvent de la neurologie, et qui constituent l'objet de la *neuropsychologie**, sont aujourd'hui sans hésitation rattachés à la psychologie cognitive, bien qu'ils fassent aussi, en toute rigueur, l'objet d'observations cliniques. D'autre part, les troubles pathologiques majeurs (psychoses, démence) commencent à être considérés comme des atteintes cognitives. Pour s'en tenir à la psychologie générale, la distinction entre un vaste domaine appartenant à la psychologie cognitive et un tout aussi vaste champ dont il se trouve que s'occupe préférentiellement la *psychologie clinique,* ou ce qu'on pourrait plutôt appeler la « psychologie de l'affectivité », correspond à un état de fait de la fin des années 1980.

Cette distinction, purement descriptive, ne peut être rationnellement fondée qu'à certaines conditions. Personne ne doute que, dans la réalité psychologique concrète, les activités cognitives soient toujours gouvernées par des motivations (qui peuvent se manifester cognitivement comme des buts), et presque toujours accompagnées d'affectivité. On peut cependant trouver bien des activités qui, dans des conditions convenablement choisies, mobilisent un degré faible ou très faible d'affectivité : par exemple, comprendre la phrase « la lampe est sur le bureau », ou multiplier mentalement 16 par 4. Ainsi, lorsqu'on étudie une activité particulière, son degré de représentativité cognitive et le niveau d'affectivité/émotion/motivation auquel elle s'exerce doivent être constamment gardés présents à l'esprit. C'est seulement par une abstraction essentiellement orientée vers la recherche que se trouvent séparées ces deux sortes de composantes, cognitives et affectives. Il faut simplement se souvenir aussi qu'il serait absurde de qualifier dans l'absolu ces deux composantes d'« inséparables » et que c'est précisément une caractéristique de la recherche scientifique que de pouvoir les étudier séparément.

Vers le milieu des années 1980 sont apparues, en nombre rapidement croissant, des recherches qui cherchent à étudier conjointement les modes de fonctionnement cognitifs et les états émotifs ou affectifs du sujet. La question de savoir si ces études relèvent ou non de la psychologie cognitive peut être tranchée de diverses façons. Mais elle est en définitive de peu d'intérêt.

LA DÉMARCHE DE LA PSYCHOLOGIE COGNITIVE

Une deuxième façon de caractériser la psychologie cognitive consiste à prendre en compte la *démarche* qu'elle met en œuvre : c'est strictement celle de la *psychologie scientifique*. Un malentendu apparaît parfois ici dans la mesure où la démarche scientifique, en psychologie comme dans les autres domaines de recherche, repose de façon dominante et typique (mais non nécessaire) sur la méthode expérimentale. On s'explique ainsi que, dans l'esprit de certaines personnes, et même dans certaines institutions de la psychologie, on puisse être tenté parfois d'établir une équivalence entre *psychologie cognitive* et *psychologie expérimentale*. En toute rigueur, une telle équivalence est non fondée : il existe seulement dans les faits un notable degré de recouvrement, ou d'intersection. En réalité, l'expérimentation est utilisée fréquemment en psychologie cognitive, mais dans un cadre théorique quelque peu différent de celui de la psychologie expérimentale traditionnelle, qui avait été fortement marquée par le béhaviorisme stimulus-réponse (S-R) : on est plus près de la réalité si l'on considère la psychologie cognitive comme dérivant d'une psychologie générale expérimentale non béhavioriste et d'une épistémologie qu'on peut appeler cognitivisme*.

Le recouvrement entre cognitif et expérimental n'a rien d'absolu ni de définitif : il n'est sans doute qu'une corrélation historiquement passagère, puisque la psychologie expérimentale se définit par la méthode, et non, comme c'est le cas pour la psychologie cognitive, par l'objet d'étude. En outre, on considère généralement que plusieurs sous-domaines, spécifiques ou appliqués, à l'intérieur de la psychologie, par exemple en psychologie du développement, en psychologie différentielle, en psychologie sociale, en neuropsychologie, ainsi qu'en psychologie de l'éducation ou en ergonomie, sont étroitement apparentés à la psychologie cognitive. Identifier psychologie cognitive et psychologie expérimentale aurait enfin l'inconvénient de faire oublier que la démarche scientifique peut aussi bien être mise en œuvre hors du laboratoire, sur le terrain, au moyen de l'observation systématisée.

Ces réserves faites, il est assez raisonnable de considérer que la psychologie cognitive constitue la forme récente prise par la psychologie scientifique. C'est dans la psychologie cognitive que se trouve le mieux mise en œuvre la démarche scientifique avec ses deux volets principaux :
1. l'*élaboration de modèles* ou de théories, qui accordent une grande place à la formulation et à la mise en relation d'hypothèses, à la construction de concepts, à la déduction et, quand cela est possible sans artifice, à la formalisation; c'est dans cette importance reconnue à la modélisation ou à la formulation d'hypothèses théoriques que réside la différence entre cognitivisme et béhaviorisme S-R;
2. la *validation ou l'invalidation* de tels modèles, par la confrontation des conséquences qui en découlent avec des faits recueillis lors d'observations bien systématisées; c'est sur ce second volet que l'expérimentation a une place de choix et que la notion de comportement conserve toute sa force. Cette démarche ne fonctionne pas nécessairement dans l'ordre 1. puis 2., mais aussi, par ses rétroactions dans l'ordre 2. puis 1. Toutefois, le jour où cette démarche scientifique générale sera étendue à l'ensemble de la psychologie, le recouvrement évoqué plus haut perdra de sa validité.

THÉORIES ET MODÈLES MIS EN ŒUVRE

Une troisième façon de caractériser la psychologie cognitive, encore fortement corrélée avec les précédentes, consiste à partir du type de modèles et de théories qu'elle met en œuvre. En effet, il ne s'agit pas seulement de construire des modèles — la psychologie scientifique précognitive en a connu plusieurs familles —, mais de préciser de quelle sorte ils sont.

Dans presque tous les cas, il s'agit en psychologie cognitive de la théorie du traitement de l'information, plus explicitement de la théorie du recueil, du traitement, du stockage, de la structuration et de l'utilisation de l'information, avec une place de choix accordée à la notion de communication. Cette théorie générale peut prendre des formes diverses, et se spécifier dans des sous-familles de modèles, généraux ou locaux, qui peuvent éventuellement être très différents dans leurs détails mais qui néanmoins demeurent apparentés par leurs notions principales — celles qu'on vient de citer. L'étude empirique (et notamment expérimentale) a montré, sur une période qui est maintenant de plus de deux décennies, que ces modèles, au moins dans leurs propositions générales, sont bien compatibles avec les données d'observation — c'est-à-dire les comportements — qui relèvent des fonctions nommées plus haut. Faire de la psychologie cognitive équivaut alors à chercher une explication des phénomènes psychologiques, au laboratoire ou dans la vie, dans les concepts et les termes de la théorie du traitement de l'information; celle-ci doit alors être toujours particularisée, si possible de façon précise, par un modèle, et non être appliquée de façon simplement spéculative, à l'instar de ce qui se passe souvent pour d'autres théories scientifiquement moins solides. Cette façon de voir les choses a une influence sur l'idée même qu'on se fait de la psychologie en général. La psychologie n'est alors ni la recherche d'une connaissance fondée sur la conscience intérieure, sur l'appréhension des données phénoménales, ni une pure et simple science du comportement. Comme la première, elle vise à construire une connaissance de « ce qui se passe dans la tête », à quoi on peut appliquer sans réticence l'adjectif « mental », pourvu qu'on cesse d'identifier le sens de ce mot avec celui de « subjectif ». Mais comme dans la seconde, la validation des hypothèses, qui seule peut les transformer en connaissances, et plus largement ici la validation des modèles, doit nécessairement s'effectuer par l'extérieur, c'est-à-dire par la voie de l'observation de comportements. L'existence des phénomènes de conscience est pleinement admise et prise en compte par la psychologie cognitive. On ne peut dire toutefois qu'elle est dès aujourd'hui en mesure de les intégrer de façon pleinement satisfaisante. Il serait donc tout à fait erroné de croire, comme on le voit occasionnellement, que la psychologie cognitive correspond à un pur et simple retour à la psychologie de la conscience.

PSYCHOLOGIE COGNITIVE ET PSYCHOPHYSIOLOGIE

Une dernière façon de caractériser la psychologie cognitive, plus complexe que les précédentes, consiste à la situer par rapport à la psychophysiologie. On sait qu'une autre très grande famille de modèles largement utilisée en psychologie scientifique est celle des modèles psychophysiologiques, ou plus largement neurobiologiques. Il s'agit de modèles qui sont, dans une importante mesure, autres que les modèles cognitifs. Il n'y a pas aujourd'hui d'identité entre les modèles neurobiologiques et les modèles cognitifs. Non identiques, les deux familles sont néanmoins parfaitement compatibles. Elles se rejoignent sans difficulté au plus haut niveau d'abstraction : celui où l'on peut considérer que le système nerveux des êtres vivants, et plus spécialement leur cerveau, constitue un organe de traitement de l'information, mis au service de l'adaptation biologique des organismes. À ce niveau abstrait, l'analogie, ou plus exactement la mise en correspondance fonctionnelle, entre cerveau et ordinateur se trouve être parfaitement fondée.

Les choses deviennent plus difficiles dès que l'on quitte ces cimes, les différences de matière, de structure et de fonctionnement étant considérables entre cerveau et ordinateur, et les mises en relation directes étant souvent hasardeuses. On peut regarder comme une hypothèse plausible l'idée que la psychologie cognitive est susceptible de constituer le pont nécessaire (par l'idée de fonctions cognitives) entre les deux. Les psychologues cognitifs admettent sans difficulté que toutes les fonctions cognitives sont des fonctions du cerveau humain : autrement dit, ils admettent abstraitement que tout événement cognitif est en même temps un événement neuronal, que toute structure cognitive doit (probablement) être en même temps une structure neuronale. Mais cela est loin de suffire. Chez l'Animal, c'est seulement l'étude empirique qui pourra nous révéler, avec une très grande variabilité selon les espèces (des Invertébrés aux Chimpanzés), lesquels parmi les événements ou structures de leur cerveau possèdent réellement des caractéristiques cognitives, ou, ce qui revient au même, quelles fonctions cognitives telle ou telle espèce possède, et comment elles s'exécutent.

Mais, pour s'en tenir à l'Homme, la croyance en l'identité cognitif = neuronal pour les événements et les structures ne donne pas non plus d'emblée la clé explicative. Cette identité-là, qui est philosophique (ontologique), n'entraîne pas ipso facto une identité des modèles (scientifiques). L'étude des bases neuronales de la cognition est certes un domaine qui s'impose avec de plus en plus de netteté à la recherche scientifique contemporaine : elle utilise ses méthodes spécifiques, des catégories particulières de données observables et sa propre méthodologie dans la quête de concomitances ou de corrélations entre données cérébrales et données comportementales. La psychologie cognitive s'en distingue : elle s'élabore, en principe, *sans* observation ni hypothèse obligatoire concernant le cerveau. Si elle ne peut, naturellement, que tirer profit de toute conclusion qu'il est possible de tirer *avec* de telles observations ou hypothèses, elle n'en dépend pas. La façon dont pourront se rejoindre les deux cheminements n'est pas aujourd'hui parfaitement claire. Rien ne permet en tout cas de raisonnablement supposer que les modèles cognitifs *se dissoudront* dans les modèles neuronaux, ni que la neurobiologie *remplacera* la psychologie cognitive.

Le niveau d'organisation des phénomènes

Une des perspectives que l'on peut, de façon hypothétique, faire apparaître, repose sur la notion de *niveau*. Il est assez clair pour chacun que les événements et les structures qui se situent au niveau neuronal proprement dit, ou subneuronal (par exemple, le niveau synaptique), n'ont pas de pertinence directe pour la cognition : il est improbable que l'on puisse jamais identifier un concept ou un raisonnement au niveau de ce qui se passe dans un neurone ou dans une synapse.

Il faut observer que ce qui précède ne vaut pas pour toute la psychologie : il n'est pas absurde d'imaginer que des modes de fonctionnement psychologiques globaux, par exemple pathologiques comme dans la schizophrénie ou les psychoses alcooliques, soient explicables par des événements ou des structures, par exemple neurochimiques, qui se situent au strict niveau neuronal (répété à un très grand nombre d'exemplaires).

Il paraît donc nécessaire de considérer plusieurs niveaux d'organisation des phénomènes et des structures du système nerveux. On peut imaginer qu'il en existe un (ou quelques-uns) qui corresponde(nt) aux événements et structures cognitifs. On parle parfois à ce propos de « niveau cognitif » ou encore, de façon équivalente, de « niveau symbolique ». Par exemple, la perception d'une pomme ou la compréhension d'une phrase seront considérées comme se situant au niveau cognitif, mais non les phénomènes sous-jacents qui conduisent à cette perception ou à cette compréhension. Il est en outre assez tentant de considérer que c'est à ce niveau que s'établit aussi la prise de conscience. Dans cette optique, la psychologie cognitive est l'étude, essentiellement par le moyen des échanges comportementaux que l'individu effectue avec le monde extérieur, et plus particulièrement avec ses semblables, de phénomènes et de structures qui ont une réalité fonctionnelle propre et se trouvent correspondre en même temps à un certain niveau d'organisation du cerveau. Les quatre façons de caractériser la psychologie cognitive peuvent être adoptées séparément ou simultanément. Elles n'épuisent pas les caractéristiques d'un domaine en pleine évolution. J.-F. L. N.

Différ. Les différences individuelles dans une tâche cognitive globale (un test d'intelligence, par exemple) peuvent être mises en corrélation avec les différences observées chez les mêmes individus dans des tâches expérimentales très simples correspondant théoriquement aux processus élémentaires mis en œuvre par le traitement de l'information exigé par la tâche globale.

Le psychologue américain E. Hunt, entre autres, a réalisé des recherches de ce type. Les individus se différencient aussi en ce qui concerne leur « style cognitif ». Un style cognitif se définit en général par la cohérence que l'on observe entre certaines formes du traitement de l'information et certaines caractéristiques affectives et sociales. Le plus connu des styles cognitifs est la dépendance*-indépendance à l'égard du champ (H. A. Witkin). M. R.

→ cognitivisme.

Bibliographie

Anderson, J. R., 1980, *Cognitive Psychology and its Implications,* San Francisco, W. M. Freeman.
Bonnet, C., Ghiglione, R. et Richard, J.-F., 1989, *Traité de psychologie cognitive,* t. 1, Paris, Dunod.
Caverni, J.-P., Bastien, C., Mendelsohn, P., et Tiberghien, G., 1988, *Psychologie cognitive : modèles et méthodes,* Grenoble, Presses universitaires de Grenoble.
Codol, J.-P., Tête, A., et alii, 1989, « Psychologie cognitive : questions vives », in *Bulletin de psychologie,* 390, XLII, 12-14.
Eysenck, M. W., 1984, *A Handbook of Cognitive Psychology,* Londres, Erlbaum.
Huteau, M., 1987, *Style cognitif et personnalité,* Paris, P.U.F.

cognitive (thérapie)

(angl. Cognitive Therapy)

Thérapie brève axée sur la prise de conscience par le patient de la distorsion avec laquelle il appréhende et subit des événements malheureux de son existence.

Elle a recours à une technique psychologique visant à supprimer ou à estomper ses affects anxieux et/ou dépressifs, en permettant au patient de remettre lui-même en question le bien-fondé des pensées qui les accompagnent et de les remplacer par des pensées plus positives. La thérapie cognitive part de l'hypothèse que certains de ces affects sont créés ou majorés par une attitude non réaliste du sujet, ou par une distorsion perceptive des informations reçues, accentuant leur caractère négatif, et qu'ils sont entretenus par un monologue intérieur inadéquat. Par exemple, A. T. Beck, médecin américain fortement concerné par le mouvement psychanalytique, estime que le déprimé a une vision erronée et pessimiste de lui-même, du monde et de l'avenir. Pour aborder ce qu'il considère comme un dysfonctionnement cognitif, le thérapeute doit, en quelque sorte, modifier ce que le sujet se dit à lui-même et ainsi l'amener à se tenir des propos intérieurs plus réalistes sans pour autant critiquer ce qui lui est dit. Cette démarche a de nombreuses analogies avec la maïeutique de la tradition socratique. Cependant, pour lui donner une efficacité thérapeutique, il est courant de faire appel à des méthodes comportementales dans lesquelles c'est à partir de tâches proposées au sujet (par exemple, noter certains actes et les affects qui les accompagnent) que s'effectue cette restructuration cognitive. On parle alors de thérapie cognitivo-comportementale, l'accent étant mis sur les cognitions que le thérapeute s'efforce d'explorer. M. A.

Bibliographie

Beck, A. T., Rush, A. J., Shaw, B. F., et Emery, G., 1979, *Cognitive Therapy of Depression,* New York, Guilford Press.

cognitives (aptitudes)

(angl. Cognitive Abilities)

Ensemble des caractéristiques de la personnalité, différentes des domaines affectifs tels que les motivations et les émotions et concernant la plus ou moins grande capacité intellectuelle des êtres humains à faire passer de l'inconnu au connu.

Les aptitudes cognitives couvrent de façon générale le domaine de l'intelligence, alors que les aptitudes verbales, spatiales, numériques ainsi que la mémoire couvrent des champs plus restreints. M. R.

cognitives (sciences)

(angl. Cognitive Sciences)

1. **Ensemble des sciences prises sous l'angle de leur contribution à la constitution de la connaissance humaine.**

Dans cette acception, on dit par exemple que l'astrophysique est une science cognitive, parce que ses applications ou ses retombées pratiques sont pratiquement nulles. Cognitif est pris ici comme un opposé de *appliqué* et un substitut de *fondamental.*

2. **Ensemble des sciences qui portent sur la cognition.**

Cet ensemble comprend à peu près : l'intelligence artificielle, la linguistique, la logique, les neurosciences cognitives, la philosophie de l'esprit, la psychologie cognitive, certains domaines de l'ethnologie et de la psychologie sociale, etc. Si l'on considère cet ensemble comme constituant, au moins à titre d'objectif de recherche, un domaine intégré, on parlera de science cognitive. J.-F. L. N.

BIBLIOGRAPHIE
Varela, F. J., 1989, *Connaître les sciences cognitives*, Paris, Le Seuil.

cognitivisme

n.m. (angl. Cognitivism)

Doctrine ou courant de pensée de la psychologie contemporaine qui met l'accent sur les phénomènes de cognition, c'est-à-dire ceux qui sont liés à la connaissance.

La dénomination de « cognitivisme » n'a pas été utilisée dans la période préscientifique de la psychologie, bien que certaines théories aient correspondu à sa définition. Dans la psychologie contemporaine, on peut distinguer deux périodes durant lesquelles existent des courants cognitivistes ; elles sont séparées par l'apparition de la théorie du traitement de l'information, qui marque le début du cognitivisme le plus récent, puis de la psychologie cognitive sous sa forme actuelle.

Les théories antérieures et annonciatrices

Dans la période antérieure, plusieurs courants distincts ont pu être qualifiés de « cognitivistes ». On doit citer d'abord, en psychologie animale et plus particulièrement dans le domaine des théories de l'apprentissage, celui qui est illustré aux États-Unis, dans les années 1930 à 1950, par E. C. Tolman, Krechevski, Brunswik, etc. Ces auteurs, pour expliquer le comportement appris chez des Rats et d'autres animaux, développent une théorie dite « S-S », c'est-à-dire « stimulus-stimulus » : la thèse principale en est que les Animaux établissent des liaisons entre les stimulus du monde extérieur. On ne dit pas encore entre « représentations » de ces stimulus comme on le ferait aujourd'hui, mais l'idée est à peu près la même, bien qu'elle soit exprimée dans un langage béhavioriste.

Ces auteurs, qui ont souvent été influencés par la gestaltthéorie, utilisent donc des notions comme celles d'*attentes* (angl. Expectations) qui seraient développées par les Animaux à l'égard des stimulus dont ils ont fait l'expérience (le second S de la formule), de signes qui suscitent ces attentes (le premier S de la formule), d'hypothèses (chez le Rat) sur ce qui pourrait advenir, de comportements *intentionnels* (angl. Purposive) et de buts, etc. Ils considèrent que les apprentissages se font, même chez l'Animal, par l'acquisition de connaissances et non par l'établissement d'habitudes, et qu'il existe chez l'Animal une forme de résolution de problème, qu'ils décrivent souvent en termes d'insight.

Toutes ces notions ont clairement un caractère cognitif. Elles ne sont nullement métaphoriques comme ce pouvait être le cas dans la psychologie animale non scientifique : elles sont considérées comme des *concepts hypothétiques* (angl. Hypothetical Constructs) dont la liaison avec des événements observables, stimulus ou comportements, est très précisément définie. Cette famille de théories s'oppose aux théories S-R (stimulus-réponse), pour lesquelles le mécanisme fondamental des apprentissages est l'association d'un stimulus et d'une réponse (habitude).

Malgré cela, le cognitivisme de type S-S de cette période se présente, à l'instar des théories S-R, comme une forme de béhaviorisme. Il l'est réellement, au sens où nous dissocions aujourd'hui le béhaviorisme méthodologique et le béhaviorisme doctrinal (qui correspond mieux aux théories S-R).

Une deuxième famille de cognitivistes, directement apparentée à la précédente, et également influencée par la gestaltthéorie, est celle d'un important groupe de chercheurs qui travaillent en psychologie sociale : K. Lewin, S. E. Asch, F. Heider, L. Festinger, etc. Leur thèse principale est que l'on doit rendre compte des comportements sociaux non seulement à partir des événements auxquels les individus sont soumis, mais aussi et surtout à partir des interprétations que les individus en donnent. Celles-ci gouvernent non seulement leurs représentations, mais aussi leurs opinions et leurs attitudes, ainsi que les équilibres cognitifs et les éventuelles dissonances* cognitives, qui règlent ensuite les comportements.

On peut aussi considérer comme un troisième courant cognitiviste, toutefois moins typique que les précédents, celui d'auteurs comme Berlyne et, dans une certaine mesure, D. O. Hebb, qui mettent l'accent sur des comportements particuliers comme celui d'orientation-investigation, introduit par I. Pavlov, ou celui d'exploration de l'environnement, et sur des activités internes qui tournent autour de la nouveauté des stimulus, tels l'attention, l'intérêt, la curiosité, la recherche du changement perceptif et les conflits cognitifs entre l'ancien et le nouveau. On trouve des tendances semblables parmi les auteurs soviétiques postpavloviens.

Enfin, une quatrième très importante contribution au cognitivisme est constituée par l'œuvre de J. Piaget et, dans son originalité, celle de J. Bruner. Il s'agit là d'une tendance qui vise une véritable étude générale de la cognition, concernant cette fois directement l'être humain et son fonctionnement mental, avec le rôle que l'on sait attribué, d'une part, à l'étude du développement de l'enfant et, d'autre part, à la comparaison avec l'activité scientifique (l'épistémologie génétique de Piaget).

Développement du cognitivisme

Quand la théorie de l'information apparaît au cours des années 1960, elle se développe et pénètre peu à peu toute la psychologie, puis finit par progressivement englober toutes les tendances cognitivistes antérieures : ainsi naît le cognitivisme le plus récent.

On peut considérer qu'une évolution théorique et épistémologique très profonde s'opère alors dans la psychologie scientifique par rapport au béhaviorisme S-R antérieur. Celui-ci était, en dépit de tout, devenu dominant par rapport aux théories cognitivistes dans la recherche expérimentale aux États-Unis et dans le monde. Mais le béhaviorisme S-R était lui-même en crise, et les théories médiationnistes n'étaient pas parvenues à le sauver.

L'apport principal de la théorie de l'information est qu'elle fournit un cadre conceptuel général dans lequel on peut penser de façon complexe mais parfaitement cohérente les activités internes, en particulier humaines, sans nécessairement faire immédiatement référence aux activités cérébrales qui les sous-tendent et qui sont encore trop mal connues. En outre, ce cadre général peut être spécifié de façon détaillée pour les différentes catégories d'activités : perceptives, attentives, de mémoire, de langage, intellectuelles, etc.

Les thèses cognitivistes

La première thèse du cognitivisme récent a été que les comportements ont pour explication, et même pour cause, une activité interne. Celle-ci est certes neurobiologique, cérébrale en nature, mais la psychologie peut de façon spécifique et justifiable la décrire à son propre niveau en termes de *traitement de l'information* et, pour ce qui concerne la mémoire et l'intelligence, de *structures de cette information*. La psychologie ne doit donc plus être caractérisée simplement comme la « science du comportement ». Elle inclut une modélisation de l'activité interne.

La seconde thèse, méthodologique et complémentaire de la première, conserve l'idée que cette activité interne n'est pas directement observable ni interprétable — les techniques neurobiologiques soulevant leurs propres problèmes. L'élaboration et la validation des modèles cognitifs particuliers doivent donc nécessairement passer par des inférences, fondées sur l'expérimentation ou l'observation systématique. Mais celles-ci doivent, comme précédemment (dans la perspective du béhaviorisme méthodologique), inclure la mise en relation des comportements et de leurs conditions d'apparition (situations et stimulus).

Ce qui, à partir du milieu des années 1960, revêtait d'abord la forme d'une doctrine ou d'une tendance, le cognitivisme, s'est peu à peu révélé extrêmement viable et fécond. Les connaissances et les problématiques se sont accrues et précisées, en sorte que la tendance s'est maintenant muée en un domaine complet, extrêmement actif, de la recherche en psychologie, la *psychologie cognitive*. Celle-ci s'impose aujourd'hui en psychologie. J.-F. L. N.

ÉTHOL. **Doctrine selon laquelle l'Animal est capable de forger des représentations (images, symboles, etc.) et de les lier entre elles.**

Chez les Animaux, l'existence des processus cognitifs est encore sujette à controverse entre béhavioristes, qui considèrent qu'il n'existe pas de preuve expérimentale de la cognition chez l'Animal, et cognitivistes, pour qui l'existence de ces processus est une pétition de principe; cette dernière position peut être confortée par l'analyse de comportements dans des situations construites de telle sorte que la référence aux processus cognitifs est nécessaire (par exemple, mise en évidence d'une carte cognitive, qui apparaît sous la forme d'une représentation globale de l'espace qui permet à l'animal de se repérer en tout point de son territoire; Tolman, 1932).

Historiquement, les travaux les plus connus sont ceux qui tentent de démontrer l'existence de représentations (images). L'expérience de O. L. Tinklepaugh (1928), qui cache une friandise devant des Babouins puis, à leur insu, la change en une feuille de laitue (ce type d'étude met en évidence un phénomène baptisé « effet de dépression » affectant les animaux frustrés dans leur attente), en est un exemple; il en est de même des travaux qui traitent de la résolution de problèmes (détour de locomotion ou de préhension, par exemple). Plus récemment, la possibilité d'utiliser des concepts a été étudiée : les travaux de R. J. Herrnstein (1976), par exemple, semblent montrer que le Pigeon est capable de forger le concept d'arbre; on a de même testé la capacité au mensonge chez les Singes, leur comportement dans un miroir, leur aptitude à apprendre un langage et à maîtriser des symboles (langage des sourds-muets, par exemple); dans chaque cas, selon le courant de pensée auquel on appartient (béhaviorisme, cognitivisme), il semble prouvé soit que l'animal dispose de capacités cognitives, soit que sa performance s'explique par un apprentissage simple. Selon certains chercheurs, il n'existera jamais d'expérience cruciale en ce domaine. A. G.

→ attente, béhaviorisme.

BIBLIOGRAPHIE
Dickinson, A., 1984, *l'Apprentissage animal*, Toulouse, Privat, coll. Bios.
Estes, W. K. (Ed.), 1975-1978, *Handbook of Learning and Cognitive Processes*, 6 vol., Hillsdale (New Jersey), Lawrence Erlbaum.
Neisser, U., 1967, *Cognitive Psychology*, New York, Appleton-Century-Crofts.
Siguan, M., et alii, 1987, *Comportement, cognition, conscience*, Paris, P.U.F.

cohérence

n.f. (angl. Consistency)

PSYCHOSOCIOL. **Présupposé de non-contradiction chez une personne (entre ses attitudes et comportements) ou dans un système (entre ses différents éléments).**

Le concept de cohérence présuppose pour nombre de modèles psychosociologiques (par exemple, la théorie de l'équilibre et la théorie de la dissonance cognitive) qu'un individu ne peut supporter le conflit provoqué par la présence simultanée d'un élément A (par exemple, l'attitude que la cigarette est cancérigène) et d'un élément B (par exemple, le comportement de fumer des cigarettes) qui serait la négation de l'élément A. L'individu en question aurait tendance à éliminer la tension psychologique provoquée par cette contradiction en changeant soit son comportement, l'élément B (l'individu cesse de fumer), soit son attitude, l'élément A (l'individu minimise l'effet nocif de la cigarette). R. L.

cohésion

n.f. (angl. Cohesion, Cohesiveness)

PSYCHOSOCIOL. **Lien qui maintient ensemble les membres d'un groupe; système des forces internes et externes qui contribuent à l'unité du groupe.**

Cette notion capitale en dynamique des groupes* s'apparente à des notions antérieures comme celle d'intégration (chez H. Spencer) et celle de solidarité (chez E. Durkheim). Elle englobe des facteurs collectifs et individuels et se prête aisément à l'approche expérimentale. Ses définitions multiples mettent l'accent tantôt sur l'aspect fonctionnel de contrôle, de normalisation, de pression vers l'uniformité; tantôt sur l'aspect affectif de l'attrait, de l'attachement liés au sentiment du nous, de l'« être ensemble ».

La cohésion dépend de certains facteurs généraux d'ordre environnemental et culturel : disposition spatiale, type de pouvoir, système des statuts et des valeurs. Mais elle tient surtout à des facteurs intrinsèques propres à chaque groupe.

FACTEURS SOCIO-OPÉRATOIRES

Ces facteurs concernent l'organisation groupale, la structure et le fonctionnement qui lui permettent de satisfaire (au moins partiellement) ses besoins et de poursuivre ses buts.

Interviennent ici, d'une part, la distribution et l'articulation des rôles, qui relèvent à la fois du genre d'activité collective, des statuts et des aptitudes respectives, et, d'autre part, le mode de leadership et de conduite du groupe.

FACTEURS SOCIOAFFECTIFS

Ces facteurs englobent des motivations, des émotions et des valeurs partagées correspondant à plusieurs forces attractives : celle d'un but commun (en rapport avec le niveau moyen d'aspiration); celle de l'action elle même et du sentiment de progression vers le but; celle surtout de l'appartenance au groupe, où domine selon le cas un sentiment de puissance (groupes en expansion, groupes de pression), de fierté (groupes de prestige) ou de sécurité (groupes enracinés). L'ensemble de ces facteurs soutient le processus d'identification des membres à leur groupe et l'intensité variable du nous, allant de la simple référence au fanatisme.

À ces affects collectifs viennent se conjuguer le jeu des affinités et la satisfaction de certains besoins personnels. Parmi ces derniers ressortent ceux (complémentaires) de domination et de soumission, les pulsions agressives, le souci de prestige et plus banalement le désir d'être admis et reconnu dans un groupe. Ces facteurs adjacents peuvent constituer selon les cas un effort ou une menace pour la cohésion — lorsque les membres utilisent le groupe pour assouvir leurs tendances et leurs intérêts propres.

La cohésion se manifeste à travers des conduites multiples : conformisme et déviationnisme, résistance au changement, relation intergroupes*. J. M.

collectif (test), collective (épreuve)

(angl. Group Test)

Test, épreuve pouvant être appliqués simultanément à plusieurs personnes. M. R.

collection figurale, non figurale

(angl. Collection)

Selon J. Piaget, rassemblement d'objets discrets en petits agrégats, soit en fonction de leur appartenance à une configuration perceptive (*collection figurale*), soit en fonction de ressemblances entre objets à classer (*collection non figurale*).

Alors que les classes logiques sont emboîtées, les collections ne sont que juxtaposées. On observe les collections figurales chez les enfants de 2 à 5 ans, les non-figurales entre 5 et 7 ans. E. V.

BIBLIOGRAPHIE
Josse, P., 1984, *Classes ou collections? Étude de la résolution entre 5 et 11 ans du problème dit « d'inclusion »*, Paris, Éd. du C.N.R.S.

collicule

n.m. (angl. Colliculus)

→ tubercules quadrijumeaux.

Columbia (échelle de maturité mentale de)

(angl. Columbia Mental Maturity Scale)

Épreuve permettant d'évaluer le niveau de maturité intellectuelle des grands handicapés : infirmes moteurs cérébraux et aussi sourds et aphasiques.

Elle se compose de planches de dessins. L'enfant est prié d'indiquer le dessin « qui ne va pas avec les autres ». L'épreuve est d'abord perceptive, puis s'adresse à la pensée conceptuelle. Elle a fait l'objet d'une adaptation française. M. R.

coma

n.m. (angl. Coma)

Perte de connaissance prolongée s'accompagnant d'une perte plus ou moins complète de la réactivité.

En fonction de la réactivité, on classe les comas en trois stades :
le stade I. Le malade peut émettre quelques paroles plus ou moins compréhensibles à la suite de stimulations auditives fortes ou nociceptives légères ;
le stade II. Il réagit seulement à des stimulations nociceptives appuyées ;
le stade III. Il n'a plus de réaction.

Dans ce stade III, si le coma s'aggrave, le patient entre dans l'état végétatif, où seules sont conservées les grandes fonctions neurovégétatives et les activités du tronc cérébral. Cet état se distingue de la mort cérébrale, qui se caractérise, elle, par des lésions irréversibles de l'ensemble des structures cérébrales, avec un tracé plat à l'électroencéphalogramme et la possibilité de maintien pendant quelques semaines au plus des activités végétatives par des mesures continues de réanimation.

L'entretien de tels états par des procédés artificiels pose des problèmes éthiques parfois difficiles à résoudre ; mais l'état végétatif persistant ne doit pas être confondu avec celui de la mort cérébrale qui est définitive. J. P.

combinatoire

n.f. (angl. Combinative)

Ensemble exhaustif des permutations possibles dans un ensemble.

Dans la théorie de J. Piaget, la combinatoire représente une opération formelle qui n'apparaît que chez l'adolescent, entre 12 et 15 ans. H. B.

→ formelles (opérations).

comitial, e, aux

adj. et n. (angl. Epileptic)

Terme encore utilisé dans un sens qui recouvre toutes les formes d'épilepsie. (Syn. épileptique.) J. P.

comitialité

n.f. (angl. Epilepsy)

→ épilepsie. J. P.

commensal, e, aux

adj. et n. (angl. Commensal)

Se dit d'un animal vivant en commensalisme. J.-P. S.

commensalisme

n.m. (angl. Commensalism)

Au sens strict, association de deux espèces animales dans laquelle l'une (commensale) détourne à son profit une partie de la nourriture de l'autre (hôte) ; mais cette notion a été étendue à d'autres avantages : transport, protection, etc.

L'hôte ne ressent aucune gêne de la présence du commensal. Ce type d'association est intermédiaire entre la symbiose, où les avantages sont réciproques, et le parasitisme, préjudiciable à l'une des deux espèces. J.-P. S.

→ symbiose.

commission départementale d'éducation spéciale ou C.D.E.S.

Commission départementale instaurée par la loi d'orientation du 30 juin 1975 en faveur des personnes handicapées (enfants et adolescents).

La commission départementale d'éducation spéciale (C.D.E.S.) se compose de 12 membres, nommés pour 3 ans par le préfet. La C.D.E.S. comprend notamment au moins 1 médecin, et des représentants de l'inspection d'académie, de la D.D.A.S.S., des organismes d'assurance maladie, des organismes de prestations familiales. La commission dispose d'une équipe technique qui instruit chaque dossier et lui présente la synthèse de ses travaux. La C.D.E.S. peut déléguer certaines de ses attributions à des commissions de circonscription, à l'exception de celles qui entraînent une incidence financière (prise en charge par la Sécurité sociale, attribution d'allocation).

La C.D.E.S. est compétente pour :
— désigner les établissements ou les services dispensant ou non l'éducation spéciale, correspondant aux besoins de l'enfant ou de l'adolescent et en mesure de l'accueillir : classe ordinaire avec éventuellement des enseignements de soutien, des rééducations ou des traitements ambulatoires ; classe ou section d'adaptation ou d'éducation spéciale d'un établissement scolaire ordinaire ; établissement ou service spécialisé ;
— attribuer l'allocation d'éducation spéciale si certaines conditions sont réunies ;
— attribuer le complément de l'allocation d'éducation spéciale si les conditions requises sont réunies ;
— se prononcer sur l'admission en centre d'aide par le travail ou en maison d'accueil spécialisé d'un adolescent qui est âgé de 16 à 20 ans ;
— attribuer une carte d'invalidité.

La saisine de la C.D.E.S. peut être effectuée par les parents de l'enfant, le chef de l'établissement scolaire fréquenté par l'enfant, l'autorité responsable de tout centre, établissement ou service médical, social ou administratif intéressé. L'instruction du dossier est pratiquée à la diligence du secrétariat de la commission, qui saisit l'équipe technique. La décision prise par la C.D.E.S. s'impose aux différents organismes sociaux de prise en charge ainsi qu'aux différents établissements, qu'ils s'agisse d'établissements scolaires ordinaires ou d'établissements d'éducation spéciale ; mais elle ne s'impose pas aux parents ou aux personnes responsables de l'enfant.

Des voies de recours sont ouvertes : un recours gracieux peut être formé devant la C.D.E.S. par toute personne ayant qualité pour agir ; un recours contentieux peut être exercé devant la commission régionale du contentieux technique de la Sécurité sociale. M. G.

commissures interhémisphériques

(angl. Interhemispheric Commissures)

Formations télencéphaliques, au nombre de trois, formées par des faisceaux de fibres nerveuses qui constituent des lames de substance blanche unissant les deux hémisphères cérébraux.

Deux d'entre elles sont d'origine archipalliale : la *commissure blanche antérieure* (qui unit les deux lobes temporaux) et le *trigone,* ou psaltérion, ou fornix (triangulaire, en forme de voûte, réunissant les aires de l'archicortex). L'autre est d'origine néopalliale, et de loin la plus importante (près de 250 millions de fibres, selon N. Cook) : c'est le *corps calleux.* J. P.

1. communauté

n.f. (angl. Community)

SOCIAL. **Groupement plus ou moins spontané d'individus cherchant à vivre sans référence avec le modèle familial, social et politique, tel que l'illustre la famille nucléaire, et sans mettre en priorité dans la formation du groupe les circuits habituels de production.** R. L.

2. communauté

n.f. (angl. Communality)

STAT. **Part de la variance d'une variable observée dont rendent compte les facteurs communs dans une analyse factorielle.**

Elle est égale à la somme des carrés des saturations de cette variable en ces facteurs, s'ils sont orthogonaux. M. R.

communauté thérapeutique

(angl. Therapeutic Community)

Méthode de traitement des maladies mentales s'efforçant d'utiliser le milieu social de l'institution soignante comme

un élément intégré à la prise en charge thérapeutique.

Cette véritable « thérapie par le milieu » préconisée d'abord en Grande-Bretagne par M. Jones dès la fin des années 1940, a permis d'introduire la psychiatrie sociale dans les hôpitaux aux États-Unis et dans les principaux pays européens.

Ses principes ont été ainsi définis par Jones et R. Rapaport : transformer l'organisation de l'hôpital pour que chaque individu (soignant ou soigné) puisse s'engager dans l'entreprise thérapeutique commune ; permettre aux diverses communications de circuler le plus librement possible, en supprimant les cloisons hiérarchiques ; favoriser les prises de décision en commun, en développant en particulier des réunions très ouvertes où elles pourront se réaliser et des « groupes en action » centrés sur des activités sociales spécifiques.

Ainsi s'effectuent de véritables changements à la fois dans les groupes et chez les patients qui, par un véritable apprentissage social, réussiront une évolution psychosociale allant souvent dans le sens d'une très grande amélioration de leur état.

Très critiqué, aussi bien par les nostalgiques du système de traitement moral autoritaire que par certains psychanalystes qui lui reprochaient son sociologisme, le mouvement de communauté thérapeutique a apporté de grands progrès dans le traitement institutionnel des malades mentaux et a permis certains développements de la psychiatrie sociale. J. P.

communication

n.f. (angl. Communication)

Transmission de l'information d'un point à un autre, c'est-à-dire d'une source à un destinataire.

Problèmes généraux de la communication

Pour certains auteurs, la communication implique la reconnaissance réciproque des intentions : on différencie alors la signification du message de l'intention de communication de l'émetteur. De même, on peut considérer qu'il n'y a communication que lorsque les comportements impliqués s'inscrivent dans une organisation sociale. Outre la psychologie, maintes disciplines concourent à l'étude de la communication : l'éthologie, la neuropsychologie, les sciences du langage, l'intelligence artificielle, l'ergonomie, etc.

Modèles linéaires et dynamiques de la communication

La théorie de l'information, élaborée en 1949 par C. E. Shannon et W. Weaver pour répondre à certains problèmes posés par les télécommunications, a joui en psychologie d'une grande faveur dans les études de la communication verbale et de la perception. Cette théorie présente un schéma minimal de la communication : la source émet des messages qui sont codés par le transmetteur en signaux susceptibles d'être véhiculés par le canal, eux-mêmes décodés par le récepteur sous une forme assimilable par le destinataire. C'est au niveau du canal qu'interviennent les perturbations, le « bruit » altérant la transmission du message. Un tel schéma a été modifié de manière à représenter en une seule « unité de communication » les opérations de codage et de décodage qui se déroulent dans l'organisme lui-même quand un sujet parle ou écoute. Les signaux sont alors convertis en processus cognitifs ou vice versa. Dans ce schéma, la source transmet au destinataire une information qui est d'autant plus grande que l'événement concerné est improbable. Dans la communication verbale, les événements (par exemple, l'émission des mots successifs d'une phrase) sont dans une relation de dépendance séquentielle qui conditionne l'incertitude. Lorsque les événements sont équiprobables, la quantité $H = \log 2n$ mesure l'incertitude du récepteur avant réception du message, ce que l'on appelle l'« entropie » du système. C'est le rapport entre l'entropie réelle d'un système et son entropie maximale, en supposant toutes les éventualités équiprobables, qui sert à définir la « redondance ». Dans le langage, la redondance résulte aussi du fait qu'une unité donnée (syllabe, mot) est plus ou moins probable après telle autre. Elle permet aussi de réduire le nombre d'erreurs dans la perception d'un message et de contrecarrer les dégradations éventuelles entre émission et réception. Les travaux sur la lecture ont montré que les sujets utilisent la redondance de la langue en sautant des lettres, déterminées par celles qui précèdent ou qui suivent. En dépit de sa valeur heuristique, un tel modèle statique et linéaire ne peut prendre en compte le caractère interactif de la communication et sa dimension sociale fondamentale.

Sous l'influence des modèles cybernétiques, l'étude de la communication a intégré de nouveaux concepts, en particulier celui de feed-back, et proposé des analyses en termes de rétroaction, substituant aux modèles linéaires des modèles circulaires. De tels modèles mettent l'accent sur les processus d'interaction inhérents à tout acte de communication.

Systèmes non verbaux de communication

Dans l'espèce humaine, une forme de communication s'est instaurée qui semble éclipser toutes les autres : le langage verbal. Toutefois, il existe un registre non langagier, composé de comportements variés souvent présents simultanément et dont les relations fonctionnelles avec le comportement verbal restent à élucider. Les expressions faciales, les gestes et mouvements des mains constituent des signaux aussi conventionnels que les mots de la langue, mais s'en différencient par leur caractère analogique : à des signifiés voisins correspondent des signifiants voisins ; il n'y a pas d'« arbitraire » du signe. Le regard semble remplir nombre de fonctions différenciées dans la régulation de la communication : information sur la relation interpersonnelle, les statuts ; gestion des tours de parole. Se fondant sur l'analyse des activités conjointes non verbales du bébé et de sa mère, certains auteurs ont avancé l'hypothèse que ces conduites constitueraient des prérequis de l'acquisition langagière ultérieure. La question de la filiation des comportements préparant au langage reste très débattue, aussi bien sur le plan ontogénétique que sur le plan phylogénétique. (→ communication verbale et non verbale.)

Pragmatique de la communication

C'est à J. L. Austin que l'on doit l'introduction de la notion importante d'*acte de parole* (angl. Speech Act) conférant à l'idée d'intention communicative un statut dans la théorie linguistique. Produire un énoncé, ce n'est pas seulement transmettre une information, c'est effectuer une action à l'aide du langage. L'analyse des verbes performatifs (par exemple, « je promets de t'écrire demain ») révèle bien que l'acte — ici la promesse — est effectué par l'énoncé lui-même. En développant la notion de valeur *perlocutoire* d'un énoncé, Austin montre que produire un énoncé a des effets, intentionnels ou non, sur l'auditeur. Mais surtout, il propose d'analyser la valeur ou force *illocutoire* attachée à un énoncé, révélant ainsi comment les règles de la langue elle-même définissent un certain type d'acte (ordre, demande, etc.) et confèrent à l'énoncé sa fonction dans la communication. Pour sa part, Grice avance que la communication verbale repose sur un principe général, le principe de coopération. Toute conversation suppose une acceptation tacite de règles qui se traduit par des *maximes conversationnelles*. Le locuteur est censé, par exemple, ne dire que ce qui est pertinent (maxime de pertinence). Cette notion a été critiquée dans la mesure où les interlocuteurs ne visent pas nécessairement un but identique et où la communication peut être mensongère, confuse. À l'idée de coopération peut être préférée celle d'ajustement qui implique, entre autres, la prise en charge de certaines composantes du langage non explicites, telles les présuppositions et les formes argumentatives. D'une part, en disant ce qu'il dit, le locuteur fait état de ce qu'il tient pour acquis, de ce qu'il présuppose. D'autre part, le sens d'un énoncé inclut ce pour quoi il est dit ; de sorte que, dès sa production, se trouvent spécifiés les mouvements conclusifs et enchaînements qu'il permet.

En mettant au centre de ses propositions pour une axiomatique de la communication humaine « l'impossibilité de ne pas communiquer », l'école de Palo Alto a renouvelé la pragmatique de la communication. La métaphore de l'orchestre fait de la communication un tout intégré, un processus social permanent où divers systèmes de comportements concourent à produire le sens. C'est donc en termes de niveaux de complexité, de contextes multiples et de systèmes circulaires qu'il faut concevoir la recherche en communication. M. K.

La communication chez l'enfant

Les problèmes de définition

Le message émis doit-il nécessairement être intentionnel pour qu'on puisse parler de communication entre deux personnes ? Certains auteurs admettent la définition la plus extensive, assimilant la communication à toute forme d'interaction entre organismes vivants. D'autres, au contraire, restreignent la définition de la communication aux cas où l'émission est intentionnelle, c'est-à-dire produite en vue d'obtenir un effet anticipé par l'émetteur. Un des inconvénients de cette définition est qu'elle exclut les interactions précoces du bébé et de ses proches. Or, les hypothèses ontogénétiques les plus fécondes actuellement décrivent l'apparition de la communication intentionnelle comme résultant d'une sélection sociale à partir d'une expressivité biologique. Les expressions émotionnelles notamment, en tant que signal impératif qui appelle réponse immédiate, se dotent très rapidement d'une valeur fonctionnelle : elles exercent un contrôle sur le comportement du récepteur (généralement le parent, qui apparaît aux cris de l'enfant). Les cris bientôt n'exprimeront plus seulement un cas de détresse, mais, prémices de l'expression intentionnelle, ils seront utilisés aux fins d'obtenir la présence de l'adulte. Il est donc raisonnable d'admettre une définition extensive de la communication et de distinguer deux niveaux de communication humaine : un niveau de communication asymétrique, et un niveau de communication intentionnelle et réciproque où les messages sont émis et reçus selon un code commun. Au niveau asymétrique, l'émetteur ne maîtrise pas l'effet de son émission, alors que le récepteur interprète cette émission comme un message : ce niveau est typique des interactions entre adulte et bébé au cours des 9 à 12 premiers mois de vie. Ces interactions sont parfois appelées pour cette raison « pseudodialogues » (H. Schaffer).

Plus récemment, on a critiqué l'étude de la communication selon le modèle inspiré des théories de l'information qui focalise l'intérêt sur l'importance du partage d'un code entre interlocuteurs et sur la succession temporelle des tours de parole alternés entre partenaires de l'interaction. Ce modèle ne vaut pas en effet pour la communication non verbale, émotionnelle ou gestuelle, au cours de laquelle il y a de larges zones de simultanéité entre émission et réaction à l'émission. En outre, il est arbitraire d'opposer communication verbale et communication non verbale, dans la mesure où toute communication utilise plusieurs canaux (J. Cosnier et A. Brossard). [→ communication verbale et non verbale.] Cela est encore plus vrai du jeune enfant, pour lequel la communication non verbale joue un rôle complétif ou substitutif par rapport au langage (J. Beaudichon).

La définition de la communication proposée aujourd'hui se réfère à l'image de l'orchestre, ce qui met en évidence le développement de la communication à la fois en parallèle et en successif. Il y a construction simultanée du dialogue par celui qui s'exprime et celui qui reçoit : non seulement le locuteur modifie l'état du partenaire par son message, mais à chaque instant l'interlocuteur modifie le locuteur lui-même, par ses regards, ses gestes, ses mouvements. Dès la naissance, l'engagement mutuel de ceux qui communiquent se manifesterait grâce à la capacité du bébé à adapter, tout comme l'adulte, ses rythmes de mouvements à ceux du locuteur. Cette capacité neurobiologique d'hétérosynchronie (W. Condon et L. Sander, 1974), tout en étant controversée, suscite un grand intérêt et est à la base des études « en face à face » entre mère et bébé : on a décrit ainsi une synchronisation des comportements de la mère sur la structure temporelle des mouvements de l'enfant, et inversement (C. Trevarthen) ; la danse entre les mouvements de retrait et d'avancée de la mère et du bébé en face à face (D. Stern). Un autre élément en faveur de la thèse d'une capacité précoce du nouveau-né à prendre sa place dans un système d'interaction est fourni par la précocité des expressions faciales (toutes les composantes musculaires nécessaires pour encoder des états émotionnels sont présentes dès la naissance ; les patterns des expressions émotionnelles ressemblent à ceux des adultes ; certaines expressions sont fonctionnelles dès la naissance, comme le dégoût) et par la précocité de la discrimination des expressions (à partir de 10 semaines dans certaines conditions ; à partir de 6 mois pour la discrimination de catégories d'émotions).

Signaux, indices et codes

Il faut donc distinguer deux plans. D'une part, les actes de communication sont l'indice, le signal que constituent les mouvements du visage et du corps, ainsi que les postures, en ce qu'ils sont porteurs de signification pour le partenaire, sinon pour l'émetteur. Mais, d'autre part, ces mouvements ne peuvent être confondus avec les gestes conventionnels ou symboliques. Ceux-ci constituent d'autres actes de communication, qui supposent une dissociation entre le moyen d'expression (signifiant) et le contenu exprimé (signifié) et qui impliquent l'intervention d'une convention permettant un accord minimal entre partenaires sur la distinction entre signifiant et signifié. Ce code est à son maximum d'arbitraire dans le langage.

Indices et signaux. Le regard, le sourire, les expressions faciales de joie, de colère, de surprise et de peur sont autant d'indices et de signaux fonctionnels dès 4 semaines pour les deux premiers, dès 3 mois pour la joie et la colère, vers 6 mois pour la surprise et la peur. Les expressions vocales s'enrichissent considérablement au cours des premiers mois : à la naissance, les seules manifestations vocales sont les cris, accompagnant ou non les pleurs. Vers 6 à 8 semaines apparaissent les vocalisations* qui se modulent progressivement dans les lallations, le babillage puis le jargon, considérés longtemps comme des jeux vocaux à valeur d'exercice plutôt que de communication, puisqu'ils surviennent aussi lorsque l'enfant est seul. Mais on a récemment souligné la fonction interpersonnelle des vocalisations, en particulier sur la base de l'imitation réciproque. On peut noter également le rôle des réponses de l'adulte aux productions sonores de l'enfant : ces réponses permettent l'évolution du répertoire et préparent l'accès au langage, en renforçant les sons de la langue.

Les conventions et les codes. Jusqu'à 4-5 ans, les enfants utilisent plutôt les gestes symboliques et les séquences mimicogestuelles codées dans leurs rapports avec leurs contemporains, alors qu'ils manient pourtant déjà bien le langage et en usent avec aisance dans leurs rapports avec les adultes. Dès l'âge de la marche, le répertoire des expressions faciales est complet (N. Blurton Jones) et l'enfant a acquis une riche panoplie de gestes, parmi lesquels des gestes conventionnels, comme le salut de la main, l'offre, la demande et le pointage. Le pointage de l'objet est le premier geste symbolique à apparaître, vers 9 mois : il est symbolique parce qu'il désigne un référent en le localisant. On le considère de ce fait comme un déictique, précurseur du démonstratif « ça », équivalent de « intéressons-nous à ça » et destiné à susciter ou soutenir l'attention conjointe.

Bien que les travaux soient encore lacunaires concernant cet âge, les études actuelles convergent pour mentionner que les interactions entre enfants d'un an sont fréquentes, mais brèves et intermittentes, sans doute en raison d'une maîtrise incomplète du code mimicogestuel. Par contre, la plupart des signaux décrits chez les enfants de 3-4 ans sont observables dès 2 ans. Montagner (1978) a décrit dès la fin de la deuxième année, outre l'offre d'objet comme manœuvre d'apaisement, des séquences de gestes et d'attitudes, des enchaînements mimicogestuels décodés par les autres enfants comme menace d'agression (buste en avant, bouche ouverte), comme sollicitation (tête appuyée sur l'épaule de l'autre) ou comme apaisement (tête inclinée sur l'épaule en souriant). Mais, chez ceux-là même qui les utilisent, la signification de ces émissions ne semble pas décodée de façon stable avant 3 ans, c'est-à-dire avant la période de maîtrise du langage. Cela tient au caractère fragile de la symbolisation, qui n'est pas encore détachée de ses conditions concrètes d'expression (situation familière ou non, objet connu ou inconnu, partenaire familier ou non, adulte ou enfant, etc.). C'est ce qui explique l'existence temporaire de modes de communication spécifiques entre contemporains, comme l'imitation au cours de la troisième année (P. M. Baudonniere, J. Nadel). J. N.

La communication animale

On appelle communication les actes qui préparent ou organisent, à distance ou à proximité, une relation engendrant ou modifiant la réalisation de fonctions auxquelles participent au moins deux organismes, pas nécessairement de la même espèce.

Les conditions de la communication

Le signal à l'origine du message s'exprime par un comportement spécifique qui est fondé sur des mécanismes spécialisés de production chez l'émetteur et sur des mécanismes complémentaires d'intégration perceptive chez le receveur. Cette complémentarité exige un code commun aux individus qui utilisent la communication. Celui-ci provient d'une coévolution phylogénétique et/ou d'un codéveloppement ontogénétique des mécanismes de production et de réception des signaux impliqués. La possibilité de communication est aussi liée à l'Umwelt de l'Animal, c'est-à-dire aux caractéristiques de son monde sensible. Elle utilise différents types de signaux : chimiques, visuels, acoustiques, électriques.

Il faut distinguer le message, ensemble de signaux, de sa signification. Le message est ce que le signal code en provenance de l'émetteur. Il décrit, en quelque sorte, son état. La signification est ce que le receveur fait du message. Elle varie en fonction du contexte (environnement, état physiologique, expérience antérieure, etc.). Le signal peut avoir une *signification fonctionnelle* : identification, coordination, maintien, diminution ou interruption d'une activité. Il a alors un rôle adaptatif. Cependant, il peut aussi avoir un *caractère émotionnel*. Sous cet aspect, le schéma béhavioriste éclate pour introduire les fonctions mentales et considérer la communication en termes de cognition. L'émission intentionnelle de signaux conduit alors à une analyse cognitive de la situation avec représentation de l'événement.

Quelques exemples de la communication animale

La communication chimique. La communication au moyen de signaux chimiques ou de phéromones est le type de communication le plus primitif et le plus répandu. On connaît la phéromone émise par la femelle d'un papillon de nuit, *Bombyx mori*; à l'état pur, moins d'un microgramme correspond à un signal qui reste actif pendant des heures, voire des jours, est diffusé à plusieurs kilomètres, malgré les obstacles. Il est percevable de nuit comme de jour.

La communication acoustique. Celle-ci s'effectue essentiellement au moyen de chants. Certains Insectes, comme les Grillons, produisent plusieurs types de chants, d'appel sexuel ou de cour, par lesquels le mâle communique avec une partenaire sexuelle avant et après la transmission du spermatophore. L'émission et la reconnaissance de cette émission sonore sont basées sur des mécanismes héréditaires. Par contre, chez certains Oiseaux chanteurs, on observe des chants à la fois élaborés et variables dont la structure d'ensemble et l'organisation temporelle dépendent d'un programme génétique.

La communication visuelle. La communication visuelle utilise de nombreux signaux optiques, le plus souvent ritualisés. Le mâle des Araignées salticides salue sa partenaire en agitant ses pédipalpes ou effectue des danses d'amour avec balancements, sauts et approches en zigzag. L'Épinoche mâle menace un rival dans une position verticale, tête en bas. Les Singes anthropomorphes disposent de mouvements expressifs qui caractérisent l'espèce.

Le cas de communications à caractère intentionnel. Parmi ces cas, on peut ranger la danse en huit chez l'Abeille et la transmission d'un message chez le Chimpanzé. La différence essentielle entre ces deux espèces est que l'Abeille optimalise la recherche de nourriture en se fondant sur une information génétique. Elle règle tout au plus son horloge interne en observant le parcours du soleil. La danse, très stéréotypée, indique la direction, la distance, la rentabilité du lieu de ravitaillement. Le Chimpanzé, au contraire, peut choisir des conduites déjà existantes dans son répertoire ou en inventer de nouvelles. M. C.

→ communication verbale et non verbale, information, langage, ontogenèse, phylogenèse.

Bibliographie

Baudonnière, P. M., 1988, *l'Évolution des compétences à communiquer chez l'enfant de 2 à 4 ans*, Paris, P.U.F.
Beaudichon, J., 1982, *la Communication sociale chez l'enfant*, Paris, P.U.F.
Blurton Jones, N., 1972, *Ethological Studies of Child Behavior*, Londres, CUP.
Condon, W., et Sander, L., 1974, « Synchrony Demonstrated between Movements of the Neonate and Adult Speech », in *Child Development*, n° 45, p. 456-462.
Cosnier, J., Brossard et A. (Eds.), 1984, *la Communication non verbale*, Neuchâtel/Paris, Delachaux et Niestlé.
Leroy, Y., 1979, *l'Univers sonore animal. Rôles et évolution de la communication acoustique*, Paris, Gauthier-Villars.
Leroy, Y., 1987, *l'Univers odorant de l'animal. Les stimulations chimiques dans les communications et les comportements des animaux*, Paris, Société nouvelle des Éditions Boubée.
Nadel, J., 1986, *Imitation et communication entre jeunes enfants*, Paris, P.U.F.
Noizet, G., Belanger, D., et Bresson, F., (Eds.), 1983, *la Communication*, Paris, P.U.F.
Schaffer, H., 1985, *The Child's Entry into a Social World*, Londres, Academic Press.
Sebock, T. A., 1977, *How Animals Communicate ?*, Indiana University Press.
Stern, D., 1977, *Mère et enfant : les premières relations*, Bruxelles, Mardaga.
Trevarthen, C., 1977, « Descriptive Analyses of Infant Communication Behavior », in H. Schaffer (Ed.), *Studies in Mother-Infant Interaction*, Londres, Academic Press.

communication verbale et non verbale

(angl. Verbal and Nonverbal Communication)

Ensemble des relations s'établissant entre les aspects verbaux de la communication humaine, ses aspects non verbaux (en particulier, le regard et la gestualité) et les variables psychologiques et sociales impliquées dans le processus communicatif.

L'étude de ces relations s'effectue par la méthode expérimentale.

Le regard dans la communication verbale

Les échanges verbaux sont marqués par l'alternance de la centration et de la décentration du regard par rapport au visage du partenaire, ainsi que par d'importantes variations du taux global d'attention visuelle dont celui-ci est l'objet. Trois facteurs principaux rendent compte de ces phénomènes. Le premier est l'importance relative revêtue à chaque moment de l'échange verbal par les deux sources d'information en cause pour chacun des intervenants : la source externe — le partenaire, son discours, ses manifestations verbales et non verbales — et la source interne — les processus propres de production d'information du sujet. La prépondérance temporaire de la première source suscite la centration visuelle; celle de la seconde, la décentration. C'est ainsi que lorsqu'ils parlent, les individus réduisent généralement de beaucoup leur focalisation sur la personne cible. L'activité oculaire est alors principalement marquée par les mouvements latéraux conjugués, saccades latérales liées aux opérations mentales de production du discours. Le retour du regard vers le visage du partenaire pendant les pauses du discours ainsi qu'en fin d'émission verbale est caractéristique. L'attention visuelle pour le partenaire est importante lorsque le sujet occupe le pôle récepteur, mais elle varie alors en fonction de la qualité et de la complexité de l'exposé : le discours complexe, les arguments de haut niveau suscitent davantage l'accroissement de la centration visuelle sur l'émetteur. Le deuxième facteur en cause en cette matière est lié aux qualités physiques du canal de communication : le niveau de l'attention visuelle pour le partenaire est fonction de l'importance relative des sources d'interférences actives dans le canal (bruit). Ainsi, des conditions d'audibilité ou de visibilité réduite entraînent généralement une augmentation sensible de la focalisation sur le partenaire. Cet effet s'observe de manière typique lorsque la distance physique séparant les parties s'accroît. Dans de telles conditions, la focalisation visuelle contribue à maintenir le contact, ainsi qu'à optimaliser le décodage par le recours aux signaux secondaires de la communication (lecture labiale, décodage des mimiques faciales). Le troisième déterminant de l'attention visuelle dans la communication est la motivation sociale, ou disposition des partenaires à communiquer. Les comportements de communication sous-tendus par la coopération, la dépendance, l'attirance, la recherche d'affiliation ou d'approbation sociale s'accompagnent généralement d'un niveau élevé de centration visuelle sur le partenaire. Il en va de même lorsque la motivation sociale est élevée, mais à valence négative, comme c'est le cas dans les communications animées par la colère, l'hostilité ou l'agressivité. Au contraire, l'embarras, la gêne, la honte, la dépression sont autant de conditions de motivation sociale réduite : la focalisation sur le partenaire s'y manifeste à un niveau de faible fréquence. Enfin, les conditions de basse motivation sociale, telles que la dominance ou la réticence à interagir, entraînent en général des niveaux de focalisation tendant vers zéro.

Les gestes d'accompagnement du discours

La communication verbale est pratiquement indissociable du mouvement corporel. Outre les mouvements oculaires, la personne qui parle manifeste généralement une activité importante des sourcils, des mimiques faciales et des mouvements saccadés de la tête. En outre, des mouvements du tronc et des jambes modifiant par instants l'ensemble de la statique corporelle sont également observés. Toutefois, les gestes des mains qui accompagnent la communication verbale constituent à la fois le phénomène le plus caractéristique et le plus étudié. Ils ont fait l'objet de différentes typologies, proposées notamment aux États-Unis par J. Freedman, par Ekman et Friesen, par McNeill, et en France par Cosnier. Généralement inspirées par la classification originale développée en 1941 par Efron, ces typologies comportent de larges plages de recouvrement. B. Rimé et L. Schiaratura en ont proposé l'intégration suivante, qui distingue trois classes principales de gestes.

Gestes idéatifs

En phase avec les variations du contour du discours, ces gestes renvoient essentiellement au processus idéatif en cours chez le locuteur. Ils se manifestent notamment lors des pauses, de l'accentuation et des variations de l'intonation. On en distingue deux types :

Les gestes de marquage. Ce sont des gestes à faible niveau d'élaboration, souvent d'allure rythmique. Ils peuvent accompagner l'introduction d'un nouvel élément dans le discours ; ils apparaissent dans les phases d'ambiguïté verbale, en portant l'accent sur un élément spécifique du discours, avec pour effet de réduire l'ambiguïté ; ils peuvent également introduire des césures dans l'exposé aux différents moments de la démarche logique sous-jacente ;

Les gestes idéographiques. De structure plus complexe que les précédents, ils suivent le cours de la pensée abstraite et esquissent dans l'espace le cheminement logique poursuivi par le locuteur.

Gestes figuratifs

Ils renvoient à l'objet actuel du discours, qu'ils figurent par le truchement de la posture adoptée par la main ou par son déplacement dans l'espace. On peut parler ici d'imagerie gestuelle. Selon l'ampleur prise par le processus de figuration dans l'expression corporelle, on distingue :

Les gestes iconiques. Ils figurent, selon le cas, la forme de l'objet évoqué (gestes pictographiques), l'action qui caractérise l'objet évoqué (gestes kinétographiques), ou encore les relations spatiales s'établissant entre deux ou plusieurs objets référentiels (gestes spatiographiques) ;

Les gestes pantomimiques. Dans ces gestes, la figuration tend généralement à dépasser la simple gestualité manuelle pour s'étendre à tout le corps du locuteur et devenir ainsi pantomime. Dans ces cas, le locuteur « joue » intégralement le rôle du référent, qu'il s'agisse d'une personne, d'un objet ou d'un événement.

Gestes évocatifs

Comme les précédents, ceux-ci renvoient à l'objet du discours. Toutefois, les gestes évocatifs ne figurent pas le référent, mais se limitent à y faire appel par quelque manifestation propre à l'introduire dans l'espace représentationnel commun qui s'établit entre le locuteur et le récepteur de la communication. Ce sont :

Les gestes déictiques ou gestes de pointage. Ces gestes pointent dans la direction de l'objet référentiel, réellement, virtuellement ou symboliquement présent dans l'environnement immédiat ;

Les gestes symboliques ou emblèmes. Ceux-ci contrairement à la plupart des autres catégories gestuelles, n'accompagnent pas la parole, mais s'y substituent. Dépourvus de tout rapport de forme avec le référent physique ou logique du discours, ils ont la propriété de faire référence à une codification formalisable. Ils possèdent en effet une signification précise, connue dans la sous-culture à laquelle appartient le locuteur. Il s'agit donc d'équivalents lexicaux, directement traduisibles en mots. Leur usage est délibéré et vise à la communication d'un message spécifique. Les différentes manifestations gestuelles de salutation, le pouce levé pour signifier que tout va bien, la main dressée pour signifier « attention » en sont des exemples courants. Les travaux italiens de Ricci-Bitti ont montré que la mimique faciale vient souvent à l'appui du geste symbolique, en précisant sa signification exacte lorsqu'un même geste est susceptible de plusieurs interprétations différentes.

Les relations entre la parole et le geste

D'une manière générale, la typologie de la gestualité manifeste que l'univers mental du locuteur est beaucoup plus complexe encore que ne le laisse supposer la seule observation de son comportement verbal. Ainsi, les gestes de marquage font apparaître que, tandis qu'il s'exprime verbalement, le locuteur tient compte de facteurs tels que l'ambiguïté potentielle de son message, l'importance relative et le degré de nouveauté des éléments qu'il y introduit, ainsi que la succession des étapes de ses raisonnements. Les idéographes indiquent que, tout en parlant, le locuteur se réserve une esquisse mentale des cheminements logiques qui sous-tendent le développement de son message. Les iconiques et pantomimiques rélèvent que, tandis qu'il évoque au plan verbal des configurations spatiales ou dynamiques, le locuteur dispose également d'images ou de schèmes immédiatement traduisibles en actes susceptibles de dupliquer la parole ou même de s'y substituer. Les déictiques montrent que le locuteur se maintient en relation topologique active avec les référents de son discours. Enfin, les gestes symboliques manifestent que l'orateur est capable de passer instantanément à l'utilisation d'un code différent du code verbal lorsque cela peut servir ses objectifs de communication.

Développement de la gestualité

La gestualité d'accompagnement de la parole trouve son origine développementale la plus claire dans les gestes de pointage, qui apparaissent vers l'âge de 9 mois, mais ne sont pas intégrés à l'activité vocale avant l'âge de 14 mois. Limités d'abord à la fonction d'indication, ils entrent progressivement en coordination avec le vocabulaire conventionnel et se mettent ainsi au service de fonctions nouvelles comme l'identification, la requête ou la demande d'information. Ces observations ont conduit à concevoir le geste comme un précurseur primitif du langage verbal, appelé à s'estomper à mesure du développement des moyens langagiers. Toutefois, cette conception ne se trouve pas confirmée par l'étude des différences individuelles dans les compétences linguistiques, car la fréquence du geste s'y révèle généralement en corrélation positive avec les capacités verbales. Elle n'est pas non plus confirmée par les observations développementales qui, loin de traduire une décroissance de la gestualité en fonction de l'âge, manifestent au contraire une évolution des formes gestuelles. Principalement pantomimique chez l'enfant préscolaire, la gestualité fait progressivement une place accrue aux manifestations plus élaborées : gestes iconiques d'abord, puis, vers l'âge de 9 ans surtout, gestes de marquage. Cette évolution reflète celle des capacités symboliques de l'enfant. La pantomime, simple duplication de la réalité vécue, se voit progressivement substituée par des modes expressifs verbaux et non verbaux de plus en plus élaborés, marqués par la prise de distance et l'articulation symbolique.

LE GESTE ET LA PERFORMANCE VERBALE

Bon nombre de recherches ont porté sur les conditions d'apparition des gestes d'accompagnement du discours. Elles montrent notamment que la gestualité est particulièrement abondante lorsque la tâche verbale met en jeu des images mentales d'objets ou d'actions; elle est réduite lorsqu'il s'agit de reproduire une narration. Cela conduit à énoncer l'idée que le geste interviendrait principalement quand des discordances existent entre les unités de la représentation mentale et celles de l'expression verbale. D'autres données manifestent que les mouvements corporels et le geste interviennent en majorité au moment de pauses et des hésitations dans le cours de l'expression verbale. En outre, on observe couramment que le geste tend à intervenir en préséance temporelle sur l'unité lexicale ou l'accentuation vocale qui lui correspond. On envisage donc que le geste remplirait certaines fonctions instrumentales dans l'amorçage des processus de production du discours, particulièrement en cas d'exposé complexe ou difficile. Ainsi, on observe effectivement une élévation du nombre de gestes lorsque la production du discours est rendue plus difficile, comme c'est le cas chez les individus amenés à s'exprimer dans une seconde langue ou, dans le domaine neurologique, chez les patients aphasiques.

LES FONCTIONS DU GESTE

Deux types de conceptions ont été développés pour rendre compte des manifestations gestuelles du locuteur. La première a été surtout développée par Kendon, à l'occasion de différents travaux anthropologiques publiés entre 1983 et 1986 notamment. Elle porte un accent particulier sur la plasticité des modes gestuels d'expression par rapport au mode verbal. En effet, les modes gestuels permettent la production de pictogrammes, de représentations directes des relations spatiales, ainsi que de mouvements corporels susceptibles de reproduire les mouvements des objets réels; sous certaines formes (gestes symboliques), ils peuvent, en prenant une valeur quasi lexicale, se substituer de manière ponctuelle au mot; enfin, la lexicalisation complète de la gestualité est également possible, puisqu'on l'observe dans le langage des signes des sourds-muets. Dans le mode verbal, par contre, la lexicalisation est la seule voie disponible. Avec elle, les règles de la syntaxe et l'ordre séquentiel des mots sont autant de facteurs qui restreignent l'expression du référent et amènent parfois l'expérience à n'y être représentée que de manière très indirecte. Selon Kendon, ces limitations du mode conventionnel de communication amènent le locuteur à faire un appel récurrent aux modalités gestuelles pour traduire le surplus de signification qui ne peut s'exprimer en paroles. En outre, la situation de communication elle-même ajoute parfois des contraintes supplémentaires à l'expression verbale, favorisant d'autant le recours au geste. C'est ainsi qu'on verra le locuteur adopter le geste :

— en vue de suppléer à la parole, lorsque des facteurs situationnels tels que la distance ou le bruit gênent la transmission de la parole;
— à titre de substitut à la parole, lorsque le canal verbal est déjà occupé par un autre locuteur;
— comme moyen de compléter une phrase qui, prononcée dans son intégralité, serait gênante pour le locuteur;
— comme moyen de clarifier tel mot susceptible d'ambiguïté;
— comme moyen de télescoper ce que l'on veut dire, lorsque le temps d'intervention dont on dispose est plus bref que souhaité.

Il importe de souligner que cette conception porte l'accent sur les fonctions *expressives* du geste, conçu comme un moyen pour le locuteur d'exprimer les significations que le canal verbal ne permet pas de véhiculer. Elle ne présume en rien de l'efficacité de ce moyen comme mode de *transmission* des significations.

La seconde conception, inspirée par les théories de Werner et Kaplan sur la formation des symboles, et développée par Rimé, porte l'accent sur les rapports existant entre les phénomènes moteurs qui interviennent lors de l'élaboration des représentations et ceux qui se manifestent au cours de leur expression sous forme verbale : les représentations sont conçues comme composées notamment de schèmes somatotoniques ayant leur origine dans les différentes réponses motrices (activité sensori-motrice; réponses anticipatives et adaptatives; réactions motrices émotionnelles; codage moteur par mimétisme) mises en œuvre lors de la perception du référent. Le processus d'articulation rend possible l'expression de ces schèmes sous la forme verbale. Latente seulement lorsque l'articulation est complète, l'activation des schèmes moteurs impliqués dans l'expression devient de plus en plus apparente dans les cas où l'articulation n'est que partielle. C'est alors qu'elle se manifeste sous la forme de la gestualité figurative. Dans cette conception, l'activation des schèmes a pour effet d'amorcer les structures verbales propres à traduire les significations qu'ils comportent. En ce sens, la gestualité est conçue comme ouvrant la voie à l'expression verbale.

LES STYLES DE LANGAGE

La notion de style de langage entend que, selon les circonstances, la manière de s'exprimer d'un individu peut varier dans des aspects fondamentaux de sa structure et de son organisation. L'anthropologue français M. Jousse fut le premier à donner forme à cette question. Son point de départ était l'idée qu'avant toute symbolisation, la saisie du réel est opérée par l'individu sur un mode gestuel et moteur. Par voie de conséquence, les moyens premiers de la communication de l'expérience seraient de l'ordre de la gestualité ou de l'onomatopée. À ces moyens qui ont l'avantage d'une restitution directe ou analogique de l'expérience, les cultures auraient, selon la vision anthropologique de Jousse, substitué les langages conventionnels. Toutefois, dans les circonstances où il est moins soumis aux contraintes sociales, l'individu tendrait à revenir à des formes expressives proches de cette modalité primitive. C'est ce qui amène Jousse à distinguer, dans les moyens linguistiques disponibles, un style « oral », concret, subjectif, idiomatique et faiblement élaboré sur les plans du lexique, de la logique et de la syntaxe, et un style « écrit », mode d'expression d'allure livresque où la parole est abstraite, éloignée de l'expérience, impersonnelle et marquée par la forte articulation.

Les théories développementales de H. Wallon et de Werner contiennent des considérations très analogues aux précédentes. Ces auteurs distinguent également deux formes opposées de l'expression qui trouveraient leur origine dans des moments successifs de l'ontogenèse. Toutefois, le passage à l'expression conventionnelle n'est plus conçu comme résultant d'une pression culturelle, mais comme la conséquence d'une évolution naturelle de l'enfant qui, différenciant de plus en plus la perception de l'action, fera appel à des moyens de plus en plus élaborés pour lier ces deux moments par son activité de représentation et d'expression. Chez Wallon, on trouve la distinction entre l'expression *adulte,* dominée par l'activité symbolique, et l'expression *primitive,* à laquelle la précédente cède parfois la place et où les gestes et attitudes occupent un rôle central. Chez Werner, on distingue le langage *intérieur,* forme d'expression verbale peu articulée et imbriquée à l'expérience, et le langage *extérieur,* forme codifiée et conventionnelle.

Enfin, en psychologie sociale, S. Moscovici oppose le langage *écrit,* code très élaboré, peu redondant, à forte organisation syntaxique et faisant largement appel aux substantifs, et le langage *parlé,* code plus redondant, moins élaboré, moins organisé sur le plan de la syntaxe. L'opposition des deux styles de langage se retrouve donc avec une remarquable unanimité chez les différents auteurs qui ont envisagé cette question. Selon leur perspective commune, toute expression occuperait une certaine position sur un continuum séparant les deux formes extrêmes, l'une proche de l'expérience et peu communicable et l'autre très articulée et hautement conventionnelle.

Les données des recherches sur la gestualité suggèrent l'existence de relations entre le style de discours et le type de gestes déployés par le locuteur. Les gestes idéatifs, et notamment les gestes de marquage qui se présentent en phase avec les variations du contour du discours (pauses, accentuation, variations de l'intonation), se manifestent de manière privilégiée en association avec les formes verbales les plus différenciées et les mieux articulées. Les gestes iconiques, dont le caractère de figuration du contenu verbal est apparent, apparaissent lorsque des significations motrices particulièrement vives dominent le processus représentationnel et ne se laissent asservir qu'avec difficulté à l'expression conceptuelle. Ces gestes sont donc typiques d'une expression verbale partiellement articulée seulement.

Ainsi que l'ont montré les travaux de Moscovici et M. Plon, le style de langage adopté par un individu à un moment donné est fonction des différents facteurs impliqués par la situation de communication : type de référent, distance psychosociale par rapport au partenaire, type de canal de communication. À ces facteurs, il convient d'ajouter les caractéristiques individuelles du locuteur, et en particulier ses compétences en matière d'articulation symbolique.

Gestes et communication

Au cours des années 1960, stimulée en partie par les travaux de l'éthologie animale, une vogue importante a porté l'accent sur les notions de communication corporelle et de langage du corps. Par la suite, la recherche expérimentale s'est attachée à situer la fonction exacte remplie par les aspects non verbaux de la communication dans la transmission de l'information. Les travaux qui ont fait appel à la comparaison de conditions d'interaction avec et sans visibilité réciproque des partenaires ont apporté une contribution importante en ce domaine.

Visibilité et non visibilité

La demande des entreprises de télécommunication dans les années 1970 a suscité bon nombre de travaux expérimentaux sur l'impact du canal de communication sur les comportements des interlocuteurs. Une attention particulière a été accordée à la comparaison des communications en face à face et sans visibilité réciproque (téléphone, interphone, radio, etc.). Les constatations différaient selon le type d'interaction :

— pour les interactions centrées sur la tâche (résolution de problèmes, transmission d'informations, génération d'idées sous forme de brainstorming), les deux types de média donnent lieu à des performances de communication comparables (volume d'informations échangées, vitesse de résolution de problèmes, vitesse de transmission de l'information, exactitude de l'information). La visibilité réciproque n'est donc pas une variable critique pour ce type d'interaction;

— pour les interactions centrées sur la relation (négociation, résolution de conflits, tâches ouvrant la possibilité d'opter soit pour la coopération, soit pour la compétition), au contraire, d'importantes différences se manifestent. La communication sans visibilité du partenaire est moins affectée par les arguments personnels et plus sensible aux arguments factuels. Ainsi, les dossiers robustes «passent» mieux sous forme de communication. En contrepartie, le canal sans visibilité est plus fragile. La relation s'y avère plus fréquemment rompue et le partenaire non visible est plus aisément réifié, et donc objet de manifestations hostiles ou agressives. La visibilité réciproque suscite la coopération plutôt que la compétition, favorise la perception positive du partenaire et facilite la structuration et la hiérarchisation des relations interpersonnelles. Dans ce type de média, l'information affective et les informations à caractère secondaire abondent généralement, ce qui entraîne d'importants avantages sur le plan de la permanence de la relation, mais réduit l'efficacité opératoire. On y enregistre un taux élevé de communications redondantes et une forte distractibilité des partenaires.

Le rôle du geste dans le processus de communication

Les données de ces études manifestent donc de larges différences dans le déroulement et dans l'issue de la communication relationnelle selon que celle-ci s'effectue en face à face ou en l'absence de visibilité réciproque des partenaires. À première vue, elles incitent ainsi à attribuer d'importantes fonctions aux aspects visibles, gestuels, dans ce type de communication. Toutefois, cette interprétation se trouve largement mise en défaut par les résultats de recherches qui ont étendu les comparaisons précédentes à un troisième type de canal de communication. Il s'agit du circuit de télévision qui, comme les systèmes téléphoniques, achemine la communication via un intermédiaire technique tout en ayant la particularité d'assurer la visibilité réciproque, et donc de préserver la transmission des aspects non verbaux et gestuels. D'une manière étonnante, les travaux qui ont inclus ce type de média ont révélé que les performances de communication enregistrées dans ces conditions étaient beaucoup plus semblables à celles suscitées par les situations d'interaction sans visibilité réciproque qu'à celles des situations d'interaction en face à face. Cette constatation a conduit à la conclusion que les différences observées antérieurement entre les divers types de média doivent être imputées au degré de *présence sociale* du partenaire, qui met en jeu sa proximité physicosociale, sa tangibilité, sa matérialité physique. Quant aux aspects gestuels, on doit considérer qu'ils ne constituent nullement des éléments déterminants dans le processus de communication. On rejoint ainsi une conception avancée dès 1967 en cette matière par Moscovici. Selon cet auteur, en dépit de leurs fonctions considérables comme indicateurs de perception, les signaux qui véhiculent les significations émotionnelles et non verbales n'ont aucun rôle décisif dans la transmission de l'information. Leur valeur expressive considérable ne justifie pas qu'ils soient investis du statut de langage. Les éléments posturaux et gestuels trouvent donc leurs fonctions essentielles dans leur contribution aux processus d'encodage du locuteur, et non dans la transmission d'informations spécifiques au récepteur.

Ces conclusions, qui situent l'essentiel des fonctions du geste dans l'activité d'encodage, se sont encore trouvées renforcées par des expériences ultérieures montrant qu'en l'absence de visibilité réciproque, l'activité gestuelle et expressive du locuteur n'est pas fondamentalement modifiée. De même, des recherches menées par Schiaratura ont montré que l'immobilisation expérimentale du locuteur s'accompagne d'une augmentation des manifestations non verbales dans les zones corporelles demeurées libres (visage, extrémité des mains), ainsi que d'une altération du niveau d'imagerie du discours.

Effets de figure et de fond

Dans la communication en face à face, le regard du récepteur ne se porte généralement pas sur les gestes du locuteur. L'étude menée au moyen de dispositifs d'enregistrement du balayage oculaire révèle que pendant plus de 90% du temps d'exposition, c'est le visage du locuteur qui est l'objet de la focalisation visuelle du récepteur. L'attention de celui-ci est concentrée sur les lourdes tâches de décodage de l'information verbale. Cela amène à considérer que les comportements non verbaux du locuteur occupent généralement la périphérie du canal d'attention du récepteur, le centre de ce canal étant essentiellement réservé aux tâches du décodage et de l'encodage. En ce sens, le rapport des données verbales et des données non verbales de la communication est celui de la figure et du fond. Les éléments du fond sont présents à titre de capteurs potentiels de l'attention. Toutefois, même lorsqu'ils ne retiennent pas l'attention principale, ils apportent généralement une certaine coloration à la figure centrale. Cette coloration ne prend cependant aucun caractère essentiel pour la transmission du message dans la mesure où elle est fréquemment redondante par rapport à un certain nombre de signaux directement véhiculés par le canal vocal. Ce dernier, avec ses innombrables plages de variation de rythmes et de qualités sonores, est, à lui seul déjà, porteur d'une grande partie de l'information dont se sert le récepteur pour forger ses impressions sur les affects et la personne du locuteur, ainsi que l'ont montré les travaux de Scherer, en Allemagne et aux États-Unis.

La notion de figure et de fond introduite ci-dessus implique que dans certaines conditions le rapport des éléments verbaux et non verbaux est susceptible de s'inverser chez le récepteur, de telle manière que les comportements non verbaux occupent temporairement le rôle de figure, et donc le centre de l'attention. Deux types de circonstances se sont révélées propices à un tel basculement. Le premier type est rencontré dans les situations où les comportements non verbaux s'avèrent inhabituels, excessifs, bizarres ou discordants par rapport aux normes, à la situation ou au contenu de l'échange. Leur saillance est ainsi accrue, et ils présentent alors un impact indéniable sur le partenaire. Ainsi, l'effet de basculement se manifeste lorsqu'on introduit expérimentalement une discordance entre ce que l'émetteur communique dans la modalité audible et ce qu'il exprime dans la modalité visible. En présence de ces émissions discordantes, le récepteur réagit systématiquement par allocation de l'attention à l'information audible, au contraire de ce qu'il manifeste au cours de l'émission normale. On peut ajouter qu'une telle modification de point de vue a des implications psychosociales considérables pour le cours ultérieur de l'interaction. En effet, dans ces conditions, le rôle social du récepteur évolue, passant de celui de partenaire impliqué à celui d'observateur. L'ensemble de la dynamique de la relation peut en être affecté, comme c'est le cas dans la vie courante lorsqu'un individu a présenté un comportement (gaffe, impair, excès, etc.) qui ne répond pas aux attentes ou aux normes de son partenaire.

Le second type de circonstances propres à amener les comportements non verbaux au centre de l'attention du récepteur est la réduction d'intensité ou d'intelligibilité du canal sonore. Ainsi, on a pu montrer une élévation très significative de l'attention visuelle accordée par le récepteur aux gestes des mains du locuteur selon que ce dernier s'exprimait dans la langue maternelle du premier, dans une langue que celui-ci ne maîtrisait que partiellement ou dans une langue qui lui était totalement inintelligible. De même, lorsqu'on augmente le niveau de bruit dans le canal de communication, la compréhension de la communication s'avère nettement meilleure en présence d'un partenaire visible, alors qu'en condition de bruit de faible intensité, la compréhension ne varie pas selon que le partenaire est visible, partiellement visible ou invisible. B. R.

Bibliographie

Feyereisen, P., et de Lannoy, J.-D., 1985, *Psychologie du geste,* Liège, Mardaga.

Rimé, B., 1984, «Langage et Communication», in S. Moscovici (Ed.), *Psychologie sociale,* Paris, P.U.F.

Rimé, B., et Schiaratura, L., 1990, «Speech and Gestures» in B. Rimé et R. Feldman (Ed.), *Fundamentals of Nonverbal Behavior,* New York, Cambridge, University Press.

Rutter, D. R., 1984, *Looking and Seeing,* Chichester, Wiley.

commutation

n.f. (angl. Commutation)

Phénomène du domaine du conditionnement, suivant lequel un même stimulus conditionnel peut susciter ou non la réaction conditionnelle correspondante selon que ce stimulus est présenté en conjonction avec d'autres stimulus divers, ou dans différentes situations, ou à certains moments bien différenciés. (Syn. modulation.)

Ce phénomène peut être interprété comme un effet de contexte. J.-F. L. N.

comparaison par paires

(angl. Paired Comparison)

Méthode consistant à demander à un sujet de comparer deux à deux les stimulus d'une certaine série (stimulations sensorielles, opinions, etc.), toutes les paires possibles étant considérées successivement en principe.

Le sujet doit dire, pour chaque paire, lequel des deux stimulus lui paraît le plus intense. De l'ensemble des réponses on déduit une ordination ou une mesure des stimulus tels que ce sujet les perçoit (sur une dimension ou, si certaines réponses sont intransitives, sur plusieurs). M. R.

comparaison sociale

(angl. Social Comparison)

Processus par lequel les individus se comparent aux autres et peuvent ainsi assurer à la fois leurs ressemblances et leurs différences avec autrui.

Selon L. Festinger, il existe chez tout homme une tendance à évaluer ses opinions et aptitudes personnelles. En l'absence de références dans le monde physique, on évalue ses opinions et aptitudes en les comparant à celles des autres. Cependant, cette tendance à se comparer à autrui décroît à mesure qu'augmente la différence entre soi-même et autrui. Jugée trop importante, cette différence entraîne alors une rupture de la comparaison, rupture qui engendre une tentative d'abaissement des autres situés désormais hors du champ de la comparaison. Continuer à se comparer pourrait, en effet, avoir des conséquences plus désagréables qu'agréables. Cela vaut surtout en matière d'opinions. En matière d'aptitudes, en revanche, on attribue à ceux que l'on place hors comparaison une place nettement inférieure ou supérieure à soi.

Similitude et différence

Cette tendance à la comparaison évaluative se situe à l'origine de comportements individuels visant à se placer dans une situation dans laquelle ceux auxquels on se compare sont relativement proches. Par symétrie on évitera les situations où les autres montrent des opinions et aptitudes trop différentes de soi. Dans la formation des groupes, dans le domaine des démarches d'affiliation d'un individu à un collectif, de telles dynamiques de comparaison sociale permettent de comprendre la recherche par l'individu de groupes où l'on aurait, selon lui, des opinions ou aptitudes en concordance avec les siennes.

Le processus de comparaison sociale pourrait ainsi conduire à l'exercice d'une pression à l'uniformité. Il y aurait une relation étroite alors entre similitude et attraction. Mais qui se ressemble s'assemble-t-il nécessairement? Si le contenu de cette question recouvre assez bien l'idée de la théorie de Festinger, la réponse à une telle interrogation n'est pas simple. Lorsque la comparaison porte sur de la similitude physique ou de personnalité, le lien positif entre similitude et attraction s'affaiblit. S'agissant, par exemple, de similitudes supposées de personnalité, on peut considérer qu'elles n'engagent pas au même niveau le sujet que des accords réalisés sur des opinions, les similitudes de personnalité étant de nature à remettre en cause la singularité même du sujet. Certaines caractéristiques de similitude semblent donc plus propices que d'autres à favoriser l'attraction interpersonnelle.

La formulation initiale de la théorie de la comparaison sociale de Festinger ne rend pas compte de tous les phénomènes qu'elle embrasse. La comparaison sociale n'a pas pour seul objectif la recherche de similitudes, mais elle est aussi indispensable pour la recherche et l'établissement de différences entre soi et autrui. Le besoin essentiel de préserver une identité personnelle fait qu'il est peu satisfaisant d'être une copie conforme d'autrui. Se comparer, c'est donc appréhender des éléments susceptibles de nous rendre semblable aux autres, mais aussi différent des autres. Le processus de comparaison sociale sous-tend également la génération de la différence.

Comparaison sociale et stratégies de différenciation

Dans une société où l'on a si parfaitement intériorisé la compétition, on peut comprendre, en accord avec la théorie de Festinger, qu'on ne choisisse pas pour terme de comparaison de ses aptitudes, opinions, et des performances éventuelles qui en découlent, des référents à la fois trop éloignés de soi et de niveau trop supérieur. Dans cette perspective, plusieurs recherches ont pu mettre en évidence qu'un état d'infériorité, actualisé dans une situation impliquant une comparaison sociale, engendrait des stratégies particulières de différenciation sociale, susceptibles de préserver malgré tout une image de soi positive. En fonction de l'importance perçue de l'infériorité, plusieurs réactions sont possibles : l'abandon pur et simple de la situation, la tentative de rattraper et dépasser celui ou ceux avec lesquels on est en compétition, ne plus se comparer à autrui et se comparer à soi-même, enfin introduire d'autres critères d'évaluation pour se rendre comparable aux autres.

La stratégie d'incomparabilité exprime l'ambition de créer les conditions d'une revalorisation sociale pour satisfaire une estime de soi ternie par une comparaison sociale défavorable. La comparaison sociale intervient donc dans l'explication de nombreux aspects de la vie sociale; située au cœur des démarches d'affiliation, elle est également au centre des dynamiques de différenciation sociale et on la retrouve aussi au niveau des relations entre groupes. Processus puissant qui permet tout à la fois la recherche de similitudes et de différences à autrui, de différenciations et d'indifférenciations, la comparaison sociale assure la gestion d'un difficile équilibre entre l'identité personnelle, faite de singularité, et l'appartenance à un ou plusieurs groupes, liée, elle, à une nécessaire similitude entre les individus.

Orientés vers la préservation, la promotion ou la restauration d'une image positive de soi, les comportements de l'individu amené à se comparer à autrui, ce que la vie en société implique nécessairement, relèvent de la mise en œuvre de stratégies contrastées. C'est pourquoi différenciation et indifférenciation ne sont pas symétriques dans leur recherche. La première affirme sa nécessité pour la réalisation d'une bonne image de soi, la seconde traduit plus probablement une stratégie de protection. Plusieurs recherches montrent une tendance à considérer que les autres ressemblent plus à soi que soi-même ne ressemble aux autres et que chacun diffère davantage des autres que les autres ne diffèrent de soi. Ainsi il y aurait une propension à rendre les autres comparables à soi tout en s'efforçant de se rendre incomparable à autrui.

Nombreux sont les éléments qui militent en faveur d'une quête de la différence et qui font aussi apparaître que cette quête n'est pas sans limites ; l'ordre social et la nécessité de disposer d'une appartenance imposant à cette différence d'être socialement acceptable. La comparaison sociale est une fonction essentielle de ces dynamiques psychosociales qui nous contraignent, pour assurer une identité et une estime de soi positives, à être à la fois semblable et différent des autres. J.-M. M.

→ catégorisation, identité sociale, pression à l'uniformité.

comparateur

n.m. (angl. Comparator)

Mécanisme hypothétique dont l'existence a été supposée dans certains modèles soviétiques postpavloviens du conditionnement et de la réaction d'orientation-investigation (Anokhine, Sokolov), et dont la fonction serait notamment de comparer le produit de la perception d'un stimulus présent avec la représentation en mémoire de stimulus passés.

Cette notion est très proche de celle que l'on trouve aujourd'hui dans la théorie du traitement de l'information sous le nom d'*appariement** (angl. Pattern Matching). J.-F. L. N.

1. compétence

n.f. (angl. Capacity)

DÉVELOP. et ÉTHOL. **En ontogenèse, ensemble des possibilités de réponses les plus précoces à l'égard de l'environnement.**

Dans les espèces où les individus naissent immatures, chez la plupart des Mammifères, par exemple, les compétences initiales n'ont pas toujours pu être mises facilement en évidence. Elles sont définies à partir de quatre types d'études : anatomiques, neurologiques, neurophysiologiques et comportementales. Les études anatomomorphologiques s'adressent au système nerveux central ; elles attestent la présence de voies nerveuses, de connexions, indiquent les structures différenciées et précisent les étapes de leur construction et de la myélinisation. Les études neurophysiologiques permettent de déterminer les règles de fonctionnement des différents sous-systèmes. Les études neurologiques dressent des tableaux de réactivité. Enfin, les études comportementales cherchent à montrer quelles sont les conditions nécessaires à l'actualisation des potentialités déterminées par les études précédemment citées, ou qu'il est possible de présumer. H. B.

2. compétence

n.f. (angl. Competence)

GÉNÉR. **Ensemble des savoirs linguistiques d'un locuteur, qui lui permet de comprendre et de produire un nombre infini de phrases.**

Dans la théorie de N. Chomsky, la compétence s'oppose à la *performance,* d'une façon pas très éloignée de celle dont la *langue* s'oppose à la *parole* chez F. de Saussure. Toutefois, la notion de compétence se rapporte à un locuteur individuel, alors que la langue est une entité sociale. Dans les premières formes de la grammaire générative de Chomsky, il revenait à la seule linguistique de mettre au jour les règles qui constituent la compétence, et à la psychologie d'étudier la performance, c'est-à-dire de déterminer comment ces règles fonctionnent chez le locuteur réel, avec les limitations dues aux insuffisances de sa mémoire et de son système de traitement cognitif.

Postérieurement, on a essayé d'élaborer des modèles de compétence, qui tentent de décrire celle-ci d'un point de vue psychologique.

Bien que la distinction entre compétence et performance ait connu un grand succès, un certain nombre de psychologues du langage pensent aujourd'hui que l'on doit la relativiser. La notion de compétence individuelle devient alors un cas particulier de la « capacité », ou, si celle-ci est élevée, d'« expertise ». J.-F. L. N.

compétition

n.f. (angl. Competition)

Situation ou comportement caractérisé par la recherche simultanée par plusieurs personnes d'un même objectif, l'atteinte de cet objectif par l'un des acteurs rendant impossible son atteinte par l'autre.

L'étude de la compétition en situation interindividuelle a largement reposé en psychologie sociale sur des modèles et des situations issus de la théorie des jeux. La structure de la situation en déterminant le type d'interdépendance entre les acteurs est l'un des éléments cruciaux de la coopération-compétition. La présence de règles, de conventions est indispensable au développement de la compétition : l'absence de ces règles, donc de contrôle de comportements, transforme la situation compétitive en situation de conflit. La compétition exige de même une relative homogénéité des acteurs, et l'inexistence ou le refus d'une relation supérieur/inférieur : une compétition entre individus trop inégaux est en contradiction avec la justice compétitive qui veut que les jeux ne soient pas déterminés à l'avance. Si cela est le cas, la compétition se transforme soit en conflit, soit en exploitation.

La compétition est aussi largement déterminée par le système de représentation des acteurs : par l'image qu'ils se font d'eux-mêmes, par celle qu'ils veulent donner aux autres, par la représentation de leur partenaire — en termes de compétence, de statut, de caractéristiques psychologiques ou sociologiques —, par leur représentation du contexte, c'est-à-dire des finalités de la situation. (→ coopération.)

L'engagement dans une situation de compétition génère des phénomènes spécifiques, en particulier une tendance à accentuer les différences et à réduire la perception des similitudes avec le partenaire. Les recherches sur la compétition entre groupes confirment cette tendance : la compétition intergroupes produit et augmente la cohésion interne de chaque groupe, se traduisant par une surévaluation systématique de la production de son propre groupe. Elle entraîne par contre le développement progressif d'une hostilité et de stéréotypes négatifs envers l'autre groupe. Elle favorise l'émergence ou le renforcement d'une organisation hiérarchique plus centralisée. Enfin, elle réduit le seuil de tolérance aux déviants du groupe. J.-C. A.

complémentarité

n.f. (angl. Complementarity)

Modalité d'interaction, où dans une dyade le comportement d'un partenaire complète le comportement de l'autre.

C'est G. Bateson qui, en 1935, a décrit ce phénomène, à la suite d'un séjour dans une tribu de Nouvelle-Guinée. La complémentarité se distingue de la symétrie qui, elle, réalise des comportements en miroir (par exemple, course aux armements). La complémentarité est une différence, alors que la symétrie est une égalité.

Dans une relation complémentaire, deux positions différentes sont envisageables. C'est ainsi que l'un des partenaires occupe la position qui a été décrite comme « haute », tandis que l'autre partenaire se trouve dans la position « basse ». Les exemples classiques en sont les couples parent-enfant, maître-élève, médecin-malade. Si un ou les différents protagonistes poussent leur rôle à l'extrême, on aboutit à ce que l'on appelle une complémentarité rigide. M. G.

complexe

n.m. (angl. Complex; allem. Komplex)

Ensemble de sentiments et de représentations partiellement ou totalement inconscients, pourvus d'une puissance affective qui organise la personnalité de chacun, marque ses affects et oriente ses actions.

Le terme introduit par E. Bleuler et C. G. Jung a été fort peu utilisé par S. Freud, en dehors d'un nombre restreint de cas : complexe de castration, complexe d'Œdipe, complexe paternel. R. L.

→ castration (complexe de), Œdipe (complexe d').

componentiel, elle

adj. (angl. Componential)

Relatif à un composant sémantique.

On parle aussi de traits sémantiques ou de sèmes (voire d'archétypes) pour désigner ces composants. À la place de *componentiel,* certains auteurs emploient *compositionnel.*

L'*analyse componentielle* (angl. Componential Analysis) est une procédure visant à établir la configuration des unités minimales de signification (composants sémantiques, traits sémantiques) à l'intérieur de l'unité lexicale (morphème lexical ou mot). Elle repose donc sur l'hypothèse que l'unité lexicale est elle-même décomposable en unités minimales, et que celles-ci constituent des atomes insécables de signification. J.-F. L. N.

→ trait 1.

comportement

n.m. (angl. Behaviour; amér. Behavior)

Manière d'être et d'agir des Animaux et des Hommes, manifestations objectives de leur activité globale.

GÉNÉR. Cette définition du comportement est reprise de H. Piéron, qui a réintroduit le mot dans le langage psychologique français en 1907. Ce mot existait déjà antérieurement en français et on en trouve des utilisations chez B. Pascal. La notion correspondante se développait déjà depuis une ou deux décennies chez les psychologues américains et allemands *(Verhalten).* D'autre part, des idées semblables avaient été développées en Russie par I. Setchenov et reprises par I. Pavlov, mais sous le couvert de la physiologie.

DEUX ASPECTS DU COMPORTEMENT

La notion de comportement contient pour la psychologie deux aspects. Un organisme animal entretient des relations spécifiques avec son environnement; ces relations diffèrent profondément de celles des organismes végétaux. On peut s'arrêter un peu sur un autre point. Il s'agit de l'origine de la fondation d'une nouvelle science, la psychologie scientifique : *le comportement est un ensemble de phénomènes observables de façon externe.* Ce dernier mot le sépare radicalement de toutes les psychologies antérieures, qui étaient fondées sur des phénomènes considérés comme observables eux aussi — et même, chez Descartes, comme « évidents » — mais de *façon interne,* par une espèce de regard du sujet sur lui-même. Le comportement est au contraire, comme tous les observables scientifiques, un objet de *perception* ordinaire.

La grande différence est ici que « observable de façon externe » équivaut à « publiquement observable » : cela définit un type de *faits,* c'est-à-dire ce sur quoi une communauté scientifique peut tomber d'accord et ancrer solidement une explication scientifique. C'est par cette caractéristique que la psychologie peut rejoindre la famille des autres sciences, qui sont toutes basées sur des observables publics. La dissociation complète entre « publiquement observable » et « observable de façon privée » ne s'est opérée historiquement que de façon progressive. Les premiers chercheurs qui adoptent un point de vue scientifique en psychologie, dont le plus caractéristique est W. Wundt (le premier au monde, juste avant W. James, à fonder un laboratoire de psychologie), mélangent les deux catégories d'événements. C'est pourquoi Wundt sera vivement critiqué par J. B. Watson. Et, de fait, le développement historique postérieur n'a pas justifié la position de Wundt.

On peut observer à ce propos que cette tendance à mêler comportement et événements internes subsistera en psychologie en France, à quelques notables exceptions près dont celle de Piéron, jusqu'après la Seconde Guerre mondiale. La dissociation a été rendue plus claire par deux prises de position bien distinctes. La première est que, pour la psychologie scientifique, le langage a été dès l'abord considéré comme un comportement. Les témoignages qu'un sujet peut donner verbalement sur ses états internes sont donc traités comme des faits de comportement. Cela signifie que ces faits sont soumis à la critique et à l'interprétation exactement de la même manière que l'appui sur un levier (pour un rat) ou sur un bouton (pour un sujet humain).

Les conceptions modernes de l'inférence, et même celles de l'intentionnalité, qui viennent de l'extérieur de la psychologie, rendent bien compte de cela, au prix d'un peu de complexité. Si un sujet dit qu'il voit du bleu, on n'en infère pas immédiatement qu'il est vrai que le sujet voit du bleu, mais simplement qu'il est vrai que le sujet dit qu'il voit du bleu. La psychologie fondée sur le comportement ne renonce aucunement à ce type de témoignage verbal. Toute la psychophysique mais aussi d'autres secteurs de la psychologie scientifique sont maintenant fondés sur cette idée.

La seconde prise de position qui facilite la dissociation est extérieure à la psychologie. L'observation et l'élaboration réflexive des observations internes, phénoménales se sont épurées à partir de E. Husserl sous forme d'un courant particulier : la phénoménologie. Bien que la psychologie scientifique et la phénoménologie s'ignorent, rien n'exclut qu'elles puissent s'emprunter, sur la base de leurs propres critères, des résultats.

LE COMPORTEMENT COMME FONDEMENT ÉPISTÉMOLOGIQUE

La défense du comportement comme seul fondement de la psychologie scientifique a été d'abord menée avec une particulière vigueur aux États-Unis par Watson et elle a engendré un courant qui a été longtemps à tort identifié avec elle, le béhaviorisme*. Elle a eu la chance de pouvoir immédiatement s'appuyer sur l'ensemble remarquable d'observations et de conclusions apporté par Pavlov sous le nom de « physiologie de l'activité nerveuse supérieure ». Pavlov a été en fait l'un des premiers à utiliser avec un grand succès une méthode d'observation du comportement. Pendant toute une période, sous l'influence du béhaviorisme, la psychologie elle-même a été définie par certains auteurs comme « la science du comportement ». On observera dans la définition de Piéron qu'il considère le comportement comme une « manifestation » de l'activité globale des individus et non comme se confondant avec cette activité elle-même. Cela préfigure les conceptions récentes, qui cherchent à inférer le fonctionnement interne du sujet à partir du comportement considéré comme sa manifestation. J.-F. L. N.

ÉTHOL. Deux types de définitions peuvent être rencontrées, celles qui proposent un référent concret et une méthode d'approche, celles qui restent formelles et indiquent où situer un réseau de causalité plus subtil.

Pour la première catégorie, on rappellera la définition des béhavioristes : « Le comportement est l'ensemble des réactions objectivement observables qu'un organisme généralement pourvu d'un système nerveux exécute en réponse aux stimulations du milieu, elles-mêmes objectivement observables» (Watson, 1913). La méthodologie est explicite: relier les stimulations du milieu traduites en termes objectifs aux réactions de l'organisme traduites elles aussi de façon objective; les premières sont causes des secondes.

Pour la seconde catégorie, on situera deux types de définitions, celles, systémiques, qui font du comportement l'expression des interactions entre l'organisme et le milieu (causalité réciproque); elles sont souvent confondues avec des définitions d'obédience plus structuraliste et cognitiviste (psychoéthologique) qui font du comportement l'expression de la relation cognitivo-affective évolutive grâce à laquelle un être, un sujet, construit son Umwelt.

Pour la première catégorie de définitions, les problèmes non résolus qui se posent sont les suivants: qu'est-ce qu'une définition objective d'un milieu, de réactions? Suffit-il de décrire les caractères physiques de la stimulation et les formes des mouvements d'un organisme pour appréhender le comportement?

Pour la seconde catégorie de définitions, l'approche systémique s'attaque à un système si complexe que toute prédiction devient impossible; l'approche psychoéthologique pose le délicat problème de la prise en compte de la subjectivité.

En ce qui concerne le caractère concret de la notion (on ne peut parler de concept), on s'accorde aujourd'hui à analyser le comportement en termes de séquences d'actes observés dont les enchaînements sont pris en compte; les actes (non pas les mouvements) semblent constituer des unités minimales dont le déroulement temporel, la succession, caractérise aussi le type de comportement émis par l'être étudié. Dans une situation donnée, en plus des actes nécessaires à la réalisation de tel ou tel comportement (alimentaire, agressif, sexuel, etc.), peuvent apparaître des actes ou des activités différents comme des activités de substitution, quand le comportement ne parvient pas à s'exprimer, ou des activités collatérales qui se surajoutent à la séquence adéquate.

On proposera la définition suivante: le comportement est une réalité appréhendable sous la forme d'unités d'observation, les actes, dont la fréquence et les enchaînements sont susceptibles de se modifier; il traduit en action l'image de la situation telle qu'elle est élaborée, avec ses outils propres, par l'être que l'on étudie: le comportement exprime une forme de représentation et de construction d'un monde particulier (Umwelt). A. G.

→ analyse séquentielle, spontané, Umwelt.

BIBLIOGRAPHIE

Lowe, C. F., Richelle, M., Blackman, D. E., Bradshaw, C. M., 1985, *Behaviour Analysis and Contemporary Psychology,* Londres, Erlbaum.

Siguan, M., 1987, *Comportement, cognition, conscience,* Paris, P.U.F.

Skinner, B. F., 1971, *l'Analyse expérimentale du comportement,* Bruxelles, Dessart et Mardaga.

Watson, J. B., 1972, *le Béhaviorisme,* Paris, Centre d'étude et de promotion de la lecture.

comportementale (thérapie)

(angl. Behaviour Therapy; amér. Behavior Therapy)

Étude expérimentale du conditionnement opérant chez l'homme, susceptible d'être utilisée à des fins thérapeutiques, notamment dans l'étude de l'effet de drogues psychotropes sur le comportement d'un patient (O.R. Lindsley, 1954).

Elle prend son sens actuel peu de temps après sous l'influence de chercheurs britanniques qui définissent la Behaviour Therapy comme une stratégie thérapeutique destinée, principalement dans les névroses, à atténuer ou à faire disparaître des symptômes précis qu'objective le comportement du patient. Dans l'expression anglo-saxonne, le mot Behavio(u)r est utilisé comme un adjectif, la thérapie étant à la fois une thérapie du comportement et une thérapie par le comportement. Cela a incité les auteurs français à adopter l'expression *thérapie comportementale.* M. A.

comportementalisme

n.m.

Synonyme de béhaviorisme. J.-F. L. N.

comportements précoces

(angl. Early Behaviours)

Procédures sensori-motrices d'échange entre un nouveau-né et son environnement physique.

Les comportements précoces les plus étudiés sont: 1. la préhension précoce ou geste directionnel d'extension du bras vers un stimulus visuel; 2. l'orientation des yeux vers un stimulus auditif; 3. le «looming», ou recul de la tête accompagné du lever des bras devant l'expansion d'un stimulus visuel; 4. l'imitation précoce de gestes (protrusion de la langue, ouverture de la bouche, allongement d'un doigt).

Ces différents comportements ont en commun plusieurs propriétés. Une stimulation spécifique, le plus souvent l'invariant d'une transformation (expansion, optique, objet mobile, mimique, son complexe), déclenche une réponse motrice spécifique. Celle-ci s'accompagne d'un ajustement postural de la tête et du corps. Le geste est balistique, sans rétroaction, et le bébé a rarement le moyen d'en constater le résultat. Tous ces comportements sont fonctionnels dès les premiers jours de vie; ils diminuent en fréquence et en force ou disparaissent entièrement au cours du 2e mois. Des comportements, superficiellement similaires (mais fondamentalement différents), s'instaurent progressivement à partir du 3e mois. Ce sont de véritables coordinations sensori-motrices, décomposables en leurs éléments et dont la mise en œuvre et le déroulement sont sous le contrôle volontaire de l'enfant.

Si tous les psychologues du développement s'accordent sur l'existence et les caractéristiques observables de ces divers comportements, les interprétations qu'ils en donnent diffèrent et, dans l'état actuel de nos connaissances, aucune n'est incontestable. Certains auteurs, de moins en moins nombreux, les considèrent comme des réflexes qu'il paraît difficile d'assimiler à des réflexes archaïques ou à des réflexes qui persistent toute la vie, comme la constriction pupillaire ou le réflexe palpébral.

Plusieurs chercheurs, notamment T. G .R. Bower, J. S. Bruner, A. Meltzoff, P. Mounoud, voient dans les comportements précoces la manifestation d'une capacité anticipatrice chez le nouveau-né et de l'existence de systèmes représentatifs unissant les différentes modalités sensorielles. La réaction de défense dans le «looming» témoignerait de l'anticipation d'une collision; le geste d'atteinte signifierait que, pour le nouveau-né, un objet vu est un objet saisissable et l'orientation des yeux vers un son, qu'un objet sonore est aussi regardable. L'imitation précoce traduirait la reconnaissance d'une équivalence entre un acte vu et un acte exécuté. Meltzoff fait l'hypothèse que le bébé de 2 à 3 semaines dispose de modèles internes représentatifs des gestes. Pour Mounoud, les représentations font partie intégrante des programmes d'action. Il distingue quatre types de codex, qui correspondent à quatre niveaux de représentation: sensoriel (premières semaines), perceptif (atteint à 18 mois), conceptuel puis sémiotique. Dans la perspective de Bruner, l'intention est présente dès la naissance mais la capacité motrice de l'exécuter n'est pas encore là.

D'autres chercheurs (H. Bloch, E. Vurpillot) attribuent les comportements précoces à la présence de programmes (au sens informatique) précâblés, fonctionnels dès la naissance et mis en route par un ensemble spécifique de stimulations. Le rôle de ces programmes ne serait pas de permettre au bébé d'agir efficacement sur son environnement, mais plutôt de favoriser certaines séquences d'événements et certaines rencontres entre informations plurimodales. La disparition des comportements précoces vers 2 mois n'est pas facile à expliquer. On peut penser qu'elle est liée à l'apparition du contrôle volontaire des activités de l'enfant et au conflit que cela crée entre programmes d'actions rigides, *déclenchés par un stimulus* (angl. Stimulus Bound), et actions volontaires *orientées vers un but* (angl. Goal Oriented). Les premiers ne sont plus assez performants, les secondes ne le sont pas encore. Aucun ne fonctionne convenablement. C'est la période au cours de laquelle l'attention visuelle est particulièrement importante. E. V.

composant sémantique

(angl. Semantic Component)

Unité minimale de signification, non susceptible de réalisation individuelle.
R. L.

→ componentiel, trait 1.

composantes principales (analyse en)

(angl. Principal Components Analysis)

Méthode d'analyse pouvant être incluse dans la famille des méthodes d'analyse factorielle.

Alors que la plupart des méthodes d'analyse factorielle se proposent de rendre compte des corrélations entre variables observées, l'analyse en composantes principales se propose de rendre compte des mesures elles-mêmes. Les composantes principales sont des variables orthogonales dont chacune à son tour, dans l'ordre de leur extraction, rend compte de la plus grande fraction possible de la variance des mesures. La méthode obéit donc à un principe d'économie dans la description. M. R.

compréhension

n.f. (angl. Comprehension)

GÉNÉR. 1. **Ensemble d'activités cognitives qui s'appliquent à une phrase, à un discours ou à un texte et en construisent la signification.** 2. **Intégration correcte d'une connaissance nouvelle aux connaissances préexistantes d'un individu.**

Les recherches en psychologie du langage et en psycholinguistique de ces dernières décennies ont accordé une place croissante aux problèmes de la compréhension, qui représente l'étape ultime du traitement du langage.

Ces problèmes englobent ceux qui relèvent des autres parties de la psychologie du langage (perception de la parole, analyse syntaxique, structure du lexique, etc.). Mais, en général, on étudie la compréhension dans des conditions où l'on suppose que la perception est réalisée, que les mots sont identifiés et que la syntaxe est maîtrisée sans difficulté de la part du sujet. Pour ces raisons de commodité, beaucoup de travaux ont été conduits sur du langage écrit.

Des problèmes de niveau différent se posent selon que l'on s'intéresse à la compréhension de phrases ou à la compréhension de textes, même si, bien entendu, la seconde recouvre la première. Dans le second cas, on étudie très souvent conjointement la compréhension et la mémorisation de textes.

LA CONSTRUCTION DU SENS

On admet assez généralement que la compréhension a pour aboutissement l'élaboration d'une représentation sémantique transitoire dans l'esprit de l'auditeur ou du lecteur — ou du compreneur, désignation technique qui s'applique à l'individu en train de comprendre. Cette représentation est plus précisément supposée être localisée dans sa mémoire de travail. Elle peut ou non être ensuite mémorisée en mémoire à long terme. La représentation sémantique d'une phrase, d'un discours ou d'un texte n'est rien d'autre que leur *signification* individuelle ou, dans une terminologie assez peu différente, l'interprétation que le compreneur en donne.

Ce sont deux idées tout à fait essentielles que de considérer que, dans la compréhension, le sujet construit sa signification et qu'il le fait à partir de deux sources d'information : d'une part, les paroles ou le texte, qui jouent le rôle de stimulus, ou d'entrée ; d'autre part, l'ensemble des capacités et des connaissances, linguistiques, sémantiques et pragmatiques, qui existent dans sa mémoire. Cette façon de voir s'oppose à l'idée que chaque phrase ou texte « a » un sens qui lui est directement inhérent et qu'il suffirait d'« extraire ». Elle laisse une large marge de variation aux différences entre compreneurs en ce qui concerne la seconde source d'information, leur propre cognition, et donc aux différences d'interprétation qui en résultent.

Toutefois, il faut souligner que cette analyse ne conduit nullement à un relativisme généralisé du sens. S'il est vrai que la signification construite par un compreneur est à strictement parler différente de celle construite par un autre compreneur, cette différence peut demeurer dans des limites étroites ou raisonnables. La réduction de l'ambiguïté demeure normalement l'objectif de tout locuteur qui a pour but de « se faire comprendre ». Cela correspond en psychologie cognitive à l'idée suivante : l'émetteur de la phrase (ou du message) essaie de produire chez le compreneur une certaine représentation sémantique, plus ou moins bien définie — ce qui constitue son but cognitif à ce moment —, et il s'exprime alors d'une façon adaptée à ce but.

Les recherches en matière de compréhension du langage ont dès lors deux objectifs principaux : 1. donner une description générale des représentations sémantiques ainsi construites par les compreneurs, en précisant leurs caractéristiques de structure et de contenu ; 2. déterminer comment la compréhension se déroule dans le temps, c'est-à-dire quels sont les opérations, processus ou activités qui transforment progressivement l'information physique (parole ou texte écrit) et qui lui incorporent des informations venues de la mémoire à long terme pour construire la représentation sémantique.

LES PROBLÈMES DE L'INSIGHT

Il paraît opportun de distinguer de l'emploi précédent du mot *compréhension* celui qui correspond aux expressions « j'ai compris », « je ne comprends pas ce problème », « il n'a rien compris à la leçon sur... », même si les situations ainsi caractérisées incluent parfois de la compréhension du langage. Le trait commun à ces situations semble être la réussite ou l'échec dans une activité qui vise l'intégration de connaissances nouvelles, ou de problèmes nouveaux, aux connaissances antérieures d'un individu. Se rapportent à cette question les processus impliqués dans la résolution de problèmes*, et qui donnent lieu le cas échéant au sentiment soudain d'avoir compris (→ insight), et aussi les difficultés découlant de l'assimilation de nouvelles connaissances en situation didactique. La liaison entre ce type de compréhension et la compréhension du langage est assurée par les travaux concernant les textes instructifs (à contenu didactique). Les recherches sur cette catégorie de textes ont commencé de façon très récente et elles sont encore peu avancées.

LOG. **L'une des deux caractéristiques majeures d'un concept (avec l'*extension*), qui réside pour l'essentiel dans les relations qu'il entretient avec des concepts voisins.**

Les logiciens, à la suite des auteurs de Port-Royal (Nicole et Arnaud), distinguent classiquement deux propriétés fondamentales des concepts (on disait autrefois « des idées ») : ce sont l'*extension* et la *compréhension*. Cette dernière est plus souvent appelée aujourd'hui *intension*. On peut rappeler que l'extension* d'un concept ordinaire est l'ensemble des objets ou des éléments qui sont subsumés par lui : par exemple, l'extension du concept « chien » est l'ensemble de tous les chiens, passés, présents ou futurs, réels ou imaginaires. La compréhension d'une idée est, selon les auteurs de Port-Royal, constituée par « les attributs qu'elle [l'idée] enferme en soi et qu'on ne peut lui ôter sans la détruire ». *Attribut* est pris ici dans son sens traditionnel.

La compréhension du concept de chien inclura donc d'être un animal, d'avoir quatre pattes, d'avoir une queue mobile, d'aboyer, d'être un compagnon des hommes, etc. Cette conception de la compréhension implique une nette différence avec la *définition* (angl. Definition), qui est soumise à certaines conditions.

Ces attributs du concept doivent être bien distingués, comme le concept lui-même, des réalités correspondantes. Ainsi que le disaient déjà plaisamment les stoïciens : « Le concept de "chien" n'aboie pas. » La psychologie cognitive dirait aujourd'hui : ce concept ne contient qu'une *représentation de aboyer*. La propriété de compréhension (ou d'intension) des concepts a été adoptée par la psychologie et étudiée empiriquement par elle. Il existe actuellement divers modèles de description cognitive des concepts ; ils cherchent à rendre compte de leur compréhension (ou intension) en faisant appel à des notions telles que *attributs* et *valeurs d'attributs, composants sémantiques, propriété,* insertion dans un *réseau sémantique,* etc. J.-F. L. N.

→ attribut, catégorie, composant sémantique, extension, représentation, trait, valeur d'attribut.

BIBLIOGRAPHIE

Caron, J., 1989, *Précis de psycholinguistique,* Paris, P.U.F.

Denhière, G., 1984, *Il était une fois,* Lille, Presses universitaires de Lille.

Le Ny, J.-F., 1989, *Science cognitive et compréhension du langage,* Paris, P.U.F.

Noizet, G., 1980, *De la perception à la compréhension du langage. Un modèle psycholinguistique du locuteur,* Paris, P.U.F.

compromis (formation de)

(angl. Compromise-Formation; allem. Kompromissbildung)

Moyen par lequel le refoulé fait irruption dans la conscience, où il ne peut faire retour qu'à condition de ne pas être reconnu (rêve, symptôme névrotique, etc.).

À travers la formation de compromis, l'action de la défense reste paradoxalement compatible avec la satisfaction sur un mode détourné du désir inconscient. Si la notion de formation de compromis était réservée dans les premiers travaux de S. Freud à une formation de symptôme spécifique de la névrose obsessionnelle, l'idée de compromis paraît indissociable de la conception freudienne de la formation de symptôme (qu'il s'agisse de formation réactionnelle ou de formation substitutive). Cependant, le compromis auquel aboutit généralement toute production de l'inconscient (rêve, lapsus, acte manqué) peut être fugace ou fragile et peut parfois paraître absent, à première analyse, de certains symptômes où les mécanismes défensifs prévalent. R. L.

compulsion

n.f. (angl. Compulsion)

Tendance intérieure impérative poussant un sujet à accomplir une certaine action ou à penser à une certaine idée alors qu'il la réprouve et se l'interdit sur un plan conscient.

Malgré son caractère irrésistible, le sujet peut lutter contre cette tendance, dont la non-exécution est pour lui génératrice d'angoisse. Il arrive parfois à ne pas passer à l'acte, ou à le transformer en des rituels répétitifs inoffensifs. Ce qui n'est pas le cas de l'impulsion, où l'agir l'emporte presque immédiatement sur cette lutte anxieuse. J. P.

concentration

n.f. (angl. Concentration)

Processus supposé de la théorie de I. P. Pavlov selon lequel l'excitation correspondant à un stimulus conditionnel, après avoir fait l'objet d'une irradiation autour du «point» du système nerveux où elle était originellement localisée, pourrait, lors de la différenciation du stimulus, se concentrer de nouveau à ce point ou immédiatement autour de lui.

Cette façon de voir n'est plus aujourd'hui acceptable. J.-F. L. N.

concept

n.m. (angl. Concept)

Unité cognitive, liée en mémoire à un mot ou à une expression et sous laquelle peut être regroupée une classe d'objets, d'événements, de relations, etc., qui possèdent des éléments ou des propriétés en commun.

La nature et les caractéristiques des concepts, ou des «idées», ont fait historiquement l'objet d'études qui remontent aux débuts de la réflexion humaine sur la connaissance. Ces questions ont, en effet, toujours tenu une grande place dans la théorie philosophique, la méthode réflexive étant, durant de nombreux siècles, le seul moyen d'analyse à leur égard.

Cette théorisation a longtemps été étroitement liée aux exigences de la logique, c'est-à-dire à la recherche des conditions dans lesquelles les concepts peuvent être utilisés pour porter des jugements dotés de vérité ou pour tirer des inférences conservant la vérité de leurs prémisses.

Pour ces raisons, la réflexion philosophique a toujours été plus ou moins directement sous-tendue par le problème de l'indépendance des concepts à l'égard de leurs caractéristiques purement psychologiques (purement individuelles), ou subjectives, indépendance qui est la condition de leur universalité et de leur validité. Les concepts de l'arithmétique et de la géométrie, considérés dans le souci de garantir la vérité universelle et intangible des mathématiques, ont très longtemps constitué la catégorie de concepts qui était exemplaire à cet égard.

Les doctrines philosophiques ont apporté des réponses variées à ce problème de l'indépendance des concepts à l'égard des modes de pensée individuels. Il n'est pas étonnant qu'un certain nombre d'entre elles, les doctrines qui sont généralement rangées sous l'étiquette de «rationalistes» (en un sens bien particulier de ce mot), puissent être aussi qualifiées d'«antipsychologiques» à cet égard. Elles fuient toute explication de caractère psychologique de la nature des concepts: le platonisme et le néoplatonisme, avec leur croyance à l'existence d'un monde d'idées abstraites indépendant du monde matériel, la doctrine cartésienne des idées innées, les conceptions transcendantales de Kant sont des représentants éminents de cet antipsychologisme. L'empirisme constitue la tradition philosophique inverse.

L'analyse philosophique a fourni des apports importants à l'étude des concepts et la psychologie cognitive contemporaine leur rend généralement justice. Par exemple, des propriétés fondamentales des concepts, comme celles d'extension* et de compréhension* (ou intension*), dérivent de cette analyse et ont été reprises ensuite par la psychologie et les sciences cognitives.

Mais la psychologie scientifique a apporté, dans un cadre d'idées qui ne peut manquer d'être peu ou prou empiriste, des méthodes nouvelles d'étude des concepts. Ce sont, pour l'essentiel, des techniques expérimentales: on y trouve des manipulations et des classifications d'objets (souvent très concrets et simples, comme, par exemple, des blocs de bois variant en forme, taille, couleur, etc.), qui ont été illustrées par des chercheurs comme K. Goldstein, L. S. Vygotski, Hanfmann et Kasanin, etc., ou encore des apprentissages de dénomination d'objets, illustrés par C. L. Hull à ses débuts, J. Bruner, etc. Ce peuvent être aussi des techniques de questionnement verbal et d'entretien, simples ou associées des manipulations, qu'ont notamment illustrées chez l'enfant H. Wallon et J. Piaget. Ce sont, enfin, plus récemment, toutes les techniques expérimentales de classification, de jugement, de comparaison de catégories de stimulus ou de mots, de détermination de propriétés, d'attribution de valeurs de familiarité, de typicalité, de généralité/spécificité,d'abstraction/concrétude, etc., et, d'une façon générale, les tâches sémantiques et conceptuelles, souvent accompagnées de mesure des temps de réponse, que met en œuvre la psychologie cognitive.

Pour celle-ci, un concept est d'abord une représentation individuelle, une unité cognitive, présente dans l'intellect, c'est-à-dire en principe dans la mémoire cognitive, d'un sujet particulier. Mais, comme le support en est normalement un mot ou une expression, le contenu d'un concept est toujours, pour un sujet donné, «partagé», au moins partiellement, avec les autres sujets parlant la même langue et susceptibles de communiquer avec lui. Le concept peut ainsi être considéré à la fois comme une entité cognitive, essentielle à la pensée, et comme une entité sémantique, dépendant du langage et de la communication.

La propriété principale du concept est de constituer une unité cognitive. L'opération cognitive de base qui met en œuvre un concept est le jugement d'identification conceptuelle, ou d'exemplaire (ou d'*instance*). Elle est du type «ceci est un C», où C est un concept et *ceci* désigne un paquet d'information, qu'elle soit perçue, représentée ou traitée par le langage.

Un tel jugement d'identification conceptuelle se distingue d'une identification individuelle («ceci est A», où A est une représentation d'individu, correspondant à un nom propre). Autrement dit, ce jugement ne se rapporte à l'utilisation d'un concept que s'il peut être renouvelé pour d'autres exemplaires: «Et ceci aussi est un C.» Un ensemble de jugements de ce type constitue une tâche de classification.

On considère généralement qu'au concept se trouve toujours lié en mémoire un mot, ou une expression, qui en constitue, en quelque sorte, le support. Des images mentales peuvent être associées au concept, mais la plupart des auteurs considèrent aujourd'hui le concept et l'image mentale comme deux unités cognitives de type différent.

Dans un certain nombre de théories cognitives, aucune distinction n'est faite entre une signification de mot (ou un *signifié*) et un concept. Dans d'autres, on ne considère comme des concepts stricto sensu que les significations les mieux déterminées et les plus explicites, le critère étant que le sujet est capable d'en donner une caractérisation verbale, même approximative.

Les caractéristiques générales des concepts sont donc décrites comme celles des représentations, et leur utilisation entre dans le cadre des activités* intellectuelles.

J.-F. L. N.

→ compréhension, extension, intension, raisonnement, représentation mentale, signification 1.

concrètes (opérations)

(angl. Concretes Operations)

Dans la terminologie de J. Piaget, opérations portant directement sur des objets manipulables et non sur des énoncés verbaux comme les opérations formelles.

Les opérations concrètes constituent une coordination des schèmes intuitifs en un système d'ensemble, le groupement opératoire, à l'intérieur duquel le passage d'une opération à l'autre s'effectue selon les lois de composition propres aux structures logiques.

Le passage d'une équilibration progressive (caractéristique de la pensée intuitive) à un équilibre mobile (opératoire) est préparé par les régulations et articulations présentes à la période intuitive ; il est facilité par l'apparition de mobilité et de plasticité dans les relations entre schèmes intuitifs et entre niveaux d'organisations perceptives. L'apparition du raisonnement opératoire est marquée par la conservation du tout, qui n'est plus « simplement supposée par le sujet à titre d'induction probable, mais affirmée par lui comme une certitude de sa pensée » (Piaget, 1947).

Piaget et coll. transvasent, sous les yeux de l'enfant, un liquide d'un récipient à un autre plus haut et plus étroit ou plus bas et plus large, ou dans plusieurs petits récipients, et demandent s'il y a autant d'eau dans le nouveau que dans le premier. Dès le niveau intuitif, l'enfant reconnaît facilement que, au cours du transvasement, on n'a rien retranché ni ajouté au liquide initial (identité), qu'en reversant le liquide dans le récipient initial on revient à la première situation (réciprocité simple), que quand le récipient est étroit l'eau monte plus haut, que si le transvasement se fait dans plusieurs verres il y a moins de liquide dans chacun (compensation). Mais, comme le dit Piaget, l'enfant compare des « états » successifs qui, manifestement, ne sont pas perceptivement identiques et change de critère de jugement (sur la hauteur ou sur la largeur par exemple) d'une réponse à l'autre. Seule la coordination entre les diverses transformations invoquées (identité, réversibilité, composition des relations compensées) permet la conservation de l'invariance d'une propriété non perceptible (ici, la quantité de liquide) en dépit des transformations visibles de l'objet en question. L'enfant a alors une certitude, si profonde qu'il n'est plus pour lui nécessaire de justifier une réponse aussi évidente.

Les opérations concrètes se construisent entre 7 et 12 ans. Elles portent uniquement sur des objets réels et demeurent liées à des actions effectives, alors que les opérations formelles qui vont leur succéder portent sur de pures implications entre propositions énoncées à titre d'assomptions.

Piaget divise les opérations concrètes en deux grandes classes en fonction du contenu auquel elles s'appliquent.

Les *opérations logico-arithmétiques* portent sur des objets discrets, discontinus. Ce sont les groupements additifs ou multiplicatifs de classes et de relations : classification, sériation, correspondance terme à terme, tableaux à double entrée.

Les *opérations infralogiques,* ou *spatio-temporelles,* portent sur des objets continus et sont fondées sur des voisinages et des séparations. Parmi elles, les opérations physiques s'appliquent à un objet matériel, par exemple une boulette d'argile. Elles sont relatives à la quantification de qualités : substance, poids, volume. Leur invariant est la conservation.

Les opérations spatiales, topologiques, projectives et euclidiennes sont relatives à des activités de déplacement, de mesure, de sectionnement et constitutives de l'espace représentatif. Les opérations temporelles et cinétiques sont constitutives du temps et portent sur des ordres temporels (succession) et des durées. E. V.

condensation

n.f. (angl. Condensation ; allem. Verdichtung)

PSYCHAN. **Mécanisme par lequel une représentation inconsciente concentre les éléments d'une série d'autres représentations.**

Repérable d'une façon générale dans toutes les formations de l'inconscient (rêves, lapsus, symptômes), le mécanisme de condensation a d'abord été isolé par S. Freud dans le travail du rêve. Selon lui, la condensation vise non seulement à concentrer les pensées éparses du rêve en formant des unités nouvelles, mais aussi à créer des compromis et des moyens termes entre diverses séries de représentations et de pensées. La condensation, par son travail créatif, semble plus propre que d'autres mécanismes à faire émerger le désir inconscient en déjouant la censure, même si par ailleurs elle rend plus difficile la lecture du récit manifeste du rêve. Au niveau économique, elle permet l'investissement sur une représentation particulière d'énergies primitivement liées à une série d'autres représentations. Dans la théorie lacanienne sur les formations de l'inconscient, la condensation est assimilée à une « surimposition de signifiants », dont le mécanisme se rapproche de la métaphore*. Dans cette perspective, la primauté est accordée à la condensation des éléments langagiers et les images du rêve sont surtout retenues pour leur valeur de signifiants. R. L.

condition

n.f. (angl. Condition)

LOG. **Premier terme d'une règle.**

Une règle se définit comme une structure : « Si A, alors faire B » (ou parfois « si A, alors B »). Dans cette structure, A constitue la *condition* (ou la *tête*) de la règle. Si cette condition est satisfaite, alors on exécute B. En informatique, et plus généralement en science cognitive, on utilise souvent une condition comportant une alternative, c'est-à-dire une seconde condition : « Sinon » (ou « autrement »), qui comporte de son côté sa propre conséquence (« si non A, faire C »).

GÉNÉR. **Élément pertinent dans une description d'une situation expérimentale.**

Une situation expérimentale est généralement conçue comme constituée d'éléments, ou aspects, nombreux et complexes. Certains sont regardés a priori comme non pertinents pour l'expérience : la couleur des murs ou du plafond de la pièce expérimentale, la forme du siège, etc. Ils sont donc négligés dans cette situation particulière.

Les éléments ou aspects pertinents pour l'expérience vont servir à définir des conditions expérimentales. Par exemple, l'élément pertinent sera un stimulus particulier, A ou B (tous les autres stimulus de la situation étant négligés). Dans la condition 1, le stimulus sera A, dans la condition 2, il sera B. Cela signifie que l'élément ou l'aspect pertinent est subdivisé pour donner lieu à des valeurs (ici A ou B) dont chacune sera rangée sous une « condition » (ici condition 1 ou condition 2).

Dans les cas les plus simples, on distingue seulement deux conditions, une condition expérimentale et une condition de contrôle. Dans les plans expérimentaux plus complexes, on a une multiplicité de conditions. Toutes sont, en principe, bien définies et opposables les unes aux autres en termes de facteurs, avec les croisements ou les emboîtements appropriés pour rendre ensuite possible une analyse de la variance sur les résultats. Les conditions sont planifiées en considération de leurs effets sur les comportements attendus (prédictions contrastées). Elles doivent conduire à des conclusions sur les hypothèses.

J.-F. L. N.

conditionné, e

adj. (angl. Conditioned)

→ conditionnel.

conditionnel, elle

adj. (angl. Conditional)

GÉNÉR. **Qui se rapporte au conditionnement.** (Syn. conditionné.)

Conditionnel est utilisé de façon à peu près interchangeable avec *conditionné* : « réaction conditionnelle » ou « conditionnée », « stimulus conditionnel » ou « conditionné », etc.

LOG. **Se dit de l'un des connecteurs logiques.**

Le connecteur logique conditionnel lie deux propositions p et q dans une structure qui peut être exprimée en langage naturel par « si p alors q »; cette structure exige que p et q soient simultanément vrais. Ce connecteur n'est pas strictement élémentaire; il est équivalent à « non (p et non-q) » ou à « ou q ou non-p ». La structure abstraite qui correspond au conditionnel est l'implication. On trouve souvent des concrétisations du conditionnel dans ce qui est appelé plus volontiers, dans une famille de modèles cognitifs, des *règles*.

J.-F. L. N.

conditionnement

n.m. (angl. Conditioning)

Acquisition de comportements rendue possible par les relations existant entre les stimulations du milieu et les réactions de l'organisme.

I. P. Pavlov a décrit un premier type de conditionnement, appelé *pavlovien, classique* ou *de type I,* dans des expériences menées sur le chien. La procédure du conditionnement pavlovien consiste à faire précéder de façon répétée un stimulus déclenchant, de manière réflexe, une réponse mesurable, par un stimulus « neutre » vis-à-vis de cette réponse; après un certain nombre de présentations de ces deux stimulus, le stimulus initialement neutre devient capable d'engendrer la réponse.

E. L. Thorndike et surtout B. F. Skinner ont décrit un second type de conditionnement, appelé *opérant, instrumental* ou *de type II,* pour lequel l'acquisition d'un comportement (appelé *réponse*) dépend de la relation temporelle existant entre ce comportement et un événement du milieu : la fréquence d'émission de la réponse va dépendre du caractère appétitif ou aversif de l'événement qui lui succède.

Outre leurs apports dans la connaissance des mécanismes d'apprentissage, les travaux menés sur les conditionnements pavlovien et opérant ont eu d'importantes répercussions pratiques, en psychothérapie et en psychologie de l'éducation notamment.

LE CONDITIONNEMENT PAVLOVIEN

SCHÉMA D'ÉTABLISSEMENT DE LA RÉACTION CONDITIONNELLE

Dans l'expérience princeps de Pavlov, un chien est porteur d'une fistule permettant de recueillir la salive. La salivation est une réponse, qu'on peut mesurer, qui est déclenchée de manière réflexe par la présentation, par exemple, d'un plat de nourriture. On appelle « stimulus inconditionnel » (S.I.) le plat de nourriture et « réponse inconditionnelle » (R.I.) la réponse de salivation déclenchée par ce dernier. Une stimulation sonore (son d'une cloche par exemple) présentée au chien, n'entraînant aucune réponse de salivation, est appelée « stimulus neutre » (S.N.). Pavlov présente donc successivement ce S.N. puis le S.I. ; ce dernier déclenche la salivation. Mais, au bout d'un certain nombre de présentations, la réponse de salivation est déclenchée avant l'apparition du S.I. : à ce moment, le conditionnement est établi puisque le stimulus sonore devient capable d'initier la réponse de salivation. De stimulus neutre, il devient stimulus conditionnel ou conditionné (S.C.). La condition essentielle d'établissement de la réaction conditionnée (R.C.) réside dans la contiguïté temporelle entre le S.N. et le S.I.

LE CONDITIONNEMENT PAVLOVIEN DES RÉPONSES VÉGÉTATIVES

Le conditionnement pavlovien ne se réduit pas à l'association entre des stimulations extéroceptives et des réponses motrices. En effet, Pavlov et ses élèves ont montré que le stimulus neutre pouvait être de nature intéroceptive (stimulation des muqueuses de l'estomac ou de l'intestin par exemple) et déclencher, en devenant conditionnel, une réaction de salivation. Bien plus, la réponse enregistrée peut être de nature végétative (réponse diurétique ou taux de glucose sanguin par exemple) et être conditionnée par l'apparition d'un stimulus extéroceptif ou intéroceptif. Cela est bien évidemment d'un grand intérêt pour comprendre certains troubles psychosomatiques.

LES LOIS DU CONDITIONNEMENT PAVLOVIEN

Ces lois sont respectivement l'extinction, la généralisation et la discrimination.

L'EXTINCTION. Lorsque le conditionnement est établi, son maintien n'est possible que si le stimulus inconditionnel continue à être délivré. En effet, si l'on cesse de présenter le S.I. après le S.C., la R.C. décroît progressivement pour finir par disparaître : c'est le phénomène d'extinction. Le nombre d'essais (c'est-à-dire de présentations du S.C. non suivies du S.I.) nécessaire à l'extinction de la R.C., qui est appelé la *résistance à l'extinction,* permet de mesurer la force de la liaison conditionnelle.

Lorsque la R.C. est éteinte, on ne peut toutefois pas dire que tout est redevenu comme avant le début de la procédure de conditionnement, en particulier que le S.C. est redevenu stimulus neutre. En effet, d'une part, si l'on réitère la procédure de conditionnement, on constate que le réapprentissage est plus rapide (il faut moins d'essais que précédemment pour rétablir le lien conditionnel), ce qui signifie qu'une trace de l'apprentissage précédent a persisté ; d'autre part, après une extinction, il arrive que, quelque temps plus tard, la réponse conditionnelle réapparaisse : c'est ce qu'on appelle la *récupération spontanée.* Ces faits montrent que l'extinction porte mal son nom puisqu'en réalité la liaison conditionnelle n'est pas éteinte mais inhibée.

LA GÉNÉRALISATION. Pavlov a également mis en évidence que, si l'on présente à l'animal, après conditionnement, un stimulus similaire au S.C. mais légèrement différent dans ses caractéristiques physiques, la R.C., bien que diminuée, apparaît : c'est la généralisation. Par exemple, dans un conditionnement où la stimulation d'un point précis de la peau déclenche une R.C. de salivation, si l'on stimule un point proche du point initial, une R.C., moins ample, est observée. Plus on éloigne le point de stimulation du point initial, moins la R.C. est ample : c'est ce qu'on appelle le *gradient de généralisation.* Le facteur essentiel de la généralisation paraît donc être la similitude entre les stimulus.

Pavlov puis ses élèves, notamment Ivanov-Smolenski, mirent en évidence les relations existant entre le système des stimulus conditionnables et le langage, qu'ils appelèrent « le second système de signalisation ». Ainsi, un sujet humain conditionné à saliver à la présentation du son d'une cloche présentera une R.C. à la présentation du mot « cloche »; de la même manière, une généralisation peut être obtenue entre deux stimulus verbaux, « cloche » et « carillon » par exemple : c'est la généralisation sémantique, ou « cloche » et « poche » par exemple : c'est la généralisation phonétique.

La discrimination (ou différenciation). On peut éteindre une réponse généralisée en mettant en place une procédure de discrimination dans laquelle on éteint progressivement les R.C. provoquées par les stimulus proches du S.C. dont on désire maintenir la capacité de déclencher la R.C. Par exemple, si le S.C. est un son de 1 000 hertz qui déclenche une R.C. de salivation, et qu'un son de 1 500 hertz déclenche aussi, par généralisation, la R.C., il suffira de présenter toujours le S.I. après le son de 1 000 hertz et jamais après le son de 1 500 hertz (extinction) pour que l'animal réalise une différenciation entre ces deux stimulus. Cette procédure permet de mesurer les capacités discriminatives de l'animal ou du sujet humain qui est dans l'incapacité de donner une réponse verbale. C'est en utilisant cette procédure que Pavlov a montré que, lorsque la différenciation devient impossible pour l'animal, celui-ci développe une « névrose expérimentale ».

Le conditionnement instrumental, ou opérant

Principe d'acquisition d'une réponse opérante

À partir de ses travaux sur l'apprentissage par essais et erreurs, Thorndike formula, au début du siècle, la « loi de l'effet », selon laquelle le comportement est régi par les effets qu'il procure. Le comportement, la réponse, est alors l'« instrument » permettant l'obtention, par exemple, d'une récompense. C'est Skinner (1938) qui poussa le plus loin cette conception et qui développa le schéma du conditionnement qu'il appela « opérant » pour en faire un outil d'investigation des comportements d'une grande puissance méthodologique.

Dans le conditionnement pavlovien, le stimulus inconditionnel est toujours présenté après le stimulus conditionnel : ce S.I., encore appelé *agent renforçateur*, est en relation avec un signal et non avec la réponse. À l'inverse, dans le conditionnement opérant, ou skinnérien, la réponse est l'intermédiaire indispensable à l'obtention de l'agent renforçateur. Le seul fait de faire suivre une réponse d'un événement agréable entraîne une augmentation de la fréquence d'apparition de cette réponse ; à l'inverse, faire suivre une réponse d'un événement désagréable entraîne une diminution de sa fréquence d'apparition. Dans le premier cas, on parle de procédure de « renforcement », dans le deuxième, de procédure de « punition » (il faut toutefois noter que certains auteurs ne font pas cette distinction et appellent renforcement non pas la procédure utilisée, mais l'événement qui suit la réponse ; cela risque, si le lecteur n'y prend garde, d'entraîner des confusions fâcheuses).

Skinner a utilisé, dans ses travaux, une situation expérimentale extrêmement simple : une cage (appelée *boîte de Skinner*) dans laquelle se trouve un petit levier relié à un distributeur de nourriture. L'animal, un Rat par exemple (mais Skinner a aussi beaucoup travaillé sur le Pigeon), appuie, d'abord par hasard, sur le levier (c'est la réponse que l'on attend de lui) et est immédiatement récompensé par de la nourriture (qui est un agent renforçateur) : la réponse va tendre à se reproduire, il s'agit alors d'une procédure de renforcement. En revanche, si l'appui sur le levier déclenche un événement désagréable (choc électrique sur les pattes par exemple), la réponse va tendre à disparaître (procédure de punition). Ce type de dispositifs expérimentaux a permis de faire varier les caractéristiques des différentes variables impliquées : types de réponses étudiés, types d'événements consécutifs à la réponse, types de relations entre la réponse et sa conséquence ; des lois fondamentales d'établissement du conditionnement opérant ont pu ainsi être établies.

Les lois du conditionnement opérant

Elles sont les mêmes que celles du conditionnement pavlovien : l'extinction, la généralisation et la discrimination.

Tout d'abord, une réponse qui cesse d'être suivie d'un événement qui en avait modifié la fréquence d'apparition réapparaît avec sa fréquence initiale. La résistance à l'extinction traduit la force de la relation qui s'est établie entre la réponse et l'événement consécutif. Il a pu être montré qu'une réponse suivie de façon intermittente d'un événement renforçateur est plus difficile à éteindre qu'une réponse suivie systématiquement du même événement.

Une réponse émise en vue d'une conséquence particulière est contrôlée par un ensemble de stimulus externes et internes ; il s'agit bien d'un contrôle et non d'un déclencheur de la réponse : en effet, pour les béhavioristes, l'explication du comportement opérant réside uniquement dans les modalités de la relation entre réponses et agents renforçateurs ou punitifs, c'est-à-dire dans ce qu'ils appellent les « contingences de renforcement ». Les stimulus contrôlant le comportement, que les skinnériens appellent stimulus « discriminatifs », sont soumis aux lois de généralisation et de discrimination.

Le conditionnement opérant des réponses végétatives

Longtemps considéré comme impossible, le conditionnement opérant des réponses végétatives a pu être mis en évidence dans les années 1950. En effet, N. Miller et son équipe ont montré qu'un rat était capable de modifier son propre rythme cardiaque ou le rythme de ses contractions intestinales pour recevoir une stimulation intracérébrale (→ autostimulation) ou pour éviter un choc électrique. Cette découverte, bien que très contestée, ouvre, en complétant les travaux de Bykov sur le conditionnement pavlovien des réponses végétatives, des perspectives intéressantes dans l'explication des maladies psychosomatiques.

Les différents programmes de renforcement

Skinner et ses élèves ont imaginé des procédures d'apprentissage, appelées « programmes de renforcement », pouvant atteindre des degrés extrêmement élevés de complexité. Elles se distinguent principalement par la relation qu'entretiennent la réponse et l'agent renforçateur ou punitif. Skinner a pu de cette manière faire acquérir à des pigeons des comportements très élaborés : comportements d'aide envers des congénères, prise en compte de délais temporels importants, reconnaissance dans un miroir de sa propre image...

Les applications du conditionnement

En psychothérapie

On a vu les implications que les travaux sur les conditionnements pavlovien et opérant pouvaient avoir dans le domaine des troubles psychosomatiques. L'idée que les troubles du comportement sont explicables par une « histoire » individuelle faite d'une succession de conditionnements autorise à traiter ces troubles par une procédure de déconditionnement : de nombreux travaux, réalisés essentiellement par l'école de la *thérapie comportementale* (angl. Behavior Therapy), ont montré l'efficacité d'une telle méthode dans le traitement de divers troubles tels que les phobies ou les anomalies sexuelles.

En éducation

Les travaux de Skinner ont débouché sur une application sur le plan éducatif, qu'on appelle l'*enseignement programmé*. Un dispositif plus ou moins sophistiqué (ordinateur par exemple) permet la présentation de fragments d'informations ; l'élève est constamment actif et ses réponses conditionnent la présentation des informations suivantes ; l'apprentissage est donc très progressif, sans erreurs, l'élève travaillant à son propre rythme. Toutefois, en dehors de l'école skinnérienne, la plupart des auteurs considèrent que les apprentissages cognitifs ne relèvent pas du conditionnement.

Les conditionnements pavlovien et opérant présentent à la fois des analogies et des différences. Le débat n'est pas clos qui tente de préciser si l'on a affaire à des différences de surface (les mécanismes fondamentaux étant les mêmes) ou à deux niveaux différents des mécanismes d'apprentissage.

P. L.

LE CONDITIONNEMENT CHEZ L'ENFANT

Depuis les années 1960, on a utilisé les procédures expérimentales de conditionnement dans de très nombreuses recherches pour démontrer l'existence de capacités d'apprentissage chez le nourrisson. Avec ces procédures, on a montré qu'il était possible d'établir des réponses conditionnelles chez de très jeunes nourrissons. Cependant, les associations entre stimulus, entre stimulus et réponses ne sont pas toutes aussi probables. Ainsi, les réponses somatiques (succion, rotation de la tête, réflexe palpébral) sont plus facilement associées à des stimulus visuels et auditifs, alors que les réponses du système nerveux autonome (réponse cardiaque, réflexe pupillaire) sont plus facilement conditionnées par des événements temporels comme la présentation d'un S.I. à intervalles fixes.

Dans les études sur les processus d'acquisition par conditionnement, on a beaucoup plus utilisé avec les nourrissons les procédures de conditionnement opérant où, contrairement à ce qui se passe en conditionnement classique, une action de l'organisme est nécessaire : les réponses ne sont pas déclenchées par des stimulus mais sélectionnées et façonnées par les conséquences qu'elles entraînent (issue). Par exemple, le nourrisson voit bouger le mobile accroché à son lit. Plus l'enfant bouge, plus le mobile bouge, ce qui augmente (renforce) la probabilité de ses mouvements. Toutefois, l'obtention du renforcement peut être corrélée avec un stimulus antérieur qui prend la valeur d'un stimulus discriminatif (S.D.). Ainsi, la mère est le stimulus discriminatif pour beaucoup d'événements renforçants : la nutrition, les caresses, le confort... Nombre de recherches ont été menées avec des procédures mixtes qui combinent des éléments des deux types de conditionnement. Par exemple, la présentation du son (S.C.) est suivie d'une stimulation tactile au coin de la bouche (S.I.), celle-ci déclenche la rotation de la tête (R.I.), qui est elle-même suivie d'un agent renforçateur (une tétine avec du lait). La démonstration de la spécificité des liens entre R.C. et S.C. en conditionnement classique est aussi pertinente en conditionnement opérant. Des nourrissons apprennent plus facilement à faire bouger un mobile par des mouvements de jambes que par une rotation de la tête. Ou bien encore, des comportements sociaux comme des sourires ou des vocalisations sont plus facilement modelés par des conséquences impliquant l'action d'un partenaire social qui parle ou sourit que par la présentation de stimulus visuels ou auditifs à contenu non humain. Le renforcement peut être octroyé en fonction de plusieurs paramètres, dont l'intervalle de temps depuis le dernier renforcement, le nombre et le rythme des comportements. Les effets de ces règles de dépendance entre comportement et issue ou *programmes de renforcement* (angl. Schedules of Reinforcement) ont été beaucoup étudiés dans les expériences chez l'Animal. Avec les nourrissons, on utilise surtout des programmes de renforcement continu : à chaque réponse est associée un renforcement. Il faut ajouter que le bébé ne peut établir de lien entre le comportement émis et sa conséquence si cette dernière survient au-delà d'un certain temps (quelques secondes). Cela serait dû aux capacités mnémoniques limitées du nourrisson.

Certains théoriciens ont argumenté que les liaisons conditionnelles observées chez le très jeune nourrisson, s'inscrivent dans un répertoire d'associations stimulus-réponses précâblées. Selon eux, certaines acquisitions seraient plus probables que d'autres à cause d'une *préparation* organique et le recours à une notion de conditionnement deviendrait inutile. D'autres auteurs, surtout dans le domaine du conditionnement opérant, pensent que ce type de conditionnement est à la base de l'acquisition de nouvelles conduites dès les premiers jours de vie. Les comportements ainsi acquis subissent des transformations soit en devenant associés à de nouveaux stimulus, soit en étant façonnés par leurs conséquences. On a étudié les effets de la maturation, du développement des capacités perceptives et mnémoniques sur l'acquisition et la rétention de nouvelles conduites.

Peu de recherches concernent l'établissement de comportements conditionnés chez des enfants de plus de un an. Il existe cependant quelques études soviétiques en conditionnement classique. D'autre part, des travaux anglo-saxons récents ont étudié le rôle du langage et l'utilisation de règles explicites dans l'acquisition de comportements opérants chez le jeune enfant.

On a appliqué les techniques de conditionnement et surtout celles de conditionnement opérant à la thérapie (thérapie comportementale). Ces techniques ont été utilisées dans le domaine des altérations profondes du répertoire comportemental de l'enfant : arriération mentale sévère et profonde, autisme et schizophrénie. L'objectif de la thérapie est double : d'une part éliminer (extinction) les conduites indésirables (stéréotypies, automutilations), d'autre part modeler puis consolider des comportements adaptés et diversifiés. V. P.

→ apprentissage, béhaviorisme, comportement, discrimination, extinction, généralisation, névrose expérimentale.

BIBLIOGRAPHIE

Pavlov, I. P., 1932, *les Réflexes conditionnels,* Paris, Alcan.

Le Ny, J.-F., 1975, *le Conditionnement et l'apprentissage,* P.U.F., Paris.

Richelle, M., 1972, *le Conditionnement opérant,* Neuchâtel, Delachaux et Niestlé.

conditionnement (thérapie par)

(angl. Therapy Conditioning)

Thérapie qui fait appel au conditionnement conçu comme une opération à l'issue de laquelle est acquise, chez un être vivant, une réaction qui ne faisait pas partie de son répertoire de réponses innées.

Le conditionnement joue un rôle essentiel, mais non exclusif, dans l'apprentissage, ce dernier se définissant comme un changement de comportement facilité par des facteurs volitionnels acquis plus spécifiquement par l'expérience, l'habitude, l'éducation et la répétition des situations.

Ce sont tout particulièrement les facteurs émotionnels mis en jeu dans l'acquisition de divers types de conditionnement qui ont permis d'élaborer des hypothèses sur la genèse de troubles psychopathologiques et d'envisager leur utilisation thérapeutique. Certains de ces troubles peuvent être considérés comme ayant été appris par une procédure de conditionnement, par exemple lorsqu'une réaction émotionnelle, d'intensité excessive, à un stimulus s'est manifestée et persiste par la suite en l'absence de ce stimulus, survenant en réponse aux stimulus qui présentent des analogies avec le premier. La thérapie consistera à amorcer un processus de déconditionnement souvent évoqué dans les psychothérapies et tout particulièrement dans les thérapies comportementales et cognitives.

D'autre part, les théories strictement béhavioristes ont montré que certains comportements, pris isolément dans la conduite d'un individu, peuvent être modifiés par des techniques de conditionnement opérant. Il est parfois d'un intérêt thérapeutique d'aider certains sujets à acquérir des habitudes nouvelles par des processus inspirés de ces techniques. Ainsi peuvent être créées, par des apprentissages appropriés, de nouvelles habitudes, alimentaires par exemple, ou des réactions mieux adaptées à la norme qu'elles ne l'étaient auparavant, à des stimulus de nature sociale ou à diverses sollicitations du monde extérieur. La notion de renforcement à laquelle font appel les principes éducatifs reste alors indispensable pour comprendre comment et dans quelle mesure le conditionnement prend sa place dans une thérapie. M. A.

conduction nerveuse

(angl. Nerve Conduction)

Propagation de l'influx nerveux (ou potentiel d'action) le long de l'axone.

On réserve le terme de *transmission* au franchissement synaptique du signal nerveux. Dans les conditions naturelles, la conduction est unidirectionnelle ; elle s'effectue du corps cellulaire vers la périphérie (sens orthodromique). La conduction est isolée, c'est-à-dire que, dans un ensemble de fibres parallèles formant un faisceau ou un nerf, l'influx parcourant une fibre donnée ne se propage pas aux autres éléments excitables. La vitesse de conduction de l'influx nerveux ne varie pas dans l'axone et l'amplitude du potentiel d'action reste également constante (conduction non décrémentielle). Selon que l'axone est amyélinique ou myélinisé, la propagation de l'influx nerveux est respectivement continue ou discontinue (conduction saltatoire). La vitesse de conduction est beaucoup plus rapide lorsque la conduction est saltatoire que lorsqu'elle s'effectue de proche en proche. Pour les fibres myélinisées, la vitesse V (m/s) est directement proportionnelle au diamètre extérieur *d* (μm) de la fibre, soit V = 6*d*, chez les Mammifères. Chez l'Homme, la vitesse de propagation de l'influx nerveux est comprise entre 0,5 m/s dans les petites fibres amyéliniques et 120 m/s dans les grosses fibres myélinisées. G. S.

conduite

n.f. (angl. Conduct)

Équivalent de comportement.

Le terme de *conduite* est parfois utilisé de façon indifférenciée à la place de *comportement* (angl. Behaviour; amér. Behavior). Il arrive également que l'on désigne par *conduite* un mixte (contraire aux exigences de la psychologie scientifique) d'activités externes *observables* de l'organisme, qui sont des comportements, et de phénomènes internes *inobservables,* qui sont supposés en être concomitants : buts, motivations, émotions, etc.

Dans la conception de P. Janet, une conduite est une classe de comportements définis par leur similitude fonctionnelle : conduite de parcours, de récit, etc. J.-F. L. N.

→ comportement.

confabulation

n.f. (angl. Confabulation)

Récit imaginaire se manifestant comme une compensation d'un déficit de mémoire touchant le passé ou le présent.

C'est surtout après des épisodes confusionnels et dans des atteintes graves de la mémoire de fixation, telles qu'on les constate dans la psychose de Korsakov et la presbyophrénie, que des confabulations répétées viennent ainsi émailler le discours du patient pour combler ses lacunes mnésiques. J. P.

confiance (intervalle de)

(angl. Confidence Interval)

Limites entre lesquelles se trouve un paramètre qu'on ne peut calculer directement sur une population donnée, mais seulement à partir d'estimations pratiquées sur des échantillons extraits de cette population.

L'intervalle de confiance est borné par les limites de confiance. M. R.

→ estimation, inférence statistique.

configuration

n.f. (angl. Configuration)

DIFFÉR. **Synonyme de profil.** M. R.

conflit

n.m. (angl. Conflict)

GÉNÉR. **Situation d'un sujet dans laquelle celui-ci se trouve soumis à des tendances cognitives et motivationnelles de sens contraire.**

Dans l'optique de la psychologie scientifique, on distingue, après N. E. Miller, des conflits approche-approche, dans lesquels existent deux tendances non simultanément réalisables à aller vers deux objets ou buts incompatibles, des conflits évitement-évitement, dans lesquels les deux tendances incompatibles portent le sujet à fuir deux objets ou buts distincts, et des conflits approche-évitement, dans lesquels un même objet ou but suscite simultanément une tendance à l'approche et une tendance à l'évitement.

À partir de ces notions et de celles de généralisation du stimulus dans le domaine du conditionnement, ou de diffusion de l'activation dans une perspective cognitive, ont été construits des modèles des conflits et des réinterprétations de divers phénomènes observés. J.-F. L. N.

→ déplacement, névrose expérimentale.

conflit psychique

(angl. Psychical Conflict; allem. Psychischer Konflikt)

PSYCHAN. **Expression d'exigences internes inconciliables, telles que désirs et représentations opposés, et plus spécifiquement de forces pulsionnelles antagonistes. (Le conflit psychique peut être manifeste ou latent.)**

S. Freud a proposé successivement deux descriptions du conflit psychique. Dans le cadre de la première théorie de l'appareil psychique, le conflit est conçu comme l'expression de l'opposition des systèmes inconscient d'une part et préconscient-conscient de l'autre : les pulsions sexuelles maintenues à l'écart de la conscience par une instance refoulante sont représentées dans diverses formations de l'inconscient (rêves, lapsus) tout en subissant une déformation par la censure.

À partir de 1920, avec la dernière théorie de l'appareil psychique, le conflit psychique est décrit de manière plus complexe et nuancée : diverses forces pulsionnelles animent les instances psychiques, et les oppositions conflictuelles des pulsions (pulsion d'autoconservation et pulsion de conservation de l'espèce ou amour du moi et amour d'objet) « se situent elles-mêmes dans le cadre de l'Éros » (*Abrégé de psychanalyse,* 1938). Quant à la pulsion de mort, elle ne devient pôle conflictuel que dans la mesure où elle tend à se désunir de la pulsion de vie comme dans la mélancolie.

Dans chaque type d'opposition envisagé par Freud pour rendre compte du conflit psychique, le rôle accordé à la sexualité apparaît comme primordial. Or, l'évolution de cette dernière chez le sujet passe par la résolution du conflit décisif qu'est le complexe d'Œdipe. R. L.

confus, e

adj. (angl. Confused)

Se dit d'une personne atteinte de confusion mentale. J. P.

confusion mentale

(angl. Mental Confusion)

État psychique pathologique caractérisé par une obnubilation de la conscience, une désorientation spatiale et temporelle, un délire onirique hallucinatoire et une atteinte de la mémoration entraînant généralement une amnésie lacunaire postconfusionnelle.

L'obnubilation est en rapport avec un trouble de l'attention et de la vigilance entraînant une désorganisation importante des activités psychiques volitionnelles et de synthèse. Cette atteinte est plus ou moins profonde, allant du maintien d'une relative efficience intellectuelle jusqu'à un tableau pseudo-démentiel avec stupeur, mutisme, akinésie. Elle s'accompagne souvent d'un état de perplexité anxieuse.

La désorientation spatio-temporelle est plus ou moins importante. Au minimum, c'est une perte de la reconnaissance topographique, avec impossibilité de se retrouver dans des lieux pourtant familiers, entraînant errance et déambulation. C'est la fugue du confus amnésique, incapable de rentrer chez lui.

L'atteinte de la mémoire est en effet une amnésie de fixation, un oubli à mesure des faits récents qui explique bien cette désorientation et qui entraîne l'amnésie qui suit généralement la période confusionnelle.

Quant au délire onirique, il s'intrique à la confusion comme le rêve au sommeil. C'est un état confuso-onirique où d'une part les perceptions sensorielles normales sont émoussées et déformées, donnant des illusions greffées sur ces fausses sensations, et où d'autre part apparaissent des hallucinations surtout visuelles et parfois auditives, olfacto-gustatives et cénesthésiques. Le délire, entretenu par ces diverses projections oniriques, a des contenus à la fois fantastiques et professionnels : ce sont des catastrophes, des bestiaires terrifiants que le malade vit au milieu de la représentation de ses activités quotidiennes, avec une certaine distance, comme une sorte de scénario qui lui échapperait par moments complètement et que, à d'autres moments, il remaîtriserait en partie. Ce qui explique qu'on peut parfois, par une forte stimulation, sortir provisoirement le confus de son délire. Mais, très vite, le patient retombe dans son état confuso-onirique, qui évolue donc, comme on l'a vu, sur un fond d'anxiété permanente avec des paroxysmes de terreur et de pantophobie et un vécu particulièrement dramatique de menace et de sentiment de mort imminente.

Causes de la confusion mentale

Cette évolution va d'ailleurs dépendre en grande partie de la cause. Il peut s'agir d'une origine infectieuse : la typhoïde, le paludisme, la grippe, les brucelloses, les encéphalites peuvent provoquer une telle confusion, généralement plus stuporeuse que délirante. Plus souvent, la cause est toxique : l'alcoolisme d'abord avec le classique tableau de delirium tremens, mais aussi les stupéfiants comme le haschisch, la cocaïne, et surtout de nombreux médicaments (amphétamines, barbituriques, benzodiazépines, antidépresseurs et neuroleptiques). Tous les médicaments psychotropes donnés à des doses trop fortes risquent de se transformer en agents confusionnants. Il faut également citer les troubles métaboliques (hypoglycémie, hyponatrémie, hyper- ou hypocalcémie, déshydratation ou hyperhydratation, hyperazotémie) et certaines maladies endocriniennes (hypocorticisme, myxœdème, Basedow).

Les causes cérébrales directes sont, elles aussi, nombreuses : l'épilepsie d'abord avec ses confusions postcritiques ou durant un état de mal, les débuts confusionnels d'états démentiels, les tumeurs et les infarctus cérébraux, les diverses hémorragies cérébro-méningées ainsi que les hématomes extraduraux et surtout sous-duraux post-traumatiques. Une place à part revient à la psychose de Korsakov, qui peut revêtir l'aspect d'une véritable confusion mentale chronique. Enfin, la cause est parfois purement psychogène. C'est le cas des confusions survenant à l'occasion d'un traumatisme psychique particulièrement violent déclenchant un état émotionnel intense sur une personnalité fragile et prédisposée.

Les difficultés de classement

C'est pourquoi la confusion mentale ne peut pas être considérée comme une psychose aiguë d'origine uniquement neurobiologique. Elle est parfois très proche de la bouffée délirante ou de certains accès catatoniques aigus apparaissant au cours d'une évolution schizophrénique. Et on peut regretter la tendance nosologique actuelle qui vise à la réduire à un syndrome mental organique (DSM-III-R.). L. Delasiauve, qui introduisit en 1851 le terme de *confusion mentale,* Ph. Chaslin, qui en 1895 l'érigea en véritable syndrome psychiatrique dans son livre sur la « confusion mentale primitive », et l'école française lui donnent au contraire un statut nosographique bien particulier. E. Minkowski en fait une fine analyse phénoménologique dans son *Traité de psychopathologie* en distinguant bien la catégorie du « confus » de celle du « vague » (la séparant ainsi de la schizophrénie), et H. Ey lui assigne un niveau bien spécifique dans sa hiérarchie de la déstructuration de conscience. G. Daumézon y voyait parfois une conduite régressive au cours d'une phase conflictuelle difficile à surmonter chez certains hystériques. Mais tout cela a été balayé par des préoccupations pragmatiques liées à l'urgence d'un traitement fondé essentiellement sur la recherche de facteurs étiologiques organiques. J. P.

confusionnel, elle

adj. (angl. Confusional)

Relatif à la confusion mentale. R. L.

confuso-onirique

adj. (angl. Delirious)

Se dit d'un état psychique morbide associant une confusion mentale avec baisse du niveau de vigilance et trouble grave de la conscience à un délire qui rappelle le rêve.

Ce dernier est surtout caractérisé par des hallucinations visuelles souvent terrifiantes et un vécu auquel adhère pleinement le malade comme s'il était dans une sorte de cauchemar éveillé. Le delirium tremens des alcooliques représente la forme la plus typique de ces états confuso-oniriques. J. P.

conjugaison oculaire

(angl. Simultaneous Eye Movement)

Déplacement simultané des deux globes oculaires.

Un œil ne peut se déplacer sans entraîner l'autre. Même si l'on occulte un des yeux à l'aide d'un bandeau, il suit les déplacements de l'autre. La conjugaison (ou synergie) oculaire s'observe dès la naissance. E. V.

connaissances (épreuves normalisées de)

(angl. Achievement Tests)

Ensemble de méthodes psychométriques visant à évaluer le savoir d'un sujet.

L'évaluation des connaissances par les méthodes traditionnelles dépend, dans une mesure parfois importante, de la personnalité de l'évaluateur. (→ docimologie.) On a été amené pour cette raison à construire des épreuves de connaissances utilisant les méthodes psychométriques employées pour les tests d'aptitudes dans lesquels les connaissances n'interviennent pas en principe. Les questionnaires à choix multiple (→ choix multiple) consituent la forme la plus simple de ces épreuves. Ils ont fait l'objet de critiques dont plusieurs ne sont pas fondées. La simplicité du mode de réponse ne signifie pas que l'opération mentale permettant de répondre correctement à la question soit également simple. Des formes de réponse complexes ont été élaborées : combinaison de choix telle que le sujet ne peut passer en revue toutes les combinaisons possibles, classement à effectuer, choix de propositions définies par le fait qu'elles respectent une certaine relation entre deux séries de données, etc. Dans tous ces cas, la bonne réponse est entièrement déterminée et une correction automatique complètement indépendante de la diversité de points de vue des correcteurs est possible. Des épreuves normalisées de connaissances de ce type ont été utilisées dès les premières années de la scolarité primaire (notamment au cours d'enquêtes sur l'état des connaissances à l'échelle nationale) jusqu'à l'enseignement supérieur (médecine). Le risque de « bachotage » existe. Il pourrait changer de nature si l'on publiait des banques d'items comportant un très grand nombre de questions couvrant l'ensemble du programme : le bachotage se confondrait alors avec l'étude du programme de cet examen. Cependant la mesure dans laquelle certains objectifs pédagogiques, tels que la qualité de l'expression, la créativité, ont été atteints ne peut guère être évaluée par des épreuves normalisées. On peut envisager alors certaines améliorations des épreuves à expression libre : utilisation par tous les évaluateurs de barèmes illustrés d'exemples ; multiplication du nombre des évaluateurs, etc. M. R.

connexion

n.f. (angl. Connection)

Liaison élémentaire hypothétique qui est supposée exister, selon les modèles, entre un stimulus et une réponse, entre deux stimulus, entre deux représentations, entre deux significations de mots, etc.

La notion psychologique de connexion s'est développée sur le terrain théorique à partir de deux sortes de données : d'une part les observations de liaisons entre un stimulus et un comportement, et plus encore d'établissement de liaisons nouvelles entre un stimulus précédemment neutre et un comportement (apprentissage, conditionnement), d'autre part les données neurobiologiques sur l'organisation neuronale. Mais on ne peut pas établir d'équivalence immédiate entre ces dernières et la notion psychologique qui lui est analogue. J.-F. L. N.

connexionnisme

n.m. (angl. Connexionism)

1. **Théorie qui affirme que l'apprentissage est réalisé lorsque sont établies les liaisons entre le stimulus et les réponses.** 2. **Synonyme de néoconnexionnisme.**

E. L. Thorndike a démontré à l'aide de nombreuses expériences que deux lois façonnent la connexion entre stimulus et réponse : la *loi de l'effet* et la *loi de l'exercice.* Selon la première, l'animal, placé dans une cage d'observation, est récompensé lorsque, attrapant une nourriture à l'aide d'un bâton, il réussit de ce fait à la manger, ce qui fixe son comportement ; la seconde fait que, après une série d'essais et d'erreurs pour attraper cette nourriture, il finit par manœuvrer le bâton avec de plus en plus de précision et de rapidité. Ces deux lois constituent l'essentiel du connexionnisme. R. L.

→ néoconnexionnisme.

connexionniste

adj. (angl. Connexionist)

1. **Relatif au connexionnisme.** 2. **Relatif au néoconnexionnisme.** C. B.

→ réseau de neurones formels.

connexité

n.f. (angl. Connectedness)

Dans la perception visuelle des formes, liaison spatiale entre des éléments.

Parmi les facteurs de groupement perceptif, la connexité de deux éléments représente un cas limite de la proximité. Deux segments contigus ayant un point commun forment un groupement perceptif plus fort que s'il n'existe pas de point commun entre eux. Leur connexité crée une nouvelle unité : un angle. C. B.

connotation positive

(angl. Positive Connotation)

Principe thérapeutique utilisé à l'origine par les thérapeutes familiaux de l'école de Milan (M. Selvini-Palazzoli et coll.), par lequel le thérapeute paraît volontairement accepter la famille dans sa totalité, les règles de son fonctionnement, etc., et avoir une attitude globalement favorable.

La connotation positive suppose que les règles de fonctionnement du groupe familial en thérapie soient devinées. Pour accéder à la famille en tant qu'unité systémique, les thérapeutes n'expliquent pas le « jeu », ne l'interprètent pas, ne critiquent rien et paraissent ne rien vouloir y changer. En se mettant consciemment du côté de la famille, ils acceptent et recommandent de ne surtout rien modifier. Se faisant gérants de la poursuite du fonctionnement familial habituel, ils annulent secrètement une règle du système : ils métacommuniquent sur le jeu, le mettant à découvert, l'exagèrent pour le rendre à la fin inacceptable.

Dès lors, dans le paradigme systémique, si les règles du jeu se modifient, les symptômes que présente un membre de la famille peuvent disparaître. M. G.

conscience

n.f. (angl. Consciousness, Awareness ; allem. Bewußtsein)

Génér. **Fonction de synthèse qui permet à un sujet d'analyser son expérience actuelle en fonction de la structure de sa personnalité et de se projeter dans l'avenir.** R. L.

Psychan. **Chez S. Freud, qualité du psychique.**

Les problèmes de la définition psychanalytique

Plusieurs acceptions se réfèrent au terme de *conscience* que l'anglais (*Consciousness*, état de conscience ; *Awareness,* conscience, connaissance ; *Conscience,* conscience morale) et l'allemand permettent de distinguer, contrairement au français. En allemand, on distingue : 1. *Bewußtsein,* qui désigne à la fois chez Freud la conscience et le conscient ; 2. *Gewissen,* qui signifie conscience morale. Ce second terme est plus particulièrement lié aux mises en place de *Totem et tabou* (1912) et de la deuxième topique. Le premier fluctue entre les deux sens : conscience, conscient, souvent pris l'un pour l'autre.

Toutefois, on peut considérer que Freud est amené à utiliser deux systèmes : 1. le système inconscient - préconscient - conscient, où le conscient est un lieu particulier de l'appareil psychique, lieu séparé de l'inconscient par le préconscient, qui constitue le passage obligé pour un éventuel accès au conscient ; (on voit immédiatement ici la proximité conscient - conscience et la confusion possible des deux mots, confusion qui ne manque pas de se faire) ; 2. le système perception - conscience, qui apparaît plus tardivement, où la conscience a le rôle d'un organe des sens.

Dans des textes qui s'échelonnent de 1895 *(Esquisse d'une psychologie)* à 1938 *(Abrégé de psychanalyse)*, Freud parle de la conscience comme d'une qualité du psychique. En réalité, il semble bien que la notion de conscience le laisse dans un très grand embarras.

Développement

La place que Freud donne à l'inconscient l'inscrit nécessairement en faux contre la donnée de base des philosophes de son temps, pour qui la conscience est l'essence du psychisme, c'est-à-dire la faculté permettant à l'homme de prendre connaissance du monde extérieur comme de ce qui se passe en lui-même et de régir ses comportements. Son expérience clinique le conduit, au contraire, à affirmer que la conscience n'est qu'une partie du psychique et qu'elle n'a pas connaissance de certains phénomènes, ceux précisément qui l'obligent à postuler l'inconscient. Cette position, négative en quelque sorte, n'est pas une définition. Freud n'éprouve pas le besoin d'en donner une, il se sert de ce terme dans un contexte flou mais en consigne les caractéristiques au gré de son travail.

Caractéristiques

On aurait pu espérer les trouver réunies dans l'article qu'il écrit sous cet intitulé en 1915 mais celui-ci ne verra pas le jour de la publication. On est ainsi amené à rassembler des données dispersées. Chez Freud, dans l'*Interprétation des rêves,* les distinctions inconscient - préconscient - conscient « supposent une conception particulière de l'essence de la conscience. Le fait de devenir conscient est pour moi un acte psychique particulier, distinct et indépendant de l'apparition d'une pensée ou d'une représentation. La conscience m'apparaît comme un organe des sens qui perçoit le contenu d'un autre domaine ». L'acte psychique qui permet ce devenir conscient est soutenu par l'attention, fonction psychique sur laquelle Freud insiste à plusieurs reprises, remarquant sa nécessité en raison de la fugacité spontanée de la conscience. L'orientation de l'attention favorise le passage vers le conscient des représentations préconscientes tout autant que l'énergie investie dans lesdites représentations, énergie qui force — ce sont les termes freudiens — ce passage. L'inconscient, quant à lui, « ne peut en aucun cas devenir conscient » en dehors du travail de la cure, qui doit permettre la prise de conscience du refoulé (ce qu'on appelle *le retour du refoulé*).

La fonction psychique de l'attention permet que se constitue un système de repères qui se consignent dans la mémoire dont le siège est le préconscient, car mémoire et conscience s'excluent. Il en est, en effet, du pôle conscient de l'appareil psychique imaginé par Freud comme de son pôle perceptif : ce sont des filtres qui ne retiennent aucune information. Parmi les perceptions qui parviennent à la conscience, c'est « l'épreuve de réalité » qui, au niveau du préconscient, a fait le tri et décidé de leur rejet ou de leur acceptation. Du fait que la mémoire et la conscience s'excluent, celle-ci ne peut être le siège de la connaissance et ce point va donc à l'encontre de la pensée contemporaine de Freud. Par contre, l'identité de la conscience et de la raison se comprend mieux dans la mesure où l'exercice de celle-ci est discontinu. À ce propos, la relation au temps est, dit Freud, « liée au travail du système conscient ».

C'est aussi à la conscience qu'appartiennent « le prononcé de jugement impartial » et la transformation « de la décharge motrice en agir » selon son expression dans les *Formulations sur les deux principes de l'événement psychique* (1911). C'est elle, enfin, qui régit l'affectivité.

Totem et tabou voit l'introduction de la conscience morale comme « la perception interne du rejet de certains désirs que nous éprouvons ». Les textes ultérieurs, plus particulièrement la deuxième topique : le moi, le surmoi et le ça, distinguent la conscience morale de la conscience. « Nous la compterons [la conscience morale] avec la censure de la conscience et l'épreuve de réalité au nombre des grandes institutions du moi. » Dès lors, le moi occupe une position centrale, et la conscience morale, à laquelle se trouvent liées la culpabilité et l'angoisse, prend une dimension analytique.

Lacan

Cinquante ans après l'*Interprétation des rêves* (1900), Lacan constate que, dans son auditoire, « il y en a plus d'un dont la formation est de philosophie traditionnelle et pour qui la saisie de la conscience par elle-même est un des piliers de la conception du monde », c'est-à-dire que l'essentiel du message de Freud semble oublié, voire rejeté. Nombre des disciples de ce dernier centrent le travail de la cure sur le moi et ses résistances. Lacan insiste sur « le retournement de perspective qu'impose l'analyse ». Il avance que le sujet qui parle, c'est le sujet de l'inconscient et il opère une véritable fracture dans la théorie analytique en séparant ce sujet de l'inconscient du moi conscient et en réaffirmant la dimension imaginaire de celui-ci, comme il l'avait fait dès 1936 dans sa communication sur « le stade du miroir ». Certes, la fascination s'y avère nécessaire à la constitution du moi mais elle ne peut se poursuivre dans la cure.

Ici, la conscience, support du moi, n'a plus une place centrale ; le moi n'est, selon Lacan, que la somme des identifications successives, ce qui lui donne le statut d'être un autre pour lui-même et c'est le sujet de l'inconscient qui nous interroge. Entre les deux, « il y a non seulement dissymétrie absolue mais différence radicale » dit encore Lacan, qui illustre son propos à l'aide du schéma L (→ mathème, fig. 1), où sont figurés en S le sujet et en a le moi, l'Autre A introduisant l'ordre symbolique.

Lacan ne néglige pas la conscience mais il en dénonce les illusions. Pour lui, la conscience n'est pas connaissance mais méconnaissance, où il joue sur le double sens du « mé » : connaissance (jusqu'à quel point?) du moi et inverse de la connaissance. Ajoutons qu'il ne laisse pas la perception dans son statut freudien de pur filtre. Il la structure en la liant au symbolique, car à quoi servirait le perçu s'il n'était pas nommé ? « C'est par la nomination que l'homme fait subsister les objets dans une certaine consistance. » Quant au désir, étant en grande partie inconscient, il échappe dans cette mesure à la conscience. Malgré la reprise par Lacan des textes de Freud, il s'établit entre leurs deux conceptions de la conscience une distance qui ne peut que retentir sur la conduite de la cure. Et pourtant, Lacan écrit : « Son expérience impose à Freud de refondre la structure du sujet humain en le décentrant par rapport au moi, et en rejetant la conscience dans une position sans doute essentielle, mais problématique. Je dirais que le caractère insaisissable, irréductible par rapport au fonctionnement du vivant, de la conscience, c'est dans l'œuvre de Freud quelque chose d'aussi important à saisir que ce qu'il nous a apporté sur l'inconscient. »

A. J.-F. et D. S.-F. G.

conscience de soi

(angl. Self-Consciousness)

Prise de connaissance de soi-même en tant qu'être distinct d'autrui.

DÉVELOP. L'évolution de la prise de conscience de soi a été particulièrement étudiée par H. Wallon, qui voit dans la genèse du moi l'effet d'une différenciation réciproque, progressive, d'avec l'autre à partir d'une symbiose affective initiale. L'amorce de cette différenciation apparaît sous la forme de jalousie vers 9 mois — donc à peu près en même temps que se manifeste la « peur de l'étranger » — et de sympathie vers 14 mois. Cette dernière témoigne encore d'une certaine confusion entre soi et autrui car l'enfant réagit à ce qui atteint l'autre comme s'il était lui-même en jeu. Puis des jeux d'alternance et de réciprocité entre deux partenaires vont se poursuivre pendant une assez longue période. Chaque partenaire est alternativement actif et passif et c'est par la répétition d'un même acte dont il est tour à tour l'agent et l'objet que l'enfant va peu à peu parvenir à un dédoublement entre celui qui agit et celui qui subit. Dans ces jeux d'alternance, les deux partenaires conservent d'abord « une sorte d'équivalence essentielle [...], deux individus si l'on veut, mais parfaitement assimilables et interchangeables... » (Wallon). Seule la représentation va, vers 7 ans, lui permettre d'identifier solidairement sa personnalité et celle des autres en dépassant « l'espace de ses perceptions et de ses images pour les ordonner comme de simples symboles dans une sorte d'espace idéal, dans un espace d'ultra-perception » (Wallon).

La constitution d'un moi ne peut s'effectuer que par l'intermédiaire de l'autre, « cet étranger essentiel », ce « complément indispensable ». Cette dualité est pour Wallon le mécanisme fondamental du développement psychique, que ce soit au niveau de la personne ou à celui de la pensée. La découverte par l'enfant de son moi se manifeste, entre 3 et 4 ans, par la crise d'opposition et le négativisme.

E. V.

DIFFÉR. Les individus ont, à des degrés différents, une tendance stable à diriger leur attention vers eux-mêmes. Une *échelle de conscience de soi* (angl. Self-Consciousness Scale) a été proposée par A. Fenigstein, M. F. Scheier et A. H. Buss en 1975. Elle distingue la conscience de soi « privée », la conscience de soi « publique » et l'« anxiété sociale ». D. Christensen a également construit en 1982 une échelle de conscience de soi comme comportement social inadapté.

M. R.

→ négativisme, pensée par couple.

conscient, e

adj. (angl. Conscious)

GÉNÉR. **Se dit de certains phénomènes psychologiques partiellement connaissables par le sujet qui en est le siège.**

Dans la psychologie préscientifique, l'ensemble des phénomènes psychologiques est l'équivalent de l'ensemble des phénomènes conscients. L'information apportée au sujet par ces phénomènes est considérée comme fiable et complète. L'introspection est la seule méthode disponible pour la connaissance psychologique.

Dans les débuts de la psychologie scientifique, notamment chez W. Wundt et ses continuateurs, un certain mélange d'expérimentation et de témoignages de la conscience est tenté sous la forme de l'introspection expérimentale. Cette démarche n'est guère couronnée de succès.

La notion de phénomène inconscient, fortement présente dans la psychopathologie et la psychologie du XIXe siècle, est renouvelée par la psychanalyse, qui apporte ses propres réponses à la question « pourquoi certains phénomènes sont-ils inconscients ? ». Cette question repose sur la même présupposition que la précédente, à savoir qu'être conscients est une propriété primitive des phénomènes psychologiques.

Dans la psychologie scientifique moderne, l'ensemble des phénomènes psychologiques est au contraire considéré, par principe, comme beaucoup plus vaste que l'ensemble des phénomènes conscients. En outre, l'information apportée par ceux-ci n'est pas acceptée comme étant directement fiable. Toute la connaissance psychologique passe par l'intermédiaire d'un tiers.

Le béhaviorisme tire les conséquences de cette position : il considère les comptes rendus verbaux que peut donner un sujet sur ses états de conscience comme des comportements, théoriquement au même titre que les autres. En fait, assez souvent, chez les béhavioristes les plus stricts, ils sont reçus comme moins dignes de considération que les autres.

La psychologie cognitive utilise les mêmes principes, mais de façon méthodologiquement beaucoup plus élaborée. Elle reprend sur de nouvelles bases le couple « expérimentation plus compte rendu du sujet ». L'analyse des protocoles verbaux y est considérée comme une riche source d'information pour l'expérimentateur.

Au plan théorique, la psychologie cognitive se pose les questions dans des termes inversés par rapport à la psychanalyse : « Pourquoi certains phénomènes sont-ils conscients ? » Cette question présuppose que la majorité des activités et des états psychologiques, aussi bien cognitifs que motivationnels, sont primitivement non conscients.

Il n'apparaît pas que la psychologie cognitive puisse apporter actuellement une réponse complète à la question ainsi posée : celle-ci semble ne pouvoir recevoir une réponse que sur la base d'une multiplicité de recherches empiriques, qui ne sont pas encore suffisamment élaborées.

On considère généralement pour l'instant que la propriété d'être conscients appartient essentiellement aux processus qui mettent en jeu des mécanismes de contrôle de l'activité psychologique interne, par opposition aux phénomènes automatiques ou automatisés, qui sont normalement non conscients.

D'autre part, dans la mesure ou le traitement cognitif est regardé comme une suite de transformations portant sur des représentations successives, on admet que c'est essentiellement la représentation terminale, celle qui sert de « sortie » aux processus, qui possède la propriété d'« être consciente », la plupart des représentations intermédiaires étant non conscientes. Dans la résolution de problèmes, certaines représentations intermédiaires, mais non toutes, sont également conscientes.

L'étude des processus de perception, ou de compréhension du langage, avec leurs phases multiples et complexes et leur résultat représentatif, celle de multiples phénomènes analysés au laboratoire (amorçage sémantique, exploration ou manipulation d'images mentales, formes diverses de résolution de problèmes, etc.) fournissent des données qui apportent du crédit à ces vues générales. J.-F. L. N.

→ béhaviorisme, comportement, introspection, subjectif.

conscient

n.m. (angl. Conscience ; allem. [das] Bewußte)

GÉNÉR. **Contenu psychique qui appartient à un moment donné à la conscience.**

PSYCHAN. **Par analogie à l'inconscient et au préconscient, lieu de l'appareil psychique concerné par le fonctionnement du système perception-conscience.** R. L.

→ conscience.

consécutif (effet)

(angl. After-Effect)

Modification apparente d'une caractéristique sensorielle qui suit une exposition préalable à une stimulation. (Syn. after-effect.)

Les effets consécutifs sont généralement négatifs pour autant qu'ils consistent en une modification dans le sens d'une augmentation de différence entre un stimulus test et un stimulus d'adaptation* préalablement observé. Ainsi, une grille verticale apparaît temporairement inclinée dans le sens antihoraire après l'observation prolongée d'une grille inclinée dans le sens horaire. Ces effets se manifestent aussi sous la forme d'une élévation des seuils de détection pour un stimulus identique ou voisin du stimulus d'adaptation.

Les images consécutives et le mouvement consécutif apparaissent spontanément sans nécessité d'un stimulus test pour attester leur présence. C. B.

consécutif visuel (effet)

(angl. Visual After-Effect)

Modification des caractéristiques apparentes des stimulus visuels faisant suite à l'observation de stimulus présentant des caractéristiques voisines.

L'observation prolongée (plusieurs dizaines de secondes) d'un stimulus visuel entraîne à sa disparition des modifications des caractéristiques perçues des stimulus, modifications qui révèlent la persistance d'une activité engendrée par le premier stimulus. L'effet est à son maximum à la disparition du stimulus inducteur et son amplitude décroît avec le temps (quelques dizaines de secondes).

Les effets consécutifs portent sur des caractéristiques comme les orientations de contour, les contrastes (→ images consécutives), les fréquences spatiales, le sens d'un mouvement (→ mouvement apparent), la stéréopsie, etc. Les modifications observées vont généralement dans le sens d'effets de contraste, en exagérant la différence perçue entre deux caractéristiques. Après l'observation d'un réseau fait de barres parallèles orientées à 10^0 dans le sens antihoraire, ce même réseau présenté verticalement apparaîtra incliné dans le sens horaire. C. B.

consentement

n.m. (angl. Consent)

Manifestation de volonté expresse ou tacite par laquelle une personne approuve un acte que doit accomplir un autre.

PSYCHIATR. Entre le médecin et le patient, il se forme un véritable contrat, à la condition notamment que le malade (ou son représentant) donne son consentement « libre et éclairé ». M. G.

conservation

n.f. (angl. Conservation)

Ce qui ne varie pas sous l'effet d'une certaine transformation.

LOG. et DÉVELOP. Le transvasement d'un liquide d'un récipient large et plat dans un récipient étroit et haut ne modifie pas la quantité de liquide transvasé bien que d'autres aspects de ce dispositif soient modifiés par cette action (le niveau du liquide, par exemple ; on parle évidemment ici des conservations logiques, qui ne tiennent pas compte des aléas physiques du transvasement). L'identification de ces *invariances* est essentielle à la constitution de la pensée rationnelle, faute de quoi l'individu ne trouverait ni cohérence ni continuité à son environnement.

L'étude des étapes de l'acquisition des conservations par l'enfant a été au centre des travaux de J. Piaget, de B. Inhelder et de A. Szeminska. L'extraction de ces invariants (conservation des quantités physiques, des surfaces, des nombres, etc.) implique nécessairement en effet la mise en œuvre d'*opérations* logiques dont le niveau de composition évolue avec l'âge et définit les caractéristiques des grands stades du développement décrits par Piaget. Ainsi, dans l'exemple pris plus haut, la conservation de la quantité d'un liquide transvasé du récipient A au récipient B est tirée soit de l'opération inverse (reverser le liquide du récipient B dans le récipient A), soit de l'opération réciproque (compensation : plus large × plus plat = plus étroit × plus haut), soit de l'opération identique (« on n'a rien ajouté ni rien enlevé »).

LES TROIS STADES DE L'ACQUISITION

Selon Piaget, l'acquisition des conservations passe par trois stades, dont l'âge d'accès varie selon le domaine considéré.

Au cours d'un premier stade *préopératoire,* l'enfant nie toute conservation : il considère qu'il y a plus d'eau dans le récipient haut et mince que dans le récipient large et plat, que la quantité de pâte à modeler contenue dans une boule augmente (ou diminue) si on transforme cette boule en saucisse, que la surface disponible d'un pré varie selon qu'on place la maison du fermier au centre de ce pré ou à sa périphérie, etc.

Dans le deuxième stade *(intermédiaire)*, la conservation est affirmée dans certains cas (lorsque les changements apparents ne sont pas trop importants) et niée dans d'autres. Par exemple, l'enfant répond qu'il y a autant de pâte dans la boule et dans le saucisson parce qu'on peut refaire une boule, ou parce que le saucisson est plus étroit mais plus mince ou parce qu'on n'a rien ajouté ni retiré. Mais si on transforme le saucisson en un macaroni très long et très mince, l'enfant revient à la non-conservation parce que « le macaroni est vraiment trop fin ».

Enfin, au troisième stade *(opératoire)*, la conservation est affirmée dans tous les cas.

D'après Piaget, la non-conservation des stades initiaux vient de ce que l'enfant reste centré sur un état de l'objet (la hauteur du niveau de l'eau, par exemple) au lieu de traiter la transformation qui fait passer d'un état à l'autre.

C'est seulement lorsque est acquise la réversibilité, qui permet de composer l'action intériorisée directe et l'action intériorisée inverse ramenant à l'état initial, que peuvent se construire les principales invariances qui caractérisent l'accès par l'enfant au stade opératoire concret.

LES DIFFÉRENTES FORMES DE LA CONSERVATION

La forme la plus élémentaire de conservation se trouve dans ce que Piaget appelle « l'objet permanent », c'est-à-dire dans l'attribution d'une existence stable aux objets même lorsqu'ils se déplacent ou cessent d'être perceptibles. Acquise vers 15-18 mois, cette conservation est très précoce parce qu'elle ne concerne que des changements de position des objets. Lorsque la transformation appliquée modifie les objets eux-mêmes (leur forme, la disposition de leurs parties), les conservations sont beaucoup plus tardives et s'échelonnent de 5-6 ans jusque vers 12-13 ans. La conservation de l'ordre et celle de la substance sont les plus primitives (5-7 ans), la conservation du poids apparaît vers 8-9 ans, celle des longueurs et des surfaces vers 9-10 ans, enfin celle du volume et de la densité vers 12 ans.

Ce *décalage* pose un problème : puisque les arguments logiques conduisant à la conservation sont exactement les mêmes, quel que soit le domaine considéré, pourquoi l'enfant qui conserve la substance ne conserve-t-il pas aussi le poids, les surfaces, les volumes ? Piaget explique ces « décalages horizontaux » (c'est-à-dire survenant à l'intérieur d'un même stade de développement) par « la résistance des objets » aux assimilations du sujet. Cette résistance varie selon la prégnance des aspects perceptifs apparents (et trompeurs) de ces objets et empêche la généralisation du raisonnement à n'importe quel contenu.

Réserves sur la notion de stade opératoire

De nombreux travaux contemporains ont mis en évidence l'existence de décalages horizontaux d'une ampleur bien plus considérable que celle observée en son temps par Piaget. En simplifiant les tâches, en modifiant le nombre et la saillance des données perceptives disponibles, en diminuant ou en augmentant les charges pesant sur la mémoire, le même enfant peut donner des réponses de conservation dans un cas et de non-conservation dans l'autre. On est donc aujourd'hui prudent dans l'utilisation de la notion de *stade de développement opératoire* puisqu'il faut toujours mettre soigneusement en relation le comportement de l'enfant avec les caractéristiques propres des tâches auxquelles il a été confronté. Y. H.

Bibliographie

Piaget, J., et Inhelder, B., 1941, *le Développement des quantités chez l'enfant,* Neuchâtel/Paris, Delachaux et Niestlé.

Piaget, J., et Inhelder, B., 1947, *la Représentation de l'espace chez l'enfant,* Paris, P.U.F.

Piaget, J., et Szeminska, A., 1941, *la Genèse du nombre chez l'enfant,* Neuchâtel/Paris, Delachaux et Niestlé.

consigne

n.f. (angl. Instruction)

Génér. **Explication par laquelle un expérimentateur décrit verbalement à un sujet les buts et les conditions de l'expérience à laquelle il est appelé à participer.**

En psychologie animale, ce sont la structure de la situation, la motivation préexistante et la récompense qui déterminent ensemble le comportement de l'Animal. Il est parfois nécessaire de modeler ce comportement par apprentissage. Il est assez éclairant de considérer la consigne comme fournissant chez l'Homme un substitut verbal de ce modelage. La consigne comporte ainsi une triple description de la situation, du comportement attendu du sujet et des objectifs qui lui sont assignés ; le terme de *tâche* recouvre cet ensemble. L'expérimentateur présuppose qu'une motivation de base convenable est présente chez le sujet. J.-F. L. N.

Différ. **Instruction donnée aux sujets sur la façon d'accomplir la tâche qui leur est proposée dans un test.**

Les consignes ont pour objet de rendre constantes les conditions d'application du test et par conséquent de diminuer l'importance des facteurs d'erreur entachant les comparaisons entre sujets. M. R.

consistance

n.f. (angl. Consistency)

1. **Répétition d'un même type de réponse dans le comportement d'un individu ou d'un sous-groupe.** 2. **Dans un sondage, maintien d'une même opinion par un sujet interrogé.**

Introduit par C. Faucheux et S. Moscovici dans le contexte des recherches sur l'influence des minorités, le concept de consistance est le principal facteur déterminant une des modalités de l'influence sociale et de l'innovation. Selon ces auteurs, la consistance du comportement d'un individu ou d'un sous-groupe est perçue comme un indice de certitude. Elle exprime une très ferme attitude dans des circonstances où les opinions dominantes sont habituellement moins assurées, et présente une solution de rechange valable à des opinions dominantes. R. L.

→ dissonance cognitive (théorie de la).

consolidation mnésique (période de)

(angl. Memory Consolidation Period)

Période, consécutive à un apprentissage, au cours de laquelle s'élabore la trace mnésique.

Le terme de « consolidation » apparaît ici impropre dans la mesure où il suppose que la trace mnésique est établie dès la phase d'acquisition. En réalité, on sait maintenant que l'information nouvelle n'est pas inscrite d'emblée sous sa forme définitive dans le système nerveux. La fixation en mémoire nécessite que divers traitements s'opèrent sur l'information. L'un d'entre eux intervient sans doute au cours de la période de quelques secondes ou quelques minutes qui suit l'acquisition. En effet, il a pu être montré que des traitements (anesthésie par exemple) qui diminuent le niveau d'activité centrale au cours de cette période perturbent la rétention de l'apprentissage ; à l'inverse, des traitements (stimulations de la formation réticulée par exemple) qui augmentent ce niveau d'activité centrale facilitent la rétention mnésique ; toutefois, au-delà d'un certain niveau d'activation, le traitement est perturbé.

Ainsi, l'efficacité du traitement de l'information apparaît liée à un niveau optimal d'activité nerveuse. La période dite « de consolidation mnésique » pourrait être caractérisée par des modifications du fonctionnement cellulaire comme les phénomènes d'échanges membranaires ou la potentialisation à long terme. P. L.

→ mémoire.

constance

n.f. (angl. Retest Reliability)

Corrélation entre deux applications successives du même test aux mêmes personnes.

C'est une forme de fidélité du test. M. R.

→ fidélité.

constance (principe de)

(angl. Principle of Constance ; allem. Konstanz prinzip)

Principe proposé par S. Freud comme le fondement économique du principe de plaisir et selon lequel l'appareil psychique viserait à maintenir constant son niveau d'excitation par divers mécanismes d'autorégulation.

G. Fechner en 1873 avait déjà émis l'hypothèse d'un principe de stabilité qui étendait au domaine de la psychophysiologie le principe général de la conservation de l'énergie. Dans ses premières formulations théoriques (1895), Freud ne s'attache pas (à l'inverse de J. Breuer) à décrire un système d'autorégulation de l'organisme où domine le principe de constance. De son point de vue, le fonctionnement du système nerveux est soumis au « principe d'inertie », ce qui signifie pour Freud qu'il obéit à la tendance des neurones à se débarrasser d'une certaine quantité d'excitation. La loi de constance n'est dès lors que l'infléchissement provisoire du principe d'inertie imposé par les urgences de la vie. Cette hypothèse sera reprise et précisée dans l'*Interprétation des rêves* (1900), où l'on voit que l'écoulement libre des quantités d'excitation caractérisant le système inconscient se trouve inhibé dans le système préconscient-conscient. Cette hypothèse préfigure l'opposition du principe de plaisir et du principe de réalité, marqué par la tendance à maintenir constant le niveau d'excitation.

Ce n'est qu'en 1920, dans *Au-delà du principe de plaisir,* que l'on trouve la formulation définitive du principe de constance. Ce dernier y est assimilé au principe de nirvana entendu comme « tendance à la réduction, à la suppression d'excitation interne ». Cette note qui semble marquer l'abandon de la distinction entre principe d'inertie et principe de constance n'est peut-être qu'apparente, dans la mesure où Freud caractérise la pulsion de mort par la tendance à la réduction absolue des tensions et retrouve dans la pulsion de vie l'infléchissement de cette tendance sous l'effet organisateur d'Éros.

R. L.

constance perceptive

(angl. Perceptual Constancy)

Fait de percevoir invariantes des propriétés intrinsèques d'objet en dépit d'un déplacement ou d'un changement de position propre ou en dépit de ceux que subit l'objet.

Tout changement de position ou de localisation dans l'espace modifie les rapports perceptifs d'un observateur à ce qu'il observe, en transformant tout ou partie des caractères de l'excitation sensorielle. Pourtant, toutes choses égales d'ailleurs, on n'attribue pas à un adulte à grande distance la taille d'un enfant; un tissu transporté de la lumière dans l'ombre n'est pas confondu avec un tissu teint d'une couleur plus sombre; un rectangle incliné n'est pas identifié à un trapèze ou à un losange. La constance nous fait distinguer ce qui est « changement d'état » d'un « changement de position » (H. Poincaré) et la réalité, de l'apparence.

Ce phénomène, d'une très grande généralité, s'applique à tous les descripteurs d'objet: couleur, forme, taille, poids, son, odeur, saveur, etc. Toutes les modalités sensorielles extéroceptives paraissent capables de le produire. Toutefois, c'est à la perception visuelle que s'est adressé le plus grand nombre d'études empiriques et théoriques. C'est pourquoi on se bornera ici à citer, à titre d'exemples des constances visuelles, celles de forme et de taille.

Tous les êtres organisés se révèlent capables de constance, à des degrés divers et pour un nombre plus ou moins grand de propriétés.

Traits caractéristiques de la constance perceptive

La constance présente à l'observation directe des traits caractéristiques: elle s'impose spontanément, de façon immédiate et coercitive. Elle n'est ambiguë, pour l'individu qui la réalise, que dans des conditions de situation très particulières. Dans la vie quotidienne, il n'a pas conscience d'une alternative entre invariance et perception d'un changement. Aussi la constance ne fait-elle problème qu'à la réflexion. Le caractère immédiat, contraignant et quasi automatique de la constance rend impossible de voir en elle un acte intellectuel délibéré, qui viendrait corriger une sensation première correspondant aux changements apparents. Mais elle n'apparaît pas non plus souscrire aux critères essentiels d'une réponse perceptive puisqu'elle semble ne pas prendre en compte les variations qui affectent l'excitation et sont contenues dans les messages afférents. Bien qu'elle constitue un accord à la réalité objective, descriptible et mesurable indépendamment de la perception, la constance n'est que rarement parfaite. Sa mesure, donnée aisément par l'indise de Brunswik*, indique une invariance relative à la transformation. Mais les formes de cette relation diffèrent suivant les situations, les échelles de transformation utilisées et, chez l'Homme, les consignes ou instructions données.

D'abord, elle a été décrite comme linéaire, mais sans accord sur le sens de la relation: certains ont observé que la constance diminuait en raison directe de l'ampleur de la transformation (un objet serait vu d'autant plus petit qu'il est plus éloigné); d'autres, qu'elle évoluait en raison inverse (un objet serait vu d'autant plus grand qu'il est plus lointain). Enfin, quelques travaux ont trouvé des relations plus complexes, par exemple paraboliques.

Ces divergences reflètent les désaccords relevés en cas de mesures directes, par le même individu, de distance et de taille, ou d'inclinaison et de forme, ou d'éclairement et d'albédo. Elles témoignent des difficultés éprouvées à rendre compte de la constance en postulant un espace perceptif homogène, dont la géométrie euclidienne a fourni le modèle de référence le plus souvent testé.

Sensibilité aux facteurs de variation

Les études expérimentales de la constance ont mis en évidence sa sensibilité à de nombreux facteurs de variation. Parmi les facteurs de situation, le contexte spatial joue un rôle déterminant: sans repère de distance et d'inclinaison, les constances de taille et de forme chutent; la perception du sujet s'ajuste alors à la valeur apparente de la propriété considérée. D'autres variables, telles que la familiarité, la signification, jouent aussi un rôle.

D'autres variables encore, inhérentes à l'observateur, influent sur la constance: en tout premier lieu, l'âge. La constance est, en effet, un fait de développement. Cela témoigne notamment d'une influence de l'expérience qui n'est pas nécessairement l'effet d'apprentissages. Mais la personnalité, le style cognitif, le niveau intellectuel, la culture sont aussi susceptibles de peser sur le niveau de constance observé. Aussi, en première conclusion, la constance apparaît-elle comme une réponse complexe, un jugement interprétatif de la réalité.

Les théories

Les théories qui, à partir de ces constats, ont cherché à expliquer les règles et les mécanismes qui régissent l'extraction d'invariance se divisent en deux grands courants dans la lignée de Hering, d'une part, et de H. Helmholtz, d'autre part. Le premier estime l'invariance inscrite dans l'organisation des systèmes sensoriels. Le système visuel, l'œil en forment le modèle. La théorie de J. J. Gibson (*Senses as Perceptual Systems,* 1966), qui se rattache à ce courant, fait de la constance visuelle le fruit d'un rapport qui s'établit directement entre une texture optique, physiquement déterminée, et un gradient (de distance ou d'inclinaison) produit par les variations de densité optique liées à la distance ou à l'inclinaison.

Le courant né des idées formulées par Helmholtz voit dans les constances une construction psychologique faite d'inférences perceptives. J. Piaget en a donné, avec « les isomorphismes partiels » (in *Logique et Perception,* 1958), l'expression la plus analytique et la plus achevée: la constance serait une composition de même nature que la conservation, mais affaiblie; celle de taille serait due à « un rapprochement virtuel », celle de forme à « un redressement virtuel ». Ces deux actions, proportionnelles au déplacement linéaire ou angulaire responsable de la transformation, sont perceptives, car elles ne respectent pas l'indépendance des éléments qui sont mis en rapport les uns avec les autres.

L'intérêt porté à ces théories cède actuellement le pas à des modèles neurophysiologiques, dans lesquels sont prises en compte les spécificités fonctionnelles des structures corticales, ou à des modèles dits « neuromimétiques ».

H. B.

constances (développement des)

(angl. Development of Constancies)

Acquisition par l'enfant de la possibilité de percevoir comme invariantes les propriétés intrinsèques des objets, quelle que soit leur place et quels que soient les changements de place ou de forme que subissent ces objets.

Pour l'adulte, l'identité d'un objet solide, de quelque point de vue qu'il le perçoive, est si évidente et assurée qu'elle lui paraît naturelle. Toutefois, les mesures de constance perceptive recueillies à des âges successifs, pour des propriétés diverses, accusent des variations communes et ordonnées, ce qui soulève la question de savoir si cette ordonnance exprime ou non un développement*. Cette question est débattue en psychologie depuis plus d'un siècle; elle n'a pas encore reçu de réponse entièrement satisfaisante en dépit de clarifications critiques qui ont permis tantôt d'améliorer les méthodes d'étude, tantôt d'ouvrir de nouvelles voies d'approche.

Évolution des constances perceptives avec l'âge

Les faits qui alimentent la discussion peuvent être résumés de la façon suivante : la constance perceptive augmente avec l'âge, jusqu'à une valeur maximale, puis diminue et se stabilise à un niveau légèrement inférieur. Cette évolution peut être représentée par une courbe en U inversé dont les deux branches ne sont pas symétriques. À une élévation de niveau importante et rapide succède un abaissement plus lent et bien moins ample, de sorte que le niveau moyen de constance de l'adulte est très notablement plus élevé que celui de l'enfant de 5 ans. Cette évolution a été observée pour des qualités visuelles telles que la forme, la taille, la couleur. Elle a été également remarquée pour l'intensité et la hauteur tonale de sons. La reconnaissance d'une mélodie transposée d'un ton dans un autre, qui manifeste l'extraction d'une invariance formelle en dépit des variations de fréquence, peut être assimilée à une constance perceptive. Il en est de même pour toute extraction d'une propriété intrinsèque à un objet ou caractérisant une forme malgré ses changements apparents, dus à un déplacement spatial ou temporel. L'estimation de durées similaires en dépit des activités différentes qui les remplissent en offre un exemple. Mais, bien qu'il soit couramment répété que toutes les qualités d'objet discernables dans une modalité sensorielle quelconque peuvent donner lieu à constance perceptive, la plupart des recherches se sont adressées à la perception visuelle. Ce sont donc les constances de forme, de taille et, dans une moindre mesure, de couleur qui font référence pour juger du développement de la constance, considérée comme phénomène générique.

Les décalages dans l'évolution

Si la constance de ces trois propriétés évolue, suivant l'âge, de façon comparable, il n'en subsiste pas moins des décalages importants. Les niveaux initiaux, les rythmes de changement, la date d'accession au maximum, la régulation finale montrent des différences. Une première difficulté, dans les comparaisons, est due au fait que les âges pris comme points de départ des évolutions ne sont pas les mêmes et ont été choisis sur la base de connaissances ou de compétences spécifiques, supposées plus que prouvées. Ainsi, pendant longtemps, on a considéré qu'il était possible de faire comparer plus tôt des couleurs et des formes que des grandeurs. Les études ont donc débuté autour de 2 ans pour les formes et autour de 5 ans pour les tailles, sauf une, qui commence à 2 ans. En outre, la demande quasi unanime de réponses verbales (du type « est-ce pareil ou différent ? ») a incité à retarder l'âge initial des études. Les évolutions ne couvrent donc pas des échelles d'âges identiques. Elles diffèrent quant à l'âge d'accession à un maximum de constance mais beaucoup moins quant à la valeur de ce maximum, toujours très élevée (entre 0,85 et 1). Ainsi, le maximum de constance de forme est atteint vers 9-10 ans alors que le maximum de constance de taille se situe entre 7 et 9 ans. Ce décalage, ainsi que l'allure de la diminution qui précède la stabilisation, a conduit à s'interroger sur ce dont est faite la réponse de constance.

Les changements qualitatifs et leur intégration par l'enfant

L'interprétation générale des courbes à maximum consiste à supposer un changement qualitatif, une succession de deux mécanismes différents. L'élévation de constance est ainsi considérée comme une perception sélective et de plus en plus fine de la qualité étudiée, qui néglige les changements dits « apparents ». Les estimations de taille ou de forme produites par les enfants seraient alors indépendantes des positions spatiales. Puis les perceptions s'étendent, c'est-à-dire englobent plus d'aspects et de dimensions et deviennent aussi plus analytiques, de sorte que les changements de position seraient pris en compte et cela amènerait à un compromis ou à une composition exprimés par une diminution de la constance et marquant un changement d'ordre qualitatif. Reste alors à expliquer pourquoi les changements de position sont intégrés plus précocement dans les jugements de forme que dans les jugements de taille. Le nombre des dimensions sur lesquelles retentissent l'inclinaison d'une forme, l'appréhension de la profondeur, la notion de perspective dans les jugements de taille à distance ont été mis en cause. Mais aucune explication ne peut à l'heure actuelle emporter totalement la conviction. De plus, la généralité des évolutions de ce type incite à en chercher une explication elle-même générale et non spécifique aux phénomènes de constance, comme cela se révèle dans l'affirmation que les perceptions deviennent avec l'âge de plus en plus complexes et articulées.

Les interprétations théoriques et les recherches actuelles

Telle qu'elle vient d'être décrite, l'évolution des constances en fonction de l'âge chronologique représente bien un processus de développement. Cette conception n'a jamais été acceptée sans réticence. La théorie de la forme lui a opposé les deux arguments suivants : le premier, comparatiste, soutient que, si la constance perceptive se rencontre, comme cela a été montré, dans les espèces inférieures (chez le Poisson, la Pieuvre, l'Oiseau, le Poulet, etc.), c'est qu'elle ne requiert pas une organisation nerveuse de haut niveau ; elle ne pourrait être qu'innée chez l'Homme et devrait être mise au rang des phénomènes perceptifs primaires ; le second argument est tiré du constat expérimental que l'exercice ne modifie pas les perceptions primaires.

Plus récemment, la découverte des détecteurs de traits dans le système nerveux central des Mammifères a relancé la discussion. Les recherches neurophysiologiques menées sur des animaux nouveau-nés et très jeunes ont montré que les spécificités fonctionnelles qui, dans une structure corticale sensorielle, permettent de distinguer les neurones récepteurs en fonction de la dimension du réel à laquelle ils répondent (détection de l'horizontale ou de la verticale, d'un angle précis ou d'un angle de mouvement) ne sont pas établies à la naissance, mais élaborées rapidement par l'expérience perceptive, pour peu que l'environnement le permette. Ce processus de construction est lié à une plasticité nerveuse éphémère et ne peut donc s'accomplir que dans une durée limitée (de quelques jours à quelques mois suivant la complexité des dimensions) sans commune mesure avec l'échelle temporelle du développement décrit ci-dessus. (→ période sensible.)

Dans les études comportementales, l'adoption de méthodes plus souples que le conditionnement pavlovien utilisé autour de 1930, en particulier le conditionnement opérant libre, ou, plus souvent, la procédure du regard préférentiel ont permis de montrer que le jeune nourrisson humain, voire le nouveau-né, est capable de constance perceptive. Cela amène à remettre en cause l'origine des évolutions proposées comme modèles. Toutefois, on ne dispose pas, pour la prime enfance, de mesures de constance strictement comparables à celles recueillies chez l'enfant à partir de 3 ans. L'avancement des connaissances demande qu'on ne se contente plus d'attestations, mais que des mesures soient effectuées à des âges précoces de manière qu'on puisse envisager si les mécanismes des réponses de constance fournies par le bébé sont ou non différents de ceux qui sont supposés à des âges ultérieurs.

H. B.

constructivisme

n.m. (angl. Constructivism)

En matière d'ontogenèse, position théorique qui considère le développement, qu'il soit biologique, psychologique ou social, comme la construction progressive d'organisations stables.

Les théories constructivistes sont des théories du développement structural, comme, par exemple, celle de J. Piaget.

H. B.

contagion mentale

(angl. Mental Contagion)

Transmission, par relation directe, de troubles mentaux d'un individu dit « inducteur » à un ou plusieurs autres.

Il peut s'agir de phénomènes hystériques et le corps médical lui-même peut favoriser cette contagion, qui se produit par suggestion et imitation. On peut alors parler d'*hystérie de culture,* comme dans le service de la Salpêtrière où J. M. Charcot et ses élèves suggéraient, sans en avoir conscience, les troubles de leurs malades, dits « hystériques ». C'est aussi le cas de certaines épidémies de convulsions dans des lieux religieux (possédées de Loudun, « convulsionnaires » de Saint-Médard ou de Morzine).

Parfois, c'est un véritable délire qui se transmet d'un malade délirant actif à un sujet plus passif vivant près de lui. C'est la *folie à deux* décrite par C. Lasègue et J. Falret (1877), où le couple se met à délirer en commun. Souvent, le sujet inducteur est facile à reconnaître en face de celui qui est induit, sujet plastique suggestionné, petit débile ou immature. Mais parfois il est difficile de reconnaître l'un de l'autre, lorsqu'il s'agit par exemple de deux paranoïaques délirant ensemble et enrichissant mutuellement leur délire. C'est ce qu'on appelle une *folie sympathique.*

Enfin, on peut observer quelquefois de véritables conduites délirantes collectives relevant de la psychopathologie d'une foule entraînée par un ou plusieurs meneurs, eux-mêmes délirants. On en a eu en novembre 1978 un exemple au Guyana, où plusieurs centaines de personnes appartenant à une secte religieuse se sont suicidées ensemble, à l'instigation de leur leader, dans le cadre d'un vaste délire mystique collectif. J. P.

contagion vocale

(angl. Vocal Contagion)

Pleurs entraînés, chez tous les bébés de quelques jours qui occupent un même local, par les pleurs de l'un d'entre eux.

Ce phénomène n'est pas considéré comme une imitation. E. V.

contenu (analyse de)

(angl. Content Analysis)

Méthode de traitement des communications utilisant des techniques rigoureuses et systématiques dans un but d'interprétation psychologique ou sociologique.

On peut faire usage de techniques d'analyse dès qu'il y a communication, quels que soient le contenu (informations, significations véhiculées), le support ou le code (linguistique ou non), que le message soit intentionnel ou non. Dans certains cas, l'analyse peut porter sur le « contenant » (aspects formels : « *comment* c'est dit ») de la communication.

La pratique de l'analyse de contenu a commencé dans la première moitié du XXe siècle, essentiellement aux États-Unis, sur du matériel journalistique, à l'époque où les communications de masse se répandaient. L'exigence de mesures précises et de procédures de validation fiables, le début de la linguistique ont posé les premières bases des méthodes. Lors de la Seconde Guerre mondiale, l'intérêt de repérer la propagande et les mécanismes d'influence en sciences politiques, le souci de rendre plus scientifique l'approche clinique en psychologie de la personnalité ont conduit B. Berelson à poser des règles (homogénéité, exhaustivité, objectivité, pertinence) qui demeurent toujours valables. Puis, à partir des années 1950, la recherche en analyse de contenu s'est trouvée écartelée entre une systématisation des procédures due aux possibilités d'informatisation (analyse des cooccurrences, index pour ordinateurs) et une extension des champs d'application (sémiologie implicite du message). Les modes d'approche se sont par conséquent diversifiés.

À l'heure actuelle, de nombreux types d'analyse sur des supports très divers ont été expérimentés : matériel verbal d'enquête, entretiens, séances de psychothérapie, lettres et journaux intimes, manuels scolaires, discours de distribution des prix, petites annonces, articles de presse et discours politiques, affiches et publicités, films et émissions radiophoniques, comptes-rendus policiers, réunions d'entreprise, romans-photos, sermons religieux, rêves du dormeur, conversations, tests projectifs, signalétique urbaine, graffitis et même contenu de poubelles.

Le déroulement d'une analyse de contenu classique passe par 3 étapes : 1. *préanalyse :* choix et préparation du matériel ; formulation des hypothèses de travail ; mise au point des techniques ; 2. *exploitation du matériel,* telle que décomptes fréquentiels d'unités découpées ; recherches de cooccurrences (associations, exclusions) ; repérage d'indices divers, sémantiques (contenu) ou formels (contenant) ; 3. *traitement des résultats* et *interprétations :* opérations statistiques, épreuves de validité s'il y a lieu ; sélection des résultats significatifs ; *inférence,* c'est-à-dire interprétation s'appuyant sur des faits précis.

La technique la plus couramment employée est l'*analyse catégorielle thématique.* Le texte est découpé en unités significatives, ou *thèmes,* qui sont classées selon un système de catégories, sortes d'étiquettes ou de rubriques. Il s'agit de mettre de l'ordre dans le désordre. Si l'on souhaite informatiser la procédure, l'unité de base est obligatoirement linguistique, le mot seul étant repérable par l'ordinateur. De nombreuses analyses lexicographiques (à partir de mots) informatisées ont été effectuées ces dernières années : documents historiques, discours politiques, réponses à des questions ouvertes d'enquête.

D'autres techniques sont utilisables, comme l'analyse de l'*évaluation,* où l'intensité de la signification est prise en compte (communication de masse, propagande), ou l'analyse de l'*énonciation,* où l'accent est mis sur la parole comme processus en acte. Dans ces techniques, le repérage se fait qualitativement sur des caractéristiques syntaxiques, paralinguistiques, logiques et des éléments formels atypiques tels que troubles de la parole ou figures de rhétorique. L'objectif est alors la mise au jour de l'implicite, du non-dit manifeste (entretiens).

D'autres techniques — n'appartenant pas strictement à l'analyse de contenu soit parce qu'elles se sont développées hors du contexte de la psychologie ou de la sociologie, soit parce qu'elles ne poursuivent pas le même but (inférence) — peuvent dans certains cas venir, par transposition, enrichir l'arsenal méthodologique. Par exemple, l'analyse du *récit,* de développement surtout littéraire ou ethnologique, peut servir à repérer des unités de base telles que personnages, événements ou à comprendre les mécanismes de structuration d'une narration (films, bandes dessinées, contes, etc.). Autre exemple, l'*analyse du discours* (→ discours [analyse du]) : il existe en France des techniques d'analyse textuelle de type linguistique et structuraliste qui cherchent à décrire à un niveau supérieur à la phrase les mécanismes de fonctionnement de la langue et leur influence idéologique. L. B.

contenu (validité de)

(angl. Content Validity)

Nature et état des questions d'un test lorsque ces questions constituent un échantillon représentatif du domaine auquel le test s'applique.

Par exemple, un test de connaissances de mathématiques pour la classe de sixième doit comporter des questions relatives aux différents points du programme qui doit être rempli par les élèves au cours de cette année scolaire. M. R.

contenu additionnel

(angl. Additional Content)

Propriété d'une variable non impliquée par sa définition opérationnelle.

Par exemple, l'intelligence peut être définie opérationnellement par le résultat obtenu dans une certaine épreuve ne faisant pas appel aux connaissances scolaires. La corrélation de ce résultat avec les notes scolaires manifeste un aspect du contenu additionnel de cette épreuve. M. R.

contexte

n.m. (angl. Context)

LING. **Texte qui entoure un mot, une expression, etc.**

C'est une caractéristique importante du langage naturel que de tolérer, pour des unités diverses (mots, expressions, règles grammaticales, etc.), des variations qui modifient la forme ou le sens en fonction de ce qui entoure ces unités. C'est en même temps une condition tout à fait importante de la flexibilité du langage, fût-elle dans une certaine mesure gagnée aux dépens de la rigueur.

Les langages artificiels permettent en général beaucoup moins d'effets de contexte et, parfois, pas du tout. Lorsque ces possibilités existent, elles sont parfaitement définies et obéissent à des règles aisément exécutables par une machine, du type : à l'extérieur d'une parenthèse la lettre C reçoit l'interprétation I1, et à l'intérieur de la parenthèse l'interprétation I2.

En psychologie du langage, les effets de contexte concernent surtout les mots, expressions ou dispositifs grammaticaux qui sont ambigus. Diverses langues, dont le français ou l'anglais, comportent un nombre assez important de mots ambigus (ou polysémiques). Dans d'autres langues, ce nombre est très faible ou nul. Il ne paraît pas que les premières soient inférieures en efficacité : en général, la désambiguïsation s'y fait de manière naturelle, automatique, rapide et correcte. Le problème psychologique principal à cet égard est donc de savoir comment s'effectuent ces désambiguïsations*.

Un effet voisin dans la compréhension naturelle, également dû au contexte, vient de ce que des mots qui ne sont pas vraiment ambigus comportent néanmoins des variations mineures de leur signification, que leur utilisation fait ressortir. Cela crée des possibilités de focalisation sur tel ou tel aspect de ces significations.

De tels effets ont été mis en évidence expérimentalement : par exemple, on a pu montrer que deux phrases comme « les déménageurs ont eu beaucoup de peine à installer le piano dans l'appartement » et « la maîtresse de maison accepta de se mettre au piano et de jouer un impromptu » activent plus fortement, respectivement, la caractéristique « lourd » et la caractéristique « musical » du mot *piano*. On a employé pour cela une technique comportant une présentation de ces adjectifs après la lecture de la phrase et une mesure des temps de réponse. Ce résultat et d'autres du même genre témoignent que le contexte crée une focalisation sur certains aspects de la signification des mots, focalisation qui concourt sans doute à la création d'une signification intégrée pour toute la phrase.

GÉNÉR. **Situation au sein de laquelle se trouve un stimulus.**

On peut généraliser la notion de contexte à des stimulus qui ne sont pas de nature linguistique et à des « contextes » qui ne sont pas des textes. Tout stimulus apparaît toujours à l'intérieur d'une situation. Celle-ci peut jouer le rôle de « fond » neutre et sans importance par rapport au stimulus. Mais, le plus souvent, il n'en est pas ainsi. Cela vaut notamment pour la perception*.

Dans les domaines de l'apprentissage et de la mémoire, on a clairement montré que les effets de contexte étaient essentiels. Si un apprentissage est élaboré dans une certaine situation, et si l'on réalise ensuite une épreuve correspondant à cet apprentissage dans une autre situation, on observe une diminution, voire une absence, de la performance.

De tels effets ont été mis en évidence chez des écoliers : après avoir fait un apprentissage verbal dans une salle de classe S1, ils ont subi une épreuve soit dans la même salle S1, soit dans une autre salle S2. Les résultats ont été significativement inférieurs en S2. Une expérience du même genre, avec des résultats concordants, a été conduite chez des plongeurs. (→ encodage.) On a également observé des résultats du même type dans des apprentissages animaux.

Une caractéristique importante de cette conception élargie du contexte est qu'elle ne concerne pas seulement la situation extérieure au sujet, mais aussi son état interne. On a étudié ainsi des apprentissages dits *dépendants de l'état* [physiologique] (angl. State-Dependent Learning). Par exemple, si un animal fait un apprentissage alors qu'il est sous l'empire d'une certaine drogue, et si on le met ensuite à l'épreuve en l'absence de cette drogue (ou l'inverse, ou encore avec une autre drogue), on observe que la performance est moins bonne que s'il est testé dans le même état de drogue que précédemment.

Toutes les précautions méthodologiques sont naturellement prises pour s'assurer que cette baisse de performance n'est pas due à l'effet absolu de la drogue, mais bien au changement. Ces résultats permettent des interprétations sur la façon dont agissent les changements de motivation dans les conditions naturelles — indépendamment des effets propres de la motivation elle-même. Ils permettent aussi de mieux comprendre certains effets liés aux rythmes biologiques.

Les effets de contexte ne se limitent pas aux grosses modifications du contexte : situation générale, état physiologique. Ils concernent toutes les sortes de contexte fin. Cette façon de voir a été développée sous le nom d'*encodage spécifique*. Elle repose sur l'idée que, la mise en mémoire (l'*encodage*) ayant eu lieu par l'activation de certaines structures cognitives ou cérébrales en présence d'un ensemble bien déterminé de stimulations, il faut, pour réactiver ces structures (c'est-à-dire pour permettre au souvenir de redevenir actif), recréer les stimulations qui étaient présentes au moment de l'encodage. Certaines techniques fondées sur cette idée permettent, chez l'Homme comme chez l'Animal, de faire réapparaître et revivre des souvenirs qui semblaient complètement disparus. J.-F. L. N.

PSYCHIATR. **Milieu humain dans lequel apparaissent et évoluent des troubles mentaux.**

C'est ce milieu (famille, école, institution sanitaire ou sociale) qui permet de donner un sens aux symptômes quand ces derniers y sont replacés afin d'y être décryptés. Cette lecture des comportements humains utilise le modèle écosystémique*. Pour l'ethno-anthropologue G. Bateson, tout apprentissage complexe est indissociable de ses contextes de survenue. De même, toujours selon cet auteur, c'est le contexte qui donne leur sens aux mots et aux actes. Dans cette perspective, les échanges entre des personnes, des membres d'une même famille peuvent être considérés « comme des contextes et des métacontextes d'apprentissages » (J. Miermont). De même, des troubles psychotiques ou psychosomatiques pourraient n'être que la manifestation de « confusions métacontextuelles » entre l'individu et son milieu, social ou familial. M. G.

→ ambiguïté, désambiguïsation, encodage, langage, mémoire, perception.

contiguïté

n.f. (angl. Contiguity)

Proximité spatiale et surtout temporelle.

La contiguïté temporelle est considérée comme un facteur essentiel des apprentissages. Dans le conditionnement, il est nécessaire que le stimulus neutre (futur stimulus conditionnel) précède d'assez près le stimulus inconditionnel pour qu'un conditionnement puisse s'établir. On considère généralement, sur la base des données expérimentales existantes, qu'un intervalle d'environ une demi-seconde est une durée optimale à cet égard. Au-dessous de cette valeur, le conditionnement peut encore s'établir ; toutefois, quand l'intervalle se réduit, on observe que le conditionnement se forme un peu moins facilement. S'il y a simultanéité entre le stimulus neutre et le stimulus inconditionnel, l'établissement de la réaction conditionnelle est toujours possible.

Au-delà , en revanche, c'est-à-dire si le stimulus neutre *suit* le stimulus inconditionnel au lieu de le précéder (« conditionnement rétrograde »), la plupart des résultats expérimentaux montrent un échec de l'établissement du conditionnement. Les quelques résultats des auteurs qui prétendent avoir obtenu un succès et démontré l'existence d'un conditionnement rétrograde sont douteux et peuvent relever d'un pseudo-conditionnement. Dans l'autre direction, si l'on utilise des intervalles supérieurs à la demi-seconde, on observe aussi des difficultés croissantes à établir un conditionnement. Il existe à cet égard des différences notables entre les animaux.

On peut certes, chez le Chien, créer un conditionnement dans lequel le stimulus conditionnel est séparé du stimulus inconditionnel par un certain nombre de secondes (10 et plus); mais il faut, pour cela, commencer par établir un conditionnement par contiguïté avec un faible intervalle et, seulement ensuite, allonger progressivement cet intervalle. C'est le *conditionnement retardé* ou *conditionnement de trace*.

Les apprentissages humains sont, eux aussi, soumis à la condition de contiguïté. Deux événements qui surviennent à peu de distance ont une probabilité élevée d'être liés dans la mémoire d'un sujet et dans ses structures cognitives. Cela se réalise d'autant plus que cette contiguïté des deux événements se répète.

Dans un domaine à première vue beaucoup plus complexe, on observe aussi des effets de contiguïté. La prédication repose sur elle: un adjectif est normalement très proche ou assez proche du nom qu'il qualifie, et un verbe proche de son sujet. L'éloignement crée des difficultés de compréhension. L'expérimentation a en outre bien montré que, toutes choses étant comparables par ailleurs sur le plan sémantique, des mots qui se trouvent contigus et à faible distance dans un texte établissent une liaison dans la mémoire du lecteur; cette liaison est décelable par une technique telle que l'amorçage. Elle est plus faible pour des mots éloignés à l'intérieur du texte.

Associations par contiguïté. Dans la conception traditionnelle des associations d'idées, les *associations par contiguïté* (angl. Association by Contiguity) constituent une catégorie de réponses dont la présence ne peut être expliquée qu'à partir de la contiguïté. Le premier cas est celui où, de toute évidence, les mots réponses se sont trouvés temporellement ou spatialement proches du mot inducteur durant la vie des sujets: c'est ainsi qu'on peut expliquer qu'un certain nombre de sujets répondent «bœuf» à «œil». Le second cas est celui où les référents des mots réponses se sont manifestement trouvés en contiguïté avec les référents des mots inducteurs: c'est ainsi qu'on explique qu'une majorité de sujets répond «chaise» au mot «table».

Cette catégorie s'oppose aux *associations par ressemblance** et aux *associations par contraste**.

Bien qu'une telle classification ne soit plus en usage, on peut observer que la notion d'«association syntagmatique» n'est pas très éloignée de celle d'«association par contiguïté». J.-F. L. N.

contingence (table de)

(angl. Contingency Table)

Tableau d'effectifs qui concerne deux caractères qualitatifs («échelles» nominales) croisés, l'un de *l* modalités (lignes du tableau), l'autre de *k* modalités (colonnes).

n_i est l'effectif de la $i^{\text{ième}}$ ligne, n_j l'effectif de la $j^{\text{ième}}$ colonne, n l'effectif de la case située à l'intersection de cette ligne et de cette colonne et n, l'effectif total de la table. L'effectif théorique qui correspondrait à n_{ij} si les deux variables étaient indépendantes est

$$\hat{n}_{ij} = \frac{n_i n_j}{n}.$$

La contingence de chaque case est définie par $n_{ij} - \hat{n}-_{ij}$. La liaison entre les deux variables peut être évaluée par le carré moyen de la contingence,

$$\Phi^2 = \frac{\chi^2}{n},$$

par le coefficient de contingence,

$$C = \left(\frac{\Phi^2}{1+\Phi^2}\right)^{1/2} = \left(\frac{\chi^2}{n+\chi^2}\right)^{1/2},$$

ou par d'autres coefficients fonction de χ^2 ou de Φ^2 (coefficients de Cramer, de Tchuprov, de Pearson). M. R.

continuité (relation de)

(angl. Relation of Continuity)

Relation spatiale topologique qui permet de distinguer une figure fermée dont le contour enclôt une surface sans aucun hiatus (cercle, trapèze) d'une figure ouverte dont le contour est interrompu (anneau de Landolt) ou n'enclôt aucune surface (segment, croix). E. V.

continuité développementale

(angl. Developmental Continuity)

Thèse selon laquelle le développement de l'enfant se déroule sans rupture et de façon continue.

À l'opposé, apparemment, des modèles qui représentent le développement comme une succession ordonnée de stades*, les thèses de la continuité soutiennent que le développement consiste en une suite ininterrompue de transformations. Elles voient dans les ruptures repérées entre des âges successifs un artefact dû à la fois aux méthodes utilisées (en particulier les coupes transversales) et à des présupposés théoriques et elles reprochent aux théories classiques de fournir des explications indigentes du dynamisme des filiations. Elles privilégient, en outre, les approches fonctionnelles au détriment des études de mécanismes.

La thèse continuiste de J. Kagan

Le point de vue continuiste dans l'ontogenèse a été défendu, en particulier, par Kagan contre le structuralisme constructiviste avec les propositions suivantes: 1. la continuité développementale doit être considérée sur toute la durée de la vie; 2. plusieurs formes de continuité peuvent être appréhendées chez un individu: la continuité peut résider dans la persistance d'un trait, d'une qualité psychologique (par exemple l'introversion ou l'extraversion), ce qui s'exprime par un taux de changement très faible au cours du temps dans une conduite donnée; ou bien dans la pérennité d'une relation entre deux fonctions, qui fait apparaître cette relation comme nécessaire; ou encore dans une progression sans sauts ni regressions, telle qu'elle peut être reflétée par les courbes d'apprentissage.

Ce sont surtout les études de tempérament et de personnalité qui, poursuivies longitudinalement, donnent matière aux thèses de continuité en recherchant des témoignages d'unité de la personne. Cette unité ne serait cependant pas inscrite dans la nature mais, selon Kagan, elle demanderait à chacun, tout au long de sa vie, «un effort héroïque» pour maintenir son identité, effort que conforteraient des contraintes biologiques et des exigences sociales et culturelles.

Cette perspective, axée sur la longue durée, restaure le primat de l'individualité sur l'ordre irréversible de la loi générale: ce sont les trajectoires individuelles qui comptent et elles peuvent présenter des orientations différentes de telle sorte qu'une étape nécessaire à un individu peut ne pas l'être à un autre.

Les limites des thèses continuistes

L'adhésion qu'ont rencontrée ces idées chez les spécialistes de l'ontogenèse demeure limitée, bien qu'une continuité ait été attestée à des périodes classiquement vues comme sièges d'une rupture, par exemple entre la vie fœtale et la vie postnatale. D'autre part, les constructivistes ont toujours admis que les changements et filiations qui composent le développement incluent des continuités: ainsi, J. Piaget décrit la période sensori-motrice (de 0 à 2 ans) comme continue à travers les six étapes qu'il y distingue. Mais ils considèrent que les continuités ne sont pas toujours décelables ni explicatives d'une orientation générale. H. B.

contour

n.m. (angl. Contour)

Limite spatiale d'une forme, d'une surface.

Le contour réfère d'abord aux limites d'une forme ou d'une surface, matérialisées soit par une ligne continue dans un dessin au trait, soit par un changement brusque de luminance (bord) [*contour réel*]. Un *contour virtuel,* aussi appelé «subjectif», «perceptif» ou «cognitif», désigne un phénomène perceptif dans lequel il n'existe pas localement de continuité des limites. En fait, toute perception spatiale présentant des propriétés de colinéarité et de continuité peut permettre au système visuel d'extraire une information de contour. Il peut s'agir de changements d'orientation, de fréquence spatiale, de contraste, de disparité, etc. C. B.

contrainte

n.f. (angl. Constraint, Restraint)

PSYCHIATR. **Ensemble de toutes les attitudes, de toutes les méthodes et techniques par lesquelles on impose à un malade, contre sa liberté et sa volonté, une hospitalisation, un traitement, une alimentation, une limitation de son activité.**

C'est le cas de l'internement et de toutes les formes de thérapeutique prescrites sans le consentement du malade. C'était aussi la contention par les chaînes, remplacées au XIXe siècle par les gilets et camisoles de force, l'immobilisation au lit, l'isolement en cellules dites « de sécurité ». On attribue à l'aliéniste britannique J. Conolly le mérite d'avoir le premier supprimé toute contrainte dans le traitement des malades mentaux en défendant le principe du non-restraint*. Mais, selon A. Scull, il n'obéissait pas lui-même, dans sa pratique quotidienne, intégralement à ce principe. Comme pour la légende de l'enlèvement des chaînes des aliénés à Bicêtre par P. Pinel, le mythe du psychiatre libérateur vient constamment occulter la contradiction fondamentale et dramatique de tout traitement psychiatrique : traiter une « pathologie de la liberté » (la maladie mentale) exige presque toujours au départ une violence et une atteinte à la liberté du malade. J. P.

contrainte biomécanique

(angl. Biomechanical Constraint)

Chez les êtres organisés, limitation des mouvements due à l'agencement des composantes corporelles telles que muscles, tendons, ossature, dépôts de graisse.

Le jeu des articulations est soumis à de telles contraintes, en rapport avec la morphologie générale du corps. Certaines de ces contraintes sont dues à des rapports allométriques (→ allométrie) entre différentes parties du corps ; elles changent en fonction de la croissance et évoluent, voire s'éliminent, au cours du temps. Il en va ainsi, par exemple, de celles liées au poids de la tête chez le nouveau-né humain. Les réactions posturales antigravitaires qui, chez l'Homme, s'élaborent au cours de la première année postnatale corrigent, en partie, les effets des contraintes allométriques. H. B.

contralatéral, e, aux

adj. (angl. Contralateral)

Se dit de ce qui est du côté opposé, par opposition à *ipsilatéral*.

On utilise ce terme, par exemple, pour décrire des voies nerveuses projetant dans l'hémisphère cérébral situé du côté opposé à celui des récepteurs sensoriels par rapport à l'axe de symétrie du corps (exemple : les récepteurs de l'hémirétine droite de l'œil droit transmettent les informations, de manière contralatérale, vers le cortex occipital gauche). On dit de ces voies qu'elles sont croisées. P. L.

contraste

n.m. (angl. Contrast)

1. **Grandeur sans dimension exprimant le rapport entre deux luminances.**

Le contraste de luminance entre une figure (F) et le fond (f) sur lequel elle est présentée est défini par la différence entre les luminances de la figure (LF) et du fond (Lf) rapportée à celle du fond : $C = (LF - Lf) / Lf$. Le contraste de modulation, ou contraste de Michelson (Cm), est utilisé lorsque la luminance moyenne des stimuli reste constante et que l'on fait varier symétriquement la luminance maximale (L_{max}) et la luminance minimale (L_{min}) : $Cm = (L_{max} - L_{min}) / (L_{max} + L_{min})$.

2. **Effet perceptif de renforcement d'une opposition entre deux stimulations sensorielles présentées simultanément ou successivement.**

Ainsi, une surface d'un même gris paraît plus sombre sur un fond clair que sur un fond plus sombre (contraste de luminosité). Elle apparaîtra verdâtre sur un fond rouge et rougeâtre sur un fond vert (contraste chromatique).

On parle aussi plus improprement d'effets de contraste dans le domaine des dimensions spatiales par opposition aux effets d'assimilation. C. B.

contraste (association par)

(angl. Association by Contrast)

Dans la conception traditionnelle des associations d'idées, catégorie de réponses qui sont des contraires, ou des opposés d'un type ou d'un autre, du mot inducteur.

Par exemple une association par contraste est constituée par la réponse « noir » au mot « blanc », ou encore par la réponse « ciel » au mot « terre ».

Cette catégorie s'oppose aux « associations par ressemblance » et aux « associations par contiguïté ». Elle serait, dans une autre classification, rangée en compagnie des premières au sein de la catégorie des « associations paradigmatiques ». J.-F. L. N.

contraste (fonction de sensibilité au)

(angl. Contrast Sensitivity Function)

Graphique décrivant la variation de l'inverse du seuil de contraste (sensibilité) en fonction de la fréquence spatiale d'un réseau sinusoïdal de luminance de sensibilité au contraste (F.S.C.)

La fonction présente un optimum aux environs de 3 cycles par degré. Sa limite supérieure correspond au seuil d'acuité. C. B.

contre-transfert

n.m. (angl. Counter-Transference ; allem. Gegenübertragung)

Ensemble des effets inconscients reçus par l'analyste à partir du transfert de l'analysant, notamment sur l'analyste lui-même.

Si l'on définit le transfert comme une manifestation affective du patient, il est tentant de penser symétriquement les manifestations affectives en retour de l'analyste et de définir le contre-transfert comme étant les passions suscitées chez l'analyste par la personne de l'analysant; il a longtemps semblé que ces effets étaient ce qui exigeait pour lui une analyse didactique afin de lui permettre de supporter les effets inconscients suscités par le patient. L'analyste, sans doute, reçoit bien des effets du transfert de l'analysant, mais ces effets ne sont que superficiellement affectifs. Ils interrogent l'analyste sur la raison de son intérêt pour la psychanalyse, sur ce que J. Lacan a proposé d'appeler « le désir de l'analyste ». R. L.

contre-validation

n.f. (angl. Cross-Validation)

La validité d'une variable ou d'un ensemble de variables ayant été calculée sur un premier échantillon de sujets, opération qui consiste à vérifier cette validité sur un deuxième échantillon de la même population de façon à s'assurer que celle-ci n'était pas en réalité apparente, c'est-à-dire entraînée par des particularités propres à la nature du premier échantillon.

La vérification de la contre-validation est indispensable notamment lorsqu'on a procédé sur un échantillon au choix des items les plus valides dans la construction d'un test ou au choix d'une batterie d'épreuves prédictrices. Montrer que ce choix fournit un test ou une batterie valide sur l'échantillon même en fonction duquel il a été opéré constituerait une démarche entachée de circularité. M. R.

contribution

n.f. (angl. Contribution)

Part de la variance d'une variable explicable par une variable observable (comme dans l'analyse de régression) ou par une variable hypothétique (un facteur en analyse factorielle). M. R.

contrôle

n.m. (angl. Control)

Forme de commande ou de régulation des activités cognitives.

L'utilisation de ce mot en psychologie n'est, en général, conforme à aucune de ses acceptions françaises, mais relève de la contamination sémantique par l'anglais. Ces utilisations reviennent à dire soit qu'une certaine entité détermine un phénomène, soit qu'un mécanisme ou un ensemble de mécanismes commande ou régule des activités.

Être «sous le contrôle» d'un stimulus se dit parfois, dans l'analyse donnée par B. F. Skinner et son école, du comportement en tant qu'il dépend du stimulus renforçateur.

Le *mécanisme (ou instance) de contrôle,* en psychologie cognitive, est un mécanisme (ou instance) qui est supposé commander et réguler des mécanismes de niveau inférieur.

J.-F. L. N.

contrôle de l'expression

(angl. Self-Monitoring of Expressive Behaviour)

Capacité d'un sujet à répondre «vrai» ou «faux» dans une série d'affirmations qui lui sont proposées.

Les individus sont inégalement sensibles aux indications fournies par la situation dans laquelle ils se trouvent et inégalement capables de choisir les formes d'expression les mieux appropriées à cette situation. Cette caractéristique est évaluée par une *échelle de contrôle de l'expression* (angl. Self-Monitoring Scale) due à M. Snyder et composée d'affirmations après chacune desquelles le sujet doit dire si elle lui paraît vraie ou fausse en ce qui le concerne (*Journal of Personality and Social Psychology,* 1974, 30, 526-537). Plusieurs traits de personnalité sont en corrélation avec le contrôle de l'expression, qui peut aussi constituer une variable modulant la relation entre comportement et personnalité.

M. R.

contrôle interne *vs* externe

(angl. Locus of Control)

Perception qu'un individu peut avoir de l'existence d'un lien entre un renforcement donné et l'un ou l'autre des deux registres suivants de causes possibles de ce renforcement: les caractéristiques et conduites personnelles, les forces et facteurs agissant dans la situation.

Origine et description du concept

Ce concept est une abréviation du concept originel de contrôle interne *vs* externe des renforcements créé par J. B. Rotter (1966), qui a établi une échelle de mesure de ce caractère. Découlant directement de la théorie de l'apprentissage social de cet auteur, ce concept fut conçu comme une variable générale de personnalité, assimilable à une croyance générale de contrôle résultant de l'expérience accumulée par l'individu au cours de l'ensemble des séquences comportement-renforcement rencontrées et qui traduit le degré de croyance qu'un individu a du lien existant entre ses conduites et/ou caractéristiques personnelles (traits, aptitudes, etc.) et les renforcements positifs ou négatifs qu'il reçoit (réussir ou non à un examen, se faire ou non des amis lors d'une soirée, gagner ou non au Loto, etc.).

Le *contrôle interne* correspond au cas où un lien causal est perçu; l'origine du renforcement est alors imputée aux capacités, aux caractéristiques personnelles, au comportement. Par exemple, un échec à un examen est vu comme résultant d'un manque de compétence, de travail.

Le *contrôle externe* correspond au cas où le lien causal n'est pas perçu; l'origine du renforcement est alors attribuée à des facteurs incontrôlables tels que le hasard, la chance, le destin, d'autres tout-puissants. Par exemple, un échec à un examen est dans ce cas vu comme résultant de la difficulté des épreuves, du manque de chance, de la sévérité des examinateurs.

Il faut souligner que cette conception, qui est celle de Rotter et de nombreux autres et qui présuppose la primauté de la perception des causes internes sur la perception des causes externes, est entachée d'un biais d'internalité.

Mesures du contrôle interne *vs* externe

Rotter a assorti la présentation du concept d'un instrument permettant de mesurer les différences individuelles: l'*échelle de contrôle interne/externe* (angl. I. E. Scale). Après lui, les instruments se sont multipliés. Parmi eux, les questionnaires (ou échelles) occupent la plus grande place. Ils sont destinés soit aux adultes, soit aux enfants.

On distingue:

1. des *échelles de conception unidimensionnelle;* le contrôle interne/externe y est considéré comme une caractéristique psychologique, générale et relativement stable; elles donnent lieu à un score global d'internalité (ou d'externalité) et peuvent impliquer tantôt des domaines (santé, loisirs, politique, etc.) et des types de renforcement (positifs et négatifs) très variés, tantôt des domaines ou des types de renforcement bien spécifiés;
2. des *échelles de conception multidimensionnelle;* le contrôle interne/externe y est considéré comme pouvant varier chez un individu selon les domaines et les types de renforcement; elles sont composées de plusieurs sous-échelles donnant lieu à l'établissement de scores partiels; là encore, ces échelles peuvent être générales ou spécifiques; outre ces échelles (N. Dubois, 1987), on relève l'existence de quelques techniques projectives; d'autres échelles ont été publiées ultérieurement; des analyses factorielles portant sur les items de ces échelles ont montré que la notion de *Locus* of Control* comporte en fait plusieurs aspects.

Les internes et les externes

La présentation par Rotter de la variable contrôle interne/externe comme une variable bipolaire de la personnalité a eu pour conséquence d'aboutir à une typologie opposant les individus «internes» aux individus «externes», et un grand nombre d'auteurs se sont efforcés de montrer qu'à des différences de croyances en matière de contrôle interne/externe correspondent des différences de comportement. Les secteurs dans lesquels ces différences ont été établies sont très divers; ils concernent tous les aspects de la personnalité: cognitifs, motivationnels, relationnels, etc. Deux axes principaux traversent néanmoins ces recherches: la réussite (scolaire, universitaire, professionnelle, etc.) et l'adaptation (sociale et émotionnelle). En ce qui concerne le premier, il apparaît d'une façon générale que les internes réussissent mieux que les externes, sont plus motivés pour la réussite, sont plus efficaces dans le recueil et le traitement de l'information. Même bilan pour le second axe: les internes répondent mieux aux exigences des situations tout en conservant leur maîtrise. Ils sont même moins sujets que les externes à des troubles de la personnalité et du comportement (H. M. Lefcourt, 1981-1984).

Cette accumulation de résultats attestant l'existence de différences aussi marquées au niveau de comportements, somme toute très hétérogènes, entre des individus distingués par le seul score d'internalité doit être considérée avec prudence. De nombreuses réserves vis-à-vis de ces recherches ont été émises: existence de corrélations illusoires, biais méthodologiques, etc. Plutôt que de continuer à tenir l'internalité pour un trait possédé ou non par les gens, il semble qu'il faille plutôt l'envisager comme la traduction de l'appartenance sociale et idéologique des individus.

La distribution sociale du contrôle interne/externe

Très tôt, on s'est interrogé sur le rôle de certaines variables (âge, sexe, appartenance socio-économique ou culturelle) sur l'orientation du contrôle interne/externe. Si les résultats ne sont pas homogènes, il ressort que l'internalité:

1. s'acquiert et augmente avec l'âge jusqu'à l'adolescence; cette acquisition n'est ni régulière ni progressive; elle est plus rapide dans certaines conditions éducatives, dans certains groupes sociaux;
2. est souvent plus marquée chez les hommes;
3. donne lieu à une distribution sociale: ce sont les citoyens des groupes majoritaires dominants (les Anglo-Saxons aux États-Unis) et des classes favorisées qui apparaissent comme les plus internes.

Tous ces résultats, pour peu qu'on abandonne un mode de pensée a priori différentialiste et qu'on adopte un point de vue psychosocial, concourent à montrer que l'internalité constitue une sorte de référence normative qu'il est bon de faire valoir, l'externalité, chargée de connotations négatives, étant au contraire à éviter.

CONTRÔLE INTERNE/EXTERNE ET NORME D'INTERNALITÉ

En 1981, Jellison et Green apportèrent les preuves expérimentales que les individus accordent bien une valeur positive à l'internalité et ils avancèrent l'idée que la prédilection pour les explications causales internes des renforcements devait être considérée comme l'expression d'une norme : la norme d'internalité.

En 1984, J. L. Beauvois reprit cette idée en la généralisant à l'ensemble des processus d'attribution causale, donc à l'ensemble des explications des événements psychologiques : renforcements mais aussi comportements. La norme d'internalité est alors définie comme la valorisation sociale des explications qui accentuent le poids de l'acteur comme facteur causal.

Les recherches entreprises en France pour vérifier l'existence de cette norme témoignent d'un changement très net d'orientation. D'abord, l'internalité ne renvoie plus à une variable de personnalité mais traduit la participation à une norme. Cette différence apparaît dans l'interprétation du score d'internalité. Ce score n'est plus censé refléter une variable de personnalité susceptible de déterminer des comportements divers, mais plutôt une simple prédilection des sujets pour des explications causales qui accentuent le poids de l'acteur. Ensuite, l'internalité n'est plus perçue comme relevant d'un apprentissage réalisé dans la répétition des séquences comportement-renforcement, mais elle est considérée comme résultant de l'acquisition normative des « bonnes » explications. Enfin, ces recherches ont permis de montrer que l'exhibition d'explications internes constitue un élément intervenant dans le jugement que les gens portent les uns sur les autres, l'internalité s'avérant donner lieu à des jugements systématiquement plus favorables. De tels résultats donnent à penser que la réussite des internes pourrait donc être due aux jugements favorables que provoque leur internalité. N. D. et M. R.

→ Locus of Control.

BIBLIOGRAPHIE

Beauvois, J. L., 1984, *la Psychologie quotidienne,* Paris, P. U. F.

Dubois, N., 1987, *la Psychologie du contrôle,* Grenoble, P. U. G.

Lefcourt, H. M., 1981-1984, *Research with the Locus of Control Construct* (vol. 1-3), New York, Academic Press.

convergence binoculaire

(angl. Binocular Convergence)

Mouvement de rotation des yeux en sens opposé *(vergence)* par lequel l'angle formé par les lignes de visée des deux yeux augmente lorsque le point de fixation est plus proche de l'observateur.

L'*angle de convergence* est l'angle des deux lignes de visée. La convergence est associée à l'accommodation*. Elle permet d'amener les images des deux yeux sur des points homologues et est ainsi une condition de la stéréopsie*. L'hétérophorie (ou strabisme) est un défaut de la convergence. C. B.

convergence évolutive

(angl. Evolutionary Convergence)

ÉTHOL. **Processus phylogénétique induisant, entre espèces d'origines différentes, des analogies superficielles, parfois frappantes, mais à ne pas confondre avec les homologies entre espèces apparentées.**

Les effets de convergence évolutive, dus à l'existence d'un très faible nombre de solutions à certains des problèmes posés par l'adaptation au milieu, sont bien connus pour certains caractères morphologiques (par exemple, structure de l'œil chez les Vertébrés d'une part, les Mollusques Céphalopodes d'autre part). De tels phénomènes se rencontrent également à l'échelon des structures comportementales. Un des exemples les plus éloquents est la *progression hélicoïdale* dans le milieu aquatique, observée chez des organismes aussi différents que des Protozoaires Flagellés (Euglènes) et des Ciliés (Paramécies) ; mais également chez certains Métazoaires (Rotifères par exemple). Dans tous les cas, ce mode de progression vient remédier à une dissymétrie corporelle engendrant des déviations par rapport à une progression rectiligne : l'organisme « se visse » dans l'eau, conservant ainsi une même direction générale de déplacement malgré ses déviations incessantes par rapport à ce cap. J. M.

→ analogie, homologie.

convergente (pensée)

(angl. Convergent Thinking)

Forme de pensée qui s'applique dans les cas où il faut, à partir de faits donnés, parvenir à une conclusion exacte unique.

La plupart des tests d'intelligence et d'aptitude sont de ce type. L'expression *production convergente* (angl. Convergent Production) désigne l'une des opérations proposées par J. P. Guilford dans sa modélisation de l'intelligence. M. R.

→ divergente (pensée).

conviction délirante

(angl. Delusional Conviction)

Sentiment de certitude absolue d'une idée délirante ou d'un phénomène interprétatif, intuitif ou hallucinatoire, non accessible à la critique du jugement ou à la démonstration de l'évidence de leur fausseté.

La conviction délirante relève d'une croyance pathologique se situant au fondement même, psychoaffectif, du délire. C'est une évidence interne en rapport avec une perturbation profonde de l'intégration du moi du patient à son milieu, entraînant la perte du contact normal avec le réel. Celle-ci est la caractéristique essentielle de toute psychose. J. P.

convulsion

n.f. (angl. Convulsion)

Contraction musculaire pathologique, involontaire, plus ou moins localisée ou généralisée à tout le corps.

Ces contractions sont dites *toniques* si elles ont un caractère continu, sans intervalle de résolution musculaire (cependant elles constituent un phénomène passager, contrairement à la contracture). Elles sont dites *cloniques* si elles sont saccadées. Dans ce cas, les secousses sont d'intensité et de régularité variables. Généralement, on parle de convulsions surtout s'il s'agit de ces dernières, soit qu'une contraction brève se répète à de courts intervalles plus ou moins réguliers, soit qu'une contraction prolongée soit entrecoupée de relâchements musculaires brefs.

Elles sont d'origine parfois médullaire, mais le plus souvent cérébrale, relevant d'une hyperthermie (en particulier chez le nourrisson fébrile), d'une anoxie (à l'occasion d'une syncope prolongée), d'une intoxication (empoisonnement à la strychnine), d'une encéphalite, d'une hypertension intracrânienne (d'origine tumorale par exemple) ou d'une simple névrose hystérique. Mais la cause la plus fréquente des convulsions, en particulier chez l'adulte, reste l'épilepsie*. J. P.

convulsivant

n.m. (angl. Convulsant)

Substance capable de provoquer chez l'adulte des convulsions à des doses d'ordre thérapeutique mais, le plus souvent, chez des sujets prédisposés.

Les convulsions apparaissent au cours du surdosage massif de différents médicaments. Les facteurs impliqués sont multiples (action neuroexcitatrice, déséquilibre ionique de l'activité gaba [acide γ-aminobutyrique] ou asphyxie). Le pentetrazol ainsi que les sels de strychnine sont des stimulants centraux de la respiration par leur action excitatrice réflexe sur le bulbe et la moelle, facilitant ainsi des convulsions généralisées. La strychnine est l'antidote de choix dans l'intoxication aiguë aux barbituriques et vice versa. Le pentetrazol a été utilisé comme aide diagnostique de l'épilepsie. Parmi les autres convulsivants connus, il existe le bemegride, le camphre et le doxaprame. C. P.

convulsivothérapie

n.f. (angl. Convulsive Therapy)

Ensemble de techniques de choc utilisées dans le traitement des psychoses. (Syn. sismothérapie.)

Le terme fait référence aux convulsions épileptiques induites par certaines de ces techniques, mais il a reçu une acception plus large. Aujourd'hui, ces méthodes de choc sont tombées en désuétude devant le succès de la chimiothérapie, en dehors toutefois de l'électrochoc, qui, réalisé dans des conditions techniques particulières, reste encore le meilleur traitement de la mélancolie.

Parmi les nombreux types de choc dont on a observé l'heureux effet sur certains patients (choc colloïdoclasique, pneumochoc), certains sont devenus dans le passé des méthodes thérapeutiques reconnues. C'est ainsi que Wagner von Jauregg a reçu le prix Nobel de médecine pour avoir introduit la malariathérapie en 1918. En inoculant le paludisme aux patients souffrant de paralysie générale syphilitique, Wagner von Jauregg réduisait leurs troubles psychiatriques. Les pyrétothérapies, traitement par la fièvre, procédaient de la même idée : un syndrome organique provoqué artificiellement réduit le syndrome psychiatrique.

M. Sakel (1933) induisait une série d'états comateux hypoglycémiques en administrant de l'insuline à ses patients. La cure de Sakel, méthode pratiquement abandonnée de nos jours, a été modifiée : les chocs « humides » correspondent à des états hypoglycémiques moins profonds et moins dangereux.

Dans cette technique, le resucrage ramenant la glycémie à la normale et sortant le sujet du coma semble jouer un rôle déterminant en créant avec l'équipe soignante les conditions d'un échange psychothérapique.

L. von Meduna avait observé que les sujets épileptiques souffraient rarement de troubles schizophréniformes. Cette idée, qui s'est révélée fausse, l'a cependant amené à provoquer des crises comitiales artificielles chez ses patients schizophrènes. Les crises étaient induites par des convulsivants.

La schizophrénie, sous certaines de ses formes, peut bénéficier de la convulsivothérapie, mais c'est essentiellement la mélancolie qui y est sensible.

La *convulsivothérapie par électrochoc,* introduite par U. Cerletti et L. Bini (1938), consiste à faire passer un courant électrique à travers le cerveau pendant quelques dixièmes de seconde. (→ électrochoc.) On déclenche ainsi une crise de grand mal épileptique. Le recours à des substances narcotiques avant le choc électrique (électronarcose) et à une curarisation réduisant les contractions musculaires a considérablement amélioré le confort du malade. La sismothérapie par électrochoc ne mérite pas la mauvaise réputation qui continue parfois à lui être faite. A. G.

Cooper (David)

Psychiatre britannique (Le Cap 1931-Paris 1986).

Chef de file avec R. D. Laing du courant antipsychiatrique, il écrit avec ce dernier, en 1964, *Raison et violence,* où sont abordés dans une perspective sartrienne le problème de la folie et d'autres thèmes traités par J.-P. Sartre. Tant dans ses ouvrages que dans sa pratique (il dirigea de 1961 à 1966 une expérience antipsychiatrique au sein d'un hôpital psychiatrique londonien), il dénonce la psychiatrie officielle comme aliénée aux besoins de la société et amenée ainsi à trahir la minorité de cette société, à laquelle est assignée une situation psychiatrique (*Psychiatrie et antipsychiatrie,* 1967). Avec *Mort de la famille* (1971), il présente la folie comme un voyage en soi-même pour échapper au déterminisme familial et social, déterminisme encore renforcé par la psychanalyse, qu'il critique violemment dans *le Langage de la folie* (1978). *Une grammaire à l'usage des vivants* (1976) se présente comme une recherche pour détruire le langage aliéné en le retournant contre lui-même. R. L.

coopération

n.f. (angl. Cooperation)

Situation ou comportement caractérisé par la volonté des acteurs d'aboutir à un résultat qui soit bénéfique à chacun d'entre eux.

L'étude des processus de coopération/compétition en psychologie sociale repose sur deux orientations théoriques. Pendant de nombreuses années, c'est la structure de la situation et ses composantes objectives qui apparaissaient comme l'élément déterminant des comportements coopératifs. Cette orientation où dominent les modèles de la décision et la référence à la théorie des jeux a donné lieu, essentiellement aux États-Unis et jusqu'à la fin des années 1960, à un nombre considérable de recherches expérimentales. Ces études montrent que la rapidité de la coopération dépend d'une part de la conscience qu'ont les sujets de leur dépendance mutuelle, d'autre part de leur capacité à coordonner par la communication leur stratégie : ainsi, il apparaît que c'est le comportement conditionnellement coopératif qui est le plus favorable à l'instauration puis au maintien de la coopération, le comportement systématiquement coopératif de l'un des partenaires amenant souvent l'autre à l'exploiter. De même, l'existence de menaces perturbe dans la plupart des cas la relation entre les individus et rend plus difficile l'instauration de la coopération.

Depuis le début des années 1970, une deuxième orientation théorique s'est développée, surtout en Europe, autour du concept de représentation sociale. Les recherches réalisées visent alors à montrer l'importance des variables subjectives dans les processus d'interaction. Plus que la nature objective de la situation, c'est la représentation de cette situation, c'est-à-dire son appropriation par un sujet, qui favorise ou non la coopération. Plus précisément, la coopération est déterminée d'une part par l'image que le sujet se fait de lui-même et par celle qu'il veut donner aux autres, d'autre part par la représentation qu'il se fait de son partenaire (de son statut, de sa réactivité par exemple) ; enfin, par la représentation de la tâche elle-même et du contexte-représentation qui détermine la finalité subjective et donc le comportement stratégique adopté par l'individu. Il semble enfin qu'actuellement l'intérêt pour l'étude de la coopération-compétition en psychologie sociale se déplace plus spécifiquement vers l'étude des processus et des *comportements d'aide* (angl. Helping Behaviour). J.-C. A.

coordination

n.f. (angl. Coordination)

Association entre des systèmes ou sous-systèmes différents pour la réalisation d'une action cohérente ou l'accomplissement d'une tâche.

LES DIFFÉRENTS TYPES DE COORDINATION ET L'ORGANISATION CÉRÉBRALE

La plupart des actes de la vie courante requièrent la coordination de plusieurs systèmes : marcher exige une coordination des membres inférieurs ; une coordination bimanuelle est nécessaire pour ouvrir une boîte, déboucher une bouteille, etc. Lire, écrire, conduire un véhicule, tricoter, enfiler une aiguille demandent une coordination plus ou moins étendue entre systèmes sensoriels et moteurs. Il existe de multiples types et niveaux de coordination. La duplication bilatérale des membres et de presque tous les organes des sens, la conformation bihémisphérique du cerveau imposent l'étude des coordinations liées à cette organisation. Elle porte à s'interroger sur le partage des rôles et des compétences. On a pu montrer que les relations bilatérales évoluent dans le temps et qu'en dépit de liaisons précâblées elles font partie des faits de développement : bien que le nouveau-né n'ait pas, semble-t-il, une vision diplopique, la convergence binoculaire n'est pas réalisée à la naissance, elle s'instaure dans les premières semaines postnatales. L'étude de la motilité spontanée du nouveau-né révèle des postures latéralement asymétriques (positions asymétriques des bras et des jambes) et une fréquence de mouvements latéralisés qui l'emporte sur celle des mouvements bilatéraux. On a également des raisons de penser que le rythme de développement des deux hémisphères n'est pas strictement identique et que les commandes des fonctions assumées de façon prévalente par l'un ou l'autre se précisent et s'élaborent au cours du temps.

Les coordinations sensori-motrices

Parmi toutes les formes de coordination, les coordinations sensori-motrices ont suscité et suscitent encore un intérêt particulier de la part des spécialistes de l'ontogenèse. Ces coordinations, qui associent au moins un système sensoriel à au moins un système moteur, ont toujours été investies, en psychologie génétique, d'un rôle important dans le développement cognitif: elles seraient à l'origine de la relation moyens-but. Le but serait assigné par une perception, laquelle déclencherait et guiderait le ou les mouvements d'approche et d'appréhension du but. Il en est ainsi chez l'enfant et chez l'adulte qui ont à saisir un objet dans l'environnement, à appuyer sur une pédale de frein, à passer un fil dans le chas d'une aiguille, etc.

Analyses et interprétations

Aussi les émergences de ces coordinations et le cours de leurs transformations et de leurs interrelations ont-ils fait l'objet d'interprétations diverses. On sait maintenant qu'il existe, dès la naissance, des structures nerveuses qui régissent à la fois des activités sensorielles et des activités motrices: le colliculus, structure du tronc cérébral, est impliqué à la fois dans la commande des perceptions visuelles et dans celle des mouvements de la main. Des recherches récentes montrent que des coordinations sensori-motrices sont observables beaucoup plus tôt que les théories classiques ne le supposaient: des coordinations entre la tête et les yeux, entre l'œil et la main, entre la main et la bouche ont été observées chez le nouveau-né. Mais elles présentent toutes, à cet âge, des traits spécifiques encore mal connus, qui les différencient des conduites coordonnées ultérieures et laissent augurer d'un développement non linéaire. Le fait qu'elles ne donnent pas lieu à des performances comparables à celles qui peuvent être mesurées plus tard, qu'elles apparaissent à l'observation, mais aussi à l'analyse, rudimentaires, qu'elles ne semblent pas déclenchées par une localisation perceptive incite à se demander si elles obéissent à un but ou bien si elles ne sont que des combinaisons réflexes, dénuées de finalité propre.

Le devenir des coordinations

Le devenir des coordinations précoces demeure aussi entaché d'obscurités. Leur fluidité supposée, leur contribution à l'élaboration d'activités diverses — telles que, par exemple pour la coordination œil-tête, la fixation oculaire et, plus tard, la lecture; ou, pour la coordination œil-main, la préhension manuelle —, les automatismes auxquels elles donneraient naissance restent des objets d'étude encore trop rares. Toutefois, de nouvelles approches, comme celle de la dynamique des systèmes, autorisent l'espoir d'un avancement rapide dans ce domaine. Comprendre comment se forment et se développent les coordinations demande aussi que l'on connaisse les structures nerveuses impliquées, leur mode de fonctionnement relationnel, le ou les centres responsables d'une intégration et les mécanismes qui la gouvernent. À cet égard, on dispose actuellement de plus de modèles que d'analyses. H. B.

coping

n.m.

Processus actif par lequel l'individu, par l'autoappréciation de ses propres capacités, de ses motivations, fait face à une situation stressante et réussit à la maîtriser. A. G.

→ stress.

coprolalie

n.f. (angl. Coprolalia)

Tendance plus ou moins irrésistible à utiliser un langage particulièrement grossier.

Ce discours ordurier apparaît parfois chez des enfants en phase de « préoccupations anales », chez des adolescents qui veulent s'affirmer en face de leur entourage et chez certains déments. Il prend un caractère impulsif dans la maladie de Gilles de La Tourette. J. P.

coprophagie

n.f. (angl. Coprophagy)

Ingestion d'excréments, de matières fécales.

La coprophagie est une forme particulièrement grave de cacophagie* rencontrée dans des états profondément régressifs, au cours de la schizophrénie et des démences et dans des arriérations fixées au stade de l'idiotie. J. P.

coprophilie

n.f. (angl. Coprophilia)

Intérêt anormal pour les matières fécales, lié à une érotisation exagérée de la zone cloacale et des conduites excrémentielles. J. P.

corporéisme

n.m.

Ensemble de discours et de pratiques conférant au corps une attention et une valeur privilégiées dans une perspective hédoniste.

Ce terme a été proposé par J. Maisonneuve pour désigner une évolution récente des attitudes, des représentations sociales, des affects et des idéologies concernant le corps, celui-ci apparaissant comme le recours indéfectible dans la dérive des valeurs traditionnelles, et le vécu corporel prenant un tout autre sens que dans les périodes antérieures, où l'on recherchait d'abord le contrôle et la maîtrise de soi. J. M.

corporel (schéma)

(angl. Body Scheme)

Représentation plus ou moins consciente de notre corps agissant ou immobile, de sa position dans l'espace, de la posture respective de ses différents segments ainsi que du revêtement cutané par lequel il est en contact avec le monde.

Le schéma corporel résulte de la synthèse des impressions visuelles, tactiles, kinesthésiques et vestibulaires de nos expériences passées et actuelles. Le schéma corporel est une notion initialement neurologique. Actuellement certains psychanalystes, en insistant plus sur les aspects inconscients de sa construction et de sa représentation, utilisent plus volontiers l'expression « image du corps ». Le schéma corporel n'est pas inné. Il se construit par une longue expérience où la douleur, la motricité, les sensations extéroceptives jouent un rôle capital.

Quelles sont schématiquement les principales étapes de son élaboration? De la naissance à 3 mois, les informations fournies par les différentes modalités sensorielles ne sont pas coordonnées. La conscience du corps est limitée à l'espace buccal. D'une façon plus générale, l'enfant ne fait pas de distinction entre les données de la proprioception et celles de l'extéroception. Le moi et le non-moi sont encore indifférenciés. La maturation des structures permet une différenciation progressive des données proprioceptives et extéroceptives, et les premières coordinations entre elles apparaissent vers l'âge de 3 mois, mais avec des décalages (la maturation est plus précoce pour les mains que pour les pieds). Ainsi, alors qu'auparavant l'enfant faisait avec ses mains un ensemble de gesticulations indisciplinées dans son champ visuel, sans y prêter attention ou sans les contrôler, vers le 4e mois, il se met à regarder de façon prolongée une de ses mains maintenue devant ses yeux en remuant alternativement les doigts. L'analyse des différents stades du développement sensori-moteur décrits par J. Piaget permet de saisir l'ébauche de cette conscience du corps. Le 8e mois marque une étape dans l'évolution de l'enfant. C'est en effet à cette époque que les psychanalystes situent la « constitution de l'objet» (R. Spitz). L'enfant devient capable de distinguer son corps des objets extérieurs.

Avec les déplacements et l'acquisition de la marche, le schéma corporel se complète par la conscience de la posture du corps dans le milieu environnant. L'imitation, qui devient systématique à ce niveau de développement, permet également à l'enfant de mettre en relation son corps propre avec le corps d'autrui. Aussi, pour

H. Wallon, la construction du schéma corporel et la perception d'autrui sont-elles deux opérations analogues et complémentaires. Au cours de ce développement, les rencontres avec le miroir fournissent à l'enfant une représentation visuelle globale de son corps, mais la correspondance entre l'image spéculaire et le corps s'établit assez tardivement, vers l'âge de 2 ou 3 ans. Par la suite, et avec l'apport du langage, le schéma corporel s'affine, mais ce n'est que vers 6 ans qu'un enfant est capable de reconnaître la droite et la gauche sur son corps propre, et vers 9 ans sur le corps d'autrui. Les troubles du schéma corporel peuvent être déterminés par des lésions focales du cortex cérébral, du lobe pariétal essentiellement. Ces perturbations diffèrent selon l'hémisphère atteint et sont regroupées sous le terme d'*asomatognosie*. Des troubles à allure paroxystique peuvent se produire au cours de l'épilepsie : sentiment de transformation corporelle, héautoscopie, dépersonnalisation. Enfin, parmi les manifestations pathologiques de l'image du corps, il faut citer l'hallucination du membre fantôme chez les amputés et l'asymbolie à la douleur. R. L.

corps propre

(angl. Own Body)

Ensemble des rapports vécus par le sujet des différents aspects et parties de son corps, en tant qu'ils se sont progressivement intégrés à l'unité de sa personne.

H. Wallon s'est particulièrement intéressé à la genèse de l'intégration à l'unité de la personne, ou *corps propre,* et en a observé les étapes chez le jeune enfant. Dès la fin du 2e mois apparaît un intérêt net pour la main, que le bébé regarde et suit des yeux lorsqu'elle traverse fortuitement son champ visuel. Au cours des mois suivants, l'enfant joue avec différentes parties de son corps et observe les conséquences. L'exploration systématique débute à la fin de la 1re année mais les parties du corps ainsi découvertes, identifiées, sont, jusqu'à 2 ans, traitées comme des objets extérieurs à lui, au même titre que des jouets. La délimitation entre son corps et le monde extérieur demeure longtemps vague et indécise.

Pour Wallon, attitudes subjectives et réalités extérieures s'articulent peu à peu pour donner naissance à divers espaces qui se chevauchent. Les uns sont plutôt objectifs, comme l'espace interobjet, dans lequel la position de chaque objet est référée à celle des autres, et l'espace objet-interpersonne, dans lequel c'est par rapport à l'enfant que sont situés objets et êtres vivants. Les autres espaces sont considérés comme subjectifs. Il s'agit de l'espace postural, relatif au positionnement du corps et des membres, axé sur les rapports entre les divers segments, l'équilibre, le contrôle du tonus, de l'espace des actes, relatif à la dynamique des déplacements et de l'espace affectif ou défensif qui délimite une zone corporelle de sécurité. Seule l'intégration mutuelle des espaces subjectifs et objectifs, fondée sur l'expérience, va permettre à la fois l'identification du corps propre et celle des objets extérieurs, car l'une ne peut pas exister sans l'autre. C'est alors seulement que, vers 3 ans, « l'enfant commence à se conduire et à se connaître en sujet distinct d'autrui » (Wallon). E. V.

→ conscience de soi, schéma corporel.

corpuscules du tact

(angl. Touch Corpuscles)

Mécanorécepteurs caractérisés par la présence d'une capsule conjonctive entourant l'extrémité dépourvue de myéline d'une fibre sensorielle du groupe II (ou Aβ).

Chez les Mammifères ces récepteurs sont représentés par :

1. les *corpuscules de Pacini* (ou de Vater-Pacini), gros récepteurs oblongs pouvant atteindre 2 mm de long ; la terminaison nerveuse s'insère dans des lamelles concentriques entourées d'une capsule ; sensibles à la vibration, ces récepteurs à adaptation rapide sont présents dans le derme, les articulations, le mésentère ; ils sont particulièrement nombreux dans les doigts, le pénis, le clitoris ;
2. les *corpuscules de Meissner,* d'une longueur d'environ 150 μm, qui présentent une terminaison nerveuse aplatie entre des cellules de Schwann et dont la base est entourée d'une capsule reliée par des fibrilles à l'épiderme ; présents dans la paume de la main et dans la plante des pieds, ces récepteurs à adaptation rapide sont sensibles à la vibration ;
3. les *corpuscules de Krause,* semblables aux corpuscules de Meissner, mais plus simples, qui se trouvent dans la peau glabre des Mammifères inférieurs aux Primates ;
4. les *corpuscules de Ruffini,* situés dans le derme, chez lesquels les ramifications de la fibre sensorielle sont entourées d'une capsule de collagène assurant une liaison mécanique avec les couches superficielles de la peau ; ces récepteurs à adaptation lente répondent à la pression, maintenue ou intermittente. J.-M. C.

corrélation

n.f. (angl. Correlation)

STAT. **Degré de dépendance entre deux caractères qualitatifs ou quantitatifs.**

Elle peut en ce sens s'appliquer, par exemple, au carré moyen de la contingence. En un sens plus restreint, elle s'applique au degré de dépendance entre deux caractères X et Y pouvant être évalués sur des échelles ordinales ou des échelles d'intervalles. Un tableau de corrélation, qui peut être représenté sous la forme d'un diagramme de corrélation (l'anglais Scatter Diagram a le sens général de « diagramme de dispersion »), fournit les mêmes indications qu'un tableau de contingence, mais ses lignes et ses colonnes sont ordonnées. On peut lire sur un tableau de corrélation la distribution de l'ensemble des valeurs de X et celle de l'ensemble des valeurs de Y (distributions marginales dont les effectifs figurent en général sur la marge verticale droite et sur la marge horizontale inférieure de la table), les distributions des valeurs de X pour chacune des valeurs de Y et celles des valeurs de Y pour chacune des valeurs de X (distributions partielles ou conditionnelles).

De nombreux coefficients de corrélation ont été proposés. Le plus souvent employé est le *r de Bravais-Pearson,* ou *coefficient de corrélation linéaire* (angl. Product Moment Correlation Coefficient). Il mesure la dépendance entre X et Y sous la forme d'un nombre compris entre +1 et −1. Un coefficient égal à |1| exprime une corrélation parfaite, un coefficient égal à 0 une corrélation nulle. Entre ces deux valeurs extrêmes, on peut évaluer l'importance d'une corrélation mesurée par *r* en sachant que la contribution apportée à la variance de l'une des variables par l'autre variable est égale à r^2. Un coefficient positif décrit une corrélation directe (les deux variables tendent à croître ou à décroître ensemble). Un coefficient négatif décrit une corrélation inverse (l'une des variables tend à décroître lorsque l'autre croît). Plusieurs autres coefficients de corrélation ont été proposés, qui n'ont pas nécessairement les propriétés du *r* de Bravais-Pearson mais dont certains peuvent s'appliquer à des mesures n'ayant pas nécessairement le niveau d'échelles d'intervalles. Les coefficients de contingence (corrélation au sens large) sont utilisables sur deux échelles nominales. Le *rapport de corrélation* (angl. Correlation Ratio) η^2 est utilisable pour évaluer le degré de dépendance entre une échelle nominale et une échelle d'intervalles. D'autres coefficients s'appliquent aux échelles ordinales : ρ de Spearman, τ de Kendall. Certains coefficients s'appliquent lorsque l'une des variables ou les deux peuvent être considérées comme des variables d'intervalles normales dichotomisées (ramenées à deux classes) : *r bisérial* (angl. Biserial Correlation Coefficient), *r tétrachorique* (angl. Fourfold Correlation Coefficient). Si l'on considère que les dichotomies traduisent deux éventualités qualitativement différentes d'un certain caractère (garçon et fille par exemple), on emploie des coefficients ponctuels : *r bisérial ponctuel* (angl. Point Biserial Correlation Coefficient), *r tétrachorique ponctuel* (angl. Fourfold Point Correlation Coefficient). M. Coumétou a proposé un *coefficient de corrélation ennéachorique* (angl. Enneachoric Correlation Coefficient), calculé entre deux variables ramenées chacune à trois classes d'effectifs voisins.

On peut évaluer la corrélation entre deux variables X et Y en éliminant l'influence sur cette corrélation d'une troisième variable Z par le *coefficient de corrélation partielle* $r_{xy.z}$ (angl. Partial Correlation Coefficient). La corrélation entre une variable et le pronostic que l'on peut faire sur elle à partir de plusieurs variables prédictrices est évaluée par le *coefficient de corrélation multiple* R (angl. Multiple Correlation Coefficient). Le *coefficient de corrélation intraclasse* (angl. Intraclass Correlation Coefficient) est d'une nature particulière. Il utilise une seule variable mesurée dans une population composée de paires d'individus (exemple : le Q.I. mesuré sur une série de paires de jumeaux). Il évalue le degré de ressemblance à l'intérieur des paires. D'autre part, on peut calculer des corrélations entre personnes ayant passé toutes la même série d'épreuves : la série des mesures relatives à chaque personne est traitée comme une variable. M. R.

→ Bravais-Pearson (coefficient de corrélation de).

correspondances (analyse des)

(angl. Correspondence Analysis)

Méthode d'analyse des données proposée par J.-P. Benzécri dans les années 1960.

L'analyse des correspondances est souvent rattachée aux méthodes d'analyse factorielle. On peut remarquer que l'analyse factorielle en facteurs communs et uniques fait l'hypothèse de variables « cachées », notamment les facteurs communs rendant compte des corrélations entre variables observées. Ce n'est théoriquement pas le cas pour l'analyse des correspondances, qui est en principe une méthode de description des observations comme l'analyse en composantes principales (que l'analyse des correspondances utilise).

Sous sa forme originale et la plus simple, l'analyse des correspondances s'applique à l'étude des tableaux de contingence constitués par le croisement de deux variables nominales (exemple : le diplôme obtenu et la profession exercée). Si l'on compare les fréquences observées pour des lignes différentes du tableau, on constate que les « profils » de ces lignes sont plus ou moins proches (dans l'exemple, on constatera que la distribution des professions exercées prend des formes plus ou moins proches pour des diplômes différents). Les caractères définissant des lignes dont les profils sont proches peuvent être considérés comme présentant des propriétés voisines en ce qui concerne les caractères définis par les colonnes. Le même raisonnement s'applique symétriquement à la comparaison des « profils » de fréquences entre colonnes (par exemple, la distribution des diplômes prend des formes plus ou moins proches pour des professions différentes). La méthode a été généralisée à plus de deux variables et, sous certaines conditions, à d'autres variables que les variables nominales (à tout tableau de nombres positifs). Elle fournit des représentations graphiques aussi économiques que possible (au sens de l'analyse en composantes principales), sur lesquelles apparaissent les distances entre caractères ou entre sujets. En observant les groupes de caractères ou de sujets ainsi mis en évidence, on cherche à interpréter les axes des représentations, parfois assimilés hâtivement aux facteurs communs de l'analyse factorielle. M. R.

BIBLIOGRAPHIE

Benzécri, J.-P, 1973, *l'Analyse des données ; leçons sur l'analyse factorielle et la reconnaissance des formes*, 2 volumes, Paris, Dunod.

cortex

n.m. (angl. Cortex)

Partie périphérique des hémisphères cérébraux, encore appelée *manteau* ou *pallium*.

EMBRYOLOGIE

Le cortex se développe à partir des structures nerveuses embryonnaires vers le 5e mois de la vie intra-utérine. Son activité fonctionnelle débute à la naissance et elle s'intensifie avec le développement psychique. Au plan morphologique, l'intensification de l'activité est caractérisée par un épaississement de la couche corticale et par une densification de ses connexions.

STRUCTURE ET ASPECT

Aspect macroscopique. Il forme une couche de substance grise recouvrant toute la surface des hémisphères jusqu'à l'intérieur des sillons corticaux.
Structure histologique. Il faut distinguer plusieurs couches cellulaires de la superficie à la profondeur, les dénominations correspondant à la forme des cellules : cellules : plexiformes (couche I) ; granulaires externes (couche II) ; pyramidales externes (couche III) ; granulaires internes (couche IV) ; pyramidales internes (couche V) ; fusiformes (couche VI). La description de la substance blanche permet ensuite de distinguer trois stries à l'intérieur des couches cellulaires : la strie de Kass-Beeterew dans la partie supérieure de la couche pyramidale externe, la strie de Baillarger externe dans la couche granulaire interne et la strie de Baillarger interne dans la couche pyramidale interne. De même, il existe des fibres blanches radiées perpendiculaires aux stries ayant leur origine dans la profondeur et leur terminaison au niveau des stries de Baillarger.

DESCRIPTION GÉNÉRALE

On distingue divers types de cortex. D'une part, l'allocortex, ou archipallium, qui comprend une couche de cellules granulaires et une couche de cellules pyramidales. Au plan fonctionnel, ce cortex tapisse le lobe limbique et la circonvolution de l'hippocampe. D'autre part, l'isocortex, ou néopallium, qui comprend les six couches cellulaires et correspond, au plan fonctionnel, aux zones d'association (isocortex homotypique). L'isocortex constitue aussi le cortex moteur de la frontale ascendante et une couche de cellules pyramidales prédominante y apparaît. Dans le cortex sensoriel, c'est une couche de cellules granulaires qui est prépondérante.

LOCALISATION DU CORTEX AU NIVEAU DU CERVEAU

Le *cortex moteur* se situe au niveau de la frontale ascendante. Chaque territoire corporel a une représentation corticale selon une certaine somatotopie. Les membres inférieurs sont représentés au niveau du lobule paracentral et la tête à la partie inférieure de la circonvolution frontale.

L'aire de représentation varie selon l'importance et la finesse des mouvements des masses musculaires.

Le *cortex sensoriel*, qui se trouve au niveau de la circonvolution

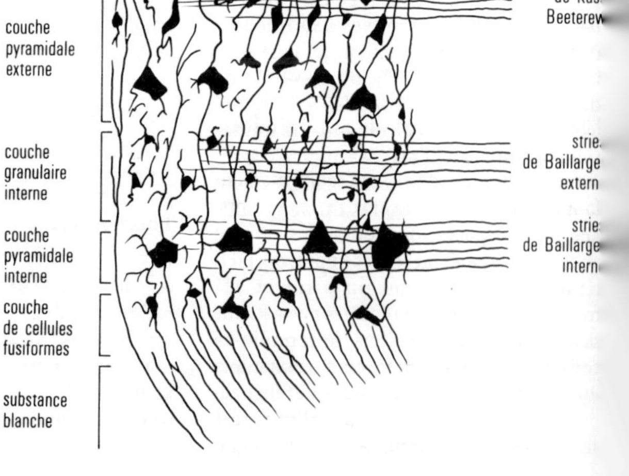

pariétale ascendante, présente la même disposition somatotopique que le cortex moteur.

Le *cortex visuel* est situé de part et d'autre et au fond de la scissure calcarine. Le champ supérieur de la rétine se projette au niveau de la lèvre supérieure de la scissure et le champ inférieur, au niveau de la lèvre inférieure.

Le *cortex auditif* siège au niveau de la première circonvolution temporale et de la scissure de Sylvius.

Le *cortex olfactif et gustatif* siège au niveau de la circonvolution de l'hippocampe et, plus spécifiquement, à l'uncus, pour les sensations gustatives.

Les *localisations psychiques* sont situées au niveau du lobe préfrontal. La mémoire est localisée plus spécifiquement au niveau du lobe temporal. Le siège du langage est situé dans l'hémisphère gauche et, plus précisément, dans le quadrilatère de Wernicke. Dans cette zone, le pied de la troisième circonvolution frontale (zone de Broca) est le siège du langage articulé. Le siège de la perception du langage se trouve, quant à lui, au niveau de T1 (zone de Wernicke).

Exploration du cortex cérébral

La technique d'exploration repose essentiellement sur l'électrocorticographie. C'est un enregistrement de l'activité électrique cérébrale au moyen d'électrodes appliquées directement sur le cortex, au cours d'une craniotomie. Cette technique a un intérêt certain, dans la chirurgie de l'épilepsie, pour une localisation précise de l'étendue du cortex épileptogène. Il est ainsi possible d'enregistrer une activité électrique anormale au repos ou de procéder à une stimulation électrique pour reproduire le symptôme initial des crises spontanées du patient. Après cortectomie, l'électrocorticographie peut être reconduite sur les berges de l'exérèse en postopératoire pour surveiller le bon déroulement de la période postcritique.

I. A.-B.

Bibliographie

Ajuriaguerra, J. de, et Hécaen, H., 1960, *le Cortex cérébral. Étude neuropsychopathologique*, Paris, Masson.

Chauchard, I., 1974, *le Cerveau humain*, Paris, P. U. F.

Corti (organe de)

(angl. Organ of Corti)

Récepteur sensoriel de l'audition.

L'organe de Corti est formé de cellules ciliées reposant sur la membrane basilaire de la cochlée, de part et d'autre d'un tunnel central, le *tunnel de Corti*. Le sommet des cellules ciliées se prolonge par des cils rigides, fixés dans une masse gélatineuse qui les recouvre, la *membrane tectoriale*. Leur base est innervée par les fibres du nerf auditif (ou cochléaire). Quand un son frappe le tympan de l'oreille, les vibrations font osciller la membrane basilaire, et les cils, fixés dans la membrane tectoriale, se courbent ; ils déclenchent dans les cellules ciliées des potentiels générateurs de même fréquence que le son, entraînant l'émission de potentiels d'action dans les fibres du nerf auditif.

J.-M. C.

corticostéroïde

n.m. (angl. Corticosteroid)

Hormone sécrétée par la partie corticale de la surrénale.

Les corticostéroïdes ont une structure chimique qui dérive de celle du cholestérol. Le terme générique de *corticoïdes* regroupe les hormones de la corticosurrénale et les produits de synthèse ayant les mêmes propriétés que ces hormones. La corticosurrénale sécrète trois ensembles d'hormones : des glucocorticoïdes (exemple : cortisol), impliqués dans le contrôle du métabolisme des sucres, des protéines et des lipides, qui, à forte dose, ont des effets anti-inflammatoires et antiallergiques ; des minéralocorticoïdes (exemple : aldostérone), qui régulent l'équilibre hydrominéral du sang ; des androgènes, ou hormones mâles.

Les hormones stéroïdes pénètrent facilement dans le cerveau et agissent sur le fonctionnement des neurones en se fixant sur des récepteurs situés à l'intérieur des cellules cibles. Les glucocorticoïdes interviennent directement dans la défense de l'organisme face aux nombreuses agressions dont il est victime.

G. S.

cortisol

n.m. (angl. Cortisol)

Hormone sécrétée par la glande corticosurrénale, appartenant au groupe des glucocorticoïdes et stimulant le catabolisme protéique et la formation du glycogène au niveau du foie.

Ses propriétés anti-inflammatoires expliquent son intérêt en thérapeutique. Mais c'est son rôle dans le stress et dans la dépression qui a retenu l'attention des psychiatres : le cortisol est devenu un indice biologique de certains états psychopathologiques. On l'étudie à l'état de base et au cours d'épreuves dynamiques comme le DST (Dexamethasone Suppression Test, ou test de freination par la dexaméthasone), qui mettent en jeu l'ensemble de son système de régulation.

A. G.

Cosinor (analyse)

(angl. Cosinor Analysis)

Technique statistique permettant d'estimer les différents paramètres d'un rythme avec leurs limites de confiance ; cette technique a été mise au point en 1967 par Halberg.

L'analyse Cosinor utilise la méthode des moindres carrés et permet d'obtenir la fonction sinusoïdale qui se rapproche le plus de la série temporelle obtenue. Cette méthode est largement utilisée en chronobiologie et en chronopsychologie.

P. L.

→ chronobiologie.

cothérapie

n.f. (angl. Cotherapy)

Thérapie effectuée conjointement par deux ou plusieurs thérapeutes.

Elle est fréquemment utilisée dans le traitement des groupes familiaux. Elle offre de nombreux avantages, tels que la répartition des tâches entre les thérapeutes, la facilitation de la prise de recul par rapport à la famille et la possibilité de mieux gérer des situations complexes.

M. G.

COTOREP

Commission technique d'orientation et de reclassement professionnel instaurée dans chaque département par la loi d'orientation du 30 juin 1975 en faveur des personnes handicapées (adultes).

La COTOREP se compose de 20 membres nommés pour 3 ans par le préfet (sauf le conseiller général, qui est élu par ses pairs). La commission comprend notamment au moins 3 médecins, des représentants de la D.D.A.S.S., des organismes d'assurance maladie, des organismes débiteurs de prestations sociales, de la direction départementale du travail et de l'emploi. La commission se scinde en deux sections spécialisées. La première section apprécie l'aptitude au travail et propose une orientation professionnelle. La deuxième section apprécie le degré d'invalidité et peut attribuer une ou des allocations relatives à cet état. La COTOREP dispose d'une équipe technique qui est chargée d'instruire chaque dossier et dont un membre se fait le rapporteur devant la section spécialisée compétente.

La COTOREP est compétente pour : reconnaître, s'il y a lieu, la qualité de travailleur handicapé et reclasser l'intéressé dans l'une des catégories correspondant à ses capacités professionnelles ; se prononcer sur l'orientation de la personne handicapée et les mesures propres à assurer son reclassement (formation professionnelle, stage de réadaptation ou de rééducation) ; désigner les établissements ou les services concourant à la rééducation, au reclassement et à l'accueil des adultes handicapés (ateliers protégés, centre d'aide par le travail, maisons d'accueil spécialisé) ; décider de l'attribution d'un emploi réservé ; attribuer une prime de reclassement ; attribuer l'allocation aux adultes handicapés et/ou une autre allocation si un certain nombre de conditions sont réunies ; attribuer la carte d'invalidité.

La saisine de la commission peut être effectuée par le handicapé lui-même, ses parents, l'autorité responsable de tout centre, établissement ou service médical, social ou administratif intéressé. L'instruction du dossier est pratiquée à la diligence du secrétariat de la COTOREP, qui saisit l'équipe technique. La décision prise par la commission s'impose aux organismes sociaux de prise en charge (Sécurité sociale, aide sociale), mais non à la personne handicapée.

Des voies de recours sont ouvertes. Si le recours porte sur la reconnaissance de la qualité de travailleur handicapé, ou sur la catégorie correspondant à ses capacités optionnelles, c'est la commission départementale des travailleurs handicapés qui est compétente. Si le recours porte sur l'attribution d'une des allocations, ou sur la désignation de l'établissement spécialisé, c'est la commission régionale du contentieux technique de la Sécurité sociale qui est compétente. M. G.

couleur

n.f. (angl. Color)

Caractéristique perçue du rayonnement visible, qui dépend de sa distribution énergétique, de son efficacité lumineuse et des propriétés chromatiques de ses composantes.

La couleur désigne essentiellement une expérience perceptive relative non seulement aux caractéristiques de la lumière, mais aussi à celles du système visuel. Pour un observateur humain normal (ni achromate ni daltonien), la couleur est spécifiée au niveau perceptif par trois variables : sa tonalité, sa saturation et sa luminosité. À ces trois variables correspondent approximativement au plan physique respectivement la longueur d'onde dominante, la pureté et la luminance.

Fondamentalement, la vision humaine des couleurs repose sur l'existence de trois types de cônes absorbant les longueurs d'onde courtes, moyennes ou longues. Une couleur « naturelle », étant constituée d'un mélange de longueurs d'onde, activera donc différentiellement ces trois classes de récepteurs. Les déficits congénitaux de la vision des couleurs s'expliquent par un dysfonctionnement d'une ou de plusieurs classes de ces cônes. (→ daltonisme.) Ultérieurement, les informations de couleurs seront recodées sous forme de couples antagonistes bleu-jaune et vert-rouge pendant que, en parallèle, les contrastes* achromatiques seront eux aussi codés. Ce recodage est caractéristique des cellules ganglionnaires et des neurones du corps genouillé latéral. À un niveau plus central, les informations de couleurs en différentes régions de l'image rétinienne sont intégrées de manière à permettre une certaine constance des couleurs. (→ perception.) On trouve, dans le cortex inférotemporal, des neurones dont la sélectivité correspond non à des combinaisons spécifiques de longueurs d'onde, mais à des couleurs perçues identiques. La théorie rétinex* rend compte de ces phénomènes de constance. C. B.

Coumétou (coefficient de corrélation de)

→ ennéachorique (coefficient).

couple (pensée par)

(angl. Binary Structure of Thought)

Mode de pensée qui consiste à transformer en relation causale l'association de deux éléments liés par une concomitance perceptive, une assonance, une opposition ou un automatisme de signification ; la pensée par couple identifie un des termes du couple par l'autre.

C'est H. Wallon (1945) qui s'est attaché à répertorier et à analyser cette structure binaire de la pensée, rencontrée chez l'enfant entre 5 et 7 ans. Ce mode de pensée transparaît dans les réponses verbales à des questions sur les phénomènes naturels et l'origine d'objets physiques. Les questions posées par Wallon étaient le plus souvent du type « qu'est-ce que c'est ? ». Par exemple : « Qu'est-ce que la pluie, le feu, le vent, le soleil, la nuit ? » ; ou encore : « Fait-on un arbre avec du bois ou bien du bois avec un arbre ? » À de telles questions, l'enfant de 5 à 7 ans répond fréquemment par la formule « c'est quand... ». Ainsi, la pluie, « c'est quand il y a du vent », ou bien le feu, « c'est quand il y a de la fumée », associations fondées sur des concomitances ; la nuit, « c'est quand il fait noir », association assonantique. Ces associations conduisent souvent l'enfant à des contradictions : par exemple, ayant affirmé que le feu c'est de la fumée, il décrit la fumée comme noire, mais refuse de dire que le feu c'est noir. Ou encore, associant le soleil avec la chaleur, il expose d'abord qu'il ne peut y avoir de soleil quand il fait froid ; puis, placé devant un clair soleil hivernal, il se reprend et explique qu'il y a du soleil parce qu'il fait jour. La relation causale peut être, curieusement, réciproque. Invité à définir le jour, l'enfant le fait par la présence du soleil. La pensée par couple procède donc à des identifications, le plus souvent par élision. C'est pourquoi Wallon y voit une pensée molaire, une structure élémentaire dans l'évolution psychologique, dont le « dualisme interne est antérieur, dans la représentation intellectuelle, à l'unité, à chacune des unités qu'il assemble ».

Toutefois, il y reconnaît des traits décrits dans certaines pathologies de l'adulte (par exemple, le malade qui, prié de rappeler le mot *Dieu*, qu'on vient de lui dire, répond « église ») et considère que cette forme de pensée, si elle est moins générale et moins systématique, subsiste chez l'adulte normal mais que, subordonnée à d'autres fins, elle passe inaperçue et qu'elle réapparaîtrait au cours de certaines régressions ou dissociations fonctionnelles.

Wallon s'est plus appliqué à rechercher toutes les sortes de couples auxquels l'enfant recourt qu'à décortiquer sa démarche en fonction de la question qui lui est adressée. Il est néanmoins possible que la question appelle la tautologie. À la question « qu'est-ce que la pluie ? », l'enfant, dérouté, répond que « c'est de la pluie » ; mais il faut aussi dire que c'est de l'eau et qu'elle vient du ciel. Alors, dit l'adulte, « le ciel, c'est de l'eau ? ». L'enfant, qui flaire un piège, hésite à le nier, faute de pouvoir proposer une alternative acceptable ou, plus simplement, faute de savoir l'exprimer. Autrement dit, il se pourrait que la pensée par couple résulte de la forme de la ou des questions posées. Il est de fait que cette forme de pensée n'a pas été retrouvée lorsqu'on a varié l'énoncé des questions et qu'on a dissocié l'interrogation sur la nature du phénomène de celle sur son origine.

En outre, il semble bien que le domaine exploré par Wallon fasse appel à des connaissances acquises, à une culture que l'enfant ne possède pas de façon innée et qui dépend du milieu éducatif dans lequel il est élevé. Or, à cet égard, la population d'étude choisie (enfants d'une école de Billancourt, de bas statut socio-économique, interrogés avant la guerre) a peut-être fait prendre pour caractéristique structurale un état des connaissances relatif au milieu et à l'époque.

Les dialogues rapportés par Wallon, s'ils contiennent des récits erratiques qui paraissent liés au rythme et à la succession des interventions de l'adulte (lequel ne laisse pas loisir à l'enfant d'enchaîner deux phrases), comprennent aussi des embryons d'explication causale qui ne sont pas basés sur des associations par couple. Ainsi, un des sujets expose clairement que l'eau de la Seine vient de rivières et de sources et que les sources sont alimentées par les pluies. C'est l'adulte qui, alors, demande ce qui se passerait « s'il pleuvait si fort que toute l'eau du ciel tomberait », éventualité sur laquelle l'enfant raisonne sainement : « Il ne pleuvrait plus », mais qu'il affirme impossible. Aussi ne peut-on se défendre de l'impression que l'interrogatoire, sans cesse dirigé par l'adulte et portant délibérément sur des questions hors du champ de « l'expérience routinière », paraît avoir pesé indûment sur les faits et cela conduit à se demander si la pensée par couple telle que l'a décrite Wallon ne reflète pas des difficultés d'expression plutôt qu'une structure particulière de la pensée. H. B.

BIBLIOGRAPHIE

Wallon, H., 1945, *les Origines de la pensée chez l'enfant,* Paris, P. U. F.

couple (thérapie de)

(angl. Marital Therapy)

Thérapie axée sur l'aménagement de détails — principalement ceux de l'emploi du temps — de la vie en commun d'un couple afin de la rendre plus satisfaisante pour la famille et pour le couple lui-même.

La thérapie de couple porte sur les diverses activités quotidiennes de deux partenaires en se proposant de laisser à chacun la liberté de les accomplir tout en respectant les activités et les souhaits de l'autre. Elle peut aborder, par exemple, leur attitude vis-à-vis de la scolarité des enfants, les visites aux parents, l'organisation des loisirs et même, dans certains cas, l'aménagement de leur vie sexuelle.

Il s'agit pour chaque membre du couple de prendre conscience de son propre fonctionnement et de l'ajuster en fonction de celui de l'autre. La thérapie de couple diffère ainsi des thérapies sexuelles ou du conseil conjugal en ce qu'elle nécessite la présence effective des deux partenaires et leur adhésion commune à un programme visant à obtenir un changement dans leur vie conjugale. Elle aboutit à des engagements ou à des résolutions qui ne sont pas vécus comme des concessions mutuelles mais plutôt comme les termes d'un contrat dont est témoin le thérapeute. Celui-ci a pour rôle principal, dans ce compromis, de faire l'analyse du comportement de chacun de ses clients, c'est-à-dire de traduire les griefs — si griefs il y a — de chacun en description objective des comportements qu'il reproche à son partenaire ou qui ne le satisfont pas. Par le biais de cette analyse, à laquelle les conjoints sont seuls à pouvoir participer, une meilleure communication s'établit et facilite un processus de compréhension mutuelle.

Implicitement, ces thérapies s'abstiennent de prendre en considération toute allusion aux notions de personnalité et aux anomalies de celle-ci. Elles ne visent qu'à établir un équilibre plus stable dans le fonctionnement quotidien de la vie du couple sans porter de jugements de valeur ni faire de remarques sur les comportements que les conjoints désirent modifier. M. A.

couvade

n.f. (angl. Couvade)

Comportement du père prenant la place et le rôle de la mère autour de la naissance de son enfant.

Connue depuis l'Antiquité et pratiquée sous diverses formes dans beaucoup de sociétés traditionnelles (E.B. Tylor) et même encore récemment en France dans la région rémoise (P. Abély), la couvade recouvre en psychiatrie les « manifestations psychopathologiques chez les hommes pendant la grossesse de leur femme ou peu après son accouchement » (A. Haynal). Il s'agit donc de tous les troubles mentaux liés à la puerpéralité masculine.

Selon W. H. Trehowan, il s'agit le plus souvent de simples manifestations anxio-dépressives, avec en particulier des atteintes psychosomatiques dont certaines paraissent bien liées à une symbolique puerpérale : alternance d'anorexie et de boulimie, nausées et vomissements, douleurs et ballonnements abdominaux, coliques intestinales, mictions fréquentes et surtout maux de dents. Ces derniers seraient provoqués par une sorte de sympathie magique à la mère basée sur la vieille croyance populaire que « la grossesse abîme les dents ».

L'identification du père à la mère peut aller parfois chez celui-ci jusqu'à une perte de l'identité conduisant à de véritables crises délirantes réactionnelles à l'accouchement de sa femme. Ces psychoses puerpérales masculines surviennent chez des hommes dont l'identité sexuelle est restée fragile (E. Jacobson), incapables de supporter leur rôle paternel. Ces hommes gardent une forte « envie de la capacité féminine » d'avoir des enfants. Ils s'identifient donc profondément à la parturiente et expriment de nombreux fantasmes de reproduction dans leur délire, dont l'évolution reste cependant bénigne le plus souvent.

En dehors des épisodes délirants nécessitant un traitement neuroleptique, les anxiolytiques et antidépresseurs légers suffisent en général à la sédation des troubles mineurs du « syndrome de couvade ». Une psychothérapie d'inspiration psychanalytique peut aider ensuite au rétablissement d'une meilleure identité sexuelle. J. P.

covariance

n.f. (angl. Covariance)

Paramètre associé à une distribution à deux variables permettant d'apprécier l'étroitesse de la liaison.

Si, pour les *n* sujets d'un groupe, on dispose de deux mesures X et Y, on peut évaluer la variabilité conjointe de ces deux variables en estimant leur covariance, moyenne des produits des écarts aux moyennes.

L'analyse de la covariance est une méthode employée pour comparer les moyennes de deux groupes sur une variable X alors que ces deux groupes ont des moyennes différentes sur une variable Y liée à X. Ce problème se pose lorsque la composition des groupes ne peut être modifiée : par exemple, comparaison du niveau moyen des connaissances X dans deux classes d'élèves ayant été enseignés par des méthodes différentes, le niveau moyen initial Y de ces classes étant différent. M. R.

crack

n.m. (angl. Crack)

Préparation chimique à base de cocaïne destinée à être fumée.

Cet alcaloïde de cocaïne est ainsi dénommé par ses utilisateurs en raison du bruit produit par l'éclatement de ses cristaux sous l'effet de la chaleur de la cigarette. Un effet euphorisant puissant apparaît en quelques secondes après inhalation de la fumée. Cet effet, de durée très brève, impose des prises rapprochées avec, pour conséquence, une dépendance qui s'instaure de manière extrêmement rapide. F. H.

Cramer (coefficient de)

→ contingence (table de).

crampe des écrivains

(angl. Writer's Cramp)

Dystonie d'attitude du membre supérieur caractérisée par une gêne ressentie plus ou moins douloureusement, débutant dans la main et diffusant à tout l'avant-bras, et déclenchée par les gestes d'écriture.

Ce n'est pas une véritable crampe (contraction douloureuse et involontaire d'un muscle), mais le terme est cependant utilisé parce que les doigts, l'index et le pouce surtout, se crispent, rendant l'écriture de plus en plus difficile. C'est en général un trouble psychomoteur d'origine purement névrotique (E. Trillat et J. de Ajuriaguerra), ne s'accompagnant pas d'anomalie neurologique quelconque. C'est parfois cependant le symptôme d'une maladie de Wilson, ou de Parkinson, d'une intoxication par le manganèse ou certains neuroleptiques. Les traitements proposés sont la relaxation, la désensibilisation systématique, le biofeedback. J. Cottraux a créé une échelle de mesure permettant d'évaluer l'évolution de la maladie et les résultats de ces diverses thérapeutiques. J. P.

créativité

n.f. (angl. Creativity)

Capacité de produire des œuvres nouvelles, d'user de comportements nouveaux, de trouver des solutions nouvelles à un problème.

Deux problèmes psychologiques essentiels ont été posés à propos de la créativité.

Le premier concerne la nature et le rôle de la nouveauté*. La conception cognitive considère qu'il existe une information interne de nouveauté, qui peut, mais non de façon nécessaire, se traduire par un sentiment subjectif de nouveauté. Cette information de nouveauté naît de la comparaison d'un certain faisceau d'informations présentes, perçues ou pensées, avec des structures mnésiques et intellectuelles préexistantes. Celles-ci sont elles-mêmes essentiellement fondées sur l'expérience antérieure du sujet; la fréquence des données anciennes de l'environnement et des activités cognitives antérieures y joue un rôle très important.

La conception cognitive considère d'autre part que seule une nouveauté modérée, c'est-à-dire une déviation modérée par rapport à l'habituel, est génératrice d'agrément: il existe pour chaque individu un optimum de nouveauté, qui est agréable, alors que des degrés moindres ou excessifs de nouveauté sont désagréables.

Cette façon de voir permet de bien comprendre tout un ensemble d'événements historiques dans les domaines scientifique, philosophique et artistique. Les œuvres créatives ont souvent été un objet de scandale et de rejet. Puis elles sont devenues «classiques», c'est-à-dire habituelles, et de nouvelles déviations par rapport à celles-là ont dû être créées pour que l'on puisse parler de «nouveauté» ou d'«innovation».

La seconde question est de savoir en quoi consiste au juste la capacité qu'on appelle «créativité» et, notamment, si elle est innée ou acquise. Il existe à cette question une réponse traditionnelle: elle se concrétise dans des notions explicatives comme le «génie», le «don», l'«inspiration». La seconde réponse est inspirée de la psychanalyse et tend à expliquer le manque de créativité plutôt que la créativité elle-même: elle postule que tous les individus sont par essence créatifs, s'ils se laissent aller à leur spontanéité — c'est une sorte de théorie du don universel —, et que seules certaines formes d'inhibition empêchent cette créativité de s'épanouir. Enfin, la conception cognitive repose sur l'idée, résumée plus haut, de l'optimum de nouveauté.

Les deux dernières conceptions ont débouché sur la recherche de moyens, ou même de techniques, susceptibles de développer une créativité acquise. Elles reviennent à créer les conditions dans lesquelles le sujet produira des comportements, des discours, des œuvres qui seront non conformes et, on l'espère, nouveaux. Dans un cas, on cherche à créer une situation de désinhibition aussi complète que possible; dans l'autre, on veille à ce que soient brisées les structures cognitives habituelles. Il existe souvent peu de différence pratique entre les techniques inspirées de l'une ou de l'autre théorie.

Ce type d'activité «créative» peut faire l'objet d'un entraînement systématique. Il est difficile d'y discerner ce qui relève d'effets de mode ou d'engouement — et, par voie de conséquence, de vente extensive — et ce qui constitue de la créativité et de la nouveauté réelles, qui ne peuvent souvent se juger que de façon rétrospective, des années après la création.

Une forme spéciale d'intelligence paraît nécessaire à la créativité et l'on a développé des tests de pensée divergentes ou créative. Certains traits de personnalité paraissent également liés à la créativité: image de soi plus forte, absence de contrôle strict des impulsions, etc. M. R. et J.-F. L. N.

→ divergente (pensée), nouveauté.

BIBLIOGRAPHIE

Rieben, L., 1978, *Intelligence et pensée créative*, Neuchâtel, Delachaux et Niestlé.

Rouquette, M.-L., 1973, nouv. éd. 1976, *la Créativité*, Paris, P.U.F.

crèche

n.f. (angl. Day-Nursery ou Day-Care Center)

Établissement d'accueil des enfants de moins de 3 ans, durant la journée, qui a pour vocation le bien-être physique de l'enfant et son éducation.

La crèche dispose, en principe, d'un personnel qualifié (puéricultrices, pédiatres consultants, etc.). En France, elle est placée sous la tutelle directe d'organismes de santé publique (centres de protection maternelle et infantile, directions départementales de l'action sanitaire et sociale, médecine du travail), qui dépendent eux-mêmes des communes, des entreprises ou d'administrations centrales diverses. Les crèches créées à l'initiative privée doivent satisfaire à des conditions de surface, de salubrité, d'encadrement précises pour être légalement reconnues et recevoir les subventions complémentaires au prix de journée payé par les familles.

La crèche forme une unité de dimension plus restreinte que l'école (sa capacité varie entre 20 et 60 berceaux), divisée en sections relatives à l'âge (2 ou 3, selon la taille de la crèche), elles-mêmes subdivisées en petits groupes de 5 à 8 enfants. Les rythmes d'activité y sont adaptés aux différents âges. Ainsi varient d'une section à l'autre le moment du repas, la distribution des périodes de sommeil.

La fréquentation de la crèche est réputée avoir un effet bénéfique sur le développement intellectuel, grâce au nombre de sollicitations et à la régularité des stimulations offertes, et sur la socialisation grâce à l'extension du milieu, à l'entourage de contemporains, à la sécurité que l'enfant trouve dans les substituts maternels. Cette opinion appelle quelques nuances, car les situations sont loin d'être homogènes d'une crèche à l'autre et les conditions de vie en groupe ne sont pas toujours favorables (exposition prolongée au bruit, altération des rythmes spontanés, etc.). H. B.

crédibilité

n.f. (angl. Reliability)

Caractère de ce qui est croyable, digne de foi.

La question se pose d'un manque de crédibilité à propos d'un récit, d'un témoignage paraissant relever de la mythomanie ou d'un délire bien systématisé et organisé. C'est pourquoi les autorités judiciaires peuvent commettre un psychologue ou un psychiatre pour une expertise de crédibilité devant préciser la valeur de certaines accusations ou de certains témoignages. J. P.

crépusculaire (état)

(angl. Twilight State)

Altération passagère de l'activité psychique en rapport avec un trouble de la vigilance, se manifestant par des comportements automatiques non contrôlés par la conscience, une irruption de l'imaginaire et des fantasmes dans la perception de la réalité et un certain degré de confusion avec désorientation temporo-spatiale, généralement suivie d'une amnésie lacunaire.

Sa survenue se voit essentiellement au cours de l'épilepsie. Mais on peut aussi le rencontrer dans l'hystérie et dans l'évolution d'une confusion mentale. En effet, dans l'échelle d'une déstructuration de conscience (selon H. Ey), l'état crépusculaire se situerait entre les états confusionnels, où cette déstructuration est particulièrement profonde, et de simples *états de rêve* (angl. Dreamy States), où la conscience est seulement envahie par des productions fantasmatiques. Sur le plan médico-légal, certains états crépusculaires avec fureur peuvent être à l'origine d'actes hétéroagressifs particulièrement graves. J. P.

crétin, e

adj. et n. (angl. Cretin)

Se disait à la fin du XIXe siècle d'un enfant présentant une arriération mentale liée à une hypothyroïde, avec goitre endémique.

Ce goitre était très fréquent dans certaines régions carencées en iode, comme certaines régions montagneuses. Le manque d'hormone thyroïdienne se manifeste par un arrêt de la croissance avec retard psychomoteur. L'enfant présente une morphologie particulière: des membres courts, un abdomen saillant avec hernie ombilicale, une infiltration des téguments (myxœdème) avec un faciès arrondi et une grosse langue. Son cri est rauque et rare, sa peau sèche et granuleuse. Le retard de développement est de mécanisme connu. Les hormones thyroïdiennes sont indispensables à la croissance cérébrale, à la synthèse des constituants lipidiques et à l'élaboration de la myéline. Les causes de l'hypothyroïdie sont soit l'absence de la glande thyroïde, soit une position anormale de celle-ci, ou encore des troubles congénitaux de l'hormogenèse à transmission génétique autosomique récessive.

L'importance du dépistage précoce pour la prévention de l'arriération intellectuelle a rendu systématique la pratique de tests néonataux, qui permettent l'instauration immédiate du traitement hormonal substitutif rendant possible la reprise de la maturation cérébrale. J.-M. C

crétinisme

n.m. (angl. Cretinism)

Myxœdème endémique caractérisant un enfant crétin. J.-M. C.

Creutzfeldt-Jakob (maladie de)

(angl. Creutzfeldt-Jakob Disease)

Démence présénile caractérisée par une détérioration psychique associée à des myoclonies, une hypertonie généralisée et des troubles ataxiques, d'origine infectieuse et transmissible à certains Primates proches de l'Homme.

La symptomatologie particulière de cette démence a été bien précisée dès les premiers travaux: observation originale de H. G. Creutzfeldt en 1920, mémoire de A. Jakob en 1921 à propos de trois cas anatomocliniques. L'association de troubles pyramidaux, de signes extrapyramidaux avec mouvements anormaux, de troubles psychiques à type de démence d'évolution rapide constitue l'essentiel du tableau clinique de cette affection qualifiée de pseudo-sclérose spastique par Jakob, de dégénérescence cortico-strio-spinale par D. C. Wilson, tandis que Spielmeyer proposait le nom de maladie de Creutzfeldt-Jakob.

Considérée longtemps comme une affection dégénérative, cette maladie, qui n'atteignait que l'Homme, a pu être transmise au Chimpanzé en 1960 puis en 1969 (C. J. Gibbs et D.C. Gajdusek). Elle entrerait dans le cadre des encéphalopathies spongiformes de nature infectieuse. L'agent infectieux n'a cependant pas encore été isolé; il s'agirait peut-être d'un virus lent. J. P.

creux méridien

(angl. Lunchdecrement ou Meridian Throught)

Moment, situé en début d'après-midi, où le besoin de repos, plus ou moins fortement ressenti, s'accompagne d'une baisse de l'efficience.

Le creux méridien est aussi appelé effet «postprandial» car on a longtemps cru qu'il était lié à la prise d'un repas. Toutefois, on sait maintenant qu'il n'en est rien puisque cet effet subsiste même si aucun repas n'est pris avant. Le creux méridien apparaît en fait comme la manifestation d'un cycle activité-repos profondément inscrit dans l'organisme. Il se traduit chez l'enfant par un besoin de sieste et s'accompagne, chez l'adulte qui n'a pas la possibilité de se reposer à ce moment de la journée, d'une diminution importante de l'efficacité dans des tâches diverses. P. L.

→ sieste, vigilance.

cri

n.m. (angl. Cry Scream)

Activité vocale de l'enfant présente dès la naissance sous forme d'émission de sons perçants.

Certains psychanalystes ont vu dans le cri du nouveau-né un témoignage de l'angoisse causée par la séparation d'avec le corps de la mère. Pour H. Wallon, il s'agirait plutôt du spasme de la glotte qui accompagne les premiers réflexes respiratoires: c'est le spasme généralisé qui entraînerait l'angoisse. Le cri qui suit l'apparition de coliques pourrait être une simple extension physiologique du spasme de l'intestin à celui de l'appareil respiratoire. D'abord simple manifestation d'un réflexe physiologique ou expression d'une douleur, le cri est très vite utilisé par le nourrisson comme un moyen d'obtenir la présence d'un humain. E. V.

→ vocalisations préverbales.

crise

n.f. (angl. Crisis)

DÉVELOP. **Rupture violente du processus évolutif, dont la direction se voit soudain masquée, modifiée ou inversée.**

La crise marque une discontinuité profonde. La notion englobe aussi les impressions éprouvées par l'individu qui ne parvient pas à surmonter un conflit: la crise représente alors l'aspect aigu d'une ambivalence. La crise d'adolescence offre un exemple type de ce double sens, objectif et subjectif. Certaines théories font de la crise un processus normal de développement.

Ainsi, la théorie freudienne affirme que le passage d'un stade à l'autre, dans la construction de la personnalité, ne peut s'accomplir qu'au prix d'une crise caractérisée par l'apparition d'un complexe*: par exemple, la crise d'opposition, qui se situe à 3 ans, serait liée à l'apparition du complexe d'Œdipe. Les conduites de l'enfant, à cet âge, oscillent simultanément entre des tendances revendicatrices d'autonomie (c'est le moment où prédominent dans le discours le «moi je» et les attributs possessifs) et, d'autre part, des tendances captatives (notamment à l'égard du parent de sexe opposé) présentant un aspect régressif. La description des conduites critiques, polarisées en sens contraires, insiste sur leur aspect irrationnel et sur leur «désordre émotif».

Aussi abrupte que paraisse une crise, son déroulement comprendrait, en réalité, trois phases successives: une phase d'installation, marquée par une anxiété déstabilisante; une phase de maximum (l'acmé), dont le désordre global ne peut échapper à l'observation, même profane; enfin, une phase de liquidation qui voit progressivement se résoudre la bipolarité. Dans l'exemple ci-dessus, au-delà de 4 ans, l'affirmation de soi ne s'accompagne plus d'une opposition systématique au modèle parental.

Tous les tenants d'une discontinuité développementale n'acceptent pas, tant s'en faut, d'y inscrire la crise comme modalité nécessaire de passage d'une étape à la suivante: H. Wallon et J. Piaget ont tous deux récusé le modèle de rupture de pente. Beaucoup, en qualifiant de «critiques» certains changements, n'ont voulu en retenir que la date et la limitation temporelle précises. S. Freud avait lui-même insisté sur cette dimension, qui différencie le normal du pathologique: une crise «normale» a une datation commune pour tous (au moins pour tous les individus d'une société) et c'est la persistance des conduites ambivalentes ou régressives qui est signe de trouble. À l'inverse, l'absence de crise à une période donnée peut avoir des répercussions difficilement surmontables.

Au sens fort imposé par la psychanalyse s'oppose un sens affaibli, qui ne retient pas l'idée de bouleversement général mais seulement celle d'un saut qualitatif amenant à une réorganisation ou à une reconstruction. Ainsi, J. Teissier (1937) a été l'un des premiers biologistes à décrire la croissance comme procédant par étapes «séparées l'une de l'autre par des stades critiques de durée brève, où, sans que le poids total change sensiblement, [se produisent] des modifications importantes dans le jeu des corrélations humorales».

Dans le développement psychique, on a pu distinguer des périodes où prédomine l'expression d'un dynamisme sans équilibre total mais qui — soit par le jeu des alternances fonctionnelles (Wallon), soit par celui des régulations compensatrices (Piaget) — conduit à une stabilité nouvelle. H. B.

cristallisée (intelligence)

(angl. Crystallized Intelligence)

Selon R. B. Cattell, forme d'intelligence qui se fonde sur des connaissances, des capacités acquises.

Cattell oppose deux formes d'intelligence générale: l'*intelligence cristallisée* et l'*intelligence fluide* (angl. Fluid Intelligence). On l'évalue l'intelligence à l'aide de tests de vocabulaire ou de mathématiques, par exemple. L'intelligence fluide permet l'adaptation à de nouveaux problèmes, à de nouvelles situations. On l'évalue à l'aide de tests portant par exemple sur la découverte d'une loi générale à partir d'un ensemble de cas particuliers, sur la détection d'une loi régissant la succession des dessins d'une série, etc. Au cours du vieillissement, l'intelligence cristallisée se développe ou se maintient plus longtemps que l'intelligence fluide. On distingue à cet égard les tests « qui tiennent » (tests verbaux surtout) et ceux qui « ne tiennent pas » (tests non verbaux). On évalue la *détérioration mentale* (angl. Mental Deterioration), entraînée notamment par l'âge, à l'aide d'un indice de détérioration faisant intervenir la différence des résultats obtenus par un sujet dans ces deux catégories de tests. On peut ainsi détecter les sujets pour lesquels cette détérioration est beaucoup plus élevée qu'elle ne l'est habituellement chez les sujets du même âge dans la population (détérioration pathologique). M. R.

→ fluide (intelligence).

critère

n.m. (angl. Criterion)

Variable que l'on cherche à prédire, en général à l'aide de tests (réussite scolaire ou professionnelle le plus souvent).

La corrélation entre le critère et un test prédicteur mesure une forme de la validité de ce test pour ce critère. M. R.

→ validité.

critérielle (analyse ou rotation)

(angl. Criterion Analysis ou Criterion Rotation)

En analyse factorielle, méthode de rotation proposée par H. J. Eysenck dans laquelle on cherche à rendre égales les saturations des variables en un facteur et les corrélations de ces mêmes variables avec un critère externe.

Si cela se révèle possible avec une approximation suffisante, l'interprétation du facteur ou/et celle du critère s'en trouvent facilitées. M. R.

croisées (corrélations longitudinales)

(angl. Cross Lagged Correlations)

Méthode qui a été employée pour déterminer, lorsque deux variables X_1 et Y_1 mesurées à une certaine date sont en corrélation, laquelle est la cause et laquelle est l'effet.

Elle consiste à mesurer ces deux mêmes variables sur les mêmes sujets à une date ultérieure (variables X_2 et Y_2) et à considérer les corrélations « croisées » rX_{1y2} et rY_{1x2}. La plus forte des deux indique le sens de la relation causale, sous certaines réserves qui ont conduit à l'heure actuelle à remplacer souvent cette méthode par celle des équations structurales. M. R.

croissance

n.f. (angl. Grouth)

Augmentation de la taille des constituants, organes et parties du corps, qui peut être représentée par une valeur globale de longueur.

Cette augmentation s'accompagne d'un accroissement relatif de poids et on peut rendre compte des deux phénomènes conjointement par une valeur unique pondérée. La croissance s'effectue dans une durée limitée : elle est terminée, dans l'espèce humaine, à 18-20 ans (âge moyen) chez l'homme et à 16-17 ans chez la femme. Elle suit un rythme non monotone : les courbes de croissance *absolue,* établies en reliant une mesure générale ou partielle à l'âge, ont une allure sigmoïdale, dissymétrique. Par comparaison des taux de croissance locaux, rapportés à la croissance globale, on peut également dresser des courbes de croissance *relative :* celles-ci se révèlent isométriques quand les vitesses d'accroissement ont un rapport proportionnel constant, et allométriques quand ce rapport varie. Exemple d'allométrie, la tête du bébé se développe plus vite que les autres parties du corps dans les derniers mois de la gestation et les deux premiers mois postnataux, puis celles-ci, à leur tour, grandissent plus vite que la tête, suivant un gradient rostro-caudal, et compensent cette avance. Autre exemple : l'allongement des membres supérieurs est plus rapide que la croissance corporelle générale entre 3 et 9 ans chez l'enfant; c'est là une allométrie dite « majorante » d'un segment par rapport à la taille du corps.

L'allométrie est considérée en biologie comme une loi et fonde des modèles non linéaires de croissance, décrivant une progression par « stades critiques » (J. S. Huxley, 1932). Cette conception a été combattue dans les années 1950 par plusieurs chercheurs, pour ce qui est de l'Homme, sur la base de nombreuses données quantitatives, qui expriment une vection continue et relativement homogène jusqu'à l'adolescence, les corrélations l'emportant sur les différences.

La forme de la croissance, avec ou sans métamorphoses, et la succession de ses étapes sont génétiquement programmées et propres à chaque espèce. Cependant, les conditions d'habitat et de vie (notamment de nutrition) et aussi, semble-t-il, les conditions sociales entraînent des différences quantitatives et des variations rythmiques limitées (décélération ou accélération) entre les groupes et les individus. Par exemple, la taille moyenne des jeunes hommes âgés de 19 à 22 ans a augmenté de plusieurs centimètres en soixante ans en Europe de l'Ouest. H. B.

Cronbach (Lee J.)

Psychologue américain (Fresno, Californie, 1916).

Il a été professeur à l'université Stanford. Il a présenté des conceptions nouvelles relatives notamment aux notions de fidélité (→ généralisabilité), de validité, d'interaction. Il a contribué à mettre en lumière les rapports de complémentarité qui s'établissent entre une psychologie différentielle utilisant souvent des corrélations entre observations et une psychologie générale fondée sur l'expérimentation. Il s'est intéressé à la méthode des tests, aux conditions scientifiques et sociales de son utilisation et à ses applications pédagogiques. Il a écrit de nombreux ouvrages, dont *Essentials of Psychological Testing* (1949) et *Educational Psychology* (1954). M. R.

croyance

n.f. (angl. Belief)

Attitude intellectuelle d'une personne qui tient pour vrai un énoncé ou un fait sans qu'il y ait nécessairement une démonstration objective et acceptable de cette attitude.

GÉNÉR. On analyse aujourd'hui les croyances, en tant qu'entités psychologiques, en distinguant l'acte cognitif lui-même et son contenu.

Toute croyance, par exemple « Marie croit que la réunion est annulée », est de la forme « A croit que p », où A est un individu, et p une proposition. Conformément aux vues de B. Russell et de ses continuateurs, les croyances sont, à cet égard, des « attitudes propositionnelles ». On pourrait de façon équivalente écrire : « A croit que p est vrai. » Cette voie conduit vers une analyse des « univers de croyance », c'est-à-dire d'ensembles de croyances reliées entre elles et dans lesquelles le souci des valeurs de vérité est au premier plan. Leurs propriétés importantes sont la consistance (c'est-à-dire la non-contradiction) et la décidabilité. On considère en général que les verbes de croyance décrivent un certain genre de *relation* entre l'individu (ici A) et la proposition (ici p).

En psychologie générale, on s'est souvent intéressé au « degré d'adhésion » (appelé de divers noms tels que « degré de confiance », « degré de certitude ») de A envers p. Cela signifie que l'on ne se satisfait pas des deux valeurs « A croit que p est vrai », « A croit que p est faux » (ou « A ne croit pas que p »). Cette variable cognitive de degré peut être appréhendée de façon comportementale à partir d'échelles classiques — par exemple, demander à A de noter de 1 à 7 la force avec laquelle elle ou il adhère à p. On a montré qu'un certain nombre de facteurs agissent sur ces degrés de croyance : ce sont en général des facteurs qui sont également présents dans les apprentissages. Certains concernent aussi des biais de raisonnements. (→ atmosphère [effet d'].)

Les contenus des croyances sont appelés, dans un autre contexte (essentiellement phénoménologique), des « intentions* ».

La psychologie les étudie de son côté de façon concrète à partir de questionnaires, d'interviews, etc. J.-F. L. N.

SOCIAL. Le terme de *croyance* peut relever d'une définition minimale conforme à son usage dans la littérature psychosociale. On dira alors qu'il exprime des relations entre deux catégories cognitives dont aucune ne définit l'autre. Cette définition condense celle de M. Rokeach et Rothman (1965), pour qui une croyance est une configuration particulière de deux stimulus, chacun ayant sa propre signification. Elle a deux composantes : un sujet (S) pouvant être caractérisé de diverses façons et une caractérisation (C) pouvant être appliquée à de nombreux sujets.

À titre d'exemple, il ne viendrait à l'esprit de personne de dire « je *crois* qu'un chat miaule » alors qu'on peut dire sérieusement « je *crois* qu'un chat noir porte malheur ». « Miauler » constitue un trait qui définit la catégorie « chat », ce qui n'est pas le cas de « porter malheur » (il n'y a pas que les chats noirs qui porteraient malheur). Pourtant, bien qu'elle soit compatible avec les divers usages de la notion de croyance, cette définition minimale n'exprime pas toutes les implications de la notion.

Ainsi, la notion de croyance est étroitement associée dans les recherches à l'étude des attitudes, le composant cognitif de l'attitude étant conçu comme contenant principalement des croyances. Une telle association donne à penser que les deux catégories impliquées par la définition minimale sont porteuses des valeurs nécessaires à l'orientation de l'attitude.

Ainsi également, la notion de croyance est toujours indissociable d'une problématique sociale impliquant qu'une croyance a toujours potentiellement une assise collective et, d'autre part, qu'on peut avoir des croyances différentes, voire contraires.

Ainsi enfin, une croyance est généralement étudiée au sein d'un faisceau de croyances. Il semble donc que les chercheurs aient présupposé que les croyances étaient organisées en des systèmes cohérents.

Avec ces implications, la notion de croyance débouche sur celle de « systèmes », qu'il s'agisse de systèmes de croyances, de systèmes idéologiques ou de représentations.

Dotée de ces implications, la notion de croyance a suscité quatre grands types de recherches. On a d'abord essayé de décrire dans des monographies ce que pouvaient être les croyances de telle ou telle catégorie de gens concernant tel ou tel objet. On a aussi essayé de comprendre comment certaines structures stables de la personnalité (personnalité autoritaire, personnalité dogmatique, etc.) pouvaient déterminer l'expression et le contenu des croyances. On a également tenté de mettre en avant quelques croyances basiques (générales ou universelles) susceptibles de sous-tendre la plupart des systèmes de croyances : croyance en un monde juste, croyance en la non-naturalité du comportement humain, etc. On a enfin montré que les croyances, à l'instar des autres structures cognitives, fonctionnaient comme des « filtres cognitifs » (J. P. Deconchy, 1987) dans le traitement de l'information. R.-V. J.

→ attitude, représentation sociale.

cubito-palmaire (prise)

(angl. Ulnar Palmar Grasp)

Forme de prise-puissance palmaire, assez grossière.

L'objet est ramassé entre les deux derniers doigts (annulaire et auriculaire) et l'éminence hypothénar (bord externe de la paume). E. V.

→ préhension.

culpabilité (sentiment de)

(angl. Sense of Guilt; allem. Schuldgefühl)

Sentiment conscient ou inconscient d'indignité qui serait, selon S. Freud, la forme sous laquelle le moi perçoit la critique du surmoi.

Le sentiment de culpabilité a d'abord été mis en évidence par Freud dans la névrose obsessionnelle, dans laquelle il met au jour la révolte du moi contre la critique dont l'accable le moi idéal. Ce sentiment peut être qualifié d'« inconscient » dans la mesure où le sujet, qui en perçoit les manifestations sous forme d'idées obsédantes, ignore tout sur la nature des désirs inconscients qui les sous-tendent. Dans la mélancolie, le sentiment de culpabilité tient également une place essentielle : mais ici, l'instance critique (ou « conscience morale »), qui est séparée du moi par clivage, permet au sujet de « renverser » les reproches contre l'objet d'amour sur le moi propre. Le caractère névrotique du sentiment de culpabilité est lié à l'impossibilité, pour le sujet, de dépasser la problématique œdipienne. Cependant, dans le cas d'une résolution normale du complexe d'Œdipe, le sentiment de culpabilité reste en grande partie inconscient, car l'apparition de la conscience morale est intimement liée au complexe d'Œdipe, qui appartient à l'inconscient. Le sentiment de culpabilité inconscient est l'un des obstacles majeurs rencontrés dans la cure analytique. Il n'existe pas, écrit Freud, de moyen « direct » de le combattre. Le seul moyen proprement analytique consiste à le transformer progressivement en sentiment de culpabilité conscient. R. L.

cumulatifs (effets)

(angl. Cumulative Effects)

Effets qui s'ajoutent les uns aux autres pour former une progression.

Les courbes polies d'apprentissage qui montrent la relation de l'évolution d'une performance au temps (c'est-à-dire le plus souvent à des répétitions) en forment une représentation exemplaire. La pente de la courbe exprime l'amplitude relative des gains successifs.

Leur accumulation se traduit par une continuité.

La psychométrie a privilégié cette représentation de progrès uniquement quantitatifs pour rendre compte du développement psychologique, particulièrement du développement intellectuel. Une telle image présuppose que les progrès mesurés reposent sur une aptitude dont la nature ne change pas au cours du temps. Elle postule ainsi que l'intelligence de l'enfant ne diffère pas de celle de l'adulte, sinon en degré.

De même que la théorie de la forme avait réfuté une telle représentation pour les apprentissages, de même les théories de l'ontogenèse, constructivistes, l'ont-elles réfutée pour le développement. H. B.

curare

n.m. (angl. Curare)

Poison d'origine végétale ayant une action paralysante par suppression des contractions musculaires.

Utilisé parfois par les Indiens d'Amérique du Sud, qui en enduisaient l'extrémité de leurs flèches pour paralyser leurs proies ou leurs ennemis, il est employé en anesthésie, lorsqu'on veut éviter la contraction des muscles du malade, sous forme de nombreux curarisants de synthèse. J. P.

curarisation

n.f. (angl. Curarisation)

Utilisation du curare ou d'un curarisant de synthèse pour obtenir une suppression des contractions musculaires lors de certaines interventions chirurgicales ou de l'électrochoc.

Au cours de ce dernier, les fortes contractions musculaires, provoquées par la crise électrique, étaient parfois la cause de fractures et de tassements vertébraux. C'est pourquoi la curarisation y est maintenant systématiquement associée, évitant de telles complications. On emploie à cet effet, sous anesthésie générale, des curarisants de synthèse à action brève, généralement des dérivés de la succinyl-choline. J. P.

curatelle

n.f. (angl. Curatelage)

Mesure de protection prononcée par un jugement à l'égard de personnes majeures qui, en raison d'une altération de leurs facultés personnelles, ont besoin d'être conseillées et contrôlées d'une manière continue dans les actes de la vie civile.

La curatelle a été instaurée par la loi du 3 janvier 1968 portant réforme du droit des incapables majeurs. Certaines personnes ne sont plus en état de défendre au mieux leurs intérêts, de pratiquer les actes élémentaires de la vie civile. Tel est le cas d'un certain nombre de malades mentaux ou encore de personnes présentant des infirmités corporelles, tous troubles empêchant l'expression de la volonté ou le discernement des choses. Avant la loi de 1968, seuls les malades faisant l'objet d'un internement étaient dessaisis de la gestion de leur patrimoine pendant toute la durée de l'hospitalisation. À la sortie, ils retrouvaient aussitôt tous leurs droits civils. Depuis la loi de janvier 1968, le médical et le juridique se trouvent séparés ; ainsi, par exemple, tel patient suivi en ambulatoire peut faire l'objet d'une curatelle alors qu'un autre, hospitalisé en psychiatrie, conservera sa capacité juridique (pouvoir de mettre en œuvre soi-même ses droits et ses obligations). La loi de 1968 énonce le principe général de nullité des actes juridiques en cas d'insanité d'esprit et institue trois grands régimes de protection : la sauvegarde de justice, la tutelle et la curatelle. La sauvegarde de justice est une mesure d'urgence alors que la tutelle est une mesure d'incapacité totale.

La curatelle est prononcée par le juge des tutelles au niveau du tribunal d'instance. Saisi à la requête d'un des proches de l'intéressé, le juge peut aussi se saisir d'office sur l'avis d'un tiers. Il procède alors à l'instruction de l'affaire : audition de l'intéressé et de la famille, avis du médecin traitant, certificat d'un médecin spécialiste inscrit sur la liste du procureur de la République. En ouvrant la curatelle ou dans un jugement postérieur, le juge peut énumérer certains actes que la personne aura la capacité de faire seule ou, à l'inverse, ajouter d'autres actes à ceux pour lesquels l'assistance du curateur est exigée. Le curateur est le conjoint, un membre de la famille ou une association tutélaire agréée. Le majeur en curatelle ne peut pas, sans l'assistance de son curateur, effectuer des actes tels qu'emploi de capitaux, mariage, donation, acte de disposition. Il peut cependant percevoir ses revenus, sauf si le juge ordonne que seul le curateur est habilité à les percevoir et à régler les dépenses à l'égard de tiers. Il peut voter mais n'est plus éligible. Si la personne en curatelle a fait seule un acte qu'elle ne pouvait faire qu'avec l'assistance d'un curateur, l'acte est annulable sous certaines conditions ou confirmable par le curateur. Dans les situations où le curateur refuse son assistance à un acte, la personne en curatelle peut demander au juge des tutelles une autorisation supplétive. Un recours contre le jugement ouvrant (ou refusant d'ouvrir) la curatelle est possible devant le tribunal de grande instance. La curatelle cesse, avec les causes qui l'ont déterminée, par un jugement de mainlevée, après les mêmes formalités que celles prévues pour son ouverture. Dans certains cas, le juge peut prononcer un jugement par lequel il ouvre une tutelle. M. G.

cybernétique

n.f. (angl. Cybernetics)

Science qui étudie les mécanismes de communication et de contrôle dans les machines et chez les êtres vivants.

Introduite par N. Wiener en 1948, la cybernétique a été appliquée par G. Bateson dans la compréhension de systèmes humains tels que le groupe familial. Un des grands mérites de cette discipline est d'avoir expliqué les phénomènes d'autorégularisation des systèmes par le mécanisme de la rétroaction* (ou feed-back) négative et la circulation.

Ultérieurement, les interactions entre l'observateur et le phénomène observé ont été décrites de telle sorte que l'un et l'autre se retrouvent inclus dans le même système ; c'est ce que l'on a appelé la cybernétique de type II. M. G.

cycle

n.m. (angl. Cycle)

Ensemble des états par lesquels passe un phénomène périodique avant de se reproduire de manière identique à lui-même.

Un grand nombre de processus biologiques présentent un fonctionnement cyclique : c'est notamment le cas de certaines activités hormonales (par exemple celles impliquées dans le cycle menstruel chez la femme). Pour les phénomènes à périodicité courte, les auteurs anglo-saxons utilisent, pour en désigner la fréquence, la notion de « cycles par seconde » (cs ou cps) au lieu de « hertz ». P. L.

→ rythme biologique.

cycle de sommeil

(angl. Sleep Cycle)

Alternance périodique entre le sommeil lent et le sommeil paradoxal.

La durée moyenne du cycle de sommeil chez l'homme adulte est de 90 minutes. P. L.

cycle veille-sommeil

(angl. Sleep-Wake Cycle)

Rythme d'apparition successive de la veille et du sommeil.

Chez l'homme adulte, ce cycle est de 24 heures (rythme circadien). P. L.

cycle de vie

(angl. Life's Cycle)

Succession de phases que traversent un individu ou un groupe naturel depuis leur constitution jusqu'à leur disparition.

En ce qui concerne la famille, on peut décrire les principales phases suivantes : constitution du couple (fiançailles, mariage) ; naissance du ou des enfants ; scolarisation des enfants ; départ des enfants du foyer familial ; vie du couple sans les enfants (âge mûr, vieillesse) ; fin du couple par séparation, divorce ou décès.

Du point de vue thérapeutique, en cas de troubles psychiatriques chez l'un des membres, il est important de repérer quel est le stade qui n'a pas été intégré et surmonté par un réaménagement des relations interindividuelles. M. G.

cycles d'états

(angl. Organized State Cycles)

DÉVELOP. **Conditions globales de comportements ou patterns de fonctionnement physiologique qui restent stables pour une période donnée et apparaissent de manière répétitive.**

Le cycle complet des états vigiles et de sommeil se réalise en cinquante minutes environ chez le nouveau-né.

Les activités spontanées du nouveau-né et du nourrisson se regroupent en cycles d'états observables soit directement, soit à partir du relevé polygraphique d'indices physiologiques. L'observation directe se fonde sur l'ouverture-fermeture des yeux, l'allure qualitative des mouvements spontanés, la régularité de la respiration, les productions vocaliques. Elle permet, selon le degré de précision des descriptions, de distinguer six à dix états ordonnés du sommeil profond (avec mouvements rapides des yeux sous les paupières closes) à la veille agitée avec pleurs. L'analyse des enregistrements polygraphiques continus de l'activité cardiaque, motrice, respiratoire, etc., a montré que les cycles d'états sont déjà remarquables avant la naissance. La description fiable basée sur la covariation ordonnée et stabilisée des paramètres observés n'est de mise qu'à partir de 36 semaines de gestation.

Les états sont interprétés comme des niveaux d'organisation cérébrale qui apparaissent de façon spontanée et cyclique. Une des tâches du nourrisson consisterait à réguler le maintien et la succession de ses états. Il est aidé en cela par l'entourage, qui apprend à reconnaître les états les plus favorables à l'interaction et facilite l'éveil ou l'accalmie.

L'utilité fonctionnelle du caractère cyclique des états est envisagée en termes de protection nécessaire de l'organisme immature. De ce point de vue, l'ouverture brève et périodique des systèmes sensoriels sur le monde ambiant autoriserait de longues périodes de récupération. La succession cyclique des états est métaphoriquement conçue comme une série de filtres plus ou moins sélectifs des échanges possibles du bébé et du milieu. La limitation ainsi réalisée serait une condition nécessaire à l'installation des coordinations intersensorielles.

La régularité des cycles d'états n'autorise pas de prédiction à long terme du développement psychologique. Elle est cependant un indicateur sensible utilisable dans l'examen psychologique du nourrisson. D. M.

cyclothymie

n.f. (angl. Cyclothymia)

Alternance de l'humeur passant de la tristesse à l'euphorie, ou vice versa, d'une manière répétée et avec une fréquence variable, selon une évolution plus ou moins régulière dite cyclique.

Lorsque cette alternance prend une allure morbide, la tristesse devenant une dépression et l'euphorie s'accompagnant d'excitation, il s'agit d'une véritable folie circulaire. C'est le psychiatre allemand K. Kahlbaum qui avait le premier utilisé le terme pour désigner cette dernière. E. Kraepelin le reprendra, mais seulement pour décrire les formes mineures ou larvées de la psychose maniaco-dépressive. E. Krestchmer a fait de la cyclothymie un simple tempérament, prédisposant sans doute à la maladie mais restant cependant du côté de la normalité. Il opposait ce type cyclothymique au type schizothymique, prédisposant à la schizophrénie. J. P.

cyclothymique

adj. et n. (angl. Cyclothymic)

Se dit d'une personne dont l'humeur est caractérisée par la cyclothymie.

◇ adj. **Relatif à la cyclothymie.** R. L.

D

D. 48 (test)

Test non verbal d'intelligence générale adapté en France, en 1948, d'un test anglais conçu dans la perspective théorique des travaux de Ch. Spearman sur le facteur g et en particulier sur la capacité d'éduction de corrélats.

Le test présente des dessins figurant des dominos. Étant donné trois éléments A, B et C, il faut trouver un élément D qui soit à C comme B est à A. Une forme parallèle a été publiée en 1970 sous la dénomination D. 70. Ces épreuves peuvent être appliquées depuis l'âge de 12 ans jusqu'à des adultes de niveau supérieur. Elles sont très saturées en facteur g. (→ général ou g [facteur].) M. R.

dactylologie

n.f. (angl. Dactylology)

Langage gestuel utilisé pour communiquer avec les sourds-muets.

Ce type de langage, développé par l'abbé de l'Épée, est plus facile à acquérir pour l'enfant sourd que l'expression orale, mais il est nécessairement plus pauvre et, propre aux sourds, il ne facilite pas leur intégration sociale; il présente néanmoins l'avantage de sauvegarder chez eux l'intérêt pour la communication avec autrui. R. L.

daltonisme

n.m. (angl. Daltonism)

Anomalie de la vision des couleurs (dyschromatopsie) caractérisée par la confusion du vert et du rouge.

Le daltonisme, du nom du physicien anglais J. Dalton, est un dichromatisme, c'est-à-dire une anomalie caractérisée par le fait que n'importe quelle couleur peut être égalisée par un mélange de seulement deux primaires.

Le nom technique du daltonisme est la *protanopie*, première forme d'anomalie de la vision des couleurs. Les sensations colorées du protanope sont réduites à deux tonalités: bleuâtre en deçà de 495 nanomètres et jaunâtre au-delà. Entre les deux, la tonalité perçue est blanchâtre. Enfin on constate que le protanope est pratiquement aveugle au rouge. C. B.

dangerosité

n.f. (angl. Dangerosity ou Dangerousness)

État caractérisant une personne qui menace ou compromet la sûreté, l'existence d'une personne ou d'une chose.

Selon le criminologue italien, R. Garofalo, «c'est la quantité de mal qu'on peut redouter de la part d'un individu». C'est encore, selon le psychiatre français G. Heuyer, «le potentiel de nocivité sociale d'un sujet».

On est amené à distinguer plusieurs types de dangerosité. La dangerosité juridique est caractérisée par la gravité, la violence, la soudaineté, l'imprévisibilité de l'acte dangereux. La dangerosité psychiatrique est la maladie mentale qui détermine l'état dangereux: il y aurait corrélation entre les troubles psychiatriques et les troubles du comportement. La dangerosité victimologique est caractérisée, par exemple, par l'attitude équivoque, voire provocatrice d'un sujet, qui entraîne en retour un acte criminel. La dangerosité criminologique se définit ainsi: voulant intégrer le délinquant, la victime, l'acte et la situation, la criminologie renvoie à la question suivante: «Le sujet commettra-t-il de nouveau un acte dangereux?» La dangerosité sociale est une notion qui sort du champ de la psychiatrie et de la psychologie: citons l'exemple de l'exhibitionniste, qui ne présente pas de dangerosité psychiatrique mais présente malgré tout une dangerosité sociale.

La plupart des criminologues modernes pensent que l'état dangereux est lié à de multiples facteurs, biologiques, psychologiques, sociologiques, situationnels. De telle sorte que, pour faire le diagnostic d'état dangereux, c'est-à-dire établir un pronostic en termes de possibilités, il faut faire la synthèse de tous ces éléments. Cette synthèse ne peut valablement être effectuée que par une équipe pluridisciplinaire incluant magistrat, criminologue, psychiatre, psychologue, éducateur, assistante sociale.

La dangerosité est expressément prévue dans certaines situations médico-légales. À la suite d'un crime ou d'un délit, l'expert commis par le juge pour dire si le prévenu «était en état de démence au temps de l'action» se voit également demander si le sujet présente un état dangereux. La loi du 15 avril 1954 portant traitement des alcooliques présumés dangereux pour autrui instaure des procédures à cet effet. Cependant, elle ne définit pas la dangerosité, qui chez l'alcoolique est toujours potentielle. La loi du 30 juin 1838 organise l'internement de certains malades mentaux selon deux modalités, à savoir le placement volontaire et le placement d'office. Bien que la dangerosité constitue l'élément essentiel du placement d'office, la loi se contente d'envisager le cas des personnes aliénées qui compromettraient «l'ordre public et la sûreté des personnes». M. G.

Darwin (Charles Robert)

Naturaliste britannique (Shrewbury, Shropshire, 1809-Down 1882).

Issu d'une famille comprenant de nombreux scientifiques éminents, il entreprend des études de théologie mais n'entre pas dans les ordres.

Engagé comme naturaliste en 1831 à bord d'un navire scientifique, le *Beagle*, il aurait été frappé au cours d'un périple autour du monde par l'extrême variabilité des espèces, par l'existence d'animaux endémiques et de variations adaptatives.

Après plusieurs années de réflexions et divers travaux scientifiques, il publie en 1859 son ouvrage fondamental, *The Origin of Species* (trad. fr. *De l'origine des espèces par voie de sélection naturelle*), dans lequel il expose ses idées transformistes, rompant avec la tradition fixiste ou créationniste en vigueur à cette époque. Il donne une explication causale à l'évolution. Darwin, reprenant les idées de Malthus sur le taux élevé de croissance des populations comparé aux ressources disponibles, postule que seuls les plus aptes survivent au cours de la lutte pour l'existence et se reproduisent (théorie de la sélection naturelle). D'autre part, selon lui, les mâles sortant le plus souvent vainqueurs de la compétition pour la possession des femelles transmettent leurs attributs à une descendance plus nombreuse que celle de leurs rivaux (sélection sexuelle). Darwin ne rejette pas toute idée d'hérédité des caractères acquis.

Dans des ouvrages ultérieurs, *The Descent of Man, and Selection in Relation to Sex* (1871) et *The Expression of the Emotions in Man and Animals* (1872), Darwin, admettant l'origine animale de l'homme, soutient que la société et les valeurs morales sur lesquelles elle est fondée, les émotions et même l'esprit humain sont le fruit de l'évolution et de la sélection naturelle. Selon lui, les différences entre le comportement des animaux supérieurs et les conduites humaines ne sont que quantitatives et non qualitatives. Il établit des comparaisons entre les expressions et mimiques de l'homme et des animaux ainsi qu'entre celles d'hommes de diverses cultures, où il retrouve des points communs. Il fonde également l'étude du comportement des plantes, qu'il décrit dans plusieurs ouvrages, tel *The Power of Movement in Plants* (1880). J.-C. C.

déactivation

n.f. (angl. Deactivation)

Suppression d'un processus d'activation par la mise en jeu d'un mécanisme inhibiteur. P. L.

→ activation, inhibition.

déafférentation

n.f. (angl. Deafferentation)

Arrêt des afférences sur une cible particulière.

La déafférentation d'une structure nerveuse signifie qu'aucun influx nerveux ne peut plus atteindre cette structure. P. L.

débile

n. (angl. Mental Deficient)

Personne atteinte de débilité mentale.

On distingue le *débile léger*, sujet caractérisé par un quotient intellectuel situé entre 50 et 75 aux épreuves psychométriques, et le *débile profond*, sujet caractérisé par un quotient intellectuel ne dépassant pas 50 aux épreuves psychométriques.R. L.

débilité

n.f. (angl. Mental Deficiency)

État permanent d'insuffisance intellectuelle, qui ne permet pas de répondre aux exigences du milieu.

Les caractéristiques

Si l'on prend pour référence la théorie de J. Piaget de l'intelligence, les débiles parviennent au stade des opérations concrètes, mais jamais au stade formel, qui implique le raisonnement sur des propositions. Dans une perspective développementale, la débilité se caractérise par la lenteur et la limitation du développement intellectuel.

La comparaison avec des enfants plus jeunes, dont l'« âge mental » est le même que l'âge chronologique, doit être faite avec précaution : le retard n'est pas le même dans tous les secteurs du développement ; moindre pour les tâches psychomotrices, il est plus important pour les tâches spatio-temporelles (hétérochronie). Le déficit intellectuel va de pair avec un certain déficit social, qui se manifeste notamment par l'égocentrisme, la suggestibilité, la rigidité et la difficulté à s'adapter à des situations nouvelles. La notion de débilité est pour une grande part relative aux exigences du milieu.

Le diagnostic

Le diagnostic de débilité se fait à partir de tests d'intelligence générale, construits de telle manière qu'un individu moyen ait un quotien d'intelligence (Q.I.) de 100 et que 2% environ de la population ait un Q.I. inférieur à 70. La validation externe des résultats à ces tests se fait principalement par la réussite scolaire. Un constat de débilité, à partir de tels critères psychométriques, pose le problème de l'étiologie et du pronostic. Pour un certain nombre de cas, où la débilité est souvent profonde (Q.I. compris entre 30 et 50), l'origine organique peut être mise en évidence.

Dans les cas de débilité légère, en revanche, dont le diagnostic se fait le plus souvent après l'entrée dans la scolarité obligatoire, différentes hypothèses peuvent être faites. D'une part, il existerait une débilité endogène, liée à la transmission génétique des aptitudes (et inaptitudes) intellectuelles. D'autre part, la débilité serait la conséquence de circonstances environnementales néfastes ; elle est en effet plus fréquente dans les milieux économiquement, socialement et culturellement défavorisés.

Les mécanismes de construction d'une telle débilité sont multiples et intriqués : malnutrition, manque de stimulation, manque de prédictibilité des événements, manque d'issues positives aux initiatives et aux tentatives d'autonomie. Même si l'équipement génétique de ces enfants peut être mis en cause (encore que des études sur les enfants adoptés aient montré leur moindre importance), les facteurs environnementaux peuvent lourdement majorer les facteurs génétiques. La notion de débilité inclut l'idée de permanence et d'irréversibilité. Pourtant, la constance du Q.I. dépend du soutien, cognitif et affectif, donné aux débiles pour s'insérer dans la société : certains débiles scolaires ne sont plus débiles par la suite, pour autant que les conditions de leur épanouissement aient été trouvées. C'est dire l'importance d'une éducation spéciale, qui amène les débiles à maîtriser certains apprentissages fondamentaux (lecture, rudiments de calcul) et à apprendre un métier qui leur permette d'être indépendants à l'âge adulte. M.-G. P.

Les déficiences organiques

La débilité mentale n'apparaît pas comme une entité isolable ; mais les auteurs soulignent la diversité des organisations morbides qui incluent la déficience intellectuelle. Les arriérations et débilités profondes se retrouvent chez des sujets atteints de handicaps multiples.

Causes et dépistage

Les causes retrouvées peuvent se situer avant ou après la naissance.

Causes anténatales. Ce sont les encéphalopathies progressives par atteintes héréditaires d'un système enzymatique, dont la plus connue est la phénylcétonurie, dépistée par le test de Guthrie* et évitable par un régime pauvre en phénylalanine ; les encéphalopathies endocriniennes (→ crétin), les malformations cérébrales (spinabifida, microcéphalie) sont des causes de débilité de degrés divers. Les aberrations chromosomiques, dont les trisomies* 21, représentent un déficient mental profond sur cinq. Certaines embryofœtopathies, comme la rubéole, associent à l'atteinte intellectuelle des anomalies visuelles, auditives et cardiaques. Les intoxications par le tabac et l'alcool, en particulier, favorisent la souffrance fœtale avec retard de croissance et prématurité.

Après l'accouchement. Les méningites, source de convulsions, sont parfois à l'origine de lésions cérébrales définitives ; il en va de même pour les encéphalopathies aiguës. Cependant, les mécanismes qui lient ces facteurs organiques à l'insuffisance intellectuelle ne sont pas connus et il n'existe pas de proportionnalité rigoureuse entre la diffusion des lésions et le degré de la déficience. Cette atteinte neurologique n'est que très rarement retrouvée chez les enfants débiles moyens et légers.

Les études épidémiologiques

Par contre, les études épidémiologiques mettent en évidence, chez ces enfants, les facteurs affectifs, les carences socioculturelles, l'absence de stimulation par l'entourage et le rôle souvent néfaste de mesures ségrégatives prises trop tôt. Certains d'entre eux présentent des troubles psychiatriques comme les psychoses infantiles déficitaires, les dysharmonies* évolutives ou les troubles névrotiques. Le dépistage précoce de ces troubles et la mise en œuvre de prises en charge, en particulier psychothérapiques, permettent d'éviter ou de retarder la débilisation, qui conduit à une déficience harmonique, c'est-à-dire à un mode de fonctionnement mental figé, pris dans des traces préétablies. Ces thérapies psychanalytiques ont permis de mieux comprendre la dynamique psychique des enfants déficients et d'évaluer l'importance des mécanismes d'identification de l'enfant à ses parents. J.-M. C.

→ arriération mentale.

Bibliographie

Mirail, M., Eds, 1979, *la Débilité mentale de l'enfant*, Toulouse, Privat.

Inizan, A., Tastovre, 1978, *les Enfants dits débiles, Approches psychopédagogiques*, Paris, E.S.F.

Zazzo, R., 1971, *les Débilités mentales*, Paris, A. Colin.

décalage

n.m. (angl. Decalage)

Selon J. Piaget, répétition ou reproduction du même processus formateur à des âges différents.

Les décalages verticaux

Les décalages verticaux apparaissent lors du passage d'un palier de développement à un autre : une même structure doit être reconstruite sur un autre plan de pensée. Ainsi le groupe pratique des déplacements caractérise le palier d'équilibre final de la période sensori-motrice, à la fin de la 2e année. C'est plusieurs années plus tard que l'enfant, par une suite d'étapes, analogues à celles qu'il a franchies au niveau de l'action, va reconstruire le groupe des déplacements au niveau représentatif.

Les décalages horizontaux

Les décalages horizontaux sont observés lorsqu'une même opération s'applique à des contenus différents. Ainsi, l'opération concrète de conservation s'applique à la substance dès 7 à 8 ans, au poids vers 9-10 ans et au volume à 11-12 ans seulement.

Influence de la culture

Des recherches interculturelles récentes ont mis en évidence une influence de la culture sur le développement dès l'apparition de la fonction sémiotique. Cette influence se traduit d'une part par des décalages temporels plus ou moins importants, d'autre part par le niveau d'équilibre final atteint.

C'est ce qu'a montré P. Dasen à partir d'épreuves élaborées par J. Piaget proposées à des enfants africains. Les concepts nécessaires à l'accomplissement satisfaisant d'activités de subsistance sont développés plus précocement que d'autres ; pour les nomades et les chasseurs, ce sont les concepts spatiaux, pour les agriculteurs sédentaires, c'est la quantification, mesurée par la conservation des liquides. Le degré de scolarisation joue un rôle important sur le niveau d'équilibre final. Dans certaines tribus non scolarisées, même le dernier sous-stade des opérations concrètes n'est atteint ni par tous ni pour tous les concepts, alors que, dans la culture occidentale, l'équilibre final est théoriquement la pensée formelle. E. V.

décalage de phase

(angl. Phase-Shift)

Déplacement temporel de l'acrophase d'un rythme.

Sous l'influence de synchroniseurs particuliers, certains rythmes biologiques peuvent subir un décalage temporel qui entraîne une désynchronisation de l'ensemble des rythmes. Ainsi, les vols transméridiens ou le travail posté peuvent provoquer de tels décalages et conduire à des perturbations physiologiques et comportementales plus ou moins importantes. On soupçonne aussi qu'un décalage de phase du sommeil puisse être à l'origine d'épisodes dépressifs. P. L.

→ acrophase, phase d'un rythme, rythme biologique.

décentration

n.f. (angl. Decentration)

Coordination entre centrations successives, qui permet d'obtenir la régulation réciproque des déformations perceptives causées par ces centrations.

Si les compensations entre centrations étaient complètes, la perception serait exacte.

Mais, le plus souvent, elles ne sont que partielles et atteignent une forme d'équilibre qui se traduit par une perception plus ou moins erronée. E. V.

→ centrations relatives (loi des), illusion.

décérébration

n.f. (angl. Decerebration)

Transsection du tronc cérébral dans sa partie haute, entre les tubercules quadrijumeaux antérieurs et les tubercules quadrijumeaux postérieurs (section intercolliculaire).

La décérébration a été réalisée pour la première fois chez l'animal par Ch. Sherington. L'animal décérébré demeure dans une attitude pétrifiée, qui est due à une exagération durable de l'activité tonique des muscles extenseurs antigravitaires. Cette rigidité en pronation des membres supérieurs et extension des membres inférieurs se retrouve en pathologie humaine dans les cas de souffrance corticale étendue, en particulier dans certains comas, dont elle signe la gravité. G. S. et J. P.

décharge corollaire

(angl. Corollary Discharge)

Psychophysiol. **Ensemble des conséquences internes des commandes motrices affectant les sensations soit par leur action propre, soit par une modification du traitement des messages sensoriels issus de la périphérie.** G. S.

décilage

n.m. (angl. Decilation)

Division d'une distribution en dix sous-ensembles d'effectifs égaux.

Le décile correspond à la limite de la classe. R. L.

décile

n.m. (angl. Decile)

Chacune des valeurs d'un caractère quantitatif qui partagent l'étendue des valeurs en dix sous-ensembles d'effectifs égaux.

La valeur D1 telle qu'un dixième des valeurs soit inférieur à D1 est le premier décile. On définit de même les 2e, 3e, ..., 9e déciles.

En d'autres termes, le *n*e décile d'une distribution de mesures est celle de ces mesures qui est dépassée par 10 *n*% de la distribution. M. R.

→ quantile.

décision

n.f. (angl. Decision)

Processus de choix concernant les objectifs d'action et les procédures destinées à les réaliser et assurant la régulation de l'activité.

Le terme de *décision* désigne dans le langage courant le résultat d'un processus de choix. Dans son acception psychologique, il désigne le processus lui-même qui aboutit à ce résultat, c'est-à-dire la façon dont est élaborée la décision finale et les mécanismes qui ont présidé à cette élaboration.

Les mécanismes de décision assurent la régulation de l'activité, c'est-à-dire la fonction qui consiste à définir les tâches et à faire l'ordonnancement temporel de leur exécution. Cette fonction présente deux aspects. Le premier consiste à fixer les objectifs qui constituent la finalité des tâches, à définir des priorités entre ces tâches, à allouer des ressources pour leur réalisation (temps à passer, effort à fournir), à décider éventuellement de l'abandon d'une tâche qui n'a pu être menée à bien. Le second consiste à décider des moyens à employer pour la réalisation d'une tâche : décomposition de la tâche par la définition de sous-buts, choix d'une procédure pour la réalisation de chaque sous-but et ordonnancement des actions tenant compte à la fois des contraintes imposées par la procédure et de contraintes liées à l'optimisation de l'exécution (par exemple minimisation des déplacements). [→ activités intellectuelles.]

L'intention

Le déroulement de l'activité est défini par une tâche en cours et par des tâches en instance. Ces dernières constituent les intentions. Quand une intention devient le focus de l'activité, elle prend le statut de tâche. Ce passage résulte d'un processus de sélection qui introduit en mémoire de travail une des tâches en instance. Il se produit en général quand la tâche en cours est achevée mais peut survenir aussi dans le cas où elle n'est pas terminée : c'est le cas d'abandon de la tâche.

Le processus de sélection ne suffit pas à garantir la réalisation de la tâche. Un second processus intervient qui assure la persistance de l'intention en cours de réalisation en inhibant les intentions en compétition. Cette persistance de l'intention est une caractéristique majeure des comportements finalisés. Ce mécanisme d'inhibition se développe avec l'âge. Il peut aussi être perturbé, ce qui produit l'instabilité de l'activité caractéristique de certains états pathologiques.

Les processus de choix

Les processus de choix ont d'abord été étudiés dans le cadre des théories de la décision, qui ont utilisé des modèles de décision économique. Dans ces modèles, une décision est la sélection d'une alternative parmi un ensemble d'alternatives possibles. Chaque alternative est caractérisée par deux paramètres : la valence du résultat, qui est liée aux intérêts et motivations, et la probabilité d'obtenir ce résultat. Ce second paramètre s'explique par le fait que ces études ont surtout porté sur des jeux de hasard. La probabilité de choix d'une alternative est proportionnelle au produit de la valence du résultat par sa probabilité, rapporté à la somme des produits de ces quantités pour l'ensemble des alternatives. La probabilité associée au résultat n'est pas la probabilité objective, qu'on peut mesurer à partir d'études statistiques, comme on le fait en économie : c'est une probabilité subjective, qui est une mesure de la confiance qu'a le sujet dans l'obtention d'un résultat.

Ce type de théorie a permis de rendre compte de résultats expérimentaux obtenus dans des situations de paris et de jeux de hasard mais n'a pu être étendu à des décisions correspondant à des contextes plus réalistes, ce qui a fait douter de sa plausibilité psychologique. Un premier progrès a été réalisé par des recherches qui se situent dans le cadre général des théories de la décision mais ont raffiné beaucoup la notion de probabilité subjective. Dans ces conceptions, la décision de se consacrer à une tâche dépend d'une quantité qui est une fonction multiplicative de deux paramètres : l'importance de la tâche du point de vue des motivations et l'espérance de succès.

L'ESPÉRANCE DE SUCCÈS

Les théories de l'attribution* ont montré que l'espérance de succès ne dépend pas seulement de la fréquence des succès antérieurs mais qu'elle dépend aussi du degré de contrôle que l'individu croit avoir sur le résultat. On distingue maintenant trois dimensions de l'imputation causale du résultat de l'action : le *locus*, qui est interne (le succès dépend d'une cause interne à l'individu, comme son humeur ou ses efforts) ou externe (par exemple la chance ou une action d'autrui), le degré de stabilité (la cause est stable ou instable) et le degré de contrôle que peut avoir l'individu sur cette cause. Le contrôle est un aspect différent du *locus* dans la mesure où une cause interne n'est pas toujours sous le contrôle de l'individu (par exemple l'humeur) et où une cause externe peut être sous son contrôle (lorsqu'on peut agir sur l'environnement).

Un autre apport vient du courant de la théorie de l'action qui s'est développé en Allemagne à la suite des travaux de S.E. Ach et de K. Lewin. La critique faite au modèle précédent est que les paramètres que sont la valence et l'espérance de succès ne se composent pas nécessairement de façon multiplicative et ne se composent pas nécessairement de la même façon selon les tâches. Ainsi, on a montré que les deux paramètres interviennent dans le choix des activités de loisir mais non dans celui des activités de routine (se laver les dents) ou des activités socialement contrôlées (faire ses devoirs).

L'ATTITUDE DU SUJET

L'importance d'un autre paramètre est soulignée : l'attitude* du sujet. La situation de décision comporte des aspects statiques (l'état présent et les états futurs) et des aspects dynamiques (les actions qui permettent de changer l'état présent pour des états souhaités). L'attitude du sujet peut être centrée sur l'action (aspects dynamiques) ou sur l'intention (aspects statiques).

Les sujets centrés sur l'action se caractérisent par une grande sélectivité de l'attention (centration sur les informations liées à la réalisation de l'intention) et par le renforcement de la motivation liée à l'intention en cours par une centration de l'attention sur les éléments susceptibles d'accroître l'attrait de la tâche. Chez ces sujets, il y a une corrélation forte entre l'attrait d'une intention et le fait qu'elle soit menée à bien. Chez les autres, il y a des écarts importants entre l'intention et la réalisation. Ils peuvent ne jamais réaliser des actions pour lesquelles ils sont cependant très motivés, se laissant accaparer par des activités routinières ou régulées de l'extérieur.

L'INTENTION

Des modèles de décision sont actuellement élaborés à partir de situations proches de celles de la vie courante : les sujets doivent réaliser en un temps donné un certain nombre de tâches, ils sont libres de les aborder dans l'ordre qu'ils veulent, de les interrompre. Dans le modèle de Dörner, la régulation temporelle des intentions est assurée par trois systèmes : le système de production des intentions, à savoir les motivations ; le système de sélection des intentions ; le système de traitement des intentions, qui assure la réalisation de la tâche. À chaque moment, une seule intention a accès à la mémoire opérationnelle, c'est-à-dire qu'une seule tâche peut être réalisée à la fois. Les trois systèmes opèrent concurremment : notamment, le système de sélection peut interrompre le fonctionnement du système de traitement des intentions et substituer une autre intention à celle qui est en cours de réalisation. Ou bien encore, l'état de motivation peut changer au cours de la réalisation d'une intention.

La force d'une intention évolue avec le temps : elle dépend de la valeur motivationnelle de l'intention et de la compétence que le sujet estime avoir pour la réaliser. Elle dépend aussi du degré de proximité de la date limite de réalisation, quand une tâche doit être nécessairement réalisée avant une date limite. L'intention qui est sélectionnée est celle dont la force momentanée est la plus grande. Lorsqu'une intention est en cours de traitement, une inhibition se développe par rapport aux autres intentions. Pour qu'une intention remplace celle qui est en cours de réalisation, il faut que sa force dépasse celle de la seconde d'un certain seuil. Ce seuil définit l'efficacité de la protection dont bénéficie l'intention en cours de traitement. Outre sa fonction propre de sélection, le système de sélection des intentions assure une autre fonction : lorsque le temps nécessaire pour réaliser les différentes intentions dépasse le temps disponible, une réduction est opérée sur les temps de réalisation de chaque intention, ce qui revient à diminuer le niveau d'exigence.

La modélisation des décisions, qui dans les années 1960 était essentiellement formelle, est appliquée maintenant à des situations très réalistes et acquiert une véritable plausibilité psychologique sans perdre pour autant de sa rigueur formelle. J.-F. R.

décision (critère de)

(angl. Decision Criterion)

Dans le modèle de la détection du signal, valeur du rapport de vraisemblance séparant les réponses « signal » des réponses « bruit ». C. B.

→ décision.

décision (temps de)

(angl. Decision Time)

Dans le cadre général de la méthode chronométrique, catégorie particulière de latence, en l'occurrence celle qui s'écoule entre la présentation d'un choix et la première manifestation de la décision prise par le sujet.

La situation la plus répandue dans laquelle on mesure des temps de décision est celle où un sujet doit répondre par « oui » ou par « non » à une question expérimentale : on fait alors des hypothèses sur les opérations nécessaires au sujet pour prendre sa décision, et sur ce qui pourrait allonger son temps de décision, et on soumet ces hypothèses à la vérification appropriée. J.-F. L. N.

→ décision.

déclenchement (mécanisme de)

(angl. Releasing Mechanism)

Selon l'éthologie classique objectiviste, support anatomo-physiologique qui est à l'origine du déclenchement des actes instinctifs.

Dans le système nerveux de l'animal, l'énergie spécifique pour un acte ou un comportement instinctif particulier s'accumule au niveau d'un centre nerveux spécifique.

Cette énergie est à l'origine d'une activité de recherche (comportement d'appétence), puis elle est libérée, après perception d'un signal déclencheur correspondant à un modèle inné (patron inné de déclenchement, IRP), par l'activation d'un mécanisme inné de déclenchement (IRM) qui met en jeu un centre coordinateur spécifique de cet acte. R. C.

→ déclencheur, objectivisme, signal, stimulus.

déclencheur

n.m. (angl. Releaser)

ÉTHOL. **Stimulus ou configuration perceptive capables de déclencher un acte moteur ou une séquence comportementale particulière.**

Sous l'appellation de stimulus signal, déclencheur de comportements stéréotypés dans l'éthologie classique, il caractérise une espèce animale. Considéré à l'origine comme inné, il apparaît, aujourd'hui, souvent sensible aux effets de l'expérience individuelle. (→ fig. 1) R. C.

→ déclenchement (mécanisme de), leurre, signal, stimulus.

déclin mnésique

(angl. Mnemic Decay)

Diminution de l'accessibilité en mémoire, mais qui ne va pas jusqu'à l'oubli.

Le déclin mnésique se traduit notamment par un allongement des temps de rappel ou de reconnaissance. On observe souvent de telles modifications, qui affectent une caractéristique du comportement de façon progressive. L'oubli, en tant qu'incapacité franche à rappeler ou à reconnaître, semble être l'état extrême de ce déclin. On peut donc considérer à l'inverse le déclin mnésique comme une première phase de l'oubli. J.-F. L. N.

→ mémoire, oubli.

décodage

n.m. (angl. Decoding)

Transformation d'un message préalablement codé en vue de son utilisation. J.-F. L. N.

→ encodage.

décompensation névrotique

(angl. Neurotic Decompensation)

Dans une perspective psychodynamique, crise avec effondrement des défenses névrotiques habituelles chez un sujet dont la névrose était jusque-là relativement compensée et qui est brusquement confronté à une situation affectivement difficile ou dangereuse à laquelle il ne peut faire face sur le plan émotionnel.

Y. Pelicier l'a définie, en 1971, comme « un trouble du comportement, plus ou moins aigu, survenant dans l'histoire d'un névrosé et se manifestant par un certain nombre de symptômes non spécifiques ». Il peut s'agir en effet d'un paroxysme pantophobique (c'est-à-dire d'une phobie extrême, diffuse, où l'angoisse se déplace d'un objet à un autre), d'un épisode confusionnel ou même d'un état psychotique généralement transitoire et de type réactionnel. Plus rarement, cette décompensation peut être la voie d'entrée dans une psychose chronique chez un patient particulièrement vulnérable. Elle est parfois aussi à l'origine de certaines maladies psychosomatiques qui viennent en quelque sorte prendre la place de la névrose antérieure. J. P.

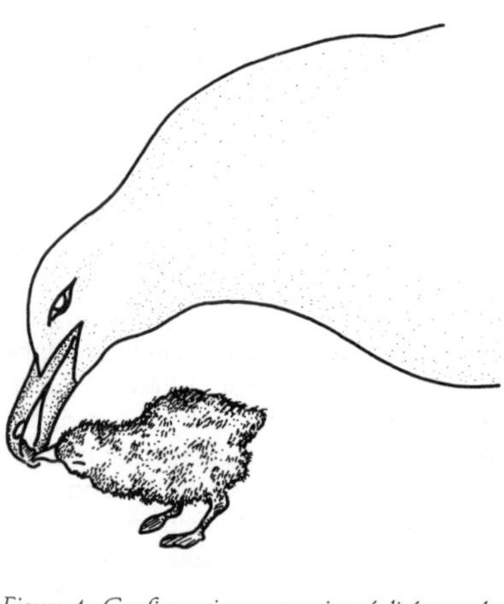

Figure 1. Configuration perceptive réalisée par le déclencheur.

déconditionnement

n.m. (angl. Deconditioning)

Processus au terme duquel une réaction acquise cesse de se manifester.

Ce terme est parfois employé en thérapie comportementale lorsqu'on considère que l'origine d'une réaction (par exemple une réaction anxieuse) est due à un conditionnement et que la thérapie a pour but de la faire disparaître. On estime alors pouvoir assimiler le processus de formation d'un symptôme à celui d'un réflexe conditionnel. Le déconditionnement présente, en effet, des analogies avec le processus dans lequel une réponse conditionnelle expérimentalement établie cesse de se manifester soit par la disparition du stimulus qui l'avait provoquée, soit parce que la réaction elle-même cesse d'être renforcée. M. A.

decubitus dorsal

(angl. Supine Position)

Position du corps allongé sur le dos, sur un plan horizontal.

La position allongée sur le ventre est le *decubitus ventral*, ou procubitus. E. V.

décussation

n.f. (angl. Decussation)

PSYCHOPHYSIOL. **Croisement.**

Le terme de décussation indique qu'un faisceau de fibres nerveuses franchit le plan médian du système nerveux central. Le contingent croisé des grandes voies sensorielles et motrices est plus important que le contingent direct. G. S.

dédoublement de la personnalité

(angl. Dual Personality)

État second, d'origine hystérique, caractérisé par l'apparition alternante de personnalités distinctes chez un même sujet.

Dans cette atteinte de l'unité de sa personnalité, le patient est convaincu qu'il existe en lui plusieurs personnages différents vivant à tour de rôle ou simultanément, chacun pour soi-même, une vie totalement différente. Morton Prince (1854-1920), Th. Flournoy (1857-1919) et P. Janet (1859-1946) ont donné de longues observations de malades de ce type. L'hypnose et la simple suggestion peuvent produire artificiellement de tels dédoublements chez des sujets prédisposés. Dans leurs *Études sur l'hystérie* (1895), J. Breuer et S. Freud ont bien montré que de telles manifestations s'observent essentiellement chez des hystériques. J. P.

déduction

n.f. (angl. Deduction)

Type de raisonnement dans lequel la conclusion est une conséquence nécessaire des prémisses et est vraie si les prémisses le sont.

La déduction est souvent présentée comme le modèle du raisonnement rigoureux et sûr, par opposition à d'autres formes de raisonnement comme l'induction. Les syllogismes constituent des exemples bien connus de déduction, comme « tous les A sont B, tous les B sont C, donc tous les A sont C ». La déduction intervient aussi dans les calculs mathématiques et, depuis l'avènement de la logique formelle symbolique, elle est elle-même assimilée à un calcul.

Les sujets humains non logiciens invités à déduire la conclusion des syllogismes logiques traditionnels, ou à évaluer la validité d'une conclusion présentée, infèrent correctement la bonne réponse à certains exercices et commettent des erreurs systématiques à d'autres. Ces résultats ont suscité de nombreux débats théoriques car les défenseurs d'une logique naturelle constituée par des règles d'inférence abstraites doivent rendre compte des erreurs, tandis que les adversaires doivent rendre compte des réussites. C. G.

→ hypothético-déductif (raisonnement).

défaillance psychique

(angl. Psychic Failure)

Épisode anxieux et confusionnel aigu survenant chez le vieillard à la suite d'un échec d'adaptation à une situation nouvelle.

Décrite par J. Postel en 1958 chez des vieillards qui n'avaient pas supporté un brusque changement de milieu (hospitalisation pour une affection intercurrente, déménagement, mise en maison de retraite, etc.), par analogie avec la défaillance cardiaque, cette décompensation psychique pouvait trouver sa signification, dans une perspective organodynamique, avec le modèle de la réaction de catastrophe. Le neurologue allemand K. Goldstein avait en effet montré que de telles réactions se produisaient chez d'anciens blessés du cerveau (amputés cérébraux) en face d'une situation stressante qu'ils ne pouvaient pas surmonter. De même, les personnes âgées, aux possibilités d'adaptation diminuées, ne pouvaient faire face à de telles situations et y réagissaient sur le mode catastrophique d'une crise anxieuse et confusionnelle, s'accompagnant parfois de troubles neurovégétatifs graves. J. P.

défaut

n.m. (angl. Default)

Absence d'information sur un point spécifique.

Valeur par défaut. En informatique, la valeur par défaut est attribuée a priori par un programme à une variable, que celle-ci conserve aussi longtemps qu'aucune information n'est donnée à son sujet. C'est seulement si une instruction explicite de changement est donnée (ou déduite par le programme) que cette valeur est modifiée. On pense que la cognition humaine contient des valeurs par défaut.

Raisonnement par défaut. Le raisonnement par défaut est un raisonnement basé sur la notion de défaut, formulée en termes d'absence de preuve. Le schéma de ce raisonnement est donné par l'exemple suivant: « Si Jean exerce normalement la médecine, et s'il n'y a pas de preuve que Jean n'est pas docteur en médecine, alors on peut affirmer (ici: conclure) que Jean est docteur en médecine. » Ce raisonnement est basé sur la règle (considérée comme empirique plutôt que comme légale): « Toutes les personnes qui exercent la médecine sont docteurs en médecine », règle qui vaut « sauf avis contraire ». Autrement dit, le raisonnement par défaut repose sur un schéma de règle du type: « S'il n'y a pas de preuve que... non ..., alors conclure que ... oui ... »

Ce genre de raisonnement est mis en œuvre sur ordinateur dans certains systèmes à base de connaissances (systèmes experts). Il joue un grand rôle dans les logiques non standards dites « non monotones ».

Certains chercheurs, relevant plus souvent de l'intelligence artificielle que de la psychologie, interprètent de cette façon le maniement humain de représentations mal délimitées. Par exemple, chez certaines personnes, le concept naturel d'oiseau pourrait comporter une règle générale par défaut telle que « tous les oiseaux volent », règle qui serait corrigée seulement en cas de besoin. Par exemple, la représentation de « autruche » et de quelques autres espèces contiendrait la règle générale « est un oiseau », plus une information supplémentaire telle que « mais ne vole pas ». Cette façon de voir peut aussi servir à interpréter les phénomènes de typicalité. J.-F. L. N.

→ dominance, marqué, monotone, représentation mentale, typicalité.

défense

n.f. (angl. Defence; allem. Abwehr)

PSYCHAN. **Acte par lequel un sujet confronté à une représentation insupportable la refoule, faute de se sentir les moyens de la lier, par un travail de pensée, aux autres pensées.**

S. Freud a dégagé des mécanismes de défense typiques pour chaque affection psychogène: la conversion somatique pour l'hystérie; l'isolation, l'annulation rétroactive, les formations réactionnelles pour la névrose obsessionnelle; la transposition de l'affect pour la phobie; la projection pour la paranoïa. Le refoulement a un statut particulier dans l'œuvre de Freud, car, d'une part, il institue l'inconscient et, d'autre part, il est le mécanisme de défense par excellence, sur lequel les autres se modèlent. À ces destins pulsionnels considérés comme processus défensifs s'ajoutent le retournement sur la personne propre, le renversement en son contraire et la sublimation. Dans leur ensemble, les mécanismes de défense sont mis en jeu pour éviter les agressions internes des pulsions sexuelles dont la satisfaction s'avère conflictuelle pour le sujet et pour neutraliser l'angoisse qui en dérive. Le moi est l'agent de ces opérations défensives. R. L.

déficience mentale

(angl. Mental Deficiency ou Impairment)

Toute insuffisance psychique, qu'elle soit acquise ou congénitale.

Le terme vise plus spécialement les insuffisances ou arriérations intellectuelles. À la suite des travaux de M. Bury et de P. Minaire, on distingue actuellement trois plans: la *déficience* (angl. Impairment), qui désigne la maladie mentale et ses troubles; l'*incapacité* (angl. Desability), qui résulte de la déficience et définit les conséquences morbides fonctionnelles, le déficit qui peut être mesuré et donner droit à compensation financière; le *handicap,* qui, lui, correspond aux conséquences socioprofessionnelles de la déficience et du déficit. Ce dernier, comme on le voit, n'est pas quantifiable et doit être analysé en termes de situation. J. P.

→ arriération mentale, handicap mental.

déficit intellectuel

(angl. Mental Defect)

Insuffisance d'efficience intellectuelle, représentant un des aspects cliniques importants d'une déficience mentale, rendant un sujet incapable de répondre d'une manière adaptée aux exigences du milieu. J. P.

→ arriération mentale.

déficitaire

adj. (angl. Defective)

Se dit d'une personne présentant un déficit intellectuel soit par déficience ou arriération mentale, soit par atteinte démentielle. J. P.

dégénérescence

n.f. (angl. Degeneration)

Dégradation d'un être vivant.

Dégénérer apparaît au XIVe s. avec, comme sens littéral, « perdre les qualités naturelles de sa race ». À la fin du XVIIIe s., *dégénération* et *dégénérescence* prennent très rapidement un sens médical précis, spécifique de l'anatomopathologie naissante, en tant que « transformation pathologique d'un tissu » (c'est en ce sens que ce concept continue d'être largement utilisé par les neurologues). Les naturalistes comme J. Lamarck ou Buffon définissent la dégénérescence comme une « déviation naturelle de l'espèce ». B. A. Morel en fait une « déviation maladive de l'espèce ». Puis ce concept ne cesse d'évoluer au cours de l'élaboration des théories successives qu'il sous-tend: ce sont les *théories de la dégénérescence.*

LA THÉORIE DE MOREL

Formalisée en France au milieu du XIXe s., cette théorie connaît une très large diffusion dans toute l'Europe et fonctionne pratiquement comme un dogme jusqu'à la Première Guerre mondiale. Première théorie étiologique globale de la folie, permettant d'insérer la psychiatrie dans le cadre de la médecine, elle répond au projet très positiviste de B. A. Morel de mettre au jour le principe premier des maladies mentales et d'en retrouver la classification naturelle.

Comme la plupart des aliénistes de son époque, Morel donne à l'hérédité une place tout à fait centrale dans sa théorie. En ce qui concerne le problème de l'évolution, le très catholique Morel n'est pas darwinien mais il adhère au transformisme de Buffon ou de Lamarck, la dégénérescence étant une transformation pathologique survenant sur l'homme parfait tel que Dieu l'a créé. Sa foi le conduit de la même manière à décrire une relation consubstantielle de l'âme et du corps plaçant sur le même plan les causes physiques et les causes morales et lui permettant de n'assigner qu'un seul lieu d'action à la dégénérescence: le système nerveux. Il décrit des causes prédisposantes, physiques ou morales, individuelles ou générales, aboutissant par sommation héréditaire à constituer la « prédisposition », terrain particulièrement fragile sur lequel survient la folie dès qu'apparaissent des causes déterminantes précipitant le prédisposé vers tel ou tel type morbide.

Dans sa classification de 1860, Morel oppose les affections accidentelles aux affections constitutionnelles. Dans le premier groupe, il range les folies par intoxication, les folies hystérique, épileptique et hypocondriaque, les folies sympathiques, les folies idiopathiques et la démence. Dans le second groupe, le plus important, il classe les folies héréditaires, qu'il divise en quatre classes, de gravité croissante, de la simple « exagération du tempérament nerveux » jusqu'à la classe des imbéciles, des idiots et des crétins.

La théorie de Magnan

L'œuvre de Morel est, dès 1860, l'objet de nombreuses discussions et les ouvrages sur la dégénérescence commencent à se multiplier. Mais c'est à V. Magnan que l'on en doit la systématisation définitive, aboutissant à la définition de 1895 : « La dégénérescence est l'état pathologique de l'être qui, comparativement à ses générateurs les plus immédiats, est constitutionnellement amoindri dans sa résistance psychologique et ne réalise qu'incomplètement les conditions biologiques de la lutte pour la vie : cet amoindrissement, qui se traduit par des stigmates permanents, est essentiellement progressif, sauf régénération intercurrente ; quand celle-ci fait défaut, il aboutit plus ou moins rapidement à l'anéantissement de l'espèce. »

Ainsi, la référence aux générateurs immédiats (et non plus au type primitif parfait) et l'introduction du concept de lutte pour la vie déplacent la dégénérescence du contexte religieux où l'avait placée Morel à un contexte évolutionniste darwinien.

Magnan propose d'autre part un modèle anatomique du système nerveux caractérisé par une hiérarchisation du névraxe de la moelle inférieure jusqu'au cerveau antérieur, à laquelle correspond une hiérarchisation des fonctions, des plus instinctives aux plus élaborées. À chaque lésion correspond donc une pathologie précise et constante. C'est autour de quatre concepts fondamentaux que Magnan élabore sa théorie.

La prédisposition

C'est l'état initial du dégénéré en l'absence de complication. La prédisposition peut être organique, psychologique ou sociale. Elle peut être acquise ou héréditaire. Elle peut enfin être simple (ou latente), caractérisée anatomiquement par la moindre résistance du cerveau, ou elle peut être maximale, avec atteinte cérébrale importante et diffuse.

Le déséquilibre

Notion assez floue, le déséquilibre qualifie la perte de synergie entre les centres nerveux et se traduit par une disparition de l'harmonie entre les différentes fonctions. En somme, le mécanisme de la déséquilibration peut se résoudre en trois termes : 1. destruction ou arrêt de développement de certains centres ; 2. suractivité momentanée ou durable de certains autres ; 3. diminution momentanée ou durable de certains autres. Les conséquences immédiates de ce désarroi sont : 1. la suppression de certaines fonctions ; 2. l'automatisme des centres surexcités ; 3. l'inhibition exagérée exercée sur les centres moins valides.

Les stigmates

L'idée ancienne que le corps traduit les qualités de l'âme est déjà reprise par Morel, lecteur de F. J. Gall. Ce sont les « attributs de l'être nouveau qu'est le dégénéré ». Ils peuvent être moraux (arriération intellectuelle ou affective, inadaptation sociale) ou physiques (atrophies, hypertrophies ou dystrophies). Ils signent la dégénérescence et sont le plus souvent témoins de la fonction sur laquelle elle s'est plus particulièrement exercée.

Les syndromes épisodiques

Ce sont des situations mentales contingentes, épisodiques et secondaires survenant chez les prédisposés ; manie et mélancolie, délire chronique et folies intermittentes chez les prédisposés simples ; folie lucide (obsession, impulsion), manie raisonnante, délire polymorphe ou délire d'emblée chez les prédisposés maximaux. Face à cette première catégorie d'aliénation survenant chez les dégénérés, Magnan décrit une catégorie d'aliénations « accidentelles » liées à des facteurs étiologiques puissants, uniques et acquis, regroupant certains délires (épileptique et hystérique), les folies toxiques (alcoolique, fébrile, etc.) et les démences organiques (tumeurs, syphilis, etc.).

La question du traitement

En déplaçant la problématique de la maladie mentale sur le terrain de l'hérédité, la théorie de la dégénérescence déplaçait en même temps la problématique du traitement individuel sur celle de la prophylaxie sociale. En fait, la dégénérescence porte déjà en elle-même un remède efficace puisqu'elle aboutit « naturellement » à la stérilité au bout de quelques générations. Le rôle du médecin se limite à aider la nature en réduisant les effets des causes prédisposantes par des règles d'hygiène (hydrothérapie par exemple), des conseils pédagogiques (méthode sensorielle) et des conseils eugéniques pour « enrayer la progression dégénérative ». Mais très rapidement, au contact des théories de défense sociale, le traitement moral de l'individu devient la moralisation des masses, la prophylaxie individuelle devient le dépistage des dégénérés à isoler, les conseils eugéniques se fixent dans des législations parfois draconiennes allant jusqu'à l'interdiction du mariage, voire à la stérilisation.

Le génie et le crime

Une telle théorie ne pouvait manquer d'être utilisée dans les polémiques sur les rapports de la folie avec le génie et le crime. F. Voisin individualise le concept de génie partiel, et J. Moreau de Tours montre que le génie est une névrose qui trouve sa source dans le même terreau que la folie. Pour Magnan et ses disciples, ce terrain est naturellement la dégénérescence, et le génie n'est, le plus souvent, qu'un « dégénéré supérieur ». Cette idée est reprise par C. Lombroso.

Quant aux criminologues, ils sont très rapidement attirés par cette théorie permettant une explication cohérente du crime particulièrement utile dans l'expertise psychiatrique, où excellait déjà Morel. Il est désormais possible aux experts de distinguer le criminel accidentel, exempt de maladies mentales et donc responsable, du criminel dégénéré et irresponsable. Si le crime n'est pour Morel puis Magnan qu'un stigmate parmi d'autres, Lombroso propose d'individualiser une véritable classe de « criminels-nés », dégénérés dont la décompensation se fait inéluctablement sur le mode antisocial.

La destinée de la théorie de la dégénérescence

La psychiatrie allemande accepte très tôt les idées nouvelles de Morel grâce à W. Griesinger, H. Schule et R. von Krafft-Ebing. Mais, dès les années 1890, T. Ziehen et E. Kraepelin réagissent contre leur schématisme. En Grande-Bretagne comme en Belgique, c'est par les écrits criminologiques de Maudsley et de Dallemagne qu'est introduite la dégénérescence. En Italie, la théorie du criminel-né de Lombroso suscite les plus vives critiques. Quant à la France, il faut attendre G. Genil-Perrin pour que l'on ose s'attaquer au monument de Morel après un demi-siècle d'impérialisme. Des pans entiers subsistent cependant à travers certains concepts adaptés par E. Dupré, J. I. H. Jackson, voire S. Freud.

F. B.

Bibliographie

Genil-Perrin, G., 1913, *Histoire des origines et de l'évolution de l'idée de dégénérescence en médecine mentale*, Paris, Leclerc.

Lombroso, C., 1887, *l'Homme criminel*, 2 vol., Paris, Baillière.

Magnan, V., et Legrain, M., 1895, *les Dégénérés, état mental et syndromes épisodiques*, Paris, Ruef.

Morel, B.A., 1860, *Traité des maladies mentales*, Paris, Masson.

dégénérescence nerveuse

(angl. Nerve Degeneration)

Processus au cours duquel apparaissent, dans un neurone, des altérations structurales et fonctionnelles consécutives à la section ou à la compression de l'axone.

L'axone et la gaine de myéline séparés du corps cellulaire (bout périphérique) subissent une désintégration progressive. Lorsqu'il s'agit d'une fibre nerveuse périphérique, cette dégénérescence antérograde est qualifiée de « wallérienne ». Il apparaît également une dégénérescence rétrograde ; elle se traduit par des modifications importantes du bout central de l'axone et du soma, notamment par un gonflement du corps cellulaire, la disparition des corps de Nissl, ou chromatolyse, et l'excentration du noyau. La dégénérescence transneuronique ou transsynaptique peut être à la fois antérograde et rétrograde. Elle correspond à des altérations localisées dans les neurones qui ont des contacts directs avec le neurone lésé. La dégénérescence des neurones du corps genouillé latéral après section du nerf optique en représente un exemple typique. G. S.

dégoût

n.m. (angl. Disgust)

Répugnance ou inappétence (par exemple devant des aliments), s'accompagnant d'une sensation de malaise proche d'un état nauséeux.

Depuis le début de la Seconde Guerre mondiale, l'éthylisme est parfois traité par une méthode aversive de conditionnement classique appelée « cure de dégoût ». Celle-ci consiste à administrer au patient une drogue émétique qui provoquera, pendant la cure, des nausées et des vomissements lors de l'absorption d'alcool. Cette méthode de déconditionnement, dont le principe et les buts doivent être au préalable expliqués et acceptés par le patient, peut être pratiquée en groupe. Elle soulève de nombreuses critiques d'ordre méthodologique, médical et éthique. On n'a recours à elle que lorsque d'autres approches de l'alcoolisme ne sont pas pratiquables. M. A.

« déjà vu » (illusion de)

(angl. Illusion of « Déjà Vu »)

Impression intense et instantanée d'avoir déjà vécu ou perçu dans le passé, avec la même tonalité affective, la situation présente.

Ce phénomène, qui tiendrait pour H. Bergson à « un affaiblissement temporaire de l'attention générale à la vie », peut se produire chez des sujets normaux. Mais il est particulièrement fréquent dans la psychasthénie et dans la schizophrénie ainsi qu'à l'occasion de certaines atteintes du lobe temporal (revêtant alors une allure paroxystique avec modification profonde de l'état de conscience du type *état de rêverie* [angl. Dreamy State]). J. P.

Delay (Jean)

Psychiatre et écrivain français (Bayonne 1907-Paris 1987).

Fils d'un chirurgien de Bayonne, Delay fit des études de médecine puis de neurologie à Paris, à la Salpêtrière, qu'il termina avec sa thèse sur les astéréognosies* en 1935. Il poursuivit ensuite des études de philosophie à la Sorbonne avec une thèse de lettres sur les maladies de la mémoire, en 1942, et une formation psychiatrique clinique avec H. Ey à l'hôpital Sainte-Anne. C'est dans cet établissement qu'il devient titulaire de la chaire de la clinique des maladies mentales en 1946. Il y poursuit de nombreuses études cliniques et psychopharmacologiques, en particulier sur la chlorpromazine, chef de file des futurs neuroleptiques*, dont il étudie les effets sédatifs sur les états d'agitation dès 1954 avec J.M. Harl et P. Deniker. Considérant ce médicament d'abord comme un « ganglioplégique » (*Journées thérapeutiques de Paris*, octobre 1953, Doin édit.), il crée ensuite le terme de « neuroleptique » pour caractériser son action sur le système nerveux central et sur les psychoses.

Brillant écrivain, il est élu à l'Académie française en 1959 et laisse des études biographiques remarquables sur *la Jeunesse d'André Gide* (1956-1957) et sur ses ancêtres maternels dans les quatre volumes d'*Avant-Mémoire* (1979-1986). J. P.

Delbœuf (illusion de)

→ illusion.

délibéré, e

adj. (angl. Controlled)

Se dit d'un comportement intentionnel, contrôlable et conscient. (Contr. automatique. Syn. contrôlé.) J.-F. L. N.

Deligny (Fernand)

Pédagogue français (Bergues 1913).

D'abord instituteur, il se consacre ensuite à la rééducation et à la délinquance, puis à la folie. En 1945, il est nommé directeur pédagogique du Centre d'observation et de triage de Lille, où il applique ses conceptions à la délinquance de l'époque, étroitement liée à la guerre : éducateurs choisis parmi les ouvriers du quartier, ateliers à travaux rémunérés, relations avec un milieu familial. Il crée en 1948 la Grande Cordée, une de ses expériences les plus originales. Des « délinquants, prédélinquants et caractériels », au lieu d'être concentrés dans des lieux fixes, sont pris en charge par un réseau d'hébergement, à partir des Auberges de la jeunesse, et ainsi confrontés en quelque sorte à une réinsertion « transitionnelle ». Après 1953, il se retire à la campagne avec des enfants aux troubles profonds, jusqu'en 1965. Par la suite, il s'engagera dans sa tentative de vie avec des enfants autistes, dans les Cévennes (1967). Le film *Ce gamin-là* retrace en partie ce travail (1975). Deligny, qui reste en rapport avec le mouvement d'éducation nouvelle, le mouvement Freinet et la psychothérapie institutionnelle, conteste l'institutionnalisation professionnelle et en arrive à revendiquer une mise en situation directe, sans parole superflue, où la prise de conscience naît des nécessités de vivre. Les principaux ouvrages de Deligny sont *les Vagabonds efficaces* (1947), *le Croire et le craindre* (1978), *les Détours de l'agir* (1979). R. L.

délinquance

n.f. (angl. Delinquency)

Ensemble des infractions qui se commettent en un temps et en un lieu donnés.

Le sociologue emploie indifféremment le terme de *délinquance* ou celui de *criminalité*, que le langage courant réserve aux infractions les plus graves. On distingue, dans un but de classification, les infractions contre l'État, contre les personnes, contre les biens, contre les mœurs. La délinquance est un phénomène universel lié à la vie sociale : il n'est pas de société sans délinquance. La collectivité réagit à ces actes antisociaux par un ensemble de moyens qui constituent sa politique criminelle. Ceux-ci sont destinés à prévenir ou à réprimer la criminalité. Il est moins question de la supprimer que de l'endiguer et de la rendre moins nocive. À cet effet, depuis le XIXe siècle, on s'est attaché à rechercher les causes de la délinquance. Plusieurs catégories de facteurs ont ainsi été mis en évidence :

— des facteurs sociaux : carence du milieu familial et scolaire, mauvais emploi des loisirs, agressivité développée par les mass media, trop souvent apologistes du luxe, du sexe et de la violence ; densité de la population des grands centres, insuffisance des équipements socioculturels ;

— des facteurs économiques : insuffisance du niveau de vie, chômage, absence de qualification professionnelle ;

— des facteurs politiques : crises, absence de sens civique ;

— des facteurs individuels difficiles à catégoriser.

La délinquance caractérise une conduite antisociale exprimant l'inadaptation d'un individu à la société. On peut schématiquement envisager un système relationnel à double sens où l'individu exprime une demande par l'intermédiaire d'un passage à l'acte délictueux, la société se trouvant mise dans la condition de lui répondre, d'une façon répressive tout aussi désadaptée. Et si cette demande s'exprime par un passage à l'acte, c'est que l'acte remplace la parole dans un conflit où l'individu peut plus aisément agir que verbaliser sa demande profonde aux autres.

Dans une approche nosographique, la délinquance peut s'observer dans une multitude de structures mentales possibles, du normal au pathologique. Elle peut ainsi se situer dans un contexte réactionnel peu pathologique. Elle peut apparaître au sein de troubles caractériels, ceux qui autrefois étaient considérés comme étant du registre pervers. La délinquance peut se situer dans un contexte franchement pathologique, exprimant une structure névrotique ou psychotique.

La délinquance n'est alors qu'un symptôme parmi d'autres d'un trouble profond de la personnalité. C'est alors ce trouble profond que devra privilégier la rééducation sociale : psychothérapie, thérapeutiques médicamenteuses, mesures institutionnelles individualisées. M. G.

délirante (bouffée)

(angl. Brief Delusional and Schizophreniform Disorder)

→ bouffée délirante.

délire

n.m. (angl. Delusion)

Psychose liée à une organisation psychopathologique de la personnalité et de son rapport à la réalité, généralement durable, se manifestant par des troubles de la perception et la production d'idées délirantes.

Le délire chronique étudié ici doit être bien distingué du délire aigu, ou delirium* tremens, et de la bouffée* délirante.

Historique

Décrit par E. Esquirol dans le cadre des monomanies*, son modèle devient avec Ch. Lasègue, J. Falret et V. Magnan le *délire systématisé chronique de persécution* avec ses quatre phases évolutives (inquiétude anxieuse, persécution, mégalomanie et démence vésanique terminale). Au début du XXe siècle, on essaiera d'y repérer des formes cliniques en rapport avec le mécanisme prépondérant: *délire d'interprétation* de P. Sérieux et J. Capgras (→ interprétation [délire d']), psychose hallucinatoire de G. Ballet, *délires passionnels* de G.G. de Clérambault (comme l'érotomanie), *délires d'imagination* d'E. Dupré, *délire sensitif de relation* d'E. Kretschmer, etc., en les distinguant bien des *délires paranoïdes schizophréniques*. Ce que ne fera pas l'école anglo-américaine, qui aura plutôt tendance à les englober dans les formes délirantes de la schizophrénie, sans attacher d'importance à leur cohérence, à leur systématisation et au maintien d'un certain contact avec la réalité, qui les distinguaient pourtant de cette psychose dissociative. Il faut noter cependant qu'avec la révision du DSM III, les psychiatres nord-américains reconnaissent une certaine spécificité à ces délires chroniques, qui y sont considérés comme des «Delusional Disorders» (catégorie 297.10).

Sémiologie

Sur le plan sémiologique, les délires chroniques se décrivent selon leurs mécanismes (hallucinatoire, interprétatif, imaginatif, intuitif), leurs thèmes ou contenus (persécution, jalousie, érotomanie, culpabilité, influence, mégalomanie) et leurs organisations (construction délirante plus ou moins bien systématisée et cohérente, en secteur ou diffuse), qu'on appelle aussi «structures»: on distingue alors, avec Ch. Nodet, la structure paranoïaque (délire bien construit et systématisé), la structure paraphrénique (délire fantastique dont la construction part dans tous les sens tout en restant organisée) et la structure paranoïde, totalement incohérente et dissociée, comme dans la maladie d'E. Bleuler.

Le caractère hallucinatoire relève des diverses modalités d'hallucinations* et, en particulier, de celles qui sont auditivo-verbales et psychiques avec leur noyau d'automatisme* mental décrit par Clérambault. À l'inverse, dans les délires interprétatifs, la réalité extérieure est perçue correctement dans son ensemble, mais le patient y décèle des signes qui lui sont spécialement destinés et qui vont le convaincre de l'authenticité de sa persécution ou de sa passion douloureuse. Ce sont en général des délires paranoïaques.

Les délires d'imagination se rapprochent plus d'un récit romanesque ou fantastique et débouchent en général sur une construction de type paraphrénique. Quant aux délires intuitifs, dépendant d'intuitions délirantes (E. Targowea), ils semblent naître pour le patient au sein même de sa pensée, avec une conviction subite et inébranlable, qui s'impose à lui, d'une vérité absolue de l'idée délirante. Mais il faut savoir que tous les délires relèvent rarement d'un mécanisme unique et que, en général, les intuitions s'associent à des interprétations et à quelques troubles hallucinatoires. Le type d'organisation et de construction délirantes permet de distinguer les délires paranoïdes non systématisés, flous, dont les contenus s'enchaînent sans lien logique entre eux, difficilement pénétrables, se rencontrant surtout dans la schizophrénie*, et les délires systématisés, avec des thèmes précis et une certaine logique et cohérence les rendant susceptibles d'être pris au sérieux et d'entraîner parfois la conviction d'autrui, comme dans la «folie à deux» (Lasègue et Falret).

Seuls ces derniers font véritablement partie du groupe des délires chroniques (puisque les premiers sont englobés dans la schizophrénie). Ils peuvent se développer soit d'une manière insidieuse, soit après une bouffée délirante subaiguë. Ils n'apparaissent guère avant la trentaine. D'évolution très prolongée, ils ne sont pas déficitaires, c'est-à-dire qu'ils n'entraînent pas de véritable détérioration intellectuelle. L'état de «démence vésanique», décrit autrefois à sa phase terminale, n'était en fait que la conséquence d'un asilisme* prolongé.

Classification des délires

Classiquement, on les divise, comme nous l'avons vu, en fonction de leur mécanisme principal, en trois grands groupes:

— la psychose hallucinatoire chronique, où les hallucinations dominent le tableau clinique;

— la paraphrénie*, où l'imagination entretient la construction délirante; elle reste distincte de la schizophrénie parce qu'elle ne s'accompagne ni de dissociation mentale ni de discordance affective et qu'elle n'empêche pas le patient de garder un assez bon contact avec son milieu;

— la paranoïa*, qui se caractérise par une construction délirante très cohérente, particulièrement bien systématisée, et qui se développe souvent sur une personnalité caractérisée par l'hypertrophie du moi, la psychorigidité, l'entêtement et la fausseté du jugement.

Là aussi, on distingue trois grands types de délire paranoïaque:

1. le délire d'interprétation à thème habituel de persécution, souvent mégalomaniaque, bien systématisé et organisé en réseau de telle sorte que chaque nouvel événement prend une signification persécutoire venant renforcer la croyance délirante;
2. les délires passionnels, qui, eux, se développent en se limitant à un secteur, avec une exaltation passionnelle fixée sur le thème du délire; revendication*, invention*, hypocondrie*, jalousie* ou érotomanie* en sont les thèmes principaux;
3. le délire de relation décrit par Kretschmer se développant sur une personnalité dite «sensitive» (sujets repliés sur eux-mêmes, introvertis, peu enclins à extérioriser leurs sentiments, insatisfaits à la fois d'eux-mêmes et des autres, qui ne sauraient pas reconnaître leurs mérites) à la suite d'une sorte de décompensation* psychique à la fois dépressive et délirante, interprétative, survenant après un échec professionnel ou un événement malheureux de la vie familiale ou sociale. La persécution, qui éclate sur un mode assez sthénique contrastant avec la présentation plutôt modeste et timide antérieure, se limite au milieu proche du patient, les persécuteurs étant souvent des membres de sa propre famille.

L'apparition des délires chroniques généralement après la trentaine, et sur des sujets souvent prédisposés, les a fait considérer par certains psychiatres (E. Kraepelin, R. Gaupp) comme des maladies endogènes. D'autres, comme K. Jaspers, y ont vu un développement morbide de la personnalité antérieure, sans véritable rupture entre la vie normale et l'entrée dans le délire. Certains, en revanche, dans une perspective organiciste, y ont perçu plutôt la manifestation d'un processus cérébral pathologique entraînant un grand bouleversement de l'activité psychique (Clérambault, K. Schneider). Des expériences délirantes primaires, des crises processuelles, des moments féconds semblent, il est vrai, être souvent le point de départ de l'évolution délirante, qu'ils soient considérés comme la manifestation d'une atteinte encéphalique ou, au contraire, dans une perspective psychogénétique, comme la conséquence d'une trop grande souffrance psychique. Dans ce cas, le sujet surmonterait celle-ci par une véritable cassure de sa relation à la réalité et par une production délirante où de nombreuses représentations fantasmatiques jusque-là refoulées pourraient être exprimées. Pour les psychanalystes qui défendent ce point de vue, c'est la projection qui serait le principal mécanisme de cette production. S. Freud, en étudiant l'autobiographie d'un célèbre délirant, le président Schreber, a bien montré l'importance de ces projections dans le déclenchement et l'entretien du délire: «Une perception interne est réprimée et, en ses lieu et place, son contenu, après avoir subi une certaine déformation, parvient à la conscience sous forme de perception venant de l'extérieur. Dans le délire de persécution, la déformation consiste en un retournement de l'affect; ce qui devrait être ressenti intérieurement comme de l'amour est perçu extérieurement comme de la haine.» Ainsi naît la «persécution», par une projection défensive contre un sentiment intolérable que S. Freud ramène finalement à une proposition unique: «Moi (un homme), je l'aime (lui, un homme)», que le délirant contredit en proclamant: «Je ne l'aime pas, je le hais.» Mais cette contradiction reste inconsciente et se trouve traduite — la perception intérieure étant remplacée dans le mécanisme projectif par une perception venant de l'extérieur — par le processus suivant: «Je le hais», qui devient, grâce à la projection, «Il me persécute», ce qui justifie la haine du délirant contre ceux qui sont devenus ses persécuteurs.

Les traitements et les prises en charge

Ces divergences quant à la pathogénie du délire expliquent que les traitements seront à la fois médicamenteux et psychothérapiques. Les premiers sont essentiellement représentés par les neuroleptiques. Ces produits sont surtout actifs sur les processus (au sens de Jaspers) et n'atteignent pas vraiment ce qui est travail du caractère, ce qui est, toujours selon Jaspers, évolution de la personnalité. C'est peut-être pourquoi les vrais paranoïaques (sauf les sensitifs) sont si difficiles à améliorer.

Les modalités de réduction auxquelles on assiste sont diverses. Par exemple, une conviction délirante peut survivre à l'extinction d'un processus hallucinatoire: le sujet maintient que ce qu'il a éprouvé a existé ou explique la disparition de cette expérience de façon délirante (un appareil de persécution qui a été déplacé, une pause des hostilités, etc.). Au contraire, on peut voir des hallucinations demeurer, mais sans entraîner d'actes en conséquence: le sujet s'en désintéresse, n'en tient plus compte ou les critique (hallucinose thérapeutique). Ces phénomènes ont été étudiés par C. Conté dans un travail où il a tenté de montrer le parallélisme entre les effets neurologiques et psychologiques et le rôle psychodynamique des modifications cœnesthésiques. Dans le domaine des hallucinations, les olfacto-gustatives seraient les premières à disparaître, ensuite les idéo-verbales, tandis que les motrices verbales, les kinesthésiques, les cœnesthésiques se montrent plus rebelles. Il faut savoir que l'extinction complète d'un délire chronique par un traitement neuroleptique (en particulier à action prolongée) peut provoquer un véritable état dépressif. Et les malades «guéris» vont se plaindre de déception, de désenchantement, de vide, de «désert intérieur». La suppression d'une fonction compensatoire ainsi que des effets biologiques intrinsèques semblent contribuer à cette occurrence. Un certain nombre de plaintes somatiques, avec inquiétude de type hypocondriaque, finissent également assez souvent par être mises en avant chez des malades qui ne délirent plus mais se conçoivent eux-mêmes sur un mode de plus en plus médical.

Quant à la prise en charge psychothérapique d'inspiration psychanalytique, elle est loin d'être facile, les malades étant généralement assez peu coopérants. Quand ils le sont, il est à craindre que le transfert narcissique ou homosexuel massif qui permet la relation thérapeutique ne devienne bien vite redoutable pour le «protecteur-thérapeute», qui peut brusquement basculer de son statut d'objet aimé dans celui du persécuteur haï. C'est pourquoi les psychanalystes de cabinet, s'ils glosent beaucoup à la suite de Freud sur les écrits et biographies de quelques grands paranoïaques comme le président Schreber, sont peu nombreux à se risquer à prendre de tels patients en analyse.

Les types d'évolution

On peut repérer trois genres d'évolution de ces délires chroniques ainsi traités. Dans un premier cas, où la culpabilité est à l'origine du délire comme pour la malade Aimée décrite dans la thèse inaugurale de J. Lacan, les troubles délirants restent le plus souvent mineurs, les passages à l'acte sont rares et c'est surtout la personnalité qui se précise avec des traits de plus en plus paranoïaques. L'autopunition et l'attaque masochiste de soi l'emportent chez le patient sur les projections persécutoires hétéroagressives, qui restent limitées. L'hypersensibilité, la méfiance, le repli sur soi sont constants. Dans ces formes, qui revêtent rarement un aspect médico-légal, une simple psychothérapie de soutien est souvent suffisante pour maintenir les malades dans une adaptation socio-professionnelle relative, qui ne s'effondre que si le milieu devient lui-même intolérant ou agressif.

Dans le deuxième cas, celui des délires par perte de l'estime de soi et par blessure narcissique profonde, l'angoisse est beaucoup plus intense. L'évolution balance souvent entre une dépression quasimélancolique et un délire de persécution assez pauvre et limité (en secteur, sur le mode revendicatif). Une pseudo guérison se produit souvent, comme l'avait déjà remarqué J. Séglas dans ses *Leçons cliniques*, avec l'apparition d'une hypocondrie agressive et revendicative.

Dans le troisième cas, où le délire est d'emblée persécutoire, s'accompagnant souvent de phénomènes hallucinatoires et xénopathiques, l'évolution reste très grave, malgré la psychothérapie. Souvent, de telles formes évoluent vers un état schizophrénique. Le président Schreber était diagnostiqué, par Freud lui-même, comme «dément paranoïde» (au sens de Kraepelin). Il semble qu'il y ait une telle désintégration de la personnalité, une telle perte non seulement du sentiment de l'identité, mais de celui de l'unité corporelle et de celui de l'autonomie, que la psychothérapie ne trouve plus dans le moi du sujet la moindre possibilité d'une alliance thérapeutique. Ces patients sont en fait à traiter comme de véritables schizophrènes, avec la même approche psychothérapique, éventuellement très régressive. Le pronostic est souvent assez sombre. Cependant, la mise en place de la sectorisation psychiatrique comme d'une pratique privée plus disponible permet maintenant des prises en charge suivies, médicales et sociales, où se synthétisent les méthodes actuellement disponibles. Cela a permis d'enrayer l'évolution défavorable de la majorité des délires paranoïaques. Et, dans de nombreux cas, on obtient d'une part une raréfaction de la production délirante, d'autre part une meilleure adaptation à la vie quotidienne. À ce sujet, rappelons que sortie ou adaptation ne signifient pas nécessairement guérison. Une adaptation reste quelquefois très relative, tributaire de conditions asilaires ou d'une dépendance extrême vis-à-vis de l'entourage, d'une fixité d'ambiance, d'un isolement, etc. On observe une mise à distance, une sorte d'isolation des anciennes idées délirantes, dont la situation dans la personne devient très difficile à préciser. Celles-ci semblent mises à part, dévalorisées; elles se font quelque peu oublier et perdent leur impact sur l'activité; elles suscitent peu de réactions, sans cependant être critiquées. Ces patients ne disent pas, comme ceux qui se souviennent de leur bouffée délirante, qu'ils s'étaient mis en tête des choses absurdes, de folles idées, mais plutôt que c'est «une vieille histoire» qu'ils exagéraient, que «maintenant cela s'arrange». Et cette transformation d'un délire actif, envahissant la vie du sujet, en une sorte de délire enkysté, paraphrénisé a permis de rétablir une assez bonne relation à la réalité et vaut peut-être mieux qu'une éradication totale provoquant un état dépressif avec risque de raptus suicidaire. J. P.

Bibliographie

Clérambault, G. G. de, 1942, *Œuvres psychiatriques*, Paris, P.U.F.

Freud, S., 1911, *Cinq Psychanalyses*; tr. fr., Paris, P.U.F., 1954.

Lacan, J., 1932, *De la psychose paranoïaque dans ses rapports avec la personnalité*; réimpr. 1972, Paris, Seuil.

Séglas, J., 1895, *Leçons cliniques sur les maladies mentales*, Paris, Asselin et Houzeau.

Sutter, J., 1981, *les Délires chroniques*, Paris, E.M.C., Psychiatrie, A 10, 2.

delirium tremens

n.m. (angl. Delirium Tremens)

Délire alcoolique aigu caractérisé par un état confuso-onirique avec des hallucinations terrifiantes, de l'agitation, du tremblement et des troubles neurovégétatifs parfois très graves.

C'est une complication secondaire de l'intoxication alcoolique, souvent d'ailleurs provoquée par l'arrêt brutal de l'alcool («a potu suspenso») à la suite d'une maladie infectieuse, d'une hospitalisation, d'une intervention chirurgicale, d'un accident. Décrit par H. Sutton (1813), P. Rayer (1819),

V. Magnan (1874), dont les observations servirent à É. Zola pour le décrire dans *l'Assommoir*, et Ch. Lasègue (1881), le delirium tremens est à la fois un état confusionnel avec désorientation temporo-spatiale, délire de type onirique vécu avec une très vive anxiété, hallucinations multiples mais surtout visuelles et terrifiantes qui sont souvent des visions hallucinatoires de petits animaux (zoopsies) courant sur les murs, un syndrome neurologique (trémulation, troubles de l'équilibre et de la coordination motrice, dysarthrie) et une atteinte sérieuse de l'état général avec hyperthermie, tachycardie et déshydratation.

Le traitement est surtout préventif et il faut savoir prescrire des sédatifs chaque fois que les circonstances d'installation d'un delirium sont réunies chez un alcoolique. En cas de delirium tremens avéré, le traitement est à la fois une réhydratation et un rééquilibrage ionique (si nécessaire) en milieu spécialisé, une sédation avec des tranquillisants du type Méprobamate ou Clorazépam, des neuroleptiques comme la chlorpromazine et une vitaminothérapie B intensive. Les infections intercurrentes seront traitées par une antibiothérapie à large spectre.

Devenue plus rare grâce à une meilleure prévention, cette affection neuropsychiatrique aiguë reste redoutable et peut parfois entraîner la mort si elle n'est pas traitée à temps. J. P.

délocalisation

n.f. (angl. Delocalisation)

Conception des représentations et des traitements cognitifs selon laquelle ceux-ci n'ont pas de localisation précise dans le cerveau.

Cette conception hypothétique s'oppose à la théorie généralisée des localisations, développée par la neurologie classique. Elle peut prendre diverses formes.

Selon la plus faible, des ensembles multiples de neurones, répartis dans différentes régions du cerveau, sont activés simultanément pour faire apparaître une représentation mentale. Cette forme de représentation délocalisée est équivalente à ce qui est aussi appelé « représentation répartie », ou « distribuée », et à la mise en œuvre de traitements parallèles.

Dans une forme plus radicale de cette conception, il n'existe aucune sorte de localisation durable de la représentation et celle-ci est reconstituée lors de chaque occurrence en des lieux cérébraux constamment variables. J.-F. L. N.

→ distribué, néoconnexionnisme.

delta (rythme)

(angl. Delta Rhythm)

Rythme cérébral lent dont la fréquence est inférieure à 4 hertz et l'amplitude comprise entre 100 et 150 microvolts.

On observe le rythme delta dans le sommeil profond (stades 3 et 4 du sommeil) ou dans certains états pathologiques. On distingue le rythme delta monomorphe, caractérisé par des ondes lentes régulières, souvent de grande amplitude, et le rythme delta polymorphe, caractérisé par un tracé beaucoup plus irrégulier, plus lent et souvent moins ample que dans le delta monomorphe. P. L.

démence

n.f. (angl. Dementia)

Affaiblissement mental global frappant l'ensemble des facultés psychiques et altérant progressivement, avec l'affectivité et l'activité volontaire du patient, ses conduites sociales.

Caractérisée par une évolution irrémédiablement progressive de ce déficit, la démence est généralement due à une atteinte cérébrale organique plus ou moins diffuse, de nature abiotrophique, vasculaire, infectieuse, traumatique, toxique ou tumorale.

Évolution du concept de démence

Le concept de démence s'est peu à peu dégagé d'un cadre nosologique très large à partir du mot latin *dementia*, qui signifiait « folie » en général, tel qu'on le retrouve dans l'adjectif actuel *démentiel*. Il s'opposait à *amentia* (« absence d'esprit »), ayant un sens plus limité se rapportant à la déficience mentale congénitale. Ce n'est qu'à partir du XIXe siècle que l'amentia se situe surtout comme une affection aiguë (démence aiguë d'Esquirol, stupidité de Georget, confusion mentale primitive de Chaslin et amentia de Meynert) par rapport à l'état de démence, de folie générale chronique. La démence garde son sens très général dans le Code civil de 1808 (article 489) et surtout dans le Code pénal de 1810. C'est le fameux article 64 : « Il n'y a ni crime ni délit lorsque le prévenu était en état de démence au temps de l'action criminelle. » Et ce sens très général persiste dans le cadre des procédures judiciaires actuelles, même s'il est de plus en plus discuté. Pourtant, déjà avec P. Pinel prenant l'exemple de la sénilité, la démence est un terme réservé à « une débilité générale » qui « frappe les fonctions intellectuelles et affectives comme dans la vieillesse » (*Traité médico-philosophique*, 2e éd.). J. Esquirol lui donne une signification identique (« la démence prive l'homme de la faculté de percevoir les objets, d'en saisir les rapports, de les comparer, d'en conserver le souvenir complet ; d'où résulte l'impossibilité de raisonner juste » — art. « démence », 1818), l'opposant nettement à l'idiotie, qui est congénitale, avec la comparaison fameuse et tout à fait dans le style politique de l'époque : l'idiot a toujours été pauvre, le dément est un riche qui s'est ruiné. S'y ajoutent les notions de chronicité et d'incurabilité. La causalité organique se précise avec la description par A. L. J. Bayle de lésions de méningite chronique dans la démence paralytique, qui devient la « paralysie générale progressive » (Ch. Requin). Mais elle n'est pas encore certaine. En est la preuve la *démence vésanique*, ou démence secondaire (E. Georget) survenant dans l'évolution terminale de manies, de mélancolies, de monomanies diverses, de délires, de folies qu'on appellerait maintenant « psychoses ». Faite d'un désinvestissement progressif, et aussi de sénilité chez de vieux psychotiques chroniques, elle n'inquiète pas tellement les psychiatres. Seuls les Anglais osent parler dès 1870 d'« asylum-dementia ».

Le cadre de la démence s'élargit brusquement dans cette même perspective avec la démence précoce de E. Kraepelin, allant jusqu'à la démence infantile de Heller et même à la démence précocissime de Sanctis, recouvrant finalement presque tout le champ des psychoses chroniques chez l'adulte comme chez l'enfant. Ce n'est que progressivement que le concept de démence se limite, pour sortir de ce champ des psychoses, grâce en particulier aux travaux de A. Alzheimer, de Klippel et de L. Binswanger, qui les premiers étudieront l'atteinte abiotrophique cérébrale en la séparant, d'ailleurs, de l'atteinte artériopathique, telle qu'ils la constateront dans des états d'affaiblissement intellectuel global de la sénilité, et de la présénilité. Mis à part la démence paralytique, dont la malariathérapie permettait de nettes améliorations, ces démences organiques se caractérisaient par un processus d'aggravation progressive et une incurabilité.

C'est à partir de ces travaux, de la critique de la notion de démence précoce par E. Bleuler et aussi sans doute en raison de la disparition au moins partielle de la démence vésanique grâce à l'amélioration des conditions de traitement des psychotiques que, progressivement, le terme de démence a été réservé aux états *acquis* d'affaiblissement mental *global* (c'est-à-dire frappant l'ensemble des facultés psychiques) altérant, avec l'affectivité du malade, les *conduites sociales* ; caractérisés par une *évolution irrémédiablement progressive* de ce déficit ; ayant une *cause organique* : toxique (oxycarbonée, alcoolique), traumatique, infectieuse, tumorale, vasculaire et surtout *abiotrophique cérébrale*.

Cela permet d'écarter les *pseudodémences* d'origine affective *par perte des investissements* des activités intellectuelles comme dans certains états dépressifs et mélancoliques, en particulier de la sénilité, ou *par régression affective* (états régressifs des vieillards, décrits par G. Daumezon, plus ou moins prolongés, souvent provoqués par l'entourage et survenant sur une personnalité névrotique particulièrement fragile).

Le diagnostic différentiel n'est pas toujours aisé entre pseudo-démence et démence. C. Wells a mis l'accent sur les différences dans l'évolution (plus rapide dans la pseudo-démence), l'accentuation nocturne des symptômes dans la démence, l'atteinte de la mémoire touchant surtout l'antérograde dans cette dernière affection, alors qu'elle est globale dans la pseudo-démence, qui se caractérise également par une variabilité des performances alors que leur atteinte serait uniforme dans la démence. Mais ce diagnostic reste souvent difficile, d'autant plus qu'un état dépressif, une régression affective peuvent fort bien accompagner une authentique démence.

LES DÉMENCES PRÉSÉNILES ET SÉNILES

On va donc décrire ici les démences tardives, affections se traduisant par une détérioration mentale progressive, survenant après la cinquantaine et en rapport avec des processus anatomiques d'abiotrophie ou de sclérose au niveau du tissu cérébral.

Il peut s'agir soit d'une abiotrophie relativement précoce (c'est le cas des démences préséniles représentées par la maladie d'Alzheimer* et celle de Pick*), soit d'une abiotrophie plus tardive du tissu cérébral (c'est le cas de la démence sénile, qui est maintenant considérée comme une véritable maladie d'Alzheimer d'apparition retardée).

On peut y inclure, comme se manifestant par une détérioration mentale également globale (encore que la symptomatologie puisse y être davantage en foyer), la sclérose consécutive à une artériopathie cérébrale (artériosclérose), produisant la démence à infarctus multiples. Dans ce cas, il n'y a démence que lorsque les lésions sont assez étendues et diffuses. Il en est de même de la presbyophrénie, dont la place, malgré une certaine individualité clinique et anatomique, se situe dans le cadre général de la démence sénile et, surtout, de la démence vasculaire à infarctus multiples.

La démence sénile proprement dite va regrouper en fait la plupart des syndromes démentiels survenant après 65 ou 70 ans, dont les formes les plus pures ne seraient finalement que des maladies d'Alzheimer relativement tardives. Il reste cependant classique de la décrire et, cela, d'autant plus que son diagnostic recouvre encore la plupart des affaiblissements psychiques séniles. Retenons seulement que le flou de ses limites anatomocliniques rend difficile une description précise de ses symptômes. S'accompagnant d'un affaiblissement psychique généralisé, la démence sénile «noie» ses signes dans un tableau démentiel global. C'est en particulier le cas des symptômes aphaso-apraxo-agnosiques, qui ne s'individualisent pas aussi nettement que dans la maladie d'Alzheimer.

Du point de vue anatomopathologique, la démence sénile se caractérise par une réduction pondérale du cerveau avec trois types de lésions. Le premier est un processus d'atrophie neuronale avec dégénérescence granulo-pigmentaire et surcharge pigmentaire par chromatolyse du noyau; on note une nette diminution de la densité cellulaire; ce processus est diffus.

Le deuxième est la lésion intracellulaire d'Alzheimer, qui se retrouve avec une grande fréquence.

Enfin, le troisième est caractérisé par les plaques séniles que l'on observe dans la couche des petites cellules pyramidales. Il s'agit de plaques fortement argentaffines composées de fibrilles enchevelées à l'intérieur desquelles se trouve un amas de substances amorphes. C'est essentiellement une désintégration de cellules ganglionnaires.

SUR LE PLAN CLINIQUE

Le début de la démence est généralement lent et insidieux. C'est un déficit progressif portant essentiellement sur les fonctions mnésiques et le caractère. La mémoire de fixation est la première atteinte. Les troubles caractériels sont fonction d'une personnalité qui voit se limiter ses possibilités d'adaptation et qui, en conséquence, rétrécit le cadre de ses activités tant sur le plan affectif que sur le plan social: égoïsme, misonéisme, irritabilité. Les troubles du jugement se traduisent par de l'insouciance et par les premiers actes inconsidérés, dont les conséquences médico-légales peuvent être graves. Enfin, les troubles de l'attention, caractérisés par de brusques baisses de la vigilance, produisent une désorganisation de certaines conduites professionnelles, intellectuelles ou domestiques.

Dans certains cas, le début est plus psychotique avec apparition d'idées délirantes à thème de préjudice surtout, d'onirisme avec phénomènes hallucinatoires surtout nocturnes ou même d'agitation avec turbulence et agressivité vis-à-vis de l'entourage. Il faut insister sur les troubles du sommeil et de la vigilance, responsables de l'onirisme. Souvent, c'est un état dépressif, dit «d'involution», avec affaiblissement psychique qui s'aggrave progressivement, pouvant faire discuter le diagnostic de pseudo-démence.

Enfin, l'évolution peut commencer brutalement à la suite d'une brusque décompensation ou d'une défaillance psychique, conséquence d'une impossibilité d'adaptation à une situation traumatisante ou, simplement, trop nouvelle (changement de cadre de vie, par exemple une hospitalisation). Cette réaction catastrophique se traduit par un état de confusion anxieuse grave avec désorientation temporo-spatiale complète et troubles neurovégétatifs parfois très graves. La défaillance psychique, une fois guérie, peut être suivie d'un retour à la normale, mais parfois elle précipite un processus démentiel jusque-là resté latent.

LA DÉMENCE À LA PÉRIODE D'ÉTAT

Ce processus atteint, au premier chef, toutes les fonctions intellectuelles. La mémoire est abolie non seulement pour les faits récents (amnésie de fixation), mais progressivement pour les faits anciens (amnésie d'évocation). Cette amnésie prédomine, selon la loi de Ribot, d'abord sur les souvenirs les plus proches et progressivement touche les plus éloignés, respectant relativement les souvenirs ayant une forte charge affective. Comme le note avec insistance H. Baruk, «le malade fait tout ce qu'il peut pour dissimuler ses troubles» et conserve en quelque sorte la «façade». Il cherche à «faire figure». Il utilise des périphrases pour masquer sa déficience, tâchant d'éluder les questions délicates. Il peut remplacer ses lacunes par des éléments confabulés, généralement assez pauvres.

La perte de la pensée opératoire (qui apparaît déjà dans l'impossibilité de structuration pour la mémorisation des souvenirs) est responsable des troubles de l'association des idées. À l'époque de la psychiatrie associationniste, F. Ziehen a particulièrement insisté sur l'incoordination de plus en plus grande de la marche de l'association des idées. Celle-ci devient peu à peu purement formelle et incohérente. La défaillance de l'association productive ne permet plus au malade de combiner des phrases avec des mots donnés. L'enchaînement des «petites histoires» n'est plus compris, comme le montre l'épreuve de la série d'images d'une histoire à reconstituer dans l'échelle de Wechsler-Bellevue. Très précocement, on a vu disparaître la possibilité des associations inverses, ou rétrogrades (les *rückläufige Assoziationen* des auteurs allemands). Cette perte est spécialement évidente dans l'impossibilité de répéter une série même très courte de chiffres à l'envers, de compter de 20 à 1 ou de donner les mois de l'année ou les jours de la semaine dans l'ordre inverse.

L'association purement «formelle» est à l'origine de la persévération verbale, qui, lorsque les mots prononcés sont dénués de sens, devient de la verbigération et, à un degré de plus, de l'écholalie et de la palilalie (autoécholalie).

LES TROUBLES DU LANGAGE

Ils sont ainsi représentés par une sorte d'incontinence verbale, de bavardage et de radotage où prédominent les automatismes, la persévération et la répétition.

TROUBLES DE L'IDÉATION. A. Pick a montré que le flux verbal induit chez le dément sénile une idéation fortuite et désordonnée. Le déficit de la mémoire entraîne une véritable aphasie amnésique, le vocabulaire se réduisant progressivement par perte des noms propres, puis des mots abstraits et enfin des mots concrets. Il existe une pseudo-aphasie nominale, le mot dénommant l'objet présenté étant oublié. Il est remplacé par des périphrases qui ne se situent jamais au niveau de la réponse catégorielle de genre ou d'espèce, mais plus généralement à celui de la définition par l'image et, à un degré plus avancé, par une description plus ou moins dispersée, morcelée, diffluente où les mots passe-partout « truc », « choses », « machin », etc., reviennent constamment.

Troubles de l'orientation. S'il faut se méfier de l'appoint confusionnel, si fréquent lors de l'hospitalisation, pour faire de la désorientation spatio-temporelle un signe direct de l'atteinte démentielle, il n'en reste pas moins que l'atteinte de la mémoire entraîne une disparition progressive des facultés d'orientation temporelle et spatiale sinon dans l'espace de vie immédiat, du moins dans les cadres sociaux habituels (perte de la « mémoire sociale » de J. Delay). Si l'altération des autres fonctions symboliques est moins nette que dans les démences préséniles, elle est cependant importante.

Fonctions gnosiques. Les fonctions gnosiques sont très perturbées par régression au niveau formel (fausses reconnaissances, illusions, troubles agnosiques divers, consécutifs à la perte de la pensée opératoire ou catégorielle) puis par atteinte des fonctions perceptives elles-mêmes. On sait que la démence sénile s'accompagne souvent d'apraxie idéatoire (H. Baruk). « Ce trouble consiste non seulement dans l'oubli des gestes nécessaires à un acte (...) mais encore dans l'oubli de la conception même de l'acte. Par exemple, on prie le malade d'allumer une bougie. Il frotte la bougie sur le frottoir de la boîte d'allumettes. Il ne sait plus la nature et l'utilisation des objets. » Il ne peut plus accomplir une série d'actes successifs avec la prévision nécessaire. Seuls sont conservés des automatismes élémentaires. C'est ainsi que, même si l'allumette est frottée contre la boîte sur le frottoir, la bougie ou la cigarette ne seront jamais allumées.

Ce déficit intellectuel va entraîner secondairement de gros troubles de l'attention (fatigabilité et labilité extrêmes), du jugement et, bien entendu, du comportement.

C'est par ces derniers surtout que le dément sénile devient justiciable d'une mesure de protection judiciaire et d'une hospitalisation en raison du danger qu'il peut présenter pour lui-même et son entourage : incurie progressive, dénudation débraillée pouvant être prise à tort pour un attentat à la pudeur, oubli très grave de consignes de sécurité élémentaires concernant en particulier l'usage du gaz ou de l'électricité.

Les troubles du sommeil et de l'affectivité

Les troubles du sommeil sont alors très fréquents : turbulence, agitation et parfois crises hallucinatoires nocturnes avec parfois éléments délirants sans vraie systématisation ni extension progressive (idées de ruine, de préjudice, impression que l'entourage, les héritiers veulent sa disparition). Ils sont bientôt noyés dans l'affaiblissement démentiel.

Enfin, l'affectivité paraît être très émoussée. Mais, cependant, persiste longtemps une sensibilité affective qui permet au malade, malgré cette déchéance et l'impossibilité de toute identification précise, de sentir encore l'atmosphère sociale et morale. Là est l'origine de certaines « détresses » à la suite de l'internement du dément sénile que l'on croyait devenu parfaitement indifférent.

L'évolution

L'évolution de la démence se fait progressivement, en deux à cinq ans, vers un état de démence profonde avec apparition du « grasping reflex » et de comportements archaïques (« oral reflex », boulimie, etc.). Le gâtisme et l'apragmatisme complets s'installent.

Le malade, devenu grabataire, meurt, comme dans les autres démences, à la suite de complications de décubitus (escarres de plus en plus étendues, pneumopathies infectieuses) ou, dans un état de cachexie avancée, d'un collapsus cardio-vasculaire terminal.

Démences vasculaires

Les démences vasculaires (démences à infarctus multiples) ont une évolution moins linéaire, déterminée par les infarctus cérébraux successifs. Comme l'ont bien montré Delay et S. Brion, l'affaiblissement psychique démentiel évolue souvent par poussées et avec des symptômes variables selon les localisations lésionnelles prédominantes, encore qu'il soit difficile parfois de faire la part entre l'affaiblissement intellectuel lui-même et l'atteinte éventuelle des fonctions symboliques du langage.

Des lésions nécrotiques cortico-sous-corticales de topographie postérieure dans les territoires vascularisés par les artères cérébrales postérieures, les plus fréquentes semble-t-il, donnent un tableau démentiel pouvant s'accompagner de troubles gnosiques visuels, d'hémianopsie, voire de troubles du langage difficiles à individualiser au milieu du syndrome démentiel. Des aspects pseudo-presbyophréniques avec des troubles de la mémoire de fixation sont assez particuliers à cette disposition lésionnelle.

L'atteinte des noyaux gris et particulièrement du thalamus entraînerait des tableaux démentiels avec troubles mnésiques prédominants et activité délirante, mais avec une relative conscience du déficit intellectuel.

Démences artériopathiques

Les formes possibles. Les formes de démence artériopathique avec atteinte prédominante de la substance blanche peuvent réaliser un tableau semblable à celui de l'encéphalopathie sous-corticale de Binswanger. Mais il faut se méfier de certains troubles de la série « aphaso-apracto-agnosique » pouvant faire penser à des lésions artériopathiques avec un syndrome neurologique « en foyer », alors qu'ils ne sont que la manifestation d'une atteinte démentielle instrumentale.

Les stades. À la suite de l'école de Genève et de J. de Ajuriaguerra, on peut décrire en effet un « processus d'alzheimérisation » progressive qui se retrouve dans beaucoup de démences tardives et qui passe par quatre stades évolutifs successifs. *Le premier stade* correspond à un affaiblissement psychique simple, purement « névrotique », sans déficit fonctionnel spécifique. *Le deuxième stade* correspond à une atteinte de la mémoire avec syndrome mnésique plus ou moins important, déficits opératoires et déficits de l'organisation spatiale avec début d'apraxie constructive. *Le troisième stade*, avec syndrome amnésique marqué, troubles neurologiques (préhension forcée, hypertonie d'opposition), aphasie, début d'apraxie idéatoire et idéomotrice, apraxie constructive totale, est le stade du classique et prétendu syndrome « en foyer ». *Le quatrième stade* est caractérisé par une « alzheimérisation » avancée, stade à partir duquel les fonctions « instrumentales » sont définitivement abolies.

Les examens complémentaires

Ils ont surtout un intérêt dans le stade précoce de la maladie, pour préciser le diagnostic de démence.

Les tests psychologiques évaluent l'atteinte des fonctions cognitives : épreuves de Wechsler-Bellevue, batterie de Kendrick, MTS (Mental Testscore) et test de Benton (pour l'évaluation de la rétention visuelle). Ils précisent également la détérioration* mentale selon la méthode de J. Babcok. On utilise beaucoup, dans les pays anglo-américains, le « Minimental State Examination » (M.F. Folstein), qui représente la meilleure série actuelle d'épreuves psychologiques pour repérer assez précocement une atteinte démentielle.

L'électroencéphalographie peut montrer au début une intrication de rythmes rapides au rythme de base alpha, puis un ralentissement de ce rythme avec prédominance de thêta et même de delta. On note aussi une diminution de l'amplitude et de la réactivité, qui peut devenir nulle, comme on le voit en particulier avec la méthode des potentiels évoqués. L'électroencéphalographie quantitative (Etevenon) permet de visualiser facilement les zones atteintes les premières par le processus abiotrophique ou les infarctus cérébraux.

C'est surtout la tomodensitométrie, technique non invasive ayant complètement remplacé l'encéphalographie gazeuse, qui met en évidence l'atrophie cérébrale, soit corticale avec large injection des sillons hypertrophiés, soit sous-corticale avec dilatation des cavités ventriculaires, en particulier au niveau des ventricules latéraux. L'atrophie apparaît d'une manière diffuse dans la maladie d'Alzheimer* et les démences séniles de type Alzheimer. Elle reste plus localisée et multiple dans le cas d'infarcissements cérébraux. Elle est classiquement limitée aux régions frontales et temporales dans la maladie de Pick*. Ces images d'atrophie données par le scanner sont encore plus précises avec les techniques nouvelles de la résonance magnétique nucléaire et de la tomographie avec émission de positrons (T.E.P.). Cette dernière permettrait (selon L. Singer) de mettre en évidence des anomalies atrophiques encore discrètes et de distinguer précocement la démence dégénérative (de type Alzheimer) de la démence à infarctus multiples.

PRISE EN CHARGE ET TRAITEMENT

Il faut rappeler l'intérêt d'un maintien à domicile du malade aussi longtemps qu'une certaine autonomie le permet (→ Alzheimer [maladie d']). C'est lorsque la dépendance devient complète et que le dément ne reconnaît plus son domicile qu'une mesure d'hospitalisation peut s'envisager. Quant à la protection judiciaire, on peut la proposer dès que les troubles du jugement ne permettent plus au malade de contrôler les actes de la vie civile. Il faut cependant faire preuve de tact pour imposer la mesure de tutelle, qui devient indispensable au bout de deux à trois ans d'évolution. Car on a peut-être trop privilégié jusque-là, dans la description de l'évolution démentielle, les aspects neuropsychologiques et cognitifs déficitaires au détriment des processus psychodynamiques, qui sont en jeu également dans les démences. L'étude de l'angoisse du vieillard, et de son évitement par des mécanismes de défense très archaïques, permettrait peut-être de comprendre pourquoi certains vieillards s'enfoncent soudain dans l'« indifférence de la démence ». C'est ce qu'a récemment tenté P. Charazac. Il s'inspire de l'enseignement de D. W. Winnicott mettant l'accent sur les notions de maturation et de développement. Avec des personnes âgées, il montre qu'« il faut tenir compte de ce que leur potentiel de développement s'amenuise et qu'elles éprouvent des besoins nouveaux vis-à-vis de l'environnement ». Il faut également considérer les réponses de l'environnement, en particulier « ces deux traits habituels des institutions gériatriques : le caractère totalitaire des soins et l'intolérance aux besoins et aux désirs de dépendance du vieillard ». Il ne faut pas considérer ces niveaux d'organisation comme des stades, dans la perspective d'une dématuration linéaire et progressive. « Chacune de ces positions peut être perdue, regagnée et reperdue à plusieurs reprises. Ainsi, les troubles du sommeil du vieillard nous offrent des exemples de désorganisation momentanée : les déambulations nocturnes et le refus de se coucher évoquent l'angoisse de quitter l'environnement ; les paniques au cours de réveils nocturnes (illusion d'une transformation de l'environnement ou du corps) traduisent la peur de retrouver le corps changé au réveil, ou encore des moments de désintégration où la psyché perd le contact avec le corps. L'expérience montre que de tels états peuvent survenir chez des personnes hospitalisées n'ayant encore aucun affaiblissement intellectuel. » Charazac démontre clairement que « la présentation démentielle "sans angoisse" a une valeur défensive pour le moi menacé et qu'il recherche ainsi l'anéantissement qu'il ne peut plus ou qu'il n'a jamais pu éprouver. Les soignants doivent pouvoir et savoir saisir l'émergence de l'angoisse non comme un symptôme gênant à supprimer, mais comme une occasion de rencontre avec une personne momentanément rendue à elle-même à travers ce qui l'affecte ». Ainsi, un point de vue purement cognitif et psychotechnique mettrait entre parenthèses tout cet aspect psychodynamique qui seul permet de mieux préciser la personnalité sous-jacente du dément et la mise en jeu de ses défenses névrotiques. Il permet aussi de situer ses relations avec son milieu et son entourage familial. On sait de plus en plus que le travail, à un niveau relationnel, entraîne souvent une meilleure tolérance des déments et parfois des améliorations étonnantes. C'est pourquoi le concept de démence réduit à celui d'un déficit intellectuel d'origine organique n'est pas concevable au niveau de la prise en charge quotidienne de ces états démentiels de la sénilité. Et l'irréversibilité de la démence peut apparaître comme une notion démobilisatrice dans la mesure où elle risquerait d'entretenir un pessimisme conduisant à l'abstention thérapeutique et à des mesures de simple gardiennage. J. P.

BIBLIOGRAPHIE

Angelergues, R., 1968, « les Démences », Paris, *Encyclopédie médico-chirurgicale, Psychiatrie*, 2, A 10.

Charazac, P., 1985, « l'Angoisse du vieillard dément », Toulouse, *l'Évolution psychiatrique*, *50*, 3.

Delay, J., et Brion, S., 1962, *les Démences tardives*, Paris, Masson.

Fraser, M., 1987, *Dementia : its Nature and Management*, Chichester, New York, John Wiley.

Müller, Ch., et Wertheimer, J., 1981, *Psychogériatrie*, Paris, Masson.

Richard, J., et Constandinis, J., 1970, « les Démences de la vieillesse », Paris, *Confrontations psychiatriques*, *5*, 39-61.

démence précoce

(angl. Dementia Praecox)

Maladie mentale chronique apparaissant à la fin de l'adolescence ou au début de l'âge adulte, caractérisée par des troubles graves de l'intelligence et de l'affectivité et paraissant évoluer vers un déficit intellectuel progressif.

Désignée ainsi par le psychiatre allemand E. Kraepelin, qui y distinguait trois grandes formes, catatonique, hénéphrénique et paranoïde, cette psychose chronique a pris le nom, avec E. Bleuler, en 1911, de *schizophrénie**. J. P.

dément, e

adj. et n. (angl. Dement, Demented Person)

Se dit d'une personne atteinte de démence. R. L.

démonomanie

n.f. (angl. Demonomania)

Folie ayant pour objet le démon.

C. I.-C.

→ article suivant.

démonopathie

n.f. (angl. Demonopathy)

PSYCHIATR. **Délire systématisé ayant pour objet le (ou les) démon(s) et ce qui l'environne (les environne) : enfer, idées de damnation, attaques externes ou internes.**

La différence entre démonomanie et démonopathie est plus importante qu'il n'y paraît de prime abord. La composante « manie » est à rattacher à son étymologie grecque *mania*, c'est-à-dire l'égarement, le passage hors de la raison.

DÉMONOLOGIE ET DÉMONOMANIE

La démonologie est la science des démons, complémentaire de la théologie et de la théodicée, ou doctrine de la justice de Dieu. La notion de *démon* remonte à la nuit des temps, de même que les tentatives pour les systématiser et les neutraliser (Sumer, Égypte). Certaines théories contemporaines présupposent l'identité originelle des divinités du Bien et du Mal, puis leur séparation consécutive à certains événements, par exemple des conquêtes victorieuses. Les dieux d'un peuple vaincu se verraient dotés d'un signe négatif et d'une dangerosité égale à leur désir de vengeance.

Les deux noms, Satan et le Diable, se joignent sur une même divinité symbolisant le Mal vers le Ier siècle av. J.-C. Riche est la démonologie : disons que, si le péché d'orgueil est affirmé comme premier, il jouxte celui du désir d'indépendance. Cette vision intéresse de près la notion de possession.

DÉMONOLOGIE ET RELIGION

LES ÉVANGILES

Les cas relatés y sont fréquents et occasions de miracles (énergumène de Gerasa, Luc, VIII, 26-39 ; enfant sourd et muet, Marc, IX, 14-29, également épileptique). Dès l'origine, l'interaction possible entre une maladie purement physique et les troubles dus à la possession est reconnue, analysée et nettement spécifiée.

LES ÉPIDÉMIES DE POSSESSIONS DIABOLIQUES

La France est au XVIIe siècle le théâtre de crises épidémiques se propageant dans les couvents et cela en liaison directe avec la période des procès de sorcellerie*. La population concernée est issue d'une classe sociale reconnue et citadine et non pas rurale et pauvre. Le processus est, à quelques variantes près, identique dans tous les cas : un prêtre se trouve accusé d'avoir envoyé des démons, séduit ou tourmenté en esprit une ou plusieurs religieuses ; des exorcistes sont alors envoyés sur les lieux, les rumeurs s'amplifient, les crises aussi, puis, la torture aidant, la condamnation s'abat sur le prêtre, qui est brûlé. Ainsi, C. Gaufridy, en 1611, à Aix-en-Provence, tombe sous l'accusation de deux religieuses, Madeleine de Mandol et Louise Capel ; la première frôlera le statut de sorcière (elle terminera ses jours en prison). Nicole Aubry sévit à Laon ; Marie de Sains, à Lille (1613) ; Urbain Grandier n'échappe ni aux foudres de mère Jeanne des Anges ni à celles du commissaire J. M. de Laubardemont, envoyé par Richelieu ; il meurt brûlé vif le 18 août 1634. Cet épisode secoue la France, non sans conséquences secondaires. Les unes sont individuelles : le décès des exorcistes, les pères Lactance et Tranquille, devenus fous de culpabilité, et l'obsession (attaque démoniaque externe) grave, longue, du père Surin, qui a voulu prendre sur lui les démons de J. des Anges sans s'apercevoir des mécanismes que cette dernière mettait en œuvre. D'autres conséquences sont sociales : remous violents de ce nœud où l'Église, l'État et des personnalités hors du commun se sont affrontés.

Une dizaine d'années plus tard, à Louviers, une franciscaine, Madeleine Bavent, prend le relais et parvient à faire condamner le vicaire Bouillé, brûlé en 1647 avec le cadavre du père Picard, accusé rétroactivement. On peut citer encore les possédées de Salem (Massachusetts) en 1692. Par contre, le jésuite Girard parviendra à se faire absoudre de l'accusation portée par M. C. Cadière (Toulon, 1730) : les mentalités changent.

Avec, mais surtout par-delà l'hystérie, il est nécessaire de prendre en compte ce contexte : rigidité de vie et morale de fer imposées à ces femmes, présence en toile de fond des milliers de bûchers allumés pour d'autres femmes, impact du Diable et de la notion de péché ; tout cela engendra une révolte plus ou moins consciente contre les premiers représentants de ce système : hommes et prêtres. D'autre part, les exorcismes permettaient une parole, même détournée, des mises en scène grandioses et la dérivation d'une culpabilité issue de questions touchant au sacré, angoisse d'une limitation de Dieu, opérée tant par l'État que par la science.

LA NOTION DE POSSESSION

SIGNES

Phénomène très ancien, la possession, ou occupation par un esprit étranger, se reconnaît à un certain nombre de caractéristiques plus ou moins codifiées : transformation du corps, alternance d'un calme trop profond et de périodes de violences incontrôlables, avec des possibilités physiques anormales ; changement de visage, changement de voix ; possibilités mentales tout aussi extraordinaires (faculté de parler une langue inconnue ou de lire les pensées, prophétisme, capacité de lire les yeux fermés). De fait, sous les pressions internes et externes, la mise en état second (par le biais de la transe, de l'extase, de l'autohypnose) permet d'obtenir la levée du système inhibiteur normal et la réceptivité à des mécanismes ordinairement partiels et canalisés. Non sans risques : les vierges d'Épidaure mouraient, paraît-il, très jeunes.

CULTURES ; BONNES ET MAUVAISES POSSESSIONS

Emprise du sacré et du symbolique, la possession est un moyen privilégié de l'expression de ceux-ci ; emprise d'angoisses archaïques, elle est un moyen de leur échapper. Cette fonction sociale structurante opère selon des rituels : le chaman (Sibérie, Asie centrale, Japon) est un médium privilégié du monde des esprits, lesquels le dotent en retour de pouvoirs surnaturels. La structure du culte vaudou (Antilles, Afrique, Haïti) est différente : les « crises », identification à des puissances supérieures, Grand Dieu ou Loa, esprits morts, héros, intègrent et libèrent à la fois l'âme du groupe, rythmant l'équilibre social.

POSSESSION ET MALADIE

Les conceptions selon lesquelles une maladie peut être causée par la présence d'un objet étranger, à extraire donc du corps du patient, par le vol de l'âme de ce dernier ou encore par sa non-réintégration après un voyage nocturne, sont vieilles comme le monde. Dépossession répond ainsi à possession. De ces théories découlent des pratiques, visant à chasser l'intrus ou à l'extraire : le malade est alors fouetté, saigné, soumis à l'exorcisme.

DÉMONOLOGIE ET DÉMONOPATHIE : HISTOIRE D'UNE ÉVOLUTION VERS LE MÉDICAL

JEAN WIER

Le livre de ce médecin du duc de Clèves *Histoire, disputes et discours des illusions et impostures des diables* (Paris, 1579) et la réponse virulente du juriste J. Bodin en annexe de sa *Démonomanie des sorciers* (Paris, 1581) sont la marque d'un moment crucial, catalyseur de diverses tendances, d'où va naître un changement d'optique. J. Wier, tout en respectant un certain nombre de croyances de son époque — ce qui lui permettra et de se faire entendre et d'éviter le bûcher —, établit des séparations : il isole les empoisonneurs/empoisonneuses, repère les fraudes des « démoniaques », choisit d'emblée l'analyse physique, y compris gynécologique, et affirme la mélancolie de ces vieilles femmes condamnées comme sorcières.

Du statut de toute-puissante, la femme passe à celui de « malade », d'« infirme », voire de « débile ». J. Bodin aura beau rétorquer que « l'on ne juge pas des choses surnaturelles d'après les naturelles », une rupture se fait, dont J. M. Charcot sera l'un des successeurs. Les théories tant de J. Wier que de J. Michelet ou de M. Muray (réalité de la révolte ou de la mélancolie de la sorcière) sont contestées actuellement (N. Cohn, E. Delcambre) ; il y eut confusion entre sorcière et possédée et non-prise en compte du contexte général, mais deux voies se précisent.

MÉLANCOLIE DÉMONIAQUE ET HYSTÉRIQUES POSSÉDÉES

Il était bien connu que le Diable utilisait la mélancolie pour parvenir à ses fins : c'est une thèse ancienne et classique lors des procès. Wier garde cette référence ; en 1677, un Anglais, J. Welster, écrivant sur la sorcellerie, associera « les rêves mélancoliques aux imaginations hystériques ». La lignée de cette conception est double.

LE VERSANT MÉLANCOLIE. Il fut restitué ensuite dans la lypémanie, ou « monomanie triste » selon la classification de J. Esquirol, qui fait paraître en 1814 *De la démonomanie*, une étude sur la mélancolie religieuse. Macario en 1843 reprend son analyse, isolant quatre grandes formes : la *damnomanie*, ou délire de damnation, les *damnomanies externes, internes* et *érotiques*, recouvrant sous une terminologie médicale les idées religieuses de péché mortel, d'obsession (attaques subies de l'extérieur de la part des démons), de possession, d'incubes et de succubes (démons séducteurs nocturnes).

LE VERSANT HYSTÉRIE. Charcot et son école de la Pitié-Salpêtrière sont les grands protagonistes de cette voie, dont l'influence s'étend jusqu'à nos jours. Ils relient la possession et certains signes du mysticisme à l'hystérie et à ses exubérances corporelles, analysant aussi bien graphiquement (*les Démoniaques dans l'art*, P. Richer, J. M. Charcot, 1887) que phénoménologiquement les symptômes dans leurs rapports à l'hypnose et à la suggestion. Il est utile de lire aussi les notes de G. Legué et G. de La Tourette dans *Autobiographie d'une possédée, sœur J. des Anges* (Paris, 1886). Les notions de fraudes et de mythomanie réapparaissent en force, faisant des personnes intéressées plus des personnes à éduquer qu'à soigner (Babinski).

DE NOS JOURS

Ces termes de *démonomanie* et de *démonopathie* sont aujourd'hui peu usités, considérés comme historiques. L'évolution de la société a donné d'autres visages aux représentants de l'angoisse comme aux thèmes d'emprise et d'aliénation. Il reste d'un côté le « délire de possession », de l'autre l'occultisme, l'envoûtement, les sorts.

Pour le domaine psychanalytique : → possession (délire de).

Pour le domaine psychiatrique, les deux lignées se prolongent : l'une associe possession et hystérie, favorisée par la rencontre Charcot-Freud ; l'autre parle de psychose, soit mélancolique, avec une éventuelle apparition du syndrome de Cotard (1882), soit du côté du délire d'influence et de l'automatisme mental de Clérambault (1926), terreau de base sur lequel les constructions délirantes de persécution s'ancrent et où à possession vient répondre en écho la primordiale dépossession de soi-même (Lévy-Valensi). C. I.-C.

BIBLIOGRAPHIE

Certeau, M. de, 1980, *la Possession de Loudun*, Paris, « Archives », Julliard-Gallimard.

Gayral, L. et J., 1944, *les Délires de possession diaboliques*, Paris.

Langton, E., 1951, *la Démonologie*, Paris, Payot.

Macario, M., 1843, « Étude sur la démonomanie », Paris, *Annales médico-psychologiques*, T.1.

démutisation

n.f. (angl. Demutitation)

Toute action permettant à un muet de retrouver la parole.

Il s'agit le plus souvent des diverses pédagogies spécialisées utilisées pour apprendre à parler aux enfants sourds-muets. Cet apprentissage est généralement pratiqué par des orthophonistes et peut se faire avec l'aide de divers appareils électroniques : amplificateurs, modificateurs de fréquence, magnétophones et magnétoscopes. Il est parfois précédé par des interventions chirurgicales permettant de redonner, lorsque cela est possible, une certaine sensibilité auditive. J. P.

dendrite

n.f. (angl. Dendrite)

Prolongement du neurone dans lequel se produisent des modifications du potentiel membranaire qui restent le plus souvent localisées.

Un neurone comprend généralement plusieurs dendrites, qui sont plus courtes que l'axone. Elles représentent des expansions du corps cellulaire, dont elles possèdent l'essentiel des caractères cytologiques. Les dendrites ne sont pas myélinisées. À partir de la base, épaisse, elles se ramifient plus ou moins abondamment en diminuant de diamètre. L'ensemble des dendrites, ou arbre dendritique, constitue le pôle récepteur du neurone. De nombreuses dendrites du système nerveux central émettent de petites excroissances caractéristiques, appelées épines dendritiques ; ces formations sont le siège de contacts synaptiques, effectifs ou virtuels. Le prolongement périphérique des neurones sensoriels bipolaires dont le soma se trouve dans les ganglions rachidiens ou crâniens doit être considéré comme un axone, car il conduit l'influx nerveux et il est myélinisé. G. S.

dénégation

n.f. (angl. Negation ; allem. Verneinung)

Attitude psychologique qui consiste, pour un sujet, à refuser, en la niant, telle pensée par lui énoncée.

Pour la psychanalyse (S. Freud, *die Verneinung*, d'abord traduit « la Négation », 1934), la négation est liée au refoulement. Car, si je nie quelque chose dans un jugement, cela signifie que ce quelque chose, je préférerais le refouler, le jugement étant le substitut intellectuel du refoulement. Le patient qui, à propos de telle personne apparaissant dans le rêve, dit qu'elle n'est pas sa mère amène Freud à conclure : donc c'est sa mère. Faisant ainsi abstraction de la négation, on obtient le contenu de pensée refoulé. Il peut devenir conscient à la condition de se faire nier. Mais cette acceptation intellectuelle du refoulé n'abolit pas pour autant le refoulement.

À partir de ce fait clinique, Freud va montrer le rôle de la négation dans la fonction du jugement. Par le symbole de la négation, la pensée se libère des limitations du refoulement. Freud considère d'abord les deux décisions de la fonction de jugement : il y a le jugement qui attribue ou refuse une propriété à une chose et il y a le jugement qui reconnaît ou qui conteste à une représentation l'existence dans la réalité.

Pour le premier, le jugement d'attribution, le plus ancien critère pour attribuer ou refuser est le critère du bon et du mauvais. Ce qui se traduit ainsi dans le langage des plus anciennes pulsions : « Ceci, je veux l'introduire en moi et cela, l'exclure hors de moi. » Le moi-plaisir originel s'introjecte le bon et expulse hors de lui le mauvais. Mais le mauvais, l'étranger au moi, qui se trouve dehors, lui est d'abord identique. Un état d'indifférenciation caractérise cette première phase de l'histoire du jugement. Dans cette phase, il ne s'agit pas encore de sujet. À partir d'un moi indifférencié, le moi-plaisir se constitue, le dedans étant lié au bon, le dehors, à ce qui est mauvais.

L'autre décision de la fonction du jugement, celle qui porte sur l'existence réelle d'une chose représentée, concerne le moi-réalité définitif, qui se développe à partir du moi-plaisir. C'est l'épreuve de réalité. Il s'agit maintenant, dans cette nouvelle phase, de savoir si quelque chose de présent dans le moi comme représentation peut aussi être retrouvé dans la perception (réalité). Le non-réel ou l'uniquement représenté n'est que dedans ; l'autre, le réel, l'est aussi dans le dehors. Dans cette phase, on distingue donc, dedans, une réalité psychique et, dehors, la réalité matérielle. Il est alors important de savoir que la chose bonne, admise dans le moi et symbolisée, existe aussi dans le monde du dehors et qu'on peut s'en emparer selon le besoin. On voit que l'épreuve de réalité se fait à partir de la symbolisation de la seconde phase (introjection). Mais le problème de cette phase n'est pas celui de confronter une représentation à la perception qui aurait précédé. Il s'agit, dans l'ordre perceptif, de la vérification d'une perception. L'épreuve de réalité « n'est pas de trouver dans la perception réelle un objet correspondant à la représentation, mais bien de le retrouver ». On sait que, pour Freud, l'objet est, dès le départ, objet perdu. Dans la réalité, le retrouver c'est le reconnaître. La question du dehors et du dedans se pose alors de façon autre. En effet, si le penser peut réactualiser ce qui a été perçu une fois, alors l'objet n'a plus de raison d'être présent dehors. Il faut donc que les objets se soient perdus qui, autrefois, avaient procuré une satisfaction réelle. Cela conditionne l'intervention du principe de réalité. La reproduction de la perception dans la représentation n'est pas toujours fidèle. Il y a des omissions et des fusions d'éléments. L'épreuve de réalité doit contrôler l'étendue de ces déformations.

Dans cette troisième phase apparaît le critère de l'action motrice. Celle-ci met fin à l'ajournement du penser. Elle fait passer à l'agir. Le juger devant être alors considéré comme un tâtonnement moteur, avec faible décharge. Cet *ajournement* (allem. Denkaufschub) est à considérer comme un « motorisches Tasten » nécessitant *peu d'efforts de décharge* : « mit geringen Abfuhraufwänden ». Mais « abführen », c'est emmener, transporter.... évacuer, expulser. Le moi va goûter les excitations extérieures pour se retirer à nouveau après chacune de ses avancées tâtonnantes. Cette activité motrice, on le voit, est différente de celle qu'on peut imaginer de la première phase. Le mouvement du moi, par avancée et retrait, rappelle la première ébauche du dehors et du dedans. Cet écho de la phase primitive se marque dans les différents sens des mots employés par Freud.

Cette genèse de l'intérieur et de l'extérieur donne une vue sur la naissance du jugement à partir des pulsions primaires. L'*affirmation* (allem. Bejahung), comme équivalent de l'unification, est le fait d'Éros. Dans le jugement d'attribution, c'est le fait d'introjecter, de nous approprier au lieu d'expulser au dehors. L'affirmation est l'*équivalent* (allem. Ersatz) de l'*unification* (allem. Vereinigung) ; et la négation le *successeur* (allem. Nachfolger) de l'expulsion ou de l'*instinct de destruction* (allem. Destruktionstrieb). L'accomplissement de la fonction de jugement n'est rendu possible que par la création du symbole de la négation. D'où son indépendance à l'égard du refoulement et du principe de plaisir. Aucun « non », dit Freud, ne provient de l'inconscient.

La reconnaissance de l'inconscient par le moi s'exprime par une formule négative. Dès les *Études sur l'hystérie* (1895), Freud constata cette forme particulière de résistance. Dans les rêves, il note qu'une pensée dirigée dans un sens a, auprès d'elle, une pensée de sens opposé, ces deux pensées étant liées en vertu d'une association par contraste. Puis il ajoute : « Ne pas arriver à faire quelque chose est l'expression du non. » C'est cette dimension de l'impossible que J. Lacan appellera le réel. Ainsi, la négation, comme symbole, s'articule au réel. J. P.

déni

n.m. (angl. Disavowal ou Denial ; allem. Verleugnung)

Mécanisme psychique par lequel le tout petit enfant se protège de la

menace de castration ; il répudie alors, il désavoue, il dénie donc l'absence de pénis chez la fille, la femme, la mère et croit pour un temps à l'existence du phallus maternel.

Élaboration du concept de déni chez Freud

C'est peu à peu que ce concept de déni a pris toute sa valeur dans l'œuvre de S. Freud. Car si l'on peut dire qu'il utilise ce terme en 1927 essentiellement pour désigner le mécanisme en jeu dans les perversions et tout particulièrement dans le « fétichisme », il n'en reste pas moins vrai que sa recherche commence bien avant. Si le terme de déni apparaît pour la première fois en tant que tel en 1925 dans *Quelques conséquences psychiques de la différence anatomique entre les sexes*, il est déjà question de ce mécanisme dans des textes de 1905 et 1908 : « L'enfant refuse l'évidence, refuse de reconnaître l'absence de pénis chez la mère. Dans son investigation concernant la vie sexuelle, l'enfant s'est forgé une théorie qui consiste en ce que tout être humain est comme lui-même pourvu d'un pénis ; voyant les parties génitales d'une petite sœur, il dira : " C'est encore petit.... quand elle sera grande, il grandira bien. " »

Plus tard, dans *l'Organisation génitale infantile* (1923), Freud est encore plus explicite : « Pour l'enfant, un seul organe génital, l'organe mâle, joue un rôle : c'est le primat du phallus. » Les petits enfants, fille ou garçon, nient ce manque chez la mère, la femme ou la fille ; ils jettent un voile sur l'évidence de ce qu'ils voient, ou plutôt ne voient pas, et croient malgré tout voir un membre ; il y a là une contradiction entre la perception et l'idée ou la théorie qu'ils se sont forgées. Il faut remarquer que dans ce texte, le terme utilisé est *nier* ; le terme *déni* (allem. Verleugnung) n'apparaît en tant que tel qu'en 1925 dans l'œuvre freudienne (*Quelques conséquences [...]*) ; il concerne le refus d'accepter le fait de la castration et l'entêtement dans l'idée que la femme, la mère en premier lieu, possède un pénis. Freud note alors : « Le déni ne paraît ni rare ni très dangereux pour la vie mentale de l'enfant mais, chez l'adulte, il introduirait une psychose. »

Ainsi, pendant la phase dite « phallique », où pour les deux sexes un seul membre est privilégié, le phallus, et où règne une ignorance par rapport aux organes génitaux féminins, le déni est pour ainsi dire normal, pour le petit garçon comme pour la petite fille et quand il ne se prolonge pas au-delà de cette phase. Freud raconte l'histoire de cet homme qui, d'abord sceptique quant à l'assertion freudienne de ce mécanisme infantile, sceptique ou se croyant une exception à cette loi générale, en vient à se souvenir que, effectivement, à l'époque de l'investigation sexuelle et contemplant les organes génitaux d'une petite fille, il a vu clairement un pénis « de la même sorte que le mien », que, plus tard, les statues féminines nues le plongèrent dans l'embarras et qu'il inventa alors l'expérience suivante : « En pressant l'une contre l'autre mes cuisses, je réussis à faire disparaître entre elles mes organes génitaux et constatai avec satisfaction que, de cette manière, rien ne différenciait plus mes organes de ceux d'une femme nue. Je me figurais évidemment que les figures féminines nues avaient de la même façon dissimulé leurs organes génitaux. » Ainsi, pour lui aussi, l'horreur de la castration a provoqué un déni : il a dénié la réalité mais sauvé son propre pénis. L'on sait que la représentation de la femme au pénis peut réapparaître à nouveau dans les rêves d'adultes.

Le fétichisme

Jusque-là, rien d'anormal. Mais il arrive que l'enfant persiste dans sa croyance au pénis chez la femme ; ou, plus exactement, il conserve sa croyance dans l'existence du phallus maternel et, en même temps, il l'abandonne ; c'est notamment le cas du fétichiste, qui a à l'égard de cette croyance un comportement divisé. On peut dire que, bien que le déni n'ait pas directement à voir avec le refoulement, il subit d'une certaine façon les effets du désir inconscient. Que va faire cet enfant ? Il va choisir une partie du corps, un objet, auquel il attribue le rôle du pénis, dont il ne peut se passer. Il s'agit là d'un compromis ; le fétiche est en quelque sorte le témoin que la réalité constatée, bien que déniée, n'en a pas moins joué un rôle ; le fétiche apparaît comme un substitut du phallus maternel. Le fétichiste répond ainsi au conflit par deux réactions opposées, deux opinions contradictoires qui persisteront tout au long de la vie sans s'influencer mutuellement.

Déni et clivage du moi

Freud parle dans cet article de 1927 de clivage du moi ; il y a là un tournant dans l'élaboration du concept de déni, car, alors qu'au début de sa théorisation Freud utilise le déni pour désigner l'entrée dans la psychose, désormais, et de façon encore plus nette en 1938, *(le Clivage du moi dans le processus de défense),* le déni est posé comme entrant dans la structure même du psychisme dans de nombreux cas, où il apparaît alors comme une demi-mesure, une tentative imparfaite pour détacher le moi de la réalité ; deux attitudes opposées, indépendantes l'une de l'autre, s'instaurent, ce qui aboutit à un clivage du moi.

Freud donne l'exemple de deux jeunes gens dont l'analyse révèle une méconnaissance à l'endroit de la mort de leur père aimé, tout comme pour le fétichiste à l'endroit de la castration de la femme. Aucun des deux jeunes hommes en question ne développa une psychose. Il y avait chez eux deux courants psychiques contradictoires qui coexistaient : l'un fondé sur la réalité (la mort du père), l'autre sur le désir ; l'un tenait compte de la mort du père, l'autre ne la reconnaissait pas. Il faut cependant marquer la différence entre ce processus et ce qui se passe dans les névroses, où également deux attitudes psychiques différentes, opposées, peuvent coexister indépendamment l'une de l'autre : dans ce cas, l'une des attitudes est le fait du moi tandis que l'autre, opposée, celle qui est refoulée, émane du ça. La différence entre névroses et perversions semble être de nature topographique et structurale. Il est intéressant de noter que J. Lacan reprendra les notions de topographie et de structure dans l'élaboration de ses catégories du réel, imaginaire et symbolique. (→ topographie.)

Si, dans le cas des névroses, le processus à l'œuvre est le refoulement, dans le fétichisme et les cas semblables, il s'agit du déni, où l'on a affaire à ce paradoxe psychique qui est que certains sujets savent quelque chose et à la fois ne savent pas, ou ne veulent rien en savoir.

La terminologie lacanienne

Lacan, quant à lui, a privilégié le terme de *Verwerfung* qu'il traduit par « forclusion », pour rendre compte du processus en jeu dans les psychoses, et cela malgré l'avis de certains qui lui conseillaient de se servir du terme de *Verleugnung* (« déni »), terme qu'il préfère traduire par « démenti » ; ce terme, il l'avait mis en réserve pour un développement ultérieur, en rapport avec l'analyste : « J'avais réservé pendant des années, mis à l'écart le terme de *Verleugnung*, qu'assurément Freud a fait surgir à propos de tel moment exemplaire de la *Spaltung* ("division du sujet") ; je voulais le réserver, le faire vivre là où assurément il est poussé à son point le plus haut de pathétique, au niveau de l'analyste lui-même. » (Conférence de juin 1968.)

Bien que n'utilisant pas explicitement ce terme de *déni*, et si l'on admet que le déni est au centre de l'organisation perverse, notamment, tel le fétichisme, Lacan, dans son texte « Kant avec Sade » (*Écrits*, 1966), aborde cette question dans sa radicalité.

P. D.-E.

dépendance

n.f. (angl. Dependency)

Tendance à chercher aide et protection auprès d'autrui, à s'en remettre à autrui pour toute décision par perte de maturité et d'autonomie. M. R.

dépendance (analyse de)

(angl. Dependence Analysis)

→ pistes causales (analyse des).

dépendance ou pharmacodépendance

n.f. (angl. Drug Dependence)

État psychique et quelquefois également physique résultant de l'interaction entre un organisme vivant et une drogue se caractérisant par des modifications du comportement et par d'autres réactions, qui comprennent toujours une pulsion à prendre la drogue de façon continue ou périodique

afin de retrouver ses effets psychiques et quelquefois d'éviter le malaise de sa privation.

Cette définition correspond à celle proposée en 1969 par les experts de l'Organisation mondiale de la santé (O.M.S.) pour remplacer les termes de *toxicomanie* ou d'*assuétude*. Elle ajoute que cet état peut ou non s'accompagner de tolérance (adaptation de l'organisme à une substance nécessitant une augmentation des doses pour obtenir un même effet).

La dépendance physique constitue un «état adaptatif caractérisé par l'apparition de troubles physiques intenses lorsque l'administration de la drogue est suspendue ou que son action est contrecarrée par un antagoniste spécifique» (O.M.S., 1964). Ces troubles constituent le syndrome de sevrage. Pour les toxicomanes, il s'agit «d'être accro», et donc de se retrouver «en manque» lors d'une «décroche».

La dépendance psychique est un «état dans lequel une drogue produit un sentiment de satisfaction et une pulsion psychique exigeant l'administration périodique ou continue de la drogue pour provoquer le plaisir ou éviter le malaise» (O.M.S., 1964). Pour les toxicomanes, cela se traduit par «être accro dans sa tête».

Le potentiel de dépendance physique est l'aptitude d'un médicament à servir de substitut à un autre dont l'organisme a été préalablement rendu dépendant.

Cette définition se veut plus objective que l'ancienne notion de toxicomanie, chargée d'histoire et de connotations subjectives. Mais elle échoue précisément à cerner une entité et tend, en voulant la préciser, à son démembrement. Ne conserver de la toxicomanie que la dépendance, comme le font certains auteurs anglophones avec le terme *addiction* («assuétude»), revient à mettre sur le même plan des conduites aux significations et aux conséquences fort différentes. Sur le plan socioculturel, il existe des différences nettes entre les dépendances aux différents types de drogue: licites (alcool, tabac, médicaments) et illicites (plus ou moins «dures»). Cliniquement, la dépendance est un élément clé de toute toxicomanie, mais qui ne suffit pas à résumer ce concept. La tendance à l'objectivation tend à faire de la dépendance un concept scientifique, comportemental, voire mesurable. La dépendance humaine ne peut en fait s'aborder sans que soient pris en compte la position du sujet, son engagement vers la dépendance ou sa toxicophilie. Elle ne peut se réduire aux données issues de recherches pharmacologiques et comportementales sur des animaux de laboratoire. Les expérimentations animales ne permettent en fait qu'une faible prévisibilité du pouvoir toxicomanogène d'un médicament nouveau. Pour les psychanalystes, cette notion renvoie à la dépendance infantile, aux difficultés de séparation, à la difficulté d'effectuer un deuil, à la dépressivité ou à l'anaclitisme. Phénoménologiquement, la pharmacodépendance est toujours un phénomène complexe, qui entre dans une façon d'être au monde et aux autres: s'y retrouvent tant le rassurement de la dépendance à un objet apparemment maîtrisable qu'une relation particulière aux autres, au plaisir, au risque, à la loi. M. V.

dépendance-indépendance à l'égard du champ

(angl. Field Dependence-Independence)

Style cognitif se rapportant au traitement de l'information dans une tâche perceptive donnée.

Les sujets *dépendants* prennent et traitent les informations à l'aide de repères externes; les sujets *indépendants* traitent les informations sans se fonder sur des éléments externes à la tâche (contexte ou information provenant d'un autre registre sensoriel).

La dépendance-indépendance à l'égard du champ (D.I.C.) est le style cognitif qui a fait l'objet du plus grand nombre de travaux, à commencer par ceux du psychologue américain H.A. Witkin (1916-1979). On a remarqué d'abord que certains sujets percevaient la verticale surtout en utilisant des références visuelles (on dira qu'ils sont «dépendants du champ» visuel, ou D.C.), alors que d'autres sujets utilisent surtout des références posturales fournies par les tendons, les articulations et des références sur la direction de la pesanteur fournies par l'oreille interne (ils sont «indépendants du champ» visuel, ou I.C.). L'ensemble de la population se répartit sur la dimension ainsi définie. On a constaté ensuite que la D.I.C. était associée à d'autres différences dans le domaine perceptif: les I.C. analysent plus facilement des structures perceptives intriquées, ils articulent plus facilement des champs peu structurés alors que les D.C. se caractérisent par une approche globale. La D.I.C. a été ensuite comprise comme la manifestation perceptive d'une dimension plus générale que Witkin appelle la *différenciation*. Les sujets I.C. sont considérés comme plus différenciés que les sujets D.C. La différenciation se manifeste — des études corrélationnelles le montrent — dans d'autres domaines que la perception. Les sujets les plus différenciés tendent à avoir une démarche intellectuelle plus analytique, à percevoir leur milieu et leurs expériences dans ce milieu sous un aspect moins global, à avoir de leur propre corps une représentation mieux articulée, à se défendre contre l'anxiété par une analyse «intellectuelle» des situations plutôt que par un refus de les percevoir, à être très autonomes dans les relations interpersonnelles (et donc à avoir une sensibilité sociale plus faible).

Witkin a utilisé plusieurs dispositifs expérimentaux pour le diagnostic de la D.I.C. Les plus usuels sont l'*épreuve de la baguette et du cadre* (angl. Rod and Frame Test, ou RFT), dans laquelle le sujet doit ajuster à la verticale une baguette qui lui est présentée dans un cadre carré dont aucun côté n'est vertical, et les *tests de figures intriquées* (angl. Embedded Figures Tests, ou EFT), dans lesquels il faut isoler en le percevant séparément un élément dans un ensemble structuré. M. R.

BIBLIOGRAPHIE

Huteau, M., 1957, *Style cognitif et personnalité. La dépendance-indépendance à l'égard du champ*, Lille, Presses universitaires de Lille.

dépendante (variable)

(angl. Dependent Variable)

Variable que l'on observe ou mesure pour mettre en évidence les effets qu'exerce éventuellement sur elle un changement dans les conditions d'observation ou de mesure, ce changement constituant la variable indépendante.

M. R.

dépersonnalisation

n.f. (angl. Depersonalization)

État psycho-affectif particulier dans lequel un sujet perd le sentiment de sa propre réalité ou ressent son corps comme irréel.

Cet état s'accompagne souvent d'anxiété, d'impression d'étrangeté du monde extérieur. Le patient qui souffre de ce malaise se sent différent de ce qu'il était jusque-là. Les objets qui l'entourent lui semblent étranges comme s'il ne les reconnaissait plus. Même les personnes qui lui sont habituellement proches ont perdu pour lui tout caractère de familiarité. Une analyse psychopathologique permet de distinguer trois niveaux de cette dépersonnalisation: le premier, où l'atteinte de la conscience reste superficielle et où le trouble ne porte que sur l'identité, comme on le voit en particulier dans l'hystérie; le deuxième, où la perturbation est plus profonde avec perte du sentiment de spontanéité et même d'autonomie, comme cela se produit dans l'automatisme mental et le syndrome d'action extérieure (xénopathique); enfin, le troisième, où l'unité corporelle elle-même est touchée, avec sentiment de corps disloqué ou morcelé. C'est ce qui apparaît dans certaines psychoses schizophréniques graves où le vécu corporel est ressenti avec une grande angoisse sur un mode délirant paranoïde. J. P.

1. déplacement

n.m. (angl. Displacement)

GÉNÉR. **Phénomène dans lequel une motivation, une valeur affective ou le choix d'un but sont déplacés de leur objet originel vers un objet substitutif.**

Dans les modèles de conflit* qui sont dérivés des idées de N.E. Miller, on considère que ce phénomène se rencontre dans les situations d'approche-évitement. On suppose que les tendances d'une part positives (d'approche), d'autre part négatives (d'évitement) qui concernent conjointement un objet, un stimulus ou une représentation peuvent se composer de façon quasi algébrique pour donner lieu à une conduite résultante : très souvent, c'est l'évitement qui l'emporte alors sur l'approche. Mais ces tendances se généralisent (ou se diffusent) de façon naturelle à des objets semblables à l'objet originel. Si la pente du gradient de ces généralisations est différente, alors la résultante peut, à une certaine distance de l'objet originel, changer de signe. Lorsque ces conditions sont remplies, un objet plus ou moins semblable à l'objet originel sera recherché ou accepté alors que l'objet originel lui-même est évité : c'est ce qui donne lieu à une observation de déplacement. J.-F. L. N.

2. déplacement

n.m. (angl. Displacement; allem. Verschiebung)

PSYCHAN. **Opération caractéristique des processus primaires par laquelle une quantité d'affects se détache de la représentation inconsciente à laquelle elle est liée et va se lier à une autre qui n'a avec la précédente que des liens d'association peu intenses ou même contingents.**

Cette dernière représentation reçoit alors une intensité d'intérêt psychique sans commune mesure avec ce qu'elle devrait normalement comporter tandis que la première, désaffectée, est comme refoulée de ce fait. Un tel processus se retrouve dans toutes les formations de l'inconscient. J. Lacan, reprenant des indications de R. Jakobson, a assimilé le déplacement à la métonymie. R. L.

déplacements (groupe pratique des)

→ groupe pratique des déplacements.

dépolarisation

n.f. (angl. Depolarisation)

Diminution de la différence de potentiel transmembranaire ; elle correspond à une excitation.

La dépolarisation d'un élément excitable peut être locale et graduée. Le potentiel de récepteur qui prend naissance au niveau des récepteurs sensoriels, le potentiel postsynaptique excitateur (P.P.S.E.) ou inhibiteur (P.P.S.I.) des centres nerveux et le potentiel de plaque motrice de la jonction neuromusculaire appartiennent à cette catégorie. L'amplitude de la dépolarisation localisée doit atteindre un seuil critique pour que se développe une dépolarisation propagée, ou potentiel d'action ; elle représente le signe électrique de l'influx nerveux ou de l'influx musculaire. G. S.

dépressif, ive

adj. (angl. Depressive)

1. **Se dit d'une personne atteinte de dépression nerveuse.** 2. **Se dit de ce qui relève de la dépression dans une maladie mentale ou dans son évolution.**

On parlera ainsi de la phase dépressive d'une psychose périodique. J. P.

→ article suivant.

dépression

n.f. (angl. Depression)

Maladie mentale caractérisée par une modification profonde de l'état thymique, de l'humeur dans le sens de la tristesse, de la souffrance morale et du ralentissement psychomoteur.

S'accompagnant généralement d'anxiété, la dépression entretient chez le patient une impression douloureuse d'impuissance globale, de fatalité désespérante et parfois l'entraîne à des ruminations subdélirantes à thème de culpabilité, d'indignité, d'autodépréciation, pouvant le conduire à envisager le suicide et parfois à le réaliser.

LES DEUX FORMES CLASSIQUES DE LA DÉPRESSION

C'est surtout dans la forme dite « mélancolique » ou « endogène » que cette douleur morale est particulièrement intense. La perte de l'estime de soi et le désir de disparaître peuvent entraîner des idées suicidaires que seule l'inhibition empêche alors de mettre en acte (d'où le danger de certains traitements antidépresseurs levant cette inhibition avant d'agir sur l'état thymique). Cette forme, qui représente un des versants de la psychose maniaco-dépressive*, peut s'accompagner de troubles neurovégétatifs et somatiques : l'anorexie, assez fréquente, va entraîner un amaigrissement parfois considérable ; les troubles du sommeil peuvent aller jusqu'à une insomnie complète (encore que celle-ci puisse être provoquée parfois dans un but thérapeutique sous forme d'agrypnie).

L'autre grande forme, dite « psychogène », recouvre en fait toutes les dépressions traditionnelles et névrotiques, revêtant des aspects cliniques très variés quant à leurs symptômes et à leur gravité, leur intensité étant généralement moins grande que dans la forme mélancolique. Les idées de suicide y sont cependant fréquentes, revêtant plutôt l'aspect d'une quête affective ou d'un sentiment d'échec, qu'il faut savoir reconnaître et soulager. L'anxiété, la fatigue générale, l'adynamie, l'asthénie en sont parfois la seule manifestation et ne doivent pas être seulement traitées par des médications symptomatiques.

On distingue également des dépressions secondaires ou symptomatiques d'affections somatiques diverses. Elles sont assez nombreuses et pendant longtemps certains médecins ont sous-estimé cette fréquence. Plusieurs hypothèses ont été avancées pour rendre compte de cette méconnaissance : l'absence de plaintes du patient somatique concernant un éventuel vécu dépressif, l'intérêt quasi exclusif de certains médecins pour les problèmes somatiques, la propension à faire de la dysphorie une conséquence légitime de la maladie physique. L'intérêt des psychiatres pour ce problème a été contemporain du développement de la psychiatrie de liaison, les déprimés représentant un pourcentage important des patients hospitalisés en médecine pour lesquels une consultation psychiatrique était demandée. Parmi ceux-ci, les trois quarts auraient une dépression vraiment secondaire à une affection somatique. Le dernier quart souffre en fait d'une dépression primaire authentique, mais masquée par la plainte corporelle dont elle est le symptôme principal. On décrit enfin d'autres formes secondaires à des affections mentales primitives comme la schizophrénie et certains délires chroniques. Paradoxalement, c'est souvent lorsque le délire s'estompe à la suite d'un traitement neuroleptique intensif qu'apparaît une dépression très intense nécessitant la prescription d'antidépresseurs (avec le danger très réel que ces derniers réactivent l'activité délirante).

CRITIQUE DE LA DISTINCTION ENDOGÈNE/EXOGÈNE

Si pendant longtemps on a maintenu la distinction entre dépression endogène et dépression névrotique/réactive, on s'oriente depuis une dizaine d'années vers une sorte de continuum entre les deux types, que ne séparerait en fait que l'intensité des symptômes. C'est ainsi que dans le DSM III et sa récente révision, ainsi que dans la nouvelle classification internationale des maladies (C.I.M.-10), les dépressions sont réunies dans le même chapitre et subdivisées en fonction de leur intensité ou de leur durée. Dans le DSM III, la classification des dépressions repose sur la présence ou l'absence d'un syndrome dépressif appelé « épisode dépressif majeur ». Les dépressions répondant aux critères de ce dernier sont ensuite rattachées au *trouble bipolaire* ou identifiées comme dépressions majeures ; celles qui ne répondent pas à ces critères sont classées parmi les « autres troubles affectifs spécifiques » (trouble cyclothymique et trouble dysthymique) ou les *troubles affectifs atypiques*.

Quant à la révision du DSM III, elle comporte plusieurs modifications importantes : subdivision des dépressions majeures selon leur gravité, leur évolution, leur type (mélancolique ou non mélancolique) et selon le schéma de leur survenue (saisonnières ou non saisonnières) ; inclusion du trouble cyclothymique parmi les troubles bipolaires ; subdivision des troubles dysthymiques selon les antécédents psychiatriques et selon l'âge de survenue. De même, la C.I.M.-10 réunit l'ensemble des troubles de l'humeur dans un même cadre. Les troubles dépressifs y sont subdivisés, en fonction de leur gravité, en troubles dépressifs graves (caractérisés par la présence de symptômes dits « biologiques » ou « endogénomorphes ») et troubles dépressifs légers et états dépressifs peu intenses mais persistants, les différences entre les deux nouvelles classifications étant finalement assez minimes (C.B. Pull).

Causes biologiques, causes psychologiques

Il faut dire que l'ancienne séparation entre les deux grands types de dépression, l'un endogène, à causalité biologique, l'autre psychogène, à causalité psychique, tenait à un conflit idéologique quant à son étiologie. Celui-ci séparait radicalement ceux qui retenaient une cause organique, qu'était venue confirmer la découverte du rôle de régulateur thymique des monoamines cérébrales et en particulier de la noradrénaline (dont le déficit chez les dépressifs pouvait être de nature héréditaire), de ceux qui défendaient, à la suite de S. Freud et des progrès de la psychanalyse, un point de vue strictement psychogénétique.

Repères psychanalytiques et cognitivistes

Pour les psychanalystes, la mélancolie peut se comparer à un travail du deuil qui n'arrive pas à s'accomplir. (→ deuil.) Et, dans la dépression, le moi va s'identifier à l'« objet perdu », prenant à son propre compte les sentiments ambivalents d'amour et surtout de haine vis-à-vis de cet objet : « L'ombre de l'objet, écrit Freud, tomba ainsi sur le moi, qui put alors être jugé par une instance particulière comme un objet, comme l'objet abandonné. De cette façon, la perte de l'objet s'était transformée en une perte du moi, et le conflit entre le moi et la personne aimée en une scission entre la critique du moi et le moi modifié par identification » (*Deuil et mélancolie*, 1915). Ainsi, dans la dépression, le malade doit affronter une perte imaginaire en s'adressant à lui-même les reproches et l'agressivité destinés normalement à l'objet perdu.

Un autre courant, venant de la psychologie cognitive, a voulu faire de la dépression une perturbation des processus cognitifs. Selon G.A. Kelly et A.T. Beck, les « structures cognitives stables » y seraient inadéquates dans trois domaines : le moi, le monde extérieur et le futur. Cette « triade cognitive dépressive » (Beck, 1970) affecte d'une coloration négative les représentations liées à ces trois domaines. Ces contenus inadéquats sont engendrés par des processus inadéquats de types logique, stylistique, sémantique. Ce sont eux qui « fabriquent » les cognitions incorrectes dont le contenu concret s'exprime de façon verbale dans le discours des déprimés et aussi dans l'imagerie, les rêveries et les rêves. « À ces trois types de processus correspondent des erreurs particulières : des inférences arbitraires qui éliminent dans l'interprétation d'un événement des explications plus plausibles, des abstractions sélectives qui concentrent l'attention sur un détail pris hors de son contexte en laissant de côté des caractéristiques plus évidentes de la situation, des généralisations abusives, des sur- ou sous-estimations et des dénominations inadéquates » (M. De Bonis). La thérapie cognitive consiste donc à corriger en collaboration avec le patient les conceptions erronées, les distorsions et les hypothèses désadaptatives afin de rectifier cette vision incorrecte des événements et du moi qui caractérise le déprimé. Il s'agit d'amener le malade à évaluer son comportement de façon plus réaliste, ce qui produit une nette amélioration de son état dépressif et parfois une guérison complète.

Complémentarité des approches

Ces diverses approches sont finalement plus complémentaires qu'opposées. Comme l'a bien montré D. Widlöcher, il faut sortir de ce dualisme stérile envisageant l'étiologie de la dépression sous un angle purement organogénétique ou purement psychogénétique. Il faut comprendre les diverses « logiques de la dépression » et l'interaction constante entre les contraintes d'ordre psychosocial et celles qui relèvent de la neurophysiologie et de la biochimie cérébrale. Ainsi, la dépression peut être envisagée comme « un dispositif comportemental inné qui s'impose à certains sujets lorsque les circonstances l'appellent ou lorsqu'une prédisposition neurobiologique s'y prête ». Bref, la dépression serait une « réponse », « un état cérébral lié à l'impossibilité d'échapper à une situation pénible, à l'incapacité de pouvoir changer cette situation ».

Si cet « état cérébral pathologique » cède la plupart du temps aux médicaments modernes, la psychothérapie permettra aux déprimés de prendre conscience des mécanismes psychiques qui provoquent ou entretiennent la souffrance mentale, puis d'en prévenir la récidive « en maîtrisant le jeu permanent des pensées dépressiogènes, de l'anxiété, de l'agressivité, des blessures narcissiques ou des épreuves de perte » (Widlöcher).

Les traitements

Sur le plan somatique, les *traitements antidépresseurs* sont essentiellement médicamenteux. L'électrochoc*, beaucoup utilisé autrefois, n'est maintenant employé que dans le cas de dépressions particulièrement graves, résistantes aux antidépresseurs (de 10 à 15 %). Ces derniers sont représentés par deux grands groupes de médicaments : les inhibiteurs de la mono-amino-oxydase et les dérivés tricycliques.

Les premiers, qu'on désigne sous le sigle commun « I.M.A.O. », sont très efficaces, mais d'un maniement assez difficile, nécessitant une surveillance particulière, et, sauf pour les plus récents, qu'on dit « réversibles », leur association avec d'autres médicaments peut être particulièrement dangereuse.

Les seconds ont eu comme chef de file l'imipramine, utilisée pour la première fois par R. Kuhn en 1957. La clomipramine et l'amitryptiline, qui peuvent être toutes deux administrées par voie intraveineuse au début du traitement, ont inauguré une longue série de médicaments antidépresseurs* qui agissent généralement par inhibition du recaptage des neuromédiateurs* intrasynaptiques et font virer l'humeur dépressive vers les 12e-15e jours du traitement. Mais leur activité, qui paralyse nettement le nerf vague, entraîne quelques phénomènes secondaires parfois désagréables : sécheresse de la bouche, mydriase avec difficulté d'accommodation visuelle, risques d'augmenter la tension intraoculaire (les rendant dangereux dans le glaucome) ou de provoquer une rétention vésicale (ce qui peut se produire en cas d'hypertrophie prostatique par exemple), tachycardie et troubles tensionnels dans les premiers jours de la prescription. Ils procurent une levée de l'inhibition souvent plus précoce que la modification de l'état thymique, ce qui peut faciliter un passage à l'acte suicidaire. Il est donc nécessaire que de tels traitements se fassent sous surveillance constante de l'entourage et, dans les cas graves avec risque de suicide, en milieu hospitalier.

Il faut d'ailleurs associer, chaque fois que le malade est anxieux et suicidaire, des médicaments sédatifs et anxiolytiques comme la lévomépromazine ou une des nombreuses benzodiazépines dont on dispose actuellement, en se méfiant cependant des risques de dépendance. Il faut également prescrire des correcteurs de l'hypotension, comme le chlorhydrate d'heptaminol par exemple, et des effets anticholinergiques, comme l'anétholtrithione ou l'ésérine. Ce traitement ne sera diminué que très progressivement après le virage de l'humeur, par crainte de rechute dépressive possible. Beaucoup de praticiens le poursuivent pendant de nombreux mois, dans un but préventif, à des doses faibles, en l'associant à des produits normothymiques qui ont fait leurs preuves dans la prévention de nouveaux accès : le lithium, dont le psychiatre danois M. Schou a bien codifié l'emploi, ou le valpromide, plus facile à manier mais nettement moins efficace.

J. P.

→ antidépresseur, mélancolie, maniaco-déressive (psychose).

Bibliographie

Beck, A. T., 1967, *Clinical Experimental and Theoritical Aspects*, New York, Harper and Row.

Berner, P., et coll., 1987, *Critères diagnostiques pour les psychoses schizophréniques et affectives*, Paris, Expansion scientifique.

Falret, J. D., 1864, *Des maladies mentales et des asiles d'aliénés*, Paris, Baillière.

Freud, S., 1915, « Deuil et mélancolie », in *Métapsychologie* ; trad. fr., Paris, Gallimard, 1968.

Ginestet, D., et Peron-Magnan, P., 1984, *Chimiothérapie psychiatrique*, Paris, Masson.

Tellenbach, H., 1961 (trad. fr. 1979), *la Mélancolie*, Paris, P.U.F.

Widlöcher, D., 1983, *les Logiques de la dépression*, Paris, Fayard.

dépression envahissante

(angl. Spreading Depression)

PSYCHOPHYSIOL. **Interruption réversible de l'activité électrique d'une structure nerveuse qui s'étend de proche en proche à partir de la zone d'application du traitement perturbateur.**

La technique la plus courante consiste en un dépôt de chlorure de potassium sur le cortex cérébral. Un refroidissement local, une stimulation mécanique ou, paradoxalement, une forte stimulation électrique constituent également des traitements efficaces. G. S.

déprimé, e

adj. et n. (angl. Depressed)

Se dit d'une personne qui souffre de dépression. J. P.

dépsychiatrisation

n.f.

Ensemble des processus de *désinstitutionnalisation* (angl. Desinstitutionalization) des malades mentaux, de plus en plus réinsérés ou laissés dans leur milieu social, et tendance à éviter une *psychiatrisation* abusive de cas sociaux, de déviants, de personnes âgées que la société confiait trop volontiers aux soins des psychiatres avec l'accord souvent complaisant de ces derniers. J. P.

déréel, elle

adj. (angl. Dereistic)

Se dit d'une pensée détournée du réel et des nécessités logiques, s'enfermant dans une succession d'abstractions formelles sans support objectif ou de représentations fantasmatiques incompréhensibles sans contact avec le milieu social où se trouve le sujet.

C'est essentiellement dans la schizophrénie que l'on retrouve ce type de pensée, accompagnant généralement un repli autistique. Le Français L. Gayral a décrit un « syndrome déréistique » où cette pensée déréelle s'associe à l'apragmatisme, à la mémoire autistique, au rationalisme morbide et à un délire paranoïde. J. P.

désaliénisme

n.m. (angl. Desalienism)

Mouvement idéologique et sociopolitique orienté à la fois vers une amélioration du sort des malades mentaux et vers la disparition progressive du système asilaire.

Le terme a été créé par L. Bonnafé et G. Daumézon à la fin de la Seconde Guerre mondiale et s'inscrivait dans le contexte de la résistance contre l'occupant et de la destruction de toutes les institutions totalitaires. Déjà, en 1922, E. Toulouse avait critiqué l'internement comme seule forme de prise en charge des malades mentaux et fondé le premier service libre de traitement psychiatrique, l'hôpital H. Rousselle, sur le territoire même de l'hôpital Sainte-Anne, à Paris. Mais c'est à Saint-Alban, lieu de résistance particulièrement actif de 1941 à 1944, que les psychiatres du vieil établissement asilaire, P. Balvet, F. Tosquelles et Bonnafé, prennent conscience que l'asile lui-même est en fait aliéné dans son ensemble (aussi bien les malades que leurs soignants). Ils s'efforcent alors, par un travail d'analyse critique de l'institution fait en coopération avec les patients dans des réunions communes, de libérer à la fois ces derniers et eux-mêmes des murs de l'asile (R. Gentis). C'est ainsi qu'a pris naissance la psychothérapie institutionnelle*, qui domine la psychiatrie française des années 1950 et 1960. Dans la même perspective de désaliénation s'inscrit le mouvement d'action thérapeutique hors de l'asile et dans la communauté, qui est à l'origine de l'organisation du secteur* psychiatrique. Celle-ci se poursuit encore, non sans risques de régression et de retour à un hospitalocentrisme toujours prêt à renaître et à l'emporter sur ces mouvements de libération. J. P.

désambiguïsation

n.f. (angl. Disambiguation)

Activité par laquelle un sujet trouve l'acception pertinente d'un mot ou d'un passage ambigus.

Il est d'observation courante qu'en contexte les mots strictement ambigus — ceux qui possèdent deux ou plusieurs acceptions clairement disjointes — perdent leur ambiguïté et qu'il n'y a alors aucune prise de conscience de cette dernière. De nombreuses expériences ont été conduites pour tenter de trancher entre les deux principales hypothèses suivantes :

1. au moment où est perçu le mot ambigu, une seule acception est activée ; si elle est pertinente, elle est conservée et, dans le cas contraire, elle est remplacée par la seconde ;
2. au moment de la perception, les deux acceptions du mot sont immédiatement activées de façon non consciente ; puis, dans un deuxième temps, l'acception non pertinente est inhibée et seule subsiste celle qui est pertinente.

Pendant toute une période, l'hypothèse 2 a semblé l'emporter indubitablement, sur la base de résultats expérimentaux convergents. On considère maintenant que la solution du problème est plus complexe et que l'hypothèse 2 ne s'applique que dans les cas où les fréquences d'utilisation des deux acceptions (ou plus) sont égales. Dans tous les autres cas, une acception est sensiblement plus fréquente que les autres et dominante : il semble bien alors que ce soit elle qui soit activée en premier et éliminée seulement si cela est nécessaire, ce qui redonne du crédit à l'hypothèse 1. Le problème n'est actuellement pas tranché et la multiplicité des formes d'ambiguïté le rend encore plus compliqué. J.-F. L. N.

descriptive (statistique)

(angl. Descriptive Analysis)

Méthodes statistiques utilisées seulement pour résumer, condenser un nombre déterminé d'observations sans tentative de généralisation des résultats à une population dont ces observations seraient extraites. M. R.

→ inférence statistique.

désensibilisation

n.f. (angl. Desensitization)

Méthode thérapeutique ayant pour but de faire disparaître une sensibilité anormale et cause de gêne à certains agents, qui, en eux-mêmes, sont bien supportés par la majorité des sujets.

C'est ainsi que les allergies et certaines formes d'asthme sont traitées par désensibilisation. La thérapie comportementale, dans de nombreuses manifestations anxieuses ou phobiques, a recours à ce processus. La confrontation avec les objets ou les situations se fait de façon progressive soit en imagination, soit dans le réel.

LA DÉSENSIBILISATION SYSTÉMATIQUE

La désensibilisation systématique est une méthode psychothérapeutique mise au point en 1958 par un psychiatre américain, J. Wolpe. Elle est née de ses recherches de réflexologie conditionnée sur l'aspect physiologique des réactions anxieuses chez l'animal, qui s'accompagnent de manifestations neurovégétatives. Ces réactions sont inhibées par un processus dit « d'inhibition réciproque » lorsque peuvent entrer en jeu des réactions incompatibles avec les réponses anxieuses et possédant une action inhibitrice sur celles-ci. Pour obtenir chez l'homme une meilleure régulation neurovégétative, on fait le plus souvent appel aux méthodes de relaxation, qui créent un état antagoniste de celui de l'anxiété. Une fois que le sujet est suffisamment détendu, le comportementaliste lui fait évoquer des scènes ayant un rapport de plus en plus direct avec la situation anxiogène suivant une « hiérarchie » qu'il a préalablement établie avec lui. Il s'agit donc de modifier les conditions dans lesquelles le patient perçoit les stimulus phobogènes et de les rendre telles que l'angoisse ne se manifeste plus lorsqu'il se les représente en imagination. Des études contrôlées ont montré que, lorsqu'il se trouve, ensuite, en leur présence, il voit s'affaiblir et souvent disparaître leur valeur anxiogène. De nombreux facteurs cognitifs entrent en jeu dans ce processus de guérison.

LA DÉSENSIBILISATION DANS LE RÉEL (IN VIVO)

La désensibilisation dans le réel (in vivo) se pratique en l'absence de l'apprentissage d'une méthode de relaxation. Les situations à aborder sont étudiées à l'avance et également classées suivant une hiérarchie.

Le patient est ensuite confronté à l'une d'entre elles en présence d'un thérapeute. À tout moment, il peut interrompre la séance et déclarer désirer revenir à une situation de moindre valeur anxiogène.

LE MODELAGE DE PARTICIPATION

Le modelage de participation, parfois appelé « désensibilisation de contact », s'appuie sur des hypothèses, expérimentalement vérifiées, portant sur l'apprentissage social par observation d'un modèle, imitation ou apprentissage vicariant. Le thérapeute sert de modèle et le patient l'accompagne en gardant avec lui un contact constant. Il n'y a pas provocation d'anxiété du fait que les risques d'incidents demeurent faibles. Les désensibilisations peuvent être pratiquées en groupe chez des malades présentant des symptomatologies similaires (phobies de l'avion, des animaux, etc.).
M. A.

BIBLIOGRAPHIE
Wolpe, J., 1958, *Psychotherapy by Reciprocal Inhibition*, Stanford, Stanford Universtiy Press.

déséquilibre

n. m. (angl. Mental Imbalance)

Exagération pathologique des réactions d'un sujet à son environnement sur un fond de dysharmonie de ses tendances et de ses traits de caractère.

L'enfant « déséquilibré » est généralement instable, agressif, intolérant aux contraintes et aux frustrations. Il réagit sur un mode souvent violent, clastique, antisocial. Il contrôle mal ses appétits, ses besoins et son comportement. Et il devient souvent, dès l'adolescence, un toxicomane, un délinquant. Ses actes antisociaux se répètent de plus en plus à l'âge adulte et s'accompagnent souvent d'inadaptation socioprofessionnelle.
J. P.

→ psychopathie.

déshabituation

n.f. (angl. Dishabituation)

GÉNÉR. **Restauration d'une réponse, préalablement affaiblie, ou éteinte par habituation, à son niveau initial.**

La déshabituation peut être obtenue soit, après un délai, en réponse à la stimulation qui avait engendré l'habituation, soit, par généralisation, en réponse à un stimulus partiellement nouveau ou voisin. H. B.

désinhibiteur

n.m. (angl. Disinhibiting Treatment)

Psychotrope ou méthode thérapeutique capables de provoquer une désinhibition.

Les anxiolytiques, les antidépresseurs et autres psychoanaleptiques, ainsi que les psychodysleptiques en général et que les neuroleptiques, sont susceptibles de désinhiber un patient en fonction de la dose et du tableau clinique existant. La narcoanalyse ou la psychothérapie peuvent avoir une action désinhibitrice.

L'effet désinhibiteur « vrai », pour les neuroleptiques, concernerait une amélioration de la symptomatologie fondamentale bleulérienne. (→ désinhibition.) Le sulpiride et le pimozide à faible dose sembleraient notamment avoir cette propriété encore controversée et seraient de ce fait considérés comme neuroleptiques bipolaires (désinhibiteurs à faible dose et réducteurs à posologie élevée). C. P.

désinhibition

n.f. (angl. Disinhibition)

PSYCHIATR. **Suspension totale ou partielle de toute forme d'inhibition (instinctuelle, motrice, volitive, de la censure, du jugement, etc.).**

En psychiatrie, et en particulier dans les schizophrénies hébéphréniques, la désinhibition « vraie » serait représentée par un amoindrissement de leur symptomatologie fondamentale dans le sens de E. Bleuler, soit: troubles des associations, de l'affectivité et de la volition, autisme et ambivalence, à distinguer de l'euphorie (trouble thymique), de la stimulation et de la libération due à une atténuation du délire.

Dans un sens plus général, on retrouve une désinhibition dans les états maniaques, les démences et arriérations ainsi que dans quelques formes d'épilepsie et dans les troubles de la personnalité. C. P.

PHYSIOL. **Disparition ou suppression d'une inhibition existante.**

La désinhibition peut être obtenue par des moyens très divers: ainsi, la section de la moelle épinière augmente la vivacité de certains réflexes par une perte de l'inhibition descendante en provenance de certains centres supérieurs; un effet similaire peut être obtenu par l'administration de certaines drogues. La désinhibition est alors réversible, après élimination de la drogue.
R. L.

désintoxication (cure de)

(angl. Desintoxication Treatment ou Withdrawal Treatment)

Traitement ayant pour but de guérir une intoxication chronique; au sens restreint, traitement du syndrome de sevrage (cure de sevrage); par extension, traitement des toxicomanies.

Pour désigner les traitements visant à diminuer les symptômes du manque, lorsqu'un toxicomane cesse de prendre sa drogue, les spécialistes parlent aujourd'hui de *cure de sevrage*. La désintoxication reste cependant un concept mythique, tant dans l'esprit du grand public que chez les toxicomanes. On doit donc regrouper sous ce terme toutes les approches thérapeutiques des toxicomanies.

LES PREMIÈRES MÉTHODES DE DÉSINTOXICATION

Les premières descriptions des toxicomanies modernes, dans la seconde moitié du XIXe siècle, ont concerné la dépendance envers les opiacés et particulièrement le morphinisme (S. Levinstein, B. Ball, E. Chambard, E. Pichon). L'importance de la dépendance physique dans cette toxicomanie ainsi que le caractère spectaculaire du syndrome de sevrage ont d'emblée fait porter l'accent sur les moyens de passer le cap du manque physique. La première méthode utilisée fut celle de la suppression brusque (Levinstein), consistant simplement à enfermer le patient, sans traitement, le temps nécessaire. À l'opposé, la méthode de diminution progressive (Pichon) présentait aussi quelques inconvénients, nombre de sujets ressortant du traitement plus intoxiqués qu'à l'origine. Peu à peu s'impose une méthode de diminution rapide sous contrôle (Ball, R. Erlenmeyer, etc.). Mais parallèlement devaient se développer des tentatives de traitements palliatifs ou de substitution (par la cocaïne, par l'héroïne, etc.). Souvent, ces traitements furent à l'origine de nouvelles formes de toxicomanie.

La fréquence des rechutes devait rapidement montrer les limites de la cure de désintoxication et souligner l'importance du suivi ultérieur. Avant la psychanalyse, le traitement moral, l'hypnose et la suggestion furent utilisés pour tenter de prévenir ces rechutes.

LES MÉTHODES ACTUELLES DE DÉSINTOXICATION

La plupart des spécialistes s'accordent à dire que la cure n'est qu'un élément de prise en charge des toxicomanes: un sevrage peut s'effectuer en quelques jours ou semaines, une prise en charge s'étend souvent sur plusieurs années. Entre le sevrage bloc (méthode brutale, le « Cold Turkey » des Anglo-Saxons) pratiqué dans certaines communautés gérées par d'anciens toxicomanes et le sevrage très progressif, il existe encore aujourd'hui quantité de techniques intermédiaires. L'utilisation d'antalgiques, de tranquillisants ainsi que de dérivés de la clonidine (qui, sans effets psychotropes importants, bloquent les effets du sevrage d'opiacés) fait toutefois du sevrage une entité médicalement bien connue et assez facile à traiter. Nombre de sevrages peuvent ainsi s'opérer en ambulatoire, sans recourir à une hospitalisation.

Le traitement des toxicomanies, comme les techniques de sevrage, est l'enjeu de polémiques qui dépassent largement le simple cadre des techniques médicales. En deçà des prises de position théoriques ou des querelles de spécialistes (mettant en avant des conceptions biologiques, psychanalytiques ou comportementalistes), les différentes stratégies thérapeutiques sont l'effet de modèles implicites de compréhension de la toxicomanie. Une théorie de ces pratiques mettrait au jour des conceptions morales, politiques autant que biologiques ou psychologiques.

LE TRAITEMENT DES TOXICOMANIES

Le suivi des toxicomanes s'effectue le plus souvent à travers un réseau d'institutions spécialisées, chaque pays tendant depuis les années 1970 à créer un système de soins spécifique. Parmi les modèles proposés, il est très schématiquement possible de différencier deux systèmes différents.

LA PRISE EN CHARGE GLOBALE DU TOXICOMANE

La prise en charge globale du toxicomane, visant à la disparition de la toxicomanie, s'est traduite par deux grandes approches.

LES TRAITEMENTS D'ENTRETIEN (angl. Maintenance). Proposée dans les années 1960 par les Américains V. Dole et M. Nyswander, la *maintenance* à la méthadone consiste en l'attribution quotidienne d'une dose de cet opiacé d'action longue.

Il s'agit donc d'admettre l'impossibilité du sevrage et de fournir au sujet une drogue légale dans l'espoir de le voir se réinsérer et se stabiliser sur les plans social et affectif: cette approche est très contraignante pour le patient (obligation de prise quotidienne dans un centre après analyse d'urines, etc.).

LES TRAITEMENTS BASÉS SUR L'ISOLEMENT DU SUJET PAR RAPPORT AU RESTE DE LA SOCIÉTÉ. Le premier modèle en fut, dans le cadre de la criminalisation des toxicomanies, la création de grands «hôpitaux prisons» aux États-Unis (Fort Worth au Texas, Lexington dans le Kentucky). L'idée de larges peines de prison pour «soigner» les toxicomanes est régulièrement redécouverte par certains hommes politiques.

Les communautés thérapeutiques, gérées par d'anciens toxicomanes, participent souvent du même modèle: il s'agit de «briser» la personnalité des nouveaux, de les intégrer pour un temps indéterminé à un groupe, à une institution coupée du reste de la société. La difficulté de contrôles extérieurs et le développement de certaines de ces structures entraînent de nombreuses polémiques. Une question centrale est l'assimilation de ces structures à des sectes. Certaines communautés incluent dans leur action un travail avec d'autres institutions, les familles, etc.

MODÈLES COMPLEXES

À l'opposé se trouvent des modèles complexes, tentant de prendre en compte l'infinie diversité du vécu des toxicomanes. Le modèle français, quelque anarchique qu'il puisse paraître, est un exemple en la matière. Il consiste en un réseau évolutif de structures d'accueil, d'hébergement, d'accompagnement, d'écoute, de cure, de postcure, de réinsertion. Tout en gardant la possibilité d'un thérapeute référent, dans une relation où l'écoute psychanalytique peut avoir sa place, le sujet doit trouver des réponses à ses questions immédiates: lieu pour un sevrage, éloignement du milieu habituel par un séjour de quelques semaines ou mois dans un centre de postcure ou une famille d'accueil, etc. Considérant le toxicomane comme une personne responsable, les tenants de ce modèle insistent sur l'importance d'un choix volontaire du sujet à chaque étape de sa prise en charge et sur l'échec de tout traitement imposé. Cette conception implique une certaine fonction «positive» de la drogue: le traitement ne passe pas par l'abstinence à tout prix, mais par l'accession par le sujet à la capacité de choisir (C. Olievenstein parle d'accession à la «démocratie psychique»). M. V.

BIBLIOGRAPHIE

Lert, F., Fonbonne, E., 1989, *la Toxicomanie. Vers une évaluation de ses traitements*, Paris, I.N.S.E.R.M., «La Documentation française».

désir

n.m. (angl. Wish; allem. Wunsch, Begierde)

PSYCHAN. **Manque inscrit dans la parole et effet de la marque du signifiant sur l'être parlant.**

Le lieu d'où vient pour un sujet son message langagier est appelé Autre, parental ou social. Or, le désir du sujet parlant est le désir de l'Autre. S'il se constitue à partir de lui, il est un manque articulé dans la parole et le langage que le sujet ne saurait ignorer sans dommages. Comme tel, il est la marge qui sépare, du fait du langage, le sujet d'un objet supposé perdu. Cet objet *a* est la cause du désir et le support du fantasme du sujet.

LE LIEN DU DÉSIR AU LANGAGE

Dès 1895, la méconnaissance de son désir par le sujet se présentait à S. Freud comme une cause du symptôme. Élève de J. M. Charcot, il en soupçonnait déjà la présence insistante au-delà de l'étalage spectaculaire des lésions chez les patientes hystériques. Son travail avec Emmy von N. allait le mettre sur la voie de ce désir. Cette patiente ressentait certaines représentations comme incompatibles avec elle-même: crapauds, chauves-souris, lézards, homme tapi dans l'ombre. Ces figures bestiales surgissaient autour d'elle comme autant d'événements supposés traumatiques. Freud les rapporte à une cause: un désir sexuel. C'est le même fantasme d'effraction qu'il retrouve plus tard chez Dora: une effraction par un animal ou par un homme «contre» la volonté du sujet.

Mais il s'agit d'un désir socialement inavouable dissimulé derrière la convention amoureuse d'une innocence maltraitée. Il fait irruption dans la réalité, projeté sur des animaux, voire sur des personnes, tous êtres auxquels l'hystérique attribue sa propre sensualité. Une telle projection amènera Lacan à cette assertion que le désir du sujet, c'est le désir de l'Autre. L'hystérique imagine cet Autre incarné dans un semblable. Avec la cure, elle finit par reconnaître que ce lieu Autre est en elle et qu'elle l'a ignoré, et ce n'est qu'en la sollicitant que Freud obtient que la patiente lui évoque ce qui la tourmente. Freud fera de même avec d'autres, obtenant souvent la sédation partielle des symptômes.

Le lien du désir à la sexualité est donc d'emblée avéré à Freud, de même que sa reconnaissance par la parole. Tour à tour, les modèles physiques, économiques et topiques l'aideront à en cerner les effets, mais c'est le lien du désir à la parole d'un sujet qui devient très vite le fil conducteur de toute son œuvre clinique, comme en témoigne ensuite *l'Interprétation des rêves* (1900).

Si le rêve est la réalisation déguisée d'un désir refoulé, Freud sait entendre, à travers les déguisements qu'impose la censure, l'expression d'un désir qui subvertit, dit-il, «les solutions simples de la morale périmée». Ce faisant, il met au jour l'articulation du désir au langage en découvrant la règle d'interprétation: l'association libre. Elle donne accès à ce savoir inconscient à travers lequel est lisible le désir d'un sujet. En suivant la trace des significations qui viennent le plus spontanément à l'esprit, le sujet peut mettre au jour ce désir que le travail dissimulateur du rêve a masqué sous des images énigmatiques, inoffensives ou angoissantes. L'interprétation qui en résulte vaut ainsi comme la reconnaissance du désir qui depuis l'enfance ne cesse d'insister et détermine, sans qu'il le sache, la destinée du sujet. Voilà pourquoi Freud conclut *l'Interprétation des rêves* en disant que l'avenir présent pour le rêveur est modelé, par le désir indestructible, à l'image du passé. De quelle nature est ce désir?

À cette question répond tout le travail clinique de Freud. Il le conduit à énoncer l'un des paradoxes du désir dans la névrose: le désir d'avoir un désir insatisfait. Le rêve dit «de la bouchère» *(l'Interprétation des Rêves)* lui en révèle quelques arcanes. En évoquant un rêve où figure du saumon, plat de prédilection de son amie, la patiente en question dit qu'elle encourage son mari, pourtant soucieux de lui faire plaisir, à ne pas satisfaire un désir de caviar, qu'elle lui a néanmoins exprimé. Freud interprète ces paroles comme désir d'avoir un désir insatisfait. Il entend le signifiant «caviar» comme la métaphore du désir. Dans *la Direction de la cure*, Lacan montre à propos de ce rêve comment ce désir s'articule au langage. Non seulement le désir se glisse dans un signifiant qui le représente, le caviar, mais il se déplace aussi le long de la chaîne signifiante qu'énonce le sujet lorsque, par association libre, la patiente passe ici du saumon au caviar. Ce déplacement d'un signifiant à un autre, qui momentanément se fixe sur un mot censé représenter l'objet désirable, Lacan l'appelle *métonymie*. La patiente ne veut pas être satisfaite, comme il est habituel de le constater dans la névrose. Elle préfère à la satisfaction le manque, qu'elle maintient sous la forme de la privation évoquée par le signifiant « caviar ». Si, pour Lacan, le désir est « la métonymie de manque à être où il se tient », c'est que le lieu où se tient le désir d'un sujet est une marge imposée par les signifiants eux-mêmes, ces mots qui nomment ce qu'il y a à désirer. Cette marge s'ouvre entre un sujet et un objet que le sujet suppose inaccessible ou perdu. Le glissement du désir le long de la chaîne signifiante interdit l'accès à cet objet supposé perdu que le signifiant caviar symbolise ici.

Ce dont témoigne ces remarques de Lacan, c'est que le nom qui nomme l'objet manquant laisse apparaître ce manque, lieu même du désir. Le manque est un effet du langage : en nommant l'objet, le sujet le rate nécessairement. La spécificité du désir de l'hystérique est ici qu'elle fait de ce manque structural, déterminé par le langage, une privation, source d'insatisfaction. Il reste que, si le désir est indestructible, c'est que les signifiants particuliers dans lesquels un sujet vient articuler son désir, c'est-à-dire nommer les objets qui le déterminent, demeurent indestructibles dans l'inconscient à titre de « traces mnésiques » laissées par la vie infantile. Mais est-ce à dire que le psychanalyste s'en tienne à cette vérité que les névrosés vivent de fictions et entretiennent leur insatisfaction ?

LE DÉSIR ET LA LOI SYMBOLIQUE

Lacan donne une réponse à ce problème dans *le Désir et son interprétation*. Si le névrosé en tant qu'homme entretient son insatisfaction, c'est que, enfant, il n'est pas parvenu à articuler son désir à la loi symbolique qui en autoriserait une certaine réalisation. La question est de savoir quelle est cette loi symbolique et quelles impasses peuvent en découler pour le désir d'un sujet.

HAMLET

Lacan illustre son propos sur les impasses du désir dans la névrose par le destin de Hamlet. Le drame de Hamlet est de savoir par avance que la trahison, dénoncée par le spectre du père mort, frappe d'inanité toute réalisation de son désir. Mais c'est moins la trahison du roi Claudius qui est en cause que la révélation faite par le spectre à Hamlet de cette trahison. Cette révélation est mortifère puisqu'elle jette le doute sur ce qui garantirait le désir de Hamlet. En effet, la dénonciation du mensonge que représenterait le couple royal rend à Hamlet insupportable le lien du roi et de la reine et l'amène à récuser ce qui fonde symboliquement ce lien sexuel : le phallus. Il conteste que Claudius puisse être le détenteur exclusif du phallus pour sa mère. Du même mouvement, il s'interdit l'accès d'un désir qui serait en règle avec l'interdit fondamental, celui de l'inceste. Il récuse la castration symbolique. Car, pour Freud comme pour Lacan, cette loi symbolique est portée par le langage : non naturelle, elle oblige le sujet à renoncer à la mère. Elle le dépossède — symboliquement — de cet objet imaginaire qu'est selon Lacan le phallus pour en attribuer la jouissance à un Autre, ici Claudius. Le complexe d'Œdipe, découvert par Freud, prend tout son sens de la rivalité qui oppose l'enfant au père dans l'abord de cette jouissance. Il est aussi remarquable de constater que le judaïsme puis le christianisme, par l'interdit qu'ils faisaient porter sur la convoitise incestueuse et sexuelle, ont mis en place les conditions d'un désir subjectif strictement orienté par le phallus et par la transgression de la loi. La tradition morale n'est pas sans susciter les impasses du désir. Elle favorise par les réponses qu'elle donne le refus névrotique ou pervers de la castration.

Hamlet finit ici par substituer à l'acte symbolique de la castration, rendu impossible par la parole empoisonnée du spectre, un meurtre réel qui l'entraîne lui-même et les siens dans la mort. Le destin de Hamlet est emblématique des impasses du désir dans la névrose qui, si elle prend rarement cette forme radicale, a la même cause pour origine : un évitement de la castration. Si le sujet veut s'accomplir autrement que dans cette infinie douleur d'exister dont témoigne Hamlet, ou dans la mort réelle, son désir par une nécessité de langage ne peut qu'en passer par la castration. Car la jouissance est, dit Lacan, interdite à qui parle comme être parlant. Ce que montre aussi la psychopathologie de la vie quotidienne, c'est que le refoulement de toutes les significations sexuelles est inscrit dans la parole : les références trop directes à la jouissance sont évacuées des énoncés les plus ordinaires. Elles n'y sont éventuellement admises qu'au titre de mot d'esprit. Tel est donc l'effet de cette loi du langage qui, en même temps qu'elle interdit la jouissance, la symbolise par le phallus et refoule de la parole dans l'inconscient les signifiants de la jouissance. Paraît obscène à ce titre le retour trop cru des mots qui évoquent le sexe dans la parole. Telle est aussi pour l'homme la relation du désir sexuel au langage. Pour peu que ce refoulement originaire n'ait pas eu lieu, c'est le désir du sujet qui en subit les conséquences dans la culpabilité ou dans les symptômes.

Pour une femme, l'accès au désir s'avère différent. D'emblée, la castration peut lui apparaître comme la privation réelle d'un organe dont est doté l'enfant mâle ou comme une injuste frustration. Puis elle vient occuper la place imaginaire de cet objet du désir qu'elle représente pour son père en tant que femme. À cet égard, elle vit souvent avec difficulté la rivalité qui désormais l'oppose à sa mère. Quoi qu'il en soit, il ne lui est pas imposé par le langage de refouler la signification phallique qui pour l'homme sexualise toutes ses pulsions, car elle n'est pas tout entière concernée par un refoulement dont elle supporte néanmoins les effets dans sa relation à l'homme. Ce qui fit dire à Lacan qu'une femme vivait de la castration de son partenaire et y trouvait repérage pour son désir. Enfin, il ne suffit pas de cette référence à la castration pour que le désir puisse être réalisé ; encore faut-il que cette castration, pour ne pas interdire toute réalisation du désir, vienne ainsi trouver appui dans ce que Lacan appelle le Nom-du-Père.

ANTIGONE

Car c'est de cette référence au Nom-du-Père*, lui aussi purement symbolique, que le désir assumé tient son assise. Le sujet désirant s'autorise à jouir précisément parce qu'il impute au père réel cette autorisation symbolique à désirer, le Nom-du-Père, sans laquelle la castration, propre au langage, laisserait le sujet insatisfait et souffrant. Il aurait à renoncer à tout désir, comme le montre la pathologie du sujet « normal » : son état dépressif. Pour faire comprendre cette relation du désir au Nom-du-Père, Lacan choisit de faire de la conduite d'Antigone l'attitude la plus illustrative de *l'Éthique de la psychanalyse*.

Contrairement à Hamlet, le désir d'Antigone n'est pas frappé d'inanité par l'empoisonnement d'une parole sans issue ; elle sait ce qui fonde l'existence de son désir : sa fidélité au nom légué par son père à son frère Polynice, Nom-du-Père ici. La limite que ce nom définit pour les décisions et les actes est celle où se tient Antigone et c'est ce nom que veut bafouer Créon, qui décide de laisser exposé le cadavre du guerrier mort. Contre le Bien revendiqué par Créon, l'ordre de la cité et la raison d'État en l'occurrence, elle oppose son désir, fondé sur ce lien symbolique. La tragédie montre qu'à l'horizon de ce Bien invoqué par les maîtres et les philosophes, pourvoyeurs d'une morale périmée, le pire se dessine. Car l'issue atroce de la tragédie procède directement de la volonté propre à Créon de faire le Bien contre le désir d'Antigone. Ainsi, pour Lacan, le Bien est-il, avec le service des biens — honorabilité, propriété, altruisme, biens de tous ordres —, porteur de cette jouissance mortelle puisqu'il rompt les amarres avec le désir.

La conduite d'Antigone a paru excessive à maint commentateur classique. L'audace de Lacan est sans doute d'avoir montré, contre les morales traditionnelles fondées sur le Bien, que le désir ne pouvait se soutenir que de son excès même par rapport à la jouissance, que recouvrent tout bien, tout ordre moral ou toute instance ordinale, quelle qu'elle soit. Cet excès du désir est emblématique de l'épreuve que constitue pour un sujet la cure analytique, et la seule faute qu'il puisse commettre est à l'encontre de son désir : céder sur son désir ne peut que laisser ce sujet désorienté. Le sujet dépouillera donc dans la cure le « scrutin de sa propre » loi et prendra le risque de l'excès.

L'OBJET, CAUSE DU DÉSIR

Qu'est-ce qu'en dernier lieu le sujet est amené à découvrir ? Tout d'abord, comme le dit Lacan, qu'« il n'y a pas d'autre bien que ce qui peut servir à payer le prix pour l'accès au désir», mais surtout que ce désir n'est ni un besoin naturel ni une demande.

Il se distingue radicalement du besoin naturel, comme en témoigne par exemple la mise en place de la pulsion orale. Au cri de l'enfant, la mère répond en l'interprétant comme une demande, c'est-à-dire un appel signifiant à la satisfaction. L'enfant se trouve donc dépendre dès les premiers jours d'un Autre dont la conduite procède du langage. S'il revient à la mère de répondre à cette demande, elle ne tente de la satisfaire que parce qu'au-delà du cri elle suppose la demande d'un enfant. Cette demande n'a de signification que dans le langage. En la supposant, elle implique donc l'enfant dans le champ de la parole et du langage. Mais l'enfant n'accède au désir proprement dit qu'en isolant la cause de sa satisfaction, qui est l'objet, cause du désir: le mamelon. Or, il ne l'isole que s'il en est frustré, c'est-à-dire si la mère laisse place au manque dans la satisfaction de la demande. Le désir advient alors au-delà de la demande comme manque d'un objet. C'est par la cession de cet objet que l'enfant se constitue comme sujet désirant.

Le sujet entérine la perte de cet objet par la formation d'un fantasme qui n'est autre que la représentation imaginaire de cet objet supposé perdu. Car c'est une coupure symbolique qui sépare désormais le sujet d'un objet supposé perdu. Cette coupure est simultanément constitutive du désir, comme manque, et du fantasme qui va succéder à l'isolement de l'objet perdu. L'excitation réelle du sujet dans la poursuite de ce qui le satisfait va donc avoir comme point de butée un manque et un fantasme qui fait en quelque sorte écran à ce manque et qui resurgira dans la vie sexuelle du sujet. L'excitation n'est donc pas destinée à atteindre le but biologique que serait, par exemple, la satisfaction instinctive du besoin naturel par la saisie réelle de quelque chose, comme chez l'animal. L'excitation réelle du sujet fait le tour d'un objet qui s'avère insaisissable, et constitue la pulsion. L'existence du sujet désirant par rapport à l'objet de son fantasme est un montage, qui procède de l'inscription du manque dans le désir de la mère puisqu'il revient d'abord à la mère, puis au père, d'inscrire ce manque pour l'enfant, un manque non pas naturel mais propre au langage. Le langage et la coupure dont il est le porteur sont reçus comme Autres par le sujet. Ils portent avec eux le manque. C'est pourquoi Lacan dit que le désir du sujet est le désir de l'Autre. Il en est de même de tous les autres objets du fantasme — anal, scopique, vocal, phallique, voire littéral — dont la perte creuse aussi cette marge du désir, ce manque et qui seront eux aussi à des titres divers les supports du fantasme. Cet objet, support du fantasme et cause du désir, Lacan l'appelle objet *a*. Dans «Subversion du sujet et dialectique du désir» (*Écrits*, 1965), il note d'un algorithme la relation du sujet à l'objet *a*: $ ◇ a.

Tel est donc ce sujet de l'inconscient qui poursuit à travers les méandres de son savoir inconscient la cause évanescente de son désir, cet objet supposé perdu si souvent évoqué dans les rêves. Il appartient en dernier lieu à la castration de refouler les pulsions qui ont présidé à la mise en place de ce montage et de sexualiser tous les objets causes du désir sous l'égide du phallus. Au terme d'une analyse, ces objets supposés perdus, supports du fantasme, apparaissent sous le jour qui est le leur, à savoir ce qui ne se laisse pas saisir: le rien. Car si l'objet est évanescent, c'est au rien qu'en dernière instance le désir a affaire, comme à sa cause unique.

Cette relation du désir au rien qui le soutient peut permettre au sujet moderne de vivre par le discours psychanalytique un désir différent de celui auquel les névrosés s'attachent par tradition. Ch. Melman le montre dans son dernier séminaire sur *le Refoulement*: ce désir autre n'aurait plus à trouver appui sur la convoitise interdite et du même coup encouragée par la religion, refusant de privilégier le phallus, comme objet de désir. Il s'agit d'un désir qui, sans ignorer son existence et les commandements de la Loi, ne se mettrait plus au service de la morale. P.-C. C.

désirabilité sociale

(angl. Social Desirability)

Tendance à donner de soi une image qui est conforme à celle du groupe auquel on appartient.

Cette tendance est considérée soit comme un trait de personnalité, soit comme un biais dans les autotests, et dans ce cas les items désirables socialement sont ôtés lors de la construction de l'épreuve. On a établi des échelles de désirabilité sociale comportant des consignes différentes de celles qui ont trait aux préférences personnelles. C'est ainsi que, grâce aux résultats constatés après plusieurs passations, on a pu observer que l'influence sociale peut modifier la désirabilité sociale. R. L.

dessin enfantin

(angl. Pictorial Representation)

Activité graphique exercée par l'enfant entre trois et douze ans.

La fréquence et la qualité des dessins enfantins sont tributaires de facteurs culturels et économiques. L'existence du dessin chez l'enfant n'est pas mentionnée avant le XIXe siècle. Certaines cultures condamnent les représentations figuratives du monde, surtout quand il s'agit de personnages humains. En revanche, la culture occidentale y est particulièrement favorable, dessin et peinture sont pratiqués dans les écoles maternelles.

De nombreux parents prodiguent l'équipement nécessaire, papier, crayons, pinceaux, feutres, gouache, encouragent leurs enfants à exercer une aussi saine activité et exposent ensuite les meilleures œuvres. D'autres parents n'ont ni le même intérêt ni les mêmes moyens financiers. Si le nombre et la qualité des productions dépendent de la disponibilité et de la nature des divers instruments d'exécution, il n'en demeure pas moins que, dans notre culture, tous les enfants dessinent peu ou prou.

LES FONCTIONS DU DESSIN

Le dessin a pour les enfants plusieurs fonctions. C'est d'abord une activité motrice, donc une des joies du jeune enfant, et une activité particulièrement gratifiante puisqu'elle laisse une trace durable. Dessiner est aussi un moyen d'exprimer ses émotions en les extériorisant. C'est aussi un mode privilégié pour représenter ce que l'enfant voit autour de lui, le plus fidèlement possible. Enfin, la fonction essentielle du dessin pourrait bien être narrative et signifiante. Le dessin serait un système de signes, ou plus exactement de symboles, permettant à l'enfant de communiquer aux autres le contenu de ses représentations.

L'ÉVOLUTION

L'évolution avec l'âge suit des étapes que l'on retrouve chez tous mais l'âge auquel s'observe le passage de l'une à l'autre varie beaucoup selon les enfants. Entre 1 et 3 ans, l'enfant gribouille sans vraiment dessiner; il développe à la fois la coordination des gestes et la représentation figurale, instruments indispensables à la conception et à l'exécution de véritables dessins. Vers 2 ans et demi, il est en possession de deux répertoires, l'un constitué de schèmes figuratifs, ou modèles internes, l'autre de formes graphiques de base, le rond et le trait, qu'il est capable de produire, de répéter à volonté et d'articuler en formes complexes. Disposant alors conjointement d'une capacité de déchiffrage symbolique qui lui permet d'identifier un objet ou une scène sur une image et d'un contrôle suffisant de son activité graphique, il peut passer du gribouillage au dessin. Le schématisme et l'intention représentative caractérisent le dessin enfantin entre 3 et 12 ans. Au cours de cette longue période, les changements observés vont dans le sens d'une ressemblance croissante entre un dessin et ce qu'il représente.

Cette évolution n'est pas régulière mais procède par paliers, décrits par G. Luquet comme des *stades du réalisme*. Celui-ci est fortuit lorsque, découvrant une ressemblance entre un objet connu et un de ses gribouillages, l'enfant donne une signification à celui-ci. Le réalisme est dit « manqué » lorsque l'enfant produit un gribouillage avec l'intention de représenter quelque chose de précis mais échoue dans l'entreprise. Cet échec peut résulter du contrôle imparfait du geste ou de la pauvreté de ses représentations. La maîtrise du geste graphique continue à progresser mais ne joue plus qu'un rôle d'instrument au niveau de l'expression. L'enfant a atteint le stade du réalisme intellectuel, dominé par la schématisation et l'intention représentative. Entre 4 et 10 ans, l'enfant ne se soucie pas de fixer sur le papier la fidèle reproduction d'un état du réel à un instant précis, sous un point de vue unique. Il raconte aux autres ce qu'il sait de son environnement grâce à un vocabulaire de graphismes dont chaque élément correspond à un schème figuratif. Il ne copie pas la nature, mais des modèles internes. Vers 10 ans, l'enfant abandonne le schématisme. Il choisit un point de vue unique et s'efforce d'appliquer les lois de la perspective. C'est la période dite « de réalisme visuel » ou « conventionnel ». Enfin, avec la puberté et l'adolescence, l'activité graphique de dessin se tarit complètement ou évolue vers une production professionnelle.

Orientation des recherches

L'importance de l'activité graphique de l'enfant a suscité depuis la fin du XIXe siècle de très nombreuses recherches selon trois principales orientations. La première, descriptive, a permis d'analyser les particularités du dessin de l'enfant et d'opérer des comparaisons entre productions enfantines, graphismes des peuples primitifs et œuvres artistiques. L'école allemande notamment a relevé de nombreuses analogies entre les procédures de représentation des enfants de 4 à 10 ans et celles des primitifs du XIIe siècle et vu en cela une vérification de l'hypothèse de récapitulation héréditaire selon laquelle le développement de l'enfant obéirait aux mêmes lois que celui de l'espèce. Après un grand succès, cette thèse n'est plus défendue, le dessin enfantin présentant des caractères spécifiques liés à l'âge et au milieu culturel. Une deuxième orientation, plus récente, est psychométrique. Plusieurs recherches, parmi lesquelles celles de Luquet (1927) tiennent la première place. Ayant fait apparaître une évolution caractéristique du dessin avec l'âge, de nombreux auteurs ont postulé l'existence d'une relation entre le niveau d'un dessin et le niveau de développement cognitif de son auteur. Plusieurs épreuves de dessin sont couramment utilisées pour mesurer le développement mental jusqu'à 12 ans. Parmi les plus connues, on peut citer le dessin du bonhomme, de l'arbre, l'échelle de Goodenough. La troisième orientation est interprétative. D'inspiration psychanalytique, elle considère le dessin comme un champ d'expression privilégié de l'inconscient. Les techniques d'interprétation sont inspirées de celles du rêve. Dans ce cadre, le dessin est utilisé comme instrument de diagnostic et de thérapie, en association avec l'examen clinique. E. V.

→ arbre (test de l'), bonhomme (test du), gribouillage, réalisme.

Bibliographie

Engelhart, D., 1981, *Dessin et personnalité chez l'enfant*, Paris, Éditions du C.N.R.S.

Favez-Boutonier, J., 1953 et 1959, *les Dessins des enfants*, Paris, Édition du Scarabée.

Luquet, G., 1927, *le Dessin enfantin*, Paris, Alcan.

Lurçat, L, 1985, *l'Écriture et le langage écrit de l'enfant*, Paris, E.S.F.

Méredieu, F. de, 1974, *le Dessin d'enfant*, Paris, Éditions universitaires.

déstructuration

n.f. (angl. Destructuralization)

Psychiatr. **Concept utilisé par H. Ey, dans une perspective néojacksonienne, pour situer les diverses psychoses aiguës selon le niveau de dissolution de conscience qu'elles représentent.** (Syn. déstructuration de conscience.)

« L'ordre même des niveaux de cette dissolution dévoile du même coup la stratification structurale de la conscience », qui est, pour H. Ey, « l'organisation du présent, vécu en champ temporo-spatial, de l'expérience sensible des relations du sujet avec son monde actuel ». C'est en décrivant les diverses expériences délirantes primaires qu'Ey précise les différents niveaux de cette déstructuration. J. P.

désynchronisé (E.E.G.)

(angl. Desynchronized EEG)

Tracé électroencéphalographique caractérisé par l'absence de configurations électriques stables.

L'E.E.G. est désynchronisé durant la veille active et le sommeil paradoxal. P. L.

→ électroencéphalographie.

détail caractéristique

(angl. Typical Feature)

Élément privilégié d'un objet, réel ou représenté, dont la présence permet à lui seule d'identifier l'ensemble.

Cette forme de confusion entre un tout et une de ses parties s'observe surtout chez les enfants de 2 à 4 ans. Ayant à classer en moutons ou lapins des dessins complets, incomplets ou monstrueux (composés de parties de lapin ou de parties de mouton), les enfants de 4 ans appellent lapins tous les dessins ayant de grandes oreilles, aucun de ceux dont elles sont absentes. Ce n'est plus le cas chez les enfants de 5 et 6 ans. E. V.

→ identification 1, syncrétisme.

détecteur de caractéristiques

(angl. Feature Detector)

Ensemble des neurones sensoriels qui répondent sélectivement à l'une des caractéristiques d'un stimulus de leur modalité.

Ainsi, de nombreux neurones du cortex visuel sont maximalement activés lorsqu'un contour d'une certaine orientation spatiale est présenté dans leur champ récepteur. L'orientation d'un contour peut sur cette base être considérée comme une caractéristique spécifiquement codée. On trouve de même des neurones sélectifs à la direction et au sens du mouvement, à la fréquence spatiale, à la disparité rétinienne, à la couleur. Dans le cortex auditif, c'est surtout la sélectivité à la fréquence qui est représentée.

Le terme est aussi utilisé pour désigner des systèmes sélectifs de codage sensoriel inférés de mesures psychophysiques. L'exposition prolongée à des caractéristiques visuelles comme l'orientation d'un contour, la fréquence spatiale, la disparité rétinienne ou la direction et le sens d'un mouvement conduit à des élévations des seuils sélectives à la valeur de la caractéristique qui a été exposée (technique de l'adaptation sélective). Cette sélectivité de l'effet permet d'inférer celle des ensembles neuronaux activés par la stimulation. C. B.

détérioration mentale

(angl. Mental Deterioration)

Atteinte des fonctions cognitives, liée à l'âge ou au début d'un processus démentiel, généralement irréversible.

Le sujet mentalement détérioré garde dans certains domaines de sa vie intellectuelle (expression verbale, automatismes sociaux et professionnels en particulier) un niveau de réalisation assez bon, mais les tâches mettant en œuvre une adaptabilité à des situations sortant de la vie habituelle ou la possibilité de faire des acquisitions nouvelles sont touchées. Il s'agit donc plus d'une atteinte de l'intelligence dite « de performance » que de l'intelligence verbale. C'est d'ailleurs sur cette différence que s'est basé H. Babcok, en 1930, pour proposer une évaluation psychométrique de cette détérioration par la mesure de l'écart entre le niveau d'intelligence *cristallisée** (mesurée par des tests verbaux) et le niveau d'intelligence *fluide** (mesuré par des tests non verbaux). On admet en effet que la détérioration respecte le premier, qui reste stable au cours du vieillissement, alors qu'elle atteint les tests d'intelligence non verbale, qui se détériorent avec l'âge. Ces deux types de tests ont été appelés par Wechsler, les premiers, *tests qui tiennent* (angl. Hold Tests) et les seconds, *tests qui ne tiennent pas* (angl. Don't Hold Tests).

Une échelle de détérioration peut donc se baser sur un test de vocabulaire dont les résultats sont comparés à ceux d'un test de performance. La différence, après validation, est traduite en pourcentage indiquant directement le degré de détérioration. Il faut savoir que l'efficience intellectuelle diminue chez tous les sujets à partir de 25 ans. C'est une détérioration physiologique augmentant en fonction de l'âge. On ne parle de détérioration pathologique que lorsque celle-ci est nettement supérieure à la première. C'est habituellement une des manifestations initiales d'une atteinte cérébrale diffuse, d'une démence. J. P. et M. R.

détour (conduite de)

(angl. Roundabout Way)

Conduite qui permet à un individu, Homme ou Animal, d'atteindre un but dont il est séparé par un ou plusieurs obstacles en employant des moyens d'accès indirects ou des trajectoires détournées.

Dans les situations d'étude de l'intelligence pratique, où les obstacles sont matériels, l'adoption d'un détour oblige le sujet à perdre de vue, au moins momentanément, le but à atteindre et à anticiper les différentes directions à suivre. Elle est considérée comme un signe d'activité intellectuelle; elle semble impliquer en effet un schéma ou une représentation de la situation.

Dans la phylogenèse, on a accordé un grand intérêt à l'apparition des conduites de détour. On les a étudiées systématiquement dans la classe des Céphalopodes et on a pu montrer que la Pieuvre en est capable. Quand un appât lui est présenté derrière une paroi vitrée, elle la contourne aisément; confrontée à un problème plus complexe (plusieurs parois placées en chicane), elle améliore sa performance initiale en construisant des stratégies de parcours économiques. En revanche, les performances de la Seiche qui appartient à la même classe s'avèrent bien inférieures.

Des problèmes de même catégorie ont été posés à l'Homme, adulte et enfant. On a pu ainsi observer que l'éloignement initial du but (quand le sujet doit partir dans la direction opposée) est une des difficultés surmontées le plus tardivement.

Cela conduit à supposer que, dans les conduites de détour, la relation moyens-but est d'abord construite de façon récurrente avant d'admettre une réciprocité. H. B.

détresse

n.f. (angl. Distress)

Sentiment de délaissement, d'abandon, ressenti dans une situation critique, nécessitant une aide extérieure et/ou amenant un sujet à demander de l'aide, un secours social ou psychologique.

PSYCHIATR. On parle surtout, dans le cadre des urgences psychiatriques, d'état de détresse relevant d'une assistance immédiate qui n'est pas toujours uniquement d'ordre médico-psychologique. En effet, il s'agit souvent d'une désinsertion sociale, d'une perte du cadre de vie habituel, d'une misère économique, s'accompagnant de troubles psychoaffectifs pouvant aller d'une simple crise dépressive réactionnelle jusqu'à un état confusionnel aigu. Le sujet en détresse souffre d'une disparition de ses investissements affectifs et d'une sidération de ses mécanismes de défense, pouvant le conduire, surtout dans la vieillesse, à une grave défaillance* psychique. Cette évolution montre la nécessité d'un accueil spécifique de qualité, tenant compte des divers facteurs en cause, ainsi que l'intérêt que présente la prévention de ces détresses, en particulier par un travail de secteur permettant le maintien à domicile pour les personnes âgées.

DÉVELOP. Chez l'enfant, qu'elle désigne un état physique ou un sentiment, la détresse est évaluée proportionnellement aux efforts déployés par le sujet pour combattre la situation actuelle. C'est donc la force de la réponse spontanée ou, dans les situations les plus sévères, la quantité et la durée des manœuvres d'assistance apportées qui servent d'indice pour évaluer la gravité de l'état du sujet.

La détresse respiratoire néonatale représente la partie la plus importante de la pathologie de l'adaptation du nouveau-né. La détresse affective manifestée en réponse au départ de la mère ou à la présence d'une personne non familière sert d'indicateur du niveau de développement socio-affectif de l'enfant. J. P. et D. M.

→ attachement.

deuil

n.m. (angl. Bereavement, Mourning; allem. Trauer)

État de perte d'un être cher s'accompagnant de détresse et de douleur morale, pouvant entraîner une véritable réaction dépressive et nécessitant un travail intrapsychique, dit « travail de deuil » (S. Freud), pour être surmonté.

PSYCHAN. S. Freud entreprend en 1915 une étude comparée du deuil et du processus mélancolique (*Deuil et mélancolie*, paru en 1917). Devant la reconnaissance de la disparition de l'objet externe, le sujet doit accomplir un certain travail, celui du deuil. La libido doit se détacher des souvenirs et des espoirs qui la reliaient à l'objet disparu, après quoi le moi redevient libre.

M. Klein, aidée des travaux de K. Abraham, va enrichir la conception freudienne (*le Deuil et ses rapports avec les états maniaco-dépressifs*, 1940) par sa découverte des espaces psychiques internes, théâtre de l'existence d'objets internes dont les qualités de bonté et de solidité sont mises à l'épreuve lors de la perte d'un objet externe.

Un travail de deuil douloureux et normal est déjà accompli par le tout petit enfant qui parvient à aborder et à élaborer les positions dépressives. Au cours de celles-ci, l'enfant prend conscience que la personne qu'il aime et celle qu'il a attaquée dans ses fantasmes destructeurs ne font qu'une. Il passe alors par une phase de deuil où l'objet externe aussi bien que l'objet interne sont vécus comme abîmés, perdus, abandonnant l'enfant à sa dépression. Ce n'est que peu à peu, avec douleur, que l'enfant, travaillant cette ambivalence et poussé par la culpabilité dépressive, va parvenir à rétablir en lui un objet interne bon et sécurisant.

Une personne en deuil cherche, selon un processus semblable, à réinstaller en elle-même ses bons sujets, ses parents aimés. Elle retrouve alors sa confiance en l'être aimé à l'intérieur d'elle et peut supporter, grâce à cette présence interne, l'idée que l'être externe et disparu n'était pas parfait. L'échec de ce travail de deuil, lié aux états mélancoliques ou maniaco-dépressifs, transforme, selon M. Klein, « le mort en un persécuteur et ébranle aussi la foi du sujet dans ses bons objets intérieurs ». R. L.

PSYCHIATR. On peut reconnaître, avec D. Lagache et M. Hanus, un *deuil normal*, un *deuil compliqué* et un *deuil pathologique*. Si le premier se liquide assez rapidement en passant successivement par les trois phases de détresse, de dépression et d'adaptation grâce aux processus de désinvestissement, d'intériorisation et d'identification à l'objet disparu, de culpabilité puis de détachement final, il n'en est pas de même pour les deux autres, qui entrent dans le cadre de la pathologie psychique.

Le *deuil compliqué* se caractérise par un blocage du travail avec prolongation de la phase dépressive, réactions de stress (avec possibilité de manifestations psycho-somatiques graves) et passages à l'acte suicidaires particulièrement fréquents.

Le *deuil pathologique* débouche sur la maladie mentale. Ses critères sont un retard dans l'apparition de l'affliction puis une prolongation de son évolution au-delà de deux ans et une menace réelle sur la santé psychique. Il peut s'agir d'une véritable psychose mélancolique ou maniaque (manie de deuil avec négation de la perte) ou d'un deuil obsessionnel, ou encore d'une hystérie de deuil. Dans cette dernière forme, assez fréquente, l'endeuillé se comporte comme si le défunt était resté vivant. Il lui parle, garde sa place à la table des repas, son lit et sa chambre avec toutes ses affaires personnelles dans un cadre imaginaire de quasi-réalité, véritable lieu de survie. L'identification au disparu se traduit par la reproduction plus ou moins inconsciente de ses symptômes, risquant d'aboutir à des troubles somatiques de conversion parfois très graves. L'identification est devenue immuable et nécessite que le patient soit pris en psychothérapie pour que son deuil puisse être remobilisé et réélaboré jusqu' son évolution normale. Les formes compliquées et pathologiques de deuil doivent en effet être traitées le plus précocement possible, d'abord par des traitements spécifiques pour les états dépressifs ou maniaques, puis par des thérapies d'inspiration psychanalytique ; celles-ci sont normalement accompagnées de mesures de réadaptation sociale et affective. J. P.

développement

n.m. (angl. Development)

Ensemble des processus successifs qui, dans un ordre déterminé, conduisent un organisme à sa maturité.

DÉVELOP. Au sein d'une espèce, la production et le développement biologique des individus sont régis par un patrimoine et des programmes génétiques propres. Pour l'espèce humaine, les caractères génétiques sont préformés dès l'ovulation et sont présents au premier stade de l'embryon. Le développement humain a pour caractéristique d'être exempt de métamorphose : dès la 9e semaine de la gestation, la forme du fœtus est, à la taille près, celle de l'adulte.

À partir du moment où un organisme constitué est confronté à un milieu de vie, les relations qu'il établit avec ce milieu influent aussi sur son devenir soit en écartant des potentialités génétiques, soit en les renforçant, en les associant et en les combinant. Si le milieu se révèle incapable de produire les propriétés constitutives de l'organisme, du moins en contrôle-t-il les actualisations. Aussi l'étude du développement doit-elle inclure l'étude des relations au milieu et de leur genèse. On comprend donc aisément que l'étude du développement, chez les Mammifères et en particulier chez l'Homme, ait été d'abord consacrée à la vie postnatale. Depuis plusieurs années, de nouvelles méthodes d'investigation, comme, par exemple, l'échographie, ont ouvert à la connaissance le milieu intra-utérin. Des investigations prudentes et encore limitées ont réformé nos conceptions de ce premier milieu de vie et influé sur le panorama d'ensemble du développement. (→ fœtal [développement].)

Selon les domaines choisis comme objet d'étude, le développement est désigné par des termes différents : maturation, croissance, psychogenèse.

Le développement psychologique est abordé à travers l'étude des comportements qui se succèdent au cours du temps. Le principe de ces études réside dans la comparaison d'individus d'âges différents à l'aide de coupes transversales ou longitudinales, de manière à repérer les changements, à les analyser et à mettre en évidence leur orientation.

De nombreux modèles de développement ont été élaborés depuis l'avènement d'une psychologie scientifique. Ils ne participent pas tous de la psychologie génétique. Ils se distinguent les uns des autres suivant le ou les modes de changement qu'ils présument, le cours temporel qu'ils assignent à l'accession à la maturité, la conception de cet état. Aussi peut-on, dans un souci de synthèse, tenter d'en donner une image à partir des trois critères de classement suivants : la nature des changements qui interviennent au cours du temps, leur caractère continu ou discontinu, leur échelle temporelle.

LA NATURE DES CHANGEMENTS

Les changements qui marquent un processus de développement peuvent être considérés comme progression quantitative ou comme une suite de transformations qualitatives.

La psychométrie voit le développement de l'individu comme une somme d'effets cumulatifs, représentés dans les valeurs progressives d'un âge mental. Toutefois, l'analyse des tests de développement montre que la complexité croissante des épreuves ne souscrit pas entièrement à cette vue.

Plus répandue est l'idée que l'enfant n'est pas un adulte en réduction et que le développement consiste en une série ordonnée de changements qualitatifs. C'est là l'axiome de base des théories ontogénétiques qui cherchent, à partir d'un tableau des différences relevées d'un âge à l'âge suivant, à démontrer l'existence d'une orientation commune — un vecteur de développement — ou à expliquer les réorganisations. La plupart de ces théories (S. Freud, H. Wallon, J. Piaget) regardent le développement comme une suite de changements structuraux orientés vers un état stable, qui peut donc servir de référence. De tels modèles ne rendent pas toujours facile une description chronologique du développement.

CONTINUITÉ ET DISCONTINUITÉ

La psychométrie admet, par construction, que la détermination d'un âge mental est une image instantanée qui fixe artificiellement un moment dans une continuité. D'autres modèles, basés sur l'idée que la vie est à la fois un phénomène continu et transitoire, mettent eux aussi l'accent sur des processus d'adaptation qui ne présentent pas de rupture. Les passages d'un milieu de vie à un autre, dont l'illustration la plus radicale est la naissance, constituent alors des périodes d'étude privilégiées dans le but de mettre en évidence des persistances ou des préparations et préformations qui les transcendent.

En revanche, les descriptions du développement en termes de stades* voient dans la succession étagée de paliers, dans les accélérations et décélérations, voire dans la présence de régressions, des témoignages d'une discontinuité réelle représentée par des notions telles que celles d'âges clés, de périodes sensibles, de palier d'équilibre. Mais, en fait, elles font aussi état d'une certaine continuité dans la mise en évidence, aussi fine c'est-à-dire aussi consécutive que possible, des étapes qui mènent d'un palier au suivant et des d'invariants structuraux (par exemple, la réversibilité de Piaget).

COURS TEMPOREL DU DÉVELOPPEMENT

Référé à la définition d'un état stable, mature ou achevé, le développement s'est longtemps confondu avec l'enfance. Pour les espèces animales, on considère qu'il est terminé quand l'individu peut assurer sa fonction de reproduction. Le terme du développement apparaît incontestablement plus flou chez l'Homme, pour lequel la fonction de reproduction obéit à des impératifs moraux, sociaux et culturels variés. En outre, la définition d'un état adulte comme une période où les changements seraient l'exception et la stabilité, maximale ne recueille plus l'assentiment unanime. Si la vie est synonyme de transformation, alors l'approche ontogénétique peut et doit couvrir toute sa durée, et le terme de *développement* s'appliquerait à tous les âges. Néanmoins, il reste à s'entendre sur les caractères des changements qu'on qualifiera de « développementaux ». Selon qu'on s'intéresse au développement neurologique ou psychologique et, en psychologie, au développement perceptif, moteur, affectif ou intellectuel, le cours supposé ou connu de ces changements n'est pas le même. Les neurophysiologistes considèrent, par exemple, que le développement visuel, qui débute bien avant la naissance, est anatomiquement et fonctionnellement achevé à des âges différents. Sur des critères uniquement comportementaux, les psychologues ont convenu que le développement sensori-moteur se déroulerait, chez l'Homme, sur les deux premières années postnatales. Les changements qui, dans ce domaine, se produisent après 2 ans participent cependant au développement, mais ont été diversement qualifiés selon les relations qu'on leur voyait ou supposait avec une organisation de base, censée achevée avec la marche autonome. De même, le cours du développement des structures cognitives est considéré comme achevé autour de 14 ans non seulement dans la théorie opératoire mais dans toutes les théories classiques. La même durée est attribuée au développement intellectuel en psychométrie.

Les discussions actuelles, qu'elles acceptent ou non la référence à l'adulte, cherchent à prendre en compte des critères précis de transition vectorisée plutôt qu'un taux de changement. Cela conduit à des images parcellisées du développement qui, si elles satisfont le besoin d'analyse et souscrivent aux exigences de la démarche scientifique, rendent une description générale difficile et, au moins en partie, spéculative. H. B.

DIFFÉR. Les différences entre enfants en ce qui concerne la vitesse de leur développement psychologique (surtout dans le domaine de l'intelligence) ont constitué un important domaine de travail pour la psychologie différentielle depuis ses origines. L'étude des problèmes pédagogiques posés par les enfants intellectuellement retardés paraissait pouvoir en effet recevoir une contribution des méthodes de la psychologie différentielle. Le succès de l'échelle de niveau intellectuel élaborée par A. Binet et T. Simon (1905, 1908, 1911), à propos de problèmes de ce type, illustre bien ce courant d'intérêt. Ces travaux ont mis en lumière le fait que certains enfants se comportent à certains égards comme le font en moyenne des enfants plus jeunes qu'eux et peuvent en ce sens être qualifiés de « retardés » alors que d'autres peuvent, pour des raisons symétriques, être qualifiés d'« avancés ». C'est la notion d'*âge mental*, dont sera déduite celle de *quotient d'intelligence* (ou *quotient intellectuel*), notions qui fondent une mesure du niveau intellectuel (en prenant le mot *mesure* en un sens très général). Ultérieurement, l'étude différentielle du développement psychologique s'est étendue à d'autres domaines. Certains des travaux qu'elle a suscités n'ont plus eu pour objet des applications pédagogiques immédiates mais ont apporté des éléments d'information sur les processus généraux du développement. De plus, l'intérêt ne s'est plus limité aux différences de vitesse mais a porté aussi sur le fait que des enfants différents pouvaient, dans certains domaines, se développer par des voies (des suites d'acquisitions) différentes, manifester des « styles » d'acquisition différents.

Dans le domaine cognitif, des différences individuelles importantes et relativement stables ont été constatées chez des bébés d'environ 4 mois soumis à des épreuves d'habituation : une stimulation sensorielle répétée éveille des réponses de plus en plus faibles ; un changement dans la stimulation suscite une réponse plus forte. La vitesse avec laquelle l'enfant s'habitue et l'amplitude de sa réponse au changement varient largement d'un enfant à un autre. Ces différences paraissent être en corrélation avec l'intelligence évaluée chez ces mêmes enfants plusieurs années plus tard. Certains auteurs considèrent que cette vitesse d'habituation est une manifestation de la vitesse de traitement de l'information.

Manipulation et exploration ; langage, lecture

On a également constaté, entre enfants de 1 à 2 ans, des différences importantes en ce qui concerne les jeux de manipulation et les conduites d'exploration. Là aussi, certains enfants se comportent comme le font en moyenne des enfants plus jeunes ou plus âgés. En outre, certaines différences relativement stables apparaissent dans le style de jeu et d'exploration. Elles concernent notamment l'étendue du champ d'attention et les modalités de l'exploration. Certaines corrélations ont été constatées entre ces observations et les mesures de développement mental. Mais il semble que les différences en matière de jeu et de conduites exploratoires (comme d'ailleurs en matière d'habituation) soient aussi associées à des facteurs non cognitifs comme l'inhibition devant le non-familier (J. Kagan).

L'acquisition du langage, globalement envisagée, peut aussi se faire à des vitesses différentes chez des enfants différents. De plus, on a observé que cette acquisition pouvait se faire dans des « styles » différents. Certains enfants acquièrent d'abord surtout des nominatifs, parlent surtout à propos du monde extérieur, ont un langage plutôt analytique. D'autres acquièrent d'abord surtout des pronoms, utilisent surtout le langage pour exprimer leurs désirs et leurs émotions, ont un langage plutôt global (K. Nelson, *Developmental Psychology*, 1981, *17*, 170-187). Ces caractéristiques sont relativement stables, pour chaque enfant, entre 1 ans et 3 ans environ. Au-delà, on ne constate plus de différence en ce qui concerne le langage entre enfants ayant emprunté l'une ou l'autre de ces deux voies. La question a été posée cependant de savoir si ces deux catégories d'enfants ne se différencient pas ultérieurement quant aux voies d'accès qu'ils emprunteront pour réaliser d'autres acquisitions.

L'acquisition de la lecture peut s'effectuer aussi à des vitesses différentes chez des enfants différents, lorsqu'elle est évaluée par une épreuve globale. On parle parfois de dyslexie* pour désigner des difficultés importantes dans ce domaine, non associées à un retard intellectuel. Certains auteurs affirment et d'autres contestent que cette appellation recouvre un syndrome caractérisé par des structures ou des processus qualitativement différents de ceux qui sous-tendent la lecture chez les autres enfants. Une analyse plus fine des différences individuelles dans l'acquisition de la lecture met en évidence des composantes différentes pouvant être développées à des degrés différents chez des enfants obtenant le même niveau de lecture dans une épreuve globale. On est amené ainsi à distinguer la vitesse, la précision et la compréhension. D'autre part, on a pu mettre en évidence différents « styles » d'acquisition de la lecture. Certains enfants apprennent à utiliser systématiquement les règles qui font en général, dans une langue déterminée, correspondre les graphèmes et les phonèmes (on constate qu'ils font de « bonnes fautes » pour les mots constituant des exceptions à ces règles). D'autres enfants apprennent à associer à chaque mot lu sa prononciation (ils font des fautes dans les mots nouveaux, même s'ils sont réguliers).

Développement de l'intelligence

Les différences dans le développement de l'intelligence continuent à faire l'objet de nombreux travaux après ceux qui ont conduit A. Binet en France, A. Gesell ou L. M. Terman aux États-Unis et bien d'autres auteurs (N. Bayley, D. Wechsler, R. Zazzo, etc.) à construire des échelles de développement. L'analyse factorielle a été appliquée à ces échelles et a montré en général que les corrélations observées entre leurs items pouvaient s'expliquer par un facteur général et par deux autres facteurs intervenant chacun dans un groupe d'items seulement, selon que ces items accordent beaucoup ou peu de poids à l'usage du langage. L'importance relative du facteur général et des facteurs de groupe paraît évoluer dans le cours du développement. Les enfants se différencient d'abord surtout sur le facteur général puis, ultérieurement, surtout sur les facteurs de groupe. Ce phénomène, qui n'a pas été observé par tous les chercheurs qui s'y sont intéressés, a été dénommé « différenciation des aptitudes ». On voit que les différences individuelles sont utilisées ici pour mettre en évidence les facteurs intervenant à chaque niveau d'âge, sources de variation hypothétiques propres à rendre compte des corrélations entre les différentes réponses fournies par chaque enfant.

Mais les progrès les plus importants sans doute en psychologie différentielle de l'intelligence ont été réalisés par des psychologues qui, partant d'une théorie générale de l'intelligence, l'ont utilisée pour expliquer les différences individuelles qui apparaissent dans son développement ; ou bien qui ont utilisé les différences individuelles pour mettre à l'épreuve certaines hypothèses déduites d'une théorie générale, pouvant être conduits ainsi à la faire évoluer. Tel a été le cas pour la théorie générale de Piaget. Certains différentialistes ont pu montrer que le passage d'un stade piagétien au suivant pouvait se faire, selon les enfants, par des voies différentes (F. Longeot). D'autres ont montré que le développement de l'intelligence met en jeu plusieurs processus en chaque individu, processus pouvant prendre des importances relatives différentes chez des individus différents ; l'information pourrait être traitée sur un mode « analogique » ou sur un mode « propositionnel », les interactions entre ces deux types de processus étant l'une des conditions du développement (J. Lautrey). D'autres auteurs ont étudié les stratégies de mise en œuvre de ce qu'ils appellent les « composantes » de l'intelligence (R. Sternberg) et ont constaté que des différences individuelles existaient dans l'usage préférentiel de telle ou telle de ces stratégies, différences en partie — mais en partie seulement — liées à l'âge. On a aussi utilisé les corrélations entre différences individuelles pour éprouver une catégorie d'hypothèses expliquant les différences dans les mesures globales de l'intelligence par des différences dans des processus beaucoup plus élémentaires comme la vitesse de traitement de l'information (E. Hunt, A. R. Jensen, etc.).

Développement affectif et personnalité

Dans le domaine du développement affectif et de la personnalité des différences entre enfants ont été observées aussi dans de nom breux domaines par des méthodes qui paraissent souvent, il est vrai, moins fidèles que celles qui sont utilisées dans le domaine cognitif. Une « situation insolite » au cours de laquelle l'enfant est temporairement séparé de sa mère a mis en évidence, chez des sujets de 1 à 2 ans, trois « structures d'attachement » différentes : attachements *dans la sécurité* (angl. Secure), anxieux résistant, anxieux évitant (M. Ainsworth). De nombreux questionnaires destinés aux parents de jeunes enfants sont utilisés pour décrire le tempérament de ces enfants, analyser les traits qui paraissent le sous-tendre et évaluer leur stabilité au cours du développement. L'analyse factorielle de questionnaires de ce type a pu mettre en évidence, chez des enfants âgés de 11 à 41 semaines, des facteurs concernant la régularité du comportement, l'attitude d'approche-évitement et l'attention. La stabilité individuelle dans le cours du développement des caractéristiques évaluées en ces termes paraît cependant assez faible. Des différences individuelles relatives au « jugement moral » ont également été mises en évidence par L. Kohlberg, s'inspirant de travaux antérieurs de Piaget. Ce développement se ferait selon une succession de stades que des individus différents peuvent franchir plus ou moins vite. Les différences entre enfants quant aux intérêts qu'ils manifestent dans leurs jeux, leurs études, leurs projets professionnels ont fait l'objet de recherches du même type ; construction de questionnaires, analyse en catégories d'intérêts, stabilité de leurs manifestations chez les mêmes enfants à des âges successifs. On constate que ces intérêts se stabilisent assez tôt chez chaque individu et permettent d'assez bons pronostics sur le type d'études que les enfants choisiront (la série du baccalauréat par exemple à quelques années de distance). Il existe de façon persistante, malgré l'évolution des habitudes de vie, certaines différences entre les intérêts des filles et ceux des garçons. Les « styles cognitifs » différencient les enfants à la fois dans le domaine cognitif et dans certains domaines affectifs. Le plus connu concerne la dépendance-indépendance à l'égard du champ (H. A. Witkin). Il se fonde sur la présence de corrélations entre certaines épreuves perceptives (perception de la verticale), certaines modalités d'appréhension de l'information, les mécanismes de défense utilisés préférentiellement, l'attitude à l'égard des contacts sociaux. (→ dépendance-indépendance à l'égard du champ.)

Les facteurs pouvant rendre compte de ces différences dans le développement sont en partie génétiques (ce qui ne signifie pas nécessairement héréditaires) et en partie environnementaux (ce qui ne signifie pas nécessairement identiques pour tous les individus vivant dans le même milieu). L'étude de ces facteurs se fait surtout en utilisant la méthode des jumeaux et celle des adoptions. M. R.

→ adolescence, enfant, enfant (psychologie de l'), génétique (psychologie).

BIBLIOGRAPHIE

Reuchlin, M., et Bacher, F., 1989, *les Différences individuelles dans le développement cognitif de l'enfant*, Paris, P.U.F.

développement (quotient de)

(angl. Developmental Quotient)

→ quotient de développement.

développement (retard de)

(angl. Developmental Retardation)

Décalage temporel d'une fonction ou d'une activité qui apparaît, chez un individu, après le moment où elle est apparue dans l'ensemble parent dont il est issu.

Un bébé qui, à 8 mois, ne se tient pas assis ou qui, à 2 ans, ne marche pas seul souffre d'un retard moteur par rapport aux âges « normaux » d'accession à la station assise ou à la marche autonome. La norme est, en règle générale, représentée par un indice de tendance centrale (moyenne, médiane ou, plus rarement, mode) de la distribution de la fonction ou de l'activité considérée dans un groupe de référence, formant l'ensemble parent. Il s'agit donc d'une norme statistique, dont la validité est d'autant plus forte que la variance de la distribution est plus faible.

Un retard de développement peut être général, c'est-à-dire affecter l'ensemble des fonctions biopsychiques : le rachitisme, qui, au sens strict, est un retard de croissance, s'accompagne d'un retard mental. Il sévissait encore dans les pays occidentaux dits « développés » dans les premières décennies de ce siècle, et ses effets sur le développement psychique ont été mesurés à l'aide de méthodes psychométriques, en particulier de tests d'intelligence, qui entendent mesurer un ensemble large de fonctions. Le retard peut aussi être circonscrit à une fonction ou à une activité particulière, et il est alors qualifié par le domaine sur lequel il porte : retard moteur, psychomoteur, perceptif, scolaire, etc.

Certains retards sont compensables et certains sont jugés irrépressibles. En principe, seule l'analyse du cas autorise un diagnostic et préside à l'adoption d'une méthode de rééducation. Ainsi, les retards posturaux observés au cours de la première année, chez le bébé, peuvent être résorbés ou réduits par des rééducations psychomotrices. On a cherché de même à traiter et compenser les retards scolaires par la création de classes d'adaptation, de groupes de niveau et par une évaluation individuelle des progrès.

Il n'en va pas de même pour le retard mental général, considéré le plus souvent comme insurmontable et pour lequel persiste la référence à la valeur « normale » du Q.I., qui est en réalité un quotient d'âge. Cette référence conduit souvent à un diagnostic ou, à tout le moins, une présomption de débilité mentale. Toutefois, les travaux de R. Zazzo et de son équipe (1971) ont montré que le retard mental ne forme pas une composition homogène, mais hétérochrone (les décalages varient suivant les items, ou épreuves, et parfois même sont inversés) ; il ne peut être représenté par un profil typique. Aussi le Q.I. n'autorise-t-il pas un pronostic de développement. H. B.

BIBLIOGRAPHIE

Zazzo, R., 1971, *les Débilités mentales*, Paris, A. Colin.

développement (spirale de)

(angl. Development Spiral)

→ spirale de développement.

développement moteur

(angl. Motor Development)

Transformation de l'organisation des habiletés motrices telles qu'elles se révèlent dans la motilité, les postures, les actes moteurs dirigés, les capacités locomotrices.

L'évolution peut être décrite par une succession hiérarchisée de niveaux, de phases, d'étapes, dont la vitesse de progression varie selon les individus.

Avant la naissance, l'orientation *caudo-céphalique* préside à l'installation du tonus musculaire. La loi *céphalocaudale* (Coghill) annonce que la progression postnatale du contrôle musculaire de l'axe corporel débute au niveau de la tête (musculature de l'œil, de la nuque, etc.) et s'étend vers les extrémités inférieures du tronc. La loi *proximodistale* précise que cette évolution du contrôle moteur va du centre vers la périphérie corporelle. Les progressions des contrôles moteurs valent pour l'évolution des performances ou des habiletés globales (maintien de la tête, du tronc, de la station assise puis verticale, etc.) comme pour l'évolution d'habiletés spécialisées sollicitant la motricité fine (pointage du doigt, prise pouce index).

Les théories du développement moteur peuvent être résumées autour de trois modèles. Les transformations résultent d'une *filiation* telle que les formes motrices apparaissent dans la continuité des répertoires actuels : les actes intentionnels dirigés sont dans la continuité de la motricité réflexe. L'évolution motrice demande l'*inhibition* des formes actuelles pour laisser place à des habiletés nouvelles : les actes intentionnels supposent l'inhibition des réflexes initiaux. Le développement moteur est à concevoir en termes de *compétition*, les différents registres moteurs étant potentiellement actualisables mais entrant en concurrence pour émerger.

Le développement moteur sert de base à l'élaboration de la motricité au service de projets spatiaux : l'accès à la marche se prolonge ainsi par la construction de déplacements locomoteurs orientés dans un espace. L'étude de cette évolution concerne les aspects psychomoteurs. D. M.

→ article suivant.

développement psychomoteur

(angl. Psychomotor Development)

Changements structuraux qui permettent à l'organisme d'augmenter ses capacités biologiques et psychomotrices en adaptant les dépenses d'énergie à un comportement donné.

L'étude du développement psychomoteur tire son origine de travaux physiologiques de C. Sherrington (1906) sur les arcs réflexes. Minutieusement étudié par A. Gesell et ses collaborateurs, ainsi que par l'école française de pédiatrie, dans une perspective maturationniste, le développement psychomoteur est classiquement décrit comme obéissant à plusieurs grands principes.

Le développement psychomoteur est un processus continu et cumulatif. En d'autres termes, le développement commence in utero et se continue bien après la naissance. Celle-ci constitue néanmoins une étape essentielle pour ce qui est de l'influence des facteurs externes. Il s'agit en outre d'un processus d'extension qualitative et cumulative. L'extension qualitative se traduit par des changements structuraux plus ou moins importants des activités en développement. Le développement va permettre à l'organisme d'augmenter les capacités des systèmes biologiques et des activités psychomotrices tout en réduisant la dépense d'énergie pour un comportement donné. Ainsi, avec la maturation du tonus musculaire des muscles antigravitiques, le maintien de la tête devient de moins en moins coûteux sur le plan énergétique. La diminution en consommation énergétique permet alors l'apparition de nouveaux comportements tels que la poursuite oculocéphalique.

Bien qu'il s'agisse d'un processus continu, le développement psychomoteur est une succession de phases, caractérisées par des organisations psychomotrices fonctionnelles spécifiques, qui s'enchaînent selon une certaine chronologie. La notion de succession implique que chaque comportement n'apparaît pas ex nihilo mais est préparé par les précédents tout comme il est le précurseur des suivants. De même, les acquis de chacune des phases du développement psychomoteur ne disparaissent pas lors de l'accès à une nouvelle phase mais sont intégrés à cette nouvelle organisation fonctionnelle par le processus d'extension cumulative. On peut donc parler de processus de filiation entre les structures qui se mettent en place successivement. La séquence (ou succession des phases) du développement psychomoteur est identique pour tous les enfants, bien qu'il existe d'importantes différences interindividuelles quant à l'accession à chacune des phases du développement. Ainsi, la station verticale et la marche autonome ne sont pas possibles tant que le bébé n'est pas capable de contrôler la station assise. Cependant, l'âge auquel les bébés apprennent à s'asseoir ou à se tenir debout varie considérablement d'un enfant à l'autre. Il existe des hétérochronies de développement. Les stades de développement de la locomotion et de la préhension sont, par exemple, clairement individualisés mais ils n'évoluent pas selon le même rythme. C'est le principe de maturation individuante, mis en évidence par Gesell.

Par ailleurs, le développement psychomoteur est étroitement lié à la maturation du système nerveux central. Le nouveau-né est ainsi décrit comme un organisme qui fonctionne sur la base de réflexes, ou réactions automatiques sous-corticales. Le développement est conçu comme relevant de la mise en place progressive d'un contrôle cortical sur les structures sous-corticales. C'est l'apparition de ce contrôle cortical qui permet la disparition des réponses automatiques et l'émergence des comportements volontaires. Le développement psychomoteur se fait dans le sens d'une spécialisation : l'activité globale caractéristique du nouveau-né et du bébé de moins de 3 mois est remplacée progressivement par des comportements individuels spécifiques. Cela est valable pour les réponses biologiques comme pour les comportements psychomoteurs. Ainsi, chez le nouveau-né, une stimulation visuelle entraînera des modifications du rythme cardiaque, du rythme respiratoire, de la posture et de la motricité globale. Chez le bébé plus âgé, la même stimulation visuelle n'induira plus qu'une réaction spécifique localisée au niveau des réponses visuelles.

Le développement psychomoteur obéit à la loi céphalocaudale, commune à tous les Vertébrés, et mise en évidence par Coghill (1929) ; le développement du contrôle cortical sur l'activité musculaire évolue selon une direction céphalocaudale. La première étape vers l'acquisition de la marche est le développement du contrôle de la tête et de la maturation des muscles antigravitiques. Selon Gesell (1952), en plus de la loi céphalocaudale, le développement psychomoteur est régi par différents principes supplémentaires. L'organisation neuromotrice tend en premier lieu à procéder des segments centraux aux segments périphériques. C'est le principe de développement proximodistal. Selon le principe d'entrelacement réciproque, il existe des relations précises entre les structures qui sont couplées et opposées telles que les muscles agonistes et antagonistes ou les boucles alpha et gamma dans la régulation du tonus musculaire. Le développement psychomoteur s'organise également selon un principe d'asymétrie* fonctionnelle. Enfin, dès les débuts du développement, l'organisme peut limiter de lui-même les états de déséquilibre : c'est le principe de fluctuation régulatrice.

Ces conceptions générales ont permis de donner une description de la succession des différents stades du développement psychomoteur, qui peut être résumée de la façon suivante. La première étape du développement psychomoteur est le stade embryonnaire (les deux premiers mois de grossesse), qui se caractérise par des mouvements de masse. Dès l'âge de 5 semaines, la stimulation de l'embryon avec un fin cheveu entraîne des contractions musculaires : on parle de stade myogène, où les muscles peuvent se contracter sans intervention du système nerveux central. Entre le deuxième et le sixième mois de grossesse, on parle de stade fœtal. Les premières réponses neuromusculaires mettent en jeu les muscles reliés aux chaînes ganglionnaires spinales. Mais les réponses sont encore globales et stéréotypées. Entre la 9e et la 18e semaine, en fonction de la différenciation des récepteurs périphériques et de la maturation des centres nerveux, les réponses spécifiques remplacent progressivement les réponses globales. Enfin, ces réponses vont se grouper en unités ayant une valeur fonctionnelle : la stimulation de la face du fœtus induira par exemple une fermeture de la face et une déglutition. Parallèlement à la maturation des systèmes neuromusculaires se mettent progressivement en place les systèmes neurosensoriels dans l'ordre suivant : la sensibilité tactile, la sensibilité vestibulaire, l'olfaction et la gustation, l'audition et enfin la vision. À partir de la 26e semaine, le fœtus atteint le stade prématuré. Les centres bulbaires respiratoires sont fonctionnels et les voies sous-corticales sont myélinisées. Pendant la période néonatale, les automatismes primaires sous-corticaux sont prédominants. (→ archaïques [réflexes].) L'organisation posturale du nouveau-né se caractérise par une hypertonie des fléchisseurs et une hypotonie du tonus axial. (→ hypertonie, hypotonie, tonus.) Les systèmes neurosensoriels sont fonctionnels bien que n'ayant pas encore terminé leur maturation. Enfin, l'activité motrice que l'on observe chez le nouveau-né est encore une activité globale ou de masse. La période postnatale se divise en quatre étapes : durant les trois premiers mois de vie environ, l'action inhibitrice du cortex va faire disparaître les réflexes archaïques et permettre l'apparition de comportements moteurs volontaires comme la préhension. La fin de cette première étape est marquée par l'acquisition du contrôle tonique de la tête et l'apparition de véritables coordinations sensorimotrices. Entre quatre et huit mois, le contrôle du cortex va progressivement s'étendre au niveau des territoires des membres supérieurs. Les coordinations sensorimotrices s'affinent et sont plus nombreuses. L'activité motrice se diversifie et le contrôle postural permet le maintien de la station assise sans aide. La phase suivante de développement, caractérisée par une importante évolution du cervelet, va permettre l'acquisition (vers 13 mois environ) de la station verticale et de la marche. L'acquisition de la marche marque en général la fin du développement psychomoteur.

Cette conception qui consiste à expliquer le développement psychomoteur par la maturation du système nerveux central est de plus en plus contestée par les travaux récents sur le nourrisson. En premier lieu, les comportements psychomoteurs précoces présentent d'importants degrés de variabilité intra- et interindividuelle assez éloignés de l'aspect stéréotypé des activités réflexes. En outre, la complexité des activités psychomotrices présentes dès la naissance laisse penser que des structures corticales sont matures et fonctionnelles très tôt dans le développement. Le système nerveux du bébé est maintenant décrit comme un système capable de réagir à de nombreuses stimulations. Il n'est plus considéré comme une collection de structures nerveuses séparées les unes des autres et qui se relieraient progressivement, mais comme un système global dont la maturation est extrêmement précoce. Enfin, le rôle des facteurs biomécaniques liés au développement corporel est de plus en plus souligné par les travaux consacrés au développement psychomoteur précoce. F. J.

BIBLIOGRAPHIE

Connolly, Kevin, Eds, 1970, *Mechanisms of Motor Skill Development,* Londres et New York, Academic Press.

Gesell, A., Amatruda, C., 1947, *Developmental Diagnosis,* New York, Hoeber.

Le Bonch, J., 1981, *le Développement psychomoteur de la naissance à 6 ans,* Paris, E.S.F.

Devereux (Georges)

Anthropologue et psychiatre américain d'origine hongroise (Lugos 1908-Paris 1985).

Après avoir étudié la physique, notamment avec Marie Curie et Jean Perrin, il s'oriente en 1926 vers les sciences humaines, à l'Institut d'ethnologie, où il est l'élève de M. Mauss, L. Lévy-Bruhl et P. Rivet. Il s'établit ensuite aux États-Unis (notamment à l'université de Californie à Berkeley, à Topeka, où il s'initie à la psychanalyse, à Philadelphie et à New York). Il enseigne à partir de 1963 à l'École des hautes études en sciences sociales. Fondateur de l'ethnopsychiatrie, il est au carrefour de trois disciplines : la culture grecque (*Tragédie et poésie grecques,* 1975 ; *Dreams in Greek Tragedy,* 1976), la psychanalyse et l'anthropologie (*Essai d'ethnopsychiatrie générale,* 1970 ; *Ethnopsychanalyse complémentariste,* 1972). Il a effectué plusieurs séjours ethnographiques, notamment chez les Moï (Viêt-nam), les Hopi et les Mohave (Californie). On lui doit également *De l'angoisse à la méthode* (1967). R. L.

déviance

n.f. (angl. Deviance)

Tout type de conduite sortant des normes admises par une société donnée.

La déviance reste différente de la délinquance en ce sens que son anormalité ne s'accompagne pas forcément d'une transgression des règles (civiles ou pénales) de la société. Elle choque cependant cette dernière par des manières d'être et de vivre différentes de celles qui ont cours dans le milieu social et culturel où se trouve l'individu déviant.

La déviance individuelle

Sur le plan individuel, la déviance n'est qu'une tendance propre à un acteur d'adopter un comportement en contradiction avec un ou plusieurs systèmes normatifs institutionnalisés. Mais sur le plan social elle peut apparaître comme un danger, risquant de perturber gravement les interactions entre le déviant et son milieu et de mettre en péril l'équilibre général de la société. D'où la tendance de cette dernière à prévenir la déviance par l'éducation et, si elle n'y parvient pas, à la neutraliser ou à la récupérer. La neutralisation peut se traduire par un rejet du groupe, un bannissement, un enfermement. La récupération se fera plutôt dans le sens d'une orientation plus ou moins impérieuse du déviant vers un statut et un rôle de marginal (clochard par exemple), de toxicomane, de délinquant (c'est une forme de criminogenèse sociale) ou même de malade mental. Car la société peut alors prendre en charge, traiter ces déviants puisqu'ils sont devenus des cas pour lesquels elle a des solutions (d'assistance, administratives, judiciaires, médicales, etc.).

Th. Scheff et les tenants de la *théorie de l'étiquetage* (angl. Labelling Theory) ont montré que les représentants sociaux jouent un rôle fondamental dans cette orientation de la conduite du déviant vers cette cassure qui va le figer définitivement dans l'adoption d'un de ces statuts et en particulier de celui de malade mental. Th. Szasz a insisté sur cette « fabrication de la folie » réalisée par la société et ses représentants médicaux pour transformer un simple déviant, un original en schizophrène chronicisé peu à peu par l'assistance et la thérapeutique psychiatriques. Le traitement d'une certaine dissidence dans les régimes totalitaires en est aussi un exemple des plus tristes. Sans doute, la thèse est abusive et ces procédures sociales d'exclusion et d'étiquetage ne sont pas l'unique voie d'entrée dans une pathologie mentale qui peut se développer à partir de causes d'ordre purement individuel ou familial, et dans bien d'autres contextes. Mais les efforts de la société pour combattre la déviance en son sein restent constants. Et souvent les travailleurs sociaux, les psychologues et les médecins sont, sans forcément bien le savoir, les agents naïfs ou opportunistes de cette lutte incessante et inexorable. J. P.

La déviance, état choisi ou état subi

La déviance doit être considérée comme un état soit choisi, soit subi.

Dans le premier cas, l'individu ou le groupe cherche à être reconnu, visible socialement. Il veut se distinguer du reste du groupe ou de la société et adopte pour cela un style de comportement, un discours qui tranchent avec les règles établies. La déviance est vécue comme une étape, voire un mal nécessaires pour arriver à un but défini à l'avance. La fin justifiant en quelque sorte les moyens, il s'agit, pour l'individu ou le groupe, d'apparaître comme différent, original. Les minorités* agissantes sont ainsi souvent considérées comme déviantes à leurs débuts.

Mais ce qui caractérise le plus la déviance, c'est qu'elle est surtout perçue et définie par un regard extérieur à l'individu ou au groupe. La société établissant des normes s'arroge le droit de décréter tel individu ou tel groupe *déviant,* persona non grata, voire dissident. Tant que les processus d'influence étaient appréhendés d'un point de vue fonctionnaliste et faisaient une large part à l'idée de conformisme, la déviance était une notion très usitée. La spécificité d'un individu ou d'un groupe apparaissait comme la preuve de son inadéquation, de son inadaptation sociale.

À partir du moment où l'on a envisagé le comportement déviant comme éventuellement choisi, volontaire, on a pu se rendre compte qu'un aspect positif pouvait finalement être attribué à la notion de déviance. L'individu ou le groupe adopte peut-être un comportement qui échappe aux normes admises par la société mais il ne vit pas totalement en dehors de certaines normes : il s'en forge tout simplement de propres. À l'intérieur du système macrosocial, il instaure une microsociété dans laquelle il se voit et est vu par ses pairs comme tout à fait « normal ». La définition de la déviance passe alors obligatoirement par une redéfinition des normes elles-mêmes.

La déviance peut devenir en fait un prétexte à l'innovation sociale et peut permettre l'instauration d'un conflit, donc un éventuel changement social. Au caractère négatif longtemps associé à la notion de déviance s'ajoute dorénavant un aspect positif non négligeable. H. S. Becker, dans *Outsiders* (1979), a d'ailleurs étudié la déviance chez les drogués en soulignant l'importance des normes propres au groupe lui-même et leur possible influence sur le monde extérieur. Loin d'être un obstacle à l'influence, la déviance peut servir cette dernière car elle peut par exemple signaler l'autonomie, l'indépendance de jugement et d'attitude de tel individu ou de tel groupe. B. O.

déviant, e

adj. et n. (angl. Deviate)

Se dit d'une personne, de son comportement qui s'écartent de la règle, de la norme. R. L.

diachronie

n.f. (angl. Diachrony)

Évolution temporelle. E. V.

diachronique

adj. (angl. Diachronic)

Relatif à une évolution dans le temps.

Le terme *diachronique* est employé par les linguistes lorsqu'ils étudient le développement de la langue (linguistique évolutive). Ils appliquent le terme « synchronique » aux études portant sur le fonctionnement de la langue à un moment donné de son développement. L'opposition entre diachronique et synchronique a été reprise par les psychologues pour distinguer les modifications d'un comportement avec l'âge (diachroniques) de celles qu'on observe au cours d'un apprentissage relativement bref, de quelques minutes à quelques semaines. En fait le terme a été étendu à tout ensemble de faits et de processus qui marquent une évolution au cours du temps. La diachronie est toujours une histoire, qu'elle soit épistémique ou individuelle. La maturation biologique, la croissance, le développement psychologique constituent des processus diachroniques. La psychologie génétique privilégie la perspective diachronique. H. B. et E. V.

dichoptique

adj. (angl. Dichoptic)

Se dit d'une stimulation visuelle dans laquelle un dispositif permet de présenter séparément des stimulations différentes et simultanées dans les régions correspondantes des deux yeux.

Différents dispositifs permettent des présentations dichoptiques de stimulation visuelle. Le synoptophore est un appareil qui permet de telles présentations quelle que soit l'hétérophorie de l'observateur. Un système utilisant des filtres polarisants croisés permet aussi ces présentations. C. B.

dichotique

adj. (angl. Dichotic)

Se dit d'une situation généralement expérimentale où des stimulations sonores simultanées mais différentes sont envoyées aux deux organes sensoriels auditifs droit et gauche.

Pour étudier l'attention sélective, on a utilisé intensivement une technique dite « de double tâche » dont une forme assez répandue consiste à envoyer, au moyen d'écouteurs, des sons (des notes musicales) ou un message à une oreille, d'autres sons (d'autres notes musicales) ou un autre message à l'autre oreille. La consigne prescrit au sujet une tâche utilisant l'une des sources d'information, et une autre utilisant l'autre. La seconde peut être simplement de négliger l'information. On a pu montrer ainsi que les oreilles, en fait les activités cérébrales qui leur correspondent, peuvent selon le cas dissocier, répartir ou composer les informations adressées à l'une ou à l'autre. Cette technique est également utilisée pour comparer les fonctions respectives des deux hémisphères cérébraux, pour mettre en lumière l'asymétrie cérébrale et pour étudier les fonctions des commissures* interhémisphériques. J. P. et J.-F. L. N.

→ attention.

didacticiel

n.m. (angl. Instructional Program)

Programme informatique destiné à l'enseignement assisté par ordinateur. J.-F. L. N.

→ tutoriel.

didactique

n.f. (angl. Didactics)

Science qui étudie les pratiques et les méthodes de la pédagogie.

Lorsqu'en 1649 Comenius publie en tchèque son ouvrage intitulé *la Grande Didactique*, le terme est utilisé comme synonyme de pédagogie*. Pendant longtemps, seul l'adjectif correspondant est utilisé, comme forme savante, pour parler de pédagogie. Pendant les vingt dernières années, la distinction entre didactique et pédagogie a soulevé maintes réflexions, et la didactique se considère actuellement comme une science autonome, dont la réflexion, essentiellement psychologique et épistémologique, peut éventuellement fonder des pratiques pédagogiques.

Dans un premier temps, on a distingué, à l'intérieur des problèmes pédagogiques, ceux qui renvoient à la valorisation faite de tel ou tel type de connaissances, en liaison avec des choix qui, en dernière instance, sont politiques, de ceux qui concernent les techniques de la communication des savoirs et des savoir-faire. C'est sur ce dernier domaine que porte la réflexion didactique, dont le but est de fonder des pratiques pédagogiques non pas sur la tradition ou l'empirisme, mais sur une approche rationnelle de tous les mécanismes en jeu dans la transmission des connaissances. On privilégie ainsi les aspects cognitifs en jeu dans l'acte pédagogique. Dès lors, la question se pose de la possibilité d'une *didactique générale*, considérant ces mécanismes indépendamment du contenu de connaissance concerné, et de l'existence des *didactiques des disciplines*, qui rendent compte des problèmes spécifiques posés par la transmission des connaissances d'un champ ayant son contenu et son organisation propres (français, histoire, mathématique, physique, etc.).

Entre ces deux types d'approche, étayages et conflits sont la règle. La théorie de J. Piaget a joué un rôle déterminant et elle a été relayée par les *sciences cognitives**; pourtant, l'une comme les autres rendent plus compte des processus d'acquisition et de maîtrise que des mécanismes en jeu dans les non-acquisitions et les échecs, qui interrogent tout autant le didacticien. On peut alors contester une didactique prônée par certains, aseptisée et visant exclusivement la logique de la transmission des connaissances, et considérer que l'étude des situations par lesquelles une valeur fonctionnelle est attribuée à ces connaissances fait impérativement partie de l'approche didactique. On a pu ainsi définir la didactique comme « l'étude du projet social de faire approprier un certain savoir par des élèves, des étudiants ou des adultes en formation, dans ce que ce projet et les formes de l'enseignement et de l'apprentissage ont de spécifique de ce savoir » (Vergnaud). M.-G. P.

didactique (analyse)

(angl. Training Analysis ; allem. Lehranalyse ; Didaktische Analyse)

Psychanalyse personnelle exigée de tout candidat psychanalyste. R. L.

diencéphale

n.m. (angl. Diencephalon ou Between-Brain)

Seconde vésicule cérébrale primitive au stade embryologique à cinq vésicules du tube neural.

Le diencéphale provient d'une subdivision du prosencéphale. Chez l'adulte, le thalamus, l'hypothalamus, la posthypophyse, la rétine, les nerfs et les tractus optiques dérivent de la vésicule diencéphalique. G. S.

différée (réaction conditionnelle)

(angl. Delayed Reaction)

Réaction conditionnelle tardive qui est donnée quand un intervalle temporel notable sépare la présentation du stimulus conditionnel de celle du stimulus inconditionnel. (Syn. retardée [réaction conditionnelle].)

Si le stimulus inconditionnel est présenté nettement après le stimulus conditionnel, la réaction est donnée d'abord assez tôt après celui-ci. Puis elle retarde peu à peu jusqu'à ce qu'elle soit émise plutôt à la fin (et même, chez certains animaux, juste à la fin) de l'intervalle qui sépare les deux stimulus, c'est-à-dire juste avant l'apparition du stimulus inconditionnel. I. P. Pavlov a montré que c'était une activité d'inhibition qui empêchait ainsi la réaction conditionnelle d'apparaître trop précocement. La capacité à différer (à inhiber) ainsi la réaction conditionnelle dépend des aptitudes de l'animal. J.-F. L. N.

différenciateur sémantique

(angl. Semantic Differential)

Technique destinée à caractériser le sens d'un mot par l'utilisation d'échelles bipolaires et l'attribution au mot d'un échelon sur chacune d'elle.

Cette technique, proposée par Ch. Osgood dans les années 1950, reposait sur un certain nombre d'échelles dimensionnelles (grand-petit, froid-chaud, bon-mauvais, etc.) comportant en général 7 échelons. Un ensemble de juges attribuait à chaque mot un échelon sur chacune des dimensions, et la moyenne de ces attributions constituait une sorte de profil sémantique du mot. Une question importante était le choix des échelles. Après de longues analyses factorielles, certaines ont été considérées, par Osgood et ses disciples, comme fondamentales, mais sans que cela emporte l'adhésion. L'analyse sémantique proprement dite a, aujourd'hui, à peu près complètement abandonné cette technique ainsi que les idées qui lui étaient sous-jacentes. Le différenciateur sémantique est encore utilisé pour la détermination des *connotations* d'un mot. J.-F. L. N.

différenciation

n.f. (angl. Differentiation)

Comportement ou apprentissage dans lesquels un stimulus produit une réaction, et un autre stimulus ne la produit pas.

Ce mot a été utilisé dans les traductions de I. P. Pavlov. On emploie plutôt aujourd'hui *discrimination*. J.-F. L. N.

GÉNÉR. Les réactions produites peuvent être biologiques, motrices, verbales.

Lorque la modification d'un ensemble de stimulations entraîne la modification d'une réponse, on peut dire qu'il y a eu différenciation. Mais l'absence de changement de la réponse ne permet aucune conclusion car elle peut résulter soit d'une sensibilité insuffisante des récepteurs sensoriels (le changement n'est pas perceptible), soit d'un jugement d'équivalence entre objets perçus différents (catégorisation).

DÉVELOP. Les processus qui conduisent un enfant à modifier sa réponse ne sont les mêmes ni à tous les âges ni dans toutes les situations ; aussi doit-on parler de niveaux de différenciation.

AU NIVEAU BIOLOGIQUE

Une relation entre l'intensité d'une stimulation sensorielle et l'amplitude de la réponse a été mise en évidence chez le nouveau-né humain dans la plupart des modalités sensorielles. Ainsi, le rythme cardiaque se modifie avec l'intensité d'un son ; le degré d'activité motrice générale, mesuré à l'aide d'un stabilimètre, augmente en même temps que le degré de concentration d'un alcool aliphatique respiré par le bébé ; le rythme de succion s'accélère quand augmente la quantité de sucrose, absorbée dans une boisson. L'amplitude de la réponse à une stimulation visuelle augmente lorsqu'à celle-ci s'ajoute une stimulation auditive. G. Turkewitz offre l'interprétation suivante à cet ensemble de données. Chez le nouveau-né, l'amplitude d'une réponse n'est fonction ni des propriétés du stimulus ni de la ou des modalités sensorielles sollicitées, mais de la quantité globale d'excitations sensorielles engendrées par l'ensemble des stimulations reçues à un instant donné. Quand cette quantité augmente, ou diminue, l'amplitude de la réponse suit. L'état du nouveau-né intervient lui aussi.

RÉPONSES À DES PROPRIÉTÉS GLOBALES

Lorsque deux cibles visuelles sont présentées ensemble et que l'une est regardée plus longtemps que l'autre, on dit que le bébé préfère l'une à l'autre et donc qu'il les différencie (méthode du temps de fixation relatif). Il est parfois difficile de déterminer avec certitude sur quelle variable physique a porté la réponse. L'expérimentateur a choisi cette variable en fonction de « son » analyse du stimulus en propriétés, celles qui pour lui constituent des dimensions de description de la réalité. À sa naissance, le bébé ne fait pas cette analyse, il ne répond qu'à un aspect global des cibles qu'on lui montre. Par exemple, toute cible sur laquelle il y a un dessin est regardée plus longtemps qu'une cible unie, même si toutes deux ont la même taille et la même luminance moyenne. La dimension physique en jeu est bipolaire, elle oppose la présence à l'absence de texture optique. De même, deux segments curvilignes sont plus regardés que deux segments rectilignes de même longueur, épaisseur et luminance.

Pour certaines dimensions physiques, comme la taille de la surface occupée par un dessin, la différence est relationnelle : la plus grande de deux figures est plus regardée que la plus petite. Enfin, lorsque plusieurs degrés de complexité, définie par le nombre d'éléments d'un ensemble ou de carreaux d'un damier, sont comparés par paires, ce ne sont ni les valeurs les plus faibles ni les plus fortes de la variable physique qui entraînent la plus forte durée de fixation, mais une valeur moyenne, qui évolue avec l'âge. On dit alors qu'il y a un optimum de complexité. La courbe d'évolution de l'amplitude de la réponse en fonction de l'intensité de la variable physique prend la forme d'une courbe en U inversé (courbe à maximum).

DIMENSIONS DE DIFFÉRENCIATION

À des variations ordonnées d'une dimension physique (couleur, taille, forme, complexité, ressemblance à un visage humain, etc.) correspondent des variations ordonnées des réponses. Celles-ci ne sont pas déterminées par la totalité des informations disponibles, mais par une partie seulement d'entre elles, celle qui concerne une propriété particulière, la taille par exemple. Une dimension de différenciation est une abstraction active, une construction personnelle de l'enfant qui se fait progressivement grâce à des apprentissages perceptifs, dans la vie quotidienne, et aux pressions de son environ socioculturel.

Les dimensions de différenciation peuvent être utilisées soit pour rassembler des objets en catégories, lorsque ces objets ont tous la même valeur sur la dimension en jeu (les carrés, les bleus par exemple), soit pour différencier des objets qui ont des valeurs différentes sur une seule et même dimension.

DÉTECTION ET PERTINENCE DES DIFFÉRENCES

L'enfant est capable de différencier des objets bien avant de disposer de dimensions de différenciation. Par exemple, dès ses premiers jours, le bébé suit des yeux une tache colorée qui se déplace sur un fond d'une autre couleur et de brillance égale. Il différencie donc deux couleurs. Au début de sa deuxième année, il peut apparier deux objets de même couleur (clé et porte d'une boîte aux lettres). Les noms de plusieurs couleurs font très tôt partie du vocabulaire enfantin mais la possibilité de désigner un objet à partir de sa couleur seule apparaît nettement plus tard et on ne peut parler d'usage d'une dimension de différenciation de la couleur avant 3 ou 4 ans.

La capacité d'utilisation d'une dimension de différenciation semble apparaître vers 2 ans. Très limitée au début, elle s'applique progressivement aux multiples dimensions auxquelles est sensible le système nerveux.

DIFFICULTÉ RELATIVE DE DÉTECTION D'UNE DIFFÉRENCE ENTRE DEUX DESSINS SELON LA DIMENSION EN JEU

Elle a été étudiée dans plusieurs situations, entre 3 et 9 ans, par E. J. Gibson et E. Vurpillot. L'enfant est toujours prévenu qu'il existe des différences entre les dessins qu'on lui présente et qu'il doit les découvrir. La suppression, le changement de forme ou de taille d'un détail, la transformation topologique de brisure/fermeture sont détectés par la très grande majorité (80-90%) des enfants de 4 ans. Seulement la moitié des mêmes enfants signalent la transformation curviligne/rectiligne d'un segment, les rotations et inversions en miroir. Quant aux transformations perspectives, elles ne sont signalées que par 20 % des enfants de 4 à 7 ans et seulement 40% de ceux de 8 ans.

JUGEMENTS D'IDENTITÉ OU DE DIFFÉRENCE

L'évolution avec l'âge des critères de jugement d'enfants de 3 à 7 ans a été étudiée par Vurpillot et coll. dans une tâche de comparaisons par paires de dessins physiquement identiques ou différents. Le nombre et la nature des différences varient d'une expérience à l'autre. Les termes *identique* et *différent* n'appartenant pas au vocabulaire de l'enfant avant 8 ans, ce sont les réponses verbales « pareil » et « pas pareil » entre lesquelles l'enfant doit choisir et qu'il doit justifier. La consigne donnée insiste sur l'opposition entre « tout à fait » pareil et « pas du tout » pareil.

Avant 7-8 ans, l'enfant n'utilise pas les relations logiques d'identité ou d'équivalence et ne répond qu'en termes d'équivalence ou de similitude partielles. Bien que, par construction, il y ait autant de paires différentes que de paires identiques, le nombre de réponses « pareil » dépasse de loin celui des réponses « pas pareil » et cela d'autant plus que l'enfant est plus jeune. À 3 et 4 ans, la réponse de l'enfant repose sur une évaluation du degré de similitude globale : si deux objets ont entre eux beaucoup de différences, ils sont dits « pas pareils » ; s'ils en présentent peu, ils sont dits « pareils ». À partir de 4 à 5 ans, la découverte d'une différence suffit pour entraîner la non-identité, mais à la condition que cette différence soit pertinente pour l'enfant. Lorsqu'elle ne l'est pas, il arrive que l'enfant la signale tout en disant que c'est tout de même pareil. Les différences qui touchent à l'intégrité de l'objet (suppression d'un détail, changement de forme du tout ou d'une partie) sont pertinentes dès 3 ans. Les changements de taille, de position (par déplacement ou permutation) d'orientation ne le deviennent que vers 6 ans. La nécessité d'explorer exhaustivement les objets à comparer afin de s'assurer de l'absence de toute différence avant de juger 2 objets « tout à fait pareils » ne s'impose pas avant 7 ans. E. V.

→ catégorisation, identité.

différenciation du soi

(angl. Self Differentiation)

Différenciation du moi d'une personne, selon son degré d'individualisation au plan affectif et intellectuel à partir de l'indifférenciation familiale fondatrice. (Murray Bowen).

Cette notion insiste sur les liens fondamentaux qui maintiennent la part émotive de tout individu dans une fusion jamais résolue avec sa famille d'origine. Cependant les membres de la famille sont caractérisés par des taux variables de différenciation du soi. M. G.

différentielle (psychologie)

(angl. Differential Psychology)

Étude des différences que l'on observe dans les conduites d'individus différents ou de groupes différents d'individus placés dans la même situation.

Situation de la psychologie différentielle

On peut situer la psychologie différentielle par rapport à deux autres groupes de sous-disciplines psychologiques : les psychologies générales et les psychologies cliniques.

Les psychologies générales

Les psychologies générales se donnent pour objectif ultime l'établissement de lois universelles, même lorsque les règles de présentation des travaux scientifiques les conduisent à poser que chacun de leurs résultats ne vaut que pour les conditions particulières et les sujets particuliers qui ont permis de l'obtenir. C'est ainsi que la psychologie expérimentale générale cherche à établir les lois ultimes, vérifiables en droit chez tout homme et parfois chez tout organisme vivant, de la sensation, de la perception, de la mémoire, des processus cognitifs. La psychologie développementale (ou génétique) générale s'intéresse aux formes et aux lois du développement observables en principe chez tout enfant. La psychologie sociale générale recherche les formes et les lois des conduites réciproques qui se manifestent chaque fois que s'établit une relation sociale d'un type donné. Dans chacun de ces trois domaines, on constate souvent que les résultats varient lorsqu'on les établit sur des catégories de sujets différant, par exemple, par le sexe ou par le niveau socio-économique. De telles distinctions entre catégories de sujets sont parfois prises en compte par la psychologie générale, et elles gardent en fait une certaine forme de généralité puisque les observations faites à propos d'une catégorie sont supposées valoir pour chacun des individus qui la composent.

Pour cette raison même, ces distinctions entre groupes de sujets ne constituent au mieux, pour la psychologie différentielle, qu'une première étape. Elle est concernée plus spécifiquement par les différences qui s'observent entre les individus. Si ces différences individuelles ne relevaient que du hasard, elles n'offriraient pas un objet d'étude et l'on serait alors justifié d'utiliser des modes de traitement des observations permettant de les faire disparaître (le calcul d'une moyenne étant le plus simple d'entre eux). Mais on peut constater dans de nombreux cas que les différences individuelles comportent des composantes non aléatoires ; le comportement d'un sujet observé dans une certaine situation permet un pronostic meilleur que celui qui se fonderait sur le hasard quant au comportement de ce même sujet dans certaines autres situations, que ces comportements soient observés au même moment ou avec un décalage temporel pouvant atteindre plusieurs années. Ces composantes non aléatoires des différences individuelles constituent donc un objet d'étude qui caractérise le domaine de la psychologie différentielle par rapport à celui des psychologies générales.

Les psychologies cliniques

Les psychologies cliniques sont difficiles à caractériser dans leur ensemble. On peut dire cependant que beaucoup d'entre elles tendent à considérer les conduites de chaque individu comme un système unique appelant une étude et éventuellement un traitement singuliers, un système qualitativement différent de celui qui est observable chez tout autre individu. Les différences entre individus sont donc ici fondamentales et évidentes, mais ne peuvent guère constituer en tant que telles un objet d'étude. De telles différences ne sont en effet définissables, éventuellement mesurables, que si l'on admet la possibilité de comparer des individus sur des caractères dont la nature est la même chez tous les individus comparés et dans des situations que l'on accepte de considérer comme étant les mêmes pour ces individus. Ce sont là des postulats que beaucoup de cliniciens rejettent, ce qui les conduit à rejeter les principes méthodologiques sur lesquels la psychologie différentielle se fonde : normalisation des situations ou, au moins, normalisation des conditions d'observation des conduites en situations habituelles, mesures publiques et répétables de différences entre les conduites ainsi observées chez des individus différents.

Le domaine de la psychologie différentielle

Il se distingue donc de celui des psychologies générales et de celui des psychologies cliniques. La psychologie différentielle rejoint cependant, dans son domaine et par ses méthodes, les visées universalistes des psychologies générales. Si la procédure permettant de résoudre plus ou moins bien un problème adaptatif peut varier d'un individu à un autre, la variété des procédures utilisables n'est pas pour autant considérée comme infinie. La psychologie différentielle peut s'assigner pour objet d'établir l'inventaire de ces procédures pour une espèce et un type de situations donnés, et cet inventaire caractérise bien l'espèce dans son ensemble. Il en est de même pour l'existence de voies de développement pouvant être différentes d'un enfant à un autre (dans les progrès du langage ou de l'intelligence par exemple), mais ne présentant pour l'espèce qu'une diversité limitée et dénombrable. D'autre part, si les interactions entre des caractéristiques individuelles variables d'un sujet à un autre rendent bien compte de la diversité des conduites de ces sujets, la forme de ces interactions reste la même chez tous les sujets. Par exemple, si pensée analogique et pensée propositionnelle présentent des degrés de développement relatif différents selon les individus, on a des raisons de croire que ce sont les interactions entre ces deux formes de pensée qui expliquent certaines phases du développement intellectuel chez tous les sujets. Les convergences théoriques entre la psychologie différentielle et les psychologies cliniques sont beaucoup plus rares du fait de divergences fondamentales quant à la définition de la scientificité et quant aux méthodes d'administration de la preuve. Dans le cours de leur pratique, nombre de cliniciens utilisent cependant des épreuves qui ont été conçues et mises au point par des psychologues différentialistes utilisant les concepts et les règles méthodologiques de leur sous-discipline.

Les méthodes de recueil des observations

D'un point de vue général, les méthodes de la psychologie différentielle peuvent s'ordonner en fonction de l'importance qu'elles accordent aux hypothèses et de la précision de ces hypothèses. La description des différences individuelles implique toujours en fait une référence au moins implicite à l'existence d'un système de types, de dimensions ou de processus au sein duquel les individus se différencient; on ne pourrait définir autrement, en première approximation, les techniques devant être utilisées pour réaliser la description envisagée. Par exemple, la nature des questions introduites dans une première version d'un test d'intelligence ne peut être choisie qu'en fonction d'une certaine conception préalable des dimensions ou des processus de l'intelligence. Formellement, on peut dire que le test est une « opérationalisation » de cette conception, qu'il la définit par l'opération qu'il propose pour sa mesure. Mais la conception ainsi « opérationalisée » évolue en fonction du degré de cohérence des réponses suscitées chez les sujets par la version initiale de l'épreuve proposée. Elle évolue aussi en fonction des relations dont on constate empiriquement l'existence entre la mesure ainsi définie et d'autres variables observables (par exemple, le test d'intelligence dont il s'agit se trouvera — ou non — en corrélation avec le niveau socio-économique de la famille, avec les résultats scolaires, etc.). On parle à cet égard de « contenus additionnels », l'exploration de ces contenus étant elle aussi liée à certaines hypothèses que les constats empiriques viennent conforter ou démentir. Il convient de ne pas sous-estimer l'importance de cette méthodologie restrictivement considérée comme descriptive. Elle constitue une étape préalable (ou conjointe) aux recherches fondées sur des hypothèses explicites. Elle fournit au psychologue praticien des instruments d'évaluation qu'il utilise largement pour obtenir des éléments d'information qui viennent prendre place dans l'ensemble des informations dont ce psychologue dispose sur le sujet qu'il est chargé d'examiner et d'aider.

Des hypothèses plus ou moins explicitées servent de point de départ aux enquêtes qui constituent une catégorie de travaux de psychologie différentielle. Dans une enquête portant, par exemple, sur la réussite scolaire, on utilise souvent un assez grand nombre de variables telles que des tests psychologiques, des caractéristiques du milieu familial, géographiques, professionnelles, sociales, culturelles, des tests de connaissances scolaires, des évaluations par les enseignants, des questionnaires relatifs aux intérêts et aux projets des élèves, etc. Toutes ces variables sont évaluées pour chacun des sujets participant à l'enquête (qui porte en principe sur un échantillon représentatif d'une certaine population). Les observations ainsi recueillies font l'objet de traitements statistiques permettant non seulement de dégager des données descriptives caractérisant la population, mais aussi de vérifier ou de modifier les hypothèses initiales relatives aux associations entre certaines des variables utilisées et, plus difficilement, d'examiner la vraisemblance d'hypothèses relatives aux relations causales au sein du système constitué par l'ensemble de ces variables.

Dans certains travaux enfin, ce sont des hypothèses spécifiées et explicitées qui sont examinées par des méthodes différentielles. Dans les cas les plus simples, il s'agit d'observer les effets d'une variable indépendante sur une variable dépendante. La manipulation de la variable indépendante s'opère ici non par une modification de la situation mais par la comparaison de groupes de sujets sélectionnés pour se différencier sous l'angle de la variable choisie et, autant que possible, de cette variable seulement. Par exemple, si l'hypothèse consiste à imputer des différences dans la compétence en lecture (variable dépendante) à des différences dans la vitesse de traitement de l'information (variable indépendante), on comparera les résultats en lecture de groupes d'enfants différenciés sur la base d'épreuves de vitesse de traitement de l'information. Il sera envisagé plus loin le cas où ces différences dans la « variable indépendante » sont en fait liées à des différences dans d'autres variables.

Qu'elles soient descriptivo-inductives ou plus ou moins hypothético-déductives, ces méthodologies mettent en œuvre des instruments qui sont des épreuves différentielles, ou tests. Les règles qui président à la construction des tests ne sont pas, en principe, spécifiques à ces épreuves. Elles s'appliquent à tout procédé de description numérique (« mesure ») des conduites, que ce procédé soit utilisé en psychologie générale ou en psychologie différentielle. Le mot *psychométrie*, qui s'applique à la théorie et à la technologie de ces procédés, a étymologiquement ce sens général. Il est de fait qu'il s'applique surtout, à l'heure actuelle, à l'élaboration des tests. (→ psychométrie.)

Les tests et les inventaires

Les tests mis au point en utilisant tout ou partie de ces méthodes psychométriques sont très nombreux et très divers. On peut schématiquement en distinguer deux grandes catégories.

Les tests

Ils ont pour objet les différences individuelles dans le recueil et le traitement de l'information venue du milieu. Il en est qui permettent de constater que certains modes de codage de cette information sont utilisés plus efficacement par certains sujets que par certains autres. Ce sont les tests définis d'abord par la nature du matériel utilisé : tests spatiaux, verbaux, numériques. Les tests spatiaux exigent en général que les sujets forment et utilisent des images mentales représentant des objets à deux ou trois dimensions, mobiles ou immobiles. Les tests numériques impliquent le plus souvent une utilisation de relations arithmétiques, les tests verbaux une certaine maîtrise du lexique et de la syntaxe. On décrit souvent ces tests spatiaux, verbaux ou numériques comme des « tests d'aptitudes » (par exemple, les tests d'« aptitudes mentales primaires » de L. L. Thurstone). Les tests d'intelligence visent des différences plus fondamentales ou plus globales dans le traitement de l'information.

Ces différences seront considérées comme plus fondamentales si elles portent sur une capacité de traitement (de raisonnement) indépendante du type de codage utilisé. On proposera par exemple au sujet de découvrir et d'utiliser les lois régissant les modifications des dessins abstraits d'une série ou d'un tableau (par exemple, test de facteur *g* de Ch. Spearman, matrices progressives de Raven). Ces épreuves sont en principe non verbales et peuvent dans une certaine mesure être considérées comme « indépendantes de la culture ». Les différences mises en évidence par les tests d'intelligence seront considérées comme plus globales si ces tests utilisent un ensemble plus ou moins diversifié d'épreuves faisant appel à des codages et à des traitements différents. Les échelles d'intelligence de A. Binet et T. Simon, de L. Terman, de D. Wechsler, etc., dont le résultat s'exprime en termes d'âge mental ou de quotient d'intelligence, sont de ce type.

Les questionnaires, ou inventaires

On peut constituer une seconde catégorie de tests avec ceux qui sont sensibles aux différences individuelles dans les modes d'orientation et de contrôle des conduites. Les plus manifestes de ces différences concernent les motivations, les intérêts, les attitudes. Elles portent sur les matières scolaires, les loisirs, les activités professionnelles, les opinions. On dispose d'un grand nombre de questionnaires, ou inventaires, d'intérêts (Kuder, Strong, Larcebeau, Holland) et d'échelles d'attitudes dont des formes simplifiées sont employées dans les sondages. Mais on peut chercher à atteindre des déterminants plus fondamentaux et plus généraux de l'orientation et du contrôle des conduites. On utilise alors des épreuves de tempérament ou de personnalité qui peuvent elles-mêmes être de plusieurs types. Elles peuvent être constituées par des questionnaires dans lesquels on demande au sujet comment il se comporte habituellement dans telle ou telle situation de la vie courante. La sincérité des témoignages peut être contrôlée dans une certaine mesure par des questions dans lesquelles des réponses très peu vraisemblables sont fournies par les sujets visant à donner une bonne opinion d'eux-mêmes.

Les plus utilisées des très nombreuses épreuves de ce type sont celles de H. J. Eysenck et de R. B. Cattell. Leurs résultats conduisent de façon convergente à distinguer essentiellement deux dimensions de la personnalité : l'extraversion-introversion et l'équilibre émotionnel ou névrosisme. Un autre type d'épreuves de personnalité est constitué par des tests dits « objectifs » en ce sens que leur signification ne peut apparaître au sujet (qui n'est donc pas en mesure de biaiser volontairement ses réponses) et que leur interprétation se fait par des procédures applicables de façon identique par des examinateurs différents. Thurstone et Cattell, notamment, ont utilisé dans cet esprit des épreuves perceptives, les différences dans le fonctionnement perceptif paraissant associées à des différences beaucoup plus globales de la personnalité. On pourrait rattacher à ce groupe des épreuves dites « de style cognitif », dont les plus connues sont celles de H. A. Witkin : des différences dans la perception de la verticale ou dans la capacité de ségréguer une certaine figure d'un contexte intriqué (« dépendance-indépendance à l'égard du champ ») sont associées à des différences beaucoup plus globales dans l'utilisation de certains mécanismes de défense, dans le style des rapports avec autrui, etc. Une autre catégorie d'épreuves de personnalité est constituée par les épreuves projectives. Un matériel sans signification, comme des taches d'encre (H. Rorschach), ou ambigu, comme des scènes énigmatiques (H. A. Murray), est soumis au sujet, qui doit dire ce qu'il voit dans ce matériel, comment il l'interprète. Certains psychologues pensent que la structuration des réponses reflète la structuration de la personnalité du sujet. Les auteurs d'épreuves projectives n'utilisent guère en général les méthodes psychométriques.

La docimologie

Outre ces deux grandes catégories d'épreuves psychologiques, on peut signaler que les méthodes psychométriques ont été utilisées pour construire des épreuves permettant une évaluation objective des connaissances, le plus souvent des connaissances scolaires. Il existe un grand nombre de telles épreuves pour différentes disciplines et différents niveaux de scolarité. Elles constituent le volet positif de la « docimologie », qui a montré dans sa partie critique la grande subjectivité des méthodes traditionnelles d'évaluation des connaissances.

Le traitement des observations recueillies

Comme le choix d'une méthode de recueil des données, le choix d'une méthode de traitement de ces données dépend évidemment de l'objectif que le psychologue se propose. Il s'agit toujours cependant, en psychologie différentielle, de méthodes statistiques. Une observation individuelle isolée est en effet ininterprétable. Il faut pouvoir par exemple la comparer à la moyenne du groupe auquel appartient l'individu examiné et évaluer l'importance de l'écart ainsi observé par rapport à celle des écarts à la moyenne observés pour les autres individus du groupe. De même, l'association de deux caractères observée chez un individu ne permet pas d'estimer l'association de ces caractères dans la population en général si l'on ne résume pas les associations constatées pour tous les sujets d'un échantillon représentatif de cette population. L'élaboration statistique des observations constitue donc en psychologie différentielle une nécessité. Elle peut prendre des formes très différentes. Si le psychologue différentialiste se propose de mettre à la disposition de ses collègues un test pouvant être utilisé pour l'évaluation individuelle de telle ou telle caractéristique, il devra leur fournir un étalonnage de ce test. Sous des formes diverses, l'élaboration statistique aura ici pour objectif de dresser une table numérique permettant de repérer la position d'un sujet ayant obtenu un résultat déterminé dans la population des sujets sur lesquels le test a été étudié avant son usage effectif.

Le psychologue pourra être amené à comparer des groupes de sujets différents bien que cette démarche ne soit pas la plus caractéristique de la psychologie différentielle. Le traitement statistique le plus simple consiste ici à comparer deux moyennes observées respectivement, dans une épreuve déterminée, par exemple sur un groupe de garçons et un groupe de filles. En se fixant un risque d'erreur déterminé, on pourra (ou on ne pourra pas) dire que les moyennes des populations dont ces groupes sont extraits sont différentes (différence de moyennes « statistiquement significative »). Par l'*analyse de la variance*, on peut étendre ce type de traitement à plusieurs groupes (par exemple, différentes catégories socioprofessionnelles). On peut faire des comparaisons de ce type en tenant compte d'une différenciation des groupes considérés sur une autre variable liée à celle sur laquelle porte la comparaison. Par exemple, on comparera les résultats moyens obtenus dans un examen terminal par deux groupes d'élèves ayant reçu deux types différents d'enseignement mais dont le niveau initial n'était pas identique (*analyse de la covariance*). En utilisant plusieurs épreuves appliquées à deux ou plusieurs groupes de sujets (par exemple de sujets atteints de maladies mentales différentes), on peut définir quelle est la fonction des résultats observés dans ces épreuves qui discrimine au mieux les moyennes des deux groupes. En appliquant ces épreuves à un sujet sur lequel on doit porter un diagnostic et en calculant la valeur prise en ce qui le concerne par cette fonction, on pourra constater éventuellement qu'il est plus proche d'un des groupes que de l'autre (fonction discriminante).

Dans tous les modes de traitement précédents, ce sont des comparaisons de moyennes qui interviennent essentiellement. Les dispersions des résultats individuels autour de ces moyennes ne sont utilisées que pour moduler la confiance que l'on est en droit d'accorder à ces comparaisons. Il n'en est pas ainsi pour une seconde catégorie de traitements statistiques, qui ne portent plus sur des groupes différents mais qui traitent directement les résultats individuels.

En schématisant, on peut considérer que ces traitements dérivent de l'estimation de l'association entre deux variables (deux tests ou un test et un critère, par exemple) par un coefficient de corrélation. Deux épreuves appliquées aux mêmes sujets peuvent être affectées par des sources de variation qui leur sont communes (par exemple deux tests verbaux peuvent mettre en jeu la même aptitude ou subir l'un et l'autre l'influence du niveau culturel de la famille). Dans ces cas, si l'on connaît la note obtenue par un sujet dans l'une de ces épreuves, on peut faire un pronostic meilleur que celui que le hasard fournirait sur la note que le sujet obtiendra dans l'autre épreuve. On calcule pour cela le coefficient de régression de la seconde épreuve sur la première. Une mesure de l'association entre les deux variables, indépendante des échelles de notation utilisées et du sens de la relation, est fournie par le coefficient de corrélation. Cette mesure d'association est très fréquemment employée en psychologie différentielle.

Si l'on dispose de plusieurs variables associées, on peut prédire la valeur la plus probable que prendra l'une d'elles pour un sujet déterminé à partir des valeurs prises pour ce sujet par les autres variables (*régression multiple*). Par exemple, la note scolaire ou professionnelle la plus probable pour un sujet peut faire l'objet d'un pronostic fondé sur les résultats obtenus par ce sujet dans une batterie de tests. Dans certains travaux de recherche, on utilise la régression multiple pour évaluer le poids avec lequel certaines caractéristiques des sujets ou des situations dans lesquelles ils se trouvent intervient dans une conduite (diverses aptitudes des sujets et diverses caractéristiques des familles sont susceptibles d'intervenir dans la réussite scolaire). L'*analyse factorielle* permet d'attribuer les corrélations observées entre plusieurs variables, par exemple plusieurs tests appliqués aux mêmes sujets, à un nombre limité de sources de variation, les facteurs, dont chacune affecte plusieurs de ces variables. Par exemple, si l'on soumet à l'analyse factorielle une batterie de tests comprenant plusieurs épreuves verbales, plusieurs épreuves numériques et plusieurs épreuves spatiales, on constate très généralement que trois facteurs, dont chacun affecte l'une de ces catégories d'épreuves, peuvent suffire à rendre compte dans une large mesure des corrélations observées entre les épreuves (un résultat qui, contrairement à certaines apparences, n'était pas acquis d'avance).

Dans l'exemple précédent, les trois facteurs verbal, numérique et spatial peuvent être considérés comme issus d'une démarche descriptive obéissant à certains critères de simplicité et d'économie. Mais on peut aussi, au lieu de cet usage « exploratoire » de l'analyse factorielle, l'utiliser de façon « confirmatoire ». Dans ce cas, on posera d'abord le modèle dont on suppose qu'il « expliquera » de façon acceptable les corrélations observées : trois facteurs et les coefficients de régression (nuls ou non nuls) des variables observées sur ces facteurs, coefficients qui représentent ici les relations de cause à effet reliant les facteurs hypothétiques et les variables observées. L'analyse aura alors pour objet, après estimation des coefficients, de confirmer ou d'infirmer l'hypothèse que le modèle formalise. Cette utilisation de modèles susceptibles d'être infirmés ou non par des données observables peut prendre des formes diverses et parfois complexes. On peut ainsi mettre à l'épreuve des hypothèses portant sur des structures de variables entre lesquelles existent des liaisons pouvant être considérées comme causales ou comme de simples associations. Ces modèles sont formalisés par des *systèmes d'équations structurales*. On peut par exemple faire l'hypothèse que le quotient d'intelligence peut « s'expliquer » par une structure de variables en relations incluant, entre autres, le niveau intellectuel et le niveau éducatif des parents, leur niveau socio-économique, leurs attitudes éducatives, le type de quartier habité, d'école fréquentée, etc. L'une des formes de ces modèles a pris le nom d'*analyse en pistes causales*. Ces modèles structuraux, représentant un ensemble de variables liées entre elles, paraissent mieux adaptés aux conditions dans lesquelles on observe et on cherche à expliquer des différences individuelles que les paradigmes expérimentaux « bernardiens » ou « fishériens », dans lesquels on ne prend en considération que l'effet d'un petit nombre de variables indépendantes sans liaisons entre elles sur une variable dépendante, toutes choses égales par ailleurs.

Les travaux actuels

Dans plusieurs champs d'application de la psychologie, on utilise des épreuves différentielles fournissant des évaluations quantifiées sur certaines des caractéristiques des personnes examinées. Ces évaluations peuvent prendre place dans un dossier qu'il appartient au psychologue praticien d'interpréter cliniquement dans son ensemble. Elles ont un statut comparable à celui des analyses biologiques ou des examens fonctionnels dans un dossier médical. Il peut en être ainsi à propos du diagnostic psychiatrique, de l'aide psychologique apportée à des personnes présentant des difficultés d'adaptation (notamment des enfants). Les psychologues scolaires, les conseillers d'orientation utilisent des tests psychologiques, entre autres sources d'information. Ils peuvent aussi utiliser des épreuves de connaissances scolaires construites en utilisant les méthodes psychométriques pour évaluer sur des bases plus larges et donc plus objectives le niveau scolaire d'un enfant. La sélection professionnelle peut garder ce caractère clinique ou bien, dans des cas où un grand nombre de sujets doivent être classés (sélection militaire par exemple), utiliser des batteries de tests permettant, par régression multiple, un pronostic par rapport à un ou plusieurs critères de réussite.

Certains travaux de recherche peuvent avoir pour principal objectif de fournir des instruments aux psychologues praticiens. C'est le cas lorsqu'un test nouveau est mis au point pour évaluer une caractéristique individuelle, l'intelligence par exemple, sur laquelle ont été réalisées de multiples recherches antérieures. Les recherches de ce type peuvent avoir un caractère plus fondamental si l'instrument dont il s'agit vise à la mesure d'une dimension qui n'avait pas été isolée jusque-là et dont une étude théorique est nécessaire. L'instrument nouveau peut alors apparaître comme une sorte de sous-produit de l'étude théorique. On s'éloigne encore de la pratique individuelle avec les enquêtes psychosociopédagogiques, utilisant parfois un grand nombre d'instruments d'évaluation (dont certains peuvent être construits à propos de l'enquête), une population étendue et des méthodes de traitement des résultats pouvant atteindre un degré élevé de complexité. Ces enquêtes sont bien, par la généralité de leurs objectifs, par la complexité de leurs méthodes et par le fait qu'elles n'entraînent aucune conséquence pour les sujets qui y participent, des travaux de recherche. Les problèmes qu'elles étudient sont souvent liés cependant à des modalités d'organisation et de fonctionnement d'institutions intervenant dans la vie quotidienne de la population ; niveau des connaissances acquises à l'échelle nationale aux différents niveaux de la scolarité, facteurs de l'orientation scolaire, etc. Dans certains cas, elles apportent des informations sur des problèmes plus généraux : développement intellectuel, délinquance, alcoolisme, etc.

D'autres travaux de recherche sont largement indépendants des applications pratiques et même des problèmes posés par le fonctionnement des institutions ou par les conditions générales de vie. Ils portent sur les procédures de traitement de l'information ou sur les procédures d'orientation et de contrôle des conduites qui sont étudiées aussi, dans une autre perspective, par les psychologies générales. Dans le domaine des grandes fonctions auxquelles sont en général consacrés les travaux de psychologie expérimentale générale, la psychologie différentielle montre que, dans chaque situation adaptative, des individus différents peuvent utiliser des stratégies différentes, des procédures d'adaptation pouvant se substituer les unes aux autres (« processus vicariants »). En fait, chaque individu paraît disposer d'une pluralité de processus adaptatifs, mais l'ordre dans lequel ils sont évoqués préférentiellement varie d'un individu à un autre. Ces faits ont été illustrés notamment à propos de la perception de la verticale, de décisions perceptives simples (identifier une phrase comme décrivant ou non un dessin), du support plus facilement verbal ou plus facilement iconique des représentations mentales, etc.

À propos du développement de l'enfant, la psychologie différentielle a confirmé et précisé qu'il s'effectuait à des vitesses différentes d'un enfant à l'autre. Elle a aussi montré que des enfants différents pouvaient utiliser des voies de développement différentes : il existe plusieurs façons d'acquérir le langage, la lecture ou le maniement de la pensée formelle. L'un des moteurs du développement pourrait être l'interaction, chez chaque enfant, entre plusieurs processus vicariants disponibles simultanément, à des degrés différents selon les enfants. Les interactions sociales (aide à autrui, influence, agression, etc.) prennent aussi des formes différentes et ont des effets différents sur les personnes entre lesquelles elles s'établissent, selon les caractéristiques individuelles de ces personnes. Dans tous les cas, on voit que l'étude des différences individuelles non seulement diversifie les résultats des psychologies générales mais encore éclaire le fonctionnement des processus en cause.

Une autre catégorie de travaux de recherche porte sur l'origine des différences individuelles. L'influence du milieu, essentiellement du milieu éducatif familial, s'impose depuis longtemps comme une évidence. Les recherches sur ce point ont utilisé des enquêtes portant sur un grand nombre de caractéristiques de ce milieu. Les liaisons de ces caractéristiques entre elles et avec les différences individuelles à expliquer ont été analysées à l'aide des modèles structuraux (*systèmes d'équations structurales*). L'influence globale du milieu éducatif a également été mise en évidence par d'autres enquêtes portant sur le quotient intellectuel ou la réussite scolaire d'enfants qui, issus de milieux défavorisés, sont adoptés très jeunes par des familles aisées. Ces enfants témoignent d'un développement peu différent de celui des enfants nés dans ces familles. Un problème plus difficile est celui qui est posé par l'intervention conjointe de facteurs génétiques (et, parmi eux, de facteurs héréditaires) et de facteurs de milieu. La méthode des adoptions peut aussi être utilisée pour l'aborder. Si l'on classe d'après leur quotient d'intelligence, d'une part, les enfants adoptés, d'autre part leurs mères, on constate qu'un certain degré de corrélation existe entre ces deux classements, ce qui peut traduire entre autres influences un effet de l'hérédité. Mais les données les plus utiles pour ce genre d'études sont celles que l'on recueille sur les jumeaux. L'identité génétique est complète entre deux jumeaux monozygotes ; elle n'est que partielle entre deux jumeaux dizygotes. On peut déterminer le Q.I. (par exemple) d'une série de paires de jumeaux et évaluer à l'aide d'un coefficient de corrélation intraclasse le degré de ressemblance des Q.I. à l'intérieur de chacune des paires. On constate que la ressemblance à l'intérieur des paires de monozygotes est supérieure à la ressemblance à l'intérieur des paires de dizygotes. Ces résultats appellent des discussions qui ont porté sur plusieurs de leurs aspects. On peut considérer qu'ils établissent de façon sûre l'intervention de facteurs génétiques dans les différences individuelles pour de nombreuses caractéristiques psychologiques, l'intelligence évaluée par le Q.I. par exemple. Il reste que ce problème est d'une grande complexité ; il fait l'objet aux États-Unis de recherches très actives. Les différences individuelles observables ne résultent pas de l'addition d'effets indépendants provenant les uns du milieu, les autres du génome ; les mêmes facteurs de milieu n'ont pas le même effet sur des individus ayant des génomes différents ; le même génome : ne s'exprime pas de la même façon chez des individus élevés dans des milieux différents. Les facteurs génétiques peuvent exercer une influence sur le choix, par le sujet, des milieux qu'il fréquente. En ce qui concerne ces facteurs génétiques, il faut tenir compte du fait qu'ils ne sont pas séparables expérimentalement, chez l'homme, des facteurs intra-utérins et périnataux. D'autre part, il faut distinguer ceux qui sont héréditaires de ceux qui sont propres à chaque individu et non transmissibles. Cette distinction n'est pas non plus réalisable expérimentalement chez l'homme. Mais l'étude de ces problèmes chez l'homme a été largement renouvelée à une date récente par l'utilisation, dans l'analyse des données pouvant être recueillies, de systèmes d'équations structurales permettant, à certaines conditions, de représenter formellement des sources de variation ne pouvant être isolées expérimentalement.

Importance sociale de la psychologie différentielle

Le fait que les hommes sont psychologiquement différents s'impose quotidiennement comme une évidence. L'étude scientifique de ce fait conduit d'abord à introduire des modulations dans les observations et les lois des psychologies générales. Mais elle conduit aussi à des façons nouvelles de poser les problèmes. L'adaptation d'individus différents peut se faire par des procédures différentes, et la moyenne des observations pratiquées sur un groupe de sujets peut dans certains cas, loin de représenter une loi unique et générale, ne correspondre à aucune de ces procédures. Les modèles structuraux dont les variables sont engendrées par les différences individuelles offrent un moyen de comprendre les relations entre les déterminants multiples et non indépendants d'une conduite. Ces modèles sont fondamentalement différents de ceux qu'utilise une analyse expérimentale réalisée « toutes choses égales par ailleurs ». Ils représentent de façon plus acceptable les conditions réelles dans lesquelles les conduites se déterminent, et les résultats en sont plus facilement généralisables.

Le fait des différences individuelles a aussi une importance majeure dans la vie sociale. D'où sans doute le poids que les applications de la psychologie différentielle a toujours eu dans son développement. Mais on peut aussi se demander si cette importance même des enjeux sociaux n'a pas freiné ou perturbé les recherches scientifiques (c'est-à-dire réalisées par des procédures explicites et répétables) relatives aux différences individuelles. L'apparition et le développement de telles recherches ont pu être considérés comme une intrusion et même comme un danger par des écoles de pensée qui, tout en étant éventuellement opposées, partagent la conviction que les hommes peuvent être réduits à l'état de pions parfaitement identiques. Établir que les hommes sont différents, ne serait-ce pas œuvrer en faveur d'une certaine forme d'organisation sociale qui serait présentée comme découlant de ces différences ? Il y a là de toute évidence une confusion entre le fait et le droit, que les extrapolations incontrôlées de F. Galton n'ont pu qu'entretenir. Il est clair que le choix d'un système de valeurs et de l'organisation sociale qui le reflète ne constitue pas un problème scientifique. C'est au nom de telles valeurs que l'on peut décider que l'eugénique ne sera pas appliquée à l'homme, que tous les citoyens, quels qu'ils soient, auront dans la cité les mêmes droits. Le fait n'en reste pas moins que, dans le cadre de ces choix et de l'organisation sociale qui les exprime, n'importe qui ne peut pas faire n'importe quoi, que les hommes ne sont pas des jetons parfaitement amorphes et interchangeables qu'une éducation ou une rééducation appropriées peuvent modeler ou remodeler pour les conformer individuellement aux exigences de n'importe quelles options sociales. La sélection est un fait social universel. Mieux vaut sans aucun doute, au nom même des principes dont se réclament ceux qui la contestent, qu'elle se pratique par des procédures dont on peut discuter parce qu'elles sont explicites que par des procédures fondées sur des critères subjectifs ou des réseaux d'influence qui, paradoxalement, échappent plus facilement à la critique parce qu'ils sont moins définis.

M. R.

Bibliographie

Anastasi, A., 1937, *Differential Psychology*, New York, MacMillan.

Bacher, F., 1982, *les Enquêtes en psychologie*, Lille, Presses universitaires de Lille.

Huteau, M., 1984, *les Conceptions cognitives de la personnalité*, Paris, P.U.F.

Lautrey, J., 1980, *Classes sociales, milieu familial, intelligence*, Paris, P.U.F.

Longeot, F., 1969, *Psychologie différentielle et théorie opératoire de l'intelligence*, Paris, Dunod.

Reuchlin, M., 1969, *la Psychologie différentielle*, Paris, P.U.F.

diffluence

n.f. (angl. Diffluency)

Trouble du cours de la pensée et du discours dans lequel le flux des idées s'éparpille sans ordre et dans toutes les directions d'une manière anarchique.

Ce trouble s'observe chez les schizophrènes, les confus et les déments. Il apparaît aussi chez les maniaques, accompagnant la fuite des idées, mais en gardant une certaine cohérence.

J. P.

diffusion

n.f. (angl. Diffusion)

Système de communication qui minimise les différences sociales, en particulier idéologiques, pour s'adresser au plus grand nombre.

Une définition minimale des moyens de communication de masse est qu'ils permettent d'atteindre un très grand nombre de personnes à peu près simultanément. Cette possibilité technique fait émerger la réalité du *public*, comme G. de Tarde l'avait vu à partir du seul exemple de la presse. Aujourd'hui, les problèmes sont situés du côté des caractéristiques différentielles des publics en rapport avec un système de communication, non du côté des propriétés générales des messages ni de leurs supports.

S. Moscovici (1961) a distingué trois systèmes qui se combinent, se complètent ou se succèdent dans l'économie informationnelle de nos sociétés : la propagande, la propagation et la diffusion. Ce qui caractérise cette dernière, c'est qu'elle s'adresse au plus large public possible. C'est dire que ses vecteurs portent seulement des marques sociales faibles de manière à minimiser la différenciation entre les récepteurs ; ils font donc référence à des goûts personnels qui transcendent en principe les clivages sociaux (intérêt pour le sport, l'histoire, l'automobile, le bricolage, la littérature, diverses collections, etc), soit à une classe d'identification très générale sans existence proprement sociologique (les femmes, les jeunes, les consommateurs par exemple). Pour capter et maintenir cette audience très large, peu homogène, les contenus de diffusion sont idéologiquement peu tranchés : le plus souvent, ils se situent à cet égard entre la réserve et l'évocation de valeurs majoritairement partagées. Cette raison même fait aussi que ces contenus sont avant tout les reflets des attentes, préoccupations et curiosités de leurs destinataires. C'est d'ailleurs ce que montre en toute clarté le goût extrême des médias de diffusion contemporains pour les enquêtes, sondages et autres études de lectorats. Ces contenus sont également peu spécialisés dans leur domaine propre ; ils relèvent de la vulgarisation si on les compare aux revues techniques et scientifiques correspondantes.

La diffusion ne se limite pas à la consommation d'informations. Elle a aussi des effets sur les conduites, particulièrement sur les phénomènes de modes (vestimentaires, alimentaires, culturelles, linguistiques, etc.). On peut considérer que la publicité dans son ensemble est une forme typique de diffusion. Cette incidence peut s'expliquer par deux facteurs, l'un très général : l'imitation, l'autre spécifique : l'action des guides d'opinion. L'imitation a été placée par Tarde à la base de la vie sociale ; elle joue un rôle très important dans les sociétés à forte densité, et la diffusion lui sert à la fois de relais et d'aliment. Les guides d'opinion sont des membres d'un groupe familial, amical ou professionnel qui reprennent dans les conversations avec leurs pairs certaines données de la diffusion. Cette reprise est d'une part sélective (elle ne retient que certains messages), d'autre part adaptative (elle les reformule, les commente ou les illustre en fonction des habitudes et des intérêts des récepteurs). Les guides d'opinion sont généralement spécialisés en ce sens que leur compétence est reconnue par leurs partenaires pour un domaine particulier (telle forme de loisir, tel champ de connaissance, etc.). Les enquêtes montrent aussi qu'ils ont tendance à être, relativement parlant, de grands consommateurs de médias. La nature de l'influence qu'ils exercent est double si l'on reprend la terminologie classique de M. Deutsch et H. B. Gerard : influence informative dans la mesure où ils contribuent à répandre des nouvelles et des savoirs ; influence normative lorsqu'ils mettent en avant, délibérément ou non, des pressions à la conformité.

Ainsi, le destinataire des médias se retrouve souvent dans un contact de personne à personne qui rompt avec l'isolement fascinatoire, réel ou supposé, de l'individu face à la source. La diffusion est relayée par un réseau psychosocial préexistant. M.-L. R.

→ imitation, propagande, propagation.

diffusion de l'activation

(angl. Spread of Activation)

Hypothèse théorique suivant laquelle l'activation d'une unité cognitive produit à son tour l'activation, à un moindre degré, d'une autre unité cognitive si celle-ci lui est structurellement ou momentanément liée.

Selon la théorie de l'activation, des entités psychologiques telles que des représentations, des procédures, etc., peuvent être soit dans un état de repos, soit dans un état actif avec un degré (ou niveau) d'activation plus ou moins élevé. Ce qui détermine primitivement le passage de l'état inactif à l'état actif est une stimulation externe, venue de l'environnement. Ainsi, un stimulus visuel ayant la forme et les caractéristiques d'un chien est supposé activer la représentation perceptive de chien ; le mot écrit « chien » est supposé activer la représentation sémantique homologue de la précédente. Une importante hypothèse additionnelle est que cette activation peut se transmettre à des entités cognitives qui ne sont pas directement activées par une stimulation externe. Par exemple, dans le cas précédent, on dira que l'activation de la représentation de chien qui a été produite par le mot *chien* peut se diffuser à une représentation de l'action d'aboyer ou à une représentation générale des chats. Mais cela ne se produira qu'à l'égard de représentations qui, comme celles citées, sont liées à celle de chien. Il en découle l'hypothèse fondamentale que toute unité cognitive peut recevoir son activation de deux sources : 1. des stimulations externes ; 2. de l'activation qui se diffuse à partir d'autres unités qui sont reliées à la représentation réceptrice et qui ont été précédemment activées. Sur une unité donnée peuvent ainsi confluer plusieurs activations simultanées, qui contribuent ensemble à élever le niveau d'activation de l'unité considérée.

La notion de diffusion de l'activation comporte une forte analogie neurobiologique ; mais elle n'est pas en elle-même une notion directement neurobiologique. Personne aujourd'hui ne peut savoir si un influx nerveux circule réellement entre une représentation neuronale de chien et une représentation neuronale de chat. Toutefois, la compatibilité avec la neurobiologie est un des atouts de cette hypothèse. L'autre atout, plus important encore, est le bon accord de cette hypothèse avec les données expérimentales, notamment celles fondées sur des temps de réponse. La diffusion de l'activation peut, par hypothèse, avoir lieu entre des unités structurellement liées par des connexions permanentes, notamment dans la mémoire sémantique des sujets — comme dans les exemples cités plus haut pour « chien, aboyer, chat ». Elle peut aussi se produire entre unités momentanément liées, comme dans l'utilisation du langage. Supposons qu'un sujet ait lu une phrase telle que « le chien renversa le tonneau », qui lie momentanément deux unités structurellement assez éloignées ; on peut faire l'hypothèse qu'une activation de *tonneau* qui surviendrait peu après cette lecture se diffuserait jusqu'à *chien* par l'intermédiaire de la connexion momentanée créée entre les deux unités cognitives. J.-F. L. N.

→ activation, amorçage 1, connexion, connexionnisme.

digito-palmaire (prise)

(angl. Grasping with the Whole Hand)

Saisie d'un objet par la paume de la main avec un début d'intervention du pouce et de l'index qui s'associent par leur face latérale, formant une pince inférieure.

Elle intervient après le milieu de la première année du bébé. E. V.

→ préhension.

dilemme des prisonniers

(angl. Prisoner's Dilemma Game)

Situation de jeu expérimental caractérisée par l'existence de possibilités d'accord ou de désaccord entre les partenaires.

Le dilemme des prisonniers est l'exemple le plus typique d'une catégorie de jeu particulière appelée *jeu à somme non nulle*. L'analyse de cette situation a été réalisée et formalisée par J. von Neumann et O. Morgensten (1944) dans leur *Théorie des jeux et comportement économique*.

LES JEUX À MOTIVATION MIXTE

Les jeux à somme non nulle sont ceux où coexistent dans la situation des possibilités d'entente ou de désaccord : la convergence des intérêts des joueurs est partielle. En particulier, dans ces situations, et contrairement aux jeux à somme nulle, ce qui est gagné pour l'un ne correspond pas forcément à ce qui est perdu par l'autre et inversement. Ce type de jeu présente un grand intérêt pour l'étude de l'interaction dans la mesure où des motivations différentes peuvent s'y exprimer, d'où leur appellation de jeux à motivation mixte.

Le dilemme des prisonniers peut être illustré par l'exemple qui lui a donné son appellation : on imagine que deux prisonniers sont interrogés par la police afin d'établir leur culpabilité dans une affaire criminelle. Faute de preuves, les policiers essaient d'obtenir des aveux. Chacun des prisonniers est donc placé devant un choix simple : avouer ou non, mais il lui faut de plus tenir compte du choix de son acolyte. Les différentes solutions possibles et leurs conséquences sont les suivantes.

1. Personne n'avoue : les prisonniers seront condamnés pour un délit mineur mais éviteront toute condamnation importante. Cette issue est donc positive pour chacun (+5).
2. L'un avoue et l'autre non : celui qui a avoué est libéré compte tenu de l'aide qu'il apporte ainsi à la police (+10) ; l'autre, par contre, se voit infliger la peine maximale puisqu'il a été dénoncé (−10).
3. Les deux prisonniers avouent : ils se voient infliger une lourde peine mais réduite par rapport à la peine maximale, compte tenu de leurs aveux (−5).

Le dilemme auquel sont confrontés les deux prisonniers peut donc être présenté sous la forme de la matrice indiquée par le schéma de la figure 1.

Il est bien clair que, si les prisonniers pouvaient communiquer, ils pourraient s'entendre sur une décision commune et s'y tenir, le dilemme disparaissant du coup instantanément. C'est donc précisément l'absence de communication qui crée le dilemme.

		prisonnier 2	
		nie	avoue
prisonnier 1	nie	+5, +5	−10, +10
	avoue	+10, −10	−5, −5

Figure 1. Le dilemme des prisonniers.
+5 indique l'issue positive ; +10, l'aide apportée à la police ; −10, la peine maximale ; −5, la peine minimale.

On peut imaginer ainsi le raisonnement du prisonnier n°1 : a priori, pense-t-il probablement, la meilleure solution serait de nier tous les deux. Mais rien ne prouve que l'autre ne va pas me dénoncer et je me retrouverai dans ce cas avec la peine maximale. Par contre, s'il n'a pas avoué et que je l'ai fait je serai libéré. Donc de toute façon il me faut avouer : j'évite ainsi la peine maximale et je puis même me retrouver libre.

Si, comme on peut le supposer, le prisonnier n°2 raisonne de la même façon, on voit alors que la solution adoptée aboutit à un résultat particulièrement négatif pour l'ensemble des protagonistes, alors qu'il existe une possibilité de réaliser un gain positif pour les deux.

Les mécanismes rationnels et psychologiques mis en œuvre

L'intérêt essentiel du dilemme des prisonniers est qu'il place les individus dans une situation d'interaction conflictuelle dans laquelle les motivations à obtenir un gain maximal doivent être conciliées avec la nécessité de collaborer avec le partenaire. Dans la figure 2, qui représente la matrice du dilemme, toutes les relations (inégalités) qui figurent sur l'exemple théorique doivent être vérifiées pour que la situation soit bien du type « dilemme des prisonniers ». (figure 2)

Cette matrice est caractérisée par l'existence d'un point d'équilibre minimal D1 D2. Comme nous l'avons vu sur l'exemple des prisonniers, lorsque le jeu se déroule sur un seul coup (et sans communication entre les joueurs), le comportement des joueurs les amène à choisir ce point d'équilibre minimal, aux dépens d'un autre point d'équilibre (C1 C2), optimal mais irréalisable compte tenu de la situation. Par contre, il est très facile de montrer que, dès que l'on passe à une situation de jeu qui se déroule sur plusieurs coups et non plus sur un seul, le comportement rationnel des sujets devrait les amener à se stabiliser en C1 C2, combinaison qui permet de réaliser les gains les plus élevés.

En effet, la situation est construite de telle façon que toute tentative de réaliser le maximum des points possibles (24) aboutit à un gain minimal pour l'autre (6) et qu'elle va donc entraîner de la part de ce dernier une réaction de défense qui aboutit à un blocage du jeu sur la combinaison équilibrée minimale (12/12), se traduisant par une perte systématique des deux joueurs par rapport à l'équilibre optimal (18/18).

Le dilemme des prisonniers est donc représentatif d'un jeu à motivation mixte dans lequel le sujet est soumis à deux motivations contradictoires :
— faire plus que l'autre (mais au détriment du gain absolu possible) : tentation de la compétition interindividuelle ;
— réaliser le gain absolu maximal (mais équivalent pour les deux joueurs) : tentation de la coopération.

Dès lors, on comprend que le dilemme des prisonniers ait connu un succès considérable dans l'étude des phénomènes de coopération-compétition. Il permet en effet de voir quels sont les éléments d'une situation qui conduisent les sujets à la coopération et quels sont ceux qui aboutissent à une interaction compétitive (rôle de la situation, du contexte, du partenaire...).

Par ailleurs, cette situation réintroduit la relation à l'Autre comme élément essentiel de l'interaction. En effet, toute stratégie coopérative suppose l'existence d'un accord tacite avec l'Autre et d'une confiance totale à son égard. Car l'existence d'une combinaison C1 C2, et son maintien dans le temps, implique non seulement la volonté de coopérer du sujet mais aussi la conviction que l'autre ne le trahira pas. Toute stratégie dans le dilemme de prisonniers suppose donc que le sujet réalise à chaque coup une anticipation du choix de l'Autre, et c'est en fonction de cette anticipation que doit se déterminer la réponse. On voit dès lors la richesse des études possibles avec ce paradigme expérimental puisqu'il permet d'étudier aussi bien les dimensions sociales que les dimensions psychologiques de l'interaction : aussi bien le rôle des normes sociales que celui des attitudes par exemple.

De plus, l'établissement d'un équilibre optimal nécessite de la part des sujets deux types de conditions : 1. la maîtrise des caractéristiques objectives de la situation, c'est-à-dire la découverte de la possibilité et de l'intérêt de la solution C1 C2 (maîtrise cognitive) ; 2. la maîtrise de la relation avec le partenaire (maîtrise psychosociologique).

La situation de jeu proposée permet donc d'étudier simultanément les phénomènes relationnels et la démarche cognitive mise en œuvre par les sujets.

La psychologie sociale expérimentale dispose avec cette situation d'un outil à la fois simple et précieux pour l'étude des phénomènes d'interaction, et en particulier de l'interaction conflictuelle. C'est pourquoi à partir de 1957, grâce à R. D. Luce et à H. Raiffa (1957) puis sous l'impulsion de Schelling (1960) et de A. Rapoport (1960), s'est développé tout un courant de recherches expérimentales qui utilisent les situations de jeu — et surtout le dilemme des prisonniers — pour analyser les mécanismes qui aboutissent à la coopération ou à la compétition interindividuelle.

La plupart des recherches utilisant le paradigme du dilemme des prisonniers ont été réalisées aux États-Unis. Cependant, à partir des années 1970, s'est développé en France un important courant de recherches qui utilise la situation de jeu pour montrer l'importance du rôle des facteurs symboliques dans l'interaction conflictuelle. J.-C. Abric (1987) a pu ainsi montrer en utilisant le dilemme des prisonniers comment les comportements interindividuels étaient déterminés par le système de représentation sociale des individus et non par les caractéristiques objectives de la situation.

J.-C. A.

Bibliographie

Abric, J.-C., 1987, *Coopération, compétition et représentations sociales*, Cousset, Del Val.

Luce, R.-D., et Raiffa, H., 1957, *Games and Decisions*, New York, J. Wiley.

Rapoport, A., 1967, *Combats, débats et jeux*, Paris, Dunod.

Figure 2. Exemple concret et exemple théorique de matrice de dilemme des prisonniers. En haut, matrice de dilemme concret ; en bas, exemple théorique de dilemme des prisonniers. D1 D2 désignent les points d'équilibre minimal ; C1 C2, les points d'équilibre optimal. R= 18 ; S= 6 ; T= 24 ; S= 6 ; P=12. Ces chiffres ont une valeur purement conventionnelle. On a ainsi : 2R>S + T>2 P ; T>R ; T>S ; P>S.

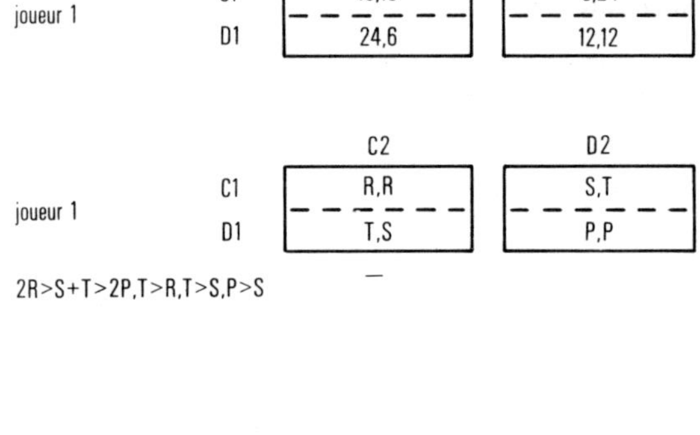

dimension

n.f. (angl. Dimension)

Génér. **Relation qui sous-tend les diverses valeurs d'une variable homogène et, en principe, continue.**

Cette notion est utilisée par analogie avec les dimensions de l'espace et sous réserve que des possibilités de mesure soient assurées. Ainsi, on dit que la hauteur et l'intensité sont deux dimensions d'un son ; on ne le dit pas du timbre. De même, on pourra considérer la taille comme une dimension des objets, mais non la forme. La notion de dimension peut ainsi être considérée comme un cas particulier de celle d'attribut* (dans son sens moderne) : elle désigne un attribut mesurable, c'est-à-dire qui peut être pourvu d'une métrique.

Certains autres attributs, comme le sexe pour des individus animaux ou humains, le caractère pair/impair ou premier/non premier pour les nombres, la caractéristique ouvrable/férié pour les jours de la semaine, etc., ne possèdent pas les caractéristiques d'une dimension parce qu'ils ne comportent que deux valeurs ou un petit nombre de valeurs. D'autres, comme le timbre ou la forme, déjà cités, ou la couleur considérée dans son aspect qualitatif, ne sont pas des dimensions parce que leurs valeurs ne forment pas une structure qui permette la mesure.

On peut étendre cette conception à des domaines abstraits et considérer, par exemple, que la cohésion ou la stabilité, regar dées comme continues, sont des dimensions des petits groupes sociaux.

Différents types d'échelles, notamment ordinales, ont été conçus pour répondre aux cas où les conditions ne sont pas remplies pour que l'on puisse parler de dimension au sens strict. J.-F. L. N.

DIFFÉR. **Variable observable ou hypothétique permettant de différencier et de mesurer (en un sens plus ou moins fort du terme) les sujets de façon univoque.**

On cherche en général à construire des tests dont chacun n'évalue qu'une seule dimension. La même exigence vaut pour les questions posées au cours d'un sondage ou d'une enquête d'attitude. Les facteurs d'une analyse factorielle peuvent être considérés comme des dimensions hypothétiques. Certaines dimensions psychologiques sont présentées sous une forme bipolaire : leurs deux extrémités sont définies (par exemple, extraversion-introversion, dépendance-indépendance à l'égard du champ, etc.). M. R.

→ attribut, échelle.

dioptrie

n.f. (angl. Diopter)

En optique, unité servant à mesurer la puissance de réfraction.

La dioptrie est une mesure correspondant à l'inverse d'une distance, c'est-à-dire à une proximité. Une dioptrie correspond au pouvoir de réfraction d'un dioptre (surface séparant deux milieux d'indice de réfaction différent) de 1 mètre de rayon et ayant son foyer à cette distance. C. B.

diplopie

n.f. (angl. Diplopia)

Vision double, ou anomalie qui fait voir simultanément deux images d'un même objet.

En général observée en vision binoculaire, la diplopie est souvent due à une convergence* inadéquate et au défaut d'inhibition d'une des images qui accompagne normalement leur projection sur des points non correspondants des deux rétines. C. B.

dipsomanie

n.f. (angl. Dipsomania)

Impulsion très forte, quasi irrésistible, à boire, se manifestant par accès et s'exerçant surtout sur les boissons alcoolisées.

Ce mode d'alcoolisation, qui entraîne des troubles massifs du comportement, s'apparente aux somalcooloses de P. Fouquet et à l'alcoolisme epsilon de E. M. Jellinek. Le dipsomane lutte anxieusement contre cette conduite impulsive sans pouvoir y résister. Il se sent généralement coupable après y avoir cédé. C'est en ce sens qu'il se distingue de l'alcoolique ordinaire : « Le dipsomane est aliéné avant de boire. L'alcoolique ne devient aliéné que parce qu'il a bu » (V. Magnan). J. P. et P.F.

directif, non directif

adj. (angl. Directive, Nondirective)

→ non-directivité.

disconfirmation

n.f. (angl. Disconfirmation)

PSYCHIATR. **Processus interactif consistant à nier l'autre, dans une relation donnée.**

Ce dysfonctionnement s'observe avec une fréquence accrue dans les familles à transaction schizophrénique, c'est-à-dire les familles dysfonctionnelles, dans lesquelles la reconnaissance de soi est compromise (« Tu n'existes pas »). Le patient reçoit des messages familiaux oscillant entre deux formulations : « tu es un enfant pervers » et « tu es un adulte fou ». M. G.

discordance

n.f. (angl. Discordance)

Défaut d'harmonie entre la pensée ou les sentiments et leur expression, entraînant une incohérence des symptômes de la maladie mentale, en l'occurrence la schizophrénie, dont elle est le trouble fondamental.

C'est à P. Chaslin que l'on doit le nom « discordance » et l'adjectif « discordant » quand il définit les « folies discordantes » dans ses *Éléments de sémiologie et clinique mentales* de 1912. Ces « folies » sont pour lui « à peu près » l'équivalent de la démence précoce d'E. Kraepelin. Et E. Bleuler, qui venait de décrire le « groupe des schizophrénies » (1911), reconnaissait par la suite que la dissociation mentale, dont il faisait le fondement de cette maladie, aurait pu aussi bien s'appeler « discordance ».

Sur le plan sémiologique, on distingue une discordance de la mimique inadaptée aux sentiments du malade avec, par exemple, des rires immotivés ou un maniérisme, une discordance de l'activité motrice pouvant s'accompagner d'impulsions diverses ou de mouvements stéréotypés parasitaires, une discordance émotionnelle et une discordance du langage. Cette dernière se caractérise par une autonomie de l'expression verbale par rapport aux contenus idéatifs, des stéréotypies de mots ou de phrases, des néologismes où le signifiant n'a plus de liens précis avec un signifié et, à l'extrême, de la schizophasie, où le langage est devenu lui-même totalement incohérent et désorganisé. J. P.

1. discours

n.m. (angl. Discourse)

PSYCHAN. **Organisation de la communication, principalement langagière, spécifique des rapports du sujet aux signifiants et à l'objet, qui sont déterminants pour l'individu et qui règlent les formes du lien social.**

Le sujet, pour la psychanalyse, n'est pas l'homme dont la nature serait immuable ; mais il n'est pas non plus l'individu changeant en fonction des péripéties de l'histoire. Au-delà des singularités individuelles, la psychanalyse distingue des fonctionnements, en nombre restreint, qui relèvent des structures où chacun se trouve pris. La « théorie des quatre discours », de J. Lacan, constitue une des élaborations les plus récentes et les plus efficaces concernant ces structures.

L'idée de décrire des entités cliniques, de ne pas en rester à une approche seulement centrée sur des histoires individuelles est présente dès le début de la psychanalyse. Cela s'explique par les objectifs scientifiques de S. Freud mais aussi par la pérennité des symptomatologies névrotiques : l'existence de l'hystérie, ou encore de la phobie, est attestée dès l'Antiquité.

Les catégories cliniques, importantes certes, sont-elles cependant l'essentiel en ce qui concerne les distinctions que la psychanalyse permet de faire entre les divers types de structure dans lesquels le sujet peut se trouver pris ? Cela n'est pas sûr s'il est vrai que ces catégories sont d'abord forgées pour rendre compte d'états considérés comme pathologiques, eux-mêmes opposés à des états normaux, sans pour autant que la normalité ou la pathologie aient pu être définies clairement.

Dès lors s'impose dans la psychanalyse l'idée d'autres structures qui rendraient compte des diverses formes que peut prendre le rapport du sujet à son désir, ou à son fantasme, à l'objet qu'il tente de retrouver ou aux idéaux qui le guident. C'est en ce sens que Freud, par exemple, distingue divers « types libidinaux » (érotique, narcissique, obsessionnel et types mixtes). C'est aussi en ce sens que W. Reich élabore une théorie assez développée des « caractères ».

Pour intéressantes qu'elles soient, ces élaborations maintiennent cependant une ambiguïté. C'est que le caractère ne peut être pensé que comme interne à une subjectivité. Or, la psychanalyse amène à mettre l'accent non sur une subjectivité mais sur un assujettissement, entendons sur ce qui peut *déterminer* un sujet, le produire, le causer : sur son histoire et, plus précisément, sur l'histoire d'un dire, celui qui était déjà là avant même sa naissance dans le discours de ses parents, celui qui depuis sa naissance ne cesse de l'accompagner et d'orienter sa vie dans un «tu es cela» sans échappatoire.

LE DISCOURS DU MAÎTRE

On peut dès lors présenter les choses ainsi: ce qui produit un sujet, c'est-à-dire non pas en général un homme ou un individu mais un être dépendant du langage, c'est qu'un signifiant vienne le représenter auprès de tous les autres signifiants et, par là même, le déterminer. Mais, à partir de là, il y a un reste. En effet, dès lors qu'il s'inscrit dans le langage, le sujet n'a plus d'accès direct à l'objet. Il entre dans la dépendance de la demande, et son désir, quant à lui, ne peut se dire qu'entre les lignes. De là le concept d'objet *a* que Lacan élabore et qui désigne non l'objet supposé disponible du besoin, de la consommation ou de l'échange mais un objet radicalement perdu.

Cette élaboration, Lacan la présente à l'aide d'un algorithme (figure 1). Dans cet algorithme, S1 désigne un signifiant qui représenterait le sujet auprès de l'ensemble des signifiants S2, désigné comme savoir. S est barré pour indiquer qu'il n'est pas sujet autonome, mais déterminé par le signifiant, qui a «barre» sur lui; on notera aussi que, dans cet algorithme, il n'y a pas de rapport direct entre $ et *a* parce qu'il n'y a pas d'accès direct du sujet à l'objet de son désir.

Lacan a donné un nom à ce «discours», ici présenté d'une manière formalisée. C'est le discours du maître. Ce nom marque bien qu'en même temps que de la constitution du sujet comme tel, il s'agit ici de rendre compte des formes ordinaires de l'assujettissement politique, ce qui implique qu'il s'agit dans les deux cas d'une même opération. Ainsi, la façon dont un sujet se soumet à l'énonciation d'un commandement, son attachement à tel maître mot politique s'écrivent facilement:

$$\frac{S1}{\$} \quad \text{ou encore} \quad \frac{\text{signifiant-maître}}{\text{sujet}}$$

De même, il y a un parallèle possible entre le statut foncièrement perdu de l'objet pour le sujet et la plus-value désignée par K. Marx comme ce à quoi doit renoncer le travailleur, mais aussi la plus grande part du capitaliste, s'il doit la réinvestir dans la production. De là le nom de «plus-de-jouir» que Lacan donne alors à l'objet *a* en fonction de cette analogie.

UNE ÉLABORATION FORMALISÉE

Le discours du maître, c'est donc la mise en rapport de ces lettres:

$$\frac{S1}{\$} \; \frac{S2}{a}$$

ou encore de ces termes:

$$\frac{\text{signifiant-maître}}{\text{sujet}} \qquad \frac{\text{savoir}}{\text{plus-de-jouir.}}$$

Or, ce que l'on constitue dans cette mise en rapport, c'est un système formel, où il est possible de distinguer, d'une part, les places, la façon dont s'articulent les éléments, et, d'autre part, les éléments eux-mêmes.

Si l'on fait abstraction de la nature des éléments en jeu, qu'est-ce qui rend nécessaires les quatre places où s'inscrivent les termes S1, S2, $, *a*? C'est que tout discours s'adresse à un autre, même si celui-ci ne se réduit pas à une personne particulière; et qu'il s'adresse à cet autre à partir d'une certaine place, en un certain nom, que ce soit en son nom propre ou au nom d'un tiers. À ces deux places:

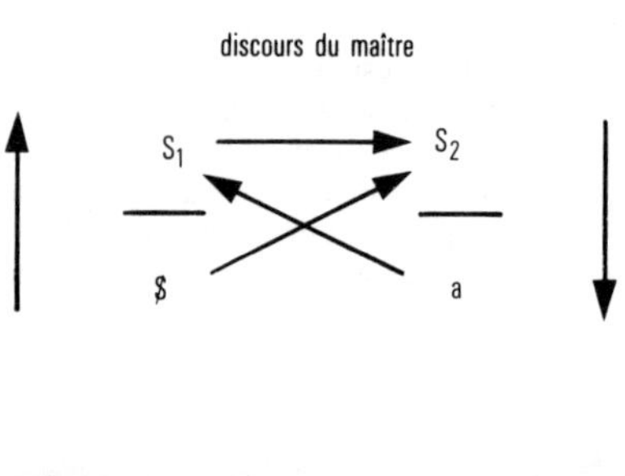

Figure 1. Formalisation du discours du maître.

l'agent — l'autre,

il faut ajouter que la vérité peut interférer, latente, sous le propos officiellement tenu; et que, dans les dispositifs du discours, quelque chose est à chaque fois produit. D'où le système complet des places:

$$\frac{\text{l'agent}}{\text{la vérité}} \qquad \frac{\text{l'autre}}{\text{la production}}$$

À partir de là, la question qui se pose dans la théorie psychanalytique est celle de savoir si une élaboration formalisée peut conduire à des développements qui se vérifient dans l'expérience. Or, il semble bien que oui. Ainsi, il est possible notamment, dans un premier temps, de faire circuler, par «quarts de tour» successifs, les quatre termes $, S1, S2, *a* aux quatre places: vérité, agent, autre, production. Cela sans rompre l'ordre qui relie S1 et S2, termes constitutifs de l'ordre du signifiant, ce qui fait que le sujet $ est séparé de l'objet *a*. On aura donc:

$$\frac{S1}{\$} \qquad \frac{S2}{a} \qquad \frac{S2}{S1} \qquad \frac{a}{\$}$$

$$\frac{\$}{a} \qquad \frac{S1}{S2} \qquad \frac{a}{S2} \qquad \frac{\$}{S1}$$

La valeur donnée à chacune de ces écritures peut être établie à partir de ce qui y joue le rôle de l'agent. La présence, à cette place, de S1 qualifiant donc le discours du maître, celle de S2, le savoir, permet de définir un «discours de l'université»; celle de $, le sujet, le «discours de l'hystérique»; enfin, celle de *a*, le «discours du psychanalyste»: il est en effet concevable que, dans l'hystérie, ce soit le sujet qui vienne sur le devant de la scène, le sujet marqué par le signifiant jusque dans son corps, là où les symptômes font entendre un discours refoulé; quant au discours du psychanalyste, ce qui l'organise, c'est l'objet même que le discours du maître fait choir, l'objet auquel le sujet n'a pas accès dans le discours du maître.

DISCOURS DU PSYCHANALYSTE ET DISCOURS DU CAPITALISTE

Une parenthèse permet ici d'introduire un cinquième discours, proposé lui aussi par Lacan, le discours du capitaliste.

Si, en effet, le discours du psychanalyste inscrit *a* à la place dominante, s'il ne sépare plus $ et *a* (*a* → $), est-ce à dire que la psychanalyse assure à chacun la rencontre effective avec l'objet de son désir? La question n'est pas sans portée. C'est en effet un des traits majeurs du discours courant, de nos jours, que de promettre à tous la satisfaction de tous les désirs à condition seulement d'y mettre le prix, d'effacer la différence entre l'objet du désir et l'objet de la consommation. La psychanalyse serait-elle solidaire de telles représentations?

Or, si dans le discours du psychanalyste le sujet est bien en prise avec l'objet de son désir, l'important est la place où il se situe lui-même: la place de l'autre, c'est-à-dire, notamment, la place où ça travaille. L'objet, il ne le rencontre que dans le travail de la cure. En revanche, Lacan écrit

$$\downarrow \frac{\$}{S1} \times \frac{S2}{a} \downarrow$$

Cela lui permet de rendre compte d'un discours où le sujet se trouve *à la fois* rivé à son objet et en position de semblant, c'est-à-dire en position de se croire assujetti à rien, maître des mots et des choses. Ici, l'aliénation se redouble d'une méconnaissance radicale. C'est ce discours, obtenu formellement par torsion à partir du discours du maître, que Lacan désigne comme «discours du capitaliste».

Pour finir, il faut relever que la théorie des discours, dont on ne présente ici que les traits essentiels, reste aujourd'hui un des instruments les plus actifs pour la psychanalyse, dès lors qu'elle s'intéresse à ce qui produit le sujet et produit avec lui l'ordre social où il s'inscrit.

R. C.

2. discours

n. m. (angl. Discourse)

LING.

→ texte.

discours (analyse du)

(angl. Discourse Analysis)

Analyse qui a pour but l'élaboration d'une métalangue, c'est-à-dire d'un système formalisé assurant la description et la construction de types discursifs.

Les origines théoriques de l'analyse du discours

À l'origine, on peut considérer que la question à laquelle tentait de répondre la mise en œuvre d'analyses de discours était principalement « celle d'une recherche des conditions de possibilité de la stabilité du langage : quelles sont les contraintes qui autorisent la description des régularités de la langue ? Comment expliciter, s'il y a lieu, les contraintes propres au discours ? Comment prolonger la linguistique de façon à l'appliquer au-delà des limites de la phrase tout en conservant des garanties de scientificité ? » (R. Ghiglione, B. Matalon, N. Bacri, 1985).

Autant de questions qui étaient à l'origine des analyses du discours et qui situaient celles-ci dans une grande proximité avec les grammaires de discours tout en rompant avec l'analyse de contenu. Toutefois, cette proximité ne doit pas masquer les ambiguïtés et les conflits existant entre grammaire de discours et analyse de discours. La grammaire de discours peut être considérée comme ayant, de par ses origines génératives, un propos formel. Son objet est de mettre au jour « des lois de discours s'appliquant en quelque sorte à la "sortie" de la grammaire de phrase de N. Chomsky » (Ronat, 1979).

Prolongement de la grammaire de phrase, la grammaire de discours s'arrête là où commence la langue, les représentations, le contexte de communication. Les analyses de discours, tout en empruntant à la grammaire de discours, s'en séparent sur plusieurs points.

Sur le plan théorique, la métalangue de description est simplement destinée à permettre de construire des ensembles consistants d'énoncés entrant dans le cadre des discours possibles pour une formation culturelle donnée.

Sur le plan méthodologique, les unités de segmentation du texte ne sont plus les phrases, comme c'est le cas en grammaire de discours, mais les propositions ou les énoncés. Ce changement d'unité n'est pas simplement un avatar, mais permet un travail différent conduisant à « mettre au jour des schémas élémentaires, des connecteurs interpropositionnels marquant des dépendances hiérarchiques » (*ibid.*). Par ailleurs, le changement d'unité renvoie à une prise en compte de l'opacité du langage, qui ne se réduit plus à sa structure propre (syntaxique et/ou sémantique). Le discours est questionné dans ses analyses, dans ses contenus et dans ses énonciateurs.

Sur le plan de leurs modes d'application, le vocable est le même : analyse de discours, mais les pratiques de l'école française d'analyse de discours, des courants anglo-saxons, des actuels conversationnalistes sont bien différentes. Ainsi que l'affirme L. Bardin (1989) : « Sous ce concept en vogue [l'analyse de discours], [...] se cachent les définitions variables, sources de confusion. Les racines de l'analyse de discours sont diverses, hétérogènes, et plusieurs champs de recherches et de pratiques se sont développés indépendamment — et continuent à coexister — sans liens entre eux ».

Les écoles d'analyse de discours

En France

Dans les années 1970, ce qui a été appelé l'école française d'analyse du discours se développe. Au sein de cette école, on assiste à diverses tentatives de réintégration de l'extérieur de la langue dans la production/structuration du discours. Il s'agit semble-t-il d'introduire un autre ordre que celui du seul système linguistique dans le discours : « Quelles propriétés attribuer à l'énoncé, quelle représentation en proposer dans un ordre du discours qui ne soit pas la réplique de l'ordre de la langue ? » (Courtine, 1981).

Ces tentatives conduisent à une hétérogénéité apparente, mais beaucoup moins importante qu'il n'y paraît de prime abord. En fait, l'école française d'analyse du discours s'inscrit dans une triple influence : celle de la « Discourse Analysis » de Z. S. Harris et de la grammaire générative de Chomsky ; celle exercée par des théoriciens de l'énonciation, qui « ouvre une perspective nouvelle à l'analyse du texte : celui-ci ne se manifeste pas seulement comme répertoire de signes et système de leur combinaison, mais renvoie au « langage assumé comme exercice par l'individu » ; enfin celle, essentiellement liée aux travaux de M. Foucault et L. Althusser, relative au discours dans son rapport à une formation sociale, c'est-à-dire idéologique, qui fait que le discours « est, de part en part, historique, fragment d'histoire, unité et discontinuité dans l'histoire elle-même, posant les problèmes de ses propres limites, de ses coupures, de ses transformations, des modes spécifiques de sa temporalité » (Foucault, 1969).

L'une des concrétisations les plus structurées de cette école peut être trouvée dans l'analyse automatique du discours (A.A.D.), dont M. Pêcheux (1969) est à l'origine : « L'A.A.D. ne se propose pas de construire une théorie, ni d'étudier le fonctionnement de tout langage. Elle se veut calcul, suite réglée d'opérations réalisables en un temps fixé par un calculateur, produisant un résultat déterminé à partir d'un point de départ donné. » Ce point de départ étant dans tous les cas sociolinguistique. Ainsi, utilisant les techniques linguistiques d'analyse, ils (Pêcheux, Fuchs) effectuent un changement de terrain en les projetant dans un champ extérieur à celui que les linguistes avaient constitué : le champ où se construisent les sens, dans l'obscurité inévitable des illusions du sujet (Ghiglione, Matalon, Bacri). Obscurité que l'on peut tenter de percer, par le jeu interactif d'une construction : celle de la formation discursive, « lieu de l'intersubjectivité parlante » ; et d'un postulat : celui de la nécessite aveugle de l'idéologie.

Aux États-Unis

L'analyse du discours répond à d'autres préoccupations, beaucoup plus proches d'une sociolinguistique, c'est-à-dire d'une étude du langage originaire tel qu'il est parlé dans tel ou tel lieu. Sans doute, de l'interactionnisme symbolique à l'ethnométhodologie en passant par l'ethnographie de la communication, les intérêts sont différents, mais le langage produit en situation naturelle reste l'objet d'étude commun.

Toutefois, si l'on considère un des représentants exemplaires de ce courant, E. Goffman, on ne peut qu'être frappé par l'insistance mise sur la règle comme base de l'« ordre de l'interaction ». Règles qui constituent la base d'un jeu où règnent des « systèmes de conventions déontiques ». En somme, l'analyse de discours est dans ce cas appliquée à la description de rituels, mis en œuvre par des sujets sociologiquement décrits.

En Europe et en France

On assiste depuis le début des années 1980 à un renouveau de l'analyse du discours par le biais de ce que l'on nomme l'analyse conversationnelle. Définie dans un ouvrage récent, elle marque bien tout à la fois ses filiations et ses distances :

« Si l'analyse conversationnelle est née aux États-Unis de l'application à la description d'échanges linguistiques — considérés moins en eux-mêmes que comme des cas particuliers, et particulièrement "traitables", d'interactions sociales — de principes et méthodes élaborés dans le champ de la microsociologie interactionniste (ethnographie de la communication, ethnométhodologie), elle apparaît plutôt en France comme un prolongement de l'analyse du discours dont on peut grossièrement, en une vision idéalement linéaire, résumer l'itinéraire de la façon suivante :

« — d'un intérêt quasi exclusif pour les productions écrites à une prise en compte des réalisations orales de la langue (donc de leur caractère multicanal) ;

« — d'une perspective fondamentalement monologale à une approche dialogale des faits discursifs ;

« — d'une perception structurale et immanente à une approche de type communicatif. » (J. Cosnier, C. Kerbrat-Orecchioni, 1987).

R. G.

Bibliographie

Bardin, L., 1989, *l'Analyse de contenu* (2e éd., revue), Paris, P.U.F.

Cosnier, J., et Kerbrat-Orecchioni, C., 1987, *Décrire la conversation*, Lyon, P.U.L.

Ghiglione, R., Matalon, B., et Bacri, N., 1985, *les Dires analysés : l'analyse propositionnelle du discours*, Paris, P.U.V.

Pêcheux, M., 1969, *l'Analyse automatique du discours*, Paris, Dunod.

discriminante (analyse)

(angl. Discriminant Analysis)

Méthode d'analyse des données visant à décrire au mieux la liaison existant entre un caractère qualitatif, ayant un nombre fini de modalités, et un ensemble de *p* caractères quantitatifs tous observés sur *n* individus.

Lorsqu'on a mesuré plusieurs caractères sur des populations différentes et que l'on dispose des mesures de ces caractères pour un sujet, on peut rechercher à laquelle des populations il convient de rattacher ce sujet (par exemple, résultats de différents tests mesurés sur plusieurs groupes professionnels ou pathologiques, utilisés pour un conseil d'orientation ou pour un diagnostic individuels). La méthode utilisée est l'analyse discriminante. Une *fonction discriminante* (angl. Discriminant Function) est la fonction linéaire des mesures qui différencie au mieux les populations considérées.

En analyse factorielle, une *rotation discriminante* (angl. Discriminant Rotation) permet de placer un facteur dans la position où il discrimine au mieux les saturations de deux groupes de variables observées. M. R.

→ factorielle (analyse).

discriminatif (apprentissage)

(angl. Discriminative Learning)

Apprentissage dans lequel des animaux ou des sujets humains améliorent leur capacité de distinguer, dans leur comportement, des stimulus similaires.

Le schéma des apprentissages discriminatifs simples est le suivant: dans une première période, le sujet répond de la même manière à deux stimulus S1 et S2, qui sont similaires (généralisation du stimulus). Dans la seconde période, il répond à S1, mais non à S2, ou l'inverse; ou encore, il donne une certaine réponse à S1 et une autre à S2. Le changement entre la première et la seconde période est l'apprentissage discriminatif. Il est généralement obtenu par renforcement différentiel: la réaction à S1 est renforcée et celle à S2 ne l'est pas (ou l'inverse). La notion d'apprentissage discriminatif ne se distingue pas de ce que I. P. Pavlov appelait «différenciation». Ce phénomène doit, en revanche, être distingué de celui de discrimination perceptive ou conceptuelle, dans laquelle on détermine la capacité discriminative limite d'un individu à un moment déterminé de son histoire, en principe quand ses apprentissages sont parvenus à leur maximum.

Ce qui précède concerne les apprentissages discriminatifs simples, unidimensionnels: par exemple, S1 est un son d'une certaine hauteur tonale, et S2 un autre son en tout point semblable à S1 sauf pour la hauteur, qui est différente. On a également étudié des apprentissages discriminatifs complexes, multidimensionnels. Par exemple, après l'apprentissage mentionné, on conduira ensuite un second apprentissage entre le stimulus S1 et un stimulus S3, de même hauteur tonale mais différent de S1 par le timbre. Un résultat que l'on peut retenir est que, chez un animal comme le Rat, le premier apprentissage, surtout s'il a été prolongé, perturbe ou même empêche le second. Il existe de multiples autres façons de faire varier la différence entre deux stimulus et de composer entre eux des facteurs de variation, ou dimensions. L'étude des apprentissages discriminatifs multidimensionnels débouche rapidement sur celle des activités intellectuelles. Cela est particulièrement vrai en ce qui concerne l'Homme, chez lequel les apprentissages discriminatifs sont extrêmement nombreux et variés et sous-tendent une multitude d'activités quotidiennes. J.-F. L. N.

→ apprentissage, conditionnement.

discriminatif (stimulus)

(angl. Discriminative Stimulus)

Stimulus qui suscite une réaction conditionnelle, ou apprise.

Dans les conditionnements de type skinnérien (opérant), il n'y a normalement pas de stimulus particulier qui suscite la réaction, autrement dit pas de stimulus conditionnel. On peut toutefois, si on ne renforce la réponse qu'en présence d'un stimulus déterminé, aboutir à ce que cette réponse n'apparaisse qu'en présence de ce stimulus; celui-ci est alors appelé *stimulus discriminatif* et l'on dit qu'il «commande» — ou, par abus de langage, «contrôle» — la réponse. Dans le langage de B.F. Skinner, ce type de stimulus est noté S_Δ. J.-F. L. N.

discrimination

n.f. (angl. Discrimination)

GÉNÉR. **Activité qui se manifeste par la capacité qu'a un individu de donner une réaction à un stimulus et aucune réaction — ou, dans un cas plus complexe, une autre réaction — à un stimulus différent du premier.**

Cette capacité est souvent le résultat d'un apprentissage discriminatif. J.-F. L. N.

PHYSIOL. **Capacité de distinguer deux stimulations sensorielles élémentaires appartenant à un même continuum physique ou psychologique.**

La discrimination est l'un des aspects de la sensibilité d'un système sensoriel. (→ sensation.) On évalue cette capacité discriminative en mesurant des seuils* différentiels. Le pouvoir de résolution spatiale, aussi appelé acuité, est en fait une mesure de la capacité de discrimination spatiale au même titre qu'un seuil différentiel tactile une pointe ou deux pointes. Plus le système est sensible, plus il est capable de différencier des valeurs proches du stimulus. Le rapport de Weber est la mesure la plus fréquente de la discrimination, mais on peut aussi utiliser une mesure d'information transmise. (→ Weber [loi de].) Il existe de plus une relation entre la valeur de l'exposant d'une fonction de puissance décrivant la relation entre l'intensité d'une stimulation et la sensation correspondante et la finesse de discrimination. De plus, il semble que la discrimination soit supérieure lorsque la dimension considérée est codée dans des neurones séparés sélectifs au niveau de cette dimension, comme c'est le cas pour l'orientation des contours. Les discriminations d'intensité qui dépendent de la fréquence des potentiels d'action dans le même ensemble de neurones conduiraient à des discriminations moins fines. C. B.

→ différenciation, discriminatif (apprentissage).

discriminative (temps de réaction)

(angl. Discriminative Reaction Time)

Mesure du temps de réaction à un stimulus, obtenue lorsque le sujet a pour consigne de ne pas répondre à des stimulus différents du stimulus positif et que de tels stimulus différents sont présentés dans une certaine proportion des cas.

Le temps de réaction discriminative est toujours plus long que le temps de réaction simple. L'allongement dépend principalement de la proportion des stimulus différents et de leur degré de similitude avec le stimulus positif. J.-F. L. N.

disparation rétinienne

(angl. Retinal Disparity)

→ article suivant.

disparité rétinienne

(angl. Retinal Disparity)

Différence interoculaire des écarts angulaires entre les deux images rétiniennes d'un même point et le centre des fovéas correspondantes où se projette le point de fixation. (Syn. disparation rétinienne.)

La disparité rétinienne résulte des lois de la perspective linéaire, qui entraînent une différence entre les images des mêmes objets sur les deux rétines. On l'appelle parfois *parallaxe stéréoscopique*. C. B.

dispensaire

n.m. (angl. Outpatients' Department)

Lieu de consultation et de cure pour des malades en traitement ambulatoire, extrahospitalier.

Créés par la loi Bourgeois en 1916, les dispensaires, dits alors «d'hygiène sociale», étaient surtout destinés à la lutte antituberculeuse. C'est en 1922 qu'E. Toulouse inaugure à Paris un *service départemental de prophylaxie mentale* où se trouve le premier dispensaire réservé aux malades mentaux. Ce service deviendra, en 1926, l'hôpital Henri-Rousselle. Mais ce n'est qu'en 1941 que G. Heuyer et R.H. Hazemann introduisent des consultations psychiatriques dans les dispensaires d'hygiène sociale. Le décret du 20 mai 1955 généralise ces dernières dans le cadre de la prévention des maladies mentales et de l'alcoolisme. Et la circulaire du 20 mai 1960 les intègre dans le dispositif de la sectorisation psychiatrique en les dénommant « centres médicopsychologiques ». Quoique extra-hospitaliers, ils sont depuis 1986 gérés par les hôpitaux psychiatriques pour des raisons d'économie et de meilleure gestion. Ils forment le plus souvent un ensemble polyvalent médico-social, s'accompagnant dans certains cas d'un hôpital de jour et d'un centre d'accueil et de crise. Orientés non seulement vers la prévention, mais aussi vers le traitement, la postcure et la réadaptation socioprofessionnelle des malades sortis de l'hôpital psychiatrique, ces ensembles, lorsqu'ils sont complets, sont alors appelés « centres de santé mentale ». J. P.

dispersion

n.f. (angl. Dispersion, Variation)

STAT. **Expression de l'éloignement plus ou moins grand des termes d'une série les uns par rapport aux autres ou par rapport à une valeur centrale choisie, ou moyenne.**

Les éléments d'une distribution s'écartent plus ou moins de sa valeur centrale. On décrit ce fait en utilisant des caractéristiques de dispersion telles que la variance et sa racine carrée, l'écart type, le coefficient de variation, l'écart moyen, l'écart médian, ou écart probable, la marge, ou étendue, l'écart interquartile.

Les *caractéristiques de dispersion* sont des indicateurs qui, pour l'étude d'une distribution statistique, rendent compte de la répartition plus ou moins groupée des valeurs de l'échantillon. Les principales caractéristiques de dispersion sont l'écart moyen, l'écart type, l'étendue, les intervalles interfractiles et le coefficient de variation. M. R.

disqualification

n.f. (angl. Disqualification)

Processus interactif consistant à nier la relation dans laquelle la personne est impliquée.

Ce dysfonctionnement s'observe le plus souvent dans les familles à transaction schizophrénique. M. G.

dissociatif, ive

adj. (angl. Dissociative)

Relatif à la dissociation mentale.

On parle souvent de « psychose dissociative » pour décrire et même simplement dénommer la schizophrénie. On trouve aussi l'adjectif utilisé dans la troisième édition du DSM (1980) pour qualifier certains troubles dissociatifs dont la « caractéristique essentielle est une altération secondaire et transitoire des fonctions normales d'intégration de la conscience, de l'identité et du comportement moteur ». C'est un processus de désintégration provisoire de l'activité psychique qui se manifeste essentiellement dans l'hystérie et qu'avait déjà décrit P. Janet en 1889 en le dénommant « désagrégation » et en montrant que celle-ci était à l'origine du dédoublement de la personnalité si fréquent chez les hystériques. J. P.

dissociation

n.f. (angl. Dissociation)

Rupture de l'unité psychique provoquant un relâchement des processus associatifs sur lesquels reposerait le fonctionnement mental.

C'est E. Bleuler qui fait de la dissociation mentale (dans la perspective d'une psychologie associationniste prévalente à son époque) le trouble primaire fondamental de la schizophrénie, qu'il décrit dans sa monographie de 1911 sur cette psychose chronique appelée jusque-là « démence précoce ». Il reconnaît plus tard que le terme *discordance*, introduit en 1912 par P. Chaslin pour définir cette maladie mentale, est pratiquement synonyme de celui de *dissociation*.

Celle-ci se manifeste surtout par des troubles du cours de la pensée : égarement, fading et barrages, qui en sont vraiment le signe pathognomonique ; ses autres éléments sémiologiques ont été décrits à propos de la discordance*.

Quant aux autres grands symptômes de la schizophrénie, repli autistique, troubles psycho-sensoriels, productions délirantes, anomalies de la conduite, ils ne seraient, pour Bleuler, que des phénomènes accessoires de cette dissociation mentale. J. P.

dissociation (phénomène de)

(angl. State Dependent Learning)

Dans le domaine d'étude de la mémoire, fait qu'un souvenir est plus difficilement réactualisable si l'état interne de l'organisme est différent de celui existant lors de la phase d'acquisition.

Le concept de dissociation s'inscrit dans celui de *contexte*. Mais, tandis que la notion de contexte renvoie habituellement à l'association d'une information avec des éléments de la situation d'apprentissage, les travaux sur la dissociation chez l'Homme et chez l'Animal révèlent qu'au cours de l'apprentissage les informations enregistrées par l'organisme sont également associées aux variables biologiques caractérisant l'état interne de l'organisme au moment de l'acquisition. Ainsi, il a pu être montré que, lors du test de rétention, le souvenir sera correct si les conditions internes sont identiques, et perturbé si ces dernières sont différentes. Par exemple, si l'acquisition d'informations est réalisée sous médicamentation, on peut montrer que sa rétention sera meilleure si, lors du test de rétention, le sujet est sous le même traitement médicamenteux que s'il ne prend plus le médicament. P. L.

→ apprentissage, contexte, mémoire.

dissonance cognitive (théorie de la)

(angl. Cognitive Dissonance)

Théorie selon laquelle il existe une absence d'accord entre des éléments qui apparaissent simultanément dans la connaissance que le sujet a de quelque chose, absence qui entraîne de sa part un effort pour les faire mieux s'accorder d'une manière ou d'une autre (réduction de la dissonance).

La théorie de la dissonance cognitive, introduite par L. Festinger en 1957, reste l'une des grandes théories de la psychologie sociale. Souvent assimilée aux théories de la consistance* cognitive, elle contient cependant une spécificité qui a orienté ses tenants vers l'analyse de certaines situations expérimentales particulières et qui a conduit à des hypothèses contraires au sens commun. Cette spécificité tient essentiellement au statut de l'action.

La théorie de la dissonance cognitive partage, de fait, la plupart de ses postulats avec les autres théories de la consistance (théorie de l'équilibre, de la congruence) : elle suppose qu'il existe des états privilégiés des systèmes cognitifs et que ces états tendent à la stabilité. Elle présuppose également que tout écart par rapport à ces états suscite un travail cognitif orienté vers la réduction de cet écart. Comme elles, elle traite de cognitions : opinions, idées, savoirs concernant l'individu lui-même (« Je suis un homme de gauche »), les autres (« Paul est un extrémiste de droite »), le monde et les situations (« La gauche peut établir l'égalité des sexes », « Ce travail est rébarbatif »), mais aussi concernant son comportement (« J'ai fait intervenir Paul pour obtenir cet emploi »). La spécificité de la théorie de la dissonance tient précisément à l'importance théorique et expérimentale de ce dernier type de cognition.

Les cognitions consonantes et dissonantes

S'il m'arrive de dire « ce mur est noir » alors que je sais qu'il est blanc, j'ai dans la tête deux cognitions, l'une concernant ma connaissance du monde, l'autre celle de mon comportement : « Je sais que ce mur est blanc» et «j'ai dit que ce mur était noir». Si en outre je dois toucher 300 francs pour avoir dit ce que j'ai dit, une troisième cognition sera «je vais toucher 300 francs pour dire que ce mur est noir». Certaines de ces cognitions sont reliées par une *implication psychologique*: ayant dans ma tête la cognition X, je m'attends à y trouver la cognition Y. Il est normal d'avoir en même temps les cognitions X et Y dans la tête. Par exemple: «J'ai horreur de la fumée» (X) et «je ne fume pas» (Y); «Durand est un meilleur candidat que Dupont» (X) et «je vote pour Durand» (Y). On dira, dans ces cas-là, que X et Y sont reliées par une «implication psychologique» et qu'elles sont consonantes. Mais je peux avoir simultanément dans ma tête X et le contraire d'Y. Par exemple: «J'ai horreur de la fumée» et «je fume énormément», ou «Durand est un meilleur candidat que Dupont» et «je vote pour Dupont». Ici, X et Y seront dites «dissonantes» puisque l'une est le contraire de ce qu'on attendait connaissant l'autre. Dans de très nombreuses situations, nous avons dans la tête des cognitions dissonantes et des cognitions consonantes. C'est notamment le cas lorsque nous disons le contraire de ce que nous pensons (*soumission forcée*) et que nous sommes payés pour ça. La cognition «j'ai dit que le mur était noir» est consonante avec la cognition «je vais toucher 300 francs pour avoir dit ça», mais elle est dissonante avec la cognition «je sais que le mur est blanc». C'est aussi le cas dans toute *situation de décision*: après notre choix, nous avons toujours au moins cinq cognitions: «J'ai choisi A», «je connais certains avantages de A», «je connais certains inconvénients de B», «je connais certains inconvénients de A» et enfin «je connais certains avantages de B». La première cognition est consonante avec les deuxième et troisième, mais dissonante avec les quatrième et cinquième. Ça peut encore être le cas lorsque, pour obtenir quelque chose que l'on suppose intéressant, nous devons préalablement faire autre chose qui ne l'est pas. S'il s'avère que ce que nous obtenons finalement n'est pas intéressant (*situation d'attentes non confirmées*), la cognition «j'ai obtenu ça» est bien consonante par rapport à la cognition «je voulais obtenir ça», mais elle est aussi dissonante par rapport aux cognitions «ce n'est pas si intéressant que ça» et «j'en ai bavé pour obtenir ça».

La réduction de la dissonance

Pour Festinger, nous supportons mal le fait d'avoir des cognitions dissonantes dans la tête. Ce fait entraîne un «état psychologique» inconfortable. Aussi serons-nous motivés à réduire cet état, c'est-à-dire à relativiser les cognitions dissonantes («ce mur est-il si blanc que ça?»), voire de les supprimer («ce mur est noir»). C'est le travail de *réduction de la dissonance*. Mais comment prédire ce que sera l'importance de ce travail, c'est-à-dire de ces suppressions ou de ces relativisations? C'est la fonction du *taux de dissonance*. Ce taux est essentiel dans la théorie parce qu'elle met une cognition au premier plan et parce que cette cognition est la connaissance par l'individu de son comportement. Ce taux est en effet posé comme un ratio: toutes les cognitions dissonantes sur l'ensemble des cognitions dissonantes et consonnantes par rapport à une cognition particulière: la connaissance du comportement. Ainsi, si j'ai dit «ce mur est noir», le taux de dissonance sera égal au ratio «je sais que ce mur est blanc» / «je sais que ce mur est blanc» + «je vais toucher 300 francs». Mais, en fait, les cognitions n'interviennent pas dans ce ratio par tout ou rien. Chacune intervient en fonction de son importance pour le sujet. Aussi la cognition «je vais toucher 300 francs» pèse-t-elle plus dans ce ratio que ne pèserait la cognition, tout aussi consonante, «je vais toucher 10 francs». Cela permet de comprendre l'un des effets les moins triviaux prédits par Festinger dans la situation de soumission forcée: changement d'attitude et récompense varient en sens inverse. En effet, plus le sujet est rémunéré, plus le ratio est faible. Or, plus le ratio est faible, moins doit être important le travail de réduction de la dissonance visant à modifier les cognitions. Ce sont donc ceux qui ont touché 300 francs qui continueront à voir blanc le mur blanc, alors que ceux qui n'ont touché que 10 francs (et a fortiori ceux qui n'ont rien touché du tout) auront tendance à le voir noir, conformément à ce qu'ils ont eu à dire. Ce type de raisonnement, passant par l'établissement d'un taux de dissonance, peut aussi bien être appliqué aux situations de décision et d'attente non confirmées. Il permet de comprendre pourquoi, après une décision, nous avons tendance à surévaluer le terme choisi de l'alternative et à sousévaluer le terme non choisi. Il permet encore de comprendre pourquoi nous trouverons plus intéressant ce que nous avons eu le plus de mal à obtenir.

Mais de tels effets ne sont pas systématiquement observés. Ils ne le sont que dans certaines conditions, lorsque le sujet peut être considéré comme «engagé» dans son acte (J.W. Brehm et A.R. Cohen, 1962) ou comme «personnellement responsable» de cet acte (R. A. Wicklund et J.W. Brehm, 1976). Le sujet doit notamment avoir le sentiment de choisir l'acte qui induit un état de dissonance, être au fait de quelque conséquence importante de cet acte...

Cette évocation de la théorie de Festinger montre qu'il s'agit d'abord d'une théorie de la rationalisation des conduites et que c'est là sa spécificité (J.L. Beauvois et R.V. Joule, 1981). Contrairement aux théories de la consistance cognitive, elle ne prédit pas l'harmonie des systèmes cognitifs; elle prédit simplement quand (et comment) certains actes sont justifiés a posteriori et dotés d'une valeur un moment compromise. J.-L. B.

→ consistance, engagement, soumission.

Bibliographie

Beauvois, J.-L., et Joule, R.V., 1981, *Soumission et idéologies*, Paris, P.U.F.

Brehm, J.W., et Cohen, A.R., 1962, *Explorations in Cognitive Dissonance*, New York, Wiley.

Festinger, L., 1957, *A Theory of Cognitive Dissonance*, Evanston, Row & Peterson.

Wicklund, R.A., et Brehm, J.W., 1976, *Perspective on Cognitive Dissonance*, New York, Wiley.

distance

n.f. (angl. Distance)

Génér. **Grandeur qui vise à exprimer le degré de dissemblance entre deux stimulus ou deux entités cognitives.**

La dissemblance entre stimulus

La ressemblance, ou similitude, entre stimulus joue un rôle majeur comme déterminant d'un grand nombre de processus psychologiques (apprentissages discriminatifs, reconnaissance, transfert, analogie, interférences mnésiques, etc.). Aussi est-il important de pouvoir la caractériser (elle ou son inverse, la dissemblance, ou distance) de façon aussi exacte que possible.

Cela est assez simple pour certaines catégories de stimulus, pour lesquels des mesures physiques sont bien définies et pour lesquels il a été de surcroît montré que ces mesures peuvent être mises en relation avec des comportements ou des jugements.

Par exemple, la hauteur tonale, définie à partir de la fréquence vibratoire, permet de bien caractériser la similitude ou la distance entre des sons purs (supposés d'intensité constante). Il n'y a de difficulté que si l'on veut descendre au-dessous du seuil de discrimination, mais cela est rarement nécessaire. On pourra alors, par exemple, utiliser ce type de distance interstimulus pour des études dans le domaine du conditionnement: ainsi, on établira sur cette base un gradient de généralisation en fonction de la distance en hertz qui sépare un certain nombre de stimulus nouveaux du stimulus conditionnel original. On exprimera la relation montrée par ce gradient en disant: «Plus la distance est grande entre un stimulus nouveau et le stimulus original, plus la réponse conditionnelle est faible.»

Il en va différemment pour des stimulus pour lesquels n'existe à priori aucune mesure physique convenable des similitudes (comme pour des formes d'objets) ou pour des entités telles que des significations de mots, pour lesquelles l'idée de mesure est difficilement concevable. On suppose par exemple que l'on désire déterminer un gradient de généralisation avec des mots comme stimulus. On pourra définir une distance interstimulus de nature phonétique (ou grapho-phonique) entre des mots nouveaux et un mot originel en regardant combien il existe dans les premiers de sons (ou de phonèmes, ou de lettres) qu'ils possèdent en commun avec le dernier. Ce procédé avait été utilisé spontanément par les recherches initiales sur cette question: elles utilisaient des mots russes ressemblant à «violon», «viole», «violoncelle».

En règle générale, moins il y a de parties communes entre deux stimulus et plus la distance entre eux est grande. Cette règle peut s'appliquer à tous les stimulus décomposables en parties — par exemple des formes — et elle fonctionne assez convenablement pour définir une distance.

Les distances sémantiques

Il est plus difficile d'établir des distances portant sur des significations de mots. On les appelle *distances sémantiques*. Diverses techniques ont été utilisées à cet égard.

Certaines sont *a priori*. On peut, dans un domaine spécifique, établir une structure hypothétique du domaine, par exemple une arborescence, telle celle qui représente les catégories zoologiques. On considérera alors que le «nombre de pas» à franchir dans l'arborescence pour aller d'un mot à l'autre fournit une estimation de leur distance sémantique. Ainsi, il y a plus de distance entre «basset» et «animal» qu'entre «basset» et «mammifère», et plus encore qu'entre «basset» et «chien». Cette technique peut être diversement raffinée.

On peut aussi employer des techniques *a posteriori*. Elles sont fondées sur des jugements que l'on demande d'exprimer à un échantillon de sujets. Ces techniques reposent sur deux hypothèses de travail: 1. les jugements subjectifs des sujets doivent exprimer de façon convenable, sous forme de comportements, les distances sémantiques qu'ils ont dans leur intellect; 2. une statistique fondée sur un échantillon doit permettre de «lisser» les particularités individuelles et de fournir des valeurs raisonnablement valides pour une population de sujets déterminée.

La première parmi ces techniques est directe. Si l'on demande à un groupe de sujets de donner numériquement une estimation subjective de la distance sémantique qu'ils attribuent à un couple de mots — par exemple en énonçant un nombre de 1 à 7 — et que l'on procède ainsi pour tous les couples de mots que l'on a choisis, on calculera aisément ensuite une distance sémantique fondée sur les moyennes intersujets.

Dans une autre technique, on demande à des sujets de classer un ensemble de mots selon leur signification, en mettant ensemble ceux qui leur paraissent aller ensemble, c'est-à-dire être sémantiquement proches. Cela peut se faire matériellement au moyen de cartons, dont chacun porte un mot, et que l'on groupe en petits tas. À partir de là, un calcul statistique permet également de dériver des distances sémantiques.

Des techniques plus indirectes peuvent aussi être utilisées: par exemple, la «force d'association» entre deux mots, obtenue par des épreuves d'association libre — c'est-à-dire le nombre de fois où, dans un échantillon de sujets, le mot B est donné en réponse au mot A —, peut être prise comme un indice de leur distance sémantique. L'inconvénient est ici qu'il n'y a pas souvent coïncidence entre les deux forces associatives de sens opposé, A → B et B → A. On prend parfois alors la moyenne des deux.

Enfin, le différenciateur sémantique de Ch. Osgood permet lui aussi de calculer au moyen d'une formule simple une distance sémantique.

Toutes ces estimations sont naturellement très approximatives et d'une fidélité (ou répétabilité) qui n'est pas garantie. L'observation montre toutefois qu'elles fournissent des résultats qui sont corrélés entre eux, ce qui témoigne de ce qu'ils ne sont pas arbitraires.

D'autre part, l'expérimentation montre aussi que des «distances sémantiques» estimées par l'une de ces techniques, ou mieux encore par plusieurs, constituent une variable valide. Si, comme c'est le cas, on observe les mêmes relations entre des distances interstimulus et un comportement X (par exemple des effets d'interférence mnésique), qu'elles soient établies à partir de distances sémantiques ou à partir de distances physiques mesurées en hertz, on peut en conclure que les premières sont raisonnablement fondées. J.-F. L. N.

Stat. **Espace qui sépare deux points situés entre une abscisse et une ordonnée.**

Lorsque *n* caractères indépendants ont été mesurés sur un sujet, on peut représenter ces caractères par *n* axes mutuellement orthogonaux. En prenant comme coordonnées les mesures (en général normalisées) du sujet, on peut alors représenter ce sujet par un point dans l'espace défini par les *n* axes. On peut calculer la distance de ce point à un autre représentant un autre sujet, ou représentant la moyenne des caractères pour certains groupes de sujets, en utilisant la forme généralisée du classique théorème de Pythagore (qui fournit la longueur de l'hypoténuse en fonction de la longueur des côtés dans un triangle rectangle). Les sujets peuvent ainsi être classés en différents groupes de sujets relativement proches (→ groupes [analyse en]); ou bien un sujet peut être considéré comme plus proche de la moyenne d'un groupe que de la moyenne d'un autre groupe (→ discriminante [analyse]). Lorsque les caractères mesurés ne sont pas indépendants, on utilise une méthode de calcul de la distance faisant intervenir les covariances entre ces caractères, la distance généralisée de Mahalanobis. La quantité χ^2 peut aussi, en un autre sens, être interprétée comme la mesure d'une distance. (→ chi carré ou chi deux [χ^2].) M. R.

distracteur

n.m. (angl. Distractor)

1. **Stimulus qui suscite l'attention d'un individu et la détourne d'un autre objet.** 2. **Stimulus présenté au cours d'une tâche de reconnaissance et qui n'avait pas été présenté durant la phase de mise en mémoire.**

Toutes les tâches de reconnaissance mélangent des stimulus anciens (ceux qui ont déjà été présentés et qui doivent être reconnus) et des stimulus nouveaux, ou *distracteurs*, qui doivent être rejetés. Les situations de reconnaissance peuvent être caractérisées par deux paramètres principaux: 1. la proportion de distracteurs par rapport au nombre total de stimulus; 2. la distance interstimulus (ou dissimilarité) entre les distracteurs et les stimulus anciens. J.-F. L. N.

→ mémoire, rappel, reconnaissance.

distraction

n.f. (angl. Absent-Mindedness Action Slip)

Erreur due à une focalisation non pertinente de l'attention.

On considère généralement l'automatisation des actions comme une propriété adaptative du fonctionnement cognitif. Les actions fréquemment répétées deviennent plus rapides, non conscientes et mobilisent alors une part très réduite des ressources cognitives. Le revers en est que, en présence d'une situation nouvelle, le sujet répond souvent, d'une façon qui est alors inadaptée, par une action automatique: c'est la cause principale des distractions, ou étourderies. Des études sur le terrain ont permis de classifier celles-ci et d'y faire apparaître le rôle de divers facteurs de l'attention sélective. J.-F. L. N.

→ attention.

distribué, e

adj. (angl. Distributed)

Génér. 1. **Qui se déroule en une série de périodes séparées par des intervalles.**

L'existence d'interruptions au cours d'un apprentissage rend celui-ci, en règle générale, plus rapide et plus efficace. On a pris l'habitude d'utiliser à ce propos l'expression calquée de l'anglais «apprentissage distribué». On dit aussi «espacé». Le contraire est «apprentissage massé».

Génér. 2. **En informatique, qui se déroule (pour un processus) ou qui est stocké (pour une représentation) dans deux machines ou deux mémoires localement séparées.**

En informatique, on étudie la possibilité de réaliser certains traitements complexes en faisant coopérer plusieurs processus opérant conjointement (les traitements sont alors «parallèles») ou en simulant ce genre de fonctionnement sur une machine unique («pseudo-parallélisme»).

Un synonyme français de «distribué» en ce sens est «réparti».

Génér. 3. **Par analogie avec la démarche informatique dans les modèles neuroconnexionnistes, se dit de ce qui se déroule ou qui est stocké dans des sous-ensembles de neurones multiples et séparés.**

Du sens informatique sont dérivés les modèles, souvent regroupés sous l'étiquette « néoconnexionniste », qui supposent que dans le cerveau humain il n'y a pas de localisation stricte pour les traitements et les représentations cognitives, mais plutôt une répartition, entre plusieurs sous-ensembles neuronaux localement séparés, de dispositifs fonctionnant de façon coopérative. J.-F. L. N.

→ néoconnexionnisme.

distribution

n.f. (angl. Distribution)

STAT. **Relation entre les modalités ou les valeurs d'un caractère et leurs effectifs ou leurs fréquences.**

Si le caractère est quantitatif, on dit aussi *distribution à une variable*. On présente souvent la distribution dans un tableau donnant la liste des modalités, des valeurs ou des classes, et leurs effectifs ou leurs fréquences. Les caractéristiques d'une distribution sont des coefficients qu'on calcule pour se faire une idée de la tendance centrale, de la dispersion et aussi de l'asymétrie et de l'aplatissement de la distribution. K. Pearson a défini à l'aide des moments une asymétrie et un aplatissement, baptisé « kurtosis », par comparaison avec la distribution de Gauss.

LA DISTRIBUTION D'UN OU DE PLUSIEURS CARACTÈRE(S) OBSERVÉ(S). Pour une population ou un échantillon déterminés, la distribution d'un caractère fournit le nombre de fois (effectif) où est apparue dans ce groupe chacune des modalités, des valeurs ou des classes de valeurs de ce caractère. Si les valeurs de ce caractère sont au moins ordonnées, on peut observer l'évolution des effectifs pour des valeurs successives et parler de la forme de la distribution, forme qui peut recevoir une représentation graphique. (→ histogramme.) Mais cette forme dépend aussi de la métrique adoptée pour mesurer le caractère. (→ normalisation, quantile.) Si l'on dispose sur chaque sujet du groupe de deux mesures, la *distribution bivariée* (angl. Bivariate Distribution) de ces mesures est constituée par les effectifs observés pour chacune des paires de mesures possibles. Les tables de contingence (→ contingence), les diagrammes de corrélation (→ corrélation) constituent des distributions bivariées. Les *distributions multivariées* (angl. Multivariate Distribution) se définissent de la même façon pour *n* caractères considérés simultanément.

LA DISTRIBUTION D'ÉCHANTILLONNAGE D'UNE ESTIMATION. Lorsqu'on a pratiqué une ou plusieurs mesures sur les *n* sujets d'un échantillon extrait d'une certaine population, certaines fonctions de ces mesures fournissent des estimations de certains des paramètres de la population. Si l'on pouvait extraire tous les échantillons possibles de *n* sujets de cette population, chacun fournirait une estimation de chacun des paramètres. La distribution de ces estimations pour l'un des paramètres constituerait la distribution d'échantillonnage de l'estimation de ce paramètre (pour des échantillons de taille *n*). Pratiquement, on ne peut établir ainsi une distribution d'échantillonnage. Le calcul des probabilités permet d'estimer les caractéristiques de la distribution d'échantillonnage à partir des caractéristiques observées sur un échantillon. M. R.

→ inférence statistique.

divergente (pensée)

(angl. Divergent Thinking)

Forme de pensée permettant, à partir de faits donnés, de parvenir à une pluralité d'idées différentes ou de solutions différentes d'un problème.

L'expression *production divergente* (angl. Divergent Production) désigne l'une des opérations proposées par J.P. Guilford dans sa modélisation de l'intelligence. On emploie aussi l'expression *pensée créative* (angl. Creative Thinking). [→ créativité.] Des auteurs comme Guilford ou E. P. Torrance ont proposé des tests de pensée divergente ou créative comme, par exemple, fournir le plus de mots possible contenant certaines lettres données ; imaginer le plus grand nombre d'usages possibles pour un objet donné ; imaginer le plus grand nombre d'événements possibles pour un événement donné ; dessiner le plus d'objets reconnaissables possible à partir d'un cercle. M. R.

docimologie

n.f. (angl. Docimologia)

Terme proposé par H. Piéron pour désigner l'étude scientifique des examens et des procédés de notation en général.

Les résultats obtenus dans les enquêtes et expériences qui ont été réalisées dans ce domaine mettent en évidence de graves imperfections dans les procédures traditionnelles d'évaluation. Par exemple, les notes moyennes attribuées par des jurys différents au baccalauréat à des groupes de candidats constitués au hasard se dispersent beaucoup plus largement qu'elles ne le feraient si tous ces jurys utilisaient la même échelle d'évaluation. D'autres travaux sont expérimentaux. Un même lot de copies a été soumis à plusieurs correcteurs travaillant isolément. Les différences entre les notes attribuées à la même copie sont considérables. Le simple classement des copies varie largement d'un correcteur à un autre et il varie aussi lorsque le même correcteur corrige deux fois, après un intervalle suffisant, les mêmes copies.

La docimologie a proposé un certain nombre de procédures permettant d'améliorer l'objectivité des notations. Il est tout d'abord possible, lorsque plusieurs examinateurs évaluent chacun un assez grand nombre de candidats qui leur sont attribués au hasard, de ramener *a posteriori* toutes les échelles de notation à la même moyenne et à la même dispersion par une transformation statistique simple. On peut « étalonner » différents correcteurs en tenant compte des écarts qui existent entre eux lorsqu'ils évaluent tous, à titre préalable, une même série de copies. On peut aussi améliorer les procédures traditionnelles en fournissant un barème de correction très détaillé. On peut enfin utiliser des épreuves de connaissances normalisées construites selon les techniques employées en psychométrie. (→ connaissances [épreuves normalisées de].) Ces procédures ont fait l'objet de travaux montrant qu'elles augmentaient l'objectivité des évaluations. Leur application se heurte souvent à la conviction intime, éprouvée par chaque correcteur, du bien-fondé des notes qu'il attribue. M. R.

BIBLIOGRAPHIE

De Landsheere, G., 1971, *Évaluation continue et examens. Précis de docimologie*, Bruxelles, Labor, et Paris, Nathan.

Piéron, H., 1963, *Examens et docimologie*, Paris, P.U.F.

dogmatisme

n.m. (angl. Dogmatism)

1. **Tendance à renforcer l'aspect contraignant d'un énoncé considéré comme vérité fondamentale, le *dogme*, dont l'adoption règle l'appartenance au groupe.** 2. **Par rapport à un discours, tendance à considérer les énoncés comme ne pouvant être mis en question et constituant en eux-mêmes une doctrine.** 3. **De façon générale, rigidité dans le discours avec insistance persuasive, résistance au compromis et éventuel recours à la coercition.**

Le dogmatisme d'un sujet renvoie moins à l'adoption d'un dogme qu'à une attitude complexe faite de la superposition de ces trois aspects. En psychologie sociale, le dogmatisme est fait de la juxtaposition de ces aspects et ne peut plus être étudié en dehors des travaux de M. Rokeach (1960).

SOCIAL. En amont, Rokeach s'appuie sur une des échelles que T. W. Adorno avait proposées pour élaborer la *personnalité autoritaire* (1950) : celle d'ethnocentrisme. D'emblée, il traduit les trois constituants de cette échelle (mépris fonctionnel des minorités, sous-estimation des capacités des Noirs, nationalisme triomphal et ombrageux) non seulement comme une rigidité du décryptage psycho-social de la société mais comme un secteur particulier d'une rigidité mentale générale, portant également sur des opérations comme les opérations logiques et arithmétiques. De nombreux travaux quasi expérimentaux établissent cette hypothèse de façon convaincante.

Dans le corps de son œuvre, Rokeach procède en trois étapes. Dans un premier temps, il fait remarquer que, par exemple dans le domaine politique, les extrémismes (de gauche ou de droite) reposent sur des contenus doctrinaux évidemment contradictoires, mais sur une structure mentale assez identique : rigidité, mono-idéisme, recours à l'autorité, éventuellement coercition et violence. Il fait alors l'hypothèse que, pour étudier les doctrines (c'est-à-dire les idéologies), il s'agit moins de s'intéresser à leurs contenus qu'à la structure mentale des sujets qui les professent. Dans un second temps, il introduit l'idée que tout être humain filtre sa lecture du monde, des représentations et des interactions sociales par une structure mentale complexe qui tout à la fois lui est propre et est articulée (cause et/ou effet, sur son groupe d'appartenance : un *système de croyance/non-croyance)* (angl. Belief-Disbelief System) qui consiste en une sorte d'arrangement entre un ensemble (ou déjà un système) de croyances que l'on connaît et que l'on adopte et les systèmes de croyances d'autres sujets, que l'on connaît sans les adopter. L'attitude idéologique du sujet dépendrait des aspects formels que prend cet arrangement. Dans un troisième temps, il modélise l'arrangement interne d'une structure cognitive dogmatiste : on ne l'évoquera que par ses nœuds principaux, sans entrer dans la démultiplication qu'en propose Rokeach. Une structure cognitive est d'autant plus dogmatiste que : 1. y est strictement défini le système d'imperméabilité entre le Belief-System et les Disbelief-Systems ; 2. elle accentue la différence entre le Belief-System et les Disbelief-Systems ; 3. elle différencie peu les Disbelief-Systems entre eux ; 4. la dépendance des croyances périphériques à l'égard des croyances centrales est forte ; 5. la perspective temporelle valorise le passé et l'avenir et sous-estime l'apport — même cognitif — du présent. Rokeach construit une série d'échelles destinées à élaborer le « dogmatisme » des individus et à les référer à des groupes d'appartenance.

Par la suite, ces travaux sont repris, sous un autre angle et en un autre lieu (non plus le sujet *et* le groupe, mais l'articulation entre le sujet et le groupe), dans les recherches expérimentales menées autour du concept d'orthodoxie.

DIFFÉR. Les systèmes que forment les divers dogmatismes peuvent être plus ou moins « ouverts » ou « clos » selon qu'ils acceptent plus ou moins les acquisitions et les changements. Les individus diffèrent à cet égard. L'échelle de dogmatisme de Rokeach est composée de 40 propositions avec chacune desquelles le sujet doit exprimer son degré d'accord. J.-P. D. et M. R.

BIBLIOGRAPHIE

Adorno, T. W., Frenkel-Brunswik, E., Levinson, D. J., et Sanford, R. N., 1950, *The Autoritarian Personality*, New York et Londres, Harper et Row.

Deconchy, J. P., *Orthodoxie religieuse et sciences humaines*, suivi de *(Religious) Orthodoxy, Rationality and Scientific Knowlegde*, Paris-La Haye, Mouton, Berlin-New York, de Gruyter.

Ehrlich, H. J., 1978, « Dogmatism », in London, H., et Exner, J. E., *Dimensions of Personality*, New York, Wiley.

Rokeach, M., 1960 ; *The Open and Closed Mind Investigations into the Nature of Belief Systems and Personality Systems*, New York, Basic Books.

Dolto (Françoise)

Psychiatre et psychanalyste française (Paris 1908 — *id.* 1988).

Dès sa thèse, F. Dolto résume, sous le titre *Psychanalyse et pédiatrie*, à la fois la théorie de S. Freud et les applications qu'elle en conçoit. Dans le même temps, elle mène son analyse avec R. Laforgue. Elle s'est senti depuis l'enfance une vocation : devenir « médecin d'éducation », et avait entrepris pour cela, malgré sa famille, des études de médecine qui lui permirent d'entrer dans la carrière en juillet 1939. Dès l'année 1938, à la demande de Heuyer, elle prépare l'internat des asiles. Elle rencontre J. Lacan à Sainte-Anne, lui-même étant à cette époque interne des asiles et y donnant déjà un enseignement. Cette rencontre se révélera importante, créant entre eux des liens d'amitié.

Dans le domaine de l'enfance, qu'elle choisit, elle défriche alors un territoire qu'elle féconde de sa personnalité. Accordant, tout comme Laforgue, à qui elle se réfère, beaucoup d'importance à la « méthode », elle va peu à peu forger la sienne à partir d'une générosité et d'une confiance inébranlables envers les enfants. Elle y allie une intuition magistrale en même temps, diront ses pairs, qu'une connaissance instinctive de l'enfance. Toute son œuvre est consacrée à ce qu'elle appelle *la Cause des enfants*, titre de l'une de ses dernières publications. Initialement, son but était de venir en aide aux parents et aux éducateurs dans leur tâche. Elle pensait alors que, de la compréhension et d'une aide éclairée portée aux adultes, découlerait tout naturellement le mieux-être de l'enfant. Avec énergie et courage, alliés à un grand sens de la communication, elle devient une personnalité médiatique que des émissions de radio consacreront. Faisant alors école, elle prodigue dans ses séminaires un enseignement qui suscite parfois l'enthousiasme.

Elle décide d'entrer dans l'« École freudienne » que Lacan vient de fonder, mais elle ne se sent pas liée à sa doctrine. Elle utilise les concepts freudiens et lacaniens et forge elle-même quelques nouveaux concepts. On peut résumer ainsi l'œuvre et la recherche de Françoise Dolto comme la tentative, par un bon maternage, de faire que l'enfant soit bien situé dans son schéma corporel et son image de corps, et cela par l'effet de ce qu'elle nomme « les castrations symboligènes ». Celles-ci sont à entendre comme les marques qui viendraient sanctionner la fin d'un stade du développement, les sublimations qui en découlent et le passage au stade suivant. Selon elle, l'aimance se définit comme spécifiant le fait qu'une mère est tout entière, dans sa personne, dans sa présence, par les soins qu'elle donne, un « objet d'aimance ». Au premier stade de la vie, le stade oral, qu'elle va appeler buccal, l'avoir et l'être sont ensemble confondus en raison de la place de carrefour de cette période puisque s'y rencontrent et s'y croisent les facultés « aéro-digestives », englobant la préhension à la fois labiale, dentaire, gustative, de déglutition, l'émission des sons ainsi que l'aspiration et l'expiration de l'air.

C'est le moment du développement d'un sujet où se met en place, estime-t-elle, le modèle de sa future relation à autrui pour toute sa vie. Celle-ci prend ainsi sa source dans le plaisir et l'action conjoints de l'acte de porter à la bouche quelque chose d'agréable et d'en ressentir du plaisir ; cela dans l'atmosphère d'aimance qui caractérise une bonne relation maternelle. De cette conjoncture naîtra le futur comportement relationnel.

De même, au stade anal, la libido n'investit pas seulement les orifices du corps, mais également tout l'intérieur de l'être, où elle se diffuse, allant à la rencontre de la libido orale. Ce stade promeut un érotisme narcissisant de par le plaisir autoérotique de maîtrise qui y est afférent ; toutefois, il peut déboucher sur le masochisme s'il est trop axé sur la rétention.

La nécessité des castrations symboligènes découle tout à fait de cette approche. La mère se doit alors de donner des castrations à l'enfant, castrations appelées par elle « castrations humanisantes » en ce qu'elles ont pour but, au stade oral, de couper l'enfant du corps à corps avec la mère et, au stade anal, de couper le corps à corps tutélaire, celui qui tenait jusqu'ici en tutelle l'enfant au niveau de son autonomie corporelle. Dans le premier cas, la castration orale va permettre l'accès au langage ; dans le second, d'atteindre à l'autonomie corporelle par une renonciation, celle de manipuler en commun avec sa mère les selles, son corps, etc. Pour que la castration soit réussie à ce second stade, il faut, pense-t-elle, que la coupure d'avec l'oralité se soit bien passée. Cette seconde castration, outre l'autonomie corporelle, accorde au sujet l'advenue possible d'une relation vivante avec le père à la place laissée libre par la mère. La castration œdipienne, qui ferait suite aux deux précédentes, porte tout spécifiquement alors sur l'interdit de l'inceste et aussi sur l'ensemble des séductions ou relations sexuelles avec les adultes. Elle doit également couper court à toutes les roueries adressées au parent de l'autre sexe ou à l'adulte rival homosexuel.

Françoise Dolto, dans cette optique, part de la première castration, la castration ombilicale, celle qui signe la naissance d'un être et qui est le prototype de toutes les autres. Il semble important de repérer que sa théorie repose donc non sur une castration symbolique issue de la loi dont le père est le représentant, mais sur l'idée de stades du développement ayant à chaque fois à être dépassés par un don ; don d'une coupure d'avec elle, devenant ainsi symboligène.

De même, sa conception du narcissisme repose principalement sur ce qu'elle définit comme l'euphorie d'une bonne santé, croisé à la relation subtile langagière originée par la mère et entretenue par elle ; ce qu'elle symbolise comme « moi-maman-le monde ». L'enfant prendrait conscience de son corps, de son être et créerait son image à partir du discours que lui tient sa mère au moment où elle satisfait à ses besoins, créant ainsi des zones dites « érotiques » parce qu'entrées en communication avec le langage de la mère, sous condition toutefois qu'il ne reçoive nul contact de l'objet lui-même. Les mots qui médiatisent ou interdisent la jouissance du sein, par exemple, permettent, dit-elle, à la bouche et à la langue de reprendre leur valeur de désir, car la mutation, au niveau du désir, se fait par la parole. Il faut bien comprendre que la formulation théorique de Françoise Dolto, elle-même le répète constamment, est construite sur l'idée d'un maternage réussi et est issue d'une observation, estimée concise et minutieuse du vécu sensitif et symbolique à la fois, du nourrisson aux premiers temps de sa vie. Elle en déduit le concept de « pattern », conduite issue du désir confondu avec « la satisfaction de vivre et d'aimer ». Enfin, les lieux qui lient le nourrisson à sa mère, associés à son odeur à elle, feront qu'il éprouvera ces lieux mêmes comme zone érogène. Cet ensemble de moments vécus est comparé à un nirvana fait de la présence maternelle et de la sécurité nichée dans son giron. Ce nirvana sera donc toujours recherché chaque fois que se produiront des tensions liées au désir ou au besoin.

Sécurité, narcissisme, image de soi sont fondés sur un « bon maternage » où l'enfant tout entier dans sa « prépersonne » en cours de structuration devient lui-même lieu relationnel, lieu de ce lien interrompu puis retrouvé.

Ainsi comprises, les castrations vont permettre la symbolisation et contribuer à modeler l'image du corps au cours de ce qu'elle appelle l'« histoire de ses réélaborations successives ». Ainsi, elle est édifiée sur le rapport du corps au langage et sur le rapport langagier à autrui. Elle devient le pont, le moyen de la communication interhumaine. Si, dit-elle, il n'y a pas eu de paroles, l'image du corps ne structure pas le symbolisme d'un sujet, elle fait de celui-ci un « débile idéatif relationnel ». Le schéma corporel est à concevoir comme l'outil, le corps, le médiateur organisé par le sujet et le monde. Il est, en principe, le même pour tous les individus, il spécifie l'individu en tant que représentant de l'espèce ; il est l'interprète de l'image du corps. Leur ensemble, accordé au vécu langagier, forme l'unité narcissique de l'être.

La place du père est peu évoquée dans cette formulation, davantage axée sur l'image de base qui découle de la relation mère-enfant. La notion de désir n'en est cependant pas absente, mais elle est recouverte par la notion de plaisir en tant que plaisir partiel refusé par la médiation maternelle. En 1988, Françoise Dolto précisera, dans son autobiographie, sa pensée en parlant de son rapport à sa foi et à Dieu : « Je n'aurais pas pu envisager d'être psychanalyste si je n'avais pas été croyante. » Doit-on intégrer cette affirmation à son corpus théorique ? Freud lui eût-il donné son aval ?

Françoise Dolto a notamment écrit *Psychanalyse et pédiatrie* (1938), *le Cas Dominique* (1971), où elle expose sa technique à propos d'un adolescent apragmatique, *l'Évangile au risque de la psychanalyse* (1977), *Au jeu du désir* (1981). R. L. D.

domaine vital

(angl. Home Range)

ÉTHOL. **En écoéthologie, espace utilisé par un animal dans son milieu naturel.**

Bien que décrivant une surface, ce concept doit être rapporté aussi à une durée. Il peut être une zone d'activité journalière ou bien représenter un domaine saisonnier ou annuel, éventuellement partagé en quartiers. R. C.

→ écoéthologie, écologie comportementale, territoire.

dominance

n.f. (angl. Dominance)

GÉNÉR. **Caractéristique d'une représentation, d'un attribut ou d'une interprétation qui fait qu'il s'impose au cours d'un traitement cognitif.**

La dominance peut se rencontrer dans divers domaines de la psychologie. Dans la perception, les figures ambiguës, mises en évidence par la gestaltthéorie, ont presque toujours une interprétation perceptive dominante, qui se manifeste de façon plus fréquente. De la même façon, les mots ambigus ont aussi, le plus souvent, une acception dominante lors de la compréhension. C'est celle-là qui apparaît le plus fréquemment et qui semble s'imposer dans les situations de désambiguïsation immédiate.

Des effets de dominance se manifestent également entre les attributs* des objets : chez l'enfant, par exemple, la couleur est souvent la caractéristique qui est prise en considération de façon dominante, par rapport à la forme, à la taille ou à d'autres propriétés. Dans le cas des attributs, la dominance dépend du relief* que possèdent ces attributs et des effets de contexte.

La notion de dominance demeure en fait assez descriptive. On peut penser qu'elle entretient des relations privilégiées avec le fonctionnement de l'attention sélective ; elle équivaut à une capacité des représentations ou de leurs attributs à attirer sélectivement l'attention. J.-F. L. N.

ÉTHOL. **Toute différenciation stable des attitudes interindividuelles qui s'est formée à la suite d'un combat, parfois réduit à ses phases initiales.**

On appelle échelle (ou hiérarchie) de dominance l'ensemble de ces attitudes. Dans une rencontre entre deux individus (i.e. une scène de dominance), on discerne le dominant, qui manifeste une attitude active ou des gestes analogues à ceux qui préludent à un combat, et le subordonné, qui reste passif, exécute des gestes ritualisés dits « de soumission », voire esquive la rencontre. Lorsque le groupe comporte plus de deux individus, on dit que la hiérarchie est linéaire si un animal qui en domine un autre domine du fait même tous ceux qui sont subordonnés à ce dernier. Elle est, plus rarement, circulaire quand un subordonné peut dominer le supérieur hiérarchique de son propre dominant.

En l'absence de geste ritualisé clairement discernable, la dominance s'éprouve par des tests de compétition alimentaire : en présence d'une source de nourriture à accès limité, est considéré comme dominant le membre d'une paire qui accède à la nourriture alors que l'autre lui cède l'accès.

La dominance est fréquente chez les Vertébrés (Mammifères, Oiseaux, Poissons, etc.), plus rare chez les Invertébrés, bien que des cas aient été décrits. Elle représente une organisation d'un groupe social où les liens de dominance remplacent une interrépulsion de type agressif.

La dominance sociale joue un rôle organisateur qui règle des différences de comportement ; l'individu α, qui domine tous les autres membres du groupe, accuse particulièrement les traits de dominant. Le lien structural décisif, aux conséquences diverses, serait le gradient d'attention des subordonnés vers l'individu α, corrélatif des attaques des dominants vers les subordonnés.

Les conséquences sur le taux reproducteur sont diverses. Après avoir insisté sur le privilège de l'accès aux partenaires sexuels que se réserverait l'α, les éthologistes remettent en cause la généralité d'une telle exclusive. Le rôle organisateur des liens de dominance n'exclut pas, dans certains groupes, celui d'autres rapports, de type affiliatif. J. G.

→ ambiguïté, attribut, désambiguïsation, perception, relief 1. et 2.

dominance cérébrale

(angl. Cerebral Dominance)

Notion selon laquelle, chez les sujets droitiers, l'hémisphère gauche, spécialisé dans la fonction du langage articulé et de la commande de la main prévalente, domine l'autre hémisphère, considéré comme mineur.

Cette notion renvoie donc au concept de distribution asymétrique des fonctions dans les hémisphères cérébraux.

HISTORIQUE

C'est au cours du XIXe siècle que fut découvert le rôle de l'hémisphère gauche pour la fonction du langage. En effet, P. Broca démontra qu'un sujet ayant eu une lésion gauche, plus précisément au niveau du pied de la troisième circonvolution frontale, présentait une perte de la faculté du langage articulé. À partir de ce cas clinique se développa l'idée d'une inégalité de contribution de chaque hémisphère aux fonctions mentales humaines. De même, on a corrélé avec l'hémisphère gauche le fait d'être droitier ou gaucher. La forte proportion de droitiers (ayant une commande motrice à gauche) et la localisation gauche du langage contribuèrent à ériger le terme d'*hémisphère dominant* ou *majeur*. Mais, depuis 30 ans, il semble que se soit opérée une prise en compte nouvelle et fondamentale de la participation de l'hémisphère droit aux différentes fonctions. En effet, l'étude des patients épileptiques ayant subi une déconnexion chirurgicale des deux hémisphères ainsi que les techniques nouvelles d'électrophysiologie et d'imagerie cérébrale sont à l'origine de cette remise en question.

Moyens d'étude actuels

La spatialisation hémisphérique est analysée, au moyen d'enregistrements de l'activité électrique cérébrale, par les techniques de potentiels évoqués, d'électroencéphalographie quantifiée et également par des techniques d'imagerie type résonance magnétique nucléaire. Cela permet d'évaluer précisément l'activité de chaque région lors du déroulement d'une tâche cognitive ou motrice ou de mesurer anatomiquement le degré d'asymétrie cérébrale par chaque localisation.

L'écoute dichotique, qui consiste à faire entendre à chaque oreille simultanément deux stimulus différents, confirme la suprématie de l'hémisphère gauche dans le domaine du traitement du langage et celle de l'hémisphère droit dans la perception de la modulation du langage et du contenu émotionnel des voix ainsi que dans l'analyse des mélodies. L'inactivation fonctionnelle temporaire d'un des hémisphères par une injection de pentobarbital sodique dans une des carotides (test de Wada) a montré une asymétrie lors de l'expérience émotionnelle, l'inactivation de l'hémisphère droit s'accompagnant d'indifférence, voire d'euphorie, celle de l'hémisphère gauche de réactions de catastrophe.

En outre, dans le domaine neurochirurgical, la technique du split brain* (section du corps calleux entre les hémisphères cérébraux) offre un apport expérimental tout à fait important. Ces études entreprises par des équipes américaines sur des sujets souffrant d'épilepsie grave et rebelle permettent d'individualiser précisément les compétences et la part de chaque hémisphère dans chaque comportement.

Caractérisation de l'asymétrie fonctionnelle

Dans le domaine clinique, la distinction entre fonctions verbales et non verbales semble le mieux rendre compte de cette notion. Un déficit verbal est, dans la majorité des cas, consécutif à une lésion de l'hémisphère gauche, tant pour la compréhension que pour la production du langage.

Par contre, des perturbations visuospatiales ou de l'orientation dans l'espace résultent pour une large part de lésions droites, même si la discrimination de détails visuels semble relever d'une activité gauche. Mais, le mode verbal constituant une étape intermédiaire obligatoire pour l'expression de toute fonction perceptive, il est quasiment impossible de conclure à la participation exclusive du cerveau droit pour un comportement précis. De même, la mise en évidence de possibilités de compréhension verbales chez des sujets porteurs de lésions gauches a relativisé totalement les implications de chaque région cérébrale avec une fonction mentale. Toute corrélation entre une fonction et une localisation cérébrale unique semble dès lors impossible à établir.

Néanmoins, l'hémisphère droit, outre son importance dans le domaine visuospatial, joue un rôle prépondérant dans la reconnaissance des visages, du moins pour ce qui relève d'une reconnaissance globalisante (l'hémisphère gauche traite les traits faciaux de manière indépendante). La mise en jeu de processus émotionnels renvoie également à une localisation droite.

Enfin, au plan du traitement de l'information, l'hémisphère gauche procéderait selon un mode analytique tandis que le droit serait plutôt un centre intégratif ou globalisant.

Similitudes entre les deux hémisphères

Malgré l'évidence d'une asymétrie cérébrale, la fonctionnement des deux hémisphères reste essentiellement symétrique. Leur structure de base est identique et les multiples connexions par le réseau dense des fibres commissurales permettent la liaison permanente de zones d'activités similaires. Sur le plan physiologique, les techniques s'accordent à montrer une activité simultanée des deux hémisphères lors de la réalisation de tout comportement. Par ailleurs, l'analyse des déficits consécutifs à une lésion unilatérale fait apparaître une grande analogie de fonction entre des aires homotopiques des deux hémisphères.

Différences entre les deux hémisphères

Différences anatomiques

Les différences sont anatomiques et fonctionnelles. L'examen du cerveau humain permet de constater que celui-ci comporte une disposition des circonvolutions non superposable sans toutefois qu'il soit possible de discerner d'asymétrie franche. C'est en 1968 que N. Geschwind et W. Levitsky ont démontré l'importance d'une zone du lobe temporal enfouie au fond de la scissure latérale appelée *planum temporal*. Celle-ci est nettement plus vaste à gauche qu'à droite et un examen cytoarchitectonique a permis d'observer une surface dans le planum temporal sept fois plus vaste à gauche. Par ailleurs, cette région joue un rôle crucial dans la compréhension du langage parlé et se développe dès la 29e semaine de gestation, suggérant une prédisposition innée à la compréhension verbale. La découverte d'une différence de taille de la 3e circonvolution frontale (ou aire de Broca), plus vaste à droite et pourtant fondamentale à gauche pour la production du langage parlé, a fait remettre en cause les corrélations potentielles entre étendue anatomique d'une région et rôle prépondérant au niveau comportemental. En effet, cette région droite n'apporte aucune contribution au langage articulé. Cela limite considérablement les conclusions pouvant être tirées des différences de surface entre les deux hémisphères.

Prévalence manuelle

C'est le signe le plus évident d'une asymétrie fonctionnelle. La proportion des sujets droitiers est de 90%. L'observation d'une proportion de même ordre pour la spécialisation verbale de l'hémisphère gauche a permis de mettre en relation ces deux phénomènes. De même, l'asymétrie du planum temporal peut être rapprochée de la dominance de l'hémisphère gauche par le langage et des données recueillies sur la localisation d'autres fonctions. Toutefois, ces corrélations doivent coïncider avec le fait que cette asymétrie anatomique est présente chez 70% de la population seulement. On peut constater, par des techniques de résonance magnétique nucléaire, un parallélisme entre le degré de droiterie d'un sujet et la surface du planum temporal. En outre, la relation entre prévalence manuelle et représentation hémisphérique du langage est bien établie : 96% des sujets droitiers ont une représentation gauche du langage. Chez les gauchers, 70% seulement ont la même représentation, 15% possèdent des projections droites et 15% ont un langage représenté dans les deux hémisphères.

En outre, le corps calleux est plus développé chez le gaucher ; ce dernier possède donc des connexions plus nombreuses entre les deux hémisphères. Dans le domaine de la génétique, il apparaît que les gauchers ont une forte proportion d'ascendants gauchers et une probabilité plus élevée d'avoir des descendants de la même préférence manuelle. La proportion de gauchers est par ailleurs identique quels que soient les milieux sociaux. Mais la transmission héréditaire n'est pas pour autant établie car les vrais jumeaux n'ont absolument pas la même préférence manuelle. De plus, un gradient maturationnel, une anoxie néonatale ainsi que l'influence parentale sont susceptibles de déterminer la préférence pour la main gauche dans une faible proportion de population. Mais on ne peut actuellement expliquer précisément les causes de la préférence manuelle.

Hypothèses actuelles

Elles évoluent contre une recherche d'identification de compétence propre à chaque hémisphère de manière exclusive. Il n'existe pas de fonctions localisées dans un seul hémisphère, même si leurs contributions sont rarement équivalentes. Les multiples connexions entre les deux hémisphères suggèrent toutefois non pas un mécanisme de compétition ou d'inhibition mais plutôt une coopération et une complémentarité entre les deux. I. A. B. et J.-C. R.

→ gaucherie, latéralité, split brain.

BIBLIOGRAPHIE

Gazzaniga, M. S., Ledoux, J. E., 1978, *The Integrated Mind*, New York, Plenum Press.

Hécaen, H., de Ajuriaguerra, J, 1963, nouv. éd. 1989, *les Gauchers. Dominance cérébrale et prévalence manuelle*, Paris, P.U.F.

Hécaen, H., 1978, *la Dominance cérébrale : une anthologie*, Paris, La Haye, Houston.

dominos (test des)

(angl. Dominoes Test)

Test conçu par Anstey en 1948 pour mesurer le niveau intellectuel.

Ce test, très fortement saturé en facteur général, constituerait un moyen de déterminer toutes les opérations analytiques, synthétiques et de sériation qui ont lieu dans les processus intellectuels supérieurs. Le test des dominos comprend une série de 44 problèmes, constitués chacun par un groupe de dominos disposés suivant une certaine loi. Le problème consiste à trouver la loi et à compléter la série. Chaque bonne réponse crédite d'un point. La note brute ainsi obtenue dépend beaucoup du niveau culturel du sujet; elle est très sensible à la détérioration mentale normale (due à l'âge) ou pathologique. On l'emploie sous sa forme française, le test D 48, pour mesurer l'indice de détérioration mentale, conjointement avec le test du vocabulaire de Binois et Pichot. Si l'on possède à la fois la note obtenue par un sujet au test des dominos et celle qu'il a obtenue au test du vocabulaire, qui résiste mieux à l'influence de la détérioration mentale, il est aisé alors de calculer par différence un indice de celle-ci. Cela explique l'emploi de ces deux tests en psychopathologie. R. L.

dopamine

n.f. (angl. Dopamine)

Neuromédiateur chimique formé à partir de la tyrosine et appartenant au groupe des catécholamines.

Mise en évidence en 1957 par A.J. Weil, A. Malherbe et H. Bone, la dopamine n'a tout d'abord été considérée que comme un intermédiaire métabolique sur la voie de synthèse cérébrale de la noradrénaline. Grâce aux travaux de l'équipe de Carlson en Suède vers les années 1960, la dopamine est devenue un neuromédiateur à part entière, parmi les plus étudiés du système nerveux central. Progressivement, on a pu établir son métabolisme, sa distribution dans le système nerveux central et la localisation de ses voies. Parallèlement, son implication dans la maladie de Parkinson a été démontrée et son rôle dans le mécanisme d'action des neuroleptiques était envisagé. Plus récemment, les études ont porté sur la caractérisation des récepteurs dopaminergiques et leur régulation ainsi que les interactions entre la dopamine et les autres médiateurs du cerveau.

La dopamine trouvée au niveau cérébral doit être formée sur place. Les précurseurs de sa synthèse, la tyrosine et secondairement la phénylalanine, apportées par l'alimentation, accéderont au cerveau à travers la barrière hémato-encéphalique. La première étape de la synthèse de la dopamine conduit à la formation de la dihydroxyphénylalanine (dopa) à partir de la tyrosine par l'intermédiaire de la tyrosine hydroxylase. La dopa est ensuite décarboxylée en dopamine grâce à l'action d'une deuxième enzyme, la dopa-décarboxylase. Dans le cas des neurones dopaminergiques, la biosynthèse s'arrête à cette étape après la décarboxylation. Dans les autres neurones cathécolaminergiques, la dopamine est hydroxylée en noradrénaline sous l'action d'une enzyme spécifique, la dopamine B-hydroxylase. La dopamine, une fois libérée dans la fente synaptique, va stimuler les récepteurs situés sur les versants pré- et postsynaptiques des membranes neuronales. Après avoir atteint sa cible, la dopamine est inactivée selon plusieurs modalités possibles. La dopamine est dégradée par voie enzymatique soit à l'intérieur du neurone par la monoamine-oxydase (M.A.O.), soit dans l'espace extracellulaire par la cathéchol-o-méthyl-transférase (C.O.M.T.), le produit de dégradation de la dopamine étant l'acide homovanilique (HVA). Un autre processus d'inactivation passe par la recapture de la dopamine au niveau de la terminaison grâce à un mécanisme de transport actif.

Sur le plan des localisations anatomiques, les études d'histofluorescence ont révélé des régions riches en terminaisons dopaminergiques. Les corps cellulaires correspondant à ces terminaisons sont principalement regroupés dans le mésencéphale. On décrit actuellement au sein du système nerveux central quatre grands centres dopaminergiques. Le *système nigro-strié*, quantitativement le plus important, dont les corps cellulaires situés dans le locus niger projettent dans le noyau caudé, le putamen et le globus pallidus. Le *système méso-cortical*, dont les fibres projettent dans les aires corticales associées au système limbique. Le *système méso-limbique*, d'origine plus diffuse, qui innerve le septum, le noyau accumbens, l'amygdale et le tubercule olfactif. Le *système tubéro-infundibulaire*, localisé à la base de l'hypothalamus, qui innerve l'hypophyse.

Sur un plan fonctionnel, la dopamine est impliquée dans les circuits neuronaux contrôlant le déclenchement et l'exécution des mouvements volontaires et des ajustements posturaux qui leur sont associés. Elle intervient aussi dans la genèse des comportements plus complexes à composante émotionnelle. Ainsi, les neuroleptiques qui bloquent les récepteurs dopaminergiques, en plus de leur action antipsychotique, provoquent des troubles neurologiques de type parkinsonien.

L'action de ces drogues suggère que la dopamine participe à la genèse de troubles de la sphère sensori-motrice, illustrés dans la maladie de Parkinson, et de troubles d'ordre affectif qui touchent la sphère psychique et dont les syndromes sont rencontrés dans la schizophrénie, certaines formes de dépression et des manies. Cette distinction est arbitraire car on trouve souvent des troubles de l'humeur chez le parkinsonien, et les déprimés ou les schizophrènes sont atteints d'une certaine akinésie. Les études récentes tendent à montrer que la dopamine joue un rôle prépondérant dans la genèse de ces syndromes.

Pour les troubles moteurs, il est vraisemblable que le système nigro-strié a le plus grand rôle alors que, dans le domaine affectif et bien que de nombreuses hypothèses aient été avancées, on a pu montrer l'importance des systèmes méso-limbique et méso-cortical. F. H.

Dora

Pseudonyme d'une jeune femme hystérique qui fut en analyse avec S. Freud.

Celui-ci a rendu compte de cette analyse dans *Fragment d'une analyse d'hystérie* (1905). Ce texte s'organise autour de la question de la fonction traumatique de la sexualité dans l'hystérie et du rôle déterminant de l'homosexualité féminine dans le transfert hystérique. R. L.

double lien ou double bind

(angl. Double Bind)

Situation dans laquelle un partenaire émet simultanément deux messages contradictoires.

Le concept du double lien (ou double bind, parfois traduit par "double contrainte") a été dégagé en 1956 par l'étude systématique des familles de schizophrènes menée par le groupe de recherches de Palo Alto*, réuni autour de G. Bateson ainsi que D.D. Jackson, J. Haley et J.H. Weakland. Il sert à définir le réseau anormal de communication qui caractérise ces familles et auquel Bateson reconnaît un rôle éminemment pathogène.

Les caractéristiques générales de la situation de double lien sont les suivantes :

— importance vitale de la situation pour l'un des partenaires, nécessitant pour lui d'y répondre de façon adéquate, donc de déchiffrer avec précision le message qui lui est adressé ;

— émission pour l'autre partenaire de deux messages contradictoires; par exemple, une mère évite les contacts physiques avec son enfant, a des gestes brusques ou se contracte lorsqu'elle s'occupe de lui, ce qui, habituellement, signifie l'hostilité; extrêmement culpabilisée, elle lui témoigne ostensiblement une grande affection: dévouement extrême, hyperactivité éducative, qui nient explicitement cette agressivité;

— incapacité pour le récepteur de discerner auquel des deux messages il doit répondre et absence d'un tiers qui permettrait de clarifier la situation. Ainsi, dans l'exemple choisi, si l'enfant déchiffre dans le sens «affection», il répond en se rapprochant physiquement de sa mère — ce qui est dangereux pour elle; donc elle le punit. Si, au contraire, il interprète le message dans le sens «hostilité», il s'écarte d'elle, ce qui la culpabilise, et elle le punit.

L'enfant est donc pris dans une situation de double lien, et la seule réponse qu'il puisse donner est une annulation de la valeur symbolique de la métacommunication, ce qui, en général, est considéré comme psychotique, car cette annulation entraîne des difficultés à distinguer la métaphore du sens littéral ou à assigner un mode de transmission correct aux messages non verbaux qu'il émet («discordances mimiques» de la psychiatrie classique).

Le groupe de chercheurs de Palo Alto propose une théorie de la schizophrénie dans laquelle le schizophrène est décrit comme incapable d'assigner le niveau de communication adéquat à ses propres messages ainsi qu'à ceux des autres. La schizophrénie est alors considérée comme la conséquence de ce type d'interactions familiales dysfonctionnelles.

Considéré au départ comme l'étiologie de la schizophrénie, le double lien a été par la suite considéré comme un facteur étiologique parmi d'autres, voire même comme un facteur aspécifique. En 1963, Bateson et coll. pensent que le double lien doit être conçu non dans les termes d'un "bourreau" et de sa victime mais en termes de personnes prises dans un système permanent qui produit des définitions conflictuelles de la relation». Ils ont encore émis l'hypothèse que le schizophrène «doit vivre dans un univers où la séquence des faits est telle que les modes de communication qui lui sont propres et qui sortent de l'ordinaire peuvent être considérés en un sens comme adéquats». Ces auteurs passent ainsi de la schizophrénie «maladie intrapsychique de l'individu» à la schizophrénie «ensemble de conduites s'intégrant dans des interactions et des règles du jeu familial».

M. G. et R. L.

doubles (illusion des)

(angl. Syndrome of Doubles)

Trouble grave de l'identification de personnes familières, caractérisé par la négation de leur identité et la croyance délirante qu'elles ont été remplacées par un double.

D'abord appelée «illusion des sosies» par J. Capgras et J. Reboul-Lachaux, qui, les premiers, l'ont décrite en 1923, cette méconnaissance apparaît comme un refus des malades d'admettre la véritable personnalité des êtres qui leur sont proches. Mis en leur présence, s'ils ne peuvent s'empêcher de reconnaître une ressemblance troublante, ils nient leur identité et prétendent qu'il s'agit seulement de leur double ou d'un sosie.

Survenant parfois au cours de bouffées délirantes ou d'accès confusionnels, ce syndrome apparaît surtout dans les délires chroniques à thème de persécution, bien systématisés (comme dans le cas princeps), et dans les formes paranoïdes de la schizophrénie, où il accompagne souvent d'autres fausses reconnaissances. On a décrit d'autres syndromes de méconnaissance délirante relevant également d'identifications projectives psychotiques: le syndrome de Frégoli (P. Courbon et J. Fail, 1927), où le patient croit que son persécuteur se cache derrière le vêtement et l'aspect des divers personnes familières, passant d'une apparence à l'autre, comme l'illusionniste L. Frégoli le faisait, en se transformant rapidement en un grand nombre de personnages; l'intermétamorphose (Courbon et J. Tusques, 1932), qui est basée également sur la croyance délirante en des transformations multiples du persécuteur; le syndrome du double de soi (G.N. Christodoulou, 1978), véritable illusion héautoscopique où le sujet devient convaincu que son image, comme dans le *Horla* de Maupassant ou le *Double* de Dostoïevski, a été prise par son persécuteur, qui se cacherait derrière elle.

J. P.

douleur

n.f. (angl. Pain)

Expérience sensorielle et affective négative provoquant des comportements d'évitement et de suppression des conditions qui lui ont donné naissance.

La douleur naît de la stimulation des nocicepteurs. Le message nerveux résultant est conduit vers la moelle par des fibres de petit calibre, soit myélinisées du groupe III (Aδ), soit amyéliniques du groupe IV (C), qui s'articulent dans les cornes dorsales de la moelle avec deux catégories de neurones: 1. des neurones situés dans les couches superficielles et répondant exclusivement aux stimulations nociceptives; 2. des neurones, situés soit en superficie soit en profondeur, qui répondent à la fois à des stimulations nociceptives et à des stimulations non douloureuses mécaniques ou thermiques.

Ces neurones de relais peuvent recevoir des afférences issues des territoires cutanés, musculaires ou viscéraux. Ils présentent, contrairement aux neurones qui reçoivent les messages véhiculés par les fibres de gros calibre, un phénomène de sommation tem-

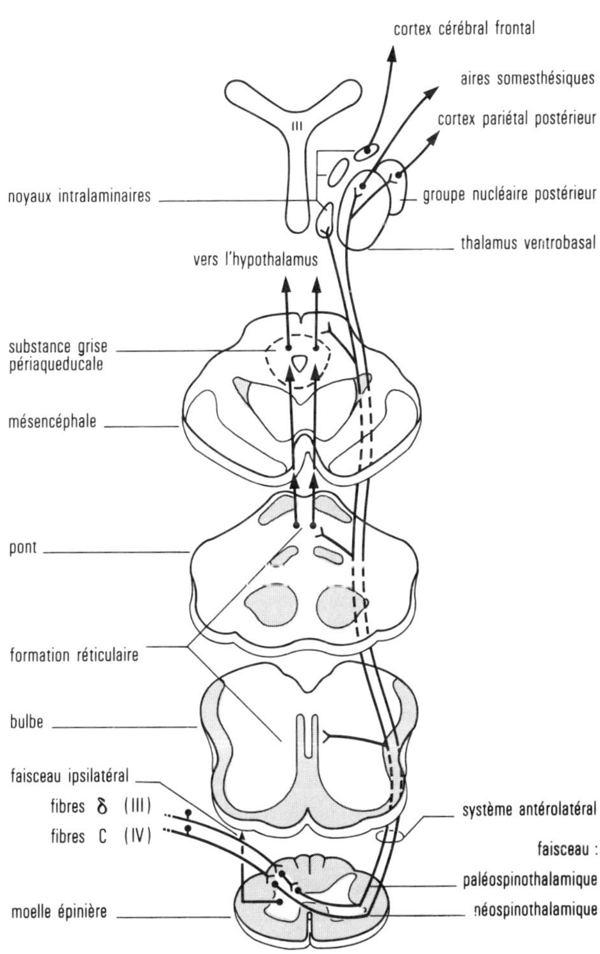

Figure 1. Trajectoire suivie par le message nerveux, né de la stimulation des nocicepteurs, et qui va créer la sensation de la douleur.

porelle tel que leurs réponses s'accroissent et se prolongent avec la répétition de la stimulation. Dès le niveau spinal, les afférences nociceptives mettent en jeu des chaînes d'interneurones déclenchant des réflexes de flexion dont la finalité est de protéger le segment stimulé. (→ Fig. 1)

Les neurones spinaux de relais sont par ailleurs, directement ou après quelques synapses, à l'origine de faisceaux ascendants. Les plus importants, situés dans le cordon antérolatéral de la moelle, sont le faisceau spinothalamique (F.S.T.) et le faisceau spinoréticulaire (F.S.R.). Les axones formant le F.S.T. et la majorité de ceux du F.S.R. croisent la ligne médiane et montent dans la moelle contralatéralement par rapport à l'origine des messages sensoriels. Le F.S.R. se termine dans le tronc cérébral, du bulbe (noyau gigantocellulaire) au mésencéphale (substance grise périaqueducale), sur des groupes cellulaires projetant sur le système limbique, l'hypothalamus et le thalamus médian. Compte tenu de l'implication du système limbique dans la mémorisation, la motivation et l'émotion, cette voie participe à la coloration affective des messages nociceptifs en relation avec l'expérience antérieure et avec l'état motivationnel de l'organisme. Quant au thalamus médian, son caractère convergent et non spécifique lui interdit toute participation aux aspects discriminatifs de la douleur. Par contre, ses relations avec le cortex prémoteur et avec les ganglions de la base lui permettent de déclencher par leur intermédiaire des comportements de défense et d'évitement.

Le F.S.T. se termine dans le thalamus médian, postérieur et ventropostérolatéral, dont les caractéristiques lui permettent de conserver une certaine information sur la localisation de la stimulation douloureuse. Les messages conduits par cette voie aboutissent ultimement sur le cortex somesthésique primaire et secondaire, où se complète l'analyse discriminative des stimulations douloureuses.

La douleur a longtemps été considérée comme un événement purement sensoriel résultant de l'activité d'un système spécifique de détection et de conduction. À la suite de l'influente *théorie du contrôle d'entrée* (angl. Gate Control Theory) proposée en 1965 par R. Melzack et P. Wall, elle apparaît comme le résultat de l'interaction, à différents étages de l'axe cérébrospinal, entre messages centripètes et contrôles descendants centrifuges. Ces interactions intègrent, à côté de facteurs purement sensoriels, des facteurs cognitifs et motivationnels tels que la culture, l'éducation, l'attention, l'anxiété, la suggestion, etc. J.-M. C.

Bibliographie

Cassinari, V., Pagni, C.A., 1969, *Central Pain*, Cambridge (Mass.), Harvard University Press.
Chauchard, P., 1947, nouv. éd. 1981, *la Douleur*, Paris, P.U.F, « Que Sais-je ? »

douleur morale

(angl. Psychic Pain)

Sentiment prolongé de peine et de souffrance mentale.

Par opposition à la douleur d'origine physique, ou somatique, la douleur morale reste uniquement psychique, ne s'accompagne pas de sensations graves de malaise physique et se rattache généralement aux états d'anxiété* et à la dépression*.

À l'occasion d'un deuil, d'une rupture, d'une séparation, chacun peut ressentir une telle souffrance. La vie actuelle est alors ressentie avec tristesse, l'avenir envisagé avec pessimisme et le passé, avec l'évocation de l'objet disparu, revécu d'une manière prédominante dans les pensées et les représentations imaginaires de celui qui se considère comme abandonné. Tout le présent est subi passivement, sans intérêt ni investissement, et les activités quotidiennes et professionnelles sont poursuivies avec indifférence et souvent d'une manière ralentie.

Chez le sujet normal, cette douleur morale s'atténue au bout de quelques semaines, quelques mois, quand le travail de deuil s'est normalement terminé. Seuls certains sujets prédisposés tombent dans une véritable dépression mélancolique, sans qu'il soit toujours possible de distinguer au début la réaction normale de l'état pathologique. S. Freud a bien montré dans *Deuil et mélancolie* (1915) l'analogie entre les deux états pour expliquer la psychopathogenèse du second. J. P.

Down (syndrome de)

(angl. Down's Syndrome)

→ trisomie 21 ou mongolisme.

drogue

n.f. (angl. Drug ou Addictive Drug)

Substance qui, introduite dans l'organisme humain, peut modifier une ou plusieurs de ses fonctions. Plus précisément, le terme désigne des substances psychotropes susceptibles d'engendrer une dépendance et donc toxicomanogènes.

Actuellement, le terme désigne les substances interdites utilisées par les toxicomanes. Pour les médecins, tout psychotrope est en fait une drogue potentielle, même si les produits n'ont pas le même pouvoir de donner lieu à dépendance. Les définitions et classifications des drogues relèvent donc autant de l'histoire et de la culture, qui déterminent les lois, que d'une vérité pharmacologique.

Classification des psychotropes

La première classification systématique des substances psychoactives est celle du pharmacologue allemand L. Lewin (*Phantastica*, 1924). Elle distinguait cinq groupes de produits selon les effets recherchés par les utilisateurs : 1. les euphorica (produisant la paix intérieure et un sentiment de bien-être), comportant essentiellement les opiacés ; Lewin y ajoutait la coca et la cocaïne (que l'on classerait plutôt aujourd'hui dans les excitants) ; 2. les phantastica, qui correspondent aux hallucinogènes, voire aux délirogènes (au peyotl, à la datura, Lewin ajoutait le cannabis et ses dérivés) ; 3. les inebriantia, qui procurent l'ivresse : alcool, éther ; 4. les hypnotica, qui procurent le sommeil ; à l'époque de Lewin, le chloral était le premier barbiturique ; s'y ajoutent actuellement non seulement tous les barbituriques mais aussi les tranquillisants et somnifères dans leur ensemble (il est à noter qu'inebriantia et hypnotica sont deux catégories qui se regroupent : l'alcool peut faire dormir ; il existe une ivresse barbiturique) ; 5. les excitantia, qui représentent les stimulants : café, kat, etc., auxquels on ajouterait de nos jours les amphétamines et la cocaïne.

La classification actuellement en vigueur dans les milieux psychiatriques est celle de J. Delay et P. Deniker (1957). Trois grands groupes la composent :
1. les *psycholeptiques*, qui diminuent l'activité psychique ; on distingue les neuroleptiques à effet antidélirant, utilisés dans les psychoses (tranquillisants majeurs), les tranquillisants, sédatifs et anxiolytiques et les hypnotiques (somnifères, barbituriques ou non) ;
2. les *psychoanaleptiques*, qui stimulent l'activité psychique ; ils comprennent les nooanaleptiques, qui stimulent la vigilance (café, amphétamines), et les thymoanaleptiques, qui ont un effet positif sur l'humeur ; ces derniers sont les antidépresseurs ;
3. les *psychodysleptiques*, qui correspondent aux hallucinogènes et au cannabis (phantastica de Lewin) et, pour certains, aux stupéfiants ainsi qu'à l'alcool (euphorica et inebriantia de Lewin).

La comparaison entre les deux classifications est riche d'enseignement : pour Lewin, il n'est guère de différence entre drogue et médicament. La classification de Delay est contemporaine de la grande révolution psychopharmacologique des années 1950. C'est une classification opératoire de médicaments psychiatriques, le groupe des psychodysleptiques permettant de ranger des substances jugées plus nocives que thérapeutiques.

Drogues licites et drogues illicites

Drogues illicites

Après la réunion de conventions internationales sur l'opium au début du siècle, nombre de pays ont établi un contrôle très strict de la distribution de certains psychotropes. Aux États-Unis, ce fut le Harrison Narcotic Act de 1914, en France la loi de 1916 sur les stupéfiants. Alors qu'auparavant n'existait qu'une loi interdisant d'empoisonner autrui, l'échange et l'usage en société de ces produits devenaient interdits. L'usage réservé à la prescription médicale a permis de distinguer en France trois types de substances vénéneuses suivant leur degré de dangerosité : les *stupéfiants*, très contrôlés (placés au tableau B, ordonnances limitées à 7 jours, avec carnet à souche) ; les *toxiques*, (tableau A, ordonnances non renouvelables) ; les *dangereux* (tableau C, sur ordonnance).

Au plan international, la Convention unique de 1961, signée par de nombreux pays, définit une liste de *stupéfiants* classés en quatre groupes. S'y trouvent surtout les opiacés, les dérivés de la coca et du cannabis ainsi que des produits de synthèse proches des opiacés. La convention de Vienne de 1971 définit un certain nombre de *psychotropes* soumis à contrôle : des hallucinogènes, amphétaminiques, barbituriques ou autres hypnotiques.

Les drogues illicites, très contrôlées, sont l'objet d'un trafic clandestin : la plus utilisée en France depuis les années 70 est l'héroïne. La cocaïne est actuellement la drogue principale aux États-Unis. La vogue des amphétamines comme celle des hallucinogènes semblent s'estomper.

Drogues licites

Il existe plusieurs catégories de drogues licites :
— des *drogues récréatives*, tolérées par la loi malgré leur action psychotrope, leur capacité à engendrer la dépendance et, dans certains cas, des effets nuisibles pour les individus et la société ; le meilleur exemple en est naturellement l'alcool ; mais le café, le thé et surtout le tabac doivent entrer dans ce groupe ;
— des *médicaments psychotropes*, susceptibles d'être détournés de leur usage à des fins toxicomaniaques : si les abus d'opiacés médicamenteux sont bien connus, les abus peuvent toucher à peu près toutes les classes de psychotropes (tranquillisants, hypnotiques, anorexigènes amphétaminiques, plus rarement antidépresseurs, voire neuroleptiques) ;
— des *substances* dont l'usage est légal mais pour des raisons indépendantes de leur effet psychotrope : ce sont les solvants, voire l'essence automobile.

Drogues dures et drogues douces

Les drogues dures engendreraient rapidement des toxicomanies graves tandis que les drogues douces seraient plus aptes à un usage récréatif, occasionnel ou régulier sans conséquences personnelles et sociales graves. Une telle distinction correspond à une certaine réalité : l'héroïne ou la cocaïne, drogues de « junkies », sont infiniment plus nocives que le cannabis. Il est à noter que ces groupes ne correspondent ni aux classifications pharmacologiques ni aux classifications légales et qu'il n'est guère de critère objectif pour classer les substances.

La coca ne peut guère être considérée comme une drogue dure, au contraire de substances qui en sont extraites : la cocaïne base, le chlorhydrate de cocaïne, le « crack », autant de « drogues dures » malgré l'absence de dépendance physique. De même, l'opium est bien moins nocif que la morphine ou l'héroïne. Des substances de même groupe pharmacologique vont donc devenir des « drogues dures » simplement du fait de leur concentration en principe actif et d'un mode d'usage différent.

Les barbituriques et les amphétaminiques, prescrits médicalement, constituent des drogues dures, sans doute plus dangereuses que le cannabis, qui est légalement considéré comme un stupéfiant majeur.

Les cas de l'alcool et du tabac montrent que ni la possibilité d'une dépendance physique grave ni les répercussions pour la santé ou la société ne suffisent à faire d'une substance une « drogue dure » reconnue légalement : plus que l'interdiction pure, la société tente dans ces derniers cas de limiter l'usage et, surtout, les conséquences nocives pour les autres (répression de l'alcool au volant, du tabac dans les lieux publics, etc.).

Après T. Szasz, nombre d'auteurs critiquent le caractère arbitraire de lois qui ont mis à l'index des substances exotiques, étrangères (l'opium ou le cannabis) tout en tolérant les productions plus familières (l'alcool, le tabac, les médicaments). Le contrôle par prescription médicale est aussi discuté à une époque où les psychotropes tendent à devenir des médicaments de confort, non forcément destinés au traitement de maladies.

La difficulté de définir les drogues de façon claire rejoint la complexité de la toxicomanie, entité dans laquelle l'effet du produit a un rôle important mais non déterminant. M. V.

Bibliographie
Caballero, F., 1989, *Droit de la drogue*, Paris, Dalloz.
Deniker, P., 1987, *Psychopharmacologie*, Paris, coll. Ellipses.
Lewin, L., 1924, *Phantastica*, trad. fr. 1977, Paris, Payot.
Olievenstein, O., 1970, *la Drogue*, Paris, Éditions universitaires.
Szasz, T., 1976, *les Rituels de la drogue*, Paris, Payot.
Varenne, G., 1971, *l'Abus des drogues*, Bruxelles, Dessart.

droite projective

(angl. Projective Line)

Liaison entre deux points de l'espace à partir d'un point de vue unique.

Math. et Génér. Dans le cadre d'un espace topologique, une droite est une ligne qui va d'un point de l'espace à un autre. Elle est traitée comme un objet en soi, indépendant du point de vue de l'observateur et dont la forme n'est pas spécifiée : lignes droites, courbes, ondulées sont toutes équivalentes. Dans un espace projectif, la droite se distingue des autres lignes par le fait qu'elle repose sur la visée de l'observateur : tous les points de la droite projective se projettent en un seul point de la rétine.

Dévelop. Dès l'âge de 6 ans, l'enfant est capable de tracer une ligne droite ou de disposer des jetons en ligne droite entre deux points, ce qui témoigne d'une mise en relation du choix d'un point de vue avec des opérations de placement ordonné de repères. Mais, pour J. Piaget, il n'y a véritable notion de droite que lorsque l'enfant est capable de différencier et de coordonner divers points de vue, c'est-à-dire vers 9 à 10 ans. La droite est alors la seule ligne qui conserve sa direction et sa forme non seulement en perspective mais aussi au cours d'une rotation sur elle-même, en se prenant pour son propre axe de pivotement. E. V.

droitier, ère

adj. et n. (angl. Right-Handed)

Se dit d'une personne qui manifeste une préférence pour la main droite dans l'exécution de la majorité des tâches. R. L.

→ latéralité.

DSM ou Manuel diagnostique et statistique des troubles mentaux

(angl. Diagnostic and Statistical Manuel of Mental Disorders)

Manuel proposé aux États-Unis par l'Association américaine de psychiatrie pour établir un diagnostic psychiatrique après l'examen d'un malade mental, se référant à une classification des syndromes (et des maladies) qui a évolué profondément depuis 1952, où apparaît le DSM I, jusqu'en 1987, année de naissance de la forme révisée du troisième DSM (DSM III R).

Le DSM I de 1952, qui était très influencé par les théories d'A. Meyer, leader alors incontesté de la psychiatrie nord-américaine, était fondé sur une classification où les maladies mentales étaient conçues, dans la perspective meyérienne, comme des réactions à des facteurs biologiques, psychologiques ou sociaux. Quelques années plus tard, la notion de réaction devient obsolète aux États-Unis et le DSM II, de 1968, retient une classification assez proche de celle qu'utilise alors l'Organisation mondiale de la santé (C.I.M.8 : 8e Classification internationale des maladies), comportant dix catégories principales de maladies : arriération mentale, syndromes organiques cérébraux, psychoses qui ne peuvent être directement attribuées à une atteinte organique (essentiellement schizophrénie et psychoses affectives maniaco-dépressives), névroses, troubles de la personnalité, troubles mentaux psychophysiologiques, syndromes spécifiques de l'enfance, affections transitoires et réactionnelles, comportements psychopathiques et enfin états d'inadaptation socioaffective sans trouble psychiatrique manifeste (où on retrouvait, notamment, l'homosexualité).

Bientôt très critiqué parce qu'il repose sur la notion de maladie mentale postulant l'existence d'entités morbides définies (comme dans la médecine organique) par une étiologie et une pathogénie qui restaient toujours discutables en psychiatrie, le DSM II cède la place en 1980 à un DSM III qui se veut « athéorique ».

Ce dernier repose uniquement sur la description de symptômes et de troubles du comportement pouvant seulement se regrouper en « constellations de symptômes associés dans la nature avec une fréquence plus grande que ne le voudrait une distribution au hasard » (P. Pichot et J.D. Guelfi). Alors que les deux premiers DSM n'ont été utilisés qu'aux États-Unis, le DSM III, publié avec un grand tapage publicitaire, franchit l'Atlantique et connaît un grand succès en Europe. Il est traduit en français en 1983 et largement utilisé dans notre pays malgré les critiques nombreuses qui lui sont faites. Mais il arrive en France à un moment où les grandes idéologies psychopathogéniques ont perdu de leur vigueur, tant du côté de la psychogenèse (avec la psychanalyse qui n'a pas réalisé tous les espoirs qu'on a mis en elle, en particulier pour le traitement des psychoses) que de celui de la sociogenèse (où l'antipsychiatrie a sombré dans l'utopie) et que de celui de l'organogenèse (où la psychiatrie biologique et la psychopharmacologie, après la période triomphale qui a succédé à la découverte des neuroleptiques et des antidépresseurs, marquent le pas). L'approche résolument « athéorique » du DSM III, avec son refus d'utiliser des critères étiologiques et physiopathologiques le conduisant jusqu'à supprimer le terme de *névrose*, renvoyant trop à une causalité psychoaffective, a séduit beaucoup de psychiatres lassés de toutes les querelles sur l'étiologie des troubles mentaux. Ce manuel se rapproche également des *échelles d'évaluation* (angl. Rating Scales) qui ont permis le développement d'une psychopathologie quantitative théoriquement débarrassée de tout subjectivisme et permettant une mesure plus « objective » des effets des diverses thérapeutiques.

Il adopte également une évaluation multiaxiale où, après l'axe I, réservé aux symptômes cliniques et aux troubles du comportement, un axe II regroupe les troubles de la personnalité sous-jacente et les troubles spécifiques du développement. Puis un axe III correspond aux affections et troubles physiques concomitants. Enfin, deux derniers axes sont « utilisables dans des protocoles spéciaux d'études cliniques et de recherches » en fournissant une information complétant les diagnostics des trois premiers : l'axe IV pour préciser la sévérité des facteurs de stress psychosociaux et l'axe V pour indiquer le niveau d'adaptation et de fonctionnement le plus élevé atteint durant l'année précédant l'apparition des troubles mentaux.

La classification de ceux-ci se développe en catégories diagnostiques majeures, ayant chacune un code de trois chiffres pouvant se compléter de deux autres chiffres pour distinguer des formes cliniques. Les principales sont, successivement, pour la pathologie mentale des adultes :
— troubles mentaux organiques ;
— troubles liés à l'utilisation de substances toxiques ;
— troubles schizophréniques ;
— troubles paranoïaques et troubles psychotiques non classés ailleurs ;
— troubles affectifs (troubles thymiques) ;
— troubles anxieux ;
— troubles somatoformes ;
— troubles dissociatifs ;
— troubles psychosexuels ;
— troubles factices (simulation) ;
— troubles du contrôle des impulsions ;
— troubles de l'adaptation ;
— troubles de la personnalité (personnalités pathologiques).

En s'éloignant beaucoup de la classification internationale des maladies mentales (C.I.M. 9), le DSM III allait rendre difficiles certaines enquêtes épidémiologiques où il était utilisé, en concurrence avec la C.I.M. 9, sur un plan mondial. C'est pourquoi, très vite, « des efforts ont été faits pour favoriser une convergence » (P. Pichot). Il a paru trop long d'attendre 1992, où devait sortir un DSM IV résultant de ce rapprochement. C'est pourquoi a été publiée, dès 1987, une révision du DSM III, sous le nom de *DSM III R*. On note en effet dans celle-ci une certaine européanisation avec l'apparition des « troubles de l'humeur thymiques » (au lieu de l'adjectif « affectifs »), une description plus classique des atteintes de la schizophrénie, qui est mieux différenciée des délires chroniques non dissociatifs, et une appréciation plus précise des syndromes schizoaffectifs. On y remarque aussi l'apparition de nouvelles catégories expérimentales comme le « trouble dysphorique de la phase lutéale tardive », correspondant à notre syndrome prémenstruel, la personnalité à conduite d'échec et la personnalité sadique. Quant à l'homosexualité, elle semble avoir complètement disparu du manuel, comme cela était demandé depuis longtemps. Un DSM IV est prévu pour 1992.

La question que l'on se pose aujourd'hui est de savoir si l'on aura le temps de bien connaître et d'utiliser normalement, en mesurant toute la portée, la révision du DSM III, dite « R », avant que ne soit publiée à la date annoncée le DSM IV. C'est la question que l'on doit se poser, précisément lorsqu'on sait pertinement que les études sur le terrain, qui doivent tester cette révision et être prises en compte en cas de besoin, ne seront elles-mêmes pas terminées lorsque paraîtra le vrai successeur du DSM III. J. P.

Bibliographie

American Psychiatric Association, 1987, trad. fr. 1989, *DSM III R. Manuel diagnostique et statistique des troubles mentaux*, Paris, Masson.

Pichot, P., et coll., 1984, *DSM III et psychiatrie française*, Paris, Masson.

Spitzer, R.L., et coll., 1980, trad. fr. 1983, *DSM III. Manuel diagnostique et statistique des troubles mentaux*, Paris, Masson.

dualisme

n.m. (angl. Dualism)

Conception philosophique et épistémologique suivant laquelle il existerait dans l'homme deux substances distinctes dans leur essence, le corps et l'esprit.

L'auteur qui a le mieux caractérisé la conception dualiste par rapport à l'homme est R. Descartes. Cette conception peut être étendue à l'univers entier : les deux substances sont alors la matière et l'esprit, ou tout autre nom donné à ce dernier. On la trouve dans de nombreuses religions.

La conception dualiste en psychologie est, comme toutes les conceptions philosophiques, l'objet d'un choix éminemment personnel et ne peut pas, à strictement parler, faire l'objet d'une décision sur le terrain scientifique. Toutefois, la majorité des chercheurs qui adoptent la démarche scientifique en psychologie lui sont opposés ou sont extrêmement réticents à son égard. Si l'on n'accepte pas le parallélisme, la difficulté principale du dualisme tient à la nécessité de *relier* le fonctionnement des deux substances. Descartes avait déjà rencontré cette difficulté et lui avait apporté une solution, qui paraît aujourd'hui dérisoire (le rôle de la glande pinéale). Cette difficulté a été accrue par la mise en évidence scientifique de concomitances nombreuses entre phénomènes psychologiques et phénomènes neurobiologiques. Ces concomitances n'engendrant pas une théorie par elle-même, plusieurs conceptions sont en compétition sur cette question. J.-F. L. N.

→ éliminatif (réductionnisme).

durée utile

Neurobiol. **Durée minimale pendant laquelle une stimulation électrique d'intensité donnée doit être appliquée afin de provoquer un potentiel d'action sur une fibre nerveuse ou musculaire.** R. L.

→ potentiel.

dyade

n.f. (angl. Dyad)

Couple de partenaires définis par un lien spécifique à l'intérieur duquel se forme un réseau privilégié d'interactions sociales.

Ce couple peut être durable et fondé sur un lien familial : mère et enfant, jumeaux. Il peut aussi être circonstanciel, par exemple pour étudier les relations interpersonnelles dans une situation bien définie. E. V

dynamique des groupes

(angl. Group Dynamics)

1. **Pour K. Lewin, domaine de recherches et de pratiques expérimentales concernant des groupes restreints dans une perspective de changement social.** 2. **Au sens large, ensemble d'études portant sur les processus de groupe et leurs applications selon divers modèles et projets.**

Les origines de la dynamique des groupes

L'expression *Group Dynamics* apparaît en 1944 dans un article de Lewin consacré aux rapports entre théorie et pratique en psychologie sociale. Il y souligne l'intérêt de leur liaison méthodologique, qui seule peut fournir des réponses à certains problèmes à la fois fondamentaux et conjoncturels. Ainsi, il posait d'emblée les ressources de Action Research. Le souci et le terme même de *dynamique* n'étaient pas radicalement nouveaux : A. Comte avait traité de façon toute spéculative de la « dynamique sociale », celle-ci s'opposant à la statique comme le progrès à l'ordre. Quant à S. Freud, il a pu exercer sur Lewin une influence diffuse en développant un modèle énergétique et un point de vue expressément « dynamique » sur les processus psychiques. La psychanalyse a eu un grand impact sur la formation et la thérapie du groupe, dans les courants où elle se combine parfois aux apports lewiniens.

La banalité même du terme *groupe* entraîne son imprécision et celle des mots qu'on lui prête souvent pour synonymes : *foule, masse, communauté, organisation, catégorie sociale*, etc. Si l'on veut préciser la nature d'un groupe, il faut tenir compte de nombreux critères : notamment de sa taille, de son degré d'organisation et de sa fonction, des modes d'interaction de ses membres, de la manière aussi dont est vécue la situation de groupe, l'« être ensemble ». Ainsi ressort, au-delà d'une approche superficielle, la présence de dimensions structurelle, fonctionnelle et psychologique.

D'autre part, tout processus de groupe apparaît lié à un devenir avec un mouvement, une force spécifique. C'est ce qu'évoque précisément, en recourant au jargon du physicien, l'expression « dynamique des groupes ». Sa fortune paraît tenir à la conjonction entre une expérience très immédiate et une approche d'ordre scientifique ; à la prégnance de l'une s'ajoute le prestige de l'autre. Encore s'y adjoint-il sans doute un troisième ingrédient, plus occulte : celui d'une ressource nouvelle qui viendrait renforcer le pouvoir sur le destin des groupes ; une sorte d'espérance démiurgique évoluant entre l'innovation et la manipulation.

Les premières recherches en dynamique des groupes

Parmi les études princeps conduites par Lewin, seul ou assisté de chercheurs de son école, plusieurs sont importantes par leurs thèmes, leurs résultats et les prolongements qu'elles ont suscités.

Effets comparés des modes de leadership

Ces expériences (articles de Lewin, de R. Lippitt et de R.K. Whyte en 1938-39) portaient sur un ensemble de groupes d'enfants fréquentant des clubs de loisir animés selon trois méthodes distinctes : autoritarisme, coopération, laisser faire ; méthodes strictement standardisées quant à la présentation des directives, la répartition des tâches, le contrôle des résultats et les relations de l'animateur avec les enfants. Les différences observées peuvent se résumer ainsi : le leadership autoritaire est assez efficace mais suscite diverses réactions d'agressivité et d'apathie, notamment si le leader s'absente. En climat coopératif, le niveau de satisfaction est plus élevé et le rendement est plus régulier et légèrement supérieur, les relations sont cordiales. En climat laisser faire, l'apathie domine, avec des séquences agressives lorsque le désordre matériel s'installe dans l'atelier. Le mode de leadership a donc des effets significatifs, mais il faut replacer l'expérience dans son milieu culturel. La supériorité affective et fonctionnelle de la méthode coopérative ressort dans un contexte démocratique ; il n'est pas prouvé qu'il en aille ainsi partout ni en toute situation. Les mêmes expériences réalisées en Allemagne en 1947 donnèrent des résultats sensiblement différents.

La réduction de la résistance au changement

C'est l'objet des travaux les plus célèbres de Lewin et l'exemple typique de recherche-action puisqu'il s'agissait de répondre à une demande urgente : amener les Américains à modifier partiellement leurs habitudes alimentaires après l'entrée en guerre des États-Unis, en 1943 : en l'occurrence, consommer des abats, nourriture méprisée et impossible à conserver. Lewin eut l'idée de comparer deux modes d'intervention : des conférences portant sur l'intérêt diététique et économique des abats, avec des recettes culinaires, et des réunions de groupe dans le cadre de clubs féminins où les ménagères, après une brève information, étaient invitées à discuter entre elles de leurs réserves et des essais à envisager. On constatait que les effets sur la consommation, une semaine après l'expérience, étaient dix fois supérieurs avec la seconde méthode. Résultats confirmés par d'autres études portant sur l'alimentation des bébés et des adultes.

L'avantage de ces discussions de groupe en matière de changement tient à de multiples facteurs : degré d'engagement dans une situation collective, échanges d'informations, réactions exprimées dans son propre langage, opportunité d'une évolution commune et non solitaire. Ainsi, Lewin pouvait valider les hypothèses théoriques formulées plus haut sur la résistance au changement et les moyens de réduire sa pression normative.

D'autres travaux sur le changement des méthodes de travail ont été effectués par des chercheurs associés (L. Coch et J.R.P. French). Le schéma expérimental comportait trois groupes d'ouvriers ayant la même productivité avant le changement des machines de leurs ateliers. On introduit trois degrés de participation à ce changement : un degré nul, où l'on se borne à expliquer le fonctionnement du nouveau matériel en remettant à des experts l'établissement des nouvelles normes ; un degré moyen, où l'on expose les raisons du changement en associant des délégués ouvriers au service des méthodes ; un niveau maximal, où le groupe entier contribue à l'élaboration des normes. Ce dernier groupe parvient le plus vite à rétablir puis à accroître son rendement dans un climat positif tandis que le premier s'adapte difficilement dans une atmosphère de tension et de réclamation. De multiples études ont été effectuées sur les procédures du changement technique mais leurs résultats varient notablement en fonction du contexte micro- et macroculturel.

Limites du modèle lewinien

C'est surtout la conception du changement qui a soulevé des critiques, émanant de psychanalystes et de sociologues ; il existe à leurs yeux d'autres sources de résistance, qui échappent à l'analyse lewinienne et rendent l'intervention aléatoire. Pour D. Anzieu, le changement peut mobiliser des défenses inconscientes liées à des symboles et à des fixations affectives relevant d'autres forces que celles du conformisme groupal. Dans le cas des abats, par exemple, le refus était lié à un dégoût obscur pour des aliments dont la consistance et l'odeur évoquent le sexe, les excréments et une sorte de crudité vitale dans une culture qui tend à s'en distancier au maximum. En pouvant s'exprimer librement, on a pu sinon surmonter ce dégoût, du moins le détacher des viscères auxquels il était fixé.

Quant à M. Crozier, il estime que la résistance au changement en milieu professionnel tient surtout à la crainte d'une modification des zones de laxité, dont on pouvait tirer jusqu'alors un certain pouvoir ou contre-pouvoir. En outre, il ne suffit pas de faire appel à la participation collective pour entraîner l'adhésion des travailleurs ou des publics. C'est un postulat commode que de prêter aux gens le désir toujours latent de participer et même de croire que, si les détenteurs de l'autorité adoptent des méthodes plus coopératives, les subordonnés sont d'emblée satisfaits. Les membres d'une organisation acceptent rarement de coopérer sans contreparties ; c'est-à-dire sans négocier une participation qui apparaît d'abord de façon au moins fantasmatique comme une manipulation.

Ces critiques permettent de corriger ou de compléter le modèle lewinien plutôt qu'elles ne le ruinent ; elles ne proposent d'ailleurs pas d'alternative à la dynamique des groupes.

LES RECHERCHES ADJACENTES

La dynamique des groupes comporte une acception large, englobant des chercheurs et des travaux consacrés aux processus de groupe sans référence expresse aux modèles lewiniens. Parmi eux, on retiendra trois thèmes et quelques apports notoires.

L'ANALYSE DES PROCESSUS D'INTERACTION

Ici, l'objectif du chercheur (R.F. Bales) était d'établir un système catégoriel et de saisir des normes grâce à une étude systématique des échanges collectifs. À partir d'observations effectuées sur des groupes très divers, de 6 à 12 membres, et en situations variées, Bales découvre que toute discussion de groupe tend vers un processus type de résolution. Les normes d'interaction (repérables à travers 12 catégories) consistent à passer successivement d'une phase d'information à une phase d'influence et de recherche de contrôle, enfin à une phase de décision. Mais ce processus n'aboutit qu'à travers une suite de tensions de conflits (quant aux opinions et au pouvoir interne), dont la résolution partielle permet le passage d'une séquence à l'autre. L'élaboration d'une décision collective implique donc une combinaison complexe de démarches opératoires et de processus affectifs et idéologiques.

En outre, au niveau des rôles, Bales dégage l'existence de complémentarités significatives : soit entre deux leaders, l'un centré sur la tâche, l'autre sur les problèmes socioaffectifs ; soit entre le mode de leadership et la production du groupe : si le leader est directif, le groupe produit moins que s'il s'emploie surtout à faciliter les communications. Ces constats expérimentaux confirment à la fois l'étude princeps de Lewin et la conception clinique de C. Rogers sur les effets de l'attitude non directive — à ne point confondre avec celle du laisser faire. Les travaux de Bales intéressent directement la conduite des réunions et discussions de groupe, qui ont pris depuis 1950 une importance croissante à la fois dans le domaine de la gestion des organisations et dans celui de la formation relationnelle.

IN-GROUP ET OUT-GROUP : DE M. SHERIF À W. DOISE

Le recours à ces termes anglo-saxons permet de condenser un jeu dialectique d'attitudes inhérentes à beaucoup de situations où deux groupes interfèrent ou s'affrontent. On pourrait étendre aux collectivités la formule du philosophe M.F.P. Maine de Biran à propos du moi : les « nous » se posent en s'opposant. L'étude des groupes institutionnels comme celle des groupes en voie de formation révèlent en effet une agressivité potentielle envers l'extérieur, avec une sorte de corrélation entre le renforcement de la cohésion* intra-groupe et l'émergence de conflits inter-groupes.

Ces phénomènes ont fait l'objet d'études princeps de Sherif sous forme d'expérimentations sur le terrain. Elles montrent d'abord l'influence considérable du cadre groupal sur les attractions interpersonnelles dès lors qu'un ensemble flou se trouve scindé en deux (deux camps, car il s'agissait d'une colonie de vacances). Elles montrent ensuite l'émergence de deux processus ; l'un unifiant et délectif : adoption d'un nom, organisation, solidarité, rites locaux ; l'autre conflictuel et agressif : tendance à dévaluer le groupe voisin, rivalité, distorsion perceptive, stéréotypes péjoratifs. Ces processus de tension tiennent largement à l'influence des modèles culturels globaux de style compétitif, qui focalise l'hostilité latente à l'occasion de projets incompatibles.

La dernière partie de l'expérience de Sherif suggère cependant un mode d'intervention permettant d'échapper à cette sorte de fatalité psychosociale ; l'instauration de buts communs liés à des urgences qui réclament l'effort de tous s'avère assez efficace pour réunir les adversaires. Mais, au quotidien, de telles urgences relèvent rarement de l'intervention du psychosociologue et n'éliminent d'ailleurs que provisoirement les tensions diffuses.

Ces expériences ont été reprises dans des pays et des contextes sociaux divers avec des résultats analogues. Les plus récentes portent sur les biais perceptifs et les phénomènes de catégorisation* sociale. Comme le souligne Doise, les chercheurs élaborent désormais en laboratoire des paradigmes expérimentaux doués d'une valeur plus générale que les études princeps, tout en nécessitant des manipulations moins importantes. Ainsi, il apparaît que la simple évocation devant un ensemble de personnes inconnues de leur appartenance à deux catégories virtuelles suffit à déclencher entre elles des biais positifs et négatifs..., ce qui confirme la pertinence des études de Sherif.

NORMALISATION ET/OU EXTRÉMISATION DE L. FESTINGER À S. MOSCOVICI

La maintenance et l'innovation ont continué à inspirer une large part des travaux de laboratoire postléwiniens. Les uns sont issus de chercheurs ayant initialement collaboré avec Lewin (Festinger, S. Schachter, M. Deutsch, J.W. Thibaut). Axés sur les concepts de cohésion et de coopération, ils soulignent les effets de normalisation et de pression vers l'uniformule qui surviennent lorsqu'une diversité d'opinion se manifeste au sein d'un groupe. Ces effets augmentent en fonction de l'importance du groupe pour ses membres et des valeurs partagées par la majorité d'entre eux. Les communications sont alors centrées sur les membres qui expriment le plus de divergences afin de les convaincre et tendent en cas d'échec au rejet des déviants.

Mais d'autres travaux, issus pour la plupart de chercheurs français (Moscovici, M. Zavalloni, R. Lécuyer, J.M. Paicheler), dégagent des résultats différents : le processus de conformisation ne se produit pas en toutes circonstances et peut faire place à un effet de polarisation (extrémisation) non seulement quant à l'évolution des attitudes, mais jusque dans la prise de décision. Comme le note Moscovici, tout dépend de l'implication des gens, de l'intensité du conflit, du contexte où il éclate et de la manière dont on le traite. Tantôt on cherche à éviter le conflit ou à l'étouffer en imposant l'autocensure ou en faisant taire les dissidents ; tantôt on donne à chacun la possibilité de s'exprimer et d'interagir. Plus le groupe est formel, plus le conflit est atténué et plus on cultive le compromis. Inversement, dans les discussions informelles, les positions extrêmes sont prises en compte et il arrive que le groupe s'oriente vers les solutions de la minorité. Toutefois, la polarisation ne se produit pas dans n'importe quel sens ; lorsqu'elle s'effectue vers la position minoritaire dans un groupe particulier, elle va dans le sens d'une tendance prévalente dans des groupes extérieurs idéologiquement saillants, sinon dominants — ce qu'on appelle parfois l'« esprit du temps », lequel engendre peu à peu par imprégnation une nouvelle norme. Des expérimentations l'ont montré, par exemple, à propos des attitudes envers le pacifisme ou le féminisme. Les ressorts du changement proviennent donc non seulement des tensions internes entre l'opinion des individus membres des groupes, mais aussi des pressions externes, liées à une évolution sociologique générale ; ce qui conduit à considérer la dynamique du changement dans une perspective beaucoup plus large que celle du déviationnisme. Le déviant créateur n'est pas seulement un précurseur imaginatif mais un sujet plus sensible que d'autres à certaines urgences latentes ; il se définit plus par son rôle social que par son type de personnalité. Aussi bien le novateur efficace n'est-il point isolé mais entouré de disciples ou de partisans qui constituent une équipe active d'influence. On retrouve à ce niveau les intuitions de Lewin sur le rôle des séminaires constitués d'abord comme des îlots culturels, au sein desquels se développe l'innovation. Si ses porteurs rejoignent une aire sociale où les modèles traditionnels sont ébranlés, ils joueront le rôle d'agents de changement.

L'APPORT PSYCHANALYTIQUE

Parallèlement au modèle de Lewin se développait à quelques années près un modèle groupal directement inspiré de la métapsychologie freudienne. Ce sont d'abord les psychanalystes anglais W.R. Bion et S. Foulkes qui, pour répondre eux aussi à des urgences conjoncturelles à l'issue de la guerre, ont élaboré les bases d'une thérapie de groupe* qui devait inspirer plusieurs courants d'analyse psychosociale.

Selon Bion, la vie d'un groupe quel qu'il soit se poursuit à deux niveaux : l'un, manifeste, conscient, réaliste, concerne les tâches ; l'autre, latent, généralement inconscient et dominé par les fantasmes, est orienté selon certains schèmes (ou hypothèses de base) Tant que ces schémes alternatifs (dépendance, attaque-fuite, couplage affinitaire) n'ont pas été élucidés et reliés aux désirs et aux anxiétés très primitives réactivés par la situation de groupe, aucune coopération ne peut s'établir.

De leur côté, plusieurs psychanalystes français (D. Anzieu, R. Kaës) ont élargi le champ de l'analyse de groupe au-delà des demandes expressément thérapeutiques. Anzieu définit le groupe comme lieu de fomentation d'images et d'échanges fantasmatiques; à partir de l'analyse clinique de nombreux séminaires, il dégage la présence de deux processus antagonistes: l'illusion groupale comme tendance à un état fusionnel et à une idéologie égalitaire, état exaltant mais irréaliste, protecteur contre tout risque d'altérité. Inversement surgissent des fantasmes de casse, comme tendance à la destruction du groupe par ses membres ou de certains membres par le groupe. Dans ces alternances, le groupe joue un rôle médiateur entre une réalité intime, imaginaire et la réalité sociale objective. Ainsi, l'expérience vécue en séminaire posséderait pour ses membres une fonction formative analogue à celle que D. W. Winnicott confère aux objets transitionnels dans le développement de l'enfant.

Une application: la formation relationnelle (Training Groups)

Un phénomène culturel

La formation qui s'inspire des modèles et des résultats de la dynamique des groupes ne saurait évidemment se confondre avec une formation professionnelle et technique. Elle vise une sensibilisation directe aux processus psychologiques sous-jacents aux communications ainsi qu'à la pratique et à la conduite du travail en groupe. Depuis une trentaine d'années, cette formation s'est considérablement développée en Occident à l'intérieur ou à l'extérieur des collectivités professionnelles et sous des vocables divers: réunion, rencontre, session, stage, séminaire, ce dernier terme étant le plus significatif car il évoque semence et rénovation. Ces séquences correspondent un peu à une fenêtre pour les membres d'organisations où règnent l'impersonnalité, la séparation, la contestation diffuse des formes (même modulées) d'autorité. En ce sens, on pourrait dire que la société technocratique (ou postmoderne) promeut des séminaires de formation moins pour y élaborer de nouvelles méthodes de travail que pour y ménager un retour aux sources affectives profondes dans des groupes restreints, à la mesure de la perception humaine, en offrant à leurs membres l'occasion de contacts plus libres et plus chaleureux.

Quelles que soient les modalités de la formation, il s'agit toujours d'amener les participants à vivre, comprendre, maîtriser les problèmes fonctionnels et affectifs liés aux interactions où ils se trouvent engagés. Mais les supports de cette interaction et les procédures mises en œuvre varient notablement selon les objectifs visés. On peut distinguer sommairement deux types d'objectifs: un entraînement à la pratique et à la conduite du travail en groupe; une expérience des processus relationnels.

Conduite des réunions et discussions de groupe

La principale contribution française en ce domaine provient de G. Palmade, qui distingue trois fonctions principales au cours des réunions-discussions: production, facilitation, régulation, cette dernière englobant les vécus de groupe et leur dynamique consciente et inconsciente. Tout le problème de la conduite des réunions consiste dans le degré et le style de directivité (ou de non-directivité*) de l'animation en vue de faciliter la poursuite de l'objectif (étude de problème ou prise de décision). J. Maisonneuve a proposé à cet égard un schéma fondé sur les apports de Bales et de Palmade.

Le groupe d'évolution

Sa formule a été élaborée initialement à Bethel (États-Unis) par une équipe de dynamiciens formateurs (L. Bradford, R. Witman, W. Bennis, etc.), coauteurs d'un symposium: *T Group Theory and Laboratory Training*. Ce modèle présente une combinaison originale des apports de Lewin, Bion et Rogers. Il s'est prolongé en Europe sous le nom de «groupe de base», de «groupe de diagnostic», de «groupe d'expression verbale», de «groupe-analyse», etc., avec des nuances. Il s'agit toujours d'échanges libres dont l'objectif est ainsi posé: vivre une expérience de communication en cherchant à en élucider à chaud les processus, leur sens latent et leurs issues avec l'aide d'un moniteur analyste.

Le groupe poursuit une sorte d'aventure relationnelle où alternent des schèmes affectifs, fonctionnels et idéologiques, des phases de créativité et de stérilité, d'intimité et de conflits plus ou moins vifs, selon une certaine «progression». Encore faut-il s'interroger, avec Palmade, sur la présence et la pertinence de modèles normatifs implicites correspondant à un développement «optimal» des groupes d'évolution que viseraient à la fois participants et moniteurs.

Cette dernière formule fait donc une large place aux facteurs inconscients et aux schèmes analytiques. Faudrait-il en conclure à la désuétude du modèle lewinien, qui se réduirait à une sorte de pédagogie démocratique? Ce serait méconnaître sa portée décisive en matière d'approche systémique des groupes, considérés comme réalités irréductibles. C'est là un contrepoids salutaire vis-à-vis de la tendance psychanalytique à expliquer l'ensemble des processus collectifs en termes personnologiques (comme ceux de *projection*, de *transfert* ou d'*appareil psychique*). Tout en intégrant le psychisme à la dynamique groupale, Lewin évite l'écueil d'un certain psychologisme. J. M.

→ cohésion, communication, déviance, non-directivité, interaction, leadership, Lewin, minorités agissantes.

Bibliographie

Anzieu, D., 1981, *le Groupe et l'inconscient*, Paris, Dunod.

Cartwright, D., et Zander, A., 1958, *Group Dynamics*, Evanston, Row Peterson.

Doise, W., 1979, *Expériences entre groupes*, Paris, E.H.E.S.S.

Hare, A.P., Bales, R.F., et Borgatta, E.F., 1955, *Small Groups*, New York, Knopf.

Lewin, K., 1951 (trad. fr. 1959), *Psychologie dynamique*, Paris, P.U.F.

Maisonneuve, J., 1968, *la Dynamique des groupes*, Paris, P.U.F.

Moscovici, S., 1979, *Psychologie des minorités actives*, Paris, P.U.F.

dysarthrie

n.f. (angl. Dysarthria)

Déficit de l'articulation verbale dû à une atteinte cérébrale, considéré comme une forme mineure d'anarthrie et se manifestant par l'extrême difficulté à émettre des sons intelligibles.

Pour A. Kussmaul, qui l'a décrite en 1878, elle se distinguerait de la dyslalie, qui serait, elle, ou fonctionnelle ou d'origine périphérique. Elle se rencontre fréquemment dans la paralysie générale, dont elle est un des signes neurologiques les plus spécifiques. (→ anarthrie.) J. P.

dysbasie

n.f. (angl. Dysbasia)

Trouble mineur de l'équilibration, entraînant des perturbations de la marche et du maintien de la position debout.

La dysbasie entre dans le cadre plus général du syndrome ataxique. J. P.

→ ataxie.

dysboulie

n.f. (angl. Dysbulia)

Difficulté volitionnelle rendant un sujet incapable de penser librement et de porter son attention sur des objets extérieurs à ses préoccupations.

Considérée parfois comme une forme mineure d'aboulie*, la dysboulie apparaît surtout chez les psychasthéniques (P. Janet) et les obsessionnels. J. P.

dyscalculie

n.f. (angl. Dyscalculia)

Incapacité particulière d'effectuer des opérations formelles et d'utiliser et d'intégrer les symboles numériques.

La dyscalculie entraîne de grosses difficultés dans l'apprentissage du calcul et des premiers rudiments mathématiques. Comme la dyslexie, elle relève le plus souvent, chez l'enfant, de perturbations psychoaffectives. J. P.

dysesthésie

n.f. (angl. Dysesthesia)

Trouble de la qualité des perceptions sensorielles.

Le terme est surtout utilisé pour qualifier l'atteinte de la sensibilité, due généralement à une lésion neurologique périphérique, au tact et à la piqûre. On l'emploie aussi pour décrire une atteinte quantitative : hypoesthésie, pouvant aller jusqu'à l'anesthésie, et hyperesthésie*, s'accompagnant alors souvent de sensations douloureuses. J. P.

dysfonctionnement cérébral minimal

(angl. Minimal Brain Dysfunction)

Syndrome associant une hyperactivité motrice involontaire et des troubles de la concentration et de l'affectivité, qui survient chez un enfant indemne de toute affection neurologique.

Le trouble du comportement associé aux désordres cognitifs entraîne souvent des difficultés d'adaptation à l'école, voire dans la famille.

L'expression *Minimal Brain Dysfunction* a remplacé en 1962 (*International Study Group*) le nom du syndrome original, dû à C. Bradley (1947), de *Minimal Brain Injury*. En effet, il n'a jamais été possible de localiser une lésion cérébrale à l'origine de ce problème. En France, il existe de nombreux synonymes, tels que *syndrome hyperkinétique*, *syndrome d'hyperactivité de l'enfant* ou *dysfonction cérébrale mineure*. L'existence chez certains enfants d'une instabilité psychomotrice a été reconnue depuis longtemps et on l'a rattachée soit à la chorée, soit à l'hypomanie (P. Chaslin). Actuellement, certains auteurs, surtout anglo-saxons, attribuent ce problème à des facteurs organiques (troubles métaboliques, complications néonatales méconnues), à des facteurs génétiques (pour lesquels il n'existe pas de preuve). Ils utilisent la notion d'antécédents pathologiques familiaux tels que l'alcoolisme, la sociopathie et ils font des hypothèses sur les mécanismes neuroanatomiques en cause, incriminant la substance réticulée ou les neuromédiateurs. Pour d'autres (G. Heuyer, S. Lebovici), les conditions familiales défectueuses (misère, dissociation familiale, abandon par le père, carence éducative) sont des facteurs d'insécurité qui troublent le développement de ces enfants, comme les séparations et les placements nourriciers répétés, facteurs de carence affective et de troubles du comportement. Malgré leurs divergences sur l'individualisation et les causes de cette hyperactivité, les auteurs s'accordent sur la description clinique. Le trouble apparaît précocement, dès les premiers mois de la vie, surtout chez les premiers-nés. Il atteindrait 3% des enfants prépubères, le plus souvent des garçons. La relation avec la mère serait inadéquate du fait de l'insécurité de celle-ci, de son ambivalence par rapport à l'enfant. Celui-ci dort peu, crie beaucoup, explore et manipule les objets, souvent pour les détruire. Il fait un apprentissage rapide de la marche et ne reste pas en place, même pour les repas. Son attention est limitée et il ne peut enregistrer les consignes, ce qui fait penser que sa mémoire est altérée. L'enfant semble mal latéralisé, mal orienté dans le temps et dans l'espace. Il est maladroit. L'évolution est en général marquée par une régression des troubles à l'adolescence, mais on constate que l'adaptation sociale, et d'abord scolaire, est fortement compromise chez ces enfants en l'absence d'une prise en charge précoce qui doit prendre en compte tous les facteurs en cause. Certains préconisent les amphétamines ou la ritaline, qui favorisent la vigilance et peuvent améliorer le rendement scolaire. J.-M. C.

dysgraphie

n.f. (angl. Dysgraphia)

Atteinte de la fonction graphique scripturale se manifestant au niveau des composantes spatiales de l'écriture, alors que les structures morphosyntaxiques ne sont pas touchées.

Dans le développement psychique de l'enfant, la dysgraphie est un trouble purement fonctionnel (sans lésion neurologique ni déficience intellectuelle) de l'apprentissage graphique, généralement en rapport avec des perturbations affectives et une mauvaise organisation de la représentation spatiale. J. P.

dysharmonie évolutive

(angl. Developmental Dysharmonia)

Perturbation évolutive complexe du développement de l'enfant, de mécanismes de niveaux diversifiés (psychotique, névrotique, psychopathique), qui se manifeste par une symptomatologie en mosaïque.

Cette notion de dysharmonie est due à P. Mâle, à la suite de T. Simon et G. Vermeylen, qui avaient introduit la différenciation « débilité harmonique et dysharmonique ». Mais c'est R. Misès qui, plus récemment, a affiné cette entité nosographique pour rendre compte de la complexité de la structuration des états déficitaires et psychotiques chez l'enfant. L'enfant dysharmonique présente le plus souvent un déficit intellectuel dysharmonique et hétérogène car n'affectant pas de la même façon la psychomotricité, le langage et les fonctions cognitives. Il existe par exemple une persévération verbale avec écholalie (répétition du mot de l'interlocuteur en écho) ; l'inaccession au jeu malgré un bon niveau de vocabulaire avec incapacité de structurer une histoire, ou de commencer un dessin, malgré un niveau d'expression spontanée correct.

L'enfant est souvent dyspraxique (maladresse), dysgnosique (difficulté à reconnaître des formes ou des objets) et dysphasique (trouble du langage). Sa latéralisation est mal assurée et il est mal orienté dans le temps et dans l'espace. Sur le plan affectif, le contact est généralement bon, mais parfois rompu par des bizarreries, des phases de repli ou d'excitation. De même, il peut exister des épisodes de troubles des fonctions instinctuelles (encoprésie, énurésie, boulimie et troubles du sommeil). L'angoisse sous-jacente est massive, mal contrôlée. Elle se manifeste par l'agitation, des passages à l'acte soudains, mais aussi dans l'expression de fantasmes crus et primitifs, comme la peur d'être avalé par une auto ou dans la cuvette des toilettes. Cependant, l'enfant dysharmonique parvient plus que le psychotique à utiliser des mécanismes de défense contre l'angoisse qui lui permettent partiellement d'investir la réalité extérieure, surtout lorsqu'une prise en charge psychothérapique adaptée a pu être mise en place. Dans d'autres cas, l'évolution de ces troubles complexes de la personnalité est menacée par la débilisation progressive. L'accent plus ou moins marqué sur la déficience intellectuelle explique que certains auteurs parlent de déficience dysharmonique de versant psychotique, névrotique ou dépressif selon la prévalence des mécanismes en cause, par opposition aux auteurs qui insistent davantage sur l'aspect évolutif en parlant de dysharmonie évolutive conduisant à une organisation déficitaire distincte de la déficience dysharmonique. J.-M. C.

dyskinésie

n.f. (angl. Dyskinesia)

Mouvement anormal involontaire d'amplitude variable, plus ou moins régulier dans sa fréquence et son rythme, soit localisé à une région (par exemple bucco-linguo-faciale), soit diffus, touchant alors l'ensemble corporel.

Certaines dyskinésies peuvent être provoquées par des traitements médicamenteux. C'est le cas de la L-dopa, utilisée chez les parkinsoniens, qui peut provoquer de tels mouvements, souvent d'allure choréique. C'est surtout le cas des neuroleptiques utilisés en psychiatrie. Il peut s'agir de dyskinésies précoces survenant dès la première prise du médicament et cédant après l'injection d'étylbenzatropine ou spontanément quelques heures après l'arrêt du traitement. D'autres fois, ces dyskinésies sont d'apparition tardive, occupant souvent la région bucco-linguo-faciale et risquant de gêner la déglutition, la parole et la respiration.

Ces dyskinésies seraient dues à une hypersensibilité des récepteurs dopaminergiques. Lorsqu'elles sont tardives, elles sont parfois malheureusement définitives, n'étant améliorées provisoirement que par la reprise du neuroleptique, ce qui produit une sorte de cercle vicieux thérapeutique assez redoutable. J. P.

BIBLIOGRAPHIE

Casey, D.E. et alii, 1985, *Dyskinesia Research and Treatman*, Berlin, SprinVerlag.
Jeste, D.V., Wyatt, 1982, *Understanding and Treating Tardive Dyskenesia*, New York, Guilford Press.

dyslexie

n.f. (angl. Dyslexia)

1. *Dyslexie acquise*, troubles de la lecture consécutifs à un traumatisme ou à une lésion cérébrale. 2. *Dyslexie développementale*, ensemble des difficultés spécifiques de l'enfant lors de l'apprentissage de la lecture.

Les différences entre dyslexie acquise et dyslexie développementale

On distingue les difficultés lexiques rencontrées par un patient cérébrolésé, alors qu'il savait lire avant son accident, des difficultés que peut rencontrer un enfant intelligent, sans pathologie neurologique repérée, ni troubles émotionnels, ni difficultés d'ordre économique ou culturel, lorsqu'il doit apprendre à lire. Dans le premier cas, il y a un lien de cause à effet entre le lieu de la lésion et les différents syndromes identifiables. On distingue trois grands types de dyslexies acquises: la dyslexie phonologique, la dyslexie profonde et la dyslexie de surface. Dans le deuxième cas, la recherche des causes de la dyslexie développementale constitue un des objectifs des travaux scientifiques contemporains.

Cette recherche s'est effectuée dans différents domaines et selon des méthodes très diversifiées: recherches génétiques visant à mettre en évidence certaines anomalies chromosomiques; recherches électrophysiologiques cherchant à relever des patterns particuliers d'activité électrique du cerveau ou une cinétique spécifique des potentiels évoqués (→ potentiel 1.) chez les enfants rencontrant de grosses difficultés dans l'apprentissage de la lecture ou chez des adultes qui ne sont pas parvenus à apprendre à lire; études différentielles du débit sanguin cérébral et, de manière générale, recours à l'imagerie médicale moderne pour tenter d'appréhender des différences fonctionnelles entre bons et mauvais lecteurs; recours à l'autopsie de cerveaux de dyslexiques morts accidentellement pour comparer l'architecture et l'organisation cellulaire des cerveaux de dyslexiques à celles de cerveaux tout-venant; études différentielles des mouvements oculaires pendant la lecture ou des capacités d'identification de lettres ou de couleurs en vision parafovéale et périphérique lors d'une fixation; études épidémiologiques sur des cohortes de plusieurs milliers d'enfants visant à évaluer la prévalence du trouble et son caractère spécifique.

Puisque les enfants dyslexiques, à la différence des adultes cérébrolésés, ne souffrent pas de lésions identifiables, l'idée qui prévaut dans toutes ces recherches est que la cause de leur affection doit être cherchée soit au niveau génétique, soit durant le développement embryologique, soit dans un dysfonctionnement ou une symétrisation du cerveau, soit dans des particularités de la vision. Sans nier l'intérêt qu'il peut y avoir à poursuivre ce type de recherches, de difficiles problèmes d'interprétation se posent. Dans de nombreux cas, les caractéristiques propres des sujets dyslexiques ne sont même pas évoquées, ce qui rend difficile la mise en corrélation des troubles lexiques et des particularités mises en évidence dans tel ou tel domaine. D'autre part, lorsque les indicateurs utilisés sont l'activité électrophysiologique ou l'activité et l'efficience visuelles, on peut difficilement savoir si ces particularités sont une cause ou une conséquence des déficiences lexiques. En particulier, la mise en évidence de mouvements oculaires erratiques chez les dyslexiques peut très bien résulter de leurs difficultés à lire et non l'inverse.

Ainsi, on n'a jamais pu prouver que les dyslexiques avaient des difficultés généralisées de perception visuelle. Il convient en outre de garder toujours présente à l'esprit l'idée que la lecture est une activité culturelle et non naturelle et qu'elle est étroitement liée à la langue par le biais de l'écriture; certes, il y a des différences entre l'écrit et l'oral et des différences dans la manière dont un type d'écriture se rapporte à la langue, mais ce qui est vu à travers elle, ce ne sont pas seulement des traces visibles mais des symboles.

L'apport de la psychologie cognitive dans l'étude de la dyslexie développementale

C'est à la psychologie cognitive qu'on doit d'avoir mis l'accent sur la nécessité, lorsqu'on étudie la dyslexie, de dissocier les causes et les effets. Un enfant qui ne souffre d'aucun déficit par ailleurs ne peut être identifié comme dyslexique que plusieurs années après le début de l'apprentissage de la lecture. Par rapport au bon lecteur, il a donc une assez longue expérience différentielle de la lecture. Or, le développement de la compétence lexique peut avoir des effets en retour sur le développement concomitant des capacités cognitives et linguistiques. Lorsqu'on compare des lecteurs déficients et des bons lecteurs de même niveau intellectuel, et de même âge chronologique, sur différents types d'épreuves, ce qu'on recueille est à la fois la manifestation de ce qui a pu entraîner un déficit lexique (cause) et la traduction du différentiel dans l'expérience cognitive et linguistique des bons et des mauvais lecteurs (conséquence). À partir de là, il n'est pas étonnant qu'on trouve des corrélations significatives entre de nombreux facteurs et la compétence lexique. Cela ne veut pas dire qu'on a identifié les causes de la dyslexie et ce pour deux raisons au moins. La première, classique mais souvent négligée, c'est qu'on ne peut pas passer du relevé d'une corrélation à une imputation causale; la seconde, c'est que le relevé des performances est un amalgame entre ce qui est déterminant et ce qui est déterminé. Cette situation pose donc de difficiles problèmes méthodologiques.

Les progrès effectués dans ce domaine ont consisté à associer différentes méthodes susceptibles de permettre l'exploration progressive des facteurs déterminants de la dyslexie, ou tout au moins de leurs manifestations sur le plan du traitement de l'information linguistique. En utilisant la méthode des comparaisons, mais en veillant à comparer des bons et des mauvais lecteurs de même niveau intellectuel, mais aussi de même niveau lexique (de manière à extraire des données l'effet du contact différentiel avec l'esprit), on peut repérer des facteurs qui ont éventuellement vocation à être identifiés comme déterminants.

Mais cette démarche ne suffit pas; encore faut-il montrer que les différences observées dans une population d'enfants sur ce ou ces facteurs, avant même l'apprentissage de la lecture, sont prédictives des niveaux de réussite ultérieure en lecture; cela ne peut être mis en évidence qu'en utilisant la méthode longitudinale prédictive. Enfin, pour confirmer le caractère causal de ces corrélations prédictives, on doit pouvoir montrer, par des méthodes adéquates, que, en entraînant de manière systématique les sujets à effectuer des tâches qui induisent la mise en œuvre du ou des facteurs en question, on observera des effets positifs sur l'apprentissage de la lecture, par rapport à un ou plusieurs groupes contrôlés ayant subi d'autres entraînements ou n'ayant été l'objet d'aucune intervention. Ces méthodes peuvent encore être assorties d'études où, sur des tâches identiques à celles qu'on fait passer aux enfants prélecteurs, on explore les capacités d'adultes analphabètes ou illettrés, ou encore celles d'enfants qui parlent une langue dépourvue d'écriture et qui ne fréquentent pas d'école maternelle.

Lorsque, dans l'immense littérature scientifique parue sur la question, on sélectionne les expériences qui ont respecté les critères méthodologiques qui viennent d'être évoqués, on constate tout d'abord que de nombreux facteurs traditionnellement invoqués comme causes de la dyslexie perdent leur caractère déterminant. Il en va ainsi des difficultés d'organisation spatiale, de la gaucherie, des déficits de la perception visuelle ou auditive, des capacités d'établir des relations intermodales, pour ne pas parler des relations au père ou des troubles affectifs. Ce qui ne veut pas dire que l'apparition de certains de ces troubles (en particulier les troubles émotionnels ou affectifs) ne puisse être considérée comme une conséquence d'un apprentissage difficile de la lecture.

Les facteurs potentiels à l'origine de la dyslexie

Les facteurs qui résistent au crible d'un tel type d'analyse restent peu nombreux. On peut en relever trois, et encore, il n'est pas certain qu'il ne s'agisse pas là de trois facettes d'un seul et même système de traitement sous-jacent. Ces capacités seraient les suivantes.

1. La capacité des sujets de prendre conscience des composantes de la parole, d'analyser celles-ci en segments de différentes dimensions (mots, rimes, syllabes, phones, phonèmes) et d'effectuer mentalement sur ceux-ci des opérations diverses (segmentation, élision, substitution, fusion, catégorisation, etc.). Autrement dit, les enfants doivent acquérir la capacité non plus seulement d'utiliser leur langue pour communiquer, mais de la prendre en quelque sorte pour objet et de l'analyser indépendamment de la signification. C'est ce qu'on appelle, dans le jargon spécialisé, le « développement de la conscience phonique », qui peut d'ailleurs donner lieu à un entraînement plus ou moins systématique. Il apparaît très nettement que les enfants dyslexiques ont des difficultés considérables dans l'accomplissement de ce type de tâches et qu'ils se révèlent inférieurs aux enfants de deux à trois ans plus jeunes qu'eux mais de même niveau lexique.
2. La capacité des sujets de dénommer avec rapidité et précision des images, des couleurs, des chiffres, puis ultérieurement des lettres, bref des stimulus dont les sujets doivent retrouver le nom. Cette difficulté est mise en évidence très tôt sur des symboles non graphologiques, mais elle prend des proportions encore plus importantes quand il s'agit de stimulus graphiques comme les chiffres, les lettres puis les mots et les mots qui n'existent pas mais qui sont prononçables. On note en particulier, chez les enfants dyslexiques, une très grande difficulté, quand ce n'est pas une impossibilité, de lire des mots qui n'existent pas, ce que tout lecteur moyen sait faire sans problème. De plus, cette lenteur pourrait bien être l'indice d'une organisation déficiente de leur lexique mental.
3. Enfin, la capacité des sujets d'utiliser le codage phonétique pour mémoriser du matériel présenté visuellement ou, dans le cas de tâches complexes comme la vérification de phrases, le raisonnement ou la lecture d'un texte suivi, la capacité de mobiliser leurs ressources attentionnelles pour stocker et traiter conjointement l'information extraite.

Comme on peut le constater, dans les trois cas, l'information phonético-phonologique se trouve impliquée, soit parce que certains sujets ne savent pas décomposer le signal continu de parole en unités discrètes de différentes dimensions, soit parce qu'ils ne réussissent pas à retrouver rapidement dans leur lexique mental les noms des choses ou des symboles, soit parce que, lorsqu'un traitement un peu complexe leur est demandé, ils ne parviennent pas à gérer convenablement les contraintes de maintenance et de traitement de l'information.

Il n'est donc pas étonnant que les difficultés que rencontrent les enfants dyslexiques ne se révèlent que lorsqu'ils sont confrontés à une tâche comme la lecture. C'est là en effet que l'on doit apprendre à quoi correspondent les différents segments dont l'écrit est constitué, où l'on doit fusionner ces segments de manière à reconnaître des mots, puis à intégrer ces mots en propositions ayant un sens, mais dont le sens dépend à la fois de ce qui a déjà été traité et de ce qui va l'être. Compte tenu de ce qu'est la mémoire de travail (→ mémoire), il est clair que si les enfants ont des difficultés pour identifier les mots d'un texte, ils ne pourront pas intégrer l'information qui s'y trouve et ainsi réussir à le comprendre. Ce ne sont pas leurs capacités de compréhension qui sont en cause mais bien les conditions préalables à la compréhension. Avant d'être confrontés à cet apprentissage, les futurs dyslexiques n'ont que peu souvent l'occasion d'avoir à faire la démonstration directe de ces capacités, qui ne sont en rien directement liées à la compétence à communiquer. On peut montrer, en utilisant des épreuves adéquates, que des enfants qui n'ont pas encore appris à lire auront probablement des difficultés pour le faire ultérieurement ; mais, si cette prédiction peut être fort utile en termes de prévention, elle ne peut en aucun cas tenir lieu de diagnostic. En effet, parmi les enfants qui présentent des difficultés dans les épreuves de conscience phonologique, seuls certains d'entre eux verront leurs difficultés persister, les autres, soumis à un entraînement ou confrontés à l'apprentissage de la lecture, rattraperont leur retard.

Un travail considérable reste à faire, d'une part, pour tenter de comprendre les relations qui existent entre ces déficiences phonologiques et, en amont, les conditions dans lesquelles l'acquisition du langage a pu s'effectuer, d'autre part pour jeter un pont entre ces manifestations comportementales et des dysfonctionnements éventuels au niveau du cerveau. P. L.

Bibliographie

Bryant, P.E., Bradley, L., 1985, *Children's Reading Difficulties*, Oxford, Blackwell.
Frith, U., 1986, « A Developmental Framework for Developmental Dyslexia », *Annals of Dyslexia*, 69-81.
Galaburda, A.M., 1983, « Developmental Dyslexia : Current Anatomical Research », *Annals of Dyslexia*, 13 ; 41-53.
Johnston, R.S., Rugg, M.D., et Scott, T., 1987, « Phonological Similarity Effects, Memory Span and Developmental Reading Disorders : the Nature of the Relationship », *British Journal of Psychology*, 205-211.
Kamhi, A., Catts, U.W., 1986, « Toward an Understanding of Developmental Language and Reading Disorders », *Journal of Speech and Hearing Disorders*, 51, 337-347.
Lecocq, P., 1991, *Apprentissage de la lecture et dyslexie*, Liège et Bruxelles, Mardaga.
Lecocq, P., 1989, « À propos de la dyslexie développementale », in J.M. Monteil et M. Fayol (Eds), *la Psychologie scientifique et ses applications*, Grenoble, Presses universitaires de Grenoble.
Lecocq, P., 1989, « la Dyslexie développementale », *Lexique*, 8, 103-135.
Morais, J., Bertelson, P., Cary, L., Alegria, J., 1986, « Literacy Training and Speech Segmentation », *Cognition*, 24, 45-64.
Seymour, P.H.K., 1986, *Cognitive Analysis of Dyslexia*, Routledge et Kegan Paul.
Snowling, M., Goulandris, N., Bowlby, M., Howell, P., 1986, « Segmentation and Speech Perception in Relation to Reading Skill : a Developmental Analysis », *Journal of Experimental Child Psychology*, 41, 489-507.
Wolf, M., Goodglass, H., 1986, « Dyslexia, Dysnomia and Lexical Retrieval : a Longitudinal Investigation », *Brain and Language*, 28, 154-168.

dyslexique

adj. et n. (angl. Dyslexic)

Se dit d'une personne atteinte de dyslexie. R. L.

dysmorphophobie

n.f. (angl. Dysmorphophobia)

Préoccupation exagérée et même crainte obsédante d'être difforme ou d'avoir un aspect disgracieux de la totalité ou d'une partie de son corps.

Décrite pour la première fois sous ce nom par E. Morselli en 1886, la dysmorphophobie n'est pas une simple phobie mais plutôt une croyance quasi délirante. Le sujet qui en souffre est persuadé d'être laid, d'avoir un corps anormal, malformé. Cette disgrâce, même si elle a parfois un certain fondement réel, n'est pas appréciée objectivement. Elle est vécue comme un obstacle infranchissable à une existence normale et à des relations socioaffectives satisfaisantes avec l'entourage. Elle peut apparaître comme un trouble isolé à la fin de la période de latence, lorsque le jeune adolescent subit difficilement les mutations corporelles de la période pubertaire.

La transformation mammaire chez la fille, l'apparition des caractères sexuels secondaires dans les deux sexes, une croissance morphologique retardée ou au contraire trop rapide, une légère obésité ou à l'inverse une certaine maigreur peuvent être le substrat objectif d'une inquiétude que risquent d'aggraver les critiques du milieu imposant ses canons esthétiques corporels. Pour peu que l'adolescent soi timide, introverti, hypersensible, cela suffit parfois à déclencher cette préoccupation morbide pouvant évoluer sur un mode seulement dépressif. Mais, parfois, le trouble s'aggrave et peut devenir le premier symptôme d'une évolution schizophrénique qu'il faut savoir reconnaître, d'autant plus que la dysmorphophobie peut rester longtemps le seul symptôme du processus dissociatif. J. P.

dysorthographie

n.f. (angl. Dysorthographia)

Trouble électif portant sur l'apprentissage de la langue écrite, apparaissant au début de la scolarité chez des enfants normalement intelligents, indemnes de toute atteinte sensorielle ou motrice.

La dysorthographie accompagne la dyslexie* mais elle peut être aussi indépendante de tout trouble de la lecture.

L'apprentissage de l'orthographe nécessite une certaine maîtrise du langage et de la lecture, mais aussi d'autres aptitudes. L'enfant doit pouvoir mémoriser la forme des mots et en avoir perçu les éléments phonétiques pour s'en faire une représentation mentale exacte. Il utilise l'épellation à voix basse, qui est souvent à l'origine de fautes par confusion de sons [le chéchoir), élisions et interversions de sons [aréoport]. Il transcrit parfois la traduction de la phrase dictée en des termes proches de son parler habituel [ça métégal qui s'en va seul] au lieu de [ça m'est égal qu'il s'en aille seul]. Certaines fautes sont dues à un mauvais apprentissage de la lecture, d'autres commises par erreur d'interprétation, le sens de la phrase n'étant pas compris. Par exemple [c'est Jean qui emmène leur cheval] au lieu de [ces gens qui emmènent leur cheval].

Il s'agit souvent d'un retard d'acquisition du langage oral. L'enfant ne peut se détacher d'un contenu global du message et en analyser les éléments. Il ne peut donc les restituer dans la langue écrite. Il a des difficultés à intégrer la morphologie complexe des verbes, même quand il connaît ses conjugaisons. Il cherche à compenser ses troubles de compréhension et ses difficultés à appliquer les règles de grammaire par un raisonnement compliqué et erroné [une tasse de café, il faut un *e* au bout parce que c'est dans une tasse].

Enfin, beaucoup d'enfants dysorthographiques sont dysgraphiques, masquant par un tracé confus des ignorances d'orthographe ou une opposition caractérielle (S. Borel-Maisonny).

Comme pour la dyslexie, les auteurs s'opposent sur la compréhension et les causes de ce problème. Certains organicistes attribuent la dyslexie-dysorthographie à une maladie à composante génétique ou constitutionnelle, en rapport avec des dysfonctions cérébrales. D'autres souhaitent dissocier les enfants gravement dyslexiques-dysorthographiques, difficilement rééducables, présentant souvent des troubles du développement psychomoteur et affectif, de la grande majorité des enfants présentant un échec scolaire du fait de la conjonction de facteurs sociofamiliaux et pédagogiques défavorables. Dans tous les cas, les auteurs s'accordent sur la nécessité de la prévention pédagogique et du dépistage, chez les enfants en maternelle, des difficultés d'apprentissage. L'intervention d'un orthophoniste et éventuellement d'autres spécialistes pour rééduquer et prendre en charge ces enfants ne doit pas être différée. J.-M. C.

dyspareunie

n.f. (angl. Dyspareunia)

Douleur provoquée par les rapports sexuels chez la femme.

Son retentissement sur la vie de couple est particulièrement important et c'est un motif très fréquent de consultation des gynécologues et des conseillers conjugaux.

On distingue généralement des dyspareunies de pénétration, ressenties par des femmes à vagin étroit ou à la suite de suture périnéale trop serrée, des dyspareunies de « présence », liées souvent à des vaginites infectieuses, mycosiques ou trophiques, et des dyspareunies profondes, en rapport avec une rétroversion utérine, une endométriose, une dystrophie ovarienne.

Mais, à côté de ces causes organiques finalement assez rares, la dyspareunie est souvent d'origine affective, qu'elle soit primaire, apparaissant dès les premières relations sexuelles, ou secondaire, après, par exemple, un accouchement. Elle masque souvent, chez la patiente, une frigidité névrotique, servant en quelque sorte d'alibi pour se refuser au partenaire.

C'est pourquoi, pour tous ces cas, l'abord psychothérapique est indispensable. Il fera apparaître la cause originaire de la dyspareunie : deuil, crainte d'une nouvelle grossesse, avortement avec sentiments de culpabilité. La douleur sexuelle s'y manifeste comme un refus de plaisir, une conduite d'autopunition ou un dégoût du partenaire. On peut également proposer certaines techniques de rééducation sexuelle (W. H. Masters et V. E. Johnson) et utiliser très largement les méthodes de relaxation pour faire cesser ce trouble souvent difficile à guérir. J. P.

dysphagie

n.f. (angl. Dysphagia)

Difficulté à déglutir des aliments solides ou même parfois des liquides.

La dysphagie peut être due à des lésions organiques du larynx ou de l'œsophage (la dysphagie douloureuse est un des premiers signes du cancer de cet organe). Mais elle est souvent la conséquence d'un simple spasme de nature hystérique. J. P.

dysphasie

n.f. (angl. Dysphasia)

Chez l'enfant, altération et retard importants du langage, marqués par une insuffisance de l'articulation et de la différenciation perceptive des sons ainsi que par une mauvaise intégration des structures grammaticales et sémantiques de la langue. R. L.

dyspraxie

n.f. (angl. Dyspraxia)

Trouble des coordinations motrices entraînant une maladresse et une dysharmonie gestuelle.

Il peut s'agir d'une dysarthrie de développement accompagnant une débilité motrice (J. de Ajuriaguerra) chez l'enfant. Mais le terme peut définir également toute forme mineure d'apraxie*. J. P.

dyssocial, e, aux

adj.

Se dit d'un type de comportement entrant en conflit avec les codes sociaux usuels. R. L.

dyssocialité

n.f.

Comportement d'une personne qui refuse les règles de la vie en société, qui cherche parfois à choquer les autres ou qui ne fait aucune concession pour être accepté par ceux avec lesquels elle est en contact. R. L.

dysthymie

n.f. (angl. Dysthymia)

Forme de dépression chronique caractérisée par un trouble de l'humeur de type dépressif, présent pendant la plus grande partie de la journée et se poursuivant pendant au moins 2 ans (1 an chez les enfants et les adolescents).

La dysthymie, état dépressif chronique d'évolution prolongée, est donc à distinguer des dépressions périodiques majeures de la psychose* maniaco-dépressive. Elle s'accompagne généralement de troubles de l'appétit (anorexie ou hyperphagie) et du sommeil (insomnie ou hypersomnie), d'une fatigue générale avec baisse d'énergie, de difficulté à prendre des décisions ou même simplement à se concentrer et d'une atteinte de l'estime de soi accompagnant une certaine désespérance.

Décrite par E. Kraepelin en 1921 comme une sorte de tempérament prédisposant à la mélancolie, la dysthymie a été longuement discutée comme catégorie nosologique. C'est le DSM III qui l'a fait apparaître comme un véritable syndrome se distinguant à la fois de la psychose maniaco-dépressive et des dépressions purement névrotiques, avec lesquelles elle a été longtemps confondue. C'est un état chronique pouvant apparaître de la fin de l'adolescence aux débuts de la sénilité. H.S. Akiskal a proposé, en 1983, d'en reconnaître trois formes distinctes :

1. celle où la dysthymie apparaît après un épisode dépressif majeur, dont elle représente une séquelle chronique;
2. celle qui est secondaire à une atteinte organique invalidante ou à une maladie psychiatrique sans trouble thymique au départ (non affective);
3. celle qui se rapprocherait de la vieille description de Kraepelin d'un tempérament, d'un caractère dépressifs prédisposant à de véritables dépressions majeures. J. P.

dysthymique (psychose)

(angl. Affective Schizophrenia)

Psychose caractérisée par une symptomatologie de type schizophrénique mais évoluant par accès périodiques sur un mode d'allure maniaco-dépressive.

C'est J. Kasanin qui, en 1933, individualise des états schizophréniques d'évolution périodique et au cours desquels la symptomatologie prédominante est de nature dysthymique. Ce sont, pour lui, des « psychoses schizoaffectives aiguës ». Des arguments tirés de nombreuses études génétiques permettent actuellement de faire entrer ces psychoses dans le cadre de la psychose maniaco-dépressive (J. Mendlewicz); ce qui est confirmé par l'efficacité habituelle tant curative que préventive d'un traitement au lithium. J. P.

dystonie

n.f. (angl. Dystonia)

Trouble du tonus musculaire entraînant des attitudes involontaires, parfois douloureuses, apparaissant à l'occasion de certains mouvements ou du maintien postural.

Les dystonies sont parfois, comme les dyskinésies, provoquées par des traitements neuroleptiques. La *dystonie neurovegétative* est une perturbation mineure du fonctionnement des systèmes sympathique et parasympathique réglant la vie végétative. J. P.

→ tonus.

E

Ebbinghaus (Hermann)

Psychologue allemand (Barmen, auj. dans Wuppertal, 1850-Halle 1909).

Venu à l'étude de la psychologie par la lecture de G. Fechner, il étend la méthode expérimentale à des domaines plus complexes que ceux de la sensation, essentiellement à la mémoire. Il est l'inventeur des syllabes dépourvues de sens et de méthodes devenues classiques pour l'étude des apprentissages par cœur. Il a écrit *Über das Gedächtnis* (*De la mémoire*, 1885) et *Grundzüge der Psychologie* (*Fondements de la psychologie*, 1908). R. L.

éblouissement

n.m. (angl. Glare)

Trouble visuel transitoire caractérisé par une gêne et par une réduction de la sensibilité et de la discriminabilité visuelles.

L'éblouissement est provoqué par une stimulation d'intensité excessive par rapport à l'état d'adaptation de l'œil. La luminance, l'étendue et la durée de la stimulation lumineuse déterminent l'importance du trouble et la durée de sa récupération. C. B.

écart

n.m. (angl. Deviate, Deviation)

DIFFÉR. 1. **Caractéristique de dispersion d'une distribution.**

Il existe plusieurs écarts. L'*écart (ou intervalle) interquartile* (angl. Quartile Deviation) est l'écart entre le premier et le troisième quartile. L'*écart médian* (parfois appelé « écart probable ») [angl. Median Deviation] est la valeur médiane de la série des écarts à une origine, très généralement la moyenne. L'*écart moyen* (angl. Average Deviation) est la moyenne des écarts à une origine, très généralement la moyenne, pris en valeurs absolues. L'*écart type* (ou *écart quadratique moyen*) [angl. Standard Deviation] est la racine carrée de la variance.

DIFFÉR. 2. **Distance séparant une valeur donnée d'une origine (en général la moyenne).**

L'*écart à la moyenne* (angl. Deviation from the Mean) est la différence entre une valeur donnée et la moyenne, considéré avec son signe (la somme de ces écarts pour la distribution sur laquelle la moyenne a été calculée est nulle). L'*écart réduit* (angl. Standard Score ou Z-Score) est l'écart à la moyenne divisé par l'écart type. L'écart réduit permet de comparer la position relative d'éléments appartenant à des distributions dont les moyennes et les écarts types peuvent être différents. La somme des écarts réduits d'une distribution est nulle ; leur écart type est égal à 1. M. R.

échantillon

n.m. (angl. Sample)

Partie, sous-ensemble, d'une population.

Un échantillon représentatif d'une population présente les mêmes caractères que la population (à la taille près) et fournit donc des *estimations non biaisées* (angl. Unbiased Estimations) des paramètres de cette population. M. R.

échantillonnage

n.m. (angl. Sampling)

Extraction d'un échantillon d'une population.

Les techniques d'échantillonnage ont pour objet l'obtention d'un échantillon aussi représentatif que possible de la population. L'*échantillonnage au hasard* (angl. Random Sampling) impose que l'on puisse identifier tous les éléments de la population, appelés aussi *unités d'échantillonnage* ou de sondage (angl. Sampling Unit), et que l'on utilise ensuite une technique assurant à tous les éléments de la population la même probabilité de figurer dans l'échantillon (par exemple, utilisation d'une table de nombres au hasard si un nombre peut être associé à chacun des éléments). Dans l'*échantillonnage par quotas* (angl. Quota Sampling), on renonce au principe d'un tirage au hasard (la représentativité des échantillons qu'il fournit n'est donc plus assurée). Il consiste à considérer la distribution de certains caractères dans la population (par exemple : âge, sexe, profession) et à constituer un échantillon dans lequel ces caractères se distribuent de la même façon. L'*échantillonnage à deux degrés* (angl. Two-Stage Sampling) consiste à extraire d'abord de la population des unités primaires d'une certaine taille (par exemple des écoles pour une population scolaire), puis à extraire des unités secondaires à l'intérieur de ces unités primaires (par exemple des élèves à l'intérieur des écoles). On peut sur ce principe réaliser des échantillonnages à plusieurs degrés. Les règles d'extraction peuvent être identiques ou différentes pour les degrés successifs. Les unités primaires peuvent être appelées *grappes* (angl. Clusters) et leur extraction, un *échantillonnage par grappes* (angl. Cluster Sampling).

Dans la distribution d'échantillonnage d'une estimation, le calcul des probabilités permet de décrire la distribution des estimations d'un paramètre que l'on obtiendrait si l'on utilisait successivement tous les échantillons d'une taille donnée pouvant être extraits d'une population. (→ distribution.)

Dans certains cas, il serait utile de savoir définir une population de variables et de savoir en extraire un échantillon des variables représentatif. Par exemple, une analyse factorielle de l'intelligence devrait porter sur un échantillon de variables représentatif de l'ensemble des variables constituant des manifestations de l'intelligence. On ne sait pas constituer de tels échantillons de variables. M. R.

échantillonnage (plans d')

(angl. Sampling Design)

1. **Règle fixant, pour la constitution d'un échantillon, le mode de prélèvement des sujets dans la population.**

(Exemples : échantillonnage au hasard, par quotas, à un ou plusieurs degrés, etc.)

2. **Ensemble des règles qui devront être suivies pour la constitution d'un échantillon.**

Il s'agit alors de la définition des unités d'échantillonnage, de la base d'échantillonnage (document définissant la population d'une manière permettant l'extraction des unités), mode de prélèvement, etc. M. R.

échappement (apprentissage d')

(angl. Acquiring the Escape Reflex)

Forme d'apprentissage instrumental dans laquelle un animal soumis à un stimulus nociceptif apprend à réaliser un acte déterminé si la conséquence de celui-ci est la suppression du stimulus nociceptif.

L'exemple le plus courant est celui où l'acte appris consiste en un déplacement de l'animal, qui le met hors de portée du stimulus nociceptif; mais on parlera aussi bien d'échappement si, par exemple, l'animal appuie sur un levier qui fait cesser l'administration d'un courant électrique qui lui était appliqué.

L'apprentissage d'échappement a revêtu une grande importance théorique durant la période des interprétations béhavioristes de l'apprentissage. On a considéré qu'il était sous-jacent à l'apprentissage d'évitement*, ce dernier étant alors conçu sous la forme d'un échappement à la peur, anticipant le stimulus nociceptif.

Plus largement encore, on a considéré l'état de tension désagréable provoqué par le stimulus nociceptif comme un modèle de toute motivation: n'importe quel apprentissage peut alors être considéré comme gouverné par le principe de la réduction de tension, c'est-à-dire comme un échappement généralisé. J.-F. L.N.

échauffement

n.m. (angl. Warming-Up)

Phénomène empirique suivant lequel, dans la plupart des tâches, les premiers moments de l'activité sont caractérisés par une performance inférieure à ce qu'elle est plus tard.

On emploie parfois également l'expression «mise en train». Le mot *échauffement* est utilisé par analogie avec ce que l'on observe dans les activités musculaires, mais le phénomène lui-même n'est nullement moteur. Il peut être interprété comme étant dû à un état d'extinction partielle initiale, suivi par un réapprentissage.

Dans les situations expérimentales, il est donc de bonne méthode de toujours faire commencer l'activité qu'on veut observer ou mesurer par une période durant laquelle aucun résultat n'est enregistré, qui correspond seulement à l'échauffement des sujets. J.-F. L.N.

échelle

n.f. (angl. Scale)

Notion concernant la mesure en psychologie et utilisée lorsque ce qui est mesuré est ordonnable en une suite de niveaux se succédant progressivement.

Les relations entre classes successives peuvent être basées seulement sur un ordre, mais aussi sur des relations de distance (échelle d'intervalle) ou même de rapport.

En psychométrie, une échelle est une batterie de tests permettant de classer des sujets examinés en différents niveaux. Ce qui fait l'objet d'une évaluation peut être des niveaux de développement moteur, des niveaux de développement intellectuel mais aussi des traits de personnalité.

En psychophysique, une échelle consiste dans la mise en correspondance de niveaux de stimulation avec des niveaux de réponse estimant des niveaux de sensation. C. B.

En psychologie différentielle, les échelles sont en général des épreuves constituées d'items ordonnés par difficulté croissante. Elles permettent d'évaluer un niveau souvent exprimé en termes d'âges ou de stades. M. R.

→ Alexander (échelle d'), Bayley (échelles de), Binet-Simon (échelle), Brunet-Lézine (échelle de), Columbia (échelle de maturité mentale de), E.C.N.I. (échelle collective de niveau intellectuel), Gesell (échelle de développement de), Grace-Arthur (échelle de performance de), N.E.M.I. (nouvelle échelle métrique de l'intelligence), Taylor (échelle d'anxiété manifeste de), Terman-Merrill (échelle ou test de), Wechsler (échelles d'intelligence de).

échelle de mesure

(angl. Scale Measurement)

Ensemble des modalités ou des valeurs observables d'une certaine variable.

Le choix du terme *échelle de mesure* suppose que ces modalités ou valeurs sont au moins ordonnées. L'usage s'est instauré de l'employer aussi pour des ensembles de modalités qui sont seulement qualitativement différentes, et l'on parle ainsi d'échelles nominales (par exemple: sexes, nationalités, professions, etc.) M. R.

→ mesure.

écho de la pensée

(angl. Echo de Pensée)

Trouble psychosensoriel acoustico-verbal produisant l'impression d'entendre sa propre pensée avant, pendant ou après l'avoir formulée.

Ce phénomène hallucinatoire s'accompagne souvent du sentiment de ne plus être maître de son activité psychique, de subir une action extérieure (xénopathie) et d'avoir sa pensée devinée par autrui. Il fait partie du grand automatisme* mental, qu'on appelle généralement «syndrome de Clérambault». J. P.

écholalie

n.f. (angl. Echolalia, Echophrasia)

Répétition involontaire et dénuée de sens, par un malade, des derniers mots qu'il vient d'entendre.

Ce langage en écho est fréquent chez les arriérés mentaux, les déments et certains schizophrènes (surtout les hébéphrénocatatoniques). J. P.

éclairement rétinien

(angl. Retinal Illuminance)

Intensité de la lumière reçue par la rétine, mesurée en trolands (td).

La taille de l'ouverture pupillaire limite l'intensité lumineuse reçue par la rétine. L'éclairement rétinien (td) est égal au produit de la luminance de la source regardée, mesurée en $cd.m^{-2}$, par la surface de la pupille en mm^2. C. B.

ecménésie

n.f. (angl. Ecmnesia)

Trouble de la mémoire caractérisé par une reviviscence excessive d'événements anciens s'accompagnant fréquemment d'un déficit de la mémoire de fixation.

Les crises ecménésiques peuvent se rencontrer dans l'hystérie (A. Pitres) et au cours des états hypnotiques. C'est aussi dans la psychose de Korsakov, et parfois dans la phase d'état de certaines démences tardives, que l'évocation de souvenirs anciens ayant une grande charge émotionnelle vient envahir le vécu actuel du sujet, véritable irruption du passé sur un mode quasi hallucinatoire. On retrouvera le même phénomène avec certains toxiques modifiant profondément l'état de conscience du sujet, comme l'acide lysergique (L.S.D.). J. P.

E.C.N.I. (échelle collective de niveau intellectuel)

(angl. Group Scale of Intellectual Level)

Épreuve collective d'intelligence pour enfants de 6 à 14 ans composée de quatre cahiers adaptés respectivement au cours préparatoire, aux cours élémentaires, aux cours moyens et aux deux premières années de l'enseignement secondaire.

Les trois derniers cahiers comprennent des items verbaux et des items non verbaux. Les résultats s'expriment en termes de quotients d'intelligence: Q.I. global, verbal et non verbal. Cette épreuve a été notamment utilisée dans une enquête sur le niveau intellectuel des enfants français d'âge scolaire qui a porté en 1965 sur un échantillon représentatif de 120 000 enfants. M. R.

écoéthologie

n.f. (angl. Eco-Ethology)

Branche de l'éthologie qui vise à montrer le rôle des facteurs écologiques dans le comportement des animaux, à évaluer les implications des comportements dans le fonctionnement des populations, des écosystèmes et dans les processus évolutifs.

Pour survivre et se reproduire, chaque animal doit ajuster ses conduites afin d'assurer un équilibre suffisant avec les diverses contraintes imposées par son milieu de vie. Il possède pour cela un certain nombre de compétences comportementales générales propres à l'espèce à laquelle il appartient, qui résultent de l'évolution phylogénétique. C'est dans ce cadre qu'il faut situer un certain nombre des explications proposées par l'écologie comportementale.

L'écoéthologie étudie tout d'abord la mise en œuvre de ces compétences pour assurer la survie et la reproduction. Selon des règles générales communes, chaque animal développe au cours de son ontogenèse une stratégie comportementale particulière, modifiable par l'expérience et adaptable, dans certaines limites, aux variations de l'environnement. Cette stratégie est un compromis entre :
1. la nécessité de choisir une zone d'activité journalière, un domaine vital plus ou moins stable, de se donner la possibilité d'en changer ou d'y revenir ;
2. l'obligation de partager l'espace avec les congénères du groupe social et de la population, en équilibre avec le peuplement et l'ensemble de l'écosystème ;
3. la nécessité de s'alimenter et d'exploiter d'une manière équilibrée des ressources fluctuantes et épuisables, de les partager avec les compétiteurs ;
4. la nécessité de répartir ses activités dans le temps, en équilibre avec les fluctuations de l'environnement, avec les stratégies propres des congénères du groupe social ou des compétiteurs, congénères ou non, qui exploitent la même niche écologique ;
5. la nécessité d'échapper aux prédateurs et d'atténuer les conséquences des contraintes variables de l'environnement physique ;
6. la nécessité de se reproduire, de choisir un partenaire de l'autre sexe, malgré la compétition avec les congénères, éventuellement en prenant son rang dans un groupe social.

L'écoéthologie étudie ensuite la multiplicité des compromis possibles, les conséquences de la diversification ontogénétique, le polymorphisme comportemental caractéristique d'une population, essentiel à son fonctionnement, à sa dynamique. L'écoéthologie analyse enfin comment ce polymorphisme, son maintien et ses variations conduisent à l'isolement et à l'apparition de nouvelles espèces, donc à l'évolution diversifiante. R. C.

→ écologie comportementale.

BIBLIOGRAPHIE
Gautier, J.Y., 1982, *Socioécologie. L'animal social et son univers*, Toulouse, Privat.

écologie comportementale

(angl. Behavioural Ecology)

Branche de l'écologie, discipline qui traite essentiellement des conséquences fonctionnelles de la sélection naturelle dans le champ du comportement.

Fondée en 1978 par un ouvrage de J.P. Krebs et N.B Davies sous le titre *Behavioural Ecology, an Evolutionary Approach*, cette discipline s'inscrit dans le cadre théorique du néodarwinisme. À ce titre, elle s'apparente à la sociobiologie. Le principe de base est que la sélection naturelle a maximisé la survie des gènes ; les organismes, les individus ne sont alors que des véhicules temporaires pour les gènes, des machines à survie, qui se comportent de manière à maximiser leur *valeur adaptative globale* (angl. Inclusive Fitness). Le second principe est que le comportement optimal d'un individu, pour atteindre ce but, dépendra à la fois du comportement des autres individus et des circonstances écologiques qui façonnent le mode de vie de l'animal. L'écologie comportementale vise donc à vérifier, par l'observation et l'expérimentation, les modèles théoriques issus de ces principes.

On admet que, pour maximiser la survie de ses gènes, un animal devra optimiser les solutions des problèmes auxquels il est confronté au cours de sa vie. Dans le domaine comportemental, des *stratégies* optimales auraient été *stabilisées* au cours de l'*évolution* (angl. Evolutionary Stable Strategies) afin de résoudre trois sortes de problèmes auxquels un animal doit faire face :
1. organiser son *comportement alimentaire* de la manière *la plus économiquement rentable* (angl. Optimal Foraging) ; il s'agit, tout d'abord, pour l'animal, de réduire au minimum les coûts énergétiques occasionnés par la recherche puis la récolte des aliments ou la capture des proies, pour le gain énergétique le plus élevé ; les stratégies optimales conduisent aussi l'animal à chasser ou à récolter seul ou en groupe et à mettre en œuvre les comportements efficaces pour ne pas devenir nourriture à son tour ;
2. utiliser la stratégie la plus favorable pour propager ses gènes aux générations futures, c'est-à-dire gagner face aux compétiteurs, choisir le meilleur partenaire, obtenir le succès reproducteur maximal et produire les descendants les plus féconds ;
3. développer la stratégie la plus rentable d'utilisation de l'espace et de distribution des activités dans le temps, c'est-à-dire celle qui limite les déplacements, maximise la sécurité et assure l'exploitation de toutes les ressources du milieu, à tous les âges de la vie. R. C.

→ écoéthologie, phylogenèse, sociobiologie, valeur sélective.

BIBLIOGRAPHIE
Krebs, J.P., Davies, N.B. (Eds), 1978, *An Introduction to Behavioural Ecology*, Oxford, Blackwell Scientific Publications.

écosystème

n.m. (angl. Ecosystem)

En psychiatrie, ensemble relationnel dans lequel on considère que les interactions entre les personnes s'effectuent selon des modalités circulaires.

De ce point de vue, une cause déterminée n'entraîne pas un effet identifiable, car cet effet à son tour réagit sur la cause, qui, elle-même ainsi modifiée, réagit sur l'effet, etc. Dans une famille, par exemple, les membres se trouvent entre eux placés dans des interactions circulaires, de telle sorte que le comportement de l'un affecte celui de tous les autres. Dans un tel milieu, l'apparition des symptômes psychiatriques ne peut pas être analysée comme étant la cause ou la conséquence d'une personne ou d'un fait particulier. Ces troubles sont considérés comme s'intégrant dans un ensemble de comportements humains qui les ont générés, autant qu'ils les modifient à leur tour, etc. De la sorte, l'approche écosystémique ne permet de comprendre les symptômes que pour autant qu'ils sont replacés dans leur contexte d'apparition et d'évolution.

En adoptant une telle grille de lecture de la réalité, les thérapeutes doivent en principe aborder la pathologie avec le groupe dans lequel elle s'articule de la façon la plus prégnante (famille, école, institution sanitaire ou sociale, etc.). En psychiatrie, le milieu naturel le plus souvent concerné est la famille nucléaire du patient. C'est avec ce groupe que les thérapeutes vont pratiquer des entretiens réguliers, l'ensemble s'appelant alors une thérapie familiale. M. G.

écriture

n.f. (angl. Writing)

Activité de traçage, ou geste graphique, et trace qui en résulte, ou graphisme.

Ce comportement est très étudié dans la mesure où il est à la fois appris à l'âge scolaire et souvent très automatisé chez beaucoup d'adultes. Cette activité motrice témoigne clairement de l'existence d'une mémoire centrale du mouvement (programme moteur). Les perturbations de l'écriture permettent de distinguer les troubles de cette mémoire (altération de la forme des lettres dans certaines atteintes corticales) des troubles du geste lui-même (tremblement parkinsonien par exemple). J. P. et M. B.

→ graphologie.

écriture (apprentissage de l')

(angl. Hand-Writing Learning)

Acquisition du geste graphique considéré comme une habileté sensori-motrice afin de s'exprimer et de communiquer par écrit.

De façon générale, l'apprentissage de l'écriture est l'acquisition du langage écrit comme moyen d'expression et de communication.

L'ÉCRITURE EN TANT QU'HABILETÉ MOTRICE

Une première spécificité de l'écriture en tant qu'habileté graphique peut être saisie à travers son produit essentiel : une succession de lettres composant des mots. La lettre peut en effet être définie à trois niveaux: un premier niveau, graphémique, où la lettre est représentée sous sa forme la plus abstraite en tant que lettre de l'alphabet; un deuxième niveau, allographique, où la lettre est spécifiée plus concrètement en tant que caractère d'imprimerie ou d'écriture cursive (et en majuscule ou minuscule); enfin, la trace graphique effective, qui peut varier bien sûr d'un individu à l'autre mais aussi chez un même individu d'un moment à l'autre. Cette simple description hiérarchique du produit suffit pour souligner le type de choix impliqués dans l'écriture: la succession des lettres (graphèmes) dans un mot, leur forme (allographe) et l'organisation spatiale des traits constituant la trace graphique effective. D'un point de vue moteur, on s'intéresse à l'exécution de cette trace graphique, décrite par A.J.W.M. Thomassen et H.L.M. Teulings (1983) comme impliquant une succession de petits mouvements de la pointe du stylo surimposés à un mouvement progressif de transport horizontal de gauche à droite. Ces mouvements sont principalement effectués avec la main, qui constitue un système moteur complexe comprenant 27 os et contrôlé par plus de 40 muscles (principalement situés dans l'avant-bras et connectés aux doigts par un ensemble de tendons).

Un deuxième aspect important spécifie en partie les conditions dans lesquelles ce système doit être contrôlé: sous sa forme achevée, bien automatisée, la séquence des lettres est produite à une vitesse relativement élevée, de façon fluide, sans à-coups, avec une taille relativement réduite (au moins par rapport au cadre, feuille ou tableau, dans lequel elle s'inscrit) et généralement sans référence à un modèle. Un tel contrôle s'analyse bien en termes de programmation motrice. Dans cette perspective, les mouvements de l'écriture ne peuvent pas être générés sans une mémoire motrice à long terme contenant l'information essentielle sur les patterns de mouvements élémentaires; à ce niveau, l'information ne concerne que les aspects les plus généraux du mouvement comme la séquence des mouvements élémentaires, leur taille, leur durée et leur force relatives. Pour aboutir à la réalisation de mouvements effectifs, cette information nécessite une spécification de paramètres tels que la taille et la durée d'exécution de la trace graphique à produire ainsi que leur traduction en termes de commandes motrices pour le système moteur effecteur mis en jeu. Cette interprétation des processus mis en jeu dans l'écriture s'appuie largement sur la mise en évidence d'une invariance homothétique spatiale (la forme d'un même mot écrit dans des tailles différentes, donc mettant en jeu des muscles et des articulations différentes, reste la même) et temporelle (dans un même mot écrit à des vitesses différentes, la durée de chaque portion du mouvement change proportionnellement à la durée totale).

LE DÉVELOPPEMENT DE L'ÉCRITURE

Dans sa caractérisation en tant qu'habileté motrice, le geste graphique de l'écriture apparaît bien différent de celui du dessin et, à cet égard, s'il est important d'analyser le développement des capacités graphiques qui sous-tendent l'écriture, il convient aussi d'appréhender la spécificité de l'apprentissage de l'écriture, qui fait l'objet d'un processus d'éducation particulier. Cela ne va pas toujours de soi dans la mesure où, dans ce domaine, il peut s'avérer difficile de séparer les effets propres à un apprentissage spécifique de ceux liés au développement général.

LE DÉVELOPPEMENT DU GESTE GRAPHIQUE

À ce niveau, plus qu'à l'apprentissage de l'écriture proprement dite, on s'intéresse à la mise en place des conditions préalables nécessaires à cet apprentissage. Dès 18 mois, l'enfant produit spontanément des gribouillages et commence à tracer des traits définis. Vers 30 mois, son répertoire de traits s'étend avec la capacité d'imiter les mouvements d'écriture; la vision commence à guider la main au lieu de simplement la suivre. Vers 3 ans, les traits sont mieux contrôlés, plus variés (vagues, zigzags, cercles, boucles), moins répétitifs et plus petits. Cependant, jusqu'à environ 4 ans, ces traces graphiques paraissent plus produites pour elles-mêmes que comme visant à représenter des objets, même si les résultats sont quelquefois semblables à des objets. L'environnement ne fournit pas encore de modèles visuels.

La copie est une tâche plus complexe que la production de dessins spontanés. En tant que représentation séquentielle d'un pattern visuel, elle implique une analyse de la forme visuelle, initialement perçue comme un tout, en segments élémentaires et la reconstruction du modèle à partir de ces segments. Il semble à cet égard que le jeune enfant ait moins de difficultés à analyser qu'à reconstruire les formes, ce qui témoigne d'une certaine indépendance des schémas moteurs et visuels et du fait qu'il n'y a sans doute pas un schéma unique médiatisant à la fois la lecture et l'écriture. S'agissant de la copie de patterns géométriques, la plupart des auteurs s'accordent à dégager une séquence développementale spécifique: les cercles à 3 ans, les carrés à 4 ans, les triangles à 5 ans et les losanges à 7 ans, la précision de la copie s'accroissant fortement entre 5 et 6 ans. À partir de ce moment, le dessin en l'absence de modèle peut être guidé par une image visuelle, l'activité graphique pouvant être considérée comme le mouvement du crayon le long des contours projetés d'un objet imaginé.

Parallèlement à ce développement des traces graphiques, et le conditionnant en partie, on peut suivre le développement de la prise manuelle du crayon. D'une prise palmaire (le crayon est saisi fermement dans la paume de la main) dès l'âge de 12-18 mois, l'enfant passe rapidement à une prise plus digitale (le pouce sur le côté gauche du crayon et les autres doigts sur le côté droit) vers 2 ans. Dès l'âge de 3 ans, la prise adulte commence à être approchée (opposition pouce-index et extension du majeur). À 6 ans, la prise adulte est quasiment atteinte et ce sont des mouvements des doigts et du poignet qui produisent le graphisme.

De façon générale, la description de ces quelques étapes du développement du geste graphique (reprise de Thomassen et Teulings, 1983) témoigne principalement du développement de la motricité fine et recouvre pour une bonne part le passage d'un contrôle proximal (mise en jeu essentiellement de l'articulation de l'épaule) à un contrôle distal (utilisation du coude, du poignet et des doigts). Le contrôle devient ainsi de plus en plus précis, ce qui se reflète dans la réduction de la taille de la trace graphique et la diminution des mouvements superflus. Il apparaît ainsi qu'à 5-6 ans une partie importante des conditions nécessaires à l'apprentissage de l'écriture cursive sont acquises. Cependant, dès ce niveau, ces prérequis, dont témoigne bien le graphisme spontané de l'enfant, demandent à être complétés par une éducation systématique de la trajectoire spécifique à l'écriture (L. Lurçat, 1985).

L'AFFINEMENT DE LA PROGRAMMATION MOTRICE

La copie étant acquise (permettant ainsi de commencer à satisfaire le critère de lisibilité de l'écriture), il reste à prendre en compte les aspects temporels de sa production et plus particulièrement la vitesse de l'écriture (qui est le second critère communément utilisé pour juger de son acquisition). Cette vitesse augmente bien sûr avec l'âge, que les sujets écrivent à leur vitesse normale ou qu'ils répondent à la consigne d'écrire le plus vite possible. Cette augmentation est particulièrement importante entre 7 et 9 ans, puis quasi nulle jusqu'à 13 ans, où elle reprend légèrement pour aboutir à la production de plus de 2 lettres par seconde.

Du point de vue de la programmation motrice, on retrouve chez l'enfant de 7 ans à qui l'on demande de produire à la vitesse maximale des boucles et des cercles de tailles différentes une propriété importante de l'écriture adulte, énoncée par le principe d'« isochronie »: l'augmentation de la taille de l'écriture ne se traduit que par une augmentation relativement petite de la durée (apparemment, les variations de taille n'impliquent pas de changements dans le pattern temporel mais dans l'amplitude des forces exercées, une force plus grande aboutissant à une vitesse plus grande). Il apparaît donc que c'est relativement tôt que l'enfant élabore le pattern spatio-temporel propre à une trace graphique qui représente l'information la plus abstraite stockée en mémoire à long terme, et qui sert de base à l'exécution des mouvements dans des conditions spécifiques variées.

Cette programmation n'est cependant pas encore parfaite et, dès qu'il s'agit de produire des lettres (et non plus des boucles et des cercles), cela se traduit par une variabilité importante tant de la durée totale d'exécution que de l'organisation spatio-temporelle des traits constituant les lettres. En outre, des difficultés apparaissent quand l'enfant doit produire des mots et non plus des lettres isolées.

Pour partie et au début, celles-ci tiennent à la non-intégration du mouvement de transport du crayon de gauche à droite avec les mouvements circulaires. C'est ainsi que l'enfant de 6 ans double presque sa durée d'écriture quand il produit des boucles dans un mouvement continu progressif de transport de gauche à droite par rapport à une situation dans laquelle il produit des cercles répétés en restant au même endroit. À côté de ce problème de l'intégration motrice de deux types de mouvements, l'automatisation de l'écriture d'une séquence de lettres peut recouvrir deux aspects. D'une part, s'il semble y avoir assez tôt élaboration d'un programme moteur pour chaque lettre, avec la pratique on peut aussi élaborer des programmes moteurs pour des successions de lettres, comme par exemple pour la signature ou pour certains mots (ou certaines terminaisons de mots) très courants. D'autre part, si la succession des lettres et des mots apparaît bien discontinue, leur production, au moins dans l'écriture cursive, est continue, ce qui paraît impliquer un traitement en parallèle (le rappel en mémoire d'une lettre et la spécification de ses paramètres de taille et de durée se faisant pendant l'exécution motrice de la précédente).

Une autre façon d'aborder la caractérisation de la programmation motrice pendant l'apprentissage est de recourir à une comparaison entre bons et mauvais scripteurs (J.P. Wann, 1986). Ces deux groupes sont différenciés sur la base de la qualité de l'écriture : lisibilité, précision de la forme, uniformité de la taille et de l'inclinaison, espacement entre les lettres et les mots et alignement des lignes d'écriture. Un premier résultat de cette comparaison concerne la durée d'écriture (de lettres et de mots), pour laquelle on ne note aucune différence entre bons et mauvais scripteurs. Il apparaît ainsi que la vitesse d'écriture (pourtant communément utilisée dans les échelles d'évaluation) n'est pas un bon indice de sa qualité. Un deuxième résultat concerne les pauses ou arrêts observés. Si, de façon générale, tous les sujets produisent à peu près le même nombre d'arrêts (ceux-ci étant liés aux points d'inversion du mouvement de chaque lettre), la durée de ces arrêts est plus grande chez les mauvais que chez les bons scripteurs. Cela peut être interprété comme témoignant de l'importance du recours à un contrôle en « boucle fermée » (utilisation du feed-back, ici essentiellement visuel, pour corriger et planifier l'exécution de chaque segment), chez les mauvais scripteurs mais aussi sans doute dans les premières phases de l'apprentissage. Une telle interprétation est confirmée par une analyse plus fine des caractéristiques cinématiques de l'exécution de chaque trait, qui montre une modification, avec la qualité de l'écriture mais aussi avec l'âge, de la maturité des mouvements produits : diminution de la proportion de mouvements de type balistique, qui ne peuvent pas être corrigés pendant leur exécution (dominant à 5-6 ans), et de type « rampe » et « pas », corrigés pendant leur exécution mais au prix d'une perte de fluidité (dominant entre 7 et 8 ans), au profit de mouvements matures, bien planifiés et permettant le contrôle d'une exécution sans à-coups (à partir de 9 ans). A. S.

BIBLIOGRAPHIE

Lurçat, L., 1985, *l'Écriture et le langage écrit de l'enfant*, Paris, Éditions E.S.F.

Thomassen, A.J.W.M., et Teulings, H.L.M, 1983, « The Development of Handwriting », *in* M. Martlew (Ed), *The Psychology of Written Language : Developmental and Educational Perspectives*, New York, John Wiley and Sons.

Wann, J.P., 1986, « Handwriting Disturbances : Developmental Trends », *in* H.T.A. Whiting et M.G. Wade (Eds.), *Themes in Motor Development*, Dordrecht, Martius Nijhoff.

éducation

n.f. (angl. Education)

Action qui vise à développer les potentialités d'un individu qui sont valorisées par le groupe social auquel il participe.

En tant que telle, l'éducation constitue, pour S. Freud, l'un des trois impossibles, avec la psychanalyse et la politique : impossible parce qu'essentiellement constituée de contradictions et visant des buts inséparables et inconciliables.

Au « siècle de l'enfant », on a mis en opposition deux manières de voir l'éducation : une conception ancienne de l'éducation, envisagée comme un art de conduire les enfants à l'intériorisation des normes de leur classe sociale, dans un souci de reproduction du système socioculturel, et une conception moderne de l'éducation, qui tiendrait compte des acquis de la psychologie de l'enfant et viserait l'épanouissement de toutes les qualités en germe chez les enfants. En fait, si le discours dominant sur l'éducation exprime la conception moderne, les pratiques éducatives ne peuvent pas ne pas tenir compte de la conception ancienne.

En effet, toutes les potentialités ne sont pas également développées par les éducateurs. Certaines aptitudes sont identifiées, exercées et soutenues, cependant que d'autres sont oubliées, voire découragées, en fonction de ce qui, de manière plus ou moins implicite, est considéré comme « le meilleur pour l'enfant » et permet d'assurer un certain équilibre social. Par exemple, l'esprit d'entreprise sera très diversement exercé selon qu'il s'agit d'un garçon ou d'une fille. Simultanément, l'éducation tient effectivement compte de ce qu'est l'enfant, de ce qu'il est capable de comprendre, d'intérioriser, de prendre plaisir à faire ou ne pas faire.Ce que la psychologie a établi concernant le développement des mécanismes d'apprentissage permet d'agir sur ce développement, en évitant au maximum les conflits. Tout système éducatif ouvre certaines portes et en ferme d'autres. Que ce soit dans la famille, à l'école, dans toutes les institutions à visées éducatives que fréquentent les enfants, les pratiques éducatives résultent de conflits d'intérêt, de conflits de valeurs et de compromis, elles mènent toujours, simultanément, à des acquis et à des frustrations. La richesse d'une espèce, pourtant — en l'occurrence l'espèce humaine —, naît des diversités issues de ces contradictions. M.-G. P.

BIBLIOGRAPHIE

Chiland, C., 1990, *l'Enfant, la famille, l'école*, Paris, P.U.F.

Dubarle, D., et alii, 1979, *le Sujet de l'éducation*, Paris, Beauchesne.

Gall, R., 1948, nouv. éd. 1987, *Histoire de l'éducation*, Paris, P.U.F. « Que sais-je ».

Poujol, G., 1981, *Éducation populaire, histoires et pouvoirs*, Paris, Éditions Ouvrières.

Reuchlin, M., 1970, *Traité de psychologie appliquée* : tome V, « Éducation et développement individuel » ; 1973, tome VI, « Éducation et institutions éducatives », Paris, P.U.F.

éducation spéciale

(angl. Special Education)

Éducation destinée aux personnes qui ne réussissent pas ou ne réussiront vraisemblablement pas à atteindre, dans le cadre de l'enseignement ordinaire, les niveaux éducatif, social et autres qui correspondent à leur âge.

Ce sont les jeunes handicapés qui sont les bénéficiaires des actions d'éducation et de rééducation. La loi du 30 juin 1975 en faveur des personnes handicapées a fixé de nouvelles orientations. En son article 4, elle dispose que l'éducation spéciale associe des actions pédagogiques, psychologiques, sociales, médicales et paramédicales ; elle est assurée soit dans les établissements ordinaires, soit dans des établissements ou des services spécialisés. L'éducation spéciale peut être entreprise avant et poursuivie après l'âge de la scolarité obligatoire.

Cette loi a créé dans chaque département une commission départementale d'éducation spéciale (C.D.E.S) dotée de compétences : en ce qui concerne l'orientation de l'enfant handicapé en milieu ordinaire ou en établissement ou en service d'éducation spéciale ; pour attribuer l'allocation d'éducation spéciale et son complément éventuel, si les critères nécessaires sont réunis.

La loi de 1975 ne reconnaît que les handicaps physiques, sensoriels et mentaux, à l'exclusion du handicap social ou purement médical. Ne sont reconnus jeunes handicapés que les enfants âgés de moins de 20 ans auxquels la C.D.E.S. accorde un taux d'incapacité permanente d'au moins 50%. Les établissements d'éducation spéciale sont nombreux et variés.

Les centres d'action médico-sociale précoce ont pour but le dépistage et le traitement, en ambulatoire, des enfants âgés de moins de 6 ans. Les centres médico-psycho-pédagogiques effectuent des consultations à visées diagnostique et thérapeutique, pour les enfants inadaptés mentalement; dans ces structures, comme dans les précédentes, les équipes sont pluridisciplinaires (psychiatres, psychologues, orthophonistes,psychomotriciens,assistantes sociales). Les classes d'adaptation accueillent en milieu scolaire ordinaire les enfants non débiles présentant des troubles du comportement les conduisant à l'échec scolaire. Les sections d'éducation spécialisée, annexées aux collèges d'enseignement secondaire, accueillent les débiles légers âgés de 12 à 17 ans. Les classes de perfectionnement, annexées aux écoles élémentaires, reçoivent des enfants âgés de 6 à 13 ans présentant un déficit intellectuel. Les instituts médico-pédagogiques reçoivent des enfants âgés de 3 à 16 ans; ils leur procurent un enseignement général ainsi qu'une formation gestuelle. Les instituts médico-professionnels doivent être considérés comme des établissements de suite des structures précédentes; les intéressés y reçoivent une formation professionnelle adaptée à leur handicap. Les deux dernières catégories d'établissements sont appelées des instituts médico-éducatifs; ils fonctionnent sous le régime de l'externat ou de l'internat. M. G.

BIBLIOGRAPHIE

Cervoni, A., Charbit, C., 1986, *la Pédagogie dans les institutions thérapeutiques*, Paris, P.U.F.

Lambert, J.L., 1981, *Enseignement spécial et handicap mental*, Bruxelles, Liège, Mardaga.

Lefevre, L., Delchet, R., 1970, nouvelle édition 1977, *l'Éducation des enfants et des adolescents handicapés*, Paris, E.S.F.

Educational Testing Service (ETS)

Organisme américain sans but lucratif ayant pour objectif de fournir des tests aux institutions éducatives et gouvernementales, d'effectuer pour ces institutions des examens par tests et de promouvoir les recherches théoriques et techniques concernant les tests et leur utilisation.

Le bureau central de l'ETS se trouve à Princeton, New Jersey, et l'organisation comporte 5 000 centres d'examen, dont 400 à l'extérieur des États-Unis. Ces examens concernent notamment tous les niveaux du système éducatif américain. M. R.

éduction de corrélat

(angl. Eduction of Correlate)

Appréhension par le sujet d'un caractère à partir de sa connaissance de la relation qui unit ce caractère à un autre caractère connu de lui au préalable.

Par exemple, étant donné 3 éléments A, B et C, l'éduction de corrélat consiste à en trouver un 4e qui soit à C comme B est à A. Les éductions de corrélat constituent avec l'éducation de relation et la prise de conscience de sa propre expérience les processus à partir desquels C. Spearman rend compte de la formation des connaissances, ou noégenèse. M. R.

éduction de relation

(angl. Eduction of Relation)

Selon C. Spearman, appréhension par un sujet de la relation qui unit deux caractères à partir de la connaissance qu'il a de chacun de ces deux caractères.

On constate des différences individuelles dans la capacité de procéder à de telles éductions et ce sont essentiellement ces différences que traduirait le facteur g. Les tests proposant des tâches de cette nature se révèlent en effet fortement saturés en g, par exemple le D48, les matrices progressives. M. R.

effectif

n.m. (angl. Frequency, Absolute Frequency)

STAT. **Nombre d'observations relatif à une modalité ou valeur, à une classe, à une distribution.**

L'*effectif cumulé* relatif à une valeur donnée est la somme de l'effectif relatif à cette valeur et des effectifs relatifs à toutes les valeurs qui lui sont inférieures. On emploie parfois abusivement le terme « fréquence » à la place du terme *effectif.*

L'*effectif théorique* est celui qui serait observé si une certaine hypothèse relative aux observations était exacte. M. R.

→ chi carré ou chi deux (χ^2), contingence.

efférence

n.m. (angl. Efferent System)

Sortie d'un système biologique.

De manière restrictive, le terme est souvent employé pour parler d'un message nerveux engendré au niveau du système nerveux central et acheminé par les voies descendantes jusqu'aux effecteurs périphériques. Pour ce qui est de la motricité volontaire, par exemple, on décrit chez les Vertébrés deux grands systèmes efférents du cortex moteur primaire : la voie pyramidale, descendant directement jusqu'aux motoneurones de la moelle épinière, et les voies extrapyramidales, faisant relais dans divers noyaux. J. P. et M. B.

effet

n.m. (angl. Effect)

GÉNÉR. **Conséquence théoriquement mesurable d'un phénomène sur un autre.**

STAT. **Conséquence observable d'une variable sur une autre.**

Si, dans une expérience, une variable contrôlée par l'expérimentateur (variable indépendante) comporte k niveaux, on dispose en général de plusieurs mesures de la variable observée (variable dépendante) pour chacun de ces niveaux. L'effet éventuel de la variable indépendante sur la variable dépendante se manifeste par les différences qui s'établissent entre les valeurs moyennes prises par celle-ci pour des niveaux différents de celle-là, c'est-à-dire par la dispersion de ces valeurs moyennes autour de la moyenne générale. Plus généralement, dans un plan factoriel à plusieurs facteurs (plusieurs variables indépendantes, avec plusieurs mesures de la variable dépendante pour chaque combinaison de niveaux des facteurs), on distingue dans la variabilité générale de la variable dépendante la part due à chacun de ces facteurs considéré comme agissant indépendamment des autres (effet principal de ce facteur), la part due à la modification de l'effet principal d'un facteur pour des niveaux différents d'un ou de plusieurs autres (effets d'interaction) et la part de l'« erreur ». L'écart d'une valeur individuelle à la moyenne générale peut ainsi être représenté comme la somme de plusieurs effets d'une erreur. M. R.

effet (loi de l')

(angl. Law of Effect)

Principe explicatif de la psychologie de l'apprentissage, selon lequel celui-ci s'effectue par modification de la force de la connexion qui existe entre un stimulus et une réponse, cette modification trouvant son origine dans les conséquences ou l'effet de la réponse elle-même.

On pourrait, pour être complètement explicite, dire que cette modification est l'« effet du résultat » (ou l'inverse). Si l'effet est satisfaisant pour l'organisme, alors la force de connexion est augmentée ; si l'effet est nocif, alors la force de la connexion est supposée diminuer. C'est E.L. Thorndike qui a, au tout début de ce siècle, formulé ce principe sous forme de « loi ». On l'a contesté plus tard.

La deuxième partie de la « loi de l'effet » selon Thorndike — la possibilité de diminution d'une connexion par suite d'un effet négatif — a été précocement critiquée, non confirmée par les résultats expérimentaux et abandonnée. On lui a substitué la notion d'« extinction ».

La nature de l'« effet » a ensuite donné lieu à d'importants débats théoriques : s'agit-il d'un phénomène (affectif, c'est-à-dire subjectif) d'agrément ou de désagrément ou d'une « réduction de la tension », comme l'ont supposé les béhavioristes S.R., ou encore peut-on seulement le décrire de façon opérationnelle comme « ce dont on constate que cela augmente la fréquence des réponses » ?

En réalité, le terme et le concept d'effet ont été supplantés par ceux de renforcement (de type 2, c'est-à-dire instrumental ou opérant), qui ont été abondamment utilisés dans les années 1930 à 1960. À l'heure actuelle, sans contester que les conséquences d'un comportement agissent en retour sur les caractéristiques ultérieures de ce comportement, on a, dans l'ensemble, renoncé à l'interpréter au moyen d'un principe simple comme la « loi de l'effet ».

J.-F. L. N.

→ apprentissage, conditionnement, motivation, renforcement.

effet consécutif

(angl. After-Effect)

→ consécutif (effet).

égalisation d'intervalles (méthode d')

Méthode par laquelle on demande à un sujet de régler un stimulus à égale distance subjective de deux autres stimulus préalablement présentés. (Syn. méthode des équidistances sensorielles.)

R. L.

ego

n.m. inv. (angl. Ego ; allem. Ich)

Traduction usuelle en anglais et en américain du terme freudien *Ich*, qui signifie en français aussi bien « moi » que « je ». R. L.

→ égopsychologie.

égocentrique

adj. (angl. Egocentric)

Personne qui manifeste de l'égocentrisme. R. L.

égocentrisme

n.m. (angl. Egocentrism)

Situation d'un sujet qui considère le monde de son seul point de vue.

Le concept d'égocentrisme trouve son origine dans la psychologie analytique de C. Jung et son actualité dans la théorie piagétienne du développement. Introduit dès 1923 dans *le Langage et la pensée chez l'enfant*, ce concept s'est progressivement affiné au cours des nombreuses études successives de J. Piaget et de ses collaborateurs pour trouver finalement sa forme la plus ample en 1947 dans *la Psychologie de l'intelligence* et en 1955 dans *De la logique de l'enfant à la logique de l'adolescent*.

La conception de Piaget

Pour Piaget, l'égocentrisme désigne un état cognitif dans lequel le sujet connaissant voit le monde d'un point de vue unique, le sien propre, sans avoir conscience de points de vue autres non plus que de son point de vue propre comme étant un parmi d'autres possibles. Fondamentalement, l'égocentrisme est un solipsisme qui s'ignore comme tel. Chez l'enfant, l'égocentrisme est conçu par Piaget comme recouvrant, à certains moments du développement, une indifférenciation ou un manque de différenciation entre le sujet connaissant et l'environnement. Cette absence ou ce manque de différenciation peuvent aussi bien concerner l'activité propre du sujet et les propriétés du monde physique que le point de vue propre du sujet et les caractéristiques du monde social.

L'égocentrisme enfantin, qui prendrait ses racines dans l'adualisme radical du nouveau-né, résulterait de l'assimilation du réel social et physique au moi et à l'activité de l'enfant. Au cours du développement, il pourrait prendre différentes formes et porter sur différents objets de connaissance. Entre le bébé du stade sensorimoteur, plongé dans un égocentrisme ontologique où la cause de tout ce qui est et de tout ce qui advient serait attribuée à l'action propre et l'adolescent parvenu au stade des opérations formelles, les connaissances qu'élabore l'enfant de son environnement physique et social seraient, à diverses reprises et à divers égards (causalité, relations spatiales, opérations logico-mathématiques, conservation des quantités, langage, communication, jugement moral), marquées d'égocentrisme, tout particulièrement entre 4 et 7 ans.

Remise en question de l'égocentrisme comme stade

Depuis les travaux princeps de Piaget, l'égocentrisme enfantin a été plus particulièrement étudié dans deux domaines : la représentation de l'espace projectif et la communication. Dans la première, l'égocentrisme est opposé à la décentration. Dans la seconde, il est opposé à la capacité d'interaction sociale, à l'adaptation à l'interlocuteur et à l'efficacité dans la communication. Dans ces deux domaines, les interprétations initiales de Piaget ont été fortement contestées.

À la lumière des travaux récents, l'égocentrisme ne peut être considéré comme la caractéristique majeure d'une étape du développement. Qu'il s'agisse de la construction de l'espace ou du développement des interactions sociales, les travaux récents révèlent l'existence précoce de conduites décentrées ou socialisées coexistant avec des conduites égocentriques. Par ailleurs, on constate que des conduites égocentriques subsistent, dans certaines tâches et dans certaines situations, jusqu'à l'âge adulte. L'égocentrisme correspondrait davantage à un état cognitif qui apparaîtrait de manière récurrente et sous diverses formes tout au long du développement plutôt qu'à un stade clairement identifié au cours de la psychogenèse. Souvent menacé d'exclusion du vocabulaire psychologique, le concept d'égocentrisme vise à cerner une relation essentielle entre le sujet connaissant et les objets de connaissance. Son éventuel abandon laisserait certainement un vide qu'il faudrait bien, d'une manière ou d'une autre, combler. J.-C. L.

Bibliographie

Cox, M.V., 1980, *Are young Children Egocentric?*, Londres, Batsford ; New York, St Martin's Press.

Piaget, J., 1923, *le Langage et la pensée chez l'enfant*, Neuchâtel, Delachaux et Niestlé.

Piaget, J., et Inhelder, B., 1955, *De la logique de l'enfant à la logique de l'adolescent*, Paris, P.U.F.

égopsychologie

n.f. (angl. Ego Psychology)

Doctrine psychanalytique d'origine américaine, représentée par E. Kris, H. Hartmann et R. Loewenstein, à laquelle on peut rattacher Anna Freud, qui a fait de l'ego le centre de la réalité du sujet.

L'égopsychologie s'est placée dans la perspective d'une psychologie de l'adaptation à la réalité. Le livre sur lequel se fonde l'égopsychologie est *la Psychologie du moi et le problème de l'adaptation* de H. Hartmann (1930). Il s'appuie sur les travaux de S. Freud postérieurs à 1920, qui donnent une importance croissante au moi et à ses mécanismes de défense, se désintéressant de l'étude du ça et des pulsions, au centre de ses premières recherches. R. L.

éjectif (stade)

Selon J. Baldwin, étape par laquelle, dans le domaine de l'imitation, l'enfant, en assimilant l'autre à ses sentiments propres, réaliserait que l'autre a un moi identique au sien. E. V.

→ stade.

électif (oubli)

(angl. Elective, Selective Forgetting)

Oubli qui touche certaines unités sémantiques plutôt que d'autres.

L'oubli électif a été particulièrement mis en évidence dans la mémorisation de textes. Certaines informations du texte sont, de façon assez systématique — bien que les différences individuelles demeurent grandes —, plus oubliées que d'autres. On a cherché diverses interprétations à ce fait, qui est généralement mis en rapport avec l'importance sémantique des informations.

L'oubli électif est en réalité un fait général, qui n'est pas limité au domaine de la mémorisation des textes. J.-F. L. N.

→ mémoire.

électrocardiographie

n.f. (angl. Electrocardiography)

Technique d'enregistrement des variations de potentiels électriques du muscle cardiaque.

L'électrocardiographie permet de mesurer les paramètres de l'activité cardiaque.

La fréquence cardiaque est par exemple un indice physiologique souvent utilisé en psychologie car elle constitue un témoin d'une mobilisation nerveuse corrélée avec certaines réactions comportementales. P. L.

électrochoc

n.m. (angl. Electroshock)

Méthode de traitement des troubles mentaux par application sur l'encéphale d'un courant électrique qui induit une crise d'épilepsie généralisée. Ce terme, de connotation très négative, tend à être remplacé par ceux de *sismothérapie* ou d'*électroconvulsivothérapie* (E.C.T.).

Historique

L'apparition des techniques dites « de choc » en psychiatrie date du début du siècle : impaludation en 1917 (von Jauregg), cure insulinique en 1932 (Sakel), chocs au cardiazol en 1936 (von Meduna). C'est dans cette lignée qu'apparut l'électrochoc. Mais la littérature médicale rapporte, dès le XVIIIe siècle, des cas isolés de modifications du psychisme à la suite de crises convulsives provoquées, parfois accidentellement, par des courants électriques. Aldini, un neveu de Galvani, traite, en 1804, une mélancolie, tout comme Babinski un siècle plus tard (1903). En 1898, Leduc constate, chez des chiens, puis par autoexpérimentation, l'induction par le courant d'un état de sommeil prolongé. Il songe à un emploi thérapeutique mais sa méthode s'avère dangereuse.

Les véritables inventeurs de l'électrochoc sont V. Cerletti et L. Bini. S'inspirant des chocs au cardiazol et désireux de supprimer les effets indésirables de ce produit, ils ont l'idée d'utiliser le courant électrique. Ils présentent la méthode à l'Académie de Rome en 1938. Elle sera introduite en France par J. Rondepierre, qui, avec M. Lapipe, va mettre au point l'appareil qui reste le plus utilisé de nos jours (sismothère).

La technique actuelle

Elle comporte, par rapport à la pratique initiale, deux améliorations essentielles : la curarisation* et l'anesthésie*. L'idée de paralyser transitoirement les muscles par un curare afin de supprimer les traumatismes ostéoarticulaires liés aux convulsions était apparue dès 1940. Mais il a fallu attendre l'apparition des curarisants de synthèse de très courte durée d'action (2-3 min) pour que cette technique soit utilisée sans risque. L'anesthésie générale, peu profonde et de courte durée (5 min), permet de limiter l'angoisse.

Le courant utilisé varie de 80 à 150 volts durant 0,1 à 1 seconde, l'impératif étant le déclenchement d'une crise d'épilepsie. Le nombre et le rythme des séances varient selon les auteurs et la maladie traitée ; ils sont le plus souvent de 8 à 12 à raison de 3 séances par semaine.

Les indications

Elles ont bien sûr été réduites par l'apparition des chimiothérapies mais ne se limitent pas à l'échec de celles-ci, dont elles ne représentent pas non plus la solution systématique.

L'indication majeure de l'électrochoc est la mélancolie, où il garde une supériorité sur tous les autres traitements. Sa rapidité d'action (par opposition aux médicaments antidépresseurs, qui ont un délai d'action de 10-15 jours) le rend particulièrement utile en cas d'urgence, c'est-à-dire si le risque suicidaire est important ou en cas de stupeur mélancolique. Par ailleurs, les formes délirantes de mélancolie répondent de façon privilégiée aux électrochocs, alors que les autres traitements y sont relativement inefficaces. Enfin, on utilise les électrochocs si les antidépresseurs sont inefficaces ou contre-indiqués.

Dans ses autres indications, l'électrochoc est un traitement de seconde intention, en cas d'échec ou d'impossibilité des thérapeutiques classiques : il s'agit, en particulier, des états maniaques, des bouffées délirantes aiguës (notamment les psychoses puerpérales), des épisodes catatoniques au cours d'une schizophrénie, voire de l'anorexie mentale s'il existe un danger vital.

L'électrochoc reste un traitement privilégié dans deux situations particulières, où il serait le traitement le moins dangereux : dans la grossesse, où tous les médicaments sont potentiellement tératogènes, et chez les personnes âgées, où ils sont très mal tolérés.

Enfin, une bonne utilisation de l'électrochoc doit en respecter les incontestables mauvaises indications (par exemple les névroses et les délires paranoïaques) et doit savoir intégrer ce traitement à un abord global du patient.

Les inconvénients

Les accidents sont rares si l'on respecte les contre-indications, qui sont essentiellement cardiaques et neurologiques, outre celles liées à l'anesthésie. Les effets indésirables sont dominés par les troubles de mémoire. Ils sont très variables d'un sujet à l'autre, à la fois dans leur forme et leur intensité. Parfois impressionnants durant le traitement, ils régressent totalement en quelques semaines, ne laissant persister qu'une amnésie lacunaire recouvrant la durée de la cure. Ils ne sont absolument pas corrélés à l'action thérapeutique. La pratique de l'électrochoc unilatéral (2 électrodes sur l'hémisphère mineur) a permis de les limiter mais ils restent l'inconvénient majeur du traitement.

L'existence de lésions cérébrales irréversibles reste un sujet de controverse et alimente l'essentiel des critiques persistantes faites aux électrochocs. Elles ne sont toutefois ni prouvées de façon certaine ni formellement démenties.

Le mode d'action

Le mécanisme d'action biologique reste très mal connu, comme d'ailleurs celui de tous les traitements utilisés en psychiatrie. Plus de vingt théories explicatives ont été données. À l'heure actuelle, les recherches les plus poussées concernent les neuromédiateurs cérébraux. Chez le Rat, on a montré une augmentation du turn-over de la noradrénaline et de la sérotonine et une sensibilisation des récepteurs postsynaptiques.

Chez l'Homme, les dosages dans le L.C.R. ne retrouvent généralement pas d'augmentation des catabolites des monoamines, mais on sait la difficulté d'interprétation de ces résultats globaux et indirects. Par ailleurs, certains auteurs font toujours référence à l'hypothèse de J. Delay d'un rôle modulateur des électrochocs sur les structures diencéphaliques responsables du contrôle de l'humeur.

Les remaniements psychologiques induits par les électrochocs ont eux aussi fait l'objet de tentatives d'explication ; les unes dérivent de la théorie de la dissolution de Jackson : il y aurait « dissolution-reconstruction » du psychisme (Delmas-Marsalet) ou plutôt « désintégration-réintégration » selon Delay.

Les psychanalystes, eux, font référence à deux mécanismes possibles : la régression et le couple « tuer-ressusciter », où l'expérience de la mort vécue permettrait une mobilisation de la pulsion de mort en une forme utile.

L'image très péjorative de l'électrochoc dans l'opinion est sans doute en grande partie d'origine émotionnelle : notion de courant électrique évoquant le danger, la torture, voire la mort ; idée d'anéantissement du psychisme, de « lavage de cerveau ». La peur a encore été accentuée par sa représentation particulièrement angoissante dans les médias et le cinéma.

Dans le milieu psychiatrique, le débat, longtemps marqué par des querelles idéologiques et passionnées, semble actuellement revenu à des considérations objectives et sereines, permettant d'utiliser au mieux ce traitement qui reste indispensable. B. D.

électrodermal, e, aux

adj. (angl. Electrodermal)

Se dit d'une réponse, d'une réaction ou d'une activité qui se rapporte aux variations de la résistance électrique de la peau, mises en relation avec des phénomènes psychologiques.

On appelle *activité électrodermale* (angl. Electrodermal Activity) l'ensemble des variations des caractéristiques électriques de la peau, résultant de l'activité des glandes sudoripares, enregistrées sous forme de variations du potentiel ou de variations de la résistance cutanée.

On distingue les fluctuations lentes du niveau de base et les réponses électrodermales, variations transitoires liées à un stimulus identifié (abréviation usuelle : R.E.D.). [Figure 1]

Des fluctuations identiques aux réponses apparaissent en l'absence de stimulus déterminé : on parle de « réponses électrodermales spontanées ».

Les réponses électrodermales sont déclenchées par toute stimulation sensorielle, par l'activité musculaire, par l'activité intellectuelle et par les émotions, même légères. La latence des réponses est supérieure à une seconde ; ce long délai est dû notamment à la conduction nerveuse dans les fibres C post-ganglionnaires. Les glandes sudoripares sont commandées par le système nerveux végétatif orthosympathique, bien que le neuromédiateur de la jonction neuro-glandulaire soit, exceptionnellement, l'acétylcholine. L'activité électrodermale est sous la dépendance de la formation réticulée du tronc cérébral, de l'hypothalamus, du système limbique et du cortex moteur. Les réponses électrodermales constituent essentiellement un indice des activations du système réticulocortical et sont de ce fait étroitement associées aux modifications de vigilance de l'organisme. Les seuils de déclenchement des réponses électrodermales par stimulation sensorielle (ou, chez l'animal, par stimulation électrique directe des structures nerveuses) nous renseignent sur le niveau d'excitabilité du système nerveux central : ils s'élèvent au cours de la somnolence et du sommeil.

La facilité d'enregistrement et le caractère involontaire de l'activité électrodermale en ont fait un des indices les plus utilisés en psychophysiologie dans les pays anglo-saxons. Les réponses électrodermales sont enregistrées pendant l'examen polygraphique dit « détecteur de mensonge », au cours duquel elles ne renseignent que sur les variations de vigilance et d'émotivité du sujet. J.-C. R.

→ électrodermographe.

électrodermographie

n.f. (angl. Electrodermography)

Technique d'enregistrement des caractéristiques électriques de la peau, dont les variations sont liées au fonctionnement des glandes sudoripares.

L'activité électrodermale peut être enregistrée sous forme de variations de potentiel ou, à l'aide d'une source externe de potentiel, de variations de résistance (ou de conductance). Le recueil des variations de résistance est réalisé entre deux électrodes placées à la surface de la paume ou des doigts. Lors des enregistrements en potentiel, une des électrodes est placée sur une zone dépourvue de glandes sudoripares (dos de la main, avant bras). J.-C. R.

→ électrodermal.

électroencéphalographie

n.f. (angl. Electroencephalography)

Technique d'exploration de l'activité électrique du cerveau par enregistrement et amplification des variations de potentiels électriques recueillis à la surface du scalp.

En 1924, H. Berger réussit à enregistrer l'activité électrique du cerveau de l'homme. La technique utilisée consiste à placer sur le scalp un certain nombre d'électrodes (en général 21) en des positions précises, symétriques des deux côtés de la tête et équidistantes les unes des autres. Ces électrodes sont maintenues par un casque, pour des enregistrements de courte durée, ou par une colle spéciale pour des enregistrements de nuit. Elles sont reliées à un dispositif d'amplification qui permet de visualiser, par les déflections de plumes sur du papier se déroulant à vitesse constante, les variations de potentiels entre deux électrodes.

L'électroencéphalographie a fait ces dernières années de gros progrès dans l'élaboration d'outils d'analyse des activités électroencéphalographiques (analyses spectrales, cartographie E.E.G. quantifiée, etc.). Son utilisation renseigne à la fois sur le fonctionnement normal des populations de neurones en fonction des différents états de vigilance et sur les dysfonctionnements du système nerveux central dus à des traumatismes, des lésions, des tumeurs... C'est l'examen de référence pour le diagnostic d'épilepsie et elle est indispensable au diagnostic de mort cérébrale. Enfin, l'électroencéphalographie est largement utilisée en examen polygraphique pour explorer tous les troubles du sommeil et les pathologies qui lui sont liées. P. L.

électromyographie

n.f. (angl. Electromyography)

Technique d'enregistrement des variations de potentiels électriques liées à l'activité musculaire.

Lors d'une contraction musculaire, l'activité mécanique de raccourcissement des fibres musculaires s'accompagne de phénomènes électriques de faible intensité. Ce courant électrique étant proportionnel à l'activité musculaire, son enregistrement en est une bonne représentation.

Cet enregistrement est réalisé au moyen d'électrodes placées sur la peau ou piquées directement dans le muscle et permet de mesurer l'intensité (nombre d'unités motrices mobilisées), l'amplitude et la durée des contractions musculaires. En exploration polygraphique, l'électromyographie est utilisée pour apprécier le tonus musculaire et le mettre en relation avec des comportements particuliers ou d'autres indices physiologiques. L'électromyogramme constitue enfin un paramètre essentiel permettant de distinguer les différents états de sommeil. P. L., J. P. et M. B.

→ motricité, muscle.

électro-oculographie

n.f. (angl. Electro-oculography)

Technique d'enregistrement des variations de potentiels électriques corrélatives des mouvements des yeux.

Cet enregistrement est réalisé au moyen d'électrodes placées autour des yeux et permet de mesurer la direction et l'amplitude des saccades oculaires durant l'activité vigile ou le sommeil paradoxal. P. L.

électrophysiologie

n.f. (angl. Electrophysiology)

Étude de l'activité électrique des cellules et des tissus vivants ; plus particulièrement, branche de la neurophysiologie qui étudie l'activité électrique des cellules excitables (neurones, cellules sensorielles, musculaires, etc.).

Toutes les cellules vivantes sont le siège d'échanges ioniques qui engendrent des différences de potentiel et des courants. Les cellules excitables présentent des différences de potentiels membranaires qui jouent un rôle fondamental dans les fonctions de ces cellules : conduction de l'influx nerveux et transmission synaptique, contraction musculaire, excitation sensorielle, sécrétions, etc. Des microélectrodes (dont la pointe mesure quelques micromètres), placées au contact ou à l'intérieur des cellules, permettent de recueillir ces potentiels et d'en enregistrer les variations en fonction du temps.

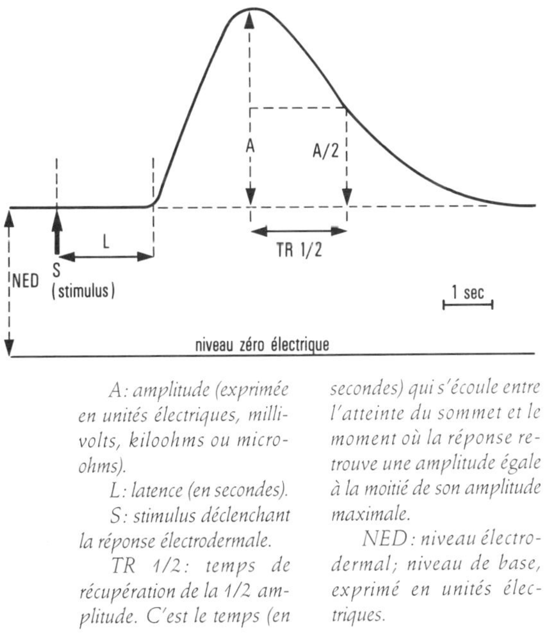

Figure 1. Activité électrodermale.

Principaux paramètres d'une réponse électrodermale (ou R.E.D.) :

A : amplitude (exprimée en unités électriques, millivolts, kiloohms ou microohms).

L : latence (en secondes).

S : stimulus déclenchant la réponse électrodermale.

TR 1/2 : temps de récupération de la 1/2 amplitude. C'est le temps (en secondes) qui s'écoule entre l'atteinte du sommet et le moment où la réponse retrouve une amplitude égale à la moitié de son amplitude maximale.

NED : niveau électrodermal ; niveau de base, exprimé en unités électriques.

Les résultats montrent que la cellule présente un potentiel de repos constant, l'intérieur étant le plus souvent négatif par rapport à l'extérieur. Le maintien du potentiel de repos résulte de transports actifs d'ions (sodium et potassium), à travers la membrane, contre les gradients de concentration et les forces électromotrices. Ces mécanismes, dits « pompes ioniques », consomment de l'énergie fournie par l'A.T.P. (adénosine triphosphate) cellulaire. Le potentiel de repos présente des variations locales transitoires, notamment au niveau des synapses, zone de contact fonctionnel entre deux neurones. Lorsque ces potentiels locaux d'amplitude variable atteignent une valeur liminaire, ils déclenchent un potentiel d'action. Celui-ci est une brève inversion propagée du potentiel de repos, l'intérieur devenant temporairement positif par rapport à l'extérieur ; le potentiel d'action membranaire est transporté le long de la fibre nerveuse sans diminution d'amplitude.

L'électrophysiologie présente de nombreuses applications dans le domaine de l'enregistrement des variations électriques globales produites par un tissu ou un organe : électroencéphalographie* pour le cerveau*, électrocardiographie* pour le cœur, etc. J.-C. R.

éliminatif (réductionnisme)

(angl. Eliminative Reductionism)

Conception philosophique et épistémologique selon laquelle, les phénomènes psychologiques étant réductibles à des phénomènes de niveau inférieur, neurobiologique, la psychologie n'aura un jour plus de raison d'exister.

Il convient de distinguer les termes et les notions de *réductionnisme* et de *réductionnisme éliminatif*, les seconds étant une variété très particulière des premiers.

Le réductionnisme fait, de manière générale, l'hypothèse que des phénomènes d'un certain niveau peuvent être expliqués au moyen de concepts se rapportant aux phénomènes d'un niveau juste inférieur.

On peut faire valoir que le développement scientifique a justifié l'hypothèse réductionniste dans plusieurs grands domaines : les phénomènes chimiques peuvent être expliqués au moyen de concepts physiques, la biologie moléculaire explique actuellement nombre de phénomènes biologiques au moyen de concepts chimiques. On dira de même aujourd'hui qu'un certain nombre de phénomènes psychologiques peuvent être expliqués au moyen de concepts appartenant à la neurobiologie.

La conception éliminationniste va bien au-delà de ce qui précède. Elle ajoute l'idée qu'il n'existe aucune spécificité du niveau supérieur par rapport au niveau inférieur et donc que le premier peut être supprimé. Certains auteurs, notamment des médecins, des neurobiologistes, et même des psychanalystes, sont spontanément éliminationnistes à l'égard de la psychologie : ils considèrent que la neurobiologie pourra un jour complètement la remplacer.

La position contraire inclut plusieurs idées essentielles : que les explications réductrices « du supérieur à l'inférieur » n'excluent pas, mais au contraire présupposent l'existence de niveaux spécifiques d'organisation pour tous les phénomènes ; que ni la chimie ni la biologie n'ont été éliminées par les progrès de l'analyse physique ou moléculaire. Que, en l'occurrence, on doit reconnaître l'existence d'un niveau auquel se déroulent les phénomènes psychologiques ; pour la psychologie cognitive ce devrait être le niveau dit « symbolique » (ou cognitif) ; pour d'autres psychologies, ce devrait être celui de la conscience.

À cela, on peut ajouter une idée plus hardie : au niveau symbolique apparaît une détermination de haut en bas. Cela se traduit en ce que les phénomènes d'un niveau doivent être déterminés par des concepts correspondant au niveau supérieur, par retournement de la détermination de bas en haut qui est habituelle au réductionnisme. Cette dernière idée est défendue par le fonctionnalisme*. J.-F. L. N.

Elpénor (syndrome d')

(angl. Elpenor's Syndrome)

État crépusculaire subconfusionnel avec désorientation spatiale et automatismes psychomoteurs apparaissant à l'occasion d'un réveil incomplet d'un profond sommeil (souvent provoqué par un excès d'alcool ou par l'absorption de médicaments hypnotiques).

Décrit par M. Logre (1936) et ainsi nommé en évocation du marin d'Ulysse qui s'était tué en tombant, pendant son sommeil, du toit de la maison de Circé, ce syndrome correspondrait à des perturbations du rythme veille/sommeil. Il ne doit se confondre ni avec une crise d'épilepsie ni avec un accès de somnambulisme. J. P.

emboîtés (ensembles)

(angl. Nested Sets)

Ensemble d'éléments organisés en structures hiérarchiques, comme la taxonomie, les arbres généalogiques, les classes logiques.

La classification, ou emboîtement, hiérarchique des classes est, selon J. Piaget, le plus simple des groupements logiques, dont l'opération fondamentale consiste à réunir des individus dans une classe et des classes entre elles. L'emboîtement hiérarchique des parties constitutives d'un objet continu, par exemple le corps humain, réel ou représenté, pose à l'enfant des problèmes analogues à ceux de la classification d'éléments discrets. La réussite apparaît au même âge dans les deux cas, vers 8 ans. E. V.

émotif, ve

adj. et n. (angl. Emotional)

Se dit d'une personne qui a le trait de caractère de l'émotivité. R. L.

émotion

n.f. (angl. Emotion)

Constellation de réponses de forte intensité qui comportent des manifestations expressives, physiologiques et subjectives typiques.

Elles s'accompagnent généralement de tendances d'action caractéristiques et s'inscrivent en rupture de continuité par rapport aux processus qui étaient en cours chez le sujet au moment de leur apparition.

TYPES D'ÉMOTIONS

L'expérience commune suggère l'existence d'une palette différenciée d'états émotionnels. Les manifestations expressives de l'émotion, très accessibles à l'observation, ont constitué le critère scientifique préférentiel pour opérer la distinction des émotions. Ch. Darwin fut le premier à l'adopter, en 1872, dans son ouvrage *l'Expression des émotions chez l'homme et l'animal*, qui situait ces manifestations dans l'axe de sa théorie de l'évolution. Ses observations, inspirées notamment par l'œuvre de l'anatomiste français Duchenne de Boulogne, ont été largement confirmées par les travaux contemporains de Tomkins, d'Izard et d'Ekman et Friesen. À leur suite, on retient désormais, parmi les classes d'*émotions primaires*, la joie, l'intérêt-excitation, la surprise, la tristesse (parfois aussi désignée comme détresse-anxiété), la colère, la peur, le dégoût, le mépris et la honte.

LES CONDITIONS DU DÉCLENCHEMENT DE L'ÉMOTION

Cette question a suscité d'importants débats aux États-Unis. Des auteurs comme Tomkins ou R.B. Zajonc considèrent que ce déclenchement s'opère par des voies biologiques à caractère automatique, à l'écart de toute activité cognitive. Arnold et Lazarus défendent la vision adverse selon laquelle l'émotion résulte précisément d'opérations cognitives dans lesquelles les *événements sont évalués* (angl. Appraisal Process) en fonction des attentes du sujet. En Europe, des conceptions nuancées dans cette seconde direction ont été élaborées par N. Frijda et par K. Scherer.

L'une des difficultés de ce débat réside dans le fait que les mécanismes d'évaluation en cause dans l'émotion peuvent se situer à des niveaux très rudimentaires de l'organisation biocognitive, alors qu'il n'y a pas de discontinuité réelle entre mécanismes biologiques et procédures cognitives. Une autre difficulté a trait au fait que le débat a généralement considéré le déclenchement des émotions comme un processus univoque. En fait, on peut aujourd'hui distinguer trois processus différents à cet égard. Le plus primitif sur le plan ontogénétique est le *processus motivationnel*. La poursuite permanente d'objectifs (allant des besoins rudimentaires aux projets les plus complexes) sous-tend l'activité perceptive de l'individu, le rendant particulièrement réactif aux circonstances susceptibles d'interférer (par facilitation ou par entrave) avec leur réalisation. C'est en cas d'interférence abrupte avec ce processus que l'émotion a la plus forte probabilité d'intervenir : des conditions facilitantes engendrent les émotions positives alors que des conditions d'entrave engendrent les émotions négatives. Le *processus conditionné*, mis en évidence en cette matière par les expériences menées par Watson en 1920 sur le petit Albert, implique les lois du conditionnement classique dans le déclenchement des émotions. Par ce processus, tout stimulus qui intervient en contingence spatio-temporelle avec un agent inducteur d'émotion acquiert à son tour la propriété d'induire cette émotion. Le *processus schématique*, de découverte récente par les travaux américains de Leventhal, de Lang et de Bower, prend son point de départ dans le fait que les différents composants (circonstances, conditions perceptives, réponses expressives, physiologiques, subjectives, comportementales, etc.) de chaque expérience émotionnelle particulière sont représentés ensemble en mémoire épisodique. La répétition d'expériences émotionnelles composées d'éléments similaires entraîne ensuite la constitution en mémoire abstraite d'un prototype — ou schéma généralisé — de cette classe d'émotion. Le prototype entier tend alors a être activé dès le moment ou l'un quelconque de ses éléments est rendu actif par les circonstances. Ainsi, les conditions environnementales, l'imagerie mentale, l'expression, les manifestations physiologiques, etc., deviennent autant de voies d'accès particulières au déclenchement de l'état émotionnel dans son ensemble.

L'expression des émotions

La configuration du visage varie selon le type d'émotion par l'effet de constellations spécifiques dans l'innervation des petits muscles squelettaux, particulièrement abondants sous le tissu cutané facial. Les travaux fondés sur la méthode de reconnaissance de l'émotion ont permis d'établir le caractère omniculturel de ces variations, au moins pour les principales émotions primaires. L'observation des aveugles-nés a contribué à fournir des données favorables à l'origine biologique des émotions de base. Mais les arguments les plus décisifs dans ce sens proviennent de travaux récents menés au niveau néonatal. Ainsi, des auteurs comme Chiva ont pu induire les rudiments de l'expression faciale dès les premières heures après la naissance en faisant varier des stimulus gustatifs administrés à l'enfant.

Les bases biologiques de l'expression laissent toutefois une large place aux variations individuelles et culturelles. Accessible au contrôle du sujet, l'expression faciale est susceptible d'accentuation, d'atténuation, de neutralisation ou de masquage par substitution. En outre, Ekman et Friesen ont montré que chaque culture formule ses *règles spécifiques d'emission* (angl. Display Rules), qui dictent les modalités particulières d'aménagement de l'expression que doivent adopter les individus en fonction des circonstances. L'expression faciale délibérée d'une émotion de base se distingue néanmoins de son expression spontanée par la séquence temporelle, par les unités musculaires mises en œuvre et par le degré d'asymétrie faciale.

L'expression faciale s'est avérée occuper un rôle opérant dans le processus émotionnel lui-même. L'effet de *réverbération faciale* (angl. Facial Feed-Back), abondamment illustré au plan expérimental, manifeste que la configuration faciale adoptée ou imposée a un impact significatif sur l'état subjectif rapporté par le sujet. Ainsi, des contractions de la musculature faciale du type de celles qui interviennent dans la peur, la colère ou la tristesse engendreront un accroissement significatif de l'impression subjective de peur, de colère ou de tristesse, selon le cas.

La mesure scientifique de l'expression faciale est désormais accessible par deux voies. La méthode FACS (Facial Action Coding System) permet la codification standardisée de toutes les unités d'action visibles sur un visage photographié ou filmé. La technique électromyographique consiste en la mesure directe de l'activité électrique des muscles faciaux par électrodes appliquées dans les sites appropriés sur la surface cutanée du sujet expérimental. Cette dernière technique donne accès aux modifications latentes de l'activité faciale. Non visibles à l'observateur, celles-ci se manifestent en correspondance avec l'imagerie mentale émotionnelle.

L'origine de l'expression faciale a été recherchée notamment dans la modulation des organes sensoriels, dans la mécanique neuromusculaire, dans son impact potentiel sur la thermorégulation cérébrale ainsi que dans ses fonctions de régulation des rapports sociaux.

Physiologie de l'émotion

L'étude physiologique de l'émotion a été initiée en 1915 par les observations de Cannon. Elles ont mis en évidence la soudaine innervation de la division orthosympathique du système nerveux autonome, entraînant à sa suite une chaîne de modifications dans les sous-systèmes périphériques : entre autres arrêt des fonctions digestives, élévation de la pression sanguine, de la glycémie, du taux de globules rouges et de la vitesse de sédimentation, augmentation des fonctions cardiaques et respiratoires. Les modifications ainsi amorcées sont ensuite maintenues par l'hormone adrénalique, libérée dans le flux sanguin par les glandes surrénales en réponse à cette même innervation du sympathique. Cannon a mis l'accent sur la fonction homéostatique de ces modifications végétatives de l'émotion. Par la suspension temporaire des fonctions de routine et le transfert massif des ressources énergétiques vers la musculature squelettale, l'organisme se trouverait instantanément en mesure de déployer des réponses comportementales d'attaque ou de fuite. Susceptibles d'entraîner l'élimination du déclencheur de l'émotion, ces réponses contribueraient au rétablissement progressif du contrôle parasympathique sur les sous-systèmes périphériques.

En 1927, l'expérimentation animale a permis à Cannon d'établir l'origine sous-corticale de la décharge sympathique responsable des modifications périphériques de l'émotion. Bard a précisé que l'hypothalamus en était le siège. Les développements ultérieurs de l'étude des circuits centraux impliqués dans l'émotion ont montré leur insertion dans un ensemble de structures sous-corticales comportant des liaisons ascendantes et descendantes avec le cortex cérébral (circuit de Papez). On conçoit ainsi que la décharge sympathique décrite par Cannon ne s'établit pas en réponse à la seule stimulation externe. La mémoire, l'activité cognitive ou l'imagerie mentale sont également susceptibles de la déclencher ou de la moduler. En 1952, cette approche a été complétée par Mc Lean, qui désigna comme cerveau viscéral ou système limbique l'ensemble des structures sous-corticales impliquées dans ce circuit. Ces structures paléocorticales, particulièrement développées chez les mammifères supérieurs, constitueraient un instrument primitif de l'adaptation individuelle. Ces diverses notions ont ouvert la voie aux travaux sur le déclenchement expérimental des réponses émotionnelles par voie de stimulation intracrânienne.

L'expérience subjective dans l'émotion

L'émotion comporte des manifestations subjectives intenses dont la nature varie avec le type d'émotion. Selon la théorie périphérique énoncée indépendamment en 1884 par l'Américain James et en 1885 par le Danois Lange, l'origine de ces manifestations résiderait dans les réafférences corticales des organes affectés par les modifications neurovégétatives de l'émotion.

L'expérience émotionnelle se ramènerait ainsi à la simple conscience des modifications physiologiques. Ce point de vue fut vivement controversé par la théorie centrale proposée par Cannon. Selon celle-ci, l'expérience subjective aurait sa source dans une décharge d'origine sous-corticale, parallèle à celle qui amorce les modifications de l'état des sous-systèmes périphériques.

Aujourd'hui encore, la controverse opposant tenants d'une origine périphérique et tenants d'une origine centrale à l'expérience subjective de l'émotion se prolonge. La conception périphérique implique l'existence de constellations différentes de changements physiologiques d'un type d'émotion à l'autre (patterns émotionnels). Elle implique en outre la capacité pour l'individu humain de détecter les variations de l'état de ses sous-systèmes viscéraux (viscéroception). Ces implications n'ont trouvé qu'un appui limité dans les données expérimentales. Il n'est plus certain que l'expérience subjective de l'émotion soit réductible aux faits physiologiques, qu'ils soient centraux ou périphériques, et la recherche explore actuellement les processus de construction sociale par lesquels les individus feraient l'apprentissage de scénarios subjectifs appropriés aux différents types d'émotions.

Une caractéristique importante de l'expérience subjective de l'émotion est sa propension à la récurrence. On observe en effet que, au-delà des circonstances émouvantes, la plupart des expériences émotionnelles — qu'elles soient positives ou négatives — tendent à revenir en mémoire de manière répétitive. Elles tendent également à s'ancrer dans la communication sociale, en particulier par la conversation répétitive avec les proches. Ces récurrences mnémoniques s'accompagnent généralement d'images mentales vives de la situation émotionnelle ainsi que de changements neurovégétatifs parfois intenses. B. Rimé étudie ces phénomènes sous l'angle d'opérations visant au traitement cognitif et à l'assimilation en mémoire des éléments des expériences émotionnelles, qui ont la particularité de s'inscrire en rupture de continuité par rapport à l'expérience courante. Des données récentes suggèrent que ces opérations jouent un rôle au regard de la préservation de la santé physique de l'individu. B. R.

BIBLIOGRAPHIE

Frijda, N., 1986, *The Emotions*, Cambridge, Cambridge University Press.

Rimé, B., et Scherer, K. (Eds.), 1989, *les Émotions*, Neufchâtel, Delachaux et Niestlé.

Scherer, K., et alii, 1986, *Experiencing Emotion. A Cross-Cultural Study*, Cambridge, Cambridge University Press.

émotion exprimée

(angl. Expressed Emotion)

Ensemble des réactions de l'entourage familial d'un schizophrène, en particulier lors de son retour à la maison après un traitement hospitalier.

Concept d'origine anglo-américaine apparu à la fin des années 1970, l'EE (acronyme de Expressed Emotion) a une connotation essentiellement négative puisqu'elle est fondée sur la mesure du nombre de commentaires critiques et le degré de désagrément émotionnel des membres de la famille à l'égard du patient.

On sait qu'un mauvais climat émotionnel familial est défavorable à l'évolution d'une schizophrénie et qu'il peut entraîner une rechute même sous traitement neuroleptique. C'est pourquoi on s'efforce actuellement de mieux analyser l'EE avant de réintégrer un patient dans sa famille, et d'en traiter, dans un travail de thérapie préventive, les éléments les plus négatifs. J. P.

émotionnel (stade)

Selon H. Wallon, époque de la vie de l'enfant, qui va de 3 à 12 mois, au cours de laquelle il transformerait les décharges impulsives en expressions émotionnelles. E. V.

→ stade.

émotionnelle (expression)

→ expression émotionnelle.

émotivité

n.f. (angl. Emotionalism)

Disposition à être affecté par des événements souvent insignifiants.

CARACTÉROL. L'émotivité, qui s'oppose à la non-émotivité, constitue, avec l'activité (→ activité 2) et le retentissement*, les trois dimensions de la caractérologie de G. Heymans et E. Wiersma, reprise en France par R. Le Senne. R. L.

empan

n.m. (angl. Span)

Champ d'appréhension ou capacité limitée des dispositifs de saisie et de traitement de l'information.

On peut parler de l'empan perceptif ou mnésique. J.-F. L. N.

→ appréhension (champ d').

empathie

n.f. (angl. Empathy)

GÉNÉR. et PSYCHAN. **Mode de connaissance intuitive d'autrui, qui repose sur la capacité de partager et même d'éprouver les sentiments de l'autre.**

Pour certains psychanalystes, comme T. Reik (1937), qui se sont intéressés à l'*empathie* [allem. Einfühlung], l'observation du patient passe par l'auto-observation de la partie du moi de l'analyste transformée par l'admission de l'objet en lui.

DIFFÉR. **Réaction émotionnelle suscitée par l'état ou la conduite d'autrui et entraînant une attitude d'acceptation, de compréhension.**

Des individus différents tendent à présenter de façon habituelle des réactions empathiques d'intensités différentes et l'on a étudié des questionnaires visant à évaluer ces différences. L'analyse factorielle des items de ces questionnaires a souvent conduit à distinguer plusieurs dimensions relativement distinctes dans ce domaine. M. R.

empirique (validité)

(angl. Empirical Validity)

Validité observable et constatée.

La validité empirique d'un prédicteur (test par exemple) est la liaison constatée entre ce prédicteur et un critère observable (notes scolaires par exemple). M. R.

→ validité.

empreinte

n.f. (angl. Imprinting)

ÉTHOL. **Selon K. Lorenz, acquisition brusque par un juvénile de la connaissance irréversible d'une forme spécifique qui oriente les conduites ultérieures (attachement, choix d'objet, etc.).**

Les études récentes conservent la double idée qu'il existe, pour certaines acquisitions, des périodes biologiquement privilégiées au cours de la vie d'un animal et que certaines formes sont phylogénétiquement

Figure 1. Empreinte d'un Poussin à un ballon mobile. (D'après G. Chapouthier, Mémoire et Cerveau, *Éditions du Rocher, 1988.)*

plus propres que d'autres à être apprises au cours de ces périodes. J. G.

Très étudiée depuis les travaux de Lorenz sur les oiseaux nidifuges (c'est-à-dire ceux qui quittent très vite le nid comme le Poulet [→ Figure 1, p. 264] ou le Canard), l'empreinte présente deux aspects. L'empreinte filiale fait que le jeune oiseau peut s'attacher, dans les jours qui suivent son éclosion (période dite « sensible »), au premier objet mobile qu'il rencontre. L'empreinte sexuelle fait que le Poulet, devenu adulte, recherche comme partenaire sexuel des objets ressemblant à l'objet d'empreinte. Des phénomènes similaires, quoique moins bien connus, existent dans tous les groupes animaux. G. C.

BIBLIOGRAPHIE

Hess, E., 1973, *Imprinting*, New York, Van Nostrand.

Lorenz, K., 1965, *Trois Essais sur le comportement animal et humain*, trad. franç. Paris, Seuil (1970).

Slukin, N., 1964, *Early Learning in Man and Animal*, Londres, Hallen.

encastrement

n.m. (angl. Embedding)

Action qui consiste à placer un objet dans un moule correspondant à sa forme.

Pour étudier cette action, on utilise en psychologie des *planches à encastrement*, faites de cases de formes et formats variés. Les objets à encastrer sont présentés en vrac. Les épreuves d'encastrement sont des tâches de rapidité-précision, réussies quand le sujet a placé aussi vite que possible tous les objets dans les cases adéquates. Les premières planches à encastrement ont été inventées par Itard pour tester la discrimination de formes et la détection des similitudes en dépit d'orientations spatiales différentes. Des jeux éducatifs, construits à partir de ce prototype, peuvent être proposés à de jeunes enfants à partir de 15 mois. Il n'est pas rare que la performance, après avoir atteint son maximum, régresse quand l'enfant, après avoir maîtrisé la tâche, cherche à introduire les objets dans des moules d'autres formes que les leurs. De telles conduites ludiques sont indicatives des propriétés attribuées aux objets. H. B.

encéphale

n.m. (angl. Brain)

Partie du système nerveux central située dans la boîte crânienne.

L'encéphale provient du développement des cinq vésicules cérébrales primitives : le télencéphale (la plus rostrale), le diencéphale, le mésencéphale, le métencéphale et le myélencéphale (la plus caudale). [Figure 1, p. 265] L'encéphale mature comprend le cerveau, le tronc cérébral et le cervelet. On ne confondra pas cerveau et encéphale, le premier étant inclus dans le second. Le poids moyen de l'encéphale est de 1350 g chez l'homme et de 1250 g chez la femme. Un encéphale de 1350 g contient environ 85 milliards de neurones qui se répartissent comme suit : 12 à 15 milliards dans le télencéphale, 70 milliards de cellules granulaires dans le cervelet et moins de un milliard dans le tronc cérébral et la moelle épinière réunis (cette dernière formation ne fait pas partie de l'encéphale). Le nombre de cellules gliales est encore plus impressionnant puisque le rapport entre ces cellules et les neurones est respectivement de 10 pour 1. Qu'il s'agisse du cerveau, du tronc cérébral ou du cervelet, on retrouve une organisation anatomique commune, à savoir, de l'intérieur vers la périphérie : 1. un système ventriculaire, dans lequel circule le liquide céphalo-rachidien (ventricules latéraux et troisième ventricule dans le cerveau, aqueduc de Sylvius et quatrième ventricule dans le tronc cérébral et le cervelet) ; 2. des noyaux gris ; 3. de la substance blanche ; 4. un cortex gris à la périphérie des hémisphères cérébraux et des hémisphères cérébelleux. G. S.

BIBLIOGRAPHIE

Bowher, D., 1980, *Introduction à l'anatomie et à la physiologie du système nerveux*, Paris, Medsi.

Delmas, A., 1975, *Voies et centres nerveux. Introduction à la neurologie*, Paris, Masson.

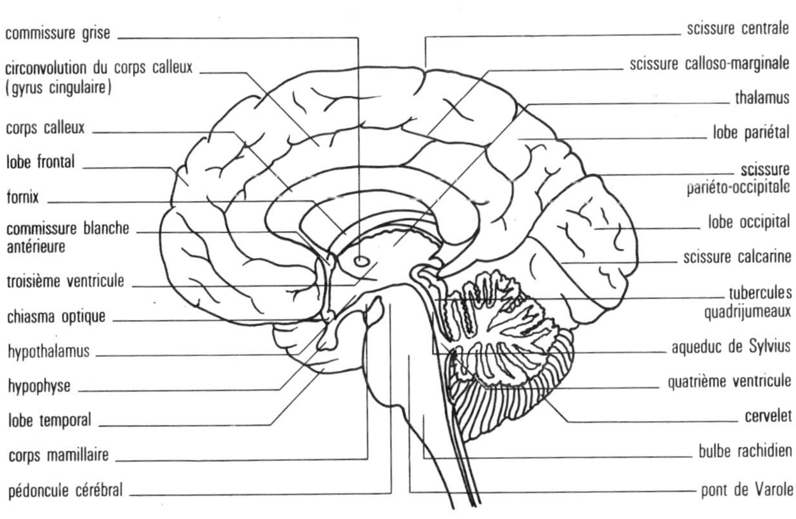

Figure 1. Face interne de l'encéphale (coupe sagittale).

encéphalopathie

n.f. (angl. Encephalopathy)

Vaste cadre nosologique qui groupe toutes les affections organiques intéressant le cerveau.

On distingue traditionnellement les encéphalopathies fœtales et postnatales, les encéphalopathies traumatiques et les encéphalopathies infectieuses, virales et toxiques. Les encéphalopathies hépatiques et porto-caves sont des complications de la cirrhose. À part la maladie de Marchiafava-Bignami (nécrose du corps calleux, très rare), les encéphalopathies alcooliques sont la psychose de Korsakov* et la maladie de Gayet-Wernicke*. P. F.

encodage ou encodage spécifique

(angl. Specific Encoding)

Dans une théorie originellement due à E. Tulving, fait que les performances de mémoire dépendent du contexte dans lequel le stimulus a été présenté au moment de la mise en mémoire et de celui dans lequel le souvenir est ensuite évoqué.

Cette conception psychologique de l'encodage spécifique provient d'une définition informatique de l'encodage (c'est-à-dire de l'ensemble des opérations de traitement de l'information qui sont supposées se dérouler au moment de la mise en mémoire).

Par exemple, dans une expérience bien illustrative de Godden et Baddeley, des plongeurs apprennent une liste de mots alors qu'ils sont soit sur la terre ferme, soit en plongée. On leur demande ultérieurement un rappel de cette liste alors qu'ils sont soit dans le même environnement qu'au cours de l'apprentissage, soit dans l'autre environnement. La performance est nettement plus élevée dans le cas de deux situations similaires. Ce phénomène a une très grande généralité et vaut pour des différences de contexte beaucoup plus fines. J.-F. L. N.

encoprésie

n.f. (angl. Encopresis)

Trouble du développement du jeune enfant se manifestant par la défécation dans sa culotte à un âge (après deux ans) où l'acquisition de la propreté est normalement achevée.

L'encoprésie est à distinguer de l'incontinence du sphincter anal, qui peut se rencontrer dans certains problèmes neurologiques.

Le terme d'*encoprésie* a été introduit en 1926 par J. Weissenberg. Il s'agit le plus souvent de garçons. La fréquence est plus rare que pour l'énurésie* (1,5% des enfants de 8 ans).

Certains encoprétiques n'ont jamais acquis la propreté *(encoprésie primaire)*. Il semble qu'il s'agisse le plus souvent d'enfants passifs, carencés, mal organisés dans un milieu familial très peu stimulant. Quand l'encoprésie survient après une période de propreté même imparfaite, on parle d'*encoprésie secondaire* (30% des cas). Elle est souvent de peu de gravité, fugace et il peut s'agir de la réaction à l'entrée en maternelle ou à la naissance d'un cadet. Parfois, l'enfant peut réagir de cette manière à la maladie grave ou à la mort d'un proche. Les recherches les plus récentes associent l'encoprésie à la rétention de matières fécales. La défécation ne survient que parce que les moyens de rétention de l'enfant sont débordés ou parce que la partie périphérique du fécalome se liquéfie. L'encoprésie est souvent associée au mégacôlon fonctionnel, qui est la conséquence anatomique de la constipation précoce. On retrouve, dans l'étude des familles des enfants encoprétiques, une mère angoissée et obsédée par les évacuations intestinales de son enfant, craignant la constipation et utilisant des suppositoires et lavements. Ce symptôme finit le plus souvent par disparaître. Cependant, il est nécessaire d'aborder globalement les conflits psychiques de l'enfant. Cela nécessite souvent une psychothérapie de l'enfant et une prise en charge des parents. En effet, le devenir de ces enfants montre la survenue fréquente de troubles caractériels et parfois un manque d'investissement intellectuel et scolaire (C. Launay et K. Lauzanne). J.-M. C.

encoprétique

adj. et n.

Se dit d'une personne atteinte d'encoprésie. R. L.

endogène

adj. (angl. Endogenous ou Endogenic)

Qui est d'origine interne, sans concours des influences de l'environnement extérieur.

GÉNÉR. Le concept endogène est notamment employé en psychologie générale à propos des motivations (la faim est endogène par opposition à l'effet d'un stimulus savoureux) ou à propos des acquisitions (celles dues à la maturation, par opposition à celles produites par un apprentissage). J.-F. L. N.

PSYCHIATR. S'opposant à *exogène*, ce qualificatif désigne en pathologie mentale tout le champ de causalité procédant du milieu interne de l'organisme. Pour H. Ey, une psychose est dite « endogène » lorsqu'elle semble résulter, « dans son aspect clinique, d'une organisation interne de la personne. C'est mettre l'accent sur la constitution biopsychologique de l'individu ; c'est dire que la structure génotypique sur laquelle s'édifient la personne et son monde est d'une importance majeure ; c'est dire que la psychose n'est pas seulement un accident mais épouse la trajectoire même de l'existence et du destin de l'homme malade ; c'est dire enfin et surtout que la psychose réside essentiellement dans une altération, sinon une aliénation définitive, de la personne ». E. Kraepelin va abuser de cette notion pathogénique dans la description des deux grandes psychoses, la psychose maniaco-dépressive et la démence précoce. Elles sont pour lui de cause essentiellement endogène, ce qui justifie son pessimisme quant à leur pronostic et son abstention thérapeutique. H. Tellembach, dans ses études sur la mélancolie, maintiendra cette conception psychopathogénique, qu'il cherchera à expliciter par des notions comme « endon » et « typus melancholicus ».

L'endogénéité est surtout défendue actuellement par les partisans d'une causalité héréditaire des maladies mentales, recouvrant la croyance en une organogenèse qui n'a pu faire ses preuves sur le plan anatomopathologique. Mais il faut savoir, comme le rappelle J. Wyrsch dans une étude sur les psychoses endogènes, que les organicistes ont été pendant longtemps les plus exogénistes, alors que les psychogénistes, en particulier les aliénistes spiritualistes allemands du XIXe siècle, comme J.C. Heinroth ou K. Ideler, se déclaraient essentiellement endogénistes. Puis une évolution s'est dessinée, à la fin du siècle, vers une défense de la causalité morbide endogène organique par les neuropsychiatres organicistes décrivant des psychoses dégénératives en privilégiant successivement les notions de dégénérescence puis de constitution, de biotype et plus récemment de processus dysmétaboliques ou encéphalosiques, qui seraient d'origine héréditaire. Et, dans ce mouvement de bascule, les psychogénistes se sont retrouvés, en particulier sous l'influence des idées freudiennes, dans le camp des exogénistes, dont certains vont défendre, à la suite d'A. Meyer, la notion de psychose réactionnelle. J. P.

endogène (rythme)

(angl. Endogenous Rhythm)

Rythme dont l'origine est interne à l'organisme.

Il est admis que les rythmes biologiques ont un caractère endogène, c'est-à-dire que, dans notre système nerveux central, il existe des structures nerveuses responsables du déclenchement et du maintien des rythmicités : des pacemakers ou oscillateurs. Mais des facteurs externes peuvent modifier la périodicité de ces rythmes. P. L.

→ oscillateur, rythme biologique.

endormissement

n.m. (angl. Sleep Onset)

Passage de la veille au sommeil. (Syn. endormement.)

On situe arbitrairement l'endormissement à l'apparition du premier « spindle » (activité E.E.G. en fuseaux) du stade 2 de sommeil. P. L.

→ fuseau du sommeil, sommeil.

endorphine ou endomorphine

n.f. (angl. Endorphine)

Substance naturelle, synthétisée dans le système nerveux central mais aussi dans certains organes périphériques, qui produit des effets comparables à la morphine en se liant spécifiquement aux récepteurs opiacés.

L'isolation des peptides opioïdes endogènes est le résultat d'une recherche systématique qui a commencé par la découverte des récepteurs morphiniques en 1973. Trois équipes découvrent à l'époque des sites de liaison aux morphiniques sur des membranes cellulaires du système nerveux central. La présence de tels sites suggérait l'existence de substances naturelles, endogènes qui, à l'état physiologique, pouvaient se fixer sur ces récepteurs. C'est en 1975 que J. Hughes et H. Kosterlitz mettent en évidence une substance endogène qui agit comme les opiacés sur une préparation tissulaire. Deux peptides sont alors rapidement identifiés : met-enképhaline puis leu-enképhaline. Quelque temps après, une molécule de 31 acides aminés est identifiée : la β-endorphine (bêta-endorphine).

À présent, près d'une vingtaine d'endorphines ont été identifiées et regroupées en trois grandes classes chimiques : les enképhalines, les β-endorphines et les dynorphines.

Les neurones contenant les endorphines, ou riches en récepteurs opiacés, sont dispersés tout le long du système nerveux central. Aux différentes localisations correspondent différentes fonctions. Dans la moelle épinière, situés en regard des terminaisons des nerfs sensitifs, ils modulent la transmission des messages douloureux.

Dans les régions hypothalamiques et hypophysaires, ils participent à la régulation de sécrétions hormonales. Le système limbique, qui joue un rôle central dans la vie des émotions, est également riche en récepteurs opiacés. On peut supposer que la stimulation de ces sites est à l'origine des effets euphorisants produits par les morphiniques.

Les endorphines participent à de très nombreuses fonctions. La perception de la douleur, certes, mais aussi le stress, au cours duquel les endorphines sont libérées au niveau central et périphérique. Ainsi, la β-endorphine mesurée dans le sang est augmentée lors de l'exercice physique, l'accouchement, la chirurgie ou le stress des examens. Ces substances sont également impliquées dans de nombreux comportements tels que la mémoire, l'activité motrice, l'alimentation ou le sommeil.

Chez l'homme, l'exploration des endorphines passe par le dosage de ces peptides dans le sang et le liquide céphalorachidien ou par l'administration de substances qui stimulent ou bloquent les récepteurs face aux opiacés.

Les premières explorations en pathologie mentale datent de 1976 chez des patients schizophrènes. Les troubles dépressifs, la toxicomanie ou l'anorexie mentale sont également à l'étude. Les différentes investigations entreprises n'ont pas encore apporté de résultats formels. En tout état de cause, il apparaît peu probable que les endorphines participent de manière univoque à une fonction ou à un trouble donnés. Elles sont le plus souvent intégrées dans des systèmes d'interaction complexe auxquels participent d'autres neuromédiateurs ou neuromodulateurs.

Dans le cadre de la psychiatrie biologique, la démarche qui relie les maladies mentales aux opiacés diffère de celle qui a conduit à formuler les hypothèses monoaminergiques de la dépression ou de la schizophrénie. Dans ce dernier cas, les recherches ont été inaugurées par l'étude des mécanismes d'action biochimique des antidépresseurs ou des neuroleptiques. Dans le cas des opiacés, les biochimistes ont découvert les récepteurs puis les ligands, et, dans un deuxième temps, les applications cliniques, diagnostiques et thérapeutiques, ont été explorées. F. H.

énergie

n.f. (angl. Energy)

Travail produit par une force qui déplace son point d'application.

Outre son acception stricte, ce terme est employé en psychologie et en physiologie en de nombreux sens analogiques ou métaphoriques. Ainsi, on parle d'énergie spécifique des nerfs pour indiquer, après J. Müller, que chaque nerf suscite une sensation dans une modalité qui lui est propre. La notion métaphorique d'énergie se retrouve dans celle d'activation définie par Duffy comme « la libération d'énergie dans les divers systèmes physiologiques internes, en préparation de l'activité manifeste ». Elle intervient aussi dans les modèles hydrauliques et dynamiques de la motivation*, qui voient dans cette dernière l'accumulation, sous l'effet des besoins, d'une énergie interne se libérant dans les comportements consommatoires. J.-M. C.

énergie mentale

(angl. Mental Energy)

Selon C. Spearman, forme d'énergie absorbée par l'activité mentale.

Pour Spearman, en effet, l'activité mentale exige, comme toute autre forme d'activité, l'utilisation d'une certaine quantité d'énergie, que chaque individu puise dans ses disponibilités, qui sont plus ou moins importantes d'un individu à un autre. Il s'agit de l'une des interprétations proposées par Spearman pour le facteur général d'intelligence (facteur g), consistant à assimiler le g d'un individu à la quantité d'énergie mentale dont il dispose. M. R.

→ facteur.

enfance

n.f. (angl. Childhood)

Période de la vie allant de la naissance à la puberté, laquelle marque le début de l'adolescence.

La période de l'enfance est proportionnellement plus longue chez l'homme que dans les autres espèces animales. L'immaturité de l'enfant humain en fait un être fragile, incapable de survivre par ses propres moyens; mais, simultanément, elle est à l'origine d'une grande plasticité qui permet de s'adapter à des changements de milieu et d'en acquérir le contrôle. L'enfant est dépendant des adultes, ce qui permet le développement de relations interindividuelles fortes et durables et une transmission privilégiée des connaissances acquises par les générations précédentes et de la culture sous tous ses aspects: croyances, code moral, bonnes manières, expression artistique, etc. En conséquence, l'enfance « s'inscrit dans un contexte social, technique et démographique, et dans les variations historiques de ce contexte » (M. Hurtig). Les statuts spécifiques des enfants, les rôles qui leur sont attribués, les attentes, les sollicitations, les apports, les aides, les interdictions dont ils sont l'objet, qui modèlent leur existence journalière, sont déterminés conjointement par l'immaturité biologique et des interprétations socio-historiques.

L'idée d'une spécificité de l'enfance ne date que de la Renaissance et se développe avec celle d'éducation (→ enfant). La partition de l'enfance en « âges de l'enfance », comme on parle d'âges de la vie, se fait sur les modalités éducatives plus que sur des étapes maturatives: pendant longtemps, la petite enfance (de 0 à 3 ans) a été caractérisée par la dépendance de l'enfant à sa mère; mais le développement d'autres types de prise en charge des tout-petits, pendant que les mères travaillent, tend à effacer la limite entre première enfance et âge préscolaire et à faire utiliser des critères plus psychologiques: locomotion autonome, qui donne une certaine indépendance physique; distinction entre « moi » et « les autres », marquée par la crise d'opposition. L'âge de raison, caractérisé par l'accession au raisonnement opératoire, marque le début de la scolarisation obligatoire dans la plupart des cultures.

On peut voir dans la Déclaration des droits de l'enfant, adoptée en 1959 par l'Assemblée générale des Nations unies, la reconnaissance officielle de la spécificité de l'enfance, dont le statut particulier justifierait des droits particuliers. Mais la grande diversité de la condition enfantine à travers le monde montre bien combien les principes ne suffisent pas à guider les institutions. Si, dans le monde occidental, la scolarité obligatoire s'est allongée, si les différences dans le traitement éducatif des filles et des garçons se sont estompées, ce n'est pas le cas dans d'autres cultures, où les rôles de l'homme et de la femme sont bien différenciés et fixés dès la fin de la première enfance, où bien des enfants sont peu ou pas scolarisés et participent très tôt aux activités, voire aux responsabilités des adultes. Pour eux, l'enfance est terminée bien avant la puberté. E.V.

→ article suivant.

enfant

n. (angl. Child)

Garçon ou fille avant l'adolescence.

Rappel historique et culturel des notions d'« enfant » et d'« enfance »

Avant de désigner une notion dans les divers champs du savoir contemporain, l'*enfance* est un terme de notre langue, mis en jeu dans le discours à côté du terme *enfant*, dont il se distingue par son statut sémantique. Alors que « les enfants » désignent les individus d'une classe d'âge (d'ailleurs définie d'une manière fluctuante selon les circonstances et les époques), le terme d'*enfance* renvoie à l'« être enfant » et reçoit son sens d'une constellation d'attributs eux-mêmes dépendants de l'évolution des mentalités dans notre histoire.

Pour les Latins, *infantia*, c'est d'abord le défaut d'éloquence et, ensuite, les jeunes années des hommes, comme celles des animaux ou des plantes. L'*infans*, c'est celui qui ne parle pas bien, qui est sans éloquence; et c'est ensuite celui qui ne peut pas encore prendre la parole en raison de sa jeunesse, donc le tout jeune enfant. (D'autres termes désignent en latin les enfants plus âgés ou bien les enfants comme descendance: *puer, puella*; *liber, liberi*.) Bloch et Wartburg citent l'existence, dans les parlers du sud-ouest de l'Europe à la même époque, des mots *infante* et *fante*, qui ont évolué vers le sens de « valet », « servante » et que l'on retrouve en français dans le vocabulaire militaire (fantassin, infanterie, « enfants perdus »). Les termes d'*enfant* et d'*enfance* sont entrés dans notre langue lourds déjà d'une polysémie où se rencontrent une référence à l'art de la parole et une référence à un statut juridique d'infériorité et de soumission. Ainsi, les termes qui nomment par tradition la jeunesse ne sont pas des termes neutres puisqu'ils marquent l'inachèvement avec une connotation de défaut et qu'ils lui associent un destin d'assujettissement.

De la description des conduites enfantines à une théorie psychologique de l'enfance

Le nombre des études sur les conduites des enfants, leur importance dans l'élaboration des doctrines psychologiques constituent l'un des aspects marquants de la psychologie moderne. Cependant, l'impact du savoir psychologique sur les pratiques d'éducation et d'aide à l'enfance, et sur les modes de pensée du public depuis la fin de la Seconde Guerre mondiale, ne doit pas faire oublier le caractère récent des doctrines psychologiques sur l'enfance ni les circonstances de leur élaboration.

En effet, l'observation et la description systématique des conduites enfantines ont débuté dans le dernier quart du XIXe siècle sous l'impulsion d'enseignants et de médecins conscients que l'efficacité de leur action éducative et hygiéniste ne pouvait résulter seulement de la mise en œuvre de bons sentiments et de principes moraux mais qu'elle dépendait de son étayage sur une connaissance effective des réalités de l'enfance, soit une connaissance fondée sur le recueil et l'analyse de données empiriques.

À ce moment-là, la psychologie explore tout juste les conditions de sa constitution comme science. L'étude des conduites enfantines se développe donc d'abord dans un climat de relative naïveté doctrinale : elle vise à décrire des modes de relation et d'action propres à chaque âge, à établir leur chronologie et à dégager les facteurs susceptibles d'influencer le rythme et la qualité d'une évolution des conduites qui, en tant que telle, est censée se donner à l'observation. Dans sa première époque, la psychologie de l'enfant est une psychologie descriptive qui semble répondre aux objectifs suivants : dégager une norme de l'évolution des aptitudes et des conduites au cours des années d'enfance ; définir les bases psychologiques des apprentissages et de la socialisation. Les premiers résultats ont suscité un intérêt pour l'évolution comme telle des conduites des enfants et un souhait d'en connaître les lois. C'est là l'origine, semble-t-il, d'une théorisation de l'enfance dans le champ de la psychologie.

Dans un premier temps, l'évolution des conduites chez les enfants est enregistrée et soumise à une description systématisée. Dans un deuxième temps, cette évolution est interrogée dans sa logique et dans sa dynamique. Une notion psychologique d'enfance se dessine dans ce second temps et elle trouve ses formulations les plus achevées dans les thèses de la psychologie génétique sous l'impulsion de deux grands théoriciens, J. Piaget et H. Wallon.

Avec Piaget et Wallon, l'évolution des conduites au cours des années d'enfance, telle qu'elle a été enregistrée par une observation systématique, est pensée en termes de développement et d'ontogenèse.

Certes, leurs doctrines explicatives sont distinctes. Piaget propose une théorie de la croissance mentale liée à la croissance physique et dont les stades opératoires commanderaient en quelque sorte les relations possibles de l'enfant avec le monde extérieur, dans le registre de l'affectivité comme dans le domaine intellectuel. Wallon envisage le développement mental comme la résultante des interrelations entre l'organisme biopsychologique en maturation et un milieu tant social que physique, avec lequel il serait d'emblée en prise. Mais, par-delà leurs divergences doctrinales, l'important est leur commun effort pour expliquer les fonctions mentales de l'adulte par leur mode de formation, par leur structuration progressive, tels que les manifeste le développement des conduites et des modes de pensée observé chez les enfants.

La psychologie de l'enfant change alors de statut : comme le précise Piaget, elle « devient un instrument essentiel d'analyse explicative pour résoudre les problèmes de la psychologie générale ». L'observation des conduites enfantines n'est plus simplement le moyen de promouvoir une rencontre éducative avec les enfants à partir d'une représentation raisonnée et réaliste de l'enfance. Elle est mise au service des objectifs de la psychologie générale. Une notion psychologique d'enfance apparaît là, nourrie de la problématique du développement biopsychologique, comme ontogenèse des fonctions psychologiques. « Être enfant » devient synonyme de « être un organisme en développement ».

Une troisième époque de la psychologie s'ouvre avec la diffusion des thèses généticiennes, où la perspective de l'ontogenèse circonscrit vigoureusement l'abord des processus psychologiques décrits et analysés. L'enjeu des études concrètes menées sur les enfants se transforme de nouveau. Le regroupement des enfants dans les institutions d'éducation favorise le découpage de la population enfantine en classes d'âge et selon d'autres critères que le chercheur peut comparer à loisir ; il permet des montages expérimentaux d'où s'efface totalement le caractère anecdotique et particulier des monographies et des études longitudinales plus anciennes. Le travail expérimental et statistique sur ces populations enfantines fait surgir une catégorie nouvelle, l'*Enfant*, un enfant moyen et anonyme que l'on pourrait définir comme le lieu où sont révélées — à la manière des cuves de l'atelier photographique — les figures exemplaires des stratégies successivement élaborées par l'individu en fonction de ses possibilités opératoires pour analyser et synthétiser l'information qui le sollicite de l'extérieur et l'incite à l'action.

Ainsi, les thèses psychogénétiques constituent depuis une trentaine d'années la réponse théorique de la psychologie scientifique à une interrogation plus générale sur l'enfance. Elles se présentent comme une alternative aux thèses béhavioristes de l'apprentissage tout en inscrivant la question de l'enfance dans la problématique générale des comportements telle qu'elle est élaborée par la psychologie scientifique.

La notion d'enfance forgée par les thèses psychogénétiques s'offre à la psychologie comme modèle possible des processus psychologiques organisés en systèmes dynamiques. Cette problématique porte le sceau de l'option naturaliste par laquelle la psychologie, en 1880, avec Th. Ribot, s'est déclarée scientifique ; elle situe les conduites humaines dans la logique de l'adaptation vitale commune à tous les organismes vivants, ce qui les soumet par principe à l'ordre et aux lois des processus neurophysiologiques, quelles que soient leur complexité et leur traversée par l'usage des symboles.

La référence au biologique en psychologie répond ainsi à son souci constant de se garantir contre tout avatar du dualisme des classiques et de promouvoir une théorie explicative des conduites de l'homme en référence exclusive au monisme matérialiste.

Dès lors, on peut se demander si l'emploi généralisé de la notion théorique d'« enfance-ontogenèse » ne revient pas à masquer l'héritage philosophique et idéologique de la problématique de l'enfance qui justifie le développement de la psychologie de l'enfant, et s'il n'induit pas une méconnaissance de son ancrage dans un débat sur l'homme qui déborde considérablement le cadre des procédures de l'objectivation scientifique. Ne privilégie-t-il pas abusivement l'apport de la biologie et de la médecine — au demeurant d'une importance capitale — dans la connaissance du développement psychologique humain ?

Sources philosophiques et idéologies récentes de la notion d'enfance

Il faut rappeler la manière dont se renouvellent les représentations de l'enfance au XVIIe et au XVIIIe siècle, à l'occasion du débat philosophique sur la nature humaine et sur le destin terrestre de l'homme, créé de main divine, sans doute, mais dans l'ordre de la nature. La foi dans le progrès suscité par le développement des connaissances et la foi dans la perfectibilité de la nature humaine sont deux valeurs essentielles à la philosophie des Lumières.

L'enfant au XVIIIe siècle : l'éducation et la sensibilité

Dans le contexte du XVIIIe siècle, la civilisation prend le sens d'un idéal qui justifie la maîtrise des connaissances et le contrôle des passions. L'enfance vient à représenter en chaque homme la nature originelle : promesse créatrice et spontanéité dangereuse, qui soutient jusqu'à nous un désir contradictoire envers les enfants : désir de leur épanouissement et désir de leur maîtrise.

Aux sources de la notion psychologique d'enfance, les Encyclopédistes et Rousseau ont apporté une thématique complexe ; celle-ci a façonné les attitudes collectives qui se sont développées au XIXe siècle vis-à-vis des jeunes : on y trouve d'une part l'apologie de l'enfant comme être profondément original par rapport à l'adulte et qui, pour développer ses potentialités, exige d'être reconnu tel qu'il est et d'être respecté dans sa dignité. On y trouve d'autre part l'éducabilité et la perfectibilité comme qualités fondamentales de l'enfance ainsi que la sensibilité des enfants à l'influence et aux modèles des adultes qui s'occupent d'eux.

L'intérêt pour l'observation empirique des enfants s'appuie sur l'idée que l'ordre de la nature se dévoilerait dans leurs conduites spontanées et guiderait en raison l'action éducative.

L'enfant au XIXe siècle : la science et la révolution industrielle

Avec l'émergence de la science moderne au XIXe siècle, le débat sur l'homme se transforme : il n'est plus celui des rapports de la nature humaine originelle et de la civilisation qu'elle produit et qui la transforme ; il est celui du principe matérialiste des fonctions mentales, de leur ancrage anatomo-psysiologique dans l'organisme, de leur finalité biologique et des lois de leur développement.

La conception de l'enfance issue des courants philosophiques du XVIIIe siècle s'adapte remarquablement à cette nouvelle idéologie et s'y transforme dans de nouvelles formulations :

— l'enfance apparaît comme le temps de l'ontogenèse des fonctions mentales, et l'observation des conduites spontanées des enfants doit mettre leur émergence en rapport avec les données du développement neurophysiologique ;

— l'enfance est envisagée de plus comme un état intermédiaire entre les espèces animales et l'homme adulte.

Une autre source de la notion psychologique d'enfance est la prise de conscience collective de la misère, tant économique que sanitaire, affective et culturelle, dans laquelle la plupart des enfants vivent et meurent : dans les campagnes ravagées par la pauvreté, mais aussi et de plus en plus dans les villes surpeuplées et désorganisées par le développement industriel.

Une politique volontariste de la famille, de l'éducation et du contrôle social est mise en œuvre : politique pour laquelle ont été sollicités les médecins, les scientifiques, les juristes, les enseignants et qu'il faudrait interroger dans ses fondements et dans ses répercussions idéologiques, en ce qu'elles ont infléchi les choix thématiques et méthodologiques en psychologie.

L'enfance et la métaphore du développement

Que peut signifier l'enroulement d'une problématique de l'enfance autour de la notion de développement et, plus précisément, de développement individuel ? L'idée de développement présuppose un « déjà-là », au moins en germe et qui grandit à partir de lui-même selon les lois de son propre dynamisme, même s'il se nourrit d'apports extérieurs. Mais cette métaphore a ses limites. On peut partir de l'exemple de la participation du langage à l'expérience humaine et de ce qui peut en être élaboré à partir de la métaphore du développement.

La psychologie a abordé cette question en développant d'abord de nombreuses études sur ce qu'on dénommait « acquisition ou développement du langage chez l'enfant ». À reprendre cette littérature très riche, on s'aperçoit d'une part que ces études portent en fait sur le développement de la parole et de l'aptitude au discours articulé dans le cadre de la communication ; et d'autre part qu'elles envisagent le langage comme une entité globale vouée à la représentation et à la communication, sans tenir compte de la spécificité structurelle et fonctionnelle de la langue dans l'ensemble des systèmes symboliques.

Pour l'ensemble des chercheurs, la parole semble trouver son origine dans les vocalises et la découverte des articulations buccales les plus diverses et se développer d'une façon continue par l'adoption progressive de formes sonores de la parole ambiante, puis, avec la découverte du sens des mots liée à l'activité manipulatoire et motrice, par l'intégration du lexique et de la grammaire de la langue ambiante, selon les modalités de l'apprentissage spontané.

Le questionnement de la psychologie s'est poursuivi en se centrant sur l'élucidation des mécanismes psychomoteurs et cognitifs qui sous-tendraient un tel développement de l'activité verbale, et sur l'analyse des effets en retour de l'activité verbale dans l'élaboration des mécanismes cognitifs. Or, cette démarche psychogénétique bute sur une difficulté que les psychologues ont essayé de résoudre et qui concerne l'essence du langage humain.

Les linguistes ont démontré que le ressort du langage humain ne peut être appréhendé d'une façon rigoureuse qu'en référence à la langue (dont les langues naturelles sont autant de concrétisations originales) et que la langue est à concevoir comme un système symbolique qui roule tout entier sur le fonctionnement différentiel d'unités discrètes. C'est un système étranger à l'ordre des processus neurophysiologiques. Le fonctionnement langagier, dans la perspective issue de F. de Saussure, présente le paradoxe que la vacuité sémantique radicale des unités de la langue (ou signifiants) permet la créativité signifiante de celle-ci : le sens surgit de la confrontation d'une unité quelconque de la langue avec les unités qui constituent son contexte dans la chaîne parlée et avec celles qui sont ainsi évoquées dans la mémoire du sujet parlant.

Comment les psychologues généticiens ont-ils résolu cette spécificité ? Piaget et Wallon ont absorbé le caractère spécifique de la langue dans la convention sociale, qui est un aspect important de l'existence et de l'emploi des langues concrètes mais qui ne rend pas compte de l'arbitraire des unités linguistiques.

Ils ont alors imaginé une genèse des rapports du petit enfant à ce système symbolique plein d'étrangetés sémantiques. Piaget imagine que l'enfant invente, d'abord psychologiquement, le symbole et que cette invention le rend sensible à la dimension significative des signes verbaux. Il les appréhende alors comme des symboles analogues aux siens mais marqués par une convention sociale d'emploi. Il les substitue progressivement aux symboles qu'il avait d'abord inventés. Wallon, de son côté, imagine l'acquisition du langage en deux temps : un premier temps où l'enfant absorbe les formes de la langue ambiante telles qu'elles lui sont données à travers les métaphores et les approximations de la parole de son entourage ; un deuxième temps où l'enfant prend conscience de la rhétorique et où il la critique pour rétablir le sens logique des énoncés et des mots.

Les psycholinguistes contemporains font une autre proposition pour résorber l'écart entre le fonctionnement signifiant de la langue et les processus cognitifs : ils envisagent la langue comme un cas particulier des systèmes d'information et intègrent l'activité langagière dans l'ensemble des procédures du traitement général de l'information.

Toutes ces solutions tentent de préserver l'autonomie et le primat du développement des fonctions psychologiques par rapport aux effets possibles du langage dans le devenir humain ; ce qui revient à dire qu'elles excluent l'hypothèse que la structure signifiante de la langue puisse constituer un élément fondateur de l'élaboration des structures psychologiques qui organisent les rapports dynamiques de l'homme avec l'autre, avec la réalité extérieure et avec lui-même à l'intérieur de son histoire propre.

Les choix épistémologiques de la psychologie scientifique

Cette exclusion paraît avoir été nécessaire à la psychologie scientifique en raison de ses choix épistémologiques, même si cette nécessité y est demeurée méconnue. Il y a à cela deux raisons.

Le rôle de la langue dans les fonctions psychologiques

La première raison est que l'hypothèse d'une participation de la structure signifiante de la langue à l'assomption et à l'organisation des fonctions psychologiques présuppose que, pour l'humain, l'ordre de la langue recouvre le réel d'un réseau serré de signifiants qui le découpe selon sa logique propre, sans d'ailleurs l'épuiser. La perception et la connaissance directes du réel sont alors difficiles à imaginer et ce que nous appelons « réalité » apparaît non seulement comme une élaboration symbolisante de l'esprit mais, plus fondamentalement, comme une donnée symbolique qui s'impose à l'homme de l'extérieur, dans des termes qui sont les formes contingentes des langues concrètes et de la tradition culturelle.

Le problème de la subjectivité

La deuxième raison est que cette hypothèse présuppose la prise en compte de la singularité subjective qui résulte pour chaque sujet humain des conditions particulières de sa confrontation à l'ordre de la langue : elle s'opère nécessairement à travers sa rencontre de la parole des humains auxquels il est déjà lié avant de pouvoir le savoir par une chaîne de discours où il tient lui-même une place de signifiant.

Or, la subjectivité est la part exclue de la psychologie en ce qu'elle conduit à une problématique de la singularité de l'humain qui est antinomique de ce que la psychologie cherche à atteindre en l'homme, à savoir les structures généralisables à tous les individus de l'espèce. Quant à la non-accession au réel comme tel, elle est contradictoire avec l'une des hypothèse fondatrices de la psychologie cognitive, celle d'une aptitude spécifique à percevoir, analyser et traiter les qualités intrinsèques du réel pour en faire la synthèse et ainsi élaborer les qualités de la réalité. D. W.

BIBLIOGRAPHIE

Freud, S., 1917, *Introduction à la psychanalyse*, trad. fr., Paris, Payot, 1951.

Hurtig, M., et Rondal, J.A., 1981, *Introduction à la psychologie de l'enfant*, Bruxelles, Mardaga.

Lacan, J., 1966, *Écrits*, Paris, Seuil.

Piaget, J., 1964, *Six Études de psychologie*, Paris, Gonthier.

Wallon, H., 1945, *les Origines de la pensée chez l'enfant*, Paris, P.U.F.

Weil, D., 1988, *Une parole sans sujet. La psychologie et le langage, 1880-1980*, Berne, P. Lang.

Zazzo, R., 1983, *Où en est la psychologie de l'enfant?*, Paris, Denoël-Gonthier.

enfant (psychologie de l')

(angl. Child Psychology)

Étude de l'enfant comme être spécifique, différent de l'adolescent et de l'adulte.

Elle trouve son origine dans l'idée, affirmée au XVIIIe siècle par J.-J. Rousseau, que l'enfant est autre chose qu'un adulte en réduction, qu'il diffère de celui-ci non seulement quantitativement (il est moins grand, moins fort, il a moins de connaissances) mais surtout qualitativement (ses conduites, ses pensées, ses connaissances sont autres et organisées autrement).

LES SPÉCIFICITÉS DE L'ENFANT

L'objectif de la psychologie de l'enfant est de mettre en évidence les spécificités de l'enfance, voire de l'adolescence. Pour y parvenir, elle entend étudier l'enfant pour lui-même, sans référence à l'adulte qu'il deviendra. Elle s'intéresse donc aux répertoires particuliers à un âge donné et cherche l'explication des comportements isolés dans les systèmes auxquels ils appartiennent au moment où ils se manifestent. Ainsi, elle peut décrire l'enfant de 3 ans, ou l'enfant de 7 ans, à partir de comportements ou de configurations comportementales typiques : l'opposition à 3 ans, l'argumentation objectiviste à 7 ans, etc., sans regard en arrière, par souci d'en expliciter les origines, ni prévision. Elle peut décrire une succession de changements sans s'interroger sur leur sens et énoncer des pronostics sans leur accorder une valeur générale mais en insistant sur les conditions de leur réalisation. Elle privilégie l'aspect synchronique des conduites sur leur aspect diachronique, auquel s'attache essentiellement la psychologie génétique. Elle adopte un point de vue fonctionnel, prenant en compte les contenus, plus souvent qu'un point de vue structural ou mécaniste. Dans cette perspective, elle a longtemps refusé les explications causales, suspectes de simplification abusive ou de réductionnisme, au profit d'analogies qui reposaient sur l'hypothèse de finalités communes. Ainsi, elle a par exemple emprunté aux explications de l'animisme observé dans des sociétés non industrielles l'explication de l'animisme enfantin. Ces positions résument ce qui la distingue de la psychologie génétique : le refus d'utiliser l'enfant comme un modèle explicatif des conduites, comme un sujet épistémique, c'est-à-dire la base, fût-elle fondamentale, d'un savoir organisé. La conclusion extrême d'une psychologie de l'enfant consisterait, comme l'a indiqué R. Zazzo, « à opposer comme des réalités hétérogènes, la mentalité de l'enfant à la mentalité de l'adulte ». Mais le rythme, l'ampleur et l'orientation des changements observables de la naissance à l'âge adulte s'y opposent et la psychologie de l'enfant n'a d'autre recours que de considérer l'enfance comme une multiplicité discontinue. H. B.

L'INTELLIGENCE CHEZ L'ENFANT

Le concept d'intelligence ne s'applique évidemment pas seulement à l'enfant, mais c'est surtout à l'intelligence de l'enfant, en particulier d'âge scolaire, et au développement de l'intelligence que s'est intéressée la psychologie. L'idée du quotient d'intelligence (Q.I. : âge mental/âge réel × 100) par exemple vient de l'étude du développement et de la volonté de situer le développement individuel. Par ailleurs, les thématiques de recherche diverses, recouvertes classiquement par le concept d'intelligence ou, plus récemment, par les concepts d'activités intellectuelles ou d'activités cognitives, ne sont pas développées de la même manière dans la psychologie générale et dans celle de l'enfant.

Deux courants principaux peuvent être distingués dans l'étude de l'intelligence de l'enfant : l'un centré sur les différences interindividuelles et la mesure de l'intelligence* en psychologie différentielle, l'autre sur l'étude des mécanismes en jeu dans son fonctionnement et son développement.

LE COURANT PSYCHOMÉTRIQUE

Au XIXe siècle, F. Galton a été l'initiateur du premier courant, H. Taine celui du second, mais les deux prennent leur essor à partir des travaux de A. Binet au début de ce siècle. Celui-ci est l'auteur d'un travail de réflexion sur les formes d'intelligence mais surtout l'inventeur de la première échelle de mesure de l'intelligence. Binet, désireux d'orienter le plus tôt possible et de manière objective les enfants en difficulté dans le système scolaire, mesure à l'aide d'épreuves portant sur des connaissances scolaires où de la vie quotidienne le niveau des enfants par rapport à la réussite moyenne à leur âge. Il invente la notion d'âge mental, à partir de laquelle I. Stern propose le quotient d'intelligence, ou Q. I., qui suppose un développement continu de l'intelligence. Le test de Binet connaît un grand succès aux États-Unis, où il est adapté par Terman. D'autres tests se développent alors pour mesurer l'intelligence de l'adulte aussi bien que celle du bébé. Les tests de Wechsler (WISC pour l'enfant, WAIS pour l'adulte) partent d'un calcul du Q.I. lié au postulat d'une distribution normale des performances et non au rapport à l'âge réel. Dans les années 1930 apparaissent les premiers tests pour bébé (→ baby-test), dont beaucoup sont inspirés des travaux de A. Gesell, une seconde vague étant basée sur la théorie de J. Piaget.

Les réflexions théoriques issues de ce courant psychométrique ont été centrées sur une double opposition : hérédité-milieu et facteur général-facteurs spécifiques expliquant la réussite aux tests. Globalement, les perspectives innéistes et unifactorielles ont eu une influence prédominante à cause de la stabilité assez forte du Q.I. dans la période scolaire et postscolaire et de la faible aptitude des tests mis au point dans une perspective environnementaliste (tests indépendants de la culture ou équitables pour toutes les cultures) à prédire la réussite scolaire. Il faut toutefois noter que cette perspective innéiste se trouve devant deux difficultés importantes : d'une part, les tests pour bébés ne permettent pas de prédire le Q.I. ultérieur ; d'autre part, le Q.I. moyen monte d'une génération à l'autre. Actuellement, ces querelles n'ont pas disparu, mais la perspective psychométrique dans son ensemble a subi un déclin face à la montée de la seconde perspective : l'analyse des processus. Parallèlement, l'utilisation du mot *intelligence* a décliné au profit de l'expression *développement cognitif*, qui désigne à la fois le développement des possibilités d'acquisition de nouvelles connaissances et celui des connaissances.

LE COURANT DÉVELOPPEMENTALISTE

La réflexion sur les mécanismes du fonctionnement et du développement de l'intelligence a été longtemps le fait de la psychologie de langue française et a été marquée par la théorie de H. Wallon et surtout celle de Piaget, dont le retentissement international a été plus important.

WALLON. La théorie de Wallon se situe aux antipodes des conceptions innéistes de l'intelligence dans la mesure où elle insiste sur une spécificité humaine peu prise en compte par la psychométrie : l'existence d'une culture et donc d'une histoire, ainsi que sur l'unité de la personne et de son développement. Elle englobe l'intelligence dans l'ensemble de la personnalité de l'enfant. Le développement de l'intelligence est inséparable de celui de l'acculturation et, en particulier, de l'acquisition du langage, qui marque une rupture importante dans ce développement. Ces idées ont conduit Wallon à une sous-estimation des capacités précoces de l'enfant, déjà critiquée par Piaget.

Piaget. La théorie de Piaget a constitué pendant de nombreuses années le cadre de référence dominant de la psychologie de l'intelligence de l'enfant francophone, puis internationale. Elle reste actuellement une base de référence, y compris pour s'en démarquer, et continue à susciter de nombreux travaux, empiriques et théoriques. D'un point de vue général, les notions de schème, d'adaptation (équilibration par assimilation et accommodation) et d'organisation jouent un rôle central. Dans une perspective de développement de l'intelligence chez l'enfant, c'est l'idée de stade, en tant que structure globale de fonctionnement impliquant des modes de fonctionnement isomorphes dans des tâches différentes, qui a fait l'objet d'une grande attention de la part des chercheurs. L'intelligence de l'enfant passerait par deux grandes périodes : l'intelligence sensori-motrice, précédant l'acquisition du langage et de la représentation, et la véritable intelligence, concrète avant de devenir opératoire (vers 7-8 ans) puis formelle (vers 12 ans). Chacune de ces périodes est divisée en sous-stades. La période sensori-motrice en comprend 6 et ce n'est qu'à partir du 4e que l'on peut véritablement parler d'intelligence.

Les recherches postpiagétiennes. Cette notion de stade a constitué l'une des bases de la contestation de la théorie de Piaget, dans la mesure où l'on a constaté de nombreux « décalages horizontaux », c'est-à-dire des différences de performances, conduisant à des différences de stade suivant le domaine de connaissance. Un second mode de contestation de la théorie a consisté à remettre en cause le rôle des expériences manipulatoires puis logiques de l'enfant comme base du développement et, tout en gardant les concepts de base piagétiens, à montrer l'importance des relations sociales, en particulier du conflit socio-cognitif dans le développement.

Une contestation plus radicale est venue du cognitivisme moderne. Chez l'enfant d'âge scolaire, l'analyse fine des tâches, en particulier scolaires, prenant en compte non seulement leur structure logique mais l'ensemble des processus de traitement nécessaires à leur résolution, a mis en évidence une distance sans cesse plus évidente entre le sujet « épistémique » piagétien et l'enfant concret en situation concrète. Les « savants en herbe » fonctionnent autant par bricolage qu'avec logique et leurs stratégies ont un poids aussi grand que leurs schèmes dans leurs performances cognitives.

Mais c'est surtout des recherches sur le nourrisson qu'est venu le plus important renouvellement dans la manière de penser l'intelligence de l'enfant dans l'ère postpiagétienne. Grâce à de nouvelles méthodes, des capacités très précoces des bébés ont été mises en évidence dans les vingt dernières années. Les capacités de discrimination, de catégorisation, d'imitation, de perception de la causalité, de mise en relation d'informations d'origine sensorielle différente ont conduit à attribuer au bébé des capacités cognitives (représentation, permanence de l'objet...) beaucoup plus précoces qu'on ne le supposait antérieurement. Du point de vue théorique, ces découvertes ont provoqué le développement d'un néo-innéisme se présentant comme la solution unique de remplacement du constructivisme piagétien. De fait, ces capacités ne sont pas toutes présentes à la naissance, celles qui le sont progressent rapidement dans les premiers mois ou disparaissent avant de se réorganiser sur une base plus stable. Ces faits, ainsi que le rôle majeur de la perception comme témoin de l'activité cognitive, conduisent à une remise en cause de ce néo-innéisme ainsi que de la notion d'intelligence sensori-motrice, classiquement utilisée pour caractériser cette période. L'intelligence, source des premières connaissances, serait d'abord perceptive. L'importance des relations du bébé avec son environnement familial dans les premiers mois et les rôles stimulant et répondant de celui-ci amènent à penser que cette intelligence, plus encore que celle de l'enfant d'âge scolaire, est aussi sociale. R. L.

→ affectivité, intelligence, intelligence (quotient d').

Bibliographie

Bastien, C., 1987, *Schèmes et stratégies dans l'activité cognitive de l'enfant*, Paris, P.U.F.

Bideau, J., 1988, *Logique et bricolage chez l'enfant*, Lille, Presses universitaires de Lille.

Bril, B., et Lehalle, H., 1988, *Le développement psychologique est-il universel? Approches interculturelles*, Paris, P.U.F.

Doise, W., et Mugny, G., 1981, *le Développement social de l'intelligence*, Paris, Interéditions.

Lautrey, J., 1980, *Classe sociale, milieu familial et intelligence*, Paris, P.U.F.

Lécuyer, R., 1989, *Bébés astronomes, bébés psychologues. L'intelligence de la première année*, Bruxelles, Mardaga.

Oléron, P., 1989, *l'Intelligence de l'homme*, Paris, Armand Colin.

Piaget, J., 1936, *la Naissance de l'intelligence chez l'enfant*, Neuchâtel, Paris, Delachaux et Niestlé.

Reuchlin, M., et Bacher, F., 1989, *les Différences individuelles dans le développement cognitif de l'enfant*, Paris, P.U.F.

Wallon, H., 1942, *De l'acte à la pensée*, Paris, Flammarion.

enfant en danger

(angl. Child in Danger)

1. **Enfant dont on présume que la santé, la sécurité ou la moralité ne sont plus en mesure d'être assurées au mieux de son épanouissement.** 2. **Enfant dont les conditions d'éducation sont gravement compromises.**

Dans ces situations, des mesures d'assistance éducative peuvent être prononcées par le juge des enfants compétent. La loi du 10 juillet 1989 a instauré, principale innovation, un service national d'accueil téléphonique gratuit, fonctionnant 24 heures sur 24 (numéro vert 05-05-41-41). Ce service est chargé d'offrir une écoute permanente, d'informer et de conseiller les professionnels, d'entendre et d'aider les parents. Le Code du travail prévoit un statut spécifique pour les enfants du spectacle et les enfants-mannequins limitant le nombre et la durée des jours de travail. M. G.

→ enfant maltraité.

enfant maltraité

(angl. Battered Child)

Enfant faisant l'objet de sévices physiques et/ou de violences (ou de délaissement d'ordre psychoaffectif) de la part de ses parents ou d'un adulte de son entourage.

Plusieurs dizaines de milliers d'enfants sont chaque année, en France, dans cette situation. La majorité en conservent ultérieurement des séquelles et plusieurs centaines en meurent. Seul le fait de signaler ces cas aux autorités judiciaires (procureur de la République près le tribunal de grande instance) ou administratives (la D.D.A.S.S.) permet d'éviter ces évolutions. M. G.

→ enfant en danger.

engagement

n.m. (angl. Commitment)

Acte par lequel la personne assume ses valeurs au travers de son action (matérielle, sociale, etc.) et exprime complètement son être intellectuel et moral dans cette action.

Définitions et opérationnalisation de l'engagement

La notion d'engagement a été introduite en psychologie sociale en 1962 par J. W. Brehm et A.R. Cohen dans le premier ouvrage de synthèse consacré à la théorie de la dissonance cognitive de L. Festinger. Ils eurent notamment recours à cette notion, qui traduit chez eux l'idée de résistance au changement, afin de pouvoir désigner parmi deux cognitions en désaccord la plus résistante et donc celle susceptible d'orienter le travail cognitif. (→ dissonance cognitive [théorie de la]). Sans définir cette notion, ils avancent qu'un individu peut être considéré comme engagé s'il a décidé de faire ou de ne pas faire quelque chose, s'il a effectué un choix irrévocable entre les termes d'une alternative, s'il s'est comporté de lui-même de telle ou telle façon.

Le terme *d'engagement* est repris par la suite par les principaux théoriciens de la dissonance, qui considèrent comme marque d'engagement les caractéristiques de la situation expérimentale nécessaires à l'obtention de l'effet de dissonance. Cet effet n'étant ordinairement obtenu que dans les situations dans lesquelles l'expérimentateur laisse au sujet le sentiment qu'il est libre de se comporter comme il l'entend et que son comportement ne restera pas sans conséquence, ce sont ces deux caractéristiques (libre choix et conséquences de l'acte) qui sont retenues par les successeurs de Festinger comme les critères essentiels d'engagement. Toutefois, si les théoriciens de la dissonance ont ressenti le besoin de faire appel à la notion d'engagement pour préciser et pour rendre plus opératoires certaines formulations de Festinger, ils l'ont employée dans des sens très différents, concourant ainsi à entretenir une confusion dommageable sur le plan théorique.

En 1971, dans son ouvrage sur la psychologie de l'engagement, C.A. Kiesler s'efforce alors d'inscrire cette notion dans un cadre théorique spécifique. Pour lui, l'engagement doit être pris comme signifiant « l'allégeance ou le lien d'un individu à ses actes comportementaux ». On retient que, pour Kiesler, ce sont les actes et non pas les idées qui engagent et que l'on peut être plus ou moins engagé par ses actes. Pour cet auteur, le degré d'engagement est fonction du contexte dans lequel l'acte a été obtenu. Les psychologues sociaux s'accordent aujourd'hui sur les caractéristiques contextuelles qui affectent le degré d'engagement. Elles peuvent être regroupées en trois catégories.

Le sentiment de liberté associé à l'acte

Un acte engage d'autant plus que celui qui l'émet a le sentiment d'en avoir lui-même librement décidé. Dans les recherches, ce sentiment n'est le plus souvent que le résultat d'une simple induction verbale de la part de l'expérimentateur : « c'est à vous de décider » dit-on dans ce cas.

Les justifications fournies à l'acte

Un acte engage d'autant plus que celui qui l'émet dispose de peu de justifications. Il peut s'agir de justifications religieuses, morales, institutionnelles, mais il peut s'agir aussi bien de sanctions (promesses de récompenses ou menaces de punitions) mises en avant par la personne qui sollicite l'acte.

L'importance de l'acte

Plusieurs caractéristiques confèrent à l'acte son importance. Un acte engage d'autant plus qu'il est coûteux (c'est-à-dire qu'il représente pour celui qui l'émet un investissement en temps, en effort, en argent, etc.), qu'il a des conséquences prévisibles, qu'il est réalisé publiquement et enfin qu'il est réalisé plusieurs fois.

Les effets de l'engagement

Les effets de l'engagement ont été étudiés sur le plan cognitif et sur le plan comportemental. Sur le plan cognitif, l'engagement dans un acte a pour effet de rendre plus accessibles en mémoire les connaissances et les informations en rapport avec cet acte. Si l'acte est conforme aux attitudes du sujet, l'engagement conduit à une consolidation d'attitude et on pourra observer une plus grande résistance aux tentatives de persuasion ultérieures. Si l'acte n'est pas conforme aux attitudes du sujet, l'engagement conduira à un changement d'attitude et on pourra alors observer un réajustement cognitif dans le sens d'un meilleur accord attitude-comportement. (→ dissonance cognitive [théorie de la], rationalisation.)

Sur le plan comportemental, l'engagement dans un acte a d'abord pour effet de rendre cet acte plus résistant au changement. Ce premier effet permet notamment de comprendre la tendance qu'ont les gens à rester sur une décision même lorsqu'elle cesse d'être avantageuse pour eux. (→ amorçage 1.) L'engagement dans un acte a ensuite pour effet de rendre plus probable l'émission de nouveaux comportements allant dans le même sens. Ce second effet permet en particulier de comprendre pourquoi, après avoir rendu un premier service peu coûteux, les gens acceptent plus facilement de rendre d'autres services plus coûteux. (→ pied-dans-la-porte.) R.-V. J.

Bibliographie

Beauvois, J.L., et Joule, R.-V., 1981, *Soumission et idéologies*, Paris, P.U.F.

Brehm, J.W., et Cohen, A.R., 1962, *Explorations in Cognitive Dissonance*, New York, Wiley.

Joule, R.-V., et Beauvois, J.L., 1987, *Petit Traité de manipulation à l'usage des honnêtes gens*, Grenoble, Presses universitaires de Grenoble.

Kiesler, C.A., 1971, *The Psychology of Commitment*, New York, Academic Press.

engramme

n.m. (angl. Engram)

Trace organique hypothétique constituant le support de la mémoire. R. L.

ennéachorique (coefficient)

(angl. Enneachoric Coefficient)

Coefficient d'une corrélation calculée sur deux échelles d'intervalles comportant chacune trois classes d'effectifs peu différents. (Syn. coefficient ennéachorique de Coumétou.) M. R.

→ corrélation.

enquête

n.f. (angl. Survey)

Méthode de recherche employée, non seulement en psychologie mais aussi en économie et en sociologie, chaque fois qu'il s'agit d'étudier des variables nombreuses, éventuellement en relations, dans un contexte non modifiable par le chercheur (par exemple : organisation des différences individuelles au cours du développement des enfants observés dans leurs conditions habituelles de vie).

L'impossibilité ou le refus de modifier les conditions dans lesquelles les conduites observées se manifestent conduisent l'enquêteur à employer des méthodes de description et d'analyse de nature statistique. Dans certains cas, il peut construire à titre d'hypothèse un modèle formel représentant les relations entre différentes variables élémentaires non directement observables et susceptibles d'intervenir dans les conduites étudiées : il peut ainsi constater que les données recueillies sont compatibles ou non avec les prévisions fondées sur ce modèle. Par exemple, l'analyse de l'influence des facteurs de milieu et des facteurs génétiques intervenant dans les différences individuelles utilise cette méthode. L'emploi de la statistique exige que les enquêtes portent sur un nombre suffisamment élevé de sujets. Il en découle certaines contraintes portant sur les méthodes utilisables en général pour le recueil des observations : elles doivent être applicables en milieu habituel (l'école par exemple), ne pas exiger un matériel trop complexe, pouvoir porter autant que possible sur des sujets examinés en groupes, ne pas demander trop de temps. Les tests collectifs, les questionnaires répondent à ces conditions. Si l'on souhaite étendre à une population les conclusions d'une enquête réalisée sur un échantillon de sujets, il faut que cet échantillon soit représentatif de cette population. M. R.

Bibliographie

Bacher, F., 1982, *les Enquêtes en psychologie*, 2 vol., Lille, Presses universitaires de Lille.

enquête de personnalité

(angl. Personality's Inquiry)

Mesure d'instruction ordonnée par un magistrat qui a pour objet de fournir à l'autorité judiciaire, sous une forme objective et sans en tirer de conclusion touchant à l'affaire en cours, des éléments d'appréciation sur le mode de vie passé et présent de l'inculpé.

L'article 81 du Code de procédure pénale dispose que le juge d'instruction procède ou fait procéder, soit par des officiers de police judiciaire, soit par toute personne habilitée, à une enquête sur la personnalité des inculpés ainsi que sur leur situation matérielle, familiale ou sociale. Cette enquête, obligatoire en matière de crime, n'est que facultative en matière de délit. L'enquête de personnalité, l'examen médical et l'examen médicopsychologique (expertise pénale visant à éclairer la personnalité et les mobiles du délinquant) constituent le dossier de personnalité de l'inculpé.

En aucun cas, ce dernier n'a pour but la recherche des preuves de la culpabilité. M. G.

entrée

n.f. (angl. Input)

GÉNÉR. **Dans le contexte de la théorie de la communication, ensemble des informations qui sont introduites dans un système ou un sous-système, où elles seront généralement transformées, et donneront lieu à une « sortie ».**

Les stimulus constituent dans ce contexte des entrées absolues. Dans les modèles en série, on considère en outre que la sortie d'un sous-système ou d'un module sert d'entrée au sous-système suivant. J.-F. L. N.

entrelacement réciproque

(angl. Reciprocal Interweaving)

Principe de développement chez l'enfant proposé par A. Gesell, selon lequel, en raison de la structure bilatérale de notre anatomie et de notre musculature, le développement ontogénique s'effectuerait selon un processus fait d'oppositions et d'équilibres entre les groupes musculaires d'un membre par rapport au membre symétrique, des bras par rapport à la tête, aux jambes, des muscles fléchisseurs par rapport aux muscles extenseurs, etc.

Selon Gesell, le développement de l'enfant fonctionnerait comme un métier à tisser, dont le produit est un tissu dont sont visibles à la fois et les fils et le motif. E. V.

→ spirale du développement.

entropie

n.f. (angl. Entropy)

GÉNÉR. **Dans la théorie de la communication, nombre qui mesure l'incertitude de la nature d'un message donné à partir de celui qui le précède.**

L'entropie est nulle quand l'incertitude n'existe pas.

STAT. Cette notion est utilisée en statistique dans le même sens. Si l'on connaît la distribution d'une variable nominale (plusieurs modalités non ordonnables) dans une certaine population, l'entropie mesure l'incertitude moyenne dans laquelle on se trouve pour prédire à laquelle de ces modalités appartiendra un élément extrait au hasard de cette population. Elle augmente avec le nombre de modalités. Pour un nombre donné de modalités, elle est maximale lorsque tous les effectifs de la distribution sont égaux. L'entropie peut être considérée comme une caractéristique de dispersion d'une variable nominale. On peut procéder à l'*analyse de l'incertitude* (angl. Incertainty Analysis) selon un modèle présentant une analogie de structure avec celui de l'analyse de la variance. M. R.

énurésie

n.f. (angl. Enuresis)

Émission d'urine dont le déclenchement est involontaire et inconscient, le plus souvent pendant le sommeil.

La miction, active, complète, de déroulement normal, survient chez un enfant à un âge où le contrôle sphinctérien est normalement acquis, plus souvent chez un garçon. C'est un des motifs de consultation les plus fréquents qui intéresse pédiatres, généralistes, psychiatres d'enfants et urologues. On distingue l'*énurésie primaire*, lorsque le contrôle sphinctérien n'a jamais été acquis, la plus fréquente, de l'*énurésie secondaire*, qui survient après un intervalle plus ou moins long de propreté complète. Il existe parfois des signes associés comme l'encoprésie* ou d'autres perturbations globales et profondes de la personnalité.

Après avoir éliminé toute pathologie urologique, ou endocrinienne, il est nécessaire d'étudier avec l'aide de la famille les caractéristiques de l'énurésie, du sommeil et les facteurs psychiques. On doit tenter de comprendre le retentissement du symptôme dans la famille, les conséquences éventuelles de sa disparition et la personnalité de l'enfant. Celle-ci est variable : certains enfants sont opposants et exercent des pressions sur l'entourage, d'autres sont émotifs ou immatures, ne parvenant pas à se retenir, enfin quelques-uns sont névrosés et présentent d'autres symptômes (anxiété, phobies, rituels). L'énurésie peut être source de conflit avec la mère ou au contraire l'occasion de soins intimes, source de connivence et de bénéfices secondaires. Le traitement de l'énurésie associe des mesures générales comme écarter les causes d'excitation, de fatigue, d'anxiété, favoriser un sommeil suffisant, s'intéresser aux régimes alimentaire et hydrique. Les médicaments sont quelquefois actifs, en particulier les imipraminiques. Il existe aussi des méthodes de réveil nocturne et d'éducation mictionnelle. Enfin, la psychothérapie psychanalytique permet l'élucidation des motivations inconscientes. J.-M. C.

énurétique

adj. et n. (angl. Enuretic)

Atteint d'énurésie. R. L.

enveloppement (relation d')

(angl. Relationship of Envelopment)

LOG. et DÉVELOP. **Relation spatiale topologique, appelée aussi entourage, rapport d'extériorité-intériorité.**

L'enveloppement peut être réalisé dans une, deux ou trois dimensions. La relation « entre » est un enveloppement sur une dimension : sur un alignement de trois objets A B C, B est entre A et C. Les rapports d'intériorité-extériorité se font sur deux dimensions : sur un dessin, un point ou une forme peut se trouver à l'intérieur, à l'extérieur ou sur la frontière d'une figure fermée. On trouve aussi des rapports d'enveloppement à trois dimensions : nœuds, objet dans une boîte fermée. E. V.

environnement

n.m. (angl. Environment)

Monde extérieur à l'individu.

La psychologie ne peut pas se développer sans prendre en compte l'environnement. Mais les concepts utilisés pour le désigner par les différentes branches de la psychologie sont employés de manière interchangeable sans qu'on se soit soucié de différencier ce qu'on entend par stimulus, milieu, environnement et situation, sans parler des termes anglais comme *Place* et *Settings*, qui n'ont pas d'équivalents exacts en français. Les psychologues expérimentaux parlent de *stimulus*, les spécialistes de la personnalité, de *situation* et les psychologues de l'environnement, d'*environnement* ou de *Behavior Settings*, c'est-à-dire, littéralement, de lieux où se déroulent des conduites spécifiques.

L'expérimentaliste réduit l'environnement à l'énergie qui atteint les récepteurs sensoriels, avec l'objectif de confronter les propriétés physiques du monde extérieur et les données de la perception. Il met ainsi en évidence la manière dont la perception se structure et dont l'environnement acquiert une signification pour le sujet. Mais les stimulus qu'il utilise sont décrochés de la réalité ; ils doivent être stables, purs, fixes : syllabes sans signification, sons purs, couleurs simples, etc. De ce fait, le sujet soumis à ce type de stimulus reste un observateur passif qui ne fait que recevoir des informations et qui n'a pas la possibilité de modifier l'environnement.

Les psychologues de la personnalité ont, pendant longtemps, orienté leurs travaux vers la notion de trait, c'est-à-dire le modèle d'une personnalité de base qui s'exprime par des comportements constants face à des situations différentes. La prise de conscience du rôle de l'environnement dans le déterminisme des conduites les a amenés à prendre en considération l'environnement dans lequel se déroulent les conduites en introduisant la notion de situation, et l'existence d'interactions complexes personne-situation. L'analyse des paramètres environnementaux mis en cause dans cette psychologie interactionnelle de la personnalité peut se faire à des niveaux différents : 1. au niveau géographique et architectural ; 2. au niveau des « sites comportementaux », c'est-à-dire des caractéristiques écologiques de l'environnement ; 3. au niveau des structures institutionnelles et organisationnelles ; 4. au niveau des comportements et des caractéristiques des autres acteurs de la situation; 5. au niveau des variables de climat social; 6. au niveau du fonctionnement de l'environnement. Toutes ces approches concernent la situation proprement dite; elles n'excluent pas la nécessité de tenir compte des variables socioculturelles reliant l'environnement à un contexte physique et social plus large qui lui donne sa signification et sa permanence.

La psychologie de l'environnement s'intéresse simultanément aux propriétés de l'environnement physique en tant que déterminants des conduites humaines et à la manière dont l'environnement est perçu et signifiant pour chaque individu. Les psychologues qui se sont intéressés à ces problèmes distinguent l'environnement «objectif», ou physique, et l'environnement «subjectif», ou psychologique: environnement biologique opposé au psychologique, géographique opposé au comportemental, «Alpha Press» opposé à «Bêta Press» (H. Murray). Cette opposition se retrouve quelle que soit l'échelle des observations. C'est ainsi qu'on peut distinguer un micro-environnement physique à l'échelle des objets et un macro-environnement physique — la ville, le parc, le fleuve. Et, parallèlement, un micro-environnement social, qui concerne les normes, valeurs, habitudes et attitudes propres à l'individu et ses groupes de référence, et un macro-environnement social — valeurs culturelles et normes propres à l'ensemble de la société. D'où l'intérêt attaché à la description des environnements communs par les membres de groupes spécifiques de manière à dégager les significations socioculturelles partagées et résultant des interactions sociales dans un même environnement. C'est cette matrice de signification qui permet de déchiffrer les comportements et de les rattacher à l'environnement.

L'étude psychologique de l'environnement

L'étude psychologique de l'environnement présente donc plusieurs singularités. En premier lieu, elle a un caractère dynamique, c'est-à-dire qu'elle s'intéresse aux modalités d'échange entre un environnement qui évolue constamment et un individu qui s'adapte à cette évolution en modifiant lui-même constamment l'environnement où il vit.

En second lieu, la psychologie de l'environnement s'intéresse avant tout à l'environnement physique mais la dimension sociale en est inséparable dans la mesure où l'aménagement de l'environnement est toujours l'expression d'un système social et où l'environnement n'a de signification qu'à travers un réseau de relations sociales spécifiques. Et cela est d'autant plus important que c'est précisément la signification sociale de l'environnement qui détermine les normes de comportement liées à chaque site ou place. De ce point de vue, il n'y a pas de comportements autorisés ou interdits, licites ou inadaptés en dehors d'un code implicite reliant les environnements physiques, leurs usages acceptés et les institutions sociales qui les défendent. Ainsi, une conduite «normale» à l'intérieur d'une cuisine sera jugée anormale, voire agressive, dans un lieu de culte, ou encore signe de déviance si elle se déroule dans la rue.

Troisième caractéristique: la psychologie aborde l'environnement d'un point de vue molaire et non atomisé, en ce sens que les conduites individuelles doivent être appréciées par rapport à l'ensemble des caractéristiques environnementales et non par rapport à chacun des éléments de cet environnement isolés artificiellement. Par exemple, l'effet du bruit sur les conduites humaines, et sur la qualité de la vie, n'obéit pas à des lois simples mettant en relations les caractères physiques du bruit et les comportements. Il dépend des autres caractéristiques situationnelles, des relations entre l'individu et son environnement, de son passé environnemental, des attributions qui amènent chacun à donner des causes et des intentions aux comportements des autres acteurs du même site, etc.

Enfin, les caractéristiques environnementales proprement dites ne suffisent pas à expliquer la variance des comportements observés. Comme K. Lewin l'a montré, les conduites humaines s'inscrivent dans un «espace de vie» qui ne peut s'analyser sans faire référence au champ de forces que représente l'ensemble des valeurs que chacun attache à tel ou tel aspect de l'environnement: l'environnement n'est pas un ensemble de stimulus, mais une réserve de buts désirables ou haïssables.

Malgré l'importance des paradigmes théoriques dans l'approche psychologique de l'environnement, les recherches qui constituent actuellement l'essentiel de ce domaine présentent un caractère appliqué parce qu'elles ont été suscitées par des problèmes concrets. C'est l'inadaptation des schémas traditionnels du laboratoire et des techniques d'expérimentation classiques qui a amené les chercheurs à inventer des méthodes inédites et à systématiser difficultés et résultats dans le cadre de conceptions originales.

Les problèmes posés

La nature des problèmes posés et les obstacles rencontrés expliquent le développement actuel de la psychologie de l'environnement autour de quelques thèmes particulièrement importants.

Le premier concerne l'étude et l'analyse des processus cognitifs qui donnent une signification singulière à chaque environnement pour chaque individu. La perception de l'environnement a été étudiée en laboratoire mais elle ne peut se faire sans l'observation de terrain dans la mesure où l'environnement perçu est inséparable de l'action en cours et de l'individu qui mène cette action. La ville n'est pas perçue de la même manière par celui qui accomplit un trajet domicile-travail, par l'étranger qui y vient pour la première fois ou par celui qui l'a quittée et y revient après des années passées ailleurs. L'interaction entre processus cognitifs et processus normatifs est constante et explique la nature des représentations de l'environnement. Il est important d'être capable d'isoler la manière dont se fait l'évaluation de l'environnement et ce qui détermine la qualité du cadre de vie. De fait, l'interaction entre perception et évaluation se fait à plusieurs niveaux qui concernent les savoirs que doit posséder l'individu pour survivre dans son environnement. Tout d'abord, il doit savoir où il est, rapidement et sans erreur; et, dans ce déchiffrage perceptif essentiel, la représentation mentale joue un rôle essentiel. Ensuite, il doit être capable de prédire ce qui va arriver, c'est-à-dire de connecter la représentation actuelle avec des représentations futures: les décisions que prend constamment le conducteur d'une automobile en donnent un bon exemple. Enfin, il doit évaluer les différents aspects de ses représentations actuelles et futures dans le cadre des besoins et des objectifs qui sont les siens.

L'intérêt actuel pour l'environnement est influencé par des préoccupations écologiques qui font maintenant partie intégrante de la vie politique internationale. L'industrialisation et l'urbanisation qu'elle a entraînée ont modifié les environnements dans les cinquante dernières années de manière plus profonde que dans les cinq derniers siècles. Ce bouleversement n'est pas toujours heureux. Tout d'abord, il se fait trop vite pour que des solutions soient apportées aux problèmes d'aménagement de l'habitat et du cadre de vie par le seul jeu des essais et erreurs. Ensuite, les avantages et le confort apportés par les progrès techniques et par les services rendus aux individus par les communautés urbaines de grande taille ne compensent pas toujours les stress environnementaux qu'ils entraînent. D'où le grand nombre de travaux concernant ces stress environnementaux et leurs effets sur le comportement. En particulier, la grande ville a été mise au banc des accusés et on a tenté de démontrer qu'elle favorise le développement des maladies mentales et qu'elle appauvrit les rapports sociaux. Les recherches générales sur la ville dans son ensemble n'aboutissent pas à des conclusions homogènes; par contre, elles ont amené à définir des caractéristiques propres à l'environnement urbain et susceptibles d'expliquer ce qui le rend nocif: d'une part la densité, densité par mètre carré et densité d'occupation des logements; d'autre part la surcharge environnementale, c'est-à-dire le fait de soumettre constamment l'individu à une quantité de stimulus qu'il doit traiter et trier.

L'individu n'est pas passif dans son environnement. D'une part, il l'aménage; il se l'approprie ou le rejette: il en change si la qualité du cadre de vie devient trop faible. D'autre part, il l'utilise pour réguler ses rapports sociaux. De ce point de vue, on peut parler de comportement sociospatial et étudier la manière dont les individus utilisent les différents espaces dans lesquels se déroule leur vie pour comprendre quelles sont leurs échelles de valeurs et leurs attentes. Dans ce contexte, on peut distinguer les territoires «primaires», qui sont possédés par des groupes de manière permanente et défendus contre l'intrusion, des territoires « secondaires », sur lesquels certains groupes ont des droits particuliers sans que cela en limite totalement l'accès, et des territoires « publics », occupés de manière provisoire et dont l'accès est libre. Observer les comportements humains dans l'ensemble de ces territoires, la manière dont sont défendus les espaces privés et dont se jouent les enjeux du contrôle des territoires secondaires apporte un éclairage tout à fait nouveau sur les rapports sociaux, les modes de relation à autrui et la dialectique individuelle des besoins personnels et des contraintes sociales.

En faisant entrer l'environnement physique dans le champ de ses préoccupations, la psychologie a mis en évidence l'importance des processus cognitifs et des représentations en tant que déterminants des conduites humaines et la nécessité d'une approche transactionnelle : l'environnement a un caractère unique pour chacun, et les conduites ne résultent pas d'un double jeu de déterminants individuels et situationnels mais d'une interaction (transaction) entre l'individu et son environnement. La manière dont l'environnement est perçu et évalué par l'individu, en relation avec ses expériences passées et son système de représentations propres, détermine directement ses comportements. Cette approche a une valeur heuristique indéniable ; elle a permis de créer des paramètres originaux qui concrétisent la transaction individu-environnement. C'est le cas, par exemple, de notions comme le contrôle perçu par l'individu sur son environnement, le concept de site environnemental, l'espace personnel, l'impuissance acquise, la surcharge d'informations. C. L.-L.

L'ENVIRONNEMENT COMME FACTEUR DE DÉVELOPPEMENT DE L'ENFANT

L'environnement peut être géographique (nature, climat, habitat, objets manufacturés), social (parents, autres humains, animaux), institutionnel (lois régissant la scolarité, la surveillance médicale). Certains auteurs incluent dans l'environnement les conditions de nutrition pré- et postnatale et les conditions de la vie fœtale : état physique et psychologique de la mère, présence d'un jumeau, compressions diverses.

Actuellement, les termes *environnement* et *milieu* sont utilisés comme des synonymes, peut-être à cause de l'hégémonie de la langue anglaise, qui ne dispose que du mot Environment. On peut pourtant considérer, avec H. Wallon, qui définit le milieu comme « un ensemble de circonstances psychiques, humaines et idéologiques où se poursuivent des existences individuelles », qu'un milieu est le milieu d'un individu cependant que l'environnement pourrait se définir indépendamment des relations qu'entretiennent avec lui les individus. Mais quand Wallon distingue « ... pour l'espèce humaine trois types de milieux, champs d'application des activités : le milieu physique, spatialement et temporellement déterminé ; le milieu des réactions sensori-motrices, des objectifs actuels, de l'intelligence des situations, où les moyens d'action sont les émotions ; et le milieu fondé sur la représentation, où les situations sont symboliques et qui implique le maniement de concepts », la distinction entre environnement et milieu apparaît très subtile.

L'environnement est considéré par tous les auteurs comme un des facteurs essentiels du développement de l'enfant. Cependant, l'évaluation systématique des effets des facteurs environnementaux, et de leurs interactions, se heurte à d'énormes difficultés méthodologiques, qui s'ajoutent aisément aux résistances idéologiques. En conséquence, on va rarement plus loin qu'un consensus de principe. E. V.

BIBLIOGRAPHIE
Hall, E.T., 1966, *The hidden Dimension*, New York, Doubleday.
Lévy-Leboyer, C., 1980, *Psychologie et environnement*, Paris, P.U.F.
Morval, J., 1981, *Introduction à la psychologie de l'environnement*, Bruxelles, Mardaga.

éonisme

n.m. (angl. Eonism)

Adoption épisodique ou constante, par l'homme, du comportement vestimentaire et parfois social du sexe féminin.

C'est en évoquant le cas du chevalier d'Éon (1728-1810), qui vécut habillé en femme dans sa jeunesse et dans la dernière partie de sa vie, qu'Havelock Ellis a créé ce terme pour définir ce qu'il appelait également l'« inversion esthético-sexuelle », cette tendance au déguisement à caractère sexuel étant pour lui le premier degré de l'inversion sexuelle. Les psychanalystes y verront aussi une manifestation du fétichisme, encore qu'il faille distinguer, avec R.J. Stoller, ce qui est simple *travestissement fétichiste* (angl. Fetishistic Cross-Dressing) du véritable travestisme. J. P.

→ travestisme.

EPI (Eysenck Personality Inventory)

→ Eysenck (questionnaire de personnalité d') ou EPI.

épidémiologie

n.f. (angl. Epidemiology)

Science des phénomènes de masse des maladies qui s'attache à l'étude de leur fréquence et de leur distribution en fonction de multiples facteurs tenant aux patients — comme l'âge, le sexe, les caractéristiques physiques, comportementales, culturelles, professionnelles ou sociales — et aux milieux géographique, climatique, démographique ainsi qu'aux conditions de vie et d'habitat.

PSYCHIATR. L'épidémiologie n'est pas réservée aux maladies contagieuses et infectieuses, même si les manifestations de masse de certaines de ces maladies (comme la peste ou le choléra) ont pu être les premières à intéresser les observateurs médicaux. C'est ainsi que l'épidémiologie a pris une place importante en psychiatrie dans l'étude des facteurs étiologiques et évolutifs des maladies mentales. Elle vise à déterminer la prévalence de ces maladies (leur fréquence à une époque donnée) et leur incidence dans la morbidité générale, c'est-à-dire le pourcentage de sujets nouvellement atteints pendant une période déterminée dans une population définie. À partir de cette épidémiologie purement descriptive s'est développée une épidémiologie explicative, cherchant à mettre en relation ces données avec des caractéristiques individuelles et de milieu pour découvrir certains facteurs favorisants.

Il faut donc compter, définir un échantillon, une population représentative et une population témoin. Il faut déterminer cet échantillon représentatif de la population de taille suffisante pour réduire les erreurs sur l'estimation, examiner chacun des individus qui le composent et, à partir de ces examens, préciser combien de sujets présentent la maladie qu'on étudie. Le principe est simple, mais la réalisation difficile, particulièrement en psychiatrie. Il faut définir avec précision les signes qui permettent d'affirmer la présence ou l'absence de la maladie, les examinateurs doivent être entraînés à utiliser de manière identique les mêmes critères. Le prix de revient de telles opérations en temps et en personnel (sans même parler de l'exploitation statistique) est très élevé. C'est la raison pour laquelle les premières enquêtes de ce type n'ont été réalisées que depuis une cinquantaine d'années, et que celles de bonne qualité sont en nombre relativement limité. Elles ont débuté dans les années 1930 en Allemagne et en Suisse et ont alors été faites par des spécialistes s'intéressant à l'hérédité des maladies mentales. Elles se sont poursuivies dans les pays scandinaves et se sont étendues ensuite aux États-Unis et au Canada, pour gagner enfin de nombreuses nations européennes, africaines et asiatiques, sous l'égide en particulier de l'Organisation mondiale de la santé (O.M.S.).

Car l'intérêt social de l'épidémiologie psychiatrique est évident. En effet, les autorités sanitaires doivent connaître les besoins à venir, les lits dont il faudra disposer, les moyens matériels ; l'exemple actuel est la maladie d'Alzheimer, puisque 5 % des sujets de 70 ans et 20 % des sujets de 80 ans présentent un risque de démence. Son intérêt scientifique est aussi très grand. En particulier, l'épidémiologie psychiatrique explicative peut nous permettre de montrer une corrélation entre la fréquence d'une maladie et certaines circonstances particulières favorisantes. La constatation d'une telle relation, même si on en ignore le véritable mécanisme, peut permettre de mettre en œuvre des mesures préventives efficaces.

Il faut cependant interpréter avec prudence les résultats des enquêtes épidémiologiques en psychiatrie. Car les facteurs d'erreur restent considérables. La constatation d'une liaison entre la fréquence d'apparition d'une maladie mentale et des circonstances particulières doit être considérée comme un « fait statistique » et non d'emblée comme une « relation causale », d'autant plus que l'étiologie des maladies mentales est généralement complexe et multifactorielle. J. P.

épigenèse

n.f. (angl. Epigenesis)

Ensemble des processus et des événements du développement d'un individu qui interviennent et laissent des traces au cours de son ontogenèse.

Dès le début de la réalisation de son phénotype, un individu singulier est le jeu d'un ensemble d'interactions avec son environnement qui sont autant d'événements épigénétiques et qui ne sont donc pas directement l'expression du programme génétique ; la combinaison de son identité génétique et épigénétique donne à son ontogenèse un parcours unique et lui confère sa singularité. R. C.

→ éthogenèse, ontogenèse, phénotype.

épilepsie

n.f. (angl. Epilepsy)

Nom donné à un groupe de maladies nerveuses essentiellement caractérisées par des manifestations convulsives.

Pour le *Dictionnaire de l'épilepsie* (O.M.S., 1973), c'est plus précisément « une affection chronique d'étiologies diverses, caractérisée par la répétition de crises résultant d'une décharge excessive de neurones cérébraux (crises épileptiques), quels que soient les symptômes cliniques ou paracliniques éventuellement associés ». Ce qui veut dire, comme le souligne H. Gastaut, qu'une épilepsie est « constituée par la répétition de crises épileptiques au cours d'un long laps de temps, et qu'une crise unique ou quelques crises accidentellement répétées (crise éclampsique chez une femme gravide ou crises convulsives hyperthermiques chez l'enfant, par exemple) ne constituent pas une épilepsie ».

Toujours selon Gastaut, et en accord avec la classification de l'O.M.S., on distingue deux grandes formes d'épilepsie : les épilepsies généralisées et les épilepsies partielles.

Les premières se manifestent par des crises dues à un embrasement généralisé des neurones corticaux des deux hémisphères cérébraux. Dans quelques cas, surtout chez l'enfant, ces crises n'entraînent qu'une simple perte de conscience momentanée. C'est l'absence, ne s'accompagnant pas de phénomènes moteurs ou neurovégétatifs importants. Mais, le plus souvent, elles provoquent, avec la perte de conscience, des troubles moteurs qui peuvent être de différents types : soit la crise de « grand mal » tonico-clonique ; avec spasme tonique diffus suivi d'une série de secousses cloniques puis d'un coma postcritique ; soit une crise uniquement tonique, ou clonique, soit une secousse myoclonique isolée, diffuse à tout le corps ; soit une crise atonique entraînant une chute du sujet par perte brutale de son tonus postural. Cette épilepsie généralisée peut être dite « essentielle » (idiopathique) lorsqu'elle est primaire, c'est-à-dire sans étiologie organique. Il s'agit alors d'une affection fonctionnelle cérébrale due à un abaissement permanent du seuil de convulsivité (peut-être d'origine génétique), se traduisant, dans l'enfance surtout, par des absences (*petit mal*) ou des myoclonies diffuses et, à partir de l'âge adulte, par des crises tonico-cloniques généralisées (*grand mal*) à une fréquence très basse (quelques crises par an). Entre ces crises, il n'y a aucune souffrance cérébrale et l'électroencéphalogramme est normal, à part quelques rares paroxysmes se diffusant aux deux hémisphères et témoignant d'une prédisposition épileptique. L'épilepsie généralisée secondaire est beaucoup plus rare et due généralement à des lésions cérébrales diffuses comme on en voit dans diverses encéphalopathies.

Les épilepsies partielles sont, elles, en revanche, presque toujours secondaires, provoquées par des lésions cérébrales localisées. Dans ce cas, la décharge neuronique reste limitée à une région corticale, dont elle manifeste la souffrance. Celle-ci peut se traduire, en dehors des crises, par des signes neurologiques « en foyer » (atteinte motrice, sensorielle, praxique, gnosique ou verbale plus ou moins importante). Les paroxysmes apparaissent, à l'électroencéphalogramme, uniquement comme des « foyers épileptogènes » au niveau de la zone cérébrale lésée. Il faut savoir que certaines de ces épilepsies focales peuvent secondairement se généraliser, d'où l'intérêt de bien repérer dans ce cas les premières manifestations de la crise avant sa généralisation afin de la distinguer d'une crise épileptique généralisée d'emblée. Les causes en sont multiples : traumatiques, infectieuses (encéphalites), tumorales, vasculaires, pour ne citer que les plus fréquentes. Selon leur localisation, on distingue : des épilepsies partielles dues à une lésion d'une aire corticale spécifique à fonction motrice (secousses d'un membre ou de l'hémiface par une atteinte du cortex somatomoteur de type Bravais-Jackson par exemple) ou à fonction sensorielle (acouphènes au niveau cortical auditif, phosphènes au niveau cortical visuel) ; et celles qui sont produites par une lésion d'une aire associative corticale (surtout temporale), dont la sémiologie est beaucoup plus élaborée et peut toucher les activités psychiques. Elles se manifestent par des troubles psychosensoriels (illusions, hallucinations) ou psychomoteurs (automatismes psychomoteurs) ou même purement mentaux (sentiment du déjà vu, de pensée forcée, impression de vivre en rêve du type « dreamy state » ou état crépusculaire confusionnel, prenant parfois l'allure d'un véritable delirium).

Le problème de la personnalité épileptique et des troubles permanents du caractère, en dehors des phases critiques paroxystiques, reste sujet à discussion. On décrivait autrefois chez l'épileptique une tendance à l'adhésivité excessive à l'entourage (glischroïdie) avec lenteur des processus d'idéation (bradypsychie) du type « affectivité collante et visqueuse », allant de pair avec une certaine agressivité se déchargeant par accès sur un mode colérique et clastique. F. Minkowska avait ainsi repéré une véritable « constitution épileptoïde » bipolaire avec ses deux pôles d'adhésivité et de clasticité. Elle voyait dans le peintre Vincent Van Gogh, et dans son expression picturale (faite à la fois de liens et d'explosions), le prototype du caractère épileptique.

On pense aujourd'hui que ces troubles de la personnalité et du comportement ne sont pas spécifiques de l'épilepsie et relèveraient plutôt d'une atteinte cérébrale organique plus ou moins diffuse (et non démentielle) telle qu'on la voit dans les séquelles de certaines encéphalites ou de traumatismes cérébraux. Le rôle de l'environnement et des attitudes du milieu en face de l'épilepsie d'un sujet est certainement aussi responsable de l'apparition chez ce dernier de troubles caractériels ou névrotiques qui sont purement réactionnels à ces facteurs socioaffectifs.

Le traitement des épilepsies généralisées et primaires est essentiellement d'ordre médicamenteux. (→ antiépileptique.) Celui des formes secondaires et partielles relève, lui, d'abord de la nature de la lésion cérébrale en cause, ce qui ne veut pas dire que les médicaments antiépileptiques n'y occupent pas eux aussi une certaine place, au moins symptomatique. Et, d'une manière générale, tous les excitants (café, alcool, etc.) sont à éviter. J. P.

BIBLIOGRAPHIE

Beauchesne, H., 1980, *l'Épileptique*, Paris, Dunod.

Gastaut, H., 1973, *Dictionnaire de l'épilepsie*, Genève, O.M.S.

Kaplan, H.I., Freedman, A.M., Sadock, B.J. (Eds). 1980, « Organic Mentl Disorders Associated with Epilepsy », in *Comprehension Testbook of Psychiatry*, Baltimore, Williams and Wilkins.

Loiseau, P., Jallon, P., 1979, *les Épilepsies*, Paris, Masson.

épilepsie post-traumatique

(angl. Post-Traumatic Epilepsy)

Épilepsie apparaissant au décours d'un traumatisme crânien d'intensité variable, s'installant après un certain temps d'incubation et répondant a priori à une lésion causée par ce traumatisme.

Les crises d'épilepsie qui peuvent survenir dans les minutes, les heures ou les jours qui suivent un traumatisme crânien ne font pas partie de l'épilepsie post-traumatique ; elles sont en relation avec les perturbations physico-chimiques. Seules les crises tardives, en rapport avec la constitution progressive d'une cicatrice sclérogliale au niveau du foyer lésionnel cérébral sont des crises d'épilepsie post-traumatiques. Ces crises surviennent le plus souvent à partir du sixième mois après le traumatisme, et dans les deux premières années. Les traumatismes crâniens bénins ne sont nullement épileptogènes. Pour ce qui concerne les traumatismes plus graves, un certain nombre de facteurs concourent à majorer le risque d'apparition d'une épilepsie post-traumatique : un traumatisme fermé grave avec contusion parenchymateuse ou hématome intracrânien ; l'existence d'une plaie crânio-cérébrale ; les fractures de la boîte crânienne, seulement si elles entraînent un enfoncement ou une embarrure ; l'existence de séquelles motrices, sensitives, du langage ; la persistance ou l'aggravation des anomalies de l'électroencéphalogramme.

L'épilepsie post-traumatique pose le problème de sa prévention, certains auteurs préconisant un traitement médicamenteux préventif après tout traumatisme crânien grave. Son diagnostic n'est pas toujours aisé, surtout quand il s'agit d'allégations dans le but de percevoir des dommages-intérêts ou une rente d'accident du travail. De nombreuses affections peuvent en effet entraîner des pertes de connaissance qui parfois sont mêmes convulsivantes. Il faut en outre s'assurer qu'aucune autre cause n'est responsable des crises d'épilepsie apparues. C'est donc seulement par élimination que sera retenu le diagnostic d'épilepsie post-traumatique. L'évolution en est très variable ; mais, dans 50 % des cas, on observe une guérison cinq ans après le début des crises. M. G.

épileptique

adj et n. (angl. Epileptic)

Se dit d'une personne sujette à l'épilepsie.

◇ adj. **Relatif à l'épilepsie.** R. L.

épileptogène

adj. (angl. Epileptogenic)

Se dit de ce qui provoque une crise d'épilepsie.

En dehors des lésions, de nombreuses conditions pathologiques peuvent également favoriser la survenue de crises d'épilepsie : ainsi certaines perturbations métaboliques, des intoxications comme l'alcoolisme, l'hyperthermie, l'insomnie et des médicaments comme l'insuline ou le pentaméthylènetétrazole. R. L.

épileptoïde

adj. (angl. Epileptoidic)

Se dit de ce qui rappelle l'épilepsie. R. L.

épisodique (mémoire)

(angl. Episodic Memory)

Mémoire qui garde la trace d'événements particuliers, survenus au sujet dans des circonstances bien déterminées.

La mémoire épisodique, dans la distinction présentée par E. Tulving, s'oppose à la « mémoire sémantique », qui est notamment caractérisée par sa généralité, alors que la mémoire épisodique concerne des événements particuliers, liés au sujet.

Celle-ci est parfois appelée simplement « mémoire autobiographique ». Certains troubles amnésiques réalisent des dissociations entre les catégories correspondantes de souvenirs. J.-F. L. N.

épistémologie génétique

(angl. Genetic Epistemology)

Théorie de la connaissance scientifique, développée par J. Piaget, fondée sur l'analyse du développement de la connaissance chez l'enfant et sur celle de la constitution de notions utilisées par chaque science particulière au cours de son histoire.

L'épistémologie étudie les principes, hypothèses, méthodes et résultats des sciences pour en révéler la logique et en extraire la philosophie. Elle apparaît donc comme la science des sciences constituées. Dans les pays anglo-saxons, elle comprend la théorie de la connaissance. C'est cette acception que J. Piaget retient lorsqu'il expose son projet d'une épistémologie génétique, en 1950. Il s'agit, en unissant l'interrogation sur les sciences à la psychologie génétique (→ génétique [psychologie]), d'étudier les correspondances possibles entre la logique du développement scientifique et celle qui préside au développement intellectuel de l'individu, puisque toutes deux tendent au même but, la *connaissance objective* du monde. Il convient donc de chercher ce que les mécanismes de la connaissance, tels qu'ils se révèlent dans le progrès des sciences, ont en commun avec les constructions cognitives chez l'enfant.

L'épistémologie génétique est nécessairement multidisciplinaire. Elle associe aux spécialistes de l'ontogène des spécialistes d'autres disciplines scientifiques.

La question fondamentale à laquelle tente de répondre l'épistémologie génétique est de savoir comment se forment et s'accroissent les connaissances, en expérimentant scientifiquement sur le *sujet* et non plus seulement sur l'*objet* de la connaissance et en cherchant parmi les sciences celle dont la logique s'accorde à la logique du développement.

Piaget (*Biologie et connaissance*, 1966) voit dans les mathématiques le modèle le plus convaincant, pour deux raisons : leur adéquation au réel, qui représenterait l'exemple le plus achevé de l'adaptation au milieu ; leur progression au cours du temps, qui intégrerait sans rupture ni récusation la somme des découvertes antérieures. Ce point de vue, discuté par les mathématiciens, n'a pas fait l'objet d'une mise au point définitive, bien que Piaget y soit resté jusqu'à sa mort personnellement attaché. Ceux qui continuent son œuvre ou s'en inspirent ne l'adoptent pas tous. H. B.

BIBLIOGRAPHIE

Battro, A.M., 1966, *Dictionnaire de l'épistémologie génétique*, Paris, P.U.F.

Geber, B.A., 1977, *Piaget and Knowing : Studies in genetic Epistemology*, Londres, Boston (Mass.), Routledge and Keagan Paul.

Piaget, J., 1970, *l'Épistémologie génétique*, Paris, P.U.F.

épreuve

n.f. (angl. Test)

Situation standardisée dans laquelle on place des sujets afin de pouvoir observer leur comportement et leurs performances.

Ce terme est, en français, plus général que celui de *test*, qui renvoie essentiellement à la psychologie différentielle, c'est-à-dire à des comparaisons interindividuelles. En psychologie expérimentale générale, une situation standardisée est destinée surtout à « mettre à l'épreuve » une hypothèse, empirique ou théorique (plutôt que les sujets eux-mêmes), par comparaison des résultats observés avec les prédictions qui découlent logiquement de l'hypothèse. J.-F. L. N.

équation personnelle

(angl. Personal Equation)

Ensemble des légères erreurs systématiques, propres à chaque observateur, qui affectent les données recueillies par les astronomes.

Cette expression, empruntée au langage des astronomes, est utilisée de manière générale pour n'importe quel type d'observation. J.-F. L. N.

1. équilibration

n.f. (angl. Equilibration)

DÉVELOP. **Concept clé de la théorie de J. Piaget, que celui-ci définit (1975) comme « un processus conduisant de certains états d'équilibre approché à d'autres, qualitativement différents, en**

passant par de multiples déséquilibres et rééquilibrations ».

Les structures cognitives ne sont en effet jamais en état d'équilibre total et permanent (équilibre entre l'assimilation et l'accommodation) [→ équilibre des structures] et ne connaissent qu'un équilibre approché pouvant être perturbé par un événement que la structure ne peut assimiler. L'équilibration est donc le processus par lequel cette structure déséquilibrée retrouve un équilibre.

Trois formes d'équilibration sont distinguées : 1. l'équilibration résultant de l'interaction directe entre le sujet et les objets, c'est-à-dire l'équilibration entre l'assimilation de ces objets à des schèmes et l'accommodation de ces schèmes aux objets ; 2. l'équilibration entre les sous-systèmes qui constituent la structure d'ensemble, sous-systèmes qui se construisent à des vitesses différentes ; 3. l'équilibration entre les sous-systèmes et la totalité qui les englobe. Cette dernière forme introduit une hiérarchie verticale et renvoie au problème de la coordination des différenciations et intégrations.

Les structures cognitives sont déséquilibrées par des *perturbations* qui font obstacle à l'assimilation et conduisent donc à des erreurs ou à des échecs de l'action (par exemple, résistance d'un objet qui ne peut être classé dans une classification antérieurement adoptée, ou obstacle à des assimilations réciproques de schèmes, etc.). Le rééquilibrage se fait par des régulations et compensations. La *régulation* est la reprise d'une action sous une forme modifiée en fonction de ses résultats antérieurs (*feedback négatif* pour une action qui a échoué et est reprise autrement, *feedback positif* pour une action réussie qui est renforcée). Les régulations aboutissent souvent (mais pas toujours) à des *compensations*. Il s'agit là soit d'actions de sens contraire à l'effet observé et qui tendent donc à annuler celui-ci (compensation par inversion), soit d'une différenciation du schème perturbé pour l'accommoder à l'élément perturbateur (compensation par réciprocité). Ces compensations restaurent l'équilibre perturbé mais rarement par un retour pur et simple à l'état antérieur. Le plus souvent, l'équilibration aboutit à un palier d'équilibre meilleur que le précédent. Piaget parle alors d'« équilibration majorante ».

L'équilibration (surtout majorante) s'exerce ainsi quand des contradictions et conflits cognitifs surgissent et déstabilisent une structure, d'où l'importance accordée par Piaget à ces conflits et contradictions comme source du progrès cognitif.

Pourquoi les structures sont-elles plus souvent perturbées chez l'enfant que chez l'adulte ? Piaget l'explique par le déséquilibre résultant chez l'enfant de l'asymétrie du développement des affirmations et des négations, les négations étant beaucoup plus longues et difficiles à construire que les affirmations (cf. les travaux de Piaget [1974] sur la contradiction). Or, la négation (opération inverse, etc.) est indispensable à la formation de structures d'équilibre relativement stables.

Cette notion d'équilibration, qui est centrale dans la théorie de Piaget, est souvent critiquée aujourd'hui parce qu'elle reste assez vague et, surtout, est difficilement testable expérimentalement. Y. H.

BIBLIOGRAPHIE

Piaget, J., 1974, *Recherches sur la contradiction*, Paris, P.U.F (2 vol.).

Piaget, J., 1975, *l'Équilibration des structures cognitives*, Paris, P.U.F.

2. équilibration

n.f. (angl. Balance)

PSYCHOPHYSIOL. **Fonction visant à maintenir l'Animal dans une posture de référence érigée, ce qui nécessite la stabilisation de la projection du centre de gravité à l'intérieur de la surface délimitée par les points d'appui au sol.**

Cette fonction est assurée par un ensemble de réflexes réorganisant automatiquement la position de référence en utilisant les messages proprioceptifs d'origine musculaire et les messages labyrinthiques et visuels. Chez l'Homme, le maintien de la station debout est normalement assuré par l'oscillation permanente du corps autour de la verticale. Lorsque ces régulations sont mises en défaut, des réactions de redressement interviennent, pouvant intéresser, selon l'intensité de la perturbation, un ou plusieurs membres ou même le corps entier. J. P. et M. B.

équilibre des structures

(angl. Equilibrium)

DÉVELOP. **Selon J. Piaget, mode d'organisation des systèmes cognitifs succesifs de l'enfant au cours de sa maturation.**

Par analogie avec les systèmes physiques, dans lesquels les forces virtuelles agissant à l'intérieur du système se compensent complètement, ou avec les systèmes biologiques réglant l'homéostasie, J. Piaget décrit les systèmes cognitifs comme des structures atteignant par moments un palier d'équilibre (1967, 1975). Cela signifie que le système est parvenu à une organisation dans laquelle l'ensemble des transformations compatibles avec lui se compensent et s'annulent, ce qui le maintient en état stable. Cet équilibre repose sur des opérations régies par des lois de composition différentes à chaque stade. Au stade sensori-moteur, l'équilibre repose sur la réversibilité des actions motrices réelles sur l'environnement concret (par exemple, annuler un déplacement de A à B par le déplacement inverse de B à A), qui conduit à la formation du « groupe pratique » des déplacements. Au stade opératoire concret, l'équilibre de la structure de « groupement » est caractérisé par la réversibilité, l'associativité et la transitivité. Enfin, l'équilibre propre aux structures formelles est celui du « groupe » mathématique I.N.R.C., dans lequel sont coordonnées l'ensemble des transformations possibles des quatre opérations (identique, négative, réciproque et corrélative).

Il faut noter cependant que, pour Piaget, l'équilibre des structures cognitives n'est jamais permanent : ces structures peuvent être déséquilibrées et réinstallées dans un nouvel équilibre par la mise en œuvre de changements cognitifs. Y. H.

BIBLIOGRAPHIE

Piaget, J., 1967, *Biologie et connaissance*, Paris, Gallimard.

Piaget, J., 1975, *l'Équilibration des structures cognitives*, Paris, P.U.F.

équipe technique

(angl. Technical Team)

Formation composée de spécialistes, chargée d'instruire les dossiers des personnes handicapées avant qu'ils ne soient présentés devant la commission départementale d'éducation spéciale ou d'orientation technique et de reclassement professionnel.

La loi du 30 juin 1975 d'orientation en faveur des personnes handicapées a instauré dans chaque département, pour les adultes, une commission d'orientation technique et de reclassement professionnel (COTOREP). Cette commission est compétente notamment pour attribuer la qualité de travailleur handicapé, pour orienter, réadapter et reclasser ces personnes ; elle est également compétente pour attribuer certaines allocations. Avant que chaque dossier ne passe devant cette commission, il est instruit par une équipe technique composée de quatre médecins, deux psychologues, une assistante sociale et un prospecteur placier de l'A.N.P.E. Cette équipe apprécie les capacités de travail, la prise en charge, les besoins en aides thérapeutiques et financières et définit les possibilités d'insertion professionnelle et sociale, ses moyens et ses limites. Pour chaque cas, un membre de l'équipe se fait le rapporteur devant la commission, qui seule statue.

Cette même loi de 1975 a instauré, pour les enfants et les adolescents, une commission départementale d'éducation spéciale (C.D.E.S.). Cette commission est compétente, notamment, pour désigner les établissements ou les services dispensant ou non l'éducation spéciale, correspondant aux besoins de l'intéressé et en mesure de l'accueillir ; elle est également compétente pour attribuer certaines allocations. Avant que chaque dossier ne passe devant cette commission, il est instruit par une équipe technique composée de deux médecins, un psychologue, un enseignant, un éducateur et une assistante sociale. L'équipe prend contact avec la famille ou les personnes qui ont la charge effective de l'enfant ou de l'adolescent. Elle peut, quand elle l'estime nécessaire, consulter des spécialistes qui lui sont extérieurs et faire procéder, le cas échéant, à toutes investigations complémentaires. Pour chaque dossier, un membre de l'équipe présente la synthèse de travaux devant la commission, qui seule statue. M. G.

équivalentes d'un test (formes)

(angl. Equivalent Forms of a Test)

Formes d'un test dont on peut considérer qu'elles fournissent des mesures interchangeables d'une même variable hypothétique.

L'utilisation de deux formes équivalentes sur les mêmes sujets permet d'apprécier la cohérence interne de l'épreuve. Dans un test composé d'un nombre élevé de questions, l'ensemble des questions de rangs pairs et l'ensemble des questions de rangs impairs peuvent en général être considérés comme deux formes équivalentes de l'épreuve. M. R.

éreuthrophobie ou érythrophobie

n.f. (angl. Ereuthrophobia ou Erythrophobia)

Peur obsédante de rougir.

Dans la plupart des cas, l'éreuthrophobie s'accompagne effectivement de rougeur du visage ou de sudation, ce qui augmente l'inconfort du sujet, notamment lorsqu'il est en présence d'autres personnes. L'éreuthrophobie survient à la puberté et chez les jeunes, notamment chez la jeune fille. Elle ne traduit, le plus souvent, qu'une labilité ou une réaction émotionnelle exagérée mais passagère et s'estompe avec l'âge. Quand elle persiste au cours de la vie adulte, elle peut handicaper la vie professionnelle et sociale du sujet, lui faisant redouter ou même éviter les situations où il pourrait se sentir jugé ou même simplement observé par les autres. Alléguer la timidité ou un manque d'assertivité ne suffit plus alors à rendre compte de ce trouble. M. A.

ergographe

n.m. (angl. Ergograph)

Appareil servant à enregistrer le travail produit au cours de la contraction musculaire.

L'*ergographe de Mosso* est un appareil servant à enregistrer le travail fourni au cours des contractions digitales et permettant d'apprécier le degré de fatigue chez l'homme. R. L.

ergomètre

n.m. (angl. Ergometer)

Appareil permettant la mesure du travail musculaire lorsque la force et la longueur du muscle varient simultanément.

Les ergomètres permettent parfois de contrôler également la vitesse du mouvement. R. L.

ergométrie

n.f. (angl. Ergometry)

Technique d'étude et de mesure du travail musculaire.

Les appareils les plus fréquemment utilisés sont la bicyclette ergométrique et le tapis roulant, sur lesquels pédale ou marche le sujet testé. R. L.

ergonomie

n.f. (angl. Ergonomics)

Discipline ayant pour objet d'étude l'environnement et les processus physiques et mentaux du travail pour en améliorer les conditions d'exécution.

Selon l'étymologie du mot, l'ergonomie serait la discipline qui élabore les normes relatives aux conditions physiques (chaleur, froid, bruit, lumière, etc.) et physiologiques (normes anthropométriques) de l'exécution d'une tâche. Cette conception réductionniste de l'ergonomie, limitée à l'étude des astreintes dans le système homme-machine pour mieux adapter l'instrument à son utilisateur (ergonomie de conception), est aujourd'hui intégrée dans une trilogie interactive plus large, englobant à la fois l'étude des conditions physiques du travail et des aménagements techniques mais aussi l'analyse des processus d'échanges tant physiologiques et psychologiques que sociaux.

Cette conception est par exemple celle de l'ergonomie cognitive, qui, s'inspirant des modèles cognitifs de représentations mentales et de traitement de l'information, a pour objet d'analyser les processus mentaux d'une activité pour améliorer les compétences de l'opérateur et concevoir des systèmes facilitant sa tâche et diminuant les risques de dysfonctionnements ou d'accidents (contrôleur radar, banques de données, etc.).

L'ergonomie moderne, qui s'exerce sur le terrain et en laboratoire, intègre dans son analyse les caractéristiques humaines individuelles, les contextes physiques et sociaux d'exercice du travail ainsi que la dimension temporelle de ce dernier (durée et rythmes de travail, vieillissement). Les méthodes variées (observation directe ou indirecte, techniques d'analyse des conditions et des postes de travail, expérimentation) empruntées à d'autres sciences comme la physique, la physiologie, la médecine, la sociologie et la psychologie et adaptées à son objet illustrent son caractère pluridisciplinaire.

Le domaine d'étude de l'ergonomie s'est élargi récemment à celui de l'école, considérant l'élève comme un travailleur au même titre que l'adulte. A. L.

→ ergonomie scolaire et éducative, travail (psychologie du).

BIBLIOGRAPHIE

Leplat, J., Cuny, X., 1977, *Introduction à la psychologie du travail*, Paris, P.U.F.

De Montmollin, M., 1986, *l'Ergonomie*, Paris, la Découverte.

Sperandio, J.-C., 1980, *la Psychologie en ergonomie*, Paris, P.U.F.

ergonomie scolaire et éducative

(angl. Scholastic and Educational Ergonomics)

Étude du poste de travail de l'écolier en situation d'étude ou d'apprentissage effectuée avec une méthodologie, une technologie et un éclairage théorique multidisciplinaire.

Pour A. Lancry, on peut considérer l'ergonomie scolaire et éducative comme une méthode d'action qui se propose d'optimiser l'organisation de l'ensemble des processus éducatifs. Pour cela, il est indispensable de développer des études menées conjointement autour de quatre aspects : 1. l'organisation de l'espace et du temps (tenant compte des rythmes d'activité, de l'équipement et du mobilier scolaire, du milieu ambiant tant sonore que lumineux, des conditions temporelles et sociales dans lesquelles se déroulent les projets éducatifs, etc.) ; 2. l'organisation hiérarchique (avec l'organisation de l'exercice des responsabilités auxquelles correspondent un titre, une fonction administrativement dénommée, mais aussi celle de la prise de décision liée à une action, une réalisation précises et ponctuelles) ; 3. l'organisation de la tâche (avec prise en compte des apports de la psychologie et des sciences de l'éducation concernant entre autres les méthodes d'évaluation et les conditions d'amélioration des apprentissages) ; 4. l'organisation de la détente, c'est-à-dire tout ce qui fait partie du « hors-temps de travail ».

La démarche ergonomique impose donc une réflexion sur l'individu dans le système et sur les différents individus du système, étant entendu que le lieu éducatif n'est pas le seul où agit chaque acteur. C. L.

ergothérapie

n.f. (angl. Work Therapy)

Méthode de traitement et de réadaptation d'handicapés moteurs ou de malades mentaux par l'apprentissage et la pratique de techniques artisanales ou de travaux adaptés à leurs capacités fonctionnelles, éventuellement diminuées, en vue de leur réinsertion socioprofessionnelle.

En psychiatrie, ces activités ont d'abord un but occupationnel. Déjà, P. Pinel écrivait dans son *Traité médico-philosophique* (1800) que « c'est le résultat le plus constant et le plus unanime que, dans tous les asiles publics, comme les prisons et les hospices, le plus sûr et peut-être l'unique garant du maintien de la santé, des bonnes mœurs et de l'ordre est la loi d'un travail mécanique, rigoureusement exécuté ». Et, en 1830, G. Ferrus, en faisant travailler ses malades de Bicêtre à la ferme de Sainte-Anne, pensait de même. Ce n'est qu'au début du XXe siècle que — avec H. Simon en Allemagne et certains psychiatres anglais, promoteurs d'une véritable « thérapie occupationnelle » — celle-ci va s'intégrer dans le programme de traitement des malades. Avec les débuts de la psychothérapie institutionnelle, pratiquée à Saint-Alban pendant la Seconde Guerre mondiale, l'ergothérapie est au centre de l'action thérapeutique animée par L. Bonnafé et F. Tosquelles, qui redécouvre les écrits de H. Simon et les traduit en français.

Il faut reconnaître que, après un développement considérable dans les années 1950 de cette forme de traitement, l'ergothérapie a perdu en partie son intérêt dans les hôpitaux psychiatriques en raison des séjours de plus en plus courts des malades. Elle est en revanche très utilisée dans les « ateliers thérapeutiques », qui représentent un « milieu intermédiaire entre l'unité de soins hospitalière proprement dite et le milieu normal de travail » (P. Bernard) ainsi que dans certains centres de travail protégé (ateliers protégés et centres d'aide par le travail). J. P.

Erikson (Erik)

Psychanalyste américain d'origine allemande (Francfort-sur-le-Main 1902).

Il est considéré comme un des représentants de la tendance culturaliste de la psychanalyse. Ses travaux concernent surtout l'adolescence : *Childhood and Society* (1950), *Young Man Luther* (1958), *Insight and Responsability* (1964), *Identity : Youth and Crisis* (1968). R. L.

érogène

adj. (angl. Erogenic ; allem. Erogen)

Se dit de toute partie du corps susceptible de manifester une excitation de type sexuel.

Pour la psychanalyse, la notion de zone érogène traduit le fait que des pulsions partielles peuvent investir tout lieu du corps. R. L.

Éros

n.m. (angl. Eros ; allem. Eros)

Ensemble des pulsions de vie dans la théorie freudienne.

Le terme *Éros*, qui désigne les pulsions* de vie chez S. Freud, en connote la dimension sexuelle tout en évitant de réduire la sexualité à la génitalité. La référence au dieu grec de l'Amour permet en effet de baliser un champ assez vaste, de la perversion* à la sublimation*. R. C.

érotomanie

n.f. (angl. Erotomania)

Délire passionnel chronique centré sur l'illusion délirante d'être aimé par une personne, le plus souvent inaccessible.

Ce délire, décrit par G.-G. de Clérambault comme une psychose passionnelle à distinguer de la paranoïa, se caractérise par une évolution en trois périodes : la phase d'espoir, la plus longue, où le patient espère que son « amoureux » va se déclarer ouvertement ; puis celle de dépit, s'accompagnant souvent de dépression et parfois même d'idées de suicide (autolyse possible) ; enfin celle de rancune avec agressivité vis-à-vis de l'objet s'exprimant par des passages à l'acte pouvant aller jusqu'au meurtre de celui-ci. Il y a donc un risque médico-légal sérieux qu'il faut bien connaître.

L'objet est généralement d'un rang social supérieur à celui de l'érotomaniaque : vedette de cinéma ou de music-hall, auteur célèbre, avocat, ecclésiastique, médecin, etc. Ce dernier en particulier, de par sa position et sa fonction professionnelle, est souvent l'objet d'un tel délire passionnel, qui survient quatre à cinq fois plus souvent chez la femme que chez l'homme.

À côté de cette érotomanie pure, ou primaire, il y a des érotomanies secondaires survenant au cours d'une psychose paranoïaque chronique ou d'une schizophrénie paranoïde. Là, le thème érotomaniaque s'exprime au milieu d'un contenu délirant beaucoup plus vaste, interprétatif ou hallucinatoire. L'objet n'y est pas isolé, apparaissant au contraire parmi d'autres persécuteurs et passant d'une personne à une autre. J. P.

erreur

n.f. (angl. Error)

GÉNÉR. **Fait pour un sujet de ne pas atteindre le but défini pour la tâche en cours.**

En psychologie, la notion d'erreur ne comporte aucun jugement évaluatif. Dans une situation expérimentale, on définit comme « erreurs » une ou plusieurs catégories de comportements qui ont pour caractéristique de ne pas atteindre le but fixé à la tâche : cette définition est purement opérationnelle et peut comporter une part acceptée d'arbitraire. (→ essais et erreurs [apprentissage par].)

En matière de tests mentaux, la même conception peut être adoptée sans inconvénient. J.-F. L. N.

STAT. **Différence, écart.**

L'*erreur de mesure* ou *d'observation* (angl. Error of Measurement) est la différence entre la valeur obtenue et la valeur vraie (qui n'est pas connue). Elle peut comporter une part systématique qui se reproduit à chaque répétition de la mesure (angl. Biassed Error) et une part aléatoire dont la moyenne tendra vers 0 sur plusieurs répétitions de la mesure (angl. Random Error). La prise en considération par l'expérimentateur ou l'observateur d'un nombre plus grand de facteurs affectant la mesure, ou de facteurs différents, modifie l'importance ou le contenu empirique des erreurs de mesure. (→ fidélité.)

L'*erreur d'échantillonnage* (angl. Sampling Error) est l'écart type de la distribution d'échantillonnage d'une estimation.

L'*erreur d'estimation* (angl. Error of Estimation) est la différence entre une estimation et la valeur du paramètre estimé, provenant du caractère aléatoire de l'échantillon.

Lorsque l'erreur dont on parle est constituée par un écart, on emploie pour désigner les caractéristiques de dispersion des erreurs les termes *erreur médiane, erreur moyenne, erreur type*, dans les sens où ces expressions ont été définies avec le terme écart. (→ écart.)

Dans les épreuves d'hypothèse, l'*erreur de première espèce* (angl. Error of the First Kind) consiste à rejeter l'hypothèse nulle alors qu'elle est vraie ; l'*erreur de seconde espèce* (angl. Error of the Second Kind) consiste à accepter l'hypothèse nulle alors qu'elle est fausse.

En analyse factorielle, la *variance d'erreur* est la fraction de la variance d'une variable observée dont ne rendent compte ni les facteurs communs ni le facteur spécifique.

En analyse de la variance, la *variance d'erreur* est la fraction de la variance de la variable dépendante dont ne rendent compte ni les effets principaux ni l'interaction. Elle est estimée à partir des écarts observés à l'intérieur de chaque groupe de mesures, par rapport à la moyenne de ce groupe.

Dans l'analyse des pistes causales, l'*erreur* est une variable non observée représentant l'ensemble des sources de variation qui ne figurent pas dans le modèle.

Dans une échelle hiérarchique de Guttman, les *erreurs* sont les réponses observées qui ne sont pas compatibles avec le modèle. M. R.

erreur fondamentale

(angl. Fundamental Error)

SOCIAL. **Tendance à surestimer, dans l'explication d'un comportement, la part qui provient de son acteur et à sous-estimer celle qui résulte de la situation.**

C'est L. Ross (1977), un psychologue américain, qui a forgé l'expression, mais le phénomène avait déjà été identifié par F. Heider (1958) dans sa théorie de l'attribution causale. Ce phénomène serait dû au fait que les gens, lorsqu'ils doivent rendre compte de leur comportement ou de celui d'autrui, recherchent des explications stables. En effet, plus que des explications continuellement changeantes, ces dernières permettent de prédire et donc de contrôler le comportement. Par définition la personnalité est plus stable que des éléments circonstanciels.

Selon certains chercheurs, il ne s'agirait pas d'une erreur d'attribution, mais d'un biais, dans la mesure où nous ne disposerions pas de critères objectifs pour décider de l'explication véritable. Le caractère di *fondamental* de l'erreur fondamentale a également été mis en question dans la mesure où cette tendance ne serait ni universelle ni toujours présente dans une même société; en effet, certaines cultures, par exemple en Inde, privilégient les explications situationnelles, et certains actes, comme l'échec, font parfois plus appel à ces dernières qu'à des explications en termes de personnalité ou d'intention.

L'erreur fondamentale est plus présente chez l'observateur d'un comportement que chez son acteur et cela pour différentes raisons. D'abord, l'acteur dispose de plus d'informations que l'observateur : dans une tâche d'habileté, par exemple, il connaît ses performances antérieures, il est conscient de ses efforts et de sa motivation; toutes ces informations ne peuvent être qu'inférées par l'observateur. En outre, ce qui est important pour l'acteur ne l'est pas nécessairement pour l'observateur; chacun portera son attention sur ce qu'il y a de plus saillant pour lui. L'acteur fera donc surtout attention à l'environnement tandis que l'observateur concentrera son intérêt sur le comportement de l'acteur. À cette différence quantitative d'information s'ajoute un traitement différent de l'information. L'acteur est davantage enclin a utiliser une échelle de référence idiosyncrasique : l'action est jugée par rapport à d'autres actions qu'il a lui-même effectuées dans le passé et non par rapport aux actes d'autres personnes. D'un autre côté, l'observateur est, quant à lui, normatif, nomothétique : il compare le comportement de l'acteur à celui d'autres personnes ou à celui qu'il aurait éventuellement eu lui-même, et cette comparaison l'amène à donner des explications qui concernent la personne de l'acteur. Cette différence entre acteur et observateur explique la constatation fréquente (J.-Ph. Leyens, 1983) que les psychologues, plus que le commun des mortels, commettent l'erreur fondamentale; en effet, plus que les autres, ils agissent comme des observateurs, dans un milieu invariable et avec un lexique très étendu et très saillant de traits de personnalité.

À cette analyse purement cognitive, d'autres auteurs ont ajouté une dimension motivationnelle. En effet, il est possible que l'acteur ait recours à des mécanismes motivés pour rendre compte de certains de ses comportements, notamment de ceux qu'il veut justifier plutôt qu'expliquer. Face à un échec, par exemple, l'acteur peut très bien, le cas échéant, invoquer des circonstances atténuantes plutôt que son intelligence ou sa personnalité.

Lorsqu'elle est interprétée dans ce dernier sens, l'erreur fondamentale est généralement appelée *biais égocentrique* (angl. Self-Serving Bias). J.-Ph. L.

espace

n.m. (angl. Space)

Cadre physique, perceptif, représentatif ou conceptuel à l'intérieur duquel des objets réels ou représentés, mobiles ou immobiles, animés ou non animés, sont situés et déplacés, activement ou passivement, dans un système de relations spatio-temporelles.

Espace physique

Les échanges que peut avoir un être vivant avec son environnement physique sont limités, aussi bien du point de vue moteur que perceptif, par un certain nombre de contraintes. Les objets parmi lesquels nous vivons sont des îlots de matière qui occupent un certain volume. Ces unités ont une cohésion interne et des frontières qui assurent à chacune sa séparation d'avec les autres. Il s'ensuit qu'un objet ne peut occuper simultanément deux places, de même que deux objets ne peuvent occuper en même temps la même place. Un objet ne peut en traverser un autre sans atteindre son intégrité. Les déplacements d'un objet, mais aussi ceux d'un vivant, sont donc limités. Il est impossible d'aller d'un point à un autre sans suivre un chemin continu dans l'espace et le temps. Les objets sont des obstacles que, animés ou inanimés, les autres objets doivent contourner lors de leurs déplacements, mais ce sont aussi des supports possibles. Enfin les forces de gravité (attraction terrestre) sont une composante essentielle de notre environnement terrestre.

Espace d'action

Espace des perceptions et des actions réelles, il est le lieu des coordinations entre les informations collectées par les système sensoriels sur l'état de l'environnement, les objets qui l'occupent, les événements qui y surviennent et les postures et déplacements du corps propre, dans un environnement orienté et ordonné.

Posture et déplacements

Tout déplacement du corps ou d'un de ses segments mobiles a un point de départ, défini par un lieu de l'espace et une posture de l'acteur, un but situé en un autre point de l'espace et un itinéraire dont les paramètres sont la direction générale à suivre et la distance à parcourir pour atteindre ce but. C'est à partir d'informations spatiales fournies par les modalités sensorielles que fonctionnent différents programmes d'action dont la commande assure la stabilisation de la posture et l'ajustement correct de la trajectoire. L'activité de transport du corps ou d'un de ses segments se greffe sur les activités posturales, qui réalisent les positionnements antigravitaire et directionnel. Le premier constitue un référentiel statural de base pour l'orientation spatiale de tous les organismes.

Informations spatiales d'ordre sensoriel

L'arrivée d'un flux énergétique sur les récepteurs sensoriels d'une modalité entraîne une réponse d'orientation vers l'origine de ce flux, qui se manifeste à la fois par un changement de posture (positionnement directionnel) et par une capture du stimulus au profit d'une zone particulièrement adaptée au traitement fin des informations relatives aux propriétés de l'objet stimulus. L'orientation des yeux et de la tête vers une source sonore a pour fonction d'amener cette dernière à la fois en zone fovéale et dans le plan médian de la tête de l'observateur, donc à égale distance des deux oreilles. Un écart temporel de 0,03 ms, entre l'arrivée aux deux oreilles, droite et gauche, suffit à un sujet entraîné pour situer le son dans l'hémichamp droit ou gauche.

Dans des conditions normales, les objets sonores sont aussi des objets visibles et saisissables et les différents messages sensoriels véhiculent des informations concordantes sur la place occupée par l'objet. Le plan médian de la tête, la ligne du regard, la bouche suivent la même direction et le geste d'approche de la main s'oriente aussi vers l'objet fovéalisé. Dans une situation normale, les informations spatiales contenues dans les messages sensoriels des différentes modalités concordent et il apparaît que la ligne du regard et le référentiel oculocentrique jouent un rôle déterminant dans le repérage directionnel d'un objet.

Relation entre informations spatiales sensorielles

Dans des conditions naturelles, les stimulations sensorielles, véhiculées par différentes modalités mais issues d'un même point de l'espace, apportent des informations spatiales cohérentes sur la position de ce point par rapport à un observateur. Des corrélations stables entre messages sensoriels structurent l'espace perceptif. En créant artificiellement des discordances entre des informations spatiales relatives à un même objet, on introduit un conflit entre stimulations, visuelles et auditives, visuelles et tactiles, qui se résout le plus souvent en faveur de la vision.

Par exemple, la localisation d'une source sonore invisible, présentée en même temps, mais en une autre place, qu'une cible visuelle insonore, est entachée de grosses erreurs. Dans la même situation, la localisation de la cible visuelle est peu ou pas perturbée. Les erreurs d'ajustement à la verticale du corps propre ou d'un bâton dans une cabine inclinée (à 30° ou 45°), la visuo-proprioception sont des exemples de conflit entre informations visuelles et proprioceptives.

Relations entre informations spatiales sensorielles et motrices

Dans l'exécution d'une tâche de pointage manuel d'une cible visuelle, le sujet reçoit deux types d'information : les unes sont relatives à l'amplitude et à la direction du geste de pointage (stimulations sensorielles réafférentes), les autres viennent des modifications des images rétiniennes résultant de ce geste. Dans des conditions naturelles, ces informations sont fortement corrélées. Mais une distorsion artificielle du message sensoriel, sous la forme d'une déviation du flux lumineux entraînée par le port de lunettes prismatiques, supprime la validité du système normal de corrélation entre les deux types d'information : le geste n'aboutit pas à l'endroit où la cible est vue.

Les expériences ont montré que, chez l'homme et le grand enfant, l'adaptation du geste à la nouvelle situation est rapide. En une semaine, une recorrélation s'établit entre les informations selon une nouvelle règle. Au moment où le sujet, adapté, retire ses lunettes, le nouveau système de corrélation ne convient plus et des erreurs de pointage réapparaissent (effet consécutif) avant que le sujet ne retrouve son système antérieur de relations. Ces systèmes de relation, entre informations sur l'action et sur ses conséquences visibles, sont plastiques chez l'homme. Il n'en est pas de même pour d'autres espèces, comme la grenouille ou le poussin, qui ne manifestent aucune adaptation.

Chez l'homme, l'adaptation ne se fait que lorsque certaines conditions sont réalisées : 1. la distorsion doit obéir à une règle précise et stable (l'angle de déviation prismatique ne doit pas varier) ; 2. le sujet doit se livrer à une activité volontaire pendant la période de distorsion ; 3. le sujet doit avoir la possibilité de voir ses membres et le résultat de ses mouvements. Seul le mouvement actif est efficace. J.-F. Paillard voit en celui-ci le générateur primitif du référentiel postural des positions du corps.

Espace représentatif

L'espace représentatif est l'espace dans lequel des actions intériorisées, virtuelles peuvent être appliquées à des objets absents, représentés, aussi bien qu'à des objets réels, perçus.

Relations spatiales et géométries

Les géométries se définissent et se différencient par la nature et le nombre de relations spatiales qui sont conservées lorsqu'on fait subir à une figure toutes les transformations appartenant à un groupe donné. Les géométries sont hiérarchisées de la moins contraignante, la géométrie topologique, à la plus contraignante, la géométrie cartésienne. Le passage de l'une à l'autre se fait par adjonction de nouvelles relations spatiales.

Géométrie topologique. Seules les relations de voisinage, séparation, ordre, enveloppement, continuité se conservent lors d'un déplacement des figures ou objets. Les lois d'organisation perceptive énoncées par les théoriciens de la forme font appel à des rapports simples de proximité, de ségrégation, de régularité ordonnée, etc., qui correspondent aux relations topologiques.

Géométrie projective. Au cours des déplacements d'un objet, les droites, les courbes et certains rapports bien définis sont conservés ; ni les parallèles, ni les angles, ni les distances ne le sont. Les formes des figures, leur position relative et leur éloignement respectif sont mis en rapport avec le point de vue de l'observateur selon un système de relations de perspective. En ajoutant la conservation des parallèles, on obtient la géométrie affine, qui se transforme en géométrie des similitudes par adjonction de la conservation des angles.

Géométrie euclidienne. Elle a toutes les exigences des géométries topologique, projective, affine et des similitudes mais les distances ne sont pas forcément conservées. C'est la géométrie des figures semblables. La géométrie cartésienne est souvent confondue avec la géométrie métrique (dite « des figures équivalentes »), et le terme d'*espace euclidien* fréquemment employé à la place de celui d'*espace cartésien* pour décrire notre environnement physique.

Géométrie cartésienne. Tout point M est défini par 3 nombres qui spécifient les coordonnées de ce point par rapport à un système de référence constitué par 3 axes orthogonaux ayant une origine commune.

Géométries non euclidiennes. Elles ne respectent pas l'axiome d'Euclide relatif aux parallèles. Certains auteurs font l'hypothèse que l'espace visuel binoculaire serait un espace à courbure négative, dont la géométrie hyperbolique de N. Lobatchefski donnerait une description plus satisfaisante que la géométrie d'Euclide.

Les comportements spatiaux de l'enfant

Le modèle piagétien

L'évolution des comportements spatiaux de l'enfant est caractérisée par l'usage de géométries de plus en plus contraignantes. J. Piaget fait deux hypothèses : 1. la géométrie topologique serait le meilleur descripteur des premières activités spatiales de l'enfant ; ce serait ensuite la géométrie projective et, en dernier, la géométrie euclidienne ; 2. cet ordre serait suivi d'abord au niveau de l'action puis à celui de la représentation.

Dans cette perspective, un enfant de 3 ans peut être au niveau euclidien dans ses rapports actifs avec l'espace et cependant ne tenir compte que des relations topologiques au niveau représentatif. Ces hypothèses ont été développées et défendues dans plusieurs volumes.

Les données piagétiennes

Le très jeune bébé vit et agit non point dans un espace unique, mais dans des espaces cloisonnés, limités à une modalité sensorielle, à une région du corps, à une zone de l'environnement : espaces visuel, auditif, buccal, postural, proche, etc. L'assimilation réciproque des schèmes sensori-moteurs va entraîner vers 4 à 5 mois la coordination entre préhension et vision et l'apparition des constances perceptives. À 18 mois, le bébé est capable de se situer comme un objet parmi d'autres. Il dispose d'un espace pratique, coordonnant les espaces primitifs, dans lequel il vit et se déplace. Cet espace d'action est régi par le groupe pratique des déplacements. C'est alors qu'apparaît la fonction sémiotique et qu'une représentation de l'espace commence à se développer ; elle ne s'achèvera qu'à la période formelle.

Conformément aux prévisions de Piaget, ce sont bien les relations spatiales topologiques que les enfants de 3 à 4 ans utilisent dans les épreuves stéréognostiques et dans leurs productions graphiques. À partir de 5 ans, les relations projectives commencent à être prises en compte. À 6 ans, l'enfant est capable de construire une droite projective entre 2 points. Différenciation et coordination entre points de vue apparaissent vers 7 à 8 ans mais ce n'est qu'à 9-10 ans qu'il y a véritablement une coordination d'ensemble. L'application des lois de la perspective se manifeste dans le dessin avec le réalisme visuel vers 8 à 9 ans. Piaget, B. Inhelder et A. Szeminska distinguent trois grandes étapes dans la construction de l'espace représentatif euclidien à partir de 7 ans :

1. conservation des distances et des longueurs, des surfaces des volumes intérieurs, conservation des congruences au cours de comparaisons transitives ;
2. métrique simple dans la mesure des longueurs selon une, deux ou trois dimensions, construction des systèmes de coordonnées métriques, début de la mesure des angles et surfaces ;
3. calcul des surfaces et des volumes, maîtrisé seulement au niveau des opérations formelles.

Les données récentes

Si les données recueillies par Piaget, Inhelder et leurs collaborateurs demeurent la base de la plupart des recherches sur le développement de l'espace, et la théorie de Piaget un cadre général de pensée, les recherches récentes sur les premières années de vie ont, grâce à des techniques ingénieuses et fécondes, apporté de nouvelles données qui remettent en question certaines certitudes. La hiérarchie entre géométries est moins rigide que prévu : les bébés de 2 semaines différencient un segment rectiligne d'un curviligne ; et ceux de 1 mois un carré d'un triangle (différences qui, dans un cas comme dans l'autre, ne sont pas topologiques). L'existence initiale d'espaces indépendants est fortement controversée, et des relations entre modalités sensorielles ont été mises en évidence dès les premières semaines (orientation des yeux vers une source sonore, préhension précoce, transfert intermodal entre tact et vision). Il apparaît que, pendant ses 2 premiers mois d'existence, le bébé humain dispose d'un *espace directionnel* dans lequel il peut repérer la direction dans laquelle se situe un objet et le sens d'un déplacement, l'axe de sa tête et la ligne du regard servant de références. Le traitement des informations spatiales qu'il recueille semble être, au moins pendant les premières semaines, géré par des programmes précâblés, déclenchés automatiquement par l'excitation des capteurs sensoriels. E. V.

BIBLIOGRAPHIE

Hatwell, Y., 1986, *Toucher l'espace*, Lille, P.U.F.

Pinol-Douriez, M., 1975, *la Construction de l'espace*, Neuchâtel, Delachaux et Niestlé.

Symposium de l'Association de psychologie scientifique de langue française (Bruxelles, 1972, 1974), *De l'espace corporel à l'espace écologique*, Paris, P.U.F.

Vurpillot, E., « la Perception de l'espace », 1963, in Fraisse, P., Piaget J. *Traité de psychologie expérimentale*, tome VI, Paris, P.U.F.

espacé (apprentissage)

(angl. Spaced Learning)

Synonyme de apprentissage distribué*.

J.-F. L. N.

Esquirol (Étienne, Jean, Dominique)

Psychiatre français (Toulouse 1772-Paris 1840).

Il est l'inspirateur de la loi de 1838 sur l'internement. Il fut l'élève et le continuateur de P. Pinel dans les premiers développements de la psychiatrie française. Il fit des études religieuses assez poussées avant d'entreprendre des études médicales dans sa ville natale.

Il arrive à Paris en 1799 et fréquente le service de son futur maître à la Salpêtrière dès 1801. Il soutient sa thèse sur « les passions considérées comme causes, symptômes et moyens curatifs de l'aliénation mentale » en 1805, devient d'abord surveillant du service de Pinel, en 1811 et, dès qu'il a l'ancienneté nécessaire, médecin ordinaire de la Salpêtrière, en 1812. Il fonde par ailleurs une maison de santé privée située d'abord à Paris, rue Buffon, puis, à partir de 1827, à Ivry-sur-Seine. À la mort de A. Royer-Collard, en 1825, il occupe sa place de médecin-chef de la Maison royale de Charenton, où il restera jusqu'à la fin de sa vie. Entre-temps, il est devenu inspecteur général des facultés de médecine, en 1823, et président du Conseil d'hygiène publique du département de la Seine, en 1833. Son enseignement sur la pathologie mentale, commencé à la Salpêtrière, se poursuit à Charenton, où il va former la plupart des grands médecins aliénistes français du milieu du XIXe siècle.

Il joue aussi un rôle important sur le plan administratif et législatif, en particulier dans la préparation de la loi du 30 juin 1838 qui va réglementer le traitement et l'hospitalisation des malades mentaux en France pendant plus d'un siècle et demi. C'est dans son traité *Des maladies mentales*, publié la même année que cette loi, que l'on retrouve l'essentiel de son œuvre. En effet, ce grand classique de la psychiatrie française représente surtout le couronnement de la carrière de son auteur. Cette même année 1838, Esquirol voit en effet promulguer la loi sur l'internement, dont il a été l'initiateur, et poser la première pierre du nouvel asile de Charenton, dont les plans ont été tracés selon ses directives et qui servira longtemps de modèle à tous les constructeurs de tels établissements. C'est en fait, sous forme de deux gros volumes de 678 et 864 pages accompagnés d'une série de 27 planches finement gravées par Ambroise Tardieu représentant différents types de malades mentaux, une sorte de patchwork réunissant tous les articles antérieurs d'Esquirol et, en particulier, ceux qu'il avait écrits pour le grand *Dictionnaire des sciences médicales* (Panckoucke) entre 1821 et 1826. On y retrouve la classification nosographique des maladies mentales de son maître Pinel, légèrement modifiée. La séparation entre ce qui est de l'ordre de l'insuffisance de développement mental (idiotie, crétinisme, imbécillité) et ce qui est de l'ordre de l'affaiblissement psychique (démence) y est mieux tranchée. La manie, délire général, y est bien décrite dans toutes ses formes. Mais la mélancolie, délire partiel, est remplacée par deux classes d'affections différentes : d'un côté la lypémanie, ou délire triste, avec ses formes qui conduisent au suicide (auquel Esquirol a consacré une étude importante), et de l'autre les monomanies, délires limités à une seule ou un petit nombre d'idées. Cette dernière classe représente la partie la plus originale de son œuvre clinique. Il y distingue les *monomanies intellectuelles*, où le trouble intellectuel, le délire avec souvent illusions des sens, interprétations morbides, hallucinations dominent la symptomatologie ; les *monomanies affectives*, où le trouble reste surtout affectif, touchant la sensibilité, sans véritable délire. C'est l'ancienne manie sans délire de Pinel, ou la manie raisonnante ; les *monomanies instinctives*, où seule la volonté est lésée, ceux qui en sont atteints accomplissant des actes délictueux et immoraux comme des « actions instinctives irrésistibles ». Celles-ci peuvent aller jusqu'à l'homicide. Et la « monomanie homicide » sans délire sera l'objet de discussions violentes dans les cours d'assises entre les magistrats, qui veulent faire appliquer la loi, et les experts aliénistes, qui tentent (avec leurs défenseurs) de déclarer les criminels irresponsables pour les faire bénéficier de l'article 64 du Code pénal. C'est aussi sur le traitement moral, les maisons pour traiter les aliénés, l'administration et la police de ces établissements que cet ouvrage comporte des chapitres fort intéressants, ainsi que dans le domaine médico-légal psychiatrique, qu'Esquirol a beaucoup élargi. L'œuvre d'Esquirol, à la fois clinique et médico-administrative, a profondément marqué le destin de la psychiatrie et de l'assistance aux malades mentaux. J. P.

essai

n.m. (angl. Trial)

Dans les tâches répétitives, segment bien déterminé de la conduite d'un individu, situé au début de l'apprentissage.

Cette notion a été particulièrement utilisée dans les situations d'apprentissage. Celui-ci est, dans la conception classique, réalisé par la répétition d'un nombre plus ou moins élevé d'essais. Le *nombre d'essais nécessaire* pour atteindre un apprentissage complet (défini par un *critère d'apprentissage*) est d'ailleurs un paramètre important soit de la difficulté de la tâche, soit des capacités de l'individu qui apprend. Dans les apprentissages associatifs — dont le conditionnement pavlovien est le prototype —, un essai contient nécessairement la présentation en contiguïté de deux stimulus et l'observation de la réponse (ou de la non-réponse). Dans l'apprentissage sélectif, un essai contient nécessairement les trois éléments suivants : une situation dans laquelle se trouve l'individu (cette situation peut, ou non, contenir un stimulus directement pertinent), une réponse que donne (ou non) l'individu, une conséquence, positive ou négative pour l'individu, de la réponse. Ce dernier élément peut être appelé « renforcement », « effet » ou, par démarcation de l'anglais, « issue ». Immédiatement après l'événement-conséquence commence par définition l'essai suivant. J.-F. L. N.

essai (apprentissage en un)

(angl. One-Trial Learning)

Apprentissage dans lequel, contrairement à la conception classique, un seul essai suffit pour que le sujet ait appris.

Ces apprentissages se rencontrent, chez l'Animal, lorsque la liaison apprise est très fortement déterminée par des tendances innées (par exemple le picorement d'un stimulus discriminatif chez le Poussin) ou lorsque le renforcement est très intense (évitement consécutif à une très forte stimulation nocive chez un Mammifère). Chez les anthropoïdes et surtout chez l'Homme, les apprentissages en un essai sont fréquents. La psychologie cognitive s'intéresse plus volontiers à ces cas.

J.-F. L. N.

essais et erreurs (apprentissage par)

(angl. Trial and Error Learning)

Apprentissage dans lequel un animal donne d'abord des réponses au hasard puis élimine peu à peu celles qui ne sont pas suivies d'effet favorable pour ne conserver que celle qui est correcte.

Il s'agit d'une des premières appellations de ce type d'apprentissage. Il a été ultérieurement appelé apprentissage « sélectif », ou « instrumental », ou « opérant ». Il se développe sur la base de ce qui a été d'abord dénommé « loi de l'effet » et, ensuite, « renforcement » (instrumental). Celui-ci ne peut agir que si l'animal produit d'abord spontanément des comportements non finalisés ; si l'animal n'a aucun comportement initial, rien ne peut être renforcé. Les comportements initiaux sont ici qualifiés d'« essais », bien qu'il n'en soient pas réellement. Comme la plupart de ceux-ci ne sont pas suivis d'un résultat favorable, on les appelle ici des « erreurs », bien qu'elles n'en soient pas non plus réellement. Ces dénominations portent le point de vue de l'observateur. La fréquence du comportement qui est suivi de l'effet favorable s'accroît peu à peu jusqu'à ce qu'il subsiste seul. La « boîte à problème » de Thorndike est une bonne illustration de l'apprentissage par essais et erreurs.

J.-F. L. N.

→ conditionnement, effet (loi de l'), renforcement.

esthésiomètre

n.m. (angl. Esthesiometer)

Appareillage permettant la mesure de la sensibilité tactile.

L'acuité tactile — ou écart minimal pour que deux contacts soient perçus comme distincts — fut originellement mesurée par le *compas de Weber*. La sensibilité à la pression est mesurée par l'*esthésiomètre de von Frey*, dans lequel des crins (ou des fils de Nylon) sont appliqués sur la peau jusqu'à se courber d'un angle déterminé pour une pression connue. On peut aussi utiliser des aiguilles haphiesthésimétriques de poids connu ou des sondes de formes variées couplées à des jauges de contrainte. J.-M. C.

estimation

n.f. (angl. Estimation, Estimate)

STAT. **À partir de *n* observations fournies par un échantillon, fait de porter un jugement sur la valeur d'un paramètre de la population.**

On dira que l'on procède à une estimation de ce paramètre. L'estimation utilise un *estimateur* (angl. Estimator), c'est-à-dire une fonction des observations (par exemple, pour obtenir une estimation ponctuelle de la moyenne de la population, on utilise un estimateur consistant à faire la somme des valeurs observées sur l'échantillon et à la diviser par le nombre de ces valeurs). Une *estimation ponctuelle* (angl. Point Estimation) est une valeur unique considérée comme optimale du paramètre inconnu. Une *estimation par intervalle* (angl. Interval Estimation) est celle qui fournit un intervalle de confiance ayant une probabilité donnée de contenir la valeur vraie du paramètre.

M. R.

→ confiance (intervalle de).

estimation (échelle d')

(angl. Rating Scale)

Procédure permettant à un observateur de fournir une évaluation d'un trait, d'une performance et, de façon générale, d'une caractéristique d'un sujet ou d'une situation sur une échelle de mesure (au sens général du terme).

Ces échelles peuvent fournir un certain nombre de catégories (5, 7 ou 9 par exemple), dont toutes, ou certaines seulement, sont définies par un texte aussi précis que possible. La proportion d'observations devant figurer dans chacune des catégories peut (ou non) être fixée. On peut aussi offrir à l'évaluateur un segment de ligne droite dont les deux points extrêmes au moins sont définis en lui demandant de marquer la position correspondant à la mesure qu'il attribue à l'observation. Pour évaluer la fidélité de ces procédés, on met en relation les estimations produites par deux observateurs indépendants des mêmes faits. M. R.

estime de soi

(angl. Self Esteem)

Valeur personnelle, compétence, qu'un individu associe à son image de soi.

L'estime de soi peut être fondée sur le choix par le sujet de normes extérieures dont il constate qu'il est ou non capable de les atteindre. Elle peut aussi découler de la comparaison entre plusieurs images de soi coexistant chez le même sujet ; le moi actuel d'une part et, d'autre part, le moi idéal, le moi-qui-devrait-être, l'image de lui que le sujet suppose chez certaines des personnes qui le connaissent. M. R.

étalon

n.m. (angl. Standard)

Objet servant de référence et de mesure dans la comparaison entre divers objets.

Le mètre linéaire est l'étalon des mesures de longueur. Lors de comparaisons par paires entre un segment de longueur fixe, l'étalon, et une série de segments de longueur variable, un sujet a tendance à surestimer l'étalon. J. Piaget attribue cette erreur à l'effet de centration car, choisi comme mesurant, l'étalon fait l'objet de centrations dans chaque comparaison, ce qui n'est le cas d'aucune variable. E. V.

→ centration, perceptive (activité).

étalonnage

n.m. (angl. Norms)

Établissement, dans une épreuve psychologique, d'une échelle permettant de situer le résultat obtenu par un sujet par rapport aux résultats qui ont été observés antérieurement dans une population de référence suffisamment nombreuse et homogène de sujets comparables à celui qui a été examiné.

Les différentes formes de quantilage (quartilage, décilage, centilage) constituent des techniques d'étalonnage : elles fournissent le pourcentage de sujets ayant obtenu un résultat supérieur à celui du sujet examiné. Au lieu de classes contenant toutes le même pourcentage d'éléments comme celles des quantilages, on peut utiliser des classes contenant des pourcentages d'éléments correspondant à ceux que déterminent sur une distribution normale des intervalles égaux entre les mesures (échelles normalisées à 5, 7, 9 classes). On peut aussi indiquer à l'utilisateur de l'épreuve à quel écart réduit correspond, dans la population de référence, chacune des notes pouvant être obtenues (échelle en écarts réduits). Les quotients d'intelligence (Q.I.) fournis par les échelles d'intelligence de Wechsler sont dérivés d'une échelle en écarts réduits, mais leur moyenne a été fixée à 100 et leur écart type à 15 pour tous les groupes d'âge auxquels l'échelle s'applique. Les *scores T* (angl. T-Scores) utilisés par les auteurs américains sont aussi dérivés d'une variable réduite mais leur moyenne est fixée à 50 et leur écart type à 10. M. R.

état dangereux

(angl. Dangerous State)

→ dangerosité.

état limite

(angl. Border Line)

Cas limite se définissant sur le plan nosologique et structural comme intermédiaire ou « à la frontière » entre une structure névrotique et une structure psychotique.

Il s'agit donc de troubles mentaux dont la position nosographique reste assez ambiguë : les termes de psychonévroses graves d'un côté, de schizophrénies pseudonévrotiques de l'autre, ont pu, à une certaine époque, les situer sur le plan diagnostic. Mais c'est plus au niveau de la structure de la personnalité, avec les travaux de O. Kernberg et de H. Kohut aux États-Unis, de J. Bergeret en France, que la notion s'est précisée. Ces auteurs ont constaté des difficultés pour mener une cure analytique chez certains patients, présentant une grande insécurité intérieure, une intolérance à la frustration et une hypersensibilité aux remarques, souvent ressenties comme un jugement. L'apparition dans le transfert d'une régression inhabituelle oblige à des modifications de la procédure psychothérapique. Cliniquement, les patients qui présentent ce type de personnalité sont souvent bien adaptés socialement, mais leurs relations affectives sont instables, marquées par la dépendance dite « anaclitique » et la manipulation agressive. Ils se défendent contre la dépression, faite surtout d'un sentiment de solitude, de vacuité et d'ennui, sans la culpabilité ni le ralentissement psychomoteur habituel. Le règlement des tensions conflictuelles utilise préférentiellement des passages à l'acte, entraînant une instabilité socioprofessionnelle et affective mais aussi des conduites d'autodestruction par impulsions suicidaires, accidents ou abus toxiques.

Les mécanismes psychopathologiques ont été décrits par Kernberg et d'autres psychanalystes. Le clivage est utilisé comme mécanisme défensif pour maintenir séparé le secteur adaptatif du secteur idéalisé, pour protéger le sujet contre un conflit interne intolérable. Le mécanisme de l'idéalisation permet de ne pas reconnaître l'agressivité ni la culpabilité envers l'objet. Les mécanismes projectifs utilisés expliquent les moments de confusion entre ce qui est interne et ce qui est externe, sans que le sujet perde totalement la possibilité de différencier le soi et autrui. Le déni des émotions est efficace pour lutter contre les sentiments dépressifs. Lorsque le patient n'est plus gratifié ou protégé, il utilise la dévalorisation, qui démasque alors son ambivalence par rapport à l'objet précédemment idéalisé. Ces données expliquent les difficultés de la prise en charge. Celle-ci passe souvent par l'hospitalisation lors de moments de crise et nécessite une grande cohésion de l'équipe soignante. La chimiothérapie est utile pour contrôler les symptômes en tenant compte du risque déjà signalé de dépendance. La cothérapie permet de dissocier le rôle du psychiatre prescripteur, qui prend en charge la réalité du patient, de celui du psychothérapeute, qui ne s'occupe que du fonctionnement psychique. J. M. C. et J. P.

étayage

n.m. (angl. Anaclisis ; allem. Anlehnung)

Modalité d'intrication des pulsions sexuelles aux pulsions d'autoconservation.

La notion d'étayage est indissociable de la théorie pulsionnelle de la sexualité. Dès les *Trois Essais sur la théorie de la sexualité* (1905), S. Freud explique comment les pulsions partielles sont liées à certaines fonctions vitales qui leur servent de support, d'autant mieux qu'elles ont en commun, à l'origine, les mêmes sources et les mêmes objets : la satisfaction de la pulsion orale « s'appuie sur » la satisfaction alimentaire liée aux besoins de nutrition. Ce n'est qu'au moment de l'activité autoérotique que les pulsions sexuelles tendent à se désintriquer des pulsions d'autoconservation. La notion d'étayage intervient également dans le choix d'objet. Le sujet élira certains objets d'amour en référence métonymique aux personnes qui ont originellement fourni les premiers objets de satisfaction des fonctions d'autoconservation, lesquels étaient aussi les premiers objets sexuels ; c'est le choix d'objet par étayage. Enfin, l'étayage permet de saisir le mode d'organisation de certains symptômes. L'organe qui supporte à la fois le processus de satisfaction des pulsions sexuelles et des pulsions d'autoconservation constituera le lieu privilégié de l'éclosion d'un symptôme lorsque ces deux types de pulsions s'opposeront à la faveur d'un conflit psychique. R. L.

étendue

n.f. (angl. Range)

STAT. **Synonyme de marge.** M. R.

éthéromanie

n.f. (angl. Etherism)

Accoutumance à l'éther, le plus souvent utilisé en inhalation, mais parfois par ingestion, voire injections.

HISTORIQUE

Connu depuis le XVIIIe siècle, l'éther éthylique fut employé dans les années 1840 en inhalation comme anesthésique lors d'opérations. Il devait être relayé par le chloroforme, le protoxyde d'azote, des analgésiques généraux (morphine) ou locaux (dérivés de la cocaïne). Une grande vogue d'éthéromanie se développa en Irlande dans les années 1850 : drogue bon marché, l'éther était consommé à la place de l'alcool (ou parfois en mélange) dans les bars. En France, assez curieusement, son utilisation (surtout par inhalation) devait rester limitée, notamment, à certains milieux littéraires : Guy de Maupassant en fut un adepte, de même que Jean Lorrain, auteur des *Contes d'un buveur d'éther*.

EFFETS PRODUITS

L'ivresse éthérique est obtenue très rapidement après la prise. Sensation de flottement parfois euphorique, elle fait place à des phénomènes hallucinosiques dans un contexte confuso-oniriques. À fortes doses peut survenir un coma avec convulsions. La tolérance est rapide, entraînant une augmentation des doses en cas d'usage répété. Il existe alors souvent une dépendance psychologique, mais aussi physique (syndrome de sevrage avec douleurs abdominales, crampes, etc.). L'éthérisme chronique comprenait des troubles neurologiques avec des tableaux pseudo-démentiels. Produit très peu discret, du fait de son odeur caractéristique, l'éther n'a été utilisé que marginalement lors de la vogue actuelle des toxicomanies. (Il est néanmoins soumis à prescription médicale depuis 1986.) Les adolescents en quête d'ivresse lui préfèrent soit l'alcool, soit le trichloréthylène ou d'autres solvants organiques. M. V.

ethnocentrisme

n.m. (angl. Ethnocentrism)

Application de critères propres à sa culture d'origine lors de l'évaluation de phénomènes relevant d'une autre culture.

Le terme a été introduit dans les sciences sociales par W.G. Summer (1906), qui fait la distinction entre l'*intra-groupe* (angl. Ingroup) et le *hors-groupe* (angl. Outgroup). Le plus souvent, les relations à l'intérieur d'un groupe seraient des relations de solidarité alors que les relations entre groupes seraient hostiles.

BIAIS POSITIF DU GROUPE D'APPARTENANCE

Depuis, le terme d'*ethnocentrisme* est couramment utilisé pour désigner le biais positif qui se manifeste dans l'évaluation des caractéristiques et des produits de son groupe d'appartenance par rapport aux évaluations portées sur d'autres groupes. Ainsi, R.A. Levine et D.I. Campbell (*Ethnocentrism*, 1972) décrivent une sorte de stéréotype universel qui revient à ce que les membres de différents groupes ethniques évaluent différemment les mêmes comportements et attitudes selon qu'ils émanent de l'intra-groupe ou du hors-groupe. Ainsi, les membres de différents groupes ethniques disent le plus souvent d'eux-mêmes : « 1. Nous sommes fiers, avons le respect de nous-mêmes et honorons les traditions de nos ancêtres. 2. Nous sommes loyaux. 3. Nous sommes honnêtes et dignes de confiance entre nous, mais nous ne sommes pas dupes des combines des étrangers. 4. Nous sommes courageux et allons de l'avant. Nous défendons nos droits et nos propriétés ; nous ne nous laissons pas marcher dessus. 5. Nous sommes pacifiques et aimables et ne haïssons que nos vils ennemis. 6. Nous sommes moraux et propres. »

Les mêmes caractéristiques appliquées aux membres d'un hors-groupe deviennent : « 1. Ils sont égoïstes et centrés sur eux-mêmes. Ils s'aiment plus qu'ils ne nous aiment ; 2. Ils ne voient que leurs intérêts et sont exclusifs ; 3. S'ils le peuvent ils nous trompent. Ils n'ont pas le sens de l'honnêteté ni de code moral dans leurs affaires avec nous ; 4. Ils sont agressifs et expansionnistes. Ils veulent aller de l'avant à nos dépens ; 5. Ils sont un peuple hostile qui nous déteste. 6. Ils sont immoraux et malpropres ».

Dimension évolutive et dimension descriptive

Dans la même ligne d'idées, D. Peabody (*National Characteristics*, 1985) utilise un instrument d'investigation permettant de séparer la dimension évaluative et la dimension descriptive, plus objective, intervenant dans des jugements entre groupes. Son questionnaire présente plusieurs ensembles de quatre traits dont chaque fois deux portent sur une même caractéristique objective, tels que «généreux» et «gaspilleur», qui dénotent tous les deux une certaine facilité à dépenser de l'argent, et deux autres sur une caractéristique opposée, tels que «économe» et «avare», qui désignent une attitude plus calculatrice. En même temps, deux des quatre traits ont chaque fois une connotation évaluative positive (généreux et économe), les deux autres ayant une connotation négative (gaspilleur et avare). En demandant à des Chinois vivant aux Philippines et à des Philippins de se décrire les uns les autres, Peabody constate un certain consensus dans ces descriptions : la description portant sur le groupe chinois se situait plutôt vers le pôle «tendu» (maître de soi, économe, sérieux) et celle portant sur le groupe philippin vers le pôle «détendu» (spontané, généreux, gai). De telles différences s'accordent avec les positions économiques que les deux groupes occupent respectivement l'un par rapport à l'autre. Des biais évaluatifs se manifestent dans les descriptions recueillies par Peabody. Ainsi, les Chinois, qui se décrivent comme plus maîtres d'eux, économes, sérieux, sont perçus par les Philippins comme plutôt rigides, avares et lugubres et inversement les Philippins, qui se décrivent comme spontanés, généreux, gais, sont perçus par les Chinois comme instables, gaspilleurs, frivoles.

Cette dynamique d'évaluations complémentaires décrite par Peabody permettrait aux groupes qui sont reliés par des rapports socio-économiques asymétriques d'élaborer une identité sociale positive et spécifique sans que pour autant les hors-groupes partagent cette évaluation positive.

Les explications

Les explications du phénomène de l'ethnocentrisme sont d'ordre cognitif et affectif. Une centration privilégiée sur l'intragroupe entraverait l'évaluation positive du hors-groupe et permettrait aux membres de ce groupe de sauvegarder une estime de soi positive. Des psychologues, comme J. Piaget ou L. Kohlberg, considèrent qu'une telle centration serait caractéristique de phases données du développement cognitif et affectif des individus. Pour les psychologues sociaux, l'individu privilégie nécessairement certaines appartenances sociales lors de la construction de son identité sociale et lors de l'organisation de ses activités sur l'environnement. Partant, ces appartenances sont investies d'une valeur plus grande et s'accompagnent d'une volonté de sauvegarder la supériorité de ces groupes d'appartenance par rapport à des hors-groupes. W. D.

→ intergroupe.

ethnopsychiatrie

n.f. (angl. Ethnopsychiatry)

Domaine de la psychiatrie consacré à l'étude des troubles mentaux en fonction des groupes culturels et ethniques auxquels appartiennent les sujets qui en seraient atteints.

Encore appelée *psychiatrie comparée* (E. Ortigues) ou *transculturelle* (Y. Pelicier), l'ethnopsychiatrie tient à la fois d'une pratique thérapeutique s'attachant à traiter les divers malades mentaux en tenant compte de leur insertion et appartenance à un groupe socioculturel ou ethnique déterminé et d'une science cherchant à repérer et comparer des modalités et des formes de pathologie mentale spécifiques à tel ou tel milieu social particulier.

Deux grandes tendances semblent la dominer.

Dans la première, les cliniciens considèrent la différence socioculturelle comme relativement négligeable par rapport à une pathologie mentale restant grosso modo identique d'un groupe à l'autre. Tout au plus, l'objet de l'ethnopsychiatrie serait alors de repérer la façon singulière dont le sujet malade se serait approprié une réalité sociale extérieure à lui au moyen de ses propres déterminants psychiques.

Dans la seconde tendance, au contraire, la différence socioculturelle est considérée comme le fondement même de l'ethnopsychiatrie, faisant de celle-ci une science autonome, même si elle doit rester pluridisciplinaire. Cette tendance a été illustrée par les ethnologues nord-américains M. Mead, R. Benedict et A. Kardiner et par le psychanalyste et ethnopsychiatre G. Devereux. Elle est surtout représentée actuellement en France par un élève de ce dernier, T. Nathan (1986). Pour celui-ci, les identifications successives qui ont formé un sujet ne se font qu'en intériorisant des modèles culturels imposés par la société. Le sujet, dans la mesure où il se socialise, «participe forcément au modèle culturel dans lequel il s'exprime».

Ces deux tendances s'opposent tout en se rejoignant finalement sur la question incontournable des rapports du psychisme au culturel, telle que M. Mauss déjà la soulevait dans son essai sur «les Rapports réels et pratiques de la psychologie et de la sociologie» (*Sociologie et anthropologie*, 1949). En fait, il faut éviter d'un côté «une conception monadique et délibérément antisociologique de l'individu» et de l'autre «une conception réificatrice et délibérément antipsychologique du social, double dogmatisme qui ne peut conduire qu'à prendre parti, dans une espèce de jeu parfaitement stérile, soit pour la prééminence de l'individu sur la société, soit pour la prééminence de la société sur l'individu» (F. Laplantine, 1988). C'est surtout dans le domaine de l'ethnopsychanalyse que ce dilemme a été dépassé par Devereux, qui a montré que tout fait humain doit être rendu compréhensible par les deux approches, psychologique d'un côté, socioculturelle de l'autre, dans un complémentarisme qui n'est pas forcément simultané et qui n'a pas à tenir compte d'une succession particulière. «Ces deux discours explicatifs, a écrit Devereux, ne peuvent et ne doivent être tenus simultanément, ils doivent être tenus consécutivement, l'ordre dans lequel ils sont tenus étant sans importance.» L'ethnopsychiatrie adoptera, elle aussi, cette approche explicative complémentaire. Et elle cherchera à répondre aux principales questions qu'a posées H. Ellenberger, un de ses plus éminents chercheurs : «Les maladies mentales sont-elles toutes les mêmes d'un pays à l'autre, ou sont-elles le résultat d'une culture particulière ? La notion de maladie mentale est-elle universelle ou spécifique de certaines cultures particulières ? Si elle est universelle, la maladie mentale se manifeste-t-elle par des signes et une évolution spécifiques à un milieu socioculturel ou ethnique déterminé ? Et quels seraient les facteurs sociaux particulièrement responsables de l'apparition de ces troubles mentaux ?» On voit que les réponses à ces questions conditionnent toute enquête épidémiologique tant soit peu extensive et qu'il n'y a donc pas de grandes études dans ce domaine qui ne s'accompagnent d'une recherche ethnopsychiatrique préalable. Le seul danger, déjà signalé par F. Fanon en 1952 (*Peau noire et masques blancs*), serait d'y faire preuve d'un ethnocentrisme privilégiant certains modèles occidentaux et transformant l'ethnopsychiatrie en instrument d'un impérialisme culturel. J. P.

Bibliographie

Fourastié, R., 1985, *Introduction à l'ethnopsychiatrie*, Toulouse, Privat.

Laplantine, F., 1988, *l'Ethnopsychiatrie*, Paris, P.U.F.

Nathan, T., 1986, *la Folie des autres*, Paris, Dunod.

éthogenèse

n.f. (angl. Ethogenesis)

Éthol. **Ensemble des processus qui régissent le développement comportemental.**

Terme introduit par P. Jaisson en 1974 pour distinguer le développement des phénotypes comportementaux de celui des structures. Depuis les périodes précoces de la vie embryonnaire jusqu'à l'âge adulte, l'éthogenèse résulte d'une combinaison complexe et interactive entre maturation et expérience. R. C.

→ expérience vécue, maturation, ontogenèse, phénotype.

éthogramme

n.m. (angl. Ethogram)

Éthol. **Enregistrement continu du débit comportemental d'un sujet décrit à l'aide d'un répertoire spécifique.**

L'éthogramme, enregistrement de la succession des unités comportementales du répertoire (avec lequel il est souvent confondu), découpe la continuité du comportement d'un sujet à partir d'une observation directe ou bien d'un enregistrement au magnétophone ou au magnétoscope. Dans ce dernier cas, la durée des unités est également enregistrée. L'éthogramme peut être utilisé dans un but de description morphologique classique. R. C.

→ répertoire comportemental.

éthologie

n.f. (angl. Ethology)

Étude biologique du comportement.

Si la description du comportement des Animaux se retrouve dans les textes zoologiques anciens, c'est avec C. Darwin que l'inventaire comparatif systématique du comportement a été entrepris, aussi bien dans le cadre descriptif de la zoologie que dans celui, plus expérimental, de la psychologie comparative. Le mot *éthologie* a été proposé par I. Geoffroy Saint-Hilaire (1855) pour désigner l'étude des conduites animales dans l'environnement naturel. Mais, après les travaux de J. Fabre et de A. Giard, ceux de C.O. Whitman, puis de J. von Uexküll et de O. Heinroth, la discipline éthologique ne s'est développée dans son acception moderne qu'à partir des années 1930 avec les recherches expérimentales de K. Lorenz puis de N. Tinbergen et les fondements de la théorie objectiviste de l'instinct.

C'est vers les années 1950 que les débats théoriques sur l'instinct ont atteint leur point culminant avec la querelle de l'inné et de l'acquis entre les objectivistes, Lorenz surtout, et les représentants du courant de pensée nord-américain, proche de la psychologie expérimentale, autour des écrits de T.C. Schneirla et de D.F. Lehrman. Les années 1960 sont celles de la synthèse. L'éthologie intègre alors tous les apports de la zoologie, de la psychologie expérimentale (B.F. Skinner) et de la neurophysiologie, qui s'était intéressée depuis longtemps au comportement avec les travaux des psychophysiciens, de I.P. Pavlov et de certains psychologues comme Thorndike. Dans un texte fondateur, *On Aims and Methods in Ethology*, Tinbergen (1963) ordonne la discipline autour de quatre questions : 1. Quelles sont les causes (immédiates) du comportement ? 2. Quelle est sa valeur de survie ? 3. Comment s'est-il mis en place au cours de l'ontogenèse ? 4. Comment s'est-il mis en place au cours de la phylogenèse ? C'est dans ce cadre que l'éthologie s'est développée au cours des deux dernières décennies et qu'elle a éclaté en sous-disciplines. À la première question, la neuroéthologie a apporté un certain nombre de réponses. L'écoéthologie, l'écologie comportementale et la sociobiologie ont traité des problèmes d'évolution et de valeur fonctionnelle des comportements individuels et sociaux. Les études d'hérédité et d'ontogenèse comportementales ont abordé la troisième question. C'est également pendant cette période que l'éthologie humaine est apparue, donnant naissance à une éthopsychologie et à une éthopsychiatrie. Enfin, récemment, l'éthologie a intégré la dimension cognitive empruntée à la psychologie. C'est cette mosaïque de sous-disciplines qui représente l'éthologie actuelle. R. C.

BIBLIOGRAPHIE

Campan, R., 1980, *l'Animal et son univers. Étude dynamique du comportement*, Toulouse, Privat, coll. Bios.

Eibl-Eibesfeld, I., 1984, 3e édition, *Biologie du comportement*, Éd. Sc. Naturalia et Biologia, Diffusion Ophrys.

Guyomarc'h, J.C., 1980, *Abrégés d'éthologie. Déterminisme, fonction, ontogenèse, évolution des comportements*, Paris, Masson.

éthologie humaine

(angl. Human Ethology)

Branche de l'éthologie consacrée à l'étude de l'Homme dans ses diverses conditions de vie et d'activité.

Dans un premier temps, sous l'impulsion du courant classique, l'éthologie humaine s'est attachée à rechercher, dans des conditions de privation au cours de l'ontogenèse, puis à travers une approche comparative transculturelle, les universaux du comportement de l'Homme. Elle s'est ensuite consacrée à l'étude du comportement social de l'enfant en période préverbale, puis de l'Homme dans la dimension non verbale de sa communication. Elle s'adresse aujourd'hui à l'étude du comportement humain dans toutes les situations de sa vie normale et pathologique. R. C.

BIBLIOGRAPHIE

de Lannoy, J.-D., Feyereisen, P., 1987, *l'Éthologie humaine*, Paris, P.U.F., coll. « Que sais-je ? »

éthylisme

n.m. (angl. Alcoholism)

Synonyme d'alcoolisme, employé parfois pour dissimuler sous une apparence plus technique les connotations péjoratives véhiculées par ce mot. P. F.

→ alcoolisme.

étiquetée (association)

(angl. Labelled Association)

Dans les modèles néoassociationnistes, élément de la mémoire, par exemple concept ou signification de mot, conçu comme lié avec d'autres par des associations portant un nom (étiquette).

Ces associations étiquetées exercent leur effet de façon contextuelle, lorsque l'étiquette est active. Par exemple, on peut avoir un modèle dans lequel « chien » est associé à « animal » par l'intermédiaire d'une étiquette cognitive « est-un » (ou, si l'on veut, « est-une-sous-classe-de »). Dans ces conditions, on passera de « chien » à « animal » chaque fois que la situation exigera l'utilisation d'un superordonné. Dans une autre famille de modèles, les étiquettes peuvent être sémantiques. Par exemple « chien » sera lié à « os », et aussi à « pâtée » (le cas échéant avec une force associative différente), par l'intermédiaire d'une association étiquetée « mange », la même étiquette s'appliquant à la liaison entre « vache » et « herbe ».

Dans ce cas, on passera de « chien » à « os » ou à « pâtée » dans toutes les situations où la signification « manger » aura été préalablement activée. Comme les associations ordinaires, les associations étiquetées peuvent être dissymétriques (« os » ayant, dans un contexte « manger », plus fortement tendance à évoquer « chien » que « chien » à évoquer « os »). J.-F. L. N.

→ arc.

étiquette

n.f. (angl. Label)

Nom d'un objet ou d'une entité.

Dans une perspective associationniste, l'étiquette est associée en mémoire au contenu du concept ou à la signification. J.-F. L. N.

étrangeté (sentiment d')

(angl. Strangeness's Feeling)

Sentiment de malaise et de bizarrerie devant un être ou un objet pourtant familier et parfaitement reconnu.

Sous-tendu par une très forte anxiété et une atteinte de la relation au réel, cette altération de la résonance affective habituelle au milieu (ou à soi-même, et s'accompagnant alors d'un sentiment de dépersonnalisation) peut se rencontrer dans la schizophrénie, certains états crépusculaires épileptiques et la psychasthénie (P. Janet). J. P.

ETS

→ Educational Testing Service.

étude

n.f. (angl. Study)

Traitement actif de l'information, orienté vers sa mise en mémoire et sa meilleure conservation. J.-F. L. N.

Euler (figures de)

(angl. Euler's Diagram)

Figures pédagogiques destinées à illustrer certaines relations logiques.

Ce sont les diagrammes imaginés par le mathématicien suisse L. Euler pour expliquer la logique « à une princesse d'Allemagne » dans des *Lettres écrites de Russie* (1768-1773). Il s'agit de simples cercles destinés à montrer l'évidence de vérité des propositions syllogistiques ; chaque cercle étant censé contenir et représenter une classe d'attributs.

La figure 1 montre les relations d'inclusion entre deux classes *x* et *y*. On y lit les propositions suivantes : « Tout *x* est *y* », aucun *x* n'est pas *y* (ou, si l'on préfère, aucun *x* est non-*y*), « un ou plusieurs » (ce que les logiciens disent "quelques") *y* ne sont pas *x* ».

Pour la figure 2 qui montre une intersection, sont vraies les propositions qui suivent : « quelques *x* sont *y* », « quelques *y* sont *x* », « quelques *x* ne sont pas *y* », « quelques *y* ne sont pas *x* » ainsi que leurs converses.

Ce second diagramme préfigure ceux de Venn, qui montrera un siècle plus tard que des cercles en intersection permettent de représenter toute relation quelle qu'elle soit entre des classes. H. B.

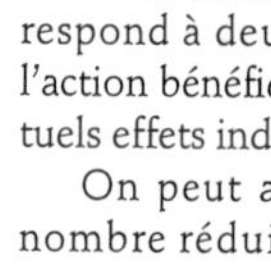

fig. 1

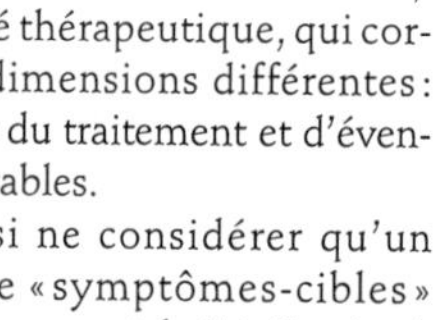

fig. 2

Figures d'Euler. Figure 1. Relation d'inclusion de deux classes. Figure 2. Intersection de deux classes.

euphorie

n.f. (angl. Euphoria)

État thymo-affectif général de satisfaction et de bien-être.

L'euphorie peut prendre une allure pathologique lorsqu'elle apparaît en contraste avec une situation réelle qui devrait être vécue sur un mode déplaisant. C'est alors le signe d'un affaiblissement démentiel (en particulier dans la paralysie générale ou dans certaines tumeurs frontales, où l'euphorie fait partie de la « moria ») ou d'un accès d'excitation maniaque, ou encore d'une discordance affective schizophrénique. J. P.

évaluation (échelle d')

(angl. Rating Scale)

Instrument de mesure permettant de quantifier certains aspects de la psychopathologie.

En parlant de psychométrie, F. Galton (1879) avait compris qu'il fallait appliquer la notion de mesure aux opérations mentales si l'on voulait donner à la psychologie le statut d'une science. La mesure est possible par comparaison avec les données de l'étalonnage. Telle population d'anxieux parfaitement caractérisée a par exemple obtenu telle note moyenne à une échelle d'anxiété au moment de sa validation initiale. On peut désormais situer un anxieux par sa note à cette échelle, le comparer à un autre sujet et suivre son évolution sous traitement.

Alors que dans les tests mentaux les stimulus sont présentés au sujet dans une situation strictement standardisée, les échelles d'évaluation font porter à l'observateur en situation semi-standardisée un jugement sur la présence de certains symptômes. L'observation clinique est ainsi codifiée. Les travaux cliniques peuvent légitimement être comparés.

On distingue plusieurs types d'échelles d'évaluation selon leur contenu, selon l'utilisateur (infirmier, médecin, le patient lui-même dans les échelles d'autoévaluation) et selon le système de cotation. La cotation peut être dichotomique (symptôme présent ou absent) ou graduée. La graduation permet d'apprécier les symptômes par leur intensité ou par leur fréquence.

On distingue également les échelles en fonction du type de pathologie exploré.

L'ÉVALUATION ET LES ÉCHELLES

Évaluation clinique globale. L'observateur porte un jugement global sur l'intensité de la pathologie. Parfois, c'est le changement constaté entre deux examens différents qu'il s'agit d'apprécier : on dira par exemple que le patient est « très amélioré, amélioré, non amélioré, aggravé » (choix entre 4 points de graduation). Ce type d'échelle correspond bien au mode de pensée synthétique du psychiatre ou du psychologue. Cependant, le poids accordé aux différents aspects cliniques du tableau global peut varier d'un observateur à l'autre et les cliniciens coteront alors différemment un même patient. Pour tenter de standardiser l'évaluation globale, on a proposé (*échelle CGJ* [Clinical Global Judgment]) de s'attacher successivement :

— à l'intensité des troubles ;

— au changement de l'état du malade ;

— à l'efficacité thérapeutique, qui correspond à deux dimensions différentes : l'action bénéfique du traitement et d'éventuels effets indésirables.

On peut aussi ne considérer qu'un nombre réduit de « symptômes-cibles » considérés comme essentiels (M. Freyhan) pour guider le jugement global, mais le choix de ces symptômes prête souvent à discussion.

Inventaires généraux. Ces instruments d'évaluation permettent de dresser un inventaire des symptômes et d'autres caractéristiques du malade (antécédents, facteurs déclenchants...). Ainsi, le PSE (Present State Examination), d'origine britannique, a été utilisé dans les enquêtes épidémiologiques internationales de l'O.M.S.

L'AMDP, d'origine allemande mais répandu dans les pays francophones, comprend 4 parties : psychopathologie, examen physique, antécédents et traitement. Chaque item de l'inventaire psychopathologique est soigneusement défini par un glossaire afin que tous les observateurs cotent la même chose.

Inventaires pour psychoses fonctionnelles. Ils permettent d'apprécier la sévérité des grandes psychoses. La plus connue et la mieux validée de ces échelles reste la BPRS (Brief Psychiatric Rating Scale de J. Overall et D. Gorham, 1962). En France, la BPRS, comme nombre d'autres échelles, a été adaptée et validée par P. Pichot.

Échelles spécifiques. Elles se limitent à certaines catégories diagnostiques. Pour évaluer l'intensité d'une dépression, on a généralement recours à l'échelle de dépression de M. Hamilton (1960), comprenant 23 items cotés selon une graduation en 3 à 5 degrés. L'échelle de S. Montgomery et M. Asberg regroupe les 10 items les plus sensibles au changement sous antidépresseurs dans un instrument d'évaluation globale de la psychopathologie, la CPRS (Comprehensive Psychiatric Rating Scale d'Asberg et coll., 1978). La MADRS est donc particulièrement utile dans l'objectivation de l'effet d'un nouvel antidépresseur.

Pour évaluer l'intensité de l'anxiété névrotique, on utilise souvent l'échelle d'anxiété de Hamilton (1959), comprenant 14 items cotés de 0 à 4. Une étude mathématique des résultats dans les populations d'anxieux, l'analyse factorielle, a montré que ces 14 items correspondaient à un facteur général d'anxiété et à un facteur bipolaire recouvrant les signes physiques et les signes psychiques d'anxiété. D'autres instruments, comme l'échelle de L. Covi, sont moins utilisés en France. D. Sheehan a proposé un instrument mixte ayant recours à l'échelle et au questionnaire. Le questionnaire est une autoévaluation, souvent mal corrélée avec l'hétéroévaluation par le clinicien, dans le domaine de l'anxiété en particulier.

QUALITÉS MÉTROLOGIQUES DES ÉCHELLES D'ÉVALUATION

Une échelle doit être :

— *valide :* elle doit effectivement mesurer ce qu'elle est censée mesurer ; généralement, cette validation est d'abord réalisée par rapport à un critère externe, par exemple en la comparant à une échelle classique qui a déjà fait ses preuves ; on parle de validité concurrente ; un autre procédé de validation consiste à étudier la structure de la nouvelle échelle par le procédé mathématique de l'analyse factorielle ;

— *sensible :* elle doit permettre de différencier un nombre suffisant de degrés de la symptomatologie, par exemple pour prendre en compte les symptômes de faible intensité ;

— *fidèle:* elle doit donner les mêmes résultats lorsque l'état du patient n'a pas changé entre deux évaluations (fidélité temporelle) et lorsque le patient est coté par deux juges différents (fidélité inter-juges). La concordance entre les jugements des observateurs s'améliore avec l'entraînement à la cotation. Cet entraînement, à partir d'enregistrements au magnétoscope, fait partie de la préparation habituelle à une étude clinique.

Nombre de biais font varier les résultats aux échelles d'évaluation. Certains observateurs ont tendance à sous-estimer ou à surestimer les symptômes. Ils peuvent attribuer à l'ensemble des items une note moyenne (tendance centrale) ou une note voisine (effet de halo). L'entraînement à la cotation et le recours systématique à des observateurs multiples diminuent ce risque d'erreur. Cependant, à un niveau fondamental, la difficulté, voire la contradiction, provient de l'appréciation objective de la subjectivité. D. Bobon préfère parler de la mesure objective de ce que le patient exprime et que le clinicien observe. Dans cette perspective, les échelles d'évaluation ont indiscutablement permis d'approfondir notre conception de la sémiologie et de la psychopathologie. A. G.

BIBLIOGRAPHIE

Guelfi, J.D., 1983, «Sémiologie et échelles d'évaluation en psychiatrie de l'adulte», l'*Évolution psychiatrique*, 48, 485-505.

1. éveil

n.m. (angl. Arousal)

Réaction d'activation électroencéphalographique (et par conséquent parfois comportementale) observée au niveau cortical à la suite de stimulations sensorielles ou de la stimulation directe de la formation réticulée mésencéphalique. P. L.

→ activation.

2. éveil

n.m. (angl. Awakening)

Retour à un tracé polygraphique caractérisé par la prédominance d'ondes alpha et bêta, de mouvements oculaires volontaires et d'augmentation de l'activité tonique électromyographique.

P. L.

éveil comportemental

(angl. Behavioral Awakening)

Ensemble de l'activité motrice observable chez un Animal en réponse à un stimulus interne (glycémie, température, taux d'hormones sexuelles, etc.).

L'hypoglycémie peut aboutir chez l'Animal à un éveil comportemental qui se traduit alors par une conduite aboutissant à la recherche d'aliments, de même qu'un taux élevé d'hormones sexuelles induit une activité sexuelle. La commande de ce type de comportement siège dans l'hypothalamus. Des stimulations extérieures peuvent également déclencher cette réaction chez l'Animal assoupi, qui se redresse et adopte une posture témoignant d'un état d'investigation. R. L.

événement vital

(angl. Vital Event)

Événement biographique susceptible de provoquer une maladie mentale et en particulier une dépression en brisant le cours normal et uniforme de la vie d'un sujet paraissant jusque-là en bonne santé mentale et bien adapté.

Il ne s'agit donc pas d'un simple traumatisme psychique susceptible de déclencher un état névrotique aigu, mais d'un événement bien repérable dans l'histoire du sujet, entraînant des modifications importantes dans sa vie quotidienne et ayant un effet de stress se répétant continuellement pendant une longue période, d'une manière véritablement cumulative. Si la réceptivité du terrain, la fragilité de la personnalité, la prédisposition à la morbidité jouent un certain rôle dans cette psychopathologie réactionnelle, il n'en est pas moins vrai que l'événement vital spécifique restera le facteur déclenchant de la décompensation psychique. C'est à l'occasion de grandes études épidémiologiques sur des populations étendues que cet élément étiologique a pris un importance telle qu'on l'a introduit dans la classification des maladies mentales du DSM III, du DSM III-R et de l'axe IV réservé à la «sévérité des facteurs de stress psychosociaux». C'est ainsi qu'on trouve sur cet axe comme exemple d'*événements aigus* (angl. Acute Events), selon leur gravité:

— légère: rupture sentimentale, début ou fin de la scolarité, départ d'un enfant du foyer;

— moyenne: mariage, séparation, perte d'emploi, retraite, fausse couche;

— sévère: divorce, naissance d'un premier enfant;

— extrême: mort du conjoint, découverte d'une maladie physique grave, viol;

— catastrophique: mort d'un enfant, suicide du conjoint, catastrophe naturelle, situation d'otage.

Il faut pouvoir remettre dans sa biographie spécifique chacun de ces événements susceptibles de frapper un sujet.

Il ne faut pas oublier non plus que le retentissement affectif, l'action pathogène d'un de ces événements vitaux ne sont compréhensibles qu'à partir de la signification qu'ils prennent pour le sujet en fonction de tout son vécu individuel et en particulier de son histoire infantile la plus précoce. J. P.

évitement

n.m. (angl. Avoidance)

Forme de comportement dans laquelle l'Animal ou l'Homme émet une réaction avant qu'un stimulus nocif ne l'atteigne.

Ce comportement doit être bien distingué de celui d'échappement, dans lequel l'individu réagit après que le stimulus nociceptif a commencé à agir sur lui. Toutefois, l'*apprentissage d'évitement* comporte normalement une première phase, durant laquelle se produit seulement un échappement; dans l'histoire d'un individu, les deux formes de comportement, échappement et évitement, sont donc souvent successives.

Une particularité remarquable des comportements d'évitement est que, une fois appris, ils sont souvent extrêmement résistants à l'extinction. On a observé chez le Rat des conditionnements d'évitement qui, après deux mille essais non renforcés, n'avaient pas disparu. Cette particularité vient évidemment du fait que, si un individu produit une réponse destinée à éviter un stimulus, il se place du même coup dans une situation où il ne peut avoir l'information suivante: le stimulus nocif apparaîtrait-il si la réaction n'était pas donnée? Cette caractéristique des comportements d'évitement a été invoquée pour expliquer des phénomènes pathologiques de résistance aux réalités chez des sujets anxieux.

J.-F. L. N.

→ gradient.

évolution

n.f. (angl. Evolution)

Succession de transformations subies par les êtres vivants au cours du temps et se traduisant généralement par leur complexification et par la divergence de plusieurs rameaux phylétiques distincts.

L'évolution est irréversible mais non obligatoire et pose les problèmes de l'origine des espèces et de leur adaptation au milieu.

La théorie de l'évolution unit les diverses disciplines étudiant les êtres vivants et donne une explication causale du monde vivant et de son hétérogénéité. Quoique clairement formulée par Lamarck dès 1809 dans la *Philosophie zoologique*, la notion d'évolution n'a été admise par une grande partie du monde scientifique qu'à la parution de l'ouvrage de C. Darwin, *The Origin of Species*, en 1859. Cette conception avait été précédée par le fixisme, ou créationnisme (immuabilité des espèces vivantes).

L'évolutionnisme, ou transformisme, s'appuie sur les données de l'anatomie comparée, les données zoogéographiques (observations de radiations et convergences adaptatives, découvertes des faunes et flores endémiques, etc.), des données paléontologiques (étude de la succession des faunes et des flores fossiles dans les séries stratigraphiques, découverte de fossiles jouant le rôle de maillons entre des groupes zoologiques aujourd'hui distincts, reconstitution de l'histoire évolutive de groupes zoologiques). La découverte de fossiles préhumains et le développement d'une paléontologie humaine sont venus conforter les thèses évolutionnistes, démontrant les origines animales de l'Homme.

Si Lamarck voyait dans l'hérédité des caractères acquis la cause principale des transformations des êtres vivants, Darwin l'expliqua par la survie et la reproduction du plus apte (théorie de la sélection naturelle), ôtant ainsi toute finalité à l'évolution, mais ne sut proposer aucune hypothèse valable pour rendre compte de la variation qui donne prise à la sélection. Par la suite, les courants néodarwiniens ont dépouillé cette théorie de ses références à des causes internes ou finalistes (ainsi A. Weismann a récusé toute idée d'hérédité des caractères acquis) ; ils se sont vivement opposés à des courants néolarmarckiens.

Un tournant majeur a été l'intégration à la théorie darwinienne de la génétique mendélienne et d'une source nouvelle de variation due au hasard : la mutation (H. De Vries, 1901-1903). Les travaux de mathématiciens, dans les années 1920 (R. Fisher, J. Haldane, S. Wright), tirant toutes les conséquences des lois de Mendel, ont permis le développement de la génétique des populations. Ces considérations théoriques peuvent être confrontées à des travaux de laboratoire, à de nouvelles données paléontologiques et à des études de génétique écologique. La principale source de variation n'est plus simplement la mutation mais aussi la recombinaison génétique. Sur ces bases se développe alors, au milieu du XXe siècle, un courant intégrant mendélisme et darwinisme connu sous le nom de théorie synthétique de l'évolution (G.G Simpson, L'Héritier, E. Mayr, T. Dobzhansky).

Les principaux courants actuels accordent la prééminence soit à la sélection naturelle, soit au hasard et à la dérive génétique, ou tentent d'intégrer de manière pondérée ces deux facteurs, continuant l'élaboration de la théorie synthétique. N. C. et J.-C. C.

PSYCHOL. La théorie de l'évolution a eu une influence déterminante en psychologie : en effet l'hypothèse d'une filiation des espèces permettait de penser que l'on pouvait trouver chez les espèces inférieures dans la phylogenèse les fondements des comportements élaborés observables chez l'Homme. Darwin lui-même fut à l'initiative de ce courant de recherches en publiant, en 1872, *Expression of the Emotions in Man and Animals*, où il montre que les expressions émotives humaines sont une survivance des conduites animales adaptées. C'est dans cette voie de recherches que va se développer toute la psychologie animale. Par ailleurs, la théorie de l'évolution, postulant l'hérédité biologique et psychologique, va impulser, principalement en Grande-Bretagne sous l'influence de F. Galton, tout un secteur de recherches sur l'hérédité des conduites. P. L.

→ adaptation, Darwin (Charles Robert), hérédité, phylogenèse.

BIBLIOGRAPHIE

Gould, S.J., 1977, *Ontogeny and Phylogeny*, Cambridge (Mass.), Belknap Press of Harvard University Press.

Mayr, E., 1981, *la Biologie de l'évolution*, Paris, Hermann.

évoqué (potentiel)

→ potentiel.

exaltation

n.f. (angl. Exaltation)

État d'excitation intellectuelle et psychomotrice relativement modéré avec le sentiment d'accomplir toutes les actions avec plaisir et bonne humeur.

Assez proche de l'euphorie*, elle s'en distingue par le fait qu'elle s'accompagne généralement d'une plus grande activité. Elle peut manifester, lorsqu'elle dépasse certaines normes, le début d'un accès maniaque. J. P.

examen médico-psychologique

(angl. Medico-Psychological Examination)

Expertise judiciaire pénale demandée le plus souvent par le juge d'instruction afin d'éclairer la personnalité et les mobiles du prévenu ou de l'accusé.

Le Code de procédure pénale, qui prévoit cet examen, dispose aussi que le juge d'instruction procède ou fait procéder à une enquête sur la personnalité de l'inculpé ainsi que sur sa situation matérielle, familiale ou sociale. L'examen médico-psychologique constitue, avec l'enquête de personnalité et l'examen médical, le dossier de personnalité de l'inculpé. Il est tout particulièrement considéré comme opportun quand l'inculpé est âgé de moins de vingt-cinq ans ; du fait de la nature du délit (coups et blessures volontaires, délits sexuels, incendie volontaire) ; en cas de possibilité que soit prononcée la déchéance parentale ; quand se pose l'éventualité d'une décision de sursis, avec mise à l'épreuve ou admission au régime de semi-liberté.

Selon les textes d'instruction générale, cet examen, « qui utilise les tests et tous autres moyens de la psychologie moderne, tend à relever les aspects de la personnalité du délinquant considérés comme répondant à la normale (affectivité, émotivité, etc.), à déterminer les niveaux d'intelligence, d'habileté manuelle, d'attention, à fournir des données utiles pour la compréhension des modèles du délit et pour le traitement du délinquant. Confié à des *médecins psychiatres*, cet examen a pour objet de déterminer si les perturbations et la personnalité peuvent être situées dans l'ensemble des affections psychopathologiques connues. Il tend en outre à permettre un pronostic sur l'évolution ultérieure du comportement et un avis sur le traitement à envisager ».

Cet examen, pratiqué par un expert inscrit sur la liste des experts judiciaires, peut s'appliquer aux mineurs comme aux majeurs. Le magistrat instructeur peut en outre prescrire que l'examen médico-psychologique sera effectué par une équipe comprenant, outre le psychiatre, un psychologue et une assistante sociale. Quoi qu'il en soit, cette mesure d'instruction s'inscrit dans un processus de défense sociale. M. G.

excitabilité

n.f. (angl. Excitability)

Propriété des tissus nerveux de répondre transitoirement à des stimulations externes ou internes.

La notion d'excitabilité est directement liée à celle de seuil de déclenchement d'une réponse nerveuse. En effet, lorsque l'excitabilité est élevée, le seuil est bas et inversement. Le seuil de déclenchement d'une réponse nerveuse étant variable en fonction de multiples facteurs, on comprend que l'excitabilité des tissus nerveux n'est pas toujours la même. Une même stimulation pourra donc avoir des effets extrêmement différents sur le système nerveux selon le niveau d'excitabilité de tel ou tel élément de ce dernier. P. L.

→ seuil.

excitation

n.f. (angl. Excitation)

PHYSIOL. **Réponse physiologique d'un système excitable à une stimulation.**

L'excitation d'un récepteur sensoriel, d'un neurone ou d'un ensemble de neurones, d'une fibre musculaire ou d'un ensemble de fibres musculaires peut être obtenue par des stimulations externes (stimulations sensorielles, électriques) ou internes (variations des activités hormonales, nerveuses, etc.). Au concept d'excitation s'oppose celui d'inhibition*. P. L.

PSYCHOL. **Dans le cadre de la théorie pavlovienne, phénomène hypothétique qui est supposé causer une réaction.**

Ce mot n'est plus guère utilisé aujourd'hui dans ce sens. On évite que cette acception du terme « excitation » puisse être confondue avec celle qu'utilisent les neurophysiologistes et qui n'a de valeur qu'au niveau neuronal. La notion correspondante se retrouve sous d'autres dénominations. Dans les années 1930-1950, C. Hull parlait à ce propos de *potentiel de réaction*. Aujourd'hui, la notion psychologique d'*activation** joue un rôle partiellement comparable. J.-F. L. N.

PSYCHIATR. **État transitoire ou prolongé d'exaltation avec hyperactivité des fonctions mentales et psychomotrices, s'accompagnant généralement d'agitation motrice, d'hyperexpressivité émotionnelle et d'une grande loquacité avec un discours parfois injurieux ou obscène.**

S'il s'agit d'un simple accès d'excitation, la cause peut en être une émotion intense ou une intoxication (alcoolisme par exemple). S'il s'agit d'une excitation durable isolée, on peut penser à un état maniaque.

Mais, le plus souvent, l'excitation fait partie du tableau clinique de nombreux états psychiatriques graves : confusion mentale, bouffée délirante, phase processuelle d'une schizophrénie, activation d'un délire chronique persécutoire ou passionnel, etc. Elle apparaît aussi dans certaines affections neuropsychiatriques (traumatismes cérébraux, tumeurs frontales, certains stades de démence, encéphalites, hémorragies méningées, etc.).

Elle entre le plus souvent dans un contexte d'urgence psychiatrique nécessitant non seulement une sédation immédiate, mais aussi un bilan étiologique avant toute conduite thérapeutique. J. P.

exemplaire

n.m. (angl. Instance)

Élément qui possède toutes les caractéristiques requises pour relever d'un concept. (Syn. instance.)

L'utilisation du mot comporte normalement un complément : « exemplaire de », avec indication d'un concept. Ainsi, n'importe quel chien est un exemplaire du concept de « chien ». L'expression « exemplaire de » est équivalente à « élément de l'ensemble couvert par le concept ». Mais, si l'on parle d'ensembles, on adopte un point de vue extensionnel. Ici, on suppose que le concept est défini prioritairement par les caractéristiques cognitives (propriétés, traits, etc.) qui le constituent (ou plus précisément qui constituent son intension* ou sa compréhension*. D'un point de vue psychologique, cela veut dire qu'un sujet humain juge qu'un individu ou un objet ou un événement est un exemplaire d'un concept (« ceci est un chien », « ceci est un livre » ou « ceci est un accident de la route ») en examinant automatiquement les caractéristiques de l'individu, de l'objet ou de l'événement et en regardant cognitivement si elles correspondent aux caractéristiques du concept. J.-F. L. N.

exercice fonctionnel

(angl. Functional Practice)

Répétition d'un geste ou d'une séquence des gestes ayant pour effet de consolider et de perfectionner un comportement nouvellement acquis.

Pour J. Piaget, la réaction circulaire est un exercice fonctionnel. E. V.

→ circulaire (réaction).

exercice (jeu d')

La première des activités ludiques du bébé. E. V.

→ jeu.

exhibitionnisme

n.m. (angl. Exhibitionism)

Exposition à la vue, en public, des organes génitaux répétés impulsivement.

Dans la très grande majorité des cas, ce phénomène est le fait d'hommes, à l'intention d'une victime, qui est le plus souvent du sexe féminin. L'exhibitionnisme peut être occasionnel ou d'habitude. S'il peut parfois s'inscrire dans un registre névrotique, on le rencontre le plus fréquemment chez des sujets pervers ou psychotiques. M. G.

exogène

adj. (angl. Exogenous, Exogenic)

GÉNÉR. **Se dit de ce qui s'engendre à ou de l'extérieur.**

PSYCHIATR. **En pathologie mentale, se dit de toute maladie, de tout processus morbide dont la causalité relève du champ extérieur à l'organisme du sujet ou à l'intime de sa personnalité.**

Le terme s'oppose donc rigoureusement à *endogène**. Il va surtout s'utiliser pour définir des dépressions provoquées par des événements extérieurs, en opposition aux mélancolies « endogènes », qui ne seraient pas dues à des facteurs déclenchants externes, encore que, depuis plusieurs années, on ne sépare plus aussi rigoureusement ces deux formes dépressives. La gravité des symptômes est un critère qui l'emporte maintenant sur cette distinction étiologique discutée. J. P.

exogène (rythme)

(angl. Exogenous Rhythm)

Rythme dont l'origine est externe à l'organisme.

S'il est admis que nos rythmes biologiques sont de nature endogène, notre organisme est également influencé par des rythmicités exogènes telles que l'alternance des périodes de lumière et d'obscurité ou le rythme des repas. P. L.

→ rythme biologique.

expectation

n.f. (angl. Expectancy)

État d'attente d'un événement à venir, considéré comme une connaissance élémentaire.

La notion d'expectation a tenu une place importante dans les premières théories cognitivistes de l'apprentissage : celui-ci y est censé se produire par conjonction de deux stimulus ; ultérieurement, la liaison établie entre eux fait que la présentation du premier produit un état d'attente, ou d'expectation, sur le second. J.-F. L. N.

expectation (niveau d')

(angl. Level of Expectation)

Niveau que l'on s'attend à atteindre, par exemple dans une tâche que l'on a déjà effectuée et que l'on aborde de nouveau.

C'est une attente « réaliste », indépendante en principe du niveau que l'on souhaiterait atteindre. (→ aspiration [niveau d'].)

De larges différences individuelles s'observent quant au niveau d'expectation affiché à partir d'un même résultat initial. M. R.

expérience (lecture de l')

(angl. Lecture of Experience)

Expression qui cherche à rendre compte de ce que fait un sujet dans une situation-problème.

On entend ainsi résumer ses actions, l'attention sélective qu'il porte à des éléments de situation, sa négligence des autres, ses questions, l'utilisation qu'il fait des énoncés et informations qui lui sont fournis, les postulats implicites qu'il y met.

Cette expression a été forgée et utilisée par J. Piaget pour donner une image globale des mécanismes de réponse des enfants aux périodes préopératoires et aux stades opératoires dans des situations du type de celles de conservation. Dans ces situations, l'enfant voit s'effectuer des transformations dont il a à juger le résultat. Selon qu'il porte seulement attention aux états initial et final, ou bien à l'action réalisée sous ses yeux, il donne des réponses non conservantes ou conservantes. Son argumentation verbale révèle ce qu'il a lu : dans le premier cas, une succession entre deux états ; dans le second, une relation de cause à effet. H. B.

expérience (plan d')

(angl. Experimental Design)

Schéma présidant, dans une expérimentation, au recueil des données et tendant à permettre une analyse statistique subséquente de ces données.

À la suite des travaux de R. Fisher (*The Design of Experiment*, 1935 et 1947), l'organisation des expériences a fait l'objet d'une méthodologie précise et parfois complexe. Son objet général est d'associer de façon cohérente les démarches de l'expérimentateur et les procédés d'analyse des résultats (le plus souvent par l'analyse de la variance) de façon telle que l'expérience puisse répondre, avec un risque défini d'erreur et de façon aussi économique que possible, aux questions précises que l'expérimentateur se posait. Les plans d'expérience permettent en général de séparer les effets, sur une variable dépendante, de plusieurs facteurs contrôlés, ou variables indépendantes (effets principaux et, dans certains cas, interactions), et des facteurs non contrôlés. Les facteurs contrôlés doivent pouvoir, expérimentalement, être considérés indépendamment les uns des autres. Il doit notamment être possible d'affecter au hasard le même nombre de sujets (ou des nombres proportionnels de sujets) à toutes les combinaisons de modalités des variables indépendantes (plans factoriels orthogonaux). Les plans d'expérience permettent d'éprouver, avec une probabilité définie à l'avance de donner une conclusion fausse, les hypothèses nulles relatives à chacun des facteurs contrôlés et à leurs interactions.

M. R.

expérience délirante

(angl. Delusional Experience)

État de conscience pathologique transitoire caractérisé par une atteinte des perceptions externes et internes (troubles de la clarté et de la lucidité du champ perceptif), une perturbation profonde de l'état thymique (angoisse ou plus rarement euphorie), un envahissement hallucinatoire et délirant de tout le vécu du sujet et l'impression qu'il ne peut plus contrôler ces phénomènes (dans leur fixité ou leur rapidité excessives) comme s'il les subissait d'une manière automatique ou étrangère à lui-même.

Cette expérience, dite «primaire», peut se limiter à une bouffée* délirante. Mais elle est souvent le point de départ d'un délire schizophrénique chronique, celui-ci pouvant d'ailleurs s'enrichir par de nouvelles expériences délirantes au cours de phases évolutives processuelles.

Avec H. Ey, on peut distinguer quatre niveaux structuraux de ce bouleversement, de cette déstructuration de conscience, allant du plus superficiel au plus profond, dans une perspective néojacksonienne:

— les expériences d'anxiété ou d'exaltation délirantes au cours desquelles l'angoisse ou l'euphorie sont «si intenses qu'elles bouleversent la perception même de la réalité» (pseudo-hallucinations acoustico-verbales ou visuelles, illusions d'emprise, d'inspiration, de possession démoniaque, qu'on peut constater dans certaines formes de dépressions mélancoliques);

— les expériences de dédoublement et de dépersonnalisation avec automatisme mental se rencontrant au début ou à la fin des psychoses délirantes aiguës, dans les poussées schizophréniques ou comme moments féconds ou initiaux des psychoses délirantes chroniques;

— les expériences crépusculaires oniroïdes caractérisées par «un état crépusculaire de la conscience, une sorte d'hypnose à forte charge imaginaire» comme on peut en rencontrer chez des épileptiques et dans certaines psychoses dysthymiques (schizo-affectives);

— enfin, les expériences confuso-oniriques avec profonde déstructuration de conscience comme on le voit dans la confusion mentale avec désorientation temporo-spatiale, les états de delirium (chez l'alcoolique, par exemple) et certaines intoxications (pharmacopsychoses aiguës).

J. P.

expérience vécue

(angl. Experience)

ÉTHOL. **Ensemble des événements qui exercent sur l'individu (humain ou animal) une influence durable, sinon irréversible.**

On souligne le plus souvent l'importance de l'expérience vécue pour les étapes relativement précoces du développement postnatal. Il n'y a cependant pas de raison de principe pour en exclure l'intervention chez l'adulte (même vieillissant) ni au cours de la vie embryonnaire.

L'expérience vécue dépasse, en les intégrant, certaines des influences du milieu de vie, dont les effets peuvent être aménagés: 1. par les facteurs génétiques de la variation individuelle, à l'origine d'attentes diversifiées; 2. par les traces de l'expérience antérieure.

J. M.

expérimental (groupe)

(angl. Experimental Group)

Groupe d'individus qui, dans une recherche de type expérimental, sert de cible aux traitements et aux manipulations que l'expérimentateur juge nécessaires pour vérifier une relation causale entre une variable indépendante et la mesure dépendante.

Par un test de différence, l'expérimentateur s'assure que cette transformation résulte bien de la manipulation expérimentale et non d'une évolution spontanée. En opposant les résultats du groupe expérimental à ceux d'un groupe de contrôle, il montre que, sans la manipulation, on n'obtient pas de transformation.

R. L.

expérimentale (méthode)

(angl. Experimental Method)

Méthode de recherche qui vise à l'élaboration de connaissances au moyen de l'expérimentation.

On peut considérer la méthode expérimentale, en psychologie comme dans la plupart des autres sciences de la nature, comme la méthode de choix pour la découverte et l'élaboration de connaissances nouvelles. Elle doit être bien distinguée de la méthode clinique, qui est essentiellement une méthode d'application.

La recherche de laboratoire constitue le noyau dur de la méthode expérimentale: son avantage incomparable est de rendre possible l'analyse scientifique des phénomènes, c'est-à-dire de permettre d'isoler, au niveau descriptif, les facteurs qui les déterminent, ou bien, au niveau explicatif, les modes de fonctionnement et de causalité qui peuvent leur être attribués.

On considère alors comme un avantage ce que les adversaires de la méthode expérimentale regardent au contraire comme sa tare: son caractère artificiel et abstrait. Cette critique repose souvent sur un malentendu: l'identification des qualités que l'on doit exiger d'une méthode de recherche, qualités qui incluent nécessairement l'abstraction et une certaine forme de «découpage» de la réalité, et les qualités en principe inverses que l'on doit attendre d'une méthode d'application, à savoir l'analyse du concret dans toute sa complexité. Dans la conception scientifique, cette analyse du particulier repose sur la mise en œuvre de connaissances générales, donc abstraites. (→ méthode.)

On a aujourd'hui tendance à considérer que l'expression «méthode expérimentale» peut être utilisée légitimement en deux sortes de circonstances, qui diffèrent par leur portée ou leur largeur. Au sens strict, «méthode expérimentale» désigne électivement les pratiques de laboratoire: celles-ci incluent de façon intrinsèque une *manipulation* des facteurs de variation des phénomènes étudiés. Il faut ranger parmi ces facteurs de variation non seulement ceux qui ont été choisis comme variables expérimentales — dites aussi «variables indépendantes» —, mais aussi tous les facteurs adjacents dont l'expérimentateur sait qu'ils sont pertinents, c'est-à-dire susceptibles d'agir subrepticement sur la variable qu'il observe. L'expérimentateur les contrôle ou les surveille soit en donnant à ces variables des valeurs ou des limites de valeur constantes, soit en leur imposant des *variations aléatoires* (angl. Randomization).

On accepte généralement d'appeler *méthode expérimentale au sens large* une démarche de recherche moins étroitement contrôlée: si les possibilités de manipulation stricte des variables sont, pour une raison ou pour une autre, inexistantes ou difficiles, on se contente de fixer les variables que l'on étudie et les valeurs que l'on prendra en compte sur ces variables, tout comme on le fait sur les variables adjacentes.

On parle à ce propos de « variables invoquées ». « Expérimental » signifie alors que l'on recueille les données en les faisant correspondre aux valeurs de ces variables. Le meilleur exemple de méthode expérimentale élargie est l'enquête de terrain, avec l'utilisation de questionnaires systématisés et une bonne détermination de l'échantillon.

On peut en principe, dans ces conditions, mettre en œuvre la même démarche scientifique d'ensemble qu'au laboratoire : c'est pourquoi l'appellation « expérimentale » n'est pas abusive. Toutefois la difficulté de fait tient à ce que le niveau de bruit sur les données est, dans ces cas, généralement beaucoup plus élevé qu'au laboratoire : cela peut diminuer de beaucoup la finesse de l'observation et le caractère contraignant des conclusions. J.-F. L. N.

→ méthode.

expérimentale (névrose)

(angl. Experimental Neurosis)

État observé chez des animaux de laboratoire qui ont subi des situations conflictuelles de conditionnement et qui se manifeste par des troubles (anxiété, aboulie, comportements d'évitement, etc.) comparables à certains de ceux qu'on peut constater dans les névroses humaines.

Dans des séquences de conditionnement, l'animal a été soumis à des stimulations entraînant récompense ou punition, si peu différentes qu'il ne peut plus les distinguer l'une de l'autre. Cela provoque chez lui des états d'irritation, de panique, de stress ou de passivité, s'accompagnant parfois d'une véritable pathologie psychosomatique.

À la suite de H.J. Eysenck, on a pu voir là un véritable modèle de névrose par trouble de l'apprentissage, justifiant alors une psychothérapie de réapprentissage ou de reconditionnement. J. Wolpe, en particulier, a développé à partir de ce modèle des thérapies comportementalistes dont le but est en quelque sorte de rééduquer les malades névrosés en leur faisant perdre de mauvaises réactions comportementales acquises dans l'enfance pour leur faire acquérir de nouvelles réponses bien adaptées. J. P.

expérimentale (psychologie)

(angl. Experimental Psychology)

Ensemble des connaissances qui, en psychologie, ont été élaborées au moyen de la méthode expérimentale.

Pendant une assez longue période, que l'on peut faire partir des années 1880 — en considérant comme des précurseurs les pionniers de la psychophysique, qui sont antérieurs à cette décennie —, il a existé un vaste domaine de recherche dénommé *psychologie expérimentale*.

Il pouvait être doublement caractérisé : par sa méthode, qui est précisément la méthode expérimentale, et par son contenu : c'était, pour l'essentiel, un ensemble de résultats et de connaissances qui relevaient de la psychologie générale et fondamentale et qui avaient été obtenus au moyen de la méthode expérimentale. On pouvait lui rattacher, sans que cela crée de problème sémantique particulier, des connaissances élaborées au moyen de la même méthode et qui relevaient de domaines de contenu quelque peu différent : par exemple la psychophysiologie, les formes les plus élaborées de la psychologie différentielle, de la psychologie de l'enfant, de la psychologie sociale, etc. Ce rattachement provenait de ce que, pour les trois derniers sous-domaines en tout cas, l'apport expérimental était originellement très minoritaire. L'expression de « psychologie scientifique » pouvait aussi être appliquée à cet ensemble de domaines.

Peu à peu, la situation a changé. L'utilisation de la méthode expérimentale, au sens étroit (au laboratoire) ou au sens large (sur le terrain), s'est répandue largement et elle est devenue la méthode dominante de recherche dans plusieurs sous-domaines. En outre, en psychologie générale, elle est devenue capable d'aborder des problèmes difficiles, qui jusque-là lui échappaient, comme les processus humains supérieurs, au lieu de se confiner à des questions limitées.

Simultanément, les caractéristiques de cette méthode se sont assouplies et la modélisation s'est largement développée.

Il est dès lors devenu de moins en moins significatif de caractériser un ensemble de connaissances de la psychologie par la méthode qui les a produites. On préfère généralement classifier ces connaissances par leur objet ou leur contenu.

Par exemple, aujourd'hui, une question de psychologie du développement que l'on étudie expérimentalement chez l'enfant sera tout normalement jugée comme relevant de la psychologie du développement plutôt que de la psychologie expérimentale. Il en va de même pour des sous-domaines comme la psycholinguistique, la neuropsychologie, la psychologie sociale, la psychologie du travail et, de plus en plus, pour la psychologie de l'éducation. La psychologie pathologique elle-même, qui a jusqu'ici le moins utilisé la méthode expérimentale, évolue néanmoins dans cette direction.

Le développement de la psychologie cognitive, qui constitue par elle-même un domaine, s'est réalisé pour l'essentiel au moyen de la méthode expérimentale. De ce fait, il existe aussi une tendance à unir les deux appellations « psychologie expérimentale » et « psychologie cognitive », même si l'on peut considérer qu'en toute rigueur cela ne se justifie pas. J.-F. L. N.

→ cognitive (psychologie), générale (psychologie), méthode.

BIBLIOGRAPHIE

Beauvois, J.-L., Roulin, J.-L., Tiberghien, G., 1990, *Manuel d'études pratiques de psychologie*, 1. Pratique de la recherche. Paris, P.U.F.

Fraisse, P., 1956, *Manuel pratique de psychologie expérimentale*, Paris, P.U.F.

Fraisse, P., Piaget, J., 1963-1966, nouvelle éd. 1969-1989, *Traité de psychologie expérimentale*, 9 vol., Paris, P.U.F.

Rossi, J.-P., et alii, 1989, *la Méthode expérimentale en psychologie*, Paris, Dunod.

expert

n.m. (angl. Expert)

Personne qui possède, dans un domaine spécialisé, un savoir qui lui permet de résoudre avec efficacité et rapidité les problèmes du domaine.

L'apparition des systèmes experts a attiré l'attention sur la forme particulière de savoir détenu par les experts. On considère en général qu'il s'agit de savoirs acquis par expérience pratique et qui restent *implicites*, c'est-à-dire qui ne peuvent être immédiatement verbalisés par ceux qui les possèdent. L'expert typique est celui qui résout les problèmes rapidement et sans erreur mais qui ne peut pas dire en détail comment il s'y prend.

Dans le domaine perceptif (par exemple en imagerie médicale, en géologie, etc.), un expert peut être capable de « lire », c'est-à-dire d'analyser et de catégoriser des images complexes sans pouvoir énoncer de façon spontanée ses critères de décision. Il en va de même pour l'expertise du vendeur ou de l'architecte expérimentés, etc. La confection de systèmes experts comporte donc une phase d'« extraction de l'expertise », en général par un dialogue entre l'expert et un cogniticien, qui doit permettre de rendre explicites et de formuler dans un langage formalisé, le plus souvent par des règles déclaratives, les connaissances de l'expert.

Dans un contexte différent, celui des recherches en psychologie de l'instruction, on cherche aujourd'hui fréquemment à identifier les habiletés cognitives d'un expert en comparant expérimentalement les stratégies de sujets experts et de novices. J.-F. L. N.

1. expertise

n.f. (angl. Expert Appraisement)

DROIT et PSYCHIATR. **Mesure d'instruction consistant à faire procéder à des constatations ou à des estimations exigeant des connaissances techniques, par un spécialiste dûment mandaté à cet effet par une juridiction ou une institution.**

Certaines expertises sont dite « amiables » quand elles résultent d'un accord conclu entre les parties avant ou après la naissance d'un litige. D'autres expertises sont dites « officieuses » quand elles sont exécutées à la demande d'une personne soit pour les besoins d'une procédure en cours ou envisagée, soit en dehors de toute procédure.

Il est classique de reconnaître qu'il existe de nombreux types d'expertises psychiatriques, dont la nature tient au cadre juridique dans lequel elles s'inscrivent. Ainsi, on distingue les expertises en matière pénale ou civile, en matière de sécurité sociale, en matière de pensions militaires d'invalidité, etc. Les expertises pénales sont les plus illustratives de la spécificité psychiatrique. Sauf exceptions, les expertises pénales sont toujours pratiquées par des experts inscrits sur les listes dressées annuellement par les cours d'appel ou établies par le bureau de la Cour de cassation. Toute juridiction d'instruction (juge d'instruction, chambre d'accusation) ou de jugement (tribunal ou cour) peut — soit à la demande du ministère public (procureur, substitut), soit d'office, soit à la demande des parties — ordonner une expertise. La mission des experts, qui ne peut avoir pour objet que l'examen des questions d'ordre technique, est précisée dans la décision qui ordonne l'expertise. Ce document indique également le délai qui est imparti aux experts, délai qui est le plus souvent de deux mois.

L'EXPERTISE PSYCHIATRIQUE EN APPLICATION DE L'ARTICLE 64 DU CODE PÉNAL

Sauf cas particulier, toute infraction pénale comporte trois éléments : un élément légal, c'est-à-dire un texte légal exprès ; un élément matériel, c'est-à-dire un fait (acte ou omission) formellement établi ; un élément moral, c'est-à-dire la connaissance de la portée de l'acte et l'accès au libre choix.

L'existence des deux premiers éléments fait reconnaître la culpabilité de leur auteur. Mais, pour qu'il soit déclaré responsable, encore faut-il que soit également présent l'élément moral. Or, entre la théorie du libre arbitre et celle des positivistes niant au contraire toute possibilité de libre choix, on admet actuellement que pèse sur toute personne une présomption légale de liberté de choix. Il faut mettre de côté les situations que la loi reconnaît comme exonératrices de responsabilité pénale (par exemple la légitime défense).

Le Code pénal, depuis 1810, dispose qu'« il n'y a ni crise ni délit lorsque le prévenu était en état de démence au temps de l'action ou lorsqu'il a été contraint par une force à laquelle il n'a pas pu résister ». L'expertise psychiatrique a donc pour but d'infirmer la présomption légale d'imputabilité en rapportant la preuve que le sujet était en état de démence ou de contrainte au moment de l'acte prohibé. Le doute ne profite donc pas au prévenu mais une responsabilité atténuée peut être retenue.

En pratique, depuis 1986, le juge d'instruction (le plus souvent) désigne un expert unique sauf si les circonstances justifient qu'il en désigne plusieurs. Avant, en effet, deux experts étaient systématiquement nommés. La mission d'expertise, elle, n'a pas changé depuis 1959 et reproduit le plus souvent l'article C.345 d'Instruction générale d'application du Code de procédure pénale en demandant de répondre aux questions suivantes : l'examen du sujet révèle-t-il chez lui des anomalies mentales ou psychiques ? (le cas échéant, les décrire et préciser à quelles affections elles se rattachent) ; l'infraction qui est reprochée au sujet est-elle ou non en relation avec de telles anomalies ? ; le sujet présente-t-il un état dangereux ? ; le sujet est-il accessible à une sanction pénale ? le sujet est-il curable ou réadaptable ?

Souvent, une sixième question est ajoutée : dire si ces anomalies sont de nature à le faire considérer comme étant en état de démence au sens de l'article 64 du Code pénal ou au contraire à atténuer sa responsabilité et dans quelle mesure.

Le terme de *démence*, bien que non défini légalement, est pris au sens large : psychoses chroniques, arriération mentale profonde, démence sénile, bouffée délirante. Quoi qu'il en soit, le prévenu est examiné le plus souvent à la maison d'arrêt, puis l'expert adresse son rapport au juge qui l'a désigné. Il est bien rare que celui-ci ne suive pas l'avis de l'expert en pareille situation. Mais, par ailleurs, les parties peuvent demander une contre-expertise et une surexpertise. Si le magistrat rend une ordonnance de non-lieu, l'intéressé fait alors l'objet d'un internement en hôpital psychiatrique par arrêté préfectoral.

L'EXAMEN MÉDICOPSYCHOLOGIQUE

Cet examen, qui est une expertise, est réalisé en application de l'article 81 du Code de procédure pénale. Il n'a pas pour but de rechercher un « état de démence » mais de décrire de façon dynamique les aspects de la personnalité du délinquant et de mieux comprendre les mobiles du crime ou du délit.

LES EXPERTISES CHEZ LE MINEUR

Chez le mineur, l'ordonnance du 2 février 1945, bien que plusieurs fois remaniée, définit encore le statut de la minorité pénale en France. Le mineur fait l'objet du privilège de juridiction : juge des enfants, tribunal pour enfants et Cour d'assises des mineurs. La condamnation doit en principe rester l'exception, et la rééducation la voie normale. Si un mineur est condamné, il bénéficie également de l'« excuse attenante de minorité », c'est-à-dire que la peine doit être réduite dans des proportions variables. Toutefois, comme le délinquant majeur, le mineur peut faire l'objet d'un examen psychiatrique à la recherche d'un état de démence ; de même peut-il faire l'objet d'un examen médicopsychologique.

Ce dernier, selon les textes d'instruction générale, utilise les tests et tous les autres moyens de la psychologie moderne ; il tend à révéler les aspects de la personnalité du mineur considérés comme répondant à la normale (affectivité, maîtrise de soi, émotivité, etc.), à déterminer le niveau d'intelligence, d'habileté manuelle, d'attention et à fournir des données utiles pour la compréhension des mobiles du délit et pour le traitement du jeune délinquant.

Une enquête sociale recueille des renseignements sur la situation matérielle et morale de la famille, sur le caractère et les antécédents du mineur, sur ses fréquentations scolaires, son attitude à l'école, sur les conditions dans lesquelles il a été élevé. Ainsi se trouvent réunies un maximum d'informations permettant d'individualiser au mieux les mesures éducatives et/ou pénales.

AUTRES EXPERTISES PÉNALES

Lorsque le témoignage d'une victime constitue le support de l'accusation, il peut être demandé une expertise de cette victime. C'est fréquemment le cas lorsqu'il s'agit d'atteintes sexuelles et a fortiori quand il s'agit d'enfants ou d'adolescents. Les infractions sexuelles commises peuvent être l'exhibitionnisme, l'attentat à la pudeur, l'inceste ou le viol.

D'autres missions d'expertise peuvent demander de fournir un avis technique sur la crédibilité des déclarations de l'inculpé ; relatif à des aveux et/ou rétractations ; quant à l'évaluation du retentissement psychologique de tares physiques ; sur la capacité de l'inculpé à reconnaître ou à participer à une reconstitution.

En début de détention provisoire, il peut être demandé à l'expert de dire si le prévenu présente des signes cliniques d'utilisation de drogues ou ceux d'un syndrome de sevrage ou encore s'il risque d'en présenter un. Dans ces situations, le magistrat instructeur peut décider d'un transfert en service de psychiatrie en milieu hospitalier ou pénitentiaire. M. G.

BIBLIOGRAPHIE

Raymond, S. G., 1989, *les Expertises en sciences humaines : psychiatrie et psychologie*, Toulouse, Privat.

2. expertise

n.f. (angl. Expertise)

GÉNÉR. **Ensemble de connaissances pratiques qui sont l'apanage d'un expert.**

L'expertise est une connaissance qui a pour propriétés spécifiques : son extension et son niveau (c'est un ensemble vaste de connaissances approfondies), sa rareté (celle des experts), son origine (l'exercice dans des conditions concrètes), sa difficulté à être verbalisée et formalisée (son caractère implicite). J.-F. L. N.

→ expert.

exploration

n.f. (angl. Exploration)

ÉTHOL. **Phase d'activité locomotrice induite par la nouveauté d'un site et, par extension, recherche active de situations nouvelles.** G. B.

→ néotique.

exploration (conduite d')

(angl. Exploratory Behaviour)

GÉNÉR. et DÉVELOP. **Ensemble des parcours effectués à des fins de connaissance, pendant lesquels un organisme vivant applique ses capacités d'observation au milieu.**

Les conduites d'exploration ont été mises en évidence, expérimentalement, chez l'Animal, dans des dispositifs du type labyrinthe, où la tâche consistait à atteindre un appât ou une cible par un trajet déterminé. Dans ces situations, alors que le sujet a déjà pris connaissance du bon trajet, il arrive qu'il s'en détourne pour effectuer d'autres parcours. Cette conduite se distingue d'un tâtonnement par le fait que, d'un point quelconque, le sujet demeure capable de rejoindre sans faute le trajet correct, de sorte que cette conduite n'altère que passagèrement la performance.

Les conduites de ce type ont alimenté les débats théoriques sur la nature des apprentissages : elles ont été considérées par H. Hull comme des phénomènes d'« inhibition réactive » dans un apprentissage dit « de réponse », qui se réduit à une séquence de réponses hiérarchisées à partir des renforcements reçus. Au contraire, E.C. Tolman y a vu le signe d'une activité cognitive, conduisant à des apprentissages dits « de lieux ». Ce sont les conduites d'exploration qui permettent au sujet d'élaborer une *carte* cognitive* de son environnement, indépendante de ses propres positions. Les expériences de Tolman, faites sur le Rat dans des labyrinthes à double entrée (Figure 1), ont montré que l'animal qui avait d'abord appris à trouver l'appât en partant de A, c'est-à-dire en tournant à gauche, le retrouvait sans erreur en partant de B, c'est-à-dire en tournant à droite, s'il avait eu, lors du premier apprentissage, la possibilité d'explorer toutes les branches du labyrinthe. Tolman a montré que le Rat est capable d'organiser spontanément ses parcours dans un labyrinthe non en fonction des conduites antérieurement apprises et renforcées, mais en choisissant la solution la plus économique par « anticipation inférentielle ».

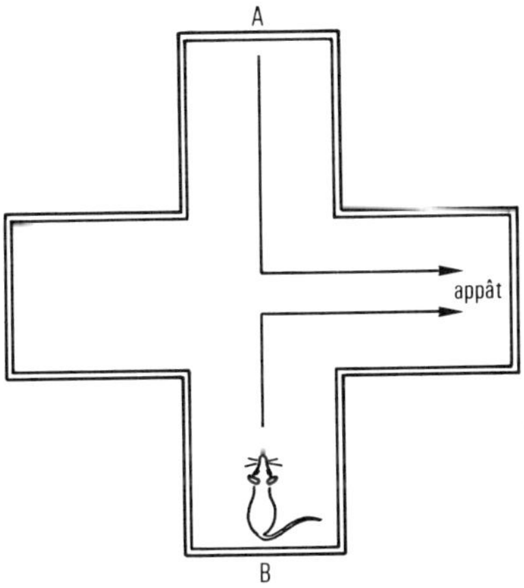

Figure 1. Labyrinthe à double entrée. L'animal trouve l'appât en partant de B, s'il a déjà exploré toutes les éventualités en partant de A dans une expérience antérieure.

Les conduites d'exploration ont été étudiées chez l'Animal et chez l'Homme, adulte et enfant, dans diverses modalités de capture des informations extérieures, c'est-à-dire dans diverses modalités sensorielles (exploration manuelle tactile, visuelle, olfactive, auditive). Ces études consistent à suivre les déplacements de l'organe des sens sollicité dans un espace délimité ou sur une cible, sur une configuration ou un ensemble d'objets, à mesurer les temps de parcours relativement aux périodes d'arrêt ou d'inertie, à rechercher les parcours répétés de façon systématique. Les structurations figurales, les illusions opticogéométriques secondaires, les schématisations empiriques, l'habituation sont supposées dépendre de l'exploration perceptive. Cette dernière se développe avec l'âge : les champs d'appréhension sensorielle s'étendent, les déplacements deviennent de plus en plus complexes et des stratégies les systématisent. Ainsi, le champ visuel augmente chez le bébé, d'abord rapidement entre 2 et 8 mois, puis plus lentement jusqu'à 12 mois. À cette date, il n'est encore que partiellement semblable à celui de l'adulte ; il ne le sera complètement que vers 4 ans.

Les stratégies paraissent inféodées aux tâches qui sont demandées au sujet ou à celles qu'il s'assigne lui-même. Elles varient aussi en fonction des caractères des espaces, cibles ou objets proposés et de leur prégnance relative. La psychologie de la forme les a attribuées à des relations psychophysiques. La thèse des « points focaux », proposée pour expliquer l'évolution des explorations visuelles, défend une idée voisine en considérant que l'organisation des déplacements du regard est commandée par une organisation du champ visuel, qui, selon l'âge, privilégie des orientations et des dimensions différentes. H. B.

L'étude des mouvements d'exploration oculaire est susceptible d'apporter des informations sur certaines activités cognitives internes. (→ mouvement oculaire rapide.) Toutefois, elle ne semble pas en mesure de permettre des inférences directes à leur propos. J.-F. L. N.

expression émotionnelle

(angl. Emotional Expressivity)

Ensemble des traits comportementaux par lesquels se révèle l'émotion, tels que le sourire, les pleurs, les mimiques faciales, les attitudes.

On lui reconnaît deux fonctions : celle d'aider à la régulation des tensions émotives elles-mêmes, donc à la restauration d'un état d'équilibre ; celle de composer une sorte de langage décodable par les congénères, voire universel.

C'est C. Darwin qui, le premier, a insisté sur l'importance de ces expressions chez l'Animal et décrit leurs ressemblances physiques entre les espèces, y compris l'espèce humaine. Les expressions émotionnelles sont observables dès les premiers âges de la vie ; elles évoluent au cours du temps ; elles sont, dans de nombreuses espèces animales, l'objet d'une socialisation et, chez l'Homme, elles sont modelées différemment, suivant les cultures.

Au cours du développement, l'expression émotionnelle apparaît comme une conduite sociale privilégiée autour de deux ans. C'est l'âge dit « du cabotin affectueux », où toute appréhension d'un événement, d'un objet ou d'une personne s'accompagne de mimiques et d'attitudes manifestant l'affectivité : le retrait d'un jouet ou le refus d'accéder à un désir de l'enfant provoquent la colère, avec cris aigus, trépignements et pleurs. L'agrément se manifeste par le rire, les câlineries, l'excitation joyeuse. Ces réactions apparaissent, aux yeux de l'adulte, exagérées. Elles ne paraissent pas mesurées à l'aune de l'émotion qui les provoque.

La psychologie contemporaine s'est attachée à montrer, par des procédures d'habituation ou de préférence, que la sensibilité aux expressions émotionnelles autorise des discriminations très précoces : le bébé de 1 mois différencie un visage souriant (les coins de la bouche sont relevés) d'un visage triste (les coins de la bouche sont tombants). Ces discriminations peuvent être utilisées dans des jeux sociaux, en particulier entre la mère et son enfant, à des fins éducatives. H. B.

extensibilité

n.f. (angl. Extensibility)

DÉVELOP. **Estimation du tonus musculaire de fond chez le bébé par la mesure de l'angle maximal d'ouverture possible d'une articulation.**

Au niveau des membres supérieurs, on mesure l'angle postérieur du coude, la distance entre les coudes qu'on rapproche au maximum derrière le dos ; au niveau des membres inférieurs, la mesure porte sur l'angle poplité du genou, l'angle des adducteurs, l'épreuve du talon sur la fesse. E. V.

PHYSIOL. **Technique neurologique de mesure du tonus musculaire.**

L'extensibilité est liée au degré d'élasticité des muscles et est dépendante de la résistance des ligaments articulaires. Elle mesure le degré d'allongement mécanique d'un muscle éloigné au maximum de ses points d'insertion. Elle peut être mesurée au niveau du segment céphalique, au niveau des membres supérieurs ou encore au niveau des membres inférieurs. Dans tous les cas, on relève l'angle maximal et l'écart minimal entre les segments corporels concernés. Les variations de ces angles, à un âge donné, permettent de définir l'hypo- et l'hyperextensibilité. Par exemple, l'angle poplité, permettant d'étudier les extenseurs de la cuisse, est d'environ 180 degrés à l'âge de 18 mois. Les bébés de 18 mois dont l'angle poplité est significativement supérieur à cette valeur seront définis comme hyperextensibles. Ceux dont l'angle sera inférieur à cette valeur moyenne seront qualifiés d'hypoextensibles. F. J.

extension

n.f. (angl. Extension)

Propriété d'un concept qui se définit à partir de l'ensemble des éléments relevant du concept.

L'extension du concept « chien » (ou du terme *chien*, chez les néopositivistes) est l'ensemble de tous les chiens passés, présents ou futurs, réels ou imaginaires ; autrement dit, c'est l'ensemble de tous les éléments pour lesquels on doit répondre « oui » à la question « est-ce que X est un chien ? ».

De la même façon, l'extension du concept « bleu » est l'ensemble de toutes les choses, entités, individus, etc., pour lesquels on doit répondre « oui » à la question « est-ce que cela est bleu ? ». C'est l'ensemble de tous les éléments bleus. L'extension du concept relationnel « inférieur à » est, de façon semblable, l'ensemble de tous les couples d'éléments *a, b*, tels que *a* est inférieur à *b*.

Cette façon de voir est parfaitement définie par la logique pour les concepts les plus simples. Elle est un peu plus difficile à appliquer aux concepts plus complexes.

La propriété complémentaire de l'extension est l'intension, ou compréhension, du concept ou du terme. J.-F. L. N.

→ appartenance, compréhension, intension.

externalité

n.f. (angl. Externality)

Caractéristique des sujets qui tendent à chercher la cause d'un événement agréable ou désagréable à l'extérieur d'eux-mêmes. M. R.

→ locus of control.

externalité (effet d')

(angl. External Effect)

Absence de prise en compte de la forme d'une figure lorsque celle-ci est enclose dans une autre.

L'effet d'externalité a été mis en évidence par Milewski dans les conditions suivantes. Après habituation à une figure complexe composée d'un grand carré contenant un petit cercle, des groupes de bébés se voient présenter soit le même grand carré contenant un petit triangle (modification de forme de la figure interne), soit un grand triangle contenant un petit cercle (modification de forme de la figure externe).

Chez le bébé de 1 mois, une réaction à la nouveauté n'est obtenue que lorsque le changement porte sur la figure externe. Les bébés de plus de 2 mois réagissent aux modifications de la figure interne aussi bien qu'à celles de la figure externe. Il semblerait donc que les bébés de 1 mois soient incapables de percevoir la forme d'une figure interne.

Des recherches récentes ont montré que l'effet d'externalité n'est pas dû à une incapacité de percevoir la forme d'objets internes, mais à divers facteurs qui régissent la distribution de l'attention visuelle sur un dessin complexe. Le jeune bébé explore rarement toute la surface d'une cible visuelle mais concentre ses fixations oculaires sur la partie la plus intéressante pour lui. À 1 mois, lorsqu'une cible est composée de deux figures, soit côte à côte, soit l'une dans l'autre, il regarde de préférence la plus grande. Mais si on attire l'attention du bébé sur la plus petite (l'interne par exemple) en la rendant mobile ou clignotante, alors que la grande (externe) demeure stationnaire, ou en la rendant plus complexe (plusieurs petits cercles concentriques), alors les fixations oculaires se portent de préférence sur la figure interne. Dans ces conditions, les changements de forme de l'élément interne sont aussi bien perçus à 1 mois qu'à 2 mois. E. V.

extérocepteur

n.m. (angl. Exteroceptor)

Récepteur sensoriel localisé à la surface du corps et sensible aux actions du milieu extérieur.

Les récepteurs cutanés (exemple : terminaisons nerveuses libres ; disques de Merkel ; corpuscules de Meissner, de Pacini, de Krause, de Ruffini) ainsi que les récepteurs situés dans la rétine (cônes et bâtonnets), dans la cochlée (cellules ciliées de l'organe de Corti), à la surface de la langue (bourgeons du goût) et de la muqueuse nasale (tache olfactive) appartiennent à la catégorie des extérocepteurs.

Les récepteurs rétiniens, cochléaires et olfactifs répondent à un stimulus spécifique situé à distance ; ils sont de ce fait dénommés télécepteurs. G. S.

extéroceptif, ive

adj. (angl. Exteroceptive)

Qui concerne les informations venues de l'extérieur, par l'intermédiaire des récepteurs sensoriels spécialisés les plus connus (vue, ouïe, odorat, toucher, goût).

Extéroceptif s'oppose à *intéroceptif* et à *proprioceptif*. J.-F. L. N.

→ sensation.

extinction

n.f. (angl. Extinction)

Disparition d'une réaction conditionnelle, classique ou instrumentale (ou opérante), qui survient lorsqu'elle n'est pas renforcée.

La *résistance à l'extinction* est une caractéristique d'une réaction conditionnelle, aussi bien classique qu'instrumentale (ou opérante), qui fait qu'elle exige plus ou moins d'essais non renforcés pour être conduite à une extinction complète. On connaît une série de facteurs (surapprentissage, renforcement intermittent, etc.) qui augmentent la résistance à l'extinction : la valeur de celle-ci (mesurée en nombre d'essais nécessaires pour atteindre une extinction complète) constitue donc un paramètre important de la réaction, à un moment donné de l'histoire de l'individu. J.-F. L. N.

extrapyramidal (système)

(angl. Extrapyramidal System)

Ensemble des structures nerveuses et des faisceaux qui assurent le contrôle de la motricité, autres que celui exercé par le faiseau pyramidal.

Les voies afférentes de ce système viennent essentiellement du cervelet, du cortex, du locus niger, et sa voie efférente principale est le faisceau central de la calotte. Les centres extrapyramidaux sont unis entre eux par de nombreux circuits neuronaux assurant un contrôle respectif. Le système extrapyramidal contrôle le tonus musculaire et a un rôle facilitateur du mouvement volontaire. R. L.

extraversif, ive

adj. et n.

Dans la typologie de C.G. Jung, se dit d'une personne ouverte au monde extérieur et très réceptive à toutes ses modifications. (Contr. introversif.) R.L.

extraversion-introversion

(angl. Extraversion-Introversion)

Dimension de la personnalité sur laquelle les sujets se différencient en ce qui concerne leur orientation « vers l'extérieur », c'est-à-dire vers les autres personnes et vers les objets, ou « vers l'intérieur », vers eux-mêmes.

La notion a été utilisée par C. G. Jung pour distinguer des types différents. Dans la psychologie actuelle, on considère que les sujets se distribuent de façon continue tout au long de cette dimension, et c'est bien ce résultat que l'on observe lorsqu'on utilise des instruments d'observation et de mesure opérationnalisant la dimension. Ces instruments sont essentiellement des questionnaires tels que l'*Inventaire de personnalité d'Eysenck* (angl. Eysenck Personality Inventory, ou EPI) ou les différents questionnaires de personnalité de R.B. Cattell (notamment le *Sixteen Personality Factor Questionnaire*, ou 16PF). Dans ces questionnaires, on demande au sujet de décrire ses façons habituelles de se comporter dans certaines situations de la vie courante.

Le psychologue qui a consacré le plus grand nombre de travaux à l'introversion-extraversion est le Britannique H.J. Eysenck. Cette dimension constitue l'une des principales dimensions de sa théorie de la personnalité. L'individu se situant à proximité du pôle « extraversion » aime les contacts sociaux, la conversation; il n'hésite pas à prendre des risques, il aime l'agitation, le changement; il peut être agressif, impulsif. On trouve à proximité du pôle « introversion » des sujets aimant le travail solitaire, une existence bien réglée, le calme, les contacts limités à un petit cercle d'amis intimes. D'après Eysenck, les troubles de la conduite les plus fréquents chez les introvertis sont de nature dysthymiques (anxiété, dépression, symptômes obsessionnels, phobies), alors que des troubles psychopathiques ou hystériques tendent à être associés à l'extraversion et pourraient se manifester notamment par des conduites délinquantes. Eysenck a mis en relation les différences observées sur la dimension extraversion-introversion à l'aide de questionnaires tels que l'EPI avec les différences observées dans les recherches de psychologie expérimentale portant sur les seuils sensoriels, le conditionnement, l'apprentissage, la perception, etc. Il a ensuite édifié une théorie relative aux fondements biologiques de l'extraversion-introversion que l'on pourrait résumer très schématiquement ainsi : l'activation corticale serait insuffisante chez les extravertis, excessive chez les introvertis. Ces différences auraient une base génétique. M. R.

BIBLIOGRAPHIE

Eysenck, H.J. (Ed), 1980, *A Model for Personality*, Berlin, Springer Verlag

extraverti, e

adj. et n. (angl. Extrovert)

Se dit d'une personne caractérisée par l'extraversion. (Contr. introverti.) R. L.

Ey (Henri)

Psychiatre français (Banyuls-dels-Aspres 1900-*id.* 1977).

Il fut le défenseur de l'organodynamisme en psychiatrie. Après ses études médicales à Toulouse, puis à Paris, il est devenu médecin-chef de l'hôpital psychiatrique de Bonneval (Eure-et-Loir) en 1933. Il y demeure jusqu'à sa retraite tout en poursuivant à Paris (hôpital Sainte-Anne) un enseignement clinique et psychopathologique non reconnu par l'université mais très suivi par les étudiants en psychiatrie de 1935 à 1970. Il organise, en tant que secrétaire général, le Ier Congrès international de psychiatrie en 1950 et fonde l'Association mondiale de psychiatrie en 1961. Enfin, il dirige la revue *l'Évolution psychiatrique* de 1947 à 1971.

Très cultivé, et vivement intéressé par l'histoire de sa spécialité, il a d'abord rédigé les trois tomes de ses *Études psychiatriques* (1948-1954), qui représentent bien son enseignement de l'époque. Mais il fut surtout le promoteur d'une conception organodynamique de la maladie mentale explicitée dans ses principaux ouvrages : *la Conscience* (1963), le *Traité des hallucinations* (1973) et surtout *Des idées de Jackson à un modèle organo-psychiatrique en psychiatrie* (1975), où il développe longuement son modèle explicatif tel qu'il l'a pour la première fois décrit avec J. Rouart dans un article de la revue *l'Encéphale* en 1936. Ce modèle, élaboré à partir des conceptions de H. Jackson et de P. Janet sur la hiérarchie des niveaux de désintégration fonctionnelle des activités neurologiques et cérébrales supérieures, conduit à une théorie psychopathologique faisant apparaître les maladies mentales comme « des modalités de la décomposition (de la dissolution) du corps psychique dont l'être conscient constitue la forme ». Ce néojacksonisme conduit à admettre, pour chaque maladie mentale, des signes négatifs, ou déficitaires, traduisant l'atteinte organique de la fonction cérébrale spécifique, et des signes positifs de libération de fonctions inférieures, plus archaïques, jusque-là contrôlées et inhibées par cette fonction cérébro-psychique qui leur était supérieure. Il y a donc derrière cette théorie un a priori évolutionniste et surtout fonctionnaliste ramenant une organogenèse de la maladie mentale, pourtant récusée au départ par H. Ey en raison de son réductionnisme « mécaniciste ». Finalement, il va conclure que « toute forme psychopathologique exige pour sa formation, à la fois et ensemble, un trouble organique primordial et une structure psychologique nécessaire qui en constitue la phénoménologie, la base existentielle ». J. P.

Eysenck (Hans Jürgen)

Psychologue britannique d'origine allemande (Berlin 1916).

Il émigre en France en 1934 puis en Grande-Bretagne, où il se fixe. Docteur en psychologie (Londres, 1940), il devient, pendant la guerre, psychologue au *Maudsley Hospital* de Londres, puis (1950) directeur du département de psychologie à l'Institut de psychiatrie de l'université de Londres. Ses travaux les plus connus portent sur la structure de la personnalité étudiée par l'analyse factorielle et décrite principalement à l'aide de deux facteurs indépendants, l'extraversion-introversion et le névrosisme ; il a également mentionné un facteur « psychotisme » indépendant des deux premiers. Eysenck a présenté des rapprochements entre ces dimensions de la personnalité issues de méthodes différentielles, les recherches de psychologie expérimentale portant notamment sur les seuils sensoriels et le conditionnement, les théories pavloviennes, les théories psychophysiologiques sur l'activation du cortex cérébral, l'étude des troubles psychiatriques. Il s'est également intéressé à la délinquance, aux méthodes de psychothérapie, à l'origine des différences individuelles. On peut citer parmi ses nombreux ouvrages *The Biological Basis of Personality* (1967). Il a dirigé avec W. Arnold et R. Meili un important *Lexicon der Psychologie* (3 vol. ; 1971 ; nouv. éd. 1987). M. R.

BIBLIOGRAPHIE

Mogdil, S. et C. (Eds), 1986, *Hans Eysenck. Consensus and Controversy*, Philadelphie, Falmer Press.

Eysenck (questionnaire de personnalité d') ou EPI

(angl. Eysenck Personality Inventory ou EPI)

Test construit par H. J. Eysenck permettant d'évaluer deux traits qu'il considère comme fondamentaux dans la personnalité.

Pour l'évaluation des deux traits fondamentaux définis dans sa théorie de la personnalité, l'extraversion*-introversion et le névrosisme*, Eysenck a d'abord construit un questionnaire intitulé *Maudsley Personality Inventory*, ou MPI. Une version ultérieure est maintenant utilisée sous la dénomination *Eysenck Personality Inventory*, ou EPI. Ce questionnaire est composé de 57 items portant sur les conduites habituelles du sujet dans la vie quotidienne. Il fournit une évaluation des deux traits fondamentaux de la personnalité et accessoirement une évaluation de la tendance du sujet à falsifier ses réponses (échelle L comme *lie*, « mensonge »). Il existe deux formes parallèles de l'EPI. M. R.

F

F (test de facteur F de Cattell)

Test de personnalité dit « objectif », c'est-à-dire sans ambiguïté dans ses procédures de notation et proposant une tâche que le sujet ne peut guère mettre en rapport avec l'objet de l'examen.

Les épreuves de ce test consistent, par exemple, à dire tout ce qui peut se trouver sous un arbre ou dans une rue ; à écrire des mots désignant des choses rondes ; des mots commençant pas un S ; à compléter des figures simples en faisant des dessins identifiables ; etc. Ce test mesure, d'après R.B. Cattell, la *surgence-désurgence* (angl. Surgency-Desurgency) dont le *pôle positif* (angl. Surgence) est défini par la bonne humeur, le naturel, le sens de l'humour, l'adaptation, le goût du changement, la sociabilité. Fondées sur la notion de *fluidité* (angl. Fluency), d'où l'initiale F, les épreuves de ce test sont saturées dans un facteur voisin de l'extraversion. M. R.

BIBLIOGRAPHIE

Bénassy, M., et Chauffard, C., 1942-43, « Le test F de Cattell est-il un test objectif de tempérament? », *l'Année psychologique*, *43-44*, 200-230.

Fabre (Jean-Henri)

Entomologiste français (Saint-Léons, Aveyron, 1823-Sérignan-du-Comtat 1915).

Il est l'auteur de nombreux travaux, descriptifs et expérimentaux, sur le comportement des Insectes dans leur milieu naturel. On lui doit par exemple la mise en évidence de l'extrême sensibilité des mâles du Grand Paon de nuit à l'odeur des femelles (aujourd'hui une phéromone), ou bien les premiers travaux expérimentaux sur le retour au nid et l'orientation spatiale des Insectes (représentation et reconnaissance de l'espace). Éthologiste avant l'heure, il a rassemblé son savoir encyclopédique dans un ouvrage didactique en 10 volumes : *Souvenirs entomologiques* (1879-1907). R. C.

fabulation

n.f. (angl. Fabrication, Fabulation)

1. **Récit fantastique et extraordinaire raconté par un sujet qui en est l'inventeur comme s'il s'agissait de faits exacts qu'il aurait vécus.** 2. **Action de construire et raconter un tel récit.**

On peut distinguer une fabulation normale, habituelle à l'enfant, depuis le phénomène du compagnon imaginaire à l'âge de trois ans jusqu'aux rêveries imaginatives des débuts de l'adolescence, où les identifications à des héros de romans, de films ou de bandes dessinées sont racontées sur un mode de quasi-réalité ; et une fabulation pathologique relevant ou de la mythomanie ou du délire d'imagination. Dans ce cas, le sujet n'a pas conscience qu'il est un fabulateur et il prendra ses productions imaginatives pour des souvenirs authentiques.

Les confabulations sont une forme particulière où la fabulation se poursuit au gré du discours et du dialogue avec autrui (A. Brillat-Savarin parlait de « confabulations de table » à la fin d'un bon repas). Elles sont pathologiques lorsqu'elles sont dues à un déficit de la mémoire antérograde avec oubli à mesure, amenant le malade à confabuler pour combler ses lacunes mnésiques, comme on peut le voir dans la psychose de Korsakov*. J. P.

facette

n.f. (angl. Facet)

Terme proposé par L. Guttman pour désigner des facteurs de classification permettant de classer de différentes façons un même ensemble de variables.

Lorsque chaque variable d'un ensemble de variables peut être définie par plusieurs caractères (forme des questions, nature verbale ou non verbale des stimulus, sexe de l'expérimentateur, moment de l'examen, etc.), chacun de ces caractères peut être appelé une facette de l'ensemble. Chaque variable est définie par le produit cartésien des facettes. M. R.

→ généralisabilité.

facilitateur, trice

adj. (angl. Facilitative)

Se dit d'une substance ou d'un processus qui facilite l'action d'autres substances ou d'autres processus. R. L.

facilitation

n.f. (angl. Facilitation)

Phénomène bioélectrique aboutissant à rendre plus efficace la transmission du message nerveux.

La facilitation peut être due à des phénomènes survenant au niveau même de la synapse en cause, par exemple la facilitation post-tétanique, observée après une stimulation répétitive, dans laquelle la sommation temporelle liée à la succession rapide de messages excitateurs crée la facilitation. Elle peut être hétérosynaptique lorsqu'elle est due à l'activité d'autres synapses : c'est le cas du phénomène de sommation spatiale, où la transmission d'un message est facilitée par l'arrivée simultanée d'autres messages sur le même neurone. R. L.

facteur

n.m. (angl. Factor)

En analyse factorielle, variable hypothétique susceptible de rendre compte des corrélations entre des variables observées (facteurs communs) ou des mesures elles-mêmes (facteurs spécifiques associés aux facteurs communs, composantes principales).

Les mesures (notes, scores) en facteurs d'un individu peuvent être estimées à partir des mesures de cet individu dans les variables observées. (→ factorielle [analyse].)

En analyse de la variance, variable indépendante, c'est-à-dire une variable définie par l'expérimentateur ou l'observateur et comportant plusieurs modalités ou niveaux définissant des conditions de mesure différentes de la variable dépendante. (→ variance [analyse de la].) M. R.

factoriel (plan)

(angl. Factorial Design)

Plan d'expérience permettant d'évaluer par analyse de la variance les effets principaux et les effets d'interaction de plusieurs variables indépendantes (facteurs) sur une variable dépendante.

La variable dépendante doit être mesurée dans chacune des combinaisons possibles entre les différents niveaux des différents facteurs. (→ effets, variance [analyse de la], expérience [plan d'].) Un plan dans lequel sont ainsi croisés, par exemple, trois facteurs A, B, C est souvent symbolisé par la notation A * B * C. M. R.

factorielle (analyse)

(angl. Factor Analysis)

Ensemble de méthodes d'analyse des données, dans lesquelles on cherche à représenter de façon synthétique de grands tableaux de données essentiellement au moyen de projections sur un axe ou sur un plan judicieusement choisis.

L'analyse factorielle peut être utilisée sur un ensemble de *n* variables observées sur N sujets, ensemble au sein duquel on constate l'existence de corrélations entre variables. On peut dans ce cas faire l'hypothèse qu'il existe d'autres variables sous-jacentes non directement observables, les facteurs, qui, ayant chacune un effet sur deux ou plusieurs variables observables, expliquent leurs corrélations et une partie au moins de la dispersion de chacune d'elles.

La méthode d'*analyse en composantes principales* (angl. Principal Components Analysis), étudiée notamment par H. Hotelling, propose d'offrir une description économique de données de ce type. Si l'on représente deux variables réduites par deux axes orthogonaux, chaque sujet sera représenté par un point dans l'espace défini par ces deux axes, point dont les coordonnées seront les mesures de ce sujet sur ces deux variables. Le nuage de points représentant les N sujets aura approximativement, si la corrélation entre les deux variables n'est pas nulle, la forme d'une ellipse. L'axe principal de cette ellipse fournira la façon la plus économique de repérer aussi précisément que possible la position d'un sujet dans le nuage à l'aide d'une seule mesure. C'est une représentation de la première composante principale, variable dont les valeurs individuelles sont fournies par les projections des points-sujets et dont on montre qu'elle rend compte de la plus forte proportion de la variance des observations à partir d'une seule variable. Dans notre exemple à deux variables observées, la seconde composante principale, représentée par le second axe de l'ellipse orthogonal au premier (les composantes principales sont indépendantes), apporte une contribution qui, ajoutée à celle de la première composante, achève de rendre compte de la variance des observations. Dans ses utilisations effectives, la méthode s'applique à un nombre de variables plus élevé dont la variance peut en général être expliquée en grande partie par un nombre de composantes inférieur au nombre des variables. À une date relativement récente, la méthode d'analyse en composantes principales a fait l'objet d'une utilisation particulière proposée par J.-P. Benzécri sous le nom d'*analyse des correspondances*.

Une autre famille de méthodes d'analyse factorielle se propose non plus de fournir une description économique des variables mais essentiellement d'expliquer leurs corrélations. Ce sont les méthodes en *facteurs communs et uniques* (angl. Common and Unic Factors). Elles supposent que chaque variable observée peut être représentée comme une fonction linéaire de facteurs dont les uns ont un effet sur plusieurs variables observées (ce sont les facteurs communs, responsables des corrélations entre variables observées) alors que chaque facteur unique n'intervient que sur l'une de ces variables. Ce facteur unique peut être décomposé en un *facteur spécifique* (angl. Specific Factor), prenant théoriquement la même valeur pour un sujet donné au cours de mesures répétées, et un *facteur d'erreur* (angl. Error Factor), variant dans ces conditions de façon aléatoire. L'intérêt se centre, dans ces méthodes, sur les facteurs communs qui peuvent recevoir une interprétation fondée sur les caractères communs aux variables sur lesquelles ils exercent une influence. On appelle *saturation* (angl. Loading) la corrélation entre un facteur et une variable observée. La part de la variance d'une variable observée expliquée par l'ensemble des facteurs communs s'appelle la *communauté* (angl. Communality). Si les facteurs communs sont orthogonaux (indépendants), chacun contribue à la communauté d'une variable observée pour une part égale au carré de sa saturation dans cette variable. On montre que la corrélation entre deux variables observées peut être représentée comme une somme de produits, chacun étant le produit des deux saturations de ces variables dans un facteur qui leur est commun. Les données observées fournissant une estimation des corrélations, on peut écrire un système d'équations comportant autant d'équations que de corrélations, les saturations étant les inconnues. On peut, à certaines conditions, résoudre ce système. On limite le nombre des facteurs communs à ceux qui paraissent suffisants pour rendre compte des corrélations avec une approximation satisfaisante, compte tenu en particulier des erreurs qui entachent les estimations des corrélations. Mais, si le système a une solution, il en a une infinité (ce qui n'était pas le cas pour les composantes principales). Le passage d'une solution à une autre se fait par une transformation appelée *rotation des facteurs* (angl. Factor Rotation). Au cours de ces rotations, on peut laisser les facteurs communs indépendants entre eux (facteurs orthogonaux) ou leur assigner des corrélations (facteurs obliques). On cherche s'il existe, parmi les solutions possibles, une solution satisfaisant à certains critères posés à l'avance (et qui peuvent régir de façon automatique une rotation effectuée par ordinateur), ou du moins quelle est la solution du système qui est la plus proche d'une solution satisfaisant à ces critères.

Les critères dont il s'agit ne sont pas ou pas seulement ici des critères d'économie formelle comme celui qui fixe la position des composantes principales. Ils sont aussi définis de façon à faciliter l'interprétation des résultats de l'analyse ou en fonction d'une hypothèse que l'on cherche à éprouver. Comme exemple du premier cas, on peut citer les critères de la *structure simple* (angl. Simple Structure) de L.L. Thurstone. Le principal de ces critères consiste à maximiser le nombre des saturations nulles ou très faibles. Chaque facteur est en effet plus facilement interprétable s'il ne sature qu'un nombre limité de variables observées et si chacune de ces variables n'est saturée que par un nombre limité de facteurs. Comme exemple du second cas, on peut citer les analyses portant sur un ensemble de variables subdivisé en sous-ensembles dont chacun, par hypothèse, doit être affecté par un facteur commun à toutes les variables qui le composent (par exemple variables à supports verbal, spatial, numérique).

L'analyse factorielle a d'abord été employée pour essayer de vérifier des hypothèses très générales sur l'organisation de l'intelligence. C. Spearman pensait que les corrélations entre épreuves d'intelligence pouvaient s'expliquer par un seul facteur (facteur général g). C. Burt a ajouté à ce facteur général des *facteurs de groupe* (angl. Group Factors) n'affectant chacun qu'une catégorie d'épreuves. Ces facteurs de groupe peuvent former une *hiérarchie* (angl. Hierarchy), chacun pouvant se subdiviser en facteurs de groupe plus restreints. Thurstone a soutenu l'hypothèse d'une pluralité de facteurs ayant tous le même niveau et ne comportant pas, à l'origine au moins, de facteur général. On a montré que l'opposition entre ces hypothèses n'était qu'apparente. Pour un échantillon d'épreuves d'intelligence raisonnablement représentatif, ces hypothèses peuvent en général se ramener toutes au modèle hiérarchique. En particulier, les facteurs définis par la structure simple thurstonienne sont le plus souvent obliques. Leurs corrélations peuvent alors être expliquées par un facteur de second ordre (un facteur de facteurs), qui constitue un facteur général de niveau supérieur.

À l'heure actuelle, les recherches utilisant l'analyse factorielle ne se proposent plus de problèmes aussi généraux. Lorsqu'elles visent à vérifier une hypothèse, il s'agit d'hypothèses beaucoup plus spécifiques. De nouvelles méthodes de vérification adaptées à ce type d'hypothèses sont apparues. Les *rotations discriminantes* (angl. Discriminant Rotations) de F. Bacher placent un facteur dans la position pour laquelle il discrimine au mieux les saturations de deux groupes de variables établis en fonction de l'hypothèse, et la qualité de la discrimination ainsi obtenue constitue l'épreuve de l'hypothèse. Les rotations procustéennes de J.P. Guilford amènent le tableau des saturations obtenues à l'issue de l'analyse des données aussi près que possible d'un tableau de saturations écrit à l'avance en fonction d'une hypothèse, et le degré de ressemblance entre le tableau ainsi obtenu et le tableau attendu constitue l'épreuve de l'hypothèse. Mais cette dernière méthode a fait l'objet de critiques. À une date récente est apparue une méthode permettant de mettre à l'épreuve une hypothèse factorielle sans passer par les rotations de facteurs. Appelée *analyse factorielle confirmatoire* (angl. Confirmatory Factor Analysis), elle utilise un modèle structural, le LISREL (Linear Structural Relations) qui a été développé par K.G. Jöreskog et D. Sörbom. (→ LISREL) Le modèle comporte un système d'équations linéaires décrivant les relations postulées entre deux catégories de variables hypothétiques non observables (variables latentes) ayant respectivement le statut de variables indépendantes (explicatives ; ici, les facteurs) et de variables dépendantes (à expliquer ; ici, les variables estimées par les observations). Certaines relations peuvent n'être pas orientées, comme le sont les relations causales, mais traduire une simple interdépendance entre variables (par exemple corrélations entre facteurs communs). Certaines relations peuvent être posées comme nulles (par exemple entre facteurs uniques ou entre facteurs communs et facteurs uniques). Le modèle comporte aussi des équations exprimant les relations entre les variables latentes ci-dessus et les variables observées. Les hypothèses du chercheur se traduisent ainsi dans l'écriture du modèle. Les covariances et corrélations reconstituées à l'aide du modèle ainsi écrit sont alors comparées aux covariances et corrélations observées et l'on peut juger si les hypothèses que le modèle a formalisées sont acceptables ou non. M. R.

BIBLIOGRAPHIE

Bacher, F., 1987, *le Travail humain, 50*, n° 4, 347-370 et 1988, *51*, n° 4, 273-288.

Kim, J.O., et Mueller, C.W., 1982, *Introduction to Factor Analysis. What it is and how to do it*, Beverly Hills, Sage Publications.

Mulaik, S.A., 1972, *The Foundations of Factor Analysis*, New York, McGraw Hill.

Reuchlin, M., 1964, *Méthodes d'analyse factorielle à l'usage des psychologues*, Paris, P.U.F.

fading

n.m.

Forme discrète de barrage constituée par l'arrêt progressif du cours de la pensée (*fading mental*) ou d'une séquence motrice (*fading moteur*).

Ce phénomène est caractéristique de la schizophrénie. R. L.

faim

n.f. (angl. Hunger)

État subjectif déclenché par la privation d'aliments, qui s'accompagne de contractions de l'estomac, de sensations orales et d'un sentiment général de malaise.

La faim représente l'élément subjectif de la motivation alimentaire ; elle met en jeu des facteurs sensoriels issus de la bouche et du tractus digestif, des facteurs métaboliques et endocriniens, une intégration centrale par l'hypothalamus, le système limbique et le cortex cérébral, intégration qui prend en compte l'expérience antérieure de l'organisme (rythme des repas, préférences alimentaires, valeur symbolique des aliments). J.-M. C.

faisceau perforant

(angl. Perforant Path)

Faisceau de fibres nerveuses reliant le cortex entorhinal à l'hippocampe.

C'est la principale voie afférente de l'hippocampe. G. S.

→ limbique (système), Figure.

falaise visuelle

(angl. Visual Cliff)

Dispositif expérimental créé par E.J. Gibson pour étudier la notion de profondeur chez le nourrisson humain et chez les jeunes animaux.

La falaise visuelle se compose d'une table en verre transparent solide et épais, soutenue par des pieds. Une large planche est fixée sur ce plateau et le divise en deux parties égales. Sous une des parties, le fond est à 1,30 m du plateau et apparaît à travers lui comme un vide, un précipice ; sous l'autre partie, une planche est fixée à quelques centimètres seulement au-dessous du plateau. Les deux fonds sont recouverts d'un tissu à damier. Le bébé est placé, à quatre pattes, sur la plate-forme médiane, la tête tournée soit du côté profond, soit de l'autre, en face de sa mère qui l'appelle. Dès qu'il peut ramper, le nourrisson se place volontiers au-dessus du côté peu profond, rarement au-dessus du profond. Il est donc sensible à une différence de profondeur et l'indice pertinent semble bien la parallaxe des mouvements de la tête ; les indices tactiles ne sont pas pris en compte. E. V.

Falret (Jean-Pierre)

Médecin aliéniste français (Marcilhac, Lot, 1794-*id.* 1870).

Il a individualisé la folie circulaire. Élève de P. Pinel et d'E. Esquirol, Falret devient médecin de la Salpêtrière (1831) et directeur-fondateur de la maison de santé de Vanves (où il se retirera en 1869). Il a surtout tenté d'individualiser des maladies mentales en étudiant d'abord l'hypocondrie, en 1822, puis ce qu'il appellera la « folie circulaire », où il rapproche dans la même évolution la phase d'excitation maniaque de la phase de « dépression » (terme utilisé par lui, pour la première fois en psychiatrie) en 1854. Cette maladie deviendra, avec E. Kraepelin, la psychose maniaco-dépressive. J. P.

familiarisation

n.f. (angl. Familiarization)

Prise de connaissance d'un objet ou d'un événement nouveau au cours de rencontres plus ou moins durables et nombreuses.

La familiarisation permet d'acquérir et de mettre en mémoire les multiples informations que fournit la vie quotidienne. L'étude des capacités cognitives (différenciation, identification, mémorisation) du bébé humain fait largement appel à des procédures de familiarisation systématique : présentations répétées d'un même stimulus ou présentation unique pendant une assez longue durée.

Familiarisation et habituation ont fréquemment été considérées comme synonymes. C'est une erreur, car, si l'habituation résulte forcément d'une familiarisation, une familiarisation peut fort bien ne pas entraîner d'habituation. E. V.

famille (air de)

(angl. Family Ressemblances)

Ensemble de traits ou de propriétés que possèdent en commun certains concepts, objets ou personnes et servant de cadre à la catégorisation.

Les théories classiques de classification et de catégorisation issues de la philosophie du langage de L. Wittgenstein, permettent de mettre en évidence des critères formels nécessaires et suffisants d'appartenance à une catégorie. Le point de vue classique, qui considère que les exemples des catégories naturellement sémantiques possèdent des traits de définition communs, a été vivement critiqué. Wittgenstein attire notre attention sur la nature problématique de ce point de vue en suggérant que la catégorisation se fonde sur des jugements de similarité qui sont faits à l'intérieur d'un jeu de langage, qui ne renvoie pas à des traits communs concernant des objets ou des concepts. En observant des exemples tels que les jeux, il affirmait qu'il n'y avait pas une seule propriété qui soit partagée par *tous* les exemples d'activité qui entrent dans la catégorie « jeux ». Si l'on compare par exemple des jeux de cartes, des jeux de table, des jeux de balles, des jeux Olympiques, etc., on peut noter que certains traits restent tandis que d'autres disparaissent. Cela souligne qu'ils n'ont pas tous une seule caractéristique commune, mais qu'ils ont des liens de différentes sortes entre eux. Cela signifie que tous les jeux « partagent un ensemble complexe de points communs qui s'entrecroisent et se chevauchent ; il peut parfois s'agir de points communs en général, ou parfois de points communs au niveau du détail » (*Philosophical Investigations*, 1967). Ainsi, l'expression *air de famille* renvoie aux traits communs que l'on peut par exemple trouver dans une famille — une fille peut avoir la couleur d'yeux de sa mère, son fils a son menton mais le nez du grand-père, etc.

Un problème qui a été noté auparavant au sujet de l'air de famille renvoie à la nature très étendue de cette théorie. Si nous pensons à tous les recoupements et points communs possibles, alors nous pouvons facilement mettre ensemble des objets tels qu'une fourchette et un couteau (couverts servant à se nourrir) avec un tournevis (objet manuel métallique), avec un parapluie (possède un manche, est long et fin), etc. Le point essentiel est que cette théorie ne concerne pas la ressemblance mais la ressemblance *familiale*, à laquelle se réfère la notion d'air de famille.

D'autres facteurs existent, en plus de la ressemblance des formes, qui renforcent la ressemblance « familiale ». On trouve cela en partie dans le fait que les ressemblances sont jugées dans le contexte de jeux de langage spécifiques et dans le fait que les jugements de ressemblance sont faits à l'intérieur de cas paradigmatiques spécifiques ou de cas prototypiques (c'est-à-dire des cas clairs).

Le couteau et la fourchette s'intègrent dans la pratique qui consiste à se nourrir, qui est reliée à un jeu de langage distinct des activités et jeux de langage liés au « tournevis ».

Le point de vue de Wittgenstein a influencé les travaux récents en psychologie cognitive et en psychologie sociale cognitive. On a retenu ses idées sur la catégorisation, et particulièrement ce qu'il considère comme le modèle prototype de la catégorisation. (→ prototype.) Il s'agit désormais d'envisager les catégories comme telles plutôt que de les définir par rapport à des liens et des critères formels d'appartenance catégorielle. G. R. S. (trad. de B. O.)

→ cognition sociale, prototype.

BIBLIOGRAPHIE

Wittgenstein, L., 1953, *Philosophical Investigations*, (trad. de l'allem. par G. Anscombe), Oxford, Blackwell.

fantasme

n.m. (angl. Fantasy ou Phantasy; allem. Phantasie)

Pour S. Freud, représentation, scénario imaginaire, conscient (rêverie), préconscient ou inconscient, qui implique un ou plusieurs personnages et qui met en scène de façon plus ou moins déguisée un désir.

Le fantasme est à la fois effet du désir archaïque inconscient et matrice des désirs, conscients et inconscients, actuels.

Dans le prolongement de Freud, J. Lacan a souligné la nature essentiellement langagière du fantasme. Il a aussi démontré que les personnages du fantasme y valaient bien plus par certains éléments isolés (paroles, phonèmes et objets associés, parties de corps, traits de comportement, etc.) que par leur totalité. Il proposa le mathème suivant: $\$ \Diamond a$, à lire « S barré poinçon de petit a ». Ce mathème désigne le rapport particulier d'un sujet de l'inconscient, barré et irréductiblement divisé par son entrée dans l'univers des signifiants, avec l'objet petit a qui constitue la cause inconsciente de son désir.

Avec Freud

Dans ses premières publications, Freud utilise le concept de fantasme dans un sens relativement large, désignant par là une série de productions imaginaires plus ou moins conscientes. Un moment déterminant dans son élaboration théorique du fantasme fut sa découverte du caractère imaginaire (au sens de « produit par l'imagination ») des traumatismes rapportés par ses patients comme cause de leurs difficultés actuelles. Ce qui lui était présenté comme souvenirs s'avérait n'avoir qu'un rapport relatif avec la réalité dite « historique » et même, parfois, n'avoir de réalité que psychique. Freud en déduisit qu'une force inconsciente poussait l'homme à remodeler son expérience et son souvenir: il y vit l'effet d'un *désir premier* (allem. Wunsch). Pour Freud, ce *Wunsch* était une tentative de reproduire, sur un mode hallucinatoire, les premières expériences de plaisir vécues dans la satisfaction des besoins organiques archaïques. Par la suite, Freud dut constater que la répétition de certaines expériences suscitant le déplaisir pouvait aussi être recherchée et cela pour le plaisir qu'elles procurent au sein même du déplaisir et des souffrances qu'elles impliquent.

Le fantasme n'est pas seulement l'effet de ce désir archaïque, il est aussi la matrice des désirs actuels. Les fantasmes archaïques inconscients d'un sujet cherchent en effet une réalisation au moins partielle dans la vie concrète du sujet. Ainsi, ils transforment les perceptions et les souvenirs, ils sont à l'origine des rêves, des lapsus et des actes manqués, ils induisent les activités masturbatoires, ils s'expriment dans les rêveries diurnes, ils cherchent à s'actualiser, de façon déguisée, par les choix professionnels, relationnels, sexuels et affectifs du sujet.

On voit donc le caractère circulaire des rapports qui nouent fantasme et désir. Mais on peut aussi voir qu'il existe des fantasmes conscients, préconscients et inconscients. Seuls ces derniers sont impliqués dans une définition stricte du concept psychanalytique. Certains de ces fantasmes inconscients ne deviennent accessibles au sujet que dans la cure. D'autres restent à tout jamais sous l'emprise du refoulement originaire: ils ne peuvent être que reconstruits par interprétation. Freud développe cela dans son article intitulé « Un enfant est battu », formule qu'il utilise pour nommer un fantasme masochiste souvent rencontré dans sa pratique (*Ein Kind wird geschlagen*, 1919; trad. fr. in *Névrose, psychose et perversion*, 1973).

Freud y indique aussi que, si le fantasme figure le désir inconscient du sujet, le sujet lui-même peut être représenté dans le fantasme par divers personnages qui y sont inclus. En fonction du narcissisme et du transitivisme originaires, les renversements de rôle dans ce scénario fantasmatique sont fréquents.

Freud y distingue enfin certains fantasmes qu'il appelle « originaires », désignant par là les fantasmes qui concernent l'origine du sujet, à savoir: sa conception (par exemple les fantasmes de scène primitive ou encore les romans familiaux), l'origine de sa sexualité (par exemple les fantasmes de séduction) et, enfin, l'origine de la différence des sexes (par exemple les fantasmes de castration). Nouvelle preuve de l'importance du désir dans la constitution du fantasme: il n'y a pas de relation immédiate entre le fantasme et les événements concrets vécus par l'enfant.

Avec Lacan

Lors de son élaboration du schéma dit « de la personne » (*Écrits*, 1966), Lacan représente le fantasme par une surface incluant les diverses figures du moi, de l'autre imaginaire, de la mère originaire, de l'idéal du moi et de l'objet. Cette surface du fantasme est bordée par le champ de l'imaginaire et par celui du symbolique tandis que le fantasme recouvre celui du réel. Ces notations indiquent bien le caractère transindividuel du fantasme, sa participation, fût-elle marginale, aux champs du symbolique et de l'imaginaire et surtout sa fonction d'obturation du réel. (Le réel désigne ici l'indicible du sujet, ce qui lui est insupportable à rencontrer et qui n'en constitue pas moins ce sur quoi il ne cesse de buter; ainsi, par exemple, le réel de la castration de la mère ou encore tel traumatisme de son enfance qui, rebelle à l'imaginarisation et à la symbolisation, s'oublie derrière l'écran de ce fantasme.)

Dans cette perspective, le regard du père présent dans le fantasme sera beaucoup plus important que le père lui-même. Il en va de même pour le sein de la mère qui allaite l'enfant, le fouet que manie le professeur qui punit l'enfant ou le rat avec lequel on torture la victime. Comme il ressort dans la cure de *l'Homme* aux rats*, ces objets du fantasme fonctionnent non seulement comme objets mais aussi en tant que signifiants. Freud lui-même avait d'ailleurs bien souligné la grande sensibilité de son patient à toute une série de mots incluant le phonème « rat ».

Que le fantasme se compose d'éléments relevant des univers symbolique et imaginaire du sujet, et qu'il soit en relation d'obturation avec son réel, s'exprime aussi dans le mathème proposé par Lacan: $\$ \Diamond a$. Ce mathème écrit la structure de base du fantasme. On y retrouve l'univers symbolique sous la forme de cette barre qui figure la naissance et la division du sujet consécutives à son entrée dans le langage. On y retrouve aussi l'objet a en tant que perdu, lieu vide, béance que le sujet va tenter d'obturer, sa vie durant, par les divers objets a imaginaires que la particularité de son histoire (et notamment sa rencontre avec les signifiants marquants et les objets du fantasme des Autres concrets parentaux) l'aura amené à privilégier. On peut y lire enfin la fonction de nouage ($\Diamond$) du symbolique ($), de l'imaginaire (a) et du réel (a) qu'opère le fantasme ainsi que la double fonction de protection. Il protège en effet le sujet non seulement contre l'horreur du réel mais aussi contre les effets de sa division, conséquence de la castration symbolique ; autrement dit, il le protège contre sa radicale dépendance par rapport aux signifiants.

L'objet a du fantasme a donc une double valeur. En tant qu'objet réel, il est irrémédiablement perdu. S'il est le résultat d'une opération logique (Lacan, *Séminaire sur la logique du fantasme*, 1966-1967), néanmoins certaines parties du corps propre se prêtent particulièrement à l'opération logique de détachement qui transpose son objet dans l'imaginaire : le regard, la voix, le sein et les fèces. Nous n'avons, en effet, jamais accès à notre regard en tant que regardant l'autre, ni non plus à notre voix comme elle est perçue par l'autre. Les fèces sont à l'évidence parties du corps détachables, perdues et à perdre. Quant au sein, il n'est pas seulement perdu parce que l'enfant a été un jour ou l'autre privé du sein maternel mais plus essentiellement parce que ce sein a été d'abord vécu par l'enfant comme partie intégrante de son propre corps. Le nombre des objets a réels est limité. Celui des objets a obturateurs imaginaires est infini : tel regard qui attire, tel fouet que l'on craint, telle forme de sein qui fascine, tel rat exécré, tels objets de collection accumulés, telle chevelure séduisante, tel œil halluciné, telle voix adorée, etc.

Que l'objet du fantasme se distingue de l'objet du besoin et de l'objet de la pulsion s'indique aisément lorsque l'on considère, à titre de paradigme, le sein (objet imaginaire ou réel du fantasme), le lait maternel (objet du besoin), le plaisir de la bouche (objet de la pulsion). Par ailleurs, que l'objet du fantasme ne coïncide pas avec l'objet d'amour, c'est ce que révèlent plus d'une difficulté de couple et notamment le fréquent clivage qui sépare la femme objet d'amour et celle qui suscite le désir. Au contraire de l'objet du fantasme, l'objet d'amour est souvent marqué par l'idéalisation ou encore par le narcissisme, ce qui amène plus d'un amoureux à constater que ce qu'il aime dans l'autre est le reflet de sa propre image, plus ou moins idéalisée. La complexité et la difficulté de la vie des couples réside en bonne partie dans la nécessité de faire coïncider en un seul objet, d'une façon qui satisfasse le sujet, l'objet du fantasme, celui de la pulsion et celui de l'amour.

Lacan a proposé de différencier la formule du fantasme de l'hystérique et celle du fantasme de l'obsessionnel. Le mathème produit pour l'hystérie souligne que l'hystérique ne cherche pas dans l'autre l'objet de son fantasme mais bien l'Autre absolu tandis qu'il s'identifie à l'objet du fantasme de l'autre et de façon cachée au manque de phallus. Celui de l'obsessionnel écrit la multiplicité et l'interchangeabilité des objets a qu'il vise, tous placés sous l'index du signifiant du phallus, c'est-à-dire très érotisés (Lacan, *Séminaire sur le transfert*, avril 1961). Quant au fantasme du pervers, il souligne la recherche chez l'autre de sa division et sa volonté de l'accentuer à l'extrême (Lacan, *Écrits*, 1966).

Par rapport au fantasme, dans la perspective lacanienne, la finalité de la cure consiste à faire le tour du fantasme inconscient archaïque en repérant la part prise par le désir de l'Autre concret de l'enfance dans la constitution de ce fantasme, la dépendance radicale au signifiant que ce fantasme tente d'oblitérer et la béance nodale subjective que les objets a imaginaires tentent de faire oublier. P. D. N.

fantastique (délire)

(angl. Fantastic Delusion)

Délire imaginatif totalement extravagant, incroyable et chimérique.

De tels délires apparaissent dans la schizophrénie ou, parfois, dans les psychoses hystériques. Mais ils sont surtout caractéristiques, lorsqu'ils sont chroniques et gardent une certaine cohérence, des paraphrénies*. J. P.

fantôme (membre)

(angl. Phantom Limb)

Persistance ou réapparition du sentiment d'avoir encore un membre qui a pourtant été amputé ou dont les afférences sensitives ont été interrompues.

Cette illusion très fréquente (plus de 80% des amputés l'ont ressentie pendant une durée d'au moins quelques mois) serait due à la fixité du schéma corporel, qui s'est constitué à partir de l'enfance et qui ne peut se modifier qu'après une longue expérience de la disparition du membre amputé. J. P.

Fantz (Robert Lowell)

Psychologue américain (Muncie 1925-Cleveland, Ohio, 1981).

Psychologue du développement, R. Fantz a débuté par des recherches sur l'animal puis s'est consacré à l'étude expérimentale du nourrisson dans son laboratoire de l'université Case Western, à Cleveland (Ohio, États-Unis).

Le très grand mérite de Fantz est d'avoir conçu une méthode efficace de mesure des capacités de différenciation perceptive des bébés à partir de la naissance : le temps de fixation oculaire relatif.

Grâce à cette méthode, il a mis en évidence, chez le bébé de quelques jours, une différenciation entre curvilinéarité et rectilinéarité d'un segment, entre plat et volume, il a mesuré l'évolution de l'acuité visuelle entre 0 et 6 mois. Il s'est aussi particulièrement intéressé aux changements avec l'âge des préférences visuelles.

En créant un appareil simple, léger, transportable et d'une procédure simple d'enregistrement des réponses, Fantz a permis la diffusion rapide de la méthode du temps de fixation relatif et une récolte abondante des données.

L'introduction de cette méthode a été l'un des facteurs essentiels du développement des recherches expérimentales sur le bébé pendant les années 1960. Ses dérivés, plus ou moins sophistiqués, sont toujours utilisés dans une bonne partie des recherches portant sur les capacités perceptives et cognitives du nourrisson. E. V.

fatigue

n.f. (angl. Fatigue)

État résultant du fonctionnement excessif d'un organe ou d'un organisme et qui se traduit par une diminution de son pouvoir fonctionnel ; sensation pénible qui l'accompagne.

Il existe différentes formes de fatigue (intellectuelle, sensorielle, émotionnelle, motrice, etc.). Au niveau local, la fatigue est notamment liée à l'épuisement des ressources énergétiques, à l'accumulation de déchets métaboliques et à l'hypoxie. Elle est également liée à des facteurs hormonaux et nerveux. On distingue deux stades de fatigue : physiologique, si les phénomènes de récupération viennent la compenser dans des délais normaux, pathologique au-delà (surmenage, surentraînement). J. P. et M. B.

Fechner (Gustav Theodor)

Biologiste, physicien et philosophe allemand (Gross-Särchen, près de Forst, 1801-Leipzig 1887).

Il est considéré comme l'inventeur de la psychophysique.

Après des études de biologie, où il fut l'élève de E.H. Weber, il étudia les mathématiques et la physique. Il fut recruté comme professeur de physique à l'université de Leipzig en 1834. Il s'intéressa à la philosophie à partir de 1843. Il développa des conceptions animistes que l'on retrouve à la base de sa psychophysique (*Éléments de psychophysique*, 1860). Considérant que le corps et l'esprit sont seulement deux aspects d'une même réalité, Fechner pense que la vérification d'une loi reliant le stimulus à la sensation validerait son hypothèse. Fechner a d'abord développé des méthodes comme la méthode des stimulus constants, la méthode des limites et la méthode de l'erreur moyenne, ou méthode d'ajustement pour mesurer les relations entre une échelle psychologique exprimée en *échelons différentiels* (angl. jnd, ou Just Noticeable Differences) et une échelle physique. Pour Fechner, la sensation croît comme le logarithme de l'intensité stimulatrice. La sensation serait définie sur une échelle d'intervalle.

Si la loi de Bouguer-Weber (→ Weber [loi de]) est vérifiée, alors l'intégration des échelons différentiels permet de valider la loi de Fechner. Si la fraction de Weber n'est pas constante, on peut aussi vérifier cette loi par simple cumulation d'échelons différentiels successifs. C. B.

→ psychophysique.

Fechner (échelles de)

(angl. Fechner's Scales)

Échelles psychophysiques définissant l'augmentation de la sensation comme une fonction logarithmique de l'augmentation de la stimulation.

Les échelles de Fechner sont fondées sur des méthodes de discrimination, dites aussi « de confusion ». Il s'agit soit de la cumulation d'échelons différentiels appelés jnd (angl. Just Noticeable Differences), soit d'échelles obtenues avec des méthodes de cotation ou de comparaison par paires. Ces méthodes sont supposées conduire à des échelles psychophysiques qui ont des propriétés d'échelle d'intervalle. C. B.

Fechner (postulat et loi de)

(angl. Fechner's Law)

Postulat selon lequel les échelons définis par l'échelle de Fechner correspondent à une grandeur subjective constante.

G. T. Fechner a utilisé ce postulat, sans le formuler explicitement. Il a d'autre part pris en compte la loi, énoncée antérieurement de façon séparée par P. Bouguer et par E. H. Weber, selon laquelle la suite des différences juste perceptibles correspond à des valeurs du stimulus situées sur une échelle logarithmique. Fechner a donc cru pouvoir énoncer une loi selon laquelle la sensation correspond au logarithme de l'excitation (on dit maintenant « de la stimulation »). Cette formulation est aujourd'hui très contestée. R. L.

→ Weber (fraction de), Weber (loi de).

feed-back

n.m. (angl. Feedback)

→ rétroaction.

féminité

n.f. (angl. Feminity)

Ensemble de caractéristiques plus fréquentes ou plus marquées en moyenne dans la population féminine que dans la population masculine. M. R.

→ masculinité-féminité (échelle de).

Ferenczi (Sándor)

Médecin et psychanalyste hongrois (Miskolc 1873-Budapest 1933).

Lié dès 1906 à S. Freud, dont il sera du reste le disciple favori et l'un des rares amis, il est, avec E. Jones et K. Abraham, un de ceux qui ont le plus contribué au développement de la psychanalyse en dehors de l'Autriche. Le succès des idées freudiennes en Hongrie permet à Ferenczi d'ouvrir une clinique et même, pendant la brève durée du gouvernement Béla Kun, d'enseigner la psychanalyse à l'université. Mais, à partir de 1923, les divergences commencent à apparaître entre Freud et Ferenczi, alimentées par la complexité des liens affectifs qui existent entre eux. C'est surtout sur la technique de la cure que Ferenczi va s'opposer à Freud. Partant des mêmes observations que O. Rank (avec qui il écrit, en 1923, *le Développement de la psychanalyse*) sur la tendance des analysés à vivre dans le présent de la cure les pulsions inconscientes, Ferenczi propose une nouvelle thérapeutique (*technique active*).

Sur le plan théorique, les recherches de Ferenczi visent la constitution d'une nouvelle science, la bioanalyse, qui est l'extension de la théorie psychanalytique au domaine de la biologie, ou psychanalyse des origines. Dans *Thalassa. Psychanalyse des origines de la vie sexuelle* (1924), il élabore l'hypothèse, étayée sur les théories évolutionnistes de Lamarck et de E. Haeckel, selon laquelle l'existence intra-utérine serait la répétition des formes antérieures de la vie, dont l'origine est marine. La naissance serait la perte de l'état originaire, auquel tous les êtres vivants aspirent à retourner. Outre une intéressante contribution à l'analyse symbolique, Ferenczi ouvre la voie à une approche plus attentive des relations primaires de la mère et de l'enfant. R. L.

Festinger (Leon)

Psychosociologue américain (New York 1919).

Il est, parmi les élèves de K. Lewin, un de ceux dont les travaux ont eu la plus large influence sur la psychologie sociale contemporaine. Ses premiers travaux traitent des phénomènes de groupe, et certaines de ses conclusions ont donné lieu à un nombre important de recherches, notamment sur la cohésion de groupe, la pression à l'uniformité et les réactions face à la déviance. Il est surtout connu pour sa théorie de la dissonance* cognitive (1957). Cette théorie a été appliquée à des situations de vie réelles, notamment la santé, le tabagisme et la politique. Festinger a écrit, entre autres, *A Theory of Cognitive Dissonance* (1957), *Conflict, Decision and Dissonance* (1964). R. L.

fétichisme

n.m. (angl. Fetishism; allem. Fetischismus)

Déviation sexuelle caractérisée par un attachement érotique à des objets principalement vestimentaires appartenant au sexe opposé (chaussures, gants, écharpes, mouchoirs) et parfois en contact avec les organes génitaux (slips et sous-vêtements).

Décrit pour la première fois par A. Binet (*Revue philosophique*, 1887), le « fétichisme en amour » ne permet la satisfaction sexuelle que par le contact ou la vue de l'objet fétiche. Pour les psychanalystes, il s'agit d'une défense contre l'angoisse de castration qui amène l'enfant à une véritable dénégation de l'absence de pénis chez sa mère. L'objet fétiche serait alors l'équivalent de ce « phallus maternel » dont la manifestation symbolique apparaîtrait dans certains vêtements et aussi, plus métaphoriquement, dans les cheveux et les fourrures. S'il est surtout masculin (A.C. Kinsey, 1948), il se voit aussi chez certaines femmes, qui vont valoriser tout particulièrement une caractéristique vestimentaire ou corporelle de leur partenaire (barbe, moustache, pilosité thoraco-abdominale abondante, grande taille, etc.). Le fétichisme apparaît essentiellement chez des sujets immatures sur le plan affectif, généralement anxieux et timides. Il relève d'une psychothérapie d'inspiration psychanalytique. J. P.

fibre nerveuse

(angl. Nerve Fiber)

Prolongement d'un neurone, de forme allongée et très fine, de l'ordre de 0,5 à 20 micromètres ou μm.

Ce terme désigne l'axone en général et la dendrite dans le cas des cellules sensitives des ganglions rachidiens. On les divise en catégories selon qu'ils possèdent une gaine de myéline ou non, et selon le diamètre. Les *fibres A*, à gaine de myéline épaisse, regroupent de nombreuses fibres sensitives ou motrices. On les divise en sous-catégories selon leur diamètre et leur destinée. Les *fibres B*, à gaine de myéline fine, sont des fibres destinées à la commande des ganglions végétatifs. Les *fibres C*, ou amyéliniques, sont soit motrices pour la commande des viscères, soit sensitives véhiculant des messages cutanés, musculaires et viscéraux. R. L.

fibre on-off

(angl. On-Off Fiber)

Fibre nerveuse dont l'activité est déclenchée ou intensifiée lors de l'installation et de la cessation d'un stimulus.

Le nerf optique contient trois types de fibres présentant une activité spontanée et répondant différemment à une brève période d'illumination de la rétine : 1. des fibres « on » qui augmentent leur taux de décharge à l'apparition du stimulus lumineux et s'adaptent progressivement ; 2. des fibres « off » dont l'activité spontanée est inhibée à la lumière et qui répondent seulement à son extinction ; 3. des fibres « on-off » enfin. G. S.

fidélité

n.f. (angl. Reliability)

Caractéristique d'un test qui fournit des résultats cohérents sur les individus testés : cohérence des résultats observés à deux dates différentes, des résultats obtenus dans deux moitiés du test ou dans deux tests parallèles, ou

notés par deux examinateurs différents.

Le changement de date, d'item, d'examinateur suscite des variations qui sont considérées comme des erreurs dont l'amplitude doit rester relativement faible par rapport aux différences observées entre les personnes testées. On peut distinguer la constance des réponses par la cohérence des résultats obtenus d'une part par l'application de la même épreuve à des mêmes personnes après un certain laps de temps (→ constance), d'autre part par l'application de formes équivalentes d'un même test aux mêmes personnes. Dans ce deuxième cas, on vérifie que les formes différentes du test mesurent bien la même dimension.

On peut dire ainsi que la fidélité détermine le degré de confiance que l'on peut accorder à la généralisation d'un résultat aux résultats qui seraient obtenus à d'autres moments, avec d'autres items, par d'autres examinateurs. M. R.

→ constance, généralisabilité, psychométrie.

figural, e, aux

adj. (angl. Figurative)

Selon J. Piaget, relatif à un état de la réalité, perçu ou représenté.

On appelle *structure figurale* une configuration dont les constituants (parties ou éléments discrets) sont pris dans un réseau de relations spatiales. Ce type de structure a pour propriétés d'occuper une certaine surface et d'avoir une forme. Une *collection figurale*, selon Piaget et B. Inhelder, désigne un comportement observé chez les enfants entre 2 et 5 ans, dans une tâche de classification, qui manifeste la prédominance des relations spatiales.

Lorsqu'on leur donne plusieurs petits objets ayant entre eux des différences et des similitudes, par exemple des jetons de diverses couleurs, formes et tailles, avec pour consigne de « mettre ensemble ceux qui vont ensemble », ces enfants ne classent pas tous les objets en fonction d'un seul attribut, comme la couleur. Ils les répartissent entre plusieurs configurations isolées, telles que des alignements, des cercles, des formes complexes, auxquelles ils donnent parfois une signification. À l'intérieur d'une configuration, les éléments ne sont pas placés au hasard mais disposés en fonction de similitudes locales : par exemple se suivent un carré vert, un triangle vert, un grand triangle rouge, un grand jeton vert, deux grands jetons jaunes, etc. Il est évident que ces enfants tiennent compte des ressemblances et différences entre éléments et, dans une certaine mesure, des relations entre tout et parties, mais elles sont insuffisamment coordonnées et les relations spatiales demeurent prédominantes. Ainsi, lorsqu'un enfant met ensemble un triangle au-dessus d'un carré pour faire une maison, trois relations spatiales sont prises en compte : la forme des éléments, leur orientation et leurs places relatives ; la modification d'une de ces relations suffit à détruire la raison même d'opérer un tel regroupement. E. V.

→ classification, profil.

figuratif, ive

adj. (angl. Figurative)

1. Qui se rapporte à la perception ou à l'imagerie mentale. 2. Qui imite ou qui évoque l'objet signifié.

On distingue généralement deux sortes d'information ou de représentation. D'une part, celle qui se caractérise par ses ressemblances avec la perception, et qui est appelée figurative, d'autre part, celle pour laquelle les ressemblances avec la perception sont lointaines, et qui est appelée, selon le cas, « opérative » (J. Piaget), « propositionnelle », « symbolique », « conceptuelle », etc. *L'image mentale* est l'exemple typique de représentation figurative.

La perception, l'imitation (en présence ou en absence d'un objet) et l'image mentale sont des structures figuratives. L'aspect figuratif de la connaissance fournit la signalisation ou la représentation des états du réel. Piaget considère les aspects figuratifs et opératifs de la connaissance comme profondément solidaires, indispensables les uns aux autres, mais il insiste sur le fait que les premiers (traitant des configurations statiques) sont subordonnés aux seconds (traitant de transformations continues). J.-F. L. N. et E. V.

figure/fond (relations)

(angl. Figure/Ground Relationship)

Distinction issue de la gestaltthéorie et dans laquelle la figure est la partie du champ perceptif qui se détache du fond, qui s'individualise, tandis que la structure du fond reste indistincte.

GÉNÉR. En perception, les définitions de la figure, ou forme, et du fond sont relatives l'une à l'autre ; complémentaires, elles décrivent le monde sensible. Une figure perceptive est un élément individualisé ou un ensemble cohérent qui se détache d'un arrière-plan moins différencié, plus homogène, appelé fond, par analogie avec le sens de ce mot dans le vocabulaire de la peinture.

Cette distinction spontanée, appelée *ségrégation*, divise l'espace ambiant en deux zones d'inégale importance ; elle constitue le phénomène fondamental qui structure le monde physique des êtres vivants. La zone privilégiée, celle de la figure, est appréhendée d'emblée comme un tout et non fabriquée par agrégat de qualités élémentaires. Ce sont les théoriciens de la forme qui, à la fin XIXe siècle, ont montré qu'une figure résiste à la transformation de tous ses éléments : ainsi, la transposition d'une mélodie en altère toutes les notes et, cependant, elle est reconnue (von Ehrenfels, 1890). La perception de l'identité de forme l'emporte donc sur celle d'un changement de constituants qui, pourtant, peut être aussi décelé. Cela a conduit à penser que la forme est autre chose que la somme de ses parties.

La forme ne peut être dégagée du fond que si des conditions physiques, propices, indépendantes de l'observateur, s'y prêtent : il faut qu'il y ait discontinuité réelle, rupture dans l'espace, pour que se produise la ségrégation figure/fond ; une différence d'éclairement, un contraste de couleur, une frontière, un contour, le bord d'un objet solide la provoquent ; l'endroit le plus éclairé, l'objet à bords nets, le dessin à contours marqués seront perçus comme figures et seront localisés en avant du fond, plus proches que lui. La perception de la figure s'opère aux dépens du fond. Les théoriciens de la forme allaient jusqu'à dire : « Nous voyons les choses, nous ne voyons pas les trous qui les séparent » (E.M. von Hornbostel). De fait, c'est à la figure qu'appartiennent les frontières qui la séparent du fond, comme on a pu le montrer par des inversions de champ (Rubin) ou par l'extraction de figures simples à partir de figures complexes (Gottschaldt). Toutefois, le fond reste présent dans la perception de la figure, mais il représente la partie du champ perceptif vers laquelle ne s'accomplit pas une orientation privilégiée. Par exemple, en perception visuelle, la figure est saisie en vision centrale et le fond en vision périphérique. Mais le fond peut devenir figure si, à la fois, se présente la possibilité d'une autre ségrégation et qu'est sollicitée la mobilité de l'organe sensoriel récepteur. Ainsi, deux ségrégations alternatives sont possibles comme dans la figure 1.

Les perceptions du fond s'avèrent toujours plus pauvres, moins détaillées que celles de la figure. Elles concourent à faire du monde physique un monde d'objets et à structurer l'espace qui entoure ces objets de façon homogène. H. B. et C. B.

DÉVELOP. L'âge auquel les auteurs situent l'apparition d'une ségrégation entre figure et fond varie selon la définition qu'ils donnent à la figure. Pour D. O. Hebb, la détection de « quelque chose », même informe, témoigne d'une division de l'espace en deux zones : une chose et rien. Dans cette perspective, la ségrégation figure/fond existe dès la naissance puisque le nouveau-né différencie une plage structurée d'une plage unie et regarde plus longtemps la première. Les gestaltistes, suivis par la plupart des psychologues du déve-

Figure 1. On peut voir dans ce cadre un vase noir ou deux visages de profil.

loppement, sont plus exigeants puisque pour eux la figure doit posséder une surface, un contour et une forme. Ils situent donc le début de la ségrégation figure/fond vers 3 mois. E. V.

→ perception, perceptive (organisation).

figures cachées (test des)

→ figures intriquées (test des).

figures intriquées (test des)

(angl. Embedded Figures Test ou EFT)

Épreuve dans laquelle le sujet doit reconnaître une figure simple dans un dessin plus complexe. (Syn. test des figures cachées.)

Cette épreuve peut aussi être appelée test des figures cachées ou figures de Gottschaldt. Ce type d'épreuve a été utilisé par différents psychologues. L. L. Thurstone l'a employé pour évaluer la *flexibilité de structuration perceptive* (angl. Flexibility of Closure), facteur perceptif lié à certains traits de personnalité : retrait à l'égard des contacts sociaux, indépendance à l'égard des opinions des autres, attitude analytique, intérêt pour les problèmes théoriques et scientifiques, refus de systématisation rigide et routinière. Des liaisons entre perception et personnalité ont été également observées à l'aide de ce test, par H. A. Witkin, dont les travaux en ont fait une épreuve très utilisée d'indépendance à l'égard du champ. M. R.

→ dépendance-indépendance à l'égard du champ.

filiation

n.f. (angl. Filiation)

GÉNÉR. **Relation de parenté la plus directe dans la succession des générations.**

DÉVELOP. **Façon dont se transforme, au cours de la vie de l'enfant puis de l'adolescent, la manière qu'il a d'appréhender le réel.**

En psychologie du développement, dans les théories de l'ontogenèse, le concept de filiation désigne les relations diachroniques d'un état ou d'une structure à l'état ou à la structure qui lui succède. Ce concept générique s'applique, dans la théorie piagétienne, à ce qui relie les premières habitudes du bébé à l'intelligence sensori-motrice ; l'intelligence sensori-motrice à la pensée symbolique ; les structures logiques élémentaires aux structures logico-arithmétiques de la pensée formelle.

La filiation désigne donc une classe de relations, dont l'analyse fait appel à des notions emboîtées telles que celles d'assimilation et d'accommodation qui rendent compte des adaptations biologiques ; d'assimilation active, pour expliquer le passage de l'habitude à l'acte intelligent ; d'abstraction réfléchissante, comme mécanisme cognitif de l'accession à la pensée opératoire.

Dans d'autres systèmes, la relation de filiation, au sens de « ce qui procède de ... », est exprimée par les termes de prérequis ou de structure parente. H. B.

filiation (délire de)

(angl. Delusion of Filiation)

Croyance délirante d'un sujet persuadé qu'il descend d'une famille célèbre ou royale.

C'est une forme particulière de mégalomanie* pouvant se manifester dans les délires paranoïdes des schizophrènes et dans certaines psychoses passionnelles. J. P.

filtrage

n.m. (angl. Filtering)

GÉNÉR. **Sélection de l'information qui se produit lors des activités de perception et de traitement de l'information.**

On l'attribue en général à l'attention sélective. Certains auteurs parlent de *filtre* pour désigner le dispositif hypothétique qui réalise cette sélection. J.-F. L. N.

filtrage sensoriel

(angl. Sensory Gating)

PSYCHOPHYSIOL. **Modulation, par les centres nerveux, des messages sensoriels aux différents relais de leur trajet centripète.**

L'inhibition (ou la facilitation) de la transmission sensorielle est observée notamment sous l'effet des centres nerveux intervenant dans la régulation de la vigilance et de l'attention, dans l'émission des commandes motrices, dans l'analgésie endogène. J.-M. C.

finalisme

n.m. (angl. Finalism)

Théorie qui considère les organismes vivants comme initialement orientés vers un but qui déterminerait leurs transformations et expliquerait leur comportement.

Les théories vitalistes en sont une illustration. Appartiennent également à cette catégorie les théories qui expliquent l'adaptation des individus par l'accomplissement d'une fonction, par exemple la reproduction. Si les théories finalistes ont eu le mérite de souligner les insuffisances des déterminismes physico-chimiques, elles ont échoué à fournir des systèmes cohérents d'explication et sont toujours invoquées pour compléter une explication causale. Les concepts clés de ces théories sont ceux de tendance, pulsion, force vitale, intention.

En psychologie du développement, on a appelé finalisme enfantin un mode de pensée transitoire, dans lequel l'enfant explique la cause ou les mécanismes d'un phénomène par l'attribution d'une intention ou d'une nécessité morale. À la question « pourquoi », il répond alors par l'emploi de la préposition « pour ». Par exemple, il expliquera que la lune brille la nuit « pour qu'on ne se perde pas dans le noir ». Ce type de réponse se rencontre autour de 3-4 ans. H. B.

fixation

n.f. (angl. Fixation ; allem. Fixierung)

PSYCHAN. **Liaison privilégiée de la libido à l'endroit d'objets, d'images, ou de types de satisfaction libidinale attachés aux stades prégénitaux.**

La notion de fixation, généralement liée à celle de régression, dans une conception génétique et dynamique de l'évolution de la libido, permet de reconnaître dans quelles conditions un adulte peut persister dans la recherche de satisfactions liées à un objet disparu (par exemple, fixation au stade anal dans la névrose obsessionnelle). Plus généralement, on parlera d'une fixation de certaines représentations (représentants-représentation ou encore signifiants) liées au dynamisme pulsionnel, pour en désigner le mode d'inscription dans l'inconscient. R. L.

fixation (amnésie de)

(angl. Anterograde Amnesia)

Forme d'amnésie caractérisée par l'impossibilité de mémoriser de nouveaux souvenirs.

Encore appelée amnésie antérograde, elle apparaît dans les états confusionnels, et plus spécialement dans la psychose de Korsakov*. J. P.

→ amnésie.

fixation oculaire

(angl. Ocular Fixation)

Arrêt momentané du regard sur un point ou un objet de l'environnement.

La fixation est l'un des mécanismes oculomoteurs qui régissent la vision. Toute fixation est définie par sa durée et sa localisation.

FONCTIONNEMENT DU MÉCANISME MOTEUR

La fixation consiste en un positionnement de l'œil ou des deux yeux au centre de l'orbite, de façon que l'image du point ou de l'objet regardé se projette dans la région centrale de la rétine, sur la fovéa. La fovéa, grâce à la très grande densité des récepteurs qui la composent, est la zone optimale du champ de perception et c'est par la fixation que s'effectue la vision centrale des objets du monde extérieur, vision qui a pour fonction la saisie des détails et l'analyse des formes. Quand l'organisme est alerté par une stimulation visuelle périphérique, il y répond par une réaction d'orientation, réaction complexe qui comprend une rotation coordonnée de la tête et des globes oculaires vers la source de stimulation. La stimulation périphérique permet de localiser le stimulus. La phase finale du mouvement d'orientation, qui amène le stimulus sur la fovéa à des fins d'analyse, stabilise l'œil dans une fixation. La fixation opère toujours une sélection dans le flux optique; elle constitue le critère principal de l'attention perceptive.

L'œil qui fixe un point dans l'espace ne demeure pas totalement immobile; il est animé de micromouvements qui, à chaque instant, corrigent les petites déviations réflexes et, par compensation, assurent la stabilité de l'image rétinienne. Quand l'œil est maintenu inerte artificiellement, l'image est stabilisée passivement et la perception s'en trouve altérée. La fixation est un processus actif.

La fixation joue un rôle important dans les activités de poursuite, qu'il s'agisse, pour un observateur immobile, de suivre le déplacement d'un objet, ou qu'il s'agisse de compenser un déplacement propre par rapport à un objet fixe.

Étude développementale

La capacité d'effectuer des fixations s'organise et augmente au cours du développement. Chez les Primates, à la naissance, le système visuel est encore dans son ensemble immature. Chez le nouveau-né humain, la densité des cônes dans la fovéa est quatre fois moindre que chez l'adulte, en conséquence le pouvoir résolutif rétinien s'avère faible et l'acuité visuelle très réduite; les mouvements oculaires apparaissent rigides et mal contrôlés; enfin, la coordination des mouvements de l'œil et de la tête n'est qu'imparfaitement établie. Tous ces signes d'immaturité ont fait penser que le nouveau-né est incapable de produire et de maintenir une fixation, bien qu'il réagisse, dès les premières heures de vie, à des stimulations périphériques: il pourrait se montrer alerte, mais non attentif.

Plusieurs recherches récentes contestent cette opinion: d'une part, des expériences d'habituation visuelle montrent que des nouveau-nés, à terme ou même prématurés, peuvent maintenir leur regard sur une cible durant plusieurs secondes; d'autre part, si leur poursuite se présente comme une suite de sauts (poursuite dite saccadique), ces sauts alternent, dans une partie du champ visuel, avec des stations; simplement, ces stations sont à la fois moins longues et moins fréquentes que plus tard dans l'enfance et chez l'adulte. Il n'est toutefois pas certain que la station du regard représente alors un réel pointage fovéal; il s'agirait plutôt d'une vision périfovéale. Le progrès de la fixation, au cours du temps, peut être évalué soit par des enregistrements électrophysiologiques des mouvements oculaires, soit par des mesures d'acuité, ou encore inféré des mesures de performance dans des tâches d'attention focalisée. H. B.

De façon générale, on constate que la durée d'une fixation varie avec la richesse du champ visuel, les capacités de l'observateur, son âge, le degré de familiarité et de complexité de la tâche. Ainsi la durée d'une pause au cours de la lecture se situe de façon très constante dès l'âge de 11 ans autour de 250 millisecondes (ms), mais augmente quand le texte devient très ardu. Sur du matériel imagé, la fixation est plus longue, environ 350 ms. Un observateur de radar non entraîné prend 370 ms par fixation; très entraîné, il ne lui faut plus que 250 ms. La durée d'une fixation sur un dessin nouveau, simple, passe de 833 ms à 3 ans à 417 ms à 4 ans, 250 ms à 6 ans. La durée d'une fixation est un moyen d'évaluer le temps pris pour traiter l'information contenue dans la zone fixée.

Lors d'un déplacement du regard, tous les points du champ visuel n'ont pas la même probabilité d'être fixés. Certains d'entre eux ont une plus grande valeur d'appel du regard que d'autres. Il s'agit des points les plus proches d'un point de fixation initial, de ceux qui sont situés dans la partie supérieure du champ, des zones à fort contraste de brillance, d'une frontière, des points d'inflexion du contour particulièrement riches en information.

Le *point de fixation initial* est un point matérialisé par une petite croix, une lumière clignotante, etc., sur lequel l'observateur est prié de fixer son regard avant la présentation d'un stimulus. Il sert de référence dans la mesure de la latence d'une fixation, la direction d'un mouvement oculaire, l'origine d'une exploration.

Le *temps de fixation relatif* est une méthode d'étude de la différenciation perceptive et de la préférence visuelle chez le nouveau-né et le nourrisson. Deux cibles visuelles (dessins, photos, objets) sont présentées soit simultanément (présentation par paires), soit successivement, pendant un temps déterminé, généralement inférieur à une minute. Dans le cas de présentation simultanée, chaque paire est présentée deux fois, de sorte que chaque cible se trouve une fois à gauche et une fois à droite de l'autre. On s'assure ainsi que la réponse du bébé dépend des propriétés intrinsèques de la cible et non de la position, droite ou gauche, qu'elle occupe. Les durées de fixation de chaque cible sont enregistrées et comparées. Si elles diffèrent statistiquement, on peut conclure que la cible fixée le plus longuement a un pouvoir d'attirance et de maintien du regard plus élevé que l'autre, qu'elle est préférée et qu'il y a différenciation. E. V.

Bibliographie

Groner, R., Mc Conkie, G., Menz, C., 1985, *Eye Movements and Human Information Processing*, Amsterdam, New York, North Holland.

O'Reagan, K., Levy-Schoen, A., 1986, *Eye Movements : From Physiology to Cognition*, Amsterdam, New York, North Holland.

flash

n.m. (angl. Flash)

Sensation violente et brève, généralement agréable, ressentie par un toxicomane lors d'une injection intraveineuse (*shoot*).

Cette sensation fulgurante, souvent comparée à un orgasme généralisé à tout le corps, parfois localisée (à la tête, aux organes génitaux), parfois accompagnée de sensation de chaleur, de picotements, etc., fait partie de la mythologie toxicomaniaque. L'expérience peut être à l'origine du classique «coup de foudre» pour une drogue. Le flash-back désigne la réapparition des effets d'une drogue, sans qu'il y ait eu prise de celle-ci (il existe en particulier des «flash-back» d'expérience hallucinogène). M. V.

flaveur

n.f. (angl. Flavour)

Ensemble des sensations olfactives, gustatives et tactiles ressenties lors de la dégustation d'un produit alimentaire.

Certains physiologistes ajoutent à cet ensemble les sensations éprouvées à la vue de l'aliment, voire celles que produisent les bruits de cet aliment lorsqu'on le dépose dans l'assiette ou qu'on le transvase dans le verre. R. L.

1. flexibilité

n.f. (angl. Flexibility)

Génér. et Différ. **Capacité d'un sujet à changer de critère lors de l'analyse d'un stimulus, de point de vue lors de l'analyse d'un problème.**

Dans les tâches de classification*, un ensemble d'objets peut être subdivisé en fonction de divers critères: par exemple, selon la couleur, ou selon la forme, ou selon la taille, etc. On peut soumettre des sujets à deux tâches successives: pour la première, le critère sera, par exemple, la forme; pour la seconde, la forme n'a plus d'importance, et c'est la couleur qui est le critère. La capacité des sujets à passer aisément d'un critère à un autre définit leur flexibilité cognitive.

Dans la résolution d'un problème, le sujet doit souvent essayer plusieurs critères de classification, soit du problème tout entier, soit des éléments qui y jouent un rôle.

Par exemple, dans un problème d'école élémentaire où il est question de trains, les élèves commenceront sans doute à chercher des informations relatives aux vitesses, ou aux distances parcourues, et ils y porteront leur attention si elles sont présentes. Mais s'il s'agit en fait d'un problème portant sur des poids de denrées transportées par les trains, et de prix de vente, ils devront, pour résoudre le problème, renoncer à traiter les premières informations et tenir compte des secondes. Leur flexibilité cognitive jouera un rôle important dans ce processus de résolution. Cette caractéristique a ainsi un caractère général.

Dans le domaine perceptif, L. L. Thurstone a mis en évidence un facteur de flexibilité perceptive. J.-F. L. N. et M. R.

→ classification, figures intriquées (test des).

2. flexibilité

n.f. (angl. Smoothness)

Génér. et Dévelop. **Caractère d'une conduite susceptible de changements adaptatifs.** (Contr. persévération.)

La flexibilité comportementale se mesure par les changements liés à des différences de situation, ou liés au temps quand une situation perdure. Elle peut prendre des formes diverses : changement de réponse manifestant un gain, comme cela se produit dans les apprentissages, ou changement de stratégie. On a montré que les changements de stratégie, qui témoignent d'un choix, sont possibles très tôt et qu'ils permettent de surmonter parfois des contraintes dues à l'immaturité. Ainsi, chez le nouveau-né dont la poursuite visuelle est saccadique, avec un pas de saccade rigide, une augmentation du nombre des saccades permet de garder une cible en vue plus longtemps.

Les études dites « procédurales » ont montré que dans les tâches de sériation, dans les épreuves de conservation, dans les jugements de correspondance, des individus de même âge empruntent des démarches différentes pour accéder à des résultats identiques. La consistance intra-individuelle des choix stratégiques, dans des situations de même nature, indique qu'il ne s'agit pas de fluctuations aléatoires. H. B.

flexion (réflexe de)

(angl. Flexion Reflex)

Retrait en flexion d'un membre sous l'effet d'une stimulation, en principe nociceptive, de la surface de ce membre.

Le réflexe de flexion s'observe après une stimulation répétitive (surtout si l'intensité de stimulation n'est pas nociceptive), et sa latence est longue. Le centre nerveux de ce réflexe est la moelle épinière. Les stimulus d'origine cutanée ou musculaire excitent des interneurones, qui, eux-mêmes, excitent les motoneurones des muscles fléchisseurs. Certains réflexes de flexion sont utilisés en clinique pour la mesure des seuils douloureux. R. L.

flicker

n.m. (angl. Flicker)

→ papillotement (fréquence critique de).

Fliess (Wilhelm)

Médecin et biologiste allemand (Arnswalde, auj. Choszczno, Pologne, 1858-Berlin 1928).

Oto-rhino-laryngologiste berlinois, Fliess est l'auteur de théories sur la correspondance entre la muqueuse nasale et les organes génitaux, et la bisexualité fondamentale de tout être humain. Il joua un rôle considérable sur l'évolution de S. Freud, son ami intime. Ils échangèrent une correspondance passionnée de 1887 à 1904, dont l'importance est capitale pour la bonne compréhension de l'œuvre freudienne, et notamment de l'autoanalyse de Freud. R. L.

flipper

v.i. (angl. to Flip ou to Flip Out)

Éprouver un malaise psychologique lors d'une prise de drogue, ou lors de l'arrêt de l'intoxication.

Le flip peut désigner l'état d'angoisse, voire de dépersonnalisation, survenant lors d'un *mauvais voyage* (angl. Bad Trip) aux hallucinogènes. Plus couramment, il correspond aux sentiments d'angoisse et de dépression accompagnant une descente de speed (amphétamines) ou de cocaïne. Par extension, toutes les phases d'angoisse ou de dépression peuvent être nommées ainsi par les toxicomanes. M. V.

flou, e

adj. (angl. Fuzzy)

Se dit d'un concept d'un ensemble, d'une représentation, dont les frontières sont mal tracées ou progressives.

Dans la logique classique, les frontières d'un concept, ou d'un ensemble, sont parfaitement délimitées. Cela veut dire que pour n'importe quel élément on peut déterminer sans ambiguïté s'il appartient ou non à l'ensemble, s'il relève ou non du concept. L'appartenance à l'ensemble peut seulement prendre deux valeurs : « vrai » ou « faux », qui sont symbolisées par 1 ou 0. On peut décider d'appeler « concept » les représentations pour lesquelles cette condition est satisfaite : cela vaut notamment pour les concepts scientifiques.

Mais il est de fait que les représentations naturelles, celles dont traite la psychologie, ou les significations de mots ne se conforment pas toujours à ce modèle. Il peut exister des représentations ou des significations telles que l'on ne sache pas au juste, pour un élément donné, si cet élément relève ou non du concept. Par exemple : « est-ce que ceci est du bleu ? », avec une réponse : « je dirais plutôt que c'est un vert bleuâtre ». Pour ces concepts et ces éléments, on tend plutôt à répondre à la question de l'appartenance par : « oui et non », « cela dépend », « à peu près », « à la rigueur », « plutôt non », etc.

On peut modéliser cet état de choses en définissant pour ces concepts ou représentations une *région* frontière, dotée de caractéristiques particulières, plutôt qu'une limite stricte. Les autres régions continuent dans ce cas à relever des réponses fermes « oui » ou « non ».

Certains logiciens ont proposé une autre solution : au lieu d'accorder seulement deux valeurs à l'appartenance (« oui » ou « non », 1 ou 0), ils conviennent de lui accorder n'importe quelle valeur située entre 0 et 1. Cette propriété définit un « ensemble flou » (ou « un sous-ensemble flou » à l'intérieur d'un ensemble de référence). On a construit sur cette base une « logique floue » entièrement formalisée. Son utilisation est une question de convention. J.-F. L. N.

→ appartenance, concept, exemplaire.

fluctuation autorégulatrice

(angl. Self Regulatory Fluctuation)

Dévelop. **Selon A. Gesell, principe de développement selon lequel les fluctuations, les va-et-vient ou les hésitations successives dans un comportement ont une fonction autorégulatrice dans le développement lui-même.**

La fluctuation est l'expression normale d'un mécanisme autorégulateur du développement. Pendant la période de croissance active de l'enfant, un état d'instabilité accompagne un mouvement progressif vers la stabilité dont les progrès du développement marquent la consolidation. L'opposition entre les deux processus (instabilité et tendance à la stabilité) entraîne des fluctuations en dents de scie au niveau du comportement. Ainsi, lorsqu'on nourrit le bébé à la demande, la tendance générale est la diminution du nombre de repas et conjointement l'augmentation du temps d'éveil, mais l'évolution n'est pas régulière et après être passé de 7 à 6 repas, le bébé peut reprendre le rythme de 7 repas pendant quelques jours pour revenir ensuite à 6. Stabilité et variabilité coexistent sous forme de complémentarité réciproque, non d'opposition contradictoire. E. V.

fluide (intelligence)

(angl. Fluid Intelligence)

Une des deux formes d'intelligence générale distinguées par R. B. Cattell, qui permet l'adaptation à des situations nouvelles. M. R.

→ cristallisée (intelligence).

fluidité

n.f. (angl. Fluency)

Caractéristique de l'aisance et de la rapidité dans la production et le maniement des idées (*fluidité idéationnelle* ; angl. Ideational Fluency) ou des mots (*fluidité verbale* ; angl. Word-Fluency).

L. L. Thurstone a mis en évidence par l'analyse factorielle un facteur de fluidité verbale qu'il a dénommé facteur W. Il correspond à une aisance formelle dans la production et le maniement des mots et se distingue du facteur V de compréhension verbale. Exemple d'épreuves du facteur W : fournir en temps limité le plus grand nombre possible de mots de quatre lettres, de mots comportant un préfixe ou un suffixe donné, de mots désignant des objets ronds, etc. M. R.

flux visuel

(angl. Optic Array)

Changement continu de l'information visuelle lors du déplacement de l'observateur dans son environnement.

Lorsque nous approchons de surfaces texturées, par exemple, l'image rétinienne de ces surfaces subit des transformations continues désignées sous le terme de perspective de mouvement.

En particulier, des éléments ponctuels sont perçus comme étant en expansion selon les lois de la perspective. De plus, l'origine de leur mouvement est un point commun appelé *focus d'expansion.*

Le concept de flux visuel a été initialement proposé par J. J. Gibson (1950) pour qui l'information visuelle résultant du mouvement de l'observateur est suffisante pour qu'il puisse identifier sans ambiguïté son déplacement. C. B.

fœtal (développement)

(angl. Fetal Development)

Phase de la vie du fœtus.

La biologie considère que l'embryon est devenu un fœtus lorsqu'il possède les principales caractéristiques de son espèce. Cette distinction est difficile à établir dans l'espèce humaine dont le développement est exempt de métamorphose, toutefois on la situe habituellement vers la 12ᵉ semaine de gestation. Le Comité national d'éthique a recommandé (1988) l'utilisation préférentielle du mot fœtus pendant la durée complète de la gestation.

En psychologie, le développement fœtal couvre les périodes de mise en place des supports organiques, en particulier nerveux, et des compétences fonctionnelles qui sont le lieu des interactions avec l'environnement.

Activités motrices et tracés cardiaques

L'apparition de techniques d'observation fœtale utilisant les ultrasons (cardiotocographie et échographie) a permis l'essor des recherches sur le développement fœtal sensoriel et moteur. L'ontogenèse de la motricité a fait l'objet de descriptions minutieuses. Selon la plus récente (De Vries et coll., 1985), on peut distinguer de lentes et ténues déformations du contour fœtal vers 7 à 8 semaines et demie d'aménorrhée, donc d'*âge gestationnel* (A.G.), alors que l'embryon mesure environ 2 cm. Dès la semaine suivante, des mouvements de sursaut sont repérés, et on peut distinguer 15 types de mouvements différents à 15 semaines (A.G.), âge où apparaissent les premiers mouvements de succion et d'ingestion. Les mouvements ainsi identifiés se présentent sous la même forme tout au long du développement fœtal. Seuls les mouvements globaux se modifient. Des mouvements thoraco-abdominaux, identiques aux mouvements respiratoires néonatals, s'organisent à partir de 12 semaines (A.G.) en séquences où le rythme est tantôt régulier, tantôt irrégulier. Entre 8 et 14 semaines, les mouvements fœtaux se groupent en séries qui, au-delà, composent des périodes d'activité. Celles-ci alternent avec des épisodes de calme moteur en des cycles réguliers à partir de la 24ᵉ semaine. On observe une alternance de tracés cardiaques à forte ou faible variabilité en rapport avec les cycles d'activité motrice à partir de 27 semaines. Entre 32 et 36 semaines, ces cycles — dits « ultradiens » — durent en moyenne 50 minutes pour atteindre 80 minutes au-delà de 37 semaines. Selon Prechtl, l'analyse des changements concomitants du tracé cardiaque et du niveau d'expression de plusieurs mouvements (mouvements oculaires rapides, mouvements respiratoires, etc.) permet de repérer des « états comportementaux », homologues des états de vigilance observés chez le prématuré. On distingue ainsi deux états de sommeil (calme et agité) qui représentent respectivement à 38 semaines 32% et 38% de chaque cycle, deux états de veille (calme et agitée) dont seule la veille agitée a pu être quantifiée (7,5%) et des états indéterminés (11,5%), transitions entre les précédents. À ce terme, on observe des modulations circadiennes des cycles ultradiens en relation avec les variations hormonales maternelles.

Les systèmes sensoriels

Tous les systèmes sensoriels atteignent leur maturation fonctionnelle avant la naissance à terme. Ils se développent dans l'ordre commun à tous les Vertébrés : toucher, équilibre, olfaction-gustation, audition, vision. Les observations réalisées chez des espèces animales dont les systèmes maturent in utero et chez l'Homme ont apporté des preuves, directes et indirectes, du fonctionnement des trois dernières modalités et de la possibilité de développer des apprentissages chimio-sensoriels et auditifs, par conditionnement ou simple exposition à un stimulus, apprentissages dont les effets sont sensibles dans la période néonatale. Le fonctionnement sensoriel fœtal peut, d'une part, contribuer — par un effet trophique sur le système nerveux — à entretenir et ajuster la sensibilité des systèmes et, d'autre part, il peut apporter des éléments de continuité facilitant la transition vers l'environnement néonatal. H. B.

Bibliographie

Joffée, J. M., 1969, *Prenatal Determinants of Behaviour*, Oxford and New York, Pergamon.

fœtus

n.m. (angl. Fetus)

Dans les espèces vivipares, descendant encore porté dans l'utérus maternel.

Les états fœtaux font suite aux états embryonnaires. Le fœtus se distingue de l'embryon par la possession des caractères morphologiques qui sont ceux de son espèce (→ fœtal [développement]). On estime que ceux-ci sont affirmés au 3ᵉ mois de la gestation, chez l'Homme. H. B.

folie

n.f. (angl. Madness)

1. **Maladie de l'esprit.** 2. **Déraison ou absence de raison et ce qui échappe au contrôle de celle-ci.**

C'est un terme ancien qui désigne d'une manière générale l'aliénation mentale, en particulier dans ses formes psychotiques. On le trouve encore utilisé quoique de plus en plus rarement dans le vocabulaire psychiatrique, allié à un adjectif qui le précise : *folie circulaire* (psychose maniaco-dépressive), *folie raisonnante* (délire d'interprétation) ou *folie du doute* (psychonévrose obsessionnelle).

Mais le terme de « folie », utilisé sans adjectif ni complément de nom, est surtout employé dans les approches sociologique (l'image de la folie dans la société, par exemple) et anthropologique.

La folie comme maladie mentale

C'est à travers cette dernière approche que M. Foucault a montré dans son *Histoire de la folie à l'âge classique* (1961) que celle-ci n'aurait reçu son statut de maladie mentale qu'à la fin du XVIIIᵉ siècle avec P. Pinel et les premiers médecins aliénistes européens de cette époque. Ceux-ci ont en effet cherché à classer les troubles de l'esprit, en imitant les méthodes des botanistes ou des zoologistes, pour les repérer ensuite dans une grille nosographique et les faire apparaître comme des maladies spécifiques, sur le modèle de la pathologie médicale. Ils ont également, en créant l'asile avec E. Esquirol et la loi de 1838, donné un lieu de traitement à la folie, un lieu enfermé où les malades sont observés pour de longues descriptions cliniques, et gardés jusqu'à leur mort pour être autopsiés. La « vérification des corps » ne permet pas cependant, sauf dans le cas de la paralysie générale, de trouver des causes organiques aux affections mentales. Celles-ci sont néanmoins considérées comme des maladies organiques à partir de 1845 ; et à défaut d'une étiologie somatique indiscutable, les aliénistes se rabattent sur la notion de maladie héréditaire dont la doctrine de la dégénérescence est le support théorique (B. Morel, puis V. Magnan à la fin du XIXe siècle).

Ainsi, à partir de Pinel qui a retiré progressivement de son langage médical le terme de folie, cette dernière perd ses caractères d'expérience « existentielle » anthropologique, pour ne plus être qu'une maladie. C'est de cette manière qu'elle peut s'inscrire dans le discours rationnel inauguré par l'aliéniste, et dominé par les trois grands impératifs naturalistes : observer, définir (en classant, en diagnostiquant) et traiter. Comme l'a montré T. Longé, l'isolement apparaît alors comme « l'outil indispensable à la création de l'objet » médical qu'est devenue la folie, et à son étude scientifique. On passe ainsi du cadre anthropologique, social et juridico-policier (pour la folie dangereuse et délinquante) au cadre de l'enfermement asilaire appliqué à la catégorie aliénation-maladie. Par l'outil-isolement, celle-ci peut donc trouver sa place dans un discours purement médical où le médecin devient le seul maître de sa reconnaissance, de son diagnostic et de son traitement.

Le retour à l'anthropologie

Il faut attendre S. Freud et la découverte de l'inconscient pour que la folie retrouve en partie son sens et ses dimensions anthropologiques. Elle cesse en effet, avec la psychanalyse, d'être une simple maladie déficitaire. Elle est à nouveau reconnue comme une tentative, pour l'homme, de dépasser ses conflits originaires. Elle est aussi, avec l'antipsychiatrie* des années 1960, reconsidérée comme une expérience positive et là aussi comme une tentative pour l'individu de sortir des conflits familiaux et sociaux, du conformisme, de la norme, pour retrouver son authenticité, son originalité, ses possibilités créatives. Enfin, l'ethnopsychiatrie* et le courant culturaliste, de G. Roheim à G. Devereux, relativisent la notion de maladie mentale et redonnent à la folie, dans une certaine mesure, une perspective plus vaste sinon universaliste. Ils ont montré « les limites d'une conception trop ethnocentrique de la folie » et « les faiblesses d'une institutionnalisation de la déviance » (E. Roudinesco).

Il se peut que le XXIe siècle assiste à la disparition de la psychiatrie en tant que spécialité médicale. D'un côté, la biologisation forcenée de la maladie mentale, avec l'idéologie d'une psychopharmacologie triomphaliste qui la sous-tend, conduirait à traiter dans le cadre de la médecine somatique ce qui ne sera plus que des troubles du comportement répertoriés dans un manuel de diagnostics. Et de l'autre côté, la folie retrouverait ses droits, en quelque sorte, et reprendrait sa place dans la culture, et dans ce qui est, au plus intime de chaque être humain, la contradiction nécessaire, dramatique et fondamentale de l'esprit de l'homme entre raison et déraison. J. P.

Bibliographie

Cadoret, M. (sous la direction de), 1989, *la Folie raisonnée*, Paris, P.U.F.

Ellenberger, H., 1974, *À la Découverte de l'inconscient*, Villeurbanne, SIMEP.

Goldstein, J., 1987, *Console and Classify*, Cambridge, Cambridge University Press.

Postel, J., 1981, *Genèse de la psychiatrie*, Paris, Le Sycomore.

fonction

n.f. (angl. Function)

Log. **Opération qui à tout élément d'un ensemble fait correspondre un élément d'un autre ensemble.**

Génér. **Activité ou rôle spécifique d'un organe ou d'un système dans un ensemble.**

En psychologie, les fonctions mentales dénomment des rubriques de classement des activités psychiques telles que les distingue le langage courant : la perception, l'attention, la mémoire, avant d'admettre une définition synthétique liée à un cadre théorique ou une définition opérationnelle liée à une méthode d'investigation, ont une connotation intuitive, censée être similaire pour tous. Par exemple, on dira que la fonction de la mémoire est la conservation de l'information, la fonction primitive de l'intelligence est la résolution de problèmes pratiques, que celle du langage est la communication entre les individus.

Plus spécifiquement, la fonction est conçue comme voisine de la finalité, dans une perspective téléologique. On dira par exemple que les régulations sensorimotrices ont pour fonction d'assurer les attitudes posturales. Le fait de raisonner en termes de fonctions ou de fonctionnalités n'implique pas que l'on y assujettisse toute la psychologie. On pourra constater que des fonctions sont détournées de leurs fonctionnalités primitives, par exemple que l'espèce humaine utilise la sexualité pour d'autres buts que la simple reproduction, que le langage sert aussi de support à la pensée, que les motivations cognitives déterminent bien davantage que la recherche de nouveaux stimulus utiles, etc.

Le fonctionnalisme* utilise la description fine des phénomènes psychologiques en termes fonctionnels pour établir une nette distinction entre les niveaux de description de la réalité, notamment celui de la psychologie, celui de la neurobiologie et celui de l'intelligence artificielle.

Dévelop. Dans l'étude du développement, repérer la fonction d'une réponse ou d'un comportement est d'autant moins facile que le sujet est jeune, ainsi que le montrent les controverses sur l'interprétation des vocalises du bébé, du sourire, de la protrusion de la langue, de la reconnaissance des visages, des relations interpersonnelles. Tous ces débats soulignent la nécessité de contrôles minutieux des conditions externes et internes d'obtention de ces réponses. Les discussions autour de la notion de représentation (→ représentation mentale) font aussi partie du débat général sur la fonction.

H. B. et J.-F. L. N.

fonctionnalisme

n.m. (angl. Functionalism)

Théorie philosophique suivant laquelle les entités psychologiques se définissent par la fonction qu'elles exercent dans l'activité psychologique, et en particulier les conduites par leurs effets adaptatifs, que ceux-ci soient transitoires ou permanents.

La perspective fonctionnaliste privilégie l'étude de la signification des réponses et comportements sur celle de leurs mécanismes et accorde une attention particulière aux contextes dans lesquels ils s'inscrivent. Elle présuppose que l'installation et l'affermissement d'une réponse dépendent de son utilité. En fait même, la caractéristique fondamentale du fonctionnalisme est qu'il dissocie ainsi complètement la fonction de la façon dont celle-ci se réalise matériellement. Cette dissociation permet de distinguer clairement le niveau de la description psychologique, où les phénomènes sont définis par leurs caractéristiques fonctionnelles, et celui de la neurobiologie, qui comporte la description des phénomènes neuronaux, physico-chimiques, sous-jacents aux précédents et qui assurent leur réalisation matérielle.

Il découle également de là que plusieurs sortes de réalisations d'une même fonction peuvent exister. L'intelligence artificielle peut ainsi, à partir de phénomènes physico-chimiques à base de silicium, simuler des activités psychologiques, c'est-à-dire réaliser autrement des fonctions que le cerveau réalise au moyen de neurones.

Le niveau fonctionnel est de ce fait non seulement psychologique, mais encore cognitif au sens large, c'est-à-dire commun à l'homme et à l'ordinateur (muni d'un logiciel intelligent). Cette façon de voir la psychologie est à la neurobiologie ce que l'intelligence artificielle ou l'informatique sont à l'électronique. Le fonctionnalisme a toujours été représenté en psychologie du développement, avec des expressions différentes d'une époque à l'autre, de McDougall (1910) à J. Bruner (1983). Toutes, cependant, admettent pour principe de base que l'analyse d'une conduite, du fait que celle-ci n'est jamais indépendante des circonstances dans lesquelles elle se manifeste, comprend nécessairement celle de la situation ou du milieu. Les formes successives de l'activité et les savoirs sont déterminés par une interaction entre l'organisme et son milieu de vie. C'est le milieu qui, aux yeux de Bruner, conditionne une orientation intentionnelle constitutive d'ajustements, de «techniques» de réalisation. Cette thèse prend appui sur des comparaisons phylogénétiques et sur l'idée que le milieu a en quelque sorte imposé l'évolution et la diversification des espèces. À la lumière des travaux récents, il semble qu'on puisse distinguer quatre catégories ou niveaux d'influence de l'environnement sur l'élaboration des conduites humaines: l'environnement représente un agencement de stimulations particulier; il est facteur d'apprentissage; il est toujours écologique, c'est-à-dire qu'il n'est pas indépendant d'un système social; il est culturel. Tous ces aspects interviennent dans la sélection des réponses comportementales, leur éventuelle transformation au cours du temps, en fonction des effets qu'elles ont entraînés. Les relations sociales, en particulier les relations mère-enfant, les pratiques éducatives, les pédagogies apparaissent ainsi comme des facteurs de développement, dans une optique où les contenus de connaissance sont aussi importants que les processus.

H. B. et J.-F. L. N.

forclusion

n.f. (angl. Repudiation ou Foreclosure; allem. Verwerfung)

Selon J. Lacan, «défaut qui donne à la psychose sa condition essentielle, avec la structure qui la sépare de la névrose» (*D'une question préliminaire à tout traitement possible de la psychose*, 1957).

Le fonctionnement du langage et les catégories topologiques du réel, du symbolique et de l'imaginaire permettent de spécifier ainsi ce défaut: le signifiant qui a été rejeté de l'ordre symbolique réapparaît dans le réel, sur le mode hallucinatoire par exemple. Les perturbations qui s'ensuivent dans les trois registres du réel, du symbolique et de l'imaginaire (R.S.I.) donnent aux psychoses leurs différentes configurations. L'effet radical de la forclusion sur la structure tient non seulement au changement de lieu du signifiant, mais également au statut primordial de celui qui est exclu: le père comme symbole ou signifiant du nom du père, dont le signifié corrélatif est celui de la castration. C'est pourquoi, dans certaines conditions, le sujet psychotique se trouve affronté à une castration non pas symbolique, mais réelle.

L'Homme aux loups

L'hallucination du doigt coupé, rapportée par l'Homme* aux loups dans sa psychanalyse, a permis à S. Freud de mettre en évidence un mécanisme distinct et du refoulement névrotique et du désaveu pervers, la Verwerfung, qui est à la base de la psychose. Le terme freudien signifie «rejet». Lacan a fini par le traduire par «forclusion». Cette option a le mérite de mettre l'accent sur cette caractéristique: ce qui a été rejeté ne peut plus faire retour au lieu même d'où il a été exclu. Ce procès se distingue donc du refoulement, car le refoulé fait retour dans son lieu d'origine, le symbolique, où il a été admis primitivement.

La forclusion porte donc sur le signifiant.

Dans le texte de Freud, la Verwerfung marque à chaque fois le rapport du sujet à la castration: «Il la rejeta et s'en tint au statu quo du commerce par l'anus. Quand je dis: il la rejeta, le sens immédiat de cette expression est qu'il n'en voulut rien savoir au sens du refoulement. Par là on ne peut dire que fut proprement porté aucun jugement sur son existence, mais il en fut aussi bien que si elle n'avait jamais existé.»

À l'occasion de son analyse du mécanisme de la paranoïa, dans le cas Schreber, Freud avait déjà été amené à préciser que l'hallucination n'était pas un mécanisme projectif: «Nous reconnaissons bien plutôt que ce qui a été aboli à l'intérieur revient de l'extérieur.»

L'interprétation de Lacan

L'épisode hallucinatoire de *l'Homme aux loups* autorise plusieurs remarques. Comme ce phénomène est soustrait aux possibilités de la parole, il s'accompagne d'effets dont voici quelques traits majeurs repérés par Lacan: l'entonnoir temporel dans lequel s'enfonce le sujet, son mutisme atterré, son sentiment d'irréalité. Le sujet se heurte au symbole retranché, qui pour autant ne rentre pas dans l'imaginaire — où sa position féminine ôte tout sens à sa mutilation hallucinatoire — mais constitue ce qui n'existe pas pour lui.

C'est un mode d'interférence entre le symbolique et le réel.

Lacan s'est servi de l'article de Freud sur la dénégation pour isoler le procès de la forclusion dans l'une des deux phases de la dialectique propre à la dénégation: la première, de symbolisation ou Bejahung — admission qui consiste en une «introduction dans le sujet» —, n'a pas eu lieu. La seconde, «d'expulsion hors du sujet», constitue le réel en tant qu'il subsiste hors de la symbolisation. La forclusion «est exactement ce qui s'oppose à la Bejahung primaire et constitue comme tel ce qui est expulsé». D'où, dans ce même texte des *Écrits*, la formulation de Lacan: «Ce qui n'est pas venu au jour du symbolique apparaît dans le réel.»

Le rapport du sujet au signifiant

Si la castration se produit dans le réel, dans quel registre se situe celui qui en est l'agent? Alors que Freud fait état de la relation du sujet au père, Lacan, avec le cas Schreber, aborde la question du rapport du sujet au signifiant: «L'attribution de la procréation au père ne peut être que l'effet d'un pur signifiant, d'une reconnaissance non pas du père réel, mais de ce que la religion nous a appris à invoquer comme le nom du père.» C'est le père au titre de sa fonction symbolique de castration. Autrement dit, dans l'ordre du langage, il instaure la limite, la coupure et du même coup la vectorisation de la chaîne ou son sens (phallique). Qu'un sujet dans des conditions électives rencontre «un père réel», qui «vienne à cette place où [il] n'a pu l'appeler auparavant», déclenche la psychose. Car, au lieu de trouver corrélativement l'appui du symbole, il ne rencontre à cette place que le trou ouvert dans le symbolique par l'effet de la forclusion. «Au point où [...] est appelé le nom du père, peut donc répondre dans l'Autre un pur et simple trou, lequel par la carence de l'effet métaphorique provoquera un trou correspondant à la place de la signification phallique.»

Dans cette conjoncture, puisque le père n'est pas un signifiant, il ne peut être qu'une figure imaginaire à laquelle le symbole carent ne peut faire limite. C'est pourquoi le rapport sans mesure du sujet avec lui se trouve situé «dans l'ordre de la puissance et non pas dans l'ordre du pacte».

La marque de la forclusion

La forclusion de ce signifiant primordial se repère à ses effets dans le dire d'un patient psychotique. Nulle part, dit Lacan, le symptôme n'est plus clairement articulé dans la structure elle-même. La chaîne parlée se présente sans limite et sans vectorisation. La perturbation du rapport au signifiant se manifeste dans les troubles du langage comme les néologismes, les phrases à caractère stéréotypé, l'absence de métaphores. Les points de «capitonnage» du discours — points d'attache fondamentaux entre le signifiant et le signifié — ayant lâché ou n'ayant jamais été établis, il s'ensuit leur développement séparé, avec la prééminence du signifiant comme tel, vidé de signification. Il se produit l'émergence de phénomènes automatiques où le langage se met à parler tout seul, sur le mode hallucinatoire.

C'est donc le réel lui-même qui se met à parler.

La régression «non pas génétique, mais topique au stade du miroir», place le sujet dans l'aliénation d'une capture imaginaire radicale, le réduisant à la position intimidée. Mais aussi, c'est bien ce registre qui offre au sujet sa béquille. Car, de l'anéantissement du signifiant, dit Lacan dans son séminaire sur les psychoses, «il faudra qu'il porte la charge, assume la compensation, par une série d'identifications purement conformistes».

C'est ainsi que la forclusion décline ses effets de structure dans les trois registres, réel/imaginaire/symbolique.

P. D.

formation de compromis

(angl. Compromise-Formation; allem. Kompromissbildung)

→ compromis (formation de).

formations de l'inconscient

(angl. Unconscious Formations)

Irruptions involontaires dans le discours selon des processus logiques et internes au langage, permettant de repérer le désir.

Le rêve, le mot d'esprit ou le trait d'esprit, le lapsus, l'oubli de nom, l'acte manqué, le symptôme en tant qu'il relève du signifiant, comme métaphore signifiante, toutes ces formations ont en commun de provenir du même lieu topique, à savoir «cette partie du discours concret en tant que transindividuel, qui fait défaut à la disposition du sujet pour rétablir la continuité de son discours conscient» (J. Lacan, *Écrits*, 1965). Il s'agit de «l'Autre, lieu de cette mémoire que Freud a découverte sous le nom d'inconscient». Il ne s'agit pas de retrouver l'inconscient dans quelque profondeur mais de le repérer dans sa pluralité formelle, là où, sans l'avoir voulu, quelque chose échappe au sujet, un phonème, un mot, un geste, une souffrance incompréhensible qui le laisse dans l'inter-dit.

Avec *le Mot d'esprit dans ses rapports avec l'inconscient* (1905), S. Freud, à l'aide de très nombreux exemples, découvre et explicite ces manifestations qui font rupture selon des processus formels. «Ces cas se laissent expliquer par la rencontre, l'interférence des expressions verbales de deux intentions [...]. Dans certains d'entre eux, une intention en remplace entièrement une autre (substitution), tandis que dans d'autres cas a lieu une déformation ou une modification d'une intention par une autre, avec production de mots mixtes ayant plus ou moins de sens.»

Substitution et déformation, condensation et déplacement, ces deux mécanismes sont déjà repérés par Freud dans *l'Interprétation des rêves* en 1900. Dès 1953, dans *le Discours de Rome*, Lacan présente la métaphore et la métonymie comme les deux pôles fondamentaux du langage ; il fait une relecture du mot d'esprit dans son séminaire *les Formations de l'inconscient* (inédit, 1957-1958).

La proposition principale est que l'inconscient est structuré comme un langage : deux exemples de destruction des liaisons logiques de la chaîne signifiante sur un plan uniquement formel permettent à Freud de suivre le désir à la trace.

Le premier exemple est celui du trait d'esprit repris d'une histoire de H. Heine : Hirsch-Hyacinthe, collecteur de loterie, dans une passe difficile, est reçu par S. Rothschild ; celui-ci l'aurait traité «tout à fait d'égal à égal, de façon toute famillionnaire».

Freud figure son exemple ainsi :

FAMIL LI ONNAI RE
FAMI LI È RE
MIL LI ONNAI RE

À la faveur d'une homonymie partielle entre «millionnaire» et «familière», le mécanisme de la condensation fait surgir la technique du signifiant dans ce mot d'esprit. On peut considérer la condensation comme un cas particulier de la substitution, donc de la métaphore, et l'on voit à partir du positionnement des lettres apparaître l'élision, le reste et le surgissement de sens.

L'autre exemple de Freud est celui de l'oubli de nom que l'on peut considérer comme l'autre face du premier exemple : ce qui est oublié, un reste en quelque sorte, va faire surgir toute une chaîne de noms substitutifs. À la place du nom oublié, Signorelli, auteur de fresques illustrant le Jugement dernier, viennent Botticelli, Boltraffio, Trafoi ; par l'association libre, Freud retrouve des lieux de voyages, de rencontres ; à la fin de la chaîne signifiante, Bosnie, puis Herzégovine lui donnent à entendre que sous Signor, le Herr allemand, souvenir de conversations ayant un étroit rapport avec la mort et la sexualité, était resté interdit, rejeté (*Sur le mécanisme de l'oubli*, 1898 ; in *Résultats, Idées, Problèmes I*, P.U.F., 1984). La difficulté des définitions rhétoriques de métaphore et métonymie se remarque ici : dans la condensation, une partie tombée dans les oubliettes permet de produire une métaphore métonymique ; dans la substitution de noms, métaphorique, une chaîne de noms va faire surgir la métonymie, signifiant du désir impossible à dire. Deux axes ont été nécessaires pour les liaisons de signifiant à signifiant : celui du paradigme, de la substitution, de la métaphore ; celui du syntagme, de la concaténation, de la contiguïté, de la métonymie. «C'est en effet une structure unique et homogène que nous rencontrons dans les symptômes, les rêves, les actes manqués, les mots d'esprit, et les mêmes lois structurales de condensation et de déplacement : un processus «attiré» dans l'inconscient est structuré selon ses lois. Or, ce sont les mêmes lois que l'analyse linguistique nous permet de reconnaître comme les modes d'engendrement du sens par l'agencement du signifiant» (Lacan, *Séminaire*, 1957-1958).

Quelque chose s'est produit dans l'agencement de ces signifiants posant la question d'un sujet qui fonctionnerait en dehors d'un couple moi-autre. Pour que le désir atteigne son but, il faut être trois : celui qui parle, celui à qui l'on parle et l'Autre, l'inconscient, qui pour se faire entendre transforme le peu de sens en «pas-de-sens» ; l'Autre est donc ce lieu entérinant et compliquant le message. «Il faut que quelque chose m'ait été étranger dans ma trouvaille pour que j'y aie mon plaisir, mais [....] il faut qu'il en reste ainsi pour qu'elle porte» (Lacan, *Écrits*, 1965).

Le désir s'exprime par un reste métonymique aliéné dans une demande elle-même matérialisée par la chaîne signifiante qui structure nos besoins. Une nouvelle composition signifiante fait message au lieu du code : le surgissement d'un sens nouveau est la dynamique même de la langue.

Cette difficulté du désir à se faire entendre naît du phénomène intersubjectif, moment où l'enfant a affaire au refoulement originaire, première métaphorisation puisqu'il doit renoncer à être l'objet du désir de la mère pour advenir comme sujet. «Ainsi le symbole se manifeste d'abord comme meurtre de la chose, et cette mort constitue dans le sujet l'éternisation de son désir» (*Écrits, ibid.*).

Lacan écrit encore, à propos du symptôme : «Si, pour admettre un symptôme dans la psychopathologie psychanalytique [...], Freud exige le minimum de surdétermination que constitue un double sens, symbole d'un conflit défunt par-delà sa fonction dans un conflit présent non moins symbolique, s'il nous a appris à suivre dans le texte des associations libres la ramification ascendante de cette lignée symbolique, pour y repérer au point où les formes verbales s'en recroisent les nœuds de sa structure, il est déjà tout à fait clair que le symptôme se résout tout entier dans une analyse de langage, parce qu'il est lui-même structuré comme un langage, qu'il est langage dont la parole doit être délivrée» (*ibid.*). C. F.

forme

n.f. (angl. Form, Shape)

PHYSIOL. **Apparence d'une stimulation visuelle caractérisée par son étendue et sa structure.**

La forme d'un objet doit être distinguée de l'objet lui-même dont elle ne constitue que l'apparence instantanée. En anglais, le terme de Form fait plutôt référence aux caractéristiques physiques du stimulus, tandis que le terme Shape fait référence à son apparence. Dans le contexte des études portant sur les processus de perception des formes, «forme» tend à désigner l'ensemble des informations de nature structurale, à l'exclusion de celles qui concernent sa signification, son référent-objet. C. B.

GÉNÉR. **Totalité perceptive immédiate, produit de la ségrégation figure/fond.**

Si la forme nous apparaît d'emblée comme une structure indépendante par rapport à d'autres structures, c'est parce que des forces de cohésion unissent entre eux ses différents composants et entre elles ses différentes parties. Ces forces trouvent leur source dans les caractères physiques de la stimulation et, selon les gestaltistes, elles seraient isomorphes à celles qui régissent l'excitation nerveuse centrale. La forme serait la structure de base à la fois physique et psychique d'un monde dynamique. Si une force exerce une action sur un élément ou une partie d'une forme, de telle sorte qu'elle en altère les relations internes, elle entraîne nécessairement une action antagoniste qui vise à la compenser. Une forme représente donc une composition équilibrée, dans laquelle l'existence et les propriétés du tout déterminent l'existence et les propriétés des parties. Les caractères physiques qui font la cohésion d'une forme sont nombreux : la contiguïté spatiale, la proximité, la similarité, la symétrie, la linéarité, la régularité, la fermeture déterminent ainsi la stabilité de la forme perçue. En outre, des traits de familiarité ou une communauté sémantique peuvent être à l'origine d'une réunion perceptive et de la structuration d'une forme.

Les gestaltistes ont distingué deux niveaux de stabilité : celui des formes fortes, non ambiguës, résistantes aux altérations, qui sont en général des formes fermées, et celui des formes faibles, plus fragiles, labiles, réversibles, qui sont le plus souvent des figures ouvertes, c'est-à-dire dont les frontières sont interrompues ou lacunaires. Les caractères physiques en jeu influencent le mode de structuration de la forme : une forme peut être structurée par son contour ou par sa surface enclose. Quand un contour présenterait trop de points d'inflexion, entraînant des changements de direction perceptive (par exemple des changements d'orientation du regard), ce trait agirait à l'encontre de la cohésion et la structuration s'établirait alors par la surface enclose. Cette structuration par la surface enclose serait moins stable qu'une structuration par le contour, qui est un élément de ségrégation.

Toute structuration est par elle-même signifiante et relative à l'organisation d'ensemble d'un champ perceptif. Autrement dit, une forme est toujours une forme dans un champ. La théorie de la forme s'est bornée à « déterminer la constellation physique d'excitants qui correspond à la forme perçue » (K. Koffka, 1922). En postulant l'isomorphisme, elle a éludé les questions portant sur le traitement des informations perceptives qu'elle avait identifiées. Des structurations stables, donnant lieu à la perception de formes fermées, sont observables alors que ni les conditions d'une ségrégation figure/fond ni celles d'une forme forte ne sont présentes. Il s'agit le plus souvent de formes à contours « virtuels » dont l'agencement donne lieu à la perception de différences illusoires. De telles perceptions remettent en question la détermination physique de la forme comme structure équilibrée, et en particulier celle des « bonnes formes », c'est-à-dire des formes fortes dont l'équilibre s'imposerait d'emblée de manière définitive. H. B.

→ gestaltthéorie, prégnance.

BIBLIOGRAPHIE

Uttal, N.R., 1988, *On Seeing Forms*, Hillsdale, Hove, Londres, L. Erlbaum.

formelle (pensée)

(angl. Formal Thinking)

DÉVELOP. **Pensée pure, indépendante de l'action.**

La construction de la pensée formelle achève la genèse de l'intelligence, selon J. Piaget. Cette pensée procède sur « de simples assomptions sans relation nécessaire avec la réalité ou avec les croyances du sujet et en se fiant à la nécessité du raisonnement lui-même (*vi formae*) par opposition à l'accord des conclusions avec l'expérience » (Piaget, *la Psychologie de l'intelligence*, 1947). Elle peut donc combiner des propositions et en déduire, par voie de conséquence, de nouvelles propositions : leur vérité, comme celle des théorèmes mathématiques, dépend de la rigueur des enchaînements et non d'une validation empirique, laquelle constate seulement la justesse du raisonnement (la forme de ce constat n'est pas « cela est », mais « cela ne peut pas être autrement »). Les enchaînements de la pensée formelle consistent en *implications*. Le terme d'implication, repris de É. Claparède (*la Genèse de l'hypothèse*), désigne une liaison nécessaire, qui peut être réciproque ou disjonctive. La pensée formelle est seule capable de coordonner ces deux formes d'implication, qui la rendent biréversible. En effet, elle admet à la fois la réversibilité d'une opération par son inverse, en concevant le retour à l'état initial comme inéluctable et non plus seulement de fait, et la réversibilité par réciprocité comme compensation nécessairement exacte.

L'exemple suivant, souvent cité par Piaget, illustre la structure de groupe de cette coordination : appelons I le déplacement orienté d'un escargot sur une planche. Ce déplacement peut être annulé par un déplacement de l'animal en sens inverse (N) ou bien par un glissement de la planche au sens contraire à la progression (R). L'inverse de la compensation produite par R consiste en un glissement de la planche dans le même sens que le déplacement de l'escargot (C). C'est seulement vers 11-12 ans que l'enfant se représente I × R comme équivalent nécessaire de N, sans avoir besoin de prendre appui sur des actions réellement effectuées. Si la pensée formelle est seule capable d'établir cette coordination, c'est parce qu'elle seule est capable d'aller jusqu'à la combinatoire*. La pensée concrète regroupe des associations constatées au cours des situations, mais, en leur restant inféodée, elle échouait à imaginer l'ensemble des associations possibles. La pensée formelle, en réalisant cette extension, accède à un niveau supérieur d'adaptation. Mais il n'y a pas seulement différence de degré de généralité : la logique des propositions est autre chose que la logique des classes.

Cependant, la conception piagétienne de la pensée formelle diffère de la conception de logiciens, telle qu'elle a été formulée par exemple par B. Russell et A. Whitehead dans *Principia mathematica* (1910-1913), car elle replace les règles auxquelles obéit cette pensée dans une perspective psychologique. Elle en définit la structure à partir de ce que font réellement le préadolescent et l'adolescent : c'est pourquoi la description des tâches ou des énoncés du point de vue du sujet, la découverte des buts qu'il s'assigne (ce qui forme la description des *opérations* formelles) y demeurent d'une extrême importance et c'est pourquoi aussi sa *filiation* à partir de la pensée concrète importe au premier chef. Il s'agit alors, pour la psychologie, de répondre à deux questions : « qu'est-ce qui change ? » et « comment se fait le changement ? ». L'exemple suivant permet d'entrevoir la réponse. Soit un énoncé tel que celui-ci : « Édith est plus blonde que Suzanne et elle est plus brune que Lili. Laquelle est la plus brune des trois ? » La tâche consiste en une sériation de trois termes. L'enfant de 7 ans, qui n'a aucune difficulté à sérier des objets, ne trouve pas la bonne réponse (il considère qu'Édith et Suzanne sont claires, qu'Édith et Lili sont foncées et donc que c'est Lili la plus brune des trois). Il devient capable de nommer Suzanne vers 12 ans, quand il a déplacé son objet de la représentation du réel vers *la forme* de l'énoncé (les relations « plus » et « moins que » — et non le fait d'être brun ou blond) ; c'est donc le *modus ponens* qui diffère entre les deux âges. H. B.

formelles (opérations)

(angl. Formal Operations)

Système de pensée qui se construit chez l'enfant entre 12 et 14-15 ans et représente dans la théorie piagétienne le stade ultime du développement cognitif.

Définies comme une extension des opérations concrètes au domaine du possible, de la logique des classes à celle des propositions, les opérations formelles sont constituées par la composition des actions que le préadolescent et l'adolescent exercent intérieurement non plus seulement sur des faits — événements ou objets présents — mais sur des hypothèses. Elles « constituent exclusivement la structure de l'équilibre final, vers lequel tendent les opérations concrètes lorsqu'elles se réfléchissent en systèmes plus généraux [...] » (*la Psychologie de l'intelligence*, 1947).

Autour de 12 ans, si les conditions de milieu s'y prêtent, l'enfant devient ainsi capable d'effectuer des opérations sur des opérations. La transformation d'un projet d'action en une proposition à vérifier lui permet de programmer désormais ses actions de manière à contrôler l'ensemble des facteurs de variation, dans une situation donnée ; et il peut alors procéder à un raisonnement véritablement expérimental. Par exemple, un sujet de cet âge confronté à un problème de pendule, invité à dire ce qui détermine la fréquence des oscillations, parvient à dresser l'inventaire exhaustif des facteurs à contrôler (en dissociant longueur du fil, masse suspendue, hauteur du dispositif), les examine de façon systématique, en les prenant un à un et en laissant les autres constants (ce dont n'était pas capable l'enfant parvenu au stade des opérations concrètes). Il peut alors déduire de ses observations une conclusion générale, une loi ; dans le cas du pendule : plus le fil sera court, plus rapide sera le rythme des oscillations, quelle que soit la masse. Cette généralisation par voie de conséquence est la marque du raisonnement hypothético-déductif. Ce mode de raisonnement permet non seulement d'établir des classifications, mais d'en permuter les éléments et de faire la classification de toutes les classifications possibles (combinatoire). Cette pensée s'applique à des énoncés verbaux conditionnels, dans lesquels une relation nécessaire est distinguée d'une relation à la fois nécessaire et suffisante. La loi de composition des opérations formelles est celle d'un « groupe » au sens mathématique du terme, c'est-à-dire d'un système clos de transformations ramenant à un invariant. La formalisation algébrique choisie par J. Piaget, sur les traces de H. von Helmholtz (1876), parmi les groupes simples de M. Klein, est appelée *groupe INRC*, du nom des quatre transformations qui le caractérisent. (→ INRC [groupe].) Les 16 combinaisons binaires qui ressortent à cette structure constituent le répertoire complet des propositions de la pensée formelle. La logique des propositions correspondant à ce stade réalise l'équilibre achevé des fonctions cognitives. Toutefois, selon Piaget, l'accès aux opérations formelles dépend du milieu social et n'est pas ouvert universellement. H. B.

fornix

n.m. (angl. Fornix)

Structure cérébrale ayant la forme d'une voûte à quatre piliers intercalée entre le corps calleux et le thalamus.

Seule la partie impaire, ou corps du fornix, est visible sur une coupe sagittale du cerveau. (→ encéphale, fig. 1.) Les deux piliers antérieurs se recourbent vers le bas et rejoignent les corps mamillaires (hypothalamus postérieur). Les deux piliers postérieurs s'écartent beaucoup plus de la ligne médiane que les piliers antérieurs; chacun d'eux vient s'accoler à un hippocampe et prend alors le nom de fimbria. Les fibres longitudinales du fornix mettent en relation les corps mamillaires avec les hippocampes. Les fibres commissurales situées postérieurement forment la commissure hippocampique qui, par définition, interconnecte les deux hippocampes. G. S.

fouissement (réflexe de)

(angl. Rooting Reflex)

Rotation de la tête du bébé du côté où la joue ou la région péribuccale vient d'être stimulée.

Ce réflexe favorise la localisation d'une source de nourriture: sein ou biberon. Il peut être observé pratiquement dès la naissance, mais seulement lorsque le nourrisson est éveillé. E. V.

foule

n.f. (angl. Crowd)

Rassemblement transitoire d'individus équivalents partageant un nombre restreint de croyances, d'émotions ou de valeurs.

Il a fallu attendre la fin du XIXe siècle pour que les foules deviennent un objet d'étude scientifique. G. Le Bon et G. de Tarde, puis S. Freud en ont décrit les caractéristiques psychologiques et les principes de constitution. Le Bon et Tarde s'accordent sur l'essentiel de leurs caractéristiques, et l'histoire comme l'actualité confirment leur description.

Selon Tarde, les foules peuvent présenter quatre degrés d'activité: seulement *expectantes* lorsqu'elles sont rassemblées dans l'attente d'un événement particulier, elles deviennent *attentives* à cet événement lui-même, spectacle ou discours (foules des stades, foules des meetings politiques); passant sur un versant plus actif, les foules peuvent être *manifestantes*, exprimant alors leurs convictions ou leurs revendications, et même *agissantes*, dans un sens d'amour (foules festives, foules adulatrices) ou de haine (foules intolérantes, foules insurrectionnelles).

L'individu en foule est un individu en crise par rapport à ses références habituelles et ses modes d'être coutumiers. Il se produit en effet, en liaison avec la proximité physique et le nombre, une suspension momentanée des différences sociales: la participation à la foule assure l'*identité* de tous, c'est-à-dire à la fois leur équivalence et leur définition sociale suffisante. De là vient ce sentiment de fusion, d'unité organique et, conséquemment, de puissance qui soutient le désir ou la volonté jusqu'à paraître les légitimer.

D'une manière corrélative, la pensée de ces rassemblements est particulièrement sommaire et schématique: quelques symboles ou quelques slogans la résument, voire l'expriment complètement. Les messages qui atteignent la foule, la mobilisent ou l'infléchissent ont les mêmes propriétés. La rhétorique utile s'appauvrit, l'analyse logique est disqualifiée. Par ailleurs (mais tous ces traits composent en fait le même syndrome), la foule a des réactions extrêmes, ses comportements se polarisent, ses émotions sont intenses. L'individu y est couramment porté au-delà de lui-même. Ainsi, les membres de la foule sont gagnés par une sorte de contagion affective qui déplace ou subvertit les normes quotidiennes.

Il faut enfin rappeler que l'un des apports importants de Le Bon, suivi en cela par Freud, tient à la relation qu'il a établie entre foules et meneurs, nouant ainsi la psychologie individuelle et la psychologie sociale.

Ce tableau est incontestablement celui d'une rationalité limitée. Or, dans les sociétés modernes, l'expérience collective de ces limites n'est pas un accident ou un vestige, mais un destin. L'organisation sociale, en effet, sous ses divers aspects, ne se conçoit plus désormais sans l'action des foules ou sans l'action sur les foules. M.-L. R.

→ masses (psychologie des).

BIBLIOGRAPHIE

Milgram, S., Toch, H., 1969, « Collective Behavior, Crowds and Social Movements », in Lindzey, G., Aronson, E., *Handbook of Social Psychology*, vol. 4, Reading, Mass., Addison Wesley.

Moscovici, S., 1981, *l'Âge des foules*, Paris, Fayard.

Fourier (analyse de)

(angl. Fourier Analysis)

→ spectrale (analyse).

Fourier (transformée de)

(angl. Fourier Transform)

Méthode de calcul qui permet d'exprimer toute distribution spatiale ou temporelle en termes d'une somme de fréquences (spatiales ou temporelles).

La distribution des fréquences s'appelle le spectre d'amplitude du signal. La transformée inverse permet de retrouver les distributions originales à partir des distributions de fréquences.

Cette méthode est fondée sur le théorème établi par Fourier, qui affirme que toute fonction finie et continue dans un intervalle est résolue en une série infinie de fréquences harmoniques de fréquences sinusoïdales simples. Cette méthode d'analyse est utilisée aussi bien pour décrire des stimulations auditives, vibratoires, visuelles, etc., que comme méthode d'analyse de réponses électrophysiologiques ou comportementales. C. B.

fovéa

n.f. (angl. Fovea)

Région située au fond de la dépression maculaire de la rétine, au centre de l'area centralis, et qui ne contient que des cônes.

La fovéa est située autour du point d'impact de l'axe visuel. D'un diamètre de 1,5 mm, elle correspond à un champ visuel de 5°. Sa partie centrale, appelée fovéola, n'est occupée que par les segments externes des récepteurs. Son diamètre est de 500 micromètres (µm), soit 1°20'. La densité des cônes y est plus élevée qu'ailleurs (environ 140 000 par mm^2). Les cellules bipolaires et les cellules ganglionnaires leur correspondant sont déportées vers les bords de la cuvette fovéale. C. B.

fovéale (vision)

(angl. Foveal Vision)

Vision résultant de la stimulation de la région fovéale de la rétine. (Syn. vision centrale.)

La région fovéale correspond à la partie du champ visuel fixée par le regard. L'acuité y est plus élevée que pour le reste de la rétine. La vision fovéale n'est utilisable qu'à des niveaux photopiques d'éclairement. C. B.

→ périphérique (vision).

Fraisse (Paul)

Psychologue français (Saint-Étienne 1911).

Directeur adjoint (1943-1952), puis directeur à l'École des hautes études, professeur de psychologie expérimentale (1957-1980) à la faculté des lettres de Paris puis à l'université René-Descartes, il a dirigé l'Institut de psychologie de l'université de Paris. Directeur de l'Année psychologique, président de l'Union internationale de psychologie scientifique, président du Congrès international de psychologie de Paris en 1976, il est l'auteur d'importants travaux et de très nombreux articles et livres, notamment *les Structures rythmiques* (1956), *Psychologie du temps* (1957) et le *Traité de psychologie expérimentale* (1963-1966), dont il a assuré la direction avec J. Piaget. Il a tenu une place très importante dans le développement de la psychologie française après 1945. R. L.

frame

n.m. (angl. Frame)

Structure de données destinée à représenter une situation stéréotypée.

Le mot anglais est utilisé sans traduction. C'est une notion assez peu différente de celle de « schéma », dans son sens cognitif.

La notion de « frame » a été introduite par Minsky, spécialiste de l'intelligence artificielle, pour répondre aux besoins de cette discipline, et par analogie avec des notions psychologiques. Il s'agit donc d'un emprunt de l'intelligence artificielle aux caractéristiques des représentations humaines; cette notion a été ensuite réimportée par la psychologie.

Des exemples de frames sont, selon l'auteur, ceux qui représentent les situations suivantes: être dans une certaine sorte de salle de séjour, ou assister à la fête anniversaire d'un enfant.

Le frame contient plusieurs sortes d'informations: d'abord une mention des choses ou des personnes dont la présence est toujours vraie dans la situation considérée; dans le second exemple cité, ce sera l'enfant lui-même, ses parents, ses amis.

Le frame contient aussi un certain nombre d'informations *creuses* ou *à trous* (angl. Slots), dans lesquelles peuvent être insérées des informations plus précises. Dans le second exemple cité pourra se trouver l'information « cadeau(x) »; à l'intérieur de celle-ci on pourra insérer, par exemple et pour un anniversaire bien déterminé, l'information « robe de poupée miniature ».

En outre on trouve, dans le frame, de l'information sur la manière d'utiliser cognitivement ce frame, sur ce qu'on peut s'attendre à voir se passer par la suite, sur ce qui arrivera si cette attente n'est pas confirmée, etc. J.-F. L. N.

→ schéma.

fratrie

n.f. (angl. Sibling)

Ensemble des frères et sœurs appartenant à une même famille. E. V.

frayage

n.m. (angl. Facilitation)

En neurophysiologie, facilitation durable de la circulation d'influx nerveux dans des réseaux de neurones, consécutive à la mise en jeu répétée de ces réseaux. G. S.

frein cortical

(angl. Cortical Inhibitory Control)

Régulation frénatrice phasique et tonique que le cortex cérébral dans son ensemble exerce sur le système réticulaire activateur.

Les activations réticulaires déclenchent une rétroaction négative d'origine corticale, qui se manifeste, en particulier, par une inhibition des effets facilitateurs sur les réflexes moteurs. Le cortex exercerait également un freinage tonique sur le niveau d'excitation réticulaire. J.-C. R.

Freinet (Célestin)

Pédagogue français (Gars, Alpes-Maritimes, 1896-Vence 1966).

Instituteur au Bar-sur-Loup (1920), militant coopérateur, il poursuit une activité syndicale et politique et anime la coopération paysanne dans sa région. Dès 1924, il participe au Congrès international d'éducation nouvelle de Montreux, où il rencontre A. Ferrière, R. Cousinet, É. Claparède. Il systématise bientôt « l'imprimerie à l'école », titre de son livre de 1926 et du bulletin du mouvement né autour des techniques Freinet. Dans les années 1930, une campagne déclenchée contre Freinet aboutit à son déplacement d'office. Il ouvre alors une école privée pour enfants réfugiés (1935), où il poursuit l'affinement de ses techniques. Celles-ci inspirent un plan d'études national, qui sera repris en Belgique, et influencent les projets antérieurs au plan Langevin-Wallon. Pendant la Seconde Guerre mondiale, Freinet est interné, puis participe à la Résistance. En 1948, il crée l'Institut coopératif de l'école moderne, qui succède à la Coopérative de l'enseignement laïc (1928) et qui regroupe aujourd'hui plusieurs milliers d'enseignants. Freinet intègre coopération et travail collectif (par le conseil de coopérative, l'impression et la diffusion du journal scolaire, les sorties-enquêtes et les travaux manuels), et formation personnelle. Ses ouvrages les plus importants sont *l'Éducation du travail* (1947), *Essai de psychologie sensible appliquée à l'éducation* (1950), *les Techniques Freinet dans l'école moderne* (1964), *Pour l'école du peuple* (1969). R. L.

fréquence

n.f. (angl. Proportion, Relative Frequency)

STAT. **Rapport de l'effectif d'une classe à l'effectif total.**

L'anglais Frequency désigne le plus souvent l'effectif d'une classe. M. R.

fréquence de réponses

(angl. Response Frequency)

Nombre de réponses d'une catégorie rapporté à l'ensemble des réponses recueillies.

Les fréquences varient entre 0 et 1. Les pourcentages sont des fréquences variant entre 0 et 100. De nombreuses procédures expérimentales reposent sur le comptage des réponses de diverses catégories. Très souvent, les modèles psychologiques de traitement de l'information font appel à la probabilité des événements et utilisent la probabilité comme mesure. Les fréquences sont des observables auxquelles on fait correspondre des probabilités qu'elles servent à estimer.

Pour des catégories discrètes et mutuellement exclusives de réponses, il est possible de comparer la distribution des fréquences observées de réponses entre les diverses catégories et une distribution théorique de ces fréquences prédite par un modèle donné au cours d'un test d'inférence statistique: le χ^2.

On s'intéresse aux fonctions de distribution, ou histogrammes, représentant la variation de la fréquence d'une réponse donnée en fonction des catégories ou des niveaux du stimulus lorsque ceux-ci sont échantillonnés sur un continuum physique par exemple. La forme de ces fonctions et diverses considérations axiomatiques amènent à faire l'hypothèse de fonctions théoriques continues de densité de probabilité (la fonction gaussienne ou fonction normale par exemple) que l'on ajuste aux résultats. L'estimation des paramètres de ces fonctions (moyenne, écart-type par exemple) permet une description condensée des données et l'application de test d'inférence statistique. C. B.

fréquence d'un rythme

→ période d'un rythme.

fréquence spatiale

(angl. Spatial Frequency)

En vision, nombre de cycles par degré d'angle visuel (cpd) d'une variation périodique de luminance.

Une fréquence spatiale élémentaire est matérialisée par un réseau fait de barres alternativement claires et sombres dont la luminance varie sinusoïdalement selon une direction orthogonale à celle des barres. Sa période est représentée par un cycle complet de la variation de luminance, soit une barre claire et une barre sombre. Elle s'exprime en degré d'angle visuel. La fréquence spatiale est l'inverse de la période du réseau. Toute distribution spatiale de luminance peut, au moyen du calcul de sa transformée de Fourier* bidimensionnelle, être décrite comme une somme de fréquences spatiales. C. B.

fréquence temporelle

(angl. Temporal Frequency)

Nombre de vibrations par unité de temps, qui s'exprime en hertz (Hz) ou nombre de cycles par seconde.

Cette mesure s'applique à tout phénomène périodique dans le temps, par exemple un son. C. B.

Freud (Anna)

Psychanalyste britannique d'origine autrichienne (Vienne 1895-Londres 1982).

Elle est la dernière-née des six enfants de S. Freud. Présidente de l'Institut de formation psychanalytique de Vienne de 1925 à 1938, elle se réfugie à Londres en 1938 avec son père et y fonde, en 1951, la Hampstead Clinic, centre de soins, de formation et de recherches en psychothérapie infantile. Elle est une des premières à entreprendre des psychanalyses d'enfants. À ses conceptions s'opposeront celles de M. Klein, en particulier du côté de l'exploration du complexe d'Œdipe, A. Freud redoutant la détérioration des relations de l'enfant avec ses parents si l'on analyse ses sentiments négatifs à leur égard. Elle a publié *Einführung in die Technik der Kinderanalyse* (1927), *le Moi et les Mécanismes de défense* (1937), *le Normal et le Pathologique chez l'enfant* (1965). R. L.

Freud (Sigmund)

Médecin autrichien (Freiberg, auj. Příbor, Moravie, 1856 - Londres 1939).

Avec la découverte de la psychanalyse, Freud inaugure un nouveau discours qui vise à donner un statut scientifique à la psychologie. En réalité, loin d'ajouter un chapitre nouveau au domaine des sciences dites positives, il introduit une rupture radicale avec ce qui s'appellera plus tard les sciences humaines comme avec ce qui constituait jusque-là le centre de la réflexion philosophique, c'est-à-dire le rapport de l'homme au monde.

QUELQUES ÉLÉMENTS BIOGRAPHIQUES

On croit volontiers que la psychanalyse a renouvelé l'intérêt traditionnellement attribué aux événements de l'existence pour comprendre ou interpréter le comportement et les œuvres des hommes exceptionnels. Il n'en est rien, et Freud, là-dessus, est catégorique : « Qui veut devenir biographe s'engage au mensonge, à la dissimulation, à l'hypocrisie, et même à la dissimulation de son incompréhension, car la vérité biographique n'est pas accessible, et le fût-elle, on ne pourrait pas s'en servir » (lettre à A. Zweig du 31 mai 1936).

Freud est né dans une famille de commerçants juifs plutôt aisés. On souligne toujours la complexité des rapports intrafamiliaux. Son père, Jakob Freud, s'était marié une première fois à 17 ans et avait eu deux fils, Emmanuel et Philippe. Veuf, il se remarie avec Amalia Nathanson, âgée de 20 ans, l'âge du deuxième fils de Jakob. Freud sera l'aîné des huit enfants du second mariage de son père et son camarade de jeu préféré, âgé d'à peine un an de plus que lui, est son neveu. Lorsqu'il a 3 ans, la conjoncture économique provoque une chute des revenus familiaux et la famille doit quitter Freiberg pour s'installer à Vienne, où elle ne retrouvera jamais l'aisance passée. Ce départ restera toujours douloureux pour Freud. Un point qu'il a lui-même souligné mérite d'être rappelé : l'amour sans défaillance que sa mère lui a toujours voué et auquel il a attribué la confiance et l'assurance dont il a fait preuve en toutes circonstances.

Il fut un très bon élève pendant ses études secondaires, et c'est sans vocation particulière qu'il s'engagea dans les études médicales. Deux choses sont à relever, une ambition précocement formulée et reconnue et « le vœu d'apporter quelque chose, durant sa vie, à la connaissance de l'humanité » (*Psychologie des lycéens*, 1914). Sa curiosité, « qui visait plus les questions humaines que les choses de la nature » (*Ma vie et la psychanalyse [Selbstdarstellung]*, 1925), l'amène à suivre en même temps, pendant trois ans, les conférences de F. Brentano, dont plusieurs sont consacrées à Aristote. Et il publie en 1880 la traduction de plusieurs textes de J. S. Mill : *De l'émancipation de la femme, Platon, la Question ouvrière, le Socialisme.*

Il épouse, en septembre 1886, après des fiançailles de plusieurs années, Martha Bernays, dont il aura cinq enfants. Il est nommé en 1883 privatdocent (ce qui équivaut au titre de maître de conférences en France) et professeur honoraire en 1902. Malgré l'hostilité et les difficultés de toutes sortes, Freud refusera toujours de quitter Vienne. C'est seulement sous la pression de ses élèves et amis, et après l'Anschluss de mars 1938, qu'il se décide enfin deux mois plus tard à partir pour Londres.

LE NEUROLOGUE

Freud entre à l'Institut de physiologie, dirigé par E. Brücke, après trois ans d'études médicales, en 1876. Sa première publication paraît en 1877 : *Sur l'origine des racines nerveuses postérieures de la moelle épinière de l'Ammocète* (Petromyzon Planeli) ; la dernière, concernant *les Paralysies cérébrales infantiles*, est de 1897. Pendant ces vingt années, on peut recenser quarante articles (physiologie et anatomo-histologie du système nerveux).

Le travail de Freud sur l'aphasie (*Une conception de l'aphasie, étude critique* [Zur Auffassung der Aphasien], 1891) restera dans l'ombre, bien qu'il offre l'élaboration la plus poussée et la plus remarquable de l'aphasiologie de cette époque. Ses espoirs de notoriété n'ont pas non plus été satisfaits par ses travaux sur la cocaïne publiés de 1884 à 1887. Il avait découvert les propriétés analgésiques de cette substance, négligeant les propriétés anesthésiques qui seront utilisées avec succès par K. Koller. Le souvenir de cet échec sera un des éléments à l'origine de l'élaboration d'un rêve de Freud, la « monographie botanique ».

LES CIRCONSTANCES IMMÉDIATES DE LA DÉCOUVERTE DE LA PSYCHANALYSE

Freud se trouvait, au début des années 1880, dans la position de chercheur en neurophysiologie et d'auteur de travaux de valeur, mais qui ne pouvaient lui permettre, en l'absence de toute fortune personnelle, d'assurer la subsistance d'une famille. Malgré ses réticences, la seule solution qui s'offrait à lui était d'ouvrir en ville un cabinet de consultation comme neurologue, ce qu'il fit de façon surprenante le dimanche de Pâques 25 avril 1886.

Quelques mois auparavant, il avait obtenu une bourse grâce à laquelle il put réaliser un de ses rêves, aller à Paris. C'est ainsi qu'il fit à la Salpêtrière une rencontre déterminante, celle de J. M. Charcot. Il est à noter que Charcot ne se montra intéressé ni par les coupes histologiques que lui apporta Freud comme témoins de ses travaux, ni par le récit du traitement d'Anna O, dont son ami J. Breuer lui avait communiqué les éléments principaux dès 1882. Charcot ne se souciait guère de thérapeutique, mais se préoccupait de décrire et de classer les phénomènes pour tenter d'en rendre compte rationnellement.

Freud commence par utiliser les moyens à sa disposition, l'électrothérapie de W. H. Erb, l'hypnose et la suggestion. Les difficultés rencontrées l'amènent à se rendre auprès de A. A. Liébault et de H. M. Bernheim à Nancy pendant l'été 1889. Il traduit d'ailleurs les ouvrages de ce dernier en allemand. Il y trouve la confirmation des réserves et des déceptions qu'il éprouvait lui-même envers ces méthodes.

En 1890, il réussit à convaincre son ami Breuer d'écrire avec lui un ouvrage sur l'hystérie. Leur travail en commun donnera lieu à la publication en 1893 de la Communication préliminaire qui servira d'ouverture ensuite aux *Études sur l'hystérie* ; on y trouve déjà l'idée freudienne de la défense pour protéger le sujet d'une représentation « insupportable » ou « incompatible ». La même année, dans un texte intitulé « Quelques considérations pour une étude comparative des paralysies motrices organiques et hystériques », publié en français dans les *Archives neurologiques*, Freud affirme que « l'hystérie se comporte dans ses paralysies et autres manifestations comme si l'anatomie n'existait pas, ou comme si elle n'en avait nulle connaissance ».

Les *Études sur l'hystérie,* œuvre commune de Breuer et Freud, paraissent en juillet 1895. Elles comportent, outre la Communication préliminaire, cinq observations de malades : la première, celle d'Anna O (Bertha Pappenheim), est rédigée par Breuer et c'est là que se trouve l'expression si heureuse de Talking Cure proposée par Anna O ; les quatre suivantes sont dues à Freud. L'ouvrage se termine sur un texte théorique de Breuer et un texte sur la psychothérapie de l'hystérie de Freud, où l'on peut voir s'amorcer ce qui séparera les deux auteurs dès l'année suivante.

Dans *l'Hérédité et l'étiologie des névroses,* publiée en français en 1896 dans la *Revue neurologique,* Freud affirme en effet : « Expérience de passivité sexuelle avant la puberté ; telle est donc l'étiologie spécifique de l'hystérie. » Le terme de psychanalyse y est employé pour la première fois. C'est également au cours de ces années que la réflexion de Freud sur l'interruption brutale par Breuer du traitement d'Anna O l'amène à concevoir le transfert.

Enfin, il faut signaler la rédaction en quelques semaines, à la fin de 1895, de *l'Esquisse d'une psychologie scientifique* (*Entwurf einer Psychologie*), que Freud ne publiera jamais et qui constitue dans son principe son ultime tentative pour asseoir la psychologie sur les données toutes récentes de la neurophysiologie.

À cette époque donc, Freud a abandonné l'hypnose et la suggestion, tandis qu'il inaugure la technique des associations libres. Sa position doctrinale est centrée sur la théorie du noyau pathogène constitué dans l'enfance à l'occasion d'un trauma sexuel réel résultant de la séduction par un adulte. Le symptôme est la conséquence du refoulement des représentations insupportables constituant ce noyau, et le traitement consiste à ramener à la conscience les éléments comme on extrait un « corps étranger », la disparition du symptôme étant la conséquence de la levée du refoulement.

LES TROIS LIVRES FONDAMENTAUX SUR L'INCONSCIENT

Pendant les quelques années qui précèdent la publication de *l'Interprétation des rêves,* Freud introduit dans la nosographie, à laquelle il n'est pas indifférent, quelques entités nouvelles. Il décrit la *névrose d'angoisse* en la séparant de la catégorie assez hétéroclite de la neurasthénie. Il isole pour la première fois la *névrose obsessionnelle* (allem. Zwangnevrose) et propose le concept de *psychonévrose de défense* dans lequel est intégrée la paranoïa.

Mais la tâche principale est celle de son autoanalyse, terme qu'il emploiera pendant un temps très court. Voici ce qu'il en dit dans la lettre à W. Fliess du 14 novembre 1897 : « Mon autoanalyse reste toujours en plan. J'en ai maintenant compris la raison. C'est parce que je ne puis m'analyser moi-même qu'en me servant de connaissances objectivement acquises (comme pour un étranger). Une vraie autoanalyse est réellement impossible, sans quoi il n'y aurait plus de maladie. »

La rencontre avec Fliess remonte à 1887. Freud commence à analyser systématiquement ses rêves à partir de juillet 1895. Tout se passe comme si Freud, sans s'en apercevoir d'abord, avait utilisé Fliess comme truchement pour effectuer sa propre analyse. Son père meurt le 23 octobre 1896. On peut penser que cet événement n'est pas étranger à la découverte du complexe d'Œdipe dont on trouve un an plus tard, dans la lettre à Fliess du 15 octobre 1897, la première formulation schématique suivante : « Il ne m'est venu à l'esprit qu'une seule idée ayant une valeur générale. J'ai trouvé en moi comme partout ailleurs des sentiments d'amour envers ma mère et de jalousie envers mon père, sentiments qui sont, je pense, communs à tous les jeunes enfants, même quand leur apparition n'est pas aussi précoce que chez les enfants rendus hystériques (d'une façon analogue à celle de la « romantisation » de l'origine chez les paranoïaques, héros, fondateurs de religions). S'il en est bien ainsi, on comprend, en dépit de toutes les objections rationnelles qui s'opposent à l'hypothèse d'une inexorable fatalité, l'effet saisissant d'*Œdipe roi.* On comprend aussi pourquoi tous les drames plus récents de la destinée devaient misérablement échouer... mais la légende grecque a saisi une compulsion que tous reconnaissent parce que tous l'ont ressentie. Chaque auditeur fut un jour en germe, en imagination, un Œdipe et s'épouvante devant la réalisation de son rêve transposé dans la réalité, il frémit suivant toute la mesure du refoulement qui sépare son état infantile de son état actuel. » La rupture définitive avec Fliess interviendra en 1902.

C'est en 1900 que paraît *l'Interprétation des rêves* (*Die Traumdeutung*). Le postulat de départ introduit une rupture radicale avec tous les discours antérieurs. L'absurdité, l'incongruité des rêves n'est pas un accident d'ordre mécanique ; le rêve a un sens, ce sens est caché et ne découle pas des figures qu'utilise le rêve, mais d'un ensemble d'éléments propres au rêveur lui-même, qui fait dépendre la découverte du sens caché des « associations » produites par le sujet. Il est donc exclu que ce sens puisse être déterminé sans la collaboration du rêveur.

Ce à quoi nous avons affaire, c'est un texte ; sans doute le rêve est-il principalement constitué d'images, mais à celles-ci il n'y a d'autre accès que le récit du rêveur qui constitue le « contenu manifeste » qu'il s'agit de déchiffrer, comme Champollion a procédé avec les hiéroglyphes égyptiens, pour découvrir le « contenu latent ». Le rêve est constitué à l'aide des « restes diurnes » auxquels sont transférés les investissements affectés aux représentations de désir. Le rêve, en même temps qu'il protège le sommeil, assure donc, sous une forme camouflée, un certain « accomplissement de désir ». L'élaboration du rêve s'effectue à l'aide de techniques spéciales, étrangères à la pensée consciente, la condensation (un même élément représente plusieurs pensées du rêve) et le déplacement (un élément du rêve est mis à la place d'une pensée latente).

Il résulte de cette conception du rêve une structure particulière de l'appareil psychique qui fait l'objet du septième et dernier chapitre. Plus que la division en trois instances, conscient, préconscient, inconscient, qui spécifie ce qu'on appelle la première topique, il convient de retenir l'idée d'une division du psychisme en deux types d'instances, obéissant à des lois différentes et séparées par une frontière qui n'est franchissable qu'à des conditions particulières, conscient-préconscient d'un côté, inconscient de l'autre. Cette coupure est radicale et irréductible, il ne peut jamais y avoir « synthèse », mais seulement « tendance à la synthèse ». Le sentiment propre au moi de l'unité que constitue notre mental n'est donc qu'une illusion. Un tel appareil rend problématique l'appréhension de la réalité, qui reste à constituer par le sujet. La position de Freud ici est la même que celle exprimée dans *l'Esquisse* : « L'inconscient est le psychique lui-même et son essentielle réalité. Sa nature intime nous est aussi inconnue que la réalité du monde extérieur, et la conscience nous renseigne sur lui d'une manière aussi incomplète que nos organes des sens sur le monde extérieur. »

Le rêve se trouve être, pour Freud, une sorte de carrefour entre le normal et le pathologique, et les conclusions concernant le rêve seront considérées par lui comme valables pour rendre compte des états névrotiques.

La *Psychopathologie de la vie quotidienne* (*Zur Psychopathologie des Alltagslebens*) paraît l'année suivante, en 1901. Elle s'ouvre par l'exemple d'un oubli de nom, celui de Signorelli, analyse déjà publiée par Freud en 1898 ; l'oubli associe dans sa détermination à la fois des motifs sexuels et l'idée de la mort. L'ouvrage recense toute une série de petits accidents, auxquels on ne prête guère attention d'ordinaire, comme les oublis de mots, les « souvenirs de couverture », les lapsus de la parole ou de l'écriture, les erreurs de lecture et d'écriture, les méprises, les actes manqués, etc. Ces faits peuvent être considérés comme des manifestations de l'inconscient aux trois conditions suivantes : 1. ils ne doivent pas dépasser une certaine limite fixée par notre jugement, c'est-à-dire ce que nous appelons « les limites de l'acte normal » ; 2. ils doivent avoir le caractère d'un trouble momentané ; 3. ils ne peuvent être caractérisés ainsi que si les motifs nous échappent et que nous en sommes réduits à invoquer le « hasard » ou « l'inattention ».

« En mettant les actes manqués sur le même rang que les manifestations des psychonévroses, nous donnons un sens et une base à deux affirmations qu'on entend souvent répéter, à savoir qu'entre l'état nerveux normal et le fonctionnement nerveux anormal, il n'existe pas de limite nette et tranchée [...] Tous les phénomènes en question, sans exception aucune, se laissent ramener à des matériaux psychiques incomplètement réprimés et qui, bien que refoulés par la conscience, n'ont pas perdu toute possibilité de se manifester et de s'exprimer. »

Le troisième texte, *le Mot d'esprit et ses rapports avec l'inconscient* (*Der Witz und seine Beziehung zum Unbewußten*), sort en 1905. Devant ce long et difficile texte, certains se sont demandés pourquoi Freud avait jugé nécessaire d'accumuler une quantité si grande d'exemples à travers une classification compliquée. Sans doute parce que ses thèses étaient difficiles à mettre en évidence. En voici les principales. « L'esprit ne réside que dans l'expression verbale. » Les mécanismes sont les mêmes que ceux du rêve, la condensation et le déplacement. Le plaisir que l'esprit engendre est lié à la technique et à la tendance satisfaite, hostile ou obscène. Mais surtout le tiers y occupe un rôle de première place, et c'est ce qui le distingue du comique. « L'esprit nécessite en général l'intervention de trois personnages : celui qui fait le mot, celui qui défraie la verve hostile ou sexuelle, enfin celui chez lequel se réalise l'intention de l'esprit, qui est de produire du plaisir. » Enfin, « n'est esprit que ce que j'accepte comme tel ». On comprend alors la difficulté de traduire le mot allemand Witz qui n'a pas d'équivalent en français, mais aussi la difficulté de son maniement en allemand du fait de ce qui vient d'être rappelé, et la diversité des exemples utilisés, histoires drôles, mots d'esprits, calembours, contrepèteries, etc. La spécificité du Witz explique l'attention que Freud porte à le distinguer du comique, distinction ainsi résumée : « l'esprit est, pour ainsi dire, au comique, la distribution qui lui vient du domaine de l'inconscient ».

La même année paraissent les *Trois Essais sur la théorie de la sexualité* (*Drei Abhandlungen zur Sexualtheorie*), où se trouve affirmée et illustrée l'importance de la sexualité infantile et proposé un schéma de l'évolution de la libido à travers des phases caractérisées par la dominance successive des zones érogènes buccale, anale, génitale. C'est dans ce texte que l'enfant, au regard de la sexualité, est défini comme un « pervers polymorphe » et que la névrose est située comme « négatif de la perversion ».

Entre 1905 et 1918 environ vont se succéder un grand nombre de textes concernant la technique, d'une part, et l'illustration de celle-ci par la présentation de cas cliniques, d'autre part. Parmi ces derniers figurent les *Cinq Psychanalyses* :

- 1905, *Fragment d'une analyse d'hystérie* : c'est l'observation d'une patiente nommée Dora, centrée sur deux rêves principaux dont le travail d'interprétation occupe la plus grande partie ;
- en 1909, *Analyse d'une phobie d'un petit garçon de cinq ans* (le petit Hans) : Freud y vérifie l'exactitude des « reconstitutions » effectuées chez l'adulte ;
- 1909 également, *Remarques sur un cas de névrose obsessionnelle* (l'Homme aux rats) : l'analyse est dominée par un vœu de mort inconscient et Freud s'étonne de vérifier « encore mieux » chez un obsessionnel ses découvertes faites dans l'étude de l'hystérie ;
- 1911, *Remarques psychanalytiques sur l'autobiographie d'un cas de paranoïa* (le président Schreber) : la particularité de cette analyse tient au fait que Freud n'a jamais rencontré le patient, se contentant de travailler sur les Mémoires écrits par celui-ci pour exposer sa maladie et en faire valoir l'intérêt scientifique ;
- 1918, enfin, *Extrait de l'histoire d'une névrose infantile* (l'Homme aux loups) : cette observation présentait pour Freud une importance toute particulière. Elle apportait la preuve de l'existence, chez l'enfant, d'une névrose parfaitement constituée, qu'elle soit apparente ou non, celle de l'adulte n'étant que l'extériorisation et la répétition de la névrose infantile ; elle démontrait l'importance des motifs libidinaux et l'absence d'aspirations culturelles, cela contre C. Jung ; elle donnait une illustration précise de la constitution du fantasme et de la place de la scène primitive.

Il convient de signaler que la solitude de Freud, qui a duré de nombreuses années, a cessé aux alentours de 1906 avec la constitution de la Société du mercredi, jour de réunion des premiers adeptes, rapidement transformée en Société psychanalytique de Vienne.

C'est en 1910 que Freud fonde la Société internationale de psychanalyse dont le premier président est Jung.

Les compléments nécessaires

Sous ce titre, on peut essayer de rassembler un certain nombre de thèmes qui, quoique présents bien souvent dans les premiers écrits, n'ont été élaborés par Freud qu'assez tardivement. C'est d'abord la question du père traitée avec une ampleur exceptionnelle dans *Totem et tabou* en 1912, reprise à partir d'un exemple particulier dans *Moïse et le monothéisme* (1932-1938). Elle constitue un des points les plus difficiles de la doctrine de Freud, du fait du polymorphisme de la fonction paternelle dans son œuvre. Puis c'est le concept de narcissisme qui fait l'objet du grand article de 1914 *Pour introduire le narcissisme*, nécessaire pour lever les difficultés rencontrées dans l'analyse de Schreber et tenter de rendre compte des psychoses, mais aussi pour ébaucher une théorie du moi. *L'Inquiétante Étrangeté* (*Das Unheimliche*), publiée en 1919, concerne plus spécialement la problématique de la castration. Mais le bouleversement le plus considérable vient de la conceptualisation de l'automatisme de répétition et de l'instinct de mort qui sont le sujet de *Au-delà du principe de plaisir* (*Jenseits des Lustprinzips*, 1920). La théorie du moi et l'identification seront les thèmes centraux de *Psychologie collective et analyse du moi* (*Massenpsychologie und Ich-Analyse*, 1921).

La Dénégation (*Die Verneinung*, 1925) enfin vient souligner la primauté de la parole dans l'expérience psychanalytique, en même temps qu'elle définit un mode particulier de présentification de l'inconscient.

Les remaniements doctrinaux

Freud n'a jamais cessé de tenter le rassemblement, dans une visée qu'il appelle métapsychologique, des découvertes que sa technique lui a permises et des élaborations qui n'ont jamais cessé d'accompagner sa pratique, tout en soulignant que cet effort ne devait pas être interprété comme la tentative de constitution d'une nouvelle « vision du monde » (Weltanschauung).

Certains remaniements valent comme des corrections de positions antérieures. C'est le cas de la théorie du fantasme qui remplacera autour de 1910 la première théorie traumatique de la séduction précoce (*Un souvenir d'enfance de Léonard de Vinci*, 1907 ; *Formulation sur les deux principes de l'événement psychique*, 1911 ; « l'Homme aux loups », 1918).

C'est le cas aussi du masochisme, considéré d'abord comme un renversement du sadisme. Les thèses de *Au-delà du principe de plaisir* rendront concevable l'idée d'un masochisme primaire que Freud sera amené à faire équivaloir, dans les *Problèmes économiques du masochisme* (1925), à l'instinct de mort et au sentiment de culpabilité irréductible et inexpliqué que révèlent certaines analyses.

De façon sans doute arbitraire, on peut ranger dans les remaniements nécessités par l'usure des termes (étant entendu que bien d'autres motifs les justifient) l'introduction de la deuxième topique, constituée des trois instances, ça, moi et surmoi (*le Moi et le Ça* [*Das Ich und das Es*], 1923), les nouvelles considérations sur l'angoisse, comme signal de danger (*Inhibition, symptôme et angoisse* [*Hemmung, Symptom und Angst*], 1926), le dernier texte, enfin, inachevé, *le Clivage du moi dans le processus de défense* (*Die Ichspaltung im Abwehrvorgang*, 1938). Dans ce texte, Freud annonce que, malgré les apparences, ce qu'il va dire, en reprenant l'observation de l'article de 1927 sur le fétichisme, est, là encore, tout à fait nouveau. Et, en effet, les formulations qui y sont proposées se présentent bien comme l'amorce d'un remodelage de l'ensemble de l'économie de sa doctrine.

Deux textes ont un statut apparemment un peu particulier dans l'œuvre de Freud. Ce sont *l'Avenir d'une illusion* (*Die Zukunft einer Illusion*), publié en 1927, qui examine la question de la religion, et le *Malaise dans la civilisation* (*Das Unbehagen in der Kultur*, 1929), consacré au problème du bonheur considéré par Freud comme inatteignable et aux exigences exorbitantes de l'organisation sociale envers le sujet humain.

Il s'agit bien en effet de la considération de phénomènes sociaux à la lumière de l'expérience psychanalytique. En réalité, comme toujours chez Freud, l'angle choisi pour traiter quelque question que ce soit lui sert avant tout à apporter des précisions ou des mises au point sur des aspects importants de l'expérience. Ce sont, dans *l'Avenir*, la question du père et celle de Dieu comme son corollaire ; dans le *Malaise*, la méchanceté fondamentale de l'être humain et la constatation paradoxale que plus le sujet satisfait aux impératifs moraux, ceux du surmoi, plus celui-ci se montre exigeant.

C. D.

BIBLIOGRAPHIE
Jones, E., 1958-1963, *la Vie et l'œuvre de Sigmund Freud* (nouv. éd. 1978-1979), 3 vol., Paris, P.U.F.
Mannoni, O., 1968, *Freud,* Paris, Éditions du Seuil.
Robert, M., 1964, *la Révolution psychanalytique. La vie et l'œuvre de Freud,* Paris, Payot.

frigidité

n.f. (angl. Frigidity)

Impossibilité pour une femme d'éprouver une jouissance normale au cours des rapports sexuels.

Dans certains cas, la frigidité est totale, se caractérisant par l'absence de désir et de plaisir sexuels. C'est l'anaphrodisie, le trouble à la fois le plus profond et le mieux accepté par la femme, qui consulte rarement pour cette insuffisance complète. En revanche, elle le fera souvent pour les frigidités partielles, où le plaisir sexuel existe, mais reste incomplet. Il s'agit alors de rareté ou d'absence d'orgasme dans les relations sexuelles qui restent satisfaisantes dans la période précédant cette jouissance terminale. Elle le fera également dans les cas de frigidité douloureuse, ou dyspareunie, dont une forme fréquente est représentée par le vaginisme*.

On distingue, suivant leur date d'apparition, des frigidités primaires et secondaires. Les premières apparaissent dès les premiers rapports sexuels. Fréquente chez la jeune mariée, la frigidité primaire cède souvent spontanément lorsque le couple a acquis une certaine aisance dans la vie commune intime. La frigidité secondaire survient, elle, après une longue période de vie sexuelle satisfaisante. À son origine on peut trouver une cause organique (maladie générale endocrinienne ou neurologique, ou maladies locales, utérines, vaginales, vulvaires, périnéales, etc.). Mais plus souvent, la cause est affective (conflit avec le partenaire, adultère, avortement, troubles névrotiques divers).

Le traitement est d'abord celui de la cause, lorsqu'elle a pu être déterminée. Pour les frigidités d'origine affective, la psychothérapie d'inspiration analytique pourra élucider le conflit sous-jacent, une grande angoisse de castration, une fixation œdipienne au père, des tendances homosexuelles inconscientes. Mais souvent de simples conseils concernant la contraception, le comportement du partenaire peuvent suffire. On utilisera aussi des techniques de rééducation psychosexuelle, comme celles de W. H. Masters et V. E. Johnson, qui permettent, en deux semaines de cure intensive, de guérir ou au moins d'atténuer ce trouble qui affecterait plus de 30% des femmes du monde occidental.

J. P.

Frisch (Karl von)

Éthologiste autrichien (Vienne 1886-Munich 1982).

Il a découvert le «langage des abeilles», montrant comment, par des sortes de «danses» effectuées sur les rayons de miel au sein de la ruche, les ouvrières récolteuses indiquent à leurs congénères la direction, la distance et la qualité d'une source de nourriture à exploiter. Le prix Nobel de médecine lui a été décerné en 1973, avec K. Lorenz et N. Tinbergen. R. C.

Fromm (Erich)

Psychanalyste américain d'origine allemande (Francfort-sur-le-Main 1900-Muralto, Tessin, 1980).

Enseignant, à partir des années 1930, à l'Institut de psychanalyse de Francfort, il s'associe aux recherches de l'école de Francfort, où il rencontre notamment H. Marcuse et T. Adorno. Dès cette époque, il s'attache à concilier K. Marx et S. Freud et essaie d'intégrer les facteurs socio-économiques à l'explication de la névrose. En 1934, après l'accession de Hitler au pouvoir, il émigre aux États-Unis. Il sera bientôt considéré, avec K. Horney, H. S. Sullivan, comme un représentant de la tendance culturaliste de psychanalyse. En 1962, il est nommé professeur de psychiatrie à l'université de New York. L'œuvre de Fromm est une protestation vigoureuse contre les formes les plus diverses de totalitarisme et d'aliénation sociale. Elle oppose la morale d'une «planification humaniste» à l'idéologie du rendement économique et de la consommation. Fromm a notamment publié : *la Peur de la liberté* (1941) ; *Psychanalyse et Religion* (1950) ; *Société aliénée, société saine* (1955) ; *l'Art d'aimer* (1956) ; *Essais sur Freud, Marx et la psychologie* (1971) ; *la Passion de détruire* (1975). R. L.

frontal (syndrome)

(angl. Frontal Syndrom)

Ensemble de troubles provoqués par l'atteinte de la région préfrontale du cerveau.

Il s'agit à la fois de troubles de l'attention rendant difficile l'acquisition de données nouvelles ; de troubles thymiques constituant la classique moria frontale avec humeur expansive, euphorie béate, niaiserie et puérilité du discours ; de troubles de l'activité psychomotrice avec passivité, indifférence, désintérêt, stéréotypies et persévérations ; d'un émoussement de l'autocritique et du sens moral entraînant une désinhibition instinctuelle avec hyperoralité et boulimie*, et parfois attentats à la pudeur et délits à conséquence médicolégale ; et enfin de troubles neurologiques très variés (grasping-reflex* [préhension forcée], troubles de l'équilibre avec ataxie, anosmie*, hypertonie extrapyramidale, déviation conjuguée de la tête et des yeux par atteinte oculo-motrice), et de troubles neurovégétatifs divers, tous ces derniers troubles témoignant d'ailleurs d'une extension postérieure des lésions cérébrales. Celles-ci peuvent être d'ordre tumoral (gliome, méningiome, métastases), vasculaire (ramollissement du territoire de l'artère cérébrale antérieure), traumatique ou surtout dégénératif. Il s'agit alors de la maladie de Pick*, démence présénile dont le début se caractérise par une atteinte localisée à cette région préfrontale. J. P.

frotteurisme

n. m. (angl. Frotteurism)

Anomalie sexuelle caractérisée par la recherche d'un plaisir dans l'acte de toucher et de se frotter contre une personne non consentante.

Classé dans les paraphilies* par le DSM III, le frotteurisme est diagnostiqué quand il est vraiment impulsif, s'accompagnant de fantaisies imaginaires intenses, et se reproduit pendant une période d'au moins six mois. J. P.

frustration

n.f. (angl. Frustration)

GÉNÉR. et ÉTHOL. **État hypothétique d'un individu, animal ou humain, qui, au cours de la poursuite d'un but avec une motivation déterminée, se trouve empêché d'atteindre son but.**

L'étude expérimentale a montré que le premier effet de la frustration est une augmentation de la performance, au moins en ce qui concerne sa vigueur. Mais les effets à plus long terme peuvent être extrêmement variés. J.-F. L. N.

PSYCHAN. **État d'un sujet confronté à l'insatisfaction libidinale pour des raisons externes ou internes.**

Ou bien la frustration, en tant qu'insatisfaction pulsionnelle, est liée à l'absence ou au refus, pour le sujet, d'un objet externe susceptible d'assurer sa satisfaction. Ou bien, inversement, ce refus est le fait du sujet lui-même qui se détourne de l'objet à la suite d'un conflit inconscient, ce qui lui permet de réitérer sa demande. R. L.

fugue

n.f. (angl. Fugue)

Comportement inhabituel et imprévu de fuite du lieu ordinaire de résidence.

Le caractère insolite ou déraisonnable de la fugue, dont il faut expliciter les motivations, révèle souvent l'existence de troubles psychologiques. Il faut différencier la fugue du vagabondage (mode de vie), de l'errance. Les aliénistes ont tenté, dès le XIXe siècle, de rattacher cette conduite aux affections mentales, comme les classiques fugues des épileptiques ou la fugue hystérique, accomplie dans un état second de la personnalité, avec amnésie plus ou moins complète. Actuellement, on distingue les fugues symptômes d'une pathologie neuropsychiatrique, comme la confusion mentale ou la schizophrénie, des comportements impulsifs, dont il faut déterminer la signification. C'est d'abord l'état physique du fugueur (déshydraté, épuisé, confus) et l'étude du déroulement de la fugue qui permettent d'en comprendre la signification. La période précédant la fugue renseigne sur l'existence de préparatifs et le contexte socio-familial (chômage, transplantation, marginalité, conflit relationnel). Le passage du fantasme à la réalisation (passage à l'acte) est parfois impulsif, incoercible ou hésitant. Il s'accompagne parfois de modifications de la conscience. Le récit de la fugue elle-même est souvent vague, ou réticent, et permet quelquefois de retrouver d'autres comportements pathologiques (actes antisociaux, vols pour se nourrir, prostitution, etc.). La fin de la fugue, parfois dictée par la nécessité, peut aussi être fortuite ou suggérée par un tiers. L'état psychologique du sujet à ce moment oriente sur des troubles mentaux sévères (mélancolie, schizophrénie ou déséquilibre psychique) ou sur une pathologie de la personnalité ou réactionnelle qui varie selon l'âge. Chez l'enfant jeune, il faut attendre 6 ou 7 ans pour parler de fugues. Celles-ci sont généralement courtes, l'éloignant du milieu familial (souvent dissocié, ou facteur d'insécurité affective) ou de l'école (école buissonnière). La phobie scolaire est fréquente dès le primaire chez des enfants angoissés par toute séparation d'avec leur mère, ou plus tard, chez les adolescents ; il s'agit alors de symptôme névrotique. Les enfants psychotiques peuvent fuguer sans raison apparente (autistes déambulant) ou, chez les mêmes enfants, la fugue peut révéler la psychose.

Chez l'adolescent, il peut s'agir d'une fuite solitaire face à un conflit familial aigu, mais aussi d'une fuite de soi-même, révélant des difficultés intérieures (troubles de l'identité, recherche d'un groupe d'accueil, refuge dans la marginalité), parfois même d'un état dépressif grave ou d'une schizophrénie débutante. À l'autre extrémité de la vie, le vieillard fugueur est parfois intellectuellement affaibli ; mais la fugue peut aussi révéler la révolte contre des conditions de vie insupportables. Dans certains cas, on peut rapprocher la fugue des conduites asociales comme la disparition de certains adultes pour abandon de foyer, escroquerie à l'assurance, changement d'identité. Les évasions de militaires, de détenus auraient la même signification. Les fugues comportent souvent des complications. La plus grave est l'association fugue-conduite suicidaire. La fugue est donc un signal d'alarme qui doit permettre d'instaurer une prise en charge pour réaménager les conditions socio-familiales, éducatives et psychologiques dans le but de prévenir les récidives du fugueur, en l'aidant à dépasser ses difficultés. Cela nécessite parfois une hospitalisation, surtout quand l'état mental du patient le rend dangereux pour lui-même ou pour autrui. J.-M. C.

fuite des idées

(angl. Flight of Ideas)

Succession rapide des idées et de leur expression verbale, entraînant volubilité et tachyphémie.

Correspondant à l'incapacité d'avoir avec autrui une relation sérieuse, et à l'impossibilité de maintenir son attention et de se concentrer sur un sujet précis, cette accélération pathologique du cours de la pensée est pathognomonique de l'excitation maniaque. J. P.

fuseau neuro-musculaire

(angl. Muscle Spindle)

Récepteur sensoriel (de type mécanorécepteur) du muscle strié squelettique qui informe le système nerveux central de l'état d'allongement de ce muscle lorsque le sujet maintient une position (condition statique) ou de ses variations de longueur (intensité et vitesse) lorsque le sujet effectue un mouvement (condition dynamique).

Les messages issus des fuseaux neuromusculaires sont largement diffusés à différents niveaux du système nerveux central. Intégrés par exemple au niveau médullaire, ils sont responsables du réflexe myotatique ; intégrés au niveau le plus haut (cortical), ils contribuent à la perception consciente du corps (ou somesthésie), à la fois dans ses aspects dynamiques (kinesthésie) et dans ses aspects statiques (statesthésie). J. P. et M. B.

fuseau du sommeil

(angl. Sleep Spindle)

Activité électrophysiologique phasique de fréquence comprise entre 12 et 14 hertz et de durée comprise entre 0,1 et 1,5 seconde.

Les fuseaux sont caractéristiques du stade 2 du sommeil. P. L.

G

g (facteur)

→ général ou g (facteur).

gaba ou GABA

n.m. (angl. GABA)

Abréviation d'acide gamma-aminobutyrique, neuromédiateur inhibiteur le plus abondant dans le système nerveux central.

Le gaba est présent dans 30% des synapses centrales. Synthétisé à partir du L-glutamate grâce à l'action d'une décarboxylase, le gaba participe à la neuromodulation de nombreuses structures cérébrales telles que le noyau caudé, le putamen, la substance noire, l'hippocampe, le thalamus, le cervelet ou la moelle épinière. Sur le plan physiologique, le gaba, libéré dans la fente synaptique, va activer un récepteur et provoquer par son intermédiaire une augmentation de la polarisation membranaire et par conséquent une diminution de la fréquence de décharge du neurone.

Le récepteur au gaba forme, avec le récepteur aux benzodiazépines et un canal chlore, un complexe macromoléculaire qui va subir le jeu des interactions réciproques des agonistes et des antagonistes. Le gaba participe au contrôle de nombreuses fonctions et pourrait être impliqué dans différentes manifestations psychopathologiques. Un déficit en gaba apparaît au cours de la chorée de Huntington, dans la maladie de Parkinson ou dans certaines épilepsies. Une réduction de l'activité gabaergique est également supposée dans la physiopathologie des dépressions. Plusieurs médicaments qui agissent en stimulant le système gaba ont en effet montré leur efficacité dans le traitement de la dépression. Les antidépresseurs classiques, les tricycliques, pourraient même exercer leur effet thérapeutique par l'intermédiaire du système gaba. On comprend, dès lors, l'intérêt des pharmacologues pour ce neuromédiateur et l'effort pour développer de nouveaux médicaments susceptibles de corriger les troubles fonctionnels des synapses gabaergiques. F. H.

Galton (Sir Francis)

Homme de science britannique (Sparkbrook, Birmingham, 1822 - près de Londres 1911).

Il est l'un des plus importants fondateurs de la psychologie différentielle. Cousin de C. Darwin, fortuné, il consacre une large part de son activité à la défense de la théorie de l'évolution en se proposant de montrer que les prévisions qu'elle permet se vérifient. Les travaux sur la psychologie différentielle sont inclus dans cette perspective. La quantification des observations biologiques est considérée par Galton comme une condition nécessaire à leur étude (il fonde avec son disciple K. Pearson un journal consacré à cette étude, *Biometrika*). Il applique ce principe général à l'étude des capacités humaines et utilise avec J. McKeen Cattell les premiers tests. Ces tests sont des épreuves portant sur des processus élémentaires, sensoriels et moteurs ; leur validité à l'égard de critères complexes tels que la réussite universitaire se révélera très faible. Galton postulait que toutes les mesures biologiques devaient se distribuer selon la loi normale, un postulat que le caractère conventionnel des mesures psychologiques prive, au moins dans ce domaine, de signification précise. Galton a été l'inventeur de nombreuses méthodes statistiques couramment employées depuis, notamment en psychologie : étalonnage, régression, corrélation. Il a esquissé les principes de l'analyse factorielle qui sera développée en psychologie dans les directions qu'il avait indiquées par des psychologues britanniques tels que C. Spearman et C. Burt. Ils montreront que son intuition relative à la prééminence d'un facteur général d'intelligence sur des facteurs spécifiques peut constituer une manière heuristique de décrire les différences individuelles dans ce domaine. Galton était persuadé que les facteurs héréditaires jouaient un rôle dominant dans la détermination des différences individuelles. Il a ébauché dans ce domaine des méthodes d'étude du problème hérédité-milieu qui ont été perfectionnées depuis : méthode des jumeaux, étude de pedigrees. Mais il a sous-estimé dans ses travaux l'importance des facteurs de milieu. Cette orientation l'a conduit à défendre des principes eugéniques qui ne sont pas compatibles avec les valeurs attachées aux droits de l'homme dans les démocraties modernes. Il a fondé en 1904 et financé un laboratoire qui devait se consacrer à l'eugénique mais qui, devenu le *Galton Laboratory* de l'université de Londres, a été ultérieurement dirigé par Pearson et R. Fisher dont les contributions aux méthodes statistiques sont indépendantes des orientations générales de Galton. Parmi les ouvrages publiés par Galton, on peut citer : *Hereditary Genius* (1869), *Inquiries into Human Faculty and its Development* (1883), *Natural Inheritance* (1889). M. R.

gamma (boucle)

(angl. Gamma Loop)

Système de réglage de la sensibilité des fuseaux neuromusculaires par modification du niveau de contraction des fibres intrafusales.

Il existe dans la corne antérieure de la moelle épinière une population de motoneurones, appelés *motoneurones gamma*, innervant les fibres des fuseaux neuromusculaires. Ils sont sous le contrôle de nombreuses influences supraspinales. On distingue classiquement les motoneurones gamma dynamiques dont l'excitation accroît la sensibilité à la vitesse d'étirement du muscle et les motoneurones gamma statiques dont l'activation accroît la sensibilité à la longueur statique. On sait que l'activation légère continue des motoneurones gamma est responsable du tonus musculaire. J. P. et M. B.

ganglion nerveux

(angl. Ganglion)

Renflement arrondi situé sur le trajet de certains nerfs, qui renferme des corps cellulaires de neurones dont les axones transmettent l'influx à d'autres éléments nerveux.

On distingue des ganglions végétatifs parasympathiques et sympathiques. Leur organisation générale est constante : chaque ganglion reçoit une fibre viscéromotrice en provenance de la moelle épinière ; chaque fibre a pour médiateur l'acétylcholine et va stimuler un neurone postganglionnaire. Les ganglions sympathiques sont proches de la colonne vertébrale et donnent naissance à une double chaîne, dont les maillons sont réunis par des anastomoses. Les cellules postganglionnaires ont pour médiateur la noradrénaline et vont commander différentes fonctions viscérales (dilatation des pupilles et des bronches, accélération du cœur, modification de la circulation sanguine en faveur des muscles, etc.). Leur mise en jeu dans les circonstances dites de stress prépare à la fuite ou au combat. Dans le cas des ganglions parasympathiques, le neuromédiateur des cellules postganglionnaires est l'acétylcholine. Ces ganglions sont présents soit près des ganglions sympathiques, soit le plus souvent près des viscères ou même dans leur paroi. Ils commandent la constriction des pupilles, des bronches, un ralentissement du cœur, une augmentation des sécrétions digestives et du péristaltisme de l'intestin : ils favorisent la digestion en équilibrant l'action des ganglions sympathiques. Sur les racines postérieures des nerfs rachidiens, il existe de petits ganglions : les ganglions spinaux ou rachidiens, qui contiennent les corps cellulaires des neurones sensitifs qui véhiculent la sensibilité de la peau et des viscères vers la moelle épinière. Les neuromédiateurs des ganglions sensitifs sont nombreux ; parmi ceux-ci, la substance P serait le médiateur impliqué dans la perception des stimulus douloureux. On trouve également des ganglions sur le trajet des nerfs crâniens sensitifs, le trijumeau par exemple (ganglion de Gasser). R. L.

ganglions de la base

(angl. Basal Ganglia)

Ensemble de neurones regroupés en noyaux, situés en profondeur dans les hémisphères cérébraux et dans la partie supérieure du mésencéphale, qui fonctionnent en étroite relation et sont impliqués dans la production des comportements sensori-moteurs (programmation et contrôle).

Sans qu'il existe de consensus, on inclut généralement dans les ganglions de la base le putamen, le noyau caudé, le pallidum, le noyau subthalamique et la substance noire. À chaque noyau des ganglions de la base correspond une pathologie particulière. Chez l'Homme, une dégénérescence importante de la substance noire (→ locus niger) provoque la maladie de Parkinson (trouble du déclenchement du mouvement, rigidité, tremblement de repos), une lésion du putamen et du noyau caudé entraîne une chorée ou danse de Saint-Guy, une lésion unilatérale du noyau subthalamique provoque l'hémiballisme (mouvement brusque, incontrôlé d'une partie du corps). J. P. et M. B.

ganzfeld

n.m.

Champ visuel ne contenant aucun changement brusque de luminance et donc pas de contours. (Ganzfeld est un terme allemand signifiant « champ total ».)

Un ganzfeld peut être réalisé en appliquant une demi-balle de ping-pong devant chaque œil. L'éclairement reçu par la rétine devient alors diffus et aucune forme ne peut être perçue.

L'observateur décrit alors une sorte de brouillard. En peu de temps, toute sensation colorée disparaît et le sujet éprouve une impression de perte de vision. Celle-ci se rétablit dès qu'une variation temporelle de luminance est introduite. C. B.

G.A.P.P.

→ groupe d'aide psychopédagogique.

garantie fiduciaire

(angl. Fiducial Guarantee)

Seuil à partir duquel la probabilité pour qu'un écart entre un paramètre et sa valeur sous l'hypothèse nulle soit « notable » ou « négligeable » est jugée suffisamment élevée pour que l'on décide de qualifier cet écart par l'un ou l'autre de ces adjectifs. M. R.

→ inférence fiduciaire.

GATB (General Aptitude Test Battery)

Batterie de tests, établie à partir des résultats d'analyses factorielles, mise au point par le Service de l'emploi des États-Unis en vue de l'orientation professionnelle des adultes.

Elle permet de déterminer le niveau de réussite d'un sujet par rapport à neuf facteurs et de comparer le profil ainsi obtenu à celui de personnes engagées dans de très nombreuses professions, auxquelles on a préalablement appliqué la batterie afin de disposer de termes de comparaison multiples. M. R.

gaucher, ère

adj. et n. (angl. Left-Handed)

Se dit d'une personne qui manifeste une préférence pour la main gauche dans l'exécution de la majorité des tâches. R. L.

→ latéralité.

gaucherie

n.f. (angl. Left-Handedness, Sinistrality)

Comportement de celui qui utilise habituellement la main gauche comme main principale.

Chez les gauchers, l'hémisphère droit est dominant pour la motricité ; cependant, les études neuropsychologiques montrent qu'environ un quart seulement aurait une représentation du langage dans cet hémisphère. Chez les autres, il existerait une certaine bilatéralité des représentations du langage ou une localisation exclusive à gauche. Les gauchers présenteraient, dans l'ensemble, une moindre spécialisation hémisphérique fonctionnelle que les droitiers. J.-C. R.

→ latéralité.

Gauss (loi de)

STAT. **Synonyme de loi normale.** M. R.

→ normale (loi).

Gayet-Wernicke (maladie de)

(angl. Wernicke's Encephalopathy)

→ Wernicke ou Gayet-Wernicke (maladie de).

gazouillement

n.m. (angl. Babble)

Activité vocale du nourrisson caractérisée par des productions spontanées qui se reproduisent et s'entretiennent sans que le milieu langagier paraisse intervenir. (Syn. gazouillis.)

Le gazouillement contient de nombreux sons sans rapport avec les phonèmes d'aucune langue (gloussements, claquements, croassements, etc.) et aussi tous les phonèmes que le système vocal humain peut produire, dans toutes les langues possibles. E. V.

→ vocalisations préverbales.

gazouillis

n. m. (angl. Babble)

Synonyme de gazouillement. E. V.

général ou g (facteur)

(angl. General Factor ou g)

Facteur commun à toutes les variables incluses dans une analyse factorielle.

Lorsque les corrélations entre tous les tests d'une batterie peuvent s'expliquer en tout ou en partie par une source de variation commune, cette source de variation définie par l'analyse factorielle constitue pour cette batterie un facteur général. Mais ce terme prend souvent, en psychologie différentielle, un sens particulier par référence aux travaux et aux théories de C. Spearman. Ce psychologue, l'un des pionniers de l'analyse factorielle, étudiait des séries de variables qu'il considérait toutes comme des épreuves d'intelligence, séries dans lesquelles il évitait d'introduire plusieurs épreuves de même nature. Les corrélations entre épreuves ainsi choisies pouvaient s'expliquer par un seul facteur général, l'explication des notes obtenues dans chaque test n'exigeant plus que l'introduction dans le modèle d'un facteur spécifique au modèle.

Spearman a interprété ces observations en présentant différentes théories successives de ce facteur général : intelligence*, énergie* mentale, noégenèse. On trouve également un facteur général dans le modèle factoriel hiérarchique et souvent dans les analyses factorielles de second ordre. M. R.

générale (psychologie)

(angl. General Psychology)

Partie de la psychologie qui vise à élaborer des connaissances générales, c'est-à-dire susceptibles de s'appliquer à tout individu.

L'objectif de la psychologie d'orientation scientifique est d'élaborer des connaissances qui aient un degré suffisant de généralité pour pouvoir être ensuite appliquées.

On peut concevoir l'idée d'application de telles connaissances dans la même perspective, et la pensée contemporaine fournit pour cela des schémas généraux clairs. Un exemple d'un tel schéma général, présenté sous sa forme forte, est, pour la psychologie : « Étant donné que tous les individus qui sont des A ont, lorsqu'ils se trouvent dans n'importe quelle condition de type C, l'activité P, alors cet individu-ci, qui est un A, et qui se trouve dans une condition de type C, aura l'activité P » (schéma 1). Ce schéma implique que l'on prenne en considération des individus (les A), des situations et des stimulus, présents ou passés (les conditions C), et des activités (les P).

On peut interpréter « a l'activité P » de différentes façons, selon les choix théoriques qu'on fait par ailleurs. Cette expression peut avoir, en effet, l'un des sens suivants : « présente le comportement B », « a la représentation R », « pense que q » « ressent l'émotion E », « refoule la motivation M », etc. On peut de même donner des interprétations diverses de C et de A : le schéma qui précède (que l'on pourrait aisément réduire à un schéma logique encore plus élémentaire, et considérer comme le squelette d'un système expert) est par lui-même indépendant des choix théoriques en matière de psychologie. Pour cette raison, on peut considérer que tout clinicien l'applique implicitement : le schéma décrit en quelque sorte la logique pratique du psychologue lorsqu'il applique ses connaissances. On peut alors considérer que les divers sous-domaines de la psychologie se distinguent, pour l'essentiel, par l'utilisation qu'ils font des diverses catégories correspondant à A, ou le cas échéant à C.

La psychologie générale est celle qui vise des connaissances concernant au moins tous les humains, ou même, si on y inclut une large part de la psychologie animale, tous les animaux supérieurs. Dans l'étude du conditionnement, par exemple, les A sont ainsi, pratiquement, tous les Mammifères ; dans la psycholinguistique, ce seront, en principe, tous les êtres humains adultes. Si on veut maintenant faire porter cette étude sur les activités intellectuelles des enfants, on préférera le plus souvent sortir de la psychologie générale et se placer dans le cadre de la psychologie du développement, en distinguant des catégories d'individus A1, A2, etc., généralement classés par âge. De même, si l'on s'intéresse à la psychopathologie, on définira, le mieux que l'on pourra, les catégories d'individus à propos desquels on a ou on recherche des connaissances. La détermination de ces catégories nosographiques est aussi, bien entendu, un aspect de cette recherche. Il est également bien clair que la psychologie différentielle a justement parmi ses objectifs essentiels de définir de façon systématique et scientifique la nature de ces catégories d'individus, et la façon dont elles s'emboîtent ou se croisent. Psychologie générale et psychologie différentielle adoptent ainsi deux points de vue complémentaires sur les mêmes faits psychologiques : la première en négligeant un certain nombre de différences interindividuelles, la seconde en les mettant au centre de son étude. D'une autre façon, si l'on veut étudier les phénomènes relevant de la psychologie sociale, de la psychologie du travail ou de la psychologie de l'éducation, ce sont les catégories de situations étudiées, qui correspondent à C dans le schéma, que l'on modifiera.

On voit que, dans cette optique, la complémentarité entre les différents sous-domaines de la psychologie peut être conceptualisée dans un schéma clair. Il reste ensuite à la recherche empirique, appuyée sur les techniques d'induction, notamment statistique, à déterminer lesquelles, parmi les connaissances recueillies, sont suffisamment générales pour pouvoir être dites « valides pour tout individu et pour toute situation (de type S) ». Ce sont celles-là qui définissent, a posteriori plutôt qu'a priori, le champ de la psychologie générale.

Toutefois, il n'est pas absolument indispensable d'utiliser le schéma général sous la forme forte telle qu'elle a été définie précédemment. On peut même trouver cela impossible ou déraisonnable.

Une forme faible du même schéma consiste à remplacer, dans le schéma 1, « tous » ou « n'importe quel » par « la plupart ». On obtient alors un schéma faible de généralisation : « Étant donné que la plupart des individus qui sont des A ont, lorsqu'ils se trouvent dans la plupart des conditions de type C, l'activité P, alors cet individu-ci, qui est un A, et qui se trouve dans une condition de type C, aura probablement l'activité P » (schéma 2).

Les difficultés logiques qui naissent de l'application d'un tel schéma faible sont bien connues : elles concernent les cas qui constituent des exceptions à la règle générale — en matière d'individus ou de conditions, ou des deux. Cela limite la portée de ce schéma.

D'un autre côté, les difficultés à établir des régularités de type du schéma 1 ne sont pas moindres. Prises ensemble, ces deux sortes de difficultés permettent de comprendre pourquoi la psychologie, générale ou non, n'est pas une science exacte. J.-F. L. N.

→ différentielle (psychologie), généralisation, psychologie.

BIBLIOGRAPHIE

Droz, R., Richelle, M., et alii, 1976, *Manuel de psychologie*, Bruxelles, Mardaga.

Lieury, A., 1990, *Manuel de psychologie générale*, Paris, Bordas-Dunod.

Reuchlin, M., 1977, nouv. éd. 1988, *Psychologie*, Paris, P.U.F.

généralisabilité

n.f. (angl. Generalisability)

Propriété que peuvent avoir des observations (notes dans un test, par exemple) faites dans certaines conditions de se répéter plus ou moins fidèlement lorsque certaines de ces conditions ont changé.

DIFFÉR. La notion a été développée en psychométrie par L. J. Cronbach. Une observation étant faite dans certaines conditions, on peut se demander dans quelle mesure elle est généralisable à un certain ensemble de conditions constituant une catégorie. (→ facette.) Par exemple, une note étant attribuée par un professeur à un devoir présenté par un élève, on peut se demander dans quelle mesure elle est généralisable aux notes que donnerait ce professeur s'il corrigeait plusieurs fois ce devoir, ou s'il corrigeait plusieurs devoirs différents de ce même élève, ou aux notes qui seraient observées si ce devoir était corrigé par plusieurs professeurs différents, etc. Chacune de ces questions évoque un univers de généralisation. On voit que la notion de généralisation intègre et généralise les différentes conceptions de la fidélité. La détermination du degré de généralisabilité utilise les méthodes de l'analyse de la variance. M. R.

→ fidélité.

BIBLIOGRAPHIE

Cronbach, L.J., Gleser, G.C., Nanda, H., et Rajaratnam, N., 1972, *The Dependability of Behavior Measurements*, New York, Wiley.

généralisation

n.f. (angl. Generalization)

GÉNÉR. **Processus consistant à étendre le champ d'application d'une conduite ou d'un concept à de nouveaux objets ou situations, et connaissance qui résulte de ce processus.**

Les études les plus caractéristiques concernent la catégorisation et l'acquisition de schémas. La généralisation repose ici sur l'abstraction de propriétés communes aux exemplaires rencontrés. Celle-ci peut résulter soit de processus « ascendants » de traitement automatique des informations perçues et mémorisées avec la même étiquette, soit de processus « descendants » de traitement dirigé par l'élaboration et le test d'hypothèses. Les résultats usuels du premier type de traitement sont les prototypes et les schémas généralisés.

On peut distinguer plusieurs formes de généralisation des connaissances : intégration de nouveaux exemplaires sous un concept (nouveaux arguments d'un prédicat), changement de quantificateur d'un énoncé lui-même inchangé (« quelques X sont Y » devient « tous les X sont Y »), constitution d'un nouvel énoncé.

Dans ce dernier cas, une modification typique consiste en un remplacement d'une « constante » par une « variable » (par exemple, dans l'algorithme de l'addition, remplacer les règles du type « additionner les chiffres de la 2e colonne [ou « 3e colonne »] par la règle « additionner les chiffres de la colonne suivante à gauche »). La généralisation fait appel à de nombreuses formes d'inférence, notamment l'induction et la déduction. On appelle *généralisation conceptuelle* le fait que l'élaboration d'un concept inclut nécessairement la possibilité d'appliquer ce concept à une multiplicité d'objets et par conséquent à une classe d'éléments. C'est dans ce sens qu'on emploie le plus fréquemment le terme de généralisation.

RÉFLEX. **Dans le conditionnement pavlovien, capacité acquise par les stimulus de déclencher une réaction conditionnelle en vertu de leur similitude avec le stimulus conditionnel alors qu'ils ne lui ont jamais été associés.**

On appelle *généralisation perceptive* un phénomène assez voisin de celui de généralisation du stimulus, mais dans lequel sont impliqués des couples de stimulus comportant une relation perceptive, en général un contraste, qui demeure constante.

On appelle *généralisation secondaire* une généralisation du stimulus, parfois interprétée comme une généralisation médiate, qui s'exerce en fonction d'une similarité acquise et non intrinsèque (physique). La forme la plus caractéristique de la généralisation secondaire est la généralisation sémantique.

On appelle *généralisation sémantique* une forme de généralisation du stimulus, dans laquelle les stimulus sont des unités significatives et la relation de similitude est de nature sémantique. J.-F. L. N. et C. G.

→ conditionnement, renforcement, réponse.

généralité

n.f. (angl. Generality)

Propriété d'un concept, d'une loi, etc., qui indique l'extension de l'ensemble d'objets ou de faits concernés.

À l'intérieur d'un même domaine conceptuel, et pour des ensembles soumis à la relation logique d'inclusion, on peut déterminer de façon rigoureuse la généralité relative des concepts en comparant les grandeurs des ensembles qu'ils recouvrent (c'est-à-dire de leurs extensions). Ainsi, la généralité de « animal » est plus grande que celle de « chien » parce que tous les chiens sont aussi des animaux — le sous-ensemble des chiens est inclus dans l'ensemble des animaux ; la généralité de « chien » est plus grande que celle de « setter » parce que tous les setters sont aussi des chiens ; etc.

On peut ainsi déterminer une hiérarchie des concepts, et mettre en œuvre à ce propos une échelle de généralité (ou de généralité/spécificité). Celle-ci comportera un petit nombre d'échelons bien ordonnés sur le domaine conceptuel concerné. Les domaines ou sous-domaines zoologiques, botaniques, etc., se prêtent particulièrement bien à cette détermination. Il est beaucoup plus difficile de trouver d'autres domaines conceptuels et linguistiques qui s'y prêtent également bien ; le plus souvent, on doit se contenter de trois, voire de deux niveaux de généralité.

Toutefois, il est également possible d'établir, bien que ce soit de façon moins rigoureuse, des échelles de généralité qui traversent les domaines conceptuels. Pour cela, on demandera à un large échantillon de sujets de fournir des jugements subjectifs (par exemple, sur une échelle en 7 points) à propos de mots, et des concepts correspondants. On établira ensuite une moyenne inter-sujets de ces jugements. Les résultats ainsi obtenus sont relativement stables. Ils sont des prédicteurs raisonnablement bons de diverses activités.

Le degré de généralité d'un concept est logiquement lié à son degré d'abstraction. Les études empiriques font aussi apparaître qu'il existe une corrélation entre les deux sortes d'échelle. On observe souvent une plus grande difficulté cognitive de la part des sujets à traiter les concepts les plus généraux, mais la relation ainsi observée n'a pas de caractère simple. J.-F. L. N.

→ abstraction, niveau, typicalité.

génétique (psychiatrie)

(angl. Genetic Psychiatry)

Domaine de la psychiatrie consacré à la recherche de facteurs étiologiques héréditaires des maladies mentales.

Les premières études ont d'abord été d'épidémiologie familiale, en étant fondées sur l'analyse quantitative de la distribution d'un caractère morbide (phénotype) au sein d'une ou plusieurs familles. Elles se sont orientées vers la méthode des jumeaux*, qui permet d'évaluer l'indice de détermination génétique dans une affection mentale donnée. Les jumeaux monozygotes possèdent un génotype commun, alors que les jumeaux hétérozygotes ne partagent que la moitié de leur patrimoine génotypique (comme des frères et sœurs dans une fratrie ordinaire).

Ces deux types de jumeaux se développant généralement dans le même milieu, la méthode gémellaire consiste donc à comparer les taux de concordance pour un trait pathologique entre les jumeaux mono- et dizygotiques. La méthode des enfants adoptés permettra, elle, de faire la part entre « hérédité biologique » et « hérédité environnementale ». Actuellement, on est passé de cette approche épidémiologique à des méthodes qui permettent, grâce aux progrès de la génétique moléculaire, d'étudier directement des localisations précises sur les chromosomes. La méthode du linkage chromosomique permet de « tester au moyen de gènes marqueurs l'hypothèse plus spécifique d'une hérédité liée à un chromosome donné » (J. Mendlewicz).

Ces différentes études ont porté essentiellement sur la psychose maniaco-dépressive et la schizophrénie. Seule la première de ces affections aurait une étiologie héréditaire à peu près certaine (au moins au niveau de la prédisposition). Mais « le gène de chaque famille de psychose maniaco-dépressive n'est pas dominant, n'a pas de pénétrance totale. Le rôle de l'environnement est fondamental : les expériences de la prime enfance, la part jouée par le psychosocial, la théorie psychothérapique et psychanalytique ne sont pas incompatibles avec ce que nous explorons », disait au congrès d'Athènes (octobre 1989) Mendlewicz, un spécialiste des recherches génétiques en psychiatrie. J. P.

génétique (psychologie)

(angl. Genetic Psychology)

Psychologie qui étudie la genèse des conduites et des systèmes qui les structurent.

La psychologie génétique doit être comprise comme une psychologie du développement et elle ne spécifie pas son objet d'étude dans l'influence du génome, bien que l'hérédité des conduites fasse naturellement partie de ses domaines d'exploration.

Ayant à suivre et à expliquer une évolution au cours du temps, la psychologie génétique se représente la succession des changements qui affectent l'individu comme un ordre logique, reflétant un processus d'ontogenèse, c'est-à-dire comme la construction progressive d'un état stable. Elle fonde son heuristique sur le choix de l'âge comme variable indépendante, composite certes, mais irréductible à toute autre. L'âge peut être diversement compté et caractérisé : on utilise des échelles différentes selon qu'il s'agit d'âge gestationnel, maturationnel, postural, mental, etc., mais ces échelles ont toutes une correspondance avec l'échelle des âges chronologiques, qui forme une référence commune.

La psychologie génétique admet par hypothèse que chaque âge chronologique est porteur de répertoires ou d'organisations spécifiques qui résultent nécessairement de ceux qui les ont précédés et qui préparent ceux qui leur succéderont. La succession temporelle ne représente donc pour elle que le support d'une diachronie*. D'où ses méthodes, qui consistent en des comparaisons d'âges, soit en suivant le ou les mêmes individus (méthode longitudinale), soit en suivant des individus différents mais issus d'un ensemble parent homogène (méthode transversale). Son objectif la contraint à des allers et retours incessants d'un âge à l'autre, c'est-à-dire entre la caractérisation d'un état présent et, d'une part, la détection des éléments ou organisations qui ont gouverné son apparition, de l'autre celle des constituants qui portent en germe une transformation future. La psychologie génétique aborde la dimension temporelle soit directement, chronologiquement, soit de façon récurrente. Les notions de prérequis, de préfiguration, de filiation soulignent ce trait caractéristique.

La psychologie génétique offre plusieurs modèles d'ontogenèse : les modèles longtemps dominants sont ceux d'une suite d'étapes hiérarchisées, proposés notamment par J. M. Baldwin, S. Freud, H. Wallon et J. Piaget. Ils ont encouru le reproche d'insister sur des discontinuités plutôt que de rendre compte d'un processus que l'intuition du sens commun voit nécessairement continu. Les modèles continus n'ont pas atteint à une généralité comparable et admettent des conceptions diverses de la continuité, soit selon les domaines de comportement, soit selon les âges.

La psychologie génétique obéit, par ses méthodes et son objectif, aux mêmes principes que la biologie et les sciences de la phylogenèse. S'il est vrai que « l'induction du génome » (Gottlieb) pèse de moins en moins lourd au fur et à mesure qu'on s'élève dans l'évolution, elle constitue le prolongement de ces disciplines. Elle propose toujours une explication de l'état stable, et, à ce titre, elle est aussi une psychologie générale. Traditionnellement, elle avait appliqué ses méthodes et analyses aux périodes de la vie caractérisées par un rythme de changements soutenu, c'est-à-dire à l'enfance, et elle trouvait dans l'adulte l'état stable de référence. Aujourd'hui, son extension à la durée totale de la vie, du fœtus au vieillard, implique une conception relativiste de la stabilité, considérée elle-même comme transitoire. H. B.

BIBLIOGRAPHIE

Bideau, J., Richelle, M., 1985, *Psychologie développementale*, Bruxelles, Mardaga.

Vasta, R., 1979, *Studying Children. An Introduction to Research Methods*, San Francisco, W. Freeman.

génétique du comportement (analyse)

(angl. Behavioral Genetics)

DIFFÉR. **Étude qui a pour objet l'analyse des associations (éventuellement interprétées en termes d'influences causales) entre les différences de milieu, les différences génétiques et les différences individuelles de performance dans des tests ou dans toute autre tâche.**

Lorsque la génétique du comportement prend des Animaux comme sujets, elle dispose d'un grand nombre de méthodes expérimentales. On peut dans ce cas apparier systématiquement les géniteurs en fonction des besoins de l'expérience. Par exemple, des Rats apprenant à parcourir un labyrinthe se différencient quant au nombre d'erreurs (engagements dans une impasse) qu'ils commettent encore après un certain nombre d'essais. Si l'on croise systématiquement au cours de plusieurs générations successives les Animaux faisant le moins d'erreurs, d'une part, et les Animaux faisant le plus d'erreurs, d'autre part, on obtient deux lignées dont la première réussit l'épreuve sans erreur dès les premiers essais, alors que l'autre continue à faire un grand nombre d'erreurs après de nombreux essais (méthode de *sélection artificielle* ou *directionnelle*). On peut également, sur l'Animal, faire varier les conditions de milieu à des fins expérimentales. Des Rats élevés en milieu « enrichi » (c'est-à-dire en groupe, dans des cages offrant différentes possibilités de déplacement et d'exercice) parviennent dans une épreuve de comparaison à des performances moyennes supérieures à celles qu'atteignent des Rats de la même lignée élevés dans un milieu « pauvre ». On peut encore, pour séparer les effets du patrimoine génétique de ceux du milieu intra-utérin, transplanter un œuf fécondé d'une femelle à une autre.

Les résultats de ces expériences sur l'Animal ne peuvent être directement généralisés à l'Homme. Mais les recherches sur l'Homme ne peuvent évidemment utiliser la méthode expérimentale. On doit se contenter d'observations pratiquées dans les conditions habituelles de vie, ce qui interdit certains contrôles et certaines analyses. L'une des méthodes les plus simples en apparence consiste à choisir un sujet présentant le caractère que l'on veut étudier (« cas index »), par exemple un certain trouble de la conduite ou un talent musical exceptionnel, et à rechercher si ses ascendants ou ses collatéraux présentent ce caractère plus fréquemment qu'il ne s'observe dans la population générale. En fait, cette méthode (méthode des pedigrees) se heurte à certaines difficultés : recherche et observation des ascendants et collatéraux, séparation des effets génétiques et des effets attribuables aux conditions de vie communes à tous les membres de la famille.

Une autre méthode utilise les enfants adoptés. Le développement moyen d'enfants nés dans un milieu défavorisé mais adoptés par une famille favorisée est très supérieur au développement moyen de leurs frères ou sœurs restés dans leur milieu d'origine. Au lieu de porter sur des moyennes de groupes, la méthode peut utiliser un traitement statistique des écarts individuels à la moyenne du groupe. En principe, la corrélation entre (par exemple) le Q.I. des enfants adoptés et le Q.I. ou le niveau culturel des parents adoptifs traduit un effet du milieu : alors que la corrélation entre le Q.I. de ces enfants et le Q.I. de leur mère biologique traduit un effet de la communauté génétique partielle entre la mère et son enfant. Cependant, plusieurs réserves doivent être faites quant à l'interprétation de ces résultats : les effets du milieu intra-utérin ne peuvent être séparés des effets du patrimoine génétique ; il en est de même pour les conditions dans lesquelles la naissance s'est effectuée, pour les conditions de vie de l'enfant entre la naissance et l'adoption ; le placement peut être en partie « sélectif », ce qui se manifeste par une corrélation entre le Q.I. des parents biologiques et celui des parents adoptifs.

Une autre méthode encore est celle des jumeaux. On sait qu'il existe deux catégories de jumeaux : les monozygotes (MZ) qui, issus d'un seul œuf fécondé par un seul spermatozoïde, ont tous deux exactement le même patrimoine génétique ; les dizygotes (DZ) qui, issus d'œufs différents, ont le même degré de communauté génétique (50% en moyenne) que des frères et sœurs nés à des dates différentes. On dispose de moyens biologiques permettant de distinguer ces deux catégories de jumeaux. Si, pour un caractère déterminé, le Q.I. par exemple, la ressemblance (mesurée par un coefficient de corrélation intraclasse) est plus grande au sein des couples de MZ qu'au sein des couples de DZ, on peut attribuer le fait (qui s'observe très régulièrement) à la communauté génétique plus élevée chez les premiers, à condition que les effets du milieu soient comparables pour les deux catégories.

Il existe enfin des méthodes d'analyse mathématique et statistique qui utilisent conjointement des observations de différents types, recueillies sur des enfants adoptés, sur des jumeaux, et aussi sur des parents plus ou moins éloignés. Ces observations servent ici à mettre à l'épreuve un modèle formalisant un ensemble d'hypothèses sur les sources de variation (génétiques et de milieu) susceptibles de rendre compte des corrélations observées au sein des données. Il s'agit de modèles de « pistes causales », utilisant un système d'« équations structurales ». L'avantage de ces méthodes très sophistiquées réside dans le fait qu'elles permettent de pallier d'une certaine façon les difficultés d'analyse expérimentale chez l'Homme.

Ces derniers modèles ont également contribué à mettre en évidence la naïveté des questions portant sur le pourcentage des différences individuelles attribuables au milieu ou à l'hérédité. En fait, ces deux catégories de facteurs sont intriquées dans un réseau de relations et d'interactions dont la complexité ne permet pas d'attacher un sens à la question ainsi posée. On peut cependant affirmer que des facteurs génétiques et, parmi eux, des facteurs héréditaires (car toutes les caractéristiques du patrimoine génétique d'un individu ne sont pas héréditaires) sont parmi ceux qui interviennent dans ce réseau. M. R.

BIBLIOGRAPHIE

Larmat, J., 1973, *la Génétique de l'intelligence,* Paris, P.U.F.

Reuchlin, M., et Bacher, F., 1989, *les Différences individuelles dans le développement cognitif,* Paris, P.U.F.

génétique comportementale

(angl. Behaviour Genetics)

ÉTHOL. **Étude du rôle des facteurs génétiques d'une part dans la réalisation phénotypique d'un individu (humain ou animal), au plan de son comportement et, par extension, de ses compétences psychologiques; d'autre part dans la diversification comportementale et psychologique, au sein d'une population.**

Ce domaine de recherche, né d'une convergence de préoccupations communes à la psychologie générale et différentielle, à la psychologie animale et à l'éthologie, aux sciences de l'évolution (écologie et génétique des populations surtout), est passablement complexe.

Outre les difficultés méthodologiques liées à l'appréhension et à la mesure de caractères phénotypiques parfois difficiles à circonscrire, la génétique comportementale se heurte à de sérieux obstacles.

La génétique des caractères à variation continue (ou caractères quantitatifs), dont elle est très largement tributaire, se fonde toujours sur des modèles biométriques globaux, sans rapport direct avec les acquis de la génétique moléculaire actuelle, à l'échelon du gène ou de ses sous-unités. En outre, ces modèles reposent sur des postulats dont certains ne sont plus acceptables, notamment la *panmixie* ou rencontre purement aléatoire entre des partenaires sexuels potentiels.

Les deux problématiques énoncées dans la définition ci-dessus ne sont pas toujours clairement distinguées en ce qui concerne la part respective des facteurs génétiques et des influences du milieu de vie. Comme le soulignait déjà D. O. Hebb (1953), cette question est dépourvue de sens pour ce qui est de la réalisation d'un phénotype individuel: dans ce cas de figure, il y a coaction multiplicative (et non additive) des deux ordres de facteurs, qui ont l'un et l'autre statut de conditions nécessaires. En revanche, une décomposition additive des sources génétiques et épigénétiques de la variation interindividuelle est licite, en première approche. Mais nombreux sont les cas où une interaction statistique (génome *x* milieu) vient se surajouter aux contributions additives des facteurs génétiques et des facteurs de l'environnement: une différence d'ordre génétique (entre deux individus ou deux lignées consanguines) va se manifester, à des degrés très divers, selon les conditions du développement.

La distinction entre sources d'influence génétiques et épigénétiques précoces n'est pas toujours aisée à faire; on risque en effet d'attribuer indûment au génome des effets liés soit au cytoplasme de l'ovule (A.D.N. mitochondrial), soit du milieu prénatal où s'accomplit le développement embryonnaire, ou à des influences parentales postnatales. C'est surtout l'expérimentation animale qui permet de mettre au jour et de dissocier de tels effets (comparaison entre hybrides réciproques, transplantation d'ovaires, adoptions croisées); même si, par ailleurs, l'étude fine des effets de l'adoption sur le développement psychologique des enfants humains demeure une approche enrichissante.

On ne saurait achever ce survol d'un domaine de recherche en pleine expansion sans mentionner au moins une problématique ambitieuse, mais spécialement passionnante: celle d'un impact éventuel de la variation de certains caractères liés au comportement ou aux activités psychologiques sur l'évolution des espèces animales. Parmi les aspects les plus suggestifs, on peut citer les travaux tendant à montrer que les variations comportementales sont susceptibles de contribuer au maintien, dans les populations animales, d'une réserve de variabilité génétique; celle-ci serait indispensable pour faire face à des fluctuations importantes de l'environnement. Au nombre de ces mécanismes figure notamment la vigueur des hybrides (intraspécifiques), ou hétérosis, qui pourrait conférer une valeur adaptative accrue aux individus issus de parents génétiquement différents. De tels effets d'hétérosis ont pu être établis pour des caractères d'ordre psychologique ou éthologique: réactivité émotionnelle, crainte de ce qui est nouveau, vigueur sexuelle des mâles. J. M.

→ évolution, valeur sélective.

BIBLIOGRAPHIE

Médioni, J., et Vaysse, G., 1984, *la Transmission des comportements*. La recherche, 15(155), 698-712.

Vaysse, G., et Médioni, J., 1982, *l'Emprise des gènes*, Toulouse, Privat, coll. Bios.

géniculé (faisceau)

(angl. Geniculated Tract)

Faisceau des fibres motrices cortico-nucléaires unissant le cortex frontal moteur aux noyaux bulbo-protubérantiels des nerfs crâniens.

Son atteinte (le plus souvent d'origine artériopathique) se manifeste par un syndrome pseudobulbaire où la motilité automatique est conservée alors que la motricité élémentaire est très perturbée. J. P.

génogramme

n.m. (angl. Genogram)

Représentation graphique d'une constellation familiale sur plusieurs niveaux de générations.

C'est M. Bowen qui, le premier, dans le cadre des thérapies familiales systémiques, a mis au point cette représentation des informations reçues d'une famille à traiter. D'usage devenu très fréquent chez les thérapeutes familiaux, le génogramme est certainement un bon moyen de rassembler dans une figuration graphique tous les éléments recueillis durant les premiers entretiens familiaux, et de repérer les schémas transgénérationnels de fonctionnement de la famille. Il a été particulièrement bien systématisé par M. McGoldrick et R. Gerson. J. P.

génotype

n.m. (angl. Genotype)

ÉTHOL. **Combinaison singulière de l'ensemble des gènes contenus dans l'A.D.N. nucléaire d'un individu.**

La reproduction sexuée produit un génotype unique pour chaque individu, sauf dans le cas des vrais jumeaux. Dans le domaine comportemental, en raison des multiples influences épigénétiques, un même génotype peut conduire à des phénotypes différents. R. C.

→ génétique comportementale, ontogenèse, phénotype.

genouillés (corps)

(angl. Geniculate Bodies)

Masses arrondies situées à la partie postérieure du thalamus et formant le métathalamus.

Les corps genouillés médians (ou internes) et les corps genouillés latéraux (ou externes) sont respectivement des relais auditifs et visuels. G. S.

géon

n.m. (angl. Geon)

Entité hypothétique qui interviendrait dans la construction d'une représentation. C. B.

→ perception.

géophagie

n.f. (angl. Geophagia)

Perversion du goût alimentaire conduisant un sujet généralement psychotique ou arriéré profond à manger de la terre ou de l'argile. (→ pica). J. P.

gérontologie

n.f. (angl. Gerontology)

Science qui vise à expliciter les mécanismes du vieillissement. H. B.

gérontopsychiatrie

n.f. (angl. Gerontopsychiatry)

Discipline médicale traitant des troubles mentaux liés à l'âge.

Le vieillissement de la population, accru de nos jours, a rendu nécessaires des recherches récentes, dont bénéficie la gérontopsychiatrie, sur des troubles aussi divers que ceux dus à un amoindrissement des facultés sensorielles (vision, audition) ou psychomotrices, à des difficultés de mémorisation ou à des problèmes liés aux conditions de vie (la sédentarité, par exemple). La gérontopsychiatrie concerne également l'évolution avec l'âge de maladies mentales que le sujet aurait présentées antérieurement. Elle s'attache à traiter ces troubles ou à ralentir leur progression par des prescriptions médicamenteuses adaptées à l'âge et à l'état présent du patient ou par des méthodes psychologiques. M. A.

Gesell (Arnold Lucius)

Psychologue et pédiatre américain (Alma, Wisconsin, 1880-New Haven, Connecticut, 1961).

Il devient d'abord instituteur, puis directeur d'école, avant d'entreprendre des études universitaires de psychologie et de préparer un doctorat de philosophie (PhD) sous la direction de S. Hall (1906). Il complète sa formation par des études de médecine. Nommé dans la chaire d'hygiène de l'enfant, à l'université Yale où se déroule toute sa carrière professionnelle, il y fonde la « clinique du développement de l'enfant », où de nombreux jeunes cliniciens et chercheurs viendront découvrir ses idées et ses méthodes nouvelles d'étude du développement.

Dès le début de ses recherches, Gesell se refuse à séparer le développement psychique de la croissance organique : « l'enfant marche avec son esprit dans la même voie qu'avec son corps par un processus de développement », écrira-t-il dans sa préface à *l'Embryologie du comportement* (1945). Ce processus commun de développement consiste en une morphogenèse : de l'embryon à l'adolescent, la création de formes dans les molécules, dans l'anatomie des organes, dans les réactions de tout l'organisme est continue. L'approche de cette continuité demande une coopération pluridisciplinaire, avec une attention particulière au comportement qui la révèle chez tous les êtres vivants. Parce que l'enfant ne représente pas seulement l'avenir, mais qu'il est aussi « le terme d'un long passé », l'étude des animaux importe à la connaissance du développement humain. On trouve là la trace des théories darwinistes, l'influence de Coghill (la loi de progression céphalo-caudale*, que Coghill énonce en 1929, résulte de ses études des Amblystomes) qui fut un des maîtres de Gesell.

S'intéresser au comportement signifie d'abord étudier le mouvement. Il n'existe pas, pour Gesell, d'état psychique qui ne s'exprime à travers une tension du corps, des ajustements ou réajustements posturaux. Cela justifie une méthode d'observation filmique, permettant de saisir un dynamisme et de fixer les changements, méthode dont Gesell sera le promoteur.

C'est à Gesell qu'on doit d'avoir étendu l'étude du développement à la période fœtale : avec des moyens d'investigation fort limités, il s'attache à montrer que les mouvements du fœtus (rythme cardiaque, respiratoire, postures) ressemblent à ceux du nouveau-né, qu'il décrit comme « un fœtus externe ». Toutes les réactions qui se construisent ensuite chez le nourrisson et l'enfant viennent de ces « actes créateurs de croissance », auxquels elles sont unies par un principe de continuité hiérarchique.

Ce principe ressortit à une théorie électrodynamique de la vie, qui explique l'interaction réciproque des champs de forces environnants et de la fonction créatrice du système nerveux, et compose les relations comportementales évolutives d'organisation. La théorie de Gesell, en dépit de cette interaction, sera dite maturationniste parce qu'il s'attache plus à décrire les structurations de la croissance qu'à explorer les effets de champs particuliers auxquels l'enfant est soumis. Pourtant, ses derniers ouvrages accorderont une grande place au milieu façonné par l'Homme (Gesell en collaboration avec Ilg : *le Jeune Enfant dans la civilisation moderne*, trad. fr. 1949), mais pour y retrouver l'histoire naturelle du développement. Toutefois, Gesell conviendra toujours que la nature « abhorre l'identité » et que le développement individuel représente une variation distincte, mais dépendante du type de l'espèce. H. B.

Gesell (inventaire ou échelle de développement de)

(angl. Gesell Developmental Schedules)

Inventaire de développement mis au point par A. L. Gesell, qui s'applique aux enfants de 4 semaines à 60 mois et concerne les domaines moteur, verbal, d'adaptation et personnel-social.

Son application et sa notation sont en partie cliniques. Il permet cependant de calculer un quotient de développement (Q.D.) pour chacun des domaines qu'il explore. M. R.

gestalt ou Gestalt

n.f. (allem. Gestalt)

Forme perçue comme constituant un tout. H. B.

gestalthéorie

n.f. (angl. Gestalttheory)

Théorie psychologique qui a particulièrement mis l'accent sur les aspects de configuration et plus généralement de totalité dans la vie psychologique. (Syn. gestaltisme.)

La gestalthéorie ou théorie de la forme, a mis en valeur les éléments de configuration et de prééminence de la totalité sur les parties dans le domaine de la *perception*. La gestalthéorie est née en Allemagne au début du XXe siècle, en réaction contre l'associationnisme du XIXe siècle. Les théoriciens les plus connus de la forme sont M. Wertheimer, W. Köhler et K. Koffka. Cette théorie repose sur quelques grandes idées.

NOTION DE FORME. Il n'existe pas d'expérience phénoménale qui n'ait une forme. On perçoit directement des touts organisés, délimités en unités individuelles qui se détachent sur un fond, et qui ont une forme, ce qui n'est pas le cas du fond.

SENSATION ET PERCEPTION. Les excitations sensorielles sont des intermédiaires indispensables entre les flux énergétiques (lumière, ondes sonores, etc.) venus de l'environnement et l'expérience perceptive. Mais aucune correspondance terme à terme n'existe entre les propriétés du percept et celles des excitations nerveuses. La perception n'est pas une somme de sensations. La transposition d'une mélodie en est l'exemple le plus classique. Une mélodie est composée de notes qui ont entre elles des relations précises de hauteur tonale et d'ordre temporel. Si on permute des notes ou si on modifie la hauteur de l'une d'elles, la mélodie originale est altérée. Mais, si on transpose cette mélodie dans un autre ton, on la reconnaît parfaitement, et pourtant chacune des notes a changé.

NOTION DE CHAMP ET POSTULAT D'ISOMORPHISME. Köhler définit un champ par une distribution dynamique d'énergie entre ses parties. Il postule l'existence d'un isomorphisme de nature topologique entre trois sortes de champs : un champ physique, dont l'équilibre est fonction des dimensions relatives (position, grandeur, etc.) des objets qui le composent ; un champ cérébral, créé par l'arrivée sur les zones projectives cérébrales des excitations sensorielles issues du champ physique ; et un champ perceptif. L'isomorphisme entre ces trois champs explique entre autres pourquoi l'objet perçu ressemble à l'objet physique et non à sa projection rétinienne. La perception d'un changement dans l'environnement passe forcément par un changement dans le champ cérébral.

LOIS D'ORGANISATION PERCEPTIVE. Les lois d'organisation perceptive ont été énoncées par Wertheimer. Afin de démontrer que l'organisation spontanée d'excitations sensorielles est indépendante des significations apprises, les gestaltistes ont utilisé un matériel non figuratif de figures ou d'éléments discrets (points, traits). Ils ont ainsi montré que des éléments discrets ont tendance à se regrouper avec les plus proches (loi de proximité) et avec les plus semblables (loi de similitude). Des points rapprochés tendent à former une ligne, mais l'appartenance d'un point à une ligne dépend surtout du fait que ce point est le meilleur prolongement pour cette ligne (loi de continuité). La loi de destin commun est une des plus puissantes ; on peut la mettre en évidence chez le nourrisson de quelques semaines : des éléments qui se déplacent simultanément selon une même trajectoire conservent leur appartenance à une même unité.

BONNE FORME. Un percept tend toujours à prendre la meilleure forme possible, celle qui est la mieux équilibrée, la plus stable. Elle est caractérisée par la simplicité de sa structure, la régularité de ses éléments et de son contour, la symétrie. Le cercle est la meilleure des formes possibles. En termes plus modernes, la meilleure forme est la plus redondante possible.

TOUT ET PARTIES. La propriété essentielle d'un percept est de former un tout, décomposable en parties. Mais ces parties lui sont, à des degrés variables, subordonnées, et il est autre chose et plus que la somme de ses parties.

La théorie de la forme s'est voulue assez générale pour pouvoir rendre compte de l'ensemble des phénomènes psychologiques. L'expérience a prouvé qu'elle prédisait fort bien de nombreux phénomènes perceptifs et il est impossible aujourd'hui de parler perception sans tenir compte de ses apports. Sa valeur explicative s'est révélée bien moindre dans les autres domaines. Son grand échec a été l'impossibilité de démontrer l'existence de champs cérébraux et de leur isomorphisme. Il faut cependant ajouter qu'à l'heure actuelle la psychophysiologie n'a pas prouvé que ces champs ne pouvaient pas exister. E. V.

BIBLIOGRAPHIE

Koffka, K., 1935, trad. angl. 1950, *Principles of Gestalt Psychology*, Londres, Routledger and K. Paul.
Kohler, W., 1929, trad. angl. 1947, *Gestalt Psychology. An Introduction to New Concepts in Modern Psychology*, New York, Liveright; trad. fr. 1964, *Psychologie de la forme*, Paris, Gallimard.

gestaltthérapie

n.f. (angl. Gestalt Psychotherapy)

Psychothérapie fondée sur la notion que les troubles psychoaffectifs sont dus à des « gestalts inachevées » et qui a été créée par F. Perls vers les années 1940 et largement diffusée aux États-Unis à partir de 1960.

Pour se guérir, le patient doit vivre les conflits qu'il éprouve dans une sorte de psychodrame qu'il joue seul en mimant successivement les différents rôles de sa situation conflictuelle. Le groupe thérapeutique dans lequel il se trouve est à la fois le témoin et le public amplificateur de la décharge émotionnelle qui termine la séance. Celle-ci aura ainsi permis au patient de recompléter les gestalts inachevées dans son histoire personnelle, et d'en prendre conscience à travers ses émotions et ses expressions corporelles. Cette réacquisition du langage du corps est en effet essentielle pour que le patient « sorte de l'intellectualisme » et retrouve son « soi » authentique, son unité et sa totalité individuelle, selon Perls.

Ce dernier, d'origine allemande, faisait une sorte de synthèse entre les différents courants qui l'avaient marqué au cours de ses études médicales et psychiatriques en Allemagne et en Autriche : la psychologie de la forme lorsqu'il était assistant de K. Goldstein à Francfort, la psychanalyse lorsqu'il travailla avec P. Schilder et qu'il connut S. Freud à Vienne en 1930, et l'influence de la pensée de W. Reich dont il fut quelque temps l'analysant. Pour fuir le nazisme, il part aux Pays-Bas, puis en 1940 en Afrique du Sud où il écrit son premier livre, véritable introduction à la gestaltthérapie : *Ego, Hunger and Agression; A Revision of Freud's Theory and Method* (1942). Arrivé à New York en 1946, il va y promouvoir et développer cette nouvelle forme de psychothérapie avec R. F. Hefferline et P. Goodman. Puis il part en Californie, à Big Sur, où il enseigne à l'Institut Esalen (M. Murphy y anime alors les diverses formes de « contre-culture »). Un séjour au Japon l'amène à enrichir la gestaltthérapie de la philosophie et des pratiques zen. Et il finit comme un grand gourou de cette côte californienne ouverte alors à toutes les psychothérapies d'inspiration orientale et naturiste, tellement opposées à tout rationalisme et à toute explication logique qu'elles sont parfois devenues le support de véritables sectes religieuses. Ce n'est pas le cas de la gestaltthérapie qui a retrouvé, en particulier en France, de nouveaux praticiens qui en ont repris la théorisation sur des bases plus scientifiques (J. Ambrosi). J. P.

Gibson (James Jerome)

Psychologue américain (McConnelsville, Ohio, 1904-Ithaka, New York, 1979).

Diplômé de Northwestern University, docteur de l'université Princeton, où il rencontre le psychologue gestaltiste K. Koffka, il a été professeur de psychologie à Smith College puis à l'université Cornell.

Gibson a consacré toute son œuvre à la perception et a, en ce domaine, apporté une importante contribution au développement de nos connaissances. Intéressé par l'approche philosophique de la perception, il en vient rapidement à rejeter toute théorie jugeant indispensable une contribution du sujet percevant, sous forme d'activités associationnistes ou médiationnelles. Il se propose alors de découvrir les conditions dans lesquelles on peut libérer la perception du dualisme rigide, sujet-objet de l'ancienne épistémologie, et pose de manière originale les vrais problèmes de la perception : « comment percevons-nous l'environnement qui nous entoure ? », « comment voyons-nous ses surfaces, leur arrangement, leurs couleurs et leur grain ? », « comment voyons-nous où nous sommes dans cet environnement ? », « comment percevons-nous que nous bougeons ou pas, et si nous bougeons, où allons-nous ? », « comment voyons-nous que telles choses sont utiles à telles choses ? », etc.

Sa première préoccupation a été d'éliminer un certain nombre de faux problèmes qui ont trop longtemps hanté la psychologie. Par exemple, le monde physique est tridimensionnel, mais notre connaissance visuelle de celui-ci passe par la rétine, qui est bidimensionnelle : dans ces conditions, comment pouvons-nous percevoir les distances en profondeur, le volume et la sensibilité d'un objet ? Alors que le message sensoriel est en perpétuel état de variation, comment pouvons-nous percevoir un monde stable ? Les excitations de nos récepteurs étant ponctuelles, comment percevons-nous des objets invariants ? etc.

À toutes ces questions Gibson répond que le message sensoriel contient et transmet les informations nécessaires à la connaissance de son environnement, y compris de ce qui s'y passe, par un être vivant. Celui-ci a seulement comme tâche de les en extraire.

En 29 ans et 3 livres, dont aucun n'a encore été traduit en français, Gibson réalise la démonstration de ce qu'il avance. Dans le premier (*The Perception of the Visual World* ou « la Perception du monde visuel », 1950), il offre une description originale du monde physique, particulièrement adéquate à l'étude de la perception visuelle. Le monde est un ensemble de surfaces, définies par leur grain, leur éloignement et leur orientation par rapport à un observateur et à la source lumineuse, surfaces sur lesquelles se réfléchissent les radiations lumineuses. Le flux lumineux (stimulus proximal) qui atteint les récepteurs sensoriels est un ensemble structuré de radiations d'intensités variées, il a une texture optique. La densité de texture, le gradient de densité transmettent fidèlement toutes les informations relatives aux relations spatiales qu'entretiennent les surfaces réelles entre elles et avec l'observateur.

Toute modification du déplacement survenu dans l'environnement, comme tout déplacement de l'observateur, entraîne une transformation optique continue du stimulus proximal. Cette transformation obéit à des règles qui spécifient chaque type de déplacement. Ces règles constituent des invariants grâce auxquels l'observateur identifie ce qui se passe et qui en est l'auteur, lui ou une partie de son environnement.

Dans son deuxième ouvrage (*The Sens considered as Perceptual Systems*, ou « les Sens considérés comme des systèmes perceptifs », 1966), Gibson développe le concept d'invariants de transformation, voyant dans l'extraction de ceux-ci le processus essentiel de la perception. Alors qu'un seul stimulus proximal (cas où un sujet est immobile, le regard fixé sur un point, dans un environnement figé) suffit déjà pour percevoir distance, volume, inclinaison de divers objets, une série de stimulus proximaux peut informer le sujet sur les événements qui surviennent autour de lui. Dans cette perspective, Gibson développe le concept de systèmes perceptifs adaptés phylogénétiquement au prélèvement d'informations pertinentes. Alors qu'un récepteur sensoriel est excité localement par une stimulation ponctuelle, un système perceptif est activé par un événement. Un tel système intègre les organes des sens (composante sensorielle) et l'orientation des récepteurs (composante motrice) vers un lieu, un objet, un événement qui sont les aspects pertinents de l'environnement de celui qui perçoit.

Dès le début, l'approche de Gibson a été écologique. Cette démarche est encore plus nette dans son dernier ouvrage (*The Ecological Approach to Visual Perception*, ou « l'Approche écologique de la perception visuelle »). Il y reprend les différents concepts qu'il a exposés dans ses précédentes publications et introduit, avec la notion d'affordances, une nouvelle dimension dans sa théorie (→ affordance.) Les affordances sont des propriétés psychologiques de l'environnement; elles désignent la valeur d'usage d'un objet, un lieu, un événement, une personne. Les affordances d'un même objet diffèrent d'un animal à un autre, d'un bébé à un adulte, d'une situation à une autre. Nous percevons de notre environnement d'abord les possibilités d'action qu'il offre, ensuite seulement ses propriétés physiques.

La valeur heuristique de la théorie gibsonienne est grande. Ce sont d'autres, et d'abord E. Gibson et ses collaborateurs, qui ont mis à l'épreuve ses hypothèses. E. V.

Gibson (Eleanor J.)

Psychologue américaine, femme de J. J. Gibson (Pretoria, Illinois, 1910).

Diplômée de Smith College, docteur de l'université Yale, où elle travaille avec C. Hull, elle épouse J. J. Gibson en 1932. Elle poursuit ses recherches à Smith College puis de 1949 à 1965 à l'université Cornell, où elle dirige un laboratoire de recherches sur le développement perceptif et cognitif, dans le cadre de la théorie de Gibson. Elle a poursuivi sa carrière comme Visiting professor, notamment au MIT. Si James fut surtout un théoricien et Eleanor un chercheur, leurs noms et leurs travaux ne peuvent être dissociés. Les travaux de E. Gibson ont porté sur trois thèmes : l'apprentissage perceptif, la lecture et le développement perceptif du nourrisson. En 1969, dans *Principles of Perceptual Learning and Development (Principes d'apprentissage et de développement perceptif)*, elle expose sa théorie de différenciation selon laquelle le développement perceptif consiste en un affinement croissant des capacités de différenciation entre objets, événements, grâce à la construction d'un répertoire de plus en plus riche de dimensions de différenciation et à l'extraction d'invariants de type relationnel sur la base desquels va s'opérer l'identification. La démonstration d'E. Gibson s'appuie sur un nombre considérable de recherches. Le thème de la lecture apparaît dans diverses publications et est traité dans la même perspective théorique.

Les recherches les plus récentes portent sur le développement du nourrisson et apportent de sérieux arguments à l'appui de la théorie de J.J. Gibson, mettant en évidence, grâce à d'ingénieuses expériences, l'existence d'invariants de transformation chez le bébé de 1 mois, lui permettant de différencier les objets rigides des objets mous, et la possibilité de transfert intermodal à 1-2 mois. E. Gibson conclut que, dès la naissance, le bébé a une perception directe de son environnement, qu'il est capable de détecter des informations, que celles-ci sont amodales (indépendantes du canal sensoriel qui les a véhiculées) et que le bébé répond en fonction des affordances* de son environnement. E. V.

gigotement

n.m. (angl. Wiggling Movements)

Forme ou qualité de mouvements d'amplitude et de vitesse d'exécution modérées ; mot surtout utilisé pour qualifier des formes motrices observées chez le jeune enfant.

Le gigotement met en jeu les membres supérieurs et/ou inférieurs de manière rythmique (2 à 3 hertz chez les bébés âgés de 3 mois). Les rythmes peuvent être synchronisés pour donner lieu à des extensions simultanées (ruades) ou alternatives (pédalages). Les gigotements apparaissent préférentiellement dans les situations routinières de soins (à l'approche visible du biberon, par exemple). Ils entrent dans les réactions circulaires secondaires et témoignent d'une compréhension magicophénoméniste de la causalité. D. M.

Gilles de la Tourette (maladie de)

(angl. Gilles de la Tourette's Syndrom)

Maladie caractérisée en premier lieu par des tics et des incoordinations motrices, et secondairement par de l'écholalie et de la coprolalie.

En 1885, Gilles de la Tourette faisait paraître une *Étude sur une affection nerveuse caractérisée par de l'incoordination motrice, accompagnée d'écholalie et de coprolalie*. Les causes déclenchantes occasionnelles peuvent être les émotions, la peur en particulier, mais la cause véritable est pour l'auteur l'hérédité. Cette maladie existe sous toutes les latitudes.

La maladie débute toujours par l'incoordination motrice. Les mouvements incoordonnés, appelés « tics » par J. M. Charcot, sont des secousses musculaires qui commencent le plus souvent par la face ou un des membres supérieurs dont les doigts s'allongent et se fléchissent; les épaules se soulèvent, le cou s'incline. Au niveau du visage, on assiste à des clignements d'yeux, la bouche se déforme. Parfois, les dents grincent du fait de la contraction des masséters. Enfin, le malade frappe du pied, se baisse, se relève, mais surtout saute sur place. Tous ces mouvements sont exécutés simultanément ou en alternance et très rapidement. Ceux-ci peuvent parfois prédire de par leur état de malaise particulier que la journée qui commence va être plus mauvaise que les autres. Le sommeil fait disparaître les secousses.

Secondairement, apparaissent l'écholalie et la coprolalie. Pendant les secousses musculaires, le malade pousse avec force un cri inarticulé ou articulé qui survient parfois en écho. Il est parfaitement conscient de ce qu'il fait et cherche à empêcher l'imitation, mais ne peut y parvenir. Cette faculté d'imitation irrésistible de ces malades peut parfois les mettre dans une situation dangereuse pour eux-mêmes ou les autres. Cette écholalie est associée chez presque tous les malades à la coprolalie qui, pour Gilles de la Tourette, est le signe caractéristique de cette maladie. Le patient profère à haute voix des mots parfois obscènes, qu'il voudrait bien retenir, toujours à l'occasion d'un accès d'incoordination. Ces paroles, émises involontairement, parfois devant des personnes que le malade aime beaucoup, ne sont jamais accompagnées de gestes en rapport avec leur signification. Enfin, l'évolution de cette maladie est faite d'alternance d'exacerbations et d'accalmies, sans que la guérison complète ne puisse survenir si les trois symptômes (incoordination, écholalie, coprolalie) sont présents. Cependant, il faut noter que la santé physique des patients est préservée.

Quelque cent ans après cette description, il existe une vive polémique autour de la cause et de la compréhension de la maladie de Gilles de la Tourette. Pour certains auteurs psychanalystes, il existe une parenté entre cette maladie et les névroses de l'enfant. S. Freud rapprochait les tics de l'hystérie de conversion (il parle de convulsion de la parole). À sa suite, S. Ferenczi recherche dans le tic le souvenir du traumatisme organique. Le tiqueur, chargé d'excitations pulsionnelles intenses, chercherait à se débarrasser de l'excitation par des contractions musculaires. S. Lebovici pense que les tics peuvent s'inscrire dans le cadre de l'hystérie prénévrotique qui comporte peu de symptômes mentaux chez l'enfant. Cette organisation peut évoluer au cours de la phase de latence vers la névrose phobique ou obsessionnelle. L'autre tentative de compréhension des tics repose sur la neurophysiologie. L'existence de signes neurologiques mineurs, de troubles non spécifiques de l'électroencéphalogramme, et la dominance latérale mal définie encouragent certains auteurs, en particulier nord-américains, dans leurs recherches d'étiologie organique cérébrale. Cependant, aucune lésion cérébrale n'a pu être mise en évidence malgré les moyens modernes d'investigation qui n'ont permis que de soupçonner une activité particulière des noyaux gris centraux. L'utilisation des neuroleptiques a été proposée avec succès dans quelques cas. Cela suffit pour certains à lier l'étiologie de cette maladie à une hyperactivité des neuromédiateurs. J.-M. C.

glandes endocrines

(angl. Endocrine Glands)

Au sens restreint, formations glandulaires qui déversent leurs produits de sécrétion, ou hormones, directement dans le sang.

On les appelle endocrines pour les différencier des glandes exocrines qui, par l'intermédiaire d'un canal, expulsent leurs sécrétions à l'extérieur du corps ou dans le tube digestif (glandes sudoripares, salivaires, etc.). Le pancréas et les glandes sexuelles sont des exemples de glandes mixtes. Les glandes endocrines périphériques sont les suivantes : l'hypophyse, la thyroïde et les parathyroïdes, le pancréas endocrine, la paroi digestive (estomac et intestin), la médullo- et la corticosurrénale, les gonades ou glandes sexuelles. En général, une glande endocrine sécrète plusieurs hormones et possède plusieurs types de cellules.

La définition restreinte d'une glande endocrine implique que les hormones soient déversées dans le sang. Au sens large, l'appellation de glande endocrine s'applique à toute glande ou à tout ensemble de cellules sécrétrices qui libère, à distance, un ou plusieurs messagers chimiques. Avec cette acception, on peut considérer le cerveau comme une glande endocrine centrale. En effet, non seulement il libère des hormones dans le sang grâce à un processus de neurosécrétion bien connu, notamment dans l'hypothalamus, mais, de plus, il émet en son sein même différents agents chimiques qui diffusent dans l'espace extracellulaire cérébral ou dans le liquide céphalo-rachidien et agissent à distance sur des cibles nerveuses. G. S.

Glaser (Robert)

Psychologue américain (Providence, Rhode Island, 1921).

Professeur de psychologie et de sciences de l'éducation, il s'est intéressé à l'acquisition de la compétence dans des domaines de connaissances complexes et aux processus cognitifs nécessaires à cette acquisition. Ses principaux ouvrages sont : *Organization for Research and Development in Education* (1966), *The Nature of Reinforcement* (1971), *Adaptive Education : Individual Diversity and Learning* (1977), *Cognitive Psychology and Instruction* (1978). R. L.

glischroïde

adj. (angl. Epileptoïd)

Se dit du caractère de l'épileptique, qui associerait une permanence d'adhésivité affective, de viscosité mentale et de bradypsychie à une explosivité occasionnelle se manifestant au cours de crises agressives et clastiques. (Syn. épileptoïde.)

Ce type caractériel n'est plus considéré comme spécifique de l'épilepsie*. J. P.

glissement (syndrome de)

Ensemble de troubles somatiques et psychiques apparaissant chez un vieillard fragile mais encore bien adapté, à la suite d'un accident de la vie quotidienne ou d'une affection intercurrente souvent bénigne.

Le début se manifeste par une asthénie, la perte de l'appétit et l'atteinte de l'état général avec amaigrissement et déshydratation. Celle-ci d'abord seulement extracellulaire devient rapidement globale, entraînant diminution du volume du sang (hypovolémie), hypotension artérielle et insuffisance rénale. Un état confuso-onirique apparaît alors souvent, avec une anxiété très vive, du même type que dans la défaillance* psychique.

Un traitement d'urgence doit être institué, visant à rétablir une hydratation normale et un bon équilibre électrolytique. Le danger reste néanmoins le passage à un état grabataire d'allure pseudodémentielle. C'est pourquoi la réanimation initiale devra être complétée par un soutien psychologique, une réalimentation progressive contrôlée par un diététicien, une rééducation fonctionnelle avec kinésithérapie si nécessaire, et une réinsertion rapide dans le milieu familial chaque fois qu'elle sera possible. J. P.

globalisme

n.m. (angl. Globalism)

Façon de percevoir, caractérisée par la prédominance de l'ensemble.

L'identification, comme la différenciation, repose uniquement sur la forme générale d'un objet. Globalisme et syncrétisme ont souvent été confondus. E. V.

→ syncrétisme, tout.

glossodynie

n.f. (angl. Glossodynia, Pain in the Tongue)

Douleur de la langue, généralement localisée sur un point précis et parfois aggravée par la mastication.

C'est le cas en particulier lorsqu'elle est produite par une lésion linguale organique due à une infection (candidose), une brûlure et surtout un traumatisme dentaire habituel (cuspides traumatisantes, trouble de l'articulé dentaire provoquant des morsures involontaires, etc.).

Mais elle n'est souvent que la manifestation d'une anxiété d'ordre névrotique, s'observant par exemple chez le cancérophobe craignant que ses papilles foliées linguales ne dégénèrent en cancer de la langue. J. P.

glossolalie

n.f. (angl. Glossolalia)

Langue d'apparence nouvelle créée volontairement par un malade hystérique ou délirant, en vue de la limiter à son usage et à celui de quelques rares intimes.

À la différence de la schizophasie* du schizophrène où l'altération linguistique est profonde, la glossolalie continue à obéir aux règles grammaticales de la langue habituelle du malade, dont elle n'est d'ailleurs généralement qu'une déformation assez superficielle. J. P.

gloutonnerie

n.f. (angl. Gluttony)

Exagération des conduites alimentaires qui deviennent désordonnées et s'accompagnent de voracité.

Cette absence de contrôle de l'appétit est fréquente dans les états démentiels avancés. Elle risque de provoquer des fausses routes des aliments dans le larynx et la trachée, qui peuvent entraîner une mort immédiate par asphyxie. J. P.

Goffman (Erving)

Sociologue canadien (Manville, Alberta, Canada, 1922-Philadelphie 1982).

Professeur de sociologie à l'université Berkeley de 1958 à 1968 et à l'université de Pennsylvanie après 1968, Goffman a créé l'étude, en sociologie, des rencontres sociales et publiques. Il analyse des conduites de rencontre à partir de signes externes (paroles, gestes, regards, postures) et identifie des « rites d'interaction » dont le but est d'informer sur la position et les intentions des individus dans une situation sociale donnée. Il cherche à relever dans ces analyses les divergences entre l'image de soi fournie par ces rites et les préoccupations et les attitudes sous-jacentes mais non codifiées. Il a publié *la Présentation de soi* (1956), *Asiles* (1961), *Encounters* (1961), *Behavior in Public Places* (1963), *Stigmate* (1964), *les Rites d'interaction* (1967), *les Relations en public* (1971), *la Mise en scène de la vie quotidienne* (1973), *Gender Advertisements* (1976), *Forms of Talk* (1981). R. L.

Goldstein (Kurt)

Neurologue et psychiatre américain d'origine allemande (Kattowitz, auj. Katowice, 1878-New York 1965).

Il a défendu une théorie unitaire de l'organisme humain et du fonctionnement cérébral, très influencée par la gestaltthéorie.

Après avoir enseigné la neurologie à Königsberg, puis à Francfort-sur-le-Main où il soigne beaucoup de grands blessés cérébraux de la Première Guerre mondiale, Goldstein fuit le nazisme en 1933 pour s'installer définitivement aux États-Unis. Il y enseigne successivement la neuropathologie et la psychopathologie à l'université Columbia (New York) puis à Harvard.

Ses observations cliniques sur les blessés du cerveau l'ont conduit à mettre en doute les localisations cérébrales trop limitées pour adopter un point de vue plus globaliste et gestaltiste sur le fonctionnement cérébral. Il distingue deux niveaux de pensée : l'une dite supérieure, catégorielle (ou abstraite); et l'autre inférieure, concrète. C'est au niveau de la pensée concrète que seront réduits beaucoup d'amputés cérébraux qui ne peuvent plus faire face à des situations trop nouvelles demandant un effort intellectuel abstrait. Ces derniers, dans de telles situations, ont alors des réactions de catastrophe de type confusionnel avec des manifestations d'allure déficitaire qu'il ne faut surtout pas prendre pour de nouvelles lésions cérébrales «en foyer». Le cerveau réagit en effet dans sa totalité, et les relations corps-esprit sont toujours à envisager d'une manière holistique, dans leur globalité.

C'est du moins ce que Goldstein défendra dans son livre *la Structure de l'organisme* (1934) qui aura un impact considérable sur la psychologie occidentale des années 1950, et en particulier sur l'œuvre de M. Merleau-Ponty. J. P.

Goodenough (test de)

Test mis au point par F. Goodenough et appelé également test du bonhomme. R. L.

→ bonhomme (test du).

Gottschaldt (figures de)

→ figures intriquées (test des).

goût

n.m. (angl. Taste)

1. **Contact permettant la représentation, en tant que saveurs, de certaines propriétés physico-chimiques des substances introduites dans la cavité buccale.** 2. **Complexe perceptif gustatif, olfactif et tactile qui accompagne la présence d'un aliment en bouche.**

On sous-estime généralement l'influence de l'odeur, perçue par voie rétronasale, dans le goût d'un aliment. A. H.

→ gustation.

grâce (période de)

(angl. Period of Grace)

Terme introduit par Homburger pour caractériser l'enfant entre 4 et 5 ans.

Se voulant séduisant aux yeux des autres, l'enfant déploie une exubérance de gestes et de mouvements dont l'aisance et la grâce contrastent avec le caractère un peu pataud de ses déplacements antérieurs. Si un progrès du contrôle moteur peut expliquer l'aisance des gestes, leur grâce résulte de leur gratuité, car «... ils n'ont à suivre dans leurs arabesques et dans leur rythme que leurs propres pulsions» (H. Wallon). E. V.

Grace Arthur (échelle de performance de)

(angl. Grace Arthur Performance Scale)

Échelle d'intelligence non verbale étalonnée sur des enfants américains de 4 ans et demi à 15 ans.

Sous sa forme la plus récente (1947), l'échelle comprend cinq épreuves telles que la reproduction d'une série de mouvements, des puzzles, des labyrinthes. Les normes, données en âge mental, permettent de calculer un Q.I. de performance. L'épreuve est employée notamment pour l'examen de sujets sourds, ou ayant des difficultés de langage, ou issus de cultures différentes. M. R.

gradient

n.m. (angl. Gradient)

Variation d'une grandeur, notamment d'un comportement qui dépend d'une autre grandeur, sans que la relation puisse avoir le statut de fonction mathématique.

Il s'agit en fait d'une relation quantitative entre un paramètre d'un comportement et une variable de l'environnement.

Le *gradient d'approche* (angl. Approach Gradient) est l'augmentation de la vigueur du comportement à mesure qu'augmente la proximité spatiale ou temporelle du sujet par rapport au stimulus-but. C'est une autre désignation du gradient de but, employée par opposition au gradient d'évitement.

Le *gradient de but* (angl. Goal Gradient) est un phénomène observé dans le parcours suivi par les Animaux, selon lequel la vitesse de la course, et plus généralement la vigueur du comportement de l'animal, s'accroît progressivement à mesure que le but est plus proche. Le gradient de but est proche du gradient d'approche.

Le *gradient d'évitement* (angl. Avoidance Gradient) est la relation selon laquelle, dans un comportement d'évitement, plus l'individu est proche du stimulus à éviter, plus son comportement est vigoureux. C'est la forme négative du gradient de but, et l'un et l'autre sont pris en considération dans l'analyse comportementale des conflits.

Le *gradient de généralisation* (angl. Generalization Gradient) est la relation qui lie l'importance de la généralisation du stimulus et la similitude entre le nouveau stimulus et le stimulus conditionnel originel (SO). On observe souvent que moins le stimulus nouveau ou généralisé est semblable à SO, moins la réaction conditionnelle est forte. La forme précise de cette relation n'a jamais été bien établie.

Le *gradient de renforcement* (angl. Gradient of Reinforcement) est la relation selon laquelle l'efficacité d'un renforcement décroît lorsque l'intervalle temporel qui le sépare de la réaction s'accroît. J.-F. L. N.

gradient de croissance

(angl. Gradient of Growth)

Cadre de référence proposé par A. L. Gesell pour «localiser le stade de maturité qu'un enfant a atteint pour un aspect de comportement donné».

Le nombre de stades varie selon les comportements. Ainsi, la lecture se développerait en 11 stades, entre 18 mois et 9 ans, alors que le développement du moi ne compterait pas moins de 30 stades entre 8 semaines et 16 ans. E. V.

grain

n.m. (angl. Grain)

GÉNÉR. **Finesse d'une analyse.**

Toute analyse décompose les entités en d'autres plus petites et, le cas échéant, peut ensuite décomposer ces dernières en d'autres encore plus petites. Le grain caractérise la finesse de l'analyse. J.-F. L. N.

grandeur (délire de)

(angl. Megalomanic Delusion)

Délire dans lequel le patient s'attribue une puissance et des dons exceptionnels, une immense fortune et des propriétés innombrables.

Ce délire se manifeste surtout chez des vieux délirants chroniques, des paraphrènes et des paralytiques généraux. J. P.

grandeurs (constance des)

(angl. Constancy of Size, Size Constancy)

Phénomène perceptif qui fait qu'un objet éloigné est perçu plus proche de sa grandeur réelle que de sa taille projective, réduite en fonction de la distance.

Dans un environnement normal, chez l'adulte, cette constance des grandeurs se révèle presque parfaite; et parfois même la taille perçue est supérieure à la taille objective, phénomène correspondant à ce qu'on appelle une «surconstance».

La constance des grandeurs existe chez tous les êtres organisés. On l'a observée chez le Vairon, la Pieuvre, le Poulet, de nombreuses espèces d'Oiseaux et chez tous les Mammifères. Chez ces derniers, elle semble augmenter avec l'âge. Chez l'Homme, elle s'élèverait jusqu'à un maximum, atteint entre 7 et 9 ans, puis régresserait et se stabiliserait à un niveau légèrement inférieur. Toutefois, cette évolution ne rencontre pas l'unanimité: certaines recherches n'ont mis en évidence qu'une augmentation aboutissant à un plateau; d'autres insistent sur la fréquence des surconstances chez l'adulte. Enfin, les recherches menées sur les nourrissons contestent que la constance des grandeurs soit moins élevée au début de la vie que plus tard. La constance des grandeurs pose un problème particulier, parmi les constances perceptives: en effet, la taille «absolue» n'est pas codée dans le système visuel par des détecteurs spécialisés, comme le sont la forme et l'orientation, bien que la distance en profondeur puisse être extraite de la détection précise des angles de mouvement. De nombreux neurobiologistes considèrent de ce fait la constance des grandeurs comme une « routine ». Le rôle de la disparité rétinienne (Hering) et l'établissement de gradients de distance par le biais des variations de densité de texture optique (J. J. Gibson), sont aujourd'hui plus fréquemment invoqués que les thèses constructivistes qui, de H. Helmholtz à J. Piaget, ont tenté d'expliquer le phénomène. H. B.

→ constance perceptive.

graphologie

n.f. (angl. Graphology)

Technique de l'interprétation de l'écriture considérée comme une expression de la personnalité.

La graphologie vise une approche, voire une compréhension de la personnalité à ses différents niveaux, à travers un tracé dont la singularité s'inscrit parallèlement au développement psychomoteur, intellectuel et affectif comme une sorte de témoin fidèle de l'évolution du sujet. Dans les premières années d'apprentissage jusqu'à l'adolescence, l'écriture montre une vive sensibilité aux influences éducatives. Plus tard, en devenant automatique, elle se personnalise: les diverses tendances de la personnalité rendent compte du décalage entre le modèle d'écriture imposé, le même pour tous, et l'écriture de chacun. Le premier graphologue connu est le philosophe italien C. Baldi, qui publie en 1622 un *Traité des indices tirés des lettres missives ou l'Art de connaître à l'examen d'une lettre missive les mœurs et les habitudes du scripteur*, ouvrage qui passe presque inaperçu à l'époque. Fin XVIIIe — début XIXe siècle, le physiognomoniste J. K. Lavater, E. Hocquart et l'abbé Flandrin s'intéressent à l'écriture, et l'abbé J. H. Michon publie plusieurs ouvrages qui jettent les premières bases de la graphologie: *le Mystère de l'écriture, Système de graphologie, l'Art de connaître les hommes d'après leur écriture* (1875). Mais le véritable fondateur de la graphologie française, qui saura passer de l'analyse étroite et limitée du signe à une synthèse solidement construite, reste J. Crépieux-Jamin. Ses ouvrages, *l'Écriture et le Caractère* (1888), *l'Écriture des canailles* (1921), *A.B.C. de la graphologie* (1929) sont fondamentaux. Le graphologue allemand L. Klages fonde son interprétation du « niveau vital » sur des caractères, tels que le rythme et la chaleur de l'écriture, moins directement appréhendables que la classification méthodique de Crépieux-Jamin de 175 signes graphiques selon des genres (ordonnance, dimension, direction, continuité, pression, forme, vitesse). C'est sur la façon dont l'écriture s'organise dans l'espace de la page, symbolique du milieu en général, que le Suisse M. Pulver fonde son interprétation.

L'écriture est un acte à travers lequel nous nous projetons. C'est un moyen de communication. Au même titre que le langage, elle permet d'entrer en relation avec autrui. Selon la personne à laquelle elle s'adresse (ami, parent, employeur, etc.), selon le contenu qu'elle véhicule (bonne ou mauvaise nouvelle, information administrative ou sentiments), selon l'état du scripteur (fatigue, énervement, détente), elle peut revêtir des aspects différents. Cependant, on retrouve toujours certaines caractéristiques constantes et immuables ; c'est sur elles que travaille la graphologie. L'écriture telle que nous l'employons est faite de lettres accrochées les unes aux autres, qui constituent des mots, des lignes, des pages. Ces éléments sont régis par la loi de l'orientation spatiale. Tout ce qui attire la lettre vers le haut se rapporte à la pensée, à l'imagination, à l'esprit et à la poésie ; tout ce qui se prolonge vers le bas va vers la matière, la terre, la sensualité ; ce qui va vers la gauche témoigne de l'attachement au passé, de l'introversion et du goût pour l'introspection ; ce qui va vers la droite se dirige vers autrui, le devenir, témoigne de la facilité à s'extérioriser et des contacts avec le monde extérieur. Les principaux éléments de la lettre sont le corps, la hampe et le jambage. Le corps représente le moi du sujet, la vie et le contact avec l'existence, le présent; petit, il témoigne du repli sur soi; grand, il témoigne d'un besoin d'expansivité, d'exaltation. L'espacement des mots est étudié par les graphologues en tant qu'il correspond au rythme de la pensée. L'espacement considéré comme normal est de deux corps de lettres. On distingue de ce point de vue quatre types d'écriture. On appelle écriture aérée celle qui offre une bonne répartition des blancs entre les mots et les lignes. On la considère comme un signe d'intelligence, de clarté d'esprit, d'objectivité, d'indépendance de jugement, d'esprit de synthèse. L'écriture condensée est celle dans laquelle les mots et les lignes sont tassés les uns contre les autres. Elle témoigne d'un niveau médiocre d'intelligence et d'un besoin insistant d'expression par l'esprit ou par la parole. L'écriture espacée laisse de grandes plages de blanc entre les mots et les lignes. Elle témoigne de timidité, de manque de spontanéité et d'esprit critique. Les espaces très inégaux témoignent d'instabilité de la pensée, de difficulté de concentration. Des mots normalement espacés et des lignes serrées les unes contre les autres montrent une bonne domination du travail quotidien, mais un manque de hauteur de vues. Les lignes descendantes témoignent de la fatigabilité, du pessimisme, voire des tendances dépressives du scripteur, alors qu'une écriture montante témoigne du dynamisme et de l'optimisme de celui-ci. Face à une feuille de papier, comment le scripteur va-t-il entrer en possession de cet univers qui est pour un instant son domaine? C'est dans ce contexte qu'interviennent les notions comme celle d'ordonnance du texte, de cadrage : position que présente l'ensemble graphique par rapport à la page et qui fait apparaître la marge comme structure essentielle. (→ Figure 1) R. L.

Bibliographie

Olivaux, R., 1988, *l'Analyse graphologique*, Paris, Masson.

graphomanie

n.f. (angl. Graphomania)

Besoin irrésistible d'écrire.

Accompagnant souvent la fuite des idées des états maniaques, la graphomanie dégénère souvent en graphorrhée*. J. P.

graphorrhée

n.f. (angl. Graphorrhea)

Hyperproductivité graphique qui est généralement la conséquence de la graphomanie.

Cette production graphique pathologiquement très abondante est l'analogue pour l'écriture de la logorrhée*. Elle se voit surtout dans les états d'excitation maniaque, mais se manifeste parfois chez des délirants chroniques paranoïaques (écrits de revendication, d'argumentation juridique, de défense contre les persécuteurs, etc.) ou paraphrènes (écrits témoi-

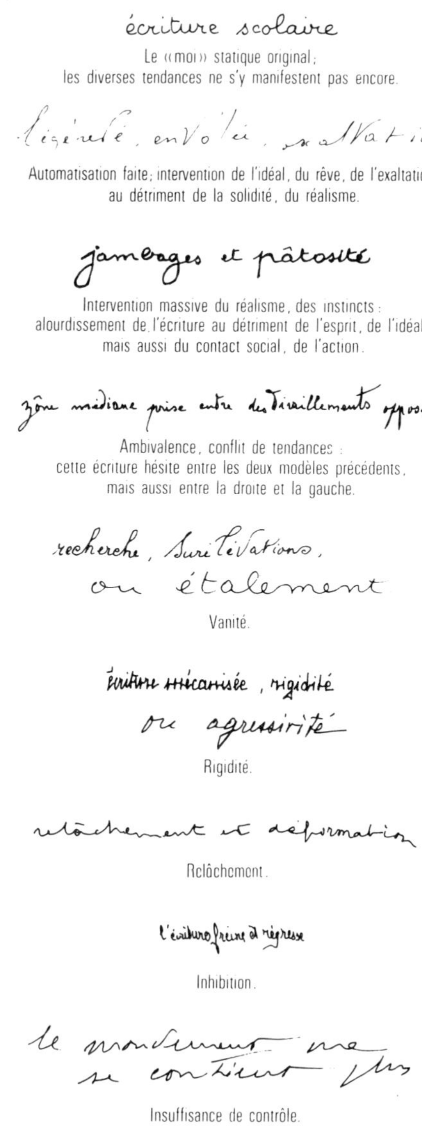

Le « moi » statique original ; les diverses tendances ne s'y manifestent pas encore.

Automatisation faite ; intervention de l'idéal, du rêve, de l'exaltation, au détriment de la solidité, du réalisme.

Intervention massive du réalisme, des instincts : alourdissement de l'écriture au détriment de l'esprit, de l'idéal, mais aussi du contact social, de l'action.

Ambivalence, conflit de tendances : cette écriture hésite entre les deux modèles précédents, mais aussi entre la droite et la gauche.

Vanité.

Rigidité.

Relâchement.

Inhibition.

Insuffisance de contrôle.

Figure 1. Graphologie. Exemple de l'interprétation de l'écriture.

gnant alors de vastes constructions imaginaires ou fantastiques, souvent altérés dans leur structure). J. P.

grasping reflex

n.m.

Réflexe archaïque, existant en particulier chez le nouveau-né, caractérisé par une flexion permanente et solide des doigts sur un objet qui a touché la paume de la main (préhension forcée), et pouvant réapparaître au cours de certaines lésions cérébrales. (Syn. réflexe d'agrippement.) R. L.

gravité (centre de)

(angl. Center of Gravity)

Métaphore théorique selon laquelle le prototype d'un ensemble de concepts a les mêmes caractéristiques que le centre de gravité d'un objet.

Selon cette conception théorique et technique du prototype*, celui-ci correspond à la moyenne de la distribution des valeurs sur chaque attribut des objets relevant du concept, pondérée par le poids de chaque attribut. J.-F. L. N.

grégarisme

n.m. (angl. Gregariousness)

ÉTHOL. **Conséquences biologiques du regroupement chez certains animaux.**

Ce phénomène, découvert par B. P. Uvarov en 1921, caractérise quelques espèces d'Acridiens chez lesquelles, sous certaines conditions principalement climatiques, le groupement des animaux dans des aires localisées provoque l'apparition de caractères biologiques nouveaux. L'espèce existe alors sous deux formes ou phases. J.-P. S.

→ phase, polymorphisme.

gribouillage

n.m. (angl. Doodle)

Activité graphique sans intention représentative, observable dès la fin de la première année.

Entre 1 an et 2 ans et demi, la forme des tracés évolue en fonction de celle du geste moteur et de son contrôle progressif par l'enfant. Le premier tracé résulte d'une rencontre fortuite entre un agent inscripteur et un plan, la difficulté étant de maintenir le contact avec le plan. Le geste est d'abord un simple mouvement oscillant et tournant obtenu par rotation du bras autour de l'épaule, accompagné de flexions suivies d'extensions de l'avant-bras. Ce geste produit des tracés amples plus ou moins incurvés qui s'enchaînent peu à peu pour constituer des balayages en va-et-vient. La coordination des rotations du coude et de l'épaule entraîne ensuite la production de gribouillages circulaires. Intervenant à son tour, la rotation du poignet permet l'exécution de boucles et de tracés cycloïdes. À partir de 18 mois se développe le contrôle moteur de l'amplitude, de la vitesse et de la direction du geste, ainsi que le contrôle visuel. Quelques étapes décisives ont été engagées dans le progrès des coordinations perceptivo-motrices. Un premier contrôle simple consiste à ramener la main à un tracé produit antérieurement. Cela permet de fermer une boucle et donc de dessiner une forme fermée et de faire rayonner plusieurs segments à partir d'une forme initiale. Le contrôle double apparaît au cours de la troisième année, avec la maîtrise des points de départ et d'arrivée. Désormais, l'enfant est capable de produire des traits discontinus, de longueur variable, selon plusieurs directions, courbes ou rectilignes, qu'il peut enchaîner et répéter avec plus ou moins de bonheur, et il peut enclore un espace. Capable de créer des formes complexes, il dispose alors des instruments graphiques nécessaires pour dessiner et pour apprendre à écrire. E. V.

→ dessin enfantin, écriture (apprentissage de l').

gris centraux (noyaux)

(angl. Grey Nucleus)

Ensemble des noyaux de substance grise du subthalamus situés à la partie médiane du cerveau. (Syn. noyaux télencéphaliques sous-corticaux.)

Les noyaux gris centraux sont constitués par le noyau caudé, le putamen, le pallidum et le complexe nucléaire amygdalien. La plupart des auteurs incluent dans les noyaux gris centraux les noyaux sous-thalamiques et le locus niger. Cet ensemble joue un rôle de contrôle de la motricité et son atteinte entraîne l'apparition de mouvements anormaux. R. L.

grise (substance ou matière)

(angl. Grey Matter, Substancia Grisea)

Sur une coupe du cerveau, région de couleur grise, qui s'oppose aux régions blanches (correspondant à la substance blanche) et qui est formée par l'amas des corps cellulaires des neurones.

Dans les hémisphères cérébraux, la substance grise est soit périphérique (c'est le cortex cérébral), soit centrale (formant les noyaux gris centraux). Dans le tronc cérébral, elle se répartit en noyaux multiples. Dans le cervelet, elle se répartit en cortex cérébelleux et en noyaux profonds. Au niveau de la moelle, elle est centrale et se répartit en cornes postérieure et antérieure avec une région intermédiaire. La cytoarchitectonie de la substance grise est différente selon les structures envisagées. Par exemple, dans les cortex, les cellules s'organisent en couches (6 couches pour le cortex cérébral et 3 pour le cortex cérébelleux), alors que, dans les noyaux gris centraux, elles forment des amas de corps cellulaires. Dans la corne postérieure de la moelle, il existe une organisation lamellaire de la substance grise superposable à l'organisation corticale. R. L.

Groddeck (Walter Georg, dit Georg)

Médecin allemand (Bad Kösen 1866-Zurich 1934).

Il est l'élève puis l'assistant de E. Schweninger, médecin personnel de Bismarck. Dans le sanatorium qu'il ouvre en 1900 à Baden-Baden, Groddeck applique les méthodes de son maître Schweninger, qui, méprisant les thérapeutiques traditionnelles, prône la diète, l'hydrothérapie et les massages. Il affirme l'importance des facteurs psychiques dans les maladies organiques dont les symptômes ont une valeur symbolique. À partir de 1913, il prend contact avec l'œuvre de S. Freud et est encouragé par celui-ci dans son approche des phénomènes inconscients à partir des maladies somatiques. Il publie *Détermination psychique et traitement psychanalytique des affections organiques* (1917). *Das Buch vom Es (le Livre du ça)*, qu'il fait paraître en 1923, témoigne de son désir de faire entendre la psychanalyse par tous. Dès 1926, Groddeck s'éloigne de Freud, dont il critique les spéculations psychologiques, car pour lui l'inconscient est somatique, le corps est dans les mots et inversement. Son dernier ouvrage, *Der Mensch als Symbol (l'Être humain comme symbole*, 1933), est, du reste, une étude sur le symbolisme du corps et de l'homme. R. L.

grossesse nerveuse

(angl. Psychic Pregnancy)

Ensemble de manifestations physiques évoquant une grossesse chez une femme qui n'est pas réellement enceinte.

Liée à des motivations inconscientes, cette illusion s'accompagne de symptômes somatiques de la grossesse (aménorrhée, nausées, vomissements, augmentation progressive du volume abdominal) et apparaît souvent chez des femmes stériles désirant un enfant. Elle se voit aussi chez certaines hystériques, ou chez des délirantes chroniques, rentrant alors dans un tableau de délire hypocondriaque. J. P.

1. groupe

n.m. (angl. Group)

SOCIAL. **Ensemble de personnes constitué selon un critère objectif et/ou subjectif, choisi ou imposé de l'extérieur, qui commande leurs relations ou est supposé commandé leurs relations.**

Le groupe dans son acception psychosociologique implique : 1. l'existence d'une interaction entre les membres de ce groupe, telle que l'action de l'un sert de stimulus au comportement de l'autre ; 2. l'existence d'une structure, c'est-à-dire d'un cadre social stable (par exemple la famille) dans lequel se déroule cette interaction. Le groupe exerce une pression sur l'individu à travers divers mécanismes (imitation, suggestion ...) pour s'assurer de la conformité de son comportement. Cette pression entraîne chez l'individu des modifications d'ordre psychologique : en s'intégrant au groupe, il tend à intérioriser les normes et les valeurs de celui-ci. La structure du groupe peut s'étudier du point de vue de ses institutions (E. Durkheim, M. Weber) ou du point de vue du comportement concret en petit groupe. La sociométrie (J. L. Moreno) étudie la structure des groupes à partir du réseau de relations interpersonnelles qui s'établit à l'intérieur de ceux-ci. La différence des types de structure se traduit par les diverses façons dont s'exerce ou se distribue le pouvoir au sein du groupe. (→ pairs [groupe de].)

Le *groupe primaire* est un groupe restreint de personnes communiquant entre elles directement et attachées au groupe par des liens affectifs.

Le *groupe secondaire* est un groupe dans lequel les relations d'ordre formel se font le plus souvent par personnes interposées.

R. L.

ÉTHOL. **Rassemblement d'individus de la même espèce, fondé sur une interaction mutuelle et au sein duquel s'établissent des relations conduisant à une intégration.**

Il peut être anonyme lorsqu'il n'y a pas de reconnaissance individuelle ou individualisé dans le cas contraire. J.-P. S.

BIBLIOGRAPHIE

Argyle, M., 1969, *Social Interaction*, Londres, Methuen.

Doise, W., 1979, *Expériences entre groupes*, Paris, Mouton.

Hendrick, C., 1987, *Group Process*, Sage Publication.

2. groupe

n.m. (angl. Group)

MATH. **Ensemble non vide (G,*) muni d'une loi de composition interne satisfaisant à certaines conditions.**

Ces conditions sont les suivantes :

1. * est une opération binaire partout définie qui, appliquée à des éléments de l'ensemble E, redonne un élément de E ; * est associative : si $x, y, z, ...$, sont des éléments de E, $x * (y * z) = (x * y) * z$;
2. Il existe un élément neutre e tel que $(x * e) = (e * x) = x$;
3. À tout élément x de E est associé un inverse x', de telle manière que $x * x' = e$.

Si en outre l'opération * est commutative, c'est-à-dire si l'on a $x * y = y * x$, le groupe est dit abélien. Par exemple, l'ensemble des nombres entiers relatifs (positifs, négatifs et 0) muni de l'opération d'addition, $(\mathbb{Z},+)$, possède une structure de groupe abélien. Par contre, le même ensemble avec le nombre 1 comme élément neutre et muni de l'opération de multiplication, $(\mathbb{Z},.)$, ne constitue pas un groupe car, en général, x n'a pas d'inverse x' tel que $x \,.\, x' = 1$; $(\mathbb{Z},.)$ est un monoïde.

Un ensemble dans lequel sont définies deux opérations et qui est un groupe abélien pour la première et un monoïde pour la seconde, et tel que la seconde opération soit distributive par rapport à la première, constitue un *anneau*. Par exemple, l'ensemble des entiers muni de l'addition et de la multiplication constitue un anneau.

C'est à partir des travaux de É. Galois que la théorie des groupes s'est développée et qu'elle est devenue au début du XXe siècle une branche nouvelle des mathématiques. La notion de groupe est un concept fondamental dans les grandes branches des mathématiques : topologie, analyse, géométrie. Avec Klein, par exemple, le concept de « géométrie » englobe la géométrie euclidienne, la géométrie projective, les géométries non euclidiennes, etc., et « une géométrie » est l'étude des notions et des propriétés qui restent invariantes pour un groupe donné de transformations, la géométrie devenant l'étude de ces groupes.

DES MATHÉMATIQUES À LA PSYCHOLOGIE

Certaines structures de groupe ont été utilisées par des psychologues comme modèles afin de décrire certains processus et de rendre compte de leur cohérence. Deux cas méritent particulièrement l'attention.

UTILISATION DU GROUPE DE KLEIN

On a pu montrer qu'une structure du type groupe de Klein, sous-groupe commutatif du groupe des permutations de quatre signes, permettait de rendre compte de nombreuses conduites humaines : C. Lévi-Strauss, par exemple, a montré que le système de parenté « Kariera » se ramène à un groupe de Klein. Mais le groupe de Klein est surtout connu en psychologie par l'utilisation qu'en a faite J. Piaget, sous le nom du groupe INRC, pour rendre compte du caractère de nécessité avec lequel les lois logiques s'imposent à l'esprit. Cette nécessité est le résultat d'une élaboration ; en effet, alors que les règles contraignantes que reconnaît l'enfant lui paraissent du ressort de la nature des choses, l'adolescent découvre le caractère nécessaire de certaines règles et de certains résultats grâce à la capacité qu'il a acquise de faire la combinatoire exhaustive de tous les cas compatibles avec les données d'un problème et de raisonner en faisant des hypothèses. La structure mentale qui assure désormais la déduction est la structure opératoire que constitue le groupe des quatre transformations, I (identique), N (inverse ou négation), R (réciproque) et C (corrélative), que l'on peut faire porter sur les 16 opérations qui sont possibles entre deux propositions atomiques. Soient, en effet, deux propositions atomiques p et q, considérées seulement du point de vue des deux valeurs de vérité qu'elles sont susceptibles de prendre, le vrai (ou 1) et le faux (ou 0) ; une combinatoire simple de ces valeurs de vérité permet de définir 16 opérateurs binaires qui engendrent un ensemble E de 16 propositions complexes : p * q. Chacune d'elles est caractérisée par son évaluation, c'est-à-dire par l'énumération des cas où elle est vraie et où elle est fausse, en fonction des quatre situations engendrées par la combinatoire des valeurs de vérité de p et q ; ainsi, l'évaluation de l'opération d'implication (⊃) est (1, 0, 1, 1). L'application à la proposition p ⊃ q de la transformation N, donne l'évaluation (0, 1, 0, 0), ce qui est l'évaluation de — (p ⊃ q) ; l'application de R donne l'évaluation (1, 1, 0, 1), qui est l'évaluation de q ⊃ p ; l'application de C donne (0, 0, 1, 0), qui est l'évaluation de — (q ⊃ p) ; enfin l'application de I redonne l'évaluation de p ⊃ q. L'ensemble de ces quatre transformations a une structure de groupe commutatif, comme on peut le voir sur le tableau ci-dessous : en effet, la composition de deux transformations quelconques de cet ensemble redonne une transformation de l'ensemble ; l'opération de composition de ces transformations est associative ; il existe un élément neutre, la transformation I ; quelle que soit la transformation considérée, il existe une transformation inverse telle que, composée avec la première, on obtienne l'élément neutre, c'est-à-dire la transformation I ; enfin, la composition de deux transformations a la propriété de commutativité.

	I	N	R	C
I	I	N	R	C
N	N	I	C	R
R	R	C	I	N
C	C	R	N	I

Pour Piaget, ce groupe, que, naturellement, le sujet ne formule jamais, n'en sous-tend pas moins ses raisonnements, exactement, dit-il, comme les Grecs manipulaient le syllogisme bien avant qu'Aristote l'ait codifié. Mais cette structure sous-jacente nous fait comprendre comment les inférences peuvent s'enchaîner dans la pensée du sujet et elle nous fait comprendre l'origine de cette conscience de la nécessité qui accompagne l'enchaînement correct des inférences.

UTILISATION DES GROUPES DE TRANSFORMATIONS DE LIE

En 1966, W. C. Hofman a proposé un modèle des processus de la perception visuelle en termes d'algèbre de Lie. D'après ce modèle, les constances perceptives peuvent être décrites comme des fonctions invariantes dans des groupes de transformations ; par exemple, à la constance de forme correspondent les différentes fonctions du groupe affine des transformations et à la constance de taille correspond l'invariant du groupe de dilatation. L'utilisation de la méthode infinitésimale a pour effet de ramener l'étude des groupes de Lie à l'étude de ce qu'on appelle les algèbres de Lie. D'après cette théorie, les illusions perceptives pourraient s'expliquer par le fait que les traits de certains patterns visuels induisent, de façon erronée, chez l'observateur, l'application d'un opérateur de constance dont les algèbres de Lie rendent compte. G. P.-L. B.

→ INRC (groupe).

groupe (effet de)

(angl. Group Effect)

ÉTHOL. **Modifications morpholo-**

giques, physiologiques et/ou éthologiques manifestées par un individu à la suite de stimulations sensorielles émanant de congénères. J.-P. S.

→ grégarisme.

groupe (facteur de)

(angl. Group Factor)

STAT. **Facteur qui sature certaines des variables incluses dans certaines analyses factorielles.**

Certains modèles d'analyse factorielle (comme celui de C. Burt) utilisent un facteur général saturant toutes les variables observées, des facteurs de groupe dont chacun sature certaines de ces variables et des facteurs spécifiques dont chacun sature une seule variable. Les *facteurs primaires* (angl. Primary Factors) de L. L. Thurstone sont aussi des facteurs de groupe, mais cet auteur n'invoque guère un facteur général, même si l'adoption de facteurs primaires en corrélations (les facteurs de groupe de Burt sont indépendants) implique la présence d'un tel facteur. Le plus souvent, dans les analyses de Thurstone, la part de variance observée explicable par un facteur général est répartie entre les facteurs primaires. M. R.

→ factorielle (analyse).

groupe (thérapie de)

(angl. Group Therapy)

THÉRAP. **Ensemble de personnes réunies temporairement en vue d'un objectif thérapeutique.**

Utilisé au début du siècle pour améliorer la participation à leur traitement des malades atteints de tuberculose, le groupe thérapeutique a fait l'objet de nombreuses recherches et applications dans les champs de la psychologie sociale (K. Lewin) et de la psychanalyse à partir de la Seconde Guerre mondiale. Il existe actuellement de nombreuses formes de thérapies de groupe. Certaines, comme les groupes de discussion et les psychothérapies de groupe, utilisent les échanges verbaux. D'autres sont médiatisées par la créativité artistique. Les groupes de psychothérapie utilisent la psychanalyse appliquée au groupe. Le groupe est un objet d'investissement pulsionnel. Sa vie fantasmatique est une voie d'abord privilégiée de l'appareil psychique groupal. Les règles de fonctionnement sont proches de la cure analytique. Les participants sont invités à parler librement. Le ou les thérapeutes s'abstiennent de tout contact avec les participants à l'extérieur du groupe. Le lieu de rencontre et l'heure sont fixés ainsi que le nombre de participants, qui varie de trois à quinze. Cependant, dans les groupes ouverts, il peut y avoir de nouvelles admissions quand des départs surviennent. La durée de la thérapie peut être fixée dès le départ, en général 40 à 60 séances. Ces thérapies sont indiquées pour des patients capables de mentaliser, de respecter le cadre, et pour lesquels la situation duelle est trop menaçante ou qui ont besoin d'être gratifiés et soutenus par le groupe. Par contre, les personnalités psychopathiques ou perverses, ainsi que les toxicomanes, peuvent rendre le fonctionnement groupal difficile. Durant les séances, les thérapeutes restent neutres et utilisent l'interprétation au niveau groupal. Le transfert est le moteur de la thérapie. Le groupe connaît un processus décrit par D. Anzieu et Kaës. À l'illusion groupale du début succède « l'ouverture de l'univers imaginaire groupal sur le monde symbolique ». Puis se fait l'ancrage des psychés dans les corps (enveloppe psychique) avec l'automatisation des psychés individuelles. Les départs des patients en cours de thérapie sont vécus comme les fins de cures individuelles. Dans le cadre institutionnel, les groupes de discussion favorisent la mise en jeu de nouveaux rôles et une meilleure perception de ceux joués par les autres, la participation à un travail en commun. Plus récemment, le groupe-famille a fait l'objet d'un grand intérêt, et des thérapies de diverses orientations (systémiques, analytiques) se sont développées. Les groupes à médiations diverses sont aussi très utilisés, comme les groupes de relaxation*; les différentes techniques corporelles qui ont pris naissance aux États-Unis jouent le même rôle. J.-M. C.

BIBLIOGRAPHIE

Anzieu, D., 1981 (nouv. éd.), *le Groupe et l'inconscient. L'imaginaire groupal*, Paris, Dunod.

Anzieu, D., Bejarano, A., Kaës, R., Missenard, A., et Pontalis, J.-B., 1972, *le Travail psychanalytique dans les groupes*, Paris, Dunod.

groupe d'aide psychopédagogique ou G.A.P.P.

Équipe constituée d'un psychologue scolaire et de deux ou trois éducateurs et rééducateurs, mise en place auprès d'une école primaire pour prévenir ou traiter l'inadaptation scolaire de certains élèves.

Créés par la circulaire ministérielle du 9 février 1970 dans le cadre de l'Éducation nationale, de tels groupes permettent, en étant sur place et par une observation continue des enfants, une prise en charge immédiate. Des rééducations spécialisées (orthophonie, rééducation de la lecture ou de la psychomotricité, etc.), pratiquées individuellement ou en petits groupes, sont entreprises dès que les enseignants en expriment la demande. Seuls les cas plus difficiles, ou s'accompagnant de troubles psychoaffectifs importants, sont adressés au centre médico-psychologique le plus proche de l'intersecteur de psychiatrie infantile. J. P.

groupe pratique des déplacements

(angl. Practical Group of Displacement)

DÉVELOP. **Organisation des déplacements en une structure de groupe, au niveau des actions effectuées, non de leur représentation.**

Cette structure a les caractéristiques d'un groupe mathématique : 1. la composition des mouvements : un déplacement de A vers B et un autre de B vers C peuvent se coordonner en un déplacement unique A → C ; 2. la réversibilité : le déplacement A → B suivi de B → A est un retour au point de départ ; 3. l'associativité : le parcours ABCD peut se décomposer en A → B suivi de B → D, aussi bien qu'en A → C suivi de C → D, ou de A → C suivi de C → B puis de B → D. On peut aller de A en D par différents chemins, en faisant un détour ; 4. l'identité est la conservation d'une position.

L'idée que l'organisation de l'espace est liée à l'existence d'une structure de groupe vient de H. Poincaré. Elle a été reprise par J. Piaget, qui voit dans le groupe pratique des déplacements la forme d'équilibre finale de l'organisation progressive des mouvements au cours de la période sensori-motrice (0-18 mois). Du point de vue d'un observateur, on peut dire que, lorsqu'un nourrisson déplace sa bouche vers un objet à sucer ou poursuit visuellement un objet en mouvement et le retrouve du regard lorsqu'il l'a perdu, il utilise un groupe de déplacements. Mais il ne s'agit que de groupes pratiques, fonctionnant dans des sphères très limitées (espace buccal, visuel) sans coordination aucune entre elles. L'apparition, puis la maîtrise vers 4 à 5 mois de la saisie manuelle d'un objet sous contrôle visuel est pour Piaget un des facteurs essentiels de la coordination de multiples espaces partiels. Cependant, les déplacements survenus dans l'environnement ne sont pas encore détachés de l'action, l'objet est conçu comme un prolongement de celle-ci et sa trajectoire assimilée à celle que suivent les mains du bébé. C'est seulement au milieu de la deuxième année que l'espace devient un milieu homogène, indépendant du corps de l'enfant et dans lequel celui-ci se déplace comme un objet parmi d'autres. L'existence d'un groupe pratique des déplacements et celle d'un objet conceptuel, permanent, sont indissociables, le premier constituant l'aspect dynamique, le second l'aspect statique d'une même réalité. Acquis à 18 mois de façon pratique, au niveau des actions effectuées, le groupe des déplacements se reconstruit au niveau représentatif lorsque des actions intériorisées, virtuelles, peuvent être appliquées à des objets absents. E. V.

groupe de référence

(angl. Reference Group)

PSYCHOSOCIOL. **Groupe dont un individu déclare expressément être membre (en s'estimant reconnu comme tel) ou auquel il aspire à se rattacher.**

Cette expression a été introduite par le psychosociologue américain Hyman en 1942 afin de distinguer le statut subjectif (l'autoestimation de sa place) du statut objectif, défini par des caractéristiques économiques et culturelles, ou attesté par l'entourage; groupe d'appartenance et groupe de référence ne coïncident pas forcément. Le même auteur soulignait aussi la marge de liberté offerte dans les sociétés complexes par la pluralité des groupes et des modèles dont relève chaque individu. Le terme a été repris ensuite par C. W. Sherif qui le mettait en rapport avec le processus d'*engagement de soi* (angl. Ego-Involvement) et par T. M. Newcomb.

L'équivalent opératoire de la notion est l'attitude d'*autoaffiliation* explorée dans de multiples enquêtes où l'on demande aux gens dans quelles catégories sociales ils se placent ou quel statut ils s'attribuent. L'examen des relations et des affinités est révélateur des niveaux établis ou du sens des aspirations, selon le degré d'homophilie ou d'hétérophilie des liens amicaux.

R. K. Merton a montré comment le choix du groupe de référence pour les individus peut varier selon les situations et les contextes sociaux de comparaison: selon qu'ils se renforcent ou se contrarient, l'estimation de sa propre place devient positive ou négative, accompagnée de satisfaction ou de frustration. Plus encore qu'à des ensembles généraux (les employés, les cadres, les sportifs, les artistes, etc.), chacun tend à se référer au groupe le plus proche (tel quartier, telle sous-catégorie de fonctionnaires, de commerçants, etc.), surtout si l'on en connaît directement quelques membres. Pour les groupes sociaux, le jeu varié des cadres de référence et des identifications a des effets notables sur la cohésion, les phénomènes de mobilité sociale ou de déviance et très visiblement sur les processus de revendications collectives.

Le succès même de la notion a rendu son usage un peu laxiste. Sans doute sa fonction primordiale est-elle d'assurer une médiation entre modèles culturels et valeurs personnelles.

Qu'il s'agisse d'action ou d'opinion, d'un groupe ou d'un personnage singulier, le référentiel a toujours une forte valeur symbolique et affective: il exprime tantôt une nostalgie (pour les déracinés, les déclassés, les déçus); tantôt un projet vital (pour les ambitieux, les aventuriers, les contestataires); tantôt, plus banalement, l'attachement de l'homme à son identité sociale, à son état. J. M.

→ affinité, identification 1.

BIBLIOGRAPHIE

Merton, R. K., 1965, *Éléments de théorie et de méthode sociologique*, Paris, Plon.

groupement

n.m. (angl. Grouping)

Forme de structure qui réunit divers éléments pour en constituer un seul en vertu d'une propriété commune.

J. Piaget voit dans les groupements une transition entre les systèmes d'organisation des actions et les systèmes logiques. Les structures de classification, sériation, correspondance terme à terme, les tableaux à double entrée sont des groupements. Alors que le groupe s'applique aux domaines quantitatifs, le groupement s'applique aux domaines qualitatifs. Le groupement est défini par cinq conditions: 1. composition transitive; 2. réversibilité; 3. associativité; 4. identité; 5. tautologie (une classe ajoutée à elle-même redonne cette même classe). E. V.

groupes (analyse en)

(angl. Cluster Analysis)

STAT. **Méthode qui a pour objet de déterminer des groupes de personnes ou de variables de façon telle que les personnes ou les variables placées dans un groupe se ressemblent davantage, soient plus proches que ne le sont des personnes ou des variables placées dans des groupes différents.**

En ce qui concerne les personnes, on peut par exemple procéder de la façon suivante. On utilise pour constituer les groupes les distances (→ distance) calculées entre toutes les paires possibles de personnes. On part de la paire constituée par les deux personnes les plus proches; on y adjoint la personne qui augmente aussi peu que possible la dispersion à l'intérieur du groupe; et ainsi de suite jusqu'à ce que cette dispersion atteigne une valeur fixée à l'avance. On procède de la même façon pour constituer si possible un autre groupe à partir des personnes restantes, etc. En ce qui concerne les variables, on peut utiliser de la même façon le degré de dépendance entre toutes les paires de variables pouvant être constituées au sein de l'ensemble considéré, degré de dépendance évalué par un coefficient de contingence ou de corrélation. De nombreuses méthodes d'analyse en groupes ont été proposées. D'autres méthodes peuvent être utilisées pour constater l'existence de groupes de variables ou pour vérifier l'existence de tels groupes. C'est ainsi que, à l'issue d'une analyse factorielle, des variables présentant toutes, dans chacun des facteurs communs, des saturations peu différentes constituent un groupe: elles sont proches dans l'espace des facteurs communs. Si on définit à l'avance, en fonction d'une hypothèse à éprouver, deux ou plusieurs groupes de variables dans un certain ensemble de variables, on peut chercher si les observations confirment la cohérence interne de ces groupes et leur discrimination les uns à l'égard des autres. Il s'agit alors d'une analyse discriminante*. M. R.

guérison psychique

(angl. Psychic Recovery)

Retour d'un sujet atteint d'une affection mentale à un état de bonne santé psychique.

À la différence de la maladie somatique, dont la guérison est généralement représentée par la suppression du mal et le retour à l'intégrité de l'organisme (*restitutio ad integrum*), la guérison psychique apparaît plutôt comme un nouveau stade dans l'évolution psychoaffective du sujet. Et, à ce titre, sa maladie a pu jouer un rôle positif dans ce qui est parfois un véritable progrès de sa personnalité. Dans d'autres cas moins favorables, il s'agira seulement d'une rémission, ou d'une stabilisation, laissant à titre de séquelle un déficit mental fonctionnel et un handicap. J. P.

guidage

n.m. (angl. Guidance)

1. **En anglais, assistance pluridisciplinaire (psychologique, éducative, médicale) donnée aux enfants dits «à problème»; orientation scolaire ou professionnelle au moyen de procédures multiples.**

Celles-ci regroupent tests, résultats et jugements scolaires, observations et entretiens.

2. **Dans les études de comportement, activité de contrôle qu'exerce un système perceptif sur un acte moteur au cours de son effection.**

Un mouvement est guidé visuellement quand sa direction est déterminée, maintenue ou corrigée et la précision de son aboutissement déterminée par l'activité du regard. On différencie le guidage du déclenchement, qui intervient grâce aux allers-retours des yeux de la cible au membre en mouvement. Le guidage joue un rôle dans l'élaboration des coordinations sensorimotrices, dans l'acquisition d'habiletés, dans la formation des automatismes, bref dans toutes les tâches et activités qui réclament une conjonction de la perception et de la motricité. Des expériences de limitation perceptive, réalisées le plus souvent sur l'Animal, ont montré l'importance du guidage dans l'organisation de la locomotion et de la capture manuelle: un chaton, privé par le port d'une collerette de la vue de ses pattes antérieures, présente ensuite des altérations de la marche et de la capture d'objets visuels.

En filmant des pointages manuels chez des enfants d'âges différents, on a pu observer que le contrôle du regard sur le mouvement d'approche et d'atteinte d'une cible visuelle change au cours du développement globalement, qu'il s'améliore avec l'âge mais que ce progrès n'est pas linéaire; il évolue aussi en raison inverse du niveau d'apprentissage, du moins dans les tâches de faible complexité. H. B.

guidance infantile

(angl. Child Guidance)

Structure de soins, fonctionnant sur le modèle de la consultation médicale, qui a pour objectif de venir en aide aux enfants qui ont des problèmes affectifs et à leur entourage.

Ce concept d'origine américaine a été utilisé en France après la Seconde Guerre mondiale pour définir une nouvelle orientation médico-psycho-sociale des dispensaires publics de psychiatrie infantile. Le centre de guidance infantile est « destiné essentiellement à améliorer l'adaptation des enfants à leur entourage immédiat, en se préoccupant spécialement de leurs relations affectives et sociales, afin de leur permettre de tirer pleinement parti de leurs aptitudes individuelles » (Buckle et S. Lebovici, 1958). Il a fallu former des équipes pluridisciplinaires, qui ont établi des contacts avec les autres services sociaux et médicaux, la clientèle pouvant provenir des écoles, des hôpitaux et des services sociaux. Les apports théoriques des psychanalystes d'enfants tels que A. Freud et Lebovici en particulier pouvaient dès lors être utilisés pour améliorer la santé mentale des enfants dans les pays européens en prenant en charge l'enfant et son milieu, qu'il s'agissait de tenter de modifier s'il en était besoin. Les centres de guidance infantile se sont développés parallèlement aux C.M.P.P. et sont devenus avec la création en 1972 des intersecteurs de psychiatrie infanto-juvénile des centres de santé mentale ou plus récemment des centres médico-psychologiques J.-M. C.

Guilford (Joy Paul)

Psychologue américain (Marquette, Nebraska, 1897).

Après avoir étudié les méthodes psychométriques et la personnalité, il s'est intéressé aux aptitudes cognitives et a proposé, en particulier, un modèle de la structure de l'intellect organisant les résultats de nombreuses analyses factorielles. Il a écrit *The Nature of Human Intelligence* (1967), *Intelligence, Creativity and their Educational Implications* (1968), *The Analysis of Intelligence* (1971), *Way beyond the I.Q.* (1977), *Cognitive Psychology with a Frame of Reference* (1979). R. L.

Guilford-Zimmerman (inventaire de personnalité de)

(angl. Guilford-Zimmerman Temperament Survey)

Inventaire de personnalité s'appliquant aux adultes et destiné à évaluer dix traits de personnalité.

Le psychologue américain J. P. Guilford pratiqua de nombreuses analyses factorielles de corrélations entre les réponses aux items de plusieurs questionnaires de personnalité en usage. À partir des résultats de ces analyses, il construisit plusieurs épreuves nouvelles dans ce domaine. La plus générale est un inventaire publié avec W. S. Zimmerman en 1947. Cet instrument compte 300 items, 30 pour chacun des 10 traits qu'il évalue : activité générale, retenue, ascendance, sociabilité, stabilité émotionnelle, objectivité, bienveillance, tendance à la réflexion, relations personnelles, masculinité. L'épreuve s'adresse à des adultes. M. R.

Guillaume (Paul)

Psychologue français (Chaumont 1878-Lannes, Haute-Marne, 1962).

Il a enseigné la psychologie à la Sorbonne et contribué à la diffusion de la psychologie scientifique, en particulier par son *Manuel de psychologie* (1932). Ses travaux ont surtout porté sur la psychologie de l'enfant, la psychologie animale et l'épistémologie de la psychologie. Il a publié : *l'Imitation chez l'enfant* (1924), *la Formation des habitudes* (1936), *la Psychologie de la forme* (1937), *la Psychologie animale* (1940), *Introduction à la psychologie* (1942), *la Psychologie des singes* (1943). R. L.

gustation

n.f. (angl. Gustation)

Fonction sensorielle permettant la détection et la reconnaissance de certaines propriétés physico-chimiques des substances introduites dans la cavité buccale.

L'organe récepteur est constitué par les bourgeons du goût, répartis principalement sur la langue. Les bourgeons contiennent des cellules réceptrices innervées par des branches de trois nerfs crâniens. Les molécules sapides et les ions exercent leurs actions stimulatrices grâce à plusieurs mécanismes de transduction qui mettent en jeu différents types de canaux ioniques. Ces mécanismes distincts peuvent coexister au sein d'une même cellule réceptrice. Comme l'olfaction, la perception gustative possède des dimensions hédonique, qualitative et intensive. La dimension de plaisir ou de déplaisir a une forte composante génétique ; elle est également sensible à l'apprentissage, modulée par l'état nutritionnel (faim, satiété) du sujet et très dépendante de l'intensité.

On reconnaît traditionnellement quatre qualités gustatives primaires : le sucré, l'amer, le salé et l'acide, représentées respectivement par les saveurs des sucres, de la quinine, du chlorure de sodium et de l'acide chlorhydrique (Henning, 1916). On a proposé de reconnaître une autre qualité, « umami » (la saveur du glutamate monosodique, qui a la propriété de développer l'intensité gustative sans en dénaturer le goût). [Le glutamate est un ingrédient traditionnel de la cuisine du Sud-Est asiatique.] En fait, les travaux psychophysiques actuels montrent que des saveurs de diverses substances ne peuvent être classées dans l'une des quatre qualités reconnues, et l'idée tend à s'imposer que les saveurs, comme les odeurs, forment un continuum perceptif multidimensionnel.

Les études neurophysiologiques indiquent que les cellules réceptrices, les neurones sensoriels primaires, les neurones-relais et même les cellules corticales répondent individuellement à des stimulus représentatifs de plusieurs qualités « primaires ». Ce manque de sélectivité des neurones n'est pas en faveur d'un codage de la qualité par *lignes étiquetées* (angl. Labelled Lines) ; la qualité serait plutôt représentée par la quantité relative d'activité évoquée par le stimulus dans chacun des neurones d'un *étage donné du système gustatif* (angl. Across-Neuron Pattern). Au plan neuroanatomique, les voies gustatives comportent deux relais successifs dans le tronc cérébral (le noyau du tractus solitaire et l'aire pontique du goût). Au-delà, l'information gustative emprunte deux trajets distincts : l'un vers le cortex à travers le thalamus ; l'autre vers des régions de l'hypothalamus et du système limbique impliquées dans le contrôle de la prise alimentaire. Chez l'Animal, après interruption de la voie « cognitive » corticale par lésion thalamique, des réponses réflexes adaptées, comme l'ingestion de sucre et le rejet de quinine, restent possibles. A. H.

→ bourgeons du goût.

Guthrie (test de)

(angl. Guthrie's Test)

Méthode de détection de la phénylalanine dans le sang par dosage de la neutralisation par cette substance d'une inhibition microbiologique provoquée par la bêta-2-thiénylalanine.

La présence d'une hyperphénylalaninémie (6 mg/100 ml ou plus) confirme l'existence d'une dysmétabolie héréditaire (récessive autosomique), la phénylcétonurie, qui entraîne, si elle n'est pas traitée, une arriération intellectuelle particulièrement sévère. Le traitement, essentiellement diététique, consiste en une restriction alimentaire en phénylalanine. Il sera d'autant plus efficace qu'il sera commencé précocement, puisque la maladie touche le développement de la myéline, au début de la vie, surtout pendant la période de myélinisation active. D'où l'intérêt de ce test fait systématiquement dès la période néonatale. J. P.

Guttman (Louis)

Psychologue américain (New York 1916).

Il enseigne dans diverses universités américaines (Cornell, Harvard et Ann Arbor) et, en 1954, est nommé professeur à l'université hébraïque de Jérusalem. Ses principaux travaux concernent la mesure des attitudes. Partant de l'hypothèse que les attitudes humaines reposent sur des variables hiérarchisées entre elles, il a proposé un modèle hiérarchique d'analyse des attitudes. R. L.

Guttman (échelle de)

(angl. Guttman Scale)

→ hiérarchique (échelle).

H

habituation

n.f. (angl. Habituation)

Diminution de l'intensité, de l'amplitude ou de la durée d'une réponse (comportementale, végétative ou nerveuse) puis disparition de cette réponse lors de la répétition du stimulus évocateur lorsque celui-ci n'a jamais été suivi d'un renforcement (positif ou négatif).

ÉTHOL et GÉNÉR. L'habituation est généralement considérée comme la forme la plus simple d'apprentissage. Elle se rencontre dans tout le règne animal, des Protozoaires à l'Homme. Des corrélats de ce phénomène comportemental ont été trouvés au niveau de certaines jonctions synaptiques, notamment chez les Mollusques.

Le phénomène d'habituation est très comparable à celui d'extinction, qui fait partie du conditionnement; la différence est qu'il s'exerce sur une réaction innée et non sur une réaction apprise.

Diverses théories ont été proposées pour rendre compte de l'habituation. Pour Sokolov (1963), la présentation d'un stimulus met en place un *modèle* central de ce stimulus: quand il se répète, il est comparé au modèle central et, en cas de concordance, les systèmes de réponses sont progressivement inhibés. Pour Groves et Thompson (1970), l'habituation mettrait en jeu deux mécanismes distincts et indépendants, l'un déprimant, l'autre sensibilisant les circuits neuroniques, et additionnant leurs effets pour déterminer la force de la réponse.

DÉVELOP. Chez le bébé humain, l'habituation est observable dès les premiers jours de vie. Elle peut porter sur des activités variées d'ordre biologique ou comportemental. Elle ne peut être réduite à une simple adaptation des récepteurs sensoriels ou à une fatigue des effecteurs musculaires. Quelle que soit l'expérience en jeu, on trouve toujours un nombre plus ou moins élevé de bébés qui n'atteignent pas le critère d'habituation fixé par l'expérimentateur. On peut cependant démontrer qu'ils avaient appris quelque chose pendant la période de familiarisation.

Mesure de l'habituation

Elle se fait à partir d'indices observables et quantifiables: rythme cardiaque, respiratoire, de succion et surtout durée de fixation oculaire. Deux types de procédure sont utilisés dans ce dernier cas. Le premier est dit « à essais fixes »; l'expérimentateur choisit lui-même la durée de présentation du stimulus et décompte le nombre de secondes pendant lesquelles l'enfant a regardé la cible au cours de chaque essai. On calcule ainsi un taux d'habituation. Le second est dit « de contrôle par le bébé »: une fois la cible présentée, l'essai débute à l'instant où le bébé la regarde et se termine quand il en détourne son regard. L'indice retenu est donc, pour chaque essai, la durée d'une seule fixation oculaire.

Critères d'habituation

Il est généralement convenu qu'il y a habituation lorsque l'intensité de la réponse initiale a baissé de moitié (la moyenne des durées de fixation des 2 ou 3 derniers essais est égale à 50% de la moyenne des 2 ou 3 premiers essais). Les enfants qui n'ont pas atteint ce critère sont considérés comme non habitués et, le plus souvent, non pris en compte dans les résultats expérimentaux.

Courbe d'habituation

C'est la traduction graphique de l'évolution, essai par essai, de la durée de fixation. Établies à partir des valeurs moyennes calculées pour un groupe de 10 à 20 bébés, ces courbes ont une forme asymptotique décroissante. Cependant, l'analyse des courbes individuelles a montré que celles-ci peuvent être classées en trois groupes: fluctuations en dents de scie, accroissement initial de la durée d'attention suivi de diminution, décroissance asymptotique, ce qui pose un problème dans l'établissement du critère d'habituation.

Vitesse d'habituation

Elle est mesurée soit par le nombre d'essais, soit par la durée totale de fixation oculaire qui ont précédé l'atteinte du critère.

Modèles cognitifs de l'habituation

De nombreux psychologues du développement (M. Lewis, L. B. Cohen, R. MacCall, etc.) voient dans l'habituation le résultat d'une activité cognitive. Selon eux, lors des présentations successives du stimulus, le bébé construit peu à peu un modèle représentatif de ce dernier. Chaque nouvelle présentation entraîne à la fois la comparaison du percept actuel au modèle en construction et l'enrichissement de celui-ci. Aussi longtemps que persiste un désaccord entre le modèle et le percept, le stimulus attire l'attention mais plus l'écart s'amenuise et moins l'attention est forte. La vitesse d'habituation traduit la rapidité avec laquelle un bébé construit son modèle de stimulus et aussi sa capacité de traiter de l'information. Cette interprétation de l'habituation repose sur de nombreuses données recueillies chez des bébés de 4 à 10 mois et rien ne permet à l'heure actuelle de dire que, chez l'Animal et le nouveau-né humain, la diminution d'intensité d'une réponse traduit la construction d'un modèle représentatif imagé.

Procédure expérimentale d'habituation et réaction à la nouveauté

C'est une des plus utilisées pour mesurer chez le bébé les capacités de mémorisation, de différenciation et de catégorisation. La composition de la série de stimulus utilisée pendant la période de familiarisation varie selon le comportement étudié. S'il s'agit de différenciation, le même stimulus est présenté à chaque essai. Pour la catégorisation, la série est faite de plusieurs exemplaires différents d'une même catégorie physique choisie par l'expérimentateur.

B. T., J.-M. C., J.-F. L. N., E. V.

Bibliographie

Le Ny, J.-F., 1975, *le Conditionnement et l'apprentissage*, Paris, P.U.F.

habitude

n.f. (angl. Habit)

GÉNÉR. et DÉVELOP. **Manière de se comporter ou d'agir acquise par apprentissage et, surtout, par répétition.**

GÉNÉR. Dans l'usage commun, le mot recouvre des activités qui incluent généralement une composante motrice. En psychologie, on peut parler aussi d'habitudes intellectuelles, ou cognitives, qui sont purement internes.

DÉVELOP. Pour acquérir une habitude (ou habileté) motrice (danser, taper à la machine, conduire une voiture), il faut que l'enchaînement des mouvements soit répété régulièrement de très nombreuses fois jusqu'à ce que celui-ci devienne *automatique*. L'acte habituel, une fois déclenché, se déroule tout seul sans contrôle volontaire. Chez l'enfant, l'acquisition d'habitudes (apprendre à marcher, à écrire, etc.) n'est possible que lorsqu'il a atteint un certain niveau de maturation et/ou de développement perceptif et cognitif. La fonction de l'habitude est économique; elle permet d'exécuter automatiquement avec précision des actes complexes qui, lors de leur acquisition, exigeaient beaucoup d'effort. L'enfant peine pour apprendre à s'habiller-se déshabiller, à former des lettres, etc. Le danger des habitudes est de fournir à l'être humain des conduites rigides qui laissent peu de place à la variabilité comportementale et à la création.

RÉFLEX. **Dans la théorie de C. Hull, variable intermédiaire qui désigne la liaison acquise entre un stimulus et une réponse.**

Dans la théorie de Hull, la force de la liaison entre le stimulus et la réponse est appelée « Habit Strength » (force de l'habitude) et désignée par ${}_{s}H_{R}$. La valeur de celle-ci, multipliée par celle de D (« Drive », mobile ou motivation), produit une valeur ${}_{s}E_{R}$ (« Reaction Potential », potentiel de réaction), qui détermine directement l'amplitude de la réponse. ${}_{s}H_{R}$ est, pour l'essentiel, une fonction du nombre de répétitions.
J.-F. L. N. et V. P.

Haeckel (Ernst)

Naturaliste allemand (Potsdam 1834-Iéna 1919).

Disciple de C. Darwin, il est l'auteur d'importants travaux sur les animaux inférieurs. Il est connu en particulier par la loi de biogénétique fondamentale à laquelle il a donné son nom. Selon cette loi, l'ontogenèse de tout être vivant serait une récapitulation de la phylogenèse. Il a écrit notamment *Morphologie générale des organismes* (1866), *Anthropologie ou Histoire de l'évolution humaine* (1874; trad. fr. 1877).
E. V.

Hall (Granville Stanley)

Philosophe et psychologue américain (Ashfield, Massachusetts, 1844-Worcester, Massachusetts, 1924).

Élève de W. Wundt dans son laboratoire de psychologie de Leipzig, il est l'un des pionniers de la psychologie expérimentale aux États-Unis, où il introduit les méthodes de son maître. Il a écrit *Adolescence* (1904), *Educational Problems* (1911), *Founders of Modern Psychology* (1912), *Life and Confessions of a Psychologist* (1923). R. L.

hallucination

n.f. (angl. Hallucination)

Expérience perceptive s'accompagnant d'une croyance absolue en la réalité d'un objet pourtant faussement perçu puisque le sujet ne reçoit pas de stimulation sensorielle correspondant à cet objet.

Généralement pathologique, cette expérience hallucinatoire est donc une « perception sans objet à percevoir » (H. Ey); pour lui, il s'agirait d'une réalité interne projetée hors de soi à l'occasion d'une déstructuration* de la conscience. Il faut, pour caractériser ce trouble psychosensoriel, deux modalités principales: la sensorialité, comme dans une perception vraie, et la projection spatiale. Quoique la spatialisation ne soit pas évidente pour le goût, et peut-être les cénesthésies, on classe les hallucinations selon les divers organes des sens: tactiles (kinesthésiques ou cénesthésiques), olfactives, gustatives, visuelles et auditives. Les deux dernières catégories sont, de loin, les plus importantes.

LES HALLUCINATIONS VISUELLES

Tandis que W. Griesinger les considérait comme les plus fréquentes, la plupart des auteurs croient qu'on les observe moins souvent que celles de l'ouïe. Pour J. Baillarger, « les hallucinations de la vue sont beaucoup plus rares chez les aliénés que celles de l'ouïe, mais c'est le contraire qui a lieu chez les personnes saines d'esprit ». Il est certain que l'hallucination visuelle s'observe cependant avec son maximum de fréquence et de richesse au cours de certains troubles de l'activité psychique, notamment des états confusionnels. L'onirisme représente la forme la plus complète et la plus typique de l'hallucination visuelle dans la clinique psychiatrique. Aussi est-ce souvent qu'on observe des hallucinations visuelles au cours des intoxications neurotropes, tout d'abord dans l'alcoolisme, mais aussi chez les cocaïnomanes; dans les intoxications accidentelles ou expérimentales (haschisch, peyotl, L.S.D.), on observe des bouffées de rêve qui représentent l'éclosion d'hallucinations visuelles.

Avec J. Seglas et E. Regis, on peut distinguer les hallucinations visuelles élémentaires (couleurs, flammes, ombres, photopsies, phosphènes) des hallucinations visuelles complexes (figures, formes ornementales). Certains contenus sont plus fréquents et plus typiques, comme les visions d'animaux (zoopsies) ou de figures humaines. Les images peuvent être colorées ou entièrement décolorées (images grises, sans couleur, blafardes). Elles peuvent être fixes ou en mouvement. Souvent, il s'agit d'images « à transformation » se métamorphosant sans cesse (métamorphopsies); parfois, il s'agit de mouvements rythmiques. Elles peuvent se présenter toujours identiques à elles-mêmes (vision unique ou stéréotypée) ou être variables. Elles peuvent représenter des souvenirs plus ou moins exacts (ecmnésie hallucinatoire) ou des constructions imaginatives tout à fait étranges, déformées, bizarres avec troubles des dimensions spatiales (dysmégalopsie). Ces images peuvent se comporter assez différemment dans leurs relations avec le champ perceptif visuel: tantôt elles n'en font pour ainsi dire pas partie et se trouvent « plaquées » sur le champ visuel, tantôt elles sont projetées sur un fond, soit à la surface de certains objets (plafond, cloison), soit engagées dans une certaine perspective et un certain arrangement des objets extérieurs; aussi distingue-t-on des hallucinations visuelles plates, cinématographiques, et des hallucinations visuelles qui « trouent des murs », présentent l'image avec du recul, une profondeur, une perspective. Quant à leur association avec d'autres sensations, il y a lieu de noter les synesthésies diverses (visions odorantes, sonores, tactiles, etc.). Car effectivement, dans les crises dites « hallucinatoires », les troubles psychosensoriels peuvent être multiples. Et c'est surtout le discours rétrospectif du sujet délirant qui privilégie tel type d'hallucination.

LES HALLUCINATIONS AUDITIVES

On y retrouve des caractéristiques comparables. Il peut s'agir d'hallucinations de l'ouïe élémentaires: bruits, sons indistincts ou vibration sonore régulière. Mais, plus souvent, les délirants vont se plaindre d'hallucinations de paroles, auditivo-verbales. Ce sont les voix dont les persécutés s'inquiètent souvent. Elles peuvent parler à l'oreille, derrière l'halluciné, au-dessus de lui, derrière un mur, en l'air. Elles sont des voix connues ou inconnues. Parfois des voix bizarres dans leur sonorité (voix de polichinelle, de ventriloque, d'appareils de radio ou de T.V., d'électrophone, de mirliton, etc.). Quelquefois, elles sont chantées, mais cela est tout à fait exceptionnel. Le rythme est, au contraire, assez fréquent (voix scandées, modulées, etc.). C'est une voix unique et invariable ou bien ce sont des voix variables, multiples, en chœur et souvent en conversation directe avec l'halluciné, ou en conversation indirecte entre elles.

Leur contenu peut être le même, des « sornettes », des « kyrielles », des « ritournelles », des « slogans ». Il peut s'agir, au contraire, de discours prolixes, nuancés, dialogués. Des phénomènes très fréquents sont l'écho de la pensée, de la lecture, plus rarement de l'écriture, et le commentaire des actes. Parfois, il s'agit de paroles incompréhensibles, de discours dans une langue inconnue ou de paroles sibyllines, dépourvues de sens. Plus fréquemment encore, il s'agit d'annonces, d'informations, de renseignements, de nouvelles. Enfin, les voix sont dotées de sentiments qui passent dans leur ton et leurs expressions (injures, obscénités, compliments, conseils). Du point de vue de leur durée, elles peuvent ne se faire entendre qu'à de rares intervalles, dans certaines situations, avec une prédominance nocturne ou diurne, dans les moments d'inattention ou au contraire d'attention. Le plus souvent inopportunes, elles peuvent être parfois recherchées par le patient.

Les hallucinations psychiques verbales

S'en rapprochent des phénomènes qui n'ont plus de caractère sensoriel et qu'on a appelés « hallucinations psychiques » ou « pseudo-hallucinations ». J. Baillarger a, le premier, bien montré que certains phénomènes hallucinatoires verbaux apparaissent sous la forme de voix sans timbre, sans sonorité, de voix chuchotées, de pensées parlées, d'inspirations, de transmissions de pensées, d'idées suggérées, de conversation intérieure (comme des paroles sans son, etc.). Le deuxième caractère de ces hallucinations psychiques verbales, c'est qu'elles ne sont pas projetées dans le monde objectif avec des signes spatiaux de localisation (en dessus, en dessous, à côté, etc.) et qu'elles ne sont pas éprouvées, perçues par les oreilles et dans l'espace extérieur. Naturellement, on retrouve dans cette catégorie de phénomènes tous les aspects cliniques signalés à propos des hallucinations de l'ouïe : voix injurieuses, conseillantes, persécutrices ou favorables, dialogues incompréhensibles, informations délirantes, écho de la pensée, commentaire des actes, etc. L'ensemble de ces phénomènes constitue essentiellement un syndrome d'influence, de compénétration de pensée (fréquente dans les délires spirites, de possession et dans les délires mystiques) et se retrouve dans l'automatisme* mental décrit par G. Gatian de Clérambault, de 1920 à 1926, pour dégager le syndrome initial et fondamental précédant les manifestations délirantes et hallucinatoires de beaucoup de psychoses chroniques.

Car, si l'hallucination n'est pas le seul mécanisme du délire (l'interprétation et l'intuition y jouent aussi un grand rôle), elle en est l'accompagnatrice fréquente, devenant même prépondérante dans la psychose hallucinatoire chronique, individualisée par G. Ballet en 1911.

Association multiple des phénomènes hallucinatoires

Mais ces phénomènes, par leurs modalités très diverses et leur association à des affections mentales allant des bouffées délirantes les plus brèves aux psychoses les plus chroniques, ne peuvent s'expliquer d'une manière unique. On a vu que la déstructuration de l'état de conscience et la baisse du niveau de vigilance pouvaient les faire apparaître. Mais c'est aussi la satisfaction hallucinatoire d'un désir refoulé, comme l'a montré S. Freud à propos de l'amentia de Th. Meynert, qui peut être, dans certains cas, la cause principale de ces phénomènes. Il peut s'agir aussi d'une atteinte structurale profonde de la personnalité, comme on le voit dans la schizophrénie*, produisant les mécanismes projectifs responsables de l'activité hallucinatoire. Certaines intoxications sont aussi responsables d'états hallucinatoires transitoires. On a utilisé différents toxiques pour provoquer expérimentalement de tels états (J. Delay, G. de Morsier), qu'on peut aussi produire par un isolement sensoriel absolu. Les sujets de l'expérimentation sont mis dans une sorte de caisson liquide, en apesanteur, et dans l'obscurité et le silence le plus complets. Ils sont alors, au bout de quelques heures, en proie à des hallucinations multiples qui ne cessent qu'après la sortie de cet isolement. Il semblerait que l'absence d'excitation sensorielle entraîne une baisse de l'attention et du tonus cérébral, déclenchant une sorte d'activité nerveuse autonome et hallucinatoire. On aurait retrouvé dans certains cas de psychose schizophrénique un même abaissement fonctionnel de l'activité cérébrale, dont la nature n'a pu être jusque-là précisée. J. P.

Bibliographie

Ey, H., 1973, *Traité des hallucinations*, Paris, Masson, 2 vol.

Faure, H., 1965, *Hallucinations et réalité perceptive*, Paris, P.U.F., 2 vol.

Lapassade, G., 1987, *les États modifiés de conscience*, Paris, P.U.F.

Valla, J. P., 1983, *l'Expérience hallucinogène*, Paris, Masson.

hallucinatoire chronique (psychose)

(angl. Chronic Hallucinatory Psychosis)

Psychose délirante caractérisée par un mode de début à forme d'automatisme mental, la richesse de l'activité hallucinatoire, l'évolution chronique et, souvent, l'absence de prédisposition paranoïaque.

Décrite par G. Ballet en 1911-1912 à partir du groupe des délires chroniques de persécution de Ch. Lasègue et V. Magnan, où avait déjà été individualisé le délire d'interprétation (P. Sérieux et J. Capgras), cette psychose, appelée autrefois « folie sensorielle » ou « paranoïa hallucinatoire », trouvait sa spécificité dans l'importance des hallucinations. Ces troubles psychosensoriels relèvent des divers sens et l'emportent largement sur les interprétations et intuitions délirantes, ce qui n'empêche pas le délire de rester assez bien organisé et systématisé.

Ch. Nodet a tenté (en 1932) de classer cette psychose en trois formes relevant des trois structures, paranoïaque, paraphrénique et paranoïde, ramenant la première à la paranoïa, la deuxième aux paraphrénies et la troisième à la schizophrénie. Mais l'ensemble des psychiatres anglo-américains l'a considérée comme faisant globalement partie de la schizophrénie. Depuis peu cependant, avec le DSM III R, les délires chroniques paranoïaques ont retrouvé une certaine individualité dans la classification nord-américaine des maladies mentales. J. P.

hallucinogène

n.m. et adj. (angl. Hallucinogens ou Hallucinogenic Drugs)

Se dit d'un psychotrope naturel, semi-synthétique ou synthétique, dont l'action principale est une modification des perceptions (visuelles, proprioceptives, tactiles, auditives) avec possibilité d'hallucinations.

L'usage de plantes hallucinogènes dans un cadre religieux ou chamanique remonte sans doute à l'époque paléolithique. L'amanite muscaria ou tue-mouche, objet et moyen de culte, fut employée par les chamans sibériens. Ce champignon, qui pourrait être le soma des Aryens, aurait été lié aux mystères des premières religions : mode d'extase artificielle, moyen de contact avec les puissances supérieures, il serait l'une des premières divinités. En Amérique centrale persistent des cultes d'hallucinogènes remontant à la plus haute antiquité. Au Mexique, par exemple, le psilocybe mexicana est encore rituellement employé : ce champignon, qui contient la psilocybine, puissant hallucinogène, est l'agaric teonanacatl, la « chair des dieux » aztèque. D'autres plantes sont aussi hallucinogènes et donnent lieu aux mêmes utilisations rituelles : la plus connue est le peyotl, de la famille des cactus, qui contient la mescaline. L'harmine et l'harmaline proviennent aussi de plantes (le « yage » ou l'« ayawasca » d'Amérique du Sud). L'iboga (tabernanthe iboga contenant l'ibogaïne) est utilisé en Afrique.

L'intérêt pour les hallucinogènes a été renouvelé par l'isolement des alcaloïdes actifs et surtout par la découverte de produits synthétiques ou semi-synthétiques. Le L.S.D 25 en est le meilleur exemple. D'autres substances comme le P.C.P (phencyclidine, ou Angel Dust), le S.T.P, le D.O.M, etc., font aussi partie de ce groupe. La découverte du L.S.D a fait naître de grands espoirs pour la recherche et le traitement des troubles mentaux, mais cette voie de recherche est aujourd'hui très délaissée. Dans les années 1960, l'usage d'hallucinogènes s'est intégré à un mouvement de contestation de la société par la jeunesse américaine : ce fut la vogue du *psychédélisme*.

L'expérience hallucinogène, le « trip », a été maintes fois décrite, surtout après prise de L.S.D. Le voyage débute une demi-heure après l'ingestion et dure environ de 6 à 12 heures. La façon de vivre le trip est variable selon les expériences antérieures, le contexte, la personnalité et les attentes de l'utilisateur. Celui-ci garde une lucidité certaine pendant le trip et fait généralement des efforts pour garder le contrôle. L'expérience s'accompagne de mydriase, de tremblements, parfois d'incoordination motrice.

La modification des perceptions est au premier plan. La cénesthésie, le tact sont modifiés (impression de légèreté ou de lourdeur, d'engourdissement, de perte des limites corporelles, etc.). Les troubles hallucinosiques visuels (déformations, modifications des couleurs, etc.) peuvent faire place à de vraies hallucinations, souvent faites de formes simples et colorées. La modification de la perception des sons va rarement jusqu'à des hallucinations auditives. Les synesthésies sont fréquentes : généralement visions provoquées par des sons. Des phénomènes d'héautoscopie sont souvent rapportés ; la perception du temps est modifiée, tantôt dans le sens de l'accélération, tantôt comme un ralentissement; les troubles de la mémoire, de l'attention, la suggestibilité et la sensibilité aux conditions ambiantes sont des éléments importants du voyage.

Parfois, le trip se borne à des déformations des perceptions, expérience récréative qui ne bouleverse pas le sujet. Mais cette perturbation peut prendre le sens d'une perte de tous les repères symboliques et représenter un véritable traumatisme psychologique. Certains vivent ainsi des expériences archaïques, infraverbales, remettant en cause leurs conceptions du monde et d'eux-mêmes. Si une telle « analyse sauvage » peut apporter d'authentiques révélations sur soi-même, elle est à l'origine de nombreux *mauvais voyages* (angl. Bad Trips), voire de passages à l'acte. Souvent, la révélation du trip est vécue comme une expérience mystique : la fréquence de ce sentiment a fondé les croyances « psychédéliques » en une nouvelle religion. Les risques de l'emploi d'hallucinogènes sont donc très différents de ceux liés aux drogues toxicomanogènes.

Il n'existe pas de dépendance physique, et guère d'accoutumance. De même, les overdoses ne sont qu'une possibilité théorique, les doses efficaces étant fort inférieures aux doses toxiques. L'usage d'hallucinogènes est en fait généralement récréatif ou sporadique, très rarement régulier. Le danger majeur et le plus fréquent est le « bad trip » : parfois simple réaction d'angoisse, voire de panique, liée à l'hostilité de l'entourage ou au sentiment de perte de contrôle, mais parfois véritable réaction psychotique, présentant tous les aspects d'un épisode fécond de schizophrénie. Ces troubles régressent en général rapidement sous l'effet de tranquillisants ou de neuroleptiques. Reste la question des psychoses chroniques induites par l'usage d'hallucinogènes. Pour nombre de toxicomanes, il ne fait guère de doute que l'on peut ne jamais redescendre, devenir psychotique à la suite d'un « bad trip ». Ces cas sont toutefois rares et, pour beaucoup, il ne s'agit que d'un élément de décompensation chez des sujets de structure psychotique. M. V.

BIBLIOGRAPHIE
Furst, P. T., 1974, *la Chair des dieux*, Paris, Seuil.
Valla, J. P., 1983, *l'Expérience hallucinogène*, Paris, Masson.

hallucinose

n.f. (angl. Hallucinosis)

Perception sans objet, proche des hallucinations visuelles avec déroulement d'images colorées.

L'hallucinose se distingue de l'hallucination visuelle par l'absence de participation affective de la part du sujet, qui reconnaît la manifestation pathologique comme inexacte et ne l'intègre pas dans un système délirant. R. L.

→ article suivant.

hallucinose pédonculaire

(angl. Peduncular Hallucinosis)

Type particulier d'hallucinose causé par une lésion de la région mésodiencéphalique du cerveau.

J. Lhermitte (1922) la rattachait à une lésion de la calotte pédonculaire. Le sujet observe avec curiosité et plaisir des animaux, des personnages et des objets colorés qu'il voit défiler devant lui. Il reconnaît la non-réalité de ces phénomènes psychosensoriels au moment même où ils surviennent et ne les intègre pas dans un système délirant, ce qui les distingue de manifestations hallucinatoires proprement dites. L'hallucinose pédonculaire survient le plus souvent au crépuscule. Elle peut s'accompagner de troubles de la conscience plus ou moins marqués. A. G.

halo (effet de)

(angl. Halo Effect)

Tendance d'une personne, à qui l'on demande d'évaluer une caractéristique déterminée chez une autre personne connue de la première, à être affectée par l'opinion qu'a l'évaluateur sur les autres caractéristiques de la personne évaluée ou par l'impression générale que lui laisse cette personne.

Le phénomène a notamment été mis en évidence par R. Bonnardel en milieu industriel à propos d'évaluations portées sur la maîtrise subalterne. M. R.

handicap

n.m. (angl. Handicap)

Situation d'une personne qui se trouve désavantagée, d'une manière ou d'une autre, par rapport à d'autres personnes.

Ainsi, un déficit *sensoriel* visuel ou auditif est un handicap car l'enfant qui en est atteint vit et se développe dans un monde organisé matériellement et socialement par et pour des voyants et des entendants. Il en est de même des handicaps *moteurs* (paralysies d'origine diverse, infirmité motrice cérébrale, malformations ou amputations des membres, etc.), qui restreignent la locomotion et l'accomplissement des activités quotidiennes dans un monde organisé pour des personnes mobiles et autonomes.

Le handicap créé par un déficit *mental* (intelligence par exemple) est plus difficile à définir et à identifier, car la norme varie selon les définitions données à l'intelligence et aux autres fonctions psychologiques, et selon les méthodes de mesure. Cependant, quelles que soient ces mesures, un écart trop important par rapport à la moyenne du groupe constitue un handicap, car il se répercute sur les acquisitions scolaires, professionnelles et sociales, toujours organisées selon certaines normes de développement.

Le handicap doit être détecté le plus tôt possible chez l'enfant car les mesures médicales et éducatives propres à atténuer ses effets sont d'autant plus efficaces qu'elles sont appliquées précocement. Ce dépistage est relativement aisé pour les troubles moteurs, mais il est plus délicat pour la cécité ou la surdité et pour les handicaps mentaux.

Sur le plan médical et technique, deux questions sont importantes : l'évolution possible du trouble (état stabilisé, aggravation ou amélioration prévisibles) et la possibilité ou non d'un appareillage (pour les handicaps sensoriels et moteurs) : prothèse des membres, prothèse auditive, prothèse visuelle, etc.

Les mesures éducatives consistent d'abord, pour les très jeunes enfants, en une guidance parentale très suivie par laquelle la famille est soutenue psychologiquement et reçoit des conseils quant aux attitudes éducatives à adopter (éviter la surprotection de l'enfant, encourager sa prise d'autonomie et son activité, etc.). Ensuite, une scolarisation appropriée de l'enfant sera recherchée et variera selon le handicap. Il existe des écoles spécialisées pour les aveugles et déficients visuels, les sourds et malentendants, les infirmes moteurs, les retardés mentaux, etc. Cependant, cette scolarisation pose de nombreux problèmes. D'abord, il est rare de trouver une telle école à proximité de son domicile (moins pour les retards mentaux). Souvent, l'enfant handicapé doit être séparé de sa famille pour être placé en institution, ce qui a des inconvénients certains. Par ailleurs, le regroupement des handicapés dans un même établissement accentue chez eux le sentiment de leur différence et rend plus difficile leur intégration ultérieure au monde dit « normal ». C'est pourquoi on essaie souvent aujourd'hui de scolariser ces enfants dans des classes ordinaires en leur donnant par ailleurs un soutien pédagogique par des maîtres spécialisés qui les initient aux techniques propres à leur handicap. Enfin, il y a le problème des handicapés multiples (sourds et aveugles, aveugles et infirmes moteurs, etc.), dont le nombre connu augmente en raison des progrès de la médecine (qui les dépiste plus tôt) et dont la prise en charge scolaire et sociale est souvent difficile.

L'intégration professionnelle des handicapés dépend de la gravité du handicap et de la réussite de la formation scolaire, professionnelle et sociale. La législation française incite à l'embauche des handicapés, mais elle n'est pas toujours appliquée. Les handicapés qui parviennent à avoir une activité régulière, quelle qu'elle soit, sont évidemment ceux qui parviennent le mieux à s'intégrer à la société. Y. H.

→ article suivant.

handicap mental

(angl. Mental Handicap)

Désavantage, ou infériorité sociale et professionnelle, résultant d'une maladie mentale.

Le terme *handicap*, d'abord utilisé par les Anglais pour désigner un jeu de hasard, puis le poids que devaient porter les chevaux les plus rapides pour équilibrer les chances des autres chevaux dans une course, est entré dans le vocabulaire médicosocial en France avec la loi du 23 novembre 1957 sur le reclassement des travailleurs handicapés: « Est considérée comme travailleur handicapé [...] toute personne dont les possibilités d'obtenir ou de conserver un emploi sont effectivement réduites par suite d'une insuffisance ou d'une diminution de ses capacités physiques et mentales. »

Avec P. H. N. Wood, on doit bien distinguer: la *déficience*, ou *déficit fonctionnel* (angl. Deficiency), conséquence directe de l'atteinte anatomophysiologique de l'organisme par le processus morbide ou traumatique; l'*inadaptation* (angl. Disablement), représentant les conséquences de ce processus sur les possibilités d'autonomie du sujet et sur ses compétences dans sa vie familiale et quotidienne; et le handicap proprement dit, qui, lui, est le véritable désavantage social, c'est-à-dire la limitation ou la modification des rôles sociaux et professionnels que l'individu pouvait ou était en droit d'espérer tenir avant le processus pathologique invalidant. Le handicap est donc à comprendre en fonction de ces rôles sociaux auxquels la société elle-même participe, ce qui est particulièrement vrai du handicap mental. Ce dernier ne doit donc pas être conçu comme une incapacité qui serait facilement mesurable. Il est fonction des interactions entre le handicapé et son milieu. Il « peut exister dans une certaine circonstance et pas dans une autre [...] et [...] n'est donc pas une constante » (F. Chapireau). Il est variable et peut, dans certains cas, être seulement potentiel. C'est pourquoi la loi française du 30 juin 1975 dite « d'orientation en faveur des personnes handicapées », en étant avant tout une loi d'invalidité correspondant à une déficience quantifiable et définitivement fixée, passe à côté de la notion même de handicap, en particulier dans le domaine de la pathologie mentale, où le processus morbide est, en plus, toujours évolutif. J. P.

handicapé, e

adj. et n. (angl. Handicapped)

Se dit d'une personne atteinte d'un désavantage, infériorité résultant d'une déficience ou d'une incapacité qui interdit ou limite l'accomplissement d'un rôle social, ce dernier étant considéré en rapport avec l'âge, le sexe, les facteurs sociaux et culturels.

Si la notion d'inadaptation est bien antérieure à celle de handicap, c'est cependant cette dernière qui a été officialisée par la loi du 30 juin 1975 d'orientation en faveur des personnes handicapées. M. G.

→ loi du 30 juin 1975.

handling

n.m. (angl. Handling)

Selon la terminologie de D. W. Winnicott, façon adéquate de manipuler et de soigner corporellement un bébé, qui favorise plus particulièrement, dans son développement spontané, le processus de personnalisation.

Cette fonction naît, comme le holding, de l'identification de la mère à son nouveau-né, qui la rend capable de s'adapter à ses tout premiers besoins de manière presque parfaite. R. L.

→ holding.

Hanfmann-Kasanin (cubes de)

Epreuve dans laquelle on demande aux enfants de regrouper des objets en fonction d'un critère concret.

→ catégorielle (pensée).

Hanoi (tour de)

Jeu utilisé par les psychologues et les cogniticiens pour tester et formaliser certaines opérations mentales.

Il est formé de trois bâtons verticaux (situés selon la tradition dans une tour à Hanoi) sur l'un desquels sont empilés des disques de circonférences décroissant de la base au sommet. Il s'agit de transférer cet empilement d'un bâton à un autre en déplaçant un à un les disques de façon à toujours superposer un disque plus petit sur un plus grand. R. L.

Hans (le petit)

Pseudonyme d'un enfant à propos duquel S. Freud expose ses vues sur la sexualité infantile et la place de celle-ci dans l'histoire individuelle.

C'est dans un article de 1909, *Analyse der Phobie eines fünfjärigen Knaben* (trad. fr. *Analyse de la phobie d'un petit garçon de cinq ans*, repris dans *Cinq Psychanalyses*) que S. Freud expose ses conceptions. Le surgissement d'une phobie dans l'histoire de cet enfant permet à Freud de mettre en évidence le rôle du complexe d'Œdipe et la fonction subjective de la castration, et, par-delà, le rôle de la fonction paternelle dans le désir inconscient. R. L.

Harlow (Harry Frederick)

Psychophysiologiste américain (Fairfield, Iowa, 1905).

Ses travaux sur la facilitation sociale chez le Rat (1932) l'ont conduit à étudier le rôle de l'environnement dans l'acquisition et l'organisation des séquences motrices du comportement sexuel des Primates (1962). Dans l'étude des relations mère-jeune chez les Singes, il a remplacé la mère par des leurres plus ou moins complexes et étudié l'influence de cet environnement sur le développement des comportements parentaux du sujet en expérience. La présence de la mère (naturelle ou artificielle) a pour effet de réduire les réactions de crainte du jeune. L'isolement total de celui-ci pendant six mois ou un an provoque des perturbations permanentes du comportement social (sujets facilement terrorisés). Le principal ouvrage de Harlow est *Learning to Love* (1971). R. L.

Hartmann (Heinz)

Médecin et psychanalyste américain d'origine autrichienne (Vienne 1894-Stony Point, New York, 1970).

Avec E. Kris et R. Lœwenstein, il est représentatif de l'égopsychologie qui pose comme but de la thérapie analytique l'adaptation du moi à la réalité. R. L.

haschisch

n.m. (angl. Hashish)

Résine de cannabis. M. V.

→ cannabisme.

hauteur

n.f. (angl. Pitch)

Caractère de la sensation auditive selon lequel les sons paraissent graves ou aigus.

La hauteur dépend essentiellement de la composition fréquentielle des sons. Pour les sons de fréquence pure, on distingue deux qualités de hauteur: la tonie, selon laquelle ils sont classés sur une échelle allant du grave à l'aigu, et le chroma, qui veut que deux sons dont les fréquences sont séparées par une octave présentent une similarité.

Les échelles musicales sont basées sur le chroma. Pour les sons complexes harmoniques, la hauteur des différentes composantes n'est généralement pas perçue séparément, leur hauteur unique perçue est celle de leur fréquence la plus basse (fréquence fondamentale). M.-C. B.

Head (Henry)

Neurologue anglais (Londres 1861-Reading 1940).

Il a consacré l'essentiel des ses travaux d'une part à la sensibilité cutanée, d'autre part aux aphasies. Pour la première, il introduit la distinction entre *fonction protopathique* (relevant du thalamus) et *fonction épicritique*. Celle-ci serait la faculté de discrimination. Elle dépend de l'activité corticale, dont la suppression entraîne donc la perte de la perception des relations spatiales et de la forme des objets entrant en contact avec la surface corporelle.

Pour les secondes, critiquant la doctrine des localisations cérébrales des neurologues classiques, Head défend une classification essentiellement fonctionnelle qui en distingue quatre formes: verbale, caractérisée par la formation défectueuse des mots; syntactique, où domine un trouble grave de la structure grammaticale de la phrase; nominale, due à un trouble de l'emploi significatif des mots; sémantique, constituée par la difficulté de saisir l'intention d'un ensemble, d'un acte, d'un geste, d'une phrase. Ainsi, le langage de l'aphasique se montrerait atteint de deux manières: par trouble de la signification (formes sémantique et nominale) ou par trouble de l'utilisation (formes verbale et syntactique). Cette conception très nouvelle de l'aphasie allait renforcer les thèses globalistes sur l'activité cérébrale, en particulier celle de K. Goldstein. J. P.

Hebb (Donald Olding)

Psychologue canadien (Chester, Nouvelle-Écosse, 1904).

Il a été chercheur puis professeur à l'université McGill de Montréal à partir de 1947. Ses travaux se situent au carrefour de la psychologie expérimentale et de la psychophysiologie. Il a développé des conceptions nouvelles en matière d'activation et de motivation, dans leurs rapports avec le comportement et avec la perception. Il a écrit *The Organization of Behavior* (1949), *A Textbook of Psychology* (1958). R. L.

hébéphrénie

n.f. (angl. Hebephrenia)

Une des grandes formes cliniques de la schizophrénie.

Elle est caractérisée par son début dès l'adolescence, ses aspects déficitaires intellectuels avec inhibition psychomotrice et négativisme et son évolution souvent marquée par des troubles thymiques atypiques et des accès hétéroagressifs ou autoagressifs impulsifs parfois dramatiques.

Sa première description, faite par E. Hecker en 1871, en faisait une maladie autonome. Elle est reprise par E. Kraepelin, qui l'introduit dans le cadre de la démence précoce en en faisant la première forme clinique juvénile de cette affection mentale. Il la rapproche d'ailleurs de la catatonie, individualisée par K. Kahlbaum en 1874, dans une autre forme qu'il appelle « hébéphrénocatatonique ». E. Bleuler reprend ces descriptions en 1911 dans sa conception nosologique du groupe des schizophrénies. J. P.

→ schizophrénie.

hébétude

n.f. (angl. Hebetude)

État d'inhibition stuporeuse profonde confinant à une véritable sidération de l'activité psychique pendant un temps plus ou moins long.

Parfois due à une violente émotion ayant sidéré le sujet, en état de choc psychologique, elle est plus souvent une des manifestations de déficits intellectuels importants que produisent les démences*. J. P.

Heider (Fritz)

Psychosociologue américain d'origine autrichienne (Vienne 1896).

Il est, avec K. Lewin, très fortement influencé par la psychologie de la forme. Il transpose les lois de la perception d'objets au domaine de la perception des personnes. Son livre *The Psychology of Interpersonal Relations* (1958) est devenu un des classiques de la psychologie interpersonnelle: il y développe en effet la notion d'équilibre et la théorie de l'attribution, relative à la perception des relations causales entre un comportement observé d'un sujet et les intentions ou motifs qui lui sont imputés par un observateur. C'est ainsi que l'on peut attribuer la cause d'une réussite ou d'un échec à la personne impliquée elle-même (à ses aptitudes ou à l'effort qu'elle fournit) ou à des circonstances extérieures (à sa chance ou aux caractéristiques de la tâche). C'est ce que Heider appelle la psychologie du sens commun. R. L.

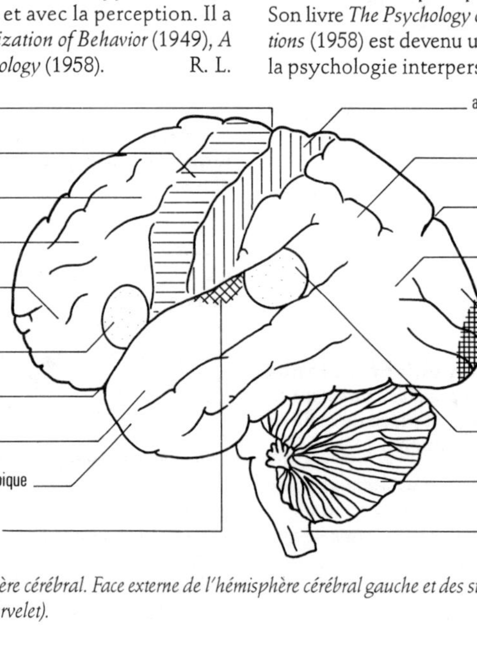

Figure 1. Hémisphère cérébral. Face externe de l'hémisphère cérébral gauche et des structures sous-jacentes (tronc cérébral et cervelet).

hémiplégie

n.f. (angl. Hemiplegia)

Paralysie d'un côté du corps.

Conséquence de l'atteinte unilatérale de la voie motrice pyramidale, l'hémiplégie associe au déficit moteur la perte de certaines formes de la réflectivité (en particulier cutanéo-abdominale) et des signes positifs de libération (dans la perspective jacksonienne): réponse en extension et en éventail des orteils à l'irritation plantaire (signe de Babinski), syncinésies, exagération des réflexes ostéo-tendineux et du tonus. En raison du croisement du faisceau pyramidal, la paralysie se situe du côté opposé à la lésion cérébrale et s'accompagne souvent d'une aphasie motrice lorsque c'est l'hémisphère cérébral dominant qui a été atteint. Les lésions en cause sont habituellement d'ordre vasculaire, ou, plus rarement, tumoral, ou traumatique, ou infectieux (abcès cérébral). J. P.

hémisphère cérébelleux

(angl. Cerebellar Hemisphere)

Chacune des deux parties latérales et symétriques du cervelet, situées de chaque côté du vermis médian. R. L.

hémisphère cérébral

(angl. Cerebral Hemisphere)

Chacune des deux moitiés du cerveau, dérivées du télencéphale et réunies par les commissures interhémisphériques et le tronc cérébral.

Chez l'homme, les deux hémisphères cérébraux sont très développés; ils recouvrent toutes les autres parties du cerveau, de sorte que seuls le cervelet et le tronc cérébral restent visibles (Figure 1). Les hémisphères sont réunis par des commissures dont la plus importante est le corps calleux. G. S. et J. P.

→ cerveau, cortex, dominance cérébrale, latéralisation, lobe cérébral.

hérédité

n.f. (angl. Heredity)

Transmission de certains caractères des géniteurs à leurs descendants.

L'hérédité s'observe à l'échelle de l'espèce (chaque organisme donne naissance à un organisme appartenant à la même espèce). Elle s'observe aussi à l'échelle des individus d'une même espèce et contribue à expliquer les différences individuelles. La transmission héréditaire s'explique par les propriétés propres à chacun des gènes transmis par les géniteurs à leurs descendants. Mais tous les caractères déterminés par le génome (l'ensemble du patrimoine génétique d'un individu) ne sont pas transmissibles. On doit donc distinguer l'héritabilité au sens strict et la détermination génétique. Les caractères observables dépendent de leur héritabilité au sens strict, de l'ensemble plus large constitué par la détermination génétique et des facteurs de milieu. M. R.

→ génétique (psychiatrie), génétique (psychologie), génétique du comportement (analyse), génétique comportementale.

hérédité des maladies mentales

(angl. Heredity of Mental Illnesses)

→ génétique (psychiatrie).

hérédoalcoolisme

n.m. (angl. Heredoalcoholism)

Pathologie due à l'imprégnation par l'alcool de l'organisme des parents.

Bien que l'on considère depuis toujours que l'abus d'alcool entraîne de nombreuses « tares » dans la descendance des buveurs, la notion d'hérédoalcoolisme ne se constitue qu'au début du XXe siècle sur le modèle de l'hérédosyphilis dans le cadre de la doctrine de la dégénérescence.

L'hérédoalcoolisme représente une illustration exemplaire du processus dégénératif. L'alcool est en effet une cause prédisposante de maladie par les lésions qu'il entraîne, en particulier au niveau du système nerveux, cette prédisposition pouvant passer à la génération suivante si l'intoxication est importante. Mais l'alcool est aussi une cause déterminante pouvant entraîner des accidents aigus, et ce d'autant plus facilement que le sujet est prédisposé. Mécanisme ainsi résumé par M. Legrain : « Les dégénérés créent des buveurs et les buveurs créent des dégénérés. » De nombreux auteurs vont ainsi définir l'alcoolisme comme un des stigmates de dégénérescence alors que d'autres concluront que c'est « l'appétence des boissons alcooliques qui se transmet ». Si la théorie de l'hérédoalcoolisme a été battue en brèche dans les années 1940 au profit des théories environnementalistes, il faut noter la multiplication depuis le début des années 1980 de travaux sur les conséquences de l'alcoolisme sur les enfants. F. B.

hérédodégénérescence

n.f. (angl. Heredodegeneration)

Synonyme de dégénérescence.

hérédosyphilis

n.f. (angl. Heredosyphilis)

Nom donné naguère à la syphilis.

La notion d'hérédosyphilis, très répandue du début du XXe siècle jusqu'aux années 1940, en particulier grâce aux travaux de A. Fournier et de ses élèves, reste très floue chez les auteurs qui l'emploient. En effet, si la polémique sur l'origine infectieuse ou héréditaire de la syphilis cesse dès 1905 avec la découverte du tréponème, la notion d'hérédosyphilis n'en continue pas moins de fonctionner en dehors de la problématique étiologique. Parfois, et jusqu'à nos jours, elle est synonyme de *syphilis congénitale*, contractée par le fœtus pendant la grossesse. Parfois, elle est une *entité morbide autonome*, comprenant des signes extrêmement variés au niveau de tous les organes, au point que certains auteurs en font la première cause de mortalité infantile. Parfois enfin, elle est, comme la tuberculose et l'alcoolisme, *facteur de dégénérescence*, avec ses stigmates dystrophiques, sa constitution amoindrie et sa prédisposition à la folie.

Dans tous les cas, l'hérédosyphilis est mise en avant comme la cause de multiples pathologies : états d'arriération, paralysie générale juvénile, troubles de la personnalité, démence précoce, parfois dans un cadre général comme celui des « psychoses hérédosyphilitiques » de Régis. En ce qui concerne le traitement, il ne diffère pas du traitement général de la syphilis — du mercure à la pénicilline en passant par les sels de bismuth et les arsénicaux — mais c'est la prévention de ce fléau social qui a le plus mobilisé les auteurs. F. B.

Hering (illusion de)

→ illusion.

héritage

n.m. (angl. Inheritance)

Propriété des structures conceptuelles suivant laquelle un concept d'un niveau donné possède toutes les propriétés du concept de niveau supérieur (le concept « père »), plus quelques propriétés spécifiques supplémentaires, et ainsi de proche en proche ; mécanisme qui utilise cette propriété.

Si l'on compare une structure conceptuelle à une structure de parenté, on pourra dire que, dans la hiérarchie « animal-mammifère-chien-setter », « animal » est le grand-père, « mammifère » le père, « chien » le fils, « setter » le petit-fils. Or, « chien », par exemple, possède toutes les propriétés de « animal », plus quelques propriétés supplémentaires associées à « mammifère » — par exemple « allaite » —, plus quelques propriétés spécifiques, qui lui sont directement associées. Une façon d'exprimer cela est de dire que le concept « chien » *hérite* des propriétés de son concept grand-père « animal », puis des propriétés de son concept père « mammifère », à quoi s'ajoutent ses propriétés strictement propres.

À partir de ces relations, le mécanisme d'héritage est largement utilisé en intelligence artificielle pour « générer » des concepts fils, petit-fils, etc. (ou des « objets » dans les langages objets), à partir de leurs « ancêtres », par adjonction de propriétés à des concepts ou objets plus généraux. J.-F. L. N.

héroïne

n.f. (angl. Heroin)

Diacéthyl-morphine, dérivé semi-synthétique de la morphine, classé comme stupéfiant.

L'héroïne a été expérimentée en 1898 par le chimiste berlinois Dreser. Elle se révéla très efficace contre la toux des tuberculeux puis comme analgésique. L'arrivée de ce nouveau psychotrope eut lieu en pleine épidémie de morphinomanie et de cocaïnomanie. Durant plusieurs années, l'héroïne devait passer pour le traitement miraculeux de la morphinomanie. Et elle fut rapidement à l'origine d'une vague encore plus importante de toxicomanie à l'échelle mondiale. Depuis la fin des années 1960 et l'extension actuelle des toxicomanies chez les jeunes, l'héroïne est restée le produit d'élection des toxicomanes (même si, en Amérique du Nord, elle tend depuis le milieu des années 1980 à être supplantée par la cocaïne). Drogue par excellence, l'héroïne est le produit (avec le cannabis, qui n'est pas considéré comme une vraie drogue) qui bénéficie du plus de noms différents dans l'argot des drogués : « héro », « horse », « cheval », « junk », « poudre », parfois, selon son origine, « iranienne », « pakistanaise », « thaïlandaise », ou, selon son aspect, « blanche », « rose », « grise », « brown sugar ». Coupée de multiples fois, l'héroïne « de la rue » ne contient généralement guère plus de 3 à 10% de produit actif. Du gros trafiquant international au petit dealer de rue, elle est mélangée par les intermédiaires successifs à du mannitol, du glucose, de l'aspirine, voire de la strychnine. Elle peut se fumer, comme en Orient ou dans certains pays africains. Mais les toxicomanes occidentaux l'utilisent en prise (sniff) et surtout en shoot (injection intraveineuse).

L'ACTION DE L'HÉROÏNE

Son action est plus intense et plus brève que celle de la morphine (les effets d'une dose d'héroïne durent de 3 à 8 heures en moyenne).

Elle entraîne très rapidement une dépendance comparable à celle des autres opiacés : dépendance psychologique intense, tolérance (accoutumance avec nécessité d'augmenter les doses) et surtout dépendance physique.

Le syndrome de sevrage, le manque, est typique de cette forme de dépendance : anxiété, nervosité, bâillements sont suivis, après 6 à 8 heures, de rhinorrhée, de larmoiement, de mydriase, de tremblements, de bouffées de chaleur. Les douleurs musculaires apparaissent ensuite, particulièrement dans la région lombaire et les membres, ainsi que des crampes abdominales. S'y ajoutent des nausées et des vomissements, enfin de la diarrhée. Le syndrome est à son apogée en 2 à 3 jours, puis les signes s'estompent et disparaissent en moins d'une semaine. À l'issue du sevrage, le sujet est souvent à la fois asthénique et hypersensible sur le plan affectif et sensoriel.

Outre le risque d'overdose, les dangers de cette toxicomanie tiennent essentiellement à la pratique des injections, au shoot. Surtout, l'intensité de la dépendance fait que le sujet ne vit plus que pour et par sa drogue, au détriment de tout investissement social et affectif, et dans le mépris apparent de son corps et de sa santé.

Pourquoi l'héroïne ?

Il existe des centaines de psychotropes susceptibles de donner lieu à pharmacodépendance en dehors même des nombreux opiacés. La prépondérance de l'héroïne parmi les vraies drogues constitue donc une énigme : depuis le début des années 1970, elle est utilisée comme produit principal par environ 90% des toxicomanes qui consultent en centres spécialisés.

Ce fait peut s'expliquer par la diffusion clandestine du produit, de fabrication relativement aisée et d'un énorme rapport financier pour les trafiquants. Le marché de la drogue est en France saturé par l'héroïne, et les dealers savent fidéliser leur clientèle. Mais l'héroïne, véritable mythe, correspond aussi parfaitement aux effets recherchés par les toxicomanes. C'est une drogue qui donne une sensation intense de plaisir, dans le flash de l'injection ou la planète qui s'ensuit. Le plaisir contrôlé, la jouissance maîtrisée correspondent au versant hédonique de la quête toxicomaniaque. C'est un anesthésique puissant, mettant le sujet à l'abri des perceptions extérieures, de toute source de stress. L'héroïne diminue l'angoisse, les fantasmes, les rêves : la disparition des rêves est constante dans les phases d'intoxication. Ils reprennent durant le sevrage sous la forme de « rêve de défonce », comme si la drogue était réellement devenue un besoin vital, plus puissant que tout désir. L'héroïne est aussi une drogue d'isolement, de maîtrise, de solitude (à la différence d'une drogue d'action et d'éveil comme la cocaïne). Son usage s'intègre donc au versant ascétique et solitaire de la démarche des toxicomanes.

Interdite, dangereuse, l'héroïne est aussi une drogue de transgression et de prise de risque ; son usage est lié à la délinquance parce qu'elle coûte cher et que les toxicomanes doivent se procurer des sommes quotidiennes importantes pour l'obtenir. Mais aussi parce que cet usage est désormais vécu en soi comme une transgression, un défi aux lois établies. C'est de plus un produit risqué, dont on ne sait jamais trop ce qu'il contient, une drogue de hasard : chaque shoot est un jeu avec la mort, une expérience ordalique. L'héroïnomanie reste donc la toxicomanie paradigmatique, où se concentrent tous les paradoxes de la quête active de dépendance et du besoin de liberté, du défi et de la soumission à l'autre. M. V.

héroïnomanie

n.f. (angl. Heroin Addiction)

Toxicomanie à l'héroïne. M. V.

hiérarchie

n.f. (angl. Hierarchy)

Ordre, sans valeur normative, établi entre des éléments rangés en plusieurs niveaux.

On peut se représenter comme une hiérarchie l'ensemble des concepts d'un domaine déterminé, le plus typique étant celui de la zoologie. On peut envisager de la même façon une hiérarchie de stratégies cognitives, les plus basses étant des cas particuliers de celles situées plus haut. Dans ces deux cas, les notions de « haut » et de « bas » sont métaphoriques et le rangement se fait selon un degré d'abstraction, ou de généralité, des concepts ou des stratégies. Une structure plus formalisée est celle d'arborescence. J.-F. L. N.

→ dominance.

hiérarchique (analyse factorielle)

(angl. Hierarchical Factor Analysis)

Procédure permettant d'établir un certain type d'échelle à partir de facteurs indépendants.

Un modèle hiérarchique, en analyse factorielle, est constitué par un ensemble de facteurs indépendants (orthogonaux) répartis en plusieurs niveaux en fonction de leur degré de généralité. On utilise souvent un facteur général saturant l'ensemble des variables observées, puis des facteurs de groupe n'affectant chacun que certaines des variables et pouvant eux-mêmes être répartis en plusieurs niveaux emboîtés, enfin des facteurs spécifiques n'affectant chacun qu'une seule variable. C. Burt notamment a utilisé des modèles de cette forme dans l'analyse factorielle de l'intelligence. La structure simple oblique de L. L. Thurstone équivaut à une hiérarchie dans laquelle un facteur général de second ordre rend compte des corrélations entre facteurs (de groupe) primaires. M. R.

hiérarchique (échelle) ou échelle de Guttman

(angl. Guttman Scale)

Échelle constituée par des items ordonnés de façon telle que les sujets répondant correctement à un item d'un niveau donné (ou assumant une opinion d'un niveau donné) répondent correctement aux items (ou assument les opinions) de niveaux inférieurs.

Les réponses ne respectant pas ce modèle sont considérées comme des « erreurs ». Il faut que les erreurs ne soient pas trop nombreuses pour que le modèle soit jugé pertinent. Dans ce cas, la série des items peut être considérée comme une série de jalons sur une dimension unique. M. R.

hippocampe

n.m. (angl. Hippocampus)

Cortex cérébral ancien (archicortex) situé sur la face interne du lobe temporal.

Il s'étend jusqu'à l'extrémité caudale du corps calleux. Seule la région ventrale de l'hippocampe est développée chez l'homme. On ne confondra pas l'hippocampe avec la circonvolution de l'hippocampe, qui le borde. Les neurones pyramidaux sont les éléments largement dominants de l'hippocampe. En fonction de critères architectoniques, l'hippocampe, ou corne d'Ammon (C.A.), a été subdivisé en quatre champs : C.A.1, C.A.2, C.A.3 et C.A.4. Cette structure, qui fait partie intégrante du système limbique et du circuit de Papez, est un lieu de convergence et d'intégration ; elle constitue une véritable interface entre un « circuit informationnel » passant par le néocortex et un « circuit motivationnel » transitant par l'hypothalamus. L'intervention de l'hippocampe dans la mémoire est bien établie. G. S.

histogramme

n.m. (angl. Histogram)

Représentation graphique d'une distribution.

On porte sur un axe les limites des classes, puis on construit une série de rectangles jointifs ayant pour bases les intervalles de classe. L'aire de chacun est proportionnelle à l'effectif de la classe qu'il représente. On adopte en général des segments égaux pour représenter les intervalles de classe (qu'ils soient égaux ou inégaux sur l'échelle de mesure de la variable). La hauteur des rectangles est alors proportionnelle à l'effectif des classes représentées. M. R.

histrionisme

n.m. (angl. Histrionism)

Attitude caractérisée par le besoin d'attirer l'attention sur soi et de séduire l'entourage.

Manifestation fréquente du caractère hystérique, l'histrionisme rapproche du théâtralisme avec hypermimie et hyperexpressivité émotionnelle. Il s'accompagne souvent de vantardise et de fanfaronnade. J. P.

holding

n.m. (angl. Holding)

Façon qu'a la mère de porter et de maintenir, physiquement et psychologiquement, son nourrisson en état de dépendance absolue.

La mère assure ainsi une cohésion à ses différents états sensorimoteurs et une protection suffisante contre les angoisses d'annihilation du self. Elle lui procure ainsi un sentiment de sécurité fondamental, base pour D. W. Winnicott de la force du moi. Le holding, terme intraduisible utilisé par Winnicott tout au long de son œuvre, soutient l'intégration, c'est-à-dire l'établissement d'un self unitaire vécu comme continuité d'existence. R. L.

→ handling.

Holland (John L.)

Psychologue américain (Omaha, Nebraska, 1919).

Il est l'auteur de nombreuses publications portant sur le choix professionnel. Pour lui, les individus pourraient être définis par rapport à six « personnalités vocationnelles », ou « types » : réaliste, intellectuel, social, conventionnel, « entrepreneurial » et artistique. Les professions se définiraient aussi par rapport à six catégories correspondant aux premières. Cette définition des professions a fait l'objet d'un ouvrage, le *Dictionary of Holland Occupational Codes*. Pour la détermination de la personnalité professionnelle d'un individu, Holland a proposé différents instruments fournissant un « profil de personnalité » composé d'une note dans chacun des six types. Il a notamment écrit *Making Vocational Choices* (1985). M. R.

homéostasie

n.f. (angl. Homeostasis)

Tendance des organismes vivants à maintenir constantes les conditions de vie.

PSYCHOPHYSIOL. On doit à W. B. Cannon (1926) ce concept d'*homéostasie*, qu'il créa pour désigner l'ensemble des mécanismes physiologiques qui permettent de maintenir le milieu interne dans un état d'équilibre. Le principe d'homéostasie repose sur l'idée que les interactions entre l'environnement et l'organisme modifient l'état de ce dernier ; or, la survie de l'organisme nécessite le maintien des propriétés physiologiques de ses différents éléments entre des limites relativement précises. Tout risque de dépassement de ces limites déclenche des rétroactions qui vont mettre en jeu les mécanismes propres à rétablir l'équilibre rompu. À la base de l'ensemble des phénomènes adaptatifs et des processus d'autorégulation, le concept d'*homéostasie* a été étendu à la psychologie par C. P. Richter et à l'éthologie par K. Lorenz.

Si le principe d'homéostasie n'est pas remis en cause, les travaux plus récents des chronobiologistes ont montré que le milieu interne n'est pas constant au sens strict du terme, mais qu'il fluctue de manière périodique, rythmée, entre des valeurs extrêmes. Il est donc constamment changeant. C'est le dépassement de ces valeurs qui déclenche les processus homéostatiques. P. L.

PSYCHIATR. Depuis quelques années, avec le développement des thérapies familiales systémiques, le terme est utilisé pour décrire toute résistance de la famille au changement, ce dernier étant « considéré comme une erreur à corriger ou à freiner ». La réponse hyperhoméostatique est fréquente dans tous les groupes familiaux dysfonctionnels et rigides, en particulier dans ceux dits « à transaction schizophrénique ». On comprend qu'une telle rigidité puisse gêner considérablement tout processus thérapeutique de changement. J. P.

→ adaptation, rétroaction.

Homme aux loups (l')

Pseudonyme d'un jeune homme d'origine russe soigné par S. Freud.

Celui à qui la tradition donna le nom d'*Homme aux loups* suivit avec Freud une analyse dont celui-ci publia le compte-rendu en 1918 sous le titre (*Aus der Geschichte einer infantilen Neurose*, traduit en fr. sous le titre *Extrait de l'histoire d'une névrose infantile (l'Homme aux loups)*, repris dans *Cinq Psychanalyses* (1970). Freud hésite sur la position du patient et se range au diagnostic de « névrose infantile non résolue » après avoir posé l'existence d'une névrose obsessionnelle. L'histoire du patient, devenu une sorte de vestige vivant du travail de Freud, laisse deviner un état limite ou une névrose narcissique à versant psychotique. Pour Freud, ce cas est l'occasion d'un débat, unique dans son œuvre, sur la réalité des événements de la vie sexuelle infantile, dont il s'agit de fonder l'existence contre C. G. Jung. R. L.

Homme aux rats (l')

Pseudonyme d'un jeune homme névrosé obsessionnel soigné par S. Freud.

Celui à qui la tradition attribue le sobriquet d'*Homme aux rats* suivit avec Freud une analyse dont ce dernier publia le compte-rendu en 1909 sous le titre *Bemerkungen über einen Fall von Zwangsneurose* (trad. fr. *Remarques sur un cas de névrose obsessionnelle : « l'Homme aux rats »*, 1932 ; repris dans *Cinq Psychanalyses*, 1970). Ce texte constitue la première exposition systématique du rapport des symptômes obsessionnels avec le complexe paternel et résume la manière dont Freud concevait la névrose obsessionnelle dans les limites de sa première topique. R. L.

homolatéral, e

adj. (angl. Homolateral)

Synonyme d'ipsilatéral.

homologie

n.f. (angl. Homology)

En éthologie et en zoologie, caractéristique des comportements (ou des organes) présentant une origine phylétique et une origine embryologique identiques, bien que leur aspect ou leur fonction puissent éventuellement diverger de façon notable.

Du point de vue social, sont homologues des individus qui vivent dans les mêmes conditions et exercent les mêmes fonctions. N. C.

homoscédasticité

n.f. (angl. Homoscedasticity)

STAT. **Caractère d'une liaison entre deux variables lorsque la variance de Y est la même pour toutes les valeurs de X et réciproquement.**

Cette condition doit être remplie pour que toutes les prévisions faites sur Y à partir de X (ou sur X à partir de Y) aient le même degré de précision. M. R.

hôpital psychiatrique

(angl. Psychiatric Hospital, Madhouse)

Établissement public ou privé faisant fonction de public, relevant de la loi du 30 juin 1838 et destiné à l'hospitalisation et au traitement à temps complet des malades mentaux.

D'abord dénommé « asile » en 1838, il devient « hôpital psychiatrique » en 1937 et « centre hospitalier spécialisé » en 1972. Il comporte de plus en plus de places dites « de service libre », c'est-à-dire ne relevant pas des modalités de l'internement, où les patients sont hospitalisés de leur propre gré comme dans les hôpitaux généraux. J. P.

hôpital psychiatrique de jour

(angl. Day Hospital)

Institution hospitalière réservée à des malades mentaux (enfants ou adultes) qui n'y sont traités que pendant la journée.

Le premier hôpital psychiatrique de jour a été fondé par le psychiatre soviétique M. A. Dehagarov, à Moscou, en 1933. D. E. Cameron en ouvre un autre, à Montréal, en 1947 et, l'année suivante, une structure du même type est créée à la clinique psychiatrique de l'université Yale. En France, il faut attendre le début des années 1960 pour que de telles unités hospitalières se développent. Elles sont devenues actuellement assez nombreuses mais ne sont pas encore à la disposition de chaque secteur psychiatrique, comme il serait souhaitable.

Les malades y passent la journée en participant aux diverses activités thérapeutiques qui leur sont proposées et retournent le soir à leur domicile, ce qui leur permet de garder une bonne insertion familiale et sociale. C'est pour cette raison que l'hôpital de jour doit autant que possible se situer dans le secteur même, faisant donc partie des structures extrahospitalières (hors de l'hôpital psychiatrique à temps plein, qui regroupe généralement les services correspondant à plusieurs secteurs dont il est parfois assez éloigné). J. P.

horde primitive

(angl. Horde of Brothers; allem. Brüderhorde)

Mythe avancé par S. Freud pour rendre compte de la persistance de certaines réalités psychiques.

Le mythe de la *horde primitive* décrit par Freud dans *Totem et Tabou* (1912) est le suivant: à l'origine existait une horde où un chef mâle aurait régné sur ses enfants et eu le monopole de toutes les femelles. Les jeunes mâles se seraient révoltés et auraient tué le vieux mâle. C'est dans l'après-coup que le remords et la crainte auraient investi ce vieux chef du nom de père et, corrélativement, les jeunes du nom de fils. Après le meurtre du père, les fils auraient mangé son corps, et ce repas cannibalique se serait, par la suite, perpétué dans le repas totémique, où la victime consommée est un animal. Le canevas de cette fiction, outre qu'il permet d'assigner l'origine des religions et, plus généralement, de la culture au refoulement initial du meurtre du père, constitue une construction théorique sur laquelle se fonderait le complexe d'Œdipe, qui semble réactiver, chez chaque sujet, la question du meurtre du père et de son refoulement et, dans la perspective lacanienne, la problématique du phallus et de la métaphore paternelle. L'anthropologie ne confirmant pas la conception freudienne de la horde primitive, ce mythe apparaît plus comme un concept opératoire que comme la description positive d'une réalité empirique. Il permet cependant d'expliquer la référence fréquente à un ancêtre commun dont les membres du groupe seraient les descendants. R. L.

horloge biologique

(angl. Biological Clock)

ÉTHOL. **Mécanisme responsable d'une ou de plusieurs variations périodiques affectant le fonctionnement ou le comportement d'un être vivant.**

Le fonctionnement physiologique ou l'expression comportementale présentent des variations régulières, périodiques, chez tous les êtres vivants, animaux ou végétaux. Ces rythmes (biologiques ou comportementaux) persistent, dans la majorité des cas, en l'absence de toute variation temporelle des facteurs de l'environnement (expériences dites « de libre cours » ou « d'isolement temporel »). Cette démonstration du caractère interne (endogène) des rythmicités biophysiologiques conduit à postuler l'existence d'un mécanisme (sorte d'horloge interne) susceptible d'initier le fonctionnement rythmique. Dans la mesure où les pics (acrophases) et les creux (bathyphases) de différentes fonctions n'apparaissent pas tous au même moment, il pouvait paraître légitime d'affecter une « horloge » (on parle actuellement d'*oscillateur* [angl. Pacemaker]) à chaque fonction. En fait, ce fonctionnement hors de phase peut s'expliquer par les relations de dépendance existant entre de nombreux rythmes (la sécrétion rythmique d'une hormone provoquera, avec un certain délai, l'apparition rythmique d'une autre hormone, qui, elle-même, induira, avec un nouveau délai, le fonctionnement rythmique de nombreux paramètres biologiques, etc.). Cette structuration temporelle pourrait alors justifier l'idée d'un unique oscillateur central. Deux observations complémentaires éclairent ce problème des horloges biologiques:

1. en conditions constantes, les périodicités observées ne sont jamais strictement égales à la période (journalière, annuelle, etc.) de variations des facteurs externes; ceux-ci ne créent pas les rythmes mais ils les synchronisent (ils assurent la mise à l'heure permanente de l'horloge [des horloges]);
2. aussi bien en conditions de libre cours qu'en situation de journées artificielles, il apparaît une désynchronisation interne (spontanée ou induite) se traduisant par une évolution de plusieurs paramètres suivant des périodes différentes. Cette dissociation de certains rythmes est à l'origine de la conception actuelle qui postule l'existence d'un réseau de plusieurs oscillateurs (théorie de multioscillateur). Chez les Oiseaux et les Mammifères, l'existence d'au moins deux oscillateurs circadiens semble bien établie: le premier piloterait les rythmes de la température, du sommeil rapide, du cortisol, etc.; le second serait à l'origine des rythmes veille-sommeil, de certaines sécrétions hormonales, etc. Enfin, un troisième oscillateur, responsable des variations cycliques de l'humeur et de certaines performances mnésiques, paraît envisageable chez l'Homme.

En ce qui concerne les mécanismes internes de ces oscillateurs, un rôle privilégié est dévolu à 3 structures nerveuses (le noyau suprachiasmatique de l'hypothalamus; les cellules du raphé médian et la glande pinéale). L'intervention de réseaux de neurones sérotoninergiques est bien établie. Enfin, une hormone (la mélatonine) occupe une place privilégiée dans ce modèle, qui rend bien compte des phénomènes observés chez les Oiseaux et la plupart des Mammifères, y compris l'Homme. Un tel modèle n'exclut pas, bien évidemment, l'existence de variations biopériodiques au niveau cellulaire ou subcellulaire telles que celles décrites en ce qui concerne l'activité enzymatique d'organismes unicellulaires. Y. Q.

→ chronopsychologie, rythme biologique.

hormonal (cycle)

(angl. Hormonal Cycle)

Fluctuations périodiques de la sécrétion d'une hormone.

Le cycle menstruel dépend de la sécrétion alternée d'œstrogènes et de progestérone. G. S.

hormone

n.f. (angl. Hormone)

Messager chimique émis par des glandes endocrines et qui agit à distance sur des cellules cibles.

La notion d'hormone inclut celle de diffusion du message dans un espace de communication qui peut être le sang, le milieu extracellulaire ou même le liquide céphalo-rachidien pour les neurohormones. Le site récepteur sur lequel vient se fixer l'hormone est une grosse molécule située à la surface ou à l'intérieur de la cible.

Outre un rôle de communication entre les cellules, lié à une fonction déterminée, les hormones agissent sur l'organisme entier. Elles sont indispensables au développement complet et harmonieux du nouveau-né, ce qui implique une action déterminante sur la croissance et sur la maturation sexuelle.

Les hormones se répartissent en trois groupes selon leur structure: les stéroïdes dérivés du cholestérol (hormones surrénaliennes et génitales), les hormones peptidiques, très nombreuses, formées d'une chaîne plus ou moins longue d'acides aminés (par exemple insuline, parathormone, substance P, endomorphines) et un groupe plus disparate, constitué de molécules obtenues par transformation d'acides aminés (par exemple adrénaline, noradrénaline, thyroxine). Contrairement aux autres hormones, les stéroïdes pénètrent facilement dans le cerveau.

Le principe fondamental de régulation des hormones est fondé sur la rétroaction (feedback) qu'elles exercent sur leur sécrétion, de telle sorte qu'une élévation de leur taux sanguin freine leur propre libération et vice versa. Le complexe hypothalamo-hypophysaire se situe au centre des boucles de régulation endocrine. L'hypothalamus, par la libération de nombreuses hormones activatrices (libérines) ou inhibitrices (inhibines), module la sécrétion hormonale de l'hypophyse antérieure. Cette formation commande la sécrétion des hormones par les glandes endocrines périphériques (thyroïde, glandes sexuelles, corticosurrénale). Ces hormones, à leur tour, rétroagissent sur l'hypophyse antérieure ou sur l'hypothalamus. Il existe également une rétroaction courte des hormones hypophysaires sur l'hypothalamus. Les actions sont le plus souvent positives et les rétroactions négatives. Cette schématisation montre qu'un cerveau hormonal coexiste avec un cerveau neuronal. G. S.

BIBLIOGRAPHIE

Vincent, J.-D., 1986, *Biologie des passions*, Paris, Seuil, Éd. Odile Jacob.

Horney (Karen)

Psychiatre et psychanalyste américaine d'origine allemande (Hambourg 1885-New York 1952).

Secrétaire de l'Institut psychanalytique de Berlin, elle est ensuite directrice associée de l'Institut de psychanalyse de Chicago (1932-1934), puis fonde (1941) l'Institut américain de psychanalyse. Se séparant de l'orthodoxie freudienne, elle intègre un certain nombre des conceptions d'A. Adler. C'est à propos de la sexualité féminine que surgit le désaccord entre S. Freud et K. Horney, celle-ci remettant en cause la notion freudienne d'envie de pénis. Rejetant la théorie du développement libidinal et des névroses de Freud, elle met l'accent sur les facteurs culturels et environnementaux dans la genèse de celles-ci. Parmi ses travaux, citons *le Complexe de virilité des femmes* (1927), *The Neurotic Personality of our Time* (1937), *Neurosis and Human Growth: the Struggle towards Self-Realization* (1950). R. L.

hospitalisation d'office

Hospitalisation d'une personne atteinte de troubles mentaux, sans son consentement, correspondant au placement d'office de l'ancienne loi de 1838.

Avec la nouvelle loi du 27 juin 1990, cette forme d'hospitalisation sous contrainte d'un malade mental est ordonnée par un arrêté préfectoral (à Paris le préfet de police) motivé, énonçant avec précision les circonstances rendant cette hospitalisation nécessaire, et s'accompagnant d'un certificat médical détaillé, rédigé par un médecin extérieur à l'établissement d'accueil (articles L 342 à L 349 du code de la Santé publique). J. P.

hospitalisme

n.m. (angl. Hospitalism)

Selon R. Spitz, état d'altération physique profonde qui s'installe progressivement chez de très jeunes enfants placés en institution et subissant une carence affective grave.

Si la séparation d'avec la mère survient après 6 mois, quand une certaine forme de relation mère-enfant est déjà établie, mais sans que l'identification à une image stable soit encore possible, l'inhibition anxieuse, avec désintérêt pour le monde extérieur (dépression anaclitique), peut disparaître quand l'enfant retrouve sa mère. En cas de carence affective totale et précoce, les troubles vont jusqu'au marasme et éventuellement à la mort. Les études sur l'hospitalisme ont mené à de profondes réformes dans les conditions d'hospitalisation des tout-petits. M.-G. P.

Hull (Clark Leonard)

Psychologue américain (Akron, New York, 1884-New Haven, Connecticut, 1952).

Il enseigna à l'université du Wisconsin et surtout, à partir de 1929, à Yale. Il a élaboré une théorie très systématisée du comportement, principalement centrée sur les phénomènes d'apprentissage. Son influence sur le béhaviorisme américain a été très grande. Il a notamment apporté à la psychologie expérimentale une nouvelle méthode : après l'observation et l'élaboration d'hypothèses, il a recours à la méthode hypothético-déductive de façon systématique. Cette méthode se marque par la formulation de définitions précises et de postulats conceptualisés, ce qui permet de déduire des théories à soumettre à la vérification expérimentale. Pour lui, le comportement résulte d'un ensemble d'interactions entre l'individu et son environnement, ensemble qu'il analyse dans une perspective d'*adaptation biologique*, adaptation qu'il conçoit comme une optimisation des conditions de vie entraînée par une sorte de réduction du besoin. Il a fait intervenir les notions de *pulsion* (angl. Drive), comme dénominateur des motivations premières, et d'*habitude*, conçue comme la répétition d'une réaction préalablement renforcée.

Son apport essentiel a sans doute été le souci de rigueur qu'il a apporté, d'une façon qui a paru presque caricaturale. Ses principaux ouvrages sont *Mathematico-Deductive Theory of Rote Learning* (avec Hovland, Ross, Hall, Perkins et Fitch), *Principles of Behavior* (1943), *Essentials of Behavior* (1951), *A Behavior System* (1952). R. L.

humeur

n.f. (angl. Mood)

État thymique fondamental dominant la vie affective et les réactions émotionnelles d'un individu.

Si le langage populaire parle surtout de *bonne* ou de *mauvaise* humeur pour décrire une disposition de l'affectivité et du caractère, les psychiatres, à la suite de J. P. Falret (1852), ont réservé le terme pour définir une tonalité thymique de base qui peut être perturbée soit dans le sens de l'euphorie, de l'expansivité et de l'excitation, dans les états maniaques, soit dans le sens d'une diminution, d'une rétroaction et d'une dépression, dans les états dépressifs ou mélancoliques. C'était réutiliser, en l'ayant définitivement sortie de ses significations humorales (liquides organiques), la vieille conception hippocratique d'un tempérament comme résultant de la combinaison des quatre grandes humeurs du corps : sang, lymphe, bile jaune et bile noire (atrabile). C'est l'excès de cette dernière qui était censée provoquer la « mélancolie ».

Ce sont Ch. Lorry, dans la seconde moitié du XVIIIe siècle, puis P. Pinel et E. Esquirol, au début du XIXe siècle, qui ont pu dégager l'explication de la pathogénie des troubles mentaux, et en particulier de la mélancolie, de cette tradition humorale hippocratique plus que bimillénaire. Ils permettaient ainsi à Falret et à J. Baillarger de réutiliser le terme en lui donnant sa signification actuelle écartée de toute connotation humorale. J. P.

hygiène mentale

(angl. Mental Hygiene)

Domaine de l'activité médicopsychologique consacré à l'étude et à l'utilisation des divers moyens propres à conserver la santé mentale dans une large population, et donc à prévenir l'apparition des maladies mentales chez le plus grand nombre des membres de cette population.

Axée d'emblée sur les notions d'action sociale étendue et de prévention, l'idée d'hygiène mentale a été développée par le psychiatre nord-américain (d'origine suisse) A. Meyer après la parution en 1907 de l'ouvrage d'un ancien malade mental, Cliff W. Beers, expliquant comment il avait pu guérir de sa maladie. Meyer avait dressé les plans d'une très large organisation d'hygiène mentale : pour l'efficacité du traitement dans le cadre hospitalier plus familial et professionnel, pour la prévention de tous les modes de désordres (alcooliques, infectieux, liés à la désorganisation familiale, à la délinquance juvénile, au manque de prévision des conditions héritées de la famille, à l'insuffisance sanitaire). Il situait le problème de la prévention sur le plan éthique du niveau de dignité et de souci d'intégrité personnelle et il pensait que la meilleure arme serait l'éducation et l'établissement d'une morale du « citoyen ».

En France, c'est E. Toulouse qui fonda le premier dispensaire dit « de prophylaxie mentale », qui fut l'amorce de toute une série de dispositifs médicopsychologiques chargés de prévenir et de traiter les troubles mentaux, à la fois par l'information et l'éducation du public et la précocité d'utilisation de diverses thérapeutiques à la suite d'un dépistage des premiers signes de l'atteinte mentale. Ces dispositifs se sont développés après la Seconde Guerre mondiale, et surtout à partir des années 1960, en étant de plus en plus intégrés au secteur psychiatrique. J. P.

hyperesthésie

n.f. (angl. Hyperesthesia)

Sensibilité exagérée à toute stimulation sensorielle.

Se rencontrant plus particulièrement dans la modalité tactile, elle peut alors s'accompagner de sensations douloureuses, comme dans certaines atteintes polynévritiques et, parfois, thalamiques. J. P.

hyperextensibilité

n.f. (angl. Hyperextensibility)

Exagération de l'amplitude des mouvements avec possibilité de déplacements extrêmes. F. J.

→ extensibilité.

hypermnésie

n.f. (angl. Hypermnesia)

Exaltation et acuité particulièrement vives de la mémoire.

Elle apparaît dans certaines situations émotionnelles de danger (vision panoramique de toute sa vie) et au cours d'accès maniaques. C'est aussi une aptitude très spectaculaire chez certains débiles mentaux, calculateurs prodiges et répétiteurs d'innombrables listes d'annuaires. Il s'agit dans ce cas d'anciens psychotiques infantiles dont les possibilités intellectuelles instrumentales ont été conservées. J. P.

hyperphagie

n.f. (angl. Hyperphagia)

Comportement alimentaire consistant à ingérer une quantité de nourriture disproportionnée avec ses besoins.

Il s'agit plutôt d'un appétit exagéré que d'un véritable trouble alimentaire, présent dans la boulimie*. Elle est, évidemment, souvent responsable d'une obésité qui peut être réduite par l'acceptation d'un régime. M. A.

hypersomnie

n.f. (angl. Hypersomnia)

Exagération pathologique de la tendance au sommeil.

L'hypersomnie se manifeste sous forme d'états hypniques prolongés et incontrôlables par la volonté du sujet, ou d'accès paroxystiques comme dans le syndrome de Gelineau (narcolepsie-cataplexie). J. P.

hypertonie

n.f. (angl. Hypertony)

Exagération du tonus musculaire qui se manifeste par une augmentation de la résistance du muscle à son allongement passif.

On distingue l'hypertonie pyramidale, l'hypertonie extrapyramidale, l'hypertonie de la rigidité de décérébration et celle de la rigidité de décortication. R. L.

hypertonique

adj. (angl. Hypertonic)

1. **Se dit de ce qui témoigne d'une prédominance du tonus musculaire des muscles fléchisseurs.** 2. **Relatif à l'hypertonie.** F. J.

→ tonus.

hypnagogique (état)

(angl. Hypnagogic State)

État qui caractérise la période de demi-sommeil précédant l'endormissement proprement dit ou qui se situe entre la fin du sommeil et le retour à un état de conscience.

L'état hypnagogique se caractérise par la réalisation d'une activité mentale de type hallucinatoire (« imagerie ou hallucinations hypnagogiques »). On doit cette notion à A. Maury (1861). P. L.

hypnogramme

n.m. (angl. Hypnogram)

Représentation graphique de l'organisation d'une nuit de sommeil.

L'hypnogramme renseigne sur les anomalies de l'architecture du sommeil et permet d'orienter le diagnostic. Par exemple, des plaintes d'insomnie peuvent être confirmées ou infirmées par la lecture d'un hypnogramme (Figure 1).

L'hypnogramme permet aussi d'étudier les troubles induits par l'utilisation de certaines substances pharmacologiques. P. L.

→ sommeil.

hypnoïde

adj. (angl. Hypnoidal)

Se dit d'un état d'obscurcissement de la conscience et de diminution des perceptions sensorielles survenant en dehors du véritable sommeil (état hypnique).

Cet état est parfois confondu avec celui provoqué par la suggestion hypnotique (J. Breuer). J. P.

hypnose

n.f. (angl. Hypnosis)

État modifié de conscience transitoire et artificiel provoqué par la suggestion d'une autre personne, dite « hypnotiseur », caractérisé par une susceptibilité accrue à l'influence de ce dernier et un amoindrissement de la réceptivité aux autres influences.

Ce changement dans la conscience et la mémoire s'accompagne d'idées et de réactions qui ne sont pas coutumières au sujet, étant en partie suggérées par l'hypnotiseur. Des phénomènes comme la léthargie, l'anesthésie, la paralysie, la rigidité musculaire et des modifications vasomotrices à localisation parfois très précise peuvent être provoqués dans cet état, entretenus ou supprimés, indépendamment de la libre volonté du sujet. C'est à un disciple de F. A. Mesmer, A. M. J. de Chastenet, marquis de Puységur, que revient le mérite d'avoir décrit le premier cet état de « somnambulisme provoqué » par le magnétisme animal, en 1784. Et c'est un dentiste de Manchester, J. Braid, qui utilisa ce « sommeil artificiel » comme méthode pour anesthésier ses patients et l'appela « hypnosis », en 1843, en élaborant une première théorie de l'hypnotisme. Celle-ci allait être approfondie par les Nancéiens A. Liebault et H. Bernheim, mettant au premier plan le rôle de la suggestion, et par J. M. Charcot, qui à Paris, à la même époque, en faisait une assimilation sans doute abusive avec les phénomènes de l'hystérie. S. Freud allait

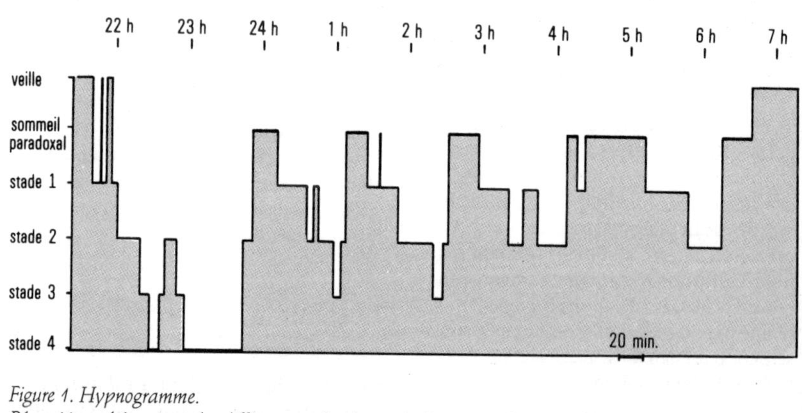

Figure 1. Hypnogramme.
Répartition schématique des différents stades de sommeil au cours d'une nuit chez l'homme.
Il faut remarquer la structure cyclique du sommeil paradoxal (période de 90 minutes en moyenne). Il faut également noter que l'essentiel des stades les plus profonds de sommeil (stades 3 et 4) survient dans la première moitié de la nuit et que les épisodes les plus longs de sommeil paradoxal sont situés en fin de nuit. Ce type de représentation permet de visualiser rapidement les éventuelles anomalies de la structure du sommeil.

montrer, le premier, que l'hypnose permettait des manifestations de l'activité de l'inconscient, et c'est à partir de sa pratique qu'il allait découvrir la psychanalyse. Si les hystériques restent les sujets le plus facilement hypnotisables, J. Hilgard a montré (1970) que c'était aussi le cas de tous ceux dont les facultés imaginatives et créatives ainsi que la crédulité religieuse sont particulièrement développées. À l'inverse, les scientifiques et les sportifs s'adonnant à des compétitions seraient les plus réfractaires.

J. P.

BIBLIOGRAPHIE

Mavromatis, A., 1990, *Hypnagogia*, Londres, Routledge.

Tordjman, G., 1978, *Comment comprendre l'hypnose, L.R.P., Saint-Léonard, Canada.*

hypnotique

n.m. (angl. Hypnotic)

Médicament qui provoque, à dose thérapeutique, une sédation du système nerveux central, avec induction et maintien d'un sommeil proche du sommeil physiologique normal qui peut facilement être interrompu.

Les caractéristiques recherchées pour un hypnotique idéal sont une absorption et une élimination rapides avec taux plasmatique efficace pendant la nuit uniquement. La tolérance, la dépendance et la toxicité sont les phénomènes indésirables.

Les hypnotiques représentent un groupe hétéroclite de substances. Cependant, en plus de l'effet recherché, ils possèdent pour la plupart des propriétés anxiolytiques et anticomitiales. Ces psycholeptiques peuvent être classés selon le métabolisme, le mode d'action, etc., la classification selon la structure chimique en hypnotiques barbituriques et non barbituriques étant la plus classique.

LES BARBITURIQUES

Ils sont dérivés d'un produit synthétique dépourvu d'activité centrale, la mélanylurée, ou acide barbiturique (Bayer 1863), dont ils possèdent le noyau commun (Figure 1).

Leurs propriétés psychopharmacologiques sont définies par les différents radicaux latéraux (R). Ils peuvent provoquer un effet de la sédation au coma et constituent les anticonvulsivants classiques des épilepsies. Les barbituriques sont des dépresseurs centraux de la respiration (risque majeur dans les intoxications aiguës). Ils sont aussi de puissants inducteurs des enzymes hépatiques, d'où le phénomène de tolérance observé. L'absorption se fait par la muqueuse intestinale (de 30 minutes à 3 heures). Le métabolisme est hépatique et l'élimination, rénale. Le mode d'action serait lié à leur activité gabaergique. (→ gaba.)

Les principaux barbituriques utilisés en France sont l'amobarbital, le pentobarbital, le phénobarbital et le secobarbital, aussi bien seuls qu'associés.

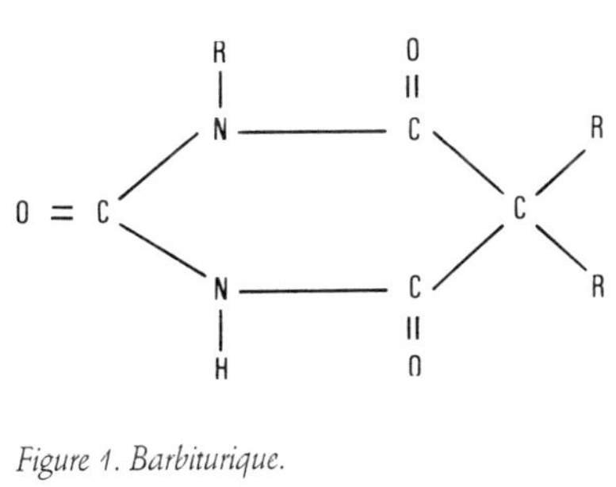

Figure 1. Barbiturique.

LES NON-BARBITURIQUES

LES BENZODIAZÉPINES

Elles représentent un groupe large de molécules dérivées d'un noyau complexe commun (Figure 2).

Elles possèdent toutes des propriétés anxiolytiques, sédatives, myorelaxantes, anticonvulsivantes et ataxiques à des degrés variés.

L'absorption se fait dans le tube digestif haut (de 30 minutes à 4 heures), et les benzodiazépines se lient aux protéines (90%). Le mode d'action, qui a fait l'objet de multiples recherches, serait dû à une activité sur des récepteurs complexes benzodiazépiniques gabaergiques postsynaptiques.

On décrit également le phénomène de dépendance.

Les principales benzodiazépines utilisées comme hypnotiques sont: le chlorazépate, le flunitrazépam, le nitrazépam et le triazolam.

AUTRES HYPNOTIQUES NON BARBITURIQUES

L'industrie pharmaceutique ne cesse de développer de nouveaux hypnotiques de mécanisme d'action encore mal connu. Parmi les hypnotiques classiques encore largement utilisés, citons les carbamates, dont le principal représentant est le méprobamate, la métaqualone, le glutéthimide et l'hydrate de chloral. Des phénothiazines comme l'alimémazine et la prométhazine ainsi que des neuroleptiques divers sont aussi prescrits comme des hypnotiques.

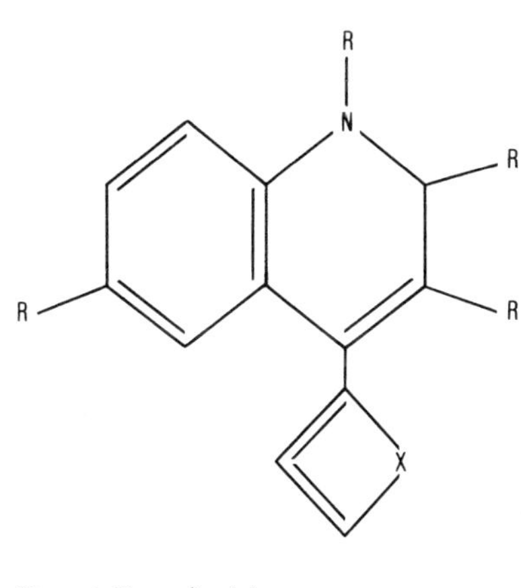

Figure 2. Benzodiazépine.

Après les anxiolytiques, les hypnotiques constituent les psychotropes les plus consommés. Leurs indications, le choix du médicament, la conduite du traitement et ses implications diverses exigent un suivi médical attentif.

C. P.

BIBLIOGRAPHIE

Goldenberg, F., 1984, « Pharmacologie du sommeil », in Benoît, O., *Physiologie du sommeil*, Paris, Masson.

Gordon, Jesse, Ed., 1967, *Handbook of clinical and experimental Hypnosis*, Londres, Collier-MacMillan.

hypnotisme

n.m. (angl. Hypnotism)

Ensemble des processus de l'hypnose et des techniques qui permettent de la provoquer.

Par extension, c'est tout ce qui a trait au domaine de l'hypnose, aussi bien dans ses aspects théoriques que pratiques, et à son utilisation dans des buts thérapeutiques, médico-judiciaires, religieux ou spectaculaires.

J. P.

hypocondriaque

adj. et n. (angl. Hypochondriac)

Se dit d'une personne atteinte d'hypocondrie.

◇ **adj. Ce qui relève de l'hypocondrie.**

Tous les degrés peuvent se voir entre de simples préoccupations hypocondriaques, en rapport avec un état d'anxiété, une névrose nosophobique, et le véritable délire hypocondriaque qu'on rencontre dans la schizophrénie* et la paraphrénie*.

J. P.

hypocondrie

n.f. (angl. Hypochondriasis)

Préoccupation exagérée d'un sujet sur sa santé, se traduisant par des croyances et attitudes irrationnelles vis-à-vis de son corps, la crainte d'avoir une maladie grave et une relation de défi au médecin, qui est à la fois investi d'un grand pouvoir et condamné à l'échec thérapeutique par le patient.

L'hypocondrie était considérée par Hippocrate, puis Diocles et Galien, comme une forme de mélancolie prenant son origine dans la région sous-diaphragmatique, ou hypocondre. On incriminait alors un excès de la bile noire dans la *rate* (angl. Spleen) ou une macération et putréfaction de l'humeur atrabilaire dans l'intestin ou dans la cavité gastrique. Ce n'est qu'au XVIIIe siècle que le médecin anglais Th. Sydenham allait en affirmer l'origine cérébrale, comme pour l'hystérie, en reconnaissant que cette dernière était au sexe féminin ce que l'hypocondrie était au masculin, sans limiter cependant rigoureusement chacune des deux à un sexe déterminé.

Si l'hypocondrie reste assez fréquente dans les dépressions chroniques dites « à formulation hypocondriaque », elle se voit aussi bien dans les névroses, revêtant en particulier la forme « nosophobique », que dans les psychoses, où elle devient véritablement délirante. Elle peut alors accompagner les délires paranoïdes schizophréniques avec dépersonnalisation, certains délires chroniques de persécution et surtout un type de paraphrénie fantastique avec délire de négation d'organes, de damnation et d'immortalité appelé « syndrome de Cotard », très proche de la mélancolie délirante. J. P.

hypoesthésie

n.f. (angl. Hypoesthesia)

Trouble quantitatif des perceptions sensorielles résultant de la diminution de la perception des stimulations sensitives.

Il y a des hypoesthésies de la sensibilité à tous les modes et des hypoesthésies plus spécifiques intéressant exclusivement, ou avec une nette prédominance, les sensibilités douloureuse, proprioceptive, tactile ou thermique. J. P.

hypoextensibilité

n.f. (angl. Hypoextensibility)

Insuffisance de l'amplitude des mouvements. F. J.

→ extensibilité.

hypomanie

n.f. (angl. Hypomania)

Forme atténuée d'excitation maniaque.

Elle en représente souvent la période prémonitoire. Parfois, elle apparaît comme un état de subexcitation permanent, plus fatigant pour l'entourage que pour le sujet. J. P.

→ maniaco-dépressive (psychose).

hypophyse

n.f. (angl. Pituitary Gland)

Glande endocrine située à la base du cerveau, sous l'hypothalamus.

L'hypophyse, ou glande pituitaire, est formée de deux parties: l'adénohypophyse, ou lobe antérieur, d'origine glandulaire, et la neurohypophyse, ou lobe postérieur, d'origine nerveuse. Le lobe antérieur sécrète l'hormone somatotrope, qui agit sur la croissance de l'organisme, ainsi que plusieurs hormones qui stimulent des glandes endocrines périphériques (surrénales, thyroïde, testicules, ovaires). Les sécrétions de l'hypophyse antérieure sont sous la dépendance de facteurs hypothalamiques. Le lobe postérieur sécrète deux hormones: 1. l'ocytocine, responsable de la contraction de l'utérus lors de l'accouchement et de l'éjection de lait; 2. la vasopressine, ou hormone antidiurétique, qui réduit le calibre des vaisseaux sanguins et joue un rôle important dans la régulation du métabolisme de l'eau. Ces deux hormones sont synthétisées par l'hypothalamus. G. S.

hypothalamus

n.m. (angl. Hypothalamus)

Ensemble de noyaux diencéphaliques situé dans la partie moyenne de la base du cerveau.

Cette formation se trouve au-dessous et en avant du thalamus; elle borde le troisième ventricule. Comme toute structure nerveuse, l'hypothalamus transmet des messages de nature bioélectrique. Mais, de plus, il sécrète de véritables neurohormones, de nature peptidique, dont les cibles sont localisées à la fois à l'extérieur et à l'intérieur du système nerveux central. Par les nombreux contrôles qu'il exerce sur le système nerveux végétatif et sur le système endocrinien, via l'hypophyse, l'hypothalamus joue un rôle essentiel dans la régulation de la vie végétative et dans l'intégration des différentes composantes des réactions émotionnelles. G. S.

hypothèse

n.f. (angl. Assumption, Hypothesis)

LOG. **Dans un raisonnement ou un conditionnel, la ou les prémisses.**

Dans la structure conditionnelle « si *p*, alors *q* », la première proposition constitue l'hypothèse; de même, dans un syllogisme, on s'appuie sur deux prémisses qui ont le rôle d'hypothèses.

GÉNÉR. 1. **Dans la méthode expérimentale, proposition théorique soumise à l'épreuve des faits.**

En psychologie expérimentale, et dans la recherche en général, on est censé être conduit par une ou des hypothèses. La démarche opposée (expérience « pour voir ») est considérée comme de peu de valeur. Dans une méthodologie peu sophistiquée, on confond souvent « hypothèse » et « prédiction », l'hypothèse désignant alors ce que l'on s'attend à observer dans une situation déterminée (la situation expérimentale). Dans une méthodologie plus raffinée, l'hypothèse a la forme d'une proposition ou d'un ensemble de propositions de caractère théorique, général et souvent explicatif.

À partir de là, on raisonne déductivement avec deux « si » sur le mode suivant: « si l'hypothèse H est vraie, alors, si je crée la situation S, je devrais observer le comportement C ». Cette dernière phrase constitue la *prédiction* qui est ainsi distinguée de l'« hypothèse ». C'est cette prédiction qui sera comparée aux observations, ce qui conduira à une conclusion. Dans des conditions favorables — mais difficiles à réaliser —, on est en mesure d'ajouter: « Et si je n'observe pas C, alors H est faux. »

GÉNÉR. 2. **En psychologie cognitive, entité hypothétique qui est supposée exister chez un Animal ou un Homme et gouverner son mode de traitement de l'information et son comportement.**

Dans la psychologie cognitive de l'apprentissage animal (C. Tolman, Krechevsky, etc.), dite théorie S.-S., on supposait la présence chez le Rat d'anticipations, aussi appelées « hypothèses »; celles-ci portaient sur l'apparition du second S., une fois que le premier S. était présent.

Dans la psychologie cognitive récente, les situations de résolution de problèmes chez l'Homme sont analysées à partir de deux processus principaux: l'élaboration d'hypothèses, la mise à l'épreuve de ces hypothèses. Cette même façon de voir a été largement appliquée à l'analyse des tâches de classification* ou d'« identification de concepts »: le sujet est supposé alors faire des hypothèses sur le (ou les) attribut(s) pertinent(s) de la situation et chercher ensuite à les mettre à l'épreuve. Pour ces raisons, ces situations sont appelées « situations de test d'hypothèses ». J.-F. L. N.

→ activités intellectuelles, classification, cognitivisme, inférence, raisonnement.

hypothèse nulle

(angl. Null Hypothesis)

Forme donnée en général à une hypothèse soumise à une épreuve (test) statistique permettant de savoir si l'on peut ou non la rejeter en prenant un risque d'erreur déterminé.

Exemples: deux moyennes calculées sur deux échantillons différents sont deux estimations du même paramètre; une corrélation calculée sur un certain échantillon est l'estimation d'un paramètre qui ne diffère pas d'une valeur donnée. Dans l'interprétation des résultats d'une expérience, on ne pourra dire que la variable indépendante a un effet sur la variable dépendante que si l'on peut rejeter sur les mesures de celle-ci une hypothèse nulle appropriée. L'hypothèse nulle est en général symbolisée par H_0. Toute autre hypothèse confrontée à H_0 est une *hypothèse alternative* (angl. Alternative Hypothesis), en général symbolisée par H_1. M. R.

hypothético-déductif (raisonnement)

(angl. Hypothetico-Deductive Reasoning)

→ raisonnement hypothético-déductif.

hypotonie

n.f. (angl. Hypotonia)

Diminution du tonus musculaire, se manifestant par une moindre résistance du muscle à son allongement passif.

L'hypotonie du nouveau-né est due essentiellement à la malnutrition, à des maladies chroniques à retentissement général telles que les cardiopathies, les encéphalopathies, etc. R. L.

hypotonique

adj. (angl. Hypotonic)

1. **Se dit de ce qui témoigne d'une prédominance du tonus musculaire des muscles extenseurs.** 2. **Relatif à l'hypotonie.** F. J.

→ tonus.

hystérie

n.f. (angl. Hysteria; allem. Hysterie)

PSYCHIATR. **Névrose caractérisée par l'hyperexpressivité des idées, des images et des émotions inconscientes.**

Les symptômes psychomoteurs, sensoriels ou végétatifs constituent les phénomènes de conversion. La personnalité sous-jacente se manifeste par la suggestibilité, le théâtralisme et les troubles sexuels.

Dans des textes de l'Égypte ancienne, certains états pathologiques sont attribués à la migration de l'utérus, organe qu'on retrouve dans l'étymologie grecque du mot hystérie. Jusqu'au XVIIIe siècle, l'origine première des troubles est attribuée à la continence sexuelle et au désordre répandu dans le corps par le débordement de substances dont l'accumulation est nocive. L'apparition des nouveaux concepts de sensibilité et d'irritabilité des fibres nerveuses fait entrer l'hystérie dans les maladies mentales dont le traitement moral a été proposé par P. Pinel. À la fin du XIXe siècle, J. M. Charcot tente de rattacher l'hystérie à la neurologie, mais il lui est impossible de localiser une lésion. Il contribue à la compréhension du mécanisme de formation du symptôme hystérique en découvrant la possibilité de reproduire sous hypnose un symptôme (une paralysie) en tout point comparable. L'utilisation par J. Breuer de la méthode cathartique pour traiter une patiente hystérique en la faisant parler sous hypnose incite S. Freud à reprendre les recherches sur l'étiologie de l'hystérie. Il découvre l'existence d'un traumatisme psychique de nature sexuelle, survenu pendant l'enfance et dont les réminiscences inconscientes sont à l'origine du symptôme. Il introduit la notion de conversion, « saut du psychique dans l'innervation somatique », impliquant une correspondance entre la parole et le symptôme et qu'il appelle *hystérie de conversion* (angl. Conversion Hysteria). Les représentations refoulées parlent par l'entremise des symptômes de conversion, qui apparaissent comme l'expression symbolique des compromis entre la réalisation des désirs inconscients et les processus de défense qui s'y opposent. La conversion est une « transposition d'un conflit psychique et une tentative de résolution de celui-ci dans ses symptômes somatiques (paralysie par exemple) ou sensitifs (anesthésies ou douleurs localisées par exemple) » [Laplanche et Pontalis, 1968].

Au plan de la clinique psychiatrique, on distingue deux aspects majeurs.

LA PERSONNALITÉ HYSTÉRIQUE

Les troubles de la sexualité sont caractérisés par la frigidité classique, dont la femme hystérique se plaint moins que son partenaire. Elle contraste avec les attitudes de séduction, d'hyperexpressivité érotique, qui peuvent effrayer le partenaire. Souvent, la femme hystérique qui vit en couple évite les relations sexuelles sous différents prétextes (migraines, règles prolongées ou difficultés de contraception). Elle préfère les activités de rêverie avec un partenaire idéalisé. L'homme hystérique cultive souvent des amitiés féminines; dans sa crainte de la jouissance féminine, il anticipe souvent par l'éjaculation précoce. Lui aussi recourt à la masturbation et à la rêverie. Sa quête de virilité et ses amitiés masculines passionnelles témoignent de ses troubles d'identité sexuelle, voire d'une homosexualité. Les relations sociales sont altérées par la tendance au théâtralisme, la dramatisation et parfois la mythomanie. L'hystérique recherche un modèle, parfois chez les personnalités célèbres. Cette suggestibilité, ce manque de naturel, ce besoin d'attirer l'attention vont susciter le rejet, en particulier des médecins, d'autant qu'ils masquent mal l'agressivité inconsciente de l'hystérique, habile à dévoiler les défauts et les désirs cachés de chacun.

L'HYSTÉRIE DE CONVERSION

Le passage du conflit inconscient dans le corps se manifeste par des troubles ressemblant aux maladies organiques. Il peut s'agir de troubles paroxystiques, comme la classique grande crise à la Charcot, débutant par une « boule dans la gorge », des troubles visuels; puis survient la perte de connaissance, avec raideur et mouvements convulsifs, de type épileptique. La récupération est marquée par des attitudes théâtrales, passionnelles. Souvent, il ne s'agit que d'une crise convulsive, proche de la spasmophilie. À l'inverse, la syncope isolée est fréquente, survenant en présence d'une personne significative pour le malade. Ces troubles miment des fantasmes, ou même des attitudes orgastiques. Ils sont parfois contagieux et cèdent avec l'isolement. Les anesthésies et paralysies hystériques sont des conversions plus durables. Elles ne respectent pas l'organisation anatomique, sont variables et sensibles aux événements. Des contractures, spasmes et tremblements surviennent, mais surtout des troubles sensoriels (visuels et auditifs). Les manifestations viscérales constituent des pièges pour les médecins, puisqu'il peut s'agir de troubles gynécologiques (grossesse nerveuse), de vomissements, associés ou non à des comportements alimentaires anarchiques.

Chez l'homme hystérique, une forme fréquente de conversion est la névrose posttraumatique, décrite après la Première Guerre mondiale et pouvant survenir de nos jours après un accident de la voie publique ou du travail. L'existence de troubles locaux comme un œdème, de troubles circulatoires résistant au traitement peut enfermer le malade et son médecin dans une escalade d'examens et d'hospitalisations, débouchant sur la revendication et parfois la paranoïa.

La dépression chez l'hystérique peut aboutir à des tentatives de suicide, parfois réussies. Les mesures thérapeutiques entreprises peuvent avoir pour but d'aider le névrosé à renoncer aux bénéfices apparents de sa maladie, qui en fait restreignent sa liberté et le privent de réelles satisfactions. Les psychothérapies analytiques vont dans ce sens. La psychanalyse a pour ambition d'atteindre une partie de la vérité du sujet (Israël) et nécessite un engagement du patient et de son psychanalyste dans un processus long et parfois douloureux. D'autres méthodes sont utilisées, comme le psychodrame, la relaxation. La prévention de la constitution de la maladie hystérique passe pour certains par les thérapies d'enfants chez lesquels des symptômes de la lignée hystérique ont été décrits. Il est par ailleurs remarquable que l'hystérie, en tant que névrose, ait disparu du manuel nord-américain des maladies mentales (DSM III), qui l'a démembrée en personnalité hystérique et trouble somatoforme. J.-M. C.

PSYCHAN. **Névrose caractérisée par le polymorphisme de ses manifestations cliniques.**

La phobie, appelée parfois *hystérie d'angoisse*, doit être distinguée de l'*hystérie de conversion*. Cette dernière se distingue classiquement par l'intensité des crises émotionnelles et la diversité des effets somatiques, qui tiennent la médecine en échec. La psychanalyse contemporaine porte l'accent sur la structure hystérique de l'appareil psychique, engendrée par un discours et donnant lieu à une économie ainsi qu'à une éthique proprement hystériques.

L'HYSTÉRIE DANS LA PREMIÈRE TOPIQUE FREUDIENNE

Freud dégage d'abord d'une conception innéiste au profit de l'idée d'une névrose acquise et pose le problème étiologique en termes de quantité d'énergie : l'hystérie est due à un « surplus d'excitation ». Dans les *Études sur l'hystérie* (1895), la parenté du mécanisme psychique des phénomènes hystériques avec la névrose traumatique est affirmée : « La cause de la plupart des symptômes hystériques mérite d'être qualifiée de traumatisme psychique. » Le souvenir de ce choc, devenu autonome, agit alors à la manière d'un « corps étranger » dans le psychisme : « C'est de réminiscences que souffre l'hystérique. » En effet, l'affect lié à l'incident causal n'a pas été abréagi, c'est-à-dire n'a pas trouvé de décharge d'énergie par voie verbale ou somatique, parce que la représentation psychique du traumatisme était absente, interdite ou insupportable. La scission du groupe de représentations incriminées constitue alors le noyau d'un « second conscient » infiltrant le psychisme lors des crises ou innervant une zone corporelle par un symptôme permanent : névralgie, anesthésie, contracture, etc. Le mécanisme de défense présidant à la formation du symptôme hystérique est qualifié alors de « refoulement d'une représentation incompatible avec le moi ». Freud affirme parallèlement que le traumatisme en cause est toujours lié à une expérience sexuelle précoce vécue dans le déplaisir, y compris chez les jeunes garçons, ce qui libère l'hystérie de son attache exclusivement féminine. Ultérieurement, Freud pensera avoir surestimé la réalité traumatique aux dépens du fantasme de violence perpétrée par un personnage paternel.

La conception freudienne appelle quelques remarques : elle suppose que le rapport psychê-soma est celui de deux liens, la psychê occupant la position haute, séparés par une barre franchissable par une représentation psychique. Freud décèle ainsi chez l'hystérique une « prévenance somatique », sorte d'appel du corps à ce qu'une représentation refoulée vienne à s'y loger. Ainsi, Freud invitait à l'abandon du débat classique entre psychogenèse et organicisme de l'hystérie : le problème posé par cette névrose est celui de la rencontre entre le corps biologique et le « représentant pulsionnel », qui est de l'ordre du langage, c'est-à-dire un signifiant. Le symptôme est alors un message ignoré de l'auteur, à entendre dans sa valeur métaphorique et inscrit en hiéroglyphes sur un corps malade car parasité.

La deuxième topique de Freud

Ce sont pourtant les difficultés rencontrées dans les cures qui amenèrent Freud à la mise en place de la seconde topique de l'appareil psychique. De nouvelles études sur l'hystérie, promises, ne virent cependant jamais le jour. La pertinence de la clinique freudienne apparaît cependant dans divers textes, mise en valeur par la relecture de J. Lacan et grâce aux instruments conceptuels qu'il proposa.

Ainsi, l'analyse du rêve dit « de la Belle Bouchère », publié dans l'*Interprétation des rêves* (1900), permet à Freud d'avancer que la rêveuse hystérique est obligée de se créer un « désir insatisfait » : pourquoi ne veut-elle pas du caviar que pourtant elle désire ? C'est qu'elle réserve ainsi la place du désir en tant qu'il ne se confond ni avec la demande d'amour ni avec la satisfaction du besoin. Le manque constitutif du désir est cependant articulé à travers une demande au lieu de l'Autre, défini comme lieu symbolique du langage. Le manque est dans l'Autre, articulation signifiante du manque d'objet comme tel dont le signifiant est le phallus. Ainsi, le désir de l'hystérique révèle la nature générale du désir d'être désir de l'Autre. De plus, ce rêve est proprement celui d'une hystérique, qui est de n'accéder au désir que par le détour de l'identification imaginaire à une amie, identification qui conduit à une appropriation du symptôme d'un semblable par un raisonnement inconscient s'attribuant des motifs analogues d'être malade.

Le texte de ce rêve, mis en rapport avec le cas Dora, permet de franchir un pas de plus. Dora présentait de nombreux symptômes liés à la relation complexe que son père et elle-même entretenaient avec le couple K. : liaison amoureuse platonique dissimulée de son père et de Madame K., cour parfois pressante mais secrète de Monsieur K. à son égard. L'analyse de Dora fut orientée par Freud vers la reconnaissance de son désir refoulé pour Monsieur K. Cela lui permit de montrer l'importance, dans la mise en place de l'hystérie, de l'amour pour le père impuissant, séquelle œdipienne ici interprétée comme défense actuelle contre le désir. Mais Freud reconnaîtra avoir manqué la dimension homosexuelle du désir hystérique, d'où l'échec de la cure. Pour Lacan, il s'agit plutôt d'une « homosexualité » à entendre ici comme identification à l'homme, ici Monsieur K., par le médium duquel l'hystérique s'interroge sur l'énigme de la féminité : « C'est ainsi que l'hystérique s'éprouve dans les hommages adressés à une autre, et offre la femme en qui elle adore son propre système à l'homme dont elle prend le rôle sans pouvoir en jouir. En quête sans répit de ce que c'est qu'être une femme. » *(Écrits, 1966.)*

L'hystérie après Freud

La mise en place ultérieure de la structure des discours fondée sur un jeu de quatre éléments, le sujet, le signifiant maître, celui du savoir inconscient et l'objet cause du désir, a permis à Ch. Melman de proposer de *Nouvelles Études sur l'hystérie* (1984). Melman fait valoir que le refoulement propre à l'hystérique serait en fait un pseudorefoulement. En effet, si, comme le soutenait déjà Freud, la petite fille passe par une phase où elle doit renoncer à la mère, donc ne connaît pas moins que le garçon la castration, la mise en place de la féminité suppose un second temps où elle refoule partiellement l'activité phallique à laquelle la castration semblait l'autoriser. « Nous avançons ici l'hypothèse que le refoulement porte électivement sur le signifiant maître, celui dont le sujet éventuellement se réclame pour interpeller l'objet. » Ce refoulement serait le premier mensonge du symptôme hystérique, car il se fait passer pour une castration (réelle et non symbolique) demandée par l'Autre et qui est à la source de l'idée qu'il puisse y avoir un fantasme propre à la femme. Ainsi, le refoulement du signifiant maître réorganise la castration première et la fait interpréter comme privation du moyen d'expression du désir. La symptomatologie hystérique « est dès lors liée à la résurgence du signifiant maître dans le discours social qui suggère l'idée de viol » et le corps mime la possession par un désir totalisant dont les signifiants s'inscrivent sur lui comme sur une page.

Pourquoi alors toute femme n'est-elle pas hystérique ? C'est que l'hystérique interprète le consentement à la féminité comme un sacrifice, un don fait à la volonté de l'Autre qu'ainsi elle consacrerait. Dès lors, elle s'inscrit dans un ordre qui prescrit d'avoir à plaire et non de désirer. Elle oppose à ceux qui se réclament du désir un « nouvel ordre moral » ordonné par l'amour d'un père malade et impuissant et dont les valeurs sont le travail, la dévotion et le culte de la beauté. Ainsi naîtrait une nouvelle humanité « égalitaire parce qu'égale dans le sublime et débarrassée de la castration ». Une économie générale de l'hystérie s'en déduit, qui met en évidence deux formes cliniques apparemment paradoxales : « L'une est une forme dépressive, où le sujet se vit comme étranger au monde et refuse toute assertion comme tout engagement, l'autre est une forme sthénique, où le sujet fait de son sacrifice le signe d'une élection. » L'hystérique peut alors tour à tour se dévouer, rivaliser avec les hommes, les remplacer lorsqu'ils sont jugés trop médiocres, « faire l'homme » non castré à l'image du Père. Elle est ainsi apte à tenir tous les discours constitutifs du lien social, mais « marqués de la passion hystérique », cherchant à valoir pour tous. La contradiction reste qu'à interpeller les maîtres et travaillant à en abolir les privilèges elle réclame celui qui serait assez puissant pour abolir l'altérité.

Il est à noter que l'hystérie masculine relève des mêmes discours, économie et éthique. Elle se caractérise par le choix d'un jeune garçon de se ranger du côté des femmes et d'accomplir sa virilité par les voies de la séduction, comme créature exceptionnelle et énigmatique.

Masculine ou féminine, « la passion hystérique s'entretient de la culpabilité dont s'accable le sujet lorsqu'il s'accuse d'être fautif de la castration » et ainsi de faire tache dans l'univers. Il se rend responsable de l'impossible coaptation naturelle des hommes et des femmes dès lors qu'ils sont « hommes » et « femmes » de par le langage. Ce pourquoi l'hystérie fut à l'origine de la psychanalyse, le discours hystérique restant le défilé nécessaire à toute cure.

M.-C. C.

Bibliographie

Freud, S., Breuer, J., 1895, *Études sur l'hystérie*, trad. fr. 1967, Paris, P.U.F.

Melman, Ch., 1984, *Nouvelles Études sur l'hystérie*, Paris, Joseph Clims, Denoël.

I

iatrogène

adj. (angl. Iatrogenic)

Se dit de ce qui est provoqué par des techniques diagnostiques et des traitements médicaux, en parlant d'une maladie, d'un accident morbide.

En fait, ce qualificatif englobe tous les effets négatifs d'une action médicale, que ce soit une attitude, un diagnostic, un traitement, une prescription de médicaments. Paradoxalement, l'amélioration, la guérison ne sont jamais dites « iatrogènes ». Seuls les complications, les troubles produits par des thérapeutiques sont ainsi qualifiés. C'est la rançon des grands progrès de la médecine qui ont permis l'utilisation de techniques et de médicaments de plus en plus efficaces et diversifiés, mais aussi de plus en plus dangereux à manier. C'est « un peu le luxe d'une pratique médicale ample et développée, avec de multiples agents et des usagers plus nombreux encore » (G. Lanteri-Laura).

Au début, on a surtout accusé les grands médicaments pour leurs effets nocifs : intolérance et troubles sanguins provoqués par des antibiotiques, des antiépileptiques ; atteinte hépatique et dyskinésies dues à l'emploi des neuroleptiques ; troubles cardiovasculaires produits par certains antidépresseurs, etc. Maintenant, on pourra ainsi repérer des complications iatrogènes en rapport avec des attitudes médicales mal adaptées vis-à-vis des patients ou de leur entourage, des techniques diagnostiques jugées trop invasives, des psychothérapies consécutives à des indications mauvaises ou conduites maladroitement, des conditions d'hospitalisation inconfortables physiquement ou moralement. En fait, tout dans le comportement du soignant peut devenir iatrogène si ce dernier n'est pas ancré par un apprentissage et un savoir suffisants, un contrôle autocritique permanent (en se méfiant en particulier de son « désir de guérir », toujours ambigu) et une attitude constamment respectueuse du patient et de sa famille. J. P.

iatrogénie

n.f. (angl. Iatrogenicity)

Production de troubles morbides, de maladies par des médicaments, des traitements médicaux ou chirurgicaux, des attitudes médicales inadaptées ou mal contrôlées.

Il s'agit donc paradoxalement des effets nocifs produits, sur un patient, par des actions médicales diagnostiques ou thérapeutiques entreprises dans le but d'améliorer son état de santé et même, si possible, de le guérir complètement. Ce sont par exemple les complications provoquées par l'emploi de certains médicaments, les séquelles graves d'interventions chirurgicales, l'aggravation névrotique au cours d'une psychanalyse mal conduite (névrose de transfert interminable), l'apparition de troubles psychiques nouveaux en rapport avec une hospitalisation prolongée (névrose institutionnelle, asilisme) ou une décompensation psychotique à la suite d'une psychothérapie visant seulement à supprimer un symptôme particulier. La liste est très longue et doit rendre les médecins à la fois prudents et particulièrement modestes. J. P.

icône

n.f. (angl. Icon)

LING. **Signe qui représente en vertu d'une analogie avec l'objet représenté.**

Ce mot est employé dans ce sens lorsque l'on se situe dans la terminologie de Ch. Peirce, qui oppose les icônes aux symboles, signes arbitraires, et aux indices, signes qui représentent en vertu d'un rapport de contiguïté.

L'exemple le plus caractéristique d'icône est le portrait ou, plus généralement, le dessin ou la photographie. L'utilisation d'icônes dans certains systèmes informatiques a obéi à des préoccupations d'ergonomie cognitive, largement inspirées de la psychologie ; il s'agit, par le moyen de la ressemblance, de faciliter le travail mental de l'opérateur.

Dans les systèmes d'écriture, on sait que le mode de représentation initial a été hiéroglyphique, c'est-à-dire iconique : les hiéroglyphes représentaient directement les choses et les idées en vertu d'une similarité ou d'une analogie figurative. Dans les systèmes d'écriture occidentaux, au contraire, ce qui est représenté, et qui l'est de façon graphophonique et conventionnelle, c'est le mot en tant qu'unité morphologique et non son référent ou son sens. Mais, dans le système d'écriture chinoise contemporaine et dans celui des deux systèmes japonais qui en est tiré, c'est encore la représentation iconique qui est utilisée. Il est intéressant de noter que des comparaisons expérimentales ont été récemment conduites par des psychologues japonais entre « kanji » (écriture chinoise) et « kana » (écriture syllabique), c'est-à-dire entre les deux modes d'écriture, iconique et phonétique, qui coexistent dans cette langue ; elles n'ont fait ressortir aucune supériorité massive de l'une ou de l'autre représentation. J.-F. L. N.

→ signe, symbole, symbolisme.

idéal du moi

(angl. Ego Ideal ; allem. Ichideal)

Instance psychique qui choisit parmi les valeurs morales et éthiques requises par le surmoi celles qui constituent un idéal auquel le sujet aspire.

L'idéal du moi apparaît tout d'abord pour S. Freud (*Pour introduire le narcissisme*, 1914) comme un substitut du moi idéal. Sous l'influence des critiques parentales et du milieu extérieur, les premières satisfactions narcissiques procurées par le moi idéal sont progressivement abandonnées et c'est sous forme de ce nouvel idéal du moi que le sujet cherche à les reconquérir. Ultérieurement, après l'élaboration de la seconde topique, l'idéal du moi devient une instance momentanément confondue avec le surmoi en raison de sa fonction d'auto-observation, de jugement et de censure qui augmente les exigences du moi et favorise le refoulement. Cependant, elle s'en différencie dans la mesure où elle essaie de concilier les exigences libidinales et les exigences culturelles, ce en quoi elle intervient dans le processus de la sublimation. Pour Freud, le fanatisme, l'hypnose ou l'état amoureux représentent trois cas où un objet extérieur : le chef, l'hypnotiseur, l'aimé, vient occuper la place de l'idéal du moi au point même où le sujet projette son moi idéal. Pour J. Lacan, l'idéal du moi désigne cette instance de la personnalité dont la fonction sur le plan symbolique est de réguler la structure imaginaire du moi, selon le modèle de la loi qui règle les échanges verbaux entre les hommes d'un même groupe ; ce qui, à l'origine, concerne la relation du sujet à l'autre dans son rapport à l'autorité. R. L.

idéation

n.f. (angl. Ideation)

Formation et enchaînement des idées.

L'idéation peut être troublée par une trop grande rapidité dans l'accès maniaque : c'est la fuite* des idées. Elle est au contraire ralentie et diminuée dans la détérioration* mentale, le patient ayant tendance à reprendre sans cesse, avec une monotonie dont il n'a pas conscience, les mêmes thèmes qui le préoccupent : il présente alors des symptômes qui relèvent de la persévération* et du radotage. J. P.

idées (fuite des)

(angl. Flight of Ideas)

→ fuite des idées.

1. identification

n.f. (angl. Identification)

GÉNÉR. et DÉVELOP. **Reconnaissance, perceptive ou cognitive, d'un objet ou d'un événement soit comme un exemplaire d'une catégorie connue (*identité catégorielle*), soit comme une personne ou un objet familiers (*identité individuelle*), soit comme la représentation, totalement superposable, congruente, d'un autre objet, présent ou vu précédemment (*identité logique*).**

GÉNÉR. L'identification perceptive est l'activité qui se conclut par les jugements du type « ceci est un chien » ou, dans la lecture, « ceci est le mot "manger" ». L'identification cognitive est celle qui se conclut par un jugement tel que (après la lecture d'un article de journal) « il s'est produit une catastrophe aérienne ».

On considère généralement que l'identification s'opère par la confrontation (ou l'appariement*) entre une stimulation entrante et une représentation perceptive ou conceptuelle stockée en mémoire. J.-F. L. N.

DÉVELOP. Pour la plupart des auteurs, l'enfant n'identifie que ce qu'il peut assimiler à une structure cognitive qu'il a construite lui-même.

FORMATION DE L'IDENTIFICATION

Chaque structure cognitive conserve l'expérience passée sous plusieurs formes : les actions, les représentations imagées, les codages symboliques. Chez le bébé de quelques semaines, l'identification s'opère par référence à des actions : schèmes sensori-moteurs de J. Piaget, représentations actives de J. S. Bruner.

Dès la fin de la première année apparaissent des identifications en référence à des structures imagées. Ces dernières ne sont pas des copies du réel mais le fruit d'une sélection d'une partie des informations fournies par les objets-stimulus. Les schèmes empiriques de Piaget, les modèles internes de G. Luquet, les prototypes de Bruner et autres auteurs, les invariants des premières catégories non logiques sont des structures imagées à partir desquelles les enfants de 2 à 7 ans identifient personnes et objets.

LES FACTEURS D'IDENTIFICATION

Plusieurs facteurs influent sur le degré de pertinence des réponses d'identification.

Le premier est une soumission, d'autant plus forte que l'enfant est plus jeune, aux lois d'organisation perceptive et aux relations entre le tout et ses parties. Car l'identification porte toujours sur les unités en lesquelles l'enfant organise ce qu'il perçoit.

Le deuxième facteur est la qualité des structures représentatives (richesse, degré d'organisation).

Le troisième est le degré de vérification que s'impose l'enfant. Va-t-il se contenter de sa première identification quand son modèle, pauvre, se limite à la présence d'un détail caractéristique ? ou bien vérifier son hypothèse initiale en examinant les autres détails ?

L'évolution avec l'âge se fait dans le sens d'une diminution de l'influence d'une structuration perceptive rigide, d'une augmentation de la richesse et du nombre de modèles représentatifs du répertoire personnel de l'enfant et enfin de ses exigences. E. V.

→ catégorie, exemplaire, représentation mentale.

2. identification

n.f. (angl. Identification ; allem. Identifizierung)

PSYCHAN. **Assimilation d'un moi étranger dont la conséquence est que le premier se comporte comme l'autre à certains points de vue, qu'il limite, en quelque sorte, et qu'il l'accueille en lui-même sans s'en rendre compte.**

L'IDENTIFICATION CHEZ FREUD

« Qui copiez-vous là ? » demande S. Freud à Dora à l'occasion de douleurs aiguës d'estomac. Il apprend alors que Dora a rendu visite la veille à ses cousines, dont la cadette venait de se fiancer, et l'aînée, à cette occasion, s'était mise à souffrir de l'estomac, ce que Dora impute immédiatement à la jalousie. Freud nous dit alors que Dora s'identifie à sa cousine. Toute la distance qui sépare la notion d'imitation de celle d'identification, au sens particulier que lui donne Freud, se trouve ici illustrée. La question de Freud à Dora met en valeur, derrière le sens familier et intuitif qui parasite habituellement l'usage du terme *identification*, ce qui en rend l'emploi ou dérisoire ou extrêmement difficile. Dans ce texte, Freud n'use du terme *identification* que dans un sens descriptif et, dans les pages qui suivent, lorsqu'il expose sa conception de la formation du symptôme, c'est aux deux éléments déjà connus qu'il fait appel : la complaisance somatique et la représentation d'un fantasme à contenu sexuel.

Ce n'est que tardivement, lors du bouleversement de sa doctrine, autour de 1920, que Freud va mettre au premier plan l'identification, sans parvenir cependant à lui donner véritablement son statut. Elle est, en tout cas, le point autour duquel s'ordonne la totalité du texte *Psychologie collective et analyse du moi*. Le chapitre VII lui est spécialement consacré, chapitre dans lequel Freud en décrit trois formes.

La deuxième et la troisième sont mises en place par Freud à partir d'exemples cliniques de symptômes névrotiques. La deuxième identification rend compte du symptôme par une substitution du sujet, soit à la personne qui suscite son hostilité, soit à celle qui est l'objet d'un penchant érotique. L'exemple est celui de la toux, celle de Dora justement, dans le deuxième cas. C'est à propos de ce deuxième type d'identification que Freud insiste sur son caractère partiel (*höchst beschränkt*, extrêmement limité) et emploie l'expression d'*einziger Zug* (trait unique, ou unaire selon J. Lacan), qui servira de départ à Lacan pour un usage beaucoup plus ample. La troisième, dite hystérique, Freud l'appelle « identification par le symptôme » et la motive par la rencontre fortuite d'un élément analogue et refoulé dans les deux moi en cause.

On peut faire deux remarques. L'identification se trouve ici décrite comme l'emprunt d'un élément ponctuel à une autre personne, détestée, aimée ou indifférente rendant compte d'une formation symptomatique. Rien ne s'oppose à ce que cet emprunt soit tel qu'il ne comporte aucun désagrément pour le sujet. Freud nous dit d'ailleurs, dans d'autres textes, que le moi est en grande partie constitué par ces emprunts, ce qui équivaut à lui donner la valeur d'une formation symptomatique.

Les deux facteurs constituants du symptôme rappelés au début, la complaisance somatique et la représentation d'un fantasme inconscient, ont disparu. Ce qui s'y trouve maintenu, par contre, d'une certaine manière, c'est le caractère de compromis permettant la satisfaction pulsionnelle sous une forme déguisée.

La forme d'identification décrite en premier par Freud est la plus énigmatique. Quel sens donner en effet à la formule : attachement affectif le plus ancien à une autre personne puisque, justement, il n'y a pas encore d'objet constitué au sens de la doctrine ? De quel ordre est ce père que le petit garçon constitue comme son idéal alors que, dans une note de l'ouvrage *le Moi et le Ça*, Freud dit qu'il vaudrait mieux parler des parents à ce moment où la différence des sexes n'a pas encore été prise en considération ? Rien de sexuel n'intervient ici puisqu'il n'y a rien de « passif ni de féminin ». Il s'agit incontestablement de quelque chose qui est premier et qui nous est donné comme la condition de la mise en place de l'Œdipe, faute de quoi le sujet ne pourrait même pas accéder à cette problématique. Son devenir dans le sujet, selon Freud, peut nous éclairer. Le surmoi, c'est d'abord cette première identification et il « gardera durant toute la vie le caractère qui lui est conféré par son origine dans le complexe paternel ». Il sera simplement modifié par le complexe d'Œdipe et il ne peut « renier son origine acoustique ».

La question se trouve alors posée : y a-t-il un rapport ou non entre cette identification et les deux autres, celles-ci ne se distinguant que par la nature libidinale ou non du rapport à l'objet inducteur ? Dans l'application qu'il en fait à la constitution d'une foule, Freud maintient une séparation puisque, le même objet ayant remplacé l'idéal du moi de chacun des membres de la foule, l'identification du troisième type va alors pouvoir se manifester entre chacun d'eux. Il y a donc bien, ici, sous la même dénomination, deux modalités qu'il convient de maintenir distinctes. Cette position est confirmée dans *le Moi et le Ça*, lorsque Freud fait dépendre les identifications constitutives du moi de l'idéal du moi.

Dans l'usage que Freud fait des identifications successives au cours de diverses situations cliniques, la différence s'accentue. L'idéal du moi garde immuablement son caractère originaire, mais les autres formes d'identification entretiennent avec l'investissement objectal des rapports problématiques. L'identification succède à un investissement objectal auquel le sujet doit renoncer, ce renoncement dans la réalité allant de pair avec une forme de maintien dans l'inconscient qu'assure l'identification. Il en est ainsi, selon Freud, dans le cas de l'homosexualité masculine.

Mais ailleurs, dans *Deuil et Mélancolie*, Freud présente l'identification comme le stade préliminaire du choix objectal. Il en serait ainsi dans la mélancolie, où Freud donne à ce qu'il appelle « le conflit ambivalentiel » un rôle plus essentiel qu'au phénomène identificatoire, comme plus tard aussi dans la paranoïa de persécution où la transformation paranoïaque de l'amour en haine est justifiée par le « déplacement réactionnel de l'investissement » à partir d'une ambivalence de fond. Mais il s'agit ici pour Freud d'exclure le passage direct de l'amour à la haine, c'est-à-dire de maintenir la validité de l'hypothèse qu'il vient de formuler récemment en opposant aux instincts sexuels l'instinct de mort. Mais le point qui importe ici est la sorte de réversibilité, de concomitance à l'occasion, qui semble ressortir de la lecture de Freud entre l'identification et l'investissement d'objet.

Certes, Freud répète avec insistance qu'il importe de maintenir la distinction : l'identification, c'est ce qu'on voudrait être, l'objet, ce qu'on voudrait avoir. Bien sûr, le fait d'instituer deux notions distinctes n'exclut pas a priori qu'on puisse faire valoir des rapports entre elles, des passages de l'une à l'autre. Il n'en reste pas moins qu'un embarras persiste quant à la notion d'identification, Freud lui-même ayant explicitement renoncé à l'« élaborer métapsychologiquement » tout en lui conservant une fonction importante. Ce qui apparaît de plus assuré, c'est une différence radicale entre la première identification, issue du complexe paternel, et les autres, dont la fonction principale semble être de la résoudre en la fixant à une tension relationnelle avec un objet. C'est bien ce qui ressort de tout cet échafaudage identificatoire par quoi le moi se constitue et voit définir son caractère. On peut admettre que là se trouve ébauché ce qui servira de départ à Lacan. Une des thèses du *Moi et le Ça*, c'est que le moi se construit en empruntant au ça l'énergie nécessaire pour s'identifier aux objets choisis par le ça, réalisant ainsi un compromis entre les exigences pulsionnelles de l'idéal du moi et avouant ainsi sa nature de symptôme. C'est dire, en même temps, le caractère fondamentalement narcissique de l'identification et la nécessité de trouver pour l'idéal du moi un statut qui le distingue radicalement.

L'identification chez Lacan

Il est tout à fait remarquable que le terme d'*identification* soit repris par Lacan dès le début de sa réflexion théorique puisque la thèse concernant la phase du miroir (1936) se trouve ramenée pour conclure à l'assomption de l'image spéculaire conçue comme fondatrice de l'instance du moi. Celui-ci voit donc son statut définitivement assuré dans l'ordre imaginaire. Cette identification narcissique originaire sera le point de départ des séries identificatoires dont le moi se trouvera constitué, leur fonction étant une fonction de « normalisation libidinale ». L'image spéculaire, enfin, formera, pour le sujet, le seuil du monde visible.

Ce n'est que beaucoup plus tard que Lacan introduira la distinction essentielle entre moi idéal et idéal du moi, nécessaire pour une lecture cohérente de Freud, la proximité des deux expressions masquant trop facilement leur nature fondamentalement différente, imaginaire pour la première, symbolique pour la seconde.

Mais c'est avec le séminaire qui lui est entièrement consacré (1961-62) que Lacan essaie de faire valoir les conséquences les plus radicales des positions de Freud.

L'identification y est envisagée comme « identification de signifiant », ce que son opposition à l'identification narcissique permet de situer provisoirement. La vraie question, posée d'emblée en fait, est de dire comment il convient d'entendre chacun des deux termes, identification et signifiant, et, dans la mesure où nous allons avoir affaire à quelque chose de fondamental quant à l'ordonnancement correct de l'expérience, il n'y aura pas lieu de s'étonner que la démarche ici soit d'allure « logicisante ». Le signifiant est dans la langue (« lalangue »), au croisement de la parole et du langage, croisement que Lacan appelle « lalangue ». Le signifiant connote la différence à l'état pur ; la lettre qui le manifeste dans l'écriture le distingue radicalement du signe.

Avant tout, il convient de rappeler, faute de quoi l'élaboration de Lacan serait impossible ou insoutenable, que le sujet se trouve « profondément remanié par les effets de rétroaction du signifiant impliqués dans la parole. »

Il faut, comme le propose Lacan, partir de l'idéal du moi envisagé comme point concret d'identification du sujet au signifiant radical. Le sujet, du fait qu'il parle, avance dans la chaîne des énoncés qui définissent la marge de liberté qui sera laissée à son énonciation. Celle-ci élide quelque chose qu'il ne peut pas savoir, le nom de ce qu'il est comme sujet de l'énonciation. Le signifiant ainsi élidé est au mieux exemplifié par le « trait unaire », et cette élision est constituante pour le sujet. « Autrement dit, si jamais le sujet, ce qui est son but depuis le temps de Parménide, arrive à l'identification, à l'affirmation que c'est le même que de penser et être, à ce moment-là, il se trouvera lui-même irrémédiablement divisé entre son désir et son idéal. »

Ainsi se trouve constituée une première morphologie subjective que Lacan symbolise à l'aide de l'image du tore, le sujet, représenté par un signifiant, se trouvant alors en position d'extériorité par rapport à son Autre, où se trouvent rassemblés tous les autres signifiants. Alors va pouvoir s'inaugurer, sous l'effet de l'automatisme de répétition, la dialectique des demandes du sujet et de l'Autre, celle-ci incluant d'entrée de jeu l'objet du désir. C. D.

Bibliographie

Florence, J., 1978, *l'Identification dans la théorie freudienne*, Bruxelles, Faculté universitaire Saint-Louis.

Collectif, 1978, *l'Identification : l'autre, c'est moi (Freud, Ferenczi, Ballint, Klein)*, Paris, Tchou.

identité

n.f. (angl. Identity)

Caractéristique de personnes, objets réels ou représentés, événements, énoncés, etc., considérés comme substituables l'un à l'autre.

Relation d'identité

Identité logique. Des objets sont dits « identiques » lorsqu'ils ont en commun toutes leurs propriétés (définition positive) ou lorsqu'il n'y a entre eux aucune différence perceptible (définition négative). L'identité logique correspond à l'identité physique, dans les limites des capacités discriminatives de celui qui donne un jugement d'identité.

Identité catégorielle. Des objets sont dits « identiques » lorsqu'ils sont des exemplaires d'une même catégorie. Perçus différents, ils sont équivalents du fait qu'ils ont en commun certaines propriétés.

Identité individuelle. Elle est relative à un objet unique qui conserve toute sa vie son identité en dépit de modifications durables (croissance, amputation), passagères (posture, mimique, teinte des cheveux) ou superficielles (vêtements, lunettes).

L'identité chez l'enfant

Bien que, dès le milieu de sa première année, le bébé soit capable de rassembler en catégories des objets qu'il perçoit différents et d'identifier des êtres et objets familiers, l'usage de la relation logique d'identité, le maniement des classes d'équivalence logique et la conservation en toutes circonstances de l'identité individuelle ne sont maîtrisés par l'enfant que vers 7 à 8 ans. Auparavant, le terme d'*identité* est pour lui dépourvu de sens et il compare ou rassemble des objets en fonction de leur degré de similitude sans employer des critères de jugement fermes et stables.

Identité individuelle d'un objet non familier. Les comportements observés dans les nombreuses recherches consacrées à la permanence de l'objet ont fait apparaître que, pour un jeune bébé, un objet ne conserve pas son identité quand il subit un déplacement ou une disparition temporaire, bien que ses propriétés intrinsèques soient restées invariantes. Selon T. Bower, avant 4 mois, l'identité d'un objet stationnaire est définie par sa place et ses propriétés intrinsèques, celle d'un objet mobile par sa trajectoire. En se transformant en mobile, un objet stationnaire perd son identité, il devient un autre objet. L'évolution connaît ensuite différentes étapes : 1. un même objet alternativement mobile et stationnaire conserve son identité ; 2. les propriétés intrinsèques d'un objet stationnaire sont conservées lorsqu'il devient mobile ; 3. l'identité d'un objet se conserve à travers une disparition temporaire suivie de réapparition.

Même à l'âge préscolaire, l'identité d'un objet particulier demeure fragile. Des enfants de 3 ans jugent qu'un bout de fil de fer rectiligne demeure le même bout de fil quand on le courbe sous leurs yeux. Dans les mêmes conditions, des enfants de 4 à 5 ans le nient. Cette évolution inattendue de réponses peut signifier qu'à 5 comme à 3 ans les enfants jugent en termes d'identité catégorielle, non individuelle : pour les petits, tous les bouts de fil se valent (catégorie large) ; les grands sont plus discriminatifs : n'ayant pas la même forme, les bouts de fil rectilignes et les bouts de fil courbés forment deux catégories distinctes.

Il faut ajouter qu'à ces âges les réponses verbales sont toujours ambiguës, car le sens donné à « le même », à « un autre » n'est pas forcément identique pour l'adulte et pour les enfants. E. V.

→ catégorisation.

identité (théorie de l')

(angl. Theory of Identity)

Conception philosophique et épistémologique suivant laquelle les catégories de phénomènes psychologiques sont la même chose que les catégories de phénomènes neurobiologiques.

Selon cette conception, les identités des sciences de la nature nous fournissent une analogie qui nous permet de saisir ce que peut être une identité psychologique-neurobiologique. Par exemple, on peut dire à la fois que l'eau est un liquide incolore, inodore et sans saveur et qu'elle est H_2O : les deux descriptions concernent une seule et même réalité (l'« eau » est strictement identique à « H_2O »). De la même façon, la chaleur est, pour la physique, identique au mouvement moléculaire ; ou encore, la propriété de hauteur d'un son est identique à la propriété « fréquence des vibrations de l'air ». C'est de la même façon qu'un processus psychologique pourrait *être* également un processus physiologique : par exemple, une représentation imagée pourrait être une activation d'une assemblée de neurones. La théorie de l'identité est, dans l'éventail des conceptions philosophiques de la psychologie, celle qui est la plus éloignée du dualisme. On distingue généralement « identité de types » — qui a été décrite ici et qui laisse subsister la psychologie — et « identité d'occurrences », qui la fait disparaître. J.-F. L. N.

→ dualisme, réductionnisme.

identité (troubles de l')

(angl. Ego Identity Disorders)

Troubles de la conscience de soi, caractérisés par l'atteinte ou même la perte du sentiment « d'être identiquement le même dans le temps » (K. Jaspers).

Les troubles de l'identité font partie du syndrome de dépersonnalisation* et peuvent s'accompagner de la perte des sentiments d'autonomie, de spontanéité et même d'unité du moi (avec impression de dédoublement). D'abord décrits par P. Janet à propos de la psychasthénie, ils s'accompagnent généralement d'un état d'anxiété et d'une impression de perte du contact avec le réel, de déréalisation. Comme l'a écrit S. Follin, « la dépersonnalisation thématise constamment une anxiété profonde qui n'est autre que le doute éprouvé de la réalité de soi-même et de l'ambiance ».

Ils se rencontrent dans les états oniroïdes* et crépusculaires* ainsi que dans les formes de début, pseudo-névrotiques, de la schizophrénie. C'est aussi dans certaines expériences psychodysleptiques (provoquées par absorption de toxiques, L.S.D., mescaline, extraits cannabiques, etc.) qu'ils apparaissent, précédant parfois, ou accompagnant, des troubles perceptifs et hallucinatoires. J. P.

identité sexuelle

(angl. Gender Identity)

Fait de se reconnaître et d'être reconnu comme appartenant à un sexe.

Sexe et identité sexuelle

Le concept d'« identité sexuelle », introduit par R. Stoller en 1968, vise à établir une distinction entre les données biologiques, qui font objectivement d'un individu un mâle ou une femelle, et celles, psychologiques et sociales, qui l'installent dans la conviction d'être un homme ou une femme.

De ce fait, la traduction par *identité sexuelle* de Gender Identity n'est pas très heureuse, parce qu'elle élimine en partie l'opposition, voulue par Stoller, entre Sex et Gender, Sex étant réservé au sexe biologique. La détermination de celui-ci dépend d'un certain nombre de facteurs physiques, objectivement mesurables, qui sont le génotype (XX femelle et XY mâle), le dosage hormonal, la constitution des organes génitaux externes et internes et les caractères sexuels secondaires. La somme de ces éléments aboutit, dans la plupart des cas, à une détermination globale « mâle » ou « femelle » non équivoque, même s'il existe chez tous les êtres humains, à ce niveau même, une certaine bisexualité due à l'indifférenciation originelle de l'embryon. On trouve ainsi des hormones mâles et femelles, dans des proportions différentes, chez les individus des deux sexes, de même que l'on reconnaît dans les organes masculins et féminins le résultat de l'évolution ou de l'involution de mêmes organes originels.

Dans certains cas se présentent des anomalies physiologiques qui vont de l'aberration chromosomique à l'ambiguïté des attributs anatomiques. Elles produisent des situations d'intersexualité, repérées depuis très longtemps sous le terme vague d'*hermaphroditisme* et qui ont été les premières à soulever des questions d'ordre psychologique sur l'identité sexuelle, du fait des problèmes évidents que de telles anomalies posent quant à l'attribution du sexe.

Les anomalies biologiques

Cependant, ces données biologiques n'interviennent que partiellement dans ce qui constitue le noyau de l'identité sexuelle. En effet, on a pu constater que, dans le cas d'anomalies physiologiques, on se trouvait en présence des développements les plus divers de l'identité sexuelle, selon la manière dont l'entourage de l'enfant y avait réagi. Un des exemples les plus frappants exposés par Stoller est celui du développement d'une identité sexuelle féminine normale chez une personne XO, c'est-à-dire neutre sur le plan chromosomique, dépourvue donc d'utérus et d'activité hormonale femelle, du fait que, dès sa naissance, ses parents l'avaient reconnue sans hésitation comme fille. Par contre, dans des cas où le caractère anormal des organes génitaux externes provoque la perplexité et l'inquiétude chez les parents, la question de son sexe se posera à l'enfant sur un mode problématique, dont l'évolution dépendra à chaque fois de l'histoire singulière du sujet.

Ce genre d'observations justifie à lui seul la conception selon laquelle l'élément majeur dans la constitution de l'identité sexuelle est d'ordre psychologique. Mais les cas les plus intéressants sont néanmoins ceux dans lesquels ne se présente aucune anomalie d'ordre biologique et qui pourtant posent un problème d'identité sexuelle.

C'est à partir de cas de ce genre que S. Freud, dès ses premiers essais sur la *Théorie de la sexualité* (1905), pouvait affirmer qu'une grande part de ce qu'on appelle sexualité est pour chacun déterminée par des expériences de la vie infantile et ne dépend donc pas seulement de l'hérédité et des facteurs organiques, ce qui lui permettait de distinguer, en particulier à propos de l'homosexualité féminine (1920), les caractères sexuels physiques des caractères sexuels psychiques.

Le transsexualisme

L'illustration la plus démonstrative de cette dissociation entre le biologique et le psychique est offerte par les transsexuels. Ce sont en effet des individus qui ne présentent aucune anomalie biologique ou même simplement anatomique et qui, tout en convenant de la réalité de leur anatomie sexuelle, ont la conviction d'appartenir à l'autre sexe. Ils se présentent comme « une femme dans un corps d'homme » ou, plus rarement, l'inverse et, le plus souvent, réclament la « rectification » chirurgicale de leur anatomie dans le sens de ce qu'ils considèrent comme leur identité profonde.

Pour cerner la question qu'ils posent, il convient de les distinguer de plusieurs autres cas avec lesquels ils risquent d'être confondus. Tout d'abord, ils ne s'identifient pas à l'autre sexe de manière inconsciente, dans leurs rêves ou dans certains de leurs comportements, c'est-à-dire que leur revendication ne se présente pas sous la forme propre à la névrose. D'autre part, il ne faut pas non plus les confondre avec les travestis fétichistes, qui jouissent précisément de la présence de leur pénis sous les vêtements féminins et ne remettent donc pas du tout en question leur identité masculine.

Enfin, ce ne sont pas non plus des homosexuels efféminés, qui, même s'ils jouent parfois le rôle d'une femme au point même de se travestir, le font comme une parodie et conservent à leur pénis une fonction essentielle dans leur vie sexuelle. Seuls les transsexuels exigent l'ablation de leur organe viril, afin de rendre leur corps conforme au sexe dont ils revendiquent l'identité.

Ils constituent donc une entité singulière, qui pose des problèmes tout à fait spécifiques. En effet, si les observations de transsexuels, nombreuses aujourd'hui, éclairent la genèse de cette problématique, l'interprétation à laquelle elles conduisent généralement n'est pas sans poser des questions, qui rejaillissent sur toute la théorie de l'identité sexuelle.

Formation de l'identité transsexuelle

Le premier constat est que les transsexuels, quoique désirés comme garçons, reconnus sans équivoque et bien acceptés comme tels, présentent dès leur petite enfance un comportement féminin, aussi bien dans leurs choix vestimentaires, leurs jeux que dans leur gestuelle, leurs intonations de voix et leur vocabulaire.

D'autre part, leurs mères sont décrites comme présentant certaines caractéristiques communes, qui sont de s'être mariées tard et sans enthousiasme avec des hommes qui ne comptent guère et s'absentent beaucoup, d'avoir eu avec leurs fils une relation de proximité physique très étroite beaucoup plus longtemps qu'il n'est habituel et, enfin, de ne voir aucune objection, bien au contraire même, aux conduites féminines de leurs fils.

Cette relation, Stoller la qualifie de « symbiotique » mais la distingue de celle qui unit la mère du schizophrène à son enfant en ce qu'il n'existerait ici aucune source de souffrance, aucun *double bind*, simplement l'installation sans conflit d'une identité féminine dans la période pré-œdipienne par un processus d'identification induit par la mère et dont toute problématique phallique serait exclue.

Une théorie antifreudienne

On voit donc que la théorie de Stoller est clairement antifreudienne sur ce point. L'origine de l'identité sexuelle se situe en effet pour lui dès l'âge de un an et demi à deux ans, indépendamment des complexes d'Œdipe et de castration. Conformément aux positions de K. Horney et de E. Jones, il considère comme obsolète la conception d'une libido unique et donc du caractère fondateur et central du phallus pour les deux sexes.

Outre que l'usage qu'il fait du terme *phallus* n'indique pas clairement qu'il ait saisi la portée qu'il a chez Freud, cette prise de position a pour conséquence, en ce qui concerne le transsexualisme, de rendre impossible sa définition en tant que structure pathologique. Ce ne peut être ni une névrose ni une perversion, puisque cette structure est antérieure à la problématique œdipienne, et pourtant ce n'est pas non plus une psychose, puisque le transsexualisme s'installe sans conflit et sans double lien, point de vue confirmé à ses yeux par le constat que les capacités d'intégration sociale de ces patients restent intactes.

Ce dernier point pose pourtant un problème sérieux parce qu'il n'est pas sans conséquences sur la conduite à tenir par rapport à la demande d'intervention chirurgicale faite par les transsexuels. En toute logique, si l'on suit le raisonnement de Stoller, on ne voit pas en effet pourquoi on refuserait cette demande puisqu'elle n'est ni névrotique, ni perverse, ni psychotique, et en quoi une identité transsexuelle bien ancrée ne trouverait pas une solution bénéfique dans la chirurgie.

Or, Stoller lui-même ne tire pas du tout de telles conclusions de sa théorie. Au contraire, il s'est toujours opposé fermement à ces interventions, forcé de reconnaître par l'expérience que les suites de ces opérations sont loin de présenter le caractère idyllique que rêvent les transsexuels et leurs chirurgiens. Il remarque même que les transsexuels opérés continuent inévitablement leur quête vers d'autres objectifs de plus en plus inaccessibles.

Quelles conclusions peut-on tirer de ces contradictions ?

Identité sexuelle et inconscient

Sans doute la définition de la psychose à laquelle Stoller se réfère est-elle insuffisante pour répondre à la question que pose le transsexualisme. Elle va de pair avec la manière simpliste dont il conçoit la problématique phallique. En effet, alors qu'il reconnaît que ces mères de transsexuels se comportent avec leur enfant comme s'il était une partie d'elles-mêmes, plus précisément une partie de leur corps — il va jusqu'à dire leur phallus —, faute d'établir la distinction nécessaire entre castration imaginaire, réelle et symbolique, il ne peut tirer de ce constat la conséquence qui s'impose, à savoir qu'elles installent ainsi, du fait même de l'absence en elles de désir pour un homme qui viendrait les séparer de leur enfant, une situation propice à l'éclosion de la psychose. Cet enfant, ainsi privé de castration symbolique, ne pourra qu'*être* le phallus imaginaire de sa mère, ce qui exclura pour lui qu'il puisse l'*avoir*. Problématique qu'il posera dorénavant toujours dans ces termes : *être*, au prix d'une castration réelle, non pas une femme entre autres, mais *la* Femme, celle qui, il en fera douloureusement et interminablement l'épreuve, n'existe pas. Pour le président Schreber aussi, c'était « une chose singulièrement belle que d'être une femme », mais, et c'est ce qui signe la psychose, il s'agissait d'être la femme de Dieu.

Cette difficulté, que soulève exemplairement la compréhension du transsexualisme, rejaillit évidemment sur le concept d'identité sexuelle dans son ensemble, du fait essentiellement de l'insuffisance de ses références analytiques. C'est ainsi que Stoller, malgré ses propres réticences devant un terme aussi imprécis, se voit contraint de faire appel à une « force biologique », à côté des données physiologiques et psychologiques, pour rendre compte de certaines aberrations du comportement que ces dernières ne suffisent pas à expliquer. Par exemple, dans le cas d'une petite fille qui, dès sa plus tendre enfance, se conduisait, avec une mère selon lui parfaitement féminine, comme un petit garçon, c'est-à-dire avec impétuosité, brutalité et violence, seule à son avis pouvait être incriminée une « force biologique » mâle.

On voit là, sans entrer davantage dans les détails, à quel point cette approche, fondée essentiellement sur l'observation des comportements et la référence à des modèles sociologiques, est insuffisante pour rendre compte de ces problèmes d'identité sexuelle. Ce qui lui manque, à l'évidence, c'est la dimension, proprement psychanalytique, de l'*inconscient*, dont il semble qu'elle se soit perdue, après Freud, dans les développements anglo-saxons de son enseignement, au profit d'une psychologie du *moi*, auquel le terme d'*identité sexuelle* fait clairement référence. N. K.-R.

identité sociale

(angl. Social Identity)

Dimension de l'identité d'un sujet relative à sa position dans la structure sociale, comme l'appartenance à l'une des catégories biopsychologiques (sexe, âge), à l'un des groupes (socioprofessionnels, ethniques, vicinaux, nationaux, etc.), à un rôle social (familial, professionnel, institutionnel, etc.), à une affiliation idéologique (Églises, partis, mouvements sociaux, etc.).

À cette position sont associées certaines zones de la conscience subjective de soi à travers les images, les représentations, les modèles, les sentiments et les stratégies qu'elle suscite.

Définitions et conceptions

Le sociologue américain G. Mead a été un des premiers (*Mind, Self and Society*, 1934) à poser que le soi (la conscience de soi) n'est pas un phénomène lié uniquement à l'individualité mais résulte au contraire de l'ensemble des processus sociaux dans lesquels l'individu est inséré. Il s'est efforcé de montrer que chacun perçoit son identité en adoptant le point de vue des autres et du groupe social auquel il appartient. Le sentiment d'identité est moins une donnée substantielle de l'individualité que le résultat d'un processus de socialisation (impliquant notamment le langage, le jeu, les interactions quotidiennes, l'intériorisation des modèles et des valeurs du groupe, etc.).

Le psychanalyste et anthropologue américain E. Erikson a développé une perspective comparable, donnant ses fondements au concept d'identité, en montrant que celle-ci naît de l'interaction entre mécanismes psychologiques et facteurs sociaux. D'une part, le sentiment d'identité résulte en effet d'une tendance inconsciente du sujet à établir une continuité dans son expérience subjective et à rechercher un sentiment d'unité et d'intégration à partir de la multiplicité des identifications de l'enfance. D'autre part, le sentiment d'identité prend appui sur les identifications aux modèles proposés par les groupes sociaux auxquels le sujet appartient (sa classe, sa culture, sa nation). L'identification est ici réciproque : le groupe reconnaît l'individu comme un de ses membres et l'individu se reconnaît dans les modèles identificatoires et les prototypes valorisés proposés par le groupe (les images de l'homme et de la femme « comme il faut », du bon citoyen, de l'« honnête homme », l'idéal des personnalités revêtues de prestige, données en exemple aux membres du groupe, etc.). Ainsi, « l'individu se juge lui-même à la lumière de ce qu'il découvre être la façon dont les autres le jugent par comparaison avec eux-mêmes et par l'intermédiaire d'une typologie à leurs yeux significative » (1972).

Erikson souligne encore que l'identité n'est pas la somme de ces différentes formes d'identification mais constitue une synthèse dynamique résultant d'un processus d'assimilation et de rejet de ces identifications et de l'interaction entre développement personnel et influences sociales. Ces processus sont éclairés par la psychanalyse, qui a montré l'importance des identifications de l'enfance dans la construction de la personnalité et notamment dans la constitution du surmoi et de l'idéal du moi, qui proviennent de l'intériorisation des normes, des valeurs et des idéaux parentaux et sociaux ; S. Freud avait lui-même souligné à propos de l'idéal du moi que, « outre son côté individuel, cet idéal a un côté social, c'est également l'idéal commun d'une famille, d'une classe, d'une nation ».

La psychologie génétique et la psychologie sociale se sont efforcées d'approfondir ce processus d'interaction entre les dimensions personnelles et sociales de l'identité. P. Tap (1988) a proposé notamment la notion d'interstructuration du sujet et des institutions : elle prend en compte les mécanismes d'identification et d'intériorisation des modèles sociaux tout en soulignant qu'il ne s'agit pas d'une imprégnation unilatérale et mécaniciste de l'individu par le milieu social ; elle instaure une dialectique entre le processus de socialisation (producteur de l'identité sociale) et le processus d'identification par lequel le sujet se différencie, s'individualise, se spécifie et tend à devenir une unité intégrée et originale, agissant par ses pratiques et ses projets sur son milieu social.

Ainsi, l'identité sociale n'apparaît pas comme le simple reflet ni comme l'addition dans la conscience de l'individu de ses rôles et de ses appartenances sociales : c'est une totalité dynamique et hiérarchique où ces différents éléments interagissent dans la complémentarité ou le conflit. Elle s'inscrit toujours dans un jeu d'interactions avec autrui et avec d'autres groupes sociaux ; elle résulte des stratégies identitaires (C. Camilleri et alii, 1989) par lesquelles le sujet tend à défendre son existence et sa visibilité sociale, son intégration à des groupes sociaux et à rechercher une valorisation de lui-même et une cohérence interne entre ses différentes identités circonstancielles (les facettes de l'identité sociale qui sont appelées par l'interaction présente où il est engagé).

Identité sociale subjective et affiliation groupale

La psychologie sociale expérimentale a exploré tout spécialement les relations entre l'identité sociale et l'affiliation groupale. Cette affiliation peut prendre différentes formes : on peut distinguer en effet les groupes d'appartenance (ceux dont le sujet fait effectivement partie) et les groupes de référence (ceux dans lesquels le sujet puise ses modèles, ses valeurs et ses normes et auxquels il peut ne pas appartenir).

Les travaux de H. Tajfel et J. Turner montrent que les individus tendent à construire leur identité sociale à partir de l'appartenance ou de la référence à certains groupes et de la signification émotionnelle et évaluative qui leur est associée ; ils recherchent normalement une identité sociale positive fondée pour une large part sur les comparaisons favorables qui peuvent être faites entre leurs groupes d'appartenance et certains groupes de référence ; lorsque l'appartenance n'entraîne pas une valorisation positive, les individus tentent de quitter leur groupe ou de le rendre plus positif.

D'autres travaux ont tendu à élaborer des outils pour saisir et mesurer l'identité sociale telle qu'elle est subjectivement ressentie par les individus. La technique la plus utilisée est le test du « qui suis-je ? » de Kuhn et McPatland (on demande à chaque sujet de répondre vingt fois de suite à la question « qui suis-je ? » en donnant à chaque fois une réponse différente) ; les résultats recueillis confirment le fait que l'identité sociale subjective dépend de la position sociale du sujet (ainsi l'appartenance à une catégorie minoritaire ou dominée accroît l'influence de cette appartenance dans la conscience de soi).

M. Zavalloni (1984) a modifié ce test en prenant pour stimulus « nous les ... », incluant le sujet dans la catégorie, et « eux les ... », situant le sujet en position d'extériorité (par exemple, « nous les femmes, nous sommes... » ; « elles les femmes, elles sont... ») ; les stimulus portent sur huit catégories : nation, sexe, religion, profession, classe sociale, affiliation politique, groupe d'âge, statut familial. Le matériel ainsi recueilli est ensuite confronté à la représentation qu'a le sujet de lui-même et sa signification affective est explorée par une méthode d'associations libres ; l'hypothèse est que le soi émerge des représentations du monde social et vice versa ; les dimensions sociales et personnelles de l'identité sont conçues comme reliées pour le sujet par des représentations et des mots pointeurs de significations et affectivement chargés. Certains résultats montrent qu'on assimile généralement à soi-même ce que l'on perçoit comme positif.

D'autres recherches ont tenté de cerner la façon dont les sujets vivent leur identité sociale dans un contexte d'interactions sociales réelles ; elles ont porté souvent sur des situations de « crise » où l'identité sociale du sujet est menacée ou remise en cause (mutations sociales, problèmes liés à l'immigration, tensions interethniques, changements de statut social, chômage...) à partir d'observations, d'entretiens, de questionnaires ou de récits de vie (cf. notamment Camilleri et al., 1989). E.-M. L.

Bibliographie

Camilleri, C., et alii, 1989, *les Stratégies identitaires*, Paris, P.U.F.

Erikson, E., 1968, *Adolescence et crise : la quête de l'identité*, tr. fr., 1972, Paris, Flammarion.

Mead, G., 1934, *l'Esprit, le soi et la société*, tr. fr., 1963, Paris, P.U.F.

Tap, P., 1988, *la Société Pygmalion*, Paris, Dunod.
Zavalloni, M., et Louis-Guérin, C., 1984, *Identité sociale et conscience*, Toulouse, Privat.

idéologie

n.f. (angl. Ideology)

Système de représentations, d'idées reçues, à cohérence relative, mêlant faits, valeurs et croyances mais étant perçu par ceux qui y adhèrent comme une connaissance vraie et universalisable.

Sa motivation première n'étant pas cependant la vérification de type scientifique, l'idéologie exprime avant tout la vision et l'explication du monde et des phénomènes humains qu'ont les membres d'un groupe social, d'une société ou d'une culture ; ses fonctions sont de leur assurer une maîtrise cognitive de leur environnement, d'orienter et de rationaliser les conduites et les pratiques sociales, de justifier et légitimer les intérêts et les positions du sujet émetteur (individuel et collectif) dans ses rapports aux autres groupes sociaux. La notion d'idéologie désigne donc à la fois des systèmes de représentations socio-historiques spécifiques et les fonctions et mécanismes psychosociaux, de portée plus générale, qui les caractérisent.

Les définitions et les conceptions de l'idéologie

La notion d'idéologie est une notion relativement délicate à cerner en raison de la multiplicité de ses acceptions (qui ne sont pas elles-mêmes sans résonances idéologiques) et de l'extension variable qu'on lui confère (allant des doctrines politiques aux systèmes philosophiques et religieux ou, plus largement, à toute forme de pensée sociale).

Cette notion a été élaborée surtout dans le champ de la sociologie et sa conceptualisation en psychologie est récente et partielle.

La conception marxiste

La notion d'idéologie est née dans le courant de pensée qui, vers la fin du XVIIIe s. et au cours du XIXe, s'est efforcé de développer une critique raisonnée des systèmes de pensée traditionnels sous-tendant l'ordre social. Elle a été fortement marquée par la définition et l'usage qu'en a donnés K. Marx.

Pour Marx, l'idéologie est une forme de fausse conscience, un processus de renversement ; les hommes croient que ce sont leurs pensées qui commandent leur existence, alors que ce sont leurs conditions d'existence qui déterminent leurs pensées ; les forces motrices véritables qui les meuvent leur restent inconnues. « L'imagination — la représentation que ces hommes déterminés se font de leur pratique réelle — se transforme en la seule puissance déterminante et active qui domine et détermine la pratique de ces hommes » (*Idéologie allemande*, 1845). Une autre proposition de Marx est que, dans une société de classes, l'idéologie dominante est l'idéologie de la classe dominante : « Les pensées dominantes ne sont pas autre chose que l'expression idéale des rapports matériels dominants, elles sont ces rapports matériels dominants saisis sous forme d'idées, donc l'expression des rapports qui font d'une classe la classe dominante. » Mais, pour être opérante, cette relation doit rester masquée : la classe dominante doit présenter son intérêt comme l'intérêt commun de l'ensemble de la société : « Cette classe est obligée de donner à ses pensées la forme de l'universalité, de les présenter comme étant les seules raisonnables, les seules universellement valables. »

Ces deux traits propres à l'idéologie, d'être une forme de connaissance illusoire et de tendre à occulter les intérêts réels qu'elle sert pour légitimer la position du groupe social émetteur, se retrouvent dans de nombreuses définitions, en dehors même du courant marxiste. On peut citer comme exemple celle de K. Jaspers : « Une idéologie est un complexe d'idées ou de représentations qui passe aux yeux du sujet pour une interprétation du monde ou de sa propre situation, qui lui représente la vérité absolue, mais sous forme d'une illusion par quoi il se justifie, se dissimule, se dérobe d'une façon ou d'une autre, mais pour son avantage immédiat » (*Origine et sens de l'histoire*, 1949).

L'extension de la notion d'idéologie, dans la tradition marxiste, est plus ou moins large. Lénine l'employait pour désigner les théories et doctrines que les classes sociales utilisent dans leur lutte. L. Althusser a proposé une définition beaucoup plus étendue : « Une idéologie est un système (possédant sa logique et sa rigueur propres) de représentations (images, mythes, idées ou concepts selon les cas) doué d'une existence et d'un rôle historique au sein d'une société donnée [...]. L'idéologie comme système de représentations se distingue de la science en ce que la fonction pratico-sociale l'emporte en elle sur la fonction théorique (ou fonction de connaissance) » [*Réponse à John Lewis*, 1973]. Pour lui, l'idéologie n'est pas une image erronée, travestie ou déformée du réel car « ce n'est pas leurs conditions d'existence réelles, leur monde réel, que les « hommes » « se représentent » dans l'idéologie, mais c'est avant tout leur rapport à ces conditions d'existence qui leur y est représenté. C'est ce rapport qui est au centre de toute représentation idéologique ». Les idéologies sont portées et diffusées par des institutions, des « appareils idéologiques » chargés de les inculquer, de les renforcer et de les légitimer.

Le courant non marxiste

Le courant non marxiste a surtout insisté sur ce qui distingue l'idéologie de la science. Ainsi, pour T. Parsons, la caractéristique essentielle de l'idéologie est la déviation par rapport à l'objectivité scientifique et le fossé qui existe entre croyances et propositions scientifiquement démontrables. R. Aron souligne que les idéologies mêlent toujours des propositions de fait et des jugements de valeur ; elles expriment une perspective sur le monde et une volonté tournée souvent vers l'avenir. R. Boudon indique que le propre de l'idéologie est de confondre la validité d'une théorie et son intérêt ; il montre aussi que la « connaissance sociale » n'est pas le fait d'acteurs désincarnés jetant un regard objectif sur la réalité, mais, au contraire, « d'acteurs socialement *situés*, c'est-à-dire caractérisés par une *position* et par des *dispositions*. De par leur position, ces acteurs peuvent percevoir la réalité plutôt sous un jour que sous un autre. De par leurs dispositions, même s'ils ont la même position, ils interpréteront — ou du moins pourront dans certains cas interpréter — la même réalité de manière différente » (1986).

D'autres encore ont souligné que, dans la pensée idéologique, il y a une contamination de la raison par l'affectivité ; on a parlé ainsi de « pensée du désirable » ou de « passion légitimée ».

Processus et mécanismes psychosociaux

L'apport de la psychologie sociale à la compréhension des idéologies a été surtout de mettre en lumière et d'analyser les processus et mécanismes cognitifs et affectifs du fonctionnement idéologique. Il s'inscrit, pour une part, dans l'orientation des travaux fondateurs de S. Moscovici sur les représentations sociales.

La psychologie sociale a montré que le fonctionnement idéologique du sujet implique certains mécanismes fondamentaux à dominante cognitive (largement indépendants du contenu même de la pensée idéologique).

L'idéologie répond d'abord à une démarche de construction, de mise en ordre, d'interprétation et de maîtrise de la réalité sociale. Plus qu'un reflet passif d'un univers préexistant, c'est un processus actif d'élaboration, de mise en forme et en sens de cet univers selon un système consensuel de valeurs, de normes et d'attitudes. Le propre de l'idéologie est de faire passer cette élaboration cognitive pour une réalité objective et de naturaliser ce qui est de l'ordre de la représentation : elle change l'arbitraire social en nature, les valeurs en faits, l'intérêt en raison.

L'idéologie apparaît aussi comme le résultat d'un mécanisme de rationalisation par lequel le sujet est amené à justifier a posteriori les conduites qui lui sont prescrites par sa position sociale et institutionnelle : c'est ainsi qu'une place donnée « sécrète une vision donnée du monde par le biais de la rationalisation des conduites obligées qu'elle implique » (J. L. Beauvois et R. V. Joule, 1981).

On peut mettre en évidence aussi dans l'idéologie un mécanisme d'immunisation qui conduit le sujet à rejeter les informations qui ne sont pas conformes à des prémisses idéologiques ; ainsi, J.-P. Deconchy a montré que, dans notre culture, il y a une tendance à s'immuniser contre l'idée que les conduites humaines puissent être soumises à des déterminismes propres à l'espèce.

Dans une perspective psychanalytique, R. Kaës (1980) a mis en lumière dans l'expérience et la conviction idéologiques du sujet un mécanisme d'idéalisation dans le sens d'un assujettissement et d'une surestimation des idées et des idéaux (au détriment de la réalité). L'idéologie, en tant que « bon objet » idéalisé, sert à écarter les éléments mauvais et persécuteurs, rejetés à l'extérieur, et à promouvoir ainsi une vision clivée de l'univers. Elle est un mode de défense contre l'angoisse de l'inconnu, du doute, de l'incertain, de l'incomplétude ; elle contribue à maintenir l'illusion de la toute-puissance narcissique de la pensée. Interviennent encore d'autres mécanismes propres à toute forme de représentation sociale comme l'inférence, la catégorisation, l'attribution, la réduction des dissonances cognitives, etc.

L'idéologie remplit aussi pour le sujet certaines fonctions psychosociales spécifiques. Elle contribue à l'orientation et à la justification des conduites ; elle règle l'adhésion aux appareils institutionnels et aux pratiques que ceux-ci génèrent. Elle joue ainsi un rôle d'articulation entre l'individu et le groupe. On a pu montrer, par exemple, que sa fragilité rationnelle est compensée souvent par la vigueur des régulations institutionnelles — comme dans l'Église ou le parti (Deconchy, 1989). L'idéologie contribue ainsi à une mise en correspondance et en résonance du psychologique et du social ; elle assure la subjectivation des rapports sociaux objectifs et l'objectivation des représentations et mécanismes subjectifs. E.-M. L.

BIBLIOGRAPHIE

Aebischer, V., Deconchy, J.-P., et Lipiansky, E.-M., 1989, *Représentations sociales et idéologies*, Suisse, Delval.

Althusser, L., 1965, *Pour Marx*, Paris, Maspero.

Beauvois, J.-L., et Joule, R. V., 1981, *Soumission et idéologies*, Paris, P.U.F.

Boudon, R., 1986, *l'Idéologie*, Paris, Fayard.

Deconchy, J.-P., 1989, *Psychologie sociale, croyances et idéologies*, Paris, Méridiens Klincksieck.

Kaës, R., 1980, *l'Idéologie, études psychanalytiques*, Paris, Dunod.

Marx, K., et Engels, F., 1846, *l'Idéologie allemande*, tr. fr., 1972, Paris, Éd. Sociales.

idéopraxie

n.f. (angl. Ideopraxia)

Ensemble complexe de gestes volontaires réalisés en l'absence du modèle à produire et orientés vers un but explicite ayant une signification évidente pour le sujet.

Les idéopraxies relèvent de la capacité à schématiser mentalement une séquence ordonnée de gestes. Elles sont évaluables dans leur composante *idéatoire* (mentalisation de l'ordre de l'enchaînement gestuel utile à l'atteinte du but) et dans leur dimension *idéomotrice* (planification du geste dans sa réalisation cinétique). Elles sont examinées en réponse à des consignes verbales se rapportant à des gestes symboliques conventionnels (salut militaire, signe de croix), à des mimes de situations finalisées (planter un clou avec un marteau), à des gestes sans finalité ou signification habituelle (faire un huit avec les doigts). L'examen des idéopraxies entre dans les bilans psychologique et neuropsychologique. D. M.

idiot, e

adj. et n. (angl. Idiot)

Se dit d'une personne atteinte d'idiotie. J. P.

idiotie

n.f. (angl. Idiocy)

Forme majeure d'arriération mentale profonde, correspondant à un quotient intellectuel inférieur à 30.

Créé par E. Esquirol pour remplacer le terme d'*idiotisme**, qui lui paraissait ambigu dans la mesure où il avait aussi un sens grammatical, le mot *idiotie* signifiait pour lui le degré le plus grave de l'absence de développement de l'intelligence. Il l'opposait à celui de *démence* : « L'homme en démence est privé des biens dont il jouissait autrefois ; c'est un riche devenu pauvre. L'idiot a toujours été dans l'infortune et la misère. L'état de l'homme en démence peut varier, celui de l'idiot est toujours le même. Celui-ci a beaucoup de traits de l'enfance, celui-là conserve beaucoup de sa physionomie de l'homme fait. Chez l'un et l'autre, les sensations sont nulles ou presque nulles ; mais l'homme en démence montre dans son organisation, et même dans son intelligence, quelque chose de sa perfection passée ; l'idiot est ce qu'il a toujours été, il est tout ce qu'il peut être par rapport à son organisation primitive. » Ce point de vue fixiste sur l'idiotie a contribué à valoriser les thèses organicistes et héréditaristes sur l'arriération considérée uniquement comme une oligophrénie, la conséquence d'une agénésie de certaines structures cérébrales. C'était aussi entraîner un pessimisme sur le pronostic, encourager des attitudes d'exclusion et de pur gardiennage et passer à côté de toute une psychopathologie infantile de type psychotique et autistique qui, non traitée, se traduit effectivement par une expression déficitaire pouvant confiner à l'idiotie. J. P.

BIBLIOGRAPHIE

Zazzo, R., 1979, *les Débilités mentales*, Paris, Colin.

idiotisme

n.m. (angl. Idiotic State)

« Oblitération des facultés intellectuelles et affectives » (P. Pinel, 1800, *Traité sur la manie*).

Sous le terme d'*idiotisme*, Pinel regroupait à la fois le défaut de développement intellectuel congénital que E. Esquirol appelait *idiotie** et la sidération subite de l'activité psychique, qu'il nommait « idiotisme acquis ». Ce dernier devient la « démence aiguë » avec Esquirol (1818), la « stupidité » avec E. Georget (1820) et la « confusion mentale primitive » avec Ph. Chaslin (1895). Malgré les critiques que lui fera Esquirol, ce concept nosographique avait l'avantage de ne pas fixer l'aspect déficitaire à une fatalité congénitale et de l'associer au contraire à la notion d'une confusion mentale acquise susceptible d'être réactionnelle à des émotions fortes ou à des traumatismes psychiques divers. S'il avait été conservé, il aurait permis d'aborder plus tôt une problématique de la psychose infantile que la doctrine esquirolienne de l'idiotie avait, pendant plus d'un siècle, réduit à une simple défectologie. J. P.

illusion

n.f. (angl. Visual Illusion)

Phénomène manifestant une discordance entre une expérience perceptive et des propriétés physiques de la stimulation.

Classiquement, les illusions sont décrites comme des erreurs, des perceptions qui ne correspondent pas à la réalité, comme une tromperie de nos sens. Elles existent dans toutes les modalités sensorielles. Pour des auteurs comme J. J. Gibson (→ perception), elles sont des épiphénomènes, des curiosités de laboratoire. Pour les gestaltistes, au contraire, elles reflètent les contraintes structurales des stimulations. De tout temps, elles ont été utilisées comme arguments venant à l'appui des théories de la perception ou étant en contradiction avec elles. L'extrême variété des mécanismes en jeu dans les illusions entraîne qu'il n'en existe pas de théorie générale. Les illusions sont des témoins de l'activité perceptive et s'expliquent donc au même tire, et dans les mêmes cadres théoriques, que les phénomènes non illusoires.

La notion d'illusion est à mettre en regard de l'idée d'une *percep-*

tion correcte (angl. Veridical Perception) des propriétés physiques des stimulations. Les relations géométriques dans des dessins au trait ont été le plus souvent étudiées (*illusions optico-géométriques*). Dans ce cas, une illusion se traduit par un désaccord entre les propriétés géométriques perçues et celles qui ont été définies lors de la construction de la figure. Il y a donc non-concordance entre une définition a priori du stimulus, définition qui est de nature cognitive, et l'interprétation de l'information sensorielle réalisée par les traitements perceptifs. De ce point de vue, les illusions ne sont pas essentiellement des erreurs, mais bien des témoins des mécanismes de traitement.

En effet les illusions reflètent d'abord la manière dont l'organisme traite des informations sensorielles et par là nous permettent de mieux définir l'information réellement traitée par le système sensoriel. Néanmoins, les variations des illusions avec différents facteurs comme l'âge, l'expérience, le contexte, significatif ou non, suggèrent une importante participation des représentations cognitives. (→ perception.)

Les illusions optico-géométriques

Cette expression est la traduction de l'expression proposée par Oppel (1855) : « geometrisch-optische Täuschung ». Beaucoup de ces illusions ont été décrites au siècle dernier par des auteurs allemands dont elles portent le nom. L'expression désigne les illusions observées dans des dessins au trait et portant sur des propriétés géométriques des figures : longueur ou orientation de segments, taille et forme de surfaces.

Pour chaque illusion, on distingue une partie *déformée*, ou « déforme », sur laquelle porte l'illusion, et un *déformant*, qui provoque l'illusion. Toutes ces illusions révèlent des interactions spatiales entre des éléments présentés simultanément dans le champ visuel. Les *effets consécutifs figuraux* peuvent être considérés comme des illusions dans lesquelles le déformant et le déformé sont présentés successivement. Le sens des déformations est souvent inverse entre les illusions (simultanées) et les effets consécutifs.

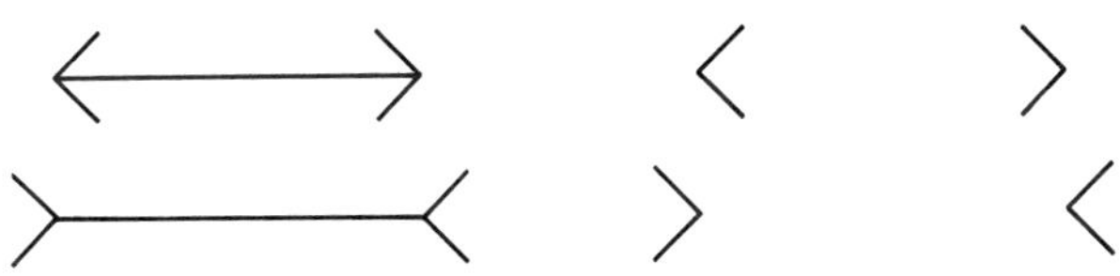

fig. 1

Figure 1. Illusion de Müller-Lyer. Le segment ou l'intervalle spatial limité par des pennures internes (au-dessus) paraît plus court que le segment ou l'intervalle limité par des pennures externes (en dessous). C'est le sens de l'ouverture des terminaisons formées par les pennures qui engendre l'illusion.

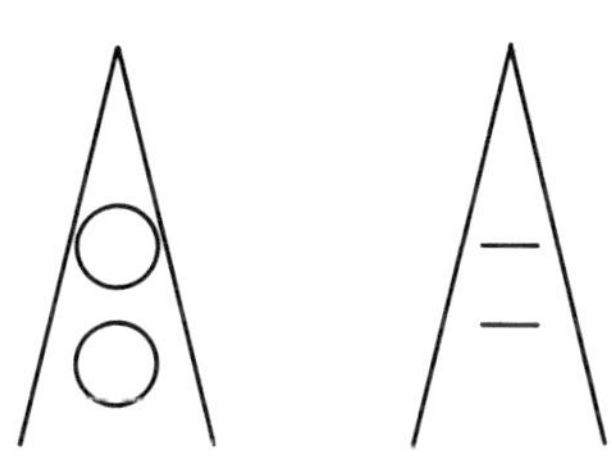

fig. 2

Figure 2. Illusion de Ponzo. L'élément (segment ou disque) situé plus près de l'apex de l'angle paraît plus grand que celui qui en est plus éloigné. L'illusion est créée par l'insertion des segments et des disques entre deux droites convergentes.

fig. 3

Figure 3. Illusion d'Oppel-Kundt. L'espace fait de segments hachurés paraît plus long que l'espace vide. L'espacement des hachures, et donc leur nombre, modifie l'amplitude de l'illusion.

Illusions de longueur de segments

La longueur apparente de deux segments de droite ou de deux intervalles spatiaux (déformé) de même orientation et d'égale longueur physique est modifiée par le contexte pictographique dans lequel sont présentés ces segments.

Dans l'illusion de Müller-Lyer (Figure 1), le sens de l'ouverture des terminaisons en forme de pointes de flèches (pennures) engendre l'illusion : le segment terminé par des pennures internes paraît plus court que le segment terminé par des pennures externes. Dans l'illusion de Ponzo, l'inégalité apparente de la longueur des segments horizontaux est obtenue par leur insertion entre deux lignes convergentes : le segment horizontal situé plus près de l'apex de l'angle de convergence paraît plus long que celui qui en est plus éloigné (Figure 2). Dans l'illusion d'Oppel-Kundt, le segment hachuré paraît plus long que le segment vide de hachures (Figure 3). L'orientation des segments peut aussi être la cause d'une illusion de longueur comme dans l'illusion de la verticale qui paraît plus longue que l'horizontale (Figure 4). La verticale à prendre en considération est la verticale égocentrique et non la verticale gravitaire.

Illusions de surface

Dans l'illusion de Delbœuf (Figure 5), la surface apparente d'un disque diminue lorsque ce disque est entouré d'un cercle plus grand et augmente lorsque le cercle déformant est à l'intérieur. Dans l'illusion de Titchener (Figure 5), les deux disques déformés sont entourés par une couronne de disques déformants : le disque entouré d'une couronne de gros disques paraît plus petit que le disque entouré d'une couronne de petit disques.

Ces illusions ne résultent pas que d'effets de contraste entre la taille des disques déformés et celle des disques déformants. En effet, l'augmentation de la proximité relative des éléments déformants peut suffire à augmenter la surface apparente comme dans la forme de l'illusion de Ponzo avec des disques (Figure 2). L'illusion de la lune à l'horizon consiste dans le fait que la lune apparaît plus grosse lorsqu'elle est située près de l'horizon qu'à son zénith. Elle souligne aussi l'importance de la proximité de références spatiales dans l'estimation de la surface. De plus, cette illusion fait intervenir des représentations de la distance et donc des mécanismes de constance des grandeurs. (→ perception.)

Illusions d'angles et d'orientation

Dans l'illusion de Zöllner, une série de lignes parallèles (déformé) est hachurée de segments courts d'orientation différente et orthogonale d'une ligne à l'autre. Les lignes n'apparaissent plus parallèles. Si les lignes déformées ont une orientation de 45° (Figure 6),

fig. 4

Figure 4. Illusion de la verticale. Les segments verticaux paraissent plus longs que les segments horizontaux. Le type de connexité des deux segments module l'amplitude de l'illusion, qui croît des figures de gauche à celles de droite.

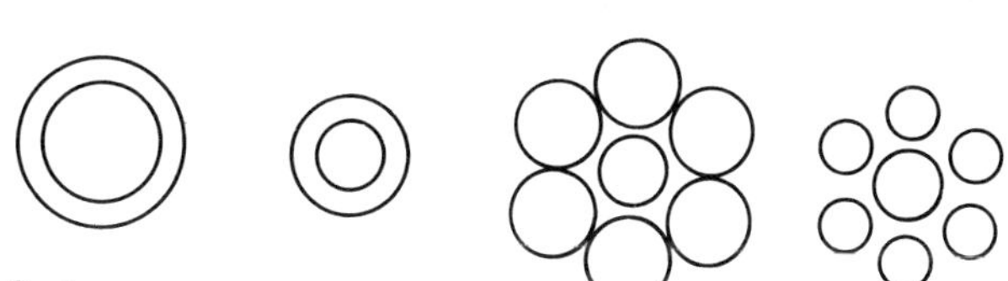

fig. 5

Figure 5. Illusions de Delbœuf (à gauche) et de Titchener (à droite). Dans la première, la taille du même cercle est surestimée lorsqu'il est entouré d'un cercle et sous-estimée lorsqu'il entoure un cercle de plus petite taille. Dans la seconde, le cercle entouré de grands cercles paraît plus petit que le cercle entouré de petits cercles.

les lignes hachurées de segments horizontaux auront une orientation apparente plus proche de la verticale et les lignes hachurées de segments verticaux auront une orientation apparente plus proche de l'horizontale. Si l'angle formé par les lignes et les segments qui les hachurent diminue, l'illusion diminue. Elle s'inverse, comme dans l'illusion de Fraser, pour des angles inférieurs à 10° (Figure 6). Deux lignes droites et parallèles tracées sur un fond de lignes convergentes ou divergentes apparaissent déformées soit de manière convexe, soit de manière concave. C'est l'illusion de Hering (Figure 7) ; elle peut être considérée en partie comme une variante de l'illusion de Zöllner. Les illusions d'Orbisson utilisent comme déformant soit une figure faite de cercles concentriques (Figure 8), soit une figure faite de rayons à l'intérieur d'un cercle. Les déformés sont soit des lignes parallèles comme dans l'illusion de Hering, soit des carrés, des cercles ou des triangles. Dans l'illusion de Poggendorff (Figure 9), les deux moitiés d'un segment oblique masqué en partie par deux verticales parallèles n'apparaissent plus alignées. L'effet semble double. D'une part, il porte sur l'angle apparent, qui paraît plus aigu qu'il n'est. D'autre part, il semble y avoir un déplacement de l'apex de l'angle, qui augmente la distance entre les deux angles et entraîne une perte de l'alignement apparent.

Ces illusions ont en commun de montrer une augmentation de l'angle apparent séparant deux segments. C'est pourquoi on les qualifie souvent d'effets de contraste. Lorsque, comme dans les illusions de Hering et d'Orbisson, les angles formés par le déformant et le déformé varient progressivement, la perception est celle d'une ligne incurvée. La grandeur des effets diminue lorsque le déformé est orienté verticalement ou horizontalement.

Interprétations théoriques des illusions optico-géométriques

Depuis l'origine, l'explication des illusions a donné lieu à des débats acharnés. Aucune théorie ne réussit cependant à expliquer toutes ces illusions, et encore moins toutes leurs variations. On admet que plusieurs ordres de facteurs doivent être invoqués pour expliquer de manière satisfaisante les illusions. Schématiquement, les explications actuellement plausibles des illusions optico-géométriques invoquent trois ordres de mécanismes.

À la base, des mécanismes neurosensoriels précoces, automatiques, coderaient une information différente de celle qui résulte de la description géométrique des figures. Dans ce cadre, il n'y a pas à proprement parler d'illusions, mais ces phénomènes sont les révélateurs privilégiés des caractéristiques de ces traitements précoces. Ainsi, l'illusion de Müller-Lyer résulterait fondamentalement du fait que l'information sensorielle sur la longueur repose sur l'activité des neurones dont le champ récepteur est activé par les figures. Or, celles-ci englobent nécessairement les pennures. Les neurones activés par la figure à pennures externes auront des champs récepteurs de plus grande taille que ceux qui sont activés par la figure à pennures internes.

D'autres illusions s'expliquent par la sélectivité des neurones visuels à l'orientation ou à la taille (fréquence spatiale). Dans ces cas, il existe des interactions inhibitrices entre neurones codant des orientations ou des tailles voisines qui rendent compte des effets de contraste mentionnés.

Les seconds types de mécanismes font appel aux activités exploratoires des sujets, qu'il s'agisse soit de mouvements oculaires, soit de déplacements de l'attention (les centrations de Piaget).

On mentionnera néanmoins que ces illusions sont obtenues pour des durées de présentation brèves et, de ce fait, ne permettent pas leur exploration.

D'autres explications enfin sont centrées sur le rôle de processus plus centraux mettant en jeu des représentations cognitives plus ou moins complexes. À la suite de Thiéry (1896), Gregory fait l'hypothèse que de nombreuses illusions sont le résultat de l'interprétation des projections planes de figures tridimensionnelles. Les mécanismes de constance de taille interviendraient ici pour fournir une échelle de référence. Tout élément suggérant une perspective comme dans la figure de Müller-Lyer (Figure 1) interviendrait pour activer une représentation tridimensionnelle dotée de constance. En conséquence des effets de profondeur ainsi créés, la taille apparente des objets lointains apparaîtrait plus grande que celle des objets proches lorsque ces deux objets sont de même taille physique.

Pour élucider les mécanismes en jeu, diverses approches ont été mises en œuvre : des études psychophysiques dans lesquelles on fait varier les différentes dimensions des figures, par exemple les angles des segments et des lignes dans l'illusion de Zöllner, des études développementales, des comparaisons interethniques, des études portant sur les effets de l'exercice, des études portant sur des animaux. Les études des différences de grandeur des illusions entre groupes ethniques ont été effectuées avec des objectifs contradictoires : soit montrer l'importance de variables proprement culturelles et donc fortement cognitives, soit montrer l'influence de variables environnementales conditionnant la maturation des systèmes sensoriels. Les Européens ont une illusion de Müller-Lyer plus forte que les autres groupes, mais une illusion de la verticale moins forte. Les effets de l'environnement ne sont pas démontrés de manière convaincante. Par contre, les effets de l'éducation apparaissent plus notables sans pouvoir, et de loin, expliquer toutes les différences. Très généralement, les illusions optico-géométriques tendent à diminuer en amplitude avec des présentations répétées. Pour l'essentiel, cet effet de l'exercice ne dépend pas de la connaissance que le sujet peut avoir de l'illusion. Si une illusion peut être transitoirement réduite, voire annulée, au cours d'une session d'exercice, elle réapparaîtra chez ces sujets lors de sessions ultérieures. Les illusions résistent à la connaissance que l'on peut avoir

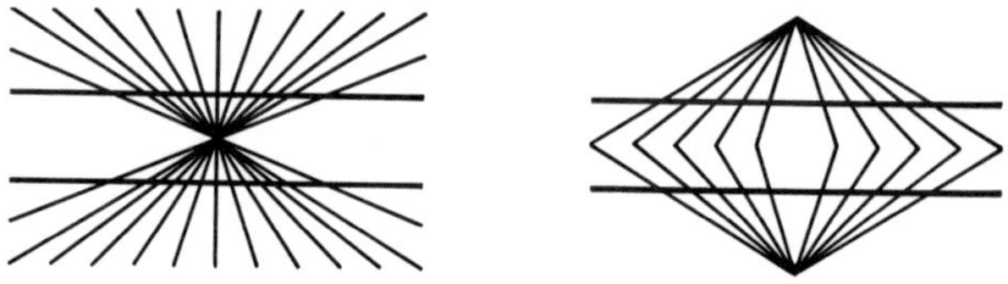

fig. 7

Figure 7. Illusion de Hering. Les deux droites parallèles sur un fond de lignes rayonnantes présentent une concavité apparente (à gauche), sur un fond de lignes en chevron ; elles présentent une convexité apparente (à droite). L'illusion de Hering s'apparente à la précédente, l'illusion de Zölner de la figure 6.

fig. 6

Figure 6. Illusions de Zöllner et de Fraser. À gauche, dans l'illusion de Zöllner, les lignes obliques parallèles hachurées de segments horizontaux paraissent déplacées en direction de la verticale, tandis que celles qui sont hachurées de segments verticaux paraissent déplacées vers l'horizontale. À droite, on a présenté en bas une autre version de l'illusion de Zöllner et en haut la version correspondante de l'illusion de Fraser. Le sens inverse de ces deux illusions dépend de l'angle formé par les hachures avec l'horizontale.

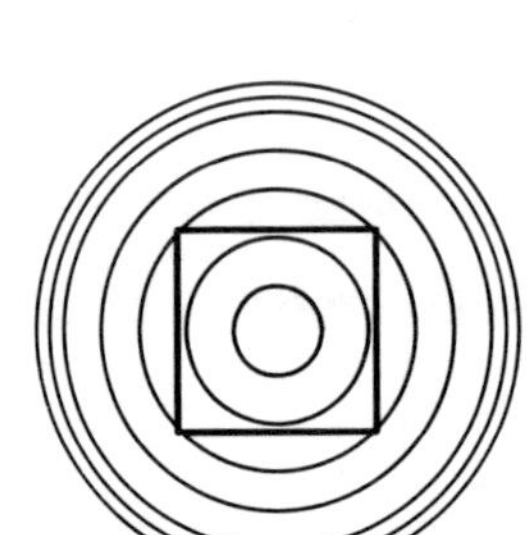

fig. 8

Figure 8. Illusion d'Orbisson. Les côtés du carré présenté sur un fond de disques concentriques paraissent incurvés vers le centre. Le déformé est un carré ; mais ce pourrait être un triangle.

de leurs effets. Les études comparatives faites sur les animaux suggèrent certes qu'ils peuvent avoir des illusions, mais elles sont insuffisantes pour permettre des comparaisons valides avec ce qui est observé chez les humains.

Les illusions de profondeur et de distance

Dans cette catégorie, on trouve essentiellement des figures donnant une impression de profondeur. En fait, on pourrait dire que toute représentation bidimensionnelle donnant une impression de profondeur et de relief est une illusion ou un ensemble d'illusions. Dans certaines de ces figures dessinées, les perspectives apparentes sont réversibles comme l'escalier de Schröder ou le cube de Necker (Figure 10).

La profondeur relative des faces de l'objet n'est pas constante. Lors d'une observation prolongée, les deux perspectives possibles alternent assez régulièrement. On attribue cette alternance au fait que le stimulus ne comporte pas assez d'indices qui permettent de trancher entre deux hypothèses structurales qui se trouvent être de fait aussi plausibles l'une que l'autre. L'augmentation du nombre et de la qualité des indices picturaux de profondeur diminue les possibilités de réversibilité.

D'autres figures, comme celles proposées par Penrose (Figure 11), sont dites « impossibles ». Ce sont bien évidemment les objets qu'elles représentent qui sont impossibles. Elles sont réalisées par des combinaisons d'indices picturaux de la profondeur. Le graphiste Escher en a fait un usage artistique fascinant.

Les illusions de mouvement

Le mouvement des objets est à la fois cause et objet d'illusions.

Illusions dues au mouvement

Une transformation continue d'une silhouette ou d'un contour peut dans certaines conditions donner lieu à la perception du mouvement d'un objet en profondeur. C'est l'*effet cinétique de profondeur* (angl. Kinetic Depth Effect), étudié soit à partir de l'ombre projetée d'un objet réel, soit au moyen du mouvement de points ou d'éléments sur un écran graphique. Ainsi, une surface carrée augmentant régulièrement en taille est perçue comme s'approchant de l'observateur.

La perception anorthoscopique (Zöllner) consiste dans le fait que la vision successive et ordonnée des différentes parties d'une figure défilant derrière une étroite ouverture permet de percevoir, dans certaines conditions de rapidité, l'ensemble de l'objet.

En somme, perceptivement, il est possible de faire passer un chameau par le chas d'une aiguille !

Illusions portant sur le mouvement

Une surface de forme trapézoïdale, dite « fenêtre de Ames » (Figure 12), mise en rotation autour de son axe vertical engendrera la perception d'un mouvement oscillant et non celle d'un mouvement circulaire régulier.

Dans le phénomène du pendule de Pulfrich, on observe le mouvement de va-et-vient d'un objet, exactement comme les oscillations d'un pendule, en portant devant un œil un filtre qui a pour effet d'atténuer la lumière (Figure 13).

Au lieu de percevoir les oscillations dans un plan, on percevra un mouvement de rotation du pendule en profondeur. Le phénomène peut être observé avec un téléviseur. Le bruit visuel qui remplit l'écran quand le canal du récepteur n'est pas réglé donne l'impression de deux mouvements de sens opposés vus en transparence. Les impressions de profondeur résultent des écarts temporels entre les informations visuelles des deux yeux. Les informations de l'œil portant un filtre sont retardées. La combinaison binoculaire des informations entraîne des modifications de la profondeur apparente.

Illusions de contraste

Ce sont des phénomènes liés à l'intégration de plusieurs niveaux de luminance et dans lesquels le contraste apparent diffère du

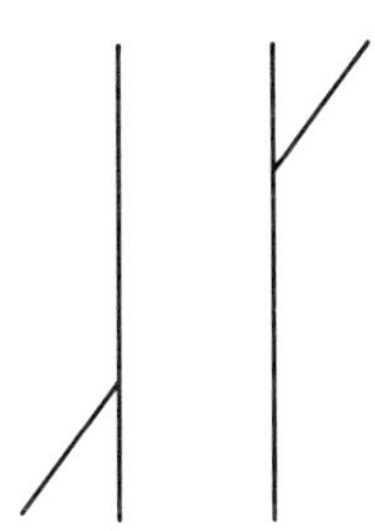

fig. 9

Figure 9. Illusion de Poggendorff. Les deux segments obliques n'apparaissent pas alignés.

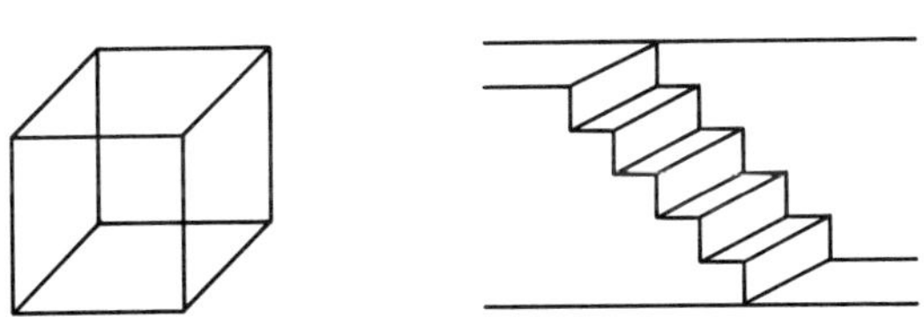

fig. 10

Figure 10. Cube de Necker (à gauche) et escalier de Schröder (à droite). Ces deux figures présentent une instabilité de la profondeur apparente de leurs faces. Deux points de vue réversibles alternent.

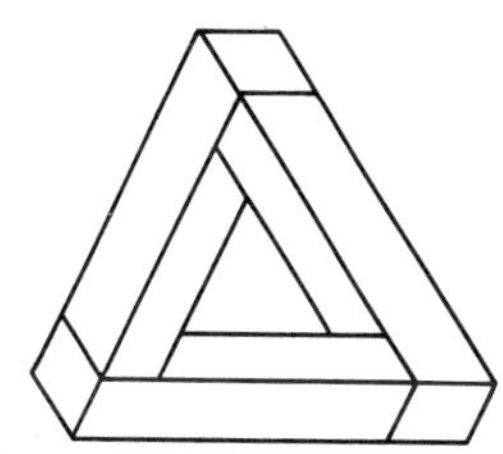

fig. 11

Figure 11. Figure impossible de Penrose. Bien que l'objet représenté soit en apparence tridimensionnel, il est impossible.

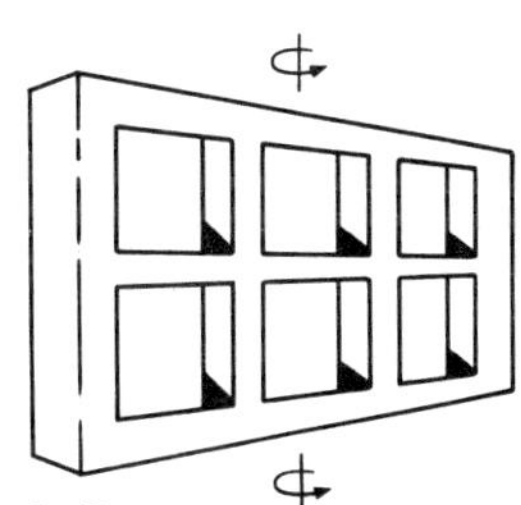

fig. 12

Figure 12. Fenêtre trapézoïdale de Ames. La mise en rotation de cette figure ne donne pas l'impression d'un mouvement de rotation régulier, mais d'une sorte d'oscillation.

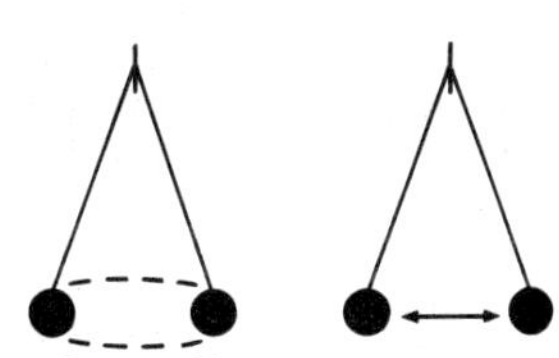

fig. 13

Figure 13. Schéma du pendule de Pulfrich. Le mouvement physique est celui d'une oscillation dans un plan, le mouvement perçu est celui d'une rotation en profondeur.

contraste physique local. Dans la grille de Hermann-Hering (Figure 14), on perçoit aux intersections de la grille des taches plus sombres. L'illusion s'inverse lorsque la grille est faite de barres noires sur fond blanc. Elle est attribuée au fonctionnement antagoniste des régions on et off des champs récepteurs. Les bandes de Mach sont des phénomènes de rehaussement de contraste apparaissant à la limite de deux surfaces de luminance différente (Figure 15). Du côté de la surface claire, on perçoit une bande plus claire que le reste de la surface et, du côté de la surface sombre, une bande plus sombre. Là encore, les neurones visuels sensibles au contraste seraient responsables de cet effet.

Le terme d'*illusion* couvre un vaste ensemble de phénomènes très hétérogènes. N'ont été mentionnées ici que des illusions visuelles. Toutes comportent de multiples variantes. Aucune théorie proposant un mécanisme unique ne peut expliquer totalement les effets. Les illusions perçues résultent de l'action de plusieurs niveaux de traitement. Nombreuses sont celles qui sont déjà présentes dès le niveau des codages sensoriels, c'est-à-dire au niveau auquel peut être définie l'information sensorielle réellement disponible. (→ visibilité.) Il reste que ces informations seront intégrées dans des représentations (→ perception) qui peuvent conduire à des remaniements. C. B.

ÉVOLUTION DES ILLUSIONS OPTICO-GÉOMÉTRIQUES AVEC L'ÂGE

DÉVELOP. On sait depuis longtemps que l'intensité d'une illusion varie avec l'âge du sujet (A. Binet, 1895) ou la répétition des mesures (C. H. Judd, 1902).

ILLLUSIONS OPTICO-GÉOMÉTRIQUES PRIMAIRES

Elles sont considérées par J. Piaget comme des effets de champ primaires, déterminés par les propriétés physiques des figures stimulus. Les premières recherches ont fait apparaître dans presque tous les cas une diminution du degré d'erreur avec l'âge. L'usage de méthodes de mesure plus rigoureuses, appliquées à des populations nombreuses, réparties en classes d'âge étroites, y compris des enfants très jeunes, a permis de mettre en évidence que l'illusion augmente avec l'âge avant de diminuer. La forme générale de l'évolution est une courbe à maximum, en U renversé. Le maximum d'erreurs ne se situe pas au même âge pour toutes les illusions : entre 9 et 11 ans pour l'illusion d'Oppel et celle du parallélogramme de Sanders, à 7 ans pour l'illusion de Poggendorff, 5 ans pour celle de Müller-Lyer.

Il y a quelques exceptions : l'illusion de Ponzo augmente jusqu'à 7 ans sans décroître ensuite et celle de Titchener augmente de 9 à 19 ans. Pour R. Pollack, le maximum d'erreur pourrait coïncider avec le sommet de la courbe de maturation des récepteurs sensoriels. Le maximum devrait alors se situer au même âge pour toutes les erreurs primaires : ce n'est pas le cas...

ILLUSIONS OPTICO-GÉOMÉTRIQUES SECONDAIRES

Les illusions secondaires sont caractérisées par le fait qu'elles apparaissent et croissent sous l'influence d'activités perceptives (polarisation, transport) qui engendrent des effets de champ nouveaux, dits « secondaires » (effets sériaux, anticipations, schématisations, polarisations, effets de cadre, etc.). La théorie des centrations relatives de Piaget est un modèle particulièrement adapté à l'interprétation des effets de champ, aussi bien secondaires que primaires. E.V.

→ consécutif visuel (effet).

BIBLIOGRAPHIE

Bonnet, C., 1963, « les Effets consécutifs figuraux », *l'Année Psychologique*, *63*.
Coren, S., et Girgus, J. S., 1978, *Seeing is Deceiving: the Psychology of Visual Illusions*, Hilldale, N.J., Lawrence Erlbaum Ass.
Piaget, J., 1961, *les Mécanismes perceptifs*, Paris, P.U.F.
Robinson, J. O., 1972, *The Psychology of Visual Illusion*, Londres, Hutchinson University Library.

image ou image mentale

n.f. (angl. Mental Image)

GÉNÉR. et DÉVELOP. **Représentation mentale évocatrice des qualités sensorielles d'un objet absent du champ perceptif.**

GÉNÉR. Outre leur capacité de traiter des situations présentes à leurs sens, les individus possèdent la faculté de se reporter cognitivement vers des expériences passées ou d'anticiper des situations qu'ils n'ont encore jamais rencontrées. C'est essentiellement lorsque ces évocations cognitives portent sur les aspects sensoriels d'entités absentes que l'on parle d'image mentale. L'image est un événement psychologique qui a pour vocation de restituer l'apparence figurative des objets ou des événements en dehors des conditions matérielles de réalisation d'un champ perceptif. Toutes les modalités sensorielles sont susceptibles de faire l'objet d'évocations imagées. Les images visuelles sont les plus largement étudiées en psychologie, mais il convient de ne pas négliger d'autres domaines, comme l'imagerie auditive, l'imagerie olfactive, l'imagerie gustative, l'imagerie kinesthésique.

Historiquement, l'image mentale s'est imposée comme un thème majeur de la psychologie introspectionniste, pour se trouver ensuite pratiquement écartée du champ de la psychologie scientifique par le béhaviorisme. C'est le courant cognitiviste qui, s'assignant pour objectif de rendre compte du développement des activités symboliques et de la genèse du système cognitif humain, réinséral l'image dans les problématiques de la psychologie. La psychologie cognitive, depuis le début des années 1970, consacre une part importante de ses efforts de recherche à l'image et propose différents modèles du fonctionnement cognitif prenant en compte les processus d'imagerie.

Dans le même temps, des controverses théoriques conduisent à préciser l'articulation de l'image par rapport à d'autres formes, plus abstraites, de représentation et à développer la recherche sur les propriétés spécifiques des images mentales.

PROPRIÉTÉS FONCTIONNELLES DES IMAGES MENTALES

Les images sont des instruments de la mémoire. Elles redonnent une actualité cognitive à des perceptions appartenant au passé de

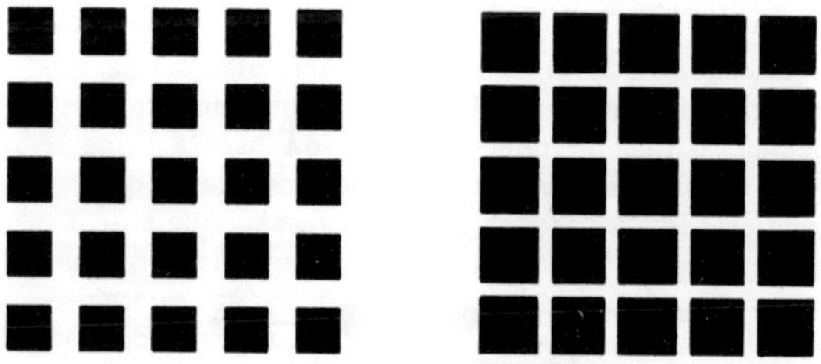

fig. 14

Figure 14. Grille d'Hermann-Hering. Les taches grises perçues aux intersections de la grille sont des phénomènes de contraste. L'illusion s'inverse lorsque la grille est faite de barres noires sur fond blanc.

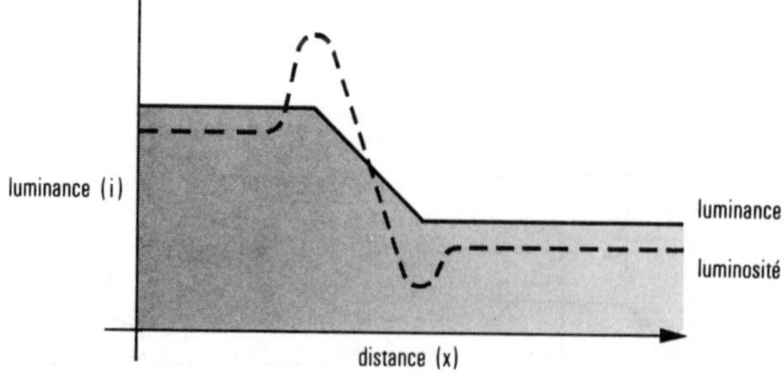

fig. 15

Figure 15. Schéma des bandes de Mach. En trait plein, la variation physique de la luminance entre une région claire et une région sombre ; en pointillés, la luminosité.

l'individu. Il est établi, par ailleurs, que la mise en œuvre de l'imagerie est un facteur favorable à la mémorisation d'informations nouvelles. Cette facilitation — déjà mise en évidence dans les systèmes mnémoniques de l'Antiquité — s'explique par le fait que l'image permet d'effectuer, en supplément du codage proprement verbal des éléments à mémoriser, un codage des propriétés figuratives de ces éléments.

Cette interprétation est celle qui est avancée par le « modèle du double codage » (A. Paivio), qui postule l'existence de deux formes de représentation mentale : les représentations imagées et les représentations verbales. Le système des représentations imagées, fondé sur l'expérience perceptive que l'individu a construite de son environnement, se trouve spécialement concerné dans les situations impliquant le traitement d'informations figuratives ou de matériels verbaux concrets. Le système verbal, pour sa part, est fondé sur l'expérience linguistique. Son fonctionnement est supposé moins dépendant du caractère concret des situations, de sorte que son utilité relative est plus grande lorsque les situations à traiter sont plus abstraites. Dans le modèle du double codage, les deux systèmes de représentation sont interconnectés tout en restant qualitativement et fonctionnellement distincts. Cela étant, l'imagerie ne tire pas seulement son efficacité du codage additionnel de l'information qu'elle permet de réaliser. Elle favorise également l'organisation de l'information en mémoire sous forme de figures intégrées, mieux préservées des effets de l'interférence que ne le sont des informations peu structurées.

D'autres formes de traitement de l'information s'avèrent sensibles à la mise en œuvre de l'imagerie. Ainsi, la figuration mentale spatialisée des relations entre les éléments présentés dans des syllogismes linéaires est généralement favorable au raisonnement. D'autre part, dans la résolution de nombreuses sortes de problèmes, les images permettent au sujet de disposer d'une représentation dont l'organisation interne est étroitement apparentée à celle des représentations perceptives. L'image fournit en somme de la situation à résoudre un modèle symbolique concret et manipulable, permettant de simuler des opérations de traitement. Le caractère synthétique et fortement intégré de l'image est un facteur d'allégement de la charge cognitive pendant ce traitement. Enfin, dans le domaine de la compréhension du langage, les images permettent la création de « modèles mentaux » (P. N. Johnson-Laird) qui expriment, sous une forme non linguistique proche de la perception, les relations entre les objets mentionnés dans les énoncés. Ces modèles permettent au sujet de dériver des inférences sans devoir mettre en œuvre des opérations formelles.

Le caractère analogique des images mentales

La recherche des dix dernières années a été marquée par les efforts en vue d'identifier les caractéristiques qui confèrent à l'image ses propriétés fonctionnelles. L'existence de fortes similitudes entre les performances cognitives en situation perceptive et les performances en situation imaginative conduit également à s'interroger sur la parenté de l'image à l'égard de la perception. Il ne s'agit certes pas de redonner du crédit à l'hypothèse associationniste d'une pure et simple continuité de nature entre la perception et l'image, mais d'envisager la filiation d'un système de représentation à l'égard des traitements opérés par le sujet sur les produits de son expérience perceptive. Ainsi, on peut rendre compte du fait que l'image possède des propriétés structurales héritées de la perception. Sans doute, pour analogiques qu'elles soient à l'égard des événements perceptifs, les images n'en contiennent pas moins un certain degré d'abstraction et de schématisation. Cependant, la structure de l'information présente dans l'image reste essentiellement fondée sur une sémantique de la ressemblance.

Le caractère analogique de l'image est bien mis en évidence dans les situations où un sujet explore mentalement l'image issue d'un apprentissage perceptif. Les expériences de S. Kosslyn font apparaître une relation linéaire entre la durée d'exploration de l'image et la distance objective de ce parcours sur la configuration apprise. Les images paraissent donc contenir une information qui préserve les caractéristiques spatiales de l'objet évoqué. Sans doute l'information peut-elle être conservée en mémoire sous d'autres formes, plus abstraites, mais, lorsque cette information se trouve inscrite dans une image visuelle, elle y figure dans une organisation qui reflète la structure de l'objet et, notamment, les distances relatives entre ses parties.

La notion d'analogie, en matière d'imagerie, est fondée sur l'isomorphisme structural des représentations construites à l'égard de la perception. Cette notion vaut également d'être étendue aux processus qui opèrent sur les images. Ainsi, les recherches de R. Shepard font apparaître que, lorsque des sujets doivent imaginer la rotation d'un objet sur un certain parcours angulaire, la durée de la « rotation mentale » est proportionnelle à l'amplitude de cette rotation. Les processus mis en jeu pour exécuter mentalement la transformation des objets paraissent obéir à des contraintes très semblables à celles qui s'appliquent à la transformation physique d'un objet réel.

Les processus d'imagerie et leurs indicateurs

Les images sont des événements psychologiques transitoires. L'hypothèse est généralement faite de l'existence d'entités cognitives assurant la représentation, en mémoire à long terme, de l'information visuelle attachée aux objets. Ce sont ces représentations qui, moyennant l'application de processus spécifiques, seraient activées dans un dispositif de traitement spécialisé et donneraient lieu à l'expérience subjective d'imagerie. La distinction entre des représentations disponibles en mémoire à long terme et leur activation transitoire est appuyée par les données de la neuropsychologie, qui différencient les déficits affectant les processus de génération des images et les déficits résultant d'une détérioration des représentations en mémoire à long terme à partir desquelles les images sont générées.

Les recherches sur la génération des images considèrent deux indicateurs temporels : la durée nécessaire à la génération de l'image à l'intérieur du dispositif de traitement et la durée du maintien de cette image. L'analyse de ces indicateurs fournit des arguments en faveur de l'hypothèse d'une distinction fonctionnelle entre les processus responsables de la génération des images et les processus responsables de leur persistance. Ces processus activateurs doivent eux-mêmes être distingués des processus qui opèrent sur les images et permettent d'exécuter différents types de traitements : exploration, rotation, transformation.

L'investigation des mécanismes cérébraux responsables de l'imagerie mentale s'appuie sur les enregistrements E.E.G., sur la technique des potentiels évoqués et sur l'analyse des variations locales du débit sanguin cérébral. Ces différentes techniques révèlent que la production d'images s'accompagne de l'activation de régions corticales, dont le rôle est établi, par ailleurs, dans le traitement de l'information perceptive visuelle. Ces données fournissent des arguments à l'hypothèse d'une infrastructure neuronale commune aux activités perceptives et imaginatives de la modalité visuelle. Cependant, si la perception et l'image partagent certains sites de l'architecture nerveuse, la question de savoir si l'une et l'autre mettent réellement en œuvre les mêmes mécanismes de fonctionnement reste aujourd'hui ouverte. M. D.

Dévelop. Chez l'enfant, l'existence d'images mentales et leurs caractéristiques ont été étudiées par l'intermédiaire de productions concrètes : reproduction graphique (dessin de l'enfant) ; reproduction gestuelle, choix entre plusieurs variables (dessin de l'adulte), description verbale après introspection. Toutes ces méthodes ont été pratiquées par J. Piaget et B. Inhelder.

La naissance de la fonction symbolique, marquée par la différenciation entre un signifié (l'objet réel) et un signifiant (son image mentale), permet d'évoquer l'objet en son absence. L'image elle-même est assimilée par Piaget à une forme d'imitation différée. Les premières images apparaissent dans la seconde moitié de la deuxième année, à la fin de la période sensorimotrice. Pendant plusieurs années, la nature de la pensée préopératoire, caractérisée par la focalisation de l'attention sur les états au détriment des transformations du réel, influe profondément sur l'imagerie mentale. Les images sont essentiellement reproductrices et statiques. Piaget et Inhelder insistent sur deux caractéristiques générales de l'image. La première est l'existence de pseudo-conservations : par exemple, sur un dessin imaginant la translation d'un carré par rapport à un autre dessiné au-dessus de lui, l'enfant se fixe la règle que le carré supposé mobile ne doit pas dépasser l'autre, si bien que, pour tenir compte du mouvement, il se contente de décaler la frontière postérieure du carré mobile, reproduisant celui-ci comme un rectangle vertical de plus en plus mince. La seconde caractéristique est la discontinuité de l'image : les images cinétiques sont une suite de spectacles statiques, d'états successifs.

C'est seulement avec le début des opérations concrètes (vers 7-8 ans) que, grâce à l'assouplissement de ses images reproductrices, l'enfant va s'intéresser aux transformations et devenir capable de les représenter. Mais, si une meilleure connaissance des états, procurée par les images statiques, est favorable à l'imagination d'une transformation, ce n'est pas elle qui prépare les opérations, dont l'origine est dans l'action, non dans la représentation (Piaget et Inhelder). E. V.

ÉTHOL. **Forme de représentation d'un objet avec ses caractères sensibles et en son absence, considérée comme proche du percept.**

En éthologie, la référence à la possibilité qu'auraient de nombreuses espèces animales de forger des images constitue un dépassement du béhaviorisme strict et permet de prendre en compte un traitement intégré des stimulus (informations).

Une acception récente et un peu différente (reprise de J. Lacan) ne fait pas de l'image un simple analogue du percept mais propose de conférer aux images un rôle instructeur de la réalité et déterminant pour le comportement et l'être lui-même, semblable au pouvoir de modification morphologique et organique de la perception du congénère, chez le Criquet grégaire par exemple. A. G.

→ cognition, imagerie.

BIBLIOGRAPHIE

Denis, M., 1989, *Image et Cognition*, Paris, P.U.F.

Kosslyn, S. M., 1980, *Image and Mind*, Cambridge, Harvard University Press.

Paivio, A., 1988, *Mental Representations : Dual Coding Approach*, New York, Oxford University Press.

Piaget, J., et Inhelder, B., 1966, *l'Image mentale chez l'enfant*, Paris, P.U.F.

Shepard, R. N., et Cooper, L. A., 1982, *Mental Images and their Transformations*, Cambridge, The MIT Press.

image consécutive

(angl. After Image)

Sensation visuelle persistant après la suppression de la stimulation lumineuse.

À l'arrêt d'une stimulation lumineuse d'intensité suffisante et regardée pendant un temps suffisant apparaît une image de même forme que la stimulation antérieure. On observe souvent des alternances d'images consécutives positives, de contraste et de couleur analogues à celles du stimulus, et d'images négatives, de contraste et de couleur complémentaires de ceux du stimulus. L'image consécutive se déplace avec le regard, elle a son origine dans l'adaptation locale de luminance et de couleur des récepteurs sensoriels préalablement stimulés. C. B.

→ consécutif (effet), rémanence.

image générique

(angl. Generic Image)

Image mentale qui, par hypothèse, est capable de représenter n'importe quel objet d'une classe. J.-F. L. N.

image type

(angl. Typical Image)

Entité mentale dont on suppose l'existence en mémoire pour rendre compte de l'image mentale. R. L.

→ image ou image mentale.

imagerie

n.f. (angl. Imagery)

Ensemble des processus mis en œuvre dans l'élaboration et l'utilisation des images mentales.

Il est usuel, dans le domaine de l'imagerie, de distinguer quatre familles de processus : les processus qui assurent la génération des images et leur maintien transitoire dans un dispositif de traitement ; les processus d'exploration mentale des images ; les processus qui réalisent la transformation des images (par exemple, les processus de rotation mentale) ; les processus de recouvrement et d'utilisation de l'information contenue dans les images. M. D.

imaginaire

n.m. (angl. Imaginary)

Catégorie de l'ensemble terminologique élaboré par J. Lacan, réel, symbolique et imaginaire, et constituant le registre du leurre et de l'identification.

L'ensemble terminologique et conceptuel « réel, symbolique, imaginaire » a fait l'objet d'un séminaire de Lacan en 1974-75, intitulé le *R.S.I.* On ne peut penser l'imaginaire que dans ses rapports avec le réel et le symbolique. Lacan les représente par trois ronds de ficelle noués borroméennement, c'est-à-dire d'une manière telle que, si l'on défait l'un des ronds, les deux autres se défont aussi. (→ mathème.)

Lacan parle du « registre imaginaire », du « registre symbolique » et du réel. Ces deux registres sont des outils de travail indispensable à un analyste pour se repérer dans la direction de la cure, le réel étant à repérer comme de l'ordre de l'impossible. L'imaginaire est à entendre à partir de l'image. C'est le registre du leurre, de l'identification. Dans la relation intersubjective, quelque chose de factice s'introduit toujours qui est la projection imaginaire de l'un sur le simple écran que devient l'autre. C'est le registre du moi avec ce qu'il comporte de méconnaissance, d'aliénation, d'amour et d'agressivité dans la relation duelle.

LE STADE DU MIROIR

Pour comprendre l'imaginaire, il faut partir du stade du miroir*. Il est une des phases de la constitution de l'être humain qui se situe entre les six et dix-huit premiers mois, période caractérisée par l'immaturité du système nerveux. L'enfant se vit comme morcelé, il ne fait aucune différence entre ce qui est lui et le corps de sa mère, entre lui et le monde extérieur. Or, l'enfant porté par sa mère reconnaît son image dans le miroir, anticipant imaginairement la forme totale de son corps. Mais c'est comme un autre, l'autre du miroir en sa structure inversée, que l'enfant se vit tout d'abord et se repère ; ainsi s'instaure la méconnaissance de tout être humain quant à la vérité de son être et sa profonde aliénation à l'image qu'il va donner de lui-même. C'est l'avènement du narcissisme primaire. Narcissisme dans le plein sens du mythe car il indique la mort, mort liée à l'insuffisance vitale dont ce moment est issu.

On peut repérer ce temps de reconnaissance de l'image de son corps par l'expression jubilatoire de l'enfant, qui se retourne vers sa mère pour lui demander d'authentifier sa découverte. C'est parce que l'enfant est porté par une mère dont le regard le regarde, une mère qui le nomme — « oui c'est toi Pedro, Pierre, Paul, ou Jacques, mon fils » — que l'enfant prend rang dans la famille, dans la société, dans le registre symbolique. La mère l'instaurant dans son identité particulière, elle lui donne une place, à partir de quoi le monde pourra s'organiser, un monde où l'imaginaire peut inclure le réel et du même coup le former. On peut comprendre ainsi le stade du miroir comme la règle de partage entre l'imaginaire, à partir de l'image formatrice mais aliénante, et le symbolique, à partir de la nomination de l'enfant, car le sujet ne saurait être identifié par rien d'autre qu'un signifiant, qui dans la chaîne signifiante renvoie toujours à un autre signifiant.

LES IDENTIFICATIONS DANS LA CURE

Il y a tout un travail dans la cure qui se fait autour des identifications. Malgré ses défenses et ses étreintes narcissiques, le patient aura à reconnaître qu'il parle d'un être qui n'a jamais été que son œuvre dans l'imaginaire : discours imaginaire du patient qui semble parler en vain de quelqu'un qui lui ressemble à s'y méprendre, mais qui ne se joindra jamais à l'assomption de son désir.

C'est pourquoi le psychanalyste ne

répond pas à ce discours et, à ne pas souligner par ses interventions ce qui est du registre imaginaire, à ne pas s'engager avec le patient dans sa méprise, permet à celui-ci de repérer la béance, la discordance primordiale entre le moi et l'être, son ex-centration en tant que sujet par rapport au moi; et, pour tenter de le dire simplement, passant du registre imaginaire au registre symbolique, c'est-à-dire avec un travail sur le signifiant, il permet au sujet, en tant que sujet désirant, d'advenir.

Le registre imaginaire est aussi un repérage d'un point de vue théorique. Par exemple, à propos du mot *père*, il importe de préciser si l'on parle du père réel, du père imaginaire ou du père symbolique. Le père imaginaire est l'image paternelle née du discours de la mère, de l'image qu'il donne de lui et de la manière toute subjective dont cet ensemble d'éléments est perçu.

La dénégation

Une des manifestations de ce qu'implique de méconnaissance le registre imaginaire est bien ce que S. Freud a appelé la *Verneinung*, c'est-à-dire la dénégation: «N'allez pas croire qu'il s'agit de ma mère», dit le patient de Freud expliquant son rêve, et Freud immédiatement de conclure: «C'est sa mère.» Le patient ne peut laisser parler le sujet, sujet de l'inconscient, que sous une forme niée. (→ dénégation.)

On retrouve la même difficulté pour ce qu'il en est du désir. L'homme n'a pas d'accès direct à son propre désir. C'est toujours en tant que «médiatisé» par le registre imaginaire qu'il peut en avoir quelque intuition; en effet, le désir de l'homme c'est le désir de l'autre. C'est dans la jalousie violente de saint Augustin regardant l'enfant à la mamelle, c'est dans la complétude qu'il imagine de l'autre, l'enfant au sein, qu'il lui est possible de repérer son désir, mais il ne peut rien en dire.

Le registre imaginaire est le registre des sentiments que l'on pourrait écrire «senti - ment»: l'ambivalence en est la caractéristique.

On aime avec son moi, palais des mirages. L'objet est irrémédiablement perdu, l'objet substitutif ne peut donc qu'être interchangeable, mais on peut aussi, à l'opposé, évoquer l'histoire tragique de Werther: Werther, qui, à la vue d'une jeune fille donnant à manger à des enfants, tombe éperdument amoureux, amoureux jusqu'à en mourir.

Il y a là une rencontre, une coïncidence entre l'objet et l'image exacte de son désir.

E. S.

Bibliographie

Lacan, J., *R.S.I. Séminaire 1974-75*, Paris, Ornicar.

imagination (délire d')

(angl. Delusional Imagination)

Délire chronique se caractérisant par la prépondérance du mécanisme imaginatif.

C'est au cours du démembrement du délire* chronique de V. Magnan que les élèves de ce dernier ont individualisé le délire d'interprétation* (P. Sérieux et J. Capgras), la psychose hallucinatoire chronique (G. Ballet) et le délire d'imagination. E. Dupré, qui s'était déjà longuement intéressé à la mythomanie* avec son collaborateur B. Logre, a décrit en 1914 ce délire imaginatif où les productions délirantes s'étendent d'une manière désordonnée, avec un contenu extravagant et parfois fantastique.

Ce sont des fabulations foisonnantes, avec des thèmes mégalomaniaques, assez mal organisées et parfois diffluentes, qui enrichissent ce délire peu cohérent et manquant de logique, ce qui le distingue de la paranoïa.

Les patients qui en sont atteints gardent cependant, malgré leur excentricité, un bon contact avec la réalité, ce qui permet de les différencier des schizophrènes. Ils se confondent, en fait, avec les malades atteints de paraphrénies, confabulante et fantastique, individualisées par E. Kraepelin quelques années plus tôt.

J. P.

imago

n.f. (angl. Imago; allem. Imago)

Terme introduit par C. G. Jung (1911) pour désigner une représentation telle que le père (imago paternelle) ou la mère (imago maternelle), qui se fixe dans l'inconscient du sujet et oriente ultérieurement sa conduite et son mode d'appréhension d'autrui.

L'imago est élaborée dans une relation intersubjective et peut être déformée par rapport à la réalité. Ainsi, l'imago d'un père fort peut être substituée à un père inconsistant dans la réalité.

R. L.

IMAO

n.m. (angl. MAOI)

Famille d'antidépresseurs qui ont tous en commun la capacité d'inhiber l'activité d'une enzyme, la mono-amine-oxydase (MAO).

Dès 1952, J. F. Buisson, élève de J. Delay, avait remarqué l'activité euphorisante de l'isoniazide au cours du traitement des tuberculeux, mais c'est à Saunders et à N. Kline (1957) que l'on doit la découverte des propriétés antidépressives du premier véritable IMAO: l'iproniazide.

Les IMAO augmentent le taux des catécholamines cérébrales en inhibant l'enzyme qui permet leur dégradation, ce qui s'accorde avec les théories biochimiques qui voient dans la dépression une insuffisance en monoamines centrales. Comme les tricycliques, autre grande famille d'antidépresseurs, ils ont chez l'animal des effets caractéristiques, en particulier l'antagonisme de l'action pharmacologique de la réserpine.

Les IMAO ont des indications plus limitées que les tricycliques ou les antidépresseurs de deuxième génération dans le traitement de la dépression. En effet, ils obligent à une stricte surveillance clinique en raison de possibles effets secondaires et ils ne peuvent être associés sans risque à de nombreux médicaments et à certains aliments.

De plus, ils sont éliminés lentement, ce qui complique l'arrêt du traitement, notamment lorsque l'on décide de leur substituer un autre médicament.

Utilisation des IMAO

À l'heure actuelle, seuls deux des IMAO classiques sont encore commercialisés en France.

- L'*iproniazide*: son effet sur la mélancolie semble aussi puissant mais plus inconstant que celui des tricycliques. L'iproniazide, en raison de propriétés stimulantes qui l'ont fait qualifier initialement par Kline de «Psychic Energizer» (donneur d'énergie psychique), est aussi proposé dans le traitement de la névrose psychasthénique.
- Le *nialamide*: souvent mieux toléré que l'iproniazide. Un IMAO non commercialisé en France, la phénelzine, est utilisé par les Anglo-Saxons dans certaines formes d'anxiété, notamment les troubles paniques.

Parmi les *effets toxiques* des IMAO, on relève:

- une hypotension importante ou au contraire une hypertension paroxystique; en cas de collapsus cardio-vasculaire, les médicaments sympathicomimétiques ne sont pas autorisés en raison de l'hypersensibilité des récepteurs catécholaminergiques induite par les IMAO;
- des hépatites toxiques;
- rarement, des accidents neurologiques à type de polynévrite des membres inférieurs ou de névrite optique régressant sous vitaminothérapie B.

Traitement et précautions

Certaines *précautions* doivent donc être respectées en cas de traitement par les IMAO. En particulier, les associations à d'autres médicaments doivent toujours être discutées. En raison du long délai d'élimination des IMAO, un intervalle de temps de 2 semaines doit être ménagé après l'arrêt de l'IMAO avant d'entreprendre un traitement par un antidépresseur tricyclique. Un régime pauvre en tyramine (responsable d'hypertension) est conseillé: on doit éviter les fromages fermentés, la levure, les boissons alcoolisées, les fèves et les bananes.

La réticence à prescrire les IMAO est moindre dans les pays anglo-saxons. En France, ils restent essentiellement prescrits en cas d'échec des autres antidépresseurs. Cependant, le développement de nouveaux IMAO plus maniables, car inhibant la mono-amino-oxydase de manière réversible (toloxatone) et parfois également spécifique (inhibiteurs de la MAO de type A, impliquée dans les troubles psychiques : moclobémide, brofaramine), pourrait susciter l'intérêt des cliniciens si ces nouveaux composés s'avèrent aussi efficaces que les IMAO classiques. A. G.

→ antidépresseur.

BIBLIOGRAPHIE

Kinemuchi, H., Fouler, C. J., et Tiphon, K. F., 1984, *Monoamine Oxydase and Disease*, Londres, Academic Press.
Lehman, H. E., 1982, *Non-Tricyclic and Non-Monoamine Oxydase Inhibitors*, Bâle, Munich, Paris, S. Karger.
Zarrifian, E., et Lôo, H., 1982, *les Antidépresseurs*, Paris, Roche.

imbécillité

n.f. (angl. Imbecility)

Forme grave d'arriération mentale se situant entre la débilité et l'idiotie et correspondant à un quotient intellectuel d'environ 40 à 50. J. P.

imitation

n.f. (angl. Imitation)

GÉNÉR. et DÉVELOP. **Reproduction du comportement d'un modèle observé.**

Il est insuffisant de définir l'imitation comme une réponse similaire de deux organismes différents (A et B) dans les mêmes circonstances : en effet, cette définition ne permet pas de distinguer l'imitation de la production fortuite de comportements similaires. On y ajoute donc un critère perceptif : si B a observé la production de A avant de produire le comportement similaire, alors on peut dire qu'il imite A. On comprend, en évoquant ce critère, que l'imitation peut être vue comme un mécanisme d'apprentissage de nouvelles conduites. (→ modelage, modèle, apprentissage par observation.)

L'étude de l'imitation durant la prime enfance fait actuellement l'objet de débats cruciaux concernant les capacités initiales du nouveau-né. Plusieurs chercheurs, et notamment A. Meltzoff et M. Moore en 1977, vingt ans après R. Zazzo, ont montré que le nouveau-né tire la langue si vous la lui tirez et ouvre la bouche quand vous ouvrez la vôtre. On devrait en conclure qu'il imite. Or, cela suppose qu'il peut « traduire », à peine né, ce qu'il voit sur le visage d'un autre en mouvements de son propre visage. (→ transfert intermodal.) Par ailleurs, le nouveau-né reproduit ces expressions faciales non seulement pendant qu'il les observe, mais aussi quelques secondes après les avoir observées, c'est-à-dire à partir d'une « image », d'une « trace » de ces comportements : il manifeste donc dès la naissance des capacités de représentation, si élémentaires soient-elles. Une telle description est en complet désaccord avec le système des stades de l'imitation proposé par J. Piaget. Piaget montre le parallélisme entre le développement de l'imitation et les stades du développement cognitif, notamment l'apparition simultanée, au cours de la deuxième année, des principaux indices de pensée symbolique : la représentation graphique, le langage, l'évocation mimée d'objets absents (faire semblant) et l'imitation différée (reproduction d'un comportement précédemment produit par un modèle absent). Alors l'imitation différée est-elle possible seulement après un an ou dès la naissance ? Et peut-on appeler imitation les reproductions néonatales ? De nombreux auteurs discutent ces points, car le nouveau-né reproduit des mouvements mais non des positions statiques (A. Vinter) et il tire et rentre sa langue tout autant en présence d'un stylo qui avance et recule face à son visage que lorsque vous lui tirez la langue de façon répétée (S. Jacobson). Il pourrait alors s'agir plutôt de mécanismes innés de déclenchement induits par la présence de certains stimulus (mouvements rythmiques par exemple). D'autant que cette capacité d'imitation précoce semble disparaître au cours du troisième mois et laisser place ensuite à des reproductions variées, améliorées par approximations successives et intégrant plusieurs mouvements : en particulier, la reconnaissance de l'origine humaine ou non du modèle semble jouer à partir de 3-4 mois.

C'est aussi à partir de ce moment qu'on peut rendre compte de la fonction sociale de l'imitation. Le bébé se montre sensible à la reproduction de ses comportements par l'adulte : il y réagit par l'attention et le sourire (D. Stern). Peu après s'instaurent avec l'adulte des séquences imitatives réciproques à valeur de communication, décrites par plusieurs auteurs, parmi lesquels I. Uzgiris. Ces séquences culminent vers dix-huit mois, alors qu'elles ne se manifestent qu'un an plus tard lorsque le partenaire est un enfant de même âge (J. Nadel, P.-M. Baudonnière et A.-M. Fontaine). Certains troubles de la communication, comme l'autisme, s'accompagnent d'incapacité partielle ou totale à imiter, ce qui renforce l'hypothèse d'un rôle capital de l'imitation dans le développement social de l'enfant. J. N.

SOCIAL. **Processus interpsychologique de reproduction et de diffusion des idées dans la société.**

Pour les phénomènes qu'étudie la psychologie sociale, la notion d'imitation est exactement fondatrice. C'est ce qui permet de comprendre qu'on l'utilise ou qu'on l'explicite si peu dans la littérature relevant de cette discipline : tout comme l'existence du lien social, l'imitation passe pour un donné *a priori*. En outre, elle est aussi un point aveugle pour le sujet (du moins pour le sujet moderne) : celui-ci préfère entretenir l'illusion de son autonomie et croire qu'il pense ou se prononce en toute indépendance. Le terme même d'*imitation* est d'ailleurs porteur d'un préjugé défavorable dans son usage contemporain.

À y regarder de près, toutefois, les choix de l'individu ne sont généralement pas aussi libres qu'il le croit. Les croyances comme les opinions sont plus fréquemment héritées que forgées par chacun ; la plupart des conduites obéissent à des modèles reçus, etc. « N'avoir que des idées suggérées et les croire spontanées : telle est l'illusion propre au somnambule, et aussi bien à l'homme social » (G. de Tarde).

Ce qui caractérise les représentations collectives, d'abord, c'est le fait qu'elles sont par définition *partagées*. Cette communauté de conception provient sans doute, pour partie, d'une identité ou d'une similitude des positions sociales des individus considérés. La diffusion et l'adoption des représentations s'expliquent surtout par les processus imitatifs, à l'œuvre notamment dans les conversations. À terme, chacun se retrouve porteur d'une représentation qu'il n'a pas élaborée.

C'est Tarde qui devait reconnaître l'importance de l'imitation pour la compréhension psychologique des faits sociaux. Il se plaçait essentiellement dans une perspective que nous appellerions aujourd'hui cognitive, c'est-à-dire qu'il s'intéressait à la dynamique individuelle et collective des « idées » : comment se forment ou se déforment les opinions, les conceptions, les croyances ; comment elles se répandent jusqu'à devenir ici ou là dominantes ; comment chacun se les approprie. On le voit, ces préoccupations se situent d'emblée au cœur de la psychologie sociale.

Selon Tarde, l'imitation peut revêtir deux formes qui alternent : la tradition et la mode. On n'imite cependant pas n'importe qui, et la propagation des idées se fait de manière sélective. On imite d'abord les partenaires proches et semblables ou les modèles reconnus par eux. La cohésion sociale est à ce prix : chacun sait que celui qui « ne fait pas comme tout le monde » se retrouve vite marginalisé, voire rejeté. L'imitation apporte donc un double bénéfice : la facilitation (puisqu'elle rend disponibles des « solutions » toutes faites) et l'intégration. Au niveau collectif, elle mesure la continuité et l'équilibre de la société. Mais elle ne résulte pas d'une analyse rationnelle qui ferait préférer le vrai au faux ; elle est l'ordre de la persuasion, non de la démonstration.

L'imitation selon Tarde a pour complémentaire l'invention. C'est bien de complémentarité qu'il s'agit et non d'opposition, car l'invention heureuse sera imitée à son tour. En ce sens, l'imitation est l'avenir de l'innovation. Les combinaisons quotidiennes d'idées, de souvenirs, de sentiments sont autant d'inventions. Celles-ci peuvent contredire ou contrarier une opinion déjà acquise ou une autre invention. Il en résulte un « duel logique » dans la conscience de l'individu et, au-delà, par diffusion, dans la conscience collective. Au terme de ce duel, qui se traduit par une phase d'irrésolution, l'une des idées l'emportera et se verra renforcée par l'imitation.

La continuité et l'homéostasie de la sociabilité sont ainsi expliquées non par le rôle des institutions ou de régulations abstraites, mais par le jeu des contacts intermentaux. M.-L. R.

BIBLIOGRAPHIE

Jacobson, S., 1979, « Matching Behavior in the Young Infant », *Child Development*, 50, 425-430.

Meltzoff, A., et Moore, M., 1977, « Imitation of Facial and Manual Gestures by Human Neonates », *Science*, 198 (4312), 75-78.

Nadel, J., Baudonnière, P.-M., et Fontaine, A.-M., 1988, « Imitation et communication au cours de la 3e année », *Psychologie française*, 31, 45-50.

Piaget, J., 1945, *la Formation du symbole chez l'enfant*, Neuchâtel-Paris, Delachaux et Niestlé.

Stern, D., 1977, *Mère et enfant: les premières relations*, Bruxelles, Mardaga.

Vinter, A., 1985, *l'Imitation chez le nouveau-né*, Neuchâtel-Paris, Delachaux et Niestlé.

Uzgiris, I., 1984, « Imitation in Infancy: its Interpersonal Aspects », *in* M. Perlmutter (Ed.), *The Minnesota Symposia on Child Psychology*, 17, New York, Erlbaum.

Zazzo, R., 1975, « le Problème de l'imitation chez le nouveau-né », *Enfance*, 10, 135-142.

immaturation

n.f. (angl. Immaturity)

Retard du développement d'un organisme, de ses structures ou de ses fonctions.

Par analogie, on parle d'immaturation affective chez un sujet dont le plein épanouissement vers l'âge adulte ne s'est pas réalisé. Cette immaturation se traduit par la persistance d'un comportement puéril, un certain infantilisme, une fragilité émotionnelle. Elle accompagne généralement un état d'arriération* mentale légère et peut prédisposer à des décompensations névrotiques ou même psychotiques subaiguës, comme par exemple une bouffée* délirante. J. P.

immaturité

n.f. (angl. Immaturity)

État d'un organisme vivant qui n'a pas achevé sa maturation.

On évalue donc l'immaturité relativement à un état mature, stable ou achevé. L'immaturité biologique est attestée par des incomplétudes anatomiques et des limitations fonctionnelles. Les caractères de l'immaturité nerveuse ne sont pas tous connus avec précision. On s'accorde aujourd'hui à penser que la pluri-innervation, le foisonnement cellulaire en constituent les signes patents autant que la pauvreté des connexions.

L'immaturité psychique, concept du langage courant, peut être définie suivant plusieurs sortes de critères qui, tous, apparaissent pluridimensionnels et diffèrent selon les modes d'approche choisis: l'absence d'autonomie du jeune par rapport à l'adulte, l'impossibilité d'assurer la satisfaction de ses besoins vitaux, de contrôler ses mouvements et ses émotions apparaissent à l'observation la moins armée. Les approches expérimentales ont permis d'adopter d'autres critères, qui ajoutent et parfois substituent, aux manques observés, des différences qualitatives. Ainsi, la plasticité du système nerveux immature, l'organisation des comportements chez le nourrisson des premiers mois ne seraient pas de même forme que la plasticité et l'organisation comportementale de l'adulte. Dans les espèces les plus évoluées, où l'immaturité n'est pas résorbée à la naissance et qui se caractérisent par la durée de leur développement, les états immatures n'impliquent pas forcément un fonctionnement et des conduites plus élémentaires que ceux de la maturité. H. B.

immersion

n.f. (angl. Flooding)

Méthode utilisée en thérapie comportementale dans le traitement de troubles phobiques ou phobo-obsessionnels.

Elle consiste à confronter directement le patient au stimulus ou à la situation redoutés en laissant son angoisse atteindre un paroxysme. Dans son application, elle diffère des techniques de désensibilisation, où la confrontation avec les situations se fait graduellement.

L'immersion peut se pratiquer dans le réel *(in vivo)*: l'anxiété est alors provoquée directement par la présence de l'objet phobogène (un animal, de la poussière par exemple). Le comportementaliste peut également la faire évoquer par le patient en imagination par un jeu de représentations mentales.

On appelle *implosion* l'utilisation explicite des théories psychanalytiques dans le choix des images à évoquer.

Les techniques d'immersion se proposent d'éteindre (ce terme doit être pris dans le sens d'un déconditionnement) les réactions d'évitement ou de fuite que fait naître l'état émotionnel du sujet. Elles partent d'une hypothèse, vérifiée chez l'animal, suivant laquelle l'anxiété diminue après avoir atteint une intensité maximale.

Vers 1977, certains auteurs (Marks, Foa) préconisaient, pour que cette méthode soit efficace, une durée longue d'exposition (deux heures ou plus) et des séances rapprochées leur permettant d'obtenir, à court terme, des améliorations symptomatiques de phobies simples et également des troubles obsessifs-compulsifs. Dans ces derniers cas, les auteurs notent que l'obsession, par exemple celle de la saleté, entraînant des rituels de lavage, diminue lors de séances où les patients sont exposés à des objets considérés par eux comme sales ou souillés sans avoir la possibilité de les nettoyer ou de se laver les mains. La pratique de cette dernière technique, connue également sous le nom de *prévention de la réponse*, exige que le malade soit parfaitement informé des hypothèses sur lesquelles elle se fonde et de son déroulement. M. A.

impact social (théorie de l')

(angl. Social Impact Theory)

Théorie générale sur l'influence sociale qui affirme que toutes les formes d'influence des individus entre eux, quelle qu'en soit la cause, sont proportionnelles à la force, à l'immédiateté et au nombre de sources d'influence et inversement proportionnelles à la force, à l'immédiateté et au nombre de personnes influencées.

En 1981, B. Latané introduit une théorie générale sur l'impact social susceptible d'avoir un vaste champ d'application en psychologie sociale. Il définit l'impact social comme « n'importe quelle grande variété de changement dans les états physiologiques et les sentiments subjectifs, les mobiles et les émotions, les cognitions et les croyances, les valeurs et les comportements qui se produisent chez un individu, humain ou animal, et qui découlent de la présence ou de l'action réelle, implicite ou imaginaire d'autres individus ». Trois principes caractérisent l'impact social selon Latané.

À l'origine de la théorie, l'impact social est conçu comme la résultante de forces sociales (telles que les forces physiques de la lumière, le son, la gravité et le magnétisme) qui opèrent dans un champ de forces sociales spatio-temporelles, ou structure sociale.

La théorie de l'impact social est une métathéorie plus qu'une théorie sur des processus sociaux spécifiques. Elle n'essaie pas d'expliquer pourquoi les gens deviennent tendus lorsqu'ils se trouvent face à un auditoire, pourquoi ils obéissent à l'autorité ou pourquoi ils sont amenés à porter tel vêtement. Elle tente de fondre en une seule des théories spécifiques qui ont été développées pour rendre compte de ces phénomènes.

Le principe numéro un pose que, quand un certain nombre de sources sociales agissent sur un individu cible, le total de l'impact, *i*, expérimenté par la cible pourra être le produit de la multiplication de la force, S, par l'immédiateté, I, et le nombre, N, de ces forces sociales:

$$i = f(SIN).$$

La *force* peut être considérée comme l'avancée, le pouvoir, l'importance ou l'intensité d'une source donnée sur la cible; habituellement, on déterminera cela par des notions comme le statut, l'âge, la situation socio-économique de la source et les relations antérieures ou futures du pouvoir sur la cible. L'*immédiateté* représente la proximité dans l'espace ou le temps ou l'absence de barrières ou de filtres qui s'interposeraient entre la source et la cible. Le *nombre* renvoie au nombre de personnes dont on dispose. Il est logique de prévoir qu'un individu fasse l'expérience d'un impact plus fort quand la force sera plus élevée, quand l'influence sera plus immédiate et le nombre de gens l'affectant, plus élevé. C'est ce que confirment généralement les données. Il faut noter que cette théorie combine ces facteurs en les multipliant et non pas en les additionnant. Dans le cas d'une addition, le simple fait d'avoir un seul nombre très élevé donnera un impact total très fort. Cependant, l'inverse est vrai pour une multiplication : en choisissant une valeur petite, on aura un impact entier de petite valeur.

Le deuxième principe de Latané postule que chaque personne qui succède à une autre à l'intérieur d'un champ de forces sociales a légèrement moins d'impact que la personne qui se trouvait avant elle. On constate en somme un effet dégressif marginal des sources additionnées de l'impact. Ainsi :

$$i = sN^t, t < 1.$$

Là où le total de l'impact social expérimenté par une personne sera égal à un certain pouvoir, t, du nombre des sources, N, le temps sera une échelle constante, s.

En accord avec la théorie, la valeur de l'exposant t devrait être inférieure à 1 et les exposants de nombreuses expériences semblent se regrouper autour de 0,5. Il apparaît que l'influence sociale augmente à peu près en fonction de la racine carrée du nombre de personnes qui auront de l'influence.

De nombreuses expériences sur la conformité et l'imitation ont permis à de nombreuses reprises de vérifier empiriquement ce principe. Généralement, les premiers membres d'une majorité (ou d'une minorité) ont le plus d'influence ; les membres venant par la suite en ont moins par un effet dégressif. Latané et S. Harkins (1976) ont appliqué la théorie de l'impact social pour mettre en scène la peur. Ils demandèrent à des volontaires de s'imaginer en train de réciter un poème devant des auditoires dont la taille variait (1, 2, 4, 8 ou 16 personnes) et dont le statut variait aussi (personnes d'âge moyen ou adolescents). Les sujets devaient ensuite ajuster la brillance d'un écran translucide ou la sonorité d'un ton afin qu'elles correspondent au niveau de tension sociale qu'ils auraient censément éprouvée. La nervosité et la tension augmentaient proportionnellement à la racine carrée de la taille de l'auditoire. Les auditoires de statut social élevé produisaient plus de tension que les auditoires de statut inférieur. Ces effets pouvaient enfin se multiplier.

Le troisième principe découle directement du concept de *diffusion de responsabilité* introduit par Latané et Darley comme l'une des explications éventuelles de l'inhibition sociale dans l'*intervention du spectateur* dans les cas d'urgence. Quand d'autres personnes sont présentes, elles partagent la charge de responsabilité, et chacune se sent moins motivée pour agir. Ainsi, le troisième principe de l'impact social établit qu'augmenter la force, l'immédiateté et le nombre de cibles de l'influence sociale mène à une diminution de l'impact sur chacun :

$$i = f(1/SIN).$$

N'importe quel individu qui se trouve en présence d'autres personnes sent moins d'impact, en tant que cible de forces sociales, quand le nombre, l'immédiateté et le statut de ceux ou celles qui se trouvent avec lui augmentent. L'impact se diffuse en quelque sorte parmi eux en tant que cibles.

Encore à propos de la mise en scène de la peur, plusieurs études théoriques et des études sur le terrain avec de vrais acteurs ont aujourd'hui démontré que, bien que la taille de l'auditoire puisse augmenter la nervosité, on peut la faire *diminuer* en augmentant le nombre de participants sur scène. On a donc une fonction de pouvoir inversée du nombre de participants.

Une multitude d'expériences sur l'inhibition sociale dans l'aide, sur la réduction des pourboires aux restaurants comme fonction de pouvoir inversée du nombre de personnes mangeant ensemble et sur l'inaction sociale ont fourni des vérifications concrètes de ce principe.

La théorie de l'impact social, telle qu'elle a été établie en 1981, est une théorie statique, qui s'occupe de savoir comment un individu est affecté par son environnement social. Elle a pris un aspect plus dynamique récemment, quand Latané et Nowak ont commencé à explorer les voies par lesquelles les effets sur les individus se répercutent sur le système social.

La théorie de l'impact social est une théorie *générale* qui dessine des lois fondamentales, peut prédire en de multiples domaines et renferme une diversité de processus. Elle est également *spécifique* en ce sens qu'elle est quantifiable, en ce sens qu'elle s'occupe de variations paramétriques et qu'elle peut faire des prédictions au sujet d'aspects observables du monde réel. On peut donc la falsifier. Si les relations se trouvent être non monotones, ou si les exposants sont supérieurs à 1, la théorie ne sera pas confirmée. B. L. (trad. de B. O.)

implication

n.f. (angl. Implication)

Relation que la pensée établit entre deux objets de connaissance de telle manière que, si le premier (l'impliquant) est posé, le second (l'impliqué) est posé aux mêmes conditions et avec la même valeur de vérité.

L'implication est le moteur du raisonnement inférentiel et de la démonstration.

L'implication dans la logique formelle

On désigne par le terme *implication* (→) la relation qui existe entre deux propositions P et Q si la proposition conditionnelle P → Q (= si P alors Q) est un théorème, c'est-à-dire si elle est vraie pour des raisons logiques et non en raison de faits constatés. Cette relation est réflexive, transitive et asymétrique (c'est-à-dire que, si l'on a P → Q, on n'a pas Q → P). Mais cette implication, dite « matérielle », qui est définie par sa table de vérité P implique Q revient à dire que l'on n'a pas à la fois P vrai et Q faux, reflète mal l'usage que fait la langue courante du verbe « impliquer » et l'idée intuitive de *déduction* que recouvre souvent le terme d'*implication*. C'est ce que montrait l'exemple célèbre de Lewis et Langford (1932) : si on pose P = df, le vinaigre est acide, et Q = df, certains hommes portent la barbe, on a : « le vinaigre est acide » implique « si certains hommes portent la barbe, alors le vinaigre est acide », ce qui est logiquement vrai — même si ce n'est pas un théorème — puisque la table de vérité est satisfaite. La difficulté tient au fait que la logique formelle est extensionnelle, c'est-à-dire qu'elle ne prend pas en compte le sens des propositions mais seulement leur valeur de vérité.

Implication et logique naturelle

Dans la pensée naturelle, la distinction que fait le logicien entre l'opération conditionnelle et la relation d'implication est difficile à mettre en lumière et, en psychologie, on considère comme implication le schème opératoire qui permet la déduction, c'est-à-dire qui permet à la pensée de progresser en passant d'une proposition P à une proposition Q.

Le psychologue se pose à son propos deux questions.

1. L'une est relative à son ontogenèse : l'implication fait-elle l'objet d'une genèse ou, comme le pensait E. Claparède, le réflexe conditionné peut-il, déjà, être considéré comme une implication ? Dans une perspective piagétienne, l'implication de la pensée formelle ne saurait trouver son origine dans une simple mise en relation de contiguïté de deux objets ou de deux événements. Des travaux montrent, par exemple, que la genèse de l'implication est liée à l'élaboration par l'enfant de notions telles que l'*éventuel*, le *possible* et le *nécessaire*.
2. L'autre question est relative à la manière dont elle est utilisée. A-t-elle, dans la pensée naturelle, les propriétés de l'implication du logicien ? De nombreux travaux montrent que, souvent, la propriété d'asymétrie, qui est fondamentale, n'est pas respectée, de telle sorte que l'implication est mal différenciée de la relation d'équivalence ; il semble qu'elle soit utilisée de façon valide seulement lorsque le sujet dispose d'informations suffisantes dans le domaine sur lequel portent les propositions de la relation.

Autrement dit, la pensée naturelle ne traite pas l'implication de façon formelle mais de façon intentionnelle. G. P.-L. B.

→ inférence, raisonnement hypothético-déductif.

imprégnation

n.f. (angl. Imprinting)

Processus par lesquels un parent conditionne son petit.

Le terme *imprégnation* — traduit de l'allemand « Prägung » ou « Einprägung » — fut utilisé pour la première fois dans une publication de O. Heinroth, en 1910. Il désigne un phénomène connu de tout temps par les éleveurs de volailles, mentionné par plusieurs zoologistes du XIXe siècle mais surtout minutieusement décrit et analysé par K. Lorenz, qui en fit un concept clé de l'éthologie, l'étude de la biologie des comportements. Les jeunes Oiseaux d'espèces nidifuges — c'est-à-dire celles dont les jeunes peuvent se déplacer hors du nid dès l'éclosion — mis en présence, dans les heures suivant cette éclosion, d'un objet en mouvement se comportent ensuite à son égard comme ils le feraient avec leur parent biologique. Ils s'approchent de cet objet jusqu'à venir à son contact et tentent ensuite de demeurer dans sa proximité en le suivant avec constance dans ses déplacements. Ils émettent les vocalisations typiques des états de détresse quand il s'éloigne. Ainsi, des Poussins domestiques, âgés d'une quinzaine d'heures, développent en quelques minutes d'exposition à une sphère colorée un « attachement filial » encore vivace après plusieurs jours sans contact avec ce modèle. (→ empreinte, Figure 1). Si l'exposition a duré plusieurs jours, les Poussins mâles devenus coqs dirigeront leurs choix sexuels vers un objet identique à ce modèle, plutôt que vers un autre, fût-ce une Poule.

Les recherches de Lorenz

Selon Lorenz, il s'agit là d'un processus d'apprentissage particulier, génétiquement programmé, permettant aux jeunes Oiseaux d'espèces nidifuges, qui ne disposent pas de schème instinctif du parent et du compagnon, d'apprendre à identifier deux types d'objets sociaux, le parent et le partenaire sexuel. Selon Lorenz, la faible capacité sélective de ce processus (une grande variété de modèles peuvent devenir objets d'imprégnation), qui pourrait conduire l'Oiseau à un attachement erroné compromettant sa survie, serait compensée par le fait qu'il n'est fonctionnel que pendant une brève période suivant l'éclosion. De plus, cette acquisition, qui se mettrait en place sans aucun renforcement externe — ce qui la différencie des apprentissages associatifs —, serait irréversible. Elle concernerait l'apprentissage de caractéristiques générales de l'espèce.

Les résultats des nombreuses études conduites à la suite des publications de Lorenz ont amené la révision de certaines de ses conclusions. Ainsi, la période « critique » paraît plutôt une période « sensible », privilégiée, et les imprégnations, en particulier celles de durée brève, sont réversibles.

Rôle du mouvement, de la couleur et du son

De nombreuses recherches expérimentales ont tenté de déterminer l'efficacité relative des différentes caractéristiques des objets auxquels les jeunes Poussins ou Canetons peuvent s'imprégner. Le déplacement du modèle présenté paraît jouer un rôle important bien qu'il soit possible de provoquer l'imprégnation à un modèle immobile en le présentant plus longuement que dans une situation où il se déplace. Le mouvement peut être seulement apparent puisque les sources lumineuses ou les objets clignotants (à la fréquence de 4 Hz) sont des modèles d'imprégnation très attractifs. Il est difficile d'affirmer que certaines couleurs ont une valeur attractive initiale plus forte que d'autres, le contexte visuel général de présentation de l'objet intervenant de façon importante dans le développement de l'imprégnation. Toutefois, les Poussins domestiques semblent s'approcher plus volontiers de modèles de couleur rouge que d'une autre couleur. La forme globale des objets-stimulus paraît de peu d'importance pourvu qu'ils présentent des contrastes visuels. En ce qui concerne la taille, les objets de 10 à 20 cm de diamètre sont, pour des Poussins par exemple, les plus efficaces pour déclencher le comportement de poursuite le jour de l'imprégnation. Les parents biologiques des jeunes Oiseaux ne semblent pas, si on évalue les effets à court terme de l'imprégnation, des objets-stimulus plus efficaces que des modèles artificiels de forme géométrique simple.

Les stimulations acoustiques sont efficaces pour déclencher le comportement d'approche et de poursuite, plus même que des stimulations visuelles s'il s'agit de bruits rythmiques de basse fréquence. Un Poussin, exposé *in ovo* à une stimulation acoustique particulière dans les derniers jours de l'incubation, lorsque le système auditif est fonctionnel, s'approche de préférence d'une source émettant cette stimulation dans un test de choix proposé dans les heures suivant l'éclosion.

Les corrélats biologiques

L'étude des corrélats biologiques de l'imprégnation montre que les hormones hypophyso-surrénaliennes interviennent dans le développement des réponses d'approche et d'évitement, de même que la testostérone, qui modulerait les réponses de crainte à la vue d'un nouvel objet. Ces réponses contribuent à mettre fin aux possibilités d'imprégnation par approche de cet objet à partir d'un certain âge. Les processus neurochimiques concomitants ont été analysés et l'on observe que l'exposition à un stimulus lumineux produit une augmentation spécifique de la synthèse protéique dans l'hyperstriatum ventral médian du cerveau du Poussin. Cette zone est très importante pour l'imprégnation puisque sa lésion sélective, après exposition à un modèle, affecte la rétention de l'imprégnation.

Quelques hypothèses

D'un point de vue théorique, des modèles alternatifs à celui proposé par Lorenz ont surgi de l'analyse des nombreuses expérimentations conduites en laboratoire. On considère plus volontiers maintenant l'imprégnation comme un apprentissage perceptif, un processus de développement des préférences à partir de la simple exposition à des stimulus. La force de ces préférences dépendrait des qualités attractives intrinsèques des objets et de la quantité d'expérience sensorielle de l'objet accumulée pendant cette exposition.

Enfin, de façon paradoxale, certains auteurs envisagent l'imprégnation comme le résultat d'un conditionnement classique dans lequel le mouvement de l'objet serait le stimulus inconditionnel et les autres caractéristiques visuelles ou auditives le stimulus conditionnel. Il est nécessaire d'aménager ce modèle si l'on prend en considération l'imprégnation à des modèles statiques.

Les choix sexuels

En ce qui concerne l'orientation des choix sexuels, les fixations les plus fortes, chez les Oiseaux, s'établissent à l'égard des modèles proches du point de vue taxonomique. La durée et le moment de la période propice à la formation d'une imprégnation sexuelle dans le cours du développement de l'Oiseau varient d'une espèce à l'autre. En ce qui concerne les relations entre imprégnation filiale et imprégnation sexuelle, J.-M. Vidal considère que le jeune Oiseau doit transférer son « investissement » de l'objet de l'empreinte filiale (parentale) à un objet sexuel après une prise de distance d'avec le premier. Pour P.P.G. Bateson, l'imprégnation est une solution évolutive, qui limite les accouplements consanguins en canalisant les préférences sexuelles vers des individus légèrement différents de l'objet d'imprégnation filiale.

On observe également des phénomènes d'orientation des choix sexuels à partir d'expositions prolongées pendant la période néonatale à des objets modèles chez les Oiseaux d'espèces nidicoles (celles qui demeurent au nid pendant quelque temps après l'éclosion) et des Mammifères d'espèces matures ou immatures. Les recherches sur certains petits Mammifères suggèrent que le développement des préférences alimentaires ou de l'habitat peut se constituer par imprégnation précoce.

Chez l'Homme, Bowlby a décrit le développement de l'attachement parental du jeune enfant comme une imprégnation qui s'établirait en quatre phases. Celle-ci se constituerait à partir de l'orientation de l'enfant vers certains stimulus sociaux émis par les parents, sous la pression d'un besoin primaire d'attachement. J.-P. L.

BIBLIOGRAPHIE

Hess, E. H., 1973, *Imprinting. Early experience and the Developmental Psychobiology of Attachment*, New York, Van Nostrand Reinhold Co.

Lorenz, K., 1965, *Evolution and Modification of Behaviour*, Chicago. Univ. Press.

Sluckin, W., 1972, *Early Learning in Man and Animal*, Londres, Allen & Uwin.

Vidal, J.-M., 1976, «l'Empreinte chez les animaux», *la Recherche*, 63, 24-35.

impuissance

n.f. (angl. Impotence)

Dysfonctionnement sexuel se traduisant par l'incapacité de pratiquer de façon normale et complète l'acte sexuel.

Elle se traduit, chez l'homme, par la diminution de la fréquence et de l'intensité des érections. Dans l'impuissance primaire, l'individu n'est jamais parvenu au coït alors que l'impuissance secondaire survient après une période d'activité sexuelle satisfaisante. Elle est souvent en liaison avec des difficultés d'un autre ordre, dues à des événements ou à des problèmes affectifs à composante anxieuse. Rarement totale, l'impuissance est susceptible, lorsqu'elle n'est pas d'origine physiologique ou médicamenteuse, d'être prise en charge par des traitements psychologiques, par exemple par les techniques de W. H. Masters et V. E. Johnson ou par les méthodes comportementales de désensibilisation systématique. Il s'agit alors de diminuer l'anticipation anxieuse que fait naître la perspective d'une tentative soldée par un nouvel échec. M. A.

impulsion

n.f. (angl. Impulsion)

Tendance irrésistible à l'accomplissement d'un acte.

En psychiatrie, les impulsions peuvent être dirigées contre les choses (par exemple pyromanie) ou contre les personnes (agression, homicide). Elles se produisent d'une manière inattendue chez les schizophrènes et sont habituelles dans le comportement des psychopathes, des alcooliques, des épileptiques, des hypomanes et de certains paranoïaques. Elles se distinguent nettement des compulsions* en ce qu'elles se produisent spontanément, sans qu'aucune lutte anxieuse intérieure ne les précède. M. G. et J. P.

impulsivité

n.f. (angl. Impulsiveness, Impulsivity)

Tendance aux actes soudains et incoercibles, échappant au contrôle de la volonté et se déroulant quasi automatiquement et inéluctablement lorsqu'ils ont été commencés. J. P.

inaction sociale

n.f. (angl. Social Loafing)

Phénomène selon lequel les individus fournissent un moindre effort dans l'accomplissement d'une tâche quand ils se trouvent en groupe, contrairement à ce qu'ils font quand ils sont seuls pour le faire.

Ce phénomène a été démontré au travers de tâches très variées et dans de multiples cultures. On peut le réduire radicalement en faisant en sorte que les efforts soient perçus individuellement à l'intérieur du groupe.

Dans les années 1880, un ingénieur agricole français, M. Ringelmann, soucieux de déterminer l'efficacité relative du travail des chevaux, des bœufs, des hommes et des machines, mena ce qui fut peut-être la première expérience de psychologie sociale du monde. Cette expérience a été pendant très longtemps ignorée. La procédure expérimentale de Ringelmann était simple : il demanda à des étudiants de l'école agricole de Grand-Jouan de tirer aussi fort qu'ils le pouvaient sur une corde, seuls puis par groupes de deux, de trois et de huit. Trois personnes en force égale tirant simultanément dans la même direction devraient a priori exercer trois fois plus de force qu'une seule personne, et huit personnes devraient avoir huit fois plus de force. Les résultats de Ringelmann sont contraires à cette hypothèse. En tirant seuls, les étudiants arrivèrent à une moyenne de 63 kilogrammes de force ; les groupes de trois arrivaient à une moyenne de 160 kg, c'est-à-dire à peine deux fois et demie la performance individuelle ; les groupes de huit arrivaient à 248 kg, moins de quatre fois le taux d'un seul individu.

En 1898, H. Triplett publia ce que l'on a longtemps pris pour la première expérience de psychologie sociale, dont les résultats étaient apparemment opposés. Triplett avait constaté que des étudiants américains dévidant le fil d'une canne à pêche travaillaient plus vite lorsque d'autres étudiants se trouvaient avec eux que lorsqu'ils étaient seuls. Ce phénomène a été repéré par la suite sous le nom de *facilitation sociale*. La facilitation sociale eut beaucoup de succès et Ringelmann n'en eut aucun ; mais, heureusement, ses résultats furent consignés en 1927 par Moede, en Allemagne, qui toutefois omit de citer les articles de Ringelmann et ne donna aucun détail sur les procédures expérimentales de celui-ci. En 1935, Dashiell cita le compte rendu de Moede dans un chapitre sur les « performances de groupes » dans son *Manuel de psychologie sociale*. En 1972, I. Steiner analysa les détails de ses résultats et élabora une théorie sur la *perte de coordination* pour les expliquer. Ringelmann fut perçu comme un élève de Moede et on situa sa recherche en Allemagne dans les années 1920. Ce ne fut qu'en 1986 que Kravitz redécouvrit les publications de Ringelmann datant de 1913.

Les résultats de Ringelmann sont importants non seulement parce qu'ils contredisent un stéréotype commun qui associe la cohésion et l'esprit d'équipe à l'accroissement d'effort, mais parce qu'ils semblent aller à l'encontre de la théorie de R. Zajonc sur la facilitation sociale. Cette théorie établit que la simple présence de pairs ou d'un auditoire accroît la performance des individus dans des tâches bien apprises. Steiner proposa une solution à ce problème en suggérant que la performance réduite des groupes de N personnes pouvait découler de pertes de coordination. Ces pertes, dans un travail d'ensemble pour des tâches unitaires, additives et de maximalisation comme tirer sur une corde, devraient être proportionnelles à N(N-1)/2, le chiffre des liens de coordination entre individus. En 1975, B. Latané découvrit l'étude de Ringelmann. Avec S. Harkins et K. Williams, il chercha à déterminer la contribution relative de la perte de coordination et des changements de motivation à l'effet Ringelmann. Ils commencèrent par répéter les procédures expérimentales de Ringelmann en utilisant des tâches simples et faciles à mesurer telles que crier et claquer des mains. Les sujets de cette première expérience furent assis par groupes de six, en demi-cercle, et on leur demanda de crier ou de battre des mains aussi fort qu'ils le purent, seuls, à deux, à quatre et tous ensemble. On mesura la performance au moyen d'un enregistreur. Les membres du groupe s'influencèrent de deux manières : ils semblèrent tout d'abord adapter ou conformer leurs efforts individuels à ceux de leurs coéquipiers ; ensuite, comme pour les étudiants de Ringelmann, le total du bruit produit ne fut pas proportionnel au nombre de personnes le produisant. À deux, ils parvinrent à 1,4 ; à quatre, ils arrivèrent à 2,0 et les groupes de six firent seulement 2,4 fois plus de bruit que les seuls individus. S'inspirant d'une technique ingénieuse élaborée par Ingham et al., Latané et ses collègues demandèrent aux sujets d'avoir les yeux bandés et d'écouter des bruits masqués par des écouteurs (pour réduire la conformité), tout en mesurant les individus dans des « pseudo-groupes », dans lesquels on leur avait dit qu'ils criaient en groupe alors qu'ils criaient en fait tout seuls. La procédure fut réitérée dans des groupes réels également. Il y eut réduction d'effort : les sujets ne firent du bruit qu'à 82% quand ils pensaient claquer des mains ou crier avec une autre personne, et seulement 74% quand ils croyaient que cinq autres personnes participaient avec eux.

Latané, Williams et Harkins appelèrent ce phénomène « inaction sociale ». Ils le considéraient comme une sorte de maladie sociale : maladie, car ce phénomène mettait en évidence une réduction de l'efficacité humaine ; sociale, car il était le résultat de la présence et de l'action d'autres personnes.

L'existence de l'inaction sociale a aujourd'hui été démontrée à travers diverses tâches impliquant des efforts à la fois physiques et mentaux, des tâches importantes comme des tâches insignifiantes, dans des groupes réunis ensemble et dans des groupes communiquant par un réseau d'ordinateurs. Elle apparaît comme un phénomène bien précis et universel. On la trouve dans des équipes de natation, des équipes de production, des groupes de brainstorming, des comités d'évaluation.

Qu'y a-t-il derrière l'inaction sociale? Peut-on la guérir? Un nombre considérable de preuves désignent l'« identifiabilité » comme la clef du problème. L'inaction s'instaure quand on ne peut identifier l'effort individuel, alors que, en rendant les efforts individuels identifiables, même lorsqu'on travaille en groupe, on peut éliminer l'inaction. Les membres d'une équipe de natation nagent par exemple plus vite dans une compétition individuelle que dans une course de relais, où leurs efforts ne sont pas reconnus. Cependant, quand les efforts individuels sont reconnus comme tels dans une course de relais, les nageurs nagent plus vite que ceux qui participent à une compétition individuelle. Reconnaître les efforts individuels peut servir à accroître l'effort individuel dans des groupes très homogènes tels que les équipes athlétiques.

L'inaction sociale est-elle une donnée biologique universelle ? Ou résulte-t-elle de forces culturelles telles que l'importance accordée à la réalisation personnelle de l'individu dans les sociétés occidentales ? La première interprétation explique l'inaction comme la conséquence de la fatigue due à l'effort : quand les gens ont l'occasion de se décharger sur d'autres, l'inaction perdure. La seconde interprétation donne à penser que l'inaction interfère avec la culture du groupe. Diverses expériences ont montré que l'inaction sociale est un phénomène universel qui peut être modifié par les valeurs culturelles.

B. L. (trad. de B. O.)

inadaptation

n.f. (angl. Maladjustment)

Absence de bonne intégration et de relations adaptées et harmonieuses avec le milieu où vit un sujet.

On parle d'inadaptation familiale, scolaire, sociale ou professionnelle, dont l'origine peut être aussi bien une maladie ou une déficience (→ handicap) qu'une exclusion sociale ou une mauvaise orientation professionnelle, par exemple. Le terme a surtout été utilisé après la Libération, lorsque le « Conseil technique français de l'enfance déficiente ou en danger moral » a été créé, pour désigner toute la population infanto-juvénile ayant besoin de mesures médicales, psychologiques ou éducatives différentes de celles prévues pour la majorité des autres jeunes, afin d'être ramenés à une « vie normale » (D. Lagache). Avec le psychiatre montpelliérain R. Lafon, la notion d'« enfance inadaptée » en est arrivée à recouvrir presque tout le champ de la psychiatrie infanto-juvénile et de la prédélinquance. Pour Lafon, l'inadapté est « tantôt un jeune sujet que ses anomalies, l'insuffisance de ses aptitudes ou de son efficience générale ou le défaut de son caractère mettaient en marge ou en conflit prolongé avec les réalités ou les exigences d'un entourage conforme à son âge et à son origine sociale, tantôt un sujet jeune dont les aptitudes et l'efficience étaient suffisantes et le caractère normal, mais qui souffrait d'un milieu non conforme à ses besoins corporels, affectifs, intellectuels ou spirituels, tantôt enfin un jeune inadapté ou déficient vivant dans un milieu non conforme ». Ce qui donne trois grands types d'inadaptation : celle qui tient à l'enfant, celle qui tient au milieu et celle qui tient aux deux.

Ces conceptions ont été à l'origine des premiers centres médicopsychopédagogiques, d'organismes de dépistage précoce des diverses déficiences instrumentales ou sensorielles, d'institutions d'éducation spécialisée et de prévention les plus diverses et finalement de l'intersecteur* de psychiatrie infanto-juvénile. J. P.

inadaptée (enfance)

(angl. Maladjusted Childhood)

Ensemble des enfants qui justifient des mesures éducatives différentes de celles en usage pour la majorité des enfants.

L'inadaptation peut tenir à l'enfant (handicap moteur ou sensoriel, déficience intellectuelle, troubles affectifs) ou à son milieu social (cas dits « sociaux », mineurs en danger, etc.). R. L.

inaffectivité

n.f. (angl. Lack of Affectivity, Insensitiveness)

Absence de sentiments et de vie émotionnelle.

C'est souvent plus une apparence qu'une réalité car, à part l'arriéré profond, le dément ou l'autiste le plus enfoncé dans son retrait intérieur, aucun homme, même malade mental grave, n'est dépourvu de toute sensibilité ni de toute possibilité de réactions affectives ou émotionnelles.

En fait, il s'agit plutôt d'une indifférence* affective due à la perte transitoire d'un contact avec le monde extérieur ou à une désorganisation des relations affectives telle qu'on l'observe dans certaines phases processuelles de la schizophrénie* et dans les états autistiques. J. P.

incapable majeur

(angl. Incapable Major)

Personne majeure ayant perdu sa capacité juridique.

Le droit civil distingue deux degrés dans la capacité juridique : 1. la capacité de jouissance, qui est l'aptitude pour toute personne physique à avoir des droits et des obligations ; 2. la capacité d'exercice, qui est le pouvoir de mettre en œuvre soi-même ses droits et ses obligations.

La loi du 3 janvier 1968 portant réforme du droit des incapables majeurs a instauré trois grands régimes de protection : la sauvegarde* de justice, la curatelle* et la tutelle*. La sauvegarde de justice est une mesure provisoire d'urgence sans perte de la capacité juridique. La curatelle est un régime d'incapacité partielle alors que la tutelle entraîne une incapacité totale ; ces mesures sont prononcées par un jugement à l'égard des personnes qui, en raison de leurs facultés personnelles, ont besoin d'être protégées dans les actes de la vie civile. M. G.

incendiaire

n. et adj. (angl. Arsonist)

Se dit de toute personne mettant volontairement le feu pour provoquer un incendie.

La forme pathologique et impulsive de ce comportement s'appelle pyromanie*.

J. P.

inceste

n.m. (angl. Incest)

Relations sexuelles entre proches parents ou alliés dont le mariage est prohibé par la loi, par exemple père et fille, mère et fils, frère et sœur, oncle et nièce, tante et neveu.

PSYCHIATR. Certains facteurs favorisent sa réalisation : isolement moral ou géographique, promiscuité, alcoolisme, carence intellectuelle et culturelle. Réprimé dans les conditions définies par les articles 331 et suivants du Code pénal, il peut entraîner la condamnation de son auteur à une peine de vingt ans de réclusion criminelle. Souvent caché par le conjoint, les autres membres de la famille et par la victime elle-même, l'inceste est un véritable viol provoquant souvent de graves perturbations psychoaffectives chez cette dernière. M. G.

GÉNÉR. et PSYCHAN. Dans de nombreuses sociétés sont considérées comme incestueuses des relations entre de plus larges groupes de parents que les membres de la famille nucléaire (père, mère, fils, fille). Mais cela ne fait que confirmer l'universalité de l'interdit lui-même et sa force. L'interdit de l'inceste, loi universelle réglant dans toutes les sociétés les échanges matrimoniaux, est le principe fondateur du complexe d'Œdipe.

Selon S. Freud, l'inceste est toujours inconsciemment désiré. Sa prohibition empêche pour l'être humain deux tendances fondamentales : tuer son père et épouser sa mère. Dans les sociétés modernes et de type occidental, son champ d'application est restreint psychanalytiquement au triangle père-mère-enfant et sa fonction est intériorisée. Freud introduit dans *Totem et Tabou* (1912) le mythe originel du meurtre du père de la horde primitive, suivi de l'expiation des fils, pour rendre compte de l'intériorisation de cet interdit qui signe les débuts de la culture et de l'humanité comme telle.

Cette conception est contestée par C. Lévi-Strauss, dont les travaux permettent de saisir, d'un point de vue structural, le clivage du couple nature-culture auquel s'articule la prohibition de l'inceste. Celle-ci ne dépend pas toujours des degrés de parenté réels, mais du rapport social qui désigne certains individus au rang de père, mère, fils, sœur, etc. Aussi l'interdit de l'inceste est-il une règle qui a son origine dans la nature par son caractère d'universalité, mais qui se fonde dans la culture, où elle est structurée par le langage. J. Lacan reprend cette dernière thèse en précisant que l'enfant ne peut avoir accès au symbolique que par le concours de la loi édictée par le père, celle qui signifie l'interdit de l'inceste. R. L.

→ enfant en danger, enfant maltraité.

BIBLIOGRAPHIE

Freud, S., 1912, *Totem et Tabou*, trad. fr., 1973, Paris, Payot.

Héritier, F., 1981, *l'Exercice de la parenté*, Paris, Gallimard-Seuil.

Lévi-Strauss, C., 1961, *le Totémisme aujourd'hui*, Paris, P.U.F.

incident (apprentissage)

(angl. Incidental Learning)

Forme d'apprentissage qui se définit essentiellement par son opposition à l'apprentissage intentionnel et qui repose sur la constatation que toute une série de tâches n'impliquent, de la part du sujet, aucune intention d'apprendre ce à quoi elles s'appliquent et conduisent en fait à un apprentissage involontaire.

Le terme *incident* est donc employé ici comme un équivalent de *involontaire* ou de *non intentionnel*. Ce phénomène a donné lieu à une série de recherches et d'hypothèses récentes, mais il est encore mal élucidé. Tout permet de penser que son importance est considérable, notamment dans le développement cognitif de l'enfant. J.-F. L. N.

incitateur

n.m. (angl. Incentive)

Stimulus doté d'une valence positive et qui motive de façon externe un comportement.

Les stimulus incitateurs sont ceux-là mêmes qui, dans un autre contexte, sont appelés *renforçateurs* (positifs). On emploie ce dernier terme lorsque l'on est dans une situation d'apprentissage et celui d'*incitateur* lorsque, l'apprentissage étant terminé, il s'agit de maintenir un comportement. Des exemples de stimulus incitateurs sont les aliments préférés, les boissons favorites, les objets sexuels désirables, les objets d'art, etc.

Une caractéristique de la valence et de la valeur incitatrice des stimulus est qu'elles sont transférables par conditionnement ou association. Des stimulus ou des objets, qui sont par eux-mêmes neutres, peuvent prendre par association une valeur affective (une valence) acquise : par exemple, sur le versant positif, une maison d'enfance, une carte postale évocatrice, un objet lié à des vacances heureuses, un objet ayant appartenu à un être cher, une chanson de jeunesse, etc. La contrepartie existe sur le versant négatif avec des objets détestés ou attristants ou ceux « que l'on ne peut pas voir », etc. Ce phénomène se rencontre aussi dans le langage : ce sont les connotations associées à beaucoup de mots. Enfin, l'incitateur le plus souvent cité dans la vie sociale, notamment à l'égard des comportements de travail, est l'argent. J.-F. L. N.

→ incitatrice (motivation), motivation, valence.

incitation

n.f. (angl. Incentive Motivation)

Motivation suscitée par un stimulus à valence positive. J.-F. L. N.

→ article suivant.

incitatrice (motivation)

(angl. Incentive Motivation)

Motivation suscitée par un stimulus externe et non par un état interne de l'organisme.

Dans un contexte théorique qui s'efforce d'élaborer les notions concernant la motivation à partir d'observations du comportement plutôt que de comptes rendus subjectifs, C. Hull et d'autres psychologues béhavioristes ont distingué deux grandes classes de motivations : les unes sont *endogènes*, liées à des états de l'organisme (faim, soif, excitation sexuelle, stimulation nociceptive, etc.), et s'identifient à ce qui est couramment appelé des « besoins ». Les autres sont suscitées par des stimulus *extérieurs* spécifiques dotés d'une valence, positive ou négative, qui est originellement innée. On peut citer les aliments préférés, les boissons, les stimulations sexuelles directes, les stimulus naturellement douloureux ou effrayants, etc. Les motivations incitatrices regroupent cette seconde catégorie de motivations.

Comme on réserve plutôt ce nom aux motivations positives, les motivations incitatrices ont souvent la forme de ce que le langage naturel appelle des désirs ou des appétits (pour un stimulus particulier). La sous-classe homologue de motivations négatives est essentiellement constituée par les peurs et les dégoûts (également de quelque chose de déterminé).

Les motivations incitatrices sont souvent modulées par les motivations endogènes : certains aliments n'ont de valeur attractive et ne sont objet d'appétit, pour un individu donné, que s'il est en état de faim. Mais d'autres peuvent être mangés sans faim.

La sexualité est particulièrement illustrative de la complexité de ces effets : dans la plupart des espèces animales, la motivation sexuelle est totalement sous dépendance hormonale et elle est périodique (état de « chaleur ») ; hors de ces périodes, aucun partenaire sexuel n'est recherché. Dans l'espèce humaine, au contraire, les effets de la motivation sexuelle endogène sont beaucoup moins contrastés et moins forts : la disponibilité potentielle peut être permanente. La part que prennent alors les incitations, elles-mêmes très complexes (désir, érotisme, amour), dans la détermination des comportements devient très importante.

Une caractéristique essentielle des motivations incitatrices, et des stimulus correspondants, est leur caractère conditionnable. La valence innée des stimulus peut se transférer par conditionnement ou association à des stimulus primitivement neutres. Ainsi peuvent s'expliquer certaines répulsions, parfois socialisées (tabous, interdits alimentaires et autres) ou pathologiques, ou certains attachements (objets-souvenirs, etc.). C'est de cette façon que l'on peut aussi rendre compte, dans le langage, de l'acquisition de connotations positives ou négatives par certains mots.

On considère en général que la motivation incitatrice a les mêmes effets que la motivation endogène, en particulier d'augmentation de la vigueur des comportements ; mais son rôle dans la sélection des comportements et dans l'apprentissage est plus important et plus complexe. J.-F. L. N.

inclusion

n.f. (angl. Inclusion)

MATH. et DÉVELOP. **Relation binaire entre ensembles, notée ⊂, définie par A ⊂ B si et seulement si A est inclus dans B.**

L'inclusion est une relation réflexive (M ⊂ M), transitive (M ⊂ N et N ⊂ P ⊂ M ⊂ P) et antisymétrique (A ⊂ B et B ⊂ A impliquent A = B). On peut donc définir une relation d'ordre sur la collection des ensembles. Cette relation n'est pas un ordre total : deux ensembles disjoints sont incomparables pour l'inclusion. L'inclusion doit être nettement distinguée de l'appartenance.

J. Piaget et ses collaborateurs ont fait de la maîtrise de l'inclusion des classes une étape décisive de la mise en place de l'accès au stade opératoire concret. L'expérience classique menée par Piaget et B. Inhelder consiste à demander à un enfant devant un bouquet de fleurs où il y a des primevères : « Y a-t-il plus de primevères ou plus de fleurs ? » Pendant de nombreuses années, la bonne réponse à cette question et à d'autres du même genre (un collier de perles dont certaines étaient en bois, d'autres en verre) était considérée comme le test décisif de l'accession de l'enfant au stade des opérations concrètes. Divers travaux sur les classes disjointes et les classes emboîtées ont quelque peu modifié l'interprétation en termes de stades nettement délimités, notamment en portant sur des enfants d'âge de 7 à 11 ans. La réponse correcte à la question de l'inclusion serait pour certains auteurs fonction d'une représentation liée aux données de l'expérience. R. L.

Bibliographie

Bideaud, J., 1988, *Logique et bricolage chez l'enfant*, Lille, Presses universitaires de Lille.

Josse, P., 1984, *Classes ou collections? Étude de la résolution entre 5 et 11 ans du problème dit d'inclusion*, Paris, Éd. du C.N.R.S.

Piaget, J., et Szeminska, A., 1941, *la Genèse du nombre chez l'enfant*, Neuchâtel, Delachaux et Niestlé.

inconditionné, e

adj. (angl. Unconditionned)

Synonyme d'inconditionnel. J.-F. L. N.

inconditionnel, elle

adj. (angl. Unconditional)

Préalable à tout conditionnement. (Syn. inconditionné.)

La *réaction inconditionnelle* dans le conditionnement pavlovien est une réaction considérée par elle-même, telle qu'elle est suscitée avant tout conditionnement.

En principe, c'est cette même réaction qui sera ultérieurement appelée « réaction conditionnelle » après avoir simplement changé de stimulus déclencheur. On a montré qu'en fait la réaction conditionnelle peut parfois différer quelque peu de la réaction inconditionnelle, et n'en être qu'une « fraction », dans la mesure où certains éléments ou aspects de la réaction sont conditionnables et d'autres non.

Le *stimulus inconditionnel*, dans le conditionnement pavlovien, est un stimulus qui suscite de façon innée la réaction considérée, indépendamment de tout conditionnement.

C'est ce même stimulus qui est appelé « renforçateur », en raison de son rôle dans l'apprentissage. Dans le conditionnement instrumental (ou opérant), il n'existe pas de stimulus inconditionnel. Le stimulus qui est appelé « renforçateur » a alors un rôle très différent. J.-F. L. N.

→ conditionnement.

inconscient

n.m. (angl. Inconscious; allem. [das] Unbewußte)

Contenu absent à un moment donné de la conscience qui est au centre de la théorie psychanalytique.

Selon la première topique de l'appareil psychique, S. Freud nomme *inconscient* l'instance constituée d'éléments refoulés qui se sont vu refuser l'accès à l'instance préconscient-conscient. Ces éléments sont des représentants pulsionnels qui obéissent aux mécanismes du processus primaire. Dans la seconde topique, le terme d'*inconscient* qualifie l'instance du ça et s'applique partiellement à celles du moi et du surmoi.

Pour la psychanalyse contemporaine, l'inconscient est le lieu d'un savoir constitué par un matériel littéral en lui-même insensé, organisant la jouissance et réglant le fantasme, la perception ainsi qu'une grande partie de l'économie organique. Ce savoir a pour cause le fait que le rapport sexuel ne peut être compris comme un rapport naturel puisqu'il n'y a d'homme et de femme qu'à travers le langage.

L'inconscient dans la première topique

Le problème de l'inconscient est « moins un problème psychologique que le problème de la psychologie elle-même », dit Freud dans *l'Interprétation des rêves* (1900), car l'expérience montre que « les processus de pensée les plus compliqués et les plus parfaits peuvent se dérouler sans exciter la conscience. De ce point de vue, ce sont les phénomènes psychiques conscients qui constituent la plus petite partie de la vie psychique sans être pour autant indépendants de l'inconscient ».

Le terme d'*inconscient* ayant été utilisé avant Freud pour désigner globalement le non-conscient, Freud se sépare de la psychologie antérieure par une présentation métapsychologique, c'est-à-dire une description des processus psychiques sous des rapports dynamiques, topiques et économiques. C'est le point de vue topique qui permet de cerner l'inconscient. Une topique psychique n'a rien à voir avec l'anatomie, elle se réfère à des lieux de l'appareil psychique. Celui-ci est « comme un instrument » composé de systèmes, ou instances, interdépendants. L'appareil psychique est conçu sur le modèle d'un appareil réflexe dont une extrémité perçoit les stimulus internes ou externes trouvant leur résolution à l'autre extrémité, motrice. C'est entre ces deux pôles que se constitue la fonction de mémoire de l'appareil sous forme de traces mnésiques laissées par la perception. Ce n'est pas seulement le contenu des perceptions qui se conserve, mais leur association, par exemple selon la simultanéité, la ressemblance, etc. La même excitation se trouve dès lors fixée de façon différente dans plusieurs couches de la mémoire. Comme une relation d'exclusion lie les fonctions de la mémoire et de la perception, il faut admettre que nos souvenirs sont d'emblée inconscients.

L'étude des symptômes hystériques ainsi que de la formation des rêves exige de supposer deux instances psychiques dont l'une soumet l'activité de l'autre à sa critique et lui interdit éventuellement l'accès à la conscience. Le système chargé de la critique, écran entre l'instance critiquée et la conscience, se trouve amené à l'extrémité motrice et se nomme *préconscient*, tandis que le nom d'*inconscient* reviendra au système placé plus en arrière et qui ne saurait accéder à la conscience si ce n'est en passant par le préconscient. Ainsi, un acte psychique passe par deux phases; d'abord inconscient, s'il est écarté par la censure, il est refoulé et doit rester inconscient.

Il est remarquable que seules des représentations puissent être dites « inconscientes ». Une pulsion, qui n'est jamais objet de conscience, ne peut qu'être « représentée » dans les systèmes inconscient comme préconscient par une représentation, c'est-à-dire un investissement fondé sur des traces mnésiques. Les affects eux-mêmes sont déplacés, rattachés à d'autres représentations, mais non refoulés.

Une représentation du système inconscient n'est pas inerte mais investie d'énergie. Elle peut être alors dite « désinvestie » par le système préconscient. Cela implique que le passage d'une représentation d'un système à l'autre se fait selon un changement d'état de l'énergie d'investissement pulsionnelle : libre ou mobile, c'est-à-dire tendant à la décharge par la voie la plus rapide dans l'inconscient, liée, contrôlée dans son mouvement de décharge dans le préconscient. Cette distinction de l'état de l'énergie correspond à celle des processus primaires et secondaires. Il faut de plus admettre l'existence d'un contre-investissement par lequel le préconscient se protège de la poussée des représentations inconscientes et met en place le refoulement originaire, refoulement au cours duquel le représentant psychique de la pulsion s'est vu initialement refuser la prise en charge par le préconscient et auquel la pulsion demeure attachée de façon inaltérable. Le refoulement originaire est alors une force attractive des représentations préconscientes.

C'est seulement par l'étude des rejetons du système inconscient que nous avons accès à ses propriétés. Il n'y a en effet pas de refoulement sans retour du refoulé : formations de l'inconscient, symptômes. Le noyau de l'inconscient est constitué par des représentants de la pulsion qui veulent décharger leur investissement, donc par des « motions de désir ». Les désirs inconscients sont indépendants et subsistent côte à côte sans contradictions. Les pensées du rêve ne peuvent figurer les articulations logiques. D'origine infantile, les désirs inconscients sont toujours actifs, pour ainsi dire immortels.

Les processus inconscients sont intemporels, « ni modifiés ni ordonnés selon le temps ». Ils sont « primaires », c'est-à-dire qu'ils obéissent au principe de plaisir ; dès lors, les représentations inconscientes sont soumises aux lois du déplacement et de la condensation, particulièrement sensibles dans le travail du rêve : la condensation permet d'accumuler sur un seul élément représentatif une suite de pensées, processus atteignant aussi les mots, fréquemment traités comme des choses par homophonie et assonance, tandis que le déplacement indique un centrage des pensées du rêve sur un élément de moindre importance apparente.

La question de l'automatisme de répétition gouvernant l'appareil psychique au-delà du principe du plaisir ainsi que des difficultés surgissant autour de la notion de « Ich » (moi et/ou sujet), partie conscient, partie inconscient, incitèrent Freud à abandonner cette première topique. Le terme d'*inconscient* devint un attribut éventuel des nouvelles instances du ça, du moi et du surmoi. L'inconscient fut réinterrogé par J. Lacan au titre de concept fondamental de la psychanalyse, que la psychanalyse postfreudienne tentait d'effacer.

L'INCONSCIENT EST LE DISCOURS DE L'AUTRE

Pour Lacan, les ornières de l'analyse postfreudienne tiennent au fait qu'on a oublié que l'expérience analytique est celle où le sujet est confronté à la vérité de sa destinée nouée à l'omniprésence des discours à travers lesquels il est constitué et situé. Puisqu'il n'est de vérité et de signification en dehors du champ de la parole et du langage, il est nécessaire de reconnaître, au-delà de la relation interhumaine, l'hétéronomie de l'ordre symbolique. Si toute parole a une adresse, la découverte freudienne s'éclaire de la distinction entre le semblable, autre auquel le sujet s'identifie dans le dialogue, et l'Autre, lieu d'où se pose pour lui la question de son existence concernant son sexe et sa contingence dans l'être, nouée dans les symboles de la procréation et de la mort.

Cette question met en évidence la détermination de la loi symbolique qui fonde l'alliance et la parenté, loi que Freud avait reconnue comme motivation centrale dans l'inconscient sous le nom de *complexe d'Œdipe*. Cette loi est identique à l'ordre du langage car c'est à travers les nominations de la parenté et les interdits que se noue le fil des lignées. Aussi le sujet se constitue-t-il au lieu de l'Autre, dans la dépendance de ce qui s'y articule comme discours, pris dans une chaîne symbolique où il est joué comme un pion : l'inconscient est le discours de l'Autre.

L'INCONSCIENT EST STRUCTURÉ COMME UN LANGAGE

Le discours de l'Autre est une chaîne d'éléments discrets qui subsistent dans une altérité par rapport au sujet aussi radicale que « celle des hiéroglyphes encore indéchiffrables dans la solitude du désert » (*Écrits*, 1965). Cette chaîne insiste pour interférer dans les coupures offertes par le discours effectif et fait symptôme. L'insistance de la chaîne, figure de la répétition freudienne, montre que la nature de la mémoire symbolique est comparable à celle d'une machine à penser ; mais ce qui insiste ici demande à être reconnu. Une dimension existe à la racine même du langage, qui pointe un au-delà du principe de plaisir.

C'est en s'appuyant sur les avancées de la linguistique de F. de Saussure et de R. Jakobson que Lacan montre que l'on peut retrouver dans les lois qui régissent l'inconscient les effets essentiels qui se découvrent au niveau de la chaîne du discours effectif : l'inconscient est structuré comme un langage, ce qui ne signifie pas comme une langue.

On sait que les apports essentiels de la linguistique structurale tiennent à la distinction du signifiant et du signifié, le signifiant constituant un réseau à structure synchronique du matériel du langage en tant que chaque élément y prend sa fonction (Lacan dit « son emploi ») pour autant qu'il est différent des autres.

La psychanalyse permet cependant d'avancer la position primordiale du signifiant par rapport au signifié, les deux ordres étant séparés par une barre résistant à la signification : il faut abandonner l'illusion que le signifiant représente le signifié ; ainsi les signifiants « homme » et « femme » ne renvoient pas aux concepts d'homme et de femme, mais à la différence des places assignées à l'un et à l'autre par la loi symbolique, c'est-à-dire phallique : ce pourquoi « les motifs de l'inconscient se limitent au désir sexuel ».

Mais la structure du langage ne se limite pas à celle de l'horizontalité syntaxique et de l'articulation syntagmatique : l'épaisseur verticale de la dimension des tropes — les figures essentielles de la métaphore, un mot pour un autre, et de la métonymie, connexion du mot à mot — permet par permutation et élision des signifiants de créer des effets de signification. Or, métaphore et métonymie sont assimilables au déplacement et à la condensation : le symptôme est une métaphore et le désir est une métonymie.

LE SUJET DE L'INCONSCIENT

Les productions de l'inconscient témoignent que « ça pense » au niveau de l'inconscient. Il faut distinguer le sujet de l'énoncé, sujet grammatical lié à la prestance, qui ratiocine mais ne pense pas, et le sujet de l'énonciation. Si les productions de l'inconscient se caractérisent par le mode d'achoppement autant que de trouvaille sous lequel elles apparaissent, il faut admettre que l'inconscient a une structure de discontinuité, de fente aussitôt refermée qu'apparue, structure de battement temporel où le sujet de l'énonciation s'entr'aperçoit l'espace d'un instant : celui du ratage de l'objet du désir, qui fuit toujours.

Le sujet de l'inconscient est cependant fondamentalement sans voix. La structure différentielle du signifiant implique que le sujet soit représenté par un signifiant maître pour un autre signifiant, lequel a pour effet l'évanouissement du sujet. Ainsi, le sujet est pétrifié, réduit à n'être plus qu'un signifiant, du même mouvement où il est appelé à parler. Il ne peut que donner à entendre quelque chose dans le retour du refoulé : ainsi s'explique que le rêve soit un rébus, c'est-à-dire une expression pictographique sans alphabet constitué, dont les éléments sont équivoques et variables hormis la symbolique sexuelle ; les pensées du rêve, non arbitraires, ne peuvent se conclure sur un sens définitif, car leur cause, point ombilical, échappe : ce que Lacan nomme le réel.

LA LETTRE

L'unité fonctionnelle dans l'organisation de l'inconscient n'est pas le phonème — il n'y a pas de voix dans l'inconscient — mais la lettre, qui, par sa nature localisable et différentielle, s'offre comme pur symbole. C'est dire qu'elle commémore le meurtre de l'objet par le symbole. Cependant, sa matérialité incite le sujet à la considérer comme signe de l'objet perdu, voire comme l'objet lui-même.

Ainsi, les mots sont traités comme des choses, c'est-à-dire comme valant par leur tissage et leurs connexions littérales à l'instar de la poésie. Ils se prêtent à la dislocation et à la césure selon le jeu de « lalangue », où le sujet de l'inconscient trouve à se faire entendre et le symptôme à s'écrire.

Ainsi, les éléments de la chaîne inconsciente, lettre ou séquence signifiante, en eux-mêmes sans signification ni césure, prennent leur valeur de ce qu'ils peuvent faire irruption dans la langue parlée en tant que signes d'un désir interdit, par le biais préférentiel de la lettre.

TOPOLOGIE

Il faut se déprendre de la représentation de l'inconscient comme étant un dedans opposé à un dehors. L'inconscient est caractérisé par une structure topologique de bord : la béance de l'inconscient en son mouvement d'ouverture et de fermeture est d'une structure isomorphe à celle des pulsions prenant électivement appui sur les zones du corps comportant un bord. Cette topologie peut être rapportée à celle de la bande de Möbius : le surgissement des formations de l'inconscient dans le discours effectif ne nécessite aucun franchissement de bord, mais est en continuité comme l'envers et l'endroit d'une bande de Möbius : la coupure opérée par l'interprétation fait surgir l'inconscient comme envers de la bande.

M.-C. C.

BIBLIOGRAPHIE
Ey, H., (Dir.), 1966, *l'Inconscient, 6e Colloque de Bonneval*, Paris, Desclée de Brouwer.
Freud, S., 1900, *l'Interprétation des rêves*, trad. fr., 1967, Paris, P.U.F.
Freud, S., 1901, *Psychopathologie de la vie quotidienne*, trad. fr., 1973, Paris, Payot.
Freud, S., 1905, *le Mot d'esprit dans ses rapports avec l'inconscient*, trad. fr., 1969, Paris, Gallimard.

inconscient collectif

(angl. Collective Unconscious; allem. [das] Kollektiv Unbewußte)

Selon C. G. Jung, partie non consciente identique chez toute personne, indépendante de l'espace et du temps et qui est la stratification des expériences millénaires de l'humanité.

À l'origine de toute créativité, l'inconscient collectif s'exprime à travers les archétypes. R. L.

incorporation

n.f. (angl. Incorporation; allem. Einverleibung)

Mode de relation à l'objet qui possède les caractéristiques du stade sadique-oral (faire pénétrer l'objet à l'intérieur du corps et en éprouver un plaisir, l'anéantir, le conserver pour s'en approprier les qualités). R. L.

→ introjection.

incrément (seuil d')

(angl. Increment Threshold)

Augmentation d'une variable, généralement la luminance, juste nécessaire pour permettre la détection d'un stimulus sur un fond.

Cette désignation fait référence à la mesure de seuils de détection d'une petite surface lumineuse présentée sur un fond (ou luminance d'adaptation). L'*incrément* désigne une quantité constante qui est ajoutée ou retranchée à la valeur d'une variable. Les seuils d'incrément concernent la quantité dont on doit augmenter ou diminuer la luminance de la cible pour qu'elle soit juste discriminable du fond. C. B.

→ seuil.

indépendance à l'égard du champ

(angl. Field-Independence)

→ dépendance-indépendance à l'égard du champ.

indépendante (variable)

(angl. Independent Variable)

Variable décrivant les changements imposés par le chercheur dans les conditions d'observation ou de mesure d'une conduite pour éprouver l'hypothèse selon laquelle ces changements auront un effet sur cette conduite (elle-même décrite par une variable dépendante). M. R.

indépendant de la culture (test)

(angl. Culture-Free Test ou Culture-Fair Test)

Test dans lequel ont été éliminés autant que possible tous les éléments susceptibles de favoriser les personnes issues d'une certaine culture.

Ce sont des tests non verbaux ne faisant pas appel en principe à des connaissances ou à des habitudes de pensée plus communes dans certaines cultures que dans d'autres. Les tâches proposées aux sujets impliquent en général des raisonnements sur des dessins abstraits: compléter une série de dessins se succédant selon une certaine loi, indiquer quel dessin n'appartient pas à un ensemble donné, compléter des matrices de dessins, indiquer dans un dessin complexe un point répondant à un certain ensemble de conditions. Ces exemples sont empruntés à un test d'intelligence indépendant de la culture de R. B. Cattell *(Culture Fair Intelligence Test)*. Le test des Matrices progressives de J. C. Raven appartient à la même catégorie d'épreuves. M. R.

indicateur

n.m. (angl. Index)

Comportement, ou caractéristique d'un comportement, à partir duquel on peut directement inférer un processus psychologique. (Syn. indice 3.)

Cette notion n'est utilisable qu'à deux conditions: 1. raisonner dans une conception théorique où l'on considère que certains processus psychologiques s'expriment directement par des comportements; 2. disposer d'un modèle précis, et déjà mis à l'épreuve, des phénomènes en cause.

On pourra ainsi considérer qu'une réaction électrodermale est un indicateur d'une émotion, ou qu'une augmentation d'une performance chez un animal est — toutes choses étant égales par ailleurs — un indicateur de l'élévation de son niveau de motivation. De la même façon, on dira qu'une augmentation du temps nécessaire pour retrouver des noms propres en mémoire chez l'Homme — effet souvent lié au vieillissement — est un indicateur d'un déclin de l'accessibilité de ces mots en mémoire. Enfin, on pourra regarder un effet d'amorçage entre deux mots comme un indicateur d'une relation sémantique entre les représentations mentales de ces deux mots, etc.

Le problème de la *validité* d'un indicateur — savoir s'il permet réellement, à partir d'une observation externe, d'inférer de façon sûre la présence ou la grandeur d'un processus interne — ne peut être résolu que par la convergence de données d'origine différente et leur conformité à un modèle. Par exemple, si l'on prive des Rats de nourriture pendant 2 heures, 12 heures ou 24 heures, et si l'on observe que leur course dans un labyrinthe se fait alors à des vitesses croissantes, on pourra inférer sur une double base (le temps de privation, le temps de course) qu'il existe des niveaux différents de motivation. On pourra alors ultérieurement considérer la performance, lorsque l'on ne dispose que de cette seule donnée, comme un indicateur convenable de ce niveau. J.-F. L. N.

1. indice

n.m. (angl. Cue)

Stimulus discriminatif qui est lié de façon si forte à un autre stimulus ou à une situation que sa perception suffit pour qu'il soit conclu cognitivement à la présence du second.

On précise parfois « indice perceptif » ou « indice discriminatif ».

Ainsi, quelques lettres peuvent être des indices suffisants pour l'identification d'un mot. J.-F. L. N.

2. indice

n.m. (angl. Ratio)

Formule arithmétique, incluant souvent un rapport, qui permet d'obtenir, dans des conditions déterminées, une valeur numérique susceptible de servir d'indicateur.

Par exemple, l'indice de Brunswik, R-S/A-S, est utilisé pour évaluer le degré de constance perceptive et il en est un indicateur généralement reconnu. J.-F. L. N.

3. indice

n.m. (angl. Index)

Synonyme d'indicateur. J.-F. L. N.

indice physiologique

(angl. Physiological Index)

Phénomène physiologique quantifiable en unités physiques ou chimiques, dont les variations sont considérées comme indicatrices de processus psychologiques concomitants.

Les paramètres biologiques sont corrélés avec l'évolution d'une variable psychologique hypothétique et offriraient par suite une possibilité de mesure de celle-ci. Dans une optique comportementaliste, les modifications physiologiques sont considérées en elles-mêmes comme des éléments descriptifs de la réponse comportementale du sujet. Enfin, leur étude ouvre la voie à une recherche de bases biologiques du comportement. Cependant, si un indice représente bien un reflet de l'activité nerveuse, il reste difficile d'en valider la signification au niveau psychologique. J.-C. R.

indifférence affective

(angl. Affective Flattening or Flattening of Affect)

État d'insensibilité et d'inexpressivité émotionnelle.

Il s'agit d'une froideur affective où le sujet ne semble éprouver aucun sentiment ni manifester aucune réaction au milieu qui l'entoure. Mais ce n'est parfois qu'une apparence, car il peut garder une bonne perception du monde extérieur et se souvenir ensuite fort bien de cette période d'indifférence. C'est le cas en particulier lorsqu'elle est apparue au cours d'un accès mélancolique (→ mélancolie) avec une forte inhibition empêchant toute expression affective, ou dans certaines phases processuelles de la schizophrénie*. En revanche, dans les états de stupeur* confusionnelle, où elle est fréquente, l'amnésie* lacunaire qui l'accompagne ordinairement montre bien qu'il y a perte complète de relation au milieu extérieur. J. P.

inducteur

n.m. (angl. Inducer)

Dans le domaine des associations verbales, mot auquel un sujet doit, selon la consigne standard, «répondre par le premier mot qui lui vient à l'esprit». (Syn. stimulus inducteur.) J.-F. L. N.

induction

n.f. (angl. Induction)

Forme de raisonnement consistant à affirmer, après avoir constaté la présence d'une propriété commune à tous les membres déjà connus d'une classe d'objets ou d'événements, que cette propriété est vraie de tous les autres membres de cette classe.

L'induction a deux caractéristiques fondamentales. Elle est *amplifiante*, en ce sens qu'elle déborde le connu en formulant une assertion sur des objets non observés ou des événements non encore réalisés (elle passe du particulier au général selon une vieille formule). Par ailleurs, et contrairement à la déduction, la vérité des prémisses ne garantit jamais la vérité de la conclusion: après avoir constamment observé qu'il neige en hiver en France, il est raisonnable, mais non *rationnel*, d'affirmer qu'il en sera ainsi l'hiver prochain (Goodman) car la conclusion n'est pas une conséquence nécessaire des seules prémisses.

La définition précédente est parfois obscurcie par l'usage. Ainsi, comme le note R. Blanché, après avoir considéré que l'induction est la démarche typique de la science, on en est venu à définir l'induction par les démarches prêtées à celle-ci. Un reflet de cet état de choses apparaît en psychologie, où les problèmes de découverte d'une règle sont souvent appelés *problèmes inductifs*. Certes, la recherche de la solution comporte l'élaboration d'une conjecture générale à partir des données, mais elle fait souvent intervenir aussi des règles déductives, et on peut parfois parvenir à une conclusion nécessaire. L'induction a d'abord été étudiée dans les situations de test d'hypothèses concernant en particulier une règle de catégorisation. Des travaux récents ont tenté de mieux cerner l'induction proprement dite. Ils mettent l'accent sur les facteurs qui affectent la promptitude à accepter un énoncé universel à partir d'un nombre limité d'observations et sur les contraintes de la pensée qui conduisent à privilégier certaines hypothèses parmi toutes celles qui sont logiquement possibles. C. G.

induction (facteur d') ou facteur I

(angl. Induction Factor)

Facteur mis en évidence par L. L. Thurstone, présent dans les tâches consistant à découvrir sur des données spécifiques une règle ou principe général et à l'appliquer correctement.

Exemple d'épreuve saturée en I: continuer une série de chiffres dont les premiers, se succédant selon une certaine loi, sont donnés. M. R.

inédie

n.f. (angl. Inedia)

Conduite alimentaire de réduction extrême de l'alimentation, que le sujet considère comme une forme normale de son existence (L. F. Gayral).

Différente de l'anorexie* mentale et de la grève de la faim, cette conduite était au début de la chrétienté spécifique de certains ermites vivant dans l'isolement d'une grotte ou sur le sommet d'une colonne (stylites) dans un état d'ascèse et de mysticisme religieux particulièrement intense. On la retrouve actuellement dans quelques cas de schizophrénie, de délire mystique ou de névropathie particulièrement sévère. J. P.

infantilisme

n.m. (angl. Infantilism)

État d'une personne caractérisé par la persistance à l'âge adulte de caractères propres à l'enfance.

Il peut s'agir de caractères physiologiques (retard de développement de croissance et de la puberté) ou psychiques. Les causes en sont très variées: génétiques, endocriniennes, etc. L'infantilisme doit être distingué du puérilisme, forme régressive ou réactionnelle du comportement. R. L.

inférence

n.f. (angl. Inference)

1. **Tout processus permettant, à partir de propositions initiales, dites «prémisses», d'élaborer une nouvelle proposition.** 2. **Résultat de ce processus, ou *conclusion*.**

Ce terme est utilisé parfois de façon interchangeable avec celui de *raisonnement*, parfois de façon plus large en considérant par exemple qu'il englobe les inférences médiates comme le raisonnement plus les inférences immédiates (par exemple, à partir de «quelques A sont B», inférer «quelques B sont A»). L'expression *schéma d'inférence* ou *règle d'inférence* désigne les formes élémentaires de passage des prémisses à la conclusion (par exemple, des prémisses «A ou B» et «non-A», conclure «B»). C. G.

→ raisonnement.

inférence fiduciaire

(angl. Fiducial Inference)

Méthode statistique qui consiste à partir de la valeur observée dans un échantillon pour construire une distribution de probabilité sur les valeurs du paramètre.

Le psychologue est rarement concerné par la mise à l'épreuve d'une hypothèse nulle ponctuelle (exemple: la différence entre deux moyennes est exactement égale à 0). Ce sont cependant de telles hypothèses que les méthodes d'inférence statistique permettent d'éprouver. H. Rouanet a proposé des méthodes d'inférence correspondant mieux aux questions que les chercheurs se posent en prolongeant des idées émises par R. A. Fisher et en leur incluant des apports techniques plus récents. Ces méthodes, dites «d'inférence fiduciaire modernes», s'appliquent aux situations dans lesquelles on souhaite faire une inférence sur l'importance de l'écart à l'hypothèse nulle dans la population. Elles consistent à partir de la valeur observée dans l'échantillon pour construire une distribution de probabilité sur les valeurs du paramètre. Si le psychologue est en mesure de définir la valeur de l'écart à l'hypothèse nulle à partir de laquelle cet écart peut être qualifié de «notable», il lira sur cette distribution la probabilité pour que l'écart observé traduise un écart notable. Si cette probabilité est supérieure à une valeur limite dite «garantie fiduciaire», il conclura que l'écart à l'hypothèse nulle est notable. Si le psychologue est en mesure de définir la valeur de l'écart à l'hypothèse nulle au-dessous de laquelle l'écart peut être qualifié de «négligeable», il pourra de la même façon, avec une garantie fiduciaire déterminée, conclure éventuellement au caractère négligeable de l'écart. M. R.

inférence statistique

(angl. Statistical Inference)

Ensemble de méthodes permettant de formuler en termes probabilistes un jugement sur une population à partir des résultats observés sur un échantillon extrait au hasard de cette population.

L'usage des statistiques peut avoir une visée descriptive. Il permet dans ce cas de résumer, de condenser un nombre déterminé d'observations. Par exemple, le résultat moyen observé dans une certaine épreuve par un groupe de 100 sujets résume la série des 100 résultats individuels. Il ne subsiste aucune incertitude sur la valeur de cette moyenne aussi longtemps que le psychologue ne s'intéresse qu'à ces 100 sujets. Mais ce psychologue peut souhaiter élargir le champ de ses conclusions à des sujets qu'il n'a pas examinés, par exemple à l'ensemble des sujets ayant l'âge des sujets testés. Il devra pour cela procéder à une induction ou inférence statistique. Il ne pourra le faire que si son échantillon de 100 sujets peut être considéré comme un échantillon extrait au hasard de la population constituée par l'ensemble des sujets de cet âge. Sa conclusion relative, par exemple, à la moyenne de cette population sera toujours entachée d'une incertitude qu'il ne pourra atténuer qu'en augmentant le nombre des sujets réellement examinés (la taille de l'échantillon). De façon générale, chacune des conclusions fournies par les méthodes de la statistique inférentielle (ou inductive) est accompagnée d'une indication sur le risque d'erreur qui lui est associé. Ces méthodes peuvent être subdivisées en deux groupes : celles qui permettent d'estimer certains paramètres d'une population et celles qui permettent de juger de la validité de certaines hypothèses.

À partir d'une estimation calculée sur un échantillon au hasard suffisamment nombreux, le calcul des probabilités permet d'estimer les limites entre lesquelles se situera, dans une proportion déterminée de cas, le paramètre de la population. Les limites de confiance d'une moyenne au seuil de .05 (0,05), par exemple, sont les limites entre lesquelles la moyenne « vraie » a 95 chances sur 100 de se situer. Si l'on diminue le risque d'une estimation erronée (seuils de .01, de .001), on est conduit à un intervalle de confiance (borné par les limites de confiance) plus large. Si l'on accepte d'augmenter ce risque (.10), l'étendue de l'intervalle de confiance se restreint (→ confiance [intervalle de], estimation).

Les hypothèses dont la validité fait l'objet d'un test statistique sont mises sous la forme d'une hypothèse nulle H_0 (→ hypothèse nulle). Ex. : deux moyennes calculées sur des échantillons différents sont des estimations du même paramètre, et leur différence « vraie » est donc exactement égale à 0. Tester cette hypothèse, c'est calculer un critère à partir des données observées, critère qui conduit, d'après la valeur qu'il prend, à rejeter ou à ne pas rejeter l'hypothèse nulle. Le risque de première espèce est celui de commettre l'erreur de première espèce, consistant à rejeter l'hypothèse nulle alors qu'elle est vraie. On choisit le niveau de ce risque, en principe, avant de procéder à l'épreuve de l'hypothèse nulle (dite aussi « épreuve de signification »). Ce niveau est défini par le seuil de signification (ou niveau de signification) α. Des valeurs souvent choisies pour α sont .05 et .01 ; moins souvent .10 ou .001. Le risque de seconde espèce β est celui de commettre l'erreur de seconde espèce consistant à ne pas rejeter l'hypothèse nulle alors qu'elle est fausse ; β est d'autant plus grand que α est plus petit. Mais β dépend d'autres facteurs relatifs à l'hypothèse alternative H ^{1}, opposée à l'hypothèse nulle H_0. La puissance d'un test est la probabilité $1-\beta$ de rejeter H_0 alors qu'une hypothèse alternative H_1 est vraie. Un test statistique n'est théoriquement fondé que si les données respectent certaines conditions (par exemple, distribution normale). Cependant, la validité de certains tests est peu affectée par le non-respect de ces conditions. On dit de ces tests qu'ils sont robustes. Parmi les tests les plus utilisés, on peut citer : le test t de Student, le test de χ^2, le test F de Snedecor, etc.

On a fait certaines critiques aux épreuves de signification et notamment : l'hypothèse qu'une différence est exactement nulle est en général dépourvue d'intérêt pour le chercheur ; le résultat de l'épreuve varie avec le nombre de sujets (plus ce nombre est grand, plus facilement l'hypothèse nulle est rejetée). H. Rouanet a proposé une méthode qui échappe à certaines de ces critiques, l'*inférence fiduciaire*.

M. R.

→ article précédent.

BIBLIOGRAPHIE

Lépine, D., et Rouanet, H., 1975, *Cahiers de psychologie*, 18, 193-218.

Rouanet, H., Bernard, J.-M., et Le Roux, B., 1990, *Statistiques en sciences humaines : analyse inductive des données*, Paris, Dunod.

infériorité (complexe d')

(angl. Inferiority Complex)

1. **Ensemble des manifestations et des comportements d'un sujet relatifs au sentiment d'infériorité.** 2. **Sentiment d'infériorité, symptôme se caractérisant par une dévalorisation supposée du sujet sous le regard de l'autre.**

Le sentiment d'infériorité est lié au sentiment de culpabilité. Il est éprouvé par le moi dans son amour de l'idéal du moi, instance qui juge et évalue le moi en fonction des idéaux introjectés. L'amoureux qui est abandonné ou jaloux éprouve souvent un sentiment d'infériorité : le moi idéal est, en effet, déprécié sous le regard de l'idéal du moi. Pour A. Adler, les déficiences de nature organique, familiale et sociale engendrent un sentiment d'infériorité que le sujet essaie de compenser en surmontant quelquefois ces difficultés par le développement d'un complexe de supériorité. S. Freud s'oppose à cette thèse et ne repère dans ce sentiment qu'un symptôme névrotique.

R. L.

infirmité motrice cérébrale

(angl. Cerebral Palsy)

Séquelles de lésions cérébrales infantiles, non évolutives, qui se caractérisent par des troubles de la motricité sans atteinte grave de l'intelligence.

Si à ces troubles moteurs se surajoute un déficit intellectuel important, on parle d'encéphalopathie.

LES SYMPTÔMES, DE LA NAISSANCE À L'ÂGE DE 2 ANS

Dans les pays anglo-saxons, on parle de paralysie cérébrale sans faire référence à l'existence ou non de troubles intellectuels. L'infirmité motrice cérébrale n'est jamais héréditaire puisqu'elle est liée à une atteinte encéphalique qui survient après la conception. À l'âge fœtal, c'est le plus souvent la prématurité qui en est la cause du fait de l'immaturité neurologique et des risques d'anoxie (manque d'oxygène). Il existe une corrélation entre la faiblesse du poids de naissance et la fréquence des lésions cérébrales (il y aurait un risque d'un tiers de séquelles de ce type pour un poids de naissance inférieur à 1 000 grammes). À la naissance, la souffrance fœtale aiguë et la souffrance néonatale constituent le risque le plus important d'infirmité motrice cérébrale (environ 50 % des cas). Les facteurs en cause sont l'anoxie, les états convulsifs, les hypoglycémies et hypocalcémies. L'ictère (jaunisse du nouveau-né), surtout lié à une incompatibilité sanguine rhésus, est un facteur de risque en voie de disparition grâce à la prévention. Après la naissance, certaines encéphalites, méningites purulentes et des troubles métaboliques constituent les causes (moins fréquentes) postnatales de l'infirmité motrice cérébrale. Ces lésions, une fois constituées, sont définitives car les neurones détruits ne sont pas remplacés, mais elles ne sont pas évolutives et ne vont donc se manifester que par des séquelles que l'on englobe dans le terme générique d'*infirmité motrice cérébrale*. Ces séquelles vont dépendre de la localisation et de la cause de la lésion. Mais surtout les lésions surviennent sur un cerveau en pleine évolution qui va continuer à se développer après la naissance. Cela explique la complexité des symptômes que présente l'enfant atteint. On peut dire que les lésions concernent toutes les structures cérébrales : cortex par ruptures veineuses ou hémorragies, substance blanche par nécrose, noyaux gris centraux par fibrose ou ictère nucléaire. Les séquelles de l'infirmité motrice cérébrale diffèrent donc des atteintes neurologiques de l'enfant plus âgé, dont le cerveau est mature, ou, a fortiori, de l'adulte. L'enfant infirme moteur cérébral que l'on voit après l'âge de 2 ans se présente avec des degrés variables d'association de troubles moteurs et d'atteintes sensorielles sensitives qui vont être décrites.

L'ENFANT PARAPLÉGIQUE

L'enfant paraplégique (atteint aux deux jambes) présente une hypertonie musculaire élastique de ses jambes, appelée *spasticité*, réalisant le classique syndrome de J. L. Little (1853). Cette contracture pyramidale permanente peut devenir rigidité. Les membres inférieurs sont tendus, genoux serrés, et les pieds sont déformés en équin. La démarche est donc difficile mais possible du fait de l'atteinte plus modérée des membres supérieurs, qui permettent l'appui sur des cannes.

L'ENFANT QUADRIPLÉGIQUE

D'autres enfants présentent une quadriplégie (atteinte des quatre membres). La spasticité peut entraîner des rétractions tendineuses à l'origine de postures pathologiques nécessitant un traitement chirurgical. L'enfant doit donc vivre dans un fauteuil roulant. Certains quadriplégiques sont atteints de troubles du tonus, qui est fluctuant, variable selon les moments et les mouvements. Il s'agit alors de quadriplégie athétosique. L'athétose est un syndrome neurologique qui se manifeste par des mouvements involontaires spontanés lents, arythmiques et irréguliers de faible amplitude et localisés le plus souvent aux extrémités. Ces mouvements ne surviennent pas de façon constante et permanente, mais sont atténués par le repos et la position ventrale. Ils disparaissent pendant le sommeil mais sont exagérés par les émotions et les stimulations. Chez l'infirme moteur cérébral, ces mouvements sont plus marqués aux membres supérieurs, surtout au niveau des doigts, provoquant des attitudes bizarres, comparables aux mouvements chorégraphiques des danseuses asiatiques. Le visage est très touché, surtout dans sa partie inférieure. Le faciès est changeant, les mimiques passent du rire à l'étonnement ou aux grimaces. La parole est difficile car la langue est agitée de torsions, d'enroulement. Ces mouvements surviennent sur un fond d'hypotonie qui favorise des attitudes vicieuses du tronc (scoliose) et des extrémités (flexion de la main sur l'avant-bras et déviation des doigts en « col de cygne »).

L'ENFANT HÉMIPLÉGIQUE

Chez l'infirme moteur cérébral hémiplégique (atteinte des membres supérieurs ou inférieurs du même côté), on constate la prédominance de l'athétose aux membres supérieurs et de la spasticité aux membres inférieurs. Elle constitue l'hémiplégie cérébrale infantile, forme la plus classique de la maladie. Elle n'est décelée souvent que tardivement, après le 4e mois, bien que l'on puisse noter avant cette date une utilisation défectueuse de la main paralysée, qui reste bloquée. C'est à l'âge de la station debout que l'on constate que le sujet se déplace avec un pied équin, la jambe en extension, alors que le membre supérieur est en flexion avec la main fléchie, le poing fermé. Progressivement, les membres paralysés s'atrophient et présentent un raccourcissement.

LES TROUBLES ASSOCIÉS

Les trois associations de troubles moteurs décrits s'accompagnent fréquemment de difficultés sensorielles et sensitives. La vue peut être gênée par l'existence d'un strabisme ou d'une altération du champ visuel dans l'hémiplégie. L'audition et la phonation peuvent être déficientes avec troubles de la déglutition et salivation excessive qui entraînent des difficultés de langage. Il existe souvent des troubles de la sensibilité superficielle et profonde, à l'origine d'une ataxie (trouble de la coordination et de la statique) se manifestant par la maladresse, les difficultés à contrôler la station debout et la marche. La prévention passe par la surveillance médicale de la grossesse. La réanimation du nouveau-né anoxique doit être parfaitement réalisée, sous peine d'augmenter la fréquence des séquelles du type infirmité motrice cérébrale. Après la naissance, le dépistage précoce passe par les examens systématiques de tout nourrisson à 4 et à 9 mois, puis à 1 an et à 18 mois. Le diagnostic d'infirmité motrice cérébrale semble possible dès l'âge de 9 mois. Le traitement doit être institué sans tarder avec la collaboration des parents, qui doivent être informés des méthodes de stimulation, des gestes à éviter et des situations dangereuses. La phase ultérieure de rééducation se fait le plus souvent en centre de réadaptation fonctionnelle quand le handicap est trop sévère. L'équipe pluridisciplinaire permet de traiter les aspects kinésithérapeutiques, ergothérapiques, orthophoniques et orthoptistes, de même que d'adapter la scolarité. L'âge impose certaines limites aux progrès réalisés par la rééducation et il faut savoir limiter les traitements des malades à ce qu'il est raisonnable d'espérer. La chirurgie et les prothèses permettent, chaque fois que c'est réalisable, la réinsertion sociale et parfois professionnelle par le biais de centres d'aide par le travail ou d'ateliers protégés, voire dans le circuit normal. J.-M. C.

BIBLIOGRAPHIE

Collectif, 1980, « l'Enfant handicapé physique : développement affectif et cognitif », in *Neuropsychiatrie de l'enfant*, N° spécial, 28, 1-2.

influence (délire d')

(angl. Delusion of Influence)

Délire caractérisé par la croyance que des personnes extérieures exercent une influence occulte sur le sujet.

Les expériences délirantes d'influence sont fréquentes pendant les phases processuelles de la schizophrénie*, s'accompagnant de sentiments d'étrangeté et de dépersonnalisation. Le sujet se sent soumis à une série de téléguidages de sa pensée, de communications mystérieuses et invisibles, d'effractions de sa personne. Il a l'impression qu'on devine sa pensée, ou même qu'on la lui soustrait pour lui en imposer une autre de l'extérieur.

Le délire d'influence se manifeste aussi dans les psychoses chroniques hallucinatoires. Avec l'écho de la pensée, la perte du sentiment de spontanéité et d'autonomie, la parole forcée, les troubles xénopathiques, il fait partie du syndrome d'automatisme* mental décrit par G. Gatian de Clérambault. La « machine à influencer » est un thème habituel de tels délires, étudiés sur le plan psychanalytique par V. Tausk. J. P.

influence sociale

(angl. Social Influence)

Ensemble des empreintes et des changements que la vie sociale ou les relations avec autrui produisent sur les individus ou les groupes, qu'ils en soient ou non conscients.

LES MODALITÉS DE L'INFLUENCE SOCIALE

L'influence peut être conçue comme une puissance maléfique contre laquelle les individus doivent lutter parce qu'elle menace de les aliéner. Mais, à bien des égards, au contraire, elle leur simplifie la vie, les transformant en êtres policés et civilisés, rendant « naturels » un ensemble de comportements acquis, marqués du sceau de la culture et de la société. Ce qui, au siècle des Lumières, est nommé « imitation » n'est rien d'autre que cet aspect fondamental de l'influence sociale par lequel l'individu atteint sa véritable humanité en devenant un être socialisé.

La difficulté de percevoir l'influence sociale est le signe même de son efficacité. Elle résulte du fait que nous identifions comme émanant de nous-mêmes, de nos choix propres, ce qui est la marque d'un groupe, d'une société. Cette intériorisation de l'influence est la condition d'un maintien sans à-coups des uniformités sociales. Elle annule toute manifestation conflictuelle trop brutale, donc dangereuse. La force de l'influence réside ainsi autant dans ses manifestations quotidiennes et son omniprésence que dans les cas plus démonstratifs et plus exceptionnels, quand l'emprise d'un être sur un autre, d'un groupe sur un être, d'un être sur un groupe, un groupe sur un autre, enfin, prend des formes violentes et paroxystiques. Ce type d'influence relève de la *suggestion* et c'est dans l'*hypnose* qu'il trouve son modèle le plus achevé.

Ici se dessinent deux dimensions opposées de l'influence sociale : *persuasion* et *suggestion*. Si elle est possible, la douceur de la persuasion est toujours préférable à la dureté de la suggestion : tout système social est d'autant plus fragile qu'il doit réprimer plutôt que convaincre. Par la persuasion, le pouvoir prégnant, délimité, repérable est éclaté en un ensemble de petits pouvoirs intégrés en chacun, pris en charge et perpétrés par tous, qui résultent en un quadrillage serré des activités les plus infimes, les plus intimes. Cette démultiplication de l'autorité assure sa discrétion et, par voie de conséquence, force l'adhésion, étouffe les résistances dans l'œuf. L'influence sociale prend alors la forme de la *conformité*, de la *normalisation*.

L'influence sociale prend aujourd'hui une dimension particulière. Chacun de nous est pris dans les rets d'un ensemble d'incitations. En même temps que se développent des moyens de plus en plus sophistiqués de communication de masse, que se multiplient les informations et que se raffinent les techniques de traitement de l'information se renforcent la volonté d'un contrôle social et la recherche de moyens de persuasion de plus en plus efficaces.

Simultanément, les systèmes sociaux perdurent et s'adaptent. Ils perdurent en créant et en gérant les conditions du maintien des uniformités. Ils s'adaptent en aménageant et en contrôlant les changements. Ils normalisent, conformisent, mais ils doivent aussi faire face aux innovations. Dans le cadre de la transformation des systèmes sociaux, deux aspects complémentaires apparaissent déterminants : l'*influence des minorités* et l'*innovation*.

L'*action minoritaire* poursuit conjointement plusieurs buts. Elle provoque et rend public un débat. Elle incite au questionnement là où il était occulté. Par l'explication des enjeux et des antagonismes, elle crée un mouvement d'implication. La minorité rejette un mode de fonctionnement monotone et routinier. Elle se construit une autonomie qui lui permet de gérer le conflit avec la majorité. Spécifier ce qu'est l'*influence minoritaire* nous amènera à la situer par rapport à l'*influence majoritaire*, sans les opposer terme à terme, faire de l'une l'inverse de l'autre. Il s'agit de deux modalités au déroulement différent, produisant des résultats contraires dans les systèmes sociaux.

La recherche de moyens de persuasion fiables conduit à s'interroger sur leur nature et leur efficacité, sur la profondeur et la durée des changements qu'ils induisent. Ce fut une des premières interrogations de la psychologie sociale. Comment faire changer les individus, les groupes, en jouant sur quels ressorts et avec quels résultats ? Ces questions ont trait en particulier à la durée, à la stabilité et à la profondeur des changements provoqués. Si, par contre, une résistance, donc un rejet de l'influence, se manifeste, il faut s'interroger sur son ampleur, ses causes et son objet, voire sur les changements indirects qu'elle peut masquer.

Il peut exister un décalage entre le *niveau public* et le *niveau privé* de l'influence sociale, aussi bien dans le cas de son acceptation que de son rejet. Alors que, dans un premier temps, l'influence sociale n'a été étudiée que comme une expérience manifeste, exprimant une congruence entre comportements et intimes convictions, il a fallu progressivement, pour saisir ce phénomène dans son étendue et sa complexité, se référer à des processus plus subtils, à des niveaux latents. Une influence qui se manifeste sur le plan public peut être superficielle ou profonde. Une influence cantonnée au niveau privé est toujours profonde et, alors que l'individu n'en a pas conscience, elle oriente subrepticement ses modes de réaction et d'appréhension de la réalité.

Jamais, enfin, l'influence ne se déroule dans un vide social : elle s'intègre dans une histoire, des rapports sociaux, un rituel et une symbolique. Par son uniformisation, elle crée une « réalité sociale », indissolublement liée aux significations et représentations sociales. Celle-ci n'existe pas en dehors des moyens dont les groupes disposent pour l'appréhender. Le réel n'est pas transparent. Il ne se donne pas de lui-même à interpréter. Le décodage de toute réalité se fait selon une grille de lecture et, inversement, celle-ci constitue la réalité. De plus, la reproduction de la réalité sociale est inscrite en chacun des individus qui composent le groupe où elle s'énonce, inscrite dans leur mode de pensée et leur pratique. Dans notre propre société, où nous vivons comme des poissons dans l'eau, oubliant que ce fluide omniprésent est nécessaire à leur survie, nous avons du mal à percevoir et questionner nos propres modes de construction du réel.

L'influence sociale est canalisée par les représentations qui la sous-tendent. Elle est d'autant plus entendable et performante qu'elle est en conformité avec l'univers des normes et des codes dans lequel elle s'intègre. Elle est d'autant plus difficile qu'elle en diverge. Là résident sa force et sa faiblesse. Or, pour amorcer un processus d'innovation, les rapports d'influence doivent s'intégrer dans un nouvel univers de représentations qu'ils contribuent à créer et à renforcer. C'est pourquoi la frontière est si ténue entre *déviance* et *innovation*.

La suggestion

Les phénomènes de *contagion sociale*, s'exprimant souvent de manière paroxystique à travers la possession, connus de tout temps et sous toutes les latitudes, relèvent de la suggestion. Dans le cadre d'une démarche rationnelle, ils ont été tournés en dérision, voire combattus parce qu'ils constituaient une menace pour l'ordre public. Il était inconcevable que des individus doués de raison, de responsabilité et de maîtrise de soi se laissent aller à des débordements où ils semblaient être le jouet de puissances extérieures et occultes. Ils ne pouvaient qu'être la proie de leur imagination débridée, estimaient les philosophes et les savants du siècle des Lumières qui ont été conviés à l'évaluation des phénomènes de contorsionnisme ou du « magnétisme animal », par lesquels F. A. Mesmer, par exemple, traitait, à la fin du XVIIIe siècle, les crises nerveuses et la « maladie vaporeuse » assimilée à l'hystérie. Ce traitement est à l'origine de l'*hypnose*, que J. M. Charcot utilisait pour délivrer les hystériques de leur mal. La suggestion hypnotique, pratiquée à Nancy sous la direction de A. A. Liébault et H.-P. Bernheim et à la Salpêtrière de Paris sous celle de Charcot, connaît une vogue considérable à la fin du XIXe siècle. Cette pratique de groupe est un véritable spectacle qui fascine tant l'imagination populaire que savante.

Toute séance de suggestion hypnotique comporte deux aspects. Le premier consiste en un rapport de confiance entre hypnotiseur et hypnotisé. Le second a trait à une privation — une fixation — sensorielle qui restreint le contact avec le monde extérieur. Le sujet, plongé dans un état hypnoïde de rêve éveillé, paraît alors obéir aux ordres qu'on lui donne sans en avoir conscience.

Les effets obtenus sous hypnose ont été conçus comme quintessence de toutes les formes d'influence observées dans une société. C'est pourquoi la suggestion hypnotique a fourni, à la fin du XIXe siècle, un cadre conceptuel aux premiers théoriciens de la psychologie sociale, G. de Tarde et G. Le Bon, étayant leur conception irrationnelle de la vie sociale. Pour Le Bon, l'individu, rationnel lorsqu'il est seul, régresse, au sein d'une foule, vers un état de conscience dégradé, où il donne libre cours à son impulsivité et à sa crédulité, réagissant de manière incontrôlée à toutes les suggestions et à celles, en particulier, des meneurs. La contagion sociale est alors possible en raison des suggestions réciproques accompagnées d'une perte du sens des responsabilités. Pour Tarde, les individus se trouvent placés dans un état d'hypnose et d'altération de la conscience lorsqu'ils sont ensemble, les induisant à l'imitation réciproque, donc à l'uniformité sociale.

Pour ces auteurs, l'influence est censée s'exercer par-delà la conscience et la raison. Elle révèle une forme de communication qui n'est pas médiatisée par le langage. Dans ce type d'influence sociale, la source échappe au contrôle de chacun et l'effet est irrésistible. On rejoint de la sorte l'acception commune de la notion d'influence, qui désigne un ensemble de forces allant à l'encontre de l'autonomie, de l'individualité et du libre arbitre, qui échappe à la logique et à la volonté, qui anéantit ou affaiblit le moi. Cette influence ne fonctionne cependant que dans le cadre d'un rapport de consentement : influenceur et influencé se réfèrent au même code, adhèrent à la même croyance.

Les théories de Tarde et Le Bon connurent un très grand succès. Après un accueil d'estime aux États-Unis, elles rencontrèrent une opposition en termes de rationalité. C'est dans ce pays que se développèrent ensuite les recherches sur l'influence sociale.

Conformisme et normalisation

La conception rationnelle de l'influence sociale qui s'élabore aux États-Unis dans les premières décennies de notre siècle mise sur la foi en l'individu, en son libre arbitre et en sa volonté. Elle s'appuie sur l'accord de tous, le consensus. Le contrôle individuel joint au consensus modérateur constitue le fondement d'un fonctionnement social harmonieux. Celui-ci s'opère au travers d'une adhésion à une communauté, donc à une identité collective. Dans le cadre d'une psychologie sociale qui se fixe comme objectif l'étude des ajustements de l'être humain à son environnement social et, comme application, l'adaptation du comportement de l'individu à l'ordre social, le problème de l'influence retient particulièrement l'attention.

L'élaboration de la théorie béhavioriste par J. B. Watson, à partir de 1913, soulignant la plasticité des comportements, permettait de traiter le psychisme comme une matière malléable et d'envisager l'intériorisation des mécanismes d'influence sociale. De plus, à partir de cette théorie, l'étude de ce processus entre dans le cadre de l'*expérimentation*, de la collecte de faits objectifs, quantifiables et reproductibles.

F. H. Allport considère que les mécanismes fondamentaux des conduites sociales sont une extension des modalités de comportements individuels, en termes de stimulus et de réponse. Par suite, les actions d'un groupe, d'une foule ne sont rien d'autre que la somme des actions de chacun de ses membres pris séparément. Cet individualisme conduit à considérer l'influence sociale comme la modification de l'action humaine en présence des autres. C'est autour de cette démonstration que s'articulent les expériences d'Allport. Divers types de comportement individuel — apprentissage, réalisation de tâches, temps de réaction — sont étudiés en présence d'autrui. Ces expériences mettent en évidence une élimination des réponses extrêmes, une tendance à la conformité, car « penser et juger avec les autres, c'est se soumettre inconsciemment à leurs standards ». Concevoir la coprésence, d'où toute interaction est exclue, comme source d'influence conformisante illustre bien que le contrôle social est intégré par l'individu. Se substituant à une autorité visible et dure, des méthodes insidieuses d'influence révèlent leur efficacité, séparant les individus, leur inculquant un autocontrôle consentant. Ainsi, les techniques publicitaires nord-américaines, qui, dans un premier temps, avaient tenté de mettre en œuvre des mécanismes suggestifs, utilisaient de plus en plus des pressions à la conformité et l'angoisse de la différence. La conformité, la normalisation fonctionnent comme des principes de coercition que l'individu prend lui-même en charge afin de ne pas affronter le risque de la marginalité.

Une expérience de M. Sherif datant de 1936 illustre le phénomène de *normalisation*. Placés dans l'obscurité totale, les sujets devaient évaluer, soit seuls, soit en groupe, le déplacement d'un point lumineux. En fait, celui-ci ne se déplaçait pas du tout, mais était allumé brièvement — il s'agit là d'une illusion d'optique, appelée *effet autocinétique*. Dans une seconde phase, les sujets passaient de la situation individuelle à la situation du groupe, ou vice versa. Les résultats démontrent que les sujets qui avaient débuté l'expérience en groupe établissaient progressivement une norme moyenne de la longueur du déplacement du point lumineux, puis qu'ils conservaient cette norme lorsqu'ils étaient de nouveau seuls.

Une expérience de S. Asch, menée en 1952, démontre, quant à elle, l'ampleur des effets de la conformité. Elle a mis en évidence le fait que les individus peuvent se livrer à des affirmations contraires à l'évidence perceptive pour se montrer conformes aux autres. Les sujets expérimentaux passent l'expérience en groupes de sept à neuf personnes. Or la manipulation expérimentale consiste à ne placer qu'un seul sujet naïf par groupe. Les autres sont complices de l'expérimentateur et donnent dans la majorité des essais une réponse manifestement erronée avec une belle unanimité. La tâche consiste à comparer des lignes de longueurs différentes. Les résultats mettent en évidence une influence notable, qui porte sur un sujet sur quatre se conformant au groupe en donnant une réponse erronée, alors que le tiers des réponses marquaient une soumission à l'avis de la majorité des compères. Le désir de ne pas paraître différents a souvent rendu les sujets indifférents à la tâche.

La démarche expérimentale d'Asch a été considérée comme le modèle essentiel des processus d'influence et a orienté radicalement les autres recherches, où l'influence sociale devenait synonyme de conformisme. Elle nous enseigne qu'il est difficile d'aller jusqu'au bout de ce que l'individu peut faire sous la pression sociale. Une expérience de S. Milgram, en 1971, confirme cette optique plutôt pessimiste. Au départ, le problème est, comme dans l'expérience d'Asch, d'amener les individus à affirmer leur autonomie, leur indépendance, à rompre avec l'autorité. Milgram distingue la « conformité en paroles », présente dans l'expérience d'Asch, à la « conformité en actes », aux conséquences plus graves, au point que l'individu devrait y puiser des ressources pour contrer les incitations du groupe et lui résister. La tâche consiste ici à faire apprendre à un « élève » — compère de l'expérimentateur — des associations de mots. Chaque mauvaise réponse est sanctionnée par une « punition » : un choc électrique — évidemment simulé — dont l'intensité est décidée par le groupe des « instructeurs », qui compte un sujet naïf et trois compères. Parmi leurs propositions, c'est le voltage le plus bas qui est retenu pour la « punition ». De plus, le sujet naïf est placé à la console électrique : c'est donc lui qui règle le voltage et qui envoie les prétendus chocs. Toujours avec une belle unanimité, l'intensité requise par les compères augmente avec la mauvaise volonté de l'élève récalcitrant et atteint des voltages très impressionnants. Les résultats, comparés à ceux d'un groupe de contrôle ne comptant pas de compères, démontrent clairement que les sujets suivent les incitations des compères et, alors que la règle les autorise à diverger, sont enclins à commettre des actes extrêmes pour ne pas diverger du groupe. Ici encore, le conformisme procède de deux normes : la norme majoritaire dans un groupe de pairs, et la norme du scientifique, qui a orchestré la situation expérimentale et qui en est le témoin.

Ces deux expériences nous fournissent la même vision de l'influence sociale. L'individu est livré pieds et poings liés aux jugements de ses semblables. À double titre : il redoute un jugement négatif et cherche à susciter des opinions positives à son égard ; il s'appuie sur les autres pour établir son point de vue, de concert avec eux. Les individus construisent une réalité consensuelle pour fonder leurs évaluations et leurs comportements, d'autant plus que les critères dont ils disposent sont ténus ou inopérants. Selon L. Festinger, lorsqu'on passe de la *réalité physique* à la *réalité sociale*, la base de validité change fondamentalement. Dans le premier cas, on ne dépend que d'une réalité tangible, il ne tient qu'à nous de la tester, de l'expérimenter et de nous bâtir un jugement à son propos. Par contre, dans l'établissement de la réalité sociale règnent l'incertitude et la dépendance. L'opinion est alors validée dans la mesure où tout le monde pense de la même manière : l'uniformité constitue le référent de la réalité. Sans elle, l'incertitude et l'ambiguïté règnent. Tout écart représente pour l'individu un grand danger car il devient de ce fait incapable de comprendre le monde dans lequel il vit. Seul l'accord avec les autres le remet dans le droit chemin : celui d'une connaissance validée par l'accord de tous. Face à un monde social ambigu, privés de critères objectifs, les individus n'ont qu'une ressource : établir une vérité collective et s'y tenir. C'est sur cette base que M. Deutsch et H. Gerard distinguent l'*influence normative* et l'*influence informative*.

Le modèle fonctionnaliste

L'assimilation entre influence sociale et conformité uniformisante s'intègre dans un modèle théorique fonctionnaliste. S. Moscovici en a systématisé les propositions dans une perspective critique dont voici les grandes lignes.

Inégalité et unilatéralité

Ce modèle postule une asymétrie entre source et cible d'influence. La source d'influence, active, individu ou groupe, dispose seule du pouvoir, des ressources, voire de la supériorité en nombre, étant majoritaire. La cible d'influence, passive, est l'individu ou la minorité, en état de déviance et de rejet social s'ils divergent. Le point de vue majoritaire représente l'absolu tant de la vérité que de la légitimité. Toute opinion divergente, tout jugement différent représente une déviation par rapport à ce qui est réel et vrai. Le point de vue minoritaire est non seulement faux, mais anomique.

Contrôle social

Par l'uniformisation et l'acceptation des normes, des valeurs, des critères de jugement, le contrôle social s'opère dans une certaine douceur par l'exercice de pressions visant à réduire les divergences. Le but fondamental de l'influence sociale devient la sauvegarde des uniformités sociales par la récupération des déviants.

Dépendance

Dans une perspective fonctionnaliste, la dépendance est un des déterminants fondamentaux des processus d'influence sociale. Ces derniers s'étayent du besoin que chaque individu a des autres. Ce besoin s'exprime à travers la recherche de l'approbation sociale et conduit à l'affiliation. L'acceptation par autrui renforce l'estime de soi. De plus, sur le plan cognitif, le groupe donne à l'individu les informations qui lui font défaut. Il lui permet d'approcher plus sûrement l'exactitude objective afin de mieux s'adapter à son environnement. Le besoin de soutien social est impératif si l'on se trouve en situation d'incertitude, de manque de confiance dans ses capacités, de doute sur son propre jugement.

Rejet de l'incertitude

La quête de la certitude correspondrait à un besoin. L'ambiguïté de l'environnement conduit à l'influence par la voie de l'incertitude, de même que l'instabilité de l'environnement appelle la formation des normes et l'uniformité par le biais de l'interaction. Le fonctionnement social des individus n'est envisagé que comme le pis-aller d'un fonctionnement psychologique idéal où ils seraient en contact direct avec leur environnement ou la nature, et y répondraient de manière adéquate.

Quête de l'objectivité

La recherche de l'objectivité prend le statut d'une norme sociale. Ses liens avec le besoin de certitude sont très étroits. On est d'autant plus assuré d'un jugement qu'il est exempt de toute partialité. Faute d'atteindre cette objectivité par des moyens de connaissances discrets, il faut tenter de l'approcher en se référant à des accords sociaux. Les individus vivraient par conséquent dans deux types de réalités différents, voire opposés : une réalité naturelle, à la connaissance de laquelle ils accèdent sans intermédiaire, et une réalité par défaut, saisie au travers de la collectivité. Ils sont dépendants les uns des autres pour établir cette vérité conventionnelle de substitut, et dépendants de cette vérité pour leur insertion sociale.

Primat de la conformité

Ce modèle théorique met l'accent sur la primauté de la conformité, qui devient synonyme d'influence sociale. Jusque dans les années 1970, c'est cette modalité d'influence qui a été le centre exclusif des recherches aux États-Unis.

La critique du modèle fonctionnaliste

Si le point de vue majoritaire représente la vérité, s'il est synonyme d'objectivité, si la majorité a la haute main sur les moyens répressifs lui permettant d'obtenir l'adhésion des individus, on ne voit pas très bien comment ébranler un fonctionnement social si statique. Le modèle fonctionnaliste laisse dans l'ombre les phénomènes d'influence liés aux changements sociaux. Par la critique de ce modèle, Moscovici a contribué à redéfinir le champ d'investigation de l'influence sociale. Il souligne en particulier la façon dont ce modèle expulse un élément moteur fondamental : le conflit social que l'influence tendrait à prévenir et non à gérer.

La gestion des conflits

Or, le conflit peut être à l'origine de restructurations. Il est l'occasion d'un renouveau de la communication dont l'un des aspects est la mise en place d'un processus de négociation. Cette activation de l'expression et des échanges a un effet moteur et catalyse des évolutions et des transformations. C'est bien ce que démontrait la théorie dynamique des interactions collectives élaborée par K. Lewin en 1947. L'apport d'informations, aussi adéquates soient-elles, ne suffit pas à influencer les comportements. Il doit s'appuyer sur une participation et une implication active des individus, sur l'expression de leurs résistances et sur leur engagement dans une décision. L'influence est médiatisée par les forces dynamiques qui s'expriment dans le conflit.

Déviance et minorité

La déviance des normes n'implique pas inexorablement un état de carence et d'exclusion. Pour R. K. Merton, certaines déviations doivent être considérées comme de nouvelles formes de comportement. Elles apparaissent dans des sous-groupes qui s'opposent aux normes institutionnalisées. Utile au système social, la minorité non-conformiste induit une nécessaire régénération des systèmes sociaux et peut être source d'influence.

Par l'affirmation de son opposition, la minorité produit une polarisation dans le champ social, s'opposant à la force d'inertie des consensus. Elle démontre qu'elle est capable de prendre des risques. Par ses revendications, elle oblige les autres à chercher les raisons de son action, donc à faire face à une autre réalité. Devenue visible, elle contraint la majorité à entrer dans le jeu de son influence, même si ce n'est que pour s'y opposer. L'émergence de la position minoritaire brise l'unité du champ social.

Avec les obstacles qu'elle comporte, l'identification à la minorité prend le sens d'une affirmation de soi. La minorité clame son « droit à la différence », recompose le champ social par sa visibilité.

L'influence minoritaire

L'influence minoritaire passe par l'émergence d'un conflit qui souligne les différences et accroît leur saillance. L'émergence de ce conflit passe elle-même par l'expression d'un *style de comportement* spécifique. Celui-ci exprime à la fois la volonté d'une influence sur autrui et celle d'une résistance à autrui, en même temps qu'il traduit l'importance que revêtent pour les sujets leurs prises de position et qu'il propose des alternatives claires. La notion de style de comportement définit une organisation d'actions caractérisées par l'opportunité et l'intensité de leur expression. Ces styles sont codifiés de telle sorte qu'ils sont porteurs d'une signification qui, dans des contextes particuliers, détermine le déroulement des interactions.

Le style de comportement minoritaire comprend plusieurs composantes liées entre elles. Sa *consistance* souligne sa fermeté et sa cohérence. Elle s'exprime dans la force des engagements, des convictions. Sa détermination, son intransigeance ouvre la voie à toutes les audaces. Il doit également manifester son *autonomie*, celle-ci étant une forme d'attitude exemplaire qui encourage l'émulation. L'indépendance, la distance par rapport à l'autorité et le refus de temporiser suscitent le respect et l'admiration et ont valeur d'exemple pour autrui.

L'opérationnalisation de l'influence minoritaire s'est développée dans d'autres domaines que celui de la perception, sur des domaines d'attitudes plus brûlants qui permettaient de mettre en scène l'ensemble des dimensions des styles de comportement et de les situer dans un contexte social global. Les recherches de G. Mugny portent sur les mécanismes qui provoquent acceptation ou rejet de l'influence. Il énonce que la diffusion de l'influence minoritaire s'inscrit dans un contexte social complexe de changement et de résistance au changement. Ce processus met en jeu trois instances en interrelation : minorité-pouvoir-population. Cette distinction permet d'envisager la relation d'influence minorité-population dans ses articulations avec la relation d'antagonisme minorité-pouvoir. Dans l'interprétation de l'influence minoritaire, le style de comportement consistant apparaît alors comme nécessaire mais non suffisant. La consistance minoritaire provoque un conflit plus ou moins aigu dans la relation triangulaire minorité-pouvoir-population, donc différentes modalités de négociation des conflits. Ce conflit infléchit la perception du comportement minoritaire comme plus ou moins rigide ou flexible, ce qui facilite ou entrave l'influence exercée. En fait, l'efficacité de chaque type de comportement, rigidité ou flexibilité, est fonction à la fois des objectifs de la minorité et des situations. La perception de son comportement en termes de rigidité, plus que la réalité objective de cette rigidité, accroît la saillance des comportements de blocage. Celui-ci devient alors un point d'ancrage autour duquel les autres dimensions sont organisées, ce qui aboutit à un effet paradoxal: la consistance est d'autant moins reconnue que la rigidité est plus ressentie. On aboutit alors à une catégorisation en termes de dogmatisme qui provoque le rejet de la minorité.

La représentation de la minorité et de son comportement détermine la nature de l'influence que celle-ci est capable d'exercer. Si elle masque son rapport d'antagonisme avec le pouvoir par une catégorisation en termes naturalistes — du type « c'est une femme, un enfant » — ou psychologisants — « c'est un fou, un débile » —, la crédibilité de la minorité s'en trouve gravement affectée.

La résistance des individus à l'influence de la minorité est due à son refus d'identification à elle, les connotations négatives de l'appartenance minoritaire servant de repoussoir. Dans le cas contraire, par exemple si la différence minoritaire est connotée d'*originalité*, comme dans une recherche de C. Nemeth et J. Wachtler, cette résistance est levée.

Les phénomènes d'influence minoritaire ont été abordés en tant que produits de la confrontation entre groupes et normes sociales, à travers une approche globale qui situe l'agent d'influence dans son contexte. Utilisant des situations de discussion de groupe et portant sur les attitudes à l'égard des relations entre hommes et femmes, une recherche de G. Paicheler, menée au début des années 1970, démontre aussi comment le style de comportement consistant n'est opérant qu'en fonction de la signification qui lui est attribuée, alors que la négociation des divergences individuelles s'opère parallèlement à l'émergence des normes qui apparaissent dans les groupes. Si son style de comportement consistant se réfère à des normes dévaluées, dépassées, rejetées, la minorité rencontre une forte opposition à sa tentative d'influence et suscite un blocage des interactions collectives. Si elle soutient au contraire des normes qui paraissent « d'avant-garde », précédant une évolution sociale globale, elle suscite des changements d'attitudes extrêmement forts. Il importe de situer l'influence minoritaire et l'innovation dans son historicité, en se souvenant qu'on a souvent tort d'avoir raison trop tôt.

La difficulté de l'entreprise

Les modalités d'influence et de leurs effets sont très diverses. L'étude de l'influence sociale est une entreprise difficile parce que ses empreintes sont d'autant plus malaisées à discerner qu'elles sont bien ancrées; parce qu'elle peut soit prendre la forme d'une contrainte dépossédant l'être de son individualité, soit demeurer un processus souterrain se manifestant par des indices ténus et labiles; enfin, parce qu'elle peut être masquée par l'apparente volonté délibérée du sujet. Les processus d'influence vont de la suggestion à la conformité, de la conformité à l'influence minoritaire. L'unité du phénomène se déchiffre cependant à travers l'emploi d'un terme unique, *influence*, désignant les deux aspects complémentaires d'un rapport social. Ne pas différencier acteur, cible et effet dans la désignation souligne que ce qui prime dans ce phénomène, c'est bien le rapport qui y prélude et non la particularité des individus. G. P.

Bibliographie

Moscovici, S., 1979, *Psychologie des minorités actives*, Paris, P.U.F.

Moscovici, S., et Ricateau, P., 1972, « Conformité, minorité et influence Sociale » in Moscovici, S. (Ed.), *Introduction à la psychologie sociale*, Paris, Larousse.

Moscovici, S. (sous la dir. de), 1984, *Psychologie sociale*, Paris, P.U.F.

Paicheler, G., 1985, *Psychologie des influences sociales*, Paris, Neuchâtel, Delachaux et Niestlé.

influx nerveux

(angl. Nerve Impulse)

Processus électrochimique occupant à chaque instant une zone limitée de la surface de l'axone et capable de se propager de proche en proche en se régénérant.

Bien que largement utilisé, le terme d'*influx* est impropre dans la mesure où il implique l'écoulement d'un fluide dans la fibre nerveuse, ce qui désolidarise l'agent de son support, alors que c'est la fibre elle-même qui engendre et réémet l'influx en chacun de ses points. Le terme d'*influx nerveux* est souvent remplacé par celui de *potentiel d'action*, qui en est la manifestation électrique. Lorsqu'on veut mettre l'accent sur le rôle fonctionnel de vecteur d'information de cet influx, on le nomme *signal* ou *message*. L'influx nerveux se manifeste par le passage de courants locaux qui dépolarisent la membrane cellulaire et provoquent l'ouverture des canaux ioniques. (→ potentiel.) G. S.

information

n.f. (angl. Information)

Génér. 1. **Séquence de signaux combinés selon des règles précises qui, transmise d'un émetteur à un récepteur, modifie l'état de ce dernier.**

La théorie de l'information, également appelée *théorie de la communication**, a introduit, à la fin des années 1940 (C. E. Shannon et W. Weaver, 1949), une notion très abstraite, strictement mathématique, de l'information. Elle a été orientée vers les applications en matière de télécommunication; elle a ensuite été étendue au fonctionnement des machines (calculateurs, renommés ordinateurs), puis au langage naturel et à des champs à première vue plus éloignés comme la génétique et la psychologie.

Dans la théorie de l'information, on considère des messages, mais on ne prend pas leur sens en considération. Une source d'information émet des messages en choisissant des symboles discrets dans un répertoire fini tel que les lettres de l'alphabet, les mots d'un dictionnaire, les notes d'une échelle musicale ou, dans le cas le plus simple, les deux symboles de l'alphabet Morse. Un message particulier est un échantillon de l'ensemble de tous les messages possibles formés de suites de symboles du répertoire. L'information est donc une mesure de notre liberté de choix quand nous choisissons un message dans l'ensemble, indépendamment du sens que nous y attachons. Elle représente la résolution de l'incertitude ou du désordre qui régnait avant le choix, d'où le nom d'*entropie négative*, ou *néguentropie*, qu'on lui donne encore. Tout message possible peut être ramené à une suite de choix à l'intérieur d'une opposition binaire (ou bit), c'est-à-dire, dans la pratique, à une suite de 0 ou de 1. Cela définit ce que l'on appelle le *codage numérique* (ou *digital*). Cette possibilité universelle de réduction est ce qui fait la puissance de la théorie de l'information.

On appelle *information transmise* une quantité qui se mesure par le changement de l'incertitude existant chez le récepteur, que l'on décrit en termes de probabilité; intuitivement, cela correspond « à ce qu'il y a de nouveau », d'imprévu dans le message.

Au début de l'assimilation de la théorie de l'information par la psychologie, ce sont ses aspects numériques qui ont été mis au premier plan et on a cherché à déterminer, dans une série de domaines, des « quantités d'information ».

Par la suite, on s'est aperçu de la vanité de ces efforts. Mais des notions dérivées ont joué, parfois métaphoriquement, un rôle important en psychologie cognitive: par exemple, celle que tout « canal de communication » (en psychologie, la perception, l'attention ou la mémoire à court terme) a nécessairement une capacité limitée, ou encore celle de « bruit », liée à l'idée que, normalement, toute information se dégrade en étant transmise (également dans la perception et la mémoire).

Génér. 2. **Toute différence qui produit une différence.**

La définition en termes de différences est équivalente à la précédente, mais elle rend mieux compte de la façon dont l'information est conçue dans les théories cognitives du *traitement de l'information*. Dans ce cas, ce sont les modalités de transformation de l'information, de structuration et de conservation, de formation de représentations, et, le cas échéant, de traitements simultanés (parallèles), plutôt que de transmission dans un canal unique, fonctionnant de façon successive (sérielle), qui sont mis en évidence.
J.-F. L. N.

→ bruit, capacité, cognitif, cognition, communication.

BIBLIOGRAPHIE

Shannon, C. E., et Weaver, W., 1949, *The Mathematical Theory of Communication*, Urbana, Univ. of Illinois Press.

infraclasse

n.f. (angl. Infraclass)

Selon J. Piaget et A. Morf, « totalité continue (ou caractérisée par les voisinages et séparations topologiques entre ses éléments), auxquelle pourraient s'appliquer les opérations infralogiques d'addition et soustraction partitives ». (*Logique et perception*, 1958.)

Les infraclasses interviennent dans la partition et le déplacement propres aux opérations de mesure linéaire des enfants de 8 à 9 ans. E. V.

→ infralogique.

infradien (rythme)

(angl. Infradian Rhythm)

Rythme biologique ou psychologique dont la fréquence est inférieure à celle du jour.

Un rythme infradien a une période comprise entre 28 et 60 heures. Par extension, on désigne aussi parfois sous cette appellation les rythmes de basse fréquence dont la période est supérieure à 60 heures (rythmes hebdomadaires, mensuels, annuels ou pluriannuels). Les rythmes infradiens sont encore peu connus tant sur le plan biologique que psychologique. P. L.

→ rythme biologique, rythme psychologique.

infraliminaire

adj. (angl. Infraliminary, Subliminal)

Se dit d'un stimulus dont l'intensité est trop faible pour entraîner une réponse manifeste de la part d'un organisme. (Syn. subliminaire, subliminal.) R. L.

infralogique

adj. (angl. Infralogic)

Se dit d'opérations qui ne portent pas sur des notions logiques ni sur des nombres.

Selon J. Piaget, les opérations spatiales « constituent des actions proprement dites [qui] diffèrent notablement des actions ou opérations portant sur des êtres logiques (classes ou relations entre objets discontinus) et sur les nombres ». Diviser un objet en parties, par sectionnement, les déplacer, les réunir de diverses façons, changer ainsi la forme de cet objet sont des opérations infralogiques. La mesure, infralogique, est le correspondant du nombre, logico-arithmétique. L'acquisition des conservations de la substance, du poids, du volume, autrement dit de l'invariance de l'objet physique, témoigne de l'achèvement du système opératoire infralogique au niveau concret. Opérations infralogiques et logico-arithmétiques se développent synchroniquement chez l'enfant. E. V.

Inhelder (Bärbel)

Psychologue suisse (Saint-Gall, 1913).

Née dans un milieu très favorable au développement intellectuel, elle s'intéresse très tôt aux mathématiques, à la physique et à la chimie, ce qui ne l'empêche pas d'acquérir aussi une grande culture littéraire et philosophique. En 1932, elle vient suivre à Genève des cours de biologie, philosophie, histoire des sciences et psychologie; elle a alors pour professeurs E. Claparède, P. Bovet et J. Piaget. Ce dernier l'engage, dès 1933, à mener une expérimentation sur la compréhension par l'enfant des différents états de la substance. C'est à partir de ces travaux, menés en collaboration avec lui, que devaient être élaborées quelques-unes des notions fondamentales de la théorie piagétienne: la notion d'invariant et la réversibilité. En 1938, elle retourne à Saint-Gall pour élaborer sa thèse, *le Diagnostic du raisonnement chez les débiles mentaux* (1943); elle est alors chargée par le ministre de l'Éducation de ce canton de créer un service psychologique afin de dépister précocement les enfants qui ont besoin d'un soutien éducatif. En 1943, elle revient à Genève comme « chef de travaux » et, en 1948, elle est nommée professeur de psychologie à l'Institut J.-J.-Rousseau, devenu École de l'université de Genève. À partir de 1954, elle fait de nombreux séjours aux États-Unis, où elle donne des cours et des conférences dans les universités les plus prestigieuses. Elle a beaucoup contribué à faire connaître en Amérique la théorie piagétienne. En 1971, quand Piaget prend sa retraite, elle est nommée dans la chaire de psychologie génétique et expérimentale de l'université de Genève. Quelques années plus tard, elle est chargée de diriger, en Côte-d'Ivoire, un programme de recherche (mené avec la collaboration de Dasen, Lavallée et Retschitzki) pour évaluer les effets possibles de la malnutrition sur le développement de l'intelligence (cf. *la Naissance de l'intelligence chez l'enfant baoulé*, 1978). En 1974, elle crée la Fondation des archives Jean Piaget, centre d'étude de la pensée piagétienne. Docteur honoris causa de très nombreuses universités européennes et américaines, elle fut la première femme à être élue au Fonds national suisse de la Recherche scientifique.

L'originalité de l'œuvre de B. Inhelder réside, d'une part, dans l'intérêt qu'elle a toujours porté au sujet, dont elle aime à suivre la démarche intelligente face à un problème à résoudre, et, d'autre part, dans l'originalité des méthodes d'investigation qu'elle a élaborées. Pour pouvoir saisir la manière dont se construisent les mécanismes de raisonnement, elle avait mis au point, dès ses premiers travaux sur *le Développement des quantités chez l'enfant* (1941), une méthode spécifique d'investigation, dite « méthode clinique », dans laquelle le sujet est mis devant une situation réelle, où les objets peuvent être manipulés, tandis que l'expérimentateur dialogue avec lui. Le dialogue n'est pas figé et, tout au long de son déroulement, l'expérimentateur doit faire des hypothèses afin de poser au sujet les bonnes questions, auxquelles il répondra en fournissant les arguments révélateurs de son mode de penser. La validité des résultats est fonction de leur convergence à travers différentes situations expérimentales. C'est à l'aide de cette méthode, devenue caractéristique de la psychologie genevoise, que furent menées les recherches publiées en collaboration avec J. Piaget (*la Représentation de l'espace chez l'enfant*, 1948; *la Genèse de l'idée de hasard chez l'enfant*, 1951; *le Développement de la pensée logique de l'enfance à l'adolescence*, 1954; *la Genèse des structures logiques élémentaires*, 1959; *l'Image mentale*, 1966; *Mémoire et Intelligence*, 1968). À partir de 1968, elle met au point, avec la collaboration de H. Sinclair et M. Bovet, de nouvelles méthodes d'investigation adaptées à la question qu'elle se pose alors: comprendre, en procédant à certains types d'apprentissage, quels sont les processus fonctionnels qui peuvent rendre compte des changements de comportements caractéristiques du franchissement de certains stades (*Apprentissage et structure de la connaissance*, 1974). Dans la continuité, elle développe enfin avec G. Cellérier et une équipe de collaborateurs (E. Ackermann, S. Robert, A. Blanchet, A. Boder, etc.) un ensemble de recherches sur les aspects procéduraux et pragmatiques des comportements de résolution de problèmes: la méthode, une microanalyse des comportements observés, permet de mettre en lumière les fonctions de contrôle et les modes d'évaluation des sujets aux prises avec une difficulté (cf. Inhelder et al.: « Des structures cognitives aux procédures de découverte », *Archives de psychologie*, 1976). L'importance de l'œuvre accomplie en collaboration avec Piaget ne doit pas faire oublier l'originalité de sa pensée et de ses préoccupations scientifiques : Piaget était épistémologue et il avait besoin de la psychologie pour illustrer, et si possible valider, sa théorie ; B. Inhelder est une psychologue que les problèmes d'épistémologie des sciences intéressent, mais qui n'a jamais perdu de vue le sujet. G. P.-L. B.

inhibiteur

n.m. (angl. Inhibitor)

Processus ou stimulus qui produit une inhibition. J.-F. L. N.

inhibiteur conditionnel

(angl. Conditional Inhibitor)

Stimulus qui, présenté en même temps qu'un stimulus conditionnel, fait qu'il ne suscite pas la réaction conditionnelle.

Cet effet s'observe dans les conditions suivantes : un stimulus S_A est suivi d'un renforcement. Il produit alors une réaction conditionnelle. Une conjonction de stimulus $S_A + S_B$ n'est pas renforcée ; elle ne produit aucune réaction. Un troisième stimulus S_C est renforcé, il produit la réaction.

On présente alors, pour la première fois, la conjonction $S_C + S_B$. L'Animal ne réagit pas. Cela définit le fait que S_B est un inhibiteur conditionnel ; cela peut être confirmé en le présentant en conjonction avec d'autres stimulus conditionnels.

On observera que l'inhibiteur conditionnel ne peut être reconnu comme tel qu'au moment de sa première conjonction avec un nouveau stimulus, au moment où l'Animal ne peut « savoir » si cette conjonction sera ou non renforcée. Ensuite, ou bien il y a un renforcement, et la conjonction devient normalement positive, ou bien il n'y a pas de renforcement, et la conjonction devient normalement négative. Mais la première tentative a un statut spécial.

On observera que S_B produit ici un véritable *effet de contexte* ou de commutation. J.-F. L. N.

inhibition

n.f. (angl. Inhibition)

PSYCHOPHYSIOL. **Diminution ou suspension de l'activité d'un système sous l'action stimulante d'un élément nerveux en relation avec ce système.**

En psychologie, l'inhibition est un concept hypothétique employé pour expliquer certains phénomènes tels que l'extinction d'une réponse conditionnée ou l'acquisition d'une réaction différentielle à deux stimulus voisins.

L'inhibition est un processus antagoniste de l'excitation. Le concept psychologique d'inhibition a été utilisé pour la première fois par I. P. Pavlov pour rendre compte de la diminution ou de l'arrêt d'une réponse conditionnée lorsque celle-ci n'est plus suivie du stimulus inconditionnel (procédure d'extinction). Pavlov entend donc affirmer, par ce concept qui s'oppose à celui d'excitation, le caractère actif du processus d'extinction. Dans la procédure de discrimination, dans laquelle le sujet doit émettre une réponse à un seul stimulus lorsque plusieurs stimulus proches sont présents, Pavlov fait aussi l'hypothèse d'un processus d'inhibition pour expliquer que les réponses aux stimulus non pertinents cessent.

Par comparaison avec ce processus, qu'il désigne du terme d'*inhibition interne*, Pavlov appelle *inhibition externe* le blocage temporaire d'une réaction conditionnée provoquée par l'apparition d'un stimulus nouveau entraînant une réponse d'orientation.

C. Hull a repris cette notion d'inhibition d'une manière différente en postulant qu'un stimulus déclenche un potentiel excitatif et un potentiel inhibitif dont la somme algébrique donne un potentiel net qui, si sa valeur est suffisante, entraîne la réponse.

Le terme d'*inhibition* est utilisé parfois dans les recherches sur l'apprentissage et la mémoire, dans les expressions *inhibition proactive* et *inhibition rétroactive*, qui traduisent respectivement l'effet perturbateur d'un apprentissage préalable sur l'acquisition et/ou la rétention d'un second et l'effet perturbateur d'un apprentissage sur la rétention d'une acquisition antérieure. Mais on préfère généralement parler d'*interférences*. P. L.

PSYCHIATR. **Blocage de l'activation émotionnelle chez un sujet qui reste, malgré lui, incapable de réactions ou d'initiatives et qui peut parfois en souffrir.**

Fréquente chez les timides, les psychasthènes, les émotifs soumis à des conditions particulières (silence d'un candidat à l'examen, trac de l'acteur qui entre en scène, etc.), cette conduite se rencontre surtout dans les dépressions, où elle fait partie du syndrome de ralentissement bien décrit par D. Widlöcher. Elle peut, dans les formes graves, aller jusqu'à l'état de stupeur mélancolique. J. P.

→ conditionnement, excitation, interférence.

initialité (effet d')

(angl. Initiality Effect)

Meilleure rétention mnésique du début d'un matériel.

Dans les premières études sur l'apprentissage de listes de mots, on a observé l'existence d'une courbe en U des performances. Cette courbe apparaît si l'on porte en abscisse la position des mots, du premier au dernier, et si l'on met en ordonnée la performance d'un échantillon de sujets pour chacun des mots : par exemple le nombre de sujets qui, à un moment donné (au bout de *n* essais), retiennent ce mot.

Un autre paramètre utilisable — qui correspond à une technique expérimentale un peu différente, au cours de laquelle on retire les mots à mesure qu'ils sont appris — est le nombre moyen d'essais nécessaire pour apprendre le mot. Il faut alors prendre à chaque fois l'inverse de ce nombre.

La courbe en U a été observée dans de nombreuses expériences. On a reconnu plus tard que la forme de la courbe dépendait en fait de deux phénomènes tout à fait distincts : l'effet d'initialité, qui détermine la partie initiale de la courbe, et l'effet de récence, qui détermine sa partie finale. L'effet d'initialité est dû au jeu des facteurs d'attention, qui portent sur des stimulus nouveaux, et au fait que peu d'interférence a pu s'accumuler lors des premiers essais. J.-F. L. N.

injonction paradoxale

(angl. Paradoxical Intention)

Ordre donné à une personne dans des termes tels qu'il contient en lui-même une contradiction (« sois spontané ») ou qu'il place le sujet dans une situation angoissante et absurde (« si tu fais ceci je te frappe et si tu ne le fais pas je te frappe également »).

L'injonction paradoxale peut être utilisée dans une visée psychothérapeutique dans certains états anxieux.

Ce traitement est fondé sur l'observation que l'anxiété est accrue du fait même que l'on essaie de l'éviter en s'imaginant de façon irréaliste les conséquences désastreuses de ses actes ou d'événements appréhendés. Dans l'*injonction paradoxale* décrite par V. E. Frankl en 1960 et reprise par les tenants des écoles californiennes de psychothérapie, le thérapeute prescrit à son client, avec un certain humour, de se représenter les circonstances les plus redoutables et le plus souvent invraisemblables qui sont à l'origine de ses appréhensions et même d'essayer de les provoquer. Par exemple, à un hypocondriaque il dira : « Essayez d'avoir une crise cardiaque. » Il se fait alors chez ce dernier un véritable travail cognitif lui permettant de prendre de la distance par rapport à ses propres craintes et même de les ridiculiser. Si cette stratégie peut aboutir rapidement à la disparition de phobies simples, elle ne doit guère être utilisée qu'avec une bonne connaissance de la personnalité du patient. M. A.

BIBLIOGRAPHIE

Frankl, V. E., 1960, « Paradoxical Intention », *American Journal of Psychotherapy*, 14.

injonction thérapeutique

(angl. Therapeutic Injunction)

Action d'ordonner un traitement médical.

Dans le cadre de la loi n° 70-1320 du 31 décembre 1970, le procureur de la République enjoint à une personne ayant fait un usage illicite de stupéfiants de se désintoxiquer ou de se placer sous surveillance médicale. Il ne sera alors exercé aucune poursuite pénale à l'égard de ceux qui se seront conformés au traitement médical qui leur aura été prescrit et l'auront suivi jusqu'à son terme.

Dans un souci d'efficacité et de rapidité, un certain nombre de parquets (Paris, Bordeaux, Grenoble, Créteil, etc.) ont créé un service d'injonction thérapeutique. Certains se sont adjoints, au niveau même des dépôts, des médecins vacataires engagés par les D.D.A.S.S. M. G.

inné, e

adj. (angl. Innate)

Se dit d'une caractéristique individuelle présente à la naissance sous une forme manifeste ou latente.

Les caractéristiques innées dépendent de l'hérédité, de la détermination génétique non héréditaire, des conditions intra-utérines et prénatales. M. R.

→ génétique (psychologie).

innéisme

n.m. (angl. Inneism)

Conception philosophique et psychologique qui affirme que les idées existent en l'homme dès avant sa naissance.

L'innéisme est essentiellement une position philosophique (Platon, Descartes, Leibniz et Kant) ; mais cette doctrine a eu beaucoup d'influence sur les théories psychologiques élaborées au cours du XIXe siècle. R. L.

INRC (groupe)

Selon J. Piaget, structure logique caractéristique de la pensée formelle dans laquelle chaque opération identique (I) est à la fois l'inverse ou la négation d'une autre (N) et la réciproque d'une troisième (R), celle-ci étant également la corrélative (C) de la première opération.

Toute structure de groupe est caractérisée par la coordination des opérations, la réversibilité des transformations, la composition associative des opérations, l'annulation d'une opération par la combinaison avec son inverse. Selon Piaget, la structure de groupe est immanente à l'intelligence elle-même. Ainsi, dès le niveau sensori-moteur, le groupe pratique des déplacements, qui porte sur des actions et non sur des opérations, est une structure de groupe bien qu'il n'ait d'existence que pour un observateur. Le groupement du stade des opérations concrètes qui s'applique aux domaines qualitatifs possède un certain nombre de caractéristiques communes avec le groupe. Seul le groupe INRC du stade des opérations formelles est un véritable groupe au sens mathématique.

Le groupe INRC représente la synthèse en un même système des deux formes possibles de réversibilité : 1. la réversibilité par inversion (ou par négation N, correspondant à une annulation des termes et caractérisant les groupements de classe) ; 2. la réversibilité par réciprocité (R correspondant à une annulation des différences caractérisant les groupements de relations des opérations concrètes). Au niveau des opérations formelles, ainsi que Piaget l'a défini, chaque opération identique est à la fois l'inverse d'une autre (N) et la réciproque d'une troisième opération (R), celle-ci étant également la corrélative (C) de la première opération. Ces quatre opérations, I, N, R, C présentent les mêmes propriétés que le groupe de quatre transformations tel que C. Klein l'a défini en logique *(groupe de Klein)*. Elles sont de plus commutatives. Ici, le produit de deux quelconques parmi les trois transformations donne l'opération identique, de sorte que l'on a :

$$NR=RN=C;$$

$$NC=CN=R;$$

$$RC=CR=N;$$

$$NRC=I.$$

Il va de soi que l'adolescent n'a jamais conscience du groupe INRC et n'en connaît pas les lois : cependant, le groupe INRC intervient dans tous ses raisonnements, et son existence a pu être mise en évidence dans des situations expérimentales dont la résolution implique la combinaison des inverses avec les réciproques. Ainsi, la compréhension des mouvements à double système de référence nécessite cette structure fondamentale.

Piaget a étudié chez les enfants du niveau des opérations concrètes (7 à 12 ans) le problème posé par le déplacement d'un escargot sur une planchette dans un sens ou dans l'autre, la planchette se déplaçant elle-même dans un sens ou dans l'autre par rapport à un point de référence extérieur : l'enfant de cet âge comprend bien chaque opération séparément, directe ou inverse, mais ne parvient pas à les réunir dans un système, de sorte qu'il ne peut pas, par exemple, prévoir que l'escargot, tout en avançant, peut rester immobile par rapport au point de référence extérieur lorsque la planche se déplace en sens inverse et à même vitesse. Par contre, dès que l'enfant possède la structure du groupe INRC, il le comprend sans difficulté en faisant intervenir la réciproque R du mouvement de l'animal, qui est une compensation par déplacement de la planche en sens inverse sans pour cela qu'il y ait annulation du mouvement de l'animal. Ainsi, si I représente la marche vers la droite de l'escargot, et N sa marche vers la gauche, R la marche à gauche de la planche compensant I, et C la marche vers la droite de la planche, ce système relève de la structure du groupe INRC sous la forme I R = N C. R. L.

→ groupe 2.

insight

n.m.

Découverte soudaine de la solution d'un problème, de la nature d'une figure ou d'un objet perçu.

Ce terme est l'équivalent du terme allemand original *Einsicht* (« compréhension »), parfois dénommé aussi « Ahaphänomen », ou « phénomène de Ah ! » ou « Eurêka ! », qui fut introduit par les chercheurs de la gestaltthéorie. Ceux-ci interprètent le phénomène sous-jacent comme dû à une « restructuration » brusque de la façon de considérer la situation, une nouvelle Gestalt. Si, aujourd'hui, on ne retient plus guère l'idée de Gestalt intellectuelle non analysable, les notions de structure cognitive (analysable) et de restructuration du problème gardent toute leur force. J.-F. L. N.

insomnie

n.f. (angl. Insomnia)

Trouble de l'installation et/ou du maintien du sommeil. (Syn. agrypnie.)

Les plaintes d'insomnies sont de plus en plus fréquentes. Si, parfois, le contrôle E.E.G. ne confirme que très partiellement cette plainte, une proportion importante de la population présente des troubles réels, qui peuvent se manifester par une difficulté d'endormissement, des réveils fréquents et/ou un réveil précoce. Le fait que la corrélation entre l'importance objective des troubles et l'intensité de la plainte est assez faible traduit l'importance des facteurs psychologiques en jeu dans l'insomnie.

Transitoire ou chronique, l'insomnie peut avoir de multiples causes : organiques, psychologiques, psychophysiologiques ou psychiatriques. L'insomnie a souvent une origine très précoce dans la vie. Son traitement dépend de l'analyse préalable de ses causes. P. L.

→ sommeil (troubles du).

instabilité

n.f. (angl. Instability)

1. **Tendance à changer rapidement d'état émotionnel ou thymique.** 2. **Difficulté à fixer son attention et à poursuivre une tâche au-delà d'un temps très court.**

L'instabilité psychomotrice est appelée maintenant « syndrome d'inattention-hyperkinésie » (S.I.H.). Elle atteint près de 2% d'enfants en âge scolaire, avec une nette prépondérance masculine (4 garçons pour 1 fille), et accompagne un comportement impulsif et une faible tolérance aux frustrations. Considérée autrefois comme la conséquence d'un *désordre cérébral mineur*, (angl. Minimal Brain Dysfunction), cette instabilité ne serait qu'une défense contre l'angoisse et se manifeste surtout dans des situations produisant chez l'enfant un sentiment d'insécurité. J. P.

instance

n.f. (angl. Agency ; allem. Instanz)

PSYCHAN. **Toute structure de l'appareil psychique dans les différentes topiques.**

Le ça, le moi, le surmoi, la censure, etc., sont autant d'instances différentes.

Si les premiers textes de S. Freud proposent surtout une tentative de description de divers systèmes psychiques séparés (inconscient, perception-conscience), et une tentative de repérage de leur situation « topique », le terme d'*instance* met l'accent non plus sur le point de vue topique mais sur le point de vue dynamique. Ces instances, le surmoi par exemple, exercent une action effective et c'est le conflit entre instances psychiques qui est déterminant pour le sujet. R. L. et R. C.

GÉNÉR. **Synonyme d'exemplaire.** J.-F. L. N.

instinct

n.m. (angl. Instinct)

Ensemble des comportements animaux ou humains, caractéristiques d'une espèce, transmis par voie génétique et qui s'exprime en l'absence d'apprentissage.

ÉTHOL. Les définitions successives proposées pour le mot *instinct* sont caractérisées par leur manque d'objectivité et de précision, si bien que, de nos jours, de nombreux spécialistes ont rejeté ce terme ou en ont évité l'emploi. Ainsi, les mécanistes ont développé dans ce but la notion de *tropisme* (J. Loeb) ou celle de *réflexe* (I. P. Pavlov) pour expliquer les mécanismes comportementaux. Pour les objectivistes, l'acte instinctif doit être compris comme un ensemble de schémas moteurs commandés par des mécanismes innés de déclenchement, dont la mise en œuvre est liée à la perception de stimulus-signaux spécifiques dans le milieu extérieur. (→ objectivisme.)

Aujourd'hui, l'instinct se définit comme une connaissance qui n'a pas besoin d'être définie individuellement. Cette connaissance se manifeste sans apprentissage parce qu'elle est inscrite dans le patrimoine génétique de l'espèce : par exemple, la direction des déplacements vers la mer de certains Animaux des rivages, dès leur naissance, ou bien l'activité de vol chez l'Oiseau.

Les éthologistes considèrent actuellement l'acte instinctif comme une activité motrice ayant une composante génétique et dont la probabilité d'effection est fonction de la façon dont se sont déroulées l'embryogenèse et l'ontogenèse de l'individu, c'est-à-dire des conditions de maturation et de l'expérience vécue durant cette époque. De plus, on considère aujourd'hui que le déroulement concret des activités instinctives n'est pas aussi stéréotypé qu'on l'avait cru : c'est le plan d'ensemble de telle ou telle activité qui est programmé et non les détails les plus plastiques de sa réalisation. A. G.

PSYCHAN. S. Freud emploie le terme d'*instinct* (allem. Instinkt) pour désigner chez l'être humain, par analogie avec l'instinct des animaux, l'origine des schèmes phylogénétiques héréditaires, tels que les fantasmes originaires. La traduction du mot allemand *Trieb* par « instinct » et non par « pulsion » le tronque de sa véritable signification et occulte l'originalité de la théorie psychanalytique de la sexualité. En ce sens, il n'y a pas d'instinct sexuel chez l'homme, mais des pulsions sexuelles, pour lesquelles interviennent les choix d'objets et la diversité des buts. R. L.

instinctif (comportement)

(angl. Instinctive Behavior)

Comportement régi par un « mécanisme nerveux organisé hiérarchiquement, sensible à certains influx amorçants, déclenchants et dirigeants, d'origine aussi bien interne qu'externe, et répondant à ces influx par des mouvements coordonnés qui contribueront à la conservation de l'individu et de l'espèce ».

Cette définition a été empruntée à N. Tinbergen (1953). Le terme de *comportements instinctifs* a souvent été utilisé avec des acceptions insistant sur leur caractère fixe, inné et immédiatement parfait. En mettant l'accent sur les mécanismes nerveux qui les sous-tendent, Tinbergen laisse entrevoir que ces comportements sont susceptibles de plasticité au même titre que les centres nerveux eux-mêmes, plasticité liée à leur maturation, à leur complexification et à leur interaction avec des informations issues de l'environnement. Pour ces raisons, on tend à délaisser aujourd'hui la référence au concept d'instinct en faveur de l'analyse des « activités propres à une espèce » actualisant, au cours de leur développement et en fonction des variétés de l'expérience individuelle, des potentialités nerveuses programmées génétiquement. J.-M. C.

→ instinct, objectivisme.

institutionnelle (analyse)

(angl. Institutional Analysis)

Ensemble des opérations intellectuelles et matérielles que mène en permanence un collectif sur lui-même pour se remanier afin de frayer au désir les passages nécessaires.

L'analyse institutionnelle étend à certains secteurs des sciences humaines l'expérience de production collective d'une pratique et d'une théorie, réalisée dans certains établissements psychiatriques (psychothérapie institutionnelle) ou scolaires (pédagogie institutionnelle). Toute institution humaine s'enferme facilement dans la rigidité bureaucratique et le respect ritualiste des règles auxquelles elle se croit obligée de se conformer. Catalyser le processus d'institutionnalisation, intervenir sur son rythme, sur sa forme, tel est le rôle de l'analyse institutionnelle. Elle doit donc se situer d'abord par rapport aux phénomènes significatifs de la présence de procès désirants dans l'institution. L'interprétation de ces phénomènes est du domaine de l'analyse institutionnelle dans sa version sociologique ou psychosociologique. Deux ou plusieurs discours sont pris dans le même vis-à-vis : les discours de l'institution sur elle-même, pleins d'analyse des « résistances au changement », pleins aussi de la suffisance que donne la non-remise en cause de l'institution prise comme un donné ; les discours anti-institutionnels, remises en cause qui catalysent les désirs à l'œuvre sous l'institution, prêts à faire craquer, dépérir ou sauter. Ces discours anti-institutionnels sont ceux dont l'analyse institutionnelle va favoriser la formulation. Mais il lui appartiendra aussi de faire le tri entre les différents types ou rythmes de processus d'institutionnalisation à promouvoir. La position désirante de l'analyste institutionnel intervient là pour choisir entre diverses possibilités : la neutralité n'existe pas pour l'analyste institutionnel, dont le principal objectif est d'être sujet dans le rapport de forces. L'analyste institutionnel ne s'occupe donc pas tant d'une interprétation que d'un traitement des phénomènes marginaux apparaissant dans l'institution. Comment rendre ces phénomènes opératoires ? Quelle marge nouvelle définit-on ainsi à l'institution ? On répond à ces questions par des dispositions matérielles : transformation des circuits d'argent ou d'échange au sein du groupe, organisation du processus de travail, construction d'équipements, etc. Qu'il puisse opérer ainsi suppose que l'analyste soit en position de pouvoir au sein du collectif. Dans ce cas, le pouvoir serait en quelque sorte tiré de la position de savoir *sur* et *dans* l'institution. La position de l'analyste par rapport à l'institution fait d'ailleurs aussi question. Quels moyens a-t-il de toujours produire l'écart, la différence par rapport à l'institution ? Qu'adviendrait-il d'analystes institutionnels délibérément en rupture, qui ne seraient pas en attente du pouvoir ? Ces questions, qui demeurent sans réponse, marquent sans doute la limite de l'analyse institutionnelle. R. L.

institutionnelle (pédagogie)

(angl. Institutional Pedagogy)

Ensemble de techniques, d'organisations, de méthodes, d'institutions internes nées de la pratique des classes coopératives.

L'expression *pédagogie institutionnelle* a été calquée en 1958 sur celle de *psychothérapie institutionnelle*, par J. Oury, pour souligner le parallélisme des problèmes rencontrés par les praticiens de la pédagogie et ceux de la psychiatrie lors de l'aménagement de milieux de vie où les échanges sont possibles. Mais ce sont F. Oury, A. Vasquez et les groupes d'éducation thérapeutique (G.E.T.) qui ont pratiqué et fait connaître la pédagogie institutionnelle. F. Oury entreprend dès 1950 dans les classes coopératives un travail psychanalytique destiné à comprendre et à dédramatiser les phénomènes inconscients dans la classegroupe. Simultanément, il fait de la classe un laboratoire institutionnel où les enfants pratiquent l'autogestion des règles, des lois, des institutions du groupe à travers le « conseil », lieu collectif central. C'est ainsi que la pédagogie institutionnelle est d'abord une pédagogie utilisant les techniques Freinet (classe coopérative) mais qui, en outre, utilise systématiquement l'apport des sciences humaines (dynamique de groupe, psychanalyse lacanienne) pour approfondir à la fois la vie et l'analyse du groupe-classe. L'analyse de ce qui existe dans la pratique a permis à F. Oury et à A. Vasquez (1967) de dégager quelques directions de la pédagogie institutionnelle :

1. mise en évidence de la structure multipolaire de la relation. La relation à deux, constamment recherchée, est facteur de régression. Les échanges ne sont possibles que s'il existe une multiplicité d'autres termes, des systèmes de médiations qui peuvent être des objets, des personnes, des projets ou des groupes ;
2. l'obligation des échanges n'est pas le fait du maître ou de l'institution externe, mais la conséquence d'une inscription dans des réseaux institués. Ainsi, lorsqu'il s'agit de correspondance, les enfants et le maître n'ont besoin d'aucune contrainte extérieure, car le seul fait d'avoir reçu un message implique la légitimité d'y répondre. Le caractère implicite de cette « obligation » permet à chacun de se sentir maître de son propre travail, d'échanger sans être évalué ou sanctionné, sans devenir soi-même un objet d'échange. La possibilité d'organiser son travail selon son rythme personnel, de décider avec le groupe des changements d'organisation collective permet d'innover, d'échouer, d'agir, de manier pouvoir et responsabilité ;
3. le maître, tantôt animateur non directif, tantôt chef de fabrication, garant de la loi sociale, symbole de la loi du groupe, redevient un être humain ;
4. du point de vue psychanalytique, il s'agit de comprendre comment s'effectuent les investissements de la libido de l'écolier et du maître et de la mise en acte de cette libido dans le travail et le langage, de voir comment agissent les institutions adéquates qui, assurant de façon continue l'obligation et la réciprocité des échanges dans le groupe et hors de lui, tendent à remplacer l'action permanente et l'intervention de l'adulte.

La pédagogie institutionnelle est une pédagogie militante qui vise à l'affranchissement des enseignés, par la médiation généralisée que permet le milieu institutionnel, de la relation magistrale traditionnelle. Elle a été surtout développée dans certains secteurs de l'éducation s'adressant à des enfants en échec scolaire et dans la formation des enseignants et des éducateurs. R. L.

BIBLIOGRAPHIE

Oury, F., et Vasquez, A., 1967, *Vers une pédagogie institutionnelle*, Paris, Payot.

institutionnelle (thérapie)

(angl. Institutional Therapy)

Méthode thérapeutique cherchant à traiter et à réadapter les malades mentaux en agissant sur la structure sociale de l'institution psychiatrique où ils sont soignés.

Faut-il parler d'une ou de plusieurs thérapies institutionnelles ? Car les formes de cette thérapie sont très variées : il peut s'agir d'un traitement centré sur l'hôpital psychiatrique lui-même, qu'il faut soigner comme un malade véritablement contagieux (F. Tosquelles), réformer comme une institution archaïque (P. Sivadon) ou tout simplement détruire (F. Basaglia) ; ou seulement d'une utilisation habile (certains diront « manipulatrice »), à l'aide de techniques psychosociales et organisationnelles, de l'institution, cette forme de thérapie étant alors un simple appoint aux autres psychothérapies et traitements médicamenteux individuels appliqués au patient. (→ psychothérapie.)

Le terme semble avoir été proposé pour la première fois par G. Daumézon et P. Koechlin en vue de désigner « l'ensemble des conduites réglées à visée psychothérapique empruntant les médiations du milieu dans lequel vit le patient ». Pour Daumézon, l'institution ne se limitait pas au seul hôpital, et le médecin, comme tous les autres soignants, en faisait partie (1952).

Mais la première expérience de thérapie institutionnelle, dans notre pays, s'est située à Saint-Alban (Lozère), en pleine occupation allemande, animée par le psychiatre républicain espagnol réfugié en France F. Tosquelles. Dans cet hôpital psychiatrique très isolé s'est accompli un travail exemplaire : « Son implantation rurale et la complicité de tout le personnel médical, infirmier et administratif, écrit J. Ayme, ont permis que soient appliquées, pour et par les malades, toutes les techniques de survie auxquelles ont eu recours les citoyens de ce pays durant ces années. Ces conduites d'échanges et de solidarité, face aux dangers et aux mesures impliquant des engagements, des initiatives et des risques vécus en commun qui ont été plus généralement bénéfiques pour la santé mentale du pays, créent les conditions sociologiques de la naissance de la psychothérapie institutionnelle dès lors qu'intervenait dans ce champ un apport théorique qui permettait de dépasser l'empirisme. »

Cette théorie, Tosquelles l'avait d'abord découverte chez le psychiatre allemand H. Simon, qui avait préconisé une « thérapie active », méthode de soin des malades par l'activité et le travail en agissant sur toute la vie du pavillon d'hospitalisation pour éviter qu'il ne sécrète la chronicisation et l'aggravation de la maladie mentale. Il s'agissait pour lui de « traiter la maladie du pavillon » en rétablissant la communication et des relations authentiques entre soignants et soignés, dans des lieux d'activité privilégiés où était possible une certaine « intervention interprétative », qui devait se limiter, comme le rappelle Daumézon, au « hic et nunc concret » (« ici et maintenant ») de l'institution. Cette analyse était alors de type sociologique et dialectique, inspirée de concepts hégélo-marxistes (R. Loureau, *l'Analyse institutionnelle*, 1971).

C'est vers 1965 qu'elle va prendre une autre direction en s'inspirant de la psychanalyse lacanienne, dans le cadre de la Société de psychothérapie institutionnelle. Avec G. Michaud, J. Oury, P. Rappard, le « collectif » soignant va centrer son analyse institutionnelle autour de réunions, de clubs d'ergothérapie, de groupes de discussion, « s'articulant dialectiquement »..., « les réunions pouvant schématiquement être comparées à des opérateurs » et « le club constituant une surface relativement autonome au sein du champ d'articulation de tous les groupes » (J. Oury). Cette pratique permettait une véritable « topologie de la rencontre ». F. Guattari et J. Oury rappelaient alors la nécessité de quelques principes essentiels : liberté de circulation ; existence de lieux concrets bien structurés ; tenue de contrats avec les patients, révisables, à l'entrée comme à la sortie ; accueil permanent disposant de grilles symboliques et de médiations. Le tout devait être repris dans une analyse où les grands concepts lacaniens sur le langage et la psychose allaient être largement utilisés. Certains, comme R. Castel, ont regretté cette évolution, qui aurait, selon lui, vidé la thérapie institutionnelle du dynamisme quasi révolutionnaire de ses débuts. Il faut reconnaître qu'elle s'est diluée au cours des deux dernières décennies dans la constellation des structures intermédiaires, au milieu d'un secteur* psychiatrique centré de plus en plus sur une intervention intracommunautaire, le service hospitalier n'étant plus que le lieu de traitement des phases psychotiques aiguës ou processuelles pour des temps de séjour assez courts. Finalement, ce sont des centres de soins prolongés, souvent privés (comme les cliniques de Cour-Cheverny ou de Chailles) qui ont su le mieux entretenir et conserver l'esprit de la thérapie institutionnelle pour faire de tels lieux de véritables instruments thérapeutiques. J. P.

BIBLIOGRAPHIE

Chazeau, J., 1978, *Introduction à la psychiatrie institutionnelle*, Toulouse, Privat.

Oury, J., 1976, *Psychiatrie et psychothérapie institutionnelle*, Paris, Payot.

instrumental (conditionnement)

(angl. Instrumental Conditioning)

Conditionnement caractérisé par le fait que c'est le comportement du sujet qui est l'instrument de l'obtention d'un agent renforçateur.

Le conditionnement instrumental, également appelé « conditionnement de second type » par Miller et Konorski en 1928, se distingue du comportement pavlovien par l'absence de réactions et de stimulus conditionnels préalables et par la dépendance qui existe entre la réaction que l'on conditionne et l'apparition d'un stimulus renforçateur. Le qualificatif « instrumental » est semblable à « opérant » dans le conditionnement; mais le conditionnement instrumental ne renvoie pas explicitement à la théorie de B. F. Skinner, contrairement au conditionnement opérant. Ainsi, chez un Chien, la flexion forcée d'une patte suivie d'une récompense, si elle est répétée un certain nombre de fois, entraînera de la part de l'animal une flexion active « dans le but » d'obtenir cette récompense. Skinner a développé ce schéma expérimental dans le cadre du conditionnement opérant.

P. L. et J.-F. L. N.

→ conditionnement.

insuline (cure d')

(angl. Insulin Comatherapy)

→ convulsivothérapie.

intégration

n.f. (angl. Integration)

Processus par lequel l'activité du système nerveux central permet l'unification de l'activité de l'individu.

C'est C. S. Sherrington (1906) qui le premier a émis l'hypothèse que la motricité exerce une fonction dans l'intégration sensorielle. La motricité pourrait être considérée comme un médiateur intersensoriel à cause de la similitude des activités exploratoires mises en œuvre par les différents systèmes perceptifs.

F. J.

→ article suivant.

intégration fonctionnelle

(angl. Functional Integration)

Coordination par le système nerveux central des informations issues de modalités sensorielles différentes et unification par le système nerveux central des activités sensori-motrices de l'organisme.

Les stimulations du monde extérieur sont toujours multidimensionnelles: elles présentent un nombre varié de propriétés qui peuvent être appréhendées par les diverses modalités sensorielles. Il peut exister une redondance entre les modalités, car plusieurs d'entre elles peuvent coder, par des voies différentes, les mêmes propriétés. Ainsi, la vision, l'audition et la sensibilité tactile sont la source d'informations quant à la localisation spatiale d'un objet. L'intégration fonctionnelle implique une coordination entre les informations sensorielles et motrices portant sur des traits distincts d'une même stimulation: c'est le cas lorsque, par exemple, la taille d'un objet est appréhendée par la vision et son poids par les informations tactiles et proprioceptives. On admet classiquement que les aspects sensoriels de l'expérience ont une fonction de signifiant (la sensation est équivalente à un symbole, H. Piéron, 1955) alors que la signification naît du traitement perceptivo-cognitif des informations sensori-motrices. Chaque modalité sensorielle possédant son propre registre de signifiants, qu'en est-il des significations élaborées par le système de traitement? Pour rendre compte de l'unification des perceptions, certains chercheurs font l'hypothèse d'un code intermodal (une sorte de dictionnaire, selon l'expression de Bryant [1974], ou encore un médiateur) assurant la traduction de l'information issue d'un canal sensoriel et un code spécifique aux autres modalités sensorielles. À l'opposé, certains auteurs (J. J. et E. Gibson) émettent l'hypothèse que l'intégration fonctionnelle nécessite un système de traitement polyvalent capable d'extraire les informations amodales. Dans ce cas, la perception se résume à l'extraction d'invariants perceptifs qui vont informer le système de traitement des propriétés des stimulations. Les invariants que tire le système de traitement des transformations successives de la stimulation sont des invariants relationnels indépendants des structures anatomiques qui sont mises en jeu par l'activité du système nerveux central.

Sur le plan neurophysiologique, on a longtemps considéré que l'intégration fonctionnelle résultait de la formation de voies nerveuses associant entre elles les zones sensorielles secondaires propres à chaque modalité sensorielle. Les travaux récents de neurophysiologie ont permis de mieux connaître les mécanismes de l'intégration. De même qu'existent des détecteurs de traits unimodaux (qui ne répondent qu'à une modalité sensorielle), la présence de neurones polymodaux réagissant à l'excitation de plusieurs modalités sensorielles a été mise en évidence à différents niveaux du système nerveux central (corticaux et sous-corticaux).

Différentes théories ont été proposées pour rendre compte de l'origine et du développement de l'intégration fonctionnelle. Un premier ensemble de travaux postule une séparation initiale des modalités. Ainsi, selon D. O. Hebb (1949), l'activité simultanée de plusieurs cellules développe leurs boutons synaptiques et les relie en circuits fermés. L'excitation de n'importe quel élément du circuit sera alors suffisante pour activer l'ensemble du système. De cette façon, le fonctionnement simultané des modalités donnerait naissance, pendant l'enfance, lorsque les voies d'association sont encore disponibles, à des voies de passage communes permettant l'intégration fonctionnelle. J. Piaget (1936, 1937) considère également qu'à la naissance les différentes modalités sensorielles sont séparées les unes des autres. Chaque modalité sensorielle posséderait ses propres schèmes d'action, ne pouvant assimiler que des expériences issues de cette modalité. Avec le développement et l'augmentation de l'activité et des capacités motrices, le pouvoir assimilateur des schèmes changerait et les schèmes monosensoriels tendraient alors à s'assimiler mutuellement selon le principe de l'assimilation réciproque. Pour Sherrington, la motricité exerce une fonction dans l'intégration sensorielle. Cette hypothèse se retrouve également dans les travaux de Paillard, qui, notant la similitude des activités exploratoires mises en œuvre par les différents systèmes perceptifs, conçoit la motricité comme un médiateur intersensoriel.

Une seconde hypothèse consiste à penser qu'il y a une unité primitive des sens. Cette idée que les modalités sensorielles ne sont pas indépendantes les unes des autres a été initialement développée par la gestaltthéorie puis reprise par Gibson et Bower. Selon la Gestalt, des propriétés comme le rythme, la durée ou l'intensité peuvent appartenir à plusieurs modalités sensorielles. Par ailleurs, cette unité existe au-delà du simple fonctionnement sensoriel par l'existence d'une organisation suprasensorielle du champ perceptif: les lois d'organisation (comme la bonne forme, la ségrégation figure-fond, etc.) sont les mêmes dans toutes les modalités et imposent un mode de traitement commun. Sont également « amodales » les perceptions (telles que l'effet-tunnel ou l'effet-lancement de Michotte) qui n'ont pas de base sensorielle mais qui sont créées par les lois d'organisation du champ perceptif. Enfin, selon Bower (1974), il existe dès la naissance une organisation préformée dans laquelle les modalités sensorielles sont fusionnées. Cette « unité primitive » sera ensuite brisée pour laisser apparaître une phase dans laquelle chaque système perceptivo-moteur fonctionnera de façon indépendante des autres.

F. J.

intégron

n.m. (angl. Integron)

Système biologique organisé à différents niveaux du vivant (protéine, cellule, tissu, organisme, voire clan, ethnie, nation).

Chaque intégron est constitué par l'assemblage d'intégrons de niveau inférieur et participe à la construction d'intégrons de niveau supérieur (F. Jacob, *la Logique du vivant. Une histoire de l'hérédité*, 1970). Ainsi, les intégrons entretiennent entre eux des rapports hiérarchiques d'emboîtement. Chaque intégron se définit par sa structure,

son fonctionnement, ses interactions avec les autres éléments du même niveau d'organisation, ses relations de dépendance à l'égard de la structure d'ensemble à laquelle il est intégré. « C'est par l'intégration que change la qualité des choses. Car une organisation possède souvent des propriétés qui n'existent pas au niveau inférieur. Ces propriétés peuvent être expliquées par celles des constituants, mais non pas en être déduites. » (*Ibid.*, Conclusion, « l'Intégron ».)
J.-M. C.

intellect

n.m. (angl. Intellect)

Faculté de connaître.

Ce terme est parfois utilisé en psychologie pour désigner le support de la cognition. Ce mot peut, dans certains cas, se substituer à « système de traitement », « processeur », ou même « esprit », sans avoir de connotation spiritualiste.

Structure de l'intellect

J. P. Guilford a proposé en 1967 un modèle d'organisation et de fonctionnement des aptitudes mentales vérifiable par l'analyse factorielle. Le modèle postule qu'un facteur commun « de base » doit couvrir les tâches pouvant être classées dans chacune des catégories définies par le produit de trois caractéristiques de ces tâches (« facettes » du modèle) : le contenu sur lequel elles portent, les opérations qu'elles impliquent, les produits qu'elles fournissent. Guilford (en 1985) propose de distinguer cinq contenus (visuel, auditif, symbolique, sémantique, comportemental), cinq opérations (cognition, mémoire, production divergente, production convergente, évaluation) et six produits (unités, classes, relations, systèmes, transformations, implications). Le modèle prévoit donc la possibilité de distinguer 150 facteurs de base (5×5×6). Les recherches de Guilford et de ses collègues ont déjà permis, pensent-ils, de vérifier empiriquement l'existence d'une centaine d'entre eux. Outre ces « facteurs de base », le modèle prévoit des « facteurs de second ordre » communs aux facteurs de base relevant de la même catégorie pour une facette et de la même catégorie pour une autre facette et des « facteurs de troisième ordre » communs aux facteurs de second et de premier ordre relevant de la même catégorie pour une facette seulement. Plus de la moitié des facteurs de second ordre prévisibles auraient été confirmés empiriquement. Ils présentent entre eux des corrélations. L'hypothèse d'un facteur général à l'ensemble de l'organisation est écartée par Guilford. Le choix des catégories de tâches et des méthodes d'analyse employées a fait l'objet de critiques.
J.-F. L. N. et M. R.

Bibliographie

Guilford, J. P., 1985, « The Structure of Intellectual Model », *in* B. B. Wolman (Ed.), *Handbook of Intelligence*, New York, Wiley.

intellectuelles (activités)

(angl. Mental Processes)

→ activités intellectuelles.

intelligence

n.f. (angl. Intelligence)

L'intelligence a fait l'objet de nombreuses définitions différentes dans l'histoire de la psychologie. La plupart évoquent une capacité générale d'adaptation à des situations nouvelles par des procédures cognitives. L'étude des différences individuelles dans le développement de l'intelligence a constitué l'un des premiers centres d'intérêt de la psychologie et n'a pas cessé d'être un thème de recherches et d'applications. Les travaux effectués sur ce thème ont adopté des perspectives successives sans que les plus récentes fassent disparaître l'utilisation des plus anciennes.

Les tests et les échelles d'intelligence

Au début du siècle (entre 1905 et 1911), A. Binet a apporté une contribution majeure dans ce domaine. Il avait pris conscience du caractère subjectif des diagnostics portés par les psychiatres sur le niveau d'intelligence de leurs sujets, de l'absence de définition objective commune des termes employés par eux pour désigner les degrés d'arriération. Les premiers tests, notamment ceux de J. McKeen Cattell et de F. Galton, offraient bien des techniques précises permettant des observations quantifiables, mais ils s'adressaient à des processus élémentaires (sensation, motricité) qui ne couvraient pas les « processus supérieurs » constituant l'intelligence. À l'occasion d'un problème appliqué, la sélection des enfants incapables de suivre l'enseignement normal et devant être orientés vers un enseignement spécial, Binet imagina, avec T. Simon, une technique nouvelle pour la mesure du niveau intellectuel des enfants. C'est une série de petits problèmes concrets, proches en principe de ceux que l'enfant peut rencontrer dans la vie courante, depuis ceux qui peuvent être résolus dès 3 ans (montrer son nez, donner son nom de famille) jusqu'à ceux qui s'adressent à des sujets de 15 ans et plus (interpréter une gravure, distinguer des mots abstraits). Les règles d'évaluation des réponses sont précises et ne laissent que peu de place à la subjectivité de l'examinateur. Les épreuves sont classées par niveaux d'âge correspondant à l'âge des enfants normaux les réussissant en général. Les réponses d'un enfant déterminé, quel que soit son âge réel, peuvent ainsi être rapprochées de celles que donnent les enfants normaux d'un âge déterminé, et cet âge constitue l'âge mental de l'enfant examiné, qui peut donc présenter dans son développement intellectuel un certain nombre de mois ou d'années d'avance ou de retard. Plus tard, on utilisera le quotient de cet âge mental par l'âge réel. Exprimé en centièmes, il constituera le quotient d'intelligence (Q.I.). [→ quotient d'intelligence.] L'échelle de Binet et Simon fut à l'origine de plusieurs épreuves de même type, les techniques pouvant évoluer au cours du temps. Aux États-Unis, ce sont les échelles de L. M. Terman, dont la normalisation et l'étalonnage sont plus précis que ne l'avaient été ceux de Binet, et surtout les échelles de D. Wechsler qui définissent autrement le Q.I. et fournissent non seulement un Q.I. global mais aussi un Q.I. verbal et un Q.I. performance (c'est-à-dire non verbal). L'une des échelles de Wechsler est applicable aux adultes. En France, R. Zazzo, M. Gilly et M. Verba-Rad ont élaboré une nouvelle échelle métrique de l'intelligence (N.E.M.I.) plus proche de l'esprit du Binet-Simon. Des échelles de développement applicables à l'observation et à l'examen de tout jeunes enfants ont été établies aux États-Unis, notamment par A. Gesell, et en France par O. Brunet et I. Lézine.

Les corrélations

Toutes ces épreuves exigent une application individuelle. D'autres épreuves, dites « papier-crayon », permettent une application collective, chaque enfant d'une classe, par exemple, répondant sur son cahier de questions. Cette évolution technique a permis de rassembler un très grand nombre de réponses et donc d'appliquer des méthodes statistiques d'analyse qui firent à leur tour évoluer les conceptions théoriques sur l'intelligence. Le psychologue britannique Ch. Spearman étudia les corrélations entre plusieurs épreuves et montra qu'à certaines conditions (ne pas introduire dans la batterie plusieurs épreuves du même type) ces corrélations pouvaient s'expliquer par une seule source de variations interindividuelles, le facteur *g*. Il interpréta d'abord ce facteur comme correspondant à l'intelligence générale puis proposa d'autres interprétations (énergie mentale, noégenèse). Mais ce facteur continue à être souvent considéré comme une représentation de l'intelligence générale. En tout cas, Spearman avait ouvert la voie à l'analyse factorielle de l'intelligence, qui suscita et suscite toujours d'innombrables travaux. Certains d'entre eux sont partis d'épreuves analytiques portant chacune sur une aptitude étroitement définie : spatiale, verbale, numérique, de mémoire, d'induction, etc. Aux États-Unis, L. L. Thurstone a montré que, si l'on analysait une batterie comportant plusieurs épreuves différentes s'adressant par hypothèse à la même aptitude, cette hypothèse pouvait dans certains cas être vérifiée : l'analyse faisait apparaître un facteur commun aux épreuves correspondant à la même aptitude et propre à ces épreuves. Mais des corrélations sont apparues entre ces « aptitudes mentales primaires ». Il fallut donc introduire dans le modèle un facteur général « de second ordre » pour représenter la source de variations interindividuelles responsable de ces corrélations. On retrouvait ainsi par une autre voie une représentation de l'intelligence générale. Dans le même temps, utilisant en Grande-Bretagne d'autres méthodes d'analyse factorielle, C. Burt obtenait lui aussi un modèle en arbre, dit « modèle hiérarchique », avec des facteurs de groupe et un facteur général. Cette représentation « hiérarchique » de l'intelligence est actuellement celle qui est adoptée le plus souvent sous des terminologies différentes. On la retrouve en particulier dans les échelles de Wechsler fournissant un Q.I. global se subdivisant en un Q.I. verbal et un Q.I. performance.

L'apport de J. Piaget

Les travaux de Piaget sur le développement de l'intelligence n'ont pas porté sur les différences individuelles. Leur existence s'est cependant imposée et a conduit à deux types de développement. D'une part, on a procédé à la normalisation des épreuves piagétiennes et de leurs modalités d'interprétation de façon à disposer d'un instrument permettant un diagnostic individuel du stade de développement atteint par un enfant. De tels travaux ont été réalisés à Genève par B. Inhelder, V. Bang et M. Nassefat; au Canada, par M. Laurendeau et A. Pinard; en France, par F. Longeot; et par une équipe franco-suisse composée de L. Rieben, A. de Ribaupierre et J. Lautrey. Plusieurs ont été réalisés en fait pour permettre un autre développement: éprouver certains aspects de la théorie de l'intelligence de Piaget en prenant en considération l'existence et l'organisation de différences intra- et interindividuelles. On s'aperçoit en effet que des épreuves différentes appliquées à un même enfant peuvent conduire à des diagnostics de stade différents. Les résultats de ces travaux ne peuvent être présentés ici en détail. On peut les résumer en disant que les progrès de l'intelligence ne paraissent pas se faire selon un processus unique chez tous les enfants. Certains progressent plus vite dans un certain domaine, d'autres dans un autre domaine. Les progrès de l'intelligence pourraient s'expliquer en partie par les interactions entre domaines inégalement développés. C'est là une contribution apportée par la psychologie différentielle à la psychologie générale.

La psychologie cognitive

À une date plus récente encore, les différences individuelles dans le domaine de l'intelligence ont été étudiées et utilisées dans le cadre d'une psychologie cognitive centrée sur les modalités du traitement de l'information. Des psychologues comme l'Américain E. Hunt ont proposé des modèles de fonctionnement cognitif dans lesquels la réponse à une tâche complexe, un test de compréhension verbale par exemple, était expliquée par le fonctionnement de plusieurs modules plus élémentaires assumant chacun une fonction spécifique. Le degré de réussite dans la tâche globale dépendrait des caractéristiques de fonctionnement de ces modules: vitesse d'accès à la mémoire à long terme, capacité de la mémoire à court terme, perception et conservation d'un ordre, etc. Des épreuves élémentaires portant sur chacune de ces fonctions spécifiques sont mises en corrélation avec le résultat dans la tâche globale afin d'éprouver l'hypothèse d'une intervention de cette fonction dans cette tâche. On a été amené à reconnaître l'importance des différences individuelles dans les stratégies de mise en œuvre des fonctions élémentaires, c'est-à-dire l'importance de « processus directeurs », de « métacomposantes », et à s'orienter vers l'étude des systèmes constitués par les différentes fonctions élémentaires ou composantes considérées. On peut rapprocher cette évolution de celle qui, en sens inverse, a conduit à passer d'un facteur général unique à une hiérarchie de facteurs; ou, dans un autre contexte, d'un processus universel de développement de l'intelligence à une pluralité de processus se différenciant en chaque individu et entre les individus.

L'origine des différences individuelles en matière d'intelligence peut être recherchée d'abord dans les différences entre milieux éducatifs. Mais des enfants élevés dans des milieux comparables n'atteignent pas nécessairement le même niveau de développement intellectuel. On est donc amené à constater les effets de facteurs génétiques et, parmi eux, de facteurs héréditaires. Ces problèmes sont étudiés à l'aide d'observations pratiquées sur des enfants adoptés ou sur des jumeaux. M. R.

→ génétique comportementale, génétique (psychologie).

Bibliographie

Reuchlin, M., et Bacher, F., 1989, *les Différences individuelles dans le développement cognitif de l'enfant*, Paris, P.U.F.

intelligence (quotient d')

(angl. Intelligence Quotient)

→ quotient d'intelligence.

intelligence pratique

(angl. Concrete Intelligence)

Capacité de résoudre des problèmes concrets par l'action.

Des solutions élaborées (performance), et des démarches observables y mènent, ou infère un processus intellectuel: construction de relations moyens-buts; raisonnement sur ces relations; représentations. L'intelligence pratique a été ainsi distinguée de l'intelligence verbale, censée se révéler directement. Cette forme d'intelligence, en psychologie, fortement influencée par l'idée darwinienne de « sélection naturelle », a été considérée comme caractéristique de l'Homo faber et des espèces animales les plus proches de l'Homme.

L'intelligence pratique a été surtout étudiée chez les êtres sans langage: l'Animal, le très jeune enfant, à l'aide de tâches telles que saisir un appât alors qu'on en est séparé par un obstacle (→ détour [conduite de]); extraire un objet d'une bouteille ou d'un tuyau; déplacer un objet trop lourd pour être soulevé ou traîné; attraper un fruit placé à une hauteur hors d'atteinte d'un saut ou d'une escalade. Les premières études, réalisées par W. Köhler (1917) sur le Chimpanzé, ont fixé le paradigme expérimental: les situations comprennent les éléments nécessaires à la solution du problème posé (par exemple: des bâtons qui peuvent être emboîtés les uns dans les autres), mais aussi des éléments inutiles, non pertinents. Le relevé minutieux des actes successifs auxquels se livre le sujet depuis sa mise en situation, le temps qu'il lui faut, sa sélection des moyens, leur éventuelle combinaison ou modification (par exemple: courber un fil de fer, faire un anneau d'une ficelle, etc.), c'est-à-dire la construction d'instruments, enfin le niveau de solution atteint, plus ou moins économique, constituent les critères de jugement. La réussite est qualifiée d'intelligente quand elle n'est pas atteinte uniquement par une procédure d'« essais et erreurs », mais par une structuration incluant le choix de moyens pertinents et une organisation séquentielle nettement orientée vers l'atteinte du but. On y a parfois ajouté la généralisation à des situations voisines, de complexité variable.

Au fil des études, fort nombreuses dans la première partie du XXe siècle, on a pu constater que les sources d'erreurs étaient variées et que les échecs ne représentaient pas tous des défauts ou déficits intellectuels: par exemple, des effets de champ peuvent obérer le choix de moyens. On a aussi tenté de comparer, dans des épreuves identiques d'intelligence pratique, les performances animales et humaines. Mais ces comparaisons soulèvent plus de questions qu'elles n'ont permis d'en résoudre.

Une célèbre étude comparative, longitudinale, menée par les Kellogg (1933) et des comparaisons plus ponctuelles ont mis en évidence des différences entre espèces difficiles à interpréter. À âge chronologique égal, la guenon des Kellogg, Gua (Chimpanzé), se montre supérieure à leur fils, Donald. À niveau de développement supposé équivalent (les rythmes biologiques de développement ne sont pas identiques), les différences relevées vont dans les deux sens, suivant les types d'épreuve; leur évolution dans le temps n'est pas non plus parallèle: alors que le jeune Chimpanzé progresse, l'enfant semble régresser. Sa persévération est parfois plus forte que celle de l'Animal, entraînant des blocages. En revanche, la généralisation à des situations partiellement nouvelles peut être plus rapide et plus étendue chez l'enfant que chez l'Animal.

On a peu à peu abandonné le principe de telles comparaisons directes au profit d'études internes à chaque espèce, qui prennent en compte, outre les critères déjà mentionnés, les variabilités interindividuelles et la dynamique de l'expérience acquise. Les études de l'intelligence pratique ont permis de rectifier quelques idées a priori sur les capacités animales. On a pu montrer que les Singes anthropoïdes sont inventeurs d'outils et qu'ils bénéficient d'apprentissages sociaux. H. B.

intension

n.f. (angl. Comprehension)

LOG. **Ensemble de caractères propres à un concept, par opposition à l'ensemble des objets qui tombent sous ce concept (en d'autres termes que ce concept subsume) et qui est son extension.** (Syn. compréhension.)

Par exemple, l'ensemble des empereurs d'Autriche et celui des rois de Hongrie étaient identiques en extension; mais ils ne l'étaient pas en intension, en tout cas aux yeux des Hongrois, qui se considéraient eux-mêmes sujets du roi de Hongrie et ignoraient l'empereur d'Autriche, même si l'empereur d'Autriche et le roi de Hongrie étaient la même personne. R. L.

intensité

n.f. (angl. Intensity)

RÉFLEX. **Caractéristique physique de la grandeur d'un stimulus.**

L'intensité d'un stimulus est exprimée dans les unités physiques appropriées à la nature de l'agent excitant. À l'intensité du stimulus correspond une intensité sensorielle qui lui est liée par une fonction psychophysique. J.-M. C.

→ psychophysique.

intention

n.f. (angl. Intention)

1. **Représentation d'un but.** 2. **Contenu d'une pensée, d'une croyance, d'un désir, etc.** J.-F. L. N.

intentionnalité

n.f. (angl. Intentionality)

GÉNÉR. **Ce qui concerne le contenu des pensées, des croyances, des désirs.**

L'intentionnalité a été l'un des concepts majeurs de la psychologie phénoménologique, issue des conceptions de E. Husserl. Elle n'a aujourd'hui qu'un intérêt historique. J.-F. L. N.

GÉNÉR. et DÉVELOP. **Prédétermination d'un but qui préside à l'organisation de l'acte ou des actes permettant de l'atteindre.**

L'intentionnalité serait la qualité de toutes les conduites dirigées vers un but, qu'on appelle aussi *conduites finalisées*. Elle en précéderait et en gouvernerait l'accomplissement.

Le béhaviorisme strict rejetait la notion d'intentionnalité et lui déniait toute valeur d'explication causale. La méfiance persiste à l'égard de cette notion en raison des difficultés de l'opérationnaliser. L'intentionnalité n'est accessible que par le discours du sujet, ou bien par inférence, à partir d'une analyse minutieuse des conduites. Les risques de rationalisation a posteriori, dans le premier cas, et la difficulté de choisir des critères transparents, dans le second, incitent à la plus grande prudence.

Néanmoins, l'intentionnalité a refait surface dans la psychologie contemporaine. Elle est notamment invoquée pour rendre compte d'actions de la prime enfance, telles que, par exemple, l'approche manuelle d'un objet, l'exploration sensorielle ou la recherche, fût-elle seulement ébauchée, d'un objet disparu. Dans les situations sociales, les imitations précoces, les gestes ou postures d'offrande paraissent indiquer l'intention de communiquer. Seule la méthode expérimentale, par le contrôle des variables et par l'analyse séquentielle du comportement depuis son initiation, semble en mesure de valider la notion d'intention. L'intentionnalité reste une généralisation spéculative. H. B.

intentionnel, elle

adj. (angl. Intentional)

GÉNÉR. 1. **Qui est soumis à une intention ou à un but.**

Ce terme est un quasi-équivalent de « volontaire », mais il lui est généralement préféré pour marquer que la conduite est subordonnée à une intention d'atteindre un but plutôt qu'à la « volonté ». On utilise aussi « délibéré ».

GÉNÉR. 2. **Qui concerne le contenu d'une pensée ou d'un acte cognitif.**

« Intentionnel » est utilisé dans un contexte tout autre que celui de la psychologie objective, et qui dérive de F. Brentano, de E. Husserl et de la phénoménologie. Il désigne alors ce qui est plus communément appelé le « contenu » d'une pensée, d'une croyance, d'un désir, etc. C'est le complément d'une « attitude propositionnelle ».

Par exemple dans : « Jean croit que Pierre est venu », la proposition « Pierre est venu » constitue l'« intention » de la croyance de Jean. De même, dans la phrase : « Jacques souhaite que Marie vienne », la proposition « que Marie vienne » constitue l'« intention » du souhait de Jacques. On pourrait aussi bien l'exprimer par « la venue de Marie ». On peut s'intéresser de façon prioritaire à la valeur de vérité des propositions en adoptant le point de vue de la logique. On verra alors qu'on ne peut pas construire de *logique des intentions*. On peut d'autre part n'accorder aucun statut à cette croyance : c'est le point de vue béhavioriste. Ces questions sont alors exclues de la psychologie.

On peut aussi considérer que les croyances, les désirs, etc. sont susceptibles, que leur contenu (leur intention) soit vrai ou faux, de déterminer des croyances dérivées et même des comportements de la part des sujets : c'est un point de vue cognitif qui a été surtout jusqu'ici élaboré dans une perspective philosophique. J.-F. L. N.

intentionnel (apprentissage)

(angl. Intentional Learning)

Apprentissage qui comporte une intention d'apprendre portant sur le matériel à apprendre. (Contr. apprentissage incident, accidentel.)

Un apprentissage peut être intentionnel par certains de ces aspects et incident par d'autres. Ainsi, dans l'apprentissage d'une liste de mots imprimés sous diverses formes (minuscules, majuscules, romain, italique, etc.), le sujet à qui on a simplement donné la consigne d'apprendre les mots peut, ou non, mettre en mémoire en même temps le type de caractère dans lequel chaque mot est écrit. J.-F. L. N.

1. interaction ou interaction sociale

(angl. Social Interaction)

ÉTHOL. **Ensemble des influences réciproques résultant de l'activité des divers membres du groupe social.**

En cas de dissymétrie, les influences entraînent une différenciation entre ces membres. Dans une perspective systémique, cet ensemble est la structure du groupe social. Le processus de causalité circulaire qui en résulte détermine les régulations comportementales. J. G.

SOCIAL. **Relation interpersonnelle entre deux individus au moins par laquelle les comportements de ces individus sont soumis à une influence réciproque, chaque individu modifiant son comportement en fonction des réactions de l'autre.**

Le champ de l'interaction sociale couvre des comportements qui vont de la simple poignée de main jusqu'à ceux qui impliquent la formation ou la dissolution d'une relation sociale. L'interaction sociale comprend tout ce que les individus font ensemble ou l'un contre l'autre (les uns contre les autres). Contrairement aux phénomènes intra-individuels, l'analyse d'une interaction sociale inclut nécessairement l'action conjointe des partenaires et le contexte dans lequel se situe l'action. Le phénomène interactionnel est plus que la somme de ses parties : il est qualitativement distinct, produisant des effets différents. Ainsi que l'ont montré, par exemple, une vingtaine d'expériences de W. Doise et G. Mugny dans leur ouvrage *le Développement socio-cognitif de l'enfant* (1981), l'interaction sociale entre enfants ou entre enfant et adulte peut constituer un lieu privilégié de développement cognitif, surtout aux stades de construction d'une notion. Cette supériorité du groupe est d'autant plus forte que l'interaction est marquée par un conflit interindividuel, résultant de l'opposition de stratégies de résolution du problème posé. Dans le domaine de l'interaction sociale, la fin du XIXe siècle s'est surtout intéressée aux interactions de masses, alors que l'intérêt aujourd'hui porte sur l'étude de dyades, au détriment même de l'étude de l'interaction au sein de petits groupes. R. L.

2. interaction

n.f. (angl. Interaction)

STAT. **En analyse de la variance, part de variance explicable par le fait que l'effet principal d'un facteur varie pour des niveaux différents d'un autre facteur (ou pour des combinaisons différentes d'autres facteurs).**

Le terme peut être employé en un sens plus général et s'appliquer aux cas où le degré de dépendance entre deux variables change pour des modalités ou des valeurs différentes d'une autre variable (ou d'une combinaison d'autres variables). M. R.

interculturelle (approche)

(angl. Cross-Cultural Approach)

Appliquée aux phénomènes psychologiques, action qui vise à mettre à l'épreuve la généralité de théories établies empiriquement sur des populations d'une culture donnée (le plus souvent la culture occidentale).

Par exemple, après l'élaboration et la diffusion de la théorie piagétienne, on a recherché si la hiérarchie des stades et sous-stades se retrouve quelle que soit la culture concernée, et donc constitue un modèle universel du développement de la pensée logique. Si, dans certaines ethnies, on ne parvient pas à mettre en évidence un maniement courant de la pensée formelle, par contre, les différentes étapes du stade sensori-moteur, l'accès à la pensée symbolique et aux opérations concrètes se retrouvent dans toutes les populations étudiées. L'approche interculturelle peut permettre d'évaluer la part des composantes biologiques dans les comportements humains. Ainsi, l'hypothèse d'une origine biologique des comportements maternels et paternels est battue en brèche par les groupes culturels où le père a un comportement considéré comme maternel (Arapesh), où la mère a un comportement considéré comme paternel (Mundugamore), ou lorsque les rôles sont inversés (Tchambuli). Pour une culture donnée, les variables déterminant un comportement cible peuvent être en étroite interaction, cependant que, dans une autre culture, elles peuvent être plus indépendantes (cf. la culture des îles Trobriand, où ce n'est pas le mari de la mère, mais l'oncle maternel qui exerce une autorité sur le jeune garçon). La comparaison des deux cultures permet alors d'analyser l'effet de chacune des variables, en considérant la situation comme une « expérience naturelle ». Cela suppose que le fonctionnement des deux cultures soit bien connu et que les cultures étudiées soient choisies en fonction du comportement cible. Par exemple, on a étudié l'effet d'*environnements charpentés* (angl. Carpentered World), riches en lignes droites et orthogonales, sur la sensibilité aux illusions perceptives : une telle approche implique l'étude de populations non urbaines. Les résultats d'études interculturelles peuvent amener à s'interroger sur l'impact, dans le travail scientifique, des croyances implicites des chercheurs d'une culture donnée. S'agissant du développement des enfants, le système de valeurs des sociétés occidentales amène à se focaliser sur certains problèmes et certains mécanismes, à valoriser certaines expériences et, sans doute, à méconnaître d'autres facteurs et d'autres formes du développement. M.-G. P.

intérêt

n.m. (angl. Interest)

Variable hypothétique rendant compte de la disposition positive plus ou moins intense des individus à l'égard des divers objets de l'environnement, ainsi que de leurs dispositions à l'égard d'activités, de professions et de domaines de connaissance divers.

La notion d'intérêt est proche des notions d'attitude et de motivation intrinsèque. Les intérêts sont étudiés par la psychologie différentielle et par la psychologie générale.

GÉNÉR. La psychologie générale étudie les conditions qui permettent l'éclosion de l'intérêt lors du traitement de l'information. Le mot *intérêt*, appliqué à l'information, a deux sens : la préférence et l'intérêt cognitif. La préférence renvoie aux aspects agréables ou désagréables qui sont associés, dans la mémoire, à cette information. L'intérêt cognitif (curiosité) dépend du degré de nouveauté de l'information à traiter par rapport aux connaissances et aux schémas stockés en mémoire. L'intérêt est maximal lorsque le degré de nouveauté du matériel à traiter est moyen ; ce cas correspond à un niveau d'éveil moyen, chez le sujet. L'intérêt est étudié au moyen d'indicateurs variés : réponses verbales à des tests et à des questionnaires, décision de choix entre plusieurs objets ou situations, temps d'exploration et de traitement, enfin indicateurs psychophysiologiques de l'éveil (réponse électrodermale, électroencéphalogramme).

DIFFÉR. La psychologie différentielle montre que les intérêts varient selon les individus et qu'ils sont relativement indépendants de leurs aptitudes et de leurs connaissances dans un domaine. Les intérêts sont des dispositions relativement stables ; ils ont de multiples causes individuelles et sociales.

Les exemples les plus évidents des intérêts concernent les choix entre activités de loisir, entre disciplines scolaires ou entre professions. On peut encore employer le mot pour désigner des orientations privilégiées vers des objets plus généraux : l'argent, la notoriété, le pouvoir, etc., bien qu'on invoque plus souvent alors des traits de personnalité, considérés comme plus généraux que les intérêts. Les termes *attitude* ou *valeur* sont souvent employés avec des significations très voisines. Les instruments utilisés le plus souvent pour diagnostiquer les intérêts d'un individu sont des questionnaires (ou inventaires). Les items proposent au sujet différentes activités (loisirs, disciplines scolaires, professions, etc.). Le sujet doit fournir une réponse d'intensité pour chaque item (du type : « j'aime », « indifférent », « me déplaît ») ou bien doit choisir parmi ces activités celles qu'il préfère. On constate que les réponses sont en général différentes d'un sujet à un autre. Ces différences sont cohérentes, certains groupes d'items tendant à susciter des réponses voisines (de choix ou de rejet) chez chaque sujet.

Les méthodes d'analyse des corrélations en groupes ou en facteurs ont conduit à invoquer des intérêts sous-jacents à tous les items d'un tel groupe. Par exemple : intérêts littéraires, artistiques, scientifiques, sportifs, altruistes, pour la nature et la vie rurale, pour l'administration, pour les techniques, pour les relations d'affaires. Des facteurs surordonnés peuvent regrouper ces catégories d'intérêts. Par exemple : activités exigeant des contacts avec les personnes, opposées aux activités dans lesquelles ces contacts ne sont pas nécessaires ; activités culturelles ou professions intellectuelles, opposées à des activités ou professions impliquant soit une dépense physique, soit un travail manuel. (Ces exemples sont empruntés à des travaux de S. Larcebeau.) Cette organisation s'observe dès la classe du cours moyen. De plus, observés sur les mêmes sujets, les intérêts restent relativement stables dans le cours du développement. Par exemple, le choix de la série du baccalauréat traduit des intérêts qui peuvent s'observer dès la classe de troisième (d'après une enquête de Larcebeau). Des différences importantes sont régulièrement trouvées entre les intérêts moyens des garçons et les intérêts moyens des filles. Les corrélations entre intérêts et aptitudes sont en général très faibles. Les inventaires d'intérêts les plus souvent employés sont ceux de G. F. Kuder, de E. K. Strong, de J. L. Holland, de Larcebeau. M. R. et D. M.

→ aptitude, attitude, motivation.

BIBLIOGRAPHIE

Dupont, J.-B., Gendre, F., Berthoud, S., et Descombes, J.-P., 1979, *la Psychologie des intérêts*, Paris, P.U.F.

interférence

n.f. (angl. Interference)

Effet de détérioration produit par un apprentissage sur un autre apprentissage.

Lorsque deux apprentissages différents se succèdent, on observe souvent un effet de l'un sur l'autre.

Cet effet est appelé *proactif* s'il s'exerce du premier en direction du second. On a pris l'habitude d'appeler *rétroactif* l'autre type d'effet: il ne peut naturellement exister, à proprement parler, d'effet qui se produise rétroactivement dans le temps, ici du second apprentissage sur le premier. Cet effet s'exerce en réalité sur les résultats du premier, sur ses « traces » en mémoire.

Lorsque, dans ces conditions, on observe une détérioration de la performance — par rapport à ce qu'elle serait en l'absence de l'autre apprentissage —, on parle d'*interférence proactive* ou *rétroactive*. Lorsqu'on observe une amélioration de la performance, on parle de transfert. (→ transfert 1.) On a renoncé à désigner les effets négatifs d'un apprentissage sur un autre comme des « transferts négatifs » ou des « inhibitions » (expressions qui étaient parfois employées précédemment, notamment « inhibition rétroactive »). Le mot « interférence » s'est imposé.

Le modèle méthodologique de ces effets est le suivant: on appelle A et B les deux apprentissages.

EFFETS PROACTIFS

Situation expérimentale	Situation de contrôle
A	Rien
B_E	B_C

Si la performance observée en B_E (situation expérimentale) est inférieure à celle observée en B_C (situation de contrôle), B_E et B_C étant strictement semblables par ailleurs, on dit qu'il y a interférence proactive: si elle est supérieure, qu'il y a transfert proactif.

EFFETS RÉTROACTIFS

Situation expérimentale	Situation de contrôle
A	A
B	Rien
A_E	A_C

Si la performance observée en A_E est inférieure à celle observée en A_C, on dit qu'il y a interférence rétroactive. Si elle est supérieure, qu'il y a transfert rétroactif.

« Rien » ne signifie « absence complète d'activité » que si la période correspondante est occupée par du sommeil. Encore celui-ci pose-t-il des problèmes spécifiques. « Rien » signifie en général « activité neutre par rapport à l'apprentissage considéré ».

On attribue les effets négatifs de l'interférence à la similitude entre les matériels ou les situations des deux apprentissages; mais ils dépendent aussi fortement du degré et de la nature de cette similitude; celle-ci peut avoir, dans d'autres cas, des effets positifs.

La question de savoir quand la similitude a un effet positif et quand elle a un effet négatif est un des plus difficiles problèmes non résolus de la psychologie de l'apprentissage. On sait toutefois que, mieux un premier apprentissage a été consolidé par de fréquentes répétitions, mieux il résiste aux interférences. Une longue distance temporelle entre le premier et le second apprentissage est également un facteur de résistance aux interférences. Enfin, l'introduction de stimulus discriminatifs stables évite celles-ci.

Un exemple commun d'interférence ou de transfert est celui de l'apprentissage simultané, ou immédiatement successif, de deux langues étrangères. Ce peut même être, chez de jeunes enfants, celui de l'apprentissage de la langue maternelle et d'une langue étrangère. Les interactions entre les deux apprentissages peuvent être bénéfiques (transfert) ou délétères (interférences). Un facteur favorable est l'existence de deux contextes discriminatifs bien différents — par exemple qu'une langue soit parlée en présence d'un des parents, et l'autre langue de l'autre parent.

On considère généralement que, si un individu connaît trois langues étrangères, les effets de transfert seront massifs et qu'il en apprendra d'autant plus facilement une quatrième, une cinquième, etc. J.-F. L. N.

→ apprentissage, mémoire, transfert 1.

intergroupe

n.m. (angl. Intergroup Relations)

Ensemble des phénomènes psychologiques qui accompagnent et sous-tendent les relations entre individus pour autant qu'ils appartiennent à des catégories ou groupes différents.

APERÇU HISTORIQUE

Indéniablement, les recherches entre groupes effectuées par les psychologues sociaux trouvent leur origine principale dans une problématique caractérisée par des guerres, des conflits interethniques, raciaux et idéologiques (phénomènes nazis en Allemagne, phénomènes ségrégationnistes aux États-Unis).

Toutefois, depuis une vingtaine d'années, la tendance générale des recherches intergroupes semble avoir changé. Par exemple, les travaux des années 1940 et 1950 sur l'autoritarisme et le dogmatisme effectués par T. Adorno et M. Rokeach ou dans les années 1960 par M. Sherif sur la compétition et la coopération entre groupes se caractérisaient essentiellement par une vision normative et universaliste, héritée du siècle des Lumières et visant à combattre préjugés et discriminations. Ce courant de recherches peut s'illustrer par un rappel des principales expériences intergroupes de Sherif. Beaucoup de chercheurs d'une génération suivante semblaient par contre considérer les discriminations intergroupes comme une caractéristique inhérente au fonctionnement psychique normal des individus. Cette tendance est illustrée par les recherches de H. Tajfel et J. C. Turner effectuées dans les années 1970. À première vue, les hypothèses à l'origine de ces recherches sont bien loin du postulat que des fonctionnements cognitifs et affectifs équilibrés conduiraient inévitablement à de meilleurs rapports intergroupes. Enfin, dans une époque encore plus récente, plusieurs recherches tendent de nouveau à montrer que différentes dynamiques intergroupes n'aboutissent pas nécessairement à des discriminations systématiques et que ces phénomènes sont nécessairement plus complexes que ne le laisse penser un seul type d'explication.

LA LIGNÉE DE SHERIF

L'importance historique et théorique des recherches que Sherif et ses collaborateurs (1961) ont effectuées sur l'interaction des groupes est indiscutable, car Sherif a été le premier à entreprendre des recherches expérimentales dans ce domaine et à donner un cadre théorique à la compétition et la coopération entre groupes.

Les résultats de ces expériences peuvent être ainsi résumés: des individus amenés à réaliser un but par des actes interdépendants deviennent un groupe; ils développent une hiérarchie sociale et des normes spécifiques. Lorsque deux groupes ont à réaliser des buts incompatibles, l'un d'eux ne pouvant réaliser son projet qu'à la condition que l'autre n'y arrive pas, une perception défavorable se développe entre les groupes et les membres d'un groupe n'envisagent et ne réalisent que des contacts hostiles avec ceux de l'autre groupe, tout en adaptant, au besoin, leur structure sociale à la situation de conflit. Seule la réalisation de buts supraordonnés, nécessitant l'effort commun de tous les membres des deux groupes, réduit l'hostilité ; elle améliore l'image de l'autre groupe et permet l'établissement de rapports de camaraderie entre les membres des deux groupes. La compréhension des phénomènes psychosociologiques des relations entre groupes se ferait donc principalement, selon Sherif, par l'étude des rapports entre les buts des différents groupes en interaction.

Une autre notion importante est celle de sort ou de destin commun, illustrée par l'expérience de J. M. Rabbie et M. Horwitz (1979). Lors de cette expérience, des personnes, ne se connaissant pas, viennent au laboratoire et sont réparties, apparemment pour des raisons administratives, dans deux groupes. En fonction de cette appartenance, une partie d'entre elles reçoivent une rémunération ou en sont privées. Les personnes ayant reçu la rémunération, mais aussi celles qui en ont été frustrées, décrivent en général les membres de leur propre groupe et les caractéristiques de ce groupe plus favorablement que les membres et l'atmosphère de l'autre groupe. Le seul fait de partager un même sort, indépendamment de la manière dont celui-ci est infligé, suffirait donc à susciter une discrimination évaluative en faveur de son groupe d'appartenance.

Mais pourquoi le partage d'un même sort, différent de celui d'un autre groupe, suscite-t-il un biais en faveur de son groupe d'appartenance ? L'explication de Rabbie se fait en termes d'anticipation d'interactions : il serait plus agréable d'anticiper une interaction avec des individus ayant vécu une même situation qu'avec des individus dont le vécu est différent.

Les notions de projet ou de sort commun sont importantes pour comprendre les relations entre groupes. Elles rendent compte de dynamiques de représentations et d'attributions sociales justifiant et anticipant les comportements des membres d'un groupe à l'égard des membres d'un autre groupe pouvant les entraîner dans une spirale de méfiance et d'hostilité réciproques. Ce seraient certaines conditions de rapports sociaux que nous commençons à connaître qui aboutiraient aux discriminations et préjugés.

Tajfel et les recherches sur l'identité sociale

Le but d'une expérience de Tajfel et collaborateurs (1971) était de repérer les conditions minimales de l'apparition d'une discrimination en faveur du groupe d'appartenance. Les sujets de cette expérience sont des élèves d'une même école, qui se connaissent bien. Ils commencent l'expérience par une tâche de perception ou de jugements esthétiques. Ensuite, ils sont répartis en deux groupes, apparemment selon leurs performances à la première tâche, et ils sont informés individuellement de leur appartenance à l'une ou l'autre catégorie. Personne ne sait à quelle catégorie appartiennent ses différents camarades. L'expérience se poursuit par une étude sur des prises de décisions qui portent sur les rémunérations que les sujets doivent donner aux membres de l'intragroupe et à ceux du hors-groupe.

Le résultat le plus surprenant de cette expérience est le suivant : quand les sujets peuvent choisir entre une stratégie qui donne en valeur absolue un maximal de gain à la fois à des membres de leur propre groupe et à des membres de l'autre groupe et une stratégie qui, tout en donnant moins de valeur absolue à leur propre groupe, lui donne plus qu'aux membres de l'autre groupe, ils diminuent en valeur absolue le gain des membres de leur groupe afin qu'ils gagnent relativement plus que les membres de l'autre groupe. Depuis, ces résultats ont été retrouvés dans un grand nombre d'expériences.

L'origine de l'explication de Tajfel est à chercher dans la théorie de L. Festinger sur les processus de comparaison* sociale.

Mais si, selon la théorie de Festinger, la comparaison sociale est essentiellement interindividuelle, la théorie de Tajfel porte sur des comparaisons entre catégories d'appartenance. Selon Tajfel, le besoin d'évaluation positive d'un individu pourra se satisfaire par des appartenances à des catégories sociales évaluées positivement par l'individu. Cette évaluation est relative et s'effectue à l'égard d'autres catégories pertinentes. L'individu ne se limite pas à évaluer les bilans de ces comparaisons, il essaiera de rendre ces bilans positifs, d'où la recherche d'établir des différences positives avec l'autre groupe, de rendre sa catégorie d'appartenance plus positive sur une dimension pertinente dans la situation.

La complémentarité dans les représentations intergroupes

S'il y a une régularité qui se dégage dans de nombreuses recherches intergroupes, c'est bien celle qui consiste à rechercher pour son propre groupe une évaluation plus favorable que pour le hors-groupe. Cependant, des modifications légères dans la saisie même des représentations intergroupes influent ce biais en faveur du groupe d'appartenance, parfois jusqu'à l'inverser.

Ainsi A. Mummendey et H. Schreiber (1983) comparent trois méthodes pour saisir des évaluations intergroupes. Tous leurs sujets appartiennent à des groupes de trois membres qui ont travaillé ensemble en présence d'un autre groupe de trois personnes réalisant la même tâche de nature créative (dessiner une ville future). Une fois les tâches collectives terminées par les deux groupes, elles sont évaluées par les six sujets présents. Les variations expérimentales sont introduites au niveau de l'utilisation des huit échelles proposées pour évaluer les produits des deux groupes. Un membre de chaque groupe doit les utiliser de manière *interdépendante* en partageant 100 points entre les deux groupes ; ainsi, quand il donne 60 points à un groupe, l'autre reçoit nécessairement 40 points. Un deuxième membre du groupe émet une évaluation *séparée* sur les mêmes huit échelles, les points attribués au produit d'un groupe n'influençant pas nécessairement les points attribués à l'autre produit. Enfin, le troisième membre de chaque groupe avait d'abord à faire un choix des trois échelles les plus adaptées, ces échelles pouvant varier pour les produits des deux groupes ; seulement après, ce même sujet est invité à utiliser également les autres échelles pour décrire les deux produits.

Les résultats sont très nets : le favoritisme à l'égard de l'intragroupe est significativement plus fort en condition d'évaluation *interdépendante* qu'en condition de *choix* des échelles, les résultats pour la condition d'évaluation *séparée* étant intermédiaires. De plus, dans les évaluations avec libre choix des échelles, un biais intragroupe s'observe uniquement sur les échelles choisies d'entrée pour l'évaluer, un biais inverse se manifestant sur les échelles choisies pour évaluer le produit du hors-groupe. D'autres investigations (Mummendey et Schreiber, 1984) vont dans le même sens.

Des évaluations complémentaires permettent à différents groupes de se construire une identité positive mais sur des dimensions différentes. Elles sont très fréquentes, comme le montre aussi une investigation de D. Peabody (1985) effectuée dans différents pays européens et portant sur les stéréotypes entre groupes nationaux. Souvent, les évaluations des hors-groupes sont sur des dimensions spécifiques aussi favorables sinon plus favorables que les évaluations de l'intragroupe. Comme ceux de Mummendey et Schreiber, ces résultats revalorisent en quelque sorte le statut du hors-groupe, mais il ne faut nullement en conclure que les groupes s'accommodent facilement d'une éventuelle infériorité par rapport à un autre groupe.

Positions asymétriques et discrimination

La reconnaissance d'une infériorité de l'intragroupe ne signifie nullement un acquiescement. G. Lemaine a étudié expérimentalement l'effet dynamogène qui peut résulter chez l'intragroupe de la confrontation avec un hors-groupe à statut supérieur. La théorie de Lemaine porte sur les rapports entre agents sociaux qui, lors d'une compétition, disposent de ressources inégales. Son hypothèse principale est que, dans ces situations, « ... la référence à autrui conduit à la différenciation lorsqu'elle fait peser une menace sur l'identité et que la restauration de cette identité se fait à travers la recherche de la différence, de l'altérité, la création puis l'accentuation de l'hétérogénéité. Le problème est évidemment, dans chaque classe de situations, d'identifier sur quels critères se fonde cette identité sociale. » (Lemaine, in W. Doise, *Expérience entre groupes*.) Mais il est important de rappeler qu'une telle différenciation peut être créatrice et consister en la recherche de nouveauté : « Mais nous ne saurions limiter ces stratégies à la recherche de la supériorité du pouvoir, etc.

Toutes sortes d'autres possibilités sont offertes aux agents sociaux et il nous semble que la recherche d'incomparabilité, le déplacement dans des activités nouvelles (dans des «places vacantes») ou sur des dimensions différentes d'évaluation sont une voie de compensation qu'il est devenu fondamental d'explorer en psychologie sociale» (*ibidem*, 189).

Des groupes peuvent être handicapés par rapport à d'autres non pour une question de ressources mais parce qu'ils sont amenés à défendre des positions qui vont contre un état de fait généralement admis. Ce sont des groupes qui militent pour un changement, pour imposer un point de vue nouveau. Pour cela, ils peuvent disposer de beaucoup de ressources dans une situation donnée; ils peuvent par exemple disposer d'un soutien majoritaire, ce qui les mènerait en quelque sorte à devoir réaliser leur programme de changement, ou ils peuvent être dans une situation sans support majoritaire, ce qui implique une continuation du statu quo. De même, des groupes défendant le statu quo peuvent jouir du support d'une majorité ou peuvent être minoritaires dans une situation. C'est alors dans le dernier cas qu'un changement risque de se produire. Autrement dit, pour un groupe contestataire, devenir majoritaire entraîne un changement, tandis que, pour un groupe conservateur, le changement se produirait quand il se trouve dans une position minoritaire. Or, selon une série de trois expériences réalisées par S. M. Ng et S. Cram en Nouvelle-Zélande, ce sont bien ces deux groupes, et non des groupes conservateurs majoritaires ou contestataires minoritaires, qui recherchent davantage une affirmation de leur identité.

Le croisement des appartenances catégorielles

Chaque fois qu'il y a plusieurs catégories dans un champ social, des processus de différenciation semblent se produire. Il se peut que l'induction d'un but supraordonné affaiblisse les dynamiques des préjugés et de la discrimination, ou qu'une identité sociale bien assurée sur certaines dimensions n'induise pas la recherche de supériorité sur d'autres dimensions. Mais, en général, les recherches présentées jusqu'ici faisaient intervenir des processus opposant simplement deux groupes ou catégories d'appartenance. Des appartenances catégorielles peuvent s'entrecroiser, de sorte que les mêmes individus appartiennent à des catégories différentes selon un premier critère et à une même catégorie selon un second critère.

On peut imaginer un cas simple de croisement d'appartenances catégorielles. Des sujets expérimentaux appartiennent à deux catégories selon un critère (garçons et filles). Selon un autre critère, ils appartiennent également à deux catégories (groupes expérimentaux rouge et bleu). On croise ces appartenances de telle façon que chaque groupe de garçons ou de filles soit composé d'une moitié de bleus et d'une moitié de rouges et que chaque groupe de bleus et de rouges soit composé d'une moitié de garçons et de filles. Pour chacun des sujets, une partie des membres d'une catégorie d'appartenance appartient à une catégorie différente de la sienne selon un autre critère. Comment fonctionnera dans une telle situation la différenciation, si les deux sortes d'appartenances sont rendues en même temps pertinentes pour les sujets? Il devrait y avoir accentuation des différences entre les deux catégories sexuelles mais également entre les deux catégories de couleurs. En même temps, il devrait y avoir accentuation des différences à l'intérieur d'une même catégorie, car elle est chaque fois composée de deux catégories différentes selon l'autre critère. Pour les mêmes raisons, il devrait y avoir accentuation des ressemblances à l'intérieur d'une même catégorie et entre catégories opposées. On peut donc s'attendre à ce que, dans ce cas, des effets opposés affaiblissent la différenciation catégorielle.

Chaque individu peut être considéré comme se trouvant à l'intersection de multiples croisements d'appartenances. Mais cette singularité devient en quelque sorte occultée quand il est associé à un autrui avec lequel il partage une appartenance. Ainsi, les stéréotypes interviennent plus fortement quand deux membres d'une catégorie rencontrent deux membres d'une autre catégorie, par rapport à une situation où un seul membre d'une catégorie est confronté avec un seul membre d'une autre catégorie. Lors de rencontres individuelles, de multiples appartenances s'entremêlent dans les jugements; lors d'une rencontre collective, des appartenances communes à un parti et différentes de l'autre parti deviennent prédominantes.

Une thèse affirme précisément que la désindividuation des membres d'un groupe facilite un comportement discriminatoire et hostile à leur égard. Des recherches de D. A. Wilder sont à mettre en rapport avec cette thèse car elles illustrent la dynamique inverse: l'affaiblissement d'un aspect de la catégorisation, notamment de l'homogénéisation des membres d'un groupe en les présentant comme différents entre eux, rend l'autre aspect de la catégorisation, la différenciation et la discrimination entre groupes, plus difficile.

Certains auteurs pratiquant une méthode plus clinique pour étudier l'identité sociale, tels que M. Zavalloni et C. Louis-Guérin, insistent sur la nature composite de tout intragroupe. D'une certaine manière, le hors-groupe se trouve toujours déjà à l'intérieur de l'intragroupe, et vice versa. Dans chaque individu s'imbriqueraient des appartenances multiples qui ne donnent que rarement lieu à des oppositions par tout ou rien.

L'hypothèse du contact

Mieux se connaître n'entraîne pas pour autant une amélioration de la nature des rapports entre individus, ni entre groupes. En effet, beaucoup de recherches ont détecté une sorte d'imperméabilité des préjugés à l'information, ou l'intervention de schèmes cognitifs accentuant la perception de traits stéréotypiques lors de rencontres avec des membres de hors-groupes.

Pourtant, déterminer les conditions de contact qui affaiblissent la force des préjugés était déjà une préoccupation chez G. W. Allport au début des années 1950. Selon lui, il faut distinguer différentes sortes de contact: pour atténuer ou éliminer préjugés et discrimination, il faudrait favoriser des contacts entre individus de statut égal qui opèrent en vue de la réalisation d'un but commun, il faudrait aussi créer des normes sociétales et de mesures institutionnelles en faveur de groupes qui sont l'objet de préjugés et de discrimination, par exemple des lois interdisant des comportements discriminatoires.

Depuis lors, beaucoup de recherches ont confirmé que les contacts en tant que tels ne diminuent pas nécessairement la discrimination entre groupes. Les recherches sur l'éthnocentrisme ont même montré que la discrimination est souvent plus forte entre peuples voisins, les préjugés ne pouvant donc pas être confondus avec un effet d'ignorance. Il faut rappeler que l'individuation des membres d'un hors-groupe permet de dépasser les préjugés à leur égard, mais, pour que cet affaiblissement des préjugés se généralise à l'égard d'autres membres, il faudrait que les membres avec qui les contacts ont lieu ne soient pas considérés comme des exceptions mais comme des membres représentatifs de l'autre groupe. Il s'agit donc d'un processus complexe oscillant entre une sorte de décatégorisation (ou personnalisation) et de généralisation d'attitudes favorables à l'autre groupe en tant que tel. M. B. Brewer et N. Miller accentuent le premier aspect du processus; d'autres auteurs tels que R. Brown et J. C. Turner insistent davantage sur le second.

À première vue, le raisonnement semble circulaire, de bons rapports créant de bons rapports. Il faut ici introduire une vision plus constructiviste. Pour que les rapports entre groupes changent, les membres des deux groupes doivent s'efforcer de les changer en réalisant les conditions d'un bon contact. À cet égard, les conclusions d'un chercheur ayant longuement étudié l'évolution de conflits interindividuels semblent applicables aux rapports intergroupes. M. Deutsch s'est en effet posé la question: «Quelles sont les conditions qui mènent à un processus constructif ou destructif de solution de conflit?» (*Distributive Justice*, 1985.) Sa réponse est en fait la conclusion générale de ses nombreuses recherches sur la solution des conflits et elle est formulée sous forme d'une loi générale sur les relations sociales: «Les processus et effets caractéristiques générés par un type de relation sociale sont aussi ceux qui tendent à générer ce type de relation.»

Appliquée au problème de la coopération et de la compétition entre groupes, cette loi postule que les principales causes de la coopération mais aussi ses conséquences sont les similitudes dans les croyances et attitudes, les dispositions à l'entraide, la franchise dans la communication, les attitudes confiantes et amicales, le partage du pouvoir, la défense des intérêts communs et l'évitement des conflits d'intérêts. De même, la contrainte, la menace, la duperie, les tendances à augmenter les différences, les communications de piètre qualité, la sous-estimation des valeurs partagées et l'accentuation des divergences d'intérêt et des enjeux d'un conflit, les attitudes de suspicion et d'hostilité se trouvent aussi bien parmi les causes que parmi les conséquences de la compétition.

La loi de Deutsch permettrait donc de définir les conditions pour faire évoluer dans un sens voulu la nature de rapports intergroupes prévalants à un moment donné : « Autrement dit, si on a une connaissance systématique des effets des dynamiques de coopération et de compétition on aura de ce fait une connaissance systématique des conditions qui typiquement génèrent ces dynamiques, et, par extension, des conditions qui font qu'un conflit prendra une tournure constructive ou destructive. »

C'est ici qu'il faut rapporter, avant de conclure, quelques résultats sur ces formes spécifiques de contacts entre groupes que sont les négociations et les tentatives d'influence entre groupes.

Négociations entre groupes

À première vue, la dialectique entre rapports individuels et rapports intergroupes peut paraître un problème théorique, la réalité concrète des rapports sociaux combinant toujours ces dynamiques individuelles et collectives. Cependant, pour J. M. Stephenson, c'est bien à une explication de ces deux sortes de dynamiques qu'il faut procéder si l'on veut aboutir à une compréhension des phénomènes très complexes qui se produisent quand des représentants d'un groupe rencontrent, habituellement dans une situation conflictuelle, des représentants d'un autre groupe pour déterminer les modalités futures des rapports entre leurs groupes. Quand des négociateurs entrent ainsi en contact, il s'agit bien de relations entre groupes mais aussi d'individus interagissant avec d'autres individus.

Le plus souvent, les négociations se déroulent d'une manière collective entre plusieurs représentants de chaque parti. Déjà, cette caractéristique des négociations entre groupes entraîne presque inévitablement une polarisation des prises de position. Lorsque plusieurs individus ont à définir ensemble une position par rapport à un autre groupe, cette prise de position devient plus nette et plus extrême que lorsqu'un individu doit se prononcer, seul, dans une situation semblable. Les représentations qui s'élaborent de l'autre parti sont également plus saillantes lors des négociations collectives que lors des négociations individuelles. Il en résulte que des négociateurs individuels arrivent plus souvent à une solution de compromis ; lors d'une négociation collective, les compromis sont plus difficiles à élaborer et, souvent, la discussion continue jusqu'à ce que l'un ou l'autre parti l'emporte.

Le rapprochement entre les positions de deux groupes peut aussi être rendu plus difficile par certaines modalités techniques de la situation de négociation. Des recherches de I. E. Morley et Stephenson (1977) sont éclairantes à ce sujet : ils comparent des situations de négociation face à face avec des situations dans lesquelles ils augmentent littéralement la distance entre les deux partis de négociateurs, les rendant invisibles les uns pour les autres en leur laissant seulement la possibilité de communiquer par téléphone. Dans ces situations avec communications plus restreintes, les compromis s'élaborent plus difficilement que lors de négociations face à face et ce sont généralement les rapports de force existant préalablement qui sortent renforcés de la négociation. Stephenson insiste donc sur la nécessité d'articuler d'une manière appropriée aspects interpersonnels et aspects collectifs pour qu'une négociation aboutisse : il est important que les positions de groupe s'expriment très nettement mais aussi que des tentatives plus individuelles d'interpréter les points de vue opposés et de les intégrer puissent intervenir dans le déroulement des négociations.

L'intervention d'un troisième parti peut également être très importante pour faciliter ou entraver le déroulement d'une négociation. Selon H. Taizard (*la Médiation et la résolution des conflits*), d'une certaine manière, le médiateur doit représenter dans une situation de conflit les valeurs de la société qui indiquent l'orientation que devrait prendre la négociation. Il est donc très important que le médiateur ait une conception de son rôle et une manière d'intervenir s'accordant avec la nature du conflit, une médiation trop technique pouvant négliger les aspects idéologiques et symboliques d'un conflit ou vice versa.

Influences entre groupes

La solution des problèmes entre groupes implique nécessairement que les membres de différents groupes puissent s'influencer réciproquement. Mais l'influence intergroupe a été peu étudiée jusqu'à récemment, car les études classiques sur l'influence sociale portaient surtout sur l'influence intragroupe. Si une influence émanant d'une source hors-groupe est étudiée, c'est uniquement pour montrer qu'elle est beaucoup plus faible que celle émanant d'une source intragroupe.

J. Turner (*Rediscovering the Social Group*) décrit en ces termes le mécanisme de l'influence intragroupe :

(i) L'individu se définit comme membre d'une catégorie sociale donnée.

(ii) L'individu élabore ou apprend les normes stéréotypes de cette catégorie. Il vérifie que certaines formes de comportements sont des attributs spécifiques d'une appartenance catégorielle. Certains comportements appropriés, attendus ou souhaités, sont utilisés pour définir une catégorie comme différentes d'autres catégories.

«(iii) L'individu s'attribue ces normes de la même manière qu'il s'attribue d'autres caractéristiques stéréotypes de la catégorie quand son appartenance catégorielle devient psychologiquement saillante. Ainsi son comportement devient plus normatif (conformiste) quand son appartenance catégorielle devient saillante. »

On peut difficilement rendre compte d'une influence qui émane d'un hors-groupe. Pourtant, cette influence existe, mais il faut la conceptualiser autrement. Ce sont les études sur l'influence minoritaire, initiées par S. Moscovici, qui fournissent maintenant des outils qui peuvent rendre compte d'une forme d'influence qui serait spécifique au hors-groupe. En effet, les études sur l'influence minoritaire distinguent deux sortes d'influence : l'une consisterait surtout dans les conduites de conformisme, telles qu'elles sont aussi décrites par Turner, qui reviennent à adopter telles quelles les réponses proposées par une source d'influence ; l'autre forme induit les personnes influencées à tenir davantage compte des principes organisateurs sous-jacents aux réponses de la source sans pour autant adopter ses réponses. Ce serait cette dernière forme qui caractériserait l'influence émanant d'un hors-groupe, comme elle caractérise celle qui est exercée par une source minoritaire.

Dans de nombreuses recherches effectuées par G. Mugny et ses collaborateurs sur l'influence minoritaire et l'influence intergroupe, deux effets principaux retiennent notre attention. L'influence majoritaire et l'influence intergroupe se caractérisent surtout par une influence immédiate qui reprend directement les réponses de la source ; par contre, l'influence émanant d'une source hors-groupe se manifeste après un temps de latence et dans des domaines qui sont en rapport avec le message du hors-groupe mais qui n'en reprennent pas directement les suggestions. Les individus influencés appliqueraient les principes de réponse de la source hors-groupe mais à des contenus quelque peu différents.

Certains principes invoqués par la source hors-groupe sont plus facilement repris que d'autres. Ce sont des principes qui font prendre conscience aux cibles d'influence qu'elles entretiennent des rapports de nature multiple avec une source minoritaire et notamment qu'elles partagent les mêmes droits humanitaires ou qu'elles entretiennent des rapports semblables avec une réalité objective.

Une argumentation basée sur le partage des mêmes droits humanitaires a ainsi été comparée à une argumentation plus conflictuelle basée sur les droits des travailleurs dans deux expériences de Mugny et ses collaborateurs. Chaque fois, ces argumentations étaient attribuées à une source autochtone et à une source étrangère, la plus grande partie des sujets étant de nationalité suisse. Dans les deux expériences, c'est bien un discours humanitaire qui permet à une source étrangère d'exercer autant d'influence, sinon plus, selon certains indices, que celle exercée par une source autochtone. Or jamais dans aucune des deux expériences une argumentation plus conflictuelle basée sur les droits des travailleurs ne permet à une source étrangère d'exercer dans l'ensemble autant d'influence qu'une source autochtone.

Un matériel de nature esthétique et perceptive a été utilisé par W. Doise pour faire intervenir des rapports semblables avec une réalité objective. L'expérience avait pour but de détecter des contextes intergroupes particulièrement aptes à produire une influence indirecte, c'est-à-dire une généralisation des principes de réponses utilisés par la source. Dans trois des conditions sur les quatre étudiées, c'est bien un hors-groupe (source d'influence de sexe différent) qui exerce relativement plus d'influence indirecte qu'un intragroupe (source d'influence de même sexe). Selon les résultats de cette expérience, mais aussi d'autes expériences, une source d'influence hors-groupe permettrait bien d'associer un refus relatif des réponses directement proposées avec une plus grande acceptation de leurs principes organisateurs.

Récemment, deux chercheurs américains, D. W. Gorenflo et W. D. Crano, ont en quelque sorte inversé la problématique. Leur but était de vérifier dans quelles conditions un individu préfère recourir à une source d'informations hors-groupe pour se décider plutôt qu'à une source intragroupe. C'est bien lorsqu'on informe les sujets qu'ils sont confrontés avec un problème pouvant donner lieu à une solution objective qu'ils recourent en plus grand nombre à une source hors-groupe, mais ils se contentent d'une source intragroupe quand ils doivent résoudre un problème de nature subjective. W. D.

BIBLIOGRAPHIE

Doise, W., 1979, *Expériences entre groupes*, Paris, Mouton.

Sherif, M., 1966, *Des tensions intergroupes aux conflits internationaux*, trad. fr., 1971, Paris, Les Éditions E S F.

Tajfel, H., 1982, *Social Identity and Intergroup Relations*, Cambridge, Cambridge University Press.

intériorisation

n.f. (angl. Interiorisation)

Transposition d'une action en un fait psychologique.

L'intériorisation constituerait le lien entre le comportement et la pensée. Elle participerait au processus général de développement en permettant l'économie d'action par le jeu de mécanismes qui, suivant les théories, sont présumés liés aux effets des actions produites ou à une activité propre du sujet, voire endogène. Elle est liée au fait que l'activité nerveuse perdure au-delà de l'excitation qui l'a engendrée et à la mémorisation. Elle peut être source de déviance, comme on le suppose pour l'autisme. H. B.

intermittent (renforcement)

(angl. Intermittent Reinforcement)

Situation d'apprentissage dans laquelle seule une partie des essais comporte un renforcement.

Si ce renforcement est prévisible, par exemple s'il est périodique (tous les *n*ièmes essais), les sujets peuvent, en fonction de leur niveau d'intelligence, s'y adapter; si le renforcement est prévisible mais est régi par une règle complexe, on se trouve en fait en situation de résolution de problème pour les sujets. Le cas le plus intéressant est celui où le renforcement est intermittent et *aléatoire*. Dans la situation expérimentale correspondante, le taux de renforcement est fixé : 20 %, 50 %, 80 %, etc., des essais sont renforcés. Mais le choix des essais particuliers est laissé au hasard.

Deux observations principales ont été faites dans cette situation. La première, à première vue paradoxale, est qu'un apprentissage établi dans cette situation est beaucoup plus résistant à l'extinction que s'il avait été établi avec un renforcement constant. On peut l'expliquer de plusieurs façons : l'une des meilleures consiste à dire que, si l'on passe d'un renforcement intermittent à une situation d'extinction (avec 0 % de renforcement), le changement, considéré sur une période de quelques dizaines d'essais, est plus grand que si l'on était parti d'un renforcement constant (à 100 %).

Le second résultat est que, dans des circonstances favorables, le taux de réponse des sujets tend à *s'ajuster*, de façon statistique, au taux de renforcement. L'Animal ne répond plus que dans 50 %, 80 %, etc., des essais. Cela se produit, bien que les réponses données ne s'ajustent pas, une par une, aux renforcements puisque ceux-ci sont, par leur caractère aléatoire, complètement imprévisibles. Ce type de résultat s'observe encore plus nettement dans les apprentissages de probabilités chez l'Homme.

L'école de l'analyse du comportement de B. F. Skinner a étudié en détail, sous le nom de « programmes de renforcement », toutes sortes de renforcements intermittents. J.-F. L. N.

→ probabilité (apprentissage de), programme de renforcement.

intermodal (transfert)

(angl. Intermodal Transfer)

→ transfert intermodal.

internalité

n.f. (angl. Internality)

Caractéristique des personnes qui tendent à chercher en elles-mêmes la cause d'un événement agréable ou désagréable. M. R.

→ Locus of Control.

internement

n.m. (angl. Confinement)

Mesure consistant à placer et à maintenir en service de psychiatrie, pour les y soigner, certains malades mentaux, à la demande de la famille ou de l'autorité publique, au titre de l'ancienne loi de 1838.

Jusqu'en 1990, il existait deux procédures d'internement psychiatrique, qui sont le placement volontaire et le placement d'office. C'est la loi du 30 juin 1838 qui, bien qu'ayant subi des modifications, a organisé les deux régimes jusqu'à la loi du 27 juin 1990.

La loi de 1838 prévoyait des formalités strictes, avant et pendant la période d'hospitalisation. Dérogeant au principe des libertés individuelles, elle instaurait des contrôles à tous les niveaux : médical, administratif et judiciaire.

Le *placement volontaire* était réalisé à la volonté de l'entourage : parents, alliés, amis, voisins. Il nécessitait une demande écrite, un certificat médical et une pièce d'identité. Dans les vingt-quatre heures de l'admission, le médecin du service était tenu de rédiger le certificat immédiat. Il pouvait conclure à la sortie, qui devait être instantanée.

Le *placement d'office* était réalisé à l'encontre d'une personne en état « d'aliénation mentale », qui « compromet[tait] l'ordre public et la sûreté des personnes ». Il nécessitait toujours que soit édicté un arrêté préfectoral de placement, le certificat médical n'étant pas obligatoire. Cependant, en cas de danger imminent, les commissaires de police à Paris et les maires dans les autres communes pouvaient prendre des mesures provisoires, à charge d'en référer au préfet, qui devait statuer sans délai.

Dans les deux formes de placement, les médecins transmettaient des certificats obligatoires, au préfet et au procureur de la République. Le patient lui-même et toute personne, en fait, pouvait demander la sortie en écrivant au préfet, au procureur ou au président du tribunal de grande instance. Ce dernier, statuant en la forme des référés, pouvait, après vérification et débats contradictoires, prononcer la sortie immédiate.

Les internements représentaient jusqu'à la loi de 1990 moins de 10 % des hospitalisations en psychiatrie. Les 90 % restants se faisaient en service libre, c'est-à-dire selon les mêmes modalités qu'une hospitalisation en service de médecine ou de chirurgie. Bien que cela fût pratiqué le plus rarement possible, les mineurs pouvaient faire l'objet d'un internement. M. G.

→ hospitalisation d'office, loi du 30 juin 1838, loi du 27 juin 1990, placement d'office, placement volontaire.

intérocepteur

n.m. (angl. Interoceptor)

Récepteur sensoriel situé dans la paroi d'un viscère ou d'un vaisseau sanguin et normalement excité par un stimulus interne.

Cette catégorie de récepteurs, ou viscérocepteurs, est représentée par de fines (1 à 12 µm) terminaisons libres, myélinisées ou amyéliniques, et également par des structures encapsulées dont le type le plus fréquent se rapproche du corpuscule de Pacini. Les barorécepteurs et les chémorécepteurs vasculaires, les tensiorécepteurs de la paroi vésicale, les récepteurs gastriques, intestinaux et mésentériques sont des exemples d'intérocepteurs. G. S.

intéroceptif, ive

adj. (angl. Interoceptive)

Qui concerne la perception des informations venues des viscères, du milieu intérieur.

S'oppose à *extéroceptif* et à *proprioceptif*.
J.-F. L. N.

→ sensation.

interprétation

n.f. (angl. Interpretation; allem. Deutung)

Intervention de l'analyste tendant à faire surgir un sens nouveau au-delà du sens manifeste que peut présenter un rêve, un acte manqué, voire une partie quelconque du discours du sujet.

L'idée que les rêves, les lapsus et les actes manqués, l'ensemble des formations de l'inconscient ou encore les symptômes peuvent s'interpréter, qu'ils recèlent un sens différent de leur sens manifeste, un sens latent, constitue l'un des principaux apports de S. Freud à la connaissance du sujet humain et l'un des modes d'action décisifs de l'analyste dans la cure.

L'interprétation est présente dès le début dans les œuvres de Freud. Dans les premiers temps, cependant, le travail de la cure consiste surtout à faire revenir des souvenirs pathogènes refoulés. Ce n'est qu'à mesure que la difficulté de cette reconstitution mnésique se fit sentir, et notamment avec l'abandon de l'hypnose, que Freud s'attacha davantage à se servir du matériel que ses patients lui amenaient spontanément et à l'interpréter.

Une valeur particulière doit bien sûr ici être reconnue au rêve. Si celui-ci réalise un désir, mais si en même temps le compromis avec la censure fait que ce désir reste dissimulé, il est nécessaire d'interpréter le rêve manifeste pour faire ressortir le rêve latent. Il faut d'ailleurs noter que, si le sujet a tendance, en racontant son rêve, à en effacer les aspects absurdes ou incohérents, à lui donner très vite du sens, c'est à rebours de cette première interprétation que va le plus souvent l'interprétation psychanalytique.

L'interprétation du rêve fait cependant appel au rêveur. Pour la psychanalyse, en effet, il n'est pas question de constituer une clef des songes, un dictionnaire universel de symboles, qui permettrait de traduire toute production onirique. Même si Freud n'exclut pas l'idée que la culture ou la langue véhiculent des symboles valant pour tous (symbolisme sexuel notamment), la pratique de l'interprétation suppose la prise en compte des associations du sujet. Lui seul est en mesure d'indiquer l'événement ou la pensée que peut lui rappeler un élément de son rêve, et l'interprétation n'est guère possible tant que les associations nécessaires n'ont pas été produites. Elles peuvent être très ténues (il suffit parfois par exemple que le cadre où se passe l'action du rêve manifeste renvoie à une situation antérieure pour que celle-ci se trouve au centre de la question du rêve latent) : elles sont toujours indispensables.

Forgée principalement en relation avec l'analyse des rêves, l'interprétation se trouve bien sûr appliquée à un matériel beaucoup plus large, incluant lapsus, actes manqués, oublis et, généralement, tout ce qui porte la marque de l'inconscient. En ce sens, même une phrase apparemment anodine peut se révéler porteuse d'un sens latent si le contexte permet de l'entendre autrement.

On a parfois reproché à la psychanalyse un usage systématique de l'interprétation, ramenant tout discours et toute action à une signification sexuelle stéréotypée. Ce qui est vrai, c'est que des personnes extérieures à la psychanalyse et se référant à un savoir superficiel ont galvaudé l'usage d'interprétations simplistes, du style de celle qui fait croire que chaque fois qu'un monsieur oublie son parapluie chez une dame cela signifie qu'il lui fait une proposition sexuelle. Freud avait déjà critiqué sous le nom de *psychanalayse sauvage* la tendance, chez certains médecins peu avertis de la psychanalyse, à donner à leurs patients des interprétations prématurées, qui pour eux-mêmes restaient mal fondées et qui pour leurs patients intervenaient à un moment où ils ne pouvaient pas encore vraiment les accepter.

Les psychanalystes, pour leur part, ont au contraire eu de plus en plus tendance à être prudents dans leurs interprétations. Dès lors qu'un élément d'un rêve par exemple peut être surdéterminé, c'est-à-dire renvoyer à plusieurs chaînes associatives différentes, une interprétation qui privilégierait un sens et un seul est tout à fait problématique. Certes, c'est là le modèle le plus spontané de l'interprétation : associer une signification à tout ce qui peut venir à se présenter comme formation de l'inconscient ou comme symptôme. Mais ce modèle spontané ne mène pas bien loin. Il fait obstacle, plutôt qu'ouverture, à la poursuite du discours.

Citation et énigme

Mais, alors, l'interprétation est-elle encore possible ?

Le recentrement, opéré par J. Lacan, de la psychanalyse sur le champ du langage (« l'inconscient est structuré comme un langage ») permet de répondre à cette question.

Ce qui caractérise le langage humain, c'est la polysémie. Un même mot a le plus souvent plusieurs sens différents. La poésie doit beaucoup à cette propriété, faisant entendre dans une forme souvent ramassée les résonances les plus diverses. La psychanalyse va seulement un peu au-delà. Ce qui est dit par un patient ne vaut pas seulement par son sens, qui s'articule à partir de mots organisés en phrases. Ce à quoi l'analyste prête attention, c'est à la séquence acoustique elle-même, à la chaîne signifiante (→ signifiant), qui peut se découper, dans l'inconscient, tout à fait autrement. Pour reprendre un exemple très connu, emprunté à S. Leclaire, un analysant peut rêver de palan, c'est-à-dire d'un appareil de levage. Mais il n'est pas impossible qu'à un niveau inconscient le signifiant « palan » évoque le charme d'une promenade effectuée à pas lents, voire l'horreur d'un supplice (pal en). Mieux encore, il est fréquent qu'un même signifiant véhicule à la fois les significations les plus contradictoires.

L'interprétation, dès lors, doit faire valoir, ou à tout le moins laisser ouverts, les effets de sens du signifiant. Elle y parvient en étant principalement énigme ou citation.

Citation : l'analyste rappelle, à tel point de ce que l'analysant peut dire, tel autre mot qu'il a prononcé un peu avant, tel fragment du discours qu'il a développé, tel souvenir qui fait écho à celui qu'il est en train de rapporter. L'accent est mis ici non sur la signification d'un terme isolé, mais sur les corrélations obligées, qui font que dans une vie se répètent les mêmes termes, les mêmes choix, le même destin.

Énigme : l'analyste évite de laisser entendre ses propres interventions comme univoques. S'il veut introduire l'analysant au langage de l'inconscient, il doit faire valoir le caractère polysémique de ce qui se dit dans la cure et, notamment, des maîtres mots qui orientèrent l'histoire du patient. Ainsi, l'interprétation a des effets de sens. Mais ce sens, pour l'analysant, reste ouvert au questionnement, il ne se clôt pas dans la mise en place d'une image de soi définitive et aliénante.

L'interprétation ne fait d'ailleurs pas qu'introduire le sujet à des significations nouvelles. Sur les significations que l'analysant développe, les anecdotes qu'il raconte, les affects qu'il exprime, l'analyste peut apposer, en quelque sorte, le sceau du signifiant. Ainsi, tel sujet peut se perdre un peu dans l'expression de sentiments ambivalents vis-à-vis de tel autre : si dans le même temps il a rêvé que celui dont il parle le mord, il suffit à l'analyste de proférer « vous êtes mordu » pour valider l'expression d'une passion que l'analysant ne parvenait pas à exprimer totalement, sans pour autant en nier le caractère douloureux. R. C.

interprétation (délire d')

(angl. Interpretative Delusion)

Forme clinique de délire chronique systématisé, généralement à thème persécutif, ayant une construction délirante caractérisée par la prépondérance du mécanisme interprétatif et une extension en réseau.

Individualisé par P. Sérieux et J. Capgras sous le nom de *folie raisonnante*, en 1909, le délire d'interprétation fait partie du démembrement clinique du *délire chronique* de Ch. Lasègue et V. Magnan, avec la *psychose* hallucinatoire* de G. Ballet, les *délires* passionnels* de G. Gatian de Clérambault et les *délires imaginatifs* de E. Dupré. Il s'agissait en fait de privilégier un mécanisme de la production délirante, ici l'interprétation, pour définir une forme clinique. Pour Sérieux et Capgras, l'interprétation délirante est donc un « raisonnement faux, ayant pour point de départ une sensation réelle, un fait exact, lequel [...] prend à l'aide d'inductions ou de déductions erronées une signification personnelle pour le malade, invinciblement poussé à tout rapporter à lui ». À partir de celle-ci se développe un délire qui serait théoriquement purement interprétatif. En réalité, l'activité délirante fait appel également aux autres mécanismes, en particulier hallucinatoire, et il est rare qu'un délire s'en tienne strictement à des interprétations. La structure paranoïaque de tels délires les fait entrer maintenant dans le cadre plus général de la paranoïa*. J. P.

→ délire.

intersecteur

n.m.

Structure administrative créée en 1972 pour organiser et répartir les moyens de prise en charge psychiatrique de la population infantile correspondant à une zone géo-démographique de 200 000 habitants, c'est-à-dire de trois secteurs de psychiatrie adulte.

Auparavant, après la Seconde Guerre mondiale, les pouvoirs publics avaient favorisé les initiatives privées, ce qui a contribué à la création d'une grande diversité d'institutions pour enfants sans coordination nationale. L'entrée en fonction dès 1964, au niveau ministériel, du Centre technique national pour l'enfance et l'adolescence inadaptées a permis dans un premier temps de regrouper des représentants de toutes les associations privées et semi-publiques et des représentants de l'administration. Puis les services publics de psychiatrie infanto-juvénile sectorisés ont été mis en place, se surajoutant aux institutions déjà existantes, avec la vocation de coordonner l'ensemble de l'action en hygiène mentale infantile.

Le but de l'intersecteur est d'entreprendre les soins nécessaires aux enfants en difficulté le plus précocement possible, en tentant de maintenir ceux-ci dans leur milieu sociofamilial chaque fois que c'est possible. La continuité de l'action thérapeutique est assurée par les membres d'une même équipe sous la responsabilité d'un médecin-chef spécialiste en pédopsychiatrie. Le centre de santé mentale est souvent le lieu de la première rencontre avec l'enfant, de l'élaboration diagnostique et du projet thérapeutique. La plupart bénéficient de soins ambulatoires, qui peuvent associer psychothérapie individuelle, rééducation psychomotrice et orthophonique, avec le plus souvent le concours des parents. D'autres enfants nécessitent l'admission dans un lieu thérapeutique à temps partiel, appelé hôpital de jour. Il s'agit surtout d'enfants psychotiques ou atteints de névroses graves. Ils peuvent conserver leur insertion sociofamiliale, et la famille participe à la prise en charge. Cette structure permet d'offrir un lieu de vie dans lequel l'enfant peut bénéficier d'une prise en charge institutionnelle. Les différents aspects de sa vie quotidienne y sont les supports d'une aide adaptée. L'admission dans un lieu thérapeutique à temps complet, qui peut être situé dans un hôpital général ou un hôpital psychiatrique départemental, est destinée soit à l'observation d'enfants ou d'adolescents souffrant de troubles psychiques graves, ou associés à des problèmes somatiques, qui nécessitent un traitement hospitalier, soit à des traitements de longue durée pour des enfants dont le comportement est trop perturbé pour permettre un maintien dans le milieu familial, soit à des enfants dont les familles sont trop éloignées du lieu de soins. Pour compléter les moyens thérapeutiques et réduire au minimum les hospitalisations, l'intersecteur développe les prises en charge extra-hospitalières, tels les placements familiaux thérapeutiques, les centres de soins pour adolescents. De plus en plus se développent des relations de coopération avec les services hospitaliers de pédiatrie, les centres de protection maternelle et infantile et les écoles pour prévenir et dépister l'apparition de difficultés.

Il existe actuellement plus de trois cents intersecteurs de psychiatrie infanto-juvénile plus ou moins bien équipés en locaux et personnels. Les médecins-chefs d'intersecteur sont aidés par le Conseil de santé mentale, organisme consultatif qui comprend des représentants de l'administration de l'intersecteur et des associations privées. Les membres en sont nommés par le préfet et doivent se réunir au moins une fois l'an. Il doit être consulté sur tous les projets concernant l'hygiène mentale. L'intersecteur participe aussi au fonctionnement de la commission départementale d'Éducation spéciale, créée par la loi d'orientation en faveur des handicapés du 30 juin 1975. Cette commission comporte 12 membres nommés par le préfet, dont la moitié est proposée par la D.D.A.S.S. et l'autre par l'inspecteur d'académie. Elle comporte des représentants des caisses de Sécurité sociale, des représentants des associations de parents et des représentants des institutions privées et semi-publiques. Elle est chargée de l'attribution de l'allocation d'éducation spéciale et de ses compléments pour aider les familles dont l'enfant est handicapé, de l'orientation des enfants vers les établissements ouvrant droit à prix de journée (instituts médico-éducatifs et instituts médicoprofessionnels). J.-M. C.

intervalle (échelle d')

(angl. Interval Scale)

Type d'échelle de mesure ordinale, munie d'une propriété supplémentaire : l'égalité de deux intervalles entre mesures est définissable.

Les échelles d'intervalles sont utilisées notamment en psychophysiologie pour mesurer les seuils différentiels. Les échelles d'intervalles peuvent être établies lorsque, par exemple, en choisissant comme étalon un certain stimulus, on détermine par une méthode d'ajustement quel stimulus est perçu comme plus grand (ou plus petit) dans 50 % des mesures. En prenant ce nouveau stimulus comme étalon, on peut établir de proche en proche une série de stimulus séparés par des intervalles égaux d'après la loi de Fechner-Weber. M. R.

intervention psychosociologique

(angl. Planned Change, Social Analysis)

Ensemble de pratiques visant à faciliter un changement non seulement dans les relations humaines, mais aussi dans certains aspects structurels et régulateurs des organisations professionnelles ou des collectivités locales.

L'intervention psychosociologique ne se confond ni avec la formation relationnelle, qu'elle englobe souvent, ni avec la recherche-action*. D'autre part, si l'on peut dire que la recherche-action est une intervention psychosociologique, l'inverse n'est pas vrai car de nombreuses interventions sont conduites sans souci heuristique, ni pour leur étayage notionnel ni pour le contrôle de leurs effets.

J. Dubost s'efforce d'ordonner ce domaine disparate et de dégager les éléments conceptuels et axiologiques d'une théorie générale. Parler d'intervention psychosociologique c'est, précise-t-il, parler du travail qui s'instaure au sein d'un ensemble concret composé d'individus et de groupes en interaction, structuré par le système dont il relève, avec des consultants extérieurs appelés par cet ensemble, ou l'une de ses parties, à propos de dysfonctionnements qui suscitent un malaise plus ou moins grand. Il distingue deux grandes catégories de sites et d'études : les interventions intraorganisationnelles, concernant des systèmes relativement clos (entreprises, administrations, écoles, hôpitaux, associations, etc.), et des interventions en milieu ouvert (zones rurales ou espaces urbains). Les demandes elles-mêmes sont très variées : réduction des accidents du travail, transformation d'un système de prime, tensions liées à des transferts et en milieu ouvert, problèmes de réaménagement de l'espace, prévention de la délinquance, de la toxicomanie, etc.

Comme pour la formation, les deux sources de l'intervention psychosociologique sont lewinienne et socioanalytique. Les conceptions et les pratiques du *changement volontaire* (angl. Planned Change) qui se manifestent depuis un quart de siècle aux États-Unis se rattachent aux noms de Benne, R. Lippitt, Bennis, Chein. Ils ont proposé à la fois une méthodologie et une déontologie ; les concepts de base sont ceux de développement, d'équilibre, de feedback, de rationalité. La praxis concerne la fonction d'agent de changement dans ses rapports avec le système client : rôle de facilitation, d'élucidation mais aussi d'aide et d'information. La rationalité est définie en termes de réalisme (en dissipant la confusion entre l'image idéologique que le système a de lui-même et ses conduites effectives) et en termes d'efficacité des communications (notamment pour l'expression des nouveaux besoins et pour la prise de décision). Il s'agit d'une sorte d'apprentissage à l'adaptabilité fondé sur l'état des connaissances en matière de régulation des systèmes. Pour sa part, E. Jaques, initiateur des interventions socioanalytiques, a dégagé l'importance des processus inconscients dans les organisations et la double fonction répressive et expressive des institutions sociales. Celles-ci assurent une défense collective contre différentes formes d'anxiété et constituent à ce titre un élément majeur de cohésion.

À partir des travaux évoqués, on peut formuler quelques principes d'action liés à certaines options de méthodes et de valeurs, à savoir :

— s'étayer directement sur les perceptions que les membres du groupe concerné ont de leur structure, du climat local, de leurs rôles et de leurs relations. On recourt ici à des entretiens individuels et collectifs ainsi qu'à l'observation de certains processus stratégiques. Ces approches pourront inspirer l'ordre des démarches, notamment la constitution de groupes de travail associés au processus de changement ;

— chercher à travers le travail de ces groupes (tour à tour interne et interactif) les ressorts d'un projet collectif de réaménagement ou d'innovation face aux problèmes posés et aux malaises ressentis. Dans cette perspective, le rôle du consultant — ou, plus souvent, de l'équipe consultante — est difficile : il suppose le souci, par rapport au client, d'une distance optimale et d'une implication contrôlée ; un mixte d'accompagnement et d'analyse, respectueux de l'autonomie et de l'initiative des acteurs concernés. Rôle à la fois distinct de celui d'un orthopédiste social (qui répare le système à l'identique), d'un démiurge (qui l'entraîne selon son inspiration) et d'un expert (dispensateur lointain d'un savoir).

Un praticien tel que Dubost est particulièrement soucieux des implications éthiques et idéologiques des interventions. À ses yeux, l'alternative est grave : sont-elles, comme elles le prétendent, du côté du changement et de la création culturelle ou au contraire du côté de l'ordre, de la répétition, du maintien des modes de domination installés ? Il ne s'agit pas pour autant de renoncer, car bien souvent ces pratiques peuvent entraîner des effets d'après-coup, en renforçant les possibilités d'expression, d'analyse et de confrontation, pour autant que la présence du consultant comme tiers est assurée.

Enfin, l'intervention psychosociologique requiert un travail assidu de théorisation et d'intercritique. L'affirmation d'un projet de recherche mutuellement accepté par les partenaires de la relation de consultation apparaît comme un objet commun nécessaire consacrant le sens du travail engagé. Ainsi, entre une pseudo-objectivité éludant la situation d'interaction des partenaires et un activisme enclin aux collusions et aux provocations, on peut envisager un certain type de scientificité élaborant une connaissance de l'entre-deux, en référence aux approches cliniques et historiques.

En définitive, une telle intervention prend toute sa portée et conjugue les deux fonctions que lui avait jadis assignées Lewin — heuristique et transrégulatrice — si l'on qualifie ainsi un processus d'évolution laborieuse à travers les doutes, les conflits, les essais, l'examen des enjeux et des issues jusqu'au seuil d'un nouvel équilibre. J. M.

BIBLIOGRAPHIE

Dubost, J., 1987, *l'Intervention psycho-sociologique*, Paris, P.U.F.

Jaques, E., 1951 trad. fr., Dunod, 1972, *Intervention et changement dans l'entreprise*, Paris.

intervention du spectateur

(angl. Bystander Intervention)

Dans les situations d'urgence, tendance des individus à intervenir plus quand ils sont seuls que lorsqu'ils se trouvent en présence d'autres individus.

Cette inhibition sociale dans l'aide découle d'une inhibition par rapport à un auditoire, de l'ignorance pluralistique et de la diffusion de responsabilité.

Un événement a été l'occasion d'une recherche sur l'intervention du spectateur dans des situations d'urgence. Une nuit de mars 1964, Catherine Genovese fut brutalement battue par un psychopathe tandis qu'elle rentrait chez elle dans un quartier résidentiel tranquille de New York après son travail. Pendant une demi-heure, elle réussit à écarter son attaquant tout en demandant grâce et en criant au secours. Durant cette demi-heure, pas moins de trente-huit voisins se mirent à leur fenêtre tandis qu'elle criait. Pendant une demi-heure, personne ne vint à son secours ni ne téléphona à la police et elle fut assassinée.

L'incident devint très vite un événement médiatique quand les journalistes et les commentateurs de télévision parlèrent des New-Yorkais et des habitants des grandes villes américaines comme de personnes apathiques et moralement endurcies. Cette anecdote surprit deux universitaires, B. Latané, de l'université Columbia, et J. Darley, de l'université de New York, notamment étonnés qu'il y ait eu non pas un mais trente-huit témoins demeurés inertes. Ils émirent alors une hypothèse : plus les gens qui assistent à un accident sont nombreux, moins il y a de chances pour que quelqu'un intervienne. Ils étayèrent cette théorie en avançant l'importance du danger, l'absence de récompense pour celui qui intervient, l'inexpérience de la plupart des gens, la rareté de tels faits. Le côté inattendu, le peu de bénéfice à espérer d'une organisation, l'aspect urgent et l'impossibilité d'envisager une action quelconque sont aussi à prendre en compte. Les témoins ne doivent pas seulement remarquer l'urgence d'une situation, ils doivent encore l'interpréter, décider que la responsabilité d'une action sera la leur et ils doivent enfin choisir un mode d'action. Pour chacun de ces points, les coûts et bénéfices relatifs influencent la décision du spectateur et, pour chacun de ces points, la présence d'autres personnes peut affecter ces coûts et bénéfices.

Quand d'autres personnes sont présentes, plusieurs formes d'influence sociale sont possibles alors que les individus essaient de comprendre la situation et tentent de décider s'il faut ou non agir. L'une de ces formes d'influence est la *diffusion de responsabilité*.

Dans leur première expérience, Darley et Latané demandèrent à des étudiants volontaires de discuter des « problèmes qu'entraîne la vie dans une ville universitaire ». Les étudiants se trouvaient seuls dans une pièce et avaient à leur disposition un système d'interphone qui ne permettait qu'à une seule personne à la fois d'être en ligne. Certains participants furent amenés à croire que la discussion du groupe n'impliquait que deux personnes : eux-mêmes et la future « victime ». D'autres pensèrent qu'ils étaient six : eux-mêmes, la victime et quatre autres personnes. Quand chacun avait parlé, la victime (en fait une fiction sur bande magnétique) avait apparemment une crise d'épilepsie alors qu'elle parlait. Plus de 85 % des participants qui croyaient qu'ils étaient seuls à entendre la crise la rapportèrent avant que la liaison téléphonique ne fût coupée, tandis que seulement 31 % des sujets issus des groupes de six firent de même.

Pour rendre compte de ce résultat, Latané et Darley ont avancé le concept de « diffusion de responsabilité ». Quand plusieurs individus sont présents, pas un seul spectateur ne peut être considéré comme seul responsable. La responsabilité revient en fait à tous les témoins : s'il y a un blâme pour cause d'inaction, il est partagé par tous. Cependant, certains participants peuvent croire que quelqu'un d'autre est venu en aide et que leur propre action aurait du coup été redondante. Mais que serait-il advenu s'ils avaient su que personne ne s'était proposé pour aider ?

Dans une seconde expérience, Latané et Darley firent asseoir des étudiants de sexe masculin de l'université Columbia dans une petite pièce, parfois seuls et parfois en compagnie de deux complices. Tandis qu'ils remplissaient un questionnaire, ils étaient confrontés à une situation ambiguë et potentiellement dangereuse puisque de la fumée (du dioxyde de titane) s'infiltrait dans la pièce par le conduit d'aération. Les complices secouaient tout simplement leurs épaules et poursuivaient leur tâche. Quand ils étaient seuls, les étudiants remarquaient la fumée, la reniflaient ; 75 % d'entre eux sortaient bientôt de la pièce pour raconter l'incident. Les étudiants qui se trouvaient dans la pièce avec des complices irresponsables ne rapportèrent l'incident qu'à un taux de 10 %.

L'inhibition sociale a été incontestablement plus forte quand il apparaissait que les autres spectateurs n'étaient pas accourus au secours. L'hypothèse de la diffusion de responsabilité ne pouvait rendre compte du résultat : il est en effet non pertinent quand la propre vie d'une personne est en cause. Latané et Darley trouvèrent deux autres processus à l'origine de l'inhibition sociale : l'*inhibition d'auditoire* (une personne ne veut pas apparaître comme idiote devant d'autres) et l'*ignorance partagée* (tant que personne n'agit, chacun ne voit dans les autres que des irresponsables et pense qu'agir est inutile). L'inhibition sociale du spectateur ne signifie pas nécessairement que l'on viendra moins en aide à quelqu'un à partir du moment où l'on se trouvera en présence d'un groupe. Le fait qu'il y ait davantage de personnes peut augmenter les chances qu'il s'en trouve au moins une qui agisse. Cela signifie en fait qu'il y aura moins de chances pour qu'un individu agisse par rapport à une situation où il se serait trouvé seul. Cet effet est souvent si fort qu'il diminue réellement les chances d'être secouru.

Les effets de l'inhibition sociale ont été souvent répétés et à grande échelle. Ils sont l'un des phénomènes les plus solides des sciences sociales. Ils ne sont pas cantonnés aux interventions en cas d'urgence : les gens ramassent moins volontiers des objets perdus, répondent moins facilement à un coup de sonnette à la porte, laissent moins de pourboires au restaurant quand d'autres sont présents.

La perspective théorique fondamentale de cette optique de recherche a été développée plus avant par Latané dans sa théorie plus vaste de l'*impact* social*.

B. L. (trad. de B. O.)

BIBLIOGRAPHIE

Latané, B., et Darley, J. M., 1970, *The Unresponsive Bystander*, New York, Prentice Hall.

intonation

n.f. (angl. Intonation)

Ensemble signifiant des variations de la fréquence fondamentale et de la mélodie dans un énoncé.

DÉVELOP. Dans les processus de la communication parlée, on distingue l'intonation, qui qualifie l'ensemble des modulations de la voix, en hauteur, intensité et durée, et la production de segments linguistiques, phonétiques et verbaux. L'intonation de la parole entendue assure une fonction sociale dès les débuts de la vie en permettant au bébé de reconnaître la voix de sa mère. Vers la fin de la première année, l'enfant peut transmettre ses intentions de communication au moyen de modulations vocales ; les contours mélodiques prennent alors une valeur précise. L'intonation joue un rôle facilitateur dans la segmentation des unités linguistiques, phonétiques dans les six premiers mois, lexicales dans la deuxième année. M.-L. L. R.

intraclasse (coefficient de corrélation)

(angl. Coefficient Intraclass Correlation)

→ corrélation.

introjection

n.f. (angl. Introjection ; allem. Introjektion)

Processus qui consiste à transposer sur un mode fantasmatique les objets extérieurs et leurs qualités inhérentes dans les diverses instances de l'appareil psychique.

Le terme d'*introjection*, introduit par S. Ferenczi, est fréquemment utilisé par opposition à celui de *projection*. L'introjection opère sur le modèle de l'incorporation, qui en est la matrice corporelle. Chez M. Klein, introjection et projection sont liées respectivement aux bons et aux mauvais objets qui peuvent être introduits ou expulsés. L'introjection joue également un rôle essentiel dans l'identification. R. L.

introspection

n.f. (angl. Introspection)

Attitude psychologique qui vise à recueillir de l'information sur ce qui se passe à l'intérieur du sujet même qui la met en œuvre.

La psychologie scientifique moderne argue que cette information n'est pas suffisamment fiable pour qu'une tentative systématique de connaissance psychologique fondée sur elle puisse être considérée comme valide.

Cela ne signifie pas qu'on ne puisse pas utiliser cette information. Mais on devrait alors le faire en deux temps : 1. l'information recueillie sur lui-même par un sujet est rapportée par lui à un observateur extérieur, verbalement ou par tout autre moyen convenu (par exemple appuyer sur un bouton) ; 2. l'observateur extérieur traite ce témoignage, généralement avec beaucoup d'autres, recueillis chez d'autres sujets, comme une donnée de fait, au même titre que n'importe quel comportement ou observation objective. À partir de ces données, il essaie, selon les méthodes scientifiques habituelles, de mettre à l'épreuve un *modèle* du fonctionnement interne des sujets considérés « à la troisième personne » (« lui, S », ou plutôt, grâce à la démarche inductive, « eux, les S »), mais jamais à la première personne (« moi, O »).

La méthode introspective procède, au contraire, entièrement à la première personne du singulier. Elle ne dispose pas de moyen spécifique pour généraliser ses observations. J.-F. L. N.

→ cognitive (psychologie), conscience.

introversion

n.f. (angl. Introversion ; allem. Introversion)

PSYCHOL. **Tendance à se replier sur soi-même.**

PSYCHAN. **Chez un sujet, retrait des investissement libidinaux des objets du monde extérieur au bénéfice de son monde intérieur.**

Ce terme, introduit par C. Jung, a été repris par S. Freud, mais l'introversion ne désigne plus chez ce dernier que le retrait de la libido sur les formations fantasmatiques. R. L.

TYPOL. **L'un des pôles d'une dimension de la personnalité étudiée notamment par H. J. Eysenck, l'extraversion-introversion, caractérisé par la tendance à la dominance de la réflexion intérieure et solitaire, le repliement sur soi, etc.** M. R.

introverti, e

adj. et n. (angl. Introverted, adj. ; Introvert, n.)

Se dit d'une personne dont l'affectivité, les centres d'intérêts sont dirigés préférentiellement sur elle-même. (Contr. extraverti.)

Elle se caractérise préférentiellement par l'introversion*. M. R. et R. L.

intuitive (pensée)

(angl. Intuitive Thought)

Pensée qui investit directement son objet, qui est à la fois contact et compréhension, connaissance immédiate sans interposition de signes ni de procédés expérimentaux ou déductifs.

En ce sens courant, l'adjectif « intuitif » s'oppose à « rationnel ». Cette opposition n'a pas toujours été retenue en psychologie. Elle fut contestée par l'école de Marbourg et refusée par la psychologie de la forme, pour laquelle l'intuition est structuration adaptative du réel et qui la décrit comme une conduite intelligente, organisant les situations de manière que les parties y soient saisies dans leurs relations nécessaires au tout. Cette organisation ne s'accomplit pas par une progression pas à pas, mais de façon soudaine et totale (insight*) : c'est en termes d'intuition que W. Kohler a décrit la découverte du détour par le chimpanzé et le jeune enfant. C'est ce constat aussi qui a porté les gestaltistes à voir dans les apprentissages un processus discontinu.

En psychologie du développement, on trouve les expressions « pensée intuitive » et « raisonnement intuitif » sous la plume de J. Piaget pour caractériser une forme mentale transitoire entre les organisations sensori-motrices et l'opérativité, qui se constitue entre les âges de 4 et 6 ans (pendant la période préopératoire). À cette période, la pensée tend vers la coordination des rapports représentatifs sans y atteindre tout à fait. Elle procède par *transduction*, c'est-à-dire par un raisonnement préconceptuel, qui consiste à établir des relations par analogie immédiate. Par exemple, devant trois poids gradués, A, B, C (A étant le plus léger, C le plus lourd), l'enfant de 4-5 ans comparant A à B et C parvient bien à conclure que A est léger, mais il en conclut aussi que B et C sont tous deux également lourds et en reste là. Si on le contraint à comparer B et C, alors il ne tient plus compte de A.

Cette pensée parvient à des distinctions importantes, par exemple entre « tous » et « quelques-uns », mais n'est pas encore capable d'établir des relations d'*emboîtement* (→ emboîtés [ensembles]). Ainsi, un enfant de 4 ans devant une corbeille de fruits comprenant, en nombre différent, des pommes, des bananes et des oranges saisira bien que tous les fruits ne sont pas des oranges mais sera incapable de décider s'il y a plus d'oranges que de fruits ou que de bananes. Dans un enchaînement d'événements ou dans une configuration, ce qui relie, pour l'enfant de 4 à 6 ans, les éléments entre eux, c'est sa propre action. De sorte que la pensée intuitive demeure irréversible, tout établissement d'une relation pouvant abolir la relation établie précédemment. C'est une pensée à sens unique.

L'expression de *pensée moléculaire* a été appliquée par H. Wallon à des descriptions de conduites assez voisines, situées à la même période du développement et qualifiées aussi de préconceptuelles. H. B.

invariance

n.f. (angl. Invariance)

Conservation d'une ou plusieurs propriétés d'un objet, d'un événement, d'une relation en dépit du changement continu du flux des stimulations sensorielles qui en proviennent.

C'est grâce à l'existence d'invariants que des objets ou événements perçus différents peuvent néanmoins être reconnus et traités comme équivalents. La stabilité du monde, la possibilité de comprendre ce qui se passe à un instant donné, de prévoir dans une certaine mesure ce qui va suivre reposent sur des invariances. J. J. Gibson et J. Paillard, notamment, ont insisté sur le fait que tous les organismes vivants ont une véritable « soif d'invariance ». Une capacité de détection de certaines invariances a été mise en évidence dans des espèces et des domaines très différents, et cela très précocement. En voici quelques exemples.

Invariant physique ou géocentrique : direction des forces de gravité dans le milieu terrestre.

Invariants biologiques : invariance staturale, position érigée chez l'Homme, correspondant au positionnement antigravitaire.

Invariants perceptifs ou de transformation : tout déplacement d'un objet dans l'espace par rapport à un observateur, de même que tout déplacement d'un sujet dans un environnement fixe, se traduit par une modification du flux lumineux qui atteint l'œil de l'observateur. Ces transformations continues obéissent à des règles qui spécifient chaque type de déplacement. Les invariants que sont ces règles informent l'observateur sur ce qui se déplace (tout ou partie de l'environnement ou l'observateur lui-même), selon quelle trajectoire, etc.

Les comportements précoces du bébé humain montrent que, dès la deuxième semaine d'existence, il dispose de mécanismes d'extraction de ce type d'invariants. Les invariants de rigidité et de plasticité d'un objet sont détectés par des bébés de 3 mois : les transformations visuelles d'un objet rigide lors de divers déplacements (rotation, translation, etc.) sont différenciées des transformations visuelles d'un objet mou, de même forme, subissant diverses formes de compression (E. Gibson et coll.).

Invariants temporels intermodaux : le synchronisme ou le tempo (fréquence d'occurrence) d'événements visuels et auditifs entraînent l'apparition d'une relation intermodale entre percepts visuels et auditifs chez les bébés de 4 mois (E. Spelke). Enfin, les constances perceptives de formes et de grandeurs constituent elles aussi des invariants perceptifs.

Invariants figuratifs : schèmes figuratifs, modèles internes.

Invariants conceptuels : permanence de l'objet, conservation de propriétés non directement perceptibles (substance, poids, volume), concepts de classe logique, etc. E. V.

inventaire de personnalité

(angl. Temperament Survey, Schedule, Inventory)

Ensemble d'items regroupés sous forme d'échelle, destiné à mesurer la personnalité d'un sujet. (Syn. questionnaire.)

Il existe de nombreux inventaires de personnalité, comme celui de Guilford-Zimmerman* ; ils dépendent de la conception que se font leurs auteurs des traits dominants de la personnalité tels qu'ils les ont établis en fonction de la perspective qu'ils se sont donnée. M. R.

inverse (analyse factorielle)

(angl. Inverse Factor Analysis)

→ plan d'analyse factorielle.

investigation (réaction d')

(angl. Investigation Reaction)

Dans la théorie de I. P. Pavlov, comportement de recherche d'information.

Cette expression est synonyme de « réaction d'orientation ». On parle parfois aussi de « réflexe » ou de « réaction d'orientation-investigation ».

Plutôt que d'un pur réflexe, on considère généralement aujourd'hui qu'il s'agit de toute une *classe de comportements* (dresser l'oreille, renifler, tourner la tête, placer en vision fovéale par un mouvement oculaire et même déployer toute une stratégie d'exploration visuelle au moyen de mouvements oculaires complexes, etc.). En outre, on admet que ces comportements sont *au service* d'une activité de collecte de l'information, qui est essentiellement centrale et cognitive, plutôt que périphérique. J.-F. L. N.

investissement

n.m. (angl. Cathexis ; allem. Besetzung)

PSYCHAN. **Mobilisation et transformation par l'appareil psychique de l'énergie pulsionnelle ayant pour conséquence d'attacher cette dernière à une ou plusieurs représentations inconscientes.**

Dans ses premiers travaux (notamment *Projet de psychologie scientifique*, 1895), S. Freud concevait l'investissement comme le déplacement (au sens mécanique du terme) d'une certaine quantité d'énergie au sein du système nerveux. Mais, dans l'*Interprétation des rêves* (1900), la notion d'appareil psychique remet en cause cette description : dans celui-ci, en effet, la quantité d'énergie se répartit et se transforme à l'intérieur des instances. La nature de cette énergie d'investissement sera définie dans le cadre de la seconde théorie de l'appareil psychique (1920) comme une énergie pulsionnelle tirant son origine du ça. L'usage actuel de « investissement » déborde largement son acception originale : on parle de l'investissement d'un objet (fantasmatique ou réel), du corps propre, d'une partie du corps, etc. R. L.

involution

n.f. (angl. Involution)

DÉVELOP. **Évolution à rebours.**

En psychologie, l'évolution désigne une série de transformations de même sens se produisant au cours du temps. Ce terme a été employé parfois comme synonyme de développement (H. Wallon, *l'Évolution psychologique de l'enfant*, 1941). Il a, en général, une connotation positive et s'applique à des transformations irréversibles représentant des gains. Au contraire, le terme d'*involution* désigne des transformations dégénératives, également irréversibles. Il a été utilisé pour rendre compte du processus de vieillissement normal et pathologique et de certaines détériorations mentales. H. B.

PSYCHIATR. **Processus de vieillissement d'un organe en général et, plus particulièrement, du cerveau.**

Par analogie avec le physique, l'involution s'applique au psychisme. On décrit des psychoses d'involution de type dépressif (mélancolie d'involution de J. Capgras) ou délirant (paranoïa d'involution de K. Kleist). Ces psychoses entrent donc dans le cadre de la présénescence*. J. P.

ipsatif, ive

adj. (angl. Ipsative)

Se dit d'une méthode d'évaluation utilisant comme terme de référence le sujet évalué lui-même.

Exemple : telle note obtenue par le sujet est supérieure ou inférieure à la moyenne des notes qu'il obtient habituellement. M. R.

ipsilatéral, e, aux

adj. (angl. Ipsilateral)

Se dit de ce qui se trouve ou de ce qui se produit d'un même côté du corps, par opposition à *contralatéral*. (Syn. homolatéral.)

On qualifie par exemple d'*ipsilatérales* les voies nerveuses projetant dans l'hémisphère cérébral situé du même côté que les récepteurs sensoriels, par rapport à l'axe de symétrie du corps. Par exemple, les récepteurs de l'hémirétine gauche de l'œil droit transmettent les informations de *manière ipsilatérale* vers le cortex occipital droit. P. L.

irradiation

n.f. (angl. Reflex Irradiation)

RÉFLEX. **Dans la conception de I. P. Pavlov, extension de certaines activités nerveuses (essentiellement l'excitation ou l'inhibition) à des régions du système nerveux anatomiquement proches.**

Elle est supposée se faire au cours du temps et être souvent suivie par le mouvement inverse.

GÉNÉR. **Extension de certaines activités psychologiques à des unités structurellement ou fonctionnellement connexes des premières, sans aucune référence à la proximité anatomique.** R. L.

irresponsabilité

n.f. (angl. Unlability)

Qualité de celui qui n'est pas capable ou pas obligé de rendre compte de ses actes, de ses comportements.

Tout comme la responsabilité peut se décomposer en plusieurs types de responsabilités, l'irresponsabilité peut se ventiler en plusieurs catégories d'irresponsabilités.

Avant 1968, une personne en état d'aliénation mentale pouvait se voir déclarer irresponsable des dommages qu'elle aurait pu causer. Depuis la loi du 3 janvier 1968 portant réforme du droit des incapables majeurs, il n'en va plus de même. La loi dispose en effet que « celui qui a causé un dommage à autrui alors qu'il était sous l'emprise d'un trouble mental n'en est pas moins obligé à réparation ».

Les médecins des hôpitaux publics sont civilement irresponsables et c'est l'hôpital, s'il s'agit d'une faute lourde ou d'une faute dans l'organisation du service, qui endossera cette responsabilité. Cependant, si le praticien a commis une faute personnelle détachable du service ou lors d'une consultation privée, il redevient civilement responsable.

La responsabilité pénale d'une personne se trouve engagée du fait de la violation d'un texte de loi formel, qu'il en soit résulté ou non un préjudice. Les mineurs âgés de moins de treize ans sont totalement irresponsables, alors que ceux âgés de treize à dix-huit ans peuvent bénéficier de l'excuse atténuante de minorité. La loi prévoit d'autres causes d'irresponsabilité pénale : légitime défense, état de nécessité, ordre de la loi, état de démence. L'article 64 du Code pénal dispose qu'« il n'y a ni crime ni délit lorsque le prévenu était en état de démence au temps de l'action ou lorsqu'il a été contraint par une force à laquelle il n'a pas pu résister ». C'est le plus souvent le juge d'instruction qui, par une ordonnance de non-lieu, prononce l'état de démence après l'expertise psychiatrique du prévenu. Le sujet ainsi déclaré irresponsable fait aussitôt, sauf exception, l'objet d'un placement d'office en service psychiatrique. M. G.

irritabilité

n.f. (angl. Irritability)

Hypersensibilité aux stimulations extérieures accompagnant généralement un état affectif pénible.

L'irritabilité entraîne des comportements réactionnels à ces stimulus perçus comme hostiles, sur un mode agressif dirigé soit contre l'entourage, soit contre soi-même (autopunitif).

L'irritabilité se rencontre parfois dans la manie, mais plus souvent dans certaines dépressions chroniques masquées, ou d'épuisement. Elle peut être le seul signe de ces états dépressifs, qu'il faut bien reconnaître pour les traiter efficacement par des antidépresseurs. J. P.

isolement social perçu

(angl. Loneliness)

Impression éprouvée par certains individus qui estiment que leurs relations sociales sont moins étroites et moins nombreuses qu'ils ne le souhaiteraient.

Il existe une *échelle d'isolement* (angl. Loneliness Scale) permettant d'évaluer ce sentiment (D. Russel). M. R.

isolement temporel

(angl. Time Isolation)

Situation dans laquelle un sujet ne dispose d'aucun repère temporel externe lui permettant d'organiser ses activités.

Les expériences d'isolement temporel permettent d'étudier les caractéristiques spontanées des rythmes biologiques en l'absence de synchroniseurs temporels externes. P. L.

→ rythme biologique.

isolement thérapeutique

(angl. Isolation)

Mesure à visée thérapeutique dont le but est de soustraire l'individu à son milieu de vie habituel.

L'isolement fait partie des mesures thérapeutiques utilisées dans la prise en charge des malades mentaux. Mais il a été souvent perverti et transformé, sous la pression de nécessités sociales ou administratives, en une véritable exclusion ou un simple enfermement.

Pour P. Pinel, c'était la principale condition du traitement moral, celle qui permettait de soustraire l'aliéné aux influences néfastes de son milieu ; ce que confirmait le meilleur de ses élèves, E. Georget, en 1820 : « Séparer les aliénés des objets qui les entourent, les retirer des mains de leurs parents ou amis, est la première condition, une condition à peu près indispensable pour les guérir, et à très peu d'exceptions près, on peut dire qu'ils ne recouvrent point la santé chez eux. » (*De la folie*.)

Mais ce n'était qu'une condition du traitement moral. Malheureusement, et déjà avec Pinel à la Salpêtrière, l'isolement allait devenir l'instrument même de ce traitement; et là est sans doute l'origine de sa perversion. D'autant plus qu'allait être préconisée sa forme la plus redoutable : l'isolement cellulaire. Même si le règlement des asiles limitait l'emploi de ce dernier à l'autorisation de la hiérarchie médicale, son abus sera la règle pendant toute la seconde moitié du XIXe siècle pour tous les malades dits « dangereux » dès qu'ils apparaissaient agités, impulsifs ou violents. J. P.

isométrie/isotonie

(angl. Isometric/Isotonic Contraction)

PSYCHOPHYSIOL. **Types opposés de contraction musculaire : contraction isométrique, contraction isotonique.**

J. P. et M. B.

isométrique

adj. (angl. Isometric)

PSYCHOPHYSIOL. 1. **Se dit d'une contraction musculaire telle que la longueur du muscle ne change pas alors que la force développée par le muscle augmente (travail statique).**

Bien qu'il n'y ait pas déplacement des points d'insertion musculaire, on note à l'intérieur du muscle un léger raccourcissement des éléments contractiles, mais il est compensé par un étirement des éléments élastiques (tendons).

PSYCHOPHYSIOL. 2. **Se dit d'un enregistrement électromyographique d'une contraction musculaire isométrique.**

L'enregistrement transcutané ou au moyen d'une aiguille insérée dans le muscle permet de voir la mise en jeu des unités motrices qui s'accélèrent et deviennent de plus en plus nombreuses à être activées ainsi que l'augmentation de la force développée par le muscle.

PSYCHOPHYSIOL. 3. **Se dit d'une secousse musculaire observée lorsque la longueur du muscle ne change pas.**

Elle se traduit par le développement d'une tension quelques millisecondes après le début du potentiel d'action musculaire. Sa durée varie avec le muscle de 10 millisecondes pour un muscle oculaire de mammifère à quelques secondes pour un muscle de tortue. J. P. et M. B.

isotonique

adj. (angl. Isotonic)

PSYCHOPHYSIOL. **Se dit d'une contraction musculaire lorsqu'elle s'effectue à tension en principe constante (travail dynamique, par opposition au travail statique de la contraction isométrique*).**

En réalité, ce type de travail ne s'effectue pas tout à fait à tension constante du fait de la relation existant entre tension et longueur musculaire. Une contraction isotonique entraîne le raccourcissement des myofibrilles. J. P. et M. B.

item

n.m. (angl. Item)

DIFFÉR. **Élément d'un test, constituant une situation particulière et jouant le rôle d'un stimulus auquel le sujet ne peut donner qu'une réponse parmi les deux ou plusieurs réponses théoriquement prévues par le test.**

Le nombre des items d'un test est très variable. Chaque item possède un *score*, qui permet l'utilisation quantitative du test. Le score est le nombre exprimant le résultat obtenu par le sujet. Si la réponse du sujet est mauvaise, le score égale zéro. R. L.

ivresse

n.f. (angl. Drunkeness Inebriety)

En alcoologie, état d'excitation psychomotrice dû à l'ingestion massive de boissons alcooliques.

De l'ivresse légère, vite dissipée, à l'ivresse grave pouvant aller jusqu'au coma et susceptible d'entraîner des accidents redoutables, on trouve tous les degrés possibles.

LES DEGRÉS

On distingue à tort ivresse dite « normale » et ivresse pathologique. Toute ivresse est anormale quand elle survient chez un sujet dont l'alcoolémie ne dépasse pas 1 à 1,50 g. On observe une excitation intellectuelle et motrice passagère (1 ou 2 h) avec facilitation de la parole, humeur joviale, hyperexpansivité.

Au cours de cet état, ressenti comme euphorique, les épreuves psychomotrices nécessitant un contrôle de soi sont déjà altérées, alors que le sujet n'en est pas conscient et surestime ses capacités.

À un stade plus avancé (au-dessus de 2 g), on constate plusieurs troubles : incoordination avec troubles cérébelleux, démarche ébrieuse avec chutes, parole embarrassée, désordres végétatifs (nausées, vomissements, mydriase), troubles de l'attention et somnolence.

Si l'intoxication est plus lourde, il y a majoration massive de tous les symptômes cités ci-dessus : le sujet est dit « ivre mort ».

Des éléments pathologique particuliers peuvent s'ajouter au tableau précédent : raptus impulsif (le sujet devient furieux, agressif et casse tout). Après un paroxysme plus ou moins long, torpeur et prostration ; hallucinations et onirisme avec réactions violentes et imprévisibles ; délire à thème mégalomaniaque, de jalousie ou de persécution ; éléments dépressifs avec risque de passage à l'acte suicidaire.

LES SOINS

La gravité de ces manifestations exige des mesures de surveillance et des soins d'urgence. Si les ivresses ont tendance à récidiver chez un même sujet, elles revêtent souvent les mêmes formes. Il n'y a pas proportionnalité entre taux d'alcoolémie et intensité des événements pathologiques. Enfin, l'« ivresse au volant » est une expression à ne pas retenir car elle désigne l'imprégnation alcoolique mesurée à l'éthylomètre, qu'il y ait ou non des signes d'ivresse. P. F.

BIBLIOGRAPHIE

Adès, J., 1985, *les Conduites alcooliques*, Paris, Douin.

J - K

Jackson (John Hughlings)

Neurologue britannique (Green Hammerton, Yorkshire, 1834-Londres 1911).

Essentiellement clinicien, il fut médecin au National Hospital de Londres pendant 45 ans. Il est considéré comme l'un des fondateurs de la neurologie moderne. Le premier, il a décrit les épilepsies motrices unilatérales, analysé les troubles du langage et introduit la notion de localisation lésionnelle. Il a décrit également une hiérarchie fonctionnelle dans le système nerveux : le niveau le plus bas est constitué par la moelle épinière et le tronc cérébral, centres des différents réflexes segmentaires ; le deuxième niveau comprend les noyaux gris de la base et le cortex cérébral concernés par les sensations et les mouvements ; le cortex préfrontal, enfin, constitue le niveau le plus élevé, permettant l'intégration finale et contrôlant toutes les activités de l'organisme. Ses plus importants travaux ont été réunis dans deux ouvrages : *Neurological Fragments* (1925) et *Selected Writings* (1958).

R. L.

jacksonisme et néojacksonisme

n.m. (angl. Jacksonism and Neojacksonism)

Théorie de la dissolution des fonctions nerveuses par la maladie, inverse de celle de leur évolution (dans l'ontogenèse et la phylogenèse), formulée par le neurologue britannique J. H. Jackson en 1884, dans la perspective évolutionniste de son époque.

Cette théorie amena Jackson à distinguer des troubles négatifs, directement dus à la lésion d'une structure nerveuse donnée, de type déficitaire, et des troubles positifs, provoqués par la libération des structures sous-jacentes, inférieures et plus archaïques, jusque-là contrôlées, inhibées par la structure nerveuse lésée qui leur était supérieure.

Toute maladie neurologique se manifestait donc, pour Jackson, par des symptômes de déficit et des symptômes de libération. Il l'avait constaté en particulier dans ses études cliniques minutieuses de l'aphasie et de l'épilepsie. Sa théorie eut peu de succès, même dans son pays natal, et elle était bien oubliée lorsque H. Ey la réexhuma pour l'appliquer à la psychiatrie, en 1936, dans la perspective d'une conception « organodynamique » de la maladie mentale. C'est ce qu'on a appelé le « néojacksonisme ». Sans doute Ey ne faisait-il que poursuivre la pensée évolutionniste en psychologie pathologique de Th. Ribot, de P. Janet et de son maître H. Claude à Sainte-Anne. Mais il l'appliqua avec beaucoup de rigueur, et en reprenant les travaux originaux de Jackson, dans une conception véritablement globale de toute la psychiatrie. Pour lui, toute maladie mentale avait en même temps un aspect négatif dû au processus pathologique en cause, marqué par une déstructuration* de conscience, et un aspect positif, produit par la levée des inhibitions permettant une efflorescence de pensées, relevant de structures plus archaïques et, en particulier, de l'inconscient. C'était là, à la fois, annexer et réduire la découverte de S. Freud, dans une perspective évolutionniste finalement assez proche de celle de Janet (Cl. Prevost). Il développa le néojacksonisme dans tous ses travaux et en particulier dans ses trois tomes des *Études psychiatriques*, puis dans son *Traité des hallucinations* et enfin dans l'ouvrage qui résume toute sa pensée psychopathologique : *Des idées de Jackson à un modèle organo-dynamique en psychiatrie* (1975).

J. P.

BIBLIOGRAPHIE

Ey, H., 1975, *Des idées de Jackson à un modèle organo-dynamique en psychiatrie*, Toulouse, Privat.

jalousie

n.f. (angl. Jealousy)

Sentiment provoqué par la crainte d'être trompé par l'être aimé et parfois par la croyance que ce dernier préfère déjà une autre personne.

De la simple jalousie non fondée, préoccupation anxieuse, au délire de jalousie, véritable psychose passionnelle, tous les degrés peuvent se voir, comme l'a montré D. Lagache dans sa thèse sur *la Jalousie amoureuse*. Des études à long terme (J. Ades) de cette jalousie morbide ont permis de constater que près d'un tiers des patients présentaient des troubles psychotiques (délire paranoïaque ou, parfois, schizophrénique) ; la moitié, des troubles névrotiques et de la personnalité ; le reste, des troubles organiques (séquelles traumatiques en particulier) ou une alcoolomanie. L'alcool peut jouer un rôle favorisant sur les passages à l'acte agressifs et même criminels dirigés contre la personne aimée ou contre le rival supposé. Celui-ci est souvent l'objet d'un intérêt tout particulier de la part du jaloux délirant en raison d'une homosexualité latente que ce dernier ne reconnaît pas, cet amour homosexuel se transformant en haine par le mécanisme inconscient de la projection paranoïaque.

J. P.

→ délire, paranoïa.

Janet (Pierre)

Psychologue et psychiatre français (Paris 1859-*id.* 1947).

Son œuvre psychopathologique s'est centrée sur les notions de tension et de force psychologiques. Il réussit les concours de l'École normale supérieure puis de l'agrégation de philosophie (en 1882). D'abord professeur aux lycées de Châteauroux et du Havre (où il pratique ses premières expériences d'hypnose à distance), il poursuit en même temps des études de médecine et son doctorat ès lettres, dont il soutient la grande thèse à la Sorbonne en 1889. Il s'agit de *l'Automatisme psychologique*, qui lui donne une grande notoriété. Celle-ci lui permet de s'introduire à la Salpêtrière dans le service du neurologue J. M. Charcot, qui lui confie en 1890 la direction de son laboratoire de psychologie. Trois ans après, l'année de la mort de Charcot, il soutient sa thèse de médecine, intitulée *Contribution à l'étude des accidents mentaux des hystériques*. F. Raymond, qui a succédé à Charcot, lui laisse son laboratoire de psychologie et, dès 1895, Janet est suppléant de Th. Ribot au Collège de France, où il devient titulaire de la chaire de psychologie pathologique en 1902. Il y poursuit son enseignement pendant plus de trente ans, jusqu'en 1935. Il continue, après sa retraite, à publier de nombreux travaux et garde jusqu'en 1942 une consultation à l'hôpital Sainte-Anne. Jusqu'à sa mort, en 1947, il aura une activité psychiatrique privée.

Sa thèse sur l'automatisme psychologique représente certainement l'une des premières tentatives d'aborder l'inconscient comme un objet de science, quelques années avant les premières découvertes de S. Freud. On peut y reconnaître trois grands thèmes.

La personnalité est sous-tendue par deux instances latentes, « l'une qui conserve les organisations du passé, l'autre qui synthétise, qui organise les phénomènes du présent». L'alternance du fonctionnement de ces deux instances, et leur simultanéité, apparaît bien dans les «disparitions» et les «retours» de mémoire tels qu'on peut les observer dans les états somnambuliques «naturels» ou «induits» (provoqués), ou au décours de suggestions post-hypnotiques. Elle apparaît ainsi dans un certain nombre de phénomènes dits hystériques: anesthésies diverses, écrits automatiques, discours étranges, perceptions insolites, comportements d'apparence involontaire, et aussi dans les changements de personnalité et les cas de double personnalité tels que les a décrits le Dr Azam à propos de sa malade Felida. On peut interpréter ces troubles dans la perspective d'un rétrécissement momentané du champ de conscience ou dans celle d'une disjonction hypnique. Quoi qu'il en soit, ces faits nous forcent à admettre l'existence d'une «seconde conscience» qui «persiste au-dessous de la pensée normale». Même chez le sujet normal, on retrouve cette «seconde conscience» faite de souvenirs, d'images, de sensations bien enregistrés et susceptibles de déterminer son comportement sans qu'il en soit conscient.

Dans certains états pathologiques, la personnalité peut perdre sa cohésion, une partie d'elle-même venant à «s'autonomiser», «se détachant» de l'ensemble. C'est le cas des hallucinations, du délire, des «idées fixes»: «Ces troubles se produisent comme si le système des phénomènes psychologiques qui forme la perception personnelle chez tous les hommes était, chez ces individus, désagrégé et donnait naissance à deux ou plusieurs groupes de phénomènes conscients, groupes simultanés mais incomplets et se ravissant les uns aux autres les sensations, les images et, par conséquent, les mouvements qui doivent être réunis normalement dans une même conscience et un même pouvoir.» Pour Janet, tous les troubles hallucinatoires, délirants, obsessionnels sont donc la conséquence d'une désagrégation psychique. Ils sont provoqués par l'activité, en dehors du champ de conscience normal, de tout un système d'images, de pensées, de volitions. Il s'agit donc d'une «scission» dans l'organisation intrapsychique. Et l'idée obsédante ou délirante, par exemple, d'une «possession par l'autre» n'est que la conséquence d'un clivage psychologique prouvant l'existence d'une activité psychique normalement inconsciente.

La conséquence à tirer de cette explication purement psychologique du trouble mental est qu'il est donc susceptible d'être traité par des moyens uniquement psychologiques, c'est-à-dire par la psychothérapie. Ainsi d'ailleurs s'explique l'effet curateur de la suggestion hypnotique: «C'est encore à la persistance d'une pensée subconsciente que je rapporterai l'action de la plupart des suggestions post-hypnotiques.» Il en est de même de la psychothérapie cathartique, dont on peut admettre (avec H. Faure) qu'il en fut l'initiateur: «Certains symptômes hystériques peuvent disparaître par évocation et liquidation de souvenirs traumatisants enfouis dans l'inconscient et réexhumés systématiquement.» Janet nous en donne un cas exemplaire avec celui de la jeune Marie, âgée de 20 ans, présentant des crises convulsives à chaque période menstruelle. L'effet cathartique du rappel d'un souvenir traumatique devait la guérir définitivement.

On retrouve ces mêmes thèmes dans sa thèse de médecine sur l'état mental des hystériques, avec l'accent porté sur cette psychothérapie qui permet de lever l'inhibition psychique responsable des troubles. Tout au long de ses ouvrages et de son enseignement, Janet va reprendre ces thèmes en les confrontant à une minutieuse observation clinique prolongée sur des patients qu'il gardera des années, comme consultant.

C'est à partir de la notion de «faiblesse psychologique» qu'il se met ensuite à décrire, comme un pendant à l'hystérie, l'autre grande névrose, la «psychasthénie», qui remplacera la «neurasthénie» de Beard et qui sera individualisée par S. Freud sous le nom de «névrose obsessionnelle». Cette description, tout à fait fondamentale, est faite en 1903 dans *les Obsessions et la psychasthénie*. En 1919 paraissent *les Médications psychologiques*, complétées en 1923 par *la Médecine psychologique*, qui font la synthèse de ses théories psychiques énergétiques et de son expérience psychothérapique. Cette synthèse est prolongée dans *De l'angoisse à l'extase*, paru en 1926 et consacré à ses deux célèbres malades, l'écrivain Raymond Roussel et la mystique Madeleine Lebouc.

Ce qui a toujours frappé les amis et les élèves de Janet, c'est son opiniâtreté, sa vivacité, son intelligence, qui lui firent garder intacte sa capacité de penser jusqu'à la fin de ses jours. On le vit ainsi, après 1934, alors qu'il avait pris sa retraite d'enseignant, donner de nombreux cours et conférences à Sainte-Anne. Infatigable et éternel étudiant, esprit infiniment ouvert et novateur, obstiné à poursuivre la vérité, il entreprend à près de quatre-vingt-ans des recherches sur les délires et travaille à un livre sur les diverses formes de la croyance.

Ses relations avec Freud ont toujours été très ambivalentes et même, parfois, hostiles. Selon Cl. Prévost (*Janet, Freud et la psychologie clinique*), pour faire plaisir à son gendre E. Pichon, un des premiers psychanalystes français, Janet a cherché à se réconcilier avec Freud en allant sonner à sa porte, en 1937; mais il ne sera pas reçu. Il faut dire que Freud avait alors d'autres soucis. Si ce dernier a été un génial inventeur, il faut reconnaître que son adversaire français, même s'il n'avait pas son génie, nous a laissé «l'une des plus vastes synthèses qui aient jamais été effectuées par l'esprit humain» (H. Ellenberger). J. P.

jargonaphasie

n.f. (angl. Jargonaphasia)

Désorganisation profonde du langage, caractérisée par l'utilisation de termes déformés et inintelligibles se substituant aux mots appropriés.

La jargonaphasie accompagne souvent une atteinte aphasique avec alexie et agraphie et se retrouve au stade aphaso-agnoso-apraxique de l'alzheimérisation démentielle décrite par J. de Ajuriaguerra (stade III). J. P.

Jaspers (Karl)

Psychiatre et philosophe allemand (Oldenburg 1883-Bâle 1969).

Il fut professeur de psychopathologie, puis de philosophie aux universités de Heidelberg et de Bâle.

Après des études de droit à Fribourg-en-Brisgau, puis de médecine d'abord à Berlin puis à Göttingen et à Heidelberg, où il devient assistant à la clinique psychiatrique universitaire en 1915, Jaspers change d'orientation et devient enseignant de psychologie, puis de philosophie dans cette même université. Il y devient professeur de philosophie en 1921. Marié à Gertrud Mayer (sœur du philosophe juif Ernst Mayer), il est révoqué par les nazis en 1937 et se réfugie à Bâle. Sa chaire lui est rendue après la Seconde Guerre mondiale. Mais il repartira plus tard à Bâle, où il finira sa carrière d'enseignant et d'écrivain en philosophie.

En dehors de son œuvre philosophique d'inspiration phénoménologique, et de ses œuvres de réflexion politique (*la Culpabilité allemande*, 1946; *Origine et sens de l'histoire*, 1949; *la Bombe atomique et l'avenir de l'homme*, 1958), il est surtout connu pour sa monumentale *Psychopathologie générale*, publiée pour la première fois en 1913. La troisième édition de celle-ci (de 1923) fut traduite en français en 1927 et a profondément marqué des psychiatres français comme H. Ey, D. Lagache ou E. Minkowski. Son auteur, qui avait été très influencé par l'ouvrage de W. Dilthey (1833-1911) *Idées concernant une psychologie descriptive et analytique*, propose de bien distinguer en psychopathologie ce qui relève de l'explication causale naturaliste et ce qui dépend de la compréhensibilité, qui est seule du domaine de l'analyse psychologique et, plus précisément, phénoménologique. Certains phénomènes psychiatriques vont donc pouvoir être compris, dans une démarche subjective, soit dans leur aspect strictement phénoménologique et statique, soit dans leur aspect génétique et dynamique, qui permet de saisir l'enchaînement des faits et de comprendre comment s'est élaboré un délire à partir du développement d'une personnalité prémorbide, ou comment a fait irruption une psychose réactionnelle à la suite d'un événement particulièrement dramatique pour le sujet. En revanche resteront du côté de l'explication naturaliste les «processus» considérés comme organiques de certaines maladies mentales, comme les démences ou la schizophrénie. Encore que, pour cette dernière, il faille bien distinguer les phases processuelles incompréhensibles des réaménagements psychopathologiques secondaires, qui peuvent être phénoménologiquement compréhensibles. Cette approche psychopathologique, envisageant le patient dans la globalité de sa personnalité et dans la totalité de sa vie (à la fois synchroniquement et diachroniquement), reste encore très actuelle (P. Berner) et toujours largement pratiquée. J. P.

jetons (économie de)

(angl. Token Economy)

PSYCHIATR. **Technique basée sur les paradigmes du conditionnement opérant et ayant pour but de faciliter la réhabilitation et l'insertion sociale de malades en institution par l'intermédiaire de renforcements positifs matérialisés par des jetons (ou parfois des points), pouvant servir de monnaie d'échange.**

Pratiquée sous l'impulsion de T. Ayllon et de N. H. Azrin dans des services accueillant des malades chroniques (psychotiques, débiles par exemple), l'économie de jetons vise à faire fonctionner ces services comme des microcosmes régis suivant des lois semblables à celles de l'économie sociale. Cette technique de modification du comportement diffère des systèmes de « bons points » souvent en vigueur dans les milieux éducatifs en ce que l'obtention des renforcements fait l'objet d'un contrat, généralement placé sous la responsabilité d'un psychologue et régi suivant un programme bien spécifié. Une fois le contrat accepté par le malade, le jeton est dû, comme l'est un salaire, et échangeable, comme l'est l'argent, contre des objets ou des avantages.

Dès le début des années 1970, un nombre considérable de services de psychiatrie d'outre-Atlantique, puis d'Europe, mettent en pratique des types similaires de fonctionnement. En France, une première expérience de ce genre a été tentée en 1975 à Paris, au centre psychiatrique Sainte-Anne.

Les économies de jetons permettent souvent de réduire l'apragmatisme des malades et de leur restituer leur autonomie dans leurs activités quotidiennes : alimentation, soins de toilette, tâches ménagères, travaux simples, etc. Chez les schizophrènes, elles visent également à accroître leurs possibilités de communication sociale. Le but est, évidemment, de voir les progrès acquis se généraliser à des activités autres que celles qui ont été renforcées et de favoriser des initiatives permettant au malade une réinsertion sociale et professionnelle.

Des études contrôlées ont montré que les comportements et la verbalisation s'améliorent chez les malades traités en économie de jetons et que les sorties sont plus fréquemment envisagées. Ce système est cependant lourd à gérer de façon satisfaisante. Il nécessite une parfaite cohésion de l'équipe soignante, dans laquelle les infirmiers sont tout particulièrement impliqués. M. A.

BIBLIOGRAPHIE

Agathon, M., « Thérapie comportementale des schizophrènes », in *Encyclop. Méd. Chirg.*, Paris, Psychiatrie 37295 D50 7-1983.
Ayllon, T., et Azrin, N. H., 1973, *Traitement comportemental en institution psychiatrique*, Dessart, Bruxelles (trad. fr.).

jeu

n.m. (angl. Play ou Game)

Mode d'activité polymorphe observable avec une fréquence d'autant plus grande qu'on s'élève dans l'échelle animale et tenant d'autant plus de place dans la vie d'un individu que celui-ci est jeune.

GÉNÉR. Le jeu est le plus souvent défini en contraste avec le travail, considéré comme une activité obligée et contrôlée. Le jeu est une activité gratuite, fermée sur elle-même en ceci qu'elle est déclenchée par une motivation intrinsèque, fort peu par des stimulations externes, et qu'elle n'a pas besoin de renforcements extérieurs pour se poursuivre.

Le jeu procure du plaisir à celui qui l'exerce. Il n'apparaît que lorsque les besoins fondamentaux sont satisfaits et en dehors de toute contrainte. Pourtant, le joueur peut introduire dans le jeu une structure contraignante qui varie parfois fortement d'un individu à l'autre, d'une culture à l'autre, mais qui est librement élaborée ou au moins librement acceptée. « Dans le jeu, l'activité est à la fois réelle et simulée [...], elle est transposition de la réalité sans avoir pour objectif de transformer cette réalité » (M. Hurtig).

DÉVELOP. Très nombreux, les jeux peuvent être répartis en quelques catégories qui sont tour à tour prédominantes au cours du développement. Les *jeux d'exercice* apparaissent les premiers : seuls à exister chez le bébé, ils persistent à des degrés divers à tous les âges. Ils procurent un plaisir fonctionnel, celui de se savoir la cause d'un événement (particulièrement net chez le bébé), d'affirmer et de parfaire un savoir nouvellement acquis. Dans le *jeu symbolique*, ou jeu de faire semblant, ou jeu de fiction (H. Wallon), le réel et l'imaginaire se mêlent sans cesse : des jouets manufacturés (poupées, autos) sont utilisés comme support, mais aussi des cailloux, ficelles, boîtes, etc. Le jeu symbolique a son apogée entre 2 et 6 ans. Au primat des jeux symboliques se substitue à partir de 6 ans celui des *jeux de construction*, fondés sur la découverte et la prise en compte des strictes relations avec le réel, et celui des *jeux de règles*, dans lesquels la transmission sociale et la coopération avec d'autres sont essentielles. Les jeux de construction et de résolution de problèmes de plus en plus complexes sont plutôt des jeux individuels alors que les jeux de règles sont collectifs, depuis le « donne et prends » qu'affectionnent les bébés d'un à deux ans jusqu'aux jeux de société (7 familles, bataille navale, échecs et jeux de cartes variés) et aux jeux d'action et d'adresse (marelle, football).

Dès le milieu du XIXe siècle, de nombreux auteurs se sont interrogés sur la fonction du jeu et ont proposé diverses explications. La théorie du surplus d'énergie (H. Spencer), d'après laquelle le jeu servirait à épuiser un trop-plein de force, ainsi que la théorie de l'atavisme (S. Hall), inspirée de la loi biogénétique fondamentale de E. Haeckel, reposent plus sur des spéculations que sur des données d'observation. La théorie de l'exercice préparatoire (K. Gross) n'a pas reçu un grand appui des données empiriques recueillies chez l'enfant. Cependant, chez l'Animal, il semble bien que nombre de conduites ludiques, ressemblant à des comportements adultes qui n'aboutiraient pas à leur conclusion (bataille pour rire, jeux présexuels), constituent des préalables nécessaires à l'apparition ultérieure du comportement achevé. En effet, si l'on empêche artificiellement ces jeux de s'exercer chez le petit, une incapacité d'exécuter la séquence complète et efficace du comportement en jeu apparaît chez l'adulte (S. Millar). J. Piaget voit dans le jeu de l'enfant un secteur d'activité, indispensable à son équilibre affectif et intellectuel, « ... dont la motivation [n'est] pas l'adaptation au réel mais au contraire l'assimilation du réel au moi, sans contraintes ni sanction... » (Piaget et B. Inhelder). Pour ces auteurs, le jeu symbolique est sous la dépendance des structures cognitives et se réalise dans des activités purement assimilatrices ; il n'est pas une adaptation au réel — position qui est fortement contestée par certains auteurs (B. Sutton-Smith). L'évolution du jeu avec l'âge suit, dit Piaget, l'évolution intellectuelle. Les jeux d'exercice sont l'activité, pour le plaisir, de schèmes sensori-moteurs ; les jeux symboliques sont marqués par l'égocentrisme de la période préopératoire, les jeux de règle et de construction témoignent de la décentration et de la coordination des schèmes cognitifs intériorisés, caractéristiques de la période opératoire. Mais Piaget voit dans le jeu symbolique plus que des indices d'activité cognitive. Le symbolisme ludique est pour l'enfant un processus de décharge des tensions et de liquidation des conflits, le moyen de déplacer vers des substituts les mouvements pulsionnels. En cela, le point de vue de Piaget rejoint celui de certains psychanalystes, comme D. W. Winnicott, pour qui le jeu est un espace intermédiaire où se négocie la prise en compte du réel.

Certains psychologues accordent au jeu un rôle d'intégration sociale, de socialisation (J. Château, Sutton-Smith, B. Rosenberg). Les jeux des enfants changent d'une culture à l'autre et, dans une même culture, d'une période historique à l'autre. Cela est particulièrement net en ce qui concerne les différences entre garçons et filles : si les filles ont adopté la plupart des activités antérieurement réservées aux garçons, ceux-ci conservent encore le monopole des jeux qui nécessitent à la fois vigueur et adresse physique. Par ailleurs, la fonction éducative du jeu est actuellement très valorisée, jusqu'à occasionner des récupérations douteuses : le jeu serait le travail de l'enfant. E. V.

PSYCHIATR. Le jeu est utilisé dans les thérapies pour établir la communication avec l'enfant et l'aider à modifier son fonctionnement mental.

Dès l'Antiquité, Platon envisage le jeu comme un moyen éducatif permettant l'apprentissage d'un futur métier. Montaigne, quant à lui, perçoit que les jeux des enfants manifestent « les penchants profonds de l'être ». Mais c'est S. Freud qui, le premier, analyse la signification du jeu de la bobine chez un garçon de dix-huit mois qui vivait sous le même toit que lui. Il perçoit la dimension symbolique du jeu de l'enfant, qui reproduit, avec l'objet qu'il a sous la main, la scène de la disparition et de la réapparition de sa mère, assumant ainsi un rôle actif qui lui permet de maîtriser ces événements jusque-là subis. M. Klein à sa suite, en 1919, élabore la technique psychanalytique du jeu pour les jeunes enfants en découvrant que ceux-ci expriment leurs fantasmes et leurs angoisses essentiellement à travers le jeu. « En n'interprétant pas seulement le discours de l'enfant, mais également ses activités avec des jouets, j'ai appliqué ce principe de base (l'association libre) au psychisme de l'enfant, dont le jeu et les diverses activités, en fait tout le comportement, constituent les moyens d'exprimer ce que l'adulte exprime de façon prédominante avec les mots. » Cette psychanalyste utilisait des jouets et une salle de thérapie équipée d'un lavabo, de petits meubles, représentatifs du monde réel, qui permettent à l'enfant d'exprimer un large éventail de fantasmes et d'expériences vécues. L'enfant qui souffre éprouve donc un soulagement considérable, par exemple, en faisant subir à un jouet les tendances destructrices qu'il éprouve à l'égard d'un membre de sa famille. C'est l'interprétation de l'analyste qui donne sens à ce comportement dans la thérapie. Cette technique de *jeu en thérapie* (angl. Play-Therapy) a suscité des controverses parmi les analystes, en particulier A. Freud, qui refusa de reconnaître les activités ludiques comme équivalents des associations libres chez l'adulte. De même, les rapports de l'enfant avec son analyste, c'est-à-dire la question du transfert, si importante pour M. Klein et ses élèves, furent envisagés différemment, souvent sous un angle pédagogique. Actuellement, en psychiatrie d'enfant, le jeu est utilisé dans de nombreuses formes de thérapie, que ce soit en thérapie individuelle d'inspiration psychanalytique chez de jeunes enfants ou dans un grand nombre de rééducations comme l'orthophonie, la psychomotricité ou d'autres modes d'expression corporelle. Le psychodrame utilise une autre forme de jeu, le jeu dramatique, qui a pour but la compréhension de certaines aspirations du patient, lesquelles apparaissent dans l'énoncé du thème, son élaboration et le choix des rôles, ainsi que des mécanismes de défense, de l'angoisse et de la culpabilité. Le jeu est universel et correspond à la santé ; ce qui est naturel, c'est le jeu. « C'est une thérapie en soi » disait Winnicott. J.-M. C.

BIBLIOGRAPHIE

Château, J., 1955, nouv. éd. 1967, *le Jeu de l'enfant après trois ans, sa nature, sa discipline*, Paris, Vrin.

Château, J., 1972, *les Sources de l'imaginaire*, Paris, Éditions universitaires.

Millar, S., 1971, *la Psychologie du jeu*, Paris, Payot.

Winnicott, D. W., 1975, *Jeu et réalité, l'espace potentiel*, Paris, Gallimard.

jeu de rôle

(angl. Role Playing)

Mode d'entraînement interactif visant à la prise de conscience des attitudes et des rôles pour permettre une évolution positive des personnes et/ou des groupes et développer leur créativité. (Syn. jeu dramatique.)

Il s'agit de mise en situations imaginaires, proches de la réalité mais favorisant, du fait même de leur caractère ludique, la spontanéité et la disponibilité des partenaires. Le recours aux jeux dramatiques en formation relationnelle se situe dans le développement général des méthodes actives et collectives. Ce mouvement peut s'observer aussi bien dans le domaine pédagogique (classes nouvelles, travail en équipes) que dans celui du perfectionnement professionnel (conduite des réunions, discussion de groupe) et dans le domaine de la psychothérapie (thérapie de groupe, socioanalyse). J. L. Moreno a été le fondateur des procédures dramatiques à visée formative ou curative.

Selon Moreno, le jeu de rôle présente un double intérêt : expression de la personnalité ; ajustement à autrui et au groupe dans des situations duelles ou plurielles. L'adulte, parfois plus que l'enfant, peut éprouver des difficultés à s'adapter à des situations ou à des partenaires nouveaux et tend à s'enfermer dans des *rôles stéréotypés* (angl. Cultural Conserves). Il conviendrait alors, grâce au jeu, d'effectuer un « réapprentissage de la spontanéité perdue ». Quels qu'en soient les rapports, les variantes et les styles d'interprétation, il s'agit toujours de jouer librement des scènes tirées de la vie quotidienne ou imaginaire.

On peut distinguer trois types de démarches : le *psychodrame*, de style morénien ou psychanalytique ; le *sociodrame* ; le *jeu de rôle*. Ce dernier est toujours librement improvisé autour d'un thème ou d'un scénario préalable, d'origine diverse selon le style de formation : échanges intensifs d'un groupe d'analyse ou de créativité ; opportunité de « mise en acte » au cours d'une discussion de cas ; proposition émanant d'un animateur (donc moins librement élaborée). Une autre formule consiste à scinder un groupe en deux parties, chacune étant invitée à produire séparément un synopsis de base qui sera joué ensuite par des membres de l'autre sous-groupe.

Généralement, une séance de jeu de rôle comporte trois phases : d'abord, la préparation et la mise en situation des acteurs ; ensuite, la phase d'interaction proprement dite, comportant éventuellement l'intervention de l'animateur, le renversement des rôles, l'enregistrement ou l'observation plus ou moins systématiques des processus par le reste du « public » ; enfin, au terme du jeu, une phase d'analyse collective et d'interprétation où s'expriment alternativement le vécu des acteurs et les réactions des spectateurs ; on découvre l'accord ou l'écart éventuel entre les perceptions et l'évaluation des conduites et de leur dénouement. L'animateur met l'accent sur la dynamique des interactions, ou leur blocage, sur les signes d'affects évidents ou latents, sur tels ou tels aspects symboliques et, finalement, sur le sens de ce qui s'est joué là, ensemble — jeux et enjeux en rapport avec le contexte du groupe et du stage de formation. J. M.

→ psychodrame, rôle, sociodrame.

BIBLIOGRAPHIE

Oberlé, D., 1989, *Créativité et jeux dramatiques*, Paris, Méridiens-Klinksieck.

jeux (théorie des)

(angl. Theory of Games)

Nom donné à l'ensemble des méthodes mathématiques permettant la résolution de problèmes faisant intervenir règles de décision et notions abstraites de tactique et de stratégie.

Pascal fut le premier à proposer une solution au partage des enjeux lorsqu'une partie n'est pas conduite à son terme. Il eut d'illustres successeurs : Huygens, Bernoulli, Cournot puis É. Borel, qui approcha de très près le principe fondamental de la théorie des jeux découvert par J. von Neumann en 1928. Cependant, il a fallu attendre dix ans pour que Ville en donne une démonstration élémentaire, et c'est seulement en 1944 que la théorie des jeux entra dans sa phase de maturité avec la parution de l'ouvrage écrit par J. von Neumann et O. Morgenstern (*la*

Théorie des jeux et du comportement économique, 1944).

Le jeu de base étudié complètement par la théorie est appelé duel: il se joue à deux personnes ou à deux équipes, et ce que perd l'un profitera exclusivement à l'autre. Le déroulement d'un jeu dépend de l'habileté des joueurs, c'est-à-dire que le gain ou la perte de chaque joueur dépend non seulement de ses propres initiatives, mais aussi de celles de son adversaire. Les règles du jeu doivent être traduites par une suite de possibilités pour le joueur ayant le trait, c'est-à-dire sur le point de décider du choix du coup suivant. Dans les jeux prévoyant plus d'un coup par joueur, on peut supposer que les choix seront fixés en définitive juste au moment où ils devront être exécutés; pour cela, on tiendra compte de l'information résultant de l'état de la partie au moment adéquat. Mais on peut décider à l'avance des différentes conduites à tenir lorsque divers choix se présenteront. Étant donné un jeu déterminé par un ensemble de positions ou de situations et des règles permettant mouvements ou décisions précises, il est généralement possible de dresser la liste de toutes les actions à envisager. Pour un tel jeu, appelé jeu fini, on appellera tactique l'un des choix possibles pour un joueur et stratégie une combinaison de tactiques. Le point de vue adopté par la théorie des jeux et que l'on pourrait qualifier de « politique de prudence » consiste pour le joueur à se placer toujours dans une situation comportant le moindre risque. Ce n'est pas en cherchant à obtenir le plus — l'adversaire doué devant déjouer a priori une telle tentative — que l'on sera assuré du meilleur gain. Un des aspects de la théorie des jeux est que chacun des participants peut faire la même analyse de la situation et établir le même tableau des gains et des pertes de chaque joueur, appelé règlements.

Soit à considérer les gains du joueur A (qui représentent aussi les pertes du joueur B) en fonction de tous les cas réalisables. A et B pourront former, l'un comme l'autre, un tableau où les diverses tactiques de A seront représentées par des lignes et celles de B par des colonnes. Les règles du jeu permettent aux deux joueurs, A et B, d'établir indépendamment le même tableau. À la croisée d'une ligne et d'une colonne, un élément de ce tableau, qui est le résultat d'une tactique adoptée par A et d'une tactique adoptée par B, donne, par convention, la valeur du gain de A. Par conséquent, A cherche à obtenir un gain élevé, B une perte réduite. Mais si A choisissait systématiquement la ligne comportant le gain le plus fort, B ne choisirait pas la colonne qui lui serait le plus défavorable. A doit donc choisir une ligne lui assurant, quel que soit le choix de B, un gain certain qui soit le plus élevé possible. Pour cela, A doit repérer les plus petits gains pour chaque ligne (les minimums) et opter pour la ligne présentant le plus grand parmi ces minimums, appelé le maximin. De son côté, B choisira le plus petit des maximums de colonne, appelé le minimax. S'il existe un élément du tableau qui soit à la fois maximum dans sa colonne et minimum dans sa ligne, cet élément prendra le nom de point d'équilibre et donnera la valeur du règlement relatif à un coup joué par A et un coup joué par B. En jouant la ligne du point d'équilibre, A s'assure un gain minimal et B peut améliorer le gain de A en jouant mal, mais ne peut pas réduire le gain de A. De son côté, si B a le trait, et s'il choisit la colonne portant le point d'équilibre, alors il ne perdra pas plus de la même valeur; mais si A ne jouait pas sa meilleure tactique, alors cela donnerait au règlement une valeur plus avantageuse pour B (Figures 1 et 2).

Ainsi la détermination d'un point d'équilibre — s'il existe — permet à chacun des joueurs de s'assurer une position qui peut être améliorée par une faute de l'adversaire, mais ne saurait être empirée même par un jeu habile de l'adversaire. Plus généralement, s'il n'y a pas de point d'équilibre, A sait le plus grand des gains minimaux qu'il peut escompter, et B connaît de même la plus petite des pertes maximales risquées. C'est la création des stratégies qui permettra de guider les joueurs vers des choix visant à réduire l'écart entre ces deux valeurs, pour le profit des deux parties. La véritable habileté en la matière ne consiste pas à chercher à tenir compte des réactions psychologiques de l'adversaire, mais à lui refuser toute information de cet ordre, et, pour cela, il faut que le joueur adopte un comportement imprévisible pour l'adversaire, donc fondé sur un principe aléatoire, par exemple un coup de dé. Chacun répartira des probabilités sur l'ensemble des tactiques dont les combinaisons ainsi pondérées formeront des stratégies. Le nouveau jeu peut se concevoir alors de deux manières. S'il y a un seul coup à jouer, un seul choix aléatoire parmi les tactiques entrant dans une stratégie permettra de décider. Si trois tactiques de probabilités 1/6, 1/3, 1/2 interviennent dans une stratégie, on pourra décider par le jet d'un dé: le 1 correspondra à l'emploi de la première tactique, les 2 et 3 à la seconde, et le 4, le 5 et le 6 à la troisième.

La meilleure manière de ne pas dévoiler le secret est de ne jeter le dé qu'au dernier moment, afin que même la connaissance de la stratégie ne soit pas d'un grand secours pour l'adversaire. Si plusieurs coups peuvent être joués (par exemple dans le cas d'une concurrence commerciale), alors les jets de dés — ou le tirage au sort par un tout autre procédé respectant la distribution adoptée — permettent encore d'améliorer le résultat par rapport au jeu initial non probabilisé. Une stratégie (S) est déterminée par l'ensemble des probabilités associées à chaque tactique, et le joueur A doit maximiser, pour le choix de S, la valeur minimale que peut prendre le gain.

Selon le théorème fondamental de la théorie des jeux, quelles que soient les distributions de probabilités sur les tactiques de chaque joueur, le maximin et le minimax sont égaux et prennent une valeur représentant le règlement moyen du jeu. Si le joueur A ne règle pas la fréquence d'emploi de ses tactiques suivant le critère fourni lors du calcul du maximim, alors, quelle que soit la stratégie de B, il n'est pas assuré du règlement escompté (c'est-à-dire maximum de gain ou minimum de perte). L'introduction de ces probabilités, calculables à partir du tableau des règlements du jeu « tactique », permet d'annuler la marge se trouvant entre les règlements optimaux du jeu déterministe: les deux joueurs trouvent profit, en commun, à utiliser les nouvelles règles induites par l'introduction du principe aléatoire tel que le coup de dé, et le nouvel équilibre est favorable aux deux camps. Il y a ainsi une sorte de coalition d'intérêts pourtant contradictoires, mais portés par des joueurs également compétents. Cependant, il se peut que les stratégies aléatoires fassent courir — avec une probabilité très faible — un risque très grand. En ce cas, l'un ou l'autre joueur peut revenir au jeu déterministe et conserver l'avantage qui avait été envisagé en premier lieu.

La théorie des jeux aborde encore des problèmes plus généraux, où il y a plus de deux joueurs, par exemple des groupements d'intérêts ou de coalitions pouvant se faire ou se défaire au cours de la même partie. Les jeux de hasard, préoccupations des premières recherches, les jeux de réflexion pure et les situations de conflit qui se présentent dans les affaires ou la politique, ainsi que les alliances militaires ou les actions collectives, notamment économiques, sont les uns et les autres redevables

	B		
A	8	3	4
	6	1	7
	0	2	5

Figure 1. Jeu équilibré.
Le règlement de 3 est assuré lorsque le joueur A joue de sa première tactique, B de sa seconde.
Si le joueur B utilise une autre tactique, ce sera à son propre désavantage.

		B	
		pile	face
A	pile	1	−1
	face	−1	1

Figure 2. Jeu de pile ou face.
Chaque joueur retourne lui-même sa pièce;
A gagne s'il y a concordance, B s'il y a discordance.
Les stratégies mixtes (pile et face avec même probabilité) conduisent seules à l'équilibre du règlement final, nul en moyenne.

de cette théorie. Pour de nombreuses applications, les ordinateurs sont indispensables en vue de la détermination des stratégies optimales de deux concurrents disposant d'un grand nombre de tactiques (de l'ordre de plusieurs centaines, par exemple); puis l'utilisation de ces stratégies nécessite l'emploi de tables de nombres au hasard permettant la généralisation du tirage au sort.

R. L.

BIBLIOGRAPHIE

Davis, M., 1973, *la Théorie des jeux*, Paris, Armand Colin.

Moulin, H., 1980, *Fondation de la théorie des jeux*, Paris, Hermann.

Séris, J.-P., 1974, *la Théorie des jeux*, Paris.

joint

n.m. (angl. Joint)

Cigarette faite de feuilles de cannabis (marijuana) ou d'un mélange de haschisch et de tabac, que les usagers se passent entre eux. M. V.

Jones (Ernest)

Médecin et psychanalyste britannique (Gowerton, Glamorgan, 1879-Londres 1958).

Neurologue, il s'intéresse très tôt aux travaux de S. Freud, qu'il rencontre pour la première fois au congrès de Salzbourg en 1908. Professeur de psychiatrie à l'université de Toronto (1910-1913), il contribue à faire connaître la psychanalyse en Amérique du Nord. De retour en Europe, il engage une psychanalyse auprès de S. Ferenczi à Budapest. Puis, s'installant à Londres, il fonde la London Psychoanalytical Society. Il est l'auteur d'une importante biographie de Freud (*la Vie et l'œuvre de Sigmund Freud* [1953-1958]). Resté dans l'orthodoxie freudienne, il témoigne à travers ses travaux d'une large ouverture (archéologie, art, linguistique). Sa théorie sur le développement sexuel de la femme est discutée.

R. L.

jouissance

n.f. (angl. Use ou Enjoyment; allem. Befriedigung [Lust désigne le plaisir])

Différents rapports à la satisfaction qu'un sujet désirant et parlant peut attendre et éprouver de l'usage d'un objet désiré.

Que le sujet désirant parle, qu'il soit, comme le dit J. Lacan, un être qui parle, un «*parlêtre*», implique que la relation à l'objet ne soit pas immédiate. Cette non-immédiateté n'est pas réductible à l'accès possible ou impossible à l'objet désiré; et ce qui distingue la jouissance du plaisir ne se résout pas en ce que se mêlent à la satisfaction l'attente, la frustration, la perte, le deuil, la tension, la douleur donc. En effet, la psychanalyse freudienne et lacanienne pose l'originalité du concept de jouissance par le fait même que notre désir soit constitué par notre rapport aux mots.

Ce terme se distingue donc de son emploi commun, qui confond la jouissance avec les aléas divers du plaisir. La jouissance concerne le désir, et précisément le désir inconscient; cela montre combien cette notion déborde toute considération sur les affects, émotions et sentiments, et pose la question d'une relation à l'objet qui passe par les signifiants inconscients.

Ce terme, dans le champ de la psychanalyse, a été introduit par Lacan; ce concept continue l'élaboration freudienne sur la *Befriedigung*, mais diffère d'elle. Le terme de *jouissance* pourrait être éclairé par un recours à son étymologie possible (le *joy* médiéval désigne dans les poèmes courtois la satisfaction sexuelle accomplie) et par son usage juridique (la jouissance d'un bien s'y distinguant de sa propriété).

Du point de vue de la psychanalyse, l'accent est porté sur la question complexe de la satisfaction et, en particulier, dans son lien avec la sexualité. La jouissance s'oppose alors au plaisir, qui abaisserait les tensions de l'appareil psychique au niveau le plus bas. Cependant, on peut se demander si l'idée d'un plaisir pur de cette sorte convient pour parler de ce qu'éprouve le sujet humain étant donné que son désir, ses plaisirs et déplaisirs sont pris dans le réseau de systèmes symboliques qui relèvent tous du langage et que l'idée simple de la décharge est une caricature dans la mesure où ce qui est réclamé radicalement pour cette satisfaction, c'est du sens.

Même la masturbation, qui pourrait être prise pour le modèle de cette jouissance singulière, cette jouissance de l'«idiot», au sens de l'étymologie grecque *idiôtês* («ignorant»), est prise, ne serait-ce que par le fantasme et la culpabilité, par les réseaux langagiers. Dès lors, on peut se demander si cette tension particulière indiquée par le concept de jouissance n'est pas à penser autrement que par le principe le plus imaginaire de la thermodynamique, mais par des jeux de concaténation de la chaîne signifiante où l'homme se trouve engagé du fait qu'il parle. La jouissance serait alors le seul terme adapté à cette situation et la satisfaction ou l'insatisfaction ne relèveraient plus seulement d'un équilibre des énergies, mais de rapports différents, à ce qui n'est plus concevable comme une tension privée, mais au champ du langage avec les lois qui le règlent: «j'ouis-sens» est un jeu de mots de Lacan qui rompt l'idée mythique d'un animal monadique jouissant tout seul sans mots, sans la dimension radicalement intersubjective du langage. Du fait qu'il parle, du fait que «l'inconscient est structuré comme un langage», comme le démontre Lacan, la jouissance ne peut être conçue comme satisfaction d'un besoin apportée par un objet qui le comblerait. Seul le terme de jouissance convient et elle est *interdite*, non pas au sens facile où elle serait barrée par des censeurs, elle est *inter-dite*, c'est-à-dire qu'elle est faite de l'étoffe même du langage où le désir trouve son impact et ses règles. Ce lieu du langage, Lacan le nomme le grand Autre*; et toute la difficulté de ce terme de jouissance vient de son rapport à ce grand Autre non figurable, ce lieu de la chaîne signifiante.

Mais souvent ce lieu est pris pour Dieu ou quelque figure réelle subjectivée, et l'intrication du désir et de sa satisfaction se pense alors dans un tel rapport à ce grand Autre qu'on ne peut pas penser la jouissance sans la penser comme jouissance de l'Autre: comme ce qui à la fois fait jouir l'Autre, qui prend alors consistance subjective, et ce dont je jouis.

On peut dire que le transfert, dans une cure analytique, se joue depuis ces deux limites jusqu'à ce point où cet Autre peut être pensé comme lieu et non comme sujet. Et si l'on demande au psychanalyste de nous faire accéder à un savoir sur la jouissance, la manière de concevoir cet Autre comme le lieu des signifiants, et en cela marqué d'un manque structural, permet de penser la jouissance telle que la psychanalyse la présente: non pas selon un idéal de plénitude absolue, ni selon la pente perverse qui tente de capturer la jouissance imaginée d'un Autre subjectivé, mais selon une incomplétude liée au fait que le langage est une texture et non un être.

LE PRINCIPE DE PLAISIR ET L'AU-DELÀ DU PRINCIPE DE PLAISIR

La question de la satisfaction ne suffit pas à poser celle de la jouissance. La philosophie antique, chez Platon et Aristote en particulier, met en lumière la variabilité de ce qui paraît agréable ou désagréable, et les liens complexes entre plaisir et douleur. Ainsi, un plaisir différé, ce qui cause une douleur, peut permettre d'accéder à un plaisir plus grand et plus durable; la seule question est donc de savoir s'orienter vers le vrai Bien, ce qui peut être défini différemment selon les philosophes. C'est dire que la question de la satisfaction est au fondement de ce que nous pouvons appeler une sagesse. Mais la psychanalyse promeut-elle une sagesse?

Pour S. Freud, la complexité de cette question est dictée par la clinique elle-même: pourquoi, alors que, par exemple, il a fondé sa théorie de «l'interprétation des rêves» (1900) sur la satisfaction d'un désir inconscient, certains rêves, notamment dans le cas des névroses traumatiques de guerre, répètent-ils avec insistance l'événement traumatisant? À quel principe obéit cette répétition de la douleur, alors que le principe de plaisir expliquait assez bien un mécanisme de décharge de tension, la satisfaction étant la cessation de cette tension dite « douloureuse » ? Outre cela, comment expliquer les nombreux échecs dans les cures d'hystériques entreprises selon l'idée du principe de plaisir, même s'il est repris par le principe de réalité, qui exige de différer la satisfaction ?

L'important, dans le texte de *Au-delà du principe de plaisir* (1920), c'est qu'il commence par le « Fort-Da » ; ces deux syllabes accompagnent le jeu d'un enfant qui fait apparaître et disparaître une bobine ; et ce jeu, qu'il invente ainsi, dans le rythme de cette opposition de phonèmes, symbolise la disparition et le retour de sa mère ; c'est le lien de l'opposition de deux syllabes du langage avec la répétition de la perte et de l'apparition de l'objet désiré, plaisir et douleur, qui peut définir la jouissance, précisément. Car le langage, dans cette répétition, n'est pas intéressé comme instrument de description de la perte ou de la retrouvaille ; il n'en est pas non plus le mime ; mais sa texture même tisse l'étoffe de cette jouissance, dans la répétition de cette perte et de ce retour de l'objet désiré.

Ce jeu est d'une portée symbolique plus forte que ce qu'emporte l'idée de maîtriser le chagrin et l'émotion de la perte. Cependant, au lieu de diminuer la tension, il la fait resurgir sans cesse et la lie au langage, la répétition et l'opposition des phonèmes. Pour Freud, déjà, l'étoffe de la jouissance était la même que celle du langage. Ce qui fait aussi que nous ne pouvons pas hiérarchiser un *moi-plaisir* (allem. Lust-Ich) et un *moi-réalité* (allem. Real-Ich) : toute idée de genèse et de hiérarchisation relève d'un idéal de maîtrise qui est opposé à l'éthique de la psychanalyse dans la mesure où un tel savoir sur la jouissance permettrait de jouir du symptôme de l'autre et de l'utiliser.

Cependant, Freud nous pose plusieurs autres problèmes importants : comment concevoir, par exemple, ce qu'on appelle satisfaction hallucinatoire ? Cela ne concerne pas seulement l'hallucination pathologique mais cette manière fort commune de dénier, de refuser la perte de l'objet désiré ou, plus précisément, de refuser que notre relation à l'objet soit une relation d'un autre ordre que la relation à un objet consommable, c'est-à-dire sans cesse renouvelable. On peut penser au problème contemporain de la toxicomanie, tel que le pose Ch. Melman, en relation avec ce que suppose l'économie de marché.

Sans même parler de substances toxiques, que dire de la manière dont le rêve suscite l'objet désiré, ou l'événement heureux ou douloureux ?

Le texte freudien de *Au-delà du principe de plaisir* noue l'opposition du principe de plaisir et de la répétition avec celle de la pulsion* de vie et de la pulsion de mort. Notre jouissance est contradictoire, écartelée entre ce qui « satisferait » aux deux principes.

La jouissance définie par son rapport au signifiant du manque dans l'Autre : S (Ⱥ)

Le texte de Lacan « Subversion du sujet et dialectique du désir dans l'inconscient freudien » (1960), publié dans les *Écrits* (1966), renverse la perspective habituelle où se situent souvent les rapports entre le sujet et l'objet.

Lacan déplace la perspective philosophique qui pose pour le sujet un idéal à rejoindre, celui de la jouissance de la perfection de la totalité de l'Être. Le rapport traditionnel du sujet à la jouissance est donc bouleversé : le sujet n'est ni une essence ni une substance, il est une place.

Le langage lui-même n'est pas marqué par une positivité substantielle, il est un défaut dans la pureté mutique du Non-Être. Dès le départ, la jouissance intriquée au langage est marquée par le manque et non par la plénitude de l'Être. Et ce manque n'est pas insatisfaction, à la manière de la revendication hystérique, il signe le fait que l'étoffe de la jouissance n'est pas autre chose que la texture du langage et que, si la jouissance fait « languir » l'Être, c'est qu'elle ne lui donne pas la substance attendue et qu'elle ne fait de l'Être qu'un effet de « langue », de dit. La notion d'être est déplacée. À partir du moment où il parle, l'homme n'est plus pour Lacan ni essence ni existence, mais « parlêtre », être qui parle. Si la jouissance était rapport ou rapport possible à l'Être, l'Autre serait consistant : il serait confondu avec Dieu, et le rapport au semblable serait garanti par lui. Pour le « parlêtre », en revanche, tout énoncé n'a d'autre garantie que son énonciation : il n'y a pas d'Autre de l'Autre. La jouissance est précisément ce qui a radicalement rapport à ce signifiant du manque dans l'Autre, S(Ⱥ).

Qu'il n'y ait pas d'Autre de l'Autre, que la fonction de l'Autre barré soit d'être le trésor des signifiants produit toutefois ce que les analystes entendent dans la névrose ; à l'ignorance du lieu d'où il désire qui marque l'homme, Lacan répond en posant que l'inconscient est le discours de l'Autre, que le désir est le désir de l'Autre ; ce qui fait que l'homme pose à l'Autre la question « que veux-tu ? » comme si l'Autre prenait consistance subjective réclamant son tribut.

Or, ce tribut semble être la castration. Le névrosé « se figure que l'Autre demande sa castration », écrit Lacan, et il se dévoue pour assurer la jouissance de l'Autre auquel il veut croire, le faisant « consister » ainsi en une figure de surmoi qui lui ordonnerait de jouir à le faire jouir.

Or, la théorie lacanienne, à la suite de Freud, déplace la notion de castration vers une fonction symbolique qui n'est pas celle d'un sacrifice, d'une mutilation, d'une réduction à l'impuissance, comme se le figure le névrosé. Il s'agit pourtant d'un tribut à payer pour la jouissance sexuelle dans la mesure où elle est soumise aux lois de l'échange qui relèvent de systèmes symboliques qui la sortent d'un autoérotisme mythique. Le choix même du phallus* comme symbole de la jouissance sexuelle la fait entrer dans un réseau de sens où le rapport à l'objet du désir est marqué par un manque structural, qui est le tribut à payer pour que la jouissance soit humaine, réglée par le pacte du langage.

Le fantasme, en particulier, ce scénario de la jouissance $ ◇ a, n'est pas seulement fantaisie imaginaire dans le rapport du désir à l'objet, il obéit à une logique qui borne l'investissement objectal pulsionnel à l'objet par ce que Lacan appellera plus tard la fonction phallique.

Jouissance phallique et jouissance de l'Autre

Dans le séminaire *Encore* (1972-1973), Lacan va spécifier la différence entre jouissance masculine et jouissance féminine. Cela ne se règle pas nécessairement sur l'anatomie : si tout « parlêtre » a une relation au phallus et à la castration, cette relation est elle-même différente ; le tableau des formules de la sexuation propose une combinatoire ordonnée par ce que Lacan appelle la fonction phallique. (→ mathème, figure 4; d'après les formules de la sexuation du séminaire *Encore*.)

Le tableau cité à l'article mathème a été également commenté dans l'article sur le phallus, ce signifiant de la jouissance. Le signifiant est d'ailleurs ce qui, dans ce texte, est désigné comme « cause de la jouissance » et il en est en même temps le terme. Si l'objet *a* est cause du désir, c'est le signifiant, lui, qui est cause de jouissance.

Alors que la jouissance était située, dans le texte des *Écrits*, « subversion du sujet et dialectique du désir », dans le rapport au signifiant de l'Autre barré S (Ⱥ), dans la deuxième partie de son œuvre, c'est la jouissance féminine que Lacan met plus particulièrement en relation avec S (Ⱥ) : « L'Autre n'est pas simplement ce lieu où la vérité balbutie. Il mérite de représenter ce à quoi la femme a forcément rapport [...]. D'être dans le rapport sexuel, par rapport à ce qui peut se dire de l'inconscient, radicalement l'Autre, la femme est ce qui a rapport à cet Autre » (séminaire *Encore*).

C'est en cela qu'elle n'est *pas-toute* dans la jouissance phallique, dans la mesure même où elle a rapport à cet Autre ; ce qui ne signifie pas qu'elle en puisse dire quelque chose ; tandis que son partenaire mâle ne peut l'atteindre que par ce qui met en scène, par le fantasme, le rapport du sujet à l'objet *a*.

Il y a donc un hiatus radical entre les sexes, et l'écart entre ce qui est inscrit à gauche comme champ fini, où l'universel se situe par rapport à une exception, et ce qui est inscrit à droite comme champ infini, où le *pas-tout* prend un autre sens, est ce qui fait que la jouissance humaine, sous toutes ses formes, y compris la jouissance sublimée dans la création et la jouissance mystique, est marquée par un manque qui n'est pas pensable en termes d'insatisfaction par rapport à une « bonne » jouissance : il n'y a pas de « bonne » jouissance, car il n'y a pas de jouissance qui conviendrait à un rapport sexuel véritable, à un rapport qui résoudrait le hiatus entre les sexes.

« Il n'y a pas de rapport sexuel parce que la jouissance de l'Autre prise comme corps est toujours inadéquate, perverse d'un côté — en tant que l'Autre se réduit à l'objet *a* — et de l'autre, je dirai folle, énigmatique. N'est-ce pas de l'affrontement à cette impasse, à cette impossibilité d'où se définit un réel, qu'est mis à l'épreuve l'amour. » (*Ibid.*)

Dans le séminaire *Encore*, Lacan approfondit d'une autre manière le terme de grand Autre*. Il désignait le trésor des signifiants, il désigne ici l'Autre sexe. Cela n'est pas contradictoire dans la mesure où l'Autre sexe est, chez Lacan, ce qui peut s'inscrire à droite du tableau de la sexuation (→ mathème) et qui marque un rapport direct à S (Ⱥ), c'est-à-dire un rapport direct à la chaîne signifiante lorsqu'elle n'est pas marquée par la castration, dans son infinitude.

Que signifie la jouissance Autre, ou jouissance de l'Autre, dans cette nouvelle formulation de Lacan ?

S'il n'y a pas de rapport sexuel inscriptible comme tel, si on ne peut écrire entre homme et femme x R y, si donc il n'y a pas de jouissance adéquate, si la jouissance est marquée de cet écartèlement entre jouissance phallique du côté mâle, et jouissance de l'Autre du côté femme, quel est le statut de cette jouissance de l'Autre puisque la fonction phallique est le seul opérateur par quoi nous puissions penser le rapport de la jouissance au langage ? La jouissance de l'Autre, de l'Autre sexe et de ce qui le symbolise, le corps de l'Autre, est-elle hors langage, hors de l'inscription phallique qui noue la jouissance aux lois du signifiant ? Lacan écrit ceci : « Je vais, un peu plus loin — la jouissance phallique est l'obstacle par quoi l'homme n'arrive pas, dirai-je, à jouir du corps de la femme précisément par ce que ce dont il jouit, c'est de la jouissance de l'organe. C'est pourquoi le surmoi tel que je l'ai pointé tout à l'heure du *Jouis* ! est corrélat de la castration, qui est le signe dont se pare l'aveu que la jouissance de l'Autre, du corps de l'Autre, ne se promeut que de l'infinitude. » (*Ibid.*)

Et, à ce sujet, Lacan reprend le paradoxe de Zénon, où Achille ne peut dépasser la tortue mais ne peut la rejoindre que dans l'infinitude.

Comment s'articulent les deux jouissances, jouissance phallique et jouissance de l'Autre ? « La jouissance, en tant que sexuelle, est phallique » écrit Lacan, « c'est-à-dire qu'elle ne se rapporte pas à l'Autre comme tel. » La jouissance féminine, si elle a rapport à l'Autre, à S (Ⱥ), n'est pas sans rapport non plus avec la jouissance phallique. C'est là le sens de la formulation selon laquelle la femme n'est pas-toute dans la jouissance phallique, que sa jouissance est essentiellement divisée. Il est nécessaire que, même si elle est impossible, même si là-dessus les femmes sont muettes, la jouissance de l'Autre soit posée, ait un sens, pour que la jouissance phallique, autour de quoi elle tourne, puisse être posée autrement que selon une positivité absolue, puisse être située sur ce sans-fond de manque qui la lie au langage.

Conséquences cliniques de l'articulation de la jouissance phallique et de la jouissance de l'Autre

Ce rapport à une jouissance Autre que la jouissance phallique, même si seule la jouissance phallique fait limite pour le « parlêtre », est d'une grande importance théorique et clinique. Cette jouissance énigmatique peut éclairer celle des mystiques, hommes ou femmes. Et cela est essentiel pour situer justement la jouissance phallique elle-même. Non comme positivité essentielle — cela est justement la tentative perverse —, mais comme la marque du signifiant sur une béance dont la possibilité d'une Autre jouissance, que Lacan continuera à nommer aussi jouissance de l'Autre, fait « ex-sister » la place centrale dans sa fonction de repère.

Peut-on essayer de dire que la toxicomanie tente peut-être, par un objet oral qui ne passe pas par ce que la fonction phallique pose en termes de semblant et non d'essence, de donner consistance à la jouissance de l'Autre, de combler la béance qu'elle indique dans une infinitude qui ne peut plus être bornée par la fonction phallique mais par la mort ?

L'aspect de béance sera élaboré directement avec le nœud borroméen, puisque les ronds de ficelle noués à trois marquent, même dans leur mise à plat sur un dessin, la fonction primordiale du trou dans l'articulation de ces notions. Un des derniers séminaires de Lacan, le *Sinthome* (1976) particulièrement, nouera d'un quatrième nœud, celui du sinthome, les trois ronds du Réel, de l'Imaginaire et du Symbolique et, à propos de l'écriture de Joyce, posera la question du lien entre l'écriture et la jouissance.

La jouissance, pour la psychanalyse, est donc une notion complexe qui ne trouve sa rigueur qu'à être située dans l'intrication du langage avec le désir chez le « parlêtre ». Ce lien fonde un hiatus radical entre l'homme et la femme. Ce hiatus n'est pas réductible à quelque conflit, il est l'impossibilité même d'écrire le rapport sexuel comme tel. C'est pourquoi la jouissance humaine est irréductiblement marquée par le manque et non par la plénitude sans que cela relève de la seule problématique — c'est là la simplification proposée par l'hystérie — de la satisfaction ou de l'insatisfaction. Du côté de la jouissance masculine, en effet, le phallus est le signifiant de ce hiatus ; du côté de la jouissance féminine, il y a une division entre le repère phallique et une jouissance de l'Autre, c'est-à-dire de la chaîne signifiante dans son infinitude, qui ne peut pourtant « ex-sister » que parce que le langage et le signifiant phallique permettent d'en situer le sens et la visée, même si elle est impossible ; cette béance de la jouissance humaine est au nœud même de ce que Freud et Lacan situent comme refoulement originaire, au nœud de ce qu'on peut appeler symbolisation primordiale. C. L.

jugement

n.m. (angl. Judgment)

Génér. 1. **Activité cognitive qui consiste généralement à mettre en relation un ensemble d'informations avec un autre ensemble et qui se termine par une décision et une assertion.**

Dans les situations expérimentales, on cherche souvent, au moyen de questions préalables (par exemple : « indiquez pour chacune de ces lettres si elle est un j »), à se ramener au cas d'un jugement simple par « oui » ou par « non ». Un avantage en est de pouvoir substituer aux réponses verbales des réponses motrices, telles qu'appuyer sur l'un de deux boutons, et de pouvoir mesurer et utiliser des temps de réponse.

Le *temps de jugement* est le temps de réaction associé à une tâche de jugement. Ces temps sont souvent considérés comme constituant un bon indicateur des processus cognitifs sous-jacents. J.-F. L. N.

Génér. 2. **Appréciation, évaluation portée sur un stimulus ou sur un événement.**

Un jugement requiert la comparaison d'une situation actuelle avec une situation idéale. La comparaison est souvent implicite. Dans les tâches psychophysiques, les méthodes de comparaison et d'estimation reposent sur des processus de jugement. À proprement parler, les méthodes de jugement utilisent le langage pour exprimer les réponses des sujets. Elles sont particulièrement sensibles aux biais de réponse dus principalement à l'étendue des niveaux des stimulus utilisés, à la fréquence d'apparition de ces stimulus et aux effets séquentiels résultant de leur succession au cours de l'expérience.

Tout jugement est relatif et implique une ou des références. Certaines de ces références sont internes à la situation expérimentale et résultent du contexte expérimental comme celles qui viennent d'être mentionnées à propos des biais de réponse. D'autres références résultent d'élaborations antérieures que l'on peut chercher à élucider au travers des systèmes de réponse des sujets. Ce sera par exemple le cas pour les jugements de similarité portant sur des stimulus complexes. Les différentes dimensions des stimulus physiques permettant leur identification ne sont pas connues a priori. En faisant l'hypothèse que les jugements de similarité reposent sur l'identification et sur la proximité perceptive de ces dimensions, on peut parvenir à les inférer de la structure des réponses.

Ainsi, pour une bonne part, la psychophysique utilise des jugements demandés au sujet pour inférer les processus mis en jeu. L'interprétation dépend de positions théoriques a priori. D'un point de vue introspectionniste ou subjectiviste, le jugement reflète la sensation. D'un point de vue cognitiviste, le jugement reflète la situation totale, il doit être décomposé (→ psychophysique). En particulier, il convient de

faire la part des composantes relevant du contexte expérimental propre, de celles qui relèvent plus spécifiquement des caractéristiques psychologiques liées à l'objet jugé.
C. B.

jumeaux

n.m.pl. (angl. Twins)

Deux ou plusieurs individus nés du même accouchement.

Les jumeaux peuvent être issus du même ovule : ils sont dits *monozygotes* et sont de même sexe ; ce sont les vrais jumeaux. Quand ils sont issus de deux ovules et ont partagé la même gestation, ils sont *dizygotes*, peuvent être de sexes différents et sont de faux jumeaux.

La gémellité constitue un phénomène peu fréquent, mais stable au sein des sociétés humaines (en moyenne 1,2 % des naissances sont gémellaires).

Elle a posé à la philosophie et pose à la psychologie deux problèmes : celui des rapports entre hérédité et milieu ; celui de l'individuation.

Les jumeaux monozygotes ont exactement le même patrimoine génétique et leurs différences interindividuelles ne pourraient être attribuées qu'au milieu. On s'est donc intéressé aux couples gémellaires dissociés, à diverses périodes de leur vie et pendant des durées variables, mais plus particulièrement aux couples séparés dès la naissance (par exemple aux jumeaux adoptés par des familles différentes). Les comparaisons ont surtout porté sur l'intelligence, mesurée à l'aide de tests. Elles ont abouti à des conclusions divergentes, qui invitent à mettre en cause la méthode utilisée : tous les tests d'intelligence souffrent de biais culturels ; les postulats implicites qui ont présidé aux recherches ; les âges d'investigation ; les groupes-témoins choisis. On n'a pas réussi à mesurer la part respective de l'hérédité et du milieu dans les réponses et les conduites ainsi étudiées. L'idée que l'intelligence de deux jumeaux séparés, représentée par les valeurs de quotient intellectuel, serait nécessairement plus proche que celle de deux individus de même âge mais de familles différentes, est contestée par des travaux récents.

La *méthode des jumeaux*, qui consistait à confronter systématiquement jumeaux vrais et non-jumeaux, aux mêmes âges et dans les mêmes situations, n'est plus guère pratiquée que dans les études sur l'Animal, où les souches font l'objet de contrôles génétiques précis.

Le bien-fondé du choix des jumeaux pour appréhender les relations hérédité-milieu chez l'Homme est lui-même contesté : deux individus issus d'une seule cellule-mère ne forment-ils, à la naissance, qu'un individu dédoublé ? Peut-on transposer l'identité chromosomique à l'organisme complet ? Peut-on atteindre directement le génotype, isolé de toute influence phénotypique ? Les lois de l'hérédité biologique, qui expliquent par exemple la couleur des yeux, peuvent-elles expliquer les comportements, les capacités et structures psychologiques ? L'état actuel des connaissances oblige à considérer que génotype et phénotype sont liés bien avant la naissance et que les déterminismes génétiques accessibles ne permettent pas d'envisager deux jumeaux comme deux exemplaires identiques. Des inventaires récents de comportement, dressés chez des nourrissons, rapportent des différences interindividuelles, au sein d'un couple gémellaire, différences qui, pour certaines, ne sont pas moins significatives qu'entre individus quelconques de même âge.

Le problème de l'individuation des jumeaux part de l'hypothèse qu'il serait plus difficile de construire sa personnalité propre en présence d'un double de soi qu'au sein d'une fratrie. La gémellité est vue, dans cette perspective, comme un cas particulier de relation à autrui. Il s'agit en somme de savoir si le mythe de l'incomplétude de chacun des partenaires du couple gémellaire repose sur une réalité psychologique, vécue. Les études développementales ont procédé par tests, enquêtes familiales et témoignages directs de couples gémellaires (R. Zazzo, 1960). Leurs conclusions démentent, pour la plupart, l'infériorité intellectuelle des jumeaux et rapportent nombre des difficultés particulières, rencontrées dans l'élaboration de la personnalité, aux conditions ménagées aux jumeaux par leur entourage et à l'image que la société tente de leur imposer d'eux-mêmes.
H. B.

BIBLIOGRAPHIE
Zazzo, R., 1960, *les Jumeaux, le couple et la personne*, Paris, P.U.F.

Jung (Carl Gustav)

Psychiatre suisse (Kesswil, Turgovie, 1875-Küsnacht, près de Zurich, 1961).

À l'achèvement de ses études de médecine (1900), il est l'assistant de E. Bleuler au Burghölzli, clinique psychiatrique de l'université de Zurich. Bleuler lui fait connaître les travaux de S. Freud, avec qui C. G. Jung établit des relations étroites après leur rencontre à Vienne en 1907. Il participe au premier congrès de psychanalyse à Salzbourg (1908) et accompagne Freud dans son voyage aux États-Unis (1909). Il est le premier président de l'Association psychanalytique internationale, créée lors du deuxième congrès de psychanalyse à Nuremberg (1910). Jung est considéré à cette époque comme le dauphin de Freud. La publication de *Métamorphoses et symboles de la libido* (1912) fait apparaître les premières divergences avec les thèses freudiennes, concernant notamment la nature de la libido, qui devient chez Jung l'expression psychique d'une « énergie vitale » et qui n'est pas uniquement d'origine sexuelle. En 1913, la rupture avec Freud est consommée et Jung donne à sa méthode le nom de « psychologie analytique ». Au-delà de l'inconscient individuel, Jung introduit un inconscient collectif, notion qu'il approfondit dans les *Types psychologiques* (1920). L'inconscient collectif, qui représente l'accumulation des expériences millénaires de l'humanité, s'exprime à travers des archétypes : thèmes privilégiés que l'on rencontre inchangés aussi bien dans les rêves que dans les mythes, contes ou cosmogonies. Parmi les archétypes, Jung accorde une importance particulière à l'anima (principe féminin que l'on rencontre dans tout homme), à l'animus (principe masculin que l'on rencontre dans toute femme) et à l'ombre, image onirique caractérisée par un attribut noir qui exprime l'inconscient individuel. Le but de la thérapie jungienne, beaucoup moins codifiée que la méthode freudienne et où le thérapeute est directif, est de permettre à la personne de renouer avec ses racines, d'accéder au soi, c'est-à-dire de prendre conscience des exigences des archétypes, exigences révélées par les rêves. Contrairement à Freud, Jung ne reconnaît pas à l'enfance un rôle déterminant dans l'éclosion des troubles psychiques de l'âge adulte, qu'il définit selon une dialectique de la personne avec le monde extérieur. La publication, en 1944, de *Psychologie et alchimie* marque la seconde époque de la vie de Jung, où, délaissant la clinique, il s'intéresse à l'ethnologie, à la philosophie des religions et à l'alchimie. En 1958 fut fondée la Société internationale de psychologie analytique, qui regroupe les praticiens de la méthode de Jung.
R. L.

junky

n.m. (angl. Junky)

Toxicomane avéré, particulièrement héroïnomane dépendant utilisant la voie intraveineuse.

La connotation péjorative du terme, de même que la désignation de la drogue comme « junk », « camelote », a valeur d'une autodérision et d'un défi. Dans le même esprit de désespoir mégalomaniaque, certains adolescents révoltés ont pu se désigner eux-mêmes comme des déchets, des rebuts de la société, des « punks ».
M. V.

Kamin (effet)

(angl. Kamin Effect)

Effet qui illustre une évolution de la rétention selon une courbe en forme de U.

Dans la période qui suit l'acquisition d'une réponse, la rétention du souvenir se dégrade, cette dégradation étant maximale au bout d'une heure ; puis elle s'améliore progressivement avec un retour à la normale 24 heures après l'acquisition. Ce phénomène, mis en évidence par J. L. Kamin, a été interprété soit comme une variation de l'état émotionnel, soit comme une défaillance des processus mnésiques, soit encore comme une interaction de ces deux causes.
P. L.

Kelly (test de) [test répertoriant les concepts de rôles]

(angl. Role Construct Repertory Test ou Rep Test)

Épreuve mise au point par le psychologue clinicien américain G. A. Kelly, dérivée de sa théorie de la personnalité et mettant l'accent sur l'importance des concepts, ou *constructs*, qu'une personne utilise pour percevoir les objets ou les événements, c'est-à-dire la charpente, des dimensions de sa perception.

Le sujet est invité à nommer des personnes qui assument pour lui des rôles tels que père, mère, meilleur ami, professeur accepté, professeur rejeté, personne heureuse, etc. (20 « titres de rôle » sont ainsi proposés). L'examinateur choisit trois des personnes nommées et demande au sujet en quoi d'eux d'entre elles se ressemblent tout en se distinguant de la troisième. L'élaboration des réponses recueillies pour une série de telles triades permet de mettre en évidence les concepts, ou *constructs*, principaux du sujet. On appelle aussi cette épreuve *grilles de Kelly* (les rôles constituent les colonnes, les triades proposées les lignes). M. R.

khi carré

→ chi carré ou chi deux (χ^2).

kinesthésie

n.f. (angl. Kinesthesia)

Domaine de la somesthésie qui concerne la perception consciente de la position ou des mouvements des différentes parties du corps. (On dit aussi cinesthésie.)

Les sensations kinesthésiques naissent de différents récepteurs d'origine cutanée, articulaire, musculaire, tendineuse (pour la position des segments de membres) ainsi que de l'appareil vestibulaire pour la position et les mouvements de l'extrémité céphalique. Ces sensations sont transmises ensuite à des circuits centraux (faisceau lemniscal), qui rejoignent le cortex cérébral somesthésique à travers le thalamus. Cependant, un grand nombre de ces informations ne parviennent pas à la conscience et sont adressées en particulier au cervelet. R. L.

Klein (Melanie)

Psychanalyste britannique d'origine autrichienne (Vienne 1882-Londres 1960).

Elle naît sans être désirée dans une famille juive, les Reizes. Sa mère, brillante, tient pour les besoins familiaux un négoce de plantes et de reptiles, son père est médecin odontologiste. Il meurt quand Melanie est adolescente. En 1903, elle épouse A. Klein. À ce nom, elle attribuera toute son œuvre, alors pourtant qu'ils divorcent en 1926. Auparavant naissent une fille, puis deux garçons. L'un d'eux, quand il est petit, est analysé par sa mère, qui tire de cette analyse, entre 1919 et 1926, plusieurs conférences et articles qui font son renom.

À Budapest depuis 1910, elle commence en 1914, année de la naissance d'un de ses fils et de la mort de sa mère, une analyse avec S. Ferenczi. En raison de la guerre, cette analyse est suspendue ; elle est reprise en 1924, mais à Berlin, avec K. Abraham, qui meurt l'année suivante ; elle se conclut à Londres avec S. Payne. M. Klein s'y installe en 1927 sur les instances de E. Jones, créateur et organisateur de la Société britannique de psychanalyse. Elle y enseigne sa théorie et y fonde une école, ce qui lui vaut dès 1938 de très violents conflits avec A. Freud. En théorie, celle-ci lui reproche ses conceptions de l'objet, du surmoi, de l'Œdipe et des fantasmes originaires ; pour elle, l'envie, la gratitude, les positions dépressive et schizoïde-paranoïde ne sont pas psychanalytiques. En clinique, elle lui fait grief de soutenir qu'avec un enfant en cure un transfert est possible, qui rend inutile tout travail avec les parents. M. Klein réfute ces critiques et reproche à sa rivale de n'être pas freudienne. En 1946, deux groupes différents de formation des psychanalystes sont créés, et en 1955 le Melanie Klein Trust est fondé.

Remarquable approfondissement de la formation des jugements d'attribution et d'existence tels que S. Freud en a formulé les principes dans son article sur la Dénégation (*Die Verneinung*, 1925), la théorie kleinienne se structure sur deux concepts : la *position schizo-paranoïde*, qui combat illusoirement mais violemment toute perte, et la *position dépressive*, qui en prend réellement acte. Ces deux positions sont relatives à la perte, au travail de deuil et à la réparation, consécutifs de deux objets psychiques partiels et primordiaux, dont tous les autres ne sont que des substituts métonymiques : le *sein* et le *pénis*. Ces deux objets partiels entrent en jeu dans une scène imaginaire inconsciente, nommée « scène maternelle » par M. Klein.

Dans ce théâtre du je-naissant, sur cette autre scène où se jouent leur existence et leur attribution, ces objets vont paraître ou regagner les coulisses et leur magasin des accessoires. Leurs représentations psychiques y trouvent les indices de réalité, les traits réels et les figurations propres à leur donner une identité familière et repérable parce que correspondant à ces autres objets réels que sont les sujets parentaux. De ces travestissements identificatoires élaborés par la psyché de l'infans — cet imaginaire connaît en effet sa quintessence entre trois et dix mois — et grâce auxquels il se retrouve dans l'étrange des autres, M. Klein donne un très bel exemple littéraire, une œuvre de M. Ravel sur un texte de Colette (1925) : *l'Enfant et les sortilèges*. La réalité extérieure n'est par conséquent dans sa théorie qu'une *Weltanschauung* de la réalité psychique elle-même. Mais elle permet cependant au très jeune enfant de s'assurer d'une certaine identité de perception et de pensée entre ses objets imaginaires et d'autres plus réels ; ensuite d'acquérir progressivement des jugements d'attribution et d'existence à leur propos, enfin de réaliser une maîtrise des angoisses auxquelles le confrontent pulsions de vie et de mort, puisque ces pulsions exigent de lui des objets réels ou des substituts imaginaires pour leur satisfaction. À cet égard, la théorie kleinienne développe une élaboration intéressante. Ces objets que sont pour l'enfant le sein et le pénis, ainsi que leurs redoublements réels partiels ou totaux (parents, frère, sœur, demi-sœur, etc.), l'infans peut-il les livrer sans *discernement* à l'exigence pulsionnelle, alors qu'ils représentent pour lui un fondamental enjeu attributif, existentiel et identificatoire et alors que, par identification avec eux, il pourrait se trouver lui-même livré aux pulsions ? Il ne le peut sans discernement ; mais ce discernement, en quoi consiste-t-il ? Il prend consistance de *deux opérateurs défensifs*, auxquels succède, quand ils opèrent, *une série de processus de type sublimatoire*. Les deux opérateurs sont pour l'un d'ordre quantitatif et, pour l'autre, d'ordre qualitatif. Quantitativement, l'objet est fractionné, partiellisé, morcelé et multiplié, en quelque sorte, par *clivage* (→ clivage de l'objet) ; qualitativement, une sorte de plus petit commun diviseur répartit tout ce qui se trouve ainsi clivé en deux seules catégories : celle du *bon* et celle du *mauvais*. Ces deux opérateurs défensifs que sont donc la *multiplication* par le clivage et la *division* par la classification ouvrent ensuite accès à des processus de type sublimatoire : l'introjection en soi, la projection hors de soi et l'identification à ce qui est introjecté ou projeté, les processus pouvant se combiner pour produire notamment des identifications projectives et introjectives. Ces processus sont sublimatoires parce qu'ils médiatisent les rapports du sujet à la pulsion dont la satisfaction doit opérer des détours suspensifs, ceux que justement ces processus lui imposent. Dès lors que se mettent en place ces circuits pulsionnels complexes, que se produisent ces sublimations, objets, pulsions, angoisses et autres affects peuvent être conservés, rejetés, repris, détruits, idéalisés, réparés, bref élaborés puisque médiatisés de la sorte par l'enfant ; ce qui lui permet de s'ouvrir à des jugements d'attribution et d'existence ainsi qu'à des possibilités identificatoires, par lesquelles l'objet ne prend plus pour lui valeur que de sa perte réelle. Cette perte est également celle qui laisse définitivement tomber quelque chose dans l'inconscient, ce qu'exprime le concept de refoulement primaire.

Sublimations, défenses, enjeux attributifs, existentiels ou identificatoires, maîtrise des pulsions et des angoisses, refoulement : ce sont là des fonctions traditionnellement attribuées au moi en psychanalyse. Car l'instance du moi, immédiatement à l'œuvre par ces fonctions vitales, est dans la théorie kleinienne d'entrée de jeu confrontée à un œdipe, que ses objets imaginaires, redoublés sur ceux de la réalité pour fonder leur identité, mettent précocement en scène. Et avec lui se présente un surmoi féroce et terrifiant, qui fait le tourment du sujet, et entre en lui, son inconscient sentiment de culpabilité. Toutefois, même si M. Klein ne le théorise pas exactement en ces termes, sa conception du moi suppose un sujet qui lui soit différent et avec lequel il ne peut se confondre. Dans la mesure en effet où les rapports objectaux se relaient des objets imaginaires à ceux de la réalité extérieure, le moi, qui en ordonne les haltes aux sublimations qu'il ouvrage, peut-il lui-même devenir autre chose qu'un de ces objets, travaillé comme eux par des processus de type sublimatoire, comme eux partagé par d'identiques clivages, comme eux réduit aux mêmes classements et, enfin, comme eux conduit à de similaires destins par rapport au ça ? À partir de ses élaborations sur l'identification, M. Klein le traite bien comme tel. Mais, dès lors, quelle peut en être la sublimation, sinon celle de devenir un sujet qui lui soit autre, qui s'en divise, pour mieux pouvoir s'en subvertir et n'avoir à se soutenir que du seul désir?

Comment dans la théorie kleinienne le moi ne prend-il valeur que de sa perte réelle, de son refoulement radical, afin qu'en advienne le sujet? Par le surmoi.

Pour M. Klein, ce concept est loin de n'être que l'instance coercitive et morale que comptent les trois instances créées par Freud dans sa seconde topique. En 1941, pour dénoncer à Jones les malversations théoriques de A. Freud, elle lui écrit que le surmoi est « le point maximal » de la théorie freudienne : « À mon avis, la psychanalyse a parcouru un chemin plus ou moins rectiligne, jusqu'à cette découverte décisive qui ne fut ensuite jamais égalée. » Ce point maximal est littéralement le phallus de la théorie kleinienne. Depuis J. Lacan, le phallus est le signifiant du désir ; toute théorie possède le sien et en prend consistance ; dans la théorie freudienne, par exemple, c'est la castration. Le dégager permet de savoir, à partir du signifiant du désir qu'il conceptualise, quelle loi en symbolise la logique. La logique du désir et sa loi prennent donc sens du surmoi chez M. Klein.

L'angoisse primaire n'est en rien relative à la castration, mais à un désir de destruction primordial, qui est désir de mort de l'autre réel. Ce désir met en scène un fantasme, où le sujet détruit le corps maternel afin de s'en approprier les organes et, en particulier, le *pénis paternel, prototype de tous les objets* que ce corps contient. C'est donc non seulement l'organe, que veut ainsi introjecter en lui le petit enfant, mais aussi un *objet totémique*, ou objet ancestral et protecteur ; mais, comme tout totem, il est interdit d'en jouir ou de tirer jouissance de ce qui s'ordonne à sa loi. Son introjection porte donc également du mauvais avec elle : l'interdit de l'inceste, l'angoisse corrélative correspondant au désir de le transgresser, la culpabilité l'inscrivant dans une dimension morale (ou culturelle) et le besoin de punition qui en constitue le processus réparateur. Dans la théorie kleinienne, ce totem à deux visages, ce phallus, porte un nom symbolique : le surmoi, instance archaïque au sens étymologique de ce qui est originaire et fondateur, de ce qui commande et dirige, conduit et sanctionne, attribue et reprend : « Chose qui mord, qui dévore et qui coupe. »

En conséquence de quoi, l'œdipe est prégénital ; son vécu traumatique ne peut être symbolisé par l'infans que du discours d'un autre ; le refoulement lui est secondaire et ne se soutient que de la part persécutrice de ce surmoi ; le rapport du petit sujet à cette instance peut préfigurer les ultérieures identifications à un agresseur : c'est donc d'elle que dépendent les mécanismes identificatoires.

Pour dépouiller la mère du pénis paternel qu'elle détient en son sein, l'enfant doit traverser une première phase de développement, qui est une *phase de féminité* « d'une importance vitale et insuffisamment reconnue jusqu'à présent », parce que l'enfant y découvre le désir de posséder un organe particulier : le pénis du père. En priver la mère signifie pour le très jeune sujet l'empêcher d'en produire deux équivalents symboliques majeurs : l'enfant et les fèces ; équivalents qui sont à l'origine du désir d'avoir, l'*envie*, et du désir de perdre, la *haine*. « Dans cette période précoce du développement, la mère, qui enlève les fèces de l'enfant, est aussi une mère qui le démembre et le châtre (...). En termes de réalité psychique, elle *est* déjà, elle aussi, le *castrateur*. »

« Elle aussi » : le surmoi doit donc être castrateur aux imagos maternel et paternel. Pour M. Klein, d'ailleurs, l'enfant unifie d'abord ses deux parents ; il ne les dissocie que pour assurer ses alliances imaginaires quand il engage ses conflits avec eux. Conflits qui sont relatifs au complexe œdipien précoce. L'issue paisible n'en est possible que par identification au père seul. « Si forte que soit l'influence de l'aspect maternel dans la formation du surmoi, c'est cependant le surmoi paternel qui, dès le début, possède un pouvoir décisif. » Ce retour au père se situe au moment où le *visible* entre en scène, quand le pénis réel *devient objet du regard*. Cette phase plutôt narcissique est réparatrice parce que le pénis y passe du dedans de la scène maternelle au dehors du corps d'un autre. Ce réel donne ainsi des limites à l'imaginaire. Que la mère en fasse souvent les frais laisse son enfant capable de s'y retrouver ; il apprend alors qu'il ne peut recevoir d'elle que ce qui lui fait défaut. De ce manque, le surmoi, délesté, reprend signifiance totémique et redevient loi du désir plutôt que d'être un identifiant persécuteur. M. Klein a notamment écrit *la Psychanalyse des enfants* (1932), *Essai de psychanalyse* (1947), *Développement de la psychanalyse* (1952), *Envie et Gratitude* (1957). G. B.

BIBLIOGRAPHIE

Bléandonu, G., 1985, *l'École de Melanie Klein*, Paris, Paidos-Centurion.

Gammil, J., et coll., 1985, *Melanie Klein aujourd'hui*, Lyon, C.L.E.

Grosskurth, P., 1989, *Melanie Klein, son monde, son œuvre*, Paris, P.U.F.

Klein, M., et Rivière, J., 1975, *l'Amour et la haine*, Paris, Payot.

Petot, J.-M., 1979, *Melanie Klein. Premières découvertes et premiers systèmes*, Paris, Bordas ; 1982, *Melanie Klein. Le moi et le bon objet*, Paris, Bordas.

Klineberg (Otto)

Psychosociologue canadien (Québec 1899).

Ses premiers travaux concernent les caractéristiques nationales et la personnalité de base qui marquent la singularité de chaque peuple. Il s'intéressa ensuite aux problèmes de la santé mentale dans ses aspects sociaux et culturels. Il fut président de la Fédération mondiale de la santé mentale, qui vit le jour sous l'égide de l'Unesco. Ses principaux ouvrages sont *Race Differences* (1935), *Psychologie sociale* (1940), *États de tension et compréhension internationale* (1950), *The Human Dimension in International Dimension* (1964). R. L.

Klinefelter (syndrome de)

(angl. Klinefelter's Syndrom)

Aberration chromosomique avec caryotype à formule XXY, relativement fréquente chez le garçon (1,5/1 000 enfants masculins).

Cette aberration chromosomique (dysgonosomie) peut provoquer une arriération mentale légère, une croissance staturale élevée et un hypogonadisme (atrophie testiculaire rendant le sujet stérile). On a signalé, avec ce syndrome, des troubles psychopathiques, allant parfois jusqu'à la délinquance, et des troubles schizophréniques, sans être sûr qu'ils soient directement la conséquence de cette dysgonosomie. J. P.

k : m (facteur)

Symbole utilisé par certains psychologues britanniques comme P. E. Vernon pour désigner l'un des grands facteurs de groupe qui peuvent être inférés, au cours d'une analyse factorielle hiérarchique, à partir des corrélations résiduelles obtenues après élimination du facteur général.

Le facteur *k : m* concerne surtout des épreuves spatiales et mécaniques. M. R.

Koffka (Kurt)

Psychologue américain d'origine allemande (Berlin 1886-Northampton 1941).

Il a été avec W. Köhler et M. Wertheimer un des fondateurs de la théorie de la forme, ou gestalttheorie*. R. L.

Köhler (Wolfgang)

Psychologue américain d'origine allemande (Reval, auj. Tallin, 1887-Enfield, New Hampshire, 1967).

Il est l'un des principaux représentants de la gestaltthéorie*. Professeur à Berlin, puis à Princeton, il a particulièrement observé la discrimination visuelle chez les Poulets et, surtout, l'utilisation d'outils par le Chimpanzé. Il a développé l'idée de la possibilité d'apprentissages soudains (ultérieurement dénommés « insights ») par opposition au rôle de la répétition et des essais et erreurs ; cet apprentissage soudain est, dans sa conception, de même nature que les réorganisations observables dans la perception ou dans certaines résolutions de problèmes. Ses ouvrages principaux sont *l'Intelligence chez les singes supérieurs* (1917), *Problèmes psychologiques* (1933). R. L.

Kohs (test des cubes de)

(angl. Kohs Block Designs)

Test dans lequel le sujet doit reproduire le dessin d'un carré subdivisé en cases diversement colorées en utilisant des cubes dont les faces elles-mêmes sont de couleurs différentes.

Il est utilisé dans certains cas comme épreuve d'intelligence non verbale. M. R.

Korczak (Henryk Goldszmit, dit Janusz)

Pédagogue polonais (Varsovie 1878 ou 1879-Treblinka 1942).

Médecin, il s'intéresse à la littérature pour enfants. Il fonde un orphelinat à Varsovie en 1909 dans le quartier juif. Tout en continuant d'écrire pour les enfants, il rédige des ouvrages de pédagogie (*Comment aimer un enfant*, 1918). Il est partisan d'une pédagogie rendant plus responsables les enfants. Refusant de quitter l'orphelinat du ghetto après l'entrée des Allemands à Varsovie, il mourut avec eux dans le camp où ils étaient déportés. R. L.

BIBLIOGRAPHIE

Lifton, B. J., 1988, *Janusz Korczak*, New York, Farrar, Strauss et Giraux, trad. fr. 1989, *Janusz Korczak, le roi des enfants*, Paris, Laffont.

Korsakov (Sergeï)

Neurologue et psychiatre russe (1854-1900).

Il a laissé son nom à une encéphalopathie avec polynévrite d'origine alcoolique. Après des études médicales à Moscou, où il a été l'élève du neurologue A. Kojevnikov, il y devient professeur et directeur de la clinique neuro-psychiatrique universitaire en 1892. Il y publie ses « Cours de psychiatrie » en 1893 et développe ses conceptions très médicales sur « l'alitement dans le traitement des psychoses » en 1900. Il a une grande influence sur l'organisation et l'assistance aux malades mentaux en Russie, participant à la réforme de plusieurs établissements hospitaliers. Il crée la Société moscovite de neuropathologie et de psychiatrie. Mais il reste surtout célèbre dans l'histoire de la psychiatrie par son article princeps de 1887 sur « les troubles de la sphère psychique dans la paralysie alcoolique et leurs relations avec les troubles psychiques de la polynévrite », où il décrit ce qui deviendra la psychose de Korsakov.

J. P.

Korsakov (psychose de)

(angl. Korsakosis)

Amnésie antérograde, confabulation et fausses reconnaissances, désorientation temporo-spatiale avec polynévrite des membres inférieurs. (On dit aussi syndrome de Korsakov.)

Cette affection peut survenir au cours de la grossesse, de la tuberculose, de traumatismes ou d'intoxication par le CO_2. Elle se rencontre surtout chez des alcooliques gravement carencés en vitamines B. Les lésions anatomopathologiques prédominent au niveau des tubercules mamillaires et du circuit de Papez*. La psychose de Korsakov peut exister isolément ou faire suite à une encéphalopathie de Gayet-Wernicke, dont elle est très voisine, et constitue alors une séquelle souvent chronique. P. F.

Korte (lois de)

(angl. Korte's Laws)

Lois qui définissent les relations entre les distances, les intervalles temporels, les durées de présentation et les intensités lumineuses permettant d'obtenir un mouvement apparent, ou stroboscopique.

Les trois principales lois de Korte (1915) peuvent s'énoncer ainsi :

1. Pour un intervalle temporel fixe entre deux apparitions successives du stimulus, la distance entre ces apparitions et l'intensité lumineuse des stimulus sont en relation directe : l'augmentation de l'une entraîne l'augmentation de l'autre pour le maintien d'une expérience de mouvement apparent.
2. Pour une distance fixe entre les points d'apparition, l'intervalle temporel entre leurs apparitions et leur intensité lumineuse sont en relation inverse.
3. Pour une intensité fixe, l'intervalle temporel et la distance sont en relation directe.

D'autres lois font aussi intervenir la durée de présentation de chaque stimulus.

C. B.

Kraepelin (Emil)

Psychiatre allemand (Neustrelitz 1856-Munich 1926).

Il a été professeur de psychiatrie à Dorpat (1886) puis à Heidelberg (1890) et enfin à Munich (1903), où il dirigea pendant plus de vingt ans la clinique psychiatrique de cette ville.

Élève de B. von Gudden et de W. Wundt, il s'est efforcé, durant toute sa carrière d'enseignant et de chercheur, de créer une classification des maladies mentales bâtie sur les critères cliniques les plus objectifs. Celle-ci va se préciser au cours des huit éditions successives de son classique *Traité de psychiatrie* (1re éd. en 1883). C'est à partir de la 6e édition, publiée en 1899, qu'il précise le cadre nosographique des psychoses chroniques en les divisant en deux grands groupes :

— d'un côté, la psychose maniaco-dépressive, caractérisée par des troubles thymiques majeurs et une évolution périodique ;

— et, de l'autre, la démence précoce, marquée par un affaiblissement psychique progressif évoluant vers une détérioration intellectuelle, chez des sujets jeunes, étant en quelque sorte le pendant « précoce » de la démence sénile. Il y distinguait une forme hébéphrénique, une forme catatonique, une forme délirante « paranoïde » et une forme « paranoïde atténuée » ne s'accompagnant pas aussi rapidement de « désagrégation de la personnalité » et qui deviendra, en 1912, le groupe des « paraphrénies ».

Kraepelin fondait essentiellement sa classification sur les données évolutives, considérant que ces psychoses étaient endogènes, et qu'elles aboutissaient de toute façon, à plus ou moins long terme, à un état de déchéance terminale et à la nécessité d'un internement définitif. Malgré les très nombreuses critiques qu'elle subira pendant près d'un siècle, la nosographie de Kraepelin reste toujours utilisée pour le diagnostic psychiatrique. Malgré les attaques de l'école antipsychiatriques, il a marqué la psychiatrie européenne durablement. J. P.

Kraft-Ebing (Richard von)

Psychiatre allemand (Mannheim 1840-Graz 1902).

Il a été successivement professeur de psychiatrie à Strasbourg (1871), puis à Graz (1874) et enfin à Vienne, où il succéda à Th. Meynert en 1892. Il a publié un *Manuel de psychiatrie* en 1879 mais est surtout connu par sa *Psychopathia sexualis*, parue en 1886 (dont la 3e édition a été traduite en français par E. Laurent en 1895), où sont décrites pour la première fois d'une manière clinique et scientifique les diverses anomalies sexuelles. Malgré ses options psychiatriques, il a joué, sans être partisan de la psychanalyse, un rôle important dans la carrière de S. Freud. J. P.

Kretschmer (Ernst)

Psychiatre allemand (Wüstenrot, près de Heilbronn, 1888-Tübingen 1964).

Il a étudié les relations entre la morphologie corporelle et certains types de maladies mentales.

Après des études de médecine à Tübingen, où il devient enseignant en psychiatrie en 1923, il obtient une chaire de la même spécialité à l'université de Marburg en 1926. Opposant au régime nazi, il doit s'écarter de ses fonctions officielles en 1933 et ne les retrouvera qu'en 1946. Il participera alors à la réorganisation des deux universités de Marburg et de Tübingen.

Il a élaboré un système de caractérologie en recherchant des corrélations entre la conformation physique du corps, le biotype et le caractère pour faire des rapprochements entre ceux-ci et la prédisposition aux maladies mentales. Il a ainsi mis en évidence deux grandes séries : dans l'une, le biotype est pycnique (bréviligne, petit et rond) et s'accompagne d'un tempérament cyclothyme et d'une prédisposition à la psychose maniaco-dépressive ; dans l'autre, le biotype est leptosome (longiligne et maigre), le tempérament schizothyme avec une prédisposition à la schizophrénie (*Körperbau und Charakter*, 1921).

Il a par ailleurs décrit une forme particulière de psychose délirante, le délire de relation des sensitifs. Il a fait beaucoup pour la psychiatrie allemande dans une période difficile de son histoire, en ayant su s'opposer avec fermeté à l'idéologie hitlérienne. J. P.

Kuder (inventaire des préférences professionnelles de)

(angl. Kuder Preference Record Vocational)

Épreuve fournissant une évaluation des intérêts du sujet exprimés en catégories : activités de plein air, mécaniques, de calcul, scientifiques, de persuasion, artistiques, littéraires, musicales, de service social, de bureau.

Chaque item présente trois activités. Le sujet doit indiquer celle qu'il préfère et celle qu'il aime le moins. M. R.

Kuder-Richardson (formules de)

(angl. Kudre-Richardson Formula)

Formules évaluant la cohérence des items d'un test, ce qui constitue l'une des façons de définir et d'évaluer sa fidélité.

La plus utilisée de ces formules est désignée en général par le numéro 20, qu'elle porte dans l'article écrit par ces auteurs (angl. *Kuder-Richardson formula 20* ou *KR20*) :

$$r_{11} = \left(\frac{n}{n-1}\right) \frac{\sigma_t^2 - \Sigma_{pq}}{\sigma_t^2} .$$

Dans cette formule, r_{11} est la fidélité du test, n le nombre de ses items, σ_t^2 la variance des notes totales, p et q, respectivement, la proportion de sujets ayant réussi et échoué un item (on fait la somme pour l'ensemble des items). M. R.

L

labilité

n.f. (angl. Lability)

Caractère d'une humeur instable et changeante.

La labilité se rencontre surtout dans les accès hystériques réactionnels, avec une hyperexpressivité des affects accompagnant une hyperréactivité aux frustrations comme aux gratifications. Ces réactions affectives sont particulièrement amples : crises de pleurs spectaculaires succédant à des débordements de joie, tristesse profonde suivie d'exaltation euphorique sans retenue, etc. On a décrit également cette labilité dans certains états mixtes maniaco-dépressifs où les oscillations de l'humeur sont extrêmement rapides (→ psychose maniaco-dépressive). J. P.

labyrinthe

n.m. (angl. Maze)

Situation d'apprentissage animal caractérisée par une suite de voies dont certaines sont des impasses, l'Animal devant aller du départ à l'arrivée en faisant, à chacun des points de choix, le choix correct.

Les premières recherches sur l'apprentissage animal ont largement utilisé ce dispositif. Elles ont constaté que, en général, la réalisation d'un parcours sans erreur est le résultat de l'élimination progressive des parcours erronés ; parmi ceux-ci, certains sont éliminés de façon plus durable que d'autres. Ainsi, le labyrinthe constitue une situation idéalement adaptée à la mise en œuvre de la théorie des essais et erreurs.

On a utilisé diverses sortes de labyrinthes. Pour les animaux — particulièrement les Rats —, les partisans de la théorie S.R. ont, le plus souvent, fait usage de labyrinthes clos, comportant des parois, alors que les tenants des théories cognitives préféraient des labyrinthes dits « surélevés », composés de planches formant des voies dépourvues de parois, que les animaux pouvaient suivre en voyant l'ensemble de la situation environnante. Ces situations distinctes ont sans doute contribué à cristalliser certaines oppositions, par exemple entre « apprentissage de réponses » (par exemple de tourner à droite) et « apprentissage locatif » (par exemple d'aller au point X).

Chez l'Homme, on a, par analogie, construit des « labyrinthes à stylet », sortes de boîtes dans lesquelles la main du sujet doit, de façon aveugle, déplacer un stylet en suivant les gorges qui y constituent un tracé.

On a aussi inventé des « labyrinthes temporels » : dans ceux-ci, le sujet se voit, à chaque « tronçon », proposer deux lettres, et il doit choisir l'une des deux pour être « autorisé à poursuivre son parcours ». De fait l'une des lettres représente une « impasse » : si le sujet la propose en réponse, il est averti d'un échec et doit « revenir en arrière » — le cas échéant de plusieurs tronçons. L'autre lettre constitue une « issue » correcte. La succession de tels couples de lettres représente une succession de points de choix, et un parcours sans erreur est obtenu par la succession des lettres « correctes » de chaque couple. Dans tous ces cas, le sujet est supposé apprendre le parcours par simple élimination successive de ses erreurs. Cette situation expérimentale est plus anecdotique qu'instructive.

Les labyrinthes pour animaux se sont peu à peu simplifiés ; dans ceux qui sont en Y ou en T, il n'y a plus qu'un seul point de choix ; à la limite, on en arrive à la situation du couloir droit qui n'en comporte plus aucun. Les mesures des temps de latence, ou des temps de parcours, prennent alors plus d'importance que celles relatives aux erreurs. À l'heure actuelle, les situations de labyrinthes complexes ne sont plus guère utilisées comme méthode d'étude fine des apprentissages animaux. On les emploie encore en psycho-pharmacologie. J.-F. L. N.

Lacan (Jacques-Marie)

Médecin et psychanalyste français (Paris 1901-*id.* 1981).

Jacques-Marie Lacan est né d'une mère apparentée à une riche famille de vinaigriers orléanais et d'un père qui s'employa au titre de représentant de commerce de l'entreprise. En 1918, le jeune homme ne retrouva pas dans celui qui revenait de la guerre le père délicieux, moderne et complice que son enfance avait tant aimé. De toute façon, ce fut une tante maternelle qui distingua la précocité de l'enfant et lui permit des études au collège Stanislas à Paris ; son condisciple Louis Leprince-Ringuet a rapporté ses dons d'alors pour les mathématiques. Le provincial fut introduit à la vie mondaine de la capitale et séduit par elle ; cette dissipation ne l'empêcha pas d'associer à de solides études médicales un intérêt éclectique mais chaque fois dénué d'amateurisme pour les lettres et la philosophie (les présocratiques et Platon, Aristote, Descartes, Kant, Hegel [avec Kojève] et Marx plus que Bergson ou Blondel), le Moyen Âge (avec Gilson), l'anthropologie (Mauss), l'histoire (Marc Bloch et *les Annales*), la linguistique (F. de Saussure à ses débuts), les sciences exactes (dont en particulier la logique avec B. Russell et Couturat). À titre de première publication, on a de lui un poème publié dans *le Phare de Neuilly* des années 1920 ; œuvre de facture classique, en alexandrins bien rythmés et de lecture toujours agréable, sans doute à cause de la soumission de la forme au fond. Les études de psychiatrie se mêlèrent à la fréquentation des surréalistes d'une façon qui le mit en marge des deux milieux. Il dira plus tard que l'apologie de l'amour lui parut une impasse irréductible du mouvement de A. Breton.

Parue en 1932, la thèse de doctorat en médecine *De la psychose paranoïaque dans ses rapports avec la personnalité* est ainsi une illustration clinique des potentialités de l'amour quand il est porté à son extrême : le coup de couteau donné par Aimée à la vedette qui, à titre d'idéal, absorbait son investissement libidinal. Mais cette étude est aussi en rupture avec les travaux des psychiatres français de l'époque, qui voient dans la psychose paranoïaque une aggravation des traits définissant pour eux le caractère paranoïaque. G.G. de Clérambault, le seul maître qui eût pu le soutenir et à l'égard duquel Lacan dira sa dette sa vie durant, le désavouera en l'accusant de plagiat. Le décor est dressé, qui ne changera plus : l'indépendance d'une pensée solidement argumentée, en butte aux maîtres qu'elle contrarie et à la mode qu'elle déshabille ; mais aussi le refus de céder à l'orgueil du solitaire. Ses études sur la paranoïa lui montrent en effet que les traits dénoncés par le malade dans le monde sont les siens propres par lui-même méconnus (on dira projetés) ; et un texte précoce, *De l'assertion de certitude anticipée*, illustre, à propos d'un sophisme, que le salut individuel n'est pas affaire privée mais d'intelligence collective quoique concurrente. Pas de belle âme donc, ce que ses élèves par la suite ne manqueront pas de lui reprocher puisqu'il n'eut rien à leur proposer que l'honnêteté intellectuelle : à chacun d'en déduire sa morale.

La description phénoménologique exhaustive d'un cas, sa thèse, dira Lacan, le conduisit à la psychanalyse : seul moyen de déterminer les conditions subjectives de la prévalence du double dans la constitution du moi. Le passage à Paris, après 1933, des psychanalystes berlinois en route vers les États-Unis lui fournit l'occasion de s'en remettre à R. Lœwenstein plutôt qu'à A. Hesnard, à R. Laforgue, à E. Pichon, voire à la princesse Bonaparte. Une lettre qu'il adressa à Lœwenstein en 1953 lors de ses démêlés avec l'Institut de psychanalyse et publiée bien plus tard témoigne d'une relation confiante avec son psychanalyste, fondée sur une communauté de rigueur intellectuelle ; celle-ci n'empêchera pas d'ailleurs son correspondant, alors aux États-Unis, de le désavouer devant ses pairs.

Le paysage psychanalytique français de l'avant-guerre était, à l'instar de nos villages, organisé autour du clocher. Ce n'est pas faire injure à ses protagonistes de dire que chacun semblait fort y avoir été délégué par sa chapelle pour contrôler un produit importé de la Vienne cosmopolite : Hesnard était médecin de la Royale, Laforgue s'engagea dans la vie de la collaboration, Pichon était maurassien.

Marie Bonaparte seule témoigna pour Freud d'un attachement transférentiel qui ne se démentit pas ; elle fut d'ailleurs l'unique visite de Freud, en route vers Londres, lors de son passage à Paris en 1939. Quoi qu'il en soit, ce milieu paraît attendre d'un jeune homme doué et de bonne famille qu'il contribue à inventer une psychanalyse bien de chez nous.

Une fois encore, la déception dut être réciproque. Dans la dernière livraison de la *Revue française de psychanalyse*, la seule parue en 1939, une critique de Pichon recense l'article de Lacan sur « la Famille », publié dans l'*Encyclopédie française* à la demande d'Anatole de Monzie, en déplorant un style plus marqué par les idiotismes allemands que par la bien connue clarté française. Après la guerre, on retrouvera trace de Lacan en 1945 avec un article publié à l'éloge de « la Psychiatrie anglaise durant la guerre ».

Il semble décidément difficile à Lacan de trouver maison qu'il reconnaîtrait comme sienne. Après 1920, Freud introduisit ce qu'il appellera la deuxième topique : une thèse qui fait du *moi* (allem. das Ich) une instance régulatrice entre le *ça* (allem. das Es) [source des pulsions], le *surmoi* (allem. das Überich) [agent des exigences morales] et la réalité (lieu où s'exerce l'activité). Un renforcement du moi, pour « harmoniser » ces courants chez le névrosé, peut apparaître comme une finalité de la cure.

Or, Lacan fait son entrée dans le milieu psychanalytique avec une tout autre thèse : le moi, écrit-il, se construit à l'image du semblable et d'abord de cette image qui m'est renvoyée par le miroir — ce suis-je. L'investissement libidinal de cette forme primordiale, « bonne » parce qu'elle supplée la carence de mon être, sera la matrice des identifications futures. La méconnaissance s'installe ainsi au cœur de mon intimité et, à vouloir la forcer, c'est un autre que je trouverai ; ainsi qu'une tension jalouse avec cet intrus qui, par son désir, constitue mes objets en même temps qu'il me les dérobe, du mouvement même par lequel il me dérobe à moi-même. C'est comme autre que je suis amené à connaître le monde : une dimension paranoïaque est, de la sorte, normalement constituante de l'organisation du « je ». *Le Stade du miroir comme formateur de la fonction du « je »* fut présenté en 1936 au Congrès international de psychanalyse sans rencontrer d'autre écho que le coup de sonnette de E. Jones interrompant une communication trop longue. Sa reprise à Paris en 1947 ne suscita pas beaucoup plus d'enthousiasme. Il est vrai que cette thèse contrevient à une tradition spéculative, platonicienne à l'origine et qui conjoint la quête de la vérité à celle d'une identité assumable par la saisie de l'idéal, ou de l'être. L'affirmation du caractère paranoïaque de l'identique-à-soi ne pouvait manquer de la heurter. Elle n'est pourtant pas un simple ajout ; son support est expérimental et s'inspire de travaux menés dans les champs de la physiologie animale et humaine sur les effets organiques induits par la perception du semblable. Mais elle illustre surtout (bien que cela reste tu) la prise précoce de l'enfant dans le langage. Si la remarquable trouvaille du « stade du miroir » n'est pas déductible de la pratique analytique, elle doit portant son support, son cadre à une analyse du langage qui, vînt-elle du linguiste, s'expérimente dans la cure ; mais en tant que déduction rétroactive, s'il est vrai que la parole articulée commence avec l'illumination de cette identification sans pouvoir dire plus sur les conditions ni sur l'ordre de sa genèse. L'imaginaire propre à cette phase n'est investi, dira Lacan, d'une telle charge libidinale que parce qu'il fonde — par ce *c'est moi* originel — la protestation contre le défaut radical par lequel le langage soumet le « parlêtre », c'est-à-dire celui qui pose la question de l'être parce qu'il parle.

Si le langage est un système d'éléments discrets qui doivent leur pertinence non à leur positivité mais à leur différence, selon l'analyse de F. de Saussure, il dénature l'organisme biologique soumis à ses lois en le privant, par exemple, d'un accès à la positivité ; sauf à ce que cet organisme tende sur l'entre-deux des éléments, l'écran illuminé de l'imaginaire — première image fixe : le moi.

La pratique analytique est la mise à l'épreuve des effets de cette dénaturation d'un organisme par le langage, corps dont les *demandes* sont perverties par l'exigence d'un objet sans fondement et sont ainsi impossibles à satisfaire ; dont les *besoins* sont transformés du fait de ne trouver apaisement que sur fond d'insatisfaction ; dont les *pulsions* mêmes s'avèrent organisées par un montage grammatical ; dont le *désir* se montre articulé par un fantasme qui défie le moi et l'idéal, violant leur pudeur par la quête d'un objet dont la saisie provoquerait le dégoût. Le lieu d'où ce désir prend voix s'appelle inconscient et c'est à pouvoir la reconnaître comme sa voix propre que le sujet échappe à la psychose. Le langage devient ainsi symbole du pacte de ce à quoi le sujet renonce : la maîtrise de son sexe, par exemple, en échange d'une jouissance dont il devient serf. Oui, mais laquelle ?

En effet, *il n'y a pas de rapport sexuel*, dira Lacan au scandale de ses suiveurs comme de ses détracteurs. Il rappelait par cette formule (qui fait choc parce qu'elle contrevient à deux siècles de foi religieuse) que, si le désir vise l'entre-deux voilé par l'écran où se projette la forme excitante, le rapport ne se fait jamais qu'avec une image ; image de quoi ? — sinon de l'instrument qui fait la signifiance du langage, c'est-à-dire le Phallus (cause du panérotisme qui fut reproché à Freud). C'est pourquoi une femme se voue à le représenter en faisant semblant de l'être (c'est la mascarade féminine) alors que l'homme, lui, fait semblant de l'avoir (c'est le comique viril). Si rapport il devait y avoir, il se ferait ainsi, imaginairement, avec le Phallus (vérité expérimentale pour l'homosexuel) et non pas avec la femme qui, elle, n'existe pas. L'entre-deux désigne aussi bien, en effet, le lieu Autre (Autre du fait qu'il ne puisse y avoir aucun rapport avec lui) et de se tenir à cette place, *une* femme (article indéfini) ne peut y trouver ce qui la fonderait dans son existence et en ferait *la* femme. On sait d'ailleurs l'inquiétude ordinaire des femmes sur le bien-fondé de leur existence et l'envie qu'elles portent volontiers au garçon qui, sans nul besoin de faire ses preuves, s'estimerait d'emblée légitimé.

La catégorie de l'Autre est essentielle parmi les formulations originales de Lacan parce qu'elle désigne primordialement, dans l'entre-deux, la place vide, mais aussi potentiellement grosse de tous les éléments du langage susceptibles de venir s'insérer dans mon énonciation et y donner à entendre un sujet que je ne peux que reconnaître comme mien sans pour autant le faire parler à ma guise ni même savoir ce qu'il veut : c'est le sujet de l'inconscient.

Un signifiant (S_1) est ainsi, dira Lacan, ce qui représente un *sujet* ($) pour un autre signifiant (S_2). Mais que ce dernier (S_2) vienne du lieu Autre le désigne aussi comme symptôme s'il est vrai qu'il décevra immanquablement mon appel en faisant rater le rapport.

Le signe, lui, désigne bien quelque *chose* (ainsi la fumée est l'indice du feu ; la cicatrice, de la blessure ; la montée de lait, d'un accouchement, disent les stoïciens), mais pour quelqu'*un* ; en présence de la chose, *je* s'évanouit en effet. La formule lacanienne du fantasme $◇*a* (à lire « S barré poinçon de petit *a* ») lie l'existence du sujet ($) à la perte de la chose (*a*), ce que la théorie enregistre aussi comme castration. L'émergence éventuelle dans mon univers perceptif de l'objet perdu singulier qui me fonde comme sujet — d'un désir inconscient — l'oblitère, ne me laissant que l'angoisse propre à l'individu (*un*-dividu).

On aura sans doute été sensible au déplacement radical opéré ainsi dans la tradition spéculative. L'énoncé que le signifiant n'a pas fonction dénotative mais représentative, représentative non d'un objet mais du sujet, qui n'existe lui-même qu'à la condition de la perte de l'objet, n'est pourtant pas une assertion qui s'ajoute aux autres, antécédentes dans la tradition. Il ne s'autorise pas en effet d'un dire mais de l'exercice d'une pratique vérifiable et répétable par d'autres.

Quant à la mutation du signifiant en signe qui, lui, dénote la chose, on s'amusera à retenir que ces exemples pris aux stoïciens pointent tous le quelqu'*un* auquel ils s'adressent, dans ses figurations urinaire, castratrice ou fécondante : le Phallus, à l'égard duquel ils sont autant d'appels. Si celui-ci est une cause de l'impossibilité du rapport sexuel, une autre catégorie, outre celle de l'imaginaire et du symbolique, est alors à considérer : celle du réel, comme impossible précisément. Il ne s'agit pas de l'impossible à connaître, propre au noumène kantien, ni même de l'impossible à conclure, propre aux logiciens (quand ils se soucient de Gödel) ; mais de l'incapacité propre au symbolique de réduire le trou dont il est l'auteur puisqu'il l'ouvre à la mesure dont il tente de le réduire, *rien* étant la réponse propre du réel aux essais faits pour l'obliger à répondre. Ce traitement du réel rompt avec les alternatives trop classiques : rationalisme positiviste, scepticisme ou mysticisme.

Scilicet — « tu peux savoir » —, tel fut le titre donné par Lacan à sa revue. Savoir quoi ? sinon l'objet *a* par lequel tu fais bouchon au trou dans l'Autre et mutes l'impossible en jouissance, celle-ci dût-elle en rester marquée. Iras-tu néanmoins assez loin dans sa connaissance pour savoir quel objet tu es ? Quoi qu'il en soit, la démarche psychanalytique s'avère bien inscrite dans la tradition du rationalisme mais en lui donnant, avec les catégories de l'imaginaire et du réel, une portée et des conséquences que celle-ci ne pouvait soupçonner ni épuiser.

Sans doute était-il prévisible que ce remue-ménage (Lacan aurait dit « remue-méninges »), quoique tiré de Freud et de sa pratique, provoquât des réactions. D'abord, n'était-il pas incompréhensible, puisque en rupture avec des habitudes mentales — le confort — qui vont bien au-delà de ce que l'on croit ? En réalité, il l'était surtout par son support logique — une topologie non euclidienne —, le stade du miroir datant ce que la familiarité de la pensée et notre intuition doivent au mirage plan du narcissisme.

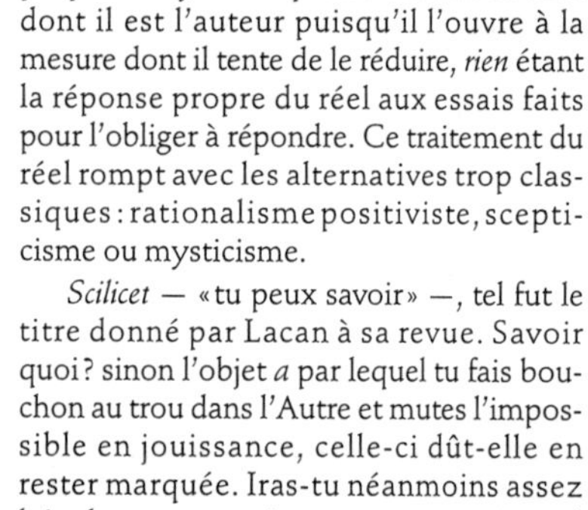

Figure 1. Nœud borroméen à 3 ronds. La propriété borroméenne est liée au fait que la coupure d'un rond libère tous les autres. On voit sur cette figure comment Réel, Symbolique et Imaginaire peuvent devoir leur consistance à ce type de nouage et à la texture de corde des ronds.
Symboles : I : imaginaire,
R : réel,
S : symbolique,
JA : jouissance de l'Autre,
a : l'objet cause du désir,
Jφ : jouissance phallique.

En 1953 et bien qu'il la présidât, Lacan démissionna de la Société psychanalytique de Paris (celle qui eut toujours une attitude réservée à l'égard de Freud) en compagnie de D. Lagache, J. Favez-Boutonnier, F. Dolto et fonda avec eux la Société française de psychanalyse.

Le motif de la rupture fut la décision par la Société parisienne de fonder un Institut de psychanalyse chargé de délivrer un enseignement réglé et diplômable sur le modèle de celui de la faculté de médecine. Ignorait-elle pourtant le caractère ambigu et volontiers fallacieux de notre relation au savoir quand il est imposé ? Mais la réalité était sans doute plus triviale : le séminaire de Lacan, les cours en Sorbonne de Lagache et de Favez-Boutonnier, le charisme de Dolto attiraient la majorité des étudiants, qui d'ailleurs les suivirent en cet exode. Celui-ci connut l'atmosphère stimulante et fraternelle des communautés d'affranchis à leur départ. Le rapport tenu par Lacan à Rome sur « Fonction et champ de la parole et du langage en psychanalyse » servait de boussole. Trop bien sans doute ; son succès vint assez vite faire ombrage à ses amis et puis aussi aux élèves qui avaient grandi et se montraient maintenant soucieux de leur personnalité. Une décennie de nomadisme suffisait ; il fallait, paraît-il, réintégrer l'Association psychanalytique internationale. Des négociations menées par un trio d'élèves (W. Granoff, S. Leclaire et F. Perrier) aboutirent à un troc : reconnaissance par l'IPA en échange du renoncement de Lacan à former des psychanalystes...

En 1963, Lacan fondait seul l'École freudienne de Paris. Une poignée d'amis déprimés et d'élèves esseulés le suivirent en ce nouveau désert. Grâce à son travail, il allait se révéler d'une exceptionnelle fécondité. Aux premiers signes de la maladie du fondateur, ceux-ci devaient être pris par une agitation qui le conduisit à dissoudre son École (1980).

La visée de Lacan fut d'assurer à la psychanalyse un statut scientifique qui aurait protégé ses conclusions du détournement des thaumaturges et aussi l'aurait imposée à la pensée occidentale : retrouver le Verbe, qui était au commencement et se trouve aujourd'hui bien oublié. Mais aussi montrer qu'il ne s'agissait pas avec elle d'une théorie mais des conditions objectives qui déterminent notre vie mentale. Et puis mettre un terme à ce recommencement par lequel chaque génération semble vouloir la réécrire comme si ses conclusions, précisément, restaient irrecevables.

Mais le champ psychanalytique est-il propre à un traitement scientifique, c'est-à-dire à l'assurance d'une réponse toujours identique du réel à la formalisation qui le sollicite ? Voire est-il apte au calcul des réponses qui sont susceptibles d'être données par un sujet et que la théorie des jeux construit dans le cadre des sciences conjecturales ? Oui, si l'on admet qu'il existe une clinique des hystéries, c'est-à-dire une recension des modes de la contestation faite par le sujet de l'ordre formel qui le condamne à l'insatisfaction.

Il y a là en projet une révision du statut du sujet tel que le valorise l'humanisme chrétien. Serait-ce au profit d'une mortification, à l'exemple du bouddhisme ? Sûrement pas si la finalité de la cure est de redonner au sujet l'accès à la fluidité propre au langage sans qu'il y reconnaisse d'autre point fixe qu'un arrimage par un désir acéphale, le sien.

Sur le tard pourtant, Lacan reviendra de cet espoir de scientificité (qui justifia, par exemple, l'anonymat des articles de *Scilicet* à l'instar des livres de Bourbaki) sans autrement s'en expliquer sinon par des énonciations qu'il aurait auparavant répudiées, telle : « C'est avec mon bout d'inconscient que j'ai essayé d'avancer... »

Une interprétation est cependant possible : si la science, coincée entre dogmatisme et scepticisme, n'a pour alternative que la prétention à maîtriser le réel (et à forclore la castration) et l'affirmation d'un inconnaissable que démontre la pluralité des modèles (on renonce à la vérité au profit de ce qui est opératoire), un autre abord du réel se justifie, le psychanalytique précisément.

C'est pourquoi la consistance du réel, du symbolique et de l'imaginaire (R.S.I.) ne sera plus cherchée dans leur association avec le symptôme (qui est défense contre le réel), ainsi que la science en poursuit la tradition, mais dans un autre champ : celui, physico-mathématique, du nœud borroméen (trois ronds de ficelle liés de sorte que la coupure de l'un quelconque d'entre eux dénoue les deux autres), où les trois catégories (R.S.I.) doivent de tenir ensemble non plus à leur nouage par un rond quatrième (celui du symptôme) mais à la propriété borroméenne du nœud et à sa consistance de corde. (Figures 1 et 2.)

La castration, soit ce qui cause l'insatisfaction sexuelle et le malaise dans la civili-

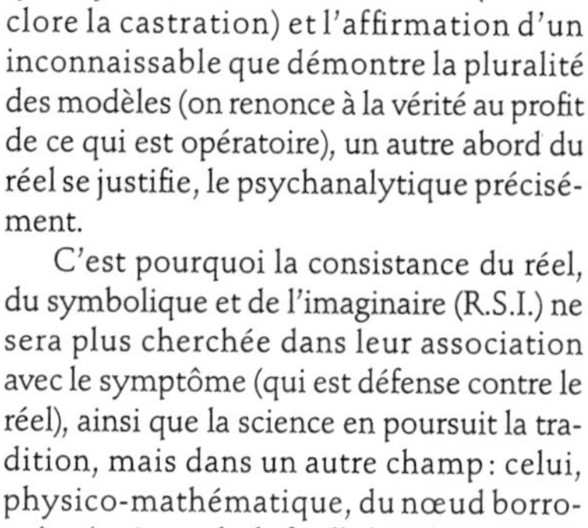

Figure 2. Nœud à 4 ronds. Dans cette figure (non borroméenne), Réel, Symbolique et Imaginaire sont superposés. Leur consistance est assurée par un quatrième rond, celui du symptôme ou aussi bien du Nom-du-Père.

sation, est-elle fait de structure ou de culture ? L'Œdipe, c'est-à-dire le culte du Père, est-il nécessaire ou contingent ? Voilà l'enjeu de ces ultimes réflexions à propos de la possibilité d'écrire le nœud à trois ou bien quatre ronds, ce dernier, œdipien, devant sa consistance au nouage par le rond du symptôme. L'aphasie motrice, sur laquelle Lacan buta, mit le silence à cette tentative.

Quel que fût le visiteur, Lacan lui offrait toujours le préalable de son intérêt et de sa sympathie : ne partageait-il pas avec lui le sort du *« parlêtre »*, c'est-à-dire de celui qui pose la question de l'être parce qu'il parle ? Il attendait en échange que soit privilégiée l'honnêteté intellectuelle : reconnaître et dire ce qu'il y a. Malgré les déceptions répétées venues de ses maîtres, qui le désavouèrent, de ses amis bien discrets à son égard (où Lévi-Strauss ou bien Jakobson le citèrent-ils ?), des élèves qui voulurent le vendre, il gardait toujours prêt un investissement qui n'était jamais prévenu ni même méfiant.

Il n'était pas pour autant un saint. Si le désir est l'essence de l'homme, comme l'écrivit Spinoza, Lacan ne craignit pas d'aller au terme de ses impasses, y confrontant du même coup celles et ceux qui se trouvaient invités. Peu, semble-t-il, trouvèrent le fil du labyrinthe : puisqu'il n'y en a pas. Mais se plaindre d'avoir été séduit reste une cocasserie qui est un des agréments de notre époque ; les procès pour diabolisme sont toujours d'actualité.

Il faudrait encore dire au moins un mot sur son style réputé obscur. On s'apercevra un jour qu'il s'agit d'un style classique d'une grande beauté, c'est-à-dire sans ornementation et régi par la rigueur : c'est cette dernière qu'il est difficile de saisir. Quant aux jeux de mots qui parsèment ses propos, ils poursuivent une tradition rhétorique qui remonte au moins aux Pères de l'Église, quand on savait et expérimentait le pouvoir du Verbe.

Après une fin d'août passée seul, Lacan est mort le 9 septembre 1981 et fut enterré dans l'intimité, de sorte que les élèves qui lui étaient attachés ne purent lui rendre hommage pour ce qu'ils lui doivent. Ch. M.

lacunaire

adj. (angl. Lacunary)

1. **Se dit d'un oubli, d'un trou dans l'évocation du passé, portant sur une ou des périodes bien déterminées.**

On parlera de lacune, lorsque l'oubli reste circonscrit, à l'occasion d'un ictus mnésique, d'un traumatisme crânien ou d'un accès confusionnel durant lesquels il y aura eu absence de mémorisation, de fixation des souvenirs.

2. **En neuropsychiatrie, se dit d'un état d'affaiblissement psychique avec des troubles neurologiques symptomatiques de ramollissements cérébraux, comme on peut le voir dans le syndrome pseudo-bulbaire.** J. P.

Laforgue (René)

Psychiatre français (Thann 1894-1962).

Il fut un pionnier de la psychanalyse en France. Il fit ses études médicales à Berlin et s'intéressa, encore étudiant, à l'œuvre de S. Freud. Venu à Paris en 1923, il s'installe comme psychanalyste après une cure didactique assez brève avec Mme E. Sokolnicka et se voit chargé par le Pr H. Claude d'une consultation psychanalytique à la clinique universitaire de l'hôpital Sainte-Anne. Il commence alors une longue correspondance avec S. Freud et fonde avec A. Hesnard, R. Lœwenstein, M. Bonaparte, E. Pichon et R. Allendy la Société psychanalytique de Paris en 1926 et, en 1927, la *Revue française de psychanalyse*. Après la Seconde Guerre mondiale, il séjourna au Maroc, où il eut comme élève J. Bergeret, puis participa à la première scission du mouvement psychanalytique français en se rangeant du côté de J. Lacan et de D. Lagache et en fondant avec eux la Société française de psychanalyse, en 1953.

Ses travaux ont essentiellement porté sur les troubles affectifs de la schizophrénie et la « schizonoïa », la névrose familiale (où il fut également un véritable pionnier), et la névrose d'échec, qu'il illustra dans des ouvrages sur Ch. Baudelaire, J.-J. Rousseau et N. Bonaparte. Il étudia la vie du « petit caporal » et sa « fuite en avant » dans un livre où il défendait la lucidité et l'opportunisme politique d'un C.M. de Talleyrand. J. P.

Lagache (Daniel)

Médecin, psychanalyste et psychologue français (Paris 1903 — *id.* 1972).

Il est le fondateur de la psychologie clinique en France. Ancien élève de l'École normale supérieure (1924), agrégé de philosophie (1928) et docteur en médecine (1934), il a été l'élève de G. Dumas en psychologie pathologique et de H. Claude en psychiatrie. Il suit alors une cure psychanalytique avec R. Lœwenstein et devient psychanalyste en 1938. Nommé professeur de psychologie à l'université de Strasbourg en 1937, il suit cette université à Clermont-Ferrand pendant la Seconde Guerre mondiale. Il devient professeur à la Sorbonne en 1947 dans la chaire de psychologie générale, où il succède à P. Guillaume, après avoir soutenu sa thèse de doctorat ès lettres sur *la Jalousie amoureuse* (publiée en 1947). Il occupe ensuite la chaire de psychologie pathologique laissée par G. Poyer en 1955. Dans ses recherches cliniques et son enseignement, il s'efforce d'introduire la psychanalyse, aussi bien en psychologie sociale et individuelle qu'en criminologie. Il fonde une « psychologie clinique », comme « étude des conduites individuelles, envisagée dans une conjoncture socioaffective et culturelle déterminée », utilisant à la fois des techniques psychométriques, une compréhension phénoménologique et une interprétation d'inspiration psychanalytique. C'est dans *l'Unité de la psychologie*, parue en 1949, qu'il montre qu'une véritable psychologie ne peut être que clinique et qu'elle doit utiliser ces diverses approches dans une démarche synthétique centrée sur la subjectivité, et l'intersubjectivité, de l'homme. À la fin de sa vie, il anime le projet du *Vocabulaire de la psychanalyse*, que réalisent ses élèves J. B. Pontalis et J. Laplanche sous sa direction. J. P.

Laing (Ronald David)

Psychiatre britannique (Glasgow 1927-Saint-Tropez 1989).

Il est avec D. Cooper le fondateur de l'antipsychiatrie*. Après des études de médecine et de psychiatrie à Glasgow, il travaille à la Tavistock Clinic de Londres, où il demeure de 1956 à 1960. Avec A. Esterson, il soutient dans *l'Équilibre mental, la folie et la famille* (1964) que la folie est « une stratégie particulière qu'une personne invente pour supporter une situation insupportable et que la fonction de la famille, et, au-delà d'elle, celle de la société qu'elle représente, est de refouler non seulement la sexualité, mais aussi les élans vers la spiritualité ». C'est également avec Esterson et Cooper qu'il fonde l'année suivante la Philadelphia Association, dont l'objectif est de lutter contre la psychiatrie officielle et d'organiser des « institutions antipsychiatriques », simples lieux d'accueil où des personnes, ayant précédemment été diagnostiquées et soignées comme schizophrènes, peuvent vivre sans être soignées au sens habituel du terme : elles sont seulement accompagnées dans leur « métanoïa », leur voyage pour retrouver leur « moi authentique ». Kingsley Hall, illustré par l'ouvrage de Mary Barnes (*Mary Barnes. Un voyage à travers la folie*, 1971), a été la plus célèbre de ces institutions. La perspective de Laing se rapprochera plus de celle de la phénoménologie existentielle et de la pensée de J.-P. Sartre, à propos de laquelle il publie avec Cooper *Raison et violence* (1964), que de celle de la psychanalyse, comme en témoigne *le Moi divisé* (1970). Ses deux derniers livres, *la Voix de l'expérience* (1982) et *Sagesse, déraison et folie* (1986), sont à la fois un retour au mysticisme et aux « expériences limites » et l'évocation de ses années d'études et de formation psychiatrique. J. P.

Landolt (anneaux de)

(angl. Landolt Circles)

Série de cercles rompus en un point, utilisée pour mesurer l'acuité visuelle.

Tous les cercles ont le même diamètre et sont présentés successivement à une distance de l'observateur fixée d'avance. Ce qui varie d'un cercle à l'autre est la place et la taille de la lacune. L'acuité est mesurée par l'angle minimum de la fente pour lequel une discontinuité du cercle est perçue et localisée correctement. E. V.

→ acuité visuelle.

langage

n.m. (angl. Language)

LING. 1. **Comportement manifestant une intention communicative.**

L'information transmise doit être accessible par ceux à qui elle est destinée en raison de leur capacité à déchiffrer le code plus ou moins symbolique utilisé pour communiquer cette information. Dans ce sens, il est possible de dire que certains animaux (Abeilles, Chimpanzés, Dauphins, etc.) utilisent un langage. On utilise aussi parfois le terme langage à propos de phénomènes sociaux, comme le vêtement, qui sont signifiants, quoique le code permettant d'accéder à leur signification ne soit pas articulé en niveaux (phonologie, morphologie, syntaxe, etc.).

LING. 2. **Capacité spécifiquement humaine consistant à communiquer à l'aide de *signes* vocaux (et subsidiairement écrits) conventionnels organisés en systèmes, appelés *langues*.**

Le caractère vocal et articulé en niveaux de combinatoire (phonème, morphème, phrase) des signes utilisés est propre au langage humain dit *naturel*, par opposition aux *langages artificiel* (comme les langages de programmation) ou aux *langages formels*, qui mettent de surcroît en jeu un dictionnaire fini de symboles strictement définis. La combinatoire sous-jacente au langage naturel a également pour particularité (contrairement à la communication animale et à certains langages formels) d'être créative, en ce sens qu'elle permet d'engendrer un nombre indéterminé d'énoncés porteurs de significations inédites.

En tant que systèmes, les langues obéissent à des règles de composition – de nature phonologique, morphologique, syntaxique, sémantique et pragmatique – qui limitent les possibilités de la combinatoire à chacun des niveaux de structuration. Ces règles varient considérablement selon les langues mais les énoncés qu'elles permettent d'engendrer sont traduisibles d'une langue à l'autre (ce qui est une autre particularité du langage naturel). Les *grammaires* sont des modèles – plus ou moins formels – de la combinatoire propre à chaque *langue*.

La maîtrise et l'acquisition de la grammaire d'une langue naturelle est un processus progressif dans lequel interviennent des stimulations du milieu (cf. Piaget). Néanmoins, il paraît difficile, étant donné la complexité des règles nécessaires au maniement d'une langue, que le milieu soit à même de fournir à l'enfant des expériences suffisantes pour qu'il puisse construire de lui-même et en un très court laps de temps une grammaire adéquate de sa langue maternelle. Certains linguistes comme N. Chomsky défendent donc l'idée que l'enfant naît avec un équipement nécessaire pour l'acquisition non pas d'une langue particulière, mais du langage en général. Dans cette optique, la notion de langage est inséparable de l'*hypothèse* d'une *grammaire universelle* sous-jacente à toutes les langues humaines existantes ou possibles. Le terme langage est donc utilisé, dans ce cadre, pour désigner les traits organisationnels communs aux différentes langues, traits dont la maîtrise serait inscrite dans le développement biologique de l'espèce humaine.

La capacité de parler et la maîtrise d'une langue sont intimement liées à la pensée. Le langage fournit en effet des catégories permettant de se distancier du vécu immédiat, de conceptualiser l'expérience et de la socialiser. Dans ce sens, le langage est beaucoup plus qu'un simple outil de communication et son étude s'avère bien souvent difficile à séparer de celle de la cognition. M. C.

→ communication, psycholinguistique, signe, symbole.

BIBLIOGRAPHIE

Arrivé, M., Gadet, F., et Galmiche, M., 1986, *la Grammaire d'aujourd'hui : guide alphabétique de linguistique française*, Paris, Flammarion.

Bronckart, J.-P., 1977, *Théories du langage. Une introduction critique*, Bruxelles, Mardaga.

Centre Royaumont, Piatelli-Palmerini, M. (Ed.), 1979, *Théorie du langage, théorie de l'apprentissage, Le débat entre Jean Piaget et Noam Chomsky*, Paris, Le Seuil.

Chomsky, N., 1981, *Réflexions sur le langage*, Paris, Flammarion.

Dubois, J., et alii, 1973, *Dictionnaire de linguistique*, Paris, Larousse.

Ducrot, O., et Todorov, T., 1972, *Dictionnaire encyclopédique des sciences du langage*, Paris, Le Seuil.

Malmberg, B., 1977, *Signes et symboles; les bases du langage humain*, Paris, Picard.

Milner, J.-C., 1989, *Introduction à une science du langage*, Paris, Le Seuil.

langage (acquisition du)

(angl. Acquisition of Language)

Dans son milieu naturel, l'enfant apprend rapidement à parler sa langue maternelle. Dans la 4e année, une compréhension mutuelle peut s'établir avec un adulte non familier parlant la même langue. L'enfant maîtrise alors l'essentiel du code; il a appris à produire des gestes articulatoires et des séquences motrices qui restituent avec une approximation suffisante l'organisation des formes phonétiques, mélodiques et rythmiques de la langue parlée par ses proches. Il peut identifier la plupart des formes lexicales, syntaxiques et prosodiques (contours d'intonation et d'accentuation) de sa langue maternelle; il a appris que chacune de ces formes assure une ou plusieurs fonctions sémantiques et pragmatiques dans l'articulation des composantes d'un énoncé et dans la liaison entre énoncés. On entend par fonctions pragmatiques ce que les formes transmettent, en elles-mêmes ou par le biais de présuppositions et de sous-entendus, des intentions du locuteur, qu'il s'agisse de l'acte de locution (un énoncé peut être constatif, déclaratif, interrogatif, etc.) ou de ses effets sur l'interlocuteur (un énoncé peut ordonner, défendre, demander, etc.).

LES ÉTAPES CHRONOLOGIQUES DE L'ACQUISITION

L'acquisition se caractérise aussi par la régularité des progrès réalisés par des enfants de langues, de cultures et de milieux variés. Dans les 6 premiers mois de la 2e année, des holophrases sont produites. Ces mots isolés servent à donner des noms, d'abord aux personnes et objets familiers, puis aux actions, enfin aux attributs d'objets ou d'actions. Parallèlement à l'extension du stock lexical dans différentes catégories grammaticales, on constate une diversification de l'utilisation des mots qui présente partout les mêmes tendances. Au plan sémantique, la diversification mène de la simple référence à l'emploi relationnel des noms, l'un des termes de cette relation étant fourni par le contexte gestuel, postural ou mimique. Par exemple, l'enfant établira une relation entre un objet et une personne et dira « papa » tout en montrant un objet appartenant à son père, ou bien une relation entre un objet et un attribut de l'objet et il dira « caca » en montrant ses mains salies. Par le jeu des variations du contour d'intonation et d'accentuation, la diversification des fonctions pragmatiques mène du simple constat nominal à l'emploi du nom comme requête ou appel, puis à son utilisation comme demande de confirmation de l'appellation d'un élément.

Vers 18 ou 20 mois apparaissent les combinatoires de mots (phrases à deux mots); elles constituent les premières déterminations syntaxiques, de nom à verbe, de nom à adjectif, de nom ou verbe à terme relationnel. Ces premières prédications décrivent la structure sémantique d'événements simples (par exemple, des liaisons d'agent à action, d'agent à patient, comme dans « papa parti », « chaussure bébé ») ou de scènes simples (par exemple, état, appartenance ou localisation, comme dans « cassé ça », « manteau maman, » ou « nounours là »). Les demandes, refus et souhaits se dégagent progressivement du contexte extralinguistique auquel l'enfant avait encore recours pour les traduire à la période précédente. Des relations sont maintenant exprimées entre demande, refus et souhait d'un côté et élément demandé, refusé ou souhaité de l'autre (« donne gâteau », « encore tourne », « pas dodo », « veux boire »). La troisième année se caractérise par un développement grammatical important. D'une part, des morphèmes, mots foncteurs (articles, prépositions, etc.) ou flexions (désinences nominales et verbales marquant le genre, le nombre, la personne, le temps, etc.), viennent articuler les constituants de l'énoncé. D'autre part, des formes syntaxiques de coordination d'énoncés apparaissent; elles assurent la liaison entre productions propres ou entre énoncés alternés dans l'interlocution.

LA NATURE DES ACQUIS

La rapidité et la régularité du développement du langage ont suscité bien des débats concernant la nature des acquis. L'enfant acquiert-il une *compétence à communiquer*, c'est-à-dire une aptitude à produire et à comprendre des énoncés appropriés au contexte et à la situation extralinguistique (J. Bruner) ? Ou bien acquiert-il un *système de représentation* ? Dans ce dernier cas, les progrès dépendent-ils d'une structuration cognitive générale simplement appliquée au domaine du langage (J. Piaget) ou bien sont-ils spécifiquement linguistiques et essentiellement syntaxiques (N. Chomsky) ? Quoi qu'il en soit, les caractéristiques de l'acquisition ont ouvert de nouvelles perspectives ; on s'interroge sur les conditions qui la rendent possible à la période prélinguistique. Elles ont aussi créé un domaine de recherche, celui de la comparaison de l'acquisition dans des langues de structures différentes.

LES ÉTAPES DU PRÉLANGAGE AU LANGAGE

Sachant qu'il existe une continuité dans le développement, on peut considérer les étapes qui mènent du prélangage au langage. Deux groupes complémentaires d'études se situent dans cette problématique. Le premier cherche à définir le dispositif de traitement des sons de la parole humaine qui permet au bébé, dès les six premiers mois, de discriminer et de catégoriser les formes phonétiques, de reconnaître les contours de fréquence et d'amplitude ; puis, dans le second semestre, d'apparier les informations auditives et motrices de sorte que les productions de babil intègrent progressivement les caractéristiques phonétiques, mélodiques et rythmiques de la parole en général et, peut-être déjà, certaines des particularités de la langue ambiante. Dès lors, les premiers mots, lorsqu'ils sont produits au début de la seconde année, témoignent d'une capacité de segmentation et peuvent être reconnus par l'adulte. Le second groupe de recherche explore la faculté de communication du bébé, notamment, dans le premier semestre, l'imitation, qui va permettre d'étendre à autrui les états ou les intentions qui sous-tendent chez l'enfant certaines manifestations physiques, et la conduite de réciprocité (échange de sourires ou dialogues vocaux), qui régule le cours des interactions. Dans les 6 mois suivants, on étudie la filiation qui relie la communication prélinguistique intentionnelle (activités gestuelles, posturales, vocales) à la communication linguistique.

Les études comparatives cherchent à déterminer si la structure de la langue à acquérir affecte les processus d'apprentissage. Les mêmes fonctions peuvent être marquées dans les langues par diverses formes : par exemple, les relations sémantiques d'agent et de patient peuvent s'indiquer par l'ordre des mots de l'énoncé ou par des flexions (désinences marquant le cas), la localisation peut s'appuyer sur un système de prépositions ou de postpositions nominales. Il est dès lors possible de comparer la vitesse d'acquisition de ces différentes règles chez les enfants à partir de deux ans.

M.-L. L. R.

→ développement, enfant.

BIBLIOGRAPHIE

Bronckart, J.-P., Kail, M., et Noizet, G., 1983, *Psycholinguistique de l'enfant : recherche sur l'acquisition du langage*, Neuchâtel, Delachaux et Niestlé.

Bruner, J. S., 1983, *le Développement de l'enfant : savoir dire, savoir faire*, Paris, P.U.F.

Chomsky, N., 1985, *Règles et représentations*, Paris, Flammarion.

Moreau, M. L., et Richelle, M., 1981, *l'Acquisition du langage*, Bruxelles, Mardaga.

Moscato, M., et Piéraut-Le Bonniec, G., 1984, *le Langage : construction et actualisation*, Rouen, Presses universitaires de Rouen.

Piéraut-Le Bonniec, G., 1987, *Connaître et le dire*, Bruxelles, Mardaga.

langage (troubles du)

(angl. Speech Disorder, Language Disorder)

Trouble du comportement linguistique et de la communication.

Certains troubles du langage sont d'origine organique, comme l'aphasie, et d'autres apparaissent au cours de nombreuses maladies mentales.

Parmi ces derniers, on distingue : 1. les troubles du langage oral, qui peuvent revêtir l'aspect de troubles de l'activité de communication (logorrhée, verbigération, mutisme), de troubles de la réalisation du langage (troubles du débit verbal : bégaiement, barrages, bradyphémie, tachyphémie) et de troubles sémantiques (schizophasie par exemple) ; 2. les troubles du langage écrit, souvent parallèles à ceux du langage oral et qui peuvent atteindre les aspects graphique et sémantique ainsi que la rapidité de l'écriture ; 3. les troubles du langage intérieur, qui apparaissent dans le syndrome d'automatisme mental sous forme de répétition de la pensée, d'imposition et de commentaire des actes. Ils se traduisent au niveau du comportement du malade par des attitudes d'écoute des voix, ou de conversation avec elles, des mouvements des lèvres, des monologues et des mimiques expressives.

Chez l'enfant, la notion de trouble du langage recouvre celle de troubles de l'articulation (anomalies fixes dans la prononciation de certains phonèmes, par exemple sigmatismes), de retards de parole, où c'est l'organisation même de la séquence phonétique qui est touchée (le mot reproduit n'étant qu'une approximation de la prononciation correcte, par inversion, contamination ou simplification), de retards de langage, où il s'agit d'un retard de l'organisation même du discours, superposé ou non à des troubles phonétiques (dysphasie, audimutité), en l'absence de déficit intellectuel patent ou de trouble grave de la personnalité (psychoses infantiles). Chez l'enfant sont fréquents, en outre, les troubles de l'apprentissage du langage écrit (dyslexie, dysorthographie) ainsi que le bégaiement. Les troubles du langage sont particulièrement graves (pouvant aller jusqu'à l'absence du langage) dans les psychoses infantiles, où ils traduisent la profonde perturbation des investissements objectaux.

R. L.

BIBLIOGRAPHIE

Rondal, J. A., 1982, *Troubles du langage, diagnostic et rééducation*, Bruxelles, Mardaga.

lapsus

n.m. (angl. Slip)

Faute que l'on fait par inadvertance en parlant (*lapsus linguae*) ou en écrivant (*lapsus calami*) et qui consiste à substituer un mot à celui qu'on voulait dire.

La psychanalyse considère le lapsus comme une variété d'acte manqué consistant en l'interférence de l'inconscient dans l'expression parlée ou écrite. R. L.

Larcebeau (questionnaire d'intérêts de)

(angl. Larcebeau Interest Inventories)

Série de questionnaires d'intérêts établis en France par S. Larcebeau et utilisés notamment en orientation scolaire et professionnelle.

Ces épreuves couvrent la marge allant de la classe du cours moyen à la classe de terminale. M. R.

Lashley (Karl Spencer)

Psychologue américain (Davis, West Virginia, 1890-Poitiers, France, 1958).

Intéressé par les mécanismes physiologiques sous-tendant le comportement, et dans le but de vérifier expérimentalement la validité des thèses relatives à la localisation cérébrale de la représentation corticale des fonctions mentales supérieures, il a réalisé une série d'expériences chez le rat portant sur l'apprentissage et la discrimination sensorielle.

Les résultats de ses recherches l'ont conduit à affirmer que ce n'est pas la localisation mais la taille de la lésion qui importe dans l'apparition des troubles fonctionnels. Il s'est ainsi opposé aux conceptions associationnistes et localisatrices de P. Broca. Il a écrit notamment *Brain Mechanisms and Intelligence* (1929).

R. L.

latence

n.f. (angl. Latency)

Durée qui s'écoule entre le début de la présentation d'un stimulus et le début de la réponse qui lui est donnée.

Cette durée est particulièrement intéressante en ce qu'elle exprime de façon observable, dans un des paramètres du comportement, une autre durée qui, elle, est non observable : le temps utilisé par un sujet pour traiter l'information et mettre en route la réponse. Cette durée observée est donc susceptible de révéler, par ses propres variations, d'autres variations « cachées », qui affectent le traitement de l'information dans l'intellect ou le système nerveux des sujets. Le mot *latence* (dont le sens même renvoie à « caché ») exprime bien cela.

On le réserve parfois pour désigner les durées d'opérations internes. Dans l'usage expérimental, on emploie plus souvent « temps de... » complété par un mot descriptif (... de réaction, de réponse, de lecture, etc.) ou interprétatif (... de décision, de jugement, de compréhension, etc.).

J.-F. L. N.

→ chronométrique (méthode), décision (temps de), jugement, réaction (temps de), temps, temps de...

latence (période de)

(angl. Latence Period ; allem. Latenzperiode, Aufschubsperiode)

Période de la vie sexuelle infantile de l'âge de 5 ans à la pré-adolescence, au cours de laquelle les acquis de la sexualité infantile sombreraient normalement dans le refoulement. R. L.

latent, e

adj. (angl. Latent)

Qui ne se manifeste par aucun comportement.

→ apprentissage, latent (apprentissage).

latent (apprentissage)

(angl. Latent Learning)

Apprentissage qui, dans les premières théories cognitivistes américaines, était opposé à l'apprentissage avec récompense.

Dans une terminologie ancienne, si on laissait des Rats explorer librement un labyrinthe, on constatait qu'ils apprenaient ultérieurement plus rapidement, ou plus efficacement, à suivre un parcours qui les conduisait à une récompense ; on considérait donc qu'il s'était produit, durant la phase d'exploration, un apprentissage latent. Les phénomènes sont réinterprétés aujourd'hui en termes cognitifs : dans la conception de E. C. Tolman, on admet que l'apprentissage s'est produit par simple observation et, donc, sans renforcement.

J.-F. L. N.

→ apprentissage, cognitivisme.

latente (variable)

(angl. Latent Variable)

De façon générale, variable non directement observable, hypothétique, « cachée », dont les valeurs peuvent être estimées, à partir des données observables, dans le cadre d'un certain modèle.

On peut citer comme exemple les facteurs de l'analyse factorielle. P. F. Lazarsfeld a proposé de rendre compte par une caractéristique individuelle latente du fait que plusieurs sujets tendent à répondre de la même façon à deux questions comportant chacune deux réponses possibles. Le modèle de Lazarsfeld peut être rapproché de celui de l'analyse factorielle à un seul facteur commun (facteur général de Spearman) ou de celui des échelles hiérarchiques de Guttman, mais il repose sur des conditions moins restrictives. Il a été spécifié dans les modèles d'*analyse en structures latentes* (angl. Latent Structure Analysis) et d'*analyse en classes latentes* (angl. Latent Class Analysis). L'analyse de la structure latente de Lazarsfeld cherche à distribuer la population testée sur une dimension « latente » à partir d'un ensemble de réponses « manifestes » à un questionnaire. Toute démarche visant à l'établissement d'une échelle d'attitudes est d'une certaine façon une analyse de la structure latente.

M. R.

latéralisation

n.f. (angl. Lateralization)

Situation d'une fonction lorsqu'elle est asymétriquement organisée entre les deux hémisphères cérébraux dont un est fonctionnellement prévalent pour la fonction considérée.

Cette notion se réfère en premier lieu à la *latéralisation motrice* : les activités manuelles requièrent une coopération bimanuelle, mais une main est prévalente pour l'exécution de la séquence motrice. Les questionnaires et les tests moteurs permettent d'établir un quotient de latéralité et de classer les sujets en droitiers, ambidextres et gauchers. Du fait du croisement des voies, c'est l'hémisphère opposé à la main préférée qui est dominant pour la commande motrice.

Il existe une très forte norme sociale de latéralité au bénéfice de la main droite : selon H. Hécaen (1984), dans les sociétés étudiées, le taux de gauchers repérés varie de 2% (sociétés contraignantes) à 10% (sociétés permissives). J.-C. R.

→ dominance cérébrale, droitier, gaucher, latéralité.

latéralisé, e

adj. (angl. Lateralized)

Se dit d'une personne qui présente une latéralisation nette dans toutes les tâches (*sujet bien latéralisé* ; angl. Well Lateralized) ou fluctuante ou hésitante selon les tâches (*sujet mal latéralisé* ; angl. Poorly Lateralized). R. L.

latéralité

n.f. (angl. Laterality)

Préférence, dans l'utilisation des récepteurs ou des effecteurs, de l'une des moitiés, droite ou gauche, du corps.

Repérage de la latéralité

La manifestation la plus visible de la latéralité est la préférence, chez la grande majorité des individus, pour l'utilisation de la main droite. Mais la latéralité se manifeste aussi pour l'usage des pieds et également, dans le domaine sensoriel, par la prédominance d'un œil, d'une oreille, sur l'autre. Différentes épreuves permettent de déterminer la latéralité d'un sujet. Pour la latéralité manuelle, on peut observer quelle main est employée pour écrire, pour dessiner, se peigner, etc. ; on peut demander au sujet de lancer une balle, de ramasser un objet, de couper une ficelle avec un couteau, etc. Pour la latéralité des pieds, on demande par exemple au sujet de taper dans un ballon. Pour la latéralité oculaire, on observe quel œil il utilise dans des exercices de visée monoculaire, etc. La latéralité a des fondements neurologiques. Elle dépend du degré de dominance de l'un des hémisphères cérébraux sur l'autre : l'hémisphère gauche est dominant chez les droitiers. La latéralité, et en particulier la gaucherie, paraît être en partie héréditaire. Mais elle est aussi déterminée en partie par l'éducation, qui tend parfois à privilégier l'usage de la main droite. On a reconnu que cette pression éducative n'était pas souhaitable, même si beaucoup de dispositifs usuels sont conçus pour les droitiers. Une action éducative insistante s'opposant à la latéralité naturelle (« gauchers contrariés ») peut susciter certains troubles du comportement, notamment le bégaiement. Il est cependant préférable que les enfants soient nettement latéralisés (de l'un ou de l'autre côté), de façon stable, et qu'ils le soient du même côté pour l'ensemble de leurs récepteurs et de leurs effecteurs. Une rééducation motrice prudente peut être envisagée pour les sujets « mal latéralisés ».

M. R.

La latéralité chez le bébé

Les études concernant la latéralité chez le bébé s'inscrivent dans deux problématiques complexes : d'une part celle des relations entre activité spontanée et activité finalisée, d'autre part celle des liens entre spécialisation hémisphérique et latéralité distale. De manière générale, l'activité motrice spontanée des nouveau-nés n'est pas plus intense d'un côté du corps que de l'autre (agrippement, pédalage, etc.). Pourtant, la tête est tournée significativement plus souvent vers la droite : dans la « position de l'escrimeur », habituelle chez un nouveau-né couché sur le dos, le visage est tourné vers la droite, le bras droit étendu cependant que le bras gauche est fléchi. La plus grande tonicité des muscles axiaux droits peut être interprétée comme un signe de dominance. Certains auteurs voient dans cette position, qui permet au bébé de voir sa main droite, l'origine d'une latéralisation droite quand il s'agit de coordonner vision et préhension. De plus, l'activité spontanée des deux bras en l'absence de cibles à voir et à saisir peut être comparée à la même activité en présence de telles cibles ; dans ce second cas, le bras droit est en général plus actif que le bras gauche quel que soit l'âge de l'enfant. Certaines données ont laissé à penser qu'il existerait une période, entre 6 et 9 mois, où l'atteinte se ferait de manière prédominante à gauche, mais cette hypothèse n'est pas vérifiée par des résultats récents. Enfin, le jeune enfant éprouve une difficulté certaine à aller saisir un objet situé de l'autre côté du plan médian de son corps : pour juger de la main dominante, il faut donc tenir compte de l'emplacement de l'objet à saisir. Par ailleurs, certains auteurs considèrent que la latéralisation est liée à la spécialisation hémisphérique. Or, les possibilités de récupération après lésion cérébrale précoce ont longtemps été interprétées comme dues à une non-spécialisation des hémisphères ; conjointement, on pouvait penser que la latéralisation s'établissait progressivement avec la spécialisation. Des recherches récentes tendent à montrer la précocité de la spécialisation hémisphérique, et certains auteurs (Young) accordent à l'hémisphère gauche un rôle primordial dans l'organisation de la séquence des mouvements de préhension ; or, de par le croisement des voies motrices, l'hémisphère gauche contrôle directement la main droite. Dans cette perspective, c'est la spécialisation hémisphérique qui déterminerait la latéralisation manuelle. Mais on peut également penser que les conditions environnementales, qui sollicitent diversement l'un ou l'autre côté du corps (position lors du nourrissage par exemple), interviennent aussi dans l'établissement de la latéralisation. Les corrélations observées, du point de vue de la latéralisation, entre parents et enfants, soutiennent l'hypothèse d'une transmission génétique de la dominance latérale, mais des influences environnementales peuvent venir très précocement soutenir ou contrer la programmation génétique. De multiples facteurs, donc, peuvent rendre compte de l'établissement très précoce d'une dominance majoritairement droite. M.-G. P.

Bibliographie

Zazzo, R., 1969, *Manuel pour l'examen psychologique de l'enfant*, vol. 1, Neuchâtel, Delachaux et Niestlé.

leader

n.m.

Personne qui a une certaine autorité sur un groupe.

Le terme a un sens plus large que le français *chef*.

On a cherché pendant une certaine période à définir des aptitudes et des traits de personnalité qui seraient observables chez tout leader. On a reconnu que, si certaines de ces caractéristiques constituaient des conditions nécessaires à une direction efficace (intelligence, connaissances relatives au domaine), il était difficile de pratiquer une sélection des futurs leaders (sélection des cadres, des élèves officiers, etc.) sans prendre en compte leurs rapports avec un groupe et, plus précisément, avec le type de groupe qu'ils seraient appelés à diriger. Aux épreuves individuelles d'aptitudes et de personnalité sont alors venues s'ajouter souvent des épreuves en groupe beaucoup plus globales. Par exemple, on répartit des candidats officiers en petits groupes sans chef et chaque groupe est chargé d'effectuer en temps limité une tâche difficile telle que déplacer avec des moyens de fortune un objet lourd et volumineux ou vider une pièce de tout ce qu'elle contient, etc. Les observations portent sur le comportement de chacun des participants.

Dans d'autres perspectives, on insiste sur les relations entre certaines caractéristiques individuelles du leader (orienté vers les tâches à accomplir ou vers les relations avec les autres, par exemple) et celles de la situation dans laquelle le leadership doit s'exercer. L'étude de cette situation a pris une grande importance dans les travaux sur le leadership*. M. R.

leadership

n.m. (angl. Leadership)

Fonction assumée, avec un certain style, par un individu, un sous-groupe, ou un groupe placés dans une situation définie, visant à influencer de manière significative ou même à transformer la conduite d'autrui (homme, groupe, organisation) afin que celui-ci progresse vers les buts qui lui sont assignés ou réalise la tâche exigée.

Les études de psychologie sociale expérimentale sur le leadership sont particulièrement nombreuses. Elles n'ont pas toujours donné des résultats probants. Ne seront donc évoquées que les plus intéressantes. La psychanalyse et la psychosociologie clinique ont apporté des contributions essentielles pour la compréhension de ce problème.

Les premières recherches

Les premières recherches expérimentales ont porté sur les aptitudes individuelles, l'« ascendant personnel », du fait de la prégnance culturelle de la notion de chef-né. Ces recherches extrêmement touffues ont abouti à des résultats décevants, aucun des traits ne permettant de définir opérationnellement une aptitude au leadership même si certaines recherches tendent à montrer que des traits comme l'intelligence, la sociabilité, la participation sociale, la volonté, la confiance en soi se rencontrent plus souvent chez les chefs que chez les autres individus, constatations d'ailleurs souvent contestables qui relèvent du sens commun. Il faudra attendre les travaux de C. Faucheux et de S. Moscovici (1967) sur la consistance et le travail de Moscovici sur *la Psychologie des minorités actives* (1979), dans lequel se trouve une étude sur le cas Soljenitsyne, pour mettre en lumière trois notions clefs susceptibles de caractériser le leader : « Opter pour une position propre visible, ensuite entreprendre de créer et de soutenir un conflit avec la majorité là où la plupart sont tentés de l'éviter et, enfin, se conduire de manière consistante, signifiant le caractère irrévocable du choix, d'une part, le refus du compromis sur l'essentiel, de l'autre ».

La perspective wébérienne d'une autorité charismatique (don dévolu par Dieu ou la nature à un être exceptionnel, héros ou prophète, pour mener une mission salvatrice), accompagnée d'une réflexion sur l'œuvre de S. Freud, permet à Moscovici (1981), dans *l'Âge des foules*, d'opposer deux types de meneurs : le meneur mosaïque, qui interdit sa propre représentation et la transformation de sa personne en pseudodieu, et le meneur totémique, qui au contraire prône le culte de sa propre personnalité. E. Enriquez (1973) avait dans une perspective analogue analysé la caractéristique du leader charismatique adoptant une position paranoïaque.

Un deuxième type de recherche s'est centré sur le rapport du leader au groupe qu'il dirige. L'expérience classique de K. Lewin,

R. Lippit et C. R. White (1938) a eu pour but de souligner l'influence du style de commandement (autoritaire, laisser faire, ou démocratique) sur le climat du groupe, sur sa productivité et sur les conduites des membres du groupe. Cette expérience montre qu'il y aurait une supériorité du style démocratique aussi bien en ce qui concerne le moral du groupe, la coopération que la productivité. Pourtant, C. A. Gibb (1951) fait apparaître qu'un leadership autoritaire, même s'il a une influence néfaste sur le moral du groupe, aurait pour résultat une productivité supérieure. De leur côté, Lippit et White (1943), R. N. Sanford (1960) signalent que certains individus préfèrent être dirigés de manière autoritaire.

L'apport de la psychanalyse

La perspective développée par Freud (1921) dans *Psychologie des foules et analyse du moi* donne des résultats plus intéressants. Freud évoque la possibilité de la création d'un groupe par un chef disant aimer tous les membres du groupe d'un amour égal, ayant avec eux une relation duelle de nature sexuelle façonnant le groupe par l'hypnose, devenant l'objet commun du groupe placé par chacun à la place de son idéal du moi et permettant ainsi l'identification des membres du groupe les uns aux autres. Le groupe peut ainsi naître d'un acte d'amour de la part du chef qui procrée le groupe par parthénogenèse et qui fait de chacun des doubles de lui-même. F. Redl a essayé de compléter l'approche freudienne en liant l'émotion de groupe au leadership. Il distingue dix types de relations émotionnelles entre la personne centrale et le groupe, qui peuvent être classées en trois catégories : la personne centrale peut être un objet d'identification basée sur l'amour ou sur la crainte, un objet de pulsions amoureuses ou agressives, un soutien pour l'instance du moi. Le psychanalyste anglais W. R. Bion (1961), dans son étude des groupes, met en évidence l'existence d'hypothèses de base qui gouvernent leur vie inconsciente. La première d'entre elles, l'hypothèse de dépendance, est particulièrement importante. Tout se passe, quand le groupe l'adopte inconsciemment, comme si celui-ci attendait d'être nourri, guidé, protégé par un leader omnipotent. Le groupe ne demeure dans une telle hypothèse que si le leader accepte le rôle tout-puissant qui lui est assigné.

Communication et tâche

Un troisième type de recherche vise à éclairer les relations entre leadership, structure de communication et tâche à accomplir. L'expérience de M. Mulder (1963) montre que les groupes sont d'autant plus performants (temps de résolution des problèmes plus courts, moins d'erreurs) que la structure de communication et de décision est centralisée, structure moins imposée que développée par les membres du groupe. Faucheux et Moscovici (1960), à la suite de C. Flament (1956), qui avait mis en évidence le rapport de l'adéquation des réseaux aux programmes d'activités proposés, fournissent des problèmes différents à résoudre à des groupes en laissant ces derniers libres de s'organiser. On constate que les groupes tendent à développer la structure de communication la plus appropriée à la tâche et que, suivant les tâches, certaines fonctions nécessaires à leur bonne exécution sont assurées par un leader ou bien se trouvent réparties entre les membres du groupe. Ces études permettent d'étayer l'hypothèse du leadership comme une fonction du groupe (Enriquez, 1959) ayant certains problèmes à résoudre, devant maintenir sa cohésion et progresser vers ses buts dans une situation précise.

Cette fonction peut être monopolisée par un leader, peut être demandée à un leader, elle peut également être distribuée sur une partie ou sur l'ensemble des membres du groupe (dans ce cas, le groupe sera autogéré). Cette fonction peut être remise en question par des groupes minoritaires porteurs de nouveaux projets d'innovation, dans un contexte groupal ou social historique conflictuel, chaque membre d'un groupe étant, en tout état de cause et quel que soit son statut, source et récepteur d'influence.

La minorité active est facteur de changement social. Si elle a suffisamment d'influence, elle peut devenir majorité et assumer à ce moment-là, à son tour, les fonctions de leadership (Moscovici, 1979).

E. E.

→ autorité, pouvoir.

Bibliographie

Graumann, C. F. et Moscovici, S., 1986, *Changing Conceptions of Leadership*, New York, Berlin [...], Springer Verlag.

Hollander, E. P., 1978, *Leadership Dynamics : A practical Guide to effective Relationships*, New York, Free Press.

learning set

n.m.

Facilitation d'un apprentissage par une série d'apprentissages qui l'ont précédé.

Learning set est parfois traduit par « attitude d'apprentissage » ou, plus souvent, par « apprendre à apprendre ». Le learning set a d'abord été mis en évidence par H. P. Harlow (1949) : si l'on met un sujet, animal ou humain, dans une longue série de situations d'apprentissages successifs, on observe une facilitation progressive pour ceux qui viennent postérieurement.

On considère aujourd'hui que ce résultat, analogue au transfert proactif, est dû à ce qu'un certain nombre de sous-apprentissages cognitifs (s'accoutumer à la situation, savoir de quels stimulus ou de quels aspects de la situation il faut tenir compte, etc.) sont acquis une fois pour toutes, et réutilisés dans les apprentissages successifs.

J.-F. L. N.

→ transfert 1.

Le Bon (Gustave)

Médecin et sociologue français (Nogent-le-Rotrou 1841-Paris 1931).

Il est l'auteur d'importantes contributions dans le domaine de la psychologie sociale. Il s'intéressa à de nombreux problèmes sociaux et politiques et il chercha à faire ressortir le rôle capital des émotions dans les affaires de société. Dans *la Psychologie des foules* (1895), il avance l'idée d'une « âme collective » : quand une foule se forme, la conscience personnelle de chaque individu cède à une conscience collective, où l'intelligence et la moralité sont inférieures à la moyenne de ses membres ; cela rend les foules hautement suggestibles aux influences du meneur et capables de comportements soit violents, soit héroïques.

R. L.

lecture

n.f. (angl. Reading)

Ensemble d'activités perceptives, linguistiques et cognitives permettant aux hommes de décoder, de comprendre et d'interpréter des séquences de symboles graphiques en relation avec une langue donnée.

L'apparente facilité avec laquelle tout lecteur expert met en œuvre cet ensemble d'activités masque la complexité et la rapidité des processus mobilisés. À l'heure actuelle, la psychologie cognitiviste n'a réussi à construire que des modèles locaux ou partiels de cette activité. Les chercheurs en effet, selon leurs affinités, tentent de modéliser soit les processus de traitement qui vont de l'exploitation de l'information sensorielle jusqu'à l'identification d'un « mot » dans le lexique mental, soit les processus de plus haut niveau qui interviennent lorsque le lecteur récupère la signification des mots et procède en temps réel à la compréhension de phrases et de textes. Les premiers s'intéressent essentiellement aux processus de transcodage, les seconds aux activités d'inférence et d'interprétation où le lecteur apporte autant au texte que le texte au lecteur. Un des problèmes récurrents dans la plupart des modèles consiste à expliquer l'influence du contexte sur le traitement et à en déterminer les limites : certains pensent en effet que le contexte n'agit que sur les processus de haut niveau ; d'autres, qu'il intervient à tous les niveaux de traitement. P. L.

lecture (apprentissage de la)

(angl. Reading Acquisition)

Acquisition des activités constitutives de la lecture, en tant que cette acquisition renvoie aux conditions dans lesquelles une société donnée place l'enfant, à partir d'un certain âge, pour lui inculquer le code que représente l'écriture et lui permettre ainsi d'accéder au sens des textes.

Contrairement à l'acquisition de la langue, qui s'effectue naturellement et spontanément, l'apprentissage de la lecture exige une instruction qui en principe doit tirer parti au mieux des connaissances dont un enfant dispose sur sa langue. Par conséquent, la théorie établit qu'à chaque phase il y a une première étape impliquant une divergence entre stratégies utilisées en lecture et en écriture, puis une étape impliquant la convergence. Le programme développemental est considéré comme un incessant changement d'équilibre entre l'écriture et la lecture. La lecture va d'abord stimuler la mise en place de la stratégie logographique, puis l'écriture stimulera celle de la stratégie alphabétique, et enfin de nouveau la lecture permettra à l'enfant de découvrir la stratégie orthographique. Depuis les années 1980, différentes catégories de modèles d'apprentissage de la lecture ont vu le jour. On peut en distinguer deux : les modèles développementaux, proposant le repérage de différents stades dans l'apprentissage de la lecture et/ou de l'orthographe et les modèles componentiels-structuraux.

Les modèles développementaux

Le plus ancien des modèles à stades de développement est celui de E. Marsh et coll. (1981).

Le modèle néopiagétien de Marsh

S'inscrivant dans une perspective néopiagétienne, les auteurs considèrent que les concepts clés d'une approche cognitivo-développementale sont les notions de connaissance, de stratégies et de métaconnaissance. La connaissance est constituée de l'information et des structures cognitives caractéristiques d'un stade donné de développement : ces structures se transforment du fait de l'interaction du sujet avec l'environnement ; par conséquent, la connaissance renvoie à la compétence cognitive de l'enfant. Les stratégies sont les processus qu'un enfant utilise pour gérer les données fournies par l'environnement : ces stratégies n'ont pas besoin dans un premier temps d'être accessibles à la conscience ; lorsque les stratégies et la connaissance, beaucoup plus tard, deviennent réflexives et verbalisables, l'enfant dispose de métaconnaissances qui peuvent lui permettre de mieux gérer les connaissances et les stratégies qu'il utilise dans ses interactions avec l'environnement. Un des points cruciaux du modèle consiste à rendre compte de la manière dont le lecteur novice vient à lire de nouveaux mots. Les auteurs distinguent quatre étapes.

La devinette linguistique. L'enfant connaît de vue quelques mots et est capable d'associer au stimulus son nom sur la base d'une reconnaissance globale. Lorsqu'un nouveau mot isolé est rencontré, l'enfant dit : « Je ne sais pas. » Lorsque le nouveau mot est dans un contexte, l'enfant procède par devinette, sur la base d'indices visuels élémentaires. L'enfant passe au stade suivant quand il se rend compte que cette stratégie produit beaucoup d'erreurs sur les plans syntaxique et sémantique (mot en contexte) ou quand il s'aperçoit que ses devinettes sont peu efficientes étant donné le nombre de corrections effectuées par le maître (mot isolé).

L'établissement d'un réseau de discrimination. Les mots connus sont toujours reconnus par association. Lorsqu'un mot nouveau est présenté isolément, l'enfant reconnaît faussement un mot connu sur la base de sa similarité visuelle avec le mot proposé. Lorsque le mot est présenté en contexte, l'enfant utilise à la fois la prédiction syntaxico-sémantique et les indices visuels. Le passage au stade suivant se trouve déterminé par plusieurs phénomènes : d'abord l'accroissement du vocabulaire purement visuel, qui place des contraintes fortes sur la mémoire de l'enfant; ensuite, le vocabulaire de lecture lui-même s'accroît et les indices graphémiques s'avèrent trop pauvres pour pouvoir établir les discriminations nécessaires entre tous ces mots ; enfin, la capacité cognitive de l'enfant, qui dans les étapes précédentes se trouvait au stade préopérationnel ou au début des opérations concrètes, atteint pleinement le stade des opérations concrètes. Dès lors, les enfants deviennent capables de faire attention à la fois aux sons constitutifs des mots et à leur signification. Ils peuvent alors être initiés au principe alphabétique, dans la mesure où ils deviennent sensibles aux invariants de certaines relations graphèmes-phonèmes.

Le décodage séquentiel. Les mots connus de vue commencent à être phonétiquement décodés puis fusionnés, ce qui permet leur reconnaissance non plus sur le plan visuel mais sur le plan phonétique. Cette nouvelle stratégie s'applique alors naturellement aux mots réguliers non encore rencontrés en lecture mais néanmoins connus de l'enfant. Toutefois, à ce stade, l'enfant n'est pas capable de mettre en application des règles conditionnelles, lorsque le son d'une lettre dépend étroitement de son environnement graphémique (cas des voyelles longues ou brèves, selon le contexte, et cas de l'e muet). Étant donné qu'il ne peut appliquer que des règles simples fondées sur le repérage des invariants, l'enfant va être amené à lire des mots d'une manière telle qu'il ne les reconnaîtra pas.

Le décodage hiérarchique. Ce n'est qu'à ce stade que l'enfant peut commencer à utiliser les règles conditionnelles et d'autres règles complexes de l'orthographe. Les contraintes cognitives impliquées par la découverte et l'application de ces règles sont telles qu'il faut attendre l'âge de 8-9 ans avant que l'enfant puisse mettre en œuvre ce type de stratégie dans la lecture. Il est probable, de plus, que plus tard encore les stratégies changent et que la lecture s'effectue par adressage direct au lexique et/ou par l'usage de l'analogie.

Cette théorie cognitive développementale a le grand avantage, selon Marsh et ses collaborateurs, de pouvoir être transformée en une théorie de l'instruction pour peu que l'on procède aux trois tâches suivantes :

1. une analyse précise des relations entre l'écrit et l'oral en termes de structure combinatoire des règles ;
2. la mise au point d'un matériel permettant de repérer sans ambiguïté les stratégies mises en œuvre par les enfants à tel ou tel niveau de développement et d'induire chez eux des conflits cognitifs susceptibles de leur faire prendre conscience du caractère limité ou non pertinent d'une stratégie ou d'un raisonnement ;
3. une analyse des moyens à mettre en œuvre pour diminuer la charge en mémoire de travail, en décomposant les tâches par exemple, de telle manière que les sujets puissent progresser par petites étapes (fusion d'unités de plus en plus larges : d-e, o-de ; r-ode, b-rode, etc.).

Le modèle de Frith

Alors que le modèle précédent concevait l'apprentissage de la lecture en étroite liaison avec le développement cognitiviste général de l'enfant, il n'apportait pas pour autant des preuves du développement corrélatif dans les deux domaines. De plus, son transfert à une économie de l'instruction s'appuyait plus sur les travaux réalisés dans le domaine des mathématiques que sur des données empiriques relatives au domaine même de la lecture. Enfin, même s'il évoquait en passant le problème des différences individuelles, le modèle n'était pas conçu pour en rendre compte.

Plutôt que de vouloir modéliser un développement modal de l'apprentissage de la lecture, U. Frith (1985) propose une théorie dont l'ambition est d'expliquer également les différences interindividuelles dans la réussite en lecture et les déficits graves présentés par certains enfants d'intelligence normale ou supérieure. Les caractéristiques essentielles des trois stratégies proposées par Frith seront analysées ici, ainsi que leur traduction en termes de traitement de l'information. L'apprentissage de la lecture s'effectue par le recours successif à trois stratégies.

La stratégie logographique. L'enfant reconnaît instantanément certains mots qui lui sont familiers sur la base de certains traits graphiques saillants (première lettre, allure générale du mot, longueur de celui-ci, etc.). L'ordre des lettres est ignoré ainsi que leurs valeurs phonologiques : l'enfant prononce le mot dès qu'il l'a reconnu. Dans les cas où la prégnance contextuelle est forte, il peut s'aventurer à faire des devinettes.

À ce stade, l'information visuelle caractéristique pour l'enfant est échantillonnée dans la trace écrite et transmise au lexique logographique. La discrimination au sein du lexique est imparfaite et certaines erreurs de classification se produisent, dues à des traits partagés par plusieurs mots ou à une mauvaise spécification des caractéristiques. La reconnaissance donne un accès direct à l'information sémantique et enregistre également en mémoire épisodique le contexte dans lequel le mot a été appréhendé. Le sous-ensemble du vocabulaire de l'enfant qui constitue ses « mots de lecture » se trouve enregistré en mémoire épisodique dans l'« ensemble réponse ». Si les données retrouvées dans sa mémoire incluent un pointeur vers un de ceux-ci, il pourra alors produire une réponse vocale. L'accès à la phonologie passe donc par une médiation sémantique.

La stratégie alphabétique. L'enfant adopte ensuite une stratégie analytique où il va tenter avec de plus en plus de succès de faire correspondre les lettres et leur son, puis les graphèmes et les phonèmes. Dans ce type de stratégie, l'ordre des lettres et leurs valeurs phonologiques jouent un rôle crucial. À ce stade, l'enfant va pouvoir commencer à décoder des mots nouveaux et des non-mots, mais il fera encore beaucoup d'erreurs.

Le modèle de traitement de l'information, correspondant à cette seconde stratégie, comporte un second système de reconnaissance visuelle, spécialisé dans la reconnaissance des graphèmes et qui constituera le lexique alphabétique. L'information visuelle transmise au lexique doit être segmentée en graphèmes distincts et le transfert s'effectuerait sériellement de gauche à droite. Ce lexique est directement relié à un processeur orthographique permettant l'écriture et à un processeur phonologique permettant la lecture. L'accès à la sémantique s'effectue via la phonologie.

La stratégie orthographique. Elle correspond à la conversion instantanée d'une séquence de lettres en ses unités orthographiques sans passage par un recodage phonologique. Les unités orthographiques peuvent être assimilées à des morphèmes qui sont eux-mêmes représentés en mémoire par des suites de lettres abstraites directement accessibles à partir des différents graphismes qui les objectivent sur le support.

Cette stratégie correspond au niveau du système de traitement de l'information à une expansion du lexique alphabétique. Celui-ci pourrait progressivement être transformé en un lexique qui reconnaît les voyelles et les groupes consonantiques selon leurs positions appropriées et pourrait être aligné sur le lexique phonétique. Dès lors, le lexique orthographique serait comparable à une structure tridimensionnelle, comportant des groupes consonantiques initiaux sur l'axe des x, des groupes consonantiques terminaux sur l'axe des y et des voyelles et des groupes vocaliques sur l'axe des z. Cela pourrait constituer un système sophistiqué de passage de l'écrit à la prononciation. Les associations entre un élément de l'espace orthographique et l'élément correspondant de l'espace phonétique permettraient la mise en correspondance graphèmes-phonèmes. Par ailleurs, la reconnaissance des groupements initiaux, médians ou terminaux d'une séquence de lettres donnerait accès à un point de l'espace orthographique et cela pourrait être également utilisé pour accéder à un point de l'espace phonétique, à partir duquel les éléments marginaux x, y, z pourraient être synthétisés en une production syllabique.

Qu'est-ce qui entraîne l'enfant à changer de stratégie pour adopter la suivante, qui en principe doit se révéler plus performante, jusqu'à ce qu'il atteigne un certain niveau d'expertise ? Pour Frith, le passage à une nouvelle phase de développement ne peut se produire que s'il y a coexistence durant une période donnée entre l'ancienne et la nouvelle stratégie. Certaines composantes de l'ancienne stratégie pourraient être retenues parce qu'elles renforcent la nouvelle. Cela n'est possible que si les deux stratégies, l'ancienne et la nouvelle, peuvent être dissociées dans deux types de sorties : la lecture d'un côté et l'écriture de l'autre. Par conséquent, la théorie établit qu'à chaque phase il y a une première étape impliquant une divergence entre stratégies utilisées en lecture et en écriture, puis une étape impliquant la convergence. Le programme développemental est considéré comme un incessant changement d'équilibre entre l'écriture et la lecture. La lecture est le *pacemaker* (→ oscillateur) de la stratégie logographique ; l'écriture, celui de la stratégie alphabétique ; et, de nouveau, la lecture, celui de la stratégie orthographique.

Comment expliquer les graves difficultés qu'éprouvent les enfants dyslexiques lors de leur apprentissage de la lecture ? Si l'on considère que les déficits majeurs qu'ils manifestent se situent dans la sphère phonologique, Frith formule l'hypothèse qu'ils ne réussissent pas à passer de la stratégie logographique à la stratégie alphabétique, qui est la seule des trois stratégies qui nécessite la mobilisation des connaissances phonético-phonologiques de l'enfant. Comme, de plus, certains enfants réussissent à développer leur stratégie alphabétique mais présentent d'énormes difficultés avec l'orthographe, notamment l'orthographe profonde des langues comme l'anglais et le français, la dysorthographie pourrait être expliquée par l'incapacité de l'enfant d'adopter la stratégie orthographique. Cela ne veut pas dire que les enfants qui ne réussissent pas à développer telle ou telle stratégie arrêtent complètement de progresser : ils peuvent avoir recours à des stratégies compensatoires qui leur permettent tant bien que mal de développer leur compétence à lire ou à écrire ; néanmoins, ils feront beaucoup d'erreurs et cela pourra avoir des incidences motivationnelles sérieuses.

Autres modèles impliquant le développement par stades

D'autres auteurs ont également proposé des modèles de développement par stades ou étapes. Ainsi M. Harris et N. Coltheart (1986) proposent un développement en quatre stades, très proches de ceux du modèle de Marsh et coll. : l'enfant se constituerait d'abord un vocabulaire visuel, il établirait ensuite un réseau de discrimination puis passerait au décodage phonologique avant d'aboutir à une phase orthographique. L. C. Ehri et L. S. Wilce (1985), de leur côté, proposent un apprentissage en trois phases : la lecture par indices visuels, la lecture par indices phonétiques et enfin l'utilisation systématique du code orthographique.

Même si tous ces auteurs diffèrent dans la manière dont ils rendent compte de la dynamique de l'acquisition, le recours à la notion de stades de développement dans l'acquisition de la lecture pose un certain nombre de problèmes.

La première question qui peut se poser a trait à l'aspect très normatif que peut prendre cette description du développement. Étant donné le caractère fortement culturel de l'apprentissage de la lecture, les mécanismes de changement ont leur origine au moins autant dans l'environnement du sujet que dans le sujet lui-même. On ne peut nier l'importance que peut avoir pour l'enfant le type d'environnement scolaire qui lui est proposé à partir des méthodes d'enseignement auxquelles il est soumis. À cet égard, l'importance qui est accordée au stade dit « logographique » n'est peut-être pas sans rapport avec certaines méthodes d'enseignement de la lecture qui ont dominé durant les années 1975-1985. D'autre part, même si tous les auteurs qui sont ici évoqués ne sont pas prêts à considérer la notion de stade dans son sens le plus strict, puisqu'ils invoquent corrélativement la notion de stratégie, qui est beaucoup plus souple, ils n'en laissent pas moins entendre que tous les sujets passent par toutes les étapes de l'apprentissage dans un ordre identique ; de plus, le recours à la notion de stade au sens strict implique qu'on ne puisse être à la fois dans un stade et dans un autre, autrement dit que l'on a les moyens d'identifier très clairement dans quel stade ou sous-stade l'enfant se trouve. Très astucieusement, Frith résout ce problème en invoquant l'idée de la dissociation puis de la convergence au niveau des sorties (lecture ou écriture) ; mais combien d'écoles pratiquent-elles ce système d'enseignement parallèle de la lecture et de l'écriture ?

Un autre problème qui se pose est celui des mécanismes de transition. Marsh et coll. invoquent l'idée, sans d'ailleurs apporter de preuves à cette affirmation, que les étapes de développement de l'acquisition de la lecture sont étroitement liées au développement cognitif. Comment expliquer dans ce cas que des enfants normalement intelligents restent bloqués au stade logographique, alors qu'ils réussissent parfaitement ailleurs et notamment dans le domaine logico-mathématique? De plus, comme l'ont montré J. Bideau (1988), L. Rieben, A. de Ribaupierre et J. Lautrey (1983), Lautrey, de Ribaupierre et Rieben (1986), le développement cognitif lui-même met en évidence de fortes différences inter- et intra-individuelles. Dès lors, on voit mal comment un changement opératoire homogène pourrait, vers l'âge de 6 ans, expliquer le passage du stade 2 au stade 3 dans le modèle de Marsh et coll. On sait de plus que le conflit cognitif comme mécanisme générateur de changement dans les stratégies cognitives est fortement contesté (P. Thorel-Carcelès, 1989). Or, sous une forme ou une autre (l'enfant se rend compte que telle ou telle stratégie est limitée, qu'il multiplie les erreurs, etc.), c'est à cette notion que recourent la plupart des modèles pour expliquer le passage d'un stade au suivant.

Enfin, dans la plupart des modèles passés en revue, la validation empirique reste relativement hétérogène. Dans certains cas, la validation s'effectue sur des données obtenues dans la lecture de mots isolés ou de non-mots; dans d'autres, elle s'effectue sur la lecture en contexte.

Les modèles componentiels et structuraux

Ce type de modèles s'enracine dans la tradition de la psychologie cognitive du traitement de l'information. Il consiste à décomposer une activité cognitive complexe en composants plus élémentaires, à définir précisément leurs entrées, leurs sorties et leurs fonctions de transfert et à analyser leurs interactions, leur automatisation et leurs caractéristiques chronométriques. Cette analyse componentielle (le terme a été introduit pour la première fois par Sternberg en 1977) a été appliquée à l'activité de lecture par Frederiksen (1982): dans cette perspective, la lecture est conçue comme une combinaison de composantes spécifiques de traitement de l'information qui collaborent pour extraire la signification de l'écrit. L'expertise en lecture résulte de l'automatisation des composantes pertinentes. Par la pratique et l'expérience, le lecteur apprend à exécuter les différentes composantes sans effort conscient. Les composantes automatisées peuvent opérer en parallèle sans interférence. Les mauvais lecteurs n'ont que peu de composantes automatisées: lorsqu'ils tentent de faire travailler plusieurs composantes à la fois, leur performance sur l'une ou l'autre d'entre elles se dégrade. L'ambition de tels modèles est grande, puisque leur objectif est à la fois d'établir une carte en quelque sorte de la structure du système de traitement appliqué à un domaine, la lecture; d'identifier le jeu d'interaction des composantes; de rendre compte de la dynamique du système en termes développementaux et enfin d'expliquer les aspects différentiels du rendement d'un tel système.

Un exemple emprunté à T. H. Carr (1985) permet d'illustrer les premières étapes de la construction de tels modèles. Une analyse componentielle d'un domaine comme la lecture doit comporter quatre types d'information:
1. une information structurale concernant l'identité des composantes de traitement, leur organisation et les connexions qu'elles ont entre elles, c'est-à-dire comment transite le flux d'information;
2. une information dynamique concernant les opérations effectuées par le système, c'est-à-dire quel est le travail effectué par chaque composante, de quelle base de connaissances dépend son efficience, quelles interactions fonctionnelles ou quels échanges d'information se manifestent entre les composantes, comment le contrôle s'effectue entre les composantes pour que le système atteigne son efficacité maximale;
3. une information de caractère développemental permettant de comprendre comment le système se construit, quel est le rôle en particulier des capacités générales, de la maturation, des habiletés déjà existantes, de l'enseignement et de la pratique sur le développement du système;
4. une information différentielle concernant les paramètres et les caractéristiques du système susceptibles de déterminer son efficience globale et ses dysfonctionnements. Ces facteurs pourraient inclure l'importance de différents types de connaissances préalables, l'efficience de tel ou tel processus spécifique qui fait usage de cette connaissance, la capacité d'attention nécessaire pour contrôler et coordonner le transfert d'information d'un processus à l'autre et, éventuellement, le surcroît de capacité attentionnelle disponible pour atteindre ces objectifs.

Par conséquent, lorsqu'on veut valider une représentation théorique donnée concernant par exemple les différences interindividuelles lors de l'apprentissage de la lecture, ou l'importance causale de telle ou telle composante du système de traitement de l'information, ou ce qu'implique, par exemple, la lecture précoce, on est conduit à:

— sélectionner, à partir des modèles existants, un ou plusieurs systèmes de composantes, que l'on va tester, en spécifiant leur hiérarchie et leurs relations; cela suppose évidemment une analyse précise de la tâche (en l'occurrence la lecture) et la spécification du niveau auquel celle-ci sera testée;

— choisir un ensemble d'épreuves qui permettent d'apprécier avec précision la performance réalisée par chaque composante de traitement et le niveau de compétence lexique atteint par les enfants à tel ou tel moment du cursus scolaire;

— définir, parmi les techniques corrélationnelles disponibles, celles qui seront utilisées pour mettre en évidence les interrelations qui existent entre les composantes et qui seraient susceptibles d'expliquer les différents degrés d'expertise atteints dans les épreuves de lecture choisies. Ces techniques peuvent aller du relevé des corrélations simples ou partielles à la régression multiple, à la transformation des corrélations en distance métrique dans l'espace des composantes, à l'analyse factorielle exploratoire et confirmatoire, telle qu'elle est proposée par K. G. Jöreskog dans le programme LISREL (1981, 1984). [→ LISREL.]

Cette direction de recherche reste à l'heure actuelle peu explorée. Son orientation théorique constitue une tradition en psychologie cognitive qui a fait ses preuves dans l'analyse des tâches complexes. Comme elle s'accompagne d'outils statistiques élaborés, elle peut présenter plusieurs avantages: 1. elle permet, en s'appuyant sur les différences interindividuelles, d'explorer les relations causales qui existent entre les comportements latents et la compétence en lecture; 2. elle permet également d'évaluer la dynamique de l'acquisition en faisant apparaître les changements qui se produisent d'un niveau d'expertise à l'autre; 3. elle permet, enfin, de comparer l'efficience de certaines composantes de traitement chez les enfants dyslexiques et les enfants bons lectures. P. L.

Bibliographie

Bideaud, J., 1988, *Logique et bricolage chez l'enfant*, Presses universitaires de Lille.

Carr, T. H., Brown, T. L., et Vavrus, L. G., 1985, *Using Component Skills Analysis to Integrate Findings on Reading Development.*

Carr, T. H., Brown, T. L., et Vavrus, L. G., 1985, « Using Component Skills Analysis to integrate Findings on Reading Development », *in* Carr, Th. (Ed.), *The Development of Reading Skills. New Direction for Child Development*, n° 27, San Francisco, Jossey Bass, 95-108.

Ehri, L. C., et Wilce, L. S., 1985, « Movement into Reading: is the First Stage of Printed Word Learning Visual or Phonetic? », in *Reading Research Quarterly*, 20, 32-35.

Frederiksen, J. R., 1982, « A Componential Theory of Reading Skills and their Interactions » *in* R. J. Sternberg (Ed.), *Advances in the Psychology of Human Intelligence*, vol. 1, pp. 125-180, Hillsdale, N. J., Erlbaum.

Harris, M., et Coltheart, M., 1986, *Language Processing in Children and Adults: an Introduction*, Londres, Routledge et Kegan.

Jöreskog, K. G., 1981, « Analysis of Covariance Structure », in *Scandinavia Journal of Statistics*, 8, 65-92.

Jöreskog, K. G., 1984, LISREL VI: *Analysis of Linear Structural Relationships by the Method of Maximum Likehood*, Chicago, Scientific Software, Inc.

Lautrey, J., de Ribaupierre, A., et Rieben, L., 1986, « les Différences dans la forme du développement cognitif évalué avec des épreuves piagétiennes: une application de l'analyse des correspondances », *Cahiers de psychologie cognitive*, 6, 575-613.

Marsh, G., Friedman, M., Welch, V., et Desberg, P., 1981, « A Cognitive Developmental Theory of Reading Acquisition », *in* G. E. Mackinnon et T. G. Waller (Eds), *Reading Research: Advances in Theory and Practice*, vol. 3; pp. 199-221, New York, Academic Press.

Rieben, L., de Ribaupierre, A., et Lautrey, J., 1983, *le Développement opératoire de l'enfant entre 6 et 12 ans*, Paris, Éditions du C.N.R.S.

Rieben, L., et Saada-Robert, M., 1989, « Évolution et différences individuelles dans les stratégies de recherche de mots chez les débutants lecteurs », in *Document interne*, n° 6, Genève, Faculté de psychologie et des sciences de l'éducation.

Thorel-Carceles, P., 1989, *Conflit cognitif et développement de la notion de proportion: perspective critique*, thèse soutenue à l'université de Paris V.

léthargie

n.f. (angl. Lethargy)

État de sommeil invincible et profond.

C'est parfois un trouble de la vigilance ou de la régulation veille-sommeil (encéphalite léthargique). C'est plus souvent un état provoqué par l'hypnose* ou par des produits anesthésiants (narcose). Elle peut se confondre cliniquement avec un coma* mais s'en différencie par l'absence de troubles neurovégétatifs graves et la possibilité d'un réveil transitoire par une stimulation forte. J. P.

leucotomie

n.f. (angl. Leucotomy)

Section chirurgicale de fibres blanches d'association réunissant les lobes frontaux (région préfrontale) au thalamus.

Proposée par le neurologue de Lisbonne E. Moniz en 1935, cette intervention fut pratiquée sur une très large échelle par W. J. Freeman et J. W. Watts, à partir de 1942 et jusqu'à la fin des années 1950, dans le but de guérir la schizophrénie et certaines névroses obsessionnelles particulièrement sévères. Elle eut comme effet essentiel de rendre déments la plupart des malades ainsi opérés. J. P.

→ lobotomie, psychochirurgie.

leurre

n.m. (angl. Model)

Imitation, le plus souvent simplifiée, d'une configuration perceptive dont on fait l'hypothèse qu'elle appartient au monde propre d'un animal.

Pour K. Lorenz et N. Tinbergen, le leurre déclenche un *mécanisme inné de déclenchement*. L'efficacité fréquente d'un leurre très fruste montre que, pour certaines réponses, l'Animal peut n'utiliser qu'une part restreinte des caractéristiques physiques et chimiques de l'agent stimulant; une manipulation de ces caractéristiques provoque une variation dans l'intensité de la réponse pouvant aller jusqu'à déclencher des réponses plus intenses que la situation naturelle (stimulus supranormaux). En laboratoire, toute étude neuroéthologique du déclenchement d'une réponse utilise le leurre pour standardiser la situation.

Dans les conditions de nature, le déclenchement du leurre est moins efficace, surtout pour les Animaux à système nerveux complexe; le déroulement d'un comportement, même formé d'une suite de réponses susceptibles d'être leurrées, dépend aussi d'éléments contextuels nombreux qui constituent, pour l'Animal, son univers propre, où se déroule le comportement. Tout contexte trop inadéquat bloque le comportement. En cela, l'efficacité du leurre représente un cas limite où la structure artificielle dans un contexte appauvri en significations fonctionne comme une métonymie de la situation stimulante.

Son efficacité immédiate montre pourtant que cette situation ne donne pas lieu à appréhension globale mais se réduit à des configurations restreintes variant d'un moment à l'autre et déclenchant impérativement la réponse d'une façon répétitive... au mieux vouée à l'extinction par habituation.

Chez l'Homme, le déclenchement par le leurre a été considéré par J. Lacan comme prototype du registre imaginaire; celui-ci échoue à rencontrer le réel et se voue au caractère répétitif de la réponse au leurre. R. C. et J. G.

→ déclencheur, signal, stimulus.

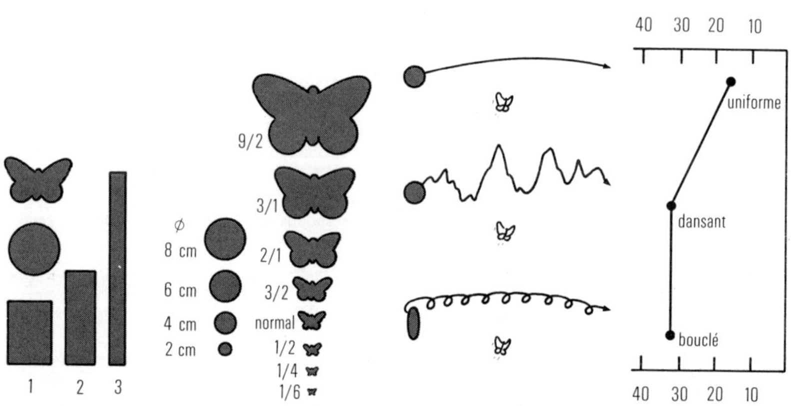

*Figure 1. Leurre. (a) Imitations d'*Eumenis semele *de diverses formes.*
*(b) Imitations d'*Eumenis semele *de différentes tailles.*
*(c) Influence du type de mouvement sur la poursuite sexuelle de l'*Eumenis semele *(mâle). D'après Tinbergen, Bœrema et Varossiau, 1942.*

Lewin (Kurt)

Psychosociologue américain d'origine allemande (Mogilno 1890-Newtonville, Massachusetts, 1947).

Il émigra aux États-Unis en 1930 et joua un rôle décisif dans l'essor de la psychologie sociale, de la dynamique* des groupes et des pratiques de « recherche-action ».

À partir de travaux expérimentaux, il s'intéresse d'abord au dynamisme intra-individuel : système de tension, niveau d'aspiration, ainsi qu'à des problèmes épistémologiques (*A Dynamic Theory of Personality*, 1935; *Principles of Topological Psychology*, 1936). Il concentre ensuite ses recherches sur les phénomènes du groupe, leur approche, leur formalisation et leur interprétation (*Resolving Social Conflicts*, 1947; *Field Theory in Social Sciences*, 1951, ainsi que de très nombreux articles).

Système conceptuel et problématique

Chez Lewin, concepts et théories s'inspirent directement des sciences physiques (champ, force, tension, valence, équilibre, etc.) et de la topologie (espaces de vie, régions, canaux, barrières, portes et portiers). Ses modèles ne sont pas seulement analogiques mais d'esprit et de visée mathématiques et expérimentaux : détermination de variables, recherche de lois et de formules, figurations graphiques. De même, la méthodologie se fonde sur des hypothèses et des procédures planifiées où le chercheur procède à des comparaisons systématiques et au contrôle des résultats. Le groupe est défini comme ensemble de personnes indépendantes, selon une structure formelle ou informelle, et non comme simple agrégat d'individus; il est à la fois lieu de coopération, lien vécu et système de tension entre sous-groupes patents ou latents; le pouvoir y est tantôt sévère et ostentatoire, tantôt incertain et caché.

L'instrument de base pour analyser la vie d'un groupe est la représentation de son *champ*; ce qui s'y produit dépend de la distribution des forces à l'œuvre; une prévision suppose la possibilité de déterminer,

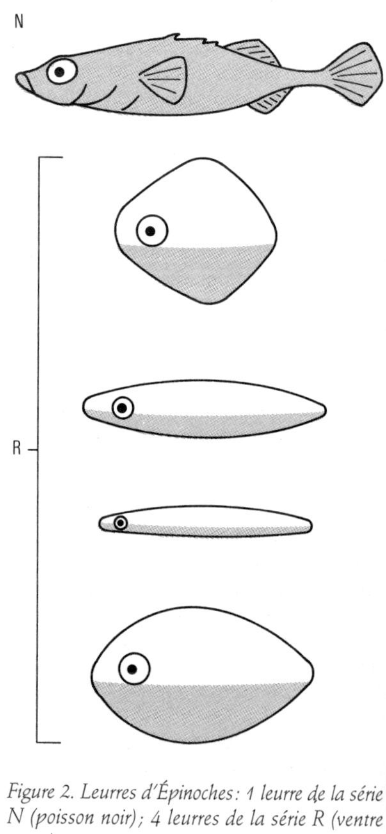

Figure 2. Leurres d'Épinoches : 1 leurre de la série N (poisson noir); 4 leurres de la série R (ventre rouge).

pour les différents points du champ, la grandeur et la direction des forces résultantes. Les états sociaux peuvent être considérés comme des processus quasi stationnaires pour autant que des actions relativement égales s'exercent en sens contraire. C'est le cas de beaucoup de conduites où s'affrontent des forces de routine et d'évolution. Un certain degré de fluctuation se produit autour d'un niveau moyen. S'il survient un changement subit et violent du contexte sociotechnique ou idéologique, l'équilibre peut être rompu et il s'ensuit une dérégulation plus ou moins grave, parfois une révolution.

LA RECHERCHE-ACTION

En deçà de la rupture des systèmes globaux, Lewin s'intéresse à des changements de niveaux ou de modalités dans certains secteurs stratégiques de comportements sociaux: habitudes alimentaires, méthodes de travail, style d'autorité. C'est alors qu'il fait ses découvertes les plus notoires. Pour briser une habitude, il ne suffit pas d'ajouter une force extérieure (promesse ou menace), parce qu'il faut surmonter une résistance interne au changement qui tient essentiellement à la valeur des normes collectives de conduite. Celles-ci sont intériorisées par les membres du groupe, si bien que celui qui tenterait de s'en écarter se trouve retenu à la fois par des sentiments de solidarité (ou de culpabilité) et par l'anticipation de certains risques (du ridicule à la brimade). C'est donc cette valeur sociale qu'il s'agit d'ébranler, surtout auprès des gens qui occupent des positions stratégiques dans le secteur concerné, et dans des situations collectives où l'individu ne soit pas seul aux prises avec le doute. Tel est précisément le cas des réunions et des discussions de groupe: devant des propositions nouvelles, un processus d'évolution du champ psychologique peut s'amorcer et conduire à un projet « d'essai », sinon à une décision commune. Si la principale source de résistance au changement est la crainte de s'écarter des normes, il est donc plus facile de modifier les habitudes d'un groupe que celles d'individus pris isolément. On conçoit ainsi la nature et l'enjeu de ce que Lewin nomme la recherche-action, source de l'intervention* psychosociologique.

L'IDÉOLOGIE LEWINIENNE

Elle se fonde expressément sur un modèle démocratique et reflète une conception assez optimiste du changement social. Conception modérée, réformiste, qui exclut à la fois les changements imposés et les dérégulations radicales. Quant aux premiers, Lewin estime qu'ils ne peuvent s'établir, en tout cas se maintenir, s'ils contreviennent radicalement aux habitudes sociales et négligent toute participation des acteurs. Lorsqu'il évoque l'autocrate, c'est sous sa forme strictement conservatrice et répressive, et non sous celle du despote éclairé. Mais pour lui le changement reste toujours une certaine évolution planifiée, où l'anticipation de l'équilibre futur est clairement déterminée et rapidement cristallisée à l'aide de procédures institutionnelles.

L'intervention consiste à faciliter l'accès à une nouvelle régulation grâce à la participation des groupes à leur propre changement, avec une certaine marge de liberté. Elle s'attache essentiellement à réduire les résistances plutôt qu'à explorer les désirs latents des groupes et des personnes. L'idée d'une créativité collective au cours de la phase de dérégulation paraît absente chez Lewin. Enfin, tout en découvrant l'importance dynamique de la discussion et de la décision collectives, il met l'accent sur les facteurs fonctionnels et rationnels (échange généralisé des informations et des opinions, feed-back, objectivité des conseils ou des critiques). Les phénomènes affectifs ne sont pas ignorés mais apparaissent surtout comme des processus négatifs liés au climat non démocratique (frustration, anxiété, séduction) ou plus généralement à la crainte de l'exclusion si l'on transgresse un rite ou une norme groupale. Tout favorise une certaine identification au leader démocratique, la coopération étant à la fois moyen et fin; certes, une place est faite au désir (progression vers les « buts »), mais aucune à l'inconscient.

C'est cependant caricaturer le modèle lewinien que de le taxer (parfois) d'idéalisme ou de volontarisme plus ou moins naïf. En associant le souci de participation du groupe à celui du changement et d'une sorte de « transrégulation », Lewin a exercé sur les sciences humaines et les pratiques sociales une vigoureuse stimulation. J. M.

BIBLIOGRAPHIE
Kaufmann, P., 1967, *Kurt Lewin*, Paris, Vrin.

lexique

n.m. (angl. Lexicon)

En psychologie cognitive, ensemble des représentations formelles qui permettent de relier les entrées sensorielles d'une séquence de traits graphiques aux représentations phonologiques, sémantiques et conceptuelles de la mémoire (*lexique mental*).

On distingue la notion de lexique de celle de dictionnaire et d'encyclopédie. Pour les chercheurs qui ont construit des modèles d'accès au lexique ou d'identification du mot, le *lexique* regroupe les unités caractérisables par un certain nombre de paramètres formels dépendant de la modalité sensorielle stimulée (auditive ou

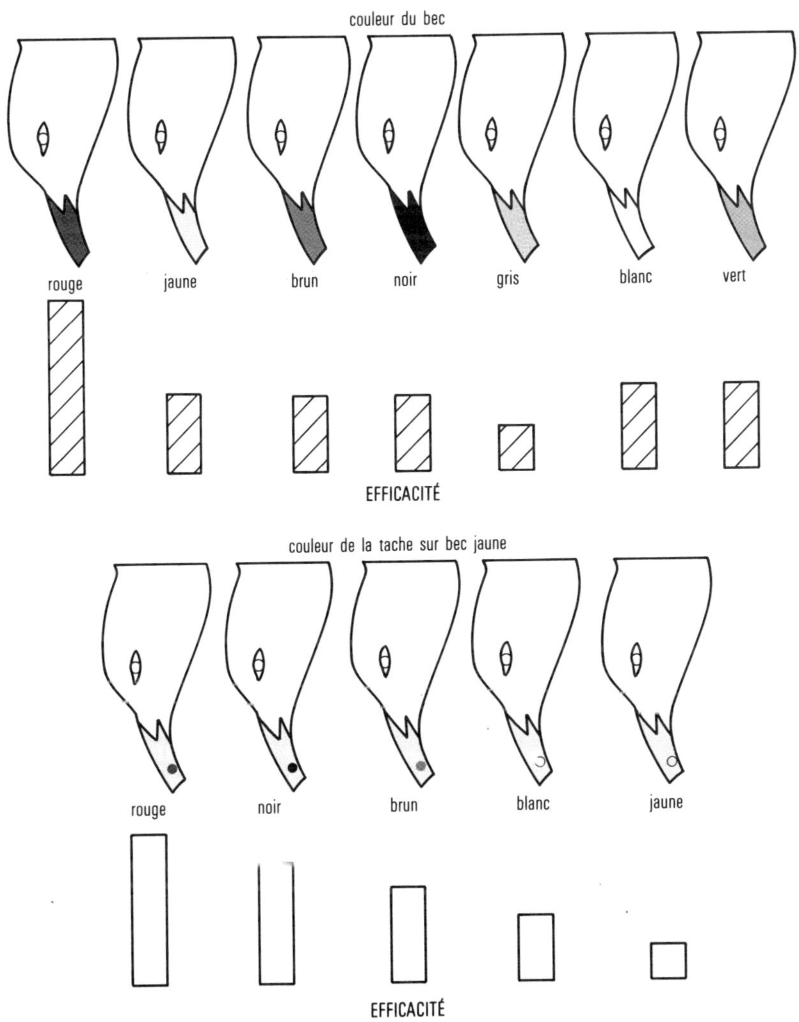

Figure 3. Leurre. Deux séries de leurres du bec du Goéland. En haut, bec de couleur; en bas, tache de couleur sur fond de bec jaune. Les histogrammes représentent l'efficacité relative (R. Campan).

visuelle) : longueur, fréquence, régularité orthographique, homophonie, similarité phonétique, visuelle ou orthographique, etc. Le *dictionnaire* contient les représentations syntaxiques et sémantiques, indépendantes de la modalité, qui caractérisent ces unités. L'*encyclopédie* renvoie à l'ensemble des connaissances stockées par le sujet. Dans les modèles classiques, ces différents niveaux sont organisés hiérarchiquement.

Pour explorer l'organisation du lexique mental, de nombreuses techniques différentes ont été utilisées en fonction de la modalité d'entrée : la décision lexicale, le jugement catégoriel, la dénomination, la prononciation, l'amorçage (en modalité visuelle) ; la décision lexicale, la recherche du point d'identification, la détection de phonèmes, le découpage du signal et l'amorçage (en modalité auditive). P. L.

Lézine

→ Brunet-Lézine (échelle de).

liaison

n.f. (angl. Bond)

Lien hypothétique entre deux entités psychologiques quelconques.

Ce mot, de caractère relativement neutre, exprime l'idée que quelque chose est actuellement lié à quelque chose — par exemple un stimulus à une réponse, ou un stimulus à un stimulus, ou un mot à un mot, ou un mot à une image, ou une représentation d'une de ces entités à une autre. Il inclut toutefois une forme de causalité : le premier terme de la liaison, quand il est présent, est supposé en général susciter l'apparition du second.

On peut le spécifier par un adjectif : liaison associative, liaison conditionnelle, liaison nerveuse, etc. Le mot *liaison* est moins marqué théoriquement que « association » ou « connexion » ; il est un de leurs substituts possibles.

La *liaison temporelle* (ou *temporaire*) est le nom donné par I. P. Pavlov à la liaison conditionnelle. J.-F. L. N.

liberté (degrés de)

(angl. Degrees of Freedom)

→ chi carré ou chi deux (χ^2), variance (analyse de la).

libido

n.f. (angl. Libido ; allem. Libido)

Énergie psychique des pulsions sexuelles qui trouvent leur régime en termes de désir, d'aspirations amoureuses, et qui, pour S. Freud, rend compte de la présence et de la manifestation du sexuel dans la vie psychique.

C. Jung, quant à lui, conçoit la libido comme une énergie psychique non spécifiée, se manifestant dans toutes tendances, sexuelles ou non, ce que réfute Freud, qui maintient la référence au sexuel. Rapprochant ses conceptions de la libido, comme énergie de tout ce qu'on peut englober sous le nom d'amour, de l'Éros de Platon, Freud en vient à appeler *libido* l'énergie de l'Éros. Reprenant la question, J. Lacan propose de concevoir la libido non pas tant comme un champ d'énergie que comme un « organe irréel », qui a rapport avec la part de lui-même que perd l'être vivant sexué dans la sexualité.

Il est relativement malaisé d'extraire une définition de la libido chez Freud, notamment parce qu'elle reçoit des éclairages différents selon les moments de conceptualisation de la théorie des pulsions, les avancées concernant la vie sexuelle, normale ou pathologique, le questionnement réitéré du problème des névroses, des perversions, des psychoses. Le terme latin de *libido*, qui signifie « désir », « envie », « aspiration », tel que Freud en fait usage, désigne « la manifestation dynamique dans la vie psychique de la pulsion sexuelle » ; c'est l'énergie « de ces pulsions qui ont à faire avec tout ce que l'on peut comprendre sous le nom d'amour ». Affirmant la référence au sexuel de la libido, référence qu'il fait valoir dans les diverses définitions qu'il en donne, il conteste le point de vue de Jung, qui étend, généralise et déspécifie la libido en voyant celle-ci à l'œuvre dans toutes formes de tendances. Dans l'*Introduction à la psychanalyse* (1916-17), notamment, il prend clairement position : « Nous ne gagnons rien évidemment à insister avec Jung sur l'unité primordiale de toutes les pulsions et à donner le nom de « libido » à l'énergie se manifestant dans chacune d'elles. (...) Il est impossible, à quelque artifice qu'on ait recours, d'éliminer de la vie psychique la fonction sexuelle (...) ; le nom de libido reste réservé aux tendances de la vie sexuelle, et c'est uniquement dans ce sens que nous l'avons toujours employé. »

Libido et sexualité

L'économie et la dynamique libidinales, sur la compréhension et la conceptualisation desquelles Freud ne cesse de revenir, supposent une conception de la sexualité bien plus large que celle qui était en vigueur à son époque et qui l'est toujours, d'ailleurs, à la nôtre. Ainsi qu'il s'en explique, dans les *Trois Essais sur la théorie de la sexualité* (1905) ou dans l'*Introduction à la psychanalyse*, c'est par l'étude de la sexualité infantile et des perversions qu'il trouve ses arguments pour démarquer la sexualité d'une finalité de procréation, pour réfuter l'identité entre sexuel et génital, pour concevoir donc l'existence d'un sexuel qui n'est pas du génital et qui n'a rien à voir avec la reproduction mais avec l'obtention d'une satisfaction. Il en vient par là, ce qui fera alors scandale, à qualifier de sexuelles un ensemble d'activités ou de tendances non seulement qu'il repère chez l'adulte, mais aussi chez l'enfant, fût-il nourrisson. Ainsi, par exemple, il caractérise comme sexuel, et reconnaît comme une activité sexuelle, le suçotement chez l'enfant et la satisfaction qu'il en tire. Par cette conception élargie de la sexualité, il dégage la compréhension d'un développement sexuel ou, expression pour lui équivalente, d'un développement de la libido selon différents stades*. Il tient en effet pour acquis que la vie sexuelle, ou vie libidinale, que la fonction de la sexualité (expressions pour lui synonymes), loin d'être d'emblée en place, sont soumises à un développement et traversent une série de phases, ou stades. Le « tournant de ce développement », écrit-il dans l'*Introduction à la psychanalyse*, est « constitué par la subordination de toutes les tendances sexuelles partielles au primat des organes génitaux, donc par la soumission de la sexualité à la fonction de la procréation ».

Un autre aspect du développement sexuel, qui met en jeu l'économie libidinale et sa dynamique énergétique, engage toute la question du rapport à l'objet, la libido pouvant investir et prendre pour objet aussi bien la personne elle-même (on l'appelle alors *libido du moi*) qu'un objet extérieur (on l'appelle alors *libido d'objet*). Freud désigne du terme de *narcissisme** le déplacement de la libido sur le moi. De même se trouve engagée la question du but de la pulsion, à savoir de la satisfaction, que Freud interroge notamment avec le problème du devenir libidinal dans la sublimation*. Une même énergie psychique, dont il maintient le caractère sexuel initial, une même énergie libidinale, dont le moi* est, dit-il, « le grand réservoir », est donc pour Freud opérante dans les pulsions sexuelles et leurs modifications, quel que soit l'objet auquel elles s'adressent, quel que soit le but qu'elles atteignent, directement sexuel ou sublimé.

Libido et pulsion de vie

La conception élargie de la sexualité que Freud promeut l'amène à se référer à plusieurs reprises à l'Éros platonicien. Il y voit une conception très proche de ce qu'il comprend par pulsion sexuelle, ainsi qu'il l'écrit dans les *Trois Essais sur la théorie de la sexualité*, où il évoque la fable poétique que Platon dans *le Banquet* fait raconter à Aristophane : la division entre deux parts de l'être humain qui dès lors va sans cesse aspirer à retrouver sa moitié perdue afin de s'unir avec elle. Éros, Amour, Platon nous le montre tel le désir, toujours démuni et toujours en quête de ce qui pourrait l'apaiser, le satisfaire, cherchant sans cesse ce qui manque à le combler. Aussi, dit Freud dans *Psychologie collective et analyse du moi* (1921), « en élargissant la conception de l'amour, la psychanalyse n'a rien créé de nouveau. L'Éros de Platon présente, quant à ses origines, à ses manifestations et à ses rapports avec l'amour sexuel, une analogie complète avec l'énergie amoureuse, avec la libido de la psychanalyse... » Avec la théorie de l'amour chez Platon et sa conception du désir, Freud se trouve donc en plein accord, mais en même temps il se refuse à abandonner le terme psychanalytique de *libido* pour celui, philosophique et poétique, d'*Éros* car, même s'il signale leur grande proximité, il refuse de risquer de perdre par là ce qu'il veut faire reconnaître : sa conception de la sexualité. Ainsi, il écrit encore : « Ceux qui considèrent la sexualité comme quelque chose qui fait honte à la nature humaine et qui la rabaissent sont bien libres de se servir des termes plus distingués d'Éros et d'érotique (...). On ne peut savoir jusqu'où l'on est ainsi conduit : on commence par céder sur les mots puis on finit par céder sur les choses » *(ibid.).* Dans *Au-delà du principe de plaisir* (1920) d'abord, puis ultérieurement, Freud utilise le terme d'*Éros* pour connoter les pulsions de vie, qu'il oppose aux pulsions de mort, transformant donc, par spéculation comme il le dit, l'opposition entre pulsions libidinales et pulsions de destruction. Éros, que Freud donne donc comme équivalent de pulsions de vie (qui recueillent les pulsions sexuelles et les pulsions d'autoconservation), est l'énergie même de ces pulsions qui tendent à la liaison, à l'union, au rassemblement et au maintien dans cet état. Dans l'*Abrégé de psychanalyse* (1938), il écrit qu'il appellera désormais libido « toute l'énergie de l'Éros ».

Perte et sexualité

Au mythe d'Aristophane évoqué par Freud, Lacan substitue ce qu'il appelle « le mythe de la lamelle », fait pour « incarner la part manquante » et par lequel il cherche à ressaisir la question de la libido et de sa fonction, la question de l'amour se trouvant renvoyée à un fondement narcissique et imaginaire. Au mythe de la recherche de la moitié sexuelle dans l'amour, il substitue « la recherche, par le sujet, non du complément sexuel, mais de la part à jamais perdue de lui-même, qui est constituée du fait qu'il n'est qu'un vivant sexué et qu'il n'est plus immortel ». Il s'en explique notamment dans *les Quatre Concepts fondamentaux de la psychanalyse* (1973) : la lamelle, « c'est quelque chose qui a rapport avec ce que l'être sexué perd dans la sexualité, c'est comme est l'amibe par rapport aux êtres sexués, immortel ». Et cette lamelle immortelle de survivre à toute division, cet organe qui « a pour caractéristique de ne pas exister », c'est là, dit Lacan, la libido en tant que vie immortelle, irrépressible, c'est ce qui est soustrait à l'être vivant de ce qu'il est sujet au sexe. La libido se trouve donc désignée par l'image et le mythe de la lamelle non plus « comme un champ de forces mais comme un organe », un « organe partie de l'organisme » et un organe « instrument de la pulsion ». Organe « irréel », dit encore Lacan, l'irréel se définissant « de s'articuler au réel d'une façon qui nous échappe, et c'est justement ce qui nécessite que sa représentation soit mythique, comme nous le faisons. Mais d'être irréel, cela n'empêche pas un organe de s'incarner ». C. P.-D.

libre association (méthode de)

(angl. Free Association Method ; allem. Methode der freien Assoziation)

→ association (méthode de libre).

life span ou empan de la vie

Champ d'appréhension de recherches qui veulent prendre en compte le devenir de l'individu sur toute la durée de sa vie.

L'expression anglaise sert en français à désigner la *mesure totale*, ou *empan*, de la vie. Ce choix est fondé sur l'idée que la vie est synonyme à la fois de transformation et de continuité et qu'il n'y a donc pas de raison d'envisager que les processus de changement prennent fin à une période déterminée. Cette vue s'oppose notamment aux conceptions d'un développement limité à une durée et à des âges particuliers tels que l'enfance ou la jeunesse.

Les études menées dans cette perspective cherchent à repérer les facteurs de transitions et à décrire le décours de celles-ci, mais en montrant comment elles sont intégrées dans une unification personnelle ou comment, dans les cas pathologiques, elles lui font obstacle. Elles s'attachent en particulier aux situations vécues, aux conditions sociales et économiques (habitat, conditions de travail, configurations familiales, modèles culturels) et à leur influence sur l'orientation des conduites. H. B.

limbique (système)

(angl. Limbic System)

Ensemble de structures télencéphaliques corticales et sous-corticales, phylogénétiquement anciennes.

Ces structures dessinent sur la face interne de chaque hémisphère un anneau autour du corps calleux : c'est le « grand lobe limbique » de P. Broca (1878), formé par la circonvolution du corps calleux (gyrus cingulaire) et la circonvolution de l'hippocampe (gyrus parahippocampique). [Figure 1.] Du point de vue phylogénétique, le système limbique comprend l'archicortex avec, en particulier, l'hippocampe, ou corne d'Ammon ; le paléocortex, étroitement lié au système olfactif (rhinencéphale stricto sensu), et le mésocortex, ou cortex de transition (exemples : cortex entorhinal, cortex cingulaire). Appartiennent également au système limbique deux formations sous-corticales : le septum et l'amygdale. Le système limbique joue un rôle important dans les processus mnésiques, la coloration affective du vécu et « le contrôle de la réactivité émotionnelle et sociale » (P. Karli). G. S.

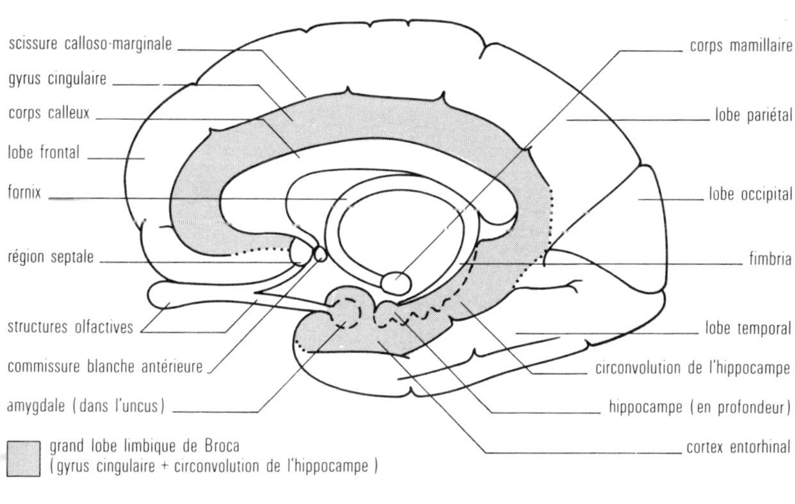

Figure 1. Système limbique. Régions corticales et sous-corticales du système limbique. Occupant la face interne de chaque hémisphère cérébral, le système limbique comprend un anneau cortical disposé autour du corps calleux, les structures olfactives, l'hippocampe et deux structures sous-corticales : les noyaux de la région septale et l'amygdale, enfouie dans l'uncus.

liminaire

adj. (angl. Liminal)

Synonyme de liminal. J.-F. L. N.

liminal, e, aux

adj. (angl. Liminal)

Dont la valeur correspond au seuil ou se trouve dans la région du seuil. (Syn. liminaire.)

On parle en général de stimulus liminal, de perception liminale ; mais une réponse, une variable théorique, etc., peuvent aussi être liminales. J.-F. L. N.

LISREL (Linear Structural Relations)

Stat. **Modèle structural étudié par K. G. Jöreskog et D. Sörbom et dont l'usage s'est développé en psychologie.**

Il comprend deux parties: un système d'équations structurales formalisant les hypothèses relatives aux variables considérées dans l'étude et permettant d'éprouver ces hypothèses; un modèle de mesure formalisant les relations entre variables latentes et variables observées. Le modèle LISREL intègre et généralise les modèles utilisés en analyse factorielle, en analyse de la régression multiple et en analyse en pistes causales. Il est utilisé par l'analyse factorielle confirmatoire et dans l'analyse de systèmes de relations dont certaines sont orientées logiquement ou chronologiquement et peuvent être considérées comme causales. M. R.

BIBLIOGRAPHIE

Bacher, F. , 1987 et 1988, *le Travail humain*, n° 50 (347-370) et n° 51 (273-288).

liste

n.f. (angl. List)

Succession d'éléments dépourvus de structure systématique.

Pendant une assez longue période, le béhaviorisme a utilisé l'apprentissage par cœur de listes d'items (syllabes, mots, nombres, etc.) comme une situation expérimentale standard. Cette étude a notamment permis de mettre en évidence des effets d'ordre (ou de position).

La structure de liste est très faible si on la compare aux structures syntaxiques ou sémantiques qui ont été étudiées plus tard; elle n'en existe pas moins. La structure de liste joue un grand rôle dans les langages de l'intelligence artificielle (Lisp, Prolog, etc.). J.-F. L. N.

→ initialité (effet d'), ordre, récence (effet de).

lithium

n.m. (angl. Lithium)

Métal utilisé en psychiatrie pour son effet régulateur des fluctuations excessives de l'humeur.

Historique

La vertu médicale de certaines eaux lithiées a été reconnue dès le Ve siècle. Au XIXe siècle, les sels de lithium sont utilisés dans la goutte et, au début du XXe siècle, comme sel de substitution chez des cardiaques (avec de nombreuses intoxications mortelles).

C'est le psychiatre australien J. Cade qui, en 1949, introduit les sels de lithium en psychiatrie, dans le traitement d'états maniaques, après avoir observé son effet sédatif chez des cobayes.

Le lithium est alors largement utilisé, mais vite abandonné, pour deux raisons: la survenue, là aussi, d'intoxications mortelles, et la découverte des neuroleptiques, en 1952. Mais le psychiatre danois M. Schou commence en 1954 une étude longitudinale sur 15 ans, qui montrera le rôle préventif du lithium dans la psychose maniaco-dépressive. Schou montre par ailleurs que les accidents surviennent si la lithiémie dépasse un certain seuil; or, des dosages réguliers permettent d'adapter les doses pour ne pas dépasser ce seuil toxique. Le lithium peut dès lors accomplir sa véritable révolution thérapeutique.

Indications

Le traitement prophylactique des rechutes de la psychose maniaco-dépressive est l'indication majeure du lithium. Les accès peuvent être supprimés; s'ils persistent, ils sont moins fréquents, moins longs et moins intenses.

Le lithium a aussi un effet curatif dans les états maniaques et peut-être dans les accès dépressifs. De cet effet thymorégulateur essentiel dérive l'utilisation du lithium avec succès dans d'autres troubles cycliques: en particulier la schizophrénie de forme dysthymique (évolution périodique d'épisodes associant signes thymiques et schizophréniques) et l'alcoolisme périodique (dipsomaniaque), considéré comme un équivalent de psychose maniaco-dépressive.

L'existence d'une action antiagressive spécifique du lithium, indépendante de la régulation thymique, semble maintenant établie.

Un traitement par le lithium est un projet à long terme nécessitant trois types de conditions: 1. une surveillance médicale régulière pour éviter les accidents de toxicité; 2. une information précise du patient concernant le but du traitement, ses principes (traitement au long cours), ses limites (possibilité de rechute ne signifiant pas inefficacité), ses risques (en cas de grossesse par exemple) et ses inconvénients: les effets secondaires les plus gênants sont les tremblements, la prise de poids, la baisse de la libido et le « syndrome psychologique du lithium », associant hyporéactivité émotionnelle, baisse des performances et de la créativité; 3. la troisième condition est, bien sûr, la possibilité d'une bonne coopération du malade.

Le mode d'action du lithium est encore très mal connu. Les principales recherches portent sur les modifications de la neurotransmission (régulation du turn-over des monoamines, en particulier la sérotonine) et sur les échanges membranaires (liens du lithium avec les transports de sodium et de calcium). B. D.

lobe cérébral

(angl. Lobe)

Chacune des parties arrondies et saillantes du cerveau.

Le cerveau humain comprend plusieurs lobes au niveau de chaque hémisphère cérébral. Les lobes sont au nombre de six: les lobes frontal, pariétal, temporal, occipital, le lobe de l'insula et le lobe limbique. Ce dernier est parfois inclus dans le lobe temporal.

Lobe frontal

Le lobe frontal comprend la partie antérieure des hémisphères, délimitée en avant par la scissure centrale, ou scissure de Rolando, et latéralement par la scissure de Sylvius, ou scissure latérale. La circonvolution frontale ascendante est située dans la partie caudale. Elle est située en avant de la scissure prérolandique. Dans la partie rostrale du lobe frontal, ou lobe préfrontal, se trouvent les circonvolutions supérieures, moyennes et inférieures. Le lobe frontal est particulièrement développé dans l'espèce humaine et représente 1/3 du volume de l'encéphale.

Les lobes frontaux se divisent en trois zones distinctes. L'aire 4 comprend la circonvolution frontale ascendante, la circonvolution rolandique et l'aire motrice. La deuxième entité est l'aire prémotrice. Enfin, le cortex préfrontal est lui-même divisé en face dorsolatérale, ou aire de la convexité, portion basale et face orbitaire du lobe frontal. Les études de A. R. Luria ont établi différentes fonctions pour ces trois structures. L'aire 4 est l'aire motrice primaire. Les aires prémotrices sont des aires secondaires impliquées dans l'organisation et dans le contrôle des mouvements moteurs fins. Le cortex préfrontal, ou zone tertiaire, est une aire qui intègre des comportements moteurs complexes à des informations provenant d'autres aires motrices. Ces zones sont connectées à d'autres structures corticales et au thalamus. Le lobe frontal est essentiellement vascularisé par l'artère cérébrale antérieure.

Lobe pariétal

Le lobe pariétal est délimité, en avant, par la scissure de Rolando, en arrière par le sillon pariéto-occipital et par une ligne imaginaire qui continue ce sillon sur la face externe du cerveau. La limite inférieure est constituée par la scissure de Sylvius, ou latérale, et par une ligne imaginaire qui prolonge cette scissure jusqu'au lobe occipital. Ce lobe comprend trois circonvolutions: la circonvolution pariétale ascendante, qui est délimitée par la scissure postrolandique, et les circonvolutions pariétales supérieure et inférieure.

Le lobe pariétal est essentiellement impliqué dans les processus somesthésiques. La circonvolution pariétale inférieure (et, plus précisément, le gyrus angulaire) intervient dans le langage. La circonvolution pariétale ascendante est le site de projection des informations somesthésiques provenant des voies spinothalamiques. C'est l'aire sensitive primaire. Les aires pariétales postérieures reçoivent des projections de l'aire somatosensitive primaire, du cortex associatif frontal et temporal ainsi que de certaines structures sous-corticales. Ce sont des aires d'intégration sensorielle tertiaire (de processus sensoriels complexes provenant des aires somatiques visuelles et auditives) tandis que les zones antérieures sont des aires primaires et secondaires contrôlant des processus sensoriels plus élémentaires. La vascularisation de la surface externe du lobe pariétal est assurée par l'artère cérébrale moyenne. La surface interne est vascularisée par l'artère cérébrale antérieure.

LOBE TEMPORAL

Le lobe temporal inclut les structures cérébrales sous-jacentes à la scissure sylvienne. Le lobe temporal est limité, au niveau inférieur, par l'inscissure préoccipitale et, au niveau médian, par le gyrus de l'hippocampe. Il comprend le néocortex temporal et le limbe temporal. Le néocortex temporal est divisé en deux parties: le gyrus fusiforme et le gyrus transverse de Heschl. La portion limbique du lobe temporal est essentiellement constituée par la cinquième circonvolution temporale, ou *lobe limbique*, ainsi que par les formations corticales suivantes: l'hippocampe, le lobe piriforme, le bulbe olfactif, l'uncus, les noyaux septaux et l'amygdale.

Le néocortex temporal est l'aire primaire des projections auditives. Ses connexions avec les lobes voisins sont multiples. Les structures néocorticales des deux lobes temporaux sont interconnectées par le corps calleux tandis que les deux limbes temporaux sont reliés par la commissure blanche antérieure. Certaines de ces structures, tel le bulbe olfactif, reçoivent des afférences du système sensoriel de l'odorat. Le complexe amygdalien et les structures hippocampiques sont des aires d'intégration. Le complexe amygdalien reçoit des afférences sensorielles et somesthésiques multiples. Il assure la représentation et l'intégration des fonctions auditives. L'hippocampe est impliqué dans le contrôle de la vie émotive et possède de nombreuses connexions avec le système limbique. Il entre, en outre, pour une part importante dans le processus de mémorisation. La face inférolatérale du lobe temporal reçoit des projections visuelles et assure une intégration sensorielle polymodale en relation avec les aires pariétales et occipitales. Le lobe temporal est vascularisé par l'artère cérébrale postérieure.

LOBE DE L'INSULA

C'est un lobe profond, mis en évidence si la scissure de Sylvius est écartée. Il est de forme triangulaire et comprend cinq circonvolutions.

LOBE OCCIPITAL

Le lobe occipital est situé à la partie postérieure du cerveau et recouvre une zone triangulaire. Il comprend trois circonvolutions occipitales inférolatérales et trois circonvolutions médianes (de haut en bas): le cunéus, le lobe lingual et le lobule fusiforme. Le cunéus est limité, en avant, par la scissure pariéto-occipitale. Le lobule lingual est séparé du cunéus par la scissure calcarine et du lobule fusiforme par la scissure collatérale. Le lobule fusiforme est limité, en dehors, par le troisième sillon temporal et par l'inscissure préoccipitale.

De part et d'autre de la scissure calcarine sont situées les aires de projections visuelles primaires, la lèvre supérieure recevant des projections de l'hémirétine supérieure et la lèvre inférieure recevant des projections de l'hémirétine inférieure. Des voies d'association relient le lobe occipital associatif au lobe limbique, au lobe temporal et au lobe frontal. Le lobe occipital est vascularisé par l'artère cérébrale postérieure. I. A.-B.

BIBLIOGRAPHIE

Hubel, D., Stevens, Ch., et alii., 1982, *le Cerveau*, Paris, «Pour la science», Éd. fr. de *Scientific American*, Belin.

lobotomie

n.f. (angl. Lobotomy)

Technique de psychochirurgie consistant à sectionner les fibres d'un lobe du cerveau.

Ce terme est essentiellement employé dans le sens de «lobotomie préfrontale». La section, totale (*lobotomie*) ou partielle (*leucotomie*), touche les faisceaux blancs unissant le cortex préfrontal (partie antérieure du lobe frontal) au reste du cerveau, en particulier au thalamus.

L'intervention est généralement bilatérale. Elle était réalisée «à l'aveugle» à l'aide d'un trocart mousse, le leucotome, introduit par l'orifice de trépanation. Les lésions corticales étaient moins importantes que dans la lobectomie frontale, consistant à exciser les tissus. D'autres méthodes de lobotomie ont également été utilisées (thermiques, chimiques, radioactives). Dans la voie d'abord transorbitaire, le leucotome était introduit par le cul-de-sac conjonctival supérieur puis déplacé dans un plan frontal, le temps d'une brève anesthésie.

Historiquement, la lobotomie doit beaucoup au neurologue portugais E. Moniz, qui reçut le prix Nobel pour ses travaux en 1949. Des interventions plus sélectives, en particulier au niveau de l'amygdale dans les cas d'agressivité chez l'adulte et d'hyperkinésie chez l'enfant, ont ensuite été préférées aux lobotomies. Actuellement, devant l'efficacité des psychotropes et en raison de considérations éthiques, la psychochirurgie est devenue une méthode d'exception même aux États-Unis, où elle gardait le plus de partisans. Hinsie et Campbell, dans la quatrième édition du *Psychiatric Dictionary* (1969), soulignaient que les effets indésirables postopératoires (en particulier émoussement des affects et comportement désinhibé) étaient plus apparents chez les patients non psychotiques. La lobotomie préfrontale bilatérale était donc surtout proposée aux schizophrènes résistant aux autres thérapeutiques.

Cependant, les meilleures indications paraissaient être à ces auteurs les troubles thymiques, les névroses obsessionnelles et les états anxieux chroniques. Les résultats leur paraissaient bons dans 40% et assez bons dans 35% des cas; 5 à 10% des patients présentaient une épilepsie séquellaire.

Aujourd'hui, la lobotomie préfrontale est parfois proposée dans les formes extrêmement graves de troubles obsessionnels-compulsifs: elle est alors partielle et souvent associée à des lésions cingulaires. Elle a pu être utilisée aussi dans certaines formes de schizophrénie schizo-affective ou pseudo-névrotique mais connaît actuellement une totale désaffection. La psychochirurgie, en dehors de la lobotomie, reste indiquée dans certaines épilepsies rebelles responsables de troubles du comportement. A. G.

localisation

n.f. (angl. Location, Localization)

Détermination de la place occupée dans l'espace par un point ou par un objet.

Le repérage ou la localisation se font toujours relativement à un système de référence.

DÉVELOP. Les enfants sont très tôt capables de repérer une place à partir de divers systèmes de référence, choisissant l'une plutôt que l'autre selon l'âge et la situation. Une coordination entre les diverses façons de situer un point dans l'espace n'apparaît guère avant l'âge de 7 ans.

REPÉRAGE DIRECTIONNEL

Il permet de déterminer la direction dans laquelle se trouve une cible par rapport au sujet grâce à la mise en œuvre de différents référentiels: oculo-centrique, orocentrique, manuocentrique, géocentrique. Mis en œuvre automatiquement par l'arrivée de stimulations sensorielles, ces référentiels fonctionnent dès la naissance et gagnent rapidement en précision.

Locatifs corporels

Le squelette des Vertébrés est construit de telle manière que le corps propre est orienté selon trois polarités grâce auxquelles l'espace proche peut être structuré autour de trois plans orthogonaux : un plan sagittal médian, ou plan de symétrie céphalo-caudale, qui divise l'espace en zones droite et gauche ; un plan frontal passant par les deux oreilles, les épaules et les hanches, qui divise l'espace en une zone antérieure et une postérieure ; un plan transversal, qui passe par une ligne virtuelle joignant le centre des deux pupilles et sépare ainsi le haut du bas chez l'homme. L'axe céphalo-caudal est l'intersection des plans médian et frontal.

Certains auteurs (H. Wallon et L. Lurçat) ont vu dans le schéma corporel une représentation organisée des trois polarités du corps, susceptible d'être projetée sur l'espace proche : un objet est « devant » un organisme lorsqu'il est proche de la face antérieure de celui-ci, à gauche quand il est près de son flanc gauche, etc. Cette projection peut être transférée à un objet familier lorsque celui-ci est « orienté », c'est-à-dire doué de propriétés morphologiques analogues à celles d'un corps, animal ou humain (meuble, poupée, cuiller, automobile). Le repérage d'une place se fait alors en référence au devant, au derrière, à la droite, au haut de l'objet orienté. Lorsque l'objet n'est pas orienté (bol, cendrier), le repérage de la position d'un point par rapport à cet objet se fait indirectement par référence au sujet. À partir de 3 ans, les locatifs corporels ont été étudiés par l'intermédiaire du langage, avec des tâches du type « montre-moi où c'est devant le cendrier », « où est la portière droite de l'auto », « pose la vache derrière la maison ». Le repérage correct du haut et du bas est le plus précoce grâce à la référence absolue que constitue l'attraction terrestre, mais bien des conflits surgissent lorsque l'axe du corps ne coïncide plus avec la verticale physique. Ainsi, certains enfants situent le haut d'un lit vers l'oreiller, là où ils poseront leur tête, alors que d'autres le situent au-dessus du matelas. Jusqu'à 6 ans, les enfants sont rarement cohérents dans leurs réponses successives et prennent pour référent tantôt eux-mêmes et tantôt l'objet selon les situations.

Localisation par l'action

Placé dans une cabine dont les murs droit et gauche sont percés d'une fenêtre, un bébé de 6 mois apprend qu'en tournant sa tête vers la fenêtre de droite il y voit apparaître un visage. Si on fait effectuer au bébé une rotation de 180^0, il continue à tourner la tête vers sa droite, donc vers la fenêtre initialement à gauche. Pour lui, la même place est celle qu'on atteint par le même geste. Un repère singularisant perceptivement la fenêtre correcte n'est utilisé pour l'identifier qu'au-delà de 11 mois. Le repérage par l'action a été considéré par J. Piaget comme la cause de l'erreur du stade IV (dans l'étude de la permanence de l'objet) observée vers 8 mois.

Repérage de la place d'un objet parmi d'autres

Il a été étudié à partir de configurations régulières et structurées. La tâche consiste à retrouver sur une configuration « la même place » que celle qui a été singularisée par un repère sur une configuration identique (fenêtres d'un immeuble, fleurs d'un jardin, carreaux d'une matrice) présentée à côté (Figure 1). L'analyse des erreurs a permis de mettre en évidence l'usage de plusieurs systèmes de référence chez des enfants de 3 à 6 ans (M. Berthoud, J.-C. Lepecq).

Référence sémantique

La même place est celle où se trouve le même dessin. Dans la condition 9 de la figure 2, les 2 fenêtres qui ont des volets avec cœurs sont jugées occuper la même place sur les 2 maisons. Seul un entraînement accompagné d'explications peut amener des enfants de 5 ans à abandonner un critère sémantique pour un critère spatial.

Référence structurale

Elle ne peut être mise en évidence chez les jeunes enfants que si la possibilité de référence sémantique est éliminée par l'usage d'éléments tous identiques (fenêtres vides des maisons, marguerites dans les jardins) (Figure 2).

Le matériel est construit de telle sorte que les éléments d'une configuration forment avec ceux de l'autre des alignements. Ceux-ci jouent le rôle de références : la même place est sur le même alignement horizontal quand les configurations sont côte à côte (conditions 1, 2, 3, 4, 6, 8), vertical quand elles sont l'une au-dessus de l'autre (conditions 5 et 7). Lorsque les bases des configurations sont décalées (conditions 2, 3, 8), l'usage de ce type de référence entraîne forcément des erreurs. Les références structurales sont d'autant plus utilisées que les structures d'alignement sont des formes fortes, c'est-à-dire que les deux configurations sont proches (condition 2 par rapport à condition 3) ou que les alignements comptent plus d'éléments, 1, 3 ou 4 en condition 6.

Référence ordinale

La place d'un élément est déterminée par son rang, par exemple le deuxième étage

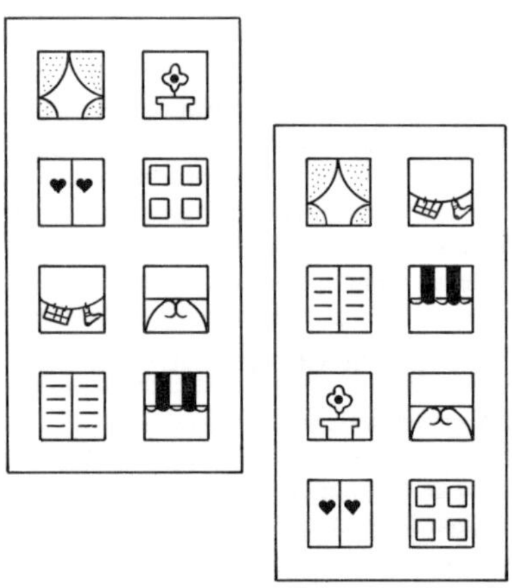

condition 9

Figure 1. Localisation. Référence sémantique, condition 9.

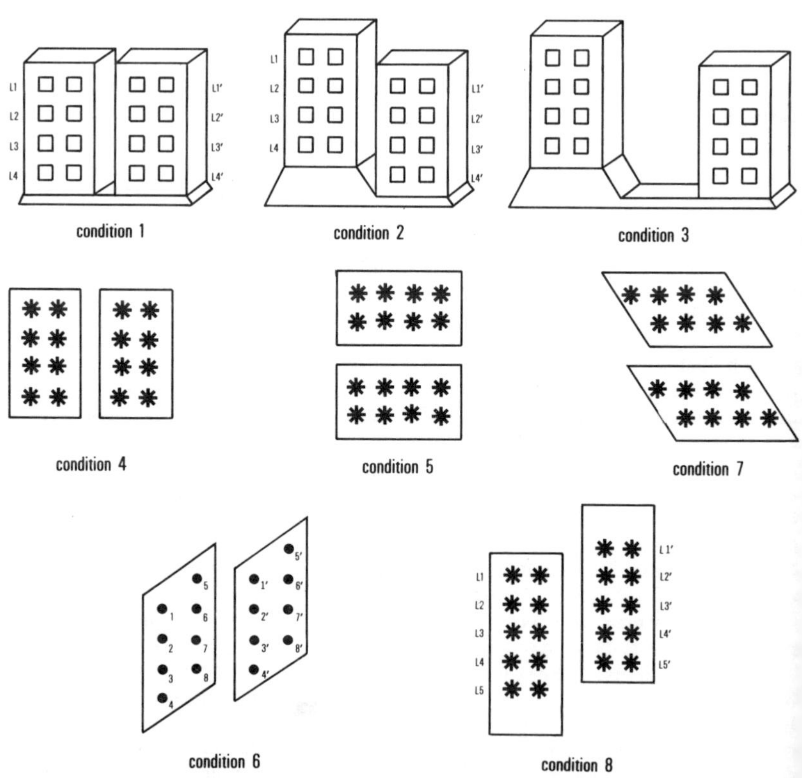

Figure 2. Localisation. Référence structurale, conditions 1-8.

d'une maison. En ce cas, ni l'écartement entre maisons ni le décalage de leurs bases n'ont d'importance.

RÉFÉRENCE EUCLIDIENNE

La place d'un élément est calculée par sa distance relativement au cadre de référence qui enclôt chacune des deux configurations. Dans la condition 8, si le point à localiser se trouve sur la ligne L3 du jardin de gauche, l'enfant choisira sur le jardin de droite la ligne L'4 avec une référence structurale, L'3 avec une référence ordinale, L'2 avec une référence euclidienne.

Avant 6 ans, aucun enfant n'a utilisé la référence euclidienne. Dès 3 ans et demi, les enfants disposent des systèmes figuraux et ordinaux de référence, mais le structural est fortement privilégié, sauf lorsque les jardins ou maisons sont écartés.

Dans le repérage d'un carreau dans une matrice 7 × 7, la coordination entre le repérage de la ligne et celui de la colonne d'un carreau particulier n'est réussie qu'après 5 ans. Les enfants de 4 ans repèrent en général la place sur un seul axe de référence (ligne ou colonne correcte). Ceux de 5 ans réussissent une localisation correcte sur 2 axes à condition que la disposition des matrices permette de repérer soit la bonne ligne, soit la bonne colonne par usage d'une référence structurale. Seuls les enfants de 6 ans sont capables d'utiliser 2 axes de référence et de coordonner les 2 repérages quelle que soit la position relative des deux matrices (P. M. Baudonnière). E. V.

→ espace, gestaltthéorie, perceptive (organisation), référentiel.

BIBLIOGRAPHIE

Berthoud, M., 1973, « les Systèmes de référence spatiaux et leur interaction chez les enfants d'âge préscolaire », *Année psychologique*, 73, 23-36 et 443-463.

Vurpillot, E., 1982, « Systems of Reference and Location of Place in the Young Child », W. Hartup, I. Ahamer et H. Pick (Eds.), *Review of Child Development Research*, vol. VI, University of Chicago Press, p. 348-391.

localisation auditive

(angl. Auditory Localization)

Détermination par le système auditif de la position dans l'espace de la source d'une émission sonore.

La direction (en azimut et en élévation) et, dans certains cas, la distance de la source peuvent être connues. Cette capacité repose essentiellement sur les propriétés du système binaural (c'est-à-dire la perception du son à l'aide des différences engendrées par le fait qu'elle se produit grâce à deux oreilles), qui interprète les différences de temps ainsi que les différences de pression acoustique entre les deux oreilles (interaurales). Le plus petit déplacement angulaire décelable, environ 1 degré dans le plan médian, s'observe pour les sources situées en face de l'auditeur. M.-C. B.

localisation cérébrale

(angl. Cerebral Localization, Brain Localization)

Hypothèse selon laquelle chaque fonction mentale est localisée dans une région spécifique du système nerveux central.

Née avec J. J. Gall, la notion de « localisation cérébrale » a pris son essor avec P. Broca lorsqu'il constata qu'une lésion de la troisième circonvolution frontale entraînait une aphasie. Les thèses localisatrices furent combattues par ceux qui défendaient l'aspect unitaire du fonctionnement du système nerveux (K. Goldstein, K. Lashley). Actuellement, les données anatomophysiologiques semblent rendre la querelle désuète tout en confirmant l'existence de localisations fonctionnelles corticales ; ces données mettent en évidence des phénomènes de plasticité et de récupération qui rendent impossible le maintien d'un modèle localisateur rigide. P. L.

locatif (apprentissage)

(angl. Place Learning)

Apprentissage qui, dans les premières théories cognitivistes américaines, était opposé à l'apprentissage de réponses.

Un Rat placé dans un labyrinthe apprend-il des réactions, caractérisables par leur nature motrice — tourner à droite, par exemple —, ou apprend-il, quels que soient les mouvements qu'il doit faire pour cela, à se rendre en un lieu déterminé ? Dans des conditions favorables, l'apprentissage locatif s'est révélé possible chez le Rat. J.-F. L. N.

locatif corporel

Selon H. Wallon et L. Lurçat, représentation organisée de chacun des trois secteurs de l'espace proche de soi, dans lesquels les objets proches sont localisés. E. V.

→ localisation.

locomotion

n.f. (angl. Locomotion)

Activité motrice rythmique qui assure le transport du corps à une certaine vitesse dans une direction particulière de l'espace par la répétition d'une série de contractions musculaires agonistes et antagonistes.

GÉNÉR. et ÉTHOL. La locomotion est assurée selon les espèces par des moyens très divers (marche, reptation, vol, nage, brachiation...). L'Homme est bipède (dans sa marche mature). Au cours de sa marche, il enchaîne des mouvements de jambes (ou enjambées). Chaque enjambée, délimitée par deux poses du même pied, est composée d'une phase d'appui du pied sur le sol, pendant laquelle s'exercent les forces propulsives, et d'une phase de transport de la jambe permettant la progression dans l'espace. On notera qu'il existe une période où les deux pieds sont au sol (phase de double appui), au cours de laquelle le poids du corps est transféré d'une jambe sur l'autre. La disparition de cette phase de double appui est caractéristique de la course. Par rapport aux multipodes, la coordination des mouvements de jambe est particulièrement simple, le maintien de l'équilibre est en revanche beaucoup plus précaire.

L'infrastructure neurobiologique de la locomotion est bien connue chez les Vertébrés. Selon les étages des lésions du système nerveux central, on a pu mettre en évidence différents niveaux d'intégration de ce comportement. Dépourvu de cortex, un Chat conserve une locomotion relativement adaptée à l'environnement : il peut encore en partie traiter les informations visuelles pour éviter les obstacles ; après ablation bilatérale des noyaux caudés (ganglions de la base), il présente un syndrome d'« approche convulsive », il poursuit tout ce qui retient son attention, semblant incapable de s'arrêter ; après section du neuraxe à travers l'hypothalamus (c'est-à-dire pour autant qu'on conserve le mésencéphale et le tronc cérébral), on peut encore observer des épisodes locomoteurs spontanés mais l'animal n'évite plus les obstacles et présente des périodes de « progression obstinée » ; après une section thoracique basse (Th12) séparant la moelle épinière du reste du système nerveux central, on observe après quelques jours de récupération (et/ou après injection de drogue) une activité rythmique alternée des pattes arrière (Spinal Stepping), l'Animal ayant cependant de gros problèmes d'équilibre. J. P. et M. B.

DÉVELOP. Chez l'Homme, la *marche* apparaît vers la fin de la première année postnatale et est préparée par une suite d'émergences posturales.

Les premières réactions locomotrices sont observables chez le nouveau-né ; quand on tient un nouveau-né en position verticale, la plante de ses pieds reposant sur une surface plane, il avance en déplaçant alternativement ses jambes : c'est la « marche automatique », réaction réflexe, due, semble-t-il, à des contraintes biomécaniques. On déclenche également un réflexe de pas alternatif en tenant le nouveau-né, couché sur le ventre, sur les paumes des mains jointes et en exerçant avec les mains un mouvement de translation horizontale.

Pour parvenir à la marche autonome, le bébé doit d'abord élaborer des réactions antigravitaires qui, successivement mobilisent différentes parties du corps : la tête d'abord, qui n'est tenue droite, sans soutien, que vers trois mois ; puis le tronc, ce qui lui permet d'adopter la station assise, vers 6 mois ; ensuite, les membres inférieurs, ce qui amène à la station debout (autour de 9-10 mois) et enfin à la marche, suivant une loi de développement céphalo-caudale commune à toutes les espèces. Entre 6 et 13 mois, date moyenne de l'accession à la marche, l'enfant passe par des étapes intermédiaires au cours desquelles il expérimente divers modes de déplacement : il peut se déplacer par ondulation du corps sur une surface (reptation), en marchant à quatre pattes. Toutes ces formes de déplacement ont en commun de se faire en gardant des points d'appui étendus. Alors qu'un ordre inéluctable préside au développement postural, tous les enfants n'adoptent pas les mêmes modes de déplacement intermédiaires évoqués ci-dessus.

Si l'organisation du pas ne diffère pas sensiblement dans la marche automatique et dans la marche autonome, celles-ci se distinguent l'une de l'autre par bien d'autres caractères : la marche autonome implique une maîtrise posturale et un équilibre corporel qui résultent des étapes franchies antérieurement, ainsi qu'un ensemble de coordinations sensori-motrices large et complexe ; elle implique notamment la prise en compte du flux optique périphérique qui accompagne le déplacement, la détermination d'une direction dans l'espace, une relative stabilité des objets, telle qu'ils puissent servir d'ancrage au mouvement ou de but à atteindre.

La locomotion autonome apparaît relativement tard dans la vie, chez l'Homme, alors qu'elle émerge beaucoup plus tôt après la naissance dans la plupart des espèces animales, y compris les Mammifères supérieurs. Aussi s'est-on interrogé sur la part des cultures et des pratiques éducatives dans cette activité. Dans certaines ethnies africaines, l'âge de la marche se situe autour de 9-10 mois. Des stimulations spécifiques semblent responsables de cette « avance », qui ne traduit pas une avance générale dans tous les domaines de la conduite. Par ailleurs, des comparaisons faites par A. Gesell sur des couples de jumeaux ont montré que l'expérience de modes de déplacement tels que ramper n'induisait pas nécessairement une avance de la marche. Si un entraînement régulier à la marche automatique, poursuivi jusque vers 4 mois, accélère l'accession à la marche autonome — ce qui a été vérifié dans plusieurs recherches expérimentales —, on ne sait toujours pas quels mécanismes et quels changements sont responsables de cette accélération. H. B.

BIBLIOGRAPHIE

Gray, J., 1968, *Animal Locomotion*, Londres, Weiderfeld et Nicolson ; New York, Norton.

Inman, V. T., 1981, *Human Walking*, Baltimore, Londres, Williams et Wilkins.

locus caeruleus

n.m. (angl. Locus Caeruleus)

Noyau appartenant à la formation réticulée et situé dans la partie centrale et moyenne du tronc cérébral.

Les neurones de cette formation nucléaire contiennent de la noradrénaline. La divergence et l'importance des projections encéphaliques de ce noyau sont remarquables. Chez l'Homme, les quelques milliers de neurones qui constituent le locus caeruleus entrent en contact avec plus de 30% des neurones de l'encéphale. L'une des fonctions du locus caeruleus serait de conférer une coloration affective aux informations sensorielles. G. S.

locus niger

n.m. (angl. Locus Niger)

Structure nerveuse située dans le pied des pédoncules cérébraux, en arrière du faisceau pyramidal, et s'étendant en hauteur du pont de Varole jusqu'au pallidum. (Syn. substance noire.)

Les neurones du locus niger contiennent de la mélanine et il est pigmenté en noir à la coupe du cerveau. Le locus niger reçoit des voies afférentes du noyau caudé et du putamen et, en retour, il projette des voies efférentes sur ces deux structures. Les voies nigrostriées sont dopaminergiques, la dopamine étant stockée dans les neurones du putamen. Le locus niger intervient dans le contrôle des mouvements volontaires. Ainsi, dans le syndrome de Parkinson, il est dépigmenté, et il existe un déficit en dopamine. R. L.

locus of control

Attitude à l'origine des renforcements recherchés par les sujets à l'égard d'événements externes ou d'événements internes.

C'est ainsi que la cause d'un événement agréable ou désagréable est recherchée par certains sujets surtout à l'extérieur d'eux-mêmes (*sujets externes*) et par d'autres surtout en eux-mêmes (*sujets internes*). Tous les intermédiaires s'observent entre ces deux attitudes. La notion est due à J. B. Rooter, qui a établi une échelle de mesure de ce caractère (I-E Scale). D'autres échelles ont été publiées ultérieurement. Des analyses factorielles portant sur les items de ces échelles ont montré que la notion comporte en fait plusieurs aspects. M. R.

→ contrôle interne *vs* externe.

logatome

n.m. (angl. Logatom)

Syllabe ou mot sans signification.

Ce mot appartient plus spécifiquement au langage de la neuropsychologie. En psychologie expérimentale, on emploie *mot sans signification* (angl. Non-Sense Word). J.-F. L. N.

→ non-mot.

logique naturelle

(angl. Natural Logic ou Informal Logic)

Ensemble des opérations de pensée qui permettent de raisonner à l'aide de la seule langue naturelle.

Cette expression, qui est entrée relativement récemment dans le vocabulaire de la psychologie et que tous les auteurs n'utilisent pas avec la même acception, doit être considérée en relation avec la logique formelle et la logique mathématique. La logique formelle, qu'on peut faire remonter à Aristote, se caractérise par l'utilisation, dans un contexte qui conserve l'usage de la langue naturelle, de variables permettant de donner une forme générale à des types de raisonnement dont on cherche à évaluer la validité (exemple : tout A est B, or C est A, donc C est B) ; la logique mathématique, issue de la précédente, calcule uniquement sur des symboles et n'utilise plus de termes appartenant à la langue naturelle ; par exemple, le syllogisme précédent s'écrirait : $((\forall x)\ (ax \supset bx)\ \Lambda\ ax_1) \supset bx_1$; elle est devenue la théorie des systèmes formels, et sa fonction est à peu près exclusivement de fonder la validité du raisonnement mathématique. Pendant longtemps, la logique formelle fut considérée comme un modèle des « lois de la pensée » (G. Boole, *Recherches sur les lois de la pensée*, 1854) ; mais J. Piaget (*la Psychologie de l'intelligence*, 1947) introduit la notion de « logistique opératoire », dont la logique formelle constituerait l'axiomatique et qui doit rendre compte du fonctionnement réel de la pensée (comment se constituent, par exemple, les structures élémentaires de classes, de relations, de nombre et de propositions). Enfin, en 1962, est introduite la notion de « logique naturelle » et Piaget parle alors d'une « logique intuitive », « naïve », en deçà de la formalisation et dont il faut dégager les rapports avec les structures formalisées. (→ groupement, INRC [groupe].)

Mais l'expression de *logique naturelle* a été reprise dans les années 1970, avec une acception différente, par des logiciens et des linguistes. Au lieu d'être considérée comme une forme immature de la logique formelle ou mathématique, la logique naturelle est alors considérée comme un modèle des opérations qui permettent d'engendrer et de rendre cohérent du discours en langue naturelle, discours qui porte évidemment sur des domaines différents de ceux de la logique mathématique. Pour J. B. Grize (1974), par exemple, la logique naturelle demeure essentiellement un phénomène de pensée : elle est l'ensemble des opérations logico-discursives qui permettent au locuteur de construire les représentations (ou schématisations) qu'il veut communiquer à l'interlocuteur. Pour G. Lakoff (1970), par contre, la logique naturelle est un phénomène de langue et elle se confond avec la grammaire. G. P.-L. B.

BIBLIOGRAPHIE

Boole, G., 1854, *Recherches sur les lois de la pensée*.

Lakoff, G., 1970, *Irregularity in Syntax*, New York, Holt, Rinehart and Winston.

Piaget, J., 1947, *la Psychologie de l'intelligence*, Paris, Armand Colin.

logorrhée

n.f. (angl. Hyperphrasia)

Flux verbal intarissable et désordonné.

La logorrhée s'observe surtout dans les états maniaques et parfois dans certaines aphasies sensorielles. J. P.

loi du 30 juin 1838

Loi relative à l'internement des malades mentaux, insérée dans le Code de la santé publique en tant qu'articles L. 326 à L. 355 et qui a été en vigueur jusqu'au 27 juin 1990.

Historique

Avant la Révolution de 1789, la séquestration des « insensés » pouvait s'effectuer selon de nombreuses modalités. Les « ordres de justice » consistaient en arrêts ou sentences de séquestration rendus par des juridictions compétentes (tribunaux de bailliage, parlements, prévautés, tribunal du Châtelet à Paris, etc.). L'internement pouvait également être prononcé par un « ordre particulier » d'un magistrat ou bien encore sur un « ordre du roi » (lettre de cachet). Les sujets reconnus « insensés » étaient alors enfermés dans les lieux les plus divers, dont la variabilité ne tenait qu'à des considérations d'ordre local : hôpitaux généraux, hospices de charité, congrégations religieuses, prisons, châteaux, maisons de force ou de correction. Le fou se retrouvait alors en présence d'une population particulièrement hétéroclite, constituée de vagabonds, de chômeurs, d'enfants, de vieillards, d'épileptiques, de prostituées et de délinquants.

Le 27 mars 1790, l'Assemblée constituante vote la loi qui abolit les lettres de cachet. Ce texte législatif est fondamental car il attribue au fou le statut de malade et institutionnalise sa séquestration dans des « hôpitaux qui seront indiqués à cet effet ». Le médecin y sera très vite introduit, comme le symbolise P. Pinel ôtant les chaînes des aliénés, en 1793, à Bicêtre et à la Salpêtrière. Mais si ces dispositions concernaient les personnes déjà séquestrées, rien n'était prévu pour celles qui pourraient être susceptibles de l'être. Sous le Consulat et l'Empire, les solutions à ces situations sont réglées par des jugements rendus par les tribunaux ; mais leur application en reste aléatoire et variable d'une région à l'autre. Donnant suite aux travaux de plusieurs commissions d'enquêtes et à dix-huit mois de débats parlementaires, la Chambre des pairs adopte, le 30 juin 1838, la loi dite « loi sur les aliénés ». Cette loi, qui prévoit les modalités et les lieux d'internement des aliénés, se veut tout à la fois :

— *une loi d'assistance*, puisque chaque département est tenu de disposer d'un établissement public (ou ayant passé une convention) spécialement destiné à soigner des « aliénés » ;

— *une loi de protection*, du malade vis-à-vis de lui-même (incurie, mutilation, suicide) et de la société envers la dangerosité vraie ou supposée de l'intéressé. De plus, celui-ci est dessaisi de la gestion de ses biens pendant toute son hospitalisation.

Cette loi, qui déroge au principe constitutionnel de la liberté individuelle, ne peut donc se concevoir que pour des motifs particulièrement graves. À cet égard, elle organise deux types d'internements, le placement volontaire et le placement d'office.

Le placement volontaire

Le placement volontaire est une hospitalisation forcée qui n'est pas ordonnée par l'autorité publique mais effectuée à la volonté de l'entourage du patient (famille, ami, voisin, assistante sociale).

L'admission nécessite :

— une demande d'admission manuscrite et signée de la personne qui réclame le placement ;

— une pièce d'identité du demandeur et du patient ;

— un certificat médical constatant les troubles mentaux et la nécessité de les traiter en milieu psychiatrique ;

Le séjour fait l'objet :

— d'un certificat de 24 heures, rédigé par un des praticiens du service, décrivant l'état mental de l'intéressé et concluant au maintien ou à la sortie ;

— d'un certificat de quinzaine, concluant lui aussi au maintien ou à la sortie.

La sortie est effectuée :

— par le médecin quand le patient est guéri ou suffisamment amélioré ;

— sur requête d'un membre de la famille ; mais, si le médecin estime le sujet dangereux, il peut s'y opposer avec l'accord du maire : c'est le préfet qui tranchera ;

— par arrêté préfectoral à tout moment.

Le placement d'office

Le placement d'office est l'internement d'un malade mental, qui pourrait compromettre l'ordre public ou la sûreté des personnes, en exécution d'un arrêté préfectoral. Toutefois, en cas d'urgence « les commissaires de police à Paris et les maires dans les autres communes peuvent ordonner toutes les mesures provisoires, à la charge d'en référer dans les 24 heures au préfet, qui statuera sans délai ». L'imminence du danger doit être attestée par un certificat médical ou par la notoriété publique.

L'admission nécessite :

— un arrêté préfectoral ou un arrêté municipal ;

— un certificat médical, presque toujours demandé bien que légalement non obligatoire ;

— une pièce d'identité du patient.

Le séjour fait l'objet :

— d'un certificat de 24 heures, comme pour le placement volontaire ;

— d'un certificat de quinzaine ;

— d'un rapport semestriel établi par le médecin et au vu duquel le préfet doit se prononcer pour le maintien ou la sortie.

La sortie est effectuée :

— à l'initiative du médecin, qui à tout moment, par un certificat motivé, peut demander la mainlevée du placement au préfet ;

— à l'occasion du rapport semestriel ;

— à tout moment par le préfet dès qu'il estime que la mesure n'est plus appropriée.

Le contrôle des placements

Dans chaque établissement, il existe un registre coté et paraphé par le maire, dit « registre de la loi ». Tous les renseignements administratifs et tous les certificats médicaux concernant l'hospitalisation y sont inscrits.

Le directeur de l'établissement transmet aux autorités administratives et judiciaires les documents prévus par la loi. Il veille aussi à ce qu'un malade dont la sortie a été prononcée ne soit pas retenu illégalement.

Le procureur de la République visite au moins une fois par trimestre tous les établissements recevant des malades soignés pour troubles mentaux. Le préfet ou les personnes qu'il désigne, le président du tribunal de grande instance, le juge du tribunal d'instance et le maire de la commune visitent ces mêmes établissements au moins une fois par an. Le registre de la loi peut être consulté par chacun de ces visiteurs prévus par la loi.

Tout patient, parent ou ami peut écrire pour réclamer la sortie au préfet, au procureur ou au président du tribunal de grande instance. Ce dernier statuant en la forme des référés (procédure rapide à magistrat unique), après expertise et débat contradictoire, ordonnera s'il y a lieu la sortie immédiate.

Cas particuliers

Certaines cliniques privées sont habilitées à recevoir des patients en placement volontaire. Dans les 3 jours de la réception du bulletin d'entrée, le préfet charge un ou plusieurs médecins d'examiner l'entrant à l'effet de constater son état mental et d'en faire le rapport immédiat.

En cas d'évasion, des recherches locales sont entreprises, la famille, l'administrateur de garde et la police sont informés. Seuls les patients en placement d'office font l'objet de recherches par la force publique. L'importance de celles-ci sera subordonnée au degré de dangerosité supposé.

Les mineurs peuvent faire l'objet de la loi de 1838, bien que tout soit fait pour que cela reste assez rare.

Vers la loi du 27 juin 1990

Les admissions en psychiatrie en application de la loi de 1838 ne représentaient plus en 1990 que 10% des cas (2% en placement d'office et 8% en placement volontaire), les 90% restants étant admis en service libre, c'est-à-dire selon les modalités qui régissent l'hospitalisation d'un service non psychiatrique. Le service libre, qui n'était pas prévu par la loi de 1838, s'est surtout généralisé depuis que l'hospitalisation ne représente plus qu'un temps dans le traitement des maladies mentales graves. Cela est devenu possible avec le développement des techniques médicamenteuses et psychothérapeutiques ainsi que la mise en place d'une politique de secteur*.

Par ailleurs, la loi du 3 janvier 1968 a singulièrement entamé la loi de 1838 puisqu'elle organise la distinction entre hospitalisation et protection éventuelle des biens.

Le domaine de la loi de 1838 s'est amenuisé encore un peu plus depuis que la loi du 31 décembre 1985 ne fait plus obligation aux départements de disposer d'un établissement spécifiquement destiné à y recevoir des patients internés.

La loi de 1838 a cessé d'être en vigueur par la parution au *Journal officiel* de la loi du 27 juin 1990. M. G.

→ loi du 27 juin 1990.

loi du 15 avril 1954

Loi concernant le traitement des alcooliques présumés dangereux envers autrui.

Avant 1954, la loi réprimait déjà l'ivresse publique et manifeste. Mais si l'on désirait faire traiter un sujet alcoolique, il fallait qu'il soit consentant ou qu'il soit atteint de troubles mentaux justifiant d'un internement (loi du 30 juin 1838). Or, de nombreux alcooliques, sans être « aliénés » ni délinquants, constituent un danger pour leur entourage ou la société. Ce sont ces personnes que vise la loi du 15 avril 1954, qui apparaît ainsi comme étant une véritable loi de défense sociale.

Tout alcoolique présumé dangereux, sans que ce concept soit défini par la loi, doit être signalé à la D.D.A.S.S. par le procureur de la République ou par le préfet dans les deux cas suivants :

— à l'occasion de poursuites judiciaires lorsque l'instance révèle de fortes présomptions d'intoxication alcoolique ;

— sur le certificat d'un médecin du service public (hôpital, dispensaire) ou sur le rapport d'une assistante sociale.

La D.D.A.S.S. fait alors procéder à une enquête socioprofessionnelle et à un examen médical de l'intéressé. Cet examen a lieu dans un centre médicopsychologique ou dans une structure sanitaire agréée. Le médecin doit adresser sous 48 heures ses conclusions en précisant si le sujet paraît dangereux et, si oui, s'il y a notion d'imminence.

Chaque fois que cela est possible, la D.D.A.S.S. essaie par la persuasion d'amener l'alcoolique à s'amender. Si cela ne s'avère pas possible, elle le fait convoquer devant la commission médicale départementale prévue à cet effet. La commission peut décider une cure de désintoxication avec ou sans hospitalisation. En cas de refus ou de gravité de la situation, elle peut faire citer le sujet devant le tribunal civil. Statuant en audience non publique, le tribunal peut décider le placement en centre de rééducation spécialisé. De plus, il peut prononcer des interdictions temporaires (permis de conduire, de chasse, saisie-arrêt sur le salaire, etc.).

En fait, un département sur deux s'est doté d'une commission médicale compétente, 20% de sujets convoqués après signalement de la D.D.A.S.S. se présentent, beaucoup de médecins sont peu favorables à cette loi considérée comme autoritaire et un seul centre de rééducation spécialisé a été créé sur tout le territoire, à La Membrolle-sur-Choisille(Indre-et-Loire), près de Tours. Actuellement, la loi de 1954 reste peu applicable et peu appliquée. M. G.

loi du 3 janvier 1968

Loi portant réforme du droit des incapables majeurs.

Certaines personnes ne sont plus en état de se défendre au mieux de leurs intérêts, de gérer leur patrimoine, de pratiquer les actes élémentaires de la vie civile. Tel est le cas d'un certain nombre de malades mentaux ou encore de sujets présentant des infirmités corporelles, tous troubles empêchant l'expression de la volonté ou du discernement des choses. Jusqu'en 1968, seuls les patients qui faisaient l'objet d'un internement se voyaient dessaisis de la gestion de leur patrimoine pendant toute la durée de leur hospitalisation. Mais, dès leur sortie, ils retrouvaient toute leur capacité juridique (pouvoir de mettre en œuvre soi-même ses droits et ses obligations). Il n'existait aucune graduation possible dans ce qui a été appelé la loi du tout ou rien. Par ailleurs, les patients traités en clinique privée ou en ambulatoire étaient exclus de ces mesures.

La loi de 1968 se propose de séparer le médical du juridique et d'introduire de nombreux régimes intermédiaires de protection. Les majeurs que la loi va permettre de protéger, moyennant la perte totale ou partielle de leur capacité d'exercice, deviennent donc des incapables au sens juridique du terme ; d'où l'expression d'*incapable majeur*. La loi organise 3 grands régimes de protection : la sauvegarde de justice, la tutelle et la curatelle.

La sauvegarde de justice est une mesure provisoire et d'urgence concernant tout majeur qui « a besoin d'être protégé dans les actes de la vie civile ». Elle résulte de la déclaration d'un médecin spécialiste au procureur de la République du lieu de traitement.

Une tutelle est ouverte quand un majeur ou un mineur émancipé, en raison de l'altération de ses facultés personnelles, « a besoin d'être représenté d'une manière continue dans les actes de la vie civile ». Le tuteur, qu'il s'agisse d'un parent, d'un allié, d'un administrateur ou d'une association tutélaire agréée, est nommé, après instruction et jugement, par le juge des tutelles.

Une curatelle est ouverte quand un majeur, en raison de l'altération personnelle, « a besoin d'être conseillé ou contrôlé dans les actes de la vie civile ». Le curateur est, là encore, désigné, après instruction et jugement, par le juge des tutelles. À tout moment, le juge peut énumérer les actes que le sujet en tutelle aura la capacité de faire seul, ou encore ceux que le sujet en curatelle ne pourra pas effectuer seul. Tous les régimes intermédiaires sont donc possibles et modifiables en permanence, compte tenu de l'évolution des « facultés personnelles » des intéressés.

En outre, toutes ces mesures n'ont légalement qu'un caractère temporaire, car elles doivent cesser avec les causes qui les ont déterminées. Il faut ajouter que le juge des tutelles est obligé de solliciter l'avis du médecin traitant avant de prendre un certain nombre de décisions (ouverture d'une tutelle ou d'une curatelle, audition de l'intéressé, mariage du sujet, régimes intermédiaires, etc.). M. G.

loi du 30 juin 1975

Loi d'orientation en faveur des personnes handicapées.

La loi d'orientation, entrée progressivement en vigueur, se propose deux grands objectifs : 1. simplifier les législations antérieures ainsi que les procédures ; 2. considérer la prise en charge des handicapés comme une obligation nationale à la charge de l'État (prévention, dépistage, soins, éducation, formation et éducation professionnelle, emploi et garantie d'un minimum de ressources).

Les handicaps peuvent être physiques, sensoriels ou mentaux, mais la loi de 1975 n'en donne aucune définition. Cependant, on tend à considérer que le handicap est lié à une situation dans laquelle se trouve une personne : on est donc handicapé pour une ou des activités déterminées. Quoi qu'il en soit, la loi de 1975 s'applique aussi bien aux enfants et aux adolescents qu'aux adultes.

En ce qui concerne les adultes, la loi instaure dans chaque département la création d'une commission technique d'orientation et de reclassement professionnel (COTOREP). Chaque COTOREP se compose de 20 membres, dont des médecins et des représentants des diverses administrations concernées. Elle est compétente notamment pour reconnaître la qualité de travailleur handicapé, se prononcer sur l'orientation et les mesures propres à assurer un reclassement professionnel, désigner les établissements concourant à ce reclassement ou à l'accueil des adultes handicapés (ateliers protégés, centres d'aide par le travail, maisons d'accueil spécialisé). La COTOREP est également compétente pour attribuer l'allocation aux adultes handicapés si certaines conditions sont remplies.

En ce qui concerne les enfants ou les adolescents, la loi de 1975 crée dans chaque département, une commission de l'éducation spéciale (CDES). Chaque CDES se compose de 12 membres, dont un médecin et des représentants des organismes sociaux et médicoéducatifs. Elle peut déléguer certaines de ses attributions à des commissions de circonscription, à l'exception de celles qui entraînent une incidence financière. La CDES est compétente notamment pour désigner les établissements ou les services dispensant ou non l'éducation spéciale (classe ordinaire avec enseignement de soutien, rééducation ou traitements ambulatoires; classe ou section d'adaptation ou d'éducation spéciale d'un établissement scolaire normal; établissement ou service spécialisé). La CDES est également compétente pour attribuer l'allocation d'éducation spéciale si certaines conditions sont réunies. M. G.

loi du 31 décembre 1985

Loi relative à la sectorisation psychiatrique.

Le secteur de psychiatrie est une aire géographique d'environ 70 000 habitants qui dépend d'un service de psychiatrie déterminé. La sectorisation s'est mise progressivement en place à la suite de la circulaire «princeps» du 15 mars 1960 puis de nombreux textes réglementaires. Ce n'est qu'avec la loi du 25 juillet 1985, portant diverses dispositions d'ordre social, que le secteur est reconnu par un texte législatif. Cette même loi institue en outre un conseil départemental de santé mentale qui comprend notamment des représentants de l'État, des collectivités territoriales, des caisses d'assurance maladie, des représentants des personnels de santé mentale, des établissements d'hospitalisation publics ou privés.

Mais, alors que la loi du 25 juillet 1985 ne réservait qu'un seul de ses articles au secteur psychiatrique, la loi du 31 décembre 1985 lui est entièrement consacrée. En son article 1, elle modifie la loi, portant réforme hospitalière, du 31 décembre 1970 en introduisant le secteur de psychiatrie dans la carte sanitaire de la France. En son article 4, elle dispose que chaque établissement assurant le service public hospitalier et participant à la lutte contre les maladies mentales est responsable de celle-ci dans les secteurs psychiatriques qui lui sont rattachés. Cette loi modifie également la loi du 30 juin 1838 concernant l'internement des malades mentaux; elle ne fait plus obligation, en effet, aux départements de disposer d'un établissement public (ou ayant passé une convention) spécialement destiné à soigner les «aliénés».

Le décret du 14 mars 1986 est le règlement d'application de la loi de décembre 1985. Il précise que les secteurs de psychiatrie sont appelés, selon leur vocation, *secteurs de psychiatrie générale*, *secteurs de psychiatrie infanto-juvénile* et *secteurs de psychiatrie en milieu pénitentiaire*. Ce texte définit en outre la composition et le rôle du conseil de santé mentale (avis consultatif sur l'ensemble des problèmes relatifs à l'organisation et au fonctionnement des équipements et services de lutte contre les maladies mentales ainsi que sur les projets de création d'établissements sociaux et médicosociaux pouvant accueillir des malades ou des handicapés mentaux. M. G.

loi du 27 juin 1990

Loi réglementant les conditions d'hospitalisation des malades mentaux et la protection de leurs droits (parue au *Journal officiel* du 30 juin 1990).

Remplaçant l'ancienne loi du 30 juin 1838, et correspondant à l'ensemble des articles L 326-1 à L 355 du Code de la santé publique, elle rappelle d'abord que «toute personne hospitalisée avec son consentement pour des troubles mentaux est dite en hospitalisation libre». Elle bénéficie alors des mêmes droits et statut qu'un malade hospitalisé dans un service quelconque d'hôpital général. En revanche, lorsqu'elle est hospitalisée sans son consentement, elle va relever soit de l'*hospitalisation sur demande d'un tiers* qui remplace l'ancien «placement volontaire», soit de l'*hospitalisation d'office* correspondant à l'ancien placement d'office. (→ loi du 30 juin 1838.)

Hospitalisation sans consentement

La première modalité (section I de la loi, articles L 333 à L 341) ne peut se réaliser que si les troubles mentaux du malade rendent impossible son consentement et si son état psychique impose, par ailleurs, des soins immédiats assortis d'une surveillance constante en milieu hospitalier. En plus de la demande d'admission écrite par un membre de la famille du malade ou par une personne susceptible d'agir dans l'intérêt de celui-ci (à l'exclusion des personnels soignants, s'ils exercent leurs fonctions dans l'établissement d'accueil), il faut deux certificats médicaux datant de moins de quinze jours et circonstanciés, attestant l'impossibilité du consentement par le patient et la nécessité qu'il soit soigné et surveillé d'une manière continue dans un établissement hospitalier. Normalement, ces deux certificats devraient être rédigés par des médecins extérieurs à cette institution, pour éviter tout risque de collusion entre les praticiens. Cependant il a été admis que le deuxième médecin certificateur pouvait exercer dans l'établissement d'accueil. Cela rend en partie illusoire la séparation qui aurait dû être maintenue entre les médecins responsables médicalement de l'hospitalisation sur demande, et le praticien hospitalier chargé, lui, de confirmer ou d'infirmer dans les 24 heures, puis dans les quinze jours, et ensuite tous les mois, la nécessité de maintenir cette hospitalisation sur demande.

Ce dernier doit chaque fois, dans ce but, rédiger un certificat circonstancié concluant au maintien ou à la levée de l'hospitalisation. En dehors des certificats périodiques «légaux», il peut et il doit rédiger un certificat de levée d'hospitalisation sur demande, dès qu'il constate que celle-ci n'est plus justifiée. Les différents certificats doivent être adressés dans les plus brefs délais aux autorités administratives (articles L 334, L 337 et L 338), ce qui garantit un contrôle extramédical de l'hospitalisation sur demande, mais ne permet pas le respect du secret médical pour le malade, puisque aucun article de la loi n'oblige lesdites autorités au secret. Lorsque les conditions de l'hospitalisation ne sont plus réunies, et en absence de certificat médical remis à temps, le préfet peut ordonner la levée immédiate de cette hospitalisation (article L 338). Mais, dans le cas habituel, c'est le médecin de l'établissement qui aura, tout en rédigeant un certificat de levée de l'hospitalisation sur demande, procédé à la sortie du malade ou, avec son consentement, gardé ce dernier en hospitalisation libre pour la poursuite, si elle est encore nécessaire en milieu hospitalier, de son traitement.

Hospitalisation d'office

La deuxième modalité (section II de la loi, articles L 342 à L 349) correspond à l'*hospitalisation d'office*. Elle ne diffère pratiquement pas du placement d'office de l'ancienne loi de 1838.

C'est en effet toujours un arrêté préfectoral (à Paris, le préfet de police) motivé et énonçant avec précision les circonstances rendant l'hospitalisation nécessaire, au vu d'un certificat médical détaillé (qui ne peut être rédigé par un praticien de l'établissement d'accueil), qui ordonne cette hospitalisation d'office. C'est ensuite au médecin hospitalier de confirmer ou d'infirmer la nécessité du maintien de cette hospitalisation, dans ses certificats de 24 heures, de quinzaine et mensuels successifs. Et si le psychiatre déclare que la sortie peut être ordonnée, le directeur de l'établissement est tenu d'en référer dans les vingt-quatre heures au préfet qui doit statuer sans délai (mais pas forcément dans le sens de la libération immédiate, puisque l'article L 348-1 prévoit que, pour certains patients, le préfet peut choisir deux psychiatres extérieurs à l'établissement pour confirmer l'avis du praticien hospitalier, avant d'ordonner cette sortie).

Contrôle et sanctions

Des sanctions pénales particulièrement sévères (cinq jours à un an de prison, et 500 à 15 000 F d'amende, art. L 352 - 353 - 354) sont prévues pour les directeurs et les médecins hospitaliers n'ayant pas transmis dans les plus brefs délais ces certificats ou, pour ces derniers, ne les ayant pas rédigés dans les temps prévus. C'est dire que dans l'ensemble le pouvoir médical est particulièrement bien contrôlé, tandis que le préfectoral garde, pour les hospitalisations d'office, une grande liberté de décision.

Le patient doit être informé dès son admission, et par la suite à sa demande, de sa situation juridique et de ses droits (art. L 326-3). Ces derniers sont d'abord de communiquer avec les autorités, et en particulier le président du tribunal de grande instance et le procureur de la République. Ils sont aussi d'émettre et de recevoir du courrier, de consulter le règlement intérieur de l'établissement où il est hospitalisé et « de recevoir les explications qui s'y rapportent ». Ils sont également de prendre conseil d'un avocat ou médecin de son choix, et même de continuer à exercer son droit de vote et de se livrer aux activités religieuses ou philosophiques de son choix. Et, bien entendu, le malade conserve à sa sortie « la totalité de ses droits et devoirs de citoyen » (art. L 326-5). Il bénéficie aussi d'une surveillance particulière de l'établissement où il est hospitalisé. Ce dernier doit être visité (art. L 332-2) « sans publicité préalable une fois par semestre par le préfet ou son représentant, le juge du tribunal d'instance, le président du tribunal de grande instance ou son délégué, le maire de la commune ou son représentant et, au moins une fois par trimestre, par le procureur de la République dans le ressort duquel est situé l'établissement ». Ces autorités reçoivent les réclamations des personnes hospitalisées ou de leur conseil et procèdent, le cas échéant, à toutes vérifications utiles. Enfin, une « commission départementale des hospitalisations psychiatriques, chargée d'examiner la situation des personnes hospitalisées en raison de troubles mentaux au regard du respect des libertés individuelles et de la dignité des personnes », doit être instituée dans chaque département (art. L 332-3) et doit se composer:

1. d'un psychiatre désigné par le procureur général près la cour d'appel;
2. d'un magistrat désigné par le premier président de la cour d'appel;
3. de deux personnalités qualifiées désignées l'une par le préfet, l'autre par le président du conseil général, dont un psychiatre et un représentant d'une organisation représentative des familles de personnes atteintes de troubles mentaux.

Cette commission joue un rôle de contrôle très important sur les hospitalisations sans consentement (sur demande d'un tiers ou d'office) dont elle doit être régulièrement informée. Elle est aussi avertie de leur renouvellement (à la quinzaine et chaque mois) et de leur levée lorsque le malade a retrouvé ses possibilités de consentement. Elle examine si besoin la situation des personnes hospitalisées et, obligatoirement, celle de toute personne dont l'hospitalisation sur demande d'un tiers se prolonge plus de trois mois. Elle saisit, lorsque cela lui semble justifié, le préfet ou le procureur de la République de la situation des personnes hospitalisées. Et ses membres doivent visiter régulièrement les établissements où celles-ci se trouvent, recevant toutes leurs réclamations, ainsi que celles de leur conseil. Enfin cette commission vérifie toutes les informations transcrites sur les registres légaux et fait elle-même un rapport annuel d'activité transmis aux autorités administrative et judiciaire (6°, art. L 332-4). C'est là un progrès considérable par rapport à la vieille loi de 1838. Et il faut souhaiter que ces commissions départementales bénéficient d'une autorité et de moyens suffisants pour pouvoir véritablement fonctionner, comme le prévoit la loi.

Somme toute, cette dernière représente une certaine avancée sur celle de 1838. On regrettera seulement qu'elle n'ait pas été soutenue par un projet plus ambitieux. « Au lieu de rafraîchir une vieille loi déjà bien démantelée et qui peu à peu tombait en désuétude, notre pays, à la fin du XXe siècle, ne devait-il pas conduire une réflexion éthique plus large sur les procédures d'obligation de soins pour toutes les personnes à capacité décisionnelle réduite n'isolant plus les malades mentaux dans une loi d'exception comme au siècle dernier? » (N. Horassius et J. C. Escolier).

Son mérite essentiel sera peut-être, devant les grandes difficultés de son application pratique et certaines de ses contradictions internes, d'être rapidement obsolète, ce qu'a d'ailleurs prévu le législateur qui propose de la réviser dans cinq ans (dernier article, L 355-4). J. P.

loi 180

Loi introduite dans le texte de réforme sanitaire générale italienne en 1978 en vue de planifier et d'organiser des alternatives à l'hôpital psychiatrique et à l'internement.

Les internements étaient jusque-là régis par la loi de 1904 (très proche de la loi française du 30 juin 1838); et c'est la critique de ces dispositions et de l'institution asilaire par F. Basiglia et ses disciples, dans la mouvance de l'antipsychiatrie* des années 1960 qui devait déboucher sur cette réforme fondamentale. Celle-ci visait à la fois au dépassement définitif et concret de l'hôpital psychiatrique, au déplacement extrahospitalier de l'ensemble des structures de soins en santé mentale, à un véritable respect de la liberté individuelle du malade et à la fin de l'exclusion et de l'isolement des institutions et lois psychiatriques dans le domaine sanitaire.

En fait, cette loi n'a pas, comme on le dit souvent, prescrit la fermeture définitive des hôpitaux psychiatriques, mais prohibé les nouvelles hospitalisations dans ces établissements spécialisés, qui accueillent encore aujourd'hui 30 000 malades. En contrepartie, les hôpitaux généraux se sont dotés de petites unités de psychiatrie, dont les 15 lits alloués à une population de 100 000 habitants sont réservés aux situations d'urgence. Ainsi, la réforme s'inscrit (P. Venturini) dans une démarche du médecin vers le malade et non au service de l'institution.

Sans le supprimer totalement, la loi a aussi profondément modifié l'esprit de l'internement d'office. Le « traitement contre la volonté » du patient n'est plus qu'une situation de recours pris par décision du maire ou de son représentant sur une proposition d'un médecin contresignée par un psychiatre ou un autre médecin du service public. La demande d'internement doit justifier de l'échec de toute alternative à l'hospitalisation. La procédure doit être secondairement contrôlée par un magistrat habilité. Après sept jours, la poursuite de l'hospitalisation doit être justifiée. Parallèlement à ces mesures législatives, des centres ou dispensaires de santé mentale ont été implantés dans chaque région avec la tâche d'assurer la prise en charge globale de tous les patients requérant des soins psychiatriques. Puis des structures intermédiaires, hôpital de jour, foyer, appartements thérapeutiques, sont venues compléter ces services régionaux. On constate dans l'application actuelle de la loi 180 en Italie une certaine disparité entre les régions, certaines n'ayant pas créé suffisamment de structures intermédiaires. Dans ce cas, les quinze lits d'hospitalisation ne permettent pas de faire face aux besoins, qui sont alors satisfaits par des institutions privées parfois pires que l'ancien asile. Car la mise en place du système et son fonctionnement dépendent non seulement de cette loi et de la volonté des psychiatres, mais aussi des choix économiques, politiques et sociaux, qui varient beaucoup d'une région à l'autre. J. P.

longitudinale (méthode)

(angl. Longitudinal Method)

Méthode d'étude du développement consistant à examiner plusieurs fois les mêmes enfants à des dates différentes, c'est-à-dire à des âges successifs.

Sur des données de ce type, on peut observer l'évolution de chaque enfant, par exemple sa courbe de développement définie par ses résultats successifs, ou bien l'évolution de son rang de classement dans le groupe dont il fait partie (groupe qui s'appelle une *cohorte* si tous ses membres sont nés la même année). Ces observations mettent en général en évidence des différences individuelles dans l'évolution au cours du développement. La méthode longitudinale se distingue de la *méthode transversale* (angl. Cross-Section Method), qui consiste à examiner plusieurs groupes d'enfants, chaque groupe étant composé d'enfants d'un âge donné. Si l'on cherche seulement à obtenir les paramètres de la distribution des résultats observés pour des enfants d'âges successifs, les deux méthodes peuvent être employées. Mais la méthode longitudinale est la seule qui soit utilisable pour étudier le développement à l'échelle individuelle. Elle présente certains inconvénients : les examens successifs peuvent avoir un effet sur les résultats ; il est difficile d'éviter les pertes de sujets en cours d'étude, ces pertes pouvant introduire un biais d'échantillonnage si elles sont liées à un facteur systématique ; les enquêtes longitudinales doivent se prolonger pendant plusieurs années et subissent donc les effets de l'évolution économique et sociale pendant cette période. Des méthodes *transversales séquentielles* (angl. Cross-Sequential) ont aussi été utilisées. Elles combinent les méthodes longitudinale et transversale.

Elles conduisent à pratiquer plusieurs examens successifs sur plusieurs cohortes différentes, chaque cohorte étant examinée un nombre limité de fois. En psychologie sociale, la méthode consistant à interroger plusieurs fois successivement le même échantillon de sujets définit une *étude sur panel* (angl. Panel Design ou Panel Study).

M. R.

BIBLIOGRAPHIE

Bacher, F., 1976, « les Études longitudinales : problèmes méthodologiques », *in* M. Reuchlin (Ed.), *Cultures et conduites*, Paris, P.U.F.

looming

n.m.

Situation dans laquelle l'expansion de la projection rétinienne d'un objet entraîne une réponse d'évitement de la part de l'observateur.

Cette réponse n'apparaît que si la transformation optique de la projection rétinienne spécifie une approche directe de l'objet, c'est-à-dire lorsque l'expansion est régulière et que son foyer demeure sur la ligne du regard. Pour un adulte, cette trajectoire signifie risque de collision. Une même transformation optique peut être engendrée par le déplacement en profondeur d'un objet réel ou par l'expansion (ou la contraction) de son ombre projetée sur un écran translucide. Cette transformation constitue le véritable stimulus et détermine à elle seule la forme prise par la réponse. Si elle spécifie une approche directe, le jeune bébé, dès l'âge de 10 jours, répond en rejetant sa tête en arrière et en avançant les bras. Si elle spécifie une trajectoire d'approche oblique, le bébé se contente de suivre du regard l'objet réel ou fictif. Si elle spécifie l'éloignement de l'objet (contraction de la projection rétinienne), aucune réaction n'est observée.

E. V.

Lorenz (Konrad)

Éthologiste autrichien (Vienne 1903-Altenberg, Basse-Autriche, 1989).

Il est avec N. Tinbergen le cofondateur de l'éthologie classique objectiviste. Ses nombreux travaux sur l'instinct chez les Oiseaux et les Poissons ainsi que ses nombreux livres de vulgarisation lui ont valu le prix Nobel de médecine en 1973, avec K. von Frisch et Tinbergen. Il a étudié en particulier les phénomènes d'empreinte filiale et maternelle. Il a écrit notamment *Il parlait avec les Mammifères, les Oiseaux et les Poissons* (1945), *Évolution et modification des comportements* (1965).

R. C.

losange (illusion du)

→ illusion.

L.S.D.

n.m. (angl. L.S.D. ou Lysergid Acid)

Substance semi-synthétique, diéthylamine de l'acide lysergique (alcaloïde de l'ergot de seigle), psychotrope hallucinogène très actif.

Après avoir, avec Stoll, synthétisé le L.S.D. en 1938, Hofmann en a découvert accidentellement les propriétés psychotropes en 1949.

Le L.S.D. est actif à des doses de 50 à 200 microgrammes. Il peut être présenté sur un sucre, un buvard ou en comprimés. Généralement, il s'utilise par ingestion. Le L.S.D. provoque un « trip », une expérience *hallucinogène* typique. Après avoir été expérimenté en tant que producteur de « psychoses expérimentales », il fut proposé par certains auteurs dans le traitement des psychoses, de l'alcoolisme. Mais il devint surtout le symbole ou l'emblème d'un mouvement « contre-culturel » prônant l'emploi de substances *psychédéliques*.

M. V.

ludique (activité)

→ jeu.

luminance

n.f. (angl. Luminance)

Grandeur photométrique désignant l'intensité lumineuse réfléchie par une surface dans une direction donnée.

Elle est mesurée en candelas par mètre carré (cd/m^2 ou $cd \cdot m^{-2}$) autrefois appelées nits.

C. B.

luminosité

n.f. (angl. Luminosity ; améric. Brightness)

Dimension perceptive correspondant à la luminance.

C'est la sensation d'intensité lumineuse selon laquelle une surface paraît émettre une plus ou moins grande quantité de lumière. H. Piéron avait proposé le terme de *phanie*, qui n'a pas été retenu par la Commission internationale de l'éclairage, ou C.I.E.

C. B.

Luria (Aleksandr Romanovitch

Neurologue soviétique (Kazan 1902-Moscou 1977).

L'essentiel de l'œuvre de Luria concerne l'analyse des fonctions supérieures chez l'Homme dans leurs relations avec les mécanismes cérébraux. Pour Luria, les systèmes fonctionnels responsables du comportement humain sont des systèmes complexes, plastiques, capables d'autorégulation résultant de l'interaction d'une constellation d'aires du cerveau. Il considère l'organisation de l'environnement social comme un déterminant fondamental de ces systèmes fonctionnels. Il s'est particulièrement intéressé aux troubles du langage, au rôle du cortex frontal, à la mémoire et à la mnémotechnique ainsi qu'à la récupération fonctionnelle et à la réinsertion sociale du malade. Son approche du malade atteint de lésion cérébrale, tout à la fois clinique et expérimentale, a eu une grande influence sur la neuropsychologie moderne. L'ensemble de ses thèses a été exposé dans son ouvrage sur *les Fonctions corticales supérieures de l'Homme* (1962).

R. L.

lycanthropie

n.f. (angl. Lycanthropy, Werwolf)

Maladie durant laquelle le sujet pense être loup, se voit tel et agit en conséquence.

Une utilisation abusive de ce terme a fait qu'il recouvre depuis longtemps celui moins connu de *zooanthrope*, lequel désigne toute métamorphose d'être humain en animal. Par exemple, le roi de Babylone Nabuchodonosor, qui a été décrit comme transformé en bœuf pendant sept ans pour avoir voulu être adoré à l'égal d'un dieu, a été quelquefois rangé sous la rubrique « lycanthrope ».

HISTORIQUE

En tant que maladie, cette croyance fut classée dès l'Antiquité parmi les délires d'origine mélancolique, comme certains autres : de même que des hommes se prendraient pour du beurre et auraient peur de fondre, ou d'autres pour du verre et craindraient d'être cassés, ceux-là penseraient être des loups et se verraient travaillés par les mêmes appétits qu'eux. Telle est l'opinion d'Arétée de Cappadoce (IIe s. apr. J.-C.), reprise par Sudianus, médecin de l'empereur Julien (IVe s. apr. J.-C.), ou plus tardivement par J. Wier, médecin du duc de Clèves, connu pour son rôle dans l'extinction des procès de sorcellerie. Les remèdes indiqués sont les mêmes que ceux prescrits dans le traitement de cette maladie, allant de la saignée à l'absorption de chair fraîche, des bains au repos absolu, afin, disait-on, d'atténuer cette folie sans fièvre où la bile, ou colère noire, empoisonne le sang pour y faire régner la terreur.

Le mot *lycanthrope* s'est imposé sur celui de *zooanthrope* et n'a pu durer qu'à cause de son lien au loup-garou. Car, dès l'Antiquité également, la métamorphose homme-animal est l'objet de préoccupations littéraires : Hérodote, Hésiode, Virgile, Ovide (les *Métamorphoses*) comptent nombre de récits tels que celui de Lycaon métamorphosé en loup par un Zeus fou de rage d'avoir dévoré malgré lui son propre fils et qui condamne ainsi l'auteur du forfait. Ces légendes, au cours de l'explosion du phénomène « sorcellerie », furent reprises et utilisées comme références. À partir de ce moment-là, le loup-garou se met à occuper le devant de la scène. « Un loup-garou est un sorcier que le Diable lui-même transmue en loup et qu'il oblige à errer en poussant d'affreux hurlements » écrit Collin de Plancy (*Dictionnaire infernal*, 1826). Pour comprendre cette évolution, il est nécessaire de garder à l'esprit que, sur le plan théorique, à toutes les époques et dans tous les débats, y compris religieux, la différence entre loup-garou et ce malade atteint de «mélancolie ou rage lupine» (Marcellus de Sida) a été reconnue et parfois respectée. Ainsi, le lycanthrope Jacques Rollet, condamné dans un premier temps à être brûlé à Angers, fut acquitté comme irresponsable et enfermé «chez les fous» par le parlement de Paris (1598) malgré les analyses de P. de Lancre (*Tableau de l'inconstance des mauvais anges et démons* [...], 1612). Les quelques grands procès répertoriés (celui de Pierre Burgot à Besançon en 1521, cité par J. Boguet et J. Wier; celui de Gilles Garnier en 1573 à Dole, en Franche-Comté, cité par J. Bodin puis Calmeil; celui de la «femme d'Apchon» à Riom, en Auvergne, en 1588, cité par J. Boguet; celui des six lycanthropes dont trois membres de la famille Gandillon en 1598, cité encore par J. Boguet, dans le Jura [un quatrième ayant été directement mis en pièce par la foule]; celui de Jean Grenier en 1603, décrit par P. de Lancre) devraient se fondre dans la masse. Mais ils ont une fonction démonstrative et de propagande. Le problème réside dans la place théorique d'une métamorphose possible du corps et du rôle de cette croyance dans l'esprit des juges et démonologues, les amenant, comme pour H. Boguet, grand juge à Saint-Claude, à accorder une prédominance très particulière au loup-garou. Les loups-garous seront nommés «les plus grands des sorciers» et, de ce fait, subiront la peine la plus lourde: être brûlés vifs sans étranglement préalable. En tant que sorciers, ils sont reconnus comme possédant certaines caractéristiques telles que la marque (*sigilum Diaboli*) ou la présence avouée, à grand renfort de torture, au sabbat, mais ils restent marginaux, étant en majorité du sexe masculin, et peuvent aussi être considérés comme membres de la milice du Diable.

Approche du phénomène

Les historiens des siècles postérieurs notent l'extrême pauvreté de la plupart des condamnés. Les juges se contentent de la signaler en passant, car leur centre d'intérêt n'est pas là. Il réside dans une recherche métaphysique fondamentale, où entrent les questions de transformation: femme en homme, être humain en animal, écho angoissé de la phrase de saint Augustin: «Il n'est pas croyable que par l'art et la puissance des démons le corps de l'homme puisse être changé en ressemblance de bête. Donc il n'est pas possible que soit enlevé ce qui sert à la vérité du corps de l'homme» (*Cité de Dieu*); entrent également les questions de la compréhension du processus de la génération. Toutes ces questions relèvent d'une recherche de la fixité des lois naturelles, des pouvoirs respectifs de Dieu et du Diable ainsi que du droit à l'analyse qui en résulte. Une culpabilité massive prend là son origine, non sans conséquences sur la réalité. Dans cette tourmente, les références basculent, et des exigences autrement posées, folles dans leurs expressions mais témoignage d'un remaniement indispensable qui portera ses fruits, se décodent. À l'aveu exigé absolument de la sorcière pour sa condamnation, toute puissance accordée au dire, vient en contrepoint ici se rechercher un corps fixe dans ses repères, le vrai ne se trouvant pas dans l'opinion du sujet mais dans les jugements d'autrui. D'où une théorie très affinée de la notion d'«illusion diabolique»: un lycanthrope est un malade qui se voit loup mais qui est seul à se saisir ainsi, alors que, si le loup-garou se perçoit loup, il est également reconnu comme tel par le regard de l'autre.

Le subjectif ne peut être seul juge, et l'impossible réside dans ce qu'on appellerait aujourd'hui l'«hallucination collective». Après viennent les explications: transformation réelle, admise par certains (J. Bodin, G. Peucer), ou «illusoire» (H. Boguet, P. de Lancre, M. del Rio), le Diable «fascinant» la vision d'autrui.

Évolution du concept

D'une tout autre manière, ces deux courants continuent à subsister de nos jours.

Dans le domaine de la psychopathologie et de la classification psychiatrique

La lycanthropie reste ce délire de métamorphose qu'elle est depuis l'Antiquité et elle reste aussi toujours rarissime, au moins sous sa forme «pure». Elle se rattache pour certains au syndrome de Cotard, prenant place dans les différentes idées de transformation, de négation partielle ou totale du corps propre spécifique à celui-ci et signant une mélancolie profonde. D'autres travaux anglo-saxons plus récents situeraient cette maladie plutôt dans le registre de la schizophrénie paranoïde, à la suite des élaborations de M. Klein. Cliniquement, des formes larvées avec des certitudes délirantes touchant les poils ou les dents peuvent se rencontrer dans des hystéries très graves.

Dans le domaine psychanalytique

La théorie rattache l'origine de ce trouble au stade sadique-oral (S. Ferenczi), les désirs de dévoration et d'attaque de l'autre en étant les deux racines principales. Les analyses diverses mettent l'accent soit sur le dédoublement périodique de la personnalité, l'altération psychique, soit sur la perturbation massive du schéma corporel, antérieure au stade phallique et au complexe de castration. La bestialité, la chute dans l'animalité, la non-reconnaissance de soi-même viennent répondre à une agressivité meurtrière incontrôlable et déstructurante.

Ce serait une erreur de s'en tenir à une expression maladive très éloignée du commun des mortels et d'ignorer les descendances du loup-garou. Ce fantasme cannibalique a des répercussions beaucoup plus vastes que ne l'indique la psychopathologie. En témoignent par exemple les livres de contes destinés aux enfants et les nombreux films ayant pour thème le vampirisme ou les métamorphoses diverses représentatives du «monstre bestial». Ces élaborations parcourent tant l'univers nocturne que celui des arts en touches multiples d'une richesse incomparable: entre la représentation rapide et violente donnée par G. Bataille de la femme qui jouit, chienne enragée méconnaissable, la nouvelle déconcertante de B. Vian «le Loup-garou» et le texte clinique «l'Homme aux loups» de S. Freud, les registres s'échappent de la phrase classique de Hobbes: «L'homme est un loup pour l'homme.»

C. I.-C.

Bibliographie

Calmeil, L. F., 1845 [reprint 1981], *De la folie considérée du point de vue pathologique, philosophique et juridique* [...], Paris, Baillères, 2 vol. [reprint: Paris, Laffitte].

M

M (facteur)

→ mémoire (facteur) ou facteur M.

machiavélisme

n.m. (angl. Machiavellianism)

Trait de la personnalité caractérisant les individus particulièrement habiles à manipuler les autres dans des situations interpersonnelles.

Le terme *machiavélisme* a été introduit en psychologie par R. Christie dans les années 1950. La notion de machiavélisme trouve sa place dans les domaines de la psychologie sociale du pouvoir et en particulier dans le domaine des recherches qui concernent l'analyse des stratégies interindividuelles d'exercice du pouvoir. Christie et F. L. Geis (1970) décrivent le sujet machiavélique comme un individu marqué par la neutralité affective dans les relations interpersonnelles, par une sorte de détachement des règles de la morale conventionnelle, plutôt que par l'immoralité, et par des implications idéologiques très limitées. Ils distinguent dans le détachement émotif l'élément discriminant primaire entre des sujets ayant un *haut degré de machiavélisme* (angl. High Mach) et ceux ayant un *bas degré de machiavélisme* (angl. Low Mach). De nombreuses expériences qui prévoyaient des interactions vis-à-vis et donnaient libre cours à l'improvisation ont démontré que les personnes ayant un haut degré de machiavélisme, à la différence de personnes ayant un bas degré de machiavélisme, manipulent plus, réalisent plus fréquemment leurs objectifs, se laissent difficilement convaincre, tandis qu'elles sont très habiles à influencer les autres. Pour mesurer les attitudes machiavéliques, Christie et Geis ont élaboré une échelle qui a eu cinq versions différentes, dont deux, l'échelle Mach IV et l'échelle Mach V, sont les plus connues. Les items dont les deux échelles se composent résultent de la réélaboration des sentences contenues dans les ouvrages *Il Principe* et *I Discorsi* de Niccolò Machiavelli. L'échelle Mach IV est formée de vingt items regroupés en trois domaines : tactique, moralité et vision du monde, dont dix sont formulés dans la direction favorable à l'orientation machiavélique et dix dans la direction opposée. L'échelle Mach IV, une échelle du type Likert à sept points, prévoit que le sujet exprime son degré d'agrément avec les vingt affirmations proposées. L'échelle Mach IV est le questionnaire le plus employé pour l'étude de l'orientation machiavélique, aussi bien en laboratoire que sur le terrain. Dans la plupart des cas, on a recours à cette échelle qui, à la différence de la Mach V, ne présente pas de problèmes d'adaptation en ce qui concerne la désirabilité sociale. Pour sa part, la Mach V, une version plus élaborée que la Mach IV, est une échelle à choix forcé ; en outre, elle permet d'isoler le facteur « désirabilité sociale ». Dans les domaines d'études sur le machiavélisme, de nombreux auteurs ont essayé d'établir à quel âge se manifestent les premières attitudes et comportements machiavéliques, à quel âge le degré de machiavélisme atteint son maximum et à quel âge il se stabilise. Selon Christie et Geis, les conduites machiavéliques font leur apparition pendant la préadolescence. Le degré de machiavélisme s'accroît pendant l'adolescence, se stabilise pendant l'âge adulte et commence à décroître vers l'âge de quarante ans.

Pour étudier le développement ontogénétique de l'orientation machiavélique, certains auteurs ont créé des échelles pour mesurer les attitudes machiavéliques chez l'enfant. En particulier, on rappelle l'échelle de D. Braginsky et le *Kiddie Mach Test* de Susan Nachamie. Par le recours à ces échelles, on a essayé de savoir s'il existe une corrélation entre le machiavélisme des enfants et le machiavélisme des parents. Malheureusement, ces études n'éclaircissent pas le rôle joué par la famille dans le développement des comportements de manipulation. D'une manière générale, on a observé que les hommes obtiennent des scores de machiavélisme plus élevé que les femmes.

Dans le domaine des recherches sur le machiavélisme, de nombreux auteurs ont essayé d'analyser les relations entre le machiavélisme et d'autres variables de la personnalité. Les résultats de la plupart des études révèlent que le machiavélisme se corrèle positivement avec le dogmatisme, avec l'agressivité et avec la disposition de l'individu à croire qu'il ne peut exercer aucun contrôle sur les événements de sa vie. En revanche, les résultats des études portant sur la relation entre machiavélisme et d'autres motivations sont jusqu'à présent contradictoires. I. G.

→ pouvoir.

BIBLIOGRAPHIE

Christie, R., et Geis, F. L., 1970, *Studies in Machiavellianism*, Academic Press, New York.

macropsie

n.f. (angl. Macropsia)

Illusion de la vue donnant aux objets perçus une taille bien supérieure à celle qu'ils ont réellement.

Il peut s'agir d'un phénomène provoqué par un spasme de l'accommodation visuelle ou une lésion rétinienne. J. P.

→ métamorphopsie.

magasin mnésique

(angl. Mnemic Store)

Contenant spécialisé de la mémoire dans lequel des souvenirs sont supposés être stockés.

Cette conception de la mémoire est largement associée aux distinctions entre types de mémoire, par exemple entre mémoire à long terme et mémoire à court terme ou bien entre *mémoire sémantique* et *mémoire épisodique*, ou bien encore entre *mémoire d'images* et *mémoire propositionnelle*, etc. Mais à ces distinctions se trouve alors ajoutée l'hypothèse supplémentaire que leurs différences viennent de la façon dont les souvenirs sont conservés (et métaphoriquement du « lieu » où ils le sont).

En fait, les distinctions précitées, qui sont fonctionnelles, peuvent très bien être maintenues sans être reliées à une théorie des magasins. J.-F. L. N.

→ mémoire.

magicophénoménisme

n.m. (angl. Magico-Phenomenism)

Assimilation systématique faite par l'enfant de processus physiques avec l'action propre qu'il exerce lui-même, observée par J. Piaget pendant la période sensori-motrice, entre 4 et 8 mois.

Le bébé découvre qu'un de ses gestes est régulièrement suivi d'un phénomène intéressant et qu'il suffit de répéter ce geste pour voir se répéter le phénomène. Mais, faute de saisir les relations physiques entre objets, c'est à son geste et à son intuition qu'il attribue le pouvoir de produire à distance, indépendamment de tout contact réel, n'importe quel spectacle intéressant. Par exemple, ayant appris à tirer sur un cordon pour agiter un jouet suspendu dans son berceau, il s'attend à obtenir le même résultat en se bornant à remuer les doigts sans toucher le cordon. Un peu plus tard, c'est à la même action (tirer le cordon) qu'il fait appel pour prolonger un événement intéressant auquel il vient d'assister sans y prendre la moindre part (par exemple les sifflements de son père). Piaget voit dans ce comportement une sorte de précausalité sensori-motrice. E. V.

→ article suivant.

magique (pensée)

(angl. Magic Thinking)

Forme de pensée de la période préopératoire (entre 2 et 7 ans) caractérisée par une confusion entre univers subjectif et univers physique et qui se manifeste par l'animisme et l'artificialisme. R. L.

→ magicophénoménisme.

Magnan (Valentin)

Psychiatre français (Perpignan 1835 - Paris 1916).

Il a été le défenseur de la théorie de la dégénérescence. Ancien interne des hôpitaux de Lyon et de Paris (où il a été l'élève de J. Baillarger et de J. P. Falret), il est nommé, dès l'ouverture de l'hôpital Sainte-Anne, en 1867, médecin responsable de l'admission, où il demeure jusqu'à la fin de sa carrière. Après des études sur la paralysie générale, l'alcoolisme et les délires alcooliques, il défend, après B. Morel, la dégénérescence* en psychiatrie dans *Considérations générales sur la folie des héréditaires ou dégénérés* (1887). Il publie en 1891 ses *Leçons cliniques sur les maladies mentales* et reprend la même année l'étude du *Délire chronique à évolution systématique*, qu'il oppose, point par point, aux délires polymorphes des « dégénérés ». Il était partisan d'une attitude thérapeutique très médicalisée vis-à-vis des malades mentaux, préconisant en particulier la « clinothérapie », ou maintien au lit pendant presque toute la journée, ce qu'il n'obtenait pas sans mal des divers maniaques, excités ou agités de son service. J. P.

Magnusson (David)

Psychologue suédois (Nässjö 1925).

Professeur à l'université de Stockholm, il a réalisé de nombreux travaux théoriques et appliqués qui intègrent les différences individuelles dans une conception interactionniste : selon lui, c'est une interaction entre ces différences et les caractéristiques des situations qui suscite les différences dans les conduites. Il a écrit *Interactional Psychology and Personality* (1976), *Personality at the Crossroads : Current Issues in Interactional Psychology* (1977), *Toward a Psychology of Situations : An Interactional Perspective* (1980). M. R.

Mahalanobis (distance de)

STAT.

→ distance.

Mahler (Margaret)

Psychanalyste américaine d'origine autrichienne (Sopron 1897-New York 1985).

Elle crée un centre de guidance infantile à Vienne en 1930 et travaille avec Anna Freud. En 1938, elle part pour les États-Unis, où elle crée un centre pour les enfants psychotiques à New York en 1957. Elle est une des premières à imposer la notion de troubles psychotiques chez l'enfant de moins de trois ans. Elle a écrit notamment *la Naissance psychologique de l'être humain* (1975). R. L.

maison d'accueil spécialisé ou M.A.S.

Institution spécialisée dans l'hébergement prolongé de sujets gravement handicapés et sans autonomie.

Prévues par la loi du 30 juin 1975, certaines de ces maisons d'accueil peuvent être réservées à des malades mentaux sévèrement et durablement handicapés, incapables d'une vie autonome. S'ils nécessitent toujours une assistance, une surveillance et des soins constants, ces derniers ne relèveraient plus d'un traitement en centre hospitalier psychiatrique. Le manque de places en M.A.S. oblige cependant actuellement au maintien d'un certain nombre de ces patients en institution hospitalière. Beaucoup de psychiatres se demandent d'ailleurs si les M.A.S. sont bien adaptées à de tels malades. Ils craignent en effet qu'elles risquent de fixer leur handicap et de les installer dans un statut de chronique définitif en raison de l'insuffisance des moyens que leur a donnés le législateur et qui en fait trop souvent de « nouveaux asiles au rabais » (Ch. Brisset). J. P.

→ handicap mental.

Makarenko (Anton Semenovitch)

Pédagogue soviétique (Bielopolie, Ukraine, 1888-Moscou 1939).

Ses premières expériences pédagogiques, qu'il fait comme instituteur, coïncident avec la révolution de 1905, qui influencera durablement des conceptions également très marquées par l'œuvre de Gorki. En 1914, Makarenko entre à l'Institut pédagogique de Poltava. En 1917, un mois et demi avant la révolution d'Octobre, il devient directeur de l'école primaire supérieure de Krioukov. Engagé à fond dans la nouvelle société qui s'élabore, il est chargé en 1920 d'organiser une colonie pour mineurs grands délinquants. La colonie Maksim-Gorki, décrite dans *le Poème pédagogique* (1933-1936) et dans le film d'Ekk *le Chemin de la vie* (1931), se constitue, malgré les incidents, les heurts et les rixes. Les colons gardent les routes et font la police dans le secteur, puis ils se consacrent à la reconstruction de la maison et enfin à l'implantation d'une véritable collectivité agricole. En 1926, pour stimuler radicalement l'esprit « des Gorki », Makarenko décide un transfert total de la collectivité dans le monastère de Kouriaje, où une colonie de 280 enfants terrorisait la population et les éducateurs. Le système Makarenko repose sur deux options : l'affrontement éducatif dans le travail collectif et une militarisation pédagogique de ce travail (les colons portent l'uniforme, sont répartis en « détachements », avec des « commandants »).

C'est une reproduction en petit de la société bolchevique des années 1920 : assemblées générales, rotation des commandements, pour que ne se forme pas d'« aristocratie », et conseil des commandants ; l'expérience inspirera directement C. Freinet, la pédagogie institutionnelle et F. Deligny. De 1927 à 1935, Makarenko s'occupe d'une nouvelle colonie pour enfants abandonnés : la commune Dzerjinski, près de Kharkov (*les Drapeaux sur les tours*, 1938). Malgré l'opposition des responsables officiels de la pédagogie, il reprend ses méthodes d'organisation, axant cette fois le travail sur la production industrielle. R. L.

maladie mentale

(angl. Mental Illness)

J. P.

→ folie, psychiatrie.

mandataire

n.m. (angl. Proxy)

Personne chargée d'en représenter une autre pour l'accomplissement d'un ou de plusieurs actes juridiques.

La loi du 3 janvier 1968 a instauré trois régimes de protection dans les actes de la vie civile : la tutelle, la curatelle et la sauvegarde de justice. Cette dernière est une mesure provisoire et d'urgence qui laisse au majeur l'exercice de tous ses droits. Cependant, si l'intéressé a constitué un mandataire à effet d'administrer ses biens, soit avant soit après sa mise sous sauvegarde de justice, ce mandat volontaire reçoit exécution. S'il y a lieu, le juge des tutelles pourra désigner un mandataire spécial à l'effet de faire des actes de nature déterminée. En l'absence de mandat, ce sont les règles de la gestion d'affaire qui seront suivies. M. G.

maniaco-dépressive (psychose)

→ psychose maniaco-dépressive.

maniaque

adj. et n. (angl. Maniac)

Se dit d'une personne atteinte de manie, présentant un état maniaque.

◇ adj. **Relatif à la manie.** R. L.

manie

n.f. (angl. Mania)

État d'excitation intellectuelle et psychomotrice, et d'exaltation de l'humeur, avec euphorie morbide, à évolution habituellement périodique et cyclique, entrant dans le cadre de la psychose maniaco-dépressive.

Si la manie était autrefois considérée dans un champ sémantique plus large de folie complète ou de délire général (P. Pinel), elle a pris le sens plus précis d'accès d'excitation avec hyperthymie euphorique dans le cadre de la folie circulaire individualisée par J. P. Falret en 1852, devenue la *psychose* maniaco-dépressive* dans la classification du psychiatre allemand E. Kraepelin à la fin du XIXe siècle. Elle garde actuellement sa place nosographique dans cette psychose périodique dont elle représente la phase hyperthymique.

Son début est rapidement progressif, avec de l'insomnie et une hyperactivité : le patient a des projets multiples de voyages, d'achats et devient turbulent, désordonné ; ses relations avec autrui étonnent par leur familiarité, avec l'emploi d'expressions vulgaires, et des invites sexuelles particulièrement importunes. Son euphorie, sa joie expansive vont se traduire par des chants, des rires, des mouvements de danse, des gestes obscènes et son manque de réserve provoque un comportement général ne respectant plus le code des convenances sociales. L'excitation intellectuelle entraîne une fuite des idées, une logorrhée intarissable, des plaisanteries, des jeux de mots rapidement lassants pour l'entourage. À la période d'état, toutes les pulsions sont exaltées, et S. Freud a comparé la manie aux saturnales de la Rome antique durant lesquelles les esclaves se trouvaient libérés de toutes leurs interdictions et obligations.

Tous les degrés se voient entre une hypomanie relativement légère et un accès de grande excitation maniaque avec troubles médico-légaux du comportement (par exemple visite intempestive à un personnage important de l'État) entraînant l'intervention de la police et un internement d'office. L'évolution spontanée se fait vers la rémission mais après un délai fort long, qu'a heureusement raccourci la thérapeutique neuroleptique et sédative. Il faut savoir que certains accès maniaques précèdent un état dépressif qui leur succède sans transition. C'est la véritable « folie circulaire » de Falret. Dans d'autres cas, lorsque les deux accès (dépressif et maniaque) sont couplés dans la même phase, mais avec un intervalle entre les deux, on parle de « folie à double forme ». Et, lorsque les deux accès alternent avec un intervalle libre plus prolongé, toujours dans la même succession, on parle de « folie alterne », le terme de psychose périodique étant réservé finalement aux autres formes, qui se manifestent toujours par des accès dépressifs ou maniaques (formes unipolaires) ou par des accès des deux types, mais sans succession régulière (formes bipolaires). [→ psychose maniaco-dépressive.]

L'utilisation à titre préventif d'un traitement au lithium, tel qu'il a été mis au point par le psychiatre danois M. Schou, évite actuellement un grand nombre de rechutes.

J. P.

Mannoni (Maud)

Psychanalyste française d'origine néerlandaise (Courtrai 1923).

Sa rencontre avec J. Lacan en 1950 est déterminante quant à l'expression théorique de son approche de la pathologie mentale. Son désir d'une institution accueillant des enfants psychotiques, où le thérapeutique domine l'administratif, se concrétise dans la création de l'École expérimentale de Bonneuil en 1969, agréée en 1975 comme hôpital de jour et lieu d'accueil de nuit. Bonneuil donne naissance au concept d'« institution éclatée », ouverte sur le monde extérieur. En 1982, Maud Mannoni fonde avec P. Guyomard et son mari O. Mannoni (1899-1989) le Centre de formation et de recherches psychanalytiques. Ses principales publications sont *l'Enfant arriéré et sa mère* (1964), *l'Enfant, sa maladie et les autres* (1967), *le Psychiatre, son « fou » et la psychanalyse* (1970), *Éducation impossible* (1973), *Un lieu pour vivre* (1976), *la Théorie comme fiction* (1979), *D'un impossible à l'autre* (1982).

R. L.

manque (état de)

(angl. Withdrawal Syndrom ou Craving)

Syndrome de sevrage chez un toxicomane.

Le manque désigne pour les toxicomanes les manifestations du syndrome de sevrage. Il est donc constitué de symptômes physiques et/ou psychologiques selon le produit dont le sujet est dépendant. L'intrication des registres est cependant constante : ainsi, on observe une exacerbation des syndromes physiques du sevrage aux opiacés par des causes psychologiques. Le conditionnement, comme la prégnance du souvenir des effets de la drogue, explique autant ces recrudescences que la réapparition de signes de manque bien à distance du sevrage (retour de manque). Avec le flash ou la planète, le manque est au centre de la vie du toxicomane, qui tend à le surestimer et à nommer ainsi toute expérience désagréable.

M. V.

marche

n.f. (angl. Walking)

ÉTHOL. et DÉVELOP. **Mode de déplacement animal sur une surface horizontale ou de faible pente utilisant le mouvement alterné des membres de la locomotion, qui s'appuient seuls sur cette surface.**

DÉVELOP. Dès que le bébé peut coordonner les déplacements de ses bras et de ses jambes, il peut se déplacer à quatre pattes, mais la marche exige en plus le contrôle de la station debout. Vers 8 mois, soutenu par les aisselles, il est capable de se tenir vertical, mais, très rapidement, ses genoux fléchissent et il tombe. Vers 9 mois, à condition de s'aider de ses mains, il peut se tenir debout seul et, entre 10 et 12 mois, il est capable de se redresser et de se tenir debout même sans soutien. Mais ce n'est que vers 14 mois qu'il se lance seul. La marche se perfectionne jusque vers 4-5 ans en fonction de la maturation des fonctions cérébelleuses.

R. L.

marche automatique

(angl. Stepping)

Mouvement analogue à celui de la marche provoqué chez le nouveau-né lorsqu'on maintient le bébé debout, les pieds à plat sur le sol, le corps légèrement incliné en avant et que l'on accompagne ses mouvements d'un déplacement d'ensemble de son corps, ce qui produit une analogie frappante avec la marche.

Les divers segments des membres inférieurs se redressent et l'on observe une alternance automatique de flexion et d'extension des jambes. Présente dès 8 mois après la conception, la marche automatique disparaît normalement entre 2 et 3 mois. Une pratique régulière évite sa disparition et avance l'âge de la marche. Dans certaines cultures, les mères entretiennent ainsi leur bébé depuis fort longtemps. E. V.

Marchiafava-Bignami (maladie de)

(angl. Marchiafava-Bignami Disease)

Variété d'encéphalopathie alcoolique caractérisée anatomiquement par une nécrose axiale du corps calleux, bande de substance blanche reliant les deux hémisphères cérébraux.

Cette variété rare d'encéphalopathie a d'abord été décrite chez des alcooliques chroniques buvant du vin rouge italien. Le tableau comprend initialement un état psychotique aigu avec agitation, confusion mentale, ataxie et apraxie. Puis, avec la progression des lésions anatomiques, le patient devient au contraire apathique et aboulique, souffrant de troubles de l'attention. Une démence serait observée dans environ 30 % des cas. Le patient peut présenter des troubles du tonus musculaire, une paralysie oculaire, voire une hémiplégie. Généralement, l'évolution conduit au décès, précédé d'une phase de convulsions ou de coma ; mais l'affection peut parfois guérir après plusieurs mois. L'étiologie précise de la maladie reste inconnue. On avait originellement incriminé certaines impuretés métalliques contenues dans le vin, mais le même tableau a été observé avec d'autres types d'alcool. L'avitaminose pourrait jouer le même rôle neurotoxique que dans d'autres encéphalopathies.

A. G.

Marey (Étienne Jules)

Médecin et physiologiste français (Beaune 1830 - Paris 1904).

Il a mis au point des méthodes d'enregistrement du mouvement, notamment le fusil photographique (ancêtre de la caméra). En utilisant la chronophotographie (méthode permettant de décomposer un mouvement en différentes phases), il a étudié différents mouvements chez les Oiseaux, les Poissons, les quadrupèdes et l'Homme. On lui doit de nombreux ouvrages, sur la locomotion notamment.

J. P. et M. B.

marge

n.f. (angl. Range)

STAT. **Caractéristique de dispersion égale à la différence entre la plus forte et la plus faible des valeurs d'une distribution.**

La marge est peu utilisée à cause de son instabilité : elle peut être modifiée fortement par la présence d'une seule valeur exceptionnellement forte ou faible. M. R.

marginal, e, aux

adj. (angl. Marginal)

STAT. **Dans une distribution bivariée, se dit de deux distributions qui concernent l'ensemble des valeurs des X et l'ensemble des valeurs des Y et qui figurent en général dans les marges (inférieure et droite) du tableau.**

Leurs moyennes, leurs variances sont également qualifiées de marginales. M. R.

marihuana ou marijuana

n.f. (angl. Marijuana)

Substance produite, principalement au niveau des inflorescences femelles, par une variété de chanvre originaire de l'Inde et utilisée comme drogue. R. L.

Marlowe-Crowne (échelle de désirabilité sociale de)

(angl. Marlowe-Crowne Social Desirability Scale)

Instrument destiné à évaluer le besoin d'approbation sociale. M. R.

→ approbation sociale.

marquage social

(angl. Social Marking)

Lien qui peut exister entre les régulations sociales qui se produisent dans une situation et les opérations cognitives qui se déroulent chez les individus participant à cette situation.

Le concept de marquage social est aussi utilisé, en psychologie sociale du développement cognitif, pour indiquer qu'une similitude entre, d'un côté, les aspects structuraux des régulations sociales opérant à travers des objets donnés et, de l'autre côté, les opérations cognitives à effectuer sur ces objets peut favoriser la genèse d'opérations cognitives plus avancées.

LA PROBLÉMATIQUE DE DURKHEIM ET MAUSS

Ce courant de recherches remet à l'ordre du jour une problématique traditionnelle en sciences sociales portant sur le lien entre dynamiques sociétales et opérations cognitives. Ainsi, pour E. Durkheim et M. Mauss dans leur article sur les formes primitives de classifications (1917), il était entendu que « les premières catégories logiques ont été des catégories sociales ; les premières classes de choses ont été des classes d'hommes dans lesquelles ces choses ont été intégrées. C'est parce que les hommes étaient groupés et se pensaient sous forme de groupes qu'ils ont groupé idéalement les autres êtres, et les deux modes de groupement ont commencé à se confondre au point d'être indistincts. Les phratries ont été les premiers genres ; les clans, les premières espèces. »

Par ailleurs Durkheim, par sa distinction entre sociétés à solidarité mécanique et sociétés à solidarité organique, postule que ces dernières sont sources de fonctionnement cognitif plus autonome. Les premières sociétés sont caractérisées par des segments homogènes produisant des états de conscience communs à tous les individus de sorte qu'il ne puisse y avoir de conflit entre conscience individuelle et conscience collective. Par contre, une société à solidarité organique est caractérisée par une plus grande variété ; les consciences individuelles, spécifiques, des différents individus peuvent s'affronter et aboutir ainsi à une plus grande autonomie.

J. Piaget (*Jugement moral chez l'enfant*, 1932) a repris la distinction de Durkheim pour insister sur les rapports de coopération entre individus qui, à l'encontre de rapports de contrainte, favoriseraient le développement social et cognitif. De même, B. Bernstein, en distinguant entre familles orientées vers des rapports de statut ou vers des rapports plus personnels, postule que ces deux orientations suscitent des fonctionnements langagiers et sociocognitifs différents, les premières pouvant se contenter d'un code restreint qui ne sera pas nécessairement compris en dehors de la situation et les secondes nécessitant davantage un code élaboré explicitant les significations variées qu'une même situation peut revêtir pour différents individus.

Ces conjectures de différents auteurs visent en quelque sorte toutes à expliquer socialement l'origine des catégories d'entendement utilisées par les individus. Elles recourent souvent à des notions très générales, sans spécifier les processus particuliers en jeu. Les recherches sur le marquage social visent à remédier à cette lacune en étudiant expérimentalement l'intervention de régulations sociales spécifiques dans des opérations cognitives de type piagétien.

LES RECHERCHES DE DOISE ET MUGNY

Ces recherches ont été initiées à Genève par W. Doise et G. Mugny. Pour ces auteurs aussi, des régulations sociales orientent les fonctionnements cognitifs chez les enfants. De multiples schèmes organisateurs composent le métasystème de ces régulations : des scénarios, règles, représentations ou normes pertinentes régissent dans chaque situation les différentes interactions sociales auxquelles les individus, enfants ou autres, participent. Ces schèmes préexistent aux situations et aux fonctionnements cognitifs individuels qui y sont actualisés. De plus, les interactions se déroulent souvent par l'intermédiaire d'objets et, grâce à Piaget et à ses successeurs, le développement des opérations cognitives que l'enfant est à même d'effectuer sur ces objets commence à être connu. Mais nous connaissons moins bien le rôle déclencheur que peut jouer l'interaction sociale dans la mise en place de ces opérations.

Les expériences sur le marquage social se déroulent généralement selon le schème suivant. Des enfants, qui ne maîtrisent pas une opération cognitive sur un matériel n'ayant pas une signification sociale très explicite, sont sélectionnés à l'aide d'un prétest. Lors d'une phase expérimentale, une partie de ces enfants sont alors amenés à opérer avec un matériel faisant directement intervenir des régulations sociales (condition avec marquage social), d'autres enfants travaillent de nouveau avec un matériel ne véhiculant pas de telles significations sociales (condition sans marquage social). Un post-test utilise, comme le prétest, un matériel sans marquage social ; il sert à déceler d'éventuelles différences de progrès entre enfants ayant participé à la condition avec marquage social et ceux qui n'ont pas participé à cette condition.

Une expérience sur le marquage social utilise l'épreuve de la conservation des longueurs inégales. Lors de cette épreuve, deux cordelettes ou chaînettes de longueurs inégales sont présentées plusieurs fois à l'enfant pour qu'il désigne la plus longue. Mais, lors des présentations successives, la plus longue est pliée de telle sorte qu'elle paraît plus courte que l'autre. Dans l'expérience sur le marquage social, ces chaînettes deviennent des bracelets de longueurs différentes que les enfants doivent attribuer soit à eux-mêmes et à l'expérimentateur (condition avec marquage), soit à deux cylindres de diamètres différents (condition sans marquage). Comme dans l'épreuve classique décrite par Piaget, ces bracelets subissent les différentes transformations qui font paraître le bracelet qui est objectivement le plus long comme le plus court. Comparés aux enfants de la condition sans marquage, ce sont bien les enfants qui ont dû attribuer les bracelets à eux-mêmes et à l'expérimentateur qui progressent en plus grand nombre lors du post-test utilisant les épreuves piagétiennes de conservation de longueurs inégales, mais aussi de longueurs égales (épreuve de généralisation).

Une autre expérience pour étudier le marquage social consistait à invoquer, ou à ne pas invoquer, des droits acquis par les enfants lors d'une tâche de partage. Participaient à l'interaction des enfants non conservatoires (qui tendent à évaluer la quantité de liquide sur la base de la hauteur du liquide uniquement, sans tenir compte simultanément de la largeur du récipient) à une épreuve de conservation des liquides. Dans certaines conditions expérimentales, l'expérimentateur faisait croire aux enfants qu'ils avaient tous deux très bien travaillé et que, par conséquent, ils méritaient tous deux de recevoir à boire, et autant l'un que l'autre. C'étaient les enfants eux-mêmes qui devaient évaluer l'égalité du partage, lors de transvasements qui d'ordinaire donnent lieu à des erreurs chez les non-conservatoires. Dans d'autres conditions, l'expérimentateur ne soulignait pas les mérites égaux des partenaires. Les résultats montrent effectivement que les sujets ayant mérité un partage égalitaire progressaient (également, d'ailleurs, sur des mesures de généralisation qui témoignent de l'authenticité des progrès) plus que ceux d'une condition témoin sans activité de partage basée sur des droits acquis.

Les recherches de Roux et Gilly

D'autres chercheurs ont repris la notion de marquage social et ont confirmé les résultats obtenus par l'équipe genevoise. Ainsi, J.-P. Roux et M. Gilly l'appliquent dans une épreuve adaptée à des enfants de 12-13 ans en faisant intervenir des règles reposant en même temps sur deux critères d'ordre. Si plusieurs entités en présence sont identiques sur un premier critère mais différentes sur un second, celui-ci établit l'ordre de priorité : par exemple, des hommes plus jeunes saluent d'abord les plus âgés. Mais si des différences se produisent en même temps sur deux critères, il faut alors faire intervenir une règle spécifiant l'importance relative des deux critères : par exemple, l'âge peut l'emporter sur le sexe pour déterminer la préséance dans l'acte de salutation. Lors des phases expérimentales de leur investigation, Roux et Gilly utilisent soit des tâches faisant intervenir de tels critères mais établis arbitrairement, comme le genre de tenue (vêtements de sport ou de ville) et de dessin de l'étoffe (uni, rayé, à carreaux) ou des critères qui correspondent à des usages sociaux bien établis. Lors du post-test, seul un matériel sans marquage social est utilisé et ce sont bien les sujets ayant travaillé pendant la phase expérimentale avec un matériel marqué socialement, en accord avec des usages bien établis par l'acte de salutation, qui progressent le plus. Il faut signaler qu'un exercice expérimental faisant intervenir des règles sociales arbitraires produit encore moins de progrès qu'un exercice avec des critères sans signification sociale.

De son côté, R. M. Zhou (1987) reprend le paradigme des tâches de partage avec des bonbons pour étudier l'intervention d'un droit égal chez deux partenaires lors de l'acquisition de la conservation de quantités égales. Ses recherches montrent qu'une même stratégie cognitive de répartition « un par un » ou « à chacun son tour » n'a un effet cognitif structurant que lorsqu'elle est effectuée pour assurer le respect de droits égaux.

Le schème pragmatique

Une notion qui peut être mise en rapport avec le marquage social est celle de *schème pragmatique* (angl. Pragmatic Scheme). Elle est utilisée avec la tâche, dite « de Wason », qui utilise un matériel composé de fiches sur lesquelles figurent au recto des chiffres et au verso des lettres. Ces fiches sont présentées aux sujets avec respectivement une consonne, une voyelle, un chiffre pair et un chiffre impair. La consigne est du type : « Quelle fiche faut-il retourner pour vérifier si des fiches ayant une voyelle sur un côté ont un chiffre pair de l'autre côté ? » Souvent, les sujets désignent parmi les quatre fiches celles sur lesquelles figure une voyelle (choix correct) et un chiffre pair (choix incorrect). Cependant, quand il ne s'agit plus de chiffres et de lettres mais par exemple d'un matériel faisant intervenir une règle, enveloppe fermée ou ouverte (imprimée), affranchissement correspondant à une lettre normale ou à un envoi imprimé, les sujets qui doivent vérifier la règle que les enveloppes fermées sont affranchies avec le port dû répondent correctement en retournant l'enveloppe fermée et l'enveloppe affranchie avec le tarif imprimé. Plusieurs recherches récentes confirment que de tels raisonnements conditionnels sont largement facilités quand ils portent sur un matériel faisant intervenir des obligations ou permissions de nature sociale. W. D.

Bibliographie

Doise, W., et Mugny, G., 1981, *le Développement social de l'intelligence*, Paris, Interéditions.

marqué, e

adj. (angl. Marked)

Qui possède une caractéristique de valeur négative, une opposition aux autres unités de même nature.

L'opposé de « marqué » est « non marqué », qui désigne donc ce qui possède une caractéristique de valeur positive.

Origine phonologique de la notion de marque

Cette notion a été empruntée à la linguistique et, originellement, à la phonologie. Dans cette dernière existe l'idée de « marque » en tant qu'élément servant à l'analyse par le linguiste d'un ensemble d'unités apparentées. Certaines unités de l'ensemble possèdent la « marque », et d'autres non. La marque joue un rôle dans l'opposition entre les unités, ce qui correspond à la possibilité de les différencier.

Par exemple, les deux phonèmes /b/ et /p/ sont apparentés. Ce qui les distingue est que /b/, lorsqu'il est émis, inclut une vibration des cordes vocales (appelée « voisement ») que /p/ n'inclut pas. Le voisement – qui peut être considéré ici comme un trait, dans l'acception phonologique de ce mot – est une marque que possède /b/ et non /p/. Donc /p/ est non marqué et /b/ est marqué en ce qui concerne le voisement. Cette marque se retrouve dans d'autres consonnes.

Cette notion est bien interprétable psychologiquement : en tant que stimulus, /b/ possède une caractéristique perceptive que ne possède pas /p/ et qui sert à les distinguer.

Cette idée a été généralisée aux domaines de la syntaxe et surtout de la sémantique.

Un exemple simple est celui de la négation lexicale. Le mot « utile » a un certain sens, et le mot « inutile » s'en distingue doublement : il comporte le préfixe « in », qui est une « marque » morphologique indiquant la négation, et on peut donc dire qu'il est « marqué » à cet égard. Mais, comme il a en outre un sens opposé à « utile », on peut dire aussi qu'il est « marqué » sémantiquement.

Dissymétrie fonctionnelle dans les cas d'absence de marque morphologique

Des exemples plus parlants sont ceux pour lesquels n'existe pas de marque morphologique de la négation : des couples d'adjectifs comme « présent-absent », « grand-petit », « long-court », « large-étroit », « haut-bas », etc. Ni l'un ni l'autre des éléments de ces couples n'est marqué morphologiquement pour la négation ; or, l'un est clairement l'opposé de l'autre. On parle parfois à ce propos de « négation inhérente ».

L'apport psychologique est le suivant. On pourrait imaginer que, dans ces cas et dans les autres du même genre, les deux mots – ou les deux sens – sont sémantiquement opposés mais symétriques, en quelque sorte situés des deux côtés d'un point neutre ou moyen.

La recherche psycholinguistique a montré qu'il n'en est rien : il existe une dissymétrie, linguistique et psychologique, et c'est elle qui conduit à dire cette fois que l'un des éléments du couple est cognitivement « non marqué », et l'autre « marqué ».

Cette dissymétrie apparaît déjà en français dans l'utilisation du nom correspondant aux adjectifs. Par exemple, on demandera : « Quelle est la grandeur (et non la *« petitesse ») de cet effet ? », « quelle est la longueur (et non *« la brièveté », « court » n'ayant même pas de substantif) de cette table ? ». On dira : « Cette table a une trop faible largeur (et non *« une trop grande étroitesse »), « sa hauteur est insuffisante » (sans pouvoir même penser à un dérivé de « bas », puisque « bassesse » ne s'emploie qu'au sens figuré) », etc.

On peut donc se rendre compte que le nom correspondant à l'un des deux mots du couple sert à désigner à la fois une des extrémités de la dimension, ou plus précisément de l'attribut, et l'attribut tout entier.

Cela se retrouve sous une autre forme dans d'autres langues, comme en anglais : on y demande « how long is the table ? » (et non *« how short »), etc. De la même façon, on dit en français : « La table a un mètre de long, 60 centimètres de large, 70 centimètres de haut » (et non, respectivement, *« de court », *« d'étroit » et *« de bas »), etc.

Une confirmation expérimentale de la dissymétrie

Un certain nombre de résultats expérimentaux d'un autre genre ont de leur côté confirmé cette dissymétrie. Par exemple, on a demandé à des sujets de juger, en appuyant sur un bouton pour « vrai » ou « faux », si des phrases décrivaient correctement un dessin présenté sur un écran. Le dessin était une forme géométrique. Les phrases étaient (en ne mentionnant ici que celles qui étaient susceptibles d'accompagner la présentation d'un dessin de carré) : « Le carré est présent », « le cercle est présent », « le carré est absent », « le cercle est absent ». Les temps de réponse font apparaître une différence, très petite dans l'absolu, mais significative, au détriment du mot « absent ». Celui-ci demande un peu plus de temps de traitement que « présent ».

De même, dans des problèmes simples à présentation linguistique tels que : « Si Jean est meilleur que Louis, lequel est le meilleur ? », « si Jean est pire que Louis, lequel est le pire ? », « si Jean est pire que Louis, lequel est le meilleur ? », etc., on a montré que « mauvais » (en l'occurrence « pire ») demande un peu plus de temps de traitement que « bon » (en l'occurrence « meilleur »). Des résultats du même genre ont été trouvés pour « proche-lointain », « mince-épais », « long-court », « lent-rapide », « chaud-froid » et une série d'autres couples. Ces résultats sont en bon accord avec ceux relatifs à la négation. Ils témoignent bien de la réalité d'une opposition entre des pôles dont l'un est « non marqué » et l'autre « marqué », opposition qui est de nature sémantique, cognitive et qui est inscrite dans la structure même du langage mental, dans l'intellect des individus.

La valeur par défaut

On pourrait rapprocher la notion ainsi définie de celle de « valeur par défaut », utilisée en informatique. Il s'agit de la valeur qu'une variable prend a priori, c'est-à-dire en l'absence de toute information pertinente, « sauf avis contraire ». Les faits concernant la notion de pôle « marqué » témoignent en quelque sorte de l'existence de valeurs par défaut dans le système cognitif humain. Celui-ci choisit spontanément le pôle « non marqué » et, seulement si cela est nécessaire, adopte en second le pôle « marqué ». Il faut bien noter que c'est, dans le couple, le pôle « non marqué » qui constitue, en dépit de son nom, le pôle « de base », « normal », on peut dire « positif », alors que c'est le pôle « marqué » qui correspond à la négation. J.-F. L. N.

Bibliographie

Clark, H. H., Clark, E. V., 1977, *Psychology and Language. An Introduction to Psycholinguistics*, New York, Harcourt.

marqueur biologique en psychiatrie

(angl. Biological Markers in Psychiatry)

Anomalie biologique constatée dans certains troubles, ou dans certaines maladies, comme dans l'anxiété, la dépression, sans constituer un indice biologique spécifique.

Des anomalies biologiques peuvent caractériser certains troubles psychiatriques. On parle ainsi de marqueurs biologiques de l'anxiété ou de la dépression. Cependant, aucune anomalie ne peut actuellement être considérée comme un *marqueur de trait*. Un marqueur de trait serait un indice biologique spécifique (rencontré uniquement dans l'affection considérée) et permanent (retrouvé dans toutes les phases évolutives de l'affection, y compris les intervalles libres). Certaines anomalies ont pu être retenues comme des *marqueurs d'état* : par exemple, un test de freination par la dexaméthasone (Dexamethasone Suppression Test, ou DST), positif au cours d'un épisode dépressif et revenant à la normale lors de la guérison de la dépression. Les marqueurs se résument le plus souvent à des *indices de probabilité* : une anomalie est plus souvent observée dans un certain type d'affection. Les tests ne sont pas toujours sensibles (le DST reste négatif dans de nombreux cas de dépression). Il existe des variables non contrôlées qui expliquent par ailleurs le manque de spécificité du marqueur supposé. Ainsi, le DST est positif dans d'autres syndromes que les états dépressifs (manie, démence, troubles schizoaffectifs...), et la prise de nombreux médicaments peut donner des résultats faussement positifs.

Troubles de l'humeur

Dans les troubles de l'humeur, on a recherché des marqueurs :
1. neuroendocriniens ; outre le DST, qui met en évidence un manque de réactivité de l'axe hypothalamo-hypophyso-surrénalien, de nombreux paramètres neuroendocriniens apparaissent perturbés (axe hypothalamo-thyroïdien, régulation de la production d'hormone de croissance, sécrétion de mélatonine...) ;
2. biochimiques ; en particulier, taux des catabolites des monoamines mesurés dans divers tissus et liquides (liquide céphalorachidien) de l'organisme, activité des enzymes participant au métabolisme des neurotransmetteurs, caractéristiques des récepteurs membranaires de ces neurotransmetteurs ;
3. neurophysiologiques ; étude électroencéphalographique du sommeil par exemple ;
4. génétiques ; ce sont peut-être les indices les plus prometteurs en raison du développement actuel de la biologie moléculaire ; on a pu mettre en lumière un lien entre la présence de certains gènes au niveau chromosomique et le développement de psychoses maniaco-dépressives.

Autres catégories diagnostiques

Dans d'autres catégories diagnostiques, des marqueurs potentiels similaires ont été étudiés. Ils doivent susciter les mêmes réserves méthodologiques. La schizophrénie a bénéficié du développement des techniques d'imagerie cérébrale. La caméra à positons, visualisant des anomalies de fixation de ligands radioactifs ou du métabolisme au niveau cérébral en temps réel chez le malade, permet de répondre à une critique souvent formulée : les anomalies biologiques, en dehors des études post mortem, ont été étudiées en périphérie et non au niveau du système nerveux central.

Enfin, les indices biologiques ne marquent pas toujours les catégories diagnostiques traditionnelles, mais des entités transnosographiques comme l'agressivité ou l'inhibition. A. G.

MAS

Sigle de Manifest Anxiety Scale.

→ anxiété.

M.A.S.

→ maison d'accueil spécialisé.

masculinité - féminité (échelle de)

(angl. Masculinity-Feminity Scale)

Chaque individu, quel que soit son sexe, peut être situé en un point d'une échelle de masculinité-féminité composée d'items dont la fréquence de choix ou le degré de réussite sont très différents pour les hommes d'une part et pour les femmes d'autre part, quel que soit le signe de la différence. Certains inventaires de personnalité comportent une échelle de masculinité-féminité, par exemple, le MMPI*. M. R.

masochisme

n.m. (angl. Masochism ; allem. Masochismus)

Perversion sexuelle où le sujet éprouve un plaisir lié à la douleur qui lui est infligée par un autre sujet.

S. Freud étend la notion de masochisme à certains aspects de la vie sexuelle infantile et de la féminité. Il l'analyse d'abord (*Pulsions et destins des pulsions*, 1915) comme le retournement du sadisme sur la personne propre. Cette conception correspondra ultérieurement à celle du masochisme secondaire, qu'il est amené à distinguer du masochisme primaire à partir de l'introduction dans sa théorie de la notion de pulsion de mort (1920). En effet, le masochisme primaire est le résultat de l'intrication des pulsions érotiques et d'une partie des pulsions agressives et destructrices dirigées sur le moi. C'est sur le masochisme primaire que sont étayées les autres formes de masochisme – masochisme érogène, féminin et moral – qui apparaissent dans ses écrits à partir de 1924. Le masochisme érogène subit le développement de la libido et prend une forme spécifique aux différents stades : oral, anal et génital. Ainsi s'y rattachent le désir d'être dévoré, battu et les fantasmes liés à l'attitude passive-féminine renvoyant au déni de la castration. Il est une condition nécessaire au masochisme féminin et au masochisme moral. Le masochisme féminin serait propre à l'être de la femme et concerne la position féminine dans le fantasme, que l'on retrouve chez l'homme masochiste pervers. Enfin, le masochisme moral correspond à la relation qu'entretient le surmoi avec le moi dans tous les cas où un sentiment de culpabilité est devenu inconscient. Ce sentiment, souvent lié à la masturbation infantile, suscite un besoin de punition. R. L.

BIBLIOGRAPHIE
Nacht, S., 1965, *le Masochisme*, Paris, Payot.

masquage

n.m. (angl. Masking)

Réduction de la visibilité ou de l'audibilité d'un stimulus test en fonction de la proximité spatiale ou temporelle d'un autre stimulus de même nature (masque).

Le masquage manifeste des interactions temporelles à court terme (quelques dizaines de millisecondes) entre deux stimulus. Il peut être *simultané* (angl. Simultaneous), lorsque le test et le masque sont présentés en même temps, *proactif* (angl. Forward), lorsque le masque est présenté avant le test, ou *rétroactif* (angl. Backward), lorsque le masque est présenté après le test. Ce dernier est le plus fréquemment utilisé. La variable dépendante la plus pertinente est le *SOA* (angl. Stimulus Onset Asynchrony), c'est-à-dire la somme du temps de présentation du test et de la durée de l'intervalle temporel précédant l'apparition du masque.

En vision, on utilise deux sortes de masque, dont les fonctions sont différentes. Dans la première, le masque est un éclair lumineux sans structure spatiale qui a pour effet de diminuer la visibilité du stimulus test. Dans la seconde, le masque a une structure spatiale. Dans le masquage latéral, le masque ne se superpose pas spatialement au stimulus test. Il est déplacé latéralement. On l'appelle *métacontraste* dans le cas d'un masquage rétroactif et *paracontraste* dans le cas d'un masquage proactif. Dans le *masquage par pattern*, le masque se superpose spatialement au stimulus et présente avec lui des similarités.

Les résultats d'une expérience de masquage sont de deux types. Le type A désigne le cas où la sensibilité au stimulus test décroît de manière monotone quand le SOA diminue. Le type B désigne les résultats dans lesquels cette fonction est en U, c'est-à-dire présente un optimum. Ce dernier résultat est surtout obtenu en métacontraste. C. B.

BIBLIOGRAPHIE
Breitmeyer, B. G., 1984, *Visual Masquing*, New York, Oxford University Press.

masse (effet de)

(angl. Overpopulation Effect)

ÉTHOL. **Ensemble des perturbations provoquées chez certaines espèces par une forte densité d'animaux confinés dans un espace restreint.**

Conséquence d'une surpopulation, l'effet de masse se traduit par des comportements aberrants (œufs ou petits dévorés par les parents) ou des effets néfastes à plus long terme sur le développement ou la fertilité des individus. Les causes sont multiples : accumulation de rejets, stress, combats, etc. J.-P. S.

→ groupe (effet de).

masses (psychologie des)

(angl. Psychology of Masses)

Partie de la psychologie sociale qui étudie la formation et le fonctionnement des grands groupes sous l'angle de leurs comportements et des processus psychiques afférents.

Il y a un paradoxe dans l'expression « psychologie des masses » : la psychologie semble liée à l'individu alors que les masses nient l'importance de ce dernier. Ce paradoxe est surmonté de deux manières. Ou bien l'on étudie l'influence de la situation de masse sur les conduites et les affects de l'individu ; ou bien l'on s'attache aux caractéristiques des masses comme entités spécifiques. Dans un cas comme dans l'autre, on retrouve le problème central de la psychologie sociale, celui de l'articulation de l'individuel et du collectif.

Dans leur description classique, le trait fondamental qui caractérise les masses, c'est l'indifférenciation des individus qui les composent. Ces derniers sont totalement identifiés par un seul critère d'appartenance : la nationalité ou la citoyenneté par exemple, ou encore la classe, mais aussi par une conduite commune ou une position identique dans le système marchand (on parle ainsi des « téléspectateurs » ou des « consommateurs »). Cette indifférenciation souvent soulignée, rarement mise en doute, est moins phénoménologique qu'idéologique. Elle provient en fait d'une conception réductrice (simplificatrice si l'on préfère) de la société qui entend lui donner ou lui trouver sens à partir d'une dimension unique. Pareille conception se traduit éventuellement en volonté politique, comme c'est typiquement le cas dans les régimes totalitaires.

Le terme de *masse* est assez vague. Il convient, pour essayer de le clarifier, de distinguer les masses selon leur *degré d'organisation*. On trouverait alors au plus bas les simples agrégats statistiques qui ne sont en réalité que des abstractions : la masse des récepteurs dans les études d'audience, la masse des électeurs lors d'un vote, etc. La foule* viendrait ensuite, avec ses diverses variétés. On trouverait au-delà le mouvement populaire, qui exige une structuration plus ou moins développée et des rôles articulés pour pouvoir entreprendre et assurer une action efficace. On atteindrait enfin l'organisation totalitaire, qui mobilise les masses comme on mobilise une armée et qui réalise d'ailleurs son essence lorsque les masses sont militarisées.

La masse, n'ayant qu'un faible degré d'organisation, présente un comportement difficilement prévisible ; elle est labile dans ses choix ou ses passions, incertaine dans ses décisions et elle ne se maintient que temporairement. La masse organisée, par contre, devient une matière sociale à gérer, relativement perdurable et modelable.

MASSES ET MENEURS

Cette distinction entre les masses selon leur degré d'organisation permet de situer clairement le rôle des meneurs. Le degré d'organisation et l'importance du meneur sont très étroitement corrélés : le dirigeant reconnu d'une masse amorphe ne se conçoit pas, de même que les groupes fortement structurés sont inconcevables sans guide suprême.

Cette relation culmine en s'explicitant avec le « principe du chef » dans les groupes totalitaires, qui ont en même temps besoin de s'appuyer sur l'organisation minutieuse des masses.

Ce dernier cas est devenu en quelque sorte prototypique. La masse n'est pas alors exprimée par une majorité, en ce sens qu'elle ne contient pas par définition de minorité : elle est tout entière exprimée par son meneur. C'est ainsi que se trouve atteint l'idéal d'indifférenciation puisqu'il n'existe plus qu'une seule voix et qu'une seule volonté. Le régime nazi l'avait parfaitement mis en scène.

S'il y a un tel abandon de soi au meneur, c'est bien que celui-ci représente quelque chose, qu'il symbolise des valeurs puissantes et qu'il éveille des émotions irrépressibles. Il permet à la masse d'exister sur le mode de la cohésion et de la puissance en même temps qu'il lui donne une légitimité. La fusion apparaît comme un bénéfice, elle est valorisante.

Pour atteindre ce résultat, le meneur n'expose pas de raisonnement difficile. Il fait jouer des sentiments, des émotions, des affects, comme sur un théâtre schématique. Il met avec lui la force, l'honneur, le bonheur ou la fête. Son art est aussi celui de l'instant: on consomme sur place. Le rassemblement n'est d'ailleurs que le moment le plus fort de l'existence de la masse. Le reste du temps, le meneur et surtout l'appareil de l'organisation utilisent d'autres moyens pour maintenir leur emprise.

On doit estimer à sa juste valeur le rôle des médias dans la fabrication des meneurs et ne pas le surestimer dans la mesure où les moyens de communication sont plus un symptôme qu'un agent des sociétés de masse. Ce n'est pas, au fond, parce qu'il existe des leaders potentiels qu'il existe des masses réelles, mais l'inverse: il y a des leaders parce qu'il existe d'abord des masses, réelles ou potentielles. Le rapport entre l'individu et le meneur est donc concomitant ou secondaire et non primitif ou constitutif.

La psychologie et les masses

Selon toute vraisemblance, il existe des masses dans les sociétés modernes parce que les conditions matérielles les y ont créées. Les masses sont entrées dans l'histoire avec les révolutions, y compris la révolution industrielle. Elles supposent en effet le nombre et surtout la concentration ainsi qu'une certaine égalité de destin. L'urbanisation et ses effets d'uniformisation des genres de vie, les constitutions politiques fondées sur la représentation populaire, l'assimilation de l'histoire à l'économie et, pour finir, les progrès techniques de toute nature ont promu des formes particulières d'existence sociale jusqu'à les rendre banales et normatives. C'est ainsi que les *communications de masse*, par exemple, sont devenues aujourd'hui un élément central de la quotidienneté et le passage obligé de toute action collective.

Ainsi, l'*origine* des masses n'est pas psychologique. Mais la psychologie est nécessairement intéressée par l'existence des masses, et cela à quatre niveaux complémentaires (selon une distinction générale introduite pour la psychologie sociale par W. Doise, 1981).

1. Les réactions de l'individu ne sont pas les mêmes selon qu'il se trouve pris ou non dans une situation collective. De nombreux auteurs ont évoqué à ce propos le modèle hypnotique, qui est par excellence un modèle clinique. Il est intéressant d'étudier le consentement, voire l'appétence de l'individu (ou au contraire sa résistance) pour les situations de rassemblement. Plus généralement, la dialectique entre l'identité psychosociale et l'anonymat peut sans doute offrir une ligne de recherche féconde. Tout un courant de la psychologie sociale, influencé par les théories de l'apprentissage, a par ailleurs considéré les effets systématiques de la présence d'autrui sur les comportements.
2. Les rassemblements ne vont jamais sans interactions entre les partenaires présents en même temps. Au-delà de la simple perception d'autrui, les échanges verbaux et non verbaux contribuent au renforcement des attitudes et aident à opérer la fusion. L'individu ne forme pas avec le meneur un couple isolé, mille fois répété; du moins ce couple inclut-il nécessairement la médiation de tiers: les autres membres du groupe ou de la foule, en l'absence desquels la situation changerait de nature.
3. D'un autre côté, au rebours de la conception courante, les éléments qui composent la masse ne sont pas équivalents. Une observation un peu fine montre une différenciation des rôles, le meneur ayant ses relais (sinon sa «claque»), son service d'ordre, ses lieutenants, et les membres n'étant pas tous également fascinés ou dociles. Le public récepteur des communications montre de même l'existence d'une structuration, ne serait-ce qu'à travers l'action des guides d'opinion.
4. Enfin, les représentations collectives interviennent ici doublement: d'une part en tant que formations constitutives de l'idéologie qui mobilise les masses; d'autre part en tant que «théories» même (au sens où les représentations sont des théories naïves) de la masse et de la foule. M.-L. R.

→ diffusion, foule.

Bibliographie

Graumann, C. F., et Fruse, L., 1984, «Masses, foules et densité», in Moscovici, S., *Psychologie sociale*, Paris, P.U.F.
Le Bon, G., 1895 (rééd. 1963), *la Psychologie des foules*, Paris, P.U.F.
Milgram, S., Toch, E., 1969, Collective Behavior: Crowds and Social Movements, in Lindzey, G., Aronson, E., *Handbook of Social Psychology*, vol. 4, Reading, Mass., Addison Wesley.
Moscovici, S., 1985, *l'Âge des foules*, Bruxelles, Éditions Complexe.
Tarde, G., 1901 (rééd. 1989), *l'Opinion et la foule*, Paris, P.U.F.

massé (apprentissage)

(angl. Massed Learning)

Apprentissage qui se déroule en une suite de périodes ininterrompues.

Cette situation engendre en général une dégradation de l'apprentissage ou de la performance considérés par rapport à une situation similaire mais plus largement répartie dans le temps grâce à des interruptions. Cela vaut même si ces dernières sont remplies par une autre activité: cela exclut donc que la fatigue soit à l'origine de cet effet. J.-F. L. N.

→ distribué.

masturbation

n.f. (angl. Masturbation)

Obtention de plaisir sexuel par des manœuvres manuelles ou mécaniques d'excitation des organes génitaux chez les deux sexes.

Le plaisir solitaire était autrefois condamné aussi bien par les confesseurs, qui y voyaient un grave péché mortel, que par les éducateurs et les médecins, qui craignaient un grand danger pour la santé mentale et physique (*Petit Traité sur l'onanisme* du docteur Tissot, de Genève), et les moyens les plus énergiques étaient utilisés pour l'empêcher. Actuellement, il est admis qu'elle constitue jusqu'à l'adolescence la forme la plus fréquente d'excitation sexuelle. Elle ne devient pathologique que par son exclusivité ou son caractère public (exhibitionnisme). J. P.

matérialisme

n.m. (angl. Materialism)

Conception philosophique suivant laquelle toute réalité est matérielle.

Cette conception rejette toute distinction d'essence, dans l'univers, entre réalité matérielle et réalité spirituelle — telle qu'elle est décrite notamment par les religions — et, chez l'homme, entre le fonctionnement du cerveau et l'activité psychologique. Il existe, dans la pensée contemporaine, plusieurs variantes assez différentes du matérialisme. J.-F. L. N.

→ dualisme, éliminatif (réductionnisme), réductionnisme.

maternage

n.m. (angl. Materning)

Ensemble de techniques de soin visant à entretenir avec le patient une relation mère-nourrisson.

Cette attitude psychothérapique facilite la régression à un stade infantile précoce de certains malades psychotiques lors des traitements neuroleptiques intensifs, de cures de sommeil et, autrefois, de cures d'insuline. Si elle ne doit pas être abusivement prolongée dans le temps, elle permet de faire surmonter au patient des périodes particulièrement critiques de sa maladie: phases processuelles d'une schizophrénie, crises d'angoisse de morcellement et de dépersonnalisation au cours des psychoses chroniques, états crépusculaires, par exemple. J. P.

mathème

n.m.

Selon J. Lacan, ensemble d'écritures d'aspect algébrique rendant compte de concepts clefs de la théorie psychanalytique.

Le mathème n'est pas une simple abréviation, ou une inscription sténographique, mais il a l'ambition de dénoter une structure réellement en cause dans le discours psychanalytique et à partir de là dans les autres discours. Par l'écriture, le mathème ressemble aux formules algébriques et formelles existant en mathématiques, en logique et dans les sciences mathématisées et pour Lacan il s'agissait là du pont rattachant la psychanalyse à la science. Une des fonctions du mathème est de permettre une transmission du savoir psychanalytique, transmission portant sur la structure en dehors des variations propres à l'imaginaire et échappant à la nécessité du support de la parole de l'auteur.

Des constructions formelles datant des premiers séminaires de Lacan peuvent rétrospectivement être qualifiées de mathèmes, en particulier parce qu'elles introduisent les éléments fondamentaux de l'algèbre lacanienne.

La formule du signifiant

Le premier mathème lacanien est en fait emprunté après une légère transformation à la linguistique : il s'agit de l'algorithme $\frac{S}{s}$ dû à F. de Saussure, qui dispose *signifiant* et *signifié* de part et d'autre d'une barre. Cet instrument permet à Lacan de démontrer que les lois de l'inconscient découvertes par S. Freud sont les lois du langage, en particulier la *métaphore* et la *métonymie*. Il y a dès les premiers séminaires de Lacan les principaux éléments de son algèbre, en particulier : le terme de grand Autre, qui s'écrit A, incarné en premier lieu par la mère, mais qui constitue surtout le lieu où les signifiants sont déjà là, avant tout sujet ; le sujet lui-même, que Lacan écrira plus tard $ pour en souligner la division ; l'instance imaginaire du moi Idéal, qui se notera i(a) ; le phallus imaginaire ($-\varphi$), et le phallus symbolique Φ.

Le schéma L

À l'occasion du *Séminaire sur « la Lettre volée »* (1955), Lacan a présenté une suite symbolique formelle minimale qui se construit à partir de quatre lettres : α, β, γ, δ, dont l'enchaînement dépend d'une loi très simple qui repose sur l'exclusion d'un certain nombre d'assemblages. Une mémoire symbolique apparaît alors dans la suite des lettres. Cette chaîne élémentaire illustre cette détermination symbolique que Freud découvre dans l'automatisme de répétition où l'enchaînement des signifiants répète le ratage de la saisie d'un objet perdu. Le parcours subjectif, que décrit cette suite, contourne un refoulé primordial constitué justement par les assemblages exclus, impossibles, qui fondent la loi. Nous touchons du doigt avec cette suite formelle comment l'inconscient relève du logique pur, ce qui justifie la démarche de Lacan dans son écriture des mathèmes.

Le discours de l'Autre constitue ainsi l'inconscient, c'est-à-dire que dans ce discours le sujet reçoit son propre message sous une forme inversée. Par exemple, dans une formation de l'inconscient comme un lapsus, le sujet reçoit de l'Autre son propre message qui a été refoulé, comme justement un refoulement qui fait retour. Ce que le sujet n'a pas accepté dans son propre discours a été déposé dans l'Autre et fait ainsi retour à son insu. Mais plus généralement toute parole prend fondamentalement son origine dans l'Autre.

Le schéma L dispose le circuit de la parole selon un certain ordre à partir du grand Autre ; le sujet S n'est pas à l'origine mais sur le parcours de cette chaîne signifiante qui traverse un axe symbolique A S et un axe imaginaire dont Lacan a parlé dans *le Stade du miroir*, entre le moi et l'image de l'autre, le semblable. Ainsi, l'inconscient comme discours de l'Autre traverse le filtre imaginaire aa' avant de parvenir au sujet. (Figure 1.)

Le graphe

Le graphe construit au cours du *Séminaire sur les formations de l'inconscient* (1957) et reproduit dans le texte des *Écrits* « Subversion du sujet et dialectique du désir dans l'inconscient freudien » reprend en l'enrichissant cette topologie de la chaîne signifiante en articulant l'identification symbolique et l'identification imaginaire. De $ à I(A), nous trouvons le trajet de cette identification symbolique du sujet $ à l'idéal du moi I(A). En A, le grand Autre est le « trésor des signifiants » et en *s*(A) se situe la ponctuation de la chaîne signifiante. Ce circuit se double d'un court-circuit imaginaire $\overrightarrow{i(a)m}$ articulé sur $\overrightarrow{SI(A)}$ et sur $\overrightarrow{s(A)A}$, où se fixe l'image du moi idéal *i(a)* et où se détermine en miroir le moi dans sa fonction de rivalité, de maîtrise, de prestance. (Figure 2.)

Articulant vers l'Autre sa demande, l'enfant rencontre chez cet Autre maternel un désir, il va comme sujet dans un premier temps s'identifier à l'objet de ce désir. Dans la réponse de l'Autre, dans son message qui fait retour sur le sujet, c'est ce désir qui lui est signifié. C'est à ce désir de l'Autre que le sujet va donc identifier son désir. Mais se faire objet de l'Autre, c'est aussi y être englouti dans une jouissance mortelle, d'où l'inévitable signal de l'angoisse lorsque l'objet se dévoile dans sa crudité. Le sujet ne peut sortir de cette première impasse dangereuse que parce que l'Autre est lui aussi pris dans la loi du signifiant, c'est la fonction du Nom-du-Père et du phallus symbolique qui, pour reprendre une image de Lacan, comme un bâton maintient les mâchoires du crocodile maternel grandes ouvertes. Le père vient étayer la fonction symbolique de l'idéal du moi I(A) (qui s'oppose au moi idéal).

L'étage supérieur du graphe est constitué par la chaîne signifiante dans l'inconscient. Ici, le trésor des signifiants est constitué par une batterie prélevée dans le corps, précisément en des lieux marqués d'une coupure : il s'agit des pulsions ($ ◇ D). Cette chaîne se trouve ponctuée dans son énonciation inconsciente par S(A̸), le signifiant du manque de l'Autre de l'Autre. C'est l'absence de ce signifiant S(A̸) que le signifiant phallique Φ va être appelé à symboliser dans le processus de la castration.

Le désir *d* qui semble se régler sur le fantasme ($ ◇ *a*) constitue une ligne imaginaire du graphe homologue à la ligne *i(a)m*, en court-circuit sur la chaîne signifiante. Ces mathèmes méritent un commentaire : le signifiant de la demande D adressée à l'Autre rate la saisie de l'objet pour des raisons qui tiennent au rapport entre le sym-

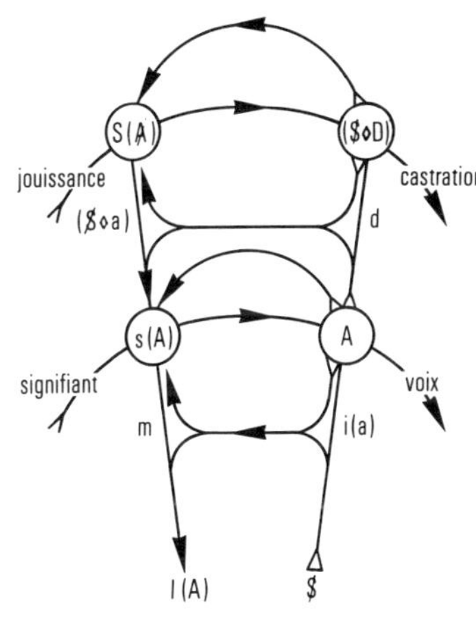

Figure 2. Le graphe du désir.
Le graphe est construit à partir de la chaîne signifiante s(A)A qui porte la voix dans sa pointe terminale. $ I(A) inscrit le trajet de l'identification symbolique. L'étage supérieur du graphe est constitué par la chaîne signifiante dans l'inconscient. Les termes jouissance *et* castration *viennent ici rappeler que, pour le sujet parlant, la Loi se fonde sur l'interdiction de la jouissance (J. Lacan,* Écrits, *1966).*
Symboles : $: le sujet divisé
I(A) : l'idéal du moi
m : le moi
i(a) : le moi idéal
s(A) : la ponctuation de la chaîne signifiante
A : le grand Autre, lieu des signifiants
◇ : poinçon symbolisant le nouage (ou quad).
($ ◇ a) : formule du fantasme
d : désir
($ ◇ D) : formule de la pulsion
S(A̸) : signifiant du manque de l'Autre (le grand Autre n'a pas lui-même de grand Autre).

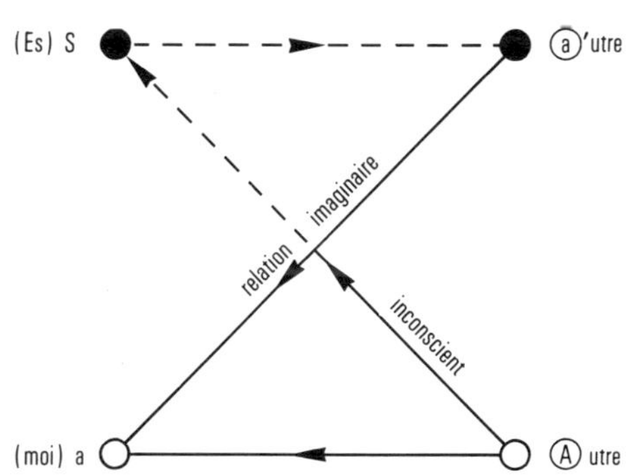

Figure 1. Le schéma L.
Le schéma L dispose les quatre places dans le circuit de la chaîne signifiante. L'inconscient se définit comme « discours de l'Autre » sur l'axe symbolique AS, le S du sujet est homophone au Es freudien, que l'on traduit par le Ça. L'axe imaginaire aa' inscrit la relation en miroir entre le moi et le petit autre, le semblable.
Symboles : S : sujet
a : le moi
a' : le petit autre en position d'objet
A : le grande Autre, lieu des signifiants

bolique et le réel. Ce ratage induit la répétition de la demande, et le désir n'est rien d'autre que le glissement métonymique d'un signifiant de la demande à un autre signifiant. Le sujet se trouve véritablement engendré, produit par le passage d'un signifiant à l'autre, il n'est pas comme nous le voyons supposable avant la première demande. Comme les signifiants viennent de l'Autre, la demande nécessite en sens inverse une demande de l'Autre à l'adresse du sujet. Et la répétition de la demande creuse dans l'Autre un trou d'où s'originent également une demande et un désir énigmatique adressés au sujet. Le concept de pulsion rend compte de ce dispositif qui évoque facilement la gueule dévoreuse de l'ogresse ou de la sphynge. Cela nous indique la raison pour laquelle, dans le mathème de la pulsion ($ ◇ D), le sujet est articulé à la demande D par la coupure ◇.

Dans le mathème du fantasme ($ ◇ *a*), le sujet $ est articulé à l'objet *a* (lire « objet petit a ») par cette coupure ◇. Cette formule peut se lire de la façon suivante : un sujet est l'effet d'une coupure dans l'Autre qui a produit la chute de l'objet *a*. C'est-à-dire que la répétition du signifiant de la demande qui creuse dans l'Autre ce trou fait le tour de cet objet *a*. Et celui-ci constitue ce reste ou ce produit primordialement perdu, véritable cause du désir. Lacan dresse la liste de ces objets *a* : le sein, les excréments, le pénis mais aussi le regard, la voix, le rien. Tout ce qui peut imaginairement se découper sur le corps est susceptible de le devenir.

Le fantasme fondamental se construit dans la toute première enfance, donc en fonction de ces grands Autres réels que sont les parents. Ce fantasme fondamental scelle le destin clinique du sujet. Le mathème S(Ⱥ) a la particularité d'être un signifiant qui n'existe pas et qui manque à l'ensemble des signifiants. En effet, si chaque signifiant représente le sujet pour un autre signifiant, y a-t-il dans l'inconscient un signifiant ultime auquel se rapporteraient tous les autres signifiants, un signifiant qui serait ainsi l'Autre du grand Autre ? Un tel signifiant manque, c'est précisément le trou évoqué plus haut, et le signifiant phallique Φ vient borner ce trou, il lui sert de frontière.

Les quatre discours

Les quatre discours, mis en place par Lacan dans son séminaire *l'Envers de la psychanalyse*, proposent sous une forme extrêmement réduite et ramassée un système de relations entre des manifestations fort complexes et massives. Il s'agit en effet d'inscrire sous une forme algébrique la structure des discours dénommés par Lacan : discours du maître, discours universitaire, discours hystérique, discours psychanalytique. Ces différents discours s'enchaînent et se soutiennent les uns les autres dans une logique entièrement déterminée par le jeu de la lettre et un intérêt non négligeable de ces formules est de dépasser l'opposition erronée entre une psychanalyse du sujet individuel et une psychanalyse du collectif. C'est en effet le signifiant qui détermine la filière du sujet ou des sujets pris dans ces discours.

La définition du signifiant comme représentant un sujet pour un autre signifiant sert de matrice à l'établissement des quatre discours. Cette matrice ordonne les quatre termes dans un ordre circulaire strict : S_1, S_2, *a*, $, où aucune commutation n'est permise, c'est-à-dire aucun échange entre deux termes à l'intérieur du cercle. Les quatre termes sont : S_1, le signifiant maître ; S_2, le savoir ; $, le sujet ; *a*, le plus-de-jouir. Les quatre discours sont simplement obtenus par une opération bien connue en mathématique et en théorie des groupes sous le nom de *permutation circulaire*, en ce sens que les quatre termes vont chacun à leur tour occuper quatre places définies elles-mêmes par la matrice du discours du maître.

$$\frac{\text{l'agent}}{\text{[la vérité]}} \qquad \frac{\text{l'autre}}{\text{la production}}$$

Chaque discours se transforme par un quart de tour en un autre discours. Plus précisément, ces quatre places sont les sommets d'un tétraèdre orienté : il s'agit d'une figure géométrique à quatre faces et à six arêtes. Si les arêtes sont orientées, il n'existe qu'une seule possibilité d'orienter ces arêtes de façon à pouvoir circuler sur tout le tétraèdre ; ici, Lacan barre une des arêtes entre les deux sommets du bas, ce qui bloque la circulation, c'est ce qu'il nomme l'impuissance propre à chaque discours. (Figure 3.)

Les mathèmes de la sexuation

Les formules de la sexuation du séminaire *Encore* (1972) proposent une logique rendant compte des bizarreries de l'identification sexuelle chez l'être parlant (Figure 4). Ce tableau présente la situation masculine à gauche et féminine à droite, ou plutôt il montre comment le sujet a à se déterminer par rapport au phallus et à la castration, les effets de son sexe anatomique devenant contingents par rapport à cette structure symbolique. Ces formules utilisent les signes mathématiques ∀ et ∃, c'est-à-dire des quantificateurs, et le terme Φ comme fonction.

À gauche, du côté imaginairement homme donc, la castration agit comme loi universelle $\forall x\ \Phi x$, tout sujet *x* est soumis à la castration. Cela signifie que l'accès au phallus symbolique Φ nécessite l'opération de la castration. Seul échappe à cette castration le *père*, qui a justement pour fonction de l'appliquer $\exists x\ \Phi x$, il en existe au moins un qui n'est pas castré.

On voit ici comment l'exception paternelle confirme la règle universelle (ce qui n'est pas le cas en logique mathématique, bien entendu).

De ce côté, nous trouvons le phallus symbolique Φ et le sujet $ qui s'en autorise. Mais ce sujet trouve l'objet *a* qui détermine son désir de l'autre côté, du côté féminin. À droite, donc du côté femme, la castration est abordée de façon singulière puisqu'elle aurait été subie d'emblée comme une privation par la petite fille, privation attribuée à une mère phallique avant d'être transférée sur le père. Une femme se situe donc en dehors de la loi universelle phallique $\overline{\forall x}\ \Phi x$, pour pas-toutes *x*, Φ de *x*. Il n'y a pas d'universel de ce côté, c'est pourquoi « La femme n'existe pas » et Ła est le mathème du manque de ce signifiant. Du côté femme, c'est-à-dire du côté Autre, la jouissance peut concerner le phallus qui se trouve à gauche, côté homme, mais il existe

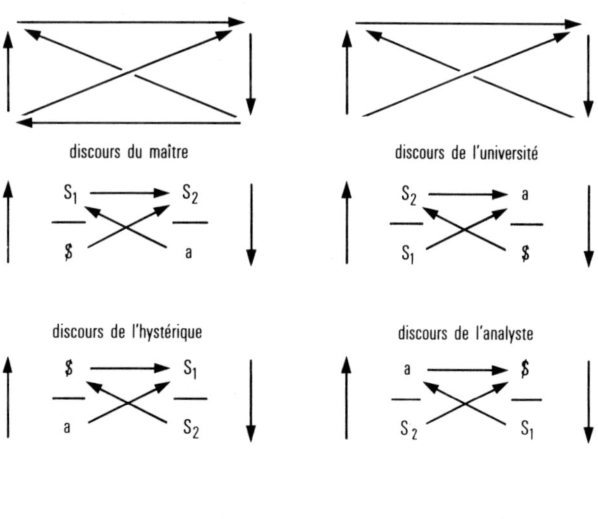

Figure 3. Les quatre discours.
Symboles :
$: le sujet divisé
a : l'objet a *cause du désir*
S_1 : le signifiant maître
S_2 : l'autre signifiant.

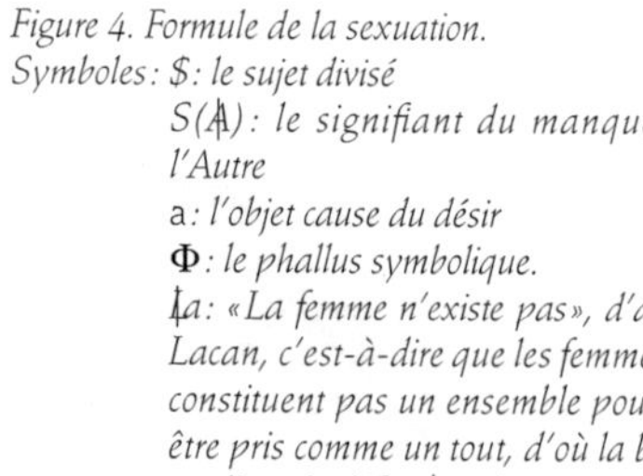

Figure 4. Formule de la sexuation.
Symboles : $: le sujet divisé
S(Ⱥ) : le signifiant du manque de l'Autre
a : l'objet cause du désir
Φ : le phallus symbolique.
Ła : « La femme n'existe pas », d'après Lacan, c'est-à-dire que les femmes ne constituent pas un ensemble pouvant être pris comme un tout, d'où la barre sur l'article défini Ła, d'autre part une femme n'est pas toute dans la jouissance phallique, elle a accès à la jouissance Autre (J. Lacan, Séminaire « Encore », *éd. du Seuil).*

aussi une autre jouissance qui intéresse le trou dans l'Autre S(Ⱥ), c'est la jouissance proprement féminine.

Du côté Autre, la castration ne détermine pas de loi universelle, une femme n'est pas tout entière impliquée dans la jouissance phallique, mais cette négation de l'universel n'implique par l'existence d'une exception à la castration $\overline{\exists x}\ \overline{\Phi x}$. M. D.

Bibliographie

Lacan, J., 1966, *Écrits*, Paris, Le Seuil; 1975, *le Séminaire*, livre XX, *« Encore »*, Paris, Le Seuil.

matinalité-vespéralité (échelle de)

(angl. Morningness-Eveningness Scale)

Dimension caractérisant l'organisation temporelle des horaires de coucher et de lever.

S'il est évident que les heures de lever et de coucher sont en grande partie socialement déterminées, les horaires spontanés, en absence de contraintes, varient de manière importante selon les individus. Ces horaires se répartissent sur un continuum aux extrémités duquel on trouve des sujets qui, spontanément, se lèvent tôt et se couchent tôt (les matinaux) et des sujets qui se lèvent tard et se couchent tard (les vespéraux), la majorité de la population se situant entre ces deux extrêmes. Les indices psychophysiologiques de la vigilance et les données comportementales confirment que ces deux types extrêmes de sujets présentent des variations de certaines composantes biologiques et de l'efficience comportementale diurnes très différentes. P. L.

→ rythme biologique, rythme psychologique.

matrices progressives (test des)

(angl. Progressive Matrices ou PM 38)

Test d'intelligence non verbale mis au point par le psychologue britannique J. C. Raven.

Cette épreuve a été et est toujours largement utilisée. Elle s'inscrit dans la tradition des épreuves de facteur g au sens de Ch. Spearman et peut être considérée comme une épreuve « indépendante de la culture ». Elle se compose de 60 items, chacun étant constitué par un tableau présentant en lignes et en colonnes des dessins sans signification. Ils se succèdent dans les deux sens selon des lois définies. L'un des dessins manque. Il faut le reconnaître parmi plusieurs réponses proposées. Il existe une forme pour enfants (PM 47) et des formes de niveau supérieur (PMA I et II). M. R.

maturation

n.f. (angl. Maturation)

Mise en place, au cours d'étapes pré- et postnatales de l'ontogenèse, de structures (endocrines, sensorielles, nerveuses, etc.) et de moyens de communication (synapses, etc.) entre différents systèmes de l'organisme, qui conduisent ce dernier, en tout ou en partie, à un état stable et achevé.

Dévelop. On a distingué la maturation du développement en la supposant entièrement et strictement déterminée par des facteurs endogènes et en la considérant dans le prolongement direct du développement embryonnaire : dans chaque espèce, l'évolution morphologique et fonctionnelle des individus obéit à un programme de développement qui règle la succession des étapes, la forme des changements, la direction générale.

De cette conception relève la définition de la maturation donnée par A. Gesell (1949): « La somme exacte des effets génétiques qui s'exercent dans une durée limitée par le programme génétique lui-même ». Les expériences faites sur l'Animal (les études du picorement chez le Poussin, réalisées par D.A. Spalding en 1873, ont créé le paradigme des recherches ultérieures) et, ensuite, sur le jeune enfant attribuaient à la maturation un rôle déterminant dès lors que, entre deux groupes de sujets pris au même moment de leur évolution, l'un exercé à une activité, l'autre privé de cet exercice, les performances ou les comportements ne différaient pas sensiblement. Les émergences fonctionnelles qu'on n'a pu expliquer par des influences du milieu, ou l'expérience, dépendent bien de la maturation: par exemple la marche, qui apparaît normalement chez tous les enfants à peu près au même âge, quelles que soient les conditions de vie et d'activité. À partir de tels exemples, la maturation a été opposée à l'apprentissage et elle est apparue comme la condition organique du développement des conduites.

Toutefois, une opposition aussi nette entre conditions internes et conditions externes n'a pu résister à la mise en évidence d'influences du milieu sur des évolutions internes telles que la croissance neuronique, l'accroissement des interconnexions et la tectonique des structures nerveuses, ou encore le rythme des sécrétions endocrines.

L'activité comportementale sollicitée par la richesse du milieu de même que la répétition contrôlée d'exercices réguliers ont des effets conjoints sur la maturation nerveuse et le développement psychologique. On l'a montré chez l'Animal : en soumettant des groupes de Rats nouveau-nés, de même souche, à des milieux de vie riches en stimulations, ou bien au contraire appauvris, on a constaté que l'accroissement du poids du cerveau était, au même âge, significativement plus élevé chez les animaux placés en milieu riche que chez ceux placés en milieu pauvre et que les premiers avaient, dans les apprentissages et les tâches cognitives, des performances supérieures à celles des seconds.

Par ailleurs, en exerçant régulièrement chez le bébé le réflexe de marche automatique, on a accéléré son accession à la marche autonome.

Les effets d'une pratique comportementale ou de l'activité sur la maturation sont clairement attestés. Ils ne consistent pas en de simples accélérations, mais leur nature comme leurs mécanismes demeurent encore obscurs. On a cependant de fortes raisons de penser qu'ils renforcent et prolongent certains caractères de l'immaturité (néogenèse, plasticité, multi-innervations par exemple).

Si le terme de *maturation* reste commode pour désigner le processus d'organisation progressive des fonctions et de leurs sub-structures morphologiques, il est clair désormais que le milieu et l'exercice — y compris l'activité comportementale — agissent sur ce processus en contrôlant l'actualisation des propriétés constitutives des systèmes organiques. M. B.

Éthol. L'éthologie objectiviste (K. Lorenz et ses continuateurs) comme le courant constructiviste de T. Schneirla paraissent au moins s'entendre sur une opposition bipolaire entre maturation et expérience vécue. Une telle opposition est sans doute simpliste car la mise en place de toute conduite implique nécessairement une conjonction entre des instructions émanant du génotype et des influences permissives du milieu. J. M.

Bibliographie

Connolly, K. J., Prechtl, H. F., 1981, *Maturation and Development; biological and psychological Perspectives*, Londres, William Heinemann.

maturation cérébrale

(angl. Brain Maturation)

Processus irréversible menant les propriétés morphologiques et fonctionnelles du système nerveux central et de ses annexes au terme de leur développement.

La maturation met en jeu une interaction entre *facteurs génétiques*, issus du patrimoine héréditaire de l'individu, et *facteurs épigénétiques*, émanant de son environnement. La maturation cérébrale recouvre des processus distincts dans le temps et dans leurs mécanismes selon les populations cellulaires ou les propriétés concernées : augmentation de taille des neurones, prolifération et croissance des cellules gliales, myélinisation des axones de certains neurones, acquisition de sensibilités spécifiques à certaines caractéristiques des stimulus. J.-M. C.

maturité (trait de)

(angl. Features of Maturity)

Selon A. Gesell, composant du comportement spécifique du stade de l'enfant.

Le nombre des traits de maturité croît avec l'âge. Leur ensemble recouvre les quatre sphères distinguées par Gesell dans le comportement pris dans sa totalité : comportement moteur, comportement d'adaptation, comportement verbal, comportement personnel et social. E. V.

MAVA

Modèle d'analyse de la variance proposé et utilisé par R.B. Cattell pour l'étude des facteurs génétiques et des facteurs de milieu de la différenciation interindividuelle.

MAVA est l'abréviation de Multiple Abstract Variance Analysis, « analyse de la variance abstraite et multiple ». Les données observées sont les variances d'une variable (épreuve d'intelligence ou de personnalité) dans des groupes dont on peut admettre qu'ils diffèrent quant au poids relatif exercé sur cette variable par les facteurs étudiés : jumeaux monozygotes et dizygotes, frères et sœurs, enfants sans liens de parenté, etc., chacun de ces groupes étant subdivisé en sous-groupes constitués par des individus élevés ensemble ou séparément. Le modèle propose de rendre compte de ces variances par une fonction linéaire de sources de variation multiples et non directement observables (« abstraites ») : effets des facteurs génétiques et des facteurs de milieu, d'une part à l'intérieur des familles, d'autre part entre les familles ; corrélations et interactions entre ces facteurs. Chacun des groupes fournit ainsi une équation dans laquelle figurent certaines de ces inconnues. M. R.

→ variance (analyse de la).

Mead (George Herbert)

Philosophe et psychosociologue américain (Hadley, Massachusetts, 1863-Chicago 1931).

Professeur à l'université de Chicago depuis 1894, figure importante du pragmatisme, il est l'un des pionniers de la psychologie sociale. Sa préoccupation essentielle est de démontrer la genèse et la nature sociale de la conception de *soi* (angl. Self) et de la *pensée* (angl. Mind). L'acte social n'est donc que l'aboutissement d'un processus social de communication, ayant lieu dans la pensée par l'intermédiaire de symboles signifiants (notamment le langage), qui implique l'intériorisation par chaque individu d'un ensemble structuré de rôles nécessaires à sa participation dans une tâche ou une situation commune (l'autre généralisé). Et, puisque prendre le rôle de l'autre implique assumer les valeurs de l'autre, l'acte moral a un but social : agir autant dans l'intérêt des autres que de soi-même. Le contenu de son enseignement à l'université de Chicago fut rassemblé par ses disciples et publié après sa mort : *l'Esprit, le soi et la société* (1934) ; *On Social Psychology* (1964) ; *Movements of Thought in the nineteenth Century* (1972) ; *The Philosophy of the Act* (1972). R. L.

mécanique (facteur)

(angl. Mechanical Factor)

Selon certains chercheurs en analyse factorielle, notamment britanniques, facteur unique qui permet de rendre compte partiellement des corrélations observées entre des épreuves paraissant assez hétérogènes.

Ces épreuves sont des tests spatiaux, de compréhension de dessins portant sur des mécanismes, d'habileté manuelle. Le facteur mécanique, qui se subdivise facilement en plusieurs facteurs plus étroits, est inclus par des auteurs britanniques comme P.E. Vernon dans un grand facteur de groupe : *k* : *m* (spatial-pratique-mécanique), distinct d'un autre grand facteur de groupe : *v* : *ed* (verbal-éducatif). M. R.

médian

n.m. (angl. Median)

Caractéristique de tendance centrale qui, dans la distribution d'une variable ordinale, est dépassée par 50 % des sujets. (Syn. médiane.)

Le médian se confond avec le deuxième quartile. M. R.

médiat, e

adj. (angl. Mediated)

Qui s'effectue par médiation.

On appelle *généralisation médiate* (angl. Mediated Generalization) une généralisation du stimulus qui était interprétée par la théorie de la médiation comme due à des stimulus et des réponses médiats ; ce terme était surtout utilisé pour caractériser la généralisation sémantique. J.-F. L. N.

→ médiation (théorie de la).

médiateur

n.m. (angl. Mediator)

Dans le cadre de la théorie de la médiation, stimulus ou réponse qui sont supposés servir d'intermédiaire entre le stimulus et la réponse observables.

Ces éléments sont désignés par R_m et S_m.

On appelle *médiateur verbal* une réponse interne de dénomination des objets qui était supposée jouer un rôle d'intermédiaire dans une tâche. J.-F. L. N.

médiateur synaptique

(angl. Synaptic Neurotransmitter)

R. L.

→ neuromédiateur.

médiation (théorie de la)

(angl. Theory of Mediation)

Ancienne théorie psychologique suivant laquelle, entre le stimulus et la réponse observables, existent une ou plusieurs réponses inobservables, qui sont supposées engendrer elles-mêmes un ou plusieurs stimulus inobservables.

Cette théorie, qui a connu une certaine importance au cours des années 1950 et 1960, notamment dans les domaines de l'apprentissage, des activités supérieures et des émotions, a perdu ensuite de son crédit. Elle visait à répondre aux difficultés du béhaviorisme S-R en restant dans le même cadre général.

Le schéma S-R classique ne comportait pas de notion théorique en dehors du « stimulus » ou de la « réponse » (*observables*) et de la « liaison » entre eux. La théorie médiationniste leur adjoint des réponses et des stimulus *inobservables*. Au schéma S→R, on substitue alors le schéma $S \rightarrow r_m \rightarrow s_m \rightarrow R$, où r_m et s_m représentent une réponse et un stimulus internes, appelés « médiateurs » ou « médiats ».

On pouvait, à partir de là et de proche en proche, compliquer ce schéma en lui donnant la forme :

$$S \rightarrow r_{m1} \rightarrow s_{m1} \ldots\ldots\ldots r_{mx} \rightarrow s_{mx} \rightarrow R.$$

Dans ce nouveau schéma, tous les segments $S \rightarrow r_m$ ou $s_m \rightarrow R$ étaient conçus suivant le modèle S→R classique ; en revanche, les segments $r_m \rightarrow s_m$ correspondaient à l'hypothèse particulière qu'une réponse interne produit des stimulus en retour.

Un exemple d'un tel mécanisme facilement acceptable par tous est celui qui est fourni par certaines réponses verbales intérieures. On peut imaginer qu'un sujet humain, à qui on présente un stimulus, un objet par exemple, pourra parfois le nommer automatiquement tout bas ; il produira ainsi de faibles activités motrices, de type articulatoire, qui pourront à leur tour susciter des stimulus rétroactifs kinesthésiques ; ceux-ci seront alors susceptibles de jouer un rôle psychologique, par exemple d'aider à une meilleure discrimination lors de la mise en mémoire.

Il est connu que, dans des conditions un peu difficiles pour des sujets, par exemple lorsqu'on leur demande d'effectuer un calcul mental en ambiance bruyante, un grand nombre d'entre eux développent des activités subvocales de caractère spontané : « parler tout seul ». On a pu enregistrer ces activités en plaçant des électrodes sur la gorge (au-dessus des cordes vocales).

La théorie de la médiation a étendu ce type d'explication à d'autres genres de réponses, par exemple émotionnelles. Mais elle s'est aussi présentée comme un modèle général pour les phénomènes d'apprentissage, de langage, d'activités intellectuelles, et cela sans être en mesure de spécifier dans le détail en quoi consistaient r_m et s_m ni d'en justifier l'existence.

Les tentatives de validation expérimentale et le développement de la psychologie scientifique n'ont pas justifié les espoirs placés dans la notion de médiation. La solution adoptée, compliquer le schéma S-R sans le rejeter, s'est elle aussi révélée une impasse. Les théories cognitives ont apporté aux mêmes problèmes une autre solution, qui a entraîné l'abandon complet du schéma S-R. J.-F. L. N.

→ béhaviorisme, cognitivisme.

méditation transcendantale

(angl. Transcendantal Meditation)

Méthode de relaxation mentale qui doit ses origines à une tradition védique visant à appréhender le subjectif et l'objectif et à en développer la connaissance.

Diffusée aux États-Unis à partir de 1960 par un chercheur hindou, Maharishi Mahesh Yogi, la méditation transcendantale consiste essentiellement à centrer son attention sur l'intérieur sans retenir les pensées parasites dues au monde extérieur et aux facteurs de stress. Ce travail est facilité par une mantra, syllabe brève ou groupe de syllabes, sans signification particulière, qu'il faut répéter mentalement en portant toute son attention sur elle. Le but est d'arriver à un état de conscience qui transcende la connaissance consciente et procure au méditant un état de repos mental dans lequel, à l'inverse du sommeil et du rêve, il garde sa vigilance.

L'enseignement de la méditation transcendantale se fait en six séances, l'élève revoyant, trois mois après la dernière séance, son moniteur pour lui exposer les difficultés rencontrées lors de sa pratique individuelle. L'intérêt de cette méthode pour la lutte contre les maladies dues aux facteurs de stress et leur prévention est souvent soulignée par ses adeptes, qui rapportent ses effets bénéfiques non seulement sur le plan psychologique (quiétude, repos mental), mais également sur des paramètres physiologiques (rythme cardiaque, tension artérielle, respiration). M. A.

mégalomaniaque

adj. (angl. Megalomaniac)

Se dit d'une personne atteinte de mégalomanie. J. P.

mégalomanie

n.f. (angl. Megalomania)

Surestimation par un sujet de ses capacités intellectuelles, physiques, sexuelles ou sociales.

Cette disposition, qui correspond à ce que les psychanalystes appellent l'hypertrophie du moi, peut aller d'une simple surestimation de soi-même jusqu'au délire* de grandeur. J. P.

mélancolie

n.f. (angl. Melancholia)

État dépressif particulièrement sévère, caractérisé par une douleur morale intense, avec sentiments de culpabilité et d'autodépréciation, une grande tristesse, un ralentissement psychomoteur allant parfois jusqu'à la stupeur et une anxiété majeure s'accompagnant souvent d'insomnie et de troubles digestifs.

Considérée par Hippocrate et ses successeurs (jusqu'à la Renaissance) comme une maladie provoquée par un excès de bile noire dans l'organisme (d'où son nom), son origine cérébro-psychique ne sera guère reconnue avant le XVIIe et surtout le XVIIIe siècle (avec Ch. Lorry). E. Kraepelin en fera une psychose endogène à la fin du XIXe siècle et, jusqu'au milieu du XXe siècle, elle restera le prototype de la dépression fonctionnelle, s'opposant aux dépressions névrotiques et réactionnelles, dont l'étiologie était d'ordre psychogénétique. Depuis une décennie, et en particulier avec le DSM III, la distinction n'est plus aussi marquée entre dépression endogène (la mélancolie) et dépression névrotique ou réactionnelle. On parle plutôt de dépressions plus ou moins graves, le qualificatif « mélancolique » s'appliquant aux premières. On en distingue, depuis l'Antiquité, deux grandes formes :

1. celle où le ralentissement de l'activité psychique et physique prédomine, conduisant à l'inertie et au mutisme complets, à un véritable état de stupidité ; c'est la mélancolie stuporeuse, ou asinine (qui pour les Anciens était due à un excès de bile noire froide) ;
2. celle où l'anxiété et l'agitation l'emportent avec expression très vive d'idées d'autoaccusation, de désespoir, de suicide, allant parfois jusqu'à la mélancolie délirante lorsque l'autoaccusation devient persécution par l'amorce d'une projection vers l'extérieur ou lorsque la perte de l'estime de soi conduit à un délire d'indignité ou de négation du corps (syndrome de J. Cotard) ; c'est la mélancolie anxieuse, ou « affective » (la mélancolie « vagabonde » ou le « kutubuth » des anciens médecins arabes, qui, à la suite d'Hippocrate et de Galien, y voyaient la conséquence d'un excès de bile noire chaude).

La mélancolie évolue spontanément, d'une manière périodique, par accès qui entrent dans le cadre de la psychose maniaco-dépressive ou de la dépression, dont la découverte des médicaments antidépresseurs a transformé le destin. L'utilisation de ceux-ci a permis en effet la guérison rapide des accès dans plus de 80 % des cas, cependant que l'emploi d'une lithiothérapie (→ lithium) continue empêche maintenant la plupart des rechutes. J. P.

Bibliographie

Tellenbach, H., 1961, trad. fr., 1979, *la Mélancolie*, Paris, P.U.F.

mélancolique

adj. et n. (angl. Melancholic)

Se dit d'une personne atteinte de mélancolie. R. L.

mémoire

n.f. (angl. Memory)

Capacité d'un système de traitement naturel ou artificiel à encoder l'information extraite de son expérience avec l'environnement, à la stocker dans un format approprié puis à la récupérer et à l'utiliser dans les actions ou les opérations qu'il effectue.

Problématique

Tout comportement humain est inexorablement lié à son passé : le simple fait par exemple de n'avoir plus la possibilité de reconnaître les visages familiers ou les lieux que l'on fréquente pourtant quotidiennement constitue un handicap considérable pour les personnes qui vivent cette pathologie. Les effets cumulatifs de l'expérience passée sont à l'origine de nos connaissances, de nos capacités de communication par le langage, de nos modes de relations sociales, de notre individualité et enfin de notre compétence à agir ou à opérer sans que notre attention soit constamment sollicitée. C'est la raison pour laquelle la notion de mémoire constitue une catégorie universelle qui a éveillé très tôt l'intérêt des penseurs et des philosophes ; c'est peut-être aussi une des raisons qui font qu'on s'est souvent servi d'artefacts, compatibles avec la technologie du moment, pour tenter de la caractériser.

Métaphores

Ainsi, Platon comparait la mémoire à une tablette de cire : les sensations, par leur action, laissent des traces sur cette matière malléable, leur persistance pouvant être assimilée au souvenir, leur effacement progressif, à l'oubli. Les différences entre les capacités mnésiques des individus dépendent de la surface de cette tablette. La reconnaissance des personnes peut s'expliquer par un processus d'appariement entre les traces en creux des visages et les visages perçus. Comme il ne pouvait pas expliquer le rappel de cette manière, il recourait à une autre image : l'apprentissage peut être comparé à la capture d'un oiseau qu'on met ensuite en cage ; le fait de se rappeler va consister à aller chercher parmi les prisonniers un oiseau aux caractéristiques plus ou moins bien définies. Cet usage de la métaphore pour rendre compte des activités mnésiques s'est poursuivi dans les siècles suivants ; c'est ainsi qu'on a pu invoquer au XVIe siècle le « théâtre de la mémoire » (Giulio Camillo), puis la vibration des particules médullaires activée par les sens (J. T. Hartley) et, plus récemment, la phosphorescence (Luys), la photographie, les condensateurs électriques (R. N. Shephard), le train à bande (B. B. Murdock), les centraux téléphoniques, les systèmes documentaires, l'hologramme, etc.

La métaphore la plus récente et qui règne encore, même si, à l'heure actuelle, elle se trouve menacée par les réseaux neuromimétiques, est la métaphore de l'ordinateur, c'est-à-dire de la machine de J. von Neumann. Cette métaphore, cependant, a un statut particulier par rapport aux précédentes : elle ne se contente pas en effet d'affirmer qu'il existe un médium susceptible de mimer la conservation des traces de l'expérience (quelles qu'elles soient), elle présente un système qui reçoit de l'information du monde extérieur, qui l'encode, la traite, la stocke à des adresses et, en fonction d'une tâche précise, peut utiliser cette information pour accomplir les actions qui lui sont demandées. De plus, elle permet de faire une distinction, importante pour les psychologues, entre le *dispositif matériel électronique* (angl. Hardware) et les *logiciels* (angl. Software) qui, de manière relativement indépendante du matériel, permettent de gérer et de traiter les informations symboliques fournies au dispositif. Autrement dit, l'hypothèse cognitiviste d'une causalité mentale, qu'il est possible d'étudier pour elle-même, sans exploration directe du cerveau, se trouve indirectement validée par le fait qu'un système artificiel puisse réaliser une application entre une information entrante et une information de sortie par l'intermédiaire d'une séquence d'états internes causalement reliés, et éventuellement identifiables, sans référence directe au dispositif matériel.

LES ÉTUDES EXPÉRIMENTALES

C'est à H. Ebbinghaus (*Über das Gedächtnis*, 1885) que l'on doit les premières études empiriques de la mémoire et la mise au point d'une méthodologie expérimentale qui est encore utilisée de nos jours, méthodologie que G. T. Fechner avait déjà appliquée à la perception. Compte tenu du scepticisme qui régnait à l'époque à l'égard d'une telle entreprise, Ebbinghaus travailla dans des conditions très contraignantes ; il utilisait souvent des stimulus qu'il estimait non significatifs ; il était à lui-même son propre sujet de façon à contrôler tous les paramètres qu'il désirait faire varier : nombre de répétitions, délai entre essais, intervalles de rétention, etc. Toutefois, l'oubli fait aussi son œuvre parmi les chercheurs qui étudient la mémoire si bien que, en dehors de l'utilisation des syllabes non significatives et de la méthode d'économie au réapprentissage, on lui reconnaît bien peu souvent la paternité de la mise en évidence de nombreux phénomènes mnésiques, comme les effets de la fatigue et du moment de la journée ; les effets de la longueur de liste sur le nombre de répétitions nécessaires pour apprendre au critère ; les effets de l'intervalle de rétention sur le déclin de la mémoire, la durée pouvant être de plusieurs années ; l'effet positif de l'apprentissage distribué par rapport à l'apprentissage massé ; les effets de primauté et de récence dans le rappel ; la mesure de l'empan de mémoire à court terme.

Toutefois, la validité externe de ce travail allait être mise en cause par F. C. Bartlett (*Remembering*, 1932), qui considérait que les contraintes imposées par Ebbinghaus à son observation lui faisaient manquer « l'essence même de la mémoire ». Explorant la mémoire de textes, celui-ci allait montrer que les sujets retiennent l'information en utilisant des schémas d'histoire compatibles avec leur culture ; cela lui permettait d'expliquer à la fois les stratégies utilisées par les sujets pour retenir l'information et les distorsions du souvenir qu'on observe lorsque, par exemple, on donne à mémoriser un conte esquimau à des Européens.

Cette opposition entre une conception de la mémoire qui stocke des caractéristiques d'événements pour les retrouver et une autre qui gère des connaissances pour pouvoir les utiliser continue de traverser les recherches contemporaines sur la mémoire.

C'est ce qui fonde plus ou moins directement la distinction effectuée par Tulving entre une *mémoire épisodique*, qui enregistre tous les événements biographiques d'un sujet et qui est soumise aux vicissitudes de l'interférence, de l'oubli, de la subjectivité, des variations de contexte, etc., et une *mémoire sémantique*, qui accumule les connaissances implicites issues de l'expérience, qui oriente et organise les prises d'information sur le monde et où l'oubli n'existe pas à proprement parler, mais plutôt un défaut d'accessibilité.

C'est aussi ce qui est à l'origine d'une distinction plus récente entre la *mémoire explicite*, intentionnelle ou directe, et la *mémoire implicite*, incidente ou indirecte. Dans le premier cas, les consignes au moment du test font mention d'un événement du passé plus ou moins récent des sujets (présentation d'une liste de mots par exemple) et ceux-ci doivent fournir une preuve comportementale de la connaissance qu'ils ont gardée de cet événement : cela est associé à des épreuves classiques comme le rappel, le rappel indicé, la reconnaissance, etc. Les sujets savent par conséquent que la rétention du plus grand nombre possible de caractéristiques de l'événement leur permettra de mieux répondre aux exigences de la tâche.

Dans le second cas, on demande aux sujets de s'engager dans une tâche donnée (par exemple formuler un jugement de préférence) sans faire référence aux événements qui ont pu se produire avant cette tâche et qui, au moins pour le groupe expérimental, ont déjà eu lieu : par exemple, on leur a présenté, parmi d'autres, les mêmes stimulus dans le cadre d'une tâche de décision lexicale. Ce que l'on mesure alors, c'est l'incidence de la première présentation sur la seconde en termes de rapidité, de précision ou d'évaluation de la réponse. On constate alors que, bien que les sujets n'établissent pas de rapport conscient entre la première et la seconde tâche, l'effet d'une présentation antérieure a des incidences sur certains paramètres de la performance.

Enfin, on peut penser également que la distinction entre l'épisodique et le conceptuel a stimulé des modes distincts d'administration de la preuve : dans l'expérimentation classique, on fait varier des paramètres locaux et on tente d'observer et de mesurer l'incidence de ces variations sur les performances d'un sujet modal ; dans la simulation, on dote un système d'une base de connaissances et de procédures contrôlées et on tente de comprendre comment le traitement d'une tâche s'effectue en se donnant les moyens d'accéder aux états et aux transitions entre états du système.

LES PROBLÈMES D'ARCHITECTURE

Avec la naissance du courant cognitiviste en psychologie et peut-être parce que celui-ci désirait sauvegarder son indépendance à l'égard de la neurophysiologie, des problèmes concernant la structure de la mémoire se sont posés : comment concilier en effet la quantité d'informations à traiter – et la rapidité relative de leur exploitation sensorielle – avec les ressources attentionnelles dont nous disposons et les constantes de temps beaucoup plus longues nécessaires au traitement cognitif proprement dit. Plusieurs types de réponses ont été apportés à cette question.

UN OU DEUX TYPES DE STOCKAGE ?

L'idée qu'il existe deux types de mémoire est ancienne puisque c'est W. James, à la fin du siècle dernier, qui introduisit la distinction entre une mémoire primaire, correspondant à la conscience d'un présent momentané, et une mémoire secondaire, où résideraient de manière inconsciente les traces d'un passé néanmoins susceptible d'être rappelé. Les mêmes termes ont été repris en 1965 par N. C. Waugh et D. A. Norman, mais qui leur conféraient cette fois une dimension structurale : la mémoire primaire correspond à un stock de capacité limitée qui maintient la trace provisoire d'un stimulus en attendant que celle-ci puisse être copiée en mémoire secondaire, qui représente elle-même l'ensemble des connaissances acquises ; une stratégie de maintenance qui est susceptible de prolonger la durée de vie de cette trace est la répétition mentale. L'oubli à court terme résulte du déplacement des items dans une sorte de pile, provoqué par les nouvelles informations entrantes ; quand la limite de la pile est atteinte, que l'item n'est pas répété ou copié en mémoire secondaire, il est éliminé. C'est l'expérience de Peterson et Peterson qui, dans les années 1960, a permis de mettre en évidence l'oubli très rapide qui se manifeste en mémoire à court terme. Des groupes de trois lettres sont présentés aux sujets : pour empêcher la répétition mentale entre les présentations, on oblige ceux-ci à décompter de 3 en 3 à partir d'un nombre donné ; le temps pendant lequel ils doivent procéder à cette opération peut varier de 3 à 18 secondes : les auteurs montrent que l'oubli se manifeste très vite et qu'il atteint 90 % au bout de 18 secondes.

Cet oubli est-il dû au déplacement des items dans la pile, au déclin de la trace ou à l'interférence ? Les résultats des nombreuses expériences qui ont tenté de répondre à cette question tendent à montrer que c'est l'interférence qui est responsable de l'oubli. Le beau paradigme de suppression de l'interférence proactive mis au point par D. D. Wickens constitue un argument solide en faveur de l'interférence. En effet, si l'on présente successivement aux sujets trois séries de 3 ou 4 items de forte similarité sémantique ou phonétique et que, lors de la quatrième série, on change la caractéristique des items, la performance, qui avait régulièrement baissé lors des trois premiers essais du fait de la similarité, est susceptible d'atteindre lors du dernier essai le niveau du premier.

Le modèle de R. C. Atkinson et R. Shiffrin

Dans ce modèle, la distinction entre deux stocks de mémoire est maintenue, mais les préoccupations des auteurs ne se limitent plus au seul aspect structural. Ils tentent en effet de présenter un système de traitement beaucoup plus complet, où l'on précise notamment certains processus de contrôle. Le système proposé est constitué de trois étages : le premier est constitué d'une série de « buffers » sensoriels qui opèrent comme des filtres précatégoriels et maintiennent un très court moment l'information sensorielle issue de différentes modalités ; ces « buffers » communiquent avec un stock à court terme (S.C.T.) de capacité limitée, qui lui-même est en liaison avec un stock à long terme (S.L.T.) à capacité illimitée, où le S.C.T. peut envoyer, et d'où il peut extraire, les informations nécessaires à l'accomplissement d'une tâche donnée. Dans ce modèle, comme dans le précédent, la répétition mentale constitue un moyen d'empêcher l'oubli : on a pu montrer cependant que la répétition mentale était loin d'être le moyen le plus approprié pour ce faire ; de plus, dans le modèle, l'apprentissage, c'est-à-dire le passage du S.C.T. au S.L.T., est une fonction du temps de résidence en S.C.T. ; or, F.I.M. Craik et M. J. Watkins ont pu montrer, à la même époque, qu'il n'y avait pas de relation entre le temps de maintenance différentiel des items en S.C.T. et leur niveau d'apprentissage à long terme ; enfin, comme les informations sensorielles ne sont pas catégorisées lors de leur entrée en S.C.T., cette catégorisation ne peut s'effectuer qu'en consultant le S.L.T., si bien qu'on aboutit à des allers et retours entre S.C.T. et S.L.T. peu économiques pour un modèle.

La théorie des niveaux de traitement

Craik et Lockhart (1972), les auteurs de cette théorie, pensaient que les préoccupations structuralistes de leurs prédécesseurs comportaient deux dangers : un attrait trop marqué pour un jeu de construction de la mémoire à partir de petites boîtes noires et trop peu d'intérêt pour les processus et le fonctionnement.

Leur objectif peut être résumé comme une tentative pour réintégrer l'activité mnésique dans le fonctionnement général de la cognition et pour la faire dépendre en quelque sorte de celui-ci. Le traitement de l'information est supposé suivre une série d'étapes depuis l'analyse sensorielle périphérique jusqu'au niveau sémantique le plus profond. Chaque niveau de traitement laisse une trace mnésique dont la durée de vie s'accroît avec la profondeur.

Il peut y avoir deux types de répétition : une répétition de maintenance, qui réactive les traces au même niveau de traitement, et une répétition d'élaboration, où chaque traitement successif accroît la profondeur de l'encodage. Dans cette perspective, par conséquent, si l'on procède à un traitement superficiel, la rétention est faible et peu durable ; en revanche, si l'on procède à un traitement approfondi sur le plan conceptuel, le souvenir peut se muer en connaissance. Indépendamment de certaines évidences empiriques qui ont pu être apportées contre la théorie et de la critique de circularité qu'on a pu lui faire, on constate que, malgré ses orientations résolument fonctionnelles, elle admet implicitement une architecture unidirectionnelle du système de traitement, où l'information se trouve codée à différents niveaux d'élaboration, eux-mêmes organisés hiérarchiquement et autonomes.

Malheureusement, dans cette opération, l'idée d'une mémoire transitoire susceptible de conserver provisoirement les produits du traitement, à quelque niveau qu'ils appartiennent, lors de la réalisation d'une tâche complexe, disparaît. Or, cette idée s'avère nécessaire si l'on veut comprendre comment les sujets raisonnent, comprennent ce qu'ils lisent ou résolvent des problèmes.

La mémoire de travail

Ce dispositif peut être considéré comme un système à capacité limitée qui gère à la fois des activités de stockage et des activités de traitement. Il est constitué, suivant le modèle de A. D. Baddeley (*Working Memory*, 1986), d'un contrôleur central qui est responsable de la répartition des ressources cognitives entre le traitement de l'information et le stockage de celle-ci. Dans ce dernier cas, il peut utiliser, sous son contrôle, deux systèmes auxiliaires : une boucle articulatoire permettant la répétition de l'information verbale et son codage phonologique, et un agenda visuo-spatial pouvant stocker l'information visuo-spatiale.

Par conséquent, dans ce dispositif, la limitation de capacité n'est pas à proprement parler de caractère structural, comme elle pouvait l'être dans la mémoire primaire ou la mémoire à court terme (nombre d'éléments dans la pile ou nombre d'items), mais de caractère fonctionnel.

Ainsi, si les capacités de déchiffrage en lecture (traitement) sont peu automatisées ou déficientes, le stockage du texte s'en ressentira et, par conséquent, la compréhension en sera affectée.

On peut faire la même démonstration pour le raisonnement, le jugement, la résolution de problème ou la surveillance de l'espace aérien. L'idée même de mémoire de travail présente donc l'avantage d'associer dans sa conception des contraintes structurales, fonctionnelles et opérationnelles, sans pour autant encourir les critiques qu'on a pu faire aux modèles qui prennent en considération une seule de celles-ci ; elle permet de plus d'aborder le problème du traitement dans des domaines complexes.

L'encodage

L'information qui nous parvient du monde extérieur passe par différentes modalités sensorielles, les plus importantes étant la vision et l'audition. La question qui se pose est de savoir comment les caractéristiques extraites par les différents appareils sensoriels sont exploitées en vue d'une mémorisation ou d'une reconnaissance par le sujet.

La mémoire visuelle

Persistance de l'image visuelle. En 1970, C. F. Stromeyer et Psotka, travaillant avec un sujet disposant d'une excellente mémoire visuelle, mirent en évidence des phénomènes de persistance de l'image visuelle. Pour cela, ils utilisèrent comme matériel un stéréogramme : il s'agit de 2 ensembles de points qui, vus séparément, ne présentent aucune organisation mais qui, vus simultanément l'un par l'œil droit et l'autre par l'œil gauche (vision stéréoscopique), laissent apparaître une image résultant de la fusion perceptive. L'expérience consistait à présenter d'abord le premier ensemble de points puis, à des délais différents allant de quelques minutes à 24 heures, le second ensemble. Le sujet utilisé était encore capable de percevoir un pattern significatif lorsque l'intervalle entre les deux présentations était de 24 heures. S'il est indiscutable que certains sujets sont capables de garder une trace visuelle sur une période aussi longue, la question est de savoir quelle est la contribution respective des informations visuelles et non visuelles dans la constitution de la trace mnésique.

La mémoire iconique. C'est à G. Sperling qu'on doit les premiers travaux sur ce qu'on a pu appeler la *mémoire iconique*, au début des années 1960. Lorsqu'on présente à des sujets des tableaux constitués de 4 rangs de 3 lettres pendant 50 millisecondes, les sujets sont capables de percevoir l'ensemble du tableau ; lorsqu'on leur demande ce qu'ils ont vu, ils peuvent restituer 4 ou 5 lettres correctement ; lorsqu'en plus on leur indique, par un signal acoustique, de rappeler l'un des 4 rangs seulement, ils restituent encore 3 des 4 items, ce qui correspond à 75 % de l'information totale puisqu'ils ne savent pas d'avance quel sera le rang testé. Il semble donc que, malgré l'interférence provoquée par la programmation verbale du rappel, les sujets soient capables de lire une sorte d'image visuelle, dont la durée est très limitée mais qui persiste après la présentation du tableau. Cela se trouve vérifié lorsqu'on fait varier le délai d'apparition de l'indice : on constate alors que la performance de rappel baisse très rapidement.

M. T. Turvey, de son côté, utilisait la technique de masquage, qui consiste à faire suivre, plus ou moins rapidement après la présentation du tableau, un masque constitué soit de points disposés de manière aléatoire, soit de fragments de lettres; ce masque peut être présenté à un seul œil ou aux deux. Turvey montrait qu'il existait deux processus de masquage, l'un qui avait son effet avant la fusion des informations provenant des deux yeux, l'autre qui opérait de manière moins périphérique.

Par conséquent, selon Sperling, l'information est très rapidement transformée en une sorte d'icône. Un mécanisme de balayage dirigé par la consigne (rappel total ou rappel d'un seul rang) extrait de celle-ci des caractéristiques qui vont permettre de reconnaître les stimulus (des lettres); ce n'est qu'ensuite qu'intervient la programmation de la réponse. C'est donc à l'étape 2 que l'information se trouve catégorisée. Dans ce modèle, on retrouve une architecture purement sérielle, qui sera contestée par Merikle : pour lui, en effet, l'information visuelle et l'information catégorielle sont traitées en parallèle, même si la durée de vie de la première est plus brève que celle de la seconde.

Toutefois, la question est maintenant de savoir si la représentation visuelle est évanescente ou si l'information verbale et l'information visuelle peuvent coexister durant des périodes de temps relativement longues.

D. L. Hintzman et J. J. Summers ont pu montrer que les sujets étaient capables de se rappeler si des mots avaient été présentés en majuscules ou en minuscules plusieurs minutes après leur présentation. De la même manière, divers auteurs ont montré que les sujets qui avaient appris à lire des textes dont les lettres avaient subi des rotations de divers angles lisaient plus vite, une année plus tard, ce type de texte que des sujets contrôle. De nombreuses recherches montrent que la mémoire visuelle peut avoir une énorme capacité. Ainsi, Shepard (1967) présentait 600 images d'objets communs puis demandait aux sujets de reconnaître 68 d'entre elles appariées chacune avec une image de même type qui n'avait pas été présentée antérieurement; une semaine plus tard, les sujets étaient encore capables de reconnaître 87 % des images. Toutefois, cela ne signifie pas que les sujets ont stocké des informations visuelles détaillées.

C'est pour répondre à cette question que G. Mandler menait une série d'expériences portant sur des images de scènes de la vie quotidienne : elle faisait varier le degré d'organisation de ces scènes; dans certaines images, les objets étaient correctement situés; dans d'autres, ils étaient placés au hasard. Pour créer les pièges qui seraient utilisés lors de la reconnaissance, deux grands types de modifications étaient apportés aux items originaux : des transformations thématiques et des transformations de surface. L'épreuve de reconnaissance avait lieu de 3 minutes à 4 mois après la présentation. Les résultats montraient que la mémoire des images dépendait étroitement des schémas de scène dont les sujets disposaient. En revanche, les détails de surface ne sont pas enregistrés très longtemps.

LA RECONNAISSANCE DES VISAGES. La reconnaissance des visages pose également de difficiles problèmes aux chercheurs : s'il est incontestable que certains traits comme les yeux, les cheveux et à un moindre degré la bouche sont bien identifiés par les sujets, il apparaît également qu'un visage n'est pas seulement assimilable à la recomposition de ses parties; sinon, les techniques du portrait-robot utilisées par la police seraient plus efficaces qu'elles ne le sont en réalité. L'idée de schémas de visages familiers fortement associés à des expériences émotionnelles semble nécessaire pour expliquer l'extraordinaire capacité de l'homme à mémoriser les visages.

LA MÉMOIRE AUDITIVE

MÉMOIRE ÉCHOÏQUE. Tout le monde a déjà fait l'expérience, à la suite d'un moment de distraction au cours d'une conversation, de faire répéter son interlocuteur, alors que, avec un léger décalage dans le temps, on avait entendu ce qu'il disait. Tout se passe comme si, dans ce cas, une trace était maintenue puis interprétée alors même qu'on pense n'avoir rien perçu. U. Neisser, à propos de ce phénomène, parlait de *mémoire échoïque*. Ce phénomène a été exploré expérimentalement en transposant certaines des techniques utilisées dans l'étude de la mémoire iconique. D. W. Massaro demandait à des sujets d'identifier deux tons (haut et bas) de 20 ms. Ceux-ci étaient suivis, à des intervalles pouvant aller de 0 à 500 ms, d'un masque sonore. La capacité des sujets à identifier la cible croissait jusqu'à un intervalle cible-masque de 250 ms, à partir duquel la performance ne variait plus. Massaro considérait donc que la durée de la trace était d'environ un quart de seconde.

Toutefois, lorsqu'on utilisait en exploitant la stéréophonie une technique comparable à celle imaginée par Sperling en mémoire visuelle, l'estimation de la durée de cette trace était évaluée à 4 ou 5 secondes. Massaro considérait que la différence qu'il observait entre ses résultats et ceux d'autres chercheurs venait du fait que, dans le premier cas, on réussissait à capter une rémanence précatégorielle du stimulus alors que, dans le second, l'information était déjà catégorisée, qu'il s'agissait d'une trace auditive à court terme. Cette idée était développée par R. G. Crowder et J. Morton dans leur modèle de mémoire immédiate et exploitée pour construire leur système logogène, qui allait devenir un des modèles les plus connus d'accès au lexique.

EFFET DE MODALITÉ. On notera également qu'il existe des différences dans les performances recueillies lorsque le matériel est présenté visuellement et auditivement : c'est ce qu'on appelle l'effet de modalité. Cet effet se manifeste particulièrement bien lorsqu'on demande aux sujets de restituer sériellement l'information présentée. En modalité auditive, on obtient une courbe en U, avec un effet d'ordre très accentué : le dernier item étant toujours très bien restitué; en modalité visuelle, si l'on n'observe guère de modification dans la première portion de la courbe, la rétention du dernier item est considérablement atténuée. L'explication la plus largement acceptée de ce phénomène repose précisément sur l'existence d'une *mémoire échoïque*, permettant aux sujets d'exploiter la trace acoustique du dernier item présenté. Le fait que la similarité phonétique entre les items atténue considérablement cet effet sériel tend à confirmer cette interprétation : en effet, du fait de celle-ci, les items sont difficiles à discriminer et leur restitution dans l'ordre s'en trouve affectée.

DURÉE DU SOUVENIR. Si l'on se tourne maintenant vers la capacité que montre l'homme à se souvenir de la musique, des voix, de la parole, etc., il paraît incontestable qu'une information auditive puisse être retenue sur de longues périodes de temps. Il est probable cependant que la forme d'un tel stockage doive être très abstraite, puisque dans ce cas on n'observe pas les effets d'interférence qu'on rencontre dans la mémoire échoïque. De plus, tout comme dans la mémoire visuelle à long terme, il est probable que la trace auditive se trouve associée à des schémas d'organisation où l'information peut prendre une forme composite (sémantique, imagée, affective, émotionnelle, etc.).

L'ENCODAGE À LONG TERME

Si la constitution des traces à court terme se réalise dans la majorité des cas de manière automatique, lorsqu'il s'agit d'encoder l'information pour la retrouver à long terme, les sujets doivent utiliser différentes techniques qui ultérieurement permettront un meilleur accès à l'information.

LES REPRÉSENTATIONS STRUCTURÉES. Une de celles-ci consiste à procéder à une élaboration de l'information présentée en utilisant des représentations structurées parfaitement disponibles. Par exemple, dans la méthode des lieux, inventée par Simonidès (500 av. J.-C.), le sujet utilise l'organisation d'une pièce ou d'une rue qu'il connaît bien et accroche en quelque sorte les informations qu'il veut retenir soit aux différents magasins de la rue, soit aux différents meubles de la pièce, tout en imaginant leur association. Lors du test, il suffit de parcourir la rue ou d'inspecter la pièce en imagination pour y retrouver les informations.

LA LISTE DE RÉFÉRENCE. Une autre technique du même type consiste à utiliser une liste de référence, elle aussi parfaitement disponible, constituée de couples rimants : un-pain, deux-queue, trois-roi, etc., puis à combiner les mots de la liste à apprendre avec chacun de ces couples en essayant de former une image. La parfaite disponibilité de la liste de référence jointe à l'activité d'imagerie contribue à l'augmentation de la performance au rappel. Cela pose évidemment le problème du rapport entre les formats verbaux et imagés. (→ image ou image mentale.) Les sujets sont également capables d'utiliser l'organisation de leurs représentations sémantiques pour imposer lors de l'apprentissage une structure à la liste d'items qu'on leur demande de retenir; ils peuvent ainsi réaliser des groupements significatifs, ce qui leur fournira un meilleur accès à l'information lors de la récupération.

EXTRACTION DU THÈME OU DU SCÉNARIO. Dans des situations plus complexes, comme la lecture de textes ou d'histoires, les sujets peuvent extraire ou construire, durant la lecture, le thème, le plan ou le scénario du texte et utiliser cette information pour le reconstituer lors du rappel. On voit bien dans ce cas l'importance que prend l'organisation préalable des connaissances du sujet dans sa capacité à identifier les informations pertinentes puis à les utiliser pour reconstruire la situation.

Toutefois, si l'encodage à long terme s'effectue généralement de façon intentionnelle, il existe de nombreux cas où l'intensité de la surprise causée par un événement ou sa forte charge émotionnelle conduit les sujets à enregistrer automatiquement un nombre important d'informations annexes et de détails sans importance en plus de l'événement lui-même. C'est ce qu'ont montré R. Brown et Kulik (1977) en interrogeant les sujets sur certains événements marquants survenus plusieurs années auparavant, comme l'assassinat de Kennedy (novembre 1963).

REPRÉSENTATION DES CONNAISSANCES

Si la mémoire nous permet de réaccéder à notre passé, elle est également le support de toutes les connaissances que nous avons accumulées sur le monde et qui nous guident dans les moindres actions que nous effectuons. Trois problèmes encore largement ouverts se sont posés dès l'origine à la psychologie cognitive : quelle est la nature de ces connaissances, comment celles-ci sont-elles représentées, comment sont-elles organisées. De manière très générale, on distinguera dans le premier cas des connaissances déclaratives et des connaissanes procédurales : les connaissances déclaratives correspondent à des savoirs ; leur représentation s'effectue généralement de manière propositionnelle ; les connaissances procédurales renvoient aux modalités et aux conditions de l'action à entreprendre, c'est-à-dire aux savoir-faire. On les représente généralement sous forme de règles de production de la forme « si (condition)... alors (action) ». Bien que l'on discute beaucoup pour savoir si ces deux types de connaissances doivent être distingués ou non, il n'en reste pas moins qu'ils permettent de faire la liaison entre la représentation des états de choses ou des situations et l'action à entreprendre pour les modifier en vue d'atteindre un but ou un sous-but.

La représentation et l'organisation des connaissances en mémoire ont beaucoup évolué dans les travaux de ces dernières années. Dans le cadre de l'associationnisme, c'était la contiguïté des événements, la fréquence des rencontres et l'intérêt qui s'ensuivait qui constituaient la base de l'organisation : d'une certaine façon, la connaissance était exclusivement modelée par l'organisation de l'environnement. Dans la mesure où la psychologie cognitive a conféré un rôle causal à la connaissance dans la production et l'adaptation des comportements, le problème de l'organisation de celle-ci s'est posé avec beaucoup de force. La logique aristotélicienne a fortement influencé les premiers modèles.

HIÉRARCHIES ET RÉSEAUX CONCEPTUELS

Pour G. Mandler, par exemple, la mémoire serait constituée d'une collection d'organisations hiérarchiques, comportant au plus cinq niveaux et à chaque niveau au plus cinq éléments, nombre considéré alors, dans une perspective semblable à celle de G. Miller, comme pouvant représenter la capacité de la mémoire immédiate. Dans cette représentation atomisée de la connaissance se trouvaient déjà présentes les idées d'économie de stockage et de limitation des capacités de traitement.

UNE THÉORIE DE L'ORGANISATION HIÉRARCHIQUE. C'est dans le même esprit, mais dans une perspective plus informatique que psychologique, que M. R. Quillian, à la fin des années 1960, cherche le moyen de permettre à un ordinateur de comprendre du texte. Si on le dotait d'un dictionnaire économiquement représenté, peut-être pourrait-il effectuer cette tâche ? Si un dictionnaire apparaît généralement comme une liste, en fait, puisqu'un mot du dictionnaire se définit en utilisant d'autres mots du dictionnaire, on peut le représenter comme un réseau. Les nœuds de celui-ci représentent les concepts, les arcs qui les relient, les relations entre concepts et en particulier la relation d'inclusion. De plus, à chaque concept correspondent des propriétés spécifiques : par exemple, un animal « a de la peau », « peut se mouvoir », « doit se nourrir », etc. ; un oiseau « a des ailes », « peut voler », « a des plumes » ; enfin, un canari « peut chanter », « est jaune ». Comme on peut le constater, les propriétés ne sont représentées qu'une seule fois, à un niveau pertinent de la hiérarchie. Cette disposition, en plus de l'économie de stockage qu'elle assure, permet l'héritage des propriétés d'un niveau supérieur par un niveau subordonné et garantit au système des possibilités d'inférence.

CRITIQUE ASSOCIATIONNISTE DE CETTE CONCEPTION. Bien que ce modèle ait joué un rôle très important tant en intelligence artificielle (I.A.) qu'en psychologie dans la formalisation de la représentation des connaissances, il a subi des attaques sur plusieurs fronts. On a d'abord critiqué le manque de précision formelle concernant la nature des nœuds et des arcs : ces critiques sont surtout venues de l'I.A. En psychologie, certains auteurs ont attaqué le concept d'*économie cognitive*, considérant qu'il était dû plus aux contraintes des machines qu'à une réalité psychologique. Cette critique s'est largement inscrite dans la perspective associationniste, mais elle a eu le mérite de montrer que la distance entre propriétés dépend moins de la hiérarchie conceptuelle que de l'intensité de l'association entre les propriétés et les concepts. Cela d'ailleurs allait conduire à remettre en cause l'idée aristotélicienne de représentativité équivalente des sous-catégories d'une catégorie et conduire à la notion de *typicalité*, souvent indûment appelée, comme le signale J.-F. Le Ny, *prototypie*.

LA TYPICALITÉ

C'est E. Rosch qui, à propos des représentations naturelles et d'elles seules, c'est-à-dire de celles qui sont présentes dans la mémoire sémantique, introduit, à la fin des années 1970, l'idée que les sujets, du fait des contacts fréquents qu'ils entretiennent avec un univers relativement homogène et de leurs capacités d'apprentissage abstractif, manifestent, parmi les sous-catégories d'une catégorie, certaines préférences cognitives qui peuvent se traduire par un gradient de représentativité.

Lorsqu'on donne la consigne à des sujets de produire à partir d'un nom de catégorie inducteur : fleurs, oiseaux, arbres, bâtiments, etc., les noms des sous-catégories dans l'ordre où ils leur viennent à l'esprit, on constate que certaines de celles-ci sont plus fréquemment nommées en tête que d'autres. Elles apparaissent comme plus représentatives. Ainsi, la sous-catégorie « moineau » est typique de la catégorie des oiseaux ; en revanche, la sous-catégorie « autruche » l'est beaucoup moins. On peut donc penser que les sujets, au cours de leur développement, extraient des objets qui les entourent certaines propriétés appartenant à de multiples dimensions et classent ceux-ci en fonction de leur similarité ; ils ont tendance par conséquent à « maximiser les proximités intracatégorielles et les distances intercatégorielles ». Les travaux qui ont été réalisés sur la typicalité montrent que, dans bien des cas, sinon dans la totalité, la plupart des décisions sémantiques communes s'effectuent sur la base des ressemblances entre les membres d'une catégorie. On voit bien dès lors que ce type d'organisation des catégories naturelles n'a plus grand-chose à voir avec les principes de la logique aristotélicienne. Cela a permis de mieux comprendre la flexibilité des jugements effectués par les sujets et également la manière dont le contexte est capable d'accuser le relief de tel ou tel attribut lors de l'interprétation de textes.

CADRES, SCHÉMAS, SCÉNARIOS

Ces notions très anciennes ont été reprises aussi bien en psychologie qu'en I.A. et intégrées dans les dispositifs de représentation des connaissances. Un cadre constitue une référence à partir de laquelle peuvent être interprétées des données nouvelles : il peut aussi bien s'agir d'un événement, d'une action générique, d'un concept que l'expérience du sujet a relativement stabilisés. Le cadre fournit une structure de variables qui devront être spécifiées quand il sera utilisé. Un cadre « malade » (par exemple) peut comprendre divers scénarios qui pourront être activés par le contexte : « aller chez le médecin », « se présenter à l'hôpital », etc. Parmi les propriétés les plus importantes de ce type de représentation, on note qu'il permet d'effectuer des inférences par déduction de scénario. Ainsi, « clinique » peut être considéré comme un cas particulier d'« hôpital », dès lors le scénario peut lui être appliqué. Il permet également d'attribuer des propriétés par défaut, quitte à revenir sur cette attribution si elle se révèle fausse ; il permet également de déclencher des procédures, c'est-à-dire des actions susceptibles, par exemple, de calculer la valeur qu'on peut attribuer à une variable ; enfin, il présente une certaine récursivité.

RÉSEAUX PROPOSITIONNELS ET ACTIVATION

La distinction qu'on peut faire entre réseaux conceptuels et réseaux propositionnels, c'est que les premiers tentent de représenter ce qu'on pourrait appeler des connaissances permanentes alors que les réseaux propositionnels tentent de modéliser les résultats d'un traitement, par exemple la compréhension d'une phrase ou d'un petit texte. Il est clair qu'en pratique ces deux types de réseaux sont ou peuvent être mis en relation.

La notion d'activation dans un réseau a été introduite dans le milieu des années 1970 par A. M. Collins et G. R. Loftus et reprise par Anderson dans ses différents modèles. Indépendamment des modifications introduites dans la structure du réseau, le concept d'activation permet de conférer à la récupération de l'information en mémoire son caractère éminemment fonctionnel. On suppose en effet que les concepts peuvent être plus ou moins activés et que leur récupération consciente dépend du fait qu'ils ont ou non franchi un certain seuil. Cela permet en même temps de comprendre la distinction entre mémoire explicite et mémoire implicite. L'idée qui sous-tend les modèles d'activation est que, pour comprendre un texte, par exemple, il est nécessaire que les données du texte activent les différentes structures cognitives stockées par le sujet du fait de son expérience, la représentation transitoire qui en résulte étant donc le produit de cette interaction.

On constatera cependant que, dans cette description qui est faite de la compréhension à un moment donné, on ne dispose d'aucune information sur les modifications permanentes que le contact avec un texte est susceptible de produire sur les structures de connaissances stockées, c'est-à-dire en définitive sur l'apprentissage et la modification des connaissances. P. L.

PSYCHOPHYSIOLOGIE DE LA MÉMOIRE

Quels sont les mécanismes physiologiques impliqués dans la saisie, la conservation et la restitution des informations ?

RECHERCHE DES LIEUX DE STOCKAGE

Les travaux psychophysiologiques relatifs à la mémoire se sont, dans un premier temps, orientés, dans la plus pure tradition localisationniste, vers la recherche du lieu de stockage des traces mnésiques. Les innombrables expériences de stimulations ou de lésions ont révélé qu'un grand nombre de structures du système nerveux central participent selon des modalités diverses à l'élaboration de la trace mnésique. Si les tentatives de localisation de cette trace mnésique ont abouti à une impasse, ces travaux ont contribué à la naissance de l'approche neuropsychologique de la mémoire, dans laquelle on cherche notamment à valider des modèles du fonctionnement de la mémoire par l'observation de sujets porteurs de lésions cérébrales.

LES CONDITIONS CÉRÉBRALES DE LA MÉMORISATION

Un second secteur de travaux s'est intéressé à l'étude des conditions cérébrales requises pour la mémorisation. S'appuyant d'une part sur l'hypothèse psychologique de l'existence de deux mémoires (mémoire à court terme et mémoire à long terme), et d'autre part sur les données de la physiologie qui montrent l'existence simultanée de plusieurs types d'activités au niveau des cellules nerveuses (activités électriques et biochimiques), les psychophysiologistes ont construit un modèle de la mémorisation.

En raison de la brièveté de la phase de mémoire à court terme, on admet généralement qu'elle a un support bioélectrique. D'une part, les agents réputés agir sur l'activité nerveuse peuvent entraîner une amnésie s'ils sont administrés dans les quelques secondes qui suivent une acquisition. Inversement, des traitements agissant au niveau biochimique n'entraînent d'amnésie que quelques heures, au mieux quelques minutes après l'apprentissage. Il semble donc exclu que les mécanismes sous-tendant la mémoire immédiate soient de nature biochimique. Pendant cette brève phase, l'information se maintiendrait sous forme d'une activité électrique autoentretenue du système nerveux : c'est le processus de persévération postulé par Muller et Pilzecker en 1900. Cette persévération de l'activité nerveuse serait rendue possible par l'existence de « circuits réverbérants » (Lorente de No) ou de « métacircuits » (Barbizet) qui seraient des boucles fermées de neurones (O. Hebb, 1949). Elle serait indispensable pour qu'un traitement de l'information puisse s'opérer. Cette période, durant laquelle la trace mnésique est labile, a été appelée période de « consolidation mnésique ».

Une seconde période de traitement de l'information a été mise en évidence durant les épisodes de sommeil paradoxal consécutifs à l'apprentissage. En effet, d'une part, des privations de sommeil paradoxal perturbent la rétention d'informations préalablement présentées, et, d'autre part, la présentation d'informations nouvelles est suivie d'une augmentation du temps passé en sommeil paradoxal. L'hypothèse est que l'activité nerveuse importante qui caractérise cette phase de sommeil supporte des processus de traitement de l'information, peut-être la transformation du type de codage des informations, elle-même liée à l'intégration de ces informations nouvelles dans les structures mnésiques existantes.

Enfin, l'étape de restitution des informations a fait l'objet de recherches récentes qui ont montré que les amnésies pouvaient s'expliquer non pas par une perturbation des processus d'encodage, mais par une incapacité à réactualiser la trace mnésique. Chaque information nouvelle est, en effet, associée en mémoire à un grand nombre d'informations contextuelles (caractéristiques de l'environnement externe et interne à l'organisme). C'est cet ensemble qui constitue le souvenir. La réactivation du souvenir peut ainsi être plus ou moins facilitée en fonction des caractéristiques du contexte de rappel.

NATURE DU CODAGE DE L'INFORMATION

Un troisième ensemble de travaux a porté sur la nature du codage de l'information en mémoire à long terme. S'il est admis que l'information nouvelle induit ce qu'on peut appeler un « engramme dynamique » lié à l'ensemble des modifications électriques et biochimiques qui ont pour conséquence un changement de la connectivité nerveuse (« frayage »), il est clair que cet engramme dynamique doit faire place à un « engramme structural » caractérisé par sa permanence et capable de reproduire l'activité nerveuse nécessaire à la réactualisation de l'information. De nombreuses recherches ont tenté de montrer le rôle de l'A.R.N. (acide ribonucléique) et des protéines comme supports de la trace mnésique. S'il paraît évident que la stabilisation de l'engramme structural a une base biochimique, l'hypothèse d'un codage biochimique de l'information n'est pas encore validée. En revanche, il a pu être montré que l'apprentissage entraînait des modifications importantes de la morphologie des réseaux nerveux, notamment le développement de nouveaux contacts synaptiques. On peut aussi supposer que se développent de nouveaux neurones de liaison ou, au contraire, comme le propose Changeux, que l'apprentissage sélectionne en les activant certaines synapses, les rendant ainsi fonctionnelles ; les synapses non utilisées dégénéreraient. On peut enfin imaginer, comme le fait Edelman dans sa théorie appelée « darwinisme neuronal », que la mémoire est liée à la sélection de groupes neuronaux activés par les afférences sensorielles et qui constitueraient de véritables cartes. P. L.

→ apprentissage, codage nerveux de l'information, consolidation mnésique (période de), frayage, oubli, rappel/reconnaissance, recherche en mémoire, récupération spontanée.

BIBLIOGRAPHIE

Bonnet, C., Hoc, J.-M., Tiberghien, G., 1986, *Psychologie, intelligence artificielle et automatique*, partie II, Bruxelles, Mardaga.

Denhière, G., 1984, *Il était une fois... Mémoire et compréhension de récit*, Presses universitaires de Lille.
De Schonen, S., 1974, *la Mémoire, connaissance active du passé*, Paris, Mouton.
Ehrlich, S., 1975, *Apprentissage et mémoire chez l'homme*, Paris, P.U.F.
Florès, C., 1974, *la Mémoire*, Paris, P.U.F., « Que sais-je ? ».
Lecocq, P., Tiberghien, G., 1981, *Mémoire et décision*, Presses universitaires de Lille.
Piaget, J., Mounoud, P., Bronckart, J.-P., 1987, *Psychologie*, Paris, NRF.
Tiberghien, G., Lecocq, P., 1983, *Rappel et reconnaissance*, Presses universitaires de Lille.

mémoire (facteur) ou facteur M

(angl. Memory Factor)

Facteur induit par l'analyse factorielle et constituant une source de variation commune à différentes épreuves qui exigent la mémorisation de paires d'éléments (un nom et un prénom, un mot et un nombre, etc.).

Après avoir lu une série de paires, il faut évoquer l'un des éléments lorsque l'autre est présenté. Ce *facteur mémoire* (ou *facteur M*) a été notamment observé dans l'étude de L. L. Thurstone sur les aptitudes mentales primaires. Il ne s'étend pas nécessairement à d'autres types d'épreuves de mémoire. M. R.

ménotaxie

n.f. (angl. Menotaxy)

Réaction d'orientation provoquée par un stimulus éloigné du milieu extérieur et où le déplacement se fait en conservant un angle constant avec le stimulus orienteur.

ÉTHOL. Les éléments de l'environnement qui servent de repère dans ce type de réaction sont par exemple le Soleil, la Lune, la pesanteur. Du fait de l'éloignement des repères, cette réaction appartient au groupe des télotaxies. Cette taxie est utilisée par les Abeilles et les Fourmis pour le *retour au gîte* (angl. Homing). Le homing de certaines Fourmis se fait par repérage solaire et l'on peut perturber la trajectoire de ces insectes en déviant les rayons avec un simple miroir. Chez les Abeilles, la précision de la trajectoire par rapport au déplacement solaire est de 2 degrés d'angle. R. L.

mentisme

n.m. (angl. Mentism)

Activité mentale mal contrôlée par la volonté, proche de la rêverie diurne, durant laquelle les idées et les images défilent rapidement, sans arrêt et d'une manière presque incoercible.

Le mentisme est souvent provoqué par l'anxiété et la difficulté à s'endormir. Les toxiques psychostimulants, tels que la caféine ou la nicotine, peuvent aussi le déclencher et le maintenir en allongeant la période de l'endormissement. Même si P. Chaslin l'a décrit dans le cadre de la sémiologie psychiatrique, le mentisme n'a pas un caractère réellement pathologique lorsqu'il reste isolé. Il s'agit d'un trouble assez banal qu'il vaut mieux prévenir par la relaxation que par des traitements pharmacologiques. J. P.

méricysme

n.m. (angl. Mericysm)

Symptôme digestif caractérisé par la régurgitation provoquée des aliments, suivie d'une rumination totale ou partielle.

Il survient le plus souvent chez le garçon après le 6e mois de la vie et, plus rarement, chez l'enfant plus grand ou chez l'adulte. Cette conduite aberrante, dont la signification est controversée, peut entraîner dénutrition et déshydratation chez le nourrisson.

Le processus physiologique mis en place dans le méricysme associe la contraction du diaphragme, qui provoque une expiration forcée, et le blocage des muscles intercostaux et élévateurs de la cage thoracique. Cette activité complexe se produit répétitivement quand le nourrisson est ou se croit seul. Elle est accompagnée d'un état psychologique associant un isolement relationnel et une expression extatique. L'appétit est normal ou augmenté. Certains auteurs pensent qu'une des causes possibles se situe au niveau de la relation mère-enfant (L. Kreisler) ; l'enfant érotiserait un fonctionnement anormal. D'autres parlent d'activité ludique aberrante. Dans certains cas, l'hospitalisation est indispensable pour corriger la dénutrition et pour évaluer les perturbations du fonctionnement mental et physique de l'enfant. Une surveillance à long terme peut seule déceler l'apparition de troubles de la personnalité. J.-M. C.

mescaline

n.f. (angl. Mescalin)

Substance hallucinogène extraite du peyotl. R. L.

mésencéphale

n.m. (angl. Mesencephalon, Midbrain)

Seconde vésicule cérébrale primitive au stade embryologique à trois vésicules du tube neural.

Elle se différencie sans se diviser. Chez l'adulte, les pédoncules cérébraux et les tubercules quadrijumeaux (collicules) dérivent de la vésicule mésencéphalique. G. S.

mésopique

adj. (angl. Mesopic)

Se dit du mode de vision correspondant à l'activité conjointe des cônes et des bâtonnets.

La vision mésopique correspond donc à des niveaux d'éclairement intermédiaires entre les niveaux photopiques et scotopiques. C. B.

mésor

n.m. (angl. Mesor)

Paramètre d'un rythme désignant le niveau moyen des mesures obtenues sur une période donnée.

Ce terme est largement utilisé en chronobiologie. P. L.

→ rythme biologique.

message

n.m. (angl. Message)

Information transmise d'un individu à un autre.

Selon la théorie de l'information, le message est formé par un ensemble de signaux constituant un code et combinés pour permettre la communication. M. C.

→ communication, information.

message nerveux

(angl. Nervous Message)

Information codée par l'activité électrique des neurones et qui peut se transmettre d'un neurone à l'autre.

Chaque neurone reçoit de multiples messages qui peuvent l'exciter ou l'inhiber ; il en réalise l'intégration et transmet lui-même un message codé sous forme de potentiels d'action se succédant à une fréquence déterminée. Le contenu du code nerveux n'est pas élucidé. Il peut être véhiculé par des facteurs temporels (fréquence des potentiels d'action sur une fibre) et par des facteurs spatiaux (localisation des fibres véhiculant le message). Le message nerveux subit des phénomènes de divergence (transmission simultanée à plusieurs neurones ou groupes de neurones) et de convergence (un seul neurone intègre différents messages). R. L.

mesure

n.f. (angl. Measurement)

Évaluation d'une grandeur avec une autre grandeur de même espèce prise comme référence.

DIFFÉR. Le mot « mesure » peut être pris en un sens très large et donc très faible : mesurer, c'est faire correspondre des nombres aux choses selon certaines règles. Ces règles ont pour objet de représenter certaines propriétés des choses par certaines propriétés des nombres. Les propriétés ainsi représentées peuvent être plus ou moins nombreuses, ce qui conduit à distinguer des niveaux de mesure. Au niveau le plus faible figurent les *«échelles» nominales* (angl. Nominal Scales). Une «échelle» nominale est constituée par un ensemble de classes non ordonnées (l'emploi du mot «échelle» est donc ici abusif). Chacune contient des observations qui, sur la base d'un critère empirique (psychologique en l'espèce), sont considérées comme équivalentes et différentes des observations figurant dans les autres classes. Si l'on désigne par un nombre chacune des classes, ces nombres sont ici considérés seulement comme des symboles différents arbitraires, ni ordonnés ni bien sûr additifs. On peut déterminer l'effectif (ou la fréquence) de chacune des classes. La tendance «centrale» (cet adjectif est ici employé abusivement puisque les classes peuvent être considérées dans un ordre quelconque) peut être définie par le mode; la dispersion, par l'entropie. Si l'on dispose d'un critère empirique (psychologique) permettant d'ordonner les classes d'observations, on pourra désigner ces classes par des nombres, qui seront alors considérés comme des symboles différents et ordonnés. On aura constitué une *échelle ordinale* (angl. Ordinal Scale). La distribution d'une variable ordinale peut être caractérisée non seulement par le mode et l'entropie, mais aussi par ses quantiles. Si l'on dispose d'un critère empirique permettant de définir l'égalité entre deux intervalles séparant des observations, on pourra constituer une *échelle d'intervalles* (angl. Interval Scale). Les nombres désignant les classes de cette échelle seront considérés comme des symboles différents, ordonnés et additifs. Des intervalles empiriquement égaux seront limités sur l'échelle par des nombres dont les différences seront égales. La tendance centrale d'une distribution de mesures pratiquées sur une échelle d'intervalles peut être caractérisée non seulement par le mode et le médian, mais aussi par la moyenne arithmétique. La dispersion peut être caractérisée non seulement par l'entropie, mais aussi par la variance ou sa racine carrée, l'écart type. Les critères psychologiques permettant de définir empiriquement l'égalité de deux intervalles sont difficiles à trouver. L'un d'eux consiste à imposer à la distribution des mesures une certaine forme, en général celle d'une distribution normale: on considère comme égaux les intervalles délimitant des aires (effectifs) qui définissent sur une distribution normale des intervalles égaux de la variable. Une échelle d'intervalles peut être considérée comme une échelle munie d'une unité mais non d'une origine. Pour accéder à un niveau de mesure plus élevé, il faudrait que le psychologue soit en mesure de définir empiriquement une origine. Certains ont tenté de le faire indirectement en faisant égaliser par leurs sujets des rapports entre observations (entre stimulus). Mais ces données sont instables et l'usage de ces *échelles de rapports* (angl. Ratio Scales) reste très limité. M. R.

GÉNÉR. et DÉVELOP. Toute mesure d'objet implique: 1. la partition en segments dont l'un est choisi comme unité; 2. le transport de cette unité selon un ordre et son report sur les autres parties de la totalité; 3. la composition additive des unités reportées. La métrique simple (mesure des longueurs, utilisation de systèmes de coordonnées métriques, début de la mesure des angles et des surfaces) est caractéristique de la période des opérations concrètes, le calcul des surfaces et des volumes n'apparaît qu'au niveau des opérations formelles. E. V.

métaconnaissance

n.f. (angl. Meta-Knowledge)

Connaissance qui porte sur d'autres connaissances.

Cette notion est commune à la psychologie et à l'intelligence artificielle. Dans les systèmes à base de connaissances, également appelés *systèmes experts*, la gestion des connaissances exige en général l'utilisation d'autres connaissances de plus haut niveau. Par exemple, dans les systèmes à base de règles, on utilise des métarègles qui permettent au système de déterminer quand il doit utiliser telle règle ordinaire, plutôt que telle autre.

On a essayé d'identifier des connaissances de ce type chez l'homme, mais elles sont souvent difficiles à distinguer des connaissances communes. J.-F. L. N.

métalangage

n.m. (angl. Meta-Language)

Tout langage permettant de parler d'un autre langage.

Cet autre langage est appelé *langage-objet*. Les langages formels fabriquent leur propre métalangage. Pour les langues naturelles, les grammaires fournissent des catégories descriptives dont les termes appartiennent à la *métalangue*. Certains de ces termes renvoient, selon les cultures, à une tradition grammaticale plus ou moins ancestrale transmise le plus souvent par l'institution scolaire. Leur usage par les sujets parlants est l'indice d'un *savoir métalangagier* ou *métalinguistique* explicite qui n'a rien à voir avec la compétence intuitive que l'on est obligé de leur prêter pour expliquer qu'ils soient à même de produire des énoncés bien formés dans leur langue.

L'apprentissage d'une langue maternelle (et seconde) suppose, pour partie au moins, une activité de théorisation de son fonctionnement (inférence de règles). Cette activité évolue chez l'enfant, ou chez l'apprenant, en fonction de ses expériences et des outils métalangagiers qu'il a déjà élaborés ou qui lui ont été enseignés.

Les capacités métalangagières doivent être différenciées des capacités dites parfois *épilangagières* (ou épilinguistiques) qui ne supposent pas la mise en œuvre d'un vocabulaire de description spécifique. Ces capacités se manifestent, par exemple, par des reformulations, des explicitations en cours d'énonciation, etc., destinées à faciliter l'interprétation des propos émis. Ces marques sont révélatrices d'une certaine distanciation par rapport à la pratique langagière spontanée.

Les capacités épi- et métalangagières des sujets peuvent concerner les différents niveaux d'articulation du langage:

— capacités épi- ou métaphonologiques (capacité à repérer et/ou à manipuler dans une production orale certains éléments phonologiques: syllabes ou phonèmes);

— capacités épi- ou métasyntaxiques (capacité à juger de la grammaticalité d'une phrase.);

— capacité épi- ou métasémantiques (production de définitions, de réformulations.);

— capacité épi- ou métapragmatiques (capacité d'adapter son discours à un destinataire donné). L. S.-C.

BIBLIOGRAPHIE

Culioli, A., 1968, «la Formalisation en linguistique», *Cahiers pour l'analyse*, n° 9, 110-117.
Gombert, J. E., 1990, *le Développement métalinguistique*, Paris, P.U.F.
Karmiloff-Smith, A., 1986, «From Meta-Processes to conscious Access, Evidence from Children's Metalinguistic and Repair Data», in *Cognition*, n. 23, 95-147.
Rey-Debove, J., 1978, *le Métalangage: étude linguistique du discours sur le langage*, Paris, Le Robert.

métamorphopsie

n.f. (angl. Metamorphopsia)

Illusion visuelle (appelée parfois *syndrome de von Weizsäcker*) dans laquelle les objets sont perçus déformés ou transformés.

S'en rapproche la *micropsie* (angl. Micropsia), où les objets apparaissent plus petits qu'ils ne sont réellement. P. F. Schilder a considéré que ces illusions pouvaient être en relation avec des troubles du schéma corporel et des afférences labyrinthiques et vestibulaires. J. P.

métaphore

n.f. (angl. Metaphor; allem. Metapher)

PSYCHAN. **Substitution d'un signifiant à un autre, ou transfert de dénomination.**

«Un mot pour un autre, telle est la formule de la métaphore» écrit J. Lacan en donnant pour exemple un vers de V. Hugo dans *Booz endormi*: «Sa gerbe n'était pas avare ni haineuse...» Mais il ne s'agit pas simplement du remplacement d'un mot par un autre: «L'un s'est substitué à l'autre en prenant sa place dans la chaîne signifiante, le signifiant occulté restant présent de sa connexion (métonymique) au reste de la chaîne.» Si, dans une chaîne signifiante, «gerbe» est mis pour Booz, dans une autre chaîne c'est à l'économie agraire de celui-ci qu'il est fait appel.

Il y a donc dans la métaphore un élément «dynamique de cette espèce d'opération de sorcière dont l'instrument est le signifiant et dont le but est une reconstitution après une crise du signifié» et, ajoute Lacan à propos de Hans, «du signifiant cheval... qui va servir de support à toute une série de transferts », à tous les remaniements du signifié.

La substitution signifiante, « c'est d'abord ce que l'enfant trouve » (même étymologie que « trope »), le jeu du « Fort-Da » par exemple décrit par S. Freud dans *Au-delà du principe de plaisir* (1920) : son petit-fils symbolise (métaphorise) sa mère par une bobine qu'il fait disparaître *au loin* (allem. Fort) et apparaître *là* (allem. Da) quand il le désire (métaphorisation de l'alternance absence / présence).

L'enfant soumet ensuite le langage à ses propres métaphores en déconnectant « la chose de son cri », en l'élevant à la fonction de signifiant : le chien fait miaou, dit-il, usant du pouvoir du langage pour entamer l'autre ; il attaque le signifiant : qu'est-çe que c'est courir ? pourquoi la montagne est haute ? Freud donne encore l'exemple de la métaphore radicale, les injures de l'enfant à son père dans *l'Homme aux rats* (1909) : « Toi lampe, toi serviette, toi assiette. »

Lacan donne la formule mathématique et linguistique de la structure métaphorique :

$$f\frac{(S')}{s}S \cong S(+)\,s.$$

Dans une fonction propositionnelle, un signifiant se substitue à un autre, S à S', créant une nouvelle signification ; la barre résistante à la signification a été franchie (+), un signifiant « est tombé dans les dessous », un nouveau signifié apparaît (s). Le signe de congruence ≅ indique l'équivalence entre les deux parties de la formule.

Métaphore paternelle

Dans le rapport intersubjectif entre la mère et l'enfant, un imaginaire se constitue ; l'enfant repère que la mère désire autre chose (le phallus) que l'objet partiel (lui) qu'il représente ; il repère sa présence-absence et repère enfin celui qui fait la loi ; mais c'est dans la parole de la mère que se fait l'attribution du responsable de la procréation, parole qui ne peut être que l'effet d'un pur signifiant, le nom-du-père, d'un nom à la place du signifiant phallique. C. F.

métaphore et métonymie

C'est en étudiant le délire du président Schreber et pour en démasquer les articulations que J. Lacan, dans son séminaire *les Structures freudiennes des psychoses* (1956-57), fait appel à l'étude de R. Jakobson sur les aphasies motrices et sensorielles (*Essais de linguistique générale*, I), où la dégradation du langage se fait sur les deux versants du signifiant : dans le premier cas, articulation et syntaxe sont touchées, il y a agrammatisme, trouble de la contiguïté ; dans le second cas (aphasie sensorielle), le malade ne peut dire le mot, il tourne autour ; il est dans la paraphrase, toute réponse à une demande de synonymie lui est impossible ; son intention est là mais détournée : ce sont des troubles de la similarité. Le signifiant est conservé mais l'intention déjouée alors que, dans l'aphasie motrice, c'est le lien interne au signifiant qui se décompose.

Or, cela serait impossible sans la structure même du signifiant. C'est le lien positionnel qui est touché non seulement dans l'ordre de la syntaxe et du lexique, mais également dans celui du phonème, élément radical de discrimination des sons d'une langue. La distinction comme positionnelle et oppositionnelle est essentielle à la fonction du langage. L'autre dimension du langage, c'est la possibilité infinie du jeu des substitutions qui crée les significations. C. F.

→ métaphore, métonymie.

métencéphale

n.m. (angl. Metencephalon, Afterbrain)

Quatrième vésicule cérébrale primitive au stade embryologique à cinq vésicules du tube neural.

Le métencéphale provient d'une subdivision du rhombencéphale. Chez l'adulte, le pont et le cervelet sont d'origine métencéphalique. G. S.

méthode

n.f. (angl. Method)

Ensemble de démarches que met en œuvre un chercheur, pour découvrir et vérifier des connaissances, ou un praticien pour résoudre un problème concret à partir des connaissances existantes.

Une telle définition distingue les méthodes de découverte et les méthodes d'application. Cette distinction n'implique pas qu'il doive exister deux catégories d'individus, dont les uns seraient des découvreurs et les autres des applicateurs ; elle indique seulement qu'un individu quelconque, travaillant dans le domaine de la psychologie, n'utilise pas les mêmes démarches de pensée ni les mêmes techniques quand il essaie d'établir des connaissances et quand il les applique. Quels sont les grands traits de ces démarches, qui relèvent de la méthode générale ?

Élaboration des hypothèses et modèles théoriques

Si l'on considère d'abord les méthodes de recherche, et plus spécialement celles qui visent à être scientifiques, on peut se rendre compte que, dans leurs principes, elles ne se distinguent pas fondamentalement de celles qui sont mises en œuvre par les autres sciences. Dans leur expression la plus simple, envisagée ici dans la psychologie générale — mais cela vaut aussi bien pour les autres sous-domaines —, ces méthodes reposent sur l'élaboration d'hypothèses, ou de systèmes d'hypothèses, et sur la mise à l'épreuve de ces dernières.

Les hypothèses sont, par définition, des énoncés auxquels se trouve associé un degré plus ou moins élevé d'incertitude (ou de confiance, ou de plausibilité, etc., quel que soit le nom dont on le désigne). Comme il est, en général, très difficile de formuler une hypothèse isolée, on est conduit à élaborer des systèmes d'hypothèses, autrement dit des modèles : ce sont des ensembles structurés d'hypothèses, ayant des degrés différents de généralité et reliées entre elles.

Il n'est pas possible dans la pratique de valider conjointement un grand nombre d'hypothèses. Le plus souvent, celles-ci se traduisent expérimentalement par l'étude de l'influence de certains « facteurs », à contenu empirique ou théorique, sur des données observées. Or, manier expérimentalement plus de trois facteurs avec un plan convenable est une quasi-impossibilité de fait, aggravée par la place que tient en psychologie la notion d'« interaction entre facteurs ». Compte tenu de cette situation, le chercheur est assez souvent contraint de chercher à valider une hypothèse, ou un petit nombre d'hypothèses, « sous » un modèle, c'est-à-dire en admettant provisoirement le reste du modèle. On appelle « hypothèses de travail » les hypothèses que l'on met ainsi entre parenthèses en acceptant leur validité mais en sachant qu'elles peuvent parfaitement être remises en cause dans le cadre d'une autre recherche.

Il existe beaucoup d'avantages à procéder ainsi, car cela oblige à expliciter le modèle « sous lequel » on raisonne. Une hypothèse isolée, formulée indépendamment d'un modèle, est en fait, le plus souvent, une hypothèse dont on n'a pas explicité le modèle qui la contient. Pour être véritablement indépendante d'un modèle, une hypothèse devrait être compatible avec tous les modèles possibles ou, du moins, actuellement imaginables.

Pour des raisons voisines des précédentes, le chercheur est généralement conduit, dans la recherche contemporaine, à distinguer entre deux niveaux d'hypothèses : 1. un niveau théorique, qui vise à expliciter ce qui se passe chez le sujet (dans sa tête, dans son activité psychologique, dans ses processus ou dans ses représentations, etc., selon la terminologie et les concepts utilisés par le chercheur) ; 2. un niveau empirique, souvent décrit en termes de prédictions, c'est-à-dire de comportements observables attendus, dans une situation et en présence de stimulus bien définis. Plus précisément, les prédictions portent sur les variations des comportements en fonction des variations à l'intérieur des facteurs introduits dans la situation; elles peuvent être expérimentales, au sens strict, ou observationnelles, de terrain.

Il existe presque toujours un facteur «sujets», concrétisé par la répétition des observations chez un petit ensemble de sujets. Selon que l'objectif de la recherche est différentiel ou général, on peut s'intéresser directement aux différences interindividuelles ou, au contraire, viser une conclusion qui les dépasse. Dans ce dernier cas, le schéma de conclusion est: «Pour tout individu de la classe H — et quelles que soient leurs différences, que l'on pourrait le cas échéant étudier par ailleurs —, le facteur F produit des variations qui lui sont attribuables en propre.» Les techniques statistiques appropriées ont pour objet de garantir, avec un risque fixé d'avance, des généralisations de ce type.

La relation entre les hypothèses théoriques, d'une part, et les hypothèses empiriques, ou prédictions, d'autre part, doit être parfaitement explicite. La meilleure situation est celle où les prédictions sont reliées aux hypothèses théoriques de façon déductive: les prédictions découlent logiquement des hypothèses. Mais cela ne peut se faire correctement de façon simplement intuitive: à ce point encore, un modèle est nécessaire. Supposons, par exemple, que l'on ait entrepris d'étudier les effets de certaines conditions de motivation sur la perception, la motivation étant supposée agir par l'intermédiaire de l'attention sélective (hypothèses théoriques); supposons en outre que l'on ait choisi d'étudier ce problème au moyen d'une situation dans laquelle on mesurera des temps d'identification de dessins d'objets, avec la prédiction qu'une situation A produira des temps plus longs qu'une situation B: on doit alors disposer d'un modèle qui relie spécifiquement les concepts théoriques («motivation», «attention sélective», «identification»), ainsi que les hypothèses qui les contiennent, à la variable empirique observée, ici les temps de réponse. Ce modèle devrait avoir, de façon indépendante, ses propres conditions de validation.

Mise à l'épreuve des hypothèses

La mise à l'épreuve d'une hypothèse consiste à comparer les prédictions, c'est-à-dire les faits empiriques tels qu'ils ont été observés. De cette comparaison, on doit pouvoir remonter inductivement à des conclusions concernant l'hypothèse théorique. En particulier, la généralité des conclusions doit pouvoir, comme on l'a vu, être garantie. Dans le cas contraire, la seule conclusion que l'on peut tirer est: «Les sujets W, X, Y, Z, que j'ai observés, se sont comportés de telle ou telle façon dans telles et telles conditions», ce qui est un énoncé anecdotique, sans valeur scientifique. La difficulté majeure à laquelle se heurte la démarche clinique lorsqu'elle prétend au statut de méthode de recherche est la garantie de ses généralisations*.

La mise à l'épreuve d'une hypothèse a pour but de modifier la plausibilité (ou, ce qui revient au même, l'incertitude, ou encore le degré de confiance) qui était attachée à cette hypothèse avant la vérification — sa plausibilité ou son incertitude a priori — en essayant de la porter à un degré plus élevé ou, si l'on procède par élimination, moins élevé. Si une recherche fait beaucoup varier cette plausibilité, on dira, en termes modernes, qu'elle a «apporté beaucoup d'information»: cela peut se produire si cette hypothèse était a priori hautement non plausible et qu'elle est, après l'observation, devenue très plausible.

Par exemple, l'hypothèse qui pose que, dans un mot ambigu présenté à l'intérieur d'un contexte, les deux acceptions du mot sont initialement activées durant une courte durée, était une hypothèse initialement peu plausible, au moins du point du vue intuitif. Que cette hypothèse ait été corroborée expérimentalement, au moins dans une partie des cas (et sans préjuger de conclusions définitives), a été un important apport d'information.

Une application idéale de cette démarche est celle où, dans la recherche, on procède par négation en essayant d'invalider (ou de «falsifier») les hypothèses concurrentes de celle qui est au centre de l'intérêt du chercheur.

L'apport d'information est également notable dans les situations de recherche où, d'une part, on a originellement deux hypothèses (et seulement deux), opposées et dotées d'une égale plausibilité a priori, et où, d'autre part, la mise à l'épreuve permet de trancher définitivement entre les deux.

Mais ces situations de départ, celles où la plausibilité de l'hypothèse à laquelle on s'intéresse véritablement est très basse, ou celles dans lesquelles deux hypothèses concurrentes se trouvent l'une et l'autre à un niveau de plausibilité très voisin de 0,50, en d'autres termes les situations où l'incertitude initiale du chercheur est maximale, présentent aussi des inconvénients. Si elles sont des plus avantageuses du point de vue de la stratégie méthodologique, elles sont en revanche très inconfortables pour la subjectivité du chercheur: elles sont donc peu utilisées.

Le chercheur préfère en général, lorsqu'il énonce des hypothèses, formuler celles-ci à partir de considérations sémantiques affirmatives — c'est-à-dire prédictives des phénomènes réels — plutôt que formellement méthodologiques ou informationnelles: il part alors de celles qu'il considère comme étant *les plus plausibles a priori*. Chez le chercheur inexpérimenté, ou trop attaché à ses propres croyances, cela peut conduire à des hypothèses d'une totale banalité. Ce risque est moins élevé si l'hypothèse est très plausible par rapport à un modèle et moins plausible par rapport à un autre. Toujours est-il que l'on recherche dans ce cas des données de fait qui pourront seulement être *compatibles* avec l'hypothèse, mais qui ne pourront pas être concluantes.

Il faut remarquer que la démarche décrite ci-dessus, qui repose sur des hypothèses définies abstraitement, à partir d'une stratégie, et sur leur invalidation, se trouve parfois mise en œuvre, d'une façon qui peut passer inaperçue, dans une partie du raisonnement du chercheur. L'analyse statistique standard en offre une bonne illustration. À un moment défini de la recherche expérimentale — celui du «traitement des résultats» chez le chercheur peu entraîné, celui de la conception du «plan d'expérience» chez celui qui l'est davantage —, on enchâsse dans le raisonnement sémantique un raisonnement plus abstrait.

On suppose en général a priori qu'il n'existe aucune différence entre les valeurs qui ont été calculées sur les données, par exemple les moyennes: c'est l'«hypothèse nulle». Celle-ci est le plus souvent inverse de l'hypothèse «sémantique» du chercheur. On essaie ensuite de mettre en échec cette hypothèse nulle, c'est-à-dire de faire apparaître une différence «significative», but empirique ultime de la partie expérimentale de la recherche.

Dans les recherches actuelles, le chercheur commence assez souvent par tenter, sur la base d'une hypothèse sémantique assez fortement plausible à ses yeux, de recueillir un corps de données affirmatives, compatibles avec cette hypothèse. C'est alors seulement qu'il prend en considération des hypothèses concurrentes, celles qui seraient susceptibles de rendre compte de ses données au même titre que son hypothèse privilégiée. Il essaie alors d'invalider ces hypothèses concurrentes.

Cette stratégie n'a sa pleine valeur que s'il n'existe qu'un petit nombre d'hypothèses concurrentes et si celles-ci sont, à elles toutes, logiquement exhaustives par rapport au problème posé; on peut alors, en principe, aboutir par élimination à une conclusion dotée d'un très haut degré de plausibilité. S'il existe trop d'hypothèses concurrentes imaginables — par le chercheur et par d'autres que lui —, c'est souvent que le problème a été mal posé. Il peut se faire aussi qu'il apparaisse au cours de la recherche des observations obligeant à une restructuration complète des hypothèses.

On considère généralement qu'une des caractéristiques importantes d'une recherche est la qualité des hypothèses sémantiques qu'elle étudie. Cette valeur est faible si le chercheur entreprend de tester une hypothèse banale, pour laquelle les faits sont facilement disponibles, ou trop générale, et donc dépourvue d'intérêt spécifique. À l'inverse, une hypothèse trop particularisée peut être trop mince et sans rapport avec les phénomènes psychologiques les plus répandus.

Il existe une grande variabilité à l'intérieur de la communauté scientifique dans l'appréciation de la qualité des hypothèses et, corrélativement, du caractère «nouveau» ou «intéressant» d'un résultat ou d'une conclusion de recherche: on ne peut nier que les effets de mode, de chapelle, de prestige, etc., y jouent un rôle. C'est seulement sur le long terme que ces appréciations peuvent se stabiliser.

Une recherche, par exemple une expérience, peut également n'apporter aucune information, même dans le cas où les hypothèses originelles étaient nouvelles et bien formulées, et la technique de recherche bien au point: c'est ce qui se passe, par exemple, dans le cas où les données ne produisent aucune différence significative. Il est tout à fait normal qu'une certaine proportion des recherches, même conduites selon une méthodologie correcte, conduise ainsi à un échec.

En tout état de cause, dans la plupart des recherches isolées en psychologie, le gain d'information est faible : il est exceptionnel qu'on parvienne d'un coup à des conclusions « certaines ». C'est seulement au moyen de recherches cumulatives qu'on parvient à faire croître la plausibilité d'une hypothèse.

Il est significatif que les articles de comptes rendus de recherches expérimentales dans les revues scientifiques de psychologie soient passés, en quelques décennies, de l'exposé d'une expérience unique et de ses résultats à la présentation des résultats d'un petit ensemble (de 3 à près d'une dizaine) d'expériences coordonnées.

Cette situation, qu'on rencontre dans toutes les sciences, mais avec moins d'acuité, comporte des traits particuliers à la psychologie et des raisons fondamentales qu'on envisagera plus bas.

Les conditions de vérité

La phase de la démarche de recherche qui consiste à conclure sur les hypothèses et, dans le meilleur des cas, à « trancher » à leur propos obéit à un certain nombre de *conditions de vérité*. Il existe en principe, dans la communauté des chercheurs d'orientation scientifique, un accord sur les conditions auxquelles des conclusions empiriques peuvent être acceptées.

Les règles et métarègles de la méthodologie classique, et plus précisément de l'induction statistique, telles qu'elles s'incarnent, par exemple, dans les techniques et critères de décision de l'analyse de la variance, sont un très bon exemple de la concrétisation de ces conditions de vérité. La métarègle la plus connue est : « N'interprétez jamais de différence qui ne soit pas statistiquement significative. »

L'interprétation elle-même n'obéit à aucune règle spécifiée, sinon les règles de la consistance, ou cohérence logique. Elle dépend largement de la nature des concepts acceptés par telle ou telle communauté scientifique : les interprétations béhavioriste, psychanalytique, piagétienne, cognitive standard d'un corps de données partagées — disons celles relatives aux associations libres — peuvent différer notablement.

Néanmoins, une fois que les conditions de vérité communes sont remplies, c'est-à-dire lorsque le degré de plausibilité d'un énoncé est devenu peu à peu très élevé, au point d'entraîner l'adhésion de tous, ou de presque tous, alors on peut dire que l'hypothèse a été « corroborée » (terme plus prudent que « vérifiée ») et même, à un degré encore plus élevé d'ancienneté, parler de « connaissance établie » en psychologie.

En général, l'obtention de telles connaissances s'étale sur des années, voire des décennies. Les progrès opérés à partir de la méthode scientifique sont cumulatifs, comme dans les autres sciences empiriques, mais il est rare, en psychologie, qu'un chercheur fasse une « découverte révolutionnaire », qui bouleverse tout un pan de la connaissance. Comme dans toute science, ces connaissances établies doivent encore pouvoir ensuite résister aux nouvelles vérifications, plus fines et plus rigoureuses, des générations postérieures : on parle parfois de connaissances « robustes » pour désigner celles qui se sont bien maintenues au cours du temps.

On peut, par exemple, considérer aujourd'hui comme des connaissances établies et robustes les principaux résultats de la psychophysique ou bien ceux qui concernent les constances perceptives, la mémoire à court terme, l'influence du niveau de motivation sur la performance, les principales étapes du développement intellectuel, certains aspects de la mémoire sémantique, etc.

Il est bien visible, toutefois, que la psychologie se distingue assez profondément, dans son développement, d'un certain nombre d'autres sciences, celles que la tradition française appelle les « sciences exactes » et le vocabulaire anglo-saxon actuel, des « sciences dures » (par opposition à celles qui sont, au choix, « molles », « douces » ou « tendres »).

Il n'y a aucune raison de mettre ces différences au compte d'une méthode de recherche qui serait moins bien assurée dans certaines sciences que dans d'autres, même si le degré de diffusion de la méthodologie scientifique y est variable. Une idée générale qui commence à faire son chemin dans les perspectives scientifiques est celle de la complexité.

En surface, les différences caractérisant la psychologie découlent, pour l'essentiel, des degrés de précision, de plausibilité ou d'incertitude qui demeurent attachés à ses énoncés, même quand ils sont considérés comme « établis » par les moyens de la recherche : par exemple, malgré leur robustesse, deux relations voisines comme le gradient de généralisation du stimulus ou la relation qui lie les erreurs de mémoire à la similitude entre stimulus ne peuvent pas être décrites par une fonction mathématique, comme le sont de très nombreux phénomènes de la physique. Leur observation est inéluctablement soumise à des oscillations importantes.

On peut considérer que les différences de précision et de certitude tiennent à trois caractéristiques intrinsèques propres aux phénomènes psychologiques et que décrit assez mal l'opposition entre « sciences exactes » et « sciences non exactes » : 1. le très grand nombre et la très grande complexité des déterminants des activités psychologiques : pour chaque classe de phénomènes psychologiques, il existe un très grand nombre de facteurs possibles de variation, et chacun de ces facteurs intervient dans leur variance pour une part faible ; c'est cette caractéristique — qui existe aussi dans certaines autres sciences mais, en général, à un moindre degré — qui fonde l'utilisation des méthodes et techniques statistiques ; 2. le rôle, déjà mentionné, joué en psychologie par les « interactions entre facteurs » : non seulement le nombre de facteurs est très grand, mais les effets de ceux-ci ne se composent pas de façon simple ; souvent, la façon dont agit un facteur dépend d'un ou de plusieurs autres facteurs ; 3. la grande distance entre les observables et le type de conclusions scientifiques auxquelles la psychologie contemporaine (notamment cognitive) veut aboutir : à partir d'observations externes sur le comportement, on cherche à conclure sur le fonctionnement et la structure psychologiques internes : cette distance épistémique est certainement supérieure à la distance correspondante en physiologie ou dans les sciences physico-chimiques classiques ; ne lui est guère comparable ou supérieure que la distance existant en physique subatomique.

La méthode d'application

Sur la toile de fond constituée par la démarche de recherche, la méthode d'application pose ses propres questions. Il a longtemps existé, et il existe encore à leur propos, un conflit à l'intérieur de la psychologie elle-même : il se résume dans l'opposition entre « clinique » et « expérimental ».

Le mot *clinique* peut, exactement au même titre qu'*expérimental*, qualifier à la fois une méthode et un ensemble de contenus, élaborés au moyen de la démarche et de « la pratique » cliniques. Il est sans doute avantageux de considérer ces contenus, dans une conception moderne, comme des « connaissances expertes », qui sont complémentaires plutôt qu'opposées aux connaissances à visée « scientifique ».

Dans cette perspective, la méthode clinique, et plus généralement la démarche d'application, apparaît comme centrée sur l'analyse d'un cas particulier, concret, singulier. Cette analyse est elle-même forcément guidée par la recherche et l'identification, menées par le praticien, des connaissances générales « sous lesquelles », de façon pertinente, tombe ce cas particulier. L'origine des connaissances générales mises en œuvre, experte ou expérimentale, est alors de peu d'importance si elles sont solides ; ce qui en possède davantage, ce sont l'étendue et la validité de ces connaissances générales.

Les cas particuliers auxquels le psychologue a affaire sont de deux grandes sortes : ils peuvent concerner un individu, comme dans la psychologie clinique et pathologique classique, ou une situation (de travail, de groupe, d'enseignement, etc.), comme dans d'autres domaines d'application.

La démarche générale mise en œuvre à l'égard d'un cas particulier, quelle qu'en soit la nature, est toujours rendue complexe par le caractère multidimensionnel de celui-ci. On retrouve la caractéristique mise en relief plus haut en 1. : il existe presque toujours un nombre très important de propriétés (ou d'attributs, ou de dimensions) qui sont susceptibles de servir à la description d'un cas ; de même, le nombre des facteurs susceptibles d'être pris en compte pour expliquer, de façon causale ou non, le passé et le présent de ce cas, et agir sur son évolution future, est presque toujours très important. C'est toutefois un risque majeur, pour l'analyse et l'application, que de restreindre au départ cet ensemble d'attributs et de facteurs ; c'est ce qui se passe, par exemple, si on le limite d'avance à un seul domaine, comme celui des motivations.

La tâche principale du psychologue, armé de ses connaissances générales sur toutes ces propriétés et tous ces facteurs potentiels, consiste d'abord à déterminer lesquels sont actuellement pertinents et importants, et, ensuite, à les mettre en œuvre. Pour cela, il doit aussi émettre des hypothèses sur toutes les possibilités qui s'offrent à lui et tenter de les valider en recueillant de nouvelles informations sur le cas.

Vue sous cet angle, la démarche d'application peut être comprise comme une tâche de résolution de problème et abordée avec une démarche qui s'apparente à celle de la recherche. J.-F. L. N.

BIBLIOGRAPHIE

Beauvois, J.L., Roulin, J.L., et Tiberghien, G., 1990, *Manuel d'études pratiques de psychologie* (1. « Pratique de la recherche »), Paris, P.U.F.

Robert, M., 1982, *Fondements et étapes de la recherche scientifique en psychologie,* Montréal, Chenelière et Stanké.

Rossi, J. P., Dir., 1989, *la Recherche expérimentale en psychologie*, Paris, Dunod.

Rouanet, H., Leroux, B., et Bert, M.C., 1987, *Statistique en sciences humaines : procédures naturelles,* Paris, Dunod.

métonymie

n.f.

PSYCHAN. **Mot mis à la place d'un autre et désignant une partie de ce qu'il signifie.**

C'est par la métonymie que J. Lacan introduit la possibilité du sujet d'indiquer sa place dans son désir. Comme la métaphore, la métonymie appartient au langage de la rhétorique. Conservant un « exemple bateau » comme pour mieux nous faire saisir la duplicité des signifiants dans le langage, c'est l'exemple de « trente voiles » mis pour navires qui nous fait entendre autre chose : un rapport direct, mais est-ce beaucoup de bateaux, peu, pas assez ? Nous sentons qu'ici les conditions de liaison du signifiant sont celles de la contiguïté, une partie est mise pour un tout non mesurable. De la structure métonymique procède la formule lacanienne suivante :

$$f\,(S...S')\,S \cong S\,(-)\,s.$$

La fonction (f) de ce mot à mot du signifiant (S...S') conserve la signification déjà là. Les deux signifiants en contiguïté, voile et navire, sur le même axe syntagmatique (bateau à voile) n'autorisent pas une signification renvoyée à une autre (d'où le signe moins entre parenthèses); ce n'est pas tant le sens qui est appelé que le mot à mot.

Métonymie du désir. Obligé de se faire demande pour se faire entendre, le désir se perd dans les défilés du signifiant, il s'y aliène. D'objet en objet, le tout désiré par l'enfant se fragmente en parties ou métonymies émergeant dans le langage. C. F.

→ métaphore, métaphore et métonymie.

Meyer (Adolf)

Psychiatre américain d'origine suisse (Niederweningen, près de Zurich, 1866-Baltimore 1950).

Il est le fondateur de l'école de psychiatrie dynamique des États-Unis. Fils d'un pasteur de l'Église zwinglienne, il fait ses études de médecine à Zurich, puis de psychiatrie à l'hôpital du Burghözli, où il est élève de A. Forel. Après un séjour à Londres, où il suit l'enseignement de H. Jackson et de Th. Huxley, et à Paris, où il suit celui de J. M. Charcot en 1892, il part pour les États-Unis, où il devient en 1913 professeur de psychiatrie à l'université John Hopkins et directeur de la nouvelle Phipps Clinique, à Baltimore. C'est là que passent beaucoup des futurs grands psychiatres des États-Unis, qui, à partir des années 1940, vont défendre une psychiatrie à la fois dynamique et psychobiologique, héritière directe de l'enseignement de Meyer. Cet enseignement se basait à la fois sur une conception « organismique » (P. Guiraud) de la psychiatrie, ne séparant pas le psychisme du biologisme, et sur la notion de « réaction », les maladies mentales n'étant pour Meyer que des modalités anormales de réaction au milieu. C'est pourquoi on ne peut, selon lui, aider les malades qu'en modifiant à la fois le milieu et leur aptitude à réagir vers une meilleure adaptation. D'où son grand intérêt pour l'hygiène mentale et la prévention primaire et secondaire des maladies mentales. Malgré son intérêt précoce pour la psychanalyse (il avait été l'un des premiers lecteurs nord-américains de S. Freud), Meyer est resté convaincu que la pensée consciente est, pour l'homme, une technique majeure d'adaptation à son milieu ; et il récusait du même coup le primat de l'inconscient, dont il doutait d'ailleurs de la réalité au sens strictement freudien. J. P.

microélectrode

n.f. (angl. Micro-Electrode)

Électrode profonde dont la surface de contact est très petite, permettant ainsi le recueil de l'activité d'un nombre restreint de cellules nerveuses.

L'utilisation de « peignes » de microélectrodes implantées de manière permanente permet par exemple d'étudier le fonctionnement de différents groupes de neurones dans un comportement particulier. P. L.

micrographie

n.f. (angl. Micrographia)

Tendance à écrire en très petits caractères.

Ce trouble fait partie du syndrome akinétique (pauvreté de l'expression gestuelle, difficulté à exécuter de façon rapide des mouvements alternatifs, lenteur de la motricité volontaire et rareté des initiatives motrices) tel qu'on le rencontre dans la maladie de Parkinson. J. P.

micronystagmus

n.m. (angl. Microtremor)

Mouvements oculaires alternants de fréquence relativement élevée (30 à 100 Hz) et de faible amplitude (environ 18 secondes d'arc).

Il s'agit d'une activité oculaire normale qui, compte tenu de sa fréquence élevée, n'a probablement pas de fonction visuelle. C. B.

→ nystagmus.

migration animale

(angl. Animal Migration)

Déplacement actif des animaux d'un biotope à un autre, quelles que soient la distance du trajet à parcourir et la fréquence des déplacements.

Les migrations peuvent être à double sens comme dans le cas des migrations saisonnières de certaines espèces de Papillons, d'Oiseaux, d'Anguilles ou de Saumons, qui se déplacent alternativement depuis les aires d'alimentation jusqu'aux aires de reproduction, éloignées de plusieurs milliers de kilomètres. Ainsi, la Sterne (*Sterna macrura*) migre de l'océan glacial Arctique sur près de 25 000 kilomètres pour rejoindre ses quartiers d'hiver dans l'Antarctique. En revanche, certains Insectes migrent d'un bois vers un champ, et des Crustacés planctoniques effectuent des migrations verticales en parcourant quotidiennement quelques mètres seulement. Les migrations à sens unique des Criquets migrateurs ou des Lemmings, notamment lors de mouvements de dispersion, permettent l'exploitation de nouvelles zones alimentaires et assurent une régulation de la densité de population. G. B.

milieu

n.m. (angl. Environment, Milieu)

Ensemble des conditions externes dans lesquelles un organisme se développe et vit.

Les facteurs de milieu et les facteurs génétiques interagissent sur cet organisme. (→ génétique [psychologie].)

Les caractéristiques socioéconomiques et culturelles du milieu constituent des variables souvent utilisées dans les enquêtes de psychologie différentielle, en particulier dans celles qui portent sur le développement et la scolarité des enfants. Le milieu socioéconomique comprend une pluralité d'aspects statistiquement associés qui sont souvent indexés globalement par la profession. Les catégories socioprofessionnelles de l'Institut national de la statistique et des études économiques visent à rassembler des personnes susceptibles d'entretenir des relations personnelles entre elles, d'avoir souvent des comportements et des opinions analogues, de se considérer elles-mêmes comme appartenant à une même catégorie et d'être considérées par les autres comme appartenant à une même catégorie. Ces catégories socioprofessionnelles sont souvent utilisées (agriculteurs, salariés agricoles, patrons de l'industrie et du commerce, professions libérales et cadres supérieurs, etc.). Des indices plus complexes peuvent être proposés, prenant en compte le revenu, l'habitat et son équipement, etc. Les caractéristiques culturelles du milieu sont en général indexées par le nombre d'années d'études ou le plus élevé des diplômes obtenus. Elles peuvent aussi faire l'objet d'analyses plus fines portant sur l'équipement culturel du foyer, les activités de loisirs ou de vacances, etc. Le milieu éducatif familial a fait dans certaines enquêtes l'objet d'évaluations analytiques précises au cours de visites de l'observateur dans la famille. L'échelle d'évaluation HOME (*Home Observation for Measurement of the Environment*), de B. M. Caldwell et al., prend en compte les réponses émotionnelles et verbales de la mère à l'enfant, l'absence d'interdictions et de punitions, l'organisation de l'espace et du temps, le matériel disponible, etc. J. Lautrey a orienté un questionnaire d'enquête en fonction d'une hypothèse déduite de la théorie de J. Piaget sur le développement de l'intelligence. Ce questionnaire permet de distinguer des milieux éducatifs familiaux à structure faible, souple ou rigide. Les caractéristiques socioéconomiques, culturelles et éducatives présentent entre elles des liaisons statistiques, et certaines enquêtes se contentent d'utiliser comme approximation globale la profession. Le niveau socioéconomique et culturel de la famille présente de nombreuses liaisons statistiques avec le type de scolarité suivie par l'enfant, ses résultats scolaires, ses intérêts, ses projets, etc. Il présente aussi en général des liaisons avec les résultats observés dans les tests. Ces liaisons sont plus élevées avec les tests verbaux, moins élevées avec les tests non verbaux (tests d'intelligence « indépendants de la culture », tests numériques, tests spatiaux). Les liaisons avec les tests non verbaux sont en général plus faibles que celles qui s'établissent entre le niveau socioéconomique et les notes scolaires, ce qui peut permettre au psychologue de détecter des élèves « sous-réalisateurs » handicapés scolairement par leur milieu mais capables d'obtenir de meilleurs résultats. Toutes ces liaisons ne sont que statistiques : au sein d'une catégorie socioprofessionnelle ou culturelle déterminée, toutes les variables qui viennent d'être énumérées conservent une dispersion qui peut être importante, ce qui traduit l'effet, sur ces variables, de facteurs différents des facteurs de milieu considérés. La liaison statistique observée au plan descriptif peut faire l'objet de différentes hypothèses explicatives non exclusives. Le niveau économique et culturel limite directement, de toute évidence, les possibilités offertes à l'enfant au cours de son développement. Cette liaison peut aussi s'établir par l'intermédiaire de pratiques éducatives familiales qui sont liées statistiquement au niveau socioéconomique et culturel. On ne peut exclure enfin que le niveau socioéconomique de la famille et le Q.I. de l'enfant soient soumis l'un et l'autre, par des processus différents, à l'influence du Q.I. des parents. M. R.

→ environnement.

BIBLIOGRAPHIE

Lautrey, J., 1980, *Classe sociale, milieu familial, intelligence*, Paris, P.U.F.

Reuchlin, M., et Bacher, F., 1989, *les Différences individuelles dans le développement cognitif de l'enfant*, Paris, P.U.F.

mimétisme

n.m. (angl. Mimicry)

Stratégie agressive ou défensive de camouflage développée par certains Animaux.

L'Animal utilise différents types de signaux, le plus souvent visuels (forme, couleurs) mais aussi olfactifs et plus rarement acoustiques afin de minimiser la probabilité d'être détecté par un prédateur ou une proie. Décrit par H. Bates, d'où son nom de mimétisme batésien, il met en présence trois espèces différentes : la première (mime) imite une deuxième (modèle), ce qui a pour effet de tromper une troisième (dupe). On lui oppose parfois une autre forme de mimétisme, dit « müllerien », caractérisant des espèces vivant dans un même biotope et présentant des ressemblances sans qu'il soit possible de préciser l'espèce qui en tire un avantage. Certains ne voient dans le mimétisme müllerien que la conséquence de convergences évolutives. J.-P. S.

mimique

n.f. (angl. Facial Expression)

Expression de la pensée par le jeu de la physionomie ou par le geste, accompagnant ou remplaçant le langage parlé.

DÉVELOP. Il est probable que l'organisme humain est biologiquement programmé pour manifester des expressions faciales cohérentes avec des expériences émotives particulières (Saarni). Dès la naissance, on peut observer chez l'enfant humain des configurations stables de mouvements ou de positions des traits du visage ; même s'il s'agit de réactions réflexes, les parents les interprètent comme des expressions d'émotions : les diverses formes du réflexe gusto-facial, différenciées selon les saveurs (sucré, salé, acide, amer), signifieraient que l'enfant « aime » ou « n'aime pas » le goût proposé. Le sourire produit par le bébé éveillé en face à face avec un adulte souriant est à l'évidence une acquisition cruciale dans l'établissement des relations sociales du bébé avec autrui. Sur des photos de bébés de 1 mois à 1 an, mis dans des situations émotionnelles déterminées, des adultes identifient correctement l'émotion sous-jacente (plaisir, peur, intérêt, colère, tristesse et détresse), ce qui implique de la part des bébés des réactions mimiques différenciées. Toutefois la capacité de produire volontairement ces mimiques n'apparaît qu'au cours de la seconde année, avec la fonction symbolique.

Cette différenciation des mimiques se construit au cours de la première année lors des interactions du nourrisson avec les adultes : dans des situations de face-à-face, on a mis en évidence des corrélations entre mimiques maternelles et mimiques de l'enfant, imitation réciproque, avec exagération maternelle. Les mères modifient très rapidement leurs expressions faciales en contingence avec celles de leur bébé et façonnent l'utilisation que les bébés font des mimiques.

Cela implique que les bébés apprennent très rapidement à identifier les mimiques qui leur sont adressées par l'adulte. À partir de 4 mois, les bébés distinguent entre photographies de visages joyeux et de visages tristes. Bien plus précocement encore, ils manifestent de la détresse devant un visage immobile. Ces distinctions sont d'autant plus précoces qu'il s'agit de visages connus de l'enfant. À partir de 6 mois, les bébés réagissent aux mimiques exprimées par des pairs d'âge. Enfin, ils savent utiliser les signaux véhiculés par des mimiques : dans une situation de falaise visuelle, les bébés traversent la partie profonde pour rejoindre leur mère souriante mais ne le font pas si elle produit une mimique d'inquiétude. M.-G. P.

minorité agissante

(angl. Active Minoritie)

Groupe (ou individu) dont l'action produit de l'influence sociale et du changement social.

Le terme de *minorité* a longtemps été associé à la notion de déviance, de marginalité. Il était surtout entendu dans son sens quantitatif (petit en nombre). L'influence sociale du point de vue fonctionnaliste favorisait cette appréciation, et la conformité au modèle majoritaire était implicite dans cette théorie. La réalité sociale était par ailleurs envisagée comme donnée dans ce modèle. Ce qui importe dans la minorité agissante, c'est le qualificatif qui souligne la spécificité propre au mot : l'action est ce qui caractérise une minorité agissante. Elle peut être le fait d'un individu seul ou d'un groupe. Ainsi, la dissidence par rapport à un régime politique peut être comprise comme une position minoritaire, non pas tant parce qu'il s'agit d'un petit nombre qui s'oppose à un grand nombre, mais parce que l'individu ou le groupe minoritaire défendent des opinions contraires à celles qu'impose la norme majoritaire.

C'est grâce au travail de S. Moscovici sur la psychologie des minorités actives que la notion de minorité est enfin reconnue comme signifiante dans le phénomène de l'influence sociale. La réalité sociale est alors envisagée comme construite. La proposition d'une approche génétique de l'influence permet effectivement la réinterprétation du changement social en tant qu'il s'articule essentiellement sur l'idée de *conflit* généré par un groupe, dont la taille importe peu mais qui adopte des styles de comportement spécifiques.

« ...Les styles de comportement sont des arrangements intentionnels de signaux verbaux et/ou non verbaux, qui expriment la signification de l'état présent et l'évolution future de ceux qui les affichent. »

Une minorité agissante est donc définie par rapport à ces styles de comportement. Ils sont au nombre de cinq :

1. *l'investissement*. Il précise l'importance du dessein de l'individu ou du groupe. Dépenser son énergie, son temps — voire son argent — dans un but précis, pour une certaine cause dénote en effet un esprit de sacrifice qui ne peut échapper à autrui. C'est l'interprétation du style de comportement minoritaire par la majorité qui permet à l'influence d'opérer. Dans le cas de l'investissement, la majorité peut tirer deux conclusions : l'individu ou le groupe accordent une grande confiance à son propre choix ; ils possèdent une grande capacité d'autorenforcement. De plus, l'individu ou le groupe s'engagent librement ;
2. *l'autonomie*. Elle caractérise l'indépendance de jugement et d'attitude, reflète la détermination d'agir selon ses propres principes. Elle est garante de l'objectivité minoritaire. L'extrémisme peut être considéré comme un élément de l'autonomie car il implique souvent une attitude intransigeante et consistante. Quand un individu ou un groupe semblent avoir un jugement, des opinions autonomes, quand ils ne sont par ailleurs pas perçus comme dominateurs ou enclins aux compromis, ils seront sans doute appréhendés comme les défenseurs d'un modèle ou d'un ensemble particulier de valeurs ;
3. *la consistance*. Elle joue un rôle primordial dans le processus d'acquisition et d'organisation de l'information qui nous vient de l'environnement. On a d'une part une consistance interne,ou intra-individuelle, d'autre part une consistance interindividuelle (ou consensus). Les deux se fondent dans la réalité : la première, qui a rapport au temps et aux modalités, est, comme la seconde, une sorte de consensus que chacun établit en son for intérieur afin d'harmoniser les actions et les informations qui viennent de l'extérieur. Le consensus est une forme de consistance recherchée ou imposée par différents individus. La réduction de la variabilité des réponses est ce qui caractérise le mieux ces deux formes de consistance. La consistance traduit une très ferme conviction dans des situations où, habituellement, les opinions sont moins tranchées. Elle offre encore une solution de rechange valable aux opinions dominantes. La consistance en appelle enfin au désir de clarté et de simplicité, à un besoin de définition du réel qui soit non ambiguë. L'importance de ce style de comportement dans le processus de l'influence minoritaire a été démontrée expérimentalement, notamment par Faucheux et Moscovici ;
4. *la rigidité*. Au-delà d'un simple style de comportement propre à la minorité, la rigidité est surtout fonction de la réaction majoritaire à l'égard du groupe minoritaire. Dans certaines situations, les compromis ou les concessions peuvent être impossibles. La majorité peut être amenée, dans ce cas, à percevoir la minorité comme « dogmatique » ; elle peut parfois aller jusqu'à refuser l'influence. Ricateau a étudié ce phénomène dans une expérience qui réunissait trois personnes pour discuter du cas d'un jeune criminel, Johnny Rocco. La majorité était plutôt favorable, indulgente à son égard, mais la minorité (un compère de l'expérimentateur) émettait des jugements plus sévères. On demandait aux sujets de se juger et de juger les autres membres du groupe. Les résultats de l'expérience soulignent qu'une minorité perçue comme rigide peut être moins efficace qu'une minorité perçue comme plus « souple ». Nemeth, Swedlund et Kanki confirmeront d'ailleurs ces résultats dans une autre expérience. Toutefois, si une minorité rigide peut être rejetée par la majorité, une minorité trop souple n'est pas non plus très efficace, ainsi que le signalent Kiesler et Pallak. Un style de comportement qui se situerait à mi-chemin entre rigidité et souplesse est sans aucun doute le moyen le plus sûr de l'influence. Mugny note par ailleurs que la majorité n'est pas toujours homogène : elle se divise très souvent entre d'une part le pouvoir et d'autre part la population. Une minorité se devra en ce cas de moduler souplesse et rigidité en fonction de la cible d'influence : pouvoir ou population ;
5. *l'équité*. Elle rend compte du souci de la minorité d'établir des relations réciproques avec la majorité. L'ouverture, l'écoute caractérisent ce style de comportement. Toutes les solutions ou propositions sont retenues par la minorité qui adopte un style équitable. Elle tient compte du point de vue majoritaire et, de ce fait, elle peut se rallier un plus grand nombre de sympathisants. Le style équitable ne fonctionne cependant pas très bien par rapport aux personnes dont les opinions sont déjà proches de celles de la minorité. Son influence est vaste et égale sur un grand nombre de personnes, sur la majorité au sens habituel du mot, mais elle a de grandes chances de n'être que superficielle.

Il ressort, à travers les styles de comportement, qu'une minorité agissante — ou active — n'a d'influence que lorsqu'il se trouve en face d'elle une majorité qui réagit à l'action minoritaire.

C'est également le but que se donne une minorité qui va la définir. Elle veut en effet influencer la majorité : pour cela, elle cherchera à être socialement visible et reconnue. Son éventuelle déviance ne sera plus alors considérée comme un frein à l'influence mais elle pourra être interprétée comme une marque d'originalité, voire d'objectivité. La minorité agissante est souvent considérée à ses débuts comme une minorité déviante mais, par la transformation d'un handicap en qualité (et les styles de comportement interviennent ici), elle réussit à se redéfinir, aux yeux de la majorité comme à ses propres yeux. Elle est enfin légitimée.

C'est au niveau de l'*innovation* qu'une minorité agissante se distinguera. Ce terme d'*innovation* ne signifie pas nécessairement que le changement voulu par la minorité est progressiste ou révolutionnaire. La minorité agissante veut la plupart du temps modifier un état de fait, les normes ou les habitudes en vigueur. Son action s'oppose systématiquement au statu quo. Ainsi, ce ne sont pas uniquement des minorités dites « de gauche », tournées vers le progrès ou une certaine évolution sociale, qui sont concernées par le modèle génétique de l'influence, pour ne citer que les minorités féministe ou écologiste étudiées par G. Paicheler par exemple. Une minorité qui prônerait un retour à des normes ou à des valeurs oubliées pourra être une minorité agissante au même titre qu'une minorité qui choisirait la table rase, qui créerait de nouvelles normes ou valeurs, du moment qu'elle adopte certains styles de comportement. C'est en effet par rapport au système normatif en vigueur que la minorité agissante définit son action. Au lieu de se conformer aux normes majoritaires, la minorité agissante s'y oppose et propose un retour aux valeurs anciennes, aux traditions. Le maître mot de son action reste malgré tout le changement.

Pour produire de l'influence, une minorité agissante doit donc pouvoir :

1. se donner les styles de comportement adéquats en fonction de la cible d'influence ;
2. bénéficier d'un contexte social, historique, politique et culturel qui permette les contrastes (sinon, le changement ne pourra être perçu par la majorité). Si l'une ou l'autre de ces deux conditions faisait défaut, il est fort improbable que la minorité puisse alors être réellement agissante. B. O.

BIBLIOGRAPHIE

Moscovici, S., 1979, *Psychologie des minorités actives*, Paris, P.U.F.

Paicheler, G., 1985, *Psychologie des influences sociales*, Paris, Neuchâtel, Delachaux et Niestlé.

Minuchin (Salvador)

Psychiatre américain (né en 1911).

Professeur de pédopsychiatrie, il a largement contribué à développer les thérapies familiales dites « structurales ». (→ thérapie familiale.) Il devint directeur de la Philadelphia Child Guidance Clinic en

1967, travaillant en particulier avec J. Haley et B. Montalvo. Il avait auparavant acquis une riche expérience dans les ghettos noirs et portoricains de New York. Il s'installa dans cette ville quand il prit sa retraite, en 1980. L'un de ses ouvrages a été traduit en français sous le titre *Familles en thérapie* (trad. en 1978). M. G.

miroir (images en)

(angl. Mirror Images)

Couple de figures, identiques dans la forme, dont l'une est l'inverse de l'autre.

L'inversion est obtenue par rotation de 180° dans l'espace, soit autour d'un axe horizontal (inversion haut-bas), soit autour d'un axe vertical (inversion droite-gauche).

Le jeune enfant a du mal à différencier les images en miroir, quel que soit l'axe d'inversion. Les confusions entre images en miroir haut-bas disparaissent avant l'âge de 6 ans, alors qu'elles persistent au-delà de 7 ans pour les images en miroir droite-gauche. Ces dernières sont à l'origine de nombreuses erreurs dans l'apprentissage de la lecture (confusions entre *p* et *q*, entre *b* et *d*). E. V.

miroir (stade du)

(angl. Mirror's Stage; allem. Spiegelstufe)

Concept élaboré par J. Lacan pour rendre compte du narcissisme primaire, première ébauche du moi, et des identifications secondaires.

L'enfant porté par sa mère reconnaît son image dans le miroir. C'est un carrefour structural qui commande: 1. le formalisme du moi, c'est-à-dire l'identification de l'enfant à une image qui le forme mais qui l'aliène primordialement, le fait « autre » qu'il n'est dans un transitivisme identificatoire dirigé sur autrui; 2. l'agressivité constitutive de l'être humain, qui doit gagner sa place sur l'autre et s'imposer à lui sous peine d'être lui-même anéanti; 3. le formalisme des objets du désir dont le choix se réfère toujours à l'objet du désir de l'autre.

On peut considérer le stade du miroir comme une règle de partage entre le symbolique et l'imaginaire. Il est à noter que le stade du miroir est un apologue, un simple outil de travail pour étayer une réflexion et qu'il conviendrait donc de ne pas tenter expérimentalement cette phase du développement humain. Comme S. Freud l'écrivait: « Il ne faut pas prendre l'échafaudage pour le bâtiment. » E. S.

Mitscherlich (Alexander)

Médecin et psychanalyste allemand (Munich 1908-Francfort-sur-le-Main 1982).

Il est le fondateur de la première clinique allemande de médecine psychosomatique, à Heidelberg, en 1949, et de l'Institut S. Freud de Francfort (1960). Son intérêt se porte avant tout sur la corrélation qui lie le développement psychique de l'individu au système politique et social; c'est dans cette perspective qu'il a étudié le nazisme et l'urbanisme. Il a publié *Freiheit und Unfreiheit in der Krankheit; das Bild des Menschen in der Psychotherapie* (1946), *Vers la société sans pères. Essai de psychologie sociale* (1963), *le Deuil impossible* (1967). R. L.

MMPI

(Abréviation de l'angl. *Minnesota Multiphasic Personality Inventory*, signifiant *Inventaire multiphasique de personnalité du Minnesota*)

Questionnaire destiné à explorer plusieurs traits de personnalité.

Le MMPI a été construit par S. R. Hathaway et J.C. McKinley. Il comprend 550 items inspirés des réponses pouvant être faites aux questions posées lors d'un entretien psychiatrique. Chaque item figure sur un carton que le sujet doit classer dans l'une des trois piles « vrai », « faux », « je ne sais pas ». Outre trois évaluations portant sur les attitudes adoptées par le sujet dans le choix de ses réponses, le test fournit dix notes correspondant à des dimensions de la nosologie psychiatrique (hypocondrie, dépression, hystérie, etc.). Cette épreuve a donné naissance à plusieurs autres échelles s'adressant chacune à un trait de personnalité particulier et composées de certains des items du MMPI, par exemple l'échelle d'anxiété manifeste de Taylor. M. R.

mnémotaxie

n.f. (angl. Mnemotaxis)

Réaction locomotrice orientée par mémorisation de repères spatiaux.

Le déplacement de l'Animal se fait selon une trajectoire qui garde la même direction angulaire, telle qu'elle avait été déterminée par un stimulus orienteur qui, depuis, a disparu ou a changé de place. R. L.

mobbing

n.m. (angl. Mobbing)

Réaction collective et agressive de harcèlement que présentent certaines espèces généralement paisibles ou inoffensives envers un de leurs prédateurs habituels.

Le mobbing est un comportement caractéristique de nombreuses espèces d'Oiseaux passereaux comme les Étourneaux, Pinsons, Merles, Moineaux, etc., mais aussi d'espèces plus combatives comme les Goélands. Ces oiseaux se rassemblent et harcèlent massivement un de leurs prédateurs isolés (Faucon, Hibou). Le rassemblement est provoqué par des cris de harcèlement. L'action concertée de ces oiseaux a pour effet d'éloigner le prédateur. Des actions de mobbing fréquemment répétées au même endroit peuvent créer chez le rapace une habituation qui l'amène à éviter par la suite cette région. R. L.

mobile

n.m. (angl. Drive)

Élément propre à l'individu, motif personnel qui le pousse à agir, qui est à l'origine de certains de ses comportements. J.-F. L. N.

→ motivation.

modal, e, aux

adj. (angl. Modal)

STAT. **Se dit de ce qui correspond au mode, c'est-à-dire à la valeur la plus fréquente d'une distribution.**

PSYCHOL. **Dans la perception ou en psychophysique, se dit de ce qui correspond à une modalité sensorielle.**

LOG. **Se dit de ce qui correspond à la possibilité ou à la nécessité, appliquées à la vérité d'une proposition.** J.-F. L. N.

modalité

n.f. (angl. Modality)

GÉNÉR. 1. **Qualité sensorielle correspondant aux différents types de récepteurs (vision, audition, olfaction, etc.).**

On précise parfois ce sens en disant « modalité sensorielle ». Cette utilisation du mot *modalité* remonte à H. Helmholtz.

GÉNÉR. 2. **Dans la description systématique d'un stimulus ou d'un concept, synonyme de « valeur » d'un attribut ou d'une dimension.**

Si l'on a, par exemple, des objets rouges, des verts et des bleus, on dira que, pour ces objets, l'attribut de couleur comporte trois modalités (ou trois valeurs).

LOG. **Propriété associée à une proposition et à sa valeur de vérité.**

Des exemples de cette acception sont donnés par des phrases telles que: « Il est possible que p soit vrai » ou « il est nécessaire que p soit vrai ». Le maniement de cette propriété fait l'objet des logiques modales. J. F. L. N.

mode

n.m. (angl. Mode)

STAT. **Valeur ou classe d'une distribution présentant l'effectif le plus élevé.** M. R.

modes (analyse factorielle à trois)

(angl. Three-Mode Factor Analysis)

Méthode d'analyse factorielle proposée par L.R. Tucker, qui s'applique à des

données pouvant être organisées sous la forme de trois catégories de variables.

Par exemple, on peut avoir évalué sur des sujets différents (1er mode) des traits de personnalité différents (2e mode) dont chacun est évalué par plusieurs méthodes, chaque méthode étant utilisée pour tous les traits (3e mode). On obtient trois types de facteurs correspondant aux trois modes.
M. R.

→ multitraits-multiméthodes (matrice).

1. modelage

n.m. (angl. Shaping)

GÉNÉR. et ÉTHOL. **Élaboration progressive par conditionnement, grâce à l'utilisation d'une séquence adéquate de renforcements, d'une habileté complexe.**

Cette technique, découverte par B.F. Skinner, s'apparente au dressage. On renforce d'abord, en partant de comportements au hasard, celui qui semble le moins éloigné du comportement visé et on le rend ainsi plus fréquent: on a créé un comportement nouveau, destiné à être provisoire. Puis, en profitant de la marge de variations qui se crée spontanément autour de ce comportement nouvellement formé, on renforce désormais un comportement plus proche que le précédent du comportement visé et on cesse de renforcer celui qu'on renforçait antérieurement. De proche en proche, on fait ainsi évoluer le comportement émis par l'Animal et on le rend plus complexe. Il est possible par ce moyen de faire acquérir à des animaux des habiletés motrices extrêmement compliquées.

Le modelage n'utilise que des renforcements positifs (récompenses). J.-F. L. N.

2. modelage

n.m. (angl. Modeling)

DÉVELOP. **Processus d'acquisition d'un comportement par observation d'un modèle; apprentissage par observation.**

C'est à A. Bandura que revient la paternité d'un terme pour désigner une forme particulière d'apprentissage qu'il considère comme centrale dans le développement humain: l'apprentissage par observation. Dans ses expériences avec Walters et d'autres collaborateurs, il montre que les enfants peuvent apprendre de nouveaux comportements par la simple observation, sans que ceux-ci soient renforcés par une récompense ou par le constat que ce comportement est encouragé. Ils apprennent même dans le cas où le comportement est blâmé ou puni. Ce n'est donc pas la récompense, et le renforcement qu'elle suscite, qui rend compte de l'apprentissage des conduites. Par contre, l'influence du renforcement joue sur la reproduction de la conduite apprise: l'enfant utilisera ou non son nouvel acquis suivant la conséquence probable. Ainsi se trouvent distinguées l'acquisition et la réalisation d'un comportement. Ce qui est spécifique du processus de modelage est que l'acquisition peut se réaliser sans répétition instantanée et que la mise en pratique se fait parfois longtemps après et sans erreurs: aussi est-ce un type d'apprentissage indispensable dans les situations où les erreurs sont susceptibles d'avoir des conséquences coûteuses pour l'organisme, voire fatales. Par ailleurs, ce processus permet d'expliquer, selon Bandura, l'acquisition de langues, de coutumes, de pratiques sociales et politiques, etc., du fait que l'apprentissage porte sur la construction de classes de solutions à un type de problèmes: les observateurs extraient des caractéristiques communes de réponses apparemment différentes et formulent des règles comportementales génératives qui les rendent capables de dépasser ce qu'ils ont vu ou entendu.

Bandura distingue ainsi nettement le modelage de l'imitation, qu'il définit comme l'exacte reproduction d'un comportement modèle. Au contraire, dans le cas du modelage, on extrait des règles générales sur la façon d'agir sur l'environnement et on met le comportement observé en pratique quand on veut obtenir un certain type d'effet. Ainsi, le modelage offre une explication au développement de divers types de rôles durant l'enfance, parmi lesquels les rôles sexués.

Le modelage peut être induit par le modèle (situation pédagogique, thérapeutique) ou se produire sans incitation, comme on l'a dit plus haut. Certains praticiens l'utilisent dans le traitement de l'anxiété et des phobies: observer quelqu'un produire des comportements différents des siens dans des conditions analogues devrait permettre, dans le cadre de la théorie du modelage, de réduire des symptômes. J. N.

BIBLIOGRAPHIE

Bandura A., 1980, *l'Apprentissage social*, Bruxelles, Mardaga.

modèle

n.m. (angl. Model)

GÉNÉR. et STAT. **Expression sous une forme logique ou mathématique des propriétés que devrait présenter un certain type de données si ces données se conformaient exactement à une certaine hypothèse ou théorie que le modèle formalise.**

Voici quelques exemples: le modèle d'une échelle ordinale est défini par les propriétés d'antisymétrie (si A est plus grand que B, B n'est pas plus grand que A) et de transitivité (si A est plus grand que B et B plus grand que C, A est plus grand que C); le modèle d'une variable normale est la loi normale de Gauss; etc.

STAT. **Présentation sous la forme d'une équation ou d'un système d'équations des relations théoriquement attendues entre plusieurs variables observables ou latentes.**

En général, certaines d'entre elles sont des variables à expliquer (variables dépendantes, critères); d'autres, des variables explicatives (variables indépendantes, prédicteurs); d'autres, enfin, des variables aléatoires (erreurs) représentant l'effet éventuel de variables ne figurant pas dans le modèle. Voici quelques exemples: les équations de régression simple ou multiple; les équations représentant une variable observable en fonction de variables latentes, comme en analyse factorielle; les équations d'une analyse en pistes causales. Des modèles plus généraux existent. C'est ainsi que tous les exemples ci-dessus s'intègrent dans des modèles structuraux, dont le plus utilisé est connu sous le sigle LISREL*. M. R.

DÉVELOP. **Référence comportementale de l'enfant ou de l'adulte.**

Le modèle ne se définit pas exclusivement comme source de modelage. Il désigne aussi celui qui est imité. Et il s'applique également à celui dont le comportement influence le comportement d'autres personnes en dehors de toute acquisition: un exemple en est l'agressivité engendrée par le spectacle de scènes agressives. Il n'y a dans ce cas ni modelage (puisqu'on n'a rien appris de nouveau) [→ modelage 2] ni imitation* (parce que les deux comportements ne sont pas strictement identiques), mais facilitation sociale, puisque la production d'un comportement agressif a été suggérée, ou facilitée, par l'observation préalable de ce type de comportement. On peut décrire sur cette base de nombreux phénomènes d'influence sociale. Dans ces cas, le modèle est généralement prestigieux pour celui qu'il influence (adulte privilégié, supérieur par le statut social, « dominant » selon la terminologie de l'éthologie humaine, etc.). Enfin, prendre quelqu'un pour modèle peut créer un lien social par l'effet positif qu'exerce ce choix sur le modèle. J. N.

BIBLIOGRAPHIE

Thelen, M., Frautschi, N., Roberts, M., Kirkland, K., et Dollinger, S., 1981, « Being Imitated. Conformity and Social Influence: an Integrative Review », *Journal of Research in Personality*, 15, 403-426.

modèle animal de pathologie mentale

(angl. Animal Model of Mental Disorders)

Animal type permettant, dans des conditions précises, d'induire certaines similitudes avec le comportement humain.

L'étude de certains aspects de la pathologie mentale est difficile chez l'être humain: en particulier l'étude d'indices biologiques explorés par des techniques dites « invasives » et la recherche de nouveaux médicaments. Le comportement animal peut être considéré pour mener ce type d'études comme un modèle approché du comportement humain. On peut distinguer trois grands types de modèles animaux.

Les modèles empiriques

Ils sont issus de l'observation empirique et ne revendiquent aucune homologie avec une situation existentielle comparable chez l'Homme. En psychopharmacologie, le comportement animal et le comportement humain doivent seulement être modifiés dans le même sens et avec une amplitude voisine par les drogues étudiées. Ainsi, la raideur cataleptique du Rat sous neuroleptiques est rapprochée des effets extrapyramidaux observés chez l'Homme. Afin de permettre l'examen et le tri rapides (ou screening) de médicaments potentiellement utiles chez l'Homme, on choisit chez l'Animal un comportement facile à reproduire et à quantifier. Le modèle peut reposer sur l'effet d'une substance ou sur l'interaction de deux substances au niveau du comportement. Les mouvements stéréotypés produits par l'apomorphine chez les Rongeurs sont antagonisés par les neuroleptiques. Ce modèle prédictif d'un effet antipsychotique chez l'Homme ne s'intéresse pas aux mécanismes biochimiques en jeu dans les stéréotypies et la schizophrénie même s'il peut secondairement servir à élaborer des modèles neurobiologiques. On a accusé ce type de schéma de stériliser la recherche psychopharmacologique. Ainsi, la batterie de tests prédisant l'effet des antidépresseurs tricycliques a conduit à développer des molécules très voisines plutôt qu'à découvrir des composés originaux : ceux-ci ont été éliminés lors du screening.

Les modèles de comportements induits par des substances chimiques

Ces modèles tentent de reproduire un tableau psychopathologique sans que les hypothèses étiopathogéniques soient aussi élaborées que dans les modèles suivants. Des psychostimulants et des hallucinogènes provoquent artificiellement chez l'Homme normal des comportements de type psychotique. En administrant ces drogues à l'Animal, on peut réaliser un modèle de psychose même si les symptômes déclenchés chez l'Animal ne ressemblent pas au tableau observé chez l'être humain. Ainsi un hallucinogène comme le LSD entraîne une potentialisation aux stimulus aversifs chez le Rat mis en situation d'activité exploratoire, qui rappelle la poussée anxieuse et parfois délirante du sujet sous LSD confronté à un environnement inconnu.

Les modèles étiologiques

Un processus psychologique ou biologique retrouvé chez l'Animal est supposé être à l'origine d'un syndrome psychopathologique observé en clinique. Ce type de modèle a la plus grande valeur heuristique. Une situation de conflit (récompense en même temps que punition pour un comportement donné) peut constituer un modèle d'anxiété. L'exposition du Rat à un stress inévitable crée un état d'*impuissance apprise* (angl. Learned Helplessness) qui pourrait jouer un rôle essentiel dans le développement des états dépressifs. D'autres situations dépressogènes sont utilisées en pharmacologie animale : par exemple, induction d'ulcères de contrainte chez le Rat immobilisé, observation de la mobilité du Rat forcé à nager ou séparation d'un jeune Singe d'avec sa mère.

À côté de ces exemples de processus psychologiques ou comportementaux, un modèle biologique s'appuie sur la perturbation artificielle du système dopaminergique à la suite d'une lésion chirurgicale localisée du cerveau animal pour tester l'hypothèse d'un hypofonctionnement du système dans la schizophrénie : les conséquences biologiques et comportementales d'une telle lésion sont observées.

Les limites de la comparaison Animal/Homme

Un modèle animal est souvent validé par sa capacité à prédire une réponse thérapeutique chez l'Homme. Mais la comparaison, en dehors même du problème de la complexité du psychisme humain, reste limitée. En particulier, les modèles animaux ne prennent pas en compte l'aspect longitudinal d'une affection psychiatrique évolutive et de la prise des traitements. Ces modèles ne sont pas spécifiques d'une affection ou d'une classe de médicaments : ils doivent être utilisés en batteries regroupant plusieurs tests. Enfin, les modèles animaux encouragent l'étude de comportements élémentaires que l'on retrouve dans plusieurs entités cliniques (inhibition, impulsivité, etc.). Cette approche, qualifiée de transnosographique, peut ouvrir de nouvelles perspectives mais tend à négliger la richesse de la tradition clinique. A. G.

modèle social

(angl. Pattern)

Types de conduite, de pensée ou de sentiment communs dans une société ou un groupe donné, dont ils assurent la régulation.

Ce sens normatif doit être distingué des modèles au sens systématique et explicatif, comme instruments d'analyse et de prospective essentiels à toute science.

É. Durkheim a sans doute été le premier auteur à parler de *modèles collectifs*, dont le triple caractère prescriptif, fonctionnel et axiologique garantit la cohésion sociale et dont l'usure ou la rupture entraîne le désordre et l'anomie. Comme lui, R. Linton tend à assimiler modèle et norme : « Les comportements conformes aux modèles sont considérés comme normaux, et ceux qui n'y sont pas sont jugés bizarres et souvent répréhensibles. » Selon lui, une culture est constituée par un ensemble de modèles plus ou moins ajustés et dont la pratique varie entre certaines limites.

Dans la multiplicité des modèles, on peut distinguer, d'une part, des modèles communs à tous au sein du même ensemble social, sorte d'universaux qui concernent les cadres de vie et de relations quotidiennes (type d'habitat, rythme des repas, du travail, modes de communication, etc.), les systèmes de représentation et de valeur (à propos du devoir, du savoir, des divers idéaux, etc.), l'adoption de symboles collectifs (rites, emblèmes, stéréotypes) et, d'autre part, des modèles de rôles, qui régissent les conduites respectives de chacun en fonction de son statut. La plupart sont traditionnels et solidement ancrés. Dans les groupes en gestation, ils s'élaborent progressivement en fonction des urgences et des interactions.

Les modèles font d'abord l'objet d'un constat sociologique dégageant les divers aspects du contrôle social : prescriptions formelles, interdictions, recommandations, avec certaines marges de tolérance, et un jeu de sanctions expresses ou diffuses, punitives ou gratifiantes.

Corrélativement, les modèles possèdent un contenu et un vécu psychologiques en tant qu'ils sont intériorisés et actualisés par des sujets pour qui ils prennent une valeur et une signification variables. Ce processus renforce la consistance et la stabilité des modèles. À la charnière de la culture et de la personnalité, c'est un problème encore discuté de savoir si le contrôle provient essentiellement de l'apprentissage et du poids des systèmes répressifs ou s'il tient aussi à une autorégulation proprement psychique. C'est à travers les modèles que s'effectue la socialisation de l'individu ; empreinte, autant que contrainte, rencontrant chez le sujet disponibilités, sinon attentes. Aussi bien l'adhésion au modèle se fait-elle en référence à l'attitude d'autrui, où elle trouve renforcement et sécurisation. Mais l'impact des modèles sociaux peut être vécu très diversement selon les personnes, depuis l'attitude d'intime adhésion jusqu'aux attitudes de contestation et de déviance ouverte en passant par l'attitude de formalisme ou de retrait. J. M.

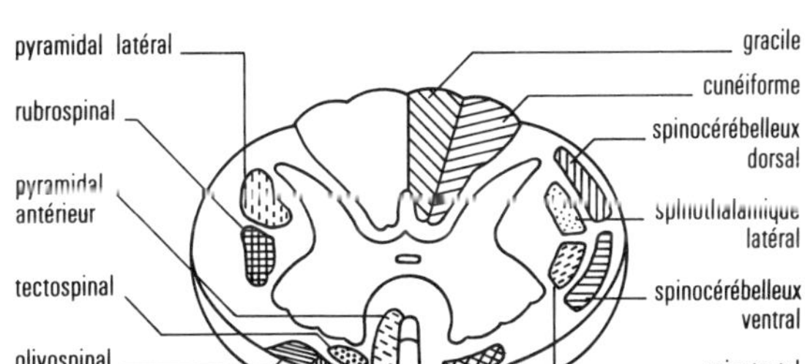

Figure 1. La moelle épinière. Coupe de la moelle épinière, montrant les principales voies ascendantes à droite et les principales voies descendantes à gauche.

moelle épinière

(angl. Spinal Cord)

Partie du système nerveux central protégée par la colonne vertébrale.

C'est l'interface entre système nerveux central et système nerveux périphérique : par ses racines ventrales s'effectue l'envoi des commandes nerveuses aux muscles ; par ses racines dorsales, elle est le lieu de passage obligé des messages sensoriels périphériques (ascendants). [Figure 1, page précédente.] Outre ses fonctions de relais, on notera qu'elle possède une fonction d'intégration ; quand on la sépare du reste du système nerveux central, on conserve une catégorie de réponses sensori-motrices complexes (réflexes médullaires). J. P. et M. B.

moi

n.m. (angl. Ego ; allem. Ich)

PSYCHAN. **Selon S. Freud, siège de la conscience et aussi lieu de manifestations inconscientes ; le moi, élaboré par Freud lors de sa deuxième topique (le moi, le ça et le surmoi), est une différenciation du ça ; il est l'instance du registre imaginaire par excellence, donc des identifications et du narcissisme.**

Parler du moi dans la théorie freudienne équivaut à retracer l'histoire de la technique psychanalytique avec ses hésitations, ses impasses, ses découvertes. Avant 1920, il semblerait que l'interprétation telle que la pratique Freud avec les hystériques donne des résultats satisfaisants.

Pour tenter d'expliquer les phénomènes psychiques, Freud élabore alors ce qu'il a appelé la première topique : l'inconscient, le préconscient, le conscient avec les deux principes qui régissent la vie psychique, le principe de plaisir et le principe de réalité, mais ce découpage va s'avérer inopérant pour expliquer le phénomène que Freud découvre à propos des névroses traumatiques : la compulsion de répétition, qu'il aborde dans *Au-delà du principe de plaisir* (1920). C'est un texte charnière après lequel il élaborera sa deuxième topique : le ça, le moi et le surmoi, qu'il appellera aussi idéal du moi. La première topique pourrait être considérée comme l'achèvement des travaux d'un Freud neurologue ; avec la deuxième, il ouvre le champ propre de l'analyse des névroses.

Ce nouveau découpage ne recouvre pas le premier : le moi englobe le conscient et le préconscient, et Freud décrira le moi comme en partie inconscient. Freud est là bien loin de la théorie classique du moi des philosophes car, si l'homme a toujours désiré être sujet de la connaissance et lieu de la totalisation d'un savoir, la découverte freudienne va battre en brèche toutes certitudes, découvrant avec l'inconscient le paradoxe d'un sujet constitué de ce qu'il ne peut pas savoir et dans une littérale excentration par rapport à son moi.

GENÈSE DU MOI

Freud décrit le moi comme une partie du ça qui se serait différenciée sous l'influence du monde extérieur. Quels sont les mécanismes en jeu ?

Dans le ça règne le principe de plaisir. Or, l'être humain est un animal sociable et, s'il veut vivre avec ses congénères, il ne peut s'installer dans cette sorte de nirvana qu'est le principe de plaisir, point de moindre tension, comme il lui est impossible de laisser s'exprimer les pulsions à l'état pur. En effet, le monde extérieur impose au petit enfant des interdits qui provoquent le refoulement et la transformation des pulsions pour la recherche d'une satisfaction substitutive qui provoquera, à son tour, un sentiment de déplaisir dans le moi. Le principe de réalité a relayé le principe de plaisir. Le moi se présente comme une sorte de tampon entre les conflits et clivages de l'appareil psychique, de même qu'il essaie de jouer le rôle d'une sorte de pare-excitation face aux agressions du monde extérieur.

Depuis J. Lacan, on peut ajouter que l'enfant baigne dans un monde de langage qui véhicule des interdits et que c'est seulement parce que l'être humain est un être parlant que s'instaure le refoulement et par là même la division du sujet. La barre qui vient ainsi le frapper lui interdit l'accès à la vérité de son désir.

DESCRIPTION DE L'APPAREIL PSYCHIQUE, OU TOPOLOGIE FREUDIENNE

Freud écrit dans son article *le Moi et le ça* (1923) : « Un individu donc est selon nous un ça psychique inconnu et inconscient, à la surface duquel est posé le moi qui s'est développé à partir du système préconscient comme de son noyau [...] ; le moi n'enveloppe pas complètement le ça mais seulement dans les limites où le préconscient constitue sa surface, donc à peu près comme le disque germinatif est posé sur l'œuf. Le moi n'est pas nettement séparé du ça, il fusionne avec lui dans sa partie inférieure. »

Freud ajoute que le moi porte une « calotte acoustique », donc l'importance des mots réside non pas simplement au niveau d'une signification, mais au niveau des « restes mnésiques du mot entendu ». On trouve là, en germe, ce que la linguistique développera plus tard avec le rapport signifié-signifiant que Lacan appliquera à la psychanalyse.

Freud insiste sur un autre aspect essentiel du moi : le moi est avant tout un moi-corps : « Il peut être considéré comme une projection mentale de la surface du corps et représente la surface de l'appareil mental. »

Il est intéressant de noter que le seul accès que l'homme ait à son corps passe par le moi. Cette assertion s'avérera particulièrement pertinente lorsque seront développés avec Lacan les aspects de mirage et de duperie du moi. Cela pourrait expliquer le peu d'accès à la réalité de son corps que l'humain manifeste. Il est toujours étonnant d'entendre quelqu'un parler de la manière dont « il se voit ».

QUELLES SONT LES FONCTIONS DU MOI ?

Le moi est décrit par Freud comme une instance mouvante en perpétuelle réélaboration, mais il le décrit aussi passif et agi par des forces impossibles à maîtriser, se faisant le dupe du ça.

Les fonctions du moi sont multiples :

— il est capable d'opérer un refoulement ;

— il est le siège des résistances ;

— il essaye de gérer le rapport « principe de plaisir » - « principe de réalité » ;

— il participe à la censure, aidé en cela par le surmoi, qui n'est qu'une différenciation du ça. Également dans *le Moi et le ça*, Freud écrit : « La perception joue pour le moi le rôle qui dans le ça échoit à la pulsion. Le moi représente ce qu'on peut nommer raison et bon sens par opposition au ça, qui a pour contenu les passions. » Lacan et Freud divergent sur ce point, Lacan faisant du moi l'instance imaginaire par excellence (→ imaginaire) ;

— il est capable de construire des moyens de protection ;

— véritable lieu de passage de la libido, il paraît gérer les investissements d'objets jusqu'à l'idéalisation, et les désinvestissements d'objets avec retour dans le moi de la libido, appelée alors *libido narcissique* ;

— toute sublimation se produit par l'intermédiaire du moi, qui transforme la libido d'objet sexuel en libido narcissique ;

— il est le siège des identifications.

L'IDENTIFICATION ET LE MOI

L'identification est un mécanisme qui tend à rendre le moi propre semblable à l'autre pris comme modèle. « Le moi copie », écrit Freud dans son article *l'Identification*. Lacan avec le « stade du miroir « (*Écrits*, 1966) montre que c'est par une identification que le petit enfant anticipe imaginairement la forme totale de son corps, mettant ainsi en place la première ébauche du moi, souche des identifications secondaires. Mais, dans ce temps essentiel, il faut souligner que l'enfant est porté par une mère dont le regard le regarde. C'est là tout le champ de la narcissisation comme fondatrice de l'image du corps de l'enfant et de son statut narcissique à partir de ce qui est d'abord amour de la mère et ordre du regard porté sur l'enfant. Mais, en même temps, si l'enfant reconnaît son image dans le miroir, c'est d'abord comme un autre qu'il se voit et s'appréhende. « Le moi c'est l'autre. » Le phénomène du transitivisme en est l'illustration.

Parallèlement à la reconnaissance de soi dans le miroir, on observe chez le tout-petit mis en présence d'un autre enfant, proche en âge, un comportement particulier : il l'observe curieusement, l'imite, tente de le séduire ou l'agresse. C'est l'enfant qui voit tomber l'autre qui pleure, celui qui bat dit être battu, et plutôt qu'un mensonge d'enfant on reconnaît ici le moi, instance de l'imaginaire au sens de l'image, le moi de la relation duelle, de la confusion entre soi et l'autre ; car c'est dans l'autre que le sujet se vit tout d'abord et se repère.

On peut donc dire que le moi c'est l'image du miroir en sa structure inversée. Le sujet se confond avec cette image qui le « forme » et l'aliène primordialement.

Le moi gardera de cette origine le goût pour le spectacle, la séduction, la parade mais aussi pour les pulsions sado-masochistes et scoptophiliques (ou voyeuristes), destructrices de l'autre dans son essence : « C'est moi ou l'autre. » C'est l'agressivité constitutive de l'être humain qui doit gagner sa place sur l'autre et s'imposer à lui sous peine d'être lui-même anéanti.

Lacan comme Freud mettra l'accent sur la multiplicité des identifications et donc des moi. Le moi est fait de la série des identifications qui ont représenté pour le sujet un repère essentiel à chaque moment historique de sa vie. Mais Lacan insistera d'avantage sur l'aspect de leurre, de semblant, d'illusion que revêt le moi dans une ex-centricité radicale par rapport au sujet, comparant le moi à une superposition des différents manteaux empruntés à ce qu'il appelle « le bric-à-brac de son magasin d'accessoires ».

Alors, dans cette perspective, qu'en est-il de la conscience ? L'homme peut dire : « Je suis celui qui sais que je suis », mais il ne sait pas qui est « je ». La conscience chez l'homme est une sorte de tension entre le moi aliéné du sujet et une perception qui fondamentalement lui échappe. Toute perception se faisant par le filtre du fantasme, toute perception objective est impossible.

Le moi et l'objet

La mise en place de l'objet est dépendante du moi, il en est le corrélat. La libido narcissique qui séjourne dans le moi s'étend vers l'objet, de même que le moi peut se prendre lui-même comme objet. Le caractère du moi résulte de la sédimentation des investissements d'objets abandonnés qui s'inscrivent dans l'histoire de ses choix d'objet. Dans le cas de la mélancolie, il y a introjection de l'objet perdu. Les amers reproches que le mélancolique s'adresse concernent en réalité l'objet qui a pris la place d'une partie du moi. Ainsi, le moi est partagé, coupé en deux, l'une des parties se déchaînant contre l'autre.

Mais ce sentiment de duplicité du moi n'est pas toujours pathologique ; on peut reconnaître là à l'œuvre l'instance différenciée du moi : le surmoi. Dans le quotidien, il se manifeste par l'auto-observation, la conscience morale, la censure onirique et participe au refoulement. Il donne ainsi le sentiment d'être surveillé par une part de soi-même, ce qui donne le caractère paranoïde du moi. Dans l'identification, quand le moi adopte les traits de l'objet, il s'impose pour ainsi dire au ça comme objet d'amour. On peut donc dire que le moi s'enrichit des qualités de l'objet, alors que dans l'état amoureux le moi s'est appauvri. Tout se passe comme si la libido narcissique s'était vidée dans l'objet.

Le choix d'objet est toujours un choix d'objet narcissique, on aime celui qu'on voudrait être, mais Lacan, relisant Freud, amène un élément supplémentaire : sur le plan imaginaire, l'objet ne se présente jamais à l'homme que comme un mirage insaisissable. Toute relation objectale ne peut donc qu'être frappée d'une incertitude fondamentale.

Le moi et le rêve

Une des émergences du moi dans le rêve est bien ce besoin manifeste de dormir, ou plutôt de ne pas se réveiller ! Mais on pourrait dire que, dans la vie diurne aussi, il n'est pas question de se réveiller et qu'il s'agit bien de cela dans le « je n'en veux rien savoir » que tout un chacun affiche, se contentant de croire que sa vérité est là, dans l'instance vigile qu'est le moi.

D'ailleurs, dans le rêve, toute tentative d'expression du sujet de l'inconscient est savamment travestie. C'est peut-être à ce niveau que le jeu de cache-cache avec le moi est le plus fort.

C'est aussi au niveau du moi qu'apparaît la fonction de la rêverie. Elle est la satisfaction imaginaire, illusoire du désir, c'est d'ailleurs par ce biais que l'on peut repérer qu'il existe une activité fantasmatique inconsciente.

Le moi et l'instinct de mort

C'est avec la compulsion de répétition que Freud entrevoit qu'au-delà du « principe de plaisir » existe ce qu'il appelle l'*instinct de mort.* Dans un premier temps, il fait une distinction tranchée entre pulsions du moi - pulsions de mort et pulsions sexuelles-pulsions de vie pour en arriver ensuite à l'opposition pulsions de vie-pulsions de mort. Le moi est lié à la béance primitive du sujet comme le montre le stade du miroir et en cela il est le plus proche de la mort comme d'ailleurs l'évoque le mythe de Narcisse. Dans l'exemple de la névrose obsessionnelle, on peut repérer l'incidence mortelle du moi portée à son point extrême ; on peut dire avec Lacan que « le moi est un autre » ; l'obsédé, lui, justement, est toujours un autre. Quoi qu'il dise, c'est toujours en faisant parler quelqu'un d'autre qu'il s'exprime. Lacan, dans *Séminaire,* livre II, écrit : « C'est dans la mesure où il évite son propre désir que tout désir dans lequel fût-ce qu'apparemment il s'engage il le présentera comme le désir de cet autre lui-même qui est son moi [...]. Il faut lui faire comprendre quelle est la fonction de ce rapport mortel qu'il entretient avec lui-même et qui fait que dès qu'un sentiment est le sien il commence par l'annuler. »

L'étude du moi a occupé une place centrale dans le travail de recherche que les successeurs de Freud ont pu accomplir. L'égopsychologie ira jusqu'à confondre le sujet et le moi, le travail analytique portant essentiellement sur l'analyse du moi et visant à une identification au « moi fort » de l'analyste, redoublant ainsi le leurre, la méconnaissance du désir et ne visant que l'adaptation. Or, Lacan répond en une seule phrase : « L'intuition du moi garde en tant qu'elle est centrée sur une expérience de conscience un caractère captivant dont il faut se déprendre pour accéder à notre conception du sujet. J'essaie de vous écarter de son attraction afin de vous permettre de saisir enfin où, pour Freud, est la réalité du sujet. Dans l'inconscient exclu du système du moi, le sujet parle. » (J. Lacan, *Séminaire,* livre II, « le Moi dans la théorie de Freud et dans la technique de la psychanalyse ».) L'analyste n'a donc pas d'autre outil de travail que le langage, et sa visée ne peut être que le discours inconscient du sujet, discours qui court dans les dessous du discours courant conscient. E. S.

moi idéal

(angl. Ideal Ego ; allem. Idealich)

Psychan. **Formation psychique appartenant au registre de l'imaginaire, représentative de la première ébauche du moi investie libidinalement.**

Le terme, introduit par S. Freud en 1914 (*Pour introduire le narcissisme*), désigne le moi réel qui aurait été l'objet des premières satisfactions narcissiques. Ultérieurement, le sujet tend à retrouver ce moi idéal, caractéristique de l'état, dit « de toute-puissance », du narcissisme infantile, du temps où l'enfant « était à lui-même son propre idéal ». Dans *le Moi et le ça* (1923), Freud établit une confusion entre moi idéal et idéal du moi, en leur attribuant les mêmes fonctions de censure et d'idéalisation. Pour J. Lacan (*le Stade du miroir comme formateur du je,* 1949), le moi idéal est élaboré à partir de l'image du corps propre dans le miroir. Cette image est le support de l'identification primaire de l'enfant à son semblable et constitue le point inaugural de l'aliénation du sujet dans la capture imaginaire et sera la souche des identifications secondaires où le « je » s'objective dans son rapport à la culture et au langage par la médiation de l'autre.

R. L.

moitiés (partage par)

(angl. Split Halves)

Méthode dans laquelle la fidélité d'un test est évaluée par la corrélation entre les notes fournies séparément par chacune de ses moitiés. M. R.

→ psychométrie.

mongolisme

(angl. Down's Syndrom, Mongolism)

→ trisomie 21 ou mongolisme.

monoïdéisme

n.m. (angl. Mono-Ideism)

Concentration pathologique de la pensée et des activités intellectuelles d'un sujet sur un même thème, un même objet.

Le monoïdéisme se rencontre dans la psychasthénie* et dans certains délires systématisés sur un secteur limité. J. P.

monomaniaque

adj. et n. (angl. Monomaniac)

Se dit d'une personne atteinte de monomanie.

◇ adj. **Relatif à la monomanie.** R. L.

monomanie

n.f. (angl. Monomania)

Terme utilisé dans la première moitié du XIXe siècle pour décrire les délires partiels, certains troubles névrotiques et des conduites délictueuses et criminelles. (Il est aujourd'hui obsolète.)

C'est É. Esquirol qui crée cette entité psychiatrique à partir de la mélancolie, délire partiel et parfois triste, bien décrite par son maître P. Pinel. Il isole ce groupe nosologique de la ou plutôt des monomanies, caractérisé au début par le fait que le trouble intellectuel, délirant, se limite à un seul objet ou à un petit nombre d'idées. C'est donc un délire partiel : « Les malades, écrit Esquirol, partent d'un principe faux dont ils suivent sans dévier les raisonnements logiques et dont ils tirent des conséquences légitimes qui modifient leurs affections et les actes de leur volonté. Hors de ce délire partiel, ils sentent, raisonnent, agissent comme tout le monde. Des illusions, des hallucinations, des associations vicieuses d'idées, des convictions fausses, erronées, bizarres sont à la base de ce délire que je voudrais appeler monomanie intellectuelle. » Mais Esquirol ne s'en tient pas à ces formes délirantes. Il y ajoute d'autres monomanies qui ne s'accompagnent pas de délire. Ce sont d'abord les « monomanies affectives », correspondant grosso modo à ce que Pinel avait appelé « manies sans délire » (nulle altération sensible dans les fonctions de l'entendement, la perception, le jugement, la mémoire, mais perversions portant uniquement sur les fonctions affectives). Pour Esquirol, qui confond d'ailleurs la manie sans délire avec la « folie raisonnante », dans ces monomanies affectives, le trouble reste purement affectif : « Les monomaniaques ne déraisonnent pas, mais leurs affections, leur caractère sont pervertis ; par des motifs plausibles, par des explications très bien raisonnées, ils justifient l'état actuel de leurs sentiments et excusent la bizarrerie, l'inconvenance de leur conduite. » Et ce sont ensuite les « monomanies instinctives » dans lesquelles seule la volonté est atteinte ; et son trouble conduit à des actions délictueuses et même criminelles : « La volonté est lésée ; le malade, hors des voies ordinaires, est entraîné à des actes que la raison ou le sentiment ne déterminent pas, que la conscience réprouve, que la volonté n'a plus la force de réprimer ; les actions (délictueuses) sont involontaires, instinctives, irrésistibles... » C'est dans cette dernière catégorie de monomanie que l'on retrouve une forme particulièrement grave sur le plan social, judiciaire et médico-légal, la « monomanie homicide », qui devait permettre aux médecins aliénistes de l'époque de justifier médicalement l'irresponsabilité pénale de nombreux criminels. La doctrine de la monomanie allait connaître son déclin à partir de 1850, critiquée en particulier par J. P. Falret à la fois sur le plan nosologique et sur le plan sémiologique. De son cadre confus et polymorphe allaient être progressivement isolés les principaux délires chroniques et la névrose obsessionnelle. J. P.

monopolaire

adj. (angl. Monopolar)

Se dit d'une psychose périodique dont l'évolution se fait par accès toujours orientés vers le même pôle dépressif ou maniaque. (Syn. unipolaire.) J. P.

→ dépression, manie, mélancolie, psychose maniaco-dépressive.

monotone

adj. (angl. Monotonic)

Se dit d'un ensemble rationnel de termes (inférence, logique, raisonnement) dont les conclusions restent vraies si l'on ajoute de nouveaux axiomes, quels qu'ils soient.

Le mot *monotone* s'emploie surtout de façon négative, *non monotone*, dans le domaine du raisonnement et de la logique. La notion correspondante est née du problème général suivant, qui s'est posé aux systèmes artificiels à base de connaissances : supposons que l'on possède un certain nombre d'informations sur un domaine quelconque et que l'on en ait déduit par inférence une série de conclusions. Supposons maintenant que parviennent de nouvelles informations, qui s'ajoutent aux précédentes et, éventuellement, les modifient ou même les contredisent. Que deviendront les conclusions précédemment tirées et qui sont de ce fait considérées comme vraies ?

La monotonie caractérise la logique classique, dans laquelle tout énoncé qui a été affecté de la valeur « vrai » conserve cette valeur même quand on introduit des axiomes nouveaux dans le système. La non-monotonie est la caractéristique inverse : il est possible, pour un énoncé, de changer de valeur de vérité après introduction de nouveaux axiomes. (Dans un système informatique classique, les connaissances prennent la forme d'axiomes.)

Les termes *monotone*, *non monotone*, sont utilisés ici par analogie avec les notions mathématiques de fonction « monotone » (constamment croissante ou constamment décroissante) et « non monotone » (tantôt croissante et tantôt décroissante).

La fonction des raisonnements non monotones est de restructurer plus ou moins complètement les conclusions déjà tirées ; la fonction des logiques non monotones est de permettre de le faire au moyen de règles logiquement justifiées.

On considère en général que l'intellect humain peut fonctionner de façon non monotone (ou, à l'inverse, de façon monotone, ce qui est l'indice d'un manque de flexibilité cognitive si les informations ont changé). Cela est distinct du fait qu'il peut aussi raisonner souvent de façon non valide. J.-F. L. N.

→ défaut.

Montessori (Maria)

Médecin et pédagogue italien (Chiaravalle, près d'Ancône, 1870-Noordwijk, Pays-Bas, 1952).

Elle conçoit une méthode pédagogique qu'elle applique, à Rome, dès 1906, dans les Case dei bambini, garderies populaires pour les enfants de femmes au travail. Cette méthode est inspirée à la fois des jardins d'enfants de F. Fröbel (1837) et de la psychologie des sensations de J. Itard et E. Seguin. L'enfant, laissé libre de son travail, est confronté à une éducation des cinq sens qui doit progressivement l'amener à apprendre sans contrainte proprement scolaire. Bains d'eau plus ou moins chaude ; utilisation en classe de chiffons, balais, pelles ; tables individuelles adaptées à chacun ; manipulations de pelotes de laine, de cartes de soie pour l'apprentissage des couleurs ; utilisation de tablettes d'encastrement et d'emboîtement, de corps de grandeurs différentes classés, de plaques de poids progressifs pour les sériations, la

mesure et les nombres, de lettres rugueuses et mobiles pour l'écriture et la lecture, de cadres de laçage, de boutonnage, etc. La «directrice« (l'institutrice) est tenue de ne jamais élever la voix. Une «leçon de silence» est imposée pour que l'enfant se maîtrise mieux. Des jeux et des exercices physiques, toujours didactiques, sont organisés. La méthode Montessori a été parfois critiquée pour la rigidité et l'omniprésence de la maîtresse, ainsi que pour le caractère contraignant et complexe de son matériel pédagogique. Néanmoins, de nombreux établissements d'enseignements maternel et primaire s'en inspirent. Maria Montessori a publié notamment une *Pédagogie scientifique* (1909; trad. fr., 1919).
R. L.

Morel (Bénédict-Augustin)

Médecin aliéniste français (1809-1873).

Il a créé la théorie de la dégénérescence* pour expliquer l'apparition des maladies mentales par une hérédité morbide.

Après des études religieuses et quelques années de journalisme, Morel entreprend des études de médecine à Paris, en 1834, et apprend la psychiatrie avec J.P. Falret et Ch. Lasègue. D'abord médecin-chef à l'asile Maréville, près de Nancy (en 1848), il continue sa carrière à Saint-Yon, près de Rouen, à partir de 1856. Ses travaux cliniques sont l'objet des deux volumes de ses *Études cliniques* (1852-1853) et de son *Traité des maladies mentales* (1860). C'est surtout son *Traité des dégénérescences physiques, intellectuelles et morales de l'espèce humaine et des causes qui produisent ces variétés maladives*, de 1857, qui va le faire connaître. Influencé par la pensée philosophique et morale de son ancien compagnon d'études P. Buchez, il y défend une théorie étiologique des maladies mentales où l'hérédité tient une grande place. Sa théorie de la dégénérescence défend la conception d'une «déviation maladive d'un type idéal primitif» (à l'image de Dieu), provoquée par les mauvaises conditions de vie, physiques et morales, des générations successives, conduisant à la création de descendants «dégénérés» atteints de diverses tares et de folie.
J. P.

Moreno (Jacob Levy)

Psychosociologue américain d'origine roumaine (Bucarest 1892 - Beacon, New York, 1974).

Il fit des études médicales et psychologiques à Vienne, où il exerça la psychiatrie. L'observation des jeux enfantins dans les squares lui aurait suggéré ses hypothèses majeures: primat de la spontanéité et portée du jeu dramatique; conception du groupe comme système de choix préférentiels, d'où la méthode sociométrique est directement issue.

Émigré aux États-Unis en 1925, Moreno publie son ouvrage capital: *Who Shall Survive* (1934), traduit en français sous le titre *Fondements de la sociométrie* (1969); il crée la revue *Sociometry* (très active entre 1937 et 1955) et publie *Group Psychotherapy* et *Sociodrama*.

Il s'agit de libérer la sociabilité des gens, souvent entravée par des modèles ou des routines («social conserves»), et de mesurer leurs rapports à l'aide d'indices numériques appropriés. Se fondant sur une idée déjà présente chez K. Marx comme chez S. Freud, Moreno estime que la science est inséparable d'une praxis; la mise en jeu des enquêtes sociométriques, comme celle des diverses procédures dramatiques (psychodrame, sociodrame, jeu de rôles), implique une certaine forme d'intervention, visant à favoriser l'expression personnelle, les affinités électives et l'imagination créatrice. Sociométriciens et sociodramatistes auraient donc une sorte de vocation démiurgique; ils peuvent et doivent contribuer à un vaste effort de restructuration psychosociale, à l'épanouissement des personnes et à leur ajustement mutuel.

En dépit d'un messianisme parfois agressif, les travaux de Moreno ont constitué un apport notoire pour les sciences sociales et cliniques: fécondité d'idées expérimentales nouvelles plutôt que consistance d'un système théorique. J. M.

→ jeu de rôle, jeux dramatiques, psychodrame, sociodrame, sociométrie.

Moro (réflexe de)

(angl. Moro Reflex)

Réaction à un soudain et intense changement de stimulation auditive (bruit fort), proprioceptive ou labyrinthique (perte de support de la tête).

Ce réflexe se décompose en deux phases: tout d'abord, les bras s'écartent du corps, le dos s'arque et la tête est rejetée en arrière, puis les membres supérieurs reviennent en flexion et adduction. Une des meilleures façons d'obtenir le réflexe de Moro consiste à imprimer au bébé un mouvement brusque d'ascension ou de descente ou bien à soulever, sans déplacer son point d'appui occipital, la tête du nourrisson couché sur le dos et à la laisser retomber sur le plan du lit. Le réflexe de Moro, normalement présent à la naissance, disparaît entre 3 et 6 mois. Sa persistance au-delà de 6 mois est considérée comme un signe pathologique.
E. V.

morphine

n.f. (angl. Morphine)

Principal alcaloïde psychotrope de l'opium, classé comme stupéfiant.

Isolée au début du XIXe siècle à partir de l'opium (sans doute vers 1801 par le Français E. Seguin, avant l'Allemand F. W. Sertürner en 1805), la morphine allait devenir vers 1860 l'objet de la première des toxicomanies modernes. Parmi les causes de cette véritable épidémie, il faut citer l'invention de la seringue pour injections hypodermiques par C. G. Pravaz (1850) et l'usage thérapeutique de ces injections de morphine durant la guerre de Sécession aux États-Unis et la guerre de 1870 en Europe.

La prescription médicale fut le premier mode de diffusion de la morphine: véritable panacée, elle était utilisée comme antalgique, antitussif, sédatif, hypnotique... Les milieux médicaux devaient être les premiers atteints par la morphinomanie. À la suite de S. Levinstein, les médecins décrivent assez vite le risque de dépendance. La distinction (E. Chambard) entre les «morphinisés», victimes de prescriptions, et les «morphinomanes», névrosés, pervers ou autres «dégénérés» recherchant activement la drogue, montre que les questions actuelles sur les toxicomanes furent très tôt soulevées. Les traitements du morphinisme ou de la morphinomanie, centrés autour de la *cure de désintoxication*, furent l'objet de controverses qui pourraient toujours être d'actualité.

La morphine, devenue drogue à la mode (selon certaines sources, il y aurait eu des milliers de morphinomanes à Paris au début du siècle), fut aussi objet de littérature. Parmi les écrivains morphinomanes, Laurent Tailhade (*la Noire Idole*, 1920) devait donner des descriptions de l'intoxication et des méthodes thérapeutiques en vogue à l'époque. La classique «lune de miel», suivie de la «lune de fiel», remonte à cette littérature de la «fée grise», où les «morphinées» prennent figure de symbole: sous couvert de dénoncer les dangers de la drogue, nombre d'auteurs utiliseront la fascination trouble du public pour ces plaisirs autres, pour le risque ou la déchéance.

La morphine, stupéfiant (classé en France dans la liste des stupéfiants), reste l'un des meilleurs traitements palliatifs dans les douleurs intenses et chroniques, notamment chez les cancéreux. Alors que cet usage thérapeutique justifié ne conduit à peu près jamais à une toxicomanie, son prestige en tant que drogue fait que les médecins répugnent à l'utiliser. Elle a été supplantée chez les toxicomanes actuels par d'autres drogues, principalement l'*héroïne*.
M. V.

morphinomanie

n.f. (angl. Morphine Addiction ou Morphinomania)

Toxicomanie à la morphine. M. V.

mort subite du nourrisson

(angl. Cot Death)

→ nourrisson (mort subite du).

mosaïque de R. Gille (test)

(angl. Mosaïc Test)

Test collectif non verbal de développement mental applicable à des enfants

de 6 à 12 ans, qui comprend 62 items relatifs à l'acquisition de connaissances élémentaires ou faisant appel à l'observation ou au raisonnement logique.

L'épreuve a été notamment utilisée en 1943-44 dans une enquête sur le niveau intellectuel des enfants français d'âge scolaire qui a porté sur près de 100 000 enfants.

M. R.

BIBLIOGRAPHIE

Collectif, 1950, *le Niveau intellectuel des enfants d'âge scolaire*, collection « Travaux et documents de l'Institut national d'études démographiques », Cahier n° 13, Paris.

moteurs types (classement en)

(angl. Motor Type)

Classement des nourrissons selon la rapidité du développement posturo-moteur.

Les nourrissons se classent en fonction de la rapidité plus ou moins grande du développement posturo-moteur. L'indice utilisé est la date à laquelle l'angle poplité (creux du genou) atteint son ouverture maximale. Deux grands types moteurs ont été proposés par M. Stambak et I. Lézine : les enfants hypotoniques, ou très extensibles, chez lesquels l'ouverture maximale se situe entre 7 et 9 mois, et les enfants hypertoniques, ou peu extensibles, chez lesquels l'ouverture maximale n'apparaît qu'au-delà de 12 mois.

Les bébés hyperextensibles seraient plus précoces que les autres dans l'acquisition de la préhension mais ne maîtriseraient que tardivement la station debout et la marche. Les bébés hypoextensibles auraient un contrôle postural précoce ; la position assise, la station debout et la marche surviendraient très tôt chez eux. D'après Lézine, l'activité des hyperextensibles serait plutôt orientée vers la manipulation des objets, celle des hypoextensibles vers l'exploration de l'environnement.

E. V.

→ extensibilité, tonus.

motivation

n.f. (angl. Motivation)

Processus physiologiques et psychologiques responsables du déclenchement, de l'entretien et de la cessation d'un comportement ainsi que de la valeur appétitive ou aversive conférée aux éléments du milieu sur lesquels s'exerce ce comportement.

LE CONCEPT DE MOTIVATION

La motivation est un des concepts introduits en psychologie pour rendre compte du fait que, face à un environnement constant, un organisme ne réagit pas toujours de la même façon. Privé de nourriture, un Rat traverse une grille électrifiée pour en obtenir ; rassasié, il refuse. La différence de comportement trouve ici sa raison dans une différence d'état interne. Mais un individu affamé ne mange pas n'importe quoi : un Rat refuse les nourritures amères ou celles qui ont antérieurement été associées à un tel goût. Le concept de motivation doit donc rendre compte des facteurs qui déclenchent, maintiennent ou font cesser un comportement, mais aussi des facteurs qui l'orientent.

ORIENTATION DES COMPORTEMENTS ET VALENCE DES STIMULUS

L'orientation des comportements manifeste la valeur signifiante, ou valence, de certains éléments du milieu : la valence, positive ou négative, d'un stimulus, estimée d'après une norme innée ou construite (par apprentissage ou éducation), entraîne, lorsque ce stimulus est détecté, la mise en œuvre de mécanismes physiologiques ou de conduites tendant à le rechercher ou à l'éviter. En retour, certaines valences peuvent se trouver modifiées par les conséquences du comportement.

La valence d'un stimulus est donc liée aux mécanismes par lesquels ses caractéristiques sont reçues, traitées et à ceux par lesquels une réponse est élaborée : en d'autres termes, elle dépend des programmes d'analyse et d'action de l'organisme, programmes qui font partie de sa structure innée ou qui se sont construits par interactions et rétroactions successives entre les potentialités génétiques d'un individu et son environnement.

MOTIVATIONS ET DÉVELOPPEMENT DU SYSTÈME NERVEUX

L'organisation des programmes innés est loin d'être terminée à la naissance. Dans la plupart des cas, ils exigent maturation et expérience pour acquérir leur spécificité. Il est clair toutefois que ces programmes ne présentent pas, chez toutes les espèces, le même degré de plasticité et de modelage par l'expérience. Plus le système nerveux est simple, plus ses fonctions sont rigides et moins elles sont contrôlables. Plus il devient complexe, au cours de l'évolution phylogénétique, plus s'accroissent les capacités d'intégration de l'expérience.

Des systèmes de contrôle nouveaux (tel le néocortex des Mammifères) deviennent susceptibles de moduler les comportements relativement stéréotypés des espèces primitives. En outre, des comportements peuvent être désormais déclenchés et orientés non seulement en présence de stimulus porteurs d'une valence intrinsèque, mais par des stimulus conditionnels, des représentations symboliques et des connaissances. D'où l'importance, chez l'Homme, des motivations de type cognitif, systématisées en de nombreuses théories.

HIÉRARCHIE DES MOTIVATIONS

La variété des objectifs des comportements traduit la diversité des valences conférées aux éléments du milieu et la multiplicité des besoins qui en découlent. Bien que, dans la vie des organismes, certains besoins apparaissent fondamentaux (besoin de nourriture, d'eau, d'excrétion, etc.) et qu'on ait pu tenter d'établir une hiérarchie entre les motivations (un Animal très affamé ne cherche pas à s'accoupler), les motivations biologiques primaires ne sont pas nécessairement prévalentes. Les valeurs acquises et, chez l'Homme en particulier, les normes sociales et culturelles sont susceptibles de prendre le pas sur les normes purement organiques : les grèves de la faim montrent que le besoin de nourriture peut devenir second par rapport à des motifs idéologiques.

LES THÉORIES DE LA MOTIVATION

À la source des comportements motivés, il faut admettre des besoins organiques primaires, dont la satisfaction est indispensable à la survie, ainsi que des mécanismes sélectionnés au cours de l'évolution en fonction de leur efficacité. À la suite de C. Bernard, puis de W. Cannon (1932), on a attribué à ces comportements un rôle « homéostatique » dans la mesure où ils assurent une certaine constance aux conditions de vie de l'organisme et particulièrement au milieu intérieur.

LES MODÈLES DE L'ÉTHOLOGIE OBJECTIVISTE

Dans ce cadre très général, un grand nombre de théories ont été proposées pour définir le concept de motivation. Les éthologistes de l'école objectiviste (K. Lorenz, 1950, et N. Tinbergen, 1951, entre autres) considèrent que le déclenchement des comportements résulte d'une énergie endogène s'accumulant sous l'effet des besoins et pouvant être libérée par des stimulations externes agissant sur des « mécanismes innés de déclenchement ». Ainsi, dans le modèle hydrodynamique de Lorenz, l'énergie interne s'accumule dans un réservoir muni d'une valve maintenue fermée par un ressort. Cette valve peut s'ouvrir soit sous la pression de l'énergie du réservoir, soit par la traction qu'exercent sur elle des stimulus-signaux. L'énergie s'écoule alors dans un récipient, percé à différentes hauteurs de trous par où s'écoulent des jets plus ou moins puissants qui symbolisent les différentes expressions comportementales. Si la pression est insuffisante, seules les séquences initiales d'un comportement complexe pourront être émises. En l'absence de stimulus adéquats dans le milieu, l'énergie excédentaire débordera sous forme d'activités « vides », non orientées. Enfin, la présence de plusieurs stimulus déclenchant des comportements incompatibles donnera lieu à des « conflits » pouvant se résoudre par une alternance entre ces comportements ou par des activités dites « de déplacement » et qui appartiennent à un autre registre.

Le modèle proposé par Tinbergen est proche du précédent, à ceci près que le réservoir d'énergie est conçu comme une organisation hiérarchique de centres nerveux, capables d'inhiber les centres de même niveau et d'activer les centres de niveau inférieur.

Motivation et épigenèse des comportements

Ces modèles ont fait l'objet de vives critiques portant en particulier sur le caractère inné des mécanismes de déclenchement, sur la fixité des comportements ainsi provoqués et sur le concept d'énergie auquel ils se réfèrent. Les éthologistes de l'école épigénétiste, à la suite de T.C. Schneirla et de R.A. Hinde, ont insisté sur le fait que les stimulus déclenchants, supposés stables et définis, sont en réalité des séquences de situations stimulantes, susceptibles d'une certaine variabilité dans le milieu naturel, et que les réponses de l'organisme doivent être considérées dans la dynamique d'un comportement global : les réponses partielles, en modifiant les conditions immédiates de l'environnement, créent des stimulations nouvelles qui déterminent les activités suivantes en même temps qu'elles altèrent, par renforcement, les potentialités réactionnelles de l'individu à des stimulus de même catégorie. En sorte que le comportement n'est pas déclenché selon une configuration préformée mais qu'il se construit en fonction des variations du milieu et des modifications qu'il lui imprime.

Par ailleurs, les mécanismes de déclenchement et les schèmes de réponse ne présentent pas d'emblée les caractéristiques de l'état adulte et font l'objet d'une maturation. Les capacités sensorielles se modifient : à la naissance, le chaton a les yeux clos et un tonus moteur faible ; les stimulus olfactifs et tactiles prédominent alors dans le déclenchement et le guidage des comportements d'orientation ; deux mois plus tard, le développement du système visuel et du tonus permet aux informations visuelles, recueillies tête dressée, de remplir le même rôle. Les schèmes moteurs, pour leur part, s'expriment par un ensemble de structures nerveuses dont chacune peut avoir une vitesse différente de maturation ; et, bien qu'ils soient globalement hérités et communs aux individus d'une même espèce, ils présentent des caractéristiques individuelles qu'influencent l'usage et les conditions particulières du développement.

L'énergie motivationnelle

Quant à l'énergie interne dont la libération déclencherait les comportements motivés, quelle est sa réalité ? Ce terme est utilisé ici, comme souvent en psychologie, en un sens métaphorique. Sauf à admettre une « énergie vitale », insaisissable, la seule énergie de l'organisme est celle qu'il tire de son milieu physico-chimique et qu'il transforme par son métabolisme. Certes, celui-ci peut être activé par des commandes neuro-endocriniennes mais seuls importent alors pour le comportement les mécanismes de cette activation et ceux par lesquels l'énergie métabolique est mobilisée et utilisée, ainsi que l'indiquait déjà R.S. Woodworth en 1918.

La théorie de la pulsion (ou de la tension, ou du mobile)

On trouve ici la même difficulté avec la théorie de la *pulsion* (angl. Drive) émise par C.L. Hull (1943, 1951) et élaborée par K.W. Spence, N.E. Miller, O.H. Mowrer et d'autres. Pour Hull, la pulsion est d'abord produite de façon interne, par les besoins. Elle active ou potentialise des comportements dont la fonction est d'obtenir (ou d'éviter s'ils sont aversifs) des stimulus-objets à l'égard desquels l'organisme présente des potentialités réactionnelles innées. Ces comportements, qui apaisent les besoins et procurent ainsi une réduction de la tension, ramènent l'organisme à l'équilibre et ont donc un rôle homéostatique.

À côté de cette source primaire de motivation, il en existe une seconde, externe celle-là, et apprise. Elle dérive du rôle d'agents renforçateurs que jouent certains stimulus *incitateurs* (angl. Incentives) du comportement dans des apprentissages opérants ; du fait que leurs caractéristiques, notamment d'intensité, retentissent sur la vigueur de la performance, ces stimulus incitateurs peuvent être considérés comme participant à la motivation des comportements.

Les valences que portent les objets-buts des comportements innés ou appris peuvent s'étendre par généralisation aux stimulus issus du milieu ainsi qu'à ceux qui sont produits dans l'organisme aux étapes successives de la réponse. Elles peuvent aussi être transférées, par conditionnement, à des stimulus primitivement neutres. Il se construit ainsi une chaîne de valences dérivées dont le rôle sera d'autant plus important dans l'instauration de motivations secondaires que les comportements appris tiendront une plus grande place dans la vie des organismes.

La formalisation précise de cette théorie la rendait particulièrement apte aux épreuves expérimentales ; aussi a-t-elle suscité de très nombreux travaux dans les domaines de l'apprentissage et de la motivation. C'est d'ailleurs dans le lien qu'elle établit entre ces deux concepts que réside son intérêt majeur. La notion de pulsion et le caractère homéostatique des comportements motivés appellent par contre des réserves.

L'activation non spécifique des comportements

La pulsion est ici conçue comme une énergie indifférenciée et non directionnelle. L'énergie reste encore une métaphore. En outre, son caractère indifférencié implique qu'elle peut influencer tous les comportements : la pulsion qu'instaure le besoin de boisson serait susceptible de motiver un comportement de recherche de nourriture. Bien que, dans ce cas, il en soit effectivement ainsi, cette observation n'est pas généralisable : la faim n'accroît pas la prise de boisson ; elle n'augmente pas l'activité sexuelle et peut même la réduire. Il est vrai pourtant que les sensations internes déclenchées par un état de privation ou par une modification de l'état hormonal peuvent contribuer à élever la vigilance et le tonus musculaire par les effets qu'elles exercent sur la formation réticulaire du tronc cérébral. Et l'on a pu tenter d'interpréter les effets non spécifiques des pulsions dans le cadre général de la théorie de l'activation : les comportements seraient dynamisés, jusqu'à un optimum, par l'activité réticulaire entretenue et accrue par les messages sensoriels. De nouveau, cette théorie n'a pas reçu de confirmations expérimentales de portée générale. Les indicateurs physiologiques de l'activation comportementale présentent entre eux des corrélations faibles ; ils varient selon les individus et selon la nature (attractive ou répulsive notamment) des situations activatrices.

La valeur homéostatique des comportements motivés

Il convient aussi de s'interroger sur le caractère homéostatique des régulations opérées par les comportements motivés. Tout d'abord, dans cette théorie, la pulsion a une double origine : les besoins primaires d'une part, les valences acquises par les incitations secondaires d'autre part. Il est clair que le retour à l'équilibre organique n'est pas la cause de la réduction de la pulsion : on cesse de manger bien avant que la glycémie ait retrouvé son équilibre ; le taux d'hormones sexuelles ne présente pas de réduction brutale au moment de l'accouplement. Qui plus est, une satisfaction partielle peut même accroître la motivation. Des Rats affamés parcourent plus vite un labyrinthe au bout duquel ils trouveront à manger si on leur donne un peu de nourriture au départ. Enfin, les expériences d'autostimulation où l'on permet à des animaux de stimuler eux-mêmes, par l'intermédiaire d'électrodes implantées à demeure, les « circuits de récompense » du cerveau montrent que des Rats, ou des Singes, peuvent préférer se donner des stimulations hypothalamiques plutôt que consommer effectivement de la nourriture. Ce n'est donc pas par leurs effets organiques spécifiques que les objets-buts des comportements réduisent la pulsion, mais par leur valeur de signal, signal qui peut être mimé par les stimulations cérébrales artificielles.

Signes et renforcements

C'est également en tant que signaux qu'agissent les incitateurs secondaires. Les problèmes qui se posent alors, et dont la solution théorique est loin de faire l'accord des diverses écoles de psychologie, concernent d'une part le degré d'autonomie que peuvent présenter les incitateurs secondaires (ou d'ordre supérieur) à l'égard des incitateurs primaires, d'autre part la nature des mécanismes qui sous-tendent les nécessaires interactions entre des signaux et leurs référents et entre systèmes de signaux d'ordre différent (signaux de signaux). La question se pose d'abord pour la catégorie de signaux que sont les influx nerveux à l'égard des événements biologiques dont ils témoignent et qui se produisent au niveau cellulaire ou subcellulaire. Les expériences d'autostimulation montrent la possibilité d'un découplage partiel entre signaux et référents dans la régulation comportementale d'un individu. Il n'en reste pas moins que les centres nerveux dans lesquels s'effectuent le codage et le traitement de ces signaux n'ont pu être conservés dans l'évolution des espèces qu'en raison de la correspondance ordinaire et très fréquemment validée entre le système de signaux qu'ils génèrent et la réalité biologique ainsi référée. La même question revêt une acuité accrue dans le cas des organismes évolués chez lesquels des signaux d'ordre supérieur s'organisent en représentations plus ou moins complexes, tels les images mentales, les connaissances ou le langage. Les règles propres à ces systèmes hiérarchisés de signaux permettent les inférences et les anticipations, disposant l'organisme à attendre certains événements ou à mettre en œuvre les conditions de leur apparition. Les processus qui déclenchent les comportements et les objectifs vers lesquels ces derniers sont orientés sont dès lors de type cognitif; chez l'Homme, l'existence de plans cognitifs manifestés par les buts que se fixent les individus dans leurs conduites et l'influence de rétroactions cognitives sur la performance ont été mises en évidence par de nombreux travaux.

Sur le plan du développement nerveux, on observe le développement corrélatif de structures comme le cortex préfrontal, qui atteint son expansion maximale chez l'Homme et dont on a pu montrer l'implication dans l'organisation temporelle de séquences comportementales complexes et dans les conduites d'anticipation.

J.-M. C.

Les motivations cognitives et sociales chez l'enfant et chez l'adulte

Le besoin de recueillir des informations (visuelles et auditives) à propos de l'environnement se manifeste déjà chez le bébé. Cette activité d'analyse de l'environnement est évidemment cognitive dans le sens où l'enfant est capable de discriminer les informations nouvelles des informations anciennes, ce qui implique des processus de perception, d'apprentissage et de discrimination. Chez l'adulte, le besoin de recueillir, de traiter et de trouver un sens ou une explication aux informations provenant de son environnement physique et social joue un rôle très actif.

On qualifiera de cognitives les motivations qui sont à l'origine des activités dans lesquelles le mécanisme de traitement de l'information a une place prépondérante. On peut classer ces activités en quatre grandes catégories : se tenir au courant des modifications de l'environnement, les activités d'acquisition de connaissances, les activités qui mettent en pratique des connaissances et des croyances personnelles (activités politiques, religieuses) et les activités artistiques. Ces activités — qui dépendent du milieu culturel et social qui entoure l'individu — présentent une grande distance par rapport au principe de réduction des besoins physiologiques : en effet, elles ont comme caractéristiques, d'une part, d'être relativement gratuites du point de vue biologique, et, d'autre part, d'être peu sujettes au rassasiement.

Les motivations sociales, celles qui sont à l'origine des échanges entre les êtres humains (échanges affectifs, sexuels ou autres), sont, elles aussi, peu sujettes au rassasiement. Le sourire social du bébé, vers l'âge de deux mois, la recherche de compagnons de jeu chez l'enfant plus âgé ou chez l'adolescent, la vie affective et sexuelle de l'adulte constituent des exemples de ce type de motivations. Ainsi, le fonctionnement motivationnel humain repose autant sur l'équilibre et la satisfaction de la tension que sur la recherche de tensions nouvelles, donc sur une certaine forme de déséquilibre ; par exemple, dès qu'un projet (cognitif ou social) est réalisé, le sujet humain élabore souvent un autre projet, qu'il essaye de mener à bien et ainsi de suite. On peut affirmer que le renforcement de ces activités (cognitives et sociales) réside dans leur propre réalisation et non dans un objet extérieur. Ce fait a conduit à distinguer les motivations intrinsèques, qui suscitent des activités renforcées par leur propre réalisation, des motivations extrinsèques, qui suscitent des comportements renforcés par des objets extérieurs (par exemple la faim).

L'ensemble des données montre que le processus motivationnel comporte deux phases : une phase ascendante de recherche de tension et une phase descendante de réduction de la tension. Si les besoins physiologiques, d'origine innée, sont plus en relation avec la phase de réduction, de nombreuses activités sont liées à la phase ascendante, en particulier celles qui relèvent des motivations cognitives et sociales.

Le rôle de la motivation dans les activités psychologiques chez l'Homme

Les modèles généralement admis considèrent que l'influence de la motivation s'exerce au cours des activités perceptives au moyen d'un mécanisme de sélection attentionnelle à l'égard d'objets privilégiés de l'environnement en rendant plus disponibles certains schèmes perceptifs. Une augmentation de la motivation extrinsèque (avec récompense) augmente la rapidité des temps de réaction mais, corrélativement, augmente aussi le nombre des réponses fausses. L'augmentation de la motivation a une influence positive sur la performance au cours de l'acquisition d'un comportement nouveau, mais seulement jusqu'à une certaine valeur (loi de l'optimum de Yerkes et Dodson). En outre, la valeur de cet optimum est inversement proportionnelle à la difficulté de la tâche. Les données expérimentales montrent que les récompenses externes, relevant des motivations extrinsèques, ont généralement un effet positif sur la réalisation de tâches simples : par exemple, la possibilité de recevoir une récompense augmente la rapidité des temps de réaction. En revanche, les incitateurs externes ont souvent un effet négatif lorsque les sujets doivent réaliser des tâches cognitivement complexes. Ainsi, l'obtention d'une récompense monétaire augmente la rigidité de la pensée, lors de la résolution de problèmes, quand il s'agit de trouver une méthode de résolution différente de celle qui a été utilisée et récompensée antérieurement. Il est probable que l'obtention de la récompense attire l'attention du sujet sur certaines caractéristiques de la tâche (celles qui sont en rapport avec la méthode renforcée) au détriment d'autres caractéristiques.

On considère aussi que la motivation permet aux individus humains d'ajuster leurs comportements, lors de la réalisation de projets, au moyen d'évaluations, d'anticipations et de corrections, de façon à s'approcher le plus près possible du but désiré. Ainsi, les informations apportées par la réalisation d'un comportement permettent de tester l'écart entre ce comportement et les projets poursuivis. Par ailleurs, le fait que l'Homme se donne des projets, et qu'il cherche à les réaliser au moyen de plans et d'évaluations, implique que des représentations mentales soient activées tout au long de la réalisation de ses projets.

D. M.

→ apprentissage, attitude, autostimulation, intérêt, représentation mentale.

Bibliographie

Estes, W.K., 1976, *Handbook of Learning and Cognitive Processes*, vol. 3, *Approaches to Human Learning and Motivation*, Hillsdale, Lawrence Erlbaum.

Hamilton, V., 1983, *The Cognitive Structures and Processes of Human Motivation and Personality*, Chechester, New York, Brisban, J. Wiley and Sons.

Nuttin, J., 1985, *Théorie de la motivation humaine. Du besoin au projet d'action*, Paris, P.U.F.

motivation à réussir

(angl. Achievement Motivation)

→ accomplissement (besoin d').

motricité

n.f. (angl. Motor Function)

Fonction qui assure le maintien de la posture et la production des mouvements chez les êtres vivants.

De façon plus restrictive, la motricité désigne une fonction qui organise les relations avec l'environnement et qui a comme support périphérique la musculature striée. Actuellement, on préfère utiliser le terme de *sensorimotricité* pour souligner le rôle des informations sensorielles dans le déclenchement, l'entretien et l'adaptation des mouvements.

Dans l'analyse du mouvement, deux axes théoriques sont à l'œuvre et nécessitent d'être coordonnés. Le premier conçoit le mouvement comme une réponse aux sollicitations du milieu extérieur (les réflexes au niveau le plus élémentaire); le deuxième le conçoit comme une production autonome ayant pour but de maîtriser, voire de transformer l'environnement. Historiquement, ces deux courants ont été séparés mais ils sont actuellement en train de se coordonner du fait du développement des perspectives intégratives dans la motricité; de toute évidence, les mouvements « réaction » et « action » sont étroitement articulés dans les comportements adaptatifs (J. Pailhous et M. Bonnard, 1989).

Conditions préalables à la production du mouvement

Pour produire un geste efficace, certaines conditions préalables doivent être remplies au niveau tonique et postural (J. Paillard, 1976). La fonction tonique conditionne principalement la disponibilité de l'appareil moteur, sa capacité à répondre; elle se traduit concrètement par la résistance (faible ou forte) du muscle lorsqu'on l'étire. Le tonus est très lié à la vigilance du sujet; ainsi, il est faible si le sujet dort. En outre, il existe un lien entre l'activité tonique et les états émotionnels (ce lien est essentiel dans le développement psychologique du nourrisson). Sans une tonicité harmonieuse sur l'ensemble des muscles du corps (donc, par exemple, plus « active » pour les muscles antigravitaires), la motricité ne peut être que malhabile parce que mal formée.

La posture constitue la base sur laquelle le mouvement va se greffer; grossièrement, elle se traduit par une mise en place des différentes pièces du squelette les unes par rapport aux autres. On peut distinguer deux grands types d'activité posturale:

1. antigravitaire, de lutte contre la pesanteur, qui permet la station érigée, où on peut dégager le rôle de la surface d'appui, du poids du corps et le repérage visuel de la verticale;
2. directionnelle, permettant la capture des stimulus sensoriels, dans laquelle « trois moments successifs, le plus souvent solidaires, peuvent être isolés: l'immobilisation attentive, précurseur et accompagnateur de l'orientation spécifique de la tête, elle-même nécessaire aux positionnements des organes sensoriels et des segments mobiles du corps, qui assureront la projection du mouvement dans l'espace » (J. Paillard, 1976).

On remarquera au passage que le maintien d'une posture n'est pas immédiatement donné; il nécessite, au même titre que la genèse d'un mouvement, l'émission d'une commande nerveuse.

Seul l'objectif auquel répond cette commande diffère; il est de stabiliser une position donnée dans le premier cas, d'établir une nouvelle position à travers une trajectoire dans le second.

Le but du geste

Le but du mouvement peut être qualifié par un grand nombre de dimensions: il peut être d'exprimer un mouvement ou de manipuler un objet, visible ou invisible, proche ou lointain. On ne retiendra que la distinction entre les *morphocinèses* ou mouvements morphocinétiques (mouvements engendrés par un modèle interne) et les *topocinèses* ou mouvements topocinétiques (mouvements dirigés vers un but spatial), dans la mesure où elle révèle les liens entre espace et motricité, donc le rôle de la représentation de l'espace dans la planification et le contrôle du geste. (→ mouvement.) Les topocinèses sont des mouvements spatialement orientés; l'amplitude et la direction du geste sont déterminées par la position des objets dans l'espace. La saisie manuelle, la capture de la proie par le prédateur en sont de bons exemples. Le projet est spatial et l'activité motrice est au service de ce projet spatial. Il en va autrement dans les morphocinèses; la forme du geste est l'objectif même de l'activité du sujet, le projet porte sur le mouvement lui-même, l'espace n'étant que le support de la motricité. L'écriture, la danse des abeilles sont des activités morphocinétiques.

On observe donc entre ces deux types d'activité un renversement du rôle de la motricité; on peut dès lors remarquer que le rôle des processus cognitifs dans la planification du geste et son contrôle va en être profondément bouleversé. On s'attend également à ce que les informations sensorielles servant à ce contrôle soient de nature différente, plus centrées sur l'espace du corps pour les morphocinèses, plus centrées sur l'environnement extérieur pour les topocinèses. Concernant la pertinence de cette distinction entre morphocinèse et topocinèse, on notera que certaines lésions pariéto-occipitales se traduisent par l'impossibilité d'effectuer des mimes en l'absence des objets (faire semblant de scier une planche, de planter un clou) alors que ces mêmes gestes dans leur contexte réel ne sont pas perturbés. En outre, chez ces patients, les gestes symboliques (salut militaire, applaudissement, etc.) sont profondément altérés. On constate ici que le lien cognitif entre l'espace et la motricité s'inverse entre topocinèses et morphocinèses; même si le geste produit est identique, il convient donc de prendre en considération les conditions précédant son déclenchement.

Organisation de l'action motrice

L'organisation de l'action motrice est le plus souvent conçue comme un processus ordonné, dont on peut identifier au moins trois étapes: la planification, la programmation et l'exécution motrice. Les deux premières étapes sont antérieures au déclenchement du geste, la planification concerne le(s) but(s) de ce geste, la programmation concerne son exécution. Au cours de l'étape de planification, après avoir pris la décision d'agir, le sujet décide globalement de la stratégie à adopter (choix du programme d'action). Lors de la phase de programmation, il va devoir spécifier certaines variables (amplitude et direction du geste par exemple) de ce programme de manière à l'adapter à son but en prenant en compte les contraintes de l'environnement. Enfin, lorsque toutes les commandes (dans le cas d'un geste très rapide, dit « balistique ») ou suffisamment de commandes (dans le cas d'un mouvement plus lent, dit « en rampe », qui pourra être contrôlé au cours de son exécution) sont prêtes, le sujet peut déclencher son mouvement, c'est la phase d'exécution.

Pour adapter l'action motrice, il est nécessaire de traiter deux catégories d'informations sensorielles:

1. les informations sur l'environnement (*extéroceptives*): ces informations permettant d'appréhender l'environnement sont principalement de nature visuelle, auditive, olfactive; elles permettent de guider l'action par rapport à l'environnement, c'est-à-dire de l'extérieur;
2. les informations sur l'espace du corps (de nature *proprioceptive*): pour agir de manière pertinente, le sujet doit sentir son corps (*somesthésie*), c'est-à-dire, pour ce qui nous intéresse ici, être informé d'une part de la position initiale de ses différents segments corporels (*statesthésie*), d'autre part des mouvements qu'ils effectuent au cours de l'exécution d'un geste (*kinesthésie*).

Les centres de traitement des informations proprioceptives sont directement influencés par les centres moteurs responsables du déclenchement du mouvement. Il revient principalement à D. I. McCloskey (1981) d'avoir éclairé cette question: il apparaît en fait que l'activité motrice change le traitement sensoriel lui-même et donc, éventuellement, ce que « sent » le sujet. Par exemple, lorsque nous bougeons nos yeux (avec la musculature de l'œil) pour examiner une scène immobile, bien que le signal rétinien bouge, nous percevons le monde immobile, ce qui pourrait être interprété comme un phénomène cognitif: « Nous voyons le monde immobile parce qu'il l'est et que nous le savons. » Cependant, si l'on bouge son œil par une pression du doigt, on voit alors se déplacer ce monde que l'on sait pourtant immobile. Une même conséquence sensorielle, « glissement de la scène sur la rétine », donne donc lieu à deux sensations conscientes différentes parce que l'activité motrice est différente.

On pense actuellement que la commande descendante (ordre) d'un centre moteur vers un effecteur (qui peut être un centre plus bas du système nerveux, un muscle, un membre, le corps entier) produit, à l'intérieur du système nerveux central, un changement qui est fortement corrélé avec cette commande. En même temps que la commande motrice se propage vers les effecteurs (efférences), des messages qui informent l'organisme de cette commande motrice sont envoyés à partir des mêmes centres moteurs vers d'autres régions du système nerveux central. Ces messages sont appelés par McCloskey « irradiation de la commande motrice », et les voies qui les conduisent sont dites « collatérales de la commande motrice ». Certaines de ces collatérales informent les centres sensoriels et, à ce titre, sont susceptibles d'affecter les sensations du sujet — comme on vient de le voir pour le cas particulier des mouvements de l'œil. On appelle ces messages allant aux centres sensoriels des « décharges corollaires ».

Ce phénomène très général est d'une grande importance pour la psychologie cognitive, qui, en ce qui concerne les aspects périphériques, est volontiers sensorialiste. Comme nous l'avons vu, les sens ont une double fonction: informer le sujet sur le monde extérieur (extéroception) ou l'informer sur ses propres actions (proprioception). Démêler ces deux fonctions l'une de l'autre n'est pas toujours facile et c'est pourtant essentiel car, si l'information sensorielle de nature proprioceptive est traitée dans le contexte de sa modulation par la commande motrice, ce n'est pas le cas de l'information extéroceptive.

Simplification du contrôle pour les gestes complexes

Il peut paraître a priori absurde de parler en termes génériques de programmation et de contrôle de la motricité quand celle-ci recouvre des gestes aussi hétérogènes qu'une flexion du doigt, qui mobilise une articulation et quelques muscles, la marche ou les sauts périlleux, qui mobilisent le corps entier, c'est-à-dire une grande partie de nos 792 muscles et de notre centaine d'articulations.

Il revient à N. Bernstein (1967) d'avoir démontré que le contrôle d'une activité complexe n'est pas aussi difficile qu'il y paraît à première vue et qu'un mouvement complexe peut, de ce fait, obéir aux mêmes principes de contrôle qu'un mouvement simple. Il suffit pour cela de considérer:

1. que les 792 muscles et la centaine d'articulations du corps humain sont liés, ce qui contraint leurs possibilités d'action autonome, donc réduit le nombre de degrés de liberté du mouvement et facilite d'autant son contrôle par le système nerveux central;
2. que le mouvement d'une des pièces du squelette se propage et entraîne la mobilisation des autres, ce qui peut parfaitement être utilisé pour produire un mouvement complexe pluriarticulaire.

Toute théorie du mouvement ne prenant en compte que les forces produites par un travail musculaire et ignorant le reste des forces (inertielle, etc.) ne peut que mimer le mouvement et non l'expliquer. En effet, le corps est une chaîne dynamique articulée dont les différents segments s'influencent mutuellement. Si on mobilise la hanche, il apparaît que la cuisse mais aussi la jambe et le pied sont animés d'un mouvement. Le mouvement du membre inférieur qui en résulte paraît alors extrêmement complexe pour l'observateur (pluriarticulaire...); pourtant, seule une mobilisation de la hanche a été programmée par le système nerveux central. Le mouvement de la cuisse est donc dû à des forces musculaires, le mouvement du reste de la jambe est dû à des forces non musculaires (forces réactives, inertielles, etc.). Il semble ainsi qu'une bonne partie de la complexité apparente du mouvement n'ait pas à être produite par des commandes musculaires issues du système nerveux central, qui utiliserait des forces non musculaires pour produire et contrôler une partie des mouvements complexes.

Au-delà des différences entre les différents mouvements, la production d'un geste implique toujours:

1. la collaboration de processus de haut niveau, notamment cognitifs (pour ce qui est de la relation au but du geste par exemple), et de processus élémentaires (réflexes par exemple);
2. une intégration sensori-motrice dans la mesure où une part essentielle de l'information produite par l'activité motrice elle-même est utilisée pour son contrôle;
3. une programmation (potentiel existant avant le déclenchement du geste) et un contrôle en cours d'exécution.

Les processus qui sous-tendent la production des gestes sont cependant évolutifs. Ainsi, au cours du développement (processus lent agissant de la naissance à la mort) ou sous l'effet d'un apprentissage, on observe de profonds changements dans la coopération entre processus cognitifs et organisation réflexe ainsi que dans le rôle joué par les informations sensorielles. J. P. et M. B.

→ programme moteur.

Bibliographie

Bernstein, N., 1967, *The Coordination and Regulation of Movement*, New York, N.Y., Pergamon Press.

McCloskey, D.I., 1981, « Corollary Discharges: Motor Command and Perception », in V.B. Brooks (Ed.), *Handbook of Physiology*, Sect. I: the Nervous System, Vol. III, Motor Control, Bethesda, MD., American Physiological Society Editions, pp. 1391-1415.

Pailhous, J., et Bonnard, M., 1989, « Programmation et contrôle du mouvement », in C. Bonnet (Ed.), *Traité de psychologie cognitive*, tome I, Paris, Bordas, Dunod, Gauthier-Villars., pp. 130-197.

Paillard, J., 1976, « Tonus, posture et mouvement », in C. Kayser (Ed.), *Traité de physiologie*, tome III, Paris, Flammarion, pp. 521-728.

mouvement

n.m. (angl. Movement)

Changement de position du corps dans l'espace en fonction du temps.

Psychophysiol. On ne retiendra d'abord que les mouvements effectués par un organisme (locomotion) ou une de ses parties (mouvements segmentaires).

Tout mouvement nécessite l'envoi d'une commande nerveuse mobilisant le système musculo-squelettique; selon l'origine de cette commande, on distingue trois sortes de mouvements.

Les mouvements réflexes

Ce sont des formes élémentaires et rapides de mouvements générés, chez les vertébrés, au niveau de la moelle épinière en réponse à des stimulations sensorielles spécifiques (musculaires ou cutanées). Par exemple, lorsqu'on applique une stimulation douloureuse sur la patte d'un animal spinal (dont la moelle épinière est séparée de l'encéphale), on observe une vigoureuse contraction des fléchisseurs, soustrayant la patte à la stimulation (réflexe de flexion).

Les mouvements automatiques

Ils impliquent une intégration sensori-motrice plus élaborée, s'effectuant essentiellement au niveau du tronc cérébral et des ganglions de la base. Ces mouvements assurent des fonctions motrices rudimentaires en réponse à des patterns de stimulations sensorielles. Des nouveau-nés ne disposant pas de structures supérieures au tronc cérébral peuvent ainsi téter, recracher une nourriture désagréable et même suivre de la tête et des yeux un objet.

Les mouvements volontaires

Ils ont pour origine une commande nerveuse générée au niveau du cortex. Cette motricité est parfois appelée « téléocinétique » dans la mesure où elle exprime les intentions de l'individu. Chez l'Homme, cette motricité peut prendre des formes très élaborées du fait des capacités cognitives de l'espèce. On peut distinguer schématiquement deux grandes catégories de mouvements volontaires: les *mouvements topocinétiques*, qui sont spatialement orientés et dont l'amplitude et la direction sont déterminées par la position des objets dans l'espace (saisie manuelle par exemple), et les *mouvements morphocinétiques*, dont l'objectif est de réaliser une forme motrice (danse, écriture). [→ motricité.]

On différencie trois grands moments dans la production des mouvements volontaires: une étape de planification pendant laquelle le sujet détermine la stratégie à adopter, une étape de programmation au cours de laquelle il spécifie le geste à exécuter et une phase d'exécution, au cours de laquelle s'exerce le contrôle. J. P. et M. B.

GÉNÉR. et DÉVELOP. Les mouvements sont à analyser dans leur composante d'*effection* et leur dimension d'*expression*.

L'effection est examinée en termes de précision, de vitesse, de préparation, de freinage du mouvement considéré isolément ou intégré dans un ensemble moteur complexe. (→ praxie.) L'organisation spatio-temporelle du mouvement est un indicateur du traitement cognitif de la situation. Les mouvements sont en relation étroite avec la sensorialité. Ils fournissent au sujet des sensations, dites « kinesthésiques », qui alimentent la perception proprioceptive. Les mouvements et les exercices sensoriels qu'ils rendent possibles donnent cohérence à l'espace du corps, des objets, des lieux. Les mouvements fondent la construction du *schéma corporel* par référence au *corps situé*. Ils servent aussi l'élaboration de *l'image du corps* par référence au *corps identifié* (J. Paillard).

« Le mouvement est tout ce qui peut témoigner de la vie psychique et il la traduit tout entière jusqu'au moment où survient la parole » (H. Wallon). La dimension expressive des mouvements apparaît dans les postures, les gestes, les mimiques. Ils réalisent les aspects non verbaux ou paraverbaux des actes de communication.

Le mouvement est socialisé ; il est porteur de signification tant pour celui qui le produit que pour celui qui l'observe (exemple : mains jointes ou tendues paumes ouvertes). L'interprétation des mouvements prend en compte la normalité des répertoires observés à un âge donné et pour une situation spécifiée (le pouce en bouche au-delà de la petite enfance ne reçoit pas la même signification que le pouce sucé par le nourrisson). Le mouvement est nécessaire à l'intégrité de l'organisme ; son absence ou sa limitation persistante entraînent un état pathologique de la musculature (atrophie) et de la conscience corporelle. D. M.

BIBLIOGRAPHIE

Corraze, J., 1987, *la Neuropsychologie du mouvement*, Paris, P.U.F.

Jeannerod, M., 1988, *The Neural and Behavioural Organization of Goal-Directed Movements*, Oxford, Clarendon Press.

Paillard, J.-F., 1986, *Itinéraire pour une psychophysiologie de l'action*, Marseille, Actio.

mouvement apparent

(angl. Apparent Motion ou Movement)

Ensemble des phénomènes dans lesquels la perception d'un mouvement visuel ne correspond pas à une translation continue de la stimulation.

L'exemple prototypique du mouvement apparent est le mouvement stroboscopique*, appelé aussi « mouvement bêta » ou « mouvement optimal » (M. Wertheimer, 1912). Les conditions spatiales et temporelles d'observation d'un mouvement apparent ont été définies par les lois de Korte*. Pour certains intervalles temporels entre les deux apparitions successives du stimulus, on ne perçoit pas de déplacement, de changement de position du stimulus, mais un mouvement apparent, appelé mouvement phi, un peu fantomatique est cependant observé.

Le *mouvement autocinétique* (angl. Autokinetic Motion) est le mouvement apparent erratique d'une petite lumière dans un champ visuel obscur. L'absence de références spatiales visibles est indispensable à l'apparition du phénomène. L'illusion oculogyrale se produit après que l'observateur a été en rotation dans un environnement visuel structuré. À l'arrêt de la rotation, l'observateur plongé dans le noir observe une petite lumière. Celle-ci semble d'abord se mouvoir dans la même direction que la rotation antécédente. Puis, après un court instant, le sens de son mouvement apparent s'inverse. Ce mouvement résulte de la stimulation des canaux semi-circulaires (→ vestibulaire [système]) et d'interactionsvestibulo-visuelles. *L'illusion oculogravique* résulte d'une accélération linéaire et donc de la stimulation des otolithes. Après une accélération vers l'avant, le stimulus lumineux vu dans le noir semble monter. Après un mouvement vers l'arrière, il semble descendre.

Le *mouvement induit* (angl. Induced Movement) consiste en l'attribution erronée du mouvement réel d'un cadre de référence, par exemple un carré, à un stimulus de plus petite taille placé à l'intérieur du cadre (par exemple un petit point lumineux). C. B.

→ illusion, mouvement consécutif.

mouvement cohérent

(angl. Coherent Motion)

Phénomène dans lequel plusieurs mouvements visuels de directions différentes et spatialement superposés engendrent la perception d'un mouvement unique de direction et de vitesse déterminées. (Syn. configuration de mouvement.) C. B.

mouvement consécutif

(angl. Motion After-Effect)

Mouvement apparent résultant de l'observation antérieure plus ou moins prolongée d'un mouvement réel.

L'observation prolongée d'un mouvement réel de direction et de sens définis entraîne une adaptation des détecteurs de caractéristiques sélectifs pour cette direction et ce sens de mouvement. À la cessation de la stimulation de mouvement apparaît spontanément un mouvement apparent de sens opposé dont l'intensité apparente (vitesse notamment) diminue au cours du temps. À ce phénomène correspond une augmentation transitoire des seuils de détection d'un mouvement dans le sens du mouvement réel d'adaptation. C. B.

mouvement oculaire rapide

(angl. Rapid Eye Movement)

Saccade oculaire brève et rapide survenant essentiellement au cours du sommeil paradoxal.

Les mouvements oculaires rapides (M.O.R.) sont, avec la désynchronisation E.E.G. et l'hypotonie musculaire, un paramètre permettant de détecter une phase de sommeil paradoxal. Les M.O.R. peuvent être isolés ou groupés en bouffées et sont généralement contemporains d'une activité nerveuse appelée « pointes ponto-géniculo-occipitales ». P. L.

mouvement social

(angl. Social Movement)

Action collective (spontanée ou dirigée) tendant à produire un changement d'idées, d'opinions ou d'organisation sociale.

On peut définir et comprendre les mouvements sociaux de deux façons : l'une psychologique, l'autre sociologique. Si l'on se réfère à l'ouvrage de H. Cantril sur la psychologie des mouvements sociaux, paru en 1941 aux États-Unis, on comprendra les mouvements sociaux suivant des critères essentiellement psychologiques ; si l'on retient, en revanche, la théorie de A. Touraine, on se situera dans une perspective sociologique. En fait, la définition qui sert ici de référence est une combinaison de ces deux approches, l'une plus articulée sur l'individuel, l'autre plus axée sur le social, dans le but d'étayer la pertinence du concept dans la perspective psychosociologique.

PERSPECTIVE PSYCHOLOGIQUE

Cantril définit les mouvements sociaux par rapport à ce qu'il appelle « contexte mental ». Pour comprendre les mouvements sociaux, il faut toujours garder à l'esprit qu'un ensemble de normes particulières entourent les individus qui composent un mouvement. L'environnement, les désirs, les frustrations et les préjugés auxquels l'individu fait face ont un rôle dans l'intériorisation de ces normes. L'une des caractéristiques de l'organisation sociale consiste en ce que les normes sont déjà évaluées avant que l'individu n'en connaisse l'existence. Ce sont les croyances et les opinions des individus qui intéressent dans les mouvements sociaux car c'est sur ces croyances et ces opinions qu'il y a action et désir de changement, mouvance vers de nouvelles propositions, de nouvelles religions, des révolutions, et donc conversion.

Cantril adopte trois concepts clefs pour expliquer pourquoi les gens sont *suggestibles*, donc pourquoi ils adhèrent à des mouvements sociaux : 1. c'est par rapport aux « types de jugement » (c'est-à-dire l'apprentissage de certaines valeurs et affirmations dans le quotidien) que l'individu se forge son point de vue spécifique (cadre de référence) ; 2. ses opinions ou attitudes sont définies par rapport à ce cadre ; 3. quand une personne a un cadre de référence mais ne connaît pas les types de jugement dont ce cadre dérive, elle trouve des arguments pour adopter ce cadre-là (elle procède donc à une rationalisation pour justifier son choix). Il se peut qu'une personne n'ait pas de cadre de référence : elle se sentira alors obligée d'accepter les explications d'autrui.

La représentation que les gens ont d'eux-mêmes, d'autrui ou d'autres cultures serait par conséquent proportionnelle à leur connaissance de leurs propres types de jugement.

L'expérience de l'individu s'organise suivant quatre critères : le conditionnement (l'auteur critique la théorie béhavioriste) ; la structuration interne (c'est-à-dire la compréhension d'événements grâce à un contexte mental par exemple) ; la structuration externe (c'est-à-dire l'organisation qui apparaît dans le stimulus lui-même et qui est perçue directement par l'individu comme organisation ou comme signification) ; et enfin le désir de sens (qui correspond à un besoin fondamental — voire biologique — d'interprétation de tout événement, surtout quand celui-ci procure un sentiment de non-satisfaction ou de frustration à l'individu).

L'expérience est essentiellement fonction de situations critiques, que Cantril définit ainsi : il y a émergence d'une situation critique quand l'individu est confronté à un environnement extérieur chaotique qu'il ne peut interpréter et qu'il voudrait interpréter.

La suggestibilité de l'individu — voire sa passivité —, son absence d'esprit critique face à une situation de crise et l'inquiétude qu'il en éprouve démontrent qu'il y a *primat de la dimension affective* dans les mouvements sociaux tels que les conçoit Cantril.

Perspective sociologique

Touraine définit un mouvement social comme « la conduite collective organisée d'un acteur de classe luttant contre son adversaire de classe pour la direction sociale de l'historicité dans une collectivité ».

Trois principes gouvernent l'action collective, selon Touraine : les principes d'*identité*, d'*opposition* et de *totalité*. Le premier se réfère à l'acteur, conscient de lui-même, de sa place et de ce qu'il représente au sein d'une organisation sociale donnée. Le second définit le groupe d'individus qui s'oppose au projet de l'acteur. Le troisième enfin précise le champ dans lequel s'inscrit la conduite de l'acteur. Ce n'est qu'en rapport avec ces trois principes (I.O.T.) qu'un mouvement social peut exister et se maintenir. Si l'un de ces principes fait défaut, un groupe ne peut prétendre à l'étiquette de « mouvement social », même si par ailleurs il envisage la lutte comme sa définition principale.

Touraine insiste sur la notion de *conscience chez l'acteur*. L'idée s'oppose d'emblée à la théorie de Cantril sur la suggestibilité. Alors que l'individu subit le mouvement social chez Cantril, il agit dans l'équation de Touraine. Un modèle plus psychopathologique se dégage en somme dans la théorie de Cantril, qui renvoie aux notions de passivité/réceptivité élaborées par G. Le Bon. La conception de Touraine, plus dynamique (puisque l'acteur est véritablement le protagoniste de son histoire), semble plus proche de la réalité des mouvements sociaux. Son analyse des mouvements sociaux n'est pas descriptive, mais active : générer et prévoir sont les idées clefs d'une telle approche.

L'analyse scientifique de l'action permet, selon Touraine, de décrypter les caractéristiques d'un mouvement social. Le sujet de l'action sociale — groupe, collectivité ou individu — appréhende des informations décrivant une situation sociale sur laquelle il veut agir (objet de l'action) ; dans un but défini ou définissable en fonction de motivations et de valeurs (objectifs d'action) ; par des moyens et des techniques appropriés, choisis empiriquement ou par calcul et qui sont plus ou moins efficaces (effets de l'action), après comparaison entre la situation A, les objectifs et la situation B.

Chez Touraine, le sujet, ou acteur, est impliqué librement dans un mouvement social à la suite d'une réflexion personnelle qui détermine son engagement. À l'opposé, il s'agit, chez Cantril, d'un cheminement individuel qui se fonde plus sur l'appréhension et le doute — par rapport à une situation — que sur la volonté consciente d'agir. Cependant, la théorie de Touraine ne s'oppose pas complètement à celle de Cantril puisque ces deux auteurs tiennent compte de paramètres analogues dans leur analyse des mouvements sociaux (on retrouve en effet les notions d'individu, de situation, de motivation et de normes). La différence s'articule en fait sur la notion de *but* chez le sujet.

Perspective psychosociologique

La théorie tourainienne est certes séduisante, mais le primat de la dimension pragmatique occulte la composante affective inhérente à tout mouvement social. Un mouvement social est un groupement, et K. Lewin disait du groupe qu'il est le lieu où se manifestent des émotions et des motivations. La dimension de l'affect est par conséquent cruciale dans la dynamique des mouvements sociaux. Ces derniers apparaissent par ailleurs dans le contexte d'une société de masse se structurant véritablement aux XIXe et XXe siècles. Les associations, les partis politiques, les courants de pensée tentent d'être à l'origine de mouvements sociaux. Il y va de la survie du groupe mais l'entreprise se révèle parfois difficile et peut facilement échouer. Pourquoi ? Pour qu'un mouvement social existe, il ne suffit pas d'une crise conjoncturelle et que les gens soient conscients des problèmes qui leur sont communs, il faut qu'une minorité apparaisse, qui cristallise la situation critique, lui donne forme, propose de nouveaux points d'ancrage et fomente un conflit. Le but d'un mouvement social est de faire évoluer — changer — le système de référence en place. « L'importance actuelle des minorités repose précisément sur leur rôle d'agents novateurs, au sein d'une société où des changements ont lieu rapidement. Là où elles n'existent pas ou ne peuvent pas exister, il ne peut y avoir de changements, même si les lois de l'histoire nous assurent, en principe, du contraire » (S. Moscovici). C'est d'une minorité que peut naître un mouvement social. Elle seule peut fournir l'étincelle propre à générer une dynamique et une action réelles. Elle seule peut créer un conflit et donc produire du changement. Cependant, toute minorité n'implique pas un mouvement social. En effet, une minorité peut évoluer de diverses manières : soit elle s'éteint d'elle-même, soit elle est récupérée par le discours majoritaire, soit enfin elle devient mouvement social. Et c'est la dimension affective qui aide à la sédimentation d'un mouvement social, qui lui donne un pouvoir de séduction sur le public.

Par certains côtés, l'Affaire Dreyfus peut illustrer ce phénomène. C'est l'action d'une minorité dreyfusarde qui a servi de prétexte à la révision du procès du capitaine Dreyfus, accusé de trahison. L'ampleur du conflit créé par les dreyfusards a favorisé la transformation d'une minorité en « mouvement social ». On peut admettre en partie que l'injuste condamnation du capitaine Dreyfus soit devenue « l'Affaire » de la fin du siècle dernier en France en raison de l'action minoritaire, consistante et volontaire, d'un petit groupe d'hommes persuadés de l'innocence de l'accusé et décidés à agir. Les conditions d'émergence et d'existence des mouvements sociaux sont donc dans des cas semblables liées à leur origine minoritaire. B. O.

Bibliographie

Cantril, H., 1941, *The Psychologie of social Movements*, New York, Wiley.

Touraine, A., 1965, *Sociologie de l'action*, Paris, Le Seuil.

Touraine, A., 1978, *la Voix et le Regard*, Paris, Le Seuil.

moyenne

n.f. (angl. Mean ou Average)

STAT. **Caractéristique de tendance centrale d'une distribution de valeurs sur une échelle d'intervalles.**

Elle est égale à la somme des valeurs observées divisée par leur nombre. La somme algébrique des écarts à la moyenne est nulle. M. R.

M.P.T.P.

(angl. MPTP)

Substance neurotoxique (a1-méthyl-4-phényl-1,2,3,6-tétrahydropyridine, ou M.P.T.P.) à l'origine de certains cas de maladie de Parkinson.

L'autoadministration accidentelle de M.P.T.P. par un toxicomane californien en 1979 a donné lieu à la première observation. La toxicité du M.P.T.P. apparaît propre à certaines espèces (Homme, Primate) et à certaines structures neuronales (système nigrostrié). Ces observations mettent en cause le rôle de toxines alimentaires ou chimiques dans l'étiologie de la maladie de Parkinson. L'administration de M.P.T.P. à l'Animal réalise un modèle expérimental permettant d'étudier de nouvelles thérapeutiques comme les greffes neuronales et divers médicaments antiparkinsoniens.

A. G.

Müller Lyer (illusion de)

→ illusion.

multidimensionnel (espace)

(angl. Multidimensional Space)

STAT. **Espace à plusieurs dimensions (en général plus de trois).**

Si plusieurs variables sont mesurées sur les mêmes sujets et que chacune est représentée par un axe orthogonal aux autres, chaque sujet sera représenté par un point dans l'espace multidimensionnel des observations. Si les corrélations entre plusieurs variables observées sont expliquées par plusieurs facteurs communs indépendants dont chacun est représenté par un axe orthogonal aux autres, chaque variable sera représentée par un vecteur dans l'espace multidimensionnel des facteurs communs.

M. R.

multifactoriel, elle

adj. (angl. Multiple-Factor)

Qui renvoie à plusieurs facteurs ou qui en utilise plusieurs.

En génétique quantitative, l'*hérédité multifactorielle* (angl. Multifactor Inheritance) explique par l'intervention de plusieurs gènes l'hérédité de caractères quantitatifs. Cette hypothèse a été utilisée, en psychologie, à propos de l'intelligence. En analyse factorielle, l'*analyse multifactorielle* (angl. Multiple-Factor Analysis) renvoie à l'utilisation de plusieurs facteurs. L'adjectif reçoit ainsi des sens entièrement différents dans les deux domaines.

M. R.

multiphasique

adj. (angl. Multiphasic)

Se dit de questionnaires qui permettent de faire plusieurs prédictions concernant différents aspects de la personnalité.

R. L.

→ MMPI.

multiréférentialité

n.f.

SOCIAL. **Caractère d'une situation et/ou de son analyse où l'observateur fait intervenir plusieurs références, voire plusieurs systèmes de référence, pour pouvoir en rendre compte.**

J. A.

multiréférentielle des situations sociales (analyse)

Forme d'analyse faisant intervenir plusieurs systèmes de références pour tenter de les conjuguer.

L'analyse multiréférentielle se propose explicitement, aussi bien du point de vue du praticien que de celui du chercheur, une lecture plurielle de ses objets, sous différents angles et en fonction de systèmes de références distincts, non supposés réductibles les uns aux autres. C'est en cela que, beaucoup plus encore qu'une position méthodologique, c'est un parti pris épistémologique. L'éducation, par exemple, définie comme une fonction sociale globale intéressant l'ensemble des champs des sciences de l'homme et de la société, sollicitant, par conséquent, autant le psychologue que le psychosociologue, l'économiste que le sociologue, le philosophe que l'historien, etc., doit être appréhendée, compte tenu de cette hétérogénéité, sous ses différents aspects, le plus souvent contradictoires entre eux.

La question centrale est, en effet, celle de l'hétérogénéité des regards portés sur des objets : phénomènes, processus, situations ou pratiques, dans une visée de compréhension, voire d'explication. G. Devereux a reconnu le même problème à propos du complémentarisme. Cette pluralité de regards et d'éclairages suppose, à son tour, différents langages descriptifs et interprétatifs qui ne doivent pas être confondus ou réduits les uns aux autres parce qu'ils déclinent, le plus souvent, des paradigmes distincts. En ce sens, la multiréférentialité implique, pour le praticien comme pour le chercheur, dans les sciences de l'homme et de la société, la capacité d'être polyglotte. Philosophiquement, c'est le deuil du monisme, ou système explicatif unique. Scientifiquement, c'est l'hypothèse de plusieurs modèles de déterminismes intéressant, parfois contradictoirement, l'intelligibilité des phénomènes. Des notions parfaitement inconnues dans le procès canonique expérimental (ambivalence, repérage, distinction, articulation, conjugaison, contradiction) deviendraient, alors, capitales. La *multidimensionnalité* insiste sur la pluralité de dimensions, de facteurs à partir desquels un phénomène peut être appréhendé, éventuellement mesuré (*analyse multifactorielle*), mais toutes ces dimensions demeurent contenues dans des espaces homogènes, auxquels elles se réfèrent et se subordonnent.

L'OBJET CONSTRUIT DES SCIENCES POSITIVES

Les sciences positives découpent le réel et construisent, littéralement, les faits. Elles déduisent ensuite des lois de tels agencements puis infèrent des théories. Leur pari est toujours celui de la décomposition, de la division, de la recherche d'éléments de plus en plus simples, de plus en plus fondamentaux, jusqu'à dégager les propriétés essentielles de tels ensembles. L'implication y apparaît la tare initiale de la connaissance, sans doute inévitable mais dont on doit chercher à se défaire, qu'on veut au moins réduire par des démarches méthodologiques appropriées. L'opacité, la complexité sont considérées comme un état seulement provisoire de l'objet.

Autrement dit, l'objet de connaissance est supposé fondamentalement susceptible de *transparence* lorsqu'un travail convenable de l'esprit et des méthodologies adéquates le dégagent des illusions sensibles comme de tout ce qui peut, dans le contexte, venir l'encombrer, le surcharger, le déformer. Par transparence, il faut, ici, entendre, plus encore que ce qui peut être traversé par le regard, ce qui peut être construit, effectivement, idéalement ou physiquement, puis déconstruit (décomposé) et reconstruit identique, avec toutes ses propriétés, par l'esprit connaissant.

Un objet mathématique (nombre, espace, volume, fonction), est, ainsi, totalement constructible-déconstructible-reconstructible, et plus généralement encore, tout produit d'une combinatoire ou d'une axiomatique. De même, une machine, si compliquée soit-elle, est transparente. Le concepteur, le constructeur, le réparateur et l'utilisateur la peuvent connaître quasi totalement, chacun de par ses entrées propres. En ce sens, ce n'est plus le regard mais l'esprit, l'intelligence qui est censée traverser plus ou moins totalement l'objet.

L'OBJET OPAQUE, POÉTIQUE ET INTIME DES SCIENCES DU VIVANT

Mais il n'y a pas de coïncidence possible entre cette vision des choses et le phénomène vivant, ou, plus spécifiquement encore, humain et social, sans mutilations ou dénaturations graves. Certes, l'intelligibilité des phénomènes vivants consiste, aussi, à reconstruire, à formaliser et à modéliser, parfois à schématiser, la représentation que l'on se donne de leur fonctionnement supposé, mais un tel travail d'analyse et de synthèse aboutit toujours à l'évaporation, à la disparition des propriétés et des caractères les plus spécifiques et les plus globaux de l'objet de telles investigations : la vie, l'existence, la conscience. Dire que ce qui est spécifiquement humain est naturellement opaque, et relève autant, sinon plus, d'une herméneutique que de la démarche explicative, c'est insister sur le caractère à la fois objectif et subjectif, impliqué et, surtout, polémique de l'univers auquel il appartient.

Quels que soient les déterminismes qui conditionnent et peuvent expliquer ses modes de fonctionnement, il a en propre un pouvoir de négation, de négativité, de contre-stratégie qui lui donne, au moins en partie, l'intelligence de ces déterminismes et une certaine capacité de s'y adapter, voire de les transformer. L'opacité, proche parente ici de la poéticité, est peut-être reconnaissance aussi d'une activité imaginaire sans qu'on accepte, pour autant, un retour à la magie des origines. Cette reconnaissance de l'opacité est rappel des particularités de l'intimité. Celle-ci doit, d'ailleurs, être entendue aussi bien à propos de sujets individuels que de sujets collectifs, formes sociales diverses mettant en jeu des relations, à la limite tissu institutionnel. Elle rejoint ce que les ethnométhodologues appellent *indexicalité*. La connaissance de tels objets dépend finalement plus de la familiarité établie avec eux et de l'*évaluation* qualitative qui en découle que du *contrôle* et de la mesure de leurs dimensions.

En ce sens, l'explication et l'élucidation, toujours plus ou moins tributaires de l'hypothèse de l'efficacité propre d'un inconscient et, plus généralement encore, d'une fonction imaginaire, sont tout autre chose que l'explication. On retrouve alors, pleinement, la distinction déjà établie, au siècle dernier, par l'école herméneutique allemande, notamment par W. Dilthey, entre *sciences de l'explication* et *sciences de la compréhension*. Nous pourrions aussi bien parler aujourd'hui des sciences de l'implication correspondant à un autre paradigme que celui mis en œuvre par les sciences de l'explication (la « pliure », en dedans ou en dehors, suggérée par l'étymologie : « plicare »).

MULTIRÉFÉRENCIALITÉ ET INTELLIGIBILITÉ DES SITUATIONS SOCIALES

On peut développer ainsi un modèle d'intelligibilité des situations sociales en distinguant des regards centrés sur les individus ou les personnes (perspective psychologique), sur les interactions et sur le groupe (perspectives psychosociales), sur les organisations et les institutions (perspectives plus sociologiques), assortis de leurs systèmes de références propres. Il s'agit, ici, de perspectives, dans la mesure où la connaissance est ordonnée au regard (représentations) plus qu'à la nature supposée de l'objet. Le « complémentarisme » de Devereux est une autre forme de multiréférentialité. L'analyse multiréférentielle s'appliquera tantôt à l'intelligibilité des concepts et des notions, tantôt à celle des situations. C'est bien pourquoi ce type d'analyse convient tout particulièrement aux recherches-actions (R. Barbier) et aux « interventions », socioanalytiques ou autres (R. Hess).

En fait, il faut distinguer entre : 1. une multiréférentialité de compréhension, au niveau de l'approche clinique, forme d'écoute destinée à la familiarisation des intervenants avec les particularités indexicales et symboliques ainsi qu'avec les significations propres des « allant-de-soi », des formes triviales, mis spontanément en œuvre par leurs partenaires ; 2. une multiréférentialité interprétative, exercée également au niveau des pratiques, à partir des données précédentes et visant, à travers la communication, un certain traitement de ce matériel ; 3. une multiréférentialité explicative, plus interdisciplinaire et orientée vers la production de savoir. J. A.

BIBLIOGRAPHIE

Ardoino, J., 1977, *Éducation et politique*, Gauthier-Villars, Paris.

Ardoino, J., 1980, *Éducation et relations*, Gauthier-Villars-Unesco, Paris.

multitraits-multiméthodes (matrice)

(angl. Multitrait-Multimethod Matrix)

Matrice des corrélations entre plusieurs traits dont chacun est mesuré par plusieurs méthodes, chaque méthode s'appliquant à tous les traits.

L'analyse de ces matrices, qui peut se faire de différentes façons, permet d'évaluer la validité convergente et la validité discriminante des méthodes utilisées. M. R.

→ psychométrie.

Münchhausen (syndrome de)

(angl. Munchhausen's Syndrom)

Syndrome proche de la pathomimie caractérisé par la tendance à demander sans cesse des opérations chirurgicales en se plaignant de troubles organiques divers justifiant ces opérations auprès de chirurgiens naïfs ou intéressés acceptant d'intervenir.

Les malades se présentent, tel l'aventurier fanfaron que fut le baron von Münchhausen (dit « de Crac » en français), avec de nombreuses cicatrices opératoires (parfois plus d'une dizaine), réclamant toujours de nouvelles interventions. Ils sont généralement mythomanes et hâbleurs, usurpant souvent une fausse identité, et mènent une existence marginale et instable. Ils peuvent être délinquants, toxicomanes, utilisant les médecins et les hôpitaux pour se faire prescrire des antalgiques et des opiacés ou se faire opérer d'urgence. Leur personnalité et leur comportement rentrent dans le cadre de l'hystérie*. Mais l'évolution, dans les cas les plus graves, peut aller jusqu'à une psychose délirante hypocondriaque véritable (N. Rousselet). J. P.

muscle

n.m. (angl. Muscle)

Tissu excitable, contractile et élastique effecteur de la motricité qui réagit à des stimulations, d'origine nerveuse le plus souvent, par un raccourcissement qui ne varie pas linéairement avec la force de traction et qui, après relâchement, revient généralement à son état initial.

On distingue classiquement trois types de muscles : les muscles lisses, qui tapissent la paroi de certains viscères et sont impliqués dans les mouvements de ceux-ci (vie végétative), le muscle cardiaque, dont l'activité est endogène, et les muscles squelettiques, qui permettent la mobilisation du squelette (vie de relation). Les muscles squelettiques représentent environ 40 % du poids corporel.

Sur le plan fonctionnel, un muscle est composé d'un nombre variable d'unités motrices (groupes de fibres musculaires innervées par une même innervation centrale). Au sein d'un même muscle, on trouve dans des proportions variées deux grands types de fibres musculaires (un seul par unité motrice) : des fibres à contraction lente, très résistantes à la fatigue, et des fibres plus puissantes à contraction rapide, parmi lesquelles on dissocie des fibres moyennement résistantes et des fibres non résistantes. Selon le type de travail musculaire (rapide ou de longue durée), l'une ou l'autre de ces catégories de fibres est préférentiellement recrutée. La contraction d'un muscle résulte donc de la superposition de l'activité non synchrone des différentes unités motrices recrutées ; elle peut être modulée soit par réglage du nombre d'unités motrices recrutées, soit par réglage de leur fréquence de recrutement.

Tout mouvement nécessite la mise en jeu coordonnée de plusieurs muscles (synergie). Pour un mouvement monoarticulaire (flexion du coude par exemple), on distingue deux groupes de muscles : des muscles agonistes, qui produisent les forces musculaires nécessaires pour vaincre les forces externes et produire le mouvement, et des muscles antagonistes, dont l'action s'oppose à celle des muscles agonistes et qui vont intervenir soit tout au long du mouvement lorsque celui-ci est finement contrôlé (cocontraction), soit à la fin du mouvement pour le freiner. On remarquera que cette distinction entre muscles agonistes et muscles antagonistes est à reconsidérer pour chaque mouvement ; si, lors d'une flexion du coude, le biceps est agoniste et le triceps antagoniste, leur fonction s'inverse lors d'une extension du coude. Pour des mouvements pluriarticulaires (par exemple flexion du coude associée à une rotation de l'épaule), on distingue généralement deux catégories supplémentaires de muscles : des muscles directeurs, qui orientent le mouvement, souvent par un mouvement de rotation, et des muscles fixateurs, qui entrent en jeu pour immobiliser les parties du corps non impliquées dans le mouvement. J. P. et M. B.

BIBLIOGRAPHIE

Katz, B., 1966, *Nerve, Muscle and Synapse*, New York, McGraw-Hill.

Kayser, C., 1963, *Physiologie II : Système nerveux, muscle*, Paris, Flammarion.

musicothérapie

n.f. (angl. Musicotherapy)

Toute forme de psychothérapie utilisant l'art musical comme technique d'expression.

Il est sans doute abusif d'individualiser la musicothérapie comme une véritable psychothérapie spécifique (J. Arveiller). La musique n'y est le plus souvent qu'une technique créative dans l'art-thérapie*, d'accompagnement sonore et rythmique dans de nombreuses thérapies psychomotrices ou corporelles ou d'expression et de communication, comme dans le cas de psychothérapies d'enfants psychotiques ou autistes n'ayant pas encore accès au langage (R. Benenzon, J. Verdeau-Pailles). On utilise aussi une « atmosphère musicale » pour accompagner certaines cures de détente et de relaxation*, l'analgésie et la psychoprophylaxie de la douleur (pour le suivi de la grossesse et la préparation à l'accouchement, par exemple) ou même une véritable anesthésie, comme dans la sophrologie*. D'autres indications, comme le sevrage d'alcooliques ou même de toxicomanes, la prise en charge de troubles psychosomatiques chez les personnes âgées ou l'action de soutien moral et rééducatif de certains délinquants, sont plus discutables. J. P.

BIBLIOGRAPHIE

Arveiller, J., 1980, *Des musicothérapies*, Issy-les-Moulineaux, Éd. scientifiques et psychologiques.

Benenzon, R., 1981, *Manuel de musicothérapie*, Toulouse, Privat.

mussitation

n.f. (angl. Mussitation)

Façon de parler d'une manière peu distincte en articulant mal et sans remuer les lèvres, à « voix sourde ».

C'est une sorte de semi-mutisme, expression d'une réticence partielle ou d'une grande timidité. J. P.

mutisme

n.m. (angl. Mutism)

Absence de parole soit par défaut de développement du langage, soit par inhibition volontaire ou involontaire, soit par refus délibéré comme dans la réticence.

Le mutisme doit être bien distingué de l'aphasie, due à des lésions des centres cérébraux du langage, et de la surdimutité. On décrit chez l'enfant un mutisme complet, dans certaines formes de psychose infantile, et un mutisme électif, en particulier extra-familial (par exemple lorsque l'enfant rentre à l'école et refuse totalement d'y parler), d'origine névrotique ou réactionnelle. J. P.

myélencéphale

n.m. (angl. Myelencephalon, Medullary Brain)

Vésicule cérébrale la plus caudale au stade embryologique à cinq vésicules du tube neural.

Le myélencéphale provient d'une subdivision du rhombencéphale. Chez l'adulte, le bulbe rachidien dérive du myélencéphale. G. S.

myéline

n.f. (angl. Myelin)

Substance formant une gaine isolante autour de l'axone de certaines cellules nerveuses.

C'est cette enveloppe qui donne aux nerfs et aux fibres du système nerveux central des vertébrés leur couleur blanche caractéristique. La gaine de myéline est régulièrement interrompue au niveau d'étranglements annulaires dénommés nœufs de Ranvier. La longueur des internodes est comprise entre 0,5 et 1,5 mm. Cette gaine est constituée principalement de lipides complexes (phospholipides, glycolipides) dont les couches concentriques alternent avec des couches de protéines. Le fait que la myéline forme un manchon isolant autour de l'axone force l'influx nerveux (ou potentiel d'action) à sauter d'un nœud à l'autre, accélérant ainsi sa propagation ; c'est la conduction dite « saltatoire » de l'influx nerveux, qui est plus rapide dans les fibres myéliniques que dans les fibres non myélinisées, où la conduction est continue et moins rapide. G. S.

myélinisation

n.f. (angl. Myelinisation)

Formation d'une gaine de myéline autour de l'axone de certaines cellules nerveuses (fibres myélinisées).

PHYSIOL. La gaine de myéline ne provient pas du neurone ; elle résulte de l'enroulement en spirale de cellules gliales autour de l'axone. Selon qu'il s'agit d'un axone appartenant au système nerveux périphérique ou au système nerveux central, le rôle myélino-formateur est assuré respectivement par les cellules de Schwann ou les cellules de l'oligodendroglie. La myélinisation du système nerveux s'effectue selon un programme précis. Chez l'Homme, elle débute au stade prénatal et ne s'achève, pour certaines aires corticales d'association, qu'à la fin de l'adolescence. La myélinisation représente un événement majeur de la maturation du système nerveux. La disparition de la myéline au cours de certaines affections ou son absence congénitale compromet gravement les fonctions nerveuses. G. S.

DÉVELOP. La myélogenèse commence à la période fœtale. Après la naissance, chez l'Homme, l'épaississement des gaines suit un cours rapide, jusqu'à deux ans, puis se ralentit, mais se poursuit jusqu'à un âge avancé de la vie, vers 60 ans. La découverte du très long cours de la myélinisation a détruit la théorie dite « myélinique » de J.B. Watson (1903), qui supposait une relation directe entre la myélinisation d'un système et l'émergence d'une fonction : ainsi, la préhension n'était jugée possible qu'à partir de la myélinisation complète du faisceau pyramidal, autour de 6 mois, ce qu'ont contredit de très nombreuses observations.

La myélinisation est tenue, à l'heure actuelle, pour un indicateur du niveau d'évolution d'un système et pour un critère d'achèvement fonctionnel. Mais ce dernier point demeure controversé, car les preuves de dissociation ne manquent pas ; par exemple, les voies auditives centrales se myélinisent, chez l'enfant, à une époque relativement tardive (entre un et deux ans) alors que les fonctions auditives — perception des sons, distinction de hauteurs tonales, localisations — sont en place dès la naissance, et certaines seraient même assurées dans les dernières semaines de la vie intra-utérine.

Les critères d'achèvement fonctionnel sont indexés à des réponses comportementales mais ne correspondent nullement à un arrêt du développement. Ainsi, la marche volontaire constituerait le critère d'achèvement de la fonction posturale. Aucune propriété nouvelle du système postural ne se formerait ultérieurement.

Toutefois, les habiletés motrices diverses qui s'élaborent ensuite demandent des réorganisations qui portent à relativiser ce critère. H. B.

mystique (délire)

(angl. Mystic Delusion)

Délire à thèmes religieux, souvent mégalomaniaque (élection et même identification divines) et persécutoire (possession ou impression d'être l'objet de la vindicte de groupes antireligieux), avec des paroxysmes hallucinatoires surtout visuels qui peuvent se confondre avec de véritables visions mystiques.

Connue depuis longtemps, la « folie mystique » a été décrite comme un délire systématisé chronique et P. Chaslin a montré l'analogie de son évolution avec celle du délire de persécution. Mais des phénomènes mystiques et hallucinatoires apparaissent aussi dans les bouffées délirantes, les confusions oniriques, certains états épileptiques crépusculaires et au cours de phases processuelles de la schizophrénie*. Certaines drogues, comme le L.S.D., peuvent aussi provoquer des expériences hallucinatoires mystiques, qu'il n'est pas toujours facile de distinguer du « mysticisme normal », reconnu par les religieux. Il y a en effet une grande difficulté à séparer parfois, dans ce domaine, ce qui serait de l'ordre du pathologique et ce qui serait de nature divine. Pour W.N. Pahnke, la différence ne serait pas clinique, mais uniquement dans la signification et la fonction de telles expériences existentielles. Et, comme l'a écrit P. Janet, « les sentiments religieux, quand ils subsistent, sont très facilement éveillés dans les maladies mentales ». J. P.

mythe familial

(angl. Family Myth)

Ensemble des croyances et des espérances que les membres d'une famille partagent soit à propos d'eux-mêmes, soit à propos de la nature des relations qui les unissent.

Ce concept, introduit en 1965 par A.J. Ferreira, se réfère avant tout aux modèles de distorsion de la réalité, partagés par tous les membres de la famille intéressée, voire par des observateurs extérieurs. Ces croyances organisées sont à l'origine de l'instauration, du maintien et de la justification de nombreux modèles interactionnels. Le mythe est partagé et soutenu par tous les membres de la famille comme une vérité dernière échappant à toute critique ou remise en question. Il détermine donc le comportement de tous en attribuant un rôle à chacun. La famille, dans ce contexte, peut attribuer le titre de « malade » à l'un de ses membres. Le concept de mythe familial est particulièrement opératoire en thérapie de familles. M. G.

mythomanie

n.f. (angl. Mythomania)

« Tendance constitutionnelle à l'altération de la vérité, à la fabulation, au mensonge et à la création de fables imaginaires. » (Selon É. Dupré, créateur, en 1905, de ce terme.)

Cette tendance pathologique, « plus ou moins volontaire et consciente », n'est donc pas seulement l'action de fabuler ni celle de mentir. C'est une véritable constitution, un type de déséquilibre entraînant certains débiles, certains psychopathes à élaborer constamment des récits d'événements et d'actes qui n'ont pas eu lieu mais dont ils font croire à autrui qu'ils ont été les témoins et les acteurs en s'y décrivant généralement dans une position avantageuse. Alors que la psychopathologie de Dupré reste purement descriptive et conduit à l'impasse des constitutions psychopathiques et de la « perversité mythomaniaque », celle de S. Freud et de ses élèves se poursuivra, par le biais de l'étude de l'hystérie et de la suggestion (en particulier l'autosuggestion), vers la notion d'un « clivage du moi ». La problématique du fantasme et de la réalité sera ensuite élucidée par H. Deutsch et W. Steckel, expliquant à la fois la croyance particulière et le dédoublement de la personnalité dans le récit mythomaniaque. J. P.

N

N Ach ou Need Achievement

→ accomplissement (besoin d').

naissance (fantasme de la)

(angl. Birth Fantasm ; allem. Geburtsphantasie)

PSYCHAN. **Conception que se font les enfants sur la naissance des bébés.**

S. Freud considère que les premières théories de l'enfant sur la naissance sont les sources de toutes recherches intellectuelles ultérieures, qui sont une manière de réponse à la question « d'où viennent les enfants ». La théorie cloacale est la plus fréquente. Dans *le Traumatisme de la naissance* (1924), O. Rank émet l'hypothèse selon laquelle l'acte de naître serait le traumatisme initial à l'origine des troubles névrotiques : le passage par une voie étroite serait répété dans la constriction de la crise d'angoisse et le rapport sexuel serait une voie de retour dans le ventre de la mère. S. Ferenczi, dans le même sens, entreprit de conduire des cures analytiques en neuf mois. Ces théories et pratiques furent violemment critiquées par S. Freud parce que fondées sur une conception trop étroite de la régression. R. L.

naissance (traumatisme de la)

(angl. Birth Trauma)

Trouble physique ou psychique dû à la naissance.

Les risques divers qui, au cours de l'accouchement, rendent périlleux le passage d'un milieu liquide et confiné — la cavité utérine — à un milieu aérien ouvert ont été considérés comme cause de troubles physiques et psychiques.

La théorie psychanalytique voit dans l'arrachement à l'organisme maternel la source d'une crise initiale qui ne serait résolue que par la création d'une relation nouvelle à la mère ; relation, dite « d'attachement* », qui s'établirait progressivement chez l'Homme au cours de la première année.

Les traumatismes liés à des difficultés obstétricales particulières (compression de la boîte crânienne, anoxie, etc.) ne font pas partie de ce tableau, qui s'applique à la naissance « normale ».

Les observations faites sur le bébé humain et les expérimentations animales récentes, dans ce domaine, contestent la position psychanalytique en montrant que les relations avec la mère témoignent d'une certaine continuité transnatale et que bon nombre de réponses comportementales préformées avant la naissance ne sont pas altérées par la différence des milieux. H. B.

naissances multiples

(angl. Multiple Birth)

Dans l'espèce humaine, la reproduction se fait majoritairement par la naissance d'un individu à la fois. La gémellité vraie (jumeaux monozygotes) ou fausse (dizygotes) est peu fréquente (environ 1,2 %) et la naissance de triplés, de quadruplés, de quintuplés est demeurée très rare jusqu'à ces dernières années. Depuis environ 10 ans, la fréquence de ces naissances multiples a augmenté. Deux facteurs ont été mis en cause : l'arrêt d'un usage prolongé de la pilule contraceptive et, d'autre part, l'adoption de méthodes de fécondation artificielle. La médecine n'offre pas encore d'explication satisfaisante à ce phénomène. H. B.

narcissique (type)

(angl. Narcissistic Type)

Type hypothétique caractérisé, dans le cadre de la métapsychologie freudienne, par la dominance du moi sur les autres instances de l'appareil psychique. M. R.

narcissisme

n.m. (angl. Narcissism ; allem. Narzissmus)

Amour que porte le sujet à un objet très particulier : lui-même.

LE CONCEPT CHEZ FREUD

La notion de narcissisme est éparse et assez mal définie dans l'œuvre de S. Freud jusqu'en 1914, date à laquelle il écrit *Pour introduire le narcissisme*, article où il se préoccupe d'aménager à ce dernier, parmi les autres concepts analytiques, une place digne de lui. Jusque-là, le narcissisme renvoyait plutôt à une idée de perversion : au lieu d'aller prendre un objet d'amour ou de désir extérieur à lui, et surtout différent de lui, le sujet choisissait comme objet son propre corps. Mais, à partir de 1914, Freud fait du narcissisme une forme d'investissement pulsionnel nécessaire à la vie subjective, c'est-à-dire plus du tout quelque chose de pathologique, mais au contraire une donnée structurale du sujet.

Il faut dès lors distinguer plusieurs niveaux d'appréhension du concept. En premier lieu, le narcissisme représente à la fois une étape du développement subjectif et un résultat de celui-ci. L'évolution du petit d'homme doit l'amener non seulement à découvrir son corps, mais aussi et surtout à se l'approprier, à le découvrir comme le sien propre. Cela veut dire que ses pulsions, et particulièrement ses pulsions sexuelles, prennent son corps pour objet. De ce moment existe un investissement permanent du sujet sur lui-même, qui contribue notablement à sa dynamique et participe des pulsions du moi et des pulsions de vie. Ce narcissisme constitutif et nécessaire, qui procède de ce que Freud appelle tout d'abord l'autoérotisme, se redouble généralement d'une autre forme de narcissisme à partir du moment où la libido s'investit également dans des objets extérieurs au sujet. En effet, il arrive alors que les investissements objectaux soient concurrentiels des investissements moïques ; c'est lorsque adviennent un certain désinvestissement des objets et un repli de la libido sur le sujet que l'on peut repérer cette deuxième forme de narcissisme, qui intervient en quelque sorte comme une deuxième phase.

Ainsi, le narcissisme représente également une sorte d'état subjectif, relativement fragile et facilement menacé dans son équilibre. Les notions d'idéaux, en particulier le moi idéal et l'idéal du moi, s'édifient sur cette base. Et des altérations du fonctionnement narcissique peuvent avoir lieu : par exemple les psychoses, et plus précisément la manie et surtout la mélancolie, sont justement pour Freud des maladies narcissiques, caractérisées soit par une inflation démesurée du narcissisme, soit par sa dépression irréductible ; aussi est-ce pour cela qu'il les appelle psycho-névroses narcissiques.

À partir des années 1920 et de l'avènement de sa deuxième topique, Freud préféra distinguer nettement les deux formes de narcissisme évoquées plus haut en les qualifiant de « primaire » et de « secondaire » ; mais, ce faisant, il en vint à presque assimiler le narcissisme primaire à l'autoérotisme.

Conceptions lacaniennes

Les conceptions lacaniennes du narcissisme simplifient considérablement ces questions. C'est à travers le processus de structuration du sujet qu'on peut les présenter au mieux. Pour J. Lacan, l'*infans* — le bébé qui ne parle pas, qui n'a pas encore accès au langage — n'a pas d'image unifiée de son corps, ne fait pas bien la distinction entre lui-même et l'extérieur, n'a notion ni du moi ni de l'objet — c'est-à-dire n'a pas encore d'identité constituée, n'est pas encore sujet véritable. Les premiers investissements pulsionnels qui ont lieu alors, pendant cette sorte de temps zéro, sont donc proprement ceux de l'autoérotisme puisque cette terminologie laisse précisément entendre l'absence de véritable sujet.

Le début de la structuration subjective fait passer cet infans du registre du besoin à celui du désir; le cri, de simple expression de l'insatisfaction, devient appel, demande; les notions d'intérieur/extérieur puis de moi/autre, de sujet/objet se substituent à la première et unique discrimination, celle de plaisir/déplaisir. L'identité du sujet apparaît en regard de la reconnaissance de l'Autre. À ce moment, comme le décrit Lacan dans ce qu'il appelle le «stade du miroir,» le sujet peut s'identifier à une image globale et à peu près unifiée de lui-même. De là procède le narcissisme primaire, c'est-à-dire l'investissement pulsionnel, désirant, amoureux, que le sujet réalise sur lui-même ou, plus exactement, sur cette image de lui, soutenue par le principe du signifiant, à laquelle il s'identifie.

Le problème ensuite est que, sur la base de cette identification primordiale, viennent se succéder les identifications imaginaires, constitutives du «moi». Mais fondamentalement ce moi, ou cette image qu'est le moi, est «extérieur» au sujet et ne peut donc avoir la prétention de le représenter complètement à lui-même. *«Moi est un autre»,* résume Lacan, paraphrasant Rimbaud. Le narcissisme (secondaire) serait en quelque sorte le résultat de cette opération, où le sujet investit un objet extérieur à lui — un objet qui ne peut se confondre avec l'identité subjective — mais malgré tout un objet qui est censé être lui-même, puisque c'est son propre moi, un objet qui est l'image pour «laquelle il se prend», avec tout ce que ce processus comporte de leurre, d'aveuglement et d'aliénation.

On comprend dès lors que l'idéal (du moi) s'édifie à partir de ce désir et de ce leurre. Car il ne faut pas oublier que le terme de *narcissisme*, pour Freud comme pour Lacan, renvoie bien au mythe de Narcisse, c'est-à-dire à une histoire d'amour où le sujet finit par si bien se conjoindre avec lui-même qu'à trop se rencontrer il trouve la mort. Et c'est bien là le destin narcissique du sujet, qu'il le sache ou qu'il en soit dupe: à s'énamourer d'un autre qu'il croit être lui-même, ou à se prendre de passion pour quelqu'un sans se rendre compte qu'il s'agit de lui-même, à tous les coups il perd, et surtout se perd. B. B.

Bibliographie

Freud, S., 1914, *Zur Einfuhrung des Narzissmus*, G.W., X., p. 137-169. Trad. fr. in *la Vie sexuelle*, Paris, 1969, P.U.F.

Lacan, J., 1949, «le Stade du miroir comme formateur de la fonction du je», in *Écrits*, 1966, Paris, Le Seuil.

Lacan, J., 1953, «la Topique de l'imaginaire» in *le Séminaire, livre I. Les écrits techniques de Freud*, Paris, 1975, Le Seuil.

narcoanalyse

n.f. (angl. Narcoanalysis)

Méthode d'investigation du psychisme en état de somnolence provoquée par l'injection intraveineuse de barbiturique d'action rapide.

Cette méthode et le mot qui la désigne ont été créés par Horsley en 1930. La subnarcose amphétaminée consiste en l'association de méthylamphétamine au barbiturique (l'amytal sodique) visant à faciliter l'expression du patient. Ces méthodes peuvent être utilisées aussi bien dans un but *diagnostique*, comme dans les cas de mutisme, de réticence, d'amnésie, de psychose atypique, que dans un but *thérapeutique*, pour permettre une réélaboration des éléments fournis par le patient (narcosynthèse) ou encore une abréaction dans les névroses traumatiques, hystéries, etc. C. P.

narcolepsie

n.f. (angl. Narcolepsy)

Tendance excessive à s'endormir, se manifestant par des accès périodiques de sommeil incoercible.

Décrite par C. Westphal en 1877 et J.B. Gélineau en 1880, la narcolepsie est caractérisée classiquement par quatre symptômes principaux: les accès subits et répétés de sommeil, la cataplexie (abolition brutale du tonus musculaire), les hallucinations hypnagogiques (apparaissant à l'endormissement et revêtant toutes les modalités sensorielles) et les paralysies du sommeil. Elle accompagne généralement des anomalies de la phase paradoxale du sommeil. J. P.

narcothérapie

n.f. (angl. Narcotherapy)

Moyen thérapeutique utilisé en psychiatrie et qui consiste à obtenir un sommeil discontinu et prolongé grâce à l'administration de psychotropes sédatifs et à l'isolement. (Syn. cure de sommeil.)

Le but et l'efficacité de cette technique sont appréciés selon deux optiques principales. Les neurophysiologistes envisagent surtout les bénéfices dus au repos réparateur des structures nerveuses supérieures procuré par l'isolement sensoriel et l'activité onirique. D'autre part, dans une perspective plus psychologique, ce sont la régression, les rêves et l'abréaction qui permettraient un effet psychothérapeutique. Les indications principales sont les crises névrotiques diverses (angoisse, pathologie post-traumatique, somatisations), quelquefois le sevrage de toxicomanes et, plus rarement, les psychoses. La narcothérapie est rarement utilisée à l'heure actuelle. C. P.

narcotique

n.m. (angl. Narcotic)

Substance produisant une sédation et une anesthésie.

Le terme est généralement utilisé comme équivalent de *stupéfiant*. M. V.

nativisme

n.m. (angl. Nativism)

Synonyme d'innéisme. J.-F. L. N.

naturel, elle

adj. (angl. Natural)

Génér. **Se dit de ce qui concerne des activités non soumises à des règles prescriptives.**

Dans le contexte de la psychologie, le mot s'utilise pour des activités qui ne sont pas nécessairement biologiques mais qui peuvent, le cas échéant, être régies par des règles sociales.

Ainsi, le langage naturel — ou les langues naturelles — est le langage ordinaire, avec ses règles linguistiques d'origine sociale, par opposition aux langages artificiels, rationnels, formels, informatiques, etc. Le raisonnement naturel est celui qui n'est pas guidé par les prescriptions de la logique; on emploie aussi «logique naturelle». Les concepts naturels sont ceux qui existent dans l'intellect des individus, tels qu'ils se sont formés d'eux-mêmes (par exemple les concepts de moineau, de fourchette, de pommier, etc.), par opposition aux concepts scientifiques ou philosophiques, qui ont fait l'objet d'une élaboration de la part d'une communauté de spécialistes. La tâche de la psychologie est de décrire et d'expliquer ces activités naturelles, c'est-à-dire de fait. J.-F. L. N.

négatif (renforçateur)

(angl. Negative Reinforcer)

Génér. 1. **Renforçateur qui conduit à une diminution du comportement ou à des comportements d'échappement ou d'évitement.**

Dans la conception la plus courante, on appelle «négatif» un stimulus dont l'apparition, après un comportement, produit une diminution de celui-ci: on l'appelle parfois aussi «punition». Les stimulus qui donnent lieu à des comportements d'échappement ou d'évitement peuvent aussi être appelés « négatifs ».

Cette caractérisation d'un stimulus en tant que « renforçateur » d'une part, « négatif » d'autre part se fait donc essentiellement d'après les effets du stimulus en question sur le comportement. Elle diffère des qualificatifs « nocif » ou « nociceptif », qui sont parfois employés pour qualifier les mêmes stimulus : ces qualificatifs font référence à une caractéristique biologique (nocivité) ou subjective (douleur) propre au stimulus.

GÉNÉR. 2. **Renforçateur dont la suppression conduit à une augmentation du comportement.**

La première définition a un caractère opérationnel. Mais B.F. Skinner est encore plus rigoureux sur ce caractère. En outre, il récuse l'apprentissage par punition. Son critère de base pour l'apprentissage étant l'augmentation de la fréquence d'un comportement, il appelle renforçateur « négatif » tout stimulus dont la *suppression* conduit à une telle augmentation. J.-F. L. N.

négation

n.f. (angl. Negation)

Mode qui inverse la valeur assertive de l'énoncé, de la phrase.

D'un point de vue logique, énoncer une phrase négative comme « Pierre ne viendra pas » équivaut à affirmer la fausseté de la phrase affirmative correspondante. C'est comme si l'on disait : « Il est faux que Pierre viendra. »

En psychologie, il existe des données expérimentales qui tendent à montrer que cette inversion n'est pas sans conséquence cognitive, la négation étant une « attitude » qui est non dominante, alors que l'affirmation est dominante.

Les énoncés négatifs sont souvent traités — toutes choses étant égales par ailleurs et, en particulier, lorsque la longueur de la phrase est contrôlée — moins vite que les énoncés affirmatifs. Dans la situation très abondamment utilisée dans de multiples recherches expérimentales où un sujet doit répondre par « oui » ou par « non » à des questions et où son temps de réponse (par exemple par pression sur un bouton) est enregistré, on observe de façon systématique que la réponse « non » est moins rapide que la réponse « oui ». Ces résultats sont, eux aussi, observés toutes choses étant égales par ailleurs. Enfin, dans les réponses à des questionnaires, à des enquêtes, à des référendums, etc., on constate généralement que le « oui » est privilégié par rapport au « non ».

Il n'existe donc pas de symétrie psychologique entre la négation et l'affirmation. On rend parfois compte de façon métaphorique de ces faits en supposant que le système cognitif contient une sorte d'« inverseur » sur les valeurs oui/non. Cet inverseur est normalement en position « oui », ce qui conduit à un fonctionnement rapide des traitements affirmatifs. Dans le cas de la négation, le système doit à un certain moment changer la position de l'inverseur, ce qui complique et allonge les traitements.
J.-F. L. N.

→ assertion.

négativisme

n.m. (angl. Negativism)

Comportement de refus et d'opposition aux suggestions et sollicitations d'autrui.

C'est parfois une disposition permanente à s'opposer à toutes les demandes de l'entourage. Le patient résiste à la fois passivement (en refusant une main tendue, par exemple) et activement, se raidissant quand on veut le mouvoir, serrant les maxillaires lorsqu'on cherche à l'alimenter (oppositionnisme). Le refus de parler, le mutisme en font aussi partie. Ces manifestations oppositionnelles se rencontrent surtout dans certains délires de persécution, dans le repli autistique et dans la forme catatonique de la schizophrénie, les attitudes figées en position fœtale ou hiératique représentant souvent les aspects les plus extrêmes de ce négativisme. J. P.

→ opposition (crise d').

négociation

n.f. (angl. Negociation)

Procédure de discussion dont l'objectif est d'aboutir à un accord acceptable par les personnes concernées par un différend.

DIFFÉRENTS CONTEXTES DE LA NÉGOCIATION

Bien qu'aucune classification systématique n'ait encore été proposée, il paraît indispensable d'évoquer les différentes situations sociales où peut prendre place une négociation car ces différents contextes orientent différemment le déroulement de la négociation. On peut tout d'abord distinguer les négociations selon l'importance du différend. Une négociation peut s'instaurer dans le cadre d'un conflit d'intérêts, comme la négociation commerciale, où les objectifs du vendeur et de l'acheteur sont opposés, mais ce n'est pas tout à fait la même négociation que celle qui s'établit dans une situation de conflit ouvert (conflits du travail et conflits sociaux, conflits raciaux ou internationaux). Une seconde distinction apparaît selon le statut des parties en conflit : on ne peut décrire dans les mêmes termes la négociation qui s'instaure entre deux personnes en désaccord (négociation interpersonnelle), celle qui prend place dans le cadre de conflits entre organisations (négociation interorganisationnelle entre syndicats et employeurs, entre groupes de pression et gouvernement, désaccord commercial ou financier entre deux entreprises) et enfin la négociation entre deux pays dans le cadre d'une guerre, d'un conflit armé ou économique (négociation internationale).

Les enjeux de ces trois types de négociation, le nombre des personnes impliquées sont si différents que l'on ne peut assimiler ces procédures les unes aux autres. Enfin, une dernière distinction est à faire selon le statut des négociateurs, selon qu'ils ne représentent qu'eux-mêmes ou qu'ils sont des représentants officiels mandatés par leur organisation. On parlera alors de négociation informelle ou formelle.

LES DIMENSIONS DE LA NÉGOCIATION

La négociation est une situation dont l'analyse scientifique est délicate et les connaissances à son sujet sont encore fragmentaires. L'observation de négociations réelles dans des contextes variés est souvent difficile en raison du huis clos ; l'expérimentation en laboratoire suppose le recours à des simulations de négociation mettant en jeu, de manière plus ou moins approchée selon les options des chercheurs, les mêmes processus que ceux de la réalité sociale, ce qui n'est pas aisément réalisable.

Parmi tous les types de négociation évoqués précédemment, la négociation formelle conflictuelle est celui qui offre la plus grande richesse de processus. R.E. Walton et McKersie (1965) ont identifié, à partir de négociations dans les conflits du travail aux États-Unis, quatre dimensions présentes dans ces négociations : la dimension distributive, la dimension intégrative, la structuration des attitudes et la négociation intraorganisationnelle.

1. La *dimension distributive* désigne les aspects les plus conflictuels de la négociation, liés à la répartition de ressources rares comme le pouvoir, les symboles de statut, les ressources économiques. Chacune des parties cherche à gagner le maximum et ce que l'une gagne, l'autre le perd. Font partie de cette dimension toutes les tactiques de pression visant à modifier les préférences de l'adversaire, à déplacer son point de résistance (le point en deçà ou au-delà duquel une partie ne peut accepter un accord) et ainsi à obtenir des concessions de sa part.

2. La *dimension intégrative* désigne les activités liées à des buts qui ne sont pas diamétralement opposés pour les parties. Il s'agit non plus d'une ressource à répartir mais d'un problème à résoudre ensemble ; les intérêts ne sont plus opposés mais partiellement identiques : les parties peuvent toutes gagner quelque chose à se mettre d'accord. S'il y a toujours une part de dimension intégrative dans toute négociation, il convient de souligner qu'il y a une forte contamination de la dimension distributive sur celle-ci : la résolution du problème ne se fait pas dans la sérénité, et que la part de la dimension intégrative varie d'un type de négociation à l'autre.
3. La *structuration des attitudes* se réfère à l'établissement de relations particulières entre les parties, à l'ensemble des processus interpersonnels socioémotionnels positifs ou négatifs entre négociateurs.
4. La *négociation au sein de chaque organisation.* Il existe, à côté de la négociation entre les parties en conflit, une négociation intraorganisationnelle. Les négociateurs de chaque camp sont l'objet d'un conflit de rôles, le lieu d'exigences contradictoires : défendre la position de leur propre camp, se montrer intransigeant vis-à-vis de l'adversaire, ne pas céder, mais aussi parvenir à un accord avec lui, donc se montrer flexibles, abandonner certaines des positions de départ. Ce conflit de rôles intrapersonnel se résout le plus souvent par le biais d'une négociation qui s'établit au sein de chaque organisation et qui vise à abaisser le niveau d'exigences des mandants afin de permettre un accord.

Les processus en jeu

Les phases de la négociation

Le déroulement d'une négociation formelle passe par trois phases essentielles :
1. l'inventaire des points de litige est l'étape initiale, caractérisée par de longs monologues où chacun rappelle ses positions, fait le procès de l'adversaire ; c'est une phase d'agressivité interorganisationnelle et de grande rigidité ;
2. la reconnaissance des possibilités d'accord désigne une longue phase où chacune des délégations cherche, à la limite de la rupture, à amener l'autre à céder, à savoir jusqu'où aller dans l'intransigeance ; flexibilité, sinuosité du parcours, retours en arrière caractérisent cette étape ; certaines négociations s'arrêtent là en cas d'impasse ;
3. le dénouement est la phase ultime, de courte durée et qui apparaît lorsque les négociateurs sentent qu'ils ont atteint un point de non-retour ; l'accord finit par se faire dans une atmosphère de crise, tard dans la nuit, au cours d'une séance marathon, souvent épuisante pour les négociateurs.

Les processus proprement dits

On entend par processus les tactiques utilisées par les négociateurs au cours de la négociation.
Les processus de coercition. On regroupe dans cette catégorie toutes les tactiques de pression sur l'adversaire qui ont pour objectif de le contraindre à faire des concessions. La tactique de coercition la plus étudiée est la menace : dissuader l'adversaire de persister dans son intransigeance en lui prédisant des sanctions, des dommages qu'on lui infligera. Elle est souvent proférée avec l'espoir qu'on n'aura pas à la mettre à exécution, car elle est souvent coûteuse pour celui qui la formule. C'est tout le problème de sa crédibilité qui est ainsi posé : pour être efficace, une menace doit être crédible. Les études expérimentales tendent à montrer que l'utilisation de la menace nuit à la négociation, abaisse la qualité de l'accord et sa probabilité d'occurrence. La menace est une tactique risquée car elle peut entraîner la négociation dans une escalade de menaces. Les autres processus de coercition sont le bluff, la surenchère, la rupture, les comportements agressifs vis-à-vis des négociateurs adverses.
Les processus de dissimulation. L'une des armes très utilisées par les négociateurs est la dissimulation : posséder une information capitale sur l'adversaire (sur ses objectifs, sa stratégie, sa volonté d'aboutir ou non, son point de résistance), c'est posséder un pouvoir sur lui. Chacun va donc chercher à cacher son jeu le plus longtemps possible. On peut dire que la négociation a pour fonction de permettre cette crise d'information progressive et réciproque, toujours sujette à caution. Les travaux expérimentaux viennent confirmer l'effet de l'information concernant l'adversaire sur l'issue de la négociation : la coopération entre négociateurs est plus grande lorsqu'ils possèdent cette information et que la dissimulation s'estompe.
Les processus de persuasion. Négocier, c'est argumenter, chercher à convaincre l'adversaire qu'il a tort, que l'on a raison, que l'on ne peut avoir d'autre position que celle que l'on défend. L'argumentation sera d'autant plus nourrie que l'on voudra montrer sa détermination. Rares sont les résultats expérimentaux dans ce domaine.
Les processus d'accommodation. Ce sont ceux qui conduisent au rapprochement des positions, à l'accord. On y relève la remise à plus tard des questions épineuses, les relations positives entre négociateurs adverses, le jeu des propositions et contre-propositions, le rythme des concessions. Les travaux expérimentaux confirment le rôle positif des bonnes relations interpersonnelles entre négociateurs mais donnent des résultats contradictoires concernant la meilleure stratégie en matière de concessions : est-ce une stratégie « dure » avec exigences élevées au départ et concessions faibles et peu fréquentes ou une stratégie « douce » avec exigences de départ élevées et concessions faibles mais fréquentes ? Les résultats varient selon les pressions temporelles mais dans des directions différentes selon les auteurs.

La négociation, situation originale

Il est impossible de faire ici l'inventaire de tous les facteurs qui ont un effet sur les processus et sur les résultats de la négociation. On mentionnera d'abord les caractéristiques antérieures à l'instauration de la négociation : les différences culturelles entre les parties (plus les cultures sont différentes, plus la négociation risque d'être longue et difficile), les attitudes entre les parties (plus elles sont négatives, plus la négociation sera difficile), les relations internes aux parties (les désaccords internes favorisent l'issue de la négociation), le statut des négociateurs (les leaders font plus de concessions, sont plus flexibles que les délégués parce que le mandat est moins pesant pour eux), la personnalité des négociateurs (les négociateurs peu anxieux sont plus coopératifs que les anxieux).

Certaines caractéristiques propres à la négociation ont aussi un effet sur son issue : la négociation formelle est plus difficile, plus longue, connaît plus d'échecs que la négociation informelle en raison du poids du mandat sur les négociateurs ; la possession d'informations sur l'adversaire est bénéfique à l'issue de la négociation ; les pressions temporelles ont des effets contradictoires selon les recherches.

Ainsi, la négociation est une situation de groupe complexe et sous la dépendance de nombreux facteurs, qui peuvent se conjuguer pour en orienter le déroulement. C'est pourquoi elle reste encore peu élucidée par les psychologues sociaux. Mais elle apparaît cependant comme une situation de groupe tout à fait spécifique. La négociation qui aboutit à un accord s'établit, se déroule et se conclut parce que les parties et les négociateurs ont la volonté délibérée de parvenir à un accord. La négociation est un *jeu social formel* dont l'objectif n'est pas de provoquer une modification des conceptions et attitudes des protagonistes, mais d'aboutir à la rédaction d'un protocole acceptable par les acteurs concernés, de parvenir à un accord formel sur un texte. Cela suppose des concessions qui n'impliquent pas l'adhésion profonde de celui qui les formule, mais sa certitude qu'elles sont indispensables à l'accord, objectif du groupe de négociation. Ainsi, la négociation est une situation de groupe originale : ni la simple résolution d'un problème, ni une situation de persuasion, ni une pure situation de conflit, mais les trois à la fois. H. T.

Bibliographie

Dupont, C., 1986, *la Négociation. Conduite, théorie, applications*, Paris, Dalloz.
Touzard, H., 1977, *la Médiation et la résolution des conflits*, Paris, P.U.F.
Walder, F., 1958, *Saint Germain ou la négociation*, Paris, Gallimard.
Walton, R.E., et McKersie, 1965, *A Behavioral Theory of Labor Negotiations*, New York, McGraw Hill.

néguentropie

n.f.

Entropie négative. R. L.

→ entropie, information.

N.E.M.I. ou nouvelle échelle métrique de l'intelligence

(angl. New Metric Intelligence Scale)

Épreuve établie par R. Zazzo, M. Gilly et M. Verba-Rad dans la tradition de l'échelle métrique de l'intelligence de A. Binet et T. Simon et destinée à mesurer l'âge mental des enfants de 3 à 12 ans.

Les auteurs ont conservé les épreuves du Binet-Simon qui se sont révélées satisfaisantes à l'expérience. Ils ont amélioré la standardisation de certaines d'entre elles, en ont écarté d'autres et ont ajouté, aux âges supérieurs, des épreuves empruntées à d'autres tests d'intelligence. L'étalonnage a été réalisé sur des enfants français de 3, 4, 5, 6, 7, 8, 9, 10, 12 et 14 ans. L'échelle compte au total 74 items couvrant cette marge d'âge. Les réussites donnent lieu à l'attribution de points (1 point par item). Le nombre moyen de points obtenu par un groupe d'âge donné définit l'âge mental correspondant. Par exemple, les enfants de 8 ans examinés pour l'étalonnage de l'épreuve ont obtenu en moyenne 32 points. Un enfant examiné ultérieurement qui obtiendra 32 points sera considéré comme ayant 8 ans d'âge mental, quel que soit son âge réel. Le nombre de points correspondant aux âges mentaux se situant entre deux groupes d'âge examinés pour l'étalonnage est défini par interpolation. M. R.

BIBLIOGRAPHIE

Zazzo, R., Gilly, M., et Verba-Rad, M., 1966, *Nouvelle Échelle métrique de l'intelligence*, Paris, Armand Colin.

néoassociationnisme

n.m. (angl. Neo-Associationism)

→ associationnisme.

néoconnexionnisme

n.m. (angl. Neo-Connectionism)

Famille de théories et de techniques basées sur l'idée de la circulation d'information dans des réseaux d'unités élémentaires liées par des connexions, simulant des réseaux de neurones.

Plusieurs désignations, à peu près équivalentes dans leur sens général, sont utilisées pour désigner cette famille : on peut parler de « connexionnisme » ou, mieux, de « néoconnexionnisme ». On emploie aussi les expressions de « réseaux neuro-mimétiques », de « réseaux de neurones formels » ou même de « réseaux de neurones ». On trouve enfin des désignations d'orientation plus technique comme « réseaux d'automates ». Ces variations reflètent, dans une large mesure, les différences de finalités régnant en ce domaine.

Tout un courant est d'orientation essentiellement technologique. Il comprend d'abord les recherches en physique, électronique et informatique portant sur les ordinateurs parallèles : dans ceux-ci, les unités de base sont des processeurs réels, qui échangent des informations entre eux. Mais en fait la plupart des réalisations technologiques de type néoconnexionniste du début des années 1990 utilisent des ordinateurs classiques, sériels, et se contentent donc de simuler le parallélisme. Les unités de base n'y sont pas des processeurs réels (et pas davantage des neurones réels). Ces réalisations visent à résoudre des problèmes d'ingénieur, essentiellement pratiques, et sont ainsi des logiciels d'un nouveau type, qui sont notamment capables de certaines formes d'apprentissage à partir d'exemples. Pour ce courant, la préoccupation de simulation du fonctionnement neuronal ou psychologique est inexistante ou accessoire, le critère principal étant l'efficacité.

Un deuxième courant, orienté vers la recherche, vise à reproduire de façon simplifiée la structure du fonctionnement nerveux par le moyen de « neurones formels », c'est-à-dire d'automates simples reliés par des connexions. Bien que les différences entre un « neurone formel » et un neurone réel soient considérables, ce courant a des préoccupations réalistes. Il vise parfois à établir un pont direct entre la neurobiologie et les sciences de l'ordinateur en ignorant complètement la psychologie.

Enfin, un dernier courant recherche plutôt la construction de modèles capables de reproduire des comportements ou des activités psychologiques complexes sans que la vérité neurobiologique de la simulation soit prioritairement recherchée.

Les recherches néoconnexionnistes reconnaissent comme une de leurs premières sources principales le perceptron*, mis au point dans les années 1950 par Rosenblatt et dont l'objectif était de parvenir à des performances en reconnaissance de formes et en apprentissage simulant celles de l'homme. Ce type de modèle et de réalisation, qui constitue le connexionnisme de la première manière, avait été par la suite sévèrement critiqué par deux informaticiens, M. Minsky et S. Papert, et considéré comme sans valeur. Il a été dans les années 1980 ressuscité et a revécu sous une forme perfectionnée dans les travaux néoconnexionnistes.

Le fonctionnement de tous ces modèles repose sur l'existence d'un réseau d'unités élémentaires (ou « cellules ») reliées entre elles par des connexions dotées d'un « poids ». Chaque cellule reçoit de l'information à son entrée et fournit de l'information à sa sortie. La transformation, ou transition, élémentaire qu'elle réalise est des plus simples : elle prend l'une des valeurs 0 ou 1 ou des valeurs intermédiaires ; en d'autres termes, elle est inactive ou devient activée en fonction de la somme des valeurs qui se présentent à son entrée et elle fournit alors une valeur de sortie.

Ce fonctionnement est décrit formellement sous sa forme générale par l'opération :

$$Y_i = f(\Sigma_j W_{ij} x_j - T_i),$$

où x_j représente la valeur des entrées, Y_i la valeur des sorties ; W_{ij} représente les poids des interconnexions ; T_i représente les valeurs de seuil ; f est la fonction de réponse, qui est égale à 1 pour des arguments positifs élevés, à 0 pour des arguments négatifs élevés et qui varie de façon monotone entre 0 et 1 pour des valeurs intermédiaires. On admet que cette formule donne une description qui retient l'essentiel de ce qui se passe dans un neurone : c'est pourquoi on parle de « neurone formel ». Le fonctionnement d'un système de ce type est réalisé grâce à la structure de réseau, c'est-à-dire au fonctionnement d'une multiplicité de cellules. D'une certaine façon, ce qui se passe dans une cellule a peu d'importance, mais ce qui se passe dans l'ensemble du réseau est essentiel. Le réseau est généralement organisé en couches ; dans les modèles réalisés jusqu'ici, elles sont en très petit nombre.

Les échanges entre cellules s'y font de diverses façons selon les modèles. La capacité d'apprentissage est assurée par la modification du poids des connexions et réglée par la mise en œuvre d'un algorithme dont la formule peut varier ; l'un des plus connus est l'algorithme de rétropropagation.

Son principe remonte aux travaux du psychophysiologiste D. Hebb dans les années 1940 : il consiste en la modification en retour des poids des connexions en fonction de la discordance entre la réponse qui sort du réseau et la sortie telle qu'elle est « souhaitée » par l'état de l'environnement ou, sous sa forme la plus simple, entre la réussite ou l'échec de cette réponse. Les relations entre ces modèles et la psychologie consistent souvent à montrer que telle version de modèle néoconnexionniste est capable, si on lui fournit des conditions expérimentales, de reproduire des données réellement observées dans ces conditions. On sait que cette sorte de validation a posteriori est insuffisante et qu'il convient de pouvoir faire des prédictions dont on montrera ensuite qu'elles se réalisent chez des sujets et, s'il est possible, mieux qu'avec des modèles concurrents.

Dans certaines formes de modèles néoconnexionnistes, tout se passe comme si les représentations habituelles de la psychologie cognitive, dites « symboliques » — par exemple celles qui correspondent à des classes d'objets, comme la représentation des pommes —, se dissolvaient dans le fonctionnement instantané du réseau ; celui-ci est alors dépourvu de représentation permanente.

La discussion entre cette façon de voir, qui met l'accent sur les activités « subsymboliques », et les modèles de type symbolique ainsi que les tentatives de synthèse entre les modèles néo-connexionnistes et les autres demeurent, au début des années 1990, complètement ouvertes. J.-F. L. N.

→ activation, associationnisme, réseau.

BIBLIOGRAPHIE

Andler et al., 1987, « Une nouvelle science de l'esprit. Intelligence artificielle, sciences cognitives, nature du cerveau », *le Débat*, n° 47.

McClelland, J.L., Rumelhart, D. E., et Hinton, G. E., 1987, « Une nouvelle approche de la cognition : le connexionnisme, *le Débat*, n° 47, pp. 45-64.

McClelland, J.L., Rumelhart, D. E. et the PDP Research Group, 1986, *Parallel Distributed Processing. Exploration in the Microstructure of Cognition*, vol. 2 : *Psychological and Biological Models*, Cambridge, Massachusetts, MIT Press.

Memmi, D., et Visetti, Y.M., Eds., 1990, « les Modèles connexionnistes », *Intellectica*, n° 9-10.

Rumelhart, D.E., McClelland, J. L., et the PDP Research Group, 1986, *Parallel Distributed Processing. Exploration in the Microstructure of Cognition*, vol. 1 : *Foundations*, Cambridge, Massachusetts, MIT Press.

néologisme

n.m. (angl. Neologism)

PSYCHIATR. **Mot nouveau et bizarre créé par un malade mental délirant ou schizophrène par déformation, substitution, inversion ou création de phonèmes.**

Ces mots, à la différence des néologismes construits pour compléter une langue (scientifique, argotique, technique, etc.) afin d'améliorer les échanges dans un milieu donné, sont fabriqués de toutes pièces à l'usage exclusif du malade à partir des déviations phonémiques les plus diverses. Ils n'ont parfois aucun sens, participant à de purs jeux verbaux ; ils en ont, d'autres fois, mais seulement pour le patient, qui peut les créer pour qu'ils ne soient pas identifiés par d'autres personnes, ou dans la « logique » plus ou moins cohérente et ésotérique de son discours délirant.

Certains néologismes, moins bizarres, sont utilisés par des aphasiques sensoriels (C. Wernicke) afin de remplacer des mots oubliés. J. P.

néonatologie

n.f. (angl. Neonatology)

Discipline , principalement médicale, qui étudie les problèmes du nouveau-né à sa naissance et dans les premiers jours de la vie.

La néonatologie est une partie de la pédiatrie. Les services de néonatologie sont consacrés au traitement des nouveau-nés, en particulier des prématurés. Ils comprennent les unités de soins thérapeutiques intensifs, dans lesquelles les prématurés sont gardés jusqu'à ce qu'ils atteignent un poids proche du poids moyen des nouveau-nés à terme et jusqu'à liquidation des troubles périnataux.

Ces services hospitaliers, auxquels il a été naguère reproché de n'offrir au bébé qu'un environnement pauvre comparativement aux environnements familiaux, se sont peu à peu aménagés et enrichis. Ils se sont aussi ouverts aux parents pour prévenir les effets d'une séparation qui paraissait produire des effets nocifs à long terme. H. B.

néotique

adj. (angl. Neotic)

ÉTHOL. **Se dit d'une réponse ou d'une conduite suscitée par la nouveauté du ou des stimulus ou de la situation.**

L'exploration d'un milieu inconnu, l'immobilisation en situation nouvelle anxiogène sont des conduites néotiques. J. M.

néphalisme

n.f. (angl. Teetotalism)

Abstention totale et inconditionnelle de toute boisson alcoolique.

Mot d'origine grecque qui se réfère, dans l'Antiquité, à des groupes abstinents qui célébraient leur comportement par de grandes fêtes, les néphalides. L'adjectif néphaliste est souvent utilisé pour désigner en France les groupes d'anciens buveurs Croix Bleue, Croix d'Or, Vie Libre, les associations de la FITPAT, les Alcooliques Anonymes, etc. P. F.

néphaliste

adj. et n. (angl. Teetotalist)

Se dit d'une personne qui pratique le néphalisme. P. F.

nerf

n. m. (angl. Nerve)

Cordon blanchâtre conducteur des messages nerveux (potentiel d'action) du cerveau aux différents organes et réciproquement. R. L.

nerf auditif

(angl. Auditory Nerve)

Huitième paire des nerfs crâniens, formée de deux contingents de fibres, les fibres d'origine vestibulaire et les fibres d'origine cochléaire.

Le nerf auditif assume les fonctions d'audition et d'équilibration. C. B.

nerf optique

(angl. Optical Nerve)

Deuxième paire des nerfs crâniens, allant de la rétine au chiasma optique.

Ce nerf est formé par l'ensemble des axones des cellules ganglionnaires de la rétine qui convergent sur la papille pour sortir du globe oculaire. Il compte environ 1 million de fibres pour chaque œil. C. B.

nerveux central (système)

(angl. Central Nervous System)

Ensemble formé par l'encéphale et par la moelle, comprenant des cellules nerveuses (ou neurones), des cellules gliales (névroglie) et les enveloppes méningées (pie-mère, arachnoïde et dure-mère).

Le système nerveux central (S.N.C.) est formé de substance grise (corps cellulaires des neurones) et de substance blanche (axones des neurones), le tout étant compris dans un tissu de soutien, la névroglie. Les grandes unités morphologiques et fonctionnelles du système nerveux central sont le cerveau, le cervelet, le tronc cérébral et la moelle épinière.

ONTOGENÈSE DU SYSTÈME NERVEUX CENTRAL

Quels sont le développement et l'involution du système nerveux central au cours de la vie d'un individu ?

DÉVELOPPEMENT MORPHOLOGIQUE

Chez les Vertébrés, le système nerveux s'individualise à partir d'un épaississement du feuillet le plus superficiel de l'embryon, l'ectoderme. Cet épaississement, ou plaque neurale, se creuse en une gouttière neurale puis se ferme en un tube neural. La fusion des bords de la gouttière commence dans la région cervicale et progresse vers l'avant et vers l'arrière. La partie postérieure du tube neural donnera la moelle. La partie antérieure, futur encéphale, s'épaissit et présente bientôt trois renflements, ou vésicules, le prosencéphale, le mésencéphale et le rhombencéphale. Par suite de vitesses d'accroissement localement différentes, l'encéphale se courbe entre le prosencéphale et le mésencéphale et entre le rhombencéphale et la moelle. En même temps, les vésicules primitives se divisent, à l'exception du mésencéphale, et forment un encéphale à cinq vésicules : le télencéphale, le diencéphale, le mésencéphale, le métencéphale et le myélencéphale. La cavité du tube neural subsiste sous forme des ventricules dans l'encéphale et du canal de l'épendyme dans la moelle.

DÉVELOPPEMENT CYTOLOGIQUE

Les cellules germinales des neurones, ou neuroblastes, forment une couche autour de la lumière du tube neural. Dans la profondeur de cette couche, certaines d'entre elles synthétisent l'A.D.N. chromosomal nécessaire à leur duplication puis migrent vers la lumière du tube où elles se divisent. Les cellules filles retournent dans la profondeur de la couche germinale et peuvent reprendre un nouveau cycle. Certaines, toutefois, se disposent hors de la couche germinale : ce sont les neurones, incapables désormais de se diviser et qui ne subiront plus qu'une différenciation morphologique et fonctionnelle. Les prolongements axoniques apparaissent en premier à partir d'un cône de croissance qui émet et rétracte des filopodes comme pour explorer des points d'ancrage possibles. Les dendrites apparaîtront plus tard. Au terme de leur développement, certains axones vont se myéliniser ; des cellules de Schwann, pour les nerfs périphériques, ou des cellules gliales, dans le système nerveux central, s'enroulent autour de segments de l'axone et, éliminant leur cytoplasme, forment des manchons de myéline séparés par les nœuds de Ranvier. Parallèlement à l'accroissement des prolongements axodendritiques, les neurones modifient leur activité biochimique et deviennent fonctionnels. Ces changements sont corrélatifs de l'apparition de la substance de Nissl dans le corps cellulaire.

FACTEURS GÉNÉTIQUES ET ÉPIGÉNÉTIQUES DU DÉVELOPPEMENT NERVEUX

Différenciation et prolifération reposent sur un programme génétique. Mais l'activation du génome dépend de facteurs de milieu, internes ou externes (hormones, neurotransmetteurs, facteurs nutritifs ou de croissance, expérience sensorielle, interaction sociale, etc.). Cette détermination par des facteurs de milieu, désignée sous le nom d'épigenèse, est manifeste à certaines étapes du développement de catégories définies de neurones. Elle intervient par exemple dans la régulation du nombre des neurones. L'effectif terminal résulte certes d'une multiplication mais aussi d'une mort cellulaire : selon les structures et les espèces, 30 à 75 % des neurones formés disparaissent. La survie dépend de la possibilité qu'ont les neurones d'établir des connexions avec des cibles appropriées. Ceux qui ont une variété de cibles potentielles sont moins affectés que ceux qui n'ont qu'une cible possible, tels les motoneurones. Ces derniers meurent en grand nombre si l'on détruit, par ablation, les cibles musculaires auxquelles ils sont destinés ; ils survivent au contraire en proportion accrue si l'on augmente la disponibilité des organes cibles en greffant, par exemple, un membre surnuméraire. Cette susceptibilité aux influences de la périphérie n'existe que durant une période critique, limitée dans le temps. Au-delà, le nombre de neurones reste sensiblement constant tout au long de la vie de l'individu.

La formation de connexions spécifiques des neurones avec des cibles déterminées est la condition d'une constance structurale du système nerveux et d'une fixité relative du répertoire comportemental des individus d'une même espèce. L'interaction entre facteurs génétiques et épigénétiques intervient là encore : la diversité des expériences individuelles peut retentir, lors de périodes critiques, sur le détail d'une connectivité dont le plan général est hérité.

PHILOGENÈSE DU SYSTÈME NERVEUX CENTRAL

Quelle est l'évolution du système nerveux central dans et entre les divers embranchements du règne animal ?

INVERTÉBRÉS

Dans les embranchements où il existe, le S.N.C. présente une grande variété d'organisation et de complexité. Chez les Métazoaires primitifs, les éponges ne semblent pas en posséder. Il apparaît chez les Cœlentérés. Les neurones sont disséminés dans les tissus. Leurs prolongements, où axones et dendrites ne sont pas différenciés, se croisent et s'articulent en réseaux aux mailles plus ou moins lâches. Les jonctions n'ont pas encore la polarisation directionnelle des synapses typiques ; elles conduisent dans les deux sens des influx nerveux typiques. L'activité des réseaux est entraînée par les récepteurs sensoriels mais aussi, et cette propriété se retrouvera dans tous les embranchements, par l'activité spontanée de certains neurones. Bien que primitif, ce système nerveux présente des capacités d'intégration : les neurones exigent une activation répétitive pour émettre une réponse.

Chez les Plathelminthes, vers plats à symétrie bilatérale, le réseau disparaît au profit d'une concentration du tissu nerveux en une masse cérébrale à laquelle sont reliés plusieurs cordons longitudinaux, réunis par des commissures et se ramifiant en plexus dans les couches musculaires. Dans les concentrations nerveuses, les corps cellulaires se disposent à la périphérie ; au centre, les fibres et leurs ramifications enchevêtrées forment un neuropile où prennent place la majorité des interactions synaptiques, qui se font généralement avec un sens de transmission préférentiel. Cette organisation se retrouvera dans la plupart des embranchements d'Invertébrés.

Chez les vers annélides, les cordons nerveux longitudinaux, initialement pairs, se rapprochent ; les commissures se réduisent ou disparaissent et il se forme, sous le tube digestif, une chaîne nerveuse ventrale. Cette disposition prévaudra chez tous les Invertébrés à symétrie bilatérale, qualifiés de ce fait d'hyponeuriens. Selon les classes, les corps cellulaires des neurones sont disséminés tout au long du cordon ventral (vers de terre) ou se rassemblent en ganglions individualisés, un par métamère ou segment (sangsues). Dans leurs déplacements, les animaux à symétrie bilatérale progressent vers l'avant ; c'est à cette extrémité, où se font les premières explorations de l'environnement, que les récepteurs sensoriels sont les plus abondants. En conséquence, c'est dans cette même région céphalique que l'on observe la plus grande concentration de cellules nerveuses. Cette encéphalisation du S.N.C., déjà ébauchée chez les Plathelminthes, se poursuit chez les Annélides. L'activité des ganglions segmentaires, bien que pouvant s'exercer de façon autonome, sera coordonnée par les contrôles inhibiteurs du cerveau.

L'encéphalisation atteint des degrés divers chez les Annélides, les Arthropodes et les Mollusques. Elle est maximale chez les Céphalopodes chez lesquels les ganglions du S.N.C. sont concentrés en un cerveau massif entourant l'œsophage et où l'on peut distinguer plus de 30 lobes distincts. Ce progrès de l'encéphalisation s'accompagne d'un accroissement de la masse nerveuse, essentiellement dû à la multiplication des neurones d'association. Il en résulte des traitements élaborés de l'information nerveuse et de comportements qui, du point de vue de la discrimination sensorielle, notamment visuelle, de la mémoire, de l'apprentissage et des réactions affectives, ne seront surpassés que dans les classes les plus évoluées des Vertébrés.

VERTÉBRÉS

Chez ces derniers, contrairement à ce que l'on observe chez les Invertébrés, le S.N.C. est en position dorsale, d'où leur qualificatif d'épineuriens. Dans les concentrations neuroniques, la substance grise, qui contient les corps cellulaires, est généralement interne, la substance blanche des fibres, externe ; les synapses, au lieu d'être confinées au neuropile, se font en plus grande abondance sur les corps cellulaires.

Chez tous les Vertébrés, le S.N.C. se compose d'un encéphale et d'une moelle. Dans la moelle, où l'organisation métamérique reste apparente, les neurones sensitifs se situent dorsalement, les neurones moteurs ventralement. Dans toutes les classes, la moelle a l'aspect d'un cordon rectiligne ; les seules variations sont dues aux différences des masses musculaires contrôlées par les motoneurones : c'est le cas des renflements observés au niveau des métamères cervicaux et lombaires qui commandent la musculature des membres.

L'évolution de l'encéphale est marquée par le développement inégal des cinq vésicules primitives. À l'arrière, le *myélencéphale* contrôle la musculature céphalique et viscérale et intègre les messages sensoriels végétatifs et vestibulaires. Son volume, important chez les Poissons, en relation avec la commande des branchies, ne s'accroît guère dans les autres classes. Au niveau du *métencéphale*, l'évolution la plus notable concerne sa partie dorsale, le cervelet. Ses éléments les plus anciens (archicervelet), contrôlant l'équilibration, sont bien développés chez les Poissons. Des structures plus récentes (paléocervelet), impliquées dans la régulation du tonus et de la posture, apparaîtront chez les Reptiles et les Oiseaux. Une nouvelle extension se fait chez les Mammifères avec les hémisphères cérébelleux, étroitement liés au néocortex cérébral ; ce néocervelet joue un rôle majeur dans la programmation et l'apprentissage des mouvements. Le *mésencéphale* est la structure cérébrale la plus développée des Vertébrés inférieurs. Dorsalement, le tectum, centre d'intégration de messages principalement visuels mais aussi vestibulaires, auditifs et somesthésiques, forme les lobes bijumeaux et, chez les Mammifères, les tubercules quadrijumeaux. La partie basale, ou tegmentum, contrôle la prise des informations en orientant l'organisme vers les stimulus nouveaux ou saillants grâce à l'action de la formation réticulaire sur la musculature axiale et à celle des noyaux oculomoteurs. Le *diencéphale*, par ailleurs à l'origine de la rétine et des voies optiques, comprend trois divisions qui se développent inégalement. Ventralement, l'hypothalamus est présent dans toutes les classes et participe à la régulation du milieu intérieur et des comportements fondamentaux. Il connaîtra un perfectionnement notable chez les Vertébrés terrestres et surtout chez les homéothermes, en relation avec les exigences accrues de l'homéostasie.

Dans sa partie médiane, le thalamus, relais essentiellement visuel chez les Vertébrés inférieurs, s'enrichit progressivement des projections d'autres modalités. Son développement sera maximal chez les Mammifères, où il assurera des liaisons abondantes avec le néocortex sensoriel et moteur. La partie dorsale, ou épithalamus, présente, des Agnathes aux Reptiles, divers organes à fonctions visuelles. Chez les Oiseaux et Mammifères ne subsistent que l'épiphyse et les relais olfactifs des ganglions habénulaires.

Le *télencéphale* est, de toutes les vésicules, celle qui connaît les développements les plus importants dans la série des Vertébrés. Très tôt, le télencéphale bourgeonne deux évaginations latérales, les hémisphères cérébraux. Ils s'étendent d'abord rostralement et donnent les bulbes olfactifs qui, chez les Vertébrés les plus primitifs, constituent la majeure partie du télencéphale. Avec les régions adjacentes, spécialement la paroi ventromédiane des hémisphères (septum), ils forment un cerveau olfactif. Chez les Vertébrés supérieurs, cette région se réduit et assume des fonctions non olfactives, liées à la régulation de l'humeur, de l'affectivité et de la mémoire. À partir des Reptiles, la paroi des hémisphères s'accroît. Les neurones proches des ventricules latéraux prolifèrent. Chez les Oiseaux, ils migrent préférentiellement vers le plancher et forment le striatum, centre d'intégration sensorielle et surtout motrice, hypertrophié dans cette classe. Chez les Mammifères, la migration se fait surtout vers la voûte (pallium ou cortex). Rudimentaire encore chez les Reptiles, le cortex primitif est composé de trois ensembles : le cortex olfactif (paléocortex), le cortex limbique (archicortex) et, entre les deux, faible masse peu différenciée, le cortex général. C'est ce cortex général qui, chez les Mammifères, connaît une extension considérable et constitue le néocortex. Repoussant en profondeur l'archi- et le paléocortex, le néocortex va recouvrir tout le cerveau, jusqu'au mésencéphale, en une série de lobes dont la surface augmentera encore, par plissement, chez les Mammifères supérieurs. Cette formation, abandonnant aux structures plus anciennes la régulation du milieu intérieur et de la motricité automatiques interviendra essentiellement dans l'intégration sensorielle, les corrélations sensori-motrices, l'organisation temporelle et la planification des comportements. J.-M. C.

BIBLIOGRAPHIE

Bowsher, D., 1980, *Introduction à l'anatomie et à la physiologie du système nerveux*, Paris, Medsi.

Changeux, J.-P., 1983, *l'Homme neuronal*, Paris, Fayard.

Hubel, D., et alii, 1978, *le Cerveau*, « Pour la Science », Paris, Belin.

nerveux périphérique (système)

(angl. Peripheral Nervous System)

Partie extra-axiale du système nerveux comprenant les nerfs et les ganglions.

Le système nerveux périphérique se subdivise en deux composantes : 1. une composante somatique, formée par les nerfs rachidiens (ou spinaux), issus de la moelle épinière, et les nerfs crâniens, d'origine encéphalique ; les 31 paires de nerfs rachidiens sont mixtes ; ils innervent le tronc et les membres ; les 12 paires de nerfs crâniens sont moteurs, sensitifs ou mixtes ; ils innervent la tête ; 2. une composante végétative comprenant une chaîne ganglionnaire latérovertébrale rattachée à la moelle épinière par des rameaux communicants, des ganglions prévisceraux et viscéraux, faisant partie de plexus, et des nerfs végétatifs ; ceux-ci sont issus de la chaîne ganglionnaire ou bien émergent directement des régions rostrale (tronc cérébral) et caudale (moelle sacrée) du système nerveux central.

En se fondant sur des données anatomiques et fonctionnelles, on distingue, d'une part, le système orthosympathique (ou simplement sympathique), constitué de la chaîne ganglionnaire latérovertébrale et des nerfs qui s'en détachent, et, d'autre part, le système parasympathique, lui-même subdivisé en parasympathique crânien et parasympathique sacré. Le système nerveux végétatif innerve tous les viscères. En général, chaque organe reçoit une double innervation, ortho- et parasympathique, dont les actions opposées concourent à un fonctionnement harmonieux, c'est-à-dire adapté aux conditions du milieu. G. S.

BIBLIOGRAPHIE

Lazorthes, G., 1955 ; nouv. éd., 1981, *le Système nerveux périphérique*, Paris, Masson.

nerveux végétatif (système)

(angl. Autonomic Nervous System)

Partie du système nerveux qui règle de manière automatique le fonctionnement des viscères et des glandes, contribuant à maintenir la constance du milieu intérieur.

Il comprend le système sympathique, ou orthosympathique, généralement excitateur, et le système parasympathique, à dominante freinatrice. Ces systèmes se distinguent par leur disposition anatomique, la nature des neuromédiateurs libérés à leurs synapses et leur rôle, fonctionnellement opposé. (→ Figure 1, p 499.)

Le volet efférent est caractérisé par l'existence d'un relais ganglionnaire cholinergique entre le neurone préganglionnaire et le neurone viscéromoteur, dont la fibre amyélinique appartient au groupe C. Le neurotransmetteur est l'acétylcholine pour le système parasympathique, et, en général, la noradrénaline pour l'orthosympathique ; la plupart des viscères reçoivent une innervation double.

Le système orthosympathique émerge du tronc cérébral et de la moelle ; dans ce cas, les axones font relais dans la chaîne ganglionnaire paravertébrale. Il innerve la musculature lisse des vaisseaux, les glandes sudoripares, les viscères et les glandes médullo-surrénales (son effet est l'augmentation de l'adrénaline circulante). Il commande la dilatation des pupilles et des bronches et une modification de la circulation sanguine au bénéfice des muscles.

Le parasympathique émerge du tronc cérébral et de la moelle sacrée ; les relais entre les neurones pré- et postganglionnaires ont lieu dans des ganglions situés près des viscères. Au niveau crânien, il innerve les glandes salivaires et lacrymales, l'iris et, par le nerf vague, principal effecteur du système parasympathique, les viscères thoraco-abdominaux. Au niveau spinal, il innerve le gros intestin et le système uro-génital. Il commande la constriction des pupilles et des bronches, une augmentation des sécrétions et des contractions digestives et un ralentissement du cœur.

Les centres effecteurs sont échelonnés à tous les niveaux du système nerveux central. L'hypothalamus est la structure essentielle de coordination des activités végétatives. Il contrôle en particulier les activités neuro-endocriniennes par l'axe hypothalamo-hypophysaire. Les structures centrales comprennent en outre la formation réticulée (avec notamment les centres cardio-pulmonaires), le système limbique et le cortex moteur.

Le système sympathique, ou orthosympathique, entraîne des effets plus généralisés et plus prolongés ; il contrôle également, sur le plan comportemental, les réactions d'alarme et de défense. Le système parasympathique contrôle des effets plus localisés. Les fonctions commandées par le système nerveux végétatif (fréquence cardiaque, pression artérielle, diamètre pupillaire, sudation palmaire, etc.) constituent pour le psychologue des « indices » comportementaux témoins de la mobilisation énergétique de l'organisme, de la vigilance, des émotions. (→ Figure 1.) J.-C. R.

neurasthénie

n.f. (angl. Neurasthenia)

État chronique de fatigabilité et d'asthénie physique et intellectuelle évoluant sur un fond dépressif et s'accompagnant généralement de doléances somatiques nombreuses.

Décrite par le neurologue nord-américain G.M. Beard, en 1880, la neurasthénie fut à la mode dans les classes dirigeantes du monde occidental jusqu'au milieu de la première moitié du xxe siècle. Elle recouvrait le plus souvent des formes mineures de dépression* avec dystonie* neurovégétative et plaintes corporelles pouvant faire penser à une maladie véritablement organique (du type des « dépressions masquées » actuelles). Récemment, Y. Lecrubier a individualisé un syndrome similaire qui serait lié à un hypofonctionnement dopaminergique, la thymasthénie. J. P.

neurasthénique

adj. et n. (angl. Neurasthenic)

Se dit d'une personne qui souffre de neurasthénie.

◇ adj. **Relatif à la neurasthénie.** R. L.

neuro-endocrinologie

n.f. (angl. Neuroendocrinology)

Étude de l'interaction entre le système nerveux central et le système endocrinien.

Le cerveau est un organe sécrétoire dont les hormones régulent les fonctions endocrines de l'organisme, en particulier par l'intermédiaire de l'axe hypothalamo-hypophyso-surrénalien. Certaines de ces hormones sont des neurotransmetteurs dits « peptidergiques », intervenant dans le fonctionnement du cerveau parallèlement aux classiques neurotransmetteurs mono-

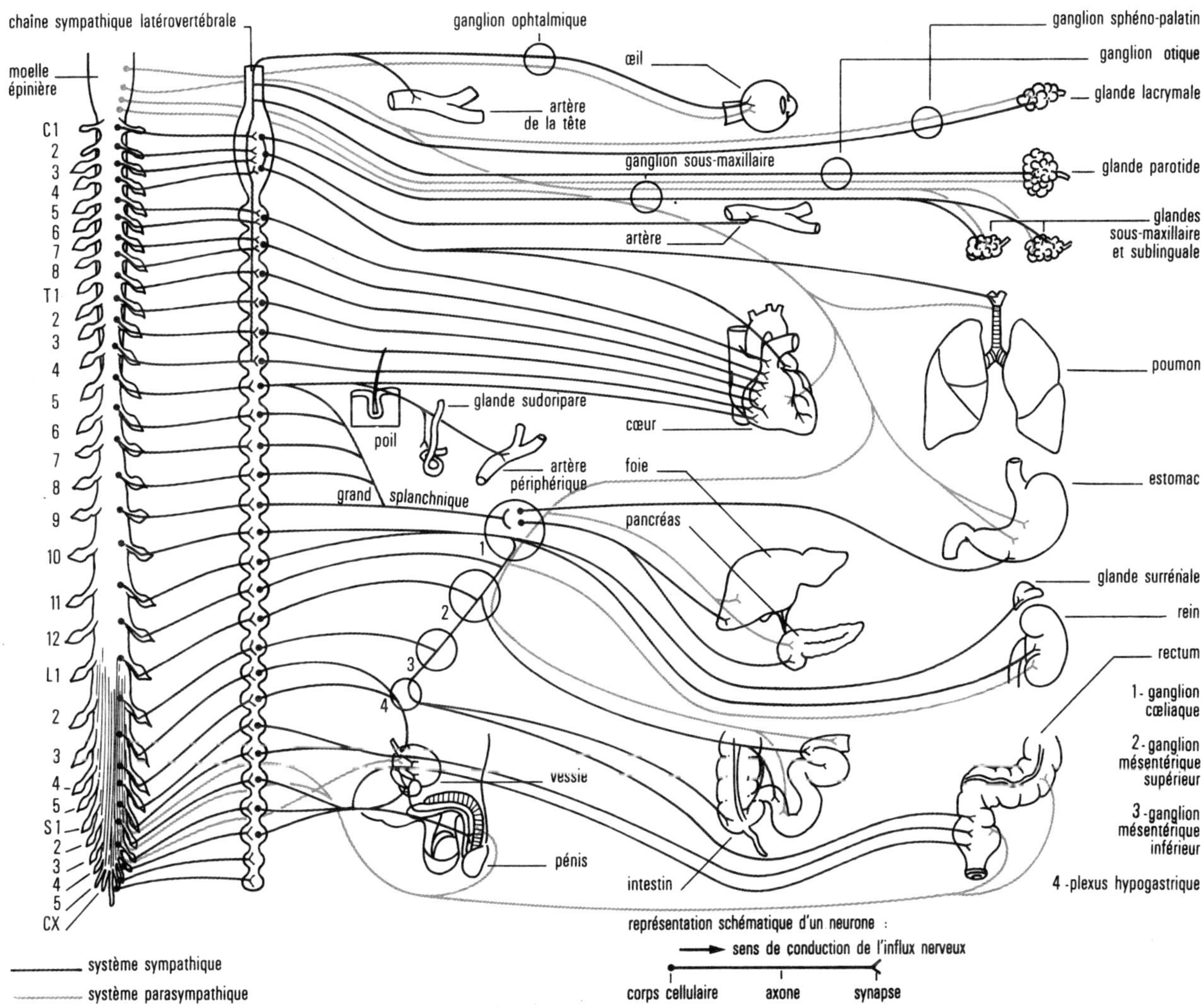

Figure 1. Organisation des effecteurs du système nerveux végétatif.
Les viscères reçoivent généralement une double innervation, orthosympathique et parasympathique. Les neurones de commande du système sympathique (en trait noir) sont situés dans la substance grise de la moelle. Ils font relais dans la chaîne paravertébrale ou dans des ganglions de plexus ; les fibres postganglionnaires innervent les différents viscères (à droite). Le système parasympathique (en trait gris) comporte un contingent crânien, comprenant notamment le nerf vague, et un contingent sacré.

aminergiques. Au cours de la vie fœtale, les hormones circulantes affectent la maturation du cerveau. La psycho-endocrinologie, branche de la neuro-endocrinologie, s'est intéressée au fonctionnement endocrinien dans les états psychiques normaux et pathologiques. Ainsi, le phénomène de stress* correspond à une hyperactivité de l'axe hypothalamo-médullo-surrénalien. En psychopathologie et pour ne parler que des états dépressifs, plusieurs affections endocriniennes peuvent être à l'origine de la pathologie dépressive, en particulier les maladies de la thyroïde (hypothyroïdie ou hyperthyroïdie); des corticosurrénales (maladie d'Addison ou au contraire hypercorticisme [Cushing]); de la parathyroïde (hypo- ou hyperparathyroïdie); de l'hypophyse (insuffisance antéhypophysaire globale, hypersécrétion de GH [hormone de croissance]). On connaît aussi la fréquence des dépressions chez la femme au moment de la ménopause, lorsque diminuent les taux de certaines hormones sexuelles.

Cependant, ce sont surtout les dosages de diverses hormones qui ont retenu l'attention des psychiatres à la recherche de marqueurs biologiques de la maladie mentale. Ces dosages peuvent être statiques, simple mesure du taux plasmatique du cortisol par exemple, ou dynamiques. Dans le second cas, la réaction d'un axe endocrinien à une perturbation artificielle est analysée: l'étude de l'évolution du taux plasmatique de cortisol après administration de 1 mg de dexaméthasone constitue ainsi le test de freination par la dexaméthasone, ou DST (Dexamethasone Suppression Test). Ce test, destiné à l'origine à mettre en évidence l'hypercorticisme du syndrome de Cushing, a suscité un engouement considérable lorsqu'on s'est aperçu que les patients déprimés étaient non suppresseurs, c'est-à-dire que, chez eux, contrairement aux sujets normaux, dits «suppresseurs», le taux de cortisol ne s'abaissait pas après administration de dexaméthasone, corticoïde de synthèse qui normalement freine la sécrétion de cortisol par un effet de rétrocontrôle. Le DST a été administré à plus de douze mille patients dans les publications des dix dernières années. Malheureusement, il est apparu inutilisable en pratique comme marqueur biologique d'un état dépressif. Peu spécifique, il est positif (non-suppression) dans de nombreux autres troubles mentaux et dans les situations de stress. Cependant, le DST a eu le mérite d'objectiver un dérèglement de l'axe hypothalamo-hypophyso-surrénalien dans la dépression, que l'on continue à explorer à d'autres niveaux. S'il n'existe pas aujourd'hui de marqueurs biologiques des grands syndromes psychiatriques, la neuro-endocrinologie accumule des indices de dysfonctionnement correspondant peut-être plus à des comportements pathologiques transnosographiques qu'aux syndromes répertoriés par la tradition clinique. A. G.

neuroéthologie

n.f. (angl. Neuroethology)

Branche de l'éthologie qui recherche les mécanismes nerveux du comportement.

Terme introduit dans la littérature éthologique vers 1970, la neuroéthologie visait à regrouper tous les travaux des neurophysiologistes qui tentaient d'associer l'activité de neurones ou de réseaux à des fonctions comportementales précises. Aujourd'hui, la neuroéthologie cherche également à faire converger, pour l'étude d'un même objet comportemental, les approches éthologique et neurophysiologique. R. C.

→ éthologie, objectivisme.

BIBLIOGRAPHIE

Campan, R. (Ed.), 1986, «Neuroéthologie», *Comportements*, n° 5, Paris, Éd. du C.N.R.S.

Ewert, J.P., 1980, *Neuroethology: An Introduction to the Neurophysiological Fundamentals of Behavior*, Berlin, Heidelberg, New York, Springer Vlg.

neuroleptique

n.m. (angl. Neuroleptic)

Substance psychotrope utilisée dans le traitement des psychoses.

L'efficacité des neuroleptiques est à l'origine d'un profond changement dans l'abord des psychoses chroniques, en particulier de la schizophrénie. Jusqu'à l'application du premier d'entre eux, la chlorpromazine, aux psychoses aiguës et subaiguës par J. Delay et P. Deniker, en 1952, on ne disposait d'aucun médicament efficace dans les troubles mentaux majeurs. Le recours aux neuroleptiques a permis de faire sortir des institutions psychiatriques de nombreux patients condamnés à rester hospitalisés pendant toute leur existence. Il a rendu possible le développement de traitements complémentaires axés sur les aspects psychothérapiques et sociaux de la psychiatrie.

La découverte des neuroleptiques

La chlorpromazine, chef de file des phénothiazines, fut d'abord utilisée par H. Laborit (1952) en anesthésie. Associée à la prométhazine et à la péthidine, elle induisait une «hibernation artificielle». Dans une série de communications présentées en 1952, Delay et Deniker à Sainte-Anne ont précisé les indications de la chlorpromazine dans les différents types de psychoses, soulignant l'effet de ce médicament sur l'agitation des malades: un syndrome d'indifférence psychomotrice accompagne l'action du neuroleptique. Il fallut attendre le colloque international sur les neuroleptiques en 1955 pour voir confirmer l'efficacité des neuroleptiques dans les psychoses chroniques en même temps que l'on mettait en évidence leur capacité à induire un syndrome réversible d'allure parkinsonienne. La chlorpromazine reste le produit de référence, notamment aux États-Unis, même si de multiples composés ont été proposés ultérieurement.

Le terme *neuroleptique* a été utilisé par Delay et Deniker en 1957, rappelant les effets neurologiques extrapyramidaux de ces composés, qui, pour certains auteurs, étaient proportionnels à leurs propriétés antipsychotiques. Les Américains emploient parfois les termes *antipsychotique* et *tranquillisant majeur*. À partir des premières observations avec la chlorpromazine et un autre neuroleptique, la réserpine, 5 critères d'activité neuroleptique ont été proposés:

1. induction d'un état d'indifférence psychomotrice;
2. efficacité sur l'excitation et l'agitation;
3. réduction progressive des troubles psychotiques aigus et chroniques;
4. apparition de syndromes extrapyramidaux (correspondant à la catalepsie chez l'animal) et végétatifs;
5. effets dominants sur les structures cérébrales sous-corticales.

Ces critères restent valides même si l'état d'indifférence psychomotrice est surtout le propre de certains neuroleptiques sédatifs.

Mécanismes biochimiques en jeu

Les neuroleptiques ont tous un effet bloquant sur les récepteurs dopaminergiques postsynaptiques, ce qui explique leurs effets secondaires réversibles de type parkinsonien et a conduit à l'hypothèse d'un hyperfonctionnement dopaminergique dans la schizophrénie. Ce phénomène de blocage peut être visualisé à l'aide de neuroleptiques marqués par des substances radioactives. Des techniques d'imagerie comme la caméra à positons (PET Scan) permettent de mesurer chez l'Homme la fixation et la défixation au niveau des récepteurs dopaminergiques centraux. Le blocage des récepteurs entraîne une augmentation compensatrice de la synthèse de dopamine suivie d'une décroissance des taux de dopamine traduisant un phénomène de tolérance. Mais la tolérance existe au niveau du système striatal et non au niveau du cortex frontal. L'activité antipsychotique du neuroleptique pourrait résulter de son effet mésocortical, les effets secondaires neurologiques provenant de son action sur le système strié. La caméra à positons a montré que les neuroleptiques ne restaient fixés sur leurs sites de liaison que quelques jours alors que leur effet clinique persiste plusieurs semaines dans la schizophrénie. Les récepteurs dopaminergiques ne constitueraient donc pas les seules structures en cause. La caméra à positons n'a d'ailleurs pas clairement montré à ce jour chez des malades avant traitement l'augmentation du nombre de récepteurs prévue par l'hypothèse d'un hyperfonctionnement dopaminergique dans la schizophrénie.

Classification des neuroleptiques

La première classification utilisée fut celle de P. Lambert et L. Révol (1960) : neuroleptiques « sédatifs », donnant généralement des effets secondaires neurovégétatifs (somnolence, asthénie, hypotension) ; neuroleptiques « incisifs », réduisant les signes productifs des psychoses (hallucinations, délire) et donnant des effets secondaires neurologiques.

Deniker (1977) différencie sur le plan clinique un pôle sédatif et un pôle désinhibiteur entre lesquels se répartissent les familles chimiques de neuroleptiques.

Classification des neuroleptiques
(P. Deniker et D. Ginestet, 1973)

Neuroleptiques

action sédative ∧ / action désinhibitrice ∨		
	phénothiazines aliphatiques : lévomépromazine, chlorpromazine, etc.	sédatifs
	réserpiniques	sédatifs
	dibenzoazépines : clothiapine, loxapine, etc.	sédatifs et moyens
	composés indoliques : oxypertine, molindone	moyens
	phénothiazines pipéridinées : thioridazine, propériciazine, pipothiazine, etc.	moyens et polyvalents
	halopéridol	polyvalent
	phénothiazines pipérazinées : fluphénazine, thiopropérazine, trifluopérazine, prochlorpérazine	polyvalents et désinhibiteurs
	tripéridol	désinhibiteur
	benzamides : sulpiride, etc.	désinhibiteurs
	carpipramine	désinhibitrice

Dans cette classification, les neuroleptiques polyvalents sont à la fois sédatifs, antipsychotiques (au niveau du délire notamment) et désinhibiteurs. Le terme *désinhibiteur* fait surtout référence à l'inhibition chez les patients d'une fonction émotionnelle, conduisant à l'émoussement des affects. Certains neuroleptiques auraient un effet désinhibiteur à faible dose et antidélirant à forte dose (sulpiride, fluphénazine, pimozide, trifluopérazine, thiopropérazine, pipothiazine).

Sur le plan chimique, on distingue plusieurs familles de neuroleptiques.

Phénothiazines

La chlorpromazine en est le chef de file. À la suite de ce premier neuroleptique, d'autres phénothiazines ont été découvertes. Elles appartiennent à 3 groupes chimiques selon que leur chaîne latérale :

1. est rectiligne (aliphatique) : ce sous-groupe comprend la chlorpromazine et d'autres composés sédatifs (lévomépromazine, acépromazine), qui entraînent peu d'effets secondaires neurologiques mais des troubles neurovégétatifs (hypotension) ;
2. porte un noyau pipérazиné : la prochlorpérazine (utilisée d'abord comme antinauséeux) a été le premier de ces composés souvent puissamment désinhibiteurs (thiopropérazine) mais induisant nombre d'effets neurologiques parkinsoniens ou dyskinétiques qu'il faut corriger ;
3. porte un noyau pipéridiné : la thioridazine est la plus typique de ces substances, produisant au contraire peu d'effets secondaires neurologiques mais dont l'activité antipsychotique est moindre.

Réserpiniques

Ces composés, abandonnés en raison de leur mauvaise tolérance, ont marqué une étape de l'histoire des neuroleptiques. La réserpine, alcaloïde extrait de la racine d'un arbuste indien, la *Rauwolfia serpentina*, avait d'abord été utilisée comme antihypertenseur d'action centrale. N. Kline (1954) mit en évidence son effet sédatif. À forte dose, la réserpine possède une authentique action neuroleptique.

Butyrophénones

L'halopéridol, chef de file de cette famille, est dérivé d'un analgésique (dextromoramide, ou Palfium). Il est particulièrement efficace sur les hallucinations mais induit des effets secondaires parkinsoniens et dyskinétiques que les auteurs belges, qui ont découvert l'halopéridol (1959), ont appelés « neuro-dysleptiques ». D'autres butyrophénones ont été synthétisées mais l'halopéridol demeure un neuroleptique de référence.

Nouveaux neuroleptiques

Alors que, dans les douze premières années, tous les neuroleptiques développés appartenaient aux trois familles précédentes, de nouvelles structures ont été découvertes ultérieurement. Ce sont :

– les *composés tricycliques.* Comme les phénothiazines, ils comportent un noyau tricyclique ; à cette classe appartiennent notamment les thioxanthènes (par exemple le flupenthixol) et les dibenzooxazépines (par exemple la loxapine) ;

– les *diphényl-pipéridines,* proches des butyrophénones (pimozide) ;

– les *benzamides substitués,* dont le chef de file est le sulpiride. Comme le sulpiride, un composé récent de cette classe, l'amisulpride, possède une action désinhibitrice à faible dose ;

– les *composés mixtes.* La carpipramine associe une structure tricyclique de type antidépresseur et une structure apparentée aux butyrophénones ; sur le plan clinique, ce composé original possède un effet désinhibiteur dans les schizophrénies déficitaires et dans divers états asthéniques. L'amoxapine, que l'on peut classer aussi parmi les tricycliques, appartient au groupe des dibenzooxazépines. Elle possède à la fois des propriétés antidépressives et neuroleptiques ;

– les *dibenzodiazépines.* La clozapine, qui a la particularité de causer peu d'effets secondaires extrapyramidaux, mais a été à l'origine d'agranulocytoses, apparaît efficace dans les schizophrénies ayant résisté à d'autres neuroleptiques.

Neuroleptiques-retard

Les composés possédant une fonction alcool primaire, comme la fluphénazine ou l'halopéridol, peuvent se lier à un acide gras pour former un ester, dont l'hydrolyse progressive entraîne un effet de plusieurs semaines après administration intramusculaire : ce sont les neuroleptiques à action prolongée.

Indications des neuroleptiques

Les neuroleptiques sont utilisés dans les psychoses aiguës, notamment les bouffées délirantes et les accès maniaques ; les psychoses chroniques, schizophréniques ou non ; elles ont d'autres indications ; mélancolies anxieuses ou délirantes (en association avec les antidépresseurs), certains troubles obsessionnels-compulsifs, certains états psychosomatiques, les algies rebelles, les chorées.

Effets secondaires des neuroleptiques

Les *effets neurologiques* consistent en un syndrome extrapyramidal initial (dyskinésie, akinésie, syndrome akinéto-hypertonique, hyperkinésie), qui peut être contrôlé par les médicaments antiparkinsoniens, et en dyskinésies tardives, d'évolution aléatoire. Ces dyskinésies tardives, mouvements anormaux touchant essentiellement la sphère bucco-linguale, apparaissent généralement après des années de traitement. Leur fréquence réelle n'est pas connue. Comme il n'existe actuellement aucun traitement de cette complication parfois irréversible, les indications du traitement neuroleptique doivent être soigneusement pesées. Les dyskinésies tardives ont donné lieu aux États-Unis à des poursuites judiciaires à la suite de prescriptions jugées abusives.

Les *effets neurovégétatifs* comprennent des effets cardio-vasculaires (notamment tachycardie et hypotension avec les phénothiazines sédatives), digestifs (bouche sèche, constipation), métaboliques (prise de poids, espacement des règles, troubles sexuels), allergiques et toxiques relativement rares (photosensibilité et ictère sous chlorpromazine). On redoute surtout le syndrome malin, rare mais grave, qui consiste en une fièvre accompagnée d'une altération des fonctions neurovégétatives, d'évolution parfois mortelle.

À côté de ces effets secondaires organiques, on citera les effets psychiques, qu'il est parfois difficile de différencier des symptômes amenant le traitement: indifférence, réactivation anxieuse par un composé désinhibiteur, dépression de l'humeur, rarement états confusionnels.

Si les premiers neuroleptiques (chlorpromazine, halopéridol notamment) restent largement prescrits, de nouveaux composés semblent sur le point de passer dans le domaine clinique après une longue période sans mise sur le marché. À la suite de la clozapine, ces nouveaux composés, sans être toujours des bloqueurs aussi puissants des récepteurs dopaminergiques, agissent de manière équilibrée sur les divers types de récepteurs (en particulier D1 et D2) et sur le système sérotoninergique. En même temps sont étudiées des substances antipsychotiques intervenant au niveau des neurotransmetteurs situés en amont des voies dopaminergiques, comme le glutamate ou la glycine: elles pourraient bientôt constituer une alternative aux neuroleptiques traditionnels. A. G.

BIBLIOGRAPHIE

Colonna, L., Petit, M., et Lépine, J.-P., 1989, *Dictionnaire des neuroleptiques*, Paris, J.-D. Baillère.

neurolinguistique

n.f. (angl. Neurolinguistics)

Approche expérimentale de la connaissance de l'organisation fonctionnelle du langage par l'étude de ses dysfonctionnements observés lorsque s'installent des lésions corticales affectant l'un ou l'autre hémisphère cérébral.

Comme telle, la neurolinguistique s'est constituée tout à fait récemment. Cette approche expérimentale tient précisément aux désorganisations différentielles qui marquent l'exercice de la fonction langagière selon la latéralisation de la lésion, selon sa localisation intrahémisphérique, selon son type, focal ou diffus. Ainsi, la pathologie offre à la réflexion un champ privilégié dans cette mesure précisément où les destructions affectant les structures nerveuses désorganisent de manière élective les composants de la fonction globale telle qu'elle s'actualise à l'état normal. Cette décomposition structurale livre un ensemble d'observations et de faits sur lesquels s'édifient des modèles théoriques conçus pour rendre compte de l'organisation fonctionnelle du langage. Telle était la perspective que considérait H. Hécaen dans son *Introduction à la neuropsychologie* lorsqu'il définissait la neurolinguistique « en tant qu'étude des troubles des réalisations verbales survenant après lésions corticales ».

Quels sont les objets de la neurolinguistique ?

Cette perspective s'inscrit directement dans la suite de cette remarque déjà ancienne (1956) et toujours d'actualité que R. Jakobson présentait dans le second chapitre des *Fundamentals of Language*, intitulé de manière caractéristique « Deux aspects du langage et deux types d'aphasie »: « L'application de critères purement linguistiques à l'interprétation et à la classification des faits d'aphasie peut contribuer de façon substantielle à la science du langage et des troubles du langage, à condition que les linguistes procèdent avec autant de soin et de précaution quand ils abordent les données psychologiques et neurologiques que lorsqu'ils se cantonnent dans leur domaine habituel. » Cette recommandation est devenue la règle, et la neurolinguistique s'est développée et constituée en un ensemble multiple de recherches dont témoignent le nombre et la qualité des travaux qui se sont inscrits dans cette approche méthodologique où le projet théorique se trouve confronté immédiatement à son critère de validation par l'analyse des corpus de performances réelles observées chez les malades.

Et Jakobson citait alors, comme l'illustration de cette convergence interdisciplinaire et fructueuse, le travail de T. Alajouanine, A. Ombredane et M. Durand consacré à l'analyse des caractéristiques articulatoires que revêtent les sons du langage chez les malades aphasiques moteurs. Les difficultés de l'articulation leur semblaient traduire trois ordres de phénomènes qui entachaient la réalisation des phonèmes, soit isolément, et conférant alors un caractère dominant au déficit, parétique (c'est-à-dire déficient du point de vue musculaire), dystonique ou apraxique, soit en conjonction. Trois des caractéristiques du trouble se trouvaient ainsi décrites en des termes neurologiques recoupant des observations phonétiques instrumentales. La composante parétique décrit la difficulté de l'initiation des mouvements articulatoires; la composante dystonique décrit ces phénomènes qui voient l'amplitude du mouvement des articulateurs et leur coordination dans le temps perdre leur précision par hypertonie, par rigidité posturale et/ou par syncinésie; la composante apraxique décrit un niveau du trouble qui affecte la configuration des mouvements bucco-linguo-faciaux intervenant dans l'exécution des gestes du système bucco-phonatoire au cours de la parole. Les auteurs ne se prononçaient pas sur la nature phonologique du déficit. Mais ils soulignaient que les formes de ces déficits exprimaient des analogies avec certaines étapes de la maturation progressive de l'élocution chez l'enfant. Retenant l'hypothèse d'une involution liée à la lésion, ils dénommèrent *syndrome de désintégration phonétique* ces troubles affectant l'articulation des sons du langage tels qu'ils sont observés dans l'aphasie motrice.

Quelques repères historiques

Si la neuropsychologie, dans sa méthode, à défaut de son nom, est effectivement née avec les travaux fondateurs de P. Broca au début des années 1860, c'est la neurolinguistique qui fournit, pour ainsi dire normalement, les premiers éléments d'une conception moderne de la représentation fonctionnelle du langage dans le cerveau au cours des polémiques extrêmement véhémentes opposant, devant la Société d'anthropologie de Paris, tenants d'une thèse globaliste — défendue par P. Flourens et se refusant à accepter que les fonctions de l'esprit, le langage notamment, puissent être liées électivement à des parties différentes du cerveau — et tenants d'une thèse localisatrice des fonctions supérieures et spécifiquement du langage.

Flourens reconnaissait que le cerveau, « siège de l'intelligence, est un ». Mais, regardant ce que nous dénommons maintenant souvent du terme de « fonctions supérieures », il se refusait catégoriquement à envisager l'hypothèse que chacune d'entre elles puisse constituer un ensemble individualisé et représenté comme tel dans le cerveau. « En effet, non seulement toutes les perceptions, toutes les volitions, toutes les facultés intellectuelles résident exclusivement dans cet organe, mais toutes ces facultés y occupent la même place. Dès qu'une disparaît par la lésion d'un point donné du cerveau proprement dit, toutes disparaissent; dès qu'une revient par la guérison de ce point, toutes reviennent. La faculté de percevoir et de vouloir ne constitue donc qu'une faculté essentiellement une; et cette faculté une réside essentiellement dans un seul organe. » Il considérait que chacune des parties du cerveau était indispensable à l'exercice de toutes les fonctions supérieures. L'intelligence, ou l'esprit, ou l'âme, pour reprendre les termes qui alors recouvraient la même réalité, était le fruit de cet exercice global. La lésion de l'une des parties du cerveau ne pouvait détruire cette intelligence puisqu'elle est unitaire en son principe, chacune des autres parties suppléant celle qui se trouve défaillante, sauf lorsqu'un effet de masse, jouant en tout ou rien, détruisait une étendue et une quantité importante du cerveau, excluant ainsi la possibilité de suppléance. « Les lobes cérébraux concourant effectivement, par tout leur ensemble, à l'exercice de leurs fonctions, il est tout naturel que l'une de leurs parties puisse suppléer à l'autre, que l'intelligence puisse subsister ou se perdre par chacune d'elles. Et voilà bien plus de raisons qu'il n'en fallait pour placer tour à tour le siège de cette intelligence dans chacune de ses parties, et pour l'exclure, ensuite, tour à tour de chacune. L'erreur consistait à ne considérer que tels ou tels points donnés des lobes cérébraux, quand il fallait les considérer tous. »

Dans le cadre de ces discussions, lors de la séance du 18 avril 1861, devant cette Société d'anthropologie de Paris, Broca présentait la description clinique d'un malade, Leborgne, mort cinq jours auparavant après avoir vécu les vingt et une dernières années de sa vie dans ce service de l'hôpital Bicêtre dont alors il se trouvait être en charge. Ce malade, au cours de ses dernières années, ne pouvait plus prononcer que la seule syllabe « tan », en général répétée itérativement, dans des contours mélodiques extrêmement modulés. Après une description minutieuse de l'état macroscopique du cerveau, Broca concluait : « Tout permet donc de croire que, dans le cas actuel, la lésion du lobe frontal a été la cause de la perte de la parole » et il précisait même que « le foyer principal et le siège primitif du ramollissement (responsable de la disparition du langage articulé) sont la partie moyenne du lobe frontal de l'hémisphère gauche ». Ainsi se trouvait posée la corrélation anatomo-clinique entre l'« aphémie », nom retenu par Broca pour dénommer ce déficit de l'articulation du langage, et la lésion détruisant le pied de la troisième circonvolution frontale gauche.

Quelques mois plus tard, lors de la séance du mois d'août 1861, dans une longue communication intitulée *Remarques sur le siège de la faculté du langage articulé, suivies d'une observation d'aphémie (perte de la parole)*, Broca exposait les préoccupations théoriques qui le guidaient. Le langage en tant que faculté générale, consistant à « établir une relation constante entre une idée et un signe », se distingue des facultés linguistiques particulières qui utilisent tel ou tel support, « son, geste, figure ou tracé quelconques », pour assurer la réalisation du langage, tel le langage articulé, qui utilise le son de la voix pour constituer les signes autorisant le langage oral. Ainsi, la conception d'ensemble d'un système fonctionnel du langage se trouvait affirmée en des termes qui sont toujours reconnus et qui fondent la rupture avec la conception globaliste alors dominante : tout langage suppose un *système émetteur* (les muscles de l'appareil effecteur, les nerfs qui les activent et la zone du cortex cérébral qui les contrôle), un *système récepteur* et, pour reprendre les mots mêmes de Broca, cette « partie du cerveau qui tient sous sa dépendance la faculté générale du langage ». Le renversement théorique auquel il venait d'être procédé de la sorte allait conduire à une généralisation du principe de la localisation cérébrale pour les fonctions supérieures et à l'avènement du courant associationniste.

Le malade Leborgne ne disposait que de ces deux seuls phonèmes /t/ et /ã/. Il les utilisait pour tous les propos. Mais il les articulait de manière tout à fait pertinente du point de vue acoustique. Il est fréquemment observé, dans les aphasies motrices, une telle réduction à un seul item lexical disponible. Cet « énoncé récurrent », comme le dénomme J. H. Jackson, traduirait le « dernier acte linguistique en cours » au moment où la lésion s'est installée. Cet énoncé, bien articulé, le serait par l'hémisphère droit, l'hémisphère cérébral non dominant pour le langage et responsable de la dimension « automatique » du langage. Conservé dans la mémoire sans avoir été transformé en une « proposition », il n'en contient aucune et n'est alors qu'un support pour les variations mélodiques qui expriment les adaptations du malade dans ses efforts de communication à chaque instant.

Présenter ne serait-ce qu'un panorama, même sommaire, des travaux neurolinguistiques actuels déborderait largement le cadre de cet article. Un seul exemple, concernant le même objet que celui qui, avec Broca, vit de fait la naissance de la neurolinguistique, montrera tout à la fois la permanence des schèmes méthodologiques et l'approfondissement théorique lié à l'évolution des recherches linguistiques qui se fondent sur les disponibilités technologiques nouvelles.

Une analyse phonétique et phonologique

W. Ziegler et D. von Kramon (1986) ont cherché à mesurer les effets de coarticulation respectivement chez un malade aphasique moteur et quatre sujets normaux de langue allemande. Les effets de coarticulation traduisent la distribution des traits phonologiques sur les segments discrets (phonèmes) à travers les frontières syllabiques, voire les frontières de mots, dans le langage réel. Les indices phonologiques n'ont jamais pu être identifiés de manière complète à des segments discrets ni au niveau acoustique ni dans la composition des mouvements de l'appareil bucco-phonateur. Ainsi, dans une structure dissyllabique [voyelle-consonne-voyelle], la fréquence des deux premiers formants de la voyelle préconsonantique reflète une influence anticipatrice liée à la réalisation de la voyelle postconsonantique.

La fréquence du point d'amplitude spectrale maximale, qui caractérise le spectre de l'explosion dans les consonnes occlusives, varie systématiquement en fonction de l'environnement vocalique dans lequel il se trouve réalisé. Chez les malades aphasiques moteurs qui manifestent des difficultés dans la maîtrise des caractéristiques phonologiques, comment peuvent varier les ajustements fins qui président dans les domaines spectral et temporel à la réalisation des chaînes phonémiques ? Une telle question, dans un cadre conceptuel et instrumental renouvelé, recouvre le même ordre de problèmes abordés par Alajouanine et coll. Le corpus d'observation portait sur la répétition à 30 reprises pour chacune des 4 voyelles [V = {i, y, u, a}] de l'item vecteur /gətVt ə/, où le schwa (ə) constituait le sommet des deux voyelles initiale et finale. Les fréquences formantiques du schwa se prêtent le mieux pour traquer les précurseurs acoustiques de la voyelle cible [V] et mesurer plus aisément les influences qu'elle impose. L'influence de cette voyelle cible sur les consonnes occlusives [g, t] est appréciée le plus aisément par l'indice des modifications affectant l'explosion et le bruit d'aspiration qui les constituent. Si toutes les performances des sujets normaux de contrôle ont pu être retenues, par contre, chez le malade aphasique, seuls 10 exemplaires pour {i, y, u} et 9 exemplaires pour {a} purent être retenus et analysés, toutes les autres performances furent écartées pour « déviations phonologiques évidentes », la réalisation articulatoire étant trop éloignée de la cible recherchée pour permettre les analyses. L'analyse acoustique visait à apprécier les effets coarticulatoires dans le noyau de l'item, dans la séquence phonémique /tV/, mesurant l'influence de la voyelle cible [V] sur la consonne occlusive prévocalique et sur le schwa précédant cette consonne. Le continuum sonore a été soumis à un filtrage passe-bas à 4,5 kHz, puis digitalisé à la fréquence de 10 kHz ; 5 fenêtres temporelles, définies dans ce continuum, servaient de base à la recherche des effets de coarticulation : 25,6 ms prises dans la partie centrale du schwa, 12,8 ms prises dans la partie initiale de l'explosion du /t/, les 12,8 ms immédiatement consécutives, 25,6 ms dans la partie initiale de la voyelle [V], 25,6 ms dans la partie centrale de cette même voyelle.

Chez les 4 sujets normaux, la durée de l'occlusion pour la consonne occlusive /t/ en position non accentuée prévocalique, telle qu'elle peut être mesurée entre la zone d'amortissement caractéristique de la voyelle précédente et le moment d'explosion survenant au relâchement de l'occlusion, avait une valeur moyenne de 91 ms, avec un écart-type très concentré puisque 90% des données se situaient dans la fourchette 80-120 ms. Par contre, pour le malade, la durée de cette période était toujours supérieure à 100 ms, avec une moyenne de 220 ms et une distribution de 80% des données entre 140 et 400 ms (à 2 reprises, cette durée dépassait ou était égale à 1s).

Dans la réalisation de la consonne /t/ précédant la voyelle cible [V], le moment d'attaque de la voix précédait le moment du relâchement de l'occlusion par une valeur beaucoup plus ample et, d'une performance à l'autre, beaucoup plus variable chez le malade que pour les 4 sujets normaux.

La durée de la période acoustique réunissant l'explosion et le bruit de l'occlusive prévocalique /t/, la voyelle cible [V], et l'occlusion de la consonne postvocalique /t/ opposait également les sujets normaux et le malade. Dans les énoncés constitués autour de la voyelle cible /u/, pour lesquels cette durée est la plus longue, tenant compte du rapport entre la hauteur de la langue nécessaire à son articulation et la durée intrinsèque de ce phonème, le malade allongeait cette durée dans une proportion importante, principalement due à une tenue beaucoup longue de l'occlusion postvocalique.

Chez les sujets normaux, les 4 types d'énoncés, construits chacun autour de l'une des 4 voyelles cibles, sont identifiables dans les 2 premiers formants du schwa prévocalique, exprimant l'ampleur et la distance à laquelle s'exprime cet effet de coarticulation. Dans les énoncés du malade, si les formants, notamment dans le spectre du premier (F1), sont nettement moins différenciés, néanmoins les distinctions liées à chacune des 4 voyelles cibles restent dans les limites normales et assurent la catégorisation de l'énoncé.

Les analyses discriminantes pratiquées sur les 5 premiers formants et les 12 coefficients de réflexion pour les 5 fenêtres retenues dans le continuum sonore isolent significativement le malade et les sujets normaux.

Chez l'un des sujets de contrôle, les fréquences formantielles de la voyelle préconsonantique (le premier schwa) discriminent l'un de l'autre les 4 types d'énoncés dans la proportion de 90% des cas, le rôle principal étant tenu respectivement et dans l'ordre décroissant de leur importance par F2, F3 puis F1.

L'explosion de la consonne prévocalique (la fenêtre 2) permet de reconnaître le type de l'énoncé dans la proportion variant entre 85 et 95% des cas; le segment de la fenêtre 3 assure une reconnaissance légèrement supérieure; les segments 4 et 5 approchent un taux de reconnaissance de 100%. Par contre, chez le malade, la distribution des proportions de reconnaissance pour le type d'énoncés selon le segment considéré varie de manière directe en fonction de la distance qui éloigne le segment et la voyelle cible. Le segment de la fenêtre 1 permet une reconnaissance dans la proportion de 50%; le segment 2 permet une correcte identification du type de l'énoncé pour une proportion de 65%; les autres segments se situent approximativement pour une proportion analogue à ce qui est constaté chez les sujets normaux.

Ces résultats sont interprétés comme la marque d'une réduction, chez le malade aphasique moteur, de la cohésion caractéristique des gestualités nécessaires à la production des sons du langage. Les effets de coarticulation se distribuent sur des distances beaucoup moins longues que chez le sujet normal, assurant une cohésion phonologique des items beaucoup moins ferme et favorisant ainsi la dispersion des réalisations à partir de la cible proposée. Les réalisations phonémiques se situent toujours à l'intérieur du système phonologique de la langue. Aucun néophonème ne peut apparaître. La catégorisation perceptive et motrice se situe intégralement dans l'espace continu du système phonologique. La diminution ou l'absence des traces coarticulatoires anticipatrices chez le malade indiquent que les articulateurs commencent plus tardivement que chez le normal à prendre leur position pour permettre la configuration des phonèmes à venir dans le flux articulatoire. Est-ce à dire, pour reprendre l'hypothèse d'Alajouanine, d'Ombredane et de Durand, qu'il faille retrouver, dans ce déficit articulatoire de l'aphasique moteur, la trace d'une véritable involution le reconduisant au stade des mots monosyllabiques holophrastiques de l'enfant? Telle était presque l'hypothèse explicative avancée par Ziegler et von Kramon lorsqu'ils envisageaient, chez ces malades aphasiques moteurs, un modèle de production articulatoire du langage par réalisation successive de monosyllabes isolées.

« Le geste et la parole »

Ainsi, la neurolinguistique occupe une position particulière dans l'ensemble de la linguistique dans cette mesure précisément où la maladie consécutive à la lésion introduit l'observateur directement au sein du système linguistique dans sa structure de fonctionnement. Sans doute beaucoup reste-t-il à connaître pour parvenir à une description complète et à la compréhension des mécanismes linguistiques et des mécanismes neurophysiologiques qui les soustendent.

Dans le cadre des lésions cérébrales focales, la désorganisation des performances langagières semble frapper de manière immédiate les « instrumentalités » linguistiques, telles que les dénomme K. Goldstein, et seulement de manière médiate le système cognitif lui-même. Les capacités de comportement social adapté demeurent chez ces malades, témoignant d'une bonne conservation de ce système cognitif. Un champ nouveau et complémentaire s'ouvre à la neurolinguistique dans l'examen des désordres affectant précisément ce système cognitif, tels qu'ils se révèlent dans les démences d'Alzheimer et dans les démences séniles de type Alzheimer.

La complexité et la richesse de la tâche ne sauraient être mieux évoquées que par cette citation de Merleau-Ponty, dans le chapitre 6 de la première partie de sa *Phénoménologie de la perception*, qu'il intitule de manière significative « le Corps comme expression et la parole » et qu'il consacre précisément à l'analyse de l'aphasie après avoir évoqué le geste en tant que rapport de l'homme au monde sensible; il étend cette réflexion à l'univers linguistique en tant qu'ensemble gestuel: « Le geste linguistique, comme tous les autres, dessine lui-même son sens. [...] La gesticulation verbale, au contraire, vise un paysage mental qui n'est pas donné d'abord à chacun et qu'elle a justement pour fonction de communiquer. Mais ce que la nature ne donne pas, c'est ici la culture qui le fournit. Les significations disponibles, c'est-à-dire les actes d'expression antérieurs, établissent entre les sujets parlant un monde commun auquel la parole actuelle et neuve se réfère comme le geste au monde sensible. Et le sens de la parole n'est rien d'autre que la façon dont elle manie ce monde linguistique ou dont elle module sur ce clavier de significations acquises. » Ayant de la sorte affirmé la communauté qui lie parole et geste, il souligne la spécificité de la parole: « Ce qui est vrai seulement — et justifie la situation particulière que l'on fait ordinairement au langage —, c'est que, seule de toutes les opérations expressives, la parole est capable de se sédimenter et de constituer un acquis intersubjectif. » Et de comparer la parole avec la musique pour marquer leur différence essentielle en ce que l'une, la parole, repose sur l'oubli d'elle-même en visant le monde dont elle parle, même s'il s'agit d'elle-même, alors que l'autre doit se reconstruire entièrement dans la conscience de chaque artiste qui s'y adonne. Une pensée sans parole représente sans doute un idéal inatteignable, alors qu'une musique sans son est proprement un non-sens. Mais, pour cela, il convient de replacer la pensée parmi les phénomènes d'expression. P. M.

Bibliographie

Alajouanine, T., Ombredane, A., et Durand, M., 1939, *le Syndrome de désintégration phonétique dans l'aphasie*, Paris, Masson et Cie.

Alzheimer, A., 1907, « Über eine eigenartige Erkrankung der Hirnrinde », *Allgemeine Zeitschrift* [...], 64, 146-148 (pp. 41-43 in Rottenberg, D. A., and Hochberg, F. H. [Ed.], *Neurological Classics in Modern Translation*, New York, Hafner Press, 1977).

Bayles, K. A., et Kaszniak, W., 1987, *Communication and Cognition in Normal Aging and Dementia*, Londres, Taylor and Francis Ltd.

Broca, P., 1865, *Bulletin de la Société d'anthropologie de Paris*, 1861, 6, 235-237 et 330-357; 1865, 6, 337-393.

Flourens, P., 1842, *Recherches expérimentales sur les propriétés et les fonctions du système nerveux dans les animaux vertébrés*, Paris, Baillière, 2e éd.

Goldstein, K., 1948, *Language and Language Disturbances*, New York, Grune and Stratton.

Hécaen, H., 1972, *Introduction à la neuropsychologie*, Paris, Larousse.

Hécaen, H., et Dubois, J., 1969, *la Naissance de la neuropsychologie du langage (1825-1865). Textes et documents*, Paris, Flammarion.

Irigaray, L., 1973, *le Langage des déments*, Paris, Mouton.

Jakobson, R., 1963, *Essais de linguistique générale*, traduit et préfacé par Ruwet N., Paris, Les Éditions de Minuit.

Jackson, J. H., 1931-32, *Selected Writings* (Taylor J., Ed.), Londres, Hodder and Stoughton.

Merleau-Ponty, M., 1945, *Phénoménologie de la perception*, Paris, Gallimard.

Uff, F. J., Mack, L., Mahlman, J., et Greenberg, S., 1988, « A Comparison of Lexical Semantics Inquirements in Left Hemisphere Stroke and Alzheimer Disease », in *Brain and Language*, 34, 262-278.

Ziegler, W., et von Kramon, D., 1986, « Disturbed Coarticulation in Apraxia of Speech: Acoustic Evidence », in *Brain and Language*, 29, 34-47.

neuromédiateur

n. m. (angl. Neurotransmitter)

Molécule synthétisée et libérée par les neurones et qui assure la transmission chimique de l'influx nerveux. (Syn. neurotransmetteur).

Ce phénomène se produit au niveau de la synapse neuronale, c'est-à-dire entre le neurone présynaptique et le neurone postsynaptique. Le neurone présynaptique contient donc le neurotransmetteur, et l'élément postsynaptique présente à sa surface des récepteurs reconnaissant le neurotransmetteur et déclenchant la propagation de l'influx. Un neurone peut contenir plusieurs neurotransmetteurs, la transmission chimique dépendant alors du type de neurotransmetteur impliqué et de la nature des récepteurs au niveau postsynaptique. Pour qu'une molécule soit identifiée comme neuromédiateur, il est nécessaire de répondre à six principes fondamentaux :

1. les précurseurs de cette molécule, ainsi que les enzymes nécessaires à sa synthèse, doivent être présents dans l'élément présynaptique ;
2. le neurotransmetteur peut être retrouvé dans des régions cérébrales particulières, dont on peut établir une cartographie précise ; il est présent tout au long d'une cellule nerveuse et son stockage s'effectue dans la terminaison axonale ;
3. lors d'une dépolarisation synaptique, le neuromédiateur est libéré dans l'espace synaptique à partir des terminaisons nerveuses ;
4. la molécule libérée exerce une action spécifique sur le récepteur postsynaptique ;
5. on peut mettre en évidence, dans la fente synaptique, des enzymes et des mécanismes inactivateurs du neuromédiateur ;
6. des substances pharmacologiques peuvent agir de manière spécifique sur la transmission de l'influx.

Trois groupes de molécules répondent à ces critères : les amines, les acides aminés et les neuropeptides. Les *amines* sont actuellement les neurotransmetteurs les mieux connus. Les principales amines sont : l'acétylcholine, la sérotonine, la dopamine, la noradrénaline, l'adrénaline (les trois dernières étant des catécholamines). Les *acides aminés* sont des molécules de faible poids moléculaire. Parmi eux, citons l'acide gamma-aminobutyrique (gaba) et des molécules plus récemment identifiées comme neurotransmetteurs : l'acide glutamique et l'acide aspartique, ou en cours d'identification (taurine). Les *neuropeptides* ont un poids moléculaire plus élevé et se composent d'une succession d'acides aminés en nombre variable (3 à 30). Ils ont été découverts récemment et leur rôle physiologique est, pour certains d'entre eux, encore peu connu. Certains de ces peptides jouent par ailleurs un rôle comme substance hormonale au niveau intestinal (substance P, cholécystokinine). Parmi eux, un groupe de peptides appelés endorphines sont des substances à action morphinomimétique. Les plus connues d'entre elles sont la méténképhaline, la leu-enképhaline et la bêta-endorphine. Tous ces neuromédiateurs peuvent avoir des effets très différents, voire opposés, dans le système nerveux central et deux types de neuromédiateurs peuvent coexister et être libérés dans un même neurone : dopamine, cholécystokinine gaba et substance P.

SYNTHÈSE DES NEUROMÉDIATEURS

La synthèse des neuromédiateurs se fait à partir de précurseurs et nécessite des enzymes spécifiques.

SYNTHÈSE DES CATÉCHOLAMINES

Le précurseur de toutes les catécholamines est un acide aminé, la tyrosine. Fourni par l'alimentation et traversant la barrière hématoméningée, il est ensuite capté activement dans le neurone. L'apport alimentaire de tyrosine est toujours excédentaire aux besoins de la synthèse neuronale. La première étape de la biosynthèse est une étape limitante : l'enzyme d'hydroxylation de la tyrosine (ou tyrosine-hydroxylase) régule le taux de catécholamines synthétisé par son activité plus ou moins importante. Le composé ainsi formé est la dihydroxyphénylalanine, ou dopa. Celle-ci subit ensuite une série de réactions, dont la première aboutit à la transformation en dopamine, et la synthèse sera stoppée à ce niveau pour les neurones dopaminergiques. Ensuite, la dopamine sera transformée en noradrénaline (avec arrêt de la synthèse pour les neurones noradrénergiques) et en adrénaline pour les systèmes adrénergiques. Ces étapes ne sont pas limitantes.

SYNTHÈSE DE LA SÉROTONINE

Le précurseur est un acide aminé, le tryptophane. Celui-ci se trouve en quantité limitée au niveau cérébral car, dans la circulation, il est lié à la sérum-albumine et seule la fraction libre passe dans la barrière hématoencéphalique. En cas de stress ou lors de la maturation neurologique, au début du développement, le tryptophane est libéré en quantité beaucoup plus importante, contribuant donc à une intense activité du système sérotoninergique. La première enzyme de synthèse transformant le tryptophane en 5-hydroxytryptophane est la tryptophane-hydroxylase. Cette étape est limitante et cette enzyme est spécifique. Le 5-hydroxytryptophane est ensuite transformé en sérotonine par une décarboxylase qui est une enzyme non spécifique puisqu'elle entre aussi dans la voie de synthèse des catécholamines.

SYNTHÈSE DE L'ACÉTYLCHOLINE

La synthèse de l'acétylcholine se fait à partir de la coenzyme A et de la choline par la choline-acétyl-tranférase. Cette étape est une étape limitante et l'enzyme est spécifique. Mais c'est la concentration intracellulaire en choline qui règle en fait la biosynthèse.

Pour ces neuromédiateurs classiques, seules les enzymes sont synthétisées dans le corps cellulaire, et les neuromédiateurs cheminent vers les terminaisons axonales, les varicosités et les boutons synaptiques.

SYNTHÈSE DU GABA ET DU GLUTAMATE

Le glucose est le précurseur principal de ces acides aminés. Leur synthèse est liée au cycle de Krebs.

SYNTHÈSE DES NEUROPEPTIDES

Les neuropeptides sont synthétisés directement dans le corps cellulaire sous forme de précurseurs. Ces précurseurs sont de grosses molécules qui cheminent ensuite vers les terminaisons, et leur maturation s'accompagne de scission au niveau de séquences protidiques encadrées par des acides aminés basiques avec formation de composés en grand nombre. Ainsi, le système opioïde dérive de trois familles : la propiomélanocortine (donnant principalement la bêta-endorphine), la proenképhaline (précurseur des molécules enképhalinergiques) et les prodinorphines (précurseurs des néoendorphines et des dinorphines).

STOCKAGE DES NEUROMÉDIATEURS

Le stockage des neuromédiateurs s'effectue à l'intérieur des vésicules synaptiques et ces vésicules ainsi formées permettent à la cellule de conserver une réserve de neuromédiateur qui pourra être libérée en cas de nécessité. De même, ces vésicules protègent le neuromédiateur des enzymes intracytoplasmiques. Les vésicules interviennent également dans la synthèse pour le cas des neurones noradrénergiques car la dernière enzyme de synthèse (dopamine bêtahydroxylase) s'y trouve localisée. La libération, lors de la dépolarisation du neurone, s'effectue à partir des vésicules par exocytose dans l'espace synaptique.

Les neurotransmetteurs existent également sous forme libre et, dans le cas par exemple de l'acétylcholine, la transmission de l'influx se fait par libération de la fraction libre du neuromédiateur tandis que la fraction vésiculaire n'intervient qu'en cas de dépolarisation neuronale répétée. Des agents pharmacologiques peuvent intervenir sur la fraction vésiculaire du neuromédiateur. Dans le cas des neurones catécholaminergiques, la réserpine provoque une libération de neuromédiateurs et une déplétion de vésicules synaptiques dans le cytoplasme.

LIBÉRATION DES NEUROMÉDIATEURS

La dépolarisation des terminaisons axonales sous l'influence des potentiels d'action provoque la libération des neurotransmetteurs dans l'espace ou fente synaptique. Elle ne peut avoir lieu sans une entrée préalable de calcium dans l'élément présynaptique. Cette libération s'effectue par exocytose à partir des vésicules synaptiques pour la plupart des neuromédiateurs ou à partir de la fraction libre pour l'acétylcholine.

Des composés peuvent empêcher la libération du neurotransmetteur: la réserpine mais aussi des substances intervenant sur les canaux ioniques comme la tétra-iodotoxine (sur les ions sodium) ou le tétraéthylammonium (sur les ions calcium). Par contre, l'injection extracellulaire de calcium provoque la libération du neuromédiateur. Dans le cas de l'acétylcholine, il existe au niveau de la jonction neuromusculaire, en l'absence de potentiel d'action, des potentiels électriques de la cellule au repos, appelés potentiels miniatures. Ils résulteraient de la libération aléatoire de fraction libre d'acétylcholine par quanta (petits nombres de molécules). Dans les neurones fonctionnant avec plusieurs neuromédiateurs, selon l'intensité de la fréquence de stimulation, il se produit une libération sélective de l'un d'eux. Par ailleurs, la libération de neuromédiateur peut s'effectuer à partir de tous les composants cellulaires structuraux: terminaison axonale, boutons synaptiques ou varicosités.

Quant au message se propageant à l'élément présynaptique, il ne peut avoir lieu sans une étape de reconnaissance préalable du neuromédiateur par les éléments cellulaires de membrane du neurone postsynaptique. Ces éléments sont appelés *récepteurs*. L'interaction avec le neuromédiateur va permettre la production d'une réponse (hyperpolarisation ou dépolarisation).

PROPRIÉTÉ DES RÉCEPTEURS

Les sites des récepteurs sont saturables avec liaison d'une molécule de neuromédiateur pour un site de reconnaissance. L'interaction est spécifique. La liaison ligand-récepteur est réversible. Elle permet une modification de la configuration spatiale du récepteur. Parfois, cette modification s'accompagne directement d'une ouverture d'un canal ionique membranaire avec passage d'ions (sodium par exemple pour les récepteurs de type nicotinique du système cholinergique). Parfois, les récepteurs modifiés activent une protéine (protéine G), qui permet à son tour la modification des canaux (récepteur au gaba de type B). Dans d'autres cas, une étape enzymatique antérieure est nécessaire avant la modification des canaux. Dans les synapses excitatrices, les ions concernés lors de la mise en jeu de l'élément postsynaptique sont le sodium ou le calcium. Dans le cas des synapses inhibitrices, on observe une entrée d'ions chlorés qui induit une hyperpolarisation, inhibant donc une dépolarisation ultérieure (cas des synapses gabaergiques). Les récepteurs postsynaptiques sont multiples et, pour chaque type de neurotransmetteur, il existe de nombreux récepteurs à actions très différentes, parfois opposées et ayant des affinités diverses pour la molécule. Pour l'acétylcholine, il existe des récepteurs muscariniques et nicotiniques. Pour la noradrénaline, il existe des récepteurs alpha et bêta qui se subdivisent eux-mêmes en sous-classes (alpha 1, alpha 2 ou bêta 1, bêta 2).

INACTIVATION DES NEUROTRANSMETTEURS

L'inactivation des neurotransmetteurs se fait par deux voies principales: la dégradation enzymatique et la recapture.

LA DÉGRADATION ENZYMATIQUE

Elle fait intervenir des enzymes qui dégradent le neuromédiateur dans la fente synaptique. Pour les monoamines, les enzymes mises en jeu sont la catéchol-O-méthyltransférase et la monoamine-oxydase. Le produit excrété est le 3-méthoxy-4-hydroxyphénylglycol (M.H.P.G.) tandis que la dopamine est dégradée en acide homovanillique (HVA) et en acide 3, 4-dihydroxyphénylacétique (dopa-C). Pour la sérotonine, la monoamine oxydase seule agit et le dérivé d'excrétion est l'acide 5-hydroxyindolacétique (5 HIA). On peut doser tous ces composés dans les urines ou le L.C.R., ce qui peut présenter un grand intérêt dans certaines pathologies. Pour le système cholinergique, l'action de l'acétylcholinestérase libère l'acétylcholine de la coenzyme.

Pour le catabolisme des peptides, ce sont des endopeptidases qui se chargent de leur dégradation par hydrolyse. Pour le gaba, une transaminase dégrade la molécule.

MÉCANISME DE RECAPTURE

La recapture est un processus par lequel les neuromédiateurs sont recaptés par les terminaisons nerveuses elles-mêmes. La molécule peut alors être réutilisée. C'est un transport actif nécessitant de l'énergie (consommation d'adénosine triphosphate, ou A.T.P.). C'est un phénomène saturable. Au niveau quantitatif, il concerne 70% des monoamines libérées.

RÉGULATION DU FONCTIONNEMENT NEURONAL

La régulation peut se faire au niveau de la sythèse du neuromédiateur par l'enzyme limitante. Dans certains systèmes, une activité électrique accrue peut accélérer la synthèse (exemple: neurones catécholaminergiques). On peut également agir par l'intermédiaire du récepteur présynaptique, par mécanisme rétrorégulateur, à partir du produit excrété. Les autorécepteurs (récepteurs situés sur l'élément présynaptique) peuvent stimuler ou inhiber la synthèse, mais aussi la libération du neurotransmetteur. Des agents pharmacologiques peuvent agir sur ces autorécepteurs pour bloquer ou stimuler la synthèse. Les récepteurs eux-mêmes peuvent varier au niveau quantitatif à la surface de la cellule, induisant une hypo- ou une hypersensibilité neuronale.

TECHNIQUES D'IDENTIFICATION DES NEUROMÉDIATEURS

Cinq techniques d'identification différentes peuvent être utilisées.

LES TECHNIQUES DE DÉTECTION DIRECTES

Ce sont des techniques morphologiques visant à identifier les neurotransmetteurs ou des enzymes intervenant dans sa synthèse. Parmi elles:

1. l'histofluorescence. Elle consiste à former avec les catécholamines des dérivés fluorescents. Cela permet d'avoir une cartographie des voies catécholaminergiques. De même, il est possible d'utiliser les propriétés d'oxydoréduction de certains neuromédiateurs en faisant réagir les monoamines avec des sels métalliques. Mais cette technique est peu spécifique;
2. réactions immunologiques. Le principe est de mettre en présence des anticorps spécifiques des neuromédiateurs avec les molécules elles-mêmes ou des enzymes intervenant dans leur synthèse, considérées alors comme des antigènes. C'est une technique de visualisation très sensible. Ainsi, on a pu détecter dans les cellules nerveuses les différentes enzymes de synthèse des monoamines et établir la cartographie cérébrale de nombreux composés (gaba, acétylcholine);
3. la captation. Les techniques morphologiques utilisent également les propriétés de captation par les neurones de neurotransmetteurs dans le milieu externe. En effet, l'injection dans l'espace extracellulaire d'un neuromédiateur de synthèse radioactif permet ensuite, lors du passage de celui-ci dans le milieu intracellulaire, de visualiser les cellules nerveuses.

LES TECHNIQUES DE DÉTECTION INDIRECTES

Il existe deux techniques principales: les techniques biochimiques et les techniques électrophysiologiques.

1. Les techniques biochimiques font appel aux réactions biochimiques se déroulant dans les cellules nerveuses. Il est possible de mesurer la densité du neuromédiateur dans une cellule ou dans un constituant de celle-ci (terminaisons axonales...) ainsi que les concentrations des précurseurs, des enzymes intervenant dans la synthèse ou des catabolites du neuromédiateur. En outre, la technique de «binding», ou marquage des récepteurs par un ligand, permet d'analyser la densité des récepteurs à la surface d'un neurone, de caractériser son activité pharmacologique ou encore son affinité vis-à-vis de produits naturellement présents ou de synthèse. On met en évidence par cette technique des substances capables de mimer l'activité du neuromédiateur (agonistes) ou d'empêcher son action physiologique (antagonistes). Enfin, il existe des méthodes basées essentiellement sur le marquage isotopique permettant de

fournir des indices sur l'activité des neurones (sur la vitesse de renouvellement du neuromédiateur, sur sa synthèse, etc.).
2. Les techniques électrophysiologiques peuvent faire appel aux modifications de décharge neuronale observées suite à une administration de substances, de neuromédiateurs de synthèse ou d'ions à la périphérie.

Cartographie cérébrale des neuromédiateurs

À l'aide des différentes méthodes histologiques, il a été possible d'établir de manière précise les localisations cérébrales de certains neurotransmetteurs. Mais d'autres systèmes neuronaux sont en cours d'identification et sont encore très mal connus. De plus, les neuromédiateurs ont des répartitions non homogènes.

Le système catécholaminergique

La voie noradrénergique. La principale innervation est issue du locus coereleus. Les autres formations contenant les corps cellulaires des neurones sont regroupées au niveau du pont et du bulbe rachidien. On distingue des faisceaux ascendants et des faisceaux descendants. Les faisceaux ascendants se dirigent vers le diencéphale (hypothalamus, noyaux olfactifs, aire préoptique), vers les aires limbiques ainsi que l'hippocampe, l'amygdale, le cortex cérébral et les noyaux du raphé. Les faisceaux descendants sont constitués par des voies noradrénergiques se projetant sur le cervelet, la formation réticulée bulbaire ou dans la moelle épinière par un cordon latéral.
La voie dopaminergique. Les corps cellulaires se trouvent principalement au niveau du tronc cérébral et du mésencéphale dans la substance noire et l'aire tegmentale ventrale. Ces systèmes se projettent au niveau du noyau caudé, du putamen et du globus pallidus. La voie nigrostriée est importante car elle concerne les 2/3 de la dopamine cérébrale. Les autres systèmes innervent le cortex limbique à partir de l'aire tegmentale ventrale. Enfin, il existe deux faisceaux nés dans l'hypothalamus se projetant soit par de courts axones dans l'hypothalamus même, soit au niveau de la partie médiane de l'hypophyse (posthypophyse).
La voie adrénergique. Il existe deux groupes de cellules principaux : un groupe placé latéralement à l'olive bulbaire et le second situé dans la partie dorsomédiane de la formation réticulée. Les faisceaux innervent le mésencéphale, le thalamus et l'hypothalamus.

Le système sérotoninergique

Les corps cellulaires sont issus de la partie basse du tronc cérébral dans les noyaux du raphé et se projettent au niveau de l'aire optique, de l'hypothalamus, du thalamus, de l'amygdale, du cortex cérébral ainsi que dans la moelle épinière. Les cellules sérotoninergiques sont peu nombreuses : 30 000 à 40 000 dans les noyaux du raphé.

Le système cholinergique

On ne peut le localiser avec certitude mais il paraît impliqué dans la voie habénulo-pédonculaire septohippocampale, dans certaines voies se projetant dans le cervelet, dans l'amygdale, certains interneurones du striatum et un groupe de noyaux issus du globus pallidus et à projection corticale.

Le système gabaergique

Il n'existe pas de système bien localisé, car les corps cellulaires se trouvent répartis dans tout le cerveau, mais une concentration plus forte de gaba est décelable au niveau de la substance noire et des noyaux profonds du cervelet, les fibres se projetant dans le putamen, le globus pallidus, le nucleus accumbens. On observe très souvent une boucle fonctionnelle entre système ascendant dopaminergique et descendant gabaergique. En outre, 30% de l'ensemble des terminaisons neuronales cérébrales fonctionnent avec le gaba comme neuromédiateur.

Acide glutamique et acide aspartique : les molécules seraient impliquées dans la neurotransmission au niveau hippocampique, cérébelleux et cortical (vers le thalamus et le striatum).

Le système peptidergique

La plupart des voies de ce système sont incomplètement connues ou encore non identifiées. La mieux définie est la substance P : les corps cellulaires forment des neurones courts plutôt que des projections diffuses avec essentiellement des interneurones. La substance P serait plutôt localisée au niveau de l'hypothalamus, du thalamus, des ganglions de la base, de la substance noire et du cordon postérieur de la moelle. D'autres noyaux auraient leur projection dans le noyau interpédonculaire doublant la voie cholinergique.

Les peptides opioïdes : la bêta-endorphine serait surtout présente dans l'hypothalamus et innerverait le système limbique et le mésencéphale. Les peptides hypothalamiques exercent leur action en passant dans l'hypophyse (vasopressine, angiotensine, prolactine, etc.). La somatostatine est présente dans l'hypothalamus, les ganglions de la base et le cortex, comme la cholécystokinine.

Aspects neuropharmacologiques de l'action sur les neuromédiateurs

Toutes les phases du métabolisme des neuromédiateurs peuvent être perturbées par l'action de substances pharmacologiques. On peut agir aux premiers stades de la synthèse par inhibition compétitive du précurseur (tryptophane par la leucine par exemple). De même, l'alpha-méthylparatyrosine bloque la synthèse des catécholamines. La réserpine provoque une déplétion des vésicules catécholaminergiques. Pour le système cholinergique, l'hémicholine peut inhiber la synthèse de l'acétylcholine. De nombreuses substances pharmacologiques peuvent intervenir sur les récepteurs également, soit comme agonistes, soit comme antagonistes (pilocarpine antagoniste pour les neurones cholinergiques). Pour les systèmes catécholaminergiques, les récepteurs alpha sont bloqués par la clonidine, les récepteurs bêta par les bêta-bloquants (propranolol...). Pour les opiacés, la morphine peut jouer un rôle d'agoniste tandis que la naloxone est un antagoniste spécifique. Des substances peuvent agir également sur l'inactivation des neurotransmetteurs.

Les inhibiteurs de la monoamine-oxydase (dépréyl) peuvent inhiber l'enzyme de dégradation des catécholamines. À partir de ces substances, on a pu par ailleurs distinguer des classes de produits interférant avec les neuromédiateurs : les neuroleptiques antagonistes des récepteurs dopaminergiques présynaptiques libèrent ainsi la dopamine par la levée du rétrocontrôle. Ils ont une action antipsychotique qui permet leur utilisation dans les psychoses aiguës ou chroniques. Les antidépresseurs, inhibiteurs de la dégradation des monoamines (IMAO) ou bloqueurs de la recapture (antidépresseurs tricycliques), sont utilisés dans le cas de la dépression pour stimuler le psychisme et améliorer l'humeur. Les psychostimulants stimulent la fonction catécholaminergique. Les plus connus sont les amphétamines, à action stimulante pour la mémoire, la fatigue...

Aspects physiopathologiques

Les neurotransmetteurs interviennent dans le contrôle de tous les comportements humains.

Les monoamines

Ces neuromédiateurs sont impliqués dans les comportements moteurs, pour l'exécution des mouvements. Dans la maladie de Parkinson, une dégénérescence de la substance noire provoque un effondrement de la dopamine, créant une rigidité, un tremblement et une akinésie. L'administration de L-dopa permet la correction quasi complète des troubles.

Dans la pathologie dépressive, certaines dépressions semblent liées à un fonctionnement anormal des systèmes aminergiques centraux. Cette hypothèse s'appuie sur le succès des inhibiteurs de la monoamine-oxydase dans cette pathologie suggérant un hypofonctionnement du système catécholaminergique dans la dépression. De même, tous les tricycliques agissent dans ce sens en induisant la capture des monoamines. D'autres substances comme la clonidine, agoniste des récepteurs alpha 2 adrénergiques, ont une action dépressive alors que la yohimbine (antagoniste des récepteurs alpha 2 présynaptiques) a une action antidépressive.

Les monoamines semblent jouer un rôle dans la pathologie schizophrénique, comme en atteste par effet indirect l'action positive des neuroleptiques, mais leur rôle est peu connu. De plus, les monoamines semblent impliquées dans les régulations hormonales (inhibition de la sécrétion de prolactine par la dopamine). Leur intervention dans la mémorisation, l'attention est également évoquée.

L'acétylcholine joue un rôle important dans le comportement moteur. En pathologie, la myasthénie, maladie immunologique aboutissant à la destruction des récepteurs nicotiniques des jonctions neuromusculaires, conduit à une fatigabilité majeure et invalidante. Les mécanismes cholinergiques interviennent également dans l'apprentissage et la mémorisation. La scopolamine, antagoniste de l'acétylcholine, a un effet amnésiant chez l'animal tandis que la physostigmine (agoniste) augmente l'apprentissage. En pathologie, la maladie d'Alzheimer s'accompagne d'une forte réduction de l'activité cholinergique. Au plan clinique, elle affecte surtout et de manière progressivement invalidante les fonctions cognitives.

Le système gabaergique

Une réduction d'activité du système est impliquée dans les perturbations biochimiques accompagnant la chorée de Huntington.

Le système peptidergique

Il est impliqué dans la transmission des messages douloureux, plus précisément pour la substance P et le système enképhalinergique.

I. A-B.

Bibliographie

Collu, R., et alii, 1982, *Brain Neurotransmitters and Hormones*, New York, Raven Press.

neuromimétique (réseau)

(angl. Neural Network)

→ réseau neuronique.

neurone

n.m. (angl. Neuron)

Cellule nerveuse.

Cet élément excitable est spécialisé dans l'émission, la conduction et la transmission des influx nerveux ou potentiel d'action. Le neurone comprend un corps cellulaire, ou soma, et des prolongements: les dendrites* et l'axone*. L'influx nerveux parcourt normalement la cellule nerveuse dans le sens soma-axone. Le soma contient le noyau et le cytoplasme, riche en organites, dont certains, tels que les corps de Nissl et les neurofibrilles, sont propres à la cellule nerveuse. Le corps cellulaire représente le centre trophique du neurone; sa destruction est d'autant plus grave que, en général, le neurone mature ne se multiplie pas. Tout prolongement isolé du corps cellulaire perd ses propriétés et dégénère. Dans certaines conditions, cependant, une régénération nerveuse est possible.

Il existe de nombreux types de neurones qui diffèrent par leur forme et leur dimension. Chez les Mammifères supérieurs, leur taille est comprise entre 4 et 120 micromètres, ou µm. On peut citer par exemple les grains (8 µm de diamètre) et les cellules de Purkinje (50 à 80 µm) du cervelet; les cellules des ganglions rachidiens, les plus grosses (120 µm); les motoneurones de la corne antérieure de la moelle épinière (70 µm environ) et les cellules pyramidales corticales (70 à 100 µm).

On répartit les neurones en unipolaires, bipolaires et multipolaires suivant le nombre d'expansions issues du soma. Une classification anatomo-fonctionnelle distingue les neurones moteurs et sensitifs à axones longs, encore appelés cellules de Golgi I, et les interneurones ou neurones d'association, à axones courts, dénommés cellules de Golgi II.

G. S.

neuropeptide

n.m. (angl. Neuropeptide)

Molécule protidique impliquée dans le fonctionnement du système nerveux.

La découverte, au cours des années 1970, de protéines du cerveau et de l'hypophyse dont l'effet reproduisait celui de la morphine (les endorphines) a suscité un ensemble de recherches aujourd'hui en pleine expansion. Mais l'idée d'une modulation des fonctions cérébrales par des molécules peptidiques avait déjà été suggérée par l'effet d'une ablation du tissu hypophysaire sur l'acquisition des réflexes d'évitement conditionnés chez le Rat (N. Applezweig et M. Baudry, 1955). L'administration des peptides hypophysaires permettait de corriger ce déficit. Ces peptides, notamment l'hormone adrénocorticotrope (ACTH) et la vasopressine, influençaient aussi le comportement des animaux qui n'avaient subi préalablement aucune manipulation expérimentale. Ce type d'expérience et l'administration de fragments synthétiques reproduisant certaines séquences d'acides aminés des peptides naturels ont conduit à penser que l'effet comportemental de ces composés, connus en majorité pour être des hormones, ne passait pas par leur classique action endocrinienne. De petits fragments de ces composés, dépourvus de toute action hormonale, exercent en effet une action sur le comportement.

On sait aujourd'hui que des hormones hypophysaires et de nombreux autres peptides retrouvés dans les tissus périphériques, comme par exemple le tube digestif, peuvent également être synthétisés dans le cerveau. Ils forment des voies de neurotransmission dites «peptidergiques» à côté des classiques voies de transmission monoaminergiques. Les neuropeptides se caractérisent par le grand nombre d'agonistes possédant une structure similaire. Ces homologies de structures peuvent compliquer la tâche des chercheurs, qui ont recours essentiellement à des méthodes immunocytochimiques et de binding (liaison) à des sites moléculaires pour étudier ces structures nouvelles. Une telle organisation témoigne peut-être de la manière dont l'évolution a réglé le problème de la complexité croissante des systèmes nerveux et endocrinien et de leurs interactions. Par ailleurs, neuropeptides et monoamines sont souvent «colocalisés» dans les mêmes neurones et libérés en même temps dans la fente synaptique, comme dans le cas de la dopamine et de la cholécystokinine.

Les neuropeptides étant des neurotransmetteurs, leur éventuel effet thérapeutique a été étudié sur le modèle des psychotropes affectant la neurotransmission monoaminergique. À l'appui de ces hypothèses, des travaux contradictoires ont montré une augmentation ou une diminution du taux d'endorphines dans la schizophrénie.

Un dérivé des endorphines, la des-tyrosine-gamma-endorphine, aurait des propriétés antipsychotiques selon toute une série d'études néerlandaises, qui cependant n'ont pas été confirmées par d'autres équipes. De nouveaux neuropeptides sont découverts chaque année. Leurs fonctions restent encore mal connues mais pourraient dans les années à venir conduire à une meilleure connaissance du substrat biologique des maladies mentales et à des applications thérapeutiques.

A. G.

neuropharmacologie

n.f. (angl. Neuropharmacology)

Chapitre de la pharmacologie qui s'intéresse à l'action des drogues sur les nerfs et les centres nerveux.

La neuropharmacologie inclut l'étude des sites et mécanismes d'action des drogues sur la propagation de l'influx nerveux et l'excitabilité des neurones, sur la transmission de l'influx nerveux au niveau des synapses interneuroniques et des jonctions neuro-musculaires et neuro-glandulaires.

G. S.

neurophysiologie

n.f. (angl. Neurophysiology)

Science des mécanismes et des fonctions du système nerveux.

La neurophysiologie est une science pluridisciplinaire en raison de la complexité de son objet d'étude : on peut y distinguer une neuroanatomie, une neuro-endocrinologie, une neurochimie, une neuropharmacologie. La neurophysiologie a des rapports étroits avec la psychologie à travers la psychophysiologie et la neuropsychologie.

P. L.

→ neuropsychologie, psychophysiologie.

neuropsychiatrie

n.f. (angl. Neuropsychiatry)

Psychiatrie en tant qu'elle est considérée comme une pathologie du système nerveux central, indissociable de la neurologie.

Le terme de *neuropsychiatrie* a longtemps été utilisé pour qualifier la psychiatrie et d'ailleurs, jusqu'en 1968, neurologues et psychiatres étaient réunis en France dans une même spécialité. Troubles neurologiques et psychiatriques sont parfois intriqués : les parkinsoniens, par exemple, souffrent souvent de troubles dépressifs. On peut aussi se représenter la neuropsychiatrie comme une branche de ce que les Anglo-Saxons appellent « psychiatrie organique » (W. A. Lischman), quand les troubles psychiatriques sont associés à une pathologie somatique bien précise. Elle se distingue de courants de pensée comme la psychanalyse, où le système nerveux central, même si sa place n'est pas niée, ne joue pas un rôle fondamental dans l'articulation des connaissances. Définir la neuropsychiatrie amène à préciser les étapes du développement historique d'une discipline qui insiste sur les aspects somatiques de la maladie mentale.

NEUROANATOMIE, AGENTS INFECTIEUX ET RECHERCHES ORGANIQUES

EN FRANCE

Au XIXe siècle, la loi de juin 1838 fixant les modalités d'internement amenait à créer des établissements spécialisés. Les aliénistes pouvaient maintenant étudier chez leurs patients des maladies comme les autres disciplines médicales et avec des méthodes équivalentes. Ce courant organiciste s'attache à la nosographie, description souvent minutieuse des affections observées, et s'appuie sur la physiologie. Pour un anatomo-physiologiste comme M.F.X. Bichat (1771-1802), les maladies sont dues à des lésions tissulaires. Si F.J.V. Broussais (1772-1838) insiste sur le rôle de l'inflammation (*Traité de l'irritation et de la folie*, 1828-29), il cherche à étayer ses théories par des études anatomiques. Au-delà de l'anatomie, les progrès des méthodes de laboratoire rendent désormais possibles les études microscopiques. La méthode anatomo-clinique (prônée par R. Virchow [1821-1902]) cherche à faire correspondre une lésion tissulaire à une maladie, voire à un signe dit « pathognomonique », caractéristique de cette maladie.

La psychiatrie doit se contenter de décrire les syndromes sans leur trouver de bases organiques lorsque, en 1822, A.-L. Bayle découvre qu'une méningite chronique est à l'origine d'une affection commençant par une monomanie avec délire de grandeur qui évolue vers une manie puis une démence et aboutit à la mort. A. Fournier (1879) reconnaît la nature syphilitique de cette maladie, la paralysie générale. Noguchi (1913) identifie le tréponème pâle comme responsable. Cette affection, devenue très rare depuis que la syphilis est traitée avec succès grâce aux antibiotiques, servira longtemps de modèle aux organicistes. Plus tard, l'encéphalite épidémique de C. von Economo (1917), à l'origine de nombreux états psychotiques, fait apparaître le rôle de facteurs viraux. Ces cas, cependant, resteront isolés dans l'histoire des grands syndromes psychiatriques.

Parallèlement, à la suite de F. Gall (1758-1828), se développe l'idée des localisations fonctionnelles cérébrales : le cerveau est composé d'une juxtaposition de centres que l'on peut stimuler ou détruire expérimentalement. Les affections mentales dépendraient non seulement d'un processus physiopathologique, mais de structures cérébrales bien définies. L'un des premiers, P. Flourens (1794-1867), pratique des expérimentations sur le système nerveux animal. Les anatomistes décrivent les lobes et les circonvolutions du cerveau. En 1861, P. Broca montre qu'une fonction peut être atteinte lors d'une lésion spécifique du cerveau : l'aphasie, atteinte du langage, résulte d'une lésion du lobe frontal de l'hémisphère gauche. Plus tard, Broca localise ce « centre du langage » dans la 3e circonvolution frontale gauche et définit la notion d'hémisphère dominant : l'hémisphère gauche chez le droitier et le droit chez le gaucher. Des aires motrices, sensitives, sensorielles (auditive, visuelle) ainsi que des aires non spécifiques, dites « associatives » sont décrites, constituant une véritable carte du cerveau. La pathologie du langage est précisée. Si l'atteinte de l'hémisphère dominant touche la région décrite par Broca, l'aphasie porte sur l'expression orale ; si la lésion se situe au niveau du carrefour pariéto-temporo-occipital (C. Wernicke, 1874), l'aphasie porte sur la compréhension. À côté de l'aphasie*, trouble de la parole, on définit des troubles de la lecture (alexie*) et de l'écriture (agraphie*).

À L'ÉTRANGER

En Allemagne, les psychiatres organicistes (les « Somatiker ») s'élèvent contre les héritiers de la tradition romantique, partisans d'une explication purement psychologique des troubles (les « Psychiker »). W. Griesinger (1817-1868) puis K. Westphal (1833-1890) à Berlin ne conçoivent pas de maladie mentale en dehors d'une lésion du système nerveux. Les psychiatres sont aussi anatomistes. T. Meynert (1833-1892) à Vienne décrit les différentes couches cellulaires du cortex et donne une base organique à la classification des maladies mentales. Son élève, C. Wernicke (1848-1905), qui a décrit une forme d'aphasie, distingue plusieurs types de psychoses selon la voie d'association cérébrale touchée. Ce point de vue étroitement anatomique ne résistera que rarement à l'expérience. En 1887, cependant, S. Korsakov observe un syndrome caractérisé par une amnésie de fixation et une désorientation compensées par une confabulation et s'accompagnant de lésions du système nerveux périphérique à type de polynévrite des membres inférieurs. Ce tableau, rencontré principalement chez les alcooliques, correspond à une lésion bilatérale de noyaux sous-corticaux : les corps mamillaires. De même A. Alzheimer (1906) décrit les lésions pariéto-temporo-occipitales de la démence présénile alors que F. Pick (1892) attache son nom à un type plus rare de démence caractérisé par une atrophie frontale. Ces trois maladies, dont le support anatomique est connu mais dont l'étiologie reste hypothétique, sont toujours diagnostiquées aujourd'hui. Elles appartiennent à vrai dire autant au domaine du neurologue qu'à celui du psychiatre.

LA THÉORIE ORGANO-DYNAMIQUE

Pour les grandes entités psychiatriques, des conceptions moins localisatrices ont prévalu au XXe siècle comme la théorie « organo-dynamique » du neurologue britannique J. H. Jackson (1834-1911) et du psychiatre français H. Ey (1900-1977) ou même la théorie plus physiologique de I.P. Pavlov (1849-1936). Pour Ey, la maladie correspond à une déstructuration de fonctions psychiques hiérarchisées. Un processus organique est supposé être à l'origine de cette dissolution, qui entraîne une régression à un niveau de fonctionnement inférieur. Le lien avec la neurologie est maintenu : une dissolution partielle conduit à des troubles neurologiques localisés alors qu'en psychiatrie cette dissolution est globale.

La dégénérescence

Certains organicistes, sous l'influence de Ch. Darwin, ont insisté à la suite de B.A. Morel (1809-1873) sur le caractère « évolutionniste » de la personnalité. La maladie mentale traduirait une dégénérescence, « déviation par rapport au type humain normal qui est transmise par l'hérédité et qui s'aggrave peu à peu jusqu'à l'extinction de la famille ». Résultant de causes variées, qui peuvent être organiques mais aussi morales ou sociales, la dégénérescence acquise devient transmissible. Sa conséquence la mieux connue serait la « démence précoce », que l'on appellera plus tard « schizophrénie ». V. Magnan (1835-1912) reprend les théories de Morel. Il décrit plusieurs types de dégénérescence qui se manifestent par des stigmates moraux et physiques. Sur ce terrain prédisposé surviennent des accidents psychopathologiques transitoires comme les bouffées délirantes des dégénérés. La littérature naturaliste avec les romans de Zola et des Goncourt, la criminologie avec Lombroso reprennent cette idée d'un atavisme et des stigmates de la dégénérescence.

Des anomalies héréditaires, congénitales ou acquises précocement, peuvent entraîner un déséquilibre constitutionnel des fonctions psychiques. E. Dupré (1862-1921) décrit ainsi des « constitutions » proches des tempéraments hippocratiques. La théorie de la dégénérescence introduit la notion d'évolution diachronique, plus avancée que la simple localisation cérébrale des fonctions, mais en même temps l'idée d'une hérédité inéluctable.

Influence de la psychopathologie

T. Ribot (1839-1916) a créé une école de psychopathologie non strictement médicale, parallèle à la tradition psychiatrique. Jusqu'à la fin de la Seconde Guerre mondiale, avant l'individualisation des études de psychologie, la psychopathologie fut enseignée à la faculté des lettres comme une discipline philosophique. G. Dumas (1866-1946) et A. Binet (1857-1911) à la Sorbonne, P. Janet (1851-1947) au Collège de France ont influencé la neuropsychiatrie par leur approche de la maladie mentale, approche plus synthétique qu'analytique, rationaliste et souvent expérimentale, longtemps critique à l'égard des thèses psychanalytiques.

En Allemagne, E. Kretschmer (1900-1964) tente d'établir des corrélations entre des types psychologiques et des caractéristiques organiques constitutionnelles. À la différence des tentatives antérieures, la typologie de Kretschmer ne part pas d'idées préconçues mais s'appuie sur l'étude clinique d'une population de malades dont les caractéristiques psychologiques et corporelles sont soigneusement répertoriées. Les facteurs humoraux jouent un rôle important. On ne recherche pas de localisations cérébrales. Les psychiatres contemporains ont présents à l'esprit le type leptosome du schizophrène ou le type pycnique du maniaco-dépressif tels que les a décrit Kretschmer. On lui doit aussi l'idée des degrés intermédiaires entre le normal et le pathologique : avant la schizophrénie, il existe un type schizothyme puis un type schizoïde. Kretschmer fait appel à des méthodes de statistique et de psychologie expérimentale, comme la tachistoscopie.

Deux précurseurs du DSM III

Pour E. Kraepelin (1856-1926), qui a fortement influencé la psychiatrie anglo-saxonne, le psychiatre doit savoir reconnaître les signes objectifs utiles au pronostic des maladies mentales. Kraepelin se réfère au modèle de la paralysie générale. Il reste descriptif et ne se fonde pas sur une théorie comme celle de la dégénérescence. Ses conceptions ont pu ainsi être reprises par le DSM III, classification moderne et en principe athéorique des maladies mentales proposée par les psychiatres américains. (→ DSM III.)

K. Schneider (1907-1967) a également influencé le DSM III par sa différenciation entre symptômes de premier et de deuxième rang. Seuls les symptômes de premier rang sont essentiels au diagnostic de schizophrénie. Le patient peut ainsi présenter un type particulier d'hallucinations auditives, proches de l'automatisme mental de G. de Clérambault; il se pense dépossédé de ses propres pensées et sent qu'on lui impose des pensées étrangères comme dans le syndrome d'influence de l'école française. Même si K. Schneider reconnaît l'origine organique des maladies mentales, il fonde sa classification sur la description de la symptomatologie.

La psychopharmacologie

W. Mayer-Gross, en Allemagne puis en Grande-Bretagne, a introduit la psychopharmacologie expérimentale dans un milieu psychiatrique anglais dominé par l'organicisme de H. Maudsley (1831-1910). En France, J. Delay (1907-1989) et P. Deniker restent les initiateurs de la psychopharmacologie, qui modifie les comportements en agissant sur le système nerveux central et dont les progrès ont conduit au développement actuel des neurosciences.

La psychiatrie biologique aujourd'hui

La psychiatrie biologique est-elle aujourd'hui l'héritière de la neuropsychiatrie ? Si certains auteurs, comme N. Andreasen aux États-Unis, défendent encore les hypothèses neuroanatomiques, en particulier pour la schizophrénie, à partir des résultats de l'imagerie cérébrale (caméra à positons, résonance magnétique nucléaire), la psychiatrie s'est éloignée de la neurologie. L'intérêt s'est déplacé sur l'étude de la transmission neuronale et des récepteurs à un niveau fondamental, au-delà même des modèles de comportement animal nécessaires à l'étude des psychotropes. Aussi la neurobiologie risque-t-elle de perdre le contact avec la réalité de la maladie mentale, et nombre de psychiatres sont tentés par un retour à la clinique tout en respectant les règles de rigueur méthodologique dont les neurosciences ont montré la nécessité. A. G.

Bibliographie

Frazer, A., et Winokur, A., 1977, *Biological Bases of Psychiatric Disorders*, New York, Spectrum.

Snyder, S.H., 1980, *Biological Aspects of Mental Disorder*, New York, Oxford University Press.

neuropsycho-immunologie

n.f. (angl. Neuropsychoimmunology)

Étude des relations entre le système immunitaire et le système nerveux central (S.N.C.) dans divers états psychologiques et psychopathologiques.

Jusqu'à une date récente, le système immunitaire était considéré comme autorégulé, contrôlant sa propre homéostasie. Diverses observations ont amené à envisager des processus d'interaction entre, d'une part, le S.N.C., ainsi d'ailleurs que certains axes hormonaux, et, d'autre part, le système immunitaire : on parle de neuroimmunomodulation. Les lymphocytes possèdent des récepteurs spécifiques de neurotransmetteurs, d'hormones et de neuropeptides. Ils sont capables de produire des hormones, notamment de la proopiomélanocortine, précurseur de l'A.C.T.H. Or, l'A.C.T.H. intervient dans les phénomènes dépressifs et anxieux. La psychiatrie dispose ainsi d'outils nouveaux permettant d'explorer plusieurs types de pathologie sous un angle original.

Dépression et stress

Les états dépressifs et les modèles de stress ont été les plus étudiés. Ainsi, R. Bartrop et coll. (1977) ont montré dans une étude contrôlée qu'une situation de deuil entraînait en même temps qu'un état dépressif une altération fonctionnelle des lymphocytes T suppresseurs. Ces lymphocytes jouent un rôle important dans les phénomènes de coopération cellulaire, modulant en particulier la production des anticorps par les lymphocytes B. Dans une étude longitudinale prospective de l'évolution de divers paramètres immunitaires chez les conjoints de femmes atteintes de cancers du sein à un stade avancé, le groupe de M. Stein a établi que la réactivité des lymphocytes à différents composés mitogènes, comme la phytohémagglutinine (P.H.A.), diminuait après le décès de l'épouse.

Bien qu'un déficit de l'immunité cellulaire n'ait pas toujours été retrouvé dans d'autres situations de dépression majeure (M. Albrecht et coll., 1985), une majorité de travaux rapportent des anomalies qui ne sont pas expliquées par le stress de l'hospitalisation (S. Schleifer et coll., 1985) et qui apparaissent liées à la sévérité de la dépression. Schleifer et coll. (1989) n'ont pas retrouvé d'anomalies aux tests de prolifération des lymphocytes stimulés par des mitogènes ni dans le comptage des diverses populations lymphocytaires, pas plus que dans l'activité NK (cellules naturelles tueuses), contrairement à des résultats précédents. Cependant, les déprimés ne se comportaient pas normalement: on ne retrouvait pas chez eux l'augmentation de la réponse proliférative et du nombre de lymphocytes T4 observée avec le vieillissement chez les témoins sains. Encore mal comprises, ces altérations du fonctionnement immunitaire sont à mettre en parallèle avec la notion d'une mortalité et d'une morbidité plus élevées chez les déprimés.

Schizophrénie

Dans la schizophrénie, une diminution de la capacité de réponse immunitaire a également été rapportée. Les taux de certaines immunoglobulines dans le plasma ou le liquide céphalo-rachidien seraient élevés. On a observé des anomalies des sous-populations lymphocytaires. Les résultats restent plus contradictoires que dans le stress, le deuil ou la dépression mais l'avenir à terme pourrait être prometteur dans la mesure où la schizophrénie est une affection chronique plus facile à caractériser sur le plan clinique.

Par ailleurs, des mécanismes auto-immuns ont été évoqués pour la schizophrénie: son histoire naturelle, sa base génétique, sa possible association à certaines spécificités du système H.L.A., l'élévation des taux d'anticorps anti-nucléaires, anti-lymphocytes T ou anti-cerveau plaident pour une telle hypothèse. Les variables non spécifiques, comme les traitements neuroleptiques responsables de réactions auto-immunes, doivent être contrôlées. Dans une population de schizophrènes strictement non traités, on a récemment montré une baisse de l'interleukine 2 (I.L.2), médiateur fondamental de la coopération cellulaire dans le système immunitaire (F. Villemain et coll., 1989), et une augmentation des récepteurs à l'I.L.2 (M. Rapaport et coll., 1989), ce qui oriente vers une perturbation de la régulation immunitaire dans la schizophrénie.

Autres affections

Dans la démence, le problème s'est posé plus simplement en raison de la présence de lésions organiques: plaques séniles et dégénérescence neuro-fibrillaire où l'on a retrouvé des facteurs sériques. L'ensemble des maladies psychosomatiques, les cancers et maintenant le sida appartiennent également au champ de la neuropsychoimmunologie dans la mesure où les facteurs psychologiques apparaissent déterminants. L'immunologie pourrait ainsi jouer le rôle que la pharmacologie a tenu ces trente dernières années dans le développement de la psychiatrie biologique. A. G.

neuropsychologie

n.f. (angl. Neuropsychology)

Science qui tente d'établir un rapport intelligible entre les processus psychologiques supérieurs et le fonctionnement cérébral.

La neuropsychologie humaine se fonde principalement sur l'étude des désordres psychologiques survenant après une lésion cérébrale; la neuropsychologie animale a recours à l'expérimentation (ablations, stimulations électriques, modifications pharmacologiques, etc.).

La neuropsychologie se trouve de la sorte à la croisée de deux grands groupes de disciplines: d'un côté, les neurosciences*, qui tentent d'élucider les logiques du fonctionnement cérébral ainsi que les structures physiques et les mécanismes biologiques qui les réalisent, de l'autre, la psychologie, qui s'efforce de comprendre la logique et l'organisation des opérations mentales et du comportement. Dans sa démarche interprétative et ses méthodes de recherches, la neuropsychologie est, aujourd'hui, largement influencée par la psychologie cognitive, la psycholinguistique et l'intelligence artificielle.

Comme sous-disciplines, on signalera aussi la *neuropsychologie développementale,* dont l'objectif est la mise en relation des phénomènes de maturation et de sénescence cérébrales avec la genèse et l'évolution des conduites au cours de la vie, et la *neuropsychologie rééducative,* qui a pour projet de remédier aux conséquences invalidantes des atteintes cérébrales.

La position frontière de la neuropsychologie à l'interface des sciences biologiques et des sciences psychologiques a pour conséquence l'existence de nuances dans les objectifs de recherche.

Ainsi, les chercheurs davantage orientés vers les sciences neurobiologiques s'efforcent avant tout de déterminer les soubassements neurobiologiques des processus cognitifs; ils constituent le courant des *neurosciences cognitives.* Ce courant s'efforce non seulement d'établir les corrélats neurobiologiques des processus cognitifs (notamment de les localiser), mais aussi d'en comprendre la logique de fonctionnement. Les chercheurs peuvent dans ce but élaborer et simuler des modèles théoriques du fonctionnement d'ensembles neuronaux capables de sous-tendre des processus cognitifs (modèle neuromimétique). Dans ce courant de recherche, on exploite au mieux l'ensemble des techniques d'imagerie fonctionnelle cérébrale afin d'analyser certains paramètres du fonctionnement cérébral pendant la réalisation d'activités cognitives précises. Les chercheurs plus orientés vers la psychologie cognitive tirent parti des désordres psychologiques dans le but de mieux comprendre le fonctionnement mental normal. Deux postulats principaux animent cette orientation de la recherche: celui de *modularité,* qui signifie l'indépendance fonctionnelle des différentes composantes des architectures cognitives, et celui de *transparence,* qui suggère que les troubles neuropsychologiques sont le résultat du fonctionnement normal des systèmes cognitifs amputés d'une ou de plusieurs sous-composantes. Par leur sélectivité, les désordres neuropsychologiques (les dissociations) révèlent ainsi, et en quelque sorte en négatif, la structure normale des architectures cognitives. La neuropsychologie se transforme alors en une sorte de psychopathologie de la cognition. Ce travail de fragmentation des processus mentaux peut aussi s'accomplir chez le sujet normal en tirant parti de l'organisation croisée des systèmes afférents et efférents, qui permet l'analyse des contributions spécifiques à chaque hémisphère cérébral dans la réalisation de diverses activités cognitives.

Ces deux courants de recherches ne sont cependant pas disjoints et l'objectif final de la discipline reste bien de comprendre le fonctionnement cérébral dans ses rapports au fonctionnement mental. X. S.

→ agnosie, aphasie, apraxie, langage (troubles du), neuroscience.

Bibliographie

Beaumont, J.G., 1983, *Introduction to Neuropsychology,* Oxford, Londres, Blackwell.

Grossberg, S., 1987, *The Adaptative Brain,* 2 vol., Amsterdam, New York, Oxford, North-Holland.

Hécaen, H., 1972, *Introduction à la neuropsychologie,* Paris, Larousse.

neuroscience

n.f. (angl. Neuroscience)

Chacune des disciplines rassemblées autour d'un objet unique: le système nerveux.

Le terme de *neuroscience* n'a été introduit que vers la fin des années 1960. Il désigne l'étude du système nerveux au niveau moléculaire, biochimique, cellulaire, au niveau de son fonctionnement, ainsi que dans ses formes les plus élaborées (langage, résolution de problèmes, acquisition des connaissances, etc.). Les neurosciences ont permis la coopération de chercheurs de disciplines qui étaient restées jusque-là très cloisonnées. Leur développement est en grande partie dû aux progrès considérables qui ont été réalisés ces dernières années dans l'analyse moléculaire, cellulaire et intercellulaire du système nerveux ainsi que dans l'étude des comportements. Récemment sont apparues des interrelations fructueuses entre les neurosciences et les sciences cognitives ; l'interface de ces deux ensembles de disciplines a pris le nom de *neurosciences cognitives*. P. L.

BIBLIOGRAPHIE

Association de la psychologie de langue française, 1990, *Psychologie et Cerveau. Symposium 1987, Toulouse*, Paris, P.U.F.

Collectif, 1986, *Progress in Neurosciences*, New York, W.H. Freeman.

neurotransmetteur

n.m. (angl. Neurotransmitter)

Synonyme de neuromédiateur.

neutre

adj. (angl. Neutral)

GÉNÉR. **Qui ne produit pas l'effet auquel on s'intéresse.**

Dans le conditionnement, le stimulus neutre est celui qui ne produit initialement aucun effet sur le comportement à conditionner : par exemple la clochette, au début de l'expérience de I.P. Pavlov. (→ conditionnement.) C'est ce même stimulus qui deviendra ultérieurement le stimulus conditionnel.

Dans d'autres situations, un stimulus neutre est celui qui ne produit pas d'effet. Par exemple, dans l'amorçage, sera appelé « neutre » tout stimulus qui ne produit ni raccourcissement ni allongement du temps de réaction observé : des chaînes de caractères, des mots comme *rien*, ou même le mot *neutre*, sont utilisés couramment en qualité de stimulus neutres. J.-F. L. N.

névroglie

n.f. (angl. Neuroglia)

Tissu d'accompagnement des cellules nerveuses auquel on attribue classiquement un rôle de soutien et un rôle trophique (nourricier) vis-à-vis des éléments nobles du système nerveux.

Les cellules névrogliques, ou cellules gliales, sont dix fois plus nombreuses que les neurones dans le système nerveux central des vertébrés. Contrairement aux neurones, elles ont gardé la capacité de se diviser. Les cellules gliales peuvent être regroupées en deux catégories principales : la macroglie (astrocytes, oligodendrocytes et cellules épendymaires) et la microglie.

L'importance de la névroglie (ou glie) est attestée par son implication dans plusieurs processus :

1. certaines cellules gliales (microglie) jouent le rôle de macrophages et éliminent par phagocytose les débris cellulaires ;
2. des cellules gliales (cellules de Schwann, oligodendrocytes) sont à l'origine de la gaine de myéline des fibres nerveuses. La présence de cette gaine augmente considérablement la vitesse de propagation de l'influx nerveux ;
3. la glie participe vraisemblablement à la régulation de l'excitabilité des neurones en absorbant l'excès d'ions potassium extracellulaires provenant de l'activité des cellules nerveuses ;
4. les cellules gliales sécrètent des neurotransmetteurs. Elles sont capables, par exemple, de capter le gaba, principal neurotransmetteur inhibiteur, de le stocker et de le libérer dans certaines conditions ;
5. au cours de l'ontogenèse du système nerveux ou après une lésion, certaines classes de cellules gliales dirigent la migration des neurones et guident les axones vers leurs cibles. G. S.

névropathie

n.f. (angl. Neuropathy)

Ensemble variable de troubles relativement mineurs de la personnalité, pouvant appartenir à la symptomatologie des névroses ou même parfois des psychoses, n'entraînant pas de véritable maladie mentale.

Le terme n'est plus utilisé, si ce n'est dans le domaine littéraire, où l'on parlera de « névropathes » pour décrire des personnages originaux ayant un caractère névrotique ou psychotique. J. P.

→ article suivant.

névrose

n.f. (angl. Neurosis)

Maladie mentale dont le sujet reste douloureusement conscient et qui, malgré les troubles permanents de la personnalité qu'elle peut entraîner, n'en affecte pas profondément les fonctions essentielles.

Les troubles névrotiques sont extrêmement fréquents (près de 12 % de la population en seraient atteints) et se répartissent en cinq grandes catégories :

1. troubles anxieux, paniques et phobiques (anxiété, attaques de panique, agoraphobie, phobies simples et phobies sociales) ;
2. troubles obsessifs compulsifs (T.O.C.) ;
3. troubles hystériques (avec les conversions somatiques) ;
4. troubles somatoformes (en dehors des conversions) et hypocondrie ;
5. troubles dépressifs et réactionnels au stress.

NAISSANCE DU CONCEPT DE NÉVROSE ET PREMIÈRES ÉVOLUTIONS

Le terme de *névrose* va être progressivement détourné de son sens primitif au cours de son évolution historique. Créé par un professeur de médecine d'Édimbourg, W. Cullen, en 1769, pour définir l'ensemble des maladies nerveuses en affirmant leur origine organique et donner un cadre nosologique spécifique à la neurologie naissante, il va progressivement recouvrir le champ d'affections mentales dont la causalité psychogénétique est de plus en plus évidente : d'abord les vésanies, c'est-à-dire tout le domaine de la folie, des psychoses ; puis les psychonévroses, d'où émergent, comme des figures dominantes, d'une part l'hystérie et d'autre part la névrose obsessionnelle, auxquelles S. Freud donnera son statut nosographique définitif.

C'est d'abord avec P. Pinel, grand lecteur de Cullen (il traduit en particulier ses *Éléments de médecine pratique* en 1785), que la classe des névroses de sa *Nosographie philosophique* (1797) regroupe à la fois des maladies neurologiques organiques, comme les affections comateuses ou l'apoplexie cérébrale, et des maladies qui tiennent pour lui à des causes morales, comme « les affections hypocondriaques et mélancoliques et même la manie », ainsi que l'hystérie et le somnambulisme. Mais c'est surtout au milieu du XIXe siècle, avec les progrès de la médecine anatomo-pathologique, que seront peu à peu écartées des névroses toutes les affections neurologiques spécifiques comme la paralysie agitante, devenue la maladie de Parkinson, ou la sclérose latérale amyotrophique, qui sera étudiée et définitivement décrite comme une entité neuropathologique précise par J. Charcot.

Mais ces découvertes resteront limitées et n'appauvriront guère le grand chapitre des névroses, fourre-tout plus ou moins hétéroclite, qui termine généralement tout traité de médecine paraissant au XIXe siècle. Car c'est bien selon leurs caractères négatifs que se définissent alors les névroses : états morbides, mais généralement sans fièvre (apyrétiques), sans lésion précise, n'entraînant pas de changements profonds et définitifs, ayant une évolution mal prévisible pour ne pas dire imprévisible. L'atteinte de l'intelligence, de la sensibilité, de la motilité y est toujours incomplète, parcellaire, fugace. Cette définition pleine de réticence est bien celle qui apparaît sous la plume de A. Axenfeld dans son *Traité des névroses*, paru en 1867. Il y écrit en effet : « La classe tout entière des névroses a été fondée sur une conception négative ; elle est née du jour où l'anatomie pathologique, étant chargée d'expliquer les maladies par les altérations des organes, s'est trouvée en face d'un certain nombre d'états morbides dont la raison d'être lui échappait. » Devant l'échec de l'anatomie pathologique, il était tentant de rechercher une atteinte purement fonctionnelle. Déjà, A. Foville avait parlé d'une localisation qui ne serait pas anatomique, mais purement physiologique. Mais c'est surtout Charcot qui essaiera de préciser les troubles fonctionnels de l'hystérie, et, devant son échec, ses élèves F. Raymond et P. Janet qui orienteront les recherches vers une causalité psychologique des névroses. Avec eux apparaît en effet le terme de *psychonévrose*, qui marque un tournant décisif dans l'évolution du concept nosologique tel qu'il sera compris par Freud et les psychanalystes qui vont en centrer l'origine sur la notion de conflit intrapsychique.

Évolution du concept de névrose

Élève et successeur de Charcot à la Salpêtrière, Raymond, dans son article « Névrose et psychonévrose » du *Traité de psychologie pathologique* dirigé par A. Marie, montre bien cette évolution du concept nosographique. S'il reconnaît que les névroses sont des « maladies sans lésions connues », il pense cependant que des modifications cérébrales d'ordre chimique ou peut-être physique peuvent être à l'origine de ces maladies que son maître qualifiait de « dynamiques » ou de « fonctionnelles » par opposition aux maladies neurologiques organiques, dont les lésions sont bien connues et limitées dans leurs aspects anatomopathologiques les plus précis. Mais il admet que, sur un plan plus concrètement clinique, elles semblent relever de perturbations essentiellement psychologiques, au moins au niveau des symptômes, qui, pour l'essentiel, touchent les fonctions psychiques : « Si les modifications du caractère et du moral ont été, de tout le temps, relevées parmi les symptômes des grandes névroses, ce n'est qu'à une époque relativement récente que l'attention des neurologistes et des aliénistes s'est attachée, d'une manière plus particulière, à l'étude approfondie des troubles psychiques [...] et [...] de nombreux travaux, consacrés à l'état mental dans les différentes névroses, ont eu pour résultat de mettre en relief la perturbation du sentiment et de l'intelligence, et aujourd'hui on admet généralement que l'élément psychique joue dans les grandes névroses le rôle primordial. »

C'est en fonction de cette psychogenèse reconnue dans les faits cliniques, sinon dans la théorie pathogénique, que Raymond propose de ne plus les appeler « névroses » mais « psychonévroses ». Il reprenait ce terme à la nosologie allemande et, en particulier, à R. Kraft-Ebing, qui l'utilisait largement mais dans une conception très extensive puisqu'il recouvrait pratiquement tout le champ des psychoses, c'est-à-dire des anciennes vésanies. Pour Raymond, même si certaines grandes névroses ne sont pas très éloignées des psychoses (comme le « délire du toucher » de certains grands phobiques), il faut se garder de cette confusion : « Nous pensons, quant à nous, écrit-il, que, si les psychonévroses se rapprochent par bien des points des vésanies, elles s'en distinguent par des caractères importants. Les symptômes psychiques y sont plus développés que dans des névroses simples ou partielles, mais ils y sont moins accentués et moins constants que dans les vésanies ; le délire, notamment, n'y est qu'un épisode accidentel et transitoire, alors qu'il est de règle dans les vésanies. »

Malgré cet effort de distinction entre les deux groupes morbides, il n'en reste pas moins que le terme va entretenir cette confusion que regrette Raymond. D'un côté, le préfixe « psycho- » connote une étiologie et une pathogénie psychologiques. C'est la signification que retient le successeur de Charcot. De l'autre, il renvoie aux notions de gravité, de délire, de chronicité, de quasi-psychose. C'est pourquoi il est abandonné par Janet, le collaborateur de Raymond, qui l'avait pourtant utilisé, de concert avec lui, dans ses premiers ouvrages.

Reprenant le vieux terme de *névrose*, Janet le définit à la fois sur le plan pathogénique et sur le plan clinique. Distinguant principalement deux grandes catégories de névroses, l'hystérie et la psychasthénie (qui recouvrira en grande partie la *névrose obsessionnelle* individualisée par Freud), il considère que, selon la hiérarchisation des fonctions psychiques, les fonctions d'adaptation au réel du sujet sont les premières touchées lorsque se produit, à la suite de certaines perturbations mentales, une « baisse de la tension psychologique ». Celle-ci s'accompagne d'un rétrécissement du champ de conscience et de troubles psychiques qui constituent essentiellement les diverses névroses. Reconnaissant l'importance du surgissement, à cette occasion, des sentiments anxieux les plus primaires et du conflit intrapsychique, il peut ainsi définir les névroses : « Ce sont des maladies de la personnalité caractérisées par des conflits intrapsychiques qui inhibent les conduites sociales. »

L'apport de la psychanalyse

À cette pathogénie assez statique, qui reste centrée sur la baisse de la tension psychologique, va s'opposer celle, plus dynamique, de Freud, donnant son plein sens à la notion de conflit intrapsychique en le situant entre conscient et inconscient et en l'articulant autour du mécanisme fondamental du refoulement.

En effet, la psychanalyse apparaît d'emblée comme une psychologie dynamique qui privilégie la notion de conflit psychique : tout comportement est finalement l'expression d'un conflit, soit entre l'individu et le milieu extérieur, soit à l'intérieur de lui-même (conflit intrapsychique). Et le développement de l'instinctivo-affectivité portera ainsi la marque de tous les conflits que l'individu a su surmonter ; car la solution de ceux-ci, aux différents stades de ce développement, permet chaque fois une réorganisation qui oriente plus ou moins définitivement la relation ultérieure avec les objets.

Ces conflits se résument dans l'opposition entre les deux grands principes freudiens : principe de plaisir et principe de réalité. Le premier régit la vie du nourrisson dans la période néonatale. En l'absence de l'objet qui peut satisfaire l'enfant (la mère), ce dernier dispose, par l'hallucination qui supprime le monde réel, de la satisfaction hallucinatoire du désir. Mais, peu à peu, le principe de réalité oblige l'enfant à admettre la réalité avec ses frustrations et ses interdits. Ainsi, le principe de réalité s'affronte constamment au principe de plaisir dans le fonctionnement de l'appareil psychique. Ce dernier fonctionne donc selon un modèle topologique qui, au début, séparait l'appareil psychique en « inconscient », obéissant au principe de plaisir, et « conscient », obéissant au principe de réalité.

À partir de 1920, Freud modifie cette topique en y décrivant trois systèmes : le ça (partie de l'ancien inconscient, système des instincts sous la dépendance du principe de plaisir), le moi (le conscient, principe de réalité) et le surmoi (inconscient quoique issu du moi, système contenant des éléments refoulés par le moi sous la pression de la réalité). [→ ça, moi, surmoi.] La notion de refoulement y reste essentielle. Et c'est dans cette perspective que Freud situe les névroses, en les reliant en particulier à une fixation à un stade libidinal : *névrose obsessionnelle* au niveau cloacal, *névrose phobique* et hystérie au niveau génital préœdipien. Avec les névroses dites « de caractère » (organisation sur un mode névrotique du caractère avec un fort déséquilibre instinctivo-affectif) et les *névroses traumatiques* réactionnelles à un événement traumatique physique ou psychique (qui ne fait bien souvent que réactiver une structure névrotique sous-jacente jusque-là latente), celles-là constituent toujours le cadre nosologique de référence du psychiatre français contemporain. Pour ce dernier, le champ clinique des névroses se définit, comme l'indique Ch. Brisset, par « des symptômes névrotiques » et par « le caractère névrotique du moi ». Les premiers sont « les troubles des conduites, des sentiments ou des idées qui manifestent une défense contre l'angoisse et constituent à l'égard de ce conflit interne un compromis dont le sujet tire dans sa position névrotique un certain profit (bénéfices secondaires de la névrose) ». Le second est caractérisé par le fait que le moi « ne peut pas trouver dans l'identification de son propre personnage de bonnes relations avec autrui et un équilibre intérieur satisfaisant », ce qui ne l'empêche pas de maintenir avec la réalité un contact presque normal, à l'inverse de ce qui se passe dans la psychose, où le délire est pris pour le réel.

La névrose expérimentale

Si les cliniciens semblent encore suivre d'assez près la perspective freudienne en France, il faut reconnaître que la notion de « névrose expérimentale », d'abord introduite par I. P. Pavlov en Russie dès le début du XXe siècle, puis par J. Massermann aux États-Unis et par H. Eysenck en Grande-Bretagne, a pris une grande importance avec l'utilisation de plus en plus répandue des thérapies comportementales. Le premier, Pavlov avait montré qu'on pouvait créer des névroses expérimentales chez l'Animal par des conditionnements avec des signaux contradictoires ou mal différenciés. (→ névrose expérimentale.)

C'est à partir des troubles de l'apprentissage qu'Eysenck, Massermann et J. Wolpe ont pu définir la névrose comme résultant d'une séquence entre des stimulus et des réponses qui leur sont mal adaptées. J. Caïn a décrit de son côté la genèse de certains « fragments de névrose » par conditionnement défectueux et leur disparition à la suite d'un déconditionnement bien conduit. Les Behavior-thérapies actuelles sont de plus en plus pratiquées dans les pays anglo-saxons pour traiter de nombreux troubles névrotiques qui relevaient jusque-là de psychothérapies d'inspiration psychanalytique. Non seulement les troubles sexuels, les appétences aux drogues et à l'alcool, mais aussi les phobies, les comportements antisociaux sont ainsi traités par des techniques de déconditionnement parfois fort agressives, comme on peut le voir dans le film de S. Kubrick *Orange mécanique* (1971). Du même coup, les névroses les plus classiques ont pu être considérées comme de simples troubles de l'apprentissage relevant de véritables rééducations thérapeutiques.

L'École culturaliste

Dans une perspective bien différente, l'école culturaliste, avec G. Róheim, R. Benedict, K. Horney, a vu dans les pressions sociales des facteurs déclenchants des névroses, dont certains types cliniques ont pu leur paraître plus spécifiques d'une culture particulière que de névrosés individuels.

Destin de la névrose

Enfin, il faut se demander si le terme même de *névrose* ne va pas disparaître. On a assisté en effet, avec le DSM III de l'Association psychiatrique américaine, paru en 1980, à son exclusion de cette classification. R. Spitzer, un des principaux responsables de la rédaction du manuel, s'en expliquait ainsi : « Le terme de *névrose* a été exclu de cette nomenclature parce que cette dernière voulait s'établir dans un contexte étiologique « athéorique » pour ne pas avoir à réconcilier tous les aspects doctrinaux de la psychiatrie. Or, le terme de *névrose*, empreint de doctrine psychanalytique, implique une étiologie de conflits intrapsychiques inconscients et une pathogénie basée sur des mécanismes de défense inconscients, les seules justifications pour grouper sous une rubrique de "névrose" des conditions dont la symptomatologie est aussi disparate que la névrose d'angoisse, la dépression névrotique, les névroses hystériques de conversion. »

Remplacées par une série de « troubles affectifs », de « troubles anxieux », de « troubles somatoformes », etc., les névroses disparaissent donc du diagnostic américain. Est-ce leur mort nosologique ? Pas encore, semble-t-il. Beaucoup de psychiatres américains, en particulier ceux ayant une formation psychanalytique, ont vivement protesté. Un compromis a été proposé par J. Talbott réintroduisant, entre parenthèses seulement, les différentes névroses (Modified Talbott Plan). Garderont-elles encore longtemps cette place nosographique bien mesurée ? Du grand canapé écossais de Cullen au strapontin américain de Talbott, les névroses auront suivi le destin de la psychiatrie. Annexées par des doctrines à la fois successives et antagonistes, elles n'ont pas résisté aux luttes idéologiques et à un pragmatisme de plus en plus réducteur et impérialiste. Faut-il s'en féliciter ou craindre que, avec elles, ce soit l'homme malade qu'on évacue en ne voulant plus voir et traiter que ses troubles du comportement et ses symptômes ? J. P.

→ hystérie, obsession, phobie, psychothérapie, somatisation.

Bibliographie

Benedict, R., 1934, *Patterns of Culture*, Boston, Honghton Mifflin.

Caïn, J., 1964, *le Problème des névroses expérimentales*, Paris, Desclée de Brouwer.

Cottraux, J., et Mollard, E., 1986, *les Phobies, perspectives nouvelles*, Paris, P.U.F.

Freud, S., 1916, *Introduction à la psychanalyse* (trad. fr.), Paris, Payot.

Horney, K., 1953, *la Personnalité névrotique de notre temps* (trad. fr.), Paris, L'arche.

Janet, P., 1909, *les Névroses*, Paris, Flammarion.

Manus, A., 1987, *Psychoses et névroses de l'adulte*, Paris, P.U.F.

Postel, J., et Quétel, Cl., 1983, *Nouvelle Histoire de la psychiatrie*, Toulouse, Privat.

Wolpe, J., 1958, *Psychotherapy by Reciprocal Inhibition*, Stanford, Stanford University Press.

névrose d'angoisse

(angl. Anxiety Neurosis ; allem. Angstneurose)

→ angoisse (névrose d').

névrose expérimentale

(angl. Experimental Neurosis)

Troubles comportementaux durables, mais, dans la plupart des cas, réversibles, observables chez l'animal placé dans certaines conditions d'apprentissage.

C'est I.P. Pavlov qui donna le nom de *névrose expérimentale* aux perturbations comportementales pouvant survenir au cours d'un apprentissage discriminatif chez l'animal. Dans une procédure de conditionnement, lorsque l'animal est entraîné à donner une réponse conditionnelle de salivation à la présentation d'un cercle (stimulus conditionnel) qui annonce un plat de nourriture (stimulus inconditionnel), on peut lui apprendre à discriminer ce cercle d'une ellipse de même surface par une procédure de discrimination : la présentation du stimulus inconditionnel chaque fois que le cercle est montré, et sa non-présentation consécutivement à l'ellipse, permet l'établissement de cette discrimination (la réponse de salivation à l'ellipse s'éteint progressivement).

On peut alors faire varier la forme de l'ellipse en la rapprochant de celle du cercle afin d'analyser les capacités discriminatives de l'animal. Toutefois, si l'ellipse devient trop peu différente du cercle, l'animal est incapable de discriminer les deux stimulus et son comportement change brusquement : agitement, gémissements, réactions émotionnelles plus ou moins violentes pouvant aller jusqu'à l'excitation généralisée ou l'apathie. Ces troubles comportementaux peuvent s'accompagner de manifestations psychosomatiques : tachycardie, ulcère gastrique, etc.

Les manifestations comportementales de la névrose expérimentale présentent sans doute des similitudes avec les comportements névrotiques humains, à tel point que de nombreuses tentatives ont été faites pour traiter les névroses par des procédures de conditionnement, celui-ci étant supposé à la base de leur développement. Toutefois, la nature hautement symbolique des conduites névrotiques humaines rend difficile leur réduction pure et simple au schéma des névroses expérimentales de l'animal. P. L.

→ conditionnement, discrimination, névrose.

névrose institutionnelle

(angl. Institutional Neurosis)

Ensemble de troubles névrotiques (et psychotiques) acquis par un patient hospitalisé dans une institution psychiatrique depuis plus de deux ans, du fait de cette hospitalisation.

À partir d'une étude des *modifications comportementales qu'entraîne la vie dans une institution* (angl. Institutional Behavior), le psychiatre britannique R. Barton a décrit à la fin des années 1950 différents symptômes psychiatriques apparaissant chez des schizophrènes internés, venant en quelque sorte se surajouter à la symptomatologie individuelle du patient. Cette « névrose » rejoint ce qui avait déjà été décrit par les psychiatres anglais du XIXe siècle sous le nom d'*Asylum Dementia* et ce qu'on appelle, en France, l'*asilisme**. J. P.

névrose obsessionnelle

(angl. Obsessional Neurosis; allem. Zwangsneurose)

PSYCHAN. **Entité clinique isolée par S. Freud grâce à sa conception de l'appareil psychique : l'interprétation qui faisait des idées obsédantes l'expression de désirs refoulés a permis à Freud d'identifier comme névrose ce qui jusque-là figurait comme « folie du doute », « phobie du toucher », « obsession », « compulsion », etc.**

Le cas princeps, publié par Freud en 1909, est celui dit « de l'Homme aux rats » (dans les *Cinq Psychanalyses*). Il est riche d'un enseignement qui n'est toujours pas épuisé. Son auteur fait remarquer que la névrose obsessionnelle devrait nous être plus facile à saisir que l'hystérie parce qu'elle ne comprend pas de « saut dans le somatique ». Les symptômes obsessionnels sont purement mentaux et pourtant nous restent plus obscurs. Il faut avouer que les épigones ont peu contribué à les éclaicir. J. Lacan, quant à lui — sa thèse de médecine mise à part —, n'écrivit pas de clinique à proprement parler, de crainte qu'elle ne contribue à l'objectivation des cas, c'est-à-dire n'ajoute aux avatars de la subjectivité. Il sera cependant fait référence à ses thèses dans cette analyse.

POURQUOI CETTE DIFFICULTÉ SPÉCIFIQUE DE L'ABORD ?

Elle est sans doute liée au fait que la névrose obsessionnelle est très proche de notre activité psychique ordinaire et, par exemple, de la procédure logique même par laquelle on est habituellement tenté d'en rendre compte. Par ailleurs, cette disposition mentale sollicite l'une de nos relations les plus conflictuelles, celle qui nous lie au père, alors que le complexe d'Œdipe nous inciterait plutôt — Tirésias l'avait opportunément conseillé — à tempérer notre désir de savoir. Elle opère à ce propos une dissolution de la fonction propre de la cause au profit d'une relation qui lie fermement, dans la chaîne parlée, l'antécédent au successeur et cela d'une façon qui oblitère tout plan de clivage. Le chercheur se trouve ainsi exposé au risque de partager le doute de l'obsédé sur ce qui était au commencement et aurait pu être déterminant.

CLINIQUE

La clinique de la névrose obsessionnelle se distingue d'emblée de la clinique de l'hystérie par au moins deux éléments : l'affinité élective mais non exclusive pour le sexe masculin; la réticence du patient à reconnaître et laisser connaître sa maladie ; c'est souvent une intervention tierce qui l'incite à consulter.

La prédilection de cette névrose pour le sexe mâle est instructive en ce qu'elle pointe le rôle déterminant du complexe œdipien — voilà la cause qui avait été dissimulée — puisque c'est lui qui met en place le sexe psychique. Quant au refus d'« avouer » la maladie, il tient manifestement au fait que celle-ci est vécue comme « faute morale » et non comme une pathologie. (Mais il existe un autre motif essentiel de dissimulation.)

La symptomatologie majeure est donc représentée par des idées obsédantes avec des actions compulsionnelles et la défense engagée contre elles.

Les obsessions sont remarquables par leur caractère résolument sacrilège : les circonstances qui appellent l'expression du respect, de l'hommage, de la dévotion ou de la soumission sont régulièrement déclenchantes d'« idées » injurieuses, obscènes, scatologiques voire criminelles. Bien que souvent articulées sous la forme d'une adresse impérative (par exemple, cette « idée » visant la femme aimée : « Maintenant, tu vas lui ch... dans la bouche... »), elles sont reconnues par le sujet comme l'expression de sa volonté propre, effaré et terrorisé qu'elle soit aussi monstrueuse. Il faut donc remarquer que ces *incidentes* (allem. Einfallen) ne sont jamais prises pour être d'inspiration étrangère, même si leur audition peut, dans certains cas, être quasi hallucinatoire. Une lutte, dès lors, s'engage, faite de contre-idées expiatoires ou propitiatoires, qui peuvent occuper toute l'activité mentale diurne jusqu'à ce que le sujet s'aperçoive, à son effroi redoublé, que ces contre-mesures sont elles-mêmes infiltrées. L'image s'impose ainsi d'une forteresse assiégée, dont les remparts fébrilement et successivement élevés s'avèrent tournés et mis à mesure au service de l'assaillant, ou bien de la faille, dont le colmatage, à peine assuré, annonce que s'en ouvre une autre ailleurs. On reconnaîtra, dans ces figurations familières de notre imagerie mentale, l'expression du cauchemar mais aussi du comique. Les actions compulsionnelles, à fin vérificatrice ou expiatoire, sont frappées d'une ambiguïté semblable et peuvent s'avérer elles aussi involontairement obscènes ou sacrilèges.

Ce permanent débat opère dans un climat de doute bien plus systématique que celui conseillé par le philosophe et ne débouche sur aucune certitude d'être. Dans ce doute prend souvent place une interrogation lancinante et génératrice de multiples vérifications toujours insatisfaisantes sur la possibilité d'un meurtre que le sujet aurait commis ou viendrait de commettre à son insu. Un automobiliste se sentira ainsi contraint de revenir sur son chemin pour contrôler s'il n'a pas renversé un passant à tel carrefour, sans s'en être avisé ; il va de soi que la vérification ne pourra le convaincre puisqu'une ambulance a pu passer et les témoins s'être dispersés.

Un tel symptôme vaut d'être retenu parce qu'il conjoint acte et doute ; l'obsessionnel n'est pas seulement dans la frayeur de commettre quelque acte grave (meurtre, suicide, infanticide, viol, etc.) que ses idées pourraient lui imposer, mais aussi dans celle de l'avoir accompli par inadvertance. En forçant le trait, on dégagera progressivement la figure d'un type humain qui n'est pas rare : vieux garçon resté proche de sa mère, fonctionnaire ou comptable épris d'habitudes et de petites manies, scrupuleux et soucieux d'une justice égalitaire, privilégiant les satisfactions intellectuelles et voilant par sa civilité ou la religiosité une agressivité mortifère.

L'HOMME AUX RATS

Une telle caricature ne ressemble en rien au jeune juriste — Ernst Lanzer de son vrai nom semble-t-il — qui en 1905 vint consulter Freud : intelligent, courageux, sympathique, fort malade, l'Homme aux rats avait tout pour le séduire.

Son symptôme d'occasion venait de se produire à propos d'une période militaire : l'impossibilité de rembourser selon les modalités qui lui avaient été prescrites la modeste somme due à une postière. Lorsqu'un capitaine « connu pour sa cruauté » lui enjoignit de payer au lieutenant A qui faisait office de vaguemestre les 3 couronnes 80 qu'il avait avancées pour un envoi contre remboursement, Ernst devait savoir qu'il se trompait. C'était le lieutenant B qui s'était acquitté de la fonction et la postière qui avait fait le crédit. Cette injonction agit cependant comme une *incident* (allem. Einfall) et il fut pris par la contrainte de la réaliser pour éviter que des malheurs épouvantables ne viennent frapper des êtres qui lui étaient chers. Ce fut alors un tourment effroyable pour essayer de faire circuler sa dette entre ces trois personnes avant qu'elle n'indemnise la postière. Il est vrai que l'objet délivré n'était pas indifférent : une paire de *lorgnons* (allem. Zwicker) commandée à un opticien viennois en remplacement de celle qu'il avait perdue lors d'une halte et qu'il n'avait pas voulu rechercher pour ne pas retarder le départ. Au cours de ce repos, le capitaine « cruel », partisan des châtiments corporels, avait raconté ce supplice oriental (décrit par O. Mirbeau dans *le Jardin des supplices*) selon lequel un homme dénudé est attaché assis sur un seau contenant des rats : ceux-ci, affamés, s'enfoncent lentement dans son rectum... Freud note « la jouissance par lui-même ignorée » avec laquelle le patient lui rapporta l'anecdote.

Le père d'Ernst est mort peu de temps auparavant : un brave homme, un Viennois bon vivant, du genre « tire-au-flanc », le meilleur ami de son fils et son confident « sauf en un seul domaine ». Ancien sous-officier, il avait quitté l'armée sur une dette d'honneur qu'il ne put rembourser et devait son aisance à son mariage avec une riche fille adoptive. C'est la mère d'ailleurs qui tient les cordons de la bourse et qui sera consultée, après la visite chez Freud, sur l'opportunité d'entreprendre une cure. À l'horizon amoureux, la dame qu'il « vénère » et courtise sans espoir : pauvre, pas très belle, maladive et sans doute stérile, elle ne veut d'ailleurs pas trop de lui. Le père souhaitait, à son exemple, un mariage plus pragmatique. Il a, par ailleurs, quelques rares liaisons ancillaires. Il a un ami « comme un frère » qu'il interroge en cas de désespoir ; ce fut lui qui conseilla de consulter. La lecture qu'il avait faite de *la Psychopatholo-*

gie de la vie quotidienne le conduisit chez Freud. Ses études de droit n'en finissent pas et la procrastination s'est aggravée depuis la mort du père.

L'effort de Freud fut de lui faire reconnaître sa haine refoulée pour son père; et comment une renonciation relative à la génitalité aboutit à une régression de la libido au stade anal: celle-ci y devient désir de destruction. Ernst semble avoir bénéficié grandement de la cure. La guerre de 1914 mit un terme à son élan retrouvé.

Obsession

On voit que ce qui reste incompréhensible — notamment — est le caractère spécifique de la maladie: l'obsession. Pourquoi le refoulé fait-il retour immédiat avec une virulence proportionnelle à la force du refoulement, au point que celui-ci puisse présenter par une de ses faces le refoulé même? Pourquoi ces actes impulsifs qui contraignent l'obsédé?

Une réponse à ces questions est souhaitable si l'on veut que leur particularité contribue à nous enseigner les lois du fonctionnement psychique.

Nous essayerons, pour notre part, d'avancer à partir de la comparaison faite par Freud entre exercice religieux et rituel obsessionnel, assimilant ce dernier à « une religion privée ».

Il faut rappeler à cette fin le caractère patrocentrique de la religion judéo-chrétienne, fondée sur l'amour du Père et le refoulement des pensées ou sentiments qui lui sont hostiles. On aura noté que, si l'hystérie est parfaitement décrite malgré son polymorphisme clinique et voit son étiologie identifiée près de 2 000 ans av. J.-C. par les médecins égyptiens, on ne trouve en revanche aucune trace significative de névrose obsessionnelle — dans les textes médicaux, littéraires, religieux ou bien les inscriptions — avant la constitution de cette religion judéo-chrétienne. Celle-ci établie, on note l'accumulation des commentaires de textes sacrés, destinés à épurer actes et pensées de tout ce qui pourrait ne pas être conforme à la volonté supérieure: de la sorte, chaque instant finit par y être consacré avec une minutie qui ne cesse pas de se raffiner. Dans cette perspective, d'ailleurs, l'Évangile peut s'entendre comme une protestation de la subjectivité, supposée détachable du fardeau des œuvres et d'un rituel qui n'empêche pas l'« incirconcision du cœur ».

Une objection majeure fait cependant obstacle sur cette voie. La démarche rationaliste, en effet, n'est pas moins cause de névrose obsessionnelle, comme c'est connu. La récusation des références à un Créateur et le souci d'une pensée rigoureuse et logique vont volontiers de pair avec la morbidité obsessionnelle, compagne inattendue de celui qui espérait un affranchissement de la pensée. Comment nous réconcilier avec un tel paradoxe à moins d'essayer de le faire fonctionner afin qu'il éclaire le mécanisme en jeu?

Ce que les deux options apparemment contraires (mais pas pour saint Thomas, comme on sait) ont en commun, en effet, est un traitement identique du réel. En postulant notre filiation avec celui qui se tiendrait dans le réel (cette catégorie dont l'approche suscite angoisse et effroi), la religion tend à l'apprivoiser. Il n'est pas excessif de dire que la religion — lien sacré — est une opération de symbolisation du réel. Une fois annulée l'idée selon laquelle le réel est toujours ailleurs, le seul moyen de faire valoir la dimension du respect à l'égard de l'hôte divin est la distance euclidienne. Nous voyons dans cette essentielle mutation la cause de la stase propre au style obsessionnel: le refus de se détacher et de grandir, de franchir les étapes, de terminer des études, voire la cure analytique. Une telle accession comporterait, en effet, le risque de s'égaler à l'idéal et ainsi, le détruisant, de compromettre le maintien de la vie.

Mais une autre conséquence est encore plus destructrice: l'annulation de la catégorie du réel par le biais de la symbolisation supprime du même mouvement celle du référent sur lequel s'appuie la chaîne parlée. Dès lors, ce n'est pas seulement le doute qui s'installe. La fonction de la cause — privée de son support — se trouve reportée sur tout couple de la chaîne en liant l'antécédent au successeur devenu ainsi le conséquent. Le pouvoir de la génération est ainsi dépendant, maintenant, de la rigueur de la chaîne et on conçoit le souci obsessionnel de la vérifier sans cesse et d'expulser l'erreur devenue criminelle.

Le malheur — typiquement obsessionnel — de cet effort considérable est que, si le réel est forclos, il revient comme faille entre deux éléments quelconques qu'il s'était agi de parfaitement souder (c'est la césure entre deux pavés avec laquelle jouera l'enfant). Mais chaque faille est perçue comme la cause d'objections, sources de commentaires qui appelleront d'autres commentaires, vérification rétroactive du chemin suivi, mise en cause des prémisses, etc., bref, d'une ratiocination qui ne peut trouver d'apaisement. Faute de référent qui le soulagerait, chaque élément de la chaîne prend une positivité telle (« c'est bien ça ») qu'elle n'est supportable que si elle s'annule (« ce n'est rien »). Ainsi se trouvera déblayé le terrain propice à une formalisation, dont nous donnerons l'exemple d'une application dans cette névrose.

On peut dire, en effet, que le dispositif évoqué est supporté par une relation R qui classe tous les éléments de la chaîne selon un mode réflexif (xRx), ce qui veut dire que chaque élément peut être supposé son propre générateur, antisymétrique (xRy et non yRx), à cause du couple antécédent-successeur, et transitif (xRy, yRu, donc xRu), ce qui permet d'ordonner tous les éléments de la chaîne. Cette relation R étant identique à celle des nombres naturels, on comprendra mieux l'affinité spontanée de la pensée obsessionnelle avec l'arithmétique et la logique (et aussi, inversement, pourquoi une formation scientifique n'est pas toujours la meilleure pour devenir psychanalyste).

Nous sommes en tout cas à la jonction où se devine pourquoi religion et rationalité, proposant un même traitement du réel, risqueront les mêmes conséquences morbides.

Le prix de la dette

La forclusion du réel, cette catégorie qui s'oppose à « toute » totalitarisation (et aussi bien à la pensée qui fonde le totalitarisme), équivaut à une forclusion de la castration. Voilà l'impayé dont la dette hante la mémoire de l'obsessionnel, toujours soucieux d'équilibrer les entrées et les sorties; dans le cas de l'Homme aux rats, c'est d'abord l'impayé de son père, qu'il réglera sans doute du prix de sa vie. Mais le rejet de l'impératif phallique se payera du retour, au lieu d'où pour le sujet se profèrent les messages qu'il aura à reprendre à son compte (le lieu Autre dans la théorie lacanienne), de l'impératif pur, déchaîné, sans plus de limite (puisque la castration est forclose) et donc gros de tous les risques. On conçoit la répugnance de l'obsessionnel aux expressions de l'autorité, même s'il est un partisan de l'ordre. En revanche, faute de référence phallique, cet impératif de l'Autre surgira désormais et excitera les zones dites « prégénitales » (orale, scopique, anale) comme autant de lieux propices à une jouissance, perverse et coupable dans ce cas car purement égoïste.

Le lorgnon perdu d'Ernst Lanzer nous rappelle le voyeurisme de son enfance et l'histoire des rats, son analité. Mais l'homosexualité prêtée à l'obsessionnel est d'un type spécial puisqu'elle inclut non seulement le désir de se faire pardonner l'agressivité contre le père et d'être aimé par lui, mais aussi le retour dans le réel et sur un mode traumatique de l'instrument qu'il s'était agi d'abolir. Cette abolition a déjà provoqué, on l'a vu, le retour dans l'Autre (d'où s'articulent les pensées du sujet) d'une obscénité déchaînée et sacrilège effectivement, s'il est vrai qu'elle concerne l'instrument qui aussi commande le plus haut respect.

Mais aussi elle justifie la rétention de l'objet, nommé par Lacan « petit *a* », support du plus-de-jouir que l'obsessionnel se ménage par accès mais au prix d'infinies précautions et d'une constipation mentale. Quant aux actes impulsifs, enfin, ils viennent sans doute rappeler par leur impuissance l'acte majeur (la castration) auquel l'obsessionnel a préféré se dérober et qui ne lui laisse plus que la mort pour acte absolu, redouté et désirable à la fois. C. M.

Bibliographie

Freud, S., 1894, « les Neuro-psychoses de défense » in *Névrose, psychose et perversion*, P.U.F.; 1895, « Obsessions et phobies », *ibidem*; 1896, « Nouvelles Remarques sur les psychonévroses de défense », *ibidem*; 1907, « Actions compulsionnelles et exercices religieux », *ibidem*; 1908, « Caractère et érotisme anal », *ibidem*; 1909, « Remarques sur un cas de névrose obsessionnelle (l'Homme aux rats) in *Cinq Psychanalyses*; 1912, « Sur les types d'entrée dans la névrose » in *Névrose, psychose et perversion*; 1913, « la Disposition à la névrose obsessionnelle », *ibidem*; 1915, *Introduction à la psychanalyse*; 1926, *Inhibition, symptôme, angoisse*.

Lacan, J., 1966, *Écrits*, Paris, Le Seuil; *le Séminaire* (publié ou clandestin).
Mannoni, O., mai 1965, « l'Homme aux rats » in *les Temps modernes*.
Melman, Ch., 1987-88 et 1988-89, « Séminaire sur la névrose obsessionnelle, à paraître.
Salzman, L., 1968, *The Obsessive Personality*, New York. Science House Inc.
On pourra aussi lire l'œuvre de M. Bouvet consacrée à la névrose obsessionnelle, 1967-68, Paris, Payot.

névrose post-traumatique

(angl. Traumatic Neurosis)

Névrose survenant à la suite ou à l'occasion d'un traumatisme physique.

Le terme de *névrose* est ici généralement entendu dans un sens large et extensif. Il englobe des manifestations psychiatriques plus ou moins structurées. Le traumatisme quant à lui peut avoir concerné le crâne, mais peut avoir également porté sur n'importe quel endroit du corps. De nombreux auteurs ont insisté sur l'absence de corrélation entre l'importance du traumatisme et la gravité des manifestations névrotiques ultérieures. Ils soulignent la relative rareté des névroses post-traumatiques à la suite d'un traumatisme crânien sévère, alors que ces névroses se développent avec prédilection dans les suites de traumatismes apparemment bénins sur le plan somatique. Les troubles névrotiques peuvent exister seuls, accompagner des séquelles physiques ou se greffer sur elles. L'événement traumatisant évoque toujours une menace de mort physique et/ou psychique. Il y a traumatisme psychique quand la capacité de maîtrise de l'angoisse est bouleversée ou dépassée. Ce phénomène est directement provoqué par l'entrée en résonance entre la menace de mort et les éléments fondamentaux de l'histoire personnelle du sujet.

Les névroses post-traumatiques peuvent réaliser des tableaux cliniques variés :

— la *névrose d'effroi* est une réaction émotionnelle aiguë survenant presque immédiatement après le traumatisme, souvent insignifiant en lui-même ; mais ce sont les circonstances dans lesquelles il survient qui sont dramatiques (catastrophe de chemin de fer, incendie, etc.) ;

— les *syndromes neurasthéniques* réalisent des états d'hyperexcitabilité sensorielle et sensitive évoluant sur un fond chronique d'asthénie ; les troubles consistent en céphalées, algies polymorphes, palpitations, sueurs, insomnies ;

— la *névrose phobique* est souvent faite d'agoraphobie (peur des grands espaces) ;

— la *névrose hystérique* peut réaliser toutes les formes de conversion somatique : paralysies, algies, spasmes, aphonie ;

— la *névrose obsessionnelle* est très rarement observée ;

— les *syndromes dépressifs* sont rarement isolés et viennent souvent colorer, à un moment ou à un autre, les affections décrites ci-dessus.

D'une façon plus générale, toutes les névroses post-traumatiques ont en commun quatre types d'éléments :

1. un temps de latence, véritable temps d'incubation, pouvant aller de quelques jours à quelques mois ; cette phase correspond à la réorganisation psychique consécutive au traumatisme ;
2. une angoisse, souvent flottante mais parfois cristallisée dans des troubles plus spécifiques (phobie, hystérie) ;
3. des signes spécifiques, avec labilité émotionnelle, inhibition relationnelle et phénomènes répétitifs ; ces derniers apparaissent au cours du sommeil et concernent le vécu affectif accompagnant l'accident ;
4. une organisation névrotique de la personnalité se traduisant par un état de dépendance affective du traumatisé vis-à-vis de son entourage ; il s'y associe fréquemment une note revendicative à la recherche de bénéfices secondaires ; parmi ceux-ci figure la reconnaissance du dommage subi, et en particulier l'attribution d'une indemnisation.

Les névroses post-traumatiques posent le problème de leur prévention, de leur traitement, de leur évolution et de leur indemnisation s'il existe un intérêt juridiquement protégé. Quand cela est possible, il faut indemniser au plus vite et de façon raisonnable avant que les troubles ne se fixent. Il est cependant difficile de faire la part de ce qui revient au traumatisme et de ce qui relève de l'état antérieur de la personnalité du blessé. M. G.

névrosé, e

adj. et n. (angl. Neurotic)

Se dit d'une personne atteinte d'une névrose. J. P.

névrosisme

n.m. (angl. Neuroticism)

L'une des deux dimensions proposées par H.J. Eysenck dans sa théorie de la personnalité (l'autre étant l'extraversion-introversion) et évaluées par le questionnaire de personnalité d'Eysenck (EPI).

Les sujets ayant des notes élevées en névrosisme manifestent une émotionnalité forte et surtout instable, labile ; changements rapides d'humeur, susceptibilité, anxiété, nervosité, signes physiques d'émotion. D'après Eysenck, le névrosisme est sous la dépendance du système nerveux sympathique et il est largement déterminé par des facteurs génétiques. Les manifestations d'un névrosisme élevé peuvent s'organiser en névroses, qui prendront des formes différentes selon que le sujet sera par ailleurs surtout extraverti (hystérie, psychopathie, délinquance) ou surtout introverti (angoisse, phobies, obsessions compulsives). M. R.

névrotique

adj. (angl. Neurotic)

Se dit d'un trouble ou d'un état provoqué par une névrose.

On parlera ainsi de caractère, de personnalité, de structure ou de symptôme névrotiques. J. P.

niveau

n.m. (angl. Level)

GÉNÉR. 1. **Degré d'une échelle, échelon d'un ensemble organisé.**

De nombreuses entités psychologiques sont conçues comme des grandeurs. Toutefois, on est souvent incapable d'en présenter une mesure au sens fort (basée sur une métrique). « Niveau » renvoie alors à la possibilité de déterminer des degrés qui sont, pour le moins, ordonnés : on est capable de déterminer pour un niveau s'il est plus élevé ou moins élevé qu'un autre. On parlera en ce sens, par exemple, de niveaux de motivation, de niveaux d'aspiration, de niveaux d'activation, de niveaux de généralité (d'un mot), de niveaux d'abstraction, de niveaux de typicalité, etc. Dans tous ces emplois, « niveau » peut être remplacé par « degré ».

GÉNÉR. 2. **Mode de description et d'explication, qui comporte des objets et des relations ou phénomènes de caractère homogène et que l'on peut ainsi ranger en catégories.**

Dans une théorie générale de la description et de l'explication scientifiques, on peut distinguer des « niveaux de réalité », avec des « niveaux de description » qui leur correspondent.

Ainsi, dans les sciences physiques, on pourra trouver, au-dessous du niveau commun, « macroscopique », celui des objets ordinaires, un niveau moléculaire et atomique, puis un niveau corpusculaire et d'autres encore. Il en va de même pour les niveaux supérieurs, tels qu'ils sont étudiés par l'astrophysique.

Ces niveaux se caractérisent essentiellement par les catégories d'objets qu'ils comprennent (objets macrophysiques, molécules, atomes, corpuscules, quarks, étoiles, galaxies, univers, etc.) et par les relations entre ceux-ci, qui y existent, et les événements qui s'y déroulent.

À un niveau donné de description, objets, relations et phénomènes doivent garder leur homogénéité de description. L'explication des phénomènes peut alors être cherchée à l'intérieur d'un niveau donné. Mais elle peut l'être aussi, à des conditions bien déterminées, en passant d'un niveau à un niveau sous-jacent : par exemple, aux phénomènes chimiques, on peut chercher une explication au niveau physique (atomique) ; aux phénomènes biologiques, une explication chimique (biologie moléculaire), etc.

On peut, en psychologie, utiliser cette même notion de niveau. Elle peut servir notamment à distinguer un *niveau psychologique* de description de la réalité d'un niveau physiologique sous-jacent. On peut même, pour la neurobiologie, souhaiter disposer de plusieurs niveaux : par exemple un niveau anatomo-physiologique, celui de la physiologie nerveuse classique, avec des organes, des noyaux, etc., et un niveau neuronal, celui des neurones et des synapses, niveau qui a lui-même encore un autre niveau sous-jacent, celui de la biologie moléculaire. En outre, par référence directe au fonctionnement psychologique, on peut aussi se représenter un niveau des « ensembles neuronaux » (ou « assemblées de neurones ») qui pourrait être plus directement corrélé aux représentations et processus.

De façon similaire, dans la modélisation par réseaux néoconnexionistes, on distingue également parfois un « niveau symbolique » (celui du langage et des significations), auquel se situe la psychologie cognitive et l'intelligence artificielle classique, et un niveau « sub-symbolique », où la description concerne le fonctionnement des unités élémentaires du réseau (nœuds et arcs).

Enfin, à l'intérieur même de la psychologie, on fait parfois appel à diverses sortes de niveaux, plus ou moins rigoureusement définis.

L'hypothèse des *niveaux de traitement* (angl. Level of Processing) a été émise d'abord par F.I.M. Craik et R.S. Lockhart (1972), puis reprise par F.I.M. Craik et E. Tulving sous le nom d'« hypothèse du *niveau d'élaboration* », selon laquelle ce qui est mémorisé et gardé en mémoire à partir d'un matériel verbal dépend de la profondeur (« niveau ») à laquelle le traitement a été conduit au moment de la prise d'information. Un exemple simple est la différence entre traitement « de surface » (relatif à la forme des mots et des phrases) et traitement « profond » (sémantique, plus ou moins élaboré) dans le cas du langage. Cette hypothèse a été soumise à diverses mises à l'épreuve expérimentales et à des critiques. J.-F. L. N.

→ encodage ou encodage spécifique.

niveaux d'explication

(angl. Levels of Explanation)

SOCIAL. **Éléments qui permettent de distinguer les types d'explication selon qu'ils relèvent davantage d'une explication de nature psychologique ou sociologique.**

Une classification en quatre types semble suffire pour rendre compte des principes explicatifs actuellement utilisés par les psychologues sociaux.

QUATRE NIVEAUX D'EXPLICATION

Un premier niveau d'explication se focalise sur l'étude des processus intra-individuels. Les modèles utilisés portent sur la manière dont les individus organisent leur expérience de l'environnement. Si les études de l'intelligence recourent principalement à des modèles se situant à ce niveau, les études sur l'influence sociale utilisent également des modèles qui portent sur le traitement de l'information chez l'individu, et beaucoup d'études intergroupes se basent sur l'étude des processus cognitifs et intra-individuels de catégorisation.

Un deuxième niveau d'explication décrit des processus interindividuels et situationnels. Les individus y sont souvent considérés comme interchangeables et ce sont leurs systèmes d'interaction qui fournissent les principes explicatifs typiques de ce niveau. Par exemple, les opérations cognitives y sont étudiées pour autant qu'elles sont générées par des coordinations interindividuelles, les phénomènes d'influence sociale comme résultant d'une recherche d'un optimum de concessions entre individus et les effets intergroupes comme correspondant à une facilitation des interactions entre gens partageant le même sort.

Un troisième niveau tient compte des différences de position que différents acteurs sociaux occupent dans le tissu des relations sociales caractéristiques d'une société. Ainsi, pour ce qui est de l'étude de l'intelligence, ce niveau d'analyse fait intervenir les rapports différentiels que les groupes sociaux entretiennent avec l'école ; pour l'étude de l'influence sociale ou des relations intergroupes, on analyse les rapports de statut entre source et cible d'influence ou entre groupes en interaction.

Un quatrième niveau fait appel à des systèmes de croyances, de représentations, d'évaluations et de normes sociales. Ce sont les productions culturelles et idéologiques caractéristiques d'une société ou de certains groupes particuliers qui non seulement donnent une signification aux comportements des individus, mais encore créent ou entretiennent des différenciations sociales au nom de principes généraux, comme celui de l'équité. Plusieurs auteurs étudient actuellement les représentations sociales de l'intelligence et leurs liens avec les pratiques éducatives. Les explications des effets de convergence caractéristiques de beaucoup de phénomènes d'influence sociale font aussi appel à une conception consensuelle du savoir, tout comme les études des relations intergroupes dégagent des hiérarchies complexes de valeurs complémentaires permettant à différents groupes d'élaborer pour chacun une identité positive. Il ne semble pas possible d'étudier des processus intra-individuels, interindividuels ou positionnels sans faire intervenir des analyses portant sur des croyances générales et des hiérarchies de valeurs.

Cette distinction de quatre niveaux d'analyse ne sert pas seulement des buts classificatoires. Elle doit surtout servir à un travail d'articulation d'analyses. Si l'articulation de modèles d'analyses d'un même niveau constitue une pratique scientifique courante ou du moins un but poursuivi par ceux qui tentent d'intégrer différents processus en une seule explication, l'articulation entre modèles de niveaux différents reste souvent implicite et se trouve contrecarrée par une démarche expérimentale qui, par définition, essaie de faire abstraction de facteurs hétérogènes afin d'étudier des processus spécifiques en gardant les autres variables constantes. Cependant les analyses faisant intervenir plusieurs niveaux ne sont pas seulement possibles, même dans le cadre de l'expérimentation, elles sont aussi plus complètes car elles incitent à mieux décrire un processus conceptualisé à l'un des quatre niveaux tout en précisant davantage les conditions de son fonctionnement qui relèvent d'autres niveaux d'analyse.

LES TYPES D'ARTICULATION ENTRE LES ANALYSES

Les articulations d'analyses sont ainsi de deux sortes : elles relient des analyses de niveaux différents ou des analyses d'un même niveau. Voici un exemple. Le modèle explicatif de la dissonance* cognitive relève typiquement du premier niveau d'analyse car la réduction des contradictions entre cognitions incompatibles est étudiée principalement comme un processus d'organisation de l'expérience individuelle. Cependant, la nécessité de maintenir son image de soi par rapport à autrui ou le respect de spécificités liées à des appartenances catégorielles influent sur le fonctionnement de ce processus et invitent à articuler des analyses de niveau II et III. De même, des articulations avec le niveau IV sont proposées quand certains auteurs étudient les processus de réduction de la dissonance comme constitutifs de fonctionnements idéologiques ou quand d'autres auteurs considèrent la réduction de la dissonance comme un produit d'une idéologie véhiculant l'image d'un individu autonome et cohérent.

Si on a souvent opposé théorie de la dissonance et théorie du renforcement, des articulations avec des analyses de niveaux différents permettent d'expliciter les conditions dans lesquelles des processus décrits par l'une ou l'autre théorie s'actualisent.

Cependant, des articulations intra-niveaux sont plus souvent pratiquées par des chercheurs. Elles consistent surtout à relier différents processus par le biais de leur réinterprétation à partir de la description d'un processus plus général ou plus fondamental. C'est la démarche suivie par J.M. Nuttin quand il explique les changements d'attitudes obtenus dans une situation de complaisance forcée par une contagion de réponses dans une situation d'étrangeté et d'excitation. Il arrive ainsi à expliquer des phénomènes en accord avec la théorie de la dissonance (changement d'attitude quand il y a une très faible rémunération) et en accord avec la théorie du renforcement (changement d'attitude quand il y a une très forte rémunération). Deux modèles explicatifs, habituellement considérés comme incompatibles, bien que se situant à un même niveau d'explication peuvent ainsi être articulés l'un avec l'autre.

Les représentations sociales

Les travaux actuels sur les représentations sociales, surtout réalisés en France à la suite des travaux de S. Moscovici, sont parmi ceux qui ouvrent plusieurs perspectives favorisant une articulation de niveaux d'explication. En effet, que sont des représentations sociales sinon des croyances générales qui se modulent et se transforment avec les positions sociales, avec les caractéristiques des relations interpersonnelles et le développement de l'individu? On doit bien les considérer comme se situant d'une manière privilégiée à l'articulation de l'individuel et du collectif ou, autrement dit, comme des manifestations privées de phénomènes sociaux que É. Durkheim décrivait déjà en ces termes: « Quant à leurs manifestations privées, elles ont bien quelque chose de social puisqu'elles reproduisent en partie un modèle collectif; mais chacune d'elles dépend aussi, et pour une large part, de la constitution organico-psychique de l'individu, des circonstances particulières dans lesquelles il est placé. Elles tiennent à la fois aux deux règnes; on pourrait les appeler socio-psychiques. » Le terme est devenu aujourd'hui *psychosociologique*, mais il indique toujours une appartenance à deux niveaux d'explication.

L'explication bipolaire

L'individuel et le social semblent souvent constituer, dans les explications de psychologie sociale mais aussi en sociologie, deux pôles opposés, valorisés différemment et dotés d'une force inégale selon les contextes historiques et sociaux. Il s'agit sans doute d'une opposition qui, tout en étant scientifique, est aussi idéologique. Nos sociétés ont, d'une part, besoin de propager la conception d'un individu autonome, maître de ses actes, capable de s'engager dans des contrats de toute sorte. D'autre part, rien n'est également plus visible que l'existence d'entités collectives comme des nations, des cultures, des organisations, des familles qui sont délimitées par autant de frontières destinées à faire respecter des distances et à sauvegarder des intérêts variés. Mais c'est précisément le rôle de l'explication en psychologie sociale de dépasser de telles oppositions en montrant comment une explication quelque peu exhaustive à un pôle ou à un niveau doit nécessairement faire intervenir des explications se situant à un autre niveau ou à un autre pôle.

Multipolarité et intégration des démarches explicatives

La distinction de quatre niveaux d'analyse montre ainsi que l'opposition habituelle entre explications psychologique et sociologique ne correspond pas à la nature réelle des explications proposées par différents ensembles de travaux en psychologie sociale. Toutefois, il ne s'agit pas de remplacer une opposition dichotomique par un jeu d'oppositions plus nombreuses. Il s'agit bien de faire des distinctions afin de mieux intégrer dans une même démarche de recherche, c'est-à-dire d'articuler, les différentes explications. C'est précisément ce travail d'articulation qui constitue l'objet propre de la psychologie sociale. En ajoutant des explications d'autres niveaux pour analyser des phénomènes habituellement étudiés à un niveau donné, le chercheur ne dépasse pas seulement les évidences du savoir commun, il travaille également à la constitution d'une science plus cumulative, intégrant les acquis obtenus par des modèles élaborés à un niveau avec ceux fournis par des analyses d'un autre niveau.

W. D.

Bibliographie

Doise, W., 1982, *l'Explication en psychologie sociale*, Paris, P.U.F.

nocicepteur

n.m. (angl. Nociceptor)

Récepteur sensoriel dont l'activité provoque une sensation de douleur. (Syn. algorécepteur, unité à haut seuil.)

On distingue trois sortes de nocicepteurs: 1. *mécaniques*, répondant surtout à des déformations de la peau induites par des stimulus mécaniques intenses; 2. *thermiques*, activés par des températures supérieures à environ 45 °C; 3. *polymodaux*, répondant à diverses modalités, thermique, mécanique, chimique. Les nocicepteurs sont localisés dans la peau, dans les viscères et dans les muscles. Ils sont innervés par des fibres myélinisées de petit calibre (groupe III ou Aδ) ou amyéliniques (groupe IV ou C) dont les terminaisons constituent les récepteurs eux-mêmes.

J.-M. C.

nociceptif, ive

adj. (angl. Nociceptive)

Qui se rapporte aux stimulations à la fois nocives pour l'organisme et douloureuses. J.-F. L. N.

noégénétique (loi)

(angl. Noegenetic Law)

Loi proposée par C. Spearman pour rendre compte théoriquement de la construction de la connaissance, de sa genèse.

Les lois noégénétiques sont au nombre de trois. Elles décrivent chacune une opération: appréhension par le sujet de sa propre expérience, éduction de relations, éduction de corrélats. Les deux dernières ont été utilisées par Spearman pour interpréter le facteur g obtenu par sa méthode d'analyse factorielle. M. R.

→ général ou g (facteur).

nœud

n.m. (angl. Node)

Composant élémentaire d'un réseau.

Tout réseau est, par définition, composé de nœuds et d'arcs (ou liens) qui les relient.

Certaines réalités naturelles sont organisées comme des réseaux: on y retrouve donc cette structure, et les nœuds doivent simplement y être *identifiés*. Dans le système nerveux, par exemple, le neurone tient sans difficulté le rôle de nœud. Dans une autre sorte d'analyse physiologique, les nœuds seront constitués par des unités anatomo-physiologiques de plus grande ampleur, par exemple des noyaux cérébraux.

Mais la structure de réseau sert aussi pour construire des modèles théoriques. On doit alors *déclarer* ce que l'on met, par convention libre, sur les nœuds et, de façon complémentaire, ce que l'on met sur les arcs.

Dans les modèles en réseau des représentations mentales, par exemple, les nœuds correspondent très souvent à des significations de mots ou à des concepts: cela ne pose guère de problème tant qu'il s'agit de noms. Mais, alors que certains modèles placent également sur des nœuds les verbes à deux arguments (comme « déplacer x,y ») ou les mots relationnels (comme « au-dessus de x,y »), d'autres préfèrent les placer sur des arcs du réseau.

Dans les modèles de compréhension par réseaux de transition augmentés (ATN), les opérations d'analyse (« identifier », « catégoriser », « mettre en mémoire ») sont en général placées sur les arcs; elles peuvent tout aussi bien être placées sur les nœuds.

L'attribution explicite des nœuds aux éléments d'un modèle est ainsi, en général, un problème important. J.-F. L. N.

→ arc, compréhension, diffusion de l'activation, néoconnexionnisme, réseau.

nombre

n. m. (angl. Number)

Collection d'unités égales, le nombre est pour J. Piaget à la fois une classe et une relation et le dénombrement, une sériation de classes. « Les nombres entiers sont construits à partir de purs éléments logiques (sériation et classification) mais réarrangés en une nouvelle synthèse qui permet la quantification par un processus itératif: (1+1) = 2 ». (Piaget).

Math. Le nombre a deux aspects indissociables, cardinal et ordinal. Le nombre cardinal est une classe d'éléments équivalents qui ne diffèrent entre eux que par la possibilité d'être ordonnés. Il représente la propriété quantitative, le nombre d'éléments d'un ensemble. Le nombre ordinal est une série « ... dont les termes, tout en se succédant selon les relations d'ordre qui leur assignent leurs rangs respectifs (premier, troisième...), sont également des unités équivalentes les unes aux autres et, par conséquent, susceptibles d'être réunies cardinalement» (Piaget et A. Szeminska).

Trois conditions doivent être remplies pour qu'il y ait un véritable système des nombres: 1. abstraction des qualités intrinsèques des objets singuliers, ce qui rend tous ceux-ci équivalents et permet que 1 = 1 = 1; 2. introduction d'un ordre qui permet de distinguer les objets entre eux: 1 + 1 différent de 1; 3. inclusion de 1 dans (1 + 1) puis de (1 + 1) dans (1 + 1 + 1), etc. Ces conditions ne sont pas remplies avant 7-8 ans chez l'enfant.

DÉVELOP. Bien avant que l'enfant ne maîtrise la notion de nombre, il est capable d'apprécier l'importance relative de diverses collections d'objets. Dans une situation de transfert intermodal entre vision et audition, la méthode des préférences visuelles a permis de montrer que les nourrissons de 6 à 8 mois différencient un ensemble de 2 d'un ensemble de 3 éléments. Placés en face de deux cibles visuelles représentant l'une deux, l'autre trois objets, alors qu'un haut-parleur transmettait des séquences de tantôt deux et tantôt trois sons, les bébés ont regardé préférentiellement la cible sur laquelle le nombre d'objets était le même que le nombre de sons (E. Spelke).

Une certaine notion du «peu» opposé au «beaucoup», du «singulier» au «plusieurs», des «petits» aux «grands» existe très tôt. Mais les aspects perceptifs demeurent longtemps prédominants et la quantité d'objets est souvent confondue avec l'espace occupé. L'enfant de 4 ans, à qui on demande de poser sur une table autant d'œufs que l'expérimentateur a aligné de coquetiers, construit une ligne d'œufs de la même longueur sans tenir compte du nombre d'œufs ni de la valeur des intervalles. L'enfant de 5 ans pose les œufs en correspondance terme à terme avec les coquetiers mais il suffit d'espacer les œufs devant lui pour qu'il juge qu'il y a maintenant plus d'œufs que de coquetiers parce qu'ils forment une ligne plus longue (Piaget et Szeminska). Jusqu'à 7 ans, l'enfant justifie ses réponses par les mêmes arguments que dans les épreuves de conservation de la substance.

L'emploi des expressions verbales *un, deux, trois,* etc., ne doit pas faire illusion: il ne s'agit pas de dénombrement mais d'un jeu inspiré par les adultes.

À la notion de nombre, propre aux structures logico-mathématiques, correspond celle de mesure pour les structures infralogiques. E. V.

Nom-du-Père

n. m.

Produit de la métaphore paternelle qui, désignant d'abord ce que la religion nous a appris à invoquer, attribue la fonction paternelle à l'effet symbolique d'un pur signifiant et qui, dans un second temps, désigne ce qui régit toute la dynamique subjective en inscrivant le désir au registre de la dette symbolique.

Le père est une vérité sacrée dont pourtant rien dans la réalité vécue n'indique la fonction ni la dominance car il reste d'abord une vérité inconsciente. C'est donc nécessairement au travers d'une élaboration mythique que sa fonction a émergé dans la psychanalyse et qu'elle traverse toute l'œuvre de S. Freud jusqu'à son dernier ouvrage, *Moïse et le monothéisme*, où est développée son efficacité inconsciente comme étant celle du père mort en tant que terme refoulé. Très tôt, Freud avait repéré dans les notions de destin et de providence les figures parentales. Et l'on sait par ailleurs, au regard du grand nombre de traités de l'Antiquité sur ce thème, combien le destin fut une des préoccupations majeures des philosophes et des moralistes. Mais si le Nom-du-Père est un concept fondamental dans la psychanalyse, cela tient au fait que ce que le patient vient chercher dans la cure est le trope de son destin, c'est-à-dire ce qui de l'ordre de la figure de rhétorique vient commander son devenir. À ce titre, Œdipe et Hamlet restent exemplaires. Est-ce à dire que la psychanalyse inviterait à une maîtrise de ce destin? Tout va contre cette idée dans la mesure où le Nom-du-Père consiste principalement en la mise en règle du sujet avec son désir, au regard du jeu des signifiants qui l'animent et constituent sa loi.

Pour expliciter ce fait, il convient de revenir à la formalisation de J. Lacan, celle de la métaphore paternelle, formalisation dont on observe qu'elle consiste uniquement en un jeu de substitution dans la chaîne signifiante et organise deux temps distincts qui peuvent aussi bien tracer le trajet d'une cure dans son ensemble.

Formalisation en deux temps

Le premier réalise l'élision du désir de la mère pour y substituer la fonction du père dans ce qu'elle conduit, au travers de l'appel de son nom, à l'identification au père (selon la description première de Freud) et à l'extraction du sujet hors du champ du désir de la mère. Ce premier temps, décisif, régule, avec toutes les difficultés attenantes à une histoire particulière, l'avenir de la dialectique œdipienne. Il conditionne ce qu'il est convenu d'appeler «la normalité phallique», soit la structure névrotique qui résulte de l'inscription d'un sujet sous le coup du refoulement originaire. Dans le second temps, le Nom-du-Père en tant que signifiant vient redoubler la place de l'Autre inconscient. Il dramatise à sa juste place le rapport au signifiant phallique originairement refoulé et institue la parole sous les effets du refoulement et de la castration symbolique, condition sans laquelle un sujet ne saurait valablement assumer son désir dans l'ordre de son sexe.

Corrélation entre le Nom-du-Père et le désir

À partir de là découlent plusieurs conséquences: la métaphore étant création d'un sens nouveau, le Nom-du-Père prend dès lors une signification différente. Si le nom inscrit d'abord le sujet comme chaînon intermédiaire dans la suite des générations, ce nom en tant que signifiant intraduisible supporte et transmet le refoulement et la castration symbolique. En effet, le Nom-du-Père venant au lieu de l'Autre inconscient symboliser le phallus (originairement refoulé), il redouble par conséquent la marque du manque dans l'Autre (qui est également celle du sujet: son trait* unaire) et, par les effets métonymiques liés au langage, il institue un objet cause du désir. Ainsi s'établit entre Nom-du-Père et objet, cause du désir, une corrélation qui se traduit par l'obligation, pour un sujet, d'inscrire son désir selon l'ordre de son sexe, rassemblant sous ce Nom, le Nom-du-Père, du même coup l'instance du désir et la Loi qui l'ordonne sur le mode d'un devoir à accomplir. Un tel dispositif se distingue radicalement de la simple nomination puisque le Nom-du-Père signifie ici que le sujet assume son désir comme assenti à la loi du père (la castration symbolique) et aux lois du langage (sous le coup du refoulement originaire). Le défaut éventuel de cette dernière opération se traduit cliniquement par de l'inhibition ou par une impossibilité de donner suite au désir dans ses conséquences affectives, intellectuelles, professionnelles ou sociales.

Lorsque J. Lacan rappelle que le désir de l'homme, c'est le désir de l'Autre (génétif objectif et subjectif), il faut entendre que ce désir est prescrit par l'Autre, forme avérée de la dette symbolique et de l'aliénation, et que, d'une certaine façon, cet objet est également arraché à l'Autre. Ainsi le Nom-du-Père résume l'obligation d'un objet de désir jusque dans l'automatisme de répétition.

La naissance de la religion comme symptôme

Par ailleurs, *Moïse et le monothéisme*, démontre que le refoulement du meurtre du père engendre une double prescription symbolique: en premier lieu de vénérer le père mort, en second lieu d'avoir à susciter un objet de désir permettant de se reconnaître parmi les élus. Un tel procès situe donc le Nom-du-Père au registre du symptôme. En sorte que le «nécessaire du Nom-du-Père», en tant qu'il est nécessaire au fondement de la normalité phallique, revient sous forme de question du «nécessaire du symptôme» dans la structure. Cela n'est pas simple pétition de principe puisque, si la métaphore crée un sens nouveau, la traduction en sera un symptôme original du sujet. Sans doute est-ce la raison pour laquelle Lacan a pu affirmer qu'il y a «des Noms-du-Père», ce que la cure peut confirmer. Néanmoins subsiste un paradoxe: si le Nom-du-Père signifie la prise en compte par le sujet du désir dans toutes ses conséquences, il est aussi ce qui essentiellement fonde la religion et ce qui humanise le désir. La question dans la cure est alors la possibilité de lever en partie l'hypothèque du « nécessaire » à la structure. Car, dans la parole du sujet, l'interrogation porte toujours sur « qui parle au-delà de l'Autre ? ». La réponse traditionnelle y met le Nom-du-Père ; aussi Lacan avait-il cru devoir suggérer que, si la cure permettait la mise en place du Nom-du-Père, sa fonction était d'amener le sujet à pouvoir s'en passer.

Le lecteur peut se référer à Lacan : *les Structures freudiennes des psychoses* (Séminaire, 1955-56 ; publié sous le titre *les Psychoses*, 1981), *la Relation d'objet* (Séminaire, 1956-57 ; non publié), *les Formations de l'inconscient* (Séminaire, 1957-58, non publié), *D'une question préliminaire à tout traitement possible de la psychose* (Séminaire, 1955-56 ; publié dans *Écrits*, 1965). J.-P. H.

Bibliographie

Lacan, J., 1965, *Écrits*, Paris, Éditions du Seuil.

Lacan, J., 1981, *les Psychoses*, Paris, Éditions du Seuil.

nominale (catégorisation)

(angl. Nominal Categorization)

Mise en ordre par catégorie, qui s'effectue au moyen de désignations excluant toute notion de mesure, de degré, d'ordre, etc.

Par exemple, les couleurs, dans le langage naturel, font l'objet d'une catégorisation nominale. La physique, la psychophysique ou la psychologie cognitive décrivent, elles, des relations concernant la couleur, qui sont de divers types mais qui ne sont pas nominales.

Au lieu de *catégorisation nominale*, S. S. Stevens a utilisé l'expression, en elle-même contradictoire, d'*échelle nominale*, qui désigne le stimulus tel qu'il est décrit par l'expérimentateur, par opposition au stimulus tel qu'il est perçu par le sujet. J.-F. L. N.

nominale (échelle)

(angl. Nominal Scale)

Ensemble de classes d'observations considérées comme équivalentes à l'intérieur de chaque classe et différentes d'une classe à une autre.

Ces classes ne sont pas ordonnées et le terme *échelle* est donc employé ici de façon abusive. M. R.

→ mesure.

non-directif, ive

adj. (angl. Nondirective)

Se dit d'une méthode pédagogique qui consiste à ne faire aucune pression sur l'interlocuteur, à n'imposer aucune directive stricte.

Un *entretien non-directif* (angl. Nondirective Interview) est une technique d'entretien personnel, et parfois collectif, portant sur une question générale ou sur un objet précis, comme un produit commercial, par laquelle l'interviewer, au moyen d'une attitude volontairement neutre, cherche à découvrir non pas ce que pense immédiatement la personne interrogée, ni ses besoins immédiats en matière commerciale, mais ses désirs personnels profonds et les résistances qui influent sur son comportement. C. Rogers employa d'abord l'expression « non-directive » pour caractériser en psychothérapie une technique interactionnelle non évaluative de facilitation et d'écoute. Il lui substitua rapidement celle de « centrée sur la personne », tendant à généraliser cette orientation, notamment, à l'enseignement. C'est ainsi que Rogers parle d'enseignement « centré sur l'étudiant », qu'il définit comme une expérience menée par l'étudiant lui-même, activement accompagné par un enseignant qui, lui aussi, apprend et n'est pas uniquement le rapporteur du savoir.

Dans les années 1960, la non-directivité suscita expériences et enthousiasme dans certaines expériences pédagogiques. Aujourd'hui, elle est essentiellement une technique d'animation incitant à la parole et à la communication dans un groupe en formation. R. L.

→ article suivant.

non-directivité

n.f. (angl. Nondirective Technique)

Fait de s'abstenir de toute pression sur le sujet (individuel ou collectif) pour lui conseiller ou lui suggérer une direction, pour se substituer à lui dans ses perceptions, ses évaluations ou ses choix.

La non-directivité implique la confiance dans les capacités d'autodéveloppement et d'autodirection du sujet. Elle intervient dans les domaines de la relation d'aide, du conseil, de l'animation des groupes, de la relation pédagogique et de l'entretien.

La notion d'attitude non-directive (opposée à celle d'attitude directive) a été développée par le psychologue américain C. Rogers à partir de son expérience de la psychothérapie et du *conseil* (angl. Counseling). Elle caractérise une certaine attitude du thérapeute (ou du conseiller) face à son client : elle consiste à éviter toute intervention directive qui tendrait à imposer ou même à proposer sa façon de voir, son système de valeurs, ses objectifs pour les substituer à ceux du client. Positivement, il s'agit de faciliter le processus d'évolution et de maturation du client par une attitude de compréhension empathique, d'authenticité et de congruence et par une attention positive centrée sur la personne plus que sur le problème. Cela se traduit notamment par une certaine technique d'entretien : elle consiste en la reformulation des sentiments et des contenus exprimés par le client (reformulation qui joue un rôle de miroir renvoyant à ce dernier le reflet de son propre discours) et en la clarification de ce qui est exprimé pour favoriser la prise de conscience ; ainsi, la non-directivité ne se confond nullement avec une attitude passive de laisser-faire. Cependant, l'attitude non-directive ne peut être réduite à une technique car, fondamentalement, elle renvoie à une position d'écoute, de compréhension et d'authenticité dans une relation d'aide considérée comme une relation interpersonnelle profonde.

Par la suite, Rogers a étendu l'attitude non-directive à l'animation des groupes et à la relation pédagogique. Dans la pratique groupale, l'animateur non-directif s'attache à faciliter la rencontre et la communication entre les participants et à accompagner l'évolution spontanée du groupe. La *pédagogie non-directive* part de l'hypothèse que toute connaissance significative (c'est-à-dire modifiant les façons de penser et de se comporter du sujet) procède d'un apprentissage qui ne peut être transmis de l'extérieur mais qui résulte d'une expérience personnelle. La fonction pédagogique consiste alors à instaurer un cadre permettant un tel processus d'apprentissage en s'appuyant sur les motivations, les intérêts et la démarche propre de l'apprenant, qui en garde la responsabilité et la direction.

Plus largement, on a pu opposer, dans de nombreuses formes de relations humaines, deux styles d'attitudes : directif et non-directif. Dans le style directif, c'est la personne en position d'« expert » qui a l'initiative ; elle définit le thème de l'échange, pose des questions, évalue et interprète ce que dit son interlocuteur, explique sa façon de voir le problème, rassure, donne des conseils et suggère des solutions. Dans le style non-directif, s'il peut y avoir asymétrie entre le « consulté » et le « consultant », c'est ce dernier qui garde l'initiative, propose les thèmes et oriente les échanges ; le consulté adopte une attitude de compréhension empathique, de reformulation et de clarification.

Ces attitudes se retrouvent dans une forme spécifique d'entretien, l'entretien non-directif (→ non-directif), qui a connu une très grande extension non seulement dans le champ de la relation d'aide, mais aussi comme technique d'enquête dans les sciences humaines. Dans ce cadre, l'entretien non-directif peut être utilisé chaque fois qu'il s'agit d'explorer le vécu subjectif d'un sujet, son monde de valeurs, de motivations et de représentations, sa relation et ses attitudes à l'égard d'un objet. L'interviewer tend alors à s'effacer devant l'interviewé et à relancer son discours spontané par une attitude d'exploration, de reformulation et de clarification ; il vise à laisser s'exprimer l'univers propre de l'interviewé avec le minimum d'interférences et d'inductions de sa part.

Il y a cependant une différence importante entre l'entretien non-directif thérapeutique et celui qui s'inscrit dans une démarche de recherche. Dans le premier, l'accent est mis sur l'initiative du client, sur la communication interpersonnelle et sur le changement ; alors que, dans le second, c'est l'interviewer qui fixe le thème et les objectifs de l'entretien, s'efforce de préserver une certaine neutralité relationnelle et privilégie le recueil d'informations plutôt qu'une visée de changement. E.-M. L.

BIBLIOGRAPHIE

Pagès, M., 1986, *l'Orientation non-directive en psychothérapie et en psychologie sociale*, Paris, Dunod (3e éd.).

Rogers, C., 1968, *le Développement de la personne*, Paris, Dunod ; 1973, *les Groupes de rencontre*, Paris, Dunod.

non-émotif, ive

adj. et n.

Se dit d'une personne qui possède le trait de caractère de non-émotivité. R. L.

non-émotivité

n.f.

Dans la caractérologie de G. Heymans et E. Wiersma, trait de caractère, opposé à l'émotivité, qui se traduit par la maîtrise de soi. R. L.

non-mot

n.m. (angl. Non-Word)

Stimulus qui, pour une langue naturelle donnée, a toutes les caractéristiques d'un mot mais qui n'appartient pas au lexique de la langue considérée.

Ces stimulus sont notamment employés dans les tâches dites « de décision lexicale », dans lesquelles les sujets doivent, le plus rapidement possible, répondre si un stimulus est, ou n'est pas, un mot de leur langue. J.-F. L. N.

→ logatome.

non-paramétrique (test)

(angl. Non-Parametric Test)

Épreuve de signification statistique qui reste valable quelle que soit la forme de la distribution de la variable sur laquelle elle porte. M. R.

non-restraint

n.m. (angl. Non-Restraint)

Ensemble de mesures et véritable système thérapeutiques visant à supprimer tous les moyens de contention dans la prise en charge des malades mentaux.

On crédite généralement le psychiatre britannique J. Conolly d'avoir le premier préconisé un non-restraint total en 1839 dans l'asile qu'il dirigeait à Hanwell, dans le Middlesex. Il semble que la réalité historique soit plus complexe (A. Scull) et qu'une certaine mythologie entoure cette révolution comme celle du geste libérateur de P. Pinel* à Bicêtre. Il n'en reste pas moins que de telles mesures ont toujours eu un effet bénéfique et que les moyens de contention et de contrainte ne sont pratiquement jamais justifiés, même avec les patients les plus agités et les plus difficiles. J. P.

non verbal (test), non verbale (échelle)

(angl. Nonverbal Test, Nonverbal Scale)

Épreuve dans laquelle l'usage du langage est minimisé dans la présentation de la tâche à accomplir, son accomplissement et la formulation des réponses.

Les tests de séries de dessins (Spearman, Matrices, etc.) constituent des épreuves non verbales d'intelligence. De telles épreuves peuvent être considérées comme relativement « indépendantes de la culture ». Les échelles d'intelligence de Wechsler comportent des épreuves non verbales qui servent de base à l'évaluation d'un Q.I. « performance ». L'échelle de Grace Arthur est une échelle d'intelligence non verbale dite « de performance ». Ce dernier terme est, on le voit, souvent employé comme synonyme de « non verbal ». L'aptitude spatiale, l'habileté manuelle peuvent intervenir dans les épreuves non verbales ou de performance. En analyse factorielle, on constate souvent que les épreuves verbales et les épreuves non verbales tendent à se rattacher à deux grands facteurs de groupe distincts. M. R.

normale (loi) ou loi de Laplace-Gauss

(angl. Normal Law)

Loi qui régit la distribution d'une variable (dite dans ce cas *variable normale* [angl. Normal Variable]) de telle sorte que cette distribution soit en forme de cloche et qu'elle soit symétrique : le mode, le médian et la moyenne sont confondus.

La décroissance des effectifs de part et d'autre de la tendance centrale est d'abord rapide puis de plus en plus lente. Si l'on ramène l'aire de cette distribution (aire qui représente l'effectif total de l'échantillon) à 1 et si l'on exprime les écarts à la moyenne sous forme d'écarts réduits, l'ordonnée y de la courbe correspondant à un écart réduit z est donnée par la formule :

$$y = \frac{1}{\sqrt{2\pi}} e^{-z^2/2}$$

$(\pi = 3{,}1416 ; e = 2{,}7183)$.

On utilise habituellement une table de la loi normale fournissant directement pour chaque valeur de z l'ordonnée y et aussi l'aire de la distribution, c'est-à-dire la proportion d'observations se situant entre cette valeur de z et la moyenne (différentes présentations de cette table sont utilisées). Beaucoup de méthodes de la statistique inférentielle supposent que les variables sur lesquelles porte l'inférence obéissent à la loi normale. Mais plusieurs des tests d'hypothèse sont assez robustes pour rester valides même si cette condition n'est pas respectée. L'idée selon laquelle les variables mesurées dans le monde vivant se distribuent normalement (émise par A. Quetelet et reprise par F. Galton puis, pour l'intelligence, par C. Burt) est fausse ou, plus exactement, dépourvue de sens ; la forme d'une distribution de mesure dépend de la métrique adoptée pour la variable mesurée. (→ normalisation, quantile.) Ce sont des raisons de commodité qui conduisent à adopter des métriques suscitant une distribution approximativement normale.

Une *distribution normale bivariée* (angl. Bivariate Normal Distribution) a les propriétés suivantes : les deux distributions marginales sont normales ; les distributions partielles de chaque variable sont normales et leurs dispersions sont indépendantes des valeurs de l'autre variable ; les moyennes des distributions partielles sont, pour chacune des deux variables, situées sur une droite, la droite de régression ; les deux droites de régression passent par un point dont les coordonnées sont les moyennes des distributions marginales ; leur pente est fonction du coefficient de corrélation entre les deux variables. M. R.

normalisation

n.f. (angl. Normalization)

STAT. et DIFFÉR. **Transformation d'une série de valeurs pour qu'elles se conforment à une distribution régie par la loi normale.**

La métrique des variables utilisées en psychologie étant en général arbitraire (il s'agit le plus souvent de variables seulement ordinales), elle peut être choisie de façon telle que la distribution prenne une forme définie à l'avance. On peut en particulier assigner à une distribution une forme voisine de la distribution normale. Il suffit de considérer comme égaux sur la variable mesurée des intervalles comprenant des proportions de l'effectif total égales aux proportions qui s'observent lorsqu'on subdivise l'abscisse d'une distribution normale en intervalles égaux. Exemple : on regroupe les valeurs observées en cinq classes comprenant respectivement les proportions suivantes d'éléments :

0,067 0,242 0,382 0,242 0,067.

Les deux classes extrêmes ont théoriquement des étendues illimitées. Les trois autres définissent des intervalles égaux sur une distribution normale, intervalles délimités par les écarts réduits suivants :

−1,5 −0,5 +0,5 +1,5.

On considérera aussi comme équidistantes les mesures qui, sur la variable mesurée, délimiteront ces proportions d'éléments.

On appelle *normalisation d'un test* (angl. Standardization) la fixation précise de la nature du matériel, de la formulation des questions, des modalités de réponse, des règles d'évaluation de ces réponses. La normalisation d'un test est indispensable pour que soient comparables les réponses d'individus différents éventuellement examinés par des personnes et à des dates différentes. Le sens du terme est parfois étendu (surtout en anglais) à l'étalonnage du test, fournissant des « normes » pour l'interprétation des réponses d'un sujet par rapport aux réponses observées dans une certaine population. M. R.

SOCIAL. **Interaction d'individus ou de sous-groupes aboutissant au compromis et au nivellement des positions respectives.**

La normalisation est une des modalités de l'influence. Le concept de normalisation rend explicite la pression réciproque qui s'exerce au cours des échanges entre individus et qui vise à dégager et à conforter une norme de jugement ou d'opinion acceptable pour tous. Ce processus implique une pluralité initiale de normes, de jugements ou de réponses, considérés comme équivalents et émanant d'individus dont les opinions ont un poids théoriquement égal aux yeux de tous, qui ne se sentent pas vraiment engagés pour refuser des concessions. Si ces conditions sont réunies, le groupe existe et une négociation tacite intervient : les individus parviennent à une convergence de jugements ou d'opinions, avec la disparition et le nivellement des différences qui en découlent, visant à diminuer le risque de conflit. R. L.

normalité

n.f. (angl. Normality)

Caractère de données qui sont conformes à celles que l'on rencontre habituellement, ou qui sont conformes à une norme.

Il est très rare en psychologie différentielle que l'on observe dans la distribution d'une mesure une discontinuité que l'on pourrait considérer comme marquant une limite entre une façon habituelle et une façon inhabituelle de répondre à l'épreuve considérée. On peut convenir de délimiter autour de la moyenne une zone regroupant les réponses que l'on considère comme « normales » au sens de « habituelles » (par exemple la moyenne plus ou moins deux écarts-types). Mais une telle délimitation reste purement conventionnelle au niveau de la mesure. La définition du caractère anormal d'une conduite fait en général appel à d'autres critères : cette conduite peut mettre en danger l'individu qui la manifeste ; des sanctions sociales peuvent s'appliquer à une conduite en fonction d'un jugement de valeur. M. R.

→ déviance.

norme

n.f. (angl. Norm)

Ensemble de données caractéristiques d'une population, pour une tâche et un matériel déterminés, et que l'on utilise en général lors de la construction d'un matériel expérimental.

Les normes correspondent, en psychologie générale, à la même démarche que les étalonnages en psychologie différentielle. Elles tiennent une place particulièrement importante en psycholinguistique ou en psychologie cognitive. Ce sont souvent des normes de fréquence : par exemple, on utilisera les normes linguistiques que constituent les fréquences moyennes d'apparition d'un mot dans la langue ; celles-ci sont établies, en général, à partir de décomptes faits sur une collection plus ou moins vaste de textes. On a pu montrer que ces données linguistiques sont bien corrélées à des estimations subjectives directes de la « familiarité » des mots.

En psychologie, on a d'abord déterminé des « normes associatives » : elles indiquent, pour un ensemble de mots, quelle est la réponse qui est donnée le plus fréquemment à chacun, à titre d'association libre (« donnez le premier mot qui vous vient à l'esprit »). Cette indication est accompagnée de celle du pourcentage de sujets qui ont donné cette réponse. Ce genre de technique, qui repose sur des pourcentages de sujets, est souvent utilisé. Il conduit implicitement (parfois à tort) à la croyance suivante : si f % des sujets donnent la réponse Z au stimulus A, cela implique que *chez chaque sujet* il existe une tendance individuelle à répondre Z à A, et cette tendance individuelle est quantifiable par la valeur f. C'est là une utilisation en termes de données individuelles de normes qui sont initialement collectives (statistiques inter-sujets). Cette utilisation n'est pas absurde, et elle peut conduire à des résultats empiriques intéressants, mais elle doit être maniée avec précaution.

D'autres normes sont obtenues à partir de valeurs numériques, définies dans une procédure bien fixée : par exemple, on peut faire attribuer par un échantillon de sujets une note pour la facilité avec laquelle chacun forme une image mentale à partir d'un mot inducteur. La moyenne de ces valeurs constituera pour ces mots des « normes d'imagerie ». De façon analogue, on peut faire attribuer une note à des couples de mots en relation mutuelle de superordination (par exemple « tournevis », « tenailles », « vrille », « marteau », chacun présenté avec son superordonné commun : « outil ») ; on demande d'estimer dans quelle mesure les premiers sont représentatifs (ou typiques) du dernier. On obtient ainsi des « normes de typicalité » ; il existe d'autres techniques pour obtenir ces mêmes normes.

Toutes ces sortes de normes permettent de concrétiser et de caractériser empiriquement un certain nombre de *propriétés* cognitives. Il est bien clair que toutes ces normes sont établies de façon : 1. *a priori* ; 2. hors contexte ; 3. statistique. Les remarques présentées ci-dessus sur la distinction entre « individuel » et « collectif » restent valables ici. Cela posé, on peut ensuite essayer de déterminer expérimentalement dans quelle mesure une autre variable comportementale (par exemple un comportement perceptif ou un apprentissage) est fonction d'une certaine propriété du matériel caractérisée par ses normes. On pourra également chercher comment la vitesse d'apprentissage de phrases contenant deux noms communs dépend de la valeur associative de ces derniers. On a trouvé très souvent que les propriétés ainsi caractérisées par leur normes jouent effectivement un rôle de facteur important à l'égard de nombreux comportements et activités. J.-F. L. N.

→ étalonnage, normalité.

normée (variable)

(angl. Relative Deviate)

Variable sur laquelle les écarts sont exprimés en prenant l'écart type comme unité. M. R.

nosographie

n.f. (angl. Nosology)

Description et classification des diverses maladies pouvant conduire à une véritable taxinomie médicale.

Elle se distingue de la nosologie* comme l'ethnographie de l'ethnologie. Une des nosographies les plus célèbres fut celle de P. Pinel, *Nosographie philosophique ou la Méthode de l'analyse appliquée à la médecine*, qui connut six éditions de 1798 à 1818 et fut violemment attaquée par F.J.V. Broussais dans son *Examen de la doctrine médicale* de 1816. J. P.

nosologie

n.f. (angl. Nosologia)

Science générale des maladies conduisant à des théories pathogéniques et parfois à des systèmes de pathologie générale.

Souvent confondue avec la nosographie*, elle est alors considérée comme une simple méthode de classement des maladies. Le danger reste toujours, en psychiatrie surtout, de plaquer une classification de syndromes cliniques sur une classification de facteurs ou de processus étiologiques. C'est un écueil qu'ont voulu éviter, sans forcément y parvenir, le DSM III et sa révision ainsi que la nouvelle classification internationale des maladies mentales (C.I.M. 10). Certains psychiatres se veulent d'ailleurs résolument antinosologistes, allant jusqu'à rejeter la notion même de «maladie mentale» dans son analogie avec la «maladie médicale» (somatique) et adoptant alors une conception unitaire des affections psychiques. J. P.

notable

adj. (angl. Notable)

STAT. **Se dit de certains écarts d'un paramètre à la valeur qu'il prendrait si l'hypothèse nulle était exactement vérifiée.** M. R.

→ inférence fiduciaire.

note

n.f. (angl. Score)

Résultat obtenu par une personne à un test, à une épreuve.

La *note observée* obtenue par un sujet dans une épreuve (test, questionnaire, etc.) résume sous la forme d'un nombre certains aspects de la conduite du sujet dans cette épreuve. Dans un test composé de plusieurs items, la note observée est souvent obtenue en faisant la somme des bonnes réponses. Si le sujet est appelé à répondre à chaque item en choisissant la bonne réponse parmi celles qui lui sont proposées, on peut pénaliser les choix erronés de façon telle que la note observée la plus probable d'un sujet répondant au hasard soit 0 (on emploie parfois alors l'expression: *note corrigée pour les réponses au hasard*). On peut accorder à chaque item un certain nombre de points en fonction de la difficulté de l'item évaluée par la proportion de bonnes réponses dans la population. Les questionnaires de personnalité comportent souvent des questions correspondant à plusieurs traits de personnalité différents (extraversion et névrosisme par exemple). Des notes observées sont obtenues pour ces traits en faisant séparément la somme des items relatifs à chacun d'eux. Ces questionnaires peuvent comporter certains items dans lesquels une réponse affirmative pouvant paraître souhaitable pour le sujet n'a en fait que très peu de chances d'être exacte. La somme des réponses affirmatives à ces items fournit une *note de mensonge* permettant de nuancer la confiance que l'on peut accorder aux autres réponses du sujet. Dans d'autres formes de tests, la note observée peut être fournie par le temps nécessaire pour exécuter une certaine tâche, par la tâche effectuée dans un temps donné, etc.

Les notes observées sont aussi qualifiées de *notes brutes* pour les distinguer des *notes transformées* en quantiles, en écarts réduits, en notes T, en quotients d'intelligence, etc. Ces notes transformées permettent de savoir où se situe le sujet examiné au sein de la population sur laquelle la transformation a été calculée (étalonnage). Les *notes en facteurs* (→ article suivant) d'un sujet ayant passé une série d'épreuves préalablement soumise à une analyse factorielle situent ce sujet sur les variables hypothétiques (facteurs) susceptibles de rendre compte des corrélations observées entre ces épreuves. Si une batterie de tests a été validée en fonction d'un critère observé postérieurement à l'application des tests (validité prédictive), l'équation de régression multiple du critère sur les tests permet de calculer la *note prédite* (pronostic) dans le critère de tout sujet dont on connaît les notes dans les tests (prédicteurs). Dans la théorie psychométrique classique, la note observée est la somme d'une *note vraie* et d'une erreur aléatoire, la note vraie étant celle que l'on obtiendrait en faisant la moyenne des notes qui seraient observées si l'on pouvait réaliser un nombre infini d'applications indépendantes de l'épreuve sur la même personne. Dans la théorie psychométrique de la généralisabilité, les *notes d'univers* diversifient la notion de note vraie. Elles correspondent théoriquement à des moyennes d'univers de notes observées dans un nombre infini d'applications du même test, ou d'items du même type, ou par un nombre infini d'évaluateurs. M. R.

note en facteur ou mesure en facteur

(angl. Factor Score, Factor Measurement)

En analyse factorielle, valeur prise, pour un individu donné, par un facteur.

Les notes en facteur d'un sujet peuvent être estimées à partir des notes qu'il a obtenues dans les variables observées. M. R.

→ factorielle (analyse).

nourrisson

n.m. (angl. Infant)

Bébé de plus de deux semaines, non encore capable d'autolocomotion, que celle-ci prenne la forme de la marche bipède, du déplacement à quatre pattes ou du simple ramper. E. V.

BIBLIOGRAPHIE

Koupernik, C., et Dailly, R., 1968, *Développement neuropsychique du nourrisson*, Paris, P.U.F.

Lécuyer, R., 1989, *Bébés astronomes, bébés psychologues: l'intelligence de la première année*, Bruxelles, Mardaga.

Symposium de l'Association de psychologie scientifique de langue française, 1983, *le Développement dans la première année*, Paris, P.U.F.

nourrisson (mort subite du)

(angl. Cot Death)

Il arrive que des nourrissons sains meurent par apnée, c'est-à-dire par arrêt prolongé de la ventilation pulmonaire. Cet accident, imprévisible, survient le plus souvent pendant un état de sommeil. Il frappe en moyenne 1,2 enfant sur 1 000 entre 1 et 12 mois, avec un maximum entre la 6e et la 12e semaine. Ses causes demeurent encore obscures: reflux gastro-œsophagien, laryngospasme, carence rachitique ou trouble respiratoire non décelés. L'influence de facteurs génétiques n'est pas exclue: l'examen des antécédents familiaux a révélé des familles prédisposées à ce risque. Néanmoins, la récence des statistiques médicales rend l'évaluation de ce facteur difficile. Lipsitt (1979) a avancé l'hypothèse d'un trouble d'apprentissage qui affecterait le contrôle volontaire des mouvements au cours d'une période critique qui s'étend de la naissance à 2 mois et se caractériserait par une diminution rapide des réponses innées et la mise en place de réponses adaptées à l'environnement. Il a montré que les mouvements par lesquels un bébé libère ses voies respiratoires en cas d'occlusion ne sont pas toujours déclenchés spontanément, mais grâce à l'aide maternelle.

La surveillance prolongée des rythmes cardio-respiratoires (par monitoring) permet, quand un risque d'apnée ou une condition de prémorbidité ont été repérés, de prévenir cet accident en facilitant l'intervention immédiate des parents. H. B.

nouveau-né

n.m. (angl. Neonate)

Enfant qui vient de naître.

Le nouveau-né à terme (39 à 42 semaines d'âge conceptionnel) pèse en moyenne un peu plus de 3 kilos et mesure environ 50 cm. Son pouls bat à 120 et son rythme respiratoire est deux fois plus rapide que celui d'un adulte. Bien qu'immatures, les récepteurs de toutes ses modalités sensorielles sont fonctionnels et ses compétences perceptives sont loin d'être négligeables, surtout dans le domaine visuel. S'il voit, entend et sent dès sa naissance, il ne répond aux stimulations qu'après un délai de plusieurs secondes et seulement si celles-ci ne sont ni trop fortes ni trop faibles et si elles sont suffisamment espacées.

Ses performances motrices sont très en retard sur les performances perceptives. En plus d'une activité motrice globale et souvent désordonnée, et de réflexes archaïques destinés à disparaître au cours de la première année, il dispose d'un répertoire d'activités sensori-motrices, précâblées mais non dénuées de plasticité (succion, geste d'approche, orientation vers une source sonore, déplacements oculaires organisés, etc.). Il est capable d'apprentissage dès les premiers jours et ses relations sociales débutent très tôt. La majorité des recherches sur le nouveau-né se font pendant le séjour de la mère à la maternité. Certains auteurs considèrent que le bébé reste un nouveau-né jusqu'à la fin du premier mois. E. V.

BIBLIOGRAPHIE

Krasnegor, N.A., et alii, 1987, *Perinatal Development: a Psychobiological Perspective*, San Diego, New York, Academic Press.

nouveauté

n.f. (angl. Novelty)

Propriété de ce qui dévie par rapport aux structures mnésiques et intellectuelles formées par l'habitude.

La notion de « nouveau » joue un grand rôle dans la psychologie cognitive actuelle, mais l'élaboration de la notion remonte déjà à la période cognitiviste, antérieure à celle du traitement de l'information et, notamment, aux travaux de D.E. Berlyne, D.O. Hebb, etc. (→ cognitivisme.) Dans la théorie de l'information, « nouveau » est équivalent à « qui apporte une grande quantité d'information », l'un et l'autre se définissant par contraste avec l'incertitude.

On peut présenter cette notion sans technicité à partir des points suivants. L'environnement d'un individu est constamment changeant, mais ces changements sont eux-mêmes variables en degré. L'un des rôles du système cognitif est de stocker en mémoire des traces des informations passées pour faciliter l'adaption de l'organisme. Indépendamment des traces identifiables des événements passés (« souvenirs » proprement dits), la mémoire élabore des structures mnésiques et intellectuelles fondées sur une intégration quasi statistique des informations passées : ainsi sont formés les percepts, les prototypes, les schèmes, les concepts, etc., qui sont des produits de cette activité d'apprentissage.

Dès lors, toute information qui entre, à un moment donné, dans le système cognitif est immédiatement traitée par comparaison et par appariement avec des structures mnésiques et intellectuelles préexistantes. Cette information entrante est nouvelle en ce sens qu'elle est un événement qui ne s'est jamais produit antérieurement en tant qu'« occurrence », c'est-à-dire qui est présent, actuel. Mais elle n'est pas nécessairement dotée de « nouveauté » au sens fort.

Si cette information correspond de très près aux structures cognitives déjà existantes, elle ne sera justement pas traitée comme « nouvelle » en ce sens. Mais si, au contraire, cette information dévie plus ou moins fortement par rapport aux structures existantes, si elle ne s'apparie pas parfaitement à elles, alors :

1. elle produira des effets de nouveauté au sens fort;
2. elle mobilisera des ressources spéciales pour être traitée et pour conduire à une solution au problème ainsi posé à l'organisme;
3. elle provoquera une modification des structures mnésiques et intellectuelles elles-mêmes, modification qui visera à les rendre capables de s'apparier désormais avec une information de même sorte.

Les mécanismes décrits plus haut, notamment l'appariement parfait et la modification présentée en 3., coïncident avec l'assimilation et l'accommodation de J. Piaget.

Les effets de nouveauté évoqués ci-dessus en 1. sont multiples. Les principaux sont l'apparition de la réaction d'éveil et de tous ses concomitants comportementaux (réaction électrodermale, réaction d'orientation-investigation, mouvements des yeux, des oreilles chez certains animaux, accélération ou ralentissement cardiaque, comportements d'exploration, etc.) ainsi que de ses concomitants électrophysiologiques (modification du rythme). Des comportements spécifiques, tels que le temps de fixation oculaire d'un stimulus, se sont révélés tout à fait valides, par exemple chez le bébé, comme indicateurs de ces effets de nouveauté.

Très souvent, de tels effets sont trop faibles pour être conscients, même chez l'adulte. Mais quelques-uns sont observables intérieurement sous la forme d'un « sentiment de nouveauté » qui peut accompagner la perception, la compréhension, la lecture, etc. On peut utiliser expérimentalement des « jugements de nouveauté », demander d'exprimer des « degrés de nouveauté » et établir des échelles sur cette base. La nouveauté apparaît alors comme l'inverse de la « familiarité ».

Dans le même ordre d'idées, les épreuves classiques de reconnaissance dans l'étude de la mémoire reposent sur la distinction faite par les sujets entre des stimulus « anciens » — ceux qui ont été présentés lors de la phase de mémorisation — et des stimulus « nouveaux », présents seulement au moment de l'épreuve de reconnaissance.

On considère généralement que, dans la vie courante, un degré modéré de nouveauté s'accompagne chez l'être humain (et aussi chez les anthropoïdes) d'un agrément. Une façon équivalente de formuler ce fait est de dire qu'un degré modéré de nouveauté satisfait cette famille particulière de motivations que sont les motivations cognitives.

Un degré modéré de nouveauté est ce qui correspond à un degré modéré de déviation par rapport aux structures mnésiques et intellectuelles préexistantes. La grandeur effective de la déviation qui peut être qualifiée ainsi de « modérée » dépend des individus et de leurs structures cognitives ; et celles-ci dépendent elles-mêmes des expériences individuelles antérieures du sujet et de leur variabilité. Mais on considère qu'il existe de toute façon pour chacun un optimum de nouveauté, même si celui-ci doit être conçu comme soumis à de très importantes variations interindividuelles.

Au-dessous et au-dessus de cet optimum apparaissent des effets différents. Des degrés de nouveauté inférieurs à l'optimum peuvent produire des comportements de désintérêt et des sentiments subjectifs de monotonie.

Mais un degré élevé de nouveauté, une déviation forte par rapport à ce qui est habituel, produit de son côté une activation et une mobilisation importantes de l'organisme. Cela s'exprime dans des réactions affectives diverses (qui peuvent être objectivées par la réaction électrodermale), dans des comportements émotionnels, de l'anxiété et, le cas échéant, de l'agressivité. La nouveauté est souvent ressentie comme une source de déplaisir et elle suscite des réactions d'évitement au même titre que des stimulus biologiquement désagréables.

J.-F. L. N.

→ cognitivisme, créativité, information, motivation.

BIBLIOGRAPHIE

Clark, H.H., et Clark, E.V., 1977, *Psychology and Language. An Introduction to Psycholinguistics*. New York, Harcourt.

Eysenck, M.W., 1984, *A Handbook of Cognitive Psychology*, Londres, Erlbaum.

nouveauté (réaction à la)

(angl. Novelty Reaction)

DÉVELOP. **Modification du niveau d'attention d'un bébé lorsqu'un stimulus nouveau est substitué au stimulus qui vient de faire l'objet d'une familiarisation plus ou moins longue.**

Cette modification prend en général la forme d'un accroissement de l'intensité de la réponse enregistrée.

La méthode d'habituation suivie d'un test de réaction à la nouveauté est une des plus utilisées pour étudier les capacités cognitives du nourrisson. L'indice le plus fréquemment retenu est la durée de fixation oculaire. Après atteinte du critère d'habituation, un objet, différent de celui ou de ceux qui ont été familiarisés, donc physiquement nouveau, est présenté une à trois fois (essais-tests). La durée moyenne de ceux-ci est comparée à la durée moyenne des derniers essais de familiarisation (1 à 3). On dit qu'il y a eu réaction à la nouveauté lorsqu'il y a une différence statistiquement significative entre les deux durées moyennes.

La présence d'une réaction à la nouveauté permet, d'une part, d'éliminer la possibilité que le déclin antérieur du degré d'attention porté au stimulus initial ait été dû à la fatigue, d'autre part de conclure que stimulus familiarisé et stimulus nouveau ont été différenciés par le bébé.

L'absence de réaction à la nouveauté peut être interprétée de plusieurs façons : 1. le nouveau stimulus est, de par ses propriétés intrinsèques, si peu intéressant qu'il attire encore moins d'attention que le familier ; 2. les deux stimulus ne sont pas perçus différents ; 3. perçus différents, ils sont néanmoins équivalents pour le bébé : il s'agit alors de catégorisation.

Lorsqu'on étudie les capacités de catégorisation du bébé avec la méthode d'habituation/réaction à la nouveauté, on est obligé de procéder en deux étapes. La première consiste à s'assurer que chacun des exemplaires de la catégorie physique choisie par l'expérimentateur (les visages d'homme par exemple) est différencié des autres par la population étudiée (les bébés de 6 à 8 mois par exemple). Dans la seconde étape, une série d'exemplaires de la catégorie en jeu est présentée jusqu'à atteinte d'un critère d'habituation. Aux essais tests, le stimulus est un autre exemplaire de la catégorie, physiquement différent de ceux qui ont été familiarisés. L'apparition d'une réaction à la nouveauté témoigne simplement de la différenciation entre ce nouvel exemplaire et ceux que le bébé vient de voir. S'il n'y a pas réaction à la nouveauté, c'est que le bébé traite comme équivalents tous les exemplaires de la catégorie. E. V.

→ catégorisation, familiarisation, habituation.

nouvelle échelle métrique d'intelligence

(angl. New Metric Intelligence Scale)

→ N.E.M.I.

numérique (test)

(angl. Number Test)

Épreuve permettant d'apprécier la capacité à manipuler les nombres.

Les épreuves impliquant la manipulation de nombres et l'usage d'opérations arithmétiques de façon précise et rapide (épreuves numériques) [*aptitude numérique* (angl. Numerical Ability)] tendent à présenter entre elles des corrélations qui peuvent être expliquées par un facteur numérique (ou facteur N) mis en évidence notamment par L.L. Thurstone dans ses travaux sur les « aptitudes mentales primaires ». M. R.

nycthémère

n.m. (angl. Nycthemer)

Période de 24 heures comprenant une ou plusieurs périodes de veille et une ou plusieurs périodes de sommeil.

Un rythme nycthéméral est un rythme circadien. P. L.

→ circadien (rythme).

nymphomanie

n.f. (angl. Nymphomania)

Exagération du désir sexuel chez la femme, conduisant à des attitudes de séduction et de provocation qui ne sont pas conformes au rôle féminin tel qu'il est généralement attendu dans la société occidentale.

Décrite par un jeune médecin français, D.T. de Bienville, en 1772, comme une « véritable maladie du sexe », une « fureur utérine », amenant celles qui en étaient atteintes à « secouer le joug imposant et glorieux de la pudeur » et à solliciter « avec un front ouvertement déshonoré », et « d'une voix aussi vile que criminelle, les premiers venus à répondre à leurs insatiables désirs ». Comparée au satyriasis chez l'homme, la nymphomanie tient plus d'un diagnostic moral et d'un jugement de valeur que d'une véritable affection physique ou mentale, même si elle peut être parfois la conséquence de troubles endocriniens (hyperovarisme) ou d'un état d'excitation maniaque. J. P.

nystagmus

n.m. (angl. Nystagmus)

1. Ensemble des mouvements involontaires des yeux composés d'une dérive lente de l'œil suivie d'une brève saccade en direction opposée à la stimulation. 2. Ensemble des oscillations incontrôlées des globes oculaires, de direction, d'amplitude et de fréquence variables.

Les oscillations présentent une alternance de phases lentes et de retours rapides. Il existe différentes formes de nystagmus. Une forme pathologique s'observe dans le cas de scotomes. Chez le sujet normal, le nystagmus est provoqué soit par une stimulation visuelle rotatoire *(nystagmus optocinétique)*, soit par une stimulation vestibulaire. La stimulation vestibulaire peut être induite par une rotation du corps *(nystagmus vestibulaire)*, par une stimulation électrique du labyrinthe *(nystagmus galvanique)* ou encore par une stimulation calorique du conduit auditif externe (liquide froid ou chaud), qui active les canaux semi-circulaires *(nystagmus calorique)*. Présent dès la naissance, sous une forme plus ou moins mature, le nystagmus est complètement développé autour de 3 mois. Le *nystagmus à ressort* est l'un des deux types de nystagmus qui comporte deux secousses de sens opposé, battant à des vitesses différentes, lente et rapide. F. J. et C. B.

O

obéissance

n.f. (angl. Obedience)

SOCIAL. **Changement d'une croyance ou d'un comportement en réponse à la pression émanant d'une figure d'autorité.**

L'obéissance représente une forme de conformité due à une figure d'autorité. La pression sociale y est explicite sous forme d'ordre, d'injonction à obéir. Ainsi, sous les ordres d'une autorité, reconnue comme légitime, l'individu peut être amené à commettre même des actes de violence, comme le montre l'expérience du psychosociologue américain S. Milgram. Par petites annonces, Milgram a recruté des individus pour participer à une étude sur la mémoire. Par un tirage au sort truqué, aux personnes qui se présentent est assigné le rôle de l'enseignement. À une autre personne (qui est en réalité un compère de l'expérimentateur) est assigné le rôle de l'élève qui doit apprendre par cœur plusieurs séries d'associations de mots. L'individu qui a le rôle d'enseignant doit punir « l'élève » pour ses réponses fautives en lui administrant des charges électriques allant de 15 à 450 volts. Sous l'injonction persistante de l'expérimentateur, 62,5 % des sujets obéissent jusqu'au dernier choc (fictif) de 450 volts. Milgram a pu constater que le pouvoir de l'expérimentateur est d'autant plus fort que la proximité de l'expérimentation est grande et que la victime n'est pas visible pour « l'enseignant ». Il a expliqué ces résultats par le passage d'un état d'autonomie, où le sujet est seul maître de ses actions, à un état, dit « agentique », où le sujet se considère comme l'agent exécutif d'une volonté qui le transcende. R. L.

objectivation

n.f. (angl. Objectivation)

Dans la phénoménologie, transformation, par le langage, de l'expérience vécue en signifié supra-individuel, universellement communicable.

Le sens de ce mot, en psychologie, dérive de celui qu'il a en épistémologie, où il représente le caractère d'une vérité scientifique : l'objectivation est une interprétation vraie, universalisable.

Dans l'ontogenèse, l'objectivation constitue, selon J. Piaget (*la Construction du réel*, 1937), l'orientation essentielle du développement intellectuel de l'enfant. Elle se construirait par décentration* du point de vue propre, qui caractérise l'égocentrisme, et par distinction entre l'action et les propriétés intelligibles des objets, de l'espace et du temps. Seule l'intelligence parvient à l'objectivation. Le développement perceptif y tend, mais n'y atteint qu'imparfaitement (isomorphisme partiel) en raison des caractères propres à la perception : effets de champ, chez le jeune enfant, puis traits spécifiques de l'activité perceptive qui conduisent à des erreurs systématiques et à des effets d'ordre. Lorsque deux objets, deux éléments ou deux dimensions sont comparés perceptivement, leur indépendance n'est pas sauvegardée dans les actes (centration, transport, transposition) de la comparaison.

En revanche, les comparaisons opératoires, quant à elles, respectent l'indépendance des termes confrontés ; le jugement qui en est issu n'est donc pas relatif à la position du sujet, au sens de la comparaison, ni à l'ordre dans lequel les termes ont été appréhendés.

D'autres théories, comme celle de la forme, ont considéré que l'objectivation était inscrite dans l'organisation nerveuse qui sous-tend les conduites, par isomorphisme psycho-physique, ou qu'elle était réalisée par accommodation (théorie du reflet). Les conceptions de l'objectivation admettent toutes un principe d'isomorphisme. H. B.

objectivisme

n.m. (angl. Objectivism)

ÉTHOL. **Théorie de l'instinct, fondement de l'éthologie classique, proposant un ensemble de causes et de fonctions générales caractérisant les conduites instinctives des animaux et fondée sur une description aussi rigoureuse que possible du comportement de chaque espèce dans son milieu naturel.**

Les bases de la théorie objectiviste de l'instinct ont été posées par K. Lorenz et N. Tinbergen (1938) dans un article intitulé : *Taxie et action instinctive dans le mouvement de roulage de l'œuf chez l'Oie grise*. L'Oie ramène sous elle un œuf qui a roulé à l'extérieur du nid par un mouvement du bec dans le plan sagittal de son corps (acte instinctif), complété par de brefs mouvements d'équilibration de l'œuf sous le bec (composante taxique de l'acte instinctif). Cet acte instinctif peut être caractérisé de la façon suivante :

1. il est une réponse à un déclencheur extérieur (l'œuf) ; il se poursuit jusqu'au bout même si l'œuf est ensuite subtilisé ; cela le distingue des composantes taxiques, qui disparaissent dans ces conditions ;
2. cette réaction s'atténue et cesse si elle est répétée à intervalles trop rapprochés, alors qu'aucun des muscles impliqués n'est physiologiquement fatigué ;
3. le seuil du déclenchement de la réaction s'abaisse en fonction de la durée de l'intervalle entre deux actes successifs.

L'acte instinctif résulte de l'action additive de deux composantes (règle de la double quantification) : l'une, endogène, correspond à une énergie spécifique pour l'acte considéré et l'autre, exogène, est représentée par le signal déclencheur, responsable de la libération de cette énergie. L'acte instinctif est inné parce qu'il remplit les quatre conditions suivantes : 1. il est stéréotypé dans sa forme ; 2. il caractérise l'espèce ; 3. il apparaît chez les Animaux qui ont été élevés isolément les uns des autres et dans un milieu aussi pauvre que possible en stimulations ; 4. il se développe normalement chez les Animaux que l'on a privés d'exercice.

L'acte instinctif est donc indépendant de l'apprentissage individuel et il résulte d'un double déterminisme, exogène et endogène. Tinbergen a généralisé la théorie à l'ensemble des comportements instinctifs en proposant une organisation hiérarchique mettant en jeu à chaque niveau des déclencheurs de *séquences stéréotypées d'actes instinctifs* (angl. Fixed Action Patterns, ou FAP). L'acquis individuel, impliquant un stockage d'informations, est contrôlé par une prédisposition innée à apprendre (comme dans le cas de l'imprégnation par exemple). Au cours de l'évolution des espèces, cette plasticité comportementale s'accroît en raison d'une part de la réduction des comportements fixes et innés, d'autre part de l'épanouissement des fonctions qui assurent l'acquisition individuelle. R. C.

→ animale (psychologie) éthologie, instinct, déclenchement (mécanisme de) Lorenz (Konrad), taxie.

objet

n.m. (angl. Object; allem. Objekt, Gegenstand, Ding)

PSYCHAN. **Ce qui oriente l'existence de l'être humain en tant que sujet désirant.**

L'objet comme tel n'apparaît pas dans le monde sensible. Aussi, dans les écrits de S. Freud, le mot *Objekt* s'entend-il toujours avec un déterminant explicite ou implicite: objet de la pulsion, objet d'amour, objet auquel on s'identifie. En opposition à Objekt, *la chose* (allem. das Ding) apparaît plutôt comme l'objet absolu, objet perdu d'une satisfaction mythique.

L'OBJET DE LA PULSION

L'objet de la pulsion est «ce en quoi ou par quoi elle peut atteindre son but» (Freud, *Pulsions et destin des pulsions*, 1915). Il n'est pas lié à elle originairement. Il en est l'élément le plus variable: la pulsion se déplace d'un objet à l'autre au cours de son destin. Il peut servir à la satisfaction de plusieurs pulsions. Il peut toutefois être précocement fixé. L'objet de la pulsion ne saurait donc être confondu avec l'objet d'un besoin: il s'agit d'un fait de langage comme le montre la fixation. La fixation de la pulsion à son objet peut être illustrée par un cas rapporté dans un article de 1927 (Freud, *le Fétichisme*, 1927). Chez un sujet germanophone, élevé dans sa prime enfance en Grande-Bretagne, la condition nécessaire de son désir sexuel était la présence d'un «Glanz» («brillant» en allemand) sur le nez de la personne désirée. L'analyse montra qu'il fallait entendre en fait «glance» («regard» en anglais) sur le nez fétichisé. Grâce au destin particulier de ce sujet, il se démontre que la fixation s'inscrit en termes non d'image mais bien d'écriture.

L'un des destins de la pulsion isolé par Freud consiste en un retournement de la pulsion sur la personne propre. Il explique ainsi la genèse de l'exhibitionnisme. Il y aurait d'abord un regard dirigé sur un objet étranger (pulsion voyeuriste). Puis l'objet est abandonné et la pulsion se retourne sur une partie du corps propre. Enfin s'introduit «un nouveau sujet auquel on se montre pour être regardé». Dans sa lecture de Freud, J. Lacan *(Séminaire du 13 mai 1964)* montre que ce mouvement de retournement est ce qui permet l'apparition du sujet au troisième temps. L'objet de la pulsion est pour Lacan, dans ce cas, le regard lui-même comme présence de ce sujet nouveau. La personne exhibitionniste fait «jouir» l'Autre en y faisant apparaître le regard mais ne sait pas qu'elle est, elle-même, comme sujet une dénégation de ce regard recherché. Elle se fait voir. Plus généralement, toute pulsion peut se subjectiver et s'écrire sous la forme d'un «se faire...» à quoi l'on peut ajouter la liste des objets pulsionnels: «Se faire... sucer (sein), chier (fèces), voir (regard), entendre (voix).»

L'OBJET D'AMOUR

L'objet d'amour est un habillage de l'objet de la pulsion. Freud reconnaît que le cas de l'amour s'accorde difficilement avec sa description des pulsions:

1. s'il ne peut être assimilé à une simple pulsion partielle comme le sadisme, le voyeurisme, etc., il ne saurait pour autant représenter l'«expression d'une tendance sexuelle totale» (qui n'existe pas);
2. son destin est plus complexe; il peut certes se retourner sur la personne propre mais en plus il peut se transformer en haine et, de plus, haine et amour s'opposent tous deux à l'indifférence. L'opposition amour-haine est rapportée par Freud à la polarité «plaisir-déplaisir»;
3. l'amour, enfin, est une passion du *moi total* (allem. Gesamtes Ich) alors que les pulsions peuvent fonctionner de façon indépendante, autoérotique, avant toute constitution d'un moi.

Freud a toujours soutenu qu'«il n'existe pas un primat génital mais un primat du phallus» (pour les deux sexes). Or, ce phallus n'entre en jeu dans l'amour que par le complexe de castration. La menace de castration, contingente, ne prend son effet structurant qu'après la découverte de la privation réelle de la mère. Jusqu'alors, le manque de la mère n'était repérable que dans les intervalles, «l'entre-dit» de ses propos, et l'enfant se plaisait à s'identifier à cet organe imaginaire, le phallus maternel, véritable objet d'amour. La symbolisation d'un manque à cet endroit et l'assomption de son insuffisance réelle à le combler sont décisives pour l'issue du complexe d'Œdipe du garçon, pour l'obliger à abandonner ses prétentions sexuelles sur la mère. Cependant, l'une des suites de cet amour œdipien, le phénomène du rabaissement de l'objet sexuel, qui consiste à séparer l'objet idéalisé (du courant tendre de l'amour) de l'objet rabaissé (du courant sensuel), témoigne de la persistance fréquente de la fixation incestueuse à la mère. Certains hommes en viennent, à l'âge de la puberté, à se diviser: «Là où ils aiment, ils ne désirent pas et, là où ils désirent, ils n'aiment pas.»

Cette division entre amour et désir reproduit la différence freudienne entre pulsions d'autoconservation (besoins) et pulsions sexuelles (vraies pulsions). L'amour a partie liée avec le besoin. Tout ce qui perturbe l'homéostasie du moi provoque du déplaisir, est haï. Mais tout objet qui apporte le plaisir, en tant qu'étranger, menace aussi la parfaite tranquillité du moi, déclenche une part de haine. (La division opérée par M. Klein entre bons et mauvais objets est reportée par Lacan sur le sujet lui-même, causée par l'objet [→ article suivant].)

Lié au plaisir, c'est-à-dire à la moindre tension compatible avec la vie, l'amour n'est guère armé pour investir les objets. Aussi bien doit-il être soutenu par les vraies pulsions, les pulsions sexuelles partielles. L'objet d'amour devient ainsi l'habillage de l'objet de la pulsion. Pour sa mise en acte et pour le choix d'objet, l'amour est tributaire du discours social: les formes de l'amour varient selon les temps et les lieux.

L'amour connaît aussi un versant passionnel dû à ce qu'il engage le «moi total», l'unité du moi. Freud avait noté qu'il n'existait pas «dès le début, dans l'individu, une unité comparable au moi»... «Une nouvelle action psychique doit donc venir s'ajouter à l'autoérotisme pour donner forme au narcissisme» (*Pour introduire le narcissisme*, 1914). Ce fut l'une des toutes premières contributions de Lacan à la psychanalyse que d'avoir montré que cette nouvelle action psychique était la reconnaissance pour le nourrisson, encore incoordonné dans sa motricité, de la forme unifiée de son corps dans sa propre image dans le miroir pourvu qu'elle soit reconnue par l'Autre. Que l'unité du moi dépende d'une image (moi idéal) reconnue par la parole de l'Autre explique, premièrement, la tension agressive envers cette image rivale autant que son pouvoir de fascination, caractères propres à toute relation duelle, deuxièmement que le moi ne se voit aimable qu'à la condition de se régler sur ce signe de reconnaissance (idéal du moi). L'investissement du moi idéal n'est cependant pas total. Une partie de la libido reste attachée au corps propre. Un noyau autoérotique manque à l'image aimée et c'est précisément pour ce manque que l'objet est aimé. C'est pour autant qu'elle n'a pas le phallus qu'une femme peut le devenir pour un homme.

L'OBJET D'IDENTIFICATION

On a vu comment Lacan situait l'idéal du moi, fonction symbolique, dans ce trait formel d'assentiment de l'Autre. Ce trait tire sa puissance de l'état de détresse du nourrisson face à la toute-puissance de l'Autre. Lacan rapproche ainsi l'idéal du moi de ce *trait unique* (allem. Einziger Zug) que le moi, selon Freud, emprunte à l'objet d'amour pour s'identifier à lui par un symptôme. Selon ce processus, «l'identification prend la place du choix d'objet, le choix d'objet régresse jusqu'à l'identification» (Freud, *Psychologie des foules et analyse du moi*, 1921). En effet, pour Freud, l'identification est la forme la plus précoce et la plus originaire du lien affectif à une autre personne. Une première identification se ferait d'abord au père. Elle met en place l'idéal du moi et rend ainsi possible l'énamoration: dans l'état amoureux, «l'objet se met à la place de l'idéal du moi». Le même mécanisme explique l'hypnose ainsi que le phénomène de la foule et de sa soumission au meneur: «Une foule primaire (non organisée) est une somme d'individus qui ont mis un seul et même objet à la place de leur idéal du moi et se sont en conséquence, dans leur moi, identifiés les uns aux autres.»

L'OBJET PERDU

«Dans le cas de l'identification, l'objet s'est perdu ou on y a renoncé...» (Freud, *op. cit.*). L'identification réduit l'objet à un trait unique et se fait donc au prix d'une perte. Selon le principe de plaisir, l'appareil psychique se satisferait de représentations agréables mais le principe de réalité l'oblige à formuler un jugement non seulement sur la qualité de l'objet, mais sur sa présence réelle. «La fin première et immédiate de l'épreuve de réalité n'est donc pas de trouver dans la perception réelle un objet correspondant au représenté mais de le retrouver, de se convaincre qu'il est encore présent» (Freud, *la Dénégation*, 1925). Or, du fait de l'accès au langage, l'objet est définitivement perdu, en même temps qu'il est constitué. «C'est cet objet, das Ding, en tant qu'autre absolu du sujet qu'il s'agit de retrouver. On le retrouve tout au plus comme regret. Ce n'est pas lui qu'on retrouve mais ses coordonnées de plaisir» (Lacan, *Séminaire du 9 décembre 1959*). Il y a donc, déjà distingué par Lacan dans les textes freudiens, un objet plus fondamental, das Ding, la chose comme opposée aux objets substitutifs, qui, elle, est perdue d'entrée de jeu. (→ article suivant.) C'est le souverain bien, la «mère» interdite par les lois mêmes qui rendent la parole possible. On peut ainsi, par exemple, comprendre le mécanisme de la mélancolie et son potentiel suicidaire: identification non plus à un trait unique de l'objet (au prix de la perte de cet objet) mais identification «réelle», sans médiation, à la chose elle-même, rejetée du monde du langage.

B. V.

objet a

Selon J. Lacan, objet cause du désir.

L'objet a [petit a] n'est pas un objet du monde. Non représentable comme tel, il ne peut être identifié que sous forme d'«éclats» partiels du corps, réductibles à quatre: l'objet de la succion (sein), l'objet de l'excrétion (fèces), la voix, le regard.

CONSTITUTION DE L'OBJET a

Cet objet se crée dans cet espace, cette marge que la demande (c'est-à-dire le langage) ouvre au-delà du besoin qui la motive: aucune nourriture ne peut «satisfaire» la demande du sein par exemple. Il devient plus précieux au sujet que la satisfaction même de son besoin (dès lors qu'elle n'est pas réellement menacée) car il est la condition absolue de son existence en tant que sujet désirant. Partie détachée du corps représentable, il se constitue et opère comme manque à être. Ce manque se substitue comme cause inconsciente du désir à un autre manque: celui d'une cause à la castration. La castration, c'est-à-dire la symbolisation de l'absence de pénis de la mère comme manque, n'a pas de cause, sinon mythique. Elle relève d'une structure purement logique: c'est une présentation sous forme imaginaire du manque dans l'Autre (lieu des signifiants) d'un signifiant qui réponde de la valeur de cet Autre, de ce «trésor des signifiants», qui en garantisse la vérité.

INCIDENCES DE L'OBJET a

L'objet a répond ainsi à cette place de la vérité pour le sujet à tous les moments de son existence; à la naissance, pour autant que l'enfant se présente pour une part comme le reste d'une copulation, merveille accouchée «inter faeces et urinas»; avant tout désir, sous l'objet précurseur autour duquel la pulsion fait retour et se satisfait sans l'atteindre; dans la constitution du fantasme, soit l'acte de naissance véritable du sujet du désir, comme l'objet cédé pour prix de l'existence (il sera lié dès lors à ce sujet par un lien de réciprocité totale quoique dissymétrique); dans l'expérience amoureuse, comme ce manque merveilleux que l'objet aimé habille ou recèle; dans l'acte sexuel, comme l'objet qui pare à l'irréductible altérité de l'Autre et se substitue, comme partenaire de la jouissance, à l'impossibilité de faire un avec le corps de l'Autre; dans l'affect (deuil, honte, angoisse, etc.) qui est l'épreuve de son dévoilement ou seulement sa menace, selon le lieu et le mode de sa présence: dans le deuil en tant que nous perdons celui pour qui nous étions cet objet; dans la honte en tant que nous supportons de le présentifier au regard de l'autre; dans l'angoisse en ce qu'elle est la perception du désir inconscient; dans le passage à l'acte suicidaire, éventuellement, où il sort alors du cadre de la scène du fantasme en forçant les limites de l'«élasticité» de son lien au sujet.

L'OBJET a DANS L'ENSEIGNEMENT DE LACAN

Un bref parcours de l'élaboration par Lacan de l'objet a peut être utile à en souligner la nécessité, l'impossibilité de sa saisie et le constant remaniement de son écriture. Au début de son enseignement, Lacan désigne par la lettre a l'objet du moi, le «petit autre». Il s'agit alors de distinguer la dimension imaginaire de l'aliénation par laquelle le moi se constitue sur sa propre image, prototype de l'objet, de la dimension symbolique où le sujet parlant est dans la dépendance du «grand Autre», lieu des signifiants. Dans le séminaire *l'Éthique de la psychanalyse* (1960), Lacan reprend de Freud, essentiellement d'*Esquisse d'une psychologie* (1895) et de *la Dénégation* (1925), le terme allemand *das Ding*. Das Ding est la chose, au-delà de tous ses attributs. C'est l'Autre primordial (la mère) comme ce réel étranger au cœur du monde des représentations du sujet, à la fois donc intérieur et extérieur. Réel aussi en tant qu'inaccessible, «perdu» du simple fait de l'accès au langage. La découverte et la théorie par D.W. Winnicott de l'objet transitionnel* (cet objet apparemment quelconque: mouchoir, bout de laine, etc., auquel le petit enfant manifeste un attachement inconditionnel) ont été saluées par Lacan, outre l'intérêt clinique de ce véritable emblème de l'objet a, parce que l'auteur a reconnu la structure paradoxale de l'espace que cet objet crée, ce «champ de l'illusion» ni intérieur ni extérieur au sujet.

L'objet a n'est donc pas réductible à la chose. C'est une construction qui choit de la représentation dans le temps même de sa constitution, perdue avant même d'exister. À l'exemple du placenta, c'est quelque chose de commun et au sujet et à l'Autre valant pour tous les deux comme «semblant» dans une lignée (métonymie) dont le phallus est le point de perspective (ce que Freud avait révélé dans les équivalences «dans les productions de l'inconscient entre les concepts d'excréments [argent, cadeau], d'enfant et de pénis»). Il devient ainsi l'objet phallique dans le fantasme qui rend le réel habitable.

C'est dans *Remarque sur le rapport de Daniel Lagache* (Pâques 1960) que Lacan introduit l'expression objet a. Elle désigne alors l'objet du désir. La même année, dans *Subversion du sujet et dialectique du désir* (septembre 1960), sera précisé son caractère d'incompatibilité avec la représentation. De fait, «l'objet du désir au sens courant est ou un fantasme, qui est en réalité le soutien du désir, ou un leurre». Aussi, très vite, l'objet a s'appellera-t-il «objet cause du désir». Comme cause du désir, il est cause de la division du sujet tel qu'il apparaît dans l'écriture du fantasme ($\$\lozenge a$) «en exclusion interne à son objet». Les séminaires *l'Identification* (1961-62) et *l'Angoisse* (1962-63) sont consacrés d'une part à la présentation topologique de cet objet a par le recours à certains types de surfaces aptes à en supporter les caractères, d'autre part à l'étude clinique de sa fonction dans l'affect ainsi que de sa place selon les diverses structures: masqué dans le fantasme du névrosé, objectivement présent dans la réalité du scénario pervers, réifié sous forme hallucinatoire dans la psychose.

Dans les séminaires des années 1967 (*la Logique du fantasme*) et 1968 (*l'Acte psychanalytique*), Lacan reprend la dialectique de l'aliénation. (→ sujet.) Il y distingue les deux modes du manque sous lesquels s'annonce le sujet de l'inconscient: ou je ne pense pas, ou je ne suis pas. L'objet a présentifie le manque à être du sujet par opposition à $-\varphi$, écriture de l'inconscient comme pensées manquant de sujet (le non-sens du sexuel), ces deux lettres a et $-\varphi$ reprenant l'écart dans la théorie freudienne entre le ça (aspect pulsionnel) de la deuxième topique et l'inconscient (aspect idéique) de la première.

Dans l'*Envers de la psychanalyse* (séminaire de 1970), l'objet a devient sous le nom de « plus de jouir », par analogie avec la fonction de la plus-value chez Karl Marx, l'un des quatre termes avec lesquels Lacan formalise les quatre discours qui structurent les différents modes de lien social entre les hommes. (→ discours.)

Enfin, dans le séminaire *Réel, symbolique, imaginaire, ou R.S.I.* (1974), l'objet a, jusque-là présenté comme l'effet d'une coupure, se présente d'une façon totalement renouvelée. Il est le point de coincement par lequel les trois registres de la subjectivité : réel, symbolique et imaginaire, réellement indépendants l'un de l'autre, se révèlent cependant pouvoir « tenir ensemble » dans la présentation du nœud borroméen. Il s'agit toujours d'une écriture. L'objet a est la lettre en tant qu'elle se détache du signifiant. Alors que le signifiant est dans le symbolique, la lettre en tant que lettre (et non image ou support d'une combinatoire) est dans le réel. C'est pourquoi elle permet le refoulement. Elle correspond au « représentant de la représentation » de la pulsion chez Freud. Partie du symbolique « chue » dans le réel par l'effet de l'articulation signifiante, elle fait le frayage du signifié. Le V romain, la cinquième heure, qui marque la scène primitive dans l'analyse de l'homme aux loups, donne une illustration de sa fonction de voie de retour du refoulé. L'objet a est donc l'objet de la psychanalyse et les psychanalystes ont la charge, pour une part, du traitement de la lettre. La science, qui n'opère que par une formalisation écrite, a pris son essor dès lors qu'elle a pris le parti de ne rien vouloir savoir de l'objet a, de la vérité comme cause (la subjectivité y est réduite à l'erreur). Mais la vérité fait retour dans le réel avec la profusion d'objets dont elle permet (sans l'avoir voulue) la fabrication et qui sont autant de travestissements positivés de l'objet a avec l'émoi éthique que soulève leur utilisation.

La psychanalyse, pour rationnelle qu'elle soit, n'est pas la science de l'objet a. Elle tient qu'il n'y a pas d'espoir de suturer la faille dans le savoir, celle de l'objet a en tant que condition absolue du sujet et que, par conséquent, « de notre position de sujet nous sommes tous responsables » (Lacan, « la Science et la vérité », 1964-65, in *Écrits*, 1965). B. V.

objet transitionnel

(angl. Transitional Object; allem. Übergangsobjekt)

→ transitionnel (objet).

obliques (facteurs)

(angl. Oblique Factors)

En analyse factorielle, facteurs qui présentent entre eux des corrélations. (Contr. facteurs orthogonaux.)

On évoque dans certains cas les facteurs obliques pour rendre compte des corrélations entre les variables observées. On explique les corrélations des facteurs obliques par une analyse factorielle de second ordre. M. R.

obnubilation

n.f. (angl. Obnubilation)

Trouble de la vigilance caractérisé par une lenteur des réponses et une difficulté à exécuter des ordres simples.

L'obnubilation est la forme la plus légère des états confusionnels. R. L.

observation

n.f. (angl. Observation)

Collecte de données à des fins de recherche.

Dans la recherche scientifique, l'observation forme un couple méthodologique avec l'expérimentation. L'observation spontanée et subjective est généralement considérée comme aléatoire et peu fiable. L'« observation systématisée » obéit à des critères bien définis et s'apparente à l'expérimentation ; elle la supplée quand celle-ci est impossible. Toutefois, l'expérimentation garde une supériorité, parfois décisive, en ce qu'elle crée les conditions dans lesquelles une observation est conduite ; elle permet ainsi de mieux opposer entre elles des conditions et, contrairement à une opinion commune, de découvrir plus de faits. J.-F. L. N.

observation (apprentissage par)

(angl. Observational Learning)

Apprentissage d'une réaction qui s'effectue sans que le sujet (l'observateur) réalise la tâche à apprendre, ou émette la réaction, mais alors qu'un autre individu (l'observé) la réalise ou l'émet.

Cette forme d'apprentissage est fondée sur la prise en compte d'un modèle. Son existence faisait problème pour les théories béhavioristes et, notamment, pour les théories du renforcement opérant. On a pu montrer empiriquement sa réalité. La notion d'apprentissage par observation doit être distinguée de celle d'« imitation », qui lui est apparentée mais qui est plus étendue et plus vague. J.-F. L. N.

ÉTHOL. Que la formation de l'expérience individuelle puisse faire appel à l'observation et à la prise en compte d'un modèle paraît aller de soi pour qui envisage le développement psychologique et la socialisation de l'enfant humain.

Dans le domaine du comportement animal, en revanche, les développements expérimentaux de la psychologie comparée ont longtemps occulté cette perspective de recherche au profit quasi exclusif d'études raffinées sur le conditionnement, l'apprentissage associatif, l'habituation. C'est dans le contexte de la transmission préculturelle de l'expérience que se sont développées tardivement les recherches les plus célèbres dans ce domaine : acquisition de variantes dialectales du chant majeur chez certains Oiseaux ; développement de stratégies alimentaires améliorées (chez l'Huîtrier-pie, chez le Macaque japonais, etc.).

Au plan psychologique, un problème délicat est posé par ces travaux : y a-t-il, chez les Animaux en situation d'apprentissage par observation, intervention de processus s'apparentant à l'imitation humaine ? J. M.

→ apprentissage, imitation.

obsession

n. f. (angl. Obsession)

Trouble psychique caractérisé par l'irruption dans la pensée d'un sentiment ou d'une idée apparaissant au sujet comme un phénomène morbide qui provient pourtant de sa propre activité psychique et qui persiste un temps plus ou moins long malgré sa volonté consciente et tous ses efforts pour s'en débarrasser.

C'est l'aliéniste français J. Falret qui a introduit ce terme (à partir du latin *obsidere*, assiéger) pour souligner à quel point certaines idées pathologiques assiègent la conscience du patient. On a pensé longtemps qu'il s'agissait d'une pathologie de la volonté puisque le malade ne semblait pas avoir la force de s'en débarrasser. C'est S. Freud qui lui a donné une explication psychanalytique faisant appel aux notions de refoulement, d'isolation, d'annulation et de régression au stade sadique-anal lorsqu'il a individualisé la névrose obsessionnelle.

L'obsession est généralement associée à la compulsion, action que le sujet est obligé d'accomplir contre sa volonté consciente. En allemand, d'ailleurs, « Zwang » correspond à la fois à *obsession* lorsqu'il s'agit d'idées (Zwangsvorstellung, *représentation obsédante*) et à *compulsion* lorsqu'il s'agit d'actes (Zwangshandlung, *action compulsionnelle*).

Ces phénomènes obsessionnels sont assez fréquents (plus de 2 % de la population générale en souffrent). On va distinguer sur le plan clinique des obsessions phobiques, idéatives, impulsives, très souvent « conjurées » par des rites (compulsions). La structure obsessionnelle peut connaître tous les intermédiaires entre le simple

« souci obsessionnel » et l'affection sévère, invalidante. Un tiers des patients connaissent des troubles avant l'âge de 15 ans. Les troubles obsessionnels de l'enfant se démarqueraient cependant par une prédominance masculine et quelques troubles neurologiques ou psychopathologiques associés. Les troubles obsessionnels sont rarement diagnostiqués et traités dans l'enfance, car ils ne gênent pas les activités scolaires.

Les traitements sont à la fois variés et complémentaires : psychanalyse, psychothérapie individuelle, thérapies cognitives comportementales (notamment la technique d'exposition), enfin chimiothérapies. Récemment, le traitement médicamenteux des troubles obsessionnels a bénéficié de la mise au point de molécules inhibant la recapture de la sérotonine au niveau central (fluvoxamine, fluoxétine, trazodone), médicaments qui auraient montré leur efficacité par un effet proprement anti-obsessionnel.

Il faut savoir que ces troubles sont généralement assez résistants aux diverses thérapeutiques et que la psychanalyse, en particulier, doit être parfois prolongée pendant une très longue durée pour être efficace (M. Bouvet). J. P.

obsessionnel, elle

adj. (angl. Obsessional)

Se dit de ce qui relève de l'obsession. J. P.

→ névrose obsessionnelle.

obsidional, e

adj. (angl. Obsessional)

Se dit d'une idée, d'une impulsion, d'une action, en rapport avec des troubles psychiques de nature obsédante, s'imposant au sujet contre sa volonté.

Adjectif un peu désuet, il se confond pratiquement avec le terme *obsessionnel*, sauf lorsqu'il est utilisé pour décrire une psychose collective frappant la population d'une ville assiégée, la *fièvre obsidionale*. J. P.

obstruction

n.f. (angl. Obstruction)

Procédure qui vise à évaluer la force d'une motivation à accomplir un comportement chez l'animal en déterminant l'obstacle maximum qu'il peut surmonter.

Cette procédure expérimentale a été introduite par Warden. Une objection à son utilisation est que l'interposition d'un obstacle peut avoir pour effet de modifier la motivation antérieure, ainsi que le montre une autre procédure, celle de mesure des temps d'exécution : parfois, l'animal va plus vite après l'obstacle, ce qui tend à indiquer une augmentation de motivation due à l'obstacle (par l'intermédiaire d'une frustration). J.-F. L. N.

→ frustration, motivation.

obverse (analyse factorielle)

(angl. Obverse Factor Analysis)

Analyse factorielle en plan Q. M. R.

→ plan d'analyse factorielle.

occlusion cinétique

(angl. Kinetic Occlusion)

Alternance de masquage et de démasquage partiel ou total d'une zone du stimulus proximal par une autre zone en déplacement, par exemple déplacement horizontal d'un objet devant un autre.

L'occlusion cinétique peut résulter du déplacement d'un objet ou de celui de l'observateur.

Dans les deux cas, l'occlusion cinétique informe sur l'existence d'une superposition de deux surfaces et sur la permanence d'une surface qui demeure continue quoique partiellement cachée. E. V.

oculaire rapide (mouvement)

(angl. Rapid Eye Movement)

→ mouvement oculaire rapide.

oculomotricité

n.f. (angl. Eye Movement)

Rotation des globes oculaires due à l'activité de la musculature extra-oculaire.

On distingue schématiquement des mouvements brusques, telles les saccades oculaires, durant 20 à 100 ms et pouvant atteindre des vitesses de 600 degrés par seconde, et des mouvements lents, telle la poursuite oculaire durant plusieurs secondes et dont la vitesse maximale est de 30 degrés par seconde. On observe l'association d'une phase lente et d'une phase rapide dans certains mouvements complexes, tel le nystagmus optocinétique. La plupart des mouvements sont identiques pour les deux yeux (mouvements conjugués) ; on peut cependant observer des mouvements lents au cours desquels les deux yeux tournent en sens inverse (mouvement de vergence). J. P. et M. B.

→ nystagmus, poursuite oculaire.

oculoverbal (écart)

(angl. Perceptual Span ; Eye-Speech Span)

En lecture, dimension de la zone de texte identifiée par l'œil à partir de son point de fixation.

Les travaux actuels des chercheurs tendent à montrer que cette région d'identification est très limitée. Dans la plupart des cas, les lecteurs identifient le mot qui est directement fixé ; dans 30 % des cas le mot situé à droite du mot fixé peut également être identifié ; toutefois cet écart dépend de facteurs comme la longueur des mots et la localisation du point de fixation. Plus on s'éloigne de celui-ci plus les informations perçues deviennent formelles : identification des premières lettres du mot suivant, appréhension de traits caractéristiques, évaluation de la longueur du mot. L'enregistrement des mouvements oculaires et de leur durée est de plus en plus utilisé à l'heure actuelle pour étudier les processus de compréhension lors de la lecture en temps réel. P. L.

odorat

n.m. (angl. Smell)

Sens par lequel on perçoit les odeurs.

Le sens de l'odorat comporte un aspect physiologique, l'olfaction, et un aspect psychique, la sensation de l'odeur. Fort développé chez les Mammifères, et surtout chez les Carnassiers, il l'est beaucoup moins chez les Oiseaux et les Vertébrés inférieurs. Chez certains animaux, tel le Chien, l'odorat, déjà naturellement très développé, peut être l'objet d'une éducation, qui permet, par le flair, de faire rechercher l'origine d'odeurs très ténues, dans un dessein déterminé (chiens policiers).

Chez l'Homme, l'odorat semble quantitativement moins subtil que chez le chien, mais les facultés de développement de l'appréciation et de l'interprétation de la perception sont nettement plus marquées. En analysant 600 composés odoriférants, on a démontré qu'une odeur peut être reconstituée à partir de sept odeurs primaires : camphre, musc, odeurs florale (rose) ou mentholée, éther, odeurs âcre (vinaigre) ou putride (œuf pourri). Les sept molécules des odeurs primaires ont chacune une forme particulière. Selon certaines hypthèses, à chaque odeur primaire correspondrait, sur la muqueuse olfactive, un type de récepteur différent.

L'odorat peut être perturbé en acuité (anosmie) ou être l'objet de troubles qualitatifs (cacosmie) au cours d'affections du nez ou des voies et centres nerveux. R. L.

BIBLIOGRAPHIE

Carterette, E., et Friedman, M.P., 1978, *Handbook of Perception : Tasting and Smelling*, New York, San Francisco, Londres, Academic Press.

Œdipe (complexe d')

(angl. Œdipus Complex; allem. Ödipuskomplex)

1. Ensemble des investissements amoureux et hostiles que l'enfant fait sur les parents lors de la phase phallique. 2. Procès qui doit conduire à la disparition de ces investissements et à leur remplacement par des identifications.

S. Freud a très vite repéré les manifestations du complexe d'Œdipe et mesuré leur importance dans la vie de l'enfant comme dans l'inconscient de l'adulte. « J'ai trouvé en moi comme partout ailleurs, écrit-il à W. Fliess en 1897, des sentiments d'amour envers ma mère et de jalousie envers mon père, sentiments qui sont, je pense, communs à tous les jeunes enfants. » Il écrira plus tard : « Cela est si facile à établir qu'il a vraiment fallu un effort pour ne pas le reconnaître. En fait tout individu a connu cette phase mais l'a refoulée. » (*Résistances à la psychanalyse*, 1925.)

Complexe d'Œdipe du garçon

C'est sur le cas du garçon, considéré comme plus simple et comportant moins de zones d'ombre que celui de la fille, que Freud appuie sa description. La « préhistoire » du complexe d'Œdipe lui semble difficile à établir avec certitude, mais il pose qu'elle comporte d'une part une identification primaire au père pris comme idéal, identification d'emblée ambivalente, et d'autre part un investissement libidinal premier intéressant la personne qui prend soin de l'enfant : la mère. Ces deux relations, d'abord indépendantes, confluent pour réaliser le complexe d'Œdipe.

La description qu'il donne dans l'*Abrégé de psychanalyse* (1940) permet d'apprécier comment le complexe d'Œdipe est lié à la phase phallique de la sexualité infantile. « Quand le garçon (vers deux ou trois ans) entre dans la phase phallique de son évolution libidinale, qu'il ressent les sensations voluptueuses fournies par son organe sexuel, quand il apprend à se les procurer lui-même à son gré par excitation manuelle, il devient alors amoureux de sa mère et souhaite la posséder physiquement de la manière que ses observations d'ordre sexuel et son intuition lui ont permis de deviner. Il cherche à la séduire en exhibant son pénis dont la possession le remplit de fierté, en un mot, sa virilité tôt éveillée l'incite à vouloir remplacer auprès d'elle son père qui jusqu'à ce moment avait été un modèle à cause de son évidente force physique et de l'autorité dont il était investi ; maintenant, l'enfant considère son père comme son rival. »

C'est par simplification que l'on réduit le complexe d'Œdipe du garçon à l'attitude ambivalente à l'égard du père et à la tendance uniquement tendre envers la mère : il ne s'agit là que de la partie positive du complexe. Une investigation plus poussée le découvre la plupart du temps sous sa forme complète, positive et négative, le garçon adoptant en même temps la position féminine tendre envers le père et la position correspondante d'hostilité jalouse à l'égard de la mère. Cette double polarité est due à la bisexualité originaire de tout être humain (*le Moi et le Ça*, 1923).

Produit de la phase phallique, le complexe d'Œdipe est « détruit » par le complexe de castration. En effet, lorsque le garçon a admis la possibilité de la castration, aucune des deux positions œdipiennes n'est plus tenable : ni la position masculine, qui implique la castration comme punition de l'inceste, ni la position féminine, qui l'implique à titre de présupposition (*la Disparition du complexe d'Œdipe*, 1924). Le garçon doit donc abandonner l'investissement objectal de la mère, qui sera transformé en une identification. Il s'agit le plus souvent d'un renforcement de l'identification primaire au père (c'est l'évolution la plus normale puisqu'elle accentue la virilité du garçon) mais ce peut être aussi une identification à la mère, ou bien encore la coexistence de ces deux identifications.

Ces identifications secondaires, et plus spécialement la paternelle, constituent le noyau du surmoi. Le père ayant été reconnu comme obstacle à la réalisation des désirs œdipiens, l'enfant « introjecte son autorité », « emprunte au père la force nécessaire » pour ériger en lui-même cet obstacle. Cela doit aboutir non à un simple refoulement (car il y aura alors toujours un retour du refoulé) mais, « si les choses s'accomplissent de manière idéale, à une destruction et à une suppression du complexe ». Freud ajoute cependant que la frontière entre le normal et le pathologique n'est jamais tout à fait tranchée (*la Disparition du complexe d'Œdipe*).

D'ailleurs, Freud observe dans d'autres textes que le choix d'objet œdipien réapparaît à la puberté et que l'adolescent se trouve devant la très lourde tâche de rejeter ses fantasmes incestueux et d'accomplir « une des réalisations les plus importantes mais aussi les plus douloureuses de la période pubertaire : l'affranchissement de l'autorité parentale » (*Trois Essais sur la théorie de la sexualité*, 1905).

Le complexe d'Œdipe est donc un procès qui doit aboutir à la position sexuelle et à l'attitude sociale adultes. Non surmonté, il continue à exercer depuis l'inconscient une action importante et durable et à constituer avec ses dérivés le « complexe central de chaque névrose ».

Complexe d'Œdipe de la fille

Après avoir longtemps situé le complexe d'Œdipe de la fille comme le simple analogue de celui du garçon, Freud a souligné que sa préhistoire était différente. La fille en effet a, comme le garçon, la mère comme premier objet d'amour et, pour pouvoir orienter son désir vers le père, il faut d'abord qu'elle se détache de celle-ci. Le processus qui mène au complexe d'Œdipe est donc nécessairement chez elle plus long et plus compliqué (*Quelques conséquences psychiques de la différence anatomique entre les sexes*, 1925).

Ce processus commence lorsque la fille constate son infériorité par rapport au garçon et se considère comme castrée. Elle peut alors soit se détourner de la sexualité, soit ne pas démordre de sa masculinité, soit enfin choisir une troisième voie « très sinueuse qui débouche dans l'attitude féminine normale finale qui choisit le père comme objet » (*Sur la sexualité féminine*, 1931). L'asymétrie entre le complexe d'Œdipe du garçon et celui de la fille tient donc à leurs rapports respectifs avec le complexe de castration. Celui-ci met fin chez le garçon au complexe d'Œdipe tandis qu'il lui ouvre au contraire la voie chez la fille.

Les principales étapes de cette voie très sinueuse sont les suivantes : sous l'influence de l'envie du pénis, la fille se détache de la mère à laquelle elle reproche de l'avoir mise au monde si mal pourvue, puis l'envie du pénis trouve, selon une équation symbolique, un substitut dans le désir d'avoir un enfant et la fille prend dans ce but le père comme objet d'amour. Dès lors, elle s'identifie à la mère, se met à sa place et, voulant la remplacer auprès du père, se met à la haïr (à la rancune liée à l'envie du pénis s'ajoute alors la jalousie œdipienne).

Quant au motif de la disparition du complexe d'Œdipe chez la fille, Freud considère qu'il n'est pas clair et il ajoute que les effets du complexe continuent d'ailleurs souvent à se faire sentir dans la vie mentale normale de la femme dont le « surmoi ne sera jamais si inexorable, si impersonnel, si indépendant de ses origines affectives que ce que nous exigeons de l'homme ». Un jugement que toutefois il tempère en remarquant que c'est là le résultat de « constructions théoriques de la masculinité pure et de la féminité pure » et qu'il doit être relativisé compte tenu de la constitution bisexuelle de chaque individu.

Signification de l'œdipe

La signification de l'œdipe ne doit pas être réduite au conflit œdipien imaginaire, à ce que J. Lacan appelle « le guignol de la rivalité sexuelle ». Le passage par l'œdipe aboutit à la position hétérosexuelle et à la formation du surmoi, dans lequel Freud voit la source de la morale et de la religion.

La représentation triangulaire qui est souvent proposée ne rend pas compte de la fonction de l'œdipe parce qu'elle ne montre pas qu'il s'agit d'un procès et qu'a fortiori elle n'indique rien de son issue. Cela tient à ce qu'elle attribue au père et à la mère des positions symétriques qui ne sont pas les leurs. Freud en effet parle d'« un seul point concret » : l'attitude envers le père, qui détermine l'évolution du complexe chez le garçon comme chez la fille.

C'est pourquoi Lacan n'utilise pas cette représentation triangulaire mais parle de la « métaphore paternelle ». Il appelle « Nom-du-Père » la fonction symbolique paternelle, soit ce qui constitue le principe efficace de l'œdipe, et il montre que le « Désir de la Mère » est rejeté dans les dessous par le Nom-du-Père, l'opération aboutissant à un signifié qui est le phallus et cela pour les deux sexes (*Écrits*). Cette façon d'écrire l'œdipe fait valoir que sa fonction est de promouvoir la castration symbolique.

Lacan souligne que, si le Nom-du-Père assure cette fonction dans notre civilisation, cela découle de l'influence du monothéisme et n'a rien d'obligatoire ni d'universel. Le mythe œdipien est actif dans l'inconscient de l'individu occidental, mâle ou femelle, mais, dans d'autres civilisations, africaines par exemple, l'œdipe peut n'être qu'« un détail dans un mythe immense », d'autres structures symboliques s'y trouvant en position de promouvoir la castration.

La question est celle des conséquences de la normalisation œdipienne. Freud constate qu'elle est à l'origine d'une « ferveur nostalgique » à l'endroit du Père (*le Moi et le Ça*). Lacan le reprend en disant que le mythe œdipien « n'en finit pas avec la théologie » (*Écrits*) mais qu'il va au-delà : il avance que le mythe œdipien attribue au Père l'exigence de la castration (avec cette conséquence majeure qu'elle acquiert la signification d'un don demandé par l'Autre) alors qu'elle n'est qu'une conséquence de la soumission de l'être humain au signifiant. V. N.

BIBLIOGRAPHIE

Freud, S., 1905, *Trois Essais sur la théorie de la sexualité* (trad. fr., 1968).

œil de poupée

(angl. Doll's Eye Reflex)

Réponse oculomotrice réflexe de compensation induite par une stimulation vestibulaire otolithique.

L'inclinaison latérale du corps induit un positionnement contralatéral des yeux, permettant un centrage des yeux dans les orbites et une stabilisation des images sur la rétine. On peut également mettre en évidence cette réponse en tournant la tête du bébé : l'œil effectue une rotation de sens inverse. Réponse présente chez le prématuré comme chez le nouveau-né à terme, elle permet de tester les liaisons anatomico-fonctionnelles entre les centres oculomoteurs et le système vestibulaire. F. J.

œnilisme

n.f.

Intoxication alcoolique au vin. P. F.

olfaction

n.f. (angl. Olfaction, Odour Sensitivity)

Fonction sensorielle permettant la détection à distance et la reconnaissance de substances chimiques.

Le stimulus est constitué par des molécules qui, portées par un flux d'air (Vertébrés aériens) ou d'eau (Vertébrés aquatiques), atteignent les récepteurs de l'organe olfactif. L'olfaction guide de nombreuses conduites animales : prise alimentaire, comportements sexuel et parental, communications sociales, etc. Certains signaux chimiques de communication, qui contrôlent le comportement et parfois la physiologie, sont désignés comme phéromones.

La perception olfactive est caractérisée par trois modalités, largement interdépendantes : hédonique, intensitive et qualitative. La représentation consciente associée à la stimulation de l'organe olfactif, l'odeur, se range d'emblée dans l'ordre de l'agréable ou du désagréable. Cette modalité hédonique est liée à l'intensité et en partie acquise par apprentissage. L'intensité de l'odeur est perçue comme une fonction croissante et bornée de la concentration des molécules. Pour des raisons physiques, la concentration au seuil de perception varie beaucoup selon les substances ; les variations interindividuelles sont également grandes. Les *anosmies partielles*, d'origine génétique, constituent des cas extrêmes d'hyposensibilité limitée à un petit nombre de substances. Le système olfactif a une forte capacité — voisine du maximum théorique — à discriminer des substances chimiques distinctes présentées séparément. À cette propriété analytique s'oppose le caractère fortement synthétique de la qualité de la sensation. Les qualités olfactives résistent aux tentatives de classification ; leurs relations sont mieux représentées comme un continuum multidimensionnel. Les descriptions des odeurs font référence aux substances et objets-sources plutôt qu'à des attributs spécifiques. De caractère fortement associatif, la mémoire des odeurs présente la particularité d'être assez médiocre à court délai, mais très résistante à l'épreuve du temps.

Le neuroépithélium olfactif se situe chez l'Homme au sommet des fosses nasales et occupe une surface d'environ 10 cm². Cette surface est couverte d'une couche de mucus dans lequel, chez les êtres à vie aérienne, les molécules en phase gazeuse se dissolvent avant d'entrer en contact avec les cellules réceptrices proprement dites. Au contact entre les fibres venant des cellules olfactives et les structures cérébrales se forme une véritable « image » bidimensionnelle.

Le système nerveux olfactif possède plusieurs particularités. Les cellules réceptrices sont des neurones qui cumulent les fonctions de réception du stimulus, de transduction et de transmission du message sensoriel. Fait singulier, leur neurogenèse se poursuit à l'âge adulte et ils sont remplacés en cas de destruction. L'organisation nerveuse est relativement simple. Un seul neurone, la cellule mitrale, s'intercale entre le récepteur et la cellule pyramidale du cortex olfactif. Dans les trois niveaux du système, le codage de l'odeur repose sur l'activité évoquée par le stimulus dans un ensemble défini de neurones. Dans l'épithélium et le bulbe olfactifs, le motif pluri-neuronal, d'activité codant une odeur dessine une carte, l'image bidimensionnelle, qu'on peut visualiser par marquage radioactif. Elle est parfois désignée comme *image olfactive*. Cette dimension spatiale du codage s'estompe dans le cortex.

Les analyses électrophysiologiques ont permis de montrer qu'une même molécule stimulante agit de façon différentielle sur les différents récepteurs. Lorsqu'on maintient la stimulation ou lorsqu'on la répète, on constate un phénomène d'adaptation, entraînant une perte d'efficacité de celle-ci avec le temps. Ce phénomène est utilisé pour analyser les activités de discrimination qualitative des odeurs. L'étude neurophysiologique des comportements a permis de mettre en évidence l'importance que joue l'olfaction dans le contrôle des comportements de survie de certaines espèces : qu'il s'agisse du guidage de la prise alimentaire, de l'attraction sexuelle induite dans certaines espèces par les phéromones, du marquage de territoire ou, chez l'Homme, de la contribution des odeurs à la stimulation de l'appétit ou de l'envie et à l'évocation des souvenirs.

A. H et P. L.

→ récepteur olfactif.

BIBLIOGRAPHIE

Beidler, L.M., 1971, *Handbook of Sensory Physiology*, tome IV, *Chemical Senses*, Berlin.

oligophrénie

n.f. (angl. Oligophrenia)

Déficience mentale globale d'origine organique.

C'est le cas de certaines insuffisances du développement psychique dues à des malformations ou à des dysmétabolies cérébrales. On décrit par exemple une oligophrénie phényl-pyruvique d'origine héréditaire détectée par le test de Guthrie* dès les premiers jours de la naissance. Le terme est cependant de plus en plus remplacé par celui d'*arriération* mentale*, qui renvoie à une acception plus large. J. P.

onirisme

n.m. (angl. Onirism)

Activité mentale vécue de façon généralement intense comme un rêve et se produisant pendant la veille.

On trouve le plus souvent le délire onirique dans certains états toxiques (intoxication aux drogues ou à l'alcool). P. L.

oniroïde

adj. (angl. Oneiroid)

Se dit d'un état délirant ayant une analogie avec la pensée du rêve sans s'accompagner de confusion mentale.

Ces *délires oniroïdes* (S. Follin) se distinguent de l'onirisme confusionnel du *delirium* tout en restant généralement subaigus. Même lorsqu'ils évoluent sur une longue période, ce sont des processus « délirants réversibles », des « égarements de l'état de conscience » qui n'entraînent pas une atteinte profonde de la personnalité ni une dissociation mentale, comme le fait la schizophrénie. Ils entrent plutôt dans le cadre des psychoses hystériques ou de certaines formes délirantes de la psychose maniaco-dépressive. J. P.

ontogenèse

n.f. (angl. Ontogeny ou Ontogenesis)

ÉTHOL. et BIOL. **Ensemble des processus de développement d'un individu depuis l'œuf fécondé jusqu'à l'état adulte et réalisation de son phénotype.**

L'ontogenèse débute dès les premières divisions de la cellule œuf et se poursuit jusqu'à la formation du sujet adulte et, par extension, jusqu'à la mort. Elle est le résultat, à chaque instant de la vie, d'une combinaison indissociable de processus de maturation et d'épigenèse. R. C.

→ épigenèse, éthogenèse, maturation.

DÉVELOP. **Construction de l'individu ; développement biologique et comportemental entraînant cette construction progressive, notamment dans le domaine de la formation de la personnalité et dans l'acquisition des instruments de la connaissance.**

La position de la psychologie génétique, qui considère le développement comme une ontogenèse, implique deux propositions :

1. toute conduite stabilisée résulte d'une construction progressive et ne peut être comprise indépendamment de ce processus, dont elle constitue l'aboutissement ;
2. l'âge chronologique est une variable indépendante de type particulier ; il est porteur d'organisations comportementales spécifiques et peut être considéré comme étape psychologique.

Les explications ontogénétiques s'appliquent en principe à tous les domaines psycho-biologiques. Toutefois, elles se sont appliquées, de manière privilégiée, à la formation de la personnalité et à l'élaboration des connaissances.

Elles ont en commun une conception particulière du rôle de l'expérience : celui-ci ne prend jamais effet uniquement sur la répétition, mais sur une interaction avec l'activité du sujet. Elles postulent que cette interaction est structurante. Les différences entre les théories ontogénétiques portent sur la nature des activités prises en compte ou présumées. H. B.

opérant (conditionnement)

(angl. Operant Conditioning)

Selon B. F. Skinner, apprentissage dans lequel l'augmentation ou la diminution de la fréquence d'apparition d'une réponse dépend des relations que cette réponse entretient avec le ou les événements qui la suivent. (Syn. conditionnement skinnerien.)

Pour Skinner et les béhavioristes, ce type d'apprentissage rend compte, à lui seul, de toutes les acquisitions animales et humaines. P. L.

→ conditionnement.

opératif, ive

adj. (angl. Operative)

DÉVELOP. **Relatif aux actions réelles ou virtuelles qui précèdent les opérations, aussi bien qu'aux opérations au sens strict.**

L'aspect opératif de la connaissance porte sur les transformations qui entraînent le passage d'un état du réel à un autre. E. V.

opération

n.f. (angl. Operation)

Dans la conception de J. Piaget, action intériorisée, réversible et coordonnée en systèmes d'ensemble.

On passe d'une opération à l'autre selon des lois de composition propres aux structures logiques. Piaget distingue les *opérations concrètes* (angl. Concrete Operations), possibles chez l'enfant à partir de 7-8 ans et portant sur des objets réels, des *opérations formelles* (angl. Formal Operations), effectuées sur des hypothèses et apparaissant à partir de 12 ans. Par ailleurs, en fonction des contenus auxquels elles s'appliquent, il distingue les opérations logiques ou logico-arithmétiques, qui portent sur « des objets discontinus ou discrets et sont fondées sur des différences entre les éléments et leurs ressemblances ou équivalences », des opérations infralogiques, qui portent sur des objets continus (espace, temps, systèmes matériels) et sont fondées sur les voisinages et les séparations. Ces deux derniers types d'opération se développent synchroniquement chez l'enfant. R. L.

→ opératoire (théorie).

opérationnalisation

n.f. (angl. Operationalization)

Adaptation de concepts, d'idées et, sous une forme plus précise, d'hypothèses aux conditions concrètes et aux opérations grâce auxquelles on pourra les observer et les mettre à l'épreuve.

L'opérationnalisation est une exigence essentielle de l'opérationnalisme, pour lequel elle est le seul garant du sens des énoncés scientifiques.

Mais, même pour des chercheurs qui n'adoptent pas cette position doctrinale et qui acceptent comme valides des concepts de caractère théorique, le souci de mettre ceux-ci en relation avec des faits conduit souvent à une recherche de leur opérationnalisation. Celle-ci constitue alors une des premières phases, hautement créatrice, de la méthode expérimentale : il s'agit pour le chercheur d'*inventer* une situation expérimentale appropriée, qui lui permettra de mettre à l'épreuve ses hypothèses et ses concepts. J.-F. L. N.

opérationnalisme ou opérationnisme

n.m. (angl. Operationism)

Conception épistémologique suivant laquelle ne peuvent avoir droit de cité, en psychologie ou dans les autres domaines, que les notions pour lesquelles on peut directement définir les opérations qui peuvent conduire à leur validation.

GÉNÉR. Cette conception est apparentée au positivisme et, pour la psychologie, au béhaviorisme. Comme le premier, elle considère que les mots n'ont pas de sens si on ne définit pas la façon de les mettre en relation avec les observables. L'accent est davantage mis ici sur les opérations (d'observation et de vérification). Il s'agit d'une forme de ce qu'on appelle aussi « vérificationnisme ». Cette position radicale se retrouve sous une forme plus souple dans l'exigence d'opérationnalisation qui est commune à beaucoup de chercheurs.

DIFFÉR. La définition des caractéristiques individuelles étudiées par la psychologie différentielle peut se faire, en utilisant les principes de l'opérationnalisme, par la description des opérations permettant de distinguer chacune de ces caractéristiques, éventuellement de les mesurer. Des opérations différentes (par exemple des tests différents) doivent d'abord être considérées comme définissant des caractéristiques différentes. C'est ultérieurement que l'on peut éventuellement reconnaître par des constats empiriques appropriés (par exemple des corrélations entre les tests considérés) que ces opérations définissent en fait une caractéristique commune ou des caractéristiques en partie communes. D'autres constats empiriques peuvent conduire éventuellement à enrichir la *définition opérationnelle* (angl. Operational Definition) primitive par un contenu additionnel. Par exemple, si un test d'intelligence se trouve en corrélation avec le niveau de scolarité, ce niveau constituera formellement un contenu additionnel de l'intelligence telle qu'elle était d'abord définie opérationnellement par le test. M. R. et J.-F. L. N.

opératoire

adj. (angl. Operational)

Relatif aux opérations, au sens strict d'actions intériorisables, réversibles et organisées en structures caractérisées par des lois de totalité (groupements, groupes).

Chez l'enfant, selon J. Piaget, le *stade opératoire* est le moment de sa vie où apparaît la structure logique dite *opératoire*, où opèrent les lois de totalité. E. V.

opératoire (théorie)

(angl. Operational Theory)

Théorie du développement cognitif due à J. Piaget.

On en trouve un premier exposé dans *la Psychologie de l'intelligence*, parue en 1947 et qui a ensuite été complétée sans grande modification et approfondie dans la longue série des ouvrages publiés par l'école de Genève.

Cette théorie présente l'évolution de l'intelligence en fonction de l'âge comme une construction progressive de structures qui suit un processus séquentiel d'intégration. Les structures de l'intelligence sont formées par la coordination d'opérations, c'est-à-dire « d'actions intériorisées composables et réversibles ». Quand ces coordinations atteignent un état relativement stable, équilibré, elles constituent un stade de développement. Les stades se succèdent dans l'ordre suivant: stade sensori-moteur (de 0 à 2 ans); stade des opérations concrètes, qui débute autour de 7 ans; stade ultime des opérations formelles, à partir de 12-14 ans. Entre le stade sensori-moteur et l'accès aux opérations concrètes se situe une période qui ne peut être caractérisée par une équilibration d'ensemble: la période préopératoire, siège cependant de progrès et d'acquisitions graduelles.

L'ordre des stades est constant et inéluctable, chaque palier intégrant les acquis de la période précédente au prix d'une réorganisation d'ensemble. L'équilibre d'une structure est fonction de la coordination des opérations: plus la coordination est étendue, plus la structure est stable. La forme d'équilibre de chacun des stades a été décrite par Piaget et ses collaborateurs: la période sensori-motrice est caractérisée par le rythme « alternance de deux processus antagonistes fonctionnant en direction inverse avec régularité »; le stade des opérations concrètes, par la réversibilité appliquée au monde des objets; le stade des opérations formelles, par la réversibilité appliquée aux proportions, à l'univers des possibles. Les intégrations ordonnées et l'élaboration de la réversibilité apparaissent comme les conditions de cette équilibration extensive.

La propriété de réversibilité*, propre aux opérations, prolonge les régulations biologiques par lesquelles l'organisme, système ouvert dépendant de ses échanges avec le milieu extérieur, assure son équilibre interne. Elle constitue un système mobile de contrôle et d'autocorrection rigoureux. Grâce à la réversibilité, qui permet qu'une opération soit annulée par son inverse sans que ce retour au point de départ la modifie ni ne modifie son objet, les fonctions intellectuelles parviennent à la connaissance objective du monde.

La théorie opératoire de l'intelligence se complète chez Piaget d'une théorie épistémologique du développement cognitif, qui explique la première par homologie avec le développement historico-logique des sciences, en particulier celui des mathématiques. H. B.

opiacé

n.m. (angl. Opiate)

Préparation à base d'opium ou substance naturelle, semi-synthétique ou synthétique exerçant une action comparable à celle de l'opium.

L'opium est sans doute le plus ancien des médicaments. Après la thériaque de Galien, nombre de préparations pharmaceutiques à base d'opium ont été utilisées tant sur prescription médicale que par les toxicomanes: laudanum de Sydenham (XVIIe siècle), élixir parégorique (dont la vente doit se faire sur ordonnance depuis 1989 en France), etc. Le principal alcaloïde actif de l'opium est la *morphine*, isolée dès 1801. La codéine est très utilisée pour son action antitussive. Mais elle est aussi psychotrope et analgésique: les toxicomanes utilisent souvent les sirops ou comprimés antitussifs comme substituts de l'héroïne. La thébaïne est un autre alcaloïde psychoactif de l'opium. D'autres alcaloïdes (papavérine, narcéine, noscapine) sont dépourvus d'action psychotrope. Le principal dérivé semi-synthétique est l'héroïne, ou diacéthyl morphine. Toujours en quête du produit idéal, qui aurait les effets médicamenteux de la morphine sans donner lieu à dépendance, les chercheurs ont inventé nombre d'opiacés de synthèse: tous sont classés comme stupéfiants et toxicomanogènes. La péthidine, le dextromoramide sont bien connus des toxicomanes. La pentazocine et surtout le dextropropoxyphène sont moins actifs. Le fentanyl n'est utilisé qu'en anesthésiologie chirurgicale. Parmi les opiacés de synthèse, la méthadone constitue un cas à part: opiacé à part entière, elle a les mêmes effets et le même pouvoir d'engendrer la dépendance, mais c'est un produit d'action longue (plus de 24 heures). Cette propriété a été à la base de son utilisation (Dole et Nyswander) à partir des années 1960 comme traitement d'entretien (de maintenance) des toxicomanes aux opiacés.

L'action psychotrope la plus importante des opiacés est l'effet analgésique: ils diminuent ou suppriment tous les types de douleur, surtout chronique. Selon les substances et la voie d'administration, cet effet sera plus ou moins important et durable. Parallèlement existe une anesthésie (diminution des perceptions non douloureuses). L'euphorie, la sédation, l'effet « narcotique » ou « stupéfiant » sont étroitement liés à cette action analgésique.

Sur le plan physique, l'action se traduit par un myosis, des nausées ou des vomissements, de la constipation et une dépression respiratoire (action a minima antitussive, a maxima responsable de mort par arrêt respiratoire en cas de coma par overdose). La tolérance (accoutumance de l'organisme) est très forte pour tous ces effets, y compris pour la dose mortelle (à la différence des barbituriques): les toxicomanes en viennent à consommer des doses nettement supérieures aux doses mortelles pour des non-habitués. La dépendance psychique et physique est extrêmement forte. Elle se traduit par un « manque », un *syndrome de sevrage* typique (→ héroïne): selon les produits en cause, seules varient l'intensité et la durée de ce syndrome.

Depuis les années 1970-1980, la compréhension du mécanisme d'action des opiacés a fait des progrès considérables: tout d'abord par la localisation dans le système nerveux des zones réceptrices de ces produits puis par la mise en évidence sur les neurones de récepteurs spécifiques: enfin, par l'identification et l'isolement de substances endogènes, les endorphines, qui se fixent à l'état physiologique sur ces récepteurs. Les endorphines seraient des modulateurs de la douleur, voire du plaisir. (Ils seraient la confirmation neurophysiologique du « principe de plaisir », en en constituant une régulation.) En saturant les sites récepteurs, les opiacés, dans un premier temps, suppriment la douleur et procurent du plaisir. L'adaptation des neurones se traduit par la diminution progressive de leurs effets. Lors de l'arrêt, avant que les mécanismes cellulaires normaux puissent reprendre, se produit un effet inverse: le manque, avec son cortège de souffrances. Certains pharmacologues ont pensé trouver dans les endorphines la clé de la toxicomanie (qui serait due à un déficit en endorphines, ou en récepteurs, etc.). Il faut plutôt y voir une confirmation des données cliniques et de la réalité du plaisir exogène toxique. Il existe des molécules antagonistes des opiacés qui en suppriment les effets. La naloxone est utilisée par exemple dans les comas par overdose. Certains ont proposé d'utiliser ce produit chez les toxicomanes, comme l'antabuse chez les alcooliques. Les recherches portent actuellement sur des substances d'action mixte, à la fois agonistes et antagonistes (comme la buprénorphine) : ces substances ont un effet opiacé mais « bloquent » les récepteurs en empêchant l'action d'autres morphiniques. Il faut certainement attendre de ces produits certains progrès (en matière de traitement de la douleur notamment) mais les premiers abus toxicomaniaques ont déjà été signalés. M. V.

opinion

n.f. (angl. Opinion)

L'un des modes d'expression et de manifestation de la pensée sociale : dans un référentiel de jugement, position relative caractérisant un groupe particulier à un moment donné à propos d'un objet social.

Pour G. de Tarde (1901), qui a inauguré la notion, l'opinion « est aux foules et aux publics ce que la pensée est au corps, en quelque sorte ». Il s'ensuit qu'elle a pour double caractéristique d'être socialement *partagée* (c'est un phénomène de nombre) et *différenciée* (précisément selon les groupes, les foules, les publics, etc.). Elle prend la forme d'un jugement ou d'une classe plus ou moins structurée de jugements et préside à certaines conduites. L'opinion résulte essentiellement des échanges verbaux, tout particulièrement des conversations entre semblables et prochains. Certes, les médias (presse et télévision notamment) jouent un rôle important dans l'élaboration et la diffusion des opinions ; mais on sait depuis les travaux de P. Lazarsfeld que ce rôle est généralement indirect, les moyens de communication de masse étant relayés dans chaque communauté par certains individus (les guides d'opinion) qui utilisent justement le contact de personne à personne pour répercuter les messages en les interprétant et en les reformulant, c'est-à-dire en les adaptant aux connaissances, expériences, intérêts et valeurs de leurs partenaires. M.-L. R.

→ diffusion, imitation, propagation.

BIBLIOGRAPHIE

Ghiglione, R., et Matalon, B., 1978, *les Enquêtes sociologiques, théories et pratiques*, Paris, Armand Colin.

Sauvy, A., 1965, nouv. éd. 1977, *l'Opinion publique*, Paris, P.U.F., « Que sais-je ? ».

opiomanie

n.f. (angl. Opiate Addiction)

Toxicomanie à l'opium. M. V.

opium

n.m. (angl. Opium)

Suc riche en alcaloïdes psychotropes du pavot somnifère *(Papaver somniferum album)*.

L'opium brut est le latex coagulé des capsules de pavot. Il existe aussi des formes préparées et médicinales d'opium.

Les pouvoirs psychotropes du pavot sont connus depuis la nuit des temps : on en trouverait trace dans des cunéiformes datant de 4 millénaires avant notre ère, retrouvés à l'emplacement de la ville sumérienne d'Ourouk. En Mésopotamie, en Chine, en Égypte, en Grèce, le pavot fut l'un des premiers médicaments utilisés comme calmant, somnifère ou antalgique. Le népenthès, drogue de l'oubli dans *l'Odyssée*, ne serait autre que le pavot. Après Hippocrate, Andromachus (médecin de Néron) le prescrit comme médicament, suivi au IIe siècle de notre ère par Galien : celui-ci fut le promoteur de la thériaque, préparation fort complexe à base d'opium, qui devait — avec des variantes — subsister dans la pharmacopée jusqu'au début du XXe siècle. L'empereur Marc Aurèle aurait été l'un des premiers opiomanes.

Une autre préparation devait être à la source du mythe romantique de l'opium : le laudanum du médecin anglais Th. Sydenham, qui vécut au XVIIe siècle.

Durant le XIXe siècle, l'exploitation du pavot cultivé aux Indes fut une source de profit considérable pour les Anglais. Principal destinataire de ce trafic, la Chine devait tenter de limiter ses importations pour des raisons de « santé publique ». S'ensuivirent sous le règne de la reine Victoria les guerres de l'opium, menées par la Grande-Bretagne et ses alliés, dont la France, pour obliger les Chinois à accepter ce commerce.

Au début du XXe siècle, l'opium consommé par les immigrants chinois aux États-Unis allait apparaître comme le prototype de la drogue dangereuse venue de l'extérieur. Des conférences internationales devaient aboutir aux premiers interdits sur les drogues, les opiacés étant les premiers des stupéfiants.

Avec S.T. Coleridge, Th. de Quincey devait contribuer au mythe de l'opium, drogue toute-puissante et satanique, panacée et panapathogène. Ses *Confessions d'un mangeur d'opium* (1822), traduites par A. de Musset puis Ch. Baudelaire, sont sans doute le premier exemple d'autobiographie toxicomaniaque. Comme Quincey, Baudelaire s'adonna au laudanum, initialement dans un but thérapeutique. Les *Paradis artificiels* traduisent toute sa fascination et son ambivalence envers les drogues. Les décadentistes de la fin du XIXe siècle devaient y trouver un encouragement : l'opium, objet romantique de littérature, inaugurait le mythe des drogues modernes. À l'opiomanie dite « thérapeutique » par ingestion devait s'ajouter l'exotisme avec la création de fumeries d'opium, pratique ramenée d'Orient par les marins et les premiers colonisateurs de l'Indochine. C. Farrère, P. Loti et d'autres ont témoigné de cette vogue. Comme tous les opiacés, l'opium est un psychotrope qui procure une euphorie, une anesthésie et donne lieu à dépendance physique et psychique. Il a toutefois peu de place dans les drogues utilisées par les toxicomanes actuels : ils lui préfèrent des opiacés plus concentrés et plus violents comme l'héroïne. L'usage d'opium, qui fut l'une des causes des interdits en matière de drogues, paraît presque une douce habitude au regard des pratiques des junkies d'aujourd'hui. M. V.

Oppel-Kundt (illusion d')

→ illusion.

opposition (crise d')

Ensemble de comportements marquant le début du stade du personnalisme chez H. Wallon, à l'âge de 3 ans. (Syn. négativisme.)

L'enfant a une attitude générale de refus. Il répond systématiquement « non » à toute demande, contredit et affronte les membres de son entourage sans autre motif que la sauvegarde de son autonomie neuve et fragile. En même temps, il cesse de parler de lui à la troisième personne ; le je, le moi, le mien prennent tout leur sens. E.V.

→ conscience de soi, stade.

optotype

n.m.

Motif ou caractère de forme et de dimensions bien définies, destiné au contrôle de la qualité de la vue. R. L.

→ acuité visuelle.

oral (stade)

(angl. Oral Stage ; allem. Orale Stufe)

Premier stade de l'évolution libidinale, caractérisé par le fait que le nourrisson trouve son plaisir dans l'alimentation, l'activité de la bouche et des lèvres.

Le plaisir de sucer, d'abord lié à un besoin physiologique, devient le lieu d'une activité autoérotique spécifique, qui constitue le premier mode de toute satisfaction sexuelle. En 1915, S. Freud insiste sur l'aspect cannibalique du stade oral : le rapport qui s'instaure avec l'objet du désir est « manger-être mangé », rapport dit d'« incorporation ». K. Abraham a distingué deux phases au sein du stade oral : d'abord une phase de succion, puis une phase sadique (stade sadique oral), correspondant à l'apparition des dents et à des fantasmes de morsure et de dévoration. Pour M. Klein, disciple d'Abraham, le stade oral est lié à la relation entre l'enfant et le sein maternel : satisfaction et frustration constituent la relation de l'enfant au sein, à la fois bon et mauvais. R. L.

→ stade.

ordinale (échelle)

(angl. Ordinal Scale)

Échelle de mesure sur laquelle une relation d'ordre a été établie entre classes successives. M. R.

→ mesure.

ordination

n.f. (angl. Ordination, Ordonnancement)

Opération par laquelle un sujet met dans un ordre déterminé des stimulus ou des concepts, à partir de critères simples ou combinés, en les rangeant de proche en proche, dans un ordre croissant ou décroissant, selon la consigne. R.L.

ordre

n.m. (angl. Order)

GÉNÉR. 1. **Organisation qui permet de classer les éléments suivant leur relation avant-après.**

On a mis en évidence un *effet d'ordre* (ou effet de position) dans les apprentissages de liste : les stimulus sont plus ou moins vite ou facilement appris suivant leur rang dans la liste. La relation s'exprime sous la forme d'une courbe en U. Cet effet est généralement analysé en deux effets distincts : effet d'« initialité » et effet de « récence ».

GÉNÉR. 2. **Possibilité de superposition de conditionnements.**

On appelle *conditionnement de second ordre* un conditionnement dont le point de départ est une liaison stimulus conditionnel-réponse conditionnelle déjà établie plutôt que stimulus inconditionnel-réponse inconditionnelle. Par exemple, si un son est devenu un stimulus conditionnel pour la salivation, on peut ensuite présenter un stimulus visuel et le faire suivre par le son, sans donner de viande. Dans les cas favorables, chez le Chien, il se crée un conditionnement de second ordre. Il est généralement fragile. On peut trouver des exemples attestés de conditionnements d'ordre supérieur à deux. J.-F. L. N.

→ initialité (effet d'), liste, position (effet de), récence (effet de).

ordre (relation d')

Relation topologique complexe établie entre des éléments discrets, voisins et séparés.

LOG. Une suite unidimensionnelle, linéaire ou circulaire d'objets constitue un ordre spatial ; une succession d'événements forme un ordre temporel. La relation d'ordre résulte de la coordination de tous les voisinages.

DÉVELOP. C'est vers 6 ans seulement qu'un enfant est capable de reproduire correctement un ordre linéaire de 6 à 9 objets, quelle que soit la disposition relative du modèle et de sa reproduction. L'enfant ne tient compte de la place relative des objets qu'à partir de 3 ans. D'abord, il reproduit des couples par simple voisinage sans se soucier de leur place ou de leur orientation dans la série (par exemple, la série A B C D E F G H est reproduite A D E C B G H F). Puis l'enfant reproduit des ordres partiels et enfin un ordre complet par coordination de tous les voisinages mais il lui arrive encore souvent d'oublier de tenir compte de l'orientation de la série modèle donnant pour réponse H G F E D C B A au modèle A B C D E F G H. Cependant, des reproductions parfaites peuvent être fournies par des enfants de 3 à 5 ans lorsque le nombre d'objets à ranger ne dépasse pas 4. L'analyse des réponses a montré qu'il ne s'agit pas alors de coordination de voisinages mais de repérages successifs de places privilégiées (les bornes A et D d'une série A B C D) auxquels s'associent des voisinages simples (B voisin de A, C voisin de D). La reproduction d'un ordre temporel (de 4 à 5 éléments) ne pose pas plus de problèmes que celle d'un ordre spatial lorsqu'on neutralise l'intervention de la mémorisation en dissimulant le modèle pendant la reproduction de la série spatiale. E. V.

organogenèse

n.f. (angl. Organogenesis)

PSYCHIATR. **Conception étiologique générale attribuant à une cause organique la plupart des troubles psychiatriques.**

L'organogenèse des maladies mentales a été défendue avec vigueur en France à partir de 1840. Les jeunes médecins aliénistes de l'époque rejetaient alors la causalité psychogénétique de la folie soutenue par P. Pinel et E. Esquirol et représentée par le traitement moral pratiqué par F. Leuret (avec des excès condamnables d'agressivité et de violence sur les malades). Partant de l'idée qu'il fallait traiter le malade mental avec autant de respect que celui qui était atteint d'une affection médicale, ils allaient, derrière G. Ferrus et J. Moreau de Tours, orienter leurs recherches vers la découverte de lésions anatomiques ou biologiques cérébrales susceptibles d'expliquer l'apparition des diverses formes de folie. En 1845, Moreau de Tours, en publiant un ouvrage sur le haschisch, comparait les effets du toxique à ceux de la maladie mentale pour affirmer, un peu vite, que tous les troubles psychiques avaient une origine organique. Et on relisait la thèse de A.J. Bayle, qui, en 1822, avec son maître P.P. Royer-Collard, avait décrit une maladie à la fois mentale et neurologique, l'arachnitis, ou inflammation chronique des méninges, entraînant à la fois un délire évoluant vers la démence et une paralysie progressive, d'où le nom qui lui sera donné plus tard par J. Requin de « paralysie générale progressive ». Cette méningite chronique devenait alors le modèle, le paradigme, de la maladie mentale due à une atteinte des méninges et du cerveau (comme l'avait montré L.V. Calmeil). On oubliait que ses premiers descripteurs n'en avaient fait qu'une « phrénésie chronique », c'est-à-dire une « folie symptomatique » d'une atteinte cérébrale, une affection neuropsychiatrique pour, dans l'enthousiasme, y voir le type même de la « folie essentielle ». Quelques années plus tard, en se basant sur les caractères évolutifs qui permettent d'individualiser des maladies en médecine, J.P. Falret donne à la « folie circulaire » un statut nosologique précis, confirmé par E. Kraepelin, qui en fera la psychose maniaco-dépressive*. Ce dernier base, lui aussi, son individualisation des affections mentales, et en particulier des psychoses, sur ce critère de l'évolution, renvoyant leur causalité organique (en l'absence de découverte de lésions cérébrales précises) à une cause somatique endogène dans une conception qui aura un grand succès, malgré son flou et son côté « oracle de Delphes de la psychiatrie », comme la qualifiait K. Kolle. H. Ey a, lui aussi, ironisé sur cet « oracle » et ce « nœud gordien » qu'il fallait « avoir le courage de trancher ». Il tente de donner à cette organogenèse la dimension dynamique qui lui manquait en construisant sa théorie de l'organodynamisme des maladies mentales basée sur un néojacksonisme (→ jacksonisme et néojacksonisme) qui l'éclairait et l'écartait définitivement, croyait-il, de l'organomécanicisme, localisateur et réductionniste, des partisans habituels de l'organogenèse. En fait, il ne sortait pas lui-même d'un organicisme dont les aspects psychodynamiques restaient purement fonctionnels. Mais entre-temps, dès le début du XXe siècle, S. Freud et la révolution psychanalytique avaient redonné vigueur à la psychogenèse* des maladies mentales ; avec leur sociogenèse*, ils inspirent les aspects les plus dynamiques de la psychiatrie et la plupart des formes de psychothérapie* actuelles.

Cependant, l'organogenèse reste tout à fait d'actualité et bien défendue, en particulier dans tout ce qu'on appelle psychiatrie biologique, neuropsychiatrie*, psychopharmacologie* et dans les diverses applications des neurosciences au diagnostic et au traitement des maladies mentales. De ces neurosciences, la neuropsychologie, d'une part, la neurochimie cérébrale, de l'autre, ont apporté des éclairages nouveaux très importants. La première a renouvelé profondément le problème des localisations cérébrales et permis de grands progrès dans la connaissance de l'asymétrie des fonctions cérébrales entre les deux hémisphères (R.W. Sperry) et dans celle des restaurations postlésionnelles du cerveau. La seconde, centrée sur les neuromédiateurs et les systèmes adrénergiques, dopaminiques et sérotoninergiques, a permis de mieux comprendre les perturbations de la transmission synaptique et le fonctionnement de certains psychotropes.

Mais il s'agit encore de connaissances fragmentaires, au sein d'une complexité neurochimique très grande, qui ne peuvent expliquer la pathogénie des maladies mentales dans une perspective uniciste, comme le voudraient certains. « La neurochimie des maladies mentales ne se réduit pas plus à l'envers des thérapies neuroleptiques que les névroses ne se réduisent effectivement à l'envers des perversions» (G. Lanteri-Laura). En fait, les grands conflits entre les idéologies dominantes privilégiant une seule causalité et méprisant les autres ne sont plus de mode. Sans tomber dans l'athéorisme, les psychiatres d'aujourd'hui ont plutôt tendance à considérer de multiples facteurs dans le déclenchement d'une maladie psychique et à utiliser les divers modèles proposés par les chercheurs, selon leur valeur heuristique, pour expliquer un point précis du développement, de la symptomatologie ou du traitement de l'affection mentale de leur patient. J. P.

BIBLIOGRAPHIE

Cossa, P., 1959, *Approches psychopathogéniques des troubles mentaux*, Paris, Masson.
Deshaies, G., 1959, *Psychopathologie générale*, Paris, P.U.F.
Ey, H., 1974, *Des idées de Jackson à un modèle organo-dynamique de la psychiatrie*, Toulouse, Privat.
Guiraud, P., 1950, *Psychiatrie générale*, Paris, Le François.
Moreau de Tours, J., 1845, *Du haschisch et de l'aliénation mentale*, Paris, Fortin et Masson.
Zarifian, E., 1988, *les Jardiniers de la folie*, Paris, O. Jacob.

orientation

n.f. (angl. Orientation)

Activité par laquelle un individu cherche à relier des changements de position de son corps, ou de parties de son corps, à des repères spatiaux, qu'il soit en mouvement ou à l'état de repos.

ÉTHOL. Définis comme des déplacements non aléatoires (→ cinèses), les phénomènes d'orientation spatiale incluent les simples réactions locomotrices à des stimulations élémentaires du milieu (→ taxies) et des comportements plus élaborés, impliquant la participation active du sujet dans la recherche et l'utilisation d'informations spatiales pertinentes.

Les repères spatiaux renseignent principalement sur la direction et la distance à parcourir pour se rendre en un point de destination quelconque à partir d'un endroit identifié et localisé préalablement par le sujet. La nature de ces repères peut être d'origine interne (repères idiothétiques) et/ou externe au sujet (repères allothétiques). Dans le premier cas, il peut s'agir d'informations proprioceptives qui renseignent sur les composantes de translation et de rotation du *déplacement actuel du sujet* (angl. Path Integration). Les repères externes concernent les agents de stimulations abiotiques comme la température, l'humidité, la lumière et le vent; ou d'autres facteurs chimiques et physiques comme les champs électriques, magnétiques ou les forces de pesanteur et gravitationnelles, présentant tous un champ de forces composé de vecteurs pratiquement parallèles.

L'ensemble des êtres vivants et des objets présents dans le milieu peuvent aussi servir de repères directionnels. Leurs caractéristiques physiques (forme, taille, odeur, couleur, position spatiale, etc.) seront perçues et sélectionnées en fonction des compétences sensori-neuro-motrices caractéristiques de l'espèce animale concernée et du degré de maturation et d'expérience de chaque individu.

L'orientation sera qualifiée de pilotage lorsque l'information spatiale guidant le déplacement est fournie directement par la cible de l'orientation, comme la vue du nid ou de la source alimentaire, l'odeur ou le son émis par un congénère, et lorsque le déplacement s'effectue avec un contact sensoriel permanent conduisant directement à l'endroit recherché (traces chimiques ou matérialisées au sol, bordures, chemins...).

L'orientation à la boussole (angl. Compass Orientation) concerne un déplacement guidé par des repères qui permettent de rejoindre une destination qui n'est pas directement perceptible. Il s'agit le plus souvent de repères magnétiques ou astronomiques comme la lune, les étoiles ou le soleil et des plans de vibration de la lumière linéairement polarisée du ciel bleu qui indiquent une direction géographique par rapport à la rose des vents.

La capacité de certains animaux à se rendre pour la première fois de leur vie sur un site jamais visité est qualifiée de vraie navigation. (→ migration animale.) C'est aussi le cas pour le Pigeon voyageur, qui retourne à son pigeonnier, après un transport passif et un lâcher effectué à partir d'un point inconnu de lui, en utilisant des informations spatiales d'origines visuelles, magnétiques et/ou olfactives.

En cas d'absence ou d'impossibilité d'utilisation d'une source directionnelle donnée, les possibilités de suppléance d'un repère par un autre permettent d'assurer une orientation efficace dans la plupart des situations. L'utilisation d'un système d'orientation intégré, impliquant plusieurs modalités sensorielles à la fois, s'avère utile pour la recherche d'un lieu précis situé dans un espace plan ou dans un espace tridimensionnel.

Enfin, les possibilités d'acquérir, de se souvenir et éventuellement d'effectuer des opérations sur l'information spatiale fournie par le milieu et/ou par le déplacement propre du sujet permettent un accroissement des performances d'orientation spatiale. Ces capacités mnésiques et cognitives, rencontrées chez les Vertébrés et à un moindre degré chez les Invertébrés, autorisent notamment des déplacements sur de plus grandes distances ou permettent l'établissement de routes nouvelles reliant directement deux points connus de l'espace. G. B.

→ cinèse, migration animale, taxie.

BIBLIOGRAPHIE

Ellen, P., et Thinus-Blanc, C., 1987, *Cognitive Processes and Spatial Orientation in Animal and Man*, Dordrecht, Martinus Nijhoff Publishers BV.
Siddle, D., 1983, *Orienting and Habituation: Perspectives in human Research*, Chichester, New York, Brisbane, J. Viley.

orientation des contours

(angl. Contour Orientation)

GÉNÉR. **Direction dans un plan frontoparallèle d'une limite spatiale localement colinéaire.**

L'information relative à l'orientation résulterait de la stimulation de neurones du cortex visuel dont les champs récepteurs sont allongés. Ces neurones sont optimalement activés lorsqu'un contour présentant la même orientation que le grand axe de leur champ récepteur s'y projette. En raison du caractère précoce de l'extraction de cette information, l'orientation est considérée comme une des primitives visuelles, c'est-à-dire une caractéristique locale de l'image rétinienne directement codée par le système visuel. C. B.

orientation scolaire et professionnelle

Détermination de la meilleure voie scolaire ou professionnelle ouverte à un élève, en particulier en fin de cycle (classe de 5e et de 3e), après inventaire de ses aptitudes et de ses motivations par un psychologue professionnel ou un professionnel de l'orientation.

Les professionnels chargés de l'orientation, notamment les conseillers d'orientation, assistés dans les établissements scolaires de certains membres de l'établissement, comme l'assistante sociale, etc., disposent des résultats obtenus à des tests d'intelligence et d'aptitude. Ces tests, passés plusieurs semaines avant le conseil de classe, aident les enfants et les familles à préciser les aptitudes et les goûts; mais ils n'ont qu'un rôle d'information, face aux instances administratives qui décident. R. L.

orthogonaux (facteurs)

(angl. Orthogonal Factors)

En analyse factorielle, facteurs sans corrélation entre eux. (Contr. facteurs obliques.) M. R.

orthophonie

n. f. (angl. Orthophony, Speech Therapy)

Spécialité paramédicale dont l'objet est l'étude et le traitement des troubles du langage, de la parole ou de la voix, quelle que soit leur cause, et quel que soit l'âge du patient.

La reconnaissance officielle de l'orthophonie est récente : elle n'a eu sa place dans la nomenclature générale des actes professionnels que depuis le 27 mars 1972. D'une manière générale, l'intervention de l'orthophoniste est consécutive à une décision médicale, fréquemment prise en équipe pluridisciplinaire. L'orthophoniste est concerné par un éventail pathologique très étendu, touchant à plusieurs spécialités médicales : sa pratique est donc très différente selon qu'il intervient dans un service hospitalier spécialisé en otorhinolaryngologie, en neurologie ou bien dans une équipe médico-psychologique. Ses compétences doivent donc s'étendre des sciences humaines à la pédagogie en passant par la psychologie et la neurologie. Elles s'acquièrent en trois ans d'études supérieures. Les orthophonistes peuvent intervenir à tous les âges de la vie.

Chez l'enfant jeune, les moyens de dépistage des handicaps sensoriels (surdité, cécité), de l'infirmité* motrice cérébrale permettent des rééducations orthophoniques plus précoces. Par exemple, la prise en charge de l'enfant sourd est préconisée par certains pour lui permettre l'accès au monde sonore et à la production vocale après appareillage et éducation sonore.

L'orthophoniste intervient aussi chez l'enfant non handicapé sensoriel qui présente un retard de langage ou des difficultés dans l'expression orale en faisant la part des troubles de la compréhension et de la réalisation du langage. Le bilan se situe alors dans le cadre de l'évaluation médicopsychologique, qui cherche à déterminer l'origine des difficultés de communication et de fonctionnement de l'enfant et/ou de sa famille. Si l'orthophoniste constate un retard massif du développement du langage, une décision thérapeutique pourra être prise au sein de l'équipe, compte tenu des données de l'anamnèse, de la personnalité des parents et de leurs relations avec l'enfant et son symptôme. La rééducation pourra être axée sur le sens du rythme, de la détente corporelle ou sur les acquisitions des structures syntaxiques ou l'évocation des mots. Le bégaiement ne doit pas être négligé. De même, l'orthophoniste peut collaborer à la prise en charge des difficultés d'apprentissage de la lecture et de l'écriture des enfants scolarisés dès le cours préparatoire. (→ dyslexie.)

Chez l'adulte, l'orthophoniste est appelé à rééduquer les patients victimes d'aphasie, c'est-à-dire qui ont perdu l'usage de la parole, à la suite d'une atteinte neurologique. En otorhinolaryngologie, l'orthophoniste intervient au décours de la chirurgie des dysphonies ou auprès des laryngectomisés. Enfin, les indications de l'orthophonie chez la personne âgée sont de plus en plus larges en vue d'améliorer le dépistage et le traitement des troubles de l'audition, de la voix et du langage. Cette spécialité est en pleine expansion, suivant en cela l'intérêt grandissant pour les problèmes de communication et de langage. J.-M. C.

Bibliographie

Aimard, P., et Morgon, A., 1983, *Approche méthodologique des troubles du langage chez l'enfant*, Paris, Masson.

Launay, C., et Borel-Maisonny, S., 1976 (2e éd.), *les Troubles du langage, de la parole et de la voix*, Paris, Masson.

Actes scientifiques du Congrès international d'orthophonie, 1988, *l'Orthophonie, ici, ailleurs, autrement; approches cognitivistes et pragmatiques*, Isbergues, l'Ortho-édition.

oscillateur

n. m. (angl. Pacemaker)

Psychophysiol. **Mécanisme physiologique réalisant, en l'absence d'informations temporelles exogènes, la mise en jeu périodique d'une fonction biologique.** (Syn. pacemaker.)

Un oscillateur connu est celui qui réalise la rythmicité de l'activité cardiaque. On fait l'hypothèse d'un certain nombre d'oscillateurs pour expliquer l'ensemble de nos rythmicités biologiques. La localisation de ces oscillateurs est encore inconnue. P. L.

→ rythme biologique.

oubli

n. m. (angl. Forgetting)

Impossibilité provisoire ou définitive de réaccéder consciemment à une information acquise ou à une expérience vécue dans le passé immédiat ou lointain.

Il est possible que cette information ou cette expérience continue de produire des manifestations comportementales sans que le sujet ait conscience qu'il s'agit là de l'influence de son passé.

L'oubli est souvent considéré par ceux qui en font l'expérience comme une sorte de pathologie de la mémoire. S'il y a des cas où l'oubli est la conséquence pathologique d'un traumatisme affectant l'organe même de la mémoire, c'est-à-dire le cerveau, il y a bien d'autres situations où l'oubli n'est pas autre chose qu'une conséquence en quelque sorte du fonctionnement de la mémoire de l'homme ; à ce titre, on peut considérer que, loin d'être une limitation, l'oubli normal constitue une nécessité. Les systèmes intelligents artificiels n'oublient pas, c'est-à-dire qu'ils ne sont pas encore capables de modifier significativement leurs connaissances en fonction de leur expérience du monde. Certains prodiges, capables de restituer des quantités considérables d'informations qui leur ont été présentées une seule fois, se plaignent parfois, comme l'a noté A. R. Luria, qui a étudié un de ces cas, de ne pouvoir s'empêcher de se souvenir d'une page de l'annuaire du téléphone et de faire des erreurs lors de leurs démonstrations, car ils ne peuvent pas oublier des pages de chiffres qu'ils ont vues récemment. On peut donc dire, même s'il nous arrive souvent de pester contre les limites de notre mémoire, que l'oubli constitue une nécessité fonctionnelle. On distinguera néanmoins différentes catégories de situations pouvant donner lieu à l'oubli.

L'oubli répressif

Les amnésies psychopathologiques ont intéressé dès la fin du XIXe siècle des hommes comme P. Janet en France, S. Freud en Autriche, M. Prince aux États-Unis. Elles se manifestent en particulier comme un oubli défensif, par lequel le patient fuit la récollection consciente d'un événement traumatisant du passé : c'est en particulier ce qui se passe dans les amnésies hystériques étudiées par Janet, dans certains comportements de fugues pendant lesquelles les sujets adoptent sans en avoir conscience une nouvelle identité et parfois une nouvelle vie, dans les cas de dédoublement de la personnalité, illustrés par le livre de R. L. Stevenson *Docteur Jekyll and Mister Hyde* (1886) et par le film qui en a été tiré, ou dans les cas de refoulement observés et théorisés par Freud. Dans toutes ces situations, les sujets exercent inconsciemment une répression sur une catégorie de souvenirs pénibles, ce qui leur permet d'éviter d'y accéder. Des tentatives ont été faites pour simuler expérimentalement des phénomènes de ce type en laboratoire : malheureusement, et indépendamment des problèmes déontologiques que posent nécessairement de telles expériences, la simulation restait très loin de la réalité, si bien qu'on peut dire que, en l'état actuel des connaissances, l'étude de ces phénomènes de répression reste du domaine clinique et interprétatif.

L'OUBLI PROVOQUÉ

Il fait suite à un choc, un traumatisme, un accident cérébral, une affection virale, une tumeur ou une intervention neurochirurgicale. Dans ce cas, il y a atteinte directe du support matériel de la mémoire, c'est-à-dire du cerveau. L'étude des amnésies organiques a donné lieu à une fructueuse collaboration entre les neurologues, les neurochirurgiens et les psychologues cherchant à construire des modèles de la mémoire normale. Une discipline s'est même développée à l'interface de ces domaines : la neuropsychologie. L'exploitation systématique, dans l'étude des amnésies, de cas de dissociations doubles entre les différentes fonctions de la mémoire (accessibilité-disponibilité, mémoire à court terme-mémoire à long terme, mémoire épisodique-mémoire sémantique, mémoire verbale-mémoire éidétique [imagée], mémoire implicite-mémoire explicite) a permis de développer et/ou de contraindre les modèles de la mémoire construits à partir des performances obtenues sur les sujets « normaux ». Indépendamment de l'importance accordée dans ces différents modèles aux processus d'encodage et/ou de récupération pour tenter d'expliquer différents syndromes amnésiques, de nouveaux résultats ont mis en évidence qu'il n'était pas si simple de traquer l'oubli : on a pu montrer en effet que si, dans certaines tâches de mémoire exigeant une participation consciente des sujets, comme dans le cas du rappel ou de la reconnaissance, les patients pouvaient avoir une performance nulle ou très faible, en revanche, dans d'autres tâches où la conscience n'est pas impliquée, leur comportement pouvait être influencé par des informations qu'ils ne pouvaient ni rappeler, ni reconnaître. On a pu observer ainsi que des patients atteints de prosopagnosie, c'est-à-dire incapables de reconnaître les visages dans une épreuve où ils devaient sélectionner des photos de leurs proches, manifestaient une réaction galvanique de la peau (réponse électrodermale) lorsqu'on leur présentait une de celles-ci : par conséquent, l'information stockée peut ne plus être accessible lorsqu'on utilise certaines tâches qui impliquent une récollection consciente, mais être encore disponible quand on utilise des tests moins contraignants pour les sujets. Ces résultats ont donné lieu récemment à une distinction entre mémoire explicite et mémoire implicite.

L'OUBLI RÉGRESSIF

Lorsqu'on prend de l'âge, les performances en mémoire diminuent : qu'il s'agisse des apprentissages nouveaux, de l'évocation des noms de personnes pourtant connues ou d'événements du passé récent, de nombreuses personnes font l'expérience négative de ces défaillances mnésiques. Ces troubles sont évidemment très différents de ceux qui ont été rapportés ci-dessus, même s'ils sont dus à la dégénérescence progressive des tissus cérébraux consécutifs à l'âge. Toutefois, étant donné l'augmentation rapide de l'espérance de vie, les progrès de la médecine, la volonté des personnes âgées de continuer à avoir des responsabilités sociales, les effets négatifs provoqués par la sénescence sont aujourd'hui vivement ressentis ; c'est pourquoi de nombreux travaux consacrés à l'affaiblissement des capacités cognitives dû au vieillissement ont vu le jour ces dernières années.

Même si l'on ne peut pas déceler de soubassements organiques précis associés à l'âge, il existe au moins des similarités de surface entre les déficits mnésiques des personnes âgées et les syndromes amnésiques de patients cérébrolésés. Les travaux expérimentaux entrepris depuis quelques années sur ce sujet suggèrent que, si la capacité de la mémoire à court terme change relativement peu, en revanche, les tâches d'attention partagée (écoute dichotique par exemple) ou celles qui entraînent une forte charge mentale (mémoire de travail) sont beaucoup plus affectées par le vieillissement : cela semble indiquer une réduction globale des ressources cognitives. De manière générale, les personnes âgées disposent de capacités d'encodage et de récupération de l'information moins performantes. Bien entendu, cela dépend également des occupations des sujets et des activités cognitives qu'ils continuent ou non à exercer. Toutefois, il n'y a guère de méthode miracle.

L'OUBLI BANAL

La psychologie, depuis les premiers travaux de H. Ebbinghaus concernant la mémoire, a tenté de proposer diverses théories de l'oubli. Les deux plus connues sont les suivantes.

LA THÉORIE DE LA TRACE

Dans la première, c'est le déclin spontané des traces, ou la limitation de la capacité de la mémoire à court terme, qui est responsable de l'oubli : autrement dit, si, pour une raison quelconque, l'information contenue en mémoire à court terme ne peut pas être entretenue par la répétition mentale, par exemple, ou ne peut pas être transférée en mémoire à long terme, sa trace s'affaiblira et disparaîtra : le sujet doit alors mobiliser diverses stratégies de répétition, d'organisation, de transfert s'il veut que l'information présentée soit retenue.

LA THÉORIE DE L'INTERFÉRENCE

Dans la théorie de l'interférence, il n'y a pas plusieurs dispositifs de stockage : ce qui entraîne l'oubli, c'est à la fois les caractéristiques de construction du matériel et les contraintes temporelles qui président aux activités successives de l'homme. Alors que, dans la théorie du déclin, c'est le temps qui passe, non occupé par une utilisation de l'information stockée, qui entraîne l'affaiblissement puis la disparition de cette information, pour la théorie de l'interférence, c'est le caractère successif des activités plus ou moins similaires effectuées par le sujet qui est responsable de l'oubli. Ces effets d'ailleurs peuvent être bidirectionnels et cela dans deux sens différents : d'une part, une tâche qui est en train de se dérouler peut affecter ce qui se passera par la suite *(interférence proactive)* ; une tâche qui se déroule à l'heure actuelle peut avoir des incidences sur la trace de ce qui s'est passé antérieurement *(interférence rétroactive)* ; d'autre part, ces effets peuvent être inhibiteurs, dans la mesure où ils affaiblissent les souvenirs, ou facilitateurs comme dans le cas de l'entraînement et des transferts positifs. P. L.

BIBLIOGRAPHIE

Spear, N. E., 1980, *l'Évolution des souvenirs, oubli et mémoire*, Paris, MEDSI.

Tiberghien, G., et Lecocq, P., 1983, *Rappel et reconnaissance, encodage et recherche en mémoire*, Lille, Presses universitaires de Lille.

overdose

n.f. (angl. Over-Dose)

Surdosage, prise d'une trop grande quantité de drogue entraînant un coma mortel. (Syn. surdose.)

L'overdose fait partie du vécu des toxicomanes actuels, qu'il s'agisse de l'expérience du coma ou de celle de la mort des pairs. L'overdose concentre la peur des parents, du grand public, des pouvoirs politiques et des médias en matière de toxicomanie. Les chiffres toutefois ne sont guère à la hauteur de cette peur : environ 200 morts par an en France ne peuvent suffire à faire de la toxicomanie un fléau, en comparaison des milliers de morts par alcoolisme, tabagisme, accidents de la route, suicides. Mais la possibilité d'overdose, présente à l'esprit du toxicomane à chaque shoot, explique en partie notre fascination angoissée devant sa conduite : comme s'il jouait à la roulette russe, et comme si nous — parents, éducateurs, soignants — assistions impuissants à cette démonstration. Certaines overdoses sont accidentelles : la drogue habituelle, souvent coupée, peut s'avérer exceptionnellement pure. Après un sevrage, même de quelques jours, un héroïnomane qui reprend d'emblée ses doses habituelles risque l'overdose : la tolérance à la dose létale a disparu. Pour les barbituromanes au contraire, la tolérance, et donc l'augmentation des doses, finit par impliquer un flirt avec l'overdose, la dose létale n'étant que peu sujette à tolérance.

D'autres overdoses ont valeur de suicide. Mais le plus souvent, après une mort par overdose, parents et soignants ne savent trop quel sens lui attribuer : « Le sujet jouait avec la mort », pense-t-on souvent. M. V.

P - Q

P (analyse factorielle en plan)

Analyse factorielle qui porte sur les corrélations entre des variables mesurées successivement plusieurs fois sur un seul et même sujet. M. R.

→ plan d'analyse factorielle.

pacemaker

n.m.

PSYCHOPHYSIOL. **Synonyme d'oscillateur.** P. L.

paires associées

(angl. Paired Associates)

Paires de mots utilisées dans l'étude des apprentissages par cœur et dans lesquelles l'un des mots est censé jouer le rôle de stimulus et l'autre de réponse au sein d'une association qui se forme par répétition. (Syn. couples associés.)

Dans la méthode d'anticipation, la plus fréquemment utilisée, on présente au sujet le premier élément de chaque paire et il doit répondre en donnant le second élément. Dans d'autres méthodes, on peut, après une ou plusieurs répétitions des paires, présenter le premier élément de celles-ci accompagné de plusieurs réponses possibles ; le sujet doit alors reconnaître celle qui est correcte.

Depuis que l'analogie entre les situations d'apprentissage par paires et le conditionnement n'est plus retenue, ces méthodes ont perdu beaucoup de leur intérêt. J.-F. L. N.

→ anticipation.

pair-impair (fidélité par partage)

(angl. Odd-Even)

Une des méthodes utilisées pour éprouver la fidélité d'un test par la cohérence de ses items, qui consiste à mettre en corrélation les items de rang pair et ceux de rang impair. M. R.

→ psychométrie.

pairs (groupe de)

(angl. Peer Group)

Ensemble des individus présentant sur le plan psychologique et social des caractéristiques communes avec un sujet donné et susceptibles d'influencer sa conduite.

L'influence des pairs est un thème majeur des approches psychosociales, notamment dans les travaux nord-américains. La pression du groupe de pairs s'exerce sur le sujet différemment de celle de la famille, des éducateurs ou de la société en général. Elle aura naturellement un impact variable en fonction des expériences préalables du sujet à l'intérieur de la famille, à l'école, etc. Cette notion prend donc toute son importance pour les tranches d'âges ou les formes de déviance où est en question l'intégration du sujet dans la société. Le concept est donc particulièrement utilisé en matière d'adolescence et de postadolescence : l'influence des pairs est l'un des facteurs importants dans la quête adolescente d'une identité. Cette influence va s'exercer sur les modes de relation à la famille, sur les styles de consommation, les conduites sexuelles. Elle peut être ressentie comme néfaste par la société : en s'auto-instituant en clans ou en *bandes*, les adolescents se définissent parfois en opposition apparente aux modèles parentaux, sinon en membres d'une contre-culture. Mais la capacité de l'adolescent à lier des amitiés, à s'intégrer dans un groupe est le témoin essentiel d'une bonne socialisation.

Cette influence inévitable et nécessaire des pairs est parfois utilisée comme un facteur de diffusion d'informations, voire de modification des conduites des adolescents, qui, constituant un marché important, sont devenus une cible privilégiée des publicitaires. Elle devient aussi l'objet de campagnes de prévention en matière de maladies sexuellement transmissibles, d'addictions ou d'autres conduites à risques. La pression du groupe est certes à considérer en matière de délinquance, de prostitution, bref de tous les troubles de l'intégration sociale. Mais elle est surtout étudiée dans le cadre de l'alcoolisme, du tabagisme et des autres toxicomanies. Le groupe de pairs est le plus souvent abordé en tant que facteur de déclenchement ou d'entretien de ces conduites : la mode, l'exemple, le défi sont par exemple mis en avant pour expliquer une première prise de drogue, à laquelle le groupe confère la valeur d'une initiation. Par la suite, le sentiment d'appartenance au groupe peut constituer un facteur de maintien dans la toxicomanie.

Mais les groupes de pairs sont aussi utilisés non seulement comme relais d'actions préventives, mais comme moyen thérapeutique : groupes d'anciens toxicomanes s'entretenant dans l'abstinence ou « communautés thérapeutiques » employant les « anciens » comme encadrants. Alors que, en matière d'alcoolisme l'entraînement par les pairs dans les groupes de bistrot est bien connu, les Alcooliques anonymes ont constitué le premier exemple de cette fonction positive du groupe de pairs : l'identité d'alcoolique leur sert alors à maintenir une foi commune en la nécessité de l'abstinence. Nombre d'associations tentent aujourd'hui sur le même modèle d'instituer une identité durable aux pairs (joueurs, toxicomanes, boulimiques, etc.) tout en utilisant la pression du groupe comme soutien thérapeutique. Soudé par une identité reposant à l'origine sur un symptôme commun, le groupe de pairs devient alors groupe d'entraide, voire communauté de foi ou d'idéologie. M. V.

palilalie

n.f. (angl. Palilalia)

Répétition de mots, de syllabes, d'onomatopées sur un rythme parfois très rapide évoquant la tachyphémie.

Souvent accompagnée d'échopraxie et d'écholalie (la palilalie étant considérée par certains comme une simple autoécholalie), elle se manifeste dans les démences et dans les phases catatoniques de la schizophrénie. Elle se voit aussi dans la maladie de Parkinson et les syndromes pseudobulbaires. C'est alors un phénomène neurologique, symptomatique d'un trouble moteur sous-cortical. J. P.

Palo Alto (école de)

Mouvement d'idées qui s'est développé à Palo Alto, banlieue de San Francisco, en Californie.

Palo Alto était le siège d'un hôpital psychiatrique des anciens combattants de l'armée américaine vers le milieu des années 1950, à l'initiative de G. Bateson.

Bateson était anthropologue (il fut l'époux de M. Mead) et s'intéressait à la communication prise au sens large du terme, que ce soit dans le domaine animal (le jeu des dauphins) ou à propos de certains aspects microsociaux de la communication humaine comme les rituels d'interaction (dans les populations de Nouvelle-Guinée).

Parallèlement, il fut influencé dans certaines rencontres scientifiques par des cybernéticiens (c'était un champ tout neuf à l'époque) comme N. Wiener et H. von Foerster. Tout cela l'amena à s'intéresser à la forme et aux règles communicationnelles plutôt qu'au contenu. C'est donc tout naturellement qu'il accepta de mener à Palo Alto un travail de recherche d'un point de vue anthropologique sur la communication chez les schizophrènes. Il s'entoura de praticiens comme J. Haley, D. Jackson et quelques autres.

Alors que la psychiatrie classique (c'est encore le cas actuellement) met l'accent sur la pathologie en tant que propriété individuelle du patient schizophrène, Bateson et ses collaborateurs cherchèrent à vérifier dans quelle mesure le comportement anormal du malade n'était pas lié au contexte plus large où il apparaissait et se maintenait. Bien que, dans la recherche initiale, le contexte soit celui d'un hôpital psychiatrique, qui nourrit de nombreuses aberrations communicationnelles, il apparut assez vite que le contexte significatif était l'environnement familial.

D'où un texte important de 1956, intitulé *Vers une théorie de la schizophrénie*, qui postule un « double lien » constitué de messages paradoxaux entre le schizophrène et son environnement. Cette théorie eut un succès qui dépassa très largement les objectifs de leurs auteurs, car elle donna lieu de la part de nombreux exégètes ou épigones à une dérive causaliste pour une genèse purement sociale de la schizophrénie ou à la recherche d'anomalies communicationnelles pathognomoniques de la schizophrénie. Quoi qu'il en soit, le « projet schizophrénie » initié par Bateson a eu l'immense mérite d'introduire une véritable révolution épistémologique dans la description de la maladie mentale en adoptant un point de vue contextuel sur le système constitué par le patient et son environnement. C'est autour de ces travaux que s'est développé le mouvement des thérapies familiales et de l'approche systémique, qui atteint maintenant l'Europe.

À la fin des années 1950, le « projet schizophrénie » s'est terminé, mais simultanément Jackson a créé un centre de recherche et de traitement à Palo Alto, qui a poursuivi ses activités jusqu'à nos jours et auquel s'est adjoint P. Watzlawick. Il s'agit du MRI (Mental Research Institute). S. K.

BIBLIOGRAPHIE

Winkin, Y., 1981, *la Nouvelle Communication*, Paris, Éd. du Seuil.

panel

n.m. (angl. Panel)

Échantillon de personnes interrogées plusieurs fois à des dates successives pour étudier l'évolution d'une conduite : expression d'une certaine opinion, achat d'un certain produit, etc.

C'est une forme d'enquête longitudinale. M. R.

panique (attaques de)

(angl. Panic Attack)

Crises aiguës d'angoisse.

La dénomination d'*attaques de panique* apparaît dans les années 1960 dans la psychiatrie anglaise et américaine : en 1962, le psychiatre américain D. Klein individualise les attaques aiguës d'angoisse comme une pathologie qualitativement différente de l'anxiété chronique en montrant que l'imipramine les prévient (alors que ce produit de la classe des antidépresseurs n'améliore pas l'anxiété chronique, voire l'aggrave). L'entité freudienne de névrose d'angoisse, reprise par la psychiatrie classique (H. Ey), éclate donc en deux concepts nosologiques. Cette distinction sera entérinée en 1980 dans le manuel diagnostique et statistique des maladies mentales (DSM III), qui propose une classification athéorique, descriptive des troubles mentaux. C'est la traduction de ce manuel, en 1983, qui introduit ce concept dans la psychiatrie française.

La sémiologie de l'attaque de panique recoupe celle de la classique crise aiguë d'angoisse : début brutal sans facteur déclenchant ; durée brève ; signes psychiques associant malaise intense, sensation de danger, de mort imminente, parfois impressions de dépersonnalisation et déréalisation ; enfin, signes physiques (palpitations, gêne respiratoire, sueurs, vertiges) qui peuvent être au premier plan, simulant une pathologie somatique. La répétition des crises à une certaine fréquence définit le trouble panique, qui lui-même peut évoluer vers une agoraphobie, le sujet craignant de voir survenir une attaque de panique dans un lieu où il ne pourrait pas être secouru.

La redéfinition clinique de ces concepts d'angoisse correspond également à une conception étiopathogénique différente. La mise en évidence d'une probable prédisposition génétique, la possibilité de déclencher artificiellement des crises (par exemple par injection de lactate de sodium ou simple hyperventilation) et l'efficacité élective des antidépresseurs sont, pour Klein et son école, des arguments en faveur d'une origine en partie biologique du trouble. Actuellement, la notion d'attaque de panique reste intimement liée au courant comportementaliste et à la conception nosographique du DSM III. B. D.

Pankow (Gisela)

Médecin et psychanalyste française d'origine allemande (Berlin 1910).

Elle a été assistante de E. Kretschmer. Ses travaux portent essentiellement sur la psychothérapie analytique des psychoses par la structuration dynamique de l'image du corps. Elle a notamment écrit *Structuration dynamique dans la schizophrénie* (1956), *l'Homme et sa psychose* (1969), *l'Être-là du schizophrène* (1981), *l'Homme et son espace vécu* (1986). R. L. et R. C.

Papez (circuit de)

(angl. Papez' Circuit)

Circuit neuronique qui joue un rôle important dans la vie émotionnelle.

C'est en 1937 que J. Papez, un neuroanatomiste américain, découvre le circuit qui devait porter son nom. (→ limbique [système], Figure 1.) À partir du gyrus cingulaire, les informations gagnent la circonvolution de l'hippocampe puis l'hippocampe en empruntant la voie du cingulum. Les fibres hippocampiques, par l'intermédiaire du fornix, projettent à leur tour sur un noyau de l'hypothalamus : le corps mamillaire. Du corps mamillaire part un faisceau (dit « de Vicq d'Azyr ») de fibres qui rejoint le noyau antérieur du thalamus. Finalement, les informations reviennent dans le gyrus cingulaire. Les aires d'association pariéto-temporo-occipitale et préfrontale exercent une action modulatrice sur le « circuit de Papez » au niveau du gyrus cingulaire. Chez l'Homme, des interruptions bilatérales de ce circuit au niveau des hippocampes ou des corps mamillaires provoquent des troubles de mémoire. G. S.

papier-crayon (test)

(angl. Paper-and-Pencil Test)

Test dans lequel le sujet répond par écrit à des questions posées sur une feuille ou un cahier (mots, phrases, dessins).

C'est la forme prise en général par les tests collectifs. M. R.

papillotement (fréquence critique de)

(angl. Critical Flicker Frequency ou CFF)

Fréquence temporelle d'éclairs lumineux périodiques présentés au moyen d'un stroboscope et qui correspond à la limite entre la perception d'une fluctuation temporelle de la luminance ou de la couleur et la perception de sa stabilité (ou fusion). C. B.

parabolique

adj. (angl. Parabolic)

DÉVELOP. **Se dit du mode d'approche manuelle qui succède au balayage.**

Le coude commence à s'étendre, le poignet s'infléchit du côté cubital, les trois articulations du bras sont impliquées. E. V.

→ préhension.

parade

n.f. (angl. Courtship)

ÉTHOL. **Comportement complexe, constitué par un ensemble d'actes moteurs organisés en une séquence plus ou moins ritualisée.**

Observée chez de nombreuses espèces, elle est un préliminaire à l'accouplement (parade nuptiale). Elle a une fonction d'érotisation des partenaires. La fréquence des actes émis, leur durée traduisent l'intensité du dialogue sexuel et la complémentarité des rôles des partenaires sexuels. La parade est l'un des processus comportementaux qui participent aux processus évolutifs dont la sélection sexuelle et la spéciation sont les plus importants. M. C.

→ ritualisation.

paradigmatique

adj. (angl. Paradigmatic)

Qui se rapporte à un paradigme. (Contr. syntagmatique.)

On appelle *associations verbales paradigmatiques* les réponses qui, dans une épreuve d'associations libres à un mot inducteur, peuvent être classées comme appartenant au même paradigme (à la même classe générale) que l'inducteur. Cette notion ressemble beaucoup aux deux catégories appelées traditionnellement « associations par ressemblance » et « associations par contraste ». J.-F. L. N.

→ association, paradigme.

paradigme

n.m. (angl. Paradigm)

LING. **Ensemble d'éléments substituables les uns aux autres en un point du discours.**

Le concept linguistique de paradigme peut être concrétisé en se représentant un arrêt à un certain moment dans la chaîne parlée. Par exemple, la phrase interrompue « il est parti afin de... » peut recevoir comme continuation acceptable un ensemble de verbes qui sont substituables les uns aux autres à cette place.

Cette description peut recevoir une interprétation psychologique : en situation d'audition ou de lecture, ou de production, le paradigme est, à un moment donné du discours, l'ensemble des anticipations (potentielles ou réelles) de l'auditeur, du lecteur ou du locuteur. Cette interprétation doit naturellement faire ensuite leur place aux aspects pragmatiques de la situation.

LOG. **En épistémologie, conception générale d'une science ou d'un domaine scientifique à l'intérieur duquel le progrès des connaissances se ferait par accumulation.**

La notion épistémologique de paradigme est due à T. S. Kuhn. Selon ce dernier, la science, dans un domaine déterminé, procède pendant une assez longue période historique dans une conception générale relativement unifiée, dans un paradigme, en progressant par accumulation de connaissances ; à certains moments au contraire, elle restructure tout un vaste domaine de connaissances, ce qui correspond à une « révolution scientifique » ou à un « changement de paradigme ».

Si on applique ces idées à la psychologie, on peut considérer que la psychologie introspective, la psychanalyse, le béhaviorisme, la psychologie cognitive constituent des paradigmes scientifiques différents.

GÉNÉR. **En psychologie expérimentale, classe d'expériences dont la procédure ne se différencie que par des détails.** J.-F. L. N.

paradoxal (sommeil)

(angl. Paradoxical Sleep ou Rapid Eye Movement Sleep)

→ sommeil paradoxal.

parallaxe (effets de)

(angl. Effects of Parallax)

Effets résultant d'une différence entre des projections rétiniennes successives ou simultanées.

La parallaxe est dite « binoculaire » lorsque la cible fixée et la tête du sujet sont immobiles : la différence entre la projection rétinienne de l'œil gauche et celle de l'œil droit est due à l'écart (6 à 7 cm) entre les deux yeux. La parallaxe est dite « de mouvement » lorsque la tête se déplace alors que la ou les cibles demeurent immobiles. (→ article suivant.) La perception de la profondeur chez le nourrisson repose sur la parallaxe de mouvement. E. V.

parallaxe de mouvement

(angl. Motion Parallax)

Déplacement apparent de la position relative des objets dû au mouvement de l'observateur.

La parallaxe de mouvement désigne les modifications des relations projectives entre les images des objets résultant du déplacement de l'observateur dans son environnement. La *parallaxe absolue* fait référence au cas où un seul objet est visible. Selon la distance à laquelle l'objet est situé par rapport à l'observateur, son déplacement latéral lors d'un mouvement vers l'avant est d'autant plus ample que l'objet est proche. La *parallaxe relative*, ou *parallaxe de mouvement*, fait référence au cas où plusieurs objets sont visibles. Non seulement leur position absolue dans le champ visuel se modifie, comme dans le cas de la parallaxe absolue, mais leurs relations spatiales changent aussi. Dans le cas d'un déplacement latéral de l'observateur, les objets proches paraissent se déplacer en sens inverse du mouvement de l'observateur tandis que les objets lointains paraissent accompagner son déplacement. L'objet fixé paraît alors immobile. La parallaxe de mouvement est un indice très efficace de la perception de la profondeur même en vision monoculaire. C. B.

parallèles (tests)

(angl. Equivalent, Alternate-Form Test)

Épreuves composées d'items de même nature et de même difficulté.

La corrélation de deux tests parallèles constitue une façon d'évaluer la fidélité de ce matériel. M. R.

→ psychométrie.

paramnésie

n.f. (angl. Paramnesia)

Atteinte de la mémoire immédiate caractérisée par des fausses reconnaissances et l'illusion du déjà-vu ou du déjà-vécu.

S'accompagnant souvent d'un sentiment d'étrangeté* et de déréel*, la paramnésie se manifeste dans des états modifiés de la conscience (crépusculaire ou hypnoïde) et au début de la psychose de Korsakov*. J. P.

paranoïa

n.f. (angl. Paranoia)

Psychose chronique caractérisée par un délire généralement bien construit et systématisé, s'accompagnant de troubles du jugement et de la perception mais sans détérioration intellectuelle ni atteinte des fonctions instrumentales.

HISTORIQUE DES DESCRIPTIONS DE LA PARANOÏA

PSYCHIATR. La paranoïa a d'abord correspondu chez les aliénistes français au délire de persécution décrit par C. Lasègue. Cette entité nosologique, apparue en 1852, trouvait son origine dans certaines formes de *mélancolies*, ou délires partiels, de P. Pinel et se situait dans le cadre des *monomanies* créé par E. Esquirol pour bien distinguer la mélancolie, ou lypémanie (délire triste), des délires monomaniaques, dont la monomanie de persécution était une des formes les plus fréquentes. F. Leuret insiste le premier sur la distinction entre les délirants « incohérents » et les « arrangeurs » dont le délire se systématise, s'organise d'une manière logique (1834). Plus tard, V. Magnan précise les caractères du délire chronique à évolution systématique en l'opposant aux délires mal construits des dégénérés. Ses élèves P. Sérieux et J. Capgras attachent leur nom à la forme de délire la plus typique : le *délire d'interprétation**, ou folie raisonnante (1909), qui viendra se confondre avec la paranoïa telle qu'elle apparaît alors, dans la classification de E. Kraepelin, sous le nom de *Verrücktheit*. En Allemagne, c'est ainsi que, dès 1845, l'avait dénommée W. Griesinger en insistant sur son origine primitive, indépendante de toute cause extérieure ou de tout état morbide antérieur. K. Kahlbaum reprend, dans son traité de 1863, le terme *paranoïa* pour décrire, au chapitre sur les vecordias (maladies mentales où l'atteinte psychique est partielle, par opposition aux vesanias, qui lèsent définitivement la totalité du psychisme, et aux dysphrenias, qui ne la touchent que temporairement), les troubles de l'entendement. À côté de la paranoïa, il fait place à la dysthymia, atteinte de la sphère affective, et à la diastrephia, atteinte de la volonté. Dans cette perspective héritée, par l'intermédiaire de J.C. Heinroth, de la philosophie kantienne, la paranoïa apparaissait donc comme la maladie des fonctions du jugement et de l'entendement, s'opposant à celle des émotions et des sentiments, ce qui en excluait toute pathogénie émotionnelle ou psycho-affective.

C'est R. Kraft-Ebing qui décrit la *paranoïa primitive* chez le sujet jeune, reconnaissable à son délire bien systématisé, s'opposant aux *paranoïas tardives*, mal systématisées, qu'on appellera de ce fait paranoïdes. Kraepelin, au cours des éditions successives de son *Traité* (de 1883 à 1905), rapproche progressivement la première des psychonévroses et fait entrer les secondes dans le cadre de la démence précoce sous le nom de « démences paranoïdes ». Kraepelin isole ainsi soigneusement la paranoïa de la démence précoce, à tel point que, au cours des éditions successives de son traité, elle prend une place de plus en plus limitée pour ne plus définir que les délires bien systématisés, sans aucune atteinte démentielle, et surtout les délires interprétatifs. Il s'agit, écrit-il, du « développement insidieux, sous la dépendance de causes internes et selon une évolution continue, d'un système délirant durable et impossible à ébranler, qui s'instaure avec une conservation complète de la clarté et de l'ordre de la pensée, de la volonté et de l'action ».

Ainsi, le rétrécissement progressif du cadre de la paranoïa va permettre d'étendre celui de la démence précoce, qui, devenue avec E. Bleuler la schizophrénie, englobe finalement presque toutes les psychoses chroniques. L'école française s'oppose, cependant, à cette évolution nosographique constatée en Allemagne et dans les pays anglo-saxons. Sous l'influence de H. Claude puis de H. Ey, les délires chroniques restent isolés de la démence précoce. Ils se regroupent selon leur organisation, leur construction, leur structure en trois grandes catégories : délires à structure paranoïde (délires incohérents, non systématisés, les plus proches des formes délirantes de la schizophrénie que sont les démences paranoïdes) ; délires à structure paraphrénique (délires fantastiques dont la prolifération, quoique encore très chaotique et d'inspiration diverse, s'organise un peu, comme, en architecture, le *Palais idéal* du facteur Cheval) ; et délires à structure paranoïaque, qui se « caractérisent par le développement systématique et cohérent d'un drame persécutif, l'argumentation irréductible, lucide, pénétrable et même contagieuse, la tonalité affective et agressive fondamentale, l'absence d'affaiblissement psychique notable. Ces délires regroupent, hallucinatoires ou non, les délires passionnels, les délires d'interprétation, certains délires d'influence » (C. Nodet). Cette spécificité structurale de la paranoïa va donc en sous-tendre les deux grandes formes cliniques, délires passionnels à idée prévalente d'un côté et délires d'interprétation s'étendant en réseau de l'autre.

LES DEUX GRANDES FORMES CLINIQUES DE LA PARANOÏA

La psychiatrie distingue classiquement les délires passionnels et les délires d'interprétation.

LES DÉLIRES PASSIONNELS

Pour les premiers, on connaît surtout l'érotomanie, le délire de jalousie et celui de revendication.

L'érotomanie, décrite par G. G. de Clérambault, est l'illusion délirante d'être aimé par un objet le plus souvent inaccessible (vedette, homme politique en vue, médecin, prêtre, avocat, ces trois dernières professions étant spécialement prédisposées à servir d'objet à l'érotomane, qui, huit fois sur dix, est une femme). L'affection évolue selon trois stades : après une phase d'espoir souvent prolongée arrive la phase de déception, durant laquelle les sollicitations sont de plus en plus inopportunes pour l'objet, puis la phase de rancune, qui peut s'accompagner de manifestations médico-légales graves (chantage, conduites agressives et parfois tentatives de meurtre).

Le délire de jalousie est une jalousie amoureuse morbide qu'il faut bien distinguer des délires de jalousie secondaire de l'alcoolique. Elle est souvent l'expression d'une passion homosexuelle inconsciente pour le rival (D. Lagache).

Le délire de revendication est caractérisé par le besoin prévalent et la volonté irréductible de faire triompher une demande que la société se refuse à satisfaire. Le patient a la conviction inébranlable de détenir la vérité et d'être d'une entière bonne foi. S'en rapprochent les délires de filiation et de parenté célèbre méconnue (dans le genre faux « Louis XVII », « fille du tsar rescapée du massacre » notamment), les délires mystico-religieux et politiques (dont sont atteints certains assassins de chefs d'État, régicides décrits par E. Régis), les délires d'invention (« inventeurs méconnus » du traitement du cancer, du mouvement perpétuel, par exemple ; il n'est pas toujours aussi facile qu'on l'a dit de les distinguer des inventeurs authentiques). Enfin, les « idéalistes passionnés » décrits par M. Dide et P. Guiraud, souvent réformateurs ou mystiques, peuvent entrer dans cette catégorie, encore qu'il s'agisse moins de véritables délirants que de personnalités psychopathiques.

LES DÉLIRES D'INTERPRÉTATION

Quant aux délires d'interprétation, leur forme la plus fréquente est le délire de persécution à interprétations multiples, qui s'étend en réseau et envahit peu à peu toutes les activités du patient. Il s'accompagne parfois d'hallucinations. Les conduites agressives y sont très fréquentes : dénonciations, plaintes non justifiées à la police et au procureur, coups, blessures et parfois meurtre du ou des « persécuteurs ». S'en rapproche une forme individualisée par E. Kretschmer, le délire de relation, ou paranoïa sensitive, survenant chez des sujets sensibles et timides, capables de retenir des expériences vécues pénibles jusqu'à la réaction brutale délirante qui envahit sur le mode persécutoire tout le système relationnel du patient.

SOCIOGENÈSE DE LA PARANOÏA

La paranoïa n'est pas un simple trouble du jugement. Elle a ses racines dans une atteinte profonde du psychisme, d'ordre instinctivo-affectif, que S. Freud et ses élèves ont bien mis en évidence. (→ délire.) Mais il faut savoir aussi que l'influence du milieu va jouer un rôle considérable dans le devenir des paranoïaques délirants. Si l'amélioration de la prise en charge médicamenteuse et psychothérapique a permis une transformation de leur sort dans un sens assez favorable à la majorité d'entre eux, la société, dans ses tolérances et son intolérance, a aussi une influence importante sur leur destin. L'Américain E. Lembert a bien montré que, dans certains cas, le processus pathologique de la paranoïa n'est pas seulement celui de la personnalité du paranoïaque, mais aussi celui de l'ensemble des interactions et des relations sociales du patient. En quelque sorte, « les paranoïaques aussi ont leurs ennemis ». Le futur paranoïaque est peu à peu exclu et littéralement « persécuté » par son entourage, qui adopte vis-à-vis de lui une attitude policière et « conspiratrice ». On peut donc parler de « la nature conspiratrice » de cette exclusion. De plus en plus « indésirable », le futur paranoïaque est isolé du groupe, mis en quarantaine, dans le « secret ». Les manifestations originales de son comportement sont « amplifiées » et « interprétées » dans le sens le plus péjoratif et pathologique. Ainsi se crée autour de lui cette « spirale de mensonges » bien décrite par E. Gofman, conduisant peu à peu le sujet à véritablement délirer. Cette sociogenèse de la paranoïa est importante. Elle pourrait nous faire mieux comprendre comment une société totalitaire peut faire d'un opposant jusque-là sain d'esprit un authentique paranoïaque. Mais que dire de ces gens qui rendent les autres paranoïaques ? Ne seraient-ils pas les vrais paranoïaques ? Comme le constate R. Laing dans *les Faits de la vie* : « Je suis très intéressé par les mots, et aussi par ce pour quoi nous en avons et ce pour quoi nous n'en avons pas. Par exemple, le mot *paranoïa*. Je trouve toujours étrange que nous disposions de ce mot pour signifier que quelqu'un se sent persécuté quand ceux qui le persécutent ne pensent pas qu'il le soit. Mais il n'y a pas de mot pour distinguer la situation où vous persécutez quelqu'un sans vous en rendre compte, situation que j'aurais crue aussi grave que l'autre et sûrement pas moins fréquente. » J. P.

PSYCHAN. L'usage de ce terme, très ancien en psychiatrie, a évolué d'une extension très large, au point d'englober, dans la psychiatrie allemande du XIXe siècle, l'ensemble des délires, à un emploi plus précis, limité, essentiellement sous l'influence de Kraepelin (1899), aux psychoses dans lesquelles s'installe un système délirant durable et inébranlable, qui laisse intactes les facultés intellectuelles, la volonté et l'action. Il correspond aux concepts de *monomanie* et de *délire chronique systématisé* des auteurs anciens et se distingue donc de la schizophrénie, ou démence précoce.

S. Freud, à la suite de Kraepelin, adopte cette grande distinction et englobe dans la paranoïa, outre le délire de persécution, l'érotomanie, le délire de jalousie et le délire des grandeurs. Il s'oppose ainsi à Bleuler, qui fait entrer la paranoïa dans le groupe des schizophrénies, retrouvant à l'origine des deux maladies mentales le même trouble fondamental, la dissociation. C'est cette dernière conception qui prévaut actuellement dans l'école psychiatrique américaine d'inspiration psychanalytique.

Freud, cependant, pour d'autres raisons, en particulier parce que la systématisation du délire ne suffit pas à ses yeux à définir la paranoïa, n'hésite pas à rattacher à ce groupe certaines formes, dites « paranoïdes », de la démence précoce. Ainsi, dans le titre même de son observation du cas Schreber, il fait équivaloir paranoïa et démence paranoïde *(dementia paranoïdes)*.

Mais l'apport essentiel de la psychanalyse à propos de la paranoïa ne concerne pas ces problèmes de classification nosographique. Il tendrait même à les effacer pour s'attacher plutôt à mettre en évidence les mécanismes psychiques qui sont en jeu dans cette psychose et la part indéniable de la psychogenèse dans son étiologie.

Le cas Schreber

Freud établit en 1911 l'observation d'un cas de paranoïa à partir des *Mémoires d'un névropathe* (1903) du président Schreber, éminent juriste qui avait écrit et publié lui-même l'histoire de sa maladie. Celle-ci avait commencé, après sa nomination à la présidence de la cour d'appel, progressivement sous la forme d'un « délire hallucinatoire » multiforme pour culminer ensuite dans un délire paranoïaque systématisé, à partir duquel, selon l'un de ses médecins, « sa personnalité s'était réédifiée » et il avait pu se montrer « à la hauteur des tâches de la vie, à part quelques troubles isolés ».

Dans ce délire, Schreber se croyait appelé à faire le salut du monde, cela sous une incitation divine qui se transmettait à lui par le langage des nerfs et dans une langue particulière, appelée *langue fondamentale* (allem. Grundsprache). Pour cela, il lui faudrait être changé en femme.

L'hypothèse de départ de Freud était qu'il pouvait aborder ces manifestations psychiques à la lumière des connaissances que la psychanalyse avait acquises des psychonévroses, parce qu'elles découlaient des mêmes processus généraux de la vie psychique.

Ainsi, dans les rapports que, dans son délire, Schreber entretient avec Dieu, il retrouve, transposé, le terrain familier du « complexe paternel ». Il reconnaît en effet dans ce personnage divin le « symbole sublimé » du père de Schreber, médecin éminent, fondateur d'une école de gymnastique thérapeutique, avec lequel celui-ci devait entretenir, comme tout garçon, des rapports faits à la fois de vénération et d'insubordination. De même, dans la subdivision entre un Dieu supérieur et un Dieu inférieur, il retrouve les personnages du père et du frère aîné.

Narcissisme et homosexualité

C'est essentiellement autour du rapport érotique homosexuel à ces deux personnes que Freud fait tourner son interprétation. Il considère en effet comme de l'essence de la paranoïa que Schreber ait dû construire un délire de persécution pour se défendre du fantasme de désir homosexuel, qu'exprimerait, selon lui, la féminisation exigée par sa mission divine. Et ce fantasme, présent dans l'évolution normale du garçon, ne deviendrait cause de psychose que parce qu'il y aurait, dans la paranoïa, un point de fragilité qui se trouverait « quelque part aux stades de l'autoérotisme, du narcissisme et de l'homosexualité ».

Cette référence au narcissisme sera précisée en 1914 lorsqu'il distinguera plus nettement encore la libido d'objet de la libido narcissique, du côté de laquelle il situera la psychose dans son ensemble. Chez les schizophrènes comme chez les paranoïaques, il suppose en effet une disparition de la libido d'objet au profit de l'investissement du moi et le délire aurait pour fonction secondaire de tenter de ramener la libido à l'objet.

Cette réflexion se trouve déjà dans les travaux de K. Abraham (1908), qui oppose, à propos de la démence précoce, les deux types d'investissement, de même qu'il suppose à la persécution une origine érotique, le persécuteur n'étant autre au départ que l'objet sexuel lui-même.

Le mécanisme projectif

Freud, en reprenant cette thèse, va lui donner un développement très important, puisqu'elle va fonder l'essentiel de sa théorie : le délire de persécution, en effet — de même d'ailleurs que les délires érotomaniaques et de jalousie —, serait toujours le résultat d'une *projection*, qui produit, à partir de l'énoncé de base homosexuel : « Moi, un homme, j'aime un homme », d'abord sa négation : « Je ne l'aime pas, je le hais », puis l'inversion des personnes : « Il me hait. » Par cette projection, ce qui devrait être ressenti intérieurement comme de l'amour est perçu, venant de l'extérieur, comme de la haine et le sujet peut éviter ainsi le danger dans lequel le mettrait l'irruption à sa conscience de ses désirs homosexuels. Danger considérable du fait de la fixation de ces malades au stade du narcissisme, ce qui ferait de la menace de castration une menace vitale de destruction du moi. Le délire apparaît donc comme un moyen pour le paranoïaque d'assurer la cohésion de son moi en même temps qu'il rebâtit l'univers.

Développements de la théorie freudienne

De ces deux points essentiels dans la théorie freudienne de la paranoïa, régression au narcissisme et évitement par la projection des fantasmes homosexuels, le premier connut son développement le plus important à partir de Melanie Klein, pour qui toute psychose était un état de fixation ou de régression à un stade primaire infantile, dans lequel un moi précoce était capable, dès la naissance, d'éprouver de l'angoisse, d'employer des mécanismes de défense et d'établir des relations d'objet, mais avec un objet primaire, le sein, lui-même clivé entre un sein idéal et un sein persécuteur. Ce moi encore inorganisé et labile détournerait l'angoisse, suscitée en lui par le conflit entre les pulsions de vie et les pulsions de mort, d'une part au moyen de la projection et de l'autre par l'agressivité. On voit donc que, dès l'origine, tout être humain est psychotique, et en particulier paranoïaque. Cette position primitive est d'ailleurs dénommée *paranoïde-schizoïde*.

Par contre, en ce qui concerne le second point, c'est-à-dire le noyau homosexuel de la paranoïa, Melanie Klein ne le reprend pas et il pose d'ailleurs des problèmes de fond, que les contemporains de Freud eux-mêmes ont déjà soulevés.

La forclusion du Nom-du-Père

Mais c'est sans doute chez J. Lacan (*Séminaire sur les psychoses*, 1955-56) que cette question a été reprise de la manière la plus propre à l'éclairer. Revenant en effet à la lecture freudienne du texte de Schreber, il introduit une donnée essentielle pour comprendre ce que Freud appelle le « complexe paternel » chez le névrosé et ce qui le distingue de ce que l'on rencontre chez le psychotique, clarifiant du coup considérablement ce que signifie la prétendue « homosexualité » du paranoïaque. Cette donnée est celle de la fonction paternelle symbolique, ou métaphore paternelle, désignée encore sous le terme de *Nom-du-Père*, qu'il convient de distinguer du père réel en ce qu'elle résulte de la reconnaissance par une mère non seulement de la personne du père, mais surtout de sa parole, de son autorité, c'est-à-dire de la place qu'elle réserve à la fonction paternelle symbolique dans la promotion de la loi.

Chez le paranoïaque, cette métaphore n'est pas opérante. Il y a chez lui — Lacan reprend là un terme plus tardif dans l'œuvre de Freud — *Verwerfung*, qu'il traduit par « forclusion », c'est-à-dire que, au lieu du Nom-du-Père, il y a un trou, qui produit chez le sujet un trou correspondant à la place de la signification phallique, ce qui provoque chez lui, lorsqu'il se trouve confronté à cette signification phallique, le désarroi le plus complet. C'est ainsi que se déclenche la psychose chez Schreber, au moment où il est appelé à occuper lui-même une fonction symbolique d'autorité, situation à laquelle il ne peut que réagir par des manifestations hallucinatoires aiguës, auxquelles peu à peu la construction de son délire viendra apporter une solution, constituant, à la place de la métaphore paternelle défaillante, une « métaphore délirante », destinée à donner un sens à ce qui pour lui en est totalement dépourvu.

Dans cette conception, on comprend mieux à quoi correspond ce que Freud désigne comme homosexualité. Il s'agit plus exactement d'une position transsexuelle, c'est-à-dire d'une féminisation du sujet, subordonnée non pas au désir d'un autre homme mais à la relation que sa mère entretient avec la métaphore paternelle et donc avec le phallus. Dans ce cas, qui est de forclusion du premier terme, l'enfant est tenu d'*être* ce phallus maternel, la conclusion étant que, « faute de pouvoir être le phallus qui manque à la mère, il lui reste la solution d'être la femme qui manque aux hommes » (*Écrits*) ou encore la femme de Dieu.

La forclusion de la métaphore paternelle interdit en effet d'assimiler à une position féminine dans l'homosexualité, ou à celle plus générale de l'œdipe inversé, cet *être la femme* auquel se trouve contraint Schreber, parce que c'est précisément la menace de castration qui, contrairement aux deux autres situations, lui fait complètement défaut. Le père de Schreber, dont on a vu à quel point il pouvait être une figure imposante et respectée, illustre bien en quoi un père peut être tel dans la réalité et, en même temps, du fait même qu'il se prévaut d'une position de législateur ou qu'il serve une œuvre, être, par rapport à ces idéaux, en posture de démérite ou même de fraude, c'est-à-dire « d'exclure le Nom-du-Père de sa position dans le signifiant » (*Écrits*).

Une autre conséquence de cette reformulation théorique est qu'elle met un terme, de manière peut-être abrupte, aux discussions sur la distinction entre paranoïa et schizophrénie. La question de la paranoïa devient celle, tout à fait générale, de la structure de la psychose. N. K.-R.

BIBLIOGRAPHIE

Clérambault, G. G. de, 1942, *Œuvres psychiatriques*, Paris, P.U.F.
Genil-Perrin, G., 1926, *les Paranoïaques*, Paris, Alcan.
Kretschmer, E., 1918, *Paranoïa et sensibilité*, trad. fr., Paris, P.U.F. (1963).
Lacan, J., 1932, *la Psychose paranoïaque dans ses rapports avec la personnalité*, réédit., Paris, Le Seuil (1975).
Laing, R., 1977, *les Faits de la vie*, Paris, Stock.
Lasègue, C., 1971, *Textes psychiatriques*, réunis par J. Corraze, Toulouse, Privat.
Sérieux, P., et Capgras, J., 1909, *les Folies raisonnantes*, Paris, Alcan.

paranoïaque

adj. et n. (angl. Paranoïd)

Se dit d'une personne délirante atteinte de paranoïa ou d'une personnalité pathologique qui se définit par des traits tels que l'orgueil, la méfiance, la fausseté du jugement, la psychoridigité et l'inadaptabilité.

On distingue trois catégories de paranoïaques :

1. *les paranoïaques de combat*, ayant à la fois une hypertrophie du moi (orgueil, sentiment de leur grande supériorité), une attitude habituelle de méfiance (tendance à ressentir leur entourage d'une manière hostile et à interpréter les comportements d'autrui avec malveillance) et la fausseté du jugement (avec opinions tendancieuses et erronées sur les autres, application de la loi et des règlements sans souplesse, revendications continuelles et engagements de procédures judiciaires non fondées);
2. *les paranoïaques de souhait*, qui aux traits précédents ajoutent une préoccupation idéologique ou théorique dont ils revendiquent l'intérêt et l'absolue vérité ; comme les idéalistes passionnés décrits par M. Dide et P. Guiraud, ils sont volontiers fondateurs d'une secte ou militants d'un mouvement réformateur ou même révolutionnaire;
3. *les paranoïaques sensitifs*, décrits par E. Kretschmer, caractérisés par une introversion et une sensibilité excessive, une incapacité de décharge émotionnelle normale et une grande timidité. C'est à la suite d'une ultime déception, après beaucoup d'autres auxquelles ils n'ont pas réagi, qu'ils vont brusquement décompenser dans un *délire de relation des sensitifs*. J. P.

paranoïde

adj. (angl. Paranoid)

Se dit d'un délire qui est flou, imprécis, incohérent, sans systématisation ni construction logique et généralement polymorphe quant à ses contenus et à ses mécanismes.

Sa structure va donc s'opposer à la fois à celle des délires paranoïaques, bien systématisés, cohérents et surtout interprétatifs (selon le type décrit par P. Sérieux et J. Capgras), et à celle des paraphrénies, où la construction délirante, quoique souvent fantastique ou confabulante, garde une certaine logique et permet au patient de conserver un assez bon contact avec la réalité. Le délire paranoïde, avec le repli qui l'accompagne, fait perdre ce contact et entraîne le malade par sa monotonie et ses stéréotypies vers un état pseudo-démentiel. Il est spécifique de l'expression délirante qu'avait observée E. Kraepelin chez certains déments précoces (d'où l'individualisation d'une forme paranoïde de la démence précoce). E. Bleuler, dans sa description de cette psychose chronique qu'il appelle « schizophrénie », y voit aussi une caractéristique de la maladie et insiste en particulier sur ses aspects dissociatifs et autistiques. J. P.

paraphasie

n. f. (angl. Paraphasia)

Utilisation de mots et de phonèmes inappropriés et déformés dans le langage oral, s'observant au cours de certaines formes d'aphasie.

On distingue la paraphasie verbale, où le mot attendu est remplacé par un autre (perturbation du niveau sémantique), de la paraphasie phonémique, où l'agencement des phonèmes pour constituer un mot est déformé ou inversé (perturbation du niveau phonémique). J. P.

paraphilie

n. f. (angl. Paraphilia)

Anomalie ou perversion de la sexualité caractérisée par la recherche régulière de l'excitation génitale et du plaisir sexuel auprès d'un partenaire ou d'un objet n'ayant pas habituellement ce rôle, ou dans une situation bizarre et anormale.

C'est selon les normes en vigueur dans le milieu social du sujet, qui a bien conscience du caractère déviant de son comportement, que s'apprécie la paraphilie. C'est un terme qui recouvre généralement les anomalies suivantes : la pédophilie*, la zoophilie*, le frotteurisme* ainsi que le fétichisme*, le masochisme*, le sadisme*, l'éonisme* ou travestisme*, l'exhibitionnisme* et le voyeurisme*. J. P.

paraphrénie

n. f. (angl. Paraphrenia)

Psychose délirante chronique à mécanismes surtout hallucinatoire et imaginatif.

Les thèmes de la paraphrénie sont souvent de caractère fantastique avec une construction relativement logique et cohérente malgré une extension assez désordonnée ; son évolution n'entraîne pas de dissociation mentale ni de désorganisation profonde de la personnalité (comme c'est le cas dans la schizophrénie), ce qui permet au patient qui en est atteint de garder un assez bon contact avec la réalité.

Ce groupe nosologique, créé par E. Kraepelin entre 1909 et 1913, désigne en fait des délires chroniques se situant entre la démence précoce de type paranoïde et la paranoïa*. On en distingue quatre grandes formes cliniques :

1. la systématique, correspondant à la *psychose hallucinatoire chronique* de G. Ballet;
2. la fantastique, avec délire cosmique et ésotérique particulièrement riche et extraordinaire;
3. l'expansive, qui se rapprocherait de certaines manies* chroniques;
4. la confabulante, voisine (avec la fantastique) des délires d'imagination* de E. Dupré. J. P.

parcours (analyse de)

(angl. Path Analysis)

→ pistes causales (analyse des [ou en]).

paresthésie

n. f. (angl. Paraesthesia)

Sensations anormales (fourmillement, picotement, etc.) résultant de l'apparition spontanée d'influx nerveux dans des fibres sensorielles myélinisées, comme il s'en produit lors de lésions ou de compressions ischémiques de nerfs périphériques.

Les enregistrements par microélectrodes dans des faisceaux nerveux chez l'homme vigile laissent penser que la qualité anormale de la sensation serait due à l'organisation temporelle atypique des trains d'influx dans des populations de fibres sensorielles: il en résulterait des percepts composites, morcelés dans le temps et référés à des territoires cutanés multiples. J.-M. C.

pariétal (lobe)

(angl. Parietal Lobe)

Lobe qui occupe la partie moyenne et supérieure de l'hémisphère cérébral.

Situé en arrière du lobe frontal, au-dessus des lobes temporal et limbique et en avant du lobe occipital, le lobe pariétal joue un rôle fondamental dans la sensibilité et la somesthésie et dans l'analyse et l'intégration des diverses perceptions. Son atteinte produit le *syndrome pariétal*, caractérisé par des troubles plus ou moins importants de cette somesthésie, avec troubles du schéma corporel pouvant aller jusqu'au syndrome d'Anton-Babinski (hémiasomatognosie) lorsqu'ils s'accompagnent d'une hémiplégie du côté non dominant, avec agnosies, apraxies et aphasie sensorielle de Wernicke lorsque les lésions siègent sur le lobe dominant. J. P.

→ agnosie, aphasie, apraxie, cerveau.

Parkinson (maladie de)

(angl. Parkinson's Disease)

Affection neurologique due à une dégénérescence du locus niger (ganglions de la base) entraînant notamment un déficit dopaminergique marqué.

Trois signes cliniques majeurs caractérisent cette maladie: un tremblement au repos affectant particulièrement les mains, une rigidité, une akinésie (difficulté à déclencher un mouvement volontaire). On observe souvent des anomalies de la posture et de la marche ainsi que des troubles psychiques. Cette maladie, dont la cause est inconnue, affecte plus particulièrement les personnes âgées. J. P. et M. B.

participation

n. f. (angl. Participation)

DÉVELOP. **Accompagnement par l'enfant de gestes et de réactions émotives d'un ensemble de manifestations du même ordre survenues dans son entourage, et auxquelles il est attentif et sensible.**

Il s'agit d'une sorte d'identification perceptivo-motrice (bâillements, mouvements oscillatoires de la tête devant le balancement d'une lampe) ou de la propagation d'expressions émotives (fou rire, larmes, panique). Participation affective et contagion mimétique apparaissent très précocement chez l'enfant, à quelques mois. Elles sont, selon H. Wallon, caractéristiques des deux premières années de vie. Il écrit: « Au stade projectif de son intelligence répond le stade de participation dans l'évolution de sa personnalité. » E. V.

Passalong

n. m. (angl. Passalong)

Épreuve de l'échelle d'intelligence d'Alexander.

Elle est constituée par un taquin sur lequel on demande à l'enfant de faire glisser des pièces carrées de couleurs différentes, en utilisant les cases vides de mêmes dimensions, sans jamais faire quitter le fond du taquin, pour réaliser une figure donnée. R. L.

→ Alexander (échelle d').

pathomimie

n. f. (angl. Pathomimesus, Factitious Disorder)

Simulation inconsciente, mythomaniaque de manifestations d'une infirmité ou de symptômes d'une maladie.

Différente de la simulation consciente et utilitaire, la pathomimie (terme créé par G. Dieulafoy) s'appelle également « pathologie factice ». On rencontre surtout des dermato-pathomimies, fréquentes sur les régions cutanées découvertes, allant jusqu'à de véritables stigmates (J. Corraze); des fièvres simulées; des hémorragies provoquées pouvant s'accompagner d'anémie comme dans le syndrome de Lasthénie de Ferjol (J. Bernard); des troubles métaboliques factices comme la poly-uro-polydipsie, l'hypoglycémie ou autres perturbations électrolytiques en rapport avec un abus de diurétiques; ou des troubles psychiatriques divers (hallucinations, onirisme et même catatonie). Il peut s'agir dans certains cas d'une hystérie de conversion, évoquant le pithiatisme de J. Babinski, et parfois d'un véritable syndrome de Münchhausen* (sujets polytraumatisés et opérés, couverts de cicatrices, comme l'était le fameux baron aventurier et audacieux de la légende allemande). J. P.

patient

n.m. (angl. Patient)

Rôle sémantique qui correspond à celui ou à ce qui subit l'action.

Dans les théories actancielles ou casuelles, ce rôle est la contrepartie de celui d'*agent*. Dans une phrase comme « Le fermier coupait son pain », le patient est « pain ». Ce rôle est parfois aussi appelé *objet* et il est souvent corrélé avec la fonction grammaticale qui porte le même nom dans les phrases actives (complément d'objet direct). Dans les phrases passives, le patient est, en principe, porté par le sujet. J.-F. L. N.

patient désigné

(angl. Designated Patient)

Personne désignée parmi les patients, au cours d'une thérapie familiale, comme régulateur du processus thérapeutique.

Par les manifestations de son comportement, un tel patient va signaler les variations de tension émotionnelle qui se produisent à l'intérieur du système familial, aussi bien à la maison qu'en séance thérapeutique. J. P.

→ thérapies familiales.

Patte-Noire (test de)

Test projectif destiné aux enfants et mettant en scène un petit cochon appelé « Patte-Noire », auquel l'enfant est censé s'identifier.

Ce test vise, à travers une certaine conception psychanalytique, à explorer les conflits de l'enfant. R. L.

pattern

n.m. (angl. Pattern)

Structure physique; structure de comportement. (On emploie parfois « motif », « patron » pour éviter l'usage du mot anglais, mais avec certaines intentions.)

Ainsi, le terme de *motif* (visuel ou auditif) permet de rendre compte de la notion de structure présentant des régularités et devrait être réservé à la désignation des stimulus physiques. La notion de motif implique celle d'organisation. Si l'on peut parler de motif aléatoire, c'est en raison des inévitables périodicités qui ne manqueront pas d'y apparaître.

Le terme de *patron*, déjà proposé par J. Delay et P. Pichot, réservé à la désignation des structures de comportement, qu'il s'agisse de la représentation des réussites dans une batterie de tests (patron psychométrique) ou des relations entre des types de réponses. C. B.

Pavlov (Ivan Petrovitch)

Physiologiste et médecin russe (Riazan 1849-Leningrad 1936).

Reçu médecin en 1879 à l'Académie de chirurgie et de médecine de Saint-Pétersbourg (auj. Académie de médecine militaire), Pavlov s'engage rapidement dans une activité de recherche en physiologie ; en 1883, il soutient sa thèse de doctorat sur les nerfs centrifuges du cœur et poursuit jusqu'en 1889 des travaux sur la circulation. Durant cette période, il fait un séjour de deux ans en Allemagne chez les physiologistes R. Heidenhain et C. Ludwig. À partir de 1889, il entreprend des travaux sur la digestion, qui, au travers du phénomène de *sécrétion psychique,* le conduisent à la découverte du réflexe conditionnel*, de tout un ensemble de phénomènes connexes et à sa conception générale de l'activité nerveuse supérieure. Pavlov occupe le poste de professeur de pharmacologie à l'Académie de médecine militaire pendant cinq ans, jusqu'à sa nomination, en 1896, au poste de physiologie de cette même Académie, où il va professer dès lors durant vingt-huit ans. Pendant toute cette première période, ses conditions de travail sont précaires. La première publication d'envergure de Pavlov est, en 1897, ses *Conférences sur le fonctionnement des principales glandes digestives,* qui rendent compte de travaux importants, menés avec les techniques qu'il a mises au point afin de pouvoir observer des animaux pratiquement intacts, seulement porteurs de fistules chroniques qui ne perturbent pas leur existence. C'est de 1903 que date sa célèbre conférence au Congrès médical international de Madrid sur la psychologie et la psychopathologie expérimentales des animaux, dans laquelle il présente pour la première fois la notion de réflexe conditionnel et les travaux expérimentaux qui y ont conduit. Le réflexe conditionnel lui servira dès lors de moyen méthodologique pour étudier le fonctionnement du cerveau (*Discours sur les sciences naturelles et le cerveau,* 1909). Puis il s'intéresse au sommeil et publie en 1915 *les Données sur la physiologie du sommeil.* En 1904 lui a été attribué le prix Nobel de physiologie et de médecine. Après la révolution d'Octobre, et dans les conditions difficiles qui prévalent alors, un décret spécial de Lénine, pris en 1921, assure les conditions de vie et de travail de Pavlov et crée pour lui la station biologique de Koltouchi. Il publie en 1922 *Vingt Ans d'expérience dans le domaine de l'activité nerveuse supérieure* puis, en 1927, *les Leçons sur le travail des grands hémisphères cérébraux,* qui constituent une somme de ses travaux sur l'activité nerveuse supérieure. Dans la dernière partie de sa vie, Pavlov s'intéresse de près aux problèmes de pathologie nerveuse ; il élabore la notion de névrose expérimentale ; il aborde de très nombreuses questions dans ses rencontres hebdomadaires avec ses collaborateurs et ses élèves, publiées ensuite comme *les Mercredis de Pavlov.* Son dernier travail important est l'article « réflexe conditionnel » pour *la Grande Encyclopédie médicale soviétique.*

Toute l'œuvre de Pavlov est parcourue par quelques idées fondamentales : 1. appliquer la méthode scientifique, dans l'esprit de son maître Setchenov et de précurseurs qu'il admirait comme C. Bernard et R. Descartes, à ce domaine qu'il appelle l'activité nerveuse supérieure et qu'il conçoit comme pouvant aboutir à une fusion de la physiologie et de la psychologie, fondée sur le comportement ; 2. pour cela, étudier des animaux dits « intacts », dans les conditions du laboratoire, certes, mais aussi près que possible des conditions naturelles ; 3. utiliser le phénomène apparemment mineur, au regard des problèmes posés, de la salivation conditionnelle pour la découverte des grandes lois du conditionnement*. Certaines de ses conceptions n'ont pas survécu, par exemple celles qui concernent un mode de fonctionnement du cerveau « par proximité », qui s'expriment dans sa théorie de l'*irradiation* et de la *concentration* ; les travaux et les découvertes de C. H. Sherrington sur la structure et le fonctionnement du neurone en ont ruiné les bases. Mais les faits qui ont été établis à cette occasion et la théorie du conditionnement dite « classique » ont très bien résisté à plusieurs décennies d'approfondissement ; ils constituent encore un chapitre important de ce que nous savons aujourd'hui en matière de psychologie scientifique et de psychophysiologie. R. L.

pavlovien, enne

adj. (angl. Pavlovian)

Qui se rapporte à I.P. Pavlov.

Le conditionnement pavlovien est synonyme de conditionnement classique.

Pearson (coefficient de)

Synonyme de coefficient de corrélation de Bravais-Pearson. M. R.

→ Bravais-Pearson (coefficient de corrélation de), contingence (table de), corrélation.

pédagogie

n.f. (angl. Pedagogy)

Méthodologie des pratiques éducatives ; science de l'éducation.

La pédagogie fut souvent une théorisation philosophique ou une projection des adultes dans laquelle l'enfant n'existait que par incidence ; l'éducation nouvelle, renversant la perspective, fit de la pédagogie une théorisation où l'enfant conditionnait toute démarche éducative. Le terme *pédagogie* ne désigne plus aujourd'hui qu'une méthodologie des pratiques d'éducation et s'intègre aux sciences de l'éducation. La situation éducative, et principalement la situation scolaire d'enseignement (relation maître-élève), se traduit concrètement par une dynamique relationnelle, y compris inconsciente, encore mal saisie. C'est avec la dynamique des groupes que la relation pédagogique s'est proposée comme problème complexe de groupe-classe et comme problème profondément éducatif avec l'orientation non directive de C. Rogers. Des contrats de compensations affectives implicites, comme l'a montré J. Filloux, et des prestations de pouvoir, profondément ancrées dans l'émotionnel, fondent cette délégation sociale de formation d'autrui qu'est aussi la fonction d'enseigner. Les « rencontres identificatoires » et les « accrochages transférentiels » qui tissent la situation pédagogique et les rapports personnels au savoir posent en effet avec insistance la question d'une prise en compte des phénomènes inconscients dans la classe, comme l'a théorisé la pédagogie institutionnelle. Sa forme même confère à l'apprentissage des caractéristiques sans doute décisives, selon qu'elles maintiennent ou non la dépendance au savoir et au maître et permettent, ou non, une levée progressive et partielle des emprises institutionnelles sur la « liberté d'apprendre ». Des expériences pédagogiques remettant en question le savoir, le rapport au savoir et la relation de dépendance au maître ont été tentées. Elles sont souvent caractérisées par des options idéologiques précises. On peut en distinguer trois types. Ce sont tout d'abord les expériences marquées par les techniques et le matériel pédagogiques recherchant l'intégration sociale ; elles sont fondées sur un enseignement par groupes, individualisé, ou par centres d'intérêt (P. Petersen et le plan d'Iéna, R. Cousinet, H. Parkhurst et le plan Dalton, C. Washburne et le système Winnetka, M. Montessori, O. Decroly, R. Steiner, etc.). Dans le deuxième groupe sont les expériences marquées par une pédagogie de l'assistance militante ; elles sont fondées sur un enseignement mutuel, partagé ou alternatif (J. H. Pestalozzi, Don Lorenzo Milani, certaines écoles parallèles et certaines tentatives tiers-mondistes d'instruction élémentaire, expériences fondées sur les techniques Freinet et la pédagogie institutionnelle). Dans le troisième groupe sont les expériences rassemblées par une démarche avant tout politique ; elles se réclament soit d'une orientation psychanalytique en pédagogie (« jardin laboratoire » de Vera Schmidt à Moscou en 1926, qui inspira directement les boutiques d'enfants de Berlin en 1968, A. S. Neill), soit d'une pédagogie antiautoritaire et libertaire (B. Otto et les maîtres-camarades des communautés scolaires de Hambourg en 1919, la « libre communauté scolaire » de G. Wyneken à Wickersdorf, la « coopérative intégrale » de S. Faure à Rambouillet en 1907, F. Ferrer Guardia, F. Deligny et la « grande cordée »). Complémentaire de l'orientation libertaire est l'orientation marxiste, dans la mesure où tout projet authentique d'affranchissement éducatif en collectivité postule à la fois une prise en compte de l'individuel et une référence organisée et dialectique à la société en même temps qu'une ouverture aux recherches et aux courants marginaux. Les expériences qui se réclament d'une pédagogie marxiste sont essentiellement celles de A. Makarenko, l'« école sans école » de P. P. Blonski, disséminée sur les lieux de la production et centrées sur le travail industriel et l'usine. R. L.

BIBLIOGRAPHIE
Bonboir, A., 1974, *Une pédagogie pour demain*, Paris, P.U.F.
Bourdieu, P., et Passeron, J.-C., 1970, *la Reproduction*, Paris, Éd. de Minuit.
Filloux, J., 1974, *Du contrat pédagogique*, Paris, Dunod.
Mialaret, G., 1964, nouv. éd. 1990, *Introduction à la pédagogie*, Paris, P.U.F.

pédalage

n.m. (angl. Kicking)

Mouvements spontanés rythmiques, stéréotypés des membres inférieurs, observables, dès le début du premier mois et pendant toute la première année de vie, chez le bébé humain couché sur le dos.

Les enregistrements électromyographique et magnétoscopique d'extension et de flexion au niveau de trois articulations, hanche, genou et cheville, ont été faits dans des situations de pédalage et de marche automatique chez les mêmes bébés. Des patterns identiques de mouvements ont été mis en évidence (E. Thelen). E. V.

pedigree

n.m. (angl. Pedigree)

Méthode d'étude de l'hérédité fondée sur l'observation d'un certain caractère chez des personnes apparentées de générations successives. M. R.

→ génétique du comportement (analyse).

pédoncule cérébral

(angl. Cerebral Peduncle)

Faisceau de substance blanche reliant la partie médiane et inférieure d'un hémisphère cérébral au bord supérieur de la protubérance annulaire.

Les pédoncules cérébraux, au nombre de deux, relient le cerveau au tronc cérébral et à la moelle épinière ; le faisceau pyramidal les emprunte. R. L.

pédophilie

n.f. (angl. Pedophilia)

Trouble présenté par des adultes cherchant à obtenir une excitation sexuelle en ayant des relations, le plus souvent des attouchements, avec des enfants prépubères ou en s'imaginant ces relations.

Dans la majorité des cas, l'enfant est une fillette âgée d'une dizaine d'années, mais il arrive que des homosexuels essayent d'attirer des mineurs plus âgés. Cette attirance sexuelle pour les enfants est parfois interprétée comme résultant d'une insatisfaction dans la vie de couple du pédophile. De même que d'autres paraphilies (l'exhibitionnisme par exemple), ce trouble de l'orientation sexuelle justifie des sanctions pénales prévues par la loi. M. A.

pédopsychiatrie

n.f. (angl. Child Psychiatry)

Spécialité médicale qui a pour objet de prévenir, de dépister et de traiter les troubles psychiques que présentent les enfants et les adolescents.

Historiquement, J.M.G. Itard est le pionnier qui tente de comprendre et de traiter les troubles d'un enfant nommé Victor. Il s'agit de l'enfant sauvage (→ sauvage [enfant]) de l'Aveyron, qui a été admis à l'Institut national des sourds-muets, rue Saint-Jacques, à Paris, le 6 août 1800. Itard, pour la première fois, évoque le caractère acquis de la déficience et sa curabilité, à une époque où les médecins ne conçoivent la déficience que fixée et non évolutive (P. Pinel). Cependant, il s'agit de rééducation dans une perspective pédagogique et de traitement moral. J. Esquirol inaugure l'enseignement de la psychiatrie et publie son traité *Des maladies mentales* [...] en 1838, dans lequel il souligne l'intérêt des travaux d'Itard.

Son élève J.-P. Falret recherche dans la psychologie un nouvel éclairage sur l'idiotisme et crée en 1834 l'école orthophrénique avec F. Voisin. D'autres psychiatres du XIXe siècle recherchent les moyens de réhabiliter les « idiots ». D.M. Bourneville crée à Vitry le premier Institut médico-pédagogique, où les prises en charge physique, psychologique et pédagogique seront assurées. Le premier *Traité de psychiatrie de l'enfant* est publié en 1888 par P. Moreau de Tours. Parallèlement à l'action des médecins, trois personnalités ont apporté à la psychiatrie de l'enfant ses dimensions éducatives et psychologiques. E. Seguin, élève d'Itard, ouvre une école pour idiots, rue Pigalle, puis prend la direction de l'école de Bicêtre. En 1850, il s'exile aux États-Unis, où il développe la psychiatrie de l'enfant sur la côte est. Élève de Seguin, Vallée fonde son propre centre de traitement en 1847 à Bicêtre, qui deviendra la Fondation Vallée. A. Binet est le véritable fondateur de la psychologie expérimentale en France et publie en 1903 l'*Étude expérimentale de l'intelligence*. Avec le psychiatre T. Simon, il publie en 1905 l'article « Méthodes nouvelles pour le diagnostic du niveau intellectuel des anormaux », où il décrit le premier test mental utilisable en pratique, dont les résultats sont exprimés par le quotient d'intelligence, ou intellectuel (Q.I.). Il s'agissait de compléter les données cliniques pour évaluer l'adaptabilité scolaire et orienter les enfants en difficulté vers des classes spécialisées.

Conjointement aux développements de la psychométrie, les idées psychanalytiques se sont développées, surtout en Grande-Bretagne, où deux psychanalystes ont puissamment contribué à la connaissance de l'enfant et à la mise au point de méthodes thérapeutiques pour celui-ci. Il s'agit de M. Klein, qui publie *The Psycho-analysis of Children* en 1932, et de A. Freud, arrivée à Londres en 1938 avec son père. Au développement des centres de guidance infantile dans les pays anglo-saxons a correspondu, après la guerre, en France, la création des centres médico-psycho-pédagogiques. L'université, quant à elle, crée en 1948 la première chaire de psychiatrie infantile, qu'elle attribue au professeur G. Heuyer. Dès lors, sous l'impulsion de celui-ci et de psychanalystes (S. Lebovici, R. Misès, entre autres), vont être élaborés les textes et règlements organisant la répartition des moyens de prise en charge des enfants et de leurs familles au plus près de leurs domiciles. C'est la création de l'intersecteur de psychiatrie infanto-juvénile en 1972. (→ intersecteur.)

Actuellement, la pédopsychiatrie est en pleine crise de croissance. Marquée par l'essor de la psychanalyse, elle est tentée par le développement de l'épidémiologie et des neurosciences, qui ont pris un essor considérable. Sur le plan thérapeutique, les nouvelles techniques de thérapie familiale et comportementale revendiquent leur place dans la prise en charge des enfants et des familles.

La nouvelle réforme de la formation des pédopsychiatres, qui devront satisfaire à l'internat de médecine et se spécialiser ensuite, favorise la médicalisation de la profession, ce qui peut poser des problèmes de fonctionnement en équipe pluridisciplinaire. Un grand effort est fait actuellement en vue de proposer une classification internationale des troubles mentaux de l'enfant, afin de faciliter l'épidémiologie et les recherches tout en améliorant la communication entre professionnels. J.-M. C.

BIBLIOGRAPHIE
Ajuriaguerra, J. de, 1977 (nouv. éd.), *Manuel de psychiatrie de l'enfant*, Paris, Masson.
Ajuriaguerra, J. de, Marcelli, D., 1982, rééd. 1984, *Psychopathologie de l'enfant*, Paris, Masson.
Anthony, E. J., Chiland, C., et Koupernik, C., 1980, *l'Enfant à haut risque psychiatrique*, Paris, P.U.F.
Barker, P., 1979, *Basic Child Psychiatry*, Londres, Granada.
Melamed, B.G., Matthews, K.A., et Routh, D.K., 1988, *Child Health Psychology*, Hillsdale, Hove, Londres, Erlbaum.

pensée logique (épreuves, échelles de développement de la)

(angl. Piagetian Tasks, Scales)

Épreuves réalisées en normalisant les situations utilisées par J. Piaget dans ses études du développement de l'intelligence. M. R.

pensée par couple

(angl. Binary Structure of Thought)

→ couple (pensée par).

peptide

n.m. (angl. Peptide)

Enchaînement de quelques dizaines d'acides aminés.

Un peptide est une petite protéine. De très nombreux agents du fonctionnement de l'organisme (hormones notamment) sont des peptides. Certains d'entre eux ont été récemment impliqués dans la facilitation des apprentissages (peptides dérivés d'hormones, mais sans effets hormonaux, peptides isolés par la méthode des transferts de mémoire*, peptides aux effets comparables à ceux de la morphine). D'autres peptides sont impliqués dans le déclenchement ou la modulation du sommeil. G. C.

percentile

n.m. (angl. Percentile)

→ centile ou percentile.

percept

n.m. (angl. Percept)

Entité cognitive permanente dont on suppose l'existence pour pouvoir rendre compte des perceptions particulières. R. L.

perceptif (développement)

(angl. Perceptual Development)

Évolution avec l'âge d'une prise de connaissance de l'environnement à partir des excitations sensorielles engendrées par des événements actuels et des objets présents.

La perception est une activité cognitive qui se distingue des autres par le fait que seule l'excitation de récepteurs sensoriels peut la faire fonctionner. S'il n'y a pas perception sans excitations, il arrive que celles-ci n'entraînent pas celle-là. La perception est une forme de traitement des informations relatives à l'environnement physique transmises par les diverses modalités sensorielles. L'état biologique du sujet percevant (niveau de vigilance, émotions) ainsi que les informations mises en mémoire antérieurement interviennent dans ce traitement. La part des capacités perceptives et celle des autres capacités cognitives dans l'amélioration des performances sont toujours difficiles à évaluer, car, il faut bien le dire, il n'est guère de perception pure, totalement déterminée par l'ensemble des excitations sensorielles actuelles et simultanées.

Mesure du développement perceptif

Le niveau de développement perceptif d'un enfant est défini opérationnellement par une amélioration avec l'âge (développement diachronique) ou grâce à un apprentissage (développement synchronique) des performances relevées dans des tâches dites «perceptives» à l'aide de réponses verbales, motrices, électrophysiologiques. Parmi ces tâches, on compte généralement la détection, la différenciation, l'identification sous forme de reconnaissance ou de catégorisation. Il est évident que les deux dernières nous informent plus sur des activités cognitives, impliquant représentation et mémorisation, que sur les capacités perceptives de l'enfant. Certaines épreuves, adaptées aux nourrissons, nous informent mieux sur les capacités perceptives de ceux-ci.

Détection

La question posée au bébé est: «Y a-t-il ou non quelque chose à voir? À entendre?» On peut mesurer chez le nouveau-né des seuils absolus de l'intensité d'un son, d'une lumière et donc un degré de sensibilité des récepteurs; mais réception sensorielle et perception ne sont pas synonymes. En revanche, la distinction entre surfaces physiques unies (pas de texture optique) et surfaces rugueuses (à texture optique) est bien de nature perceptive. Elle peut être observée dès la naissance et c'est toujours la surface structurée qui est regardée de préférence. Cette distinction entre hétérogène/homogène, pattern/non pattern est le témoignage le plus précoce de la capacité de percevoir chez le bébé, indépendamment de toute autre activité cognitive.

La réponse d'orientation des récepteurs sensoriels vers la source d'une stimulation (capture visuelle, orale) témoigne de la détection d'un stimulus et aussi de sa place dans l'espace (localisation directionnelle). Elle aussi est observable dès la naissance, de même que la différenciation entre deux cibles visuelles, fondée sur les propriétés globales du stimulus.

Organisation perceptive

L'organisation d'éléments discrets (sons, points, segments en configurations ou en figures) et la possibilité de différencier les figures par leur forme apparaissent vers 2 à 3 mois. Dès lors, l'univers de l'enfant va se peupler d'unités perceptives rigides, individualisées, dont la structure ne doit rien à l'expérience acquise antérieurement.

À partir de 6 mois apparaissent des possibilités d'abstraction d'une propriété commune à plusieurs objets, l'usage de dimensions de différenciation, la constitution de catégories. Désormais, les réponses des enfants ne peuvent plus s'interpréter seulement en termes de perception.

Facteurs du développement perceptif

Capacité de traitement d'information

La prise de connaissance perceptive de l'environnement repose avant tout sur la récolte et le traitement des informations véhiculées par les énergies physiques qui en proviennent. La quantité d'informations enregistrées par les cellules réceptrices sensorielles est une fonction directe du degré de sensibilité (absolue ou différentielle) de celles-ci.

Le traitement des informations enregistrées s'opère au niveau du système nerveux central en plusieurs étapes: sélection (seule une partie de ces informations est retenue et traitée), mise en relation des différentes informations, organisation en unités structurées (figures, configurations, mélodies, objets, etc.).

Maturation du système nerveux

Les faibles performances relevées chez le nouveau-né sont dues en bonne partie à l'immaturité de son système nerveux. Les cellules nerveuses sont de petite taille et les fibres de connexion (axones et dendrites), en faible nombre et courtes. La maturation se fait par augmentation de la taille du corps cellulaire, la myélinisation de l'axone, la multiplication des dendrites, la modification de l'organisation de cellules en couches, la distribution de ses composantes à l'intérieur d'une cellule, etc.

Cette immaturité entraîne au niveau comportemental une faible sensibilité sensorielle, une lenteur dans le fonctionnement (transmission des excitations), un faible nombre de mises en relation. Les progrès sont rapides, surtout pendant les premiers mois, sur tous les points. Le nombre d'informations enregistrables simultanément et utilisables immédiatement augmente. Le temps nécessaire à leur traitement diminue. Les très jeunes enfants ne mettent guère en relation que des éléments proches, mais l'écart temporel ou spatial qui permet de rassembler les informations sélectionnées, en structures perceptives, augmente avec l'âge.

Influence d'autres activités cognitives sur les performances relevées dans des tâches perceptives

Ces activités sont nombreuses et leur influence croît avec l'âge chez les enfants. On peut citer les connaissances acquises au cours de la vie quotidienne et mémorisées sous forme de modèles représentatifs auxquels, dès le milieu de leur première année, les enfants confrontent leurs nouvelles perceptions, mais aussi les attentes perceptives induites par des événements immédiatement antérieurs à la présentation d'un stimulus, et la personnalité de l'enfant.

La tâche choisie pour mesurer les capacités perceptives (matériel, instructions, procédures) influe aussi sur la performance obtenue.

APPROCHES THÉORIQUES DU DÉVELOPPEMENT PERCEPTIF

J. PIAGET

La perception est déformante par nature. C'est donc en mesurant l'évolution avec l'âge du degré d'inadéquation (erreurs) entre l'objet physique et l'objet perçu que J. Piaget étudie le développement perceptif. Selon la loi des centrations relatives, les mécanismes perceptifs procèdent par échantillonnage probabiliste, ce qui produit des effets de champ (centration) qui varient quantitativement en fonction des relations physiques qu'entretiennent les éléments du stimulus, de la durée de présentation, de l'âge, etc., mais qui demeurent qualitativement les mêmes à tous les âges. (→ centrations relatives [loi des].)

Pour Piaget, les perceptions évoluent peu. Elles le font sous l'influence d'activités perceptives, qui occupent une situation intermédiaire entre les effets de champ et l'intelligence et augmentent avec l'âge. Leur développement engendre deux effets. Le premier est la décentration qui réduit l'action des effets de champ et rend donc la perception plus exacte. Le second est l'apparition de nouvelles erreurs, engendrées par la mise en relation d'éléments trop éloignés, dans le temps et l'espace, pour appartenir à un même champ de centration (transports) et à l'accumulation de fixations oculaires sur certaines zones privilégiées du stimulus (polarisation).

J. J. ET E. GIBSON

L'environnement physique est riche en informations structurées. Le nouveau-né a les moyens de les détecter dans le flux des stimulations qui en proviennent, car ce flux a, lui aussi, une structure dont la forme et les variations correspondent à celles de l'environnement. Le développement perceptif consiste à découvrir de plus en plus d'informations et à retenir celles qui sont le mieux adaptées à ses rapports avec son cadre de vie. L'évolution va dans le sens d'un affinement croissant de la différenciation perceptive grâce à des apprentissages naturels (rencontres avec l'environnement) et artificiels (conditions de laboratoire). L'organisme répond peu à peu de façon différenciée à des ensembles de stimulations auxquelles, au début, il donnait une seule et même réponse. Cette spécificité croissante entraîne l'établissement d'un répertoire de plus en plus riche de dimensions de différenciation correspondant aux diverses variables de la stimulation et s'accompagne de l'extraction d'invariants de type relationnel.

J. S. BRUNER

Pour nous adapter à un environnement physique, il est primordial de reconnaître et d'identifier ce qui nous entoure. La perception est donc toujours catégorielle. Son évolution prend la forme d'une construction de catégories de plus en plus nombreuses et raffinées. L'identification perceptive repose sur une comparaison entre un percept actuel et un répertoire de prototypes dont chacun représente une catégorie. Ces représentations portent d'abord sur des *actions* (angl. Enactive Representations), puis sur des *structures imagées* (angl. Ikonic Representations) et enfin sur des *symboles*. La perception est aussi inférentielle, car elle dépend non seulement de l'information contenue dans la stimulation sensorielle, mais aussi des informations mises en mémoire au cours d'expériences antérieures. On perçoit de préférence ce à quoi on s'attend et ce que l'on désire voir arriver.

THÉORICIENS DE LA FORME

Percevoir, c'est organiser spontanément, en dehors de tout apprentissage, une multitude d'excitations sensorielles simultanées en unités structurées. Cette organisation obéit à des lois qui déterminent comment interagissent des forces à l'intérieur d'un champ. Ces lois opèrent de la même façon à trois niveaux : champ physique, champ cérébral, champ perceptif (postulat d'isomorphisme). Si un même stimulus n'est pas perçu de la même façon à différents âges, c'est que le champ cérébral s'est modifié sous l'effet de la maturation nerveuse. Certains gestaltistes (W. Köhler et coll.) expliquent l'évolution de processus perceptifs comme les effets consécutifs figuraux, les illusions optico-géométriques, avec l'âge et/ou la répétition des mesures, par l'évolution du taux de saturation du tissu cérébral. E. V.

perception

n. f. (angl. Perception)

Ensemble des mécanismes et des processus par lesquels l'organisme prend connaissance du monde et de son environnement sur la base des informations élaborées par ses sens.

La perception a essentiellement une fonction cognitive d'*interprétation* des informations sensorielles. La définition proposée ne coïncide pas, et ne peut pas coïncider, avec toutes les théories de la perception. Elle n'est, par exemple, pas en accord avec les conceptions des gestaltistes ou celles de J. J. Gibson. Elle suppose une activité de traitement des informations et correspond donc à une conception *constructiviste*. On est alors amené à distinguer des traitements *guidés par le stimulus* (angl. Stimulus Driven ou Bottom-Up) et qui sont de type ascendant et des traitements *guidés par nos représentations ou nos concepts* (angl. Concept Driven ou Top-Down) selon qu'y prédominent les informations sensorielles directement issues de la stimulation ou bien des connaissances antérieures sur le monde, des attentes, etc.

LES THÉORIES DE LA PERCEPTION

Les théories de la perception s'organisent en fonction des réponses qu'elles apportent à trois grandes questions bipolaires : la question de l'inné et de l'acquis, celle du rationalisme ou de l'empirisme et celle du globalisme ou de l'élémentarisme. Pour des auteurs comme J. Locke, W. James, G. Berkeley, D. Hume, Helson, C. L. Hull ou D. O. Hebb, les perceptions sont apprises et résultent de l'expérience et d'apprentissages. Pour d'autres, comme B. Spinoza, E. Kant, E. Hering, J. Müller, les gestaltistes ou Gibson, elles sont essentiellement automatiques et résultent de capacités innées. Pour beaucoup de ces derniers, la perception est une réponse passive, qui reflète plus ou moins directement la structure de la stimulation. Pour les partisans d'une position rationaliste comme R. Descartes, H. L. Helmholtz, J. Piaget et les cognitivistes, la connaissance perceptive est déductive ; c'est une interprétation active et logique d'informations sensorielles partielles. Enfin, dans certaines approches comme celles de Kant, de C. von Ehrenfeld, de E. Mach, des gestaltistes, des fonctionnalistes et de certains cognitivistes, la structure globale de la stimulation est privilégiée. Pour d'autres, le percept est au contraire un arrangement singulier d'éléments.

Les théories globalistes et nativistes comme la gestaltthéorie et la théorie de Gibson ont constitué une réaction radicale contre l'élémentarisme des positions associationnistes de la filiation d'Helmholtz. Pour ce dernier, la distinction sensation-perception (→ sensation) a tout son sens, et la perception représente le résultat d'un processus d'inférence inconsciente qui permet d'interpréter les données sensorielles sur la base de notre expérience passée en tenant compte de la vraisemblance des interprétations. Les gestaltistes (M. Wertheimer, K. Koffka, W. Köhler) sont moins intéressés par ce que l'on appellerait aujourd'hui les processus de traitement que par les relations structurales démontrées entre la stimulation et la structure perceptive telle qu'elle apparaît dans une approche phénoménologiste. Constatant un isomorphisme entre les deux, ils en infèrent un isomorphisme des mécanismes physiologiques. Leur approche est alors nécessairement globaliste.

La théorie de Gibson rejette la distinction sensation-perception, tout comme l'existence de processus de traitement. Pour lui, l'essentiel de l'information est dans le stimulus, et la tâche de l'organisme ne consiste qu'à saisir cette information. Cette position conduit donc Gibson à étudier la structure des stimulations pour y trouver les organisations susceptibles de permettre à notre perception de fonctionner de manière généralement adéquate.

De nos jours, l'approche dominante, l'approche cognitive, réalise une relative synthèse de positions antagonistes moins par l'élaboration d'une théorie intégrative que par la persistance en son sein de choix théoriques potentiellement antagonistes. L'approche cognitive est résolument constructiviste. Son acte de naissance «officiel» est constitué par l'ouvrage de U. Neisser *Cognitive Psychology* (1967). Avant cette date cependant, de nombreux auteurs, rompant avec une approche strictement béhavioriste, avaient, sous l'influence du développement de la cybernétique, proposé de considérer la perception comme un système de traitement de l'information. Il s'agit de plus qu'une simple métaphore empruntée à l'informatique. Sans être une véritable théorie structurée, ce cadre conceptuel a renouvelé en profondeur bien des conceptions.

En premier lieu, il a imposé l'idée qu'une explication d'un phénomène perceptif devait aboutir à élucider les mécanismes mis en œuvre par l'organisme et les processus par lesquels ils s'expriment. En second lieu, il a reconnu que les processus perceptifs se déroulent dans le temps et impliquent des transformations entrantes et leur confrontation à des informations mémorisées (représentations). Enfin, il a conduit à reconsidérer la nature des stimulations vectrices d'informations sur le monde des objets. Dans ce cadre, la distinction sensation-perception, sans avoir la rigidité des associationnistes, a repris une valeur importante, la première faisant référence aux traitements sensoriels des informations physiques, indépendamment de leur signification, et la seconde étant plus directement concernée par les significations d'objet et donc par l'interprétation des informations sensorielles.

L'approche computationnelle (D. Marr, 1982) est une variante de l'approche cognitiviste. Elle se donne comme objectif de parvenir à une modélisation des processus qui permette leur «implémentation», c'est-à-dire qui permette leur simulation. Inspirée de l'intelligence artificielle et de ses applications aux machines à voir, elle repose sur trois niveaux d'approche. Le niveau computationnel est une tentative pour spécifier de manière formelle le problème de la perception : quelle est l'information disponible et quelle est l'information nécessaire pour identifier les objets ? Le deuxième niveau est celui des représentations et des algorithmes de ces informations. Enfin, le troisième niveau est celui de l'implémentation de ces algorithmes dans un dispositif artificiel ou naturel. La théorie proposée par Marr distingue trois ordres de représentations extraites des informations sensorielles. L'esquisse primitive, la représentation à 2 1/2 dimensions et la représentation à 3D. Seule cette dernière implique un accès à la signification des objets.

Esquisse d'une conception de la perception comme traitement de l'information

Les informations extraites par les mécanismes sensoriels (→ sensation) sont spécifiques de quelques caractéristiques de la stimulation et par là restent fractionnées. Or, comme l'avaient souligné les gestaltistes, notre perception consciente est celle de *touts organisés, structurés* (allem. Gestalten). Elle est plus encore une identification d'objets, c'est-à-dire un accès à une sémantique. Avant cet accès, il s'agit pour l'organisme de mettre ensemble les informations relatives aux mêmes objets du monde extérieur et de les distinguer de celles qui appartiennent à d'autres objets. La réalisation de ces groupements perceptifs et la ségrégation des groupements, c'est-à-dire la structuration de l'information sensorielle, sont réalisées pour une part importante sur la base de mécanismes automatiques et modulaires. Cet aspect des traitements est appelé *dépendant du stimulus* (angl. Stimulus Dependent) ou encore *ascendant* (angl. Bottom-Up).

Pour une autre part, les groupements perçus et les ségrégations corrélatives vont dépendre de représentations cognitives, c'est-à-dire de connaissances antérieures du monde qui vont servir à diriger ces structurations et à permettre l'interprétation des informations sensorielles en termes de leur référent-objet. On appelle ces traitements *dépendants des représentations* (angl. Concept-Dependent) ou encore *descendants* (angl. Top-Down). L'attention va souvent jouer ici un rôle majeur et conduire à la sélection des informations. (→ Figure 1.)

La distinction de ces deux grands ordres de traitement est cependant schématique. Si la modularité est une caractéristique incontestable des premiers, elle n'est pas exclue des seconds. De plus, l'automatisation de nombreux mécanismes perceptifs due à une pratique constante les rend très semblables aux mécanismes ascendants précâblés*. Faire le partage de ces deux ordres de traitements est donc une tâche complexe. La vigueur des débats entre les auteurs qui supposent que les processus cognitifs auraient une action rétroactive sur les processus sensoriels précoces et les auteurs qui supposent que les premiers sont impénétrables à l'action des seconds manifeste la difficulté du problème.

Méthodes d'étude de la perception

La connaissance des processus et des mécanismes perceptifs est fondée sur la mise en œuvre de plusieurs types de méthodes d'étude. Les mécanismes et les processus perceptifs que l'on décrit concernent généralement le jeune adulte dit «normal». Ces connaissances sont élaborées à partir de la mise en œuvre de

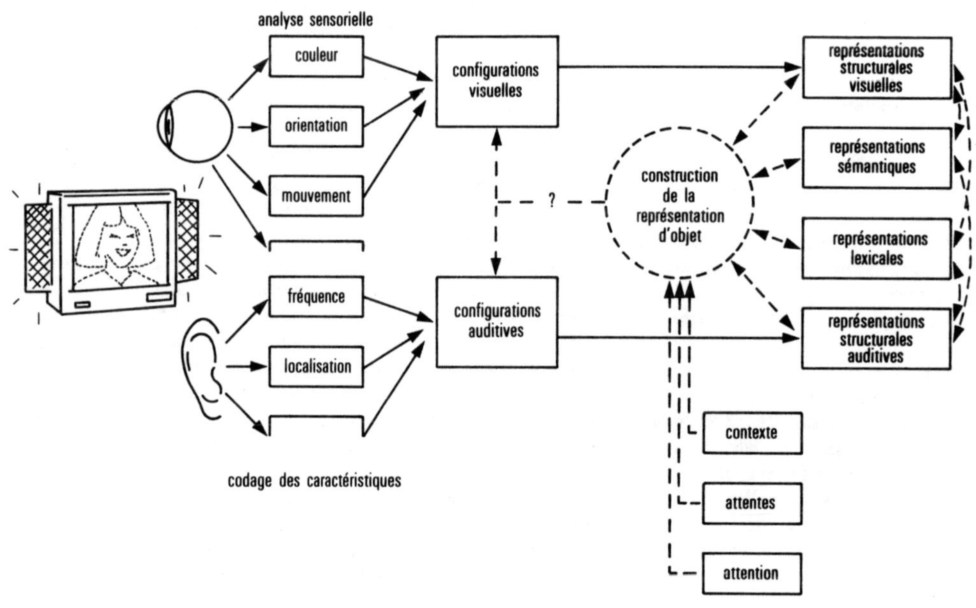

Figure 1. Schéma de la perception comme un système de traitement de l'information. Les différentes étapes représentées ici sont détaillées dans l'article lui-même.

méthodes psychophysiques entendues au sens large. Par définition, les traitements sensoriels ne sont pas reflétés directement par les réponses manifestes des sujets, ils doivent en être inférés. La méthode phénoménologique prônée par les gestaltistes ne permet d'accéder, au mieux, qu'aux représentations perceptives conscientes et rationalisées. Des méthodologies complexes ont été élaborées (→ psychophysique) qui permettent de faire des inférences sur les processus des divers niveaux avec de bonnes garanties de validité. Les apports de ces méthodes comportementales sont utilement confortés par la mise en œuvre de méthodes physiologiques.

Des études menées avec des méthodes analogues sur des patients cérébrolésés, telles qu'elles sont poursuivies en neuropsychologie, fournissent des arguments complémentaires sur les mécanismes perceptifs, en particulier quant à la structure modulaire de certains traitements. Le lien existant entre la localisation et l'étendue des lésions et les déficits perceptifs corrélatifs constituent des connaissances précieuses. Plus encore, des études de cas permettent d'analyser finement la nature des déficits, qui peuvent être des pertes de la possibilité d'accéder à certaines représentations selon une voie, mais non la perte de la représentation elle-même.

Le fonctionnement du système perceptif n'est pas immuable au cours du temps. Chez l'adulte, l'apprentissage et l'exercice en modifient les processus. L'identification des effets de l'exercice a progressé. Bien qu'encore controversée, l'hypothèse selon laquelle ce ne seraient pas les mécanismes sensoriels de traitement qui s'amélioreraient, mais l'utilisation de leurs informations pour une élaboration plus rapide et plus sélective des réponses, gagne de la vraisemblance.

L'apport des études développementales est indispensable pour comprendre la mise en place des mécanismes et leurs éventuels bouleversements. Le développement doit être ici entendu non seulement dans la phase initiale du nouveau-né à l'adulte, mais aussi dans sa phase involutive liée aux processus de sénescence. Pour le développement initial, de nombreuses études ont montré que les fonctions sensorielles élémentaires n'étaient pas l'objet d'un réel apprentissage, mais d'une maturation qui, pour être menée à son terme, nécessite l'exposition de l'organisme à des expériences sensorielles adéquates.

Des études comparatives portant sur l'Animal devraient être plus développées qu'elles ne le sont actuellement. La suprématie du langage verbal chez l'Homme tend à masquer l'importance des mécanismes non verbaux.

Formes visuelles et auditives

L'organisation perceptive des informations sensorielles en unités plus larges, des formes, et la ségrégation de celles-ci d'autres unités ou d'autres informations constituant le fond sont une étape indispensable à l'identification ultérieure des référents-objets de ces formes.

L'organisation des formes visuelles

Pour les gestaltistes, le fait que des éléments séparés paraissent appartenir à un même ensemble et former un tout structuré, une *configuration* (Gestalt), résulte des propriétés mêmes du stimulus. Ces propriétés sont décrites dans une série de lois comme les lois de proximité, de similarité, de continuité, etc. (→ Figure 2.)

En fait, la prise en compte des traitements sensoriels conduit à définir ces propriétés au niveau des informations sensorielles extraites des traitements de la stimulation physique et à parler ainsi de *stimulus efficace*. La proximité* spatiale des éléments au niveau du stimulus physique ne permet pas de prédire sans équivoque les groupements perçus de ces éléments. Par contre, si l'on tient compte de la visibilité* de leurs espacements, on prédit de manière bien plus valide les groupements perçus. (→ Figure 4, p. suivante.) Ces considérations s'appliquent à d'autres propriétés comme la similarité, la connexité, la continuation, etc. Les groupements d'informations sensorielles en configurations reposent donc, pour une grande part, sur des traitements préattentifs, non conscients et automatiques, dépendant des caractéristiques des stimulus et des propriétés des systèmes sensoriels qui les traitent. (→ Figure 3.)

Les groupements fortement structurés constituent des configurations. Ces dernières sont souvent des figures «émergeant» d'un fond. (→ figure/fond relations.) Cette émergence phénoménale résulte d'une série d'opérations perceptives qui conduisent à accor-

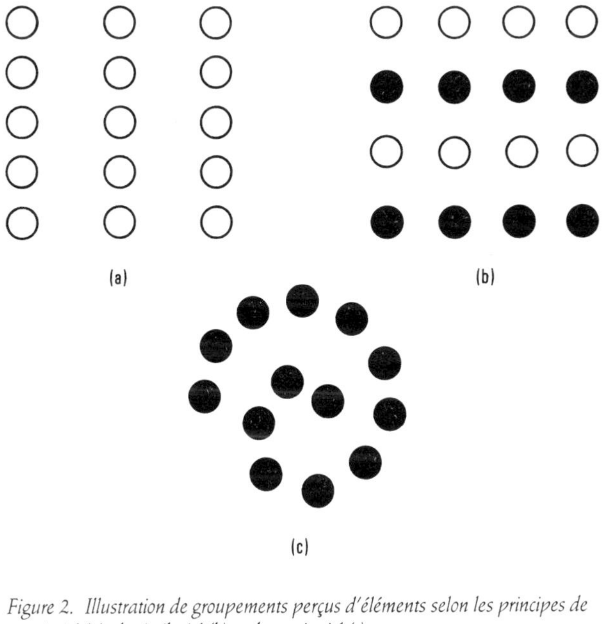

Figure 2. Illustration de groupements perçus d'éléments selon les principes de proximité (a), de similarité (b) et de continuité (c).

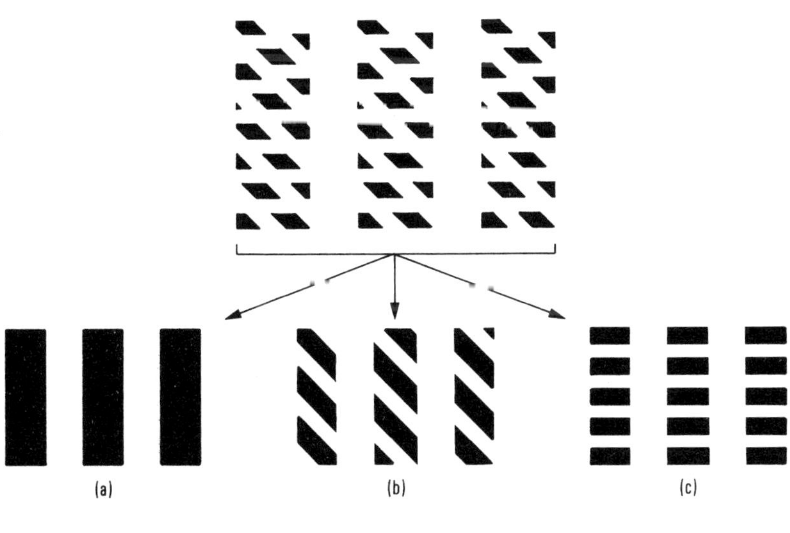

Figure 3. Groupements perçus en fonction de la visibilité. Si la figure est vue de loin, les grosses barres verticales (a) sont mieux vues que les autres groupements : leur espacement correspond à une fréquence spatiale plus proche de l'optimum de la fonction de sensibilité au contraste. À distance intermédiaire, les barres obliques moyennes (b) seront plus visibles. De près, les petites barres horizontales (c) seront plus visibles que les autres groupements.

der à certaines parties de l'information sensorielle un statut privilégié de quasi-objet structuré par rapport à un fond d'informations moins organisées. La figure perçue résulte d'une séquence de traitements. (→ Figure 4.) Au niveau sensoriel seraient extraites d'une part des informations de groupement et d'autre part des informations plus localisées sur la présence de contours. Ultérieurement, le système visuel aurait à mettre en œuvre des procédures appelées « routines » de manière à vérifier la propriété de *fermeture* de ces contours. Enfin, la surface de la figure pourrait acquérir des propriétés homogènes au moyen d'une *routine de remplissage* (angl. Fill-In). Cette dernière procédure explique que la surface de la figure puisse avoir des propriétés phénoménales différentes de celles du fond (par exemple rehaussement de luminosité) alors que, physiquement, il n'existe pas de différences locales entre eux. (→ Figure 4.)

L'ORGANISATION PERCEPTIVE EN AUDITION

Les informations acoustiques présentent aussi des propriétés de groupement et conduisent à la perception de configurations sonores. (→ audition.) Dans un environnement naturel, nous recevons simultanément des informations acoustiques en provenance de sources multiples : la circulation, un fond musical, des conversations, etc. Généralement, nous différencions sans difficulté les flux sonores qui correspondent à des objets distincts.

Trois propriétés déterminent la fusion de plusieurs composantes spectrales d'un son complexe périodique pour donner naissance à une configuration auditive. La première de ces propriétés est la cohérence de l'évolution temporelle des partiels des sons complexes, autrement dit la synchronie des attaques, ainsi que les fluctuations d'amplitude à long terme. La seconde de ces propriétés concerne la cohérence de l'évolution des fréquences. Dans les sons naturels, les rapports harmoniques des fréquences se maintiennent alors que la fréquence fondamentale change comme dans le vibrato ou lors des inflexions de la voix. La troisième de ces propriétés est la stabilité de la forme spectrale qui résulte de couplages complexes entre des modulations d'amplitude et de fréquence. À ces propriétés d'organisation simultanée, il convient d'ajouter une propriété séquentielle ainsi que les informations de localisation.

L'échelle de hauteur tonale des sons musicaux n'est pas une simple échelle de tonie fonction de la fréquence fondamentale des sons. Certains rapports de fréquence ont un statut perceptif particulier. Deux notes dans un rapport d'octave (rapport de leurs fréquences fondamentales de 1 à 2) paraissent plus similaires que deux notes dont les fréquences sont dans des rapports différents. L'échelle de hauteur tonale des sons musicaux est donc bidimensionnelle. L'une de ses dimensions est la tonie et l'autre son chroma. Tous les *do* ont le même chroma ou, plus généralement, toutes les notes qui ont le même nom ont le même chroma. L'échelle musicale européenne est fondée sur des intervalles logarithmiques entre les notes. Des distances entre fréquences égales sur une échelle logarithmique paraissent égales. Cette propriété est conforme à la loi de Weber*. Outre le rapport d'octave, d'autres rapports de fréquences sont utilisés dans la musique, tels que l'écart de cinquième, qui correspond à un rapport de fréquences de 2 à 3. Les accords sont alors des groupes de notes émises simultanément dont les fréquences sont dans des rapports privilégiés.

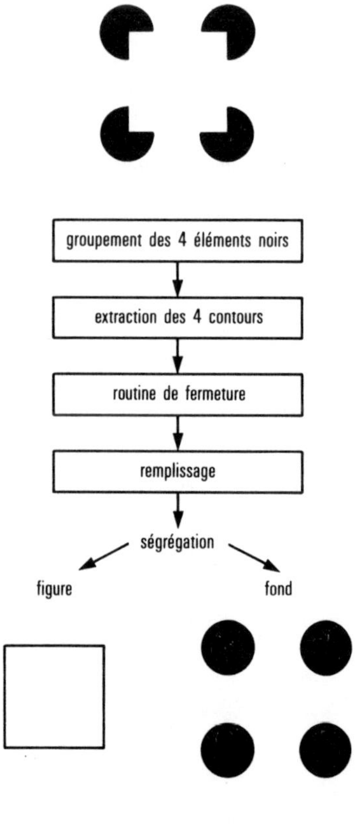

Figure 4. Schéma de la séquence des traitements conduisant à une ségrégation figure/fond appliquée à une figure de Kanizsa. La figure perçue est un carré dont la luminosité apparente est plus grande que celle du fond en avant duquel il paraît placé.

L'identification du timbre d'un instrument nécessite d'abord l'intégration de plusieurs dimensions du signal acoustique. À partir de l'analyse de jugements de similarité, on considère que l'identification du timbre requiert l'analyse de trois dimensions. La première est l'enveloppe spectrale, ou distribution de l'énergie dans le spectre. La seconde dimension est la forme des configurations d'attaque et de fin et le montant global de fluctuation spectrale au cours du temps. La troisième dimension est la présence d'énergie dans les hautes fréquences au moment de l'attaque.

Le traitement acoustique des sons de paroles se fait sur une base catégorielle. Ainsi, la différence entre une consonne voisée (*ba*) et une consonne non voisée (*pa*) se produit brutalement lorsque l'on fait varier le *temps d'attaque vocal* (angl. Voice Onset Time, ou VOT) séparant le début de la transition du premier formant et celui du second et du troisième formant. Il existe des frontières précises entre des catégories phonétiques. À l'intérieur d'une même catégorie, des variations assez importantes des paramètres n'entraînent pas de distinctions phonétiques. Cette catégorisation repose sur des mécanismes précoces : un nouveau-né dispose de la capacité de discriminer tous les phonèmes de toutes les langues. Avec l'âge, et l'apprentissage d'un langage, cette capacité se révélera meilleure pour les sons de sa langue et se perdra ou sera fortement diminuée pour ceux des langues étrangères.

INTÉGRATIONS MULTIMODALITAIRES

LA CONSTRUCTION DE L'ESPACE

Nos perceptions visuelles et auditives sont spatialisées et cet espace perçu constitue un cadre de référence construit à partir de l'intégration d'informations sensorielles en provenance de plusieurs modalités ainsi que de nos représentations du monde. Cet espace est tridimensionnel et sa structure nous permet à la fois de localiser les objets les uns par rapport aux autres, de les localiser par rapport à nous-mêmes et, mieux encore, de nous y localiser.

Les mécanismes de la perception de la profondeur* et du relief (→ relief 1) sont au premier chef en jeu dans la construction de l'espace perceptif. La vision est la modalité dominante de cette construction, à laquelle participent néanmoins l'audition, le système vestibulaire et diverses informations kinesthésiques. Comme l'organisme dispose de plusieurs référentiels, les mécanismes de localisation visuelle des objets sont multiples. Celle-ci peut se faire par rapport à la rétine (rétinocentrique), par rapport à la position de l'œil (oculocentrique), par rapport à la position de la tête (céphalocentrique), par rapport à la position du corps dans l'espace (égocentrique) ou bien encore par rapport à l'environnement lui-même (exocentrique). La présence de mouvements dans l'environnement ou de déplacements de l'observateur intervient aussi dans ces localisations. Ainsi, une modification des informations gravitaires dues à l'inclinaison du corps peut entraîner des déplacements de la verticale apparente. Enfin, à divers niveaux d'intégration cognitive, la localisation de sources de stimulations visuelles et auditives spatialement séparées relatives au même objet tend à être unique. Des mécanismes de calibration et de recalibration des informations issues des différentes modalités rendent compte de leurs performances.

LES CONSTANCES

L'une des fonctions principales de l'activité perceptive est de nous permettre une connaissance du monde environnant, des objets qu'il contient en dépit des variations de leurs apparences et donc de la variété des sensations qui leur correspondent. Un objet perçu est une représentation mentale évoquée par des informations sensorielles dont elle ne constitue pas le reflet précis. Ainsi, l'identité de l'objet se maintient alors même que la position et l'orientation de l'image rétinienne de cet objet évoluent, que sa taille angulaire varie, que la forme de son image rétinienne change, que la composition chromatique et les contrastes de cette image se modifient. L'objet et sa représentation manifestent une «permanence», une invariance notables.

On appelle *constances* les phénomènes dans lesquels certaines caractéristiques des objets sont préservées perceptivement en dépit des variations des informations sensorielles de leurs dimensions. Les constances reposent sur l'intégration de plusieurs dimensions de la stimulation.

Elles manifestent que nos représentations cognitives ne sont plus centrées sur le sujet (c'est-à-dire qu'elles ne sont plus égocentriques), mais qu'elles sont constituées dans un cadre de référence exocentrique. Nous nous représentons consciemment le monde à l'intérieur duquel nous sommes, dans lequel nous agissons, et non les informations sensorielles évoquées par les stimulations en provenance de notre environnement.

La constance des grandeurs. Lorsqu'un objet s'éloigne de l'observateur, la taille rétinienne de son image diminue. Cependant, sa taille apparente nous paraît, au moins dans certaines limites, préservée lors de changements de sa distance à l'observateur. Quelques rares expériences réalisées sur des Animaux suggèrent que, pour des espèces inférieures comme la Grenouille, la constance des grandeurs pourrait être limitée à des comportements du répertoire (capture) et pour les distances dans lesquelles s'exerce ce comportement.

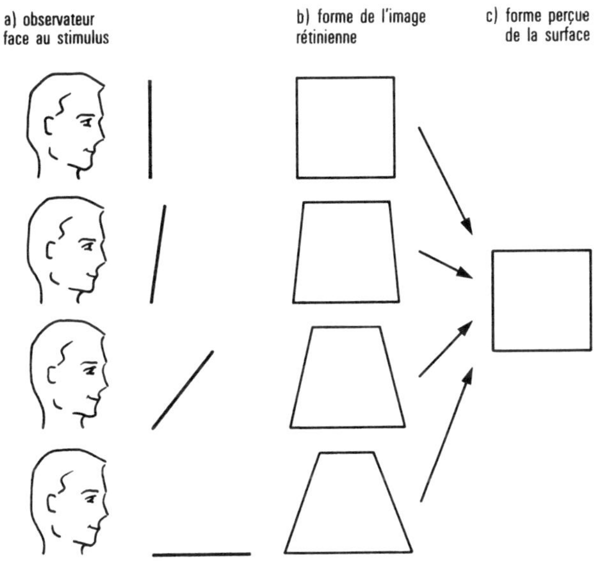

Figure 6. La constance de forme. L'inclinaison de la surface carrée par rapport à l'observateur (colonne a) change la forme de l'image rétinienne (colonne b), la forme perçue de la surface pouvant cependant rester celle d'un carré (colonne c).

Pour qu'il y ait constance des grandeurs, il est nécessaire que les informations de distance à l'observateur soient disponibles. (→ Figure 5.) Toute restriction de leur disponibilité réduit la constance des grandeurs. De multiples informations sont nécessaires à l'élaboration d'une représentation tridimensionnelle de notre environnement. Certaines sont d'ordre sensoriel ou d'ordre sensori-moteur. Elles nécessitent la vision binoculaire. Ce sont, par exemple, les informations en retour sur l'accommodation et la convergence oculaires et les informations de la stéréopsie. D'autres sont d'ordre plus représentatif. On les appelle picturales en raison de leur utilisation par les peintres pour représenter la profondeur sur une toile bidimensionnelle. Ce sont des informations comme la perspective, le changement de taille angulaire avec la distance, les gradients de texture (Gibson), l'interposition des objets, la diminution des contrastes et des saturations apparentes avec la distance. (→ Figure 5.)

La stabilité du monde perçu. Les images du monde sont en mouvement quasi continuel sur nos rétines, soit que notre regard se déplace, soit que nous nous déplacions dans l'environnement. Pourtant, le monde qui nous environne nous paraît stable et nous percevons que notre regard se déplace ou que nous nous déplaçons. L'hypothèse la plus probable de cette expérience de la stabilité du monde fait référence au fait que notre organisme disposerait d'une copie efférente des commandes motrices à laquelle seraient comparées les informations de déplacement rétinien. L'expérience conduirait à une sorte de calibration de notre représentation du monde. Sa stabilité est une caractéristique fondamentale de cette représentation.

La constance des formes visuelles. On a appelé *constance de forme* le fait que l'identification de la forme (carré, triangle, disque par exemple) se maintienne alors que le stimulus était présenté avec diverses inclinaisons en profondeur, de sorte que la forme de son image rétinienne se modifiait. (→ Figure 6.) Ainsi, si un disque est incliné par rapport au plan frontoparallèle, son image a une forme d'ellipse. Néanmoins, le stimulus pourra être décrit comme étant un disque. Au sens propre, il est inexact de parler de la constance de forme : les différentes apparences d'un objet résultant de sa rotation autour d'un de ses axes restent discriminées. Il n'y a pas invariance de la forme perçue, mais invariance de l'identité de l'objet en dépit des modifications de sa forme. Les effets de contexte jouent ici un rôle majeur. Une forme elliptique sera interprétée soit comme l'image d'une ellipse, soit comme celle d'un disque selon le contexte expérimental définissant la tâche et en particulier selon la consigne donnée au sujet. Le développement de cette constance en fonction de l'âge est plus tardif que celui de la constance des grandeurs, et les

Figure 5. La constance des grandeurs, ou constance de taille. Dans la figure de gauche, la taille physique (et rétinienne) varie proportionnellement à la distance à l'observateur figurée par la perspective. Leur taille apparente paraît identique. Dans la figure de droite, la taille physique et rétinienne reste identique quelle que soit la distance : le personnage plus éloigné paraît plus grand que le personnage plus proche. (D'après Stanley Coren et Laurence M. Ward, 1989.)

résultats en sont plus labiles. Seules des présentations impliquant une transformation continue de la forme d'un objet permettent des résultats homogènes et fidèles. (→ Figure 6.)

Constances de luminosité et de couleur. Une feuille de papier « blanc » à la lueur de la lune a une luminance équivalente à celle d'un morceau de charbon à la lumière du soleil. Dans un contexte « normal », le premier est bien vu blanc et le second, noir. Cette constance peut s'expliquer partiellement par le fait que la luminosité ne dépend pas que de la luminance du stimulus, mais aussi de la luminance des régions voisines. Le niveau moyen de luminance peut alors changer sans affecter les contrastes (rapports de luminance) entre l'objet et le fond. D'autres indices peuvent renforcer cette constance : la présence d'ombres visibles, les relations spatiales entre objets, etc. La constance de tonalité chromatique, ou constance de la couleur, est expliquée de manière analogue. (→ rétinex [théorie].)

Autres constances. Bien qu'elles soient moins systématiquement étudiées, on mentionne des formes de constance dans diverses modalités sensorielles comme des constances de sonie ou des constances d'odeur. Les phénomènes de constance apparaissent ainsi comme le résultat de mécanismes correcteurs résultant de la prise en compte d'un large ensemble d'informations et qui permettent d'extraire des informations relativement stables d'un flux sensoriel en continuel changement. Pour cette raison, les représentations d'objet pourraient avoir un rôle majeur dans les mécanismes de constance. La taille perçue d'un objet connu est plus constante avec la distance que celle d'objets inconnus.

Identification et représentations cognitives

Toute identification d'un objet sonore ou visuel, par exemple, nécessite le recours à une représentation en mémoire de cet objet. Nous pouvons reconnaître un objet, le dénommer, alors même que son image a été présentée de manière brève (quelques millisecondes). Comme toutes les informations sensorielles, l'information visuelle reçue est nécessairement incomplète. Ce n'est qu'un point de vue sur l'objet, un échantillonnage des informations qui seraient nécessaires à une identification. La remarquable efficacité de l'identification suppose que nous disposions de représentations mentales préalables des objets et que les mécanismes d'identification consistent à apparier l'information sensorielle actuelle avec ces représentations.

L'identification d'un objet correspond à la mise en jeu de trois types de représentations séparées. (→ Figure 1.) Des représentations lexicales permettent de dénommer l'objet, ou bien de l'imaginer à partir de son seul nom. Des représentations sémantiques permettent de savoir à quoi sert cet objet. Enfin, des représentations structurales visuelles, auditives, permettent de connaître sa forme sous tous les angles. Ces trois ordres de représentations sont organisés selon une architecture en cascade. Des études neuropsychologiques sur des patients agnosiques montrent que certains déficits ne peuvent être compris que comme des déficits de l'accès à certaines de ces représentations à partir d'une modalité sensorielle, alors que cet accès reste possible à partir d'une autre modalité.

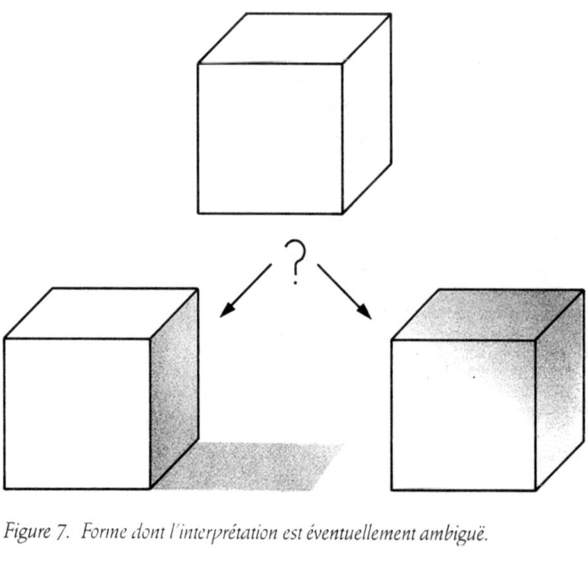

Figure 7. Forme dont l'interprétation est éventuellement ambiguë.

Les représentations structurales

Les représentations structurales sont directement activées par les informations extraites de la stimulation sensorielle. Le format de ces représentations fait l'objet de débats sur le point de savoir s'il s'agit de représentations propositionnelles ou de représentations analogiques. Les deux formats peuvent d'ailleurs coexister. Dans le cas d'objets présentés visuellement, ces informations instantanées sont nécessairement incomplètes. Certaines faces de l'objet ne sont pas visibles et leur présence doit être inférée d'une part à partir de l'information disponible et, d'autre part, à partir de la vraisemblance de la représentation d'objet avec laquelle elle peut être appariée. Trois parallélogrammes agencés comme dans la figure 7 conduisent à la perception d'un cube. Cette perception repose sur plusieurs ordres d'inférences. Tout d'abord, que les parallélogrammes correspondent à des surfaces carrées vues en perspective (constance des formes). Ensuite, que l'objet référent comprend non pas trois faces mais six, dont trois sont visuellement occultées par l'opacité des faces visibles. Il faut remarquer que la solution consistant à voir un objet à trois faces du genre auvent est aussi possible et peut apparaître transitoirement si les faces ne comportent pas de texture ni d'ombrage. (→ Figure 7.)

Dans cette perspective, on admet que l'organisme dispose en mémoire de représentations structurales d'objets. La question est alors de savoir comment ces représentations sont activées. Des auteurs comme D. Marr ou I. Biederman ont suggéré que, dans une représentation structurale tridimensionnelle, nous disposerions d'un nombre limité de primitives, ou géons, consistant en cônes généralisés. Le *géon** (angl. Geon) est une entité hypothétique qui interviendrait comme la lettre d'un alphabet dans la construction d'une représentation visuelle structurale. Le terme, proposé par I. Biederman (1987), est une abréviationde l'angl. Geometric Ion.

Un objet ne nécessite jamais plus de 3 à 4 de ces géons pour être représenté. Les objets pourraient ainsi être stockés en mémoire, non sous la forme de leur image, mais comme un ensemble de géons, c'est-à-dire une structure géométrique, et par la liste des relations spatiales qu'ils entretiennent. Un tel modèle implique la mise en œuvre d'un processus de catégorisation des parties des formes et leur appariement avec les volumes élémentaires.

Une ombre en mouvement peut, sur la seule base de la structure de ce mouvement, permettre une première catégorisation de l'objet. Les mouvements visuels des objets rigides ont des caractéristiques très différentes de celles des êtres animés. Parmi ces derniers, on a montré la facilité avec laquelle on pouvait inférer la présence d'un être humain en mouvement à partir du mouvement relatif de quelques points lumineux disposés sur ses articulations. Beaucoup de ses actions (marche, course, danse) sont identifiables sans ambiguïté, et le sexe du personnage est lui aussi généralement identifiable. Le fait que la seule base de catégorisation soit le patron des mouvements des points lumineux, sans que des informations de forme soient disponibles, atteste de la grande spécialisation de ces processus de catégorisation.

Lorsque nous entendons des sons complexes, nous pouvons, avec de grandes chances de succès, les catégoriser en sons musicaux, sons de parole, bruits mécaniques, etc. Cette catégorisation résulte du repérage de caractéristiques acoustiques des signaux sonores propres à chaque catégorie. Nous disposons de représentations de ces propriétés même si celles-ci ne sont pas à l'heure actuelle encore clairement toutes identifiées. Ainsi, en présence d'informations acoustiques produites vocalement, l'organisme doit d'abord identifier s'il s'agit de sons de parole ou de sons appartenant à d'autres catégories de comportements vocaux. La suggestion de cette première distinction se fonde par exemple sur des asymétries fonctionnelles dans les traitements réalisés au niveau des hémisphères corticaux. Les sons de parole, même inintelligibles, seront principalement traités dans l'hémisphère gauche, tandis que des sons vocaux non parlés, comme des rires ou des cris, seront principalement traités dans l'hémisphère droit. Cette catégorisation doit donc se faire sur des bases structurales et non sur des bases sémantiques. L'utilisation de sons synthétiques permet d'étudier les caractéristiques des signaux acoustiques responsables de leur catégorisation et suggère que l'organisme disposerait de prototypes structuraux qui les rendraient automatiques.

Lors du traitement des sons de parole, les informations extraites au niveau de l'analyse spectrale du signal acoustique sont ensuite appariées à des gabarits de caractéristiques phonétiques stockés en mémoire. Un mot est structuralement identifié à partir de l'ensemble de ses caractéristiques acoustiques. D'autres modèles font l'hypothèse de « détecteurs de caractéristiques » spécialisés pour les phonèmes. Dans la théorie motrice proposée par Lieberman et ses collègues, l'identification des phonèmes se ferait sur la base des gestes intentionnels du locuteur, de ses gestes articulatoires. Selon cette théorie, le système utiliserait des calculs complexes pour déduire les gestes articulatoires des signaux acoustiques en se basant sur les représentations des mouvements articulatoires que le locuteur devrait faire pour produire un tel signal de parole.

On peut supposer que, au cours de nos expériences passées, nous nous constituons une sorte de lexique mental des timbres sous forme de représentations et que l'identification ultérieure d'un instrument musical se fait par comparaison entre les caractéristiques acoustiques du signal actuel et les propriétés prototypiques des timbres instrumentaux stockés en mémoire.

La structure rythmique plus que la composition spectrale des sons nous permet d'identifier un bruit de galop. Autant de reconnaissances qui présupposent des connaissances des régularités des événements du monde.

Les représentations sémantiques

À supposer que l'organisme soit parvenu à une première représentation structurale de l'objet, il reste à accéder à sa signification, c'est-à-dire à ses représentations sémantiques. L'identification complète des objets, qu'elle soit fondée sur des informations sonores, visuelles, tactiles ou autres, met en œuvre des processus de catégorisation sémantique. La distinction des catégorisations structurales et des catégorisations sémantiques n'est pas nécessairement tranchée. En effet, les objets appartenant à une même catégorie sémantique tendent à posséder des propriétés structurales communes qui les différencient des objets appartenant à d'autres catégories. Cependant, le camouflage contrevient à cette régularité et permet de rendre l'objet plus difficile à identifier en brisant sa structure visuelle actuelle, qui devient ainsi différente de sa représentation.

On distingue généralement trois niveaux de catégorisation sémantique. Le niveau superordonné définit de grandes classes fonctionnelles d'objets (les fruits sont faits pour être mangés). Le niveau de base définit les objets par leurs propriétés communes. À ce niveau, on peut parler de représentations prototypiques (exemple : les pommes). Le niveau sous-ordonné définit les variétés existant dans une catégorie de base (les goldens, les reinettes, etc). Identifier des objets à partir d'une image (forme) les représentant se fait généralement en utilisant des dénominations relatives au niveau de base. Cependant, si l'objet présente une distance trop grande par rapport au prototype de sa classe, la catégorie sous-ordonnée sera alors utilisée. Le dessin d'une mésange sera dénommé « oiseau », mais celui d'un pingouin, « pingouin ».

Par suite de l'insuffisance des informations sensorielles, la construction directe d'une représentation structurale d'un objet peut être pleine d'incertitudes. Cependant, dans les situations naturelles, les objets n'apparaissent pas isolément mais avec d'autres objets, avec lesquels ils constituent une scène visuelle, par exemple. Si la scène est sémantiquement catégorisable, un objet qui ne peut être identifié isolément le deviendra.

En fait, les différents objets qui composent une scène visuelle naturelle ne sont pas disposés au hasard mais présentent entre eux des relations syntaxiques et sémantiques. (→ Figure 8.) Ces règles font partie de nos connaissances du monde et interviennent dans l'identification des objets.

Parmi leurs relations syntaxiques, on peut citer le fait que la plupart des objets du monde environnant reposent sur des supports. Si un objet n'a pas cette propriété et semble « flotter » en l'air, c'est ou bien qu'il est en train de tomber par suite de la pente de son support, ou bien qu'il a les moyens de vaincre la gravité (il vole). De même, la plupart des objets environnants étant opaques, un objet placé devant un autre, et donc plus près de l'observateur, le masquera au moins partiellement. Cette règle n'est autre que la règle d'interposition évoquée à propos de la perception de la profondeur. (→ Figure 8.)

Les relations sémantiques entre objets d'une scène peuvent être décrites par trois règles. Selon la première, le contexte d'une scène visuelle rend plus ou moins probable la présence de certains objets, que le contexte peut ainsi aider à identifier. Cette règle peut expliquer la fragilité de certains témoignages visuels. Elle présente une parenté notable avec la notion de réseau sémantique. (→ réseau.) La seconde de ces règles gouverne la position relative des objets dans la scène. La troisième règle gouverne les relations entre taille apparente des objets et distance à l'observateur : un même objet plus lointain aura une taille apparente plus petite que s'il est plus proche. La transgression de cette règle entraîne des illusions comme celles de la figure 5.

Les représentations lexicales

L'identification complète utilisera aussi des étiquettes verbales, des noms, attachés aux différentes catégories. Les représentations phonologiques constituent les étiquettes verbales servant à dénommer les objets. Le temps nécessaire à la dénomination d'un mot écrit est plus court que le temps nécessaire à la dénomination d'une figure. Cette différence résulte de la séparation des classes de représentation et de leurs procédures spécifiques d'accès.

L'automatisation des processus

Tous les comportements observables résultant de traitements sensoriels et perceptifs n'impliquent pas toujours la mise en œuvre de représentations cognitives et encore moins de représentations

Figure 8. Scène visuelle naturelle et sa contrepartie présentant des transgressions syntaxiques et sémantiques.

conscientes. Distinguer des comportements qui sont déclenchés par des *signaux* et des comportements qui résultent de l'élaboration de représentations cognitives du monde n'est pas toujours aisé. La Grenouille qui capture une Mouche avec sa langue manifeste un comportement réflexe qui n'implique aucune représentation cognitive de sa proie. Le même comportement est obtenu au moyen d'un leurre. Il est réflexe, et pour l'essentiel irrépressible. Le comportement du chat qui joue avec un bouchon fait appel à des mécanismes plus complexes. Si ce comportement fait sans doute partie des comportements de chasse de ces félins, il n'a pas le caractère irrépressible du réflexe. Sa variété suggère qu'il peut s'accompagner de représentations dont nous ne connaissons pas la nature. Les humains présentent aussi des comportements réflexes ou quasi réflexes. Un stimulus qui apparaît soudain à la périphérie du champ visuel entraîne une saccade oculaire dans sa direction, saccade qui va créer les conditions de l'identification de l'objet.

Les processus perceptifs mis en jeu lors de l'identification d'objets ou d'événements se modifient avec la familiarisation que nous avons de ces objets et avec les circonstances dans lesquelles ils apparaissent. Un objet familier présenté dans un contexte familier est identifié très rapidement, même si les informations sensorielles sont insuffisantes à un sujet non familier de l'objet pour l'identifier. La rapidité de compréhension d'un texte manuscrit dépend de la familiarité que nous avons de la langue, du thème et du type d'écriture auquel nous sommes confrontés. Compte tenu de l'extrême diversité des écritures, le passage d'un code graphique à un code phonologique et de là à un code lexical est d'autant plus aisé que nous sommes familiers de cet exercice de «décryptage», de la langue et du thème du texte.

Ainsi, la plupart des processus perceptifs, au moins dans les situations familières, sont en grande partie automatiques et n'impliquent guère d'efforts ni de mobilisation de l'attention. Par contre, dès que les informations seront par exemple difficiles à segmenter, il nous faudra mobiliser des processus attentionnels (→ attention) et mettre en œuvre des processus actifs de type hypothético-déductif. Ce sera par exemple le cas lors de la lecture d'un texte écrit dans lequel on aurait supprimé les blancs entre les mots, ou bien lors de la lecture de textes manuscrits rédigés dans une langue que nous connaissons mais qui serait moins familière que notre langue maternelle.

Conclusion

L'information sensorielle dont l'extraction peut être conçue comme totalement automatique est le plus souvent insuffisante pour identifier les messages qui nous proviennent de l'environnement. Des processus cognitifs interviennent de manière nécessaire dans la structuration et l'interprétation des informations. Les représentations structurales indispensables à la segmentation de ces informations en unités congruentes avec la nature des objets peuvent se constituer progressivement par la simple familiarisation avec ces objets. Des modèles de réseaux neuromimétiques (→ réseau de neurones formels) peuvent rendre compte de la formation de représentations structurales prototypiques.

Dans le processus d'interprétation vont intervenir non seulement les informations structurales extraites de la stimulation, mais encore des représentations sémantiques activées d'une part directement par les représentations structurales de l'objet et, d'autre part, par le contexte de la situation. L'hypothèse de réseaux sémantiques (→ réseau) s'applique à la compréhension du langage, mais aussi à l'identification des objets et à l'interprétation des événements perceptifs. Ainsi, on peut comprendre la facilité et la rapidité de l'identification des objets attendus et les difficultés et les retards que peut présenter celle des objets nouveaux, inattendus ou incongrus. Enfin, le fait de pouvoir dénommer un objet va aussi faciliter son individualisation et par là son identification. On peut d'ailleurs imaginer l'existence de deux ordres de réseaux sémantiques activés au cours de la perception. L'un serait essentiellement verbal et généré par le nom de l'objet, l'autre plus étroitement lié aux actions évoquées par cet objet. C. B.

→ perceptive (activité), perceptive (organisation).

Bibliographie

Biederman, I., 1987, «Recognition-by-Components. A Theory of Human Image Understanding», in *Psychological Revew*, 94, 115-145.

Boff, K. R., Kaufman, L., et Thomas, J. P. (Eds), 1986, *Handbook of Perception*, vol. 1 *Sensory Processes and Perception*, vol. 2 *Cognitive Processes and Performance*, New York, John Wiley and Sons.

Bonnet, C. (Ed.), 1984, *la Perception visuelle*, Paris, Bibliothèque pour la science.

Bonnet, C., Ghiglione, R., et Richard, J.-F. (Eds), 1989, *Traité de psychologie cognitive*, vol. 1, *Perception, action, langage*, Paris, Dunod.

Coren, S., et Ward, J.M., 1989, *Sensation and Perception*, Londres, Harcourt Brace.

Lindsay, P. H., et Norman, D.A., 1977, *Human Information Processing: An Introduction to Psychology*, New York, Academic Press, trad. fr. *Traitement de l'information et comportement humain, une introduction à la psychologie*, Montréal, Études Vivantes, Vigot, 1980.

Marr, D., 1982, *Vision: A Computational Investigation into the Human Representation and Processing of Visual Information*, San Francisco, W.H. Freeman.

Neisser, U., 1967, *Cognitive Psychology*, New York, Appleton-Century Crofts.

Uttal, W.R., 1981, *A Taxonomy of visual Process*, Hillsdale, New Jersey, Lawrence Erlbaum Ass.

perception sociale

(angl. Social Perception)

Représentation que l'on se fait des gens et de leur environnement social et jugement que l'on porte sur eux.

Le domaine d'étude

Parler de perception sociale revient à désigner un ensemble de processus cognitifs qui ne se restreignent pas à la perception stricte.

En 1955, F. Allport notait que «la perception est menacée de devenir un mot à double sens, les perceptionnistes de laboratoire et les psychologues sociaux parlant à peine le même langage». Dans le sens étendu de *perception*, le nombre de domaines d'étude recouvert par ce label de perception sociale est considérable (jusqu'aux travaux sur l'influence des groupes dans la formation des normes et leur changement). Mais force est de reconnaître que, de façon générale, par *perception sociale* on entend les processus à l'œuvre dans la perception et le jugement d'autrui, individuels ou collectifs. Après avoir précisé la parenté affirmée dans ce domaine entre perception et cognition, quelques grandes tendances des travaux sur la perception d'autrui sont envisagées.

Deux courants de recherches ont influencé les travaux sur la perception sociale: d'une part, ce qu'on a appelé dans les années 1950 «l'approche New Look» dans la perception et qui introduit des facteurs sociaux dans un domaine qui relevait jusque-là essentiellement du psychologique, voire du psychophysiologique (approche qui influença par la suite les théories sur la catégorisation); d'autre part, la gestaltthéorie, à partir de laquelle on met l'accent à la fois sur un besoin de cohérence qui sous-tendrait l'organisation perceptuelle et sur les règles d'organisation du système perceptif.

Perception sociale et catégorisation

Dès la fin des années 1940, J. Bruner se posait la question de savoir comment des facteurs autres que les stimulus influencent la perception. En fait, pour cet auteur, toute expérience perceptive représente le produit final d'un processus de catégorisation. La perception dépendrait «de la construction d'un système de catégories en fonction desquelles on classe les stimulus». Pour Bruner, une théorie de la perception doit comprendre un mécanisme d'inférence et de catégorisation. Dans toute activité perceptive, les individus seraient équipés d'hypothèses sur ce qui doit être perçu. Lorsqu'un organisme est stimulé par un objet extérieur, il réagit en rattachant cet input à une classe d'objets ou d'événements, à une catégorie ou à un concept. Donc, tout ce qui est perçu est situé dans une classe de percepts avec lesquels il est groupé, classe par laquelle il atteint sa signification. La catégorisation n'est alors rien d'autre que l'attribution d'un stimulus à une classe de stimulus. Une fois ces catégories constituées, l'appartenance d'un item à une catégorie est utilisée pour associer à cet item les caractéristiques de cette catégorie et c'est l'aspect déductif de la catégorisation.

Ainsi se dégagent certains éléments essentiels de l'activité structurante de l'individu, les processus de catégorisation permettant d'expliquer aussi bien les inférences faites sur les appartenances catégorielles que celles effectuées à partir des mêmes appartenances catégorielles.

La systématisation de l'environnement

Dans la perspective à laquelle le nom de H. Tajfel est associé, la catégorisation permet le découpage de l'environnement en regroupant les objets qui sont ou qui paraissent semblables les uns aux autres sur certaines dimensions (alors même que, au regard d'autres dimensions, il peut exister de grandes divergences entre ces objets). La catégorisation trouve sa fonction dans le rôle qu'elle joue dans la systématisation de l'environnement, dans sa schématisation. Mais, s'il y a systématisation de l'environnement, il y a aussi simplification, les caractéristiques des stimulus devant pouvoir être modifiées par l'individu afin d'être intégrées aux structures déjà existantes. Le sujet fait alors comme si les similitudes ou les différences étaient plus marquées qu'elles ne le sont en réalité.

Si les catégories contiennent des éléments qui sont perçus comme semblables ou équivalents, le problème est celui de savoir quels vont être les effets de cette catégorisation sur l'appréhension subséquente des éléments qui auront été rangés dans différentes catégories. De nombreux travaux montrent que la différence entre les caractéristiques de stimulus appartenant à deux catégories disjointes est exagérée (il s'agit d'un phénomène de contraste) alors que des caractéristiques plus semblables sont attribuées aux stimulus appartenant à une même catégorie (assimilation). Ce sont les effets principaux de ce processus de catégorisation, qui, s'il facilite le traitement de l'information, peut donc avoir au moins deux types de conséquences : d'une part, il amène à négliger certaines caractéristiques des stimulus qui ne s'insèrent pas, ou qui s'insèrent mal, dans le concept catégoriel utilisé ; d'autre part, il attribue aux stimulus de nouvelles caractéristiques, qui sont puisées dans le concept catégoriel.

De nombreux travaux illustrent ces conséquences de l'activité de catégorisation. On peut citer la recherche de N. Cantor et de W. Mischel en 1979 portant sur la mémorisation de listes de traits. Ces auteurs présentent à des sujets des portraits faits de traits de personnalité et évoquant quelqu'un soit de très introverti, soit de très extraverti, ou encore d'inclassable sur cette dimension introversion-extraversion. Dans une épreuve ultérieure de reconnaissance, les sujets ont eu tendance à « reconnaître » des traits non présentés avec le portrait mais conformes à l'idée que l'on peut se faire d'un introverti ou d'un extraverti et à ne pas se remémorer des traits pourtant présents dans les portraits mais non caractéristiques de ces types de personnalité.

Il y a plus. Que va-t-il se passer lorsque, sur la base de quelques informations, nous sommes conduits à placer cet objet dans une catégorie particulière et que, par la suite, nous accédons à de nouvelles informations qui devraient nous amener à remettre en cause notre catégorisation première ? On retrouve ici un problème exploré par Bruner. M. Potter a montré, dans une recherche de 1964, que, lorsqu'on projette à des sujets une image floue d'un objet familier que l'on fait devenir progressivement nette, si l'image est incorrectement identifiée pendant la phase floue de la présentation, l'identification correcte de cet objet est difficile par la suite, même pendant la présentation de l'image nette, qui ne devrait conduire à aucune erreur. Il y aurait persistance de la catégorisation initiale et blocage de l'exploration des hypothèses incorrectes. La catégorisation, de par sa fonction de systématisation de l'environnement, nous donne à voir un monde plus structuré, donc plus explicable et contrôlable, mais aussi simplifié. La catégorisation est le processus qui permet cette organisation de notre entourage (aspect inductif) ; parallèlement, la catégorisation permet de rendre compte du fait que les propriétés de la catégorie à laquelle les objets sont subjectivement affectés soient associées aux objets de cette catégorie (aspect déductif). Enfin, les effets majeurs de la catégorisation, liés à la simplification qu'elle opère sur la perception des objets, sont l'augmentation perçue des différences intercatégorielles et des similitudes intracatégorielles.

Le problème des valeurs

Une recherche voisine porte sur le rôle des valeurs et des facteurs sociaux dans la perception. Dans une expérience de 1947, Bruner s'intéresse aux liens existant entre la valeur d'un objet et la surévaluation de sa taille. Il trouve que des pièces de monnaie sont perçues par les sujets (des enfants) comme plus grandes que des jetons sans valeur mais de même diamètre. De plus, ce phénomène d'accentuation de la taille des objets valorisés serait plus important chez les enfants pauvres que chez les enfants riches.

Si par valeur on entend simplement la connotation évaluative (bon/mauvais, bien/mal, aimé/détesté, joli/laid, etc.), alors les valeurs jouent un grand rôle dans la genèse et le maintien des catégories. Les premières catégorisations s'élaborent à partir de différenciations évaluatives qui seraient le critère principal d'assignation à une catégorie ou à une autre. Tout donne à penser qu'un des premiers schèmes catégoriels consiste à classer les objets ou événements agréables comme acceptables, voire à rechercher, alors que les objets ou événements désagréables seraient catégorisés comme à éviter. C'est d'ailleurs la thèse de Tajfel quant au rôle qu'il assigne aux valeurs dans la catégorisation sociale. Pour cet auteur, si toutes les catégorisations ne sont pas liées à des valeurs, les différenciations s'opérant sur des valeurs sont plus répandues pour les systèmes de catégorie de nature sociale que pour ceux qui sont de nature non sociale. Les critères qui fondent les catégories sociales lors de leur genèse s'appuient sur des valeurs. Un système de catégories qui est associé à un système de valeurs tend à être stable.

Placer les gens dans des catégories et utiliser ces catégorisations de façon subséquente sont des activités importantes dans la perception sociale mais ne suffisent pas pour la connaissance d'autrui. De nombreux travaux d'inspiration gestaltiste s'intéressent au fait qu'il semble bien que les gens cherchent à organiser leurs impressions dans un tout cohérent de sorte que les différentes informations se tiennent. L'accent est alors mis sur les modalités de fonctionnement cognitif qui permettent d'organiser les informations.

L'organisation des impressions

Les distorsions dans la perception d'autrui

La perception d'autrui préoccupe les psychologues depuis fort longtemps. E. Brunswik présente une série de photos de soldats et les sujets doivent, pour chacune des photos, donner leurs impressions en attribuant deux notes : une sur une échelle d'intelligence et l'autre sur une échelle d'amabilité. On dispose par ailleurs de deux notes « objectives » par cliché : l'une renvoie aux résultats obtenus par cette personne à un test d'intelligence, l'autre à l'évaluation sociométrique de cet individu par des camarades qui le connaissent bien. Il se trouve que, pour une photo donnée et pour un trait donné, il existe un fort accord entre les sujets. De plus, il y a une forte corrélation entre attribution d'intelligence et d'amabilité. Or, le consensus intersujets ne se fonde pas sur une réalité, car on ne trouve pas de corrélation entre les jugements et la mesure « objective » des traits et on ne trouve pas de corrélation entre les résultats au test d'intelligence et l'évaluation sociométrique. Il y aurait donc une surestimation des corrélations entre certains traits, cette sur-estimation produisant une distorsion dans la perception d'autrui. C'est ce qu'on a appelé l'*effet de halo* (T.M. Newcomb, R.L. Thorndike). [→ halo (effet de).]

La formation des impressions

C'est à S. Asch, dans les années 1940, que revient le mérite d'avoir inauguré les recherches sur la formation des impressions. Asch pensait que l'impression globale que l'on se forme d'une personne est différente de la somme des caractéristiques individuelles censées décrire cette même personne. Dans une de ses expériences, il donnait aux sujets de deux groupes expérimentaux une liste d'adjectifs supposés décrire une personne. À un premier groupe, on donnait les qualificatifs suivants : *intelligent, habile, ingénieux, chaleureux, résolu, pratique* et *prudent* ; le second groupe recevait la même liste, si ce n'est que le trait *chaleureux* était remplacé par le trait *froid*. Après avoir pris connaissance de ces descriptions, les sujets devaient donner une image générale de cette personne et choisir dans une autre liste d'adjectifs les traits qui caractérisent également cette personne. Les résultats montrent que les sujets se font une image complète et cohérente de la personne présentée alors que les indices fournis sont pourtant ténus; de plus, l'ensemble des traits qui caractérisent une personne forment un tout organisé dans lequel la signification de chaque trait dépend de tous les autres (par exemple, l'intelligence d'une personne chaleureuse est vue différemment de celle d'une personne froide). De plus, dans l'impression globale qu'on se forme d'une personne, tous les traits n'ont pas la même importance; certaines caractéristiques sont perçues comme plus centrales et déterminantes, d'autres comme périphériques, secondaires. Ainsi, si l'on remplace les termes *chaleureux* et *froid* par ceux de *poli* et *brusque*, ces caractéristiques influencent beaucoup moins la totalité: le couple *poli/brusque* est périphérique dans ce contexte.

Effet de la primauté ou de la «récence» de l'information

Il ressort des travaux d'Asch que l'information reçue en premier déterminerait plus l'impression que celle reçue en dernier. Si l'on demande à des gens de se faire une impression d'une personne intelligente, travailleuse, impulsive, critique, entêtée et envieuse, ils s'en font une impression plutôt positive; si l'ordre de présentation des traits est inversé, l'impression est plutôt négative. Les impressions initiales constitueraient un contexte sur lequel se forment les impressions ultérieures, ces informations étant transformées à la lumière de l'impression initiale.

Mais on a constaté qu'il pouvait aussi y avoir un effet de récence: l'information récente pèserait davantage dans la gestion d'une impression globale que l'information antérieure. Cette information antérieure peut être oubliée ou son souvenir modifié pour s'ajuster à l'information du moment. C'est ce que mettent en évidence les résultats d'une recherche de M. Snyder et S.W. Uranowitz en 1978.

L'intégration de l'information

Une autre théorie met en avant des modèles d'intégration de l'information qui reposent sur l'hypothèse selon laquelle l'impression résultante n'est fonction que de ce qu'apportent isolément les éléments d'information. Chaque information peut donc être évaluée comme telle et elle participe à l'élaboration d'une impression en se combinant avec les autres selon une loi bien précise. Il suffit alors de savoir comment chaque information est évaluée et quelle est la loi d'intégration de ces informations. Pour rendre compte de cette loi, plusieurs modèles ont été développés. Il peut s'agir simplement de la proportion relative de traits positifs et négatifs; il peut aussi s'agir de se demander à la fois combien il y a d'éléments d'information positifs et négatifs et à quel point l'information disponible est positive ou négative. Pour N.H. Anderson (1974), les gens utiliseraient la valeur moyenne des éléments d'information plutôt que la somme de leur valeur.

Les travaux d'Asch ont suscité de nombreuses recherches. Comment les différents traits sont-ils organisés? Pourquoi certains traits sont-ils centraux et d'autres non? Quels sont les principes qui amènent les gens à se forger des impressions cohérentes d'autrui? Comment peut-on rendre compte à la fois de l'effet de primauté et de celui de récence? Face à de telles interrogations, que cette approche n'arrive pas à élucider, l'interprétation gestaltiste est plutôt délaissée pour des conceptions proches des théories implicites de la personnalité.

Les théories implicites de la personnalité

Un des problèmes centraux de la perception d'autrui est celui de savoir comment les gens en arrivent à penser de quelqu'un, par exemple, qu'il a de l'humour alors que tout ce qu'ils savent de lui est qu'il est intelligent, habile, ingénieux, chaleureux, résolu, pratique et prudent. Asch accordait une importance primordiale à la totalité des traits qui permettait de se forger une impression globale à la lumière de laquelle des inférences concernant d'autres traits pouvaient être faites.

Selon Bruner et R. Tagiuri (1954), si nous donnons une certaine cohérence à nos observations ou aux informations que l'on reçoit et qui sont bien souvent éparses et fragmentaires, c'est que nous avons des savoirs préalables.

La théorie implicite de la personnalité rend compte du fait que les gens, dans la perception qu'ils ont et dans les images qu'ils se construisent d'autrui, considèrent que certains attributs vont généralement ensemble, d'autres non. Chacun se ferait, en quelque sorte, une idée de la probabilité avec laquelle différents traits sont associés. Une théorie implicite de la personnalité renvoie à un système qui implique un répertoire de traits pour la description psychologique; une relation sur ce répertoire, certains traits étant considérés comme allant ensemble, d'autres non; la structure sous-jacente que cette relation présuppose (J.L. Beauvois, 1984).

En fait, ces théories implicites ne seraient qu'un type particulier de catégorisation et leur fonction serait de réduire la complexité de la nature humaine en la ramenant à quelques grandes catégories qui paraissent à leur utilisateur descriptives mais qui sont en réalité évaluatives. C'est la position de J.P. Leyens.

Les corrélations illusoires

Une illustration du fonctionnement de ces théories implicites nous est fournie par les travaux sur les illusions de corrélations. L. Chapman et J. Chapman ont travaillé sur les associations illusoires qui sont établies entre signes et symptômes dans le test du dessin d'une personne ou dans le test de Rorschach. Ces expériences montrent qu'il y a illusion de corrélation. Quelqu'un qui a des doutes quant à ses activités intellectuelles «doit» dessiner une personne avec une grosse tête; celui qui a des tendances paranoïaques dessinera une personne avec de grandes oreilles, etc. Les associations illusoires sont le produit de théories implicites préalables dans lesquelles la masculinité est associée à une forte musculature, l'intelligence à un front haut, etc.

Les théories implicites de la personnalité: apprentissage ou fonctionnement cognitif?

La question, concernant ces théories implicites, se pose de savoir quel est leur fondement. Une première réponse consiste à dire que ces théories implicites de la personnalité résultent de notre expérience de ce que sont les gens. Elles résideraient dans des associations apprises. Dans cette perspective, les expériences sociales multiplient les occasions de percevoir des corrélations existant réellement entre différents traits. Si, à chaque fois que je rencontre quelqu'un de chaleureux, cette personne est aussi généreuse, il n'y a rien d'étonnant à ce que ces deux traits soient associés dans mon univers cognitif. Cette explication n'est cependant pas forcément convaincante.

Pour d'autres, ces savoirs seraient essentiellement de nature sémantique: ils sont contenus dans la nature même des mots. On peut être amené à tenir pour généreuse une personne qu'on ressent comme chaleureuse parce que les termes *généreux* et *chaleureux* véhiculent des significations identiques. Nous confondrions ce que veulent dire les mots que nous utilisons et ce que nous croyons exprimer avec ces mots.

Un autre type d'explication consiste à situer l'origine de ces théories implicites dans les modalités de fonctionnement cognitif des individus. Il s'agit de s'interroger sur les processus en jeu. De ce point de vue, si l'on cherche à ordonner, à regrouper les expériences, on cherche aussi à rendre l'environnement contrôlable et prédictible. Lorsque ce contrôle et cette prédictibilité s'appliquent aux relations sociales, il est important de savoir si tel comportement est dû au hasard, à la personnalité de son auteur ou encore à la situation, qui force les gens à agir de telle ou telle façon. Le processus d'attribution* est alors un des processus à la base de la perception d'autrui et de la perception sociale. La recherche d'une explication quant au comportement d'autrui est alors une nécessité, et le classement des individus dans des catégories va de pair avec une recherche de la causalité permettant de prévoir les réactions de cette personne. Mais cette recherche de la causalité se paie souvent, là encore, par des distorsions, des biais. C'est le cas par exemple du phénomène décrit par L. Ross sous le nom d'*erreur fondamentale*: les individus auraient tendance à privilégier, lors de l'explication des comportements des gens, des causes internes (c'est-à-dire à considérer que, si les gens se sont comportés de telle façon, ils en sont responsables; les causes liées à la situation ne sont que faiblement prises en compte). Néanmoins, ces distorsions ne sont à considérer comme des erreurs que par rapport à un modèle de la science ou à un modèle du système cognitif dont le but serait de se montrer en adéquation avec le réel. Par contre, si l'on envisage les fonctions de ces prétendues erreurs, on est tenté d'y voir les modalités normales d'un fonctionnement ayant pour but notamment de justifier et de réguler les systèmes sociaux.

Les stéréotypes comme théories implicites de la personnalité

Les théories implicites ne concernent pas seulement la perception d'individus mais également la perception des groupes. À cet égard, les stéréotypes peuvent être considérés comme une classe particulière de théories implicites de la personnalité. C'est ce qu'avancent certains auteurs tels que Leyens en définissant les stéréotypes comme « des théories implicites de personnalité que partagent l'ensemble des membres d'un groupe à propos de l'ensemble des membres d'un autre groupe ou du sien propre ». Un stéréotype est un ensemble de croyances qui portent sur un groupe de personnes quelconque.

Plusieurs courants peuvent être distingués quant à la façon d'aborder ce phénomène. On peut envisager les stéréotypes comme résultant d'un processus d'apprentissage ou comme produits par un fonctionnement déficient ou inadéquat des processus cognitifs (ce qui renverrait plus à une pathologie qu'à autre chose). Dans une autre voie, les stéréotypes sont conceptualisés comme découlant de la façon dont les individus traitent l'information, comme le produit d'un fonctionnement cognitif dit « normal ». Les stéréotypes sont alors envisagés comme étant liés à un processus de catégorisation. En effet, l'appréhension cognitive est une appréhension simplificatrice du réel. L'accentuation des ressemblances et des différences est une des formes de cette simplification. Le classement d'éléments différents dans une même catégorie accentue la similitude perçue entre ces éléments. C'est le phénomène d'assimilation qui conduit à la stéréotypie cognitive et qui consiste à attribuer aux éléments toutes les caractéristiques supposées caractériser l'ensemble des objets de cette catégories. Le classement d'éléments différents dans des catégories distinctes accentue la différence perçue entre ces objets.

C'est le phénomène de contraste qui est un facteur de discrimination perceptive. Le fait que les éléments soient des personnes, que les catégories soient sociales ne change rien à ce processus : toute catégorie est d'abord dans cette optique une catégorie cognitive, c'est-à-dire le rassemblement, dans l'esprit, d'objets supposés partager une ou plusieurs caractéristiques. Les stéréotypes sont bien l'expression, au plan social, de l'attribution de caractéristiques similaires à différents membres d'un même groupe sans tenir compte des différences. La discrimination sociale résulte, à l'inverse, de l'exagération des différences entre individus.

C'est là, en résumé, l'explication cognitive que Tajfel avance des stéréotypes. Il faut de plus poser le problème de la fonction des théories implicites que sont les stéréotypes. En permettant de mettre de l'ordre et de la cohérence dans notre environnement social, ces théories implicites régulent aussi les espaces sociaux en ayant une fonction de justification. La perception sociale renvoie à des phénomènes qui ne sont pas simplement individuels : en effet, ces théories implicites peuvent être partagées (et le sont souvent) ; de plus, elles jouent un rôle de structuration de l'univers social, remplissent une fonction dans la constitution et le maintien des formations sociales.

J.-C. D.

Bibliographie

Beauvois, J.L., 1984, *la Psychologie quotidienne*, Paris, P.U.F.

Leyens, J.P., 1983, *Sommes-nous tous des psychologues ?*, Bruxelles, Mardaga.

perceptive (activité)

(angl. Perceptual Activity)

Selon J. Piaget, processus de mise en relation de centrations, ou de leur produit, à des distances dans l'espace ou dans le temps excluant une interaction immédiate.

Génér. Bien qu'elles se concrétisent par des comportements observables tels que déplacements oculaires ou manuels, ou par des réponses graphiques ou verbales d'identification, de mémorisation, etc., les activités perceptives ne peuvent être qu'inférées. Piaget classe parmi ces activités l'exploration oculaire ou tactile, dont le rôle serait de coordonner des centrations successives, les transports et transpositions qui auraient fonction de comparaison, les mises en référence par rapport à des axes de coordonnées et les schématisations. Les activités perceptives sont pour Piaget des variétés d'activités sensori-motrices, susceptibles comme ces dernières de se généraliser selon une structure commune, un schème, sous l'influence de la répétition.

Dévelop. Les activités perceptives augmentent avec l'âge, mettant en relation des éléments de plus en plus nombreux, à des distances de plus en plus grandes, ce qui a pour conséquence à la fois un affaiblissement de certaines erreurs perceptives (illusions primaires) et l'apparition de nouvelles erreurs (illusions secondaires). Piaget interprète les deux effets dans le cadre de sa loi des centrations* relatives. Les illusions primaires et secondaires ont la même origine : l'hétérogénéité des rencontres entre des éléments d'une figure et des éléments récepteurs d'un observateur. Dans le cas des illusions primaires, ou effets de champ, les erreurs seraient dues à des inégalités dimensionnelles entre éléments d'un même champ de centration, qui entraîneraient une hétérogénéité des densités de rencontre sur ces éléments. En multipliant les centrations, l'activité perceptive tendrait à homogénéiser les rencontres et ainsi à diminuer l'erreur (effet de décentration). Les illusions secondaires seraient dues, elles aussi, à une hétérogénéité des rencontres entre divers éléments du champ visuel, bien que ceux-ci ne présentent aucune inégalité dimensionnelle. La probabilité d'homogénéité des rencontres serait donc très forte à l'origine et c'est seulement l'activité perceptive de l'observateur qui introduit une hétérogénéité et, par suite, une erreur en favorisant les rencontres sur certaines zones privilégiées (polarisation sur la partie supérieure du champ visuel par exemple) ou en reliant par des transports temporels ou spatio-temporels des éléments qui, normalement, ne devraient pas appartenir au même champ de centration.

E. V.

→ centrations relatives (loi des), transport.

perceptive (organisation)

(angl. Perceptual Organization)

Organisation spontanée d'excitations des récepteurs d'une modalité sensorielle en unités perceptives structurées, individualisées et douées d'une forme.

L'organisation perceptive se caractérise d'un point de vue synchronique par une certaine configuration, elle-même constituée de différents niveaux d'articulation. Elle connaît (point de vue diachronique) une évolution que l'on suit depuis les premiers jours du bébé.

Caractéristiques de l'organisation

Configuration

La configuration se présente comme une organisation d'éléments discrets (points, traits, etc.) en une seule forme. Les lois d'organisation (similitude, proximité, bonne continuité, etc.) formulées par les théoriciens de la forme prédisent comment vont s'opérer les groupements en fonction des propriétés des éléments et de leurs relations spatiales.

FIGURES

L'articulation des divers segments qui composent un dessin au trait entraîne la perception de figures simples ou complexes. Une figure est dite « simple » quand tous les éléments du dessin sont organisés en une seule unité (hexagone, croix, etc.). Une figure est dite « complexe » quand ses éléments s'organisent en plusieurs unités (figures simples), lesquelles ont entre elles des relations spatiales de juxtaposition ou d'entrecroisement. Aucun segment n'appartient à plus d'une d'elles, tous les segments sont répartis entre les diverses unités. L'organisation en figures obéit aux mêmes lois d'organisation que celle en configurations.

NIVEAUX D'ORGANISATION ET RELATION ENTRE TOUT ET PARTIES

Dans une figure complexe, le tout a une forme (celle du contour général) et ses parties sont les diverses figures simples qui le composent et ont chacune leur forme.

Plusieurs niveaux d'organisation sont donc possibles et une même unité peut, à l'occasion, jouer le rôle de tout pour des unités plus petites qui forment ses parties et celui de partie à l'égard d'une unité plus grande.

FIGURES INCLUSES

Dans les épreuves de recherche de figures cachées inventées par K. Gottschaldt, on demande à un sujet de retrouver à l'intérieur d'un dessin complexe une figure simple, identique à un modèle. (→ Figure 1a.) Les segments appartenant au modèle sont bien présents dans le dessin complexe mais, alors que, sur le modèle, ils formaient ensemble une unité perceptive, dans le dessin complexe, ils appartiennent à différentes unités. Il faut donc détruire celles-ci avant de réunir ces segments en une nouvelle structure. Appelée figure incluse, celle-ci n'est qu'une construction passagère, instable, jamais perçue spontanément. (→ Figure 1b.)

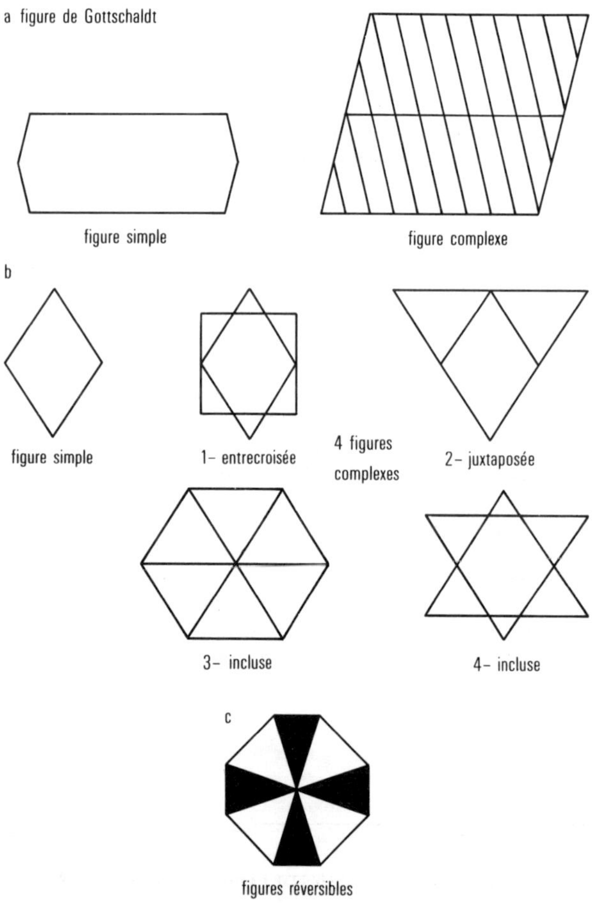

Figure 1. Organisation perceptive.
a, b: problème de la recherche des figures cachées. En a, figure de Gottschaldt. En b, à partir d'une figure simple, un losange, la tâche proposée consiste à découvrir le losange dans chaque figure complexe. En c, figures réversibles, où alternativement, une partie devient figure, l'autre fond et réciproquement.

FIGURES RÉVERSIBLES

Dans la vie quotidienne, il est rare que les propriétés physiques d'un ensemble de stimulations soient telles que plusieurs organisations perceptives soient possibles ; en règle générale, le contexte, les expériences antérieures rendent l'une plus probable que les autres, et elle seule se réalise. Dans une situation artificielle où deux organisations sont équiprobables, les deux se réalisent alternativement, selon un rythme lent.

C'est le cas des figures réversibles (Figure 1c), sur lesquelles la partie perçue comme la figure à un moment devient plus tard le fond et vice versa.

ÉVOLUTION DE L'ORGANISATION PERCEPTIVE

Contrairement à ce qu'avaient cru les théoriciens associationnistes, l'excitation des récepteurs sensoriels par l'arrivée d'un ensemble de stimulations ne donne jamais lieu à des sensations ponctuelles. Une certaine capacité d'organisation perceptive existe dès la naissance chez les êtres vivants, mais rien actuellement ne permet de dire que sont perçues d'emblée des figures, ayant une forme et un contour, et que les lois d'organisation sont toutes valides chez le nouveau-né humain. Celui-ci est capable de détecter la frontière qui sépare deux zones fortement contrastées, de différencier une plage homogène d'une plage hétérogène, de même taille et de même brillance ; il est aussi sensible à une différence élémentaire de forme puisqu'il regarde plus un segment curviligne qu'un segment rectiligne.

Dès ses premières heures de vie, le nouveau-né ne distribue pas ses fixations oculaires de façon aléatoire. M. Haith et P. Salapatck ont analysé avec précision, l'exploration visuelle de figures très simples (→ Figure 1c ou figures réversibles), par des nouveau-nés. Sur une surface blanche, les fixations oculaires se distribuent selon un parcours qui semble propre à chaque nouveau-né. La présentation d'une surface hétérogène entraîne immédiatement le regard vers une partie plus ou moins étendue de la frontière entre plages noires et blanches ; cette frontière est alors explorée par une suite de mouvements courts de va-et-vient qui la croisent. De nombreux auteurs ont utilisé diverses techniques (conditionnement, habituation et réaction à la nouveauté entre autres) pour tenter de mettre en évidence l'effet des lois d'organisation perceptive. Il est apparu que, chez le nourrisson, l'usage de tout principe d'organisation perceptive dépend beaucoup des stimulus et procédures choisis pour l'étudier. Ainsi, le bébé apparaît capable d'utiliser la loi de bonne continuité vers 1 mois dans certaines situations, seulement à 3 ou 4 mois dans d'autres.

La loi de destin commun semble bien être la première à fonctionner, celle de proximité, la dernière. Toutes sont valides avant le milieu de la première année. À 3 mois et à condition que le matériel soit très simple, le nourrisson est capable d'organiser quelques éléments identiques en une configuration, dont il différencie la forme d'ensemble de celle d'une autre configuration. Il peut aussi percevoir un contour subjectif (à 1, 3 ou 7 mois selon les auteurs) [contour subjectif : perception d'un carré blanc ; → perception, Figure 4 (figure de Kanizsa, p. 554)].

Chez l'enfant, les unités perceptives que le petit enfant perçoit, manipule, identifie apparaîssent rigides, insécables et non emboîtables. Dans une épreuve de recherche de figures cachées, des enfants de 3 ans ont facilement réussi à retrouver une figure simple lorsqu'elle est juxtaposée ou entrecroisée avec une autre figure simple, dans une figure complexe. Mais c'est seulement au-delà de 6 ans que des figures incluses peuvent être découvertes dans une figure complexe.

E. V

perceptron

n.m. (angl. Perceptron)

Ensemble d'algorithmes destiné à modéliser le fonctionnement des processus de reconnaissance de formes dans un système susceptible d'apprentissage.

Imaginé par F. Rosenblatt (1962), le perceptron est l'un des modèles de réseaux neuromimétiques (→ réseau de neurones formels) développés sur la base d'analogies assez vagues avec le système nerveux central pour permettre le développement de machines fonctionnant sur des principes auto-organisateurs et pouvant apprendre à reconnaître des motifs visuels ou auditifs par exemple. Comme les autres réseaux de neurones, le perceptron dispose d'un ensemble d'éléments identiques (les neurones) interconnectés au hasard. Ces éléments fonctionnent en parallèle et de manière distribuée. Leurs connexions sont ou non renforcées selon que la réponse de reconnaissance est correcte ou non. Conceptuellement, le perceptron comporte un système de recueil de signaux physiques (système « visuel » par exemple), un indicateur de réponses binaires (oui/non) et un système de « récompenses ». C. B.

BIBLIOGRAPHIE

Rosenblatt, F., 1962, *The Principles of Neurodynamics: Perceptions and The Theory of Brain Dynamics*, Washington (D.C.), Spartan Books.

performance

n.f. (angl. Performance)

Résultat, le plus souvent donné sous forme quantifiée, obtenu par un sujet dans une tâche.

Une performance est traitée par comparaison avec d'autres performances obtenues dans des conditions différentes par les mêmes sujets ou des sujets comparables (psychologie générale) ou bien dans les mêmes conditions par d'autres sujets (psychologie différentielle). Dans le domaine de l'apprentissage, on distingue la *performance*, qui correspond à un résultat ponctuel obtenu à un moment donné du temps, et *l'apprentissage*, qui se manifeste par une évolution des performances. Un changement de motivation, par exemple, modifie la performance sans nécessairement agir sur l'apprentissage (c'est-à-dire sur la pente de l'évolution des performances) J.-F. L. N.

performance (besoin de)

(angl. Achievement Need)

Aspiration à atteindre un certain résultat. M. R.

→ accomplissement (besoin d').

performance (test, échelle de)

(angl. Performance Test, Scale)

Épreuve dans laquelle, pour résoudre le problème posé, le sujet doit manipuler un matériel en minimisant l'usage du langage. M. R.

périnatale (période)

(angl. Perinatal Period)

Espace de temps voisin de la naissance.

Les bornes anté- et postnatales varient suivant les critères choisis, qui sont, bien entendu, relatifs aux domaines d'études. En psychobiologie, la borne inférieure pour l'Homme a souvent été fixée au seuil de viabilité du prématuré. Ainsi, selon Krasnegor (1987), elle pourrait se situer à la 28ᵉ semaine d'âge gestationnel. La borne supérieure la plus communément admise est celle de 2 mois après la naissance à terme, soit, chez le nourrisson humain, la 45ᵉ semaine d'âge gestationnel, âge moyen de la liquidation des principaux réflexes archaïques. Cela s'accorde aux vues de A. Gesell, qui définissait l'enfant de 0 à 2 mois comme un « fœtus externe », et à des critères comportementaux divers. Toutefois, des études récentes montrent que les changements répertoriés à 2 mois sont préparés par des évolutions qui en donnent une image moins radicale qu'il n'y paraissait.

La possibilité d'imprégnation a également servi de critère, distinctif suivant les espèces (de quelques jours à quelques mois), en éthologie. H. B.

période critique

(angl. Critical Period)

Moment du développement de l'enfant durant lequel des stimulations du milieu doivent impérativement s'exercer pour que se poursuive correctement le développement.

Cette notion de période critique empruntée à l'embryologie a été utilisée pour rendre compte du fait que certains comportements ne peuvent apparaître qu'à partir d'une phase déterminée du développement et qu'ils ne peuvent plus apparaître après une autre phase de ce développement. En réalité, ce caractère contraignant a été considérablement assoupli, si bien qu'on utilise désormais plutôt la notion de période sensible ou de période privilégiée. P. L.

→ article suivant.

période sensible

(angl. Sensitive Period)

Phase du développement de l'enfant pendant laquelle les changements fonctionnels et comportementaux reflètent une plasticité particulière des structures nerveuses et semblent liés à une sensibilité plus forte qu'à d'autres moments aux influences de l'environnement.

De telles périodes ont d'abord été qualifiées de critiques, ce qui laissait entendre que les changements qui les caractérisent leur étaient strictement limités et ne pouvaient se produire en dehors d'elles. L'acquisition du langage fournit un bon exemple de cette conception. Mais les âges limites du phénomène n'ont pu être précisément définis et les arguments tirés de pathologies précoces et de l'existence d'enfants sauvages (→ sauvage [enfant]) résistent mal à l'examen et des exemples d'apprentissages tardifs sont venus contredire une position aussi radicale. D'où la préférence actuelle pour l'adjectif « sensible », moins tranché.

La plasticité nerveuse caractérise les organismes jeunes et c'est au début du développement, avant et après la naissance, que des périodes sensibles ont été repérées. Le phénomène d'imprégnation*, ou d'empreinte*, qu'on peut obtenir dans les premières heures qui suivent la naissance, dans de nombreuses espèces animales, paraît caractéristique d'une période sensible périnatale, de durée variable, dans de nombreuses espèces animales.

Le phénomène d'empreinte est un exemple illustratif de la notion de période sensible : c'est entre la quatorzième et la dix-septième heure que les canetons sont les plus sensibles à la mobilité d'un stimulus du milieu. La notion de période sensible est préférée à celle de période critique, jugée trop rigide. Les recherches menées sur l'Animal ont d'abord étudié l'influence de l'environnement sur le développement par comparaison de groupes de même patrimoine génétique, soumis à des milieux appauvris ou enrichis, à diverses périodes de leur vie et pendant des durées variables, mais toujours contrôlées. Il a ainsi pu être montré que, chez des Animaux placés aussitôt après leur naissance dans un milieu riche en stimulations, le poids du cerveau était significativement plus élevé que celui des Animaux d'un groupe témoin au même âge. Corrélativement, l'activité déployée par les sujets des groupes expérimentaux était aussi plus élevée ainsi que leurs performances en matière d'apprentissage et de résolution de problèmes. D'autres expériences ont apporté des résultats convergents, avec des compensations de l'effet de privations sensorielles ou motrices d'autant plus rapides et étendues que ces privations avaient été précoces et de durées relativement brèves.

Les investigations, tant neurophysiologiques que comportementales, confirment que la maturation du système nerveux central n'est pas strictement endogène : des rapports ont pu être établis entre la formation de nouvelles connexions synaptiques au cours d'un apprentissage, chez l'adulte, et la formation de telles connexions au cours du développement. On s'accorde à penser aujourd'hui que l'ontogenèse, dans les espèces les plus évoluées, se poursuit bien au-delà de l'enfance et que, si les formes de plasticité nerveuse changent au cours de la vie, elles autoriseraient néanmoins l'apparition de périodes sensibles jusqu'à la sénescence et peut-être jusqu'à la mort. H. B. et P. L.

→ période critique.

période d'un rythme

(angl. Period)

Durée séparant la réapparition d'une même phase d'un rythme.

La période est un paramètre essentiel définissant un rythme. Elle est une fonction inverse de la fréquence. La période (ou la fréquence) sert à classifier les rythmes biologiques et psychologiques : on distingue les rythmes infradiens, circadiens et ultradiens. P. L.

→ phase d'un rythme.

périodique (syndrome)

(angl. Periodic Syndrome)

Syndrome psychiatrique à évolution récidivante.

Le qualificatif *périodique* s'applique essentiellement à la psychose maniaco-dépressive*, qui est caractérisée par la succession à intervalles variables d'accès de manie et de mélancolie. Ces accès peuvent être uniquement mélancoliques (forme unipolaire) ou conjuguer les deux types de troubles (forme bipolaire). Les accès maniaques récidivants non associés à des épisodes dépressifs sont très rares. Certains réservent le terme de *périodique*, ou d'*intermittent*, aux accès survenant chaque année à la même époque. A. G.

périphérique (vision)

(angl. Peripheral Vision)

Vision qui résulte de la stimulation de la rétine dans une région située hors de la fovéa, par opposition à *vision fovéale*. (Syn. vision marginale.)

En raison de la rapide décroissance de la densité des cônes avec l'excentricité rétinienne, l'acuité et la sensibilité diminuent rapidement quand on s'éloigne de la fovéa. La densité des bâtonnets augmente tout d'abord, pour atteindre un maximum vers 20° d'excentricité, et diminue au-delà.

À des niveaux scotopiques d'éclairement, seule la vision marginale est fonctionnelle. C. B.

→ fovéale (vision).

perlaboration

n.f. (angl. Working-Through; allem. Durcharbeitung)

PSYCHAN. 1. **Travail, souvent long et difficile, destiné à éviter que l'analysant ne s'enfonce dans la résistance et refuse de reconnaître certaines interprétations.**

PSYCHAN. 2. **Effort réciproque de l'analyste, tendant à proposer des interprétations et à chercher des voies permettant de les accepter.**

Le fait de résister est un moyen nécessaire du sujet en analyse pour s'assurer de sa place. En sorte que, si la perlaboration apparaît comme un moment pénible de l'analyse, elle n'en est pas moins nécessaire et douée d'une fécondité propre. R. C.

permanence de l'objet

(angl. Permanent-Object)

Principe suivant lequel un objet (essentiellement un solide), lorsqu'il échappe à l'appréhension perceptive, est néanmoins conçu comme n'ayant pas cessé d'exister et peut donc être retrouvé, identique à lui-même, à différents moments du temps.

Dans la description que J. Piaget a faite (1937) de la période sensori-motrice, qui couvre les 18 premiers mois de la vie de l'enfant, la permanence de l'objet occupe une place centrale.

C'est en fait le premier des principes de conservation. La disparition d'un objet peut résulter soit d'un masquage ou d'un déplacement de l'objet, soit d'un déplacement de l'observateur. C'est en général sur l'objet qu'on fait porter les changements de position spatiale et non sur le sujet, dont les capacités de déplacement sont, pendant longtemps, trop limitées.

ACQUISITION DE LA PERMANENCE SELON PIAGET

La permanence n'est acquise que progressivement au cours de la première année, et le cheminement qui y conduit procède selon Piaget en six étapes successives.

La *première* est marquée par l'absence de réaction à la disparition : un hochet, agité devant les yeux d'un bébé de 2 mois, éveille son intérêt ; il le fixe. Mais il ne le cherche ni ne manifeste de déplaisir quand celui-ci est soustrait à sa vue.

L'apparition de mimiques désappointées, voire de cris et de pleurs, caractérise la *deuxième* étape, de 2 à 4 mois environ, mais sans ébauche de recherche.

La *troisième* étape voit s'amorcer des conduites de continuation et d'anticipation : le bébé de 6-7 mois est capable de revenir à un objet proche, dont on l'a momentanément distrait ; il attend à son point de chute un objet qui tombe ; il anticipe le déplacement d'un mobile si sa trajectoire est simple. S'instaure ainsi une sorte de « permanence pratique », liée à l'action et non à l'objet. Cela peut être contrôlé lorsque, devant les yeux du bébé, on couvre un objet présent d'un linge facile à enlever. On constate alors qu'il ne soulève pas le cache, sauf par hasard ou si lui-même l'a mis en place.

La période suivante, qui forme la *quatrième* étape, marque un changement décisif. L'enfant âgé de 8 à 10 mois recherche systématiquement un objet enlevé à sa vue. Mais il le cherche là où il l'avait précédemment rencontré et non là où il a disparu (sous ses yeux). De sorte que si l'objet, avant sa disparition, a été déplacé, l'enfant commet une erreur de localisation. Cette erreur de place, typique, peut être mise en évidence de la façon suivante : on place devant un bébé deux caches A et B, aussi facilement atteignables l'un que l'autre ; sous son regard, on introduit d'abord l'objet sous le cache A. Le bébé de 8-10 mois découvre l'objet sans peine. Après quelques répétitions de cet acte, on transporte très visiblement l'objet sous B. La majorité des bébés, à l'âge ci-dessus indiqué, continue de chercher l'objet sous A.

La *cinquième* étape voit le problème résolu — autour de 11 mois — pour peu que le déplacement ait été bien perçu.

La *sixième* et dernière étape, au-delà de 12 mois, ne nécessite même plus cette condition. À partir de ce moment, l'enfant retrouve un objet inanimé en le cherchant à l'endroit précis où il l'a vu une dernière fois et retrouve un mobile en anticipant sa position à partir d'un mouvement simplement amorcé.

Cette construction étagée de la permanence spatiale montre qu'il ne s'agit pas d'une simple reconnaissance, mais bien d'« une conservation intelligente », comme le dit Piaget. Elle constitue le premier schème coordonné qui lie l'identité de l'objet à deux actions s'annulant l'une par l'autre, sans confusion entre objet et action. Cette élaboration est d'ordre cognitif et illustre le premier stade du développement intellectuel. Elle prend appui sur des activités dites « réflexes », telles que les *réactions circulaires*, mais elle est aussi créatrice de rapports disjonctifs, isomorphes à ceux qui se sont d'abord constitués au plan perceptif et ont donné lieu aux phénomènes de *constance*.

RÉEXAMEN DE LA DESCRIPTION DE PIAGET

La description piagétienne a fait l'objet de nombreux réexamens. La méthode choisie a pu apparaître insuffisamment systématique ; la datation et la distinction des différentes étapes ont été discutées. Les modalités d'exploration perceptive sollicitées, la réponse demandée ont été mises en cause. Mais c'est surtout l'interprétation de l'erreur de place caractéristique du sous-stade 4 qui suscite la critique : à la lumière d'autres conduites contemporaines, on a pu l'attribuer à un système de référence spatial inadéquat plutôt qu'à une incapacité à conceptualiser la permanence. La permanence spatiale, la non-ubiquité, implique-t-elle l'identité de l'objet et la permanence de qualités qui lui sont intrinsèques (sa forme, sa taille, sa fermeture, etc.) ? Cette relation a été contestée et on s'est attaché à mettre en évidence les premières qualités qu'un bébé attribue spontanément à l'objet.

On présente, par exemple à des bébés de 4 à 9-10 mois, des objets partiellement masqués par d'autres (un bâton vertical, derrière une boîte et dont on ne voit plus que les deux extrémités ; une balle derrière une barre horizontale, etc.), puis on leur montre en concurrence d'une part les deux parties visibles de l'objet sans les raccorder et, d'autre part, l'objet entier. Le temps de fixation préférentiel renseigne alors sur ce que l'enfant s'attend à voir une fois enlevé le cache. E. Spelke (1985) conclut d'expériences de ce type que le bébé, dès 4 mois, conçoit l'unité de l'objet, le dote de frontières stables et n'envisage pas qu'il se décompose lors d'un masquage ou d'un déplacement.

Les discussions sont loin d'être closes sur ce qu'est un solide pour le nourrisson. Elles opposent les tenants des quatre théories piagétiennes et néopiagétiennes à ceux de la théorie de Gibson. H. B.

persécution (délire de)

(angl. Delusion of Persecution)

Croyance pathologique d'un sujet convaincu d'être l'objet d'attaques et d'hostilité de la part de personnes réelles ou imaginaires.

C'est le thème peut-être le plus fréquent des états délirants, qu'ils soient aigus comme le delirium ou chroniques comme la paranoïa. C'est pourquoi les premiers aliénistes qui cherchent à individualiser le délire chronique sont tentés d'axer leur description sur ce contenu persécutoire. C'est le cas de F. Leuret (*le Délire des arrangeurs*, 1839) et surtout de Ch. Lasègue (*Du délire de persécutions*, 1852) et de V. Magnan (1890). Ce dernier le décrit avec son évolution en quatre périodes: doute et anxiété, persécution exprimée, mégalomanie, démence vésanique terminale. Mais leurs successeurs abandonnent cette perspective pour classer les délires selon leur mécanisme, puis leur organisation, leur structure et, depuis E. Bleuler, selon leur appartenance ou non à la schizophrénie. J. P.

→ délire, schizophrénie.

persévération

n.f. (angl. Perseveration)

PSYCHIATR. **Tendance à maintenir et à répéter d'une manière inappropriée le même type de conduite ou de réponse comportementale sans tenir compte du changement de la situation ou de la question posée.**

Elle se rencontre surtout dans les états d'arriération mentale, de schizophrénie catatonique ou de confusion mentale stuporeuse et dans toutes les formes de démence au début. C'est même un signe pathognomonique de la maladie de Pick*. On distingue parfois une persévération des attitudes (catatonique, par exemple, ou hystérique) et une persévération mentale plus générale.

Certaines aphasies et apraxies s'accompagnent aussi de cette dernière sous forme de réponses itératives verbales ou gestuelles. J. P.

DÉVELOP. **Persistance d'une réponse ou d'une attitude, adéquate à une situation, en dépit de changements qui détruisent sa pertinence ou réduisent son efficacité.** (La notion de persévération s'oppose à celle de flexibilité.)

La persévération représente un défaut d'intelligence, par manque d'adaptation à la nouveauté. Quand elle affecte systématiquement les conduites d'un individu et conduit à des ritualisations rigides, elle constitue un signe de débilité. Elle se rencontre aussi chez le sujet normal, en dépendance d'une orientation de réponse acquise: un sujet entraîné à résoudre des problèmes d'un même type, réclamant par exemple deux opérations arithmétiques, applique ensuite la même solution à des problèmes plus simples, introduits subrepticement dans la série, qui peuvent être résolus par une seule opération. Dans la vie quotidienne, nombre de nos routines portent la marque d'une persévération.

En psychologie du développement, une idée reçue veut que la persévération diminue avec l'âge chez l'enfant, puis augmente à la fin de la vie chez le vieillard. Cette idée, trop générale, est suspecte d'incohérence, compte tenu des nombreuses acquisitions réalisées au cours de l'enfance. Elle contredit l'hypothèse d'une plasticité particulière au début de la vie. Elle est battue en brèche par des mises en évidence expérimentales, bien contrôlées, de conduites flexibles chez le jeune nourrisson et même le nouveau-né. H. B.

persistance

n.f. (angl. Persistence)

GÉNÉR. **Prolongation de la sensation après l'interruption de la stimulation qui l'a déclenchée.**

Aucune sensation ne disparaît simultanément à la cessation brusque de la stimulation. La durée de la persistance dépend d'une part de la modalité sensorielle considérée et, d'autre part, de diverses caractéristiques de la stimulation physique. En vision, par exemple, elle explique l'existence d'une fréquence critique de fusion. C. B.

personnalisme

n.m. (angl. Personalism)

DÉVELOP. **Selon H. Wallon, manifestation d'indépendance et d'enrichissement du moi qui caractérise la personnalité de l'enfant entre 3 et 6 ans.**

Le stade du personnalisme est le quatrième dans le système de Wallon. La crise d'opposition, la période de grâce en sont des manifestations observables. E. V.

→ stade.

personnalité

n.f. (angl. Personality)

Caractéristique relativement stable et générale de la manière d'être d'une personne dans sa façon de réagir aux situations dans lesquelles elle se trouve.

Dans la grande majorité des cas, le mot ne couvre pas les aspects cognitifs de la conduite (intelligence, aptitudes, connaissances). Il concerne toujours les aspects affectifs, émotionnels, dynamiques. La personnalité est décrite en termes de traits beaucoup plus souvent que par référence à des types. L'analyse factorielle de questionnaires de personnalité a distingué certains de ces traits de façon stable et convergente chez des auteurs différents comme H. J. Eysenck et R. B. Cattell. Il en est ainsi pour l'introversion-extraversion et pour le névrosisme. De très nombreux autres traits de personnalité plus spécifiques ont fait l'objet de questionnaires destinés à leur évaluation. L'examen de la personnalité peut aussi utiliser des épreuves projectives (interprétation par le sujet d'un matériel dépourvu de sens) et des tests dits « objectifs » (par exemple des épreuves perceptives pouvant faire l'objet d'une notation objective et dont le psychologue sait qu'elles sont liées à des styles de conduite plus généraux). M. R.

BIBLIOGRAPHIE

Nuttin, J., 1971, *la Structure de la personnalité*, Paris, P.U.F.

Huteau, M., 1985, *les Conceptions cognitives de la personnalité*, Paris, P.U.F.

personnalité (questionnaire des seize facteurs de) ou 16 PF

(angl. Sixteen Personality Factor Questionnaire)

Série de questions élaborée par R. B. Cattell et ses collaborateurs et destinée à cerner tous les aspects de la personnalité, répartis en 16 facteurs.

Ce questionnaire a fait l'objet de nombreuses études (analyses factorielles) et il est largement utilisé. Il comporte deux formes équivalentes, A et B, comptant chacune 187 questions. Il fournit des mesures sur 16 facteurs élémentaires dont la plupart ont leur origine dans l'analyse par Cattell de la *sphère de la personnalité* (angl. Personality Sphere).

Ces facteurs de premier ordre s'organisent en facteurs d'ordre supérieur, qui sont l'introversion-extraversion, l'anxiété, la sensibilité et l'indépendance. Le 16 PF est applicable à partir de 16-17 ans. Cattell a proposé des questionnaires de même type pour des sujets plus jeunes: le High School Personality Questionnaire, ou HSPQ, utilisable de 12 à 17 ans; le Children's Personality Questionnaire, ou CPQ, utilisable de 8 à 12 ans.

Cattell a cherché à définir à titre d'hypothèse les dimensions concernant une description différentielle des conduites en partant de la liste des mots utilisés en langue anglaise pour désigner les traits de personnalité. Il retient 171 de ces quelque 4 500 mots et les regroupe en 35 *groupements*, qu'il appelle *traits de surface* (angl. Cluster).

Évaluées sur 200 adultes, les corrélations entre ces 35 traits de surface peuvent s'expliquer par 12 facteurs, ou « traits de source », qui figurent parmi les seize facteurs de la personnalité mesurés par le questionnaire 16 PF. M. R.

BIBLIOGRAPHIE

Cattell, R. B., 1965, *The Scientific Analysis of Personality*, Harmondsworth, Penguin.

personnalité (théories implicites de)

(angl. Implicit Theories of Personality)

Théories naïves que chaque individu a de la personnalité.

Ces théories recouvrent les croyances générales à propos de l'espèce humaine en ce qui concerne la fréquence, la variabilité et la corrélation de traits de personnalité dans la population.

LES ORIGINES DE LA NOTION

Ce sont J. Bruner et R. Tagiuri (1954) qui ont inventé cette expression alors qu'ils voulaient rendre compte de la connaissance que nous avons des autres et de la façon dont nous nous en servons pour faire des inférences à propos de leur personnalité. Chargés de synthétiser la littérature scientifique sur la perception d'autrui, ces auteurs en étaient venus à la conclusion que les gens commettaient énormément d'erreurs mais que celles-ci étaient consensuelles. Ils ont donc invoqué le concept de « théories implicites de personnalité » pour expliquer ces erreurs consensuelles. Selon ces auteurs, nous entretiendrions des croyances générales à propos de la distribution de traits de personnalité, de la façon dont ceux-ci se manifestent et de leurs intercorrélations. Le fait que ces théories soient dites « implicites » ne signifie pas qu'elles sont nécessairement inconscientes, mais plutôt qu'elles sont naïves, profanes : leurs détenteurs ne savent pas les exprimer de manière formelle et elles n'ont aucun critère objectif de validité. Elles reposent sur ce qui est communément appelé « la sagesse populaire » et, en ce sens, elles ont beaucoup d'affinités théoriques avec les représentations sociales (S. Moscovici, 1982).

LES PREMIÈRES VÉRIFICATIONS

Depuis Bruner et Tagiuri (1954), l'existence de ces théories a été amplement vérifiée (J.-P. Leyens, 1983). Une des illustrations les plus classiques est connue sous l'expression d'« illusion de corrélation » (L. Chapman et J. Chapman, 1967) ; elle consiste à montrer que les gens font automatiquement des relations entre symptômes physiques et personnalité (par exemple, une grosse tête est signe d'intelligence) alors que les données sur lesquelles ils doivent se baser pour prendre leur décision montrent qu'il n'y a aucune corrélation, voire, dans certaines expériences, que la corrélation est exactement l'inverse de celle qu'ils prétendent avoir vue. Ce phénomène est très fréquent dans la société occidentale et se rencontre aussi bien chez des psychologues professionnels que chez des amateurs. Il est à la base, par exemple, de certains tests projectifs qui sont encore employés actuellement et dont le plus connu est le dessin d'une personne (Machover, 1949) ; son principe en est que, lorsque quelqu'un dessine un personnage, certaines caractéristiques anatomiques du dessin sont révélatrices de problèmes au niveau de sa personnalité. Le même type d'illusion était à la base des théories typologiques de E. Kretschmer (1925) et de W. Sheldon (avec Stevens, 1942) ; ces auteurs croyaient que la personnalité et ses troubles pathologiques se reflétaient au niveau du physique ; il a pu être démontré depuis que la base empirique sur laquelle reposent ces théories était extrêmement ténue.

Une autre illustration classique des théories implicites de personnalité a été faite par Asch (1946) avant même que l'expression ne soit créée et elle a donné lieu a un large champ de recherche connu sous la notion de *formation d'impressions* (angl. Impression Formation). Dans une expérience typique, Asch présentait à différents groupes de sujets des listes de traits de personnalité supposés caractériser une personne fictive. Un groupe recevait la liste d'adjectifs suivants, toujours dans le même ordre : intelligent, adroit, travailleur, chaleureux, déterminé, pratique, prudent. Un autre groupe recevait une liste identique sauf que le terme *chaleureux* était remplacé par celui de *froid*. Ayant pris connaissance de tous ces traits, les sujets devaient brièvement décrire leurs impressions concernant cette personne fictive et, ensuite, choisir d'autres traits susceptibles de lui convenir. Les résultats montrent tout d'abord que les sujets n'ont aucune difficulté à réaliser cette tâche ; ils ont tous des idées très précises concernant la personnalité de cet individu hypothétique. En deuxième lieu, il apparaît que les impressions sont largement partagées dans la population. Enfin, les deux listes donnent lieu à des impressions complètement différentes. Alors que, par exemple, presque tout le monde considère la personne chaleureuse comme généreuse, presque personne ne perçoit comme tel l'individu froid. De tels résultats sont possibles parce que les gens partagent des théories implicites de personnalité qui sont activées par les listes de traits et que les termes *chaleureux* et *froid* définissent une des principales dimensions de ces théories.

En effet, par des techniques d'analyse factorielle ou d'analyses multivariées, on a pu montrer que les théories implicites s'organisent généralement autour des deux dimensions : socialement bon ou mauvais et intellectuellement bon au mauvais. Que ces théories soient partagées à l'intérieur d'une même culture ne signifie nullement que chacun de nous n'a pas « sa » théorie implicite de personnalité. M. J. Rosenberg et E. E. Jones (1972) ont vérifié ce point en analysant la proximité des traits de personnalité donnés à différentes femmes dans un roman semi-autobiographique d'un écrivain américain, Theodore Dreiser (1871-1945), dont la personnalité était par ailleurs bien connue.

THÉORIES IMPLICITES ET EXPÉRIENCE PERSONNELLE

Les théories implicites de personnalité dépendent donc de l'expérience vécue directement et de celle héritée d'autrui (parce que l'on baigne dans une certaine culture). Elles peuvent dépendre également des motivations et du fonctionnement cognitif au moment où nous les exprimons. Pour ne prendre qu'un exemple, si nous sommes de mauvaise humeur ou si, pour une raison quelconque, nous avons particulièrement à l'esprit le mot *agression*, notre théorie implicite concernant l'humanité sera plus pessimiste que si nous avions été de bonne humeur ou que si cela avait été le mot *générosité* qui avait été particulièrement saillant.

Puisqu'il existe certaines différences individuelles dans les théories implicites, certains auteurs se sont demandé si ces différences n'étaient pas révélatrices, en fait, de la personnalité réelle. C'était la thèse de G. Kelly, énoncée dans son livre *The Psychology of Personal Constructs*. Cet auteur estimait qu'il fallait étudier la personnalité des gens d'après les valeurs qu'ils associent ou opposent (les constructions selon ses termes) pour organiser leurs relations avec autrui et également d'après la manière dont ils catégorisent cet autrui. En fait, cependant, les études dans ce domaine des traits différentiels des juges sont peu concluantes. Le seul trait qui différencie de manière stable est celui de concret *vs* abstrait, qui est étroitement lié à la complexité et à l'autoritarisme, mais ce résultat n'a rien d'étonnant puisque le trait en question se définit précisément par des catégorisations particulières : l'individu concret, simple et autoritariste, fait des distinctions extrêmes et donc peu nuancées entre le bien et le mal, le vrai et le faux, etc., alors que la personne abstraite se caractérise par des qualités opposées.

LA RÉSISTANCE AU CHANGEMENT

Le phénomène de l'illusion de corrélation permet ainsi de montrer que les théories implicites de personnalité peuvent se révéler incorrectes. En fait, elles le sont souvent mais elles sont extrêmement résistantes au changement. Placés devant l'évidence qui va à l'encontre d'une de leurs théories implicites, les gens continuent à y croire, parfois même avec plus d'énergie qu'avant. Il y a à cela plusieurs raisons. Lorsqu'il s'agit d'expliquer le comportement d'autrui, nous aimons avoir des explications stables qui nous permettront mieux que des explications continuellement changeantes de prédire et de contrôler le comportement d'autrui. C'est un phénomène qui est présent également dans l'*erreur fondamentale* (angl. Fundamental Error). Nous avons donc besoin d'élaborer des systèmes stables d'explication. Une deuxième raison qui nous renforce dans l'idée que nos théories sont correctes est que nous sommes nombreux à les partager ; il y a donc toujours moyen de trouver un support social à nos croyances. Troisièmement, nous évitons facilement la confrontation avec des situations et des personnes susceptibles de contredire nos théories implicites. Au contraire, nous avons spontanément tendance à rechercher l'information qui va confirmer nos théories ; c'est un phénomène qui est connu dans la littérature scientifique sous le nom de « biais de confirmation d'hypothèse » et qui risque de donner lieu à un autre phénomène bien connu : « l'autoréalisation de la prophétie », encore appelé « effet Pygmalion ». (→ Pygmalion [effet].)

Le processus est le suivant : en recherchant de l'information qui confirme ma théorie ou mon hypothèse, je fais en sorte que la réalité risque de correspondre de fait à cette théorie ou à cette hypothèse ; si je pense que telle personne est aimable, je serai attentif à tous les signes d'amabilité qu'elle peut démontrer, j'interpréterai éventuellement certains signes ambigus comme des symptômes d'amabilité, je me montrerai très sympathique avec cette personne qui n'aura plus d'autres ressources que de se montrer aimable avec moi. Une dernière raison de la résistance au changement des théories implicites de personnalité est la suivante : devant des évidences, des statistiques par exemple, qui contredisent une de nos croyances, il est toujours possible de trouver un cas vécu qui va dans le sens de cette croyance. Or, il a pu être démontré expérimentalement qu'un seul cas vécu est beaucoup plus persuasif que toutes les informations abstraites.

L'existence des théories implicites de personnalité est inévitable et essentielle. Nous ne pourrions pas fonctionner socialement sans elles. Toutefois, les erreurs de théorie ne sont pas innocentes dans la mesure où ces théories guident nos actions. J.-P. L.

→ perception sociale.

personnalité autoritaire

(angl. Authoritarian Personality)

Caractère dont fait preuve une personne qui manifeste du goût pour le pouvoir qu'elle exerce sur les autres, soit en vertu d'un grade élevé au sein de la hiérarchie sociale, soit par le prestige que la société a conféré à ce niveau de pouvoir.

Parmi ses objets, la psychologie sociale s'est assigné l'étude des différentes formes que peut prendre l'influence sociale, que celle-ci ait pour effets de faire se conformer un sujet aux positions de celui qui exerce cette influence, de susciter chez lui des attitudes de réactance ou de l'amener à adopter des conduites originales. Les modalités d'action de la source d'influence peuvent aller des plus douces (simple présence d'un autrui) aux plus rudes (coercition). La relation d'autorité évoquerait plutôt une influence exercée par un individu exerçant un pouvoir sur les autres : soit par la place qu'il occupe dans la hiérarchie sociale, soit par les caractéristiques de sa personnalité ; directement par voie d'injonction ou indirectement par la prestige social des valeurs et des normes dont la représentation s'attache à cet individu. En première analyse, la personnalité autoritaire serait celle d'un individu manifestant, de façon évidente, un goût pour l'exercice de ce genre d'influence et une propension accentuée à y recourir. Dans cette ligne, on peut envisager de faire une approche phénoménologique des modalités de l'exercice de ce type d'influence en même temps qu'une approche clinique des antécédents et des finalités profondes du vécu de la personnalité autoritaire.

En fait, en psychologie sociale, la notion de personnalité autoritaire renvoie à la systématisation, sinon tout à fait à l'opérationnalisation, qui en a été faite par T. W. Adorno, E. Frenkel-Brunswik, D. J. Levinson et R. N. Sanford dans leur ouvrage commun (1950). Les événements qui bouleversèrent l'Europe entre 1930 et 1945 avaient amené Adorno et ses collaborateurs à prendre conscience qu'il n'était pas possible de les interpréter seulement en fonction du vécu particulier d'un mégalomane pervers ni en fonction de la situation économico-politique de la République de Weimar. Ces événements trouvent, semble-t-il, dans leur aberration et dans leur extravagance sinistre, une telle force d'emprise individuelle et sociale qu'il faut bien évoquer une disponibilité fondamentale de l'homme à l'exercice de cette emprise. Est alors avancée l'idée qu'il existe chez l'homme une structure mentale stable, potentiellement fasciste, que des données circonstancielles pourraient, le cas échéant, faire parvenir à efflorescence.

Pour Adorno et ses collaborateurs, le problème est de traduire cette structure mentale stable en opérations et en données empiriquement repérables. Ils ne le feront qu'au niveau des opérations individuelles et interindividuelles et négligeront le niveau des structures socio-institutionnelles où elles s'insèrent. La personnalité autoritaire est celle de l'individu où cette structure se réfracte dans une série de comportements choisis et évalués en fonction *de l'instant* où est élaborée la théorie : les années 1940-1950, aux États-Unis, vues par des chercheurs personnellement concernés, dans leurs croyances et dans leur vie, par des événements.

Quatre séries d'indicateurs, marqués par cet instant, sont proposées : l'antisémitisme, l'ethnocentrisme, le conservatisme économico-politique, les tendances antidémocratiques. Pour chacun de ces indicateurs, une échelle d'attitude spécifique (éventuellement démultipliée : notamment celle d'ethnocentrisme) sera construite et étalonnée. La personnalité autoritaire est celle des individus qui scorent haut à ces échelles, dont la validité interne (corrélation inter-échelle) et externe (scores obtenus dans des groupes sociaux diversifiés, par exemple religieux ou politiques) est, par ailleurs, testée.

De nombreuses études recourront à cette batterie d'échelles pour rendre compte de comportements divers : notamment l'échelle F (tendances antidémocratiques) et l'échelle E (ethnocentrique), dont le réexamen introduira les travaux effectués par M. Rokeach sur le dogmatisme. (→ dogmatisme.)

Naturellement, le recours à ces échelles (et aux concepts afférents) doit prendre en compte la situation ethnographique dans laquelle elles ont été élaborées. Pour les appliquer ailleurs et à un autre moment, il ne s'agit pas seulement de traduire les questionnaires, mais de travailler à référer cette éventuelle structure mentale stable aux opérations et aux représentations propres à la nouvelle situation. Ce travail de reconstruction n'est pas toujours réalisé. Au-delà de la conceptualisation de la notion de « personnalité autoritaire », l'œuvre d'Adorno et de ses collaborateurs contribue à ce que reste posée la question centrale à toute psychologie des croyances et des idéologies : à quel type d'*invariant*, individuel ou social, faut-il les référer pour les rendre scientifiquement traitables ? J.-P. D.

BIBLIOGRAPHIE

Adorno, T. W., Frenkel-Brunswik, E., Levinson, D. J., et Sanford, R. N., 1950, *The Authoritarian Personality*, New York et Londres, Harper & Row.

personnalité multiple

(angl. Multiple Personality Disorder)

Trouble de la personnalité défini par l'existence chez une même personne de deux ou plusieurs personnalités distinctes dont chacune prend tour à tour le contrôle total du comportement du sujet.

Cette définition provient de la classification américaine des maladies mentales (DSM III R). Cette entité pathologique fait partie des troubles dissociatifs dans le cadre des névroses hystériques. Elle a été décrite pour la première fois par Mitchell en 1816 et depuis, selon les époques et les courants de pensée, plusieurs cas ont été rapportés, les plus célèbres étant « Juliette » de P. Janet et « Christine Beauchamp » de M. Prince. Mais, globalement, cette pathologie reste rare.

Au niveau phénoménologique, les cas recensés sont surtout des femmes présentant une personnalité anxiodépressive avec des troubles du comportement alimentaire ainsi que des manifestations hallucinatoires auditives et visuelles. De même, on peut retrouver dans les antécédents des manifestations de conversion, d'amnésie psychogène, des fugues nombreuses, des comportements suicidaires ainsi que des conduites d'automutilation. Les principaux diagnostics différentiels évoqués sont les états limites, les formes psychiques d'épilepsies temporales ainsi que le syndrome de Briquet (ou hystérie de conversion). Certains auteurs ont souligné dans la genèse et le développement des troubles une possible implication des interventions médicales ou psychiatriques pour enrichir les symptômes, d'autant que toutes les études concordent pour démontrer le côté fortement suggestible de ces sujets. De même, ils semblent également très facilement hypnotisables. Dans les antécédents personnels de ces patients, on retrouve fréquemment des expériences traumatisantes dans l'enfance avec abus sexuels et relations incestueuses.

À partir de ces observations sont apparues plusieurs tentatives d'explication des troubles par les notions d'ambivalence extrême, de forme de déni très élaboré telle que l'enfant finit par attribuer l'événement à quelqu'un d'autre que lui-même. Pour Kernberg (1975), le sujet mettrait en place des mécanismes de défense de type clivage, identification projective, idéalisation, déni et omnipotence. Ainsi, suivant l'importance des processus de clivage ou des tentatives pour réprimer les souvenirs traumatisants, le sujet développerait des troubles de la personnalité de type narcissique ou état limite. I. A.-B.

personnalité psychopathique

(angl. Psychopathic Personality)

Personnalité pathologique dont la structure n'est ni psychotique ni névrotique, caractérisée par l'instabilité, l'impulsivité et une grande variété de traits de caractère et se manifestant surtout par des conduites antisociales ne s'accompagnant pas de culpabilité consciente.

É. Esquirol avait le premier décrit une monomanie* instinctive, sans trouble du jugement, avec atteinte unique de la volonté poussant le sujet à commettre des délits. Ce qu'avait repris l'Anglais J. Prichard, en 1835, en décrivant une *folie morale* (angl. Moral Insanity). C'est à V. Magnan que l'on devra ensuite la notion de *déséquilibre mental* (spécifique aux « dégénérés-déséquilibrés »), qui deviendra, dans la perspective constitutionnaliste de E. Dupré, *perversion instinctive*. Le psychiatre allemand K. Schneider, en 1923, l'appellera « psychopathie ». C'est aux psychanalystes, et en particulier à D. W. Winnicott et à R. Misès, que revient le mérite de tracer la personnalité psychopathique dans une perspective évolutive et psychodynamique en la situant dans un « non-dépassement de la phase dépressive », l'enfant « renonçant à la restauration de l'objet » et « abandonnant les mouvements de réparation ». Le lien avec l'objet total n'est plus maintenu que grâce à une maîtrise omnipotente et à l'utilisation de toutes les ressources de la défense maniaque (au sens que lui donne M. Klein). Cette *dysharmonie* évolutive* particulière conduira à l'absence de culpabilité et au passage à l'acte antisocial, dans lequel « le sujet cherche à échapper à l'anxiété dépressive, à la nostalgie, au danger d'une régression où il perdrait ses limites » (R. Misès, 1981). J. P.

BIBLIOGRAPHIE

Misès, R., 1981, *Cinq Études de psychopathologie de l'enfant*, Toulouse, Privat.

perspective

n.f. (angl. Perspective)

Manière de représenter les objets et leur environnement tridimensionnel sur une surface plane à deux dimensions.

La perspective est fondée sur le fait que la taille angulaire des objets diminue quand leur distance à l'observateur augmente. La perspective linéaire concerne les règles géométriques permettant de construire la projection bidimensionnelle d'un monde tridimensionnel. Ces règles, qui s'appliquent aux images rétiniennes, suggèrent que l'organisme utilise cette information pour percevoir la profondeur et le relief. On parle de « perspective aérienne » pour désigner les effets de l'atmosphère, qui, en fonction de la distance, diminue les contrastes apparents et absorbe plus les grandes longueurs d'onde que les longueurs d'onde courtes, d'où le bleuissement des lointains. C. B.

perspectives (coordination des)

(angl. Perspective Taking Coordination)

Ensemble des opérations par lesquelles l'enfant parvient à admettre l'équivalence de points de vue autres que le sien propre et à envisager les relations de position et de distance dans un cadre de coordonnées invariantes.

L'évolution qui mène à la coordination des perspectives indique à quel type d'espace l'enfant se réfère pour reconnaître les formes sous diverses inclinaisons, pour dessiner les positions des objets et leurs emplacements, pour estimer les distances. Par des épreuves de reconnaissance stéréognosique ; de reproduction (dessin) de formes, de dessin d'objets « naturels », tels qu'arbres et montagnes, ou familiers, tels que maisons, verres ; de jugements comparatifs de position et de distance, J. Piaget et B. Inhelder (1948) se sont attachés à décrire cette évolution et ont discerné trois grandes étapes, correspondant à trois types d'espace successivement élaborés.

Avant 5 ans, l'enfant distingue mal les similitudes de forme à travers des orientations différentes ; il ne reconnaît pas tactilement des formes familières qu'il identifie sans erreur visuellement. Sollicité d'estimer la distance qui sépare deux points dans l'espace, son jugement dépend de sa propre position ou se rapporte à son action, ou encore diffère selon des traits perceptifs de configuration. Devant l'image d'une maison située sur une colline et d'une école en contrebas, il affirme ainsi que la maison est plus proche de l'école que l'école ne l'est de la maison, puisqu'il faut monter pour aller de l'école à la maison. Ayant à dessiner un chemin bordé d'arbres, en perspective, il les dessine d'abord horizontaux, perpendiculaires aux bords du chemin (4-5 ans) puis verticaux mais tous de même taille (6-7 ans) ; enfin, il ordonne les tailles selon la perspective seulement vers 8-9 ans.

Dans l'épreuve dite « des trois montagnes », l'enfant est placé devant une maquette représentant trois montagnes distinctes par leurs positions, leurs tailles et portant chacune des détails caractéristiques différents. On lui demande d'abord de recomposer le paysage, tel qu'il le voit, en plaçant convenablement une série de photographies partielles. Ensuite, on lui demande de composer avec les mêmes éléments le paysage vu d'un autre point de vue, celui d'une poupée placée sur la maquette modèle. Enfin, on lui demande de placer la poupée correctement devant différentes photographies panoramiques du paysage. Jusqu'à 8 ans, en moyenne, l'enfant ne réussit pas à effectuer les transformations demandées et se contente de reproduire le paysage tel qu'il le voit (égocentrisme spatial). La différenciation des points de vue, avec relativité complète des perspectives, n'est pas totalement construite avant 9 ans.

Piaget et Inhelder considèrent que, entre 5 et 8 ans, l'espace de l'enfant est un *espace projectif*, dans lequel toutes les relations ont pour origine sa position propre ; la coordination des perspectives marque le passage à l'espace euclidien, défini par un système de coordonnées indépendant du sujet lui-même, dans lequel une relation entre deux points peut être conservée en dépit de déplacements.

Ces interprétations ont suscité de nombreuses discussions : sur la nature des tâches demandées à l'enfant, en particulier le dessin ; sur les énonciations verbales de relations ; surtout sur le fond : l'égocentrisme spatial enfantin n'apparaît plus aussi absolu ni dominant ; des rapports euclidiens semblent conçus bien avant 8 ou 9 ans ; il n'est pas sûr que l'enfant et l'adulte n'utilisent pas plusieurs espaces de référence, selon les tâches et activités requises. La coordination des points de vue a été étudiée, au cours des vingt dernières années, à des âges antérieurs à 5 ans et on a pu montrer que, si la relativité complète des perspectives demeure à cet âge incomprise, des systèmes partiels de transformation témoignent néanmoins de coordinations exocentrées. L'appréhension des relations de distance indique aussi que les coordonnées géographiques de l'espace, notamment l'horizontale et la verticale, forment un cadre de référence utilisé plus tôt que ne l'affirme la théorie piagétienne. H. B.

BIBLIOGRAPHIE

Piaget, J., Inhelder, B., 1948, *la Représentation de l'espace chez l'enfant*, Paris, P.U.F.

pertinent, e

adj. (angl. Relevant)

Qui convient exactement à son objet.

Le sens du mot exigerait normalement qu'il soit toujours utilisé avec un complément « pertinent par rapport à ». L'anglais utilise « relevant to ».

Deux bonnes illustrations de cela sont données en considérant l'idée de *pertinence par rapport à un but,* à l'intérieur d'une tâche ou d'une situation de problème.

Voici d'abord le cas d'une tâche quelconque, supposée habituelle et bien maîtrisée par un sujet. La tâche implique l'accomplissement d'un *comportement* ou d'une suite de comportements, en vue d'atteindre un *but,* dans une *situation.* L'analyse de cette dernière repose sur l'idée que, d'une manière absolument générale, ce ne sont pas tous les stimulus de la situation, ni tous les aspects de celle-ci, mais seulement certains d'entre eux qui sont *importants dans leur relation avec le but* et, par voie de conséquence, qui doivent être pris en compte et traités par le sujet pour atteindre le but. C'est ce sous-ensemble à l'intérieur de l'ensemble total des stimulus ou aspects présents dans la situation qui est qualifié de *pertinent* (par rapport au but). Un but essentiel de l'analyse des tâches en ergonomie est, pour le psychologue ergonome, de les mettre au jour.

Dans un fonctionnement optimal, l'attention sélective et le traitement de l'information par le sujet (ou le travailleur) se portent sur eux et seulement sur eux; dans un fonctionnement normal (mais non optimal), la distinction existe aussi, mais elle est moins exacte. L'*expertise* dans une tâche consiste ainsi de façon essentielle en une bonne connaissance des stimulus et des aspects pertinents qui la caractérisent et en leur mise en œuvre cognitive et comportementale. Observons que cette connaissance n'est pas nécessairement explicite ni consciente mais qu'elle peut être purement «procédurale». L'«extraction d'expertise» par un cogniticien, notamment s'il est aussi psychologue, fait porter une partie de ses investigations sur ce point.

On peut analyser dans les mêmes termes une situation de problème. Dans celle-ci, par définition, les moyens de l'atteinte du but sont initialement inconnus du sujet. Une grande partie de la résolution du problème par ce dernier va résider dans la *découverte* (par essais et erreurs, par raisonnement, par insight ou par tout autre moyen) des stimulus et aspects qui sont pertinents (par rapport au but) au sein de la situation totale et dans la mise à l'écart cognitive de ceux qui ne sont pas pertinents. On pourrait aussi parler de la pertinence des comportements (toujours par rapport au but) qui doivent, en fonction de la situation, être sélectionnés ou modelés en vue de l'attente du but; mais cet emploi est moins fréquent. J.-F. L. N.

→ expertise 2, problème, tâche.

pervers, e

adj. et n. (angl. Perverse)

Se dit d'une personne atteinte de perversion. R. L.

perversion

n.f. (angl. Perversion; allem. Perversion)

PSYCHIATR. **Toute relation sexuelle cherchant le plaisir en dehors des relations dites «normales» avec un partenaire de sexe opposé et d'âge équivalent.**

On remplace cette notion, chargée de connotation morale, par celle de paraphilie*. J. P.

PSYCHAN. **Expérience d'une passion humaine où le désir supporte l'idéal d'un objet inanimé.**

La perversion n'est pas simple aberration de la conjonction sexuelle par rapport aux critères sociaux établis. Elle met en œuvre le primat du phallus en réalisant une fixation de la jouissance sur un objet imaginaire — souvent erratique — en lieu et place de la fonction phallique symbolique qui organise le désir sous le coup de la castration et du manque.

La perversion isole bien la fonction de l'objet dans son rapport au complexe de castration en tant que cet objet s'énonce comme cause qui dicte la dialectique du désir chez le névrosé. S. Freud notait «que la prédisposition aux perversions était la prédisposition originelle et universelle de la pulsion sexuelle» (*Trois Essais sur la théorie sexuelle,* 1905; trad. fr., 1987). Cette proximité est la raison de la difficulté à scinder distinctement la spécificité de la perversion dans sa généralité.

LA PERVERSION DANS SON CONTEXTE MORAL

Car le terme, fort ancien, de *perversion,* signifiant «renversement», suggère d'emblée la notion d'une norme morale ou de la nature, dont le pervers s'écarterait. On se souvient que, très tôt, l'Église avait relégué la sexualité à la stricte finalité de la reproduction.

Une telle appréciation ne tient évidemment pas compte de la dimension véritable du désir sexuel, qui, soumis aux lois du langage, échappe à toute finalité directement appréhendable. Or, cette référence morale est à l'origine du mouvement d'intégration des perversions dans le champ de la compétence médicale au XIXe siècle. L'établissement de leur catalogue et leur description, par R. von Krafft-Ebing et Havelock Ellis, visaient à préciser l'incidence médico-légale d'actes délictueux et à apprécier leur rapport avec la nosographie psychiatrique. L'intérêt de ces publications réside dans la question de l'existence d'une structure clinique perverse individualisée. Dire qu'elles aient un intérêt doit être nuancé puisque le fait ou l'acte pervers constitue le plus souvent une impasse dans l'organisation névrotique. Cependant, il se peut que le pervers, pressentant l'incompatibilité de son économie libidinale avec la démarche analytique, évite cette dernière. Par ailleurs, les efforts de certains auteurs pour élaborer un tableau exhaustif d'un «sujet pervers» sont peu convaincants, voire analytiquement discutables.

Une mention spéciale doit être faire à propos des œuvres littéraires, où se distinguent trois ordres:

— d'une part, les textes de libertinage érotique (Restif de La Bretonne, Réage, Klossowski...), qui relèvent bien d'une des caractéristiques de l'homme: de pousser l'expérience du désir à ses limites comme expérience morale;

— d'autre part, des œuvres autobiographiques (abbé de Choisy, Sacher-Masoch);

— enfin, les utopies philosophiques et sociales (Sade, Ch. Fourier), qui montrent à quel point le lien social peut être affecté par la promotion d'une jouissance universelle d'un objet.

Ainsi s'exemplifie une structure sociale capable d'organiser une perversion généralisée par la voie d'une sublimation collectivement assumée. Ces utopies suggèrent alors que la notion de perversion relève plus sûrement d'un lien social que d'un sujet exclusif.

Les perversions illustrent à des degrés divers la fonction de l'objet tel qu'il s'énonce dans le fantasme du névrosé mais avec une différence notable. C'est à la psychanalyse que revient le mérite d'une description spécifique. Articulée dans sa forme définitive par Freud en 1927, à propos d'un cas de fétichisme, cette dernière reste le modèle à partir duquel peuvent s'éclairer les autres formes de perversion. Ce cas confirme le primat du phallus, la mise en place d'un objet de substitution métonymique dans son rapport à la castration symbolique. Ces éléments s'explicitent dans l'expérience primordiale de l'enfant, lors de sa rencontre avec la question du sexe, laquelle apparaît sous un jour foncièrement traumatique.

DESCRIPTION PRINCEPS DE LA DÉCOUVERTE FREUDIENNE

La description de Freud observe trois temps.

1. La découverte puis la reconnaissance par le garçon d'abord, et à un degré moindre par la fillette, de deux catégories d'êtres: ceux pourvus d'un pénis et ceux qui ne l'ont pas. La stupeur et l'effroi qui connotent cette découverte déterminent chez le garçon la crainte d'une castration dont l'exécution est traditionnellement attribuée à la fonction du père.
2. Le second temps est celui du *refus,* du *désaveu* de la *représentation* ou *désaveu,* que d'autres auteurs traduisent par *deni** (allem. Verleugnung): «Il n'est pas vrai...», proposition qui combat l'angoisse et la menace de castration.

3. Enfin, une solution de compromis maintient les deux propositions contraires dans l'inconscient, qui peut les admettre, favorisant un *clivage subjectif* [ou *clivage du moi* selon d'autres auteurs] (allem. Ichspaltung) comportant aussi bien le désaveu que la reconnaissance de la castration. L'observation de Freud éclaire la raison pour laquelle la perversion est le point faible de l'homme alors qu'elle ne se rencontre qu'exceptionnellement chez une femme.

La castration symbolique

La castration imaginée par le garçon autant que la privation éprouvée par la fillette relèvent spécifiquement de la castration symbolique, qui universalise le manque à l'origine du désir selon les lois du langage, où le phallus est le signifiant originairement refoulé. À ce titre, le phallus ne peut intervenir que dans sa fonction symbolique, c'est-à-dire sous la forme de ce qui doit rester voilé ou encore selon le privilège que lui donne la névrose : d'avoir à le « retrouver » au lieu même où s'exerce la castration.

Mais essentiellement la castration implique que, chez le mâle, ce sur quoi il a à se fonder est cette part d'une jouissance perdue (voire proscrite par l'interdit de l'inceste). Et c'est cette part originairement soustraite que le pervers s'emploie à récupérer par le biais d'un *objet de jouissance* à la différence du névrosé, pour lequel l'intérêt réside dans les effets de désir que suscite le manque. Ainsi, le fétiche réalise cette double opération d'un désaveu tout en fournissant la garantie dernière à cette jouissance par le biais d'un objet concret (chaussure, « brillant du nez »...) établissant un rapport métonymique au signifiant phallus.

De même est-ce par un dévoilement inopiné que l'exhibitionniste révèle la dimension phallique de ce qui est exhibé, en forçant la pudeur de l'autre, en provoquant sa stupeur. La relation au signifiant phallique étant ordinairement fermée au sujet, il ne peut y avoir accès que du lieu de l'Autre. Ainsi, primordialement, c'est au lieu de la mère (Autre primordial) qu'est requis ce signifiant qui divise inauguralement le sujet dans son désir. Ce dispositif symbolique affecte le lien social du pervers dans la mesure où sa volonté de fléchir l'autre au gré de la jouissance d'une partie de son corps (« Kant avec Sade », *Écrits*, 1966) jusqu'au tréfonds de l'angoisse de l'autre marque la division du sujet qui lui revient comme de l'Autre. Mais c'est également dans le fléchissement de cet autre que revient au sujet sa propre abolition au regard du signifiant qui anime son désir. Évanouissement que réalise le masochiste en s'identifiant à l'objet méprisable qui conditionne sa jouissance non sans que soit exigée la participation d'un autre dans le contrat.

En sorte que, si le pervers met en œuvre la gamme des objets (voix, regard, sein, fèces) comme le névrosé, son désir reste confiné à une jouissance clandestine, asservie à cette part interdite de l'Autre. D'où la nécessité de s'assurer de l'Autre inconscient et de réaliser conjointement la fixation exclusive du désir à cet objet, moment de suspension de la chaîne signifiante. Par ce biais, toutes les perversions sollicitent donc l'imaginaire intersubjectif de la relation à l'autre non sans que soit à chaque fois désignée la condition symbolique de la référence à l'Autre au travers du signifiant phallique.

Le modèle clinique de l'homosexualité masculine

À tout ce qui vient d'être évoqué jusqu'ici, l'homosexualité masculine ajoute une dimension supplémentaire : *l'image du moi libidinalisée* dicte le choix d'un objet dans la personne propre au travers d'un autre. Cette situation fait la complexité et la vacillation perpétuelle qui caractérisent l'homosexualité masculine. Freud indiquait déjà en 1914 que les « pulsions sexuelles s'étayent d'abord sur la satisfaction des pulsions du moi » (*Trois Essais* ; *les Pulsions et leur destin*). Ainsi, la fixation à une blessure ou à l'état d'abandon narcissique induit un procès de restitution dans la vie amoureuse au travers d'une revalorisation phallique de l'image libidinalisée du sujet à laquelle l'autre est prié d'aliéner sa liberté. Cette image, à la fois blessée et libidinalisée, commande le choix narcissique fait d'identité et de fraternité. Au point que cette perversion, grâce à la sublimation dont elle est capable, devient l'idéal social par excellence.

La perversion ne fait donc qu'imiter l'apparence du désir du névrosé sous le coup de la castration puisqu'elle vise la part interdite de la jouissance ; de ce fait, le pervers se rend d'autant plus esclave de l'Autre, qui le divise radicalement au point où il tente justement de parer à l'angoisse de castration. D'être la proie crucifiée par le signifiant phallique le rend accessible à la cure. J.-P. H.

Bibliographie

Aulagnier-Spairani, P., 1967, « la Perversion comme structure », in *l'Inconscient*, n° 2.

Lacan, J., 1963, « Kant avec Sade », in *Écrits*, 1966, Paris, Le Seuil.

Recueil de textes, 1980, *les Perversions : les chemins de traverses (Freud, Abraham, Ferenczi et alii)*, Paris, Tchou.

perversité

n.f. (angl. Perversity, Perverseness)

Disposition active à faire le mal intentionnellement en faisant appel aux ressources de l'intelligence et de l'imagination.

Le mot *perversité* implique un jugement moral, et le terme *pervers* ne peut être appliqué à des faits indépendants de la volonté et de la conscience morale du sujet. La perversité peut n'être qu'intermittente et se limiter à une entreprise déterminée ou se polariser sur certains êtres et n'être pas fatalement et toujours pathologique. Elle peut en effet être le fait d'individus réputés normaux sous l'emprise d'un état passionnel quelconque. Est reconnue pathologique la perversité constitutionnelle, qui est caractérisée par l'amoralité, l'inaffectivité, l'indignité, l'impulsivité, la cruauté et l'inadaptabilité. R. L.

Pestalozzi (Johann Heinrich)

Pédagogue suisse (Zurich 1746-Brugg 1827).

Fils d'un chirurgien d'origine italienne, il fut formé par son grand-père pasteur. Profondément influencé par le Rousseau de l'*Émile* et du *Contrat social*, ainsi que plus tard par la Révolution française, Pestalozzi investit ses économies dans une entreprise agricole à vocation éducative, Neuhof, et s'y ruine (1779). Il s'occupe alors d'une autre institution pour orphelins, à Stanz. Il dirige ensuite une sorte de complexe éducatif expérimental à Burgdorf, puis à Münchenbuchsee et enfin à Yverdon (1805), où son institut deviendra célèbre dans toute l'Europe et comprendra tous les degrés de l'enseignement jusqu'à l'université, comptant jusqu'à 250 élèves et intégrant une école normale. En 1825, il revient à Neuhof pour une ultime expérience, alors que des écoles s'inspirent de ses méthodes. Sa pédagogie s'adresse avant tout aux enfants pauvres et reste fondée, d'une part, sur l'instruction agricole et l'instruction professionnelle et, d'autre part, sur l'enseignement mutuel. La discipline par le travail, l'éducation physique, les travaux manuels, les sorties, les jeux s'y ajoutent. Les idées et les méthodes de Pestalozzi se retrouveront dans l'« éducation nouvelle ». Il a écrit *Léonard et Gertrud* (1781-1787), *Comment Gertrud instruit ses enfants* (1801), *le Livre des mères* (1803) ainsi que *Des principes fondamentaux de ma pensée* (1797). R. L.

peur

n.f. (angl. Fear)

État émotionnel spécifique, susceptible d'être soumis au conditionnement et de jouer un rôle motivateur.

On appelle *conditionnement de peur* un conditionnement qui est supposé s'exercer sur un état interne, la peur, et non directement sur une réaction.

Les conditionnements d'échappement, et surtout d'évitement, chez l'Animal, ont été interprétés comme incluant un conditionnement classique intermédiaire d'un état de peur : l'Animal apprend d'abord que, dans une certaine situation, un stimulus nocif est susceptible de se produire (de la même façon que, dans la situation pavlovienne, il apprend que, après la clochette, la poudre de viande peut survenir). Ensuite, il apprend que, s'il émet un certain comportement, ce stimulus nocif ne se produit pas.

Les recherches expérimentales conduites au moyen d'indicateurs considérés comme exprimant directement l'état de peur (accélération du rythme cardiaque, réactions électrodermales, etc.) ont donné des résultats favorables à cette hypothèse.

Certains auteurs considèrent ainsi que la peur est, de façon générale, un état conditionnel (classique), dont l'état inconditionnel serait la douleur: la peur est dans cette optique une anticipation de la douleur. À l'encontre de cette façon de voir généralisée, on fait valoir qu'il existe un certain nombre de réactions internes de peur ou d'anxiété qui sont déclenchées par des stimulus spécifiques (stimulus effrayants ou anxiogènes, tels que bruits intenses, perception, chez l'Animal, de déclencheurs spécifiques, et, chez beaucoup d'Hommes, de Serpents, de Rats, d'Araignées, etc.): ces stimulus sont indépendants de la douleur proprement dite. De même, les états pathologiques d'anxiété semblent avoir une étiologie interne. Toutefois, l'explication par le conditionnement reste partiellement valable. J.-F. L. N.

BIBLIOGRAPHIE

Izard, C. E., 1978, *Human Emotions*, New York, Londres, Plenum Press.

Plutchik, R., et Kellerman, H., 1980, *Emotion: Theory, Research and Experience*, New York, Academic Press.

peyotl

n.m. (angl. Peyotl)

Nom indigène de *Lophophora williamsii*, cactacée non épineuse, localisée dans une étroite région montagneuse du Mexique et du Texas et qui fournit un hallucinogène puissant, la mescaline.

L'absorption de la mescaline provoque des symptômes physiques (nausée, mydriase, tachicardie) et psychiques (anxiété, agitation, hallucinations surtout visuelles), ainsi que des distorsions perceptives. R. L.

phallique (stade)

(angl. Phallic Stage; allem. Phalische Stufe)

Phase de la sexualité infantile, entre 3 et 6 ans, dans laquelle, dans les deux sexes, les pulsions s'organisent autour du phallus. R. L.

→ stade.

phallus

n.m. (angl. Phallus; allem. Phallus)

Symbole du sexe masculin érigé.

La notion de phallus, centrale dans la théorie psychanalytique, marque que le point d'impact efficace de l'interprétation, dans une cure, est sexuel; elle nous pose en même temps des questions d'ordre éthique sur la sexualité humaine.

Histoire du concept

Ce terme, familier aux ethnologues et aux historiens de l'Antiquité grecque, renvoie au rituel religieux des mystères, où il semblerait — car, sur Eleusis en particulier, il n'y a pas de documents directs — que l'un des points culminants ait été le dévoilement d'un simulacre du sexe masculin, gage de puissance, de savoir et de fécondité pour la terre et les hommes. On perçoit donc l'ambiguïté de ce terme, qui, imageant la turgescence du pénis, en fait ou bien un symbole à vénérer ou bien un symbole pris dans la logique de l'inconscient. On voit aussi combien ce terme peut permettre une confusion entre la sexualité et la procréation et un engluement de l'énigme de la relation entre homme et femme dans la description anthropologique de la relation familiale entre le père et la mère.

Par la notion freudienne de complexe d'Œdipe et par son corrélat, le complexe de castration, l'interdiction de l'inceste sort de la description anthropologique et du mythe tragique tandis que le phallus devient l'objet du désir de la mère, interdite au fils. S. Freud situe alors la castration, c'est-à-dire la manière dont est réglée la jouissance de l'exercice sexuel, comme ce qui lie le sexe à la parole, parole menaçante il est vrai, mais dont l'interdit structure le désir, tant chez le garçon que chez la fille, chez laquelle il aurait pu sembler que l'absence de pénis ait pu la dispenser de payer le tribut symbolique à la sexualité pour que celle-ci devienne humaine.

La conception freudienne du phallus

Pour Freud, le terme *phallus*, qui apparaît à de nombreuses reprises, à propos des symboles phalliques dans le rêve, à propos de l'organisation de la phase phallique, sert à affirmer le caractère intrinsèquement sexuel de la libido. En cela, il s'oppose par exemple à la théorie de C. Jung, où le désir est rattaché à des forces vitales métaphysiques où les mythes gardent leur accent initiatique religieux.

L'accent mis sur l'adjectif *phallique* correspond à une position théorique essentielle de la part de Freud: la libido est essentiellement masculine, même pour la petite fille, en dépit des affirmations d'élèves de Freud comme E. Jones ou K. Horney. On ne peut pas dire «à chacun sa libido ou à chacun son essence»: le phallus est une sorte d'opérateur de la dissymétrie nécessaire au désir et à la jouissance sexuels. Cette dissymétrie engendre-t-elle un discours chez Freud? Il est vrai que, si le phallus est attaché à Éros, cette force même tend à l'union tandis que Thanatos désunit, désorganise. Pourtant, dans *Au-delà du principe de plaisir* (1920), Freud montre comment la reproduction sexuée implique la mort de l'individu; ce qui est phallique ne peut donc pas être un pur symbole de la vie. La complexité de cette notion, chez Freud, se joue, semble-t-il, moins sur l'irréductible différence entre les sexes que sur l'opposition entre la vie et la mort.

La première approche lacanienne du phallus

Ce n'est qu'avec J. Lacan que le phallus devient véritablement un concept fondamental de la théorie psychanalytique. De quoi s'agit-il à propos du phallus? De l'assomption, par l'homme, de son sexe. Dans l'article «la Signification du phallus» (1958), publié dans les *Écrits* (1966), Lacan marque d'emblée l'enjeu symbolique du phallus dans l'inconscient et sa place dans l'ordre du langage: «C'est seulement sur la base des faits cliniques que la discussion peut être féconde. Ceux-ci démontrent une relation au phallus qui s'établit sans égard à la différence anatomique des sexes [...]. Le phallus est un signifiant, un signifiant dont la fonction dans l'économie intrasubjective de l'analyse soulève peut-être le voile de celle qu'il tenait dans les mystères. Car c'est le signifiant destiné à désigner dans leur ensemble les effets de signifié, en tant que le signifiant les conditionne par sa présence de signifiant.» C'est dire que Lacan met le phallus au centre de la théorie psychanalytique en en faisant l'objet du refoulement originaire freudien. C'est ainsi que l'on doit entendre l'affirmation lacanienne suivante: «Le phallus ne peut jouer son rôle que voilé.» Cela a des conséquences techniques et cliniques. Le dévoilement du phallus est donc à l'opposé de l'interprétation psychanalytique, mais renvoie à une initiation vers un signe dernier et sidérant. S'il est vrai pourtant qu'en dernier recours toute signification renvoie au phallus, ce n'est pas comme à une clé magique des songes et des discours, mais dans la prise en compte de la barre qui sépare signifiant et signifié et qui divise aussi bien le sujet désirant ($) puisque «l'inconscient est structuré comme un langage».

Ce choix théorique éclaire après coup la diversité des conceptions du phallus de la part de Freud et de ses élèves: «Le phallus, dans la doctrine freudienne, n'est ni un fantasme (au sens d'un effet imaginaire) ni un objet partiel (interne, bon, mauvais) et non plus l'organe réel, pénis ou clitoris» (Lacan, *Signification du phallus*). La distinction et l'articulation entre les trois dimensions du réel, du symbolique et de l'imaginaire résolvent les contradictions de cette notion. Lacan écrit encore: «Le phallus est le signifiant privilégié de cette marque où la part du logos se conjoint à l'avènement du désir. On peut dire que ce signifiant est choisi comme le plus saillant de ce qu'on peut attraper dans le *réel* de la copulation sexuelle, comme aussi le plus *symbolique* au sens littéral (typographique) de ce terme, puisqu'il y équivaut à la copule (logique). On peut dire aussi qu'il est par sa turgidité l'*image* du flux vital en tant qu'il passe dans la génération. »

DEUXIÈME APPROCHE : COMBINATOIRE ET TOPOLOGIE

En 1972-1973, le concept de phallus prend, avec Lacan, un tournant majeur où deux problématiques se trouvent conjuguées ; d'une part, une combinatoire logique où le phallus devient fonction phallique, d'autre part une topologie, celle du nœud borroméen, où le terme *phallus* apparaît, à propos de la jouissance phallique, comme ce qui, par rapport à la consistance du nœud, ex-siste, c'est-à-dire ce qui retient dans une distinction radicale.

LA FONCTION PHALLIQUE

Dans le séminaire *Encore*, le phallus se trouve situé dans une algébrisation qui radicalise l'asymétrie de la différence sexuelle : « Il n'y a pas de rapport sexuel inscriptible comme tel. » On ne peut écrire x R y pour rendre compte du rapport entre les sexes. Penser le phallus en termes de « fonction » phallique permet alors d'inscrire précisément ce hiatus entre homme et femme. (→ mathème, Figure 4.)

Ce qui est noté en haut du tableau donné en figure 4 à l'article mathème est une combinatoire qui montre les différentes manières d'avoir rapport à Φx, à la fonction phallique ; la lettre x marque la manière dont Lacan se sépare radicalement de l'idée d'une essence, ou nature, masculine ou féminine, car « qui que ce soit de l'être parlant s'inscrit d'un côté ou de l'autre ». Ce qui permet de penser autrement certains problèmes cliniques, comme celui de l'hystérie masculine.

Lacan commente ainsi ce tableau : « À gauche, la ligne inférieure $\forall x\ Qx$ indique que c'est par la fonction phallique que l'homme comme tout prend son inscription à ceci près que cette fonction trouve sa limite dans l'existence d'un x par quoi la fonction Φx est niée, $\exists x\ \Phi x$. C'est là ce qu'on appelle la fonction du père, d'où procède, par la négation, la proposition Φx, ce qui fonde l'exercice de ce qui supplée par la castration au rapport sexuel, en tant que celui-ci n'est d'aucune façon inscriptible. Le tout repose donc ici sur l'exception posée comme terme sur ce qui, ce Φx, le nie intégralement. » Du côté droit, le côté de l'être parlant, qui peut s'inscrire du côté femme, on peut dire ceci : « D'être dans le rapport sexuel, par rapport à ce qui peut se dire de l'inconscient, radicalement l'Autre, la femme est ce qui a rapport à cet Autre. » La femme n'est donc pas-toute dans la jouissance phallique. Ce qui fait que celui qui s'inscrit du côté mâle n'atteint « son partenaire sexuel qui est l'Autre » qu'à travers le fantasme $\$\Diamond$ a, c'est-à-dire par le lien qu'entretient le sujet divisé par rapport à l'objet cause du désir.

Cette combinatoire de quatre formules propositionnelles marque l'hiatus entre les sexes et tente d'ordonner le texte de la jouissance entre l'universel et l'exception quand il s'agit d'un champ fini d'une part et, d'autre part, quand il s'agit d'un champ infini (à droite), un écartèlement de deux propositions dont le rapport ne peut être résolu en termes de contradiction.

Cette radicale impossibilité d'écrire le rapport sexuel comme tel, la nécessité donc de passer par la fonction phallique, fait entendre le mot *phallus* entre le jeu de mots *faillir* et *falloir* : entre ce qu'il faut et ce qui fait défaut. Il n'y a donc pas, chez Lacan, comme ce qu'il dénonce lui-même chez Freud dans le séminaire R.S.I., « de prosternation devant la jouissance phallique ». Et s'il « y-a-de-l'Un », ce n'est pas le phallus, en tant que signe d'Éros, qui marquerait la possibilité d'une communion ; s'il y a de l'un, cet un entre dans le calcul logique où la fonction phallique opère ; et cela marque bien combien le phallus, ce signifiant de la jouissance sexuelle, ne nous renvoie pas à quelque maîtrise, malgré son éclat imaginaire, mais au trou que représente l'impossibilité de marquer d'un « un » le rapport sexuel.

La fonction phallique permet également de situer le *Nom-du-Père** comme l'exception fondatrice de ce qui règle, par rapport au phallus, l'être ou le n'être pas, l'avoir ou le ne pas l'avoir. On remarque que ce lien entre phallus et fonction paternelle fondatrice de la loi qui régit la jouissance, au lieu de confondre sexualité et génération, les distingue et les éclaire l'une l'autre.

Enfin, cette combinatoire permet de ne plus prendre l'objet phallique dans une confusion de ses enjeux imaginaire et symbolique. À l'affirmation de M. Klein selon laquelle la mère « contient » le phallus, Lacan répond en radicalisant la question : « Que le phallus soit un signifiant impose que ce soit à la place de l'Autre que le sujet y ait accès. » À l'imaginaire du contenant, du possédant qui pourrait penser le donner ou le transmettre comme un objet, Lacan substitue l'idée topologique du lieu de l'Autre.

LE PHALLUS DANS LE NŒUD BORROMÉEN

Le second aspect du tournant amorcé en 1972-73 dans la position théorique du phallus concerne la topologie du nœud borroméen. Ce nœud a la particularité de nouer trois ronds de ficelle sans les nouer deux à deux : si un rond est rompu, le nœud se rompt. Chaque rond est équivalent aux autres et, si chacun représente le Réel, l'Imaginaire, le Symbolique, cela veut dire que ces trois dimensions sont d'égale importance pour l'abord des questions théoriques et cliniques. Cela veut dire également, si le nœud est figuré à plat, que tout ce qui est alors distribué en différentes surfaces a des bords qui appartiennent aux trois ronds différents.

Cela contraint de penser le Réel, l'Imaginaire et le Symbolique en termes de trous et non de substances. Cela empêche également de restaurer à leur occasion quelque hiérarchie ou genèse.

Le phallus est situé comme ex-sistence dans la dernière partie de l'œuvre de Lacan ; il s'agit là de le repérer dans l'écart entre le rond du Réel et celui du Symbolique, à la limite de la jouissance phallique qui, au bord de l'objet *a*, s'articule à la jouissance de l'Autre et au sens. Le phallus est donc une notion centrale pour la psychanalyse, à la condition d'en articuler et d'en entendre les trois dimensions dans un abord à la fois logique et topologique qui, de façon différente mais non contraire, permet de ne pas en faire une substance, magique, religieuse, métaphysique. Signifiant de la jouissance sexuelle, il est le point où s'articulent les différences dans le rapport au corps, à l'objet et au langage. C. L.

→ mathème.

phanie

n.f.

Unité d'intensité lumineuse.

Ce terme, proposé par H. Piéron pour désigner l'intensité apparente d'une lumière ou d'une surface, n'a pas été homologué par la Commission internationale de l'éclairage. C. B.

→ luminosité.

pharmacodépendance

n.f. (angl. Drug Dependence)

→ dépendance ou pharmacodépendance.

pharmacomanie

n.f. (angl. Pharmacomania)

Abus de médicaments, qui sont utilisés en dehors de leurs indications.

À la différence de la toxicomanie, l'attachement du sujet à un médicament s'apparente à une habitude devenue compulsive. L'action pharmacologique joue un rôle secondaire, même si l'on peut voir apparaître un phénomène de tolérance qui conduit à augmenter les doses.

Le pharmacomane, ou pharmacophile, est surtout un névrosé, dont l'angoisse peut rester diffuse ou se structurer sur un mode phobique, obsessionnel ou hypocondriaque. Il craint tout changement de prescription, qui, selon lui, entraînerait inévitablement une réémergence des troubles. Alors que le toxicomane qui détourne un médicament de son usage est à la recherche d'un plaisir immédiat, le pharmacomane l'utilise comme un objet contraphobique. Son appétence garde une certaine fonction thérapeutique. Elle ne le conduit pas à la désinsertion sociale. Le toxicomane recourt à la voie parentérale, à des posologies rapidement élevées alors que le pharmacomane garde la voie d'administration indiquée par le médecin, à une posologie qui peut rester minime, mais pendant une longue période.

Bien que la pharmacomanie puisse concerner toutes sortes de médicaments (les laxatifs par exemple), les psychotropes sont le plus souvent en cause. En France, les statistiques de la Caisse nationale d'assurance maladie pour 1987 montrent que 10 psychotropes figurent parmi les 30 composés les plus prescrits. Tous sont des tranquillisants ou des hypnotiques de la classe des benzodiazépines. Les benzodiazépines conduisent à une dépendance physique après une utilisation régulière pendant quelques mois aux doses usuelles. Mais il existe aussi des réactions de rebond sans véritable phénomène de sevrage: des sujets anxieux peuvent alors être amenés à poursuivre la prise de benzodiazépines dans un cadre qui reste thérapeutique. Rebond et réaction de sevrage peuvent d'ailleurs coexister. Ainsi, entre la dépendance physique et le simple abus de médicaments qui caractérise la pharmacomanie, la limite est souvent difficile à déterminer.

A. G.

pharmacopsychologie

n.f. (angl. Pharmacopsychology)

1. **Discipline qui étudie les effets des substances chimiques chez l'homme et leur capacité à induire des troubles mentaux.** 2. **Pour certaines écoles, synonyme de psychopharmacologie.** (Dans son sens premier, le terme *pharmacopsychologie* est à rapprocher de ceux de *pharmacopsychiatrie* et de *psychiatrie expérimentale*.)

Au XIXe siècle, J. Moreau de Tours (1845) remarque chez les consommateurs de haschisch une dissociation psychique, que la psychiatrie allemande définira plus tard comme la «Spaltung» caractéristique de la schizophrénie. À l'aide du peyotl, un cactus mexicain, et d'un de ses alcaloïdes, la mescaline, il est possible de provoquer artificiellement chez les sujets sains des états psychotiques, comme l'a fait W. Mayer-Gross avant la Seconde Guerre mondiale. Ces états, de durée plus brève que d'authentiques troubles mentaux, sont aussi vécus avec un certain degré d'autocritique à l'égard des phénomènes anormaux.

En 1943, des chimistes travaillant sur des dérivés de l'ergot de seigle (champignon vivant sur la céréale) éprouvèrent des phénomènes hallucinatoires. Ceux-ci purent être rapportés au lysergamide, ou L.S.D. 25, qui peut induire des troubles mentaux réversibles, évoquant la schizophrénie, à des doses très faibles. Or, le L.S.D., structure indolique proche de la sérotonine, active les récepteurs sérotoninergiques. Ainsi, des perturbations métaboliques pouvaient sembler à l'origine de troubles psychiatriques ne correspondant à aucune lésion neuroanatomique. Cependant, jusqu'aujourd'hui, on n'a pu montrer qu'un processus neurochimique était nécessaire et suffisant pour expliquer un trouble psychique. Mais les ligands de certains récepteurs peuvent être utilisés pour susciter artificiellement des états pathologiques dont on veut étudier la sensibilité à différents psychotropes. Ainsi, la m-chlorophénylpipérazine(m-C.P.P.), agoniste des récepteurs sérotoninergiques, aggrave les symptômes obsessionnels, qu'il est ensuite possible de réduire à l'aide d'autres composés sérotoninergiques.

Les toxicomanes recourant au L.S.D. ou aux amphétamines à fortes doses provoquent involontairement des psychoses expérimentales et présentent des états schizophréniforme aigus. L'utilisation régulière de drogues conduit à un appauvrissement de l'activité et de l'affectivité similaire à l'état déficitaire de la schizophrénie chronique. Il est souvent difficile de distinguer ces pharmacopsychoses des psychoses endogènes.

Enfin, les barbituriques à brève durée d'action et les amphétamines à faible dose restent utilisés en clinique dans les narcoanalyses pour lever l'inhibition de certains patients et recueillir les éléments du diagnostic ou faciliter la psychothérapie.

A. G.

→ psychopharmacologie.

BIBLIOGRAPHIE

Snyder, S., 1990, *les Drogues et le cerveau*, Paris, Belin, «Pour la Science».

phase

n.f. (angl. Phase)

ÉTHOL. **Chacune des formes que l'on rencontre chez les espèces de Criquets pour lesquelles se manifeste le grégarisme.**

Les phases *solitaire* et *grégaire* se distinguent par de nombreux caractères morphologiques et éthologiques. Lorsque les conditions sont réunies dans les aires grégarigènes, le Criquet passe de l'une à l'autre forme en quelques générations. La phase grégaire est capable de migrations et cause des dégâts agricoles considérables. J.-P. S.

→ grégarisme, polymorphisme.

phase d'un rythme

(angl. Phase)

État instantané du rythme à l'intérieur d'un cycle, représenté par la valeur de la variable.

La phase du rythme indique donc la position du rythme dans le temps. Dans le cas où le rythme est de type sinusoïdal, la phase du rythme peut être définie par l'acrophase. P. L.

→ acrophase, rythme biologique.

phénobarbital

n.m. (angl. Phenobarbital)

Dénomination courante de l'acide phényléthylbarbiturique.

Le phénobarbital, de formule $C_{12}H_{12}N_2O_3$, est le chef de file des substances barbituriques. Il est utilisé comme antiépileptique, anticonvulsivant et hypnotique. Ses autres actions biologiques (dépression respiratoire, induction des enzymes hépatiques) ne sont pas utilisées en thérapeutique. Les traitements prolongés par le phénobarbital peuvent modifier l'action d'autres médicaments et notamment diminuer l'action de beaucoup d'entre eux: contraceptifs oraux, anticoagulants. De plus, une dépendance peut s'observer, avec anxiété, tremblements, hallucinations, fièvre et convulsions en cas de sevrage brusque. L'intoxication aiguë peut provoquer un coma grave, avec dépression de la respiration et hypothermie. R. L.

phénotype

n.m. (angl. Phenotype)

ÉTHOL. **Ensemble des caractères apparents d'un individu.**

Le phénotype est le résultat de l'interaction entre l'expression du génotype et les conditions environnementales épigénétiques. Dans le domaine comportemental, la combinaison indissociable des processus de maturation et d'expérience au cours de l'ontogenèse individuelle génère un phénotype singulier. R. C.

→ génotype, ontogenèse.

phéromone

n.f. (angl. Pheromone)

ÉTHOL. **Substance chimique ou ensemble de produits chimiques émis à faible dose, dans le milieu extérieur, par un animal.**

On distingue, à partir de leurs effets, deux types de phéromones. Le premier effet est un *effet déclencheur* (angl. Releaser Effect). Il est immédiat. La phéromone agit soit directement comme stimulus déclencheur, soit immédiatement en rendant l'animal sensible à un autre stimulus qui intervient simultanément ou juste après. Le *second effet* (angl. Primer Effect) n'est perceptible qu'à long terme sur l'organisme. Il accélère ou inhibe un comportement.

Les phéromones servent de support à la communication en général (intraspécifique et interspécifique), plus spécifiquement à la communication chimique. Elles sont impliquées dans de nombreux comportements. Caractéristiques d'un individu, d'un sexe, d'une caste ou d'un groupe social, elles peuvent déclencher l'alarme, guider sur les pistes, indiquer les limites d'un territoire, orienter la rencontre des sexes, inhiber chez les congénères certaines fonctions physiologiques. Elles interviennent dans les phénomènes de régulation sociale. M. C.

→ communication.

BIBLIOGRAPHIE

Barbier, M., 1983, *les Phéromones, aspects biochimiques et biologiques*, Paris, Masson.

phi carré (coefficient)

→ contingence (table de).

phobie

n.f. (angl. Phobia)

Psychiatr. **Peur non raisonnée et continue d'un objet, d'un être vivant ou d'une situation déterminée qui, en eux-mêmes, ne présentent aucun danger.**

Le sujet est conscient de l'irrationalité de sa phobie et il souffre du fait que son comportement est régi par l'évitement du stimulus phobogène et la crainte de lui être confronté inopinément.

Les phobies simples

Dans la population générale, les phobies sont fréquentes et de natures très diverses. Elles se dénombrent par centaines. Certaines subsistent toute une vie durant. D'autres s'estompent et même disparaissent, spontanément, avec l'âge. Elles peuvent ne s'inscrire dans aucun contexte étiopathogénique et ne gêner que modérément le sujet tant qu'il n'est pas confronté aux stimulations phobogènes. Tel est le cas des *phobies simples*, phobies de petits animaux (souris, oiseaux, serpents inoffensifs) ou d'insectes, prévalant dans les populations féminines, phobies d'objets (armes à feu, verre cassé, etc.) ou de situations (par exemple voyager en avion, être dans un endroit clos, en métro, sur un lieu élevé).

On peut se demander si ces phobies simples ne sont pas transmises culturellement ou si elles n'ont pas un rôle de protection pour l'individu, comme c'est le cas de certaines peurs enfantines qui, comme la peur de l'obscurité, ne se manifestent plus à l'âge adulte.

Les phobies perturbant la vie quotidienne

D'autres troubles phobiques se manifestent par une série d'évitements et de manifestations émotionnelles pouvant prendre un caractère obsessionnel et perturbant la vie quotidienne du sujet: la phobie sociale et l'agoraphobie.

La *phobie sociale* se manifeste par un évitement des situations dans lesquelles le sujet serait amené à être observé et critiqué par les autres: prendre la parole devant plusieurs personnes, aller au restaurant, avoir à aborder des questions sexuelles, etc.; la peur de rougir, de trembler, voire de vomir peut accompagner ces phobies. Elles apparaissent dès l'adolescence, parfois plus tôt. Comme les phobies simples, elles peuvent passer inaperçues de l'entourage tant que le sujet, au prix de stratégies psychiquement épuisantes, arrive à se soustraire à ces situations sociales.

L'*agoraphobie** désigne étymologiquement la peur de se trouver dans des lieux publics d'où il est difficile de sortir rapidement. À l'heure actuelle, ce mot prend un sens plus large: il englobe les peurs des déplacements (traverser une rue, passer sous un pont ou dans un tunnel par exemple) ou de certains lieux clos tels que les ascenseurs, les salles de cinéma ou les grands magasins, qui sont redoutés des claustrophobes*.

Les troubles des agoraphobes, comme ceux de nombreux autres phobiques, diminuent ou peuvent même ne pas se manifester lorsqu'ils sont accompagnés de personnes de leur choix, ce qui les met sous la dépendance de leur entourage. Leurs manifestations d'anxiété, anticipant la situation redoutée, s'accompagnent de troubles psychophysiologiques: impression de faiblesse des jambes, d'évanouissement imminent, de sensations vertigineuses. Les attaques de panique, qui font l'objet d'études récentes, sont présentes dans certaines formes d'agoraphobie et pourraient se trouver à l'origine de celles-ci. Les appréhensions des agoraphobes ne seraient plus, alors, liées à un stimulus externe mais constitueraient ce qui a été décrit comme étant «la peur de la peur», cette dernière restant liée à des sensations internes dont les chercheurs estiment que les origines pourraient être soit physiologiques, soit biochimiques; elles seraient par conséquent accessibles à des agents pharmacologiques.

Le traitement des phobies relève essentiellement des psychothérapies, de la psychanalyse ou d'une thérapie comportementalo-cognitive visant à permettre au sujet d'affronter sans angoisse l'objet phobogène, l'anxiété et les effets dépressifs liés à ces phobies pouvant être parallèlement traités par chimiothérapie. M. A.

Psychan. **Attaque de panique devant un objet, un animal, un aménagement particulier de l'espace qui jouent comme signaux d'angoisse.**

Ce symptôme, qui peut apparaître pendant la petite enfance et dans certains états de névrose et de psychose, n'exclut pas que l'on puisse parler de structure phobique, que l'on pourra définir, avec Ch. Melman, comme une maladie de l'imaginaire.

Situation freudienne de la question de la phobie: l'angoisse de castration

La phobie est d'emblée une notion psychanalytique. S. Freud l'appelle hystérie d'angoisse. Malgré l'éclatement de cette notion en symptômes divers surgis dans l'hystérie, la névrose obsessionnelle, la psychose même, il se dessine une spécificité structurale de la phobie. Son enjeu, qui peut être étudié dans la très fréquente et passagère phobie infantile, est la symbolisation même, dans son lien difficile avec l'imaginaire.

L'hystérie d'angoisse, chez Freud, s'oppose à l'hystérie de conversion, où de grandes formes d'excitation liée à l'investissement libidinal d'une représentation refoulée conduisent à un symptôme somatique. Dans l'hystérie d'angoisse, l'angoisse due à une représentation angoissante liée à la sexualité apparaît en elle-même, produit une fuite qui oriente l'investissement vers une représentation substitutive qui joue le rôle à la fois de signal d'angoisse et d'écran devant la vraie raison de cette angoisse, qui est à trouver et à définir.

L'intérêt de cette question tient à ce que ni Freud ni J. Lacan, dans leurs élaborations si nouvelles à ce sujet, n'ont eu de position théorique immuable. Et l'on peut dire que, chez Freud, malgré la guérison du cas appelé «le petit Hans» (1905, *les Cinq Psyanalyses*), la situation de la phobie a été renouvelée en 1920 dans *Inhibition, symptôme, angoisse* sans être pour autant conclue. Quelle est donc la question spécifique de la phobie? Peut-on tirer de l'exposé de l'élaboration nécessaire de cette question quelque chose qui nous guiderait vers ce que la phobie a d'original? Freud, dans l'analyse du petit Hans, expose un cas qui noue la question de la phobie, ici du cheval, à ce qu'on appelle phobie enfantile c'est-à-dire ce moment de l'enfance, 3 à 5 ans peut-être, où souvent le sujet prend peur de façon irraisonnée devant certains animaux et certains espaces et où surgit ainsi le signal de ce que Freud théorise comme l'angoisse de castration. Cette phobie se résout le plus souvent avec la prise en compte par l'enfant de l'ordre qui régit non seulement sa sexualité, mais la transmission et la filiation.

Le petit Hans n'osait sortir dehors: il avait peur qu'un cheval attaché à une carriole ne le morde. Il semble qu'il ait craint surtout que ce cheval ne tombe et ne fasse alors un «charivari». Freud ne mena pas directement la cure, mais indirectement, par les parents de Hans, qui étaient ses élèves. Cela n'est pas indifférent par rapport à cette interrogation fondamentale du phobique sur la transmission du savoir concernant le désir et la jouissance. Le petit Hans, comme tout phobique, si «infirme» qu'il soit dans sa claustration, est vif, intelligent, lucide et démystificateur. Il est volontiers ironique devant les théorisations parentales qui caricaturent pesamment les théories freudiennes sur le complexe d'Œdipe et l'angoisse de castration, tout en en reconnaissant la justesse, d'ailleurs. En effet tout le travail que Hans fait sur la différence sexuelle, sur la venue des enfants et en particulier de sa sœur Anna si jalousée, sur son *déni* (allem. Verleugnung) devant le sexe de sa sœur élabore peu à peu autre chose que la panique devant ce substitut phallique qu'est le cheval dans la réalité extérieure; il admet peu à peu ce que l'angoisse de castration enjoint de symboliser et il est conduit à une certaine guérison.

Cependant, le ressort de sa cure — et n'est-ce pas une indication pour les cures de phobies? — vint au moment où Freud dit à Hans: «Bien avant qu'il ne vînt au monde, j'avais déjà vu qu'un petit Hans naîtrait un jour qui aimerait tellement sa mère qu'il serait par la suite forcé d'avoir peur de son père et je l'avais annoncé à son père.» À ce que Freud appelle avec humour «sa vantardise enjouée» correspond une intervention qui n'est pas une prédiction religieuse, même si le petit Hans demande brusquement à son père: «Le professeur parle-t-il avec le Bon Dieu pour qu'il puisse savoir tout ça d'avance?» Certes, Freud indique le juste lieu de la peur de Hans: le cheval serait un substitut du père dans le triangle œdipien ; mais encore fallait-il que cette historisation du conflit pût situer un savoir inconscient comme un ensemble (Lacan le nommera S(Ⱥ), comme le lieu de langage où Hans a sa place dans la transmission signifiante ; si le *cheval* (allem. Pferd) vient en assonance avec Freud, c'est qu'il n'est plus seulement ce morceau d'espace qui surgit de l'horizon et qui tombe brutalement, dans sa crudité non symbolisable, c'est que le petit Hans est entré dans le nœud qui lie filiation, nomination, transmission par les réseaux symboliques du langage.

Il va dès lors pouvoir retrouver le lieu fictionnel des théories sexuelles infantiles où peuvent s'historiser comme un jeu sérieux les différentes places où un sujet peut se tenir et où la castration peut prendre un autre sens qu'un danger de mutilation. Guérison imparfaite, dira Lacan, dans la mesure où c'est du côté d'une grand-mère qu'il trouvera, entre sa mère et lui, le tiers qu'il ne trouve pas chez son père et où la paternité qu'il situera sera surtout une paternité imaginaire. Il reste que la question du phallus et de ses lois a pu être posée et que la réponse donnée prend place dans un lieu dialectisé et non projeté dans la réalité extérieure de l'espace comme l'imminence d'un danger qui, n'obéissant à aucune loi, peut surgir à n'importe quel moment de n'importe où.

Dans *Inhibition, symptôme, angoisse* (1920), Freud renvoie la phobie à une angoisse du *moi* et situe ainsi l'angoisse de la phobie directement en relation avec la menace de castration, tandis que l'angoisse hystérique se manifeste par la perte de l'amour du côté de l'objet et que l'angoisse de la névrose obsessionnelle se joue par rapport au surmoi. Il ne semble pas pourtant que ces précisions invalident l'idée d'une notion pulsionnelle refoulée qui reviendrait comme une perception de l'extérieur. Car, même si le concept freudien de projection, inventé et opératoire à propos de la paranoïa, ne convient pas vraiment à la phobie, dans la mesure où l'opposition de l'intérieur et de l'extérieur renvoie à une prégnance imaginaire qui ne peut organiser qu'en impasse les liens entre le langage et la façon dont le sujet s'y situe, on peut dire que la phobie pose la question même du refoulement. Cependant, si le refoulement originaire y est en place, il semble que le lien entre les mots et l'imaginaire, qui concerne l'espace et le regard, constitue une solution originale. S'ajoute donc la question suivante : la cure d'un phobique doit-elle conduire à une névrotisation ? S'il est vrai que le phobique a inventé tout un montage pour éviter la castration et la névrotisation qui marque la symbolisation qu'elle engendre, doit-on pour autant en éluder la raison, et peut-être le bénéfice, et ne pas tenter de repenser la question et les enjeux de la castration ?

L'idée lacanienne du signifiant phobique

Lacan, dans le séminaire sur *la Relation d'objet* (1956-57), étudie quasi mot à mot l'analyse du petit Hans relatée par Freud. Il nous fait passer de la considération stérile de l'objet phobique à l'idée opératoire de signifiant phobique. Ce signifiant phobique, par exemple le « *Pferd* » pour Hans, y est défini comme signifiant à tout faire, véritable métaphore du père qui permet à l'enfant de symboliser le Réel de la jouissance phallique, qu'il découvre et qui fait surgir les enjeux œdipiens.

L'objet phobogène est situé alors par Lacan comme ce qui, dans l'espace, sert à masquer l'angoisse fondamentale du sujet. « Pour combler quelque chose qui ne peut se résoudre au niveau du sujet, au niveau de l'angoisse intolérable, le sujet n'a d'autre ressource que de se fomenter la peur d'un tigre de papier » (*ibid.*). La question est alors de savoir ce qui lie l'objet phobogène au signifiant phobique ; mais cela ne semble pas directement abordé chez Lacan, bien que ce ne soit qu'à partir de la théorie lacanienne de l'objet *a*, et en particulier de ce qu'il dit du regard, que le problème de cette articulation puisse être résolu.

Dans le séminaire *D'un autre à l'Autre* (1961), Lacan prend position sur la question de savoir si on peut parler d'une « structure phobique » : « On ne peut pas y voir une entité clinique », dit-il, « mais plutôt une *plaque tournante*, quelque chose qui doit être élucidé dans ses rapports avec quoi elle vire le plus communément, à savoir les deux grands ordres de la névrose, l'hystérie et l'obsession, mais aussi bien la jonction qu'elle réalise avec la perversion ».

En effet, il se pose une question : comment distingue-t-on l'objet phobique de l'objet fétiche ? Ils entretiennent tous deux un rapport direct avec l'angoisse de castration, ils ont valeur de signifiants, mais sont tous deux imaginarisés ; ils représentent tous deux une certaine positivation du phallus et ménagent un accès à la jouissance phallique.

Cependant, on peut trouver chez Lacan, dès 1963, dans un unique séminaire, *le Séminaire des Noms-du-Père* (→ Nom-du-Père), une indication qui va spécifier peut-être l'objet phobique : « Il n'est pas vrai que l'animal paraisse comme métaphore du père au niveau de la phobie, la phobie n'est qu'un retour. » Retour à un totem ? Ce n'est pas sûr et, si Lacan revient sur cette question, c'est pour affiner la question du lien entre Nom-du-Père et phallus dans l'objet phobique : il semble bien, comme le souligne Melman, que l'animal phobique représente le phallus et non le père. Pouvons-nous dire que l'objet phobique fait une sorte de « crase » entre la valeur signifiante du phallus et un *appel* au Nom-du-Père symbolique qui se résout souvent selon une paternité imaginaire ? Ces questions prendront un tournant important dans le séminaire *R.S.I.* (1974-1975), où justement l'imaginaire est situé à part entière, égal aux deux autres registres Réel et Symbolique et comme eux élément indispensable au nouage. Le 17 décembre 1974, Lacan redéfinit l'angoisse comme « ce qui de l'intérieur du corps ex-siste... quand il se trouve que se rend sensible l'association à un corps... d'une jouissance phallique ». Il dit encore : « Si le petit Hans se rue dans la phobie, c'est évidemment pour donner corps à l'embarras qu'il a de ce phallus et pour lequel il s'invente toute une série d'équivalents diversement piaffants sous la forme de la phobie dite des chevaux ; [...] c'est à lui rendre cette angoisse, si l'on peut dire, pure, qu'on arrive à la faire s'accommoder de ce phallus. » S'indique ici une direction de la cure : passer d'une positivation du phallus à ce qui en est exactement la fonction, l'opérateur symbolique Φx, qui marque et fait fonctionner en même temps l'hiatus radical entre les sexes dès lors qu'il s'agit du sujet parlant.

Les conséquences cliniques et théoriques de l'œuvre de Lacan sur la conception de la phobie

L'œuvre de Lacan permet d'avancer sur les différentes questions posées par la phobie — et, sans doute, de poser l'hypothèse d'une structure propre à la phobie ; hypothèse importante car, assez souvent, de grands phobiques sont situés et traités comme des psychotiques.

Il existe des phobies d'animaux et des phobies de l'espace (agoraphobie, claustrophobie).

Or, il semble que Lacan puisse nous aider à résoudre cette distinction. C'est l'un des enjeux de l'étude de Melman (op. cit.), qui pose la phobie comme « une maladie de l'imaginaire ». Reprenant les descriptions anciennes de Legrand du Saulle (1878), il remarque en effet combien ce sont les espaces organisés par la perspective qui sont phobogènes : places désertes où rien n'arrête le regard, belvédères, points de vue vertigineux. Notons alors que l'animal, cet « automaton », surgit souvent de ce qui a fonction de point de fuite, comme si ce point — induit par un rapport à l'espace réglé par l'image spéculaire, vue et articulée par une parole dans le miroir — n'était plus rattachable à une géométrisation mais pouvait surgir comme un lambeau d'espace, doué de sa propre autonomie. La psychanalyse lacanienne, depuis *les Quatre Concepts fondamentaux de la psychanalyse* (1964), sait reconnaître dans le point de fuite d'un tableau la place du regard. Or, il s'agit expressément de cela dans la phobie : l'espèce produit comme un danger menaçant, le *réel* même du regard et non plus sa *place*. Pour quelles raisons ? On peut arguer d'une relation à l'imaginaire spéculaire qui n'a pu être structurée à cause d'un abandon, d'un oubli structural du sujet dans le discours hystérique de ce grand Autre réel que peut être une mère dont la relation symbolique au phallus, mal assurée, faite toute de suggestion, ne renvoie qu'aux sidérations aléatoires de sa présence actuelle. Cela fait apparaître une question importante pour la cure du phobique : existe-t-il un imaginaire qui ne soit pas spéculaire ? La considération lacanienne du nœud borroméen peut permettre de penser cela, et l'acuité intelligente des phobies, si notable et si impuissante à les guérir, peut s'éclairer de cela. C'est ainsi que Melman peut écrire en opposant au phobique le névrosé, qui paie par la castration un tribut symbolique au grand Autre pour la jouissance : « C'est [...] comme si le sujet payait à l'Autre [...] un tribut de l'ordre de l'imaginaire avec l'invention de l'animal phobogène [...] la phobie se présente donc comme si l'amputation de l'espace venait de façon inattendue constituer le tribut que le phobique était amené à payer.» Tout névrosé, certes, connaît des lieux inaccessibles, marqués d'une interdiction; «mais le problème c'est que, pour le phobique, ce tribut n'a jamais de limite: cela peut venir s'étendre jusqu'au bord de son domicile; autrement dit, il peut en quelque sorte tout donner» (*ibid.*). Ce qui permet à Melman de dire, en reprenant la problématique borroméenne de Lacan, qu'il y a un rapport singulier dans la phobie entre Imaginaire et Réel. Alors que d'habitude c'est le rond du Symbolique qui fait trou, que celui de l'Imaginaire fait consistance, que celui du Réel fonde l'«ek-sistence», tout se passe dans la phobie comme si c'était l'Imaginaire qui était marqué de la dimension du trou. Cela ne va pas sans conséquences: cela explique le jeu, l'équivoque chez le phobique entre le caractère fini ou infini de la jouissance à laquelle il a affaire, jouissance phallique ou jouissance de l'Autre. Cela démontre la prégnance de la relation moïque au semblable, en particulier au nécessaire accompagnateur, dès lors qu'il y a cette suspension, cette économie de la castration dans la relation au phallus qui ne pose pas véritablement la différence des sexes. Cette relation à l'infinitude, payée par l'angoisse il est vrai, donne au phobique cette acuité sur lui-même et le monde qui est son charme bien que cette acuité ne suffise pas à le guérir. C'est là la difficulté des cures de phobiques, et les succès véritables mais temporaires des rééducations comportementalistes trouvent là leurs arguments. Cependant, elles éludent et laissent entier le problème éthique posé par une guérison: passe-t-elle par une névrotisation? Comme le dit Melman: «Est-ce que le Nom-du-Père est la cheville nécessaire pour obtenir la castration ou bien est-ce qu'elle est la cheville du symptôme?» C. L.

BIBLIOGRAPHIE

Cottraux, J., et Mollard, E., 1986, *les Phobies, perspectives nouvelles*, Paris, P.U.F.

Legrand du Saulle, M., 1878, *Étude clinique sur la peur des espaces (agoraphobie des Allemands), névrose émotive*, Paris, Académie des sciences.

Marks, I. M., 1975, *Fears and Phobias*, Londres, Heinemann Medical.

Mazel, J. B., et Ferrand, L., 1983, «les États phobiques», *Encyclopédie médico-chirurgicale*, Paris, Psychiatrie 37360 A 10, 7.

phone

n.m. (angl. Phone)

Unité sans dimension, utilisée dans la mesure de l'intensité des sons et des bruits.

Un son, ou un bruit, a une intensité physiologique de *x* phones s'il a même intensité physiologique qu'un son pur de fréquence 1 kHz dont le niveau de puissance acoustique est supérieur de *x* décibels au seuil d'audibilité à cette même fréquence. L'intensité physiologique des sons et des bruits que l'oreille peut percevoir se situe entre 0 phone (seuil d'audibilité) et environ 130 phones (seuil de douleur). Le seuil conventionnel d'audibilité correspond à une pression acoustique de 20 mPa. R. L.

photocinèse

n.f. (angl. Photokinesis)

Activité locomotrice, sans orientation particulière, provoquée chez certaines espèces animales par la présence d'une source lumineuse dans leur environnement. R. L.

photométrie

n.f. (angl. Photometry)

Système de mesure des énergies électromagnétiques spécifiées en terme de leur efficacité visuelle.

La radiométrie définit des unités d'énergie du rayonnement électromagnétique: le *flux énergétique* (angl. Radiant Flux), l'*intensité énergétique* (angl. Radiant Intensity), l'*éclairement énergétique* (angl. Irradiance), la *luminance énergétique* (angl. Radiance); mais ces définitions ne tiennent pas compte des capacités du système visuel. Les grandeurs photométriques sont des conversions des unités radiométriques pondérant celles-ci par la sensibilité relative du système visuel à la lumière. Elles sont définies par la Commission internationale de l'éclairage (C.I.E.) par rapport à des observateurs de référence. À celles qui ont été citées correspondent dans l'ordre: le *flux lumineux* (angl. Luminous Flux), l'*intensité lumineuse* (angl. Luminous Intensity), l'*éclairement lumineux* (angl. Illuminance ou Illumination), la *luminance visuelle* (angl. Luminance). C. B.

photopique

adj. (angl. Photopic)

Mode de vision correspondant à la seule activité des cônes.

Aux niveaux élevés de luminance, dits aussi «diurnes», les bâtonnets sont inactifs parce que leurs pigments sont totalement saturés. Seuls les cônes assurent le traitement des informations visuelles. La sensibilité est alors maximale dans la fovéa, où les cônes, seuls présents, ont la densité la plus élevée. C. B.

photopsie

n.f. (angl. Photopsia)

Hallucination visuelle élémentaire, ayant la forme d'une tache lumineuse de petite taille.

Les photopsies se rapprochent des zoopsies* qui se manifestent dans les accès de delirium tremens. J. P.

photosensibilité

n.f. (angl. Photosensibility)

Propriété d'une substance qui est l'objet de modifications chimiques réversibles sous l'effet de la lumière.

Les photons, ou quanta de lumière, sont absorbés par cette substance, dont la structure chimique se modifie. Ainsi, les récepteurs rétiniens contiennent des molécules de pigments visuels (*chromophores*) qui, en absorbant les photons, subissent une isomérisation qui conduit à une modification de la polarisation du récepteur. Le processus est réversible et les pigments se regénèrent. C. B.

phrénologie

n.f. (angl. Phrenology)

Théorie due principalement à F. J. Gall, selon laquelle les fonctions mentales sont localisées dans des zones précises du cerveau.

En se développant, ces fonctions augmentent le volume des zones cérébrales concernées, ce qui entraîne des modifications de la morphologie de la boîte crânienne sous forme de bosses.

Cette théorie, complètement fausse, est depuis longtemps abandonnée; elle a toutefois marqué le début d'un grand nombre de travaux sur les localisations cérébrales et a, de ce fait, contribué à la mise au point de techniques d'exploration cérébrale. P. L.

→ localisation cérébrale.

phylogenèse

n.f. (angl. Phylogenesis)

Études des processus d'évolution des espèces animales et végétales au cours du temps.

Les espèces représentent des ensembles d'individus possédant des caractères morphogénétiques communs; aussi n'est-il pas étonnant qu'on ait cherché dans les explications de la phylogenèse des principes également explicatifs de l'ontogenèse.

C'est à la fin du XIXe siècle que, sous l'influence des théories évolutionnistes, en particulier du darwinisme, cette conception s'est le plus clairement exprimée en psychologie, avec plus que des nuances suivant les auteurs. L'ensemble le plus radical en est la théorie de E. Haeckel, qui voyait dans le développement embryologique humain une récapitulation des étapes du développement des espèces, tirant argument, par exemple, de la présence transitoire et archaïque de branchies chez l'embryon. D'autres auteurs, comme S. Hall, A. Bain, J. Baldwin, ont seulement sélectionné parmi les notions phylogénétiques quelques notions applicables au développement individuel : celle de sélection a été, sans doute, la plus répandue.

Les néodarwiniens ont ensuite popularisé les concepts de *phénocopie* (modification phénotypique non héréditaire) et de *chréode* (ligne d'évolution permettant de prédire la création de phénotypes efficaces) qui peuvent être utilisés à l'échelle individuelle.

Enfin, sous l'influence plus récente des modèles environnementalistes, qui soulignent combien les conditions écologiques ont été déterminantes dans les transformations évolutives, le comportement apparaît, ainsi que l'a exposé J. Piaget (1973), comme un « moteur de l'évolution ». H. B.

Piaget (Jean)

Psychologue et épistémologue suisse (Neuchâtel 1896-Genève 1980).

VIE ET CRÉATION

Né dans une famille universitaire, il s'intéresse dès l'enfance aux sciences naturelles. Sous la conduite d'un zoologiste neuchâtelois, P. Godet, il commence à étudier les mollusques des lacs suisses et il publie de nombreux articles, dans lesquels il aborde, à travers des études comparatives, le problème de l'adaptation au milieu. En 1921, il soutient une thèse de doctorat ès sciences sur *la Malacologie valaisanne*. Mais, entre-temps, il a aussi suivi l'enseignement de A. Reymond, qui l'oriente vers la philosophie, la logique et l'épistémologie : il lit beaucoup, notamment Aristote, Kant, Spencer, Bergson et James, et il décide, sans pour autant cesser de s'intéresser aux sciences naturelles et à la biologie, de se consacrer à la philosophie. Dans un essai (*la Mission de l'idée*, 1916) et un roman (*Recherche*, 1918) apparaissent les préoccupations métaphysiques qui furent les siennes à l'époque. Mais, très vite, il les dépasse pour concentrer son attention sur le problème de la connaissance : à la recherche des instruments qui pourraient lui permettre de se donner une théorie scientifique de la connaissance, il est amené à la psychologie et, plus particulièrement, à la psychologie de l'enfant, car il pense que, à travers l'ontogenèse des conduites, c'est l'élaboration de la raison que l'on pourra comprendre. Il va tout d'abord à Zurich pour suivre des cours de psychologie et de psychiatrie, en particulier ceux de E. Bleuler ; puis il vient à Paris, où il suit les enseignements de L. Brunschvicg, de A. Lalande et de P. Janet. Th. Simon, qui travaille sur l'intelligence de l'enfant, lui ouvre le laboratoire de A. Binet et le charge de la mise au point de certaines épreuves du test de Binet-Simon. Piaget commence ainsi à faire des observations, dans une école de garçons, en particulier sur la logique des classes et des relations, et, dès 1921, il publie dans le *Journal de psychologie* un « Essai sur quelques aspects du développement de la notion de partie ».

En 1921, il rentre en Suisse et devient le collaborateur de E. Claparède à l'Institut J.-J. Rousseau de Genève. Il se marie et la naissance de ses trois enfants lui donne la possibilité d'observer quotidiennement de jeunes bébés dès leur naissance ; les observations minutieuses auxquelles il procède, avec la collaboration de sa femme Valentine, fournissent la matière de trois ouvrages : *la Naissance de l'intelligence* (1936), *la Construction du réel* (1937), *la Formation du symbole* (1946). À partir de 1933, il assume la direction de l'Institut J.-J. Rousseau, où non seulement il trouve d'importants moyens de travail, mais où il rencontre des chercheurs remarquables : A. Szeminska, avec laquelle sont menés les travaux sur *la Genèse du nombre* (1941), et B. Inhelder, avec laquelle s'établit une exceptionnelle collaboration de plus de 40 ans : bon nombre des ouvrages, les plus importants sur le développement cognitif de l'enfant, sont le fruit de cette collaboration, comme en témoigne la double signature. En 1925, il avait succédé à A. Reymond dans la chaire de philosophie de l'université de Neuchâtel. Sa carrière universitaire se déroule ensuite entre Lausanne (1938 à 1951) et Genève (1939-1971), où il enseigne la psychologie expérimentale, la psychologie génétique mais aussi l'épistémologie. En outre, de 1952 à 1963, il occupe la chaire de psychologie de l'enfant à la Sorbonne et il vient chaque semaine à Paris pour assurer cours et directions de travaux. Si sa carrière universitaire se termine en 1971, son œuvre scientifique devait se poursuivre jusqu'à sa mort, à la direction du Centre international d'épistémologie génétique (C.I.E.G.).

En 1950 avaient été publiés les trois volumes de *l'Introduction à l'épistémologie génétique*, qui préfiguraient le projet et annonçaient le programme du C.I.E.G., dont la création, en 1955, devint possible avec l'aide de la fondation Rockefeller. Dans ce Centre se rencontrèrent et collaborèrent psychologues, physiciens, mathématiciens, logiciens, biologistes, cybernéticiens, philosophes, venus du monde entier. De 1957 à 1980 furent publiés une quarantaine de volumes dans lesquels étaient confrontées les recherches menées par les psychologues sur le développement cognitif de l'enfant et les discussions relatives à la philosophie des sciences auxquelles participaient les savants invités. Certains de ces volumes sont relatifs à des problèmes d'épistémologie générale, épistémologie mathématique (1961) ou logique naturelle (1962), par exemple ; d'autres portent sur des notions spécifiques comme l'espace (1961) ou le temps (1966). Piaget sut constituer autour de lui une équipe de chercheurs fidèles et enthousiastes et, s'il n'est pas possible de citer tous ceux qui ont contribué à l'élaboration de son œuvre, tant à l'université qu'à l'Institut J.-J. Rousseau et au C.I.E.G., il en est dont les noms sont trop étroitement associés à celle-là pour qu'on n'en fasse pas mention : M. Lambercier, A. Morf, J. B. Grize, P. Gréco, F. Bresson, Vinh Bang, L. Apostel, S. Papert, G. Cellérier, R. Garcia entre autres.

Piaget assura, en outre, pendant de nombreuses années, des charges importantes au Bureau international de l'éducation et à l'Unesco, institutions pour lesquelles il a rédigé de nombreux rapports relatifs à l'enfance et à l'éducation.

Mondialement connu, il était membre de nombreuses académies, dont l'Académie des sciences de New York et l'Académie royale de Belgique. Il fut fait docteur *honoris causa* des universités les plus prestigieuses (Harvard, Cambridge, Sorbonne, Oslo, Montréal, Rio de Janeiro, etc.) et fut lauréat de nombreuses distinctions scientifiques, dont le prix Érasme, en 1972.

L'ŒUVRE

L'œuvre de Piaget peut paraître assez disparate quand on considère les titres des très nombreux ouvrages et articles qu'il a publiés (plus de 50 livres, près de 500 articles). D'autre part, il n'est pas aisé d'en faire une analyse chronologique : entre 1965 et 1967, par exemple, sont publiés 3 ouvrages qui peuvent sembler répondre à des préoccupations fort différentes : *Sagesse et illusion de la philosophie*, *l'Image mentale chez l'enfant* et *Biologie et connaissance* ; mais, d'un autre côté, une grande continuité apparaît dans les préoccupations : dès 1924 était publié un ouvrage intitulé *le Jugement et le Raisonnement chez l'enfant*, puis en 1955, en collaboration avec Inhelder, *De la logique de l'enfant à la logique de l'adolescent* ; enfin, les derniers travaux qui furent menés au C.I.E.G. en 1979-80 portaient sur *la Logique des significations* et *les Raisons*. C'est que l'intuition fondamentale qui sous-tend l'œuvre de Piaget s'est déployée tout au long de sa vie selon des approches diverses : la psychologie de l'intelligence, la logique, l'épistémologie mais aussi la philosophie, la biologie ou l'éducation. En fait, il existe une unicité dans la problématique et une force dans la théorie qui donnent à l'œuvre sa cohérence.

Ce que Piaget cherche à comprendre, ce sont les sources et les mécanismes du progrès, qu'il s'agisse de l'adaptation biologique ou de la connaissance ; en ce qui concerne la connaissance, la source doit en être recherchée dans l'action que le sujet exerce sur le monde : un processus dit « d'équilibration » assure à la fois le progrès et la stabilité, qui sont également nécessaires à l'être vivant, grâce à une dialectique entre schèmes d'assimilation — le sujet s'incorpore des éléments extérieurs compatibles avec sa nature — et schèmes d'accommodation : le sujet se modifie en fonction des particularités des éléments assimilés sans pour autant perdre sa continuité et son indépendance (*l'Équilibration des structures cognitives, problème central du développement*, 1975).

La psychologie de l'enfant n'était pour Piaget qu'un instrument au service de l'épistémologie ; il n'en est pas moins connu avant tout pour ses travaux sur le développement de l'intelligence. Or, l'intelligence étant définie comme « la forme la plus générale de la coordination des actions et des opérations », la psychologie consiste en l'étude des opérations cognitives, qui sont propres aux différents niveaux de développement. On ne s'intéresse pas aux performances individuelles ou locales mais à la manière dont les sujets se comportent face à certaines situations de problèmes ; les hiérarchies qu'on peut observer dans les modes de résolution attestent, empiriquement, à la fois l'existence d'opérations cognitives propres à chaque palier de développement et, surtout, l'organisation de celles-ci en structures opératoires d'ensemble, caractéristiques de chaque niveau, ou stade. Ces stades (intelligence sensorimotrice, stade préopératoire, stade des opérations concrètes et stade formel) apparaissent dans un certain ordre qui est constaté de fait, mais cette succession répond à une nécessité, dont la raison se trouve dans la dynamique même de l'activité cognitive. (→ stade.) Les autres activités cognitives, les mécanismes perceptifs, la mémoire, l'image mentale, par exemple, sont toujours considérés par Piaget dans leur relation avec les structures opératoires.

À la naissance, le bébé vivrait dans un état d'indifférenciation avec le monde extérieur. C'est ce que Piaget appelle égocentrisme* ; puis, par une décentration* progressive, l'enfant parviendrait à se situer dans le monde comme objet parmi d'autres objets, dont il construit la réalité et la permanence. En même temps se construisent les schèmes d'actions, et les comportements observés attestent le développement d'une logique de l'action. Les actions, en s'intériorisant, prennent le statut d'opérations. Contrairement aux actions, qui sont irréversibles, les opérations sont réversibles, car elles peuvent faire l'objet de représentations dans des systèmes d'ensemble. Pour mettre en lumière les propriétés opératoires de ceux-ci, Piaget les décrit à l'aide d'un modèle logique, la structure de groupement*. Le groupement, par opposition à la structure de groupe (→ groupe 2), qui serait pour Piaget le modèle de la pensée formelle, à laquelle accède l'adolescent, se caractérise, en particulier, par le fait que les opérations ne sont composables que de proche en proche, ce qui exclut la combinatoire. Néanmoins, la propriété de réversibilité des opérations, lorsqu'elles sont organisables dans une structure de groupement, permet la constitution d'invariants ; parmi ceux-ci, la conservation des quantités physiques (quantités continues et discontinues) est une des conditions de l'élaboration de l'idée opératoire de nombre. (→ INRC [groupe].) Celle-ci est le résultat de la coordination de deux structures opératoires préalables : la structure du groupement additif des classes, principe de la classification, et la structure du groupement des relations asymétriques transitives, principe de la sériation. Quant à la capacité de combiner les opérations dans tous les ordres possibles — caractéristique du stade formel —, elle est liée au développement de la pensée hypothético-déductive, qui dépend elle-même de la compréhension du possible et du nécessaire. G. P.-L. B.

BIBLIOGRAPHIE

Ducret, J.-J., 1990, *Jean Piaget. Biographie et parcours intellectuel*, Neuchâtel, Delachaux et Niestlé.

piagétienne (épreuve)

(angl. Piagetian Task ; Scale)

Épreuve menée selon la théorie de J. Piaget et étalonnée par différents auteurs.

Piaget a utilisé dans ses travaux des situations expérimentales au cours desquelles les activités et les réponses de l'enfant manifestent le fait qu'il utilise ou non la pensée opératoire concrète (fractionnement et réunion de boulettes de pâte à modeler, transvasement d'une quantité fixe de liquide dans des récipients de formes différentes, etc.) ou, à un autre niveau de développement, la pensée opératoire formelle (utilisation de combinatoires, comparaison de proportions, etc.). Ces tâches piagétiennes ont été normalisées et étalonnées par différents auteurs et souvent regroupées en échelles permettant un diagnostic du stade de l'intelligence. Elles ont souvent permis de constater que ce développement n'atteignait pas nécessairement le même stade dans des tâches différents. M. R.

→ développement.

BIBLIOGRAPHIE

Longeot, F., 1969, *Psychologie différentielle et théorie opératoire de l'intelligence*, Paris, Dunod.

Rieben, L., Ribeaupierre, A., et de Lautrey, J., 1983, *le Développement opératoire de l'enfant entre 6 et 12 ans*, Paris, C.N.R.S.

pica

n.m. (angl. Pica)

Perversion de l'appétit conduisant le sujet à absorber des substances non comestibles et parfois dangereuses pour l'organisme.

Il peut s'agir d'arriérés profonds ou d'enfants autistes qui s'alimentent ainsi d'une manière impulsive et inadaptée. Plus rarement, ce sont des femmes enceintes qui ingurgitent de la terre pour lutter contre une éventuelle « déminéralisation » dans certains milieux culturels traditionnels. J. P.

→ cacophagie, géophagie.

Pick (maladie de)

(angl. Pick's Disease)

Démence présénile, caractérisée cliniquement par une détérioration mentale progressive avec troubles de l'humeur, sans atteinte de l'orientation spatiale (au début), et anatomiquement par une atrophie cérébrale localisée aux régions frontale et temporale (à l'exclusion de la première circonvolution temporale).

La maladie de Pick a été individualisée en 1892 par le médecin tchèque A. Pick (1867-1926). C'est une démence de type frontal portant, au début, surtout sur « le stock des idées », qui est réduit, et sur les hautes fonctions intellectuelles (abstraction, jugement, autocritique). Mais les facultés élémentaires et les fonctions mnésiques sont conservées et il n'y a pas de trouble de l'orientation spatiale. L'activité est le plus souvent réduite, avec apathie, aspontanéité, perte des initiatives, conduisant souvent à la forme « akinétique » de Schneider. Les stéréotypies sont habituelles ; elles portent sur le langage (répétition de phrases identiques, de rengaines) et sur le comportement.

Il est classique de considérer que les troubles de l'humeur vont dans le sens de l'euphorie niaise et puérile, du type de la moria rencontrée dans les syndromes frontaux. En fait, il existe assez souvent des débuts à type de dépression chronique avec apragmatisme, perte de toute initiative, considérée alors comme « mélancolie d'involution ». On note enfin l'assez grande fréquence, dès la phase de début, d'une boulimie avec gloutonnerie très caractéristique. Cette phase se prolonge pendant deux à cinq ans pour aboutir au tableau de la période d'état caractérisé par une démence associée à un syndrome frontal et des troubles du langage. L'inexpressivité est fréquente avec physionomie figée, et « amimie » très caractéristique. Au cours de cette détérioration progressive, on peut assister, moins nettement que dans la maladie d'Alzheimer (→ Alzheimer [maladie d']), à la destruction de la pensée symbolique, avec apparition d'associations purement formelles produisant l'écholalie et la palilalie, et à la perte progressive des fonctions opératoires conduisant à des troubles apraxiques et agnosiques.

Mais ces derniers n'apparaissent qu'à un stade relativement tardif et on ne peut pas considérer que l'écholalie, la palilalie ou un syndrome aphaso-apraxo-agnosique soient, comme on a pu le penser, des signes spécifiques de la maladie de Pick. Ils ne font qu'accompagner le processus démentiel, ne survenant que très tardivement, quand il ne s'agit pas en fait d'une maladie d'Alzheimer prise à tort pour une maladie de Pick.

Ainsi, les signes les plus caractéristiques de cette dernière sont la réduction progressive du vocabulaire, les stéréotypies, l'aspontanéité et l'inexpressivité. La persistance d'une orientation dans l'espace immédiat et l'absence de troubles psychotiques auraient enfin, pour J. Delay et S. Brion, une certaine valeur de signes négatifs.

À un stade avancé, la démence devient de plus en plus complète. On y retrouve l'indifférence totale, l'inertie, l'amimie et le mutisme. Les stéréotypies deviennent très pauvres et rares. Apparaissent alors des troubles du tonus, des contractures en flexion des membres inférieurs et des comportements automatiques très archaïques de succion, de mastication, d'*ouverture de la bouche* (angl. Oral Reflex). Et la phase terminale est identique à celle de la maladie d'Alzheimer, la mort survenant dans un marasme grabataire à la suite d'une affection intercurrente ou de complications de décubitus, trois à dix ans après le début de l'affection.

Comme dans la maladie d'Alzheimer, l'étiologie reste indéterminée et les différentes causes incriminées restent pour le moment des hypothèses de recherche. Quant à la prise en charge et au traitement, ils sont identiques à ceux de la maladie d'Alzheimer. Seuls les troubles de l'humeur peuvent parfois justifier, en plus, la prescription de médicaments neuroleptiques sédatifs ou d'antidépresseurs. J. P.

pied-dans-la-porte

n.m. (angl. Foot-in-the-Door)

Technique de soumission dont le principe consiste à faire précéder la requête portant sur le comportement attendu d'une requête portant sur un autre comportement plus facile à obtenir.

Elle a été proposée par J. L. Freedman et S. C. Fraser (1966). R.-V. J.

→ soumission.

Piéron (Henri)

Psychologue et psychophysiologiste français (Paris 1881-*id.* 1964).

Il est le principal fondateur de la psychologie scientifique en France.

D'abord agrégé de philosophie, il étudie la biologie et la physiologie et soutient une thèse de doctorat ès sciences naturelles sur le problème physiologique du sommeil. Tout au long de sa carrière, ses intérêts ont été très variés.

Initié à la psychologie expérimentale par A. Binet, il travaille ensuite avec E. Toulouse à l'asile de Villejuif, où il a mis au point de nombreuses méthodes pour analyser la diversité des aptitudes physiques et intellectuelles. Son intérêt pour la psychologie appliquée le conduira à créer en 1928 l'Institut national d'orientation professionnelle, à développer la docimologie et plus tard à entamer la publication d'un traité de psychologie appliquée.

Avant J. Watson, il a proposé en 1907 que la psychologie scientifique ait pour objet l'étude du comportement et, contrairement à Watson, il n'y néglige ni la physiologie ni le langage. Avec lui, la psychologie scientifique fondée par W. Wundt et T. Ribot cesse d'être la science des phénomènes de conscience. Il la rattache à la physique et lui attribue comme fondateur H. Helmholtz. Tant ses recherches que ses conceptions théoriques le portent vers des études comparatives chez les Animaux et chez l'Homme et sur l'analyse des mécanismes physiologiques sous-jacents aux conduites observées. Certains de ses très nombreux articles sont réunis dans un ouvrage paru en 1958 : *De l'actinie à l'homme.* En 1912, il succède à Binet à la direction du laboratoire de l'École pratique des hautes études et crée en 1928 l'Institut de psychologie de l'université de Paris. En 1923, il est élu au Collège de France dans une chaire de physiologie des sensations. Les cours qu'il y a professés sont condensés dans son ouvrage *la Sensation, guide de vie.*

Piéron s'est intéressé très tôt à la psychologie différentielle. Dans un ouvrage de 1904 écrit en collaboration avec Toulouse et N. Vaschide, *Technique de psychologie expérimentale,* les auteurs proposent des méthodes de mesure très précisément définies et ayant pour objectif de « classer les individus » afin de les orienter vers des fonctions correspondant à leurs aptitudes. Dans de nombreux articles ultérieurs et dans son ouvrage *la Psychologie différentielle* (1949), Piéron défend l'idée que les individus diffèrent quant à des aptitudes nombreuses à fondements génétiques, que l'éducation transforme en capacités. Ces aptitudes doivent faire l'objet d'une analyse fine, sans référence à un facteur général. En effet, pour Piéron, les différentes aptitudes d'un même individu atteignent des niveaux de développement très différents. Une tâche pratique importante du psychologue consiste à détecter les aptitudes les plus développées en chacun afin de lui donner le conseil d'orientation le mieux fondé. Piéron, avec la collaboration de sa femme, a créé de nombreux tests dans cette perspective. Il a fondé en 1928, avec la collaboration de J. Fontègne et H. Laugier, un Institut national d'orientation professionnelle qui comportait un service de recherche sur les tests et qui était chargé de former des conseillers d'orientation. Piéron a également contribué au développement des Centres d'orientation dans lesquels travaillent ces conseillers.

L'œuvre scientifique de Piéron est impressionnante par son étendue et sa diversité. Il fut un précurseur dans de nombreux domaines, mais aussi l'artisan inlassable de la psychologie scientifique, qu'il parvint à établir sur des bases institutionnelles solides. C. B. et M. R.

BIBLIOGRAPHIE

Oléron, G., Fraisse, P., Reuchlin, M., et alii, 1981-82, « Hommage à Henri Piéron », *Bulletin de psychologie*, 35, N° 6-7.

pince

n.f. (angl. Finger-Thumb Opposition)

Instrument de saisie d'un petit objet, constitué par le pouce et l'index.

L'objet peut être pris entre les faces latérales de ces deux doigts (*pince inférieure*) ou entre leurs faces pulpaires (*pince supérieure*). Cette dernière est le mode le plus élaboré de prise-précision. E. V.

→ préhension, prise-précision.

Pinel (Philippe)

Médecin aliéniste français (près de Gibrondes, auj. Jonquières, Tarn, 1745-Paris 1826).

Il est le fondateur de la psychiatrie en France. Il apparaît souvent, dans la mythologie postrévolutionnaire, avec les qualités d'un héros médical, premier libérateur des insensés.

Mais les faits ne donnent pas raison à cette gloire posthume que, de son vivant, P. Pinel lui-même n'avait jamais appelée. Les travaux historiques de ces deux dernières décennies ont montré que ce mythe fondateur, créé et progressivement enrichi par son disciple É. Esquirol et par son fils S. Pinel (tardivement, en 1836), ne reposait sur aucune réalité. Les « quarante » insensés premiers libérés, la visite soupçonneuse du terrible Couthon, paraplégique porté par ses gardes du corps, le courage du médecin luttant à la fois contre les préjugés de l'Ancien Régime et la police vraiment inquisitoriale du régime totalitaire de la Terreur, tout cela n'était que légende et roman familial, roman familial qui, au-delà de la tribu des Pinel, était celui de toute la psychiatrie naissante et de la bourgeoisie française monarchiste constitutionnelle puis républicaine.

Pinel était un homme du Sud-Ouest, né d'une famille médicale, près de Castres. Il fait ses études classiques au collège de Lavaur, puis religieuses au collège de l'Esquille à Toulouse. Mais il quitte rapidement la soutane pour étudier la médecine, toujours à Toulouse, où il est reçu docteur le 21 décembre 1773, à 28 ans. Dès l'année suivante, il part pour Montpellier afin de s'y perfectionner dans l'art médical. Il y connaît J. A. Chaptal encore étudiant, y étudie la nosographie de Boissier de Sauvages et y suit l'enseignement de P. J. Barthez. Il n'y soutient pas de nouvelle thèse mais en rédige quelques-unes, assez médiocres, qu'il vend à des étudiants plus fortunés que scrupuleux. C'est en 1778 qu'il part pour Paris avec l'espoir d'y faire carrière. Mais ses débuts dans la capitale sont assez modestes : il y survit grâce à des leçons particulières de mathématiques et à la rédaction d'articles médicaux de circonstance. Cette activité de journaliste le conduit à prendre, en 1784, la direction de *la Gazette de santé*, que lui abandonne J. Paulet. Il traduit *les Institutions de médecine pratique* de l'Écossais W. Cullen en 1785, ouvrage qu'il copiera largement dans sa future *Nosographie philosophique* [...]. En 1788, il donne une nouvelle édition commentée des *Œuvres médicales* de Baglivi. Il n'exerce pas, au début, la médecine de clientèle. C'est seulement à partir de 1786 qu'il traite quelques malades mentaux dans la maison de santé du sieur Belhomme, sise rue de Charonne et réservée à des patients fortunés.

L'Ancien Régime l'ayant peu gâté (ses diverses tentatives académiques et sa quête d'une charge de médecin de « Mesdames » — les tantes du roi Louis XVI — s'étaient soldées par des échecs), il suit avec passion le mouvement révolutionnaire. Ses lettres de 1789 à 1792 sont enthousiastes. Il partage alors tous les idéaux de la Révolution et fait même partie de la Section des Piques. C'est dans les rangs de celle-ci qu'il va participer au service d'ordre « en armes avec les autres citoyens de sa section » lors de l'exécution de Louis XVI.

Mais ce parricide national lui est intolérable. C'est l'occasion d'une révision déchirante de sa conviction révolutionnaire. Il ne supporte pas le régime de la Terreur, qui s'instaure alors progressivement. La pension Belhomme devient l'objet d'une enquête policière, car elle héberge de riches suspects considérés comme « insensés » tant qu'ils peuvent payer des notes exorbitantes. Il risque, en tant que médecin de cette maison, d'être lui-même inquiété ; et il demande à Thouret, qui avait pu l'apprécier, de le faire nommer médecin à l'hospice de Bicêtre. Il occupe ces fonctions du 11 septembre 1793 au 29 avril 1795. C'est au « 7e emploi », réservé aux insensés agités, qu'il observe le travail du surveillant-chef Pussin et comprend l'importance du traitement moral dans sa dimension institutionnelle. Dans ce lieu dantesque qui sert de scène au mythe de la libération des aliénés de leurs chaînes, il semble qu'il se soit contenté d'avoir un rôle d'observateur prudent, laissant à son surveillant les initiatives les plus nombreuses.

Chaud partisan de la réaction thermidorienne, il en suit le triomphal destin. Nommé professeur adjoint de physique médicale et d'hygiène à la nouvelle École de santé de Paris, le 14 décembre 1794, il succède dès l'année suivante à Doublet dans la chaire de pathologie interne (médicale). Il est, depuis le 13 mai 1795, médecin-chef à l'hôpital de la Salpêtrière, où il poursuit sa carrière jusqu'à sa mort. Membre de l'Institut en 1803, il fait partie de la première fournée des décorés de la Légion d'honneur, créée par Napoléon, qui le fait nommer en 1805 « médecin-consultant de l'Empereur ». Il sert l'Empire, puis la Restauration, qui le décore de l'ordre de Saint-Michel en 1818. Malgré son opportunisme politique, il est révoqué en 1822 de son poste de professeur à la suite d'un chahut des étudiants en médecine parisiens dirigé contre le très réactionnaire ministère Corbière. Il a, quelques mois plus tard, un premier ramollissement cérébral et finit ses jours dans un état de démence artériopathique très avancée, le 25 octobre 1826.

Sa carrière n'est pas celle d'un grand révolutionnaire, mais d'un médecin très cultivé dont la plume est beaucoup plus habile que la parole, assez embarrassée en public, d'un humaniste resté imprégné par la philosophie des Lumières. En fait, un homme du XVIIIe siècle qui ne trouve la fortune qu'à l'aube du XIXe siècle parce que la mort ou la disgrâce de tous ceux qui étaient devant lui ont laissé la place vide lui permettant de se hisser, d'une situation particulièrement modeste, au tout premier rang de la société française du Directoire.

Et c'est d'abord comme nosographe et clinicien que Pinel reste dans l'histoire de la médecine. Dès la première édition de sa *Nosographie philosophique ou Méthode de l'analyse appliquée à la médecine*, parue en 1798, nettement plus inspirée par Cullen que par Boissier de Sauvages, le médecin de la Salpêtrière base sa classification des maladies moins sur les symptômes que sur les organes lésés. Celle-ci s'appuie sur une méthode analytique apportée par des naturalistes comme Linné, Daubenton, Jussieu et par des anatomistes comparatistes tels que Cuvier. Elle aura une influence, peut-être exagérée, sur le développement de l'anatomie pathologique, dont les travaux de Xavier Bichat représentent la première étape française : car, en Grande-Bretagne, Hunter et ses successeurs ont déjà une considérable avance dans ce domaine. Pour les « vésanies », ou maladies mentales, Pinel suit l'ordre établi par Cullen en ressentant une gêne évidente à les faire entrer dans une nosographie médicale.

Il donne d'ailleurs une classification très différente des vésanies dans son *Traité médico-philosophique sur l'aliénation mentale ou la Manie*, dont la première édition (1800) reste centrée sur la « manie », maladie mentale qui est pour Pinel le modèle le plus typique et le plus fréquent. Il y reconnaît d'abord que les causes de l'aliénation sont soit « prédisposantes » (large part d'hérédité), soit « occasionnelles » (rôle important des événements extérieurs et des émotions violentes). Pinel ne croit pas à une organogenèse cérébrale directe ; il pense que les lésions cérébrales sont trop graves pour ne donner que des troubles mentaux. Elles entraînent des dégâts sérieux, sur le plan vital, et définitifs. Par le biais du concept assez ambigu de « sympathie », il considère plutôt que les affections psychiques sont consécutives à des atteintes viscérales, elles-mêmes provoquées par les émotions et les passions. Il s'agit là, en quelque sorte, d'une théorie périphérique des émotions préfigurant les théories de James et de Lange. Les élèves de Pinel, d'Esquirol et surtout de Georget critiqueront cette conception confuse d'une espèce d'organogenèse secondaire. C'est que leur maître se situe, sur le plan philosophique, au carrefour d'un empirisme sensualiste hérité de Condillac et de Locke, du matérialisme de Cabais et des courants spiritualistes, dont le biranisme représente la résurgence au beau milieu de l'organicisme simpliste de la phrénologie naissante. Reprise dans la deuxième édition de son *Traité médico-philosophique* (1809), qui ne porte plus le sous-titre de « la Manie », sa classification des maladies mentales se fait finalement au niveau du comportement, en allant de la perturbation psychique la plus légère à la plus grave. C'est ainsi qu'elle commence par la simple mélancolie, ou délire partiel « dirigé sur un seul objet » qui précède la manie, ou délire généralisé avec sa forme particulière de « manie furieuse sans délire ». Puis vient la démence, ou affaiblissement intellectuel généralisé : « Il n'y a point de jugement, ni vrai ni faux ; les idées sont comme isolées, et vraiment les unes à la suite des autres ; mais elles ne sont nullement associées [...] ». Enfin, c'est l'idiotisme, degré ultime de la vésanie, « abolition totale des fonctions de l'entendement ». L'idiotisme peut être de naissance ou acquis. Ce dernier deviendra ultérieurement la « démence aiguë » avec Esquirol, la « stupidité » avec Georget, la « confusion mentale primitive » avec Chaslin.

Mais Pinel est aussi un des créateurs de l'asile, un médecin qui, comme l'a écrit M. Foucault, « introduit une science clinique à Bicêtre et à la Salpêtrière » et y amène surtout un « personnage dont les pouvoirs n'empruntaient à ce savoir que leur déguisement, ou tout au plus leur justification ». Avant tout pragmatique, Pinel profite de la période postrévolutionnaire et des grandes facilités qui lui sont données pour jouer un rôle considérable dans l'organisation du traitement des aliénés. S'il développe le « traitement moral » déjà appliqué par les médecins anglais, en montrant qu'il y a toujours chez l'aliéné un reste de raison permettant de rétablir, dans une sorte d'alliance thérapeutique, le dialogue interrompu par la folie, il s'est surtout intéressé à la « police », à la réglementation de l'institution hospitalière psychiatrique, qu'on va dénommer « asile ».

On peut constater que la deuxième édition de son *Traité médico-philosophique* comprend plus de deux cents pages nouvelles consacrées à son expérience institutionnelle à Bicêtre et, surtout, à la Salpêtrière. Il y montre l'importance des relations avec l'entourage familial, le milieu, les autres malades dans le déclenchement, la persistance, l'aggravation de la maladie mentale. Il met l'accent sur la discipline, la régulation de la vie des malades, leur classement rigoureux, l'isolement des plus dangereux. Il insiste sur la nécessité pour le médecin de participer à l'administration hospitalière. Les traitements médicamenteux n'ont pour lui qu'une importance secondaire. Le médecin aliéniste doit être avant tout un observateur et un directeur organisant et réformant constamment le réseau relationnel à l'intérieur de son service. On peut dire que Pinel, avec de telles conceptions, et par l'intermédiaire de son élève Esquirol, est le véritable précurseur de la mise en place d'une réglementation psychiatrique qui trouvera son cadre dans la loi promulguée le 30 juin 1838.

Si la Révolution française a été favorable à l'œuvre de Pinel, c'est moins par les idéaux et les concepts nouveaux qu'elle apportait que par l'occasion inespérée qu'elle a donnée à un médecin jusque-là ignoré de gravir en quelques semestres tous les degrés de la hiérarchie médicale et hospitalière pour s'y trouver au sommet dès les débuts du Directoire. Conduit à s'intéresser aux malades mentaux, Pinel a su reprendre et développer des réformes humanitaires déjà entrevues par les intendants de Louis XV, et développées sous le règne de Louis XVI par le ministre Breteuil et les médecins Colombier et Doublet. Il a su les imposer au Consulat et à l'Empire et préparer ainsi l'avènement de la psychiatrie, comme une nouvelle spécialité médicale, en France et en Europe. J. P.

BIBLIOGRAPHIE

Postel, J., 1981, *Genèse de la psychiatrie. Les premiers écrits psychiatriques de Philippe Pinel*, Paris, le Sycomore.

Semelaigne, R., 1888, *Philippe Pinel et son œuvre du point de vue de la médecine mentale*, Paris, Imprimeries réunies.

pistes causales (analyse des [ou en])

(angl. Path Analysis)

Analyse qui s'applique aux situations dans lesquelles on doit analyser un sys-

tème de relations entre, d'une part, des variables dépendantes (ou endogènes) observées et, d'autre part, des variables ultimes (ou exogènes) pouvant être observées ou hypothétiques: variables indépendantes et variables résiduelles (ou d'erreur).

Chaque variable dépendante est considérée comme entièrement déterminée par les variables indépendantes et par une variable résiduelle. Les variables dépendantes peuvent être en relations (en particulier l'une peut contribuer à la détermination d'une autre). Les variables indépendantes peuvent aussi être en relations, mais ces relations, considérées comme prédéterminées par rapport au système analysé, ne sont pas interprétées. Chaque variable résiduelle n'a en général qu'une seule relation dans le système: celle par laquelle elle contribue à déterminer l'une des variables dépendantes. Ce modèle est représenté par un graphe, le *diagramme de pistes causales* (angl. Path Diagram). Ce diagramme facilite l'écriture d'un système d'équations (équations structurales) dans lequel chaque variable dépendante est une fonction linéaire des variables qui entrent dans sa détermination. On peut calculer les coefficients de ces équations, appelés *coefficients de piste* (angl. Path Coefficients), à partir des corrélations entre variables observées. La corrélation entre deux variables est modélisée sous la forme d'une somme d'effets: effet de la relation directe entre ces deux variables, auquel viennent s'ajouter les effets suscités par les relations indirectes passant par d'autres variables du système. Le modèle en pistes causales est un cas particulier des modèles structuraux (→ structural [modèle]) et peut utiliser le logiciel du modèle LISREL (→ LISREL [Linear Structural Relations]). Il est employé notamment dans l'étude des systèmes de facteurs génétiques et de facteurs de milieu déterminant les différences individuelles dans des caractères tels que le quotient d'intelligence.

M. R.

pithiatisme

n.m. (angl. Pithiaticism)

Ensemble de troubles physiques se manifestant chez un sujet par la suggestion venant d'autrui ou par autosuggestion.

Le terme créé par J. Babinski visait à une critique des travaux de J. M. Charcot sur l'hystérie et à la mise en question de cette dernière en tant que véritable entité morbide. Par des examens neurologiques minutieux de malades hystériques, Babinski en arrive en effet à démontrer que toute leur « pathologie » est simulée et qu'il ne s'agit en fait que de « pathomimie ». La doctrine du pithiatisme est apparue comme trop réductionniste vis-à-vis de l'hystérie et la psychanalyse a redonné à celle-ci un statut nosologique, dans une perspective psychodynamique, ne prêtant plus guère à discussion.

J. P.

placebo

n.m. (angl. Placebo ou Dummy)

Médicament ne contenant à dessein aucun composé pharmacologiquement actif.

L'efficacité du placebo repose sur la confiance que le patient accorde à ce médicament, dont il ignore la vraie nature. Le placebo est généralement constitué d'une substance inerte; il peut aussi correspondre à un composé pharmacologiquement actif mais dénué d'efficacité sur la pathologie à traiter: on parle alors d'*effet placebo*. L'effet placebo peut aussi résulter de l'action favorable d'une thérapeutique non médicamenteuse. On dit qu'il existe un *effet nocebo* (du latin « je nuirai », par opposition à *placebo*, « je plairai ») lorsque le patient rapporte les effets indésirables d'une substance sans activité pharmacologique. L'effet placebo a pour base d'authentiques mécanismes physiologiques. On a pu montrer que les patients soulagés par un placebo lors de soins dentaires douloureux voyaient leur douleur augmenter sous naloxone, à la différence des sujets non sensibles au placebo. La naloxone antagonise l'action antalgique des opiacés. Tout se passe comme si les sujets sensibles au placebo sécrétaient des opiacés endogènes antagonisés par la naloxone (S. Levine et coll., 1979). L'effet placebo est particulièrement marqué chez les personnalités suggestibles. En psychiatrie, il est plus important dans une dépression névrotique sensible à la relation avec autrui — et notamment avec le médecin prescripteur — que dans une mélancolie endogène survenant chez une personnalité normale. Cette action est plus nette avec certaines substances. Pour prendre un exemple qui n'est pas du domaine de la thérapeutique, l'effet des hallucinogènes dépend beaucoup de l'attente du sujet.

La prise en compte de l'effet placebo oblige à comparer tout nouveau médicament dont on veut démontrer l'efficacité à un produit placebo, sans que le médecin ni le malade ne sachent avant la fin de l'étude quel produit est administré: c'est l'étude d'un médicament en *double aveugle* (ou *double insu*) contre placebo. Dans une telle étude, pour que l'expérimentateur ne puisse pas reconnaître une substance active par des effets secondaires, on utilise parfois un placebo « actif » qui produit les mêmes effets secondaires mais reste sans activité thérapeutique proprement pharmacologique. Ces études contre placebo posent des problèmes éthiques, particulièrement en psychiatrie (risque suicidaire). Il est difficile d'appliquer une telle méthodologie dans une maladie grave que l'on sait traiter efficacement avec des thérapeutiques éprouvées. Les premiers neuroleptiques ont été étudiés contre placebo; un nouveau traitement de la schizophrénie serait aujourd'hui comparé aux neuroleptiques « de référence ».

Les textes législatifs (en France, loi Huriet de décembre 1988) prévoient désormais l'information du patient sur l'utilisation de placebo avant de recueillir son consentement pour ce type de protocole.

A. G.

placement familial

(angl. Familial Placing)

Modalité de prise en charge médico-sociale par laquelle un enfant ou un adulte atteint d'affection mentale est confié à une famille spécialisée à temps plein ou seulement pour la nuit (s'il est par ailleurs suivi dans une structure thérapeutique de jour).

D'abord utilisés pour les enfants inadaptés, et organisés autour d'un institut médico-pédagogique (comme dans l'expérience de D. Rouques, autour de l'établissement « La Sitelle »), ces placements familiaux spécialisés se sont étendus à des enfants psychotiques graves traités en hôpital de jour (T. Lainé). Dans le milieu familial nourricier, la femme a généralement le statut d'« assistante maternelle » quand les deux parents n'ont pas celui d'« éducateur », ce qui est de plus en plus fréquent. Les parents naturels peuvent généralement reprendre leur enfant pendant le week-end chaque fois que cela est possible. Bien entendu, une telle prise en charge ne prend son intérêt que dans le cadre d'une équipe de psychiatres, de psychologues, d'assistants sociaux, d'éducateurs et d'infirmiers travaillant en commun avec les parents nourriciers, comme on le fait maintenant dans beaucoup d'intersecteurs. Reste cependant posée la question de l'ambiguïté du rôle de ces « assistants nourriciers »; rôle parental, maternel ou paternel, ou, ce qui est bien différent, rôle thérapeutique? Les deux peuvent-ils se confondre sans risque de double lien et autres confusions, rendant périlleuses et aléatoires les identifications de l'enfant?

Ce type de placement n'a que depuis peu une existence officielle en France, pour les malades adultes (arrêté du 14 mars 1986). Il avait pourtant déjà été pratiqué en Allemagne par G. Kolb (de 1902 à 1931), en Belgique, à Lierneux, et à Nantes, officieusement, par P. Sans.

On pourrait cependant considérer que les colonies familiales pour malades mentaux de Dun-sur-Auron et d'Ainay-le-Château, créées au début de notre siècle, avaient déjà une fonction voisine mais dans un cadre trop collectif et encore asilaire. Ces placements spécialisés pour adultes revêtent maintenant les aspects les plus divers et concernent aussi bien des psychotiques* chroniques que des toxicomanes ou des « handicapés » déficients mentaux.

Ils se multiplient, apparaissant dans de nombreux secteurs en s'articulant avec la création de structures intermédiaires multiples, contribuant à vider de plus en plus le vieil hôpital psychiatrique (G. Amado). Prenant eux aussi leur plein intérêt dans le cadre d'un travail d'équipe, et dans la communauté et le territoire d'un secteur, ils méritent bien leur qualificatif de « thérapeutique » (P. Sans).

J. P.

BIBLIOGRAPHIE
Rouques, D., 1987, *Des enfants en famille d'accueil*, Paris, Fleurus.
Sans, P., et coll., 1987, *les Placements familiaux thérapeutiques*, Paris, Fleurus.

placement d'office

(angl. Automatic Institutionalisation)

Internement d'un malade mental en service de psychiatrie habilité, ordonné par l'autorité publique.

En France, le placement d'office a été instauré et organisé par la loi du 30 juin 1838. Jusqu'en juin 1990, il constituait, avec le placement volontaire, le deuxième régime d'internement possible des malades mentaux. Avant la loi du 27 juin 1990, il représentait 2% des admissions en psychiatrie. Le placement d'office était l'internement d'un malade mental qui « compromettrait l'ordre public ou la sûreté des personnes », en exécution d'un arrêté préfectoral. Toutefois, en cas de danger imminent, les commissaires de police à Paris, et les maires dans les autres communes, pouvaient prendre des mesures provisoires, à la charge d'en référer dans les vingt-quatre heures au préfet qui devait statuer sans délai.

Le placement faisait l'objet de nombreux contrôles :

— inscription sur un registre spécial de l'établissement de tous les renseignements administratifs et des certificats médicaux concernant l'hospitalisation ;

— visites régulières de l'établissement par des magistrats, le maire, des représentants du préfet ; le registre spécial leur est montré ;

— possibilité à toute personne, y compris le patient, d'écrire au préfet, au procureur de la République ou au président du tribunal de grande instance ;

— possibilité de sortie immédiate, par décision du préfet ou du président du tribunal de grande instance.

La loi du 27 juin 1990 remplace le placement d'office par l'*hospitalisation d'office*. M. G.

→ hospitalisation d'office, loi du 27 juin 1990.

placement volontaire

(angl. Volontary Institutionalisation)

Internement d'un malade mental en service de psychiatrie habilité, à la demande de l'entourage.

En France, le placement volontaire a été instauré et organisé par la loi du 30 juin 1838. Jusqu'en juin 1990, il constituait, avec le placement d'office, le deuxième régime d'internement possible des malades mentaux. Jusqu'en 1990, il représentait moins de 8% des entrées en milieu psychiatrique. Le placement volontaire était une hospitalisation forcée, qui n'était pas ordonnée par l'autorité publique mais effectuée à la demande de l'entourage du patient (famille, ami, voisin).

L'admission nécessitait :

— une demande d'admission manuscrite et signée ;

— une pièce d'identité du demandeur et du patient ;

— un certificat médical constatant que l'état mental de la personne nécessite son placement dans un but thérapeutique.

Le placement volontaire a disparu avec la loi du 27 juin 1990. M. G.

→ hospitalisation d'office, loi du 27 juin 1990.

plafond

n.m. (angl. Ceiling)

GÉNÉR. **Maximum empirique d'une performance.**

On appelle *effet de plafond* l'effet qui survient quand la valeur prise en performance est à son maximum de fait et qu'aucun changement de condition qui devrait conduire à une augmentation ne peut se manifester. Le plafond ne se situe pas toujours à 100 % de performance. J.-F. L. N.

→ plancher.

plaisir (principe de)

(angl. Pleasure Principle ; allem. Lustprinzip)

Principe régissant le fonctionnement psychique, selon lequel l'activité psychique a pour but d'éviter le déplaisir et de procurer le plaisir.

Pour S. Freud, le principe de plaisir, présenté parallèlement au principe de réalité, est affirmé comme une certitude, mais en même temps source de diverses difficultés. Il peut être conçu sur le modèle de l'apaisement d'un besoin, lié à la satisfaction des pulsions d'autoconservation mais, par lui-même, il tendrait plutôt vers une déréalisation, Freud disant par exemple que le nourrisson, sous l'influence du principe de plaisir, hallucinerait le sein plutôt que de se nourrir.

Il est par ailleurs surtout présenté comme principe de diminution de la tension, mais Freud reconnaît l'existence de tensions agréables. De plus, l'existence d'un au-delà du principe de plaisir vient interroger, à partir de l'hypothèse de la pulsion de mort, sur ce que l'homme recherche effectivement. La notion lacanienne de jouissance constitue une tentative pour résoudre ces difficultés. R. C.

plan

n.m. (angl. Plan)

Représentation anticipatrice des actions et de leurs résultats en vue de guider l'activité.

Les plans sont des représentations anticipatrices : leur construction précède le déroulement effectif de l'action. Ce sont des représentations schématiques : elles sont abstraites et ne comportent pas le détail du déroulement de l'action. Enfin, ce sont des représentations hiérarchiques, qui peuvent être considérées à un haut niveau de généralité ou qui peuvent être particularisées et se rapprocher de plus en plus du niveau de la réalisation.

La planification est la démarche de construction de plans. Cette démarche peut être descendante, c'est-à-dire partir des connaissances ou de plans déjà réalisés. Elle peut être aussi ascendante, c'est-à-dire partir de la situation particulière à traiter. Elle peut également combiner les deux démarches, alternant des phases de structuration du plan à un haut niveau de généralité et des phases de simulation d'exécution de certaines parties du plan : on parle alors de planification opportuniste. J.-F. R.

BIBLIOGRAPHIE
Hoc, J. M., 1987, *Psychologie cognitive de la planification*, P.U.G.

plan d'analyse factorielle

(angl. Design of Factor Analysis)

Méthode d'analyse portant sur plusieurs facteurs.

Les travaux utilisant l'analyse factorielle portent le plus souvent sur des corrélations entre des variables mesurées toutes sur les sujets d'un certain échantillon à une certaine date (on dit aussi « une certaine occasion »). De telles analyses sont dites « en plan R ». Dans les *analyses factorielles en plan Q*, beaucoup moins fréquentes, on utilise des corrélations entre personnes mesurées à une occasion sur plusieurs variables. Chacune de ces corrélations se calcule en utilisant les deux séries des notes obtenues par deux personnes dans la série des variables utilisées. Par rapport à une analyse en plan R., qui utilise autrement les mêmes données, l'analyse en plan Q peut être qualifiée d'inverse, d'observe ou de transposée. Quelques analyses ont porté sur des corrélations entre variables mesurées en plusieurs occasions sur un seul et même sujet. Il s'agit alors *d'analyses factorielles en plan P.* D'autres plans d'analyse factorielle ont été imaginés mais n'ont été que très exceptionnellement employés. M. R.

→ P (analyse factorielle en plan).

plan d'échantillonnage

(angl. Sampling Design)

→ échantillonnage (plan d').

plan d'expérience

(angl. Experimental Design)

→ expérience (plan d').

plancher

n.m. (angl. Floor)

GÉNÉR. **Minimum empirique d'une performance.**

On appelle *effet de plancher* l'effet symétrique de l'effet de plafond et dans lequel aucune condition ne peut faire diminuer une performance parce qu'elle se trouve déjà à son minimum possible (qui n'est pas toujours le zéro). J.-F. L. N.

→ plafond.

planum temporal

(angl. Temporal Planum)

Portion postérieure de la circonvolution transverse de Heschl, qui est elle-même la partie supérieure de la première circonvolution du lobe temporal.

Le planum temporal fait partie de l'aire de Wernicke, où siège la fonction auditive verbale. Il est généralement beaucoup plus volumineux du côté de l'hémisphère dominant (A. B. Rubens). J. P.

plaque motrice

(angl. Motor Plate)

Différenciation morphologique et fonctionnelle de la fibre musculaire squelettique en regard de laquelle se trouve la terminaison nerveuse de commande, le tout formant la jonction neuromusculaire.

La plaque motrice commande la contraction musculaire lorsqu'elle est excitée par l'influx nerveux. R. L.

plasticité nerveuse

(angl. Nervous Plasticity)

Propriété que possède le système nerveux de se modifier durablement.

La plasticité du système nerveux est extrêmement grande au début de l'ontogenèse et diminue avec l'âge. Elle s'observe par exemple dans la capacité des neurones lésés de régénérer pour réatteindre leur cible ou la possibilité, pour un groupe de neurones, de compenser la déficience d'un autre groupe de neurones. À un niveau supérieur, le fait que, dans le cas du port de verres prismatiques inversant les images, celles-ci se rétablissent au bout de quelque temps est un remarquable exemple de plasticité d'un ensemble de structures nerveuses. L'acquisition de réponses nouvelles n'est possible que parce que notre système nerveux est plastique: toute information reçue par le système nerveux en modifie la structure et donc le fonctionnement. P. L.

→ apprentissage, régénération nerveuse.

Plateau (Joseph A. F.)

Physicien belge (Bruxelles 1801-Gand 1883).

Il développa de nombreuses recherches de perception visuelle. Comme physicien, il étudia la statique expérimentale et théorique des liquides. Comme beaucoup d'autres physiciens de cette époque, il s'intéressa à la perception visuelle. En 1836, il inventa le stroboscope. Il étudia aussi le mouvement consécutif visuel en utilisant comme stimulus le mouvement de rotation du dessin d'une spirale (on parle souvent de la spirale de Plateau). Selon le sens de la rotation, le mouvement perçu est centrifuge ou centripète. Il devint aveugle en 1840 mais continua son enseignement jusqu'en 1871. C. B.

Plateau (méthode de)

(angl. Plateau's Method)

Méthode psychophysique d'équisection.

J. Plateau a mis au point une méthode psychophysique d'équisection en demandant à des peintres de produire un gris qui leur paraisse à égale distance du noir et du blanc. La série des gris obtenue par équisections successives est pratiquement identique, quelles que soient les conditions d'éclairement dans lesquelles elle est produite. Pour Plateau, ce résultat signifiait que les rapports entre les sensations de gris restaient constants mais non leurs différences, comme le stipulerait la loi de Fechner. Il proposa alors qu'une loi de puissance exprime les relations entre sensation et intensité stimulatrice. C. B.

PM 38

(angl. Progressive Matrices 38)

→ matrices progressives (test des).

pneumographie

n. m. (angl. Pneumograph)

Dispositif permettant d'enregistrer les mouvements de la cage thoracique au cours de la respiration.

Ce terme s'applique également aux appareils enregistrant la nature et la fréquence des activités respiratoires sans utiliser les mouvements du thorax. J.-M. C.

Poggendorf (illusion de)

→ illusion.

pointillisme

n. m. (angl. Pointillism)

Façon de percevoir caractérisée par une absence de liaison entre les différentes parties d'un tout.

Identification et différenciation se font à partir d'un détail. E. V.

→ syncrétisme, tout.

points cardinaux (réflexe des)

(angl. Cardinal Points Reflex)

Réaction réflexe du nouveau-né qui fait que, à une stimulation tactile de la région buccale, il répond par une torsion de la bouche vers la source de la stimulation.

Par exemple, quand on le chatouille du doigt, sous le nez, la bouche se tord vers le haut. Ce réflexe, archaïque, disparaît au cours du premier mois postnatal. Il est supposé remplir une fonction adaptative en facilitant la recherche et la prise de lait. H. B.

points de vue (coordination des)

(angl. Perspective Taking, Coordination of Perspectives, Coordination of Viewpoints)

Capacité progressivement acquise par l'enfant de construire un espace projectif, correspondant à son aptitude à inférer le point de vue d'autrui. (Syn. coordination des perspectives.)

L'espace projectif est ici envisagé au sens de J. Piaget. Cette capacité a été initialement testée au moyen de l'épreuve dite «des trois montagnes» (Meyer, 1935; Piaget et B. Inhelder, 1948). Dans cette épreuve, l'enfant est assis à une table sur laquelle est posée une maquette représentant trois montagnes disposées en triangle et nettement différenciées par la taille, la couleur et quelques détails topographiques. L'enfant a pour tâche soit d'identifier parmi plusieurs photographies représentant ces mêmes montagnes vues de différentes perspectives celle qui correspond au point de vue d'une poupée assise à un autre côté de la table, soit de placer la poupée à l'endroit correspondant à la perspective illustrée par une photographie particulière. Le principe de cette expérience, initialement réalisée avec des enfants âgés de 4 à 12 ans, a été repris dans un grand nombre d'études faisant varier tant le dispositif que la procédure.

D'une manière générale, la coordination des points de vue progresse avec l'âge. Un premier stade est marqué par une indifférenciation du point de vue propre et du point de vue d'autrui. Cette indifférenciation se traduit par des réponses égocentriques dans lesquelles l'enfant considère que la perspective de l'autre est identique à la sienne propre. La règle adoptée serait ici la suivante: «Vous voyez ce que je vois.» À cette indifférenciation succède un stade de différenciation des points de vue correspondant à la règle: «Si vous n'êtes pas à ma place, vous ne voyez pas ce que je vois.» Cette différenciation des points de vue est un préalable à l'inférence ou à la reconstruction du point de vue d'autrui. Cette reconstruction implique une nouvelle règle: «Si j'étais à votre place, je verrais ce que vous voyez.» À ce dernier stade, il apparait que certaines relations spatiales (gauche-droite) sont plus difficiles à reconstruire que d'autres (devant-derrière). J.-C. L.

polarisation

n. f. (angl. Polarization)

DÉVELOP. et GÉNÉR. **Selon J. Piaget, forme d'activité perceptive qui constitue la base de l'exploration visuelle.**

D'une part, les fixations oculaires ont tendance à s'accumuler sur certaines zones

du champ visuel (sa partie haute, les éléments à forte valeur informative); d'autre part, l'exploration introduit des mises en relations d'éléments appartenant à divers champs de centration. La polarisation est à l'origine d'erreurs perceptives dites « illusions secondaires ». Prévisibles et explicables par des effets de centration, comme les illusions primaires, ces erreurs sont le résultat d'activités perceptives, non d'inégalités dimensionnelles physiques. L'illusion de la verticale est un exemple de polarisation par accumulation de fixations sur la partie supérieure du champ visuel.
E. V.

→ centration, fixation oculaire, perceptive (activité).

politique (psychologie)

(angl. Political Psychology)

Partie de la psychologie sociale qui étudie les conduites et les élaborations psychiques des individus et des foules en rapport avec le gouvernement de la cité.

La psychologie politique est partagée entre trois finalités qui définissent son enjeu: décrire, expliquer, prescrire. Le savoir correspondant est conjoncturel (parce que marqué d'historicité) et conjectural (du fait de la faiblesse des procédures de validation).

L'objet de la psychologie politique, c'est le citoyen tel qu'il se décline dans ses divers états: le citoyen acteur, le citoyen penseur, le citoyen pensé. Le citoyen acteur est celui qui vote, milite, débat, manifeste ou se soulève; le citoyen penseur, celui qui se représente le fonctionnement et la logique des institutions ou des partis, la dynamique de la société, la marche de l'histoire; le citoyen pensé, celui qui est conçu pratiquement par les appareils de pouvoir à des fins de communication, de gestion et de manipulation. Ces trois aspects sont solidaires et se conditionnent mutuellement.

On voit que, de par son objet même, la psychologie politique relève tout entière de la psychologie sociale. Elle correspond précisément à l'étude des idéologies en acte. D'une manière encore plus spécifique, la psychologie politique et la psychologie des masses se rejoignent, se recouvrent même, dans la mesure où l'opinion et la foule sont bien les deux formes majeures d'existence politique à l'époque moderne (G. de Tarde, *l'Opinion et la foule*, 1901).

Le point focal de l'attention des chercheurs a été dès l'origine l'irrationalité des conduites individuelles et collectives qui se rapportent à la cité. Ce constat n'a pas changé: l'émotion, le préjugé, l'aléa l'emportent sur la réflexion, l'argumentation et l'examen des faits; les pires délires associés au pouvoir sont assurés de trouver un soutien. Peut-être ce tableau a-t-il perdu de son acuité polémique relativement aux idéologies « du progrès » qui accordaient une confiance quasi mystique au discernement naturel des masses ou qui tablaient sur les vertus formatrices de l'éducation. Quoi qu'il en soit, les pratiques contemporaines dites « de communication » en matière politique renforcent et vont presque jusqu'à codifier cette irrationalité: elles instituent le citoyen en « récepteur », voire en « spectateur » (ce qui est le contraire de la rationalité œuvrant à construire l'intelligibilité du monde), privilégient la connotation au détriment de l'analyse et font de la séduction un mobile. La vision politique du plus grand nombre se ramène ainsi à un jeu d'images, dans tous les sens du mot. Et certes, d'un point de vue strictement technique, ce système n'est pas irréaliste. Au contraire: la propagande, quel qu'en soit l'avatar, présente le visage qu'elle a parce qu'elle correspond à l'esprit des masses. Ainsi, le citoyen penseur et le citoyen pensé se reflètent, au moins partiellement.

Cette rationalité limitée qui se manifeste au travers des conduites politiques n'est pas que désordre, inconséquence ou soumission hypnotique au désir d'autrui. Elle témoigne en fait d'une cohérence spécifique qui se retrouve dans toute la pensée sociale. Les citoyens s'engagent ou se dérobent, sont séduits ou déçus, soumis ou révoltés en fonction de leur système d'opinions, de croyances et de valeurs. Il existe une continuité dans les processus cognitifs des individus et même une sorte de « grammaire de cohérence » (comme le principe de l'équilibre structural) qui préside à l'évolution de leurs attitudes. La théorie des représentations sociales fournit à cet égard des concepts et des résultats particulièrement éclairants. Dans la même ligne, il faut également tenir compte du poids du passé, de l'histoire et de la tradition, ce que G. Le Bon appelait « l'impérieuse volonté des morts ».
M.-L. R.

→ foule, masses (psychologie des).

BIBLIOGRAPHIE

Hermès, 1989, Numéro spécial 5-6, Paris, C.N.R.S.

Rouquette, M.-L., 1988, *la Psychologie politique*, Paris, P.U.F.

Psychologie française, 1990, Numéro spécial, tome 35, 2.

Politzer (Georges)

Philosophe et psychologue français (Nagyvárad, auj. Oradea, 1903-Paris 1942).

Marxiste, il crée en 1924, avec H. Lefebvre, le groupe « Philosophies ». En 1929, il adhère au parti communiste français et participe à la fondation de la *Revue marxiste*. Il polémique contre le bergsonisme et le freudisme, auquel il reproche son spiritualisme. Il propose une « psychologie concrète » où le déterminisme psychologique n'agit qu'à travers le déterminisme économique. Arrêté pour ses activités de résistant au début de 1942, il est fusillé en mai de la même année.
R. L.

polyéthisme

n. m. (angl. Polyethism)

ÉTHOL. **Division du travail chez les Insectes sociaux.**

Chez les Insectes sociaux, les activités (reproduction, défense, approvisionnement, soins aux larves, etc.) sont réparties entre les différents membres de la colonie (« division du travail ») et nécessitent souvent une coopération. Cette répartition est fondée soit sur la caste (*polyéthisme de caste* chez les Fourmis), soit sur l'âge (*polyéthisme d'âge* chez les Abeilles) mais les deux possibilités peuvent coexister. J.-P. S.

→ caste.

polygraphie

n. f. (angl. Polygraphy)

PSYCHOPHYSIOL. **Enregistrement simultané et continu de différentes variables électrophysiologiques.** P. L.

polyhandicapé, e

n. et adj. (angl. Polyhandicapped)

Se dit d'une personne souffrant de plusieurs handicaps provoqués par l'existence chez elle d'au moins deux déficiences ou infirmités différentes.

C'est parfois le cas de handicapés mentaux qui sont en même temps atteints de cécité, de surdi-mutité ou d'infirmité motrice cérébrale. L'existence d'une infirmité sensorielle ou physique peut d'ailleurs, par la blessure narcissique qu'elle produit chez les parents et l'ambivalence de leurs attitudes à la fois de rejet et de surprotection vis-à-vis de leur enfant infirme, déclencher chez ce dernier une évolution dysharmonique ou psychotique parfois très grave (C. Lairy et A. Covello), à l'origine de ce multi- ou polyhandicap. J. P.

polymorphisme

n. m. (angl. Polymorphism)

ÉTHOL. **Pour une espèce donnée, ensemble des variations individuelles morphologiques de nature qualitative obéissant à un déterminisme génétique.**

Le développement de nouvelles disciplines en a étendu le champ d'utilisation et on parle de polymorphisme biochimique, génétique ou comportemental. Il caractérise l'existence de plusieurs catégories d'individus, appelées phases chez les Insectes grégaires (Orthoptères) ou castes chez les Insectes sociaux (Hyménoptères ou Isoptères), qui peuvent être distinguées selon le degré de polymorphisme par la morphologie, la physiologie ou le comportement.
J.-P. S.

→ caste, phase.

polytoxicomanie

n. f. (angl. Multiple Addiction, Panaddiction ou Multiple Drug Abuse)

Toxicomanie ou pharmaco-dépendance simultanée à plusieurs sortes de drogues.

À la fin du XIXe siècle, la toxicomanie désignait précisément l'appétence pour plusieurs substances toxiques et se différenciait donc de la simple morphinomanie, cocaïnomanie, etc. La plupart des toxicomanes actuels ont recours à plusieurs sortes de drogues : euphorisants (opiacés), excitants (cocaïne, amphétamines) ou drogues illicites (héroïne) en usage alterné avec des psychotropes légaux (médicaments opiacés, hypnotiques, tranquillisants). M. V.

ponctuelle (corrélation)

(angl. Point Correlation)

Corrélation faisant intervenir des caractères présentant deux éventualités considérées comme qualitativement différentes. M. R.

→ corrélation.

pondération

n. f. (angl. Weighting)

Coefficient affectant un terme d'une équation linéaire.

Exemples : coefficients de régression dans une équation de régression multiple indiquant le poids de chacune des variables prédictrices dans la variable à prédire ; coefficients de piste dans l'analyse des pistes causales ; coefficients affectant chacune des notes en facteurs par lesquelles l'analyse factorielle explique une note dans un test ; etc. M. R.

Ponzo (illusion de)

→ illusion.

population

n.f. (angl. Population)

STAT. **Ensemble des unités (en général des individus) qui satisfont à une certaine définition.**

On ne peut connaître, en général, les paramètres d'une population. On les estime à partir des observations faites sur un échantillon représentatif de cette population. M. R.

→ échantillon, échantillonnage.

porte-au-nez

n.f. (angl. Door-in-the-Face)

Technique de soumission dont le principe consiste à faire précéder la requête portant sur le comportement attendu d'une requête irrecevable ; elle a été proposée par R. B. Cialdini et coll. R.-V. J.

porte ouverte

(angl. Open Door)

PSYCHIATR. **Politique de libéralisation dans les hôpitaux psychiatriques, à partir des années 1950, conduisant à laisser les portes ouvertes et les malades libres de circuler à l'intérieur et à l'extérieur de l'établissement.**

Ce serait le Britannique J. Bell qui aurait, le premier, en 1948, introduit cette pratique dans les institutions psychiatriques, suivi en cela par tous les partisans de la communauté thérapeutique. L'utilisation des neuroleptiques a certainement facilité, à partir de 1953, la généralisation de cette ouverture, qui ne s'est cependant pas faite sans certaines difficultés pour les soignants comme pour les soignés (on a constaté chez ces derniers, avec cette transformation, une recrudescence des suicides). La « porte ouverte » n'a d'ailleurs pas supprimé, comme on l'avait cru un peu naïvement au début, la chronicisation de la maladie mentale. Mais à cette occasion on a pu constater la justesse du proverbe chinois : « La porte la mieux fermée est celle qu'on peut toujours laisser ouverte. » J. P.

position (effet de)

(angl. Order Effect)

Effet produit dans un apprentissage de série par la position des stimulus dans la série. J.-F. L. N.

→ ordre.

positionnement

n.m. (angl. Posture)

PSYCHOPHYSIOL. **Synonyme de posture.** R. L.

possession (délire de)

(angl. Delusion of Possession)

Délire où le sujet pense être « pris », « habité » par un être étranger à lui-même, lequel se manifeste par des actes, pensées, paroles non reconnaissables pour celui qui en est le réceptacle.

Les rituels de possession sont anciens et multiples, avec une fonction sociale de décharge, de pénétration par le sacré et le symbolique ; ils sont maîtrisés par le groupe. L'« être » est du registre du « surhumain » ou de l'« extra-humain » : divin, démoniaque, esprit d'un mort, larves, Djinn ; parfois « innommable ». Le domaine psychanalytique est proche du domaine psychiatrique puisqu'il renvoie à l'imaginaire d'un inconscient qui subordonnerait le sujet. L'intériorisation du « mauvais objet » (au sens de M. Klein) peut être évoquée, ainsi que l'essai *Deuil et mélancolie* (1917) de S. Freud, rappelant l'historique de la possession. Il y a discordance entre la parole du sujet et son insertion dans l'ordre symbolique, le délire étant une tentative pour le retrouver ; l'inscription signifiante surgit du dedans sans reconnaissance par la conscience. C. L.-C.

→ démonopathie.

postcure

n.f. (angl. Psychiatric Aftercare)

1. Période qui suit un traitement psychiatrique intensif effectué habituellement en milieu hospitalier. 2. Ensemble des techniques médicopsychologiques et médicosociales utilisées pour éviter la chronicisation ou la rechute de la maladie mentale qui avait nécessité cette hospitalisation.

La postcure représente donc une continuité thérapeutique, après la sortie du malade, visant à la fois au maintien de sa santé psychique et à la réinsertion sociale et professionnelle, surtout lorsqu'il aura gardé de sa maladie un certain manque d'autonomie et un handicap. Il s'agit donc à la fois d'un suivi du traitement au dispensaire* ou au centre* médicopsychologique et de mesures de réadaptation, en utilisant si nécessaire des structures intermédiaires comme des hôtels ou appartements* thérapeutiques, des placements familiaux ou des foyers de postcure, permettant au patient d'avoir, pendant une période plus ou moins longue, un encadrement particulier pour passer de la vie en hôpital à la vie courante. Tout ce dispositif est en principe prévu, en France, dans la politique de secteur psychiatrique élaborée à partir de la circulaire du 15 mars 1960 et jusqu'au décret du 14 mars 1986. J. P.

postdécharge

n.f. (angl. Afterdischarge)

Prolongement d'une activité nerveuse d'origine centrale au-delà de la période de stimulation.

Cet ébranlement prolongé des centres pourrait être lié à une activité autorythmique des neurones ou à la mise en jeu de circuits réverbérants. G. S.

post-partum (psychopathologie du)

Troubles psychiques qui peuvent apparaître chez une femme qui vient d'accoucher.

Les troubles psychiques du post-partum surviennent précocement mais ont des significations différentes selon qu'il s'agit du syndrome du 3e jour (*post-partum blues*), d'une dépression mineure ou d'une psychose.

Le post-partum blues apparaît chez environ la moitié des accouchées, qui se plaignent de fatigue et de troubles du sommeil. Elles ont des crises de larmes et des craintes obsédantes de ne pas savoir s'occuper du nouveau-né. Attribué au bouleversement hormonal des suites de couches, ce syndrome serait plus fréquent chez les primipares qui ont présenté des troubles émotionnels durant la grossesse. Il ne nécessite pas de traitement puisqu'il est spontanément résolutif. Il serait même, pour certains, l'indice de la réactivité émotionnelle particulière nécessaire à la jeune mère pour établir la relation fusionnelle précoce avec le bébé. La dépression mineure ou atypique du post-partum peut débuter par un syndrome du 3e jour qui se prolonge.

Elle survient chez des femmes très jeunes ou, au contraire, ayant dépassé la trentaine, qui ont vécu des difficultés familiales durant leur enfance (séparations d'avec les parents, carences affectives) et qui présentent des antécédents psychiatriques. En particulier, l'attitude négative durant la grossesse, des tensions à l'intérieur du couple et avec l'entourage, ainsi qu'une mauvaise tolérance aux changements occasionnés par la présence du bébé dans la vie de la mère, sont des facteurs favorisant ces dépressions. Les consultations précoces mères-enfants, le support des centres de protection maternelle et infantile (P.M.I.) et des généralistes permettent le dépistage et la prise en charge de ces problèmes.

Les psychoses du post-partum apparaissent elles aussi, le plus fréquemment, dans le premier mois (une à deux pour mille accouchements). Il s'agit le plus souvent de désordres de l'humeur, surtout dépressifs. Ces dépressions majeures s'accompagnent souvent d'un délire soit hypocondriaque, soit centré sur le nourrisson dans la mélancolie. Les sentiments d'indignité, de culpabilité, les idées de mort font redouter un passage à l'acte suicidaire et/ou infanticide et imposent l'hospitalisation. Les accès maniaques sont fréquents, de survenue brutale, très hallucinatoires et délirants. Les thèmes d'influence, de toute-puissance érotomaniaques et persécutifs sont fréquents. Cette manie évolue souvent vers la dépression. Parfois, la psychose du post-partum se présente comme une psychose délirante aiguë à prédominance confusionnelle qui peut évoluer vers un épisode maniaque ou mélancolique. L'accouchement peut précipiter la décompensation d'une schizophrénie, marquée par l'agitation délirante, la discordance ou un état plus franchement dissociatif, avec repli, hostilité, désintérêt pour l'enfant; 10 à 15% des psychoses puerpérales évoluent vers une schizophrénie. Dans ces états, certains auteurs soulignent l'importance du rejet de l'enfant, les difficultés dans le repérage des générations, avec inversion mère-fille par exemple, l'impossibilité pour la mère de s'identifier à une bonne image maternelle et l'existence de secrets de filiation. D'autres auteurs insistent sur les bouleversements endocriniens.

Le traitement de ces psychoses puerpérales nécessite souvent une hospitalisation, en essayant de maintenir le lien mère-enfant, par exemple dans des unités spéciales, pour prévenir les réactions de rejet du bébé envers sa mère dues à une séparation longue, qui risquent de confirmer à la mère son sentiment d'être dangereuse et incapable de s'occuper de son enfant. Le traitement neuroleptique est souvent nécessaire pour calmer l'anxiété, l'agitation et le délire. Certains préfèrent la sismothérapie. Le soutien psychologique et l'aménagement de la relation mère-enfant sont souvent nécessaires au décours de l'hospitalisation. Le risque de récidive lors d'une grossesse ultérieure nécessite un accompagnement tout au long de celle-ci. J.-M. C.

poste de travail

(angl. Work Shift)

1. Planification des horaires de travail en périodes d'une durée habituelle de huit heures (postes du matin, d'après-midi, de nuit). 2. Dimension spatiale de l'exercice d'un métier, constituant un lieu contenant les machines, les instruments et les objets nécessaires à l'exécution d'un travail.

Le poste de travail peut être restreint lorsque l'opérateur travaille sur une seule machine sans avoir besoin de se déplacer. Mais il peut être plus large lorsque le travail nécessite d'évoluer dans plusieurs endroits ou de travailler sur plusieurs machines.

L'étude de postes constitue, dans le cadre de l'analyse des conditions de travail, l'un des domaines de la psychologie du travail et de l'ergonomie. A. L.

→ posté (travail).

posté (travail)

(angl. Shift-Work)

Organisation temporelle des périodes de travail ayant pour but d'assurer la continuité de celui-ci en faisant se succéder plusieurs travailleurs dans les mêmes fonctions.

La planification des horaires de travail pendant la journée repose sur un découpage de cette dernière en trois périodes égales de huit heures. Dans le cas le plus fréquent, plusieurs équipes de travailleurs se succèdent aux différents postes (matin, après-midi, nuit) pendant qu'une quatrième équipe est au repos (système des 3×8). Le système des 2×8 exclut généralement le poste de nuit.

Il existe plusieurs variantes du système de travail posté. Le système est dit «continu» si le travail ne cesse ni pendant la fin de semaine ni pendant les jours fériés. Dans le cas contraire, il s'agit du système semi-continu. Les équipes peuvent être fixes (le travailleur occupe toujours le même poste) ou alternantes (le travailleur change de poste ou de quart selon une périodicité donnée). La durée de la période de repos après plusieurs postes successifs de travail dépend pour partie du nombre d'équipes (quatre ou cinq). Enfin, l'heure de prise de quart peut varier: généralement entre 5 et 6 h pour le poste du matin, 13 et 14 h pour le poste de l'après-midi, 21 et 22 h pour le poste de nuit. La combinaison de ces caractéristiques d'organisation permet de créer des systèmes de postes permettant de satisfaire aux exigences des différents types de travail. Cependant, un grand nombre d'études et d'enquêtes donnent à penser que ces systèmes de travail posté ont des répercussions nocives sur la santé physique et psychique des travailleurs. C'est le cas en particulier du travail de nuit, fixe ou alternant, qui oblige l'individu à travailler en état de désactivation biologique et psychologique, provoquant ainsi un état de surfatigue qui se conjugue au sentiment d'exclusion sociale dans la vie hors travail. A. L.

→ alternant (système), chronobiologie, chronopsychologie.

postprandial (creux)

(angl. Meridian Through)

→ creux méridien.

posture

n.f. (angl. Posture)

Stabilisation des différentes pièces du squelette les unes par rapport aux autres dans une attitude corporelle particulière, propice au développement d'une action. (Syn. positionnement.)

J. Paillard a distingué deux grands systèmes de posture:

1. la *posture antigravitaire,* qui assure le maintien ou le rétablissement de l'équilibre du corps dans une orientation fondamentale par rapport à la pesanteur (verticale physique); elle permet la station érigée et constitue un référentiel de base pour l'orientation spatiale et le repérage de la verticale;
2. la *posture directionnelle,* qui modifie les architectures posturales antigravitaires en s'organisant par rapport aux stimulus de l'environnement. (C'est par exemple le cas d'un Chien en arrêt.)

Le maintien d'une posture n'est pas immédiat. Il nécessite un système de détection d'erreurs permettant de contrôler la stabilisation. Ce mouvement arrêté, qui conduit à s'écarter du maintien naturel, a ainsi une valeur fonctionnelle. Le remaniement postural est «assuré par le jeu coordonné de trois opérateurs spatiaux qui assurent respectivement le relèvement et l'abaissement de la tête dans un plan médian sagittal, le déplacement latéral droite-gauche dans le plan horizontal et la rotation dans les deux sens autour de l'axe du corps». Il semble y avoir «un véritable servomécanisme de positionnement, réalisant l'ancrage de la position et assurant sa stabilité». Le positionnement de la tête dirige toujours celui du corps.

E. V., J. P., M. C. et M. B.

potentialisation à long terme

(angl. Long-Lasting Potentiation)

Facilitation de l'activité des synapses qui s'observe après des stimulations répétées de certains groupes de neurones.

Ce phénomène, qui peut être mis en évidence dans l'hippocampe et dont la durée peut atteindre des semaines, pourrait être un des substrats neurophysiologiques des processus de mémorisation. P. L.

→ mémoire.

potentiel

n.m. (angl. Potential)

NEUROBIOL. **Différence de potentiel électrique de part et d'autre d'une membrane cellulaire nerveuse ou musculaire (potentiel transmembranaire) ou entre deux points du corps (potentiel de surface) et générée par le tissu nerveux ou musculaire.**

On appelle *potentiel de repos* (angl. Resting Potential) la différence de potentiel permanente existant entre l'intérieur et l'extérieur d'une cellule. Le neurone au repos — c'est-à-dire en l'absence de toute stimulation — est, comme toute cellule vivante, polarisé. Pour les cellules nerveuses et les cellules musculaires, la valeur du potentiel de repos, ou potentiel de membrane, est comprise entre −60 et −100 mV. Le signe − indique que l'intérieur est négatif par rapport à l'extérieur.

On appelle *potentiel d'action* (angl. Action Potential) la dépolarisation, c'est-à-dire l'inversion de la polarisation membranaire de repos, qui se propage de proche en proche le long de l'axone sans affaiblissement. Cette réponse, qui dure de 1 à 3 millisecondes, représente la composante électrique de l'influx nerveux (→ influx nerveux); elle est caractéristique des éléments excitables (cellules nerveuses et cellules musculaires). Le potentiel d'action de la fibre nerveuse obéit à la loi du tout ou rien: son amplitude est d'emblée maximale. Par contre, dans un nerf, il se produit un phénomène de recrutement de fibres au fur et à mesure que l'intensité de stimulation augmente, de sorte que l'amplitude du potentiel d'action enregistré croît jusqu'à un maximum. L'excitabilité de la fibre nerveuse est modifiée après l'émission d'un potentiel d'action. (→ réfractaire [période].)

On appelle *potentiel postsynaptique* (angl. Post-Synaptic Potential) un potentiel électrique enregistrable de part et d'autre de la membrane synaptique d'une cellule nerveuse en réponse à la libération d'un neuromédiateur dans la fente synaptique. Dans le cas d'un neuromédiateur excitateur, ce potentiel local consiste en une dépolarisation membranaire (potentiel postsynaptique excitateur, ou P.P.S.E.), susceptible d'engendrer un potentiel d'action. En revanche, un neuromédiateur inhibiteur provoque une hyperpolarisation (potentiel postsynaptique inhibiteur, ou P.P.S.I.).

On appelle *potentiel évoqué* (angl. Evoked Potential, Event-Related Potential) la réponse électrophysiologique d'une population de neurones consécutive à l'impact d'un stimulus sur l'organisme. Un potentiel évoqué comprend habituellement plusieurs composantes et sa durée s'exprime en dizaines ou en centaines de millisecondes. Le recueil de la réponse s'effectue par l'intermédiaire de macroélectrodes. La source de stimulation peut se trouver à l'extérieur, à la surface ou à l'intérieur de l'organisme. Chez l'Homme, on enregistre le plus souvent les potentiels évoqués corticaux après stimulation d'une modalité sensorielle en plaçant les électrodes de réception au niveau du cuir chevelu. Ces enregistrements fournissent des données utiles sur le fonctionnement du cerveau de l'Homme sain ou atteint de troubles neurologiques.

G. S.

GÉNÉR. **Type de variable hypothétique béhavioriste, qui était supposée déterminer le comportement.**

La notion de potentiel est très proche de celle de comportement et, en somme, équivalente à celle de «possibilité de comportement». Elle a été utilisée durant la période béhavioriste, en particulier dans la théorie de C. Hull.

On appelle *potentiel de réaction* (angl. Reaction Potential), *potentiel excitatif* (angl. Excitatory Potential) la variable hypothétique qui, dans la théorie de Hull, était désignée par $_SE_R$. Elle était supposée déterminer l'apparition de la réponse et sa vigueur. Un comportement avait lieu dès que le potentiel de réaction correspondant était supérieur à une certaine valeur, dite «seuil de réaction». La vigueur de ce comportement dépendait de la valeur du potentiel de réaction (net).

On appelle *potentiel inhibitif* la variable hypothétique qui, dans la même théorie, était supposée déterminer l'empêchement d'une réponse ou contribuer à la diminuer; le potentiel inhibitif était à soustraire du potentiel de réaction pour donner une somme algébrique, le «potentiel net», dont dépendait la réponse.

J.-F. L. N.

→ activation, excitation, inhibition.

potomanie

n.f. (angl. Potomania)

Tendance impulsive à boire des quantités excessives d'eau ou d'autre liquide.

Ce trouble du comportement alimentaire, d'origine psychique (à distinguer des polydipsies d'origine organique, endocrinienne ou rénale), se voit dans des états de grande anxiété ou d'excitation maniaque (ou parfois hystérique). Il peut entraîner de graves déséquilibres électrolytiques dans le sang par trop grande dilution, en particulier une hyponatrémie (insuffisance de sodium) pouvant conduire à un coma nécessitant une réanimation d'urgence.

J. P.

poursuite

n.f. (angl. Tracking)

Tâche dans laquelle un sujet doit ajuster la position d'un élément mobile (1er stimulus) dont il contrôle les déplacements, pour le maintenir en contact avec un autre élément mobile (2e stimulus), qui se déplace de façon indépendante du sujet et de façon imprévisible.

On prend généralement les temps cumulés de coïncidence des deux stimulus comme mesure de l'efficacité de la poursuite. On peut, par extension, utiliser d'autres sortes de stimulus — par exemple deux stimulus auditifs arrivant chacun à une oreille. Dans la vie quotidienne, regarder un objet en mouvement constitue une tâche de poursuite. (→ article suivant.)

J.-F. L. N.

poursuite oculaire

(angl. Tracking Eye Movement)

Mouvement des yeux suivant le déplacement d'une cible visuelle. (Syn. poursuite visuelle.)

GÉNÉR. On distingue la *poursuite saccadée* ou *saccadique* (→ saccade oculaire), dans laquelle le mouvement des yeux est constitué par une suite de sauts et de pauses, et la *poursuite continue* ou *poursuite douce*, dans laquelle l'œil glisse à une vitesse voisine de celle de la cible. La poursuite continue ne peut être réalisée que si le déplacement de la cible se fait à vitesse constante et si cette vitesse n'est ni trop lente ni trop rapide. Elle est générée par un signal de vitesse. Dès que la stimulation de la rétine a entraîné le réflexe de fixation, les yeux maintiennent la fovéalisation de la cible en ajustant leur vitesse de déplacement à celle de la cible. La poursuite saccadée est au contraire générée par un signal d'écart spatial entre la fovéa et la position rétinienne de l'image de la cible. Une nouvelle saccade est déclenchée si cet écart atteint une certaine valeur.

DÉVELOP. Chez le nouveau-né, quand une cible visuelle mobile entre dans son champ visuel, elle stimule sa rétine périphérique et déclenche le réflexe de fixation oculaire: les yeux se déplacent jusqu'à ce que la cible soit fovéalisée. Si l'œil s'immobilise, alors que la cible poursuit son mouvement, celle-ci va à nouveau atteindre la rétine périphérique et entraîner le réflexe de fixation. Cette suite de fixations oculaires (*poursuite saccadée*) permet, de façon peu satisfaisante, de maintenir un objet mobile dans le champ visuel. La *poursuite continue* ou *poursuite douce* procède sur un tout autre mode.

On a longtemps cru qu'avant l'âge de 6 à 8 semaines le nourrisson humain utilisait uniquement une poursuite saccadique. Il est maintenant démontré que, si certaines conditions optimales sont réalisées quant à la nature et à la taille de la cible, à sa vitesse de déplacement, à l'état du bébé, à sa posture initiale, etc., on peut obtenir une poursuite douce chez le nouveau-né humain. Cette poursuite est très imparfaite: la vitesse de déplacement des yeux n'est jamais égale à celle de la cible, elle en atteint au mieux la moitié, les yeux sont mal synchronisés, les segments de poursuite douce sont courts et alternent avec des saccades de rattrapage. Pendant les 2 ou 3 premiers mois, le corps entier du bébé est impliqué dans la poursuite et non seulement l'orientation de la tête: la posture du tronc et des membres se modifient alors que la cible se déplace. Le maintien de la fovéalisation de celle-ci paraît d'autant meilleur que l'harmonie est grande entre les ajustements posturaux et les déplacements oculaires, jusqu'au début du 3e mois. Après, l'indépendance entre la poursuite visuelle et la posture du bébé devient totale.

C. B. et E. V.

pouvoir

n.m. (angl. Power)

Relation à caractère sacré de type asymétrique établi entre un homme ou un groupe de sujets pouvant former un ensemble ou un appareil spécifique, définissant les fins et les orientations de la société, disposant de l'usage légitime de la violence et un groupe plus ou moins large d'individus qui donnent leur consentement aux normes édictées.

Ce consentement peut être obtenu par l'intériorisation des valeurs sociétales, l'adhésion active aux orientations proposées, par la fascination ou la séduction exercées par les hommes dominants, par la crainte des sanctions.

Une dimension religieuse

Tout pouvoir est revêtu d'un caractère sacré. Le premier pouvoir, d'après S. Freud dans *Totem et Tabou* (1914), est celui exercé par le chef de la horde. (→ horde primitive.)

Cette hypothèse, métaphore de la vie sociale, met en lumière la plupart des propriétés essentielles du pouvoir.

L'être qui incarne la toute-puissance et qui peut utiliser la force nue est affecté d'un caractère sacré, à la fois attrayant et effrayant, provoquant le respect (R. Caillois, 1938) et la soumission totale. Le respect n'empêche pourtant pas la révolte, un jour, des individus les plus soumis ni le meurtre du fait, d'une part, de la présence, à côté du « sacré de respect » d'un « sacré de transgression » (R. Caillois, 1938), d'autre part du « retour du refoulé et du réprimé ». En ce qui concerne ce mécanisme, Freud a montré que les désirs refoulés finissaient toujours par revenir et par trouver les mots pour s'exprimer (le refoulement étant de l'ordre du langage) et que les désirs réprimés revenaient sous forme de violence directe (la répression étant, suivant l'expression de G. Bataille [1957], *un discours sans voix*). La perpétration d'un crime (a fortiori d'un parricide) à l'égard d'un être exceptionnel haï et, en même temps, aimé et admiré (du fait de l'ambivalence des sentiments) débouche sur l'apparition d'un sentiment de culpabilité chez les individus, qui ont tendance à transformer cet être en totem ou en Dieu afin de s'assurer de sa bienveillance, et du caractère non arbitraire de leur société et de leur vie.

Freud a émis au sujet de l'avènement de la civilisation une autre hypothèse. (→ leadership.) L'ancêtre, les dieux ou le Dieu unique auraient créé un groupe d'hommes par un acte d'amour. Les deux hypothèses ne sont pas contradictoires. Qu'au début il y ait un père porteur de mort ou un père aimant, il n'empêche que les hommes ne peuvent vivre sans référence à un sacré transcendant. Freud n'est pas éloigné de É. Durkheim, qui soulignait que la religion, permettant « l'être-ensemble », est consubstantielle à la société.

Les frères (dans une démocratie, les citoyens) rencontrent les plus grandes difficultés à établir une coopération véritable et égalitaire malgré l'interprétation par C. Castoriadis du meurtre du père comme un essai de création d'une société et d'individus autonomes. En effet, chacun des frères peut avoir envie d'occuper le lieu vide du pouvoir (les communautés archaïques étudiées par P. Clastres [1974], qui prennent des décisions unanimes, ne sont pas des sociétés autonomes et égalitaires dans la mesure où elles excluent du processus de décision les femmes et les enfants).

D'où, comme l'a souligné S. Moscovici (1981), le remplacement, dans les sociétés modernes, des religions par des religions profanes, des idéologies incarnées dans des meneurs totémiques. D'où encore l'impossibilité (E. Enriquez, 1980, 1983) pour les hommes de vivre dans l'immanence et l'émergence de nouveaux sacrés transcendants : la *Raison* (dévoyée en Science et en Technique, J. Habermas, 1968), *l'État*, qui peut prendre les formes de l'État total ou de l'État totalitaire, exigeant le sacrifice de leurs membres à cause et à l'idéal qu'ils imposent, ou encore *l'Argent*, qui amène les sociétés modernes à développer à l'infini les forces productives car elles sont obsédées par l'accroissement du P.N.B., considéré comme l'équivalent du bonheur.

Récompense et punition

Les êtres humains ne pourraient donc pas se passer de croyance (D. Anzieu, 1978). Mais si la croyance s'effrite, le consentement vient à manquer. Le consentement (D. Cartwright, 1959) dépend en partie de la satisfaction des motivations des membres du groupe. Il peut ne pas être authentique mais manipulé (A. Kaplan, 1964). Quel est donc le rapport entre le consentement et les sanctions, positives ou négatives ? Pour J. R. French et B. Raven (1959), « le pouvoir de récompense tend à accroître l'attraction exercée par l'ensemble O (exerçant le pouvoir) sur l'ensemble P. Le pouvoir coercitif fait décroître cette attraction. » J.-P. Poitou (1969) a constitué vingt groupes expérimentaux comportant trois membres : un surveillant et deux équipiers. Certains résultats sont à relever : l'emploi de punitions ne crée pas de résistance même si la coercition est accrue ; il diminue la sympathie vis-à-vis du surveillant mais augmente le souhait de le rencontrer ; enfin, l'autorité du surveillant demeure même s'il n'a pas de moyens de sanction. Poitou se demande si les sujets n'obéissent pas surtout à l'expérimentateur, dont le surveillant n'est que le délégué : ce que confirme S. Milgram. (→ autorité.)

Ces expériences limitées et donnant parfois des résultats contradictoires sont intéressantes en ce qu'elles mettent en lumière la complexité du problème. On peut obéir aux ordres pour obtenir des récompenses, par crainte, par conformité à tout dominant légitime. Le pouvoir peut varier l'utilisation des sanctions négatives et être reconnu. Mais elles ne peuvent explorer l'aspect *politique* du pouvoir : à un moment, individus et groupes ne croient plus et, malgré la force employée contre eux (le pouvoir étant l'utilisation de la violence légitime selon Weber, à son propre profit ajoute Freud), ils se révoltent.

Le politique et le psychique

C'est un problème qu'a pu aborder Freud. Il insiste plus sur les caractéristiques mortifères du pouvoir que sur les aspects constructifs d'utilisation optimale des ressources disponibles et de création de richesse intellectuelle et industrielle. C'est qu'il a été le premier à souligner la double dimension du pouvoir et son rôle sur l'« autre scène », qui lui donne son caractère tragique :

– la dimension *politique* qui fait du pouvoir un des ressorts de l'action historique et de l'imaginaire social, qui se cristallise dans des institutions en principe bienveillantes mais qui ne peuvent exorciser ce à partir de quoi elles sont nées et elles continuent de naître : la violence originaire (tout mouvement instituant étant lutte et destruction de l'institué) ;

– la dimension *psychique*, et le narcissisme qui lui est lié, qui provoque l'amour pour le (ou les) leader(s) charismatique(s) et la religion ou l'idéologie sous-tendant son (leur) action dans la mesure où celui-ci (ceux-ci) sait (savent) par la fascination, la séduction, la « théâtralité » (G. Balandier, 1980) faire entendre un discours de type paranoïaque qui annonce la rédemption du monde et qui établit, comme seule relation possible, la relation duelle — quand elle n'invite pas l'individu à occuper la place de cet être d'exception.

Dimension psychique capable d'induire la soumission à des leaders technocrates et à l'idéologie perverse de la technocratie qui énonce que le réel doit être le reflet du modèle, que les rapports humains doivent se métamorphoser en rapports d'objets, que le monde est guidé par l'économique et le principe d'utilité — quand elle n'invite pas l'individu à occuper une telle place. Le pouvoir ne peut être appréhendé si on fait l'économie de l'activité politique (comment gouverner et qui doit gouverner) et de l'activité psychique, qui favorise l'intériorisation des valeurs sociétales, les investit narcissiquement et qui les remodèle. Ces deux dimensions ne sont pas à prendre en compte seulement sur la scène du visible, mais sur l'autre scène : celle de l'*inconscient*. Il y a un « inconscient du politique » (P. Kaufmann, 1979) qui trouve sa résonance et son amplification au niveau individuel, de la même manière que l'inconscient individuel est rempli de fantasmes concernant le social et œuvre à leur réalisation.

Le pouvoir et les pouvoirs

Certes, le pouvoir se joue aussi à d'autres niveaux ; il existe des micropouvoirs qui s'exercent à partir de points innombrables (M. Foucault, 1976) — ce qu'avaient bien perçu avant lui les psychosociologues lewiniens ; il existe des relations de pouvoir dans les organisations (M. Crozier, 1964), chaque individu ou groupe étant pourvu de ressources, pouvant contrôler des zones d'incertitudes et négocier sa participation. Les dominants et les dominés ne sont pas toujours face à face. Mais, si l'étude de ces multiples pouvoirs est nécessaire, il ne faudrait pas qu'elle étaye une idéologie qui, montrant la variété des formes de pouvoir, a tendance à conclure en une distribution quasi égale de celui-ci. E. E.

→ autorité, leadership.

BIBLIOGRAPHIE

Cartwright, D. (Ed.), 1959, *Studies in Social Power*, Ann Arbor, University of Michigan Press.

Enriquez, E., 1983, *De la horde à l'État*, Paris, N.R.F.

Nagel, J., 1975, *A descriptive Analysis of Power*, New Haven, Yale University Press.

Ng, S. K., 1980, *The Social Psychology of Power*, Londres et New York, Academic Press.

pouvoir discriminant ou pouvoir classant

(angl. Discriminating Power)

Pour un test, capacité de différencier les sujets. M. R.

→ psychométrie.

pragmatique

n.f. (angl. Pragmatics)

Étude du langage en situation.

Les frontières entre la sémantique et la pragmatique sont difficiles à tracer, certains linguistes intégrant pour partie la pragmatique dans le composant sémantique. Relèvent en particulier de cette branche de la linguistique l'étude des actes de langage (et singulièrement des actes indirects) et l'interprétation des termes indexicaux et des éléments déictiques, c'est-à-dire des expressions qui réfèrent à la situation d'énonciation (au lieu et au moment de l'énonciation : ici, maintenant) et plus généralement au contexte d'émission (tels les démonstratifs par exemple). L. S.-C.

BIBLIOGRAPHIE

Austin, J. N., 1962, trad. fr. 1970, *Quand dire c'est faire*, Paris, Le Seuil.

Grice, H. P., 1979, « Logique et communication », in *Communication*, 30.

Levison, S. C., 1983, *Pragmatics*, Cambridge, Cambridge University Press.

Récanati, F., 1981, *les Énoncés performatifs. Contribution à la pragmatique*, Paris, Éditions de Minuit.

Searle, J. L., 1979, trad. fr. 1982, *Sens et expression. Étude de théorie des actes du langage*, Paris, Éditions de Minuit.

Prägnanz

n.f. (angl. Pregnance)

Synonyme de prégnance. C. B.

pratique (intelligence)

(angl. Concrete Intelligence)

→ intelligence pratique.

praxie

n.f. (angl. Praxia)

Selon J. Piaget, système de mouvements coordonnés en fonction d'un résultat ou d'une intention.

Deux caractéristiques spécifiques définissent donc les praxies : l'intentionnalité de l'acte et l'organisation des mouvements dans une totalité. Les coordinations impliquées dans les praxies peuvent être internes aussi bien qu'externes. Dans le premier cas, plusieurs mouvements sont organisés en un acte total par adjonction d'unités et différenciation progressive. Dans le second, plusieurs praxies sont combinées en une praxie d'ordre supérieur, chacune demeurant susceptible de fonctionner isolément.

De cette définition, il s'ensuit que les réflexes, les automatismes, les mouvements involontaires, de même que les mouvements inclus dans une action mais considérés isolément ne sont pas des praxies. Par contre, cette définition générale s'applique aux ensembles de mouvements accomplis dans le cadre d'une activité symbolique, comme l'imitation, le simulacre, l'acte conventionnel, mais aussi aux actes tendant à des fins immédiatement réalisables. À ce titre, les schèmes sensori-moteurs, définis par Piaget comme des « unités d'action applicables à des situations multiples », peuvent être considérés comme des praxies.

Dans cette perspective, les premières praxies apparaissent dès la fin du second stade du développement de l'intelligence sensori-motrice, lorsque préhension et vision sont coordonnées. H. Wallon insiste davantage sur le rôle des praxies dans la construction des objets, comme support de ces praxies, et dans le développement de l'intelligence des situations : manipuler une cuillère, visser un bouchon sur une bouteille, empiler des cubes les uns sur les autres, copier un modèle graphique sont autant de praxies qui se développent au cours de la petite enfance. Les dyspraxies constructives, qui se caractérisent par des difficultés électives dans la reproduction de modèles spatiaux, graphiques ou proprioceptifs, constituent l'une des formes des dysharmonies cognitives, qui peut être à l'origine de difficultés scolaires, en particulier en mathématiques. E. V.

préapprentissage

n.m. (angl. Pre-Learning)

Apprentissage préalable effectué dans des conditions où l'on a affaire à deux tâches et où l'on s'intéresse surtout à la seconde. J.-F. L. N.

précâblage

n.m.

→ préformation.

précâblé, e

adj.

Se dit d'une réaction, d'un comportement non induit par l'expérience ou par l'environnement, formé d'une suite d'actions élémentaires, observables dès la naissance qui ne sont pas nécessairement héréditaires.

On cite le cas du redressement du chaton lorsqu'on le fait tomber en mauvaise posture. Les neurologues s'efforcent de distinguer *précâblé* de *inné*. H. B.

→ préformation.

précausalité

n.f. (angl. Pre-causality)

Selon J. Piaget, caractéristique de l'intelligence préopératoire se manifestant par l'animisme, l'artificialisme, le finalisme et le réalisme dans l'explication des phénomènes physiques.

Selon cette analyse, l'enfant ne connaît pas l'existence du hasard, ou ne suppose pas qu'il puisse exister. R. L.

Prechtl (Heinz F.R.)

Éthologiste et neurologue autrichien (Vienne 1927).

Professeur de neurologie du développement à l'université de Groningue, Prechtl apparaît aujourd'hui comme le rénovateur d'un courant de pensée « maturationniste » qui, sous l'influence des idées constructivistes, avait perdu de son audience. Par ses méthodes d'observation contrôlée, mais naturaliste, par les âges sur lesquels portent ses investigations, par ses conceptions du développement, Prechtl se rattache à A. Gesell, bien qu'il soit venu aux études neuro-comportementales par l'éthologie (il fut élève de K. Lorenz). Depuis plus de trente ans, Prechtl alimente ses réflexions sur les déterminismes et les mécanismes du développement humain des théories néo-darwiniennes et de l'épigenèse probabiliste. Par des observations de longue durée, il a conforté la distinction des états comportementaux chez le fœtus, le prématuré et le nouveau-né à terme et montré que la succession de ces états s'organise en cycles réguliers.

Il a aussi montré que, dès la naissance, alors que les possibilités de déplacement autonome sont très réduites, le bébé adopte des postures préférentielles, transverses aux états comportementaux, et qui, si elles varient d'un individu à un autre, manifestent une stabilité intra-individuelle surprenante.

Prechtl a été l'un des premiers à contester que l'agitation de masse soit l'expression unique ou dominante de la motilité du nourrisson. Il a dressé un catalogue des catégories de mouvements produits par le nouveau-né qui fait apparaître une fréquence importante de mouvements segmentaires. Sa thèse d'une continuité transnatale reprend les propositions de Gesell avec un argumentaire moins intuitif et plus précis. Il existe, grâce à Prechtl, une école de Groningue qui a grandement contribué à un progrès de la neurologie clinique et de la pédiatrie.

Il a écrit de nombreux livres et articles, dont *The Neurological Examination of the Fullterm Newborn Infant* (1964, rév. en 1977), *Behavioural States in the Newborn Infant* (1974), *Continuity of Neural Functions from Prenatal to Postnatal Life* (1984). H. B.

précocité

n.f. (angl. Precocity; Earliness)

1. **Avance dans le développement (angl. Precocity) d'un individu présentant des traits de comportement qui émergent dans sa population d'appartenance à un âge supérieur à son âge chronologique.**

Dans les sociétés occidentales, un enfant qui marche seul à 8 mois manifeste une précocité de plusieurs mois par rapport à l'âge moyen d'accession à la marche. En psychométrie, la précocité intellectuelle est mesurée, à un âge donné, par la valeur d'un quotient de développement qui exprime un niveau global. Le constat de précocité contient, dans le domaine intellectuel, un jugement de valeur sur les capacités de l'individu qui en fait l'objet.

2. **Ensemble des âges de la vie postnatale et des conduites qui la caractérise (angl. Earliness).**

En ce sens, qualifier des conduites de « précoces » ne désigne pas des conduites qui seraient en avance, mais les premières conduites observables. H. B.

préconcept

n.m. (angl. Preconcept)

Selon J. Piaget, notion qui reste « à mi-chemin entre la généralité du concept et l'individualité des éléments qui le composent ».

Piaget veut définir par ce terme les « ... notions attachées par l'enfant aux premiers signes verbaux dont il acquiert l'usage ». Les préconcepts sont des images mi-individuelles, mi-génériques. Piaget donne un exemple dans lequel un enfant de 3 ans « dit indifféremment "la" ou "les" limaces... sans décider si les limaces rencontrées au cours d'une même promenade... sont un seul individu, limace unique, ou une classe d'événements distincts ». Le raisonnement préconceptuel est transductif; il relie des préconcepts et s'observe surtout entre 2 et 4 ans. E. V.

préconditionnement

n.m. (angl. Pre-Conditioning)

Premier conditionnement dans une situation où existent deux conditionnements et où l'on s'intéresse surtout au second. J.-F. L. N.

préconscient

n.m. (angl. Preconscious; allem. [das] Vorbewußte)

Instance psychique supposée par S. Freud après sa découverte de l'inconscient pour représenter dans l'appareil psychique un lieu intermédiaire entre le conscient et l'inconscient, lieu nécessaire pour assurer le fonctionnement dynamique de cet appareil.

◇ adj. **Qui se rapporte au préconscient.**

Cette mise en place donne à Freud la base de sa « nouvelle psychologie », la psychanalyse.

CARACTÉRISTIQUES

Le préconscient fait écran entre l'inconscient et le conscient. Il maintient dans l'inconscient ce qui y est refoulé en imposant une censure dont la levée obéit à certaines forces et qui est un lieu de résistance dans la cure. De l'autre côté, les excitations qui lui parviennent s'écoulent sous le contrôle du processus secondaire, tant sous forme de décharge motrice que de transformation en phénomène conscient mais à certaines conditions. Lieu de stockage où viennent s'inscrire les représentations de choses et les représentations de mots liées entre elles, il est de ce fait le siège de la mémoire et correspond à notre « moi officiel ».

Le terme *préconscient* souligne une séparation relative d'avec le conscient, dont il est « l'antichambre » au point qu'isoler ce terme fait fi de certaines formulations telles que « le système préconscient-conscient ». Freud a en effet oscillé entre un appareil à deux ou à trois instances. C'est l'ensemble à trois instances distinctes qui a reçu, après coup, la dénomination de première topique.

PRÉMISSES

Dans la lettre 52 à W. Fliess, en 1896, Freud, abandonnant partiellement ses présupposés biologiques, parle d'enregistrement, de transcription, de traduction des représentations verbales dans un espace psychique : « Le préconscient est la troisième transcription liée aux représentations verbales. » Cette affirmation reviendra dans tous les textes et sera encore confirmée dans *Abrégé de psychanalyse* (1938).

L'APPORT DE L'INTERPRÉTATION DES RÊVES

La publication de l'*Interprétation des rêves*, en 1900, fait connaître les théories freudiennes à partir de l'étude du rêve, pris comme paradigme de formations psychiques anormales ainsi que Freud le mentionne dès la première édition. Il y établit d'abord que le rêve est une production de l'inconscient. Toujours à l'affût des contradictions, il s'aperçoit, en étudiant l'élaboration secondaire du rêve, qu'il bute « sur les sentiments de critique à l'intérieur du rêve » et se demande d'où vient que, « dans un rêve, nous puissions avoir le sentiment que ce n'est qu'un rêve ». Il constate que « le contenu du rêve ne provient pas tout entier des pensées du rêve mais qu'une fonction psychique inséparable de notre pensée de veille peut lui fournir une partie de ses éléments » — ce qui exige l'hypothèse du préconscient — et il ajoute que « cette fonction qui censure peut aussi produire des adjonctions et des accroissements », qu'il nomme « pensées intermédiaires ». Il en souligne le caractère tendancieux visant à « enlever au rêve son apparence d'absurdité et d'incohérence ».

Il identifie « l'élaboration secondaire avec le travail de notre pensée de veille (pensée préconsciente), qui se comporte à l'égard des éléments fournis par la perception exactement comme l'élaboration secondaire vis-à-vis du contenu du rêve. Elle met de l'ordre, établit des relations, apporte une cohésion intelligible. » Freud stipule encore que le préconscient assure la création de compromis dans les formations de l'inconscient autres que le rêve : symptôme, mot d'esprit, lapsus, acte manqué. Il conclut à cette époque que « la psychothérapie ne peut suivre un autre chemin que celui de mettre l'inconscient sous la domination du préconscient ».

LES APPORTS DE LA MÉTAPSYCHOLOGIE

Quinze ans après l'*Interprétation des rêves*, Freud précise dans *la Métapsychologie* (écrite en 1915, parue en 1917) certaines propriétés du préconscient: « Le système préconscient-conscient régit l'affectivité aussi bien que l'accès à la motilité » et c'est au préconscient qu'incombe la dépense permanente du refoulement originaire grâce à un « contre-investissement ». Dans le refoulement proprement dit, il s'y ajoute le retrait d'investissement préconscient sur les rejetons inconscients. Dans le préconscient règnent le principe de réalité et, avec lui, la relation au temps. Il est le siège d'une certaine mémoire dont le contenu provient en partie de la vie pulsionnelle et en partie de la perception. En 1916, Freud n'hésite pas à assimiler « la vie psychique normale au système préconscient ».

À partir de 1920, la deuxième topique : le ça, le moi, le surmoi, se substitue à la première sans la recouvrir et le préconscient perd sa référence topique pour n'être plus qu'une qualité du moi. Dans l'*Abrégé de la psychanalyse*, Freud reprend sa définition première du préconscient (lettre 52) et il ajoute que « le fait qu'un processus soit conditionné par la parole permet de conclure à coup sûr que ce processus est de nature préconscient » et que « l'état préconscient, caractérisé d'un côté par son accession à la conscience, d'un autre côté par sa liaison avec les traces verbales est bien quelque chose de particulier dont la nature n'est pas épuisée par ces deux caractères ».

APRÈS FREUD

Il serait excessif d'affirmer que le concept de préconscient ait fait long feu et pourtant peu d'analystes l'utilisent encore. Lacan, dans les *Écrits*, s'y réfère rarement et ne le développe pas. Dans son premier séminaire, *les Écrits techniques de Freud*, il se saisit de la proposition freudienne de comparer l'appareil psychique à une sorte de « microscope compliqué » pour donner, selon le conseil de celui-ci, « libre cours à ses hypothèses ». C'est ainsi qu'il substitue au schéma freudien de l'appareil psychique l'expérience du bouquet renversé puis un schéma optique montrant cet objet. À l'aide de cette nouvelle métaphore, il fait le saut de la topique freudienne à ses propres catégories : réel, imaginaire et symbolique, donnant dès lors au moi préconscient son statut imaginaire. Ainsi, J. Lacan ouvre à la cure d'autres repères. A. J.-F. et D. S. F. G.

prédicat

n.m. (angl. Predicate)

Constituant fondamental de la proposition.

Dans la logique classique (Aristote, les stoïciens), la proposition, dont le prototype est « Socrate est mortel », se compose d'un sujet (« Socrate »), d'une copule (« est »), d'un prédicat (« mortel »). Dans la logique moderne, la copule n'est plus prise en considération et la proposition se compose d'un prédicat, ou « prédicateur » (dans l'exemple précédent « être-mortel », ou « être-mortel [*x*] »), et d'un sujet ou d'« argument(s) ».

La notion de « prédicat » a été élargie par l'introduction de l'idée de prédicats « à deux places » ou « à deux arguments » : il s'agit de relations, telles que « inférieur à (*x*, *y*) », ou encore de significations de verbes transitifs, telles que « poursuivre (*x*, *y*) », etc. On trouve aussi des prédicats à trois places et, peut-être, à quatre.

La notion de prédicat a été profondément remaniée par l'idée, due à G. Frege, qu'un prédicat isolé est une fonction (au sens mathématique), c'est-à-dire la partie, incomplète par nature, ou « insaturée », d'une proposition. « Être mortel (*x*) » est, dans cette perspective, une fonction qui prend la valeur « vrai » lorsqu'elle s'applique à n'importe quel individu mortel, lorsque l'on substitue n'importe quel nom ou désignateur de mortel à *x*. Elle prend la valeur « faux » si on l'applique à des individus non-mortels. En instanciant ainsi le prédicat (c'est-à-dire en l'appliquant à un individu), on crée une proposition, par exemple : « Vrai : est-mortel (Jacques) », autre façon d'écrire « Jacques est mortel » ; ou, par contraste : « Faux : est-mortel (le nombre 4218). »

B. Russell a appelé, pour ces mêmes raisons, « fonction propositionnelle » ce que l'on appelle classiquement « prédicat ».

La linguistique a repris pour son compte la notion de prédicat. La psychologie en fait également usage dans les théories « propositionnelles » de la signification et de la cognition, qui considèrent les propositions et les prédicats comme ayant une réalité psychologique. J.-F. L. N.

→ proposition.

prédication

n.f. (angl. Predication)

Opération psychologique et linguistique hypothétique, dans laquelle la signification des arguments serait liée à celle d'un prédicat pour donner naissance à une proposition.

Par exemple, à partir du prédicat à une place « écrivain » (ou « est-un-écrivain ») et du nom propre « Marcel Proust », je puis former par prédication simple la proposition « Marcel Proust est un écrivain ». À partir du prédicat à trois places « remplacer » et des noms « République », « province », « département », je puis, en appliquant trois fois l'opération de prédication, former la proposition « la République remplaça les provinces par des départements ».

Cette opération est supposée jouer un rôle fondamental dans la compréhension et dans la production du langage. J.-F. L. N.

→ compréhension, prédicat.

prédicteur

n.m. (angl. Predictor)

Variable à partir de laquelle on peut prédire les valeurs d'une autre variable.

GÉNÉR. Cela revient à dire que les deux variables sont en corrélation élevée ; cet aspect est souligné quand on dit que « tel phénomène est un *bon* prédicteur de tel autre ». Il s'agit d'une caractéristique purement opérationnelle et descriptive de la variable en cause. J.-F. L. N.

DIFFÉR. Lorsque plusieurs variables sont liées à un certain critère, elles peuvent être utilisées comme des prédicteurs de la valeur la plus probable que prendra ce critère. En général, les prédicteurs présentent aussi des liaisons entre eux. L'équation de régression multiple des critères sur les prédicteurs fournit pour un sujet donné la meilleure prédiction possible du critère à partir des prédicteurs, sous la forme d'une somme pondérée des notes obtenues par ce sujet dans ces prédicteurs. Exemple : prédiction de la réussite scolaire la plus probable à partir d'une batterie de tests. M. R.

prédiction

n.f. (angl. Prediction)

En méthodologie, comportement ou caractéristique d'un comportement qu'on s'attend à voir apparaître dans une situation bien définie moyennant une certaine hypothèse.

Dans une méthodologie simple, le terme *prédiction* est parfois remplacé par *hypothèse*. Les méthodologistes plus exigeants préfèrent réserver le mot *hypothèse* à des énoncés théoriques sur les processus, les mécanismes ou les phénomènes généraux. La mise à l'épreuve expérimentale des hypothèses requiert toujours l'utilisation d'un dispositif d'observation ou d'expérimentation, qui comporte des sujets, des conditions ou des situations (et notamment, chez l'Homme, une consigne) et des réponses, avec une procédure de recueil des données.

On raisonne alors en disant que « de l'hypothèse H *et* des conditions C, on peut faire dériver (c'est-à-dire déduire) la prédiction P », qui est exactement du même type que les données à recueillir, essentiellement des réponses ; autrement dit : « ...la *prédiction que* les sujets fourniront, en moyenne, les comportements tels et tels ».

C'est ensuite cette prédiction qui sera comparée aux données réelles, les comportements observés. Dans le cas favorable, cette comparaison permettra de conclure pour ou contre la vérité de l'hypothèse (ou des hypothèses). Dans les cas défavorables — notamment ceux ou l'élaboration de la relation entre hypothèses et prédictions a été insuffisante —, on ne pourra rien conclure. J.-F. L. N.

préférences (méthode des)

(angl. Preferential-Looking Method)

Méthode d'étude des activités perceptives et cognitives du nourrisson.

Elle dérive à la fois du temps de fixation relatif et de l'habituation suivie de réaction à la nouveauté. Après familiarisation avec un stimulus plus ou moins complexe, deux stimulus différents l'un et l'autre du premier, mais sous des formes et à des degrés différents, sont présentés simultanément ou alternativement. Le degré d'attention porté à chacun d'eux est mesuré. Le nouveau stimulus qui recueille le plus d'attention est dit « préféré » à l'autre.

On ne peut parler de préférence que si l'intensité de la réponse (le plus souvent la durée de fixation oculaire) est statistiquement différente sur les stimulus en jeu. La préférence peut être déterminée par le degré relatif de nouveauté des stimulus à choix. Diverses recherches ont montré qu'un degré moyen, optimal, de nouveauté entraîne la plus forte attention, des stimulus trop ou trop peu nouveaux étant peu regardés. Cet optimum de nouveauté se déplace vers des valeurs de plus en plus élevées avec l'âge. Dans le cadre de la théorie de l'information, plus un stimulus est nouveau, plus il contient d'information. Les capacités de traitement d'information augmentent avec l'âge. Rien d'étonnant alors à ce que les plus jeunes bébés (1 à 3 mois) préfèrent souvent un objet familier à un nouveau, un faiblement nouveau à un fortement nouveau, alors que les plus grands s'intéressent au plus incongru.

La préférence peut aussi être déterminée par le maintien d'une cohérence entre différents aspects d'un même stimulus (par exemple ses propriétés visibles et audibles).

La méthode des préférences a été utilisée avec succès pour étudier la conservation de l'unité d'un objet partiellement caché, par exemple un bâton placé derrière un écran dont il dépasse le bord supérieur et le bord inférieur. Le problème qui se pose est le suivant: ce bâton, dont seulement deux morceaux sont visibles, est-il perçu ou non par le bébé comme une unité individualisée bien qu'en partie invisible? Après familiarisation avec l'ensemble du dispositif, deux stimulus nouveaux, dont l'écran a disparu, sont présentés: le bâton entier et deux petits bâtons séparés, correspondant exactement en taille et en disposition aux seules parties visibles du bâton pendant la familiarisation. Les bébés de 4 mois regardent plus longtemps ce dernier stimulus, ce qui est considéré comme une préférence pour la nouveauté et témoigne du fait que des bébés aussi jeunes perçoivent un objet partiellement caché comme un objet entier (E. Spelke).

Les recherches relatives au transfert intermodal font très souvent appel à la méthode des préférences. Voici un exemple: deux films sont projetés simultanément d'un côté et de l'autre d'un haut-parleur. Ces films représentent, l'un, un animal sautant à un rythme lent, produisant un son sourd à chaque impact, l'autre un animal bondissant à un rythme rapide accompagné d'un son bruyant. Le déroulement des films est accompagné par l'émission de la bande sonore correspondant tantôt à l'un, tantôt à l'autre des films. Les bébés de 4 mois regardent de préférence le film correspondant à la bande sonore émise. Il y a mise en relation des propriétés visibles et audibles d'une séquence d'événements et cette relation repose sur la synchronisation entre événements visuels et auditifs relatifs à un même objet. E. V.

preferendum

n.m. (angl. Preferendum)

ÉTHOL. **Zone du milieu où l'intensité atteinte par certains facteurs abiotiques (température, humidité, éclairement, etc.) est comprise dans un intervalle de valeurs satisfaisant pour qu'un animal y séjourne.** G. B.

préformation

n.f. (angl. Preformation)

Ensemble des réactions, des réponses et des conduites dont l'effection ou le déroulement s'accomplit, en dépit des différences de situation, suivant un programme réglé d'avance.

On emploie également *précâblage*, bien que les deux termes ne soient pas théoriquement synonymes; d'ailleurs, leur synonymie en psychologie de l'enfant semble plutôt indiquer une limitation de notre connaissance. Les termes *préformation* et *précâblage* sont empruntés au langage descripteur des ordinateurs: le précâblage indique la matérialité d'une machinerie conçue pour exécuter un programme défini par des circuits (*hardware*). La préformation désigne une programmation souple, à base d'instructions logiques et d'algorithmes (*software*). Les réactions précâblées sont celles dont la forme n'est pas induite par le milieu ou l'expérience mais repose uniquement sur la mise en jeu fonctionnelle de circuits nerveux qui peuvent être exhaustivement décrits.

Les réflexes, les boucles sensori-motrices offrent des exemples de ce type. Ils rendent évidente la préparation de l'organisme à l'accomplissement d'un programme; celui-ci peut être déclenché par une sollicitation extérieure mais, une fois mis en route, il suit un déroulement réglé d'avance, formé d'une suite d'actions élémentaires. On a pu ainsi décomposer, par exemple, les réactions de redressement du chaton quand il tombe (J. Paillard). Observables souvent dès la naissance, de telles réactions ont leur origine dans la période intra-utérine de développement sans que cela les classe nécessairement parmi les montages héréditaires. On les disait, naguère encore, «innées»; on essaie aujourd'hui d'éviter ce terme, chargé de connotations tendancieuses et trop systématiquement opposé à l'acquis. Le précâblage n'impose pas une forme réactionnelle dans l'absolu et pour toute la vie; il décrit un état, le plus souvent initial. Le terme *préformation* laisse entendre que tout n'est pas donné par la description d'une machinerie. Quand la souplesse et la complexité des connexions sont manifestes, comme c'est le cas pour des fonctions telles que l'intelligence par exemple, l'hypothèse d'une préformation s'appuie sur l'absence d'évolution au cours du temps ou un faible taux de changement.

La stabilité individuelle de dimensions telles que l'introversion-extraversion a également conduit H. J. Eysenck à défendre un modèle préformé de la personnalité. Dans ces deux domaines, l'intelligence et la personnalité, le flou des connaissances quant aux mécanismes effecteurs est invoqué par certains comme un argument en faveur d'un déterminisme génétique et donc d'une transmission héréditaire.

L'évolution phylogénétique se caractérise, aux yeux des neurophysiologistes, par une diminution de l'importance des programmes précâblés. On en voit un signe dans l'allongement considérable de la période de développement chez l'Homme. H. B.

prégnance

n.f. (angl. Pregnance)

Force et stabilité d'une structure perceptive, d'une organisation psychologique. (Syn. Prägnanz.)

Dans la terminologie gestaltiste, le principe de prégnance (allem. Prägnanz), édicte que, parmi toutes les organisations possibles d'un stimulus, celle qui sera perçue sera la plus simple.

Le principe de prégnance est un principe de minimalité puisque l'organisation la plus simple est celle qui minimise la complexité apparente du stimulus. Ce principe recouvre des propriétés comme la régularité, la symétrie et bien sûr la simplicité.

Selon P. Guillaume, la prégnance caractérise une organisation parmi d'autres qui sont possibles. Les gestaltistes ont accordé une grande importance à la distinction entre formes fortes (ou prégnantes) et formes faibles (ou indécises). Les formes fortes sont de bonnes formes que la perception a tendance à simplifier, régulariser, symétriser, quitte à perdre de son exactitude. Ainsi, une petite lacune dans le contour d'une forme régulière sera négligée et la figure perçue fermée et non ouverte (phénomène de clôture). Si, dans un cercle formé de points, l'un de ceux-ci s'écarte un peu des autres, il sera décalé perceptivement afin que le cercle devienne régulier. E. Brunswik distingue une prégnance géométrique, celle des gestaltistes, d'une prégnance empirique, qui caractérise des bonnes formes significatives et découle de l'expérience acquise. C. B. et E. V.

→ gestaltthéorie.

prégnant, e

adj.

Qui s'impose fortement, en parlant d'une structure perceptive et dans le contexte de la gestaltthéorie. R. L.

préhension

n.f. (angl. Grasping)

Projection du bras pour saisir un objet.

GÉNÉR. On distingue généralement deux phases dans le geste de préhension: une phase de projection rapide du membre vers l'objet, occupant environ 75% de la durée totale du mouvement, et un phase d'ajustement terminal au cours de laquelle le mouvement est ralenti et la main prépare la saisie de l'objet. Ce geste est très étudié car il permet d'analyser les interactions entre la programmation et le contrôle du mouvement dans la production du geste. D'un point de vue ontogénétique, ce geste nécessite pour atteindre ses fins une coordination des espaces visuel et manuel, qui est longue à apparaître chez le bébé. J. P. et M. B.

DÉVELOP. Le geste d'atteinte peut être observé, dans certaines conditions, chez le bébé de quelques jours. Ce geste prend la forme d'une extension balistique du bras dans la direction d'un objet, mobile de préférence. Le geste est peu précis, rarement suivi de contact avec l'objet et ne se termine par une saisie que si le réflexe d'agrippement est déclenché par un contact fortuit entre l'objet et la main du bébé. Cette préhension précoce, non fonctionnelle, n'est pas durable. Dès le milieu du 2e mois, les extensions du bras deviennent très rares ou disparaissent complètement. Pendant plusieurs semaines, les systèmes visuel et tactile fonctionnent alors indépendamment : le bébé ne regarde pas ce qu'il tient dans la main et ne cherche pas à prendre ce qu'il voit. Les tentatives d'atteinte d'un objet visible réapparaissent vers 10 semaines, mais, sur bien des points, elles diffèrent de la préhension précoce. Il y a notamment guidage visuel de l'extension du bras alors que l'apparition de la main dans le champ visuel entraîne fréquemment son arrêt. On ne parle de véritable coordination entre préhension et vision qu'à partir du 5e mois.

Le forme du geste d'approche et celle de la saisie manuelle de l'objet ont été étudiées avec précision par Halverson chez des bébés de 4 à 12 mois. La saisie est d'abord uniquement palmaire. Appelée aussi prise-puissance, elle immobilise l'objet à l'intérieur de la paume, les doigts étant utilisés comme des sortes de crampons. L'intervention plus spécifique des doigts débute vers 32 semaines avec l'opposition du pouce aux autres doigts. L'enfant dispose vers 40 semaines de la prise-précision, ou pince supérieure, grâce à laquelle il peut saisir de petits objets entre les faces pulpaires du pouce et de l'index. En même temps, à une saisie dans laquelle la partie cubitale de la main (son bord externe) est prédominante, succède une dominance de sa partie radiale, liée au développement du rôle du pouce, à partir de 28 semaines. Avant 28 semaines, l'approche se fait sous forme de balayage et la saisie est cubito-palmaire ou en râteau. Entre 28 et 32 semaines, l'approche devient parabolique et la saisie, digito-palmaire. Après 32 semaines, l'approche se fait directe et la saisie prend la forme d'une pince inférieure. À 36 semaines, la préhension a pris sa forme définitive : prise radio-digitale avec pince supérieure. À partir de 40 semaines, le rôle du poignet devient prépondérant. E. V.

préjugé

n.m. (angl. Prejudice)

Jugement, positif ou négatif, formulé par anticipation, sans examen préalable, à propos d'une personne ou d'une chose et qui de ce fait comprend des biais et des attentes spécifiques.

En psychologie sociale, le préjugé se rapporte spécifiquement à des groupes sociaux ou à des individus caractérisés par l'appartenance à une catégorie sociale ou par le fait de présenter un attribut propre à cette catégorie : on parle de préjugé de couleur, de sexe, de classe, etc. Il est considéré comme manifestant, de la part de la personne qui l'exprime, une position différenciatrice qui peut s'accompagner de dépréciation, voire d'hostilité, ou au contraire de positivité à l'égard des individus ou groupes cibles du préjugé.

Appartenant à la classe des attitudes, le préjugé comporte une dimension cognitive (définie par un contenu — les assertions relatives à la cible — et une forme, la stéréotypie), une dimension affective (liée aux émotions et valeurs engagées dans l'interaction avec la cible), une dimension conative (la discrimination).

Historique

Le préjugé a été étudié, à partir des années 1930, comme un problème social, à propos des relations ethniques et à propos de phénomènes collectifs comme le racisme ou le fascisme. Dans les années 1950, son étude a connu un certain déclin au profit de celle de la perception sociale. (→ perception sociale.) Il est redevenu un centre d'intérêt depuis les années 1970, avec le développement des recherches sur les relations intergroupes, la catégorisation sociale et les mouvements sociaux d'extrême droite et racistes. La tendance actuelle met l'accent sur les représentations qui fondent le préjugé, les formes langagières par lesquelles il est exprimé et transmis et les contextes sociopolitiques de sa production. Les modèles théoriques développés à propos du préjugé concernent sa formation et ses effets.

Perspective intra-individuelle

Plusieurs orientations se dégagent dans l'approche des processus qui sont à la source du préjugé. Une perspective intra-individuelle, inspirée par la théorie freudienne, est centrée sur l'existence de motivations hostiles ou sur le profil psychologique de la personne à préjugé. L'hostilité, souvent activée par une situation de frustration, serait déplacée sur les cibles du préjugé quand elle ne peut se décharger directement. Par ailleurs, l'hypothèse de l'existence d'une structure de personnalité (la personnalité autoritaire mise en évidence par l'école de Francfort) qui, modelée par une éducation familiale autoritaire, détermine une disposition d'esprit générale (respect de la force, mépris de la faiblesse, intolérance à l'ambiguïté, refoulement et projection sur des boucs émissaires de sentiments négatifs, rejet du dissemblable, etc.) a donné lieu à la construction d'échelles pour mesurer les tendances antidémocratiques, racistes et les préjugés vis-à-vis de groupes minoritaires ou différents du sien. L'éducation répressive déterminerait également le style cognitif de la personne à préjugé qui utilise des clichés de manière rigide, les généralise à toutes les personnes d'une même catégorie sans prendre en compte les différences individuelles et ne les change pas en présence d'informations nouvelles ou contradictoires. La structure mentale est de même marquée par le dogmatisme, l'étroitesse et la fermeture d'esprit. Le courant qui aborde l'étude du préjugé en termes de perception et de cognition sociales considère, au contraire, ce mode de pensée comme normal et régi par une stéréotypie nécessaire à l'économie cognitive et à la simplification de l'environnement social.

Perspective interindividuelle

L'approche du préjugé dans le cadre des relations intergroupes rapporte sa formation à la régulation des interactions sociales, en cas de conflit ou de compétition, son partage collectif assurant, par ailleurs, la cohésion des groupes. La théorie de la catégorisation sociale rapporte le préjugé aux fonctions qu'il sert dans la protection des valeurs du groupe et dans l'étayage de l'identité sociale de ses membres où intervient la comparaison de son groupe avec d'autres groupes dévalorisés.

Les effets du préjugé sont médiatisés par les conduites de discrimination. Celles-ci tendent à rendre effectives les attentes du préjugé (*effet Pygmalion*). [→ Pygmalion (effet).] Elles peuvent entraîner, chez la cible, une intériorisation des images de soi négatives, une baisse de l'estime de soi, voire une tendance à se conduire de manière à justifier le préjugé.

L'intérêt actuel porté aux contextes sociopolitiques qui favorisent l'émergence de préjugés et aux agents qui en favorisent la diffusion amène à envisager des actions éducatives, au plan des idées, même si le préjugé semble lié à un fonctionnement psychosocial difficile à maîtriser. D. J.

Bibliographie

Adorno, T. W., et alii, 1950, *The Authoritarian Personality*, New York, Harper and Brothers.

Allport, G. W., 1954, *The Nature of Prejudice*, Cambridge, Addison Wesley.

Bar-Tal, D., et alii, 1989, *Stereotyping and Prejudice : Changing Conceptions*, Londres, Paris, Berlin, Springer Verlag.

Tajfel, H., 1981, *Human Groups and Social Categories : Studies in Social Psychology*, Cambridge et New York, Cambridge University Press.

prématuré, e

adj. et n. (angl. Preterm Infant, Premature Baby)

Bébé qui naît à moins de 37 semaines de gestation comptées depuis les dernières règles (37 semaines d'aménorrhée).

On distingue actuellement quatre populations de bébés prématurés en fonction des probabilités statistiques d'apparition de troubles neurologiques : les bébés *fragiles*, nés entre 35 et 37 semaines d'âge gestationnel (A.G.) ; les bébés à *bas risques*, nés entre 32 et 35 semaines d'A.G. ; les bébés à *hauts risques*, nés entre 28 et 32 semaines d'A.G. ; les bébés à *très hauts risques*, nés avant 28 semaines. L'insuffisance de poids du bébé en fonction de son âge gestationnel constitue un facteur aggravant de la naissance prématurée. D. M.

prématurité

n.f. (angl. Prematurity or Prematureness)

1. État d'immaturité relative d'un système ou d'un organe en comparaison des fonctions qu'il est censé remplir à un moment donné. 2. **Période de vie caractéristique des enfants qui naissent avant terme.** (→ prématuré.) 3. **Situation**

à laquelle le bébé né prématurément et ses parents se trouvent confrontés.

Longtemps considérée en fonction du seul niveau de maturation du bébé, la prématurité est actuellement conçue dans une perspective multidimensionnelle qui prend en compte :

— les effets relatifs à l'immaturité des systèmes biologiques ;

— les effets propres à l'environnement physique immédiat du bébé (lumière, sons, afférences tactiles, examinées séparément ou en simultanéité) ;

— les effets attachés à la situation parentale (séparation, compétence à interagir, etc.). D. M.

préœdipien, enne

adj. (angl. Preoedipal)

Se dit du stade de la relation de l'enfant à sa mère qui est antérieur à l'entrée de celui-ci dans l'œdipe. R. L.

préopératoire (période)

(angl. Preoperatory Period)

Selon J. Piaget, période de la vie des enfants, entre 3 et 7-8 ans, où se manifeste un certain type de pensée caractérisé par l'égocentrisme et l'absence de raisonnement logique, notamment l'absence de la notion de conservation.

Caractérisée dans la chronologie piagétienne entre la fin du stade sensori-moteur (2 ans) et le début des opérations concrètes (7-8 ans), cette période correspond en gros à l'époque de fréquentation de l'école maternelle et inclut le cours préparatoire. Le raisonnement est centré sur des états du réel qui sont traités isolément sans qu'il soit tenu compte des transformations qui les relient. Les éléments d'une séquence ou d'une configuration, rigides et statiques, sont reliés par la propre action de l'enfant. Le raisonnement est d'abord transductif et relie des préconcepts. Les phénomènes naturels sont expliqués par l'animisme et l'artificialisme. La représentation du monde est syncrétique et « réaliste ».

Piaget divise la période préopératoire en trois étapes : 1. l'apparition de la fonction sémiotique ; 2. les organisations représentatives, fondées sur les configurations statiques ; 3. les relations articulées de la pensée intuitive. E. V.

préparatoire

adj. (angl. Preparatory)

Dont le rôle fonctionnel est subordonné à des événements qui doivent survenir postérieurement.

On parle de *stimulus préparatoire* (qui annonce, en principe, le stimulus principal), de *réponse préparatoire* (qui facilite la réponse principale ou qui aide à collecter de l'information à son sujet). On parle souvent aussi d'*état* ou d'*attitude préparatoire*, aussi appelée « attitude d'anticipation » : c'est, par hypothèse, un état interne qui se développe avant l'arrivée d'un stimulus et qui aide à rendre la réponse mieux adaptée et surtout plus rapide. J.-F. L. N.

préperceptif, ive

adj. (angl. Pre-Perceptive)

Préparatoire à une perception.

On appelle *attitude préperceptive* l'état d'un sujet dont on constate qu'il améliore une perception ultérieure. Cet état peut se manifester dans son comportement externe (avoir les yeux fixés sur un point de l'espace, les oreilles orientées vers une direction, la respiration interrompue, etc.) ou comporter des composantes purement internes (attention sélective) et ne se manifester de façon comportementale que dans la perception elle-même (par exemple par un raccourcissement de temps). J.-F. L. N.

→ préparatoire.

prépondérance fonctionnelle

(angl. Functional Domination)

Principe de développement énoncé par A. Gesell selon lequel on observe au cours du développement de l'enfant une fluctuation plus ou moins périodique de la dominance de l'une au l'autre des fonctions en compétition.

En effet, la plupart des fonctions se concurrencent, par exemple regarder et manipuler, ou encore sont en opposition, par exemple les fonctions des muscles fléchisseurs et celles des muscles extenseurs. Cette fluctuation se marque par des tensions penchant tantôt en faveur d'un côté, tantôt de l'autre. Les tensions entre les fonctions concurrentes se résolvent d'abord par l'alternance puis par un mécanisme d'autorégulation qui permet de stabiliser à terme les comportements. E. V.

prépsychose

n.f. (angl. Schizoid Personality, Borderline Psychosis)

Concept défini par l'école française de pédopsychiatrie pour repérer et traiter des enfants dont le fonctionnement mental présente un risque d'évolution vers une psychose à l'adolescence ou à l'âge adulte.

De nombreux auteurs classiques se sont interrogés sur le passé des schizophrènes dans le dessein de découvrir des signes avant-coureurs de la psychose et de tenter de prévenir son apparition.

E. Kraepelin avait remarqué que certaines démences précoces ou schizophrénies avaient débuté bien avant l'adolescence. Mais, la plupart du temps, les psychiatres d'adultes étaient déçus dans leurs enquêtes. Il a fallu attendre les années 1960 pour que le développement de la psychiatrie infantile permette de suivre et de traiter des enfants pendant de longues années. Les observations recueillies (en particulier dans le secteur de pédopsychiatrie du XIIIe arrondissement de Paris de R. Diatkine) ont permis de mieux comprendre le développement des troubles de la personnalité de l'enfant prépsychotique. Les références théoriques de cet auteur sont psychanalytiques. Il utilise les apports des travaux des principaux psychanalystes d'enfants, tels que M. Klein, D. W. Winnicott, qui ont développé les aspects théoriques freudiens et appliqué la technique psychanalytique aux enfants.

Psychopathologie

Le fonctionnement mental des enfants dits « prépsychotiques » présente des particularités communes avec l'organisation psychotique. On constate que l'établissement de la séparation pour le jeune enfant entre son monde intérieur et la réalité extérieure ne se fait que partiellement. L'enfant ne peut se protéger contre les angoisses liées aux discontinuités des soins maternels et il recourt trop facilement au mécanisme de la satisfaction hallucinatoire de son désir. Il fonctionne souvent en processus primaires (condensation-déplacement comme dans les rêves). Il reste soumis au principe de plaisir, sans pouvoir médiatiser et utiliser les fonctions instrumentales (telles que langage et motricité), pour maîtriser son angoisse et sa détresse. Ces difficultés dans l'acquisition normale des processus psychiques secondaires (nécessitant un bon investissement du moi pour que la satisfaction du désir soit ajournée, permettant ainsi des expériences mentales) perturbent l'acquisition de la continuité du sentiment d'exister. Winnicott parle d'annihilation du self qui perturbe l'investissement narcissique et, donc, la maturation du moi de l'enfant. La permanence du moi et de l'objet n'est pas acquise. L'enfant prépsychotique va alors pouvoir fonctionner en « faux-self », c'est-à-dire se conformer aux demandes de l'entourage, réagir aux stimulus mais, pour masquer l'authentique, gagner du temps, dénier son vécu angoissé et persécuté. L'ambivalence normale dans la relation à autrui n'existe pas mais le sujet utilise le clivage. Le clivage du moi (selon S. Freud) est la coexistence au sein du moi de deux attitudes psychiques à l'endroit de la réalité extérieure : l'une tient compte de cette réalité, l'autre la dénie sous l'influence des pulsions et détache le moi de la réalité. Cette réorganisation peut alors parfois éclater lors d'un investissement affectif nouveau ou si les exigences du milieu débordent les capacités défensives du moi de l'enfant. Le désir est alors vécu comme une « blessure insupportable, une plaie béante » et peut provoquer une expérience délirante primaire, c'est-à-dire l'entrée dans la psychose de l'adolescence ou de l'âge adulte.

Clinique

Les enfants prépsychotiques peuvent présenter différents types de symptômes.

Certains présentent une efficience intellectuelle satisfaisante, mais un comportement psychomoteur altéré. Ils sont dyspraxiques (maladroits). Leur comportement social est conforme aux désirs de leurs parents. Ils évitent les conflits et sont bien tolérés par l'entourage, qui ne note qu'une certaine niaiserie et une faible curiosité. C'est l'examen psychologique qui révèle le refoulement des représentants psychiques des pulsions, le déni de tout affect désagréable. Ces enfants peuvent évoluer vers une authentique schizophrénie ou devenir de «faux débiles», résistant à toute thérapeutique. D'autres présentent des défenses névrotiques ou caractérielles, qui ont la particularité d'être inefficaces pour focaliser l'angoisse et permettre l'investissement de la vie intellectuelle. Ces enfants peuvent souffrir d'insomnie (signant l'échec de la fonction défensive du rêve), d'autres sont atteints de phobies, par exemple scolaires, qui persistent, laissant l'enfant en état de dépendance et de soumission dangereuse. L'examen psychologique met en évidence l'insuffisance de l'investissement narcissique, la non-élaboration des fantasmes inconscients, qui prennent des allures persécutoires (régression à la phase schizo-paranoïde de M. Klein). L'évolution de ces formes pseudo-névrotiques ou caractérielles dépendra de la mise en place du processus thérapeutique, qui peut permettre une reprise des processus de mentalisation et d'accession à la génitalité, parfois au prix d'une cicatrisation par une limitation intellectuelle. Un troisième groupe d'enfants peut présenter à la consultation des troubles d'apprentissage de la lecture et de l'orthographe. Mais l'échec rapide de toute tentative de rééducation met en évidence la prédominance de l'angoisse, que l'enfant ne parvient pas à contrôler par la formation de symptômes névrotiques ni par l'agitation psychomotrice. La dyslexie est liée non pas à un trouble des fonctions instrumentales mais à l'absence de sens de la langue écrite pour l'enfant. «Il ne s'intéresse pas à cette représentation du discours» (Diatkine). L'enfant lutte ainsi contre la dépression et désinvestit son monde mental. Ces enfants résistent souvent à toute tentative de rééducation ou de psychothérapie. L'évolution peut se faire vers une pseudo-débilisation par inhibition ou vers une forme de psychose stable, en équilibre. J.-M. C.

BIBLIOGRAPHIE

Baranes, J. J., Cahn, R., Diatkine, R., Jeammet, P., et alii, 1986, *Psychanalyse, adolescence et psychose*, Paris, Payot.

Diatkine, R., et Simon, J., 1972, *la Psychanalyse précoce. Le processus psychanalytique chez l'enfant*, Paris, P.U.F.

Collectif, 1969, «Psychose de l'enfant», in *Confrontations psychiatriques*, Paris, Specia

prépsychotique

adj. et n. (angl. Prepsychotic)

Se dit d'une personne présentant des symptômes de prépsychose. R. L.

◇ adj. **Relatif à la prépsychose.**

presbyophrénie

n.f. (angl. Presbyophrenia)

Forme de démence sénile où l'atteinte de la mémoire prédomine sur la détérioration intellectuelle pendant la période initiale.

Les troubles de la mémoire antérograde se caractérisent en particulier par de nombreuses fausses reconnaissances, avec une désorientation temporo-spatiale et une tendance fréquente à la confabulation. Les patients gardent longtemps une apparence sociale assez bonne, étant plutôt aimables, rieurs, euphoriques même. Mais l'affaiblissement psychique sous-jacent continue à s'aggraver et, après cette période d'allure korsakovienne, la démence* devient complète. J. P.

presbytie

n.f. (angl. Presbiopia)

Diminution du pouvoir accommodateur de l'œil avec l'âge, qui débute vers la quarantaine.

La racine grecque (presby-) indique une relation avec le vieillissement. Cette diminution du pouvoir accommodateur tient soit à des modifications du muscle ciliaire, soit à une modification de l'élasticité du cristallin. Elle rend difficile le travail (lecture par exemple) à la distance habituelle mais laisse intacte la vision de loin. C. B.

présénescence

n.f. (angl. Presenescence)

Période correspondant au début du vieillissement, s'étendant de 45 à 65 ans et variant considérablement selon les individus.

Également appelée *présenium* ou *présénilité*, cette période d'âge est un véritable carrefour du vieillissement où l'involution des organes, et en particulier du cerveau, ne joue généralement qu'un rôle mineur par rapport au contexte social, familial, économique et aux représentations qu'on se fait de la vieillesse. C'est ainsi que, selon M. Gognalons-Nicolet, «le rapport réflexif à soi-même (par rapport à cette dernière) n'est pas partagé également selon les classes sociales et ne s'effectue temporellement pas de la même façon puisque chaque classe sociale, selon les ressources matérielles, symboliques et temporelles dont elle dispose, s'approprie un certain devenir social ou, au contraire, voit sa capacité d'anticipation face au futur se réduire». Gognalons-Nicolet préfère d'ailleurs utiliser un terme nouveau, qui semble mieux définir cette période, celui de *maturescence*.

Sur le plan psychiatrique, on a tenté d'individualiser des états névrotiques, maniaco-dépressifs et délirants de la ménopause chez la femme, comme de l'andropause chez l'homme, qui n'ont guère de spécificité clinique et dont seul l'âge de début permet de les rattacher à cet âge critique (G. Marañon). En revanche, on a décrit des psychoses d'involution* débutant à la soixantaine, mieux individualisées: dépressions préséniles, mélancolies d'involution (E. Kraepelin, J. Capgras), paranoïa d'involution (K. Kleist), délire de préjudice (Kraepelin), paraphrénies tardives, états hypocondriaques, qui ont une certaine spécificité et où le début de détérioration intellectuelle peut apporter une note pronostique assez pessimiste. J. P.

pression à l'uniformité

(angl. Pressure to Uniformity)

Processus par lequel des forces sociales s'exercent en direction des individus dans le but de leur faire accepter comme désirable le fait d'être similaires aux autres.

L'idée selon laquelle la convergence des opinions, l'uniformité des conduites, la proximité des valeurs doivent être recherchées pour assurer la cohésion sociale demeure d'une remarquable permanence dans la pensée sociale. La psychologie sociale n'a pas manqué d'être durablement traversée par des préoccupations de même nature avant de s'attacher aussi à l'étude des phénomènes en rapport avec l'expression des différences, comme en témoignent les nombreux travaux sur le conformisme, la conformité sociale et l'accent porté sur les phénomènes d'uniformisation sociale.

C'est à L. Festinger que l'on doit, en même temps que la théorie des processus de comparaison sociale, la formulation théorique des pressions à l'uniformité. Selon cette formulation, c'est dans la réalité de l'activité d'évaluation de nos opinions ou aptitudes, par comparaison avec celles d'autrui, que peuvent naître, à l'intérieur d'un groupe, des pressions à l'uniformité. Festinger soutient que les groupes exercent des pressions vers l'uniformité de telle sorte que ces groupes soient capables d'atteindre les buts qu'ils se sont fixés en excluant au besoin le ou les membres déviants qui ne feraient pas amende honorable. De nombreux travaux expérimentaux montrent, en effet, que dans un groupe la présence de divergences sur une opinion donnée génère des tentatives d'influence réciproque, qui prennent parfois la forme d'une modification de sa propre opinion pour la rapprocher de celle des autres. Parvenu à une uniformité d'opinions, le processus d'influence cesse. Dans le cas de divergences persistantes, on peut observer une tendance à redéfinir les frontières du groupe de manière à en exclure les individus dont les opinions sont les plus divergentes.

Plusieurs résultats expérimentaux rendent compte d'un tel phénomène. Une recherche célèbre de S. Schachter a notamment permis de montrer qu'un sujet exprimant de façon consistante une opinion déviante par rapport au groupe finit par être rejeté après avoir fait l'objet de nombreuses tentatives d'influence et cela d'autant plus que le groupe présente une forte cohésion de départ. On observe donc que, plus la pression à l'uniformité augmente à l'intérieur d'un groupe, plus augmente la tendance à ne plus se comparer à ceux qui sont trop différents de soi. De même, plus un groupe est attractif, plus ses membres lui accordent de valeur comme groupe de comparaison et plus fortes seront les pressions à l'uniformité et la tendance à rejeter les sujets qui n'ajustent pas leurs comportements sur les comportements modaux du groupe.

La pression à l'uniformité — avec ses conséquences d'exclusion, par mise hors comparaison, de celui qui présente des opinions trop différentes — pose évidemment le problème du changement et de l'évolution des opinions et des idées à l'intérieur des groupes et plus généralement des systèmes sociaux, qui pourtant évoluent. Mais, comme l'attestent les travaux actuels sur l'étude des phénomènes d'influence sociale, le rejet du déviant ou du minoritaire n'implique pas nécessairement, à terme, une absence d'effet des opinions ou idées de ce déviant ou de ce minoritaire.

La pression à l'uniformité exprime bien cependant, sur la base de la comparaison sociale, la tendance des groupes à réaliser leurs fins par le moyen d'une cohésion accrue, au prix éventuel du rejet de celui ou de ceux qui exhibent des comportements divergents. J.-M. M.

→ comparaison sociale, influence sociale.

BIBLIOGRAPHIE

Festinger, L., Schachter, S., et Back, K., 1950, *Social Pressures in Informal Groups. A Study Human Factors in Housing*, New York, Harper and Brothers.

prestance (réactions de)

Ensemble des attitudes posturales déclenchées en particulier chez l'enfant par la présence d'autrui, qualifiées par H. Wallon de «réflexe du personnage que chacun porte en soi à l'égard de tout être rencontré».

Forme d'adaptation à une décharge émotionnelle, cette accommodation posturale facilite grandement l'interaction sociale. E. V.

prévention

n.f. (angl. Prevention)

PSYCHIATR. **Ensemble des mesures prises dans une société pour lutter contre l'apparition et le développement des maladies mentales.**

On distingue généralement trois degrés de prévention :

1. une prévention primaire, visant par l'éducation, l'information, l'aménagement des milieux de vie (familial, scolaire, de travail), les conseils génétiques et diététiques, et une bonne hygiène physique et mentale, à empêcher l'inadaptation psychique et sociale des individus et à diminuer leurs risques de morbidité psychiatrique ;
2. une prévention secondaire, s'efforçant, par un diagnostic précoce et un traitement des premiers troubles, à éviter le développement de la maladie mentale, en particulier chez l'enfant et l'adolescent ;
3. une prévention tertiaire, empêchant, lorsque la maladie psychique est déjà développée, qu'elle ne s'aggrave — en mettant en œuvre les traitements les plus efficaces dont on peut disposer — et qu'elle ne rechute grâce à un suivi en postcure, prolongé, et à un travail sur le milieu social professionnel et familial pour tenter de supprimer les conditions qui la favorisent et l'entretiennent.

Comme on le voit, cela nécessite un large dispositif de maintien de la santé mentale, riche en hommes et en moyens. C'est d'ailleurs plus à la société elle-même qu'aux techniciens de la santé qu'incombe le devoir de cette prévention. J. P.

→ hygiène mentale.

préverbale (période)

(angl. Preverbal Period)

Période qui précède l'accès au langage chez un enfant normalement pourvu des capacités à produire, entendre et comprendre le langage.

Il s'agit d'une définition fonctionnelle en termes de développement. Elle n'est donc pas fixée en nombre de mois ou d'années mais dépend du rythme de développement de chaque enfant. Elle recouvre généralement les trente premiers mois de la vie mais peut s'achever dès 18 mois pour certains enfants ou se prolonger jusqu'à quatre ans chez d'autres, sans qu'on puisse en déduire une incidence sur le développement ultérieur du langage.

L'utilisation de cette définition fonctionnelle suggère un effet de l'absence de langage sur le comportement. Cette période est en effet caractérisée par l'utilisation de la communication préverbale. On entend par là une forme de communication par indices et signaux non verbaux influencée par la capacité spécifique de l'espèce humaine à manier des symboles et des concepts. En particulier, la période préverbale est marquée par l'avènement d'une communication préverbale sous forme de gestes symboliques tels que le pointage pour désigner, la paume tendue pour demander, l'offre comme signe de bienvenue, etc. Les gestes fictifs, qui miment un objet, une personne ou une situation absentes, sont caractéristiques des prémisses de l'accès à la représentation.

L'activité déployée durant cette période peut être qualifiée de préverbale pour indiquer qu'elle se réfère surtout au concret et au présent. Toutefois, cette désignation est peu fréquente et on lui préfère la notion d'activité sensori-motrice (→ sensorimoteur [développement]). Elle concerne la construction des propriétés de l'objet et des personnes, parmi lesquelles la permanence et l'unicité sont les plus décisives. J. N.

primaire

adj. et n. (angl. Primary)

Se dit d'une personne sur qui les événements extérieurs ont un retentissement peu profond mais immédiat, qui ressent largement les actions exercées sur elle mais qui n'en conserve pas une trace durable.

Dans la caractérologie de G. Heymans et E. Wiersma reprise par R. Le Senne, la primarité s'oppose à la secondarité. R. L.

primaire (facteur)

(angl. Primary Factor)

Dans une analyse factorielle, facteur localisé à l'intersection des plans qui, dans une structure simple, contiennent les vecteurs représentant les variables observées.

Il y a en fait plusieurs facteurs, et l'une des premières utilisations de cette notion a été faite au cours des analyses factorielles dans lesquelles L. L. Thurstone a isolé des *aptitudes mentales primaires*. Celles-ci constituent l'interprétation psychologique des facteurs primaires observés dans ces analyses. Ces facteurs étaient les suivants : V (verbal), N (numérique), S (spatial), R (raisonnement), etc. Il en est résulté une certaine confusion entre le terme général et son contenu : la notion de *facteur primaire* ne se confond pourtant pas avec son contenu interprétatif, désigné par le terme *aptitude mentale primaire*, bien que pris quelquefois l'un pour l'autre. M. R.

→ aptitude mentale primaire.

primaire (illusion)

→ illusion.

primal (cri)

(angl. Primal Scream)

Nom donné à une technique psychothérapique des névroses fondée par A. Janov (1967) aux États-Unis et reposant sur la reviviscence au niveau psychobiologique, d'une grande intensité dramatique, d'un traumatisme physique et/ou psychique.

Les conceptions de Janov s'inscrivent dans le courant américain dit «Humanistic Psychology» (potentiel humain). Pour Janov, le moi se compose du *moi réel*, qui représente les sentiments et besoins réels et essentiels de l'organisme (besoin primal), et du *moi irréel*, couverture de ces sentiments qui transforme les besoins réels en besoins névrotiques, dits aussi symboliques, et, corrélativement, les satisfactions réelles en satisfactions symboliques. Le moi irréel se développe à partir des scènes dites «primales», où les besoins et sentiments réels de l'enfant ne sont pas satisfaits, provoquant une intolérable souffrance, d'où l'instauration d'un système de défenses du moi qui va les nier et les réprimer. La névrose est définie comme une synthèse de ces deux moi en perpétuel conflit, provoquant une tension permanente chez l'individu. Le but de la «thérapie primale» est de faire du malade une personne réelle, de lui faire retrouver son moi réel, c'est-à-dire exempt de toute tension et de toute défense. Pour cela, il est nécessaire, d'après Janov, de revivre le sentiment général qui était à la base de ces situations traumatisantes de frustration des besoins réels, ce qui déclenche la souffrance s'exprimant par le cri (cri primal), cause et conséquence à la fois de l'effondrement du système de défenses, détruisant par là même le moi irréel. Les cures de cri primal se composent de séances de thérapie individuelle et de thérapie de groupe. R. L.

BIBLIOGRAPHIE

James, J., 1980, *They call us the Screamers!*, Firle, Caliban Books.

Janov, A., 1973, *The Primal Scream*, Londres, Sphere Books.

primauté

n.f. (angl. Primacy)

Synonyme d'initialité. J.-F. L. N.

→ ordre, position (effet de).

primitive

n.f. (angl. Primitive)

Composant élémentaire hypothétique à partir duquel certains auteurs pensent que sont construites toutes les représentations.

La notion de primitive est plus utilisée dans certaines théories de l'intelligence artificielle ou de la linguistique qu'en psychologie, où l'on s'en tient en général à la notion de « trait ». « Primitive » ajoute à cette dernière l'idée qu'il existe un nombre fini et petit de composants élémentaires ; ils peuvent être primitifs par rapport à l'individu (c'est-à-dire innés ou apparaissant, au cours du développement, dans un ordre déterminé) ou par rapport aux langues naturelles et à leur diversité. Les primitives sont généralement conçues comme universelles : ce sont des « universaux ». On doit pouvoir, à partir d'elles, construire ou reconstruire toutes les représentations et tous les sens existants. J.-F. L. N.

→ componentiel, sémantique, trait 1.

prise-précision

n.f.

Mode de saisie palmaire chez le bébé de 40 semaines environ, par lequel il saisit entre le pouce et l'index de petits objets. E. V.

prise-puissance

n.f.

Mode de saisie palmaire chez le bébé de 4 à 12 mois, qui immobilise l'objet dans la paume de la main. E. V.

privation

n.f. (angl. Deprivation)

Absence de consommation, durant une période plus ou moins longue, par rapport aux motivations qui incluent une consommation périodique ou cyclique (faim, soif, sexualité, etc.).

On appelle *temps de privation* (angl. Deprivation Time) la variable qui est souvent utilisée comme un indicateur objectif du niveau ou du degré de motivation pour l'une ou l'autre des motivations qui incluent une consommation périodique ou cyclique.

Le résultat général observé en matière de motivation est en effet que, plus le temps de privation est élevé, plus le comportement est vigoureux. Le raisonnement théorique complet est en deux temps : « plus le temps de privation est élevé, plus le niveau de motivation est élevé » ; « plus le niveau de motivation est élevé, plus le comportement est vigoureux ». On peut tirer des inférences dans un sens ou dans l'autre. J.-F. L. N.

→ motivation.

privation sensorielle

(angl. Sensory Deprivation)

Conditions dans lesquelles les stimulations sensorielles sont réduites.

La privation sensorielle peut résulter soit d'un appauvrissement de l'environnement expérimental, soit d'un déficit d'une classe de récepteurs sensoriels qui prévient le recueil d'informations dans une modalité donnée. Chez un organisme en cours de maturation, la privation sensorielle peut empêcher le développement des structures nerveuses spécialisées dans le traitement de certaines classes d'informations et cela de manière irréversible. Chez un organisme mature, la privation sensorielle, comme celle qui est réalisée dans un ganzfeld*, conduit à des impressions de perte d'une modalité sensorielle. Des phénomènes hallucinatoires peuvent aussi apparaître. Elle a été utilisée comme une forme de torture. C. B.

privation de sommeil

(angl. Sleep Deprivation)

Action d'empêcher l'apparition d'un épisode de sommeil.

La privation de sommeil peut intéresser l'ensemble du sommeil ou une partie de celui-ci telle que le sommeil paradoxal. Les techniques sont diverses : maintien de l'organisme dans une position interdisant l'assoupissement, drogues excitatrices du système nerveux central, etc. La privation de sommeil a des conséquences psychologiques d'autant plus importantes qu'elle est de longue durée. Elle peut, à terme, entraîner la mort. P. L.

→ sommeil.

proactif, ive

adj. (angl. Proactive)

Qui s'exerce d'amont en aval dans le cours du temps.

On appelle *interférence proactive* l'effet négatif d'un apprentissage sur un apprentissage postérieur. C'est un effet de détérioration. On appelle *transfert proactif* l'effet positif d'un apprentissage sur un apprentissage postérieur. C'est un effet de facilitation. J.-F. L. N.

probabilités (apprentissage de)

(angl. Probabilities Learning)

Apprentissage dans lequel un sujet doit prédire l'apparition d'un événement, la structure des événements successifs étant régie par une règle de probabilité.

La situation la plus classique est celle où seulement deux événements peuvent apparaître, par exemple l'allumage soit d'une lampe rouge, soit d'une lampe verte. Après chaque allumage, le sujet doit prédire quelle sera la couleur de l'allumage suivant.

L'expérimentateur peut avoir décidé d'une règle aléatoire avec un taux p. Par exemple, 70% des allumages seront verts et 30%, rouges, l'apparition de l'une ou l'autre couleur étant déterminée à partir d'un tirage dans une urne de même composition ou au moyen d'une table de nombres au hasard.

L'expérimentation fait apparaître deux résultats principaux.

1. Les sujets (qui, en principe, n'ont pas été informés que la succession est aléatoire) ne mettent pas la règle probabiliste au nombre de leurs hypothèses cognitives. Ils cherchent une règle autre de succession. Comme les règles qu'ils imaginent sont nécessairement fausses, ils les abandonnent et les remplacent, le plus souvent en les compliquant. Certains sujets inventent des règles hypothétiques de succession extrêmement complexes et sophistiquées. Cette activité peut ressembler à la recherche de martingales chez les joueurs (et réciproquement).
2. Empiriquement, il apparaît que le taux de prédiction des événements tend à s'ajuster, parfois de façon très précise, au taux réel d'apparition. Dans l'exemple ci-dessus, les sujets prédisent alors « vert » dans 70% des cas. Dans une autre situation, où le taux d'apparition de « vert » serait de p=80% (ou si, après avoir été de $p1$=70%, il devient $p2$=80%), le taux de prédiction de « vert » s'ajuste tout près de 80%.

Ce comportement d'ajustement n'est pas délibéré. Il découle des stratégies indiquées en 1. Or, il est parfaitement démontrable que, dans tous les cas où la structure des événements dévie de l'équiprobabilité, et notamment dans les exemples précédents avec p=70% ou p=80%, la meilleure stratégie consiste à répondre toujours (à 100%) en faveur de l'événement le plus fréquent (ici « vert »). Cette stratégie, très opposée à l'intuition commune, est dite « stratégie maximale ». Elle garantit un taux de réussite égal au taux d'apparition de l'événement le plus fréquent, soit, dans nos exemples, une réussite à 70 ou à 80%.

Les comportements d'ajustement qui découlent des stratégies diverses des sujets conduisent à des taux de réussite de $p2$, soit, dans nos exemples, d'environ 49 et 64% respectivement. On cite parfois ces faits comme des exemples de déviation entre les comportements réels et la rationalité ; la plupart des mathématiciens n'échappent pas à cette tendance. J.-F. L. N.

problème

n.m. (angl. Problem-Solving)

GÉNÉR. **Tâche pour laquelle on ne dispose pas de procédure permettant de réaliser l'objectif à atteindre en respectant les contraintes de la situation.**

QU'EST-CE QU'UN PROBLÈME ?

Un problème est une situation d'élaboration de procédure. Il s'oppose aux situations d'exécution, dans lesquelles la solution est obtenue par simple mise en œuvre de procédures connues. Ce qui définit un problème ou une situation d'exécution, ce n'est pas seulement la situation, c'est la relation entre la tâche et les compétences du sujet : certaines tâches sont des problèmes pour certains sujets et sont des situations d'exécution pour d'autres. On peut se trouver face à un problème de deux façons :

— on possède des connaissances applicables à la situation, ces connaissances ont été appliquées et elles ont échoué. Au départ, la situation n'apparaissait pas problématique, elle l'est devenue parce que les procédures connues ne conduisent pas au résultat escompté. S'il en est ainsi, c'est que la situation n'est pas assimilable aux situations pour lesquelles les procédures connues sont applicables : elle a des contraintes spécifiques qu'il s'agit d'identifier. Il faut modifier la représentation que l'on a de la situation de manière à prendre en compte ces nouvelles contraintes ;

— on ne possède pas les connaissances permettant de décider des actions à faire : la situation ne permet pas d'activer une procédure s'appliquant à cette situation. La situation est alors perçue d'emblée comme un problème et il convient alors de construire une interprétation du problème d'entreprendre une activité de recherche.

La notion d'espace-problème est à la base de la construction de cette interprétation, qu'on appelle « représentation du problème ». Élaborer une représentation du problème, c'est construire une interprétation de la situation qui permet de définir un espace de recherche. Cette interprétation porte sur les trois composantes de la situation-problème : l'interprétation de la situation initiale, l'interprétation de la situation-but et l'interprétation des actions licites. Cette interprétation doit être telle qu'elle définisse un espace de recherche à l'intérieur duquel s'inscrivent les tentatives de solution. Il faut pour cela identifier un opérateur qui permette de transformer la situation initiale sur une dimension qui la rapproche de la situation-but et identifier les conditions d'application de l'opérateur.

Newell et Simon (1972) définissent la recherche d'une solution comme le déplacement dans un espace de recherche, qu'on peut représenter par un graphe dont les nœuds représentent les états que peut prendre la situation à la suite des actions du sujet. La présence d'un arc entre deux états indique qu'on peut passer de l'un à l'autre de ces états et donc qu'il existe une action licite qui permet de transformer l'un des états en l'autre. La situation de départ est un des nœuds du graphe et le but un autre nœud. La solution est un chemin reliant les deux.

Il se peut que l'espace de recherche ainsi défini ne contienne pas l'état-solution. En ce cas, il n'est pas possible d'atteindre la solution dans cet espace de recherche : le problème est insoluble. Il faut alors remettre en cause certains aspects de l'interprétation du problème, notamment ceux qui concernent les actions licites, en éliminant par exemple des interprétations trop restrictives.

LES TYPES DE PROBLÈMES

Les tests d'intelligence distinguent des épreuves qui relèvent de l'intelligence théorique et des épreuves qui relèvent de l'intelligence pratique. Cette distinction, qui concerne des tâches extrêmement élémentaires comme les questions de tests, n'apparaît plus pertinente dans les tâches de résolution de problème, qui, même lorsqu'elles mettent en jeu des activités de manipulation, impliquent des activités de compréhension et d'interprétation, des activités d'anticipation et de planification et des activités d'évaluation des résultats de l'action.

À la suite de Greeno (1978), il apparaît plus pertinent de distinguer trois types de problèmes : des problèmes d'induction de structure, des problèmes de transformation et des problèmes d'arrangement. Dans les problèmes d'induction de structure, il convient d'identifier les relations qui caractérisent un ensemble d'éléments donnés : par exemple trouver la loi qui définit une suite de nombres ou trouver la règle qui caractérise une suite d'exemples. Dans les problèmes de transformation, on a une situation initiale, il faut parvenir à une situation-but en utilisant des opérateurs qui permettent de transformer la situation. Les problèmes de type puzzle, tels que la tour de Hanoi ou le problème des missionnaires et des cannibales, sont de cette catégorie. Dans les problèmes d'arrangement, on a un ensemble d'éléments arrangés d'une certaine façon au départ et il faut trouver un ou plusieurs autres arrangements qui satisfassent un critère donné. C'est le cas des problèmes d'anagramme ou de cryptarithmétique. Beaucoup de problèmes sont mixtes : ils mettent en jeu à la fois des transformations, des arrangements et de la reconnaissance de structures.

LES ACTIVITÉS DE RÉSOLUTION DE PROBLÈME

Les activités de résolution de problème sont de trois types : activités de compréhension, activités de recherche de solution, activités d'évaluation.

Les activités de compréhension concernent l'interprétation des éléments de la situation. Ce sont ces activités qui concourent à l'élaboration de l'espace-problème. Elles concernent également la remise en cause de cette interprétation quand il s'avère que, dans l'espace de recherche défini par l'espace-problème, la situation est insoluble. Cette remise en cause peut consister à revenir sur une interprétation trop restrictive des actions permises : par exemple, dans le problème des neuf points, l'interprétation admise en premier lieu par la plupart des sujets est que, joindre deux points par un segment de droite, c'est aller d'un point à un autre en ligne droite. Pour que le problème soit soluble, il faut comprendre que, tracer un segment passant par les deux points, c'est joindre les deux points, même si le segment dépasse les points.

Remettre en cause la représentation du problème, ce peut être également renoncer à une inférence qu'on peut croire impliquée par la situation. Ainsi, dans le problème des missionnaires et des cannibales, beaucoup de sujets commencent par considérer qu'il faut toujours transporter autant de missionnaires que de cannibales de la rive de départ vers la rive d'arrivée, pensant que c'est le seul moyen de n'avoir pas plus de cannibales que de missionnaires sur une rive. Remettre en cause la représentation du problème, ce peut être aussi violer une règle générale d'action considérée comme valable, comme faire une action qui éloigne du but. La remise en cause de l'interprétation du problème est une activité essentielle pour la réussite mais elle se révèle être très difficile.

Les activités de recherche de solution consistent en la mise en œuvre d'heuristiques, qui sont des règles générales d'action valables pour de larges classes de problèmes. Une heuristique très connue est l'heuristique moyen-but : elle consiste à rechercher les différences entre la situation initiale et le but, à choisir l'une de ces différences et à se donner comme but intermédiaire une situation telle que cette différence soit annulée. Une autre heuristique consiste à faire des actions exploratoires, à évaluer la distance au but à la suite de chacune de ces actions et à choisir l'action qui rapproche le plus du but. D'autres heuristiques consistent à éviter des actions : par exemple, éviter une action qui éloigne du but ou éviter une action qui empêche la réalisation d'un sous-but.

Les activités d'évaluation sont à la base du contrôle et de la réorientation de l'activité dans la résolution du problème. Elles concernent en premier lieu l'évaluation de l'écart au but, c'est-à-dire l'évaluation de la pertinence de ce qui a été fait par rapport au but poursuivi. Elles concernent également, et c'est là sans doute l'aspect le plus important, la réflexion sur l'activité passée. Celle-ci a deux composantes : la première est mémorisation des situations critiques, situations favorables qui ont permis de progresser vers le but ou situations qui sont des impasses, en ce sens qu'elles n'ont pas d'autre issue que le retour à l'état précédent. La seconde est l'analyse des processus de solution mis en œuvre antérieurement en vue d'en tirer des informations utiles pour la situation présente. J.-F. R.

BIBLIOGRAPHIE

Richard, J.-F., 1990, *les Activités mentales : comprendre, raisonner, trouver des solutions*, Paris, Colin.

Richard, J.-F., Bonnet, C., et Ghiglione, R. (Éd.), *Traité de psychologie cognitive*, tome 2, « le Traitement de l'information symbolique », Paris, Dunod (à paraître).

Tolyà, G., 1945, *How to Solve It?*, Princeton, trad. fr., 1965, *Comment poser et résoudre un problème ?*, Paris, Dunod.

procédure

n.f. (angl. Procedure)

Suite organisée d'actions permettant de réaliser un but.

Une procédure ne doit pas être confondue avec le comportement observé lors de l'exécution d'une tâche, car celui-ci ne livre pas directement l'organisation sous-jacente ni, en particulier, les conditions de déclenchement et d'arrêt de chacune des actions composantes. Les procédures d'ordre supérieur servant à construire de nouvelles procédures sont souvent considérées à part sous le nom de *stratégie* ou d'*heuristique*. Il faut souligner enfin que la procédure effectivement utilisée par un individu ne coïncide pas toujours avec la procédure enseignée ou préconisée (celle-ci est souvent désignée par « les instructions »).

Dans l'analyse des procédures, il est opportun d'envisager deux distinctions. La première oppose une procédure en voie de constitution (il s'agit alors d'une situation de résolution de problème) à une procédure déjà constituée, ou savoir-faire (on parle alors de connaissances procédurales). L'organisation interne et la gestion de l'exécution varient avec le degré d'apprentissage. La seconde concerne la description que fait un individu de la procédure qu'il emploie et la réalisation effective de celle-ci. Les critères de décision mentionnés dans le premier cas peuvent différer grandement des critères effectivement utilisés, car les modifications successives de la situation au cours de l'exécution apportent des indices souvent utilisés lorsqu'ils sont présents mais non évoqués lorsqu'ils sont perceptivement absents.

Certains aspects des procédures sont ainsi inaccessibles à l'introspection (ce problème est évoqué en psychologie et en intelligence artificielle par l'opposition entre des connaissances déclaratives et des connaissances procédurales).

L'ANALYSE D'UNE PROCÉDURE EN SES CONSTITUANTS

Pour identifier comment un sujet segmente sa procédure, on se réfère à la description verbale qu'il en fait et, surtout, aux indications apportées par l'exécution comme les erreurs, les temps de latence, les durées d'exécution et le type d'informations prélevées dans l'environnement. La description verbale concerne la représentation explicite de la procédure. Sa fiabilité comme moyen d'analyse de la procédure effective est en général limitée, d'une part parce qu'elle joue un rôle variable dans l'exécution, d'autre part parce qu'elle omet très souvent des indices importants. Elle est plus grande lors de l'apprentissage d'une procédure que lorsque celle-ci est automatisée.

Une procédure est généralement analysée en constituants qui prennent la forme de règles hypothétiques auxquelles se conformerait le sujet au cours de l'exécution. Les règles comportent une action (ou une séquence de plusieurs actions), les conditions du déclenchement de celle-ci et éventuellement les conditions de son arrêt. Les conditions de déclenchement concernent usuellement les prérequis de l'action. Certains des prérequis peuvent être satisfaits grâce à des actions annexes réalisables par le sujet alors que d'autres échappent au pouvoir de celui-ci. Par ailleurs, certains prérequis sont des prérequis constants d'une action alors que d'autres sont des prérequis occasionnels imposés par des contraintes internes à la procédure considérée.

LA STRUCTURE DE CONTRÔLE D'UNE PROCÉDURE

Les conditions de déclenchement des règles sont en relation avec la façon dont la conduite est dirigée, ou *structure de contrôle*. Elles peuvent mettre en jeu des informations relatives à l'état d'éléments de la situation externe, à la trace externe de l'activité, à la trace interne du déroulement de l'activité, au contenu de certaines instances du psychisme. La trace interne du déroulement de l'activité concerne notamment la mémorisation des actions déjà exécutées (par exemple les chiffres déjà composés lorsqu'on appelle un correspondant au téléphone) et le comptage du nombre d'itérations d'une opération (par exemple pour calculer mentalement 3 puissance 5). Le contenu d'instances du psychisme concerne tout particulièrement l'ordonnancement des sous-buts dans la représentation de la structure des buts ou l'agencement des parties dans la représentation d'un objet.

Schématiquement, on peut distinguer deux grands types de contrôle selon que le déroulement de la conduite est piloté par les informations en provenance de la situation ou par une instance qui sélectionne et active les actions jugées appropriées. La première forme de contrôle est typique d'une procédure bien apprise et automatisée, et la seconde d'une procédure en cours d'élaboration. On peut noter que, dans de nombreuses situations, on propose des aides pour permettre un contrôle externe de l'activité (par exemple les menus des logiciels, les chapelets pour la prière, etc.) alors que, dans les apprentissages scolaires, on cherche au contraire à les restreindre (par exemple compter avec puis sans allumettes).

L'ORGANISATION DES CONSTITUANTS D'UNE PROCÉDURE

Si une procédure se manifeste toujours par une séquence d'actions, il ne s'ensuit pas que l'organisation interne de ses éléments soit nécessairement linéaire. Pour prendre un exemple simple, la procédure canonique pour additionner deux nombres algébriques comporte une option initiale entre deux opérations selon le signe de ces nombres (les additionner s'il sont de même signe, les soustraire dans le cas contraire). Il existe plusieurs modes de coordination des actions constitutives d'une procédure. L'organisation la plus simple est séquentielle et consiste en une liste d'actions à exécuter dans l'ordre, le critère de déclenchement d'une action étant la fin de l'action précédente (par exemple composer un numéro au téléphone). Une telle organisation est évidemment rigide. L'augmentation de la flexibilité d'une procédure correspond à une augmentation de sa complexité car elle impose des choix conditionnels selon l'état de la situation et des réitérations d'actions ou de séquences d'actions.

La structure des procédures peut être représentée à l'aide de divers formalismes. L'un est l'organigramme, qui présente l'intérêt de bien faire apparaître le déroulement temporel. Chaque cheminement du début à la fin de ce graphe correspond alors à l'une des réalisations possibles de la procédure. L'autre formalisme, souvent préféré aujourd'hui pour sa flexibilité, est celui des règles de production. Ce sont des règles du type « SI (conditions *a*, *b*...), ALORS (actions *p*, *q*...) ». Les conditions peuvent englober le but ou un sous-but, et les actions être constituées par la formulation de sous-buts. L'analyse en règles s'avère satisfaisante lorsque les indices permettant aux sujets de déterminer si une condition est satisfaite sont univoques. Il n'en est pas toujours ainsi et, dans certains cas, les procédures utilisées peuvent différer moins par les actions exécutées que par la nature des indices utilisés.

LES RÈGLES DE FONCTIONNEMENT ET LES RÈGLES D'UTILISATION D'UN DISPOSITIF

L'activité comporte l'utilisation de dispositifs de plus en plus nombreux. Un dispositif peut être envisagé d'au moins deux façons, l'une étant son architecture fonctionnelle avec les différentes fonctions et la (les) commande(s) permettant de mettre en œuvre chacune d'elle, l'autre étant son utilisation avec les procédures possibles dans chaque tâche. À ces deux points de vue correspondent deux types de règles. Les premières sont les *règles de fonctionnement* du dispositif, de type causal (si on exécute la commande *c*1, le dispositif étant dans l'état *e*1, on obtient le résultat *r*1). Les secondes sont les règles d'utilisation, de type téléonomique (pour obtenir le résultat *r*1 dans l'état *e*1, il faut exécuter la commande *c*1). La procédure à suivre dans les tâches utilisant le dispositif met fréquemment en jeu plusieurs commandes et plusieurs règles.

Les fonctions et les commandes d'un dispositif sont usuellement beaucoup moins nombreuses que les utilisations possibles de celui-ci. Aussi, par souci de brièveté, on présente souvent quelques procédures très courantes, plus les règles de fonctionnement afin que l'utilisateur puisse élaborer lui-même les procédures spécifiques à ses besoins. Les règles d'utilisation étant plus appropriées à la planification que les règles de fonctionnement, celui-ci doit reconstituer les premières à partir des secondes, ce qui ne va pas sans difficultés (par exemple il néglige le fait qu'une commande peut avoir un ou plusieurs prérequis et peut produire plusieurs effets dont certains inopportuns). Inversement, si certaines règles de fonctionnement ne sont pas mentionnées, il est très difficile de les reconstituer à partir des règles et procédures d'utilisation indiquées.

L'ORGANISATION DES PROCÉDURES D'UN DOMAINE

Les procédures sont souvent manipulées comme des éléments distincts sans relation entre eux, car la prise de conscience de leur organisation éventuelle au sein d'un domaine demeure très partielle. Il est vrai que cette organisation est souvent indirecte et est liée à l'organisation des buts ou à celle des objets manipulés. Lorsqu'une procédure correspond à un but *x* qui est lui-même un prérequis pour un but *y*, on reconnaît facilement qu'elle constitue une sous-procédure de celle permettant de réaliser le but *y*. Il en va différemment lorsque l'organisation est apportée par les objets manipulés. Ainsi, les logiciels comportent un certain nombre d'entités et une ou plusieurs procédures attachées à chacune d'elles. Certaines entités sont organisées hiérarchiquement par la relation «est une sorte de» (par exemple un mot est une sorte de chaîne de caractères dans les logiciels de traitement de texte). Lorsqu'une entité *x* est une sorte de *y*, toutes les procédures applicables à *y* s'appliquent à *x*, plus éventuellement des procédures spécifiques à *x*. Cette caractéristique demeure ignorée des utilisateurs si on n'attire pas leur attention sur elle. Les nombreuses contraintes imposées par la réalisation des procédures font écran à l'identification de leurs similitudes. Ainsi, bien qu'on sache que les opérations d'addition et de multiplication sont l'inverse l'une de l'autre, il est difficile d'identifier cette relation dans les algorithmes de calcul correspondants.

L'INTERPRÉTATION ET LA COMPILATION D'UNE PROCÉDURE

J. R. Anderson a proposé une théorie de l'acquisition des procédures de traitement de l'information, ou habiletés cognitives, dont la dernière version, appelée *ACT** (lire : ACT étoile), a eu une grande influence. Il considère qu'une procédure est constituée par des règles de production et que le processus d'acquisition typique comporte deux phases principales. Au cours de la première, le sujet transforme des connaissances spécifiques au domaine en règles d'action en les «interprétant» grâce à des principes très généraux comme celui consistant à se donner comme sous-but la réalisation des conditions requises pour la réalisation du but poursuivi. Au cours de la seconde phase, les connaissances nécessaires à l'exécution sont directement incorporées dans les règles grâce à la compilation, qui comporte deux sous-processus. Le premier est la procéduralisation, qui consiste à introduire dans les règles seulement les particularisations des connaissances qui ont été élaborées pour l'exécution de la tâche. Le second est la composition, qui consiste en une concaténation de règles toujours activées ensemble. Un des intérêts de cette théorie est d'insister sur la différence entre les processus mis en jeu dans ces deux phases : ils relèvent de la résolution de problème au début, puis de la sélectivité mnésique ensuite.

C. G.

→ action, stratégie.

BIBLIOGRAPHIE

Hoc, J.-M., 1987, *Psychologie cognitive de la planification*, Grenoble, Presses universitaires de Grenoble.

Perruchet, P., 1988, *les Automatismes cognitifs*, Liège, Mardaga.

processus

n.m. (angl. Process)

GÉNÉR. 1. **Ensemble, considéré comme doté d'une unité et d'une organisation, d'événements étalés dans le temps.**

Il s'agit ici du sens ordinaire du mot. En psychologie, on parlera du «processus d'apprentissage», du «processus de développement», du «processus de perception», du «processus de désambiguïsation d'un mot», du «processus de compréhension du langage» pour désigner des activités dont on sait qu'elles se déroulent dans le temps de façon complexe en dépit de la brièveté apparente de certaines d'entre elles (ici, les trois dernières citées).

GÉNÉR. 2. **Unité élémentaire du fonctionnement mental qui, d'après un modèle, est susceptible de se composer avec d'autres pour donner lieu à une unité d'ordre plus élevé.**

Les conceptions actuelles de la psychologie, et plus particulièrement de la psychologie cognitive, tentent de décomposer les processus au sens défini initialement en ce que l'on appelle aussi des «processus», au sens de *processus élémentaires*, et que l'on pourrait encore nommer des «microprocessus».

Un processus élémentaire est une entité hypothétique. Dans les modèles psychologiques de traitement de l'information, c'est une unité de fonctionnement mental, conçue par analogie avec certaines opérations élémentaires de l'informatique. L'analogie entre le traitement psychologique et l'informatique ne concerne toutefois pas le fonctionnement le plus fin, tel qu'il pourrait être, par exemple, décrit en langage-machine : celui-ci devrait plutôt être comparé au niveau neuronal. Les processus psychologiques doivent être recherchés à un niveau un peu supérieur, fonctionnel.

Il n'existe pas de liste exhaustive et indiscutée de processus psychologiques élémentaires, mais on pourrait citer : activer, recouvrer en mémoire ou accéder à, apparier (ou comparer), décider, lier (deux unités élémentaires), etc.

Dans la terminologie courante la notion de processus élémentaire n'est pas toujours nettement distinguée des notions d'opération ou de mécanisme, et les appellations varient selon les auteurs.

J.-F. L. N.

PSYCHIATR. **Succession d'événements conduisant un objet ou un organisme à changer de forme ou d'état selon une évolution où diverses étapes peuvent généralement être repérées.**

En psychopathologie, avec K. Jaspers, le terme désigne une modification profonde de la personnalité d'un patient, qui peut être en rapport avec une atteinte cérébrale ou, simplement, psychique mais qui, de toute façon, n'est pas phénoménologiquement compréhensible. C'est le cas, par exemple, d'un processus schizophrénique, qui reste inaccessible à la compréhension et pourrait seulement relever d'une explication (par exemple un trouble biologique). Il diffère donc radicalement d'un développement morbide de la personnalité, qui, lui, reste compréhensible lorsqu'on connaît la personnalité prémorbide antérieure. C'est ce qui se produit avec certains délires où le paranoïaque entre progressivement dans la paranoïa* et avec les psychoses réactionnelles, où la modification de la personnalité peut se comprendre comme une réaction à une situation, un événement, un vécu compréhensibles. Dans tous ces cas, il n'y a pas de rupture entre l'état antérieur et l'état morbide. En revanche, quand on parle de processus, on sous-entend qu'il y a eu une véritable solution de continuité, incompréhensible, entre les deux états. C'est pourquoi E. Bleuler, en décrivant des phases processuelles de la schizophrénie, nous signifie qu'elles sont incompréhensibles et qu'elles ne peuvent s'expliquer que par une atteinte organique du système nerveux central.

PSYCHAN. **Mode de fonctionnement de l'appareil psychique.**

S. Freud a désigné comme « processus primaire » un mode de fonctionnement caractérisé sur le plan économique par le libre écoulement de l'énergie et par le libre glissement du sens. L'inconscient est par excellence le lieu de ce processus, dont les mécanismes spécifiques sont le déplacement et la condensation comme modes de passage d'une représentation à une autre. À l'inverse, les processus secondaires se caractérisent sur le plan économique par des liaisons et un contrôle de l'écoulement énergétique soumis au principe de réalité. C'est le système préconscient-conscient qui est le lieu de ces processus secondaires, qui sont le véritable support de la pensée logique et du langage. À l'opposé, les processus primaires correspondent à une pensée libre, imaginative, où le mouvement des signifiants ne subit pas le poids des concepts, comme c'est justement le cas dans le rêve. J. P.

BIBLIOGRAPHIE

Caverni, J.-P., Bastien, C., Mendelsohn, P., et Tiberghien, P., 1989, *Psychologie cognitive; modèles et méthodes*, Grenoble, Presses universitaires de Grenoble.

Lindsay, P. H., et Norman, D. A., 1977 (trad. fr., 1980), *Traitement de l'information et comportement humain*, Montréal, Études vivantes, Vigot.

procrastination

n.f. (angl. Procrastination)

Tendance pathologique à différer l'action, à la remettre à plus tard, à temporiser.

C'est une forme d'aboulie* fréquente dans la psychasthénie. J. P.

procubitus

n.m.

Position du corps allongé sur le ventre. (Syn. décubitus ventral.) E. V.

procustéenne (rotation)

(angl. Procrustean Rotation)

En analyse factorielle, rotation par laquelle un système de facteurs observés est amené aussi près que possible d'un système de facteurs défini à l'avance sur la base d'une certaine hypothèse. M. R.

profil

n.m. (angl. Pattern, Configuration, Profile)

Ensemble des mesures de plusieurs variables constatées chez un même sujet, considérées comme formant une structure caractérisant cet individu. (Syn. configuration.)

A. Gesell parle dans un sens voisin de *profil de comportement*, mais en insistant sur le caractère évolutif du profil: c'est, selon lui, « un prototype composite illustrant le comportement symptomatique, apparenté de façon significative à une période donnée du développement ». Il a d'ailleurs découpé en 24 stades, ou niveaux d'âge, les seize premières années de la vie et fait correspondre à chacun de ces stades un profil de comportement. E. V.

En psychologie différentielle, il est nécessaire du point de vue technique que des échelles de mesures comparables soient utilisées pour toutes les variables (quantiles, écarts réduits). Deux profils peuvent être comparés quant à leur niveau (moyenne des mesures), quant à leur *dispersion* (angl. Scatter) [écart type des mesures évaluant la dispersion intra-individuelle] et quant à leur forme (une fois égalisés leur niveau et leur dispersion). La distance entre deux profils peut être évaluée en représentant chacun d'eux par un point dans un espace dont les coordonnées sont les variables mesurées. On peut chercher s'il existe dans cet espace des *groupes de profils* (angl. Clusters), c'est-à-dire des personnes présentant des profils voisins. Cette *analyse en groupes de personnes* (angl. Cluster Analysis) peut ainsi détecter des types empiriques. M. R.

profond (sommeil)

Phase du sommeil pendant laquelle l'électroencéphalogramme est ralenti. (Syn. sommeil lent.) J. P.

profond (arriéré)

Sujet qui présente une déficience mentale sévère. R. L.

profondeur

n.f. (angl. Depth)

Dans la perception, dimension perçue correspondant à la distance séparant l'observateur et la source de stimulation.

GÉNÉR. La notion de profondeur est analogue à celle de profondeur de champ en optique et particulièrement en photographie. On parle alors de perception de la profondeur pour désigner la distance évaluée entre l'observateur et le stimulus. De là, cette notion tend à devenir synonyme de *perception du relief*, c'est-à-dire de jugement de tri-dimensionnalité portant sur un objet ou sur une scène visuelle. Les indices physiologiques de la perception de la profondeur sont la convergence, l'accommodation et la disparité rétinienne. D'autres indices, dits « picturaux », permettent aussi cette perception.

Ainsi, l'essentiel des informations relatives à la profondeur est fourni par la vision, car la diminution de l'intensité du son avec l'éloignement de sa source est un indice imprécis et peu puissant et les indices tactiles et proprioceptifs sont utilisables seulement dans un faible rayon d'action. Les indices visuels sont d'inégale valeur. Les plus anciennement connus, la disparition rétinienne, la convergence binoculaire, l'accommodation visuelle, ne fonctionnent que pour des distances inférieures à 20 mètres et avec une large marge d'imprécision. La taille familière des objets, les effets d'interposition, les perspectives constituent des références acquises. La parallaxe des mouvements de la tête est un indice puissant qui nous renseigne sur la situation relative des objets en vision binoculaire et monoculaire. Enfin, dans un environnement normal, c'est-à-dire constitué par des surfaces hétérogènes, les gradients de densité de texture optique fournissent toute l'information nécessaire à la perception de l'éloignement.

DÉVELOP. À l'exception des références acquises, tous les indices d'éloignement sont utilisés très précocement. La vision binoculaire est fonctionnelle dès les premiers jours, l'accommodation dès le milieu du deuxième mois. Des informations contenues dans la texture optique sont prises en compte dès la naissance (distinction entre surfaces homogènes et hétérogènes); une différence entre un plan fronto-parallèle et un plan incliné apparaît à 2 mois, de même que celle entre le plat et le volume; et, à 3 mois, on trouve une différenciation entre concavité et convexité. On ne peut pas fixer le moment exact où l'enfant a le « sentiment » de profondeur mais il manifeste à quelques jours des réactions d'approche et d'évitement en fonction des variations d'éloignement d'un objet. La perception de la profondeur a beaucoup été étudiée à l'aide du dispositif expérimental de la falaise visuelle. E. V. et C. B.

→ accommodation, relief 1, stéréopsie.

programme moteur

(angl. Motor Program)

Organisation du mouvement au niveau du système nerveux central permettant de générer un ensemble de commandes motrices destinées à sélectionner les muscles, à régler leur contradiction et leur relâchement à des moments appropriés.

Le programme moteur préexiste donc à la production du mouvement. On distingue généralement des programmes essentiellement déterminés au niveau génétique (locomotion, mouvement des yeux) de programmes mis en place au cours d'apprentissages (écriture, gestes sportifs).

Mise en évidence des programmes moteurs

La mise en évidence de cette organisation centrale nécessite d'isoler le système nerveux central. De ce fait, la suppression de tout ou partie de l'information sensorielle périphérique a constitué l'un des moyens privilégiés et en tout cas le plus direct de mettre en évidence l'existence de programmes moteurs. Chez un Singe déafférenté (à qui on a supprimé dans sa quasi-totalité l'information sensorielle en provenance des pattes par section des racines des nerfs sensoriels) et en l'absence de vision, on observe une locomotion à peu près normale (→ déafférentation). On peut également observer une motricité fonctionnelle chez l'Homme souffrant de déafférentation des membres inférieurs. Il apparaît donc que, en l'absence de réafférences sensorielles périphériques, des programmes moteurs centraux suffisent à assurer la production du mouvement.

L'analyse des mouvements rapides constitue un autre moyen de limiter l'intervention des informations périphériques dans la production du mouvement. On sait en effet que l'acheminement des informations sensorielles jusqu'au système nerveux central nécessite un délai (une centaine de millisecondes environ). Pour tout mouvement de durée inférieure, on peut donc exclure que leur participation soit importante. Puisque le pianiste ou la dactylographe produisent des mouvements de doigts de durée nettement inférieure, il faut donc qu'ils disposent avant de déclencher leur geste de toutes les commandes nécessaires à sa production.

Actualisation du programme moteur

Un programme moteur n'est pas directement utilisable, il doit être actualisé en fonction des caractéristiques du mouvement à produire (sa direction et son amplitude par exemple) ; cela explique en partie le délai observé entre un ordre d'agir et le déclenchement d'une réponse motrice volontaire (temps de réaction).

Si l'on donne au sujet des informations préalables sur une ou plusieurs caractéristiques du mouvement à effectuer, on constate des variations de ce délai proportionnelles au nombre de caractéristiques restant à spécifier. Par exemple, un sujet doit pointer avec la main droite ou gauche une cible lumineuse apparaissant en haut ou en bas d'un écran, à une distance variable. Il reçoit avant le signal d'action une information plus ou moins complète sur les caractéristiques du geste à effectuer (par exemple main droite, grande amplitude), on analyse alors l'évolution de ses temps de réaction selon la nature de l'information préalable (→ Figure 1).

Paramètres codés par le programme moteur

Bien que cette question soit actuellement fort débattue, on peut facilement montrer que le programme n'est pas une mémoire des contractions musculaires mais une mémoire du mouvement ; les équivalences motrices illustrent bien ce point. Lorsqu'on demande à un sujet d'écrire une phrase en utilisant la main droite, le bras droit, la main gauche, la bouche ou le pied droit, on peut non seulement lire la même phrase, mais aussi reconnaître les caractéristiques personnelles de son écriture. Les gestes ainsi produits ont été générés par le même programme moteur ; pourtant les muscles impliqués et partant les commandes envoyées ont nécessairement été très différents. Il apparaît ainsi que le programme, qui s'actualise par une série de contractions musculaires organisées, n'est cependant pas une mémoire de ces contractions mais une mémoire du mouvement lui-même. S'il apparaît clairement que le programme moteur ne code pas les contractions musculaires, la question de son contenu reste ouverte. On imagine d'ailleurs aisément que ces questions se posent différemment selon la nature des mouvements (caractère inné ou acquis, durée...) et les caractéristiques du sujet (âge, niveau d'habileté pour les gestes appris).

La recherche des propriétés invariantes de la performance, indépendantes des conditions d'exécution, peut fournir des indications intéressantes sur les paramètres codés par le programme. Ainsi, la durée de la saccade oculaire ou de l'oscillation de la jambe au cours de la marche reste à peu près constante quelle que soit l'amplitude du mouvement (invariant absolu, ici, isochronie) ou bien le pourcentage de temps que prend l'écriture d'une lettre dans un mot est le même quelle que soit la vitesse à laquelle on écrit ce mot (invariant relatif, ici, homothétie temporelle) ; on a trouvé de nombreux invariants dans les domaines cinématique et dynamique. Les caractéristiques invariantes du mouvement sont l'expression de lois générales du mouvement, elles en simplifient le contrôle. Il est malgré tout difficile de trancher à partir de ces invariants sur les paramètres codés par le programme moteur du fait notamment d'équivalences entre cinématique et dynamique ; ainsi, l'amplitude du mouvement d'un bras dans la saisie d'un objet peut être conçue comme le résultat d'une programmation motrice soit de la trajectoire spatiale, soit de la force et sa durée d'application au départ du geste, soit encore de l'équilibre entre agoniste et antagoniste à la fin du geste. Le fait qu'une action motrice puisse être effectuée sans participation des messages sensoriels (en boucle ouverte) ne doit pas conduire à sous-estimer l'importance de ces messages. Ainsi, un Singe déafférenté peut marcher mais il marche irrégulièrement et, surtout, il ne peut s'adapter aux conditions changeantes de l'environnement. Un contrôle efficace du déroulement d'un geste implique l'intégration des informations sensorielles afférentes (proprioceptives notamment). J. P.

Bibliographie

Gibson, J. J., 1979, *The Ecological Approach to Visual Perception*, Boston, Houghton Mifflin.

Pailhous, J., et Mestre, D., 1988, « Interprétation spatiale des réafférences du mouvement », in Caverni, J.-P., et alii, *Psychologie cognitive : modèles et méthodes*, Grenoble, Presses universitaires de Grenoble.

Paillard, J., 1986, *Itinéraire pour une psychophysiologie de l'action*, Marseille, Éd. Actio.

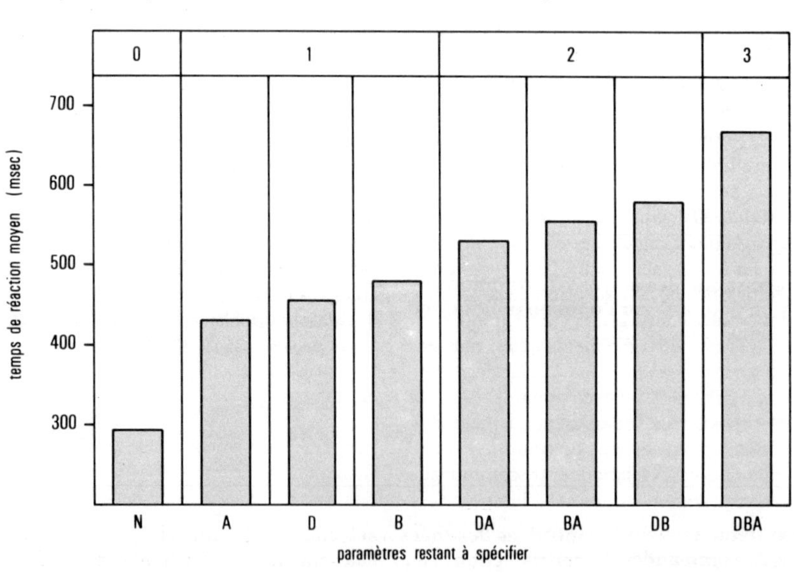

Figure 1. Programme moteur
Temps de réaction moyens obtenus selon le caractère complet ou incomplet de l'information préalable. À gauche, tous les paramètres sont contenus dans l'information préalable, il ne reste donc rien à spécifier (N) ; à l'inverse, le temps de réaction de droite est obtenu quand l'information préalable ne contient aucune indication sur les paramètres du mouvement, qui restent de ce fait tous à spécifier (ADB) ; entre ces deux extrêmes, on trouve des situations dans lesquelles il reste un seul paramètre à spécifier : soit l'amplitude (A), soit la direction (D), soit le bras (B), ou deux paramètres : amplitude et direction (AD), amplitude et bras (AB), direction et bras (DB). [D'après Rosenbaum, 1980.]

programme nerveux

(angl. Nervous Program)

Ensemble hiérarchisé de commandes nerveuses, organisées préalablement à leur émission et spécifiant les éléments nécessaires à l'exécution d'un processus. J.-M. C.

→ programme moteur.

programme de renforcement

(angl. Reinforcement Schedule)

Dans la méthodologie de B. F. Skinner, type de régularité conformément auquel les renforcements opérants sont donnés dans une situation déterminée de conditionnement.

Dans une boîte de Skinner, par exemple, on peut renforcer un Rat en lui donnant de la nourriture pour une réponse d'appui sur le levier sur trois. Cela donne lieu à deux types de programmes, les uns dans lesquels le renforcement est régulier (toutes les trois réponses), les autres dans lesquels il est donné de façon aléatoire tout en maintenant le taux de 1/3.

De même, on peut ne renforcer l'Animal qu'après avoir laissé s'écouler une certaine période de temps sans renforcement. Dans ce cas aussi, on peut décider de s'en tenir à un intervalle fixe ou instaurer un intervalle qui varie au hasard, parmi un certain nombre de valeurs prédéterminées.

Il existe dans la méthodologie de Skinner de l'analyse du comportement une vaste gamme de programmes de renforcement standardisés. J.-F. L. N.

→ conditionnement, motricité.

projectif (stade)

DÉVELOP. 1. **Selon J. Baldwin, dans le domaine de l'imitation, étape dans laquelle l'enfant confondrait la perception des autres personnes et le sentiment ou la perception qu'il a de sa propre personnalité.**

DÉVELOP. 2. **Selon H. Wallon, époque de la vie de l'enfant centrée sur la prise de connaissance du monde extérieur.** E. V.

→ stade.

projectif (test)

(angl. Projective Test)

Test dont l'objectif principal est l'établissement d'un diagnostic différentiel d'organisation de la personnalité tant normale que pathologique. (Syn. test de personnalité.)

Les tests projectifs confrontent le sujet à une situation à laquelle il répond suivant le sens qu'elle a pour lui, car les stimulus utilisés, faiblement structurés, peuvent donner lieu à un nombre très large de réponses. Les tests projectifs font appel aux mécanismes d'adaptation à la réalité, qui régissent l'utilisation adéquate des perceptions (appréhension correcte du contenu manifeste des items du test), et aux mécanismes de projection par lesquels se traduisent les éléments fantasmatiques et affectifs qui font la singularité du sujet. Les principaux tests projectifs utilisés sont le Rorschach et le TAT chez l'adulte, le CAT et le test de Patte-Noire chez l'enfant. Chacune de ces épreuves projectives s'appuie sur une théorie de la personnalité qui permet de proposer une interprétation globale des éléments disparates que recueille le test. R. L.

→ children apperception test ou CAT, Patte-Noire (test de), Rorschach (test ou psychodiagnostic de), Thematic Apperception Test ou TAT.

projection

n.f. (angl. Projection; allem. Projektion)

PSYCHAN. **Opération par laquelle un sujet situe dans le monde extérieur, mais sans les identifier comme tels, des pensées, des affects, des conceptions, des désirs, etc., croyant de ce fait à leur existence extérieure, objective, comme un aspect du monde.**

Dans un sens plus étroit, la projection constitue une opération par laquelle un sujet rejette dans le dehors et localise dans l'autre personne une pulsion qu'il ne peut pas accepter pour sa personne, ce qui lui permet de la méconnaître en lui-même. R. L.

projection rétinienne

(angl. Retinal Projection)

Partie du stimulus proximal constituée par les radiations réfléchies par une zone délimitée de l'environnement à un instant précis.

Forme et taille de la projection varient selon les lois de la géométrie projective, avec l'orientation et l'éloignement de la zone de l'environnement par rapport à l'observateur. E. V.

pronostic

n.m. (angl. Prediction, Forecast)

DIFFÉR. **Valeur la plus probable, pour un sujet donné, d'une variable-critère, calculée statistiquement à partir des valeurs prises pour ce sujet par des variables-prédicteurs.** M. R.

→ prédicteur.

propagande

n.f. (angl. Propaganda)

Utilisation des moyens de communication pour agir sur l'opinion politique et sociale d'un groupe.

La propagande est liée à l'existence politique des masses. De ce point de vue, elle n'est pas un luxe ou un rite également inutiles, mais un système de communication qui organise les relations entre communautés à un moment donné et définit pour l'essentiel leur rapport à l'histoire. Elle repose avant tout sur une différenciation sociale à caractère polémique. Schématiquement, la propagande est faite pour dire que « nous » avons raison et qu'« ils » ont tort, que nous sommes meilleurs, plus puissants, plus généreux, etc. Cette visée polémique s'accompagne toujours d'une action complémentaire destinée à consolider l'identité de la communauté en lui fournissant des signes de reconnaissance, des motifs d'union et de solidarité.

La propagande remplit trois fonctions conjuguées.

1. Elle est d'abord *incitative* en poussant ses destinataires à des formes spécifiques d'engagement: militer, manifester, voter, combattre, etc. L'observation montre que, si elle peut ainsi mobiliser les convaincus ou les sympathisants, elle n'induit en revanche que peu ou pas de changement chez les autres. C'est pourquoi on ne peut assimiler purement la propagande à une action persuasive.
2. La propagande a également une fonction d'*encadrement*. Elle est l'expression d'un groupe organisé ou d'un appareil dont elle manifeste la puissance et la présence. Elle rappelle les mots d'ordre, les slogans et les symboles, les « vérités » officielles ou partisanes; elle fournit aussi des réponses toutes prêtes à certaines questions nouvelles.
3. Enfin, la propagande *renforce* les convictions déjà établies, nourrit ou confirme les représentations sociales préexistantes, donne des arguments qui pourront être repris dans les conversations. Elle ne renverse pas une opinion, contribue à peine à la créer: elle lui donne simplement plus de force.

Ces trois fonctions se conditionnent réciproquement. Ainsi, par exemple, l'action des militants consolide leur propre engagement et contribue à créer un effet d'encadrement.

Les *styles* de propagande ont changé avec le développement des moyens de communication de masse. Les injonctions péremptoires et directes ne sont guère praticables que dans des sociétés disposant d'un faible réseau médiatique et d'une assez courte expérience politique. Ailleurs, les citoyens sont en quelque sorte « mithridatisés » et il a fallu trouver au fil du temps des moyens plus détournés, moins transparents et par là même plus crédibles pour les influencer, les encadrer et renforcer leurs opinions. L'aboutissement de cette tendance correspond aux différentes variétés de la « désinformation » intérieure et extérieure, dont on connaît l'importance aujourd'hui. La propagande est comme la rumeur: elle cesse en général d'être efficace dès lors qu'on l'identifie pour ce qu'elle est. Les *procédés* de la propagande sont de deux sortes. On distingue pour les besoins de l'analyse ceux qui touchent à la matérialité des messages et ceux qui relèvent de leur traitement cognitif. Les uns tiennent en somme à la mise en scène des contenus dans l'environnement des destinataires: on mentionnera surtout la répétition et l'esthétisation, particulièrement sensible de nos jours dans les affiches ou les films. Les autres reprennent toutes les figures de la pensée sociale telles qu'on peut les trouver à l'œuvre, notamment, dans les phénomènes de rumeurs : simplification, extrémisation, généralisation, appellation, etc. Sous cet angle aussi, la propagande est plus le reflet de son audience que l'agent de sa transformation. M.-L. R.

BIBLIOGRAPHIE

Rouquette, M.-L., 1984, « les Communications de masse », in Moscovici, S., *Psychologie sociale*, Paris, P.U.F.

Volkoff, V., 1986, *la Désinformation, arme de guerre*, Paris, Julliard.

propagation

n.f. (angl. Propagation)

Système de communication qui s'adresse à un groupe particulier pour réguler son engagement et ses croyances.

Selon S. Moscovici (1961), la diffusion, la propagation et la propagande constituent trois systèmes de communication différents qui répondent à des enjeux psychosociaux particuliers et obéissent chacun à une logique propre. Contrairement à la diffusion, la propagation porte de fortes marques de spécificité sociale. Elle s'adresse en effet à un groupe organisé qui possède son histoire, sa hiérarchie, son idéologie. Ce peut être un parti politique, une Église, un corps professionnel, etc. Le public de la propagation est donc relativement limité. Il se caractérise par une tradition commune et par des cadres, aussi bien humains que conceptuels.

Un tel public est également touché par la diffusion et la propagande. Mais la première ne l'atteint pas spécifiquement, puisqu'elle vise tout le monde, et la seconde est étroitement liée aux situations de conflit ouvert. La propagation, quant à elle, a essentiellement un rôle régulateur : elle ajuste une doctrine au cours changeant des événements, elle accommode des principes aux mouvements de l'actualité. Le contenu qu'elle destine aux membres du groupe est abordé sous l'angle de leurs références idéologiques. Dans ce but, la propagation interprète très souvent les nouvelles, les commente et les adapte. Son idéal n'est pas l'information brute, mais l'information située et traitée selon la pertinence qu'elle présente pour les croyants ou les militants. D'où le caractère théorique très prononcé de ses messages et le recours électif à un vocabulaire familier aux récepteurs pouvant aller jusqu'à la langue de bois.

La propagation joue un rôle particulièrement important lorsque le groupe destinataire est exposé à une crise interne, confronté à une contradiction apparente ou simplement en proie au doute. Elle indique alors la conduite à tenir, les arguments à considérer, les solutions à adopter. Mais elle ne les impose pas, à la différence de la propagande ; elle suscite plutôt un processus de réflexion et d'échanges qui pourra aboutir à la levée des difficultés par la réinterprétation de la réalité et l'ajustement des conduites. Ce processus est relayé par des guides d'opinion qui sont en quelque sorte des spécialistes accessibles de l'orthodoxie, sensibilisés aux incertitudes ou aux interrogations de la « base » ; c'est de leur intervention effective que dépend en dernier lieu l'action d'influence. À leur tour, ils approprient les messages aux circonstances momentanées et à la fraction du public qu'ils touchent directement. De bout en bout, la propagation offre ainsi une flexibilité qui l'oppose à la rigidité de la propagande.

Elle est aussi, de ce fait, créatrice de signification. Elle donne à voir tel ou tel objet social sous un jour nouveau en montrant qu'il est conciliable avec les convictions anciennes ; elle catégorise, distingue, interprète, elle élabore des explications, intègre de nouveaux secteurs de la réalité à une représentation déjà installée. Elle est, en bref, un appareil adaptatif.

Les procédés de la propagation (qui est généralement très riche en ressources rhétoriques) mobilisent un large échantillon de mécanismes cognitifs caractéristiques de la pensée sociale. Leur fonction n'est pas d'objectiver le monde (comme tente de le faire la pensée rationnelle), mais de se l'approprier, au plein sens du mot. On peut notamment citer parmi eux : la *différenciation*, par laquelle l'objet problématique se trouve dissocié en un bon et un mauvais aspect ou, plus généralement, décomposé selon plusieurs plans dont les uns sont admissibles et les autres condamnables ; la *réduction*, qui ramène le nouveau au connu, permettant ainsi de proposer des schèmes d'action déjà éprouvés ou d'appliquer des critères de jugement habituels ; l'*analyse*, qui décèle des mobiles cachés derrière les mobiles apparents et rend ainsi possible un dépassement de la valeur manifeste des conduites ; la *justification*, qui fait appel à des arguments d'autorité pris dans la tradition du groupe ou qui élabore des rationalisations sur mesure, etc. M.-L. R.

→ diffusion, propagande.

BIBLIOGRAPHIE

Deconchy, J.-P., 1980, *Orthodoxie religieuse et sciences humaines*, Paris, La Haye, Berlin et New York, Mouton et Degruyter.

Moscovici, S., 1961, *la Psychanalyse, son image et son public*, Paris, P.U.F.

proportionnalité

n.f. (angl. Proportionality)

Relation selon laquelle, entre des termes A, B, C et D, il existe un rapport tel que l'on ait A/B=C/D, c'est-à-dire que le produit des moyens soit égal au produit des extrêmes.

DÉVELOP. La capacité à manipuler des proportions serait liée au développement de la pensée formelle. (→ groupe 2, INRC [groupe].) Elle suppose la compréhension des notions d'*invariant*, de *compensation* et de *réciprocité*. J. Piaget a étudié ce problème, en collaboration avec B. Inhelder (*De la logique de l'enfant à la logique de l'adolescent*, 1955), en observant l'évolution du comportement des enfants, puis des adolescents, vis-à-vis d'une balance à levier (l'équilibrage exige, en effet, de mettre en relation le poids et la distance à laquelle on place celui-ci par rapport à l'axe). L'acquisition de notions importantes comme la vitesse (relation espace/temps) sont également liées à l'achèvement de la compréhension de la proportionnalité. G. P-L. B.

proposition

n.f. (angl. Proposition)

LING. **En grammaire traditionnelle, phrase élémentaire, généralement identifiable par la présence d'un verbe.**

La grammaire traditionnelle analyse toutes les phrases en des unités de base, les propositions, qui peuvent avoir divers statuts : propositions indépendantes, principales, subordonnées, etc. Le critère de l'existence d'une telle proposition grammaticale est la présence d'un verbe à un mode personnel : il s' agit en fait d'une phrase élémentaire. Exemple de deux propositions (grammaticales) : « Le train rapide, qui est arrivé ce matin à 8 heures à Paris, ne comportait pas, à son départ de Rome, de wagon-restaurant. »

LOG. **En logique, le plus petit énoncé auquel puisse être attachée une valeur de vérité.**

La logique analyse les énoncés en unités élémentaires qui sont, en règle générale, plus petites. Son critère est, en effet, la possibilité d'attacher à une telle unité une valeur de vérité (dans la logique standard, le vrai ou le faux). L'exemple précédent devra donc être décomposé avec un grain d'analyse beaucoup plus fin. Ainsi, on pourra avoir quelque chose comme : (Il est vrai que) : 1. le train est arrivé ; 2. le train est un rapide ; 3. (cela, c'est-à-dire 1. a eu lieu) ce matin ; 4. à 8 heures ; 5. à Paris ; 6. le train ne comportait pas de wagon-restaurant ; 7. (et cela) à son départ ; 8. (qui était) à Rome. Dans une analyse concrète, on peut écrire ou disposer ces propositions de diverses façons, mais cela n'a pas d'importance par rapport aux principes de l'analyse, qui sont stables et bien établis.

On voit aisément que, pour chacune de ces unités, de ces propositions élémentaires (on dit parfois aussi « atomiques »), on peut repérer la valeur de vérité. Cela se voit mieux si on se rend compte que chaque proposition pourrait être niée séparément, c'est-à-dire se voir attribuer l'autre valeur de vérité, le faux. Par exemple, on pourrait dire que toute la phrase est vraie sauf « à 8 heures ». Dans le cas de la proposition 6, cette inversion de la valeur de vérité serait équivalente à la suppression de la négation, ce qui donnerait : « le train comportait un wagon-restaurant ».

La logique s'appuie sur cette sorte d'analyse en propositions élémentaires pour établir les conditions auxquelles des inférences peuvent être faites de façon *valide*. Cela correspond au souci primordial de *sauvergarder la vérité* de ces propositions, vérité que l'on suppose donnée au départ.

Les propositions sont susceptibles d'être liées par des « connecteurs » (et, ou, non, si... alors, équivalent à, égal) ; cette partie de la logique, qui est appelée « calcul des propositions », traite de leur usage.

Une proposition élémentaire du type défini ici est néanmoins encore analysable : elle se décompose en un prédicat et un ou plusieurs argument(s). Elle peut en outre recevoir un « quantificateur » (tous, il existe au moins un... qui). Une seconde partie de la logique, le « calcul des prédicats » (assez souvent restreint à son « premier ordre »), traite de ces questions.

GÉNÉR. **En psychologie cognitive, unité de connaissance qui pourrait être constitutive de la cognition.**

La linguistique contemporaine a emprunté à la logique beaucoup des notions décrites ci-dessus.

Il en va de même pour la psychologie cognitive : celle-ci ne met pas au premier rang de ses préoccupations, comme la logique, la valeur de vérité des propositions, mais leur réalité psychologique.

Toute une vaste famille de théories adoptent, avec plus ou moins de force, le « modèle propositionnel ». Celui-ci, sous sa forme de base, revient à dire que la proposition, telle qu'elle vient d'être caractérisée par la logique, constitue réellement une unité fondamentale de la cognition.

Cette hypothèse de travail vaut pour le langage. Dans cette perspective, on dira que, pour un sujet qui entend la phrase présentée par la logique, comprendre cette phrase implique de comprendre séparément que : 1. le train est arrivé, 2. ce train est un rapide, 3. (cela s'est passé) ce matin, 4. à 8 heures, 5. à Paris, etc.

Symétriquement, pour un sujet qui parle, construire cette même phrase revient à affirmer séparément, d'abord dans son esprit, ensuite dans ses paroles, chacune des unités en question. En bref, c'est dire que la proposition est, pour le récepteur comme pour l'émetteur, une unité de traitement cognitif, mental.

On comprend bien que tout ce qui concerne les valeurs de vérité et leur sauvegarde perd, dans cette perspective, une grande partie de son importance, tandis que tout ce qui concerne les modalités de traitement psychologique en prend. C'est ce qui oppose le « point de vue » de la logique et le « point de vue » de la psychologie en ce qui concerne la proposition.

« Modèle propositionnel » signifie encore un peu plus. Ce n'est pas seulement le langage, mais bien la cognition tout entière qui est supposée être analysable en unités telles que la proposition. Cela revient à dire, par exemple, que toutes les connaissances et croyances d'un individu I peuvent être décrites dans les schémas suivants : « I sait que *p* », « I ne sait pas que *q* », « I croit que *t* », etc., dans lesquels *p, q, t*, etc., sont des propositions mentales. Par exemple : « I sait que tous les chiens ont quatre pattes », « I sait (ou ne sait pas) que l'eau est composée d'hydrogène et d'oxygène », « I croit que Salieri a assassiné Mozart », etc.

Ces connaissances et croyances sont supposées être stockées sous cette forme dans la mémoire, sémantique et encyclopédique. Il en va de même pour le contenu de la mémoire autobiographique, qui est supposée contenir des souvenirs de la forme : « je me souviens que *p* », « que *q* », « que *r* », etc., où *p, q, r* sont autant de contenus propositionnels.

Enfin, un grand nombre de motivations et d'émotions particulières ont aussi un contenu, qui peut être conçu comme étant de la même forme : « I trouve agréable que *p* » ; « I désire que *q* », « I craint que *r* », etc. Ce dernier aspect a été moins développé en psychologie cognitive.

La principale notion qui se trouve être en compétition dans ce type de modèle avec celle de « proposition », ou de « contenu propositionnel », est celle d'« image mentale » ou de « contenu figuratif ». En fait, beaucoup de modèles admettent parfaitement que les deux « formats » cognitifs coexistent, ils proposent des solutions variées pour les articuler l'un à l'autre.

Il est en revanche généralement admis qu'une proposition est composée de concepts ou d'entités qui, comme les significations de mots, sont apparentés aux concepts. Ainsi, il n'y a pas de compétition parce qu'il n'y a pas différence de nature entre les « modèles propositionnels » et les « modèles conceptuels ». Sur ce point aussi, les différents modèles proposent des modes d'articulation variés. J.-F. L. N.

BIBLIOGRAPHIE

Kintsch, W., 1974, *The Representation of Meaning in Memory*, Hillsdale, NJ, Lawrence Erlbaum Ass.

Le Ny, J.-F., 1979, *la Sémantique psychologique*, Paris, P.U.F.

Nef, F., 1988, *Logique et langage*, Paris, Hermès.

Rondal, J. A., et Thibaut, J. P., 1987, *Problèmes de psycholinguistique*, Bruxelles, Mardaga.

propriocepteur

n.m. (angl. Proprioceptor)

Structure nerveuse périphérique assurant la sensibilité des os, des muscles, des tendons et des articulations.

Les propriocepteurs informent l'organisme de ses positions et mouvements. Ce sont principalement les fuseaux neuromusculaires, sensibles à la longueur du muscle et à ses variations, les organes tendineux de Golgi, sensibles aux forces, les récepteurs articulaires intervenant surtout pour les positions extrêmes de l'articulation, les récepteurs tactiles, sensibles aux déformations cutanées. On y associe généralement l'appareil vestibulaire, informant sur les positions et mouvements de la tête par rapport à la gravité. J. P. et M. B.

proprioceptif, ive

adj. (angl. Proprioceptive)

Qui concerne les informations venues des muscles, des tendons ou des jointures lors de variations mécaniques. (Contr. extéroceptif et intéroceptif.)

On y adjoignait originellement, mais aujourd'hui plus rarement, les informations d'origine labyrinthique relatives à la position du corps dans l'espace. J.-F. L. N.

→ sensation.

proprioception

n.f. (angl. Proprioception)

Intégration à différents niveaux du système nerveux central des messages issus des propriocepteurs. J. P. et M. B.

prosencéphale

n.m. (angl. Prosencephalon, Forebrain)

Première vésicule cérébrale primitive au stade embryologique à trois vésicules du tube neural.

Au cours de l'embryogenèse, le prosencéphale se subdivisera en deux vésicules : le télencéphale et le diencéphale. Le cerveau de l'adulte dérive du prosencéphale. G. S.

prosexigène

adj. (angl. Summoning Attention)

Se dit d'un stimulus qui éveille l'attention. J.-M. C.

prosopagnosie

n.f. (angl. Prosopagnosia)

Trouble de la reconnaissance des visages connus.

Dans cette agnosie des physionomies, le malade a perdu la possibilité de se représenter les images-souvenirs de ses proches, de ses amis, de ses compagnons de travail. Le malade décrit par J. M. Charcot en 1890 ne reconnaissait plus ni sa femme, ni ses enfants, ni son propre visage. J. Bodamer, qui crée le terme en 1947, considère que la perte de cette reconnaissance des physionomies est le trouble gnosique de la catégorie visuelle le plus profond et génétiquement le plus primitif. Il constatait qu'elle était souvent associée à une agnosie des objets assez grave. H. Hécaen et R. Angelergues ont mis en doute cette association et pensent au contraire que la distinction est nette entre les deux formes d'agnosie. Cependant, ils admettent que la prosopagnosie « peut revêtir tous les degrés depuis l'impossibilité totale d'identifier un visage, fût-il celui d'une personne très proche, jusqu'à la simple erreur dans la reconnaissance sur la photographie des personnages connus du sujet, mais non familiers. Cette agnosie peut être isolée, mais on l'observe volontiers associée à d'autres formes d'agnosie visuelle, au premier rang desquelles se situent alors les agnosies spatiales ». Elle est généralement provoquée par une lésion des aires occipitales associatives de l'hémisphère non dominant. J. P.

protection maternelle et infantile ou P.M.I.

Organisme départemental chargé de la protection sanitaire et sociale des femmes enceintes et des mères, ainsi que des enfants de la naissance à 6 ans.

Les centres de P.M.I. doivent comporter obligatoirement des consultations prénuptiales, prénatales et postnatales, destinées aux futurs mariés et aux parents ; des consultations de médecine infantile, d'enfants du premier et du second âge ; une consultation de lutte contre la stérilité ; une consultation de conseil génétique et un centre de planification ou d'étude familiale. Ces trois dernières consultations peuvent être regroupées avec les consultations prénuptiales et prénatales (consultations sur les problèmes de la naissance). R. L.

protéine

n.f. (angl. Protein)

Enchaînement de molécules appelées acides aminés.

Les protéines constituent l'essentiel des agents de fonctionnement de l'organisme. Toutes les enzymes et beaucoup d'hormones sont des protéines. Lorsqu'elles ne possèdent que quelques dizaines d'acides aminés, elles portent le nom de *peptide*. Dans le système nerveux, de nombreuses enzymes servent à la synthèse ou à la dégradation des médiateurs cérébraux. D'autres protéines pourraient être impliquées dans des phénomènes beaucoup moins bien connus de déclenchement du sommeil ou de mise en mémoire. G. C.

protéique (synthèse)

(angl. Protein Synthesis)

Processus par lequel l'organisme fabrique des protéines.

La biologie moléculaire a démonté les mécanismes de la synthèse protéique. Celle-ci part des gènes. Chaque gène, constitué d'acide désoxyribonucléique (A.D.N.*) commande la synthèse d'une espèce particulière de protéine. Les gènes sont situés dans les chromosomes du noyau cellulaire. L'information qu'ils contiennent est transportée dans le cytoplasme de la cellule, où s'effectuent les réactions de la vie, par un autre acide nucléique, l'acide ribonucléique (A.R.N.) messager. Des molécules, les antibiotiques, sont capables de perturber la synthèse protéique. La synthèse protéique est accrue durant la mise en mémoire et durant le sommeil paradoxal pour des raisons encore imparfaitement comprises. G. C.

protocole

n.m. (angl. Protocol)

Plan de conduite d'une expérience et de recueil des résultats.

Le protocole est à la fois le plan de conduite de l'expérience et le format de recueil des données. Dans le premier cas, on parle de protocole expérimental : il définit l'ensemble des conditions expérimentales, leur ordonnancement temporel, l'affectation des sujets aux conditions expérimentales.

Le protocole expérimental matérialise le plan de l'expérience. Comme le plan de l'expérience est aussi un plan de recueil des données, la notion de protocole s'applique aussi aux observations qui sont recueillies. Le protocole des données est l'ensemble des données de l'expérience structurées selon un certain plan, qui est le plan de l'expérience. Ce plan conditionne l'analyse qui sera faite des données. J.-F. R.

prototype

n.m. (angl. Prototype)

GÉNÉR. **Catégorie possédant le degré le plus élevé de typicalité à l'égard d'une catégorie qui lui est surordonnée, permettant d'étudier la structure interne des catégories en général et les processus de catégorisation.**

Le prototype en psychologie cognitive est un concept qui a été introduit par E. Rosch (1973) pour désigner la structure interne des catégories. Ce concept a été développé pour pallier l'inadéquation des points de vue classiques sur l'organisation des catégories, qui suggéraient que tous les éléments d'une catégorie partageaient tous les traits de définition de ladite catégorie.

L'établisssement des normes de typicalité fait apparaître l'inégale représentativité de différentes catégories à l'égard de la catégorie qui leur est surordonnée. Parmi les catégories possédant une représentativité élevée, celle qui se trouve au premier rang est qualifiée de prototype. Par exemple, « rose » est la catégorie la plus fréquemment citée par des sujets sollicités d'énumérer les meilleurs exemples de fleurs. Le prototype est généralement considéré comme une sorte de « résumé cognitif », comme un point de référence privilégié de la catégorie surordonnée.

L'expérimentation atteste que les prototypes des catégories naturelles possèdent un relief cognitif particulier. Ce sont eux qui reflètent le mieux l'« air de famille » de l'ensemble de leur catégorie. Ils sont plus rapidement traités que les autres exemplaires dans les jugements d'appartenance catégorielle. En outre, ils suscitent des réponses plus rapides dans les épreuves requérant la vérification de propriétés. Cependant, il reste difficile de supposer qu'il existe pour chaque catégorie une sous-catégorie unique qui serait, à elle seule, représentative de la catégorie tout entière. Le prototype, au sens strict du terme, n'est que le premier type parmi d'autres éléments qui possèdent eux aussi un degré élevé de typicalité.

La critique affirme que les catégories naturellement sémantiques sont faites d'« ensembles flous » (cf. Zadeh, 1965) ou que l'appartenance catégorielle passe par la *ressemblance familiale* (ou *air de famille*), ainsi que l'exprime L. Wittgenstein. (→ famille [air de].) Cela signifie aussi que, par opposition avec le point de vue classique sur la catégorisation (qui considère les catégories comme ayant des liens clairs, définis par des critères formels, nécessaires et suffisants), les liens catégoriels sont eux-mêmes flous. Le débat introduit par Rosch porte sur l'organisation des catégories et leur identification par des exemples prototypiques ou focaux, c'est-à-dire les meilleurs exemples d'un concept.

Les notions de typicalité et de prototype ont été étendues par certains auteurs à la représentativité des différents exemplaires d'une classe à l'égard de cette dernière ou encore des différentes figurations d'un même objet à l'égard de la catégorie correspondant à cet objet. Le prototype est alors, parmi l'ensemble des exemplaires, celui qui illustre le mieux la classe considérée. M. D.

SOCIAL. **Concept intégré dans la compréhension de la structure catégorielle et des processus cognitifs dans la cognition sociale.**

Le concept de prototype a eu une grande influence sur les travaux de cognition sociale et fut tout d'abord introduit dans le domaine de la perception personnelle par N. Cantor et W. Mischel (1979). Ils trouvèrent que, lorsque l'on demande à des gens d'énumérer des attributs relatifs à des catégories personnelles (par exemple personne cultivée, personne extravertie, etc.), les gens donnaient un grand nombre de traits de nature consensuelle. Cette perspective a pu être largement appliquée à l'intérieur de la cognition sociale et dans les investigations socio-cognitives de la personnalité (D. Buss et K. Craig, 1983) telles que la découverte de prototypes consensuels pour des diagnostics courants, cliniques, ou des catégories de personnalité normales (anxieux, extraverti, paranoïaque, schizophrénique), des situations sociales (fêtes, séminaires, etc.) parmi d'autres.

Cela a également conduit à certains travaux pour la compréhension de la manière dont les prototypes servent d'intermédiaires à la mémoire, aux processus de souvenir et de reconnaissance.

G. S. (trad. de B. O.)

→ famille (air de), typicalité.

BIBLIOGRAPHIE

Buss, D.M., et Craik, K. H., 1983, « The Act-frequency Approach to Personality », *Psychological Review, 90*, 105-126.

Cantor, N., et Mischel, W., 1979, « Prototypes in Person Perception », in L. Berkowitz (Éd.), *Advances in Experimental Social Psychology*, vol. 12, New York, Academic Press, 3-52.

Rosch, E., 1973, « On the Internal Structure of Perceptual and Semantic Categories », in Moore, T.E., *Cognitive Development and the Acquisition of Language*, New York, Academic Press, 111-144.

Rosch, E., 1979, « Principles of Categorisation », in Rosch, E., et Lloyd, B.B. (Ed.), *Cognition and Categorization*, Hillsdale, NJ, Erlbaum, 28-49.

Zadeh, L.A., 1965, « Fuzzy Sets », *Information and Control, 8*, 338-353.

protrusion de la langue

(angl. Tongue Protrusion)

Projection volontaire du bout de la langue entre les lèvres.

Ce comportement est observable chez le bébé dès la fin de la première semaine. Il se produit spontanément et constitue un jeu pour le bébé. C'est, pour J. Piaget, un exemple de réaction circulaire primaire. À l'heure actuelle, son grand intérêt tient au fait que l'adulte peut le provoquer en tirant lui-même la langue au bébé qui le regarde. Il s'agit alors d'une manifestation spectaculaire de la capacité du nouveau-né à imiter le geste d'autrui. Si, observé dans des conditions soigneusement contrôlées, le phénomène est indéniable, les interprétations qui en ont été proposées demeurent à vérifier. E. V.

→ imitation.

proximité (loi de)

(angl. Law of Proximity)

Loi, énoncée par les gestaltistes, suivant laquelle, dans un ensemble d'éléments discrets identiques, les éléments proches appartiendraient perceptivement à un même groupe, formant des unités structurées, et se dissocieraient d'autres éléments plus éloignés.

La proximité est donc la distance spatiale entre des éléments. En faisant varier la proximité, c'est-à-dire les distances relatives qui séparent les éléments, on peut changer profondément les regroupements et, par suite, le nombre et la forme des unités perçues. C. B. et E. V.

proximo-distal (principe)

Principe de développement régissant les progrès de la maturation nerveuse.

L'innervation du tronc précède celle des bras, que suit celle des mains puis des doigts, de même que se succèdent l'innervation des cuisses, puis celle des jambes, puis celle des pieds. Cet ordre est immuable. E. V.

pseudobulbaire (syndrome)

(angl. Pseudo-Bulbar Syndrom)

Association d'atteintes des derniers nerfs crâniens, caractérisée par une triade de signes.

Ces troubles sont les suivants: troubles de la mimique avec faciès habituellement immobile et figé, ne réagissant que sur le mode des rires et pleurs spasmodiques en raison d'une hypertonie des muscles de la face; troubles de la déglutition particulièrement nets pour les liquides avec parésie de la langue (déficience de sa force musculaire), pouvant aboutir à une impossibilité de déglutition volontaire; troubles de la phonation entraînant une voix faible, nasonnée, sourde, monotone et sans timbre.

Ce syndrome est dû à des ramollissements cérébraux atteignant le faisceau pyramidal, plus particulièrement son contingent géniculé. Les lésions sont toujours bilatérales et sus-nucléaires, soit bulbaires, protubérantielles, pédonculaires, capsulaires ou cortico-sous-corticales. Lorsqu'elles débordent le faisceau géniculé, elles provoquent une démarche à petits pas, des troubles de la statique, une incontinence sphinctérienne et un syndrome pyramidal bilatéral. L'affaiblissement psychique est fréquent mais cependant moins important que ces manifestations cliniques pourraient le faire craindre. J. P.

pseudohostilité

n.f. (angl. Pseudo-Hostility)

Dissociation au sein d'une famille de schizophrènes, restant en fait superficielle et cachant un intense besoin d'affection que les membres de ce groupe familial ne peuvent pas exprimer normalement.

Cette notion — qui a été introduite par L. C. Wynne en 1961, avec celle de pseudomutualité pour décrire une forme pathologique d'homéostasie familiale — permet de comprendre comment les conflits intrafamiliaux restent repoussés à un niveau très superficiel, ce qui à la fois évite une trop grande intimité et écarte la possibilité d'une crise qui pourrait être salutaire. Sont ainsi maintenus perpétuellement des cycles interactionnels particulièrement pathogènes. J. P.

pseudomutualité

n.f. (angl. Pseudomutuality)

Organisation d'une famille dans laquelle sont privilégiés les liens d'adaptation et de réciprocité entre chacun des membres au détriment du développement et de la bonne différenciation de l'individualité de chaque membre du groupe.

Introduite par L. C. Wynne en même temps que celle de pseudo-hostilité, en 1961, cette notion décrit une manière de maintenir l'homéostasie familiale dans une famille où l'identité personnelle de chacun de ses membres représente une menace pour l'ensemble. En fait, c'est une fausse solidarité. La famille reste un agrégat où chacun n'a ni autonomie ni individuation propre. S. Minuchin parle à ce sujet d'enchevêtrement et M. Bowen, de « masse indifférenciée de l'ego familial ». C'est un type d'organisation familiale particulièrement propice à l'éclosion et à la persistance d'une schizophrénie chez un ou plusieurs membres de la famille ainsi organisée. J. P.

pseudophobie

n.f. (angl. Pseudophobia)

Ensemble des manifestations d'angoisse qui ont les mêmes caractéristiques comportementales, l'évitement notamment, que les phobies sans en avoir la spécificité et la permanence.

Les pseudophobies peuvent se rencontrer dans le cadre d'états anxieux sévères tels que ceux qui sont décrits dans les névroses d'angoisse ou dans les psychoses. M. A.

psychanalyse

n.f. (angl. Psychoanalysis; allem. Psychoanalyse)

1. Méthode curative fondée sur la verbalisation, aussi complète que possible, des pensées et associations d'idées qui se présentent au sujet, dans un contexte où ce qui a été refoulé peut transparaître. 2. Théorie de la vie psychique élaborée à partir de cette expérience.

Quelques principes de la psychanalyse

Constituée à la fin du XIXe siècle par S. Freud, la psychanalyse reprend certaines questions que posait la médecine à cette époque. Mais elle renouvelle totalement, à partir de là, la conception que l'on peut se faire du sujet humain.

La psychanalyse se constitue à partir d'un travail clinique, qui concerne principalement l'hystérie. Les hystériques souffrant de symptômes physiques invalidants (paralysies, parésies, anesthésies, etc.) qui n'ont pas de causes organiques repérables, on tentait parfois, vers la fin du XIXe siècle, de faire disparaître leurs symptômes par la suggestion, en les mettant dans un état d'hypnose. C'est aussi l'hypnose qu'employa J. Breuer, à qui Freud attribue, curieusement, la paternité de la psychanalyse. Mais Breuer se servit de l'hypnose pour faire verbaliser des souvenirs inaccessibles à sa patiente (Anna O, autrement dit Bertha Pappenheim). Dès lors, à travers quelques modifications dans la technique et l'introduction du concept de refoulement, les bases de la psychanalyse pouvaient être constituées.

La psychanalyse établit en effet que les symptômes névrotiques expriment des conflits psychiques dont le sujet ne peut prendre conscience. Les fantasmes mêmes sont déformés par les contraintes qu'impose ce que la société considère comme « acceptable » et sont remodelés par la censure, c'est-à-dire par ce ciseau qui est en moi et qui sait d'avance ce que les autres membres du corps social peuvent accepter et ce qu'ils jugeront implicitement ou explicitement comme indicible, déviant, etc. Le refoulement de ces fantasmes, et notamment de ce qui concerne les rapports sexuels des parents, est dû au rôle déterminant que joue la fonction paternelle dans le triangle père-mère-enfant au moment où se constitue le complexe d'Œdipe*.

Les symptômes, cependant, ne constituent pas le seul mode d'expression de l'inconscient. Freud a été amené à mettre en évidence l'importance des actes manqués, des rêves, où réapparaissent certains éléments refoulés. Dans la cure analytique, les associations de l'analysant permettent de remonter le cours de ce processus de refoulement et de mettre au jour les désirs inconscients. La première règle fondamentale de la psychanalyse est donc l'association libre : il est demandé à l'analysant de se laisser aller à dire tout ce qui lui traverse l'esprit, même s'il le trouve inutile, inadéquat ou stupide. Il lui est absolument exigé de n'omettre aucune pensée, fût-elle honteuse ou pénible. Cette règle fondamentale structure la relation entre l'analyste et l'analysant. La reconstitution de l'histoire du sujet devrait pouvoir entraîner la disparition du symptôme. Toutefois, même après certains succès, cette démarche rencontre dans la méthode analytique deux problèmes, la résistance et le transfert. (→ résistance 2, transfert 2.) Rapidement, l'analysant n'est plus en mesure de faire part librement de ses pensées : elles résistent et lui-même résiste à leur aveu. En même temps s'opère un transfert des sentiments d'amour ou de haine à l'égard de la pratique même de l'analyse et de la personne de l'analyste. Résistance et transfert conditionnent la reviviscence des situations conflictuelles anciennes ou des souvenirs traumatiques refoulés et la situation de reviviscence peut faire obstacle au travail de la cure. Pour dépasser cette situation bloquée, il est nécessaire que tout ce qui résulte de l'analyse — les événements qui s'y produisent, les images, les pensées secrètes, les silences, etc. — soit également analysé parce que tout cela fait partie du symptôme que l'analysant doit travailler pour s'en acquitter dans la remémoration (perlaboration*). Il incombe de plus à l'analyste de savoir dans quelles situations il est en mesure de soutenir le transfert, en fonction de sa propre expérience passée et de son intuition de ses propres processus inconscients.

Freud a élaboré deux modèles de l'appareil* psychique (topiques). Le premier présente la personne humaine comme formée de trois instances : le préconscient*, l'inconscient* et le conscient. Mais cette première topique a plutôt une valeur descriptive, dans la mesure où elle ne distingue pas les forces qui, s'affrontant dans le conflit psychique, produisent le refoulement. En 1923, Freud élabore sa seconde topique. Le sujet est structuré par trois instances : le ça, réservoir des pulsions, le moi et le surmoi, ensemble de règles morales, intériorisation de l'interdit parental. Dans cette seconde topique, c'est la définition du moi qui devait le plus poser problème. Est-il essentiellement une instance « réaliste », équilibrant les exigences du ça et du surmoi en fonction de la réalité ? Ou n'a-t-il pas plutôt, comme J. Lacan devait le souligner, une fonction de méconnaissance : ce que nous appelons « moi » ne va pas au-delà d'une image incomplète et figée de nous-même.

Il faut par ailleurs, dans l'histoire de la psychanalyse, accorder une importance particulière au virage de 1920, c'est-à-dire à la théorie de la pulsion de mort, liée à l'observation de la force de la répétition chez l'être humain, répétition qui fait régulièrement revenir dans sa vie même le plus pénible ou le plus traumatique. Il faut noter que cette théorie, même fondée sur l'expérience, devait être particulièrement difficile à admettre, y compris par les psychanalystes. Nombreux furent ceux qui s'y refusèrent.

Quels peuvent être, en quelques mots, les principes séminaux de la psychanalyse ? En 1922, dans « Deux Articles pour l'encyclopédie » (« Psychoanalyse und Libidotheorie »), Freud écrit : « L'affirmation relative à l'existence de processus mentaux inconscients, le ralliement à la théorie de la résistance et du refoulement, l'importance accordée à la sexualité et au complexe d'Œdipe : tels sont les points essentiels dont traite la psychanalyse et aussi les fondements de sa théorie. Qui ne les accepte pas ne saurait se compter au nombre des psychanalystes. » La psychanalyse n'est peut-être pas une science au sens où l'entend un K. Popper, par exemple, parce qu'elle est faite à l'aide d'énoncés qu'il appelle « infalsifiables » : mais cette critique est loin d'être admise par tous. C'est en tout cas un savoir constitué et surtout une pratique qui implique une relation de type personnel à l'expérience freudienne. Devenir psychanalyste, avoir une pratique psychanalytique réelle et efficace supposent d'avoir été soi-même un analysant auprès d'un psychanalyste. C'est aussi une réflexion qui concerne nécessairement la civilisation parce que le sujet est inséparable de la cité et des discours qui la régissent. En témoignent divers essais de Freud (*l'Avenir d'une illusion*, 1927 ; *Malaise dans la civilisation*, 1930).

Quelques repères dans l'histoire du mouvement analytique

Les concepts freudiens n'ont pas tous été acceptés en bloc par ceux qui se considèrent comme appartenant au mouvement psychanalytique. L'histoire de celui-ci est en effet émaillée, et cela dès l'origine, de scissions sur des questions théoriques. Dès 1902 se réunit à Vienne, le mercredi, au domicile de S. Freud, un groupe de médecins pour y étudier la psychanalyse, groupe auquel se joindront rapidement A. Adler, S. Ferenczi, O. Rank et W. Stekel. E. Bleuler, psychiatre suisse de renom, puis son assistant C. G. Jung témoignent bientôt de l'intérêt pour les découvertes freudiennes. Jung participe au premier congrès de psychanalyse à Salzbourg en 1908 et accompagne Freud dans son voyage aux États-Unis (1908) ; en 1910, lors du deuxième congrès de psychanalyse, à Nuremberg, l'International Psychoanalytical Association (IPA) est fondée, « afin, écrit Freud, de prévenir les abus qui pourraient se commettre au nom de la psychanalyse, une fois qu'elle serait devenue populaire ». Deux séries d'exclusions sont prononcées par Freud lui-même : envers Adler (1911) et Jung (1913) d'une part ; envers Rank (1924) et Ferenczi (1929) d'autre part. Pour les premiers, le différend porte sur le rôle de la sexualité comme référent unique de la causalité en psychanalyse ; pour les seconds, ce sont des questions pratiques, liées à la théorie de la régression et du traumatisme. Les disciples les plus fidèles de Freud sont K. Abraham, qui fonde à Berlin le premier institut de psychanalyse, et E. Jones, à Londres. Vienne*, ville de Freud, demeure au centre du mouvement — auquel W. Reich se joint à partir de 1920 — jusqu'à ce que le nazisme contraigne une grande partie des psychanalystes à émigrer, principalement vers les États-Unis. C'est dans ce pays, auquel on dit que Freud croyait apporter la peste, que la psychanalyse se laissera le plus aisément apprivoiser ; elle deviendra par exemple, avec H. Hartmann, une sorte de psychologie adaptative. Dans les pays socialistes, malgré une implantation dans les débuts de la révolution socialiste (Ferenczi, à Budapest en 1919, notamment), elle est bientôt totalement exclue comme science bourgeoise et réactionnaire ; cette situation demeure inchangée jusque dans les années 1990, où, de souterraine, clandestine, la psychanalyse fait quelques apparitions dans le monde des écrivains et chez une certaine intelligentsia.

En Grande-Bretagne, elle connaît un regain théorique important : avec Melanie Klein, qui s'oppose à Anna Freud sur l'analyse des enfants, un pas essentiel est fait dans la théorie des stades préœdipiens ; les travaux de D. W. Winnicott, W. Bion et D. Meltzer s'inscrivent dans la dimension dégagée par Klein, permettant notamment l'abord des psychoses.

En France, il faudra attendre 1923 pour que les ouvrages de Freud soient traduits et 1926 pour que soit fondée la Société psychanalytique de Paris par Marie Bonaparte, Eugénie Sokolnicka, A. Hesnard, R. Allendy, A. Borel, R. Laforgue, R. Lœwenstein, G. Parcheminey et E. Pichon. Cette société a pour but de grouper tous les médecins de langue française en état de pratiquer la méthode thérapeutique freudienne et de donner aux médecins désireux de devenir psychanalystes l'occasion de subir la psychanalyse didactique indispensable pour l'exercice de la méthode. La société est reconnue par l'IPA. J. Lacan est reçu membre adhérent en novembre 1934. Il expose sa première étude sur le stade du miroir au Congrès international de psychanalyse à Marienbad en 1936. La première scission du mouvement psychanalytique français se produit en 1953 à propos de ce que l'on appelle la « question de l'Institut ». Depuis 1933, un Institut de psychanalyse existe au sein de la Société psychanalytique de Paris. Après la guerre, S. Nacht, entouré de S. Lebovici et de M. Bénassy, met au point un projet de séparation de l'Institut de psychanalyse (ayant pour fonction l'enseignement et la formation des future analystes) de la Société psychanalytique de Paris, ainsi que la mise en place d'une réglementation de la formation des candidats analystes. Les oppositions à cette mise en place se cristallisent autour de Lacan, qui fonde la Société française de psychanalyse (S.F.P.), dont les membres, du fait de leur départ de la Société psychanalytique de Paris, ne sont plus reconnus par l'IPA. C'est aussi à partir de cette époque que l'enseignement de Lacan, qui insiste notamment sur la place de la parole et du langage dans la psychanalyse, devait prendre une importance de premier plan.

En 1963, une nouvelle scission, dite « de l'Internationale », se fait jour au sein de la Société française de psychanalyse : un groupe, composé surtout d'universitaires, souhaite la reconnaissance de l'IPA, celle-ci dictant la condition sine qua non qu'elle met au renouvellement de sa reconnaissance : le règlement de la façon dont Lacan conduit ses analyses didactiques. Le retournement de nombreux membres se manifeste par rapport à 1953. La S.F.P. est dissoute. Le 21 juin 1964, Lacan fonde l'École freudienne de Paris (E.F.P.) avec P. Aulagnier, J. Clavreul, S. Leclaire, F. Perrier, G. Rosolato et J.-P. Valabrega. Un autre groupe se forme : l'Association psychanalytique de France, qui demande et obtient son affiliation à l'IPA. Une autre scission se produit en mars 1969, concernant l'analyse didactique, un groupe, autour de P. Aulagnier, quittant l'E.F.P. pour former le Quatrième groupe. En 1980, Lacan dissout l'École freudienne de Paris. Il faudra sans doute quelque temps encore pour apprécier correctement ce qui a été en jeu dans cette dissolution ainsi que dans la constitution, qui s'ensuivit, de plusieurs groupes se référant à son enseignement. En revanche, ce qui apparaît clairement, c'est que la transmission ne s'y opère pas d'une manière simple et directe, comme un père peut léguer un héritage à ses enfants. La psychanalyse met chacun en face d'un réel difficile à accepter, qu'il s'agisse de la pulsion de mort ou déjà de ce qui s'arrange mal dans la sexualité. La tentation est grande pour chacun d'oublier ce réel en glissant vers des théories ou des pratiques édulcorées ou encore en tentant de le maîtriser dans des institutions bureaucratiques. On peut comprendre, à partir de là, que puissent alterner les reniements et les retours à l'inspiration originelle : ces difficultés n'ont pas empêché, jusqu'à présent, la psychanalyse de maintenir le plus vif de son expérience. R. L.

→ acting out, affect, angoisse, appareil psychique, autre, Autre, ça, castration, conscient, dénégation, déni, discours, Dolto (Françoise), fantasme, forclusion, formation de l'inconscient, Freud (Sigmund), hystérie, identification 2, identité sexuelle, imaginaire, inconscient, interprétation, jouissance, Klein (Melanie), Lacan (Jacques), libido, mathèmes, moi, narcissisme, névrose, névrose obsessionnelle, objet, objet a, paranoïa, perversion, phallus, phobie, psychanalytique (technique), psychose, pulsion, pulsion de mort, pulsion de vie, réel, refoulement, répétition, rêve, sexuation, signifiant, stades, sujet, surmoi, symbolique, transfert 2, Winnicott (Donald Woods).

BIBLIOGRAPHIE

Chemoumi, J., 1990, *Histoire du mouvement psychanalytique*, Paris, P.U.F., « Que sais-je ? ».

Freud, S., 1916-1917, *Introduction à la psychanalyse*, trad. fr. 1956, Paris, Payot.

Lagache, D., 1964, *la Psychanalyse*, Paris, P.U.F., « Que sais-je ? ».

Laplanche, J., et Pontalis, J. B., 1967, *Vocabulaire de la psychanalyse*, Paris, P.U.F.

Roudinesco, E., 1986, *Histoire de la psychanalyse en France*, Paris, Le Seuil, 2 vol.

psychanalytique (technique)

(angl. Psychoanalytic Tecknicks; allem. Psychoanalytische Technik)

Méthode originale inventée par S. Freud pour faciliter la verbalisation de ce qui est pour le sujet inaccessible parce que refoulé.

Il faut y voir une description des moyens effectivement mis en œuvre dans la conduite d'une cure et non la codification a priori de procédés qui tendraient à se ritualiser.

La découverte freudienne suppose l'existence d'un psychisme inconscient qui nous détermine à notre insu, inconscient qui n'est pas une simple absence de conscience mais l'effet structurel d'un refoulement. Et elle établit que nombre de difficultés propres au sujet, nombre de symptômes ne peuvent disparaître que si le refoulement est au moins partiellement levé, si le sujet a accès à ce qui est normalement inaccessible. Il y a dès lors un paradoxe qui semble difficilement surmontable. Comment le sujet peut-il prendre conscience de ce qui est, par définition, l'inconscient de lui-même ? Le projet serait irréalisable, semble-t-il, à moins de promouvoir une méthode tout à fait particulière, une technique propre à vaincre le refoulement.

Libre association et attention flottante

La première technique de Freud, où il faut d'ailleurs plutôt voir une démarche préanalytique, fait la part belle à l'hypnose, déjà utilisée par J. Breuer dans le traitement de Bertha Pappenheim, désignée dans les *Études sur l'hystérie* sous le pseudonyme d'Anna O. Mais Freud n'était pas à l'aise dans une position d'hypnotiseur, trop aléatoire et qui rencontrait souvent l'opposition des patients. L'abandon de l'hypnose, à quoi il dut se résoudre, accentua le paradoxe inclus dans le projet originel : comment accéder à l'inaccessible en se privant d'un moyen apparemment approprié au but recherché (au moins par la ressemblance supposée entre l'état que produit l'hypnose et la partie du psychisme qui se trouve inaccessible) ?

Ce furent les hystériques, les spirituelles malades qui constituaient la première clientèle de Freud, qui suggérèrent la solution. Anna O, déjà, avait fait valoir que l'essentiel de la méthode employée par Breuer tenait dans une verbalisation : *talking cure*, disait-elle, cure par la parole, ou encore *chimney sweeping*, ramonage de cheminée. (Breuer donna à cette méthode le nom plus noble de *catharsis* [→ cathartique (méthode].) Ce fut une autre patiente, Emmy von N. sans doute, dont Freud nous parle dans les *Études sur l'hystérie*, qui incita Freud à faire confiance aux lois qui régissent cette parole : lorsque les obstacles ordinaires, souci de décence, modes de pensée contraints par une « rationalité » trop étroite, n'empêchent pas le fonctionnement de la libre association, d'autres pensées se présentent, qui vont peu à peu se relier, prendre sens et donner idée des contenus inconscients qu'elles représentent. Mais il faut, pour en permettre l'émergence, inciter le sujet à respecter ce qui devait apparaître comme la règle fondamentale de la psychanalyse, à dire tout ce qui se présente à son esprit, au moment où cela se présente, même si ça lui paraît sans importance, sans rapport avec ce dont il parle ou gênant à dire pour quelque raison que ce soit : bref, à s'abstenir de toute critique, de tout choix.

Encore convient-il de situer ce qui correspond à la règle fondamentale en ce qui concerne le psychanalyste. Freud lui recommande de rester lui-même dans une réceptivité, une ouverture, une disponibilité aussi grande que possible par rapport à ce que le patient peut dire. Sur le plan de la pratique quotidienne, cela implique qu'il n'a pas à privilégier un type d'énoncés plutôt qu'un autre. Il doit prêter à tout la même forme d'attention, ce qui est désigné d'une manière sans doute un peu imprécise comme « attention flottante ». Relevons par ailleurs que cette méthode installe du côté du psychanalyste une démarche de pensée qui s'apparente à celle du patient en ceci qu'elle essaie de favoriser les processus inconscients au moins autant que la réflexion consciente, le praticien devant par exemple se fier plus, pour retenir ce qui lui est dit, à sa « mémoire inconsciente » qu'à un effort volontaire d'attention.

On pourrait d'ailleurs s'étonner de l'importance que Freud donne à cette règle qu'il propose aux analystes puisque, dans un texte comme « Conseils aux médecins » (in *Sur la préhistoire de la technique psychanalytique*, 1920), il n'hésite pas à dire que toutes les règles que doit employer le thérapeute peuvent s'y ramener. On pourrait se demander pourquoi le conseil principal donné à l'analyste consiste à éviter ce qui pourrait faire obstacle à son écoute plutôt qu'à lui donner des moyens positifs, fondés en théorie, de compréhension du sens des symptômes ou des formations de l'inconscient. Il est vrai d'ailleurs que Freud a pu décrire assez précisément la méthode dont il se sert dans l'interprétation des rêves, par exemple. Mais l'interprétation des rêves ne constitue pas par elle-même l'essentiel de la psychanalyse. Mieux encore, si l'analyste se préoccupe seulement d'aller le plus loin possible dans l'analyse de chaque rêve en particulier, il risque de contrarier le processus d'ensemble de la cure, cela soit en privilégiant indûment un élément intellectuellement intéressant, soit en suscitant des résistances là où le sujet n'est pas encore prêt à admettre consciemment les désirs que son rêve véhicule.

L'analyse des résistances et sa critique lacanienne

La notion de résistance a d'ailleurs été au centre de quelques-uns des débats les plus vifs sur la technique psychanalytique. Freud avait dès le début reconnu que le refoulement a des effets dans la cure elle-même. Lorsque l'analyse s'approche trop près du « noyau pathogène », du conflit inconscient fondamental, le discours du patient devient plus difficile ou même s'interrompt. Et le plus souvent, au moment où il ne peut plus affronter sa propre vérité, il transpose ses difficultés au niveau de sa relation à son analyste, répétant dans le transfert ce qu'il ne peut verbaliser dans son discours.

Au niveau descriptif, nul ne peut contester que l'expérience impose de reconnaître ces difficultés. Le problème se situe au-delà, au niveau des glissements de la théorie et de la pratique qui produisirent ce qu'on appela l'« analyse des résistances ».

Si la lecture des textes de Freud permet bien de poser, malgré quelques ambiguïtés, l'origine de la résistance au niveau des difficultés pour le sujet à aborder le réel de ses conflits inconscients, il n'en fut pas de même pour les analystes qui le suivirent. Insistant sur ce qui se manifeste au niveau du transfert, ils firent de la résistance une difficulté dans la relation de personne à personne, de moi à moi (→ moi) et, surtout, ils codifièrent une technique qui visait pour l'essentiel à l'analyser sur ce plan. W. Reich, par exemple, qui dirigea le séminaire technique de Vienne durant plusieurs années, exigeait qu'on analyse les résistances avant d'analyser le « contenu » des conflits constitutifs de la problématique du patient. Si l'analyste ne pouvait vaincre l'agressivité du patient (et d'abord rendre manifeste l'agressivité latente), agressivité dirigée contre celui qui tentait de l'amener à reconnaître ses pulsions refoulées, il échouerait inévitablement. Une interprétation donnée avant d'avoir reconnu et vaincu toutes les résistances était inutile. L'analyste ne ferait, en la proposant, que perdre ses « munitions » à un moment inadéquat, risquant dès lors de se trouver à court d'arguments au moment où les choses sérieuses auraient à s'engager.

À cette technique qui s'était après la Seconde Guerre mondiale tout à fait généralisée, J. Lacan devait s'opposer. Il montrait que toute analyse de la résistance au niveau de la relation imaginaire avec l'analyste, toute interprétation qui situait les problèmes au niveau de l'ego, du moi, ne pouvait qu'accroître les difficultés parce qu'on renforce toujours les réactions de prestance, de jalousie, d'amour ou de haine en les analysant sur ce plan. L'analyse n'est pas une relation de moi à moi, elle suppose toujours un tiers, ne serait-ce que le discours lui-même.

L'ACTE PSYCHANALYTIQUE

Une telle prise de position a des effets immédiats et constants dans la pratique. Sur l'interprétation* par exemple : interpréter ne consiste pas à proposer au sujet un *sens* qui va à l'encontre de ce qu'il croit comprendre, et surtout pas à tenter de l'imposer à son acceptation consciente, à son moi officiel, mais plutôt à faire jouer l'énigme que comporte l'énonciation elle-même. La scansion, de même, l'arrêt de la séance hors de la juridiction de l'horloge, ne permet pas seulement de faire ressortir dans le discours quelque terme essentiel qu'elle détache : elle empêche le sujet, dérouté par ce qu'il a pu dire, de se rassurer de sa complétude imaginaire, elle déjoue la résistance plutôt qu'elle ne la combat ou ne l'analyse.

Tout cela évidemment n'est possible que si l'on ne considère pas les règles techniques de Freud comme des prescriptions déduites une fois pour toutes d'une science achevée. Freud lui-même disait d'ailleurs que sa technique était seulement un instrument, un instrument qui lui convenait à lui, mais que d'autres auraient peut-être à se servir d'autres instruments. Ainsi, nulle règle technique ne dispense l'analyste d'assumer à sa façon la responsabilité de son acte.

R. C.

psychasthénie

n.f. (angl. Psychasthenia)

Névrose décrite par P. Janet, se manifestant par un état anxio-dépressif chronique (lié selon lui à un déficit de la tension psychologique) avec inhibition, aboulie, sentiments d'incomplétude et d'autodévalorisation, doute permanent, idées fixes et obsessions.

Le terme, devenu obsolète, a été remplacé depuis S. Freud par celui de *névrose obsessionnelle*. On continue cependant à utiliser l'adjectif *psychasthénique* pour qualifier un type de personnalité pathologique se rapprochant pour certains d'un caractère narcissique reposant sur une organisation-limite (J. Bergeret) et, pour d'autres, de la forme asthénique des personnalités anankastiques décrites par K. Schneider.

J. P.

psychédélique

adj. (angl. Psychedelic ou Mind-Expanding)

Se dit des caractères de l'expérience due aux hallucinogènes ainsi que des mouvements culturels qui ont prôné l'usage de ces substances.

◇ n.m. **Nom donné à certains hallucinogènes, notamment le L.S.D.**

Au cours des années 1960 aux États-Unis, le refus de la guerre, le conflit des générations devaient prendre la forme de mouvements contestataires comme le mouvement hippie. Dans ce cadre, l'utilisation de drogues hallucinogènes devait constituer la vogue du psychédélisme. Le sentiment de révélation extatique, d'expérience intime libérée des lois de la société et du langage, alors même que la vigilance est conservée, a fait des hallucinogènes des drogues particulières : elles favorisent la recherche personnelle, le repli sur soi, s'opposant donc aux valeurs de combativité et d'action des sociétés actuelles sans présenter de danger vital. L'usage rituel de plantes hallucinogènes dans le chamanisme et les religions primitives est un argument en faveur d'une interprétation mystique de ces révélations.

T. Leary, psychologue de Harvard, a incarné la prétention du psychédélisme à se constituer en nouvelle religion : le L.S.D. y remplacerait l'hostie, la communion serait le partage de l'expérience hallucinogène. D'autres, avec l'écrivain K. Kesey, se contentaient d'un usage hédonique, moins théorisé mais destiné à encourager la créativité, la recherche de formes de vie plus libérées. Nombre d'artistes participèrent à ce mouvement ou l'encouragèrent. Le premier fut sans doute A. Huxley et ses « portes de la perception ». Les expériences individuelles de A. Artaud ou de H. Michaux sont bien connues. L'utilisation de « psychédéliques » fut aussi le fait de groupes marginaux violents, comme les « Hell's Angels ». La phencyclidine, ou P.C.P., leur doit son surnom d'« Angel Dust » (dans les années 1970).

La répression (Leary et Kesey connurent les rigueurs de la loi) et l'évolution sociologique ont mis fin au mouvement psychédélique dans les années 1970. Il est à remarquer qu'après cet échec, si les hallucinogènes furent bien moins utilisés par les jeunes, commença la vogue actuelle de toxicomanie aux drogues « dures » (héroïne, cocaïne, etc.).

M. V.

psychiatrie

n.f. (angl. Psychiatry)

Spécialité médicale consacrée à l'étude, au diagnostic et au traitement des maladies mentales.

Le terme apparaît sous la plume du médecin allemand J. C. Reil, en 1802, écrit « Psychiaterie », puis en France à partir de 1809 (dans la « Bibliothèque médicale » dirigée par A. A. Royer-Collard). Mais, jusque vers 1860, il n'est guère utilisé ; et c'est seulement à cette époque qu'il va remplacer progressivement celui de *médecine aliéniste*.

HISTORIQUE DE LA PSYCHIATRIE

Si les troubles mentaux sont traités par les médecins depuis la plus haute antiquité (D. Gourevitch), ce n'est qu'à la fin du XVIIIe siècle que cette spécialité se constitue comme une pratique avec des institutions hospitalières spécifiques. W. Battie à Londres, en prenant la direction du nouvel hôpital Saint-Luc, V. Chiarugi, à qui le grand-duc Léopold confie la responsabilité de l'hôpital Saint-Boniface, réservé aux fous, à Florence, J. Daquin à l'hospice de Chambéry, W. Tuke fondant la «Retraite» à côté de York, en 1792, et surtout P. Pinel* à Bicêtre, puis à la Salpêtrière, ont tous participé à cette naissance d'une nouvelle branche de la médecine, dont les développements allaient être si considérables (J. Goldstein). Mais c'est au dernier, à l'aliéniste parisien, qu'en reviendra la glorieuse paternité. Et cela, il le doit à la position alors centrale de Paris, tant sur le plan culturel que sur le plan politique (avec l'impact idéologique que vient d'avoir la Révolution française dans l'Europe entière). Pinel occupe donc une place vraiment privilégiée dans l'histoire de la création à la fois théorique et institutionnelle de la psychiatrie, place qu'il doit aux circonstances mais aussi au mérite d'avoir introduit une attitude médicale radicalement nouvelle vis-à-vis des insensés. On sait que le philosophe allemand G. W. Hegel, dans son *Précis de l'encyclopédie des sciences philosophiques*, de 1816, attribue à Pinel le mérite d'avoir reconnu un reste de raison à tout insensé (devenu du même coup seulement «aliéné») alors qu'auparavant le «fou» était exclu, comme l'animal ou la brute, de toute communication interhumaine. C'est ce qui va permettre le traitement moral, ce traitement qui s'en tient, va écrire Hegel, «à cette conception que la folie n'est pas une perte abstraite de la raison, ni du côté de l'intelligence, ni du côté de la volonté, mais un simple dérangement d'esprit, une contradiction dans la raison qui existe encore. Ce traitement humain, c'est-à-dire aussi bienveillant que raisonnable de la folie — P. Pinel a droit à la reconnaissance la plus grande pour tout ce qu'il a fait à cet égard —, suppose le malade raisonnable et trouve là un point d'appui solide pour le prendre de ce côté». Ainsi est rendue possible l'identification du médecin sensé à l'aliéné, identification nécessaire pour qu'un véritable traitement psychique puisse s'instaurer. Cet espace de la rencontre, de la communication avec le malade mental, rendues possibles par la reconnaissance de ce reste de raison qu'il a gardé, c'est alors l'asile tel qu'il est conçu par l'aliéniste, non comme un lieu de renfermement et d'exclusion (ainsi que le dira M. Foucault) mais comme un lieu d'isolement du monde extérieur harcelant, un refuge véritable, un «havre de paix et de tranquillité» après la violence de la tempête. C'est dans cette perspective que l'isolement n'est que la condition du traitement moral. Malheureusement, il en deviendra ensuite l'instrument; puis la pression de la société fera de l'asile l'institution de l'exclusion. Et cette perversion progressive résume l'histoire de la décadence du traitement moral dans la seconde partie du XIXe siècle (J. Postel). Elle se poursuivra au fur et à mesure que l'enseignement pinellien primitif sera oublié, occulté peu à peu par le mythe philanthropique de la «libération des aliénés» à Bicêtre, puis à la Salpêtrière, et son iconographie légendaire. Le bruit et l'éclat de cette légende, dont on a pu démonter toute la construction imaginaire par des recherches historiques minutieuses (J. Postel, G. Swain), vont recouvrir, par la «parole dépolitisée du mythe» (R. Barthes), d'un voile de silence et d'oubli ce qu'avait admiré le philosophe allemand, pourtant peu suspect de complaisance à l'égard de ces nouvelles spécialités médicales, essayant de se donner un statut scientifique (→ aliénation, folie, internement pour l'histoire de la psychiatrie et son évolution à partir des conceptions étiologiques psychogénétiques de Pinel* et de É. Esquirol* vers une médicalisation progressive et un intérêt de plus en plus grand pour l'organogenèse* des maladies mentales sur le modèle des entités nosologiques anatomo-cliniques de la pathologie somatique). On verra aussi comment se précise avec la loi* du 30 juin 1838 l'exclusion sociale des malades mentaux, prélude à cette décadence du traitement moral évoquée plus haut.

Il faudra la «révolution psychanalytique» (M. Robert) pour que la psychiatrie sorte enfin de cette impasse, au début du XXe siècle. En découvrant l'inconscient et en affirmant que tout symptôme a un sens, S. Freud révolutionne l'édifice de la psychiatrie classique, et le point de vue oganiciste perd de son importance au profit des conceptions psychogénétique ou psychodynamique. Cependant, rares seront les institutions psychiatriques où la psychanalyse sera réellement appliquée à des psychotiques. On cite la clinique de «Chesnut Lodge», près de Washington, comme un des premiers lieux de cette application, avec I. Fromm-Reichmann au début des années 1930. Et c'est surtout grâce à la thérapie institutionnelle* que les psychanalystes rentreront vraiment dans les hôpitaux psychiatriques. Mais l'impact freudien, puis lacanien en France, marquera profondément la psychiatrie; et la théorie psychanalytique garde une place prépondérante dans l'étude psychopathologique des maladies mentales, même si on croit moins qu'autrefois à l'efficacité thérapeutique de la psychanalyse (E. Zarifian).

Avec les traitements biologiques qui font leur apparition après 1930, l'organogenèse retrouve un certain intérêt: la cure de Sakel*, la psychochirurgie*, l'électrochoc* connaissent des succès réels même s'ils sont discutables. Mais seul le dernier continuera à être utilisé après la découverte des neuroleptiques*, en 1952, et des antidépresseurs* en 1957, qui, en introduisant une psychopharmacologie* réellement scientifique, va redonner des espoirs sérieux aux chercheurs défendant l'origine organique des maladies mentales.

Sans doute les antipsychiatries* anglaise et italienne des années 1960 vont-elles battre en brèche de telles conceptions appliquant un modèle médical neurobiologique très réductionniste. Elles vont aussi entraîner tout un mouvement vers la sociogenèse des psychoses* avec l'apparition des thérapies* familiales d'inspirations les plus diverses.

Les trois grands modèles de la psychiatrie aujourd'hui

Actuellement, la psychiatrie se partage entre trois grands modèles explicatifs des maladies mentales: le modèle psychanalytique, le modèle neurochimique biomédical et le modèle psychosociologique.

Le *modèle psychanalytique*, qui est sous-tendu par une des plus fortes avancées anthropologiques qu'ait connues la civilisation judéo-chrétienne, a apporté un corpus théorique qui permet d'expliquer d'une manière cohérente la plupart des données psychopathologiques. Mais il a échoué «sur le plan pratique du traitement des maladies mentales» (A. Bourguignon), n'apportant qu'une aide psychothérapique à la prise en charge des malades psychotiques sans pouvoir réellement les guérir (Zarifian).

Le modèle neurochimique d'inspiration biomédicale, reste le modèle dominant de la médecine contemporaine, se basant surtout sur la biologie moléculaire, devenue sa véritable science fondamentale. Les découvertes neurochimiques de la psychopharmacologie ont véritablement transformé la vie des malades mentaux les plus graves ainsi que les conditions de travail des soignants. Mais ce modèle neurochimique reste un échec sur le plan théorique, dans la mesure où il n'a pas réussi à expliquer l'étiologie générale des maladies mentales, puisqu'il s'est strictement limité à l'étude de certains effets sur les synapses des médicaments psychotropes utilisés. L'éclairage qu'il a donné n'a pas permis de créer d'autres médicaments vraiment nouveaux puisque tous les produits utilisés l'ont été au départ d'une manière purement empirique, les nouveaux n'étant que la conséquence de synthèses systématiques de molécules nouvelles à partir des premiers neuroleptiques ou antidépresseurs découverts en quelque sorte par hasard (J. Cade pour le lithium en 1949, J. Delay pour la chlorpromazine en 1952 et R. Kuhn pour l'imipramine en 1957).

Le modèle psychosociologique a permis de modifier profondément les attitudes des soignants à l'égard des malades, comme on le voit dans l'histoire de la thérapie institutionnelle*. Il a également montré que la maladie mentale n'était pas toujours l'atteinte psychique d'un seul individu mais souvent le symptôme du malaise de tout un groupe familial ou social, permettant ainsi d'accompagner les traitements individuels d'une action thérapeutique familiale ou institutionnelle. Mais il se heurte, malgré tout, «à l'irréductibilité de certains états dits pathologiques» (A. Bourguignon).

Le modèle psychobiosocial

Il faudrait pouvoir dépasser ces trois principaux modèles pour utiliser un modèle plus global de type psychobiosocial. C'est ce qu'avait tenté A. Meyer* dès le début du XXe siècle. C'est ce qu'a repris G. L. Engel en 1977 en proposant pour ce modèle un «triple paradigme», biologique, psychologique (avec une approche à la fois psychodynamique et comportementale) et social, l'être humain y étant envisagé comme un être social en interaction constante avec son entourage. C'est ce que vient de proposer à nouveau M. Reynaud sous la forme d'un modèle qu'il appelle « intégratif », biopsychosocial (1989). Mais tout cela bute en fait sur l'extrême complexité de l'activité psychique humaine, qui se situe à la fois dans un organisme biologique dynamique et dans un réseau d'interactions psychosociales multiples avec le milieu sans qu'on puisse toujours préciser ce qui est du domaine de la santé et de celui de la maladie, la distinction entre normal et pathologique étant généralement arbitraire, conventionnelle et non fondée scientifiquement. Dans ce système complexe, il est en plus certain que les conceptions étiologiques, basées sur des relations linéaires entre cause et effet, sont tout à fait insuffisantes pour rendre compte de l'apparition de maladies ou de troubles mentaux. Et toute tentative réductionniste, visant à privilégier un seul déterminant dans cette apparition, est inéluctablement vouée à l'échec.

C'est pourquoi il faut abandonner définitivement les luttes stériles entre les diverses idéologies étiologiques, qu'elles soient organogénétiques, psychogénétiques ou sociogénétiques, en psychiatrie. Cette dernière doit s'orienter vers une pratique à la fois pragmatique (sachant utiliser tous les moyens d'action à sa disposition) et respectueuse du sujet et de sa souffrance psychique tout en s'efforçant de le soulager de celle-ci. Car la folie n'est pas seulement une maladie ; elle est aussi l'une des conditions anthropologiques et existentielles fondamentales de la vie de tout être humain. J. P.

Bibliographie

Bourguignon, A., 1989, « Penser la psychiatrie », *Synapse*, n° 58, nov. 1958, 1-3.
Ey, H., 1966, *Plan d'organisation du champ de la psychiatrie*, Toulouse, Privat.
Lalonde, P., et Grunberg, F., 1988, *Psychiatrie clinique, approche bio-psycho-sociale*, Montréal, G. Morin.
Postel, J., 1981, *Genèse de la psychiatrie*, Paris, Le Sycomore.
Postel, J., et Quétel, C., 1983, *Nouvelle Histoire de la psychiatrie*, Toulouse, Privat.
Reynaud, M., 1989, *Soigner la folie*, Paris, Frison-Roche.
Semelaigne, R., 1930 et 1932, *les Pionniers de la psychiatrie française*, Paris, Baillière, 2 vol.
Swain, G., 1979, *le Sujet de la folie. Naissance de la psychiatrie*, Toulouse, Privat.
Thuilleaux, M., 1973, *Connaissance de la folie*, Paris, P.U.F.
Zarifian, E., 1987, *les Jardiniers de la folie*, Paris, O. Jacob.

psychisme

n.m. (angl. Psychism)

Structure mentale de l'être humain, ensemble de ses caractères psychiques.

R. L.

psychochirurgie

n.f. (angl. Psychosurgery)

Méthode de traitement des troubles mentaux par intervention chirurgicale sur le cerveau.

Historique

C'est le psychiatre portugais E. Moniz qui, en 1935, est à l'origine de la psychochirurgie (bien qu'une tentative audacieuse, restée sans lendemain, ait eu lieu en 1891 sur 6 malades agressifs, par Burckhardt). Moniz obtient en 1949 le prix Nobel pour sa « découverte de l'action thérapeutique de la leucotomie préfrontale dans certaines psychoses ». Relayée par des auteurs anglo-saxons comme Freeman et Watts, la méthode va être utilisée assez largement dans les années 1940 puis connaître un déclin progressif à l'arrivée des traitements médicamenteux. Récemment, le perfectionnement des techniques (notamment le repérage stéréotaxique) a rendu les opérations moins mutilantes, ce qui permet à la méthode de rester utilisée (quoique rarement de nos jours) malgré les problèmes éthiques qu'elle pose.

Les indications de la psychochirurgie sont à porter sur quatre critères essentiels : le caractère extrêmement invalidant des troubles ; une longue durée d'évolution de la maladie et l'absence d'espoir d'amélioration spontanée ; l'échec ou l'impossibilité de tous les autres traitements ; enfin, l'affection en cause doit être une bonne indication de la psychochirurgie. Bénéficient de cette méthode la névrose obsessionnelle, la mélancolie et, à moindre degré, la manie chronique et la schizophrénie paranoïde. Elle est aussi utilisée dans les états d'agitation irréductible chez des épileptiques et des oligophrènes.

L'appréciation des résultats de la psychochirurgie est très difficile : peu d'études précisent les critères de succès ou d'échec et l'évaluation objective des séquelles cognitives et affectives éventuelles. L'altération de la personnalité (pouvant réaliser au maximum le classique « syndrome frontal » : indifférence, euphorie inadaptée, perte du sens éthique, etc.) a beaucoup diminué avec la limitation des lésions. Elle reste un des reproches essentiels faits à cette méthode, même si certains font remarquer qu'une modification de la personnalité rendant possible une meilleure adaptation est le but commun à tous les traitements psychiatriques.

Problèmes éthiques

Certains régimes ont été soupçonnés de lobotomiser leurs adversaires politiques. D'autres ont proposé la psychochirurgie à des délinquants sexuels agressifs comme alternative à l'emprisonnement. D'une façon générale, un abus d'utilisation est fait à chaque fois qu'interviennent d'autres considérations que l'intérêt strict du patient. Ces abus, s'ils ne remettent pas en cause le principe même de la méthode, montrent quelle prudence extrême elle impose. A contrario, H. Ey a pu dénoncer « l'abstentionnisme agressif » de ceux qui refusent a priori un traitement dont le patient pourrait tirer un bénéfice majeur. Toujours est-il que la légitimité même de la psychochirurgie reste discutée : création d'une lésion organique dans une maladie fonctionnelle, caractère irréversible, intrusion destructrice et aveugle dans ce qui fait l'essence même d'un homme. B. D.

psychodrame

n.m. (angl. Psychodrama)

Technique de jeu improvisé au cours duquel s'expriment des tensions affectives plus ou moins fortes à des fins de psychothérapie personnelle ou d'évolution relationnelle.

Le mot et la méthode ont été inventés par J. L. Moreno au cours des années 1930 puis repris et remaniés par plusieurs psychanalystes. Le psychodrame morénien, issu d'expériences de « théâtre impromptu », vise essentiellement un effet cathartique (décharge affective) produit par une expression spontanée et interactive. La thérapie psychodramatique s'applique à certains troubles caractériels, à des conflits conjugaux, parentaux ou professionnels ou encore à des tensions surgies au sein d'un groupe. Pour la conduire, Moreno requiert cinq instruments d'action et d'interaction : un espace scénique où le corps s'exprime avec la parole ; un ou plusieurs acteurs, qui posent et vivent leurs problèmes ; un psychodramatiste (à la fois meneur de jeu, analyste et thérapeute) ; quelques ego-auxiliaires (entraînés à incarner les personnages évoqués par l'acteur ou à figurer son double) ; un public (membre d'un groupe ou d'une session), invité à réagir librement aux avatars du jeu et à contribuer à l'élucidation de son sens et de ses issues.

La séance se déroule sur trois phases : l'*échauffement du groupe* (angl. Warming-Up Process) ; l'action dramatique elle-même ; enfin l'interanalyse collective du jeu. En cours d'action, l'animateur peut suggérer un renversement de rôle, un soliloque ou encore l'incarnation par le sujet de ses partenaires quotidiens les plus investis (parents, amis, chefs, etc.) aux fins d'intégration ou d'évolution de ses perceptions et de ses affects.

En France, de nombreux psychanalystes ont repris la démarche psychodramatique avec des modalités assez différentes de celle de son fondateur. Selon D. Widlöcher, au lieu d'induire activement la spontanéité (concept flou), on laisse le patient choisir son thème de jeu, seul ou en groupe ; le rôle du psychodramatiste consiste à interpréter ce thème et sa mise en œuvre (verbale et gestuelle) en termes de désirs et de défenses avec leurs significations inconscientes — interprétations qui seront communiquées soit en fin de séance, soit au cours du jeu par l'entrée en scène de l'analyste lui-même. À l'échauffement et aux suggestions font place le transfert et la régression; à l'imagination créatrice, l'analyse des fantasmes sous-jacents aux conduites.

Les modalités du psychodrame analytique sont elles-mêmes diverses selon les personnes concernées (jeunes ou adultes) et selon les situations et les objectifs. Tantôt le patient se trouve seul en interaction avec un couple ou une équipe de thérapeutes. Tantôt la démarche dramatique alterne avec des séances de groupe d'évolution, tantôt elle prend la forme d'un cycle; ces derniers cas répondent plutôt à des formations intensives qu'à des psychothérapies. J. M.

BIBLIOGRAPHIE

Blatner, A.,1989 (2e éd.), Acting in: *Practical Applications of Psychodramatic Methods*, New York, Springer Publishing Company.

Kestemberg, E.,1987, *le Psychodrame psychanalytique*, Paris, P.U.F., « Que sais-je ? ».

Leutz, G. A., 1985, *Mettre sa vie en scène: le psychodrame*, Paris, Épi.

psycho-éthologie animale

(angl. Animal Psychoethology)

Discipline qui vise : 1. à l'élaboration de propositions traduisant les opérations cognitives utilisées par une (ou plusieurs) espèce(s) animale(s) pour construire le monde qui leur est propre ; 2. à la mise en corrélation de la description de la situation telle que la construit le sujet étudié et de l'analyse détaillée de son comportement (éthogramme) ; 3. à l'énoncé d'un système explicatif visant à unir situation vécue et construite et activités correspondantes.

La psycho-éthologie est issue de la collaboration actuelle de la psychologie cognitive animale et de l'éthologie. A. G.

→ cognition animale, éthogramme, éthologie.

BIBLIOGRAPHIE

Dore, F. Y., 1983, *l'Apprentissage, une approche psycho-éthologique*, Paris, Maloine.

psychogalvanique (réflexe)

(angl. Galvanic Skin Reflex)

Nom ancien de la réponse électrodermale, variation de potentiel ou de résistance cutanée liée à un stimulus identifié. J.-C. R.

→ électrodermal.

psychogenèse

n.f. (angl. Psychogenesis)

Origine et développement de nature psychique d'un comportement, d'une conduite, d'une maladie mentale ou même organique, dite alors « psychosomatique ».

Par extension, le terme définit tout le domaine de l'étude des facteurs psychologiques en psychiatrie ainsi que les théories étiologiques dites « psychogénétiques » susceptibles d'expliquer l'apparition des affections mentales par des causes purement psychiques. Il va donc s'opposer à celui d'*organogenèse**; et l'histoire de la psychiatrie* du XIXe siècle et même d'une bonne partie du XXe est marquée par le conflit entre ces deux grandes tendances doctrinales, que H. Ey a cru résoudre avec sa conception de l'organodynamisme, inspirée du néo-jacksonisme, appliquée à la pathologie psychiatrique.

En fait, la causalité morale de la folie, défendue par P. Pinel et É. Esquirol, restait assez confuse et les partisans de l'organogenèse, à la suite de L. J. Bayle et de J. Moreau de Tours, n'auront guère de peine à la critiquer durant la seconde moitié du XIXe siècle. Il faut attendre S. Freud et la découverte de l'inconscient pour que la psychogenèse des maladies mentales soit de nouveau défendue et s'accompagne d'une interprétation psychologique rigoureuse de l'apparition et de la signification des troubles mentaux. Même si, aux débuts de la psychanalyse, on a cru surtout à la psychogenèse des névroses, on a reconnu ensuite, avec K. Abraham, C. Jung, M. Klein, I. Fromm-Reichmann et beaucoup de leurs disciples, que les psychoses pouvaient, elles aussi, relever d'une explication et d'une thérapie psychanalytiques. Mais les difficultés et les limites auxquelles se heurte cette conception psychogénétique tiennent à ce que, pour Ey, « la maladie mentale en général, ou si l'on veut tout le champ de la psychiatrie, ne peut pas être conçue hors de la pathologie organique (héréditaire ou acquise) qui en conditionne manifestement certaines forme typiques » comme beaucoup de psychoses aiguës ou chroniques et la plupart des anomalies congénitales du développement psychique. Elle reste cependant à l'origine de tout le mouvement de psychiatrie qui a profondément modifié les conditions de prise en charge des malades mentaux et les attitudes des soignants à leur égard. J. P.

psycholinguistique

n.f. (angl. Psycholinguistics)

Étude des processus psychologiques à l'œuvre dans l'acquisition et l'utilisation d'une langue naturelle.

Discipline récente, la psycholinguistique a, au cours de ses trente années d'existence, hésité sur son identité tout en suscitant un nombre considérable de travaux empiriques et de débats théoriques. Le terme *psycholinguistique*, proposé en 1954, concrétise la rencontre de trois disciplines : la psychologie de l'apprentissage, de tradition béhavioriste, la linguistique structurale et la théorie de l'information. D'abord envisagée comme l'étude des processus de codage et de décodage mis en jeu dans les actes de communication verbale, elle s'est ensuite, sous l'influence prépondérante de N. Chomsky, consacrée à l'étude de la réalité psychologique de concepts linguistiques. Nombre de travaux ont alors assimilé plus ou moins directement modèle formel de description de la langue comme grammaire et modèle psychologique des processus affirmant l'existence d'une capacité « spécifique » à l'acquisition et à l'utilisation du langage. À partir de 1975, la psycholinguistique s'engage dans une perspective fonctionnelle dont le but est de comprendre le fonctionnement du locuteur humain, de construire et de valider un modèle de ce locuteur intégrant les processus de perception, de compréhension et de production du langage.

Branche de la psychologie cognitive, la psycholinguistique actuelle articule ses démarches avec celles qui sont à l'œuvre dans d'autres secteurs d'étude de l'activité mentale : perception, attention, mémoire, résolution de problèmes. En interaction avec l'intelligence artificielle, qui par la simulation des conduites sur ordinateur lui fournit des observations suggestives, elle tend également à intégrer les travaux dont la finalité est de caractériser les structures neuronales qui sous-tendent les activités de traitement de l'information linguistique. Se fondant sur une approche diversifiée du langage prenant en compte l'ensemble de ses composantes linguistiques, elle aborde le traitement d'unités plus étendues que la phrase et cherche à valider ses hypothèses sur des langues de structures diverses. L'enjeu est alors de savoir si le format des représentations mentales mises en jeu est caractéristique de l'espèce humaine ou de la structure de la langue choisie.

Ne sont pas examinés ici les processus d'acquisition, les aspects neurologiques et pathologiques du langage. (→ langage [acquisition du], langage [pathologie du].)

LA PERCEPTION DU LANGAGE

Par perception du langage, on entend généralement l'ensemble des processus qui interviennent entre la réception du signal et l'attribution d'une signification. Ainsi, pour passer du son au sens, un traitement complexe qui intègre différentes étapes est requis. Les représentations mentales successives élaborées au cours du traitement se déroulent dans un temps très bref et le plus souvent le sujet n'en prend pas conscience.

Dans le flux sonore continu, l'auditeur doit identifier la succession d'unités spécifiques, les phonèmes. Comment un stimulus dont les propriétés acoustiques varient de façon continue peut-il être analysé de manière discrète par le récepteur? Certains travaux ont proposé une réponse en termes de détecteurs spécialisés susceptibles de procéder au repérage des traits distinctifs; d'autres ont souligné le caractère catégoriel de la perception des phonèmes tant chez l'adulte que chez le nourrisson. Toutefois, la complexité des relations entre le stimulus physique et le percept laisse supposer que les mécanismes en jeu ne se résument pas à la simple détection des traits acoustiques. La théorie motrice de la perception de la parole insiste sur la liaison entre les processus de production et de perception. Différent de l'objet acoustique, l'objet phonétique que nous percevons pourrait être une représentation abstraite de ce que produit le locuteur.

L'unité de perception à partir de laquelle s'effectue la segmentation du signal sonore reste objet de controverse: phonème, syllabe ou mot? En ce qui concerne la connaissance des mots de la langue, les recherches actuelles ont formulé l'hypothèse d'un lexique mental comportant l'ensemble des informations phonologiques, morphologiques, syntaxiques et sémantiques. L'accès au lexique des mots isolés est très rapide, l'identification précédant la fin de la stimulation. Une des questions est de savoir s'il existe un ou plusieurs lexiques: on a pu montrer que l'accès aux mots fonctionnels n'est pas affecté par l'effet classique de fréquence existant pour les autres mots. De même, y a-t-il un lexique commun au langage écrit et au langage oral? Comment envisager le lexique du sujet bilingue? Deux mécanismes sont actuellement proposés pour rendre compte des procédures d'accès au lexique. Certains travaux plaident pour un processus de recherche séquentielle, active, assimilable à la consultation de fichiers, sans intervention des niveaux syntaxique et sémantique. Cette conception «modulaire» de l'accès lexical et, plus généralement, de la perception du langage soutient que les informations sont analysées par des processeurs autonomes organisés sériellement. Pour d'autres travaux, au contraire, les informations provenant de différents niveaux agissent interactivement lors de l'accès au lexique, soulignant l'importance des facteurs contextuels. Quelle que soit la conception avancée, les travaux récents se caractérisent par la mise en œuvre de paradigmes expérimentaux précis et originaux permettant, par des mesures en temps réel, l'analyse des procédures de traitement au moment où elles interviennent.

La compréhension du langage

Si la frontière entre la perception des phrases et leur interprétation est difficile à tracer, il est généralement admis que, pour comprendre une phrase, le sujet doit extraire les informations qu'elle contient en les intégrant dans un ensemble cohérent dans le même temps où il utilise des inférences provenant de ses connaissances générales et spécifiques. La séquence des procédures de traitement de l'information pourrait être ainsi résumée: après avoir identifié les items lexicaux, le sujet procéderait à une analyse syntagmatique de la phrase, utilisant les indices morphologiques et syntaxiques pour attribuer les rôles grammaticaux et construirait à partir de là une interprétation sémantique. Cette séquentialité des opérations renvoie à un fonctionnement dit *bottom-up*, c'est-à-dire déterminé par les données. En réalité, certains travaux actuels montrent qu'à chaque niveau d'analyse peuvent intervenir des traitements *top-down*, c'est-à-dire issus de connaissances intervenant à d'autres niveaux.

L'étude des stratégies mises en œuvre dans la compréhension montre que les propriétés structurelles — par exemple la complexité de l'organisation syntaxique — constituent un déterminant de la complexité du traitement. Des travaux plaident en faveur d'un traitement autonome et automatique de certains aspects syntaxiques. D'autres travaux, y compris des recherches inspirées de l'intelligence artificielle, avancent que ce que fait le sujet n'est pas de construire une représentation syntaxique mais sémantique. Cette représentation sémantique est conçue comme un ensemble d'informations abstraites organisées en réseaux de divers types. En dépit des variantes proposées, il y a accord sur le caractère propositionnel de cette représentation, dont l'unité de base pourrait être la prédication. L'un des intérêts d'une représentation hiérarchique des propositions est sa capacité d'extension à des unités plus étendues que la phrase, par exemple le texte.

La production du langage

Si la production du langage est, comme la perception, caractérisée par une série d'étapes, elle s'en distingue par deux propriétés essentielles: l'existence d'activités de planification et l'expression des intentions du locuteur.

Les activités de planification sont étudiées principalement à partir des «erreurs» de divers types chez le sujet normal ou aphasique: échanges de mots, déplacements, anticipations, etc., et par l'analyse de la répartition et durée des pauses dans les corpus spontanés. On a ainsi distingué plusieurs niveaux de planification: au premier niveau, où la représentation est de nature conceptuelle, la planification sémantique concerne des unités plus étendues que la phrase; au second niveau, celui de l'interface entre représentation cognitive et verbalisation, l'unité de traitement semble correspondre à la proposition. Enfin, au troisième niveau, interviennent les opérations phonologiques et de linéarisation du discours, niveau où l'unité de programmation proposée pourrait être le syntagme.

L'étude des intentions du locuteur fait également intervenir de multiples dimensions: les choix lexicaux, l'ordre d'énonciation, l'organisation séquentielle de l'information. De plus, un énoncé ne se borne pas à formuler le contenu informationnel d'une représentation: il instaure une relation entre le locuteur, l'auditeur et ce contenu lui-même dans une situation d'énonciation particulière. Si le langage a une fonction de représentation, il est aussi un instrument de communication. Le locuteur doit notamment décider du type d'acte de langage (assertion, interrogation, ordre, promesse, etc.), de sa forme (littérale, métaphorique) et de la visée argumentative de son discours. Produire un énoncé ou un discours, c'est construire une représentation de l'activité de l'auditeur, de ses connaissances et croyances. L'étude des productions ne peut donc faire l'économie des déterminations d'ordre pragmatique. M. K.

Bibliographie

Bronckart, J., 1977, *Théories du langage; une introduction critique*, Bruxelles, Mardaga.

Caron, J., 1989, *Précis de psycholinguistique*, Paris, P.U.F.

Le Ny, J.-F., 1989, *Science cognitive et compréhension du langage*, Paris, P.U.F.

Osgood, C.E., et Sebeok, T.A., (Eds) 1965, *Psycholinguistics. A Survey of Psycholinguistic Research*, Bloomington, Indiana University Press.

psychologie (histoire de la)

(angl. Psychology [History of])

Les origines

Le mot «psychologie» (du grec *psukhê*, âme, et *logos*, science) est créé au XVIe siècle par le Réformateur allemand P. Melanchthon (1497-1560). Le concept «psychologie» est défini par C. Wolff (1674-1754); mais c'est au XIXe siècle qu'apparaît la psychologie en tant que discours et savoir autonome sur l'homme. L'intérêt des philosophes pour les idées et les processus intellectuels remonte bien plus tôt: aux Ve et IVe siècles avant J.-C., Platon (*Phédon, Théétète*), Aristote (les *Catégories, Premiers* et *Seconds Analytiques*). Néanmoins, on considère que c'est Descartes qui est à la base des courants d'où naît plus tard la psychologie moderne. Il postule un dualisme entre l'âme et le corps; la connaissance que nous avons de l'âme est directe et intime, tandis que le corps peut faire l'objet d'études empiriques. Des idées de Descartes, deux conceptions sont issues: une psychologie spiritualiste, étrangère à l'observation et à l'expérimentation, qui s'intéresse à l'activité de l'esprit et une conception empiriste. Parallèlement, le courant matérialiste des médecins français philosophes tels que J. de La Mettrie (1709-1751), le courant sensualiste de É. de Condillac (1714-1780) et le courant mécaniste de P. Cabanis (1757-1808) font pendant à l'empirisme anglais et préparent la psychologie physiologique.

Pour J. Locke (1632-1704), fondateur de l'école empiriste anglaise (*Essay on Human Understanding*, 1690), toutes nos idées viennent de l'expérience, nos sens gouvernent notre connaissance. Locke distingue les idées simples et les idées complexes, et suggère que l'esprit passe des premières aux secondes par association. D. Hume (1711-1776) développe les conceptions associationnistes, ainsi que D. Hartley (1705-1757), qui fonde la vie psychique sur l'association, dont la répétition est le principe fondamental. Le plein développement de l'empirisme associationniste anglais est atteint avec J. Mill (1773-1836): le processus de l'association des idées se produit selon des lois analogues à la mécanique, par contiguïté entre les «points de conscience». Pour son fils J. S. Mill (1806-1873), les associations obéissent à des lois de type chimique: les idées complexes n'ont pas les mêmes propriétés que les idées simples dont elles sont issues. Néanmoins, ces idées, qui préparent la psychologie moderne, rencontrent en France des oppositions avec Maine de Biran (1766-1824), qui prône l'expérience intérieure, et plus tard avec l'école éclectique (P. Royer-Collard, 1763-1845). D'un autre côté, les scientifiques, à l'instar des philosophes, sont, eux aussi, confrontés à des questions psychologiques. Par exemple, en astronomie, les erreurs systématiquement commises par les observateurs renvoient au problème de l'erreur des sens et de la stabilité individuelle.

L'évolution des sciences physiologiques a joué un rôle fondamental. Après A. von Haller (1708-1778), la physiologie devient une science expérimentale, avec J. P. Müller (1801-1858), C. Bernard (1813-1878) entre autres. Le perfectionnement des instruments de mesure et les progrès réalisés concernent la physiologie des sensations (mesure des seuils sensoriels, E. Weber [1795-1778]), la physiologie du système nerveux (découverte des cellules dans le système nerveux, menant à une conception des phénomènes en éléments, mise en évidence de l'action intégratrice du système nerveux). Ces progrès, liés à la mesure de la vitesse, notamment celle du temps de réaction, conduisent aux premiers paradigmes expérimentaux psychophysiques et psychophysiologiques, qui naissent dans les laboratoires allemands de physiologie.

LES DÉBUTS DE LA PSYCHOLOGIE

En 1860, G. T. Fechner publie en Allemagne *Elemente der Psychophysik*, qui marque une étape importante. Fechner (1801-1887), brillant mathématicien et physicien préoccupé de questions métaphysiques, cherche à montrer l'identité de l'esprit et de la matière. Il veut quantifier l'intensité de la sensation en rapport avec l'intensité de la stimulation. En cherchant une relation entre énergie mentale et énergie physique, Fechner quantifie les phénomènes psychiques. Ses travaux sont à l'origine de la mesure en psychologie, ainsi que de l'étude des seuils. Dans une optique différente, H. von Helmholtz (1821-1894) étudie les mécanismes de la vision des couleurs, de la perception et de la hauteur des sons. Il emploie notamment la technique du temps de réaction pour mesurer la vitesse de l'influx nerveux. Néanmoins, le véritable fondateur de la psychologie expérimentale est W. Wundt (1832-1920). Physiologiste de formation, il a travaillé chez Fechner et Weber. Il crée en 1879 à Leipzig le premier laboratoire de psychologie expérimentale. Pour lui, l'expérimentation n'a de sens que si elle est fondée sur l'introspection.

Les débuts de la méthode expérimentale sont d'ailleurs le plus souvent caractérisés par l'utilisation de cette méthode: ses fondateurs F. Galton, en Grande-Bretagne, et A. Binet, en France, l'emploient. Wundt procède à l'analyse des processus de conscience en leurs éléments et décrit comment ces éléments sont associés les uns aux autres; pour cela, il utilise de nombreux appareils, qui permettent de standardiser l'observation. Ses travaux portent sur les perceptions et les sensations; sa méthode analytique ne convient pas pour l'étude des processus supérieurs, pour lesquels il prône la méthode historique, et pour l'analyse comparative du développement de la pensée humaine: son ouvrage *Völkerpsychologie* (1900-1920) sort six ans après *Grundzüge der physiologischen Psychologie* (1874). L'influence de Wundt, qui fonde la revue *Philosophische Studien*, est considérable. De nombreux psychologues de premier plan se sont formés chez lui: Titchener, R. B. Cattell, S. Hall, Külpe.

La même année que paraît *Grundzüge der physiologischen Psychologie* (1874), F. Brentano publie *Psychologie vom empirischen Standpunkte*. Face au développement de la psychologie du contenu, le philosophe Brentano (1838-1917) représente la psychologie de l'acte. Sa pensée est à l'origine de la phénoménologie; Husserl a été son élève. L'acte se réfère à l'objet qu'il contient intentionnellement. La psychologie de l'acte de Brentano connaît des développements dans la psychologie de la forme (→ gestaltthéorie); C. Stumpf (1848-1936), élève de Brentano, enseigne à son tour Gelb, Koffka, Köhler.

H. Ebbinghaus (1850-1909), scientifique indépendant, découvre l'ouvrage de Fechner *Elemente der Psychophysik* et a l'idée d'appliquer la même méthode aux processus supérieurs. Il travaille sur la mémoire; il invente une méthode, crée un nouveau matériel et détermine les facteurs influant sur le taux de rétention. Ses résultats sont publiés dans *Über das Gedächtnis* (1885).

Parallèlement, O. Külpe (1862-1915), ancien élève de Wundt et fondateur de l'école de Würzburg, tente d'appliquer sur la pensée ce que Ebbinghaus fait sur la mémoire. Sa méthode est également fondée sur l'introspection.

Si c'est dans les laboratoires allemands de physiologie qu'est née la psychologie expérimentale, l'établissement de la psychologie en France, en Grande-Bretagne, en Russie et aux États-Unis est marqué par la culture intellectuelle de chaque pays, et dépend de ces institutions propres. En Grande-Bretagne, l'influence de C. Darwin (1809-1882), *the Origin of Species* (1859), s'étend à la psychologie. Par ailleurs, il ouvre le champ d'une psychologie comparée entre l'homme et les animaux. Le fondateur de la psychologie anglaise est son cousin, sir F. Galton (1822-1911), chercheur très fécond. Créateur de la psychologie différentielle, il s'intéresse à l'héréditabilité des capacités intellectuelles. Sa méthode consiste à mesurer un grand nombre d'individus et à situer un sujet par rapport à la population. Cette pratique de l'étalonnage, appliquée par Galton à la recherche de la définition du «génie», conduit à l'étude statistique des différences individuelles. L'étude des statistiques et de leur application à la psychologie se poursuit après lui en Grande-Bretagne avec K. Pearson, R. Fischer, A. Bravais.

En France, la psychologie est née de la psychopathologie. T. Ribot (1839-1916) est le fondateur de la psychologie comme science autonome. Il conteste la philosophie éclectique et introduit la psychologie d'outre-Manche grâce à son livre *la Psychologie anglaise contemporaine* (1870). Il est chargé d'un cours de psychologie expérimentale à la Sorbonne (1885) jusqu'à ce qu'une chaire de psychologie soit créée pour lui au Collège de France (1888). Selon lui, la maladie mentale, en dissolvant les fonctions normales, fait apparaître les fonctions sous-jacentes. Ribot, qui est plus un théoricien qu'un praticien, pousse ses meilleurs élèves agrégés de philosophie (G. Dumas, P. Janet) à étudier la médecine. Il fait créer un laboratoire de psychologie physiologique dont il confie la direction au physiologiste H. Beaunis (1830-1921). C'est à A. Binet (1857-1911), successeur de Beaunis, que revient la création de la psychologie expérimentale en France. Binet s'intéresse à la psychologie de l'enfant. Travaillant sur les différences individuelles, il emploie le matériel de Wundt, mais il estime que les processus supérieurs, en particulier la pensée et l'intelligence, doivent être mesurés par des tâches plus complexes et plus proche de la vie quotidienne. L'échelle de mesure de l'intelligence qu'il crée en 1905 est le véritable premier test mental. Ce terme a été introduit par l'Américain Cattell, mais celui-ci échoue en utilisant le matériel de laboratoire de Wundt, tandis que le travail de Binet est une véritable réussite, surtout reconnue à l'étranger. En France, l'université reste longtemps réservée vis-à-vis de la psychologie expérimentale. Ce n'est qu'en 1948 qu'est créée la licence de psychologie.

H. Piéron (1881-1964) domine la psychologie expérimentale de 1910 à 1950. Il donne à la psychologie, jusque-là clinique et psychiatrique, une orientation plus physiologique. Dans la leçon inaugurale à l'École pratique des hautes études en 1907, il annonce, six ans avant Watson, sa volonté d'éliminer les données de l'introspection, en assignant à la psychologie l'étude des comportements, humains ou animaux.

En Russie, le développement de la psychologie est lié à la physiologie. I. P. Pavlov (1849-1936), physiologiste, découvre les réflexes conditionnés: les sécrétions digestives peuvent être provoquées par un signal, par exemple un son de cloche, qui précède la nourriture. La découverte du conditionnement ouvre la voie au béhaviorisme. V. M. Bechterev (1857-1927), psychiatre, utilise la méthode des réflexes conditionnés. L. S. Vygotski (1857-1934) rompt avec les traditions mécanistes, s'intéresse au développement mental de l'enfant et à l'éducation. Son apport majeur réside dans la conception qu'il assigne au langage, en particulier le langage égocentrique, dans le développement mental.

Aux États-Unis, l'initiateur de la psychologie a été W. James (1842-1910). Il oriente la psychologie vers le fonctionnalisme, dont J. Dewey (1859-1952), son élève, est le théoricien et le promoteur. Il s'oppose à la psychologie des éléments mentaux, et l'oriente vers les opérations mentales. L'esprit est principalement engagé dans la médiation entre environnement et besoin de l'organisme. Le fondateur de la psychologie américaine est S. Hall (1844-1924). Après avoir fait son doctorat avec James, il part travailler chez Wundt en Allemagne. De retour, il fonde en 1885 un laboratoire de psychologie à l'université John Hopkins, à Baltimore (Maryland, États-Unis).

J. McK. Cattell (1860-1944) a également été formé chez Wundt, puis il a travaillé chez Galton, en Grande-Bretagne. Nommé en 1888, il est le premier à porter le titre de professeur de psychologie aux États-Unis. Il poursuit ses recherches sur les tests et les méthodes statistiques, en les orientant vers leur application pratique.

Les développements de la psychologie

Après des débuts marqués par leurs origines nationales, conceptions, méthodes et objets d'études de la psychologie traversent les frontières.

Et parallèlement au développement des méthodes et de l'étude des phénomènes psychologiques, l'histoire humaine impose une orientation nouvelle pour les psychologues. En effet, les guerres jouent un rôle important: la Première Guerre mondiale favorise le développement des tests mentaux (sélection et orientation des hommes), tandis que la Seconde Guerre mondiale pose aux psychosociologues la question des conflits sociaux et de leur résolution. Les problèmes liés au maniement des engins conduisent également au développement de l'« human engineering » (ergonomie), qui trouve des prolongements dans le cadre industriel.

Mais, auparavant, à partir des premiers travaux et de leurs influences mutuelles, plusieurs courants se sont développés.

Le béhaviorisme

En 1913, J. Watson (1878-1958) écrit un article qui fait date: *Psychology as the Behaviorist Views it.* Rompant avec les conceptions antérieures, le béhaviorisme a modifié l'objet de la psychologie. Watson nie que la conscience puisse être un objet d'étude, un principe explicatif. L'analyse du comportement, que certains pratiquaient déjà, est érigée par Watson en doctrine. L'observation extérieure du comportement suffit à établir des lois, qui permettent de prévoir les réactions à des variations de milieu. L'observation objective s'applique sur les variables de la situation (stimulus) et les variables comportementales (réactions, réponses). La psychologie devient nettement la science du comportement. Dans les années 1920, presque tous les Américains, sauf par exemple E. Titchener (1867-1927), sont béhavioristes, et leur point de vue a eu une influence considérable.

Dans le domaine de l'apprentissage, le béhaviorisme est fécond: E. C. Tolman (1886-1959) effectue d'importants travaux chez le Rat. C. Hull (1884-1952) développe la méthode hypothético-déductive et procède à des formalisations mathématiques. B. F. Skinner (1904-1990) développe le conditionnement opérant.

Le gestaltisme

Issu de la psychologie de l'acte, le gestaltisme s'oppose à l'élémentarisme des psychologues associationnistes de Leipzig. Étudiant la perception, M. Wertheimer (1880-1943) montre que le tout n'est pas la simple somme des parties. Les lois fondamentales de la gestaltthéorie concernent l'organisation des formes, les principes de relativité et de transposition, l'isomorphisme des formes physiques et physiologiques. K. Koffka (1886-1941) et W. Köhler (1887-1967) travaillent sur la perception et la vision. Dans le champ de la psychologie sociale, K. Lewin (1890-1947) ouvre des perspectives importantes dans la dynamique des groupes.

La psychologie clinique et la psychanalyse

P. Janet (1859-1947) et S. Freud (1856-1939), fondateur de la psychanalyse, sont à l'origine d'une pratique psychologique dite « psychologie clinique », basée sur l'entretien et l'examen approfondi de cas par contact individuel. En France, en particulier, des limites institutionnelles entre psychologie et psychanalyse s'instaurent, à la différence des États-Unis où les deux domaines s'interpénètrent.

La psychologie de l'enfant et l'épistémologie génétique

H. Wallon (1879-1962) est l'une des grandes figures de la psychologie de l'enfant. Il élabore une théorie de développement de l'enfant en stades. Wallon envisage la psychogenèse de l'enfant dans ses aspects affectif, cognitif, biologique et social. Proposant également une conception du développement en stades, la démarche de J. Piaget (1896-1980) est épistémologique. Piaget considère que l'intelligence est constituée de structures analogues à celles de la logique et des mathématiques, et que le développement intellectuel tend vers l'élaboration d'opérations logiques. Les travaux de Piaget ont une influence considérable et trouvent des prolongements avec les néopiagétiens (Pascual-Leone), qui proposent une synthèse entre les thèses piagétiennes et la conceptualisation des opérations en termes de traitement de l'information.

L'essor de la psychologie cognitive

L'ascension de la psychologie cognitive vers le milieu des années 1950 est liée au développement de l'informatique, qui a une double origine, l'apparition des machines de Turing et la théorie de l'information de C. Shannon et W. Weaver (1948). Cette théorie propose une modélisation mathématique de la communication. Les progrès techniques dans le traitement automatique de l'information (ordinateurs), ainsi que la création et le développement de la psycholinguistique ont contribué à forger la psychologie cognitive. Les progrès de la neurologie, tant au niveau molaire (le cerveau considéré dans son ensemble) qu'au niveau cellulaire (la transmission de l'information au niveau neuronique) sont également déterminants. L'esprit comme système de traitement de l'information est une métaphore, mais également un modèle de fonctionnement.

Les travaux portent sur la façon dont l'information est codée, traitée, stockée et récupérée (Atkinson, Shiffrin, Anderson) sur la formation et l'organisation des représentations (Kintsch), sur la compréhension du langage (Schank, Mehler, Fodor), les raisonnements (Richard), la prise de décisions, la résolution de problèmes (Newell, Simon), etc.

Une autre approche de la cognition, inspirée par la physiologie, consiste à considérer la structure cognitive comme un réseau d'éléments interconnectés: il s'agit du néo-connexionisme, qui s'intéresse essentiellement à la microstructure de la cognition (Rumelhart, McClelland).

La psychologie cognitive, qui représente actuellement un des courants les plus féconds de la psychologie, entretient des échanges avec d'autres domaines, tels que l'informatique, l'intelligence artificielle, la linguistique, la neurologie, la logique, une partie de la philosophie qui, ensemble, constituent les « sciences cognitives ».

Situation actuelle en France

En France, l'enseignement universitaire de la psychologie comprend le D.E.U.G., la licence, la maîtrise, le D.E.S.S., D.E.A., et le doctorat. La loi de 1985 réglemente et protège le statut des psychologues, sanctionné par cinq années d'études supérieures. Les différents domaines enseignés concernent la psychologie expérimentale, la psychologie développementale, la psychologie animale, la psychologie différentielle, la psychologie sociale, la psychologie physiologique, la psychopathologie, la psychologie clinique, la psychologie du travail.

Les principales applications concernent le monde du travail (sélection et orientation professionnelles, adaptation de la machine à l'homme), l'enseignement et l'éducation (orientation scolaire), la rééducation, la santé, la formation. S. C.

Bibliographie

Boring, E. G., 1929, nouv. éd. 1950: *A History of Experimental Psychology*, New York, Appleton Century.

Fraisse, P., 1963: « l'Évolution de la psychologie expérimentale », in Fraisse, P., Piaget, J. *Traité de psychologie expérimentale*, vol. I, Paris, P.U.F.

Reuchlin, M. 1957, nouv. éd. 1986: *Histoire de la psychologie*, Paris, P.U.F., coll. « Que-sais-je ? ».

→ animale (psychologie), clinique (psychologie), cognitive (psychologie), différentielle (psychologie), expérimentale (psychologie), générale (psychologie), génétique (psychologie), neuropsychologie, psychopathologie, psychophysiologie, sociale (psychologie), travail (psychologie du).

psychologisation

n.f. (angl. Psychologization)

SOCIAL. **Établissement d'un lien de causalité entre un comportement social ou une position idéologique et les caractéristiques psychologiques qui en sont à l'origine.**

LES EFFETS DE LA PSYCHOLOGISATION

Le processus de psychologisation se met en place lorsqu'il s'agit d'expliquer des comportements qui dérangent par leur étrangeté, par leur extrémisme ou par leur nature estimée antisociale, dans le but d'en minimiser la portée, de leur enlever toute part d'objectivité et de leur dénigrer toute rationalité, en les attribuant à des caractéristiques psychologiques spécifiques de la personne (ou du groupe) qui en est responsable. La psychologisation apparaît tant dans la vie quotidienne que sur la scène politique, sa forme la plus connue et la plus dramatique étant la psychiatrisation de la dissidence.

Sa particularité réside toutefois dans son domaine de prédilection, qui est celui des processus d'influence et de persuasion, ainsi que dans ses effets de résistance à l'influence minoritaire et à la diffusion de l'innovation. Son action est effectivement sélective. Lorsque la psychologisation s'applique aux minorités actives, elle diminue leur influence potentielle, surtout si ces minorités sont perçues par le récepteur de leur message persuasif comme étant démocratiques, fonctionnant sur un mode présupposant une prise de décision collective.

En revanche, quand elle se met en place à l'égard d'un leader (même minoritaire), elle entraîne l'augmentation de l'impact de ce dernier. Quand enfin la psychologisation a pour cible une source majoritaire, ses effets de résistance ne se font plus sentir et tendent même à faciliter l'emprise exercée par cette majorité. Mais son action sélective de résistance à l'influence minoritaire se manifeste également par sa capacité de mettre en œuvre des comportements discriminatoires dans des situations où ceux-ci ne sont habituellement pas de mise.

Ainsi, ceux qui partagent les mêmes apparences catégorielles que la minorité sont particulièrement sensibles à la psychologisation : ils voient en elle la possibilité de rejeter les normes minoritaires sans nier pour autant leur identité psychosociale ; de même, ceux qui, a priori, ne sont pas trop éloignés des idées défendues par la minorité s'en éloignent d'autant plus fortement qu'ils ont été amenés à croire les conduites et les discours minoritaires tributaires de la psychologie de leurs tenants. Enfin, la résistance aux minorités provoquée par la psychologisation ne se limite pas au seul niveau de leur influence directe et/ou socialement manifeste, mais elle s'étend aussi au niveau de leur influence indirecte, socialement latente, voire à retardement : elle empêche donc la mise en place du phénomène typiquement minoritaire, celui de la conversion.

LE FONCTIONNEMENT DE LA PSYCHOLOGISATION

Cette capacité de la psychologisation à contrecarrer le phénomène de la conversion aux idées minoritaires met en évidence une autre de ses particularités. Alors qu'en son absence les minorités doivent, par leur comportement consistant, créer un conflit qui amènera la cible de leur influence à le résoudre en acceptant en partie les opinions minoritaires, lorsque la psychologisation se met en place, ce même conflit s'avère préjudiciable au processus d'influence minoritaire : plus la minorité est conflictuelle et psychologisée, moins son influence sera importante.

L'appréhension psychologisante des conduites sociales constitue en effet une grille de lecture rendue conventionnelle, conférant une signification différente aux comportements tenus par les minorités actives. Elle agit sur les représentations sociales en les transformant : ce qui reflétait auparavant leur détermination dans l'action et leur consistance comportementale devient désormais rigidité et dogmatisme ; ce qui était perçu comme objectivité prend le sens d'un intérêt partisan et ce qui était considéré comme de la cohérence idéologique relève maintenant de leur personnalité perturbée. Ainsi, le conflit prend une signification différente qui lui permet d'être résolu sur un plan relationnel : si la minorité dit ce qu'elle dit, si elle se conduit comme elle le fait, c'est parce qu'elle obéit aux particularités de son psychisme.

Par conséquent, la cible de l'influence ne tient plus compte du message que la minorité essaie de faire croire vrai, objectif et constituant une alternative aux normes véhiculant l'idéologie dominante. S. P.

psychométrie

n.f. (angl. Psychometrics)

Théorie et technologie des instruments de mesure en psychologie.

Le terme peut couvrir un champ plus ou moins large. Étymologiquement et historiquement, il concerne tout le champ des mesures effectuées en psychologie, y compris celles qui sont effectuées dans les expériences de laboratoire, la mesure des temps de réaction notamment. L'intérêt à l'égard des problèmes posés par les opérations de mesure s'est surtout par la suite développé en psychologie différentielle à propos des tests, au point que les deux expressions « méthode des tests » et « méthodes psychométriques » sont parfois considérées comme synonymes. Mais, à une date relativement récente, les sciences sociales ont pris conscience de l'importance de ces problèmes, qui sont maintenant souvent discutés en psychologie sociale, en sociologie, en économie : les contributions théoriques et méthodologiques avancées proviennent souvent à l'heure actuelle de chercheurs travaillant dans ces disciplines.

LES PROBLÈMES DE LA NOTE

Il existe différentes théories psychométriques concernant, elles, les instruments et les méthodes par lesquels des opérations de mesure peuvent être réalisées. (→ mesure.) La plus ancienne, parfois qualifiée de « classique », pose que chaque *note observée* (angl. Score) représente la somme d'une « note vraie » et d'une erreur aléatoire. La note vraie se définit par la moyenne des notes observées qui seraient obtenues si l'on pouvait réaliser avec l'instrument considéré un nombre infini de mesures indépendantes sur la même personne. Elle reste donc toujours inconnue. Chacune des notes observées diffère de la note vraie par une certaine quantité, l'erreur. Si cette erreur est aléatoire (ne constitue pas une erreur systématique, ou biais), elle suscite une distribution des notes observées qui est symétrique autour de la note vraie, la somme de l'ensemble des erreurs tendant vers 0. Cette théorie n'est que l'application à la psychologie d'une théorie générale des opérations de mesure. Elle a été développée, en psychologie, notamment par H. Gulliksen.

Un modèle théorique plus récent peut être considéré comme un développement du précédent. Il pose essentiellement que la probabilité de fournir la réponse exacte à un item dépend de la position que le sujet interrogé occupe sur un « trait latent » (caractéristique non directement observable qui est l'objet de la mesure), de la liaison (coefficient de régression) de la réponse à l'item avec ce trait et d'une erreur aléatoire. On voit que, par rapport au modèle précédent, la « note vraie » est remplacée par la position du sujet sur le trait latent, position qui se manifeste par une fonction, caractéristique de chaque item, de ce trait latent. Ce modèle a été développé par le mathématicien danois G. Rasch.

Un troisième modèle théorique pose qu'il existe un univers de réponses élémentaires (réponses faites à un item au cours d'une application de l'épreuve) dont on peut extraire des échantillons au hasard. On peut ainsi concevoir, selon des « facettes » différentes, l'univers des réponses qui seraient faites par le sujet à tous les items possibles d'aptitude numérique (par exemple), l'univers des réponses qui seraient faites en toutes les occasions possibles ou telles qu'elles seraient évaluées par tous les notateurs possibles, etc. On peut alors utiliser la notion de *note d'univers* (angl. Universe Score), qui serait celle du sujet si l'on disposait de l'univers de ses réponses pour une certaine facette (notion voisine de celle de « note vraie »); et la notion de généralisabilité des estimations faites lorsqu'on ne dispose que d'un nombre limité de telles réponses (ce qui est évidemment toujours le cas), considéré comme un échantillon au hasard extrait de l'univers des réponses théoriquement observables. Cette théorie de la généralisabilité a été formulée et développée par L. J. Cronbach. La complexité formelle des développements et des comparaisons de ces différents modèles n'a pas toujours eu des incidences directes sur les travaux effectivement réalisés à propos de la construction, des propriétés et de l'usage des instruments de mesure en psychologie.

ANALYSE D'UN TEST DÉJÀ EXISTANT

Pratiquement, on peut examiner d'abord les questions psychométriques qu'est appelé à se poser un psychologue ayant décidé d'utiliser un test déjà existant dont il sait, par l'expérience de ses collègues par exemple, qu'il peut lui être utile dans les conditions où il travaille. Ces questions portent de façon générale sur l'adéquation de cet instrument à la population à laquelle il va être appliqué. Une première application faite à titre d'essai sur un échantillon représentatif extrait de cette population, sans utilisation pratique des résultats, permet d'apporter des éléments de réponse à ces questions.

POUVOIR CLASSIFICATEUR D'UN TEST

La première question technique que pose l'utilisation d'un test porte sur son *pouvoir classant* (angl. Discriminating Power), c'est-à-dire la propriété qu'il possède à un degré plus ou moins grand de différencier les sujets auxquels on l'applique. On observe cette propriété en établissant la distribution des notes au test: elle doit être suffisamment étalée pour l'usage auquel on destine l'épreuve. On a parfois considéré que la distribution des résultats devait être voisine de la distribution normale de Laplace-Gauss. Il est surtout souhaitable (si l'on n'envisage pas de traitement statistique exigeant en principe une distribution normale) que les fréquences des notes observées soient faibles dans la région de l'échelle des notes où les différenciations entre sujets prennent une importance pratique. En effet, si une coupure doit être établie dans la population (réussite ou échec à un examen, sujets relevant ou non d'un traitement spécial, etc.), coupure dont la localisation exacte est toujours incertaine, il est souhaitable qu'un léger changement dans cette localisation n'entraîne pas le passage d'un trop grand nombre de sujets d'une catégorie à l'autre. La distribution des résultats du test appliqué à un échantillon représentatif de la population à laquelle on le destine permet aussi de vérifier que les normes (étalonnage), fournies en général avec le test, correspondent bien à cette population. Ce n'est pas nécessairement le cas si le constructeur du test l'a étalonné sur une population différente. On vérifie donc que les proportions de sujets dépassant, dans l'échantillon examiné, chacun des degrés de l'étalonnage fourni correspondent suffisamment aux proportions théoriques. (→ étalonnage.)

LIAISON ENTRE LE TEST ET LE CRITÈRE

Si les applications envisagées impliquent l'usage d'un critère (réussite scolaire par exemple), on pourra se demander s'il existe une *liaison suffisante entre le test et le critère* (angl. Criterion-Related Validity). Si l'un et l'autre sont évalués à la même date, il s'agira de la *validité concourante du test* (angl. Concurrent Validity) ou, plus strictement, de l'interprétation que l'on fera des résultats de ce test. Si un certain décalage temporel existe entre le test et le critère (par exemple, test passé en début d'année scolaire, résultats des mêmes élèves observés en fin d'année), il s'agira de la *validité prédictive* de l'épreuve (angl. Predictive Validity). Ces pronostics se fondent en général sur plusieurs tests et sont fournis par l'équation de régression multiple du critère sur ces tests. Le choix et la pondération des prédicteurs ayant été faits sur un certain échantillon de sujets, il conviendra de vérifier la validité prédictive de la batterie ainsi établie sur un second échantillon (*contre-validation* [angl. Cross-Validation]) afin de s'assurer que les premiers résultats n'étaient pas fondés sur des particularités du premier échantillon.

On pourra dans certains cas être amené à vérifier également la *validité de contenu* (angl. Content Validity) de l'épreuve. Il s'agit de savoir si ses questions sont représentatives du domaine que l'on souhaite examiner. Cette notion, dont on voit qu'elle implique celle d'échantillonnage des items, n'a de sens précis que dans les épreuves de connaissances: un test de mathématiques pour la classe de troisième doit en principe comporter des questions relatives à tous les points du programme de cette classe si l'on cherche à obtenir une évaluation globale du niveau en mathématiques des sujets.

STABILITÉ DES RÉSULTATS

On pourra aussi se demander si le test, dans les conditions où il va être utilisé, fournit des résultats relativement stables. On pourra pour cela appliquer deux fois le test à un même groupe de sujets, à une semaine d'intervalle par exemple, et calculer la corrélation entre ces deux séries de résultats. Cette corrélation évalue la *fidélité test-retest,* ou *stabilité de l'épreuve* (angl. Test-Retest Reliability, Stability). On voit comment cette fidélité peut être interprétée dans le cadre des modèles présentés plus haut. Elle sera élevée si la variance des « notes vraies » (ou des positions des sujets sur le « trait latent ») est élevée par rapport à la variance des composantes aléatoires. La fidélité test-retest peut aussi être comprise en termes de « généralisabilité » d'un résultat observé à une certaine date aux résultats qui seraient observés à des dates différentes. Le choix de l'intervalle entre le test et le retest n'est pas sans conséquence: si cet intervalle augmente, la variance aléatoire tendra aussi à augmenter; de plus, s'il s'agit d'enfants en cours de développement, les résultats seront affectés par une composante non aléatoire (biais), les différences individuelles dans la vitesse de développement. Si l'on dispose de deux tests parallèles, on pourra estimer leur fidélité en un autre sens du terme en les appliquant tous les deux aux mêmes sujets et en calculant la corrélation entre ces deux séries de résultats (*fidélité par équivalence* [angl. Equivalence ou Alternate-Form Reliability]). Empiriquement, on considérera comme parallèles des tests composés d'items de même nature et de même difficulté. Dans le cadre des modèles théoriques précédents, on les définira par le fait qu'ils fourniraient les mêmes notes vraies et que leurs erreurs auraient la même variance; ou bien qu'il s'agit de deux échantillons au hasard du même univers d'items.

Si, au lieu de vérifier l'adéquation d'un test déjà existant, le psychologue se propose de construire un nouveau test, il sera souvent appelé à une utilisation un peu plus complexe des méthodes psychométriques.

CONSTRUCTION D'UN NOUVEAU TEST

La construction d'un nouveau test suppose tout d'abord que l'on établisse à titre provisoire un ensemble d'items susceptibles d'entrer dans sa composition.

FORMULATION DES ITEMS

Dans de rares cas (épreuves de connaissances), de larges ensembles d'items existent dans le domaine étudié et ont fait l'objet d'une analyse préalable de leurs propriétés (difficulté, coefficient de régression de l'item sur le trait latent qu'il évalue dans le modèle de Rasch, etc.): le constructeur du test nouveau peut alors puiser dans ces « banques d'items ». Mais, dans la plupart des cas, le choix des items se fait sur la base d'hypothèses au moins implicites sur le trait que l'on se propose de mesurer et sur ses manifestations dans certains types d'items. Comme dans tout travail expérimental, ces hypothèses peuvent avoir de multiples origines: la langue commune est riche de mots désignant des traits de personnalité et l'on peut chercher à vérifier la possibilité de définir l'un d'eux de façon opérationnelle plus précise et plus objective; une théorie de l'intelligence (celle de J. Piaget par exemple) peut conduire à établir une épreuve correspondant à l'une des notions qu'elle invoque; un test précédemment étudié peut suggérer un trait voisin mais différent de celui que ce test a tenté d'opérationnaliser; la description statistique des corrélations dans un ensemble de variables (par l'analyse factorielle par exemple) peut révéler un groupement de variables suggérant l'existence d'une source de variation commune que l'on peut chercher à évaluer par un test; etc. Les items choisis sur la base d'une telle hypothèse devront d'abord satisfaire à des conditions techniques minimales. On vérifiera que leur formulation est dépourvue d'ambiguïté. Si la question est suivie de plusieurs réponses entre lesquelles le sujet doit choisir, on vérifiera que l'une seulement peut être considérée comme exacte; le choix des autres réponses proposées est un élément qui modifie au moins la difficulté de l'item et parfois la nature du processus de réponse. En appliquant ces items à un échantillon de sujets, on procède à une première évaluation de leur difficulté. Les items les plus classants sont ceux qui suscitent 50% de réponses exactes. Mais on souhaite souvent que la difficulté des questions successivement posées aille en croissant. La forme de la distribution des notes totales qui seront obtenues dans le test (en faisant par exemple la somme des réponses exactes) dépend de la difficulté des items qui le composent et des corrélations qui s'établissent entre eux.

Mise à l'épreuve de l'hypothèse initiale

Les principales étapes ultérieures de la construction d'un nouveau test peuvent être comprises comme la mise à l'épreuve de l'hypothèse initiale. Si ce test doit mesurer un trait unique, les items qui le composent doivent être cohérents. On peut calculer les corrélations entre chaque item et le total et éliminer les items pour lesquels cette corrélation est jugée trop faible. On remarquera à ce propos que toute procédure d'élimination de certains items peut modifier l'hypothèse qui avait conduit à penser que l'item éliminé était une manifestation du trait mesuré, et par conséquent modifier les hypothèses relatives à ce trait; il s'établit toujours une réciprocité entre l'ajustement d'un instrument à la mesure d'un certain trait et la définition théorique de ce trait. On peut aussi calculer toutes les corrélations entre items et traiter cette table de corrélations de différentes façons. On peut exiger que la moyenne de ces corrélations soit suffisamment élevée. À partir de cette corrélation moyenne et du nombre d'items, on peut en outre calculer un coefficient α, étudié par L. J. Cronbach, qui représente la corrélation attendue entre cet ensemble d'items et un autre ensemble d'items qui serait extrait du même univers et en contiendrait le même nombre. Si les items dont il s'agit sont dichotomiques (la réponse est vraie ou fausse), on peut utiliser un coefficient proposé par G. F. Kuder et M. W. Richardson et connu sous le sigle KR20 (formule n° 20 d'un article de ces auteurs). Ce coefficient est un cas particulier du coefficient α. On peut aussi procéder à une analyse factorielle des corrélations entre items. L'hypothèse selon laquelle tous ces items sont liés au même trait conduit à attendre qu'un facteur unique rende compte d'une partie importante de ces corrélations. Si plusieurs facteurs sont nécessaires, on pourra mettre en doute le caractère unitaire de la mesure fournie par cet ensemble d'items et chercher à constituer des groupes d'items plus homogènes dont chacun évaluera peut-être un trait différent, éventuellement à un niveau plus élémentaire. Une autre façon plus simple et plus couramment employée de déterminer la cohérence d'un ensemble des items est de constituer à partir de cet ensemble deux notes globales, l'une obtenue par exemple à partir des items de rang pair, l'autre des items de rang impair. La corrélation entre ces deux notes globales fournira une évaluation de la cohérence de l'épreuve étudiée. Cette estimation d'une fidélité *pair-impair* (angl. Odd-Even) et plus généralement d'une fidélité *par partage en moitiés* (angl. Split-Half, Chance-Halves) peut aussi être considérée comme un cas particulier du coefficient α. Toutes ces évaluations de la cohérence interne d'un ensemble d'items sont présentées classiquement comme des moyens d'évaluer la « fidélité » du test constitué par l'ensemble des items. Cette dénomination peut se justifier dans le cadre du modèle classique si l'on considère que, dans un test homogène, tous les items fournissent des estimations de la même note vraie du sujet passant le test, les réponses ne différant que sous l'effet des composantes aléatoires. Dans le modèle de Cronbach, on pourra considérer qu'une estimation obtenue à partir d'un certain échantillon d'items sera d'autant plus généralisable à d'autres échantillons que les items dont il s'agit se seront révélés plus homogènes. Mais, si l'on peut ainsi désigner les différents coefficients qui viennent d'être signalés par l'expression « coefficients de fidélité », il importe de voir que les sources de variation aléatoire ou que l'univers de généralisation ne sont pas les mêmes ici et dans le cas de la fidélité test-retest dont nous avons parlé plus haut.

Valeur de l'interprétation : les formes de validation

Si l'ensemble des items choisis pour constituer le nouveau test est suffisamment cohérent pour qu'on puisse envisager une interprétation unitaire, il reste à savoir si cette interprétation est bien celle que l'on avait prévue dans l'hypothèse initiale. Cette formulation ne fait qu'élargir le problème de la validité tel qu'on l'a mentionné plus haut. Les méthodes de validation concourante ou prédictive pourront donc apporter des éléments de réponse. Mais la forme de validation la mieux adaptée à la vérification d'une hypothèse est la *validation hypothético-déductive* (angl. Construct Validity). L'hypothèse qui se trouve à l'origine de la construction du nouveau test ne portait pas seulement sur la nature des items susceptibles d'être utilisés. Elle portait aussi sur certaines relations entre le trait que l'on cherche à mesurer et certains autres caractères observables. Par exemple, dans une conception de l'estime de soi qui a fondé la construction d'une échelle destinée à l'évaluation de ce trait, on a supposé que les sujets ayant une bonne estime de soi s'impliqueront plus que les autres dans les activités sociales. On peut, sur un groupe d'étudiants par exemple, appliquer cette échelle et procéder par ailleurs à l'évaluation de l'implication sociale. L'hypothèse conduit à attendre une corrélation positive entre ces deux variables. Si on constate une telle corrélation, on enregistrera un élément favorable à cette conception de l'estime de soi et à l'hypothèse que la nouvelle épreuve est interprétable dans le cadre de cette conception. Plusieurs constats de ce type seront souhaitables pour que l'hypothèse soit considérée avec faveur sans que l'on puisse fixer un niveau à partir duquel on la considérera comme « vraie ». Si la corrélation attendue ne s'observe pas, on pourra rejeter la conception de l'estime de soi dont on était parti ou rejeter l'hypothèse d'une liaison entre estime de soi et activités sociales, ou encore mettre en doute la fidélité de l'évaluation des activités sociales. D'autres vérifications seront nécessaires pour rendre certaines de ces suppositions plus vraisemblables que d'autres. Le caractère non automatique et non univoque d'une recherche portant sur la validité hypothético-déductive d'une épreuve a pu susciter des critiques. Il est probable cependant qu'une telle démarche est plus réaliste et plus heuristique que celle qui se borne à qualifier de « statistiquement significative » ou « non significative » la corrélation entre un test et un critère.

Validité convergente et validité discriminante

Un cas particulier de la validation hypothético-déductive est constitué par la vérification de la *validité convergente* (angl. Convergent Validity) et de la *validité discriminante* (angl. Discriminant Validity). Lorsque plusieurs instruments fournissent théoriquement des évaluations du même trait, l'hypothèse conduit à attendre une corrélation élevée entre les mesures qu'ils fournissent (validité convergente). Au contraire, s'ils sont considérés théoriquement comme évaluant des traits différents, l'hypothèse conduit à attendre entre eux des corrélations faibles (validité discriminante). Ces vérifications peuvent s'opérer par l'analyse de *matrices de corrélations multitraits-multiméthodes* (angl. Multitrait-Multimethod Matrices). On peut calculer une telle matrice lorsqu'on dispose de mesures relatives à plusieurs traits dont chacun est évalué par plusieurs méthodes, chaque méthode s'appliquant à tous les traits. Par exemple, plusieurs traits de personnalité sont évalués, dans un groupe d'étudiants, par le jugement des camarades, par les jugements des enseignants, par un questionnaire d'autoévaluation. Plusieurs méthodes d'analyse de ces matrices ont été proposées. Dans les plus récentes, les hypothèses sont mises sous la forme de modèles structuraux et les données sont analysées par les méthodes d'analyse factorielle confirmatoire de K. G. Jöreskog et D. Sörbom (logiciel LISREL*).

La construction des tests de niveau

Toutes les méthodes psychométriques qui viennent d'être évoquées peuvent s'appliquer aux tests composés de plusieurs items du même type (mots à définir, séries de dessins à compléter, questions relatives aux intérêts, etc.). Certaines d'entre elles ne s'appliquent pas à des tests prenant une autre forme, qui peuvent par contre appeler l'utilisation de méthodes spécifiques. La construction d'échelles de développement ou d'intelligence constitue le plus important de ces cas particuliers. Ces échelles sont constituées par une suite ordonnée d'items très différents les uns des autres par la nature de la tâche qu'ils proposent et par leur niveau de difficulté. Dans les premières échelles construites sur le modèle de l'échelle de A. Binet et T. Simon, chaque item était attribué à un âge, la réussite à cet item étant considérée comme caractéristique des enfants de cet âge. Cette attribution se faisait selon des règles utilisant, de façon un peu floue, les pourcentages de réussite observés sur des enfants d'âges successifs. L'âge mental d'un sujet tenait compte du niveau d'âge pour lequel toutes les épreuves caractéristiques étaient réussies (« âge de base ») et de bonifications pour les épreuves réussies appartenant en principe à des âges ultérieurs. Si l'on définit le quotient d'intelligence (Q.I.) par le rapport de l'âge mental à l'âge chronologique (multiplié par 100), on doit chercher à obtenir à chaque âge, sur un échantillon représentatif d'une population normale, une distribution des Q.I. ayant à tous les âges chronologiques la même moyenne (100) et la même dispersion. Ce résultat, recherché notamment par L. M. Terman, est très difficile à atteindre par la méthode indiquée ci-dessus. Une méthode plus systématique, employée notamment par D. Wechsler, consiste à attribuer un certain nombre de points en fonction des réponses du sujet. La distribution de ces notes globales pour chacun des groupes d'âge permet de définir dans chaque groupe une transformation statistique telle que, dans tous les groupes, la variable transformée ait une moyenne égale à 100 et le même écart-type (égal par exemple à 15). Cette variable transformée est dénommée « quotient d'intelligence ». Les théories de l'intelligence qui, comme celle de Piaget, postulent que tout enfant passe nécessairement dans le cours de son développement par une succession définie de stades permettent de construire des échelles d'épreuves dans lesquelles on attend qu'aucun enfant réussissant un item d'un âge déterminé n'échoue à un item d'un stade inférieur. La validation hypothético-déductive d'une telle échelle se fait en vérifiant que les résultats observés pour des groupes d'items correspondant théoriquement aux stades postulés prennent la forme d'une échelle hiérarchique de Guttman. M. R.

→ différentielle (psychologie).

BIBLIOGRAPHIE

Gulliksen, J.H., 1950, *Theories of Mental Tests*, New York, Wiley.

Lord, F. M., et Novick, M. R., 1968, *Statistical Theories of Mental Test Scores*, Reading, Addison-Wesley.

Thorndike, R. L. (Ed.), 1971, *Educational Measurement. Second Edition*, Washington, American Council on Education.

psychomoteur, trice

adj. (angl. Psychomotor)

1. Relatif à la psychomotricité. 2. Se dit de troubles de la réalisation motrice sans support organique.

On appelle *rééducation psychomotrice* la rééducation visant par diverses activités corporelles à une meilleure structuration du schéma corporel et des repères spatio-temporels. Ses indications sont larges, surtout chez l'enfant: mauvaise latéralisation, instabilité ou inhibition psychomotrices, dyspraxie. Les tests psychomoteurs exigent une coordination entre processus sensoriels, de représentation et moteurs (par exemple poursuite d'une cible en mouvement). Les analyses factorielles portant sur ces tâches n'ont pu cependant mettre en évidence un facteur qui serait commun à toutes celles qui répondent à cette définition, qui devrait donc être plus spécifiée.

En un sens différent, H. Wallon a proposé de distinguer parmi les sujets normaux des « types psychomoteurs » sur le modèle de syndromes pathologiques rapportés à l'insuffisance d'une formation nerveuse déterminée. Les observations fondant ces distinctions portent en particulier sur le tonus musculaire et l'on a pu, chez les bébés, distinguer des enfants hypertoniques ou hypotoniques, qui se différencient notamment en ce qui concerne leur caractère. M. R.

psychomotricité

n.f. (angl. Psychomotility)

Ensemble des comportements moteurs envisagés en fonction de leur liaison avec le psychisme. R. L.

psychonévrose

n.f. (angl. Psychoneurosis)

Terme introduit par S. Freud pour désigner des affections où la médiation psychique est surdéterminée par les conflits infantiles et leurs modes de défense spécifiques (l'hystérie, la névrose obsessionnelle, la phobie et certaines psychoses, dont la paranoïa).

Le terme a disparu depuis la distinction entre névrose et psychose. R. L.

psychopathie

n.f. (angl. Psychopathy)

Trouble permanent de la personnalité, n'étant ni de l'ordre de la névrose ni de celui de la psychose et se caractérisant essentiellement par des conduites antisociales impulsives dont le sujet ne ressent pas habituellement de culpabilité.

Pour la décrire, les DSM III et IIIR emploient le terme de *personnalité antisociale* (code 301.70). J. P.

→ personnalité psychopathique.

psychopathologie

n.f. (angl. Psychopathology)

Science des souffrances de l'esprit, considérée à la fois comme une branche de la psychologie et comme une réflexion théorique sur la clinique psychiatrique.

Les définitions de la psychopathologie sont en fait multiples. Du côté de la psychologie, elle doit se distinguer de la psychologie pathologique préconisée à la fin du XIXe siècle par Th. Ribot. Pour ce dernier, à la psychologie du « normal » devait s'adjoindre une psychologie du « pathologique », permettant d'approfondir la première. Par exemple, l'état des fonctions normales de la mémoire ne peut s'éclairer que par une comparaison avec leur insuffisance (amnésie) ou leur excès d'activité (hypermnésie). Et la médecine mentale apparaissait alors comme un complément indispensable à la formation du psychologue, ce qui explique que Th. Ribot ait poussé ses élèves, P. Janet, G. Dumas et les élèves de ces derniers comme H. Piéron, G. Poyer ou D. Lagache, à faire des études médicales et psychiatriques. Cette psychologie pathologique comparative, trop axée sur les aspects quantitatifs de la maladie psychique et sur l'arbitraire d'une limite entre normal et pathologique, a été remplacée par une « psychopathologie clinique » beaucoup plus large qui recouvre en fait toute étude clinique des maladies mentales dans l'esprit et à l'usage de la psychologie. Du côté de la psychiatrie, le terme *psychopathologie* a été parfois utilisé comme synonyme de « psychiatrie ». C'est le cas par exemple avec A. Marie, qui intitule ainsi son volumineux traité psychiatrique international en quatre volumes parus en 1910-1911, et avec K. Schneider en 1950. On a pu aussi considérer que la psychopathologie était à la psychiatrie ce qu'était à la médecine la physiopathologie. Mais cette dernière a une base expérimentale (Cl. Bernard) qui peut en faire une science fondamentale pour la pathologie, ce qui n'est pas le cas de la psychopathologie. E. Minkowski proposait, de son côté, deux sens différents à celle-ci: soit elle n'était qu'une « pathologie du psychologique » (renvoyant alors à Ribot et à la psychologie pathologique) ; soit elle représentait une « psychologie du pathologique », ce qui avait sa préférence, et caractérisait une approche existentielle cherchant à comprendre de l'intérieur l'expérience, irréductible à une psychologie normale, de la maladie mentale. Dans son manuel de *Psychopathologie générale*, G. Deshaies, en 1959, reprend ces significations diverses et, en les discutant, amène à considérer la psychopathologie comme une discipline allant au-delà de la psychiatrie clinique, dans une sorte de réflexion permanente sur ses fondements et les données qu'elle nous fournit.

C'est ainsi, pour reprendre un exemple donné par G. Lanteri-Laura, que — lorsque H. Ey, après avoir soigneusement décrit une dépression mélancolique, quitte le registre de l'observation clinique quotidienne, de la sémiologie pour y dévoiler une désorganisation du champ de la conscience du type de la déstructuration temporelle-éthique avec ses destructions négatives et ses libérations positives, selon son néojacksonisme — il ne met pas seulement de l'ordre dans le « disparate d'une collection de signes » (G. Lanteri-Laura). Il fait aussi échapper cette occurrence à la contingence de la pathologie pour la situer par rapport à l'ontogenèse de la structuration de la conscience et de la personnalité du patient. Il ne s'agit plus alors d'une simple maladie parmi d'autres mais de « l'illustration de l'une des altérations possibles de cette ontogenèse qui reproduit d'ailleurs la phylogenèse, par rapport à quoi se place une pathologie de la liberté » (Lanteri-Laura).

On est bien ici aux frontières de la psychiatrie et de la philosophie, là où la psychopathologie se situe avec la fonction bien précise d'élaborer une observation psychiatrique en « théorie de la connaissance du fait psychiatrique » (M. L. Lacas-Mondzain). Il est bien entendu inévitable que la psychopathologie, du même coup, suive les diverses idéologies à la mode. C'est ce que nous montre son histoire et c'est là sa faiblesse : organicisme, phénoménologie, psychanalysme, structuralisme, neurobiologisme, etc., vont successivement la séduire et elle va errer, dans son appréhension globale de l'« homme-malade-mental », de l'organogenèse cérébrale la plus localisatrice à la psychogenèse la plus métaphysique. Les grands penseurs de la psychiatrie contemporaine se distingueront en créant des systèmes de psychopathologie allant d'un pôle à l'autre : organodynamisme de H. Ey*, bioneurologisme de P. Guiraud, phénoménologisme existentiel de L. Binswanger*, phénoméno-bergsonisme de E. Minkowski, réflexologie de l'école russe, comportementalisme de l'école anglo-américaine et, bien entendu, toutes les formes d'explication théorico-psychanalytiques des névroses et des psychoses, où tant de pionniers de la psychanalyse, de S. Freud à D. W. Winnicott (en passant par M. Klein et beaucoup d'autres), vont construire cet énorme bâtiment que représente la psychopathologie psychanalytique.

Du même coup, dans sa saisie d'ensemble de la totalité du sujet, la psychopathologie n'est pas seulement une théorie de la connaissance du fait psychiatrique. Elle prend une dimension anthropologique qui lui fait dépasser son statut de simple section de la psychologie ou de la psychiatrie. Elle « apparaît alors comme une branche de l'anthropologie, exactement comme la physiopathologie à l'endroit de la physiologie générale dans le modèle de Cl. Bernard » (Lanteri-Laura). J. P.

BIBLIOGRAPHIE

Beauchesne, H., 1986, *Histoire de la psychopathologie*, Paris, P.U.F.
Bergeret, J., 1972 (4ᵉ éd., 1990), *Psychologie pathologique*, Paris, Masson.
Samuel-Lajeunesse, B., et Guelfi, J.-D., 1975 (nouv. éd., 1985), *Psychopathologie. Études de cas*, Paris, P.U.F.

psychopharmacologie

n.f. (angl. Psychopharmacology)

Étude des médicaments qui ont un effet sur l'activité mentale (psychotropes).

Certains sédatifs végétaux comme l'opium, la belladone ou la racine de rauwolfia sont mentionnés dès l'Antiquité. Des drogues comme le haschisch, le peyotl ou la coca ont été utilisées dans le passé pour favoriser les expériences mystiques. Les principes actifs de ces drogues n'étaient pas connus. C'est seulement au XIXᵉ siècle qu'ils ont été isolés et que l'on a produit les premiers médicaments de synthèse.

Parmi les psychostimulants, la caféine du café (Runge, 1820), la strychnine de la noix vomique (P.J. Pelletier et J.B. Caventou, 1818), l'éphédrine (M. Nagai, 1885) ont ainsi été extraites de substances naturelles. Les amphétamines, amines synthétiques, ont d'abord été utilisées sous forme de benzédrine (1931), puis de dexédrine et enfin de méthyl-amphétamine (1938). Parmi les hallucinogènes, la mescaline du peyotl (isolée en 1894 et synthétisée en 1910) sera utilisée dans les études de pharmacologie expérimentale par W. Mayer-Gross (1925) en Allemagne puis en Grande-Bretagne et par l'école de J. Delay en France (1949-1954).

En ce qui concerne les sédatifs, les alcaloïdes de la belladone, dont l'atropine (1825), et la scopolamine de la jusquiame sont isolés. D'autres composés reçoivent des applications cliniques. Le bromure, traitement des états comitiaux (1851), sera alors qualifié de « muselière des épileptiques » par M. Voisin et M. Legrand du Saulle. Le chloral (1832) reste encore utilisé comme hypnotique de nos jours.

Quant aux barbituriques, ils seront découverts au début du XXᵉ siècle avec la diéthyl-malonylurée. La phényléthyl-malonylurée sera proposée comme hypnotique avant que ne soient mises en évidence ses propriétés antiépileptiques. À partir de 1935, la synthèse de barbituriques à demi-vie courte permettra leur utilisation par voie intraveineuse dans les narco-analyses. Les barbituriques sont aussi utilisés comme sédatifs à doses filées.

TYPES D'ACTION		GROUPEMENTS CHIMIQUES
sédatifs ou psycholeptiques	hypnotiques	barbituriques
		non barbituriques
	tranquillisants et sédatifs mineurs	diazépines...
		bromures...
	neuroleptiques	phénotiazines réserpiniques butyrophénones benzamides thioxanthènes...
	régulateurs de l'humeur	sels de lithium dipropylacétamide
stimulants ou psycho analytiques	antidépresseurs (stimulants de l'humeur)	hydrazines I.M.A.O.
		dérivés tricycliques : imipramine amitriptyline...
	stimulants de la vigilance	amphétamines et dérivés
	autres stimulants	acide phosphorique, vitamine C, corticoïdes
dysleptiques psycho-perturbateurs ou	hallucinogènes	mescaline, psilocybine, lysergamide ou L.S.D.
	stupéfiants	morphiniques cannabinols cocaïne
	enivrants	alcool éther solvants

Tableau des psychotropes, d'après P. Deniker (1977)

Cependant, il faut attendre les années 1950 pour que des composés montrent une efficacité thérapeutique spécifique dans les états psychopathologiques. La découverte en 1952 de l'efficacité de la chlorpromazine dans les psychoses (→ neuroleptique) marque la naissance de la psychopharmacologie d'aujourd'hui. Jusqu'alors, on ne disposait pas de médicaments véritablement actifs dans les grands troubles mentaux mais seulement de sédatifs et d'hypnotiques non spécifiques ou bien l'on avait recours aux méthodes de choc (comme l'électrochoc). En 1950, la prométhazine fut proposée dans le traitement des états d'agitation. Elle est encore utilisée comme antiallergique et comme sédatif hypnotique. La chlorpromazine est une autre phénothiazine dérivée des antihistaminiques, famille qui sera d'ailleurs plus tard à l'origine des premiers antidépresseurs. La chlorpromazine reste cependant le chef de file de la série de médicaments « neuroleptiques », ou « tranquillisants majeurs ». Les neuroleptiques s'avéreront efficaces non seulement dans les formes aiguës et productives de psychose, mais également dans les schizophrénies déficitaires d'évolution chronique, marquées par l'inhibition. C'est en 1963 (A. Carlsson) que la capacité à bloquer les récepteurs dopaminergiques, commune à ces composés hétérogènes sur le plan chimique, a été découverte.

À la recherche de substances possédant des propriétés anxiolytiques et sédatives sans effet hypnotique, les chercheurs ont synthétisé le chlordiazépoxyde, première benzodiazépine. Les benzodiazépines, les plus connus des « tranquillisants mineurs », seront largement prescrites à partir des années 1960. Moins toxiques, elles remplaceront progressivement les barbituriques. Médicaments symptomatiques de l'angoisse, elles n'ont pas l'effet spécifique et original des neuroleptiques et des antidépresseurs.

Les deux premiers types d'antidépresseurs, ou thymoanaleptiques, ont été découverts en 1957 : un tricyclique, l'imipramine (R. Khun), et un I.M.A.O. (inhibiteur de la monoamine-oxydase), l'iproniazide (N. Kline). Plus récemment, des antidépresseurs aux structures chimiques hétérogènes ont montré une efficacité antidépressive similaire. Ces composés ont tous la propriété de redresser l'humeur dépressive jusqu'à entraîner parfois une inversion de l'humeur se traduisant par un état maniaque.

D'autres médicaments, dits « thymorégulateurs », sont utilisés dans le traitement de fond des troubles de l'humeur. Le lithium, utilisé dès 1949 (J. Cade) puis abandonné, a été réintroduit en pratique clinique (1966) après que le Danois M. Schou eut montré que son efficacité et son innocuité dépendaient du strict contrôle de ses taux plasmatiques (lithiémie). Le lithium possède un effet curatif antimaniaque et surtout un effet préventif des rechutes maniaques et dépressives qui a transformé le pronostic de la psychose maniaco-dépressive, les patients n'étant plus à la merci d'une récidive.

Le développement de la psychopharmacologie a conduit à une classification des psychotropes, comme celle que propose P. Deniker après J. Delay. Au-delà de son efficacité sur des « symptômes-cibles », la psychopharmacologie peut conduire à une modification psychologique globale chez les patients, leur permettant de réaménager les relations qu'ils entretiennent avec eux-mêmes et avec les autres. C'est ainsi que les neuroleptiques ont contribué à vider les hôpitaux psychiatriques et à rendre certains patients accessibles à la psychothérapie individuelle ou aux prises en charge institutionnelles. Sur le plan théorique, les psychotropes, véritables outils pharmacologiques, ont pu servir d'analyseurs des comportements et des systèmes monoaminergiques en jeu dans les maladies mentales. Ils ont ainsi conduit à la classification du DSM III, accrédité la théorie dopaminergique de la schizophrénie et contribué à séparer les troubles paniques des autres formes d'anxiété. La psychopharmacologie a certainement modifié profondément notre vision de la psychiatrie. Il est remarquable que les découvertes fondamentales en psychopharmacologie aient eu pour origine l'observation clinique et qu'aucune découverte essentielle, en dépit du développement des neurosciences, ne soit venue remettre en cause les progrès réalisés dans les années 1950. A. G.

→ pharmacopsychologie.

Bibliographie

Barchas, J. P., et alii, 1977, *Psychopharmacology. From Theory to Practice*, New York, Oxford University Press.

Feldman, R. S., 1984, *Fundamentals of Neuropsychopharmacology*, Sunderland, Mass., Sinauer.

Iversen, L. L., et alii, 1977, *Handbook of Psychopharmacology*, Plenum Press.

psychophysiologie

n.f. (angl. Psychophysiology)

Étude des mécanismes physiologiques par lesquels se réalisent les comportements humains et animaux.

La psychophysiologie est née au XIXe siècle des travaux de psychophysique et des progrès considérables de la physiologie nerveuse. Située au carrefour de la psychologie et de la physiologie, elle possède un statut un peu ambigu dans la mesure où son domaine s'étend de la cellule nerveuse, et de son fonctionnement, à l'étude des relations entre les structures nerveuses et de leur participation dans les comportements les plus élaborés (mémoire, langage, etc.). L'étendue de ce domaine a fait cohabiter des chercheurs de formations éloignées, principalement psychologues et physiologistes, qui ont eu tendance, par leurs problématiques respectives, à faire de la psychophysiologie une sous-discipline soit de la psychologie, soit de la physiologie.

Il est clair que les processus physiologiques constituent un des niveaux d'explication du comportement que doit explorer le psychologue et que, à ce titre, la psychophysiologie fait partie intégrante de la psychologie. Mais le poids institutionnel des disciplines physiologiques est un frein au développement réel d'une véritable science des substrats biologiques des comportements faite par des psychologues de formation.

Les techniques expérimentales utilisées par les psychophysiologistes sont extrêmement diverses. Elles vont de la simple recherche de corrélations entre des comportements et des indices physiologiques (par exemple la relation entre l'émotion et l'activité électrodermale) à la mise en évidence de liens causaux entre le fonctionnement d'une structure nerveuse et un comportement (par exemple le rôle spécifique de certains noyaux hypothalamiques dans le comportement alimentaire). À ce niveau d'étude, la psychophysiologie utilise des techniques électrophysiologiques, chirurgicales, pharmacologiques, biochimiques ou génétiques, techniques qui ont été principalement appliquées sur des modèles animaux. P. L.

Bibliographie

Carlson, N.R., 1977, *Physiology of Behaviour*, Boston, Allyn Bacon.

Kandel, E.K, et Schwartz, J.H., 1985 (2e éd.), *Principles of Neural Sciences*, New York, Amsterdam, Elsevier.

Platel, R., 1985, *Éléments de neurologie*, Paris, Sedes.

Delmas, A., 1970, *Voies et centres nerveux*, Paris, Masson.

Isaacson, R. L., Douglas, R. J., Lubar, J. F., et Smaltz, L. W., 1971, *A Primer to Physiological Psychology*.

psychophysique

n.f. (angl. Psychophysics)

Discipline étudiant les relations quantitatives entre les stimulations physiques et les sensations, ou plus généralement les réponses, qu'elles engendrent.

La psychophysique, inventée par G. T. Fechner, s'est initialement donné pour objet d'élucider les relations existant entre des mesures de sensation et des mesures des stimulus physiques. En ce sens, elle est une sensorimétrie. Elle constitue un paradigme (au sens de T. S. Kuhn) dont le thème est que l'organisme, en particulier au moyen de ses systèmes sensoriels, fonctionne comme un instrument de mesure dans l'analyse des informations qu'il traite. Cette discipline s'est développée par l'application des méthodes de mesure de physique expérimentale à la mesure des événements sensoriels. Son fondement est donc celui d'une théorie de la mesure. Par mesure, on entend ici l'attribution de nombres, et plus généralement de relations mathématiques, aux événements de manière que les relations entre les nombres représentent les relations entre les objets ou les événements mesurés. Le problème fondamental de la psychophysique est celui de la mesure, de sa signification et de sa validité.

THÉORIE DE LA MESURE

La psychophysique a représenté un terrain de choix pour la psychologie mathématique. Des théories axiomatiques du comportement de mesure ont été proposées qui permettent de clarifier les fondements d'une théorie de la mesure en psychophysique. Ces formalisations définissent les limites dans lesquelles les procédures psychophysiques peuvent être représentées par des relations mathématiques. Une théorie psychophysique est alors conçue comme une liste d'axiomes qui se prêtent à une validation empirique. On oublie en effet trop souvent que les échelles physiques de mesure sont elles aussi arbitraires. Il existe des procédures alternatives de mesure dont il importe de connaître les propriétés pour en faire un usage adéquat.

LE TRAITEMENT DE L'INFORMATION : UN NOUVEAU PARADIGME PSYCHOPHYSIQUE

Une approche en termes de processus de traitement de l'information conduit à clarifier de nombreuses questions qui se posent en psychophysique. Le sujet n'est plus conçu comme un simple instrument de mesure dont les réponses reflètent directement les sensations que l'on cherche à évaluer. Afin de produire ces réponses, l'observateur met en œuvre des opérations mentales pour élaborer les informations extraites de la stimulation par ses systèmes sensoriels, pour les identifier et les communiquer en respectant des règles imposées par la consigne. Selon cette conception, on admet que le sujet devra choisir une stratégie dans le but d'optimiser son comportement par rapport à une situation externe, compte tenu de ses limitations internes.

Autrement dit, la *performance* (les réponses observées) résulte de deux ordres de facteurs. Les uns reflètent les limitations internes de l'organisme (sa sensibilité par exemple) tandis que les autres sont d'ordre plus cognitif et résultent des représentations que le sujet se fait de sa tâche, des stratégies qu'il adopte pour la réaliser en tenant compte de ses connaissances, de sa familiarité avec les stimulus, des attentes générées par les événements survenus antérieurement dans la situation, etc.

Cette conception, introduite par F. C. Donders (1868) pour les tâches de temps de réaction*, s'applique aussi aux situations de détection, de discrimination et d'identification comme l'illustre le modèle de la *détection du signal*. (→ signal [détection du].) Une place importante est alors accordée à l'élucidation des stratégies de décision dont peuvent témoigner les performances du sujet. Il y a stratégie de décision parce que l'information à traiter est partielle, imprécise ou incertaine. Dans une tâche de temps de réaction de choix, la stratégie des sujets se révélera par les choix qu'ils ont faits entre les deux termes du conflit : rapidité ou précision. Des biais peuvent affecter les réponses observées, qui ne reflètent pas directement, et surtout pas uniquement, les caractéristiques des traitements de l'information entrante. Elles reflètent aussi l'effet de tous les facteurs qui interviennent lors de leur élaboration.

LES MÉTHODES PSYCHOPHYSIQUES

Méthodologiquement, on peut distinguer deux grandes classes d'approches psychophysiques : celles qui sont fondées sur des méthodes fréquentielles et celles qui sont fondées sur les méthodes de temps de réaction. Seules les premières seront traitées ici. Elles se divisent en deux classes principales.

LES MÉTHODES DE SEUIL

Les méthodes de seuil* s'appliquent à trois ordres de tâches mettant en jeu certains mécanismes sensoriels communs et des mécanismes d'élaboration des réponses différents.

LA DÉTECTION. La première fonction d'un système sensoriel est de détecter la présence d'un changement d'énergie dans l'environnement. Il peut s'agir d'énergie électromagnétique (lumière), mécanique (son, toucher, mouvement, tension musculaire), chimique (odeurs, goûts) ou thermique. Le problème de la détection est celui de la détermination de la quantité de stimulation nécessaire pour activer des récepteurs sensoriels et permettre à l'observateur de conclure à la présence d'une stimulation. Le seuil de détection, ou seuil absolu, est donc la limite entre les valeurs non perçues et perçues du stimulus. (→ seuil.) Cette limite n'a pas une valeur constante d'un essai à l'autre. Elle devra donc être estimée à partir d'une distribution de réponses. Les différentes méthodes de mesure des seuils ont pour objectif d'obtenir de telles distributions de réponses.

La *méthode des limites* consiste à présenter au cours d'essais successifs soit des niveaux croissants (série ascendante), soit des niveaux décroissants (série descendante) du stimulus. À chaque essai, le sujet doit indiquer si « oui » ou « non » le stimulus est présent. Les niveaux du stimulus auxquels correspondent les changements de réponse constituent des « seuils instantanés ». Le seuil est alors la moyenne de ces seuils instantanés.

Dans la *méthode d'ajustement*, c'est le sujet lui-même qui fait varier les niveaux du stimulus jusqu'à obtenir un niveau juste perceptible ou juste non perceptible. Dans ces deux méthodes, on ne connaît pas la probabilité à laquelle correspond le seuil estimé et la présentation ordonnée des niveaux du stimulus conduit à des biais systématiques.

La *méthode constante* consiste à choisir quelques niveaux (par exemple 7) du stimulus dans la zone du seuil et à les présenter dans un ordre au hasard au cours d'essais successifs. On observe alors que la fréquence des réponses « oui » augmente avec le niveau du stimulus selon une courbe en forme de S. On appelle *fonction psychométrique* (Figure 1) la relation entre la probabilité de détection et la valeur des stimulus. Cette fonction, croissante avec l'augmentation d'intensité du stimulus, est décrite soit comme une fonction normale cumulée, soit comme une fonction logistique. Le seuil de détection correspond à la moyenne de cette fonction, c'est-à-dire au niveau du stimulus détecté dans 50% des essais. Dans le cas où la méthode constante est combinée avec une procédure de choix forcé, le seuil correspondra à 75% de détections correctes. (→ choix forcé.)

Dans les *méthodes adaptatives*, on adopte une règle dépendante pour la présentation des niveaux du stimulus. La règle de dépendance peut être simple et consister à inverser le sens de variation chaque fois que le sujet change sa réponse, ou bien plus complexe et prendre en compte les essais précédents à partir desquels la valeur la plus vraisemblable du seuil est estimée.

LA DISCRIMINATION. La seconde fonction d'un système sensoriel porte sur la discrimination, sur la distinction de deux niveaux d'énergie de la même stimulation. Il s'agit alors de déterminer la différence entre ces niveaux juste nécessaire pour activer différentiellement le système sensoriel et permettre à l'observateur de conclure à la présence d'une différence. Les mêmes méthodes que pour les seuils de détection sont applicables ici. Cependant, à chaque essai, on présente au sujet deux niveaux du stimulus, l'un désigné comme étalon et qui reste constant d'essai en essai et l'autre comme stimulus variable de comparaison. La tâche du sujet est alors de dire si, par exemple, le stimulus de comparaison est plus grand ou plus petit que le stimulus étalon. Par définition, les stimulus sont supraliminaires, c'est-à-dire ont des intensités supérieures à leurs seuils de détection. Le seuil différentiel qui estime la capacité discriminative est la différence entre la valeur de l'étalon et celle du stimulus variable dont le sens, plus grand ou plus petit, est jugé correctement dans 75% des essais.

L'IDENTIFICATION. La troisième fonction d'un système sensoriel consiste à identifier, à reconnaître, un aspect qualitatif de la stimulation. Il s'agit de permettre à l'observateur de catégoriser une ou plusieurs dimensions du stimulus, voire de *dénommer* le référent-objet de ce stimulus. Au seuil de détection, certaines caractéristiques du stimulus sont identifiables comme le caractère grave ou aigu d'un son, l'orientation d'un réseau de fréquence spatiale. Mais, pour un stimulus complexe, certaines caractéristiques indispensables à l'identification du référent-objet du stimulus resteront infraliminaires et celui-ci ne pourra par conséquent être dénommé par exemple. Dans ces cas, on utilise souvent une mesure de seuil temporel d'identification. L'intensité du stimulus est à un niveau qui serait supraliminaire si sa durée de présentation était longue. On cherche alors la durée pour laquelle une identification (dénomination) est possible avec une certaine probabilité.

LES ÉCHELLES PSYCHOPHYSIQUES

Elles ont pour objet de décrire la relation entre une mesure de la sensation et des niveaux du stimulus. Chacune des classes de méthodes d'échelonnage est liée à un modèle psychophysique de la relation entre sensation et intensité stimulatrice.

LES ÉCHELLES DE DISCRIMINATION. Elles comprennent les échelles de Fechner et les échelles de Thurstone correspondant à la loi du jugement comparatif. Chacune fait appel à une classe de méthode. Les méthodes de mesure du seuil différentiel permettent de déterminer les différences justes perceptibles (j.n.d) dont l'intégration conduit à l'obtention d'une échelle fechnérienne.

La théorie de Thurstone suppose qu'à chaque présentation d'un stimulus correspond un point d'une échelle psychologique. La localisation de ce point est déterminée par un *processus discriminatif* (angl. Discriminal Process). Les fluctuations de réponse correspondent au fait qu'à chaque essai un même niveau n'active pas le même processus discriminatif. Plusieurs présentations du même stimulus engendrent une distribution appelée *dispersion discriminative* (angl. Discriminal Dispersion), supposée normale. La différence principale avec le modèle de Fechner est que l'on cherche ici comment varient les dispersions discriminatives internes pour des intervalles égaux du stimulus. La moyenne des dispersions discriminatives constitue la valeur scalaire du stimulus sur une échelle d'intervalle exprimée en unités d'écart-type.

La méthode principale pour obtenir une échelle thurstonienne est la *méthode de comparaisons par paires*. L'expérimentateur choisit un certain nombre de niveaux du stimulus comme pour une mesure de seuil différentiel. Ces niveaux seront présentés par couples et le sujet devra indiquer à chaque essai si, par exemple, le second stimulus est plus grand ou plus petit que le premier. Toutes les comparaisons seront présentées. Les fréquences des jugements pour chaque couple seront ensuite transformées en écarts réduits (valeurs de z) et permettront d'obtenir une fonction psychométrique.

LES ÉCHELLES DE PARTITION. Elles sont basées sur l'idée d'un découpage du continuum subjectif de manière que les échelles obtenues aient les propriétés d'échelles d'intervalles. Les procédures expérimentales les plus fréquemment utilisées sont des *méthodes de cotation*. Un nombre restreint de catégories de réponse est proposé au sujet soit sous la seule forme de nombres (1, 2, 3, ..., n), soit sous une forme verbale (par exemple très ressemblant, assez ressemblant, ressemblant, peu ressemblant, pas du tout ressemblant). Les fréquences avec lesquelles chaque stimulus est affecté à chaque catégorie permettent de dériver des valeurs scalaires. (Figure 2.)

MÉTHODES SUBJECTIVES DIRECTES. Elles comportent des méthodes d'estimation dans lesquelles le sujet doit, généralement au moyen de nombres, indiquer le rapport qu'il perçoit entre deux intensités stimulatrices et des méthodes de production dans lesquelles le sujet doit ajuster la valeur d'un stimulus de sorte qu'il soit perceptivement dans un certain rapport avec un autre. Ces méthodes conduisent à des échelles de Stevens du type fonctions de puissance.

Dans la *méthode d'estimation des grandeurs*, pour un ensemble donné de niveaux du stimulus présentés un à un dans un ordre au hasard, le sujet doit affecter un nombre qui reflète la grandeur de sa sensation. L'un des stimulus de la série peut être désigné comme étalon, et les jugements se feront alors par rapport à l'intensité subjective de cet étalon. De plus, la valeur numérique de cette intensité subjective peut être précisée. On parle alors de modulus.

Dans la *méthode d'estimation des rapports*, à chaque essai des couples de stimulus sont présentés. Le sujet doit alors estimer le rapport de leurs sensations soit en termes de multiples, soit en termes de sous-multiples.

La *méthode de fractionnement* est une méthode de production de rapports dans laquelle le sujet doit produire, ajuster le niveau d'un stimulus de manière que son intensité lui apparaisse double ou moitié de celle d'un stimulus étalon. (→ Plateau [méthode de].)

Dans la *méthode d'égalisation intermodalitaire* (angl. Cross-Modality Matching), l'expérimentateur sélectionne une série de stimulus (des sons par exemple) et demande au sujet d'ajuster l'intensité d'un autre stimulus (une lumière par exemple) de manière que les rapports des intensités lumineuses correspondent aux rapports des sensations sonores. Cette méthode permet d'éviter les inconvénients liés à l'utilisation de nombres par le sujet.

LA PSYCHOPHYSIQUE SANS STIMULUS

Certaines expériences mentales paraissent assez cohérentes pour pouvoir donner lieu à des mesures sans que les événements physiques auxquels elles correspondent puissent être définis avec précision. Ainsi, juger de la similarité entre deux formes visuelles ou sonores ne présente souvent pas de difficulté majeure pour nous. Cette expérience a, selon toute vraisemblance, des déterminants multiples qui sont difficiles à identifier au niveau des stimulus. D'autres formes de jugement font appel à des évocations analogiques (qualifier de clair ou de sombre un sentiment). Cette approche a trouvé ses applications les plus notables avec le différenciateur sémantique d'Osgood et les échelles d'attitude en psychologie sociale.

Les méthodes principalement utilisées sont la méthode de comparaison par paires et les méthodes de cotation.

L'ANALYSE MULTIDIMENSIONNELLE

Les méthodes évoquées ci-dessus présupposent soit au niveau du stimulus, soit au niveau des réponses l'existence d'une échelle unidimensionnelle. Mais des réponses telles que des jugements de similarité ont, comme il a été dit plus haut, des déterminants multiples. Différentes méthodes ont été développées pour estimer le nombre de dimensions dont il faut faire l'hypothèse pour rendre compte des jugements. Citons parmi ces méthodes la méthode MSCAL de Kruskal, la méthode INDSCAL de Caroll et Chang, l'analyse des correspondances de Benzecri. C. B.

BIBLIOGRAPHIE

Baird, J. C., et Noma, E., 1978, *Fundamentals of Scaling and Psychophysics*, New York, J. Wiley & Sons.

Bonnet, C., 1986, *Manuel pratique de psychophysique*, Paris, Armand Colin.

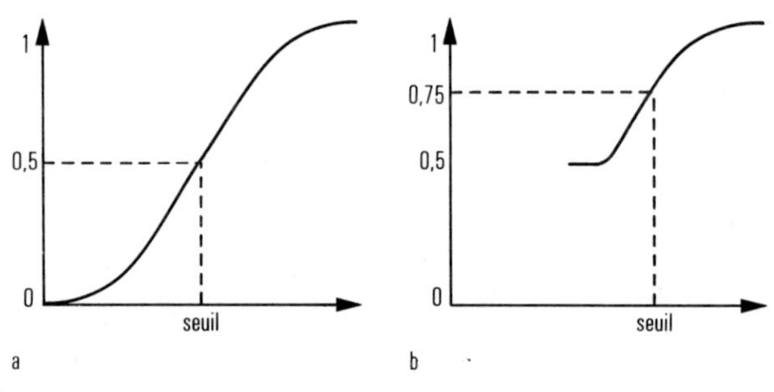

Figure 1. Fonction psychométrique dans le cas d'une procédure « oui-non » (à gauche) et dans le cas du choix forcé (à droite). En ordonnées est portée la fréquence des réponses « oui » dans le premier cas et des réponses correctes dans le second. En abscisses sont présentés les niveaux du stimulus sur une échelle arbitraire.

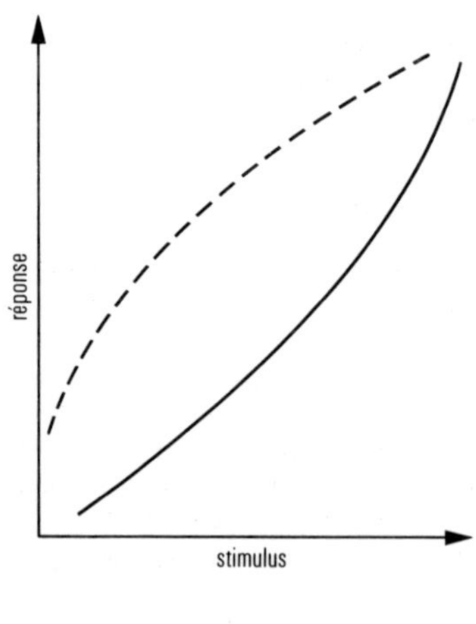

Figure 2. Comparaison de deux fonctions psychophysiques obtenues par des méthodes différentes. La fonction en tiretés est de type logarithmique et correspond aux résultats d'une méthode de cotation. La fonction en trait plein est du type fonction de puissance et correspond aux résultats d'une méthode d'estimation directe. Les valeurs scalaires (en ordonnées) et les niveaux du stimulus (en abscisses) sont en unités arbitraires.

psychoplasticité

n.f.

Tendance à produire des symptômes d'expression somatique sous l'influence de représentations psychiques induites par l'entourage.

La psychoplasticité est une caractéristique de la personnalité hystérique. R. L.

psychorigidité

n.f.

Trait de caractère se manifestant par une absence de souplesse des processus intellectuels et une incapacité à s'adapter aux situations nouvelles.

La psychorigidité est un trait de caractère paranoïaque. R. L.

psychose

n.f. (angl. Psychosis)

PSYCHIATR. **Maladie mentale grave atteignant globalement la personnalité du patient et justifiant le plus souvent une prise en charge thérapeutique intensive avec parfois la nécessité d'un internement.**

Le terme *psychose* reste général et s'accompagne le plus souvent d'un qualificatif précisant l'évolution (aiguë ou chronique), l'étiologie (organique, affective, etc.) ou la nature (schizophrénique, dépressive, etc.). Il a été créé par le psychiatre autrichien E. Feuchtersleben, qui l'utilisa pour la première fois dans son cours de pathologie mentale, inauguré à Vienne en 1844. Mais il ne se distingue pas alors de celui de *névrose* ou de *vésanie*, signifiant seulement « maladie de l'esprit ». C'est progressivement qu'il va définir les affections mentales les plus graves, laissant au terme *névrose* tout le domaine de celles qui sont plus légères et dont le patient garde conscience de leur caractère morbide, ce qui permet de les traiter avec l'accord du sujet, alors que les premières nécessitent souvent d'être traitées contre la volonté de ce dernier.

C'est d'ailleurs par rapport à la névrose que la psychose va se caractériser, selon des oppositions sémiologiques et psychopathologiques dont on a tellement abusé que la frontière entre les deux s'est exagérément creusée. Par la suite, on a dû créer des entités morbides nouvelles se situant à cheval sur cette frontière : cas borderline* ou états-limites* qui ont bien montré le caractère souvent arbitraire et conventionnel de celle-ci.

CRITÈRES SPÉCIFIQUES DE LA PSYCHOSE

On peut cependant reconnaître à toute psychose les critères distinctifs suivants :

— d'abord, la gravité des troubles, qui vont souvent entraîner des déficiences importantes, conduisant quand elles sont définitives à un véritable handicap* ;

— ensuite, l'absence de la conscience de la morbidité des troubles ; c'est ainsi qu'un délirant croit à la réalité de son délire et n'admet pas qu'il s'agit d'une maladie nécessitant un traitement ;

— puis l'étrangeté, la bizarrerie des troubles, ressenties par l'entourage avec un sentiment de malaise, dans la mesure où il n'est pas possible de leur donner une explication ou d'en discuter véritablement avec le psychotique ;

— d'autant plus que le quatrième critère est celui de la difficulté de la communication et, parfois même, de l'incommunicabilité totale du psychotique ; celui-ci fuit souvent le contact, s'enfermant dans son silence et ses réticences et utilisant parfois, quand il accepte de parler, un langage incompréhensible bourré de néologismes devenant dans certains cas une véritable schizophasie ;

— enfin, ce repli sur soi-même, pouvant confiner à l'autisme*, s'accompagne d'une véritable rupture avec la réalité extérieure, « qui n'est plus reconnue comme elle est, qui peut même être déniée en tout ou en partie et remplacée par une néo-réalité personnelle au sujet, connue de lui seul, incommunicable à autrui » (A. Manus).

C'est la perturbation profonde de la relation du sujet à la réalité qui va rester le critère essentiel de la psychose, en particulier pour les psychanalystes, qui vont repérer, à la suite de S. Freud, des mécanismes psychotiques spécifiques pour l'expliquer : c'est d'abord la projection du délire qui fait suite au refoulement et par laquelle le malade va projeter à l'extérieur de lui-même ce qu'il se refuse à reconnaître comme sa propre réalité psychique. C'est le cas, en particulier, de l'attirance homosexuelle pour un objet transformé en persécuteur haï dans la paranoïa. C'est ensuite, avec J. Lacan, la forclusion (terme emprunté au vocabulaire juridique, signifiant la déchéance d'un droit qui n'a pas été exercé dans les délais admis) du Nom-du-Père, *rejet* (allem. Verwerfung) d'un signifiant fondamental, barrant « l'accès du sujet à l'ordre symbolique, à la métaphore paternelle », où il devait s'inaugurer, et à la « fonction signifiante du phallus », à laquelle s'articule la problématique de la castration. L'intérêt de ce modèle lacanien est de s'adresser à la fois à l'atteinte de la relation à la réalité et à la rupture de la communication. Il révèle en effet, par la négative dans la psychose, le « lien intime entre notre perception de la réalité et la position qu'occupe autrui comme source et comme destinataire de la communication ».

CRITIQUE DE L'UNICITÉ DE LA PSYCHOSE

Le problème de l'unicité de la psychose a été soulevé dès la seconde moitié du XIXe siècle, en particulier par J. P. Falret*, les aliénistes de la première partie de ce siècle étant plutôt partisans d'une folie unique, idiopathique ou essentielle (E. Georget), à laquelle ils opposaient les phrénésies, ou folies symptomatiques de lésions cérébrales ou viscérales (organiques). Ce concept de psychose unique, ou monopsychose, a été battu en brèche dès que des psychiatres comme justement Falret puis E. Kraepelin* eurent individualisé, avec des critères cliniques et évolutifs très stricts, la *psychose* maniaco-dépressive* d'un côté et la démence précoce — schizophrénie* — de l'autre. Ainsi, ces deux grands types de psychose — l'un à troubles affectifs prédominants et l'autre caractérisé par une dissociation mentale progressive et une atteinte des fonctions cognitives — se partagent le domaine de ces psychoses essentielles que Kraepelin considérait comme endogènes. Mais le diagnostic différentiel entre les deux, même s'il est bien codifié dans les différents manuels psychiatriques et en particulier dans les DSM III et DSM III R, n'est pas toujours aisé. Et certains auteurs, tels que P. Berner ou H. G. Pope, considèrent que la présence simultanée de symptômes schizophréniques et de symptômes thymiques est assez fréquente, relançant le problème d'une monopsychose schizo-affective et le modèle psychopathologique de W. Janzarik.

QUELQUES MODÈLES DE LA PSYCHOSE

Le modèle de Janzarik (1959) repose sur les concepts fondamentaux de *dynamique* (allem. die Dynamik), de *structure* (allem. die Struktur) et de *cohérence entre dynamique et structure* (allem. die Strukturell-dynamische Kohärenz). Ce modèle permet de comprendre pourquoi certains symptômes de la schizophrénie, considérés comme classiques, ne sont pas forcément spécifiques de cette psychose. En effet, si la dynamique se réfère à l'*élan vital* (allem. Antrieb) et à la *vie émotionnelle* (allem. Emotionalität), la « structure » aux *schémas comportementaux* (allem. Verhaltensmuster) et aux *représentations* (allem. Repräsentationen), et si certains éléments de cette structure sont envahis par la dynamique en se trouvant de ce fait associés aux *sentiments* (allem. Gefühle), des déraillements sont possibles, pouvant aller jusqu'à une instabilité dynamique totale selon le schéma suivant :

contenus dynamiques
↓
structure de la personnalité

(forte)	(faible)	(très faible)
↓	↓	↓
déraillements stables	instabilité partielle	dynamique totale
↓	↓	↓
psychose affective	psychose schizo-affective	schizophrénie

psychose affective ↙ ↘
unipolaire (réduction dynamique) — bipolaire (expansion et réduction dynamiques en alternance)

On voit ainsi, en fonction de la solidité plus ou moins grande de la structure antérieure, apparaître, sous l'action de contenus dynamiques pathogènes, les différentes psychoses selon un continuum où elles ne sont pas nettement séparées les unes des autres.

Dans un modèle plus récent, Berner a réactualisé ce schéma psychopathogénique en distinguant :

d'un côté :		de l'autre :
prédispositions aux déraillements dynamiques		**instabilité dynamique totale avec atteinte cognitive**
↓	↓	↓
déraillements stables	déraillements instables	symptômes schizophréniques (de 1er rang, K. Schneider)
↓	↓	↓
manie-dépression	états mixtes à alternance rapide (avec troubles « schizophréniques »)	
↓	↓	
psychose uni- ou bipolaire	psychose schizo-affective	schizophrénie
troubles maniaco-dépressifs		

Du côté de l'organogenèse

Ce point de vue très général sur les psychoses ne préjuge pas de leurs causes, qui relèvent le plus souvent à la fois de l'organogenèse et de la psychogenèse. On trouvera, du côté de la première, des facteurs génétiques, surtout au niveau de la prédisposition, des facteurs chronobiologiques, mis en évidence en particulier dans le cas de certaines psychoses* maniaco-dépressives par G. Darcourt et l'école de Nice, des facteurs immunologiques, dont N. Kammerer et F. Villemain ont montré l'importance, et, d'une manière plus hypothétique, des facteurs neuropsychophysiologiques (avec des variations fines du volume cérébral, plus ou moins spécifiques au scanner et à la résonance magnétique nucléaire), des facteurs endocriniens (en particulier des atteintes thyroïdiennes dans les psychoses mono- et bipolaires), des carences vitaminiques (en vitamines B6 et PP chez certains schizophrènes), une infection possible par certains virus (D.A.J. Tirnel, 1979), des intoxications, en particulier avec des drogues comme le L.S.D., la mescaline, les dérivés diméthylés de la tryptamine, les amphétamines*. Mais ce sont surtout les hypothèses biochimiques qui retiennent actuellement l'intérêt des chercheurs. Celles-ci portent sur l'excès de dopamine ou sur le rôle des peptides opioïdes et plus généralement des neuromédiateurs* synaptiques.

Du côté de la psychogenèse

Du côté de la psychogenèse, on a vu l'éclairage explicatif donné par la psychanalyse sur certaines opérations mentales dans la psychose : la projection délirante (Freud), la forclusion du Nom-du-Père (Lacan), les clivages de l'objet et du moi dans la régression à la phase schizoparanoïde (M. Klein), etc. Mais ces explications à la fois génétiques et structurales ne peuvent, à elles seules, rendre compte de l'apparition et du développement d'une psychose, même si elles peuvent justifier et conduire une psychothérapie des psychotiques.

On a fait appel également à des facteurs sociofamiliaux. (→ antipsychiatrie, thérapie familiale.) Il faut seulement rappeler l'intérêt de plusieurs approches dans ce domaine : d'abord celle qui s'inspire de la psychanalyse (Th. Lidz, N. W. Ackermann) ; puis l'approche systémique faisant de la famille un véritable système autorégulé avec ses deux fonctions un peu contradictoires : tendance à l'homéostase d'une part, capacité de se transformer de l'autre ; s'en rapprochent l'école de Palo Alto* — qui, à la suite de l'anthropologue G. Bateson, centre l'étiologie de la schizophrénie sur un trouble de la communication : le *double* lien* (angl. Double Bind) — et, enfin, pour ne citer que l'une des plus importantes, l'école de L. Wynne, qui a mis l'accent sur les concepts de pseudo-mutualité et de pseudo-hostilité comme générateurs de dissociation et de psychose à l'intérieur d'une famille.

Comme on le voit, la psychose reste multiple à la fois dans son étiologie, dans sa structure psychopathologique et dans ses formes nosologiques. Il vaut mieux parler de « psychoses » et admettre un faisceau de facteurs prédisposants et déclenchants pour expliquer l'apparition et le développement d'une psychose chez un sujet. Il faut aussi savoir éviter des préjugés qui conduiraient à n'utiliser qu'un seul type de traitement dans la prise en charge thérapeutique.

J. P.

PSYCHAN. **Processus morbide qui se développe au lieu et à la place d'une symbolisation non réalisée.**

Il n'y a pas de définition proprement psychanalytique de la psychose. Mais il revient à la psychanalyse de s'être efforcée à travers ses théories de mettre au jour les mécanismes psychiques conduisant à la psychose et de délimiter par là son champ par rapport à celui de la névrose.

Si Freud reste le chef de file incontestable et incontournable des avancées théoriques en matière de psychose, il a été diversement suivi dans les développements théoriques ultérieurs de ses autres chefs de file que sont devenus Lacan, Klein et, avec elle, D. W. Winnicott.

La conception de Freud

Freud, comme Kraepelin, à cette époque, voyait un lien entre paranoïa et catatonie (schizophrénie de E. Bleuler, leur élève commun) mais, contrairement à celui-ci, n'acceptait pas l'organogenèse qui leur était supposée. Il s'est donc efforcé à partir de sa propre théorie de la libido de mettre en évidence le fondement sexuel de toute psychose donnant la clef des différents types de délire dans une magistrale étude linguistique.

C'est dans l'analyse des *Mémoires d'un névropathe*, publiés en 1903 par le président de la cour d'appel de Saxe, le docteur en droit P.-D. Schreber, qu'il a trouvé les fondements de sa théorie des psychoses (1911), alors qu'il venait d'explorer la libido infantile (1907-1910) et juste avant d'élaborer sa conception du narcissisme (1914).

La psychose du président Schreber se déclencha lorsqu'il fut nommé président de la cour d'appel. De sa vie, il a été fait mention d'un véritable terrorisme pédagogique exercé par son père, qui était médecin (M. Mannoni, *Éducation impossible*, 1973). Ce père est l'auteur d'un traité d'éducation où une part majeure est faite au dressage avec le concours d'une « gymnastique thérapeutique » dont le but était d'éradiquer tout ce qu'il y a de mal chez l'enfant et de réprimer tout ce qui pouvait être de l'ordre du désir. Il eut un frère qui se suicida à l'âge de trente-huit ans. Sa vie conjugale, heureuse, fut ternie par l'absence d'enfant au foyer. Ces quelques éléments présentent un très grand intérêt dans la logique de son processus morbide. La maladie de Schreber débute en 1893 par quelques rêves où des symptômes, éprouvés neuf ans auparavant (hypocondrie grave, a-t-on dit), se répètent et où s'impose l'idée subite et saugrenue « qu'il serait beau d'être une femme subissant l'accouplement ». Les malaises physiques sont interprétés comme des persécutions exercées par le docteur Flechsig, accusé d'assassinat d'âme, celui-là même qui l'avait soigné et guéri antérieurement. Le président Schreber restera en maison de santé jusqu'en 1902 et le jugement qui lui rendit la liberté, rapporte Freud, contient le résumé de son système délirant dans le passage suivant : « Il se considérait comme appelé à faire le salut du monde et à lui rendre la félicité perdue mais il ne le pourrait qu'après avoir été transformé en femme. » Schreber estimait qu'au prix de son émasculation il avait un rôle rédempteur à jouer en devenant la femme de Dieu et en procréant un monde schrébérien. Car ce Dieu, substitut du docteur Flechsig, n'était entouré que de cadavres.

Freud, remarquant que le persécuteur désigné, le docteur Flechsig, avait été tout d'abord objet d'amour de Schreber (et de sa femme même, qui, en signe de reconnaissance, avait gardé des années sa photo sur son bureau), émet l'hypothèse d'une poussée de libido homosexuelle comme point de départ de toute la maladie.

Il s'appuie sur le fait que Flechsig a été pour le patient un substitut de ses objets d'amour infantiles, à savoir le père et le frère, tous deux décédés, au moment de l'explosion du délire, « le fond même du fantasme de désir devient le contenu de la persécution » écrit Freud.

Les avancées théoriques de Freud sur la libido infantile lui font porter le point faible des paranoïaques sur la fixation au stade de l'autoérotisme, du narcissisme et de l'homosexualité, étape obligée de toute construction libidinale où l'enfant prend pour objet d'amour le détenteur d'organes génitaux semblables aux siens, car il s'est d'abord aimé lui-même avec ses propres organes génitaux.

Freud ajoute qu'il en est exactement de même dans la schizophrénie : les psychosés ont une libido essentiellement tournée sur le corps propre.

Normalement, cette libido est sublimée dans les rapports sociaux, mais elle est un exercice périlleux pour le psychosé, qui a toujours affaire à l'autre ; le génie de Freud a été de faire remarquer que, dans les différents délires qui se constituent, tout revenait à contredire une proposition unique « moi un homme, je l'aime lui un homme », les différentes formes cliniques des délires épuisant toutes les manières possibles de formuler cette contradiction.

L'analyse linguistique qu'il en fait montre trois façons de contredire la proposition : contradiction du sujet, du verbe et de l'objet. Le délire de persécution opérera un renversement du verbe : « je ne l'aime pas, il me hait, je le hais parce qu'il me persécute » ; l'érotomaniaque refusera l'objet : « ce n'est pas lui que j'aime, c'est elle que j'aime », qui se transformera en un « c'est elle que j'aime parce qu'elle m'aime » ; enfin, le jaloux délirant ne reconnaîtra pas le sujet et transformera la proposition en « ce n'est pas moi qui aime l'homme, c'est elle qui l'aime ; ce n'est pas moi qui aime les femmes, c'est lui qui les aime ».

La proposition, ajoute Freud, peut même être rejetée en bloc : « je n'aime personne, je n'aime que moi », et il s'agit là du délire de grandeur.

Le problème théorique à résoudre pour Freud est alors de mettre au jour les liens entre projection et refoulement puisque, dans l'économie libidinale du psychosé, une perception interne est réprimée et, en ses lieu et place, parvient une perception venue de l'extérieur.

Il se pose ainsi la question d'un mécanisme qui serait propre à la psychose. S'appuyant sur la conviction de Schreber d'une imminence de la fin du monde, conviction rencontrée très souvent dans la paranoïa, Freud estime que le refoulement consisterait en un retrait des investissements libidinaux portés sur les personnes ou objets auparavant aimés et que la production morbide délirante serait une tentative de reconstruction de ces mêmes investissements, sorte de tentative de guérison ; alors, il fait cette remarque extrêmement importante que ce qui a été aboli du dedans (Verwerfung) revient du dehors ; mais, en ajoutant que le détachement de la libido doit être le mécanisme essentiel et régulier de tout refoulement, il laisse en suspens le problème même du détachement de la libido.

Après avoir élaboré sa seconde topique, Freud délimitera le champ de la psychose en un conflit entre le moi et le monde extérieur et celui de la névrose en un conflit entre le moi et le ça (*Névrose et Psychose*, 1924).

La perte de la réalité, conséquence de ces conflits que l'on voit aussi bien dans l'un et l'autre cas, serait un donné au départ dans la psychose, où il vaudrait mieux alors avancer qu'un substitut de réalité est venu à la place de quelque chose de forclos, alors que, dans la névrose, la réalité est remaniée dans un registre symbolique.

LES PERSPECTIVES DE LACAN

Lacan, dans le droit fil de la démarche freudienne, reprendra ses vues sur le narcissisme de 1914 et la question de la *forclusion* (allem. Verwerfung) pour construire sa théorie de l'échec de la métaphore paternelle, à la base de tout procès psychotique. Le narcissisme n'est pas seulement la libido investie sur le corps propre, mais c'est une relation imaginaire centrale dans les rapports interhumains : on s'aime dans l'autre et c'est là que se fait toute identification érotique et que se joue toute tension agressive (Lacan, *les Psychoses*, 1981).

La constitution du sujet humain est inhérente à la relation à sa propre image ; c'est ce que Lacan a conceptualisé par le stade du miroir, étape où l'enfant s'identifie à sa propre image. Cette image est son moi pour peu qu'un tiers le reconnaisse comme tel. Ainsi, d'une part, elle lui permet de différencier sa propre image de celle d'autrui ; elle lui évite d'autre part la lutte érotique ou agressive que provoque la collusion non médiatisée d'un autre à un autre, où le seul choix possible est « lui ou moi ». Dans cette ambiguïté essentielle où peut être le sujet, la fonction du tiers est donc de réguler cette instabilité fondamentale de tout équilibre imaginaire à l'autre. Ce tiers symbolique est ce que Lacan appelle le « Nom-du-Père » et c'est pourquoi la résolution du complexe d'Œdipe a une fonction normative.

Pour comprendre ce mécanisme, il faut se référer au jeu du désir inhérent au psychisme humain d'emblée pris dans un monde symbolique du fait que le langage lui préexiste. Le jeu du désir pris dans les filets du langage consistera à l'acceptation par l'enfant (allem. Bejahung) du fait du symbolique, qui l'écartera à jamais des signifiants primordiaux de la mère (refoulement originaire), ce qui permettra au moment de l'œdipe la métaphore paternelle : la substitution des signifiants liée au désir d'être le phallus maternel aux signifiants de la loi et de l'ordre symbolique (l'Autre). La pérennisation du désir se portant sur tout objet autre que la mère se trouvera assurée. S'il y a échec du refoulement originaire, il y a forclusion, rejet du symbolique, qui alors resurgira dans le réel, dit Lacan, au moment où le sujet sera confronté au désir de l'Autre dans une relation symbolique. L'Autre aussi bien que l'autre, le semblable, sera alors rejeté dans le jeu spéculaire.

Lacan indique que, dans tout le délire de Schreber, on repère la dissolution de l'autre en tant qu'identité dans une subjectivité spéculaire en dissolution. C'est ainsi que l'homosexualité de Schreber n'a rien à voir avec une perversion mais s'inscrit dans le procès même de la psychose. Le persécuteur n'est en effet qu'une simple image d'un autre avec qui la seule relation possible est l'agressivité ou l'érotisme, sans médiation du symbolique. Ce qui n'a pas été symbolisé chez Schreber est le signifiant père, la relation à la femme dans le symbole de la procréation, et l'échec de la métaphore paternelle pourrait bien être le fait que le père réel de Schreber se serait instauré en figure de la loi du désir et non en représentant de cette même loi, bloquant ainsi toute substitution signifiante.

Dans le champ de la névrose, il n'y a jamais perte de la relation symbolique. Tout symptôme est une parole qui s'articule ; le rapport à la réalité n'est pas obturé par une forclusion mais par une *dénégation* (allem. Verneinung).

LA CONCEPTION DE MELANIE KLEIN ET DE DONALD WOODS WINNICOTT

Tout autre est la position de Melanie Klein. Elle donne un rôle essentiel à la mère comme pourvoyeuse de bons et de mauvais objets et, comme telle, génératrice de tous les maux comme de tous les bienfaits ; dans les différentes étapes qui mènent à la résolution du conflit œdipien, la notion de clivage est fondamentale dans le système de concepts qu'elle a forgé pour tout le développement libidinal ; le clivage consiste en une oscillation perpétuelle entre agressivité et angoisse où les objets de désir jouent à la fois à l'extérieur et à l'intérieur du corps ; Lacan, admiratif de ses expériences, la dénommait « tripière de génie » tout en n'adhérant pas à sa façon de théoriser.

Pour Klein, dans le jeu perpétuel d'introjection de bons et de mauvais objets à l'intérieur du corps sous tendu par l'agressivité et l'angoisse inhérentes à la libido, qu'elle désigne de position schizoparanoïde, la psychose est la fuite vers le bon objet intérieur et la névrose la fuite vers le bon objet extérieur.

Se démarquant légèrement de Klein, Winnicott, faisant toujours la part aussi belle à la mère, dénonce le procès psychotique comme une maladie de la faillite de l'environnement ; le désinvestissement prématuré de la mère, ne permettant pas la substitution de bons objets, fixe l'enfant dans la position schizoparanoïde, d'où l'importance de l'objet transitionnel dans la conquête de l'indépendance du jeune enfant. Klein et Winnicott ont été à l'origine de tout le mouvement de l'antipsychiatrie (R. Laing et F. Cooper) et ont une large audience dans les pays anglo-saxons. L'influence de Lacan est prépondérante dans les pays francophones avec une large pénétration outre-Atlantique, notamment en Amérique latine. N. A.

→ délire, dépression, paranoïa, paraphrénie, hallucinatoire chronique (psychose), schizophrénie.

BIBLIOGRAPHIE

Ey, H., Bernard, P., et Brisset, Ch., 1960, *Manuel de psychiatrie*, Paris, Masson.
Freud, S., 1954 (trad. fr.), *Cinq Psychanalyses*, Paris, P.U.F.
Haley, J., 1972, *Strategies of Psychotherapy*, New York, Grune and Stratton.
Lacan, J., 1966, *Écrits*, Paris, Le Seuil.
Laing, R., et Esterson, A., 1971 (trad. fr.), *l'Équilibre mental, la folie et la famille*, Paris, Maspero.
Lidz, Th., 1964, *The Family and Human Adaptation*, Londres, Hogarth Press.
Manus, A., 1987, *Psychoses et névroses de l'adulte*, Paris, P.U.F.
Mendlewicz, J., 1987, *Manuel de psychiatrie biologique*, Paris, Masson.
Miermont, J., 1987, *Dictionnaire des thérapies familiales*, Paris, Payot.
Roelens, R., 1969, *Introduction à la psychopathologie*, Paris, Larousse.
Sechter, D., et Poirel, C., 1985, *Chronobiologie et psychiatrie*, Paris, Masson.
Watzlawick, P., Helmick-Beavin, J., et Jackson, D. D., 1967, trad. fr., 1972, *Une logique de la communication*, Paris, Le Seuil.

psychose maniaco-dépressive

(angl. Manic-Depressive Psychosis)

Maladie mentale caractérisée par des dérèglements de l'humeur, qui évolue par accès se détachant plus ou moins franchement les uns des autres et de l'état normal.

C'est en 1907 que le terme de *psychose maniaco-dépressive* est introduit par Deny et Camus en France. Reprenant l'ensemble des travaux de E. Kraepelin, ils définissent ainsi cette maladie : « C'est une psychose constitutionnelle, essentiellement héréditaire, caractérisée par la répétition, l'alternance, la juxtaposition ou la coexistence d'états d'excitation et de dépression. » Ils ajoutent qu'« elle comporte seulement trois groupes d'états différents, reliés, il est vrai, entre eux par de nombreuses formes intermédiaires, des états maniaques, des états dépressifs et des états mixtes ». Les liens unissant mélancolie et manie furent entrevus dès l'Antiquité par Hippocrate puis Aretê de Cappadoce, au Ier siècle apr. J.-C. C'est seulement au milieu du XIXe siècle, avec Baillarger et Falret, que l'alternance de la manie et de la mélancolie fut rattachée à une même affection. Le « spectre de la maladie maniaco-dépressive », tel que le décrit Kraepelin en 1889, inclut aussi les patients qui n'ont présenté que des épisodes dépressifs. Cette forme est appelée *psychose maniaco-dépressive unipolaire*. La *psychose maniaco-dépressive bipolaire* comporte la succession d'accès dépressifs et d'accès d'excitation. Dans ces deux formes de psychose maniaco-dépressive, la séquence et la durée des cycles comme la durée et la place de l'intervalle libre sont variables mais ne modifient pas le diagnostic. Ces deux formes diffèrent au niveau de l'hérédité, de l'âge de survenue des premiers troubles, de la symptomatologie des accès, de la personnalité entre les crises, de la réponse au traitement.

La psychose maniaco-dépressive est considérée comme une psychose endogène constitutionnelle dont l'évolutivité serait peu influencée par les facteurs psychologiques et environnementaux.

En 1974, Dunner et Fieve ont isolé les psychoses maniaco-dépressives à cycles rapides, qui avaient déjà été décrites par les auteurs du XIXe siècle et qui sont caractérisées par au moins quatre épisodes dysthymiques par an.

Plus récemment, un nouveau spectre bipolaire a été développé par Akiskal en 1983 : une manie franche définit le trouble bipolaire de type I. Dans les troubles bipolaires de type II, un épisode dépressif est suivi par des périodes hypomaniaques d'intensité plus légère. Le trouble bipolaire de type III est caractérisé par la succession d'épisodes dépressifs survenant chez des sujets ayant des antécédents familiaux de la psychose maniaco-dépressive bipolaire.

L'ACCÈS MANIAQUE

Le terme *manie* est utilisé depuis l'Antiquité pour désigner un état d'excitation. Le début en est souvent brusque, le malade devenant exubérant, hyperactif et insomniaque. L'accès maniaque est parfois précédé d'un signe prémonitoire.

DESCRIPTION

Lorsque la crise est installée, on est en présence d'un malade déambulant sans cesse, négligé dans sa tenue, tantôt hargneux et tantôt jovial. Dans cet état d'excitation, le malade ne peut se fixer à une tâche, même routinière ; les activités se succèdent rapidement, parfois ponctuées par des crises d'agressivité et de colère. Sur le plan des idées, cette excitation se manifeste par une logorrhée sans fin, marquée de jeux de mots, d'ellipses et d'onomatopées. Le jeu est une expression essentielle de cette agitation. Ces éléments sont toujours empruntés au monde extérieur : le malade fait entrer les personnes de son entourage et les événements actuels dans son jeu. Les idées s'enchaînent à grande vitesse, changeant à la vue d'un objet ou d'une consonance particulière. L'attention ne peut se fixer, le malade est distrait par la moindre sollicitation. L'humeur est faite de joie, d'optimisme et de confiance, elle est cependant très labile, l'euphorie laissant parfois la place à la colère, voire à la dépression. Les signes physiques rendent compte du degré d'agitation : tendance à la déshydratation, tachycardie, fièvre.

Dans cette agitation, les comportements instinctuels sont souvent perturbés : alcoolisation massive, hypersexualité avec exhibitionnisme, notamment contemporains de l'accès maniaque. L'insomnie est de règle, elle n'entraîne aucun épuisement. Le malade perçoit une accélération du temps, qui paraît se dérouler à vitesse surmultipliée.

Dans ce contexte d'expansivité, les initiatives exubérantes sont nombreuses : changer d'activité professionnelle pour une autre immédiatement, changer de résidence, partir en voyage, faire des achats inconsidérés.

ÉVOLUTION DE L'ACCÈS MANIAQUE

Depuis l'introduction de la chimiothérapie neuroleptique, l'agitation motrice et l'excitation psychique se réduisent en deux à trois semaines avec restauration du sommeil et régularisation de l'appétit. Un accès dépressif de plus ou moins forte intensité succède souvent à un accès maniaque.

L'ACCÈS MÉLANCOLIQUE

Généralement, c'est en quelques jours ou quelques semaines que se constitue l'accès mélancolique. L'intérêt porté au travail, aux loisirs, à la vie familiale et sociale ainsi que le sommeil se dégradent, le patient se plaint de fatigue que le repos ne répare pas ; une inquiétude, une irritabilité, une difficulté à vivre apparaissent. Le découragement, l'indécision, l'appréhension anxieuse de l'avenir imprègnent progressivement le déroulement de la vie quotidienne.

Lorsque l'accès est constitué, le malade est envahi d'un sentiment pénible de tristesse constante, d'un pessimisme pathologique dominé par le sentiment d'impuissance, d'incapacité et de dégoût de la vie. Il est abattu, sans réaction ou présente parfois une intolérance au bruit, des récriminations.

Le sentiment d'inutilité et de mésestime de soi provoque une angoisse vive. Le temps donne l'étrange impression d'être immuable. L'anesthésie affective, indifférence pour ce qui peut survenir d'heureux ou de malheureux, alterne avec des moments d'hypersensibilité douloureuse. L'anhédonie, ou incapacité d'éprouver du plaisir, caractérise les instincts du déprimé. Sur le plan intellectuel, tout effort de concentration, d'attention ne peut être tenu et entraîne une absence totale d'initiative. Sur le plan moteur, l'accès mélancolique est marqué par le ralentissement. Tous les actes de la vie quotidienne sont pénibles pour le mélancolique et sont assurés avec effort : se lever, faire sa toilette, se préparer à manger. Cependant, lorsque l'angoisse et l'appréhension submergent le déprimé, l'agitation domine le tableau. Les sentiments d'indignité et d'autoaccusation peuvent alors être responsables d'impulsions autoagressives particulièrement redoutables.

Les dérèglements somatiques sont constants dans la mélancolie, les troubles du sommeil sont fréquents avec un réveil matinal précoce, l'anorexie conduit parfois à un amaigrissement important. Une fatigue de plus en plus intense imprègne chaque instant de la journée.

Le risque de suicide doit toujours être redouté. Dans son désespoir, et persuadé de faire souffrir les autres, le déprimé devient convaincu que seule la mort peut être une délivrance.

L'accès mélancolique, dont l'évolution spontanée était évaluée à six mois, régresse actuellement sous antidépresseur en six semaines mais il est des accès très courts et d'autres beaucoup plus longs. Il existe aussi des mélancolies partiellement ou totalement résistantes aux médicaments. Un accès mélancolique occasionne au moins une réduction d'activités sociales de quatre mois en moyenne.

Différentes formes de l'accès mélancolique

L'accès mélancolique typique que l'on vient de décrire peut parfois prendre des particularités symptomatiques.

Dans la mélancolie délirante, le sentiment d'incapacité peut conduire à des élaborations délirantes plus riches. Certaines, en liaison avec l'humeur dépressive, les idées de culpabilité, d'indignité, d'incurabilité, de ruine, entraînent l'attente d'un châtiment.

Parfois le malade est convaincu d'avoir une maladie grave, allant même jusqu'à l'élaboration d'idées de négation d'organe. Des idées de persécution sont parfois au premier plan dans certaines populations, dans certaines cultures.

Les dépressions masquées occupent une place à part. Elles sont marquées par une fatigue intense, des troubles du sommeil résistant aux hypnotiques, des douleurs de sièges et d'intensités variables, un mal de tête. Les lombalgies sont les plus fréquentes ; parfois, ce sont des troubles digestifs ou des troubles sexuels. Tous ces symptômes ont une évolution périodique alternant avec des troubles de l'humeur manifestes aidant au diagnostic.

L'évolution de cette dépression masquée est longue, entachée de risque de suicide.

Les états mixtes

Au cours de ces états, des éléments dépressifs et des éléments d'excitation sont mêlés. Chez ces patients, l'humeur est changeante, labile, oscillant de la joie à l'abattement profond. L'agitation motrice et l'excitation intellectuelle sont de règle. Ces états sont des moments intermédiaires lorsque l'humeur s'inverse après un accès mélancolique ou après un accès maniaque.

Le trouble affectif saisonnier

On a décrit récemment un trouble affectif saisonnier touchant plus fréquemment les femmes jeunes.

Dans l'hémisphère Nord, l'accès dépressif survient entre octobre et décembre et guérit au début du printemps. Sa symptomatologie est caractérisée par une hypersomnie et une hyperphagie fréquente avec prédilection pour les sucres. Durant l'été, on observe un état proche de l'hypomanie. L'importance de l'ensoleillement a été reconnue par ces patients, dont certains choisissent de vivre au sud pendant l'hiver. Une thérapeutique par la lumière serait efficace.

La psychose maniaco-dépressive chez l'enfant

La succession d'accès dépressifs et d'accès maniaques chez l'enfant et chez l'adolescent est maintenant reconnue. Les symptômes de l'accès dépressif peuvent être classiques mais, plus souvent, ils peuvent être masqués par des troubles du comportement avec irritabilité ou agressivité et par des attitudes de repli. Les manifestations délirantes ne sont pas rares, à type d'incurabilité, de culpabilité, de mégalomanie. Les hallucinations auditives et visuelles sont particulières dans cette forme chez l'enfant.

L'épisode maniaque chez l'enfant et chez l'adolescent est marqué par une grande distractibilité, une fuite des idées, des symptômes délirants avec parfois des hallucinations auditives. Il est important de pouvoir reconnaître la cyclicité des troubles de l'humeur chez l'enfant car ces sujets peuvent bénéficier d'un traitement préventif efficace des rechutes par le lithium.

Épidémiologie

La prévalence des troubles de l'humeur bipolaires est identique chez les hommes et chez les femmes. L'âge de début des troubles est plus précoce pour les troubles bipolaires (25 à 30 ans) que pour les troubles unipolaires (30 à 35 ans). À l'heure actuelle, on estime le rapport unipolaire sur bipolaire proche de 2 pour 1 ; l'incidence annuelle de la psychose maniaco-dépressive bipolaire est comprise entre 9 et 15 pour 100 000 hommes et entre 7 et 32 pour 100 000 femmes. Une augmentation du taux de la morbidité pour l'ensemble des dépressions parmi les générations nées depuis 1940 a été mise en évidence. Les tentatives de suicide, les accidents rendent compte d'une surmortalité dans les troubles dépressifs par rapport à la population générale (10 à 20% des déprimés meurent par suicide). Un surcroît de mortalité pourrait aussi être lié aux pathologies cardio-vasculaires.

Facteurs de risques dans la psychose maniaco-dépressive

Un certain nombre de conditions semblent rendre l'individu vulnérable et le prédisposer à présenter cette maladie.

Le caractère familial de la psychose maniaco-dépressive est connu depuis longtemps mais il est davantage question de vulnérabilité génétique avec l'existence d'interactions possibles entre gènes et environnement. Le risque de maladie est accru à l'intérieur d'une famille ; il serait de 20% dans les familles de bipolaires, comparé au taux de 1 % dans la population générale. Il serait moindre, 1%, dans les familles de patients unipolaires. La concordance du trouble maniaco-dépressif entre jumeaux monozygotes est plus importante que chez les dizygotes.

Les premiers résultats des études des marqueurs génétiques montrent la multiplicité des gènes en cause dans la maladie maniaco-dépressive.

En dehors des facteurs de risques physiologiques (âge, sexe) et génétiques, un certain nombre de conditions biologiques accompagnent parfois une psychose maniaco-dépressive. Certaines maladies somatiques, notamment, coïncident avec des troubles de l'humeur à rechute, voire les déclenchent. La maladie de Parkinson, la sclérose en plaques, certaines tumeurs cérébrales ou certaines lésions vasculaires du système nerveux central peuvent être révélées par des troubles de l'humeur. Des épisodes maniaques ou dépressifs accompagnent certaines atteintes de la glande thyroïde, de la parathyroïde ou encore certaines atteintes de la glande surrénale. L'hypertension artérielle, l'alcoolisme ont un lien avec la répétition d'épisodes dépressifs.

Certains médicaments peuvent révéler d'authentiques psychoses maniaco-dépressives. Ce sont les anti-hypertenseurs à action centrale, les corticoïdes, les amphétamines. Le rôle des œstro-progestatifs reste très discuté.

De même, le rôle de certaines anomalies biochimiques a été évoqué dans la survenue d'une psychose maniaco-dépressive. En effet, certains médicaments ayant une action biochimique sur les monoamines cérébrales se sont montrés très efficaces dans le traitement et la prévention de cette maladie. Puisqu'un effet biochimique accompagne l'action thérapeutique de ces médicaments, on a pensé qu'ils pouvaient corriger une éventuelle anomalie biologique. Ces anomalies ont été recherchées au niveau de la biochimie du système nerveux central, notamment au niveau des substances médiatrices assurant la transmission entre les différents neurones. Les substances qui ont été le plus souvent impliquées et explorées dans la psychose maniaco-dépressive sont la sérotonine, la noradrénaline et la dopamine.

Ces hypothèses, non vérifiées à l'heure actuelle, supposent un excès de noradrénaline et/ou de dopamine dans le système nerveux central au cours de la manie et un déficit dans la dépression. Un déficit en sérotonine est parfois retrouvé dans la manie et dans la mélancolie et elle serait particulièrement réduite chez les patients suicidaires ou impulsifs et agressifs. D'autres hypothèses s'appuient sur la chronobiologie*. L'évolution cyclique de la psychose maniaco-dépressive est un argument en faveur d'une altération temporelle des cycles biologiques. Ces rythmes biologiques seraient désynchronisés dans cette maladie. Cela a été constaté au niveau de la température, au niveau de sécrétions hormonales, au niveau du sommeil. Au total, des perturbations ont été retrouvées chez certains malades mais elles sont inconstantes et ne permettent pas d'établir un diagnostic.

En dehors d'une vulnérabilité génétique et biologique évoquée dans la psychose maniaco-dépressive, il faut citer les facteurs de risques psychologiques, pouvant déclencher un épisode maniaque ou mélancolique. Il s'agit d'événements de la vie tels que la mort d'une personne aimée, la perte d'un travail, d'un logement, un préjudice, une humiliation, mais aussi une franche réussite ou une promotion. Ces événements ne constituent pas une condition suffisante au déclenchement d'une psychose maniaco-dépressive.

Caractéristiques thérapeutiques

Les neuroleptiques et les sels de lithium restent le traitement de choix de la crise maniaque. Les dépressions mélancoliques répondent favorablement aux antidépresseurs en trois à quatre semaines. Les dépressions d'origine psychologique répondent mieux aux psychothérapies. À l'heure actuelle, les thérapies comportementales ou collectives montrent une certaine supériorité par rapport aux autres psychothérapies dans cette indication. Les troubles de l'humeur saisonniers ont la caractéristique de bien répondre au traitement par la lumière. Une efficacité transitoire de la privation de sommeil est observée dans la dépression de la maladie.

Le deuxième temps thérapeutique de la psychose maniaco-dépressive repose sur le traitement préventif des rechutes. Ce traitement est justifié après la survenue de deux à trois épisodes aigus. C'est un traitement mis en route pour plusieurs années, reposant essentiellement sur l'utilisation des sels de lithium, qui a transformé la vie de ces malades. D'autres médicaments anticonvulsivants sont utilisés à l'heure actuelle, seuls ou en association au lithium dans cette indication. M.-F. P.-L.

Bibliographie

Freud, S., 1917, « Deuil et Mélancolie », in *Métapsychologie*, trad. fr. 1968, Paris, Gallimard.

Klein, M., 1947, « Contribution à la genèse des états maniaco-dépressifs », in *Essais de psychanalyse*, trad. fr. 1968, Paris, Payot.

Collectif « La Psychose maniaco-dépressive », numéro spécial (n° 14) de *Confrontations psychiatriques*, Paris, Specia.

psychose post-traumatique

(angl. Traumatic Psychosis)

Psychose survenant à la suite d'un traumatisme crânien.

La majorité des auteurs n'admettent pas cette notion même de psychose provoquée par un choc physique. Ils pensent qu'il ne s'agit pas d'états psychotiques, mais plutôt de syndromes confusionnels chroniques ; cependant, si le tableau clinique est celui d'une authentique psychose, ils pensent qu'elle existait déjà avant l'accident sous une forme patente ou latente. Certains auteurs, cependant, admettent, dans des conditions très strictes, qu'une telle affection puisse être réalisée. Au-delà des considérations étiopathologiques, l'intérêt pratique est celui que pose leur possible indemnisation (accident du travail, accident de la voie publique, etc.). M. G.

psychose puerpérale

(angl. Postpartum Psychosis)

Bouffée délirante polymorphe survenant chez une femme dans les jours suivant un accouchement, associant des éléments délirants centrés sur la naissance et la relation à son enfant à un état confuso-onirique et à des troubles thymiques.

Le plus souvent curable en quelques semaines, cette psychose subaiguë fait partie de la psychopathologie du post-partum*. J. P.

psychose réactionnelle

(angl. Situation Psychosis ou Reaction Psychosis)

→ réactionnelle (psychose).

psychosensoriel, elle

adj. (angl. Psychosensory)

Se dit d'une expérience perceptive dont les qualités sensorielles ne sont pas produites par des stimulations des organes des sens.

Il s'agit donc d'une expérience hallucinatoire. Le terme *trouble psychosensoriel* est d'ailleurs synonyme de celui d'*hallucination**. J. P.

psychosociologie

n.f. (angl. Psychosociology)

Synonyme de psychologie sociale.

→ sociale (psychologie).

psychosomatique

adj. (angl. Psychosomatic)

Se dit de ce qui concerne à la fois le corps et l'esprit, notamment à propos des atteintes viscérales organiques ou fonctionnelles provoquées partiellement ou totalement par des facteurs psychoaffectifs.

La *médecine psychosomatique*, qu'on a cru découvrir au début du XXe siècle, remonte en fait aux origines hippocratiques. Pour l'école de Cos, la maladie la plus somatique a toujours une partie de ses causes et un retentissement psychiques, l'homme étant un complexe psychosomatique qui doit être toujours traité dans sa totalité. Et même au siècle des Lumières, le médecin genevois M. Tissot décrivait longuement « l'influence des passions de l'âme dans les maladies et les moyens d'en corriger les mauvais effets ». Les influences du « moral » sur le « physique » étaient également bien décrites par G. Cabanis, P. Pinel et É. Esquirol. Mais ce n'est que depuis la réflexologie pavlovienne (avec la « médecine corticoviscérale » de C. Bykov) et surtout la psychanalyse que la causalité psychique d'affections organiques a été étudiée d'une manière plus scientifique en tentant, en particulier, d'établir des corrélations entre telle maladie et tel type de conflit, de personnalité ou de traumatisme affectif. C'est d'ailleurs là où l'on peut trouver ces corrélations que se situe le véritable domaine de la médecine psychosomatique, dont on peut dire qu'il s'agit plus d'un type d'approche des malades (C. Dejours) que d'une véritable spécialité médicale.

Cette démarche a été bien éclairée par la psychanalyse. L'explication la plus simple du trouble psychosomatique avait d'abord été cherchée du côté de la conversion hystérique (J. Delay), dont le mécanisme reste trop spécifique à une névrose pour qu'elle puisse être véritablement retenue ici, dans la perspective psychosomatique. C'est ensuite du côté de la recherche d'une symbolisation psychosomatique que d'autres analystes, et en particulier F. Alexander et l'école de Chicago, ont tenté d'expliquer la manifestation organique. Chaque maladie somatique devait alors correspondre à un type de conflit déterminé ou à un niveau précis de fixation ou de régression libidinale. Là aussi, l'interprétation s'est avérée assez hasardeuse et les corrélations recherchées ont été rarement évidentes. Du niveau de régression, on est tout naturellement passé au type de personnalité et de fonctionnement mental. L'école de Paris, avec M. Fain, P. Marty et J. Mac Dougall, s'est particulièrement illustrée dans ce domaine. Elle a rattaché l'expression morbide psychosomatique à la carence des fonctions symbolique et imaginaire chez le patient, qui ne disposerait que d'une pensée opératoire et serait forcé d'agir dans et par son corps sur les conflits et l'angoisse dont il souffre, dans une sorte de processus de psychose blanche.

De nombreux mécanismes endocriniens (H. Selye) et biochimiques ont été également recherchés. Mais P. Sifneos a introduit le concept nosologique d'alexithymie*, qui relie la maladie psychosomatique à un type de personnalité alexithymique assez caractéristique : il s'agit de patients tendus, rigides, éprouvant de grandes difficultés dans leur contact avec les autres et restant incapables d'exprimer leurs sentiments et leur état affectif. L'alexithymie apparaît donc comme cette incapacité d'établir des connexions entre les émotions et leurs représentations mentales. L'explication neurophysiologique serait l'absence de connexions entre les noyaux du système limbique (générateur d'émotions) et le néocortex. Cela engendrerait une hyperactivité du système neurovégétatif pouvant entraîner, sur certains terrains, la survenue de troubles somatiques (Sifneos). Comme on le voit, cette conception rejoint finalement celle de P. Marty. Un bon exemple d'alexithymie est fourni par les sujets ayant survécu à des expériences très traumatisantes (guerres) et qui pensent s'en être sortis grâce à leur insensibilité et au déni massif de leurs émotions. De retour à la vie normale, il y a conservation de cette ligne de conduite avec fréquente apparition de troubles somatiques.

Au traitement organique spécifique de la maladie, on associe généralement une prise en charge psychothérapique. Mais celle-ci reste difficile dans la mesure où le sujet est rarement demandeur et n'a guère de possibilité, comme on l'a vu plus haut, de s'exprimer avec aisance sur le plan émotionnel. Cette psychothérapie doit en plus aborder des conflits très archaïques, avec un transfert d'une relation maternelle particulièrement précoce (Mac Dougall), très proche de celui du psychotique, difficile à contrôler. Et le rétablissement de la « fonction imaginaire » (Sami-Ali) reste assez aléatoire. J. P.

BIBLIOGRAPHIE

Alexander, F., 1952, *la Médecine psychosomatique*, Paris, Payot.

Dejours, C., 1986, *le Corps entre biologie et psychanalyse*, Paris, Payot.

Marty, P., et coll., 1980, *l'Ordre psychosomatique, les mouvements individuels de vie et de mort*, Paris, Payot.

Sami-Ali, 1977, *Corps réel, corps imaginaire*, Paris, Dunod.

psychotechnique

n.f. (angl. Psychotechnics)

Ensemble des tests permettant de mesurer les aptitudes d'un individu.

Elle est souvent utilisée pour l'orientation et la sélection professionnelles. R. L.

→ différentielle (psychologie), psychométrie.

psychothérapie

n.f. (angl. Psychotherapy)

Toute utilisation de moyens psychologiques pour traiter une maladie mentale, une inadaptation ou un trouble psychosomatique.

Cette définition très large quant aux techniques susceptibles d'être utilisées et quant aux indications (qui peuvent, par le biais psychosomatique, recouvrir presque tout le champ de la pathologie organique) correspond à la très grande diversité des pratiques psychothérapiques et de leurs théorisations. Toutes les formes de psychothérapie peuvent cependant être ramenées, selon F. Guattari, à une « gestion savante et, si possible, améliorée de la relation interhumaine ». Elles vont donc impliquer trois termes essentiels :

— le patient porteur de symptômes ou inadapté ;

— l'opérateur thérapeutique à la fois dépositaire de connaissances et d'un savoir-faire spécialisé ;

— un moyen privilégié de communication.

À partir de ces trois éléments, on va trouver de nombreuses variations, qui tournent cependant pour la plupart autour d'un modèle privilégié dans notre culture occidentale de la fin du XXe siècle, celui de la psychanalyse*. Non pas que celle-ci soit seulement une psychothérapie. Elle ne l'est au contraire qu'accessoirement, étant d'abord une théorie psychopathologique et même une véritable doctrine à portée anthropologique et philosophique. Mais elle reste la grande référence théorique de beaucoup de psychothérapies actuellement pratiquées.

HISTOIRE DE LA PSYCHOTHÉRAPIE

C'est avec le magnétisme animal introduit à Paris en 1778 par F. A. Mesmer que commence la préhistoire de la psychanalyse, comme le rappelle H. F. Ellenberger dans *À la découverte de l'inconscient* (1974). Un disciple de Mesmer décrit le premier, en 1785, l'état de « somnambulisme provoqué » par les passes magnétiques. C'est le marquis A. M. J. de Chastenet de Puységur qui montre la relation particulière qui s'instaure entre le thérapeute et son « somnambule », relation « hypnotique », telle que l'appellera J. Braid lorsqu'il remplacera le terme de *somnambulisme* par celui d'*hypnotisme*. Et c'est l'école de Nancy, avec H. Bernheim, qui montre l'importance de la suggestion dans le déclenchement du sommeil hypnotique en s'opposant à J. M. Charcot, qui, à la Salpêtrière, le considère plutôt comme une manifestation de l'hystérie. Le jeune neurologue viennois S. Freud vient alors, en 1885, à la fois à Paris et à Nancy et détecte le premier, dans les phénomènes de l'hypnotisme, l'action d'un inconscient qu'il va découvrir peu à peu. Revenu à Vienne, et travaillant avec son maître J. Breuer sur des cas d'hystérie* traités par hypnose, il se rend compte que la plupart des manifestations de cette névrose sont d'origine inconsciente, exprimant dans des conversions corporelles un conflit refoulé par la conscience. Et c'est en abandonnant la méthode hypnotique, et en laissant parler ses patients (angl. Talking Cure) livrés à l'association libre de leurs idées, qu'il précise progressivement les grands principes de la psychanalyse, dont le but est à la fois la mise en évidence du transfert (→ transfert 2) et l'interprétation des défenses et fantasmes, conduisant à une explication étiologique sexuelle des névroses.

DIVERSITÉ DES MÉTHODES

Avec le développement de la psychanalyse vers les années 1930, on arrive à une situation où celle-ci va occuper une place centrale, à partir de laquelle la plupart des autres psychothérapies vont se situer, plus ou moins loin de ce centre. Cela donne une sorte de « classification concentrique » (D. Lagache) de ces dernières : au centre, la psychanalyse dans sa forme la plus rigoureuse de « cure-type » avec le dispositif technique du divan, le principe de l'association libre et la neutralité de l'analyste ; au pourtour viendraient toutes les variantes de cette cure-type, caractérisées par des modifications techniques qui ont pour but d'éviter le développement d'une situation thérapeutique inaccessible aux moyens proprement analytiques. C'est d'abord le remplacement du divan par le face-à-face, en particulier avec les enfants, les psychotiques, les délinquants. Développée par A. Freud et M. Klein, la psychanalyse des enfants représente le domaine des tentatives les plus élaborées et les plus fructueuses. Enfin, à la périphérie, se situent les psychothérapies d'inspiration psychanalytique.

L'hypnose* connaît un regain d'intérêt, surtout dans les pays anglo-saxons, avec l'hypnoanalyse. Le rêve éveillé dirigé de R. Desoille s'en rapproche. La « cure courte » cherche à réaliser une psychothérapie plus rapide que la psychanalyse en utilisant les concepts psychanalytiques. On lui rattache la thérapie analytique de F. Alexander, dont la stratégie s'inspire de la connaissance psychanalytique théorique et technique, le raccourcissement de la cure étant non un but mais un résultat heureux ; les psychanalyses et psychothérapies de groupe ; les théâtrothérapies et, en particulier, leur forme la plus connue, le psychodrame de J. L. Moreno ; enfin, la psychothérapie sous narcose, dite « narcoanalyse » (J. Delay, P. Cossa).

PSYCHOTHÉRAPIES DIRECTIVES ET NON-DIRECTIVES

On peut aussi distinguer des psychothérapies selon qu'elles sont directives ou non-directives. Dans les premières, le psychothérapeute prend plutôt le rôle d'un parent autoritaire, et le patient celui de l'enfant qui obéit. L'hypnose et la suggestion en sont les formes les plus typiques, mais ce ne sont pas les seules. Le thérapeute peut intervenir dans les décisions pratiques et l'organisation de la vie. Dans d'autres formes, la personnalité est abordée du côté de la motivation (besoin, émotion) et le psychothérapeute prend un rôle plus maternel de réconfort, soutien, encouragement. Plus rarement, la personnalité est abordée sous son aspect intellectuel : le thérapeute expose des principes d'hygiène mentale, dégage des mécanismes psychologiques, refait avec le patient une étude de sa vie et de sa personnalité. Toutes ces approches peuvent se combiner, comme c'est souvent le cas dans les *psychothérapies de soutien*, qui sont en général du type d'une psychothérapie directive ou autoritaire, faisant appel à la suggestion, à la persuasion, au raisonnement.

À l'inverse, la psychothérapie non-directive *centrée sur le client* (angl. Client-Centered), élaborée par C. Rogers, se veut encore plus libérale et neutre que la psychanalyse. Avec Rogers, il n'est pas question d'interpréter, pas même de clarifier, de reformuler ce que le patient a dit. Le psychothérapeute se borne à écouter, à jouer le rôle de catalyseur dans les progrès du patient dans sa connaissance de soi et son développement personnel. Il n'y a pas lieu ici de discuter de l'efficacité de la psychothérapie non-directive ni de l'insuffisance éventuelle des interventions du psychothérapeute « non-directif ». Il est possible que la psychothérapie non-directive comporte une part d'illusion, dans la mesure où la non-intervention extérieure se prend pour un libéralisme profond et, se privant d'une certaine liberté d'allure, devient un rigorisme. « Quoi qu'il en soit, la psychothérapie non-directive constitue, au moins par ses principes, le dernier terme d'une série continue dans laquelle les psychothérapies se situent selon le rôle plus ou moins directif du thérapeute et, corrélativement, le rôle moins ou plus autonome du patient » (D. Lagache).

Psychothérapies comportementales et cognitives

Dans une perspective bien différente, et en s'écartant résolument de toute référence freudienne, se situent les psychothérapies comportementales et les psychothérapies cognitives, d'apprentissage. Elles ont pris, depuis quelques années, une importance grandissante et paraissent plus faciles à maîtriser que les psychothérapies analytiques. Les premières traitent directement le symptôme, considéré en lui-même comme pathogène et s'auto-entretenant. Il n'est donc pas question de chercher à intervenir sur la personnalité globale du patient. S'adressant surtout aux obsessionnels et aux phobiques, les thérapies comportementalistes font appel à des techniques de déconditionnement, de désensibilisation s'inscrivant dans un « programme thérapeutique », qui reste cependant spécifique à la problématique personnelle de chaque malade.

Les thérapies cognitives, introduites en particulier par A. Ellis (1962) et par A. Beck (1973) dans le traitement de la dépression, visent à orienter le patient vers une « prise de conscience rationnelle de ses comportements pathologiques » en lui permettant de réformer certains de ses jugements et son appréhension perceptive du monde extérieur.

Les thérapies corporelles

Il faut également citer les thérapies corporelles, à la fois centrées sur la relaxation*, la recherche d'une détente musculaire et une « restructuration de l'image du corps » (G. Pankow). Ces thérapies ont parfois utilisé des techniques asiatiques anciennes du type yoga ; elles font aussi souvent appel à des philosophies religieuses comme le zen pour la gestaltthérapie* de F. Perls ou la thérapie de S. Morita. Elles peuvent parfois s'entourer d'une instrumentation sophistiquée comme dans le biofeedback, où l'intervention de l'électronique permet un contrôle continu de la détente musculaire recherchée. Il est certain qu'on pourrait étendre presque à l'infini la liste des techniques psychothérapiques utilisées. Le livre de W. S. Salakian, de 1969, en décrivait déjà une trentaine pour ne citer que les principales. Actuellement, on en répertorie plus de deux cents (P. Gérin). De toute façon, comme l'écrivait D. Lagache en 1956, « aucune psychothérapie n'est une panacée universelle ».

Vers un bilan

Cela pose très nettement la question de la valeur et de l'efficacité de ces différentes techniques, problème qui est resté longtemps sans solution, chaque école, chaque chapelle défendant jalousement l'intérêt de sa méthode et ses succès thérapeutiques, rejetant généralement de son sein tous les esprits trop critiques, qu'ils soient thérapeutes ou patients. Depuis quelques années, on a enfin commencé une approche comparative, objective et même quantitative du problème. Gérin et son équipe de l'unité 265 de l'I.N.S.E.R.M. ont entrepris une évaluation de ces diverses psychothérapies, dans une étude multicentrique, avec une méthodologie aussi rigoureuse que le permet une telle recherche. Leurs conclusions restent actuellement particulièrement prudentes. Et il leur a paru seulement possible de définir des indicateurs de changement permettant de reconnaître qu'il y avait eu, sinon guérison, du moins un véritable « processus de changement » (E. Marc) durant la psychothérapie. On se souvient encore de l'article de H. J. Eysenck (1952) qui déclarait que les deux tiers des névrosés « s'améliorent quel que soit leur traitement, et qu'ils soient traités ou non ». Une étude comparative de M. L. Smith et G. V. Glan (1977), par l'analyse de 475 travaux sur différents types de psychothérapie, n'avait pas montré de différences bien significatives dans les résultats thérapeutiques obtenus. Et L. Prioleau, M. Murcloch et R. Brody, à la suite d'une analyse comparative entre les effets de certaines psychothérapies et ceux d'un placebo, concluaient que « les bénéfices de la psychothérapie n'étaient pas supérieurs à ceux du placebo chez de vrais malades » (*The Behavioral and Brain Sciences*, 1984, 6, 275-285). Il est donc encore difficile de se prononcer sur la valeur de telle ou telle psychothérapie. Très vite apparaissent des attitudes passionnelles, qu'elles soient favorables ou défavorables à telle ou telle psychothérapie. Et, pour beaucoup de psychothérapeutes, une telle démarche évaluative passe encore pour « sacrilège, étant donné la prétention qu'elle suppose d'appréhender dans sa globalité un domaine aussi complexe » (N. Sinelnikoff). J. P.

Bibliographie

Ellis, A., *Reason and Emotion in Psychotherapy*, New York, Lyle Stuart.
Freud, S. (trad. fr.), 1953, *De la technique psychanalytique*, Paris, P.U.F.
Gérin, P., 1984, *l'Évaluation des psychothérapies*, Paris, P.U.F.
Salakian, W. S., 1969, *Psychotherapy and Counselling*, Chicago, Rand McNally College Publ.
Sinelnikoff, N., 1987, *les Psychothérapies*, Paris, M. A. éd.
Wolpe, J., 1982, *The Practice of Behavior Therapy*, New York, Pergamon.

psychotique

adj. et n. (angl. Psychotic)

Se dit d'une personne qui est atteinte d'une psychose.
◇ adj. **Qui relève d'une psychose ; qui caractérise une psychose.**

Les malades psychotiques sont donc ceux qui souffrent de schizophrénie, de psychose maniaco-dépressive ou d'un délire chronique (paraphrénie, psychose hallucinatoire chronique, paranoïa). Les caractéristiques de la psychose sont essentiellement la rupture avec la réalité extérieure, la diminution ou la perte de la capacité à communiquer, l'étrangeté des troubles, qui restent incompréhensibles, et l'absence de conscience de leur morbidité (à l'inverse de la présence de celle-ci dans les affections névrotiques). J. P.

psychotisme

n.m. (angl. Psychotism)

Selon H. J. Eysenck, l'un des trois facteurs constitutifs de la personnalité.

Eysenck a mentionné ce troisième facteur de personnalité comme venant s'ajouter aux deux facteurs fondamentaux de sa théorie, l'extraversion-introversion et le névrosisme. Ces trois dimensions sont mutuellement indépendantes d'après les analyses factorielles de questionnaires de personnalité. Les sujets ayant des notes élevées en psychotisme sont froids, impersonnels, hostiles, non-émotifs, peu enclins à aider autrui. M. R.

psychotonique

adj. et n.m. (angl. Psychotonic)

Se dit de substances variées exerçant une activité stimulante et parfois dangereuse sur le psychisme.

Les psychotoniques comportent des produits comme la caféine, les amphétamines, la noix vomique, les sels d'arsenic, l'heptaminol, dont l'action peut être très nocive. R. L.

psychotrope

n.m. (angl. Psychotropic Drug ou Mind Altering Drug)

Substance naturelle, semi-synthétique ou synthétique, susceptible de modifier l'activité mentale (au niveau de la vigilance, des perceptions, du cours de la pensée, de l'humeur).

Le terme, dû à J. Delay, est contemporain de la révolution pharmacologique des années 1950, qui devaient voir la naissance et le développement spectaculaire de la *psychopharmacologie*. L'emploi en 1952 de la phénothiazine, premier neuroleptique (H. Laborit, J. Delay, P. Deniker) dans le traitement des troubles psychotiques, bouleversa les traitements en psychiatrie. En 1954, le méprobamate fut le premier tranquillisant moderne, relayé à partir de 1958 par le chlordiazépoxyde, premier anxiolytique de la série des benzodiazépines. Avec l'imipramine (1957) naît une nouvelle série de psychotropes, les antidépresseurs.

Classification

Delay propose une classification des psychotropes, adoptée par le Congrès mondial de psychiatrie en 1961, basée sur la notion de «tonus mental» de P. Janet. Les médicaments sont regroupés en fonction de leur action dominante sur le niveau de vigilance et l'humeur. Avec Deniker, on peut distinguer trois catégories.

Les psycholeptiques

Les psycholeptiques sont des dépresseurs de l'activité psychique. Ce sont:

1. les *hypnotiques* (somnifères): barbituriques ou non-barbituriques (souvent de la série des benzodiazépines);
2. les *tranquillisants* et *sédatifs*, (anxiolytiques, calmants...), surtout la série des benzodiazépines (dérivés du diazépam);
3. les *neuroleptiques*, définis par des critères précis (Delay et Deniker, 1957), à savoir:
   — la création d'un état d'indifférence psychomotrice;
   — l'efficacité à l'égard des états d'excitation et d'agitation;
   — la réduction progressive des troubles psychotiques aigus et chroniques (ainsi qu'action antagoniste des hallucinogènes);
   — la production de syndromes extrapyramidaux et végétatifs;
   — des effets sous-corticaux dominants.

   Il existe aujourd'hui toute une gamme de neuroleptiques, des plus sédatifs (phénothiazine) aux plus désinhibiteurs (carpipramine, triflupéridol), etc.
4. les *thymorégulateurs*, utilisés pour prévenir les rechutes des psychoses maniaco-dépressives; il s'agit d'une nouvelle catégorie de psycholeptiques (sels de lithium).

Les psychoanaleptiques

Les psychoanaleptiques sont des stimulants de l'activité psychique. Ce sont:

1. les *noo-analeptiques*, ou stimulants de la vigilance: les *excitantia* classiques de L. Lewin (café, etc.), auxquels s'ajoutent les amphétamines;
2. les *thymoanaleptiques*, ou *antidépresseurs* (imipramine, IMAO, etc.).

Les psychodysleptiques

Les psychodysleptiques sont des perturbateurs du psychisme. Ce sont:

1. les *hallucinogènes*, ou onirogènes;
2. les *stupéfiants*;
3. l'alcool et les autres *inebriantia* de Lewin.

L'utilisation des psychotropes

L'apparition de médicaments efficaces a contribué à faire disparaître quasiment la panoplie des «traitements de choc» utilisés en psychiatrie: contention, cures de Sackel, électrochocs, voire lobotomies ou autres interventions neurochirurgicales. Certaines utilisations de ces médicaments n'ont pas eu beaucoup de suite: les cures de sommeil ne gardent que peu d'indications, la «narcoanalyse» ou la subnarcose amphétaminée sont à peu près abandonnées, de même que les expériences de traitement avec des hallucinogènes. La gamme des neuroleptiques est employée dans le traitement symptomatique des manifestations aiguës de psychose: états délirants aigus, hallucinations, agitation maniaque, etc. Ils sont souvent proposés comme traitement au long cours, avec notamment l'emploi de neuroleptiques-retard. À côté de l'emploi d'antidépresseurs, les sels de lithium, de peu d'action psychotrope, ont un effet préventif sur les accès de psychose maniaco-dépressive.

Au-delà donc de leur fonction de traitement symptomatique, tous ces produits ont relancé l'abord biologique des troubles psychiatriques. Ces recherches pharmacologiques rejoignent la neurophysiologie, notamment à travers l'étude des neuromédiateurs.

Mais, au-delà des progrès dans le traitement ou la recherche biologique sur les troubles psychiatriques, l'utilisation des médicaments psychotropes est devenue un élément socioculturel fondamental de nos sociétés. Depuis les années 1960, la consommation de psychotropes est en hausse constante, et, en 1985, la France devait en dépasser un chiffre de vente de 200 millions de boîtes par an. La prescription de ces médicaments dépasse donc de fort loin le cadre spécialisé de la psychiatrie. Tranquillisants, hypnotiques, prescrits par les médecins de famille, constituent un progrès indéniable en thérapeutique. Mais la différence est souvent difficile à faire entre une prescription ponctuelle justifiée et certaines formes d'abus: à peu près tous les psychotropes sont susceptibles de donner lieu à une accoutumance et nombre de sujets en viennent à ne plus pouvoir se passer de «leur» tranquillisant, de «leur» pilule pour dormir. Selon un rapport récent (CREDOC), en 1987, les Français ont utilisé 76,7 millions de boîtes d'hypnotiques et de sédatifs et 87,9 millions de boîtes de tranquillisants. Ces prescriptions sont majoritairement destinées aux femmes (2/3 pour 1/3 d'hommes) et aux personnes de plus de 50 ans; 16% des nourrissons de 9 mois auraient absorbé des tranquillisants. Doit-on voir dans cet état de fait, avec T. Szasz, une preuve de la sacralisation de la chimie et de l'influence d'un pouvoir médical remplaçant l'ancien pouvoir religieux? Ou doit-on admettre que les psychotropes sont appelés — au-delà de simples médicaments — à devenir des produits «de confort», que les usagers doivent apprendre à utiliser eux-mêmes? Ces débats renvoient aux réflexions sur la santé publique et les libertés individuelles: ils sont au centre de la prévention en matière de toxicomanie.

Psychotropes et toxicomanie

L'abus franchement toxicomaniaque de psychotropes, généralement dans le cadre d'une polytoxicomanie, ne représente donc qu'une petite part de ce vaste problème. Toutefois, toute substance psychoactive est susceptible de donner lieu à abus, sinon à dépendance physique. La différence entre psychotropes et drogues est liée à la culture, à l'histoire, à la mode et aux lois plus qu'à la pharmacologie. Toutes les drogues majeures (héroïne, cocaïne, barbituriques, amphétamines...) ont pu être utilisées comme médicaments. La convention de Vienne de 1971 sur les psychotropes, destinée à limiter les abus et les problèmes de santé publique, est calquée sur la convention unique de 1961 sur les stupéfiants. La législation tend à réserver les substances les plus actives à un usage contrôlé médicalement.

Il existe en quelque sorte un parallèle entre la quête individuelle du toxicomane et la recherche médicale ou scientifique: quête de toute-puissance et d'immortalité, quête du bonheur sous la forme de sensations immédiates et maîtrisables: toxicomanes et chercheurs, comme Gilgamesh recherchant la plante de l'éternelle jeunesse ou Perceval en quête du Graal, sont à la poursuite de l'élixir de jouvence ou de la pilule du bonheur. M. V.

Bibliographie

Deniker, P., 1966, *la Psychopharmacologie*, Paris, P.U.F., «Que sais-je?».
Deniker, P., 1987, *Psychopharmacologie*, Paris, Ellipse.

puberté

n.f. (angl. Puberty)

Ensemble des modifications qui permettent à un individu d'accéder aux fonctions de reproduction.

La puberté marque, dans l'espèce humaine, le passage de l'enfance à l'adolescence. Elle couvre une période au cours de laquelle le rythme de croissance s'accélère, où apparaissent les caractères sexuels secondaires (barbe, pilosité pubienne, mue de la voix), les premières règles chez la femme, l'érection du pénis suivie de l'éjaculation chez l'homme.

L'âge où intervient la puberté varie de quelques mois à deux ans selon les sociétés, c'est-à-dire selon les conditions de vie. Il se situe, dans les pays occidentaux autour de 12 ans chez la femme et de 14 ans chez l'homme. D'après les enquêtes menées depuis la seconde moitié du XIXe siècle dans ces pays, la puberté serait aujourd'hui plus précoce qu'il y a cent ans.

Elle peut être cause de malaises et de troubles psycho-biologiques (anorexie de la jeune fille).

Elle semble influencer une orientation particulière de la vie mentale, dans laquelle prédominent l'élargissement de l'horizon temporel et les projets à long terme. H. B.

BIBLIOGRAPHIE

Laphane, R. et D., et Lasfargues, G., 1971, nouvelle éd. 1978, *la Puberté*, Paris, P.U.F., « Que sais-je ? ».

Rodriguez-Tomé, H., 1972, *le Moi et l'Autre dans la conscience de l'adolescent*, Neuchâtel, Delachaux et Niestlé.

Pulfrich (pendule de)

→ illusion.

pulsion

n.f. (angl. Drive ou Instinct ; allem. Trieb)

Dans la théorie analytique, énergie fondamentale du sujet, force nécessaire à son fonctionnement, qui s'exerce au plus profond de lui.

Cette force ayant des formes multiples, il convient généralement de parler plutôt des pulsions que de la pulsion, hormis dans le cas où l'on s'intéresse à leur nature générale — aux caractéristiques communes à toute pulsion. Celles-ci sont au nombre de quatre : elles ont été définies par S. Freud comme étant la source, la poussée, l'objet et le but. Elles déterminent la nature de la pulsion : d'être par essence partielle, ainsi que les différents devenirs des pulsions — leurs différents sorts : renversement, retournement, refoulement, sublimation, etc.

L'HISTOIRE DU CONCEPT CHEZ FREUD

La pluralité pulsionnelle suppose la notion d'opposition ou de dualité. Pour la psychanalyse, les différentes pulsions se rassemblent finalement en deux groupes qui fondamentalement s'affrontent. De cette opposition naît la dynamique qui supporte le sujet, c'est-à-dire la dynamique responsable de sa vie. Cette notion de dualité a toujours été considérée par Freud comme un point essentiel de sa théorie ; elle est en bonne partie à l'origine de la divergence, puis de la rupture, avec C. G. Jung, qui se montrait, lui, de plus en plus partisan d'une vision moniste des choses.

Dans l'approche du concept de pulsion, une première difficulté consiste à résister à la tentation psychologisante, la tentation de comprendre vite, qui tendrait par exemple à assimiler la pulsion à l'instinct, à donner le nom de *pulsion* à ce qui resterait d'animal en l'être humain. Les premières versions, en français comme en anglais, des textes freudiens ont favorisé ce malentendu en proposant presque systématiquement de traduire par *instinct* le terme allemand *Trieb*.

Une deuxième difficulté provient du fait que la notion de pulsion ne renvoie pas directement à un phénomène clinique tangible — quoi qu'on ait pu en dire —, pas plus qu'elle n'a d'implications directes dans la technique analytique, dans le maniement du transfert ou la direction de la cure. Si le concept de pulsion rend bien compte de la clinique, c'est parce qu'il dirige un ensemble théorique forgé à partir des exigences de celle-ci, et non parce qu'il témoigne d'une de ses manifestations particulières.

D'un point de vue épistémologique, le terme de *pulsion* apparaît assez tôt dans l'œuvre freudienne, où il vient donner le rang de concept à une notion assez mal définie, celle d'énergie. Dès ce moment, il prend très vite une position essentielle dans la théorie analytique, jusqu'à en devenir véritablement la clef de voûte, place qu'il occupera encore dans les derniers textes de Freud. Mais cette place n'est pas seulement due au rôle fondateur de la métapsychologie qu'a le concept : elle est motivée aussi par la difficulté même du concept et par sa résistance intrinsèque, en quelque sorte, à livrer à Freud ce qu'il en attend, à lui dévoiler certains horizons mystérieux. « La théorie des pulsions, écrit-il en 1915, est la question la plus importante mais aussi la moins achevée de la doctrine psychanalytique. »

Chez J. Lacan, la pulsion garde, voire accroît encore, cette place théorique. Elle est pour lui l'un des quatre concepts fondamentaux de la psychanalyse, avec l'*inconscient*, le *transfert* et la *répétition*, et justement celui qui s'avère le plus délicat à élaborer. Elle constitue aussi le point limite où saisir la spécificité du désir du sujet, elle en révèle, par sa structure en *boucle*, l'aporie, elle permet de dresser une véritable topologie des bords et elle apparaît finalement comme l'un des principaux modes d'accès théoriques au champ du réel, ce terme de la structure lacanienne qui désigne ce qui est, pour le sujet, l'impossible.

LA CONCEPTION FREUDIENNE

C'est en 1905, dans *Trois Essais sur la théorie de la sexualité*, que Freud utilise pour la première fois le terme de *pulsion* et qu'il en fait, du même coup, un concept déterminant. Mais, dès les années 1890, comme en témoigne sa correspondance avec W. Fliess et l'*Esquisse d'une psychologie scientifique*, il est très préoccupé par ce qui donne à l'être humain la force de vivre et aussi par ce qui donne aux symptômes névrotiques la force de se constituer. Déjà il soupçonne que ces forces sont les mêmes et que c'est leur détournement qui, dans certains cas, provoque les symptômes. À cette époque, il essaie de distinguer parmi ces forces deux groupes, qu'il appelle « énergie sexuelle somatique » et « énergie sexuelle psychique », et il introduit même la notion de libido. Puis son intérêt le porte davantage vers les théories du fantasme et du refoulement et il découvre les formations de l'inconscient. En 1905, donc, ayant dûment exploré le « comment » de la névrose, il revient à la question fondamentale qu'il se posait auparavant, celle du « pourquoi », celle des énergies en œuvre dans les processus névrotiques.

Le problème est que justement les mécanismes de formation des symptômes névrotiques dissimulent la nature des forces sur lesquelles il s'exercent. Aussi, pour accéder à l'intelligence de ces dernières, Freud est-il obligé d'emprunter un chemin détourné. Il est deux domaines, pense-t-il, qui permettent d'observer « à ciel ouvert » — c'est-à-dire suffisamment libre de refoulement — ce jeu des pulsions qui constitue le moteur des névroses et le moteur du sujet humain. Ces deux domaines sont respectivement celui des perversions — où le refoulement n'est guère efficace — et celui des enfants, ces « pervers polymorphes » — avant que le refoulement n'y ait trop opéré.

L'étude des perversions va donc lui fournir le biais pour cerner les caractéristiques et les modes de fonctionnement des pulsions. Mais, incidemment, cela lui donne aussi les arguments à l'appui de la thèse sur la sexualité infantile — qui sera jugée parfaitement inacceptable à l'époque — et les moyens d'élaborer une théorie générale de la sexualité.

Dans les *Trois Essais* (1905), Freud précise d'abord la nature de la pulsion sexuelle — la libido : il lui apparaît qu'il n'y a plus lieu de la partager entre les versants «somatique» et «psychique». Au contraire, il lui semble désormais qu'elle se répartit sur ces deux versants et entre eux et que c'est cette position frontière qui la définit au mieux, comme finalement toute pulsion. «La pulsion, écrit-il, est le représentant psychique d'une source continue d'excitation provenant de l'intérieur de l'organisme.» Il montre ensuite que, sur le plan sexuel, n'importe quel point du corps peut en fait aussi bien être à l'origine d'une pulsion qu'à son aboutissement, comme en témoignent à l'occasion les «perversions d'objet». En d'autres termes, n'importe quel lieu du corps peut être ou devenir zone érogène, du moment qu'une pulsion l'investit. Cette constatation a plusieurs implications: en premier lieu, celle de la multiplicité des pulsions, puisque leurs origines et leurs buts sont fort nombreux; en deuxième lieu, celle de leur difficulté à tendre vers une fin commune, c'est-à-dire de leur difficulté, voire de leur quasi-impossibilité, à s'unifier, puisqu'elles peuvent se contenter de buts partiels et fort différents les uns des autres; en troisième lieu, celle de la précarité de leurs devenirs, puisque ceux-ci se montrent finalement aussi variés et mouvants que les buts eux-mêmes.

Enfin, il propose de bien distinguer le groupe des pulsions sexuelles (qui, dans certaines conditions — entre autres quand elles ne sont pas «déviées» sur l'une des voies que l'on qualifie de perverses —, permettent à l'être humain de se reproduire) d'un autre groupe de pulsions, qui, lui, a plutôt pour fonction de maintenir en vie l'individu. Ce second groupe englobe les pulsions qui poussent le sujet à se nourrir, à se défendre, etc., c'est-à-dire les pulsions d'autoconservation, que Freud ne tarde pas à dénommer plutôt *pulsions du moi* pour insister non pas tant sur leur fonction (la survie) que sur l'objet de cette fonction: l'individu lui-même.

Freud définit ainsi les pulsions comme étant à l'interface du somatique et du psychique, souligne leur diversité (et donc leur pluralité), indique la fréquence de leur inachèvement (et donc leur caractère partiel, leur manque d'unification et l'incertitude de leurs destins) et postule deux types principaux et opposés de pulsions: les pulsions sexuelles et les pulsions du moi.

Quelques années après, en 1914, Freud met en avant une nouvelle notion, celle de narcissisme — l'amour que le sujet porte à un objet très particulier: lui-même. Ce nouveau concept lui fournit une clé supplémentaire pour aborder une partie du champ des psychoses — des psychonévroses narcissiques, comme il les appelle à l'époque — mais l'oblige aussi à reconsidérer cette opposition qu'il tenait pour fondamentale entre pulsions sexuelles et pulsions du moi. En effet, à partir du moment où il admet qu'il existe un véritable rapport d'amour entre le sujet et son propre moi, il lui faut aussi admettre qu'intervient une libidinalisation de l'ensemble des fonctions du moi — que celles-ci ne répondent pas simplement à la logique de l'autoconservation mais sont également érogénéisées —, que la préservation du moi ne rentre pas uniquement dans le registre du besoin mais aussi, et finalement surtout, dans celui du désir. Dès lors, donc, que le moi est aussi objet sexuel, il en découle que la distinction entre pulsions sexuelles et pulsions du moi n'a plus lieu d'être. Freud la remplace alors par celle de pulsions du moi et de pulsions d'objet. Très provisoirement car il lui apparaîtra assez vite que cette deuxième opposition n'est pas plus tenable: c'est la théorie du narcissisme elle-même qui la dément puisqu'elle montre précisément que le moi est un véritable objet pour le sujet. Moi et objet sont donc, en fait, à mettre sur le même plan, en tout cas pour ce qui concerne leurs pulsions.

Une autre étape, presque simultanée, l'amène à parfaitement préciser les caractéristiques des pulsions. Elle intervient avec la *Métapsychologie* (1917), recueil initial de douze articles qui ont pour objet de livrer les fondements de la psychanalyse. L'article princeps — l'un des cinq à ne pas avoir été détruit par Freud lui-même — est intitulé *les Pulsions et leurs sorts*. La première partie, après un très bel avertissement épistémologique, définit la nature de la pulsion: une force constante, d'origine somatique, qui représente «comme une excitation» pour le psychique. Sont énoncées ensuite les caractéristiques de la pulsion: source, poussée, objet et but. La source, on vient de le répéter, est corporelle; elle procède de l'excitation d'un organe, qui peut être n'importe lequel. La poussée est l'expression de l'énergie pulsionnelle elle-même. Le but est la satisfaction de la pulsion, autrement dit la possibilité pour l'organisme d'accéder à une décharge pulsionnelle, c'est-à-dire de ramener la tension à son point le plus bas et d'obtenir ainsi l'extinction (temporaire) de la pulsion. Quant à l'objet, c'est n'importe quoi qui permette la satisfaction pulsionnelle — qui permette au but d'être atteint. De tout cela, il ressort que la force de la poussée est variable, que les objets pulsionnels sont innombrables mais aussi, et surtout, que le but de la pulsion ne peut être atteint que de manière provisoire, que la satisfaction n'est jamais complète puisque la tension renaît très vite et que, en fin de compte, l'objet est toujours en partie inadéquat et sa fonction jamais définitivement remplie.

Le caractère multiple et opposé les unes aux autres des pulsions est aussi réaffirmé. Mais Freud est alors beaucoup moins net sur la nature de cette opposition, qu'il juge d'ailleurs peu important de préciser. La distinction moi/objet qu'il prônait lui semble déjà beaucoup moins pertinente et, s'il se réfère encore à celle de pulsions du moi/pulsions sexuelles, c'est davantage pour montrer que les deux groupes ont finalement chacun pour rôle de garantir la survie de quelque chose et que c'est cette chose qui les spécifie: survie de l'individu pour le premier, survie de l'espèce pour le second.

La deuxième partie de l'article porte sur les vicissitudes des pulsions — leurs *sorts*, comme Lacan propose de traduire le terme *Triebschicksale*. Ce ne sont guère des sorts heureux; et, d'ailleurs, ils ne doivent leur existence qu'au fait que les pulsions ne puissent atteindre leur but. Freud en dénombre cinq — cinq façons pour la pulsion d'organiser, en quelque sorte, le ratage de la satisfaction. Le premier est le processus le plus courant dans le champ des névroses, celui qui est responsable de la formation des symptômes: le *refoulement*. Le deuxième, propre aux pulsions sexuelles, reste peut-être le plus mystérieux: il est aussi exemplaire de la distance qui peut séparer une origine pulsionnelle de son devenir dernier: c'est la *sublimation*. Les trois autres — le *renversement dans le contraire*, le *retournement sur la personne propre* et le *passage de l'activité à la passivité* — sont en fait constitutifs de la grammaire organisant le champ des perversions et plus particulièrement des bascules qui s'opèrent d'une position perverse à une autre. Enfin, pour être tout à fait exhaustif, il faudrait encore en ajouter deux autres, évoqués dans *Pour introduire le narcissisme* (1919), qui semblent plus spécifiques aux psychoses: l'*introversion* et les *régressions libidinales narcissiques*.

En 1919, dans *Au-delà du principe de plaisir*, à partir des indices fournis par la répétition, Freud finit par faire l'hypothèse d'une pulsion de mort. (→ article suivant.) Il l'oppose aux pulsions de vie et fait de cette dualité le couple fondamental sur lequel repose toute la théorie pulsionnelle. Les pulsions sexuelles, du moi ou d'objet, viennent alors se ranger, suivant leur fonction, dans l'une ou l'autre de ces deux catégories, avec cette notion importante que la survie de l'espèce peut être antagoniste de celle de l'individu. À partir de là, le principe général du fonctionnement psychique est réaffirmé, à savoir que l'appareil psychique a pour tâche de réduire au minimum la tension qui croît en lui, notamment du fait des pulsions. Mais ce fonctionnement est à présent lui-même subsumé à la pulsion de mort, c'est-à-dire à une tendance générale des organismes non seulement à réduire l'excitation vitale interne mais aussi, par là, à revenir à un état primitif inorganisé, soit en d'autres termes à la mort première. Et en 1924, dans *le Problème économique du masochisme*, Freud étayera cette vision des choses en y voyant l'expression du principe de nirvana.

LA CONCEPTION LACANIENNE

Lacan, en particulier dans le livre XI du séminaire *les Quatre Concepts fondamentaux de la psychanalyse* (1973), s'emploie à radicaliser ces conceptions. Le principe de l'opposition les unes aux autres des pulsions lui paraît déterminant en ce qu'il fonde une dynamique dont le sujet est le produit — un sujet aux prises avec deux logiques volontiers antagonistes: celle qui le fait différent de tout autre vivant, et donc avant tout préoccupé de sa propre survie, et celle qui le veut un parmi les autres et donc au service, même s'il ne s'en rend pas compte, de son espèce. Par ailleurs, en revenant sur les caractéristiques des pulsions, Lacan va insister sur le fait que le propre de l'objet pulsionnel est de n'être jamais à la hauteur de l'attente, de toujours repousser, par son inadéquation, la satisfaction dans un improbable ailleurs. Ce caractère de l'objet a toutes sortes de conséquences: d'abord, de rendre clairement le but pulsionnel impossible à réaliser, et cela pour des motifs non pas contingents mais structuraux; ensuite, de situer la raison de la nature partielle de la pulsion dans cet inachèvement; puis, aussi, de pouvoir décrire le trajet de la pulsion : en ratant son objet (et donc son but), celle-ci décrit en quelque sorte une boucle autour de ce dernier, qui la ramène à son point d'origine et la dispose à réactiver sa source, c'est-à-dire la prépare à entamer alors un nouveau trajet quasi identique au premier; enfin, de permettre de rajouter deux autres objets pulsionnels à la liste établie par Freud : la *voix* et le *regard*.

Ce caractère partiel de la pulsion, ce ratage et cet inachèvement incitent encore Lacan à inscrire là l'origine du morcellement corporel fondamental du sujet et à dénoncer le leurre que représente la notion d'une génitalité unifiée, c'est-à-dire d'un stade subjectif où les pulsions seraient toutes réunies pour répondre d'une seule voix à une fonction globale, par exemple de procréation. Cet état, dit-il, ne peut être qu'un idéal, en flagrante contradiction avec les principes qui régissent les pulsions ; et c'est la notion même de stade, pris dans une perspective de progression génétique, qu'il récuse alors.

Ajoutons enfin que le concept de pulsion de mort, comme indiquant l'au-delà du principe de plaisir, fournit à Lacan le meilleur point de départ possible pour introduire son propre concept de réel.

B. B.

BIBLIOGRAPHIE

Freud, S., 1905, *Trois Essais sur la théorie de la sexualité* (Drei Abhandlungen zur Sexualtheorie), G. W. V. p. 29-145; trad. fr., Paris, 1962, Gallimard; 1915, *Pulsions et destins des pulsions* (Triebe und Triebschicksale), G. W. X., p. 209-232, trad. fr. in *Métapsychologie*, Paris, 1948, Gallimard; 1919, *Au-delà du principe de plaisir* (Jenseits des Lustprinzips), G. W. XIII, p. 1-69; trad. fr. in *Essais de psychanalyse*, Paris, 1981, Payot; 1924, *le Problème économique du masochisme* (Das ökonomische Problem des Masochismus), G. W. XIII, p. 369-383; trad. fr. in *Névroses, psychoses, perversions*, Paris, 1973, P.U.F.

Lacan, J., 1973, *le Séminaire, livre XI: les quatre concepts fondamentaux de la psychanalyse*, Paris, Éd. du Seuil.

pulsion de mort

(angl. Death Instinct; allem. Todestrieb)

Énergie fondamentale, qui appartient à l'un des deux groupes de pulsions fondamentales, postulée par S. Freud à partir de 1919.

L'opposition pulsion de mort/pulsion de vie remplace les oppositions précédentes, que diverses avancées théoriques avaient rendues caduques. Une face des pulsions sexuelles (celle qui met en péril l'individu parce qu'étant exclusivement au service de l'espèce), des pulsions du moi (celle qui menace l'espèce parce que privilégiant l'individu) et des pulsions d'objet (celle qui préside à la destruction de l'objet en s'assurant de son incorporation au sein du sujet), une face cachée, en fait, est à voir comme partie prenante de la pulsion de mort.

Plus Freud avance dans son œuvre et plus il considère la notion de pulsion de mort comme indispensable à la psychanalyse, jusqu'à en constituer quasiment le socle conceptuel. En particulier, il la juge être à la base du principe premier de fonctionnement de l'appareil psychique. Ce dernier repose sur la tâche — jamais achevée, toujours à recommencer — qui consiste à rabaisser l'excitation et, donc, la tension de l'organisme au degré le plus bas possible. À première vue, c'est la recherche de la satisfaction — le principe de plaisir — qui ramène le sujet, par la décharge pulsionnelle, à ce point d'étiage. Mais, plus fondamentalement, Freud y voit aussi l'expression de la pulsion de mort puisque ce retour au point de départ, au niveau minimum d'excitation, est en quelque sorte l'écho de la tendance qui pousse l'organisme à revenir à son origine, à son état premier de non-vie, c'est-à-dire à la mort.

B. B.

→ pulsion.

pulsion de vie

(angl. Life Instinct; allem. Lebenstrieb)

Énergie fondamentale, qui appartient à l'un des deux groupes pulsionnels, postulée par S. Freud dans sa dernière théorie des pulsions.

À partir de 1919, Freud remplace l'opposition pulsions sexuelles/pulsions du moi et celle de pulsions du moi/pulsions d'objet par l'opposition pulsions de vie/pulsions de mort, qu'il juge beaucoup plus fondamentale et qui, durant toute la fin de son œuvre, lui paraîtra de plus en plus pertinente. La correspondance entre les premières oppositions pulsionnelles et celle-ci n'est pas toujours stricte; mais on peut dire que les pulsions de vie regroupent une partie des pulsions sexuelles (celle qui permet la survie de l'espèce) et une partie des pulsions du moi (celle qui vise à la survie de l'individu). Par ailleurs, c'est finalement le balancement incessant entre pulsions de vie et pulsions de mort qui crée la dynamique dont se soutient tout individu — qui est responsable de la vie de tout sujet.

B. B.

→ pulsion.

punition

n.f. (angl. Punition)

RÉFLEX. **Situation d'apprentissage dans laquelle un comportement est suivi par un stimulus négatif et, de ce fait, diminue en fréquence puis disparaît; le stimulus négatif lui-même.**

Cette désignation, symétrique de celle de récompense*, a été, elle aussi, fortement critiquée en raison de son caractère analogique avec les situations humaines et de ses connotations morales. Elle est cependant encore utilisée à cause de sa commodité.

Elle est un équivalent de *renforcement négatif*, mais il faut alors se souvenir qu'un comportement positif peut se développer à partir d'un stimulus négatif: c'est le cas de l'échappement et de l'évitement. La notion de punition prend donc en compte deux éléments: une caractéristique du stimulus, être négatif, et une caractéristique du comportement, sa diminution et sa disparition.

Un exemple de punition sans connotation morale, qui fait mieux ressortir son caractère objectif, est le suivant: si, dans la nature, un animal a été attaqué ou menacé par un autre animal sur un certain trajet, il cessera de le suivre et prendra un autre chemin. Cet apprentissage augmentera son adaptation à son environnement et, dans certains cas, sa probabilité de survie. Le processus d'apprentissage par punition possède donc, dans une perspective darwinienne, un caractère adaptatif positif: sa fonction biologique est apparentée à celle de la douleur.

Indépendamment de ces questions, des discussions ont eu lieu sur la nature du phénomène d'apprentissage par punition. Les premières formulations de la loi de l'effet supposaient qu'il existe une symétrie réelle entre l'action d'un stimulus positif, la récompense, et celle d'un stimulus négatif, la punition. On considérait que la récompense fait croître la tendance à produire la réponse en *augmentant la liaison* S-R entre la situation et cette réponse. De la même manière, on supposait alors que la punition fait décroître et disparaître la tendance à répondre en *diminuant la liaison* S-R entre la situation et la réponse.

On a rapidement reconnu qu'il n'en était rien et que la punition agit par création d'un nouvel apprentissage, d'une tendance à ne pas répondre, qui s'oppose et se superpose à la tendance à répondre. En un mot, il s'agit, dans la punition, de la création et de l'accroissement d'une inhibition.

Telle a été dès lors une des causes de l'opposition de certains auteurs — parmi lesquels B. F. Skinner — à l'utilisation pratique de stimulus négatifs, dans les situations d'apprentissage ou d'éducation, et à la punition. Non seulement ces auteurs la désapprouvaient moralement mais, en outre, ils la considéraient comme inefficace dans la mesure où, faisaient-ils observer, elle ne supprime pas réellement la tendance à produire la réponse. Elle peut même être nuisible lorsqu'elle aboutit à créer un conflit interne entre la tendance à répondre et l'inhibition de cette réponse.

Dans la dernière période du béhaviorisme S-R, la situation de punition a été analysée comme comportant deux phénomènes, reliés mais distincts: 1. l'animal développe, par un processus de conditionnement classique, un état conditionnel de peur, correspondant à une anticipation du stimulus négatif; 2. il apprend en outre une relation entre deux événements: *si* une certaine réponse n'est pas produite, *alors* le stimulus nocif n'apparaît pas. C'est sur cette double base qu'il développe une inhibition à l'égard de cette réponse. Cette inhibition est plus ou moins efficace pour empêcher la réponse selon que la force de la tendance à répondre sous-jacente, qui n'est pas supprimée, est elle-même plus ou moins grande.

Dans cette façon de voir, la phase 2 est symétrique de celle de l'apprentissage d'évitement. Dans celui-ci se trouve apprise, sur la même base (à savoir une peur conditionnelle), une relation similaire : *si* une certaine réponse est produite, *alors* le stimulus nocif n'apparaît pas.

Une telle interprétation, qui est une application particulière de la *théorie de la médiation*, rend assez bien compte des phénomènes. J.-F. L. N.

→ conditionnement, effet, évitement, médiation, négatif (renforçateur), peur, récompense, renforcement.

punition (besoin de)

(angl. Need for Punishment; allem. Strafbedürfnis)

Comportement de certains sujets qui recherchent des situations pénibles et humiliantes et se complaisent en elles.

La psychanalyse a été amenée à mettre en évidence chez le sujet de considérables tendances à s'interdire la satisfaction ou à se blesser par représailles d'une satisfaction reçue. Il s'agit donc plus d'autopunition que de punition proprement dite, l'autopunition étant une expression de la pulsion de mort. R. L.

Pygmalion (effet)

Performance élevée d'un élève dans l'enseignement, obtenue dans des conditions objectives telles que rien ne permet matériellement de la prévoir.

R. Rosenthal et L. F. Jacobson (*Scientific American*, avr. 1968, 218, 19-23) ont montré que, lorsque les enseignants s'attendaient à ce que certains élèves aient des notes élevées, ces élèves obtenaient ces notes effectivement meilleures que prévu. Un tel résultat a été dans cette expérience obtenu par le fait que les psychologues, qui avaient fait passer préalablement des tests aux élèves, avaient fourni aux enseignants des indications fausses sur le Q.I. de ces élèves et qu'un préjugé favorable avait joué involontairement dans le jugement. D'autres éléments comportementaux, moins facilement mesurables mais tout aussi objectifs, donnent au professeur une image qui conditionne le jugement qu'il peut porter sur l'élève : habileté verbale, connaissance des usages, etc.

Ces études en ont entraîné d'autres, qui ont abondamment montré que dans la communication, notamment dans l'entreprise, les relations interpersonnelles ne prennent de sens qu'à l'intérieur d'un système de pouvoir sous-jacent aux échanges d'informations symboliques et qui les conditionne à l'intérieur d'un rapport de force. R. L.

pyramidal (faisceau)

Ensemble des fibres nerveuses directes unissant la circonvolution frontale ascendante (cortex moteur) à la moelle épinière.

Le faisceau pyramidal, ou *voie cortico-spinale directe*, part, chez l'Homme, du cortex central (ensemble des circonvolutions frontale ascendante et pariétale ascendante) et descend dans le bras postérieur de la capsule interne, croise la ligne médiane au niveau du bulbe, descend ensuite dans le cordon antérolatéral de la moelle pour se terminer sur les motoneurones de la corne antérieure à un niveau qui varie avec la zone corticale d'origine. Le faisceau pyramidal a une action facilitatrice sur les motoneurones des fléchisseurs. R. L.

pyromanie

n.f. (angl. Pyromania)

Impulsion obsédante, incontrôlable et répétitive à allumer des incendies.

Elle se rencontre chez certains débiles, vaniteux et mythomanes, chez des pervers, chez des schizophrènes et chez des paranoïaques. Pour ces deniers, l'acte incendiaire est à la fois une manifestation et une conséquence de leur délire.

Étant donné la sévérité du Code pénal devant l'incendie volontaire, considéré comme un attentat particulièrement grave contre les propriétés et comme un crime, puisqu'il risque d'entraîner la mort de personnes (même s'il n'y a pas eu intention d'homicide), l'expertise psychiatrique médico-légale est toujours demandée dans de tels cas. Celle-ci devra relever des anomalies graves de la personnalité, et des troubles pathologiques majeurs accompagnant le comportement incendiaire, pour pouvoir affirmer la pyromanie et l'état de démence au moment des faits. J. P.

Q

Plan d'analyse factorielle utilisant des corrélations entre personnes mesurées une fois sur plusieurs variables. M. R.

→ plan d'analyse factorielle.

Q.C.M.

→ questionnaire à choix multiple.

Q.D.

(angl. DQ)

→ quotient de développement.

Q.I.

(angl. IQ)

→ quotient d'intelligence.

Q sort

(fr. classification Q)

Technique dans laquelle un nombre élevé d'affirmations sont proposées au sujet, qui doit les classer en plusieurs catégories ordonnées en respectant certaines proportions (souvent celles d'une distribution normale) selon qu'il juge qu'elles s'appliquent plus ou moins bien à lui.

La technique peut aussi être utilisée par un observateur ayant à décrire le comportement d'un sujet. Les éléments à classer peuvent être de natures différentes, par exemple des œuvres d'art, que le sujet doit classer selon ses préférences. En mettant en corrélation les classements du même matériel effectué par deux personnes différentes, on obtient une corrélation entre ces deux personnes en ce qui concerne le matériel considéré. La « technique Q » désigne, de façon générale, l'usage de corrélations entre personnes, que ces corrélations soient obtenues comme ci-dessus à partir de classifications Q ou qu'elles soient obtenues par un autre moyen. M. R.

quale

n.m. (pluriel qualia)

Qualité purement individuelle, subjective et singulière, propre aux sensations, aux sentiments, etc.

Ce mot, forme neutre du latin *qualis*, signifie littéralement « quel » et, dans son sens philosophique, « qualité ».

Il s'applique en philosophie à ce qui est purement qualitatif dans les phénomènes psychologiques. La psychologie tout entière repose sur l'hypothèse que cet aspect qualitatif peut être, sous certaines conditions, dissocié du reste et négligé.

L'idée de « quale » est assez bien illustrée par la phrase : « Comment pouvons-nous savoir si votre sensation (ou perception) produite par ce vert est exactement identique à la mienne ? » Cette question ainsi formulée est évidemment pour toujours sans réponse.

Elle en laisse subsister une autre, qui est essentielle pour toute psychologie non béhavioriste : c'est la question de savoir sous quelles conditions deux événements psychologiques internes peuvent être considérés comme « les mêmes ».

Si cette question est posée pour un individu unique, elle peut recevoir une réponse de la part de l'individu lui-même et être traduite dans son comportement : ce type de solution se retrouve de la psychophysique (« c'est le même son que précédemment ») à la catégorisation cognitive (« ceci est une tubéreuse, et cela est aussi une tubéreuse »). Les notions de représentation « occurrence » et de structures cognitives rendent compte théoriquement de cette variabilité et de cette identité conjointes. La méthode expérimentale a développé de nombreuses techniques pour établir ce genre de faits.

Pour deux individus différents, on a d'abord recours à l'idée que deux événements ou états mentaux qui ont la *même relation* avec un événement externe peuvent être regardés comme « les mêmes ». Pour reprendre l'exemple ci-dessus, on admettra que, en dépit du *quale* de chacune, les deux perceptions produites chez deux individus différents par un même stimulus vert sont « les mêmes », dans la mesure où elles ont le même référent.

En jugeant les choses de cette façon, on adopte un point de vue fonctionnel, qui revient à négliger les qualia. En étendant ce point de vue, on admettra aussi que deux événements plus complexes sont « les mêmes », chez deux individus différents, s'ils ont les mêmes relations et remplissent les mêmes fonctions et les mêmes rôles dans l'ensemble de leurs activités psychologiques respectives. Par exemple, on admettra que le mot « tubéreuse » a « la même signification » chez les deux individus s'ils disent des mêmes stimulus présents : « Ceci est une tubéreuse », et s'ils utilisent le mot « tubéreuse » dans les mêmes sortes de contextes linguistiques. Pour des mots et des concepts plus éloignés de l'activité perceptive, qu'il s'agisse d'« amour » ou d'« électron », le même critère peut être utilisé, même s'il est plus difficile à mettre en œuvre.

Ce point de vue fonctionnaliste est en fait celui de la psychologie quotidienne. Il est clair que la communication interindividuelle, par exemple, repose sur une pratique, dans l'ensemble réussie, de l'intercompréhension. Celle-ci a pour condition, dans une large mesure, que l'on tienne peu compte des qualia. Des activités spécifiques, comme la littérature et l'art, leur sont au contraire consacrées.

De son côté, la psychologie objective, depuis la psychophysique jusqu'à la sémantique psychologique, n'a d'existence qu'en faisant abstraction des qualia.

J.-F. L. N.

→ fonctionnalisme.

quantification

n.f. (angl. Quantification)

GÉNÉR. et DÉVELOP. **Comparaison entre un ensemble et ses parties, ou entre ces parties elles-mêmes, dans le cadre de la théorie opératoire de J. Piaget.**

La quantification est dite « intensive » lorsqu'elle ne repose sur aucun dénombrement, qu'il s'agisse de comparaison entre une classe et une de ses sous-classes (par exemple fleurs et marguerites) ou de transitivité. Dans les épreuves de conservation, les arguments d'identité, réversibilité simple, compensation conduisent à la quantification intensive.

La quantification est dite « extensive » lorsque les comparaisons portent sur plusieurs différences ou sur une sous-classe et son complément par rapport à une classe entière. Il n'y a opération, au sens piagétien, que lorsque la quantification est extensive, c'est-à-dire lorsque le réglage du « tous » et des « quelques » est maîtrisé.

E. V.

quantile

n.m. (angl. Quantile ou Partile)

Dans une série ordonnée d'éléments, mesure d'un élément qui aurait *devant* lui (ou, chez les auteurs de langue anglaise, *derrière* lui) un pourcentage déterminé de l'ensemble.

Le $n^{\text{ième}}$ quartile est dépassé par 25 n % des éléments ; le $n^{\text{ième}}$ décile par 10 n % ; le $n^{\text{ième}}$ centile par n %. Pour éviter toute ambiguïté, on peut assigner aux quantiles des valeurs non observables, intermédiaires entre deux mesures observables consécutives. Des tables numériques fournissant ces quantiles pour une distribution donnée sont appelées quartilages, décilages, centilages. Ce sont des formes d'étalonnage : elles permettent de situer un sujet ayant obtenu une note déterminée dans tel ou tel interquantile de la population des sujets pour laquelle le test a été étalonné. On parlera d'*interquantiles* (angl. Partile Division) [d'interdéciles par exemple] pour désigner les $n + 1$ zones de la distribution délimitées par les n quantiles. On peut signaler que le quantile ou l'interquantile numéroté 1 correspond en général, en France, aux résultats les meilleurs et, aux États-Unis, aux résultats les moins bons. Si l'on représente, dans une distribution, les interquantiles par des classes déterminant des intervalles égaux sur l'axe des abscisses, on assignera à cette distribution une forme rectangulaire, les effectifs de tous les interquantiles étant égaux par définition. C'est une application de la procédure permettant d'assigner une forme donnée à une distribution en modifiant la métrique de la variable mesurée.

M. R.

→ normalisation.

quartile

n.m. (angl. Quartile)

Chacune des trois valeurs d'un caractère quantitatif qui partagent l'étendue des valeurs en quatre sous-ensembles d'effectifs égaux.

Le $n^{\text{ième}}$ quartile d'une distribution de mesures est celle de ces mesures qui est dépassée par 25 n % de la distribution. On donne à ces valeurs les noms de premier quartile, ou quartile inférieur, de deuxième quartile, qui se confond avec la médiane, et de troisième quartile, ou quartile supérieur ; la distance entre le premier et le troisième quartile porte le nom d'*écart interquartile*.

M. R.

→ quantile.

quasi-besoin

n.m. (angl. Quasi-Need)

Motivation qui a des caractéristiques communes avec les besoins biologiques mais qui ne peut pas être strictement considérée comme telle.

Ce terme a été utilisé par des auteurs comme K. Lewin.

J.-F. L. N.

quérulence

n.f. (angl. Querulousness)

Tendance pathologique à réclamer la réparation de dommages et d'injustices paraissant imaginaires.

Soit sur un mode uniquement expressif, soit sur un mode processif avec engagement de procédures administratives ou judiciaires abusives, cette tendance peut devenir franchement délirante. Elle se confond alors avec le délire de revendication.

J. P.

questionnaire à choix multiple ou Q.C.M.

(angl. Multiple Choice Test)

Questionnaire de connaissances, constitué par une suite d'items.

Chaque item comprend une question et plusieurs réponses possibles, assez souvent quatre, dont une seule de ces éventualités est correcte. Le sujet répond en cochant une éventualité.

Bien que de solides préjugés, en général fondés sur des croyances psychologiques erronées, se dressent contre elle, la technique des questionnaires à choix multiple, si elle est bien appliquée, est très informative sur les connaissances réelles du sujet. C'est, du point de vue psychologique, une épreuve de reconnaissance et non de rappel. Elle a l'inconvénient d'être très frustrante pour les sujets qui ont des connaissances approximatives.

La qualité d'un Q.C.M. dépend de son contenu et de ses formulations, qui doivent être non ambiguës. Sa difficulté dépend fondamentalement de la distance sémantique ou cognitive qui existe entre l'éventualité correcte et les autres éventualités. Des questions exigeant une réflexion et une élaboration complexes peuvent être mises sous cette forme, qui assure une évaluation identique par des correcteurs différents et qui permet même une correction automatique.

J.-F. L. N. et M. R.

→ choix multiple.

queue

n.f. (angl. Tail)

Deuxième élément d'une règle, en principe l'instruction d'exécution ou la conséquence.

Une règle étant du type « si p, alors faire q » (« règle de production ») ou « si p, alors q », la queue de la règle est q, c'est-à-dire l'instruction d'exécution ou la conséquence.

Dans certains cas, cette queue correspond à un comportement effectif, à l'exécution d'une action, comme dans la règle de cuisine « si la sauce est trop épaisse, alors rajouter du bouillon ». Dans d'autres cas, plus directement sous-jacents au fonctionnement psychologique, la queue de règle correspond à une opération cognitive, par exemple « si l'hypothèse qui vient d'être testée a conduit à un échec, et si le lot initial des hypothèses émises est épuisé, alors chercher à formuler de nouvelles hypothèses». On peut réunir ces deux cas en disant que la queue de règle correspond à un verbe à l'impératif.

Dans le cas des règles déclaratives, qui servent à la déduction — et qui sont des «conditionnels» logiques —, la queue de règle est la conséquence et porte la valeur «vrai». Par exemple: «Si, le matin, le sol est fortement mouillé, alors il a plu dans la nuit.» Parfois (comme dans le langage PROLOG), les règles se présentent sous la forme inversée: «*q* si *p*». J.-F. L. N.

quotient de développement ou Q. D.

(angl. Developmental Quotient)

Rapport entre l'âge du développement et l'âge réel d'un tout petit enfant, multiplié par 100.

C'est l'équivalent du quotient intellectuel des tests d'intelligence pour les baby-tests et plus spécifiquement pour le Brunet-Lézine. L'âge du développement est l'âge chronologique moyen des enfants normaux fournissant des réponses équivalentes à celles de l'enfant considéré. Les échelles de développement destinées aux très jeunes enfants (celle de Brunet-Lézine) utilisent des observations portant sur la posture, la coordination des gestes, les émissions vocales, les relations avec les personnes, etc. Le résultat global de ces observations peut être exprimé non sous la forme d'un quotient d'«intelligence» (Q.I.), mais sous celle d'un quotient «de développement» (Q.D.). Ce Q.D. est calculé selon les mêmes principes que le Q.I. utilisé à des âges ultérieurs. L'utilisation d'une appellation spécifique vient du fait que les tests pour bébés ne sont pas prédictifs de l'intelligence ultérieure et sont censés mesurer un développement plus global. Le Q.D. ne constitue pas une appellation aussi générale que celle de Q.I. Le test de Bayley par exemple utilise deux indices, l'un «moteur» et l'autre «mental». R. L. et M. R.

BIBLIOGRAPHIE

Brunet, O., et Lézine, I., 1951, 2e éd. 1965, *le Développement psychologique de la première enfance*, Paris, P.U.F.

quotient d'intelligence ou Q.I.

(angl. Intelligence Quotient ou IQ)

Rapport entre l'âge mental et l'âge réel d'un enfant, multiplié par 100. (Syn. quotient intellectuel.)

Qu'est-ce que l'âge mental? Les échelles d'intelligence construites sur le modèle de celle de A. Binet et T. Simon permettent d'attribuer à un enfant un âge mental, âge chronologique moyen des enfants normaux ayant fourni des réponses équivalentes à celles de l'enfant observé. Dans la population générale sur laquelle l'échelle est étalonnée, le Q.I. moyen doit donc être égal à 100. Il doit aussi être égal à 100 pour chaque groupe d'âge. Pour que les Q.I. différents de 100 aient la même signification à tous les âges, il faut aussi que la distribution des Q.I. ait la même dispersion à tous les âges. Il est difficile d'obtenir cette homogénéité des échelles de mesure par des ajustements successifs des normes d'évaluation des réponses à chacun des items, comme L. M. Terman a essayé de le faire. Aussi adopte-t-on plus souvent, à la suite de D. Wechsler, la méthode consistant à attribuer des points aux réponses selon un barème précis établi librement, puis à transformer la note globale, ainsi obtenue, en une variable à laquelle on assigne, à chaque âge, 100 pour moyenne et (par exemple) 15 pour écart-type. On remarquera que ce Q.I. ne passe plus par l'intermédiaire de l'âge mental. Pour le distinguer de celui qui est calculé à partir de l'âge mental, on emploie parfois, en français, «*Q.I. Wechsler*» et, en anglais, «Deviation IQ». M. R.

BIBLIOGRAPHIE

Eysenck, H. J. , 1979, *The Structure and Measurement of Intelligence*, Berlin, New York, Springer Verlag.

R

R (analyse factorielle en plan)

Plan d'analyse factorielle utilisant des corrélations entre variables mesurées une fois sur plusieurs personnes. M. R.

→ plan d'analyse factorielle.

rabattement

n.m. (angl. Flattening)

Procédé graphique, que l'on trouve dans de nombreux dessins d'enfants, consistant à dessiner dans un même plan des objets ou des surfaces qui ne le sont pas dans la réalité, par exemple le sol et les murs d'une pièce, le plateau et les quatre pieds d'une table. E. V.

→ dessin enfantin, réalisme.

racisme

n.m. (angl. Racism)

Ensemble d'idées, d'attitudes et de pratiques qui opèrent une discrimination et une hiérarchisation entre des groupes humains en s'appuyant sur la croyance en des différences raciales ou biologiques présumées.

Le racisme, en tant qu'idéologie, affirme qu'il y a chez l'Homme des « races » biologiquement différentes et que la société devrait être structurée en fonction de ces différences présumées. Il existe deux problèmes psychologiques distincts par rapport au racisme : la contribution de la psychologie elle-même à l'idéologie raciste à travers des théories qui ont exprimé des sentiments racistes et l'étude psychologique du racisme. Cette dernière approche affirme que les idées racistes sont fallacieuses et cherche à comprendre pourquoi, cependant, le racisme existe.

Psychologie en tant que racisme

Nombreux sont les psychologues du début du XIXe siècle qui croyaient qu'il est scientifiquement vrai que les espèces humaines puissent se diviser entre groupes raciaux distincts. Ils pensaient que chaque groupe racial possédait ses propres caractéristiques psychologiques de façon innée. F. Galton élabora par exemple des théories qui soulignaient avec force les différences dont héritent les individus entre eux et les groupes entre eux. En accord avec les idées de son temps, Galton suggérait que les Européens, et plus spécifiquement les Européens du Nord, avaient un pouvoir intellectuel plus grand que d'autres « races ». G. Le Bon, l'auteur du texte classique sur *la Foule*, considérait que chaque « race » possédait une « âme » propre, unique, déterminée par des facteurs biologiques. W. McDougall, auteur du premier recueil de textes en psychologie sociale en langue anglaise, exprimait un même point de vue dans sa théorie sur « l'esprit de groupe ». McDougall partageait les inquiétudes de Galton et de Le Bon concernant le « déclin racial » des « races » européennes.

De même qu'un grand nombre de psychologues américains militaient en faveur de lois plus strictes sur l'immigration et encourageaient une législation ségrégationniste, ces penseurs espéraient que la nouvelle science qu'était la psychologie serait appliquée dans ce domaine. Le même espoir fut partagé par ceux des psychologues allemands qui virent dans le régime nazi la concrétisation des principes de la « psychologie des races ». Leurs idées psychologiques appartiennent à l'histoire du racisme aussi bien qu'à celle de la psychologie.

Psychologie du racisme

Dans les années 1930, les centres d'intérêt de la psychologie sociale se modifièrent. Les idées de race, au lieu d'être considérées comme scientifiquement prouvées, furent appréhendées comme des croyances irrationnelles, des préjugés, qui nécessitaient eux-mêmes une explication psychologique. Ce changement dut beaucoup aux psychologues qui avaient fui l'Allemagne nazie et avaient eux-mêmes été les témoins de ce que le racisme réalisait. Des émigrés comme K. Lewin, S. Asch, E. Frenkel-Brunswik et M. Jahoda furent par exemple les figures de proue dans l'élaboration d'une nouvelle psychologie sociale qui étudierait les relations de groupe et les origines psychologiques du racisme.

La question d'un type de personnalité particulier aux racistes était l'une des plus importantes qui était posée. Des théoriciens marqués par la psychanalyse se demandaient si les individus étaient attirés par le caractère irrationnel des croyances racistes du fait du caractère irrationnel de leur propre psychisme. Ce problème fut au cœur du projet de recherche d'envergure qui fut mené aux États-Unis tout de suite après la Seconde Guerre mondiale, surtout dans *la Personnalité autoritaire* de T. W. Adorno, de E. Frenkel-Brunswik, de D. J. Levinson et de R. N. Sanford (1950). Cette étude suggérait que les idées racistes étaient particulièrement attrayantes pour des « autoritaires », qui possédaient un besoin psychologique d'idéalisation de figures fortement autoritaires joint au besoin impérieux de dénigrer la faiblesse. À cause de la structure de leur personnalité, on décida que les autoritaires étaient vulnérables à la propagande antisémite et qu'il y avait de fortes chances pour qu'ils croient fermement à l'infériorité innée des non-Blancs.

La Personnalité autoritaire a fait l'objet de nombreuses critiques. La plupart des critiques se rapportaient à la méthodologie utilisée dans l'étude et insistaient sur la construction d'échelles d'attitudes mesurant l'antisémitisme, le racisme et l'autoritarisme lui-même. Des critiques théoriques ont également été faites qui insinuaient que les auteurs s'étaient trop investis dans leur recherche. L'argument retenu à ce sujet était qu'ils s'étaient intéressés au fanatique extrême, rempli de haine pour ceux qu'il percevait comme appartenant à d'autres groupes « raciaux ». Il fut encore suggéré qu'une approche qui retenait la personnalité comme explicative sous-estimait le fait que les attitudes racistes pouvaient être partagées sans besoins psychologiques profonds.

La recherche de T. Pettigrew dans les années 1950 fut importante en ce qu'elle souligna les limites d'une approche fondée sur la personnalité et l'importance parallèle des facteurs culturels. Pettigrew fit une comparaison de l'autoritarisme et des croyances racistes parmi les Blancs dans le nord et le sud des États-Unis et en Afrique du Sud. Il arriva au résultat suivant : le très haut degré de croyances racistes contre les Noirs en Afrique du Sud et dans le sud des États-Unis n'allait pas de pair avec des personnalités autoritaires. Les facteurs culturels étaient beaucoup plus importants. Les gens vivant dans un environnement dans lequel les préjugés racistes prévalent, dans lequel une longue histoire de pratique raciste est de rigueur sont supposés apprendre ces principes sans que leur personnalité intervienne. Ainsi, dans les sociétés racistes, les gens dits « normaux », sans qu'il soit besoin d'un degré d'insécurité très élevé, sont supposés devenir racistes.

L'idée que l'on puisse avoir des attitudes racistes sans avoir parallèlement une haine psychologique contre d'autres « races » est importante au plan de la théorie. Elle est également cruciale pour comprendre les rapports entre attitudes racistes et pratique de discrimination raciale. Ces rapports sont complexes. La discrimination n'est pas réduite à ceux qui haïssent personnellement les membres d'autres groupes ou qui manifestent des attitudes racistes rigides (c'est-à-dire qui croient en des jugements stéréotypés, peu flatteurs au sujet des caractéristiques des membres d'autres groupes). En fait, plusieurs chercheurs ont émis l'idée que la discrimination raciale ne devait pas être appréhendée comme relevant de la psychologie individuelle mais qu'elle était essentiellement un phénomène sociologique. Partant, le concept de « racisme institutionnel » est fréquemment employé pour se référer à ces institutions dont la véritable fonction amène à la pratique de la discrimination sans se soucier des motivations de ceux qui travaillent dans ces institutions. Les fonctionnaires du bureau de l'immigration, par exemple, qui appliquent la politique gouvernementale en matière de nationalité (qui peut être implicitement raciste), peuvent faire leur travail sans avoir de sentiments hostiles vis-à-vis des membres de tel ou tel groupe minoritaire. En fait, que le fonctionnaire du bureau de l'immigration soit ou ne soit pas, en tant qu'individu, un fanatique n'a pas d'incidence générale sur le fonctionnement du système de contrôle de l'immigration.

ÉVOLUTION DU RACISME VERS DES FORMES PLUS SUBTILES

Un certain nombre de chercheurs comme Kinder, Sears et McConahay ont avancé l'idée que la manifestation du racisme peut être extrêmement subtile aujourd'hui dans les démocraties occidentales. L'adjectif *moderne* a été joint à *racisme :* le « racisme moderne » est une expression employée pour décrire un ensemble de croyances qui ne semblent pas racistes, vues de l'extérieur, mais qui expriment des opinions racistes. Le raciste moderne apparaît comme un défenseur des valeurs libérales telles que l'égalité, l'impartialité ; il s'oppose à la ségrégation démodée. Cependant, le raciste moderne s'oppose aussi aux plans d'évolution des groupes minoritaires, trouvant des justifications de type rationnel à son refus et l'exprimant d'une manière qui évite l'utilisation de stéréotypes racistes grossiers. Il est difficile de savoir si cet ensemble de croyances est un phénomène moderne ou si les chercheurs en psychologie sociale d'aujourd'hui sont plus d'accord qu'auparavant pour reconnaître les aspects sophistiqués des croyances racistes. On constate un intérêt accru pour l'analyse du discours afin de cerner les subtilités du racisme dans la conversation ordinaire au détriment d'une définition du racisme comme manière de penser, qui est naturellement peu subtile.

Une grande partie de la psychologie du racisme s'est focalisée sur l'étude des croyances et de la personnalité des racistes plutôt que sur les effets psychologiques du racisme sur ses victimes. Certaines recherches menées il y a trente ans aboutissaient à l'idée que, aux États-Unis, les Noirs et les Juifs acceptaient les stéréotypes négatifs adoptés par la majorité de la population à leur égard et avaient, par conséquent, peu d'estime d'eux-mêmes — voire se détestaient eux-mêmes. On ne trouve plus ce genre de résultats aujourd'hui, ou du moins ils ne sont plus aussi importants. Est-ce à cause des erreurs méthodologiques des études antérieures ou à cause des changements sociaux, tels que les mouvements des Noirs des années 1960 (Black Consciousness) ou d'autres mouvements de conscience ethnique, que les réactions au racisme se sont modifiées ? Il est généralement admis que le racisme n'est pas statique. Le développement de nouveaux types de racisme fait sentir la nécessité de recherches plus poussées. M. B. trad. B. O.

BIBLIOGRAPHIE

Allport, G. A., 1954, *The Nature of Prejudice*, Garden City, N. J., Anchor.

Billig, M., 1984, « Racisme, préjugés et discrimination », in *Psychologie sociale*, S. Moscovici (Ed.), Paris, P.U.F.

Dovidio, J. F., et Gaertner, S. L. (Eds), *Prejudice, Discrimination and Racism*, Orlando, Academic Press.

Van Dijk, T. A., 1987, *Communicating Racism*, Newburry Park, Sage.

radex

n.m. (angl. Radex)

Modèle proposé par L. Guttman pour rendre compte des corrélations entre des variables qui, d'après leur nature, forment un circumplex et, d'après leur complexité, forment un simplex. M. R.

→ circumplex, simplex.

radio-digitale (prise)

Saisie d'un petit objet entre les faces pulpaires du pouce et de l'index.

Il s'agit de la prise la plus élaborée, la prise-préhension ou pince supérieure. L'enfant dispose de cette prise vers la 40e semaine. E. V.

→ préhension, pince.

radioécologie

n.f.

Étude des conséquences de l'action des rayonnements ionisants sur les êtres vivants. R. L.

radiotracking

n.m.

Technique de suivi des déplacements d'un animal porteur d'un émetteur fixé sur un collier ou greffé dans son corps.

Le radiotracking permet de connaître le rythme d'activité de l'animal ainsi que l'étendue de son domaine vital. R. L.

raisonnement

n.m. (angl. Reasoning)

Suite d'opérations mentales permettant, à partir de propositions initiales, ou prémisses, de dériver une proposition nouvelle, ou conclusion, en vertu des contraintes imposées par les relations entre les éléments considérés.

Ces opérations peuvent se manifester par des arguments explicites, comme dans la démonstration, ou demeurer implicites. Le raisonnement constitue une inférence. Le premier terme est généralement préféré au second pour insister sur la démarche suivie ou sur l'existence d'opérations intermédiaires entre les prémisses et la conclusion.

Le raisonnement ne se confond pas avec l'exercice de la pensée. Il n'est qu'une des formes de l'activité mentale ou intellectuelle, comme la compréhension ou la prise de décision. Il ne se confond pas non plus avec la déduction car il existe d'autres types de raisonnement comme l'induction ou l'analogie. Il intervient dans de très nombreuses situations, notamment dans la compréhension du discours, la résolution de problème, l'apprentissage, et pas seulement dans les situations où on procède explicitement à une déduction.

Dans l'analyse du raisonnement, logiciens et psychologues n'ont pas les mêmes objectifs. Les premiers se proposent d'identifier les inférences valides et de construire des systèmes formels permettant de les engendrer à partir de quelques axiomes et de quelques règles. (La validité d'un raisonnement est distincte de la vérité de la conclusion; la validité se réfère au respect de certaines règles d'inférence, ou arguments, qui garantissent que la conclusion est vraie lorsque les prémisses le sont; un raisonnement invalide peut aboutir à une conclusion vraie, et un raisonnement valide à une conclusion fausse.) Les psychologues ont une démarche descriptive et explicative. Il s'agit tout d'abord de repérer quelles sont les règles d'inférence utilisées spontanément par les individus et de déterminer si elles coïncident avec celles du logicien. Il s'agit aussi d'identifier les facteurs en jeu dans la sélection de ces règles ainsi que les opérations de traitement qui sous-tendent le raisonnement. Il faut souligner que, dans de nombreuses situations, il n'existe pas de schémas formels d'inférence qu'il suffirait d'emprunter à la logique standard, ou alors qu'ils sont inapplicables à cause des contraintes imposées à l'activité cognitive (par exemple, charge de la mémoire de travail).

Les biais de réponse et le raisonnement formel

Un raisonnement est dit « formel » s'il est conduit en tenant compte seulement des relations entre objets ou propositions sans faire appel à des connaissances sur les objets mentionnés. Ce type de raisonnement est caractéristique de la déduction, c'est-à-dire de l'inférence consistant à déterminer quelle conclusion, s'il en est une, est nécessairement entraînée par les prémisses. Une question qui a suscité de nombreux travaux porte sur la capacité des individus à évaluer correctement les schémas d'inférence valides et non valides identifiés par les logiciens. Dans les tâches utilisées, on présente les prémisses correspondant à un schéma d'inférence, et les sujets doivent indiquer si la conclusion proposée est nécessairement vraie ou bien indiquer eux-mêmes la conclusion correcte. Il existe toujours une réponse correcte, y compris la réponse qu'il n'y a pas de conclusion valide.

La proportion de réponses correctes fournie par des adultes varie grandement selon la nature des inférences à réaliser. Les énoncés utilisant des quantificateurs et la relation d'inclusion permettent de construire des schémas d'inférence dits « syllogismes catégoriels ». Par exemple, pour les prémisses « tous les A sont B, tous les B sont C », la grande majorité des sujets sélectionnent la réponse correcte « tous les A sont C », alors que pour les prémisses « tous les A sont B, tous les C sont B » moins de la moitié choisissent la réponse correcte « il n'y a pas de conclusion valide ». De nombreuses études ont été également réalisées avec les syllogismes conditionnels construits avec deux prémisses dont la première est l'énoncé « si P alors Q ». Lorsque la seconde prémisse est « P », la quasi-totalité des sujets concluent de façon valide « Q », alors que lorsqu'elle est « Q » un tiers concluent de façon invalide « P ».

Loin de se répartir au hasard, les erreurs manifestent des tendances systématiques, ou biais de réponse. Un biais très répandu consiste à sélectionner une conclusion en faisant intervenir des connaissances ou croyances relatives au domaine évoqué (par exemple, juger invalide l'inférence « tous les peintres sont artistes, tous les artistes sont riches, donc tous les peintres sont riches » parce qu'il y a des peintres pauvres). Un biais célèbre est l'effet d'atmosphère propre aux syllogismes conditionnels, qui consiste à privilégier une conclusion avec une négation lorsqu'une des prémisses est négative, et une conclusion avec le quantificateur particulier « quelques » lorsque l'une des prémisses comporte celui-ci. On a relevé par ailleurs une absence de stabilité des réponses lorsque les mêmes syllogismes sont présentés plusieurs fois avec des modifications définies respectant leur structure formelle ou sans modification. Ces erreurs sont invoquées par certains pour affirmer que le raisonnement humain n'est pas régi par des règles de logique, qu'il s'agisse de la logique standard des logiciens ou d'une logique « naturelle » propre à l'individu non logicien.

Le raisonnement inductif

Il consiste à généraliser à tous les éléments d'une catégorie une propriété commune à quelques éléments connus de celle-ci sans que la conclusion de l'inférence soit une conséquence nécessaire des prémisses. Il est étudié habituellement dans des tâches de découverte d'une règle, tâches souvent trop complexes car elles mettent en jeu d'autres composantes et notamment de nombreuses inférences déductives ainsi que des présupposés sur la situation. Un aspect de l'induction concerne la formulation d'une ou plusieurs conjectures. Certaines formes de règles sont envisagées préférentiellement à d'autres, par exemple des règles avec une conjonction plutôt qu'une disjonction des propriétés pertinentes. Certaines méthodes sont privilégiées pour identifier le facteur responsable d'un phénomène dans les tâches de raisonnement expérimental, comme celle consistant à faire varier un seul facteur à la fois. Un autre aspect concerne l'évaluation d'une conjecture, étudié notamment dans des tâches où les sujets doivent indiquer si les données disponibles infirment ou confirment une règle conditionnelle comme « s'il y a un C d'un côté d'une carte, il y a un 7 de l'autre côté ». En pareil cas, on a observé un *biais de confirmation* consistant à sélectionner les cas qu'on observerait si la règle était vraie plutôt que les cas incompatibles avec elle et donc susceptibles de l'infirmer.

Le raisonnement par analogie

Il repose sur l'identification d'un même type de relation entre des éléments tels que « C est à D comme A est à B ». Il permet soit de découvrir le quatrième terme, D, connaissant les trois autres et la relation entre A et B, soit de découvrir la relation entre C et D, connaissant les quatre éléments. Il n'a guère retenu l'attention des logiciens dans le passé mais les psychologues lui attribuent aujourd'hui une grande importance dans la compréhension du langage et la résolution de problème. La conceptualisation usuelle fait intervenir deux situations jugées analogues, une situation-source, familière, et une situation-cible, où interviennent les difficultés rencontrées. Une relation ou une structure particulière est empruntée à la première pour être transférée à la seconde, où elle permettra d'identifier un rôle fonctionnel, un moyen pour atteindre un but, des contraintes. Une question préalable est de savoir comment l'individu évoque une situation-source : directement, parce que les traits de la situation-cible activent la représentation d'une autre situation comportant ces mêmes traits, ou via des concepts ou des schémas superordonnés ? Une autre question concerne la façon dont on identifie le rapport pertinent entre les éléments de la situation-source : elle fait bien sûr appel à des connaissances sur le monde, mais est-ce l'objectif poursuivi ou le degré d'appariement qui est déterminant dans la sélection ?

Le raisonnement pratique

Le raisonnement réalisé dans les tâches quotidiennes ne présente généralement pas les caractéristiques des tâches de raisonnement formel. Il faut tout d'abord sélectionner les informations qui constitueront les prémisses. On ne peut se restreindre aux seules conclusions valides en rejetant les autres car l'obligation de décider peut nécessiter une conclusion même dans les cas où on ne dispose pas de garantie suffisante de sa validité. Cette obligation de parvenir à une conclusion utile peut justifier l'utilisation de toutes les informations disponibles au lieu de raisonner exclusivement sur la forme des propositions. On appelle *raisonnement pratique* (ou informel, ou plausible) le raisonnement réalisé en pareil cas.

Des études sont en cours pour décrire ce raisonnement. Certaines visent à identifier des schémas d'inférence particuliers à celui-ci. D'autres concernent sa structure : il procéderait plutôt par accumulation d'arguments favorables à une conclusion que par un enchaînement de propositions intermédiaires jusqu'à la conclusion. Il mettrait en jeu un univers toujours ouvert et non un univers clos défini par les prémisses. Ces caractéristiques suggèrent que les biais du raisonnement formel résultent de la « contamination » de celui-ci par le raisonnement pratique.

Les grandes options théoriques

Les polémiques concernent principalement l'intervention de règles logiques dans le raisonnement déductif. Une option considère que les règles de la logique standard appartiennent bien à la compétence des sujets. S'il y a des erreurs, c'est parce qu'ils se trompent sur la nature de la tâche ou parce qu'ils commettent des erreurs sur le nombre des prémisses et leur interprétation (Henle). Une autre approche invoque deux niveaux de compétence logique. Le premier est constitué par un petit ensemble de règles d'inférence très simples, comme « P ou Q » & « non-P » donc « Q ». Ces règles sont mises en jeu par la compréhension du langage dans toutes les cultures, elles sont indépendantes du niveau d'instruction et maîtrisées vers six ou sept ans. Le second niveau, dépendant du niveau d'instruction, englobe des règles supplémentaires et met en jeu une attitude différente consistant à s'en tenir à ce qui est effectivement dit au lieu de chercher à identifier ce que veut dire autrui (Braine).

Il existe des positions radicales qui affirment que le raisonnement n'est pas régi par des règles logiques, en entendant par là des règles intériorisées indépendantes du contenu sémantique des énoncés et du contexte situationnel. Comment peut-on raisonner sans logique ? Une option considère que le sujet se construit une ou plusieurs représentations des prémisses consistant à imaginer une situation qui en est une illustration particulière. Chaque « modèle mental » ainsi créé spécifie une relation supplémentaire non mentionnée dans les prémisses, qui constitue une conclusion provisoire. Elle est adoptée si on ne rencontre pas de conclusion différente (Johnson-Laird). D'autres options insistent sur l'utilisation de connaissances spécifiques à la situation ou relatives à une classe de situations et donc plus abstraites (Cheng et Holyoak, Evans). C. G.

BIBLIOGRAPHIE

Argyris, C., 1982, *Reasoning Learning and Action : Individual and Organizational*, San Francisco, Washington, Londres, Jossey Bas.

Evans, J. St. B., 1982, *The Psychology of Deductive Reasoning*, Londres, Routledge and Kegan Paul.

Richard, J.-F. (Ed.), 1990, *le Traitement de l'information symbolique. Traité de psychologie cognitive*, vol. 2, Paris, Dunod.

Nickerson, R.S., 1986, *Reflections and Reasoning*, Hillsdale, N.J., Londres, Lawrence Erlbaum Ass.

raisonnement par défaut

Raisonnement basé sur l'absence de preuve. J.-F. L. N.

→ défaut.

raisonnement hypothético-déductif

(angl. Hypothetico-deductive Reasoning)

Raisonnement qui procède à partir d'une proposition conditionnelle, c'est-à-dire de l'énoncé d'une hypothèse.

La procédure déductive consiste à tenir pour vraie, à titre provisoire, cette proposition première qu'on appelle, en logique, le prédicat et à en tirer toutes les conséquences logiquement nécessaires, c'est-à-dire à en rechercher les implications. Soit la proposition P : X est un homme ; elle implique la proposition suivante Q : X est mortel. Le signe représente cette relation entre P et Q (P > Q). Il n'y a pas de cas où l'on puisse énoncer P sans Q. Cet exemple est celui d'une implication stricte, telle qu'on la trouve dans le syllogisme.

Au XIXe siècle, on opposait le raisonnement hypothético-déductif à l'induction, modèle du raisonnement expérimental.

Mais les analyses de C. Bernard (*Introduction à la médecine expérimentale,* 1865) ont fait justice de cette opposition. Plus tard, G. Bachelard (*le Nouvel Esprit scientifique*, 1934) a démontré que l'induction, en sélectionnant et construisant les faits sur lesquels elle travaille, procède à une inférence conjecturale à partir soit d'un fait unique, soit d'un petit nombre d'observations et qu'elle en déduit les conséquences nécessaires à leur généralisation.

En psychologie, c'est É. Claparède (*la Genèse de l'hypothèse*, 1933) qui, le premier, a souligné l'importance de l'implication dans le développement de la pensée, son rôle dans les anticipations adaptatives. C'est lui qui a inspiré les travaux de J. Piaget sur la logique propositionnelle. Piaget a montré que le recours au raisonnement hypothético-déductif s'élabore progressivement chez l'enfant, à partir de 6-7 ans, et que ce type de raisonnement n'est utilisé systématiquement, en partant d'une fonction propositionnelle stricte (appelée « formelle » en logique, d'où l'appellation « pensée formelle » retenue par Piaget), qu'à partir de 11-12 ans. H. B.

ralentissement

n.m. (angl. Slowing Down)

Diminution de l'activité idéique et motrice, à la fois dans son intensité et sa rapidité.

D. Widlöcher en a fait, avec la tristesse, le caractère fondamental des syndromes dépressifs. Sur le plan moteur, il se manifeste dans la lenteur d'exécution des mouvements, la rareté des changements de posture ou d'expression du visage, la pauvreté des gestes et de la mimique. Le discours du patient se fait rare, ses propos brefs étant entrecoupés de longs silences. La voix perd sa modulation, et son timbre devient éteint. Sur le plan idéatif, les associations sont lentes et pauvres. La pensée semble se traîner sans vivacité ni renouvellement. Les thèmes sont souvent répétitifs. Le patient paraît ruminer toujours les mêmes idées, traduites dans des expressions identiques.

Se rapprochant de la bradypsychie*, le ralentissement s'en distingue par le fait qu'il est généralement la conséquence d'une inhibition, apparaissant comme un comportement de retrait et d'immobilisation. Il s'agirait d'une véritable réponse défensive très archaïque devant un danger qui n'est surmontable qu'en « faisant le mort » dans une situation d'extrême désarroi, comme dans les dépressions anaclitiques de la petite enfance.

Une échelle d'évaluation de ce ralentissement a été construite par R. Jouvent, Y. Lecrubier et Widlöcher (1981). Elle est utilisée en particulier dans l'expérimentation de nouveaux antidépresseurs. J. P.

ramollissement cérébral

(angl. Softening of the Brain)

Lésion cérébrale consécutive à la suppression de l'apport circulatoire de l'artère irriguant normalement la région qui va se ramollir.

Le ramollissement va donc occuper un territoire cérébral déterminé par la topographie vasculaire. C'est pourquoi on peut décrire des ramollissements sylviens (par oblitération de l'artère sylvienne ou de l'une de ses branches), des ramollissements du territoire de l'artère cérébrale antérieure, du territoire de la choroïdienne antérieure ou, parfois, des ramollissements plus étendus et diffus par thrombose de la carotide interne. En effet, l'origine en est toujours une occlusion artérielle par maladie vasculaire (athérome) ou embolie, mais les suppléances circulatoires qui peuvent se produire vont souvent limiter les dégâts du parenchyme cérébral. Les symptômes neurologiques seront en rapport avec les fonctions spécifiques du territoire cérébral infarci. Après une première période œdémateuse, où ils seront particulièrement intenses, ils peuvent régresser partiellement lorsque, au bout d'une dizaine de jours, le ramollissement tend à se liquéfier et à se transformer en cavité intracérébrale. À côté de ces ramollissements importants mais localisés, avec atteinte neurologique et instrumentale évidente, il peut se produire une série de petits ramollissements cérébraux presque microscopiques et disséminés dans tout le parenchyme cérébral. Ces derniers ne se traduisent pas par des syndromes neurologiques évidents mais se manifestent par un état d'affaiblissement psychique plus ou moins démentiel. C'est une *démence vasculaire* (angl. Multi-Infarct-Dementia [MID]), qui se distingue des autres démences (abiotrophiques) par une évolution moins régulière, par l'apparition précoce de troubles du langage (P. Pichot) et parfois par quelques signes neurologiques (en foyer) correspondant à un ou à plusieurs ramollissements plus étendus. J. P.

→ cerveau, démence.

Rank (Otto Rosenfeld, dit Otto)

Psychanalyste autrichien (Vienne 1884- New York 1939).

Un des premiers disciples de S. Freud, il fait porter ses travaux sur les mythes et les légendes. Puis, très lié avec S. Ferenczi, Rank contribue avec lui à élargir aux psychoses le champ de la psychanalyse. Sa publication, en 1924, du *Traumatisme de la naissance* marque le début de ses divergences avec l'orthodoxie freudienne ; il y récuse en effet la fonction centrale du complexe d'Œdipe au profit de l'angoisse de la naissance. Sur le plan de la technique analytique, Rank est partisan des cures courtes, où la remémoration cède la place à une opération de renaissance. R. L.

rapidité

n.f. (angl. Speed)

GÉNÉR. **Inverse du temps qui s'écoule entre le début et la fin d'un comportement.**

La rapidité est une caractéristique de certains comportements ; elle peut servir de paramètre dans certaines observations mais elle n'est pas parmi les plus utilisées.

Le mot *rapidité* est assez souvent appliqué à de simples mesures de durée : le temps qui s'écoule entre le début et la fin d'un comportement ou, de façon plus précise, l'inverse de cette durée. C'est le cas, en psychologie animale, pour le parcours d'un labyrinthe ou, en psychologie humaine, de conduites comme la résolution d'un problème ou la lecture d'un texte. Comme les comparaisons se font, le plus souvent, à parcours constant, ou à tâche constante, ou à texte constant, on peut se contenter d'une telle mesure du temps.

Pour pouvoir utiliser une rapidité au sens propre, c'est-à-dire un rapport du type « nombre de *x* par unité de temps », il faut avoir une norme bien définie de mesure des comportements, et celle-ci fait souvent défaut. Par exemple, on ne peut raisonnablement déterminer, chez un animal, une vitesse de parcours de labyrinthe qui soit indépendante des labyrinthes parcourus. De même, pour calculer un « nombre de mots lus par minute » chez un lecteur, il faut préalablement fixer un type de texte et de vocabulaire.

Pour ces raisons, les mesures de rapidité sont relativement peu utilisées, beaucoup moins, en tout cas, que les mesures du temps qui précède le *début* du comportement (latence, temps de réponse), dont les utilisations sont beaucoup plus analytiques.

Dans les cas favorables, la rapidité est, au même titre que l'amplitude, l'un des paramètres de la « vigueur » d'un comportement. Il existe, par exemple, un résultat très général selon lequel une augmentation de la motivation d'un individu produit un accroissement de cette vigueur : la rapidité peut être l'un des paramètres pris en compte pour déterminer cette dernière.
J.-F. L. N.

rapidité/précision (conflit)

(angl. Speed/Preciseness Conflict)

Conflit très général, commun à un très grand nombre de tâches, qui fait que la précision de la performance diminue quand sa rapidité s'accroît et réciproquement.

Il s'ensuit que la précision d'une performance doit toujours être estimée à rapidité constante et réciproquement. Certaines mesures de performance s'expriment par un rapport numérique entre un nombre de bonnes réponses et un temps total.

Une consigne expérimentale bien faite doit préciser si, pour la tâche à venir, c'est la rapidité ou la précision qui est prioritaire.

Le conflit rapidité-précision a donné lieu à des modèles de l'activité interne du sujet. Ils s'appuient essentiellement sur les notions d'attitude préparatoire (dans les situations de temps de réaction, de perception, etc.), de stratégies de prise d'information (dans les situations complexes), de règles de décision, etc. J.-F. L. N.

rappel/reconnaissance

(angl. Recall/Recognition)

Technique utilisée en laboratoire pour mesurer les performances mnésiques des sujets.

On peut citer parmi les autres techniques l'économie au réapprentissage, la technique des paires associées, les épreuves de transfert.

Dans une épreuve de rappel, la question qui est posée au sujet consiste à restituer le matériel de type M, qui lui avait été présenté par un expérimentateur E, dans le lieu L au temps T : le sujet dispose donc d'informations qui lui permettent de reconstituer les circonstances dans lesquelles l'apprentissage a eu lieu. Il est évidemment possible de faire varier ces différents paramètres et d'évaluer l'incidence de ces variations sur la performance.

Dans une épreuve de reconnaissance, c'est le matériel appris lui-même qui est à nouveau présenté aux sujets mais mêlé à un autre matériel de la même classe destiné à égarer ceux-ci. On peut évidemment faire varier la similarité des items intrus par rapport aux items cibles et observer les effets d'une telle manipulation sur la performance des sujets. Pour qu'un stimulus donné soit reconnu, le sujet doit savoir implicitement répondre à des questions relatives à E, L et T et/ou évaluer sa familiarité.

Ce qui est intéressant évidemment pour le psychologue qui manipule les différentes variables susceptibles d'affecter la performance mnésique des sujets, ce sont les processus psychologiques qui sont mobilisés pour répondre à la question posée, en fonction de la situation d'apprentissage et de la situation de test, et la construction de modèles de ces processus.

Supposons que l'on ait présenté aux sujets une liste de mots qui comporte des noms d'animaux et des noms d'instruments de musique mélangés : lors de l'encodage, le sujet peut apercevoir que le matériel en question est divisible en deux catégories. Lors d'une épreuve de rappel, il peut se souvenir de cette particularité du matériel et, à partir des noms de catégorie, tenter de générer les exemplaires. Toutefois, ce faisant, il sera conduit à produire de nombreuses réponses erronées, qu'on appellera des intrusions, et des oublis si certains exemplaires de la liste sont peu fréquents, par exemple. Supposons maintenant que, après le même type de présentation, on lui demande de reconnaître les mots dont il se souvient : si on lui présente une liste comportant les items d'apprentissage et un nombre équivalent d'items du même type, mais étrangers à la liste d'apprentissage, une stratégie possible pour lui consistera à accepter tous les mots présentés, autrement dit à fournir autant de réponses correctes que d'erreurs ; dans ce dernier cas, on parlera de fausses alarmes. Toutefois, lorsqu'on compare ces résultats théoriques aux résultats observés dans de nombreuses expériences, on constate que ceux-ci sont très différents : dans le cas du rappel, si les sujets peuvent oublier de restituer certains items, en revanche ils font très peu d'intrusions ; dans le cas de la reconnaissance, on n'observe quasiment jamais de protocoles de sujets qui acceptent tous les items qui leur sont proposés. Au contraire, on constate qu'en général la proportion de réponses qu'ils donnent est fonction de la probabilité a priori des items pertinents dans la liste. Dans l'exemple cité ci-dessus, ils accepteront environ 50 % d'items et rejetteront les autres ; ce faisant, ils pourront faire deux types d'erreurs : accepter indûment un item incorrect (fausse alarme) ou rejeter indûment un item correct (omission). Par conséquent, aussi bien dans le cas de la génération d'items plausibles à partir de la mémoire sémantique (rappel) que de l'accès direct aux items dans une liste présentée aux sujets (reconnaissance), il faut concevoir un processus de sélection susceptible d'expliquer pourquoi les sujets ne se comportent pas comme dans le modèle hypothétique exposé ci-dessus.

Deux grandes classes de modèles ont été proposées.

Dans la première, on considère que le rappel est fondé sur deux processus : un processus de génération et un processus de décision permettant de sélectionner les réponses qui seront émises ; puisqu'en reconnaissance les items appris sont de nouveau présentés parmi des distracteurs, le processus de génération n'a pas lieu d'être, leur accès est automatique, seul le processus de décision est important. Il y a plusieurs variantes dans cette classe, qui se différencient soit par le type d'information évalué par le processus de décision (familiarité [W. Kintsch]) ou par les informations contextuelles (J. R. Anderson et G. H. Bower), soit par le recours conditionnel, dans certaines situations, à un processus de recherche et de génération en reconnaissance (G. Tiberghien et P. Lecocq).

Dans la seconde classe de modèles, la distinction entre des processus de génération et de sélection est rejetée : ce qui distingue le rappel de la reconnaissance, c'est l'efficacité des indices de récupération fournis aux sujets et la compatibilité qui existe entre les conditions d'encodage et de récupération (E. Tulving).

Le modèle des deux processus de Kintsch

Selon ce modèle, le rappel consiste en deux étapes successives : l'étape de génération, où le sujet produit implicitement des mots après une recherche dans sa mémoire sémantique, l'étape de sélection, qui permet de choisir parmi les mots générés ceux qui donneront lieu à une réponse explicite. Cette étape de sélection correspond au même processus que celui qui est seul mis en jeu dans une épreuve de reconnaissance. Ce qui distingue le rappel de la reconnaissance, c'est le processus de génération, le processus de sélection-décision est identique dans les deux situations. L'information sur laquelle s'appuient les sujets pour prendre leur décision de choisir ou non de donner une réponse est une information de familiarité qui représente la fréquence et la durée de présentation du stimulus lors de la période d'apprentissage.

Par conséquent, lorsqu'un sujet étudie un mot lors de l'apprentissage, la familiarité de ce mot en mémoire sémantique se trouve augmentée, autrement dit une information épisodique est surimposée à l'information sémantique déjà disponible. En situation de reconnaissance, lorsque le sujet rencontre ce mot, parmi d'autres, l'accès à sa représentation sémantique et épisodique (s'il a été présenté antérieurement) est automatique ; c'est le processus de décision qui seul évaluera si la familiarité du mot est suffisante, en fonction du critère du sujet, pour qu'une réponse d'acceptation soit formulée. Dans une situation de rappel, l'item lui-même n'est pas présenté physiquement au sujet : son accès en mémoire sémantique doit donc être piloté par d'autres informations ; celles-ci proviennent des relations sémantiques que le sujet a pu établir entre les items de la liste (repérage des catégories par exemple) et qui vont lui permettre, à partir des nœuds marqués dans le réseau sémantique, de générer des candidats plausibles à la réponse ; ces items plausibles sur des bases sémantiques seront évalués par le processus de décision sensible à la familiarité, ce qui permettra au sujet de fournir une réponse explicite.

Le modèle contextuel d'Anderson et Bower

L'architecture générale de ce modèle n'est pas différente de celle du modèle de Kintsch. On y trouve toujours les deux étapes distinguées précédemment par Kintsch : la génération et la décision-sélection. Toutefois, ce n'est plus la familiarité qui va servir d'information de référence au processus de décision. Anderson et Bower considèrent en effet que, si ce type d'information est suffisant pour permettre aux sujets de discriminer un item qui a été présenté récemment d'un autre qui ne l'a pas été durant l'apprentissage, il ne permet pas de rendre compte de jugements beaucoup plus fins effectués par les sujets, comme ceux qui consistent à distinguer des items présentés une fois seulement et récemment, ou deux fois mais beaucoup plus tôt dans la liste d'apprentissage. Ce sont les éléments contextuels d'information, et non la seule familiarité, qui vont permettre aux sujets de décider des circonstances dans lesquelles les items ont été présentés et de fournir une réponse explicite. Ainsi, le modèle rend compte non seulement de la capacité des sujets à décider si un mot a été ou non présenté dans une liste antérieure, mais également lorsque plusieurs listes ont été présentées successivement aux sujets, dans lesquelles le mot en question se trouvait.

Le modèle de recherche conditionnelle de Tiberghien et Lecocq

Dans les deux modèles précédents, l'accès à l'information en reconnaissance était considéré comme automatique, puisque l'item à reconnaître était matériellement présenté aux sujets. Toutefois, de nombreux résultats expérimentaux et les différences observées dans les latences de reconnaissance en fonction des modifications apportées au contexte entre l'encodage et le test venaient remettre en cause cette affirmation, somme toute logique. Dans le modèle de recherche conditionnelle, certains processus de recherche peuvent être à l'œuvre en reconnaissance lorsque les circonstances l'exigent : par conséquent, cette recherche est exceptionnelle, c'est-à-dire qu'elle ne caractérise pas les situations courantes, et conditionnelle, c'est-à-dire qu'elle dépend d'un processus préalable d'évaluation de la familiarité ; lorsque ce processus échoue, une recherche en mémoire se trouve entreprise. Cette recherche elle-même porte sur des informations contextuelles, qui peuvent être récupérées soit en mémoire épisodique, soit en mémoire sémantique. Comme on peut le constater, ce modèle est assez complexe mais il permet de faire face à des classes de situations beaucoup plus différenciées que les modèles précédents.

La théorie de l'encodage spécifique de Tulving

L'originalité de la perspective de Tulving est qu'elle récuse la plupart des caractéristiques des modèles précédents. Pour Tulving, les activités de rappel et de reconnaissance ne diffèrent entre elles que par les informations qui sont accessibles aux sujets à travers les indices qui leur sont fournis, non par les processus qu'elles mettent en œuvre. Par conséquent, les étapes de génération et de décision-sélection ne sont pas admises dans ce modèle. De même, Tulving distingue une mémoire sémantique et une mémoire épisodique ; comme il récuse le processus de génération de réponses plausibles à partir de la mémoire sémantique, le rappel et la reconnaissance sont pour lui des activités qui se déroulent essentiellement en mémoire épisodique. Si, lors de l'encodage, les sujets exploitent les propriétés sémantiques des items qui leur sont présentés, c'est pour les placer en mémoire épisodique avec d'autres informations, non pour marquer les nœuds et/ou les relations du réseau de la mémoire sémantique, comme dans le modèle d'Anderson et Bower. De plus, l'idée que la reconnaissance puisse se satisfaire d'une information aussi élémentaire que la familiarité des items, comme dans le modèle de Kintsch ou, partiellement, dans celui de Tiberghien et Lecocq, est également rejetée. Enfin, la mémoire sémantique et la mémoire épisodique constituent deux systèmes distincts. La première contient les informations générales concernant la signification des mots et les connaissances et règles linguistiques (entre autres) ; la seconde contient les informations autobiographiques et les traces relatives aux différents épisodes vécus par un sujet. Autrement dit, participer à une expérience de mémoire dans un laboratoire constitue pour chaque sujet une expérience spécifique qui se trouve stockée dans sa mémoire épisodique ; même s'il utilise les connaissances de sa mémoire sémantique pour mieux organiser l'épisode auquel il est confronté, les informations extraites durant cette expérience seront déposées dans sa mémoire épisodique.

S'il n'y a pas de génération de candidats plausibles à la réponse à partir de la mémoire sémantique, comment les sujets peuvent-ils récupérer l'information qu'on sollicite de leur part ? Tulving suppose que les indices fournis au moment de la présentation du test de rétention : « Rappelez les mots qui vous ont été présentés dans la liste précédente », par exemple, véhiculent toutes sortes d'informations contextuelles pertinentes et implicites, comme l'expérimentateur, la salle où l'expérience a lieu, le moment de la journée, etc., qui seront utilisées dans la tentative d'appariement des sujets avec la ou les traces épisodiques ; Tulving parle à ce propos, reprenant un terme de la psychologie du début du XXe siècle, de *processus ecphorique*. Bien qu'il n'ait pas beaucoup tenté de caractériser son fonctionnement, on peut penser qu'il s'agit du déclenchement d'un phénomène de résonance entre les indices perçus dans le contexte et la trace épisodique plus ou moins complète. Si l'ecphorie réussit, cela déclenche chez le sujet un souvenir conscient de l'événement original, qui, à son tour, provoquera la réponse explicite. La conséquence de tout cela, c'est que les sujets, quelle que soit leur réponse, ne retrouvent jamais quelque chose « incorrectement » : les erreurs sont toujours justifiables du point de vue ecphorique. On voit bien également par là que, ce qui distingue le rappel de la reconnaissance, c'est la composition de l'information contextuelle. La mise en résonance de la trace épisodique est beaucoup plus probable lorsque l'item lui-même est présenté (*reconnaissance*) que lorsque ce sont les circonstances qui ont entouré sa présentation qui le sont (*rappel*). Nul besoin dans ces conditions de faire appel à des processus hypothétiques de génération-décision. On notera également que le processus ecphorique est d'autant plus efficace que les circonstances dans lesquelles l'apprentissage s'est effectué se retrouvent lors du test de rétention : c'est le principe de spécificité de l'encodage. Comme le précisent Tulving et Osler dès la fin des années 1960 : « Les indices de récupération spécifiques ne peuvent faciliter le rappel d'un mot que si et seulement si les informations le concernant, ainsi que leurs relations à celui-ci, se trouvent activées en même temps que l'information relative à l'appartenance de ce mot à la liste d'apprentissage. » Autrement dit, les indices de récupération ne sont efficaces que s'ils sont déjà présents lors de l'encodage.

Examen de quelques faits empiriques

Les effets de contexte en reconnaissance

Selon les modèles à deux processus, la présence matérielle des items à reconnaître dans la liste de reconnaissance provoque un accès automatique à leur valeur de familiarité ou aux informations contextuelles qui leur sont attachées. Dans le modèle de Tulving, la présentation matérielle de l'item cible n'est efficace que dans la mesure où elle rétablit de façon plus ou moins complète le contexte dans lequel cet item a été encodé, ce qui lui permet d'entrer en résonance avec la trace épisodique qui lui correspond. Dès lors, si l'on introduit des variations de contexte entre l'apprentissage et le test, les modèles à deux processus ne devraient pas prédire d'altérations majeures de la performance par rapport à une situation où de telles variations entre l'encodage et le test ne seraient pas introduites. En revanche, le modèle de l'encodage spécifique prévoit une forte influence négative de telles modifications sur la performance des sujets. Nombre de recherches ont, en modifiant différents aspects du contexte, mis en évidence une forte diminution du nombre de réponses correctes des sujets, tant en rappel qu'en reconnaissance. Il semble donc que ce type de résultats soit nettement en faveur du modèle de Tulving. Toutefois, comme le matériel des expériences était très souvent constitué d'homographes dont il était facile de faire varier le sens entre l'encodage et le test, les théoriciens des deux processus ont tenté d'accommoder les résultats obtenus à leur modèle en considérant que, dans ce cas, ce n'étaient pas les mêmes nœuds du réseau sémantique qui se trouvaient activés : l'accès automatique à l'information pouvait alors être préservé en invoquant le fait que, puisque l'accès n'avait pas lieu au même endroit en mémoire, l'évaluation de la familiarité ou de l'information contextuelle ne pouvait qu'en être affectée.

Malheureusement, cette position défensive ne put résister très longtemps. De nouvelles recherches mirent en évidence les mêmes variations de performance lorsque, au lieu d'homographes, on utilisait des mots banalement polysémiques ou même des photos de visages dont on avait changé la prise de vue, le fond ou que l'on avait « habillés » différemment (chapeau, lunettes, etc.). Pour pouvoir rendre compte de telles données, les modèles à deux processus se trouvaient contraints de multiplier de manière inflationniste les nœuds du réseau sémantique : cette prolifération paraissait difficilement compatible avec le principe d'économie qui doit guider les constructeurs de modèles.

L'incapacité à reconnaître des mots qui pourtant peuvent être rappelés

L'architecture même des modèles à deux processus implique que, lorsqu'un mot est rappelé implicitement, il doit être forcément reconnu explicitement : si, en effet, les seuls éléments contextuels ont permis aux sujets d'accéder à l'item nominal et si le processus de reconnaissance juge de la familiarité ou de la présence d'éléments contextuels adéquats, il n'y a aucune raison pour que le système de traitement rejette une cible dont l'accès a été rendu possible par ces informations mêmes. Une des conséquences de cela est qu'il n'y a pas de cas où les performances en reconnaissance puissent être plus faibles que celles qu'on observe en rappel. Or, c'est précisément ce que montrent Tulving et D. M. Thomson dans une expérience désormais célèbre.

Le paradigme était le suivant :

1. on présente aux sujets des couples de mots : ground - COLD, le mot en majuscules étant le mot à retenir (M.A.R.) ;
2. on leur présente ensuite une liste comportant des associés primaires des M.A.R. (ainsi, pour COLD, on présentera HOT) et on leur demande de fournir pour chaque associé 4 mots qui leur viennent à l'esprit (simulation de l'étape de génération) ;
3. les sujets doivent ensuite indiquer, parmi les réponses fournies en 2, quels sont les M.A.R. qui leur avaient été présentés en 1 ;
4. on procède ensuite à un rappel indicé de chaque couple appris en 1.

Les auteurs montrent que, lors de la deuxième étape, 66 % des M.A.R. sont donnés comme associés ; parmi ceux-ci 54 % sont reconnus au stade 3 ; toutefois, lors de l'étape 4, les sujets rappellent 61 % des M.A.R., dont une grande partie n'avait pas été reconnue lors de l'étape 3. Les partisans des modèles à deux processus ont alors considéré que ces résultats étaient probablement dus à une difficulté plus grande de la reconnaissance lors de l'étape 3 que du rappel indicé lors de l'étape 4 du fait de la présence d'un grand nombre de distracteurs de forte similarité sémantique ; dès lors, ces deux conditions ne sont plus comparables, ce qui explique la supériorité du rappel indicé sur la reconnaissance des M.A.R. Malheureusement pour les partisans de la théorie des deux processus, Flexser et Tulving proposaient un modèle mathématique susceptible de rendre compte des résultats obtenus dans 33 expériences réalisées selon le même paradigme que celui de Tulving et Thomson. Pour eux, l'impossibilité pour les sujets de reconnaître des items pourtant rappelables se produit parce que les indices employés dans le rappel indicé lors de la 4e étape ont été spécifiquement encodés avec les M.A.R. lors de la 1re étape. Par conséquent ils provoquent un meilleur accès à la trace que lorsque les M.A.R. sont présentés seuls, sans ces indices, lors de l'étape 3 : dès lors, l'incapacité à reconnaître les M.A.R. dans l'étape 3 est une conséquence des modifications de contexte introduites par rapport à la situation d'encodage de l'étape 1.

Ces résultats sont très fortement en faveur du modèle présenté par Tulving et ses collaborateurs. Néanmoins, la séparation invoquée par Tulving entre mémoire sémantique et mémoire épisodique n'en continue pas moins de susciter des critiques : bien que cette dissociation lui permette de mieux rendre compte des résultats observés avec certains types de matériel, comme dans le cas de la reconnaissance des visages, elle paraît à de nombreux chercheurs manquer de flexibilité pour rendre compte des stratégies variées et conscientes de récupération que les sujets, selon leur intelligence ou les circonstances, sont amenés à utiliser dans certaines situations. (→ recherche en mémoire.) Tulving en a d'ailleurs été conscient puisqu'il a tenté d'élargir sa théorie au début des années 1980 pour lui faire prendre en compte les phénomènes de récollection. P. L.

Bibliographie

Tiberghien, G., et Lecocq, P., 1980, *Rappel et reconnaissance*, Lille, P.U.L.
Tulving, E., et Donaldson, W., 1972, *Organization of Memory*, New York, Academic Press.

rapport (échelle de)

(angl. Ratio Scale)

Différ. **Échelle de mesures dans laquelle l'origine et l'unité seraient définies et qui serait construite en demandant au sujet de créer, d'égaliser ou de comparer des rapports entre stimulus.** M. R.

→ mesure.

raptus

n.m. (angl. Attack)

Comportement paroxystique à caractère de décharge irrésistible et brutale au cours duquel le sujet, entraîné par un état émotionnel intense, risque de passer à l'acte d'une manière parfois dramatique, sur le mode de l'évitement (fugue) ou de l'agressivité (contre autrui ou contre lui-même).

C'est lors d'un accès de grande anxiété ou de confusion mentale aiguë, d'un état crépusculaire ou d'une intoxication (amphétamine, L.S.D., ivresse) que de tels raptus peuvent se produire, conduisant parfois au meurtre ou au suicide. J. P.

râteau (prise en)

DÉVELOP. **Saisie d'un objet par la paume de la main.**

L'objet est ramené par l'enfant dans la paume, aidé par les doigts pliés, qui agissent comme les dents d'un râteau. E. V.

→ préhension.

rationalisation

n.f. (angl. Rationalization)

SOCIAL. **Justification a posteriori par un sujet d'un acte présentant un aspect qui fait problème.**

L'acte en question est en l'occurrence contraire à ses attitudes ou motivations initiales, ou anormalement coûteux, ou malvenu, ou encore il n'est guère plus justifié que d'autres actes possibles au même moment. Cette justification se présente sous la forme d'une modification des attitudes ou de l'expression des motivations, ou encore d'une négation du caractère coûteux ou malvenu de l'acte. Les psychologues sociaux ont notamment étudié la rationalisation des comportements de soumission contraires aux attitudes initiales. (→ soumission.) La rationalisation revient ici à modifier ces attitudes dans le sens d'une plus grande conformité à l'acte de soumission. L'étude de la rationalisation concerne le contexte de l'acte, en tant qu'il prédispose plus ou moins à la rationalisation (→ engagement), et les processus proprement dits de production cognitive, comme celui de réduction de la dissonance. (→ dissonance cognitive [théorie de la].)

D'une certaine façon, l'étude de ces processus par lesquels l'homme apparaît comme un « animal rationalisant » se démarque d'une conception de l'homme comme « animal rationnel », qui oriente davantage vers l'étude des processus cognitifs précomportementaux.

Il reste que la rationalisation permet de comprendre certains aspects importants de la vie sociale, comme l'adéquation de ce que pensent les gens à la place qu'ils occupent, c'est-à-dire aux comportements que cette place implique. R.-V. J.

rationalisme morbide

(angl. Pathological Rationalism)

PSYCHIATR. **Tendance particulièrement marquée chez certains sujets atteints de schizophrénie à tenir un discours rempli de termes hyperrationnels pour parler de leur vie quotidienne et justifier leur isolement autistique en utilisant des concepts pseudo-scientifiques de type logique ou mathématique.**

C'est E. Minkowski qui a introduit cette notion dans la description des formes autistiques de la schizophrénie (*la Notion de perte de contact vital avec la réalité*, 1926) en expliquant que la « défaillance des facteurs dynamiques » s'y accompagne souvent d'une « véritable hypertrophie des facteurs rationnels et spatiaux de la pensée ». Cette hypertrophie conditionne pour lui certains tableaux cliniques particuliers, caractérisés alors par le « rationalisme et le géométrisme morbides ». J. P.

rationnel, elle

adj. (angl. Rational)

Conforme à la raison.

Ce mot s'emploie comme un opposé de « naturel », pour désigner des entités psychologiques construites par l'homme conformément à des règles prescriptives.

Par exemple, on parlera de concepts rationnels, ceux de la science, des mathématiques, de la logique, etc., par opposition aux concepts naturels, formés spontanément. De même, les règles rationnelles se distinguent des règles naturelles, qui sont des règles de fait. J.-F. L. N.

réactance psychologique

(angl. Psychological Reactance)

État psychologique (motivationnel) d'un individu qui vient de voir sa liberté de choix restreinte.

Ce concept a été théorisé par J. W. Brehm (1966).

LA THÉORIE DE LA RÉACTANCE

À tout instant, un individu pense disposer d'un certain nombre de comportements possibles. Ces comportements sont dits « libres » si l'individu pense qu'il n'appartient qu'à lui de les réaliser ou non. Si, pour une raison ou une autre, un (ou plusieurs) de ces comportements se trouve(nt) rendu(s) impossible(s), ou se trouve(nt) menacé(s) d'être rendu(s) impossible(s), l'individu éprouve une motivation spécifique : la réactance, orientée vers la restauration totale ou partielle de la liberté initiale. Elle est en rapport quantitatif avec l'importance psychologique du (ou des) comportement(s) visé(s), le nombre de ces comportements rapporté à celui des comportements libres initiaux et, si la réactance est provoquée par une menace, la force de celle-ci. La réactance peut alors se traduire par une élévation de la désirabilité et/ou de l'importance des comportements visés comme elle peut se traduire par une tentative de restauration comportementale de la liberté par un engagement dans le comportement visé ou dans un comportement de signification similaire. Ainsi, si un sujet croyant pouvoir penser A, B ou C subit une tentative d'influence en faveur de A, il risque d'éprouver de la réactance pour peu qu'il ait le sentiment que cette tentative consiste à lui enjoindre de ne pas penser B ou C. Il peut alors trouver B et C plus désirables, voire affirmer B ou C avec plus d'ardeur qu'il ne l'aurait fait (effet boomerang). Il peut aussi inciter ses pairs à penser B ou C.

BESOIN DE CONTRÔLE ET SENTIMENT DE LIBERTÉ

La théorie de Brehm n'est pas seule à décrire un individu très affecté par une remise en cause de la maîtrise qu'il pense exercer sur son environnement. Elle participe de fait d'un ensemble de recherches théoriques et expérimentales dont le dénominateur commun est l'affirmation d'un besoin de contrôle. Les recherches sur l'impuissance acquise, conduites chez l'Animal comme chez l'Homme, sont prototypiques de ces recherches, où l'on avance quelques conséquences comportementales, cognitives et affectives (voire thymiques) d'une perte de contrôle.

Pourtant, il s'avère que ce n'est pas tant le contrôle effectif que le sentiment de contrôle qui est déterminant : un contrôle illusoire peut satisfaire le besoin postulé. Sans doute en est-il de même en matière de réactance : l'axiome de la théorie n'est pas tant la liberté que le sentiment de liberté. La première reste du ressort de la discussion philosophique. J.-L. B.

BIBLIOGRAPHIE

Brehm, J. W., 1966, *A Theory of Psychological Reactance*, New York, Academic Press.

réaction

n.f. (angl. Reaction)

GÉNÉR. **Comportement simple et bien identifiable, suscité par un élément constant ou répétable de l'environnement, que l'on appelle généralement le « stimulus » de cette réaction.**

Le comportement peut être découpé de diverses façons : par exemple en unités définies par leurs buts, appelées des « conduites » (se promener, travailler, raconter, etc.). Dans certains cas, la mention du stimulus déclenchant est de peu d'intérêt. Certains comportements peuvent être caractérisés par le fait qu'ils apparaissent de façon constante quand l'individu se trouve en présence d'un certain élément ou événement de l'environnement. C'est cette catégorie particulière de comportements qu'on appelle des « réactions » (ou des « réponses ») ; les événements qui les suscitent sont alors les *stimulus* de ces réactions. (→ stimulus.)

Il serait naturellement inexact de considérer que tout comportement est une réaction, bien qu'il existe une tendance à confondre ces deux notions. Même les défenseurs de la conception béhavioriste S-R ne l'ont pas prétendu. Mais, sous l'angle heuristique, on peut comprendre qu'il ait été plus facile d'étudier d'abord des comportements qui étaient des réactions parce que ces comportements étaient aisément produits au laboratoire en présentant leur stimulus.

On peut considérer le mot *réaction* comme absolument synonyme de *réponse*. En revanche, le mot *réflexe* a un sens plus restreint : il ajoute l'idée que le stimulus produit *toujours* (à 100 %) la même réaction. On peut au contraire parler sans difficulté de « pourcentage de réponses » (ou de « réactions ») à un stimulus lorsque la constance est seulement relative. J.-F. L. N.

PSYCHIATR. **Réponse psychopathologique originale et spécifique qu'un individu peut opposer à un événement vital, un traumatisme psychologique, risquant de mettre en péril son équilibre mental.**

En référence à la théorie médicale vitaliste du XVIIIe siècle (E. Stahl) qui désignait par « réaction » toute réponse d'un organisme vivant à tout ce qui met « en péril sa survie », sous la direction du « principe vital », cette notion est trop vague pour être utilisée valablement en psychiatrie, si ce n'est comme adjectif pour désigner une névrose ou une psychose réactionnelle. (→ réactionnelle [psychose].) Elle a cependant été largement développée par A. Meyer, qui avait tenté, au début du XXe siècle, de substituer à la nosographie psychiatrique de E. Kraepelin une classification en *types de réaction*. Pour lui, la maladie mentale doit s'envisager comme une réponse, un comportement réactionnel pathologique à des stimulations, des exigences du milieu, auxquelles le sujet ne peut donner une réponse adaptée. Et il classe ces types de réaction morbides en se référant à une notion de dynamisme global, d'*ergon* (« énergie » en grec), qui va servir de base à la subdivision des comportements psychopathologiques, appelés par lui *troubles de l'ergasie*. Il fait donc les distinctions suivantes.

1. Les *majorréactions*, ou *psychoses*, représentées par :
— l'*anergasie*, définie comme réaction organique où le comportement se trouve modifié par des défauts aussi bien structurels que fonctionnels, comme dans la paralysie générale, les troubles de la sénilité, l'épilepsie et tous les états démentiels ;
— la *dysergasie*, définie comme un trouble déterminé fonctionnellement où la structure n'est pas directement compromise, trouble non neurologique où le cerveau subit les effets d'agents infectieux ou de déficience nutritive (délires dans le sens delirium, délire aigu, et crises hallucinatoires) ;
— la *thymoergasie*, correspondant à une humeur déprimée ou exaltée, exprimée dans l'anxiété ou l'excitation, les états maniacodépressifs et les dysthymies ;
— la *paraergasie*, définie par la distorsion essentiellement délirante ou paranoïaque et comprenant à la fois les anciens délires chroniques et les diverses formes de la schizophrénie.
2. Les *minorréactions*, où l'on retrouve, d'un côté, les insuffisances de développement intellectuel, les déficiences constitutionnelles allant de la simple débilité mentale aux formes graves d'arriération ; ce sont les *oligoergasies* ; et, de l'autre, c'est le grand domaine des troubles fonctionnels partiels, ou *merergasies*, correspondant en gros à tous les syndromes névrotiques. Comme le remarquera J. H. Masserman, on trouve là une entorse à la doctrine holistique défendue par Meyer puisqu'il admet dans ce cas une atteinte partielle du comportement. Ce qui montre au passage la fragilité d'une telle classification, qui eut pourtant un grand succès aux États-Unis pendant près de quarante ans. On la retrouvera en effet à la base du DSM I, publié en 1952. Ce qui avait séduit indiscutablement ses partisans tenait en partie au refus de reconnaître des entités nosologiques derrière les syndromes psychiatriques, qui n'étaient plus considérés que comme des réponses comportementales, des réactions à des stimulations du milieu et, surtout, à des « événements vitaux ». Mais il est évident que la notion de réaction ne pouvait pas remplacer celle de maladie mentale. Et, dès les années 1960, le DSM II faisait retour à la classification de Kraepelin. J. P.

réaction (temps de)

(angl. Reaction Time)

→ temps de réaction.

réaction circulaire

(angl. Circular Reaction)

→ circulaire (réaction).

réaction d'éveil

(angl. Arousal)

Modification brutale des paramètres électrophysiologiques dans le sens d'une activation des processus physiologiques. P. L.

→ activation.

réaction d'orientation

(angl. Orienting Response)

Ensemble de modifications physiologiques (sensorielles, somatiques, végétatives, corticales) et comportementales suscitées par une variation des conditions de l'environnement, disposant l'organisme à une exploration spécifique du champ stimulant et facilitant le traitement des informations sensorielles.

Cette réponse, qui représente une forme élémentaire de l'attention, a été décrite par I. P. Pavlov sous le nom de *réflexe du « qu'est-ce que c'est ? »*. J.-M. C.

réactionnelle (formation)

(angl. Reaction-Formation ; allem. Reaktionsbildung)

PSYCHAN. **Comportement ou processus psychique de défense, ayant valeur de symptôme, mobilisé par le sujet en réaction contre certains contenus ou désirs inconscients.**

La formation réactionnelle exprime surtout d'une manière manifeste la composante défensive du conflit. Alors que, dans la formation de compromis, les deux forces qui se sont séparées se rencontrent de nouveau dans le symptôme, dans la formation réactionnelle, c'est le processus de défense qui prédomine dans son opposition systématique au surgissement de motions pulsionnelles refoulées. C'est en ce sens que la formation réactionnelle a pour origine essentiellement le surmoi. R. L.

réactionnelle (psychose)

(angl. Reactive Psychosis)

PSYCHIATR. **Maladie mentale de structure psychotique provoquée par une situation, un événement ou un accident et mettant le sujet qui en est victime dans l'incapacité de s'y adapter sur un mode simplement émotionnel ou névrotique.**

On peut la considérer comme une véritable défaillance psychique conduisant à un état psychotique aigu ou subaigu, qui est la conséquence directe d'une épreuve insurmontable venant du milieu externe. C'est une psychose psychogène ou exogène, s'opposant, dans la nosologie de E. Kraepelin, aux grandes psychoses endogènes, dont l'évolution est plutôt chronique, que ce soit sur un mode continu ou périodique.

Depuis les débuts de la psychiatrie, on a reconnu l'origine émotionnelle de certaines affections psychotiques. P. Pinel avait décrit des cas de manie et d'idiotisme provoqués par des émotions intenses. É. Esquirol montrait de son côté que les causes morales sont aussi fréquentes que les causes physiques dans le déclenchement de l'aliénation mentale. Et V. Magnan insistait sur les facteurs émotionnels (cause occasionnelle) susceptibles de produire une psychose chez les sujets atteints de dégénérescence.

C'est E. Kretschmer qui a le mieux précisé la distinction de Kraepelin entre psychoses endogènes et psychoses psychogènes réactives. Pour ces dernières, il conseille de bien différencier les « réactions primitives » des « réactions de la personnalité ». Les premières seraient ontogénétiquement et phylogénétiquement archaïques et s'observeraient le plus souvent chez des sujets dont la personnalité est restée immature ou faible, ou a été affaiblie par un traumatisme trop violent (qu'il soit physique, comme une atteinte cérébrale, ou moral, comme une grande catastrophe). Quant aux secondes (réactions de la personnalité), il faut les considérer comme des réactions représentant vraiment l'expression la plus pure et la plus marquante de l'individualité tout entière. Ce sont de véritables « expériences clés » : « Caractère et expériences clés vont ensemble comme clé et serrure. » Ce qui amène Kretschmer à faire de certains délires paranoïaques de véritables réactions de la personnalité, qu'ils soient passionnels, comme la jalousie morbide ou l'érotomanie, ou relationnels, comme le délire de relation des sensitifs. Mais, avec une telle extension de la causalité réactionnelle, on en arrive à faire de toute psychose une psychose réactionnelle « en ce sens qu'il n'y a pas de troubles mentaux qui ne soient en étroite relation avec l'histoire du sujet » (H. Ey). C'est pourquoi il faut restreindre la notion aux troubles qui ne se seraient pas produits si le traumatisme psychique n'avait pas eu lieu, et qui sont en relation « compréhensible » avec le facteur déclenchant (K. Jaspers). Il n'y aurait donc « psychose réactionnelle » que lorsqu'elle apparaît en continuité temporelle avec un événement exogène, psychogène, atteignant un psychisme relativement sain. Sans doute l'individu qui fait une psychose réactionnelle doit-il avoir un seuil de réaction plus bas que celui qui n'en fait pas (devant le même événement traumatisant). Mais le terme doit être réservé aux psychoses où la prédisposition reste minimale alors que la cause occasionnelle est maximale. Ce qui élimine les « psychoses occasionnées » de Jaspers, sans rapport compréhensible avec l'événement et qui seraient apparues après n'importe quel choc émotionnel d'importance quelconque.

Sur le plan étiologique, on décrira surtout des psychoses de guerre, ou de grandes catastrophes de l'importance du tremblement de terre en Arménie soviétique en décembre 1988, et parfois consécutives à l'isolement, à l'emprisonnement (psychoses carcérales), à la séparation brutale. Sur le plan clinique, leurs manifestations sont parfois de type dépressif (dépressions réactionnelles) et, plus rarement, maniaque. Elles revêtent souvent l'aspect d'une psychose subaiguë anxieuse et confusionnelle du type bouffée délirante. Elles peuvent être aussi, pour Kretschmer, des réactions délirantes systématiques à type de délire de relation ou de psychose passionnelle. Mais celles-ci n'évoluent pas forcément vers un délire chronique, pouvant n'apparaître que comme une réaction paranoïaque subaiguë (« paranoïa abortive » de R. Gaupp). La place nosologique des psychoses réactionnelles reste cependant très discutée actuellement. C'est ainsi qu'il n'y a pas de catégorie diagnostique « réaction » ou « troubles réactionnels », dans le DSM III. La notion de réaction y reste seulement présente à propos du trouble de l'adaptation, qui est défini comme « une réaction non adaptée à un facteur de stress* psychologique identifiable ». On retrouve seulement dans la classe « troubles psychiques non classés ailleurs » une « psychose réactionnelle brève » (298-80) dont le tableau clinique évoque celui de la classique bouffée délirante avec une évolution ne dépassant pas une quinzaine de jours. J. P.

BIBLIOGRAPHIE

Chatagnon, P. A., 1949, *De la légitimité et des limites des psychoses réactionnelles*, Paris, Masson.

Heuyer, G., et Fouquet, P., 1941, *Psychoses carcérales*, Paris, Semaine des Hôpitaux de Paris, octobre 1941.

Kretschmer, E., 1926, *Manuel de psychologie médicale*, Paris, Payot.

Starobinski, J., 1974, « Réaction. Le mot et les usages », Paris, *Confrontations psychiatriques*, *12*, 19-42 (oct. 1974).

réadaptation

n.f. (angl. Rehabilitation)

Ensemble d'actions, de techniques médicales, sociales et éducatives susceptibles de permettre à un malade de retrouver, après rémission ou stabilisation de ses troubles, une nouvelle intégration la plus heureuse possible dans son milieu familial et socioprofessionnel.

La mission de la réadaptation est donc, selon W. Anthony, d'« améliorer le fonctionnement de la personne de façon qu'elle puisse avoir du succès et de la satisfaction dans un milieu de son choix avec le moins d'intervention professionnelle possible ». Il faut donc augmenter les capacités de fonctionnement de celle-ci pour qu'elle ait la plus grande autonomie possible, dans le milieu de vie qui semble le mieux lui convenir, en rééduquant ses aptitudes à la vie sociale et à l'expression correcte de ses besoins, sentiments et états émotionnels, en lui facilitant un apprentissage ou un réapprentissage d'une activité professionnelle quand cela est possible et, surtout, en l'encourageant à une participation active et spontanée à chacune des étapes de cette réadaptation. Cette participation active du sujet reste en effet la pierre angulaire de toute démarche de réadaptation. Car « la réadaptation n'est pas comme un pansement qu'on applique sur une plaie sans que le patient s'en rende compte. Elle doit être faite avec la participation du patient considéré comme un partenaire actif et pas uniquement consentant. Plusieurs techniques de réadaptation ont pour but de le faire participer, de l'aider à se fixer des buts, à évaluer ses capacités et ses ressources et à surmonter ses faiblesses. Ce principe est d'ailleurs de plus en plus appliqué dans le traitement des maladies physiques. En effet, le médecin moderne, plutôt que d'exiger une soumission passive de la part de ses malades, a compris qu'il valait mieux compter sur leur participation active. Le patient qui n'accepte pas un traitement ne le suivra pas. La personne souffrant d'incapacité mentale et qui est forcée de vivre, d'apprendre ou de travailler dans un milieu qu'elle n'a pas choisi trouvera un moyen de s'en échapper » (W. Anthony, J. Dansereau et M. Farkas, *Psychiatrie française*, n° 6, 1989).

Actuellement, on ne donne plus au diagnostic psychiatrique autant d'importance qu'autrefois dans la pratique de la réadaptation. La maladie, l'incapacité mentale du sujet n'est qu'un élément d'un ensemble beaucoup plus complexe auquel participent les relations familiales et professionnelles, les différents facteurs socio-économiques (en particulier le marché du travail), éléments qui ne dépendent pas uniquement des soignants psychiatriques. D'autres professionnels doivent œuvrer à cette réadaptation et la collectivité elle-même joue un rôle considérable par ses attitudes de compréhension et d'aide ou, au contraire, de protection ou de rejet. Classiquement, on distingue néanmoins un dispositif de réadaptation socio-médicopsychologique — avec des lieux de séjour et de soins (hôpital de nuit, foyer de postcure, appartement thérapeutique, centre médicopsychologique, placement familial), des lieux de loisir (clubs, lieux de rencontre, etc.) — et un dispositif socioprofessionnel axé sur l'apprentissage ou le travail protégé (ateliers de réadaptation, centres de formation ou d'aide par le travail), où le personnel n'est pas soignant. La réinsertion socioprofessionnelle du malade en serait ainsi facilitée.

On peut cependant se demander, avec G. Bleandonu, si, pour beaucoup de malades mentaux, cette réinsertion est vraiment autre chose qu'un simple « transfert d'un pavillon hospitalier [...] dans un placement familial ou une pension de famille ». Beaucoup de ces institutions en effet ne font que reproduire « la vie asilaire avec un prix de journée moindre ». Souvent, toujours selon Bleandonu, elles recherchent surtout la soumission du malade et son conformisme aux normes institutionnelles. Et la « réadaptation ne porte en réalité que sur un petit nombre de malades soigneusement choisis : ceux paraissant capables, après une courte période de réadaptation, de prendre un emploi sur le marché du travail ». C'est pourquoi il faut insister sur la participation active du patient et tout faire pour lui faciliter sa libre spontanéité. Tâche difficile dans ces lieux qui apparaissent trop souvent comme des endroits protecteurs réservés à une « sous-société protégée » (R. Lamb). Or, c'est là où l'initiative créatice sera la plus grande, pour l'ancien malade comme pour ces différents acteurs, que la réadaptation a le plus de chances de réussir. J. P.

BIBLIOGRAPHIE

Anthony, W. A., 1979, *The Principles of Psychiatric Rehabilitation*, New York, University Park Press.

Bleandonu, G., 1976, *Dictionnaire de psychiatrie sociale*, Paris, Payot.

Lamb, R., 1971, *Rehabilitation in Community Mental Health*, San Francisco, Jossey-Bass.

réafférence

n.f.

Élément d'un circuit nerveux permettant d'assurer une rétroaction. P. L.

→ boucle.

réalisme

n.m. (angl. Realism)

GÉNÉR. **Disposition à voir la réalité comme elle est.**

DÉVELOP. **Chez les enfants, selon J. Piaget, « tendance spontanée et immédiate à confondre le signe et le signifié, l'interne et l'externe, ainsi que le psychique et le physique ».**

Le réalisme se ramène plus ou moins à l'égocentrisme de l'enfant entre 3 et 7 ans. Le point de vue propre est considéré par l'enfant comme le seul possible. La confusion entre le moi et le monde extérieur, entre la pensée de l'enfant et celle des autres produit la croyance immédiate sur le plan logique, la transduction sur le plan du raisonnement, la magie et la participation sur le plan de l'être.

On appelle *réalisme intellectuel,* selon G. Luquet, l'ensemble des caractéristiques spécifiques de la production graphique des enfants entre 4 et 10 ans. En dessinant, l'enfant ne se soucie pas de copier servilement un objet tel qu'il peut être perçu sous un point de vue précis mais de le rendre le plus aisément identifiable. Le dessin est pour lui un moyen privilégié de communiquer sa vision du monde ; il l'utilise comme un équivalent du récit. Pour raconter il fait appel à un répertoire de formes graphiques qu'il se construit, en l'enrichissant progressivement grâce à ses expériences — et aussi par quelques emprunts à ses aînés immédiats —, et qu'il utilise comme un vocabulaire. Ces formes graphiques se réfèrent à la représentation mentale que l'enfant se fait des objets, à ce que Luquet a appelé « modèles internes ».

Les formes graphiques du répertoire présentent un certain nombre de caractéristiques dont la première est l'exemplarité. Chaque terme est le fruit d'une genèse plus ou moins longue pendant laquelle l'enfant refait le même dessin de multiples fois jusqu'à une maîtrise parfaite de la conception et de l'exécution. C'est ainsi qu'il produit de longues séries de soleils, de bonshommes, etc. La forme graphique en question devient alors le prototype de toute une classe d'objets : les bonshommes, les maisons, les chapeaux, les chats. L'exemplarité peut aussi porter sur un détail : le même schéma du visage humain convient pour figurer la tête de n'importe quel humain mais aussi celle des animaux. Sélection et hiérarchie des éléments sont deux autres règles de constitution du prototype. Seuls sont retenus dans la représentation les détails nécessaires à son identification et, parmi ceux-ci, les plus importants sont accentués, comme sur une caricature. Ainsi, à partir du schéma générique du quadrupède, l'adjonction d'une crinière, de longues oreilles ou d'un cou démesuré suffit à spécifier qu'il s'agit d'un lion, d'un lapin ou d'une girafe.

Objets et personnes sont dessinés dans une orientation privilégiée qui change avec l'âge : le bonhomme et la maison sont d'abord dessinés de face puis de profil et de trois quarts. Les assiettes sont toujours des ronds, non des ellipses, même lorsqu'elles sont posées sur une table, apparaissant ainsi comme debout sur la tranche. Afin de fournir le maximum d'information tout en évitant toute ambiguïté, les éléments ou parties d'éléments masqués par d'autres dans la réalité sont représentés intégralement grâce à l'usage de procédés graphiques tels que la transparence et le rabattement. Pour les mêmes raisons, différents points de vue inconciliables dans la perception visuelle sont juxtaposés afin que chaque élément du dessin apparaisse dans l'orientation la meilleure. Ainsi, le corps d'un animal est reproduit de profil avec la tête de face, une piste de cirque est figurée en plan alors que personnages et animaux le sont en élévation. Enfin, le volume graphique (hauteur, largeur) des personnages représentés rend compte de leur importance relative, non de leur taille réelle et de leur éloignement. E. V.

→ dessin enfantin, modèle, rabattement, transparence.

BIBLIOGRAPHIE

Luquet, G., 1927, *le Dessin enfantin,* Paris, Alcan.

réalité (principe de)

(angl. Principle of Reality; allem. Realitätsprinzip)

Principe régissant le fonctionnement psychique et corrigeant les conséquences du principe de plaisir en fonction des conditions imposées par le monde extérieur.

Si, pour S. Freud, le principe de plaisir* entraîne vers la recherche d'une satisfaction par les voies les plus courtes, fussent-elles hallucinatoires, le principe de réalité vient réguler cette recherche et l'engage dans des détours nécessités par les conditions effectives de l'existence du sujet. Ainsi, même si la définition des deux principes engage Freud dans une théorie qui semble à la limite de la spéculation philosophique, il ne se montre pas pour autant idéaliste : le principe de réalité peut être second par rapport au principe de plaisir, mais le réel, lui, est présent dès le début, ne serait-ce qu'à travers les perceptions premières.

Un autre problème tient au fait que Freud fait du moi l'instance « réaliste », l'instance chargée d'assurer le fonctionnement du principe de réalité. Or, le moi, en tant qu'objet libidinal dans le narcissisme, a surtout une fonction de méconnaissance. Cette difficulté est sans doute levée au niveau de la théorie lacanienne de l'imaginaire*. R. C.

réapprentissage

n.m. (angl. Relearning)

Situation dans laquelle un sujet apprend de nouveau une réaction ou un comportement, qui avaient été antérieurement appris, puis entièrement ou partiellement oubliés ou éteints.

On peut distinguer les cas de réapprentissage dans le conditionnement et dans les autres formes de mémoire. Dans le premier, le réapprentissage survient après une extinction et nécessite une nouvelle série de renforcements. Il s'oppose à la récupération spontanée. Dans les cas relevant plus spécifiquement de la mémoire, le réapprentissage survient après un oubli et il nécessite en principe de nouvelles présentations du matériel.

Le temps ou le nombre d'essais nécessaires pour un réapprentissage sont de bons indicateurs de l'état juste antérieur de la mémoire. Ils peuvent servir de mesure de la rétention (ou de l'oubli) au même titre que des données de rappel ou de reconnaissance. Il faut, pour les mesurer, fixer un critère de performance, exactement comme dans un premier apprentissage. On prend généralement en compte, alors, l'économie observée dans le réapprentissage par rapport à l'apprentissage initial, qui est censé avoir été fait à partir de zéro ; cette économie est l'indicateur considéré.

Si, par exemple : 1. il a fallu à un sujet 10 essais pour apprendre une liste de mots sans signification ; 2. au bout de quelques semaines, ce sujet « ne se souvient plus de rien » ; 3. on constate alors qu'en 4 essais il redevient capable de rappeler toute la liste, alors on dira que l'économie au réapprentissage par rapport à l'apprentissage initial est de 6 essais. Cette valeur, qui a ici un caractère global, est indicative d'une perte partielle d'accessibilité des mots de la liste ; elle indique que, contrairement à l'impression subjective du sujet, il n'y avait pas d'oubli total de celle-ci. L'oubli serait jugé plus profond s'il fallait 8 essais au réapprentissage ; il ne serait complet que s'il fallait de nouveau 10 essais. J.-F. L. N.

→ conditionnement, mémoire, récupération spontanée.

récence (effet de)

(angl. Recency Effect)

Effet fréquemment observé dans l'étude de la mémoire et en vertu duquel plus un stimulus a été récemment présenté, plus la manifestation de sa trace en mémoire est aisée ou forte.

Cet effet, qui concerne seulement les derniers éléments d'une série, est une des composantes de l'effet d'ordre, ou effet de position, qui concerne l'ensemble de la série et qui se décrit par une courbe en U. Les premiers éléments de la série sont concernés, eux, par l'effet d'initialité.

Il existe plusieurs hypothèses concurrentes visant à expliquer l'effet de récence. L'une d'entre elles est celle de la « mémoire à court terme », entendue comme un magasin ou un registre doté d'une capacité limitée ; dans ce registre seraient conservés les éléments les plus récents, et, par manque de place, les éléments les plus anciens en seraient peu à peu chassés.

D'autres hypothèses, sans s'opposer à l'existence d'une mémoire active à court terme, reposent sur l'idée d'un déclin progressif de tous les souvenirs en fonction du temps. J.-F. L. N.

récepteur

n.m. (angl. Receptor)

BIOL. **Structure de reconnaissance de nature protéique, disposée au niveau de la membrane postsynaptique et capable de reconnaître de manière spécifique le neurotransmetteur.**

À la suite de cette interaction, il se produit un changement conformationnel du récepteur. Cela induit des modifications de l'équilibre ionique de la membrane postsynaptique ou présynaptique contribuant soit à une transmission de l'influx, soit à une régulation biochimique du fonctionnement neuronal. Les sites des récepteurs sont saturables, la liaison est spécifique et réversible.

L'interaction neuromédiateur-récepteur peut entraîner globalement trois séries de modifications selon la conformation du récepteur: 1. celui-ci possède, outre son site de liaison, une structure ionophore assurant le transport d'un ion par l'intermédiaire d'un canal ionique, induisant donc une modification de l'équilibre ionique postsynaptique; 2. le récepteur fonctionne avec un transducteur de nature protéique qui agit à son tour sur les canaux ioniques; 3. le récepteur fait intervenir un second messager protéique qui entraînera la modification des canaux ioniques. L'ion concerné peut être le sodium ou le calcium ainsi que le chlore. Chaque neuromédiateur possède de nombreux récepteurs pré-et postsynaptiques. Au niveau postsynaptique, le récepteur permet la transmission de l'influx tandis que, au niveau présynaptique, la liaison neurotransmetteur-récepteur peut agir en réduisant la biosynthèse du neurotransmetteur (cas des catécholamines). Ces autorécepteurs postsynaptiques sont localisés sur les terminaisons nerveuses et jouent également un rôle sur la libération du neurotransmetteur. De nombreuses substances pharmacologiques peuvent jouer le rôle d'agoniste du neurotransmetteur, en reproduisant son action, ou d'antagoniste empêchant l'effet pharmacologique du neurotransmetteur par fixation sur le récepteur. Par exemple, les neuroleptiques agissent en bloquant un récepteur présynaptique dopaminergique, ce qui a pour effet de lever l'inhibition normalement exercée par la dopamine sur sa propre synthèse et d'accélérer celle-ci. De plus, l'identification précise des différents types de récepteurs dans chaque système et de substances pharmacologiques interagissant avec ceux-ci de manière spécifique a permis d'établir des cartographies précises par procédé autoradiographique des différentes voies des neuromédiateurs centraux du cerveau. I. A.-B.

BIBLIOGRAPHIE

Tauc, L., 1971, « Transmission Action on Synaptic Neural Receptor Membran », in *Principles of Receptor Physiology*, Berlin.

récepteur alpha

(angl. Alpha-Adrenoceptor)

BIOL. **Grosse molécule protéique incluse dans la membrane cellulaire et comprenant un site de liaison où vient se fixer de façon stéréospécifique une molécule d'adrénaline ou de noradrénaline.**

Les récepteurs alpha sont des récepteurs adrénergiques (ou noradrénergiques). Deux classes de récepteurs adrénergiques ont été mises en évidence: les récepteurs alpha et les récepteurs bêta. G. S.

récepteur olfactif

(angl. Olfactory Receptor)

PSYCHOPHYSIOL. 1. **Cellule sensorielle, de nature neuronale, qui assure la réception et la transduction du stimulus olfactif ainsi que la transmission du signal nerveux correspondant.**

Cette cellule, encore appelée « neurorécepteur », porte une touffe de cils mobiles (ou de simples microvillosités) qui accroissent la surface de membrane chimiosensible.

PSYCHOPHYSIOL. 2. **Structure macromoléculaire de nature protéique, insérée dans la membrane du neurorécepteur et qui reconnaît les molécules-stimulus en réalisant avec elles des liaisons réversibles de faible énergie.**

Cette réception est à l'origine d'une cascade de réactions enzymatiques qui conduisent à l'ouverture de canaux ioniques et ainsi à la genèse de courants électriques générateurs de potentiels d'action propagés. Une même cellule réceptrice porte généralement plusieurs types de récepteurs moléculaires et possède donc un large spectre de sensibilité. A. H.

→ olfaction.

récepteur rétinien

(angl. Retinal Receptor)

PSPYCHOPHYSIOL. **Ensemble des cellules de la rétine qui transforment l'énergie électromagnétique de la lumière en potentiels d'action au moyen de mécanismes photochimiques.**

Il existe deux grandes classes de récepteurs rétiniens: les cônes et les bâtonnets. Le segment externe d'un récepteur contient des pigments qui absorbent les photons. Cette absorption d'énergie modifie leur structure moléculaire, ce qui va changer la polarisation du récepteur et donner naissance à des potentiels d'action. Les bâtonnets ne sont sensibles qu'à des éclairements scotopiques*. Au-delà d'un certain éclairement, ils sont saturés. Les cônes, moins sensibles, répondent aux éclairements photopiques*. On distingue trois types de cônes selon la longueur d'onde qu'ils absorbent le mieux. C. B.

récepteur sensoriel

(angl. Sensory Receptor)

PSYCHOPHYSIOL. **Cellule spécialisée, capable de produire un message nerveux en réponse à l'action d'un stimulus pour lequel elle est particulièrement sensible.**

Plusieurs classifications des récepteurs sont possibles. La prise en compte exclusive de la nature du stimulus efficace (adéquat) conduira à distinguer, par exemple, des photorécepteurs, des chémorécepteurs, des thermorécepteurs ou des mécanorécepteurs, qui sont respectivement excités par un stimulus lumineux, chimique, thermique et mécanique. C. S. Sherrington (1906) regroupe les différents récepteurs selon trois catégories en fonction de leur situation et de leur rôle. Les *extérocepteurs*, situés à la surface du corps, sont sensibles aux actions du milieu extérieur. Les *propriocepteurs* se trouvent dans les muscles, les tendons et les articulations; ils sont sensibles aux déplacements propres de l'organisme. Les *intérocepteurs* (*viscérocepteurs*) sont localisés dans les viscères; ils répondent à divers stimulus internes.

La fonction des récepteurs sensoriels est de fournir des informations au système nerveux central à partir des stimulations qu'ils captent. À cet effet, il est nécessaire que le stimulus soit converti en influx nerveux: c'est le processus de transduction (→ transduction 1). L'intensité du stimulus est codée par la fréquence d'émission des impulsions nerveuses et par le nombre de récepteurs activés. La qualité de la sensation dépend du récepteur et du « système » mis en jeu; une stimulation mécanique ou électrique du nerf optique produira toujours une sensation ayant une composante « lumineuse ». Une autre caractéristique codée du stimulus est son décours temporel. Lorsqu'un stimulus de longue durée est appliqué, certains récepteurs, dits « récepteurs phasiques » ou « à adaptation rapide », ne répondent qu'à l'installation (et parfois à la cessation) du stimulus. D'autres récepteurs, dits « récepteurs toniques » ou « à adaptation lente », déchargent pendant toute la durée du stimulus. Les deux types de récepteurs peuvent d'ailleurs coexister à l'intérieur d'une même modalité sensorielle. Les récepteurs sensoriels sont donc des transducteurs-codeurs qui envoient des messages au système nerveux central en un langage qui lui est intelligible. G. S.

recherche en mémoire

(angl. Search in Memory ou Recollection)

Activité intentionnelle visant à explorer les connaissances ou les souvenirs disponibles en mémoire en vue d'accéder à l'un d'entre eux.

Lorsqu'on demande à un sujet de préciser avec qui il était au cinéma tel jour à telle heure, sa réponse la plupart du temps ne saurait être immédiate; il doit s'engager dans un cycle d'opérations qui lui permettent: 1. de reconstruire le contexte temporel et géographique de la situation évoquée; 2. de chercher parmi les personnes rencontrées celle qui l'accompagnait et de retrouver son nom; 3. de procéder à une vérification qui engagera la certitude de sa réponse. Ces opérations sont évidemment sous le contrôle du sujet et mettent en jeu à la fois des stratégies d'accès à l'information en mémoire et une certaine connaissance à la fois de l'organisation de ses souvenirs et de la meilleure façon d'y avoir accès (*métamémoire*). Dans certains cas, les sujets ont conscience de disposer de l'information qu'on leur demande sans toutefois pouvoir y accéder. C'est en particulier ce qui se passe lorsqu'on cherche à identifier une personne dont on a reconnu le visage sans pouvoir se souvenir de l'endroit où on l'a rencontrée (contexte) ni de son nom (identité) ou lorsqu'on cherche un mot que l'on « a sur le bout de la langue » et dont on peut préciser certains paramètres (longueur, phone ou syllabe initiale, mots voisins, sonorité) sans réussir à le produire. P. L.

recherche-action

n.f. (angl. Action Research)

Étude qui, ayant un certain projet de changement, transpose des connaissances théoriques dans le milieu naturel étudié et en dégage des enseignements susceptibles de généralisation pour aboutir à la production d'un savoir théorique. (Syn. Action Research, intervention psychosociologique.)

La recherche-action introduit la recherche, et par conséquent la théorisation, dans les processus de l'action : que ce soit au sein d'ateliers, de bureaux, d'écoles, de foyers domestiques, etc., ou que ce soit dans des situations de formation au sein de groupes de base ou de diagnostic, où l'expérience du groupe permet l'analyse des conduites vécues dans le groupe et l'existence d'un processus évolutif. Elle se propose : 1. soit de contrôler les effets de l'action dans l'enseignement ou dans la publicité, la recherche étant alors destinée à vérifier si une action a atteint ses buts ; 2. soit de choisir, en fonction d'un objectif déterminé, le meilleur comportement entre plusieurs modes d'action possibles ; 3. soit de trouver un moyen pour atteindre le but proposé par une communauté ou un groupe. La recherche-action peut alors s'attacher à résoudre des conflits sociaux (discrimination, préjugés, etc.) ou amener le changement de certains comportements. Le concept de recherche-action a dû apparaître pour la première fois chez K. Lewin à la fin des années 1930. Selon Lewin, c'est en intervenant auprès des hommes qui veulent produire des changements sociaux (les agents de décision et d'action, les chefs d'entreprise, les agents du gouvernement, les militants, etc.), et qui développent souvent une bonne volonté inefficace, que le psychosociologue peut aider : il est en mesure de leur apporter les moyens intellectuels qui permettent d'observer, de mesurer et de comprendre des processus qui demeureraient inaccessibles autrement. La recherche-action vise non seulement à découvrir les moyens les plus efficaces pour mener à bien une action, mais elle occupe également sa place dans les pratiques de production de connaissance. Cherchant à dégager des enseignements susceptibles de généralisation pour mettre en évidence des principes ou des lois, elle aboutit à la production d'un savoir théorique. R. L.

BIBLIOGRAPHIE

Collectif, 1985, *Colloque de Dijon de 1982 : la Recherche-action : approches opératoire et coopérative : Actes du Colloque*, Dijon, U.C.I.

récompense

n.f. (angl. Reward)

RÉFLEX. 1. **Situation d'apprentissage dans laquelle un comportement est suivi par un stimulus positif et augmente ensuite sa fréquence d'apparition.**

RÉFLEX. 2. **Le stimulus positif lui-même.**

Le terme *récompense*, tout comme celui de *punition*, qui lui est symétrique, a été évidemment créé par analogie avec les situations humaines. Pour cette raison même, il a été critiqué à cause de ses connotations morales et sociales. On a même considéré qu'il existait une certaine correspondance entre la théorie psychologique de l'apprentissage par « récompense », fût-ce chez l'Animal, et une idéologie ou une structure sociale qui sont typiques des États-Unis.

Les faits d'apprentissage par récompense sont les mêmes que ceux qui ont été analysés sous divers autres noms. (→ effet [loi de l'], opérant [conditionnement], instrumental[conditionnement],renforcement.) Ils introduisent en plus la distinction entre les effets positifs et les autres. Mais, dans son sens 1, « récompense » est synonyme de « renforcement positif » et, dans son sens 2, de « renforçateur positif ». La nature des stimulus qui peuvent être utilisés ainsi est définie de façon variée selon les auteurs.

Un point qui fait l'accord est que ces stimulus sont souvent des objets de consommation par les individus. Cela vaut au sens étroit ou au sens étendu : nourriture, boisson, partenaire sexuel. On peut y ajouter la catégorie des récompenses secondaires, à valeur acquise, comme l'argent, qui détermine une consommation elle-même élargie et médiate : dépenser. Les expérimentateurs béhavioristes ont aussi utilisé une autre sorte de récompense symbolique, celle-ci purement verbale : des mots d'approbation sociale tels que « bien », « d'accord », etc.

Des désaccords existent sur la façon dont agit la récompense. Une théorie longtemps très influente a été qu'elle opère essentiellement par réduction de tension. On peut aussi penser que le stimulus-récompense agit en produisant un certain plaisir ou un état agréable chez le récepteur. Les auteurs béhavioristes ont toujours refusé une telle inférence, invérifiable chez l'Animal. Toutefois, les faits d'autostimulation, dans lesquels la récompense est constituée par une stimulation directe d'une région cérébrale bien déterminée, sont à prendre en considération à cet égard.

Enfin, la perspective opérationnaliste conduit à ne pas utiliser la notion de récompense, à lui préférer les notions de renforcement ou de renforçateur positif et à en donner une définition purement opérationnelle : est un renforçateur positif tout stimulus qui conduit à une augmentation de la fréquence d'un comportement. J.-F. L. N.

→ apprentissage, autostimulation, conditionnement, punition, renforçateur, renforcement.

BIBLIOGRAPHIE

Feather, N.T., 1982, *Expectations and Actions : Expectancy-Value, Models in Psychology*, Hillsdale, N.J., Lawrence Erlbaum Ass.

Lepper, M.R., et Greene, D., 1978, *The Hidden Costs of Reward*, Hillsdale, N.J. Lawrence Erlbaum Ass.

Stellar, J.R., 1985, *The Neurobiology of Motivation and Reward*, New York, Berlin, Heidelberg, Springer Verlag.

reconnaissance

n.f. (angl. Recognition)

→ rappel/reconnaissance.

reconnaissance (fausse)

(angl. Misidentification)

Trouble de l'identification perceptive caractérisé par le fait que le sujet a l'impression de reconnaître des personnes différentes de celles qui sont réellement dans son champ de perception ou des personnes qui lui sont familières au lieu de celles, étrangères, qui se présentent à lui.

Il peut donc, surtout dans ce dernier cas, s'agir d'une paramnésie*. Mais, plus souvent, c'est un état confusionnel chronique qui en est responsable, s'associant éventuellement à des troubles de la mémoire comme dans la psychose de Korsakov*. Dans d'autres cas, la fausse reconnaissance est délirante et peut se manifester sous quatre formes différentes : le syndrome de sosies, ou illusion des doubles, de J. Capgras ; le syndrome de Frégoli, où le patient croit reconnaître son même persécuteur dans les personnages les plus divers qu'il peut rencontrer ; le syndrome d'intermétamorphose ou de croyance en la transformation d'une personne étrangère en une autre très proche du patient (P. Courbon et J. Tusques) ; le délire du double, où le sujet, comme Golyadkine, le héros du roman de F. Dostoïevski, se croit persécuté par sa propre image spéculaire (héautoscopie délirante). J. P.

recouvrement ou récupération en mémoire

(angl. Retrieval)

Ensemble des activités souvent infraconscientes mises en œuvre par les sujets pour restituer, en fonction de certains indices fournis par l'expérimentateur et l'environnement, des informations de divers ordres présentées antérieurement.

Pour pouvoir être récupérée en mémoire, une information doit être non seulement disponible mais accessible. Cette distinction entre disponibilité et accessibilité a été proposée par E. Tulving (1968, 1974), qui s'appuyait sur un ensemble de résultats montrant que ce que les sujets ne pouvaient rappeler à un moment donné pouvait être restitué ultérieurement sans aide extérieure ou à la suite de la présentation d'indices en rapport avec la situation d'apprentissage ; des résultats du même type ont d'ailleurs été trouvés sur l'Animal. Par conséquent, trois questions concernant la récupération se posent.

1. La première a trait aux processus d'accès à l'information stockée : on cherchera à savoir par exemple quand l'accès s'effectue automatiquement et quand il exige un certain type de reconstruction de la part du sujet.
2. La deuxième a trait aux variations dans les processus que peuvent entraîner les caractéristiques différentielles des tâches auxquelles sont confrontés les sujets : on essaiera alors de faire varier les degrés de compatibilité entre les conditions d'encodage et les conditions de récupération.
3. La troisième concerne les modèles susceptibles de rendre compte de ces différents aspects : on peut évoquer ici le modèle d'encodage spécifique de Tulving et les modèles à deux processus de W. Kintsch, Anderson et G. Bower. P. L.

→ rappel/reconnaissance.

recrutante (réponse)

(angl. Recruitment)

Sur un électrocorticogramme, réponse induite par une stimulation répétitive à cadence lente dans le thalamus ou les noyaux gris ; sur un électroencéphalogramme, type d'activité traduisant une synchronisation de l'activité des cellules corticales, formée d'ondes négatives d'amplitude croissante puis décroissante formant des fuseaux visibles, surtout pendant le sommeil. (Syn. réponse de recrutement.) R. L.

récupération spontanée

(angl. Spontaneous Recovery)

RÉFLEX. **Réapparition de la réaction conditionnelle après une extinction, en l'absence de toute modification de la situation.**

Lorsqu'un conditionnement a été établi, puis qu'on l'a fait disparaître par une procédure d'extinction, si on laisse s'écouler un certain temps et qu'on présente à nouveau le stimulus qui avait été le stimulus conditionnel, on constate très souvent qu'il provoque de nouveau la réaction conditionnelle ; on parle alors de *récupération spontanée*. Ce phénomène doit être bien distingué de la réapparition de la réaction conditionnelle, qui peut aussi survenir après une extinction si on modifie de nouveau la situation, en l'occurrence si l'on renforce de nouveau le stimulus conditionnel ou la réponse. Dans ce dernier cas, on a affaire à un *réapprentissage* (reconditionnement). Le mot « spontané », dans « récupération spontanée », témoigne que le seul facteur de la récupération est le repos et en aucune manière une modification quelconque de la situation.

Après une récupération spontanée, il faut généralement une nouvelle procédure d'extinction pour faire disparaître encore une fois le conditionnement. Mais cette seconde extinction est plus rapide, c'est-à-dire demande moins de répétitions, que la première. Après une seconde extinction, on peut encore, parfois, observer une nouvelle récupération spontanée : mais elle est alors plus faible que la précédente. Dans d'autres cas, la seconde extinction est définitive.

La récupération spontanée peut également être observée après une procédure de discrimination (ou de différenciation) plutôt que d'extinction. Elle se traduit alors par une dédiscrimination (ou dédifférenciation) spontanée.

L'interprétation la plus courante de la récupération spontanée est que l'extinction ou la discrimination n'ont pas effacé le conditionnement, mais l'ont inhibé. On doit alors supposer que cette inhibition peut se dissiper spontanément au cours du temps, laissant réapparaître le conditionnement sous-jacent. Une interprétation équivalente consiste à dire qu'il s'est produit une sorte d'oubli des changements dans la situation qui a conduit à l'extinction ou à la discrimination. J.-F. L. N.

→ conditionnement, extinction, inhibition, réapprentissage.

récursif, ive

adj. (angl. Recursive)

Se dit d'une fonction, d'un programme, d'une définition, etc., qui s'appelle soi-même.

On considère assez souvent comme mal construites les formules qui comportent une même expression à gauche et à droite d'une relation telle que « égale », « se définit par », « se réécrit en », etc. Dans une définition, par exemple, il est contre-indiqué d'utiliser le mot à définir (le definiendum) à l'intérieur de la définition elle-même (le definiens).

Or, l'usage d'un certain nombre de formules mathématiques (comme celle du calcul de la factorielle d'un nombre), de fonctions, de programmes (par exemple ceux écrits au moyen de LISP) ou de définitions, etc., a montré que le caractère récursif peut être non seulement licite sous certaines conditions, mais encore extrêmement fécond pour la description et le calcul. On trouve des exemples de récursion dans le langage naturel. J.-F. L. N.

redressement (réflexe de)

(angl. Setting Upright Reflex)

GÉNÉR. **Enchaînement de réactions motrices permettant de garder une position convenable du corps et de ses segments pendant le mouvement.**

Le rôle de la pesanteur est illustré par le redressement du Chat, qui rétablit sa position ventrale et retombe sur ses pattes après avoir été lâché à une certaine distance du sol en position dorsale. Les récepteurs labyrinthiques sont à l'origine de cette réponse puisque le redressement se fait de façon identique si le Chat est privé d'informations visuelles par un capuchon. À l'inverse, l'Animal dont les labyrinthes sont lésés peut réaliser le redressement avec le secours de la vue. R. L.

DÉVELOP. **Chaîne de réactions provoquées chez le nouveau-né par une pression exercée sur la plante des pieds.**

Lorsqu'on maintient le corps du bébé en position verticale, les plantes des pieds bien appliquées à plat sur le sol, les différents segments des membres inférieurs se redressent progressivement. Déjà présent chez le prématuré de huit mois d'âge conceptionnel, le réflexe de redressement disparaît normalement entre deux et trois mois. E. V.

1. réduction de tension

(angl. Drive Reduction)

Diminution de la motivation due à un événement spécifique et qui est supposée jouer un rôle déterminant dans l'apprentissage et la régulation des conduites.

Cette notion se trouve présente à la fois dans la théorie freudienne et dans certaines théories de l'apprentissage (N. E. Miller, C. Hull) ou du comportement en général. « Tension » est, dans cette expression, un équivalent de « motivation », de « pulsion » ou de « mobile » et ne fait référence qu'à un état interne et non à une tension musculaire ou autre.

La réduction de la tension a un caractère très général. Elle peut être partielle ou totale. Elle peut découler, pour les motivations primaires, d'une activité de consommation au sens propre (réduction de la faim, de la soif) ou d'autres phénomènes comportant des composantes psychophysiologiques (par exemple l'orgasme pour la tension sexuelle), ou, pour les motivations humaines, d'événements purement informatifs (par exemple l'arrivée d'une nouvelle rassurante après un état de peur ou d'inquiétude). En fait, la notion de réduction de tension a été surtout utilisée en psychologie de l'apprentissage chez l'Animal.

On distingue en principe la réduction de tension des phénomènes affectifs et subjectifs, plaisir ou douleur, qui l'accompagnent souvent, en tout cas d'après le témoignage humain. (→ satisfaction.) Il existe seulement une corrélation entre ces deux types d'effets : il peut exister une réduction de la tension alimentaire sans plaisir gustatif et il peut exister un plaisir gustatif sans réduction de la tension alimentaire (par exemple par consommation de substituts non nutritifs du sucre).

La notion de réduction de tension joue deux rôles principaux, et légèrement différents, dans plusieurs théories: 1. des théories de la conduite pour lesquelles les individus *font* ce qui est requis pour la réduction de leurs tensions: la conception de Freud est de ce type; 2. des théories de l'apprentissage pour lesquelles les individus *apprennent* les comportements qui aboutissent à la réduction de leurs tensions; il s'agit alors d'un cas particulier de la loi de l'effet.

La notion de réduction de tension demeure valide, mais les théories récentes lui font une place beaucoup moins grande que par le passé; c'est désormais une notion qui relève de son domaine propre, celui de la motivation. J.-F. L. N.

→ apprentissage, conditionnement, motivation, satisfaction.

2. réduction de tension

(angl. Tension Release)

Processus psychologique ou comportemental par lequel l'énergie produite par les forces qui émanent des divers éléments du champ phénoménal, psychologique ou cérébral, est ramené à un niveau minimal, le plus proche possible de l'équilibre.

Cette notion, issue de la psychologie de la forme, a été appliquée au domaine de la perception (organisation du champ stimulant en une «bonne forme» équilibrant les forces polarisées de ses composantes) et au domaine de la motivation (l'activité consommatoire réduit la tension entre l'organisme et des éléments de l'environnement investis d'une valence). J.-M. C.

→ motivation.

réductionnisme

n.m. (angl. Reductionism)

Doctrine philosophique et épistémologique suivant laquelle des phénomènes correspondant à un niveau donné de réalité peuvent être expliqués par des notions relevant d'un niveau inférieur.

Ce mot est assez souvent utilisé de façon péjorative et polémique, notamment en psychologie. La raison en est sans doute l'existence d'une version de réductionnisme, le réductionnisme éliminatif, qui nie, de façon explicite ou non, le maintien du niveau psychologique. (→ éliminatif [réductionnisme].)

Sous sa forme ordinaire, la réduction a existé dans toutes les sciences et elle y a rencontré de grands succès: mathématisation de la physique, explication physique des phénomènes chimiques, explication chimique des phénomènes biologiques (biologie moléculaire), etc. L'existence de la psychophysiologie, de la neuropsychologie, de la psychopharmacologie, et, à un autre plan, de la psycholinguistique ou de la psychologie sociale constitue des exemples d'échanges entre les niveaux d'explication dans le domaine psychologique.

La justification de la psychologie en tant que science indépendante est liée à l'existence, qu'on peut ou non accepter, d'un niveau qui lui est propre. Celui-ci peut être défini par référence à la conscience (y compris l'inconscient), ce qui est généralement le cas des partisans de la psychologie clinique, ou par référence aux opérations de traitement de l'information et aux représentations cognitives (niveau symbolique), ce qui est généralement le cas des partisans de la psychologie cognitive. Ces derniers font valoir que le niveau symbolique est commun à la psychologie et à d'autres domaines d'étude (notamment l'intelligence artificielle classique).

Les problèmes du réductionnisme se posent aujourd'hui de la façon la plus aiguë lors du heurt entre des conceptions simplifiées du rapport entre psychologie et neurosciences et des conceptions non scientifiques de la psychologie. J.-F. L. N.

réduit (écart)

(angl. Standard Score ou Z-Score)

Écart à la moyenne exprimé en prenant l'écart type pour unité. M. R.

→ écart.

réduite (variable)

(angl. Standardized Variable)

Variable centrée et normée (moyenne = 0; écart type = 1).

Ses valeurs sont des notes réduites. M. R.

réel

n.m. (angl. Reality; allem. Wirklichkeit, Realität)

Ce que l'intervention du symbolique pour un sujet expulse de la réalité.

Selon J. Lacan, le réel ne se définit que par rapport au symbolique et à l'imaginaire. Le symbolique l'a expulsé de la réalité. Il n'est pas cette réalité ordonnée par le symbolique, appelée par la philosophie «représentation du monde extérieur». Mais il revient dans la réalité à une place où le sujet ne le rencontre pas, sinon sous la forme d'une rencontre qui réveille le sujet de son état ordinaire. Défini comme l'impossible, il est ce qui ne peut être complètement symbolisé dans la parole ou l'écriture et, par conséquent, ne cesse pas de ne pas s'écrire.

LE RÉEL DANS SA DIMENSION CLINIQUE

ANALYSE D'UN RÊVE DE FREUD PAR LACAN

Pour le sujet moderne, Lacan a donné au réel droit de cité. Le réel dont il parle a partie liée avec la *structure* qu'il forme avec l'imaginaire et le symbolique, et cela à partir de la seule lecture attentive de Freud lui-même. Qu'il soit impensable sans eux, c'est ce dont témoigne la première élaboration majeure de Lacan à son propos.

Dans *l'Interprétation des rêves* (1900), Freud analyse un rêve qu'il fait et où figure l'une de ses patientes, Irma. Lacan réinterprète ce rêve, fréquemment appelé «rêve d'injection». Il en souligne l'image terrifiante vue par Freud au fond de la gorge de sa patiente: «grandes taches blanches», «extraordinaires formations contournées», «et sur elles de larges escarres blanc grisâtre». Cette forme complexe et insituable révèle un réel dernier, devant quoi tous les mots s'arrêtent: «l'objet d'angoisse par excellence», dit Lacan pour définir ce qui, dans le rêve de Freud comme dans la théorie qu'il nous livre, apparaît comme premier. Il précède en effet l'imaginaire, qui surgit dans le rêve sous la forme des personnages où se projette avec un certain désarroi le sujet Freud. Il semble appeler ce qui à la fin du rêve va donner structure à cet imaginaire chaotique auprès de ce réel innommable: le symbolique. Le rêve se conclut en effet par une formule chimique, que Freud voit devant ses yeux, imprimée en caractères gras. Elle manifeste la présence du symbolique, et Lacan dit qu'elle vient ici apaiser l'angoisse de Freud, née de la vue de ce réel. C'est sur la relation structurale qu'entretient le réel avec l'imaginaire et le symbolique qu'insiste déjà Lacan lors de l'élaboration du séminaire sur «le Moi dans la théorie de Freud et dans la technique de la psychanalyse», 1954-1955, in *Séminaire* II (1978).

LE RÉEL DANS L'HALLUCINATION

Par ailleurs, c'est dans sa *Réponse au commentaire de Jean Hyppolite sur la «Verneinung» de Freud* (févr. 1954; in *Écrits*, 1966) que Lacan précise par écrit la portée de cette relation structurale. «Ce qui n'est pas venu au jour du symbolique réapparaît dans le réel.» En quel sens? Pour que le réel ne se manifeste plus d'une manière intrusive dans l'existence du sujet, il est nécessaire qu'il soit tenu en lisière par le symbolique, comme dans le rêve. Pour cela est requise l'*affirmation inaugurale* (allem. die Bejahung), celle où le jugement attributif du sujet de l'inconscient prend racine, l'affirmation du symbolique: sa reconnaissance par le sujet. Cette reconnaissance suppose la castration et l'assomption de la fonction paternelle. Que cela ne soit pas venu au symbolique et c'est toute l'économie subjective qui s'en trouve réellement modifiée, comme dans les psychoses. «La castration [...] retranchée par le sujet des limites mêmes du possible, mais aussi bien par là soustraite aux possibilités de la parole, va apparaître dans le réel, erratiquement» (*ibid.*). C'est l'hallucination. Courante dans les psychoses fondées précisément sur la forclusion (allem. Verwerfung) de la fonction symbolique du père, elle a surgi un jour pour ce patient en analyse avec Freud, l'Homme aux Loups, quand à l'âge de cinq ans il croit voir que son doigt sectionné ne tient plus que par la peau (*À partir de l'histoire d'une névrose infantile*, 1918). La castration, que le sujet récuse jusqu'à en ignorer l'incidence structurante sur la réalité, fait ici retour sur un mode erratique tel que le sujet revenu de cette hallucination ne puisse rien en dire. Le réel de l'hallucination vient faire irruption dans le champ de la réalité. Il n'est nullement pacifié et se présente sous la forme d'une image totalement étrangère au sujet. Elle manifeste la présence de cette *chose réelle* dont le sujet ne s'est pas détaché pour avoir évité la sanction du symbolique. Car, avant l'avènement du sujet de l'inconscient et son passage symbolique à l'existence, le réel « était déjà là », dit Lacan. Ajoutons qu'ordinairement c'est à la mère qu'il revient de l'incarner. Ce réel attendait l'intervention symbolique du père, qui évite à l'enfant d'être à la merci du désir de la mère. Que cette intervention n'opère pas et les signifiants de la paternité et de la castration réapparaissent dans le réel pour un sujet qui en ignore le sens et ne peut pas les interpréter, comme dans le délire du président Schreber. Qu'il s'adresse à Dieu comme à un signifiant énigmatique et qu'il en reçoive les messages témoigne dans le réel de la forclusion de cette fonction paternelle.

L'EXISTENCE DU RÉEL

RÉEL ET RÉALITÉ

Si le réel est ce qui était déjà là, il est manifeste pourtant qu'il est précisément ce qui échappe à la prise totale du symbolique : si le réel se tait habituellement, il se maintient au-delà du symbolique qui l'a fait taire. Le symbolique véhiculé par les signifiants permet au sujet d'expulser du champ de sa représentation la réalité, ce réel déjà là. Mais Lacan, dans *les Quatre Concepts fondamentaux de la psychanalyse* (1964), retient de cette mise hors champ du réel par le symbolique une définition qui insiste sur le retour et l'existence irréductible de ce réel, même tenu en lisière : « Le réel est ici ce qui revient toujours à la même place — à cette place où le sujet en tant qu'il cogite [...] ne le rencontre pas. » Lacan est amené à pointer dans le chapitre V d'*Au-delà du principe de plaisir* (1920) le rapport de la pensée au réel. Dans la répétition, l'automatisme détermine le retour des signifiants qui marque le destin d'un sujet. Au-delà de ce que le sujet répète, le réel qui est le sien se signale de ne pas être rencontré, d'être manqué par la saisie de la pensée. Il peut aussi être repéré dans la clinique comme « la mauvaise rencontre » faite par le sujet : dans l'accident cité par Freud et repris en exemple par Lacan. Un père rêve que son fils, mort dans la réalité des suites d'une fièvre, l'interpelle : « Père, ne vois-tu pas que je brûle ? » Il ne se réveille pas, au moment où brûle dans l'autre pièce la dépouille mortelle de l'enfant sur laquelle un vieillard devait veiller. Mais il énonce pour lui-même et dans son rêve une phrase qui elle-même est un brandon « au point le plus cruel de l'objet », dit Lacan. Elle témoigne de son désir impossible qu'il soit encore en vie. Le feu porte sur ce qui est ici retranché des signifiants eux-mêmes : le réel de la souffrance et de la mort (« Rêve de l'enfant mort qui brûle » dans *l'Interprétation des rêves*, 1900).

LE RÉEL PRÉSENTÉ PAR L'ÉCRITURE

S'il revient toujours à cette place où le sujet ne le rencontre pas, ou vient buter sur lui, c'est que cette place même existe et soutient le symbolique de cette existence par laquelle le sujet l'a expulsé de sa représentation et a construit sa réalité. Lacan en vient alors à dire que « l'impossible, c'est le réel » et il complète sa définition en affirmant que l'impossible « ne cesse pas de ne pas s'écrire ». La définition permet de préciser ce que par rapport au langage le réel signifie. Le signifiant, support du symbolique, permet d'inscrire la castration symbolique qui constitue le cadre de la perception de la réalité. La place du réel est toujours manquée par le sujet, et l'impossible, en tant que réel, n'est plus, comme dans la philosophie aristotélicienne, ce qui ne peut pas être. Avec le discours psychanalytique, il devient ce qui existe pour un sujet et ne peut être repéré que par lui parce que le symbolique, en s'inscrivant pour un sujet, a du même coup mis en place le réel. C'est que le sujet, en conférant un cadre symbolique à sa perception de la réalité, repousse hors de ce champ un réel que dès lors il met en place et qui pour lui reste toujours présent. Il ne peut en avoir une appréhension directe puisque la dimension symbolique recouvre ce réel en même temps qu'elle le cerne. Or, le symbolique procède d'une nécessité qui ne cesse pas de s'écrire, en particulier, dans l'usage que fait le logicien de l'écriture formelle. On comprend pourquoi Lacan a fait usage de l'écrit pour tenter par l'écrit de cerner le réel auquel le psychanalyste a de manière élective toujours affaire dans la clinique. Lacan définit donc, à côté de ce qui « ne cesse pas de s'écrire », nécessité d'une première inscription symbolique, un réel qui, lui, ne cesse pas de ne pas s'écrire pour avoir été mis en place par le symbolique même : un réel sous-jacent à toute symbolisation. C'est ainsi que Lacan s'efforce, par une écriture formelle, de cerner le réel auquel la clinique psychanalytique a affaire.

Mais cette écriture empruntée à la logique reste tributaire non des conceptions de la logique mais de son usage des symboles (quantificateurs, variables) et, donc, d'une formalisation symbolique. C'est pourquoi Lacan va inventer une écriture qui ne doit rien à des symboles, mais à sa seule matérialité, et lui permet non plus seulement de cerner le réel mais de le *présenter matériellement*. Cette écriture relève de la théorie mathématique des nœuds et se présente sous la forme de ronds noués ensemble, le rond du réel, celui du symbolique et celui de l'imaginaire. En dernière instance, le nœud borroméen démontre de sa seule matérialité l'existence d'un réel défini trente ans plus tôt. Qu'on veuille simplement prêter attention à ce dessin et l'on constate, dit Lacan, que, pour être différents, les ronds du réel, du symbolique et de l'imaginaire tiennent ensemble par la seule matérialité « réelle » de leur nouage. Si l'on en coupe un, tous se libèrent. Un fois admis que ce nouage était au principe même du désir humain, force est de remarquer qu'aucun des trois registres n'est réductible aux autres et que le réel existe par rapport au symbolique, c'est-à-dire à côté, tout en étant noué à lui grâce à l'imaginaire. Ce que cette écriture borroméenne a de spécifique est qu'elle permet de démontrer matériellement l'existence d'une structure qui se soutient d'un réel à jamais irréductible au symbolique, mais lié à lui. Elle rend du même coup caduque l'ambition d'une science exacte qui traquerait le réel dans ses derniers retranchements en tentant de le réduire à un pur jeu de symboles physico-mathématiques par exemple. Mais elle enrichit la psychanalyse d'un outil plus exact pour aborder ce réel dans la cure d'un patient. P.-C. C.

référence

n.f. (angl. Reference)

LOG. **Une des faces de la signification d'un nom ou d'une expression, qui renvoie à l'individu ou à l'objet que le nom ou l'expression désignent.**

Dans les théories contemporaines de la signification, on distingue généralement deux faces de celle-ci : on les appelle, d'après G. Frege, le « sens » et la « référence » ; le mot *dénotation* est plus rarement utilisé pour la seconde.

La référence est d'abord l'individu (entendu ici largement, c'est-à-dire en y incluant les objets ou les entités abstraites comme les nombres) que le mot désigne ou dénote.

Cela vaut aussi pour les expressions. L'exemple classique est celui de Frege : « l'étoile du soir » et l'« étoile du matin » sont deux expressions distinctes, qui ont des sens différents mais une référence unique (c'est la planète Vénus). Un autre exemple encore plus caractéristique est celui des noms propres : ceux-ci n'ont, en principe, pas de « sens » ; mais ils ont une référence. Ainsi « Henri Beyle » et « Stendhal » sont deux désignations qui ont une référence unique, l'écrivain bien connu.

On utilise parfois, pour plus de clarté, « référent » à la place de « référence » pour parler de l'individu ou de l'objet désigné. Le mot *référence* peut alors être réservé de façon dérivée à la relation ou, dans d'autres cas, à l'opération qui lie un nom ou une expression à ce qu'il ou elle désigne. D'un point de vue formel, on peut dire qu'on a une fonction qui fait correspondre des individus « désignés » à des mots ou à des symboles « désignateurs » : la référence est cette fonction.

On emploie aussi « faire référence à » si l'on veut manier plus activement cette relation ou cette opération. Cela vaut notamment en psychologie. On pourra dire : « Jean fait référence à Jacques quand il emploie l'expression *cet imposteur*. »

On veut dire par là que Jean a, dans son intellect, une représentation de Jacques, avec toutes ses caractéristiques, lorsqu'il le désigne par une seule de ses caractéristiques, exprimée par le qualificatif *imposteur*. Dans une situation de communication, Jean désire forcément que son interlocuteur ait aussi, dans son propre intellect, sa propre représentation du même Jacques quand il entend les mots *cet imposteur*. Autrement dit, la représentation de Jacques chez l'interlocuteur peut sans inconvénient différer en bien des points de celle qui existe chez Jean, sauf en ce qu'elle fait cognitivement référence à Jacques et à personne d'autre.

Logiquement, la notion de référence est la même que celle d'extension. Cette dernière est plutôt utilisée pour des concepts, c'est-à-dire quand la référence est multiple; c'est alors un ensemble d'individus ou d'objets: le concept chien a pour référence, ou pour extension, l'ensemble de tous les chiens. *Référence* est un mot plutôt utilisé pour des individus singuliers. On passe aisément de l'un à l'autre par des expressions appelées «descriptions définies» ou «descriptions»; ainsi, «Le chien de faïence qui est sur le balcon de la maison du 18 rue Balzac, à Montréal» est une expression complexe qui est une description définie. Elle vise à faire référence à un seul objet bien défini en spécifiant progressivement un concept général (chien) et en rétrécissant peu à peu les ensembles correspondant à la suite des mots. S'il n'existe pas dans la réalité de chien tel que celui visé par l'expression, alors on dit que la référence est vide.

Certains mots de la langue ne peuvent avoir de référence que dans des conditions bien particulières et en fonction du contexte. Ce sont les indexicaux. On y trouve les pronoms démonstratifs (celle-ci, celui-là, ceci, cela, etc.), les pronoms personnels relatifs (je, tu, il, elle, qui, que, dont, etc.) ou les adverbes (ici, aujourd'hui, etc.), mots dont la référence ne peut être identifiée que dans un contexte. Celui-ci peut être linguistique ou correspondre à une situation réelle et inclure des gestes du locuteur. La situation d'énonciation joue un rôle particulier: c'est elle seule qui permet d'identifier quelles sont les références de je, tu, ici, maintenant, etc.

LING. **Renvoi à un individu ou à un objet déjà mentionné.**

Le second usage de *référence* n'est pas très éloigné du premier si on le comprend par l'intermédiaire du mot *coréférence*.

Dans une phrase relative, le pronom relatif a, en principe, pour référence ou référent un mot ou une expression antérieur(e) dans la phrase ou le texte. Si ce n'est pas le cas, ou si la relation est ambiguë, alors l'auditeur ou le lecteur ne comprend pas de qui il s'agit. La notion de coréférence fait bien apparaître que le relatif (ou le démonstratif dans un texte) possède une référence, en logique, qui est la même que celle de son «référent» linguistique.

Les problèmes d'identification de la référence (en linguistique) ou, comme on dit parfois, de calcul de la référence dans les textes sont des plus difficiles. Ils le sont à la fois pratiquement, pour les lecteurs de textes ambigus ou mal rédigés, et scientifiquement pour les linguistes, les psychologues ou les spécialistes en intelligence artificielle qui s'occupent de la compréhension et cherchent à décrire ses modalités.

On se contentera de mentionner les questions spécifiquement psychologiques qui touchent à l'identification de la référence d'un pronom relatif. Elles portent sur les processus intellectuels et de conservation en mémoire qui sont sous-jacents à cette tâche cognitive banale. La règle grammaticale la plus simple (un pronom relatif fait référence au nom de même genre et de même nombre le plus proche dans la phrase) ne recouvre qu'une partie des cas. C'est souvent par l'intermédiaire de connaissances tout à fait particulières qu'une personne qui comprend peut savoir à qui ou à quoi un pronom fait référence. Ces connaissances sont mises en œuvre de façon automatique et souvent aisée par le sujet, mais elles sont très difficiles à déchiffrer pour un observateur extérieur.

J.-F. L. N.

BIBLIOGRAPHIE

Frege, G., 1892 (rééd. 1952), «On Sense and Reference», in Geach, P., Black, M., *Translation from the Philosophical Writings of Gottlob Frege*, Oxford, Oxford University Press.

Le Ny, J.-F., 1979, *la Sémantique psychologique*, Paris, P.U.F.

référent

n.m. (angl. Referent)

Être ou objet auquel renvoie un signe linguistique dans la réalité extralinguistique telle qu'elle est découpée par l'expérience de tel ou tel groupe humain.

R. L.

référentiel

n.m. (angl. System of Reference)

Système composé d'un référent et d'un ensemble de relations permettant de situer un être ou un objet dans l'espace.

On peut arbitrairement répartir en trois catégories les systèmes de référence spatiaux selon que les référents sont dans le corps propre (référentiels égocentrés), dans un objet ou un groupe d'objets (référentiels exocentrés) ou qu'il s'agisse d'un référent abstrait.

RÉFÉRENTIELS ÉGOCENTRÉS

Ce sont des «servomécanismes de positionnement (et de transport du corps ou des membres) au service d'une fonction large de repérage dans un espace orienté et de localisation des objets qui s'y trouvent» (J. Paillard).

RÉFÉRENTIEL POSTURAL DE BASE

Avant tout céphalocentrique, il assure l'équilibre et la stabilité du corps dans une position de référence fondamentale par rapport à l'invariant géocentrique que sont les forces de pesanteur (positionnement antigravitaire). L'attitude érigée de l'homme constitue un invariant statural par coïncidence entre la verticale physique et l'axe de la tête. L'orientation du corps et des capteurs sensoriels vers une source de stimulations entraîne un remaniement de la position de référence (positionnement directionnel). Le référentiel postural fonctionne à partir des informations spatiales d'origine labyrinthique (détection de la verticale physique), proprioceptive (position relative des segments corporels) et visuelle. Dans la vie quotidienne, ces diverses informations sont redondantes et, même lorsque les unes (visuelles ou proprioceptives) sont absentes, l'ajustement de l'axe de la tête à la verticale physique est extrêmement précis: l'erreur ne dépasse pas deux degrés d'angle et n'est pas plus forte quand l'ajustement porte sur un bâton lumineux et est effectué dans l'obscurité.

RÉFÉRENTIELS FOURNIS PAR LES SYSTÈMES RÉCEPTIFS SENSORIELS

Presque tous ceux-ci disposent d'organes de capture des stimulations qui servent de référents: orocentrique pour la bouche, solidaire de la tête, manuocentrique pour la surface de la main, géocentrique d'horizontalité pour la surface d'appui du corps sur le sol et enfin oculocentrique pour l'œil, grâce à son point central de fixation et au fait que l'œil maintient la fovéalisation d'une cible même lorsque celle-ci est mobile (Paillard). La direction de l'axe optique, définie par la capture fovéale de la cible à atteindre, fournit un important repère positionnel. Lors du déplacement d'un segment corporel vers un objet, le référentiel oculocentrique détecte, en fin de trajectoire, l'écart entre la cible et la ligne du regard et opère la correction nécessaire pour ancrer l'extrémité de pointage (doigt) sur la cible.

RÉFÉRENTIELS EXOCENTRÉS

RÉFÉRENTIELS STRUCTURAUX

Les lois d'organisation perceptives formulées par les théoriciens de la forme (lois de proximité, de similitude, de continuité, etc.) donnent à un ensemble d'éléments discrets une structure que les jeunes enfants utilisent comme système de référence pour repérer la place d'un de ces éléments (M. Berthoud).

RÉFÉRENTIELS TOPOLOGIQUES

Les relations topologiques fournissent des informations spatiales sur la position relative de deux objets: relations d'enveloppement (une figure est à l'intérieur ou à l'extérieur d'une autre), de séparation (contiguïté ou non-contiguïté), d'ordre... La relation d'ordre est, à son niveau le plus simple, la relation «entre», qui singularise un élément intérieur par rapport aux bornes d'un alignement d'objets. Plus sophistiquée, elle permet de ranger plusieurs objets, spatialement ou temporellement. (→ article suivant.)

Référentiels abstraits

Ils sont nombreux. Le système de référence euclidien à trois axes orthogonaux en est un. E. V.

→ espace, localisation, ordre.

Bibliographie

Paillard, J., 1974, « Traitement des informations spatiales », in G. Bresson, P. H. Chombart de Lauwe, M. Cullen, G. Th. Guilbaud, J. Paillard, E. de Renzi, et E. Vurpillot, Eds., *De l'espace corporel à l'espace écologique*, Paris, P.U.F.

référentiel spatial

(angl. Spatial Reference System ou Spatial Frame of Reference)

Dévelop. **Ensemble des activités par lesquelles l'enfant localise les objets les uns par rapport aux autres et par rapport à lui-même.** (Syn. système, cadre de référence spatial.)

La localisation d'un objet suppose l'utilisation d'un référent et l'établissement de certaines relations spatiales entre ce référent et cet objet. De cette double nécessité découlent deux modes de qualification des référentiels spatiaux utilisés par l'enfant. L'un porte sur les référents. L'autre concerne la nature des relations spatiales prises en compte ou conservées par l'enfant.

Référentiels égocentrés et exocentrés

Du point de vue des référents, on distingue généralement deux catégories de référentiels spatiaux : égocentrés et exocentrés. On parle de référentiels égocentrés lorsque l'enfant localise les objets par rapport à lui-même. Il existe de multiples référentiels égocentrés selon le ou les systèmes de capture sollicités. Ainsi, pour des captures visuelle, buccale ou manuelle, on parle respectivement de référentiels *oculocentré, orocentré*, ou *manuocentré*. Certains référentiels égocentrés entretiennent entre eux des relations de dépendance étroite. Ainsi, les référentiels oculocentré et orocentré sont emboîtés dans le référentiel céphalocentré. D'autres référentiels égocentrés sont moins étroitement imbriqués même si, faisant l'objet d'une coordination, ils offrent de fortes possibilités de redondance. Il en va ainsi des référentiels céphalocentré et manuocentré lors d'une capture manuelle visuellement guidée. Aux référentiels égocentrés, on oppose généralement les référentiels exocentrés, dans lesquels l'enfant localise les objets par rapport à un ou à plusieurs autres objets de l'environnement faisant office de repères.

Localisation

Dans les référentiels égocentrés, la localisation est par définition dépendante de la position ou de l'orientation actuelles de l'enfant. L'adresse égocentrée d'un objet stationnaire covarie avec les mouvements ou déplacements du sujet. En revanche, dans les référentiels exocentrés, la localisation est par définition indépendante de l'observateur. Cependant, la localisation sur base égocentrée peut être indépendante de l'enfant si celui-ci actualise ou met à jour un repérage égocentré initial en prenant en compte les caractéristiques spatiales de ses mouvements ou déplacements propres. On parle dans ce cas de référentiels égocentrés actualisés. Ainsi, lorsqu'un observateur fait un demi-tour sur lui-même, il peut savoir que ce qui était devant lui se trouve désormais être derrière lui sans pour autant utiliser des repères extérieurs.

Nature géométrique du référentiel

Du point de vue des relations spatiales, les référentiels spatiaux ont généralement été caractérisés en fonction de la nature géométrique des propriétés conservées ou prises en compte par l'enfant. Ainsi, les activités de l'enfant ont pu être considérées comme relevant de systèmes de référence topologique, projectif, euclidien ou métrique selon la nature des propriétés spatiales utilisées.

Qu'ils soient appréhendés par le type de référent ou par la nature géométrique des relations spatiales, il est certain que tous les référentiels spatiaux ne sont pas également accessibles à l'enfant aux différentes étapes de son développement. Du point de vue des référents, il semble que le bébé soit d'abord régi par des référentiels égocentrés non actualisés dans lesquels les positions sont référées au sujet lui-même sans pour autant être modifiées ou mises à jour en cas de mobilité propre (certains auteurs parlent en ce cas de référentiels égocentriques ou de référentiels égocentrés absolus). Ensuite, il accéderait à des référentiels exocentrés. Enfin, il parviendrait à mettre en œuvre des référentiels égocentrés actualisés dans lesquels les positions sont non seulement référées au sujet lui-même, mais aussi actualisées ou mises à jour par la prise en compte des conséquences spatiales de la mobilité du corps (certains auteurs parlent en ce cas de référentiels égocentrés relatifs). Du point de vue des relations spatiales utilisées, la thèse piagétienne classique est que le bébé puis l'enfant accéderait séquentiellement à des référentiels topologique, projectif, euclidien et enfin métrique. Ces deux séquences développementales, relatives pour l'une aux référents et pour l'autre aux relations, font encore actuellement l'objet de recherches et de débats et l'on ne peut, en l'état actuel des connaissances, les considérer comme définitivement acquises. J.-C. L.

réflexe

n.m. (angl. Reflex)

Forme élémentaire automatique et rapide de comportements en réponse à des stimulations sensorielles spécifiques.

Dans le cas le plus simple (arc réflexe monosynaptique), l'information sensorielle arrive sans relais jusqu'au motoneurone (moelle épinière) et déclenche directement la réponse de l'unité motrice correspondante. L'excitation d'un fuseau neuromusculaire déclenchée par l'étirement du muscle provoque ainsi la contraction réflexe de ce muscle (réflexe d'étirement, ou myotatique). Dans les autres cas (arcs réflexes polysynaptiques), les signaux sensoriels font relais dans un ou plusieurs interneurones et arrivent donc prétraités sur le motoneurone (réflexe de défense ou retrait de toute zone ayant subi une stimulation douloureuse).

Les réponses motrices induites sont complexes : selon l'intensité du stimulus et l'état de l'organisme, elles peuvent intéresser uniquement le membre dont provient l'information (réflexe segmentaire) ou s'étendre aux segments adjacents (réflexe intersegmentaire). Bien qu'on souligne souvent le caractère stéréotypé des réponses réflexes, elles apparaissent parfois très adaptées à l'environnement ; ainsi, si l'on applique une stimulation cutanée (normalement induite par le heurt d'un obstacle) sur la patte d'un Animal spinal (dont la moelle épinière est séparée du reste du système nerveux central), on obtient deux réponses réflexes différentes selon que la patte stimulée est posée au sol ou en train d'osciller (locomotion). Dans le premier cas, on observe une augmentation de l'extension de la patte, qui augmente la propulsion du corps vers l'avant permettant de surmonter l'obstacle. Dans le second cas, on observe un accroissement de la flexion du membre qui permet d'enjamber l'obstacle. Commandés à des niveaux élémentaires (médulaire chez les Vertébrés), ces réflexes sont cependant modulables par les niveaux supérieurs. On peut par exemple diminuer ou augmenter volontairement l'intensité d'une réponse réflexe. (→ Figure 1, p. 658) J. P. et M. B.

Bibliographie

Davis, H., et Hurwitz, H. M. B., 1979, *Operant Pavlovian Interactions*, Hillsdale, Laurence Erlbaum.

Morin, G., 1955 (2e éd)., *Psychologie du système nerveux central*, Paris, Masson.

Pavlov, I. P., 1963, *Réflexes conditionnels et inhibitions (recueils de textes)*, Genève, Gonthier.

réflexe archaïque

(angl. Primitive Reflexe)

→ archaïque (réflexe).

réflexivité

n.f. (angl. Reflexivity)

GÉNÉR. **Attitude d'un sujet, d'une personne qui se prend elle-même comme sujet d'analyse.**

DÉVELOP. **Selon Kagan et coll., dans le test *Matching Familiar Figures Test*, comportement d'un enfant qui répond avec une latence élevée et avec peu d'erreurs.**

La notion de réflexivité permet de diviser les enfants en deux groupes. Le test lui-même en effet consiste à demander à des enfants d'appareiller à un stimulus une seule des six images proposées. Deux mesures sont effectuées lors de cette épreuve : la latence des réponses et le nombre d'erreurs. Ceux qui ne répondent pas avec réflexivité se caractérisent par l'impulsivité : rapidité dans la réponse et nombre élevé d'erreurs. On utilise également les notions de réflexivité/impulsivité pour qualifier les activités précoces de l'organisme. L'hyperactivité serait par exemple liée à l'impulsivité. F. J.

réflexologie

n.f. (angl. Reflexology)

Théorie qui considère l'ensemble du fonctionnement psychologique comme basé sur les réflexes conditionnés et sur les lois qui les régissent, et qui tentent d'expliquer le psychisme à partir de cette hypothèse.

Cette théorie est originellement celle de V. Bechterev. Apparentée à celle de I.P. Pavlov, elle lui est parfois indûment attribuée. Les concepts de base, et surtout les données empiriques, en sont peu différents. On applique parfois à tort le mot *réflexologie* au domaine d'études de Pavlov alors que celui-ci le dénommait « activité nerveuse supérieure » et qu'on a pris en fait l'habitude de l'appeler « conditionnement ». J.-F. L. N.

→ conditionnement, réflexe.

reformulation

n.f.

Démarche du thérapeute face à un patient, par laquelle il aide le patient à formuler ses affects en reprenant lui-même leur expression dans une nouvelle formulation, telle qu'elle permette d'une part au patient de continuer et d'autre part au patient et au soignant à maintenir le flux de l'échange. R. L.

refoulé

n.m. (angl. Repressed ; allem. Verdrängt)

Représentant psychique, trace mnésique ou souvenir qui a subi le refoulement dans l'inconscient. R. L.

refoulement

n.m. (angl. Repression ; allem. Unterdrückung et Verdrängung)

Processus de mise à l'écart des pulsions qui se voient refuser l'accès à la conscience.

Il existe pour S. Freud deux moments logiques du refoulement : le refoulement originaire et le refoulement proprement dit. Le refoulement originaire est la mise à l'écart d'une signification qui, en vertu de la castration, se voit refuser la prise en charge par le conscient : la signification symbolique supportée par le phallus, objet imaginaire. Dans l'après-coup intervient le refoulement proprement dit, le refoulement des pulsions orale, anale, scopique, invocante, c'est-à-dire de toutes les pulsions liées à des orifices réels du corps. Le refoulement originaire les entraîne à sa suite en les sexualisant. Il exige leur mise à l'écart.

DEUX SORTES DE REFOULEMENT

Une première remarque sémantique permet de distinguer deux termes indifféremment traduits en français par refoulement : *Unterdrückung*, qui littéralement signifie « répression » et témoigne de la poussée sous-jacente et active de l'élément réprimé, et *Verdrängung*, ordinairement traduit par « refoulement » mais pour lequel l'appellation *mise à l'écart* conviendrait mieux. Freud lui-même le définit en ces termes : « Son essence consiste seulement en la *mise à l'écart* (allem. die Abweisung) et en *le fait de maintenir éloigné* du conscient (allem. die Fernhaltung).

Ce que le refoulement met à l'écart et tient éloigné du conscient est ce qui est susceptible de provoquer un déplaisir. Mais, remarque Freud, « avant un tel niveau d'organisation psychique, les autres destins pulsionnels, comme la transformation en son contraire, le retournement contre la personne propre viennent à bout de la tâche de défense contre les incitations pulsionnelles ». En d'autres termes, si dans certaines conditions des incitations pulsionnelles sont susceptibles de provoquer du déplaisir et que le refoulement n'a pas encore eu lieu, Freud remarque qu'elles sont détournées par d'autres processus pulsionnels. Ces processus sont caractéristiques de la névrose obsessionnelle, comme le fait de transformer une incitation en son contraire — ne pas tuer un proche — ou de s'infliger un impératif punitif.

LES DEUX MOMENTS LOGIQUES DU REFOULEMENT

Selon Freud, nous sommes donc en droit d'admettre un *refoulement originaire* (allem. Urverdrängung), une première phase du refoulement qui consiste en ceci que le

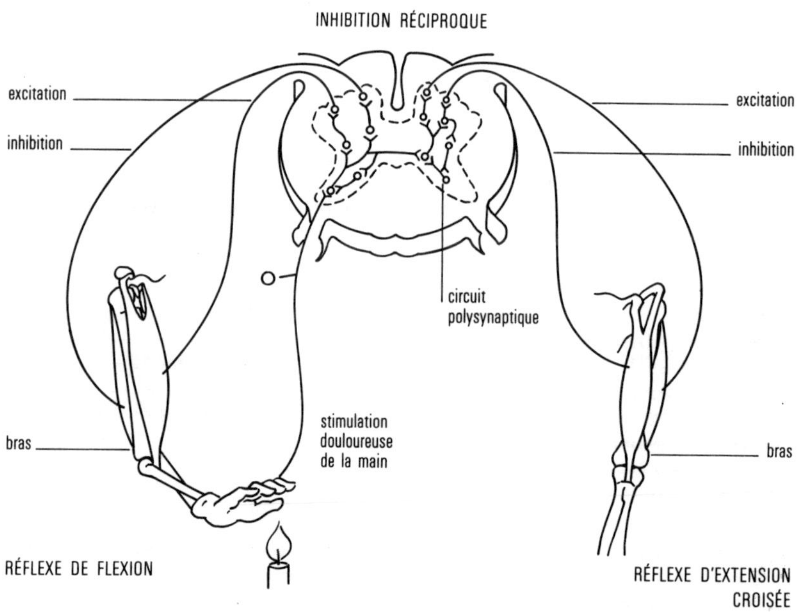

Figure 1. Réflexe. Réflexe de flexion, d'extension croisée et inhibition réciproque.
En cas de stimulation douloureuse de la main, on observe immédiatement un réflexe de flexion qui soustrait la main au stimulus puis, quelques dixièmes de secondes plus tard, une extension du membre contralatéral (réflexe d'extension croisée) permettant d'éloigner l'ensemble du corps du stimulus.

représentant de la pulsion, qui va faire qu'il y ait représentation (allem. Vorstellungsrepresentänz), se voit refuser la prise en charge par le conscient. Avec lui est donnée une fixation; le représentant concerné reste dès lors établi de manière invariable et la pulsion lui demeure fixée [...]. Le second stade du refoulement, le refoulement proprement dit, concerne les rejetons psychiques du représentant refoulé ou bien des chaînes d'idées qui, venant d'ailleurs, se sont associées avec ledit représentant. « Non seulement ces représentations connaissent le même destin que le refoulé originaire mais « le refoulement proprement dit est [...] un refoulement après coup. »

Le refoulement des incitations pulsionnelles

Les incitations pulsionnelles proviennent d'abord des orifices réels du corps. (→ désir.) Qu'il s'agisse de la pulsion orale, anale, scopique, invocante, elles trouvent « faveur, dit Lacan, du trait anatomique d'une marge ou d'un bord: lèvres, "enclos des dents", marge de l'anus [...], voire cornet de l'oreille ». Freud parle encore des incitations pulsionnelles quand il évoque ces chaînes d'idées, signes d'une excitation organique, qui se trouvent aspirées « après coup » par l'effet du refoulement originaire. Le refoulement originaire les entraîne à sa suite et, du même coup, elles se trouvent refoulées comme s'il s'agissait d'un « coup de lame » porté par le sens sur les orifices corporels, supports de l'excitation.

Si maintenant l'on admet avec Freud « le primat du génital », c'est-à-dire le fait que « la fixation » de cet objet imaginaire, le phallus, va venir exiger le refoulement de toutes les autres pulsions, en même temps qu'il les sexualise, on peut admettre que le représentant originairement refoulé dont parle Freud soit précisément le phallus. C'est le seul objet pour lequel, malgré l'existence du pénis, il n'y ait pas de support réel. Il exige, dans un après-coup logique, le refoulement proprement dit. Les pulsions non génitales sont désormais rattachées à la jouissance que représente le phallus. Il les sexualise et les entraîne dans sa mise à l'écart. Il appelle au sacrifice de la jouissance, quel qu'en soit l'objet.

Le sens comme cause du refoulement

En vertu de quoi? En vertu du sens, un sens univoque d'être phallique et supporté par le signifiant, que ce soit un mot, une phrase, une lettre. Il est à ce titre remarquable en clinique que « l'émergence dans la vie psychique d'une incitation pulsionnelle [...], de quelque ordre qu'elle soit, va [...] rencontrer automatiquement la lame qui va l'ébarber, [...] exiger que soit renoncé à cette incitation pulsionnelle, qu'elle soit rendue inoffensive, annulée, transformée, détournée, sublimée ou encore, si elle doit être réalisée, cela ne se pourrait qu'à certaines conditions pour que le plaisir éventuellement s'ensuive » (C. Melman, *Séminaire sur la névrose obsessionnelle*, 1989). On comprend pourquoi refoulement et inconscient sont corrélatifs. Ce qui explique aussi que cette incitation ne puisse faire retour dans la chaîne parlée que comme obscénité, c'est-à-dire que les signifiants qui prennent appui sur le refoulement du phallus peuvent devenir, pour peu que la conscience n'y prenne garde, signes de cette obscénité.

Par le refoulement, le sujet sacrifie toute jouissance. L'objet imaginaire, le phallus, qui signifie la jouissance est en vertu du signifiant mis à l'écart et le sujet lui sacrifie toutes ses incitations. Enfin, cette aspiration des incitations pulsionnelles par la signification phallique mise à l'écart, ainsi que la sexualisation simultanée des signifiants qui s'y rattachent dans les différentes pulsions, peut fort bien se produire sans que la fonction paternelle intervienne. Le refoulement originaire du phallus est seulement déterminé par un effet de sens lié pour l'enfant à des énoncés signifiants.

La fonction paternelle dans le refoulement

Dans le même temps, l'idée courante selon laquelle le père interdirait et serait l'initiateur de la castration mérite d'être précisée. Certes, il revient au père par sa seule présence réelle de manifester au garçon en particulier qu'il doit renoncer à cet objet imaginaire qu'il croit détenir à travers le désir de sa mère. Mais c'est le sens véhiculé par la chaîne signifiante qui opère la castration véritable, alors que la fonction paternelle semble avoir au contraire comme effet d'empêcher que le mécanisme implacable du refoulement n'entraîne l'inhibition définitive du sujet. La fonction paternelle autorise le sujet à être moins timoré dans son désir, bref moins frappé par une castration qui, sinon, l'annulerait comme sujet désirant. Il n'est pas rare en clinique que d'aucuns s'aperçoivent qu'ils ont longtemps sacrifié aux impératifs de la castration, c'est-à-dire accompli leurs devoirs sociaux sans en tirer la moindre satisfaction.

C'est qu'ils ne situaient pas tout à fait pour eux la fonction qui pouvait les autoriser à désirer et à jouir dans les limites qu'elle définit et met en place sexuellement et socialement. Sans doute une telle remarque sur la nature du refoulement originaire permet-elle de relativiser ce qui en psychanalyse pourrait déboucher sur un culte inconsidéré de la castration; l'essentiel est plutôt que le sujet puisse être en accord avec son désir. P.-C. C.

réfractaire (période)

(angl. Refractory Period)

Neuropsychol. **Laps de temps suivant une réponse pendant lequel la probabilité d'une nouvelle réponse est soit nulle, soit réduite.**

L'émission d'un potentiel d'action est suivie d'une *période réfractaire absolue*. On distingue une période réfractaire absolue, au début du potentiel d'action, au cours de laquelle la fibre n'est plus stimulable, puis une *période réfractaire relative*, de l'ordre de quelques millisecondes, qui survient pendant la décroissance du potentiel d'action, au cours de laquelle la fibre n'est plus stimulable que par des chocs électriques de très forte amplitude. La durée de la période réfractaire détermine la fréquence maximale d'influx que peut émettre la structure nerveuse et qui peut varier de quelques dizaines par seconde à 500 par seconde.

Génér. **Période plus ou moins longue, consécutive à un allongement du temps de réaction au second des deux signaux impératifs présentés en succession rapide, mise en évidence par des observations de comportement.** (Syn. période réfractaire psychologique.) J.-M. C.

régénération nerveuse

(angl. Nerve Regeneration)

Processus par lequel, après section d'un axone, le bout central, en continuité avec le soma, va croître et rétablir ses connexions fonctionnelles.

S'il s'agit d'une fibre myélinisée, la gaine de myéline se reconstituera. L'intégrité de la gaine la plus externe du neurone, ou gaine de Schwann, est une condition essentielle au succès de la régénération des nerfs. En effet, cette enveloppe guide les axones vers leurs cibles et, de plus, elle libère vraisemblablement des facteurs de croissance qui accélèrent le processus de régénération. En l'absence de guidage, les fibres nerveuses s'égarent et forment des amas pelotonnés de fins filaments (névromes) souvent à l'origine, chez l'Homme, de violentes douleurs dues à l'irritation des fibres sensitives contenues dans ces formations. Les capacités de régénération des neurones du système nerveux central des Mammifères sont limitées. G. S.

1. registre

n.m. (angl. Range)

Psychophysiol. et Génér. **Ensemble de valeurs contenues entre deux limites fixées, sur une certaine dimension.**

Ce sens relève d'une métaphore musicale. On pourra dire, par exemple, qu'une expérience utilise un registre de stimulus dont la taille va de 5 cm à 12 cm, ou de sons purs dont la fréquence va de 500 à 2 000 Hz, etc. J.-F. L. N.

2. registre

n.m. (angl. Register)

Génér. **Place en mémoire dans laquelle sont stockées des informations spécialisées et transitoires.**

Ce sens du mot appartient d'abord à l'informatique: un utilisateur peut, dans la mémoire de son ordinateur, créer des registres et y stocker à sa convenance des informations particulières. En psychologie, le mot est employé par analogie. On peut faire l'hypothèse que des registres existent de façon naturelle pour recevoir des catégories d'informations qui seront stockées, par exemple, conformément à leur origine sensorielle : registre visuel, auditif, kinesthésique, etc.

Dans certaines théories de la mémoire à court terme, on considère que celle-ci relève d'un registre à capacité limitée. Les informations récentes y entrent l'une après l'autre, et chassent du registre les informations plus anciennes, du fait que celles-ci manquent de place pour être conservées. Le temps de maintien dans le registre dépend donc du flux de l'information. J.-F. L. N.

règle fondamentale

(angl. Fundamental Rule ; allem. Grundregel)

Principe fondamental de la psychanalyse, consistant à appliquer systématiquement la méthode de libre association pendant le cours des séances.

Cette règle est appelée ainsi parce qu'elle structure la relation analytique aussi bien dans son application que dans la résistance que le sujet manifeste à son endroit : elle inscrit et soutient, dans le cadre de la cure, la dimension transférentielle (positive ou/et négative) dont l'analyse constitue pour lui le mode d'accès majeur à ses propres processus inconscients. R. L.

1. régression

n.f. (angl. Regression)

DÉVELOP. **Chez un enfant, retour à un état antérieur, constituant l'inversion d'une orientation développementale et le contraire d'un progrès.**

Les régressions peuvent être repérées par des baisses de performances, entre un âge et le suivant, ou bien, qualitativement, par des changements, voire des dégradations, dans l'organisation d'une activité ou d'une conduite.

On dispose de nombreux exemples de courbes de développement « en u » qui témoignent de régressions apparentes. On a par exemple observé que, dans des tâches de pointage manuel, la précision augmentait de 3 à 5 ans puis diminuait entre 5 et 7 ans et remontait ensuite. De telles baisses de performance, pour peu qu'elles s'avèrent momentanément stables chez un individu, sont considérées en général comme indicatrices de changements structuraux, locaux ou généraux. Ainsi, pour la conduite de pointage, deux interprétations sont proposées ; l'une met en cause une réorganisation de guidage visuel du mouvement d'approche de la cible, c'est-à-dire une restructuration interne à la conduite ; l'autre suppose une exigence, nouvelle et spontanée, de rapidité, c'est-à-dire un changement d'ordre cognitif qui peut transcender la conduite étudiée. Les analyses nécessaires dans l'un et l'autre cas ne sont pas les mêmes.

Certains modèles théoriques de développement, comme la psychanalyse, admettent la régression et en font même une condition critique de passage d'une étape à la suivante. D'autres au contraire, comme la théorie piagétienne, l'excluent totalement.

Le modèle freudien suppose que le passage d'une instance à une autre requiert d'abord un bouleversement, une crise qui comporte, nécessairement mais transitoirement, la régression : le fait que l'enfant de 3 ans recommence à sucer son pouce après une longue période d'interruption est rapporté à l'apparition du complexe d'Œdipe, que la crise dite « d'opposition » permettra de résoudre. Suivant la période de la vie où elles se produisent, et leur durée, la théorie psychanalytique distingue les régressions « normales » et « pathologiques ».

À l'opposé, le modèle piagétien du développement structural postule par construction que la régression est un artefact de situation, sauf cas pathologique. Un enfant, parvenu au stade des opérations concrètes, ne peut plus donner des réponses préopératoires. La réorganisation qui préside à l'accession à un stade, c'est-à-dire à un palier d'équilibre, harmonise irréversiblement les éléments, matériaux et compositions de la période précédente. H. B.

PSYCHAN. **Processus de l'organisation libidinale du sujet qui, confronté à des frustrations intolérables, fait retour, pour s'en protéger, à des stades archaïques de sa vie libidinale et s'y fixe en vue d'y retrouver une satisfaction fantasmatique.** R. L.

BIBLIOGRAPHIE

Bever, T. G., 1982, *Regressions in Mental Development: Basic Phenomena and Theory*, Hillsdale, N.J. Londres, Laurence Erlbaum Ass.

2. régression

n.f. (angl. Regression)

STAT. **Opération ayant pour objet de connaître la grandeur approximative d'un phénomène, qui correspond à la grandeur certaine d'un autre phénomène.**

Lorsque, à chaque valeur d'une variable X, on associe la distribution d'une variable y, on dit qu'on a une régression de la variable y sur la variable X (ou régression de « Y en X »). La courbe qui représente la variation moyenne de la distribution de y en fonction de x est appelée « courbe de régression de Y en X ». Si cette courbe est une droite (droite de régression), on dit que la régression est linéaire et on appelle « coefficient de régression » le coefficient de la droite de régression.

RÉGRESSION SIMPLE

Dans une distribution bivariée (deux variables d'intervalles), on peut calculer la moyenne des valeurs de Y associées à chacune des valeurs de X. Les points représentatifs de ces moyennes partielles jalonnent une ligne appelée « ligne de régression de Y en X ». La ligne de régression de X en Y se définit de la même façon. On se limite en général au cas où ces lignes de régression sont des droites (régression linéaire) interpolant de façon acceptable selon un critère de moindres carrés les points représentant les moyennes partielles. La pente de la droite de régression de Y en X, appelée « coefficient de régression de Y en X » et désignée en général par b_{yx}, est égale au coefficient de corrélation r_{yx} entre X et Y multiplié par le rapport de l'écart type de Y à l'écart type de X. On définit de la même façon le coefficient de régression de X en Y : b_{xy}. Dans le cas où X et Y sont des variables réduites, les deux lignes de régression sont confondues et les deux coefficients de régression sont égaux au coefficient de corrélation. Dans ce cas, la valeur la plus probable de la variable Y pour une valeur donnée de X s'obtient en multipliant cette valeur par le coefficient de régression (et de même pour la prévision de X à partir de Y). La différence d'interprétation entre régression et corrélation réside dans le fait que la régression traduit une relation orientée (d'une variable indépendante, prédictrice, explicative vers une variable dépendante, à prédire, à expliquer) tandis que la corrélation traduit une dépendance non orientée entre deux variables. Toujours dans le cas de deux variables réduites, les prévisions faites sur Y à partir de X rendent compte d'une fraction de la variance totale de Y égale à r^2 et il en est de même pour les prévisions de X à partir de Y ; r^2 quelquefois appelé coefficient de détermination, peut être interprété comme une évaluation de la mesure dans laquelle X « explique » Y.

RÉGRESSION MULTIPLE, ANALYSE DE RÉGRESSION

La régression multiple est celle d'une variable dépendante, à expliquer, souvent appelée ici critère, sur plusieurs variables indépendantes, explicatives, prédictrices. La ligne de régression de la régression simple devient ici une surface de régression. On se limite en général au cas où cette surface est un plan. La valeur la plus probable du critère pour des valeurs données des prédicteurs peut être calculée par une équation de régression multiple. Ces valeurs prédites du critère sont une fonction linéaire des variables prédictrices dont chacune est affectée par un *coefficient de régression partielle* (angl. Partial Regression Coefficient). La corrélation entre les valeurs prédites et les valeurs observées de la variable dépendante représente la *corrélation multiple* R (angl. Multiple Correlation) entre cette variable d'une part et l'ensemble des variables prédictrices d'autre part. Il est souvent commode d'exprimer sous forme réduite toutes les variables de l'équation de régression multiple. Dans ce cas, les coefficients de l'équation deviennent des *coefficients de régression partielle réduits* (angl. Standardized Partial Regression Coefficient ou Beta Coefficients), dont les grandeurs peuvent être comparées directement. Dans l'*analyse directe* ou *standard de la régression* (angl. Standard Regression Analysis), chacun des coefficients de régression partielle réduits indique de combien d'écarts types varie Y lorsque l'un des prédicteurs varie d'un écart type, les autres prédicteurs ne variant pas. On peut donc interpréter ces coefficients comme fournissant une indication sur le poids relatif pris par chacune des variables prédictrices dans l'« explication » de Y lorsque les autres variables prédictrices n'interviennent pas. Dans l'*analyse séquentielle de la régression* (angl. Stepwise Regression Analysis), on impose un ordre sur les variables prédictrices : pour des raisons chronologiques, logiques ou psychologiques, on peut supposer que certaines de ces variables exercent leurs effets avant certaines autres ; ou bien, dans une perspective privilégiant seulement l'économie de la description (comme le font en analyse factorielle les composantes principales), on peut assigner le premier rang à la variable prédictrice expliquant la fraction la plus élevée de la variance de la variable dépendante, le deuxième rang à la variable ajoutant le plus à cette variance expliquée et ainsi de suite. L'analyse séquentielle de la régression permet de savoir ce qu'ajoute chacune des variables prédictrices à la prédiction de la variable dépendante déjà fournie par celles qui l'ont précédée. M. R.

régulation

n.f. (angl. Regulation, Adjustment)

Maintien en équilibre du fonctionnement d'un système complexe, maintien d'un processus dans le cadre de normes, en dépit de perturbations externes.

PSYCHOPHYSIOL. La régulation implique des mécanismes de contrôle soit anticipateurs (régulation en boucle ouverte, ou feed-forward), soit correcteurs (régulation par rétroaction négative, ou feed-back négatif) ou l'adaptation du système de contrôle lui-même. J.-M. C.

DÉVELOP. Tous les spécialistes du développement ontogénétique ont remarqué que celui-ci a la forme de fluctuations en dents de scie, des alternances de dominance entre processus concurrentiels (dépense ou accumulation d'énergie, flexion ou extension des muscles, vision ou manipulation, etc.) des retours en arrière, la réincorporation d'éléments antérieurs dans un comportement plus élaboré. J. Piaget et B. Inhelder définissent la régulation par des coordinations entre les actions successives, brisant le sens unique de cette succession au profit d'un va et vient remontant aux situations antérieures et mordant déjà sur les situations ultérieures ». A. Gesell parle de *spirale du développement*, de fluctuation autorégulatrice et de prépondérance fonctionnelle. E. V.

ÉTHOL. **Processus par lequel une perturbation, et plus particulièrement une variation dans l'état d'une société, déclenche chez un individu des conduites compensatoires tendant à en contrebalancer les effets.** (Syn. régulation comportementale [angl. Behavioural Regulation].) J. G.

réhabilitation

n.f. (angl. Rehabilitation)

Action qui consiste à rétablir un ancien malade dans ses droits, ses capacités, son activité professionnelle, son insertion sociale et familiale.

Ce terme juridique est devenu en psychiatrie, sous l'influence de l'anglais, le synonyme de *réadaptation**. J. P.

Reich (Wilhelm)

Médecin et psychanalyste autrichien (Dobrzcynica, Galicie autrichienne, 1897-pénitencier de Lewisburg, Pennsylvanie, 1957).

Il joue, dès 1920, un rôle important au sein de la société psychanalytique de Vienne, où il se distingue par son engagement dans le parti communiste autrichien. Il cherche à développer des expériences thérapeutiques dans la classe ouvrière et, parallèlement, à justifier la psychanalyse aux jeux des marxistes, au prix de modifications incompatibles avec l'orthodoxie freudienne. C'est ainsi qu'il attribue les névroses à des troubles de la génitalité sur lesquels l'orgasme a une vertu curative et préventive (*la Fonction de l'orgasme*, 1927). Reich rejette la pulsion de mort, qui, selon lui, signifie l'abandon du concept fondateur et central en psychanalyse : la sexualité. Il nie également l'universalité du complexe d'Œdipe parce qu'à ses yeux la répression sexuelle n'est pas indispensable au développement de la vie sociale, le refoulement et la sublimation ne servant qu'à maintenir le système capitaliste (*Matérialisme dialectique et psychanalyse*, 1929). Dans *la Lutte sexuelle des jeunes* (1932), il attaque la morale conjugale et la famille, responsables de la misère sexuelle et de la société injuste et autoritaire. Premier psychanalyste à poser le problème du socio-économique dans la genèse des troubles psychiques, il est exclu (1934) de l'Association internationale de psychanalyse par E. Jones, qui le juge dangereusement bolchevik, et du parti communiste. Le nazisme le contraint à émigrer d'abord en Europe, puis aux États-Unis. Il y commence, en 1939, ses recherches sur l'orgone, ou énergie vitale cosmique, dont la stagnation dans l'organisme serait responsable d'affections psychiques et somatiques comme le cancer. Accusé d'escroquerie pour avoir commercialisé des accumulateurs d'orgone, Reich est incarcéré et la vente de ses livres est interdite. Il meurt en prison. Il a également écrit *Psychologie de masse du fascisme* (1933), *la Révolution sexuelle* (1945) et *Écoute, petit homme* (1948). R. L.

Reik (Theodor)

Psychanalyste américain (Vienne 1888-New York 1969).

Après une analyse menée par K. Abraham, il exerça la psychanalyse d'abord à Vienne et à Berlin avant d'émigrer aux États-Unis (1938). Non-médecin, il s'intéressa surtout aux applications de la psychanalyse hors du champ thérapeutique. Il a écrit notamment *le Besoin d'avouer, Psychanalyse du crime et du châtiment* (1959) et des ouvrages autoanalytiques greffés sur un thème culturel (*Variations psychanalytiques sur un thème de Gustav Mahler*, 1953) ; *Fragment d'une confession*, 1956). R. L.

réinsertion

n.f. (angl. Reinsertion)

Action visant à réintroduire un sujet, qui en a été écarté, dans son ancien milieu familial, social, professionnel.

C'est le cas en particulier des anciens malades mentaux dont les troubles psychiques ont nécessité une exclusion plus ou moins longue de leur milieu de vie habituel. Leur réinsertion socioprofessionnelle sera le résultat de la réussite, quand elle est possible, de leur réadaptation*. J. P.

rejeton de l'inconscient

(angl. Derivative of the Unconscious ; allem. Abkömmling des Unbewußten)

Réapparition, sous forme de symptômes ou d'une formation de l'inconscient, de ce qui a été refoulé.

Pour S. Freud, il n'y a pas de refoulé sans retour du refoulé. Le processus inconscient est dynamique et il revient toujours à satisfaire le désir inconscient. R. L.

relaxation

n.f. (angl. Relaxation)

PSYCHOPHYSIOL. **Relâchement, détente volontaire du tonus musculaire.**

PSYCHIATR. **Méthode thérapeutique qui, à l'aide de techniques bien définies produisant un état de détente musculaire plus ou moins volontaire, cherche à réduire la tension, l'anxiété, le déséquilibre émotionnel d'un sujet en agissant spécifiquement sur l'activité myotonique et le système neurovégétatif.**

La méthode la plus utilisée en France reste le *training autogène*, inventé par un psychiatre de Berlin, J. H. Schultz, pour qui le principe de cette thérapie était « d'induire, par des exercices physiologiques et rationnels déterminés, une déconnexion générale de l'organisme qui, par analogie avec les anciens travaux sur l'hypnose, permet toutes les réalisations propres aux états authentiquement suggestifs ». (→ training autogène.) On a donc là deux éléments communs à de nombreuses relaxations :

l'instauration d'un état de détente physiologique antagoniste de celui du stress ou de l'anxiété et l'induction d'un état de conscience modifié, proche de l'hypnose. Les thérapeutes pratiquant le training autogène (dans sa forme originelle ou l'une de ses nombreuses variantes) peuvent privilégier l'une et/ou l'autre de ces deux caractéristiques en fonction de l'objectif de relaxation recherché ou de l'indication traitée. Cette grande souplesse d'utilisation, associée à une réelle efficacité, a contribué au succès encore actuel de cette méthode (N. Sinelnikoff).

Une autre technique de relaxation, à point de départ plus physiologique, est celle de E. Jacobson, de Chicago, qui vise à obtenir une détente provoquée par la prise de conscience du relâchement musculaire lui-même, de telle sorte que le patient puisse arriver à une véritable maîtrise de son activité motrice et à « la mise au repos de son cortex ». D'où l'utilisation préconisée, comme dans le biofeedback*, d'une sorte d'autoélectroencéphalographie que le sujet peut contrôler pendant la séance. Assez voisine de cette méthode, l'*eutonie* de G. Alexander a pour but de retrouver l'harmonie corporelle, en arrivant à exécuter avec le minimum de dépense énergétique les mouvements naturels et harmonieux du corps. Une autre technique est celle de J. de Ajuriaguerra, dite *rééducation psychotonique*, qui vise à reprendre, à partir d'une position très régressive et dans une relation transférentielle bien contrôlée, un développement psychomoteur dégagé de ses perturbations névrotiques infantiles. La reprise de ce développement va s'accompagner d'une meilleure maîtrise des manifestations tonico-émotionnelles du sujet dans sa relation à autrui. Cette méthode, comme les précédentes d'ailleurs, peut faire appel à une compréhension et à une interprétation éclairées par la psychanalyse. M. Sapir a bien montré l'intérêt de l'approche psychanalytique dans la relaxation et la préconise dans toutes les actions thérapeutiques qui en relèvent. J. P.

BIBLIOGRAPHIE

Auriol, B., 1979, *Introduction aux méthodes de relaxation*, Toulouse, Privat.

Sapir, M., 1979, *la Relaxation, son approche psychanalytique*, Paris, Dunod.

Sinelnikoff, N., 1987, *les Psychothérapies*, Paris, éd. M.A.

1. relief

n.m. (angl. Depth)

Ensemble des saillies et des creux perçus sur une surface.

La terminologie anglophone ne distingue pas profondeur et relief. En français, ce dernier terme désigne l'ensemble des accidents et variations de la profondeur sur une surface. C'est une propriété des objets et des surfaces indépendante de leur relation avec le sujet.

La perception du relief est fondée sur le traitement de divers ordres d'informations physiologiques (→ profondeur) ou picturales (→ perception). C. B.

2. relief

n.m. (angl. Salience)

Propriété d'une partie, d'un attribut ou d'un aspect d'une représentation qui détermine l'importance que ceux-ci prennent dans le traitement cognitif. (Syn. saillance.)

La notion de relief vient de l'observation générale suivante: dans la plupart des tâches cognitives, les sujets manifestent une tendance spontanée à prendre en considération ou à traiter préférentiellement certains aspects de la situation. Il existe en outre des régularités dans ces traitements cognitifs préférentiels: si un aspect a été pris en considération une fois, on peut s'attendre à ce qu'il le soit aussi dans d'autres situations comparables.

On a conceptualisé ces observations en disant que ces aspects des situations sont plus *saillants* ou ont plus de *relief* que les autres.

On considère généralement aujourd'hui que cette propriété s'applique le mieux aux attributs, considérés comme une donnée constitutive, non pas tant des situations que des représentations. Dans une représentation d'objet, les attributs correspondent aux propriétés de l'objet: par exemple, une tasse peut être caractérisée par des attributs perceptifs comme sa forme, sa taille, sa couleur, son ornementation, sa matière, etc. Elle peut l'être aussi par d'autres attributs plus abstraits ou plus fonctionnels comme son volume, sa composition chimique, sa solidité aux chocs, sa conductibilité de la chaleur, sa beauté, son prix, etc. Lors d'un traitement cognitif, ces attributs n'ont pas tous le même « poids »: le sujet ne leur accorde pas la même importance, tout en demeurant en général non conscient de ces préférences.

La notion de relief peut aussi s'appliquer à des parties d'une représentation. Ainsi, on dira que les ailes sont une partie qui a un fort relief à l'intérieur d'une représentation d'« oiseau », comparativement aux pattes ou au ventre, par exemple.

Ce poids relatif dépend des situations et il existe d'importants effets de contexte qui modulent le relief; néanmoins, la hiérarchie des attributs ou des parties conserve une bonne stabilité à travers les différentes situations. La notion de relief doit rendre compte de ces deux faits opposés.

Un exemple facilement observable de préférence pour un attribut est le rôle que joue la couleur chez de jeunes enfants. Dans de multiples situations de la vie courante, ceux-ci tiennent compte prioritairement de la couleur, beaucoup plus que des autres attributs. On peut assez bien montrer cela expérimentalement au moyen d'une tâche de classification d'objets artificiels, basée sur la consigne: « Mets ensemble ceux qui sont pareils. » On constatera alors une tendance première à classifier en fonction de la couleur. On dira dès lors qu'aux âges précoces la couleur a un relief très élevé ou qu'elle est très saillante. Un autre attribut qui a un relief élevé chez les enfants est le mouvement.

Le développement cognitif fait, en principe, régresser le relief de ces attributs et augmenter celui de certains autres, telles la forme ou la fonction. Chez les sujets adultes, le relief des différents attributs varie beaucoup entre les individus: toutefois, on peut distinguer de façon globale entre les sujets qui accordent un relief élevé aux attributs perceptifs, immédiatement saisissables, et ceux qui tiennent davantage compte d'attributs non perceptifs, abstraits: ces derniers incluent notamment les propriétés arithmétiques et géométriques, puis scientifiques.

Le développement cognitif rend aussi plus facile la modification du relief en fonction des situations. Des recherches sur la résolution de problèmes scolaires chez des enfants de 8 à 14 ans ont bien montré que leur réussite dépendait amplement de leur capacité à tenir compte des attributs pertinents pour la situation et à négliger les autres. Une condition de cette réussite est alors que le relief des attributs concrets, assez souvent non pertinents, ne soit pas trop élevé et trop dominant.

Le fait que le contexte puisse faire varier le relief des attributs selon les exigences d'une situation particulière dépend ainsi beaucoup de la hiérarchie et, surtout, de la flexibilité du relief des attributs. Il existe également d'importantes différences interindividuelles à cet égard. J.-F. L. N.

→ attribut, dominance, flexibilité 1, représentation.

religion (psychologie de la)

(angl. Psychology of Religion)

Alors même que, depuis quelques années, la psychologie de la religion commence à se construire sur des bases un peu mieux assurées, la définition des objets qu'elle se donne ou qu'elle pourrait se donner reste incertaine.

Les tentatives d'assimilation

Dès ses origines, la psychologie de la religion avait dû faire face à une triple tentative d'assimilation. L'assimilation à l'histoire des religions est la première ; afin d'échapper à une sèche nomenclature des faits, celle-ci en appelait à une psychologie générale, d'ailleurs encore embryonnaire, pour leur donner une saveur plus vécue : c'est un peu la position d'un Pinard de La Boullaye (1925). Dans la même ligne, on avait quelquefois tendance à considérer comme constitutive d'une psychologie de la religion la tentative d'établir le statut d'une *religion primitive* (allem. Ur-Religion) ou d'un *Dieu primitif* (allem. Ur-Gott) dont les religions et les dieux ultérieurs n'auraient été que des réfractions et des remaniements. L'assimilation à la sociologie fut d'ailleurs moins naïve qu'on ne l'a quelquefois laissé penser: pour É. Durkheim (1912), l'« homme qui vit religieusement » sent qu'il a en lui un pouvoir qu'il ne perçoit pas quand il n'est pas à l'état religieux.

Durkheim, en tentant une explication psychologique de cette expérience, l'estime trop puissante pour être illusoire ou pour trouver ses racines dans le seul individu. La seule source susceptible d'être attribuée à cette expérience ne peut l'être que « dans cette vie très particulière qui se dégage des hommes assemblés », relevant éventuellement d'une approche sociologique. L'assimilation à la psychopathologie fut probablement plus radicale : les phénomènes religieux extraordinaires (visions, extases, voix, etc.) entrent dans des structures mentales proches de celles des hallucinations, et les tableaux névrotiques de la plupart des grands mystiques sont à ce point chargés que, peu à peu, naquit l'hypothèse implicite de la morbidité essentielle des comportements religieux. La prise de position la plus nette est sans doute celle de P. Janet, qui, sans assimiler tous les croyants à des malades mentaux, estime que, dans l'observation, on peut appliquer aux comportements religieux le modèle de l'analyse psychopathologique.

C'est peut-être ici que l'apport de S. Freud pourrait être évoqué de façon rapide. Les pulsions inconscientes — en particulier la libido, pulsion sexuelle à tonalité captative — sont canalisées et filtrées par le surmoi, dont l'origine est double : dégoûts congénitaux et tensions pédagogiques nées de la vie sociale et, par exemple, des tabous religieux. En en restant là, Freud n'aurait que marié entre eux les attendus de l'école sociologique et de l'école psychopathologique. Mais l'individu — las, d'une certaine façon, d'être assujetti aux exigences d'un surmoi purement factice — rejette au-delà de lui-même et de la société le contenu de ce surmoi. Pour se donner le change à lui-même et par le jeu de la sublimation, il fait comme si l'art, la morale, la religion existaient en soi. Projection et ontologisation sans doute illusoires mais normales : le croyant de Freud ne relève plus directement de la psychopathologie. De même, le croyant de C. Jung recourt-il normalement et heureusement aux archétypes religieux, qui, avec d'autres archétypes, structurent l'inconscient de type collectif que Jung substitue à l'inconscient freudien, organisé autour d'une pulsion individuelle.

L'EXPÉRIENCE RELIGIEUSE

L'accord se fait pour faire remonter les origines de la psychologie de la religion aux travaux de W. James et notamment aux conférences de la fondation Gifford (Édimbourg, 1901-1902), rassemblées dans les *Varieties of Religious Experience, Study in Human Nature*. D'emblée, James fait remarquer qu'il existe deux types de religion : la religion institutionnelle (culte, sacrifices, théologie, organisation ecclésiastique) et la religion personnelle (attitudes intérieures de l'homme : « sa conscience, ses aridités, sa déréliction »). C'est celle-ci qui est essentielle et son étude doit être faite après la prise en compte d'un triple attendu : l'essentiel de la religion n'est ni institutionnel, ni rationnel, ni pathologique.

C'est donc l'expérience religieuse qui doit être mise sous observation, à partir d'un certain nombre de révélateurs phénoménologiques fondamentaux. Révélateur réaliste : l'expérience religieuse est en contact avec l'invisible et le divin (eux-mêmes rétractés dans un descriptif psychologique) ; révélateur subjectif : l'optimisme ; révélateur génétique : expérience de l'âme douloureuse et conversion ; révélateur axiologique : la sainteté, l'illumination intérieure et, ultimement mais tout de même, la satisfaction logique. On peut dire que cette phénoménologie de James et, à un degré moindre, celle introduite par R. Otto (*le Sacré*, 1917) vont informer tout un pan de la recherche empirique contemporaine en psychologie de la religion. Par leurs attendus, elles contribuent aussi à maintenir jusqu'à nos jours l'idée sinon qu'il y a deux formes de la religion (réactivée par Bergson), du moins que certains couples conceptuels sont puissamment explicatifs des comportements religieux : extrinsécisme/intrinsécisme chez Allport, consentement/engagement, mythologique/symbolique, comportemental/idéationnel, etc. : tous couples ayant fait l'objet de travaux empiriques d'ailleurs éclairants.

LA RECHERCHE DE LA MESURE

Fort longtemps, et d'ailleurs jusqu'à nos jours, la recherche en psychologie de la religion a été menée au moyen de questionnaires et d'échelles dont une des principales sources d'inspiration renvoie, d'une façon qui n'a même plus besoin d'être dite, à la phénoménologie que James a faite de l'expérience religieuse.

Ces instruments relèvent d'un genre qui, parce qu'il néglige de se référer aux mécanismes qui entreraient en jeu dans l'attitude religieuse, n'est pas dénué d'ambiguïté. Les critères implicites qui interviennent dans le choix des items oscillent entre divers pôles peu systématisés. Certains de ces critères relèvent d'une phénoménologie latente de ce que serait l'expérience religieuse ; d'autres se réfèrent à des jeux de comportements sociaux plus ou moins directement contrôlés par les systèmes institutionnels (rituels, énoncés axiologiques, obligations diverses, etc.) ; d'autres encore reprennent purement et simplement des énoncés de croyances, jugés (d'instinct ou par voie d'experts) caractéristiques de l'ensemble des représentations doctrinales autour desquelles un groupe religieux noue et contrôle son consensus. Cette oscillation entre des approches subjectives, sociales et institutionnelles aboutit à la mise en forme d'instruments souvent composites, difficiles à faire coïncider ou à se recouper entre eux. Un certain nombre de ces opérationnalisations introduisent pourtant un champ conceptuel qui s'est révélé fécond.

Pourtant, un renouvellement de la problématique tend à se faire jour : partiel mais incontestable. Il le fait sur plusieurs plans, que l'on ne pourra évoquer que de façon rapide.

Au plan conceptuel sont désormais introduits — souvent sous la pression de perspectives sociologiques nouvelles — des éléments nouveaux. D'une part, par élargissement conceptuel et référence au *Civil Religious Commitment*, concept américain qui évoque une sorte de dimension religieuse globale qui informerait la totalité du champ social, y compris le champ politique ; intérêt pour un ensemble de valeurs, de questions apparemment caractéristiques de l'espèce humaine et que l'attitude religieuse viendrait spécifier selon ses propres modèles (angl. Ultimate Concerns) ; idée que le système de signification porté et véhiculé par les religions n'est qu'un cas d'espèce parmi un stock de systèmes socialement et anthropologiquement disponibles. D'autre part, désinstitutionnalisation de la notion de religieux (par rapport à l'Église, au langage institué et théologique, au réglage classique de l'appartenance) et élargissement de son application à des données plus générales.

Au plan théorique, dont tous les auteurs convergent pour dire que, sous cet angle, la psychologie de la religion est d'une particulière faiblesse, un certain nombre de désirs s'expriment désormais (Brown, 1985), suscitant d'ailleurs un certain nombre de réactions : notamment chez ceux qui craignent de voir le système d'autoexplication géré par un groupe religieux lui-même trop radicalement mis en question par un système explicatif formellement concurrent.

Désormais, des recherches — encore rares — recourent ainsi au matériel théorique que la psychologie sociale classique a déjà mis en œuvre. D'assez nombreuses recherches utilisent le modèle de la dissonance cognitive ; dissonance entre la perception sensible et des énoncés métaempiriques ; non-vérification des prophéties ; discordances entre les valeurs de droit énoncées par les doctrines religieuses et les comportements de fait. Plus récemment, et avec une vigueur sans doute plus grande, le recours à la théorie de l'attribution a commencé à se généraliser : représentation d'objets métaempiriques comme causes d'événements qui arrivent ou qui n'arrivent pas. Au niveau différentiel, les échelles de locus of control sont fréquemment croisées avec des échelles d'attitudes religieuses et des descriptifs comportementaux. Des recours plus ponctuels sont faits aux théories de la catégorisation sociale, de la désirabilité sociale, de l'agression et même de la théorie des jeux. Par le fait même, l'éventualité du recours aux techniques expérimentales, après avoir suscité de nombreuses réactions négatives, fait désormais l'objet d'un débat constant, qui a déjà débouché sur des travaux de recherche assez convaincants.

Au plan épistémologique, ce déblocage théorique a suscité quelques tentatives d'intégrer dans des structures plus vastes certaines formes (cognitives ou sociales) que prennent les processus religieux, voire même des tentatives de plonger les systèmes religieux dans l'ensemble plus englobant que représentent les systèmes idéologiques. Ainsi, chez Rokeach (1960), la structure du *Belief-Disbelief System*, qui est censée rendre compte de la nature et de la signification du « dogmatisme », ne renvoie pas, en tant que telle, à un champ et à un système idéologique particuliers. De même, l'opérationnalisation du concept d'orthodoxie, organisée autour de l'hypothèse que, « en système orthodoxe, la fragilité de l'information est compensée par la vigueur de la régulation », ne s'appuie-t-elle sur l'observation de données religieuses qu'en tant qu'elles réfractent des fonctionnements idéologiques plus généraux (Deconchy, 1980). J.-P. D.

BIBLIOGRAPHIE

Brown, L. B., éd., 1985, *Advances in the Psychology of Religion*, Oxford-New York, Pergamon.

Deconchy, J.-P., 1987, « les Méthodes en psychologie de la religion. Leur évolution récente », *Archives de sciences sociales des religions*, *63*, n° 1, 31-83.

rémanence

n.f. (angl. After-Image)

Propriété qu'a la sensation de persister quelque temps après que l'excitant a disparu, notamment l'impression visuelle. R. L.

→ image consécutive.

rémanent, e

adj. (angl. Residual)

Se dit d'une sensation, notamment d'une impression visuelle, qui persiste quelques secondes et plus après la disparition du stimulus, lorsque la sensation a été vive. R. L.

réminiscence

n.f. (angl. Reminiscence)

Phénomène selon lequel l'évocation d'un souvenir ou d'un élément mnésique s'améliore avec le temps, notamment après un intervalle de temps consécutif à un apprentissage incomplet.

Le phénomène de réminiscence, sous la forme de l'amélioration de la performance mnésique, a été mis en évidence par Ballard. Il va évidemment à l'encontre des observations communes sur le déclin mnésique et l'oubli en fonction du temps. Dans certains cas, il semble que l'amélioration de la performance soit un artefact et doive être essentiellement attribuée aux conditions expérimentales de sa mise en évidence : elle serait due à l'activité cognitive produite par la recherche en mémoire rendue nécessaire par les premières évocations. Néanmoins, des effets d'amélioration réelle durant une certaine période après la mémorisation sont bien attestés : ils sont attribuables au processus de consolidation mnésique.

Chez l'Animal (Rat, Souris), un phénomène de réminiscence a pu être observé. Ainsi, chez la Souris, consécutivement à un conditionnement opérant, on observe que la performance est à son niveau minimal une heure après l'acquisition ; le phénomène de réminiscence apparaît au bout de trois heures et est maximal six heures après l'acquisition. Ce phénomène, expliqué par certains auteurs par une maturation de la trace mnésique au cours du temps, illustre l'importance du facteur temporel dans les processus de traitement de l'information. Il doit sans doute être rapproché des processus cognitifs vis-à-vis des rythmicités biologiques puisqu'il a pu être démontré que, dans cette période de six heures qui suit l'acquisition, les cycles de sommeil sont profondément modifiés : notamment, le nombre de phases de sommeil paradoxal est augmenté. P. L. et J.-F. L. N.

→ consolidation mnésique (période de), mémoire, rythme biologique.

BIBLIOGRAPHIE

Destrade, C., 1979, *le Phénomène de réminiscence chez la Souris ; conditions d'apparition et effets de certaines stimulations électriques centrales*, thèse, Bordeaux.

renforçateur

n.m. (angl. Reinforcer)

Stimulus qui a le rôle effectif dans la procédure de renforcement.

Dans le conditionnement pavlovien, le renforçateur est le stimulus inconditionnel. Dans le conditionnement instrumental, ou opérant, c'est un stimulus qui suit le comportement et produit une modification de celui-ci. Dans la définition de B. F. Skinner, le renforçateur est ainsi le stimulus dont on constate que sa présentation modifie le comportement. Dans la théorie de N. E. Miller et C. Hull, c'est un stimulus qui produit une réduction de tension.

On appelle « renforçateur secondaire » un stimulus qui produit un renforcement, mais qui a acquis cette capacité grâce à un apprentissage préalable. J.-F. L. N.

→ négatif (renforçateur).

renforcement

n.m. (angl. Reinforcement)

Phénomène ou procédure d'apprentissage qui se traduit dans le fait qu'un comportement devient progressivement plus vigoureux.

Le terme a été tout d'abord utilisé par I. P. Pavlov dans le conditionnement classique. Il désigne le fait qu'une réaction au stimulus originellement neutre apparaît puis devient de plus en plus forte. La force (ou vigueur) de la réaction concerne dans ce cas ce qu'on appelle techniquement son amplitude, ici la quantité de salive produite. Dans d'autres réactions conditionnelles, par exemple celle de clignement (réaction palpébrale), c'est la fréquence de la réponse qui augmente, son amplitude demeurant à peu près stable. Dans d'autres cas encore, l'effet s'exerce sur la latence de la réaction.

Par glissement, « renforcement » en est venu à désigner non seulement l'augmentation de la réaction conditionnelle (c'est-à-dire un phénomène), mais aussi *le fait* de présenter conjointement le stimulus, primitivement neutre puis conditionnel, et le stimulus inconditionnel (c'est-à-dire une procédure). Certains auteurs appellent aussi « renforcement » (au lieu de renforçateur) le stimulus inconditionnel lui-même.

Par un nouvel élargissement, le mot *renforçateur* a été utilisé aussi dans les situations d'apprentissage instrumental, ou opérant ; il désigne alors de nouveau soit un phénomène d'augmentation d'un comportement, soit une procédure. Le phénomène, le fait que le comportement devient plus fort, concerne cette fois beaucoup plus souvent la fréquence que l'amplitude. La procédure consiste, dans le cas le plus simple, à faire systématiquement suivre le comportement par la présentation d'un stimulus bien choisi (renforçateur), les cas dérivés sont définis sur les mêmes bases.

Dans le cas du conditionnement classique comme dans celui des apprentissages instrumentaux, ou opérants, on appelle « un » renforcement une occurrence de la procédure considérée ; on peut alors compter les renforcements et décrire l'évaluation du comportement en fonction du « nombre de renforcements » appliqués, c'est-à-dire de la répétition. Cette fonction, en principe croissante (mais non nécessairement monotone pour un individu particulier), est une des toutes premières lois des théories de l'apprentissage. Le renforcement négatif est analysé selon les mêmes principes. J.-F. L. N.

→ apprentissage, conditionnement, négatif (renforçateur), répétition.

BIBLIOGRAPHIE

Favell, J. E., 1977, *The Power of Positive Reinforcement, a Handbook of Behavior Modification*, Springsfield, Ch. Thomas.

Glaser, R., 1971, *The Nature of Reinforcement*, New York, Londres, Academic Press.

Grossberg, S., 1987, *The Adaptative Brain*, vol. 1, *Cognition Learning Reinforcement and Rythm*, Amsterdam, New York, Oxford, North Holland.

renforcement primaire

(angl. Primary Reinforcement)

Renforcement commun, par opposition à celui qui repose sur un apprentissage antérieur, appelé « secondaire ».

J.-F. L. N.

→ article suivant.

renforcement secondaire

(angl. Secondary Reinforcement)

Renforcement qui est produit par un stimulus ou un objet qui, à l'origine, est dépourvu intrinsèquement de valeur renforçatrice, mais qui a acquis une telle valeur par association avec un renforçateur intrinsèque (ou primaire).

Ainsi, dans une boîte de Skinner, un son produit en même temps que l'arrivée de la nourriture peut devenir ensuite un renforçateur secondaire : cela veut dire qu'un Rat pourra apprendre une réaction, par exemple appuyer sur une seconde pédale, en n'étant renforcé que par l'audition de ce son.

Dans la même optique, on a pu montrer que le déclic qui, dans une boîte de Skinner standard, précède normalement l'arrivée de la nourriture peut aussi devenir un renforçateur secondaire. Si, après un conditionnement, on supprime à la fois la nourriture et le déclic, on observera que l'extinction est plus rapide que si l'on supprime la nourriture et que l'on conserve le déclic.

Il existe beaucoup de possibilités de former des renforçateurs secondaires. Les situations naturelles en offrent de nombreux exemples : ainsi, chez un Animal familier, le bruit du récipient à nourriture peut avoir une telle valeur. Chez l'Homme sont des renforçateurs secondaires tous les stimulus qui ont une connotation positive. Dans la perspective béhavioriste et américaine, l'argent a été regardé comme un renforçateur secondaire privilégié. Les sujets d'expérience psychologique reçoivent souvent une rétribution, ce qui n'est à peu près jamais le cas en France.

Les renforçateurs secondaires perdent leur capacité renforçatrice par extinction dans les mêmes conditions que les conditionnements primaires.

J.-F. L. N.

répertoire comportemental

(angl. Behavioural Repertory)

ÉTHOL. **Ensemble des unités de comportement propres à une espèce permettant de décrire de façon exhaustive la continuité de l'activité motrice d'un sujet (éthogramme).**

L'observation fine du comportement d'un ensemble d'individus d'une espèce particulière permet d'identifier toutes les formes motrices qui se répètent d'une manière assez identique pour être dénommées de la même façon (FAP, « Fixed Action Patterns » dans l'éthologie classique). La liste exhaustive de ces unités de comportement constitue le répertoire comportemental et permet de réaliser des éthogrammes.

R. C.

GÉNÉR. **Ensemble des réponses qu'un individu peut émettre, qu'elles soient génétiquement programmées ou acquises.**

P. L.

1. répétition

n.f. (angl. Repetition)

GÉNÉR. **Réitération d'une activité ou d'un stimulus.**

La répétition est un facteur de l'apprentissage et de la mise en mémoire ; elle peut concerner, selon le cas, le comportement lui-même ou bien la conjonction d'un comportement et de ses conditions, ou simplement les stimulus ou les situations. Dans tous les cas, elle est un facteur essentiel d'établissement et d'amélioration pour les comportements et les activités mentales.

La force de l'apprentissage, qui peut être mesurée par des paramètres divers, est souvent une fonction du nombre de répétitions, ce qui a conduit à parler de « loi de la répétition ».

Cet effet se manifeste parfois dans des régularités qui ne sont pas immédiatement évidentes : par exemple, on sait en psycholinguistique que le temps requis pour la perception des mots d'une langue (qui se mesure en dizaines de millisecondes) est une fonction de la fréquence des mots dans la langue. On ne peut douter qu'il s'agisse là d'un effet de la répétition ; elle porte, pour certains mots, sur des dizaines ou des centaines de milliers d'occurrences.

Cette loi importante n'est toutefois pas universelle : elle laisse subsister la possibilité d'apprentissages ou de mises en mémoire en une seule fois (« en un seul essai », dans la terminologie béhavioriste).

J. F. L. N.

→ apprentissage, conditionnement, essai, renforcement.

2. répétition

n.f. (angl. Repetition ; allem. Wiederholung)

PSYCHAN. **Dans les représentations du sujet, dans son discours, dans ses conduites, dans ses actes ou dans les situations qu'il vit, fait que quelque chose revienne sans cesse, le plus souvent à son insu et, en tout cas, sans projet délibéré de sa part.**

Ce retour du même et cette insistance prennent volontiers valeur compulsive et apparaissent généralement sous la forme d'un automatisme ; c'est d'ailleurs par les termes de *compulsion de répétition* ou d'*automatisme de répétition* que l'on traduit habituellement la formulation freudienne originale de *Wiederholungszwang*, contrainte de répétition.

ORIGINALITÉ DU CONCEPT

D'un point de vue clinique, il est important de distinguer la répétition de la reproduction, puisque cette dernière est agie, mise en œuvre volontairement par le sujet.

La compréhension du phénomène de répétition renvoie directement à celui du traumatisme ; sa théorisation met en jeu des notions très diverses, entre autres celles d'échec (névrose d'échec, névrose de destinée) et de culpabilité, et dévoile un principe de fonctionnement psychique radicalement différent de celui, classiquement décrit, dominé par le principe de plaisir : aussi S. Freud l'appréhenda-t-il d'ailleurs comme au-delà du principe de plaisir.

D'un point de vue épistémologique, la répétition est l'un des concepts majeurs de la dernière partie de l'œuvre de Freud. Elle introduit la pulsion de mort, ouvre la voie de la deuxième topique et, accessoirement, signe un réajustement considérable de la clinique et de la technique analytiques.

Chez J. Lacan, la répétition constitue, avec l'inconscient, le transfert et la pulsion, l'un des quatre concepts fondamentaux de la psychanalyse, notamment justement parce qu'elle est devenue une référence omniprésente de la clinique et qu'elle fait nœud des trois autres concepts : n'est-elle pas le point d'achoppement de l'inconscient, le pivot du transfert et le principe même de la pulsion ?

LES THÈSES FREUDIENNES

C'est en 1914, dans l'article « Remémoration, répétition, perlaboration », que Freud commença à conceptualiser la notion de répétition. Le point de départ est d'ordre technique : l'efficacité des cures s'est émoussée. C'est que le discours analytique vieillit déjà, acquiert un début de légitimité sociale et perd par là même une partie de son tranchant. C'est aussi que les indications de l'analyse se sont étendues : les hystériques ne sont plus seuls à y venir et les « nouveaux » patients échappent pour une part plus grande au travail de la cure, centré sur la reconquête des notions refoulées, sur la prise en compte de l'inconscient. En un mot, Freud découvre qu'il y a une limite à la remémorisation. D'où un obstacle : comment avoir accès à ce qu'il y a au-delà ? Autre difficulté, presque parallèle : il s'avère de plus en plus que les patients mettent en scène et mettent en acte, en dehors du cadre de la cure, dans leur vie, toutes sortes de choses qui pourtant s'y rapportent. Ce sera en fait la solution : ce qui ne peut se remémorer, découvre Freud, fait retour autrement : par la répétition, par ce qui se répète dans la vie du sujet et à son propre insu.

La nouvelle technique analytique va donc consister non seulement à explorer les formations de l'inconscient, mais aussi à prendre en compte la répétition et à exploiter le matériel qu'elle révèle. Et sa nouvelle efficacité va dépendre de sa capacité non seulement à faire disparaître tel ou tel symptôme, mais aussi à enrayer telle ou telle compulsion répétitive à laquelle le patient est assujetti.

À partir de là, la répétition va éclairer d'un jour nouveau le transfert : celui-ci n'apparaît désormais plus uniquement comme un phénomène passionnel, une énamoration, en grande partie induite par la position (de supposé savoir) occupée par l'analyste, mais davantage encore comme un phénomène répétitif — la reviviscence d'anciennes émotions. En tant que répétition, le transfert constitue donc une résistance, la plus importante de toutes, susceptible de paralyser complètement les progrès de la cure. Mais il fournit aussi précisément la possibilité d'appréhender in situ le fonctionnement de la répétition et, grâce à son interprétation, peut amener au seul dénouement possible de la névrose et de la cure elle-même.

La répétition donne également accès à la compréhension des conduites d'échec, de ces scénarios répétitifs où les sujets se voient parfois pris et qui leur donnent le sentiment d'être les jouets d'une destinée perverse. Freud étudia le processus surtout dans le cadre des névroses obsessionnelles et dans le deuxième chapitre d'un petit article: «Ceux qui échouent devant le succès» in *Quelques types de caractères dégagés par la psychanalyse* (1916). À partir de l'analyse d'une pièce d'Ibsen, *Rosmersholm*, il put avancer que l'échec a souvent pour le sujet fonction de «prix à payer», de tribut exigé par une culpabilité sous-jacente. Il était ensuite aisé de montrer que les conduites répétitives d'échec étaient donc tout à la fois une manière de supporter le poids de la culpabilité et une preuve que cette dernière ne s'en contentait pas puisqu'elle exigeait toujours de nouveaux échecs.

C'était là dévoiler une fonction particulière de la répétition: payer pour une culpabilité subjective et en diminuer par là même la charge, mais sans pour autant la régler. Après la Première Guerre mondiale, Freud put mettre en lumière la fonction générale de la répétition, ce qui l'amena du même coup à discerner un autre mode de fonctionnement psychique, à supposer l'existence d'une pulsion de mort et à réorganiser finalement de fond en comble la théorie analytique. L'article princeps est: «Au-delà du principe de plaisir», paru en 1919. Freud commence par y décrire certains exemples de répétition — dans la littérature, dans les actes des sujets, dans les rêves, dans le cadre des névroses de guerre ou des névroses traumatiques; puis il s'attarde sur un exemple, celui de son petit-fils, alors âgé de dix-huit mois, s'amusant à lancer sous un meuble, c'est-à-dire hors de sa vue, une bobine attachée à un fil puis à la ramener à lui en accompagnant ces gestes d'un «oooh» pour la disparition de la bobine, d'un «haaa» pour son retour. Avec l'aide de la mère de l'enfant, il put établir que ces phénomènes — oooh pour *fort* («parti»), haaa pour *da* («voilà») — étaient ceux que le bébé émettait aussi à l'occasion de chaque départ et de chaque retour de sa mère. La question qui se posait dès lors était celle-ci: pourquoi donc l'enfant mettait-il en scène de façon répétitive une situation (d'ailleurs surtout celle du départ de sa mère) qui à l'évidence lui déplaisait fort? Et c'était la même interrogation qu'imposaient le retour incessant des images du trauma chez l'accidenté ou l'insistance de certains cauchemars, ou encore l'*inquiétante-parce-que-familière-étrangeté* («das Unheimliche») des situations répétitives de la vie quotidienne.

La question était d'autant plus délicate que ces manifestations avaient ceci de particulier de contredire radicalement le principe essentiel de la vie psychique que Freud avait établi depuis longtemps: que le fonctionnement du sujet, même si c'était souvent de manière apparemment paradoxale, ou de façon inconsciente, visait toujours à l'obtention de la satisfaction — obéissait toujours au principe de plaisir. Or, là, ce n'était plus le cas.

Aussi Freud fit-il l'hypothèse suivante. Lorsque chez un sujet un événement survient auquel il ne peut faire face — c'est-à-dire qu'il ne peut ni l'intégrer dans le cours de ses représentations ni l'abstraire du champ de sa conscience en le refoulant —, alors cet événement a proprement valeur de traumatisme. Et ce trauma, bien sûr, pour laisser en paix le sujet, exige d'être réduit — d'être symbolisé. Son retour incessant — sous forme d'images, de rêves, de mises en acte — a précisément cette fonction: tenter de la maîtriser en l'intégrant à l'organisation symbolique du sujet. La fonction de la répétition est donc de réduire le trauma (comme on dit «réduire une fracture»). Mais il s'avère d'autre part que souvent cette fonction est inopérante. En fait, généralement, la répétition est vaine: elle n'arrive pas à remplir sa mission, sa tâche est sans cesse reconduite, sans cesse à refaire. Aussi a-t-elle ce caractère d'automatisme, ainsi finit-elle par se perpétuer à l'infini.

Pour Freud, la répétition est donc la conséquence du trauma, une vaine tentative pour l'annuler, une façon aussi de faire avec, qui amène le sujet dans un autre registre que celui du plaisir puisque ce qu'il répète ne répond en rien à un quelconque désir. Il restait à caractériser cet «autre registre». Freud le fit en radicalisant la notion de trauma. Finalement, dit-il, le premier des traumas, c'est celui de la naissance, c'est celui qui est inhérent au fait même de vivre. Et vivre, c'est emprunter toutes sortes de détours pour revenir au point d'origine, à l'état inanimé — à la mort. Dans cette perspective, la répétition est bien la marque du trauma originel et structural et de l'impuissance du sujet à l'effacer. Aussi bien dire qu'elle constitue la signature de la pulsion de mort, qui se dévoile comme retour à l'origine, et qu'elle en est aussi l'annonce: le retour du même, c'est le contraire d'une avancée, le contraire d'une démarche vitale, c'est le retour à la mort.

Cette idée de l'au-delà du principe de plaisir, de la répétition comme sceau de la pulsion de mort, n'était au début pour Freud qu'une hypothèse métapsychologique. Très vite, il reconnut qu'elle prenait valeur de repère central de la théorie analytique; elle en devint finalement le corps.

LES THÈSES LACANIENNES

Lacan a le même point de vue. Une bonne partie du retour à Freud, qu'il a suscité, cherche d'ailleurs à rétablir cette perspective qu'une seule génération d'analystes avait réussi à estomper. Mais il n'en reste pas là et développe le concept de répétition selon deux axes différents.

Le premier est celui du symbolique. La répétition, expose-t-il, est en somme au principe de l'ordre symbolique en général et de la chaîne signifiante en particulier. Le Séminaire sur "la Lettre volée", prononcé en 1954-55 (*Écrits*, 1966), détaille cette proposition. Le fonctionnement de la chaîne des signifiants, dans laquelle le sujet a à se reconnaître comme tel et doit frayer la voie de sa parole, repose sur l'opération de la répétition; et si les signifiants font sans cesse retour, ce qui est somme toute un fait de structure langagière, c'est bien parce qu'ils dépendent d'un signifiant premier, qui a disparu originellement et auquel cette disparition donne en quelque sorte valeur de trauma inaugural.

Le second axe est celui du réel. (→ imaginaire, réel, symbolique.) Dès 1964, à l'occasion du séminaire sur *les Quatre Concepts fondamentaux de la psychanalyse*, Lacan propose de distinguer les deux versants de la répétition en se servant de deux concepts aristotéliciens, la *tuchê* et l'*automaton*. L'automaton désigne pour lui l'insistance des signes, ce principe de la chaîne symbolique: quant à la tuchê, dit-il, c'est ce qui est à l'origine de la répétition, c'est ce qui déclenche cette insistance — le trauma, en somme —, c'est la rencontre, qui n'a pour une fois pas pu être évitée, de quelque chose d'insupportable au sujet. Et cet insupportable que Freud tentait de prendre en compte sous les auspices de la pulsion de mort, Lacan va alors le conceptualiser sous le terme de *réel* — l'impossible, l'impossible à symboliser, l'impossible à affronter pour un sujet.

Aussi la répétition, pour lui, est-elle au nœud de la structure: indice et index du réel, elle produit et promeut l'organisation symbolique et favorise l'échappatoire imaginaire. B. B.

BIBLIOGRAPHIE

Freud, S., 1914, *Remémoration, répétition, perlaboration*, trad. fr. in *la Technique psychanalytique*, Paris, 1953, P.U.F.

Freud, S., 1916, *Quelques types de caractères dégagés par la psychanalyse*, trad. fr. in *Essais de psychanalyse appliquée*, Paris, 1933, éd. Gallimard.

Freud, S., 1919, *Au-delà du principe de plaisir*, trad. fr. in *Essais de psychanalyse*, Paris, 1981, éd. Payot.

Lacan, J., 1973, *le Séminaire, livre XI: les Quatre Concepts fondamentaux de la psychanalyse*, Paris, 1973, Éd. du Seuil.

Lacan, J., 1966, «le Séminaire sur "la Lettre volée"», in *Écrits*, Paris, Éd. du Seuil.

répondant

n.m. (angl. Respondent)

Dans la conception de B. F. Skinner, comportement qui est suscité par un stimulus.

Pour Skinner, ce comportement s'oppose au comportement opérant, qui est «émis», et n'est pas suscité par un stimulus particulier. On appelle *conditionnement répondant*, dans la terminologie de Skinner, le conditionnement classique. J.-F. L. N.

réponse

n.f. (angl. Response)

Comportement suscité par un stimulus.

Ce mot est un équivalent de « réaction ». Plus largement, il s'emploie aussi pour des activités ou des phénomènes qui ne sont pas à proprement parler des comportements (ni, donc, des réactions au sens strict) : réponse d'un neurone, d'une formation nerveuse, etc.

On appelle *généralisation de la réponse* (angl. Response Generalization) le phénomène dans lequel, après qu'une réponse apprise a été élaborée, par exemple par renforcement, on observe que des réponses similaires à la réponse originelle sont émises dans des conditions qui devraient normalement susciter cette réponse originelle. Ce phénomène est, en quelque sorte, analogue et symétrique de la généralisation du stimulus. (→ généralisation.) Toutefois, son importance est bien inférieure au point de vue théorique. J.-F. L. N.

représentation mentale

(angl. Mental Representation)

Entité de nature cognitive reflétant, dans le système mental d'un individu, une fraction de l'univers extérieur à ce système.

De façon générale, un processus de représentation est à l'œuvre lorsqu'un objet ou un ensemble d'objets se trouvent réexprimés sous la forme d'un nouvel ensemble et qu'une correspondance est réalisée entre l'ensemble de départ et l'ensemble d'arrivée. Cette correspondance se traduit par la *conservation*, dans l'ensemble d'arrivée, de certaines des relations existant à l'intérieur de l'ensemble de départ. Cependant, représenter ne consiste pas simplement à reproduire. Tout processus de représentation implique l'idée d'une *transformation* appliquée aux entités faisant l'objet de la représentation. Le degré de préservation de la structure de l'information de départ détermine le degré d'analogie de la représentation à l'égard de l'objet représenté.

Il importe de faire la distinction entre la représentation comme processus (ou ensemble de processus) et les représentations comme produits de ces processus. Certains processus de représentation sont générateurs de produits qui sont des objets matériels (cartes, schémas, diagrammes, etc.). La psychologie s'intéresse aux processus générateurs des représentations *mentales*, c'est-à-dire d'entités cognitives produites par le fonctionnement d'un support biologique, le système nerveux. Pour la psychologie cognitive, les représentations sont des modèles intériorisés que le sujet construit de son environnement et de ses actions sur cet environnement. Ces modèles sont utilisables par l'individu comme sources d'information et instruments de régulation et de planification de ses conduites.

Permanence et occurrence des représentations

La notion de représentation a commencé à connaître un réel développement en psychologie à partir du moment où la discipline a remis en cause les approches essentiellement centrées sur le comportement. Le postulat est qu'il existe, dans le système cognitif humain, des entités dont le rôle est de conserver l'information résultant des interactions de l'individu avec le monde et de maintenir cette information sous une forme utilisable pour des objectifs comportementaux ultérieurs. Ces entités ne sont pas des objets observables. Cependant, pour le chercheur, les représentations mentales sont connaissables par la mise en œuvre d'inférences exploitant l'information fournie par des indicateurs objectifs, dont les variations sont supposées refléter le fonctionnement de ces représentations.

Dans cette perspective, l'objectif de la psychologie est de rendre compte de la façon dont les individus élaborent des représentations internes et en font usage en vue de réaliser une meilleure adaptation à leur environnement. Si le comportement reste la matière première de la recherche expérimentale, celui-ci est néanmoins saisi par le chercheur comme le produit d'une activité centrale, impliquant l'activation et la manipulation de représentations symboliques. Cette position théorique requiert, pour le chercheur qui se propose de modéliser les représentations dont dispose un organisme, de faire des hypothèses sur la structure interne de ces représentations et sur la nature des processus qui opèrent sur elles.

Il est devenu courant, en psychologie, de faire la distinction entre deux états des représentations mentales : un *état de disponibilité* qui correspond à l'inscription en mémoire à long terme de la connaissance que possède l'individu, par exemple à propos d'un certain objet, et un *état d'actualité* lorsque, sous l'effet de processus activateurs, ces représentations passent temporairement à un état activé. Cette distinction est à rapprocher de celle qui est faite entre représentations-types et représentations-occurrences. Les premières correspondent à l'information dont dispose un individu de manière permanente ; les secondes correspondent aux évocations singulières temporaires de cette information. L'observation du comportement d'un sujet permet d'inférer la survenue d'événements psychologiques transitoires, les *représentations-occurrences*, à partir desquelles le chercheur postule l'existence de structures cognitives durables, les *représentations-types*, constitutives de la mémoire sémantique de ce sujet. (→ mémoire.)

L'activation temporaire d'une représentation n'implique pas nécessairement, pour le sujet, l'expérience consciente de cette activation. Sans doute existe-t-il des modes d'activation susceptibles d'engendrer une expérience cognitive actuelle (par exemple, une image mentale), dont le sujet est à même de témoigner verbalement. Cependant, l'activation transitoire d'une représentation peut être effective — et son incidence sur le comportement peut être mise en évidence par des opérations expérimentales appropriées — sans que le sujet ait procédé à cette forme d'activation qui donne un contenu conscient à la représentation. Il importe, à cet égard, de distinguer l'aspect phénoménal et l'aspect fonctionnel des représentations-occurrences.

Formes et organisation des représentations

Si un certain consensus se dessine aujourd'hui sur le caractère central de la notion de représentation en psychologie cognitive, de larges divergences persistent en revanche en ce qui concerne la nature des représentations, leur organisation, leurs modes de fonctionnement. Plus spécialement, deux grandes options théoriques s'affrontent sur la question des formes de représentation mentale. Selon la première de ces options, l'esprit humain construit, manipule et stocke l'information sous une forme unique. Il existerait en somme un « format » commun de représentation pour toute information traitée par l'individu. Cette option a pour corrélat l'hypothèse d'un degré élevé d'abstraction de ce format de représentation. Aujourd'hui, ce type d'hypothèse recourt de façon privilégiée à la notion de *proposition*, comme descripteur hautement approprié à la caractérisation des représentations cognitives.

L'option théorique concurrente pose que l'information se trouve représentée dans l'esprit humain sous des formes différentes, possédant des propriétés et des modes d'organisation différents. L'hypothèse est faite, en outre, que l'utilité cognitive de ces différentes formes de représentation dépend des situations dont l'individu est appelé à traiter. Cette hypothèse multimodale met donc l'accent sur l'adéquation des propriétés intrinsèques de chaque forme de représentation à l'usage que le sujet est amené à en faire. Elle envisage enfin que les processus qui s'appliquent à chaque forme de représentation soient adaptés au mode spécifique de structuration de l'information dans cette représentation.

Les deux formes de représentation les plus souvent contrastées sont les *représentations analogiques* et les *représentations analytiques*. Les représentations analogiques entretiennent une relation d'isomorphisme structural (c'est-à-dire une correspondance point par point) à l'égard des objets représentés. De ce fait, elles préservent le caractère continu des variables continues. L'image est considérée comme un exemple privilégié de représentation mentale analogique. À l'opposé, les relations qu'entretiennent les représentations analytiques avec les entités dont elles tiennent lieu sont fondées sur une convention arbitraire. Le langage constitue sans doute le prototype de ces sortes de représentations. Ses caractéristiques structurales sont foncièrement différentes de celles des objets auxquels il se réfère. Les représentations propositionnelles sont, elles aussi, caractérisées par une structure interne qui ne préserve pas la structure des entités dont elles assurent la description.

Certaines théories postulent l'existence de représentations d'une nature encore plus abstraite, inscrites au niveau le plus élevé de l'architecture cognitive, et auxquelles se trouvent subordonnées toutes les autres formes de représentation mentale. Les représentations qualifiées de « conceptuelles » codent la signification sous une forme indépendante de la modalité — par exemple, imagée ou linguistique — sous laquelle l'information est traitée par le sujet. Des questions théoriques importantes sont celles de la genèse de ces différentes formes de représentation, de leur intégration au système cognitif de l'individu et de leur organisation hiérarchique.

Cognition et représentation

La notion de représentation est une notion sur laquelle convergent, avec la psychologie cognitive, les autres sciences de la cognition. Sans doute ces disciplines, comme par exemple l'intelligence artificielle lorsqu'elle traite de la « représentation des connaissances », ont-elles surtout affaire à des *représentations construites* par le chercheur (et, de ce fait, observables) tandis que la psychologie traite pour sa part de *représentations naturelles* (qui ne sont pas directement observables). D'autres différences tiennent à la nature des supports de ces représentations (support informatique ou support biologique).

Au-delà de ces différences, les sciences cognitives visent à rendre compte des caractéristiques *fonctionnelles* que partagent les différents types d'*agents cognitifs*. Un agent cognitif est défini par une double caractéristique : il possède des représentations et il possède des capacités de traitement et de manipulation de ces représentations. Dès lors, l'objectif des sciences cognitives est d'étudier l'aptitude des systèmes (naturels et artificiels) de traitement de l'information à construire des représentations et leur capacité d'exploiter la valeur informationnelle de ces représentations par la mise en œuvre de procédures de traitement appropriées. M. D.

Bibliographie

Johnson-Laird, P. N., 1983, *Mental Models: Towards a Cognitive Science of Language, Inference, and Consciousness*, Cambridge, Cambridge University Press.

Le Ny, J.-F., 1989, *Science cognitive et compréhension du langage*, Paris, P.U.F.

Mehler, J., Walker, E. C. T., et Garrett, M., 1982, *Perspectives on Mental Representation: Experimental and Theoretical Studies of Cognitive Processes and Capacities*, Hillsdale, N.J., Lawrence Erlbaum Ass.

représentation sociale

(angl. Social Representation)

Forme de connaissance courante, dite « de sens commun », caractérisée par les propriétés suivantes : 1. elle est socialement élaborée et partagée ; 2. elle a une visée pratique d'organisation, de maîtrise de l'environnement (matériel, social, idéel) et d'orientation des conduites et communications ; 3. elle concourt à l'établissement d'une vision de la réalité commune à un ensemble social (groupe, classe, etc.) ou culturel donné.

Les contenus et les processus de la représentation

Cette modalité de connaissance, dont la spécificité tient à son caractère social, correspond à une activité d'appropriation et d'élaboration psychologiques et sociales de la réalité extérieure à la pensée. Elle est abordée sous le double aspect constitué (les *produits*) et constituant (les *processus*) de l'activité mentale.

Les produits renvoient à des agencements de contenus (idéatifs, imaginaires, symboliques) qui sont repérables dans différents supports (productions individuelles ou collectives de type discursif ou iconique, dispositifs matériels, pratiques) et circulent dans la société, véhiculés par divers canaux (conversationnels, médiatiques, institutionnels). À cet égard, les représentations sociales apparaissent comme des phénomènes directement observables et présentant des formes et des niveaux de complexité variables : depuis le mot ou la figure qui condense idées et significations jusqu'au système organisé d'images, d'informations, d'éléments notionnels et normatifs, d'opinions, d'attitudes, etc., qui constitue une version du réel.

Les processus renvoient aux mécanismes psychologiques et sociaux qui, d'une part, régissent la formation, l'organisation et la transformation de ces agencements de contenus et, d'autre part, rendent compte de leurs fonctions et de leur efficacité sociales.

La représentation sociale se distingue des phénomènes cognitifs individuels et des autres systèmes de connaissances et d'idées socialement produits (par exemple la science, l'idéologie) par ses caractéristiques génétiques et fonctionnelles et par sa forme (style, logique, etc.). En effet, en tant que forme de savoir, la représentation établit une relation entre un objet, circonscrit dans l'environnement social, idéel ou matériel et un sujet (individuel ou collectif) mis en rapport avec d'autres sujets par l'appartenance, la participation ou la communication sociales. Cette triangulation a plusieurs implications.

En premier lieu, la représentation sociale est toujours représentation de quelque chose (l'objet) et de quelqu'un (le sujet). Les particularités de l'objet et du sujet ont une incidence sur son état. Il s'ensuit que l'on ne peut étudier la représentation en général, mais des représentations sociales particulières, dont les processus et les contenus sont dépendants de leur source, de leur référent et du contexte de production qui les lie.

En deuxième lieu, la représentation sociale est avec son objet dans un rapport de symbolisation (elle en tient lieu) et d'interprétation (elle lui confère des significations). Ces significations résultent d'une activité mentale qui fait de la représentation une construction et une expression du sujet. Cette activité peut engager des processus cognitifs ou des mécanismes intrapsychiques (motivations, projections, investissements affectifs, identitaires, etc.). Mais, dans tous les cas, elle est tributaire de l'inscription et des relations sociales du sujet. En outre, cette activité peut être le fait d'un groupe ou d'une collectivité qui échangent autour d'actions et d'intérêts communs.

En troisième lieu, la représentation sociale est un savoir pratique. Cette propriété est entendue en plusieurs sens. Ce savoir concerne l'expérience, directe ou indirecte, d'un monde d'objets socialement pertinents, c'est-à-dire suscitant des prises de position et des échanges dans l'environnement du sujet. Il n'est donc pas seulement inféré du contact avec ce monde d'objets, mais aussi dérivé du contact avec les autres et du bagage culturel (arrière-fonds de connaissances, habitudes, valeurs, etc.) partagé avec eux. Par ailleurs, ce savoir a une visée pratique : la maîtrise intellectuelle et matérielle de ce monde d'objets en vue d'orienter les conduites et les communications qui le concernent. Il a donc des fonctions et une efficacité sociales.

En dernier lieu, cette forme de savoir pratique peut être qualifiée de sociale sous plusieurs rapports. La représentation est sociale par son extension, c'est-à-dire par le fait qu'elle est partagée par un ensemble de personnes ou les membres d'un même groupe social. Ce caractère n'est pas seulement quantitatif (ainsi qu'il est traité dans les sondages d'opinion par exemple) ou taxonomique (en ce qu'il définit un attribut commun à l'ensemble social). Le partage, fondé sur la communication et l'interaction sociales, engage la solidarité et le lien social que l'adhésion collective à une même représentation affirme et maintient. Ensuite, la représentation est sociale par sa détermination. Au niveau individuel, elle est tributaire de l'insertion sociale des sujets qui l'élaborent (c'est-à-dire de leur place dans la structure sociale, de leur appartenance de groupe, de leur contexte de vie et d'interaction). Au niveau collectif, elle est tributaire de ses modes de production (médiatique, institutionnel, etc.). Enfin, la représentation est sociale par ses fonctions : elle sert de guide d'action, orientant le rapport au monde et aux autres ; elle sert de grille de lecture de la réalité, fournissant les cadres et les codes de la communication et contribuant ainsi à forger une vision commune au service des valeurs, des désirs, des besoins et des intérêts des groupes qui la partagent.

Cette genèse et ces fonctions sociales ont une incidence sur l'organisation structurale des contenus et sur le fonctionnement cognitif (formation des catégories, opérations mentales et logique) de la représentation. Il s'ensuit que la représentation sociale est étudiée, dans ses états et processus, comme une forme de connaissance *sui generis* dans le cadre d'un courant de recherche qui se développe depuis plus d'un quart de siècle en psychologie sociale et intéresse aujourd'hui les disciplines voisines.

Historique de la notion

La notion de représentation sociale a été introduite en psychologie sociale par S. Moscovici, en 1961, dans un ouvrage intitulé *la Psychanalyse, son image et son public.* Celui-ci pose les bases d'une épistémologie du sens commun, d'une psychosociologie de la connaissance. Moscovici reprenait ce concept à É. Durkheim en y apportant certaines spécifications. Il voulait ainsi rendre compte d'une forme de connaissance propre aux sociétés contemporaines, marquées par le changement, le pluralisme des idées et des doctrines (politiques, religieuses, philosophiques, morales), l'isolement et l'ésotérisme de la science, la diversité et la mobilité des groupes sociaux et des individus.

Durkheim, bien qu'utilisant le terme de *représentation sociale*, traitait surtout de « représentations collectives » comme forme d'idéation sociale distincte de la représentation individuelle. Appliquée à des sociétés traditionnelles déjà instituées et sans innovation, la notion présente un caractère statique, préétabli, contraignant, ne permettant pas de cerner les modes de pensée qui, dans les systèmes sociaux évolutifs, apparaissent créatifs, générés et acquis. D'autre part, Durkheim réunissait sous un même vocable toutes sortes de productions mentales sociales (science, religion, idéologie, vision du monde, mythes, etc.) qui, du point de vue de leur constitution, de leurs formes et fonctions, se différencient entre elles et du sens commun. Enfin, les lois de l'idéation sociale que recherchait Durkheim concernaient le jeu des idées entre elles mais non les aspects cognitifs de la représentation. De même, la dimension émotionnelle qu'il reconnaissait à juste titre à la représentation était située à des moments d'effervescence collective et non au niveau des groupes et sujets qui la produisent.

Chez Moscovici, la représentation sociale est traitée comme une forme de connaissance particulière à notre société et irréductible à aucune autre. Système cognitif, organisation psychologique, elle établit une passerelle entre l'individuel et le social, permet aux individus et aux groupes de converger par le biais de la communication qui intervient sur la structuration et la dynamique de la connaissance. Située à l'interface du psychologique et du social, de l'individuel et du collectif, la notion de représentation sociale présente des parentés avec les concepts de la sociologie (comme l'idéologie) ou de la psychologie (comme la cognition, l'opinion, l'attitude, l'image) mais elle s'en démarque par ses modes de constitution. Sa spécificité tient au fait qu'elle est générée et transmise au cours d'échanges sociaux, devenant une partie de la vie collective ; la division du travail social entre savants, vulgarisateurs et public lui confère une certaine autonomie, renforcée par le fait qu'elle est élaborée dans divers champs sociaux et sous la contrainte de situations variées.

En proposant cette notion, Moscovici avait pour objectif d'élaborer une perspective théorique mieux apte à rendre compte des processus qu'étudie la psychologie sociale et de lui donner des objets stables autorisant un savoir cumulatif. À ce titre, la notion de représentation sociale avait une portée critique et constructive. Au titre de portée critique, elle s'offrait comme une alternative au modèle béhavioriste stimulus-réponse pour expliquer la conduite. La portée constructive répondait au besoin d'introduire, dans l'approche des phénomènes psychosociologiques, les dimensions sociale, historique et idéologique ainsi que les aspects symboliques qui sont liés aux rapports sociaux et de communication et au contexte des interactions sociales.

Une telle perspective s'est heurtée à plusieurs obstacles : dominance du paradigme béhavioriste, qui déniait la validité d'une prise en compte des phénomènes mentaux et de leur spécificité ; prévalence du positivisme dans l'étude des faits psychologiques et sociaux, qui éliminait leur aspect symbolique ; critique d'un matérialisme mécaniste qui réfutait la légitimité d'un domaine d'étude peuplé de purs reflets et soupçonné d'idéalisme. La notion de représentation sociale a trouvé peu d'écho dans la communauté scientifique jusqu'à ce que l'évolution des recherches et les changements de paradigmes dans les sciences humaines viennent lui redonner toute son actualité, ouvrant des voies d'exploration fécondes et nouvelles. En un peu plus de dix ans, le champ d'étude des représentations sociales s'est considérablement développé en Europe et outre-Atlantique. Le nombre des recherches, ouvrages et articles publiés dépasse les 300 comme l'indique la bibliographie de l'ouvrage collectif *les Représentations sociales*, qui montre l'articulation de la notion avec les sciences psychologiques et sociales, la pertinence de son application aux problèmes de société.

Occupant « une position mixte au carrefour d'une série de concepts sociologiques et de concepts psychologiques » (Moscovici, 1976), celui de représentation sociale se voit ainsi conférer aujourd'hui un statut transversal dans les sciences humaines en raison de leur recours croissant à la notion de représentation.

En psychologie, sous l'effet d'un faisceau convergent de courants épistémologiques (déclin du béhaviorisme, développement de la science informatique, de la cybernétique et de l'intelligence artificielle, influence de l'empirisme logique, de la philosophie du langage, etc.), le concept de représentation apparaît comme unificateur et rénovateur. Son traitement dans l'approche des phénomènes langagiers et cognitifs présente des caractères affines avec celui de la représentation sociale.

Du côté des sciences sociales (anthropologie, histoire, sociologie), l'ouverture sur l'imaginaire, l'inconscient et le cognitif, le développement de l'étude des mentalités, le changement des conceptions de l'idéologie, le souci d'articuler le mental aux rapports sociaux et de pouvoir, aux structures matérielles et aux conditions pratiques de l'évolution sociale conduisent à reconnaître à la représentation un rôle constitutif dans l'organisation sociale et une efficacité propre dans le devenir et les transformations des sociétés. Les propriétés ainsi assignées à la représentation dans le domaine social rencontrent l'optique de la psychologie sociale, avec laquelle converge aussi la sociologie de la connaissance élaborée dans le cadre de l'interactionnisme symbolique, de l'ethnométhodologie, de la phénoménologie et du constructionnisme social, rapportant la réalité sociale à une construction consensuelle établie dans l'interaction et la communication.

Cette vocation à rapprocher des traditions et des champs de recherche jusqu'alors hétérogènes constitue l'un des apports les plus prometteurs de la notion de représentation sociale. Cette position carrefour entraîne sans doute une certaine polysémie de la notion ; elle est néanmoins raison de fécondité dans la mesure où elle suscite des interprétations multiples, des entreprises empiriques et conceptuelles diverses, des discussions qui sont source d'avancée théorique.

Jusqu'à présent, en psychologie sociale, la notion de représentation sociale a fait l'objet d'approches qui diffèrent d'une part, quant aux découpages des aires de recherche et aux champs d'application, aux objets et aux phénomènes étudiés et, d'autre part, quant aux méthodologies et paradigmes mis en œuvre. Avant d'examiner ces approches, il faut évoquer, dans ses grandes lignes, le modèle proposé par Moscovici.

Le paradigme de la représentation sociale

Dans son étude princeps, Moscovici a étudié la façon dont une théorie scientifique, la psychanalyse, se modifie à mesure de sa pénétration dans la société et de son appropriation par différents groupes sociaux définis par leur position sociale, leurs adhésions religieuses, politiques, leur niveau socioculturel. Il a montré ainsi que la représentation sociale engage une activité de transformation d'un savoir (la science) dans un autre (le sens commun) et réciproquement. Deux processus majeurs, l'objectivation et l'ancrage, rendent compte de la façon dont le social transforme une connaissance scientifique en représentation et de la façon dont cette représentation transforme le social; ils assurent l'interdépendance entre l'activité représentative et ses conditions sociales d'exercice. Ces deux processus comportent plusieurs phases ou aspects analytiquement différenciés.

L'OBJECTIVATION

Avec ce processus, l'intervention du social se traduit dans l'agencement et la forme des connaissances relatives à l'objet de représentation et se traduit par une opération imageante et structurante.

Dans la représentation sociale, le percept et le concept sont en quelque sorte interchangeables, l'objectivation mettant en image les notions abstraites, matérialisant idées et significations, surabondantes du fait de la communication sociale, faisant correspondre des choses aux mots. Ce processus tient, notamment, à une tendance du fonctionnement de la pensée sociale qui concrétise les notions, réclamant, pour être communiquée, rester vivace et efficace dans la vie sociale, d'être une pensée en images. Résultat d'une incorporation de l'abstraction dans le langage et la réflexion quotidiens, comme le montre la vulgarisation scientifique, cette tendance à «chosifier» répond aussi au besoin de donner, dans l'échange social, un statut de réalité aux idées que l'on énonce sur l'objet de représentation. Celui-ci obéit, de ce fait, à une logique des attributs plutôt que des relations, entraînant une inflation ontologique au détriment des relations établies entre les concepts. Phénomène qui vient en appui de l'opération structurante.

Sur ce plan, l'objectivation peut être décomposée en trois phases. Une phase de *construction sélective*: dans le cas d'un objet complexe comme une théorie scientifique, on observe que ses éléments sont décontextualisés et sélectionnés. Les informations circulant sur la psychanalyse font l'objet d'un tri en fonction de critères culturels (tous les groupes n'ont pas un égal accès aux informations) et surtout de critères normatifs (n'est retenu que ce qui concorde avec le système de valeurs ambiant: les interdits portant sur la sexualité font occulter les éléments de la théorie qui s'y rapportent). Les notions sont ainsi détachées du champ scientifique auquel elles appartiennent et du groupe d'experts qui les a conçues pour être appropriées par le public, qui, les projetant comme faits de son univers propre, peut ainsi les maîtriser.

Une deuxième phase de *schématisation structurante* conduit à former avec les notions sélectionnées un «noyau figuratif» reproduisant de manière visible une structure conceptuelle dont les éléments ont une forte résonance existentielle: le conscient (évoquant la volonté, l'apparent, le réalisable), l'inconscient (évoquant l'involontaire, le caché, l'impossible) sont mis en opposition de part et d'autre d'une ligne de tension où conflit et contradiction sont condensés dans la force répressive du refoulement, dont résulte le complexe. Les concepts théoriques forment un ensemble imagé et cohérent qui permet de se forger de l'appareil psychique une vision compatible avec celle que l'on a de l'homme. L'occultation de la sexualité a entraîné l'élimination, dans la reconstruction schématique, d'un élément, alors essentiel dans la théorie psychanalytique, la libido, directement associée à la sexualité.

Enfin, avec la *naturalisation*, les éléments du schéma figuratif sont concrétisés, deviennent des entités objectives que l'on observe en soi et chez les autres. Acquérant un statut d'évidence, les éléments de la science sont ainsi intégrés dans une réalité de sens commun. La stabilité du noyau figuratif, la matérialisation de ses éléments leur confèrent le statut de cadre et d'instruments pour orienter les perceptions, jugements et conduites dans une réalité socialement construite. Le noyau figuratif donne ses outils au second processus de la représentation sociale, qui se trouve dans une relation dialectique avec l'objectivation, dont la généralité est avérée pour la genèse des représentations.

L'ANCRAGE

L'ancrage intervient en amont et en aval de la formation de la représentation et concerne son enracinement social et celui de son objet. Dans ce cas, l'intervention du social se traduit dans la signification et l'utilité qui leur sont conférées et leur intégration cognitive dans un système de pensée préexistant.

En aval de la formation représentative, l'ancrage sert à l'instrumentalisation du savoir en lui conférant une valeur fonctionnelle pour l'interprétation et la gestion de l'environnement. En continuité avec l'objectivation, elle permet de comprendre comment la représentation intervient dans la constitution des rapports sociaux. Les notions devenues réalités concrètes sont directement lisibles et utilisables dans l'action sur le monde et les autres. D'autre part, la structure imageante devient guide de lecture et, par «généralisation fonctionnelle», théorie de référence pour comprendre la réalité et agir sur elle. Un tel système d'interprétation a une fonction de médiation entre l'individu et son milieu et entre les membres d'un même groupe. Code, langage commun, il sert à classer individus et événements, à constituer des types en regard desquels les autres individus et les autres groupes seront évalués ou positionnés. Il devient instrument référentiel permettant de communiquer dans le même langage, partant d'influencer.

En amont de la formation représentative, l'ancrage opère en référence à des univers de sens et de savoirs préexistants sur lesquels s'appuie la construction de la représentation de tout objet nouveau. Il permet ainsi de se familiariser avec ce qu'on ne connaît pas et qui paraît étrange (*la familiarisation de l'étrange*). D'une part, il consiste en une assignation de sens. La hiérarchie des valeurs prégnantes dans la société et ses différents groupes constitue un réseau de significations en regard duquel l'objet nouveau sera situé et évalué comme fait social. Ainsi, dans sa rencontre avec différents courants de pensée (politique, philosophique, religieux, etc.), la psychanalyse a été interprétée de façon différente selon qu'elle en incarnait les valeurs ou les contre-valeurs, cette interprétation portant sur ses origines théoriques et sociales, les formes, la destination et les effets de sa pratique, ses usagers, etc. Cet aspect du processus d'ancrage met en lumière le fait qu'un principe de signification ayant un étayage social assure l'interdépendance des éléments de contenu d'une représentation. Le jeu des significations externes assure la cohérence du système de significations internes à la représentation. Par ailleurs, étroitement lié à la vie des groupes, à leurs valeurs et à leurs idées, ce principe de signification va exprimer leur identité et leurs contours à travers les sens dont ils investissent leur représentation. Pour certains auteurs, cet enracinement dans la vie des groupes est un trait essentiel du phénomène représentatif car il rend compte de son lien avec une culture ou une société données.

D'autre part, et c'est son aspect le plus important, d'un point de vue cognitif, l'ancrage consiste en un enracinement dans le système de pensée. Cette intégration cognitive de l'objet dans un déjà-là pensé, un système d'accueil notionnel, met en évidence la façon dont, par un travail de la mémoire, la pensée constituante s'appuie sur la pensée constituée pour ranger la nouveauté dans des cadres anciens, dans du déjà connu avec pour effet des transformations de part et d'autre. Cette rencontre ne se fait pas sans friction, la nouveauté venant parfois perturber le système existant. Le cas fut évident pour la vulgarisation de la psychanalyse, ressentie comme menaçante parce qu'elle risquait de bouleverser les cadres notionnels et normatifs. Ce cas se retrouve, sous d'autres formes, dans la diffusion des connaissances, qui se heurte parfois à l'inertie ou à la résistance de schèmes empêchant l'assimilation d'informations nouvelles. Le contact entre l'ancien et le nouveau est à la source d'un phénomène dont Moscovici rend compte par l'hypothèse de la *polyphasie cognitive* et d'où la représentation sociale tient la particularité d'être à la fois mouvante et rigide, innovatrice et rémanente. D'un côté, l'incorporation sociale de la nouveauté peut être aidée par le caractère créateur de la représentation, qui conduit à des «conversions» d'expériences ou de perceptions et à une vision nouvelle. D'un autre côté, la familiarisation de l'étrange peut faire prévaloir des cadres de pensée anciens, conduire à dénommer, à classer, à expliquer en fonction d'un substrat représentatif qui sert de présupposé et permet de ranger l'objet nouveau dans le familier et de l'expliquer de façon familière. À cet égard, des mécanismes cognitifs comme la catégorisation, la prototypicalité, la causalité, etc., peuvent être considérés comme reposant sur des représentations partagées.

À côté des processus génératifs et fonctionnels, Moscovici a également considéré les aspects dimensionnels et logiques de la représentation sociale. Ainsi, trois dimensions (information, attitude, champ de représentation) sont isolées et permettent de comparer les contenus des représentations propres à différents ensembles sociaux ou culturels. Ainsi, la pensée naturelle à l'œuvre dans les représentations sociales, qui est une pensée orale, orientée vers la communication, apparaît comme caractérisée par le formalisme spontané (usage de clichés, répétition des assertions, jugement constructif plutôt que correctif), le dualisme causal, l'usage des principes d'analogie et de compensation. Comparée au savoir scientifique, la représentation sociale est un savoir marqué par la personnification des phénomènes, la figuration des concepts, l'ontisation des relations; elle en diffère également par le type d'outil mental, les modes de validation, de questionnement, d'inférence utilisés, un moindre contrôle des actes de pensée et des formes lexicales.

Sous toutes ses facettes, le modèle théorique de Moscovici repose sur le postulat de base que les phénomènes cognitifs doivent être expliqués en partant des divisions et des interactions sociales. Ce postulat, qui fait écho à celui de Durkheim posant une isomorphie entre représentations et institutions sociales, est un postulat fondamental dans toutes les approches de la représentation sociale qui s'attachent au lien existant entre cette dernière et soit la communication sociale, soit la structure sociale. Moscovici a particulièrement insisté sur la communication sociale, qui est un ordre de phénomènes que la psychologie sociale étudie de manière spécifique. Mais son insistance tient surtout au fait que la communication est déterminante dans l'institution de l'univers consensuel proprement créé par les représentations sociales et qu'il oppose à l'univers réifié de la science.

L'INCIDENCE DE LA COMMUNICATION

Moscovici examine l'incidence de la communication à trois niveaux.

1. Au niveau des conditions sociales d'émergence des représentations, à savoir: la dispersion et le décalage des informations qui concernent l'objet représenté et qui sont inégalement accessibles selon les groupes; la focalisation sur certains aspects de l'objet en fonction des intérêts et de l'implication des sujets; la pression à l'inférence due à la nécessité de prendre position, d'obtenir la reconnaissance et l'adhésion des autres. Ces conditions vont affecter les aspects cognitifs de la représentation et différencier la pensée naturelle dans ses raisonnements, sa logique et son style.
2. Au niveau des processus d'objectivation et d'ancrage, comme il vient d'être vu.
3. Au niveau des dimensions des représentations ayant trait à l'édification de la conduite (opinion, attitude, stéréotype) et sur lesquelles interviennent les systèmes de communication médiatiques. Ceux-ci, selon les effets recherchés sur leur audience, présentent des propriétés structurales différentes correspondant à la diffusion, à la propagation et à la propagande. La diffusion est mise en rapport avec la formation des opinions, la propagation avec celle des attitudes et la propagande avec celle des stéréotypes.

Dans la même veine d'analyse, A. Palmonari a isolé, à propos de la communication circulant à l'intérieur d'un champ social restreint, les professionnels de la psychologie, un quatrième système, la proposition, auquel correspond l'engagement des acteurs. S'appuyant sur le rôle des systèmes de communication dans l'établissement des conduites et des rapports sociaux, W. Doise développe une approche des représentations sociales comme « principes générateurs de prises de positions » liés à l'insertion dans un champ social et y régissant, sur le plan symbolique, les rapports sociaux.

LE CHAMP D'ÉTUDE DES REPRÉSENTATIONS SOCIALES

Ainsi, la communication sociale, sous ses aspects interindividuels, institutionnels et médiatiques, apparaît comme condition de possibilité et de détermination des représentations sociales. De nombreux auteurs ont développé les implications d'un tel statut. On peut retenir, outre celles de Doise et de Palmonari, quatre contributions figurant dans l'ouvrage collectif *Représentations sociales*: celle de J. B. Grize, qui rapporte les propriétés de la logique naturelle, et les processus de « schématisation » par lesquels un sujet construit et donne à voir sa représentation d'un objet, aux rapports d'influence visant, dans les situations d'interlocution, à établir le caractère véridique et factuel de sa conception; celle de R. Harré, pour qui les formes lexicales et syntaxiques du langage sont les vecteurs des représentations sociales inculquées au cours de l'apprentissage social en même temps que les modèles de relation interpersonnelle et le langage; celle de D. Sperber, qui propose une étude « épidémiologique » des représentations pour mettre en évidence la façon dont elles se diffusent et se transforment via leur circulation sociale; celle de Windish, qui dégage dans les langages quotidiens les structures sociocognitives sous-tendant les prises de position xénophobes et reconnaît à ces langages un pouvoir performatif et d'endocrinement.

Parmi les autres développements qu'a connus l'élaboration de la notion, trois grands courants se dégagent qui se basent sur des observations menées en milieu réel ou en laboratoire. Le premier courant s'attache à l'incidence de la structure sociale ou institutionnelle dans le cadre de laquelle s'élaborent les représentations; le deuxième, à celle des interactions sociales où elles interviennent; le troisième, à leurs aspects structuraux et dynamiques mis en relation avec les pratiques. Les deux premiers courants examinent la représentation comme un champ structuré, dont l'organisation des contenus est référée à l'insertion sociale ou à l'appartenance de groupe des sujets qui la produisent. Le troisième se focalise sur l'état de la représentation comme noyau structurant.

EFFETS DE L'INSERTION SOCIALE SUR L'ORGANISATION DES REPRÉSENTATIONS

Les effets de l'insertion sociale sur la formation et l'organisation des représentations ont été abordés sous plusieurs éclairages.

La confrontation de l'individu à la société où il s'inscrit. Des auteurs comme C. Herzlich ou H. Chombart de Lauwe trouvent dans le rapport existentiel que l'individu entretient avec l'univers du social l'origine d'une élaboration représentative stylisée et signifiante. Celle-ci se construit, selon le modèle anthropologique de l'opposition distinctive, autour d'une structure binaire opposant l'individu à la société et dupliquée dans les différentes dimensions de l'objet représenté, ainsi qu'il apparaît pour la santé, située du côté du sujet et pour la maladie, située du côté de la société, ou pour l'enfant qui s'oppose à l'adulte, comme la nature authentique à la société contraignante.

La structuration des représentations est aussi rapportée à la *position que les individus occupent dans la structure sociale,* dans un collectif ou un système institutionnel, sous l'effet de processus idéologiques ou de pressions normatives. Les organisations de type idéologique sont articulées par certains autour d'« attitudes globales » qui régissent les rapports sociaux et traversent les individus, comme Robert et Faugeron l'ont montré à propos des représentations de la justice. D'autres auteurs, s'attachant aux productions représentatives de groupes stables ou transitoires, font appel, entre autres principes organisateurs, à des schémas empruntés à un fonds culturel ou idéologique partagé (Flament, Kaës). Dans le cas où des normes institutionnelles interviennent dans l'organisation représentative, on rapporte aux fonctions occupées dans le système la sélection des catégories d'appréhension de la réalité institutionnelle et de ses acteurs, ainsi que l'exemplifie Gilly à propos du champ éducatif.

La prise en compte de l'appartenance à une catégorie professionnelle ou une classe sociale conduit également à voir *la représentation comme un compromis psychosocial* permettant aux individus de s'ajuster à une condition sociale conflictuelle. Cette perspective place la représentation dans une triangulation dont les autres pôles sont constitués par les contraintes et projets spécifiques liés à la condition et les désirs et manques qui leur font écho. Reflet des contraintes et des projets, expression des désirs et des manques, la représentation sociale permet de dépasser, dans le vécu, leurs contradictions par un processus apparenté à la rationalisation.

Les *effets liés aux interactions sociales* sont répétés au niveau des éléments du contenu des représentations sociales. Ils sont médiatisés par les fonctions qu'elles remplissent dans l'interaction. En dehors des fonctions d'orientation des conduites et des communications déjà mentionnées, certaines fonctions spécifiques ont été dégagées, notamment par Doise et Di Giacomo, dans les rapports intergroupes.

D'une part, les interactions entre les groupes infléchissent les représentations de son propre groupe et des autres groupes. Le développement des interactions mobilise une activité représentative destinée à réguler, à anticiper, à justifier les rapports établis entre les membres des différents groupes.

D'autre part, les représentations de soi sont dans un rapport dialectique avec les relations intergroupes. Les catégorisations associées au fait d'appartenir à un groupe ont une incidence sur les représentations identitaires des individus qui s'y trouvent rangés. En revanche, quand une interaction met en jeu l'identité sociale d'un individu, elle entraîne une activité représentative destinée à maintenir, à préserver son identité.

ÉTATS ET DYNAMIQUE DES REPRÉSENTATIONS SOCIALES

Comme l'indiquent les chapitres correspondants de l'ouvrage *les Représentations sociales*, on doit à l'étude expérimentale des représentations sociales la démonstration de leur influence sur les comportements, qui peuvent être réglés soit par le système interdépendant des représentations des objets propres à une situation d'interaction (Codol), soit par une représentation particulière pertinente pour la conduite du sujet. Dans ce dernier cas, J. C. Abric a établi le rôle déterminant du «noyau central» de la représentation qui lie entre eux les éléments de son champ et définit leur signification. La distinction entre éléments centraux et périphériques a conduit Flament à formuler une série d'hypothèses sur le changement lent ou brutal des représentations sociales. Les éléments périphériques, assimilés à des scripts ou à des prototypes, assurent, entre autres fonctions dans l'économie représentative, celle de prescrire les comportements et de préserver le noyau central. En présence d'une situation mettant en cause la représentation, les schèmes «normaux» deviennent «étranges», intégrant, à côté du rappel du normal, l'élément nouveau, la contradiction qui en résulte et sa rationalisation. Avec la modification des pratiques dans une situation historique ou culturelle donnée, les schèmes étranges se multiplient et, en cas d'impossibilité de retour aux pratiques anciennes, entraînent un changement de la représentation.

Les modèles qui viennent d'être examinés trouvent des champs d'application variés dans la vie sociale. L'accent qu'ils mettent sur la place des représentations sociales dans les rapports sociaux, sur leur articulation aux pratiques sociales permet de jeter des ponts vers les autres sciences sociales, justifiant la «tentative de transformer la psychologie sociale en une science anthropologique» que constitue pour Moscovici (1984) l'étude des représentations sociales. D. J.

BIBLIOGRAPHIE

Codol, J.-P., 1974, «On the System of Representation in a Group Situation», in *European Journal of Social Psychology*, 4, 3.

Doise, W., et Palmonari, A., Eds., 1986, *l'Étude des représentations sociales*, Paris, Delachaux et Niestlé.

Farr, R., et Moscovici, S., Eds., 1984, *Social Representations*, Cambridge, Cambridge University Press.

Jodelet, D., Ed., 1989, *les Représentations sociales*, Paris, P.U.F.

Moscovici, S., 1961, *la Psychanalyse, son image et son public*, Paris, P.U.F. (2e éd., 1976).

représentativité

n.f. (angl. Representativity)

Qualité que possède à un certain degré un échantillon de présenter les mêmes caractéristiques que la population dont il a été extrait et par conséquent de permettre une généralisation à la population des observations faites sur cet échantillon. M. R.

→ échantillon, échantillonnage.

répression

n.f. (angl. Suppression; allem. Unterdrückung)

Toute poussée hors de la conscience d'un contenu représenté comme déplaisant ou inacceptable; action de l'appareil psychique sur l'affect.

Celui-ci ne peut en effet être refoulé, à la différence du représentant-représentation; il ne peut être que déplacé vers une autre représentation ou supprimé. R. L.

reproduction

n.f. (angl. Reproduction)

Activité dans laquelle un sujet restitue, sous forme d'un comportement, des données qui lui avaient été présentées sous forme de stimulus.

Cette activité relève surtout du domaine des apprentissages par cœur et de la mémoire: c'est la forme la plus simple de rappel. Elle est rendue possible lorsque les données sont des mots ou des quasi-mots, ce qui permet la reproduction «littérale» ou par cœur.

On appelle *méthode de reproduction* la détermination d'un taux de rétention par comparaison entre les données présentées et les données restituées. J.-F. L. N.

1. réseau

n.m. (angl. Network)

GÉNÉR. **Structure constituée de nœuds reliés par des arcs.** J.-F. L. N.

2. réseau

n.m. (angl. Network)

THÉRAP. **Ensemble de personnes formant un groupe qui entoure un malade, constitué par sa famille, ses amis, et sur lequel le thérapeute essaie de s'appuyer pour son intervention.**

Selon des théoriciens comme J. Barnes, E. J. Jay, l'intervention du groupe des thérapeutes, comprenant un responsable, un expert en techniques de groupe et plusieurs consultants, se fait dans une séance regroupant un *réseau*. Les membres du réseau connaissent l'état mental du patient (ils savent par exemple qu'il s'agit d'un schizophrène).

C'est la *pratique de réseau*, où le groupe soignant, après avoir organisé la rencontre, essaie d'obtenir une polarisation du groupe en faisant parler ses membres au moyen d'une discussion animée. Celle-ci conduit normalement à une mobilisation des personnes les plus actives, ce qui aboutit en principe à aider le patient à obtenir le soutien du réseau. R. L.

réseau de communication

(angl. Communication Network)

Ensemble des possibilités matérielles de communication au sein d'un groupe d'individus; organisation des canaux de communication qui y sont disponibles.

L'intérêt scientifique pour les réseaux de communication remonte au début des années 1950 et la plupart des études consacrées à cette question ont été publiées entre 1950 et 1965. L'hypothèse formulée à partir de l'observation quotidienne du fonctionnement des groupes est la suivante: les contraintes matérielles de communication ont un effet sur la structure des communications effectives, sur la performance du groupe et sur le niveau de satisfaction de ses membres. C'est une évidence que la disposition des lieux, l'existence ou non de canaux de communication (téléphone, messages écrits, oraux, visuels) influencent la qualité de la communication et la performance, qu'il s'agisse de groupes ou d'ensembles plus vastes d'individus. La réponse est moins évidente si l'on se demande quelle est l'organisation des communications la plus propice à la qualité du travail collectif. Et pourtant, il s'agit là d'une question fondamentale que l'on se pose dès que l'on a la responsabilité d'un groupe de travail, d'un groupe de discussion ou d'un service au sein d'une entreprise.

Les premières études

Les premiers auteurs à avoir posé le problème en ces termes sont A. Bavelas (1950) et H. J. Leavitt (1951), deux psychosociologues américains élèves de K. Lewin qui ont utilisé la méthode expérimentale. Les réseaux dont ils ont étudié les effets sont des réseaux simples, comprenant trois, quatre ou cinq personnes que l'on peut représenter sous forme de schémas (Figure 1) : le réseau en cercle (Figure 1, *a*), le réseau en chaîne (Figure 1, *b*), le réseau en Y (Figure 1, *c*), le réseau en étoile (Figure 1, *d*). Enfin, on peut ajouter le réseau complet (Figure 1, *e*), où chaque personne est en liaison avec chacune des quatre autres personnes. Sur le plan formel, les premiers auteurs ont utilisé le concept de centralité pour caractériser et différencier ces réseaux, la centralité du réseau étant mesurée par la somme des centralités des positions. La centralité de chaque position est égale au rapport de la somme des distances de chaque position à toutes les autres divisée par la somme des distances de la position considérée. Ainsi, le réseau circulaire est le moins centralisé (25,00) et le réseau en étoile le plus centralisé (26,28), le réseau en chaîne (26,09) et le réseau en Y (26,20) se situant entre ces deux extrêmes. Ce concept de centralité (et l'indice qui le mesure) sera remis plus tard en question car il assimile deux réseaux pourtant différents : le réseau complet et le réseau en cercle.

Les études expérimentales consistent à placer trois, quatre ou cinq sujets autour d'une table, mais séparés par des panneaux. Chacun ne peut communiquer que par écrit et avec certains sujets seulement (conformément à la structure du réseau étudié). Chez Bavelas et Leavitt, la tâche est une simple résolution de problème dont la solution ne peut être trouvée que par juxtaposition des informations différentes possédées par chaque sujet. Par exemple, trouver la lettre commune à tous les sujets sachant que chaque sujet possède les lettres suivantes : 1 — A E I O U ; 2 — A E I O Y ; 3 — A E I U Y ; 4 — A E O U Y ; 5 — A I O U Y. Les sujets doivent communiquer pour résoudre le problème, qui est considéré comme réussi quand tous les sujets possèdent la solution. Chaque groupe a ainsi de 5 à 15 problèmes du même type à résoudre. Les résultats de ces premières études furent encourageants : plus le réseau est centralisé, plus la performance est élevée (le temps nécessaire à la résolution du problème est plus court, les communications et les erreurs moins nombreuses) mais plus le niveau de satisfaction des sujets est bas. Les auteurs constatent aussi qu'au sein d'un réseau relativement centralisé la position a une influence sur le comportement des sujets et leur niveau de satisfaction : plus sa position est centrale, plus le sujet est actif ; plus il est perçu comme ayant une influence sur la performance du groupe et plus il est satisfait.

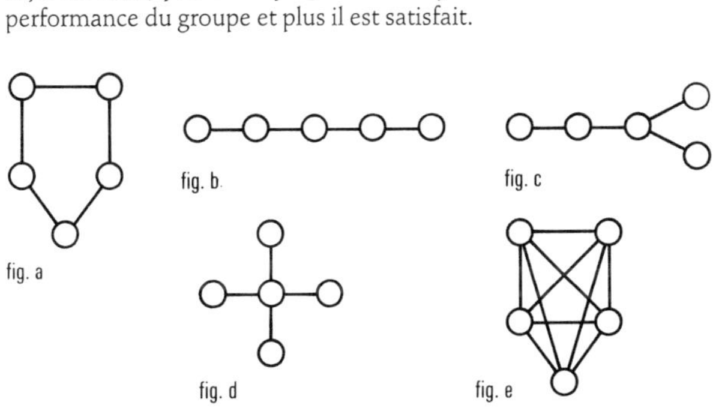

Figure 1. Réseau de communication. Schémas possibles entre cinq personnes. a : réseau en cercle ; b : réseau en chaîne ; c : réseau en Y ; d : réseau en étoile ; e : réseau complet.

Le rôle de la tâche

Ces premiers résultats ne se révèlent cependant pas généralisables. Reprenant les mêmes réseaux que Bavelas et Leavitt, d'autres auteurs montrent que, si l'on utilise des tâches de même type mais moins simples que celles jusque-là employées, les résultats ne sont plus les mêmes : lorsque la tâche est plus complexe, ce sont les réseaux centralisés qui sont les moins performants (temps plus long, plus de communications et d'erreurs). Le concept de centralité révèle ainsi sa non-pertinence. C'est la raison pour laquelle M. E. Shaw (1964) va lui préférer les concepts d'indépendance et surtout de saturation. L'indice d'indépendance désigne le degré de liberté selon lequel un individu peut agir dans le groupe (accessibilité à l'information, contraintes de communication) : il est selon cet auteur un bon prédicteur de la satisfaction individuelle. Plus l'indépendance est élevée, plus la satisfaction le sera. L'indice de saturation est, lui, lié à la performance du groupe : il désigne le nombre de canaux dont peut user une position et le nombre de messages auxquels elle peut faire face. La saturation d'une position dépend donc à la fois du nombre de canaux disponibles et des contraintes de la tâche. La performance apparaîtra donc liée à la saturation de certaines positions clés : elle sera d'autant meilleure que leur saturation sera faible. Dans un réseau centralisé, si la tâche est complexe et nécessite de nombreux messages, il pourra y avoir saturation de la position centrale, ce qui nuira considérablement à la réussite du groupe. Shaw (1964) pense que ce concept de saturation est susceptible de prendre conjointement en considération les exigences de la tâche et les contraintes du réseau et d'expliquer la différence de performance des réseaux centralisés selon la plus ou moins grande complexité de la tâche.

L'adéquation nécessaire entre structure du réseau et structure de la tâche

Les travaux en France de C. Flament (1965) vont permettre d'aller encore plus loin, de généraliser les résultats précédents et de mieux en comprendre les processus. Au lieu d'introduire de nouveaux concepts, cet auteur montre que l'on peut expliquer tous les résultats obtenus jusque-là dans le domaine de la performance si l'on prend en considération conjointement la structure du réseau et la structure de la tâche.

L'originalité des travaux de Flament est d'analyser les deux structures dans les mêmes termes, ceux de la théorie des graphes. À côté de la structure du réseau, il introduit le modèle de la tâche, c'est-à-dire l'ensemble des communications nécessaires à la résolution de la tâche. On distingue un modèle centralisé de la tâche, l'un des sujets collecte les informations, résout le problème et communique la solution aux autres, et un modèle homogène où tous les sujets doivent obtenir toutes les informations et trouver la solution. L'hypothèse de Flament est la suivante : la performance sera maximale lorsqu'il y a isomorphisme entre structure du réseau et modèle de la tâche. En cas d'isomorphisme, de concordance parfaite entre les

Figure 2. Réseau de communication. Exemple d'isomorphisme tâche-réseau.

Figure 3. Réseau de communication. Exemple d'hétéromorphisme tâche-réseau.

deux structures, les possibilités matérielles de communication rejoignent les exigences du modèle de tâche (Figure 2). En cas d'hétéromorphisme, il peut y avoir soit excès de canaux dans le réseau : il y aura alors redondance de communications, perte de temps en communications inutiles, soit insuffisance de canaux; certaines communications directes étant impossibles, il y aura plus de communications indirectes, saturation de certaines positions et plus de temps passé à résoudre le problème (Figure 3).

Les expériences de Flament confirment son hypothèse : la performance est nettement supérieure lorsqu'il y a isomorphisme des structures de tâche et de réseau. Il généralise ainsi les travaux de Shaw sur la saturation : il montre en effet que, dans les expériences de Shaw, les sujets confrontés à des tâches dites « complexes » recourent à un modèle de tâche homogène alors que, dans les tâches simples, ils adoptent un modèle centralisé. Cela explique bien la meilleure performance des réseaux non centralisés dans les tâches complexes et des réseaux centralisés dans les tâches simples : il y a isomorphisme des structures.

L'explication proposée par Flament est économique et applicable à toutes sortes de tâches, y compris des tâches beaucoup plus complexes comme la discussion. L'intérêt pratique de ces résultats est assez évident : le responsable, l'animateur doivent identifier le modèle de la tâche et favoriser ensuite une organisation des communications qui lui soit compatible. H. T.

BIBLIOGRAPHIE

Leavitt, H. J., 1951, « Some Effects of Certain Patterns on Group Performance », in *Journal of Abnormal and Social Psychology*, 46, 38-50. (Trad. fr. in Lévy, 1965, *Psychologie sociale. Textes fondamentaux*, Paris, Dunod.)

Flament, C., 1965, *Réseaux de communication et structures de groupe*, Paris, Dunod.

Shaw, M. E., 1964, « Communication Networks », in Berkowitz : *Advances in Experimental Social Psychology*, New York, Academy Press.

réseau de neurones formels

(angl. Neural Network)

GÉNÉR. **Ensemble de modèles formels d'automates et de systèmes formalisés développés sur la base d'analogies avec le système nerveux central et destinés soit à réaliser des machines à reconnaître dotées de capacités d'apprentissage, soit à modéliser le fonctionnement des réseaux biologiques, voire des processus psychologiques.** (Syn. réseau neuromimétique, réseau connexionniste, réseau parallèle distribué.)

Le terme *neurone*, mal choisi, ne doit pas laisser croire qu'il s'agit ici d'une réalité physiologique. La famille des modèles développés en intelligence artificielle et qui sont utilisés par les psychologues comporte deux grandes branches. La première utilise l'analogie informatique avec une insistance sur les opérations fondées sur des manipulations de symboles et définit un système psychologique comme un système de traitement de l'information. Pour la seconde, appelée « connexionniste », les symboles émergent de l'activité globale distribuée dans un réseau d'éléments identiques, appelés neurones, fortement interconnectés et fonctionnant en parallèle. Ces derniers font unanimement référence à D. O. Hebb (1949) et conduisent en quelque sorte à une réhabilitation de conceptions associationnistes.

Les modèles connexionnistes partent d'analogies approximatives avec les réseaux de neurones du cerveau. Un neurone peut être connecté avec 5 000 autres neurones. Dans un modèle connexionniste, les éléments, en nombre nécessairement plus restreint, sont soit tous interconnectés, soit interconnectés au hasard. Chacun répond par tout ou rien en fonction de poids « synaptiques » qui traduisent en quelque sorte la fonction de mémoire du système. Au cours d'essais successifs, les poids relatifs se modifient selon une évolution stochastique (Hopfield). Le réseau comporte généralement plusieurs couches. Les poids synaptiques se modifient soit par renforcement (→ perceptron), soit par rétropropagation (D.E. Rumelhart). C. B.

réseau neuronique

(angl. Neuronal Network)

PSYCHOPHYSIOL. **Ensemble de neurones interconnectés.**

Il s'agit le plus souvent d'interconnexions complexes qui sont en même temps convergentes, divergentes, bidirectionnelles et rétrogrades. D'un point de vue fonctionnel, les actions et rétroactions exercées par chaque élément peuvent être de nature excitatrice ou inhibitrice. G. S.

réseau sémantique

(angl. Semantic Network)

Type de modèle dans lequel on représente les significations de mots (ou les concepts) et leurs relations sous forme de réseau.

Les réseaux en général, et plus particulièrement les réseaux sémantiques, sont une forme de représentation destinée à l'utilisation en informatique et, plus particulièrement, en intelligence artificielle. Il faut prendre garde que le mot *représentation*, dans la phrase qui précède, signifie « représentation en machine » ou « représentation graphique matérialisant sur papier une représentation en machine », deux sens qui diffèrent de « représentation cognitive » ou « mentale ».

La psychologie cognitive a repris pour son usage le même type de modélisation en réseau. Il s'agit alors explicitement de représentations 1. graphiques, sur papier; de représentations 2. mentales, inobservables, telles qu'elles existent, par hypothèse, dans l'intellect des sujets.

La modélisation sous forme de réseau sémantique utilise la structure classique de réseau, c'est-à-dire celle qui est constituée par un ensemble de nœuds, reliés par un ensemble d'arcs. Il existe plusieurs familles de tels modèles, qui diffèrent par ce que l'on met respectivement sur les nœuds et sur les arcs. La modélisation sous forme d'un réseau sémantique implique donc des hypothèses sur la structure de la mémoire sémantique humaine.

Dans la famille de modèles les plus répandus, les nœuds représentent des significations de mots ou des concepts en mémoire. Ces concepts sont considérés d'abord « en extension », c'est-à-dire comme correspondant à des ensembles d'« objets » ou d'« individus » au sens large : par exemple l'ensemble des animaux, l'ensemble des outils, l'ensemble des départements d'un pays, etc. Chaque nœud du réseau porte un tel ensemble. Les arcs représentent les relations entre ces significations ou concepts. La relation la plus utilisée est la relation « subordonné à », qui est un équivalent de « est une sous-catégorie de », parfois abrégée en « est-un » (angl. « Is a »). La relation symétrique est « superordonné à », équivalente de « est une surcatégorie de ». On trouve la première, par exemple, dans « un chien est-un mammifère » puis « un mammifère est-un animal », « un animal est-un être vivant » ou encore « un marteau est-un outil ». Dans un réseau comme celui-là, « chien » est un subordonné de « mammifère », celui-ci un subordonné de « animal », etc. Symétriquement, « mammifère » est un superordonné de « chien ». Dans ces mêmes réseaux, on trouve une autre sorte de relation, qui lie les nœuds de la première catégorie à des nœuds d'une autre catégorie (le plus souvent distingués graphiquement des premiers). Ceux-ci représentent alors classiquement des « propriétés », et la relation la plus simple qui lie un nœud de la première catégorie à un nœud de la seconde est « a-comme-propriété » (avec son symétrique « est-unepropriété-de »). Par exemple, « chien » apparaîtra dans le réseau comme un nœud relié à des propriétés telles que « carnivore » ou « possède des crocs », « a quatre pattes », « est susceptible d'aboyer », etc., par un arc qui représentera la relation : « a-comme-propriété ».

Dans les modèles plus sophistiqués, on utilise, à la place de la notion de « propriété », celles d'« attribut » et de « valeurs d'attribut ». Pour « chien », un premier exemple d'attribut peut être « avoir des caractéristiques alimentaires », et la valeur unique de cet attribut sera alors « carnivore ». Un deuxième exemple est celui de l'attribut « avoir une couleur », qui pourra prendre, lui, un petit ensemble de valeurs séparées par des « ou » : « noir ou gris ou blanc ou roux ou ..., etc. ». Naturellement, cette valeur devra être particularisée pour un chien bien déterminé.

Quoi qu'il en soit des modes de représentation choisis — qui peuvent assez rapidement devenir fort complexes —, un avantage considérable de ce type de réseau est qu'on y bénéficie d'une propriété très intéressante, appelée « héritage ». Selon cette dernière, si un nœud est subordonné à un autre, alors le concept correspondant n'a pas seulement ses propres propriétés, mais aussi celles des nœuds situés au-dessus de lui. Tout concept subordonné « hérite » des propriétés ou attributs des concepts qui lui sont superordonnés. Ainsi, « chien » hérite des propriétés « vivipare » et « dont la femelle nourrit ses petits », qui lui viennent du concept superordonné « mammifère ».

Bien que le type de réseau précédemment décrit soit dominant, on peut aussi en trouver d'autres, qui sont assez souvent différents : on peut citer les réseaux dans lesquels les arcs portent une relation telle que « est-sémantiquement-apparenté-à » (ou « similaire-de »). Par exemple on indiquera dans un tel réseau que « chien » « est-sémantiquement-apparenté-à » « chat », ou que « hôpital » « est-sémantiquement-apparenté-à- » « médecin », etc. On mentionnera encore les réseaux étiquetés, pour lesquels les arcs peuvent représenter une multiplicité de relations possibles. Pour cette raison, chaque arc porte sa propre désignation (ou « étiquette »). Un exemple de cela pourrait être un réseau destiné à représenter des animaux, leurs consommations et la chaîne alimentaire dans laquelle ils se trouvent. On y accorderait donc une importance particulière à la relation « *x* mange *y* » en plaçant cette relation sur un arc. Dans un tel réseau, on relierait « chèvre » à « herbe » ou à « branches » par la relation « mange », mais il faudrait aussi joindre « loup » à « chèvre » par la même relation.

Enfin, des réseaux sémantiques ont parfois été utilisés également pour représenter la signification de phrases ou de fractions de textes. Les réseaux sémantiques du premier type (avec représentation des objets et de leurs propriétés et « héritage ») ont joué et jouent toujours un rôle important en intelligence artificielle et en représentation des connaissances. La modélisation correspondante a été également utilisée en psychologie et elle y garde un certain intérêt ; elle se heurte à la complexité des relations psychologiques entre concepts ou entre significations de mots. J.-F. L. N.

→ représentation mentale, sémantique, sens 2, signification 1.

BIBLIOGRAPHIE

Le Ny, J.-F., 1989, *Science cognitive et compréhension du langage*, Paris, P.U.F.

Lindsay, P. H., et Norman, D. A., 1980, *Traitement de l'information et comportement humain. Une introduction à la psychologie*, trad. fr., Montréal, Éditions vivantes.

Memmi, D., et Visetti, Y. M., 1990, « les Modèles connexionnistes », *Intellectica*, n° 9-10.

Sabah, G., 1988, *l'Intelligence artificielle et le langage*, Paris, Hermès.

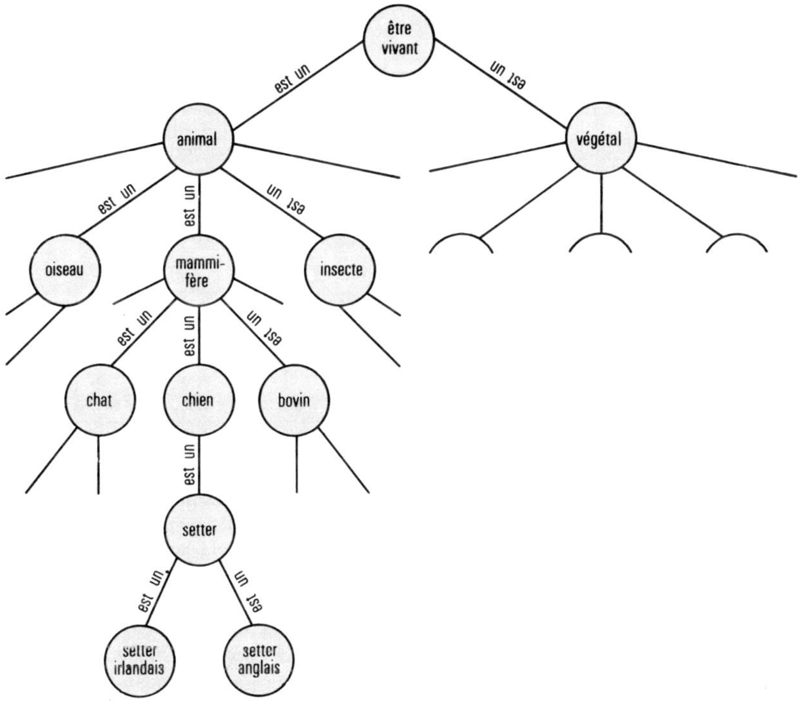

Figure 1. Réseau sémantique. Fragment d'un réseau sémantique simple. Il correspond à une taxinomie dans laquelle toutes les classes d'individus peuvent être traitées comme des ensembles et sous-ensembles liés par des relations d'inclusion. Ce réseau a donc la forme d'un arbre. Les classes d'individus sont portées par les nœuds (ici les cercles), et les relations par les arcs, ou liens. Chacun des arcs est interprété comme signifiant « est une sorte de », en abrégé « est-un ». En psychologie, l'interprétation est en fait « ... sait que .... est-un .... ».

À chaque nœud d'un réseau de ce type, on ajoute classiquement une liste de propriétés (ou de traits) qui lui appartiennent de façon spécifique. Tout nœud d'un niveau hérite des propriétés du nœud qui lui est immédiatement supérieur et, donc, de tous les nœuds supérieurs : il hérite de son « père » et de tous ses « ancêtres ».

Dans les réseaux plus complexes, qui sont des treillis et non des arbres, un nœud peut avoir plusieurs pères.

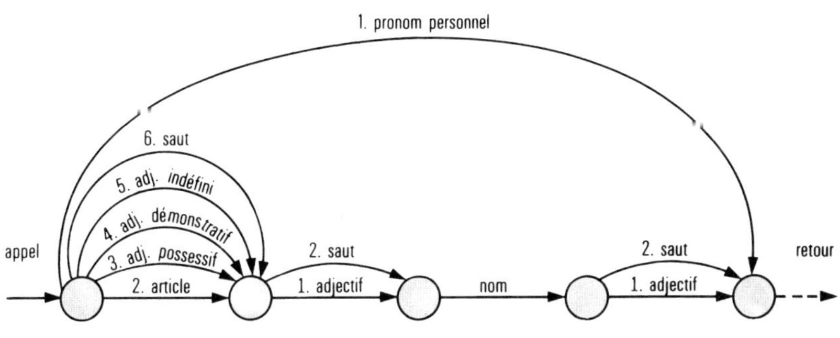

Figure 2. Réseau sémantique. Fragment d'un réseau de transition, utilisable pour le traitement automatique du langage. Chaque nœud représente un point de pause entre deux mots. Chaque arc représente une transition possible, à laquelle est associée une condition. Son interprétation est, pour le système : examiner si le mot en cours de traitement possède la propriété grammaticale indiquée. Si oui, passer — après avoir réalisé certaines opérations, non indiquées ici — au mot suivant. Sinon, essayer l'arc portant le numéro suivant.

1. résistance

n.f. (angl. Resistance)

GÉNÉR. **Propriété d'un phénomène psychologique qui fait qu'il est difficile à modifier.**

On appelle « résistance à l'extinction » la propriété d'une réaction conditionnelle qui se manifeste dans la nécessité d'utiliser un grand nombre d'essais non renforcés pour la faire disparaître.

Ce nombre peut fournir, toutes choses étant égales par ailleurs, un indice de la force du conditionnement. Cet indice est parfois préféré à l'amplitude, à la latence ou à la fréquence pour la mesure de la profondeur du conditionnement: en effet, les dernières nommées atteignent plus ou moins rapidement un plateau et il peut arriver que la résistance à l'extinction continue à évoluer au-delà de celui-ci. J.-F. L. N.

2. résistance

n.f. (angl. Resistance; allem. Widerstand)

PSYCHAN. **Tout ce qui fait obstacle au travail de la cure, tout ce qui entrave l'accès du sujet à sa détermination inconsciente.**

S. Freud a été amené très tôt à donner une place non négligeable au concept de résistance. Celui-ci désigne l'effet que produit dans la cure le refoulement lui-même, c'est-à-dire l'ensemble des phénomènes qui entravent les associations ou même conduisent le sujet au silence.

Comment situer, cependant, l'origine de la résistance? Dans les *Études sur l'hystérie* (1895), Freud la relie très clairement à l'approche de l'inconscient lui-même: les souvenirs que la cure révèle sont groupés concentriquement autour d'un noyau central pathogène. Plus on s'approche de ce noyau, plus la résistance est grande: c'est comme si une force de répulsion intervenait pour contrarier la remémoration et l'interprétation.

Il est cependant important alors de faire intervenir la question du transfert (→ transfert 2). Dans *la Dynamique du transfert* (1912), Freud montre en effet que, lorsque le sujet s'approche trop près de ce noyau pathogène, lorsque les associations lui font défaut pour aller plus loin dans la saisie du conflit déterminant pour lui, il reporte ses préoccupations sur la personne de l'analyste et actualise dans le transfert les motions tendres ou agressives qu'il n'arrive pas à verbaliser. Le transfert fonctionne alors comme résistance, lieu où le sujet répète ce qui pour lui fait obstacle.

Si les premiers textes de Freud, cependant, situent dans l'inconscient l'origine de la résistance, il n'en est pas de même par la suite, notamment avec l'introduction de la deuxième topique. La résistance est présentée comme un mécanisme de défense parmi d'autres, référables au moi. L'inconscient, dans cette perspective, n'oppose pas de résistance aux efforts de la cure. Ce qui fait obstacle, ce sont les mêmes « couches et systèmes supérieurs de la vie psychique qui avaient produit le refoulement en son temps ». Anna Freud systématisera cette conception dans son ouvrage sur *le Moi et les mécanismes de défense* (1937).

On peut cependant relever deux choses. D'abord, Freud n'a jamais abandonné l'idée d'une résistance de l'inconscient ou encore du ça: il la maintient dans *Inhibition, Symptôme et Angoisse* (1926) parallèlement à trois résistances du moi (refoulement, résistance du transfert et bénéfice secondaire de la maladie) et à une résistance du surmoi, dérivant de la culpabilité inconsciente et du besoin de punition. Cette résistance spécifique, c'est « la force de la compulsion de répétition, attraction des prototypes inconscients sur les processus pulsionnels refoulés ».

Enfin, même s'il est vrai que ce qui fait obstacle à la cure se manifeste le plus souvent au niveau du moi, et notamment des réactions de réassurance, de prestance du moi par rapport à la personne de l'analyste, l'interprétation des phénomènes à ce niveau se révèle inopérante et dévoie la technique psychanalytique dans le sens d'une manipulation psychologique. J. Lacan devait critiquer en détail, dans les premières années de son séminaire, cette orientation de la psychanalyse. R. C.

responsabilité

n.f. (angl. Liability)

Obligation de rendre compte de ses actes, devant certaines instances, selon des procédures bien déterminées.

La responsabilité peut être également la nécessité ou l'obligation morale, intellectuelle de remplir un devoir, un engagement ou de réparer une faute. La responsabilité envisagée hors de concepts procéduraux englobe également les notions de compétence, de pouvoir, de direction ou de prise en charge. Au plan strictement juridique, il existe plusieurs types de responsabilités selon les cadres dans lesquels elles s'inscrivent.

La *responsabilité civile* assure la protection de l'individu, permettant à la personne lésée par le comportement de l'auteur de l'acte d'obtenir réparation du préjudice subi. Le Code détermine deux types de responsabilités civiles: la responsabilité contractuelle et la responsabilité extracontractuelle (ou délictuelle). La responsabilité civile est contractuelle quand elle résulte de l'inexécution d'une des obligations nées d'un contrat conclu entre deux parties, qui, sur le fondement de l'article 1147 du Code civil, ouvre un droit à la réparation du dommage qui en résulte. La responsabilité civile est délictuelle quand elle se fonde sur l'article 1382 du Code civil, qui dispose: « Tout fait quelconque de l'homme qui cause à autrui un dommage oblige celui par la faute duquel il est arrivé à le réparer. » L'article 1383 stipule quant à lui: « Chacun est responsable du dommage qu'il a causé non seulement par son fait mais encore par sa négligence ou son imprudence. »

Depuis 1936, la Cour de cassation considère qu'« il se forme entre le médecin et son client un véritable contrat comportant l'engagement [...] de lui donner des soins [...] consciencieux et attentifs [...] conformes aux données acquises de la science ». Le médecin n'est cependant tenu que d'obligations générales de « prudence et de diligence ».

Dans tous les cas, il faut cependant que le demandeur puisse prouver qu'il a subi un dommage (certain, actuel et direct), qu'une faute a été commise et qu'un lien de cause à effet unit le dommage et la faute.

Avant 1968, un sujet en « état d'aliénation mentale » pouvait se voir exonérer de sa responsabilité. Depuis la loi du 3 janvier 1968 portant réforme du droit des incapables majeurs, il n'en va plus de même. La loi dispose en effet que « celui qui a causé un dommage à autrui alors qu'il était sous l'emprise d'un trouble mental n'en est pas moins obligé à réparation ». Les médecins des hôpitaux publics sont civilement irresponsables et c'est l'hôpital, s'il s'agit d'une faute lourde ou d'une faute dans l'organisation et le fonctionnement du service, qui endossera cette responsabilité. Seul le tribunal administratif est compétent pour allouer d'éventuels dommages-intérêts. Toutefois, si le médecin a commis une faute personnelle détachable du service ou lors d'une consultation privée, il est civilement responsable devant les tribunaux de droit commun. Des malades hospitalisés en placement volontaire ou d'office font parfois l'objet de sorties d'essais. S'ils causent des dommages au cours de ces congés, les tribunaux administratifs estiment que l'hôpital se doit de réparer le préjudice créé: c'est l'application de la théorie de la responsabilité sans faute, à raison de l'inégalité ainsi créée devant les charges publiques.

La *responsabilité pénale* a des fondements différents des précédents. Elle se trouve engagée du fait de la violation d'un texte de loi formel, qu'il en soit résulté ou non un préjudice. Il existe cependant quelques cas d'exonération de cette responsabilité pénale. Tel est le cas « lorsque le prévenu était en état de démence au temps de l'action ou lorsqu'il a été contraint par une force à laquelle il n'a pu résister » (art. 64 du Code pénal). C'est le plus souvent le juge d'instruction qui prononce l'état de « démence » après expertise psychiatrique du prévenu.

Les médecins engagent leur *responsabilité ordinale* s'ils ont enfreint une des dispositions du Code de déontologie médicale; les médecins des hôpitaux sont en outre passibles de sanctions devant une commission de discipline et devant une commission d'insuffisance professionnelle. M. G.

ressemblance

(angl. Likeness)

→ similarité.

ressemblance (association par)

(angl. Association by Similarity)

Dans la conception ancienne des asso-

ciations verbales, catégorie des mots dont la signification ressemble à celle du mot inducteur.

C'est le cas, par exemple, quand, à « chaussure », une majorité de sujets répond « soulier ». Cette catégorie s'oppose à celle des « associations par contraste » et à celle des « associations par contiguïté ». Cette classification ancienne se retrouve partiellement dans la notion d'association paradigmatique. J.-F. L. N.

→ contiguïté, contraste (association par).

restauration fonctionnelle

n.f.

Réapparition partielle ou totale d'une fonction (langage, vision, etc.) atteinte à la suite d'une lésion cérébrale.

Plusieurs mécanismes peuvent être invoqués pour expliquer le retour d'une fonction après lésion de son substrat nerveux : le rétablissement, qui postule une représentation redondante de la fonction à l'intérieur d'une région spécialisée du cortex cérébral : la fonction prise en charge par les parties intactes de cette région se trouve rétablie, identique à celle qui s'exerçait avant la lésion ; la réorganisation, qui suppose un système dans lequel une performance peut dépendre de plusieurs centres corticaux : un centre épargné par la lésion peut prendre en charge la fonction, même si les performances sont alors accomplies grâce à des stratégies différentes. Quel que soit le mécanisme mis en jeu, la restauration fonctionnelle témoigne de l'existence d'une plasticité caractéristique du système nerveux central. De nombreux facteurs peuvent affecter ces mécanismes de la restauration : ils peuvent être liés à l'individu (sexe, âge, expérience antérieure, etc.), à la nature de la lésion et à sa durée d'évolution, enfin aux conditions postlésionnelles (prise en charge par une rééducation, par exemple). R. L.

retardé (conditionnement)

(angl. Delayed Conditioning)

Dans un conditionnement pavlovien, établissement d'une réponse conditionnelle dont la caractéristique est de n'apparaître qu'un certain temps après le début du stimulus conditionnel, ce dernier continuant à être présenté.

C'est ce dernier point qui distingue le conditionnement retardé du conditionnement de trace. Le délai d'apparition de la réponse conditionnelle s'ajuste à celui du stimulus inconditionnel. P. L.

→ conditionnement.

rétention

n.f. (angl. Retention)

1. Période de conservation dans la mémoire. 2. Niveau auquel est demeuré un élément mnésique, par opposition à l'oubli qui a pu l'affecter.

On appelle « taux de rétention » l'indice de rétention, exprimé en pourcentage : c'est en général le nombre d'éléments rappelés rapporté au nombre d'éléments présentés. J.-F. L. N.

→ mémoire, rappel/reconnaissance.

retentissement

n.m. (angl. Repercution, Stir)

Trace plus ou moins profonde que laissent dans l'affectivité d'un individu une représentation, un événement, un affect.

Dans la caractérologie de G. Heymans et E. Wiersma, reprise par R. Le Senne, le retentissement constitue, avec l'émotivité et l'activité, les trois dimensions qui rendent compte de la personnalité. R. L.

réticulée (formation)

(angl. Reticular Formation)

Constellation de neurones organisés en réseaux plus ou moins diffus, qui s'étend sur toute la hauteur du tronc cérébral et occupe les espaces laissés vacants par les noyaux spécifiques (exemple : noyaux des nerfs crâniens) et les faisceaux.

La formation réticulée (ou réticulaire) joue un rôle essentiel dans la régulation du niveau de vigilance. Trois autres rôles lui sont attribués : la modulation de l'activité motrice de type réflexe, la coordination de fonctions végétatives et la modulation des messages douloureux. Loin d'être une structure homogène et peu organisée, la formation réticulée apparaît, au contraire, constituée de sous-systèmes anatomiquement définis et fortement hiérarchisés. Une spécificité s'observe également sur le plan neurochimique. Des formations grises telles que le locus caeruleus et les noyaux du raphé, par exemple, renferment des neurones qui libèrent respectivement de la noradrénaline et de la sérotonine. G. S.

rétinex (théorie)

(angl. Retinex Theory)

Théorie, élaborée par E. Land, selon laquelle la perception des couleurs ne résulterait pas directement des longueurs d'onde mais du calcul des facteurs de réflexion par des canaux indépendants.

La couleur perçue d'une surface ne dépend pas toujours de manière directe de la composition spectrale de la lumière qui l'éclaire. Elle conserve une certaine constance. Selon la théorie rétinex, les trois classes de cônes forment trois systèmes qui calculent indépendamment la luminosité*, et la tonalité* résulterait de la comparaison des réflectances calculées indépendamment dans chacun des trois systèmes. C. B.

retour du refoulé

(angl. Return of the Repressed ; allem. Wiederkehr des Verdrängten)

PSYCHAN. **Réapparition des rejetons de l'inconscient.** R. L.

rétroactif, ve

adj. (angl. Retroactive)

GÉNÉR. 1. **Qui se rapporte à une rétroaction.**

On appelle « stimulus rétroactif » un stimulus produit par une activité du sujet, par exemple une stimulation kinesthésique, labyrinthique ou visuelle à la suite d'un comportement moteur. Ces stimulus jouent généralement un rôle important dans la régulation du mouvement. De façon semblable, tout individu qui parle produit des sons qui, en revenant à ses propres oreilles, constituent des stimulus rétroactifs auditifs. Si on supprime ou que l'on modifie artificiellement les caractéristiques temporelles de ces sons, on peut perturber gravement l'élocution.

GÉNÉR. 2. **Se dit de ce qui s'exerce sur le résultat ou sur le produit d'une activité antérieure.**

Le terme *rétroactif* est largement employé dans l'étude de la mémoire, par opposition à celui de *proactif*, pour caractériser les effets réciproques de deux apprentissages successifs. Lorsque le second apprentissage modifie, positivement ou négativement, les résultats du premier, on parle d'« effet rétroactif ».

Le schéma général de ces effets (→ interférence) est donné par la comparaison de deux suites de situation : 1. A. B. A'. ; 2. A. Rien. A''. Dans ces formules, A est un apprentissage, B un autre apprentissage, A' et A'' des épreuves qui portent sur le premier apprentissage. « Rien » est un terme fictif qui désigne une activité neutre (vie quotidienne, repos, sommeil, etc.).

On dira qu'il existe un effet rétroactif de B sur A dans le cas où les résultats de l'épreuve A' diffèrent de ceux de l'épreuve A''. On s'est plus intéressé aux effets négatifs qu'aux effets positifs. Les premiers, souvent appelés « interférences rétroactives » (ou, par abus de langage, « inhibitions rétroactives »), sont ceux où A' < A''. Les seconds, appelés « transferts rétroactifs », sont ceux où A > A''.

Les effets d'interférence ont été assez largement étudiés dans les problématiques de l'apprentissage par cœur et, aussi de façon séparée, dans celles de l'apprentissage de langues multiples, notamment chez les enfants à environnement bilingue. Relativement peu d'études ont porté sur ces effets dans la mémoire complexe. J.-F. L. N.

→ interférence, transfert 1.

rétroaction

n.f. (angl. Feed-Back)

Action en retour d'un effet sur sa propre cause.

PSYCHOPHYSOL. Au niveau biologique, cette action est rendue possible par l'existence de boucles, ou réafférences, qui transmettent à un neurone ou à un ensemble de neurones les effets de sa propre activité, cela permettant une modulation de cette activité.

La rétroaction est le processus qui permet le maintien d'un certain équilibre dans un système. Les régulations homéostasiques comme celles qui s'expriment à travers le comportement alimentaire s'expliquent par la mise en jeu de rétroactions complexes.

GÉNÉR. La notion de rétroaction a été largement étudiée et popularisée par la cybernétique; le type de rétroaction le plus intéressant est la régulation.

En psychologie, un domaine d'élection pour l'étude des rétroactions est l'activité motrice. Cette activité, de caractère musculaire, est produite par une commande effectrice venue du système central; son exécution produit des stimulations de différentes sortes qui retournent au système central et lui fournissent autant d'informations sur l'état momentané des articulations, des muscles, etc., ainsi que des stimulations labyrinthiques, visuelles, éventuellement auditives, et autres. Ces rétroactions permettent au sujet de modifier «en temps réel» ses commandes effectrices. Le comportement du skieur, et de beaucoup d'autres pratiquants d'activités physiques et sportives, peut être invoqué comme exemple à cet égard.

Dans un autre domaine, la parole est normalement accompagnée par l'audition, avec un très léger décalage temporel, des sons qui viennent d'être émis par le sujet lui-même. Cette audition permet la régulation, macroscopique (au niveau du mot et de la phrase) et microscopique (au niveau des sons eux-mêmes), de la parole. Si, par un système en circuit fermé utilisant des écouteurs, on décale très légèrement les rétroactions auditives, on produit chez beaucoup de sujets des perturbations importantes de la parole: bredouillements, bégaiements, pauses allongées, etc.

Un autre exemple de rétroaction, qui s'effectue à plus long terme, est fourni par les apprentissages instrumentaux. Ce que l'on appelle «loi de l'effet», ou «renforcement» instrumental ou opérant, est un effet en retour. Il découle de ce qu'un stimulus, qui a été lui-même produit par un comportement — c'est le stimulus renforçateur —, modifie les caractéristiques du comportement ultérieur.

Enfin, une autre grande catégorie d'effets rétroactifs est constituée par les transferts et interférences qui s'établissent entre un second apprentissage et un apprentissage antérieur. P. L. et J.-F. L. N.

→ conditionnement, homéostasie, interférence, motricité, renforcement, rétroactif, transfert.

rétroantérograde

adj.

Se dit d'une amnésie des événements récents et des événements anciens.

R. L.

rétrograde

adj. (angl. Backward)

Qui se produit vers l'arrière, en général dans le temps.

On appelle «conditionnement rétrograde» le conditionnement classique dans lequel, par hypothèse, le stimulus renforçateur serait présenté avant le stimulus à conditionner.

On n'a jamais apporté de preuve convaincante de l'existence de conditionnements rétrogrades. Cette éventualité a notamment été étudiée dans le cas de «conditionnements sensoriels». Mais il existe, dans toutes les situations expérimentales de ce genre, une possibilité qu'un conditionnement s'établisse subrepticement à la situation globale plutôt qu'au stimulus spécifique choisi par l'expérimentateur («pseudo-conditionnement»): lorsque cette possibilité est éliminée par un plan expérimental convenable, on ne trouve pas l'effet recherché. J.-F. L. N.

→ conditionnement.

rétrograde (amnésie)

(angl. Retrograde Amnesia)

Trouble de la mémoire caractérisé par l'impossibilité de se rappeler des souvenirs anciens.

Cette amnésie, dite aussi «d'évocation», s'oppose à l'antérograde, qui est une atteinte de la mémoire de fixation. J. P.

→ amnésie, démence, mémoire.

rêve

n.m. (angl. Dream; allem. Traum)

PSYCHOPHYSIOL. **Activité mentale survenant au cours du sommeil.**

L'étude expérimentale du rêve a comme point de départ la découverte par E. Aserinski et N. Kleitman du sommeil paradoxal en 1953. Ce sommeil paradoxal, qui se répète quatre à cinq fois au cours de la nuit, étant caractérisé par une intense activité du système nerveux central, des secousses musculaires transitoires, une érection pénienne et des mouvements oculaires rapides, est apparu aux yeux des chercheurs comme un excellent candidat pour être le «substrat biologique» du rêve.

Le fait qu'un récit de rêve est obtenu huit fois sur dix lorsque le réveil a lieu au cours de ce sommeil et qu'il existe une corrélation entre la direction des mouvements oculaires et le contenu du rêve semble confirmer cette hypothèse. Toutefois, cette assimilation du rêve au sommeil paradoxal n'est pas acceptée par tous, compte tenu de l'impossibilité d'étudier une éventuelle activité onirique chez l'Animal alors que le sommeil paradoxal est présent chez tous les Mammifères. (→ sommeil.)

L'étude expérimentale du rêve met en évidence que, plutôt qu'exprimant, sous forme hallucinatoire, les désirs inconscients, le rêve s'alimente des informations glanées au cours de la veille et particulièrement de celles qui ont une signification importante pour l'individu, c'est-à-dire de celles qui doivent impérativement être intégrées pour une meilleure adaptation à l'environnement. P. L.

PSYCHAN. **Formation de l'inconscient; rébus dont la structure de langage permet le déchiffrage et la reconnaissance, par un sujet, de son désir.**

C'est en travaillant avec ses malades que S. Freud découvre le rêve comme phénomène pathologique normal: «Ils m'ont appris ainsi que l'on pouvait insérer le rêve dans la suite des états psychiques que l'on retrouve dans nos souvenirs en partant de l'idée pathologique. De là à traiter le rêve comme les autres symptômes et à lui appliquer la méthode élaborée [de l'association libre] pour ceux-là, il n'y avait qu'un pas» écrit-il dans *l'Interprétation des rêves* (1900).

«Dans ce va-tout de son message est le tout de sa découverte» (J. Lacan, *Écrits*, 1965). Car Freud ne publie pas *l'Esquisse d'une psychologie scientifique* (1895), où, pourtant, il propose sa première conception de l'appareil psychique, appareil repris et remanié plusieurs fois jusqu'en 1920, date à laquelle une nouvelle formulation apparaît dans *Au-delà du principe de plaisir*. Mais en 1900, dans un foisonnement d'exemples de rêves personnels, Freud ouvre la voie à la connaissance de l'inconscient: le rêve est un rébus qu'il faut traiter comme un texte sacré, c'est-à-dire déchiffrer selon des lois. Lacan, lisant Freud à travers F. de Saussure, ajoute: «Un rébus dont la structure phonématique est organisée par le signifiant du discours qui s'articule et s'analyse pour nous permettre de retrouver la maxime ou le proverbe sous forme de métaphore de la langue» (*Écrits*).

Deux questions mènent la recherche de Freud: quels sont les processus qui permettent à des pensées de se transformer en une suite claire mais parfois inintelligible au réveil, et pourquoi une telle transformation? Qu'est-ce qui fait le rêve et comment l'interpréter?

La (fausse) simplicité des rêves d'enfants apporte un premier élément de réponse: soumis aux actions du jour précédent, ce sont des réalisations naïves d'un accomplissement du désir: «Anna Freud, fraises, grosses fraises, flan, bouillie» rêve sa fille mise au régime; mais elle commence par se nommer; ce rêve ne dit pas seulement la satisfaction hallucinatoire d'un besoin: le désir infantile, qui commence par se structurer sur le désir du désir de l'autre, ne permet pas ici de distinguer un sujet qui serait celui de l'énonciation, inconscient, d'un sujet de l'énoncé, celui de la vie diurne et consciente. Il y a de l'innommable.

Où est l'accomplissement du désir dans les rêves pénibles ? Pourquoi, dans certains rêves, le désir n'est-il pas clairement exprimé ? Freud travaille en opposant contenu latent et contenu manifeste.

Avec le rêve de la belle bouchère (*l'Interprétation des rêves*), une autre conclusion s'impose à lui : le rêve est déformé, sa déformation permet de dissimuler des sentiments, et l'expression de désir est censurée. « Le rêve est l'accomplissement (déguisé) d'un désir (réprimé, refoulé). » Stratégie dialectique du désir et de la demande, demande d'amour chez l'hystérique : en s'identifiant à l'amie dont elle est jalouse, à partir du désir de l'autre, elle se crée un désir insatisfait : la satisfaction est empêchée mais le désir est conservé.

Quels sont les mécanismes au travail dans le rêve ?

Freud en repère quatre : la condensation, le déplacement, la prise en considération de la figurabilité et l'élaboration secondaire. Il donne une place particulièrement importante aux deux premiers. Le travail de condensation (du contenu latent en contenu manifeste) est énorme : un rêve peut s'écrire en trois lignes et les pensées peuvent couvrir plusieurs pages. Le travail du rêve a toujours pour but de former une image unique, et, donc, une représentation peut condenser de différentes manières : par omission (rêve de monographie botanique, *ibid.*), par fusion (rêve d'Irma, *ibid.*), par néologisme, où « ce processus est particulièrement sensible quand il atteint des mots et des noms » (rêve de Norekdal, *ibid.*).

L'autre procédé essentiel du travail du rêve est le déplacement, qui renverse les valeurs, travestit le sens, rend obscur au niveau manifeste ce qui était signifiant au niveau latent, centre le rêve autrement. Ici prend place le travail de la surdétermination. « L'analyse [du rêve] nous apprend cependant qu'il est une autre sorte de déplacement [...], qu'il consiste en un échange d'expressions verbales entre les *pensées* (allem. Gedankt). Il s'agit de déplacement le long d'une chaîne associative, mais le même processus apparaît dans des sphères différentes : le résultat du déplacement est dans un cas qu'un élément est remplacé par un autre tandis que, dans l'autre cas, un élément échange avec un autre sa forme verbale. »

C'est le glissement du signifié sous le signifiant qui conditionne la *transposition* (allem. Enstellung) et permet de faire apparaître ici « la *condensation* (allem. Verdichtung) [...], structure de surimposition des signifiants, où prend son champ la métaphore, [...] le *déplacement* (allem. Verschiebung), [...] virement de la signification que la métonymie démontre et qui est [...] présenté comme le moyen de l'inconscient le plus propre à déjouer la censure » (*Écrits*). Ainsi il n'y a pas de place pour le symbolisme dans *la Science des rêves* : il est subordonné à la structuration, comme un langage de l'inconscient par la métaphore et la métonymie, effets de signifiants. Chaque image dans ce rébus doit être remplacée par une syllabe ou un mot, être lue comme une lettre pour donner sens au texte et déchiffrer « la langue perdue ».

Freud en appelle aux hiéroglyphes égyptiens lus pour leur valeur phonétique et non pour ce qu'ils représentent (l'oiseau par exemple).

Le troisième facteur est traduit par Lacan *égard aux moyens de la mise en scène* (allem. Rücksicht auf Darstellbarkeit). Les pensées du rêve n'apparaissent que comme contenu et non dans leurs relations mutuelles. Par des modifications de la figuration, le rêve exprime les moyens dont le travail du rêve dispose pour indiquer les relations entre les pensées : la simultanéité, les relations causales, l'alternative, l'opposition, la contradiction. Comme les déterminants hiéroglyphiques qui ne sont pas prononcés mais expliquent d'autres signes et en sont les indices. Procédés logiques, logique que les philosophes du langage depuis G. Frege ont tenté de mettre en place, logique du langage qui travaille le sujet.

L'élaboration secondaire enfin masque la rigueur de ces connecteurs ; la fonction qui censure produit une façade cohérente ; son influence se manifeste par une préférence : le fantasme, traité comme n'importe quel élément du matériel latent, forme un tout dans le rêve.

Théorie de l'appareil psychique

Freud ne s'est pas contenté de repérer les mécanismes du rêve ; il a tenté, en élaborant sa théorie de l'appareil psychique, d'éclaircir les paradoxes qu'il rencontre : la division perception-pensée, l'inscription des signifiants (représentants-représentation), le fonctionnement de la série perception-mémoire-pensée-idée. Un premier schéma stimulus-réponse est construit à partir de notions énergétiques : toute stimulation tend à produire une hallucination. Comment le système fait-il la différence avec la réalité ? Il explique ce processus primaire par le *régrédient* du rêve (retour vers la perception), en ce sens que la représentation retourne à l'image sensorielle d'où elle est sortie un jour ; le regard et le perceptif sont confondus (Freud ne dispose pas de la catégorie lacanienne de l'imaginaire). Dans son deuxième schéma, il fait entrer la notion d'information, s'efforce de formaliser et de faire surgir l'ordre symbolique. Le système perceptif est comparé à l'ardoise magique et à un microscope compliqué où l'image ne correspond à aucune partie tangible de l'appareil ; en un lieu psychique, une autre scène, la pensée de désir est une mise en scène vécue, actuelle, en images visuelles et en discours, tout cela au présent : la souhait est accompli. Freud remplace l'explication de la formation du rêve par la décharge et la tension, par l'idée que le sommeil diminue la censure et permet de contourner la résistance. Mais comment, après les problèmes posés par la mémoire, la conscience, expliquer l'oubli dans le rêve, le doute ?

L'oubli

L'oubli s'explique par l'action de la censure et en quelque sorte il est intentionnel. L'oubli, comme le doute, est un message, comme un discours qui serait interrompu et dont l'interruption insisterait. Le désir du rêve est de faire passer le message. Pendant le jour, la censure provenant de la résistance interdit les pensées du rêve au conscient. Pendant la nuit, le régrédient du rêve permet d'halluciner les pensées transformées. Nos rêves ne sont pas tous interprétables, un nœud de pensées que l'on ne peut défaire rattache le sujet à l'inconnu, « point de surgissement du rapport du sujet au symbolique » (Lacan, *Séminaire II*).

Le refoulement

Le refoulement apparaît comme une métaphorisation, et le retour du refoulé, la compulsion de répétition que l'on retrouve aussi bien dans les rêves permettent à Freud d'élaborer sa deuxième conception de l'appareil psychique : le rêve est la répétition d'un trauma (d'un fantasme), le principe de plaisir n'est pas tout entier du côté du désordre et les pulsions sexuelles du côté de la conservation de l'individu : il y a une pulsion de mort, et, en accomplissant le désir, le rêve obéit à la conservation et à la mort.

L'interprétation

Que veut dire le rêve et à qui s'adresse-t-il ? « Tous les procédés du trait d'esprit, des jeux de mots, des citations, des proverbes, le matériel copieux que représentent la poésie, le mythe, l'usage linguistique et le folklore : c'est parce que nous connaissons ces déplacements que nous pouvons nous fier aux associations superficielles qui nous permettent de retrouver les autres associations réprimées profondes. » Le travail de l'interprétation du rêve, en associant les pensées qui viennent à son propos, se fait par le rêveur lui-même, qui repère dans le discours les moments de jouissance et d'angoisse qu'il connaît depuis l'enfance. Ce travail reprend d'une manière inversée le travail du rêve et ne peut s'accomplir que « dans une langue privée » (Ch. Melman), propre au rêve de ce rêveur particulier.

Le désir du rêve

Dans ce rêve inaugural de l'infection d'Irma commenté par Lacan, le désir du rêve, bien que censuré, bien que Freud éprouve de l'angoisse, bien qu'il fasse entrer la foule — l'immixtion des sujets — pour appeler à sa déculpabilisation, ce rêve cherche à faire passer une parole, un mot, la formule de la triméthylamine. Par la médiation du symbolique et le jeu matériel des signifiants, le sujet dans le rêve se confond avec la structure signifiante. Quel est le désir du rêve ? Dans le séminaire *le Désir et son interprétation* (1959-60, inédit), Lacan précise : le rêve est désir, désir de dormir, entendez de ne pas se réveiller (pas seulement du sommeil). Et si l'on s'éveille dans l'angoisse ? C'est pour continuer à se protéger du réel. Mais l'autre face de ce désir est que « le sujet du Wunsch se satisfait de l'être : organiser dans sa fuite métonymique l'être qu'appelle le langage, telle est selon nous l'essence du désir ». Lacan s'appuie sur un rêve rapporté par Freud où « un homme qui a soigné son père malade et qui a beaucoup souffert de sa mort fait peu de temps après cette mort le rêve absurde suivant : son père était de nouveau en vie et lui parlait comme d'habitude, mais (chose étrange), il était mort quand même et ne le savait pas ». L'expression « quand même » et l'anaphorique « le » dans leur ambiguïté permettent à Freud et à Lacan traduisant Freud d'ajouter pour chacune de ces deux phrases un « selon son vœu », vœu de mort connu du dormeur mais signant la satisfaction « verbale » du sujet. C. F.

→ sommeil.

BIBLIOGRAPHIE

Jouvet, M., 1974, « le Rêve », in *la Recherche*, vol. V, n° 46.

Jouvet, M., 1979, « le Comportement onirique », in *Pour la Science*, n° spécial de novembre.

rêve éveillé

(angl. Waking Dream)

État de rêverie dans lequel le niveau de vigilance est abaissé mais l'état de conscience reste intact.

Ce terme a été utilisé vers 1925 par L. Daudet, alors que se développaient en France les recherches sur l'imagerie mentale, soit dans un but d'exploration psychologique (A. Binet), soit, déjà, dans un but thérapeutique d'introspection provoquée (P. Janet).

En 1945, *le Rêve éveillé dirigé* de R. Desoille se présente comme une méthode de psychothérapie inspirée plutôt par les recherches pavloviennes sur l'activité nerveuse supérieure que par les analyses freudiennes du rêve. Le déroulement de la cure préconisé par Desoille consiste, en une première phase, à s'allonger sur le dos et à décrire, avec les affects qui leur sont associés, les images et les scènes qui se présentent spontanément. Grâce au matériel fourni par cette rêverie, le thérapeute peut, par la suite, provoquer « la représentation de nouvelles situations pour observer les réactions affectives au sujet de celles-ci ». Desoille décrit dans cette cure un processus de libération de l'angoisse se manifestant aussi bien sur le plan physiologique que sur le plan psychologique.

Le rêve éveillé dirigé, qui se réfère aux conceptions de I. P. Pavlov sur la psychopathologie, ne fait pas appel à une relation transférentielle. Cependant, de nos jours, une version moins directive de cette méthode est parfois utilisée en début de cure analytique pour provoquer un état très similaire : l'attention flottante que S. Freud préconisait en début de traitement. R. Fretigny et A. Virel ont proposé de baptiser du terme d'*onirothérapie* les méthodes qui font appel à l'imagerie mentale, que la perspective dans laquelle cette thérapie est faite soit ou non analytique. M. A.

revendication (délire de)

(angl. Delusional Revendication)

Délire passionnel de structure paranoïaque se manifestant par la certitude indiscutable d'être victime d'une injustice ou d'un dommage imaginaires et la volonté irréductible d'obtenir par tous les moyens satisfaction ou réparation.

Ce délire* conduit le patient à un comportement de plus en plus importun et agressif vis-à-vis de la société, qu'il accuse d'être injuste à son égard. Évoluant le plus souvent chez un sujet paranoïaque, et parfois déclenché par une cause minime (petit accident, conflit de travail ou de voisinage), il peut entraîner des passages à l'acte graves et dangereux pour l'entourage. J. P.

→ paranoïa, sinistrose.

réversibilité

n.f. (angl. Reversibility)

Selon J. Piaget, principale caractéristique des systèmes opératoires, qui consiste en la capacité d'exécuter une même action dans les deux sens de parcours mais avec la conscience qu'il s'agit de la même action.

Pour Piaget, la réversibilité croissante de l'intelligence au cours du développement s'oppose à l'irréversibilité des systèmes moteur et perceptif. Il distingue deux formes de réversibilité : la *réversibilité par inversion* (ou négation), où une opération est annulée par son inverse et qui caractérise la logique des classes, et la *réversibilité par réciprocité*, où une transformation correspond à une autre et vice versa (les différences s'annulent) et qui caractérise la logique des relations. Alors que, au niveau des opérations concrètes, les deux formes de réversibilité apparaissent comme deux processus parallèles, au niveau des opérations formelles, elles constituent un système unique : le groupe INRC R. L.

→ groupe 2, INRC (groupe).

révision

n.f. (angl. Rehearsal)

Activité de réviser.

On appelle *révision mentale* la répétition interne, non manifestée par un comportement, chez un sujet qui veut garder un contenu en mémoire.

Cette activité a, durant toute une période, été étudiée en tant que principale forme de la mémoire à court terme et considérée comme un facteur significatif de la mise en mémoire à long terme. Elle a été plus ou moins assimilée aux activités subvocales, c'est-à-dire de parole intérieure, génératrices de stimulus kinesthésiques liés à l'élocution. Elle a servi à étudier les limites de capacité de la mémoire à court terme dans les situations d'apprentissage par cœur. Aujourd'hui, on considère que la mémoire de travail, forme élargie de la mémoire à court terme, inclut beaucoup d'autres activités que la révision mentale. J.-F. L. N.

rhinencéphale

n.m. (angl. Rhinencephalon)

Ensemble des structures olfactives cérébrales.

Elles occupent la partie inférieure du lobe frontal (bulbe olfactif, tractus olfactif, tubercule olfactif) et la partie interne du lobe temporal correspondant à la région antérieure de la circonvolution de l'hippocampe (cortex prépiriforme et périamygdalien, amygdale, cortex entorhinal). Toutes les formations rhinencéphaliques corticales appartiennent à un cortex ancien : le paléocortex. La commissure blanche antérieure réunit les régions paléocorticales des deux hémisphères. Du rhinencéphale, les informations olfactives projettent indirectement sur le thalamus et finalement sur le néocortex. Le rhinencéphale stricto sensu, ou « cerveau olfactif », fait partie intégrante du système limbique. G. S.

→ limbique (système) [figure].

rhombencéphale

n.m. (angl. Rhombencephalon)

Vésicule cérébrale primitive la plus caudale au stade embryologique à trois vésicules du tube neural.

Dans la suite du développement le rhombencéphale se subdivisera en deux vésicules : le métencéphale et le myélencéphale. Chez l'adulte, le pont, le cervelet et le bulbe rachidien dérivent du rhombencéphale. G. S.

Ribot (Théodule)

Philosophe et psychologue français (Guingamp 1839-Paris 1916).

Professeur à la Sorbonne (1885), puis au Collège de France (1888), directeur de la *Revue psychologique*, il écrit des ouvrages sur la *Psychologie anglaise contemporaine* (1870) et sur la *Psychologie allemande contemporaine* (1879). Il travaille ensuite dans le domaine de la psychologie pathologique : *les Maladies de la mémoire* (1881), *les Maladies de la volonté* (1883), *les Maladies de la personnalité* (1885), *Psychologie de l'attention* (1888). Il s'oriente enfin vers l'étude de l'affectivité : *Psychologie des sentiments* (1886), *l'Imagination créatrice* (1900), *Logique des sentiments* (1905), *la Vie inconsciente et les mouvements* (1914). Ribot a été le principal promoteur en France de la psychologie expérimentale, sans toutefois avoir expérimenté lui-même.

R. L.

rigidité de décérébration

(angl. Decerebrate Rigidity)

→ décérébration. G.S.

risque (personne à)

(angl. Fragile Person)

Individu qui présente une fragilité particulière susceptible de compromettre sa survie ou de causer des troubles biologiques et mentaux.

Chez l'enfant, le risque est une prévision statistique de morbidité ou de retard de développement, général ou limité à un domaine de la vie psychique.

Des accidents tels que la prématurité ou des difficultés d'accouchement constituent des facteurs de risque : plus une naissance est éloignée du terme normal, plus est grande la probabilité de risque. Cela ne signifie pas que tous les grands prématurés soient des enfants à risque. La présomption de risque repose, en général, sur la présence de troubles périnataux, évidents ou détectés à l'examen neurologique postnatal et sur leur persistance. À la suite d'André-Thomas, la nouvelle école neurologique française a souligné que l'examen neurologique lui-même peut être source de stress pour le sujet examiné et indiqué des procédures cliniques, des techniques douces et un suivi qui conduisent à un pronostic plus fiable.

H. B.

BIBLIOGRAPHIE

Amiel-Tison, C., et Grenier, A., *la Surveillance neurologique au cours de la première année de la vie*, Paris, Masson.

rite obsessionnel

(angl. Obsessional Ritual)

Comportement que la nosologie psychiatrique moderne fait entrer dans la symptomatologie des troubles obsessionnels-compulsifs.

Ces comportements se manifestent par des vérifications*, des soins de toilette (lavage de mains, par exemple) ou le nettoyage d'objets ou de vêtements que le sujet se sent obligé d'effectuer selon un ordre prédéterminé et souvent à plusieurs reprises.

Il a conscience de leur inutilité même lorsqu'il avoue leur donner, par une sorte de superstition, une valeur conjuratoire. Ces rites obsessionnels lui font perdre beaucoup de temps, allant, de même que certaines vérifications, jusqu'à l'empêcher de vaquer à ses occupations. Il s'agit parfois de simples « petites manies » que l'entourage considère avec indulgence mais l'activité compulsive du sujet peut l'amener à exécuter des rites complexes et longs dans lesquels il implique sa famille. Le seul rôle, non explicité, de ces rites est une réduction de l'anxiété. M. A.

ritualisation

n.f. (angl. Ritualisation)

ÉTHOL. **Phénomène selon lequel des activités consommatoires diverses (comportement agressif, sexuel...) se manifestent chez les Animaux à l'état d'ébauche ou d'activités préalables à l'acte consommatoire lui-même.**

Ces activités possèdent une signification qui semble codifiée, par exemple les combats ritualisés chez les Mammifères ou la parade chez les Oiseaux. A. G.

→ communication.

rituel

n.m. (angl. Ritual)

Chaîne de signaux de structure et de contenu fixes et appelant des réponses déterminées.

Le rituel est défini par les éthologistes à partir de travaux sur les Animaux décrivant la fonction de communication symbolique de certaines chaînes de signaux. Dans le rituel, il y a amplification des éléments du mouvement, ce qui assure l'effet visuel ou/et auditif sur le partenaire : cette exagération aboutit à une cérémonie, comme le rituel prénuptial du Grèbe huppé, décrit par J. Huxley.

Les avis sont partagés sur le bien-fondé de l'utilisation du terme pour l'espèce humaine, car le processus de codification n'est pas le même : décrit en termes de sélection naturelle chez l'Animal, il est considéré sous la dépendance de la sélection psychosociale chez le bébé. Mais on peut l'utiliser pour désigner une séquence d'actes strictement déterminée. De nombreuses situations collectives en sont l'objet (mariages, enterrements, cérémonies religieuses).

On décrit aussi des rituels définis comme répétition compulsive d'actes non fonctionnels chez l'enfant anxieux ou névrotique. Ces rituels solitaires peuvent constituer un symptôme de troubles graves du développement. J. N.

rivalité binoculaire

(angl. Binocular Rivalry)

Antagonisme entre des caractéristiques qui ne peuvent être fusionnées binoculairement comme par exemple deux contours d'orientation orthogonale, deux couleurs complémentaires, etc.

L'incompatibilité neurosensorielle des images des deux rétines empêche leur fusion et conduit soit à la dominance de l'image d'un œil, soit à une alternance spatiale et temporelle des deux images. Si un réseau vertical est présenté à l'œil droit et qu'un réseau horizontal est présenté simultanément à l'œil gauche, on ne percevra pas un quadrillage mais alternativement l'un ou l'autre. C. B.

robustesse

n.f. (angl. Robustness)

Qualité d'une épreuve (test) statistique de n'être pas invalidée par le fait que certaines des conditions théoriquement nécessaires à son emploi ne sont pas respectées. M. R.

ROC (courbe)

(angl. Receiver Operating Characteristic)

Courbe des caractéristiques opérantes de l'opérateur qui décrit, dans la théorie de la détection du signal, la fonction reliant la probabilité des fausses alarmes à la probabilité des détections correctes.

La notion de caractéristique opérante fait référence à une conception de la stratégie de décision des sujets fondée sur des notions d'utilité et de maximisation de l'utilité. Dans le modèle de la détection du signal, la relation entre la probabilité des détections correctes et la probabilité des fausses alarmes est curvilinéaire. Il existe d'autres modèles de la forme de cette relation. C. B.

→ signal (détection du).

Rogers (Carl)

Psychopédagogue américain (Oak Park, Illinois, 1902-La Jolla, Californie, 1987).

Issu d'une famille protestante très religieuse, il reste longtemps partagé entre deux dimensions apparemment contradictoires, phénoménologique et existentielle d'une part, expérimentaliste et scientifique d'autre part. En 1939, il fonde un centre indépendant de psychopédagogie à Rochester (État de New York). Il écrit alors *The Clinical Treatment of the Problem Child* puis devient professeur à l'université de l'Ohio (1940). Son approche (qu'il qualifiera plus tard et très ponctuellement de « non-directive », parlant plus volontiers d'approche centrée sur le client), marquée à la fois par S. Freud et par J. Dewey, est profondément originale. Sa conception de la thérapie, expérimentée avec des schizophrènes et conduite dans l'implication directe thérapeute-malade, sans la distanciation médicale et/ou psychanalytique, sera le modèle des reprises non-directives ultérieures, essentiellement françaises. Il abandonne la carrière universitaire en 1963 pour se consacrer à la recherche, en Californie, mais sa méthode s'est généralisée à l'enseignement malgré ses propres réticences. Ses principaux ouvrages sont *Psychothérapie et relations humaines* (1942), *Client-Centered Therapy* (1951), *le Développement de la personne* (1961). R. L.

Róheim (Géza)

Psychanalyste hongrois (Budapest 1891-New York 1953).

Ayant reçu de S. Ferenczi sa formation d'analyste (1915) et titulaire de la chaire d'anthropologie à Budapest pendant le gouvernement de Béla Kun (1919), il s'est dépeint lui-même comme le premier anthropologue psychanalyste. Parti des thèmes exposés par S. Freud dans *Totem et Tabou* (1912), il les a élargis en reconnaissant l'importance des fantasmes préœdipiens tels que M. Klein les a décrits. Après l'étude sur le terrain, à l'aide d'une méthode psychanalytique, d'un groupe ethnique néo-guinéen (1930-31) ayant une structure sociale analogue à celle des Trobriandais analysés par B. Malinowski, il affirme, contrairement aux thèses de ce dernier, l'existence d'une structure œdipienne universelle. Réfugié aux États-Unis en 1938, il pratique et enseigne la psychanalyse à New York et publie *Origine et fonction de la culture* (1943), *Héros phalliques et symboles maternels dans la mythologie australienne* (1945), *Psychanalyse et anthropologie* (1950), *les Portes du rêve* (1953) et *Magie et schizophrénie* (1955). R. L.

rôle

n.m. (angl. Role)

Ensemble des comportements associés à une place et/ou à un statut et attendus réciproquement par les acteurs sociaux.

Cette notion d'usage courant, reprise en psychologie sociale, présente deux acceptions : l'une d'ordre fonctionnel et pragmatique, en rapport avec certaines situations ou positions (par exemple les rôles de père, de mère, de prêtre, de médecin, qui sont assumés [ou non] en fonction de certains modèles normaux ou idéaux) ; l'autre d'ordre imaginaire, théâtral. On parle de jouer un rôle, sur la scène ou dans la vie ; le rôle pouvant être un masque ou un moyen de s'identifier à un personnage idéal. Le glissement d'un plan à l'autre est fréquent au niveau du discours comme du fantasme dans le « théâtre du monde ». J. L. Moreno découvrait dans le « jeu de rôle » une ressource formatrice et thérapeutique. Dans tous les cas, on n'est jamais seul à tenir un rôle ; drame ou vie quotidienne réunissent plusieurs partenaires dont les conduites sont plus ou moins ajustées ou conflictuelles ; en outre, chaque individu tient alternativement plusieurs rôles en fonction de ses divers statuts.

L'analyse des implications de ce concept charnière requiert une triple perspective.

Au niveau institutionnel, toute la régulation sociale dépend du système et du fonctionnement des rôles sociaux ; leur caractère prescriptif tient à des normes globales et locales qui varient selon les cultures et les époques. Rôles familiaux, sexuels, civiques, professionnels que la sociologie et, avant elle, le théâtre et le roman ont inventoriés et confrontés. Prêtres, médecins, hommes de loi, femmes du monde s'incarnent dans des personnages tour à tour saisissants et stéréotypés, dont Balzac, au XIXe siècle, a campé les modèles. On pourrait aujourd'hui compléter ces modèles par d'autres, du genre manager, cadre, technicien, intellectuel, etc.

Il y a une évolution qui tient essentiellement au changement technique et idéologique ainsi qu'aux tensions qui s'ensuivent. L'usure de certains rôles traditionnels (par exemple en milieu rural) et l'apparition de rôles nouveaux (notamment dans le champ du travail social) correspondent à la transformation des urgences et des valeurs. Ces nouveaux rôles ne s'installent d'ailleurs pas d'emblée car leurs tenants et leurs usagers doivent élaborer peu à peu leur cadre de référence. Parallèlement, les modèles de rôles les plus classiques deviennent sujet à contestation, en particulier quant à leur zone d'autorité (cas du pouvoir parental, marital, patronal). De ce point de vue, l'évolution des mœurs précède les changements législatifs.

Au niveau interactionnel, les rôles se caractérisent par leur complémentarité en s'actualisant dans des situations concrètes et des relations dyadiques ou groupales (père-fils, mari-femme, médecin-patient, maître-élève, etc.). Les normes de rôles, liées à un système d'attentes mutuelles, visent à assurer un ajustement minimal des partenaires. Mais ceux-ci, par suite de conduites imprévues ou d'incompatibilités diverses, restent exposés à des investitures, des malentendus, voir des conflits, malgré des corrections progressives dans leurs communications.

Au niveau individuel, le rôle prend une fonction d'expression en rapport avec la personnalité des acteurs sociaux. Chacun d'eux tient son ou ses rôles en conformité plus ou moins stricte avec les modèles globaux ou locaux dont il est censé s'inspirer. Plus la société est complexe, plus large est la zone offerte au choix, à l'initiative — ou à la déviance. La personne se manifeste à travers une pluralité de rôles dont elle peut modifier le profil et qu'elle intègre plus ou moins harmonieusement. À la limite, elle peut se figer dans l'adoption d'un personnage unique ou, inversement, se dissoudre dans une sorte de protéisme dont Pirandello a peuplé son théâtre. Dans les deux cas, il s'agit d'une sorte d'aliénation à laquelle échappe tout sujet capable d'autonomie. Mais, si tyrannique soit-il, l'idéal personnel reste une formation de compromis entre les modèles de rôles (structurants et sécurisants) et ce qu'on désigne assez obscurément comme la spontanéité propre. L'analyse psychosociale révise ici celle d'une philosophie tendant à opposer avec Bergson le moi profond au moi social.

Les rôles exercent ainsi leur double fonction régulatrice sur les rapports sociaux et sur l'identité personnelle. Mais ces équilibres sont exposés au fil du temps à des tensions et à des conflits qui retentissent plus ou moins fortement sur le vécu personnel et relationnel. À cet égard, les positions d'intersection sont spécialement inconfortables : c'est le cas pour l'émigré marginal, qui se trouve écartelé entre deux cultures ; pour l'adolescent à la frontière de deux classes d'âge ; pour les professionnels coincés entre une base et une hiérarchie (cas de la maîtrise) ; pour ceux dont l'action peut rencontrer des exigences incompatibles (cas des aumôniers militaires). Toutes ces situations ont fait l'objet d'études professionnelles. Celles-ci ont révélé plusieurs issues possibles à ces conflits intrasubjectifs : scotomisation, choix, rupture, compromis, parfois une innovation qui vient élargir l'éventail des rôles (par exemple la fonction de l'animateur ou du consultant qui exerce une influence en dehors d'un pouvoir statutaire). Alors, les conflits de rôles peuvent devenir source de créativité et de changement social. J. M.

→ jeu de rôle, modèle social, statut.

BIBLIOGRAPHIE

Linton, R., 1945, *le Fondement culturel de la personnalité*, trad. fr., 1959, Paris, Dunod.

Rocheblave-Spenlé, A. M., 1962, *la Notion de rôle en psychologie sociale*, rééd., 1969, Paris, P.U.F.

roman familial

(angl. Family Romance ; allem. Familienroman)

Fantasme particulier dans lequel le sujet imagine être né de parents de rang social élevé, tandis qu'il dédaigne les siens, pensant être un enfant adopté par eux.

Dans d'autres variantes de ce fantasme, le sujet peut imputer à sa mère des liaisons amoureuses cachées ou se considérer comme le seul enfant légitime de sa mère. Ces élaborations surviennent lorsque l'enfant est confronté au détachement nécessaire qu'il doit accomplir à l'endroit de ses parents. R. L.

Rorschach (test ou psychodiagnostic de)

Test projectif élaboré en 1921 par le psychiatre zurichois H. Rorschach (1884-1922).

Ce test est composé de dix planches représentant chacune une tache d'encre obtenue par pliage, c'est-à-dire symétrique. Cinq de ces taches sont noires, deux sont noir et rouge et trois sont dans les teintes pastel. Dans un premier temps, le psychologue demande au sujet de lui dire à propos de chaque planche « à quoi ça lui fait penser ». Après la passation des dix planches, l'examinateur procède à une enquête qui lui permettra de coter les réponses et, en particulier, de déterminer pour chacune d'elles le type d'appréhension (la réponse concerne-t-elle toute la tache ou une partie seulement?), le déterminant (forme, couleur, impression de mouvement ou sensation de texture de la tache), le contenu (animal, humain, objet, etc.). Les cotations ainsi obtenues permettent une analyse quantitative en fonction de laquelle on situe le sujet par rapport à une norme et on détermine son type de résonance intime. Ensuite, le discours du sujet est soumis à une analyse qualitative ou clinique, laquelle a donné lieu à de nombreuses élaborations théoriques. Selon l'une de celles-ci, le test de Rorschach provoquerait une oscillation des niveaux de conscience entre un pôle plus archaïque, soumis au principe de plaisir, et un pôle plus adaptatif et permettrait donc de repérer le mode de travail du moi face aux fantasmes inconscients et aux mécanismes de défense. R. L.

BIBLIOGRAPHIE

Anzieu, D., 1960, *les Méthodes projectives*, Paris, P.U.F.

Beizmann, C., 1974 (2e éd.), *le Rorschach, de l'enfant à l'adulte*, Neuchâtel, Delachaux et Niestlé.

Rausch de Traubenberg, N., 1973 (2e éd.), *la Pratique du Rorschach*, Paris, P.U.F.

Rausch de Traubenberg, N., et Boizon, M.-F., 1984, *le Rorschach en clinique infantile; l'imaginaire et le réel chez l'enfant*, Paris, Dunod.

Rosenzweig (test de frustration de)

DIFFÉR. **Test projectif dû au psychologue américain S. Rosenzweig (né en 1907).**

Il est constitué par une série de 24 dessins représentant chacun deux personnages, sur lesquels celui de gauche est en train de prononcer quelques mots décrivant une situation désagréable pour lui-même (ou pour une tierce personne) dont l'interlocuteur de droite est responsable. (Le sujet doit inscrire ce qu'il répondrait s'il était le personnage de droite. Les mimiques et les traits des personnages sont flous, afin de faciliter l'identification du sujet avec le personnage.)

La base théorique du test est la théorie psychanalytique de la frustration par l'agression, celle-ci étant marquée par l'attitude et les paroles du personnage de gauche, celle-là par celui de droite. L'hypothèse est que le sujet s'identifie au personnage frustré et qu'il réagit dans le test comme il le ferait dans la situation réelle correspondante. Le test permet d'étudier les réactions à la frustration du moi (16 images illustrant cette situation) et à la frustration du surmoi (8 images illustrant cette situation). L'interprétation des réponses est faite suivant deux dimensions.

1. La direction de l'agression. La réponse peut être extrapunitive si le sujet répond à la frustration par une agression dirigée vers l'extérieur; elle peut être intrapunitive si le sujet répond en s'accusant lui-même; ou apunitive s'il décrit la situation frustrante comme sans importance.
2. Le type de réaction. On distingue: les réponses dans lesquelles le sujet insiste sur la situation frustrante (l'importance de l'obstacle prédomine sur les autres éléments de la réponse); les réponses de défense du moi (dans lesquelles le moi du sujet joue le rôle le plus important: réaction du type « je suis désolé »); les réponses de persistance du besoin, dans lesquelles l'accent est mis sur la solution du problème.

Les deux dimensions sont combinées et donnent ainsi 9 catégories de réponses indiquées par des symboles particuliers, et les résultats sont donnés sous forme numérique. Puis les résultats obtenus par le sujet sont comparés à ceux d'un groupe d'étalonnage. La cotation du test permet en outre de déterminer un indice d'adaptation sociale, ainsi qu'un indice de force du moi.

Le test de frustration de Rosenzweig, bien qu'il n'étudie qu'un secteur limité de la personnalité, est considéré, à cause de son élaboration quantitative, comme l'une des plus objectives parmi les techniques projectives. R. L.

rotation

n.f. (angl. Rotation)

En analyse factorielle, transformation d'un système de saturations permettant de rendre compte d'un ensemble de corrélations observées en un autre système de saturations présentant cette même propriété. M. R.

→ factorielle (analyse).

routine

n.f. (angl. Routine)

Habitude d'agir ou de penser de la même manière.

En psychologie, on trouve surtout ce terme dans les travaux anglo-saxons. Il désigne, dans différents contextes, un programme ou une suite d'actions.

On appelle *routine de soins* l'ensemble des soins lorsque ceux-ci sont donnés aux jeunes nourrissons à intervalles réguliers (par exemple toutes les 3 ou 4 heures).

On appelle *routine motrice* une suite d'actes moteurs acquis. Dans certaines théories du développement moteur, on fait l'hypothèse que l'acquisition d'une habilité motrice résulte de l'association et de la structuration temporelle de « sous-routines » (actes moteurs simples).

Dans les travaux sur le développement des représentations temporelles et spatiales, on essaie d'établir un parallèle entre les routines (lever, habillage, repas...), qui sont des ordres temporels, et les routes (parcours, itinéraires), qui sont des ordres spatiaux. V. P.

rumeur

n.f. (angl. Rumour)

Forme d'expression et de manifestation de la pensée sociale qui prend la forme d'une proposition ou d'un récit à contenu aversif ou agressif, non vérifiable directement, que se transmettent des individus socialement proches et impliqués dans une situation.

UN SYNDROME PSYCHOSOCIAL

Comme l'opinion, la rumeur se constitue et se propage entre « semblables et prochains »: voisins, parents, amis, collègues de travail. Son contenu, pour aussi extravagant qu'il paraisse, n'est pas indépendant de l'idéologie, des croyances et des enjeux sociaux à un moment donné. Ainsi, contrairement aux apparences, on ne raconte jamais n'importe quoi à n'importe qui.

L'extrême diversité des circonstances et des thèmes révèle cependant des propriétés communes qui permettent de brosser un tableau général. Les principaux traits caractérisant le syndrome de rumeur sont les suivants:

1. l'invérifiabilité directe du contenu transmis, ayant pour pendant compensatoire l'attribution du message à une source susceptible d'être reconnue soit par présomption de compétence (« les milieux bien informés »), soit par présomption de similitude sociale (« un voisin de toujours », « tout le monde », etc.);
2. la négativité de ce contenu (la rumeur est presque toujours anxiogène, catastrophiste, aversive, agressive...);
3. l'implication commune des sujets transmetteurs (le message les concerne à quelque degré en référant à leur identité psychosociale);
4. les transformations subies par le récit lors de sa transmission.

Aucun de ces traits ne suffit isolément à caractériser le phénomène de rumeur; mais l'absence de l'un d'entre eux ôte au syndrome sa spécificité. À l'intérieur de ce cadre général, il est sans doute possible de distinguer des variétés.

Ce syndrome tire son unité essentielle du fait que l'individu s'efforce de maintenir ou de rétablir son appartenance sociale en même temps qu'il préserve sa consistance cognitive.

Dans la mesure où elle est éprouvée, voire momentanément revendiquée, l'appartenance à telle ou telle catégorie de personnes présuppose toujours la différenciation du milieu social : il ne peut y avoir d'identification du « nous » sans identification des « autres » (du moins de quelques « autres »). Les rumeurs sont impliquantes en ce sens qu'elles ont pour effet de renforcer la communauté dans laquelle elles circulent, soit directement (en suggérant l'exposition à une même menace, par exemple), soit indirectement (par l'accentuation de la déviance des « autres », notamment).

D'une manière corrélative, les individus cherchent à assurer la cohérence interne de leur système de croyances et de valeurs. Ils veillent à la compatibilité de ce qu'ils apprennent avec ce qu'ils savent, de ce qu'ils disent avec ce qu'ils croient. Ils acceptent en conséquence ce qui leur paraît compatible et rejettent ou transforment ce qui ne l'est pas à leurs yeux. C'est pourquoi une rumeur n'est jamais bouleversante, au sens fort du mot, pour le groupe dans lequel elle prend corps.

En liaison avec cette dynamique de l'appartenance et de la consistance, il est important de noter que les rumeurs n'apparaissent pas seulement en situation de crise : leur élaboration et leur transmission sont des activités quasi permanentes des groupes, y compris les mieux organisés.

Les études empiriques

Diverses enquêtes sur le terrain (notamment celles de G. W. Allport et Lepkin, R. C. Peterson et Gist, E. Morin) ont été menées depuis près de cinquante ans. Bien qu'elles aient apporté des informations intéressantes, elles n'échappent guère aux limites habituelles de l'étude de cas. Tous ces travaux mettent au moins en évidence la continuité entre les comportements de rumeurs et les mentalités des populations considérées.

C'est à Allport et L. Postman (1945) que revient le mérite d'avoir su définir un paradigme expérimental à la fois simple et fécond. Celui-ci est bien connu : on fait circuler un message préétabli dans une chaîne de personnes et on étudie les transformations successives qu'il subit. Ces dernières peuvent être regroupées en trois classes :

- la réduction (perte d'informations) : elle résulte des capacités limitées de la mémoire humaine mais aussi, comme on a pu le montrer plus récemment, de l'implication même des sujets ;
- l'accentuation, qui correspond à la mise en exergue de certains éléments du message reçu jusqu'à en faire des éléments centraux ;
- l'assimilation, classe très vaste de modifications et d'ajouts allant dans le sens du système de valeurs, d'attitudes et d'habitudes des sujets transmetteurs (stéréotypes, exagérations ou extrémisations, recours à de bonnes formes de récit, condensation de détails, etc.).

On sait aujourd'hui décrire ces phénomènes et les contrôler au moins partiellement en situation de laboratoire.

La pensée sociale à l'œuvre

Loin de relever de la gratuité, la rumeur remplit quatre fonctions interdépendantes : d'abord une fonction explicative, permettant de comprendre et de justifier un aspect de la réalité que les individus redoutent ou contrôlent mal ; ensuite une fonction pragmatique, visant à induire des changements de comportement chez autrui (la rumeur est souvent porteuse de conseils ou de mises en garde) ; une fonction d'intégration sociale, qui invoque et renforce la ressemblance entre les partenaires, leur communauté d'intérêts ou de destin ; et enfin une fonction de différenciation sociale, complémentaire de la précédente, qui illustre ou accentue les distinctions, voire les oppositions, entre les groupes.

Pour assurer ces fonctions en élaborant un message adéquat, la pensée sociale met en œuvre plusieurs mécanismes dont on peut constater la relative régularité. On peut citer par exemple l'attribution, déjà mentionnée, la généralisation (qui fait passer d'un cas singulier à une classe de cas, d'une anecdote à une loi), la surspécification (qui consiste en l'ajout circonstanciel de détails augmentant la crédibilité du message), l'intensification des prédicats, etc. La rumeur est une œuvre collective résultant d'un processus de production qui possède sa logique et ses motivations. Ce processus est analogue à la résolution d'un problème mal défini, qui aboutit pareillement à la production d'une solution circonstancielle ayant valeur de commodité (ou de convenance) bien plus que de vérité.

On est ici à l'opposé de la communication idéale, entendue dans un sens techniciste et normatif. La part de sentiment qui intervient dans l'élaboration des rumeurs n'est pas un avatar de la raison ni l'expression régressive d'une tendance primaire de l'animal humain ; on ne saurait davantage y voir le signe patent d'une incompétence intellectuelle ou d'une perversion morale. Il s'agit au contraire de l'expression même, rendue plus aiguë en certaines circonstances, du sujet connaissant et du sujet socialisé, disons du sujet éprouvant et constituant la connaissance de sa socialité.

M.-L. R.

Bibliographie

Gritti, J., 1978, *Elle court, elle court, la rumeur*, Ottawa, Stanké.

Kapferer, J. N., 1987, *Rumeurs*, Paris, Éd. du Seuil.

Rouquette, M.-L. , 1975, *les Rumeurs*, Paris, P.U.F.

Rouquette, M.-L., 1989, « la Rumeur comme résolution d'un problème mal défini », in *Cahiers internationaux de sociologie*, vol. LXXXVI, 117-122, Paris, P.U.F.

Communication, 1990, numéro spécial, « Rumeurs et légendes contemporaines ».

rythme

n.m. (angl. Rhythm)

Retour à intervalles réguliers d'un fait, d'un phénomène (mouvements, gestes, événements).

Génér. Les rythmes constituent des événements réguliers qui affectent la vie des individus, selon certains cycles. (→ article suivant.) On distingue parmi les rythmes vitaux le rythme nycthéméral, qui est le plus marqué par les activités de la vie sociale ; mais les principaux, ceux qui marquent dès l'entrée dans la vie, sont d'ordre physiologique (respiration, circulation sanguine, etc.

Très tôt, l'être humain est familiarisé avec les rythmes : succession des jours et des nuits, alternance des saisons. Ce sont, comme les appelle Platon, les « mouvements ordonnés dans le temps ». Selon P. Fraisse (1974), « pour connaître les rythmes humains, il faut tout à la fois cerner ce que les hommes peuvent faire et déterminer les possibilités et les limites de leur perception [...] ; l'originalité du rythme est qu'il est à des degrés divers *perçu* et *agi* à la fois ».

La perception de la répétition régulière d'une série de sons est la forme rythmique la plus simple mais, le plus souvent, l'auditeur groupe les éléments sonores. Ces groupements possèdent une structure interne, résultat des différenciations qui s'opèrent en termes d'intervalles et d'accents. « La perception du rythme est faite tout à la fois de la perception de structures et de leur répétition... Le retour périodique a des conséquences importantes : il est source de satisfaction en procurant une excitation facilement entretenue qui est augmentée par l'harmonie réalisée entre le perceptif et le moteur » (Fraisse, 1974). L'organisation rythmique des mouvements ne dépend pas de repères externes. Toutefois, des stimulations rythmiques extérieures, et notamment sonores, qui possèdent les caractéristiques d'organisation décrites ci-dessus contribuent à une meilleure régulation rythmique des actes de l'homme. De plus, elles lui permettent de synchroniser ses activités à celles des autres dans les tâches rythmées, réalisées en groupe.

Dévelop. La discrimination perceptive des structures rythmiques est très précoce. Dès l'âge de 3 à 4 mois, les nourrissons sont capables de différencier des structures auditives sur la base de changements du pattern rythmique. (→ temps.) Par contre, il faut attendre l'âge de 3 ans pour voir apparaître les capacités à reproduire des formes rythmiques. Du point de vue moteur, les premières manifestations rythmiques sont des stéréotypies : des balancements de la tête, du tronc et des membres. On les observe pendant la première année de vie chez les enfants normaux, plus tardivement chez les enfants déficients et, chez ces derniers, elles persévèrent. Forme de tempo moteur spontané, ces comportements rythmiques prédominent à des moments de transition dans le développement moteur (ainsi, les balancements rythmiques des jambes sont surtout observés lors du passage de la station assise à la marche). On a montré que, dès 3 ans, les enfants étaient capables de reproduire un tempo régulier (par exemple en frappant régulièrement avec un crayon sur la table) et de synchroniser ces frappes à un rythme musical.

Fraisse (1974) souligne qu'il faut distinguer l'éducation par le rythme, qui s'adresse à des enfants déficients et qui utilise le caractère spontané des comportements rythmiques élémentaires, de l'éducation rythmique, qui favorise le développement de la perception du rythme et son expression corporelle chez les enfants normaux.

Un rythme biologique peut être décrit comme un système oscillant dans lequel des activités biologiques identiques se produisent à intervalles égaux ou périodes. Les rythmes circadiens de nombreuses fonctions physiologiques ne s'établissent que progressivement, certains dès les premières semaines de vie et d'autres après plusieurs années. Ainsi, le bébé, à la naissance, passe des fractions égales du jour et de la nuit à dormir. Des variations circadiennes émergent après le premier mois de vie, mais le sommeil de l'enfant ne devient monophasique que vers 5 ans. Les rythmes biologiques influencent les activités psychologiques. On commence à bien connaître les rythmes des activités psychologiques des enfants, leurs variations journalières et hebdomadaires (H. Montagner). C'est pourquoi on tente d'aménager les rythmes scolaires pour respecter les rythmes psychologiques de l'enfant et favoriser une plus grande efficacité de ses apprentissages.

V. P. et J.-F. L. N.

→ rythme biologique, rythme psychologique.

BIBLIOGRAPHIE

Fraisse, P., 1957, *Psychologie du rythme*, Paris, P.U.F.

Montagner, H., 1983, *les Rythmes de l'enfant et de l'adolescent, les jeunes en mal de temps et d'espace*, Paris, Stock.

rythme biologique

(angl. Biological Rhythm)

Variation périodique des processus physiologiques.

Une variation cyclique régulière peut être comparée à une fonction sinusoïdale. Plusieurs paramètres quantifiables servent à caractériser un rythme : la période*, l'amplitude*, l'acrophase* et le mésor*.

L'analyse statistique des séries temporelles est extrêmement complexe et, pour ce qui concerne les rythmes biologiques, on ne dispose que de très peu d'outils mathématiques. Toutefois, Halberg et son équipe ont mis au point une méthode d'analyse, l'analyse Cosinor, qui donne l'estimation des différents paramètres caractéristiques.

Il est maintenant admis que les facteurs extérieurs ne sont pas la cause des rythmes biologiques ; ces derniers sont endogènes, c'est-à-dire qu'il existe un mécanisme interne à notre organisme qui est responsable de cette rythmicité. Mais les facteurs externes peuvent modifier la périodicité de ces rythmes : on dit que ces facteurs externes sont des « synchroniseurs », des « Zeitgeber » (donneurs de temps) selon le terme donné par Aschoff dans les années 1950. L'alternance de la lumière et de l'obscurité est un synchroniseur très puissant qui régule de nombreuses activités des organismes vivants. On classe les rythmes selon leur fréquence (valeur inverse de la période). On en distingue trois types.

Les *rythmes de haute fréquence* sont ceux dont la période est inférieure à 1/2 heure. C'est le cas par exemple des ondes électroencéphalographiques, des rythmes cardiaque et respiratoire.

Les *rythmes de moyenne fréquence* ont une période comprise entre 1/2 heure et 60 heures. On distingue les rythmes ultradiens*, circadiens* et infradiens*.

Les *rythmes de basse fréquence* sont ceux dont la période est supérieure à 60 heures. On en trouve un grand nombre : on peut par exemple citer les rythmes circahebdomadaires (environ 7 jours) comme celui de la reproduction de certains Champignons, les rythmes circadiseptiens (environ 14 jours) comme celui du réveil de quelques heures de la Marmotte pendant sa période d'hibernation, les rythmes circamensuels (environ 30 jours), quelquefois appelés rythmes séléniens par analogie avec le cycle lunaire (28 jours), comme celui du cycle menstruel chez la Femme, les rythmes circannuels (1 an), comme celui de l'hibernation, de la migration de certaines espèces animales ou de la reproduction, et, enfin, les rythmes plurannuels, comme celui de certaines variétés de Bambous qui ne fleurissent que tous les 15 ans quelle que soit leur implantation géographique.

Nous sommes donc, comme tous les êtres vivants, constamment changeants et les modifications biologiques rythmiques se réalisent selon des périodicités extrêmement diverses. Certains phénomènes ont une double, voire une triple rythmicité, c'est-à-dire que plusieurs rythmes de périodicités différentes se superposent et conditionnent par leur effet conjugué l'apparition d'un phénomène : c'est le cas par exemple du sommeil.

La nature endogène des rythmes biologiques suppose l'existence de structures nerveuses responsables du déclenchement et du maintien des rythmicités. L'existence de ces pacemakers (→ oscillateurs), tel que celui dont on connaît bien le fonctionnement au niveau du muscle cardiaque, ne fait pas de doute ; la difficulté est de les isoler. De nombreuses expériences de lésions n'ont pas permis de conclusion certaine car toute lésion n'altère pas forcément la source du phénomène qu'on étudie mais le plus souvent seulement un des éléments de la chaîne complexe de processus nerveux qui le génèrent. Certains auteurs font l'hypothèse de l'existence de centres oscillateurs situés dans l'hypothalamus. D'autres suggèrent que les oscillations circadiennes seraient la résultante de l'interaction de multiples oscillateurs intracellulaires.

Par ailleurs, le problème se complique du fait que la plupart des rythmes biologiques sont en étroite relation les uns avec les autres.

Si l'on connaît maintenant un très grand nombre de rythmes biologiques, on reste encore très loin d'en saisir les mécanismes intimes. La question de leur fonction reste également posée : en effet, si la synchronisation des rythmes de tous les individus d'une même espèce permet à ses membres de coopérer à la recherche de nourriture, de résister aux prédateurs ou de rencontrer des partenaires sexuels, de nombreuses manifestations rythmiques n'ont pas de finalité évidente.

P. L.

→ chronobiologie.

BIBLIOGRAPHIE

Reinberg, A., et Ghata, J., 1982, *les Rythmes biologiques*, Paris, P.U.F., 4e éd.

rythme psychologique

(angl. Psychological Rhythm)

Variation périodique de l'efficience comportementale.

On commence à connaître maintenant les caractéristiques des fluctuations des capacités cognitives telles que l'attention et la mémorisation ; les recherches récentes montrent que les différences interindividuelles importantes observées peuvent s'expliquer par des facteurs typologiques tels que la matinalité-vespéralité ou la dépendance-indépendance du champ.

Comme pour les rythmes biologiques, on connaît des rythmes psychologiques de périodicités diverses : ultradiennes (rythmes de l'ordre de 90 minutes par exemple), circadiennes (entre 20 et 28 heures) ou infradiennes (rythmes annuels par exemple).

P. L.

→ chronopsychologie, rythme biologique.

S

saccade oculaire

(angl. Saccade)

Mouvement brusque et conjugué des yeux qui permet le déplacement rapide du regard d'un point à un autre.

La saccade est caractérisée par sa faible durée (20 à 100 ms) et sa grande vitesse (20 à 600''/s). Le mouvement de la saccade est balistique et pratiquement impossible à modifier en cours d'exécution. Il est généralement déclenché de manière automatique lors de l'exploration du champ visuel ou lors de l'apparition d'une stimulation à la périphérie. L'amplitude de la saccade est souvent un peu inférieure à la distance séparant la région initialement fixée et la région visée. Une première saccade est souvent suivie d'une saccade de correction. C'est aussi un mouvement volontaire qui peut être supprimé par une consigne. C. B.

→ poursuite oculaire.

sadisme

n.m. (angl. Sadism ; allem. Sadismus)

Ensemble des perversions sexuelles dont la satisfaction dépend de la douleur morale ou physique exercée sur autrui.

Le terme *sadisme*, comme celui de *masochisme*, a été introduit par R. von Krafft-Ebing en 1886 et repris par S. Freud et la tradition psychanalytique. Freud, après avoir fait l'hypothèse de la notion de pulsion de mort en 1920, définit le sadisme comme l'une des parties de cette pulsion, qui, alliée à la pulsion sexuelle, est tournée vers l'extérieur. Le sadisme suppose une voie active de l'agressivité envers autrui, qui n'est pas toujours liée à la mise en scène de fantasmes sexuels. Chez l'enfant, notamment, une telle pulsion apparaît au moment des stades sadique-oral et sadique-anal. Lorsqu'il concerne l'acte sexuel, le sadisme est à considérer avec son opposé, le masochisme (sadomasochisme). R. L.

BIBLIOGRAPHIE

Davison, G. C., et Neale, J. M., 1982, *Abnormal Psychology*, New York, Wiley.

Stekel, W., 1963-1964, *Sadism and Masochism. The Psychology of Hatred and Cruelty*, New York, Grove Press.

sadomasochisme

n.m. (angl. Sadomasochism ; allem. Sado-Masochismus)

PSYCHAN. **Couple de termes complémentaires caractérisant un double aspect fondamental de la vie pulsionnelle, le sadisme et le masochisme.** R. L.

saillance

n.f. (angl. Saliancy)

Synonyme de relief 2. J.-F.L.N.

saillant, e

adj. (angl. Salient)

Qui possède un relief élevé. J.-F. L. N.

→ dominance, relief 2.

Sakel (cure de)

Technique de choc utilisée autrefois dans le traitement des psychoses. J. P.

→ convulsivothérapie.

salade de mots

(angl. Word Salad)

Mélange de phonèmes et de mots bizarres entremêlés de termes vulgaires, techniques et de néologismes n'ayant aucune signification, au moins pour les auditeurs.

Cette expression a été créée par A. Forel pour décrire un trouble de l'expression verbale proche de la schizophrénie* et qu'on retrouve fréquemment dans les formes délirantes paranoïdes de la schizophrénie. J. P.

santé mentale

(angl. Mental Health)

« Aptitude du psychisme à fonctionner de façon harmonieuse, agréable, efficace et à faire face avec souplesse aux situations difficiles en étant capable de retrouver son équilibre » (J. Sutter).

Elle fait partie du concept plus général de santé : « pleine jouissance du bien-être social, mental et physique et pas seulement absence de maladies ou de déficiences », selon la définition de l'Organisation mondiale de la santé.

Comme on le voit, la notion d'adaptation au milieu a une grande importance dans cette définition, tout particulièrement pour le « bien-être mental » qui nous concerne ici. Celle-ci sous-tend en effet que l'individu en bonne santé mentale est celui qui vit en harmonie avec son entourage, donc bien inséré dans sa famille et dans la société. Il doit jouir également d'un équilibre mental satisfaisant, étant donc capable de résoudre ses conflits à la fois à l'extérieur et à l'intérieur de lui-même et de résister aux diverses frustrations inévitables dans une vie avec les autres. Celui qui n'y parvient pas ne pourra pas jouir de cette bonne santé mentale puisqu'il risque d'exprimer ses conflits non résolus dans une névrose ou même de décompenser complètement et de perdre un contact normal avec la réalité en devenant psychotique.

C'est pourquoi nos sociétés occidentales se sont organisées pour développer des politiques d'hygiène* mentale et de prévention des maladies psychiatriques. Ces politiques, qui peuvent être d'un coût économique important, nécessitent comme préalable de bien connaître les *besoins* en santé mentale. C'est l'épidémiologie* qui va le permettre. Les premières enquêtes épidémiologiques psychiatriques datent du début du XIXe siècle : A. Brigham aurait réalisé la première dans le Connecticut (États-Unis) en 1812 ; puis A. Halliday, en Grande-Bretagne, en 1828 ; P. R. Holst en 1852 en Norvège ; et E. Jarvis, dans le Massachusetts (États-Unis) en 1854. Ces études ont été suivies de beaucoup d'autres, qui toutes avaient en vue l'amélioration de l'assistance psychiatrique pour l'étendre à tous ceux qui pouvaient en avoir besoin et l'adapter à la réalité morbide ou prémorbide mise ainsi en évidence. La connaissance de ces besoins permet d'atteindre les objectifs bien définis par H. Hafner en 1979 :

– assurer l'adéquate utilisation des organismes déjà existants ;

– programmer rationnellement de nouvelles structures de prévention ou de soins ;

– déterminer les priorités, ce qui demande non seulement une bonne connaissance des besoins mais aussi une évolution précise du degré d'urgence de chacun en fonction tant de la gravité des troubles et des risques de mortalité que de la charge qui incombe aux familles et à la communauté (P. E. Munoz).

Mais les politiques de santé mentale dépendront aussi de la définition de la nécessité d'assistance psychiatrique, qui est variable d'une nation, d'une culture et d'une époque à une autre. Cette expression d'une « nécessité perçue » par le sujet, ou par le groupe social où il est situé, est conditionnée, tant qualitativement que quantitativement, par des facteurs extramédicaux (sociaux, culturels ou économiques) qui ont un caractère dynamique et changeant, par le propre fait de l'offre de services qui multiplie la demande. De même, on est passé par une longue période de grande institutionnalisation (accroissement du nombre des lits d'hôpitaux psychiatriques de 1840 à 1960, dans des proportions considérables) à la phase actuelle de « désinstitutionnalisation » en remplaçant ces lits par de multiples structures intermédiaires et en modifiant du même coup la définition de nécessité assistancielle ainsi que les demandes du public, des patients et de leurs familles.

Il n'y a donc pas de politique de santé mentale qui ne dépende des conditions économiques, culturelles et sociales ainsi que des attitudes mentales collectives vis-à-vis de la folie et des malades mentaux. Ce qui explique que ces politiques soient si différentes d'un pays à l'autre et qu'elles restent parfois bien illusoires. J. P.

BIBLIOGRAPHIE

Janisse, M. P., 1988, *Individual Differences Stress and Health Psychology*, New York, Heidelberg, Londres, Paris, Springer Verlag.

Sivadon, P., et Dwon, J., 1979, *la Santé mentale*, Toulouse, Privat.

Collectif: Association internationale de psychiatrie de l'enfant et de l'adolescent et des professions associées, 1986, *Nouvelles Approches de la santé mentale, de la naissance à l'adolescence pour l'enfant et sa famille*, Paris, l'Expansion scientifique française.

satiation

n.f. (angl. Satiation)

Satisfaction complète d'un besoin ou, plus généralement, d'une motivation. J.-F. L. N.

→ motivation.

satisfaction

n.f. (angl. Satisfaction)

1. **Processus par lequel un besoin, ou plus généralement une motivation, est ramené à zéro.**

La faim, en tant que déséquilibre physiologique, peut être satisfaite par un aliment sans saveur mais qui ramène l'état de l'organisme — en l'occurrence la glycémie — à sa valeur d'équilibre.

2. **État affectif agréable qui résulte de la consommation d'un stimulus agréable.**

Un produit sans valeur nutritive, par exemple un substitut du sucre à saveur agréable, peut servir de renforçateur pour un apprentissage. La critique des théories de l'homéostasie repose pour l'essentiel sur la différence entre ces deux sens.

3. **En logique, fait de rendre une formule vraie en remplaçant les variables par les valeurs convenables.**

Des formules telles que $x < 3$ ou la fonction propositionnelle BLANC (x) ne sont en elles-mêmes ni vraies ni fausses. Ces formules peuvent être rendues vraies en remplaçant les variables par des valeurs convenablement choisies: on dit alors que ces valeurs satisfont (rendent vraie) la formule. Pour notre premier exemple, ce sera le cas de nombres comme 1, 2 ou 2,5 mais non de 4,5 ou de 300. Pour le second exemple, ce sera le cas de « neige » mais non de « charbon ».

Les théories propositionnelles de la cognition présupposent que la compréhension du langage repose sur un processus psychologique qui a quelque chose de comparable à la satisfaction logique. Le second exemple ci-dessus illustre cette façon de voir: tout prédicat est alors considéré comme une unité psychologique comportant une ou plusieurs place(s) vide(s) ou, si l'on veut, une ou plusieurs variable(s) qui « attend(ent) » d'être complétée(s).

Toutefois, on ne peut pousser cette analogie trop loin: l'idée, énoncée par certains philosophes, que le « sens », dans le langage, et la satisfaction logique, par l'intermédiaire de la vérification, ne font qu'un — et donc que, symétriquement, ce qui ne peut donner lieu à affectation d'une valeur de vérité est dénué de sens — ne semble pas bien compatible avec les données psychologiques. J.-F. L. N.

→ motivation, prédicat, proposition, sens 2.

1. saturation

n.f. (angl. Loading)

STAT. **En analyse factorielle, corrélation entre une variable observée et un facteur.** M. R.

→ factorielle (analyse).

2. saturation ou saturation chromatique

n.f. (angl. Saturation)

PSYCHOPHYS. **Impression selon laquelle la tonalité de la couleur est plus ou moins soutenue.**

Avec la luminosité et la tonalité, la saturation constitue l'un des trois attributs d'une sensation colorée.

La saturation dépend principalement, mais pas uniquement, de la pureté colorimétrique. On désature une couleur monochromatique en y ajoutant en proportion croissante de la lumière blanche. C. B.

sauvage (enfant)

(angl. Wildchild ou Wolfchild)

Enfant privé de tout environnement humain, qui présente des réactions semblables à celles d'animaux sauvages, ce qui a entraîné les appellations d'enfant-loup, d'enfant-ours, d'enfant-léopard.

La dénomination d'enfant sauvage fut, pour la première fois, adoptée par Guiraud et Constant de Saint-Estève dans leurs rapports de police relatant la première et seconde capture du « sauvage de l'Aveyron », cas sans doute le plus célèbre d'un humain réputé « n'être en aucune manière civilisé ». En psychologie, les enfants sauvages ont alimenté deux débats: celui des rapports entre *nature* et *culture* (angl. Nature-Nurture) et celui, en partie indépendant du premier, du déterminisme précoce de l'ontogenèse.

Du XIVe siècle à nos jours, on recense une cinquantaine d'êtres humains ayant vécu tout ou partie de leur enfance totalement isolés de leurs congénères et ayant été retrouvés dans des environnements peuplés d'animaux sauvages et parfois en compagnie de certains d'entre eux. Ce nombre fait illusion: les récits qui les mentionnent sont le plus souvent de deuxième ou troisième main; ils sont anecdotiques et fourmillent de détails invérifiables, rocambolesques ou fantastiques. Notre connaissance se limite en fait à quelques cas (5 ou 6) relatés par ceux-là même qui ont suivi les enfants depuis leur capture. Parmi ces rapports, on peut citer celui de J. Itard sur Victor, le sauvage de l'Aveyron, que le film de F. Truffaut, *l'Enfant sauvage* (1970), remarquablement fidèle, a vulgarisé et celui constitué par les documents laissés par le révérend Singh et le Dr Sarbadhicari qui prirent en charge les deux fillettes-louves, Amala et Kamala.

Le caractère sauvage de ces quelques enfants, d'âges différents, est d'abord attesté, au moment de leur capture, par leur locomotion quadrupède; leur nutrition: végétarienne chez l'enfant-ours de Hesse et chez Victor, carnivore chez Amala et Kamala, retrouvées dans une niche de louveteaux; leurs activités spontanées de cueillette ou de chasse; leur nyctalopie; leur cycle veille-sommeil; leur alternance d'apathie et d'excitation; leur absence de langage et leur totale incompréhension d'un langage humain; leur peur des hommes: aucun n'a rejoint son espèce de son propre gré.

On a souvent assimilé à cette population les enfants séquestrés, qui composent une catégorie particulière: leur isolement a pu être plus profond que celui d'enfants sauvages; ils ont pu être coupés de tout être vivant, animal ou homme. Mais cette catégorie est également hétéroclite: tous ont bénéficié de quelques apports culturels; certains ont été vêtus, d'autres nourris d'aliments cuits et présentés dans des récipients; d'autres enfin savent utiliser une cuillère ou un couteau, ou un peigne. Kaspard Hauser, cas sans doute le plus illustre, bien qu'ambigu, écrit lui-même ce nom, supposé le sien, dans le registre de police lors de son arrivée à Nuremberg. Sa marche est bipède, bien que trébuchante et vacillante.

Le devenir de ces enfants, après leur réinsertion dans la société humaine, et leurs chances de développement « normal » suscitent plus encore l'intérêt des psychologues. Les tentatives éducatives appliquées à ces sujets ont été des essais de normalisation. Qu'elles soient raisonnées, cohérentes et planifiées, comme chez Itard, ou intuitives et tâtonnantes, comme chez Singh, leur bilan global n'apparaît guère positif : l'enfant sauvage ne parvient à obtenir qu'une partie des acquisitions réussies par les enfants non sauvages à des âges antérieurs à celui qui lui est attribué. Comparés à des individus non sauvages de même âge chronologique, leurs différences en matière de discrimination perceptive, d'habileté motrice et de coordination demeurent patentes ; aussi nettes apparaissent leurs déficiences en matière de production de la parole, de raisonnement opératoire, de compréhension de concepts, ainsi que dans la régulation socio-émotionnelle : leur socialisation reste rudimentaire, y compris dans les échanges avec leurs éducateurs. Les écarts demeurent tels que ces enfants sont soupçonnés d'oligophrénie.

Cependant, une évaluation strictement individuelle de leur évolution, absolue et non plus relative aux performances d'un groupe de comparaison, telle que l'a faite Itard et que l'ont prônée par la suite Gesell et Kellogg, témoigne de changements adaptatifs importants et de progrès cognitifs. Mais ces changements et ces progrès sont obtenus par des procédures coercitives, un dressage, et ils n'entraînent pas une dynamique de changement. Il apparaît donc que le développement de ces individus, dont on ignore les capacités initiales, a été gravement et définitivement obéré par l'ensemble des privations subies précocement. Toutefois, l'ignorance dans laquelle on se trouve de l'âge auquel la privation est intervenue, et de sa durée rend difficile de voir dans les enfants sauvages un modèle pertinent pour expliquer l'ontogenèse. Tout au plus peut-on tirer argument de la convergence entre certains traits présentés par ces sujets et les traits observés dans des expériences de privations réalisées sur l'Animal pour supposer des effets différents des privations en fonction de l'âge. H. B.

→ période sensible.

BIBLIOGRAPHIE

Lane, H., 1979, *l'Enfant sauvage de l'Aveyron*, Paris, Payot.

Malson, L., 1964, *les Enfants sauvages*, Paris, Christian Bourgois.

sauvegarde de justice

Mesure de protection provisoire d'un majeur qui a besoin d'être protégé dans les actes de la vie civile, résultant d'une déclaration au procureur de la République par un médecin ou par le juge des tutelles.

La sauvegarde de justice est une mesure d'urgence qui a été instaurée par la loi du 3 janvier 1968 portant réforme du droit des incapables majeurs. Certaines personnes ne sont plus en état de défendre au mieux leurs intérêts, de pratiquer les actes élémentaires de la vie civile. Tel est le cas d'un certain nombre de malades mentaux ou encore de personnes présentant des infirmités corporelles, tous troubles empêchant l'expression de la volonté ou le discernement des choses. Avant la loi de 1968, seuls les malades faisant l'objet d'un internement étaient dessaisis de la gestion de leur patrimoine pendant toute la durée de l'hospitalisation. À la sortie, ils retrouvaient aussitôt tous leurs droits civils. Depuis la loi de janvier 1968, le médical et le juridique se trouvent séparés ; ainsi par exemple, un patient suivi en ambulatoire peut faire l'objet d'une sauvegarde de justice, alors qu'un autre hospitalisé en psychiatrie ne fera l'objet d'aucune mesure de protection. La loi de 1968 énonce le principe général de la nullité des actes en cas d'insanité d'esprit et institue trois grands régimes de protection : la curatelle, la tutelle et la sauvegarde de justice. La curatelle est une mesure d'incapacité partielle, alors que la tutelle est un régime d'incapacité totale. L'incapacité, quant à elle, est la perte du pouvoir de mettre en œuvre soi-même ses droits et ses obligations.

La sauvegarde de justice devient applicable dès que le certificat établi à cet effet par un médecin spécialiste est enregistré au parquet du procureur de la République. Le majeur conserve l'exercice de tous ses droits. Toutefois, les actes qu'il a passés et les engagements qu'il a contractés pourront être rescindés pour simple lésion ou réduits en cas d'excès. Si la personne protégée a constitué après sa mise sous sauvegarde de justice un mandataire à effet d'administrer ses biens, ce mandat reçoit exécution. En l'absence de mandat, ce sont les règles de la gestion d'affaires qui seront suivies. Cependant, certains proches ou tiers ont l'obligation de gérer le patrimoine de la personne protégée. S'il y a lieu, le juge des tutelles pourra désigner un mandataire spécial, à l'effet de faire des actes de nature déterminée.

La sauvegarde de justice prend fin :
- par une nouvelle déclaration attestant que la situation antérieure a cessé ;
- par la péremption de la déclaration médicale, lorsque celle-ci n'a pas été renouvelée : la première déclaration se périme au bout de deux mois, les déclarations aux fins de renouvellement se périment par six mois ;
- par sa radiation sur décision du procureur de la République ;
- par l'ouverture d'une tutelle ou d'une curatelle : dans ces deux situations, la mesure est prononcée au niveau du tribunal d'instance, par un jugement du juge des tutelles. M. G.

Scander (illusion de)

→ illusion.

scénario

n.m. (angl. Scenario, Script)

Synonyme de script. J.-F. L. N.

scène primitive ou scène originaire

(angl. Primal Scene ; allem. Urszene)

Scène fantasmatique ou réelle dans laquelle le sujet est témoin du coït de ses parents.

Cette scène devrait toute son importance à sa partie traumatique, devenant ainsi un point de fixation des représentations inconscientes du sujet. R. L.

schéma

n.m. (angl. Schema ou Scheme)

Ensemble structuré de connaissances abstraites qui représente un domaine particulier d'objets-stimulus, avec ses traits caractéristiques, ou attributs, et les relations entre attributs.

Le schéma, qu'on peut considérer comme « paquet d'informations » en mémoire, est aussi une structure opératoire. Il contient les plans pour traiter les informations qui relèvent de son domaine d'intervention ; il peut présenter divers niveaux d'abstraction et de généralité ; dans la plupart des cas, un label verbal lui correspond. C'est à l'intérieur de cette structure que peuvent être reconnus et traités tous les exemplaires d'une classe.

GÉNÉR. Parmi les différentes structures de mémoire dont la psychologie cognitive a donné des modèles, le schéma peut être considéré comme le plus général et le plus universel. La notion de *schéma de mémoire* (ou mnémonique) est très voisine de celle de *frame*.

Un schéma est constitué de *constantes*, de *variables*, qui sont, les unes et les autres, fixées, et de *valeurs possibles* de ces variables, le cas échéant accompagnées d'une représentation de leurs distributions. La mémoire à long terme est supposée contenir des représentations génériques des objets, des événements, etc., sous forme de schémas.

Le schéma le plus familier est le schéma d'objet naturel. Les variables y sont des attributs : un objet a une forme, une taille, une couleur, un poids, etc. Il peut avoir une localisation, des attributs temporels, une fonction, etc. Par exemple, le schéma de *pomme* comporte une forme qui accepte une certaine variabilité selon les espèces (plus ou moins aplatie, par exemple), mais qui est assez bien définie pour permettre de distinguer une pomme d'une poire. Le schéma de *pomme* comporte de même une couleur, acceptant elle aussi une certaine variabilité (*verte* ou *jaune* ou *grise*, ou *rouge*, etc., mais *non-bleue*, *non-violette*, etc.). Il comporte un goût, des possibilités d'utilisation, etc. Tout cela constitue l'ensemble des connaissances attachées à *pomme*. À l'intérieur de ce schéma peuvent avoir leur place des sous-schémas. Par exemple, le sous-schéma de *pomme reinette grise* spécifie de façon déterminée le schéma précédent.

Symétriquement, un schéma peut être lui-même un sous-schéma d'un schéma plus général. Le schéma de *pomme* est un sous-schéma du schéma de *fruit*, qui peut lui-même être considéré comme un sous-sous-schéma du schéma d'*objet naturel*. De même, le schéma de *marteau* est un sous-schéma du schéma d'*outil*, qui est lui-même un sous-sous-schéma du schéma d'*objet artificiel*. Ce dernier est, avec le schéma d'*objet naturel*, un sous-schéma du schéma d'*objet* (en général).

En principe, un sous-schéma « hérite » de tous les attributs des schémas situés au-dessus de lui. Il leur ajoute des restrictions. Ainsi *pomme* hérite de l'attribut *a une couleur*, à quoi il ajoute les restrictions *verte* ou *jaune* ou *grise*, ou *rouge*, etc., mais *non bleue*, *non violette*, etc. De même, à l'attribut fonctionnel *sert à la reproduction*, il ajoute la restriction *au moyen de pépins* (mais *non de noyau*, *non d'ovules*, etc.). Ces restrictions ont la forme de *valeurs de variables*, ici des attributs, situées dans le schéma supérieur.

On peut considérer d'autres sortes de schémas que les schémas d'objets. C'est le cas, par exemple, des schémas d'*événements simples*. Ils ont pour constantes un objet, et deux moments du temps, t_1 et t_2. Ils ont pour variables les états de l'objet à ces moments. Par exemple, le schéma de *rougir* est composé d'un objet, d'un moment t_1 où l'objet est non-rouge, et d'un moment t_2 où l'objet est rouge. Ce schéma s'applique aussi bien à une pomme qui mûrit qu'à un visage qui rougit à l'occasion d'une émotion. Un script (ou scénario) peut, de son côté, être considéré comme une classe particulière de schéma, celui d'un événement complexe composé d'une suite de sous-événements. (→ script.)

On peut considérer encore d'autres entités cognitives comme des classes de schémas. On parlera par exemple de *schéma de raisonnement* pour décrire un ensemble de raisonnements semblables au moyen de constantes et de variables. Un des exemples les plus simples est celui du schéma de règle : « si... alors... », (ou « si *p*, alors *q* ») dans ce qui précède, les variables sont représentées soit par les points de suspension, soit par *p* et *q*, et les constantes par « si » et « alors ».

La notion de schéma en mémoire à long terme correspond bien à l'idée que la mémoire extrait de l'environnement les diverses sortes d'invariances ou de constances, et notamment celles qui sont sous-jacentes à la multiplicité des choses et à la répétition des événements.

Ces schémas servent ensuite aux diverses formes de traitement de l'information. La perception repose sur la reconnaissance de la possibilité d'appliquer un schéma : un ensemble d'informations présentes contenues dans un stimulus (par exemple, à l'occasion de la vue d'un chien) peut être apparié avec succès au schéma correspondant (ici, le schéma de *chien*). La résolution de problèmes, les traitements, syntaxiques aussi bien que sémantiques, dans la compréhension du langage peuvent être également analysés au moyen de la notion de schéma. J.-F. L. N.

SOCIAL. Nous disposerions de milliers de schémas pour traiter l'information sociale. Une classification simple consiste à les distinguer par domaines de stimulus : schémas de *personnes* (personnes prises individuellement, y compris soi-même, personnes prises en groupes) ; schémas de *relations* et de *rôles* ; schémas de *situations*. Les attributs et relations entre attributs diffèrent selon le domaine concerné : par exemple, ce sont des traits de personnalité (= adjectifs qualificatifs) et les relations de subordination et d'implication entre traits qui sont « contenus » dans les *prototypes* de personnes ; ce sont des actions (= verbes) et leur enchaînement séquentiel qui sont « contenus » dans les scripts*.

Il y a peu de preuves directes de l'existence et de la nature des schémas ; plusieurs auteurs critiquent les faiblesses de ces constructions hypothétiques et certains en contestent même la nécessité. Ils se sont pourtant avérés de bons outils conceptuels pour explorer l'influence du savoir social sur le traitement des informations : ils permettent de prédire à quelles informations on fait sélectivement attention et comment elles sont organisées, codées, stockées en mémoire et restituées ; ils fournissent au sujet percevant des cadres de référence qui lui permettent de comprendre, et, au-delà des informations présentes, d'évaluer, de prévoir, de tirer des inférences et de décider de son action. Le caractère parcellaire des recherches ne permet pas pour le moment de dire si tout schéma peut avoir tous ces effets à la fois. Un schéma est une structure latente qui, à un moment donné, est activée, de façon externe (par les propriétés des informations ; ou bien par la question que l'on pose au sujet) ou interne (le sujet se donne un but de traitement ; ou bien il vient d'utiliser un schéma et ce schéma reste actif quelque temps). On sait encore peu de choses sur les conditions d'activation d'un schéma particulier lorsque la complexité des données est telle qu'il peut y avoir plusieurs interprétations : observant le comportement d'une personne vis-à-vis d'une autre, le sujet percevant utilise-t-il un schéma de personne, un schéma de rôle ou un schéma de situation pour traiter cette information ?

Situer les phénomènes sociaux dans une perspective cognitive de traitement d'information a non seulement permis de renouveler l'approche de thèmes traditionnels (la perception des personnes), d'en aborder de nouveaux (la connaissance des situations sociales), mais encore d'explorer autrement d'autres champs, par exemple l'altruisme, le changement d'attitude. G. M.

→ frame, mémoire, représentation mentale, script.

BIBLIOGRAPHIE

Bartlett, F., 1932, *Remembering: a Study in Experimental and Social Psychology*. Londres, Cambridge University Press.

Bonnet, C., Hoc, M., et Tiberghien, G. (Eds), 1986, *Psychologie, intelligence artificielle et automatique*, Bruxelles, Mardaga.

Lindsay, P. H. et Norman, D. A., 1980, *Traitement de l'information et comportement humain. Une introduction à la psychologie*, trad. fr., Montréal, Éditions vivantes.

Richard, J. F., 1990, *les Activités mentales*, Paris, A. Colin.

Schank, R. C., et Abelson, 1977, *Scripts, Plans, Goals and Understanding*, Hillsdale, New Jersey, Lawrence Erlbaum Ass.

schéma corporel

(angl. Body Schema)

Représentation plus ou moins consciente du corps — en action ou immobile —, de sa position dans l'espace ainsi que de la posture des différents segments corporels.

Cette représentation résulte essentiellement de l'intégration des informations sensorielles multiples à la fois extroceptives (visuelles, tactiles et auditives) et proprioceptives (cénesthésiques et kinesthésiques), notamment vestibulaires, musculaires, articulaires, tendineuses. La notion de schéma corporel a posé quelques problèmes en raison de ses origines, un modèle dualiste somato-psychique des débuts de la psychologie. Elle se situe à la fois du côté du sensible (somato-esthésie) et du côté de la conscience (de soi), étant en même temps conçue comme la conséquence d'une intégration d'expériences sensorielles multiples, et comme une donnée immédiate de la vie consciente. Mais son ambiguïté ne doit pas nous empêcher de l'utiliser, car, comme l'a écrit G. Gusdorf dans *la Découverte de soi*, s'en débarrasser ne ferait que « se lancer dans une suite de travaux d'Hercule pour réaliser une économie assez mince et bien dérisoire ».

Le terme lui-même a été créé en 1923 par le neuropsychiatre viennois P. Schilder. Il a d'abord découvert l'ensemble des données cénesthésiques et sensorielles fournies par le corps lui-même. Mais il s'est progressivement étendu à un véritable complexe de représentations et de significations symboliques mettant en jeu toute la personnalité, ce phénomène étant un produit à la fois de l'inné et de l'acquis, de l'hérédité et du milieu.

Les travaux récents de neurophysiologie et de neuropsychologie ont permis de distinguer deux notions plus ou moins confondues dans la littérature neurologique. Un premier niveau de traitement des informations sensorielles permet l'élaboration d'une image du corps, support de l'expérience consciente de notre corps perçu comme un corps identifié. L'expérience du corps situé résulterait du traitement des informations sensorielles quant à la position respective des différentes parties du corps et quant à la position du corps dans un espace de référence «égocentré» (F. Paillard, 1980). Cette conception du schéma corporel se rapproche fortement de celle élaborée, dès 1911, par Head et Holmes, pour qui le schéma corporel était à concevoir comme un instrument de mesure des changements de posture conscients ou inconscients.

L'ACQUISITION DU SCHÉMA CORPOREL CHEZ L'ENFANT

Le schéma corporel n'est pas inné et se construit au cours du développement. En effet, l'intégration sensori-motrice est progressive. À la naissance, l'enfant n'est pas conscient du monde qui l'entoure, ni de son corps propre, ni, a fortiori, de la séparation entre les deux. Ce sont les réflexes archaïques qui mettent en jeu les sensations tactiles et auditives (à l'origine des réactions de défense) ou orales (succion des objets). Les réactions dites «schèmes préformés du comportement» (préhension, évitement, fouissement), quoique dénuées de toute signification pour l'enfant, lui permettent cependant un début d'orientation dans l'espace.

Il est classiquement admis que de la naissance à 3 mois environ, les informations fournies par les différentes modalités sensorielles ne sont pas encore coordonnées. Le schéma corporel serait donc limité à certains sous-espaces locaux. Néanmoins, la présence de réponses posturales antigravitaires très adaptées, l'existence d'interactions précoces entre les systèmes sensoriels (par exemple, entre les sensibilités visuelle et vestibulaire, tactile et visuelle) laissent penser que des formes primitives de schéma corporel pourraient être observées très tôt dans le développement. La maturation, durant les trois premiers mois de la vie, des structures nerveuses permet une différenciation progressive des informations proprioceptives et extéroceptives et l'apparition des premières coordinations sensori-motrices assurant un traitement spatial des informations sensorielles. Le bébé devient progressivement capable de distinguer son corps des objets du milieu environnant. Il devient également capable d'utiliser le schéma corporel comme un système de référence permettant la localisation et la saisie des objets par rapport à la position de son propre corps dans l'espace.

C'est vers 6 mois que commence l'intégration des trois modalités de sensation: visuelle, tactile et kinesthésique. Les objets perçus par la vue vont permettre de reconnaître les différentes parties du corps; ils sont portés à la bouche de telle sorte que peu à peu l'enfant en arrive à distinguer ce qui dépend de son propre mouvement et ce qui appartient au monde extérieur. Ainsi débutent à la fois la reconnaissance de l'objet et celle du corps propre. Elles sont bientôt suivies d'une ébauche d'anticipation sur la perception. Et c'est à partir de 1 an, comme l'a montré H. Wallon, qu'apparaît la «motilité intentionnelle» projetée vers l'objet. L'espace objectif, distinct du corps propre, s'élabore; la préhension ayant cessé d'être un réflexe automatique de grasping devient soumise au contrôle volontaire; la motricité est alors de plus en plus une activité dirigée vers un but et dotée de significations. La verticalisation confirme cette évolution d'abord par l'acquisition de la station assise (6 mois), puis de la station debout (9 mois), et enfin de la marche (12-16 mois).

Avec l'acquisition des déplacements autonomes, puis de la marche, le schéma corporel, alors constitué, se modifie et se complète par l'élaboration d'une représentation sans cesse renouvelée du corps mobile dans le milieu environnant. Par la suite, le schéma corporel s'affine avec l'acquisition du langage. Il atteint définitivement le niveau gnosique symbolique avec l'apparition de la dominance latérale (généralement droitière), qui se fixe vers 5 ou 6 ans, âge à partir duquel se produit, en cas d'amputation, le phénomène du membre fantôme. Il faut attendre l'âge de 6 ans environ pour que la constitution soit à peu près achevée: ce n'est qu'à cet âge qu'un enfant est capable de reconnaître la droite de la gauche sur son propre corps.

Les fonctions imitatives interviennent également dans la constitution du schéma corporel en permettant à l'enfant de mettre en relation son corps avec celui d'autrui. Ainsi pour Wallon, la construction du schéma corporel et celle de la perception de l'autre relèvent d'un même processus de développement. Une conception similaire se retrouve dans les approches psychanalytiques (par exemple F. Dolto, 1980) qui distinguent également le schéma corporel de l'image du corps. Pour la psychanalyse, le schéma corporel, qui est en partie inconscient, mais également conscient ou préconscient, réfère le corps actuel dans l'espace à l'expérience immédiate. Il est en principe peu sensible aux variations interindividuelles: à âge égal, il sera le même pour les différents individus de l'espèce humaine. À l'inverse, l'image du corps, qui est toujours inconsciente, est propre à chacun: elle est liée au sujet et à son histoire. Elle représente la synthèse vivante des expériences émotionnelles du sujet. Elle est constituée de l'articulation dynamique d'une image de base, d'une image fonctionnelle et d'une image des zones érogènes, lieu privilégié d'expression des pulsions.

LES TROUBLES DU SCHÉMA CORPOREL

Des troubles mineurs du schéma corporel (mauvaise latéralité, difficultés de repérage spatial) sont assez fréquents. Il semble en outre que la fréquence de ces défauts mineurs de structuration soit plus élevée chez les anciens prématurés.

Des troubles plus importants du schéma corporel se produisent à la suite de lésions du lobe pariétal (cas de lésions étendues du carrefour pariéto-temporo-occipital cortical). Il faudra distinguer les altérations de l'hémisphère mineur de celles de l'hémisphère dominant. Dans le premier cas, les troubles portent (chez le droitier) sur l'hémicorps gauche, se traduisant soit par un sentiment d'absence ou de non-appartenance de l'hémicorps, soit par une hémiasomatognosie pouvant aller jusqu'à l'inconscience totale de celui-ci. En cas d'atteinte motrice concomitante (hémiplégie) apparaît souvent une anosognosie, qui est une méconnaissance du trouble moteur frappant cet hémicorps, les troubles restant localisés à celui-ci. En aucun cas, ils ne touchent à la véritable conscience du corps dans son ensemble. Mais les lésions de l'hémisphère dominant entraînent une asomatognosie globale centrée sur le syndrome de Gerstmann et sur l'autotopoagnosie*.

Le premier associe une agnosie digitale à l'incapacité de distinguer la droite de la gauche et à une apraxie constructive avec agraphie et acalculie. Quant à l'autotopoagnosie, elle se caractérise par l'impossibilité pour le patient de reconnaître et de désigner les diverses parties de son corps. Il s'agit donc bien d'une atteinte des activités symboliques et sémantiques, en rapport sans doute avec une extension des lésions aux régions voisines du lobe temporal.

On voit ainsi que, par l'étude de sa genèse et par celle de sa pathologie, le schéma corporel peut se situer à deux niveaux: d'une part, celui d'une «structure primaire d'intégration somatognosique polysensorielle non médiatisée», dont l'atteinte se manifeste sur l'hémicorps mineur; d'autre part, celui d'une «structure secondaire à médiation verbale, développée au niveau de l'hémisphère majeur» (R. Angelergues), structure dont l'atteinte entraîne un trouble général de la connaissance du corps, ce niveau se confondant indiscutablement avec celui des activités symboliques inhérentes à la pensée représentative ou opératoire (J. Piaget). F. J., J. P., M. B. et J. P.

BIBLIOGRAPHIE

Warner, J., et Werner, H., 1965, *The Body Percept*, New York, Random House.

schématisation

n.f. (angl. Schematization)

GÉNÉR. **Généralisation selon une structure commune ou schème d'une activité sensori-motrice sous l'effet de sa répétition (J. Piaget).**

Selon que l'accent est mis plus particulièrement sur le versant moteur ou sur le versant perceptif de l'action, Piaget parle de schème d'action ou de schème perceptif.

DÉVELOP. **Construction d'une représentation imagée d'un objet ou d'un événement particulier, ou bien du prototype d'un ensemble d'objets ou d'événements considérés comme équivalents.**

Toute schématisation est personnelle à un individu qui, au cours de rencontres répétées avec ces objets ou ces événements, retient une partie de leurs caractères, en élimine certains et en déforme d'autres. E. V.

→ modèle, schème.

schème

n.m. (angl. Schema)

GÉNÉR. **Structure prototypique qui rassemble des cycles d'action, ou des objets, des événements, qui diffèrent entre eux mais sont considérés équivalents par un individu donné.**

De très nombreux auteurs utilisent la notion de schème : les uns, comme J. Piaget, l'associent à des contenus très divers, d'autres limitent son usage à l'évolution d'une trace mnésique, à la construction d'une représentation imagée, mais on retrouve chez tous les caractéristiques suivantes :
1. un schème est une structure dynamique qui se construit au cours de répétitions nombreuses d'actions ou de perceptions et qui évolue en fonction de nouvelles expériences ;
2. un schème est un plan, un programme d'activités motrices observables et d'activités inférentielles et comparatives non observables ;
3. un schème ne retient que les traits essentiels qui définissent sa forme, les relations spatiales et temporelles entre ses constituants, et son fonctionnement.

La construction d'un schème va dans le sens d'une simplification qui prend la forme d'une régularisation ou, au contraire, d'une exagération des traits caractéristiques.

Le schème est l'équivalent sensori-moteur ou figural du concept logique.

DÉVELOP. **Dans la théorie de Piaget, totalité organisée qui se construit par tâtonnement et par assimilation d'éléments nouveaux à un schème antérieur, et qui se conserve en fonctionnant par simple répétition suivie de généralisation.**

LE SCHÈME CHEZ PIAGET

Le schème est susceptible d'accommodation à une nouvelle situation. En s'associant et en se coordonnant, les schèmes forment des systèmes de plus en plus complexes à structure hiérarchique. La notion de schème se retrouve, dans la plupart des œuvres de Piaget, associée à des contenus très divers : schème réflexe, sensori-moteur (préhension par exemple), perceptif (empirique et géométrique), opératoire (sériation), schème de l'objet permanent, etc. ; mais c'est avant tout un schème d'action.

SCHÈME RÉFLEXE

Le *schème réflexe* est un mécanisme physiologique héréditaire fonctionnant dès la naissance, soit spontanément, du moins en apparence (succion à vide), soit sous l'effet d'une stimulation directe, observable (contact du sein pour la succion alimentaire). Les schèmes réflexes présentent une plasticité qui les distingue d'autres réflexes présents aussi dès la naissance : l'exercice les perfectionne puis entraîne peu à peu une adaptation au milieu extérieur et finalement leur transformation en schèmes sensori-moteurs. Parmi les schèmes réflexes, Piaget cite la succion, l'agrippement, les réactions posturales, les cris et vocalisations. On pourrait ajouter à cette liste des comportements très précoces comme le *geste d'atteinte* ou *approche manuelle* (angl. Reaching), le recul de la tête en réponse à l'expansion d'un stimulus visuel (angl. Looming), qui ont fait récemment l'objet de nombreuses recherches.

SCHÈME SENSORI-MOTEUR

Le *schème sensori-moteur* est un ensemble d'actions effectives constituant l'équivalent moteur d'un système de classes et de relations. Piaget décrit des schèmes sensori-moteurs primaires (qui apparaissent au stade 2 de la période sensori-motrice) et secondaires (stade 3) qui s'actualisent sous forme de réactions circulaires primaires, secondaires et tertiaires. Piaget emploie souvent indifféremment les termes de schème et de réaction circulaire. Peut-être est-ce dû au fait que, si l'observateur peut distinguer la structure qu'est le schème de la conduite observable qu'est la réaction circulaire, cette différenciation n'existe pas pour le bébé.

Un schème sensori-moteur primaire dérive directement d'un schème réflexe, par intégration à ce dernier d'éléments jusqu'alors indépendants de celui-ci, grâce à un exercice fonctionnel adaptatif. Les schèmes sensori-moteurs secondaires s'élaborent par assimilation réciproque de schèmes primaires mis en présence. C'est le cas, par exemple, des schèmes de « regarder » et de « prendre en main un objet » qui donnent naissance au nouveau schème de « prendre ce qu'on regarde ». Au stade 4 de l'intelligence sensori-motrice, les schèmes secondaires deviennent mobiles et souples ; ils peuvent alors se coordonner mais aussi se dissocier en schèmes de moyen et en schème de but. Enfin, une distinction s'opère entre le schème principal, qui procure un but à l'action, et des schèmes auxiliaires, qui interviennent au fur et à mesure, tout en demeurant subordonnés au schème principal qui est appelé à systématiser l'ensemble de ces schèmes en une nouvelle unité.

Le schème sensori-moteur apparaît successivement sous trois grandes formes :
1. les rythmes en sont les formes initiales observées dans les mouvements spontanés et globaux ;
2. les régulations contrôlent, par tâtonnement, le fonctionnement des premiers schèmes. Les réactions circulaires forment une transition entre les rythmes et les régulations qui atteignent une semi-réversibilité par l'effet rétroactif des corrections successives ;
3. un début de réversibilité en action est à l'œuvre dans la constitution du groupe des déplacements et des invariants de groupe (par exemple schème de l'objet permanent).

SCHÈME PERCEPTIF

Selon Piaget, le *schème perceptif* est le « produit d'activités perceptives de transports et de transpositions spatio-temporels tels que, en présence d'objets analogues ou identiques (en réalité), le sujet se livre aux mêmes formes d'exploration et de mises en relation, ce qui le conduit à la recognition ». Une fois le schème bien établi, l'exploration effective n'est plus indispensable et la reconnaissance se fait de façon immédiate, même lors d'une présentation tachistoscopique. Les schèmes perceptifs comportent des aspects déformants aussi bien que des aspects compensatoires.

Piaget distingue deux sortes de schèmes perceptifs : les schèmes géométriques et les schèmes empiriques. Les schèmes géométriques correspondent aux bonnes formes secondaires, acquises grâce à une activité perceptive de mise en relation de propriétés, telles que les proportions simples, avec une prédominance des équivalences et des symétries. Piaget oppose ces bonnes formes secondaires aux bonnes formes primaires résultant d'effets de champ. Les schèmes empiriques sont de bonnes formes significatives dont la prégnance est en partie fonction du nombre des objets antérieurement perçus. Produits d'activités perceptives de transports et transpositions temporels, les schèmes empiriques assurent la liaison entre l'image perceptive et la représentation d'objets significatifs. Ils permettent l'identification des objets familiers. Un exemple emprunté à E. Brunswik illustre bien la distinction entre schèmes géométriques et schèmes empiriques. Une forme dessinée, intermédiaire entre une main et une palmette symétrique à 5 branches, est présentée au tachistoscope à des adultes. La moitié de ceux-ci perçoit une palmette régulière, déformant ainsi le stimulus par symétrisation (bonne forme géométrique), l'autre moitié perçoit la main en exagérant la dissymétrie du modèle (bonne forme empirique).

LE SCHÈME CHEZ D'AUTRES AUTEURS

Cruciale dans la théorie de Piaget, la notion — ou tout au moins le terme — de schème a été adoptée par un certain nombre d'auteurs qui en ont retenu essentiellement le caractère de structure représentative.

Seule l'école russe semble avoir, dans le cadre de la théorie de l'image, insisté sur l'influence de l'activité perceptive, surtout exploratoire, dans le genèse du schème. F. Bartlett s'est intéressé au schème de mémorisation dont il a étudié l'évolution avec le temps. Pour M. D. Vernon, le schème est une conceptualisation de l'expérience antérieure qui sert de médiatrice à la perception. Pour plusieurs autres auteurs le terme de schème suggère une tendance centrale analogue au processus de construction d'un portrait-robot, ou d'un prototype, rassemblant les propriétés communes d'un ensemble d'objets en vue de former un concept de classe. E. V.

schizoïde

adj. et n. (angl. Schizoid)

1. Se dit de certains aspects de la personnalité qui se rapprochent de la schizophrénie. 2. Se dit de ce qui relève de la schizoïdie. 3. Se dit d'un sujet présentant une schizoïdie. J.P

schizoïdie

n.f. (angl. Schizoidia, Schizoidism)

Constitution mentale, ou mieux structure de la personnalité aux limites du pathologique, caractérisée par une tendance à l'introversion, l'intériorisation des affects, le repli sur soi pouvant aller jusqu'à l'isolement, la rêverie, l'attrait pour les abstractions.

La mise à distance de la réalité extérieure que constitue la schizoïdie ne va cependant pas jusqu'à une véritable rupture avec celle-ci, comme on le voit dans la psychose, et tout particulièrement dans la schizophrénie. On a parfois considéré que la schizoïdie pouvait être une forme atténuée de cette psychose, ou constituer un terrain prédisposant à l'apparition de cette grave maladie. Il s'agirait dans ce cas d'un véritable biotype désigné par E. Kretschmer sous le nom de schizothymie (→ schizothymie).

En fait, beaucoup de schizoïdes ne deviennent jamais schizophrènes, et, dans les antécédents de la schizophrénie, on ne trouve les traits de cette personnalité prémorbide que dans moins de 50% des cas. J. P.

schizomanie

n.f. (angl. Schizomania)

Forme atténuée de schizophrénie caractérisée par une exagération morbide de tous les traits schizoïdes.

H. Claude avait créé ce terme (1926) pour désigner un état pathologique se développant à partir de la schizoïdie, sans s'accompagner véritablement de dissociation mentale ni de discordance affective. Les symptômes étaient pour lui l'inadaptation au milieu, la tendance aux rêveries morbides, le négativisme, la bizarrerie du comportement et parfois des fugues ou des réactions agressives particulièrement violentes. L'évolution se caractérisait par des épisodes d'excitation délirante auxquels succédaient de longues périodes dépressives d'allure atypique. Une telle affection rentrerait plutôt maintenant dans le cadre des psychoses schizo-affectives. J. P.

schizonoïa

n.f. (angl. Schizonoia)

Tendance générale à la discordance entre le comportement extérieur qu'un sujet tient à conserver vis-à-vis de son milieu, et son activité psychique inconsciente.

Le terme, créé par E. Pichon (1932), a été ensuite repris par H. Codet et R. Laforgue pour rassembler toute une série d'arriérations affectives s'accompagnant de discordance et de repli autistique. En fait, il s'agissait, comme pour la schizomanie individualisée par H. Claude un peu plus tôt, d'écarter du cadre, qu'ils jugeaient trop envahissant, de la schizophrénie, un certain nombre de formes mineures ou pseudo-névrotiques de cette psychose chronique. J. P.

schizophasie

n.f. (angl. Schizophasia)

Langage pathologique fait de néologismes et de mots déformés, sans respect de la structure grammaticale ou syntaxique, totalement incompréhensible pour l'entourage.

Le terme, créé par E. Kraepelin, désigne donc une altération particulièrement grave de l'expression verbale, accompagnant la dissociation mentale et la discordance affective dans les formes paranoïdes et autistiques de la schizophrénie, à un stade d'évolution assez avancé. J. P.

schizophrène

adj. et n. (angl. Schizophreniac, Schizophrenic)

Se dit d'une personne atteinte de schizophrénie. R. L.

schizophrénie

n.f. (angl. Schizophrenia)

Psychose grave survenant chez l'adulte jeune, habituellement chronique, cliniquement caractérisée par des signes de dissociation mentale, de discordance affective et d'activité délirante incohérente, entraînant généralement une rupture de contact avec le monde extérieur et un repli autistique.

C'est à partir de la démence précoce définie par E. Kraepelin comme une psychose chronique endogène survenant à la fin de l'adolescence et évoluant sur un mode progressivement déficitaire que E. Bleuler va, en 1911, créer le concept nosologique de « schizophrénie » (du grec *schizein*, « fendre », et *phrên*, « esprit »). En utilisant l'enseignement freudien que lui a transmis son assistant C. Jung, le maître de la psychiatrie zurichoise publie, dans le grand *Traité de psychiatrie (Handbuch der Psychiatrie)* d'Aschaffenburg, son célèbre travail sur « Dementia Praecox, oder die Gruppe der Schizophrenie » (1911) : « Je nomme démence précoce, schizophrénie parce que, comme j'espère le démontrer, la *dislocation* (allem. Spaltung) des diverses fonctions psychiques est un de ses caractères les plus importants. Pour la commodité, j'emploie le mot au singulier bien que le groupe comprenne vraisemblablement plusieurs maladies. »

Contestant la notion d'évolution démentielle soutenue par ses prédécesseurs, Bleuler définit le groupe des schizophrénies comme un groupe de psychoses dont l'évolution est soit continue, soit phasique et qui se caractérise par la dislocation des fonctions psychiques (complexes indépendants dont dépend l'unité de la personnalité, celle-ci étant dominée tantôt par l'un, tantôt par l'autre de ces *complexes* [allem. Komplexen] ou *tendances* [allem. Strebungen]) ; puis par des troubles des associations d'idées, responsables des barrages, enfin par des troubles affectifs s'accompagnant de discordance et d'ambivalence.

Plus tard, Bleuler va préciser l'aspect structural des schizophrénies et proposer une double dimension : fondamentale, négative ou déficitaire, marquée par la dissociation de la vie psychique (c'est elle qui a pu jusqu'alors faire considérer ces patients comme des déments) ; et accessoire, positive, libérée par la dimension précédente (c'est celle du délire qui naît d'illusions et d'hallucinations pour aboutir à des « chaos délirants » sans lien logique ni systématisation aucune). Puis, Bleuler va, dans ce groupe des schizophrénies, tracer une division en 4 catégories :

1. la forme paranoïde, essentiellement marquée par des productions délirantes, floues et incohérentes ;
2. la catatonie, à expression psychomotrice ;
3. l'hébéphrénie, où domine l'affaiblissement ;
4. la forme simple, où n'existent que des signes fondamentaux évoluant sur un mode mineur.

C'est la division en formes cliniques qui sera généralement reprise par ses successeurs. Certains, en particulier les psychiatres anglo-américains, vont d'ailleurs étendre le concept nosologique à presque tous les états psychotiques délirants aigus et chroniques, à l'exception d'un cadre limité réservé à la paranoïa. En revanche, en France, la notion d'altération dissociante de la personnalité, héritée de Bleuler, permet à H. Ey de définir la schizophrénie comme une psychose chronique caractérisée par une « transformation profonde et progressive de la personne, qui cesse de construire son monde en communication avec autrui pour se perdre dans une pensée autistique, c'est-à-dire dans un chaos imaginaire ».

Il faut reconnaître cependant que bien des divergences apparentes persistent dans la définition clinique de la schizophrénie. Celles-ci tiennent souvent à des conceptions étiopathogéniques différentes que les diverses écoles psychiatriques ont défendues pour expliquer les causes de l'affection. Car de nombreuses hypothèses, fondées sur des données plus ou moins sûres, se sont développées à propos de la causalité et de la nature même de la maladie. Elles peuvent se regrouper selon les trois grandes théories organogénétique, psychogénétique et sociogénétique de l'apparition des troubles mentaux.

Avec la première, on attribue une cause organique à la schizophrénie, en la considérant comme une maladie somatique et particulièrement cérébrale. C'est ce que pensaient déjà Kraepelin et Bleuler. Et c'est ce que vont s'efforcer de démontrer beaucoup de leurs successeurs qui vont accumuler de nombreuses données anatomo-pathologiques et biologiques pour en faire la preuve. Il existe de nombreux travaux effectués par des histologistes comme M. Klippel qui défend la notion kraepelinienne de « démence épithéliale » (1904) ou V. M. Buscaino dont le rapport de 1957 fait le bilan de ces données histopathologiques. On indiquera seulement ici les données actuelles obtenues par les nouvelles techniques d'exploration cérébrale. L'imagerie par résonance magnétique (I.R.M.) a permis de mettre en évidence, dans certains cas de schizophrénie, des changements structuraux du cerveau assez caractéristiques : agrandissement du troisième ventricule et des deux ventricules latéraux, atrophie de l'hippocampe. Une étude de W. Saddath (1989), parue dans *New England Journal of Medicine*, le 22 mars 1990, a pu comparer l'état cérébral de jumeaux monozygotes (âgés de 25 à 44 ans) dont l'un était schizophrène. Elle a pu confirmer, chez le malade de la paire, cet agrandissement ventriculaire et un « petit hippocampe antérieur », alors qu'il n'y avait pas de différences significatives dans le groupe des jumeaux normaux de contrôle (sept paires servant de témoin aux quinze paires dont un jumeau était atteint de la maladie). Dans cette même perspective, on a recherché une étiologie infectieuse. Y aurait-il un microbe responsable de la schizophrénie ? On a longtemps cherché un prétendu « schizocoque », quand on a constaté, au début du XXe siècle, la fréquence de la tuberculose chez les ascendants et chez les malades eux-mêmes. En fait, il s'agissait d'une simple coïncidence due sans doute aux mauvaises conditions d'hygiène de vie de ces malades. La recherche d'un virus pathogène a aussi été poursuivie, et le neurologue russe V. Malis a cru longtemps avoir découvert le virus responsable de la maladie. Mais c'est plutôt du côté des troubles biochimiques et métaboliques que les chercheurs ont pensé trouver la cause organique de la schizophrénie. Déjà J. Moreau de Tours, dans son livre sur le haschisch de 1845, défendait une théorie « toxémique » de l'aliénation mentale. Et H. Baruk et ses élèves ont pu provoquer un état de « catatonie expérimentale » avec des toxines colibacillaires, en 1932. On s'est surtout orienté vers l'étude de troubles métaboliques. Le rapport de Buscaino au congrès de Zurich (1957) donne de nombreux arguments en faveur d'un « dysmétabolisme schizophrénique » à l'origine de la maladie. Il y aurait en particulier une véritable *toxicose aminique* ; les syndromes de type schizophrénique seraient déclenchés chez l'homme par des substances à structure aminique. Expérimentalement, la mescaline, la diéthylamine de l'acide lysergique, la psilocybine produisent des hallucinations ; l'indoléthylamine est cataleptisante. La schizophrénie serait la conséquence, spécialement chez les sujets prédisposés par l'hérédité, d'une toxicose aminique, particulièrement par des substances à structure indolique dont les sources sont complexes : la plus importante paraît le tryptophane, dont la décarbonisation produit l'indoléthylamine ; la deuxième est la tyrosine ; la troisième, l'adrénaline.

Il existe maintenant un certain consensus sur l'existence d'un trouble biochimique, en particulier au niveau des neuromédiateurs synaptiques. Le problème est plutôt de savoir si le facteur biologique est le seul déterminant de la maladie, ou si son rôle est uniquement de provoquer une vulnérabilité anormale à d'autres facteurs déclenchants d'ordre biologique ou psychogénétique.

La problématique est identique quant à l'éventuelle « hérédité » de la schizophrénie. De nombreuses études génétiques de la maladie se répartissent selon deux groupes de théories, monogénétiques et polygénétiques. Les premières mettent en cause un seul gène et une origine biochimique, les secondes une origine fonctionnelle, avec corrélation entre les facteurs génétiques et les circonstances extérieures. A. R. Kaplan a réuni 34 études de spécialistes de la génétique en psychiatrie résumant les données du problème : relations génétiques entre la schizophrénie et les psychoses infantiles, aspects biochimiques de la schizophrénie, aspects sociaux et culturels, études parentales, études sur les jumeaux, recherches immunologiques, etc. Ces conclusions vont dans le sens d'une prédisposition ou « fragilité » à la maladie. Dans une étude plus récente (1983), R. M. Murray a retrouvé, parmi des jumeaux, des corrélations morbides très significatives concernant la psychose schizophrénique. C'est ainsi que parmi les jumeaux de sujets schizophrènes, il a retrouvé 54 % de personnalités schizoïdes, cependant que parmi les jumeaux des patients diagnostiqués comme syndromes schizo-affectifs, il ne retrouvait que 10 % de personnalités schizoïdes. Dans une autre étude, danoise celle-ci, C. Schulsinger donne les résultats d'une recherche poursuivie de 1962 à 1980 sur l'hérédité dans la schizophrénie. Pour lui, il existe un rapport très net entre schizophrénie et borderline. Les préschizophrènes présentent un déficit de l'attention et de l'affectivité lié aux troubles cognitifs et affectifs de la petite enfance. Et c'est à ce niveau évolutif (précédant l'entrée dans la schizophrénie qui relèverait d'autres facteurs déclenchants) qu'on retrouve des corrélations héréditaires. Dans sa recherche portant sur 207 schizophrènes, comparés à 104 enfants témoins, suivis pendant plusieurs années (18 ans), C. Schulsinger aboutit aux conclusions suivantes : « Les états schizophréniques ne correspondent pas à un processus morbide frappant, en pleine santé, un individu mais, au contraire, à une situation évolutive dont les premiers symptômes seraient survenus au cours de diverses situations stressantes et chez des enfants ayant présenté des difficultés affectives dans leur enfance avec leur mère ainsi que des difficultés obstétricales. »

Dans l'ensemble, ces études conduisent à écarter l'origine purement héréditaire du processus morbide lui-même, en retenant seulement la notion de transmission génétique d'une prédisposition, d'une « fragilité nerveuse » (Ey) facilitant l'éclosion de la maladie.

Psychogenèse de la schizophrénie

Du côté de la psychogenèse, les données sont également très nombreuses et se répartissent selon trois grands courants : celui de la psychanalyse, celui de la phénoménologie et celui de la pathologie familiale et des troubles de la communication.

La voie de la psychanalyse

Pour le premier, on sait que S. Freud, en analysant les écrits autobiographiques du président Schreber atteint d'une « démence paranoïde », a ouvert la voie à une connaissance psychanalytique de la psychose*. Il a montré que la schizophrénie correspondait à une grave « régression narcissique », ce que confirmait à l'époque celui qui était encore son disciple et ami, Jung. Ce dernier insiste en particulier sur la notion d'une psychose latente, qui deviendrait une psychose réelle, la schizophrénie, sous l'influence de facteurs inconscients. On trouve déjà dans l'introversion le refuge dans la solitude, les attitudes rituelles, les conduites anorexiques et de jeûne, le conflit entre l'inconscient et le monde extérieur qui va expliquer le retrait narcissique, avec perte de la communication interpersonnelle, relâchement de l'intérêt et exagération de l'imagination. Il y a une régression, une disparition de la fonction du réel avec le caractère onirique de la pensée qui s'égare dans l'irrationnel et le subjectif. « La schizophrénie est ainsi une perte de l'élan vital, une perte de la volonté », d'où ce refoulement de la réalité, cette dissociation du réel. Quant au délire, il serait « une tentative de guérison, une reconstruction ». Il faut seulement noter que son éclosion n'est que secondaire et n'est pas l'essentiel de la maladie.

À partir de ces données (désinvestissement du réel et régression au stade infantile), les successeurs de Freud discutent les dispositions innées où l'hérédité peut jouer un rôle, la « prépsychose » dans laquelle se pose le problème de la relation maternelle, la nature du moi et ses rapports avec les activités instinctuelles qui l'assaillent et finissent par l'envahir, les mécanismes de défense du moi, parmi lesquels le délire est l'arme par excellence qui neutralise l'angoisse en permettant au malade de percevoir le monde autrement que dans sa réalité, dans une projection délirante et hallucinatoire quasi permanente (P. C. Racamier). À ce refoulement de tous les affects angoissants, J. Lacan ajoute un élément essentiel pour le déclenchement de la psychose : la forclusion du nom du père, rejet total hors de l'univers symbolique du sujet de ce signifiant fondamental dont le « retour » à la conscience du sujet se ferait seulement dans le « réel » du monde hallucinatoire du schizophrène.

Le courant phénoménologique

Le courant phénoménologique a produit, lui aussi, de nombreuses études sur la schizophrénie. En France, c'est surtout E. Minkowski qui va s'inspirer de cette philosophie dans son approche du schizophrène. Il préconise « l'intuition et l'effort de pénétration » pour comprendre la structure de la vie mentale qui conditionne les facteurs instinctivo-affectifs. Les symptômes ne peuvent être isolés artificiellement; ils doivent être appréhendés directement dans leur ensemble, en tenant compte des faits psychopathologiques, non pas sous l'angle de la morbidité, mais par rapport à la contexture générale de la vie. Derrière tout symptôme, il y aurait ainsi l'expression d'une modification profonde et caractéristique de la personnalité humaine tout entière. Pour Minkowski, il y aurait chez le schizophrène une perte de contact vital avec la réalité et une altération de sa « structure existentielle », en particulier sur le plan temporel, le temps devenant pour lui complètement « figé ». Ce qu'a repris L. Binswanger dans son *analyse existentielle* (allem. Daseinsanalyse), analyse inspirée de la philosophie existentielle de M. Heidegger. Dans les cinq cas de schizophrénie qu'il a longuement décrits dans les *Archives suisses de psychiatrie et neurologie* (1923-1947), et dont les plus célèbres sont Suzanne Urban et Ellen West (cette dernière, qui s'est suicidée à sa sortie de la clinique de Binswanger, était considérée par Kraepelin comme une mélancolique), il reprend cette analyse phénoménologique de la psychose en montrant qu'elle naît d'une existence devenue « inauthentique ». Dans cette perspective, l'autisme apparaît comme « projet de ne pas être soi-même » (pour Ellen West en particulier) avec une « grave altération de la temporalisation existentielle ». Et Binswanger va décrire cet autisme selon les « trois formes de la présence manquée » : la *distorsion* ou *gauchissement* (allem. Verschrobenheit), la *présomption* (allem. Verstiegenheit) et le *maniérisme* (allem. Manieriertheit). Mais il s'enferme dans une « égologie » où le « moi » et le « moi dans le monde » sont sur une sorte de scène, le drame de la psychose conduisant à « la perte du moi dans l'existence ». Malgré son intérêt sur le plan d'une certaine compréhension (au sens de K. Jaspers) du vécu du malade, une telle analyse existentielle nous en apprend peu (et ce n'était pas son but d'ailleurs) sur les causes de la schizophrénie.

La pathologie familiale

Dans le troisième courant, le souci de repérer une certaine causalité est en revanche évident. Il s'agit de toutes les études qui portent sur le rôle de la famille dans l'éclosion, le développement et l'entretien de la maladie schizophrénique, chez un ou plusieurs de ses membres. Déjà certains psychanalystes s'étaient intéressés à la question. Th. Lidz avait bien montré, dès 1956, le rôle du « père pathogène » (il en distinguait cinq grands types) et d'une mauvaise organisation familiale dans les déviations et dysharmonies de la personnalité des enfants. Il remarquait aussi que certaines anomalies de la communication intrafamiliale pouvaient provoquer des troubles mentaux assez graves pour entraîner une psychose.

A. Green, dans sa thèse de 1958, repérait de son côté les influences pathogènes de certains parents qui présentaient un caractère « psychotique » (sans symptôme clinique) risquant de provoquer une psychose manifeste chez leurs enfants. Mais c'est surtout la notion de *double lien* (→ double lien) introduite par l'anthropologue G. Bateson qui devait amener J. Weakland et D. Jackson, dès 1960, à porter la recherche sur l'atteinte de la communication au sein de la famille, et ses conséquences psychopathologiques sur les divers individus du groupe familial. Réunis dans ce qu'on a appelé l'école de Palo Alto, ces derniers, auxquels devaient se joindre J. Haley, V. Satir et P. Watzlawick, développent une théorie d'inspiration systémique, faisant de la famille un « système » et des troubles de la communication le facteur essentiel de la « pathologie » de ce système, susceptible d'être à l'origine de la schizophrénie d'un des éléments, c'est-à-dire un des membres, de ce système familial. Là se situe indiscutablement l'origine des thérapies familiales systémiques qui sont largement utilisées actuellement. Les notions d'homéostasie familiale, de pseudo-hostilité et pseudo-mutualité, de symétrie et complémentarité, de paradoxe et d'interactions familiales sont venues compléter la panoplie conceptuelle qui sert à tous les thérapeutes familiaux. (→ thérapie familiale.) Ces derniers cherchent donc moins à traiter la schizophrénie d'un patient que la pathologie de sa famille, qui serait à l'origine de sa maladie mentale.

Dans une perspective un peu différente, les partisans de l'antipsychiatrie anglaise ont aussi développé une théorie familiale de la schizophrénie. R. Laing et A. Esterson, influencés par la philosophie existentialiste de J.-P. Sartre, ont mis en évidence, dans une étude approfondie de onze familles de schizophrènes (*l'Équilibre mental, la folie et la famille*, 1964), les interactions pathogènes responsables de l'apparition et du maintien de la maladie. Pour eux, la famille est une « texture rationnelle, un champ d'interactions concrètes où les affrontements et les influences réciproques se trouvent majorés en fonction de la proximité des êtres dans un face-à-face permanent ». Il s'agit d'une sorte de « nexus familial », terme qu'ils utilisent pour désigner cette structure nodale privilégiée par laquelle un individu peut se comprendre dans ses interactions familiales. Et le schizophrène sera, dans la famille pathogène, celui qui assumera en quelque sorte cette pathologie, seule solution qui lui reste pour pouvoir survivre dans ce milieu familial.

La question de la sociogenèse de la schizophrénie

Les antipsychiatres anglais élargissent d'ailleurs la famille à tout le milieu social proche, nous conduisant inévitablement à mettre en cause la société. Ils nous amènent ainsi à une véritable sociogenèse de la schizophrénie, autre grand courant des théories étiologiques de cette maladie mentale. Dans cette perspective en effet, ce serait la société elle-même qui créerait la schizophrénie. C'est ce qu'a soutenu en particulier Th. Szasz qui considère que « toute société, pour assurer sa survie, a besoin de se fabriquer ses boucs émissaires. Le Moyen Âge avait ses sorcières et ses hérétiques, nous avons nos malades mentaux. En outre, la société doit mettre en place l'appareil, la structure qui permettront de débusquer ses boucs émissaires et de leur administrer le sort qui leur est dû. Le Moyen Âge avait l'Inquisition, nous avons la psychiatrie institutionnelle. Encore faut-il justifier une telle démarche ! Alors on invente des mythes, le mythe de la sorcellerie, le mythe de la maladie mentale ». Chaque fois le but poursuivi est le même : isoler, étiqueter, stigmatiser, avilir et détruire l'Autre, le non-conformiste, le gêneur (qu'on l'appelle sorcière, hérétique, Juif, ou malade mental). Chaque fois la société se justifie en prétendant intervenir pour le salut de l'âme ou le bien de la victime (*Fabriquer la folie*, 1970). Et dans un tel contexte, la schizophrénie apparaît à Szasz comme une simple « étiquette commode créée par les psychiatres pour justifier la poursuite de leurs pratiques et le contrôle le plus rigoureux des malades mentaux ». En en reprenant l'histoire à partir de Kraepelin et de Bleuler, il s'efforce même de nous montrer que c'est moins un syndrome psychiatrique qu'un véritable « scandale scientifique » (*la Schizophrénie*, trad. fr. 1983). Il est sans doute inutile de s'étendre sur une telle réduction du concept nosologique de la schizophrénie devenue ici une simple étiquette (comme l'a fait de son côté le psychosociologue californien Th. J. Scheff), niant finalement toute réalité à la pathologie mentale. Cette attitude antipsychiatrique encore plus radicale que celle de D. Cooper et de Laing n'aide en rien à la compréhension de la pathogenèse de la schizophrénie.

En revanche, l'étude des facteurs socioculturels mis en évidence par des enquêtes épidémiologiques a pu montrer des différences sémiologiques importantes en fonction des populations et des cultures : les idées mystiques sont plus fréquentes chez les chrétiens, alors que les hindous ont davantage de manifestations psychomotrices (catatonie); les hallucinations visuelles sont particulièrement importantes chez les Mexicains; le suicide est une complication très souvent rencontrée chez les schizophrènes japonais, etc. Sur le plan de l'évolution, l'ethnopsychiatre canadien H. Murphy a montré que la schizophrénie était souvent et spontanément curable chez les indigènes de l'île Maurice (même non traités), alors qu'elle était d'un pronostic beaucoup plus sombre chez les malades anglais (pourtant largement traités par des neuroleptiques). H. Collomb et son équipe de Dakar se sont ainsi beaucoup intéressés aux facteurs culturels, en montrant en particulier que certaines schizophrénies apparaissaient chez des Sénégalais à l'occasion de conflits qu'ils pouvaient vivre douloureusement entre la culture africaine et la culture francophone, dans une acculturation difficile à maîtriser. De même, sur le plan des traitements de la schizophrénie, il faudrait respecter ces représentations socioculturelles, alors que, comme l'a écrit Murphy, « le type de soins qu'une société choisit de donner au malade mental est plus déterminé par la façon dont le public perçoit et traite la maladie mentale que par la considération de ce qui serait nécessaire et possible au plan médical ».

La multifactorialité des causes

Il faut donc tenir compte de tous ces facteurs si divers, et reconnaître à la schizophrénie une causalité multifactorielle. Avec D. Widlöcher, on peut conclure en pensant que différents facteurs tenant à l'organisme et au milieu créeraient très tôt chez des enfants une fragilité particulière (personnalités prépsychotiques, ou à haut risque psychotique) et que les conditions de la survenue d'une schizophrénie et de son évolution tiendraient à un autre ensemble de facteurs. Cette théorie bi- ou même tripolaire des origines de la schizophrénie est compatible avec des explications biologiques, psychologiques et psychosociologiques.

Les symptômes

Même si les cliniciens ont parfois des difficultés à se mettre d'accord sur le concept clinique et psychopathologique de schizophrénie, la plupart reconnaissent un ensemble central de troubles (hérité de l'enseignement de Bleuler) permettant un diagnostic clinique de la maladie.

Les systèmes minimaux

N. Sartorius, directeur du département de la psychiatrie à l'Organisation mondiale de la santé (O.M.S.), au cours d'une réunion de plus de 400 psychiatres à Londres en 1986, résumait ainsi cet ensemble de symptômes minimaux faisant l'unanimité : troubles affectifs et du pouvoir d'association (discordance et dissociation), ambivalence, autisme avec repli sur soi et perte du contact normal avec la réalité. C'est donc autour de la discordance, de l'ambivalence et de l'autisme que va se faire le diagnostic clinique de la schizophrénie.

La discordance. La première, qu'on appelle aussi dissociation intrapsychique, est due à la perte de l'harmonie, de l'unité et de la continuité de toute l'activité mentale, entraînant l'émancipation des processus psychiques qui vont se relier au hasard d'associations fortuites. Cette discordance, si bien décrite par Ph. Chaslin en 1912 (*Éléments de séméiologie et clinique mentales*), va se manifester par une absence de rapports entre les symptômes qui semblent ainsi incohérents, et par un défaut d'harmonie entre les contenus de la pensée et du vécu émotionnel et leur expression psychomotrice, gestuelle et mimique. Niaiserie, maniérisme, rires immotivés, mouvements stéréotypés et catatoniques viennent ainsi complètement parasiter un discours déjà peu cohérent. Le langage lui-même est en effet très discordant : il y a une sorte d'indépendance entre l'expression verbale et l'activité intellectuelle. Les mots et les phrases prononcés n'expriment plus véritablement la pensée du malade. C'est « l'émancipation du langage » avec stéréotypies verbales, proverbiages répétés et néologismes fréquents pouvant conduire à une véritable schizophasie*. Quant à la pensée, elle devient « égarée », de plus en plus désorganisée, se caractérisant par un ralentissement, des barrages, du fading (P. Guiraud). Son incohérence, déjà attribuée par Kraepelin à un « déraillement » dans l'enchaînement logique, est liée pour Bleuler à une sorte de dislocation, la « Spaltung », trouble fondamental des associations qui régleraient, pour lui, le cours normal de l'activité psychique.

L'ambivalence. L'ambivalence correspondrait, toujours selon Bleuler, à la « dislocation des facultés sensibles » participant à la vie affective et sentimentale. Elle se manifeste en fait dans les trois registres des sentiments, de la volition et de l'intelligence. C'est la tendance à considérer dans le même instant, sous leur double aspect négatif et positif, les diverses motivations et actions psychiques. C'est donc une sorte d'unité paradoxale de jugements opposés, d'idées ou de sentiments contraires, qui normalement ne pourraient être vrais en même temps. Le schizophrène les fait coexister et s'exprimer ensemble sans tenter d'en rejeter l'un des deux. Véritable fragmentation de l'affectivité, l'ambivalence apparaît dans les propos du malade, dans ses actes et ses impulsions et dans l'expression ambiguë de ses sentiments.

L'autisme. Quant à l'autisme, c'est à la fois un repli sur soi et une évasion de la réalité. (→ autisme.) Bleuler notait que l'autisme se rapprochait de l'autoérotisme décrit par Freud, mais avec une signification beaucoup plus extensive. Il apparaît sous un double aspect, à la fois négatif ou pseudo-déficitaire, et positif, imaginaire et délirant. Le premier évoque en effet le désinvestissement progressif de la réalité extérieure avec perte du contact affectif se traduisant par l'indifférence, le désintérêt et l'apragmatisme. Le deuxième correspond au contraire à l'exagération de l'imagination accompagnant une pensée déréelle, une hypermnésie « autistique » et une production délirante, soit oniroïde proche de l'activité imaginaire (S. Follin), soit paranoïde avec vaste délire incohérent, flou, mal systématisé, associé à une activité hallucinatoire généralement multisensorielle. Mais il s'agirait alors pour Bleuler de symptômes « accessoires » peu pathognomoniques.

Le diagnostic du DSM III

Si le diagnostic clinique de la schizophrénie est longtemps resté basé sur les conceptions bleulériennes, il a cependant, avec K. Schneider, évolué dans le sens d'une prise en compte des troubles délirants et hallucinatoires, considérés par le psychiatre allemand comme des « symptômes de premier rang » ayant une grande importance pour ce diagnostic. Il s'agit, successivement, de la perception auditive de la pensée, des hallucinations auditives avec « conversation de voix entre elles » ou avec « commentaires des actes » du patient, de sensations corporelles imposées, du vol de la pensée, de l'imposition de la pensée ou de sa divulgation, de sentiments imposés ou contrôlés, de perception délirante, d'impulsions et de volontés imposées ou contrôlées. Le DSM III propose pour le diagnostic de schizophrénie des critères regroupés en six chapitres où l'on va retrouver la plupart des symptômes de premier rang de Schneider.

Le premier chapitre concerne les troubles considérés comme caractéristiques. L'un au moins de six groupes de symptômes doit être présent pour autoriser le diagnostic de schizophrénie : idées délirantes bizarres (délire d'influence, divulgation de la pensée, imposition de la pensée, vol de la pensée) ; délire somatique, délire de grandeur, délire religieux ou nihiliste sans contenu de persécution ou de jalousie ; délires de persécution ou de jalousie, s'ils sont accompagnés d'hallucinations de n'importe quel type ; hallucinations auditives dans lesquelles les voix commentent les actes ou les pensées du sujet, ou conversent entre elles ; hallucinations auditives sans origine dépressive ou euphorique, si elles se sont répétées plusieurs fois et si elles ne sont pas limitées à un ou deux mots ; incohérence, associations sans aucun rapport, pensée fortement illogique ou pauvreté marquée du contenu du langage, si elles sont accompagnées d'au moins un des symptômes suivants : émoussement affectif, retrait affectif, affectivité inadéquate, délire ou hallucination, catatonie ou comportement général grossièrement inadapté. Les cinq autres chapitres concernent différentes caractéristiques dont la présence est exigée simultanément avec les symptômes précédents : détérioration psychosociale, persistance de symptômes pendant au moins six mois, absence de syndrome dépressif ou maniaque typique, début avant 45 ans, absence de maladie organique pouvant expliquer les symptômes. De même, certains symptômes prodromiques ou résiduels sont à retenir :

- l'isolement social,
- l'inadaptation marquée dans les domaines du travail, des études, de la maison,
- l'inadaptation quant aux soins personnels,
- les bizarreries du comportement,
- l'affectivité émoussée ou inappropriée,
- le discours vague, hermétique ou métaphysique,
- et les bizarreries de l'idéation (superstitions, idées de télépathie, de référence, de « sixième sens », etc.).

L'ensemble est donc extrêmement varié, et ne simplifie pas un diagnostic rendu encore plus difficile par les nombreuses formes cliniques que peut revêtir la maladie. Sans revenir sur les trois grandes formes initiales décrites par Kraepelin (hébéphrénique, catatonique, et paranoïde ou délirante), il faut savoir qu'elles persistent dans les classifications les plus récentes, comme celle que propose justement le DSM III*. Par ce manuel nord-américain, on peut reconnaître une forme principale, très bleulérienne, *désorganisée* (angl. Disorganized), marquée par l'incohérence, l'importance des troubles affectifs (discordance et ambivalence) et l'absence de délire organisé, « structuré »; une forme psychomotrice, « catatonique », avec nombreuses impulsions et inaffectivité; une forme délirante « paranoïde » avec délire incohérent et parfois richement hallucinatoire, très pathognomonique de la maladie; une forme (Undifferentiated), non classable parmi les trois formes caractéristiques précédentes; et une forme dite *résiduelle* (angl. Residual) définie par l'existence au moins d'une phase processuelle (→ processus), l'absence actuelle de symptômes caractéristiques et la persistance de troubles assez mineurs de l'idéation, du comportement et de l'affectivité (discordance et dissociation mentales minimales). Sur le plan évolutif, le même manuel va distinguer quatre types d'évolution: subchronique (six mois à deux ans); chronique (plus de deux ans); avec poussées aiguës (bouffées paranoïdes, phases processuelles ou dissociatives) sur une évolution subchronique ou chronique; et « en rémission complète » (parfois *sans aucun trouble* [angl. No Mental Disorder]), forme évolutive correspondant à une schizophrénie résiduelle asymptomatique. C'est dans le cadre de cette forme totalement latente, « blanche », que certains psychiatres manipulés par leurs administrations ont voulu faire rentrer des « dissidents » qui n'avaient en fait jamais présenté de phases processuelles initiales caractérisant le début de la maladie. Cette utilisation politique de la psychiatrie semble avoir heureusement cessé dans certaines républiques de l'Est où elle a été largement pratiquée à une certaine époque.

Symptomatologie négative et positive

Depuis une dizaine d'années, une autre classification clinique a été proposée en réintroduisant la symptomatologie *négative*, ou déficitaire, et *positive*, ou productrice, dans la description de la schizophrénie, en étudiant son implication dans la physiopathologie des troubles et dans leur réponse pharmacologique. C'est ainsi que T. Crow a proposé en 1980 une hypothèse bisyndromique distinguant dans le cadre de la schizophrénie un type I (productif) et un type II (déficitaire) à partir de l'imagerie cérébrale (I.R.M.), d'études sur le fonctionnement des récepteurs dopaminergiques cérébraux, et de recueils de données psychopharmacologiques. Il a montré que la schizophrénie de type I se caractérise par un début brutal, des fonctions intellectuelles habituellement conservées, une bonne réponse aux neuroleptiques, une probable augmentation des récepteurs dopaminergiques D2 et une complète absence de troubles déficitaires. La schizophrénie de type II présente au contraire un début insidieux, une détérioration intellectuelle, l'élargissement des ventricules, une mauvaise réponse aux neuroleptiques et de nombreux troubles déficitaires. Crow a pensé que les symptômes positifs traduisent une perturbation des transmissions dopaminergiques; les symptômes négatifs, une perte de cellules entraînant des modifications structurales au niveau du cerveau.

Il s'appuie sur trois éléments pour défendre son hypothèse:
1. les symptômes positifs répondent mieux aux neuroleptiques que les symptômes négatifs;
2. il existe une corrélation entre l'augmentation de la taille des ventricules latéraux chez les schizophrènes chroniques et les symptômes négatifs, notamment le déficit intellectuel;
3. il y a une corrélation entre le nombre de récepteurs dopaminergiques (chez des cerveaux de schizophrènes examinés *post mortem*) et la symptomatologie positive de ces patients.

Crow a mis en évidence une triade symptomatique majeure: émoussement affectif, pauvreté du langage et aboulie devenue ultérieurement perte de l'élan; ces symptômes sont opposés à la triade des symptômes positifs: idées délirantes, hallucinations, troubles de la pensée. On remarque que les troubles de la pensée font partie, pour lui, des symptômes positifs. Par ailleurs, il introduit un paramètre évolutif: les symptômes positifs sont plus fréquents dans les épisodes psychotiques aigus (« schizophrénie aiguë »), tandis que les symptômes négatifs caractérisent davantage la schizophrénie chronique.

Deux ans plus tard, N. Andreasen et S. Olsen, s'inspirant du néojacksonisme et des notions de dissolution et de libération des fonctions, définissaient, eux aussi, deux catégories de schizophrénie, l'une positive et l'autre négative. Pour cette dernière, ils construisaient une échelle d'évaluation clinique appelée SANS (Scales for the Assessment of Negative Symptom), comportant cinq dimensions principales du syndrome schizophrénique déficitaire:
– retrait ou pauvreté affective: expression figée du visage, diminution des mouvements spontanés, pauvreté de l'expression gestuelle, pauvreté du contact visuel, absence de réponses affectives, affect inapproprié, monotonie de la voix, plainte subjective de vide affectif ou d'une perte de l'éprouvé;
– alogie: pauvreté du discours, pauvreté du contenu du discours (pauvreté idéique), barrages, augmentation de la latence des réponses, sentiment subjectif d'alogie (difficulté éprouvée à penser et à organiser les idées);
– avolition-apathie: toilette et hygiène négligées, manque d'assiduité au travail ou à l'école, anergie physique (inertie motrice), plainte subjective d'avolition et d'apathie;
– anhédonie-retrait social: baisse des intérêts et des activités de loisir, baisse des intérêts et des activités sexuels, incapacité à vivre des relations étroites et intimes, appauvrissement des relations avec les amis et collègues, conscience d'anhédonie et de retrait social;
– attention: inattention dans les activités sociales, inattention durant l'examen, plainte subjective d'inattention ». (Traduction française de Y. Lecrubier et P. Boyer.)

Grâce à ces travaux, les deux types peuvent se schématiser (E. Hantouche). [→ tableau.]

SCHIZOPHRÉNIE

	POSITIVE (TYPE I)	NÉGATIVE (TYPE II)
symptomatologie	fonctionnement prémorbide normal début relativement aigu prédominance des symptômes positifs: hallucinations, délire, exacerbation et rémission des symptômes fonctionnement social relativement adapté	fonctionnement prémorbide pauvre début insidieux prédominance des symptômes négatifs: émoussement affectif, pauvreté du discours évolution chronique ou détériorative mauvais fonctionnement social: chômage, rupture sociale
données cognitives	performances normales aux tests scanner normal	perturbation des tests neuropsychologiques atrophie cérébrale au scanner
pharmacologie	bonne réponse aux neuroleptiques nécessité de hautes doses de neuroleptiques	mauvaise réponse aux neuroleptiques meilleure réponse sous faibles doses de neuroleptiques.

Il est certain que cette nouvelle classification, même si elle reste discutée, a une grande importance, non seulement sur le pronostic de la maladie, mais aussi sur sa thérapeutique. Certains neuroleptiques en effet, utilisés à faibles doses, ont une action désinhibitrice, et antidéficitaire spécifique, comme nous le verrons en étudiant le traitement de la schizophrénie.

Celui-ci permet de retrouver les trois dimensions de l'organogenèse, de la psychogenèse et de la sociogenèse de la maladie. Car l'approche thérapeutique doit rester ouverte à toutes les méthodes et aux diverses techniques susceptibles de traiter cette grave affection mentale.

Traitement

Sur le plan biologique, les méthodes de choc ne sont pratiquement plus utilisées, même si le choc au cardiazol et l'électrochoc ont été pratiqués avec un certain succès. C'est la cure d'insuline systématisée par M. Sakel dès 1932 qui a été la plus employée. Son indication majeure était représentée indiscutablement par la schizophrénie dont elle a permis de nombreuses rémissions. Si on a peu d'explications biologiques sur son mécanisme d'action, il est certain que, sur le plan psychopathologique, le coma insulinique, interprété comme une plongée à travers les niveaux décroissants de conscience, suivie d'une réémergence, le climat particulier qui entoure le réveil, créaient des conditions favorables à la psychothérapie qui complétait le plus souvent la cure. Quant à la psychochirurgie introduite par E. Moniz en 1936 (et qui lui valut le prix Nobel en 1947), sur une conception pathogénique de la schizophrénie totalement erronée, elle devait connaître un certain succès pendant près de vingt ans. Sous forme de lobotomie préfrontale (section des fibres associatives thalamo-préfrontales), elle allait être pratiquée sur une très large échelle en particulier par les Américains W. Freeman et J. W. Watts (*Psychosurgery*, 1942). Une voie d'abord très rapide, mais dangereuse, transorbitaire, allait être proposée par A. M. Fiamberti puis Freeman. Elle permettait d'intervenir dans la période comateuse postcritique de l'électrochoc, sans précaution chirurgicale particulière et donc dans un service psychiatrique ordinaire. Freeman a sans doute pratiqué plus de deux mille interventions avant que la psychochirurgie ne tombe en désuétude et soit devenue illégale dans certains pays comme l'U.R.S.S. où dans l'État de Californie. Les séquelles postopératoires démentielles étaient assez fréquentes, obérant complètement les résultats favorables qu'on pouvait escompter sur l'angoisse, la discordance affective et certains troubles délirants.

Les neuroleptiques

Mais surtout la découverte empirique en 1952 par J. Harl, J. Delay et P. Deniker des effets sur l'agitation délirante des états psychotiques d'un nouvel antihistaminique étudié dans les laboratoires Rhône-Poulenc (D. Bovet, S. Courvoisier, P. Decourt), le 4560 R.P. ou chlorpromazine, allait apporter une véritable révolution dans le traitement de la schizophrénie. C'est à partir de ce premier médicament, considéré d'abord comme un ganglioplégique par Deniker, que toute une série de neuroleptiques sont synthétisés et prescrits avec succès, même s'il a été prouvé qu'ils restaient incapables de guérir définitivement les schizophrènes. Il semble qu'ils agissent sur la maladie (A. Carlsson) d'abord en bloquant les récepteurs dopaminergiques, modifiant le turnover de la dopamine (en l'abaissant), et secondairement en provoquant une stabilisation de la transmission dopaminergique. (→ neuromédiateur, synapse.) Ce bloc des récepteurs dopaminergiques semble en partie rendre compte de l'effet antipsychotique, et aussi des effets secondaires (en particulier moteurs : troubles extrapyramidaux, dyskinésies, etc.). Diverses familles de neuroleptiques (phénothiazines avec la chlorpromazine, butyrophénones avec l'halopéridol, thioxanthènes, benzamides, etc.) permettent une grande variété de prescriptions. Certains de ces neuroleptiques sont à action prolongée (N.A.P.) et nécessitent une seule injection du produit tous les quinze jours, ou même tous les mois. D'autres produits, comme l'amisulpride, donnés à des doses relativement faibles, auraient surtout un effet « désinhibiteur » particulièrement utile pour les formes dites « négatives » ou déficitaires de la schizophrénie. Enfin, la clozapine est une nouvelle drogue antipsychotique très efficace, qui n'aurait pas d'effets secondaires, notamment extrapyramidaux (ne rentrant donc pas véritablement dans le cadre défini par J. Delay des neuroleptiques). Si ces médicaments psychotropes ont réellement transformé la destinée des schizophrènes et leur ont permis de réintégrer leur milieu social, familial, professionnel, ils doivent s'accompagner d'un travail psychothérapeutique si l'on veut vraiment voir l'amélioration se maintenir.

Les psychothérapies

Les diverses psychothérapies qui peuvent s'utiliser se répartissent en trois catégories : psychanalytiques, familiales et comportementales. Pour la psychanalyse, I. Fromm-Reichmann dans la célèbre clinique de Chestnut-Lodge et S. Arieti sont parmi les premiers à l'avoir appliquée aux États-Unis. En France, Racamier a été lui aussi un pionnier de la psychanalyse des psychotiques, comme H. A. Rosenfeld en Angleterre, avec un support théorique devant beaucoup à M. Klein. Comme le rappelle L. Singer, il faut savoir s'adapter aux conditions particulières de la cure en appliquant certaines règles bien différentes de celles qui sont réservées aux malades névrosés : ne pas coucher le malade sur un divan ; lui apporter un soutien plutôt que chercher à découvrir son inconscient ; ne pas pousser les investigations en profondeur ; chercher à renforcer les défenses ; éviter les silences ; ne pas répondre par le silence aux questions ; ne pas chercher à élucider des amnésies, ne pas confirmer ni nier les idées délirantes, discuter la peur de la folie, du suicide ou de l'homicide, donner des conseils pratiques ; aider le patient à résoudre ses difficultés interpersonnelles. Ainsi pourra-t-on obtenir la confiance du malade pour l'aider à accepter ces explications. La psychothérapie doit être arrêtée si le psychothérapeute est intégré par le malade dans un délire de persécution. Dans certains cas, il peut s'avérer souhaitable de séparer les rôles du psychothérapeute et du médecin prescripteur de médicaments. Certains préconisent cette sorte de « cothérapie » afin de préserver le maximum de neutralité du côté du premier, laissant au second le soin de pourvoir aux éventuelles décisions qui s'imposeraient contre l'avis du malade : modification de la chimiothérapie, mise sous tutelle, hospitalisation (L. Singer). Quant aux thérapies familiales d'inspiration systémique, elles ont aussi leur place pour éviter une rechute immédiate. C'est le cas en particulier dans des familles comprenant un schizophrène à haut risque, pour diminuer l'émotion exprimée (E. E.) repérée par G. Brown dès 1959 comme un facteur fréquent de rechute. Les traitements d'inspiration comportementale se situeraient, eux, davantage dans les programmes de réacquisition des compétences sociales, parfois indispensable, pour la réinsertion d'un schizophrène et l'asilisme provoqué par sa longue hospitalisation.

Sociothérapie

Enfin, s'il convient actuellement de toujours associer la chimiothérapie à une psychothérapie dans la prise en charge d'un schizophrène, il faut savoir les compléter par une sociothérapie qui va accompagner de très près la réadaptation du malade. C'est en fait tout le travail de réhabilitation que va réaliser la sociothérapie dont Y. Ciompi a bien montré l'importance pratique, même si elle est parfois considérée comme secondaire par rapport aux deux autres volets de la prise en charge. C'est dans le cadre de multiples structures dites « de réadaptation » qu'elle va se réaliser : foyer de postcure, appartements et ateliers thérapeutiques, centres d'aide par le travail, etc., se retrouvant au complet (dans les meilleurs cas) au sein d'un dispositif de secteur psychiatrique. Parfois, elle autorisera une réinsertion socioprofessionnelle complète. Dans d'autres cas, il faudra maintenir un milieu protégé, où le schizophrène pourra se recréer « un ensemble de références et de repères affectifs et temporo-spatiaux » (L. Singer) lui permettant d'exploiter ses possibilités psychiques restantes. Un tel milieu constituera pour lui le monde proche où il pourra travailler, améliorer la qualité de sa vie et retrouver une certaine autonomie. J. P.

Bibliographie

Andreasen, N., et Olsen, S., 1982, « Negative vs Positive Schizophrenia : Definition and Validation », in *Archives General of Psychiatry*, 39, 789-794.

Arieti, S., 1955, *Interpretation of Schizophrenia*, New York, Brunner-Mazel.

Arieti, S., 1978, *On Schizophrenia, Phobias, Depression, Psychotherapy and the Farther Shores of Psychiatry*, New York, Brunner-Mazel.
Bleuler, E., 1911, «Dementia Praecox oder die Gruppe der Schizophrenien, Aschaffenburg», in *Handbuch der Psychiatrie*, Leipzig, F. Deuticke.
Boyers, R., 1971, *Ronald Laing et l'Antipsychiatrie*, Paris, Payot.
Crow, T., 1980, «Positive and Negative Schizophrenia Symptoms and the Role of Dopamine», in *British Journal of Psychiatry*, 137, 383-386.
Goldstein, M. J., Hand, I., et Hahlwey, K., 1986, *Treatment of Schizophrenia*, Berlin et New York, Springer.
Kaplan, A. R., 1972, *Genetics Factors in Schizophrenia*, Springfield, C. Thomas.
Kraepelin, E., 1905, *Leçons cliniques sur la démence précoce et la psychose maniaco-dépressive* (tr. fr.), Toulouse, Privat.
Minkowski, E., 1951, *la Schizophrénie*, (2ᵉ éd.), Paris, Desclée de Brouwer.
Singer, L., 1988, «Traitement au long cours de la schizophrénie», in *Semaine des hôpitaux*, n° 4, 362-377.
Sullivan, H. S., 1953, *Conceptions of Modern Psychiatry*, New York, Norton.
Szasz, T., 1970, *The Manufacture of Madness*, New York, Harper and Row.
Szasz, T., 1983, *la Schizophrénie* (tr. fr.), Paris, Payot.

schizophrénique

adj. (angl. Schizophrenic)

Qui relève de la schizophrénie. J. P.

schizothymie

n.f. (angl. Schizothymia)

Type de la caractérologie de E. Kretschmer, caractérisé par une tendance à l'intériorisation et par la plupart des traits relevant de la constitution mentale schizoïde.

La schizothymie s'accompagne pour E. Kretschmer d'une morphologie corporelle «leptosome», longiligne à thorax plat et corps maigre, et d'une humeur dissonante, ou «dystone». Elle prédisposerait à la schizophrénie ; encore que des études anamnestiques et épidémiologiques approfondies n'ont montré une schizothymie ou des antécédents de schizoïdie que chez 40% des schizophrènes. J. P.

→ typologie.

schizothymique

adj. et n. (angl. Schizothymic)

1. **Relatif à la schizothymie.** 2. **Se dit d'une personne qui est caractérisée par la schizothymie.** R. L.

Schneider (Kurt)

Psychiatre allemand (1887-1967).

Il a développé une conception systématique des troubles psychiques et du diagnostic psychiatrique. Après des études de philosophie à Heidelberg où il a suivi l'enseignement de K. Jaspers, puis de médecine à Cologne, il devient professeur de psychiatrie dans cette ville, à partir de 1922. Après la Seconde Guerre mondiale, il est nommé à Heidelberg où il termine sa carrière en 1955.

Après un ouvrage sur les personnalités psychopathiques publié en 1923, il fait paraître en 1935 sa *Psychopathologie des sentiments et des instincts* qui va lui donner une renommée internationale comme représentant de la psychopathologie allemande, presque à l'égal de son maître Jaspers. Mais c'est surtout sa *Psychopathologie clinique* (1950) qui développe le mieux ses conceptions dans le domaine du diagnostic et de la classification des maladies mentales. Il y décrit en particulier les symptômes de la schizophrénie, ceux de «premier rang» en rapport avec des «expériences anormales» caractéristiques de cette psychose, et ceux de «second rang» qui peuvent se retrouver dans d'autres psychoses*, notamment affectives (uni- ou bipolaires). Ces symptômes de premier rang sont les suivants : énonciation ou écho de la pensée, hallucinations auditives dans lesquelles des voix conversent entre elles, hallucinations auditives dans lesquelles des voix commentent le comportement du sujet, sensations corporelles imposées, vol de la pensée, imposition de la pensée, divulgation de la pensée, perception délirante, sentiments imposés ou contrôlés, impulsions imposées ou contrôlées, volonté imposée ou contrôlée. Ils constituent une première définition opérationnelle de la schizophrénie (P. Berner). Ils restent parmi les critères diagnostiques les plus utilisés dans les recherches épidémiologiques et statistiques actuelles. J. P.

Schneirla (Theodore Christian)

Éthologiste américain et psychologue de l'Animal (Bay City, Michigan, 1902-New York 1968).

Spécialiste de l'étude des Fourmis, il est le fondateur d'un courant de pensée constructiviste, d'inspiration béhavioriste, alternative au point de vue objectiviste. Sa théorie de l'approche-retrait rend compte de la construction du comportement individuel au cours de l'ontogenèse sous les effets conjugués et indissociables de la maturation et de l'expérience. Parmi les écrits de Schneirla, il faut retenir *Principles of Animal Psychology* (1935, en coll. avec Meier), *Levels in the Psychological Capacities of Animal* (1949), *The Concept of Development in Comparative Psychology* (1957). R. C.

Schreber (Daniel Paul, dit «le président» ou Paul)

Président de la cour d'appel de Saxe (Leipzig 1842 — *id.* 1911).

Il est le fils d'un médecin pédagogue, Daniel Gottlieb Schreber (1808-1861). Interné, le président Schreber publia en 1903 des Mémoires (*Mémoires d'un névropathe* [...], trad. fr. 1975) dans lesquels il expose son délire qui consiste à être transformé en femme par les puissances supérieures afin d'engendrer un monde nouveau. S. Freud analysa cet écrit et publia le résultat de ses investigations sous le titre de *Remarques psychanalytiques sur l'autobiographie d'un cas de paranoïa (Dementia paranoïdes) : le président Schreber* (1911). R. L.

scissure cérébrale

(angl. Cerebral Fissure)

Sillon profond délimitant des lobes à la surface des hémisphères cérébraux.

Les scissures visibles sur la face externe de chaque hémisphère sont : la scissure centrale de Rolando, la scissure latérale de Sylvius et, en arrière, la scissure pariéto-occipitale. Sur la face interne de chaque hémisphère, les principales scissures sont : la scissure calloso-marginale ou scissure cingulaire qui marque la limite supérieure du système limbique, la scissure pariéto-occipitale et la scissure calcarine, toutes deux localisées à la partie postérieure de l'hémisphère. G. S.

scolaire (rythme)

(angl. Scholastic Rhythm)

Périodicité de la vie scolaire en fonction d'un découpage journalier, hebdomadaire et annuel.

Pour C. Lévy, la notion de rythme scolaire s'est peu à peu substituée à celle d'emploi du temps. Ce phénomène est dû au fait que décideurs, pédagogues et parents d'élèves ont perçu de mieux en mieux la nécessité d'adapter la gestion temporelle des activités scolaires en fonction des possibilités d'apprentissage des enfants, inhérentes à leurs propres rythmes. Pourtant il apparaît qu'à l'heure actuelle encore, malgré les refontes régulières, si ce n'est systématiques, du calendrier scolaire, on n'assiste en fait qu'à des amendements de celui-ci alors qu'une réforme de fond de tous les horaires serait nécessaire (avec en particulier une meilleure répartition des heures de travail et de détente dans la journée et un meilleur équilibre entre les jours de classe et les jours de congé). En dépit de quoi on pourra continuer de constater que l'institution scolaire en France est le reflet d'une organisation sociale du temps qui correspond de façon cohérente à un mode de production hautement développé, et s'accorder avec E. Mullet qui déclare que «le rythme scolaire est associé à la compétition et à une conception globale du succès».

Si une réforme sérieuse doit être envisagée, il est indispensable que les réflexions s'articulent pour le moins autour de trois domaines d'études la plupart du temps explorés de manière indépendante, à savoir les rythmes biologiques et physiologiques de l'enfant (rythme veille-sommeil, rythme de la température corporelle, rythme d'élimination de certaines hormones, rythme de développement, etc.), les rythmes propres des activités psychologiques (attention, mémoire, activités intellectuelles), les rythmes et contraintes périscolaires (rythmes familiaux, activités de loisir, rythmes alimentaires, transports scolaires, etc.). Pour bien envisager les rythmes scolaires, il faut donc prendre en compte le temps vécu de l'enfant dans sa globalité.

C. L.

BIBLIOGRAPHIE

Lambert, C., Lancry, A., Leconte, P., 1988, *Chronopsychologie : rythmes et activités humaines*, Lille, Presses universitaires de Lille.

scotomisation

n.f. (angl. Derival of Reality, Scotomization)

Mise à l'écart par le sujet d'une partie importante mais méconnue de sa réalité. R. L.

scotopique (vision)

(angl. Scotopic Vision)

Mode de vision correspondant à la seule activité des bâtonnets.

La vision scotopique correspond à un niveau faible de luminance (plus petit que 0,03 candela par mètre carré ou 0,03 cd/m^2). Ce niveau est insuffisant pour activer les cônes. Les bâtonnets étant absents de la fovéa, la vision scotopique ou crépusculaire met en jeu la rétine parafovéale et périphérique. La sensibilité scotopique est optimale à environ 20° d'excentricité rétinienne, région où la densité des bâtonnets est maximale. C. B.

script

n.m. (angl. Script)

Groupement ordonné dans la mémoire d'informations correspondant à une suite stéréotypée d'actions se manifestant dans une situation bien connue. (Syn. scénario.)

La notion de script apparaît dans un travail consacré à la simulation sur ordinateur de la compréhension du langage : il s'agit, en effet, pour les auteurs, R. C. Schank et R. P. Abelson (1977), d'essayer de rendre compte de la façon dont un individu tout-venant parvient à comprendre, sans difficulté apparente, des textes dont le caractère principal est d'être elliptiques. Ce fait, jusqu'alors tenu pour négligeable (voire ignoré), va prendre en quelques années une importance considérable. Effectivement, les tentatives de simulation sur ordinateur vont amener à mettre en évidence que la machine doit, pour « comprendre », se trouver dotée *d'une base de connaissances* comportant un nombre très élevé d'informations organisées.

Dès lors, et au moins dans un certain nombre de cas, les préoccupations des chercheurs en intelligence artificielle vont rejoindre celles de la psychologie cognitive. Un des problèmes est de construire un modèle de l'organisation des connaissances. À cet effet, les chercheurs ont utilisé la notion de schéma*, ensemble plus ou moins organisé de connaissances, relativement à un thème, et comportant des informations permettant, par assimilation, la reconnaissance et l'interprétation de faits ou d'éléments plus ou moins nouveaux.

De ce point de vue un script n'est rien d'autre qu'un type particulier de schéma qui permettrait notamment :
— de déclencher et de guider les séquences d'actions adaptées à un contexte ;
— de comprendre par assimilation les comportements d'autrui ;
— de faciliter la compréhension et la production des textes en permettant au lecteur-auditeur de combler les manques, de développer des attentes et d'élaborer des inférences.

Le problème est de savoir dans quelle mesure cette organisation cognitive hypothétique a une quelconque validité psychologique. De nombreuses études expérimentales ont essayé de le déterminer. Si les résultats obtenus ne permettent pas de répondre à toutes les questions, la notion de script semble néanmoins avoir une grande pertinence. C'est pourquoi elle se trouve reprise dans de nombreux travaux, depuis ceux qui visent plus particulièrement l'étude de la mémorisation jusqu'à ceux qui sont essentiellement préoccupés de déterminer l'organisation interne des scripts.

Les différentes données empiriques obtenues, dans les travaux expérimentaux conduits autour de la notion de script, ainsi que les analyses théoriques qui les ont soit suscitées, soit interprétées a posteriori font assez clairement apparaître que le script, du fait qu'il n'est qu'un type particulier de schéma, ne nécessite sans doute pas un traitement ou une conceptualisation propres. Cependant il semble bien, dans certaines conditions, utile et pertinent de conserver la notion. C'est le cas notamment lorsqu'il s'agit d'étudier l'impact des organisations cognitives sur des tâches mettant en jeu des productions de comportements : on voit mal comment on pourrait se passer ici de la dimension séquentielle. En effet, il se trouve que, dans un nombre non négligeable de circonstances, nous devons affronter des situations, répétitives malgré leurs variations, qui constituent des « blocs de connaissances interconnectées » ayant toutes les propriétés des schémas plus une : la dimension séquentielle.

De même, dans certains cas où le comportement concerné doit présenter certaines garanties d'ajustement rapide et précis à une situation, le recours à une connaissance de type script s'avère indispensable. Le script peut alors participer par exemple au guidage des suites d'actions, à l'interprétation des comportements d'autrui, ou encore à la conduite d'interactions dialogiques. On peut en effet envisager qu'il puisse guider l'action à partir des connaissances organisées reliant un contexte spécifique à une séquence événementielle. Dans cette perspective, le script pourrait servir d'intermédiaire privilégié pour explorer les relations entre cognition et action. Ainsi certains auteurs ont pu postuler l'existence de *protoscripts* (scripts génériques ou prototypiques) composés à partir de séries de traits communs à une classe donnée de contextes. Par exemple, l'expérience d'une réunion (événement habituel) avec un nouveau responsable de laboratoire entraîne l'activation du proto-script des réunions, la comparaison de celui-ci avec la situation concrète et la décision soit de l'utiliser tel quel pour gérer les comportements, soit de le modifier pour favoriser une meilleure adaptation.

Conformément à l'esprit de sa définition, le script est donc considéré comme une organisation cognitive appropriée aux seules situations bien apprises et comprises. Il serait en conséquence exécuté quasi automatiquement. Il semble cependant que le contrôle s'avère toujours possible. Il reste que les modifications, pour être efficaces, doivent porter sur les aspects pertinents relativement au problème posé. Il résulte de cela que l'utilisation des scripts pour l'action doit s'envisager en termes de coûts et de bénéfices. En effet, les scripts permettent une remarquable économie de traitement cognitif : l'activation, la récupération et le guidage s'effectuent avec un minimum d'effort, de temps et/ou d'investissement attentionnel. En revanche, l'efficacité dépend très étroitement de la marge d'accommodation du script et, donc, de l'assimilabilité de telle ou telle action.

J.-M. M. et M. F.

→ frame, scénario, schème.

BIBLIOGRAPHIE

Fayol, M., et Monteil, J.-M., 1988, « The Notion of Script : from Developmental and Social Psychology » in *European Bulletin of Cognitive Psychology*, 8, 355-361.

Le Ny, J.-F., 1989, *Science cognitive et compréhension du langage*, Paris, P.U.F.

Sabah, G., 1988, *l'Intelligence artificielle et le langage*, Paris, Hermès.

Schank, R. C., et Abelson, R. P., 1977, *Scripts, Plans, Goals and Understanding*, Hillsdale, New Jersey, Lawrence Erlbaum Ass.

secondaire

adj. et n. (angl. Secondary)

Se dit d'une personne qui éprouve fortement les événements extérieurs et qui en conserve la trace, par opposition au *primaire*. R. L.

→ primaire, typologie.

secteur de psychiatrie/ sectorisation

(angl. Catchment Area)

Aire géographique bien délimitée, d'environ 70 000 habitants, desservie par un service de psychiatrie, la même équipe médico-sociale assurant les soins intra- et extrahospitaliers.

AVANT LA SECTORISATION PSYCHIATRIQUE

La loi du 30 juin 1838 avait fait réaliser un «asile d'aliénés» par département. En 1924, les premiers services ouverts commencent à se développer (hôpital Henri-Rousselle à Paris). En 1937, une circulaire ministérielle envisage d'organiser l'hygiène mentale en dehors de l'hôpital, sur le modèle de la lutte contre la tuberculose. À partir de 1938, les asiles sont appelés officiellement «hôpitaux psychiatriques». À la Libération, à la suite des conditions effroyables subies par les malades des hôpitaux psychiatriques et dans un grand mouvement novateur de réflexion critique, les psychiatres hospitaliers en viennent à concevoir autrement la politique de santé mentale. Ils pensent de plus en plus qu'il faut privilégier la prophylaxie, l'évitement des hospitalisations chronicisantes, le suivi ambulatoire et la réinsertion socioprofessionnelle. À l'occasion des Journées psychiatriques de 1945, ils affirment l'unité des notions de prévention, prophylaxie, cure et postcure. Cette même année voit l'ouverture, dans le XIIIe arrondissement de Paris, d'un centre qui restera ultérieurement une référence constante pour le secteur.

MISE EN PLACE DU SECTEUR PSYCHIATRIQUE D'ADULTES

C'est par une simple circulaire ministérielle que le secteur de psychiatrie est instauré, le 15 mars 1960. Le secteur y est défini comme une aire géographique desservie par un service en hôpital psychiatrique préexistant: à chaque secteur correspond un service déterminé et réciproquement. Ce service hospitalier est tenu de fonctionner en étroite liaison avec les structures extrahospitalières. La circulaire de 1960 détermine ces structures: le *dispensaire d'hygiène mentale* est un centre de consultations médico-sociales, situé au chef-lieu et fonctionnant au moins quatre jours par semaine; l'*hôpital de jour* est un organisme où les malades sont traitées dans la journée, pour regagner leur foyer chaque soir; le *foyer de postcure* est une structure de transition entre l'hôpital et le domicile du patient, qui procure à celui-ci le logement et le repas et lui assure la réadaptation dans les meilleures conditions; l'*atelier protégé* est un atelier où les malades, tout en gagnant leur vie, restent sous surveillance médico-sociale.

C'est la même équipe pluridisciplinaire qui doit assurer le travail extra- et intrahospitalier et être en étroite relation avec les hôpitaux généraux, les cliniques privées, les médecins généralistes, etc. À cet effet, chaque département est chargé d'élaborer un programme d'organisation et d'équipement afin de créer un dispositif plus efficace et mieux adapté contre les maladies mentales. Les buts à atteindre sont clairement définis: entreprendre les soins au stade le plus précoce; assurer une postcure médico-sociale évitant les récidives; éviter la désadaptation qu'entraîne l'éloignement du malade de son milieu naturel, en faisant que tous les établissements ou services soient facilement accessibles pour la population qu'ils desservent; éviter l'hospitalisation ou la réduire au minimum; supprimer des lits d'hospitalisation en tenant compte des organismes extrahospitaliers existants.

De très nombreux textes sont venus par la suite compléter cette circulaire princeps. Mais ce n'est qu'à partir des années 1970 que le secteur s'est véritablement mis en place progressivement, avec des inégalités importantes d'un département à l'autre et, dans le même département, d'un secteur à l'autre. En 1968, les hôpitaux psychiatriques sont intégrés dans le système hospitalier général.

La mixité des services est introduite à partir de 1969. En 1969 toujours, une circulaire ministérielle définit l'infirmier psychiatrique de secteur. En 1970, les services de psychiatrie sectorisés sont assimilés aux services hospitaliers du premier groupe et les psychiatres des hôpitaux voient leur statut inclus dans celui des hôpitaux publics.

En 1972, une circulaire instaure les conseils de santé mentale de secteur, dans le but d'évaluer les besoins et les ressources, ainsi que d'organiser la prévention, l'éducation sanitaire et la recherche. Ce texte restera pratiquement lettre morte, mais des conseils nouvelle formule seront créés en 1986. L'arrêté du 14 mars 1972 fixe, quant à lui, les modalités du règlement départemental contre les maladies mentales, l'alcoolisme et la toxicomanie. Il prévoit que les départements seront divisés par arrêté préfectoral en secteurs géographiques de psychiatrie adulte et de psychiatrie infanto-juvénile. Une circulaire du 9 mai 1974:
— réexamine les modalités d'équipement extrahospitalier (dispensaire, hôpital de jour, ateliers protégés, structures intersectorielles);
— crée des normes minimales de personnel: un médecin-chef de service et de secteur; un médecin assistant; trois ou quatre internes; une assistante sociale; un infirmier pour 10 000 habitants; une secrétaire; des vacataires en fonction des besoins.

MISE EN PLACE DU SECTEUR DE PSYCHIATRIE INFANTO-JUVÉNILE

La circulaire de mars 1960 ne définit pas la sectorisation pour la pédopsychiatrie. C'est la circulaire du 16 mars 1972 qui organise la sectorisation des services de psychiatrie infanto-juvénile. Elle définit qu'à trois secteurs de psychiatrie d'adultes correspond un intersecteur infanto-juvénile. Cet intersecteur correspond à une aire géographique de 200 000 habitants et concerne les mineurs âgés de moins de 16 ans. Cette circulaire insiste sur la prévention à tous les niveaux: au niveau primaire (coopération avec les centres de protection maternelle et infantile, les médecins scolaires, les obstétriciens); au niveau secondaire (dépistage et lutte avant l'apparition de troubles manifestes); au niveau tertiaire (limitation maximale des séquelles et incapacités).

Des bilans à visée diagnostique et thérapeutique doivent pouvoir être effectués par l'équipe pluridisciplinaire de l'intersecteur. Ces bilans comprennent:
— un examen psychiatrique;
— un examen psychotechnique (tests psychométriques de niveau intellectuel et de personnalité);
— des examens spécialisés, en particulier orthophoniques et psychomoteurs;
— une étude de la situation scolaire, familiale et sociale.

Les centres de consultations sont désignés. Ce sont:
— les dispensaires d'hygiène mentale, avec possibilité d'y pratiquer examens médicaux et traitements médicamenteux, psychothérapie, rééducation orthophonique et psychomotrice;
— les lieux de consultations hospitalières externes;
— les centres médico-psycho-pédagogiques (C.M.P.P.), avec possibilité d'interventions au niveau médical, psychologique et pédagogique;
— les instituts médico-éducatifs (I.M.E.), qui reçoivent les personnes âgées de 3 à 20 ans atteintes d'un déficit intellectuel et exigeant le recours, sous contrôle médical, à des techniques non exclusivement pédagogiques.

Les instituts médico-éducatifs comprennent:
— les instituts médico-pédagogiques qui reçoivent des enfants âgés de 3 à 16 ans et leur procurent un enseignement général ainsi qu'une formation gestuelle;
— les instituts médico-professionnels, qui, prenant la suite des établissements précédents, dispensent une formation professionnelle adaptée à chaque handicapé.

Tous ces instituts fonctionnent sur le mode de l'externat ou celui de l'internat en relation avec:
— les services hospitaliers de pédopsychiatrie;
— les établissements de suite: service hospitalier de psychiatrie d'adultes, centre d'aide par le travail (établissement procurant des activités à caractère professionnel, avec soutien médico-social), atelier protégé (unité de production à rendement plus faible), secteur protégé en milieu ordinaire de travail, foyer (hébergement et action éducative).

LE SECTEUR LÉGALISÉ

Jusqu'en 1985, le secteur n'avait qu'une existence réglementaire ne reposant que sur des circulaires et des arrêtés ministériels. La loi du 25 juillet 1985, portant diverses dispositions d'ordre social, est venue lui donner une assise législative en son article 8. Elle dispose que la lutte contre les maladies mentales s'exerce dans le cadre de circonscriptions géographiques appelées secteurs psychiatriques. Elle institue un conseil départemental de santé mentale dont la composition et les rôles seront déterminés en mars 1986. La loi du 31 décembre 1985 est, elle, entièrement consacrée à la sectorisation psychiatrique. Elle introduit les secteurs psychiatriques dans la carte sanitaire, par modification de l'importante loi hospitalière du 31 décembre 1970. Elle instaure également que chaque département n'est plus tenu de disposer d'un établissement spécialement destiné aux « aliénés », mais seulement d'assurer les soins des malades mentaux « dans un ou plusieurs établissements assurant le service public hospitalier ». Elle instaure qu'à partir du 1er janvier 1986 les structures sectorielles publiques sont désormais mises à la disposition et placées sous la responsabilité des établissements assurant le service public hospitalier. Ces établissements se doivent de prendre en charge les dépenses exposées par ces structures dans la lutte contre les maladies mentales. Ce dispositif est essentiellement mis en place dans un souci de fonctionnalité et de restrictions budgétaires. Jusque-là, en effet, les structures sectorielles dépendaient de la D.D.A.S.S. et étaient financées conjointement par elle et par le conseil général.

La loi va plus loin encore, puisqu'elle pose qu'à partir du 1er janvier 1987, les biens, meubles et immeubles affectés aux services publics de la lutte contre les maladies mentales sont mis à disposition des établissements mentionnés ci-dessus. Les dépenses de ces établissements sont progressivement prises en charge totalement par les régimes d'assurance maladie, dans le cadre d'une dotation globale annuelle.

Le décret du 14 mars 1986 institue trois types de secteurs :

— les secteurs de psychiatrie générale pour les personnes âgées de plus de 16 ans ;

— les secteurs de psychiatrie infanto-juvénile pour les enfants et les adolescents (chacun de ces secteurs correspond à une aire géographique desservie par un ou plusieurs secteurs de psychiatrie générale) ;

— les secteurs de psychiatrie en milieu pénitentiaire lorsqu'ils répondent aux besoins de santé mentale de la population incarcérée dans les établissements relevant d'une région sanitaire.

Ce décret précise la composition du conseil départemental de santé mentale, qui comprend notamment des représentants de l'État, du conseil général, des établissements de soins, des régimes d'assurance maladie. Ce conseil fournit un avis au préfet, avant que ne soit établie la liste des établissements participant à la lutte contre les maladies mentales. Il peut être également consulté sur l'ensemble des problèmes relatifs à l'organisation et au fonctionnement des équipements et services de lutte contre les maladies mentales, ainsi que sur les projets de création d'établissements sociaux et médico-sociaux accueillant des malades ou des handicapés mentaux. Le même texte impute aux établissements assurant le service public hospitalier, auxquels sont rattachés un ou plusieurs secteurs psychiatriques, la responsabilité de la lutte contre les maladies mentales dans ce ou ces secteurs. La prévention, le diagnostic et les soins sont assurés notamment : dans les services spécialisés, comportant ou non des possibilités d'hébergement ; à la résidence des patients ; dans les établissements sanitaires, sociaux ou médico-sociaux ; par des séjours thérapeutiques temporaires ; par des actions d'information auprès de la population et des professionnels concernés.

L'arrêté du 14 mars 1986 prévu par le texte précédent énumère et définit les équipements et services de lutte contre les maladies mentales. Ce sont : les centres médico-psychologiques, qui sont les anciens dispensaires d'hygiène mentale ; les centres d'accueil permanents et les centres de crise habilités à répondre à l'urgence psychiatrique vingt-quatre heures sur vingt-quatre ; les hôpitaux de jour et les hôpitaux de nuit ; les ateliers thérapeutiques réalisant des groupes d'ergothérapie ; les services d'hospitalisation à domicile et de placement familial thérapeutique ; les centres de postcure (les ex-foyers de postcure) et les appartements thérapeutiques (unités de soins mises pour une durée limitée à disposition de quelques patients) ; les unités d'hospitalisation à temps complet. M. G.

segmentation

n.f. (angl. Segmentation)

Dans le traitement de la parole humaine, procédure par laquelle une suite ordonnée d'unités verbales est perçue à partir d'un flux auditif continu ne comportant pas de jonctures.

La segmentation implique la distinction des mots entre eux et, pour chacun, la constitution d'une classe d'équivalence qui permette sa reconnaissance malgré des différences de réalisation dues au contexte et aux locuteurs.

GÉNÉR. Chez l'adulte, la segmentation intervient aussi dans la perception d'une suite ordonnée d'unités phonétiques à partir d'un support auditif ne présentant ni l'invariance caractéristique de la perception (exemple : un /a/ n'est physiquement pas le même selon qu'il est produit par une voix d'homme, de femme ou d'enfant), ni la linéarité manifestée par la perception (un événement acoustique éloigné d'une unité phonétique peut apporter une information nécessaire à son identification). Les éléments phonétiques sont discriminés à partir des variations acoustiques d'un nombre limité de traits qui sous-tendent les contrastes de phonèmes (délai de voisement opposant /b/ à /p/, écartement des premiers formants différenciant /a/ de /i/). Les unités qui présentent une variation importante en fonction du contexte sont reconnues à partir d'une constance établie par regroupement des variations du trait qui fonde l'opposition phonémique (en deçà d'un certain délai de voisement un /p/ reste /p/ et, au-delà de ce seuil, un /b/ demeure /b/). De ce fait, on a longtemps cru que la segmentation à l'œuvre dans la perception phonétique résultait d'un découpage du flux de parole dépendant de la constitution d'un système de signes, les éléments perçus étant ceux par lesquels une langue oppose ses unités signifiantes.

DÉVELOP. Les recherches sur la perception de la parole chez le nourrisson ont montré que l'activité de segmentation est effective bien avant que l'enfant ne produise ses premiers mots. Dès la naissance, le bébé peut percevoir des combinaisons phonétiques particulières puisqu'il discrimine des séries syllabiques composées des mêmes éléments dans un ordre différent (exemple : /tap/ vs /pat/). Avant 6 mois, il est capable de réagir à la constance d'un élément vocalique (exemple : /a/ ou /i/) en négligeant les variations dues à la hauteur des voix ou aux mélodies sur lesquelles il est produit. Au terme des six premiers mois, le nourrisson parvient à repérer la similarité entre syllabes partageant un même élément consonantique (exemple : /ma/, /mi/, /mu/) et à négliger leurs différences vocaliques. Cela suggère la présence d'une capacité précoce de fractionnement s'appliquant à des séquences phonétiques au minimum, mais peut-être aussi au maximum, égales à la taille d'une syllabe. On s'interroge sur la nature de l'unité qui permet la segmentation des séquences de parole : il peut s'agir du trait phonétique, du segment phonétique (consonne vs voyelle) ou bien d'une unité d'articulation. M.-L. L. R.

sélectif, ive

adj. (angl. Selective)

Qui se rapporte à la sélection de l'information et notamment à l'attention.

L'expression d'« attention sélective » est redondante en elle-même, puisqu'on appelle normalement « vigilance » l'attention non sélective, qui est, selon l'usage, « non spécifique ». L'attention proprement dite comporte intrinsèquement une sélection, qui fait ressortir certaines parties ou certains aspects de la situation, et en néglige d'autres.

L'*apprentissage sélectif* est un conditionnement ou un apprentissage instrumental ou opérant, qui a pour effet que, à partir d'un ensemble indifférencié et aléatoire de comportements, un seul, celui qui est renforcé, va croître et subsister.

On établit parfois une analogie entre cette caractéristique de ce phénomène et la sélection naturelle néodarwinienne ; dans cette dernière, il existe également un certain nombre de variations indifférenciées et aléatoires, parmi lesquelles une seule (ou un petit nombre) sera conservée ; cela se fera grâce à la meilleure adaptation et à la survie de l'espèce qui est porteuse de cette variation. L'apprentissage sélectif opère, à son propre niveau, suivant le même schéma. J.-F. L. N.

→ attention, conditionnement, instrumental (conditionnement), opérant (conditionnement).

sélection

n.f. (angl. Selection)

GÉNÉR. **Aspect des activités cognitives par lequel celles-ci retiennent certaines informations et en négligent ou en rejettent d'autres.**

Ce mot, appliqué à l'information, est équivalent à celui de « filtrage », en un de ses sens.

Les activités de saisie de l'information comportent toutes une très grande part de sélection de l'information utile. C'est le cas de la perception et de l'attention, dite précisément « sélective ».

Mais le reste du traitement de l'information inclut aussi des opérations de sélection. La résolution de problème ne peut s'expliquer sans un choix de l'information pertinente. La mémoire de travail comporte de son côté une sélection entre l'information à conserver et celle qui peut s'effacer. De manière semblable, la mémoire à long terme comporte une large part de sélection — on dit parfois de conservation « élective », plutôt que « sélective » — entre l'information qui est gardée et celle qui est oubliée.

J.-F. L. N.

DIFFÉR. **Ensemble des techniques visant à opérer un tri entre des candidats lorsque leur nombre est supérieur à celui des places disponibles et/ou lorsqu'il est nécessaire de vérifier par des épreuves discriminatoires que le candidat a bien le niveau adapté et les compétences requises.**

Dans certains cas, les tests sont utilisés dans des procédures de sélection. Ils présentent sur d'autres procédures l'avantage de s'appliquer de façon strictement identique à tous les candidats. Cependant, la question de savoir si la nature des tâches proposées ne défavorisait pas de façon illégitime certaines catégories de sujets a fait l'objet aux États-Unis de débats juridiques et techniques.

Lorsqu'un critère de réussite ultérieur est disponible, on peut valider chacun des tests ou l'ensemble d'une batterie à l'égard de ce critère. L'intérêt présenté par l'utilisation de tests de sélection dépend évidemment de leur validité. Mais il dépend aussi du pourcentage de sujets aptes à satisfaire le critère dans la population générale ; si ce pourcentage est très élevé, l'usage d'une procédure de sélection est sans grand intérêt. En supposant que le critère établisse une dichotomie entre les sujets (ceux qui réussissent et ceux qui échouent), on doit considérer sur une population expérimentale (dont tous les membres sont reçus après avoir passé les épreuves de sélection) les proportions de quatre catégories de sujets ; ceux qui réussissent et ceux qui échouent parmi ceux qui auraient été acceptés d'une part, parmi ceux qui auraient été refusés d'autre part. Le coût d'une acceptation erronée et celui d'un rejet erroné sont pris en considération dans l'évaluation de l'intérêt que présente l'usage des tests de sélection (théorie de la décision).

M. R.

→ attention, mémoire, perception.

BIBLIOGRAPHIE

Anastasi, A., 1982, *Psychological Testing*, New York, MacMillan.

Cascio, W. M., 1982 (2e éd.), *Applied Psychology and Personal Management*, Reston (Virginia), Reston Publishing Company.

Tenopyr, M. L., et Deltjen, P. D., 1982, « Personal Selection and Classification », in *Annual Review of Psychology*, n° 33, 581-618.

sélective (valeur)

→ valeur sélective.

self

n.m. (angl. Self)

Synonyme de soi.

PSYCHAN. *Vrai self/faux self.* Chez D.W. Winnicott, distinction établie par lui concernant le développement de l'enfant (la traduction de « self » en « soi » n'a volontairement pas été effectuée dans les textes français). Pour Winnicott, le moi du nourrisson s'achemine vers un état dans lequel les exigences instinctuelles sont ressenties comme faisant partie du *self* (ou soi*) et non de l'environnement.

Winnicott établit un parallèle entre *vrai self* et *faux self*: il reprend en cela la distinction freudienne entre d'une part une partie centrale du moi gouverné par les pulsions ou par ce que Freud appelle sexualité prégénitale et génitale et d'autre part une partie tournée vers l'extérieur, établissant des rapports avec le monde.

Le faux self est représenté par toute l'organisation que constituent une attitude sociale polie, de bonnes manières et une certaine réserve. Le vrai self est spontané et les événements du monde se sont accordés à cette spontanéité, du fait de l'adaptation d'une mère suffisamment bonne. A. P.-P.

→ soi.

Selvini-Palazzoli (Mara)

Psychiatre et psychanalyste italienne (Milan 1916).

Elle s'illustre d'abord par des travaux concernant l'anorexie mentale. Elle abandonne par la suite les psychothérapies duelles, pour se consacrer aux thérapies familiales systémiques. (→ thérapie familiale.) Elle crée en 1967 à Milan le Centre pour l'étude de la famille où elle s'inspire des travaux anglo-saxons et particulièrement de ceux de l'école de Palo Alto* (Californie). L'école de Milan se rend rapidement célèbre par l'importance de sa productivité scientifique. Les transactions schizophréniques font l'objet d'études cliniques d'une très grande richesse théorique et thérapeutique. Des modalités originales de prise en charge sont longuement décrites (prescription de rituels, de symptômes, connotation positive du système familial). Plusieurs de ses livres ont été traduits en français, le plus important est *Paradoxe et Contre-paradoxe*, 1975 ; trad. fr. 1983). Elle a écrit également : *le Magicien sans magie* (1976 ; trad. fr. 1983) ; *Dans les coulisses de l'organisation* (1980, trad. fr. 1984) ; *les Jeux psychotiques dans la famille* (1987 ; trad. fr. 1990).

M. G.

sémantique

n.f. (angl. Semantic)

LING. 1. **Partie d'un système formel dans laquelle les expressions élaborées à partir d'un dictionnaire de symboles et d'une syntaxe sont interprétées comme vraies ou fausses relativement à un modèle.**

LING. 2. **Branche de la linguistique qui étudie le sens des expressions verbales.**

Longtemps réduite à la sémantique lexicale, la sémantique visait à décrire le sens des mots à l'intérieur de champs lexicaux plus ou moins intuitivement délimités. La *sémantique* dite *structurale* a promu une forme d'analyse en traits distinctifs — ou sèmes — que l'on retrouve dans toutes les approches componentielles (le sens du tout est fonction du sens des parties). La *sémantique interprétative* (J. J. Katz, J. A. Fodor), qui s'est développée dans le prolongement de la syntaxe générative de N. Chomsky, est conçue comme un dispositif permettant de projeter et d'amalgamer des unités de sens dans une représentation syntagmatique. Les *sémanticiens générativistes* (G. Lakoff, J. D. McCawley, C. J. Fillmore), ont contesté cette conception et proposé une représentation alternative, inspirée des notations du calcul des prédicats, dans laquelle l'interprétation sémantique précède l'interprétation syntaxique. Certains auteurs ont également développé, à la suite de D. Davidson, des conceptions proches de la *sémantique formelle*, dans lesquelles la notion de condition de vérité occupe une place essentielle. Enfin, l'apparition de la *pragmatique* (J. L. Austin, J. R. Searle, H. P. Grice) a fait naître un grand nombre de recherches sur la présupposition, les actes de langage et, plus généralement, l'interprétation des énoncés en situation.

Certains psycholinguistes ont essayé de valider expérimentalement les analyses en traits sémantiques. De même, on a cherché à tester la complexité relative de l'interprétation sémantique des structures syntaxiques de base et de leurs transformations. Les travaux d'inspiration logique ont suscité un moindre nombre d'explorations psycholinguistiques. Par contre, de nombreuses recherches ont été consacrées à la compréhension des présupposés (et, plus généralement, des différentes formes d'implication sémantique), ainsi qu'à l'interprétation des métaphores et du sens figuré. On notera enfin que les recherches des psychologues sur les prototypes et les stéréotypes (E. Rosch) ont permis de relancer sur d'autres bases les travaux de sémantique lexicale. M. C.

BIBLIOGRAPHIE

Ducrot, O., 1972, *Dire et ne pas dire: principes de sémantique linguistique*, Paris, Hermann.

Fauconnier, G., 1984, *Espaces mentaux: aspects de la construction du sens dans les langues naturelles*, Paris, Éditions de Minuit.

Galmiche, M., 1975, *Sémantique générative*, Paris, Larousse.

Jackendoff, R., 1983, *Semantics and Cognition*, Cambridge, Mass., MIT Press.

Kleber, G., 1990, *la Sémantique du prototype: catégories et sens lexical*, Paris, P.U.F.

Martin, R., 1983, *Pour une logique du sens*, Paris, P.U.F.

Putman, H., 1988, *Représentation et réalité*, trad. fr. 1990, Paris, Gallimard.

Zuber, R., 1989, *Implications sémantiques dans les langues naturelles*, Paris, C.N.R.S.

sémiologie

n.f. (angl. Semiology)

Science qui étudie les divers systèmes de signes (codes, langues, signalisations, etc.).

La sémiologie est, d'une part, une science générale, étudiant les systèmes de signes et leur fonctionnement, et, d'autre part, un savoir organisé appliqué à un domaine particulier de la communication.

LING. et GÉNÉR. Comme on donne généralement un statut particulier au langage, on l'écarte du domaine proprement dit de la sémiologie qui devient ainsi «l'étude des systèmes de signes non linguistiques» (P. Guiraud). Celle-ci avait été conçue par F. de Saussure dans son *Cours de linguistique générale* (1916) comme «la science qui étudie la vie des signes au sein de la vie sociale», formant une «partie de la psychologie générale». Elle doit nous apprendre, ajoutait Saussure, «en quoi consistent les signes, quelles lois les régissent. Puisqu'elle n'existe pas encore, on ne peut dire ce qu'elle sera; mais elle a droit à l'existence, sa place est déterminée d'avance». À la même époque, le philosophe nord-américain C. S. Peirce conçoit lui aussi une théorie générale des signes qu'il appelle *sémiotique* (angl. Semeiotics). Alors que le premier mettait l'accent sur la fonction sociale du signe, l'Américain le portait sur sa fonction logique. (→ sémiotique.) C'est seulement à la fin des années 1950 que R. Barthes va tenter une première application du programme de Saussure, qu'il expose en 1964 dans ses *Éléments de sémiologie*. Il y voit une forme nouvelle de critique idéologique et sociopolitique: «Lassé du caractère immobile, oratoire, des dénonciations idéologiques, j'entrevis avec éblouissement, en lisant Saussure (c'était en 1956), qu'il pouvait exister une méthode élégante (comme on dit de la solution d'un problème mathématique) qui permît d'analyser les symboles sociaux, les marques de classes, les roueries idéologiques. Sans doute aurais-je mieux fait d'appeler cette science (ou ce discours) une "signalétique", car il s'agissait de décrire comment la société de classes produit des signaux (plus que des signes), des "affiches", qu'elles retourne astucieusement en traits de nature; je gardais cependant le mot de "sémiologie", trouvé dans Saussure, et le garde encore, puisque c'est avec lui que j'ai continûment travaillé. Cette sémiologie — ou cette signalétique —, je la concevais donc comme l'extension d'un vaste projet de critique idéologique.»

C'est donc cette sémiologie directe du social qui a intéressé Barthes, alors que d'autres sémiologues étudieront plutôt les rites, les cérémonies, ou les créations esthétiques (architecture, peinture, littérature, etc.) qui sont aussi des modes de communication relevant d'une théorie générale du signe. Mais certains pourront aussi étudier la communication animale (zoosémiotique), ou celle des machines (cybernétique), ou même celle des cellules vivantes (bionique).

PSYCHIATR. La sémiologie médicale est elle-même une branche de cette science, et même la plus ancienne, puisqu'elle est bien antérieure à Saussure. Depuis le XVIIIe siècle, c'est la «partie de la médecine qui traite des signes des maladies» (E. Littré). Et au début du XIXe siècle, A. J. André-Beauvais intitule «Séméiotique» son *Traité des signes des maladies* (1809). On devrait dire plutôt «séméiologie», ou «séméiotique» pour qualifier cette sémiologie particulière.

La sémiologie psychiatrique suit d'ailleurs une démarche assez voisine de la sémiologie médicale plus générale. Elle recueille en effet, comme elle, les symptômes que le malade expose spontanément, les signes que le psychiatre doit rechercher et discriminer, et les syndromes, associations plus ou moins spécifiques de symptômes et de signes, renvoyant à une classification, une nosographie que le clinicien a appris à connaître. Tout signe psychiatrique aura, selon G. Lanteri-Laura, une face signifiante (expression matérielle du signe) et une face signifiée (son contenu sémantique), et suppose un référent, c'est-à-dire cette classification nosologique à laquelle le praticien s'adresse pour situer l'ensemble de signes qu'il a recueillis au cours de son examen clinique. Toujours selon Lanteri-Laura, la structure de la connaissance sémiologique psychiatrique peut se décomposer en deux niveaux: d'abord celui du dégagement des signes qui concerne l'ensemble des modalités expressives (ainsi que les conditions de la rencontre, les formes de la demande, le contexte culturel) du patient, renvoyant à plusieurs significations possibles. Le psychiatre ne doit retenir que ce qui est significatif, c'est-à-dire ce qui se réfère à ses connaissances sémiologiques (qu'il tient de l'enseignement de ses maîtres et de sa propre expérience). Puis le niveau de l'établissement du diagnostic qui se fait par «réduction progressive de la polysémie des signes en syndromes». Le diagnostic devient alors «le signifiant du signifié qu'est la maladie», avec parfois le risque de ne plus être qu'une étiquette.

Cette démarche diagnostique est souvent aidée, en particulier dans les manuels comme le DSM III*, par l'utilisation d'arbres décisionnels, la recherche procédant par étapes dans un ordre fixé à l'avance. À chaque étape correspond une question choisie pour sa capacité à faire avancer au plus vite le diagnostic. La réponse à ces questions se fait par «oui» ou par «non». Des diagnostics partiels (diagnostic de syndrome et non diagnostic de maladie, par exemple «hypocondrie délirante») peuvent apparaître à un moment ou à un autre de l'arbre décisionnel. Ils ne sont pas nécessaires à la démarche diagnostique, mais interviennent comme des repérages sémiologiques. Et parfois, la logique dichotomique (énoncé d'une question impliquant une réponse par «oui» ou par «non») est remplacée par un arbre à choix multiples (dans ce cas, à chaque énoncé proposé correspond un diagnostic et un seul).

Mais il faut se méfier du caractère réducteur de cette logique décisionnelle appliquée à la psychiatrie. Car, si en médecine générale le référent diagnostique reste relativement homogène quant à l'étiopathogénie des maladies somatiques, il en va différemment pour les troubles mentaux. Pour ceux-ci, les référents nosologiques reposent sur trop de modèles et de théories étiologiques différentes pour pouvoir garder une certaine homogénéité.

On pourrait d'ailleurs faire une analyse structurale de ces nombreuses modalités de connaissance sémiologique en psychiatrie, en fonction de ces référents hétérogènes. Les modalités deviendraient à leur tour les éléments d'une nouvelle sémiologie (au sens de Saussure) des pratiques et discours psychiatriques, susceptible de faire partie d'une psychopathologie* générale qui en tirerait de grands profits. J. P.

BIBLIOGRAPHIE

Barthes, R., 1957, *Mythologies*, Paris, le Seuil.

Greimas, A. J., 1966, *la Sémantique structurale*, Paris, le Seuil.

Guiraud, P., 1971, *la Sémiologie*, Paris, P.U.F.

Kristeva, J., 1970, *Séméiotika, Recherches pour une sémanalyse*, Paris, le Seuil.

Lanteri Laura, G., 1973, *Introduction générale à la sémiologie en psychiatrie*, Paris, E.M.C.

sémiotique

n.f. (angl. Semiotics)

Étude des systèmes de signes, qui s'intéresse aux relations des signes entre eux (syntactique), aux relations entre signes et signifiés (sémantique) et à l'utilisation des signes (pragmatique).

GÉNÉR. Si l'étude des signes remonte à l'Antiquité, elle s'est longtemps confondue avec l'étude d'une catégorie particulière de signes, les signes verbaux. On peut considérer C. S. Peirce comme le fondateur de la sémiotique moderne en tant que «théorie formelle des signes», au sens le plus général. (→ sémiologie.) Peirce définit le *signe* comme la relation triadique qui unit les éléments indissociables que sont le *representamen*, l'*objet* et l'*interprétant*. Mais il existe plusieurs catégories de signes, *signes-icônes, signes-index* et *signes-symboles*, qui sont classés en fonction de leur degré de motivation, c'est-à-dire de la ressemblance qu'ils conservent avec les propriétés physiques du signifié.

La psychologie s'intéresse à la manière dont l'Homme et éventuellement l'Animal font usage de signes; c'est la *fonction sémiotique*, qui consiste, selon J. Piaget et B. Inhelder (*la Psychologie de l'enfant*, 1966), à «pouvoir représenter quelque chose (un *signifié* quelconque: objet, événement, schème conceptuel, etc.) au moyen d'un *signifiant* différencié et ne servant qu'à cette représentation: langage, image mentale, geste symbolique, etc.»; il y a activité sémiotique chaque fois que des stimulus sont utilisés comme signes, c'est-à-dire qu'ils commandent et règlent des actions qui ne portent pas directement sur eux.

DÉVELOP. C'est au cours de la seconde année qu'apparaissent les premières conduites sémiotiques, en particulier avec l'imitation différée. Pour Piaget, celle-ci joue un rôle très important dans la suite du développement cognitif, car elle est une préfiguration de la représentation. Vient ensuite le jeu symbolique dans lequel le geste imitateur utilise des objets, éventuellement détournés de leur usage habituel pour être introduits dans le jeu afin de faire «comme si». À peu près en même temps, apparaissent le langage et le dessin. Le premier utilise des signes conventionnels, arbitraires et collectifs: il s'agit en effet d'un code qui est fourni à l'enfant par l'environnement social. Le dessin, par contre, utilise des signifiants qui «ressemblent» aux signifiés. Mais en fait, dans le dessin, l'enfant représente souvent beaucoup plus ce qu'il *sait* des choses que ce qu'il en *voit*. Quant à l'image mentale, elle a dans la fonction sémiotique un statut particulier: c'est la part des représentations mentales qui conserve un caractère analogique et, à ce titre, elle fournit les modèles internes imagés qui s'extériorisent dans le langage, le dessin, les gestes ou le jeu symbolique. C'est pourquoi le dessin peut fournir des renseignements sur les propriétés de ces représentations imagées (aspects figuratifs et opératifs) et sur leur évolution avec l'âge: en particulier, les transformations qui leur sont applicables, en relation avec les opérations de pensée disponibles. G. P.-L. B.

sénescence

n.f. (angl. Senescence, Aging)

État qui commence chez l'Homme à la fin de l'âge adulte, à l'issue de la maturescence, avec l'involution des fonctions physiologiques et psychologiques conduisant au vieillissement.

C'est un processus biologique normal qui se produit en fait dès la fin de la période de croissance, mais qui ne devient perceptible que lorsque les diverses fonctions et la plupart des aptitudes ont subi un certain déclin. La sénilité* en est le terme final, et est considérée comme pathologique si elle apparaît relativement vite (dès 70 ans). Car l'homme vieillissant est conduit à cette étape ultime plus ou moins rapidement, selon des facteurs constitutionnels ou génétiques, et selon les dégâts morbides, traumatiques ou toxiques que son organisme aura pu subir durant son existence. C'est pourquoi l'âge de la vieillesse varie selon les sujets, en fonction de ces différents facteurs, entre 65 et 85 ans.

La gérontologie, science du vieillissement, est donc d'abord différentielle (F. Bourlière) et doit étudier les différences de sénescence selon les conditions de vie (sociales, économiques, professionnelles, etc.) et selon les facteurs génétiques (biotype, patrimoine héréditaire, etc.). Mais il y a aussi, pour un sujet donné, une sénescence intra-individuelle différentielle: ses organes et fonctions, ses aptitudes ne vieillissent pas d'une manière égale. Certaines aptitudes sont plus rapidement «sénilisées» que d'autres. Là aussi, on retrouvera, à l'origine de ce vieillissement différentiel des aptitudes chez un même individu, des facteurs acquis (de milieu) et innés (héréditaires), comme l'a bien montré S. Pacaud.

La sénescence conduit en fait à une diminution progressive de la marge d'adaptation au fur et à mesure que nous avançons en âge. Entre 20 et 60 ans nos organes sont ainsi faits qu'ils ont encore un «excédent de puissance» considérable, qui rend peu sensible cette diminution progressive de notre marge de sécurité. Par contre, à partir de la soixantaine, cette marge se réduit terriblement, et nous rentrons ainsi dans la «voie étroite» du troisième âge. Il y a là une conséquence fondamentale du vieillissement. Cela est facile à démontrer au point de vue physiologique quand on soumet par exemple un organisme de 70 ans à un stress qui, à 30 ans, eût entraîné une réaction minime. On risque alors des troubles graves là où, quelques décennies plus tôt, on eût seulement constaté une réaction bénigne.

Cela est également évident sur le plan psychologique. Il est bien connu que les personnes âgées, au fur et à mesure qu'elles se font plus vieilles, tendent à devenir de plus en plus rigides, de moins en moins adaptables, ouvertes vers le monde extérieur, de plus en plus fixées (F. Bourlière). C'est donc cette diminution des possibilités adaptatives qui va réduire, sur le plan psychologique, le champ d'action du sujet sénescent, et conditionner les modifications de ses possibilités physiologiques et psychiques.

L'intelligence, dans la mesure où elle représente justement un niveau supérieur de comportement adaptatif, en particulier l'intelligence dite «de performance», est la première lésée par l'atteinte de la sénescence. On sait d'ailleurs que dès que la croissance des capacités intellectuelles cesse au cours de la troisième décennie de la vie, le déclin commence. «L'âge de la performance maximale varie quelque peu selon les batteries de tests utilisées, mais se situe rarement au-delà de la vingt-cinquième année, et souvent beaucoup plus tôt. Le taux de décroissance est également variable mais reste toujours important, la performance moyenne des sujets de 60 ans correspondant généralement à celle des enfants de 13 ans. Entre 30 et 60 ans, la régression de la note avec l'âge semble approximativement linéaire. Beaucoup d'auteurs pensent qu'au-delà de cet âge, le déclin ne peut plus être représenté par une droite et qu'il s'accélère avec les années. Toutefois, il n'existe pas suffisamment d'études expérimentales chez les sujets les plus âgés pour confirmer entièrement cette dernière notion» (J. Poitrenaud).

Certaines études ont essayé de repérer les atteintes plus électives que le vieillissement porte sur certaines facultés mentales dites «pures». On peut citer celle de I. Bilash et J. P. Zubek qui, à l'aide de tests, cherchèrent à apprécier la valeur des huit facultés mentales suivantes: compréhension, raisonnement, faculté de compter, perception, faculté d'élocution, mémoire, représentation spatiale et dextérité. Ils pratiquèrent ces tests sur 634 sujets volontaires dont l'âge variait de 16 à 89 ans, et dont les professions étaient les plus diverses puisqu'elles allaient d'avocats, ingénieurs, enseignants à secrétaires, ouvriers et employés de maison. Ils ont pu en tirer les conclusions suivantes: en ce qui concerne d'abord les modifications dues à l'âge et portant sur les facultés intellectuelles en général, on peut dire que celles-ci déclinent progressivement entre 20 et 70 ans; ce déclin, qui se fait graduellement jusqu'à la quarantaine, est beaucoup plus rapide après cet âge. Pour les modifications portant plus particulièrement sur chacune des facultés spécifiques prises séparément, les chiffres montrent qu'il existe en réalité deux groupes de facultés, celles qui se modifient très peu avec l'âge (dont la compréhension, la faculté d'élocution, celle de compter et celle de l'appréciation des objets dans l'espace) et celles, au contraire, qui déclinent rapidement (le raisonnement, la mémoire, la perception et la dextérité manuelle).

Mais ce tableau pessimiste doit être atténué par le fait que le sujet bénéficie pleinement de ses acquisitions antérieures. C'est ainsi que sur le plan intellectuel, un travail reste possible et même souhaitable. Quand le passé intellectuel est riche, les anciens travaux peuvent être encore approfondis, améliorés. Et beaucoup de philosophes, de savants ont pu, jusqu'à la fin, parachever une œuvre personnelle. Des hommes de lettres, des romanciers, des poètes rédigent souvent en pleine lucidité le livre de leurs souvenirs, ou leurs Mémoires.

Si la diminution des forces physiques ne permet que rarement de poursuivre une activité professionnelle normale, il reste néanmoins possible de garder certaines habitudes techniques, gestuelles. Les activités artistiques ou, à un niveau moins élevé, celles de loisir (hobbies), telles que bricolage, jardinage ou autres, sont à poursuivre. Le vieillard peut également continuer à s'intéresser aux activités culturelles, folkloriques, mutualistes diverses. Son temps libre lui permet souvent d'y occuper des postes honorifiques, d'y assurer des permanences et un bénévolat d'une très grande utilité.

Sur le plan affectif pur, c'est bien entendu la personnalité antérieure qui commande l'adaptation. Il faut savoir que des régressions et des attitudes névrotiques accompagnent souvent la sénescence. Celles-ci peuvent enfermer le vieillard dans un cadre affectif particulièrement étroit où il ne fait que demander, ne cherchant plus à donner, se condamnant ainsi à un dessèchement progressif de sa sensibilité. Mais par contre, certains vieillards gardent toutes leurs possibilités d'« aimance ». Et c'est ainsi que la femme âgée, plus que l'homme âgé qui symbolise davantage « pour l'humanité la solitude humaine acceptée, le savoir au-delà du savoir, le pouvoir de l'esprit par-delà l'impuissance combative du corps, celle-ci, la vieille sage, symbolise dans sa caducité physique l'acceptation du déroulement des saisons et de la mort : l'accueil égal de tous, valorisant de façon naïve des riens qui symbolisent pour elle la joie des échanges du cœur, redonnant par quelque chose de simple et de grave, riche d'ignorance et d'une faiblesse avec amour acceptée, l'espoir humain à ceux que le désespoir éprouve » (F. Dolto, *la Libido génitale et son destin féminin*).

Il est certain que les conséquences psychopathologiques de la sénescence (dont on n'est pas sûr qu'elle s'accompagne dans tous les cas d'une véritable involution cérébrale) seront d'autant moins marquées que le sujet gardera de grandes possibilités d'investissement affectif et social, et conservera de nombreux intérêts culturels. C'est pourquoi il y a une véritable hygiène mentale de cette sénescence, qui devra tout faire pour empêcher l'isolement, la rétraction sur soi, l'égocentrisme de la personne âgée, et lui permettre de poursuivre un grand nombre d'activités, dans un cadre familial et communautaire où elle puisse garder une bonne intégration. J. P.

Bibliographie

Bourlière, F., 1982, *Gérontologie, biologie et clinique*, Paris, Flammarion.

sénilité

n.f. (angl. Senility)

Diminution pathologique des facultés physiques et surtout psychiques due à la vieillesse.

Sur le plan psychiatrique, elle fait suite à la présénilité et à l'involution psychique, et va donc regrouper toute la psychopathologie de la vieillesse. Ce sont d'abord les démences séniles ; puis les processus délirants apparaissant tardivement : paranoïa de K. Kleist et paraphrénies séniles ; les psychoses maniaco-dépressives avec en particulier des dépressions chroniques à forme hypocondriaque et à forme pseudo-démentielle ; les processus confusionnels et oniriques hallucinatoires accompagnant souvent les troubles du sommeil si fréquents chez les vieillards ; les brusques décompensations anxieuses et confuses, à la suite de réactions émotionnelles insurmontables, comme le sont les défaillances psychiques ; et enfin le vieillissement d'allure démentielle, appelé autrefois vésanique (→ vésanie), des psychoses et des schizophrénies chroniques de l'âge adulte, bien décrit par C. Müller et L. Ciompi.

À ces troubles psychotiques on peut ajouter certaines névroses du vieillard qui ne sont le plus souvent que des formes aggravées de l'affection névrotique dont il souffrait déjà antérieurement. Elles peuvent prendre l'aspect d'une régression chronique de type « puérilisme sénile » de E. Dupré, ou d'une régression aiguë (G. Daumézon) assez proche de certaines défaillances psychiques et s'accompagnant parfois de manifestations hystériques.

Il faut savoir que la psychiatrie du vieillard a pris une importance considérable et préoccupe beaucoup les autorités sanitaires depuis que l'on a constaté, à partir de la fin de la Seconde Guerre mondiale, une augmentation progressive du nombre des personnes âgées hospitalisées dans les hôpitaux psychiatriques. Le mouvement ne s'est stabilisé qu'à partir de 1968, lorsqu'on a enfin abordé le problème de la prévention des troubles mentaux chez le vieillard et qu'on y a, peu à peu, apporté des solutions, grâce au travail thérapeutique communautaire avec le maintien de la personne âgée à son domicile le plus longtemps possible. Cela a été rendu possible par la politique sanitaire de secteur* psychiatrique et la création de centres de soins spécifiques gérontopsychiatriques. Mais il y a encore beaucoup trop de vieillards condamnés à l'internement à vie ou à des hospitalisations définitives dans des institutions de long séjour qui ne sont pas adaptées à leur état et les excluent pour toujours de leurs anciennes attaches familiales et sociales. J. P.

1. sens

n.m. (angl. Sense)

Psychophysiol. **Chacune des fonctions psychophysiologiques par lesquelles un organisme humain ou animal reçoit des informations sur certains éléments du milieu extérieur de nature physique (vue, audition, sensibilité à la pesanteur, toucher) ou chimique (goût, odorat).**

À la distinction classique des cinq sens : vue, ouïe, odorat, goût et toucher, a succédé une classification faisant intervenir la nature de la stimulation et des récepteurs qui lui correspondent. On distingue ainsi les mécanorécepteurs, les chimiorécepteurs, les photorécepteurs, les thermorécepteurs, les électrorécepteurs et les magnétorécepteurs. On peut aussi classer les organes des sens suivant leur localisation, et distinguer ainsi les organes extéroceptifs, qui analysent les variations du milieu extérieur, les organes intéroceptifs, qui analysent tout ce qui concerne les milieux intérieur et viscéral, enfin les organes proprioceptifs (surtout musculaires et articulaires), qui renseignent le système nerveux central sur la position relative des diverses parties du corps, l'ensemble constituant la somesthésie. R. L.

2. sens

n.m. (angl. Meaning, Sense)

Génér. **Contenu sémantique véhiculé par un élément du langage isolable des autres éléments (mot, syntagme), ou par une construction grammaticalement valide de mots (phrase), établissant une communication principalement intellectuelle, mais aussi affective et sensible.**

G. Frege a introduit en philosophie et en sémiotique une distinction devenue classique et qui est fondamentale. Elle s'exprime dans la différence entre les deux mots allemands : « Sinn » et « Bedeutung ». On traduit généralement Sinn par *sens* (angl. Meaning, Sense), et Bedeutung par *référence* (parfois *dénotation*). [→ référence.]

L'exemple classique est celui des deux expressions « l'étoile du soir » et « l'étoile du matin » : toutes les deux désignent la planète Vénus. Donc ces deux expressions ont la même référence (ou le même référent, ou la même dénotation) [allem. Bedeutung]. Mais on voit bien qu'elles diffèrent en quelque chose, qui est leur *façon* de renvoyer à ce référent : c'est cela qui constitue le « sens » de chacune.

Une fois établie cette distinction entre « sens » et « référence », et s'il est ensuite possible de bien expliciter ce qu'est la référence, on s'aperçoit qu'il est plus difficile de repérer le « sens » de Frege. On se réfère aujourd'hui à l'intension du concept, c'est-à-dire à sa compréhension, par opposition à son extension. En matière de langage et sans vouloir se placer nécessairement dans le cadre de Frege, « sens » peut être regardé comme un équivalent de « signification ». On parlera ainsi du sens d'un mot, du sens d'une phrase, et on pourra les étudier dans une perspective mixte, psychologique et linguistique. Cependant, le nombre et la variabilité des théories qui sont associées au mot « sens » paraissent alors considérables. Par exemple, certains linguistes caractériseront le sens d'un mot comme l'ensemble des contextes dans lesquels ce mot peut trouver sa place. De façon analogue, certains auteurs caractériseront le sens d'une phrase comme l'ensemble des phrases que l'on pourrait faire logiquement dériver de cette phrase (et de ses présupposés).

La psychologie cognitive aborde ces problèmes dans sa propre perspective. Elle préfère souvent (mais non toujours) réserver le mot « signification » aux entités dont elle s'occupe. Quel que soit leur nom, celles-ci reposent initialement sur la prise en considération des événements psychologiques qui ont lieu dans l'intellect d'un individu, ou des structures cognitives qui s'y trouvent. Elle part donc de données individualisées. Toutefois elle peut ensuite prendre en considération des entités qui sont communes à une multiplicité d'individus : par exemple à tous les individus qui partagent une même langue. On réserve alors le mot « sens » à ce qui est commun, interpersonnel, dans ces événements ou structures sémantiques. Mais cet usage est toujours nécessairement lié au langage. J.-F. L. N.

sensation

n.f. (angl. Sensation)

Événement psychique élémentaire résultant du traitement de l'information dans le système nerveux central à la suite d'une stimulation d'un organe des sens.

Le terme, dans son usage actuel, présente des ambiguïtés, en particulier en ce qui concerne la distinction entre sensation et perception*. Ces ambiguïtés résultent des débats théoriques dans lesquels ces deux termes ont été impliqués.

La distinction sensation-perception

Elle a été l'objet d'un débat qui a en partie perdu de son acuité. Pour Thomas Ried, au XVIIIe siècle, les sensations engendrent des expériences purement mentales de douleur, de couleur, etc., tandis que la perception permet une prise de conscience directe des *objets* physiques qui existent indépendamment de celui qui les perçoit. Pour les associationnistes, c'est par l'addition de sensations et d'images ou souvenirs de sensations qu'une signification d'objet peut être donnée à une sensation. L'école associationniste fut critiquée principalement pour son hypothèse d'une perception composée de l'addition d'images mentales aux sensations. Les attaques les plus vives contre cette distinction vinrent d'abord des gestaltistes puis de J. J. Gibson. Ce dernier auteur, tout en reconnaissant l'existence de sensations en tant qu'expériences pures, proposait de reléguer le concept de sensation au statut de curiosité psychologique.

De nos jours, bien qu'elle soit généralement maintenue, la distinction des deux concepts, sensation et perception, a perdu de sa rigidité. Dans une approche du type traitement de l'information (→ perception), la sensation désigne un événement psychique élémentaire dont il est possible de faire l'expérience ou dont il est possible d'inférer l'existence. Dans les deux cas, la sensation correspond à des manifestations de traitements d'information déterminés par l'activation de modalités sensorielles spécialisées. Comme expérience, elle fait référence à *une* des qualités de l'information sensorielle (une couleur, une douleur, une saveur) et conforte l'hypothèse que ces informations sont appréhendables isolément par l'organisme. Les sensations font donc référence à la classe des informations extraites des stimulations et codées à des niveaux de traitement précoces. Dans cette perspective, leur caractère conscient ou non n'est pas décisif car elles peuvent être appréhendées soit par des méthodes psychophysiques directes impliquant un jugement, soit inférées par des manifestations indirectes.

Classification des sensations

Il n'existe pas de taxonomie universellement acceptée des sensations. Depuis l'Antiquité, on distingue cinq sens : audition, goût, olfaction, toucher et vision. Chacun de ces sens est excité par des stimulations physiques déterminées et donne naissance à une famille restreinte de sensations : sons pour l'audition, saveurs pour le goût, odeurs pour l'olfaction, sensations tactiles, thermiques et algiques pour le toucher, lumière et couleur pour la vision. Chaque famille de sensations relève d'une classe de récepteurs spécialisés. Cette classification est cependant fort incomplète. Les sensations thermiques cutanées relèvent, par exemple, de deux systèmes neurosensoriels qui impliquent un traitement séparé de ce qui correspond grossièrement aux sensations de chaud et aux sensations de froid. Prendre en compte les attributs phénoménaux des sensations est donc indispensable pour parvenir à une classification plus exhaustive. Néanmoins, cette approche présente encore des insuffisances. D'une part, toute sensation n'est pas nécessairement consciente et, par exemple, cette classification ne fait pas apparaître toute une classe de « sensations spatiales » qui nous fournissent des informations sur la position et les déplacements tant de nos membres que de notre corps entier dans l'espace. D'un autre côté, la part consciente des sensations reflète plus la structure de nos représentations cognitives (→ perception) que la manière dont l'organisme traite les informations sensorielles : le chaud et le froid nous paraissent appartenir à un continuum thermique, des sensations salées et sucrées nous paraissent antagonistes.

On peut aussi diviser les systèmes sensoriels en deux grandes classes sur la base de l'origine externe ou interne des informations qui les activent normalement. Les uns ont une fonction extéroceptive et leurs informations proviennent de l'environnement de l'organisme : ce sont les systèmes auditif, gustatif, olfactif, tactile, vestibulaire et visuel. Les autres ont une fonction intéroceptive. Leurs informations proviennent de l'activité même du corps : on y mentionnera en particulier la kinesthésie et diverses somesthésies liées aux récepteurs musculaires abdominaux, respiratoires et cardiovasculaires. Cette classification est imparfaite puisque les systèmes kinesthésique, vestibulaire et visuel participent à la fonction proprioceptive en nous informant sur les mouvements de notre corps.

L'étude des sensations, profitant de leur relative autonomie, devra prendre en compte, d'une part, la spécificité des événements physiques qui sont à leur origine et, d'autre part, la sélectivité des récepteurs à ces événements ainsi que la spécificité des sous-systèmes neuronaux qui traitent les informations subséquentes. Il existe en effet un fait remarquable, encore mal expliqué, mais qui fonde cette approche : la nature de la sensation dépend non seulement des récepteurs excités, mais encore des structures nerveuses activées. Une stimulation électrique du nerf optique engendrera une sensation visuelle, celle du nerf auditif une sensation auditive. Cette propriété avait été désignée sous le nom de « doctrine de l'énergie spécifique des nerfs » par J. Müller.

L'analyse sensorielle

Depuis les philosophes présocratiques, l'étude des sens a fait partie de la philosophie et, particulièrement, de toute théorie de la connaissance. L'analyse sensorielle des événements repose sur des récepteurs et des systèmes neuronaux séparés et spécialisés.

Les récepteurs sensoriels et la transduction

Pour une très large part, les récepteurs sensoriels constituent des dispositifs biologiques hautement spécialisés qui ne peuvent être activés que par des événements physiques limités. Les récepteurs sensoriels fonctionnent comme des transducteurs en transformant une énergie du monde extérieur en une autre énergie qui conduit à la naissance de potentiels d'action dans les neurones auxquels ils sont connectés. Ainsi, pour la vision, l'énergie électromagnétique (la lumière) déclenche dans les récepteurs rétiniens des mécanismes photochimiques. Pour l'audition, les vibrations aériennes vont, au moyen d'une transduction mécanique, entraîner des déplacements des cils des cellules ciliées qui vont assurer une transduction mécano-électrique. Pour les sens chimiques, c'est l'absorption de molécules par les récepteurs qui assurera une transduction chimio-électrique. D'autres récepteurs, comme ceux du toucher, réagissent à la pression. La conjonction d'une action physique donnée et de la spécialisation des récepteurs est à la base de la qualité de l'expérience sensorielle ressentie lors de la stimulation des récepteurs. Définir une modalité sensorielle et la distinguer d'autres modalités impliquera non seulement le recours aux caractères phénoménaux des sensations engendrées, mais encore la prise en compte des connaissances physiologiques sur la réception et la transduction des stimulations.

Spécialisations neuronales

Les structures nerveuses impliquées dans le traitement des informations sensorielles occupent une part prédominante du cerveau. Pour l'essentiel, chacune de ces structures est spécialisée dans le traitement d'une classe précise d'information sensorielle. Chacune des structures sous-corticales ou corticales recevant des afférences en provenance d'un type de récepteur effectue des traitements hautement spécialisés correspondant à l'extraction d'une classe d'information.

Non seulement on peut, par exemple, parler d'un cortex visuel (occipital), d'un cortex auditif (temporal) ou d'un cortex somesthésique (pariétal), mais, à l'intérieur de chacun, on démontre l'existence de spécialisations plus fines à diverses caractéristiques des stimulations de la modalité. Ainsi, dans le système visuel, le traitement des informations de forme, de couleur et de mouvement est-il pour l'essentiel séparé. Cette séparation se manifeste par le fait que différents neurones sont activés maximalement par différents attributs du stimulus. Cette spécialisation rend possible l'étude des traitements sensoriels par des méthodes biologiques ou comportementales (psychophysiques).

Caractéristiques d'une sensation

Toute sensation est caractérisable par ses attributs, c'est-à-dire par les dimensions indépendantes le long desquelles elle peut varier. Ces attributs sont sa qualité, son intensité, son étendue et sa durée.

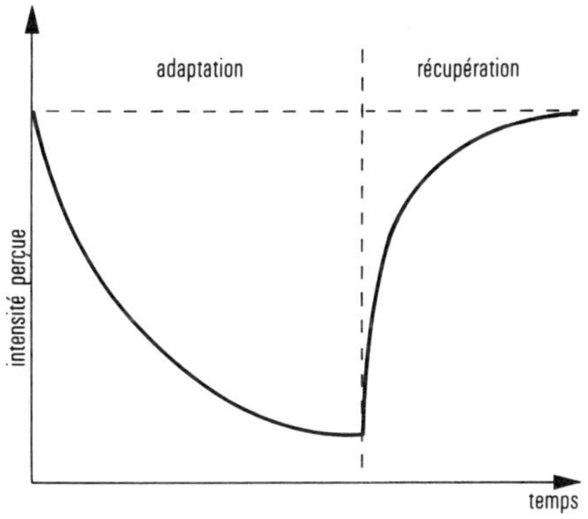

Figure 1. Décours temporel de l'intensité apparente (en ordonnée) d'une sensation en fonction de la durée de la représentation (en abscisse) de la stimulation, et récupération à la cessation de la stimulation.

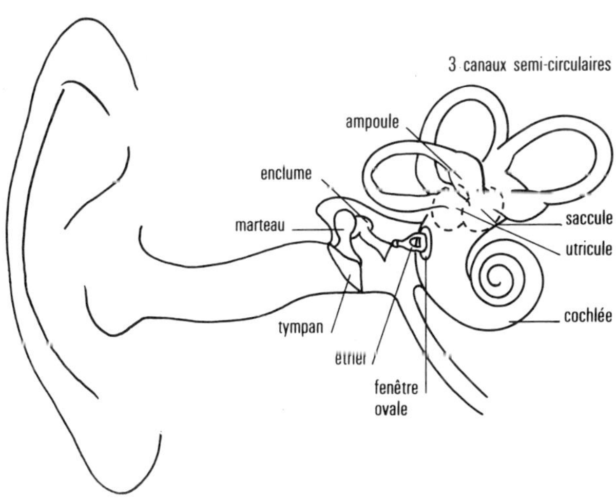

Figure 2. Schéma de l'oreille interne montrant le système auditif et le système vestibulaire.

Il convient de distinguer les attributs de la sensation des dimensions physiques du stimulus qui en sont les déterminants principaux. Les termes pour les désigner sont souvent différents comme luminance et luminosité. Une même qualité sensorielle peut aussi être obtenue par différentes combinaisons de dimensions sensorielles. Ainsi, les couleurs dites isomères ont même apparence, mais sont obtenues par des mélanges différents de longueurs d'onde.

Pour comprendre l'analyse sensorielle réalisée par un système donné, on étudiera la sensibilité (→ sensibilité 2) de ce système en cherchant tout d'abord son seuil absolu, puis ses capacités discriminatives (seuil différentiel). Ensuite, on cherchera comment varie la sensation en fonction de l'augmentation de l'intensité stimulatrice. Enfin, on étudiera les vibrations de la réponse de ce système au maintien de la stimulation. On constate, en effet, que pratiquement tous les systèmes sensoriels manifestent une adaptation*. Ainsi, toute sensation peut être modifiée par les stimulations de même nature qui l'ont précédée, et l'information sensorielle procurée à l'organisme par une stimulation s'atténue si la stimulation est maintenue (Figure 1).

Caractéristiques des diverses sensations

L'audition

Les vibrations acoustiques constituent un son pénétrant dans le canal auditif et vont faire vibrer la membrane du tympan. (→ audition.) Les vibrations sont alors transmises à la chaîne des osselets (marteau, enclume et étrier) et, au travers de la fenêtre ovale (Figure 2), vont se propager dans le liquide du canal vestibulaire à l'intérieur de la cochlée*. L'onde ayant atteint l'hélicotréma poursuit sa propagation dans le canal tympanique et se transmet à la membrane basilaire qui soutient l'organe de Corti situé dans le canal cochléaire. C'est ce mouvement qui va permettre la transduction de l'énergie mécanique en une énergie électrochimique qui générera des potentiels d'action dans les neurones auxquels les cellules ciliées sont connectées.

Les fibres du nerf auditif se projettent d'abord dans les noyaux cochléaires ventraux (Figure 3). De là, une partie des projections se fait ipsilatéralement et controlatéralement sur l'olive supérieure et une autre partie sur les noyaux cochléaires dorsaux. De l'olive inférieure, les axones se projettent ipsilatéralement sur la collicule inférieur. Des noyaux cochléaires dorsaux, les axones se projettent controlatéralement sur le collicule inférieur. Des collicules qui possèdent des projections controlatérales, les axones se projettent sur les corps genouillés médians et de là sur le cortex auditif (aire 22 de Brodmann) situé pour l'essentiel au fond de la scissure de Sylvius.

La majorité des neurones du système auditif sont sélectifs à la fréquence des sons purs. Dans chacune des structures mentionnées ci-dessus, ils sont disposés tonotopiquement : les neurones sélectifs à des fréquences voisines occupent des positions spatiales voisines. Hors de la sélectivité à la fréquence, base de la sensation de hauteur tonale, d'autres sélectivités neuronales sont observées. On a décrit, dans le cortex, des « détecteurs de glissement » qui répondent sélectivement au sens (ascendant ou descendant) des changements de fréquence. D'autres neurones semblent présenter des sélectivités aux vocalisations de l'espèce.

Le seuil absolu de détection d'un son correspond à une vibration dont l'amplitude est de l'ordre de grandeur de la taille d'une molécule d'hydrogène. Les phénomènes d'adaptation neurosensorielle semblent différents pour le système auditif de ce qu'ils sont pour les autres systèmes sensoriels. Seuls les sons de faible intensité manifestent une réduction progressive de leur *sonie* en fonction de l'augmentation de la durée de leur présentation. D'autres phénomènes apparentés à une adaptation ont été décrits, mais qui impliquent des présentations d'un son continu à une oreille et d'un son discontinu à l'autre.

La localisation spatiale des sources sonores repose sur un double mécanisme. L'un traite les différences temporelles des messages interauraux et l'autre les différences d'intensité. Certains de ces neurones semblent présenter des propriétés de sélectivité (grossière) à la localisation spatiale et l'on peut décrire leur champ récepteur : ils sont inhibés lorsqu'un son est présenté dans une autre localisation que celle à laquelle ils sont sélectifs.

Les sens chimiques

On distingue trois sens chimiques : le goût, l'odorat et le sens chimique commun.

L'odorat. Les stimulus de l'odorat sont les molécules des substances volatiles. La muqueuse olfactive qui contient les récepteurs de l'odorat est située au fond des fosses nasales. Les récepteurs olfactifs sont des neurones spécialisés à courte durée de vie (4 à 8 semaines). Le Chien possède environ 200 millions de récepteurs olfactifs tandis que l'Homme en a environ 10 millions. Chacun de ces récepteurs est terminé par des cils qui sont les éléments des récepteurs entrant en contact avec les molécules. On compte 100 à 150 cils par récepteur chez le Chien, et 6 à 8 chez l'Homme. Il existe sans doute deux types différents de mécanismes de transduction différant par leur degré de sélectivité aux molécules odorantes. Les fibres nerveuses issues des cellules réceptrices se réunissent pour former le nerf olfactif qui se dirige vers le bulbe olfactif. À ce niveau, les cellules sont groupées selon le type de récepteur dont elles sont issues et donc selon le type de molécule impliquée. Certaines cellules du bulbe olfactif envoient des projections directement au cortex olfactif situé dans le lobe temporal. D'autres neurones envoient leurs axones dans d'autre structures sous-corticales et principalement dans le système limbique. Chaque récepteur et chaque neurone du système olfactif répond à des stimulus de composition moléculaire variée. Le codage des odeurs se fait sans doute, comme pour le goût, au moyen du pattern des réponses nerveuses entre neurones. Certains neurones sont plus fortement activés par certaines molécules que par d'autres.

Les seuils absolus d'odorat sont potentiellement identiques chez le Chien et chez l'Homme : une molécule atteignant un récepteur. Cependant, les seuils mesurés dépendent à la fois de la densité des récepteurs et de la concentration des molécules. Les phénomènes d'adaptation se manifestent fortement pour l'odorat. L'intensité apparente d'une odeur, l'arôme ou le bouquet d'un vin, par exemple, s'atténuent fortement en quelques secondes si la stimulation est maintenue. Contrairement à ce que l'on observe dans d'autres modalités sensorielles, l'adaptation à une odeur est très peu sélective : elle diminue aussi l'intensité apparente d'une odeur très différente.

L'intensité apparente d'une odeur, mesurée par des méthodes d'estimation, suit des fonctions de puissance dont l'exposant varie considérablement d'une substance à l'autre. La valeur de l'exposant semble liée au degré de solubilité de la substance dans l'eau et, surtout, à la manière dont les molécules interagissent avec les membranes des cellules réceptrices. La discrimination est très supérieure dans le système olfactif à ce qu'elle est pour le système gustatif puisque la fraction de Weber peut atteindre 5 %.

Henning (1915) a décrit un prisme des odeurs comprenant 6 primaires : fruité, rance, fleuri, épicé, brûlé et résineux. Des études psychophysiques, fondées sur des jugements de similarité entre couples de substances, n'ont pas permis, au moyen d'analyses multidimensionnelles des résultats, de conforter la distinction de ces 6 primaires. On appelle *anosmie* l'insensibilité aux odeurs. Ce déficit peut être limité à certaines odeurs. Amoore (1975) étudiant les anosmies conclut à l'existence de 31 primaires. Le système olfactif semble donc présenter des particularités par rapport aux autres systèmes sensoriels. Si nos expériences olfactives peuvent être variées et, au moins dans le cas d'experts, d'une acuité qui permet d'identifier les composants d'un parfum, elles ne semblent pas fondées sur une sélectivité neurosensorielle importante du système (Figure 4).

Le goût. Les stimulus du goût sont des substances chimiques qui peuvent être dissoutes dans l'eau et dans des lipides. Les molécules des substances chimiques en solution dans la cavité buccale sont absorbées par des cellules spécialisées, les cellules gustatives, regroupées en bourgeons gustatifs dont l'agglomération forme les papilles gustatives, principalement à la surface de la langue. Différentes cellules paraissent avoir une excitabilité chimique différenciée pour diverses modalités sapides. Ce qui n'implique pas nécessairement une spécificité des récepteurs. Plus probablement, la qualité gustative serait explicable par le pattern de réponses de quatre types de fibres. Chez le jeune humain, on dénombre environ 10 000 bourgeons gustatifs. Leur nombre diminue avec l'âge. Dans chaque bourgeon, les cellules gustatives se développent continuellement. Leur durée de vie n'est que de quelques jours.

Henning (1916) distingue 4 qualités de goût : le salé, le sucré, l'acide et l'amer. La saveur sucrée est généralement associée à des molécules organiques principalement composées de carbone, d'hydrogène et d'oxygène. La saveur amère est souvent évoquée par les mêmes substances qui, à faible concentration, semblent sucrées. Les substances contenant du nitrogène, comme la strychnine, la caféine, la quinine, la nicotine, ont une saveur amère. La saveur salée est générée par des molécules qui, dissoutes dans l'eau, se brisent en deux ions. Le sel de table comprend ainsi un atome de sodium et un atome de chlore qui se brisent lors de la dissolution dans l'eau, le premier donnant un ion positif et le second un ion négatif. Les substances amères ont la même propriété mais consistent principalement en acides. Sur la base de jugements de similarité entre substances, on a pu confirmer la validité de la distinction des quatre qualités primaires de Henning. Cependant, leur interprétation reste l'objet de débats, en particulier sur le point de savoir si l'on peut les considérer comme des modalités sensorielles séparées. La saveur d'un aliment est plus causée par son odeur que par son goût. Beaucoup de substances, comme du café, du chocolat, de l'ail, ne peuvent pas être identifiées sans odorat.

Les mécanismes de transduction au niveau des récepteurs sont encore mal élucidés. Ils pourraient être différents pour chaque classe de stimulus. Trois nerfs (le pneumogastrique, le glossopharyngien et la corde du tympan) réunissent les fibres en provenance des bourgeons. D'autre part, des informations gustatives sont

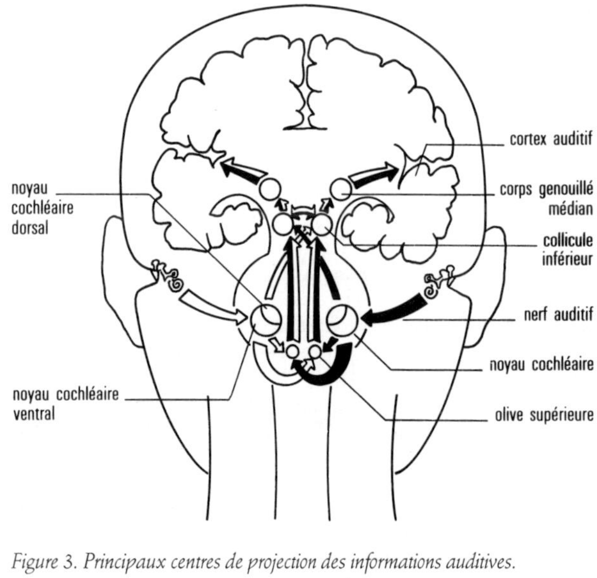

Figure 3. Principaux centres de projection des informations auditives.

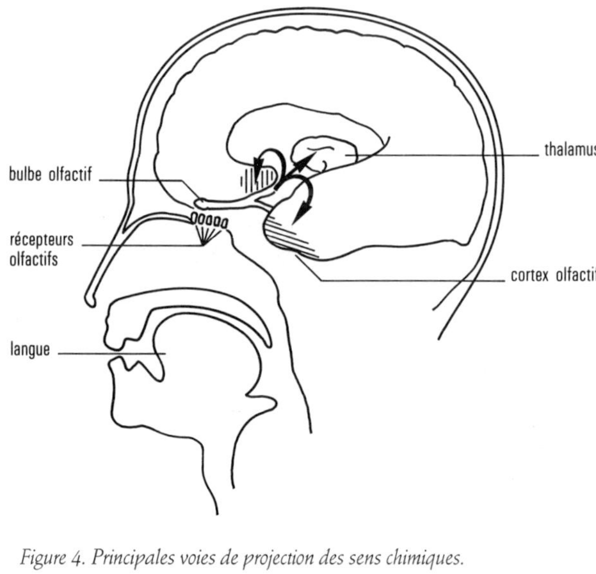

Figure 4. Principales voies de projection des sens chimiques.

véhiculées par le sens chimique commun, empruntant le nerf trigéminal. Après avoir fait relais dans les noyaux du faisceau solitaire, les informations gustatives suivent une voie appelée lemnisque médian pour se projeter dans les noyaux ventraux postérieurs du thalamus et de là vers trois régions du cortex : deux sont situées dans le cortex somato-sensoriel, la troisième étant l'insula antérieure. On distingue quatre types de nerfs selon leur réponse maximale à l'une des quatre qualités gustatives. Dans le cortex, les neurones sélectifs aux quatre qualités ont des localisations différentes.

L'intensité de la stimulation est représentée par l'augmentation de la concentration. La fréquence des potentiels d'action croît comme le logarithme de cette concentration. Les seuils absolus varient, pour chacune des qualités, selon le lieu de la stimulation. Pour certaines substances, comme la vanille ou la caféine, il existe de très larges dispersions interindividuelles des seuils. Les seuils mesurés sont très dépendants des stimulus présentés antérieurement : le système gustatif présente des phénomènes d'adaptation très marqués et des temps de récupération de plusieurs dizaines de secondes. Le fait que l'adaptation à une substance puisse modifier le seuil d'une autre substance reflète les nombreuses interactions qui existent dans le codage et le traitement des différentes qualités. Les discriminations d'intensité estimées par la fraction de Weber sont pauvres chez les humains et probablement parmi les plus mauvaises des modalités sensorielles. Cependant, les estimations d'intensité conduisent à des fonctions de puissance dont les exposants sont proches de l'unité.

Les sens cutanés

La peau est l'interface entre l'organisme et son environnement. Elle contient une grande variété de récepteurs cutanés correspondant à une variété de sensations comme le toucher, le chaud, le froid et la douleur. Les uns ont des terminaisons en forme de corpuscules comme les corpuscules de Pacini, de Meissner, les disques de Merkel et les terminaisons de Ruffini. Les autres ont des terminaisons libres et sont probablement associés aux fibres de la douleur. Trois facteurs permettent de classer les différentes fibres nerveuses qui vont conduire les informations cutanées aux structures nerveuses centrales. Le premier facteur concerne le type de stimulation qui les excite : mécanique (pression, par exemple), thermique, et nociceptif ou algique. Le deuxième facteur est constitué par la rapidité avec laquelle les fibres répondent et s'adaptent. Le troisième facteur concerne leur champ récepteur qui est soit large et mal défini spatialement, soit petit et bien défini.

L'information cutanée emprunte la moelle épinière par 31 paires de nerfs en formant les racines dorsales de la moelle. À cela s'ajoutent 4 nerfs crâniens qui collectent les informations en provenance de la tête. Tous ces nerfs vont former deux voies principales. La première voie, ou lemnisque médian, comprend des fibres larges à conduction rapide. Elle croise en arrivant au cerveau où elle se projette controlatéralement d'abord dans le thalamus, puis dans le cortex somato-sensoriel. Ses fibres répondent principalement au toucher et au mouvement. La seconde voie est spino-thalamique et comprend des fibres courtes à conduction lente. Elle se divise en deux voies au niveau du tronc cérébral. L'une des voies, dite paléo-spino-thalamique, semble spécialisée dans la signalisation des modalités crousalgiques, c'est-à-dire des douleurs à la compression. L'autre, dite néo-spino-thalamique, sera spécialisée dans la signalisation des modalités centralgiques, ou douleur de piqûres. Ces deux voies croisent au niveau de la moelle épinière et se projettent d'abord dans le thalamus, puis dans le système limbique et de là vers le cortex somato-sensoriel. Au niveau de ce dernier, on trouve une répartition topographique des projections : différentes parties du corps se projettent en différentes parties du cortex. La surface de chaque projection correspond à la densité des récepteurs pour chaque partie (Figure 5).

Le toucher. On mesure des seuils de sensibilité tactile par des pointes d'un poids donné ou bien par une vibration appliquée localement (de 20 à 20 000 Hz). La peau paraît plus sensible à une vibration qu'à un stimulus stable. Les seuils varient d'une région à l'autre du corps et tendent à être plus bas chez les femmes que chez les hommes. Le seuil de pression le plus faible est de l'ordre de 4 mg. Le seuil absolu de vibration correspond à un mouvement d'une amplitude de 10 μm. Il varie curvilinéairement avec la fréquence et présente un optimum à environ 250 Hz. La discrimination tactile correspond à l'écart permettant de juste ressentir deux contacts séparés. Elle est mesurée avec la méthode du compas de Weber et correspond à l'écartement de deux pointes qui permet de juste discriminer deux stimulations d'une seule stimulation. Ce seuil, exprimé en mm, varie d'une région à l'autre et est de l'ordre de 2 mm au bout des doigts, mais de 45 mm au niveau du mollet.

Les sensations tactiles s'adaptent en quelques secondes. L'adaptation est plus lente pour une vibration. L'intensité apparente d'une stimulation vibratoire varie en fonction de sa fréquence, d'une manière analogue aux courbes d'isosonie en audition. La sensibilité tactile permet la perception de patterns de stimulation.

Les sensations thermiques. Les sensations cutanées de chaud et de froid sont traitées par deux systèmes séparés. Les fibres nerveuses véhiculant des sensations de froid augmentent leur fréquence de réponse avec la diminution de la température. Les fibres répondant au chaud augmentent leur fréquence de réponse avec l'augmentation de la température. La réponse de ces fibres comporte deux composantes, l'une, initiale, qui se traduit par un changement du taux de décharge dans le sens décrit, et l'autre, qui représente l'état de repos et correspond à la température absolue de la peau. Chez le Chat, la fréquence maximale des réponses de repos varie avec la température et présente, pour les « fibres du froid », un maximum vers 25 °C. Ces fibres ne sont pas excitées par des températures comprises entre 35 et 45 °C, mais répondent plus fortement que les « fibres du chaud » pour des températures excédant 45 °C. Les « fibres du chaud » sont activées par une marge limitée de températures et présentent un optimum aux environs de 38 °C.

Les sensations cutanées de chaud et de froid sont définies par rapport à une température de référence appelée zéro physiologique. Sa valeur est d'environ 33°C à la température normale d'une pièce avec un écart de plus ou moins un degré. Avec l'adaptation, les seuils du chaud et du froid s'écartent du zéro physiologique de sorte que la zone neutre s'élargit à plus ou moins 3 à 4 degrés. L'intensité apparente du chaud et du froid varie comme des fonctions de puissance de la température stimulatrice. Mais, si l'exposant est égal à l'unité pour la sensation de froid, il est de 1,6 pour la sensation de chaud.

Les sensations algiques. Il existe sur la peau des points de douleur dont la stimulation produit une sensation douloureuse qui n'est pas obtenue pour une stimulation identique d'un point voisin. Ces points correspondent aux champs récepteurs de petite taille des fibres à conduction lente. Des seuils de douleur peuvent être mesu-

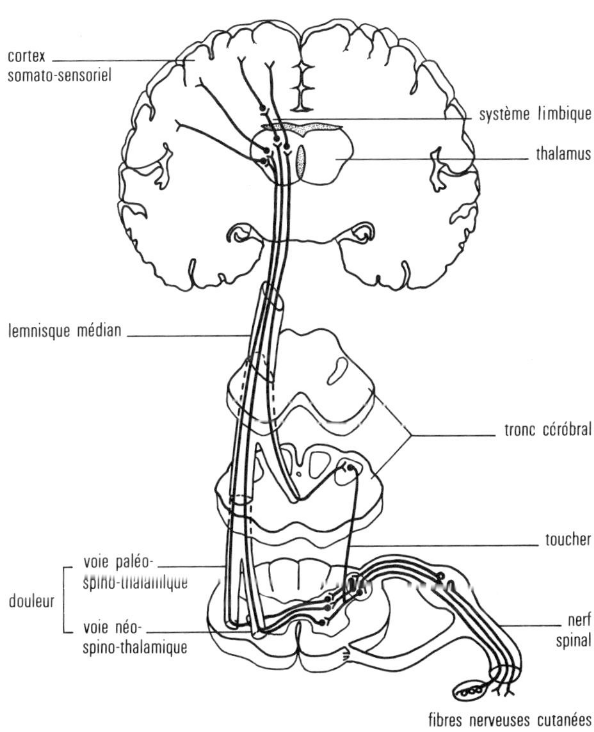

Figure 5. Principales voies de projection des sensations cutanées.

rés. Ils varient selon les régions du corps où ils sont mesurés selon la densité des points de douleur (de 44 par cm^2 à la pointe du nez à 232 par cm^2 à l'arrière du genou). La sensibilité différentielle à la douleur fait apparaître une bonne constance du rapport de Weber (4%). L'intensité subjective de la douleur croît comme une fonction de puissance de l'intensité du stimulus avec un exposant élevé (3,5 pour un choc électrique). Enfin, on a démontré une adaptation à la douleur. La régulation de la douleur est due à des opiacés endogènes : les enképhalines et les endorphines. Leur production peut rendre compte des modulations de la douleur par des facteurs psychologiques ou par des pratiques comme l'acupuncture.

Les sensations spatiales

La kinesthésie. À l'intérieur du corps, il existe des informations mécaniques générées principalement par nos mouvements. Ces informations qui nous renseignent sur la position et le mouvement de notre corps et de ses différents membres constituent la kinesthésie. Le mouvement et les réponses posturales entraînent des tensions, des compressions, des torsions des muscles, des tendons et des articulations qui sont les stimulus kinesthésiques. Il existe deux principaux types de récepteurs dans les muscles : les récepteurs d'étirement et les organes tendineux de Golgi. Les premiers sont formés par les fuseaux neuro-musculaires et renseignent sur l'état d'allongement des muscles et sur ses variations. Les seconds, situés au niveau des tendons, renseignent essentiellement sur l'effort fourni. Les informations de ces récepteurs sont transmises au cortex somesthésique en empruntant la voie du lemnisque médian et la voie spinothalamique déjà mentionnées pour le toucher.

En dehors des informations de position et de mouvement, le système kinesthésique est à l'origine des sensations de poids et de force. Sauf aux extrêmes, l'intensité apparente d'un poids soupesé varie selon une fonction de puissance d'exposant égale à l'unité du poids physique. La force d'une étreinte, mesurée par exemple avec un dynamomètre, conduit à un exposant plus élevé.

Les informations vestibulaires. Le système vestibulaire (Figure 2) a pour fonction d'informer notre organisme des mouvements de notre corps dans l'espace, de participer au contrôle de la station verticale et de la position des yeux lors de mouvements de la tête. Pour l'essentiel, ses informations ne sont pas ressenties consciemment comme telles, mais par leurs effets.

La posture est régulée de manière réflexe. Les stimulations vestibulaires kinesthésiques et somesthésiques modulent l'activité des noyaux vestibulaires. Les afférences labyrinthiques sensibles à la verticale gravitaire permettent le maintien d'une orientation verticale de la tête même lorsque le reste du corps prend des orientations différentes. Des manœuvres de retournement d'un animal lors d'une chute lui permettent de retomber sur ses pieds. L'information otolithique est primordiale dans le contrôle de ce comportement. Dans des conditions de micro-pesanteur, ce comportement est perturbé. La stabilité posturale en l'absence de vision requiert aussi des informations vestibulaires. Elle est gravement affectée lors d'affections comme la maladie de Ménière, qui affecte le système vestibulaire. Ce sont encore des informations otolithiques qui sont responsables de cette stabilité.

Les informations vestibulaires interviennent aussi de manière réflexe dans le contrôle des mouvements oculaires. Un nystagmus post-rotatoire est engendré chez des sujets qui ont subi un rotation prolongée à vitesse constante.

La mesure des seuils d'accélération linéaire est obtenue en déplaçant selon un mouvement de va-et-vient un sujet sur une trajectoire linéaire. Dans ces conditions, la vitesse du déplacement est continuellement variée. Le mouvement peut être sagittal, vertical ou latéral. La latence de détection est remarquablement longue : de l'ordre de 3 secondes pour une accélération faible de 0,01 g, elle atteint une durée asymptotique d'environ 370 ms pour des accélérations de l'ordre de 1 g. Cette sensation de déplacement est due à la stimulation des récepteurs des sacs vestibulaires.

Les accélérations circulaires activent les récepteurs des canaux semi-circulaires. Les effets sensoriels de ces accélérations peuvent être étudiés indirectement par la mesure d'activités comme les mouvements nystagmiques de l'œil, ou directement par des méthodes psychophysiques de jugement. Les accélérations les plus faibles permettant de détecter un mouvement circulaire sont de l'ordre de $0{,}2°/s^2$ (degré par seconde carrée). Lors de la mesure de seuil, des latences longues de réponse sont observées : de l'ordre de 10 s pour les accélérations les plus faibles, elle diminue jusqu'à une valeur asymptotique lorsque l'accélération devient importante. La vitesse apparente d'une accélération circulaire augmente selon une fonction de puissance de l'accélération physique. Son exposant est entre 1,3 et 1,5. Une adaptation des sensations est obtenue en utilisant des mouvements circulaires oscillants. L'exposant de la fonction de puissance doit alors diminuer.

L'expérience sensorielle d'un mouvement visuel ne dépend pas que de l'activité du système visuel. On a montré l'existence d'afférences visuelles sur les noyaux vestibulaires. En conséquence, plusieurs phénomènes qui sont normalement engendrés par une stimulation vestibulaire peuvent l'être de manière complémentaire par une stimulation visuelle. Le phénomène le plus remarquable dû à ces interactions est la vection*. Il existe aussi des effets d'une stimulation vestibulaire sur des sensations visuelles. Après une rotation prolongée, la tête étant maintenue immobile, le monde visuel n'est plus perçu stationnaire par rapport à la tête de l'observateur, mais animé d'un mouvement de rotation paradoxale ; apparemment, le mouvement est continu, cependant, la position des objets par rapport à l'observateur se maintient.

Les sensations visuelles

La première caractéristique du système visuel (→ vision) est la distinction de deux systèmes liés à l'existence de deux catégories de récepteurs. Les bâtonnets, plus sensibles, ne répondent qu'aux faibles niveaux d'éclairement (vision scotopique). Les cônes répondent aux niveaux plus élevés, dits photopiques. Seuls ces derniers contiennent des récepteurs répondant indifférentiellement à la longueur de la lumière. En conséquence, la couleur n'est visible que pour des éclairements photopiques (Figure 6).

La sensibilité à la lumière, mesurée par la luminance d'un spot nécessaire à sa détection, dépend d'abord du niveau d'adaptation de la rétine à l'éclairement. Le seuil de luminance dépend aussi de la durée de la stimulation. En dessous d'une durée critique de quelques dizaines de millisecondes, le produit de l'intensité par la durée correspondant au seuil est constant (loi de Bloch). Le seuil dépend de la surface du stimulus. Pour des diamètres d'une lumière stimulatrice inférieure à 10 minutes d'arc, le produit de l'intensité par la surface est constant au seuil (loi de Ricco). Entre 10 minutes et 24 minutes d'arc, c'est le produit de l'intensité par la racine carrée de la surface qui est constant (loi de Pipper). Ces deux dernières lois, qui décrivent une sommation spatiale, résultent du taux de convergence des récepteurs sur les cellules ganglionnaires. Leurs limites spatiales vont donc changer avec l'excentricité rétinienne de la stimulation.

Le seuil absolu, définissant la sensibilité maximale à la lumière, est obtenu en optimisant tous les facteurs qui ont un rôle sur les seuils de luminance. En premier lieu, pour le mesurer, il faut une adaptation à l'obscurité de près de 45 minutes afin que les bâtonnets soient au maximum de leur sensibilité. Il faut ensuite présenter une stimulation de petite taille et de durée brève à 20° d'excentricité rétinienne, soit la région où la densité des bâtonnets est maximale. Enfin, il faut choisir une longueur d'onde de la lumière qui soit optimale pour les bâtonnets. Le seuil absolu est une intensité lumineuse, ou plus précisément une énergie, qui correspond à l'absorption de quelques photons (moins de 10). Pour des niveaux d'adaptation supraliminaires, on mesure des seuils d'incrément. Au niveau supraliminaire, l'intensité apparente, ou luminosité*, d'une source ou d'une surface réfléchissante augmente comme une fonction de puissance de la luminance du stimulus. L'exposant est d'environ 0,33. Autrement dit, la luminosité croît approximativement comme la racine cubique de la luminance.

L'exposition prolongée à un champ visuel constant entraîne, en raison de l'adaptation neurosensorielle, une diminution des contrastes apparents et de la saturation des couleurs.

De nombreux phénomènes visuels s'expliquent sur la base des seules informations traitées aux niveaux sensoriels. C'est le cas, par exemple, des effets de contraste simultané.

La couleur. Une classification « spontanée » des couleurs (→ couleur) de surfaces, sur la base de leur similarité, conduira à les organiser selon un cercle : rouge, orange, jaune, vert, bleu, pourpre, rouge.

Elles seront ainsi classées selon leur tonalité chromatique. Les couleurs spectrales des lumières monochromatiques ne contiennent pas toutes les tonalités : les pourpres en sont absents.

Il existe deux types de mélanges de couleur. Les mélanges sont additifs avec des lumières. Dans ce cas, trois primaires (bleu, vert, rouge) permettent d'obtenir toutes les tonalités par addition de leurs longueurs d'onde. Ainsi, le jaune résulte de l'addition d'une lumière verte et d'une lumière rouge. Cette propriété explique pourquoi trois types de cônes suffisent pour extraire les informations chromatiques du monde environnant. Avec des surfaces, la lumière réfléchie est amputée des longueurs d'onde absorbées par les pigments de la surface. Une surface paraît rouge lorsque ses pigments absorbent les longueurs d'onde faibles et moyennes. Lors de mélanges, les combinaisons seront donc soustractives. Les trois primaires susceptibles de nous permettre de recomposer toutes les autres seront différentes. Il s'agira du cyan (bleu-vert), du jaune et du magenta (rouge violacé).

La couleur et la luminosité sont traitées séparément, comme l'indique le fait que la réponse à des changements de couleur est plus tardive que la réponse à des changements d'intensité. L'adaptation chromatique résulte du blanchiment des pigments rétiniens. Une exposition prolongée à une longueur d'onde dominante, telle que peut la produire un filtre coloré (rouge, par exemple), entraînera à sa cessation la vision d'un monde coloré dans des teintes complémentaires (bleu-vert ici).

Il existe aussi des interactions spatiales entre couleurs comme dans le cas des contrastes chromatiques.

Le mouvement visuel. Le mouvement visuel a été considéré comme une sensation en soi (Exner), au même titre que la couleur. De fait, des mécanismes neurosensoriels d'extraction des informations de mouvement sont mis en évidence à des niveaux précoces du traitement cortical. Là, on démontre l'existence de neurones sélectifs à la direction et au sens de la translation d'un contour rétinien. Ces neurones peuvent être activés par un déplacement continu (mouvement réel) ou par un mouvement apparent.

Les informations de forme. Le système visuel contient des neurones sélectifs à l'orientation des couleurs et à la fréquence spatiale. Ces informations nécessaires à la perception des formes peuvent en être considérées comme les primitives. La disparité* rétinienne, base de la vision stéréoscopique, est aussi codée au niveau du cortex visuel primaire et constitue ainsi une primitive supplémentaire.

Le développement des sensations

À la naissance, les capacités fonctionnelles des différents systèmes sensoriels du nouveau-né humain sont inégalement développées. Les développements qui seront observés au cours de la période postnatale résultent de la maturation du système nerveux qui n'est pas achevée à la naissance.

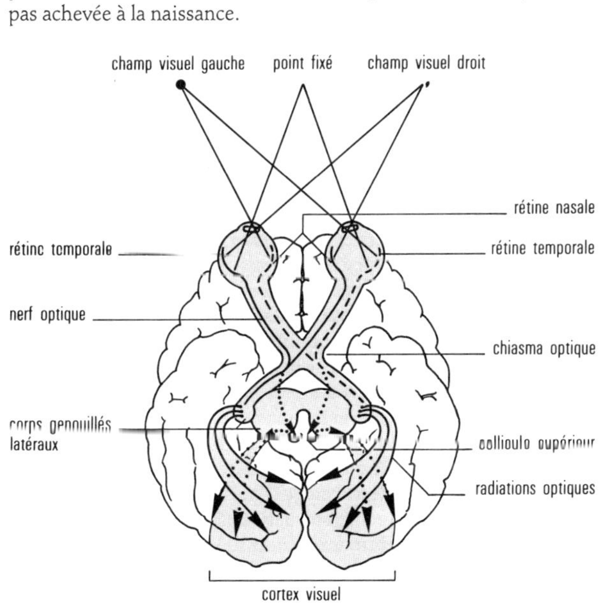

Figure 6. Principales voies de projection visuelles.

Les sensibilités au toucher et à la chaleur sont sans doute les premières à apparaître au cours du développement fœtal. Bien qu'il y ait quelques controverses à ce sujet, les nouveau-nés semblent être aussi susceptibles à la douleur que les adultes.

La sensibilité gustative au sucré est pleinement développée à la naissance, la sensibilité à l'acide et à l'amer sont moindres et la sensibilité au salé presque absente. Le système olfactif paraît lui aussi déjà bien développé à la naissance et, dès la première semaine, se manifeste la reconnaissance de l'odeur maternelle.

La maturation du système auditif sous-cortical semble achevée. Il existe d'ailleurs une audition fœtale dont les effets postnataux sont démontrables. Le cortex auditif continue à se développer pendant la première année. La sensibilité des nouveau-nés aux sons graves est de moitié inférieure à celle des adultes, mais leur sensibilité aux sons aigus est équivalente. La localisation des sons est démontrable dès la naissance. Elle semble basée essentiellement sur les différences d'intensité des sons arrivant aux deux oreilles. La localisation sur la base de différences temporelles entre les messages binauraux n'apparaît qu'à 5 mois.

Bien que le système visuel, y compris la rétine, soit immature à la naissance, le nouveau-né est capable de performances visuelles remarquables. Sa sensibilité à la lumière est moindre que celle de l'adulte (environ 40 quanta contre 6), mais néanmoins notable. De même, sa sensibilité au contraste conduit à des seuils plus élevés. Son acuité est cependant réduite. Exprimée en fréquence spatiale, elle est inférieure à 1 cpd. Elle n'atteindra 30 cpd que vers le 36e mois. Par contre, sa sensibilité différentielle à la couleur est équivalente à celle de l'adulte si l'on prend en compte leur moindre sensibilité absolue. La sensibilité au mouvement visuel est déjà présente et la poursuite visuelle tout comme le nystagmus opto-cinétique, assez développés pour être utilisés comme témoins d'autres sensibilités.

Conclusion

L'étude des sensations apparaît renforcer l'idée que l'organisme, à ses premières étapes de traitement, isole des caractéristiques élémentaires de la stimulation qu'il est équipé pour analyser. La différenciation des récepteurs et la séparation des différents systèmes sensoriels, y compris au niveau de leurs projections corticales (Figure 7), confortent la conclusion de traitements séparés. Certaines sensations conscientes correspondent aux caractéristiques élémentaires. D'autres ne peuvent pas faire l'objet d'une telle expérience consciente. Toutes contribuent aux élaborations perceptives. (→ perception.) On remarquera qu'au niveau cortical les aires de projection primaires sont mitoyennes des aires impliquées dans des traitements plus complexes. Ainsi, l'aire de Wernicke, impliquée dans la compréhension du langage parlé, jouxte-t-elle le cortex auditif.

C. B.

Bibliographie

Buser, P., et Imbert, M., 1982, *Psychophysiologie sensorielle*, Paris, Hermann.

Buser, P., et Imbert, M., 1986, *Audition*, Paris, Hermann.

Buser, P., et Imbert, M., 1987, *Vision*, Paris, Hermann.

Collectif, 1971, *Handbook of Sensory Physiology*, Berlin, New York, Springer Verlag.

Coren, S., et Ward, L.M., 1989, *Sensation and Perception*, Londres, Harcourt Brace.

Goldstein, E.B., 1980, *Sensation and Perception*, Belmont, Californie, Wadsworth.

Walk, R.D., et Pick, H.L., 1981, *Intersensory Perception and Sensory Integration*, New York, Londres, Plenum Press.

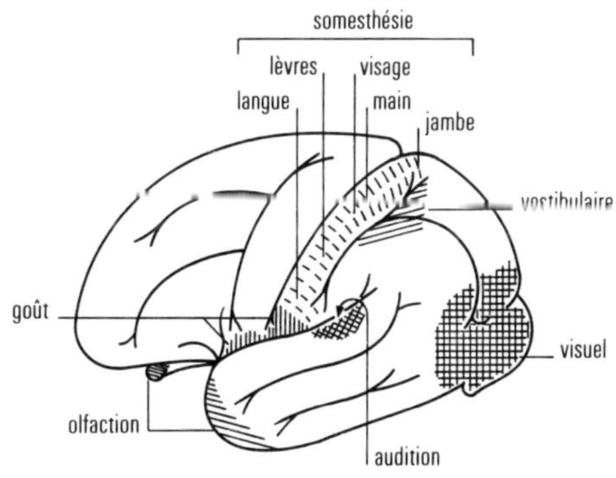

Figure 7. Les différentes aires corticales de projection primaire impliquées dans le traitement des informations sensorielles.

sensibilisation

n.f. (angl. Sensitization)

Phénomène descriptif selon lequel une réponse est émise ou un stimulus perçu plus facilement qu'auparavant.

Selon cette description, le fonctionnement d'une réaction pourrait conduire à lui seul à une augmentation de sa probabilité d'apparaître. De même, un stimulus pourrait être plus facilement perçu s'il est répété.

La notion de sensibilisation doit être maniée avec précaution. Un certain nombre des faits ainsi décrits sont souvent mieux expliqués en termes d'effet d'échauffement, de variation du seuil, ou de conditionnement à une situation globale (plutôt qu'à un stimulus bien particularisé). Par exemple, les situations dans lesquelles on présente à l'animal un stimulus aversif tel qu'une stimulation électrique font apparaître une augmentation des réactions à ce stimulus : une explication en termes de peur conditionnée s'applique sans doute mieux à ce cas que celle qui fait appel à une simple modification comportementale. J.-F. L. N.

1. sensibilité

n.f. (angl. Sensitivity)

PSYCHOPHYSIOL. **Plus ou moins grande excitabilité d'un système sensoriel.**

La sensibilité s'exprime par l'inverse du seuil de détection d'un stimulus défini. C'est donc la capacité de répondre à une faible intensité de la stimulation. En vision, la sensibilité est mesurée soit en termes de l'éclairement rétinien du stimulus permettant juste sa détection, soit en termes relatifs de contraste.

On parle aussi de sensibilité différentielle (→ discrimination) pour désigner la plus ou moins grande capacité à discriminer deux stimulus. Elle peut s'exprimer par l'inverse du rapport de Weber, ou de tout autre mesure de discrimination. C. B.

2. sensibilité

n.f. (angl. Sensory Mechanisms)

NEUROPSYCHOL. **Ensemble des fonctions de détection et de discrimination des caractéristiques physiques ou chimiques des stimulus.**

Pour s'adapter à leur environnement et à ses caractéristiques, les organismes doivent être informés sur sa nature et ses propriétés. Cette possibilité leur est donnée par divers mécanismes. À l'interface avec l'environnement, la détection de certaines de ses caractéristiques physiques ou chimiques est fondée sur l'irritabilité générale des tissus vivants. Dès les Protozoaires toutefois, des organites subcellulaires se spécialisent et répondent à des excitants spécifiques : taches pigmentées sensibles à la lumière, cils tactiles, etc. Chez les Métazoaires, dont beaucoup de cellules gardent une sensibilité indifférenciée, cette spécialisation sera le fait de cellules nerveuses et sensorielles, instituant une ségrégation modalitaire des sensations (→ récepteur sensoriel) : un même agent excitateur donne une expérience sensorielle distincte selon la catégorie du récepteur auquel il est appliqué. Le récepteur peut être soit la terminaison dendritique plus ou moins différenciée d'un neurone (cellule sensorielle primaire), soit une cellule structuralement spécialisée (cellule sensorielle secondaire) avec laquelle s'articule un neurone assurant l'émission et la transmission de l'influx nerveux. Outre ce codage qualitatif fondé sur une structure et une connectivité spécifiques, les récepteurs sont aptes à coder les paramètres quantitatifs d'intensité du stimulus par la gradation de leur potentiel générateur et par la fréquence des influx nerveux qu'ils déclenchent. (→ codage nerveux de l'information.) Ces deux codes, spatial et temporel, sont utilisés dans la discrimination des stimulus ainsi détectés. La discrimination porte sur leur nature modalitaire, leur intensité, leur position, leur étendue et leur durée. Elle met en jeu des voies de conduction et des centres de projection spécifiques. Entre ces voies et ces centres prennent place toutefois des interactions susceptibles d'altérer profondément l'émission originelle des récepteurs. Tel est le cas des phénomènes d'inhibition latérale entre messages provenant de champs récepteurs adjacents, qui, par accentuation des contrastes, contribue à une meilleure définition de la position et des contours d'un stimulus. De même, la convergence sur un neurone de relais d'influx issus de récepteurs différents peut accentuer des messages de faible intensité. Par convergence aussi, les caractéristiques élémentaires d'un même stimulus, filtrées chacune par un récepteur différent, peuvent être intégrées en une représentation plus élaborée. Ainsi, un neurone du cortex visuel ou somesthésique recevant une variété d'informations élémentaires de contour pourra présenter des réponses à des aspects complexes d'un stimulus tels que son angulation, sa forme ou le sens de son déplacement. Pour beaucoup d'organismes, cette synthèse afférente reste rudimentaire ou limitée ; elle suffit néanmoins à la fonction première des systèmes sensoriels, à savoir déclencher et guider des réponses motrices appropriées. Chez les espèces évoluées, elle s'accroît parallèlement à l'extension des structures associatives du système nerveux central. L'intégration ne porte plus seulement sur la mosaïque de signes d'un stimulus ; elle s'étend aux informations concernant les activités qu'il déclenche ou aux traces laissées par des expériences antérieures. Elle aboutit à la représentation non plus de stimulus mais d'objets, dans des cadres de référence stables centrés sur l'environnement ou sur le corps. Elle s'organise en connaissances utilisables pour le contrôle et la planification des comportements et permet ainsi des formes supérieures d'adaptation. J.-M. C.

sensibilité d'un test

(angl. Discriminating Fineness)

Qualité d'un test qui possède un pouvoir discriminant plus ou moins grand.

M. R.

→ psychométrie.

sensitifs (délire des)

(angl. Sensitive Delusion of Reference)

Délire de structure paranoïaque apparaissant sur une personnalité n'ayant pas les caractéristiques sthéniques et expansives habituelles du paranoïaque, mais étant au contraire hyposthénique, plutôt introvertie et timide, dite « sensitive » selon la caractérologie de E. Kretschmer. (Syn. délire de relation des sensitifs.)

Le délire des sensitifs, systématisé en secteur, reste centré sur les relations du sujet avec son milieu proche (familial ou professionnel) et apparaît souvent à la suite d'une blessure narcissique parfois minime, celle-ci n'étant souvent que la goutte d'eau faisant déborder le vase de nombreuses humiliations jusque-là supportées sans réaction apparente. Son évolution, parfois chronique, est le plus souvent curable, surtout lorsque le patient est isolé de son milieu pathogène.

C'est donc, pour Kretschmer, le type de psychose réactionnelle d'une personnalité sensitive bien particulière. Le caractère sensitif, écrit-il en 1918, présente « d'une part, une douceur extrême, une faiblesse, une subtilité, une vulnérabilité et, d'autre part, un certain degré d'ambition, de conscience de soi et de ténacité ». Il s'agit à la fois d'un tendre, d'un timide, mais aussi d'un sujet « compliqué, susceptible, ombrageux ». Le plus souvent discret, se livrant à l'introspection, aux scrupules, aux ruminations obsédantes, sa personnalité est proche de l'anancastique et de l'obsessionnelle. Et, pour Kretschmer, ce sont des « conflits éthicosexuels » qui seraient au centre de sa problématique névrotique prédisposante dans ses relations avec autrui, véritable *névrose de relation*, particulièrement évidente chez certaines femmes célibataires occupant des fonctions modestes et dévalorisantes dans une famille, un atelier, un commerce.

C'est à l'occasion d'une nouvelle vexation, d'une ultime atteinte à l'estime de soi que va se produire la décompensation délirante de cette névrose relationnelle. Elle va éclater brusquement. « Le noyau de la maladie est représenté par un délire de relation polarisé, prenant pour point de départ une base affective nuancée, placée entre une insécurité humiliante et une autoaccusation provoquant le désespoir. » Et ce qui constitue pour Kretschmer les éléments fondamentaux de la symptomatologie de la décompensation délirante sont :

1. la subordination de l'ensemble du système idéo-affectif à l'expérience vitale reconnue pathogène ;
2. l'accentuation, voire l'exacerbation, des principaux traits de la personnalité sensitive ;
3. la fréquence d'un « épuisement neurasthénique », qui peut être considéré comme une inflation dépressive.

C'est ainsi qu'il reconnaît au délire sensitif des possibilités d'alternance autant dans l'humeur que dans la certitude du postulat délirant. « Les oscillations particulièrement profondes entre la conviction morbide et la prise de conscience de la maladie, la fluidité, l'influençabilité et la clarté réduite du sens du réel, le sentiment constant de la maladie, les fluctuations, avec tous leurs degrés de transition, entre une véritable représentation délirante et une véritable représentation obsédante reflètent en même temps fidèlement la capacité accrue d'un sensitif à l'autocritique, que son indécision et que son manque de volonté combative. Ces oscillations montrent aussi la parenté étroite entre un sensitif atteint d'une psychose sensitive et un obsédé. » Ce qui explique l'intrication possible d'un délire des sensitifs avec une évolution névrotique obsessionnelle et une psychose maniaco-dépressive.

L'évolutivité est d'ailleurs le plus souvent bénigne, la guérison apparaissant en quelques mois le plus souvent et se maintenant lorsque la réinsertion socio-professionnelle se fait dans de bonnes conditions. Rares sont les cas évoluant vers un délire paranoïaque chronique avec risque de passage à l'acte très grave comme dans le cas de l'instituteur Wagner, meurtrier de toute sa famille et de huit autres personnes, traité par R. Gaupp, le maître de Kretschmer, pendant presque vingt-cinq ans. J. P.

BIBLIOGRAPHIE

Escande, M., et Bonnet, B., 1985, « le Délire de relation sensitif de Kretschmer », *Semaine des Hôpitaux de Paris, 61*, 14.

Kretschmer, E., 1918, *Der sensitive Beziehungswahn.*

Lempérière, Th., et Féline, A., 1977, *Abrégé de psychiatrie de l'adulte*, Paris, Masson.

sensoriel, elle

adj. (angl. Sensory)

Qui se rapporte aux organes des sens, aux structures nerveuses qu'ils mettent en jeu et aux messages qu'ils véhiculent.

Les structures sensorielles comportent:

1. un récepteur, qui est le plus souvent une cellule (ou un groupe de cellules) épithéliale différenciée (par exemple bourgeon du goût pour la gustation, cellule ciliée pour l'audition), mais qui peut être également une terminaison nerveuse elle-même (par exemple terminaison libre pour sa sensibilité thermique et nociceptive);
2. une fibre sensitive afférente, qui relie le récepteur au système nerveux central;
3. différents relais étagés dans le système nerveux central, aboutissant au cortex cérébral où la perception se réalise;
4. un système de contrôle efférent, qui permet de régler le niveau de détection des récepteurs.

Ainsi, lors de la perception d'un niveau sonore élevé, la contraction des muscles de l'oreille moyenne diminue les possibilités de vibration du tympan pour minimiser les risques de lésion sonore. Les différentes modalités sensorielles sont la vue, l'audition, l'équilibration, la gustation, l'olfaction, la sensibilité générale et, chez les Poissons, l'électrolocalisation. R. L.

→ sensibilité 1 et 2.

sensoriel (conditionnement)

(angl. Sensory Conditioning)

Conditionnement qui s'établit par la simple conjonction de deux stimulus, le premier permettant alors d'anticiper le second.

Supposons qu'on ait présenté à un Animal de façon conjointe deux stimulus qui, par eux-mêmes, sont neutres, par exemple une lumière et un son; cette conjonction des deux stimulus neutres se fait en l'absence de tout stimulus inconditionnel. La question posée est maintenant de savoir s'il s'est établi une liaison entre la lumière et le son.

Pour en juger, on fera ensuite de l'un des deux stimulus, par exemple le son, un stimulus conditionnel ordinaire, en le faisant suivre, au cours d'une autre séance, par une stimulation électrique, et en créant par ce moyen, par exemple, un conditionnement d'échappement. Si l'on présente ensuite la lumière, qui n'a jamais été accompagnée par la stimulation électrique, et si l'on observe qu'elle produit, elle aussi, le conditionnement d'échappement, on conclura qu'il s'était préalablement établi une liaison entre la lumière et le son.

Les béhavioristes parlent parfois à ce sujet de « préconditionnement » sensoriel, justement parce qu'on ne peut le mettre en évidence qu'au moyen d'une seconde étape incluant un comportement, alors que la liaison son-lumière n'en inclut aucun. Mais « conditionnement sensoriel » est tout autant utilisé.

Il semble qu'il soit possible, au moins chez la plupart des Mammifères, d'établir un tel conditionnement dans ces conditions, bien que cela soit plus difficile que pour un conditionnement ordinaire: cela s'explique par le fait que le second stimulus n'a pas originellement de valeur biologique (n'est pas un stimulus inconditionnel). En fait, le conditionnement sensoriel s'établit le mieux dans les espèces qui ont de très bonnes capacités cognitives, pour l'essentiel les Singes supérieurs et l'Homme. On peut alors trouver préférable de parler d'une activité cognitive d'anticipation plutôt que de conditionnement.

Le conditionnement sensoriel peut être mis en évidence de façon électrophysiologique par l'intermédiaire du conditionnement de la réaction d'éveil. J.-F. L. N.

→ conditionnement.

sensori-moteur (apprentissage)

(angl. Sensorimotor Learning)

Amélioration de la coordination entre les déplacements des segments du corps et les informations en provenance d'un environnement statique ou dynamique, ou affinement de la coordination interne entre les patterns moteurs simultanés ou successifs constitutifs d'une activité.

On réserve parfois l'appellation d'apprentissages moteurs à ceux qui font appel seulement à des informations proprioceptives originaires des muscles ou des canaux semi-circulaires.

Les facteurs les plus importants sont l'exercice, la *rétroaction* informationnelle (angl. Feedback) et la variabilité de la situation. Le niveau de performance est une fonction puissance du nombre d'essais ou de la durée de l'exercice. Les théories de l'apprentissage se différencient par le type de contrôle envisagé et par la nature supposée de l'acquisition. L'hypothèse d'une organisation hiérarchique est souvent privilégiée sur celle d'une organisation linéaire. L'acquisition concernerait un *schéma*, qui est une sorte de plan dont les paramètres sont spécifiés en fonction de la situation et du but, ou une *loi de contrôle*, qui met l'accent sur les informations en jeu dans le contrôle plutôt que sur le pattern moteur lui-même, ou une *trace perceptive*, engendrée par les stimulations rétroactives et servant ultérieurement de référence pour l'exécution, ou enfin la *structure de coordination*, qui assure la sélection et le calibrage des diverses masses musculaires en jeu. C. G.

sensori-moteur (développement)

(angl. Sensorimotor Development)

Développement conjoint des activités sensorielles et motrices chez l'enfant.

Cette dénomination a été proposée par J. Baldwin puis par J. Piaget pour qualifier les deux premières années de la vie. Ce sont les mouvements et postures, et ce qu'ils révèlent des perceptions qui résument la vie mentale de relation au monde extérieur, chez le bébé. L'accord entre perception et action, qui se concrétise dans les coordinations sensori-motrices, ne serait pas immédiat mais se construirait progressivement. Historiquement, cette conception a été unanimement partagée par tous les théoriciens du développement psychologique. De même, tous ont admis que les activités sensori-motrices prennent racine dans le développement biologique, qu'elles prolongent sous des formes diverses. Enfin, tous ont considéré les activités sensori-motrices comme source de connaissance.

Les descriptions

Sur cette base commune, cependant, les descriptions et les explications diffèrent. Elles ont évolué avec les méthodes d'étude, des observations journalières de W. T. Preyer (1882) aux recherches expérimentales, commencées dans la première partie du XXe siècle et devenues nettement plus spécifiques à partir de 1960. Toutefois, les points suivants recueillent une large adhésion: les capacités fonctionnelles des systèmes sensoriels et moteurs n'ont pas atteint leur plein développement à la naissance, chez l'être humain. Mais elles permettent néanmoins des réponses comportementales dès la vie fœtale (par exemple une organisation des positions et des mouvements), une sensibilité à certaines catégories de stimulations provenant du monde extérieur, dont on peut recueillir différentes expressions (changement de rythme cardiaque, rétroflexion de la jambe, habituation). On a ainsi pu mesurer une réactivité fœtale à des sons d'intensité et de hauteur tonale suffisantes pour passer la barrière placentaire.

On a mis en évidence une organisation de la motilité spontanée et une organisation des perceptions dès la naissance: ségrégation figure-fond, localisations et discriminations de traits. En outre, des mouvements vers les objets de l'environnement témoignent de relations entre les systèmes moteurs et sensoriels chez le nouveau-né. Des formes rudimentaires de coordination sont possibles, dès les premières semaines postnatales.

Les changements qui surviennent dans les conduites et les organisations motrices et perceptives, et dans leurs associations, sont nombreux et rapides, tout au long de la première année. Ils ne suivent pas un rythme de développement uniforme, ni une progression linéaire monotone. Ils ont pour caractère commun une extension des champs spatio-temporels d'activité.

Les interprétations

Les interprétations qui sont données de ces changements divergent quant à leurs déterminants, leurs mécanismes, leurs relations internes.

Les déterminants

Une division, devenue abusivement simpliste, a longtemps opposé les explications maturationnistes, qui établissent une corrélation entre les changements comportementaux et la maturation du système nerveux central, et les explications, dites environnementalistes, des mêmes changements par l'expérience. Ces dernières se partagent selon l'importance accordée aux effets d'actes primitivement réflexes: la loi de l'effet (E.L. Thorndike), qui énonce qu'un effet agréable tend à être recherché et répété, tandis qu'un effet désagréable tend à être évité, a été retenue pour expliquer l'émergence des réactions circulaires. Elle postule que les organismes vivants sont hédonistes et s'est vue confirmée, chez le nouveau-né humain, par la mise en évidence de préférences (gustatives, olfactives, visuelles) qui paraissent dues à la fois aux besoins biologiques spécifiques de l'espèce et à l'expérience fœtale.

Les mécanismes

Les thèses maturationnistes font l'économie d'une description de mécanismes propres au comportement. En revanche, elles voient dans la morphogenèse des structures nerveuses, la myélinisation, la corticalisation, les mécanismes responsables des changements observés dans les conduites. Ainsi, la coordination œil-main serait-elle le produit conjoint de la myélinisation des centres moteurs et des progrès de la fovéalisation. Les thèses environnementalistes recourent, quant à elles, aux mécanismes d'accommodation (Baldwin) et d'assimilation (Piaget). Elles se distinguent donc suivant le rôle attribué à l'activité propre de l'individu.

Les relations internes

Le double qualificatif choisi exprime l'idée d'une association nécessaire entre systèmes sensoriels et moteurs. Toutefois, s'il est généralement admis que le développement perceptif dépend étroitement de la motricité, la réciproque (le développement moteur dépend aussi étroitement de la sensorialité) l'est moins communément: le développement moteur a donc pu faire l'objet de descriptions autonomes, alors que le développement perceptif est tenu pour tributaire de l'exercice sensoriel, lequel met en jeu soit la motricité d'un organe spécifique (par exemple le déplacement de l'œil), soit celle de son support organique (par exemple la main, pour les sensations tactiles).

Des coordinations locales aux coordinations générales

Le développement sensori-moteur a été décrit — en particulier par Piaget — comme une généralisation progressive de coordinations locales et partielles à l'ensemble des systèmes perceptifs et moteurs. Les premières, élaborées dans les deux premiers mois après la naissance, intéresseraient uniquement la région buccale, puis s'harmoniseraient aux perceptions visuelles; ensuite s'instaurerait, autour de 4 mois, la coordination de la vision et de la préhension, qui introduit un système de plus. Ainsi, de proche en proche se construirait une coordination générale, telle que l'illustre la marche autonome. Cette conception s'est vue contestée par la mise en évidence de coordinations diverses et précoces et d'unifications partielles qui n'obéissent pas à une généralisation « de proche en proche ». Cependant, personne ne doute d'une orientation unificatrice.

Le développement cognitif

Selon tous les théoriciens classiques de l'ontogenèse, c'est dans le développement sensori-moteur que se trouve l'origine du développement cognitif. Le passage de l'habitude à l'action dirigée vers un but et les étapes successives de formation d'une intelligence sensori-motrice, qui serait une intelligence de l'action et par l'action, ont été décrits par Piaget (*la Naissance de l'intelligence chez l'enfant*, 1936). Le révélateur type en sont les conduites à l'égard de la permanence de l'objet, qui vont de l'indifférence à la disparition d'un solide, à sa recherche active. (→ permanence de l'objet.) On possède aujourd'hui bien d'autres témoignages d'activité cognitive du bébé, qui portent à réviser la position piagétienne. Mais la discussion sur les critères qui permettent d'attester la cognition est loin d'être close. Les débats autour de l'habituation en fournissent un exemple. Pour être actuellement plus feutré, celui de la nature du conditionnement pavlovien et du conditionnement instrumental n'en est pas moins illustratif. H. B.

Bibliographie

Piaget, J., 1936, *la Naissance de l'intelligence*, Neuchâtel, Delachaux et Niestlé.

sensori-motrice (intelligence)

(angl. Sensorimotor Intelligence)

Ensemble des activités motrices du bébé sur son milieu et des informations qu'il reçoit en retour concernant les modifications qu'il a produites.

Il est traditionnel de séparer l'étude du bébé de celle de l'enfant plus âgé. Ainsi, il a paru nécessaire à A. Gesell de faire un test spécial pour les *bébés* (angl. Infants), et cette spécificité a ensuite été reprise. Il est d'usage d'appeler période sensori-motrice celle qui va de la naissance à l'acquisition du langage et, dans la théorie de J. Piaget aussi bien que chez les post-piagétiens comme R. Case, par exemple, ou dans les tests pour bébés, on parle d'intelligence sensori-motrice. Chez Piaget, cette appellation est liée à l'idée que les progrès de la connaissance proviennent de l'activité motrice exercée par le bébé sur son environnement et des informations sensorielles qu'il tire des modifications ainsi produites. La coordination vision-préhension est donc un préalable à une véritable intelligence. Les connaissances actuelles concernant les formes précoces de l'intelligence des bébés montrent que ce préalable n'est pas nécessaire et que bien des connaissances sont acquises avant le stade IV, véritable début de l'intelligence pour Piaget. Dans ces conditions, il ne semble plus légitime d'utiliser cette appellation de sensori-motrice pour désigner l'intelligence des bébés. R. L.

→ stade.

BIBLIOGRAPHIE

Lécuyer, R., 1989, *Bébés astronomes, bébés psychologues : l'intelligence de la première année*, Liège, Mardaga.

Lewis, M., 1983, *Origins of Intelligence*, New York, Plenum Press.

Piaget, J., 1936, *la Naissance de l'intelligence chez l'enfant*, Neuchâtel, Delachaux et Niestlé.

sensori-motricité

n.f. (angl. Sensorimotivity)

Ensemble des activités sensorielles et motrices. R. L.

sensori-tonique

adj. (angl. Sensoritonic)

Relatif aux variations du tonus dues à l'activité sensorielle ou perceptive. R. L.

séparabile (minimum)

n.m.

Valeur minimale de l'écart angulaire entre deux points perçus ou deux lignes perçues. R. L.

→ acuité visuelle.

séparation (relation de)

Caractéristique de la perception, permettant la distinction minimale de deux figures, de deux entités sonores.

Si proches qu'ils soient, deux objets sont dits séparés lorsqu'ils sont dissociables et individualisables perceptivement. La relation de séparation caractérise le rapport perceptif très primitif qui se manifeste dans la ségrégation entre une figure et un fond, entre deux figures. E. V.

sériation

n.f. (angl. Seriation)

Construction d'une suite ordonnée d'éléments qui se succèdent en fonction de l'accroissement régulier des valeurs prises par une propriété commune, par exemple la longueur d'une tige, la saturation d'une couleur.

GÉNÉR. Les opérations de sériation des relations asymétriques ont la même structure logique générale que celles d'emboîtements de classes. Les unes comme les autres sont des opérations concrètes, mais la sériation est une « [...] addition de différences [...], l'addition de classes [...] une addition d'éléments équivalents au point de vue donné » (J. Piaget).

DÉVELOP. Piaget a étudié les performances d'enfants de 4 à 8 ans dans des tâches de sériation d'objets concrets variant en taille. À 4 ans, les enfants sont déjà capables de ranger trois réglettes de bois selon un ordre croissant, mais il ne s'agit là que de la construction d'une configuration perceptive. Dès que le nombre de réglettes dépasse quatre ou cinq, les plus jeunes enfants constituent des couples isolés rassemblant une petite et une grande. À 5 ans, ils établissent des séries partielles qu'ils ne coordonnent pas entre elles et, très souvent, ils ne veillent pas à situer les bases de toutes les réglettes sur un même niveau. Plus tard, ils réussissent par tâtonnement empirique. C'est à 7-8 ans seulement qu'ils utilisent une méthode systématique qui consiste à établir des séries de comparaisons par paires pour découvrir l'élément le plus petit, puis le plus petit de ceux qui restent et ainsi de suite. Cette méthode est opératoire, tout élément est systématiquement considéré comme étant simultanément plus grand que les précédents et plus petit que les suivants. Il y a réversibilité par réciprocité. Les enfants sont alors capables non seulement de réaliser une série simple, quel qu'en soit le nombre d'éléments, mais aussi d'intercaler de nouvelles réglettes dans une série existante, de sérier des éléments selon deux qualités qui varient à la fois (sériations multiplicatives sur la grandeur et la saturation de la couleur, par exemple) ou encore de coordonner plusieurs sériations en faisant correspondre à chaque poupée d'une série, un sac à dos et une canne de deux autres séries.

Cependant, lorsque la sériation porte non plus sur les objets réels, perceptibles et manipulables, mais sur des énoncés verbaux (chevelures plus ou moins claires ou plus ou moins foncées d'enfants hypothétiques), elle n'est réussie que vers 11-12 ans, à la fin de la période des opérations concrètes. E. V.

→ nombre.

série

n.f. (angl. Series)

Ensemble de stimulus successifs.

On appelle *apprentissage de série*, ou *apprentissage sériel*, celui qui porte sur une série de stimulus ou sur une liste ; ce sont en général des mots, ou des syllabes sans signification. Il s'agit d'un apprentissage par cœur. J.-F. L. N.

sériel, elle

adj. (angl. Serial)

Qui concerne une série ou qui comporte une succession d'opérations.

Les traitements effectués sur les ordinateurs ou micro-ordinateurs classiques sont de type sériel, c'est-à-dire successif. Ils sont réalisés par une suite d'opérations élémentaires organisées qui se suivent strictement, sans jamais pouvoir être simultanées. L'opposé du traitement sériel est le traitement en parallèle qui nécessite l'utilisation de plusieurs processeurs et une gestion de leurs interactions.

Les modèles psychologiques du traitement de l'information ont, durant les années 1970, abondamment utilisé, de façon explicite ou implicite, l'hypothèse analogique du traitement sériel : elles ont essayé de modéliser divers traitements cognitifs en les décomposant en des séries d'opérations élémentaires successives, et en cherchant ensuite des validations expérimentales de ces hypothèses.

Bien que cette démarche ait conduit à recueillir des données empiriques parfois remarquables, on ne peut dire que l'hypothèse sérielle se soit révélée satisfaisante. Il est hautement probable que les traitements humains sont réalisés par des formes particulières de parallélisme plutôt que de façon sérielle. J.-F. L. N.

sérotonine

n.f. (angl. Serotonin)

Neuromédiateur découvert en 1933, qui existe au sein de nombreux tissus de Mammifères, notamment au niveau du système nerveux central où sa répartition est hétérogène, voisine de celle d'un autre neuromédiateur, la noradrénaline.

Bien que peu nombreux, les neurones sérotoninergiques interviennent au niveau de l'ensemble du névraxe. Au moins 75% d'entre eux sont localisés dans le tronc cérébral.

La sérotonine 5 HT a un passé philogénétique étendu ; on la retrouve chez les Bactéries, les Végétaux, les Invertébrés et bien sûr chez les Vertébrés, des plus primitifs à l'Homme en passant par les Amphibiens.

Outre la fonction de jonction entre les neurones, la sérotonine a un effet neuromodulateur dans le système nerveux central, véritable neurohormone locale. Son association à d'autres neuromédiateurs dans les mêmes cellules lui ajoute encore plus de possibilités fonctionnelles. La sérotonine est surtout retrouvée dans l'intestin, les poumons, les plaquettes. C'est une amine biogène indolique, synthétisée dans le cerveau à partir du tryptophane, acide aminé indispensable puisque la sérotonine d'origine périphérique est incapable de franchir la barrière hémato-encéphalique. Elle est transportée presque exclusivement par les plaquettes. Elle est détruite grâce à une enzyme, la monoamine oxydase pour donner l'acide 5 hydroxy-indole-acétique.

Le phénomène de recapture de la sérotonine par le neurone est inhibé par les antidépresseurs. Cette action entraînant une augmentation des concentrations en monoamines a contribué à la construction des hypothèses biologiques des états dépressifs où le fonctionnement 5 HT serait réduit. Certains arguments vont dans le sens d'un lien entre fonctionnement sérotoninergique diminué et tentative de suicide, « mais ce lien a aussi été rapporté en dehors d'un état dépressif avec l'agressivité, l'impulsivité. L'hypothèse actuelle serait que la sérotonine interviendrait dans les comportements physiologiques d'inhibition. La levée de cette inhibition serait à l'origine du passage à l'acte ».

Le système sérotoninergique présente un rythme circadien: pic à 13 heures, avec minimum entre 23 heures et 1 heure. Cette rythmicité serait notamment responsable d'une régulation de l'alternance veille-sommeil. La 5 HT intervient aussi dans le contrôle de la transmission de la douleur, dans la régulation thermique et dans la régulation hypothalamique de l'appétit. M.-F. P.-L.

service libre

(angl. Free Service)

Procédure d'hospitalisation d'une personne qui se fait soigner de son plein gré.

En ce qui concerne les malades mentaux, la loi du 30 juin 1838 n'avait prévu que deux modalités d'internement en hôpital psychiatrique, quand l'importance des troubles le justifiait. Le patient qui faisait l'objet d'une telle mesure ne décidait ni de son admission ni de sa sortie de l'hôpital. En 1927, É. Toulouse instaure à l'hôpital Henri-Rousselle, à Paris, le premier service accueillant des malades non internés. Le règlement modèle de 1938 prévoit l'annexion « à l'hôpital psychiatrique, dans des bâtiments entièrement distincts et pourvus d'une entrée indépendante, d'un service ouvert destiné au traitement des maladies mentales ». Envisagé de la sorte, le service ouvert, c'est-à-dire le service libre, était conçu comme un service annexé à l'hôpital psychiatrique, et non régi alors par la loi de 1838. Progressivement, les hospitalisations en service libre se sont multipliées pour concerner, jusqu'à l'abolition de la loi de 1838 en 1990, plus de 90% des malades admis dans les services de psychiatrie. Par *service libre*, on entend depuis la loi du 27 juin 1990 tout ce qui se rapporte à une hospitalisation non forcée, quel que soit l'établissement ou le service, qu'il soit public ou privé.

Sauf cas particuliers, l'hospitalisation se déroule dans des locaux où il n'est fait aucune différence entre les patients admis sous des régimes juridiques différents.

L'admission en service libre est prononcée par le directeur sur avis d'un médecin ou d'un interne de l'établissement. Le patient y entre de son plein gré et en sort quand les médecins le jugent guéri ou suffisamment amélioré. En cas de désaccord, le sujet peut sortir contre avis médical, en signant une décharge de responsabilité. Les litiges peuvent faire l'objet d'un recours devant le tribunal de grande instance. M. G.

seuil

n.m. (angl. Treshold)

La plus petite valeur d'une grandeur physique pour laquelle un phénomène donné se manifeste.

En psychophysique, un seuil est défini par la valeur de l'un des facteurs d'une stimulation sensorielle correspondant à une probabilité donnée de réponse.

Il existe différents types de seuils définis principalement par la tâche au moyen de laquelle ils sont obtenus. Dans une conception en termes de traitement de l'information, ces seuil correspondent à des niveaux de traitement.

Un *seuil de détection* fait référence à une tâche dans laquelle le sujet est interrogé sur la présence ou l'absence d'une stimulation sans référence à son identification. Ce seuil de détection est appelé *seuil absolu* lorsqu'il correspond à la plus petite intensité du stimulus qui, pour un système sensoriel donné, permet de juste détecter la présence d'une stimulation de ce système. La limite d'une sensation (visuelle, par exemple) dépend d'une combinaison de facteurs: durée, taille, intensité, longueur d'onde, excentricité rétinienne, etc. Chacun de ces facteurs peut être utilisé pour estimer un seuil, les autres étant maintenus constants.

Un *seuil différentiel* est la plus petite différence entre deux valeurs d'un stimulus qui peut être perçue avec une probabilité donnée (en général 75%). La tâche des sujets est une tâche de discrimination qui consiste à juger du sens d'une différence entre des couples de stimulus. Le seuil différentiel est, lorsque la loi de Weber est vérifiée, proportionnel à la valeur du stimulus. Cet « échelon » différentiel est parfois désigné par le sigle anglais jnd (Just Noticeable Difference). [→ discrimination.]

Un *seuil d'identification* est la valeur d'une des dimensions du stimulus qui permet de reconnaître l'appartenance du stimulus à une classe ou à une catégorie particulière. La dénomination est une forme particulière d'identification dans laquelle le sujet doit indiquer le nom du stimulus. Avec des stimulus significatifs, le seuil d'identification est souvent mesuré par le temps d'exposition nécessaire pour une probabilité d'identification correcte de 75%. C. B.

→ psychophysique.

sévices sexuels

(angl. Sexual Ill-Treatments)

Mauvais traitements comportant des atteintes de la zone génitale.

Les victimes de ces sévices ne sont pas en état de se défendre soit pour des raisons d'infériorité physique comme c'est le cas dans le viol, soit pour des raisons psychologiques, par exemple lorsqu'il s'agit d'actes incestueux commis par un parent sur un enfant ou un adolescent, ou de sévices subis par des femmes battues. Les violences physiques relevant du sadisme et les attentats à la pudeur que certains pédophiles font subir à des enfants s'accompagnent parfois d'atteintes sexuelles qui justifient des sanctions pénales. M. A.

1. sevrage

n.m. (angl. Weaning)

DÉVELOP. **Cessation de l'alimentation lactée chez l'enfant.**

Le sevrage commence dès le troisième mois ; il se fait progressivement, en allant de pair avec le début d'une alimentation plus solide ou plus consistante. Les travaux des psychanalystes, ceux de M. Klein notamment, ont montré que le sevrage est une coupure importante, souvent traumatisante, plongeant l'enfant dans une grande détresse : non que la privation de lait maternel ou artificiel ait une importance biologique sur l'organisme, mais parce que le comportement de la mère en cet instant décisif entraîne une angoisse dont l'enfant se défend précocement. R. L.

2. sevrage

n.m. (angl. Withdrawal)

PSYCHIATR. **Cessation accidentelle ou volontaire de la prise de drogue par un toxicomane.**

Le *syndrome de sevrage* (le « manque » des toxicomanes) est constitué de manifestations physiques et psychiques liées à l'arrêt de la drogue: selon la substance en cause, les manifestations seront différentes tant sur le plan physique que psychologique.

Le syndrome de sevrage est corollaire de l'adaptation de l'organisme aux effets d'une drogue. Ses manifestations sont donc opposées à celles du produit en cause. Pour les opiacés, qui sont calmants et anesthésiques, le sevrage consistera en une angoisse importante, des douleurs diffuses, etc.

La *cure de sevrage* (la « décroche ») est un sevrage décidé. M. V.

→ désintoxication (cure de), manque (état de), dépendance ou pharmacodépendance.

sexes (différences entre les)

(angl. Sex, Gender)

DIFFÉR. D'un point de vue purement descriptif, des différences entre les résultats moyens obtenus dans des tests par un échantillon d'hommes et un échantillon de femmes ont été souvent observés. Se demander si ces différences sont « statistiquement significatives » est dans un tel cas une question à peu près dépourvue de sens : ces constats sont faits en général sur des échantillons suffisamment nombreux pour que toute différence, si faible qu'elle soit, devienne « statistiquement significative ». Il est plus important de remarquer que ces différences ne sont pas toujours cohérentes d'une enquête à une autre, qu'elles varient notamment avec l'âge des sujets. Celles qui sont signalées le plus régulièrement ne s'établissent pas toutes en faveur du même sexe, ce qui suffirait à priver de sens la question de savoir si l'un des sexes est globalement supérieur à l'autre. Dans nos cultures, les garçons obtiennent souvent en moyenne un résultat supérieur dans les épreuves spatiales, dans la compréhension des mécanismes, dans les raisonnements mathématiques; les sujets féminins, dans les épreuves de fluidité verbale, dans celles qui exigent une exécution rapide et précise. Les résultats scolaires de groupes comparables sont souvent supérieurs en moyenne chez les filles, surtout au début de la scolarité. En ce qui concerne les intérêts, les garçons préfèrent plus souvent les disciplines scientifiques, les activités théoriques, techniques, économiques, politiques; les filles, les disciplines littéraires, les activités esthétiques et sociales. Les garçons sont en moyenne plus « indépendants du champ » que les filles. On relève chez eux une agressivité plus élevée en moyenne, alors que les filles tendent en moyenne à être plus instables émotionnellement. Il faut souligner que chacune de ces caractéristiques est largement dispersée à l'intérieur de chacune des deux populations, ce qui entraîne pour chacune un large recouvrement des deux distributions.

Les échelles de masculinité-féminité fournissent aussi des résultats dispersés sur des groupes dont tous les membres ont le même sexe. On peut cependant s'interroger sur l'origine des différences de moyennes se manifestant en fonction du sexe. Il paraît probable que ces différences sont dues à l'intervention spécifique et conjointe de facteurs biologiques et de facteurs culturels. Les différences biologiques (génétiques et hormonales) entre hommes et femmes sont beaucoup mieux définies que ce n'est le cas, par exemple, pour les différences entre Noirs et Blancs. Le fait que certaines des différences entre sexes observables dans notre espèce se retrouvent chez beaucoup d'espèces animales (agressivité plus grande du mâle, par exemple) est un argument en faveur de l'intervention, dans ces cas, de facteurs biologiques. Chez l'Homme, l'éducation tend à différencier très tôt les rôles sociaux (stéréotypes) attribués à chacun des deux sexes. Le fait que cette répartition des rôles se fasse de façon comparable dans de nombreuses sociétés sans relations permet de supposer qu'elle peut avoir son origine dans certaines caractéristiques biologiques (fonctions dans la reproduction, force musculaire, etc.). Mais il n'est pas douteux que les stéréotypes culturels formalisent et amplifient ces différences fonctionnelles biologiques. On le constate dans l'évolution des sociétés modernes dans lesquelles le poids des facteurs sexuels dans la répartition des tâches au sein de la famille et dans la profession s'atténue. Il faut cependant observer que cette évolution n'a pas modifié pour l'instant autant qu'on pourrait le croire les différences moyennes entre sexes en ce qui concerne les intérêts scolaires, professionnels et de loisirs. Un débat peut s'instaurer, une fois l'égalité des droits entre hommes et femmes reconnue et réalisée, sur la question de savoir si cette égalité doit nécessairement entraîner la disparition des particularités que chaque sexe peut considérer comme témoignant de son identité et dont il a le droit de revendiquer la libre manifestation. M. R.

sexualité

n.f. (angl. Sexuality)

1. Ensemble des phénomènes sexuels ou liés au sexe, que l'on peut observer dans le monde vivant. 2. Ensemble des diverses modalités de la satisfaction sexuelle.

Le gonochorisme, ou séparation des sexes, comporte non seulement la différenciation du germen, mais aussi celle, plus ou moins marquée, du soma; l'individu mâle et l'individu femelle d'une même espèce se distinguent par des caractères sexuels.

1. Les caractères sexuels primaires englobent tous les organes directement liés à la production, à l'émission et à l'échange des gamètes. Ils comprennent donc les gonades, les tractus génitaux, les organes d'accouplement. Ils se forment avant la période de maturité sexuelle, ou puberté.

2. Les caractères sexuels secondaires sont des caractères somatiques ayant des rapports variables avec la formation génitale. Ils se développent seulement à la puberté et sont signalétiques de la maturité sexuelle (développement des seins, de la barbe, etc.). Ils sont tantôt permanents, et responsables du dimorphisme sexuel, tantôt transitoires, et ne se manifestent que pendant les périodes de reproduction, coïncidant avec le phénomène du rut. R. L.

sexuation

n.f. (angl. Sexuation)

PSYCHAN. **Dans la théorie psychanalytique, façon dont hommes et femmes se rapportent à leur sexe propre, ainsi qu'aux questions de la castration et de la différence de sexes.**

L'apport révolutionnaire de la pensée freudienne a d'abord été situé du côté de la sexualité: reconnaissance d'une sexualité infantile, ainsi que du sens sexuel inconscient de nombre de nos actes et représentations. On peut y ajouter une dimension « perverse », liée à la fois à la description de l'enfant comme pervers polymorphe et à celle du fantasme inconscient, qui a souvent une coloration sadique ou masochiste, voyeuriste ou exhibitionniste, voisine, en un mot, de ces mises en acte que décrivait un Krafft-Ebing par exemple.

Il est cependant aisé de s'apercevoir que l'importance donnée par S. Freud à la sexualité va de pair avec une modification de sa définition. Si la sexualité ne se limite pas à la génitalité, si, surtout, les pulsions sexuelles produisent de manière indirecte notre amour de la beauté ou nos principes moraux, il faut soit élargir considérablement la définition de la sexualité, soit introduire dans le langage de nouveaux termes plus adéquats. Le terme « sexuation », utilisé par Lacan, est de ceux-là. Au-delà de la sexualité biologique, il désigne la façon dont, dans l'inconscient, les deux sexes se reconnaissent et se différencient.

Chez Freud, d'ailleurs, la nécessité de forger des catégories nouvelles se fait déjà sentir, notamment du fait qu'il attribue un rôle central au phallus, et cela pour les deux sexes. Si dans la phase phallique, moment déterminant pour le sujet, « un seul organe génital, l'organe mâle, joue un rôle » (*l'Organisation génitale infantile*, 1923), cet « organe » n'est pas à situer au niveau de la réalité anatomique, niveau où chaque sexe a le sien. D'emblée, le phallus est situé comme symbole.

Il est vrai que tout cela engage la psychanalyse dans une théorisation délicate. D'un côté, Freud se trouve amené à soutenir que ce qu'il dit du phallus vaut pour les deux sexes. Mais, en même temps, il reconnaît ne pouvoir le décrire de manière satisfaisante qu'en ce qui concerne les hommes. Un universel donc, en droit. Mais, en fait, descriptible pour « pas-tous ». Dans l'article sur *les Théories sexuelles infantiles*, 1908, de même, Freud présente les hypothèses forgées par l'enfant pour s'expliquer les mystères de la sexualité et de la naissance. Mais, prévient-il d'emblée, « des circonstances externes et internes défavorables font que les informations dont je vais faire état portent principalement sur l'évolution sexuelle d'un seul sexe, à savoir le sexe masculin ».

LA DIFFÉRENCE DES SEXES

Si la difficulté à situer les choses côté féminin est ici présentée comme circonstancielle, l'histoire devait la faire apparaître comme un des problèmes majeurs de la psychanalyse.

Si, en effet, la sexualité humaine se définit comme d'emblée subvertie par le langage, le terme qui en désigne les effets ne prendra pas par lui-même une valeur masculine ou féminine. Il sera plutôt constitué par un signifiant représentant les effets du signifiant sur le sujet, c'est-à-dire l'orientation d'un désir réglé par l'interdit. Ce sera le signifiant phallique, dont l'organe mâle ne constitue qu'une imaginarisation particulière. Le symbole phallique, dans une perspective lacanienne, ne représente pas le pénis. C'est plutôt celui-ci qui, du fait de ses propriétés érectiles et détumescentes, peut représenter la façon dont le désir s'ordonne à partir de la castration.

Or, si le phallus comme signifiant symbolise le prélèvement opéré sur *tout* sujet par la loi qui nous régit, il devient tout à fait problématique d'introduire à l'intérieur de l'espèce humaine une distinction qui en séparerait une moitié. Si on en reste là, rien ne permet de régler, dans l'inconscient, la question de la différence des sexes, rien ne permet de saisir ce qui peut distinguer un sexe de l'autre.

L'expérience clinique, sur ce point, relance les questions. Ce qu'elle nous montre, en effet, c'est à quel point la question du sexe insiste dans l'inconscient : non pas tant la question de l'activité sexuelle ; celle surtout de ce qui peut différencier les sexes, dès lors qu'un même signifiant les homogénéise, et par là, particulièrement, la question de ce que c'est qu'être une femme.

Cette question, c'est celle que pose avec force l'hystérique. Si Dora (dans les *Cinq Psychanalyses* de Freud) attache une telle importance à Mme K, ce n'est pas essentiellement qu'elle la désire. C'est qu'elle peut interroger en elle le mystère de sa propre féminité. Identifiée à Mme K, Dora peut reprendre la question de ce que c'est qu'être femme.

Lacan consacra une grande partie de son travail à élaborer ces questions, ne serait-ce d'abord qu'en précisant la description freudienne, celle du garçon qui doit pouvoir renoncer à être le phallus maternel s'il veut pouvoir se prévaloir de l'insigne de la virilité, hérité du père ; et celle de la fille, qui doit renoncer à un tel héritage, mais trouve du même coup un accès plus facile à s'identifier elle-même à l'objet du désir. D'où ces raccourcis saisissants : « l'homme n'est pas sans l'avoir », « la femme est sans l'avoir ».

Lorsque le psychanalyste, cependant, parle de sexuation, il se réfère surtout à un état plus élaboré, plus formalisé de la théorie de Lacan, et plus précisément aux « formules de la sexuation ».

LES FORMULES DE LA SEXUATION

Les formules de la sexuation supposent au moins comme préalable une redéfinition du phallus, ou de la fonction phallique, et une interrogation sur sa dimension d'universel.

Si le phallus, depuis Freud, vaut comme signifiant du désir, il est en même temps signifiant de la castration, en tant que celle-ci n'est rien d'autre que la loi qui régit le désir humain, qui le maintient dans des limites précises. Lacan peut donc nommer fonction phallique la fonction de la castration.

À partir de ces définitions, la question décisive va porter sur le point de l'universel. Dans la perspective freudienne, le symbole phallique autour duquel s'organise la sexualité humaine vaut en droit pour tous. Mais qu'en est-il précisément de ce tous ? Il faut là-dessus reprendre, avec Lacan, la question de ce qui constitue comme tel un universel. À quelle condition peut-on poser l'existence d'un « tous » soumis à la castration (écrit $\forall x\ \Phi x$) ? À cette condition, apparemment paradoxale, qu'il y en ait au moins un qui n'y soit pas soumis ($\exists x\ \overline{\Phi} x$). C'est en effet, rappelle Lacan, le propre de toute constitution d'universel. Pour constituer une classe, le zoologiste doit déterminer la possibilité de l'absence du trait qui la distingue ; c'est à partir de là qu'il pourra ensuite poser une classe où ce trait ne peut manquer.

Au-delà de cette articulation logique, à quoi correspondent les formules $\exists x\ \overline{\Phi} x$ et $\forall x\ \Phi x$. Elles organisent la façon dont les sujets mâles se rapportent à la castration : posant l'existence d'un Père qui n'y serait pas soumis (on peut l'illustrer du mythe freudien du père de la horde primitive, qui possède toutes les femmes), elles établissent à partir de là le statut de ceux qui se réclament de ce père, fût-il mort. Parce qu'ils se prévalent de posséder les insignes du Père, parce qu'ils acceptent sa loi, ceux-là peuvent se grouper en Églises ou en armées, en syndicats, en partis, en groupes de toutes sortes. C'est leur façon ordinaire de faire univers, de faire « tous ».

Il est d'ailleurs notable que pour désigner l'espèce humaine dans son ensemble (hommes et femmes) notre langue parle de « l'Homme ». La femme, dit Lacan, n'existe pas. Entendons simplement ici que les femmes n'ont pas vocation à faire univers. Et, de fait, la clinique montre que la question de ce que c'est qu'une femme ne se résout pas pour chacune d'entre elles dans une généralisation immédiate, qu'elle est à reprendre cas par cas. On écrira $\overline{\forall} x\ \Phi x$, ce qui peut se lire ainsi : du côté féminin, pas-toutes sont soumises à la castration, elles ne se reconnaissent pas toutes soumises à une même loi. Ce qu'on reliera alors à la formule suivante, $\overline{\exists} x\ \overline{\Phi} x$, il n'y a pas d'exception à la castration, désignant par là le fait que les femmes ne se réfèrent pas aussi volontiers que les hommes à un Père par qui elles se sentent moins reconnues.

Ces formules, qui, présentées brièvement, peuvent sembler abstraites, sont à présent opérantes dans tout un secteur des recherches psychanalytiques. Elles ont déjà, entre autres, servi à situer le rapport spécifique de l'homme avec les objets partiels détachés par l'opération de la castration (objets a [→ objet a]), de même que celui des femmes avec le point énigmatique qui, dans l'inconscient, désignerait une Jouissance* Autre que celle que règle la castration, point cernable par le langage, même si le langage ne peut le décrire, point dont les romans de Marguerite Duras, par exemple, donnent une idée.

R. C.

sexué, e

adj. (angl. Sexual)

ÉTHOL. **Chez les Insectes sociaux les plus évolués (Termites, Fourmis), se dit d'un individu ailé, reproducteur potentiel des deux sexes, qu'une société mature produit chaque année et qui, après accouplement, est capable, chez de nombreuses espèces, de fonder une nouvelle colonie.**

J-P. S.

sexuel (comportement)

(angl. Sexual Behavior)

Ensemble des actes qui permettent le rapprochement de deux partenaires et leur accouplement.

Le comportement sexuel ne se réduit pas à la copulation. L'accouplement est précédé de préliminaires : recherche du partenaire, cour, jeux, contacts et stimulations réciproques. Il consiste en une intromission du pénis dans le vagin suivie de mouvements copulatoires et d'éjaculation. Chez l'Homme, W. H. Masters et V. E. Johnson y distinguent quatre phases : excitation, plateau, orgasme et résolution. Cette dernière phase comprend chez le partenaire masculin une période réfractaire de durée variable qui rend momentanément impossible le passage à des niveaux d'excitation sexuelle plus élevés.

Le comportement sexuel est régi par des facteurs internes et externes, intégrés au cours du développement et lors de l'actualisation des comportements par le système nerveux central. Parmi les facteurs internes, les hormones sexuelles jouent un rôle déterminant. Les hormones mâles interviennent dans la différenciation sexuelle des gonades, du tractus génital et du système nerveux : en leur absence à des étapes critiques du développement, ces structures cibles évoluent dans le sens femelle. Ce *rôle organisateur* initial est primordial : il conditionne la morphologie de l'individu (présence d'organes génitaux mâles ou femelles) mais aussi sa physiologie (nature et rythme des sécrétions hypothalamo-hypophysaires) et, par voie de conséquence, se trouve déterminé quand cela a un sens, comme dans l'espèce humaine, le sexe éducatif. Chez l'adulte, les hormones mâles et femelles jouent un *rôle activateur* en élevant la réactivité des structures nerveuses qui contrôlent l'expression des comportements. Ces effets activateurs varient considérablement selon le niveau évolutif des espèces concernées : nets chez les Mammifères inférieurs, ils sont beaucoup moins marqués chez les Primates et chez l'Homme.

Parmi les facteurs externes, les messages sensoriels, issus du milieu ou du partenaire, assurent une double fonction. D'une part, ils élèvent la réactivité générale de l'organisme et déclenchent, dans certains cas, la sécrétion des gonadolibérines hypothalamiques ; d'autre part, ils orientent les comportements vers des objectifs spécifiques : tel est le cas des stimulus d'appel et d'identification ou des stimulus émis au cours de l'accouplement par chaque partenaire et qui servent à synchroniser leurs comportements respectifs.

Tous les étages du système nerveux, de la moelle au télencéphale, participent au contrôle des comportements sexuels, mais spécialement l'hypothalamus. Sensible aux hormones sexuelles, recevant des informations du mésencéphale, du système limbique et du cortex préfrontal, il est un centre d'intégration des messages hormonaux et sensoriels. Sur le versant efférent, les gonadolibérines qu'il sécrète contrôlent, par l'intermédiaire de l'hypophyse antérieure, l'activité endocrine des gonades. Il peut aussi déclencher par voie nerveuse des segments de comportement sexuel tels qu'érection ou éjaculation. Chez les Mammifères supérieurs, toutefois, les régulations hypothalamiques sont de plus en plus subordonnées aux structures télencéphaliques qui, en se développant, permettent aux apprentissages, à la mémoire et aux fonctions d'anticipation de jouer un rôle croissant. Aussi bien, chez les Primates, le comportement sexuel est-il très fortement modelé par l'éducation et par la culture : élevé sans contacts avec des adultes, un Chimpanzé ne saura pas copuler ; chez l'Homme, les rôles sexuels assumés par un individu dépendront du sexe dans lequel il a été éduqué, même si celui-ci ne correspond pas à son sexe gonadique. J.-M. C.

BIBLIOGRAPHIE

Lieberman, B., *Human Sexual Behavior*, New York, Londres, Sydney, Toronto, John Wiley and Sons.

Masters, W. H., et Johnson, V. E., 1963, « The Sexual Response Cycle to Human Male, I - Gross Anatomic Considerations » in *West. J. Surg. Obstet. and Gynec.*. 71, 85-95.

Masters, W. H., et Johnson, V. E., 1964, « The Anatomy and Physiology of Human Sexual Response » in Lloyd, C., *Human Reproduction and Sexual Behavior*, Philadelphie, Lea and Febiger.

shoot

n.m.

Dans l'argot des toxicomanes, action de s'injecter une drogue, généralement en intraveineuse.

La pratique du shoot est une des caractéristiques de la vogue actuelle des toxicomanies. L'injection permet de tirer la quintessence de substances fort onéreuses comme l'héroïne, voire la cocaïne. Elle a aussi pour but d'obtenir une sensation particulière, immédiate et violente, le « flash ».

Passer de l'ingestion, de la « fumette » ou du « sniff » au shoot constitue une rupture importante dans le vécu toxicomaniaque. Certains usagers se refusent à en arriver là, à devenir de vrais « junkies ». D'autres, au contraire, deviennent dépendants de la sensation même de la piqûre : ce sont les « needle-freaks ». L'effraction volontaire et la tentative de maîtriser son corps sont symbolisées par la pratique de la « tirette » (aspiration d'un peu de sang dans la seringue avant l'injection).

Cette pratique est surtout l'une des principales causes de maladies liées aux toxicomanies : scléroses veineuses, lymphangites, abcès aux points d'injection, septicémies, etc. (La « poussière », épisode fébrile avec frissons durant parfois quelques heures est due à une bactériémie ou au passage d'impuretés dans le sang.)

La clandestinité de l'usage de drogues a favorisé l'échange de seringues et donc la diffusion de maladies transmissibles entre toxicomanes : hépatites à virus B et surtout sida. Pour cette raison, les seringues ont été remises en vente libre en France, en 1987 : les premières études indiquent des résultats positifs, avec une modification significative des pratiques toxicomaniaques. M. V.

sieste

n.f. (angl. Nap)

Période de sommeil survenant en début d'après-midi.

Si les contraintes sociales ont amené une réduction sensible des possibilités de sieste, il apparaît que la période habituelle de la journée où la sieste est réalisée correspond à une baisse biologiquement déterminée du niveau de vigilance de l'organisme, indépendante de la prise ou non d'un repas (creux méridien). La durée moyenne de sieste est de 1h20 ; on n'y trouve qu'exceptionnellement du sommeil paradoxal. P. L.

→ creux méridien, sommeil.

signal

n.m. (angl. Signal)

GÉNÉR. **Variation de l'environnement qui se détache sur le bruit de fond.**

Dans ce sens, le mot « signal » est utilisé en opposition avec celui de « bruit ». Le bruit est, techniquement parlant, une suite de variations aléatoires, transmises le long d'un canal de communication. Il demeure à l'intérieur de certaines limites de valeurs et peut être décrit au moyen d'une distribution probabiliste. On dit parfois « bruit de fond ». Pour la psychologie, le bruit est constitué par l'ensemble des variations aléatoires de l'environnement qui sont saisissables par l'un des récepteurs sensoriels (ceux-ci étant considérés alors comme des canaux de communication avec l'univers extérieur).

Le signal s'en distingue comme une variation dont l'ampleur excède celles du bruit de fond, mais de façon probabiliste. Par exemple, une très forte variation excédera toutes les valeurs prises jusque-là par le bruit ; on pourra donc lui attribuer une très faible probabilité d'être du bruit et une très forte probabilité d'être un signal. Mais une variation moins forte pourra n'excéder que 95% ou 90% ou 80% des valeurs prises jusque-là par le bruit. Elle aura donc une probabilité d'autant plus faible d'être un signal. Si la variation est trop faible, elle sera confondue (aux deux sens de ce mot) avec le bruit.

Dans les théories de la détection du signal, ces valeurs sont idéalisées sous la forme d'une distribution probabiliste et d'un critère de décision. L'organisme « décide » — dans la plupart des cas de façon automatique et non consciente — que toute variation de l'environnement qui excède une certaine valeur du bruit est un signal. Il le fait à partir de la probabilité qui est associée à cette valeur.

Les théories du traitement de l'information qui intègrent la théorie de la détection du signal — ce qui est fréquent — considèrent que tout stimulus perçu et utilisé par l'organisme est détecté et identifié de cette façon, puis interprété à partir de là comme porteur d'une information. Les contextes dans lesquels les variations surviennent modulent ces décisions. J.-F. L. N.

ÉTHOL. **Stimulus ou configuration stimulante spécifique d'une espèce capable de déclencher un acte ou un comportement instinctif.**

Terme de l'éthologie classique qui désigne les configurations perceptives efficaces pour déclencher les réponses instinctives. Le signal peut être un leurre parfois grossier du stimulus naturel ; il peut aussi être plus efficace que celui-ci ; on le qualifie alors de supranormal. R. C.

→ bruit, déclencheur, leurre, perception, signal (détection du), stimulus.

signal (détection du)

(angl. Signal Detection)

Modèle psychophysique fondé sur une théorie de la décision.

Selon ce modèle, élaboré par des auteurs comme D. M. Green, J. A. Swets, Tanner, la sensibilité est déterminée seulement par le rapport existant entre l'intensité du signal et celle du bruit de fond dans lequel il apparaît. La réponse portant sur la détection de la présence ou de l'absence du signal dépendrait, elle, d'un critère de décision fondé sur un rapport de vraisemblance. La valeur de ce rapport serait déterminée par la fréquence d'apparition du signal et par la fonction de coût (la valeur) attachée aux différentes réponses.

À la présentation du bruit seul correspond une fonction hypothétique de répartition d'« états d'observation ». Cette distribution est gaussienne et normalisée de manière que sa moyenne soit 0 et son écart-type 1. À la présentation du signal correspond une autre distribution d'égale variance dont la moyenne diffère de la précédente d'une quantité d' qui estime la sensibilité. Cet indice d' est donc exprimé en unités d'écart réduit. À chaque essai, le sujet doit détecter si « oui » ou « non » le signal a été présenté. Le modèle présume que le critère de réponse du sujet est un certain état d'observation en deçà duquel le sujet répond toujours « non » (réponse équivalente à « bruit seul ») et au-delà duquel il répond toujours « oui » (réponse équivalente à « signal »). La position de ce critère (B) est indépendante de la valeur *d'*, mais est déterminée, par exemple, par l'importance relative que le sujet accorde aux omissions (répondre « non » alors que le signal est présent) et aux fausses alarmes (répondre « oui » alors que seul le bruit est présent). Toutefois, l'indépendance des deux indices n'est obtenue qu'en cas d'égalité des variances des distributions. C. B.

→ ROC (courbe).

BIBLIOGRAPHIE

Bonnet, C., 1986, *Manuel pratique de psychophysique*, Paris, Armand Colin.

Green, D. M., et Swets, J. A., 1966, *Signal Detection Theory and Psychophysics*, New York, Wiley.

signalisation

n.f. (angl. Signalling)

Liaison entre un stimulus signal et le stimulus qu'il annonce.

La conception de I. P. Pavlov est fondée sur l'idée que le stimulus conditionnel annonce le stimulus inconditionnel. Elle préfigure, d'une certaine façon, les conceptions cognitivistes. Elle se distingue de l'interprétation donnée ultérieurement du conditionnement par les auteurs béhavioristes et qui est formulée en termes de « substitution » (du stimulus conditionnel au stimulus inconditionnel dans son rôle de déclencheur de la réponse).

La notion de « signal » est à l'origine de la théorie des « systèmes de signalisation » développée ensuite par Pavlov : un tel système est un ensemble de liaisons conditionnelles, dont chacune comporte un signal (un stimulus conditionnel) et un stimulus biologiquement important (un stimulus inconditionnel).

Les systèmes de signalisation sont au nombre de deux. Le « premier système de signalisation » existe pour les Animaux et pour l'Homme. Il est construit sur la base des stimulus inconditionnels, c'est-à-dire de stimulus biologiquement utiles. Il permet aux Animaux et aux Hommes de se comporter de façon adaptée à leur environnement.

Le second système de signalisation est particulier à l'Homme : c'est le langage. Le mot est considéré par Pavlov comme un « signal de signal », un signal du second degré. Le second système de signalisation est donc construit sur la base des stimulus conditionnels antérieurement formés. L'ensemble des mots, de leurs liaisons et de leurs significations constitue, lui aussi, un système, qui permet à l'Homme de se comporter intelligemment dans son environnement. J.-F. L. N.

→ conditionnement, langage, signal.

signe

n.m. (angl. Sign)

Unité linguistique constituée par l'association d'une forme sonore ou graphique et d'un contenu conceptuel.

La classification sémiotique réserve ce terme à une entité de représentation munie des caractéristiques du signe linguistique. La relation de dénotation, qui unit le signe (par exemple un mot) et la réalité à laquelle il réfère, est immotivée et relève de la convention. Mais, le signe entrant dans un système où il s'oppose aux autres, la relation de signification unissant ses deux faces est nécessaire : signifiant (suite phonique) et signifié sont interdépendants et s'impliquent mutuellement. Ainsi, la délimitation du signifié de *donner* dépend des signes qui vont l'entourer dans la chaîne parlée et aussi de la présence, dans la langue, d'éléments comme *prêter* ou *prendre*. M.-L. L. R.

signifiant

n.m. (angl. Significant)

GÉNÉR. **Représentation interne du stimulus signe selon F. de Saussure.**

Dans la terminologie de Saussure, le signifiant est l'image du stimulus signe. Le signe, dans cette terminologie, est constitué par le couple signifiant + signifié. En psychologie, on réserve aujourd'hui plutôt le terme *image* pour désigner l'image mentale. Le signifiant est la représentation durable, stockée en mémoire à long terme, d'un stimulus signe en usage dans la langue telle qu'elle est connue par les locuteurs. C'est ce signifiant qu'on atteint d'abord dans une épreuve de décision lexicale : il est en général très fortement lié au signifié, mais il peut en être dissocié.

Dans la tâche de décision lexicale, on demande à un sujet de dire si une suite de lettres qu'on lui présente est ou non un mot de sa langue. Si on lui présente alors indépendamment trois suites telles que « lautin », « corbeau », « bossoir », il répondra normalement « non » pour la première et, supposons-le, « oui » pour les deux suivantes. On conclura alors qu'il n'a pas de signifiant pour la première suite ; pour la deuxième, on n'aura aucune peine à prouver qu'il dispose d'un signifiant et du signifié correspondant. Mais, supposons que la troisième suite suscite de sa part le commentaire suivant : « je connais ce mot, je suis sûr que c'est un mot de la langue française, mais je suis incapable de dire quelle est sa signification ». On dira alors que le sujet possède le signifiant et non le signifié correspondant à la suite de lettres en question.

L'utilisation de « signifiant » pour désigner le stimulus lui-même, tel qu'il existe objectivement à l'extérieur de l'individu, est source de confusion. J.-F. L. N.

PSYCHAN. **Élément du discours, repérable au niveau conscient et inconscient, qui représente le sujet et le détermine.**

Depuis S. Freud, il est visible que la psychanalyse est une expérience de parole, commandant un réexamen du champ du langage et de ses éléments constitutifs, les signifiants.

La cure des premières hystériques, conduite par J. Breuer ou S. Freud, fait déjà ressortir ce trait sans doute plus important même que la « prise de conscience » : la verbalisation. C'est de pouvoir dire ce qu'elle n'a jamais pu énoncer que l'hystérique guérit. C'est l'une d'entre elles, Anna O, qui a nommé le traitement « Talking Cure », cure par la parole. Cela est d'ailleurs éclairant pour l'étiologie de la névrose elle-même : ce qui est pathogène, dans l'hystérie, ce n'est pas le traumatisme (avoir vu, par exemple, un chien boire dans un verre, ce qui aurait suscité un dégoût intense), c'est de ne pas avoir pu verbaliser ce dégoût. Le symptôme vient à la place de cette verbalisation et disparaît lorsque le sujet a pu dire ce qui l'affectait.

L'évolution ultérieure de la psychanalyse accentue encore ce rôle de la parole et nécessite une attention plus précise au langage.

Dès lors que la méthode psychanalytique, en effet, prend en compte l'actualisation des conflits latents, plus encore que la remémoration directe de souvenirs pathogènes, elle conduit à s'intéresser particulièrement aux formations de l'inconscient*, où ces conflits se trouvent représentés. Or, ceux-ci sont réglés par des enchaînements langagiers rigoureux. C'est le cas du lapsus, de l'oubli et, en général, de l'acte manqué, qui peut dire un désir de façon allusive, métaphorique ou métonymique. C'est le cas, bien plus encore, du mot d'esprit, qui arrive à faire entendre ce qui est prohibé en déjouant la censure. C'est enfin le cas du rêve, dont le récit se lit comme un texte complexe, sollicitant une attention très précise aux termes mêmes dont il se compose.

Il devait revenir à Lacan de systématiser toute cette problématique en la recentrant sur le concept de signifiant.

Le terme de signifiant est emprunté à la linguistique. Chez Saussure, le signe linguistique est une entité psychique à deux faces : le signifié, ou concept, par exemple pour le mot arbre, l'idée d'arbre, et non le référent, l'arbre réel ; et le signifiant, réalité psychique également puisqu'il s'agit non du son matériel que l'on produit en prononçant le mot arbre, mais de l'image acoustique de ce son, que l'on peut avoir dans la tête par exemple lorsqu'on se récite une poésie sans la dire à voix haute.

L'AUTONOMIE DU SIGNIFIANT

Lacan reprend, en le transformant, le concept saussurien du signifiant.

Ce que la psychanalyse accentue, d'abord, c'est l'autonomie du signifiant. Comme dans la linguistique, le signifiant, au sens psychanalytique, est détaché du référent mais également définissable hors de toute articulation, au moins dans un premier temps, au signifié. Le jeu sur les phonèmes, qui a une valeur tout à fait essentielle chez les enfants, montre l'importance qu'a le langage pour l'être humain, en deçà de toute intention de signifier. La psychose, de son côté, donne une autre occasion de saisir d'une façon directe ce qu'il peut en être d'un signifiant sans signification, d'un signifiant asémantique. La phrase que le psychotique entend, dans son hallucination, le vise, le concerne, s'impose à lui. Mais, faute de pouvoir être reliée à une autre, elle n'a pas, en fait, de véritable signification.

Cependant, au-delà de ces références particulières à l'enfance ou à la psychose, c'est pour tout sujet que la distinction entre signifiant et signifié doit être accentuée.

Ce que l'algorithme lacanien

$$\frac{S}{s}\left(\frac{\text{Signifiant}}{\text{signifié}}\right)$$

permet d'écrire, c'est l'existence d'une barre frappant le sujet humain du fait de l'existence du langage et qui fait que, parlant, il ne sait pas ce qu'il dit. Ainsi l'Homme aux loups, chez Freud, est-il brusquement pris de l'impulsion de maigrir. Mais cette impulsion reste incompréhensible tant que n'a pas été relevé que gros, dans la langue qu'il parle alors, l'allemand, se dit « dick », et que Dick est aussi le nom d'un rival dont il voudrait se défaire. Maigrir, c'est tuer Dick, le rival. On voit la portée de ce type de remarque. À la limite, la possibilité même de l'inconscient est conditionnée par le fait qu'un signifiant peut insister dans le discours d'un sujet, sans pour autant être associé à la signification qui pourrait importer pour lui. « Le langage est la condition de l'inconscient. »

Le symptôme, de même, qui dit quelque chose d'une manière indirecte, inaudible, peut être considéré comme le signifiant d'un signifié inaccessible pour le sujet.

La chaîne signifiante

Si le signifiant est conçu comme autonome par rapport à la signification, il peut prendre dès lors une tout autre fonction que celle de signifier : celle de représenter le sujet et aussi de le déterminer.

Prenons un exemple simple. Un homosexuel confesse volontiers son goût pour les jeunes hommes d'un certain style, d'un certain âge, ceux que désigne au mieux pour lui l'expression « les p'tits soldats ». Or, l'analyse ramènera un souvenir d'entente très grande avec sa mère, souvenir cristallisé autour du rappel de ces après-midi d'été, où, à la suite de longues promenades, elle l'emmenait au café et commandait : « ah, pour lui, un p'tit soda ». Un tel souvenir n'implique pas, évidemment, que, selon la psychanalyse, tout s'éclaire, dans une vie, par le rappel de quelques mots entendus dans l'enfance. Mais il contribue à caractériser la fonction du signifiant pour le sujet humain. La façon dont cet homme nomme l'objet de son désir, et donc en détermine les traits, ne fait que le renvoyer à un signifiant entendu dans l'enfance et qui insiste d'autant plus qu'il n'a pas été reconnu comme tel. Selon la formule de Lacan, « un signifiant, c'est ce qui représente le sujet pour un autre signifiant ». Il faut noter également ici que ce qui compte dans « soldat », ce n'est pas sa signification, en rapport par exemple avec la vie militaire, mais sa signifiance, c'est-à-dire ce qui est directement produit par l'image acoustique du mot lui-même.

On aura, par ailleurs, déjà relevé, à travers l'exemple relatif à Dick, la place du jeu de mot dans la fonction du signifiant. Cette place est permise par le fait que ce qui représente, c'est non le mot, mais précisément le signifiant, c'est-à-dire une séquence acoustique qui peut prendre des sens différents. L'œuvre de Freud fournit, à profusion, les exemples les plus divers. Ainsi en est-il de cette hystérique, traitée dans les premiers temps de la psychanalyse, et qui souffrait d'une douleur en vrille au front, douleur qui disparut le jour où elle put rappeler le souvenir de sa grand-mère, fort méfiante, qui la regardait d'un regard « perçant ». Ici, les choses resteraient incompréhensibles hors de la référence au double sens du mot « perçant », sens « littéral » et sens « figuré ».

Il est facile, par ailleurs, de concevoir que ces signifiants, qui s'associent et se répètent hors de tout contrôle du moi, qui s'ordonnent selon des chaînes rigoureusement déterminées, comme la grammaire détermine l'ordre de la phrase, se révèlent, en même temps, tout à fait contraignants pour le sujet humain. Ici, la question du signifiant renvoie à celle de la répétition : retour réglé d'expressions, de séquences phonétiques, de simples lettres qui scandent la vie du sujet, quitte à changer de sens à chacune de leurs occurrences, qui insistent donc en dehors de toute signification définie.

Un des exemples les plus connus reste encore, sur ce point, celui de l'Homme aux loups. Freud, puis nombre d'analystes, qui reprirent le récit de sa cure, ont souligné l'insistance d'un même symbole, représentant une lettre (V majuscule), ou un chiffre (cinq romain). Sous cette dernière forme, il renvoie à des accès de dépression ou de fièvre qu'il avait dans son enfance à la cinquième heure de l'après-midi, mais aussi à l'heure d'une scène primitive (il aurait vu ses parents faire l'amour à un moment où l'aiguille de l'horloge aurait indiqué le V). Sous forme de lettre (V ou W), il revient régulièrement dans l'initiale de noms propres de personnages divers avec lesquels il fut régulièrement en conflit ; ou, encore, il symbolise la castration, dans un rêve où on arrache ses ailes à une guêpe (Wespe, mais il dit espe, ou encore S.P., ses initiales). Sous forme graphique, enfin, le V figure, renversé, les oreilles dressées des loups qui désignent pour toujours, à la postérité, ce célèbre patient de Freud.

Portée et limites des références à la linguistique

Le terme de signifiant se trouve donc essentiel à l'élaboration psychanalytique. On peut, dès lors, se demander quels traits il y conserve de son origine linguistique.

Les références, explicites ou implicites, restent nombreuses chez Lacan. Elles concernent surtout la dimension structurale de langage, introduite par Saussure ; mais elles vont sans doute bien au-delà : il convient en particulier de noter, à l'époque où la linguistique pragmatique a pris une place non négligeable dans les sciences humaines, que la conception lacanienne du signifiant prend en compte, dès le départ, la dimension d'acte qu'il y a dans le langage. Le signifiant n'a pas seulement un effet de sens. Il commande ou il pacifie, il endort ou il réveille.

Le plus important reste peut-être, plus que la référence à la linguistique, celle que nous pouvons faire à la poétique. Comme le poète, l'analyste est attentif aux connotations multiples du signifiant, qui ouvrent la possibilité même de l'interprétation*.

D'ailleurs, au bout du compte, le signifiant est-il encore assimilable à l'image acoustique ? Ce n'est pas en tout cas chez Lacan sa définition. Certes, en tant qu'on l'oppose à la signification, le signifiant est le plus souvent identifié à une séquence phonématique. Mais il peut aussi, parfois, en être tout autrement. Ainsi Lacan fait-il apparaître comme signifiant, dans la première scène d'*Athalie*, « la crainte de Dieu ». Cette expression n'est pas à prendre au niveau de la signification, au moins apparente, puisque « ce qui s'appelle la crainte de Dieu [...] est le contraire d'une crainte ». Mais si elle est désignée comme signifiant, c'est avant tout parce que, plus que d'autres termes, elle a un *effet* sur la signification et sur un des personnages de la pièce, Abner, qu'elle commande et entraîne. Ce dernier exemple marque bien comment c'est à partir de leur effet de sens, et surtout du rôle qu'ils jouent dans une économie subjective, que des éléments du discours peuvent avoir valeur de signifiants.

R. C.

→ communication, discours, langage, signifié.

1. signification

n.f. (angl. Meaning)

Génér. **Représentation sémantique produite par un mot, une phrase ou un texte.**

En psychologie cognitive, le concept de « signification » est parfois utilisé de façon plus restreinte et, de ce fait, moins ambiguë. On parlera, par exemple, de signification d'un mot pour désigner ce qui se trouve associé à une représentation morphologique du mot dans la mémoire lexicale à long terme des individus. Dans cette utilisation, « signification » de mot est un équivalent du « signifié » de F. de Saussure.

La « signification » d'une phrase ou, au-delà, d'un paragraphe, d'un texte, etc., pose des problèmes plus complexes. Il ne fait aucun doute qu'il s'agit d'une construction. En psychologie cognitive, on utilise assez souvent l'expression « représentation sémantique », considérée comme un équivalent du mot « signification », pour désigner la représentation transitoire construite par un sujet « compreneur » à l'issue de son activité de compréhension d'une phrase ou d'un texte. Cette représentation est supposée se trouver en mémoire de travail. Certains auteurs emploient également « interprétation » comme un équivalent ou un substitut de « signification ».

Dans l'un ou l'autre cas, il est admis que cette représentation sémantique (ou signification ou interprétation) a un caractère individuel, et ne se superpose pas de façon identique à celle d'autres compreneurs. Certains auteurs appellent « sens » ce qui est commun aux diverses représentations sémantiques d'un vaste ensemble de sujets. Déterminer la nature et la structure des significations ainsi définies est un des objectifs de la psychologie cognitive du langage et des recherches sur la compréhension.

J.-F. L. N.

BIBLIOGRAPHIE

Fodor, J.A., 1987, *Psychosemantics: the Problem of Meaning in the Philosophy of Mind*, Cambridge, Mass., Londres, M.I.T. Press.

Nelson, K., 1985, *Making Sense: the Acquisition of Shared Meaning*, Orlando, San Diego, New York, Academic Press.

Pylyshyn, Z. W., et Demopoulos, W., 1986, *Meaning and Cognitive Structure: Issues in the Computational Theory of Mind*, Norwood, New Jersey, Ablex.

2. signification

n.f. (angl. Significance)

GÉNÉR. et ÉTHOL. **Importance biologique, valence, valeur biologique.**

Le mot anglais *significance*, employé dans des domaines sans rapport avec le langage, est parfois traduit en français par « signification ». Ainsi pourra-t-on lire que, pour un chien, un morceau de viande *a une signification* (angl. has a significance), ce qui n'est pas le cas pour l'audition d'un son pur.

J.-F. L. N.

signification (seuil ou niveau de)

(angl. Level of Significance)

Dans l'épreuve statistique d'une hypothèse nulle, probabilité de rejeter cette hypothèse alors qu'elle est vraie. M. R.

→ inférence.

signification (test ou épreuve de)

(angl. Test of Significance, Statistical Test)

STAT. **Procédure permettant d'attribuer une valeur à un paramètre.**

Lorsqu'on a obtenu sur un échantillon une estimation d'un paramètre de la population (par exemple : un coefficient de corrélation r), on peut se demander s'il est possible de décider, en prenant un risque déterminé, que ce paramètre est égal à une valeur donnée (par exemple : $r = 0{,}00$). Lorsqu'on a obtenu sur un échantillon deux estimations (par exemple deux moyennes), on peut se demander s'il est possible de décider, en prenant un risque déterminé, que ces deux estimations sont des estimations du même paramètre. On dit que ces « hypothèses nulles » portent sur la signification d'une corrélation, sur la signification de la différence entre deux moyennes, etc. L'épreuve ou test de signification est une procédure permettant de répondre à ce type de questions. (Pour un exemple, → *t* de Student-Fisher.)

L'hypothèse psychologique que l'on éprouve par l'épreuve de signification d'une différence peut ne pas entraîner de prévision sur le signe que prendra cette différence si elle n'est pas nulle. Dans ce cas, on parle d'*épreuve de signification bilatérale* (angl. Two-Sided Test ou Two-Tailed Test). Si l'hypothèse du psychologue le conduit à attendre une différence positive ou une différence négative, l'épreuve de signification sera différente. On parlera d'*épreuve de signification unilatérale* (angl. One-Sided Test ou One-Tailed Test).

Les épreuves de signification non paramétriques sont des épreuves qui restent valables quelle que soit la forme de la distribution des variables (angl. Distribution Free) et, en particulier, qui ne supposent pas que cette distribution est normale. M. R.

→ hypothèse nulle.

signification biologique

(angl. Biological Significance)

ÉTHOL. **Rôle attribué à une structure ou à une fonction d'un organisme vivant, dans l'adaptation au milieu de vie.**

La signification biologique des activités comportementales n'est pas toujours aisée à décrypter. En témoignent notamment les activités dites « collatérales », ainsi que les effets de ritualisation d'activités dites « banales », dans le contexte de la communication gestuelle chez les animaux. J. M.

→ comportement, ritualisation.

signifié

n.m. (angl. Signified, Signifié)

Signification attachée à une unité du langage, par exemple un mot.

Dans la terminologie de F. de Saussure, le signifié est associé au signifiant et le signe est constitué par le couple signifiant + signifié.

En raison des confusions, souvent causées par ces termes morphologiquement très similaires, on préfère souvent parler de la signification d'un mot, plutôt que de son signifié. J.-F. L. N.

→ signe, signifiant, signification 1.

similarité

n.f. (angl. Similarity)

GÉNÉR. 1. **Dans la terminologie gestaltiste, ressemblance des caractéristiques structurales de deux stimulations ou de deux éléments.** (Syn. similitude.)

C'est une des bases des groupements perçus de ces éléments.

GÉNÉR. 2. **Qualité des jugements sollicités des sujets sur la base de la plus ou moins grande ressemblance des stimulus.**

Elle est généralement interprétée en termes de distance et permet la construction d'une métrique. Les jugements de similarité sont souvent employés comme base d'une analyse multidimensionnelle afin de dégager les dimensions de stimulus complexes intervenant dans leur traitement perceptif. C. B.

simplex

n.m. (angl. Simplex)

STAT. **Modèle proposé par L. Guttman pour rendre compte des corrélations entre des variables de même nature mais de complexité croissante.**

On peut prendre pour exemple des épreuves portant sur des additions, des soustractions, des multiplications, des divisions. La corrélation entre deux variables est d'autant plus élevée que ces variables sont plus voisines quant à leur degré de complexité. M. R.

simulation

n.f. (angl. Feigning)

Allégation de troubles inexistants à la recherche le plus souvent de bénéfices secondaires.

La simulation doit être distinguée de l'hystérie, affection réalisant de façon inconsciente des symptômes sans substratum lésionnel. J. M. Charcot considérait, lui, que l'hystérique était une simulatrice. J. Babinksi, un peu plus tard, créa le concept de pithiatisme pour présenter l'hystérie comme une affection guérissable par la suggestion. La simulation a longtemps été préférentiellement pénitentiaire : automutilation volontaire, ingestion de corps étrangers, dans un but utilitaire. L'apparition de la législation sur les accidents du travail, puis la guerre de 1914-1918 allaient étendre progressivement les situations de recherche de volontaires de bénéfices : arrêts de travail, perception de pension, de dommages-intérêts, évitement d'aller au front, au service militaire, etc. Dans certains cas, les lésions sont bien réelles, mais elles sont présentées comme une maladie, alors qu'elles ont été provoquées volontairement; on parle alors de pathomimie. Mais, ici, la recherche de bénéfice est moins nette et il peut s'agir d'actes compulsifs, que le sujet ne peut refréner.

La simulation peut encore prendre la forme d'une dissimulation : il s'agira par

exemple de faire semblant d'ignorer des troubles antérieurs à un accident dans le but de percevoir une indemnisation de la part d'un organisme (compagnie d'assurance, sécurité sociale, tribunal). La simulation peut affecter des symptômes existant authentiquement, et qu'utilise le sujet à des fins de bénéfices secondaires : on parle alors de sursimulation. Il est cependant difficile de faire la part entre processus conscients et processus inconscients, tant ceux-ci sont intriqués. Quoi qu'il en soit, on ne simule jamais bien que ce que l'on est (C. Lasègue).
M. G.

sinistrose

n.f. (angl. Sinistrosis)

Délire de revendication concernant un préjudice subi, survenant sur une structure mentale de type paranoïaque.

C'est E. Brissaud qui, le premier, a décrit cette affection en 1908. Pour lui, il s'agissait de la survenue, chez des blessés guéris, de la croyance, de bonne foi, à avoir droit à une indemnisation pour leur préjudice passé. Il s'agissait, pour cet auteur, d'un délire raisonnant bâti à partir d'une idée fausse non délirante. Si la sinistrose vraie reste rare, il est par contre fréquent d'observer au cours des névroses post-traumatiques l'existence d'attitudes sinistrosiques. M. G.

sismothérapie

n.f. (angl. Sismotherapy)

Thérapeutique de certains troubles mentaux fondée sur l'emploi de l'électrochoc. J. P.

→ convulsivothérapie, électrochoc.

sitiomanie

n.f. (angl. Sitiomania)

PSYCHIATR. **Besoin impérieux de nature toxicomaniaque d'ingérer des aliments.**

Ce symptôme relève de la dépression d'origine névrotique ou psychotique. J. P.

→ boulimie.

sitiophobie

n.f. (angl. Sitiophobia)

Refus délirant de se nourrir, total ou limité à un certain nombre d'aliments et qu'on rencontre dans la psychose maniaco-dépressive ou dans les psychoses délirantes chroniques. R. L.

situation

n.f. (angl. Situation)

Portion de l'environnement d'un individu, considérée pendant une fraction de temps plus ou moins longue.

Il existe plusieurs façons de caractériser une situation. Dans une perspective expérimentale, la situation est souvent définie par opposition au stimulus ou aux stimulus. C'est alors ce qui entoure le stimulus, lui sert en quelque sorte de fond, et se distingue de lui en ce que la situation demeure en principe constante tandis que le stimulus varie. La situation est dans ce cas considérée comme contexte* du stimulus.

Mais on peut tout aussi bien considérer que la situation est elle-même constituée par un ensemble de stimulus (ou de stimulations), et que le stimulus expérimental, tel que l'a choisi l'expérimentateur, n'est que l'un d'entre eux.

Au cours des recherches concernant l'apprentissage animal, on a pu montrer, dans plus d'un cas, que le stimulus qui avait été fixé par l'expérimentateur n'était pas le principal ou le seul stimulus *pertinent pour* l'animal ; parfois, en effet, d'autres stimulus avaient également pris un rôle actif, par exemple en devenant subrepticement conditionnels. Ces résultats ont conduit à améliorer les plans d'expérience et à toujours examiner de façon critique et analytique les éléments de la situation, et leurs rapports avec le stimulus désigné par l'expérimentateur comme expérimental.

En dehors du laboratoire, l'environnement quotidien d'un individu peut aussi être analysé et découpé en une suite de situations. Certaines d'entre elles ont un caractère répétitif et stéréotypé : elles peuvent engendrer des représentations en mémoire, qui servent de cadre aux traitements cognitifs futurs. Une notion comme celle de « script » fournit une description systématique de ces situations stéréotypées. J.-F. L. N.

→ contexte, environnement, script, stimulus.

situations sociales (analyse multiréférentielle des)

→ multiréférentielle des situations sociales (analyse).

Skinner (Burrhus Frederic)

Psychologue américain (Susquehanna, Pennsylvanie, 1904-Cambridge, Massachusetts, 1990).

Il se consacre à la recherche et à l'enseignement : université du Minnesota (1937-1945), d'Indiana (1945-1948), Harvard (1948-1957). Il analyse, d'abord chez le Rat et le Pigeon, puis chez l'Homme, une classe particulière d'apprentissages, qu'il appelle conditionnement opérant. La situation la plus connue est la fameuse « boîte de Skinner », dans laquelle, dans le cas le plus simple, un rat reçoit une boulette de nourriture s'il appuie sur le levier qui s'y trouve. À partir de là, Skinner développe, au sein de l'école béhavioriste, mais de façon autonome, un courant qui se dénomme celui de l'analyse expérimentale du comportement, et dont la base philosophique est un béhaviorisme radical. L'idée principale en est que tout le comportement des individus s'explique par les régularités dans les renforcements (« contingences de renforcement ») auxquels ces individus ont été soumis de la part de leur environnement au cours de leur existence. Cette conception a suscité des adhésions ou des hostilités beaucoup plus fortes que beaucoup d'autres théories, surtout à cause de ses implications philosophiques, morales ou politiques. Les principaux ouvrages de Skinner sont : *The Behavior of Organisms* (1938), *Science and Human Behavior* (1953), *Verbal Behavior* (1957), *Cumulative Record* (1959), *Contingencies of Reinforcement : a Theoretical Analysis* (1969), *Beyond Freedom and Dignity* (1971), *About Behaviorism* (1974).
R. L.

Skinner (boîte de)

(angl. Skinner Box)

→ boîte de Skinner.

skinnerien (conditionnement)

(angl. Skinnerian Conditioning)

Synonyme de conditionnement opérant. P. L.

→ conditionnement, opérant (conditionnement).

S.M.P.R. (Service médico-psychologique régional)

Service de psychiatrie sectorisé en milieu pénitentiaire.

En 1967, les centres médico-psychologiques régionaux ont remplacé les annexes psychiatriques instituées avant et après la Seconde Guerre mondiale. Depuis 1986, le terme « service » remplace le terme « centre », d'où l'appellation actuelle de S.M.P.R. Les services médico-psychologiques régionaux sont créés en milieu pénitentiaire lorsqu'ils répondent aux besoins de santé mentale de la population incarcérée dans les établissements relevant d'une région pénitentiaire.

Au nombre de quatorze en 1987, ces services sont actuellement considérés comme des secteurs de psychiatrie (aire géographique délimitée et desservie par un service de psychiatrie). À ce titre, ils sont rattachés au centre hospitalier spécialisé de leur département. Ils assurent le dépistage, la prophylaxie et le traitement des maladies mentales. Leur personnel est le même que celui d'un service hospitalier de psychiatrie : psychiatres, psychologues, infirmiers (ères), assistante sociale. Les possibilités thérapeutiques sont les mêmes, à l'exception de celles qui nécessitent la sortie à l'extérieur de l'établissement pénitentiaire. Les détenus présentant des troubles mentaux graves ne peuvent pas être soignés par ces services. Ils doivent être hospitalisés d'office dans un établissement régi par la loi du 27 juin 1990. Le transfert ne peut s'effectuer qu'après proposition du médecin, accord du directeur et arrêté préfectoral de placement d'office. Le cas échéant, le patient peut être hospitalisé dans une « unité pour malades difficiles ».

Les services médico-psychologiques régionaux assurent la postcure des patients quand ceux-ci font l'objet d'une libération. Ce sont les centres hospitaliers spécialisés (ex-hôpitaux psychiatriques) qui mettent des locaux à leur disposition pour que ces soins puissent y être dispensés. En 1989, on dénombrait 16 S.M.P.R. sur l'ensemble du territoire français. M. G.

sniff

n.m.

Action de priser une substance en poudre ou d'inhaler un produit volatil.

La prise nasale est l'une des manières d'utiliser la « poudre », qu'il s'agisse d'héroïne ou de cocaïne. Cette pratique a l'avantage d'éviter les risques de contamination du shoot. L'inhalation est surtout celle de solvants ou de colles (angl. Glue Sniffing). Elle est aussi une manière d'absorber la *cocaïne base* (angl. Free-Basing). M. V.

sociabilité

n.f. (angl. Sociability)

1. SOCIAL. **Ensemble des relations d'une personne à un groupe.**

2. SOCIAL. et DÉVELOP. **Adaptation d'une personne à un groupe; intégration par l'enfant et par l'adolescent des conduites sociales.**

DÉVELOP. *Sociabilité chez l'enfant* (angl. Sociability in Children). Différents facteurs interviennent pour déterminer, chez un enfant donné, la fréquence des contacts avec ses semblables, leur caractère harmonieux et le plaisir qu'ils procurent. Chez le très jeune enfant, la qualité de l'attachement à la mère joue un rôle important dans les contacts avec les étrangers. Tous les non-familiers ne sont pas équivalents, et le contact avec des pairs d'âge est toujours plus facile qu'avec des adultes. À certaines périodes du développement, à l'entrée à l'école maternelle et surtout à l'adolescence, la sociabilité est un facteur très important de l'adaptation. La sociabilité d'un enfant est à la fois valorisée et contrôlée par les parents, source et manifestation de bien des conflits. M.-G. P.

→ socialisation 1 et 2.

social, e, aux

adj. (angl. Social)

Qui a trait à la société humaine ou animale.

C'est ainsi qu'on parle de lien social, d'espèce sociale, de régulation sociale, etc. J. G.

→ société, sociobiologie, socioécologie.

sociale (psychologie)

(angl. Social Psychology)

Branche de la psychologie qui s'intéresse aux transformations des comportements, des caractéristiques psychiques que subit l'individu en société.

Parmi ses méthodes, on distingue les méthodes non expérimentales (entretiens non-directifs ou semi-directifs, questionnaires, observations, sociométrie, par exemple) et les méthodes expérimentales. La notion d'expérience en psychologie sociale se réfère à un certain type d'études dans lesquelles le chercheur, travaillant sur groupe expérimental, introduit de façon délibérée certains changements (variable indépendante) dans un processus qu'il mesure ou observe pour en évaluer les effets (variable dépendante). On appelle ces changements « traitements ». Le chercheur compare ensuite ces effets à ceux survenus dans un groupe témoin qui n'a pas subi de traitement. Par exemple, dans une expérience (H. Tajfel, 1972) destinée à mettre en évidence l'aspect inductif de la catégorisation sociale, on projetait aux sujets l'image floue d'un objet familier (stimulus). L'image était ensuite progressivement mise au point. L'expérience montre que si l'objet est identifié incorrectement au début de l'expérience, alors que l'image est floue, il ne pourra plus être correctement identifié par la suite, même lorsque l'image nette ne devrait conduire à aucune erreur. La recherche expérimentale de ce type ne vise pas l'étude de situations spécifiques, mais leur utilisation dans la recherche des mécanismes, c'est-à-dire des processus psychologiques et cognitifs mis en œuvre dans la situation donnée.

Sur le plan méthodologique et épistémologique, on distingue cette expérimentation, qui se déroule en laboratoire, de celle qui se déroule en milieu social naturel, celle-ci devant permettre d'atteindre des fonctionnements sociaux plus réels, des comportements plus naturels, plus libres, etc. Cependant, l'expérimentation en laboratoire et l'expérimentation en milieu naturel, telles qu'elles sont généralement pratiquées, ne sont pas à ce point disjointes (J. P. Deconchy, 1979). D'une part, une expérience conduite en laboratoire peut dépasser le cadre du laboratoire et se transformer en expérience conduite en terrain naturel, ou n'être interprétable que si l'on analyse la situation de laboratoire en termes « naturalistes », c'est-à-dire en se référant à des faits sociaux, culturels et historiques (par exemple le respect de quelqu'un habillé d'une blouse blanche et dont on dit au sujet expérimental qu'il est un « expert »). D'autre part, il ne suffit pas de travailler en milieu social naturel pour faire autre chose qu'une psychologie sociale de laboratoire. Car, souvent, on miniaturise des situations sociales naturelles à tel point que les systèmes d'interaction sont si minimaux qu'ils sont presque entièrement insularisés par rapport à la situation sociale globale.

La ligne de partage ne se situe pas, en réalité, entre expérience en laboratoire et expérience en milieu social naturel, mais passe au cœur même de ce qu'il est convenu d'appeler l'expérimentation en milieu social naturel. Certains fonctionnements sociaux naturels peuvent être atteints sous une forme miniaturisée en laboratoire, mais il en est d'autres qui en seraient intrinsèquement dénaturés. Il sera alors nécessaire d'expérimenter sur des systèmes sociaux complets et intacts, avec des interventions à enjeux réels, mais qui passent inaperçus des sujets (G. Lemaine, 1975), ou bien d'étudier des situations qui permettent à l'expérimentateur et à son expérience de s'intégrer dans le champ social, voire dans l'histoire même du groupe étudié. R. L.

BIBLIOGRAPHIE

Beauvois, J.-L., Bromberg, M., Deschamps, J.-C., Doise, W., et Ghiglione, R., 1990, *Traité de psychologie cognitive, t. III, Cognition, représentation, communication*, Paris, Dunod.

Moscovici, S. (Ed., 1984) (nouv. éd., 1988), *Psychologie sociale*, Paris, P.U.F.

Tajfel, H., et Fraser, C., 1978, *Introducing Social Psychology*, Harmondsworth, Penguin.

sociale (histoire de la psychologie)

(angl. Social Psychology [History of])

La psychologie sociale possède un long passé mais une histoire courte. Son long passé représente une partie de toute la tradition intellectuelle occidentale qui remonte au moins à Aristote (384-322 av. J.-C.). Selon Aristote, l'homme était un animal à la fois rationnel et social. Que la rationalité soit enracinée dans la socialité humaine est un thème d'intérêt constant pour le psychologue social contemporain. C'est dans la psychologie sociale du philosophe américain G. H. Mead (1863-1931) et dans la psychologie du développement du psychologue soviétique S. Vygotski (1896-1934) que cette conception a eu le plus d'impact. Un autre thème qui a eu des conséquences sur la psychologie sociale moderne concerne l'individu dans sa relation à la société. Ce thème a joué un rôle positif dans la prise de conscience, à la fois intellectuelle et sociale, de la rupture avec la société féodale et de l'avènement de la révolution industrielle.

La courte histoire de la psychologie sociale en tant qu'histoire des institutions universitaires est surtout un phénomène postérieur à la Seconde Guerre mondiale, qui concerne l'établissement de départements universitaires de psychologie sociale, la publication de manuels et de revues de recherche, l'élaboration de programmes d'études doctorales dans cette matière, etc.

Relations entre présent et passé

Conceptions de Mead et Kuhn

Selon Mead, le passé est toujours reconstruit à partir du présent. La philosophie de l'histoire de Mead s'accordait tout à fait à la théorie de l'évolution de Darwin. La façon dont T. S. Kuhn perçoit la structure des révolutions scientifiques est différente. Il a utilisé le terme de *paradigme* pour rendre compte des croyances collectives d'une communauté scientifique à un moment donné du temps. Il s'est intéressé particulièrement à ce qui se passe quand se produit une rupture dans le paradigme. Il a souligné la discontinuité entre présent et passé qui découlait d'une telle rupture. Il pensait que la coupure avec le passé était due aux auteurs de la génération suivante de recueils de textes. Mead s'intéressait surtout à ce qui arrive dans la nature; Kuhn visait ce qui arrive dans les communautés de chercheurs en sciences humaines.

Les auteurs de manuels américains

Le contraste qui est souligné dans la série de manuels de psychologie sociale édités par G. Lindzey et par Lindzey et E. Aronson (1954; 1968-69; 1985), apparaît entre un long passé de la psychologie sociale en tant que tradition intellectuelle occidentale, principalement européenne d'une part, et sa courte histoire comme science expérimentale, surtout américaine d'autre part. Le psychologue américain Gordon Allport (1896-1967) écrivit un chapitre sur « l'Arrière-plan historique de la psychologie sociale contemporaine » pour le *Manuel* (*Handbook of Social Psychology*) de 1954, édité par Lindzey. Allport y écrit: « Tandis que les racines de la psychologie sociale se trouvent dans le sol intellectuel de la tradition occidentale dans son entier, on admet que son présent fleurit surtout en Amérique. » Le chapitre de Allport est réimprimé, pratiquement inchangé, dans les deux éditions suivantes du *Manuel*. C'est comme si les éditeurs avaient pensé qu'il n'était pas nécessaire de changer leur perception du long passé de la psychologie sociale.

Cette attitude s'oppose au point de vue de Mead, qui souligne la nature de la relation entre présent et passé, et la nécessité de revoir le passé à la lumière du présent.

Dans l'édition la plus récente du *Manuel*, E. E. Jones (1985) fait un compte rendu des développements les plus importants qui ont été opérés en psychologie sociale dans le cours des cinq dernières décennies. Il fait état de l'orientation actuelle de cette science en tant qu'expérimentale et essentiellement américaine. Ce compte rendu est une approbation — voire une glorification — du statu quo dans la psychologie sociale expérimentale américaine.

Allport a été accusé d'avoir créé un mythe originel faux pour la psychologie sociale parce qu'il citait Auguste Comte comme son fondateur. Cependant, Comte fut le fondateur du positivisme. Pourquoi Allport aurait-il choisi le fondateur d'une philosophie particulière des sciences comme précurseur de la psychologie sociale? C'était peut-être sa façon d'entériner les travaux de son frère F. H. Allport qui, quelque trente ans plus tôt, dans sa *Social Psychology* (*Psychologie sociale,* 1924) avait pensé la discipline uniquement en tant que béhavioriste et expérimentale. Le chapitre de Jones dans l'édition la plus récente du *Manuel* est également positiviste dans son éthique. Il s'agit d'un compte rendu des travaux des psychologues sociaux expérimentaux américains de ces cinquante dernières années. Allport, dans son ouvrage, rallie ses troupes et les mène en vue de la terre promise: la psychologie sociale moderne. Jones donne un état de leurs travaux lorsqu'ils abordèrent cette terre. Le positivisme sert de lien commun.

Allport, en écrivant dans le cadre d'une histoire des idées, néglige les contextes institutionnels à l'intérieur desquels la psychologie sociale fut nourrie. Il n'arrive pas à expliquer pourquoi il existe des traditions de psychologie sociale dans les sciences sociales qui sont autres que la psychologie, pour ne citer que le béhaviorisme social de Mead, l'interactionnisme symbolique de H. Blumer, la psychologie sociale de G. Simmel (1858-1918), etc. Le chapitre de Allport a été écrit délibérément comme un prélude à la psychologie sociale moderne. Le reste du *Manuel* de 1954 était probablement de la psychologie sociale moderne. Jones ne relève pas les apports cruciaux des Européens à la psychologie sociale américaine, et ne mentionne pas Ichheiser (1897-1969), ni E. Goffman (1922-1982), ni la tradition française des recherches sur les représentations sociales.

Les origines de la psychologie en tant que science sociale expérimentale

L'apport de Wundt

Déjà, en 1862, le physiologiste et professeur de philosophie allemand, W. Wundt* (1832-1920), se proposait de créer trois choses dans sa vie: une psychologie expérimentale; une métaphysique scientifique; la psychologie sociale. Il réussit dans sa première tâche en publiant ses *Grundzüge der physiologischen Psychologie (Fondements de la psychophysiologie)*, en 1874, en créant un Institut de psychologie à Leipzig, en 1879, et en éditant une revue de recherche, les *Philosophische Studien*, en 1881. Vers 1900, il entreprit ses recherches en psychologie sociale et publia les dix volumes de sa *Völkerpsychologie* (*Psychologie des peuples*), entre 1900 et 1920. Dans l'esprit de Wundt, la *Völkerpsychologie* est séparée de sa science expérimentale. Le langage est un phénomène social et uniquement humain, qui situe les humains à part des autres espèces. Dans sa *Völkerpsychologie*, Wundt étudie le langage, la religion, les coutumes, le mythe, la magie et les phénomènes cognitifs. Il s'agissait pour lui de produits mentaux collectifs qui ne pouvaient être expliqués en termes individuels. C'est pourquoi Wundt fut obligé de distinguer sa psychologie sociale de sa psychologie expérimentale.

L'influence de Wundt sur ses successeurs

Wundt eut à cet égard une influence importante sur É. Durkheim (1858-1917). Pour Durkheim, ces mêmes objets d'étude étaient des « représentations collectives ». Elles constituaient le pays de la sociologie, selon lui. Il était farouchement opposé à une explication des représentations collectives en termes de psychologie de l'individu. Cette opposition est très clairement mise en évidence dans son étude sur *le Suicide* (1897). Il y traite les taux de suicide parmi différentes catégories de personnes en tant que « faits sociaux », c'est-à-dire qu'il refuse une interprétation en termes de décision individuelle dans le but de mettre fin à ses jours. Durkheim agrandit la distinction faite par Wundt entre son expérimentation et sa psychologie sociale en deux disciplines séparées: la psychologie et la sociologie. Toute distinction nette entre les deux pose cependant des problèmes, particulièrement pour l'historien de la psychologie sociale.

Des traditions de psychologie sociale peuvent se développer des deux côtés d'une telle division. S. Moscovici, lorsqu'il entreprit de créer la psychologie sociale comme discipline autonome, en France, après la Seconde Guerre mondiale, reprit le « concept négligé » de représentation collective de Durkheim. La recherche française moderne sur les représentations sociales est correctement cataloguée comme une tradition sociologique de la psychologie sociale. C'est sans doute pour cela que les psychologues sociaux américains trouvent si difficile d'intégrer les notions de représentations sociales et collectives. Leur incapacité à intégrer ces notions reflète d'ailleurs le fait que leurs concepts de base ne sont plus aussi explicitement sociaux qu'ils l'étaient auparavant.

L'impact de Wundt sur la psychologie sociale

L'impact de Wundt sur le développement des sciences sociales autres que la psychologie est occulté, pour les psychologues, par l'influence du positivisme. Durkheim rendit par exemple visite à diverses universités allemandes, y compris Leipzig, en 1885-86 et il fut impressionné par ce qu'il y vit, particulièrement par Wundt. Mead fit des études en Allemagne entre 1888 et 1891, d'abord avec Wundt, à Leipzig, puis avec le psychologue allemand H. Ebbinghaus (1850-1909), connu pour ses recherches sur la mémoire, et enfin avec le philosophe et historien allemand W. Dilthey (1883-1911) à Berlin. Quand Mead entreprit d'élaborer son propre système de psychologie sociale à l'université de Chicago, à partir de 1901, il commença par reprendre le concept de « geste humain » de Wundt. Il s'agissait d'une notion présentée par Wundt dans les chapitres d'introduction de sa *Völkerpsychologie* (1900-1920).

FREUD CONTRE WUNDT

L'insistance stricte de Wundt pour que sa psychologie expérimentale investisse la conscience obligea S. Freud (1856-1939) à décrire sa théorie de l'inconscient comme une métapsychologie. Freud écrivit *Totem et Tabou* (1913) en partie pour réfuter la perception de Wundt de l'âge totémique. Le sociologue américain W. I. Thomas (1863-1947) suivit les cours de Wundt, à Leipzig, en 1907-1908. Thomas, comme son collègue de Chicago, Mead, entreprit d'élaborer sa propre idée de la psychologie sociale. La notion d'attitude était centrale dans sa conception de la psychologie sociale. Dans les années 1920, à Chicago, Thomas définissait même la psychologie sociale comme l'étude scientifique des attitudes sociales. À l'époque, les attitudes sociales et ce que, aujourd'hui, nous nommerions représentations sociales, constituaient une seule et même chose.

LES ANTHROPOLOGUES ET LES LINGUISTES

Parmi les autres chercheurs en sciences sociales qui furent influencés par Wundt, on trouve l'anthropologue américain B. Malinowski (1884-1942), qui est l'un des fondateurs de l'anthropologie sociale, et l'anthropologue américain d'origine allemande F. Boas (1858-1942). Selon Boas, le langage est une manifestation importante de la culture. Boas eut à son tour une influence importante sur le linguiste américain E. Sapir (1884-1939) et sur le linguiste américain B. L. Whorf (1897-1941), l'auteur d'une des premières et des plus importantes études sur les langues indiennes d'Amérique. Sapir et Whorf soulignaient tous deux l'importance du lien entre langage et pensée. Le langage et la culture étaient, pour Whorf, pratiquement une seule et même chose. Les travaux de Sapir et de Whorf sont reliés, à travers la *Völkerpsychologie* de Wundt, au travail sur le langage et la pensée de Vygotski et de ses disciples en Union soviétique. Le point de vue de Wundt sur la nature du langage fut aussi sérieusement considéré par les divers linguistes de son époque (Saussure, Delbrück, Bloomfield et Paul).

L'ENTRE-DEUX-GUERRES (1919-1939)

C'est durant ces années que l'initiative, en ce qui concerne le développement futur de la psychologie, passa des Européens aux Américains. La prééminence internationale de la recherche américaine en psychologie ne devint cependant évidente que quelque temps après la Seconde Guerre mondiale.

ÉCHANGES TRANSATLANTIQUES

Les historiens estiment qu'à peu près dix mille Américains étudièrent en Europe entre 1865 et 1914. Beaucoup étaient attirés par les nouvelles disciplines, comme la psychologie, qui émergeaient dans le système universitaire allemand. Cette marée montante fut stoppée par le déclenchement de la guerre en 1914. La plupart des étudiants américains de Wundt étaient devenus des pionniers de la psychologie sociale dans leur propre pays. Nombre de ses anciens étudiants prirent leurs distances par rapport à Wundt à cause de son nationalisme fervent. Après la guerre, les Américains n'eurent plus besoin de traverser l'Atlantique à la recherche d'un diplôme de psychologie. L'introduction du diplôme de doctorat dans le système universitaire britannique, dans les années 1920, ne réussit pas à les tenter et ne les convainquit pas de traverser l'Atlantique.

Entre les deux guerres, ce furent les Européens qui commencèrent à émigrer en Amérique, d'abord en petit nombre (quand Mc Dougall quitta par exemple la Grande-Bretagne pour Harvard en 1920), puis très nombreux avec l'arrivée au pouvoir de Hitler en Allemagne ; des « écoles » entières de chercheurs traversèrent l'Atlantique d'est en ouest. P. Lazarsfeld et plusieurs de ses collègues quittèrent Vienne et créèrent le Bureau de recherche sociale appliquée (Bureau of Applied Social Research) de Columbia. Les chercheurs de l'école de Francfort (T. Adorno, M. Horkheimer, H. Marcuse, E. Fromm, etc.) émigrèrent aussi en masse vers l'Amérique. Leur étude sur la personnalité autoritaire (*The Authoritarian Personality*, Adorno et alii, 1950) devint un événement marquant dans la psychologie sociale nord-américaine de l'après-guerre. On compte parmi les autres réfugiés de leur époque E. Brunswik, F. Heider et A. Schutz, qui venaient d'Autriche, et le groupe de psychologues de la gestalthéorie de Berlin, K. Koffka, M. Wertheimer, K. Lewin et W. Kohler. Ce flot de réfugiés devait jouer un rôle déterminant dans l'élaboration de la psychologie sociale d'après-guerre. En particulier, surtout entre les années 1920 et 1930, l'université de Chicago a représenté le point d'ancrage principal pour les traditions européennes de la pensée en sciences sociales.

ANTITHÈSES ET SYNTHÈSES

L'antithèse se situe désormais entre « société » et « esprit ». Dans les années 1920, à Chicago, Mead trouva une solution à cette antithèse en intercalant la notion de *soi* entre *esprit* et *société*. Il réalisa ce travail en revenant à la notion de geste humain de Wundt et développa un modèle explicitement social de l'esprit. Le modèle de l'« esprit » de Mead est hégélien et non pas cartésien, comme celui de Wundt. Il est enraciné dans une appréciation critique de l'importance du langage en relation avec la pensée et l'intelligence auto-réflexive. Après la mort de Mead (1931), une retranscription de sa série de conférences en psychologie sociale fut publiée en 1934 sous le titre *Mind, Self and Society: from the Standpoint of a Social Behaviourist* (*l'Esprit, la Soi et la Société : le point de vue d'un béhavioriste social*). Le béhaviorisme de Mead est souvent catalogué en tant que forme sociologique de la psychologie sociale.

L'antithèse entre représentations collectives et représentations individuelles, créée par Durkheim, ne fut pas résolue pendant cette période. Ce ne fut qu'après la Seconde Guerre mondiale, quand Moscovici commença à élaborer la notion de représentations sociales, qu'une solution satisfaisante à cette antithèse fut trouvée. Dans la mesure où la synthèse opérée par Mead et par Moscovici aboutissait aux formes sociologiques de la psychologie sociale, elles eurent alors un impact peu important ou indirect sur les traditions purement psychologiques de la psychologie sociale. Après la mort de Mead, H. Blumer reprit sa série de conférences annuelles en psychologie sociale, à Chicago. La tradition interactionniste symbolique de la psychologie sociale trouve son origine là. Elle est différente du béhaviorisme social de Mead. Elle constitue cependant une tradition importante de psychologie sociale dans la sociologie américaine.

Dans les années 1920, Freud délaissa les études de cas individuels pour une interprétation psychanalytique de représentations collectives comme les religions, les mythes, les coutumes (par exemple les tabous), la civilisation, etc. En élaborant une forme de psychologie collective, Freud fut contraint de revoir son modèle de l'esprit antérieur, non social, dans un sens plus social. Il fit désormais une distinction entre le moi, le ça et le surmoi là où, auparavant, il n'avait fait qu'une distinction entre le conscient, le préconscient et l'inconscient. Comme pour Mead, le soi était, pour Freud, dorénavant central dans le modèle revu et corrigé de l'esprit. Il trouva une solution à l'antithèse entre l'étude clinique des individus et l'étude psychanalytique de la société et de la culture en inventant une forme de psychologie sociale : la psychanalyse. Il fut très influencé pour cela par ses lectures de la psychologie sociale de Wundt, G. Le Bon, G. de Tarde et W. Mc Dougall.

Il y a encore une controverse significative. En 1920, Mc Dougall publia *The Group Mind* (*l'Esprit de groupe*), dans lequel il abordait des problèmes comme le moral des armées, le nationalisme en tant que sentiment moral et le caractère national. Ce livre était destiné à compléter l'*Introduction à la psychologie sociale* (1908). Ces deux livres réunis constituaient sa psychologie sociale. Les deux livres furent controversés — surtout aux États-Unis et parmi les béhavioristes : le premier parce que Mc Dougall s'appuyait sur les instincts pour rendre compte de la conduite sociale humaine et le second parce qu'il paraissait attribuer l'action à des entités autres qu'individuelles. *The Group Mind* fut publié alors que Mc Dougall quittait Oxford pour Harvard. Il voyagea à travers une tempête de critiques, surtout de la part de F. H. Allport, car il semblait attribuer un « esprit » aux groupes. Sur bien des points, cette critique était injuste car Mc Dougall avait pris soin d'éviter justement ce genre d'erreur. Il regretta plus tard d'avoir ainsi intitulé son livre.

L'INDIVIDUALISATION DU SOCIAL

Le développement le plus important dans l'entre-deux-guerres, surtout en Amérique, fut l'émergence du béhaviorisme comme paradigme dominant dans la recherche. Allport, dans sa *Psychologie sociale* (1924), prouve nettement que la discipline est une branche des sciences qui est à la fois béhavioriste et expérimentale. Il était aussi intéressé par l'étude des formes collectives de comportement. Ses études portèrent sur ce qu'aujourd'hui on appelle les effets de la facilitation sociale. Dans son livre de 1924, il s'intéressait aux observations de Le Bon. En 1933, il écrivit un livre sur le comportement institutionnel (*Institutional Behaviour*). Ce qui le différencie le plus profondément de théoriciens comme Le Bon, Durkheim, Wundt, Freud et Mc Dougall, c'est que, lorsqu'il passe d'un niveau individuel à un niveau social ou culturel, il ne voit pas la nécessité de changer sa théorie ou ses méthodes de travail, et qu'il insiste sur le comportement individuel. C'est pourquoi il fut un fervent défenseur des sondages d'opinion publique et un critique sévère de ceux qui attribuaient l'action à des entités autres qu'individuelles, « l'esprit de groupe » de Mc Dougall, par exemple, ou le jargon journalistique du genre « le public pense », « la nation choisit », etc.

Le béhaviorisme eut un effet nuisible sur les sciences sociales en général et pas seulement sur la psychologie sociale. Dans sa forme la plus générale, il s'agit du positivisme en tant que philosophie de la science. Le béhaviorisme est la forme approximative que prit la philosophie générale dans le développement historique de la psychologie en Amérique. Plus précisément, ce mouvement a constitué, selon un mot célèbre, « l'américanisation des sciences sociales ». Le béhaviorisme intègre la psychologie aux sciences sociales. Le succès du béhaviorisme en tant que forme de psychologie a cependant fini par constituer une menace pour les sciences sociales parce qu'il leur faisait perdre leur caractère social.

LE MANUEL DE MURCHISON DE 1935

Le *Manuel de psychologie sociale* (1935) de Murchison constituait un point de repère de l'influence de la *Völkerpsychologie* de Wundt en Amérique. Ses différentes parties, et même le titre de certains chapitres individuels, reflétaient une orientation et une étendue qui renvoyaient à la *Völkerpsychologie* de Wundt. Le livre était très interdisciplinaire. On trouvait par exemple quatre chapitres, écrits chacun par un anthropologue distingué, sur l'histoire de l'homme blanc, du Noir, du Jaune et du Peau-Rouge. Les autres auteurs étaient des biologistes, des sociologues et même des botanistes. Le livre reflétait la portée d'une psychologie comparative qui n'existait déjà plus. Dans les études comparatives, on doit travailler avec la variété des phénomènes qui existent naturellement, qu'il s'agisse d'espèces, comme c'est le cas pour Darwin, de langages, en ce qui concerne Humboldt, ou de cultures, dans le cas de Wundt et de Murchison.

Le *Manuel* de Murchison contenait en germe sa propre destruction. Dans son chapitre classique sur les attitudes, G. W. Allport reprend les nombreuses définitions existantes du terme avant de proposer la sienne propre. Il écarte avec précaution tous les composants collectifs ou sociaux du terme et donne une définition d'un concept devenu purement psychologique. Un pas de plus était franchi dans « l'individualisation du social ». Il s'agissait cette fois de G. W. et non plus de F. H. Allport. À eux deux, les deux Allport étaient responsables de beaucoup de choses. Cette individualisation du social sonna le glas des formes de psychologie sociale proposées dans le *Manuel* de Murchison. Sur les vingt-trois chapitres que contenaient les deux volumes du *Manuel*, un seul s'inspirait des résultats d'expériences effectuées en laboratoire. Il s'agissait du dernier chapitre de Dashiell sur ce qu'aujourd'hui on appellerait les « effets de la facilitation sociale ». Les manuels ultérieurs furent saturés de résultats de recherche expérimentale de ce genre. On peut véritablement, grâce à la distance entre chaque manuel successif et celui de Murchison de 1935, mesurer les progrès de la discipline. C'est pourquoi le chapitre de Jones, dans l'édition la plus récente du *Manuel* de Lindzey et Aronson (1985), couvre une période de cinquante années. Il s'agit de la courte histoire de la psychologie sociale en tant que science expérimentale et à prédominance américaine. Cela renvoie le *Manuel* de Murchison, de 1935, à un « vieux passé » de la psychologie sociale, en tant que partie d'une tradition intellectuelle occidentale, et surtout européenne.

LES GESTALTISTES DEVIENNENT PSYCHOSOCIOLOGUES AUX ÉTATS-UNIS

L'émigration de psychologues gestaltistes, autrichiens et allemands, pendant les années 1930, eut des conséquences importantes pour le développement de la psychologie sociale expérimentale en Amérique, après la guerre. K. Lewin* (1890-1947), en particulier, contribua au développement d'une psychologie sociale expérimentale et la tradition qu'il avait contribué à maintenir était reprise par ses étudiants, parmi lesquels on compte entre autres L. Festinger, S. Schachter, D. Cartwright, M. Deutsch et H. H. Kelley.

Un autre émigré d'Europe, F. Heider* (1896-1988), eut de l'influence sur le développement de la psychologie sociale expérimentale. Dans le contexte du béhaviorisme américain, les psychologues gestaltistes apparaissaient comme des théoriciens cognitivistes. On peut sans doute mieux cerner la différence de perspective entre gestaltistes et béhavioristes en prenant pour exemple l'opposition entre Heider et Skinner. Skinner, afin de préserver la rigueur méthodologique, laissait de côté tous ceux qui « allaient au-delà des preuves disponibles ». Du point de vue du moi qui perçoit les autres, la preuve disponible concernant les autres est leur comportement. Il faudrait donc ne s'arrêter qu'aux faits comportementaux. Heider observa que les hommes et les femmes profanes allaient toujours au-delà de cette évidence quand ils inféraient les desseins, les intentions, les motivations, les opinions et les états mentaux des autres. La théorie de l'attribution étudie ces lois profanes d'inférence. Les idées théoriques de Heider favorisèrent la recherche expérimentale sur la perception de la personne dans les années 1950, la recherche sur les modèles constants de changement d'attitude dans les années 1960 et la recherche sur la théorie d'attribution dans les années 1970 et 1980. Ce fut en Amérique, et alors seulement dans le contexte du béhaviorisme, que la plupart des psychologues gestaltistes devinrent, effectivement, des psychologues sociaux.

LE DÉVELOPPEMENT DE LA PSYCHOLOGIE SOCIALE EN EUROPE APRÈS LA GUERRE

LA GRANDE-BRETAGNE

Les pionniers de la psychologie sociale en Grande-Bretagne étaient des réfugiés de l'Europe continentale. Le Polonais H. Tajfel (1920-1982), premier professeur de psychologie sociale à Bristol, fut un fervent défenseur de la psychologie sociale expérimentale. Il développa une psychologie des relations intergroupes et une théorie concernant la nature de l'identité personnelle et sociale. Il fut une figure de proue dans le développement de l'European Association of Experimental Social Psychologists (Association européenne des psychologues sociaux expérimentaux). L'Allemande H. Himmelweit (1918-1989) devint le premier professeur de psychologie sociale à la London School of Economics and Political Science quand un Département de psychologie sociale y fut créé, en 1964. Elle fut la première à proposer l'idée d'une psychologie sociétale et était très intéressée par la psychologie sociale des mass media et de la communication. L'Autrichienne M. Jahoda devint le premier professeur de psychologie sociale de l'université du Sussex. Elle s'est intéressée notamment aux relations entre groupes ethniques, à l'éducation des techniciens et au chômage. Elle est une partisane fervente d'un rapprochement entre la psychologie sociale et la psychanalyse. L'Autrichien G. Jahoda devint le premier professeur de psychologie sociale à l'université de Strathclyde à Glasgow. Il est un fervent défenseur d'un rapprochement plus grand entre psychologie sociale et anthropologie. Il est un pionnier international de la psychologie interculturelle. Le Britannique M. Argyle défend ardemment la recherche purement empirique en psychologie sociale et il a une solide réputation internationale dans le domaine des comportements non verbaux.

L'ALLEMAGNE

Les Américains jouèrent un rôle important dans la reconstruction d'après-guerre en Europe, surtout en ce qui concerne le système universitaire en Allemagne. C'est essentiellement la psychologie sociale expérimentale américaine qui fut reprise dans les universités allemandes. Les programmes d'aide américaine, comme le plan Marshall ou le Fulbright Scheme, permirent à de nombreux étudiants européens, notamment allemands, d'obtenir un diplôme de psychologie sociale en Amérique. Les psychologues sociaux allemands, se sentant isolés à l'intérieur de l'Association européenne des psychologues sociaux expérimentaux, préféraient souvent donner leurs articles à des réunions de l'American Psychological Association.

Les États-Unis

Les psychologues sociaux américains jouèrent un rôle déterminant dans l'établissement d'un réseau de psychologues sociaux en Europe, qui formèrent l'European Association (l'Association européenne). Lanzetta eut un rôle important de liaison à cet égard, et également A. Pepitone, un peu plus tard. E. Katz, du Michigan, aida à l'implantation de la recherche en psychologie sociale à l'Institut de recherche sociale d'Oslo, où R. Rommetveit devint le premier professeur de psychologie sociale. Rommetveit, pratiquement seul parmi les psychologues sociaux de l'après-guerre, mena notamment des recherches sur la psychologie sociale du langage — reprenant et développant l'apport de Mead et L.S. Vygotski.

Festinger et Schachter eurent des rôles clefs dans le développement de la psychologie sociale expérimentale en Europe. Des centres de psychologie sociale expérimentale furent crées à Louvain sous la direction de J. M. Nuttin et à Mannheim sous celle de Irle. La jeune génération de professeurs allemands préféra oublier son propre passé culturel et importer purement et simplement sa psychologie sociale d'Amérique. Presque le seul de sa génération, Graumann (le premier professeur de psychologie sociale à Heidelberg) était préparé et avait le bagage universitaire lui permettant, ainsi qu'aux jeunes psychologues sociaux allemands, de relier leurs recherches à leur propre passé culturel.

La France

Le développement de la psychologie sociale dans la France de l'après-guerre est différent. Il y avait bien moins d'Américains en France après la Seconde Guerre mondiale qu'il n'y en avait en Allemagne et dans le reste de l'Europe. C'était l'époque de la guerre froide entre l'Amérique et l'U.R.S.S., pendant laquelle la France adopta une position neutre. La recherche française ne fut pas submergée par l'importation de formes américaines de psychologie sociale comme ailleurs en Europe. Cela permit aux Français de développer leurs propres traditions. S. Moscovici (réfugié roumain qui étudia la psychologie sociale à Paris dans l'immédiat après-guerre) s'inspira de l'âge d'or des sciences sociales françaises, à savoir Durkheim, Le Bon et Tarde. Il adopta quelques-unes de leurs idées et les adapta aux circonstances modernes. Il écrivit sur les représentations sociales plutôt que collectives. Il ajouta la science aux nombreuses représentations collectives étudiées et par Wundt et par Durkheim. Il réévalua les prédictions de Le Bon à la lumière des développements de ce siècle. Il démontra l'influence de Le Bon et de Tarde sur le développement des idées de Freud dans les années 1920 et 1930. Moscovici, avec Tajfel, fournit l'impulsion intellectuelle qui allait permettre le développement de traditions spécifiquement européennes en psychologie sociale. Il fut très actif, avec Tajfel, dans les premiers temps de l'Association européenne de psychologie sociale expérimentale. R. F. (trad. de B. O.).

Bibliographie

Allport, G. W., 1954, « The Historical Background of Modern Social Psychology », in G. Lindzey (Ed) *Handbook of Social Psychology*, vol. I, 3-56, Reading, Mass. Addison-Wesley.

Jones, E. E., 1985, « Major Developments in Social Psychology during the past Five Decades, in G. Lindzey et E. Aronson (Eds.).

Handbook of Social Psychology (3ème éd.), vol. I, 47-107, New York, Random House.

Markova, I., 1982, *Paradigms, Thoughts and Language*, Chichester (Sussex), J. Wiley.

Moscovici, S., 1981, *l'Âge des foules*, Paris, Fayard.

sociale appliquée (psychologie)

La limite entre psychologie sociale et psychologie sociale appliquée est difficile à tracer. Cela tient au fait que les deux domaines se constituent à travers la recherche et que tous deux concernent la description, les causes et les effets des conduites sociales. Une différence cependant peut être retenue entre psychologie sociale et psychologie sociale appliquée : leurs procédures heuristiques ont des points de départ qui peuvent être différents, la réflexion, les modèles théoriques, les résultats de recherches de laboratoire dans un cas, des objectifs pratiques et souvent pointus, dans l'autre cas.

C'est pourquoi il est commode de décrire la psychologie sociale appliquée en faisant le recensement des domaines auxquels elle s'applique. Mais cela ne signifie pas que les différents domaines de la psychologie sociale appliquée représentent des champs hétérogènes. Tous sont, au contraire, constitués autour de deux thèmes majeurs et symétriques : l'étude des déterminants du comportement social (faite dans le but de dégager les moyens qui permettraient de le modifier) et l'étude des conséquences des conduites sociales (avec l'idée d'agir sur ces conséquences à travers les conduites qui les entraînent).

Les terrains de la psychologie sociale appliquée

Il existe actuellement trois terrains principaux d'application de la psychologie sociale : le travail, la santé et l'environnement, auxquels s'ajoutent les problèmes sociaux liés à l'économie et au droit.

Psychologie sociale du travail

Sous le terme « psychologie des organisations » se sont développés des travaux, des méthodes et des interventions destinés à préciser le rôle des caractéristiques organisationnelles sur les comportements de travail. La complexité de ces phénomènes a mis en évidence des phénomènes de contingence. Qu'entend-on par là ? Le fait que les mêmes caractéristiques individuelles se traduisent par des conduites différentes dans des environnements organisationnels différents. Et le fait que les mêmes environnements organisationnels entraînent des conduites différentes selon les individus. Cette double détermination s'applique en particulier à la motivation, et à ses résultats, à l'exercice de l'autorité, à la satisfaction et à ses déterminants.

Psychologie sociale de la santé

La psychologie sociale de la santé et de la maladie s'est développée plus récemment. Elle concerne plusieurs problèmes : l'étude des stratégies utilisées par les individus pour prendre des décisions concernant la santé et la maladie et le rôle des autres, experts et non-experts, de leur comportement et des informations qu'ils donnent, dans ce processus ; l'étude des relations entre les professionnels de la santé et leurs clients ; l'étude des relations entre malades et bien-portants, particulièrement dans le cas de maladies invalidantes et graves ; l'étude des relations entre les stress de tous ordres et la maladie.

Psychologie sociale de l'environnement

La psychologie de l'environnement* fait partie de la psychologie sociale dans la mesure où elle s'intéresse aux effets de l'environnement sur la vie sociale et les comportements interpersonnels, aux effets de la vie sociale, des activités collectives et institutionnelles sur l'environnement et, de manière plus large, à la façon dont les individus et les groupes façonnent leurs environnements privés et collectifs.

Nouveaux domaines, nouvelles orientations

Il faut ajouter à ces trois domaines importants celui de la psychologie économique, qui concerne essentiellement les rapports entre producteurs et consommateurs, et l'analyse des comportements économiques, ainsi que celui des rapports entre la psychologie et la loi, notamment l'analyse du témoignage et l'étude des facteurs psychologiques des comportements antisociaux.

Une nouvelle orientation se dessine aujourd'hui, à la charnière de la psychologie de l'environnement, de la psychologie économique et de la psychologie de la santé : l'étude des facteurs psychologiques du changement global, c'est-à-dire l'analyse des comportements individuels dont la répétition altère durablement et gravement les conditions de vie sur la planète. C. L.-L.

1. socialisation

n.f. (angl. Socialization ; Social Learning)

DÉVELOP. **Processus d'adaptation d'un enfant au milieu socioculturel dans lequel il est élevé.**

Dans une perspective sociologique, traditionnellement importante en France, on peut définir la socialisation comme « le processus par lequel le sujet fait l'apprentissage des normes d'une société ou d'un groupe social, de telle sorte qu'il soit capable d'exercer son activité en lui » (F. S. Elkin). L'accent est mis sur le rôle cœrcitif des déterminants sociaux sur les comportements et le développement de l'individu. Le but de la socialisation est de rendre ce dernier conforme au prototype du groupe (famille, école, association, etc.), à la fois dans ses comportements et dans ses croyances. L'enfant est considéré comme un être passif que son milieu doit modeler.

Dans une perspective plus psychologique, la socialisation se définit comme l'intériorisation de la culture et de la formation d'attitudes et de représentations sociales communes au groupe. Cette appropriation est active de la part du sujet et la socialisation est le fruit d'interactions entre l'enfant, ses besoins, ses capacités et son environnement social.

Un des instruments de la socialisation est le langage : l'apprentissage du langage, avec toutes les variations qu'il autorise selon son interlocuteur, manifeste l'établissement de relations sociales de plus en plus différenciées, où le rôle et la place de chacun sont définis.

Cependant, tout ce qui est communication verbale intervient également dans la socialisation. De même, si la mère est à l'évidence un agent de socialisation privilégié, elle n'est pas seule à avoir ce rôle. Plusieurs facteurs influent sur la socialisation d'un enfant : 1. les idéologies au sens large, philosophiques, politiques, religieuses, au niveau de la famille et de l'État, lorsqu'elles sont rigides et puissantes ; 2. la personnalité des parents et des autres enfants, le tempérament et les capacités cognitives de l'intéressé ; 3. l'intervention des médias ; 4. les conflits entre, d'une part, l'enfant et les adultes (parents, enseignants), d'autre part, entre les diverses appartenances de l'enfant.

Parmi les thèmes de recherche les plus traités, on trouve : 1. les relations entre la mère et son enfant et, récemment, les relations entre le père et l'enfant ; 2. les relations entre pairs (enfants d'une même tranche d'âge ou enfants d'âges différents) ; 3. l'appartenance à un sexe, fille ou garçon. Ce dernier thème a donné lieu à un nombre particulièrement élevé de recherches, car il touche à la formation de l'identité même de l'enfant. E. V. et M.-G. P.

BIBLIOGRAPHIE

Malrieu, P., et Malrieu, S., 1973, la Socialisation, in Gratiot-Alphandéry, H., Zazzo, R., *Traité psychologique de l'enfant*, Paris, P.U.F.

Mussen, P. H., 1960, *Handbook of Research Methods in Child Development*, New York, J. Wiley.

Zigler, E. F., et Child, I. P., 1973, *Socialization and Personality Development*, Reading, Mass., Addison Wesley.

2. socialisation

n.f. (angl. Socialization)

SOCIAL. **Processus par lequel les personnes acquièrent, en relation avec d'autres personnes, les connaissances, les compétences, les normes et les valeurs avec lesquelles elles agiront comme membres d'une société donnée.**

Si l'on a pu considérer un temps que la socialisation était le processus par lequel un individu était formé et guidé jusqu'à ce qu'il soit en harmonie avec la société à laquelle il appartient, cette conception est aujourd'hui dépassée. La théorie de l'enfant totalement ignorant, cire vierge et malléable sur laquelle s'impriment les formes socialement désirables, a vécu et, avec elle, la conception comportementaliste radicale inspirée par J. B. Watson et célébrée par B.F. Skinner. L'enfant est aujourd'hui envisagé comme un participant actif de son développement social, qui entretient avec son entourage, parents ou pairs, des relations d'interdépendance. Nombreux sont les travaux qui soulignent l'importance des interactions sociales impliquées à plusieurs niveaux de la construction de la socialisation : modes de communication, transmission des connaissances, coopération et confrontation dans la résolution de problèmes, acquisition des concepts et des catégories sociales. Cette conception de la socialisation montre un individu très tôt engagé dans un monde social et apprenant à travers ses interactions avec les autres. Les psychologues du développement ont longtemps négligé dans leurs travaux le contexte social de l'enfant et les psychologues sociaux ignoré le contexte développemental des conduites humaines. L'hybridation de ces deux approches fait émerger aujourd'hui une psychologie sociale développementale qui situe l'interaction au cœur de ses modèles descriptifs et explicatifs du développement, intellectuel notamment.

Dans le domaine de l'acquisition des normes et valeurs, la plupart des théories adoptent un modèle développemental qui considère l'enfant comme évoluant d'un état d'animal non social vers un état de citoyen. Ces théories se distinguent cependant par la place qu'elles accordent, respectivement, dans le processus de socialisation, aux mécanismes externes de contrôle social et aux mécanismes internes d'auto-contrôle. Dans le premier cas, on tend à voir la socialisation comme un processus à travers lequel les adultes tentent de façonner les nouvelles générations, dans le second cas, on inscrit la socialisation dans un processus d'auto-actualisation. L'antagonisme de ces deux conceptions se retrouve souvent traduite dans l'éducation qui oppose parfois les pratiques prescriptives aux pratiques non-directives ou de moindre direction. Mais la socialisation réclame tout à la fois des comportements de conformité, l'internalisation des normes et des valeurs et le développement de conduites autonomes. Ni l'approche béhavioriste, qui souligne les effets des récompenses et des punitions sur la formation du comportement moral, ni l'approche de l'apprentissage social, qui envisage le développement moral comme un modelage lié à l'observation des actions d'autrui et que les individus peuvent renforcer en s'accordant récompenses et punitions en fonction de l'auto-évaluation de leurs propres conduites, ne sont satisfaisantes pour comprendre le processus de socialisation. On doit, en effet, considérer le sujet comme un être qui traite et organise l'information et, par conséquent, comme quelqu'un qui découvre et construit ses propres normes et valeurs à travers les situations qu'il rencontre ou qui lui sont faites et les expériences qu'il vit. C'est pourquoi ses conceptions de la justice, de l'équité ou encore de la responsabilité sont susceptibles d'évoluer au cours de sa vie. Le processus de socialisation est donc un processus qui ne cesse pas au sortir de l'enfance ou de l'adolescence, mais qui s'étend à l'âge adulte. La recherche psychosociale a eu tendance à négliger l'étude de la socialisation de l'adulte au profit de celle de l'enfant, en laissant aux sociologues le soin d'en traiter. On peut comprendre cette différence d'intérêts par le fait que la socialisation de l'enfant concerne l'acquisition de valeurs fondamentales dont on envisage, par ailleurs, la durable influence sur les conduites. Il n'empêche, les travaux sur la socialisation de l'adulte trouvent aujourd'hui un regain d'intérêt. De nombreuses situations, l'entrée dans la vie professionnelle, la paternité et la maternité, le chômage, la mobilité sociale ou géographique, etc., sont autant de facteurs susceptibles de modifier, en même temps que les connaissances, les normes et valeurs des individus impliqués dans le champ social. J.-M. M.

BIBLIOGRAPHIE

Allport, G. W., 1970, *Structure et développement de la personnalité*, Neuchâtel, Delachaux et Niestlé.

Bandura, A., et Walters, R. H., 1963, *Social Learning and Personality Development*, New York, Holt.

White, G., 1977, *Socialization*, Londres, New York, Longman.

société

n.f. (angl. Society)

Milieu humain dans lequel vivent des personnes unies par certaines mêmes pratiques, une même histoire, le plus souvent une même langue, et qui est caractérisé par ses institutions, ses lois, ses règles.

Le groupe existe seulement pour l'observateur extérieur, seul capable de l'identifier; ainsi, toute société se dépeint d'abord à partir de caractéristiques qui lui sont intrinsèques: son organisation et le sentiment qu'ont ses membres d'appartenir à une même collectivité, distincte des autres collectivités qui l'entourent. Elle se définit ensuite, et surtout, par des caractéristiques qui lui sont extrinsèques: l'autonomie plus ou moins grande. Elles lui valent son organisation et le sentiment d'appartenance et de cohésion de ses membres, autonomie réelle ou vécue par rapport aux groupes qui constituent son environnement. R. L.

BIBLIOGRAPHIE

Boudon, R., et alii, 1989, *Dictionnaire de la sociologie*, Paris, Larousse.

Durkheim, É., 1895, rééd 1986, *les Règles de la méthode sociologique*, Paris, P.U.F.

société animale ou société

(angl. Society)

ÉTHOL. **Groupe fondé par un rapprochement actif entre individus de la même espèce sur la base d'une interattraction.**

Dans cette optique, on oppose la *société* à la *foule*, dont l'existence est due à l'attirance simultanée par un même facteur, éventuellement abiotique: lumière, nourriture. En dehors de cette opposition, le terme n'a plus guère statut de concept. L'existence d'une « société vraie » ne fait que marquer une étape, à quelque égard arbitraire, dans un processus phylogénétique de socialisation, caractérisé par l'utilisation croissante, dans l'exercice du comportement, de stimulations portées par d'autres membres de la même espèce.

Dans les espèces peu socialisées, ces stimulations ne font guère que concourir à l'occupation de l'espace, marquée par une interrépulsion ou une conduite territoriale. Leur multiplication permet de nombreuses interactions sociales conduisant au rapprochement actif et à la coopération qui caractérisent les sociétés.

Trois aspects complémentaires en résultent:

— la multiplication des stimulations interindividuelles rend progressivement un individu social plus dépendant des autres membres du groupe;

— leur ensemble constitue un environnement social qui représente une interface entre un animal et les contraintes du milieu, modifiant fortement l'écologie de l'espèce;

— l'ensemble du groupe social représente une forme autostabilisée, grâce à l'ensemble des interactions entre individus qui constituent des régulations sociales.

Cette stabilité, grâce à un système de causalité circulaire impliquant des liens entre individus, rend la société justiciable d'une analyse systémique. La structure du système représente l'ensemble des interactions entre les éléments que représentent les divers membres du groupe. J. G.

→ interaction ou interaction sociale.

BIBLIOGRAPHIE

Chauvin, R., 1982, *les Sociétés animales*, Paris, P.U.F.

socioanalyse

n.f. (angl. Socioanalysis)

Étude des résultats de certains tests sociométriques, jeux de rôles et sociodrames, dans le but d'analyser les caractéristiques de l'insertion d'un individu dans un groupe social. R. L.

sociobiologie

n.f. (angl. Sociobiology)

Modèle, d'inspiration darwinienne, recherchant l'explication des conduites sociales dans l'avantage génétique qu'elles confèrent à leurs auteurs.

Fondée sur la sélection de parentèle, théorisée par W. D. Hamilton, la sociobiologie de E. O. Wilson pense ainsi dégager la cause ultime des conduites sociales; divers sociobiologistes, dépassant le champ d'application défini par Hamilton, ont étendu la portée du modèle aux sociétés humaines. J. G.

Le terme de sociobiologie désigne ainsi à la fois une théorie des comportements sociaux des Animaux, fondée sur la théorie de l'évolution, l'éthologie et la génétique des populations, dont elle se veut la synthèse, et son extension à l'Homme.

Cette distinction est importante, car l'accueil qui leur a été fait est très différent: si la première a été en général bien acceptée, ne suscitant que des discussions scientifiques normales, son application à l'Homme a été l'objet de polémiques violentes. Ces deux volets se retrouvent dans les œuvres de son fondateur, le spécialiste des insectes sociaux, Wilson, dont l'ouvrage principal, *la Sociobiologie*, est paru en 1975.

On peut prendre comme point de départ un paradoxe: la vie en société implique que certains individus se sacrifient pour les autres. Si l'on admet que ce comportement, comme tous les autres, est génétiquement déterminé, comment le gène qui le gouverne a-t-il pu se maintenir, donc avoir été sélectionné, puisque celui qui se sacrifie a moins de chances de survivre, donc de se reproduire? La réponse de la sociobiologie est que la sélection, donc l'évolution, porte en fait sur des gènes, et non sur des organismes. On ne se reproduit jamais identiquement; seuls les gènes se transmettent. Si un individu se sacrifie pour des parents proches, il favorise la reproduction de ceux-ci, et donc la transmission de leurs gènes, en particulier de ceux qu'ils ont en commun. L'individu peut être altruiste, mais c'est pour mieux permettre la perpétuation d'un gène égoïste. Des raisonnements de ce type ont permis à la sociobiologie d'expliquer un grand nombre de comportements sociaux, considérés comme le produit d'une évolution dont le mécanisme principal est l'évolution portant sur les gènes et sur les populations, les individus n'intervenant que comme transmetteurs des gènes. Tant que la théorie sociobiologique ne portait que sur les Animaux, elle a été relativement bien acceptée, bien qu'on lui ait opposé un certain nombre d'objections, comme le fait que les gènes ne s'expriment jamais de façon isolée, mais toujours en interaction avec d'autres; il est donc difficile de parler de la tendance d'*un* gène à se reproduire. On s'est aussi demandé comment un gène pourrait reconnaître qu'un autre organisme porte un gène semblable.

Mais la sociobiologie ne s'en tient pas là: elle prétend appliquer les mêmes raisonnements, et donc transposer la même conception du déterminisme génétique à l'Homme, la sociologie ne devenant plus qu'une des branches de la sociobiologie. Les hiérarchies sociales, les rôles masculins et féminins, l'homosexualité, etc., sont expliqués par leur rôle supposé dans la transmission des gènes. Comme tous les héréditarismes, dont elle est la forme la plus récente, la sociobiologie affirme un déterminisme biologique rigoureux: l'Homme ou plutôt la société humaine, tels que nous les connaissons, sont les produits de l'évolution, donc de la sélection. Les traits que nous observons sont ceux que celle-ci a conservés, ceux qui ont survécu. Sous-entendu: il est dangereux, ou impossible, d'y toucher. En ce sens, on peut l'interpréter comme fondamentalement conservatrice, et on ne s'est pas privé de le lui reprocher.

Mais l'essentiel des objections est ailleurs: en transposant des autres Animaux à l'Homme, ne néglige-t-on pas une caractéristique humaine spécifique et essentielle, la culture, produit d'une fonction symbolique qu'on ne retrouve pas chez les autres Animaux, ou seulement sous une forme rudimentaire, et qui permet, sinon de s'affranchir totalement des déterminismes biologiques, du moins de les moduler? On voit mal, par exemple, comment le souci de transmission des gènes peut rendre compte de la diversité des systèmes de parenté. Plus généralement, la sociobiologie a de la peine à expliquer la diversité des cultures, ou même simplement à les prendre en considération. D'où un des reproches les plus fréquemment adressés à la sociobiologie, celui d'ethnocentrisme: prendre comme « nature humaine » les humains de notre société occidentale actuelle. B. M.

→ altruisme, société animale, socioécologie.

BIBLIOGRAPHIE

Sahlins, M., 1976, *Critique de la sociobiologie*, trad. fr., Paris, Gallimard, 1960.

Veuille, M., 1986, *la Sociobiologie*, Paris, P.U.F.

Wilson, E. O., 1975, *Sociobiology: The New Synthesis*, The Belknap Press of Harvard University Press (trad. fr.: *la Sociobiologie*, 1987, Monaco, Éd. du Rocher).

sociodrame

n.m. (angl. Sociodrama)

Mode de jeu dramatique inventé par

J. L. Moreno pour une recherche active et une intervention sur les relations intergroupes et les idéologies.

Au lieu d'être, comme le psychodrame, centré sur l'individu et ses problèmes privés, la démarche sociodramatique concerne des problèmes collectifs et socioculturels. C'est le public (non telle personne) qui devient le patient; les acteurs qui incarnent des rôles se dépouillent de leurs caractères singuliers pour devenir des types, des symboles: ils sont «le» mari et «la» femme, l'autochtone et l'immigré, le gouvernant et le gouverné, etc. Il s'agit de dégager, grâce aux réactions spontanées devant le jeu, la nature et l'intensité des conflits socio-affectifs et leur vecteur d'évolution potentielle à travers une sorte de «catharsis sociale». Moreno a tenté de réaliser des sociodrames sur le terrain, au cours de mouvements collectifs (grèves, manifestations).

On a pu souligner le caractère utopique, voire mystificateur de telles démarches, car les tensions sociales (liées aux rapports de classe, d'ethnie, de statut) tiennent au système de pouvoir et de valeurs; leur résolution ne saurait provenir seulement du changement des attitudes mais requiert simultanément des réformes.

Toutefois, à un niveau plus restreint, le sociodrame peut s'avérer pertinent; par exemple, au sein d'un groupe incertain devant un projet ou la solution d'un cas, il permet de confronter des sentiments et des idéologies latentes sans postuler un consensus. J. M.

→ jeu de rôle, psychodrame.

socioécologie

n.f. (angl. Socio-Ecology)

ÉTHOL. **Discipline d'inspiration écologique, analysant la forme des conduites sociales comme une adaptation active aux contraintes de l'environnement.**

Une étude socioécologique étendue à l'ensemble de l'aire d'habitat, permet de connaître la norme de réaction de l'espèce étudiée, seule caractéristique transmise héréditairement, qui constitue le paramètre pertinent pour toute étude de l'évolution biologique, particulièrement dans un cadre darwinien. J. G.

→ société animale.

BIBLIOGRAPHIE

Gautier, J. Y., 1982, *Socioécologie. L'Animal social et son univers*, Toulouse, Privat.

Tinbergen, N., 1979, *la Vie sociale des animaux*, Paris, Payot.

sociogenèse des maladies mentales

(angl. Sociogenesis of Mental Deseases)

Ensemble des conditions et facteurs sociaux susceptibles de produire la naissance, le développement et l'évolution de maladies mentales.

Leur étude relève des méthodes de la sociologie, en particulier des enquêtes et analyses portant sur le milieu social, la société, où peuvent éclore des affections psychiatriques. La notion de sociogenèse a été parfois à l'origine d'une véritable théorie étiopathogénique de la maladie mentale, dont elle fait une pure conséquence des dysfonctionnements familiaux et sociaux, comme l'a soutenu en particulier l'antipsychiatrie* anglaise pour la schizophrénie*. Elle peut alors s'opposer radicalement à la psychogenèse* ou à l'organogenèse* des troubles mentaux.

C'est avec l'étude du sociologue français É. Durkheim sur le suicide, en 1897, que commencent les recherches sociologiques en psychopathologie. Il y était montré l'importance des facteurs sociaux, comme l'intégration au sein de la société, le rôle de l'Église et de la famille et de bien d'autres facteurs extérieurs dans l'apparition du suicide chez un individu, alors qu'étaient relégués au deuxième plan les facteurs individuels. À la différence des approches biologiques et psychologiques qui ont toujours été marquées d'une forte influence européenne (et principalement germanique), la psychiatrie sociale a eu comme principal terrain de développement le monde anglo-américain. C'est outre-Atlantique que se développèrent, dans les années 1950, les principales études d'épidémiologie psychiatrique, poursuivant l'orientation qu'avait prise vingt ans plus tôt l'école de sociologie de Chicago. Elles ont montré à quel point les statuts socioéconomiques et socioculturels déterminent l'expression et le développement de la maladie mentale chez un individu, sans toutefois toujours bien en comprendre les raisons. Ainsi a été précisée, par exemple, la forte corrélation entre dépression et classe sociale: toutes les statistiques montrent que les troubles dépressifs touchent de façon accrue les femmes de milieux sociaux peu favorisés. Les femmes sont également plus vulnérables aux troubles anxieux, phobiques, obsessionnels et psychophysiologiques. À l'inverse, l'alcoolisme et les comportements antisociaux et psychopathiques sont des pathologies plutôt masculines. Dans un tout autre domaine, on a pu mettre en évidence que le mariage protégeait plus l'homme que la femme de la maladie mentale, alors que c'est exactement l'inverse en ce qui concerne le travail.

Cet intérêt pour les facteurs sociaux prédisposants de la pathologie mentale n'a cependant pas conduit tous les psychiatres à adopter un point de vue radicalement sociogénétique, comme ont pu le faire R. Laing et D. Cooper, leaders de l'antipsychiatrie dans les années 1960. Mais la plupart d'entre eux ont compris qu'il ne fallait pas négliger ces facteurs sociaux. Dans le cadre d'une pratique psychiatrique communautaire ou de secteur, ils ont su tenir compte du contexte social de leur patient, et même s'en servir dans une visée thérapeutique et préventive. Ils se sont en effet rendu compte que si l'utilisation des nouveaux médicaments psychotropes permettait des sorties rapides de leurs malades de l'hôpital, elle n'empêchait pas leur retour, presque aussi rapide. C'était le phénomène de la *porte-tambour* (angl. Revolving Door Syndrom), caractérisé par une réadmission rapide en milieu hospitalier psychiatrique, suivie de sortie peu de temps après, puis encore d'une réadmission et ainsi de suite. Ce phénomène aboutissait certes à un nombre non négligeable de sorties et à des séjours hospitaliers de durée de plus en plus brève, mais il ne permettait pas aux patients une vraie réinsertion sociale. C'est pourquoi l'action thérapeutique devait se poursuivre sur le milieu socio-familial du patient, en particulier au niveau de la famille, pour obtenir un meilleur accueil du convalescent et une réduction des tensions émotionnelles se manifestant dans l'émotion exprimée. Et c'est aussi sur les conditions de vie sociale et professionnelle que doit s'entreprendre un travail de véritable réadaptation permettant une rupture complète avec l'institution hospitalière et une guérison ou au moins une rémission prolongée de la maladie. Ainsi l'étude et le traitement de l'environnement social font indiscutablement partie, actuellement, de la prise en charge de tout malade mental. J. P.

sociogramme

n.m. (angl. Sociogram)

Représentation graphique des résultats d'un test sociométrique. R. L.

sociologie des maladies mentales

(angl. Social Science in Relation to Mental Illness)

Étude de l'influence des faits sociaux, des groupes humains et de leurs structures sur les maladies mentales.

La sociologie s'est, depuis É. Durkheim, avec son étude sur les causes du suicide, intéressée aux maladies mentales. Et R. Bastide (*Sociologie des maladies mentales*, 1965) tentait d'intégrer la plupart des données de la psychiatrie sociale dans le cadre de la sociologie.

Les recherches ont d'abord porté sur l'influence des structures sociales sur la pathologie mentale, en se situant aux deux niveaux, macro- et microsociologique.

La macrosociologie s'intéresse aux groupes sociaux et peut déterminer par des études démographiques et épidémiologiques les rapports entre telle maladie mentale et les formes et structures de la société où elle se développe. Cela a été fait en particulier pour l'alcoolisme que l'on a pu mettre en relation, dans une population donnée, avec les conditions économiques (revenus, logement), professionnelles (spécificités ergonomiques), diététiques (habitudes alimentaires), familiales (structure et composition de la famille) de vie des alcooliques repérés par des enquêtes statistiques.

La microsociologie, elle, a plutôt cherché à repérer les structures les plus intimes du groupe. Elle a mis en évidence certains liens privilégiés existant entre les membres d'un groupe comportant des éléments conscients et inconscients qui rendent les interrelations très puissantes et véritablement formatrices de la vie psychique. C'est à ce niveau qu'on peut parler de la valeur structurante et destructurante des relations. Pour de telles études, les données proprement sociologiques doivent être constamment confrontées avec celles de la psychanalyse, seule capable de pénétrer dans les aspects inconscients des situations. Dans le domaine psychiatrique, on s'est beaucoup intéressé à la structure du groupe familial et notamment au lien mère-enfant dont l'importance ne saurait être surestimée pour le développement du psychisme et, par conséquent, pour sa pathologie. Les relations primordiales agissent d'une double manière : par leur présence active et par les images qu'elles engendrent dans une vie psychique élémentaire, préverbale. Ainsi se constituent les bases inconscientes de la personnalité. Si le rôle de la mère est primordial parce qu'il assure le début de la vie psychique, celui du père, qui représente la société dans ce qu'elle comporte d'extérieur, de conquêtes à faire, celui des frères et sœurs, qui permettent l'apprentissage des premières compétitions, prennent ensuite une grande importance. Il en sera de même pour les premières années dans le milieu scolaire, puis dans les divers groupes sociaux où l'enfant, devenu adolescent, poursuivra son évolution psychoaffective tout en risquant à chaque stade de la voir perturbée par des structures sociales défavorables.

D'autres études se sont poursuivies sur le plan culturel où les liens entre la psychiatrie et l'anthropologie ont permis des éclairages mutuels et complémentaires très fructueux. L'école américaine d'anthropologie culturelle les a largement utilisés. Elle a donné des analyses de structures psychoculturelles assez nombreuses, souvent très utiles sur le plan psychopathologique. Ce fut particulièrement le cas pour les études des pulsions instinctivo-affectives élémentaires, qui ont montré l'importance des conditionnements du très jeune âge pour la destinée de ces pulsions. A. Kardiner, par exemple, a pu rapprocher, dans ses enquêtes aux îles Marquises, des faits comme la rareté des femmes, deux fois moins nombreuses que les hommes, de la négligence des soins maternels, génératrice à son tour de l'anxiété des adultes s'exprimant par des fantasmes de peur d'être dévoré par des ogresses, par de nombreux actes auto- et hétéro-agressifs, par la crainte continuelle de maladies et par de nombreuses pratiques de sorcellerie dirigées contre les femmes. De même, M. Mead et G. Bateson ont étudié chez des tribus de Nouvelle-Guinée de nombreux comportements conjugaux et maternels influençant considérablement le développement psychoaffectif des enfants, et responsables de traits particuliers de leur personnalité adulte. Ainsi se constitue, sous l'influence des coutumes, de certaines structures sociales et de caractéristiques culturelles, une véritable configuration d'habitudes et d'images formatrices composant ce que A. Kardiner a dénommé la personnalité de base, qui pourra marquer profondément les formes de pathologie survenant dans ces populations. J. P.

→ épidémiologie, ethnopsychiatrie, sociogenèse des maladies mentales.

sociomatrice

n.f. (angl. Sociomatrix)

Tableau sous forme de carré sur lequel sont reportées les réponses au test sociométrique. R. L.

sociométrie

n.f. (angl. Sociometry)

Méthode de repérage et de mesure des statuts et des rapports affectifs au sein d'un groupe restreint, à des fins d'investigation et/ou d'intervention.

	A	B	C	D	E	f	g	h	i	j	expansivité ↓
A	\			×	×						2
B		\				×					1
C			\				×	×	×		3
D	×			\	×						2
E				×	\						1
f			×			\					1
g			×				\				1
h			×					\			1
i									\	×	1
j									×	\	1
statuts sociométriques →	1	0	3	2	2	1	1	1	2	1	13

5 femmes : A, B, C, D, E 5 hommes : f, g, h, i, j

Figure 1. Sociomatrice. Groupe de 10 personnes ayant suivi ensemble un stage technique de trois jours. La question posée était : « Avec quels membres du groupe souhaiteriez-vous suivre ultérieurement un stage complémentaire ? »

La sociométrie se rattache au nom et aux idées de J. L. Moreno, mais ensuite les techniques sociométriques se sont développées indépendamment des projets de leur inventeur. La démarche primordiale consiste à inviter les membres d'un groupe quelconque à désigner ceux avec lesquels ils préféreraient s'associer dans telle situation ou telle activité déterminée (jeux, travaux, cohabitation, confidences, etc.). Faute de témoignage verbal, le sociométriste peut observer les conduites d'attrait et d'évitement au cours de la vie quotidienne. Il s'efforcera par la suite de satisfaire autant que possible les tendances exprimées ou constatées. Dans l'analyse sociométrique, les préférences sont sollicitées en nombre libre ou fixe (trois, le plus souvent) ; elles sont rassemblées sur une *sociomatrice* (Figure 1) où les choix émis figurent en ligne, les choix reçus en colonne. D'où résultent trois types d'informations psychosociales.

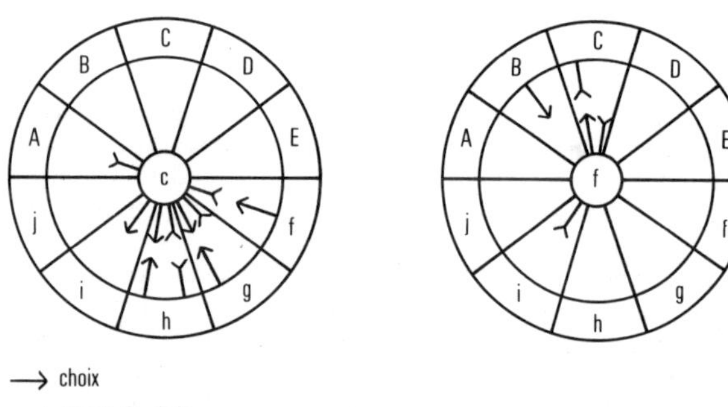

Figure 2. Sociogrammes individuels.
Sociabilité du sujet C, préféré : *assez* expansif *(trois choix émis),* clairvoyant *(les trois choix reçus sont perçus, mais il s'y ajoute une présomption illusoire à propos de A.).*
Sociabilité du sujet f, isolé : *peu expansif (un seul choix émis), peu* clairvoyant *(ne perçoit pas le choix reçu de B et présume illusoirement deux autres choix).*

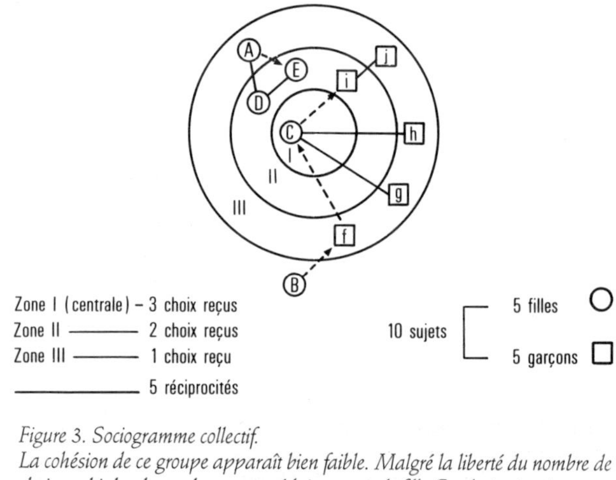

Figure 3. Sociogramme collectif.
La cohésion de ce groupe apparaît bien faible. Malgré la liberté du nombre de choix multiples, leur volume reste réduit ; une seule fille C polarise 3 sujets masculins sur 5 (les deux autres garçons formant une paire i-j), tandis que les trois autres filles constituent une sorte de clan (triangle ADE), la dernière fille B restant isolée et choisissant le garçon f, lui-même uniquement attiré par C. On voit que la cohésion ne se confond pas avec le réseau d'association par paires puisque 8 sujets sur 10 se trouvent impliqués dans au moins une réciprocité.

Au *niveau individuel*, en tant qu'émetteurs de choix, les sujets peuvent se montrer plus ou moins « expansifs »; le cas limite étant celui du solitaire qui ne désigne personne. Mais c'est surtout en tant que récepteurs qu'apparaissent des différences significatives de « statut sociométrique » : certains sujets sont très appréciés (on parlera de « popularité » — ou de « leadership » s'il s'agit de choisir un chef ou un délégué) ; d'autres sont négligés ou complètement isolés. On peut ainsi procéder à diverses comparaisons : d'abord entre les sujets, puis en fonction des critères de choix, enfin à travers le temps, en suivant l'évolution des statuts entre deux tests sociométriques — confrontation intéressante en cas de rééducation ou de sociothérapie. Des indices individuels peuvent être établis à partir des attitudes sélectives et perceptives (Figure 2).

Au niveau *interpersonnel*, le jeu des réponses fait ressortir une diversité de relations « dyadiques » entre les gens pris 2 à 2 (Figure 3). Ici les attitudes réciproques s'opposent aux attitudes unilatérales. En outre, si l'on ajoute à la question sélective (choix ou rejet) une question *perceptive* concernant la manière dont les sujets se représentent à leur statut affectif (« Par qui pensez-vous avoir été choisi ? » « Par qui pensez-vous avoir été rejeté ? »), on peut procéder à une analyse relationnelle plus poussée. En combinant les réponses sélectives et perceptives, on établit dix catégories possibles de dyades, dont la fréquence effective est très inégale et varie avec l'histoire du groupe. D'autre part, en confrontant les choix émis, présumés et reçus, on peut estimer le degré de réalisme ou d'illusion de chacun.

Au niveau du *groupe* pris comme un tout, l'étude sociométrique permet d'évaluer partiellement la cohésion : structure et densité des réseaux d'affinité et d'ostracisme, nombre de sujets isolés ou rejetés, absence ou présence de « clivages » et de « clans » au sein du groupe ; elle permet, dans certains cas, de comparer cette structure informelle à l'organigramme officiel.

L'ensemble de ces résultats peut être symbolisé et systématisé dans des *sociogrammes*, sortes de radiographies affectives des groupes ou de tels ou tels de leurs membres. Les sociogrammes collectifs établis selon la technique de la « cible » (M. Northway) représentent la diversité des statuts, les choix réciproques, la chaîne des relations et ses éventuels clivages. Les sociogrammes individuels établis selon la technique de la « roue » (J. Maisonneuve), à l'aide de symboles vectoriels, constituent la base d'un diagnostic de sociabilité à un moment donné et l'on obtient l'examen de son évolution, en pratiquant un re-test.

La sociométrie fournit à la psychologie sociale une double contribution. En matière de recherche, elle a permis non seulement l'étude monographique de multiples collectivités, mais aussi le calcul d'indices de sociabilité et l'élaboration de modèles concernant les structures affinitaires ; des travaux statistiques plus ou moins complexes portent sur les corrélations intercritériales, la distribution et l'évolution des types de dyades, l'analyse matricielle et des relations par interpositions. D'autre part, si l'on veut dépasser le niveau descriptif, les résultats sociométriques doivent être mis en relation avec des facteurs d'ordre mental et social, à partir d'hypothèses interprétatives. Quant aux variables sociologiques, on a pu établir l'importance des cadres sociaux dans le jeu des sélections : voisinage, effet « homophilique » de l'analogie d'âge, de sexe, d'ethnie, de profession, d'opinion. Quant aux facteurs psychologiques, on a pu corréler certains traits de caractère et certains statuts sociométriques sans parvenir toutefois à des résultats décisifs et constants.

En matière d'intervention, le terrain d'élection de la sociométrie reste celui de ses origines : l'éducation, la rééducation, l'expansion des groupements spontanés. Éclairé par ses investigations, le sociométriste peut faciliter l'intégration d'un isolé en le rapprochant de ceux qui l'acceptent, libérer les ressources des leaders informels dans certaines situations collectives d'autogestion, constituer des équipes cohérentes en favorisant le jeu des affinités. Certains ont été tentés d'envisager de telles applications dans le cadre de la vie professionnelle et publique, ce qui soulève alors de graves problèmes déontologiques ; car l'objectif poursuivi risque d'être soit le seul rendement pratique, soit, plus dangereusement, la manipulation des personnes et des groupes par les détenteurs d'un pouvoir d'affectation et de promotion. Il revient donc aux praticiens et aux consultants d'écouter toute pression officielle visant à extorquer des témoignages sociométriques à un groupe ; ce qui n'exclut en rien l'importance de la sensibilité relationnelle chez tout responsable d'une collectivité. J. M.

→ affinité, attraction interpersonnelle.

BIBLIOGRAPHIE

Maisonneuve, J., 1965, *la Sociométrie*, in Fraisse, P., et Piaget, J., *Traité de psychologie expérimentale*, tome IX, Paris, P.U.F.

Moreno, J. L., 1934, *les Fondements de la sociométrie,* trad. fr., 1954, Paris, P.U.F.

soi

n.m. (angl. Self)

PSYCHAN. **Chez M. Klein, ensemble des sentiments et des pulsions de la personnalité tout entière, par différence avec le moi qui se réfère à la structure de la personnalité.** (Syn. self.)

Quand l'objet se clive en bon et en mauvais, il en est de même pour le soi, dont les différentes parties ainsi clivées peuvent entrer en conflit.

THÉRAP. **Pour l'école de Palo Alto, le moi de l'individu en tant qu'il se caractérise par son identité et son autonomie en se dotant de valeurs et de contre-valeurs.**

Dans l'écosystème familial, le soi se constitue par référence au mythe familial, et, selon Murray Bowen, par le processus de *différenciation* du soi.* R. L.

→ self.

soif

n.f. (angl. Thirst)

État subjectif déclenché par l'élévation de la concentration de chlorure de sodium dans le milieu extracellulaire ou par la diminution du volume sanguin circulant. J.-M. C.

solvant

n.m. (angl. Solvent)

Substance volatile dont l'action psychotrope procure une forme d'ivresse.

Le phénomène de l'inhalation de solvants volatils chez de jeunes adolescents a pu faire parler dans les années 1980 de « nouvelle toxicomanie ». De fait, les études montrent qu'il s'agit le plus souvent de pratiques de groupe, frappant de façon épidémique certains quartiers ou établissements d'éducation. Cette pratique est en général très limitée dans le temps. Plus donc que de toxicomanie, il s'agit d'un usage de produits toxiques, souvent affiché et provocant : il a le sens de l'expression d'un malaise individuel, familial, social, et doit être pris en compte comme un appel chez des adolescents en difficulté.

Les substances en cause sont très nombreuses : soit détachants liquides (trichloréthylène, « eau écarlate »), soit colles de diverses sortes. Il est à noter qu'il ne s'agit pas de produits interdits, mais seulement détournés de leur usage. Les substances sont inhalées directement (dans un flacon, sur un coton) ou, plus souvent, dans des sacs en plastique.

Les effets recherchés s'apparentent à l'ivresse *éthérique* : phase d'ivresse euphorique, suivie de phénomènes hypnagogiques hallucinosiques, dans un contexte onirique ; enfin sédation avec parfois entrée dans le sommeil.

Des comas peuvent survenir, ainsi que des troubles aigus : syndrome confusionnel ou confuso-onirique, mort par asphyxie, rarement œdème aigu du poumon ou arrêt cardiaque.

Des troubles psychiques et physiques liés à l'utilisation chronique sont décrits : leur existence en clinique est rare, ce style de pratique donnant rarement lieu à une conduite de type toxicomaniaque au long cours. M. V.

BIBLIOGRAPHIE

Angel, P., Botbol, M., et Facy, F., 1987, *Adolescence et solvants*, Paris, Écho Centurion.

somalcoolose

n.f.

Forme clinique d'alcoolopathie caractérisée par l'apparition soudaine de crises aiguës d'ivresse atypiques de courte durée (quelques heures) et rares (4 à 6 fois par an).

L'impulsion à ingérer très rapidement des boissons à fort degré alcoolique (ou des liquides insolites, eau de Cologne par exemple) peut provoquer une alcoolepsie : destructuration organo-psychique grave, très brève. Beaucoup plus fréquente chez la femme alcoolique que chez l'alcoolique masculin, la somalcoolose n'est liée ni à la cyclothymie ni à la comitialité. P. F.

somatisation

n.f. (angl. Somatization)

Tendance à éprouver et à exprimer une souffrance somatique en réponse à un stress ou à un traumatisme psychique.

C'est une notion assez ambiguë (Z. J. Lipowski) qu'il faut à la fois distinguer de celle de conversion hystérique et de celle de maladie psychosomatique dont la psychogenèse va conduire aux atteintes corporelles par des mécanismes généralement neuroendocriniens.

La somatisation est le plus souvent associée à des troubles dépressifs et anxieux majeurs et constitue l'élément central des « troubles somatoformes » du DSM III-R. L'état dépressif revêt souvent l'aspect d'une « dépression masquée » qu'il faut essayer de repérer au milieu des plaintes somatiques du patient.

La reconnaissance de la nature de la demande, de la raison pour laquelle le patient consulte est nécessaire. Chacune nécessite une réponse bien adaptée. La coexistence d'un versant somatique et d'un versant psychique doit faire aborder dans le traitement ces deux aspects à la fois (J. de Butler). J. P.

somatognosie

n.f. (angl. Somathesthesia, Somesthesia)

Connaissance que l'on a de son corps et des relations entre ses différentes parties. R. L.

somatotopie

n.f. (angl. Somatotspy)

PSYCHOPHYSIOL. **Préservation, à tous les étages des voies de transmission et au niveau cortical, des rapports de contiguïté qui existent entre les surfaces réceptrices ou entre les groupes musculaires.**

En ce qui concerne les surfaces réceptrices cutanées, chaque région corporelle occupe un territoire cortical bien délimité de la circonvolution pariétale ascendante contralatérale ou circonvolution postcentrale (aire somesthésique primaire). L'importance variable des projections de la surface corporelle est représentée par une figurine, l'« homuncule » (Homunculus). Le schéma de l'homuncule, souvent représenté dans les livres de neuroanatomie, indique la position occupée par l'image tactile ou motrice de chaque partie du corps dans le cerveau. Les difformités de cet homuncule traduisent l'absence de proportionnalité entre une surface corporelle donnée et la surface corticale correspondante. Chez l'Homme, l'importance de la surface occupée sur le cortex par la face, la main et le pouce, s'explique sans doute par la richesse de l'innervation périphérique de ces zones en relation avec leur importance fonctionnelle. À côté d'une représentation somatotopique des surfaces cutanées, il existe une rétinotopie dans les différentes aires corticales visuelles et une représentation de la cochlée au niveau des aires auditives. Une somatotopie motrice, très semblable à la somatotopie sensorielle, a été mise en évidence le long de la circonvolution frontale ascendante ou circonvolution précentrale (aire motrice primaire). L'Homunculus moteur présente les mêmes difformités que l'Homunculus sensoriel.

La forte représentation corticale de la face, de la main et du pouce, peut être mise en relation avec la richesse et la finesse des mouvements dont ces régions sont capables. Les caractéristiques des Homunculus dépendent donc du fonctionnement de l'organisme. Une atteinte à l'intégrité corporelle (amputation, par exemple), entraînera une réorganisation de la représentation corticale du territoire lésé, qui se traduira, le plus souvent, par une expansion compensatrice des projections des territoires adjacents. G. S.

somesthésie

n.f. (angl. Somesthesis)

Ensemble des sensibilités somatique (cutanée et musculaire) et viscérale.

Ce terme recouvre partiellement les domaines classés par G. S. Sherrington en sensibilité extéroceptive (sensibilité de la surface du corps), proprioceptive (sensibilité du corps à son propre déplacement) et intéroceptive (viscérale). J.-M. C.

sommation

n.f. (angl. Summation)

Convergence sur la membrane d'un neurone de potentiels synaptiques excitateurs ou inhibiteurs.

La membrane neuronique est caractérisée par une résistance transversale R et une capacité C déterminant une constante de temps RC telle que la réponse de cette membrane à une variation brève de courant (potentiel synaptique ou stimulation artificielle) ne s'établit que de façon exponentielle, avec un temps proportionnel à RC. Il s'ensuit que deux potentiels décalés dans le temps peuvent se sommer si le second survient avant que les effets du premier ne se soient dissipés. On parle dans ce cas de *sommation temporelle*.

Par ailleurs, le cytoplasme intracellulaire possède une résistance axiale qui détermine la valeur du potentiel apparaissant passivement à une distance donnée du flux de courant stimulant. Les potentiels résultants de deux courants appliqués à une certaine distance l'un de l'autre sur la membrane d'un même neurone peuvent ainsi se sommer et atteindre éventuellement le seuil d'émission du potentiel d'action. C'est le phénomène de *sommation spatiale*. J.-M. C.

sommeil

n.m. (angl. Sleep)

État physiologique périodique caractérisé par la suppression de toute relation volontaire avec l'environnement.

L'alternance activité-repos existe chez tous les êtres vivants mais on ne peut parler de sommeil que lorsque l'on dispose de moyens objectifs de mesurer des variations de l'activité électrophysiologiques ; ainsi, l'immobilisation des Insectes à certains moments n'est probablement qu'un pseudo-sommeil. Le système nerveux n'est pas suffisamment développé chez les Poissons pour que l'on puisse lui appliquer les critères électroencéphalographiques (E.E.G.). Les Batraciens ne présentent pas de différence E.E.G. pendant l'activité et le repos. En revanche les Reptiles présentent des modifications de l'E.E.G. lors des périodes de repos et les Oiseaux ont un sommeil qui ressemble à celui des Mammifères.

Chez tous les Mammifères, on trouve les mêmes aspects généraux du sommeil : existence de deux états de sommeil, le sommeil à ondes lentes et le sommeil paradoxal, qui alternent ; proportion à peu près constante de ces deux sommeils dans le nycthémère ; structure nycthémérale se reproduisant d'un jour à l'autre. Chez tous les Mammifères, selon des degrés divers, le sommeil évolue au cours de la vie : notamment le sommeil paradoxal, qui occupe la majeure partie du temps de sommeil chez le fœtus, diminue progressivement avec la maturation (celle-ci étant plus ou moins rapide selon les espèces) pour se stabiliser ensuite.

ÉTUDE POLYGRAPHIQUE DU SOMMEIL

L'étude polygraphique permet d'enregistrer simultanément de

nombreux paramètres physiologiques modifiés pendant le sommeil, notamment: l'électroencéphalogramme (activité électrique cérébrale); l'électromyogramme (activité musculaire axiale); l'oculogramme (mouvements oculaires enregistrés par des électrodes périorbitaires); l'électrocardiogramme (activité électrique du cœur); l'électrodermogramme (activité électrique à la surface de la peau).

Ces mesures objectives ont permis de différencier deux phases principales dans le déroulement du sommeil (W. Dement et N. Kleitman, 1957).

SOMMEIL LENT

Le sommeil lent (S.L. ou NREM: Non-Rapid Eye Movement, c'est-à-dire sans mouvements oculaires rapides) se subdivise en 4 stades (1 à 4), qui vont de l'endormissement au sommeil profond. Au fur et à mesure que le sommeil s'approfondit, le seuil d'éveil s'élève. L'électroencéphalogramme (E.E.G.) montre des tracés de plus en plus lents, avec des graphoéléments spécifiques apparaissant aux stades 2 et 3 (fuseaux et complexes K). Le dormeur est calme; sa tension artérielle s'abaisse.

En cas d'éveil provoqué au cours d'une phase de sommeil lent, le dormeur a besoin d'un temps de latence pour se restituer dans la réalité. Interrogé sur les pensées précédant l'éveil, il rapporte des pensées relativement abstraites et peu chargées d'affects.

SOMMEIL PARADOXAL

Le sommeil paradoxal (S.P.), ou REM: Rapid Eye Movement (c'est-à-dire à mouvements oculaires rapides), se caractérise par la discordance entre un tracé E.E.G. d'éveil et la profondeur du sommeil. L'éveil est provoqué plus difficilement que dans la phase de sommeil lent profond (stade 4). Outre les mouvements oculaires rapides, qui ont servi à désigner cette phase du sommeil, on observe une baisse du tonus musculaire et des mouvements de la face et des extrémités, ainsi qu'une érection pénienne. Réveillé en phase REM, le dormeur rapporte généralement un rêve.

Le sommeil lent et le sommeil paradoxal se succèdent au cours de cycles de 90 à 120 min survenant 4 ou 5 fois pendant la nuit. Un cycle commence par une phase de sommeil lent progressant du stade 1 au stade 4. On observe ensuite un retour aux stades 1 et 2, qui précèdent de quelques minutes une phase de sommeil paradoxal. Le sommeil paradoxal représente environ 20% et le sommeil lent 80% du temps de sommeil total. Le sommeil lent prédomine en début de nuit et le sommeil paradoxal en fin de nuit.

Lors d'expériences d'éveil provoqué en phase de sommeil paradoxal, le dormeur livre surtout des images chargées d'un fort sentiment de réalité. On mentionnera ici les «hallucinations hypnagogiques», phénomènes psychosensoriels observés chez le sujet normal au cours de l'endormissement (impression de chute dans l'espace, de flottement, de déformation de l'image corporelle). À la différence du rêve, ces hallucinations hypnagogiques surviennent lors de l'endormissement, en début de sommeil lent, sont de durée brève, n'entraînent pas l'adhésion du sujet, qui reste un spectateur passif, et sont relativement dénuées de coloration affective.

Le sommeil intermédiaire comporte des éléments électroencéphalographiques appartenant aux 2 phases précédentes. Il constitue généralement un faible pourcentage du sommeil total, sauf dans certains états pathologiques.

D'autres paramètres nycthéméraux (variant au cours des 24 heures), comme les taux de diverses hormones, se modifient au cours du sommeil, qui constitue seulement le plus apparent des rythmes biologiques (→ hypnogramme, Figure 1).

NEUROANATOMIE: À LA RECHERCHE D'UN CENTRE DU SOMMEIL

Le sommeil est en quelque sorte l'envers de l'éveil. Or, en 1949, G. Moruzzi et H. Magoun ont montré que le tronc cérébral contenait une structure responsable de l'éveil: le système réticulaire activateur ascendant (S.R.A.A.), stimulant en permanence le cortex, le S.R.A.A. étant lui-même influencé par les stimulus venus du monde extérieur. L'éveil cortical dépend également de fibres noradrénergiques issues de la partie antérieure d'un noyau sous-cortical, le locus caeruleus. D'autres structures cérébrales ont encore été mises en cause dans l'éveil, qu'elles soient ou non noradrénergiques (comme le locus niger, dopaminergique). Cependant, la simple diminution des influx sensoriels, entraînant une diminution de l'activité du S.R.A.A., ne suffit pas à expliquer l'apparition du sommeil et sa différenciation en deux phases, S.P. et S.L.

En pratiquant des sections étagées du tronc cérébral et en électrocoagulant des régions précises du cerveau chez l'Animal vivant,

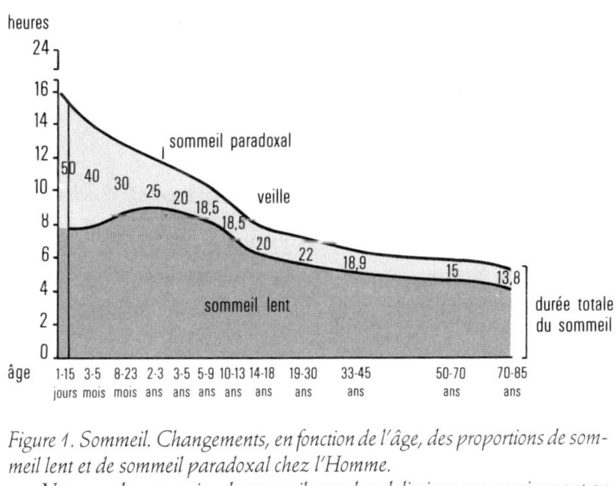

Figure 1. Sommeil. Changements, en fonction de l'âge, des proportions de sommeil lent et de sommeil paradoxal chez l'Homme.

Noter que la proportion de sommeil paradoxal diminue progressivement au cours de l'ontogenèse. Elle représente, à la naissance, la moitié du temps de sommeil total. Cette relation entre l'âge et la quantité de sommeil paradoxal permet de faire l'hypothèse que ce dernier est lié à la maturation postnatale du système nerveux central ainsi qu'à la nécessité de fixer, en mémoire, les acquisitions nouvelles. (D'après Roffwarg et alii, 1966).

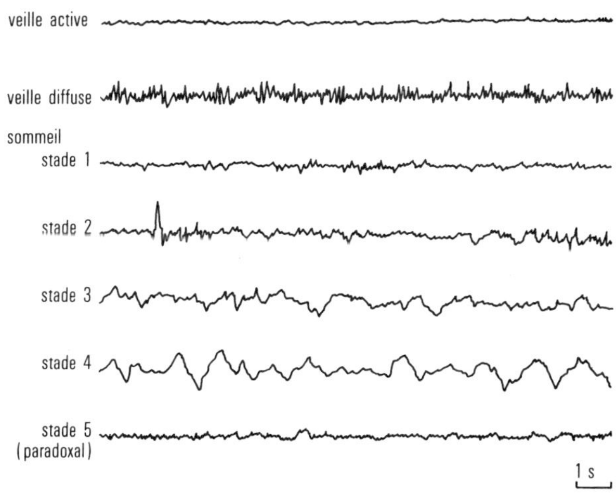

Figure 2. Sommeil. Les principaux stades identifiables sur l'électroencéphalogramme de l'Homme.

Veille active: tracé «désynchronisé», activité rapide de bas voltage.

Veille diffuse: rythme alpha (8 à 12 cycles) en fuseaux caractéristiques.

Sommeil: stade 1, sommeil très léger, l'activité «alpha» se raréfie, sa fréquence diminue (rythme thêta); stade 2, sommeil léger, bouffées d'activités «sigma» (8 à 15 cycles) dites «spindles» et présence de potentiels évoqués par des stimulus externes (pointes V, complexes K, voir partie gauche du tracé); stade 3, apparition d'ondes «delta» (1 à 3 cycles) polymorphes; stade 4, sommeil profond, généralisation des ondes «delta» monomorphes; stade 5, sommeil «paradoxal» caractérisé par un tracé indiscernable du tracé de veille. (Il se distingue de ce dernier état par d'autres critères, mouvements des yeux, chute du tonus musculaire, etc.).

Il faut remarquer que la distinction de ces différents stades de sommeil est faite sur la base de l'existence d'une configuration particulière de certains paramètres électrophysiologiques. Il serait faux de penser que cette classification arbitraire recouvre des aspects fonctionnels distincts, car cela n'a pas encore été démontré. (D'après V. Bloch, 1973).

les chercheurs ont tenté de localiser les centres responsables du sommeil et de ses différents aspects.

Les noyaux du raphé médian, situés au niveau du bulbe et du pont, inhibent le système d'éveil et influencent le sommeil lent. Le système thalamique à projection diffuse pourrait jouer un rôle de relais de cette inhibition. Cependant, le thalamus, soumis à un autre type de stimulation, peut aussi provoquer l'éveil.

Alors que les noyaux de raphé influencent le sommeil lent, la partie postérieure du locus caeruleus contrôlerait le sommeil paradoxal. La destruction de la partie postérieure du locus caeruleus entraîne par exemple un comportement moteur de veille chez l'Animal (Chat) endormi. Au lieu de la baisse attendue du tonus musculaire, on observe des mouvements musculaires qui laissent penser que le Chat « agit son rêve ».

Neurotransmetteurs et sommeil

Divers neurotransmetteurs sont impliqués dans la régulation du sommeil sans que leur rôle exact soit parfaitement connu. La sérotonine est retrouvée dans les noyaux du raphé, qui ont une influence sur le sommeil lent; la noradrénaline, dans le locus caeruleus, intervient dans le sommeil paradoxal.

Le rôle de la noradrénaline a été mis en évidence par le blocage de sa synthèse: par exemple en administrant de l'alpha-méthyl-P-tyrosine, qui inhibe la tyrosine hydroxylase, enzyme indispensable à la synthèse des catécholamines. On observe alors une disparition du sommeil paradoxal. Le même résultat est obtenu par destruction stéréotaxique (guidée par le repérage des structures neuroanatomiques) des cellules noradrénergiques du locus caeruleus. Ainsi, la noradrénaline jouerait un rôle à la fois dans l'éveil et dans le contrôle du sommeil paradoxal.

D'autres neurotransmetteurs sont impliqués dans la régulation du sommeil, en particulier l'acétylcholine (sommeil paradoxal), l'acide gamma-amino-butyrique et d'hypothétiques « facteurs de sommeil » peptidiques.

Parmi les monoamines du système nerveux central, la sérotonine (5HT) semble jouer un rôle prépondérant dans la régulation du sommeil. Le système sérotononergique du tronc cérébral interviendrait dans le déclenchement et le maintien du sommeil lent et la préparation du sommeil paradoxal. Lorsque de nouvelles techniques ont permis d'observer l'activité des neurones sérotoninergiques au cours de l'éveil et du sommeil, le lien entre sérotonine et sommeil est apparu moins comme une relation de causalité directe que comme une influence indirecte.

Deux types d'expériences plaident en faveur d'une implication de la 5HT dans la régulation du sommeil: la destruction incomplète chez l'Animal des noyaux du raphé, structure sous-corticale riche en sérotonine, est suivie d'une insomnie totale et de longue durée (M. Jouvet, 1972); la récupération du sommeil est progressive, peut-être par bourgeonnement des axones des neurones sérotoninergiques; l'administration de P.C.P.A. (parachlorophénylalanine), inhibiteur de la synthèse de la 5HT, entraîne également une insomnie de longue durée chez le Chat. Lorsqu'au cours de la même expérience on injecte dans la circulation sanguine ou directement dans les ventricules cérébraux du 5-hydroxytryptophane, précurseur immédiat de la sérotonine, les décharges de pointes ponto-géniculo-occipitales (P.G.O.) disparaissent à l'E.E.G. et tous les stades du sommeil réapparaissent. Cette expérience ne démontre pourtant pas que la 5HT soit nécessaire au déclenchement du sommeil. Le long délai (60 min) avant la réapparition du sommeil lent (S2) et du sommeil paradoxal n'est pas compatible avec l'effet direct d'un neurotransmetteur. La suppression immédiate de la décharge de pointes P.G.O. témoigne cependant du rétablissement d'un contrôle inhibiteur exercé par les neurones du raphé sur les structures du pont qui génèrent les pointes P.G.O.

Le rôle de la 5HT n'est pas clair. L'administration de substances d'action opposée, agonistes ou antagonistes de la 5HT, peut provoquer des effets semblables sur le sommeil lent et le sommeil paradoxal. Lorsqu'on étudie l'activité électrophysiologique d'un seul neurone sérotoninergique, cette activité baisse pendant le sommeil lent et le sommeil paradoxal. La libération de 5HT dans certaines structures cérébrales, comme le cortex, diminue pendant le sommeil lent et plus encore pendant le sommeil paradoxal.

La 5HT, libérée au cours de la journée, agirait immédiatement comme un neurotransmetteur en jeu dans l'éveil et en même temps interviendrait sur les conditions permettant l'apparition du sommeil, peut-être en contrôlant la synthèse ou la libération de facteurs hypnogènes.

La 5HT n'a pas le même effet sur le sommeil lent et le sommeil paradoxal. L'occupation des récepteurs sérotoninergiques par des substances antagonistes empêche l'induction du sommeil lent (comme ci-dessus par le 5-hydroxytryptophane) mais ne fait que retarder l'apparition du sommeil paradoxal. Le sommeil paradoxal serait seulement modulé par la 5HT, qui jouerait un rôle relativement plus direct à l'égard du sommeil lent.

En cas de privation de sommeil, on constate secondairement un phénomène de rebond avec augmentation du sommeil lent et du sommeil paradoxal. L'administration de P.C.P.A., associée à une privation de sommeil de 48 heures, entraîne une nette diminution du sommeil lent, avec une disparition du sommeil lent profond, alors que le rebond de sommeil paradoxal est toujours observé, sous forme d'attaques narcoleptiques. (→ narcolepsie.) Or le rebond attendu après privation de sommeil est normalement observé quand le P.C.P.A. est administré *à la fin* des 48 heures de privation de sommeil. Tout se passe comme si des substances hypnogènes s'accumulaient au début de la privation de sommeil, tant que l'organisme dispose de sérotonine. L'insuffisance en 5HT empêche l'apparition du sommeil lent mais non du sommeil paradoxal.

Ainsi, la sérotonine pourrait intervenir en activant les structures exécutives du sommeil lent ou en inhibant les circuits d'activation au niveau du cortex. Elle jouerait un rôle modulateur à l'égard du sommeil paradoxal: libérée pendant l'éveil, elle influerait sur la synthèse et la libération d'un second messager responsable du sommeil paradoxal.

Mais quelles sont les structures influencées par la sérotonine? Des méthodes de marquage des tissus par des substances radioactives (autoradiographie, immunohistochimie) ont montré que, lors de l'injection intraventriculaire de 5 HTP (précurseur de la sérotonine) entraînant une réapparition du sommeil chez des Chats rendus préalablement insomniaques par le P.C.P.A., seules les structures situées au voisinage des ventricules sont marquées fortement par les anticorps dirigés contre la sérotonine. Pour préciser le rôle spécifique de chacune de ces structures proches du diencéphale, on a effectué des micro-injections localisées intracérébrales. Certaines régions injectées ont été choisies à la suite de l'expérience précédente pour leur immunoréactivité à l'égard de la sérotonine (noyaux raphé dorsalis et pallidus, noyau sérotoninergique B 1, noyau tubéromamillaire et noyau suprachiasmatique de l'hypothalamus). D'autres ont été retenues en raison du rôle qui leur a été traditionnellement attribué dans la physiologie du sommeil (formation réticulée mésencéphalique, locus caeruleus, noyau du faisceau solitaire, formation réticulée bulbaire). De toutes les injections, seules celles réalisées dans l'hypothalamus ont induit le sommeil chez les Chats rendus insomniaques par le P.C.P.A. (M. Sallanon et coll., 1983). Il semble que l'hypothalamus régule le cycle veille-sommeil par un mécanisme sérotoninergique. L'hypothalamus postérieur interviendrait dans le contrôle de l'éveil alors que l'hypothalamus antérieur jouerait un rôle dans l'apparition du sommeil paradoxal et du sommeil lent de type S2.

Cependant, des substances *antagonistes* de la sérotonine, comme la ritansérine, augmentent le sommeil lent chez l'Homme, ce qui semble contradictoire en regard de l'observation d'une augmentation de la quantité de sommeil lent après administration d'*agonistes* sérotoninergiques, comme le tryptophane ou la fenfluramine. Le sommeil pourrait en réalité être contrôlé par deux mécanismes opposés: l'un, facilitateur, passant par les récepteurs 5HT de type 1 et l'autre, inhibiteur, relayé par les récepteurs 5HT de type 2. Certains composés sérotoninergiques agiraient sur l'ensemble des récepteurs 5HT et n'auraient ainsi aucun effet spécifique. C'est le cas d'un antagoniste 5HT comme le méthysergide. Au contraire, un antagoniste spécifique 5HT2 comme la ritansérine augmente le sommeil lent. Selon cette hypothèse, l'existence de récepteurs différents expliquerait certaines contradictions des observations pharmacologiques.

On notera le caractère complexe, fragmentaire et parfois contradictoire des résultats expérimentaux. Les neurotransmetteurs interviennent dans des comportements si nombreux et selon des circuits si compliqués qu'il est vain de leur attribuer un rôle exclusif et direct dans la biologie du sommeil.

Sommeil et chronobiologie

Le sommeil intéresse les chronobiologistes, qui étudient le rythme des grandes fonctions de l'organisme. Le rythme du sommeil est habituellement circadien, réalisant un cycle de 24 heures sous l'influence de nombreux « synchroniseurs » physiologiques (succession jour-nuit, variations de la température, etc.) ou sociaux (travail-repos, etc.), qui jouent un rôle d'entraînement. Il existe également des synchroniseurs internes. Une *horloge biologique*, structure anatomique située au niveau du noyau cérébral suprachiasmatique, semble responsable de l'alternance veille-sommeil chez le Rat. (→ horloge biologique.)

Lors d'expériences d'isolement sensoriel par rapport aux repères habituels, on s'aperçoit que le rythme veille-sommeil se modifie : le cycle dépasse 24 heures et la durée de la phase d'éveil s'allonge.

Certaines fonctions de l'organisme (température centrale, hormones comme le cortisol ou les hormones hypophysaires) sont liées à l'alternance veille-sommeil ou à l'apparition des différentes phases du sommeil. Ainsi, on pourrait comprendre les variations interindividuelles du niveau d'éveil. Les sujets dits « du matin » par exemple atteindraient leur pic diurne de température centrale plus tôt dans la journée. Par ailleurs, les horaires tournants ou les décalages horaires entraînent des modifications parfois prolongées de ces différents rythmes biologiques.

Variations des paramètres du sommeil

Variations interindividuelles

E. Hartmann a particulièrement étudié les longs et les courts dormeurs. La durée totale du sommeil varie peu en fonction de la géographie, du climat, des contextes sociaux (notamment des heures choisies pour dormir). L'adulte jeune dort 7 à 8 heures par nuit. Le court dormeur se contente de moins de 6 heures de sommeil et le long dormeur dort plus de 9 heures. Ces variations sont normales et doivent être respectées.

Variations intra-individuelles

Des modulations du besoin de sommeil total sont observées selon les conditions d'existence. Le temps de sommeil lent profond et le rapport sommeil paradoxal/sommeil lent semblent relativement stables.

Architecture du sommeil selon les espèces

Le sommeil paradoxal apparaît chez les Oiseaux et surtout les Mammifères. Il n'existe pas chez les Invertébrés. Chez l'Homme, le sommeil paradoxal est particulièrement abondant dans la vie fœtale et la période périnatale et, pense-t-on, pourrait jouer un rôle dans la maturation du système nerveux central.

Au sein d'une même espèce, les variations interindividuelles des paramètres du sommeil dépendent des conditions éthologiques (habitat, alimentation, etc.). Ainsi, chez les Animaux soumis aux prédateurs, le sommeil paradoxal serait moins abondant ou fragmenté, comme si la nature minimisait les risques liés à un seuil de réveil élevé au cours de cette phase.

Architecture du sommeil selon l'âge

Alors que l'importance du sommeil paradoxal au début de la vie correspond à la maturation du système nerveux central chez le nouveau-né, l'organisation ultérieure du sommeil subit l'influence des rythmes sociaux, en particulier nycthéméraux.

Avec le vieillissement s'observe une diminution graduelle du sommeil profond et du sommeil paradoxal. La capacité à rester endormi diminue. Les réveils sont plus fréquents, surtout en fin de nuit, et plus longs, en même temps que diminue le rapport temps dormi/temps passé au lit. On dit que l'« efficacité » du sommeil diminue. Le temps d'endormisssement le soir ne varie guère avec l'âge et la durée du sommeil change peu. Cependant, la variabilité interindividuelle s'accroît. Des mesures effectuées pendant 15 jours chez des volontaires âgés de 60 ans en moyenne montrent que leur temps de sommeil reste de 8 heures, avec un écart interindividuel allant de 5h 15 à 9h20 (O. Webb, 1982). Les siestes augmentent aussi en fréquence avec l'âge. Dans l'étude de Webb, 33% des hommes et 5% des femmes ont fait au moins 7 siestes en 15 jours. Le recours à la sieste du sujet âgé correspond à une plus grande facilité à s'endormir le jour : pour J. Carskadon et coll. (1982), la moitié des personnes âgées de 60 à plus de 80 ans s'endorment en moins de 10 minutes contre 25% des sujets âgés en moyenne de 20 ans.

Mais l'organisation du cycle veille-sommeil change également : coucher plus précoce et réveil matinal. Des modifications physiologiques reflètent cette évolution. La température rectale nocturne est plus basse que chez le sujet jeune. Le creux sécrétoire de cortisol plasmatique survient plus tôt. Les pics sécrétoires de mélatonine et d'hormone somatotrope diminuent. Tout se passe comme si la structure circadienne devenait moins contraignante. Les périodes propres aux oscillateurs responsables des rythmes circadiens se modifient-elles ? Une autre hypothèse privilégie un trouble de la sensibilité aux « synchroniseurs » des rythmes circadiens (comme l'exposition quotidienne à la lumière), qui pourrait être responsable de cette désynchronisation.

Privation de sommeil

La privation totale de sommeil entraîne une baisse de l'attention sélective. Le niveau des performances, surtout dans les tâches répétitives, s'abaisse. La détérioration simultanée des capacités de mémorisation est difficile à différencier de la baisse de l'attention.

Le sujet devient agressif et asocial ; son comportement est instable ; il régresse sur le plan émotionnel. Après un certain temps de privation, on observe des illusions (troubles de la perception reconnus comme tels par le sujet) ou de véritables hallucinations visuelles et auditives.

Le sujet ne récupère pas la totalité du sommeil dont il a été privé. La première nuit de sommeil consiste essentiellement en sommeil lent profond (stades 3 et 4). Au cours des nuits suivantes on observe une grande quantité de sommeil paradoxal (rebond), jusqu'à 60% du temps de sommeil total, permettant de récupérer la dette de sommeil paradoxal sur le plan quantitatif. Au contraire, la récupération du sommeil lent est intervenue en priorité, sans combler le déficit de cette phase de sommeil.

Fonctions des phases du sommeil

Sommeil lent

Le sommeil lent semble essentiel au maintien de l'intégrité physique. Une dépense d'énergie supplémentaire (chez le sportif par exemple) accroît le besoin en sommeil lent. La quantité de sommeil lent ne varie pas aussi fortement que la quantité de sommeil paradoxal et de sommeil total. Sa baisse relative avec l'âge porte essentiellement sur les stades 3 et 4. Elle suit la diminution du métabolisme de base de l'organisme.

Le sommeil lent joue un rôle anabolisant. L'apparition de sommeil lent profond survient au moment du pic d'hormone de croissance (GH). De plus, le sommeil lent est nécessaire à l'apparition du sommeil paradoxal. Aussi peut-on faire l'hypothèse (Hartmann) que, pendant cette première phase, sont synthétisées des macromolécules, notamment protéiques, utilisées ensuite pendant la phase de sommeil paradoxal.

Sommeil paradoxal

La privation de sommeil paradoxal entraîne au bout de quelques jours l'apparition d'une anxiété, d'une irritabilité, de troubles de l'attention ainsi que d'une incoordination motrice.

Dans le développement des espèces, l'apparition du sommeil paradoxal correspond à un certain niveau de complexité du système nerveux central. Chez l'être humain, ce seraient les structures les plus impliquées dans le sommeil paradoxal qui se myéliniseraient in utero (aires sensorielles et motrices, système limbique).

Les psychotropes qui augmentent le taux de catécholamines (comme les amphétamines, les antidépresseurs I.M.A.O. et la plupart des tricycliques), ainsi que les électrochocs, diminuent fortement la quantité de sommeil paradoxal. On a donc fait l'hypothèse d'une fonction de restauration des mécanismes catécholaminergiques.

Le fait que, chez le Chaton nouveau-né, on observe dans la phase paradoxale des comportements moteurs plus élaborés que pendant l'éveil, à un niveau de développement moteur encore rudimentaire, laisse penser que ce comportement pourrait être programmé et sous la dépendance des centres du tronc cérébral. In utero, le sommeil paradoxal permettrait peut-être la répétition de comportements moteurs présentés comme «innés» (recherche du sein de la mère, agression, etc.).

Le sommeil paradoxal joue également un rôle dans les processus d'apprentissage. Ainsi, on comprendrait la baisse du sommeil paradoxal (et du sommeil total) dans la psychose de Korsakov, caractérisée par une incapacité à mémoriser des informations nouvelles. Chez les Chatons nouveau-nés, on a montré (M. Ohayon et coll., 1989) que des antidépresseurs supprimant le sommeil paradoxal entraînaient par rapport à un groupe témoin des troubles de la stratégie d'apprentissage, mis en évidence par l'observation éthologique quantifiée: exploration stérile de l'environnement et éloignement plus important par rapport à la mère, alors même que l'«attachement» joue un rôle essentiel dans cette période sensible du développement.

TROUBLES DU SOMMEIL

Parmi les classifications des troubles du sommeil, l'ASDC (Association of Sleep Disorders Centers) a proposé dès 1979 une classification diagnostique des troubles du sommeil et de l'*éveil* (angl. Arousal), d'inspiration américaine, élaborée parallèlement au DSM. Ce cadre très large regroupe:

— les *troubles de la phase initiale et du maintien du sommeil* (angl. Disorders of Initiating and Maintaining Sleep: DIMS);

— les *troubles caractérisés par une hypersomnie* (angl. Disorders of Excessive Somnolence: DOES);

— les *troubles du cycle veille-sommeil* (angl. Disorders of the Sleep-Wake Schedule);

— des aspects dysfonctionnels associés au sommeil, à certaines phases du sommeil ou à des états d'éveil partiel (parasomnies).

Les deux premières catégories reposent sur l'auto-observation du patient. Ces troubles sont les plus fréquents. Par ailleurs, des troubles appartenant aux diverses catégories peuvent être associés. Par exemple, des myoclonies nocturnes peuvent survenir en même temps qu'un trouble de l'endormissement (les mouvements des membres inférieurs gênent l'endormissement) et qu'une somnolence diurne excessive (micro-éveils répétés pendant la nuit).

Un diagnostic de trouble du sommeil doit privilégier ce dont le dormeur se plaint le plus et tenir également compte d'informations accessoires (ronflement, cadre du sommeil avec notamment le niveau d'éclairage et de bruit, utilisation d'alcool et de médicaments, antécédents médicaux et chirurgicaux). Le partenaire du dormeur apportera des informations dont le patient n'est pas conscient (ronflement, arrêts respiratoires, spasmes musculaires).

CLASSIFICATION DES TROUBLES DE LA PHASE INITIALE ET DU MAINTIEN DU SOMMEIL

Ces troubles sont:

— psychophysiologiques;

— associés à des troubles psychiatriques;

— associés à l'abus de médicaments, de drogues ou d'alcool.

Des troubles respiratoires sont induits par le sommeil (apnée de sommeil, hypoventilation alvéolaire); interviennent aussi des myoclonies nocturnes et des «jambes sans repos».

HYPERSOMNIES

Les hypersomnies sont:

— psychophysiologiques;

— associées à des troubles psychiatriques;

— associées à l'abus de médicaments, de drogues ou d'alcool.

Des troubles respiratoires sont induits par le sommeil (apnée de sommeil, hypoventilation alvéolaire); interviennent aussi des myoclonies nocturnes et des «jambes sans repos», la narcolepsie, des hypersomnies idiopathiques et des troubles associés à d'autres troubles médicaux, toxiques ou environnementaux.

TROUBLES DU CYCLE VEILLE-SOMMEIL

Ils sont soit transitoires (changement de fuseau horaire; changement d'horaires de travail), soit persistants (changements fréquents des horaires de sommeil, retard de phase, avance de phase, syndrome veille-sommeil ne coïncidant pas avec le nycthémère, organisation veille-sommeil irrégulière).

PARASOMNIES

Les parasomnies sont le somnambulisme, les terreurs nocturnes, l'énurésie. Parmi les autres troubles, on trouve les cauchemars, l'épilepsie nocturne, le bruxisme, une forme familiale de paralysie du sommeil, l'anérection pendant le sommeil. On trouve également les érections douloureuses pendant le sommeil, les céphalées de sommeil (notamment migraines), les troubles de la déglutition pendant le sommeil, l'asthme pendant le sommeil, les troubles cardio-vasculaires pendant le sommeil, le reflux gastro-œsophagien pendant le sommeil, l'hémoglobinurie paroxystique nocturne, etc.

DÉLAI D'ENDORMISSEMENT

À côté de l'enregistrement polygraphique des nuits de sommeil, le test itératif de latence d'endormissement permet d'apprécier l'autre aspect du cycle veille-sommeil: le niveau d'éveil diurne. Ce test mesure le délai d'endormissement à plusieurs moments de la journée (10 heures, midi, 14, 16 et 18 heures par exemple). Il a été mis au point à l'université Stanford par J. Carskadon et Dement (1977), qui partent de l'idée que l'on s'endort d'autant plus rapidement que l'on est plus somnolent. Le sujet est invité à se coucher et l'on mesure le délai séparant l'extinction de la lumière de la première époque de stade 1 ou de stade 2 ou encore de sommeil paradoxal. En cas d'endormissement, le dormeur est réveillé après 1 ou 10 minutes. En cas de non-endormissement, le test est interrompu au bout de 15 (ou 20) minutes. Un sujet souffrant de narcolepsie ou d'apnée du sommeil s'endormira plus rapidement (3 à 5 min en général) qu'un témoin normal lors de ce test.

DONNÉES ÉPIDÉMIOLOGIQUES

Les troubles du sommeil font partie de l'expérience de chacun. Cependant, une vaste enquête américaine (M. Coleman et coll., 1982) a montré que 35% des sujets souffrant d'insomnie et consultant dans un centre de traitement des troubles du sommeil présentaient une forme quelconque de pathologie psychiatrique apparemment à l'origine du trouble. Dans une étude réalisée auprès de la population de Los Angeles (E. O. Bixler et coll., 1979), 32% des sujets interrogés se plaignaient d'un trouble du sommeil au moment de l'enquête. D'autres études retrouvent des chiffres plus élevés.

La difficulté de ces enquêtes épidémiologiques provient de la subjectivité des données rapportées par les sujets interrogés. Lors d'un enregistrement de sommeil, les patients perçoivent mal le moment de l'endormissement et la durée totale du sommeil.

Les sujets âgés se plaignent davantage de troubles du sommeil. Les personnes de plus de 65 ans seraient responsables de plus de 50% de la consommation d'hypnotiques (O. Benoit, 1988). Certaines pathologies sont plus fréquentes chez eux: sur 145 personnes âgées de 65 à 95 ans, 62% présentaient au cours du sommeil soit un syndrome d'apnée (18%), soit des mouvements périodiques nocturnes (34%), soit les deux (10%) (S. Ancoli-Israel et coll., 1985).

TROUBLES DE LA PHASE INITIALE ET DU MAINTIEN DU SOMMEIL

Cette catégorie regroupe la majorité des insomnies observées en clinique courante. Si l'on suit la démarche de l'ASDC, on classe les insomnies selon leur durée (aiguës ou chroniques), selon qu'elles sont associées ou non à la prise d'alcool, de drogues ou de médicaments, selon la présence ou non d'un trouble psychiatrique ou somatique.

Plusieurs facteurs associés peuvent se retrouver chez un insomniaque. L'approche de l'ASDC insiste sur cet aspect multifactoriel de l'insomnie, rappelant la perspective multiaxiale du DSM III dans l'abord des troubles psychiatriques.

INSOMNIE PSYCHOPHYSIOLOGIQUE. Il existe une forme transitoire. Cette insomnie dure par convention moins de 3 semaines. Elle cesse généralement avec la disparition du facteur de stress qui en est responsable. Des facteurs étiologiques psychiatriques, comme une psychose maniaco-dépressive, ou somatiques, comme une hyperthyroïdie, doivent être éliminés. Le laboratoire de sommeil n'est pas nécessaire à l'exploration de cette insomnie. Des hypnotiques sédatifs comme les benzodiazépines sont le plus souvent prescrits à ce type de patients. Certains auteurs (J. H. Schulz et D. K. Reynolds, 1988) insistent sur la prudence nécessaire dans le traitement de ce type d'insomnie : pas de prescription pendant une durée supérieure à 3 mois ; exploration préalable d'un ronflement qui pourrait correspondre à un syndrome d'apnée du sommeil, risquant d'être aggravé par les benzodiazépines.

Et on trouve aussi une forme persistante. Les plaintes doivent être les mêmes que dans la forme transitoire mais elles deviennent chroniques. Le profil psychologique de ce type d'insomniaque est plus souvent pathologique. Au laboratoire de sommeil, le mauvais dormeur présente un niveau d'éveil plus élevé et moins de stade 4 que le sujet normal.

Un conditionnement négatif semble jouer un rôle important dans cette insomnie : les patients dorment mieux hors de leur environnement habituel et s'endorment paradoxalement dans le cadre nouveau pour eux du laboratoire de sommeil. Parfois, la tension psychique qui gêne l'endormissement provient des efforts excessifs qu'ils déploient chaque soir pour s'endormir.

Il est important de rechercher une pathologie psychiatrique associée dans ces insomnies persistantes ainsi qu'un abus de stimulants comme la caféine ou une consommation excessive d'alcool. Parfois, des sujets se plaignant de somnolence excessive ne parviennent pas à rester endormis, comme dans les apnées de sommeil. Des troubles du rythme circadien (décalages de phase : retard ou avance du moment de l'endormissement) peuvent passer pour une insomnie persistante mais s'en distinguent par la bonne qualité du sommeil une fois le sujet endormi.

Un enregistrement polygraphique de sommeil peut être utile dans ce type d'insomnie. Les traitements hypnotiques doivent intervenir seulement après avoir mis en place une bonne hygiène de sommeil. Parfois, un traitement antidépresseur parviendra à réduire une insomnie qui n'était que le symptôme d'une dépression sous-jacente. Dans ce cas, la polygraphie aura souvent montré un raccourcissement caractéristique de la latence du sommeil paradoxal.

MOUVEMENTS PÉRIODIQUES NOCTURNES. Des mouvements périodiques, appelées aussi myoclonies nocturnes, peuvent survenir au cours du sommeil. Ces secousses musculaires stéréotypées des membres inférieurs (surtout le muscle tibial antérieur, où ce mouvement peut être enregistré par électromyographie au laboratoire), et parfois supérieurs, peuvent se produire toutes les 15 à 30 secondes. Ce phénomène, qui augmente avec l'âge (20 à 30% des sujets de plus de 60 ans en souffriraient selon M. Coleman, 1982), peut survenir chez les sujets normaux sans s'accompagner d'aucune manifestation pathologique. Dans une étude américaine (Project Sleep National Collaborative Study), 12,2% des sujets se plaignant de troubles de la phase initiale ou de maintien du sommeil (DIMS) présentaient des mouvements périodiques contre 3,5% des sujets rapportant une somnolence diurne excessive (DDES).

À partir d'une certaine intensité, les mouvements réveillent les dormeurs, qui se plaignent d'insomnie et parfois de somnolence diurne.

Des causes médicales doivent être éliminées devant des mouvements périodiques nocturnes : divers troubles rénaux et métaboliques, certains médicaments, en particulier les antidépresseurs tricycliques. On doit différencier les mouvements périodiques d'une myoclonie épileptique survenant au cours du sommeil (intérêt d'un enregistrement E.E.G. continu). Les benzodiazépines ont été proposées dans le traitement des mouvements périodiques nocturnes.

Le syndrome des « jambes sans repos » : impatiences et sensations désagréables au niveau des membres inférieurs cessant lorsque le sujet se mobilise, est presque toujours associé aux mouvements périodiques nocturnes. Le mécanisme physiopathologique reste inconnu. Là encore, les benzodiazépines ont été proposées dans le traitement ainsi que des méthodes non pharmacologiques (jambes surélevées, exercice...).

ANOMALIES POLYGRAPHIQUES (SOMMEIL ALPHA-DELTA). Ces patients se plaignent de sommeil non réparateur. Ils souffrent de douleurs, notamment musculaires, pendant la journée. Ils commencent souvent par consulter en rhumatologie. La durée totale de sommeil est normale et il n'existe pas de déphasage de l'horaire du sommeil. Au laboratoire, on remarque l'intrusion d'ondes alpha (correspondant à l'état d'éveil) dans les stades non REM : d'où le nom de sommeil alpha-delta donné à ce syndrome. Le mécanisme reste inconnu. Cependant, on recherchera un abus de psychostimulants de type amphétaminique ou un sevrage brutal de substances sédatives, qui peuvent entraîner de telles intrusions d'ondes alpha. Il n'existe pas de traitement bien codifié.

AUTRES TROUBLES DE LA PHASE INITIALE OU DE MAINTIEN DU SOMMEIL. Des facteurs médicaux, toxiques ou liés à l'environnement peuvent être responsables de troubles du sommeil. Par ailleurs, certains sujets dorment peu sans présenter aucune anomalie : ils ne nécessitent aucun traitement. Ces « petits dormeurs » (moins de 5,5 heures de sommeil pour certains auteurs) témoignent de la dispersion interindividuelle de la durée de sommeil. Quelles que soient les différences entre petits et gros dormeurs, les enregistrements polygraphiques montrent chez tous ces sujets normaux une même quantité de sommeil lent profond.

TROUBLES CARACTÉRISÉS PAR UNE HYPERSOMNIE

Ces troubles se manifestent par une somnolence diurne, des endormissements soudains lorsque le sujet est peu stimulé et une baisse des performances cognitives. Des troubles psychiatriques (dépression par exemple) peuvent là encore être à l'origine de la pathologie du sommeil. La narcolepsie et le syndrome d'apnée du sommeil sont les diagnostics les plus souvent retrouvés dans cette catégorie de troubles (Coleman et coll., 1982).

HYPERSOMNIE PSYCHOPHYSIOLOGIQUE. Transitoire ou rarement chronique, cette hypersomnie apparaît généralement à la suite d'un facteur déclenchant précis comme un deuil ou une autre expérience de perte vécue par le patient.

HYPERSOMNIE ASSOCIÉE À UN TROUBLE PSYCHIATRIQUE. La dépression endogène est parfois à l'origine d'une somnolence excessive mais également les états dépressifs qualifiés d'« atypiques » par les Anglo-Saxons et caractérisés, outre une intense anxiété, par une hypersomnie et une hyperphagie. Les dépressions endogènes bipolaires montrent dans un certain nombre de cas des anomalies typiques lors des enregistrements de sommeil au laboratoire : raccourcissement de la latence du sommeil paradoxal et diminution des quantités de stades 3 et 4 de sommeil profond.

APNÉES DE SOMMEIL ET HYPOVENTILATION ALVÉOLAIRE. La somnolence diurne représente le maître symptôme du syndrome d'apnée du sommeil.

Un patient, par exemple, vient se plaindre d'une somnolence existant depuis plusieurs années. Il a provoqué plusieurs accidents de voiture. Sur le plan professionnel, ses performances sont devenues médiocres. Sa femme est gênée par le ronflement de son mari et elle a observé des pauses respiratoires survenant tout au long de la nuit. Le matin, le patient se réveille fatigué et dit avoir mal à la tête. À l'examen, il apparaît comme obèse et hypertendu. L'enregistrement du sommeil montrera des apnées à la fréquence moyenne de 50 par heure, d'une durée de 30 à 40 secondes. Trachéotomisé, ce patient sera soulagé de ses symptômes. La fréquence des apnées de sommeil enregistrées a considérablement diminué avec ce traitement. Les premières observations du syndrome dont souffre le patient donné en exemple datent de 1955 (P. Sieker et coll.). Ce trouble se caractérise (H. Guilleminault et coll., 1976) par la survenue pendant la nuit ou le jour, lors d'un endormissement, d'arrêts respiratoires (supérieurs à 30 par nuit, de durée supérieure à 10 secondes), associés ou non à une obésité, une hypoventilation alvéolaire sans syndrome respiratoire obstructif, une hypertension artérielle pulmonaire et/ou systémique et une somnolence diurne. Certains patients présentent plusieurs centaines d'arrêts respiratoires par nuit, ce qui perturbe l'organisation du cycle veille-sommeil et entraîne des conséquences sur le plan de l'oxygénation du sang et du fonctionnement hémodynamique.

On différencie deux types d'apnées.

Les apnées obstructives. Une obstruction des voies aériennes supérieures est à l'origine de ces apnées. La langue, les amygdales ou le pharynx viennent bloquer la circulation d'air pendant le sommeil. L'apnée survient en expiration et la reprise respiratoire a lieu en inspiration et entraîne le réveil du dormeur. Contrairement aux apnées centrales, cet épisode ne s'accompagne pas d'un arrêt de l'activité des muscles respiratoires. Parfois un phénomène de valve autorise de faibles débits expiratoires pendant l'apnée.

Les apnées centrales. Un dysfonctionnement du système nerveux central régulant la respiration est à l'origine de ce type d'apnée. L'apnée survient également en position expiratoire et la reprise, en inspiration, s'accompagne d'un éveil ou d'un allégement du sommeil. Les voies aériennes supérieures restent ouvertes pendant la période d'apnée. L'activité des muscles intercostaux et du diaphragme est suspendue.

En réalité, un certain nombre de ces apnées centrales sont des formes mixtes : elles débutent par une apnée centrale mais se poursuivent par une fermeture des voies aériennes supérieures, avec reprise des mouvements thoraciques et/ou abdominaux.

À côté de ces formes typiques existent des *hypopnées*, que l'on a définies comme une réduction de 50% du débit aérien avec diminution parallèle des mouvements musculaires respiratoires.

On a parfois rapproché des apnées de sommeil le syndrome de Pickwick, du nom du personnage de Ch. Dickens. Dans ce syndrome, qui s'associe souvent à des apnées de sommeil, on observe chez un sujet obèse une hypoventilation alvéolaire chronique, des accès de somnolence diurne et des pauses respiratoires.

Aux apnées de sommeil s'associent souvent une obésité (moins fréquente dans les apnées centrales), une hypertension artérielle et, parfois, une insuffisance cardiaque. Le laboratoire de sommeil confirmera le diagnostic. Un test itératif des latences d'endormissement, un examen O.R.L. et un bilan pulmonaire viennent compléter l'examen du patient. Il faut noter que des apnées peu fréquentes et de brève durée s'observent chez le sujet normal.

Les apnées de sommeil surviennent également chez l'enfant.

La physiopathologie de ces phénomènes a donné lieu à de nombreuses discussions. Plus souvent que des anomalies anatomiques, une hypotonie des voies aériennes entraînerait leur rétrécissement sous l'effet de la pression négative créée par l'inspiration dans les apnées obstructives.

Dans les apnées centrales, les mécanismes sont moins clairs : on incrimine un dysfonctionnement des récepteurs métaboliques périphériques ou des centres du tronc cérébral. Les patients sont parfois considérés à tort comme souffrant d'insomnie psychophysiologique et traités par des hypnotiques sédatifs, qui aggravent les apnées de sommeil. Ils peuvent aussi être considérés comme des narcoleptiques lorsqu'ils s'endorment brutalement au cours de la journée. Le laboratoire de sommeil donne aisément le diagnostic.

Parmi les traitements des apnées de sommeil obstructives, outre la trachéotomie, solution extrême qui amène l'amélioration probablement la plus importante, il existe diverses solutions chirurgicales ou mécaniques (fixation de la langue, correction chirurgicale O.R.L., appareil permettant de maintenir une pression positive dans les voies aériennes...).

Parmi les médicaments utilisés dans les divers types d'apnée, les antidépresseurs qui suppriment le sommeil paradoxal (comme la protriptyline, antidépresseur tricyclique utilisé fréquemment dans les pays anglo-saxons, et les I.M.A.O.) permettent de soulager ces patients.

Narcolepsie. Marquée par des accès de sommeil incoercibles dans des circonstances inhabituelles, la narcolepsie est sans doute le plus connu des troubles caractérisés par une hypersomnie. Ce syndrome a été décrit dès la fin du XIXe siècle (C. Westphal, 1877, J. B. Gélineau, 1880). En dehors des « accès de sommeil », le sujet se plaint de somnolence diurne et de réveils nocturnes. Ces patients souffrent également d'anomalies caractéristiques de la phase REM du sommeil : cataplexie (perte soudaine du tonus musculaire), paralysie du sommeil (impossibilité de bouger au moment de l'endormissement ou du réveil), phénomènes hypnagogiques (illusions ou hallucinations visuelles/auditives à l'endormissement). Ces trois phénomènes associés aux accès de sommeil constituent la tétrade caractéristique du syndrome, retrouvée chez 10% des narcoleptiques.

La cataplexie serait retrouvée dans 75 à 95% des cataplexies confirmées par E.E.G.

La narcolepsie reste un syndrome relativement rare (4 à 7 cas pour 10 000 personnes dans la population générale [W. Dement et coll., 1972] et touche plus souvent les hommes que les femmes. Elle commence habituellement dans l'adolescence et ne disparaît pas spontanément même si son intensité peut diminuer au cours du temps. La narcolepsie a un caractère génétique, ce qui a conduit à l'étudier chez l'Animal (notamment chez le Chien à l'université Stanford depuis 1974).

Les accès de sommeil, correspondant à un passage instantané en phase REM (non précédé de sommeil lent), surviennent en période de moindre stimulation (tâche répétitive, conduite automobile) ou lors d'émotions (rire, colère, acte sexuel).

Au laboratoire, on constate lors du sommeil une survenue rapide de sommeil paradoxal (au moins 2 phases REM dans les 15 min qui suivent l'endormissement). Le sommeil est fragmenté et modifié : éveils fréquents, diminution des stades 3 et 4 et augmentation du stade 1.

Le traitement de la narcolepsie, dont le mécanisme physiopathologique reste inconnu, repose sur les psychostimulants. Le méthylphénidate et d'autres substances amphétaminiques ont été utilisés. Ils visent surtout les accès de sommeil mais semblent avoir une certaine efficacité sur la cataplexie. On a aussi recours aux antidépresseurs qui suppriment le sommeil REM.

Parasomnies

Certains troubles épisodiques fréquents chez l'enfant et survenant au cours du sommeil (parasomnies) ont été décrits très tôt en raison de leur aspect bruyant : somnambulisme, terreurs nocturnes et cauchemars notamment. Ces troubles peuvent s'observer au cours de stades spécifiques du sommeil (cauchemars pendant la phase REM). D'autres surviennent pendant un éveil partiel en période de sommeil lent profond (somnambulisme, énurésie).

Les parasomnies observées en phase de sommeil lent partagent certaines caractéristiques : elles sont plus fréquentes chez le garçon que chez la fille ; elles surviennent généralement dans les 2-3 heures qui suivent l'endormissement ; elles sont fréquemment associées à d'autres parasomnies ; elles apparaissent dans des familles ayant des antécédents de parasomnies ; elles disparaissent souvent au cours de l'adolescence ; elles sont rarement associées à des troubles psychopathologiques ou épileptiques.

Somnambulisme

Le patient se lève la nuit, exécute parfois quelques gestes stéréotypés, puis se met à marcher en évitant les objets situés dans son champ visuel. S'il s'éveille, il ne comprend pas ce qui est arrivé. Ce comportement se produit dans un état d'éveil partiel, et les accidents ne seraient pas rares, contrairement à l'idée répandue attribuant des pouvoirs extraordinaires au dormeur somnambule.

Le somnambulisme commence généralement dans l'enfance. Se manifestant pour la première fois chez l'adulte, il pourrait révéler la présence d'une pathologie psychiatrique (Kales et coll., 1980). (→ somnambulisme.).

L'épilepsie temporale doit être éliminée : les épisodes automatiques surviennent dans ce cas également dans la journée et il existe des anomalies temporales à l'E.E.G., à la différence du somnambulisme.

Le mécanisme physiopathologique du somnambulisme reste inconnu. Au laboratoire de sommeil, des signes E.E.G. d'éveil sont observés pendant les stades 3 et 4, avant la survenue de l'épisode de somnambulisme. Le phénomène n'est pas associé au sommeil paradoxal et ne peut être considéré simplement comme un équivalent moteur du rêve.

Aucun traitement pharmacologique n'est habituellement administré à ces patients. Il faut avant tout les faire dormir dans un environnement qui ne les expose pas aux accidents (fenêtres fermées). G. Hauri (1977) note qu'un lieu attaché autour de la poitrine et ne permettant pas au dormeur de s'éloigner de son lit peut être une solution pratique mais que le somnambule défait généralement le nœud. Dans les cas sévères, des doses faibles de benzodiazépines ont été préconisées.

AUTRES TROUBLES DU SOMMEIL

TERREURS NOCTURNES. Le dormeur se réveille dans un état de frayeur au cours du premier tiers de la nuit. Des signes neurovégétatifs accompagnent l'accès (transpiration, rythme respiratoire et pouls accélérés). (→ terreurs nocturnes.)

La prévalence des terreurs nocturnes serait de 1 à 4% chez les enfants de moins de 12 ans. Elles sont rares chez l'adulte.

Un traitement pharmacologique n'est proposé que dans les cas sévères: benzodiazépines à faible dose, qui agiraient en augmentant la qualité de stade 2 au détriment des stades 3 et 4.

CAUCHEMARS. Le dormeur se réveille généralement dans la seconde moitié de la nuit et rapporte un rêve angoissant. Des facteurs extérieurs favorisent les cauchemars: période de stress, sevrage de certaines substances (alcools, psychostimulants ou médicaments hypnotiques). Le traitement vise à réduire ces facteurs favorisants.

AUTRES PARASOMNIES. Les autres parasomnies ne seront pas détaillées ici: somniloquie (parler pendant le sommeil), énurésie (uriner pendant le sommeil), bruxisme (grincer des dents), mouvements rythmiques à l'endormissement. À la limite des parasomnies se situe l'épilepsie nocturne, qui pose des problèmes plus graves que les parasomnies classiques, dont l'évolution est spontanément favorable et qui ne nécessitent souvent aucun traitement pharmacologique.

Les troubles du sommeil ne peuvent en vérité être dissociés de l'ensemble de la vie psychique. Au cours du sommeil persistent d'ailleurs certains mécanismes de la vie de relation: l'approche d'une proie réveille immédiatement le prédateur. Mais, si l'on connaît bien la signification de nombreux comportements survenant pendant l'état de veille, les fonctions du sommeil et du rêve restent hypothétiques. Le sommeil a-t-il une fonction de « restauration » et de protection des fonctions supérieures? Le sommeil lent, qui semble apparaître chez les Mammifères en même temps que la thermorégulation, joue-t-il un rôle dans la conservation de l'énergie? Le rêve permet-il une décharge et une élaboration utile de phénomènes inconscients? Les nombreuses données fournies par la clinique et la biologie viennent étayer certaines de ces hypothèses et devraient permettre de passer d'une approche encore largement descriptive, classificatoire et empirique à une compréhension des mécanismes et du mode d'action des thérapeutiques dans les troubles du sommeil. A. G. et P. L.

BIBLIOGRAPHIE

Benoit, O. (sous la direction de), 1984, *Physiologie du sommeil; son exploration fonctionnelle*, Paris, New York, Barcelone, Milan, Masson.

Kleitman, N., 1963, *Sleep and Wakefulness*, Chicago, University of Chicago Press.

Nahon, J.-P., et Hédouin, M., 1989, *l'Hypnologie*, Paris, P.U.F.

Webb, W.B., 1982, *Biological Rhythms Sleep and Performance*, New York, Wiley J. and Sons.

sommeil agité

(angl. Activated Sleep)

Au début de l'ontogenèse humaine, phase de sommeil qui deviendra, en partie, le sommeil paradoxal. P. L.

sommeil calme

(angl. Quiet Sleep)

Au début de l'ontogenèse humaine, phase de sommeil qui deviendra le sommeil à ondes lentes. P. L.

sommeil lent

(angl. Slow Sleep)

→ sommeil à ondes lentes.

sommeil à mouvements oculaires rapides

(angl. Rapid Eye Movement Sleep)

→ sommeil paradoxal.

sommeil à ondes lentes

(angl. Slow Wave Sleep)

Période de sommeil caractérisée par la présence d'une activité électroencéphalographique lente (ondes delta) et d'amplitude élevée.

Le sommeil à ondes lentes, ou sommeil lent, est présent dans les stades 3 et 4 du sommeil. À tort, ce terme est souvent utilisé pour désigner tout ce qui, dans le sommeil, n'est pas du sommeil paradoxal. Le sommeil à ondes lentes apparaît essentiellement dans la première moitié de la nuit. Il semble avoir pour fonction primordiale la restauration active des fonctions métaboliques. Des activités très importantes se réalisent durant le sommeil à ondes lentes, telles que la libération de l'hormone de croissance, qui va stimuler la synthèse des protéines. P. L.

→ sommeil.

sommeil paradoxal

(angl. Paradoxical Sleep, Rapid Eye Movement Sleep ou REM Sleep)

Phase de sommeil survenant périodiquement et caractérisée par une activité électroencéphalographique désynchronisée, rapide et d'amplitude faible, par une hypotonie musculaire, avec vasoconstriction généralisée du territoire vasculaire correspondant, et la présence de mouvements oculaires rapides.

Parfois appelé *sommeil à mouvements oculaires rapides* (angl. Rapid Eye Movement Sleep), le sommeil paradoxal est considéré par certains comme le stade des rêves (W. Dement et M. Jouvet). Il apparaît très précocement au cours de l'ontogenèse et, si l'on en trouve un peu chez l'Oiseau, il n'est réellement présent que chez les Mammifères. Sa proportion est de l'ordre de 20 à 25% du temps total de sommeil chez l'Homme adulte. Il est réparti au cours de la nuit en 4 ou 5 phases, chacune survenant en moyenne toutes les 90 minutes en alternance avec le sommeil lent (avec ondes lentes à l'encéphalographie).

Les hypothèses sur les fonctions du sommeil paradoxal sont nombreuses:

— fonction réparatrice (réparation de la machinerie neuronale, élimination de substances toxiques, etc.);

— fonction qui permet de décharger les pulsions ou d'inhiber les souvenirs gênants pour le sujet;

— rôle dans la maturation du système nerveux central;

— rôle dans la mise en place, puis l'activation régulière, des programmes de comportements propres à l'espèce;

— rôle privilégié dans le traitement et la fixation des informations acquises au cours de la veille. En fait, le sommeil paradoxal pourrait bien avoir plusieurs fonctions. P. L. et J. P.

→ rêve, sommeil.

somnambulisme

n.m. (angl. Somnambulism)

Comportement moteur automatique, plus ou moins complexe et adapté, se produisant pendant le sommeil, dont il est un trouble qualitatif relativement fréquent chez l'enfant.

C'est une parasomnie psychomotrice au cours de laquelle le sujet va, pendant la nuit et tout en restant endormi, se lever, marcher ou se livrer à des activités simples de sa vie quotidienne diurne, d'une manière assez stéréotypée, puis se recoucher sans avoir aucun souvenir, au réveil, d'avoir quitté le lit pendant son sommeil. On parlait autrefois de « somnambulisme épileptique». Mais H. Gastaut a bien montré que «le somnambulisme n'est jamais épileptique». Ce n'est que «très exceptionnellement» qu'un épileptique peut faire une crise nocturne caractérisée par un automatisme ambulatoire. Mais il faut alors parler d'«automatismes épileptiques ambulatoires du sommeil» (H. Gastaut).

Le terme fait aussi partie de l'histoire de l'hypnotisme. C'est par simple analogie que A. M. J. de Chastenet, marquis de Puységur, a décrit en 1784 la transe* provoquée par le magnétisme animal de F.A. Mesmer comme un état de «somnambulisme provoqué» (par le magnétiseur). En fait, il s'agissait d'un état de «sommeil» induit par suggestion, bien différent du véritable somnambulisme observé par les médecins depuis l'Antiquité. J. Braid aura raison de remplacer ce terme par celui d'*hypnose*, en 1843. J. P.

somnolence

n.f. (angl. Dowsiness)

Difficulté à atteindre et à maintenir un état de vigilance optimal pour la réalisation d'une tâche. P. L.

→ vigilance.

sonagramme

n.m. (angl. Sound Spectrogram)

Représentation graphique de certains paramètres physiques de la parole : l'abscisse figure le temps ; l'ordonnée, la fréquence en hertz ; les plages plus ou moins sombres à l'intérieur du graphique, la répartition de l'intensité sonore en fonction du temps et de la fréquence.

L'utilisation de cette technique a permis de visualiser en quelque sorte certains paramètres acoustiques de la parole. Lorsqu'on regarde un sonagramme, on constate que des zones plus ou moins sombres, correspondant à l'intensité du signal, se concentrent autour de certaines bandes de fréquences et que la forme de ces concentrations varie au cours du temps : ces zones denses s'appellent des «formants» et sont caractéristiques des voyelles (par exemple, au son /i/ en français, correspondent trois formants situés à 250, 2.500 et 3.000 Hz). Les consonnes, en revanche, se caractérisent par les «transitions» de ces formants, c'est-à-dire par des changements rapides de fréquence qui peuvent être différents selon les formants. Ainsi, les variations dans la direction des transitions du deuxième formant traduisent les différences dans le point d'articulation des consonnes et permettent de distinguer les bilabiales (/p/, /b/, /m/) des dentales (/t/, /d/, /n/) ou des vélaires (/k/, /g/). Le moment où apparaît le premier formant traduit le caractère voisé ou non voisé d'une consonne : s'il apparaît avec un retard de 30 à 40 millisecondes, la consonne est non voisée (/p/ ou /t/ par exemple) ; s'il n'y a pas de retard, la consonne est voisée (/b/ ou /d/ par exemple). La nasalité d'une consonne (/m/ ou /n/) se traduit par l'apparition, à certaines fréquences, de vibrations accompagnant la transition. Par conséquent, on ne peut pas dire qu'il y ait une correspondance terme à terme entre un phonème et telle ou telle caractéristique physique : du fait des phénomènes de coarticulation, les principes de linéarité et d'invariance ne sont pas respectés. Pour les besoins de la recherche, des stimulus artificiels ont été construits dont on a pu faire varier certaines des caractéristiques : c'est ainsi que l'on a pu mettre en évidence le caractère catégoriel de la perception des phonèmes en jouant sur la valeur du VOT (Voice Onset Time, c'est-à-dire délai d'apparition du premier formant, correspondant au début de la vibration des cordes vocales) ou en manipulant la transition du second formant. On a pu constater que la discrimination entre deux phonèmes s'effectuait de manière abrupte autour d'un seuil donné alors qu'on n'observait pas le même comportement lorsque la même différence physique était présentée aux sujets en deçà ou au-delà de ce seuil. P. L.

sonie

n.f. (angl. Loudness)

Caractère de la sensation auditive selon lequel les sons ont une plus ou moins grande intensité subjective, ou force sonore.

Elle dépend essentiellement de l'intensité physique des sons. Pour un son de 1 000 Hz ayant une intensité moyenne ou forte, lorsque le niveau physique augmente de 10 dB, la sonie double. Pour les sons ayant un large spectre de fréquences, la sonie totale est la somme des sonies partielles pour une série de bandes de fréquences ayant certaines largeurs caractéristiques et appelées «bandes critiques». La sonie se mesure en *sones* ; la valeur 1 sone représente la sonie d'un son pur de 1 000 Hz ayant un niveau de pression acoustique de 40 dB. M.-C. B.

sophrologie

n.f. (angl. Sophrologia)

Doctrine visant à assurer l'harmonie de la conscience et reposant sur des techniques de relaxation simple, issues de la pratique hypnotique et des techniques de relaxation dynamique, inspirées de philosophies orientales.

Le terme, créé par le neuropsychiatre espagnol A. Caycedo vers 1960, recouvre à la fois des pratiques et toute une école scientifique étudiant la conscience et ses modifications dans un dessein pédagogique, prophylactique et thérapeutique. C'est pourquoi la sophrologie comprend trois parties différentes : la sophropédagogie, pour favoriser ou améliorer certains apprentissages (préparation aux examens, préparation à l'accouchement, préparation aux compétitions sportives) ; la sophrophylaxie, comme technique d'épanouissement de la personnalité et de prévention des états pathologiques ; la sophrothérapie, exclusivement réservée aux thérapeutes, médecins, sages-femmes, kinésithérapeutes, infirmiers, psychologues, qui utilisent cette méthode dans un dessein purement thérapeutique. Les sophrothérapeutes exerçant en France sont formés soit par des centres régionaux, soit par des centres nationaux et sont, en général, rattachés à la Société française de sophrologie, actuellement présidée par A. Donnars.

Il faut aussi distinguer deux niveaux de technique. Le premier, dit «technique de base», dérivé de l'hypnose, de la relaxation simple et passive, est assez proche du degré inférieur du training autogène. Le second correspond à une relaxation dynamique d'inspiration orientale, tout à fait spécifique à la sophrologie. On peut y différencier trois degrés. La relaxation du premier degré, d'origine hindoue, va comprendre une série d'exercices en position debout, entraînant des effets physiologiques précis, à la suite desquels le sujet s'allonge et se met en état de relaxation. Au cours de cette pratique, le patient va vivre et exprimer toutes ses angoisses et, en particulier, l'angoisse de mort ; et, comme dans les thérapies comportementales, la répétition des séances va permettre d'en atténuer l'intensité ; le sujet apprend également à faire le vide de ses préoccupations pour se concentrer sur un objet. Associée à des thèmes de méditations tibétaines, la relaxation du deuxième degré s'accompagne d'exercices mis au point par Caycedo lui-même. D'abord en position debout, puis en position assise, le sujet va particulièrement ressentir son schéma corporel et être confronté à l'angoisse de morcellement. Des exercices respiratoires particuliers vont lui permettre ensuite de retrouver une certaine harmonie fonctionnelle de son corps pouvant s'accompagner d'un véritable état de plaisir. Enfin, la relaxation du troisième degré, d'inspiration zen, serait un véritable apprentissage de folie apprivoisée ou de délire contrôlé. Elle peut entraîner, lorsqu'elle est dirigée par des thérapeutes incompétents et sur des sujets fragiles, de véritables décompensations psychotiques. C'est pourquoi la sophrothérapie, qui peut soulager de nombreux patients et apporter une aide précieuse dans la préparation anesthésique, en réanimation, en algologie et dans le suivi de nombreuses interventions chirurgicales (en particulier mutilantes), ne peut être pratiquée que par des spécialistes à la fois bien formés et qualifiés dans la spécialité médico-chirurgicale où ils vont l'utiliser. J. P.

sorcellerie

n.f. (angl. Witchcraft)

Pratique magique à intention malfaisante se voulant indépendante ou contraire aux lois naturelles et qui, par des moyens et rituels codifiés, met en acte certains mécanismes dans des relations intersubjectives.

Les définitions et rapports entre ces deux grandes entités que sont la magie et la sorcellerie sont variables suivant les auteurs.

Le plus souvent, la sorcellerie est présentée comme l'une des branches de la magie, se confondant alors avec la magie noire (ou rouge : sanglante) et s'opposant à la magie blanche, bénéfique. La magie associée à la religion est la *théurgie*, ou *thaumaturgie* ; celle qui fait appel aux forces du mal est la *goêtie*.

La magie, et plus tard l'occultisme, se veut science secrète, ésotérique, réservée à une élite en quête d'un langage, d'une utilisation spécifique des nombres et des signes, illicite souvent car obéissant à ses lois et non aux lois sociales et n'étant accessible qu'après un parcours initiatique. Elle relève d'un savoir du sacré et d'un apprentissage, alors que la sorcellerie, dans le monde occidental, est généralement définie comme une forme fruste et populaire de la magie, féminine le plus souvent. Au pouvoir par le savoir sur les mystères, elle oppose l'action par le choc, la haine et la volonté de détruire ; aux paliers à franchir, elle oppose le bond et l'accès direct à l'au-delà.

La grande période des procès de sorcellerie

Une épidémie de sorcellerie dévasta un grand nombre de pays européens aux XVIe et XVIIe siècles, faisant un nombre de morts difficile à évaluer (quelques dizaines de milliers).

Les causes de ce fléau furent multiples et restent controversées. La misère avec la peste et la famine, le poids grandissant des hérésies (montanistes, fraticelles, pauliciens et surtout cathares, vaudois et albigeois) qui mettent l'Église en question dans son dogme et ses mœurs, la très douloureuse séparation de l'Église et de l'État sont des paramètres objectifs à prendre en compte. Parallèlement, de manière plus sourde mais profonde, la secousse intellectuelle que fut l'arrivée des textes d'Aristote et des travaux d'Averroès, le développement d'une véritable théologie à partir du XIIIe siècle définissant ses normes et les transgressions de celles-ci, une culpabilité massive d'avoir à délimiter les pouvoirs respectifs de Dieu et du Diable pour s'autoriser à manipuler les lois de la nature ont largement contribué à la mise en place d'une victime expiatoire. Les accusés sont, pour sept à neuf dixièmes, des femmes, plutôt âgées et isolées dans leur village. Ils sont issus du monde rural. L'ouvrage *le Marteau des sorcières* (« Malleus Maleficarum »), véritable réquisitoire contre la femme-sorcière, rédigé par deux dominicains, J. Sprenger et H. Institoris, vient poser en 1487 les fondements d'un système de pensée théorique et de répression pénale.

Jusqu'alors, l'Église s'était plutôt tenue sur la réserve, même si elle avait lancé quelques avertissements (conciles d'Angyre, canon 42, en 506 : « Les sorciers sont excommuniés », et le canon 14, en 578 ; concile de Paris en 829 ; la phrase clef tellement citée : « Tu ne laisseras pas la vie à la magicienne. » [Exode, XXII, 17]). La ligne générale avait été de renvoyer à l'illusoire ce qui en relevait ; la preuve la plus évidente de cette sage distance se trouve dans le texte de canon Episcopi (v. 900), où l'Église rejette comme fables des croyances qu'elle reprendra à son compte plus tard : « Il y a des femmes méchantes qui, retournant à Satan, croient chevaucher certains animaux la nuit (...), traverser beaucoup de grands pays sous les ordres de Diane (...) ; une innombrable foule de gens croient que ces choses sont vraies et, revenant aux erreurs des païens, pensent qu'existe une puissance divine autre que le Dieu unique. » La bulle d'Innocent VIII (1484) affirme que cette puissance a un nom, le Diable, et que la sorcière est son bras. Des historiens (C. Guinzburg) ont fait des recherches pour démêler cet écheveau complexe d'une intégration difficile des dieux païens, des démons divers et des rituels inquiétants dans une doctrine qui se doit de les tuer. La violence de la répression est à la taille de cet héritage, dont les racines multiples puisent aussi bien dans les bacchanales, les phallophories (culte du phallus) que chez les mages chaldéens et thraces. Et si Diane se trouve citée là, elle est interchangeable avec Hérodiate ou Hécate. Satan protège ce passé qui s'unit à lui, n'offrant alors qu'une tête à trancher. L'Inquisition se voit chargée des crimes d'hérésie dès 1233. Elle sera vite relayée par une procédure civile, beaucoup plus meurtrière (XIVe s.), sauf en Espagne. L'apogée des bûchers se situe entre 1560 et 1720. Les victimes, dont le dénominateur commun est souvent une légère déviance par rapport à la normalité — hérédité chargée, anomalie physique, marginalité —, ont à subir « la question ordinaire et extraordinaire », supplices dont les descriptions nettes et froides montrent la visée des juges : l'aveu est au centre de la procédure, lui seul décide et condamne.

Une lecture attentive des textes, telle que l'a opérée R. Muchembled, montre que les raisons de la violence de la population vis-à-vis de la sorcière et de la classe intellectuelle suivent des parcours très différents avant de se rejoindre dans la condamnation : d'un côté, les sorts, l'envoûtement, l'angoisse par rapport aux biens ; de l'autre, un système de projection sur fond théologique. La formulation de E. Delcambre : « Le concept de magie médiévale en Lorraine apparaît moins comme une émanation de la pensée populaire que comme l'expression d'un ensemble d'idées conçues par des théologiens et des juristes et imposées par eux au vulgaire », rejoint la thèse de R. Alleau, qui classe la sorcellerie médiévale non dans l'histoire de la magie mais dans celle des religions. Certes, il est reproché à la sorcière de s'attaquer à tous les processus de reproduction et d'engendrement, que ce soit par le « nouement de l'aiguillette » ou « l'embarrement » (empêcher le rapport sexuel), l'ablation et la confiscation du membre génital masculin, le meurtre du nouveau-né (sorcière et sage-femme sont liées), les perturbations de la nature ; mais sa faute première est le rejet de Dieu. Comme s'il s'agissait de créer une surpuissance d'origine humaine pour détruire et, par ce coup de couteau, séparer radicalement l'humain du sacré ... tout en respectant Dieu. L'époque des Lumières se construit sur l'assassinat d'un cauchemar. Décoder le négatif du dogme est souvent facile ; la parole de la communion, évidente dans cet ensemble riche et extraordinaire qu'est le sabbat, permet de centraliser les rituels venus de passés lointains.

L'abondance de sorcières, de métamorphoses, d'illusions diaboliques témoigne d'une recherche de lois fixes, immuables et compréhensibles et donc de la nécessité d'abolir celui qui est le fauteur de troubles, le Diable. Paradoxalement, la théologie témoigne ainsi de son lien à la science.

La période des procès par rapport à la psychiatrie

La jonction ne peut se faire qu'en étudiant également les crises de possession qui avaient lieu à cette période. J. Wier, médecin du duc de Clèves, auteur du *De prestigiis daemonum* (1579), a très souvent été présenté comme le père de la psychiatrie moderne. Sa thèse est de séparer les empoisonneuses des sorcières, puis de considérer ces dernières comme des malades mélancoliques dont le Diable n'a que faire. J. Bodin s'oppose à Wier (*Réfutation des idées de J. Wier*) en affirmant qu'il est incongru de juger des choses surnaturelles d'après les naturelles et qu'il est de notoriété publique que le Diable se sert de la mélancolie comme terrain d'action.

Cette confrontation juridique et médicale sur le religieux est pour nous féconde. Nous dirions en termes modernes que le corps libidinal ne recouvre pas le corps physique.

La mélancolie changera de visage et de nom et deviendra l'hystérie par une métamorphose qui reste à questionner.

Domaine psychologique

Le mot *sorcellerie* reste à entendre comme incarné par le « jeteur de sort », agissant volontairement grâce à un appel lancé aux forces surnaturelles. Si le magicien use de « techniques de captation des forces symboliques » (F. Laplantine), le sorcier semble se dresser dans une lutte ouverte contre toute rationalité, analogue à sa lutte sociale ou religieuse. Les techniques, qu'elles relèvent de l'imitation ou de la contagion, prenant le mot pour la chose, la partie pour le tout, maniant de manière paradoxale les images, les mots, les objets, ont une valeur d'autant plus forte qu'elles détournent le médiatique pour créer une suggestion totale par l'incompréhensible. C. I.-C.

Bibliographie

Cohn, N., 1982, *Démonolâtrie et sorcellerie au Moyen Âge*, Paris, Payot.

Delcambre, E., 1949, *le Concept de sorcellerie*, Nancy, C.N.R.S.

Institoris, H., et Sprenger, J., 1973, *le Marteau des sorcières*, Paris, Plon.

Mandrou, R., 1968, *Magistrats et sorciers en France au XVIIe siècle*, Paris, Plon.

Muchembled, R., 1979, *la Sorcière au village*, Paris, Gallimard.

1. soumission

n.f. (angl. Compliance)

SOCIAL. **Comportement de quelqu'un devant une exigence visant à obtenir de lui soit une approbation, soit un comportement, soit un changement cognitif ou perceptif, l'exigence, implicite ou explicite, pouvant provenir d'un individu ou d'un groupe.**

Quand cette exigence porte sur un comportement, l'acquiescement équivaut à la réalisation par A du comportement attendu par B («Je vais, comme vous me le demandez, éteindre les lumières»). Quand l'exigence porte sur une cognition, l'acquiescement équivaut à l'expression d'un accord sur cette cognition («Vous avez raison, je crois maintenant que les Martiens existent»).

En fait, cette définition renvoie à des paradigmes de recherche très variés de la psychologie sociale.

SOUMISSION À L'AUTORITÉ (OU OBÉISSANCE)

Dans la situation proposée par S. Milgram (1964), le sujet est confronté à une exigence ferme et explicite (un ordre) émanant d'une source dont l'autorité est tenue pour légitime (un chercheur) et portant sur un comportement moralement inacceptable (donner des chocs électriques de plus en plus dangereux à un pair). L'étude porte sur l'étendue de la soumission du sujet au chercheur (certains sujets vont jusqu'à des chocs pouvant entraîner des lésions) ainsi que sur les variables affectant cette soumission (victime visible ou non visible, crédibilité de l'institution dont se réclame le chercheur). Pour rendre compte de cette soumission, Milgram fait l'hypothèse d'un état particulier de la personnalité, «l'état agentique», état dans lequel le sujet est en position d'exécutant, déresponsabilisé face aux exigences de l'autorité. Un tel état serait appris dans les instances de socialisation (famille, école, etc.) et s'opposerait à l'état d'autonomie.

SOUMISSION LIBREMENT CONSENTIE

Le sujet de Milgram n'est pas placé devant un choix: il doit obéir. D'autres situations, si elles impliquent également la réalisation d'un acte attendu, se caractérisent au contraire par le sentiment de liberté que peut avoir le sujet quant à sa décision de se soumettre ou non. Ici, l'expérimentateur, plutôt qu'un ordre, lui adresse une requête. Il s'avère que ce sentiment de liberté ne rend pas la soumission moins improbable. Il en est ainsi dans une situation où s'est illustrée la théorie de la dissonance cognitive: la situation dite curieusement «de soumission forcée» (appellation fixée avant qu'on ait mis en évidence l'importance, dans cette situation, du sentiment de liberté). Le sujet est amené par une requête explicite du chercheur à réaliser un acte contraire à ses motivations (manger des sauterelles) ou à ses attitudes (défendre une opinion différente de la sienne). Le comportement de soumission n'est toutefois pas étudié en tant que tel, l'étude portant ici sur les conséquences cognitives de la soumission (changement d'attitude dans le sens d'une rationalisation de cette soumission) et, quelquefois, sur ses conséquences comportementales (stabilité du comportement de soumission dans de nouvelles situations).

Il en est ainsi également dans les situations dites «de soumission sans pression»: ici, même s'il peut être relativement coûteux (recevoir pendant plusieurs heures des enquêteurs chez soi), le comportement de soumission ne heurte pas les convictions personnelles des sujets. La caractéristique de ces situations est que l'expérimentateur a recours à un subterfuge pour l'obtenir. Il peut par exemple (→ pied-dans-la-porte) obtenir le comportement (coûteux) de soumission attendu en obtenant préalablement un comportement peu coûteux (participer à une courte enquête téléphonique) [→ amorçage, porte-au-nez]. Dans ce cas, l'étude porte sur le contexte facilitant l'obtention du comportement de soumission (délai séparant les deux requêtes, caractère plus ou moins coûteux du comportement préliminaire, etc.).

Ce qui est remarquable, dans les situations de soumission sans pression, c'est qu'on obtient de la soumission sans que les sujets aient le sentiment de s'être soumis. Bien au contraire, ils en arrivent à décider de faire ce qu'on veut qu'ils fassent.

SOUMISSION AU JUGEMENT D'AUTRUI

Dans certaines situations d'influence sociale, le sujet se trouve confronté à une position majoritaire contraire à son jugement ou à sa perception. C'est notamment le cas dans la situation de conformisme de type Asch. Il peut arriver qu'il ressente la position majoritaire comme une norme à laquelle il doit se soumettre et qu'il le fasse. La soumission consiste ici à satisfaire publiquement une exigence implicite du groupe. Le problème classiquement posé par les psychologues sociaux est alors de savoir si cette soumission (publique) s'accompagne ou non d'une acceptation (privée), par identification à la source ou internalisation du jugement majoritaire. De fait, on a observé des soumissions sans acceptation et des soumissions avec acceptation, le critère étant de savoir si le sujet maintient ou non le jugement qu'il a émis publiquement dans une session postérieure où il se retrouve seul.

Si la soumission est un comportement social, elle apparaît donc souvent associée à des modifications cognitives. Si, dans l'étude de l'influence sociale, on a souvent pensé que ces modifications rendaient compte du comportement public, la recherche sur la soumission forcée montre que la soumission peut, par rationalisation, rendre compte des modifications cognitives. Il est probable que ce soit aussi le cas dans certaines situations d'influence sociale. J.-L. B.

→ amorçage, dissonance cognitive (théorie de la), engagement, influence sociale, obéissance, pied-dans-la-porte, porte-au-nez, rationalisation.

BIBLIOGRAPHIE

Beauvois, J.-L., et Joule, R., 1981, *Soumission et idéologies*, Paris, P.U.F.

Kiesler, C. A., 1971, *The Psychology of Commitment Experiments Linking Behaviour to Belief*, New York, Academic Press.

2. soumission

n.f. (angl. Submission)

ÉTHOL. **Attitude que prend un individu subordonné en face des ouvertures de son dominant.** J. G.

→ dominance.

sourire

n.m. (angl. Smiling)

Mouvement expressif du visage, en particulier de la bouche, observable chez le bébé humain dès les premiers jours de la vie.

LA MIMIQUE

Pendant la 1re semaine de la vie du bébé, le sourire se réduit au relèvement des commissures de la bouche; il apparaît comme une décharge spontanée au cours de la somnolence qui suit la prise de nourriture. Pendant les 2e et 3e semaines, la morphologie du sourire s'enrichit; l'étirement de la bouche s'accompagne de rides au coin des yeux et d'un regard vif. La voix humaine est alors le stimulus spécifique. Dès la 4e semaine, le contact visuel provoque un large sourire. Enfin, vers 6 semaines, le visage humain devient le stimulus privilégié pour obtenir le sourire.

LE SOURIRE SOCIAL

Il constitue un mode de communication entre un bébé et un de ses congénères: R. Spitz voit dans le sourire social une réaction innée dont le déclencheur serait la configuration que constituent les deux yeux, le front et le nez d'un visage humain vu de face. Pour le bébé de 3 mois, un masque est aussi efficace qu'un visage réel, l'absence de bouche est sans importance, mais la présentation de profil n'entraîne pas le sourire. Cette configuration constitue pour Spitz l'équivalent des déclencheurs de comportement inné des éthologistes. Le fait que le sourire au congénère soit la première réponse intentionnelle et dirigée et qu'elle apparaisse chez les prématurés au même âge conceptionnel (46 semaines) que chez les enfants nés à terme est en faveur du caractère inné de la réaction. D'abord non sélectif, le sourire social devient vers 5 à 6 mois réservé aux personnes familières et plus spécialement à la mère.

LE SOURIRE NON SOCIAL

Le visage humain n'est pas le seul stimulus capable de provoquer un sourire chez le bébé. Bien d'autres stimulus, stationnaires ou en mouvement, sont efficaces: par exemple un disque divisé en secteurs alternativement noirs et blancs, agité devant un bébé de quelques semaines. Le sourire a été utilisé comme indice dans la mesure des capacités de différenciation perceptive chez des nourrissons de 3 à 7 mois. C. Bower fait l'hypothèse que le bébé ne dispose pas d'un mais de plusieurs sourires, chacun étant spécifique d'un type de situation : un sourire social destiné aux humains, un sourire d'étonnement en face d'un événement inattendu, un sourire de triomphe lié à une maîtrise cognitive, etc. E. V.

sous-réalisateur

n.m. (angl. Underachiever)

Élève qui obtient des résultats scolaires inférieurs à ceux que son niveau intellectuel ou ses aptitudes permettent de prévoir, la prévision étant fournie par la régression du critère scolaire sur la ou les épreuves psychologiques.

On a montré que la sous-réalisation était liée à des facteurs tels que le niveau socioculturel de la famille, le niveau d'aspiration des parents, l'instabilité scolaire, les intérêts des enfants. Dans un sens voisin, on a montré que certains enfants ne prolongeant pas leurs études avaient des aptitudes de même niveau que la moyenne de ceux qui les prolongent. On parle parfois, en un sens opposé, de *surréalisateur* (angl. Overachiever). M. R.

souvenir-écran

n.m. (angl. Screen-Memory ; allem. Deckerinnerung)

Pour S. Freud, souvenir reconstruit fictivement par le sujet à partir d'événements réels ou de fantasmes.

Ces souvenirs n'en ont pas moins pleine valeur de souvenirs du réel puisque la psychanalyse est une doctrine de la reconstruction fictive de la vie libidinale. R. L.

spasmophilie

n.f. (angl. Spasmophilia)

Prédisposition neurophysiologique à des états prolongés de tension anxieuse mal définie et à l'apparition de crises tétaniques (accès de contraction involontaire des muscles des extrémités des membres).

Individualisée par B. Klotz, au début des années 1950, comme une affection reposant sur un terrain neurotonique particulier et un déficit des fonctions parathyroïdiennes avec hypocalcémie, cette « tétanie idiopathique » reste discutée, d'autant plus que presque toujours il s'agit de crises tétaniques ne s'accompagnant d'aucun critère biologique. Dans ce cas, les analogies cliniques avec l'hystérie et ses diverses manifestations sont évidentes et la spasmophilie représente sans doute une des formes contemporaines de l'hystérie (J. Adès.) J. P.

spatial (facteur)

(angl. Space Factor)

Facteur différentiel mis en évidence par certains tests, qui se traduit par l'aptitude plus ou moins grande à manipuler mentalement des objets géométriques.

Les tests exigeant du sujet qu'il compare ou déplace mentalement des lignes, des dessins à deux dimensions ou figurant des objets à trois dimensions présentent entre eux des corrélations pouvant être expliquées par un facteur spatial interprétable comme la manifestation d'une *aptitude spatiale* (angl. Spatial Aptitude), inégalement développée chez des individus différents. Ce facteur se subdivise parfois en facteurs plus restreints concernant l'importance du mouvement dans la représentation ou le nombre des dimensions. M. R.

Spearman (Charles Edward)

Psychologue britannique (Londres 1863 – *id.* 1945).

Il est l'auteur d'une théorie de l'intelligence (→ noégénétique [loi]) et de l'une des premières méthodes d'analyse factorielle. Elle mettait en évidence, dans les conditions où Spearman l'employait, l'existence d'un facteur général (→ général ou g [facteur]) d'abord interprété en termes d'énergie mentale, puis de noégenèse. Son principal ouvrage est *The Abilities of Man* (1927). M. R.

Spearman-Brown (formule de)

Formule permettant de prévoir la fidélité r_{mm} d'une épreuve de fidélité r_{11} rendue m fois plus longue :

$$r_{mm} = \frac{m\, r_{11}}{1 + (m - 1) r_{11}}$$

M. R.

spécificité

n.f. (angl. Specificity)

GÉNÉR. 1. **Caractéristique d'un concept ou d'une représentation désignant des ensembles d'individus et qui est inverse de sa généralité.**

La première utilisation de ce mot concerne au premier chef les concepts qui désignent des ensembles d'individus ou d'objets. Par exemple, le concept de passereau est plus spécifique que celui d'oiseau, et celui de pinson est plus spécifique que celui de passereau. Le jugement qui précède est équivalent à un autre qui utiliserait la notion de généralité : on dirait alors que le concept d'oiseau est plus général que celui de passereau et que ce dernier est plus général que celui de pinson.

La psychologie considère donc en général ici une dimension de généralité-spécificité comportant de multiples degrés : à l'une de ses extrémités se trouvent les concepts les plus généraux, à l'autre les concepts les plus spécifiques. La spécificité maximale est celle qui correspond à l'idée d'un seul individu.

La spécificité (ou la généralité) peut s'analyser de deux façons. En extension, on observe que le sous-ensemble des pinsons est inclus dans l'ensemble des passereaux et que ce dernier est lui-même inclus dans l'ensemble des oiseaux. En compréhension, ou en intension, on observe à l'inverse que le concept de pinson comporte plus de propriétés ou de traits que celui de passereau et que celui-ci en comporte plus que le concept d'oiseau.

Ce dernier mode d'analyse se concrétise notamment dans les caractérisations verbales. On peut caractériser un pinson comme un « petit passereau qui... » (par exemple « qui a un plumage bleu verdâtre coupé de noir et de roux, un bec conique et est bon chanteur ») ; de même, un passereau peut être caractérisé comme un « oiseau qui... » (par exemple « qui est de petite taille et qui peut être percheur ou chanteur »). Ces caractérisations s'expriment donc en présentant le concept général et en lui ajoutant des caractéristiques supplémentaires, qu'on peut aussi appeler des « spécifications ».

On peut rapprocher cette façon de faire des « définitions » d'Aristote : mais celles-ci avaient, elles, l'ambition de saisir l'essence des êtres, ce qui n'est pas le cas des caractérisations. Dans les définitions aristotéliciennes, les concepts étaient définis par leur « genre prochain » (c'est-à-dire le concept ayant un degré de généralité immédiatement supérieur à celui à définir) et par une ou des « différence(s) spécifique(s) ».

En psychologie, la dimension de généralité-spécificité caractérise non seulement les concepts mais aussi, plus largement, les représentations. Cette dimension peut comporter une multiplicité d'échelons mais le nombre de ceux-ci est variable selon les domaines sémantiques et selon les capacités de discrimination (ou l'expertise) des individus. Ainsi, un ouvrier charpentier fera plus de distinctions qu'un profane dans sa classification des outils : on dira donc qu'il a plus de degrés de généralité-spécificité que le profane.

GÉNÉR. 2. **Caractéristique d'une propriété, d'un attribut, d'une différence qui lui permet d'être distinctive d'un concept ou d'une représentation spécifique.**

On parle corrélativement de « propriété », d'« attribut » ou de « trait spécifique » pour désigner ce qui, ajouté à un concept général, le rend hautement spécifique. Par exemple, « qui est un bon chanteur » n'est pas très spécifique des pinsons puisque les rossignols, et quelques autres oiseaux, possèdent aussi cette caractéristique. En revanche, le fait d'allaiter leurs petits est une propriété spécifique des mammifères, et l'intelligence est, dit-on, une propriété spécifique de l'homme. J.-F. L. N.

STAT. **En analyse factorielle, fraction de la variance d'une variable observée**

attribuée au facteur spécifique à cette variable, facteur indépendant de tous les autres, ne saturant que cette variable et exerçant son effet de la même façon chaque fois qu'elle est mesurée.

C'est une partie de l'unicité, l'autre partie étant la variance d'erreur. M. R.

→ compréhension, concept, extension, intension.

spécifique

adj. (angl. Specific)

Se dit d'un concept ou d'une représentation caractérisés par la spécificité. J.-F. L. N.

spectrale (analyse)

(angl. Spectral Analysis)

Technique d'analyse de signaux à composantes sinusoïdales permettant de calculer les proportions relatives, dans le signal considéré, des différentes bandes de fréquence.

L'analyse spectrale est, par exemple, largement utilisée pour étudier la composition d'un signal électroencéphalographique (analyse de Fourier). P. L.

spéculaire (hallucination)

(angl. Mirror Self-Image)

Expérience hallucinatoire visuelle dans laquelle le patient voit sa propre image devant lui en ayant parfois l'impression qu'il s'agit d'une autre personne que lui-même.

Appelé « hallucination autoscopique » par M. Lemaire en 1901, puis « autoscopie externe » par P. Sollier en 1903 et « héautoscopie » par J. Lhermitte en 1939, ce phénomène peut se produire au moment de l'endormissement (état hypnagogique) ou au cours d'accès hypnoïdes ou véritablement confuso-oniriques. Il s'accompagne souvent d'une impression d'inquiétante étrangeté (S. Freud) et peut parfois se transformer en hallucination héautoscopique négative dans laquelle le sujet ne reconnaît plus sa propre image telle qu'elle lui est pourtant réfléchie par une glace. C'est le cas en particulier dans *le Horla*, nouvelle de G. de Maupassant (1887), où l'auteur ne reconnaît plus son reflet spéculaire.

On a décrit, au cours de l'évolution des démences, une atteinte progressive de la reconnaissance de l'image spéculaire de soi, passant par un stade où cette image est ressentie à la fois comme étrangère et persécutrice avant d'aboutir à une méconnaissance complète et définitive (J. Postel, 1967). J. P.

speed ball

n.m. (angl. Speed Ball)

Mélange héroïne-cocaïne utilisé généralement par voie intraveineuse par les toxicomanes. F. H.

sphère de personnalité

(angl. Personality Sphere)

→ personnalité (questionnaire des seize facteurs de).

spirale du développement

(angl. Development Spiral)

Développement de l'enfant en tant qu'il n'est pas, comme le dit A. Gesell, « linéaire » mais formé de stades qui ne sont ni nettement tranchés ni clairement hiérarchisés.

Le développement lui-même présente des oscillations, des retours en arrière, si bien qu'à un certain moment l'enfant ressemble parfois étonnamment à ce qu'il était à un stade antérieur. Des séquences rythmées de cycles et de sous-cycles de répétition font apparaître le développement comme une « spirale ascendante dont les tours s'enroulent parallèlement en s'élevant ». E. V.

→ développement.

spiromètre

n.m. (angl. Spirometer)

Appareil de mesure des volumes ou des débits respiratoires. J.-M. C.

Spitz (René Arpad)

Psychanalyste américain d'origine hongroise (Vienne, Autriche, 1887-Denver, Colorado, 1974).

Après avoir fui l'Allemagne à l'arrivée des nazis au pouvoir et séjourné à Paris sur la route de l'exil, il s'installe aux États-Unis et enseigne à l'université du Colorado. Ses travaux, à partir d'observations directes, ont porté sur la relation entre la mère et l'enfant durant les deux premières années de la vie. Il a reconnu les conséquences, pour le développement psychique et somatique, des carences affectives survenant à ce moment-là et a, en particulier, développé les notions d'hospitalisme et de dépression anaclitique. Il a notamment écrit *Anaclitic Depression; the Psychoanalytic Study of the Child* (1946), *Die Entstehung der Ersten Objecktbeziehung* (1956), *No and Yes. On the Beginnings of Human Communication* (1956; trad. fr. *Le Oui et le Non; la genèse de la communication humaine*, 1962). R. L.

split brain

n.m. (angl. Split Brain)

Intervention chirurgicale consistant à sectionner les fibres unissant les deux hémisphères cérébraux et en particulier le corps calleux.

Le cerveau se compose de deux hémisphères essentiellement symétriques situés au-dessus d'un tronc commun et reliés par plusieurs faisceaux de fibres commissurales. Le plus important de ces faisceaux est le corps calleux. La section du corps calleux et d'autres voies d'association interhémisphérique chez des patients épileptiques résistant à toute thérapeutique a permis d'étudier le fonctionnement du cerveau en l'absence de communication directe entre les deux hémisphères. R. W. Sperry et son équipe, dans les années 1950, ont été les premiers à démontrer que chacun des hémisphères était doué de compétences propres : le gauche contribue exclusivement à la production du langage alors que le droit, dont le rôle était jusqu'alors négligé, intervient dans la perception et la reconnaissance d'objets ainsi que dans la compréhension verbale. Deux systèmes cognitifs coexistent, dont chacun ignore les opérations et informations dont l'autre est responsable. Paradoxalement, ces patients semblent se comporter normalement dans la vie quotidienne, en dehors des expériences de laboratoire. Seule une analyse plus approfondie met en évidence la ségrégation de l'information : les patients sont par exemple incapables de décrire verbalement des informations apparaissant dans le champ visuel gauche (projetées dans l'hémisphère droit en raison du croisement des voies optiques). En réalité, dans ce type de situation, seul le cortex se trouve divisé. Le terme de *split brain* (cerveau divisé) apparaît comme mal choisi. Il persiste une certaine capacité d'intégration passant par les structures sous-corticales, probablement au niveau du mésencéphale. La section du corps calleux ne crée donc pas deux personnes distinctes. Le cerveau parvient à préserver l'unité du sujet par des mécanismes encore mal élucidés. A. G.

→ dominance cérébrale.

spontané, e

adj. (angl. Spontaneous)

GÉNÉR. **Se dit de ce qui se produit sans cause apparente et sans qu'il puisse en être déterminé une avec certitude.**

On appelle « comportement spontané » un comportement qui se produit en l'absence de stimulus bien défini, identifiable. Les comportements spontanés chez l'Animal sont souvent mesurés de façon strictement quantitative, par exemple dans une cage d'activité*; ils sont le plus souvent mis en relation avec l'état interne de l'Animal. La turbulence de l'enfant est un terme descriptif qui correspond à des comportements spontanés abondants. J.-F. L. N.

→ activité (cage d'), conditionnement, récupération spontanée.

stabilimètre

n.m. (angl. Stabilimeter)

GÉNÉR. **Appareil destiné à étudier les déplacements du centre de gravité du corps à l'intérieur du polygone de sustentation.**

Le stabilimètre est composé d'un plateau sur lequel le sujet se tient debout pendant 30 secondes en fixant une droite verticale. Sous ce plateau sont disposés quatre enregistreurs de pression correspondant aux directions des points cardinaux; ils notent les variations de pression imposées par l'oscillation du centre de gravité. Les oscillations normales sont délimitées par un cercle central et elles sont d'autant plus fortes que le sujet a plus de difficulté à maintenir la station verticale. Le stabilimètre permet de déceler les troubles de l'équilibration. Il permet également de mesurer des variations imperceptibles de l'activité du corps d'une personne en relation avec certains états psychiques, comme la tension créée par un besoin. R. L.

DÉVELOP. **Berceau monté sur un système de leviers tel que chaque mouvement du bébé entraîne un déplacement du berceau, dont l'amplitude est proportionnelle à la vigueur du mouvement.**

L'enregistrement de ces déplacements fournit une mesure de la quantité d'activité motrice déployée par le bébé dans un laps de temps déterminé. E. V.

stabilité

n.f. (angl. Stability)

DIFFÉR. **Qualité d'un test évaluée par la corrélation observée entre les résultats qu'il fournit au cours de deux applications successives aux mêmes sujets.**

La stabilité est un aspect de la fidélité du test. M. R.

→ psychométrie.

stabilité émotionnelle

(angl. Emotional Stability)

Caractéristique d'une personne dont l'état émotionnel n'est pas sujet à des variations brusques et reste contrôlé.

L'instabilité émotionnelle est une manifestation de névrosisme. M. R.

stade

n.m. (angl. Stage)

DÉVELOP. **Étape dans le découpage de la chronologie du développement qui va du bébé à l'adolescent, fondée sur l'existence de discontinuités, de changements de rythme ou de changements qualitatifs observés dans l'évolution somatique, physiologique ou comportementale de l'enfant.**

De nombreux psychologues ont proposé des systèmes de stades dont les uns se veulent généraux et valables pour tout le développement alors que d'autres ne s'appliquent qu'à un domaine plus ou moins vaste: dessin, jeu, personnalité, etc.

JAMES BALDWIN

Il a été l'un des premiers créateurs d'un système de stades. Il en propose trois dans le domaine de l'imitation, qui, selon lui, correspondraient à trois stades du développement de la personnalité. Au *stade projectif*, l'enfant confondrait sur un même plan ses impressions perceptives et sa perception des autres personnes; il s'agirait de suggestion préimitative. Au *stade subjectif*, l'enfant se découvrirait lui-même en imitant autrui; il y aurait alors imitation simple. Au *stade éjectif*, c'est par assimilation d'autrui à ses sentiments propres qu'il réaliserait que ce dernier a un moi identique au sien, l'imitation deviendrait persistante.

JEAN PIAGET

Il appelle « stades » des étapes qui se suivent selon des règles strictes: 1. l'ordre de succession de ces étapes doit être constant pour tous les enfants mais la chronologie peut être variable; 2. un stade est caractérisé par une structure d'ensemble; 3. les structures d'un stade deviennent partie intégrante des structures du stade suivant; 4. dans tout stade, un niveau de préparation est suivi d'un niveau d'achèvement; 5. la préparation de certaines acquisitions se poursuit sur plus d'un stade, des chevauchements peuvent donc survenir et il y a lieu de distinguer dans tout système de stades les processus de formation (genèse) des formes d'équilibre finales (structures d'ensemble). Les processus formateurs ne sont, en fait, que des différenciations successives de ces structures.

Les stades du développement intellectuel proposés par Piaget sont de son propre avis un cas privilégié, non totalement généralisable. Il ne croit pas à l'existence de stades du développement perceptif, pas plus d'ailleurs que du développement physiologique. Piaget a remanié son système à plusieurs reprises, augmentant ou diminuant le nombre des étapes, parlant tantôt de stades divisés en sous-stades et tantôt de périodes divisées en sous-périodes, ou stades. Le système résumé ici est celui de 1955, qui apparaît le mieux articulé. Il comprend 3 grandes périodes.

1. La période de l'intelligence sensori-motrice s'étend de la naissance à l'apparition du langage, à la fin de la deuxième année, et se divise en 6 stades. Le stade 1 (0-1 mois) est celui des exercices réflexes. Le stade 2 (1-4 mois et demi) est celui des premières habitudes, marqué par l'apparition des réactions circulaires primaires, relatives au corps propre, et des schèmes primaires. Le stade 3 (4 mois 1/2 à 8-9 mois) est caractérisé par l'apparition de la coordination entre préhension et vision, le début des réactions circulaires secondaires, relatives aux objets manipulés, et celui d'une coordination des espaces qualitatifs hétérogènes et de la formation des schèmes secondaires. Le stade 4 (8-9 à 11-12 mois) est caractérisé par la coordination des schèmes secondaires, l'utilisation de moyens connus en vue d'atteindre un but nouveau et le début de recherche de l'objet caché. Le stade 5 (11-12 à 18 mois) est marqué par la différenciation des schèmes d'action par réaction circulaire tertiaire et découverte de moyens nouveaux. L'objet disparu est recherché et le groupe pratique des déplacements commence à s'organiser. Le stade 6 (18-24 mois) apparaît comme un stade de transition entre la période sensori-motrice et la suivante car il y a début d'intériorisation et de combinaison mentale des schèmes, inventions et représentations.

2. La deuxième période, dite « de préparation et d'organisation des opérations concrètes », s'étend de 2 à 11-12 ans et se subdivise en deux sous-périodes, dont la première, sous-période des représentations préopératoires (2 à 7-8 ans), comprend 3 stades: a. apparition de la fonction sémiotique (2 à 4 ans); b. organisations représentatives fondées sur des configurations statiques (4 à 5 ans 1/2); c. régulations représentatives articulées (5 ans 1/2 à 7-8 ans). La seconde sous-période, dite « des opérations concrètes » (7 à 12 ans), se divise en 2 stades: a. stade des opérations simples (7 à 9-10 ans); b. stade des opérations complexes spatio-temporelles et achèvement du système d'ensemble (9 à 11-12 ans).

3. La troisième période, dite « des opérations formelles », s'étend de 11 à 16 ans et se divise en 2 stades: a. genèse des opérations formelles (11-12 à 14 ans); b. structures opératoires formelles (14-16 ans).

HENRI WALLON

Il a successivement proposé un système de stades de développement psychomoteur puis un système de stades de la personnalité. C'est ce dernier, à la fois le plus complet et le plus récent, qui sera esquissé. Pour Wallon, le développement est discontinu, jalonné de crises, de mutations, marqué par des conflits. Les chevauchements et les intrications entre stades sont nombreux. Il distingue des stades, ou étapes, qui se succèdent selon un ordre, et des phases qui alternent. Ces phases « ... répondent à l'alternance qui s'observe entre les moments où l'énergie se dépense et ceux où elle est mise en réserve ou se restaure » (Wallon). Il existe des coïncidences entre des stades et des phases; un stade marqué plutôt par la dépense d'énergie et l'ouverture vers l'extérieur (catabolisme) peut succéder à un autre consacré surtout à l'élaboration de la personne (anabolisme). Mais les deux sortes de phases peuvent aussi se succéder à l'intérieur d'un même stade. Chaque stade est caractérisé par une activité prépondérante qui cède la place à une autre au stade suivant. Le passage d'un stade à un autre est souvent marqué par une crise qui entraîne un véritable remaniement. Chaque stade apparaît à la fois comme «... un moment de l'évolution mentale et un type de comportement». Le système Wallon comporte 6 stades: 1. *stade d'impulsivité motrice* (0 - 3 mois), caractérisé par une activité préconsciente ou impulsive; 2. *stade émotionnel* (3 - 12 mois), marqué par la transformation des décharges impulsives en véritables expressions émotives; 3. *stade sensori-moteur et projectif* (1 - 3 ans), centré sur la prise de connaissance de l'environnement et caractérisé par les jeux d'alternance; 4. *stade du personnalisme* (3 - 6 ans), caractérisé par l'indépendance et l'enrichissement du moi; il se divise en trois périodes (a. crise d'opposition et intériorisation; b. période de grâce avec extériorisation et expansion personnelle; c. effort de substitution personnelle par imitation avec ambivalence entre identification et hostilité); 5. *stade catégoriel* (6 - 11 ans), marqué par l'apparition entre 6 et 7 ans du pouvoir nouveau d'autodiscipline mentale; il est caractérisé dans les domaines de la perception et de la connaissance par la pensée catégorielle; 6. *stade de la puberté et de l'adolescence* (11 - 16 ans). E. V.

PSYCHAN. **Chacun des degrés d'organisation libidinale dans le développement de l'être humain, qui ont un caractère topographique (zones érogènes) et un caractère objectal (choix d'objet).**

C'est en 1915, dans la 3e édition des *Trois essais sur la sexualité*, que S. Freud met en place de façon systématique la notion de stades en psychanalyse. Contrairement aux perspectives de psychologie de l'enfant qui seront celles de Wallon et de Piaget, après les premiers travaux de W. T. Preyer, É. Claparède et W. Stern, les stades freudiens sont repérés, après coup, dans les cures d'adultes.

Il ne s'agit pas d'étapes génétiques marquant un développement observé chez l'enfant. Il s'agit de degrés d'organisation prenant leur sens dans une métapsychologie.

La notion de stade, de façon générale, est toujours employée dans la psychologie contemporaine. Elle fait l'objet de discussions très vives, concept essentiel pour certains, simple artifice de recherche pour d'autres. On a l'habitude d'opposer les stades du développement de la personnalité, du domaine de l'intelligence, et ceux du domaine de l'«affectivité». Ce n'est pas sous ce chef que Freud fait valoir les stades qu'il distingue. Mais, plutôt, il souligne que les divers stades de la sexualité de l'enfant et de l'adolescent sont régis par une migration à proprement parler topologique des fonctions représentées par les zones érogènes, successivement promues à une place éminente par le plaisir qui s'éveille à leur fonctionnement, que l'on repère dans les diverses dialectiques de la relation d'objet.

Freud distingue deux modalités d'organisation de la libido, prégénitale et génitale. La phase prégénitale comporte le stade oral et le stade anal.

LE STADE ORAL

Il est caractérisé par une organisation sexuelle «cannibale», au cours de laquelle l'activité sexuelle n'est pas séparée de la fonction de dévoration: ces deux activités visent à l'incorporation de l'objet (prototype de l'identification ultérieure). De sorte qu'à ce stade la pulsion orale se trouve à l'évidence étayée par la fonction digestive. La succion apparaît dès lors comme «un vestige» de ce degré initial du stade car elle consacre la séparation des activités sexuelle et alimentaire, remplaçant l'objet extérieur par une partie du corps du sujet: dès lors, cet acte, répétitif, chargé de procurer du plaisir, devient autoérotique — la zone bucco-labiale est dès lors désignée comme zone érogène. Freud attache une importance capitale à cette première partie du stade oral pour la détermination de la vie sexuelle future. En particulier dans le choix ultérieur d'objet: le sein apparaît ainsi comme essentiellement perdu et «trouver l'objet sexuel n'est en somme que le retrouver».

Une seconde phase du stade oral est caractérisée par le passage de la succion à la morsure, où apparaît combinée à la libido une pulsion agressive et destructrice. Cela a particulièrement été mis en évidence par K. Abraham et repris par M. Klein, qui situe à ce stade l'apparition du surmoi précoce. R. Spitz divise ce stade en 3 sous-stades: stade préobjectal d'indifférenciation (0 - 3 mois), stade de l'objet précurseur (3 - 8 mois) puis stade de l'objet proprement dit.

LE STADE SADIQUE-ANAL

Deuxième stade, faisant suite au stade oral, le stade sadique-anal est régi par l'érogénéité de la zone anale; cette organisation libidinale est liée aux fonctions d'expulsion-rétention et se fait autour de la symbolisation des matières fécales, objet séparable du corps au même titre que le sein. Les pulsions érotique-anale et sadique résident dans cette phase prégénitale de la sexualité infantile. Les notions de passivité et d'activité traduisent la bipolarité de la fonction anale, qui étaye les deux pulsions partielles: d'emprise, liée à la musculature, et de passivité, liée à la muqueuse anale.

Abraham a décrit une subdivision de ce stade, par rapport au comportement vis-à-vis de l'objet: la première partie associe à l'expulsion la destruction; la deuxième associe la rétention et la possession. Ainsi, une dialectique s'instaure entre le sadisme et l'érotisme anal dans la fonction sphinctérienne elle-même: contention-maîtrise; relâchement-évacuation. Par cette activité aboutissant à la défécation viennent se symboliser les fèces dans la fonction du cadeau de la mère, sa rétention constituant au contraire une position agressive à son endroit.

LE STADE PHALLIQUE

Le stade phallique est la phase caractéristique de l'acmé et du déclin du complexe d'Œdipe, essentiellement marquée par l'angoisse de castration. Aussi bien chez la fille que chez le garçon, ce stade succède aux stades oral et anal dans une unification des pulsions partielles sur la région génitale représentée par le phallus; pour les deux sexes, en avoir ou pas caractérise ce stade: «En effet, cette phase ne connaît qu'une seule sorte d'organe génital, l'organe masculin.»

Cette mise en place assez tardive du stade phallique représente pour Freud une transition avec sa description initiale: inorganisation des pulsions sexuelles prégénitales, opposée à l'organisation génitale adulte. Cette phase phallique est sous le signe de la castration, ce qui pose la question, dans son rapport à l'œdipe, de l'existence même de ce stade: la découverte par la fille de l'absence du pénis (l'envie du pénis venant déterminer l'asymétrie, au regard des rapports parentaux, entre le garçon et la fille) peut aussi bien être rangée dans une perspective d'intersubjectivité que d'accession à un stade.

LE STADE GÉNITAL

C'est par la période de latence que se termine le stade phallique: elle sépare ainsi la «première poussée», qui commence entre 2 et 5 ans, «caractérisée par la nature infantile des buts sexuels», et la «deuxième poussée», qui «commence à la puberté et détermine la forme définitive que prendra la vie sexuelle». Cette poussée en deux temps est d'une importance décisive pour les troubles chez l'adulte. «Le choix de l'enfant survit dans ses effets, soit qu'ils demeurent dans leur intensité première, soit que, pendant la puberté, ils connaissent un renouveau»: c'est en effet à cette période que se place le refoulement secondaire.

La pulsion sexuelle autoérotique caractérisant les stades provient de diverses pulsions partielles et de diverses zones érogènes tendant chacune à la satisfaction. À la puberté, ces pulsions coopèrent et un but sexuel nouveau apparaît; les zones érogènes se subordonnent au «primat de la zone génitale». Dès lors, le caractère normal de la vie sexuelle est assuré par la conjonction de deux courants vers l'objet et le but sexuel: celui de la tendresse et celui de la sensualité. J. B.

BIBLIOGRAPHIE

Freud, S., 1905, *Trois Essais sur la théorie de la sexualité*; trad. fr., 1962, Paris, Gallimard.

stade de sommeil

(angl. Sleep Stage)

Période de sommeil définie par un certain nombre de critères électrophysiologiques.

Les paramètres qui permettent de définir les stades du sommeil sont généralement l'électroencéphalogramme, l'électromyogramme et l'électro-oculogramme. La présence de telle ou telle configuration de ces trois paramètres permet, chez l'Homme, de distinguer 5 stades de sommeil. P. L.

→ sommeil.

standardisation

(angl. Standardization)

→ normalisation.

statistique

n.f. (angl. Statistics)

Ensemble des méthodes qui ont pour objet la collecte, le traitement et l'interprétation des données d'observation relatives à un groupe de personnes ou d'objets.

Le besoin de posséder des données chiffrées sur la population et ses conditions matérielles d'existence a dû se faire sentir dès que se sont établies des sociétés humaines organisées : on en trouve des traces dans l'Antiquité en Chine, en Égypte, en Grèce, puis surviennent les recensements ordonnés par Rome, les relevés réalisés sur l'ordre de Charlemagne, le *Domesday Book* de Guillaume le Conquérant (v. 1090) et, enfin, de nombreux inventaires ou relevés exécutés d'après des ordonnances royales sous l'impulsion de Sully, de Colbert et de Vauban.

Au XVIIe siècle se dessinent nettement les concepts relatifs aux bases et aux moyens des études statistiques. Deux écoles se forment. L'école allemande, dite descriptive, à laquelle il semble que l'on doive le mot « statistique », est fondée par Hermann Conring (1606-1681), dont les travaux seront poursuivis par Gottfried Achenwall (1719-1772). John Graunt (1620-1674) et sir William Petty (1623-1687) doivent être considérés comme les fondateurs de la seconde, dite des arithméticiens politiques, qui, au-delà de la description, met en évidence certaines permanences statistiques, par exemple le rapport du nombre de naissances masculines à celui des naissances féminines (Graunt, 1662). Un peu plus tard, Edmond Halley (1656-1742) présente une table de mortalité, qui est à la base des travaux actuariels contemporains, puis Johann Peter Süssmilch (1707-1767) publie d'importants travaux sur le taux de masculinité à la naissance et son évolution jusqu'à l'âge de 20 ans.

Au début du XIXe siècle, Pierre Simon de Laplace (1749-1827), dans sa *Théorie analytique des probabilités* (1812), met en évidence les avantages que l'on peut tirer de cette théorie dans l'étude des phénomènes naturels, dont les causes sont trop complexes pour qu'on puisse les connaître toutes et les analyser individuellement. Adolphe Quételet (1796-1874) étend le champ d'application de la méthode à l'étude anthropométrique, psychologique et sociale des êtres humains. Sur son initiative, se réunit à Bruxelles, en 1853, le premier congrès international de statistique, précurseur de l'actuel Institut international de statistique, fondé à Londres en 1885. À la suite des travaux de Quételet et de ceux de sir Francis Galton (1822-1911), Karl Pearson (1857-1936) fonde la biostatistique, ou biométrie, prolongée maintenant dans le domaine de l'expérimentation thérapeutique. De même, la liaison entre l'observation statistique et l'économie aboutit à la création de l'économétrie. Les travaux de James Clerk Maxwell (1831-1879), aboutissant à la théorie cinétique des gaz, ont été le point de départ de la mécanique statistique. Ceux de sir Ronald Aylmer Fisher (1890-1962) sur l'expérimentation en agronomie ont été à la base d'une théorie générale des plans d'expérience.

Dans le domaine des sciences humaines, les études de Charles Edward Spearman sur le comportement des individus, développées par la suite en psychologie appliquée, humaine et animale, ont conduit aux méthodes de l'analyse factorielle, prolongement logique de l'étude des corrélations. La méthode statistique s'est aussi révélée un auxiliaire indispensable pour la gestion des entreprises : études de marché, contrôle budgétaire, gestion des stocks. Prolongée par la théorie des jeux et la théorie de la décision, elle a donné naissance aux méthodes de la recherche opérationnelle. Parmi les travaux des dernières décennies, on peut citer ceux de Fisher, d'Egon Sharpe Pearson, de Jerzy Neyman sur la théorie des tests et celle de l'estimation, nés de recherches empiriques sur l'application de la méthode des sondages. L'apparition de puissants moyens de calcul a d'autre part permis de mettre en œuvre de nouvelles méthodes de statistique descriptive (ne recourant pas à des modèles ni à des hypothèses) applicables à de grands tableaux de données multidimensionnelles. Déjà en germe dans les travaux de C. Spearman et E. Pearson, ces méthodes, regroupées sous le nom d'analyse des données, ont été développées par H. Hotelling dans les années 1930 et en France par J. P. Benzécri dans les années 1960. Un travail statistique comporte plusieurs phases. La première, méthodologique, consiste à définir les unités statistiques sur lesquelles on va opérer (caractères, nomenclatures, etc.). Dans la deuxième, technique, on procède au recueil des données (échantillonnage, mesures, enquêtes par questionnaires, etc.). Ces données peuvent être soumises à des programmes de vérification manuelle ou automatique. Dans la troisième phase (statistique descriptive), on présente ces données sous forme de tableaux, de courbes ou de graphiques, qui contiennent toute l'information. Comme ils sont souvent difficiles à appréhender et à interpréter, on procède généralement à une réduction des données en les remplaçant par des courbes plus parlantes (histogramme), ou par un petit nombre de paramètres, les uns caractérisant la tendance centrale (moyenne, médiane, mode), les autres la dispersion (quantiles, écart, variance, écart-type, moment, étendue). Dans la statistique classique (inférence statistique), on essaie ensuite à l'aide des paramètres ainsi calculés de rattacher les observations à un modèle ou à une loi statistique (binomiale, normale, etc.) ; cela conduit, dans le cas où l'on a procédé à un échantillonnage dans la population étudiée, aux problèmes de l'estimation des paramètres. Pour tirer des conclusions à partir d'un échantillon, il faut faire une hypothèse sur la population totale et porter un jugement sur sa valeur : c'est l'objet des tests d'hypothèse. Enfin, lorsque plusieurs caractères sont déterminés simultanément, on peut chercher s'il existe des liaisons entre eux : liaison fonctionnelle, indépendance totale ou liaison stochastique (corrélation). R. L.

statut

n.m. (angl. Status)

Position ou caractéristique sociale susceptibles de préciser la condition ou le rang d'un individu par rapport aux autres dans un groupe ou une société donnée.

Certains auteurs adoptent le terme anglais (*Status*) pour spécifier l'acception sociologique. On distingue parfois entre *statuts imposés* (angl. Scribed Status) et *statuts acquis* (angl. Achieved Status), les premiers étant liés à la naissance (sexe, âge, ethnie), les seconds relevant au moins partiellement de l'initiative (profession, prestige, etc.). Un même individu cumule donc plusieurs statuts et peut en changer selon le degré de fluidité sociale. On relève d'autre part, à travers l'usage, deux aspects de la notion de statut, en référence à celle de rôle et à celle de rang.

L'*aspect prescriptif* concerne l'ensemble des attributs liés à la place d'un individu dans un système et certains comportements auxquels il peut légitimement s'attendre de la part des autres. Ainsi, tel statut professionnel implique, selon sa position hiérarchique ou fonctionnelle, un certain type de tâche et un jeu défini de rapports sociaux (autorité, subordination, homologie, etc.). Il en va de même pour le statut familial, selon la place respective des membres de la parenté et le rôle* dévolu à chacun.

L'*aspect évaluatif* correspond à un certain rang dans une échelle de prestige ; en ce sens, on parle de statut supérieur ou inférieur ; de progression ou de régression sur cette échelle. À cet aspect se rattache l'acception sociométrique du statut, c'est-à-dire le rang préférentiel accordé à chacun par chacun au sein d'un groupe, en fonction d'un critère global ou spécifique. Ces divers aspects du statut sont d'ailleurs interdépendants : prescription et évaluation sont liées à tout un système de valeurs et de représentations sociales ; l'attribution d'un statut implique un pouvoir, un devoir et un valoir dont la psychologie sociale examine l'impact sur les interactions et sur l'image de soi.

Quant aux relations interpersonnelles, le statut intervient en fixant leur champ et leurs modalités : quiconque ne rencontre pas quiconque, et les rapports quotidiens relèvent d'un ensemble de convenances ou de préséances. Dès les années 1930, le sociologue américain E. S. Bogardus avait élaboré le concept de « distance sociale » sous une perspective opératoire : la propension à se rapprocher ou à s'éloigner des gens selon leur statut ethnique, national, religieux, politique, catégoriel, etc., l'échelle allant de l'alliance familiale à l'exclusion du pays. Depuis lors, de multiples études ont été effectuées, notamment en matière de choix conjugaux et amicaux. Partout ressort l'intervention majeure d'une homophilie de statut dont les acteurs sont inégalement conscients.

Au niveau subjectif, cette conscience du statut varie certes selon les personnes mais aussi selon les contextes et les situations où elles se trouvent placées. Un écart plus ou moins net peut apparaître entre l'estimation de son propre statut, celle qu'accorde l'entourage et le rang (ou le niveau) reposant sur certains critères objectifs — notamment d'ordre économique et culturel. En toute occurrence, l'autoperception du statut se fait par rapport à des groupes de référence.

Parmi les nombreuses recherches sur les statuts, on peut citer celles qui portent sur la hiérarchie des classes sociales. Les plus anciennes, restées les plus célèbres, sont celles de L. Warner ; à partir de l'opinion commune, du champ des fréquentations et d'un « index de statut social » combinant plusieurs critères (profession, sources de revenus, zone et type de résidence), sept classes se dégagent depuis l'*aristocratie* (angl. Upper-Upper Class) jusqu'au *prolétariat des bidonvilles* (angl. Lower-Lower Class), chacune possédant son système de valeurs et de conduites courantes. Mais, selon le sociologue A. Touraine, il s'agit là de stratification et de niveaux plutôt que de classes sociales proprement dites. Celles-ci correspondent à des réalités plus profondes liées aux rapports de production et de pouvoir dont l'échelle des statuts ne constitue qu'une manifestation saillante.

Du point de vue proprement psycho-social, il importe d'examiner les liens complexes entre la conscience du statut et l'expression des intérêts et des opinions. Si certaines corrélations significatives ont pu être établies, il reste que des gens de même statut peuvent développer des attitudes différentes et vice versa. Il ne s'agit donc pas ici de relations causales simples mais de réactions à une certaine structure sociale qui peut être vécue diversement. Lorsqu'il y a un décalage sensible entre statut objectif et subjectif, l'individu peut s'efforcer de le réduire ou ressentir une frustration plus passive. Ces processus contribuent à la dynamique des sociétés relativement mobiles, à travers un jeu concurrentiel où se combinent des sentiments d'émulation et d'insécurité. J. M.

BIBLIOGRAPHIE

Dohrenwend, B. P., et Dohrenwend, S., 1969, *Social Status and Psychological Disorder: A Causal Inquiry*, New York, Sydney, Londres, John Wiley.

Goffman, E., 1959, *The Presentation of Self in Everyday Life*, Gardencity, New York, Doubleday.

Steiner (Rudolf)

Philosophe et pédagogue autrichien (Kraljević, Croatie, 1861-Dornach, près de Bâle, 1925).

Entre 1902 et 1909, il définit sa doctrine, l'anthroposophie, dans ses ouvrages *Théosophie* (1904), *l'Initiation* (1904), *la Science occulte* (1909). En 1913, il se sépare des théosophes et fonde la Société anthroposophique ; il s'installe en Suisse, à Dornach. Il fonde, à Stuttgart, l'école Waldorf, où son enseignement repose sur des méthodes pédagogiques nouvelles. En 1921 est ouvert, sous son impulsion, à Arlesheim, un institut clinique et thérapeutique. Pour Steiner, la méthode scientifique n'a rien d'incompatible avec une vision surnaturelle du monde. La pédagogie de Steiner est fondée sur des « périodes » de travail par thèmes, décloisonnant les matières traditionnelles, sur l'expérience et sur des activités artisanales, professionnelles, étroitement intégrées à l'environnement. Si l'enfant est avant tout autonome, le maître constitue cependant la référence morale déterminante et l'autorité. R. L.

Stekel (Wilhelm)

Médecin et psychanalyste autrichien (Boian, Bucovine, 1868-Londres 1940).

Il fut le premier analysant de S. Freud à devenir psychanalyste. Il poussa Freud en 1902 à réunir à son domicile le groupe des premiers adeptes de la psychanalyse (la « Société du mercredi »). En 1912, ce fut la rupture avec Freud, qu'il accusa de plagiat. Il en vint à contester la théorie de la libido et la méthode freudiennes en préconisant une cure courte conduite par un thérapeute actif. Ses publications concernent surtout la sexologie. R. L.

stéréognosie

n.f. (angl. Stereognosis)

Capacité de reconnaître un objet tridimensionnel perçu par la seule palpation, en dehors de la vue.

La stéréognosie peut être mesurée par dénomination ou description verbale, par reproduction graphique, par reconnaissance de l'objet palpé parmi plusieurs objets à choix présentés tactilement (transfert intramodal) ou visuellement (transfert intermodal). J. Piaget et B. Inhelder ont fait appel à la stéréognosie pour étudier l'évolution de l'espace représentatif chez des enfants de 2 à 7 ans. Avec une procédure de transfert intermodal, ils ont montré qu'avant 3 ans aucune de leurs formes n'était identifiée et que, vers 3 à 4 ans, seules les formes topologiques l'étaient : un disque a été différencié d'un anneau, alors qu'un carré et un trapèze étaient confondus. La distinction entre formes curvilignes et rectilignes est apparue entre 4 et 6 ans. C'est vers 6 à 7 ans seulement que des formes aussi complexes qu'une étoile et une croix gammée ont été clairement différenciées à partir de leurs propriétés euclidiennes. E. V.

→ espace.

stéréogramme

n.m. (angl. Stereogram)

Couple de figures présentées dichoptiquement et présentant entre les images droite et gauche des disparités qui, par fusion binoculaire, entraînent la vision d'un relief chez l'observateur normal.

La fusion des deux images est réalisée au moyen d'un dispositif appelé « stéréoscope ». Les stéréogrammes aléatoires, inventés par B. Julesz, sont faits de points apparemment disposés au hasard mais présentant une correspondance spatiale lorsqu'ils sont fusionnés dichoptiquement. Les formes qu'ils présentent ne sont perçues qu'en cas de fusion binoculaire. C. B.

stéréopsie

n.f. (angl. Stereopsia)

Capacité de percevoir des différences de profondeur (le relief) sur la base de la disparité des images rétiniennes. (Syn. vision stéréoscopique.)

La stéréopsie est fondée sur les propriétés des neurones recevant des afférences binoculaires au niveau du cortex visuel. L'acuité stéréoscopique est la limite angulaire de la disparité rétinienne permettant de juste repérer une différence de profondeur. C. B.

stéréotaxie

n.f. (angl. Stereotaxy)

Technique permettant d'atteindre les

structures profondes de l'encéphale à partir de repères osseux externes ou sous contrôle radiographique.

Les structures nerveuses occupent, chez certaines espèces, une position précise dans l'espace intracrânien; il est possible d'établir des cartes donnant leur position en coordonnées spatiales par rapport à des plans de références. Au cours des interventions, le crâne est fixé dans un cadre rigide (appareil de Horsley-Clarke) qui sert à guider les électrodes; on peut ainsi pratiquer, dans les structures profondes, des enregistrements, des lésions, des stimulations ou des injections. J.-C. R.

stéréotype

n.m. (angl. Stereotype)

Schème perceptif rigide appliqué à certains groupes de personnes ou d'objets, lié au mot qui les désigne et intervenant automatiquement dans l'évaluation de leurs spécimens.

Le stéréotype s'applique en psychosociologie à propos d'opinions et de représentations sociales cristallisées. Les premières études remontent aux années 1930; elles portaient déjà sur les stéréotypes ethniques, nationaux et professionnels, au niveau des images et du langage. Enquêtes et expérimentations ont dégagé un ensemble de caractéristiques propres aux stéréotypes: uniformité (leurs limites d'extension étant révélatrices des lignes de stratifications sociales et des zones d'affiliation), simplicité (sinon simplisme), tonalité (plus souvent négative que positive, mais jamais neutre), prégnance (variable selon les sujets et les situations). Les stéréotypes sont en rapport étroit avec les préjugés et les processus de catégorisation qui les englobent et dont ils constituent des aspects ponctuels ou des caricatures.

GENÈSE ET FONCTION

La stéréotypie tient d'abord à la tendance générale de toute pensée à schématiser son environnement pour s'y repérer; mais il s'agit ici d'une démarche globalisante et normative concernant des collectivités (les Américains, les Noirs) et des individus catégorisés ensemble parce qu'ils ont le même sexe (les femmes), le même âge (les jeunes), la même profession (les politiciens), la même croyance (les protestants). Il arrive qu'on accole des adjectifs péjoratifs ou laudatifs (tous les *x* sont des *y*).

Des expériences de M. Sherif (confirmées par de nombreuses répliques) ont établi que l'apparition ou le maintien des stéréotypes dépendent des modes de relations intergroupes vécues par les sujets — notamment des situations de compétition ou de crainte, motivée ou fantasmatique. Aussi bien les formes les plus triviales de stéréotypes correspondent-elles aux tensions patentes ou latentes entre communautés ou catégories (nationaux-immigrés, vieux-jeunes, urbains-ruraux, littéraires-scientifiques, etc.). Les stéréotypes servent le plus souvent de justification aux attitudes agressives tout en contribuant à renforcer la cohésion des « nous » contre « eux » (*en-groupe* [In-Group] contre *hors-groupe* [Out-Group]. Ils ont en effet une forte composante affective et émotionnelle et exercent de plus une fonction psychosociale. Leur persistance et la lenteur de l'évolution des attitudes s'expliquent ainsi. L'observation sociologique montre que certains changements démographiques, économiques et idéologiques peuvent entraîner des modifications positives ou négatives — notamment selon la densité locale et la concurrence — entre groupes sans toutefois liquider le stéréotype. D'autre part, certaines expérimentations révèlent qu'un moyen assez efficace consiste en l'instauration d'un état d'urgence commun réclamant l'effort de tous (« Super-Ordinate Goals », selon les termes de Sherif). On assiste alors à la dissolution progressive des tensions et des stéréotypes négatifs. Mais on ne peut pas extrapoler des résultats observés au niveau de groupes restreints et éphémères à des populations étendues, où les urgences échappent d'ailleurs largement à l'intervention des psychosociologues. J. M.

BIBLIOGRAPHIE

Bar-Tal, O., Graumann, C. F., Kruglanski, A. W., et Stroebe, W., 1989, *Stereotyping and Prejudice: Changing Conceptions*, Londres, Paris, Berlin, Heidelberg, Springer Verlag.

Basow, S. A., 1980, *Sex Roles Stereotypes: Traditions and Alternatives*, Montery, Californie, Brooks Cole.

Campbell, D., 1967, « Stereotype and the Perception of Group Differences » in *American Psychologist*, 22, 812-829.

Doise, W., 1979, *Expériences entre groupes*, Paris, Mouton.

Hamilton, D. L., 1981, *Cognitive Processes in Stereotyping and Intergroup Behavior*, Hillsdale, New Jersey, Lawrence Erlbaum Ass.

Maisonneuve, J., 1978, *Recherches diachroniques sur une représentation sociale*, Paris, C.N.R.S.

Tajfel, H., Sheikh, A. A., et Gardner, R. C., 1964, « Content of Stereotypes and the Inference of Similarity between Members of Stereotypied Groups » in *Acta Psychologica*, 22, 191-201.

stéréotypie

n.f. (angl. Stereotypy)

Répétition inadaptée à la situation, indéfinie, quasi automatique d'une expression verbale, d'un geste, d'une attitude.

On distingue ainsi des stéréotypies verbales, où le même mot ou lambeau de phrase est indéfiniment répété dans une sorte de litanie monotone et interminable; des stéréotypies gestuelles, faites de la répétition incessante d'un frottement de genou, d'un balancement de la tête et du tronc (tic de Salaam), d'un grincement de dents ou d'un mâchonnement continuels; et des stéréotypies d'attitudes indéfiniment conservées, comme d'une station sur la pointe des pieds (en échassier), de tête renversée en arrière, d'accroupissement sur les genoux fléchis, de visage figé dans une grimace permanente, etc.

Ces dernières se voient surtout dans la catatonie* et, associées aux autres, dans certaines psychoses infantiles graves ou autistiques, dans certains états voisins de grande arriération confinant à l'idiotie et dans les démences tardives, en particulier la maladie de Pick*. J. P.

Stern (William)

Philosophe et psychologue allemand (Berlin 1871-Durham, Caroline du Nord, 1938).

Professeur à Breslau de 1908 à 1916, puis à Hambourg (1919-1933), il émigra aux États-Unis en 1936 et enseigna à Harvard et à Duke University (Durham). C'est un des fondateurs de la psychologie moderne. Conscient d'une certaine désaffection à l'égard du béhaviorisme, il tenta une synthèse entre la psychologie expérimentale et la psychologie compréhensive. Il établit une théorie dite « de la convergence » et fut l'un des principaux fondateurs de la psychologie différentielle*. Il a étudié la psychologie des enfants et la personnalité et a fortement revendiqué l'autonomie et l'originalité de la psychologie de l'enfant comme telle. Il a notamment écrit *Person und Sache* (1906-1924), *Die Differentielle Psychologie in ihren methodischen Grundlagen* (1911), *Psychologie der frühen Kindheit* (1914), *Die Intelligenz der Kinder und Jugendlichen* (1916), *Allgemeine Psychologie auf personalistischer Grundlage* (1935). Il est l'un des premiers qui ait élaboré la notion de stade* dans l'analyse de l'évolution de l'enfant. R. L.

Stevens (Stanley Smith)

Psychologue américain (Ogden, Utah, 1906- Vail, Colorado, 1973).

Il est le fondateur d'une branche de la psychophysique contemporaine prônant la mesure directe des sensations. Il a enseigné la psychophysiologie et la psychologie à Harvard à partir de 1938 et y a dirigé le laboratoire de psychophysique. Dans les échelles d'intensité sonore construites sur la base de la loi de Fechner, les intensités sont séparées par des échelons égaux. Cependant, un son de 100 dB (décibels) ne paraît pas avoir une intensité double de celle d'un son de 50 dB. Constatant la capacité des sujets humains à estimer quantitativement au moyen de nombres l'intensité de leurs sensations, Stevens a développé une série de méthodes psychophysiques dites « directes » ou « subjectives » qui devaient avoir des propriétés d'échelle de rapport: méthode d'*estimation des grandeurs* (angl. Magnitude Estimation), méthode d'*estimation des rapports* (angl. Ratio Estimation). Corrélativement, il a développé des méthodes de production dans lesquelles on demande au sujet d'ajuster l'intensité d'un stimulus pour qu'elle lui paraisse être dans un certain rapport avec un stimulus étalon. Enfin, constatant que l'utilisation de nombres pouvait conduire à certains biais, il a prôné l'utilisation d'*égalisations intermodalitaires* (angl. Cross-Modality Matching).

Théoricien, Stevens a popularisé la distinction de différents types d'échelles psychophysiques fondés sur leurs propriétés formelles de mesure. (→ psychophysique.) Les très nombreux résultats obtenus dans les diverses modalités sensorielles ont fait mondialement connaître, au travers de multiples publications, son laboratoire de l'université Harvard, lieu où ont été formés un très grand nombre de psychophysiciens. Reprenant la suggestion de J. Plateau, il a supposé, sur la base de ces résultats, que la sensation augmentait comme une fonction de puissance de l'intensité du stimulus.

Il a écrit notamment (avec H. Davis) *Hearing: Its Psychology and Psychophysiology* (1938), *Handbook of Experimental Psychology* (1951); [avec F. Warshofsky] *Sound and Hearing* (1965). C. B.

→ article suivant.

Stevens (échelles de)

(angl. Stevens Scale)

Échelles psychophysiques qui caractérisent l'augmentation de la sensation comme une fonction de puissance de l'augmentation de la stimulation.

Les échelles de Stevens sont fondées sur des méthodes subjectives directes comme la méthode des grandeurs, la méthode d'estimation de rapports, la méthode de fractionnement et la méthode d'égalisation intermodalitaire. Ces méthodes sont supposées conduire à des échelles psychophysiques qui ont des propriétés d'échelle de rapport. C. B.

stimulateur

n.m. (angl. Stimulator)

Appareil permettant la stimulation du système nerveux soit au niveau des récepteurs, soit directement sur les structures nerveuses.

Certains stimulateurs autorisent une stimulation des récepteurs proche de la stimulation naturelle : stimulation lumineuse par flash ou damiers, stimulation thermique, stimulation mécanique ou stimulation électrique transcutanée. La plupart des stimulateurs délivrent en fait du courant électrique. R. L.

stimulation

n.f. (angl. Stimulation, Incitement)

NEUROBIOL. **Mise en jeu d'une structure nerveuse à l'aide d'une modification de son environnement externe ou interne.**

Les stimulations utilisées peuvent être de nature variée : mécanique (section, choc, appui), pouvant reproduire les stimulations naturelles ou représenter un traumatisme ; chimique (modification de l'équilibre osmotique, modification du pH, modification de la composition en espèces ionisées inorganiques ou en substances organiques comme les acides aminés ou les polypeptides) ; thermique ; électrique le plus souvent. (→ stimulateur.) La stimulation artificielle permet de comparer l'activité nerveuse au repos et sous l'effet d'une stimulation reproduisant ou non une condition physiologique. On peut grâce à elle identifier les neurotransmetteurs en comparant l'effet de la stimulation naturelle d'un neurone et celui de substances déposées localement qui pourraient être le neurotransmetteur normal. R. L.

stimulus

n.m. (pl. stimulus ou stimuli) [angl. Stimulus]

Toute forme d'énergie physique, externe ou interne à l'organisme, d'intensité suffisante (seuil absolu) pour exciter un récepteur sensoriel.

ÉTHOL. Dans le domaine éthologique, cette définition est étendue au déclenchement d'une réponse comportementale ; on parle alors de « stimulus signal », de « stimulus déclencheur » ou de « stimulus clé ».

GÉNÉR. L'environnement d'un individu contient un grand nombre de stimulus potentiels de nature et d'intensité variées. Ce sont aussi bien des éléments abiotiques (température, éclairement, bruits, etc.) que biotiques (odeurs diverses, phéromones). Les récepteurs sensoriels du sujet effectuent un filtrage qui contribue à ne rendre efficaces qu'un nombre restreint de ces stimulus, en relation avec les variations de l'état psychophysiologique du sujet et de l'intensité de chacun de ces stimulus. J.-F. L. N. et R. C.

→ déclenchement (mécanisme de), déclencheur, signal.

stimulus proximal visuel

(angl. Proximal Stimulus)

Ensemble des radiations lumineuses parvenant à la rétine à un instant *t* après réflexion sur les diverses surfaces de l'environnement.

Le stimulus proximal est spécifié par l'intensité, la longueur d'onde et la répartition des ondes qui le composent. L'intensité est d'autant moins forte que la surface de réflexion est plus absorbante, elle l'est aussi d'autant moins que la surface est plus inclinée par rapport à la source lumineuse. E. V.

stockage

n.m. (angl. Storage)

1. **Première phase du processus mnémonique.** (Syn. mémorisation.) 2. **Mode de conservation des souvenirs.**

Dans le cas où l'on suppose l'existence de « magasins » mnémoniques différents, ce mot peut aussi se rapporter à la façon dont s'effectue la conservation (deuxième phase du processus mnémonique). J.-F. L. N.

→ encodage ou encodage spécifique, mémoire.

strabisme

n.m. (angl. Strabismus)

Orientation anormale d'un œil telle que les deux axes oculaires ne se croisent pas au point de fixation.

La déviation des axes oculaires entraîne une non-correspondance des régions homologues des deux hémirétines avec pour conséquence un déficit de la vision binoculaire et particulièrement de la vision stéréoscopique. Le strabisme congénital doit être corrigé très précocement pour prévenir l'installation d'une amblyopie strabismique. C. B.

stratégie

n.f. (angl. Strategy)

GÉNÉR. 1. **Coordination planifiée des moyens pour atteindre un but, les moyens étant en psychologie les connaissances, les opérations cognitives, les actions.**

GÉNÉR. 2. **Selon la théorie de la décision, règle finalisée permettant de choisir une option parmi les options possibles.**

GÉNÉR. 3. **En psychologie cognitive, règle ou procédure permettant d'opérer une sélection parmi les options qui sont déjà disponibles ou d'en construire de nouvelles (on emploie aussi les termes *métarègle* et *métaprocédure*).**

Le concept de stratégie est fondamental en psychologie cognitive car il permet d'interpréter les régularités comportementales observées comme des manifestations de l'activité organisatrice et de l'autonomie d'un système et non comme le reflet des régularités de l'environnement. Son usage s'est d'abord manifesté dans l'étude des décisions sous risque, puis dans celle du test d'hypothèse avant de se généraliser dans celle de la résolution de problème.

LES STRATÉGIES DANS LES DÉCISIONS SOUS RISQUE

Dans certaines situations, il faut choisir une option parmi plusieurs sans connaître encore le résultat de chacune d'elles car celui-ci dépend d'un événement futur non encore réalisé. Cet événement incertain peut résulter du choix d'un autre partenaire, comme dans certains jeux, de l'évolution d'un processus complexe comme la météorologie ou la situation économique ou encore du hasard, comme dans les loteries. Le résultat peut se manifester par un gain ou une perte monétaires ou, plus largement, par une utilité positive ou négative. La prise de décision prend en compte la probabilité et l'utilité des différents résultats. On distingue classiquement quatre stratégies en pareil cas, qui consistent toutes à optimiser une variable. La première consiste à choisir l'option qui maximise l'utilité espérée ; la deuxième, l'option qui minimise la perte maximale possible (stratégie minimax) ; la troisième, l'option qui maximise le gain minimal possible (stratégie maximin) ; le dernière, l'option qui minimise le regret, c'est-à-dire la différence entre le gain obtenu en faisant un choix et le gain plus élevé qu'on aurait obtenu en faisant un autre choix. Ces stratégies ont été proposées avec une finalité normative et descriptive, mais le dernier objectif s'avère peu conforme aux données recueillies.

Les stratégies de découverte d'un concept

Dans un paradigme célèbre sous le nom d'*identification de concepts*, l'expérimentateur divise un ensemble de figures en deux classes selon une règle inconnue du sujet. On utilise des figures différant par des attributs manifestes comme la forme, la couleur, etc., et une règle de partition telle que tous les objets de la classe cible comportent une ou plusieurs propriétés communes. On présente ensuite des objets un par un en demandant au sujet de les affecter à l'une des deux classes et en lui indiquant ensuite après chaque réponse l'affectation correcte. Bruner, Goodnow et Austin (1956), en observant la conduite de sujets adultes et en les interrogeant sur leur démarche, ont identifié diverses stratégies de recueil et de traitement de l'information.

Ainsi, dans la condition où le sujet sélectionne lui-même une par une les figures, deux types fondamentaux de stratégies sont observés. La stratégie de la *focalisation* (angl. Focusing) consiste à choisir un exemplaire de la classe cible et à identifier l'ensemble de ses propriétés, puis à sélectionner des exemplaires permettant de tester chacune des propriétés précédentes pour déterminer si elle intervient ou non dans la règle. On peut ainsi reconstituer la règle à partir des propriétés pertinentes et non pertinentes. Dans la stratégie du *balayage* (angl. Scanning), le sujet définit d'abord un ensemble d'hypothèses possibles puis il sélectionne des figures jusqu'à ce qu'il ait éliminé toutes les hypothèses sauf une. La seconde stratégie nécessite deux fois plus d'exemples ou de contre-exemples que la première pour découvrir la règle et elle est beaucoup plus contraignante pour la mémoire de travail. La poursuite de ce type de travaux a permis non seulement d'identifier d'autres stratégies mais aussi de montrer comment leur choix dépend des schémas d'inférence disponibles et des contraintes imposées au traitement.

Les stratégies de résolution de problème

Une situation est définie comme constituant un problème pour un sujet s'il ne dispose pas d'une procédure déjà connue pour découvrir la solution. Les stratégies utilisées en pareil cas sont souvent appelées des « heuristiques ». Les travaux de K. M. Newell et Simon (1972) ont popularisé dans les problèmes de transformation d'états la stratégie *moyens-but* (angl. Means-End), déjà mentionnée par Duncker (1945). Dans ce type de problèmes, il s'agit de passer de l'état initial d'une situation à l'état final, ou état but, par des états intermédiaires en utilisant des actions ou opérations, dites « opérateurs », qui permettent de transformer l'état présent en un nouvel état (par exemple démontrer qu'une expression algébrique est égale à une autre, ou le problème de la tour de Hanoi). La stratégie moyens-but comporte une séquence type de trois règles fondamentales : 1. pour atteindre l'état but B, identifier la différence entre l'état présent P et B ; 2. pour réduire la différence entre deux états, sélectionner un opérateur O qui, appliqué à P, engendre B ; 3. si l'opérateur O ne peut être utilisé parce qu'une de ses conditions C n'est pas satisfaite, alors poser C comme nouveau but. On applique de façon récursive la même séquence à la différence entre l'état présent P et le sous-but C. Cette stratégie conduit à un « empilement » de sous-buts et s'avère difficile à utiliser par des sujets humains dès que ceux-là deviennent nombreux.

Une autre stratégie souvent mentionnée est celle de *la plus forte pente* (angl. Climbing the Hill). Elle consiste à sélectionner, parmi les états immédiatement accessibles à partir de l'état présent, celui qui réduit l'écart entre celui-ci et le but. Cette règle est appliquée de façon récursive au nouvel état jusqu'à ce que l'état présent coïncide avec le but. Cette stratégie est utilisable à condition de pouvoir évaluer les écarts entre deux états, c'est-à-dire d'avoir une fonction d'évaluation. Elle est fréquemment utilisée, mais elle peut conduire à des impasses dans les situations où la solution nécessite le choix d'un état qui accroît provisoirement l'écart au but (conduites de détour).

Les stratégies n'interviennent pas seulement dans les problèmes de laboratoire ou les problèmes scolaires, mais également dans les situations quotidiennes ou professionnelles. Elles jouent un grand rôle dans les tâches de diagnostic d'une maladie, de l'origine de la panne d'un dispositif, d'une erreur dans un programme informatique. Contrairement aux exemples précédents, l'utilisation des stratégies est ici étroitement subordonnée aux connaissances possédées sur le domaine. Dans le diagnostic, on distingue deux classes principales de stratégies, celles qui sont fondées sur le fonctionnement normal du système, comme la recherche topographique ou la recherche fonctionnelle, et celles qui sont fondées sur le fonctionnement anormal du système, comme l'identification de configurations de symptômes ou le test d'hypothèses (Rasmussen).

Les situations de résolution de problème sont souvent analysées aujourd'hui en psychologie cognitive en se référant aux concepts élaborés pour construire des modèles informatiques de la conduite étudiée. Le processus de résolution est souvent décrit comme un processus de recherche d'un chemin dans un espace de recherche dit « espace de base ». L'espace de base est l'ensemble des états possibles qui résultent de la représentation de la situation initiale, du but à atteindre et des opérateurs permettant de changer d'état. La partie de l'espace de base considérée par le sujet à un moment donné constitue son *espace de problème* et correspond schématiquement à sa représentation momentanée de la situation. Dans ce cadre théorique, les stratégies sont des méthodes permettant de cheminer dans l'espace de base, et la solution est un chemin conduisant de l'état initial à l'état but (Newell et Simon). Des stratégies systématiques de parcours ont été décrites, comme la stratégie *largeur d'abord*, qui consiste à explorer tous les chemins de un, deux, trois... pas à partir de l'état présent jusqu'à ce que l'un d'eux conduise au but, ou la stratégie *longueur d'abord*, consistant à explorer chaque chemin jusqu'à son terme, impasse ou réussite.

Certains apprentissages à résoudre des problèmes consistent en un changement de la stratégie initiale pour une stratégie mieux appropriée. Le changement survient généralement lorsqu'une stratégie s'avère inefficace ou peu efficiente ou lorsqu'elle impose une charge trop lourde à la capacité de traitement. Des travaux ont montré que l'acquisition d'une expertise dans divers domaines de connaissances correspond à l'abandon de stratégies très générales, dites « faibles » parce qu'elles n'exploitent pas les spécificités du domaine, au profit de stratégies plus « puissantes » mais particulières au domaine. La représentation initiale du problème, les connaissances spécifiques au domaine, les analogies qu'on peut établir avec d'autres domaines sont des facteurs importants dans le choix d'une stratégie.

Stratégie, intelligence et développement

Le rôle des stratégies a été invoqué dans de nombreuses activités cognitives, en particulier dans les travaux concernant la métacognition. Ce terme désigne les connaissances relatives au fonctionnement du psychisme d'autrui ou du sien propre ainsi que les savoir-faire permettant d'améliorer l'efficacité de ce fonctionnement. Certains de ces savoir-faire sont assimilables à des stratégies. Ainsi, de nombreux travaux ont analysé les stratégies utilisées pour mémoriser des informations lorsqu'il y a apprentissage intentionnel, pour recouvrer les informations stockées en mémoire ou pour ne pas oublier d'exécuter une action. D'autres concernent la recherche d'une information dans un ensemble de possibles, l'argumentation, la ruse. L'apprentissage à apprendre peut être considéré comme l'acquisition de stratégies pour apprendre.

Les stratégies disponibles rendent compte d'une partie des différences individuelles. Il est donc tentant de considérer qu'elles constituent une composante des habiletés regroupées sous le nom d'*intelligence*. Plusieurs théories interprètent le développement cognitif de l'enfant par l'acquisition de stratégies de traitement de l'information (Case, Siegler...). C. G.

→ procédure.

BIBLIOGRAPHIE

Richard, J. F., Bonnet, C., et Ghiglione, R., (Eds), 1990, *Traité de psychologie cognitive*, tome 2 : « le Traitement de l'information symbolique », Paris, Dunod.

stress

n.m. (angl. Stress)

« Toute réponse de l'organisme consécutive à toute demande ou sollicitation exercées sur cet organisme », selon H. Selye (1976).

Ce concept très général a été interprété différemment selon les auteurs. Ce terme évoque la contrainte, la tension imposées à une structure mécanique. C'est dans ce sens que J. Delay parlait d'un « état de tension aigu de l'organisme obligé de mobiliser ses défenses pour faire face à une situation menaçante ». On a coutume de différencier la réaction de stress de l'agent stresseur qui la provoque.

Historique de la notion de stress

C'est en 1936 que Selye, venu de l'université de Prague et travaillant à Montréal, décrit chez le Rat un syndrome non spécifique apparaissant au cours de la phase initiale de ce qui s'appellera plus tard le stress : il constate que les mêmes lésions (en particulier hypertrophie des surrénales, atrophie et hémorragies du thymus et des ganglions lymphatiques, ulcérations gastriques) sont provoquées par les facteurs d'agression les plus variés. Selye cite la contrainte, l'injection d'huile de croton ou de formol ou encore d'extraits glandulaires mal purifiés, diverses infections, les hémorragies, les brûlures, le froid, l'anoxie, les fractures et les radiations. À côté des réactions tissulaires spécifiques aux divers agents agressifs apparaît toujours une série de phénomènes non spécifiques. En 1946, Selye parlera de *syndrome général d'adaptation* évoluant en trois phases : réaction d'alarme (mort par choc) ; phase de résistance (pathologie ou mort par excès de résistance) ; phase d'épuisement (mort par épuisement).

Déjà, W. B. Cannon avait adopté la même perspective en proposant le terme d'*homéostasie* : pour lui, comme pour Selye, les réactions de l'organisme agressé constituent avant tout un phénomène favorable visant à maintenir un équilibre avec l'environnement. Cannon insistait sur l'élévation des taux de catécholamines en situation d'agression.

L'école chirurgicale française, avec R. Leriche, soulignait également l'importance de la réactivité du système adréno-sympathique dans le choc opératoire. Leriche avait recours au blocage localisé du système sympathique par infiltration ganglionnaire de procaïne. C'est en recherchant des composés actifs par voie générale pour contrôler une réaction de stress chirurgical, le choc opératoire, que H. Laborit utilisa la chlorpromazine, en association avec d'autres inhibiteurs du système nerveux. La chlorpromazine sera le premier des médicaments neuroleptiques.

L'originalité de Selye a été de montrer, à côté du système neurovégétatif, le rôle des facteurs endocriniens, hypothalamo-hypophyso-surrénaliens, dans les réactions de stress.

Physiologie du stress

L'ensemble de l'axe hypothalamo-hypophyso-surrénalien (H.H.S.) est stimulé au cours des réactions de stress, même s'il existe une dissociation de la réponse endocrinienne en fonction du type d'agent stresseur.

L'hormone adrénocorticotrophine, l'A.C.T.H., est impliquée dans la régulation de la sécrétion des hormones corticoïdes par les glandes corticosurrénales. L'A.C.T.H. se fixe sur des sites de liaison spécifiques à la surface des cellules corticosurrénaliennes, ce qui déclenche une série de réactions biochimiques aboutissant à la formation de cortisol et de corticostérone à partir du cholestérol. De plus, l'A.C.T.H. libère des prostaglandines E et F, substances dérivées des acides gras intervenant de façon non spécifique dans de multiples fonctions physiologiques, en particulier les réactions de défense immunitaires.

La production d'A.C.T.H. est elle-même sous le contrôle du système nerveux central. Une structure sous-corticale, l'hypothalamus, sécrète dans sa partie basale une hormone, appelée « Corticotrophine Releasing Factor » ou « CRF », qui vient stimuler la production d'A.C.T.H. par l'hypophyse. Des fibres partant du noyau arqué de l'hypothalamus basal se projettent sur l'éminence médiane, autre structure hypothalamique où s'effectuerait le contrôle de la production d'A.C.T.H. En effet, les expériences de lésion de l'éminence médiane aboutissent à la diminution de la sécrétion d'A.C.T.H. alors que la stimulation de l'éminence médiane augmente cette sécrétion. L'étude des substances contenues dans le noyau arqué de l'hypothalamus permet d'approcher les mécanismes biochimiques en jeu dans la régulation de l'A.C.T.H.

On retrouve dans le noyau arqué :
— des *neuromédiateurs* : dopamine surtout, retrouvée à forte concentration dans le système veineux hypophysaire ;
— des *neuropeptides* : dérivés de proopiomélanocortine (A.C.T.H., hormone mélanotrope [alpha MSH], hormone lipotrope [bêta LPH], bêta-endorphine) que l'on trouve également au niveau hypophysaire.

L'hypothalamus est en relation avec de nombreuses autres structures cérébrales. Il jouerait un rôle d'intégration de multiples fonctions. En dehors même du noyau arqué, les noyaux qui le constituent contiennent des peptides influençant la sécrétion d'A.C.T.H. : ainsi la vasopressine, dont la concentration augmente considérablement après surrénalectomie bilatérale. De plus, un noyau particulier, le noyau suprachiasmatique, joue un rôle d'horloge biologique à l'égard de nombreux rythmes physiologiques. Il règle le rythme circadien de sécrétion de la corticostérone et de certaines hormones hypophysaires. L'hypothalamus est anatomiquement en position d'intégrer les effets des facteurs de stress.

L'A.C.T.H. stimule la sécrétion des hormones corticosurrénaliennes. Celles-ci exercent en retour un rétrocontrôle négatif à tous les niveaux de l'axe hypothalamo-hypophyso-surrénalien. Si l'on injecte des corticoïdes naturels ou synthétiques au niveau de l'hypothalamus, on diminue la sécrétion d'A.C.T.H. mais également la production d'hormones corticosurrénaliennes en réponse à des stimulus stressants. L'hypothalamus, cependant, ne posséderait pas de récepteurs aux corticoïdes. Ces récepteurs sont situés au niveau de l'hippocampe, structure essentielle du système limbique. Plusieurs centres de contrôle interviennent en cas d'activation de l'axe H.H.S. par une situation de stress.

Le CRF, régulateur de l'axe H.H.S. au niveau hypothalamique, se retrouve également dans des structures anatomiques extra-hypothalamiques impliquées dans le stress, comme certains éléments du système limbique et le locus caeruleus, noyau essentiel du système noradrénergique. Administré expérimentalement au niveau du système nerveux central du Rat, le CRF provoque des réactions comportementales de stress accompagnées d'une élévation des taux d'adrénaline et de noradrénaline. Le CRF rend le Rat plus sensible aux stimulus stressants, comme un environnement nouveau.

Les glucocorticoïdes exercent un effet catabolique sur le métabolisme des lipides, des glucides et des protides. Ils régulent l'équilibre hydro-électrolytique, la production de cellules sanguines, les réactions immunitaires et la sécrétion gastrique de pepsinogène et d'acide chlorhydrique. Tous ces phénomènes ont été décrits dans les réactions de stress.

En réalité, en plus de l'A.C.T.H., toutes les hormones antéhypophysaires semblent mises en jeu lors de l'adaptation au stress. Bien que le stress constitue une réaction non spécifique, il existerait une certaine spécificité du profil de réponse hormonale. La prolactine, par exemple, augmenterait plus lors d'un exercice épuisant que lorsque le sujet est victime d'une infection.

La prolactine est impliquée dans de nombreuses réactions de stress. Sa sécrétion au niveau de l'hypophyse est inhibée par le Prolactin Inhibiting Factor (PIF), hypothalamique. Le PIF est lui-même régulé par les voies dopaminergiques tubéro-infundibulaires. C'est ainsi que des médicaments bloquant les récepteurs dopaminergiques, comme les neuroleptiques, augmentent le taux de prolactine. Inversement, la dopamine exerce une action stimulante au niveau de la prolactine et d'autres hormones hypophysaires. Les corticoïdes atténuent la sécrétion de prolactine induite par le stress. Des Rats auxquels on a enlevé les surrénales sécrètent en situation de stress des quantités plus importantes de prolactine. En dehors de son rôle de stimulation de la sécrétion lactée, les autres effets de la prolactine, en particulier lors du stress, restent mal connus.

La sécrétion de bêta-endorphine, substance opioïde endogène impliquée notamment dans les phénomènes douloureux, est stimulée au niveau de l'hypophyse par l'adrénaline circulante. La production d'adrénaline correspond à une réponse rapide mise en jeu lors de stress à forte charge émotionnelle, alors que la sécrétion de cortisol représente une réponse plus lente intervenant plutôt en cas d'événements stressants de plus longue durée.

La noradrénaline et l'adrénaline sont produites par la médullosurrénale. La noradrénaline est également libérée par les terminaisons sympathiques du système nerveux autonome. Les taux sanguins de noradrénaline restent relativement stables alors que l'adrénaline, dérivée de la noradrénaline, peut augmenter rapidement lors d'une situation d'alarme, comme Cannon l'avait mis en évidence. La dopamine serait aussi libérée en quantité importante par la médullosurrénale et les terminaisons sympathiques, notamment chez le sportif en situation d'exercice physique intense. L'adrénaline stimule, nous l'avons vu, la sécrétion de bêta-endorphine. Elle peut stimuler également la production d'A.C.T.H., directement ou par l'intermédiaire de la vasopressine. Bien que le détail des mécanismes reste encore à élucider, il est clair que les systèmes décrits par Cannon et Selye sont en interaction.

Le système limbique, qui regroupe un ensemble de structures corticales et sous-corticales apparues très tôt dans le développement phylogénétique, remplit trois grandes fonctions:
1. régulation des émotions au niveau du complexe amygdalien;
2. mémoire et affectivité au niveau de l'hippocampe;
3. régulation du comportement au niveau orbito-frontal.

Lieu probable de la mémoire émotionnelle des expériences antérieures du sujet, support de la motivation, le système limbique détermine le type de réaction que le sujet adoptera face à une situation nouvelle. En cas de lésion bilatérale du complexe amygdalien, on observe une apathie caractéristique. L'Animal est incapable de manifester de l'agressivité, même en réponse aux menaces. Inversement, la stimulation de l'amygdale provoque des réactions d'éveil, de peur et de rage, accompagnées d'hypersécrétion hypophysaire (A.C.T.H., hormones sexuelles). D'autres structures limbiques apparaissent impliquées dans l'éveil (cortex cingulaire) et le plaisir ainsi que la modération des stimulus aversifs (septum), composantes essentielles des comportements d'adaptation. Le système limbique est anatomiquement lié à l'hypothalamus: ces deux structures régulent au niveau du système nerveux central l'axe H.H.S., dont les corticostéroïdes circulants représentent les indices périphériques.

Médicaments du stress

Plusieurs classes de médicaments sont utilisées lorsque l'on craint de voir apparaître une pathologie liée au stress.

Corticoïdes et A.C.T.H.

Les glucocorticoïdes et l'A.C.T.H. interviennent dans le mécanisme hormonal du stress physiologique. Lorsque l'on redoute une surstimulation menaçant l'homéostasie, on a recours à ces composés. Une difficulté provient du fait que ces substances affaiblissent les défenses naturelles de l'organisme. Leur maniement donne souvent lieu à discussion.

Les glucocorticoïdes exercent deux effets.

Effet périphérique. Cet effet peut être favorable en mettant davantage de glucose à la disposition des tissus, en améliorant la perfusion tissulaire, en antagonisant des médiateurs de la réaction inflammatoire, en stimulant les synthèses protéiques, particulièrement au niveau du foie, en freinant la libération d'A.C.T.H. et en régulant la fonction des leucocytes impliqués dans les réactions immunologiques. Certains corticostéroïdes favorisent la résistance à la douleur.

Effet central. Au niveau du système nerveux central, les glucocorticoïdes freinent la libération des opiacés endogènes, opiacés qui participent à la régulation de l'immunité. Les glucocorticoïdes influencent également la production de CRF, d'A.C.T.H. et d'ADH (hormone antidiurétique). Or ces peptides ont des effets sur le comportement. Les glucocorticoïdes ne semblent pas actifs sur les catécholamines (adrénaline et noradrénaline) mais l'A.C.T.H. accélérerait le turnover de noradrénaline et d'adrénaline, dont les taux augmentent en situation de stress.

Chez l'Homme, les corticoïdes sont utilisés dans le traitement des états de choc (par exemple à la suite d'une hémorragie massive) et dans certains troubles de l'immunité. Le cerveau âgé pose un problème particulier. On sait que la personne âgée fait difficilement face aux situations de stress. Sur un plan expérimental, les glucocorticoïdes accélèrent le vieillissement de l'hippocampe (système limbique) et inhibent la pousse des terminaisons neuronales chez l'Animal âgé. L'A.C.T.H. aurait l'effet inverse, et son utilisation se justifierait davantage.

Les benzodiazépines

La consommation élevée de benzodiazépines dans nos civilisations industrielles est souvent attribuée au grand nombre de «stresseurs» dans la vie moderne. Ce raisonnement est discutable. Pour nombre d'auteurs, médecins ou pharmacologues, le stress n'est pas un simple équivalent de l'anxiété, dont les benzodiazépines diminuent le niveau. Les benzodiazépines n'antagonisent pas l'ensemble des signes neurovégétatifs, l'augmentation du taux de catécholamines circulantes ni l'hyperfonctionnement de l'axe H.H.S. induit par le stress. Cependant, les tests animaux classiques dans l'étude des médicaments anxiolytiques (animal en situation de choix conflictuel par exemple) reproduisent des situations de stress.

Les bêta-bloquants

Pour de nombreux auteurs, ils auraient d'authentiques propriétés antistress. Chez l'Animal, ils diminuent nombre d'effets physiologiques du stress expérimental.

Les bêta-bloquants antagonisent au niveau des bêta-récepteurs noradrénergiques l'action des catécholamines libérées lors du stress. Cet effet se traduit notamment sur le plan cardio-vasculaire (ralentissement du pouls). En plus de leur effet périphérique, ces composés, lorsqu'ils sont liposolubles et franchissent la barrière hémato-encéphalique, ont un effet de type anxiolytique au niveau du système nerveux central. On les emploie volontiers préventivement (avant de parler en public, de subir une intervention chirurgicale...).

D'autres composés. D'autres composés ont été proposés. Il existe des anxiolytiques non benzodiazépiniques (buspirone). Certaines substances n'ont pas fait la preuve de leur efficacité, en particulier l'alcool, la vitamine C, les antiprolactines et les antagonistes des opiacés.

Stress et immunité

J. Blalock (1984) a montré que les lymphocytes, cellules clés de la réponse immunitaire, peuvent produire de l'A.C.T.H. ou un peptide ayant les propriétés de l'endorphine. Nous avons vu quel rôle jouaient ces hormones dans la réaction de stress. D'autres observations viennent par ailleurs indiquer qu'il existe une influence réciproque entre système nerveux central, impliqué dans le stress, et système immunitaire.

Ces découvertes fournissent des bases biologiques aux observations des premiers chercheurs. On évoquait le rôle des facteurs psychosociaux dans le développement comme dans la régression de la tuberculose (R. Dubos, 1951) et de certains cancers. Les Animaux en situation de stress étaient plus sensibles aux infections virales, l'effet immunosuppresseur apparaissant corrélé aux taux de corticostéroïdes circulants.

Les cellules NK (Natural Killers) douées de propriétés cytotoxiques dirigées en particulier contre les cellules cancéreuses voient leur activité diminuer en situation de stress, peut-être sous l'influence des peptides opiacés qui sont alors libérés. Les stresseurs responsables peuvent être physiques ou psychologiques, comme dans le cas des conjoints de patients atteints de cancers en phase terminale.

Au cours du deuil, on a relevé des anomalies fonctionnelles de l'immunité à médiation cellulaire, en particulier une diminution de la sensibilité des lymphocytes à la stimulation in vitro par des substances mitogènes qui induisent la multiplication cellulaire. Le stress provoque par ailleurs une augmentation du rapport lymphocytes auxiliaires/inducteurs sur lymphocytes suppresseurs/cytotoxiques.

Les catécholamines, sécrétées au cours du stress, influencent les réactions immunitaires. Le système sympathique joue un rôle immunorégulateur en partie par l'intermédiaire des substances opioïdes libérées par les neurones catécholaminergiques, alors que la dopamine centrale stimule divers paramètres immunitaires. Les récepteurs bêta-adrénergiques à la surface des lymphocytes matérialisent les relations entre les deux systèmes.

FACTEURS DE STRESS

Le *bruit* est souvent incriminé comme facteur de contrainte lié à la vie moderne et responsable de troubles divers en dehors même de la sphère auditive. Le bruit est un son «inopportun», apportant une gêne. Ce n'est pas seulement son intensité qui entre en ligne de compte mais sa nature, le contexte dans lequel il est émis et la personnalité de celui qui en souffre.

Parmi les effets extra-auditifs du bruit, on relève notamment des effets cardio-vasculaires (augmentation de la fréquence cardiaque et de la tension artérielle, vasoconstriction périphérique), des effets respiratoires (accélération du rythme respiratoire) et des troubles digestifs fonctionnels.

Au niveau des fonctions supérieures, en dehors même des troubles de l'attention et de la mémoire observés au moment où une tâche est effectuée en situation bruyante, il existe des effets retardés, postérieurs à l'exposition au stresseur. Ces effets sont plus importants lorsque la tâche implique une résistance à la frustration, lorsque le sujet doit interpréter des informations conflictuelles et qu'il n'exerce pas de contrôle sur le bruit. M. Glass et M. Singer (1972) ont pu montrer que les bruits de faible intensité produisent les mêmes effets que les bruits intenses si les crêtes de bruit sont impossibles à prédire. La possibilité pour le sujet d'arrêter l'expérience en appuyant sur un bouton réduit les effets du bruit, même s'il n'a pas recours à cette possibilité. L'importance du contrôle exercé sur le stresseur renvoie au modèle d'*impuissance acquise* (angl. Learned Helplessness), utilisé notamment en pharmacologie animale pour l'étude des antidépresseurs.

Le bruit induit une *activation de l'organisme* (angl. Arousal), probablement liée à une activation du système nerveux sympathique. Il conduit également à une surcharge d'information qui oblige le sujet à adopter une stratégie pour faire face à la situation. Cette stratégie conduit paradoxalement à une amélioration des performances (pertinence, rapidité), mais seulement lorsque les tâches ne sont pas trop complexes. En fonction de leur personnalité, les sujets adoptent des stratégies différentes. Soumis à une tâche double, les introvertis continuent en situation bruyante à accorder plus d'attention à la tâche désignée comme prioritaire, contrairement aux extravertis. Les extravertis résistent moins aux conditions environnementales (G. Hockey, 1972).

La *chaleur* peut également être à l'origine de réactions d'intolérance, caractérisées notamment par des nausées, des paresthésies et parfois une perte de connaissance. Parallèlement apparaissent d'importantes variations hormonales traduisant la réaction de stress non spécifique. En effet, si la chaleur entraîne une élévation des hormones régissant l'équilibre hydro-minéral (aldostérone en particulier), le cortisol, indicateur de stress, apparaît comme un indice sensible de l'intolérance à la chaleur: l'augmentation du cortisol sanguin précède de peu l'apparition de la gêne subjective éprouvée par les sujets soumis à la chaleur. Cette augmentation est plus précoce en présence de facteurs de stress surajoutés (posture inconfortable, atmosphère confinée, etc.).

De nombreux facteurs de stress ont été étudiés expérimentalement. Le tableau suivant donne une liste de *divers stresseurs* utilisés en pharmacologie animale (Allain et coll., 1986).

STRESSEUR	ESPÈCE ANIMALE
Chimique ou pharmacologique	
sérum physiologique	Rat
éther	Rat
alcool	Rat et Chien
insuline	Rat
adrénaline	Rat
isoprénaline	Rat
noradrénaline	Rat
bêta-carboline	Primate
A.C.T.H.	Poule
Physique	
froid	Rat
choc électrique plantaire	Rat
plaque chauffante	Rat
bruit-vibration	Rat
électrochoc	Rat
Environnemental	
immobilisation	Rat
course forcée	Rat
nage forcée	Rat
chocs électriques + conditionnement	Rat
conditionnement aversif	Lapin, Chien
environnement nouveau	Rat
groupement élevé	Vache, Poulet
introduction dans un groupe étranger	Rat
présence de Rat rendu agressif	Rat
compétition pour nourriture/espace	Souris

STRESS: RÉACTION NORMALE OU PATHOLOGIQUE?

Réponse non spécifique à un agent stresseur, le stress ne conduit pas inéluctablement à un état pathologique. Selye parle de *stress sans détresse* (angl. Stress Without Distress) [1974] dans les processus normaux d'adaptation. L'évolution éventuelle vers une maladie du stress dépend des capacités du sujet à *faire face* (angl. Coping [→ coping]) et à s'adapter. Le stress peut conduire directement à une maladie de l'adaptation; plus souvent, il vient s'associer à d'autres agents pathogènes, infectieux par exemple. On explique ainsi la guérison spontanée de tel patient quand un autre succombe à la même maladie.

MÉCANISMES PATHOGÉNIQUES

Plusieurs modèles rendant compte des réactions de stress peuvent mener à un état pathologique. Il est possible de proposer la classification suivante.

MODÈLE NEURO-ENDOCRINIEN. C'est avant tout la conception de Selye. Au cours de la troisième phase du syndrome général d'adaptation, dite «phase d'épuisement», l'organisme ne dispose plus des réserves suffisantes pour se défendre contre la maladie. Par ailleurs, la réponse neuro-endocrinienne, en particulier si le stress se prolonge ou se répète, devient nocive. Le monde moderne ne permet plus de recourir aux comportements archaïques de *combat ou de fuite* (angl. Fight or Flight) auxquels la réaction biologique d'alarme préparait l'organisme. Pour Selye, la réponse à l'agression peut être «syntoxique» (tolérance) ou «catatoxique» (destruction de l'agresseur). Elle peut mener à une distorsion, ou « déraillement », au niveau surrénalien, avec passage d'une sécrétion de glucocorticoïdes anti-inflammatoires à une sécrétion de minéralo-corticoïdes pro-inflammatoires.

Dans le syndrome local d'adaptation, le stress touche seulement un organe particulier. La réaction inflammatoire localisée a pour but de circonscrire le danger et de permettre la destruction de l'agresseur (une infection se limitera à un abcès et ne donnera pas une septicémie, par exemple). Trop important, le stress local déclenche le syndrome général d'adaptation.

Par ailleurs, certaines hormones favorisent les attitudes actives face au danger alors que d'autres renforcent l'immobilisation et l'inertie (attitude de freezing chez le Rat).

Modèle des « événements de vie ». R. Rahe et T. Holmes ont tenté de faire correspondre les changements intervenus dans l'existence de marins de l'US Navy et les maladies qu'ils ont présentées à la même période. Un questionnaire (Recent Life Change Questionnaire) divisé en 5 rubriques (santé, travail, résidence et famille, relations sociales, situation financière) leur permettait de noter le nombre d'événements stressants survenus pendant une période de temps donnée. On demandait aux sujets de coter de 0 à 100 l'importance qu'avait revêtue pour eux chaque événement. Les auteurs ont pu proposer un classement des événements de vie : le décès du conjoint apparaît comme le plus stressant (coté 100).

D'autres auteurs, l'école épidémiologique anglaise en particulier, ont eu recours à ce type de questionnaire systématique pour mettre en relation les événements existentiels stressants et le déclenchement de troubles somatiques ou psychiques. Mais de nombreuses critiques ont été faites à ce modèle. Les questionnaires prennent en compte des événements ponctuels et non des stresseurs à long terme. Les événements incriminés représentent la moyenne d'un échantillon particulier ; le poids de l'événement n'est pas le même pour deux individus, qui diffèrent par leur manière de maîtriser la situation (coping) et par le soutien qu'ils reçoivent de leur entourage. Les événements ne permettent pas de prédire les troubles (dépression, anxiété, alcoolisation, maladies psychosomatiques, etc.) dont souffriront les sujets : la réponse affective au stresseur social n'est pas spécifique d'un événement, elle est spécifique d'un individu.

Un problème méthodologique dont E. Paykel en Angleterre a tenté de tenir compte est l'indépendance de l'événement de vie par rapport au trouble psychologique qu'il est censé avoir déclenché. Si le divorce (deuxième événement le plus stressant pour Holmes et Rahe) favorise la dépression, la dépression favorise le divorce. Il faut être certain que la pathologie ne préexistait pas à l'événement de vie pour tirer une conclusion valide de ce type d'étude. De même, Brown et Harris, qui ont pu mettre en relation nombre de stresseurs psycho-sociaux avec la survenue de maladies mentales dans la banlieue ouvrière de Londres, ont essayé d'évaluer la « résonance » d'un événement dans la vie d'un individu. En effet, certains événements stressants, qu'ils appellent « starters », provoquent une crise salutaire et permettent en quelque sorte un nouveau départ (par exemple un divorce mettant fin à une relation stressante).

Modèle de Laborit : inhibition de l'action. Chez l'Animal, lorsque l'attente d'une récompense sous la forme d'un aliment n'est pas satisfaite (non renforcement), un ensemble de réactions au niveau du système nerveux central transforme l'excitation en inhibition. Le système nerveux garde en mémoire ces expériences de gratification et de punition. H. Laborit pense que le territoire dans lequel vit l'individu est l'espace dans lequel se déroule une compétition stressante pour les sources de gratification. Inhibition de l'action et angoisse favorisent les maladies psychosomatiques, comme l'ulcère gastrique.

Modèle d'Horowitz. Pour Horowitz, plusieurs systèmes sont en jeu dans la réponse à un facteur de stress : le système d'activation, qui garantit un éveil suffisant pour assimiler l'information ; le système idéationnel, qui compare l'événement vécu aux représentations intériorisées de soi et du monde ; le système émotionnel, qui doit régler un éventuel conflit intrapsychique déclenché par l'événement ; le système de contrôle, qui permet d'adapter la réaction aux possibilités du sujet. Lorsque le stress est trop important, ce système peut abaisser le niveau d'activation, amenant une inhibition comportementale et un déni du problème. Le dysfonctionnement d'un de ces systèmes est cause de maladie.

Modèle bio-psycho-social. Ce modèle, qui donne une égale importance aux trois variables : biologique, psychologique et sociale, est sans doute trop général pour éclairer la physiopathologie du stress. Il garde une importance historique.

A. Meyer avait défini au début du siècle une méthode « psychobiologique » (qui était aussi sociologique) s'appuyant sur l'établissement des « Life Charts », observations reprenant minutieusement les expériences existentielles des patients. Pour Meyer, la maladie mentale provenait d'un trouble de l'adaptation à l'environnement. Il fallait modifier les comportements stéréotypés des patients et l'environnement lui-même si l'on voulait les guérir, d'où l'idée, neuve à l'époque, d'une hygiène mentale et d'une prévention de la maladie psychique. L'école épidémiologique américaine, formée d'élèves de Meyer, (P. Lemkau, M. Rennie, M. Leighton), a continué à s'intéresser aux facteurs sociaux qui seraient à l'origine de la maladie mentale dans un environnement sociologique particulier. Le nom de G. Engel est également attaché à ce type de modèle bio-psycho-social qui distingue, dans une perspective longitudinale, les facteurs favorisant la maladie avant son déclenchement et les facteurs déclenchants proprement dits.

Le coping

La réponse à un stresseur dépend de chacun : les expériences antérieures, l'autoappréciation de ses propres capacités, la motivation influencent ce processus actif d'adaptation. Le terme *coping* désigne cette manière de faire face à une situation stressante et de la maîtriser. Le coping peut consister en une réponse directe : élimination de la source de danger, mais également en une réponse palliative : simple réduction de la perception du danger (déni, recours à des médicaments anxiolytiques...).

Pour H. Ursin et S. Levine, trois paramètres influencent le coping.

1. *Le contrôle.* Les Rats de laboratoire qui ont la possibilité d'éviter un choc électrique en appuyant sur un levier présentent moins de manifestations biologiques de stress (taux de glucocorticoïdes plus bas, moins de perte de poids, ulcérations gastriques moins fréquentes). On a également montré que, dans certaines conditions, les spectateurs d'une compétition sportive disputée présentent également plus de réactions biologiques de stress que les joueurs sur le terrain.
2. *Le feedback.* Le stress diminue d'intensité lorsque le sujet est informé du déroulement de l'expérience stressante. Ainsi, lorsqu'un signal annonce la fin d'un choc électrique chez l'Animal de laboratoire, les ulcérations gastriques sont moins importantes. Cette notion se rapproche de la réévaluation subjective de la situation de stress en cours de réponse (Secondary Appraisal de Lazarus).
3. *La prédiction.* Lorsqu'on prévoit la survenue du stress, les réactions sont de moindre intensité (Rat averti de l'imminence d'un choc électrique). Cependant, des expériences contraires ont été rapportées, la prédiction pouvant susciter une anxiété anticipatoire.

Le coping est un mécanisme avant tout d'ordre psychologique qui influence les réponses du système nerveux et du système endocrinien. Il peut se perfectionner avec l'apprentissage. Parallèlement à cet apprentissage, la répétition de stimulus stressants identiques conduit à l'habituation (Sokolov) : l'intensité des réponses hormonales diminue.

On a pu différencier deux étapes dans la réaction de stress : phasique lorsque le stress est de courte durée (sur le plan endocrinien, la testostérone augmente) ; tonique lorsque le stress se prolonge (la testostérone diminue). C'est seulement dans cette phase tonique que le coping s'avère efficace.

Une hormone sexuelle a été mentionnée à propos du coping, la testostérone. Les stéroïdes sexuels — androgènes, comme la testostérone, mais également œstrogènes — interviennent surtout dans les comportements agressifs. Lorsqu'on introduit un intrus dans le territoire d'un Animal, on déclenche un comportement agressif des deux Animaux jusqu'à ce que s'établisse une relation de dominant à dominé. Agression et réaction agressive peuvent être interprétées en termes de stress et de coping.

Ainsi, non seulement le type de stresseur mais aussi la durée du stress et le style de coping adopté infléchissent dans un sens relativement spécifique la réaction biologique et comportementale que Selye avait initialement décrite comme non spécifique.

Comment apprécier l'efficacité du coping? On a recours à des critères comportementaux et biologiques (par exemple dosages hormonaux et tests immunologiques). L'évolution de ces paramètres n'est pas toujours parallèle. Ainsi, dans le modèle animal de séparation du jeune Singe d'avec sa mère (M. Harlow), le comportement de détresse (prostration, diminution des activités de toilette, autoréchauffement, etc.) s'accompagne d'une élévation marquée du taux sanguin de cortisol. Cependant, lorsque le jeune Singe, séparé de sa mère, est laissé dans son environnement habituel avec ses congénères, les signes comportementaux restent discrets alors que le taux de cortisol s'élève. En réalité, lorsqu'on isole le jeune Primate de ses semblables, on ajoute un nouveau facteur de stress à la séparation d'avec la mère: le jeune Singe est rejeté par le groupe. Ce modèle animal, comme d'autres, a été utilisé dans l'étude des médicaments antidépresseurs qui seront prescrits chez l'Homme. Les antidépresseurs diminuent ces effets du stress, ce qui pose le problème des frontières entre stress et dépression.

Lorsque le stress devient source de maladie, il conduit à deux types d'affections.

Les maladies psychosomatiques

Le stress et d'autres facteurs psychologiques jouent un rôle de premier plan dans ces affections (notamment ulcères gastro-duodénaux, maladies de la thyroïde, polyarthrite rhumatoïde, rectocolite hémorragique, asthme, hypertension artérielle, etc.), qui sont liées à d'authentiques lésions organiques. Après F. Alexander, T. French et H. F. Dunbar ont tenté de faire correspondre des maladies spécifiques à des personnalités et à des comportements (coping) particuliers. Les personnalités de type A (R. Rosenman et M. Friedman, 1964), caractérisées par l'agressivité, l'impatience et l'esprit de compétition et associées à une forte incidence de maladies coronariennes, sont peut-être l'exemple le plus connu de ces correspondances linéaires, dont la validité reste le plus souvent à démontrer. Alexander mettait davantage l'accent sur la spécificité de la situation existentielle (stressante) au moment où se déclarait la maladie. Engel et A. Schmale (1967) ont décrit un état d'épuisement des ressources individuelles conduisant à un *état d'abandon* (angl. Given-Up) propice au développement des maladies psychosomatiques, comme d'ailleurs des états dépressifs.

Le stress a été mis en cause dans de nombreuses maladies, permettant de les qualifier, de manière trop extensive selon certains, d'« affections psychosomatiques ». En effet, la plupart des affections répondent à l'équation: stresseur spécifique (agent pathogène) + réaction spécifique + réaction de stress non spécifique = maladie.

Les cancers et les infections en particulier semblent favorisés par le stress, probablement par l'intermédiaire d'un dysfonctionnement immunologique (R. Ader).

Syndromes psychiatriques

Le stress est également un facteur favorisant ou déclenchant de nombreuses affections psychiatriques. Le DSMIII insiste sur le rôle du stress dans trois tableaux cliniques. Dans le *stress post-traumatique* (après un viol, une catastrophe, une guerre, etc.), le patient revit indéfiniment la situation de stress initiale, par exemple sous forme d'idées obsédantes, tout en manifestant un désintérêt pour le monde extérieur. Les *troubles de l'adaptation* sont pour le DSMIII des réactions pathologiques à des facteurs de stress psychosociaux qui ne se sont pas structurés en anxiété ou en dépression caractérisées. Les *réactions psychotiques brèves* qui font suite à une situation de stress durent en principe moins de deux semaines et peuvent comprendre des idées délirantes et des hallucinations. Le deuil non compliqué n'est pas considéré comme pathologique par le DSMIII mais correspond bien à une souffrance psychologique réactionnelle au stress.

Stress et situations d'exception

Les situations d'exception sont diverses: prisons, stations d'observation isolées, sous-marins à grand rayon d'action, stations polaires, voyages dans l'espace, etc. Le tableau ci-dessous résume les principales réactions rapportées dans trois situations:

Situation	Station polaire	Sous-marin	Voyage dans l'espace
Baisse des performances intellectuelles		–	+
Baisse de motivation	+	+	+
Troubles de la sociabilité	+	+	+
Troubles de l'humeur	+	+	+
Troubles du sommeil	+	+	+
Fatigue	+	+	+
Mal de l'espace ou des transports	–	+	+
Troubles perceptifs	–	–	+

En situation de catastrophe (catastrophe naturelle, accident technologique majeur, mouvements de foule, etc.), un stress primaire, conséquence directe de la catastrophe, s'observe chez les sinistrés, et un stress secondaire chez les sauveteurs. Prostration ou comportements aberrants s'observent chez les victimes. Désorganisation des secours et ordres contradictoires peuvent prendre le masque d'une activité fébrile.

On peut également classer le sport de haut niveau parmi les situations d'exception. Le sportif voit alors son rôle hypervalorisé. Il est dépendant de son entourage. Son mode de vie est éprouvant, avec de fréquents déplacements et des changements de fuseaux horaires. La compétition élève le niveau d'anxiété jusqu'au point où les performances peuvent se dégrader. Le sportif incapable de faire face au stress présentera des troubles d'allure cyclothymique, avec parfois une agitation pseudo-maniaque. Ses performances deviennent alors irrégulières. Sa santé physique le préoccupe et des troubles fonctionnels offrent des excuses à l'échec tant redouté.

Lorsque ces situations extrêmes sont prévisibles, une sélection des sujets ainsi qu'une préparation individuelle et collective (techniques de groupe) permettront de minimiser les conséquences nocives du stress. D. Meichenbaum (1985) a ainsi proposé une prévention du stress par le « Stress Inoculation Training ». Le sujet apprendra à se relaxer, à améliorer ses capacités d'autoévaluation par des techniques inspirées de la thérapie cognitive de Beck, à résoudre mentalement des problèmes liés au stress, à recourir à l'autosuggestion. Une phase d'application mettra en œuvre plusieurs techniques comportementales, depuis les jeux de rôle jusqu'aux exercices de simulation.

Stress et éthologie

Le monde animal offre des exemples de stress en milieu naturel. Ainsi, des conditions de surpopulation entraînent des troubles du comportement. Un petit Singe de Malaisie, le Tupaye, a été utilisé comme marqueur du stress chez l'Animal: en cas de danger, les poils de sa queue se hérissent. La durée de ce phénomène est corrélée avec l'importance des sécrétions hormonales et catécholaminergiques. On a par ailleurs montré chez la femelle Tupaye que des conditions de surpopulation diminuent la sécrétion sébacée qui lui sert à marquer ses petits. Ne les reconnaissant plus comme siens à leur odeur, elle les dévore. Un stresseur (surpopulation) amène une régulation sociale (dépopulation) par un processus dont on connaît quelques indices biologiques.

Les interactions sociales pendant une certaine période du développement dite « sensible » jouent un rôle déterminant chez l'Animal. Un coup de sifflet fait convulser plus facilement un Rat isolé pendant cette période sensible que les Rats de la même portée restés auprès de la mère. Ces interactions continuent à moduler le stress chez l'Animal adulte. Les animaux domestiques (Chat, Chien) se comportent différemment lorsque le stress survient en présence de leur maître.

L'importance du stress

La notion de stress a certainement influencé la pensée médicale. Le modèle pastorien, fondé sur les progrès de la microbiologie, s'intéressait avant tout aux agents pathogènes, qu'il fallait identifier et détruire. Avec le stress apparaît l'idée du terrain individuel, propice ou non au développement de la maladie.

Si l'on a proposé des thérapeutiques préventives ou curatives du stress (médicaments, psychothérapies, méthodes cognitivo-comportementales, relaxation, narcoanalyse), le traitement vise généralement l'effet spécifique de l'agent stresseur. En réalité, le stress n'est pas toujours pathologique. Indissociable des processus d'adaptation, il n'est pas sans parenté, sur le plan du développement psychologique tout au moins, avec la notion d'accommodation: J. Piaget, contemporain de Selye et comme lui biologiste de formation, désignait ainsi le résultat des pressions exercées par le milieu sur l'organisme. Réponse non spécifique à différentes situations existentielles, suscitant de nombreuses discussions en raison même de son caractère très général, le stress a eu le mérite d'intégrer les points de vue biologiques et psychologiques dans l'étude des comportements normaux et pathologiques. A. G.

Bibliographie

Antovsky, A., 1981, *Health, Stress and Coping*, Londres, Jossey Bass Pub.

Gray, J. A., 1971, nouv. éd. 1987, *The Psychology of Fear and Stress*, Londres, Weidenfeld and Nicolson.

Lazarus, R. S., 1966, *Psychological Stress and the Coping Process*, New York, Mac Grawhill.

Levine, S., et Ursin, H., 1980, *Coping Health*, New York, Plenum Press.

Lôo, P., et Lôo, H., 1986, *le Stress permanent*, Paris, Masson.

Rivolier, J., 1989, *l'Homme stressé*, Paris, P.U.F.

Selye, H., 1976, *Stress in Health and Desease*, Boston, Butterworth.

stroboscope

n.m. (angl. Stroboscop)

Appareil permettant la présentation d'éclairs lumineux périodiques pour la mesure de la fréquence critique de papillotement. C. B.

stroboscopique (mouvement)

(angl. Stroboscopic Motion)

Mouvement en apparence continu obtenu par la présentation successive d'images stationnaires présentées brièvement. (Syn. mouvement apparent.)

Le cinéma ou la télévision sont fondés sur ce phénomène. L'apparence continue du mouvement dépend principalement de la durée de chaque image et de l'intervalle temporel séparant deux images successives. Les lois de Korte* (1915) ont tenté de définir les conditions d'apparition de ce mouvement, qui résulte des capacités limitées de résolution temporelle du système visuel. Un stroboscope est un appareil qui permet de produire des éclats lumineux à différentes fréquences temporelles. C. B.

Strong (inventaire d'intérêts professionnels de)

(angl. Strong Vocational Interest Blank)

Test permettant d'évaluer les intérêts de base d'une personne.

L'inventaire de E. K. Strong, révisé ultérieurement par D. P. Campbell, comprend selon les versions de 325 à 400 items: métiers, disciplines scolaires, activités de loisirs, types de personnes, etc. Chaque item fait l'objet d'une réponse à trois degrés: choix, indifférence ou indétermination, rejet. La notation permet notamment d'obtenir des évaluations pour 23 « intérêts de base » (agriculture, nature, sciences, art, etc.) et pour 124 professions. L'épreuve est applicable à partir de 15 ans environ. M. R.

structural (modèle)

(angl. Structural Model)

Formalisation d'un système de variables au sein duquel existent des réseaux de relations.

Au sein d'un système de variables, certaines d'entre elles ont un effet sur certaines autres, d'autres ont un effet réciproque les unes sur les autres, d'autres sont interdépendantes. Ce type de modèle est bien adapté en particulier à l'étude de conduites observées dans les conditions habituelles de vie, situations complexes auxquelles il est parfois difficile de généraliser les résultats des expériences effectuées en laboratoire selon la méthode expérimentale classique. Les travaux récents sur les modèles structuraux intègrent et généralisent des modèles jusque-là distincts: ceux de l'analyse factorielle, de l'analyse de régression multiple, de l'analyse en pistes causales. Les principales étapes d'une *modélisation structurale* (angl. Structural Modeling) sont les suivantes: détermination des variables pouvant être importantes dans l'explication de la conduite étudiée; formulation d'hypothèses sur les relations entre ces variables (certaines sont déterminées par les hypothèses, d'autres résulteront de l'analyse); ces hypothèses sont formalisées par des *équations structurales* (angl. Structural Equations); à partir des variances et covariances ou corrélations des données observées, on estime les paramètres non fixés a priori des équations structurales; vérification de l'adéquation aux données du modèle ainsi déterminé. Les conclusions possibles sont: le modèle est adéquat; il faut lui préférer un modèle de forme différente avec lequel il était mis en concurrence; il faut modifier le modèle initial (il convient alors de contre-valider le modèle modifié sur des données nouvelles). Le plus utilisé à l'heure actuelle des modèles structuraux est le modèle LISREL*. M. R.

structuration perceptive

(angl. Closure)

Organisation des éléments en perception.

Une lettre, un dessin très incomplètement esquissés sont reconnus et perçus comme une structure achevée, « close », une « bonne forme » au sens gestaltiste, après un temps d'observation plus ou moins long selon les individus. L. L. Thurstone a identifié à partir de plusieurs épreuves de ce type un facteur de *vitesse de structuration perceptive* (angl. Speed of Closure, ou *Cs*). La *souplesse de structuration perceptive* (angl. Flexibility of Closure, ou *Cf*) constitue un autre facteur mentionné par Thurstone. Il affecte les épreuves dans lesquelles il faut percevoir une forme intriquée dans un certain contexte. M. R.

→ clôture (loi de), figures intriquées (test des).

structure

n.f. (angl. Structure, Pattern)

Génér. **Ensemble ordonné et autonome d'éléments interdépendants, dont les rapports sont réglés par des lois.**

Le *structuralisme*, par ses tentatives dans le domaine des sciences humaines, s'était efforcé de définir ces lois; celles-ci sont considérées comme des rapports entre éléments liés ensemble. On peut dire que la *structure* en psychologie, comme en biologie, se caractérise comme un tout constitué, un ensemble, qui possède trois caractéristiques:

1. la *totalité*, qui confère à chaque élément qui le compose une propriété qui s'ajoute à celle que chaque élément possède et qui le lie à l'ensemble constitué dont il fait partie: c'est déjà ce que les gestaltistes avaient mis en valeur par exemple dans la perception;
2. les lois de *transformation*, qui font que les processus de composition de l'ensemble peuvent se modifier en obéissant à une cause extérieure, comme chez J. Piaget, où l'enfant, en prenant de l'âge, passe d'un système de pensée à un autre (sensori-moteur, formel);
3. l'*autoréglage*, qui fait que les permutations, les renversements, etc., sont possibles à partir des seules lois de composition qui régissent le groupe.

De ce point de vue, Piaget parle en termes de groupe de ce qui aujourd'hui pourrait être décrit en termes de structure. (→ groupe, INRC [groupe].) Le structuralisme, en dehors des perspectives ouvertes par Piaget qui n'est pas structuraliste, n'a pas apporté beaucoup de nouvelles hypothèses en psychologie. R. L.

BIBLIOGRAPHIE
Boudon, R., *À quoi sert la notion de « structure ? »*, Paris, Gallimard.
Mouloud, N., 1965, *la Psychologie et les structures*, Paris, P.U.F.
Mouloud, N., 1969, *Langage et Structures*, Paris, Payot.

structure latente

(angl. Latent Structure)

L'une des spécifications du modèle en caractéristiques latentes proposé par P. F. Lazarsfeld. M. R.

→ latente (variable).

structure simple

(angl. Simple Structure)

Modèle factoriel proposé par L. L. Thurstone, qui sert souvent de critère pour guider les rotations de facteurs.

Dans un tableau de saturations où les variables observées sont en lignes et les facteurs en colonnes, Thurstone définit la structure simple par les critères suivants: chaque ligne doit comporter au moins un zéro; dans chaque colonne, il doit y avoir au moins autant de zéros qu'il y a de facteurs; pour chaque paire de colonnes, plusieurs variables doivent avoir une saturation nulle dans une colonne et une saturation significative dans l'autre; pour chaque paire de colonnes, il doit n'y avoir que peu de variables présentant une saturation non nulle dans chacune des deux colonnes. Plus approximativement, on peut dire que le tableau de saturation sera plus facilement interprétable si chaque facteur ne sature que certaines des variables observées et si chaque variable observée n'est saturée que par un petit nombre de facteurs. Les facteurs ainsi orientés peuvent être indépendants (structure simple orthogonale) ou en corrélation (structure simple oblique). Après avoir été utilisé à l'époque où les rotations s'effectuaient manuellement, le modèle de la structure simple a été adopté par plusieurs logiciels de rotation automatique et il inspire souvent à l'heure actuelle les hypothèses dont partent les analyses factorielles confirmatoires utilisant des modèles structuraux tels que LISREL*. M. R.

Student (loi de) ou loi de Student-Fisher

→ *t* de Student-Fisher (loi).

stupéfiant

n.m. (angl. Narcotic)

Substance psychotrope susceptible d'engendrer une toxicomanie et/ou dont la vente est strictement réglementée par le droit national ou international.

Le terme désigne à l'origine l'état de stupeur que provoqueraient les drogues dures chez les toxicomanes. Les stupéfiants correspondent alors aux euphorica de Lewin ou à un sous-groupe des psychodysleptiques de J. Delay. (→ drogue, psychotrope.)

En France, les « substances vénéneuses » ont été depuis 1916 classées en 3 tableaux. Le tableau B — groupe des stupéfiants — regroupe les substances dont la prescription est très réglementée (carnet à souches, prescription maximale de 7 jours...).

La convention unique de 1961 sur les stupéfiants, adoptée par 115 pays, regroupe les stupéfiants en 4 tableaux. La commission des stupéfiants de l'O.N.U. décide du classement des substances. Les applications des décisions sont contrôlées par l'Organe international de contrôle des stupéfiants, à Vienne. Au niveau national, la commission des stupéfiants est rattachée au ministère de la Santé. M. V.

→ cocaïne, drogue, héroïne, opiacé.

stupeur

n.f. (angl. Stupor)

Forme particulièrement grave d'inhibition et de ralentissement psychomoteur où le sujet paraît complètement engourdi ou même figé dans une immobilité de l'ensemble du corps, sans réaction et absent par rapport à son entourage, avec une mimique souvent fixée dans une expression d'étonnement ou d'indifférence.

S'accompagnant souvent de refus alimentaire et de négativisme, la stupeur peut se manifester au cours de l'évolution de trois grandes maladies mentales:
1. les dépressions les plus graves, où elle n'est que la forme extrême du ralentissement psychomoteur, dénommée alors « stupeur mélancolique »;
2. la schizophrénie, où elle est relativement fréquente dans les formes hébéphréno-catatoniques (« stupeur catatonique »);
3. la confusion mentale, où elle se manifeste surtout dans les formes infectieuses (*tuphos* de la fièvre typhoïde par exemple); elle s'accompagne souvent dans ce cas de perplexité anxieuse; c'est la « stupeur confusionnelle ».

Elle apparaît également dans certains états crépusculaires d'origine épileptique. J. P.

subception

n.f. (angl. Subception)

Processus perceptif déclenché par un stimulus dont les caractéristiques d'intensité ou de durée sont insuffisantes pour éveiller une perception consciente. J.-M. C.

subconscient

n.m. (angl. Infraconscious)

Ensemble des états psychiques dont le sujet n'a pas conscience, mais qui influe sur son comportement.

Cette notion, utilisée par certains psychologues au début du XXe siècle, notamment par P. Janet dans sa thèse *l'Automatisme psychologique* (1899), est aujourd'hui abandonnée. R. L.

subconscient, e

adj. (angl. Infraconscious)

Se dit de ce qui est relatif à des contenus de pensée peu conscients, à la limite de l'accessibilité par l'esprit et de la stabilité dans la conscience. R. L.

subjectif, ve

adj. (angl. Subjective)

1. **Relatif à un sujet.** 2. **Qui n'est accessible, en tant que connaissance ou affect, qu'à un seul sujet.**

Certains auteurs utilisent « privé » comme un équivalent de « subjectif » en ce sens. L'opposé est alors « objectif » au sens de « observable par plusieurs » (et, plus largement, « par tous »), « public ».

La *psychologie subjective* est une psychologie introspectionniste, fondée sur des observations internes au sujet. J.-F. L. N.

subjective (échelle)

(angl. Subjective Scale)

Échelle établie par des méthodes de type psychophysique et qui repose sur des estimations directes par un sujet et sans l'aide de dispositifs particuliers.

Les échelles subjectives sont destinées à décrire, par l'intermédiaire d'hypothèses théoriques, les relations entre des stimulus quand on ne dispose pas de très bons critères objectifs. Elles peuvent être employées concurremment avec des déterminations objectives faibles.

Ainsi, on a montré qu'une estimation subjective moyenne de la *familiarité* de mots, jugée par des sujets, avait une corrélation extrêmement élevée avec leur fréquence objective dans la langue.

Ainsi, également, on peut essayer d'estimer une similitude subjective entre des stimulus complexes, par exemple des visages, ou des significations de mots, au moyen de diverses techniques reposant sur des jugements subjectifs du type « pour moi, A ressemble beaucoup à B » ou « pour moi, A ressemble plus à B qu'à C ». On calcule ensuite diverses sortes de statistiques sur un grand nombre de telles réponses; il faut vérifier auparavant que leur dispersion demeure modérée. On peut, indépendamment, essayer de trouver des critères objectifs de similarité (par exemple, pour les visages, un index qui soit une certaine somme pondérée de mesures de la longueur du visage, de la longueur du nez, de l'écartement des yeux, de la position et de la largeur de la bouche, etc.).

Dans ces cas complexes, l'échelle subjective peut être d'une fiabilité égale ou supérieure aux index objectifs. J.-F. L. N.

sublimation

n.f. (angl. Sublimation ; allem. Sublimierung)

Processus psychique inconscient qui rend compte d'une certaine aptitude de la pulsion à remplacer un objet sexuel par un objet non sexuel (connoté de certaines valeurs et idéaux sociaux) et à échanger son but sexuel initial contre un autre but, non sexuel, cela sans perdre notablement en intensité.

Le processus de sublimation de la pulsion ainsi défini fait valoir l'origine sexuelle d'un ensemble d'activités (scientifiques, artistiques, etc.) et de réalisations (œuvres d'art, poésie, etc.) qui paraissent sans aucune relation avec la vie sexuelle. Par là s'explique comment la sublimation toujours plus poussée d'éléments pulsionnels (sublimation qui est le destin pulsionnel le plus rare et le plus parfait) permet, notamment, l'accomplissement des plus grandes œuvres culturelles. M. Klein et J. Lacan, comme S. Freud, insistent sur ce point : quelque chose qui engage la dimension psychique de la perte et du manque et répond à l'intériorisation de coordonnées symboliques commande le procès de la sublimation.

Le terme *sublimation* ne renvoit chez Freud ni à « un bavardage sur l'idéal », ni à l'importation d'une définition ou d'une description d'un processus chimique, ni davantage à une référence à la catégorie du sublime de l'esthétique philosophique. C'est par contraste et souvent de façon négative que Freud peu à peu dégage ce qui définit la sublimation : par exemple, elle n'est pas à confondre avec l'idéalisation (processus de surestimation de l'objet sexuel). Les éléments de théorisation sont fragmentaires ; il n'y a pas chez Freud de théorie constituée de la sublimation. On sait qu'il a détruit tout un essai sur cette question qui resta pour lui sur bien des points énigmatique. Il écrit ainsi en 1930 à propos de la satisfaction sublimée (c'est-à-dire une satisfaction qui n'est pas une satisfaction sexuelle directe) : « Elle possède une qualité particulière que nous parviendrons certainement à caractériser un jour du point de vue métapsychologique. » La sublimation, que Freud réfère à un résultat et au processus qui permet d'aboutir à ce résultat, est loin de délimiter un champ de questions marginales. L'énigme qui se subsume sous son concept nous porte au contraire au cœur de l'économie et de la dynamique psychique.

Sublimation et pulsion sexuelle

Freud élabore le concept de sublimation en relation avec la théorie des pulsions sexuelles pour rendre compte de ce qu'il soutient : l'homme crée, produit du nouveau dans des domaines divers (arts, sciences, recherche théorique), à des activités, même à bien des réalisations qui semblent sans aucun rapport avec la vie sexuelle alors même que ces réalisations et les activités dont elles relèvent ont une source sexuelle et sont impulsées par l'énergie de la pulsion sexuelle. Ainsi, l'élan créateur, pour reprendre une expression de Klein, trouve, selon Freud, son point d'émergence initial dans le sexuel. Comment explique-t-il cela ? Par la capacité plastique de la pulsion sexuelle d'échanger son but originaire sexuel contre un autre non sexuel, de remplacer un objet sexuel par un autre non sexuel sans perdre pour l'essentiel en intensité. Ainsi, par exemple, la transformation de la curiosité sexuelle infantile. Freud parle de pulsion sublimée pour rendre compte de cette transformation qui opère selon les voies du processus de sublimation. Il écrit en 1908 : « La pulsion sexuelle met à la disposition du travail culturel des quantités de forces extraordinairement grandes et cela par suite de cette particularité, spécialement marquée chez elle, de pouvoir déplacer son but sans perdre pour l'essentiel de son intensité. On nomme cette capacité d'échanger le but sexuel originaire contre un autre but, qui n'est plus sexuel, mais qui lui est psychiquement apparenté, capacité de sublimation » (*la Morale sexuelle civilisée et la maladie nerveuse des temps modernes*). Le but de la pulsion, c'est la satisfaction. La capacité de sublimation, qui implique le changement d'objet, permet donc le passage à une satisfaction autre que la satisfaction sexuelle. Satisfaction qui n'en est pas moins « apparentée psychiquement » à la satisfaction sexuelle, c'est-à-dire que le type de satisfaction obtenu par les voies de la sublimation est comparable au plan psychique à la satisfaction procurée par l'exercice direct de la sexualité. Freud reprend ce point de vue de 1908 en 1917 dans l'*Introduction à la psychanalyse* : « La sublimation consiste en ce que la tendance sexuelle, ayant renoncé au plaisir partiel ou à celui que procure l'acte de procréation, l'a remplacé par un autre but présentant avec le premier des rapports génétiques mais qui a cessé d'être sexuel pour devenir social. » Lacan relève cette articulation de Freud, dont il fait valoir toute l'audace en disant à l'auditoire de son séminaire : « Pour l'instant, je ne baise pas, je vous parle, eh bien je peux avoir exactement la même satisfaction que si je baisais ! »

Sublimation et idéal du moi

Freud souligne l'idée qu'il existe une certaine instabilité, vulnérabilité de l'aptitude à sublimer. On ne sublime pas une fois pour toutes mais, y compris chez ceux qui semblent le plus aptes à sublimer, c'est une capacité qui nécessite d'être psychiquement activée. Les conditions qui permettent l'instauration de ce processus, son déroulement, son aboutissement sont dans la dépendance de contingences internes et externes. Sa réflexion sur la question du narcissisme* amène Freud à dégager une des conditions nécessaires à l'effectuation du processus de sublimation. L'investissement libidinal doit être retiré de l'objet sexuel par le moi*, qui reprend cet investissement sur lui-même puis le réoriente vers un nouveau but non sexuel et un objet non sexuel. Ce retrait de la libido* sur le moi et la réorientation de l'investissement vers du non-sexuel par désinvestissement du but et de l'objet, c'est là un mouvement libidinal que Freud appelle « désexualisation ». La sublimation nécessite cette désexualisation qui requiert l'intervention du moi. L'ensemble de cette opération est elle-même fortement corrélée à une autre opération fondamentalement nécessaire à la possibilité de toute sublimation. Du fait de quelque chose que Freud réfère à une trace archaïque qui relèverait de la civilisation et qui aurait pris fonction d'obstacle interne constitutif de la « nature » même de la pulsion sexuelle, celle-ci est incapable de procurer la satisfaction complète. C'est de cette incapacité assujettie aux « premières exigences de la civilisation », c'est-à-dire d'abord aux exigences parentales, que s'inaugure, soutient Freud, l'élan créateur et la possibilité de faire œuvre, cela grâce à la sublimation. Il écrit ainsi : « Cette même incapacité de la pulsion sexuelle à procurer la satisfaction complète, dès qu'elle est soumise aux premières exigences de la civilisation, devient la source des œuvres culturelles les plus grandioses, qui sont accomplies par une sublimation toujours plus poussée de ses composantes pulsionnelles » (*Sur le plus général des rabaissements de la vie amoureuse*, 1912). Ce sont les mêmes composantes pulsionnelles non refoulées engageant certains sur les voies de la perversion* qui donnent lieu à sublimation et fournissent « les forces utilisables pour le travail culturel ». La sublimation permet de répondre sans refoulement* aux « premières exigences de la civilisation », exigences intériorisées des interdits et des idéaux. Ces idéaux font partie intégrante de l'idéal du moi, instance constitutive du psychisme, héritière de l'idéal du narcissisme infantile, constituée sur les traces des premières identifications à l'image de l'autre parlant, sur les traces intériorisées, assimilées de sa voix porteuse d'exigence. La sublimation, note Freud, représente l'issue qui permet de faire avec du sexuel sans entraîner le refoulement tout en satisfaisant aux exigences du moi renforcées par l'idéal du moi. Un idéal du moi élevé et vénéré n'implique pas une sublimation réussie, l'idéal du moi requiert la sublimation, il ne peut l'obtenir de force : « L'idéal peut bien l'inciter à s'amorcer mais son accomplissement reste complètement indépendant d'une telle incitation. »

La question du vide

Ce que Freud fait valoir par l'articulation de l'insatisfaction de la pulsion et des « exigences de la civilisation » intériorisées, source et aiguillon du mouvement complexe dont procède la sublimation, c'est là pour Lacan la marque de l'introduction du signifiant* et de la dimension symbolique*. Klein, en 1930, fait entendre quelque chose du même ordre quoique à partir d'autres coordonnées : « Le symbolisme constitue la base de toute sublimation et de tout talent puisque c'est au moyen de l'assimilation symbolique que les choses, les activités et les intérêts deviennent les thèmes des fantasmes libidinaux» (*Essais de psychanalyse*). À côté de l'intérêt libidinal, c'est une angoisse archaïque qui met pour elle en marche le processus d'identification et pousse à l'assimilation symbolique, base du fantasme, de la sublimation et de la relation du sujet à la réalité interne et externe. Un «sentiment de vide intérieur» résultant de cette angoisse archaïque de destruction du corps maternel peut pousser vers l'activité artistique, la création et donc la sublimation qui permet sa réalisation étant là résultat et processus visant à réparer cette destruction. Lacan de même accorde une place centrale au vide dans ses réflexions sur la sublimation; mais, soutient-il, ce que Klein repère comme conséquence d'un fantasme sadique de destruction, ce n'est là que la face imaginaire et conséquente de l'effet du signifiant. C'est le signifiant qui crée le vide, engendre le manque, comme l'activité du potier, dont il fait exemple dans *l'Éthique de la psychanalyse* (1986), qui, en même temps que les bords du vase, crée le vide central. Le processus de sublimation, s'inaugurant de ce manque et travaillant avec lui, vise à reproduire ce moment inaugural d'articulation qui porte à créer. C. P.-D.

subliminaire

adj. (angl. Subliminal)

Synonyme de subliminal. J.-F. L. N.

subliminal, e, aux

adj. (angl. Subliminal)

Inférieur à un seuil, quelle que soit la nature de celui-ci. (Syn. subliminaire.) J.-F. L. N.

substitution

n.f. (angl. Substitution)

GÉNÉR. **Dans le conditionnement, interprétation du rôle du stimulus conditionnel.**

Beaucoup d'auteurs béhavioristes ont interprété le conditionnement classique en disant que le stimulus conditionnel se substitue au stimulus inconditionnel en tant que déclencheur de la réaction. L'interprétation donnée par I. P. Pavlov était, par contraste, que le stimulus conditionnel est un signal qui annonce le stimulus inconditionnel.

La critique que l'on adresse à la théorie de la substitution est liée au phénomène d'extinction. Celle-ci montre que le stimulus conditionnel ne peut être réellement effectif au point de pouvoir remplacer le stimulus inconditionnel.

LOG. **En logique, remplacement d'un symbole par un autre, dans une formule, sans modification de la valeur de vérité de celle-ci.**

La substitution est une opération essentielle de la logique formelle; elle porte uniquement sur des symboles. La syntaxe définit à quelles conditions on peut remplacer un signe par un autre dans une formule tout en sauvegardant sa valeur de vérité. Un exemple caractéristique est la substitution d'une constante à une variable. J.-F. L. N.

→ signal, signalisation.

succion

n.f. (angl. Sucking)

Absorption d'un liquide par la bouche en faisant jouer à celle-ci le rôle d'une pompe aspirante.

La succion est un comportement caractéristique de la toute petite enfance, qui disparaît à la fin de la première année chez la majorité des enfants. Il tient une place importante dans beaucoup de théories du développement: manifestation principale du stade oral (S. Freud), l'une des «structures cognitives» précoces (J. Piaget). Ce comportement fait l'objet de nombreuses recherches empiriques. Il est observé le plus souvent lorsqu'on place une tétine ou le mamelon dans la bouche du nourrisson, mais aussi de façon spontanée dès les premiers jours de vie (succion des doigts, des draps ou «à vide» pendant le sommeil). Il est constitué de pressions négatives, ou *succions*, qui permettent l'absorption d'une substance, se prolongeant par l'ingestion et une déglutition. Ces pressions sont également enregistrées lors d'une activité de succion non nutritive (succion d'une «sucette»).

La succion nutritive et la succion non nutritive du nourrisson humain possèdent des organisations temporelles différentes:

— dans le premier cas, de longs *trains de succions* (angl. Bursts of Sucks), au rythme de une par seconde, séparés par des pauses longues de plusieurs dizaines de secondes;

— dans le second cas, alternance de brefs trains de succions, dont la fréquence moyenne est double de celle des succions nutritives, et de courtes pauses (entre 3 et 10 secondes).

Parce qu'il est observable dès la naissance (et présent dès la période fœtale), le comportement de succion a d'abord été considéré comme invariable et rigide. Nombre de travaux ont cependant mis en évidence que son organisation temporelle variait en fonction de plusieurs facteurs: le niveau d'éveil, le degré de faim, la concentration en glucose du liquide... Des variations de rythme peuvent également être la preuve de différences individuelles à signification clinique. D'autre part, les changements de taux de la succion non nutritive, de son amplitude ou de son rythme, consécutifs à l'apparition de stimulus visuels ou auditifs, ont fourni aux psychologues expérimentalistes les moyens d'interroger le bébé sur ses capacités d'apprentissage et sur ses compétences précoces dans le domaine visuel et le domaine auditif, notamment celui de la parole.

Aux pressions négatives, dont on enregistre l'amplitude et le rythme, sont associées des pressions positives, ou *expression*. Elles résultent de déformations mécaniques exercées sur la tétine par les lèvres, les gencives, la langue et le palais et sont la preuve d'une activité perceptive d'exploration. Comme l'ont montré de nombreuses études, grâce à cette activité de succion exploratoire, le nourrisson extrait des informations sur les paramètres gustatifs, olfactifs et thermiques de l'objet ainsi que sur ses caractéristiques physiques et spatiales (forme, rigidité et texture).

Enfin, un autre aspect de la conduite de succion concerne sa fonction sociale. Les observations recueillies dans des situations naturelles de *nourrissage* (angl. Feeding) suggèrent que l'alternance des trains de succion et des pauses permet des prises de tour de parole (interaction succion-regard) entre la mère et son bébé et instaure ainsi une forme précoce de dialogue. V. P.

suggestibilité

n.f. (angl. Suggestibility)

Disposition à se laisser imposer des suggestions soit par faiblesse d'esprit (débilité mentale, démence, arriération affective, etc.), soit par naïveté, soit par hyperémotivité.

Fréquente dans l'hystérie et dans des états d'émotion collective, la suggestibilité conduit le sujet à subir passivement l'influence d'un hypnotiseur ou d'un leader et à entrer, le cas échéant, en état d'hypnose. C'est aussi cette disposition qui est exploitée par les thérapeutes dans l'effet placebo, où un produit neutre est prescrit au patient comme s'il était un remède tout-puissant contre ses maux. Plus du tiers des malades peuvent être ainsi soulagés, au moins provisoirement, de leurs troubles fonctionnels. J. P.

→ autosuggestion.

BIBLIOGRAPHIE

Binet, A., 1900, *la Suggestibilité*, Paris.

Hull, C. L., 1968, *Hypnosis and Suggestibility, An experimental Approach*, New York, Appleton Century Crofts.

suggestion

n.f. (angl. Suggestion)

Technique psychique reposant sur la croyance qu'une personne peut influencer, par la parole, un état affectif ou une conduite d'une autre.

L'hypnose repose sur la suggestion et, utilisée dans un but à visée thérapeutique, elle attend de la suggestion qu'elle soit assez puissante pour entraver les manifestations du symptôme. R. L.

suicide

n.m. (angl. Suicide, Self-Murder)

Acte de se donner soi-même la mort.

Le suicide est soit un acte rationnel, exécuté en fonction de considérations morales, sociales, religieuses, philosophiques ou personnelles, soit au contraire un acte pathologique survenant alors au cours de l'évolution de diverses affections mentales (dépression, délire chronique, démence, confusion, etc.) ou d'une crise existentielle aiguë sous forme d'un raptus anxieux autoagressif, raptus très différent du suicide prémédité de certains mélancoliques ou délirants.

Cet acte peut avoir trois fonctions différentes. Ou bien il s'agit de l'évitement, de la fuite d'une situation inacceptable ou trop douloureuse (suicides de certains cancéreux par exemple); ou bien c'est une véritable conduite autoagressive, par retournement d'une intense agressivité contre soi-même (cas de la dépression mélancolique); ou bien c'est un appel au secours, une sorte de message désespéré adressé à un entourage jugé trop indifférent ou hostile. Dans ce dernier cas, sans doute le plus fréquent, il ne s'agit parfois que d'une tentative de suicide, plus ou moins spectaculaire, s'accompagnant d'un appel à autrui pour qu'il intervienne. Mais si cette intervention s'est fait attendre, ou si le message n'a pas été transmis, la tentative se réalise du fait que les secours ne sont pas arrivés à temps, comme dans ces nombreux cas d'intoxication médicamenteuse où le S.A.M.U. arrive trop tard.

Une récente étude de l'I.N.S.E.R.M. dirigée par F. Davidson et A. Philippe a montré qu'en France le suicide est actuellement responsable de près de 12 000 décès par an, c'est-à-dire plus que les accidents de voiture; et il semble depuis quelques années (1975) en augmentation, principalement chez les hommes et les sujets jeunes. La question du chômage y est abordée très rigoureusement par une analyse des corrélations. Les différentes corrélations statistiques ne permettent cependant pas de démontrer une relation positive pour les hommes (l'évolution du chômage n'est pas un facteur prédictif du suicide masculin). En revanche, pour la population féminine, l'évolution du taux de chômage pourrait être prédictive. La solitude reste en tout cas un des facteurs les plus importants. Elle s'accompagne généralement d'un sentiment de rejet, surtout dans cette dernière population. Cela correspond finalement aux premières recherches de É. Durkheim, qui constatait, en 1897, que les suicides augmentaient en fonction du relâchement des liens familiaux et de l'isolement social. Ce dernier est certainement à l'origine de très nombreux suicides, et le cas de Véronique Le Guen, une jeune spéléologue de 33 ans qui a été trouvée morte dans sa voiture après avoir absorbé une forte dose de barbituriques, en est presque une illustration expérimentale: elle venait de passer 111 jours seule, au fond d'un gouffre et en était sortie assez éprouvée.

C'est surtout aux deux extrémités de la vie que le suicide est devenu beaucoup plus fréquent qu'autrefois. Chez les adultes jeunes, et les adolescents, le phénomène suicidaire a pris des proportions inquiétantes dans notre pays depuis une dizaine d'années. C'est souvent devant l'échec, l'impossibilité de s'insérer socialement et professionnellement que l'adulte jeune va se suicider, confirmant la phrase de l'écrivain Drieu La Rochelle: «Le suicide c'est un acte, l'acte de ceux qui n'ont pu en accomplir d'autres» (*le Feu follet*). Cet acte de désespoir se réalise souvent dans le comportement toxicomaniaque, l'overdose finale venant terminer une trajectoire suicidaire progressive. Chez l'adolescent, ce sont souvent les séparations du milieu familial, les premières ruptures sentimentales qui provoquent le suicide ou, plus souvent, la tentative suicidaire.

Chez les personnes âgées, le suicide est aussi très fréquent. Près de 30% des suicidés en France ont dépassé la soixantaine. Si certains cas relèvent d'une pathologie psychiatrique évidente (atteinte démentielle, mélancolie présénile ou sénile), la plupart du temps, il s'agit de la conséquence d'une crise existentielle, expression d'un état névrotique dont les défenses sont débordées ou d'un état dépressif réactionnel survenant au décours d'un événement pénible dont l'impact affectif douloureux se trouve majoré par le déficit du potentiel intellectuel et organique de la sénescence ainsi que par les conditions de vie sociale défectueuse. Le suicide a généralement le sens d'un acte de libération d'une situation jugée pénible, douloureuse et surtout non modifiable (Th. Lempérière).

Le suicide collectif a aussi une certaine fréquence. Les amoureux qui, tels Roméo et Juliette, se tuent ensemble restent assez fréquents au Japon. Quant à l'infanticide, il précède souvent le suicide des mères mélancoliques, qui veulent ainsi entraîner dans leur mort leur progéniture pour la sauver d'une situation qu'elles croient, dans leur délire, désespérée. Il peut y avoir un pacte conclu entre deux personnes qui se sont engagées à mourir ensemble. Quelquefois, l'un des deux candidats endure des douleurs insoutenables et l'autre n'a plus la force d'assister à son martyre ni le courage de survivre. Il arrive également que les deux aspirent à la mort. Généralement, la décision est prise d'emblée d'un commun accord. Nul autre ne se doute de leur secret et les intéressés prennent tranquillement et obstinément leurs dispositions macabres avec une minutie telle que leurs projets échouent très rarement. C'est souvent le cas de vieux couples décidant ensemble de se donner la mort, comme l'ont fait en 1983 A. Koestler et son épouse. Il y a enfin de grands suicides collectifs, provoqués par une véritable contagion mentale à partir d'un ou deux leaders, dans une sorte de transe ou d'état hypnotique généralisés: c'est l'exemple dramatique du suicide collectif d'une secte religieuse d'origine nord-américaine, en Guyana, en 1978.

Sur le plan d'une théorie pathogénique du suicide, on en reste aux deux grandes hypothèses: celle de l'anomie de Durkheim, décrite plus haut, et celle de S. Freud, pour qui le suicide serait finalement une forme d'homicide: «Nul, écrit-il, n'est probablement à même de trouver l'énergie psychique de se tuer, à moins de commencer par tuer quelqu'un à qui il s'est identifié.» Parmi les variantes, on peut citer la théorie de K. Menninger, d'après laquelle le suicide exprimerait à la fois un désir de mourir, un désir de commettre l'acte de tuer et un désir d'être tué. Aucune de ces considérations ne saurait prétendre traduire toute la vérité. Si la théorie de l'anomie permet de saisir la forte proportion de veufs et de personnes séparées parmi les suicidés, elle n'explique pas pourquoi seuls certains veufs ou esseulés se suicident, alors que les autres ne le font pas. Un taux élevé de suicides peut résulter de la conjonction de plusieurs facteurs. Il faut admettre que le phénomène suicidaire est presque toujours le reflet d'une interaction entre des facteurs sociaux et des facteurs personnels (J. Cohen). Et seule la connaissance de ces différents facteurs permet une bonne prévention du suicide, mettant en œuvre l'ensemble des moyens nécessaires pour en diminuer la fréquence. Il s'agira aussi de *postvention*, qui est la prévention de la récidive après une tentative enrayée, puisqu'il faut tenir compte des «suicidants récidivistes» (F. Davidson), de plus en plus nombreux, surtout dans la population féminine. C'est surtout pour ceux-là qu'il faudra prendre le temps de les aider et de les écouter. Les classiques bonnes paroles, c'est-à-dire les propos conformistes et superficiels, n'apportent aucun apaisement appréciable: elles renforcent même l'isolement du désespéré. Il en va de même des arguments de dissuasion tels que: «Se suicider est une lâcheté, pensez à vos parents ou à vos enfants.» Tout reproche est à bannir et ne manifeste que l'inquiétude de celui qui le prodigue. Et, à l'extrême, échouent ceux qui parlent plus qu'ils n'écoutent. «Car le suicide d'une personne s'insère dans la dialectique de sa désespérance ou de sa rage: c'est cette histoire personnelle, singulière, unique qu'il importe avant tout de savoir écouter» (*le Suicide et sa prévention*, brochure du ministère de la Santé publique et de la Sécurité sociale, non datée). J. P.

BIBLIOGRAPHIE

Cohen, J., 1966, «les Formes de suicides et leur signification», *Triangle, 6, 8* (déc. 1966), 277-284.

Davidson, F., et Philippe, A., 1988, *Suicide et tentatives de suicide aujourd'hui*, Paris, Doin.

Menninger, K., 1938, *Man against himself*, New York, Harcourt.

Olinda-Weber, S., 1988, *l'Acte suicide*, Paris, Hommes et Groupes.

sujet

n.m. (angl. Subject)

PSYCHOL. **Individu, personne en tant qu'il est à la fois observateur des autres personnes et observé par elles.**

La psychologie introspective, parfois appelée aussi «subjective », repose sur l'idée qu'une même personne peut être simultanément observée dans ses états mentaux ou ses contenus de pensée et un observateur conscient de ces phénomènes. En psychologie pathologique et clinique, où les affects jouent un rôle particulièrement important, ces états sont ressentis par le sujet et ils constituent son vécu, qu'aucune autre personne ne peut partager.

En psychologie expérimentale humaine, les personnes qui passent l'expérience sont appelées « sujets » en dépit du fait que c'est seulement leur comportement qui est observé et que cette psychologie est appelée également « objective ».

LOG. **Dans la logique traditionnelle, ce à quoi est rapporté un prédicat ou un attribut.** J.-F. L. N.

PSYCHAN. **Être humain en tant qu'être désirant, soumis à la loi symbolique et contraint de passer par la parole pour établir sa vérité.**

Le sujet, en psychanalyse, est le sujet du désir que S. Freud a découvert dans l'inconscient. Ce sujet du désir est un effet de l'immersion du petit d'homme dans le langage. Il faut donc le distinguer tant de l'individu biologique que du sujet de la compréhension. Ce n'est pas non plus le moi freudien (opposé au ça et au surmoi). Ce n'est pas pour autant le je de la grammaire. Effet du langage, il n'en est pas un élément: il « ex-siste » (se tient hors) au prix d'une perte, la castration.

LE SUJET N'EST PAS LE MOI

Le moi est une fonction qui se déploie dans la dimension de l'imaginaire. C'est la sensation d'un corps unifié produite par l'assomption par le sujet de son image dans le miroir à l'époque où il n'a pas encore conquis son autonomie motrice : d'où son pouvoir de fascination. Il en résulte que le moi se trouve placé sur un axe imaginaire en opposition à sa propre image (narcissisme) ou à celle d'un semblable (petit autre de J. Lacan). Cette relation du moi à son objet imaginaire fait obstacle à la reconnaissance par le sujet de son désir. Le sujet en psychanalyse est le sujet du désir que Freud a découvert dans l'inconscient et qui se manifeste par des ratés (oublis, lapsus, actes manqués, symptômes), parfois transformés en réussites (mots d'esprit). C'est un sujet qui ne sait pas ce qu'il dit ni même qu'il le dit. Freud interprète ces phénomènes en rupture avec le cours « normal » de la réalité comme des messages chiffrés à décrypter. Cela suppose qu'ils aient une structure homogène au langage humain. Ils témoignent de l'existence d'un autre lieu d'où s'exprime le sujet d'un désir en attente, « en souffrance ». Tout se passe comme si le lieu des signifiants, là d'où « nous viennent » les mots que nous articulons (le grand Autre de Lacan), était habité par un sujet au désir énigmatique.

LE DÉSIR EST UN EFFET DU LANGAGE

Le désir n'est pas le besoin; il ne cherche pas la satisfaction mais la reconnaissance. Les besoins du grand prématuré qu'est tout enfant à la naissance ne trouveront leur satisfaction qu'à travers le savoir de la mère. Celui-ci n'est pas un instinct. C'est un savoir fait des signifiants de la langue maternelle et de la culture. La dépendance absolue du petit d'homme est une dépendance à l'endroit de l'Autre. Il doit demander, et cela est à l'origine de la toute-puissance des signifiants maternels. Dans la demande, ce n'est plus l'objet du besoin qui est visé mais l'amour. Or plus la demande d'amour se répète plus elle ouvre une question : celle du désir de l'Autre. En effet, la demande a une structure de langage, discontinue. Dans les intervalles du discours (qui est toujours le discours de l'Autre puisque c'est de lui qu'en viennent les termes) surgit cette expérience du désir de l'Autre : « Il (elle) me dit ça, mais qu'est-ce qu'il veut ? Que veut-il que je sois ? » Le sujet vient au monde, se trouve engagé dans la réponse (son désir) par la création du fantasme, c'est-à-dire une hypothèse sur le manque de la mère. C'est pourquoi le désir est lié à une symbolisation de la différence des sexes, la castration, et cette castration ne prend sa portée qu'à partir de sa découverte comme castration de la mère. Il faut insister sur ce point : en tant que réelle, la mère ne manque de rien. C'est un acte symbolique que d'affirmer « elle n'a pas de pénis ». L'organe pénis devient ainsi le phallus signifiant du manque qu'il crée dans l'Autre. C'est le phallus qui ménage une place vacante dans cet Autre pour le sujet. Le sujet engage à cette place le peu de réel qui soit à sa disposition : l'objet érotique (pris dans les échanges avec la mère), qui devient « phallique » et du même coup refoulé (cet objet, dit « objet a », est ce qui reste au-delà de tous les discours de l'Autre : la voix, le sein, le déchet fécal, le regard). C'est le premier refoulement, le refoulement originaire avec la mise en place dans l'Autre de l'objet cause du désir.

LE SUJET EXISTE AU LANGAGE

Il faut même écrire : « Le sujet ex-siste au langage ». Il est divisé et soumis à l'aliénation. Le langage fonctionne avec une batterie de signifiants aptes à se combiner ou à se substituer pour produire des effets de signification. La définition du sujet que nous devons à Lacan peut maintenant être donnée : « C'est ce qu'un signifiant représente pour un autre signifiant. »

Le sujet n'a pas d'être, il ex-siste au langage : il n'y est que représenté grâce à l'intervention d'un signifiant, c'est-à-dire d'un signifiant marqué du caractère de l'unité, comptable. Le trait « unaire » qui découpe ce signifiant de l'ensemble connexe des autres signifiants est le trait, la marque phallique. Quant à la coupure, c'est le sujet lui-même. Cette condition est à l'origine de ce phénomène paradoxal : un sujet ne vient à être identifié à un signifiant quelconque (enfant, juif, prolétaire, etc.) qu'à disparaître comme sujet sous ce signifiant et à tomber dans le non-sens (mécanisme de l'injure). De même, la vérité, sitôt venue au jour, se perd dans le savoir. Elle ne peut d'ailleurs jamais être dite qu'à moitié puisque l'objet, cause véritable du désir du sujet, est, lui, inarticulable dans la parole. Le dévoilement de cet objet menace d'ailleurs la réalité, produit l'angoisse, prouvant ainsi que le sujet ne se soutient que de la soustraction de cet objet. Cet objet perdu constitue en quelque sorte le cadre inaperçu mais nécessaire de la réalité.

SUJET ET TRAVAIL DE LA PSYCHANALYSE

« Wo es war soll ich werden » : là où c'était, je dois devenir. Le travail d'une psychanalyse selon Freud est bien d'ouvrir la porte à ce sujet toujours appelé à devenir. Il consiste, à travers l'association libre des idées, à faire surgir une surprise, celle de découvrir l'incongruité du fantasme (non par rapport à une réalité « objective » puisque c'est le fantasme qui la soutient) mais au regard de la castration de la mère. Cette castration de la mère, ce manque d'un signifiant dans l'Autre est précisément lié à l'existence du sujet. La résistance du sujet névrosé n'est donc pas tant résistance devant sa propre castration (il en rajoute plutôt) mais c'est de « sacrifier sa castration à la jouissance de l'Autre... car il se figure que l'Autre demande sa castration » (Lacan). Cette supposition d'un sujet de la jouissance dans l'Autre, d'un sujet supposé savoir, est à l'origine du phénomène de transfert sur l'analyste. C'est elle qui doit céder à la reconnaissance qu'il n'y a pas de sujet dans l'Autre, que la seule cause du désir est cet objet *a* dont l'analyste devient le support avec la fin de la cure. Notons enfin que, contrairement à ce que suggère de variabilité, de singularité le terme *subjectif*, un sujet, en tant qu'il se réduit à la coupure, est strictement identique à tout autre sujet. Seul son symptôme lui confère une originalité et sans doute est-ce aussi pourquoi il y tient tant.

B. V.

BIBLIOGRAPHIE

Bevus-Michel, J., 1987, *le Sujet social : étude de psychologie sociale clinique*, Paris, Dunod.

surapprentissage

n.m. (angl. Overlearning, Overtraining)

Procédure consistant à poursuivre l'apprentissage au-delà d'un critère de performance satisfaisante ou consolidation d'une acquisition résultant de cette procédure.

Dans les apprentissages verbaux, on augmente le nombre d'essais de présentation du matériel à apprendre ou la durée de l'étude après le moment où le sujet peut répondre sans erreur. Les bénéfices du surapprentissage se manifestent de plusieurs façons: par la poursuite des progrès avec d'autres indicateurs de l'apprentissage comme le temps de réaction, par une meilleure résistance à l'oubli après une durée de rétention plus longue et par une meilleure résistance aux interférences rétroactives.

Le surapprentissage s'est avéré également bénéfique dans des apprentissages sensori-moteurs divers, notamment lorsque les sujets ne peuvent pas ultérieurement exercer régulièrement leur habileté. On a observé avec des pilotes d'avions qu'il permet également de résister aux situations de stress. C. G.

surconstance

n.f. (angl. Superconstancy)

Phénomène dans lequel les mécanismes qui assurent la constance perceptive agissent de façon exagérée, produisant, par exemple, la surestimation de la taille d'un objet éloigné. R. L.

surdité

n.f. (angl. Deafness)

Déficience auditive dont le degré de gravité permet de classer les individus atteints en quatre catégories: malentendant, demi-sourd léger, demi-sourd profond et sourd complet.

DÉVELOP. Le fait que la surdité existe dès la naissance ou apparaisse plus tard a d'importants retentissements sur le développement psychologique de l'enfant. Lorsque la surdité survient au-delà de 6 ans, la parole peut être conservée. En revanche, bien qu'ils gazouillent comme les bébés entendants, les bébés sourds de naissance cessent à partir de 6 mois d'émettre des sons, ils sont sourds-muets. Seule une rééducation peut alors leur permettre d'acquérir un langage.

L'enfant sourd peut communiquer avec son entourage soit par l'intermédiaire de codes gestuels, soit par le langage oral grâce à l'apprentissage de la lecture sur les lèvres et l'utilisation de son système phonateur (démutisation). La plupart des réserves émises à l'encontre d'un apprentissage gestuel précoce (perte de temps, interférence avec l'apprentissage oral, etc.) suivi de démutisation se sont révélées injustifiées. Aussi l'association des deux modes de communication, orale et gestuelle, paraît-elle actuellement la plus souhaitable.

La supériorité intellectuelle qu'un sourd tardif a sur un sourd congénital est indéniable. Mais, en dépit de multiples recherches, on ne peut pas dire avec certitude si la surdité entraîne un simple ralentissement du rythme des acquisitions cognitives ou une différence de nature du développement intellectuel. Les enfants sourds utilisent mieux leurs capacités visuelles, percevant plus vite, avec plus de détails, que les entendants; ils fournissent des performances équivalentes à celles des entendants dans les épreuves d'intelligence pratique, accusent un retard important dans l'appréhension des relations spatiales et temporelles non immédiatement perceptibles et un retard, d'ampleur variable selon la technique employée, dans diverses épreuves piagétiennes (conservation, sériation, transitivité, etc.). Certains auteurs (P. Oléron) attribuent les différences observées entre enfants sourds et enfants entendants au retentissement du déficit langagier: le langage favorise l'étiquetage, les stratégies d'exécution et de mise en mémoire et, par conséquent, les apprentissages. D'autres auteurs (H. Furth) considèrent que l'appauvrissement du milieu social dû à l'absence de communication normale est à l'origine des déficits observés. Selon eux, l'enfant sourd souffre des mêmes handicaps que l'enfant appartenant à un milieu socio-économique défavorisé. E. V.

BIBLIOGRAPHIE

Aimard, P., et Morgon, A., 1985, *l'Enfant sourd*, Paris, P.U.F., «Que sais-je?».

Colin, D., 1979, *Psychologie de l'enfant sourd*, Paris, Masson.

Conrad, R., 1979, *The Deaf School Child*, Londres, Harper and Row.

Symposium de l'Association de psychologie scientifique de langue française, 1980, *les Enfants handicapés*, Paris, P.U.F.

Collectif, 1988, numéro spécial des *Cahiers de l'U.N.A.D.R.I.O.*, n° 11.

surdoué, e

adj. et n. (angl. Exceptionally Gifted [Child] (adj.); Child Prodigy [n.])

Se dit d'une personne, d'un sujet et, spécialement, d'un enfant dont les capacités intellectuelles sont très supérieures à la moyenne.

La notion de surdoué a fait l'objet de vives polémiques quant à sa définition, l'existence de ce qu'elle désigne et les nécessités d'une pédagogie spécifique. Considérés dans l'Antiquité comme des dieux ou des démons, puis à la fois comme des génies et des névrosés par F. Galton, ils sont actuellement définis soit par un Q.I. élevé (supérieur à 130 ou parfois plus), soit par la possession d'un talent (d'un don) particulier.

L'âge auquel on considère le «surdon» est une question critique. Une étude américaine récente a montré que les jeunes «surdoués» n'occupaient pas ensuite les places les plus élevées dans la société, même s'ils sont placés dans des écoles spéciales. Réciproquement, les adultes considérés comme les plus éminents et en particulier les prix Nobel ont rarement un passé de «surdoué». La conclusion de cette étude est qu'il s'agirait d'un développement accéléré pendant une certaine période plutôt que d'un surdon. Les conséquences affectives du surdon ont également été évaluées de manière contradictoire. Si certains sont sujets à un isolement social qui les conduit à la dépression et à l'échec scolaire, d'autres semblent n'avoir aucun problème de ce type. R. L.

BIBLIOGRAPHIE

Horowitz, F. D., et O'Brien, M., 1985, *The Gifted and Talented: Developmental Perspectives*, Washington, American Psychological Association.

Terrassier, J. C., 1981, *les Enfants surdoués ou la précocité embarrassante*, Paris, Éditions E.S.F.

surgence-désurgence

(angl. Surgency-Desurgency)

Facteur de personnalité, isolé par R. B. Cattell, dont le pôle positif se définit par la bonne humeur, le naturel, le sens de l'humour, le goût du changement, la sociabilité.

Il est évalué notamment par le test F de Cattell. M. R.

→ F (test de facteur).

surmoi

n.m. (angl. Superego; allem. Über-Ich)

Instance de notre personnalité psychique dont le rôle est de juger le moi.

Le terme *surmoi* a été introduit par Freud en 1923 dans *le Moi et le ça*. Le surmoi est la grande innovation de la seconde topique. Dans les *Nouvelles Conférences sur la psychanalyse* (1933), Freud en donne cette description: «J'ai envie d'accomplir tel acte propre à me satisfaire, mais j'y renonce, par suite de l'opposition de ma conscience. Ou bien encore, j'ai cédé à quelque grand désir; et, pour éprouver une certaine joie, j'ai commis un acte que réprouve ma conscience; une fois l'acte accompli, ma conscience provoque, par ses reproches, le repentir [...]» Le surmoi, qui inhibe nos actes ou qui produit le remords, est «l'instance judiciaire de notre psychisme». Il est donc au centre de la question morale.

LA CENSURE

Dans l'histoire de la théorie freudienne, le surmoi est d'abord apparu sous la forme de la censure, la censure du rêve, par exemple. Freud reconnaît que la censure peut agir de façon inconsciente comme le sentiment de culpabilité: «Le sujet qui souffre de compulsions et d'interdits agit comme s'il était dominé par un sentiment de culpabilité inconscient malgré l'apparente contradiction dans les termes. » Le surmoi fait donc partie du moi et cependant peut en être séparé. C'est que le moi peut se prendre lui-même comme objet; qu'il peut se cliver. Cette cassure, ce clivage est particulièrement net, nous dit Freud dans les *Nouvelles Conférences* [...], dans le délire d'observation. Les malades, dans ce délire, entendent des voix commentant leurs faits et gestes. Cette observation, qui ressemble à une persécution, les guette pour les surprendre et les punir. Le délire d'observation nous montre donc une instance observante nettement séparée du moi, mais logée dans la réalité extérieure. Mais elle peut se trouver à l'intérieur et appartenir à la structure même du moi. Cette instance qui, dans le moi, me juge et me punit par des reproches pénibles est ce que nous appelons la « conscience morale » : la voix de ma conscience qui me fait éprouver le repentir de mon acte. C'est cette instance qui peut être reconnue comme une entité séparée, que Freud appelle le « surmoi ». Indépendant du moi, il peut traiter celui-ci avec une extrême cruauté, comme dans la mélancolie.

Rôle de l'autorité parentale

Cette instance qui se fait entendre à l'intérieur s'est d'abord manifestée à l'extérieur. C'est ce que montre le mécanisme de la formation du surmoi. Le rôle interdicteur du surmoi a d'abord été joué par une puissance extérieure, par l'autorité parentale. Le petit enfant ne possède pas d'inhibitions internes, il obéit à ses impulsions et n'aspire qu'au plaisir. Le renoncement aux satisfactions pulsionnelles sera la conséquence de l'angoisse inspirée par cette autorité externe. On renonce aux satisfactions pour ne pas perdre son amour.

C'est par le mécanisme de l'identification que cette menace externe s'intériorise. La relation aux parents, la crainte de perdre leur amour, la menace de punition se transforment en surmoi par le processus de l'identification, par lequel on prend l'autre en soi; par incorporation orale. L'identification est en effet la forme la plus originelle de la relation à l'autre. Mais l'identification à l'objet est à distinguer du choix d'objet : « Si le petit garçon s'identifie à son père, il veut être comme son père; s'il veut en faire l'objet de son choix, il veut l'avoir, le posséder. » Ce n'est que dans le premier cas que son moi sera modifié. Si l'on a perdu l'objet ou qu'on a dû y renoncer, on peut, dit Freud, s'identifier à lui de sorte que le choix d'objet régresse à l'identification. En renonçant aux investissements placés chez les parents, par l'abandon du complexe d'Œdipe, les identifications de l'enfant se trouvent renforcées. Au cours du développement, le surmoi devient impersonnel et s'éloigne des parents originaires. L'angoisse devant l'autorité extérieure s'est muée en angoisse devant le surmoi.

À ce stade, le sentiment de culpabilité est absolument identique à l'angoisse devant le surmoi. Ce dernier, héritier du complexe d'Œdipe, adoptera par la suite les influences des maîtres et des éducateurs qui ont pris la place des parents. Il s'enrichira des apports ultérieurs de la culture. L'angoisse devant le surmoi ne doit pas normalement trouver de terme; comme angoisse morale, elle s'avère indispensable dans les relations sociales. Mais beaucoup d'individus ne peuvent surmonter l'angoisse devant la perte d'amour; ce qui n'est pas sans conséquence dans notre vie sociale. Si, en effet, le surmoi est conditionné par l'œdipe, il s'explique également par un fait biologique capital, les deux étant liés : la longue dépendance où se trouve placé l'enfant vis-à-vis de ses parents.

Le surmoi et la culture

Ainsi, le surmoi de l'enfant s'édifie d'après le surmoi parental. Il devient le véhicule de la tradition. Toutefois, il peut en être différent, voire inversé. Le surmoi ne correspond pas toujours à la sévérité de l'éducation. Dans *Malaise dans la civilisation*, Freud écrit : « La sévérité originelle du surmoi ne représente pas ou pas tellement la sévérité subie ou attendue de la part de l'objet mais exprime l'agressivité de l'enfant lui-même à l'égard de celui-ci. » Pour Freud, les choses se déroulent ainsi : d'abord, renonciation à la pulsion, consécutive à l'angoisse devant l'agression de l'autorité extérieure, cette angoisse étant liée à la peur de perdre l'amour, amour qui protège contre l'agression que constitue la punition; ensuite, instauration de l'autorité intérieure, renoncement consécutif à l'angoisse devant cette autorité intérieure devenue la conscience morale. Dans ce second stade, mauvaise intention et mauvaise action coïncident; le désir ne peut être dissimulé au surmoi, d'où le sentiment de culpabilité et le besoin de punition. Ainsi s'expliquent les conduites des personnes asociales où le sentiment de culpabilité précède l'acte délictueux au lieu de le suivre. Ce besoin inconscient de punition correspond à une part d'agression intériorisée et reprise par le surmoi. Toutefois, Freud ne confond pas surmoi et agressivité.

Si le surmoi est un résidu des premiers choix d'objet, il réagit cependant contre ces choix par la contrainte s'exprimant sous la forme de l'impératif catégorique. Il ne se borne pas à donner au moi ce conseil : « Sois ainsi » (comme ton père), mais il interdit : « Ne sois pas ainsi » (comme ton père), autrement dit : « Ne fais pas tout ce qu'il fait; beaucoup de choses lui sont réservées, à lui seul. » Ainsi, le surmoi parle. Il est « la voix de la conscience », « la grosse voix ». Lié à la parole, le surmoi est une instance symbolique. Pour J. Lacan, l'incorporation de certaines paroles sont à l'origine du surmoi. Dans *le Moi et le ça*, Freud nous dit que le surmoi ne peut renier ses origines acoustiques; qu'il comporte des représentations verbales et que ses contenus proviennent des perceptions auditives, de l'enseignement et de la lecture.

L'idéal et le surmoi

Avec les fonctions d'auto-observation et de conscience morale, le surmoi est aussi porteur de la fonction d'idéal. Surmoi et idéal du moi sont souvent confondus, tant sont imbriqués les deux aspects de l'idéal et de l'interdiction. À l'idéal du moi, le moi se mesure, aspire à un perfectionnement toujours plus avancé. Cette fonction d'idéal, corrélative, comme le surmoi, de l'œdipe, plonge ses racines dans l'admiration de l'enfant pour les qualités qu'il attribuait à ses parents. Mais le surmoi, à la différence de l'idéal du moi, se situe essentiellement sur le plan symbolique de la parole. L'un est contraignant, l'autre, exaltant. Le surmoi, au contraire, est agent de dépression. Mais il lui arrive aussi, par l'attitude humoristique, de tempérer sa dureté. J. P.

surréalisateur, trice

n. (angl. Overachiever)

Élève qui obtient des résultats scolaires supérieurs à ceux que son niveau intellectuel permettait de prévoir. M. R.

→ sous-réalisateur.

surstimulation

n.f. (angl. Overstimulation)

Stimulation excessive et dangereuse d'un organe par une hormone ou un médicament. R. L.

survie prolongée (fœtus en état de)

(angl. Operatively Removed Human Fetus Survival)

Fœtus humain, non viable et condamné, retiré encore vivant du corps maternel pour raisons médicales.

Le fœtus, avec son placenta et le liquide amniotique, est immédiatement plongé dans un bain de sérum physiologique. On a pu ainsi obtenir des données sur la motricité et la sensorialité de fœtus de tous âges. On a pu mettre en évidence une réponse motrice à une stimulation de la zone périorale par un cheveu au cours du 3e mois suivant la conception, montrant ainsi la grande précocité de la sensibilité tactile. E. V.

symbiose

n.f. (angl. Mutualism)

ÉTHOL. **Association temporaire ou permanente entre deux espèces différentes, appelées « symbiotes ».**

Ces liens d'interdépendance de deux

espèces sont fondés sur des avantages réciproques. La symbiose peut prendre des formes extrêmement variées : par exemple, le nettoyage par des Oiseaux des ectoparasites des Mammifères, la digestion de la cellulose par des Protozoaires vivant dans le tube digestif de Termites, etc. J.-P. S.

symbiose affective

(angl. Affective Symbiosis)

Forme de sociabilité syncrétique observable chez le bébé de quelques mois (stade émotionnel de H. Wallon).

L'interaction entre les attitudes et mimiques de l'enfant (rires, pleurs, sourires, grimaces, postures expressives) et les réactions de l'entourage crée un véritable champ émotionnel dans lequel l'enfant ne se distingue pas d'autrui mais fusionne en quelque sorte avec lui. E. V.

→ stade, syncrétisme.

symbole

n.m. (angl. Symbol)

GÉNÉR. et LING. **Signe dénotant une relation motivée, de nature analogique, qui unit un fait perceptible représentant et un fait dénoté.**

Contrairement au signe, le symbole n'est jamais tout à fait arbitraire. Les formes symboliques de représentation sont nombreuses : allégorie (exemple : la mort figurée sous l'aspect d'un squelette tenant une faux), symbole strict où un objet inanimé représente une abstraction (exemple : un glaive et une balance dénotant la justice), emblème (exemple : la croix du christianisme), onomatopée où une production vocale simule le bruit traduit, etc.

Une distinction importante en matière de représentation porte sur la façon dont un objet ou un stimulus peut représenter autre chose que lui-même. L'opposition principale s'établit entre les stimulus qui représentent en vertu d'une similarité ou d'une analogie avec l'objet représenté et ceux qui représentent de façon « arbitraire », selon le terme de F. de Saussure, ou, si l'on veut, conventionnelle. La tradition linguistique française était d'appeler « symboles » les premiers et « signes » les seconds. Ainsi, le blanc est le symbole de la pureté morale à cause de l'analogie liée à l'idée de « sans tache » ; la balance est le symbole de la justice à cause de l'analogie liée à l'idée d'équilibre.

Par contraste, le signe au sens de Saussure repose sur une relation dite « arbitraire », qui ne comporte aucun lien naturel entre l'objet représentant et l'objet représenté.

LOG. et GÉNÉR. **Stimulus qui représente en vertu d'une convention.**

L'usage actuel a inversé les utilisations signe/symbole. C'est aujourd'hui le mot *symbole* qui est utilisé pour désigner un objet, ou une marque, qui représente autre chose que lui-même en vertu d'une décision de son utilisateur ou d'une convention entre plusieurs utilisateurs.

Ce nouvel usage doit beaucoup aux mathématiques et à la logique. Il se situe aussi dans la tradition anglo-américaine, notamment celle qui est issue de la théorie de Ch. Peirce. Pour celui-ci, il existe trois sortes de signes. Ceux qui représentent en vertu d'une similarité ou d'une analogie sont appelés « icônes » et ceux qui représentent en vertu d'une liaison associative par contiguïté — comme la fumée pour le feu — sont appelés « indices ». Le mot *symbole* est donc réservé à la représentation conventionnelle.

Cet usage a été renforcé par les théories modernes de la sémantique formelle et par leur application à la logique et à l'informatique. Cette dernière repose sur l'utilisation de symboles totalement arbitraires et universels : dans un ordinateur, les symboles élémentaires sont les deux valeurs du bit (elles-mêmes symbolisées par 0 et 1). Des systèmes de correspondance, propres à chaque langage informatique (et, par conséquent, fixés par les concepteurs de ces langages), déterminent de façon conventionnelle la sémantique des divers arrangements de tels symboles. Par exemple, les caractères d'un clavier (lettres et chiffres) sont, à leur niveau, des symboles. De même, des commandes interprétables par un langage, telles que « dir » ou « ls » (= « donnez-moi la liste des fichiers de ce répertoire »), ou « conc » (= « concaténer »), sont des symboles.

Enfin, on peut décider que, dans une base de connaissances d'intelligence artificielle fondée sur le langage, la suite de caractères « chien », qui n'est pour l'ordinateur qu'une séquence de symboles élémentaires dénuée de sens, constitue un symbole complexe de haut niveau, qui sera interprété comme *chien*. Le « sera interprété » de la phrase précédente implique seulement, pour la machine, que *chien* sera, dans cette application, utilisé dans des contextes semblables à ceux où un sujet humain utiliserait *chien*. Mais, sous certaines conditions, un utilisateur pourra « se figurer que » ou « faire comme si », pour la machine, « chien » voulait dire *chien* au sens humain.

Dans les élargissements théoriques qui, du point de vue de la science cognitive, appliquent cette façon de voir à l'homme et à la psychologie, on considère en général que ce sont les *représentations* qui constituent les symboles centraux. Dans le cas du langage naturel, on peut même simplifier la question en considérant que ce sont les mots qui sont de tels symboles. C'est à partir de là que l'on parle de « niveau symbolique ».

Toutefois, une différence essentielle avec la machine est que les représentations (et les mots) ont, chez l'homme, une interprétation « naturelle », et non conventionnelle, c'est-à-dire une correspondance naturelle avec la réalité. Elle passe pour l'essentiel par la perception, l'apprentissage et le maniement du langage (dit lui aussi « naturel »).

Donc, le symbole mental « chien » possède une signification qui déborde complètement ses contextes d'utilisation linguistique : en dehors de cela, il sert aussi à désigner des chiens réels, vus, entendus ou imaginés, et à leur faire référence. Ce symbole possède une « extension » (une classe de référents) qui est établie au cours du développement cognitif de chaque individu.

Dans certaines conceptions fondées sur la neurobiologie cognitive, on considère plutôt que ce sont les états des neurones qui constituent les symboles élémentaires. Cette façon de voir est parfaitement compatible avec la précédente. J.-F. L. N. et M.-L. L. R.

→ icône, signe, symbolisme.

symbolique

n.m. (angl. Symbolic ; allem. [das] Symbolische)

Fonction complexe et latente qui embrasse toute l'activité humaine, comportant une part consciente et une part inconsciente, qui est attachée à la fonction du langage et plus spécialement à celle du signifiant.

Le symbolique fait de l'homme un animal (« parlêtre ») fondamentalement régi, subverti par le langage, lequel détermine les formes de son lien social et plus essentiellement de ses choix sexués. On parle préférentiellement d'un ordre symbolique au sens où la psychanalyse a très tôt reconnu sa primauté dans la mise en œuvre du jeu des signifiants qui conditionnent le symptôme, d'une part, d'autre part comme étant le véritable ressort du complexe d'Œdipe, qui porte ses conséquences dans la vie affective ; enfin, son principe a été reconnu comme organisant de façon sous-jacente les formes prévalentes de l'imaginaire (effets de compétition, de prestance, d'agression et de séduction).

CARACTÈRE UNIVERSEL DU SYMBOLIQUE

Le fait symbolique remonte à la plus haute mémoire de la relation de l'homme au langage et est attesté par les monuments les plus somptueux laissés par le temps comme par les manifestations les plus humbles et primitives de groupes sociaux : stèles, tertres, tumulus, tombeaux, gravures murales, signes marqués dans la pierre, premières écritures, etc., lesquels témoignent de la relation universelle et première de l'homme au signifiant et donc de reconnaissance comme être de langage. Car, sans lui, point de traces intentionnelles et symboliques concevables du passage de l'homme.

L'ethnographie des sociétés dites « primitives » a par ailleurs montré qu'un ordre symbolique (loi de l'exogamie par exemple) réglait dans le cadre des liens de parenté la circulation des biens, des animaux, des femmes ; ordre qui opère autant de façon contraignante dans sa forme qu'inconsciente dans sa structure et qui, par-delà l'échange de dons, les pactes d'alliance, la prescription de sacrifices, les rituels religieux, les prohibitions, les tabous, etc., suppose en dernière instance des lois de la parole au fondement de ces systèmes, dont l'anthropologie structurale a révélé le caractère universel de pur formalisme logique.

L'ordre symbolique, en tant que structure inconsciente, est par conséquent à distinguer dudit symbolisme, habituellement attaché à un objet déterminé : clés d'une cité, épée seigneuriale, drapeau d'une nation, etc., lesquels, s'ils peuvent s'inscrire dans cet ordre, restent des éléments distincts qui ne le représentent pas en tant que structure.

Manque symbolique

Au sens de la psychanalyse est, par définition, symbolique ce qui manque à sa place. Plus généralement, désignant ce qui fait défaut ou ce qui a été perdu (objets, êtres chers), non seulement le symbolique inscrit dans l'expérience humaine la plus commune la fonction du manque mais cette rencontre *contingente* avec la perte implique son intégration *nécessaire* sur un mode structural. Dès l'origine, ce manque reçoit une signification proprement humaine par l'instauration d'une corrélation entre ce manque et le signifiant qui le symbolise, pour y laisser sa marque indélébile dans la parole et éterniser le désir dans sa dimension d'irréductibilité.

La complexité comme le caractère essentiel de cette opération exigent une explication à plusieurs niveaux. Dès sa venue au monde, le petit de l'homme est plongé dans un bain de langage qui lui préexiste et dont il aura à supporter la structure dans son ensemble comme discours de l'Autre. Ce discours est déjà connoté de ses points forts où s'expriment demande et désir de l'Autre à son endroit, discours dans lequel il occupe primordialement la place d'objet. Mais d'occuper primitivement cette place d'objet éclaire ce fait essentiel qu'au travers de l'expérience de *détresse physiologique* (allem. Hilflosigkeit, selon S. Freud) en rapport avec les besoins vitaux, c'est néanmoins d'abord à partir d'un manque-à-être qu'est lancé l'appel à l'autre secourable. La réponse de l'autre dès lors se dédouble sur deux registres : d'apporter la possibilité d'une satisfaction d'un besoin, d'un côté, sans pour autant être capable de combler ce manque-à-être au regard duquel est attendue une preuve d'amour. Ainsi, le signifiant de la demande première joue sans cesse sur cette équivoque pour porter ses conséquences au-delà des frontières de l'enfance et aménager au discours de l'Autre inconscient sa place symbolique. Car toute parole va désormais comporter une dimension où, au-delà de ce qu'elle va signifier, est visé quelque chose d'autre qui, par essence n'étant pas articulable dans la demande, désigne dans la parole cette part originellement refoulée. L'Autre se cerne comme lieu, censé détenir les clés de toutes les significations inaccessibles au sujet, et confère à la parole sa portée symbolique, ainsi qu'à l'Autre son obscure autorité.

Marque signifiante de l'absence

Mais l'enfant a lui-même à faire l'expérience de ce manque dans sa relation à l'autre et J. Lacan a plusieurs fois repris, dans *Au-delà du principe de plaisir* (1920) de Freud, l'exemple canonique du jeu de l'enfant avec la bobine pour faire remarquer que les premières manifestations phonatoires malhabiles qui accompagnent le mouvement alterné de disparition (allem. Fort) et de réapparition (allem. Da) instaurent une première opposition phonématique qui connote déjà la présence-absence de l'être cher de ses marques signifiantes. C'est donc par le seul office du langage qu'au-delà de la présence ou de l'absence réelles se réalise l'intégration d'une marque symbolique signifiante, qui se traduit d'abord comme meurtre de la chose, capable d'élever la chose manquante au rang de concept. Plus loin, dans les jeux de langage de l'enfant, il est observable que ce jeu consiste essentiellement en une disjonction du signifiant de sa fonction de signifié, qui, par-delà son rôle de nomination ou de désignation, institue par conséquent dans le langage la dimension symbolique.

Ainsi, l'homme, en tant qu'être de langage, accède à l'ordre symbolique essentiellement au travers de l'opération de la négation. Fait souligné par Freud dans son article sur la dénégation (*die Verneinung*, 1925, trad. fr. *la Négation*, 1934, titre aujourd'hui contesté), où l'affirmation (*Bejahung*) du jugement d'attribution s'énonce sur un fond préalable d'absence supposée, voire de rejet primordial (*Ausstossung*). Cet ordre symbolique, constituant du sujet, le détermine de façon inconsciente en le situant dans une radicale altérité par rapport à la chaîne signifiante et où c'est de l'Autre inconscient qu'il reçoit sa signification.

C'est par conséquent sur fond de manque, d'absence, de négation que vient s'élaborer le symbolique dans la fonction signifiante en tant que désignant la perte en général. Le désir, lui, particularise une tentative d'accord entre cet ordre signifiant symbolique qui le surdétermine et l'expérience d'appréhension d'un objet chargé imaginairement de représenter la retrouvaille avec l'objet originairement perdu.

Ces différents points, qui décrivent les modalités de la rencontre primordiale de l'enfant avec le langage dans sa corrélation au manque et dans sa propriété à symboliser, sont décisifs pour appréhender les conséquences et les suites :

1. en effet, ce qui n'est pas articulable dans la demande met en place ce creux du refoulé originaire, perte qui vient se symboliser au lieu de l'Autre inconscient et qui divise le sujet dans son rapport au signifiant (*Spaltung* primordiale) ;
2. c'est dans ce trou existant originairement dans la chaîne signifiante qu'est déposé le phallus en tant que signifiant et comme signification dernière, par essence inaccessible ;
3. en sorte que ce signifiant phallique apparaît en place tierce, déterminant le langage et la relation primitive dialectisée du sujet à l'autre.

Le rôle normalisateur de l'œdipe et l'Autre symbolique

Ce dispositif ne trouve sa structure définitive qu'avec la mise en place de l'œdipe, qui a pour rôle de normaliser le manque en lui assignant un lieu. C'est-à-dire que le signifiant originairement refoulé qui apparaît dans la demande première va dans l'œdipe recevoir sa signification seconde. En effet, l'Autre primordial (autrement dit la mère originaire) supposé supporter le signifiant phallique est interdit par le père. Dès lors, le Nom-du-Père est ce qui, au travers de l'interdit de l'inceste, fait autorité dans la mesure où la mise en place ordonnée du signifiant phallique en tant que refoulé dépend de lui (→ castration [complexe de]) et par là ce Nom-du-Père vient redoubler en place de l'Autre la fonction symbolique. Cela a pour conséquence que le trou du refoulé ainsi introduit dans la chaîne signifiante soutient la structure du désir comme telle unie à la loi, laquelle, en mettant la fonction du manque au principe de son organisation, est la loi qui régit le langage. Cette opération rend compte que ce n'est qu'au lieu de l'Autre symbolique et inconscient que le sujet puisse avoir désormais accès au phallus en tant que signifiant. Et c'est sous forme d'une dette symbolique à l'Autre qu'il en reçoit en retour le devoir de satisfaire aux conséquences de ce manque. Cette présence du manque, introduite de structure dans l'existence du sujet, comme condition fondatrice du langage, traduit le caractère radical de la détermination du sujet, autant que de son objet, aux conditions du symbole qui l'asservit. En sorte que l'ordre symbolique apparaît non plus constitué par l'homme mais le constitue tout entier sous le coup de la surdétermination signifiante du langage. Cet ordre symbolique est par conséquent disposé selon une chaîne signifiante autonome, extérieure au sujet, lieu de l'Autre inconscient au regard duquel ce sujet ne peut qu'ex-sister sur un mode acéphale, c'est-à-dire tout entier assujetti à cet ordre.

La fonction paternelle s'éclaire de son importance par le fait d'occuper ce lieu symbolique. Freud, dans *Totem et Tabou* (1912-1913), a montré que, pour le névrosé, ce lieu est occupé par le père mort. C'est le meurtre du père refoulé qui engendre pour le sujet la cohorte des prohibitions, des symptômes et des inhibitions; façon pour le névrosé de prendre en compte la dette et de reconnaître qu'il ne peut assumer son statut de sujet que comme effet d'une combinatoire signifiante, à laquelle il ne peut avoir accès qu'au lieu de l'Autre.

On comprend à partir de là l'importance humaine de ce lieu de l'Autre inconscient et symbolique comme seule référence stable dans la mesure où cet Autre est le lieu du signifiant. Et la fonction de l'analyste trouve son efficacité pour autant qu'il assure cette fonction symbolique Autre non comme personne mais comme lieu, soumis à la condition de l'équivoque du signifiant et non à la signification positive du langage (théorie de la communication). Car la loi du signifiant est d'abord une loi de l'équivoque qui se traduit par le fait que la parole puisse être menteuse, donc symbolique.

Répétition et fonction signifiante

C'est bien à ce dernier terme du renoncement à tout idéal de maîtrise du sujet que Freud a été conduit, dans *Au-delà du principe de plaisir*, avec le concept d'automatisme de répétition. Il est remarquable que l'automatisme de répétition prend son point de départ précisément à la limite du processus de remémoration, soit en ce lieu Autre où se trouve le signifiant originairement refoulé. Mais cet automatisme, indifférent au principe de plaisir comme le constatera Freud, se révèle être un ordre formalisé semblable à une pure écriture littérale symbolique de type logico-mathématique à l'œuvre dans la chaîne signifiante; écriture à laquelle le sujet est assujetti et qui signifie que son efficacité est attachée au caractère hors-sens (hors signifié) du signifiant, à l'inverse de ce qui se passe avec le symptôme, qui consiste en une précipitation d'un sens. Cependant, si l'automatisme se signale de cette fonction symbolique abstraite, l'exigence de nouveauté qui l'anime joue précisément sur l'équivoque, si bien que l'acteur ne peut reconnaître la structure latente qui se répète dans une autre scène.

L'automatisme de répétition ne souligne pas seulement la primauté du symbolique dans l'action humaine, il permet de reconsidérer l'ensemble des avatars de la subjectivité, tels que le nœud borroméen s'emploie à le démontrer: à savoir que l'imaginaire est sous le coup d'une organisation latente qui le surdétermine non sans que le symbolique lui-même s'organise à partir d'un trou réel, celui du signifiant originairement refoulé qui le conditionne tout entier. J.-P. H.

symbolisme

n.m. (angl. Symbolism)

Conception suivant laquelle il existe une relation analogique forte entre la forme phonique des mots et leur signification.

Une telle relation analogique correspond à la première acception du mot *symbole*. Son existence est bien illustrée par le cas des onomatopées: «boum», «clac», etc., et par certains mots particuliers: «chuchotement», «déclic», etc. La question est de savoir si cette relation est, dans la langue, fréquente et étroite, ou seulement occasionnelle. Certains auteurs ont essayé de montrer, par exemple, que certaines voyelles, censées être sombres, étaient associées à des mots ayant une valeur connotative plutôt triste, et d'autres, censées être claires, à des mots à valeur agréable.

Sur ce point aussi, au-delà des exemples anecdotiques, il est nécessaire de comparer les cooccurrences qui vont dans le sens de cette relation à celles qui seraient prédites par le hasard et de tenir compte de la variabilité inter-langues: il est alors difficile d'accorder un grand crédit au symbolisme. On lui préfère généralement, sur la base des faits, le point de vue opposé, qui considère la liaison signifiant-signifié comme «arbitraire». J.-F. L. N.

→ signe, symbole.

Bibliographie

Bates, E., 1979, *The Emergence of Symbols Cognition and Communication in Infancy*, New York, San Francisco, Londres, Academic Press.

symétrie

n.f. (angl. Symmetry)

Modalité d'interaction où, dans une dyade, le comportement d'un partenaire complète celui de l'autre et se définit comme un écho semblable au sien.

La symétrie est une égalité à l'origine de comportements en miroir. Cette forme de réciprocité s'oppose à une autre forme de réciprocité, la *complémentarité*. La symétrie a parfois pour effet de s'amplifier elle-même dans les comportements similaires. G. Bateson a observé que la vantardise des membres d'un clan augmente la vantardise des membres d'un autre clan. Dans certains cas, on parle d'une escalade, dont la «course aux armements» constitue un bon exemple. Dans une thérapie familiale, le patient, le couple, etc., peuvent se mettre en rivalité avec les intervenants et ceux-ci réagir maladroitement de même. M. G.

→ complémentarité.

symptôme

n.m. (angl. Symptom; allem. Symptom)

Psychan. **Phénomène subjectif qui, pour la psychanalyse, constitue non le signe d'une maladie mais l'expression d'un conflit inconscient.**

Pour S. Freud (1892), le mot *symptôme* prend un sens radicalement nouveau à partir du moment où, grâce à l'hystérique, il peut poser que le symptôme de conversion hystérique, généralement tenu pour simulation, devient pantomime du désir inconscient, expression du refoulé. Pour rendre compte du fait que ce qui est traumatique se maintient dans le souvenir, il est nécessaire de poser que le symptôme psychopathologique est l'expression d'un accomplissement de désir et réalisation d'un fantasme inconscient servant à accomplir ce désir. Dans cette mesure, il est un retour d'une satisfaction sexuelle depuis longtemps refoulée, mais il est aussi une formation de compromis dans la mesure où le refoulement s'exprime aussi en lui.

C'est sur la formation de compromis que vont insister les postfreudiens. Lacan commence en 1958 par dire que le symptôme «va dans le sens d'un désir de reconnaissance, mais ce désir reste exclu, refoulé.» S'intéressant au réel comme pris dans une relation singulière avec le symbolique et l'imaginaire, Lacan remarque que le symptôme n'est pas que le signe d'un dysfonctionnement organique, au même titre que le symptôme fonctionne normalement pour le médecin et son savoir médical sans plus: «il vient du Réel, il est le Réel».

Précisant sa pensée, il explique que «le symptôme, c'est l'effet du symbolique dans le réel». Il ajoute en 1975 que le symptôme, c'est ce que les gens ont de plus réel. N'ayant que peu à faire avec l'imaginaire, le symptôme n'est pas une vérité qui relève de la signification. S'il est «la nature propre de la réalité humaine», la cure ne peut en aucun cas consister à éradiquer le symptôme. Dès lors, étant un effet de structure du sujet, il est catastrophique qu'il puisse être dissocié des autres ronds du nœud borroméen proposé par Lacan pour présenter sa doctrine, le réel, le symbolique et l'imaginaire. Certains symptômes ont, comme chez Joyce sur lequel a travaillé Lacan, une fonction de prothèse. Si l'imaginaire se dérobe au croisement du symbolique et du réel, il est possible de le nouer aux deux derniers pour «éviter» ce dérapage: c'est le quatrième rond, qui procure par exemple à Joyce un ego de substitution, une prothèse, qui est précisément son activité d'écrivain.

Par ailleurs Lacan en vient à l'hypothèse d'un nœud borroméen qui comprendrait d'emblée quatre termes: le quatrième rond, qui, là aussi, est défini comme symptôme, est à la fois en relation avec le complexe d'Œdipe et le Nom-du-Père (*Séminaire «le Sinthome»*, 1975-76). Cependant, comme le dit Lacan dans *Conférences et entretiens* [...] (1975), on est bien en droit d'attendre que la cure psychanalytique fasse disparaître les symptômes: mais ce quatrième rond, est-il vraiment prudent d'en supprimer l'usage?

«Les névrosés vivent une vie difficile et nous essayons d'alléger leur inconfort [...] Une analyse n'a pas à être poussée trop loin. Quand l'analysant pense qu'il est heureux de vivre, c'est assez», écrit Lacan (*Conférences et entretiens* [...]). Une séparation d'avec l'objet d'amour, par exemple par une interprétation sauvage, surtout si elle est juste, peut être justement castrophique. C'est pourquoi, bien qu'en termes métaphoriques et avec contradictions, Lacan a créé le terme de *sinthome* pour désigner le quatrième rond du nœud borroméen, et pour signifier que le symptôme doit « tomber », ce que sous-entend son étymologie, et que le sinthome (ancienne graphie de symptôme) est ce qui ne chute pas, mais ce qui se modifie, se change pour que reste possible la jouissance, le désir. R. L.

synapse

n.f. (angl. Synapse)

Zone d'étroite juxtaposition entre deux neurones où l'activité de l'un entraîne l'excitation ou l'inhibition de l'autre.

La notion de synapse est étendue à la zone d'articulation entre un neurone et un muscle (jonction neuro-musculaire) ou entre un neurone et une glande (jonction neuro-glandulaire). Un espace sépare le neurone présynaptique, qui exerce l'action, du neurone postsynaptique, qui la reçoit. Selon la nature des éléments en présence, on distingue des synapses axo-somatiques, axo-dendritiques et axo-axoniques. Quel que soit le type d'articulation, la transmission du signal nerveux (potentiel d'action) est polarisée : elle s'effectue du neurone présynaptique vers le neurone postsynaptique.

La synapse représente un espace de communication entre des éléments excitables. Chez les Vertébrés, une médiation chimique assure la transmission du message. L'arrivée présynaptique d'influx à l'extrémité de l'axone déclenche la libération d'un neuromédiateur (ou neurotransmetteur) contenu dans des vésicules. Actuellement, on connaît plusieurs dizaines de substances neuromédiatrices (exemple : acétylcholine, adrénaline, noradrénaline, dopamine, sérotonine, gaba, neuropeptides). [→ neuromédiateur.] Le neuromédiateur franchit l'espace synaptique et se fixe sur un récepteur situé à la surface de l'élément postsynaptique. Cette fixation entraîne une dépolarisation ou une hyperpolarisation locale et graduée de la membrane postsynaptique, qui correspond respectivement à un potentiel postsynaptique excitateur (P.P.S.E.) ou inhibiteur (P.P.S.I.). Des données récentes indiquent, d'une part, qu'un même neurone libère parfois plusieurs neuromédiateurs, d'autre part qu'il convient de distinguer deux types de communication interneuroniques : l'un faisant intervenir des neuromédiateurs « classiques », l'autre impliquant des neuromodulateurs et des neurohormones. La mise en jeu des neuromodulateurs pourra, par exemple, amplifier ou prolonger la réponse produite par les neuromédiateurs. Les neurohormones ont comme caractéristique une action à distance. Selon son mode d'intervention, une même substance sera considérée comme un neurotransmetteur « classique », un neuromodulateur ou une neurohormone.

De nombreuses substances pharmacologiques mimant l'effet du neurotransmetteur ou l'antagonisant ainsi que des modifications de l'équilibre ionique intracellulaire peuvent jouer sur la transmission de l'influx. On distingue en moyenne 40 000 synapses pour une cellule du cortex cérébral et 100 000 pour une seule cellule de Purkinje du cortex cérébelleux.

G. S. et I. A.-B.

synchronique

adj. (angl. Synchronic)

LING. **Se dit d'une perspective, d'un point de vue qui envisage les faits, les événements qui se passent dans un intervalle de temps approximativement identique, à la même époque.** (Contr. diachronique). R. L.

synchronisé (électroencéphalogramme)

(angl. Synchronized Electroencephalogram)

Se dit d'un tracé électroencéphalographique caractérisé par la présence de configurations électriques stables.

L'électroencéphalogramme est synchronisé durant la relaxation (activité alpha) et le sommeil profond (activité delta). P. L.

→ électroencéphalographie.

synchroniseur

n.m. (angl. Synchronizer)

Variable externe susceptible de modifier les paramètres d'un rythme biologique ou psychologique.

J. Aschoff, dans les années 1950, a donné le nom de *Zeitgeber* (« donneur de temps ») aux synchroniseurs de rythmes. L'alternance de la lumière et de l'obscurité est un synchroniseur très puissant qui régule de nombreuses activités des organismes vivants. P. L.

→ rythme biologique, rythme psychologique.

syncinésie

n.f. (angl. Syncinesia)

Mouvement involontaire accompagnant, de façon inconsciente et non nécessaire, une action volontaire.

Les syncinésies sont fréquentes chez les jeunes enfants : on voit par exemple facilement des enfants tirer la langue lorsqu'ils sont en plein effort. On distingue plusieurs sorte de syncinésies. On parle de mouvements en miroir lorsque l'irradiation motrice est observée sur le membre controlatéral de façon symétrique et de mouvements associés lorsque l'irradiation motrice est observée ailleurs. Par exemple, lorsqu'on demande à de jeunes enfants de marcher sur les talons ou sur la pointe des pieds, on observe typiquement des mouvements associés des mains. Le nombre et l'intensité des syncinésies diminuent normalement au cours de la première décennie de la vie, à des âges variant d'une syncinésie à l'autre. Les syncinésies sont plus fréquentes et plus prononcées chez les enfants hyperactifs et chez les enfants souffrant de troubles de l'apprentissage, ce qui les fait considérer comme un indice du niveau de maturation.

J. F.

syncrétisme

n.m. (angl. Syncretism)

Système archaïque de pensée et de perception, qui constitue la première étape du développement de la connaissance humaine et qui est caractérisé par une appréhension globale, floue, non structurée de la réalité.

Le terme, introduit par E. Renan, et la notion suscitèrent un véritable engouement chez les psychologues de l'enfant pendant les premières décennies du XXe siècle, qui virent dans le syncrétisme une caractéristique de la perception du jeune enfant. É. Claparède le définit alors comme « ...une disposition à considérer les choses sous l'angle de leur physionomie globale en dehors de toute analyse de leurs parties et surtout sans prendre nettement conscience des relations mutuelles de ces parties entre elles » (Claparède, 1938). Aux tenants du syncrétisme, qui mettaient l'accent sur l'aspect globaliste de la perception, s'opposèrent les associationnistes, qui insistaient sur la prédominance des détails dans l'identification des objets, ce qu'ils désignèrent par le terme de *pointillisme*. Les faits ont démontré que globalisme et pointillisme sont des manifestations complémentaires de l'incapacité des enfants de moins de 7 ans à articuler un tout avec ses parties.

Pour H. Wallon, le syncrétisme est une des caractéristiques des activités psychologiques du jeune enfant, qui affecte non seulement sa perception mais aussi sa pensée et sa personne. La symbiose affective qui caractérise le stade émotionnel chez le bébé entre 3 et 12 mois constitue une forme de sociabilité syncrétique. Quant au syncrétisme intellectuel, qui débute vers 3 ans, il est « ...une sorte de compromis, à des niveaux divers, entre la représentation qui se cherche et la complexité mouvante de l'expérience ». C'est seulement entre 6 et 9 ans que le syncrétisme dont témoigne encore la pensée par couple régresse et que la pensée catégorielle s'instaure. E. V.

→ globalisme, pensée par couple, pointillisme, symbiose, tout.

syndrome postcommotionnel

(angl. Postconcussion Syndrome)

Syndrome neuropsychiatrique survenant à la suite d'un traumatisme crânien, marqué par l'importance de la symptomatologie subjective.

En 1916, P. Marie a individualisé ce syndrome chez les anciens blessés de guerre de la boîte crânienne. Pendant longtemps, on a parlé de *syndrome subjectif des traumatisés du crâne*, aucune lésion objectivable ne venait étayer ces troubles. Actuellement, il est préférable d'abandonner l'expression *syndrome subjectif* pour lui substituer celle de *syndrome postcommotionnel*. Il faut en effet observer le traumatisme crânien sous une double dimension : choc physique et choc psycho-affectif. En ce qui concerne le choc physique, de nombreux travaux ont mis en évidence des microlésions cérébrales, qui se traduisent parfois par une symptomatologie clinique légère (discrète asymétrie des réflexes, du tonus musculaire, etc.).

Le *traumatisme psychique*, lui, consiste en une réaction intense à la situation, vécue comme angoissante et renvoyant à une image de mort imminente.

Dans cette double acception, le *syndrome postcommotionnel* réalise, plusieurs semaines après le traumatisme, un tableau clinique assez stéréotypé.

On y retrouve, de façon quasi constante, des céphalées, des troubles de l'équilibre et des sensations vertigineuses, une fatigabilité et une intolérance aux bruits ; il existe par ailleurs des troubles de l'efficience intellectuelle, des troubles du sommeil, des troubles du caractère et de l'humeur. L'évolution du syndrome postcommotionnel n'obéit à aucune règle ; cependant, la plupart des troubles s'estompent au-delà de la première année et ne dépassent guère la deuxième année. L'évolution peut aussi se faire vers une organisation névrotique de la personnalité, faisant entrer en jeu la personnalité antérieure du sujet ainsi que les interactions qui s'établissent entre le blessé et son entourage. Si une indemnisation du dommage corporel doit se faire, elle peut donc s'envisager selon deux modalités :
— indemniser rapidement, alors que les troubles ne sont pas « consolidés », pour éviter une névrotisation ;
— ou bien attendre douze à dix-huit mois pour indemniser des troubles « consolidés », mais avec le risque de leur passage à la chronicité. M. G.

synergie

n.f. (angl. Synergia ou Synergy)

Action coordonnée de plusieurs facteurs concourant à un effet unique.

On parle par exemple de synergie neuro-musculaire pour décrire les coordinations fonctionnelles s'établissant entre différents muscles pour produire un mouvement particulier.

La notion de synergie est utilisée depuis longtemps en médecine pour rendre compte de l'action coopérative de deux agents (médicaments) telle que l'effet total est supérieur à la somme des deux effets pris séparément. Elle a été empruntée dès le XIXe siècle par les théoriciens du contrôle de mouvements. Pour C. Sherrington (1892), les synergies se réduisaient à des réflexes spinaux. Plus récemment, l'école russe (Bernstein, Gelfand) a développé de nombreux travaux sur les synergies, les définissant métaphoriquement comme un « dictionnaire de mouvements », toute nouvelle acquisition motrice se faisant à partir d'un « alphabet » d'actions élémentaires. Bernstein (1967) a mis en avant l'aspect économique de l'organisation en synergie : les mouvements plurisegmentaires impliquent l'utilisation de systèmes biomécaniques possédant de multiples degrés de liberté ; grâce à l'organisation en synergie, le contrôle du mouvement ne se fait pas individuellement sur chaque muscle, mais sur le collectif des muscles de la synergie. En contraignant les muscles à agir comme une seule unité, la synergie permet de réduire les multiples degrés de liberté de la « machine motrice ».

Des réafférences sensorielles communes sont associées aux synergies. Ainsi, les synergies réduisent la charge du contrôle nécessaire à l'action non seulement au niveau de l'effection motrice mais aussi au niveau des réafférences sensorielles rétroactives. L'ensemble des muscles impliqués dans une action est organisé en synergie avant le début de l'action.

Un certain nombre de synergies de base préexistent à tout apprentissage chez le nouveau-né et même chez le fœtus sous forme de réflexes ou de mouvements spontanés. L'ouverture de la main lors de l'extension du bras en présence d'un objet est une synergie observable dès la naissance. Les apprentissages moteurs se font à partir d'un petit nombre de synergies de base. Celles-ci sont utilisées et remodelées de façon adaptative lors de l'acquisition d'une nouvelle synergie. De nombreux travaux, entre autres les recherches consacrées à la locomotion, ont appuyé l'idée que les connexions synergistiques musculaires renvoient à des interconnexions neuronales au niveau spinal. La plupart des mouvements initiés par les structures supraspinales dépendent de ces assemblages cellulaires au niveau de la moelle épinière qui forment la base du mouvement, volontaire ou non. Les voies cortico-spinales permettent de mobiliser les synergies, de les remodeler, voire de les inhiber lorsqu'elles gênent l'organisation d'une nouvelle synergie.

La base structurale du lien entre les différents éléments d'une synergie est mise en question par des courants de recherche récents. Dans le cadre théorique actuel de l'« approche dynamique des systèmes » développé par Kelso et d'autres, les synergies, plus volontiers appelées structures de coordination, renvoient à des éléments musculaires anatomiquement indépendants qui deviennent liés fonctionnellement, mais temporairement, par un but commun et partagent donc un pool commun d'afférences et/ou d'efférences dans le cadre d'une action donnée. Cette approche emprunte à la physique contemporaine des systèmes non équilibrés la notion de système dynamique autonome. Dans cette perspective, la structure de coordination est autorégulée et les relations temporelles invariantes entre les éléments de la synergie ne résultent pas d'une prescription a priori mais sont une conséquence a posteriori de la dynamique du système.

Au-delà des différentes conceptions de la notion de synergie, l'apprentissage moteur est toujours considéré comme l'acquisition de la synergie adéquate, contraignant les groupes musculaires à agir comme une seule unité, de manière à réduire le nombre de paramètres à contrôler.

J. F., J. P. et M. B.

synesthésie

n.f. (angl. Synesthesia)

Expérience sensorielle produite dans une modalité donnée par un stimulus spécifique d'une autre modalité.

Ainsi, une couleur peut être perçue comme chaude ou moelleuse, un son comme rugueux, coloré, etc. J.-M. C.

syntagmatique

adj. (angl. Syntagmatic)

LING. **Se dit des relations et des rapports existant entre des unités qui apparaissent dans la chaîne parlée.** (Contr. paradigmatique.) R. L.

syntagme

n.m. (angl. Syntagm)

LING. **Groupe qui formule une unité, dont les éléments sont hiérarchisés entre eux et non substituables.** R. L.

syntaxe

n.f. (angl. Syntax)

Partie de la grammaire qui décrit les règles de combinaison des unités significatives (les mots, les syntagmes) en phrases.

Souvent confondue avec la grammaire elle-même, la syntaxe est traditionnellement distinguée de la morphologie, qui étudie les règles de formation des mots.

Les linguistiques structurales établissent des règles de syntaxe reposant essentiellement sur la considération des contextes verbaux et sur la nature des contraintes qui s'exercent dans la chaîne parlée. La méthode de classement des unités syntaxiques se fait à la fois syntagmatiquement (l'unité est définie par les segments qui la suivent ou la précèdent dans la chaîne parlée) et paradigmatiquement (l'unité est définie au sein des termes qui peuvent commuter en un point donné de la chaîne parlée). Si l'on s'en tient à la description d'un corpus fini, comme le font les distributionnalistes, le langage peut être analysé selon le schéma de la chaîne de Markov, c'est-à-dire d'une suite de variables aléatoires régie par une loi.

A. Chomsky va s'attacher à montrer que de tels modèles sont insuffisants pour expliquer que parler une langue c'est comprendre et produire une infinité de phrases jamais entendues auparavant. À l'idée de créativité du langage est associée celle de compétence : le locuteur aurait une connaissance intuitive des règles de sa langue, actualisée dans ses performances.

La description d'une langue doit alors consister à formuler un ensemble fini de règles formelles permettant d'engendrer toutes les phrases correctes de cette langue et seulement celles-ci. Un tel ensemble constitue une grammaire générative. Deux types de règles sont proposées : des règles syntagmatiques, qui engendrent la structure profonde de la phrase, et des règles transformationnelles, qui engendrent la structure de surface. La distinction de ces deux structures permet, notamment, de rendre compte de l'ambiguïté syntaxique des phrases du type « J'ai lu la critique de Chomsky ».

La réalité psychologique des transformations syntaxiques et celle des structures profonde et de surface ont fait l'objet de multiples travaux expérimentaux dans les années 1960-1970. Mais la confusion entre modèle formel de la langue et modèle de traitement a conduit à l'abandon d'une telle perspective. La controverse porte de nos jours non sur le primat de la syntaxe mais sur l'idée d'une analyse syntaxique s'effectuant de manière autonome dans des modules de traitement spécialisés. À l'opposé, la conception interactive soutient que les diverses informations (lexicale, syntaxique, sémantique, etc.) peuvent intervenir simultanément dans la perception ou la compréhension des phrases. M. K.

BIBLIOGRAPHIE

Chomsky, N., 1965, *Aspects de la théorie syntaxique*, trad. fr. 1971, Paris, Le Seuil.

Martinet, A., 1960, *Éléments de linguistique générale*, Paris, Colin.

Tesnière, L., 1959, *Éléments de syntaxe structurale*, Paris, Klincksieck ; 2e éd., 1965.

système nerveux central, périphérique, végétatif

(angl. Central Nervous, Peripheral Nervous, Autonomic Nervous System)

→ nerveux central (système), nerveux périphérique (système), nerveux végétatif (système).

systèmes (théorie générale des)

(angl. General Systems Theory)

Projet théorique, proposé initialement par L. von Bertalanffy pour rendre compte de l'apparition de propriétés émergentes dans un objet (= système) formé par l'intégration d'un certain nombre d'objets plus simples (= éléments). [Syn. systémique.]

L'étude des processus d'intégration explique alors que « le tout est plus que la somme des parties ». Une telle intuition a souvent été reprise, mais le gain de précision obtenu depuis lors a conduit les auteurs à se distancier nettement de Bertalanffy.

Les premiers successeurs de Bertalanffy traitaient en fait deux problèmes à la fois : celui de l'émergence de propriétés propres à chaque niveau d'intégration et celui de l'interaction entre éléments unis par une causalité circulaire. La réflexion ultérieure a conduit à leur dissociation.

Le questionnement sur l'émergence a conduit F. Jacob à créer le terme d'*intégron* pour désigner un objet matériel situé à un niveau précis de l'organisation hiérarchique du monde vivant. Chaque intégron relève d'un système causal qui lui est propre, même si bien sûr celui-ci n'est pas en rupture radicale avec les processus constituant la cause du système correspondant à un intégron de niveau inférieur. Ce concept vise à exprimer la relative autonomie des divers niveaux de détermination sans faire appel à un dualisme de principe. Il implique que le comportement d'un intégron ne peut pas être prévu à partir de la connaissance du comportement d'intégrons de niveaux inférieurs.

C'est par contre l'étude des processus d'interaction entre éléments unis par une causalité circulaire qui a conduit P. Delattre à analyser de nouveau le concept de système. Un processus causal linéaire se prête facilement à prédiction et, notamment, donne lieu à une certaine proportionnalité entre la cause et les effets ; par contre, un système causal circulaire (où *a* influence *b*, *b* influence *c* et *c* influence *a*) se prête moins à prévision et ce d'autant moins que les boucles causales se multiplient et s'enchevêtrent. Le point décisif pour la détermination du comportement résultant se situe plus dans le mode d'arrangement des éléments (structure du système) que dans la force des inputs qui entrent dans le système.

Tel que considéré par Delattre, le système est un objet formel dont le fonctionnement résultant peut être analysé à partir d'une description paramétrique portant à la fois sur la structure du système et les interactions avec le milieu. Une analyse du système doit permettre, dans le cadre d'un modèle explicatif préalablement adopté, de décrire, voire de prévoir, son fonctionnement à partir d'une description exhaustive des inputs, des éléments et de leurs interactions structurales.

Une telle description, qui trouverait son couronnement dans une nouvelle *Théorie générale des systèmes*, peut montrer des formes fonctionnelles propres au système considéré : régulation stabilisante, emballement, fluctuations... L'analyse doit permettre de retrouver au niveau des éléments et de leurs interactions les conditions qui règlent ces divers régimes de fonctionnement.

Le paradigme plus récent des réseaux d'automates considère une forme particulière de système dont les éléments sont des automates interconnectés. Dans le cadre du formalisme qui lui est propre, inspiré notamment des neurosciences, il cherche à montrer la genèse de configurations et de propriétés fonctionnelles selon une logique en définitive assez proche de celle de la théorie générale que Delattre a cherché à élaborer. J. G.

BIBLIOGRAPHIE

Bertalanffy, L. von, 1968, trad. fr., 1972, *Théorie générale des systèmes*, Paris, Dunod.

Delattre, P., 1971, *Système, structure, fonction, évolution*, Paris, Maloine-Doin.

Gervet, J., et Theraulaz, G., 1988, « Les systèmes biologiques existent-ils ? » in Gervet, J. et Tête A. (Eds.), *le Tout de la partie*, Aix-en-Provence, Presses de l'Université de Provence.

Jacob, F., 1970, *la Logique du vivant*, Paris, Gallimard.

systémique

adj. (angl. Systemic)

GÉNÉR. **Qui se réfère à la théorie générale des systèmes.**

PSYCHIATR. **Qui utilise cette théorie, pour analyser et traiter les troubles d'origine mentale.**

◇ n.f. **Théorie générale des systèmes.**

M. G.

Szasz (Thomas Stephen)

Psychiatre et psychanalyste américain d'origine hongroise (Budapest 1920).

Professeur de psychiatrie à l'université d'État à New York à partir de 1956, il fut démis de ses fonctions par le département d'hygiène mentale de cet État, qui lui reprochait de ne pas « croire » en la maladie. Son œuvre est une critique des institutions psychiatriques conduite à partir d'une conception humaniste et individualiste du sujet libre. Il montre comment, si l'on persiste à définir les difficultés existentielles en termes de maladie mentale et les interventions psychiatriques comme des traitements médicaux, on court le risque d'aboutir à une véritable tyrannie politique sous forme de thérapeutique psychiatrique. Ses principaux ouvrages sont *le Mythe de la maladie mentale* (1961, 1974), *l'Éthique de la psychanalyse* (1965), *Fabriquer la folie* (1970), *Idéologie et folie* (1970), *le Péché second* (1973), *les Rituels de la drogue* (1974), *Hérésies* (1977), *la Loi, la Liberté et la Psychiatrie* (1977). R. L.

Szondi (test de)

(angl. Szondi Test)

Test projectif élaboré par L. Szondi en 1947 et dans lequel le sujet testé doit opérer un choix dans six séries de huit photos de visage empruntées à des manuels de psychiatrie de la fin du XIXe siècle, en raison de leur pouvoir évocateur.

Ce sont des visages de personnes déviantes, des meurtriers, etc. Le sujet doit choisir dans chaque série deux photographies qu'il préfère et deux photographies qu'il considère comme antipathiques. Selon l'hypothèse de Szondi, les choix d'un sujet reflètent ses tendances personnelles et permettent de dégager ses orientations. L'hypothèse est que les photos qui ne sont pas choisies correspondent à des tendances satisfaites, celles qui sont choisies positivement à une tendance susceptible de se réaliser. Quant à celles qui sont choisies négativement, elles indiquent une pulsion refoulée ou montrent la force d'une pulsion opposée.

Le test repose donc sur une conception générique de nos choix personnels, de nos amis, de nos préoccupations, etc., choix qui sont réels mais le plus souvent inconscients. Le test de Szondi est l'objet de nombreuses critiques, surtout dans la conception psychanalytique qu'il propose (« inconscient familial », opposé à l'inconscient « collectif » et personnel), mais, parmi ceux qui négligent ces présupposés théoriques, le test de Szondi a toujours de nombreux partisans. R. L.

T

T (scores)

(angl. T-Scores)

Échelle de notes de moyenne 50 et d'écart type 10. M. R.

→ étalonnage.

t de Student-Fisher (loi)

Loi de probabilité d'une variable aléatoire.

Student est le pseudonyme du statisticien britannique W. Gossett (1876-1937). I. Fisher est un mathématicien britannique (1867-1947).

La loi *t* de Student-Fisher permet d'éprouver statistiquement l'hypothèse selon laquelle une moyenne $\overline{m}$ calculée sur un échantillon de taille N et d'écart type ($\overline{\sigma}$) ne diffère pas d'une valeur déterminée *m*. On calcule la quantité

$$|t| = \frac{|\overline{m} - m|}{\overline{\sigma} / \sqrt{N}}.$$

On consulte une table de *t* pour ν degrés de liberté (ν = N − 1). Elle fournira les valeurs de *t* devant être dépassées pour que l'hypothèse nulle soit rejetée à un seuil de signification déterminé. La même loi permet d'éprouver l'hypothèse selon laquelle deux moyennes $\overline{m}$ et $\overline{m}'$, calculées sur deux échantillons différents de tailles N et N', sont deux estimations du même paramètre. On a dans ce cas

$$|t| = \frac{|\overline{m} - \overline{m}'|}{\sqrt{\overline{\sigma}^2\,(1/N + 1/N')}}.$$

La variance $\overline{\sigma}^2$ est calculée en utilisant les écarts de chaque mesure à la moyenne du groupe auquel cette mesure appartient. On consulte ici la table de t pour N + N' − 2 degrés de liberté. M. R.

tabagisme

n.m. (angl. Nicotinism ou Tobacco Abuse)

Intoxication aiguë ou chronique due à l'usage de tabac.

Le tabac, ou *Tabacum nicotiana*, est une Solanacée haute à larges feuilles, d'origine américaine.

Historique

Le tabac fut découvert, ainsi que l'usage d'en fumer les feuilles séchées et roulées, par les premiers conquistadores en 1492. Chez les Indiens d'Amérique centrale et d'Amérique du Nord, cet usage était lié à des pratiques religieuses : aujourd'hui encore, dans certaines tribus, les chamans utilisent le tabac comme un véhicule, un moyen d'entrer en contact avec des puissances supérieures. La fumée constitue parfois un pont entre la terre et le ciel, un lien entre le monde profane et le monde sacré. En Europe, le tabac était très apprécié pour ses vertus médicinales (il était notamment utilisé en infusions). L'ambassadeur de France au Portugal, Jean Nicot, fut un grand promoteur de ces vertus, et il en envoya à Catherine de Médicis pour la soulager de ses migraines. Depuis le milieu du XVIe siècle, la plante fut acclimatée en Europe et l'usage récréatif du tabac n'a cessé de croître de cette époque jusqu'à nos jours, dans le monde entier : « C'est la passion des honnêtes gens, et qui vit sans tabac n'est pas digne de vivre » (Molière).

Au cours des siècles, les modes de consommation du tabac ont évolué : la prise nasale et la chique, autrefois très répandues, sont devenues depuis le XIXe siècle des pratiques marginales au regard du fait de fumer, d'abord des cigares puis, à partir du milieu du XIXe siècle, des cigarettes.

Les effets du tabac

Les effets du tabac sur l'organisme sont en grande partie dus à l'un de ses alcaloïdes psychoactifs, la nicotine, isolée et étudiée dès le début du XIXe siècle. À l'état pur, il s'agit d'une substance extrêmement toxique, quelques dizaines de milligrammes pouvant être mortels. (Un fumeur n'extrait guère plus de 1 mg de nicotine par cigarette.) L'action du tabac sur l'organisme se traduit par une accélération du rythme cardiaque et respiratoire, parfois (chez les fumeurs novices par exemple) de la diarrhée ou des vomissements. Sur le plan psychique se produit une certaine excitation, parfois un sentiment de sédation et de détente.

Tous ces effets sont sujets à tolérance (avec nécessité d'augmenter les doses pour un même effet) et l'usage régulier de tabac peut entraîner une forte dépendance psychologique, avec un syndrome de sevrage particulier lors de l'arrêt de la consommation.

Le tabac, fléau social

Les questions des effets du tabac ou des mécanismes de la dépendance tabagique sont très souvent reléguées au second plan derrière celles des implications économiques de la consommation ou des coûts du tabagisme en termes de santé publique. Comme le café, le tabac est une substance sans intérêt nutritif, mais qui joue un rôle important dans les échanges internationaux et dans l'économie intérieure de la plupart des pays : de la production au débit de détail, l'industrie du tabac serait en France source directe d'environ 50 000 emplois. Les recettes fiscales liées au tabac représenteraient par ailleurs 2,3 % du budget de l'État (Hirsch et coll., 1988).

Mais, en termes de santé publique, le tabagisme constitue un fléau considérable du fait de sa responsabilité dans nombre de maladies :

– les *maladies cardio-vasculaires* : hypertension, artérite, accidents vasculaires cérébraux et surtout troubles coronariens (angine de poitrine et infarctus du myocarde) sont nettement plus fréquents chez les tabagiques ; cette corrélation serait essentiellement liée à l'action de la nicotine sur les vaisseaux et la circulation ainsi qu'aux fortes quantités d'oxyde de carbone contenues dans la fumée ;

– les *maladies respiratoires* (bronchite chronique, emphysème) et surtout les cancers des voies respiratoires sont une conséquence maintenant bien connue du tabagisme chronique. Les facteurs en cause seraient essentiellement les composants des goudrons contenus dans la fumée.

Ainsi, on estimait en France en 1982 à 54 000 le nombre de morts directement ou indirectement liées au tabagisme (dont 32 000 décès par cancer et 11 000 par maladies cardio-vasculaires). La lutte contre ce fléau prend parfois des allures de croisade et nombre de pays tentent de façon de plus en plus draconienne de limiter l'usage de tabac. L'accent est mis sur les victimes innocentes du tabagisme des autres : tabagisme « passif » par inhalation de fumée ou retentissement (prématurité, hypotrophie) sur le fœtus pendant la grossesse d'une femme tabagique. Une conséquence marginale de ces croisades est une redécouverte du « tabac sans fumée », nouvelles formes de prise ou de chique, qui restent dangereuses pour l'individu (elles sont des formes possibles de dépendance à la nicotine et comportent des dangers de cancer des muqueuses).

La dépendance envers le tabac

Les aspects psychologiques de la dépendance envers le tabac sont en fait assez peu étudiés au regard de l'importance de ce phénomène. Plusieurs éléments tendent à assimiler le tabagisme à une *pharmacodépendance*, une addiction à la nicotine. Tout d'abord, il existe un véritable syndrome de sevrage lors de l'arrêt de la consommation. Irritabilité, difficultés de concentration, angoisse, somnolence, insomnies, maux de tête sont bien connus des fumeurs qui ont tenté d'arrêter. La prise de poids est aussi un élément constant de ce syndrome. Les techniques pour aider le sujet dans ce sevrage sont fort nombreuses, mais l'élément primordial est toujours la détermination du sujet lui-même à mettre fin à cette accoutumance. La dépendance envers la nicotine est aussi attestée par l'existence d'un véritable phénomène « d'autotitration » de la nicotine chez les grands fumeurs (le sujet modulant exactement son rythme ou son type de consommation pour obtenir un taux sanguin constant de nicotine : par exemple, il fumera moins s'il a reçu de la nicotine par voie intraveineuse).

Dépendance, syndrome de sevrage, recherche active du produit : tout devrait tendre à faire du tabagisme une véritable *toxicomanie*. Mais il faut noter que le tabagique, contrairement aux « vrais toxicomanes », ne vit pas que pour son produit et que les conséquences de cette habitude sur le psychisme ou les relations sociales ne sont guère dramatiques.

Le tabagisme dans la vie personnelle

Reste la question de la place du tabagisme dans l'économie psychique d'un sujet ou celle du sens de la cigarette dans la vie quotidienne d'un individu. Le tabagisme de Freud, et sa mort d'un cancer de la bouche, fait du tabagisme un objet d'interrogation fort important pour les psychanalystes. Freud, dans son œuvre scientifique, n'aborde guère ce problème.

L'entrée dans le tabagisme, souvent lors de l'adolescence, peut prendre le sens d'un défi, d'une transgression, d'une épreuve initiatique : fumer est une manière de s'affirmer, de s'identifier aux grands ou à quelques héros. Avant de devenir un geste de la vie quotidienne, une forme mineure de défense ou de communication sociale, c'est apprivoiser un objet mystérieux, interdit, et donc un moyen de braver la loi des adultes. La pression du groupe de pairs est ici fort importante, mais l'attitude des adultes l'est plus encore : ils peuvent — tabagiques eux-mêmes — induire cette conduite en tant que modèles d'identification. Mais ils peuvent aussi l'encourager indirectement, du fait même de l'interdit qu'ils énoncent à son égard. Selon par exemple D. Braunschweig et M. Fain, en interdisant par avance ce dont un enfant n'a pas spontanément envie, les adultes lui indiquent une voie de transgression, moins conflictuelle que les voies qui touchent aux tabous du sexe ou de la violence. Le tabagisme peut alors devenir création d'un « néobesoin », moyen de court-circuiter des interdits plus profonds et, ainsi, d'éluder l'angoisse de castration.

Le tabac, objet d'usage récréatif ou initiatique, est porteur de multiples et changeantes significations symboliques. Il peut être (O. Lesourne, 1984) symbole de puissance virile, la cigarette devenant le feu prométhéen apprivoisé par l'homme. Il peut représenter l'objet de toutes les pulsions orales, mais aussi représenter l'élimination, la destruction, les déchets à travers les cendres qui s'accumulent dans des cendriers trop pleins.

Abandon à un « vice », le tabagisme est aussi tentative de maîtrise, moyen d'agir lorsqu'il n'y a rien à faire (« se donner une contenance »), satisfaction intime et mise à distance des autres. Conduite autoérotique, il est aussi masochiste en ce que le sujet est dominé par le tabac, souffre de « se détruire » sans pouvoir réagir.

Peu à peu, aux « bonnes cigarettes » (Lesourne), aux cigarettes pleines de sens, excitantes ou apaisantes, succèdent de simples cigarettes-habitude, que le sujet n'a même plus conscience de fumer. Ce passage de l'usage à la dépendance se traduit en quelque sorte par la perte de sens, la « désymbolisation » de cette conduite.

Restent la dépendance, l'envie parfois d'y mettre fin dans une pure répétition d'abandon à un objet et de maîtrise répétée de cet objet. Tous les grands fumeurs savent aujourd'hui qu'ils prennent des risques. Non, comme les toxicomanes, le risque immédiat des rigueurs de la loi ou de l'overdose, mais le risque lointain, flou mais bien sûr inéluctable, d'une mort qui prend la forme du cancer : mort progressive, lente, douloureuse ; mort qu'on peut espérer vivre consciemment, dans un dernier affrontement, une dernière tentative de maîtriser l'impossible. Dans la prise de risque du tabac, nos contemporains retrouvent peut-être inconsciemment la dimension de la confrontation à l'Autre, qui en faisait la valeur religieuse chez les indigènes découverts par Christophe Colomb. M. V.

Bibliographie

Addiction Research Foundation, 1985, Toronto, Ontario.

Hirsch, A. et coll., 1988, *Lutter contre le tabagisme*, Paris, La Documentation française.

Lesourne, O., 1984, *le Grand Fumeur et sa passion*, Paris, P.U.F.

TABP (sigle de Type A Behavior Pattern)

Continuum de traits comportementaux manifestés par des patients qui sont, les uns, susceptibles d'être atteints par des accidents coronariens (type A) et, les autres, complètement exempts de ce risque (type B). R. L.

→ type A et type B ou TABP.

tâche

n.f. (angl. Task)

Situation dans laquelle une personne a un problème à résoudre ou un but à atteindre.

Il peut s'agir de tâches de laboratoire, pour lesquelles le but et les modalités sont généralement définis a priori de façon précise par la construction du matériel et la consigne, ou de tâches « de terrain ». Dans ces dernières, il est assez souvent nécessaire pour le psychologue de se livrer à une « analyse de la tâche » pour connaître ses modalités précises. Dans un cas comme dans l'autre, l'intérêt de la psychologie porte essentiellement sur la façon dont la tâche sera réalisée, c'est-à-dire dont le problème sera résolu s'il s'agit d'une situation nouvelle, ou dont le but sera atteint. J.-F. L. N.

→ consigne, situation.

tachistoscope

n.m. (angl. Tachistoscop)

Appareil permettant la présentation rapide de stimulations visuelles.

Le principe du tachistoscope est de permettre la présentation pendant une durée brève (quelques millisecondes), et contrôlée, d'un matériel visuel. Cela peut être réalisé de différentes manières. La plus simple consiste à faire défiler plus ou moins rapidement des planches portant des images derrière une fenêtre ou bien à déplacer une fenêtre devant le matériel (ouverture dans un disque tournant). Le second type de dispositif comporte un obturateur photographique commandé mécaniquement ou électromécaniquement. Un troisième type est dit « à miroirs » et consiste à éclairer avec des lampes au néon à allumage rapide un matériel qui se substitue temporairement à un champ de repos par un jeu de miroirs semi-réfléchissants. Ce dernier matériel permet les présentations les plus brèves (1 ms). Les techniques utilisant des écrans graphiques pilotés par ordinateur permettent aussi des présentations tachistoscopiques, dont la durée est limitée par la vitesse de balayage de l'écran. C. B.

tachyphémie

n.f. (angl. Tachylalia)

Extrême rapidité du débit verbal.

Elle peut s'observer dans les états d'excitation maniaque avec la fuite des idées et la logorrhée, dans certaines réactions émotionnelles très vives et dans les épisodes hyperkinétiques paradoxaux de la maladie de Parkinson. J. P.

tachypsychie

n.f. (angl. Fligth of Ideas)

Enchaînement exagérément rapide des idées, caractéristique de l'état d'excitation maniaque. J. P.

→ fuite des idées.

tact

n.m. (angl. Sense of Touch)

Domaine de la somesthésie qui est impliqué dans la perception des stimulations mécaniques d'intensité modé-

rée au niveau du revêtement cutané et muqueux.**

La perception consciente de la déformation de la peau nécessite un triple codage: spatial, temporel et d'intensité. Le codage spatial est assuré par la somatotopie du système nerveux central et périphérique, qui permet la discrimination spatiale fine des stimulus. Le codage temporel est assuré par la mise en jeu simultanée de récepteurs toniques et phasiques; les premiers renseignent sur la permanence d'un stimulus (pression sur la peau par exemple), les autres sur le début et la fin du stimulus. Le codage d'intensité est assuré par la grande variété de récepteurs présents dans la peau, les uns très sensibles (récepteurs annexés aux poils et sensibles à leur mobilisation, récepteurs situés dans les papilles dermiques au niveau des disques de Merkel) et les autres moins sensibles (terminaisons libres). Les principaux récepteurs sont les corpuscules du tact: corpuscules de Pacini, Meissner, Golgi-Muzzoni, Krause et Ruffini, et les corpuscules ou disques de Merkel. Ainsi, la représentation des caractéristiques du stimulus permet au cerveau des opérations de reconnaissance plus élaborées que la simple perception du toucher, telles que la stéréognosie (reconnaissance des objets par la seule palpation). Les voies anatomiques de la sensibilité tactile empruntent essentiellement le système lemniscal et relaient dans le thalamus pour se projeter ensuite sur le cortex cérébral pariétal. R. L.

Tarde (Gabriel de)

Sociologue français (Sarlat 1843-Paris 1904).

Magistrat (1869-1894), chef du service des statistiques criminelles au ministère de la Justice (1893-1904), professeur au Collège de France (1900), il s'est attaché à l'étude de la criminalité et des processus de transformations sociales, d'où il dégage l'importance de trois facteurs: l'invention, résultat des interactions sociales; l'imitation, processus qui assure la diffusion des inventions; l'opposition, résistance et conflits suscités par cette diffusion. Il a appliqué sa théorie de l'imitation à l'étude des criminels (*les Lois de l'imitation*, 1890) et a contribué à ruiner l'hypothèse du «criminel né» de C. Lombroso. Il est l'un des fondateurs de la psychologie sociale et de la criminologie. R. L.

TAT

→ Thematic Apperception Test.

taxie

n.f. (angl. Taxis)

ÉTHOL. **Réactions d'orientation spatiale *directe*, accomplies par les Animaux à symétrie bilatérale, par rotation autour d'un axe dorso-ventral de leur corps.**

Ces réponses peuvent s'accompagner ou non de mouvements d'approche (dans le cas des taxies «positives») ou d'éloignement (taxies «négatives») vis-à-vis de la source d'un stimulus physique ou chimique directionnel: phototaxie, géotaxie, chémotaxie, etc.

On ne distinguait pas autrefois les réactions d'orientation chez les Végétaux et chez les Animaux, que l'on regroupait sous le nom général de tropisme*.

Le concept de tropisme, introduit en psychologie animale par J. Loeb en 1889, s'inscrit dans une perspective atomistique et associationniste d'explication des comportements: les activités d'un organisme sont considérées comme la combinaison ou la coopération de réactions élémentaires à des agents physicochimiques.

En fait, les «tropismes animaux» (taxie) ne présentent pas l'automaticité ni l'invariabilité que leur suppose la théorie de Loeb; le même excitant peut entraîner des réactions différentes, nulles ou inverses selon les conditions du milieu extérieur, selon l'état de l'organisme et selon son expérience antérieure. Les taxies ne jouent un rôle important dans le déterminisme des comportements que chez les organismes à systèmes de contrôle rudimentaires. J. M. et J.-M. C.

→ orientation, tropisme.

Taylor (échelle d'anxiété manifeste de)

(angl. Taylor Manifest Anxiety Scale, ou MAS)

→ anxiété.

Tchuprow (coefficient de)

→ contingence (table de).

tectum

n.m. (angl. Tectum)

Partie dorsale du mésencéphale formée par la lame quadrijumelle (tubercules quadrijumeaux supérieurs et tubercules quadrijumeaux inférieurs).

Ce mot signifie «toit». Le tectum mésencéphalique occupe la partie dorsale du mésencéphale, située au-dessus du niveau de l'aqueduc de Sylvius. (→ cerveau; encéphale, Figure 1.) Il comprend les tubercules quadrijumeaux antérieurs (collicules supérieurs) et les tubercules quadrijumeaux postérieurs (collicules inférieurs) ainsi que la partie dorsale de la substance grise périaqueducale. Chez les Vertébrés autres que les Mammifères, le rectum mésencéphalique est occupé par des tubercules bijumeaux. G. S.

teinte

n.f. (angl. Shade)

Synonyme de tonalité chromatique. C. B.

→ tonalité chromatique.

télencéphale

n.m. (angl. Telencephalon, End-Brain)

Première des cinq vésicules cérébrales primitives du tube neural embryonnaire.

Le télencéphale provient d'une subdivision du prosencéphale. Le développement du télencéphale donne les hémisphères cérébraux dont une partie forme le cortex chez les Mammifères. G. S.

tempérament

n.m. (angl. Temperament)

Style constitutionnel de comportement manifestant une certaine constance selon les circonstances et au cours du temps.

Les origines et la nature des différences individuelles de développement social et émotionnel redeviennent un centre d'intérêt important pour les psychologues après un demi-siècle de désaffection. La nouvelle approche de l'étude du tempérament rejette les anciennes classifications fixistes qui ne prenaient en compte ni l'évolution liée à l'âge, ni le rôle de l'expérience, ni l'effet des circonstances, comme les typologies de R. Le Senne, de G. Heymans et E. Wiersma, etc. Actuellement, la référence aux modèles interactionnistes du développement suggère une autre définition des constantes individuelles. Alors que les typologies définissaient les constantes tempéramentales par leur stabilité au cours du temps et selon les circonstances, les études récentes sur l'héritabilité des comportements sociaux et affectifs admettent au contraire que les manifestations du tempérament peuvent varier avec l'âge (les variations reflètent les changements rapides de compétences) et avec les exigences formulées à l'égard de l'individu (les variations répondent à des changements dans les contraintes environnementales): il faut alors rechercher les constantes non dans l'absence de variation mais dans l'orientation de la variation; dans son temps (accélérations et décalages dans l'évolution comportementale); dans sa fréquence (la variabilité des manifestations tempéramentales peut être l'effet d'une plus ou moins grande sensibilité constitutionnelle aux influences environnementales).

Les moyens d'étude du tempérament sont de deux types. Un

premier courant de recherches utilise des échelles évaluant la fréquence et l'intensité de comportements relevés par les parents et éducateurs, sur la base de questionnaires. On s'intéresse alors particulièrement à la sociabilité, au niveau d'activité, au niveau de réactivité de l'enfant. L'enfant est-il considéré comme facile ou difficile à élever? Ce type de témoignage est également étudié avec attention comme un prédicteur éventuel de troubles ultérieurs du développement.

Un deuxième courant de recherche considère plus fiables des mesures de paramètres comportementaux dans des situations expérimentales provoquant des émotions (par exemple la falaise* visuelle). Les paramètres principaux concernent l'aspect temporel des manifestations (temps de latence, temps d'évolution, temps de récupération) et l'aspect d'intensité. Ces évaluations comportementales du tempérament s'adressent surtout aux très jeunes bébés actuellement (Goldsmith et Campos, 1982). Les méthodes les plus fréquemment utilisées sont la méthode des jumeaux (comparaison des caractéristiques tempéramentales dans le cas de patrimoine génétique identique [MZ] et différent [DZ]) et les comparaisons interculturelles. J. N.

→ caractère.

BIBLIOGRAPHIE

Goldsmith, R., et Campos, J., 1982, «Toward a Theory of Infant Temperament» in R. Emde et R. Harmon, *The Development of Attachment and Affiliative Systems*, N. Y., Plenum Press.

tempérance

n.f. (angl. Temperance)

Modération dans la consommation de boissons alcooliques, destinée à éviter les effets néfastes sur l'individu et la société.

La notion de modération est ambiguë, étant donné la variabilité de la vulnérabilité d'un individu à l'autre ou chez le même individu. Le terme de *tempérance* s'applique surtout à des groupements prônant la méfiance envers l'alcool qui autorisent la consommation à faibles doses de boissons fermentées. P. F.

temps

n.m. (angl. Time)

Période caractérisée par une succession d'événements externes et/ou internes à l'organisme.

GÉNÉR. et PSYCHOPHYSIOL. Il n'existe aucun domaine de connaissance qui ne soit, de près ou de loin, relié au temps. Il convient de distinguer le temps objectif, dont on parle, par exemple, lorsqu'on mesure la latence d'une réponse d'un individu à la suite d'une stimulation, et le temps subjectif, variable d'un individu à l'autre. C'est de ce deuxième aspect qu'il sera question ici.

L'idée selon laquelle la notion de temps trouve ses fondements mêmes dans l'activité psychologique a été largement développée de Descartes à Bergson. C'est à partir des travaux de J. Piaget (1946) sur la psychogenèse du temps, puis de ceux de P. Fraisse (1957) sur la psychologie du temps, que la psychologie scientifique s'est intéressée au temps. Le premier a fait l'hypothèse que la notion de durée résulte d'une coordination des vitesses permettant une différenciation progressive du temps par rapport à l'espace; le second a souligné l'importance de la fréquence des événements perçus dans l'évaluation du temps.

La perception du temps et la valeur qu'on lui accorde sont culturellement déterminées puisque dans certaines sociétés le répertoire linguistique pour le désigner est très pauvre. Par ailleurs, la perception d'un écoulement temporel ne semble pas spécifiquement humaine puisque l'Animal est aussi capable de percevoir une durée (le Rat est par exemple capable de n'appuyer sur un levier que toutes les minutes si c'est la condition pour recevoir une récompense).

Notre estimation du temps varie avec l'âge et avec la signification que nous donnons aux événements qui se sont produits (le rôle de la mémoire est ainsi déterminant). Notre estimation du temps a sans doute aussi une base biologique puisque la perception de la durée peut être profondément modifiée sous l'influence de certaines drogues. On note aussi, dans de nombreux syndromes psychopathologiques des désorganisations dans l'estimation du temps.

Lorsque nous devons estimer une durée, nous pouvons utiliser des repères physiques comme l'horloge ou les variations lumineuses qui marquent l'alternance du jour et de la nuit, des repères sociaux comme la succession des activités que nous produisons ou qui sont menées par les membres du groupe, enfin des repères internes comme la succession des événements mentaux ou physiologiques (fluctuations de la vigilance par exemple). Certains auteurs envisagent même l'existence de véritables *horloges internes*, dont on ignore encore les caractéristiques et la localisation neurophysiologiques et qui permettraient l'évaluation de la durée. Ce qui est désormais admis, c'est l'existence d'une interaction entre ces horloges biologiques et de nombreux synchroniseurs (les repères physiques ou sociaux) auxquels chaque individu est plus ou moins sensible. P. L.

DÉVELOP. On a consacré de nombreuses recherches à l'ontogenèse des conduites ressortissant à la perception du temps et à la notion de temps, relativement peu à l'évolution des conduites concernant les autres niveaux d'adaptation.

Temps biologique. (→ rythme biologique.) Le développement des rythmes biologiques et notamment du rythme circadien veille-sommeil constitue une adaptation aux régularités temporelles de l'environnement physique et social.

Comportements rythmiques. (→ rythme.) Dès les débuts de la vie, des microrythmes endogènes dont les fréquences sont de l'ordre de la minute ou de la seconde règlent nombre d'activités physiologiques (respiration, réponse cardiaque) et motrices (succion, mouvements rythmiques des bras et des jambes). L'organisation temporelle des comportements rythmiques du nourrisson, dont l'horloge est endogène, peut être modifiée par l'exercice. Selon certains chercheurs, un entraînement précoce de ces bases de temps internes fournirait au jeune enfant les instruments pour des réglages temporels lors de l'acquisition ultérieure d'habiletés motrices.

Comportements conditionnés au temps. (→ conditionnement.) Des comportements conditionnés au temps ont été observés dès les premières semaines de vie du bébé humain. Celui-ci est capable d'apprendre à répondre par *anticipation* à des événements ou à des changements qui se produisent à intervalles réguliers et cela pour différentes échelles de durée: plusieurs heures dans les conditionnements aux cycles des repas, quelques secondes ou dizaines de secondes dans les changements d'éclairement. Il existe également chez l'adulte des comportements conditionnés au temps, mais ceux-ci sont masqués dans des conduites complexes où interviennent processus symboliques et cognitifs.

PERCEPTION DE L'INFORMATION TEMPORELLE

Deux groupes d'études développementales très distinctes ont été menées dans ce domaine: avec des nourrissons, d'une part, et avec des enfants à partir de 6 ans d'autre part. Chez le nourrisson, on a mis en évidence une sensibilité très précoce aux paramètres temporels des stimulus. Avec des méthodes d'habituation (→ habituation), on a montré que, âgés de quelques mois seulement, les bébés étaient capables de distinguer des sons de parole dont les durées diffèrent de quelques centaines de millisecondes. On a également prouvé qu'ils sont aptes à discriminer des structures auditives sur la base de changements de rythme et des stimulus visuels sur la base de variations de fréquence.

Au moyen de méthodes psychophysiques (comparaison, production et reproduction de durées), on a montré que, jusqu'à 8 ans, les jugements de durée supérieure à 2 ou 3 secondes étaient très imprécis. Dès 6 ans, pourtant, les enfants sont capables de reproduire très exactement des durées de 1 seconde. P. Fraisse (1957) considère qu'il y a deux processus différents : un processus de *perception* et, au-delà de la limite du « présent psychologique » (2 ou 3 s), un processus d'*estimation* de la durée. Ce dernier relèverait du niveau d'adaptation, qu'il qualifie de « maîtrise du temps » (cf. notion de temps ci-dessous).

Notion de temps

Dans ce domaine, le problème qui a reçu le plus d'attention est celui du raisonnement temporel. Selon Piaget (1946), le développement de la capacité à faire des inférences sur la durée est un élément clef de la construction de la notion de temps. Il en a décrit les étapes au moyen d'une situation d'étude type où deux mobiles effectuent des trajets sur des chemins parallèles. Plusieurs paramètres varient : la distance parcourue, la vitesse des mobiles, la simultanéité et/ou le décalage des départs et des arrivées. L'enfant a pour tâche de comparer les durées des trajets. Au stade préopératoire, il commet des erreurs parce que ses jugements sont basés sur les seuls indices perceptifs présents (par exemple sur la simultanéité des arrivées mais non sur le décalage des départs). De plus, il ne tient compte que d'un seul paramètre (de la distance par exemple, mais oublie la vitesse). Le jeune enfant est cependant capable de faire des jugements corrects avant la période opératoire : lorsqu'on rend les informations perceptives moins saillantes (avec un cache sur les points d'arrivée) ; dans le contexte de situations non cinématiques (de « temps immobile »), où il doit seulement coordonner les informations sur la succession et la durée (comparaison de la durée du sommeil de deux poupées). Fraisse souligne qu'il existe une relation constante dans les jugements temporels du jeune enfant, à savoir plus de... = plus de temps. Cette relation s'applique à de nombreuses dimensions de l'expérience : plus de distance parcourue (quelle que soit la vitesse), plus de diapositives projetées (quelle que soit la fréquence de projection), plus d'objets transportés, plus de difficulté à accomplir la tâche...

Les études rapportées ci-dessus concernent l'aspect qualitatif du temps. Certains auteurs ont, quant à eux, étudié quand l'enfant considère le temps comme une dimension quantitative et acquiert peu à peu, entre 5 et 10 ans, les stratégies de mesure du temps.

Simultanéité, succession, ordre temporel

L'aptitude à se représenter les relations de succession et de simultanéité entre deux événements a été principalement étudiée dans le contexte de la compréhension et de la production par l'enfant, dès l'âge de 3 ans, de termes exprimant ces relations : priorité (avec le terme *avant* ; postériorité (avec le terme *après*) ; simultanéité (avec l'expression *en même temps*). La représentation de séquences d'événements émerge chez l'enfant au début de la deuxième année : d'abord la représentation de séquences constituées de ses propres actions, puis celle d'événements familiers (comme le bain), qu'il est capable d'imiter vers 2 ans et de décrire vers 3 ans. Ensuite, il devient apte à reconstruire des séries d'images, de phrases, d'histoires.

La différenciation du *passé-présent-futur* résulterait, selon certains auteurs, de la mémoire sensori-motrice et de l'intentionnalité. « L'avenir désiré organise le présent. » On a montré, avec une approche psycholinguistique (comme pour les relations de simultanéité et de succession, cf. ci-dessus), que les enfants, dès l'âge de 3 ans, étaient capables de comprendre et d'exprimer des verbes aux temps passé et futur, d'utiliser correctement les termes *demain* et *hier*, ce dernier exprimant tout ce qui est passé.

Un autre aspect de la maîtrise du temps concerne la mémoire et la reconstruction des événements passés, qu'ils soient personnels, sociaux ou historiques. Cela ne devient possible qu'avec le développement, entre 4 ans et le début de l'adolescence, des représentations relatives au *temps conventionnel* (Conventional Time, W. Friedman, 1982), c'est-à-dire les jours, les mois, les saisons et les années.

D'après Fraisse, les deux perspectives temporelles — reconstruction du passé et anticipation de l'avenir — ne se développent pas dans les mêmes conditions. « Le passé, c'est l'organisation sérielle des souvenirs grâce au calendrier et aux repères sociaux. Il n'y a avenir (horizon temporel) que lorsque l'être humain est capable, par le jeu des expériences symboliques, de le créer par rapport à sa propre histoire » (Fraisse, 1957). On a souligné la multiplicité des facteurs qui déterminent l'horizon temporel de chacun : l'âge, l'éducation reçue, la situation sociale, la personnalité. V. P.

→ horloge biologique, rythme, temps de réaction.

Bibliographie

Crépault, J., 1989, *Temps et raisonnement : développement cognitif de l'enfant à l'adulte*, Lille, Presses universitaires de Lille.

Fraisse, P., 1957, *Psychologie du temps*, Paris, P.U.F.

Friedman, W. J., 1982, *The Developmental Psychology of Time*, New York, Academic Press.

Piaget, J., 1946, *le Développement de la notion de temps chez l'enfant*, Paris, P.U.F.

temps de –

(angl. – Time)

Temps qui s'écoule entre la présentation d'un stimulus et une réaction qui rend manifeste la fin d'un traitement.

« Temps de – » est ici un schéma, qui vaut pour « temps de réaction », « temps de réponse », « temps de décision », « temps d'identification », « temps de reconnaissance », « temps de catégorisation », etc. Dans ces expressions, « temps de – » est à peu près équivalent de « latence », bien que quelques auteurs utilisent l'un des mots comme descriptif et l'autre comme interprétatif. La définition donnée ne s'applique pas à quelques expressions, comme « temps de lecture », « temps d'exploration », etc., dans lesquelles « temps » désigne la durée totale de l'activité. Il revient à l'utilisateur de distinguer ces deux emplois mais le premier est dominant.

Le prototype de ces « temps de – » est le temps de réaction simple. On y utilise un stimulus unique, auquel le sujet répond, en général, en appuyant sur un bouton ou une presselle. Cette situation a été très longtemps interprétée dans le cadre du schéma S-R. Mais aujourd'hui on considère que le traitement sous-jacent est moins simple qu'il n'y paraît : il inclut notamment une discrimination temporelle entre les instants où le stimulus est présent et ceux où il est absent.

Les réponses anticipées en sont une manifestation caractéristique : ce sont celles qui, au laboratoire, se produisent souvent chez des sujets ordinaires avant l'apparition du stimulus, c'est-à-dire dans une situation répétitive, dans l'intervalle entre deux stimulus. Elles constituent un fait d'observation courant, même si leur fréquence est faible ; elles obligent, pour des utilisations des temps de réaction à des fins de mesures un peu précises, à choisir des sujets entraînés.

Ces réponses anticipées — dont les « faux départs » qui surviennent dans les courses sont une autre illustration concrète — s'expliquent bien si l'on considère que le sujet active de façon anticipatrice les systèmes de perception et de réponse impliqués dans la tâche et en même temps inhibe sa réponse pendant la période où le stimulus n'est pas présent. Mais l'activation anticipatrice croît avec l'approche attendue du stimulus. Dans ces conditions, un sujet (ou un sportif) qui inhibe sa réponse « à la limite », afin de pouvoir obtenir un temps de réaction court lors de l'apparition du stimulus, peut être amené par n'importe quelle stimulation parasite, externe ou interne, à répondre involontairement de façon anticipée. En d'autres termes, la situation de temps de réaction simple recouvre déjà une forme de « conflit rapidité-précision ». Les réponses anticipées sont diminuées si l'on introduit de la variabilité dans les intervalles préparatoires qui précèdent le stimulus ; ces intervalles sont soumis, au laboratoire, à des règles de distribution probabilistes.

Au-delà des temps de réaction classiques, qu'ils soient simples, discriminatifs ou de choix (voire à réaction), on mesure aussi ce que l'on appelle alors plus volontiers des « temps de réponse », qui correspondent à des tâches moyennement complexes. Une activité cognitive est demandée par consigne au sujet. Elle est généralement telle que le sujet puisse répondre par «oui» ou par «non», le plus souvent par pression sur l'un des deux boutons. On utilise parfois aussi des réponses verbales, enregistrées au moyen d'une clé vocale; mais cette technique est peu fiable.

Dans ces tâches, la difficulté intrinsèque pour le sujet est généralement, par décision de l'expérimentateur, très faible, en sorte que la proportion des erreurs est extrêmement basse (inférieure à 5% et souvent pratiquement nulle). Les temps de réponse sont alors le seul paramètre expérimental pertinent. Ils sont ordinairement exprimés en millisecondes et peuvent s'étaler d'environ 100 millisecondes (le minimum incompressible d'un temps de réaction simple) à environ 2 000 millisecondes; au-delà de cette valeur, on sort de la situation standard.

L'accumulation des expériences qui ont utilisé ce paramètre a bien montré qu'il possède, dans l'ensemble, des qualités élevées de fidélité, de sensibilité et de validité qui permettent de le considérer comme un très bon indicateur comportemental des activités internes.

En psychologie cognitive, les temps de réponse sont, dès lors, considérés comme une manifestation objective du temps de traitement de l'information et on a amplement vérifié qu'ils varient de façon fine avec le contenu de la tâche cognitive.

Il est vrai que les variabilités des temps de réponse, tant intra-individuelles qu'interindividuelles, sont souvent assez élevées. En particulier, comme les effets parasites produisent toujours un allongement massif du temps de réponse, si l'on n'est pas expérimentalement très soigneux, on risque de recueillir beaucoup de temps qui sont «anormalement» longs. «Anormal» signifie ici: que l'on peut éviter avec une bonne sophistication expérimentale. Dans de bonnes conditions et avec un traitement statistique correct, on extrait souvent des effets significatifs. Des différences sur les moyennes de quelques dizaines de millisecondes (et même, à la limite, d'une dizaine) peuvent ainsi être significatives et révélatrices d'un effet expérimental.

Parmi les tâches cognitives, dans lesquelles on peut utiliser fructueusement les temps de réponse, figurent:

1. la reconnaissance et le sondage: par exemple, on fait apprendre à un sujet une courte liste de chiffres, puis on lui présente un nouveau chiffre; le sujet doit dire s'il le reconnaît comme appartenant ou non à la liste présentée antérieurement;
2. l'identification perceptive, c'est-à-dire l'appartenance d'un stimulus à une catégorie perceptive; par exemple, en présence d'un stimulus, réel ou imagé: «ceci est un oiseau», «ceci est une maison»;
3. diverses sortes spécifiques de décision, notamment la décision lexicale: on présente à un sujet une suite de lettres et il doit décider si elle correspond ou non à un mot de sa langue;
4. la catégorisation: on présente deux mots au sujet et il doit dire si le premier désigne une sous-catégorie du second (par exemple: «un marteau est un outil»; «un iris est une fleur»);
5. la compréhension: on présente au sujet une phrase ou un court texte, puis un mot, et le sujet doit décider si le mot est sémantiquement compatible avec la phrase ou le texte;
6. la comparaison d'information figurative et linguistique: on présente au sujet de façon simultanée une phrase et un dessin qui peut l'illustrer (par exemple la phrase «l'astérisque est au-dessus du point» en même temps qu'un astérisque réel, situé au-dessus ou au-dessous d'un point);
7. la manipulation d'images mentales: on présente au sujet un dessin d'un objet dans l'espace, puis un autre dessin du même objet tel qu'il apparaît si on l'a fait tourner d'un certain angle: le sujet doit décider si les deux dessins représentent le même objet;
8. les déplacements mentaux: le sujet doit se représenter à lui-même se déplaçant d'un certain point sur une île fictive à un autre point sur cette île et signaler son arrivée.

Dans ce qui précède, on a illustré les situations au moyen d'exemples positifs, pour lesquels le sujet doit répondre «oui». Dans toutes ces expériences, ces exemples sont naturellement mélangés avec d'autres, construits pour que la réponse correcte à donner soit «non».

Toutes ces situations de mesure de temps de réponse sont aujourd'hui utilisées, en psychologie cognitive, pour mettre à l'épreuve des modèles cognitifs.

Pendant une longue période, on a expérimenté surtout à partir de modèles sériels. Une commodité logique extrêmement grande et tentante de ces modèles était qu'ils permettaient de faire des hypothèses générales telles que les suivantes:

1. si deux traitements sont supposés être semblables en tous points — c'est-à-dire, ici, constitués par la même séquence de phases élémentaires – à l'exclusion d'un seul, à savoir que le second comporte une phase de plus que le premier, alors on prédira que les temps de traitement interne correspondant au second traitement seront plus longs que ceux correspondant au premier; par conséquent, les temps de réponse observés dans les deux situations devraient manifester la même différence;
2. si deux traitements sont supposés, comme précédemment, comprendre la même série de phases, mais si l'un d'eux est supposé comporter un allongement de l'une des phases, alors ce traitement devrait donner lieu à des temps de traitement interne plus longs que l'autre; les temps de réponse correspondants devraient alors aussi être plus longs.

Par exemple, dans une situation comme celle décrite plus haut en 6 — comparer des phrases telles que «l'astérisque est au-dessus du point» avec les dessins correspondants — H. H. Clark et W. G. Chase (1972) ont supposé que le traitement cognitif interne terminé par la réponse comportait 4 phases principales:

1. la compréhension de la phrase et sa représentation;
2. la perception du stimulus-dessin et la représentation de celui-ci dans un format compatible avec la représentation issue de la phrase (format propositionnel);
3. la comparaison des deux représentations, l'une du dessin, l'autre de la phrase, avec comme résultat un appariement ou un non-appariement (conclusion «vrai» ou «faux»);
4. l'affectuation de la réponse motrice.

Plusieurs facteurs expérimentaux, par exemple la négation ou l'ordre des mots, ont été étudiés dans cette situation à partir d'hypothèses supplémentaires qui supposaient leur action sur l'une des phases.

Un autre facteur intéressant était le caractère «marqué» ou «non marqué» de la préposition. Par exemple, les auteurs ont pu montrer que, le dessin étant inchangé, des phrases telles que «l'astérisque est au-dessus du point» sont traitées plus rapidement que des phrases strictement synonymes comme «le point est au-dessous de l'astérisque». Ce résultat était prédit à partir de l'hypothèse du «marquage sémantique», c'est-à-dire, ici, de l'existence d'une dissymétrie cognitive entre les significations des prépositions «au-dessus de» et «au-dessous de». Ce facteur était supposé agir sur la phase 1. Cet effet est extrêmement faible, mais significatif, et sa mise en évidence témoigne bien de la finesse analytique de la technique des temps de réponse.

Les modèles cognitifs actuels ne reposent pas toujours aussi volontiers sur l'idée de traitement sériel. Cette idée demeure certes, dans certains cas, parfaitement inévitable, puisque certains traitements ne peuvent opérer qu'en succession: ainsi, dans la compréhension du langage, bon nombre de traitements sémantiques ne peuvent que suivre les traitements perceptifs qui leur fournissent des entrées. Mais d'autres peuvent opérer de façon simultanée, parallèle.

Le renoncement, à propos d'une tâche particulière, aux modèles sériels n'annule pas l'utilité des temps de réponse. On peut aussi utiliser ceux-ci pour mettre à l'épreuve des modèles qui ne sont pas sériels. On se contentera de mentionner ici deux situations, celle de sondage et celle d'amorçage, ainsi que leurs modèles respectifs. Les temps de réponse y sont interprétés comme des indicateurs de temps de traitement internes qui renvoient à autre chose que de simples phases des processus: dans le premier cas, au niveau d'activation d'une représentation, dans l'autre à une diffusion de l'activation.

J.-F. L. N.

→ activation, chronométrique (méthode), diffusion, latence, temps de réaction.

BIBLIOGRAPHIE

Clark, H. H., et Chase, W. G., 1972, «On the Process of Comparing Sentences against Pictures» in *Cognitive Psychology, 3,* 472-517.

Clark, H. H., et Clark, E. V., 1977, *Psychology and Language. An Introduction to Psycholinguistics*, New York, Harcourt.

Eysenck, M. W., 1984, *A Handbook of Cognitive Psychology*, Londres, Erlbaum.

Reuchlin, M., 1990, *Psychologie*, 8e éd., Paris, P.U.F.

temps de réaction

(angl. Reaction Time)

Durée qui s'écoule entre le début de la présentation d'une stimulation et le début de la réponse.

La réponse sollicitée peut être manuelle, oculomotrice ou verbale. Le temps de réaction est schématiquement décomposable en trois parties : perception du signal, traitement du signal, élaboration et déclenchement de la réponse. On distingue le temps de réaction simple du temps de réaction de choix, où selon le stimulus présenté le sujet doit répondre de manière différente. Les temps de réaction simple correspondent à une tâche de détection de la présence d'une stimulation. Une seule réponse est demandée. Dans les expériences de temps de réaction de choix, la réponse est à choisir parmi plusieurs possibles (par exemple, l'apparition d'une lumière rouge demande une réponse de la main droite et l'apparition d'une lumière verte demande une réponse de la main gauche). Dans ce dernier cas, le temps de réaction augmente avec le nombre d'éventualités, la compatibilité entre le stimulus et la réponse demandée. On se limite généralement à deux éventualités. Parmi les méthodes de temps de réaction de choix, on distingue les expériences d'identification, dans lesquelles chaque réponse correspond à un stimulus, des expériences de type identique-différent ou de recherche visuelle.

Dans la problématique du traitement de l'information, la mesure des temps de réaction est utilisée pour inférer la nature et la complexité des niveaux de traitement. Cette démarche impose le recours à des modèles permettant de dissocier le rôle de différents processus dans l'élaboration des réponses. Dans ce cadre, l'analyse des temps de réaction est indissociable de l'analyse des fréquences des bonnes et des mauvaises réponses. Les sujets peuvent, en effet, mettre en œuvre différentes stratégies visant à privilégier soit la précision de leurs réponses, soit leur rapidité.

C. B., J. P. et M. B.

→ temps de.

BIBLIOGRAPHIE

Luce, R. D., 1986, *Response Times*, New York, Oxford University Press.

tendance centrale

(angl. Central Tendency)

STAT. **Synonyme de valeur centrale.**

M. R.

→ centrale (valeur).

tendance générale

(angl. Trend)

STAT. **Mouvement de longue durée, continu et lent, à la hausse ou à la baisse, qui représente l'évolution fondamentale d'un phénomène, mesuré grâce à l'analyse de la variance.**

Sous sa forme classique, l'analyse de la variance permet seulement de savoir si les moyennes de plusieurs groupes de mesures effectuées sur la variable dépendante pour des valeurs ou modalités différentes de la variable indépendante sont significativement différentes ou non. Si la variable indépendante est une échelle d'intervalles, on a souvent besoin de savoir en outre si les valeurs prises par les moyennes observées sur la variable dépendante pour des groupes successifs peuvent être considérées comme une fonction de la variable indépendante, fonction linéaire dans le cas le plus simple et le plus fréquent (exemple, la taille moyenne de groupes d'enfants de 4 ans, 5 ans, 6 ans, 7 ans est-elle une fonction linéaire de l'âge?). S'il s'agissait de valeurs individuelles, il suffirait de savoir si la ligne de régression de Y (la taille) en X (l'âge) peut être considérée comme une droite (il existe des épreuves statistiques permettant de savoir si l'hypothèse nulle selon laquelle cette ligne n'est pas différente d'une droite doit être rejetée à un seuil donné) et quelle est la pente de cette droite. En analyse de la variance, on éprouvera la signification d'une source de variation constituée par les écarts des moyennes de Y à une droite et la signification d'une autre source de variation constituée par la pente de cette droite. On dit que cette analyse porte sur la *tendance linéaire* (angl. Linear Trend) des valeurs moyennes de Y pour des valeurs successives de X. On remarquera qu'il est possible que se manifeste ainsi une tendance significative entre des moyennes qui, si l'on négligeait leur relation à X, pourraient apparaître comme non significativement différentes (exemple, moyennes des tailles d'enfants mesurés chaque semaine ; les différences entre moyennes seront très faibles, probablement non significatives, alors que la tendance confirmera, par sa présence significative, que les enfants grandissent...). Cet exemple montre combien il est important de tenir compte de la tendance dans l'interprétation d'une analyse de la variance sur des groupes au moins ordonnés par X, ne serait-ce que par une simple inspection des valeurs prises par les moyennes successives de Y. On peut également éprouver la présence de tendances non linéaires (quadratiques, cubiques, etc.).

M. R.

tension

n.f. (angl. Drive)

1. État de contraction musculaire généralisée. 2. État de motivation de l'organisme.

Le sens 2 est sans rapport direct avec le sens 1 et désigne seulement une variable de motivation. Le mot n'est plus guère utilisé que dans l'expression *réduction de tension.*

J.-F. L. N.

→ motivation, réduction de tension 1 et 2.

tension (réduction de)

(angl. Tension Release ou Drive Reduction)

→ réduction de tension 1 et 2.

Terman (Lewis Madison)

Psychologue américain (Johnson County 1877-Stanford 1956).

Professeur à l'université Stanford et auteur d'une adaptation américaine de l'échelle de Binet et Simon (*Stanford Revision* ou *Stanford-Binet Intelligence Scale*) publiée en 1916. Cette adaptation a fait l'objet de révisions dont la plus connue a été publiée en 1937 par L. M. Terman et M. A. Merrill. L'échelle de Terman-Merrill, applicable de l'âge de 2 ans à l'âge adulte, comporte deux formes (L et M). De nouvelles révisions, dues à Merrill, ont été publiées en 1960 et 1972. Les résultats de ces échelles se formulent en quotients d'intelligence. Terman a organisé d'autre part à partir de 1921 une enquête longitudinale portant sur 1 800 enfants dont le Q.I. était supérieur à 140. Continuée par M. H. Oden, cette enquête a donné lieu à la publication de cinq volumes séparés par des intervalles de sept ans sous le titre général *Genetic Studies of Genius.* L'enquête permet notamment de constater la supériorité durable des enfants à Q.I. très élevé et leur bonne adaptation familiale et sociale.

M. R.

→ article suivant.

Terman-Merrill (échelle ou test de)

(angl. Terman-Merrill Test)

Échelle de développement intellectuel, une des plus employées de nos jours.

L'échelle de Terman-Merrill est issue d'une amélioration du test de Binet-Simon. La révision utilisée (New Stanford Revision) a été publiée en 1937. Applicable de 2 ans à l'âge adulte, elle est constituée par 122 items hétérogènes consistant en des tâches tant verbales que non verbales. Il en existe deux formes parallèles, L et M, ce qui rend possibles des applications successives sans que se manifeste un effet d'apprentissage. Terman et Merrill ont retenu un item comme caractéristique d'un âge donné lorsque 75% des enfants de ce niveau d'âge peuvent le résoudre, alors que 25% y échouent ; les enfants d'un âge supérieur le réussissent donc facilement, alors qu'il ne peut l'être par les enfants d'un âge inférieur. Le principe de notation est le suivant : lorsqu'un enfant réussit, par exemple, toutes les tâches de 8 ans, son intelligence correspond à celle d'un enfant normal de huit ans. Lorsqu'il réussit, en plus, certaines épreuves de 9 ans, et peut-être même de 10 ans, on lui attribue un nombre correspondant de mois en plus. C'est ainsi que l'on détermine son âge mental (A. M.). Lorsqu'on compare l'âge mental de l'enfant avec son âge réel (A. R.), on peut voir si cet enfant est en avance ou en retard pour son âge. Le rapport A. M./A. R. est multiplié par 100. C'est le Q.I., ou quotient intellectuel. Un enfant d'âge réel de 8 ans et d'âge mental de 10 ans a un Q.I. de 125 points. Un Q.I. obtenu d'après ce principe est appelé *Q.I. de développement* par opposition au *Q.I. de disper-*

sion, ou *de déviation*, que l'on calcule dans des tests comme l'échelle de Wechsler-Bellevue. On a constaté qu'au-delà de 15 ans il n'y a pas de progrès normal de l'intelligence et qu'il y a même un certain déclin après 25 ans. Pour tenter d'y remédier, on calcule le Q.I. des adultes d'après l'échelle de Terman-Merrill en prenant 15 comme dénominateur maximal. Cependant, l'échelle de Terman-Merrill a été conçue de façon à pouvoir remplacer le Q.I. par une échelle en écarts réduits, de moyenne 100 et d'écart type 17, pour tous les niveaux d'âge. R. L.

→ quotient d'intelligence ou Q.I., Wechsler (échelles d'intelligence de).

terme (mémoire à long, à court)

(angl. Long-Term Memory, Short-Term Memory)

Durée de conservation des traces dans la mémoire.

On distingue classiquement deux types de mémoire en fonction de la durée pendant laquelle ils sont capables de conserver des traces : la mémoire à long terme et la mémoire à court terme, généralement limitée à quelques secondes. Certains auteurs ont aussi tenté d'introduire l'idée d'une « mémoire à moyen terme ».

La notion de mémoire de travail est fondée sur une distinction supplémentaire : celle d'un dispositif dans lequel s'effectuent des traitements. J.-F. L. N.

→ mémoire, travail (mémoire de).

terminaison nerveuse

(angl. Nerve Ending)

Extrémité d'une fibre nerveuse constituant la partie distale d'un axone.

Dans la peau, la terminaison peut être nue, elle est alors dénommée *terminaison nerveuse libre* (angl. Free Nerve Ending), ou recouverte d'une structure annexe (capsule par exemple). Toutes les terminaisons nerveuses cutanées représentent des récepteurs sensoriels et, à ce titre, elles sont le point de départ de messages nerveux. G. S.

terreurs nocturnes

(angl. Night Terrors, Pavor Nocturnus)

Trouble du sommeil qui survient le plus souvent durant le premier cycle de sommeil (en sommeil lent profond) et qui est caractérisé par une angoisse accompagnée de cris, de pleurs et de gesticulations.

L'enfant est assis dans son lit, se débat contre des visions hallucinatoires. Il n'est pas accessible au contact verbal et semble vivre avec une totale adhésion l'épisode terrifiant. Comme dans la confusion mentale, il inclut les objets et les personnes présents autour de lui dans son onirisme. On constate simultanément des phénomènes physiologiques d'angoisse associant pouls rapide, respiration haletante et sueurs. La durée de ces terreurs est habituellement de quelques minutes, après lesquelles l'enfant s'endort. Le lendemain, il existe une amnésie complète de l'épisode, qui peut être isolé ou se répéter pendant une période plus ou moins prolongée. Parfois, on peut retrouver des circonstances déclenchantes. Les terreurs nocturnes peuvent être associées à d'autres troubles perturbant le sommeil comme l'énurésie, la somniloquie (ou parler nocturne) et le somnambulisme. Il ne faut pas les confondre avec les rêves d'angoisse, qui ne comportent pas de confusion mentale et qui surviennent pendant les phases de sommeil paradoxal (cauchemars). La fréquence de ces troubles est évaluée entre 1 et 5% des enfants (âgés habituellement de 18 mois à 6 ans), ce que certains auteurs expliquent par l'intense activité physique liée aux conflits intenses de la maturation intellectuelle et affective. La signification de ces troubles varie selon les auteurs. Certains psychanalystes relient ces terreurs à la sexualité infantile, activée au moment de la période œdipienne. Des événements traumatiques pourraient déclencher des terreurs, comme la naissance d'un puîné, une intervention chirurgicale, une séparation du milieu familial ou un deuil. La persistance de ces troubles du sommeil durant la période de latence (7 à 11 ans) ou leur réapparition à l'adolescence pourraient signifier la constitution d'une pathologie de la personnalité (névrose, psychose). Dans tous les cas, il ne s'agit pas de faire disparaître ces troubles sans évaluer le contexte de leur survenue, la personnalité de l'enfant et son développement. Les mesures préventives passent par une hygiène du sommeil (ne pas laisser les enfants dormir dans la chambre des parents après le 6e mois, respecter les horaires de coucher, le calme, aider l'enfant à s'endormir par une présence rassurante et calme, au besoin en racontant une histoire). Parfois, la psychothérapie est indispensable, quand le trouble est associé à des perturbations de la personnalité. La chimiothérapie doit rester prudente devant les risques d'induire une toxicomanie ultérieure. On doit utiliser des anxiolytiques de préférence aux hypnotiques et des antidépresseurs chez l'adolescent. J.-M. C.

territoire

n.m. (angl. Territory)

ÉTHOL. **Surface délimitée dans le domaine vital d'un individu dont il défend l'accès à ses congénères.**

La délimitation du territoire par l'occupant est assurée par des marquages variés (olfactif, acoustique, etc.) et la défense par des activités agonistiques plus ou moins ritualisées. Les groupes sociaux (Primates par exemple) peuvent également délimiter et défendre collectivement un territoire de groupe. (→ Figure 1.) R. C.

→ domaine vital, écoéthologie, écologie comportementale.

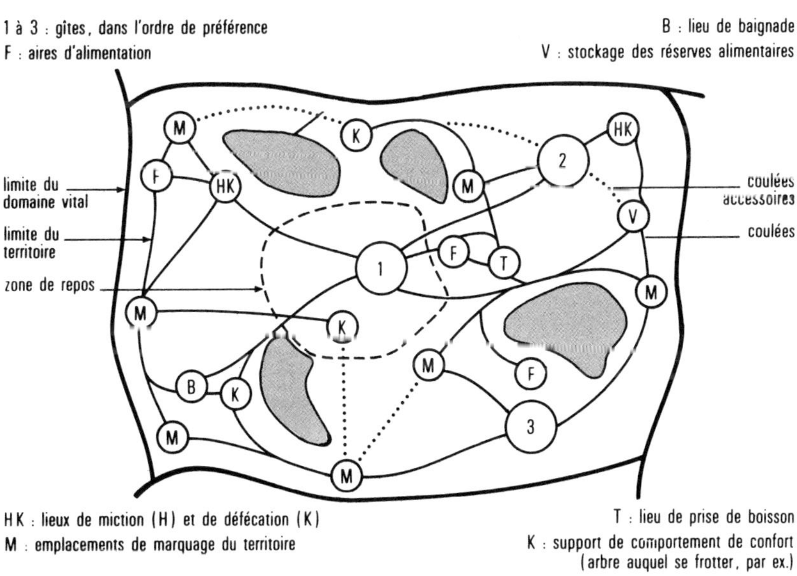

Figure 1. Territoire. À la différence du domaine vital sur lequel peuvent se trouver plusieurs congénères, le territoire est l'objet d'une défense active ainsi que de marquages fréquents (phéromones contenues dans les urines, par exemple, ou avertissements sonores, comme le chant chez certains Oiseaux). Cette figure représente le territoire d'un Mammifère (ici un Blaireau). Les zones en gris représentent les réserves de chasse. (D'après Hedeger, 1949).

test

n.m. (angl. Test)

Épreuve, utilisée notamment en psychologie différentielle, qui permet de décrire le comportement d'un sujet dans une situation définie avec précision (« consignes » du test) par référence au comportement d'un groupe défini de sujets placés dans la même situation.

Cette description se fait le plus souvent sous une forme numérique. Elle est souvent interprétée comme une indication relative à une caractéristique individuelle (intelligence, aptitude, trait de personnalité, etc.) inégalement développée chez des individus différents. Le mot paraît avoir été employé dans ce sens pour la première fois en 1890 par deux pionniers de la psychologie différentielle, F. Galton et J. McKeen Cattell, mais des épreuves de ce type étaient déjà utilisées, notamment par Galton, depuis une dizaine d'années. La technologie des tests, qui s'est considérablement développée, constitue l'objet de la psychométrie*. Un test est construit à partir d'une hypothèse plus ou moins explicite sur la caractéristique individuelle que l'on cherche à définir opérationnellement et à évaluer. On vérifie la cohérence des épreuves élémentaires (items) constituant le test et le degré de stabilité des résultats au cours d'examens répétés (*fidélité du test*). On vérifie aussi l'interprétation des résultats qui en est proposée (*validité du test* ou, plus exactement, de son interprétation). *L'étalonnage du test* permet de savoir où se situe, sous l'angle de cette épreuve, un sujet ayant obtenu un certain résultat par rapport aux sujets de la population sur laquelle l'étalonnage a été établi. Il existe un grand nombre de tests, pouvant être classés en deux grandes catégories. L'une concerne les caractéristiques individuelles impliquées dans le recueil et le traitement de l'information venue du milieu (intelligence, aptitudes, connaissances, etc.). L'autre concerne les caractéristiques impliquées dans l'orientation et le contrôle des conduites (personnalité, tempérament, intérêts, etc.). M. R.

→ différentielle (psychologie).

BIBLIOGRAPHIE

Cronbach, L. J., et Drenth, J. D., 1972, *Mental Tests and Cultural Adaptation*, Paris, La Haye, Mouton.

Genain, L., et Lerond, M., 1988, *les Tests psychologiques d'aptitude et de personnalité*, Paris, De Vecchi.

Gobet, J., 1988, *les Tests démystifiés, manuel pratique pour comprendre, analyser, utiliser les tests*, Paris, Aubier.

Kline, P., 1990, *Intelligence. The Psychometric View*, Londres, Routledge.

Sellier, J. L., 1988, *les Tests : les comprendre et y répondre*, Paris, Retz.

test de signification

(angl. Test of Significance)

→ signification (test ou épreuve de), hypothèse nulle.

tête

n.f. (angl. Head)

LOG. **Première partie d'une règle.**

Une règle est généralement de la forme « si *p*, alors *q* ». La tête de la règle est, dans ce cas, la proposition initiale *p*, posée comme vraie. Dans un langage comme PROLOG, où les règles ont la forme « *q* si *p* », la tête de la règle est *q*. J.-F. L. N.

→ queue.

tétrachorique (corrélation)

(angl. Tetrachoric Correlation)

Corrélation calculée sur deux échelles d'intervalles dichotomisées. M. R.

→ corrélation.

texte

n.m. (angl. Text)

LING. **Simple mot ou suite d'énoncés de taille variable produit par un seul énonciateur ou par plusieurs engagés dans un échange (conversation).** [→ discours.]

Par *texte*, on désigne très souvent un discours écrit émis par un seul locuteur.

En linguistique, on oppose le texte et le discours ainsi que l'énoncé à la phrase. La phrase étant l'ultime niveau de structuration du langage, les règles de la syntaxe s'arrêtent avec elle. C'est une entité théorique, construite par la syntaxe pour définir les lois gouvernant la position des catégories grammaticales. Le texte et le discours, tout comme l'énoncé, désignent par contre des entités concrètes, auxquelles on peut rattacher des phrases reconstruites par la grammaire. La combinaison d'énoncés en textes ou discours n'est pas commandée par une syntaxe catégorielle mais par des contraintes communicationnelles de caractère fondamentalement sémantique et pragmatique.

Quoique échappant au pouvoir des règles constitutives de la langue, les textes ou discours présentent des régularités formelles. D'une part, parce qu'ils contiennent des marques de connexité (conjonctions, adverbes, etc., que l'on regroupe sous l'étiquette *connecteurs*) ou de cohésion (différentes formes d'anaphores) dont l'emploi est contraint par leur spécialisation dans l'expression d'un lien sémantique bien déterminé. D'autre part, parce qu'ils sont rattachables à des types ou genres qui peuvent être plus ou moins codifiés sous des schémas préétablis, comme le récit écrit par exemple. Plus généralement encore, la production des textes et des discours est contrainte par des exigences fonctionnelles de caractère communicatif. Il s'agit en particulier pour le locuteur de disposer son propos de telle sorte que ceux à qui il s'adresse puissent en reconstruire la signification et singulièrement la cohérence sémantique. La prise en compte de ces contraintes fonctionnelles suppose, de la part du locuteur, la mobilisation de toutes sortes de connaissances liées à la situation de communication : contrôle des savoirs partagés entre autres.

L'étude des habiletés requises dans la production et l'interprétation des textes et discours appartient à la psycholinguistique. Par exemple, un grand nombre de recherches (portant sur l'adulte ou sur l'enfant dans une perspective développementale) ont tenté de déterminer les paramètres intervenant dans l'attribution d'un référent aux anaphores (effet de la distance, rôle des frontières syntaxiques, de la fonction des antécédents, incidence de biais sémantiques, etc.) ainsi que le moment où elle intervient. Enfin, certains modèles généraux de traitement du langage naturel, qu'ils soient orientés vers l'interprétation ou la production, comportent des composantes ou modules spécialisés dans lesquels les auteurs situent des opérations proprement discursives comme le calcul d'inférences permettant de faire le lien entre plusieurs propositions, l'élaboration de propositions (appelées macropropositions) représentant le contenu global d'une séquence, l'assignation de schémas de texte (appelés superstructures) guidant l'interprétation où la planification. Ces modèles ont suscité de nombreuses expérimentations ayant pour but de valider telle ou telle de leur disposition. L. S.-C. et M. C.

BIBLIOGRAPHIE

Allen, S., 1982, *Text Processing : Text Analysis and Generation, Text Typology and Attribution, Proceedings of Nobel Symposium 51*, Stockholm, Almqvist et Wiksell.

Brown, G., et Yule, G., 1983, *Discourse Analysis*, Cambridge, Cambridge University Press.

Charolles, M., Fisher, S., et Jayez, J., 1990, *le Discours : représentations et interprétations*, Nancy, Presses universitaires de Nancy.

Halliday, M. A., et Hasan, R., 1976, *Cohesion in English*, Londres, Longman.

texton

n.m. (angl. Texton)

Pour B. Julesz, élément primitif d'une texture visuelle au niveau de sa perception.

Les textons sont des caractéristiques locales des stimulus visuels extraites au niveau préattentif. Ils se composent des *oblongs* (angl. Blobs), ou éléments allongés, des terminaisons de ces éléments et de leurs croisements. Des différences de textons entre deux surfaces permettent une discrimination rapide de ces surfaces sur la base de leur différence de texture. C. B.

texture ou texture optique

(angl. Texture ou Optical Texture)

Au niveau du stimulus proximal, alternance cyclique entre intensités fortes et faibles de la lumière réfléchie par une surface rugueuse sur la rétine.

Cette alternance, mise en évidence par J. J. Gibson, résulte de l'existence d'une multitude de microsurfaces sur toute macrosurface (route, champ, table, couverture de livre). Ainsi, une surface texturée s'oppose à une surface spatialement uniforme. Elle comporte des éléments isolables mais peu discriminables les uns des autres qui peuvent former une granulation. La densité des éléments est constante sur une texture ou bien présente une variation régulière.

Au niveau physique, la valeur moyenne des tailles et orientations des microsurfaces détermine le grain de la macrosurface. À ce grain correspond, au niveau du stimulus proximal, une certaine densité de texture. Plus l'alternance entre intensités faibles et fortes est rapprochée, plus la densité de texture est élevée. Lorsque la macrosurface est inclinée par rapport à l'observateur, la densité de texture relative aux différentes parties de cette surface est d'autant plus élevée que la partie en question est plus éloignée de l'observateur. Ce phénomène, appelé par Gibson « gradient de texture », informe directement l'observateur sur la profondeur et l'orientation de la macrosurface, ou *inclinaison* (angl. Slant). Si le grain de la macrosurface est assez gros et si l'observateur a une acuité visuelle suffisante, ce dernier percevra une surface hétérogène, les propriétés de la texture optique l'informeront sur l'environnement. Si ce n'est pas le cas, il percevra un monde homogène, non texturé. Pour B. Julesz, la discrimination de textures repose sur la discrimination des textons* qui les composent. E. V. et C. B.

thalamus

n.m. (angl. Thalamus)

Volumineuse formation grise située au centre du cerveau et constituant la majeure partie du diencéphale.

Chaque thalamus limite latéralement le troisième ventricule ; il est relié à son homologue du côté opposé par la commissure grise. Le thalamus comprend trois grands ensembles de noyaux : des noyaux spécifiques, des noyaux d'association et des noyaux non spécifiques.

Les noyaux spécifiques présentent trois caractéristiques :

1. chacun d'eux reçoit les afférences d'une seule modalité sensorielle ou d'une structure motrice précise (néocervelet par exemple) ;
2. la projection de chaque noyau s'effectue sur une zone bien délimitée du cortex cérébral, qui peut être une aire sensorielle primaire, l'aire motrice primaire ou l'aire prémotrice (→ encéphale, Figure 1) ;
3. chaque noyau reçoit des informations récurrentes provenant de la région corticale sur laquelle il projette. Le noyau ventro-postérieur représente le relais thalamique de la somesthésie. Les corps genouillés latéraux et médians sont respectivement des relais visuels et auditifs. Les noyaux d'association (exemple : pulvinar) reçoivent des afférences de diverses aires corticales et chacun d'eux projette sur l'une des trois aires d'association, à savoir le cortex pariéto-temporo-occipital, le cortex préfrontal ou le cortex limbique. Les noyaux non spécifiques ont des projections très diffuses. Ils modulent l'activité des neurones thalamiques et des neurones corticaux. Ces noyaux (exemple : centre médian) font partie d'un système thalamique diffus. G. S.

théâtralisme

n.m. (angl. Theatricalism)

Tendance exagérée à l'expression spectaculaire d'états émotionnels, manquant souvent de naturel et de sincérité.

C'est un trait fréquent de la personnalité hystérique, s'associant à la labilité affective, à l'affectation de sentiments et à des attitudes de séduction. Le sujet cherche à entretenir autour de lui une atmosphère de charme ou de drame et a parfois un vocabulaire chargé de superlatifs, contrastant d'ailleurs avec le vide habituel de sa vie sentimentale et sexuelle. J. P.

Thematic Apperception Test ou TAT

Test projectif élaboré par Morgan et Murray, destiné aux enfants et aux adultes.

Il est composé d'une série de planches représentant des scènes ambiguës à un ou plusieurs personnages : ces planches reproduisent des tableaux ou des photographies autour desquels le sujet testé doit imaginer une histoire. L'interprétation du TAT repose sur une analyse du contenu et de la forme de chaque récit et vise à un repérage des noyaux conflictuels du sujet et de ses mécanismes de défense. Ce test promeut un idéal du moi fort, se laissant enrichir mais non envahir par des fantasmes inconscients. C'est, avec le test de Rorschach, le test projectif le plus couramment utilisé. R. L.

BIBLIOGRAPHIE

Bellak, L., 1954, *The TAT and CAT in Clinical Use*, New York, Grune and Stratton.

Bellak, L., 1986, *The Thematic Apperception Test, The Children's Apperception Test and the Senior Apperception Technique in Clinical Use*, 4e éd., Orlando, New York, San Diego, Grune and Stratton.

Brelet, F., 1986, *le TAT : Thematic Apperception Test : Fantasme et situation projective : narcissisme, fonctionnement limite, dépression*, Paris, Dunod.

Murray, M. A., 1950, *Manuel du TAT*, Paris, livret éd. par le C.P.

Shentoub, V., 1990, *Manuel d'utilisation du TAT ; approches psychanalytiques*, Paris, Dunod.

Collectif, 1990, « Rorschach et TAT », numéro spécial 396, tome XLIII, *Bulletin de psychologie*.

thérapie brève

(angl. Brief Therapy)

Psychothérapie volontairement limitée dans le temps et comprenant un maximum de 10 à 20 séances.

Le premier a avoir pratiqué des thérapies brèves d'inspiration psychanalytique est S. Freud lui-même. Par la suite, elles ont été pratiquées de façon plus élaborée par F. Alexander et l'école de Chicago. Actuellement, c'est la technique de focalisation sur une problématique donnée qui est la plus pratiquée. Les thérapies brèves sont également pratiquées en relaxation et en thérapie familiale. M. G.

thérapie comportementale

(angl. Behaviour Therapy)

Ensemble de méthodes psychologiques visant à aider un individu à vaincre des difficultés nées de son propre comportement en apprenant soit à modifier ce comportement, soit à appréhender différemment les circonstances au cours desquelles il se manifeste et ainsi à agir indirectement sur lui.

Dans la mesure où ces méthodes permettent à cet individu de mieux s'intégrer au milieu dans lequel il vit, que celui-ci soit physiologique ou social, elles ont une action psychothérapique.

Les thérapies comportementales font appel aux théories de l'apprentissage* : s'appuyant sur des données expérimentales, elles considèrent que certains comportements sont soit appris par des processus de conditionnement*, soit maintenus par ceux-ci et que, par conséquent, il devrait être possible de les éteindre et, si nécessaire, d'apprendre à les remplacer par d'autres comportements en faisant ainsi appel à un processus de reconditionnement.

Une distinction s'impose entre le terme de *thérapie comportementale* et celui de *modification du comportement*. Ce dernier est issu de recherches de psychologie expérimentale qui, avec le behaviorisme, ont voulu rendre à celle-ci son objectivité et en faire une science du comportement obéissant, dans l'optique qui fut celle de B. F. Skinner, à des lois auxquelles les phénomènes mentaux eux-mêmes n'échapperaient pas.

La *modification du comportement* n'implique pas la connaissance d'une étiologie. Le trouble est traité par des programmes s'inspirant de ceux des recherches sur le conditionnement opérant. L'exécution d'un programme est contrôlée soit par un éducateur — c'est le cas dans les problèmes d'enseignement —, soit par des infirmiers (économie de jetons) [→ jetons (économie de)], soit, sous le contrôle d'un spécialiste, par le sujet lui-même lorsqu'il désire modifier ses habitudes alimentaires ou réduire son tabagisme. Certains programmes peuvent être communiqués par la voie des médias et contrôlés par correspondance.

Ces procédures de modification du comportement, qui ne nécessitent pas obligatoirement des relations interpersonnelles entre le comportementaliste et ses clients, ont été mises en pratique bien avant que les thérapies comportementales ne prennent leur essor. C'est le cas de l'aversion conditionnée (→ aversion) utilisée dans les cures de dégoût, du traitement de l'énurésie et de bien d'autres troubles fonctionnels par des techniques inspirées des recherches sur les conditionnements intéroceptifs qui ont fait suite aux travaux de I. P. Pavlov.

De nos jours, la *thérapie comportementale* implique un processus éducatif plus spécifiquement mis en œuvre par un spécialiste de la santé mentale, qu'il soit médecin ou psychologue, pour aider un patient à résoudre des difficultés relevant de la psychopathologie. Son action psychothérapique minimise, sans la supprimer, la relation transférentielle du fait que le trouble n'a pas à être interprété. Le patient est invité à le décrire, à noter sa fréquence, sa durée, les circonstances dans lesquelles il survient de même que les stimulus qui paraissent le déclencher ou l'entretenir. Se situant à la suite, si celui-ci s'avère nécessaire, d'un examen clinique où les aspects plus fonctionnels ont pu être explorés en vue de l'indication de prise en charge, cette *analyse comportementale*, complétée par des questionnaires psychologiques, est indispensable.

C'est par elle que s'amorce un processus thérapeutique dans lequel, par l'intermédiaire de facteurs cognitifs, le malade prendra peu à peu conscience du fait qu'il peut surmonter ses difficultés, par exemple en diminuant le nombre de ses rites, de ses vérifications ou de ses tics. Dans d'autres cas, notamment dans les phobies traitées par désensibilisation ou par immersion, il constatera qu'il lui est possible de s'exposer de son propre chef à des situations dont la valeur anxiogène s'estompe graduellement.

Les techniques utilisées en thérapie comportementale sont nombreuses et diffèrent suivant la formulation du thérapeute et les cadres conceptuels auxquels il se réfère, qu'il s'agisse de ceux du néobehaviorisme, de ceux élaborés par la méthodologie pavlovienne, de ceux que délimite l'apprentissage social ou, plus récemment, de ceux de la psychologie cognitive.

Ainsi, de nos jours, avec l'apport de multiples courants psychologiques et par des pratiques très variées, les thérapies comportementales gardent, certes, pour but de modifier des comportements *manifestes* (angl. Overt), c'est-à-dire observables par autrui. Mais elles concernent également des événements *internes* (angl. Covert), que seul le sujet peut observer en lui-même : son discours intérieur, par exemple, ou ses interprétations des faits.

Du fait des courants pluridisciplinaires qui ont influencé les approches comportementales, les indications de celles-ci s'élargissent. Elles ne se limitent pas à la modification du comportement mais s'attachent à aider l'individu soumis à des stress d'origines diverses à résoudre des difficultés qui peuvent relever de la psychiatrie, traduire des problèmes d'adaptation sociale ou se manifester par des troubles somatiques.

Dans le premier cas, les troubles anxieux sont le mieux accessibles aux thérapies comportementales : anxiété généralisée (accessible à la désensibilisation systématique par le biais de techniques de relaxation* et du training* autogène), différentes formes de phobies, dysfonctionnements sexuels, rites, vérifications, etc.

Lorsque les difficultés d'adaptation sociale ou de relations interpersonnelles sont au premier plan, elles peuvent parfois être abordées par l'entraînement à l'assertivité, souvent pratiqué en groupe, ou par des programmes d'activités tels que ceux qui sont préconisés dans les thérapies de couple ou dans celles des dépressions.

Enfin, il existe de nombreux troubles se manifestant sur le plan physiologique et dans lesquels une composante psychologique est suspectée, soit parce qu'elle est incriminée à leur origine, soit parce qu'elle contribue à les maintenir (affections cutanées, algies, asthme, troubles psychomoteurs, troubles du sommeil, hypertension essentielle, céphalées, extrasystoles, etc.). Ce qu'on appelle la *médecine comportementale* se propose de les réduire. Elle fait le plus souvent appel à des techniques de biofeedback*, qui utilisent des conditionnements intéroceptifs. M. A.

BIBLIOGRAPHIE

Agathon, M., 1982, « Actualité des thérapies comportementales », *Psychologie française*, 28, 2, pp. 199-202.

Bandura, A., 1980, *l'Apprentissage social*, Bruxelles, Mardaga.

Cottraux, J., 1979, *les Thérapies comportementales*, Paris, Masson.

Eysenck, H. H., 1977, *la Névrose et vous*, Bruxelles, Mardaga.

Guelfi, J., Boyer, P., Consoli, S., et Olivier-Martin, R., 1987, « les Thérapies comportementales » in *Psychiatrie*, Paris, P.U.F.

Wolpe, J., 1975, *Pratique de la thérapie comportementale* (trad. J. Rognant), Paris, Masson.

thérapie familiale

(angl. Family Therapy)

Psychothérapie collective visant à traiter l'ensemble d'une famille où se trouve le patient considéré comme malade.

Au lieu d'être centrée sur le cas individuel de celui-ci, l'action thérapeutique s'adresse à tout le groupe familial envisagé habituellement comme un système dont le dysfonctionnement général se traduirait par la psychopathologie particulière d'un ou de plusieurs de ses membres.

HISTORIQUE

Retracer un historique des thérapies familiales est difficile car il n'existe pas de développement spécifique d'un courant de pensée, mais plutôt un certain nombre de synthèses variées, qui s'opèrent à partir d'horizons divers : la psychanalyse, la cybernétique, la linguistique, la théorie des systèmes, etc. De telle sorte qu'il n'existe pas, en fait, de raisonnements que l'on pourrait inférer les uns aux autres jusqu'à obtenir un modèle suffisamment élaboré pour rendre compte des phénomènes et des façons de faire pour les modifier.

La majorité des auteurs, par souci de curiosité historique, fixent la première date à évoquer en 1877. La publication cette année-là, par J. P. Falret, de son étude sur la « folie à deux » représente le premier travail clinique soulignant le rôle de l'interaction dans l'organisation des troubles mentaux. En 1905, le Dr Pratt, travaillant dans un sanatorium, faute de temps et de personnel, en vient à régler des problèmes de tensions relationnelles en réunissant les malades par petits groupes. Grâce à ce procédé d'interactions, il obtient des succès qui l'étonnent. S. Freud, en 1909, décrit une psychothérapie avec implication familiale dans le traitement d'un enfant de 5 ans qu'il ne voit qu'une seule fois (le cas du « petit Hans »). C'est le père qui est chargé de rapporter du matériel clinique et de donner des interprétations à son fils.

À la suite des recherches de Freud sur le conflit œdipien et la névrose infantile, des psychanalystes français publient des travaux où sont privilégiés les fantasmes qui circulent dans le groupe familial. En 1936, R. Laforgue décrit ce qu'il appelle « la névrose familiale ». « Le terme, écrivent J. Laplanche et J. B. Pontalis, regroupe de façon quasi imagée un certain nombre d'acquisitions essentielles de la psychanalyse : rôle central, dans la constitution du sujet, de l'identification aux parents ; complexe d'Œdipe comme complexe nucléaire de la névrose ; importance que prend dans la formation de l'œdipe la relation des parents entre eux », etc. Laforgue insiste en particulier sur l'influence pathologique d'un couple parental constitué en fonction d'une certaine complémentarité névrotique (couple sado-masochiste par exemple). J. Leuba, en 1936, s'intéresse également à l'étude des familles névrotiques et, en particulier, aux modes de transmission d'une génération à une autre de tel ou tel type de névrose. En 1937, N. Ackerman, psychiatre américain de New York, véritable pionnier dans la pratique des thérapies familiales, émet plusieurs principes de base : aider la famille à définir plus clairement la teneur exacte des conflits ; contrecarrer les déplacements injustifiés de conflits ; reporter les conflits interpersonnels afin de les traiter plus efficacement.

En 1942, T. et R. Lidz peuvent écrire : « Le conflit intérieur auquel le patient est confronté, avec des sentiments ambivalents concernant un parent ou les deux, les loyautés divisées, les identifications instables, l'incorporation de l'hostilité dirigée vers l'un ou l'autre parent, tout cela est souvent dû aux influences des deux parents.»

Les années d'après la Seconde Guerre mondiale enregistrent un renouveau d'intérêt pour la psychologie sociale, où l'on voit s'épanouir la dynamique de groupe (K. Lewin), le psychodrame et la sociométrie (J. L. Moreno), les groupes de rencontre (C. Rogers). Parallèlement naissent la théorie de l'information (C. E. Shannon et W. Weaver), la théorie des jeux (J. von Neumann et O. Morgenstein), la pensée cybernétique (N. Wiener), la théorie générale des systèmes (L. von Bertallanfy).

Pour T. Parson, dans les familles de schizophrènes, il existe soit un schisme conjugal, soit une distorsion conjugale, où chaque partenaire sape l'action et l'autorité de l'autre en rivalisant pour obtenir la loyauté de l'enfant. Les frontières générationnelles et sexuelles sont détruites, provoquant des liens chargés de connotations incestueuses et homosexuelles.

L. Wynne décrit des relations de «pseudo-mutualité» et de «pseudo-hostilité» dans des structures familiales rigidifiées et immuables. Dans ce climat d'aide ou d'opposition apparentes, les limites du champ familial s'étirent et se rétractent comme une «barrière de caoutchouc» que nul ne peut jamais franchir.

M. Bowen utilise l'expression «masse de moi familial indifférencié» pour qualifier certaines familles particulièrement intriquées émotionnellement. De même, il émet l'hypothèse qu'il faut trois générations pour produire un schizophrène. Il décrit le premier la triangulation, situation où une personne se trouve en position de «paratonnerre» vis-à-vis des deux autres, coalisées contre elle. Le conflit qui opposait ces deux personnes est ainsi canalisé pour un temps variable sur un tiers; au-delà d'un seuil de tolérance, ce dernier présente alors des symptômes.

Pour Y. Boszomenyi-Nagy, il existe un véritable registre, livre des comptes transgénérationnels d'obligations et de mérites, qui permet l'équilibration des legs de justice au sein de la famille. Pour P. C. Racamier, le paradoxe est une non-reconnaissance de l'activité propre du moi. «Dans sa version maligne», il rend fou celui qu'il vise, qui devient insidieusement incapable de répondre, tant au plan mental qu'au plan affectif. Le paradoxe essentiel consiste en ce qu'objet, sujet ou relation n'existent qu'en n'existant pas.

S. Lebovici insiste sur l'histoire familiale d'une névrose. Il fait reproche à M. Klein de ne pas faire une juste place aux objets du drame œdipien, le père et la mère, dans la constitution de la personnalité de l'enfant. La mère du psychotique a elle aussi été particulièrement observée, comme «schizophrénogène», dans le sens surtout où elle manifeste une présence excessive à tous les niveaux; puis elle est décrite comme étant en fait une perverse. Ensuite, c'est le père du psychotique qui est décrit comme absent, carent, inefficace. Mais devant l'absence d'altération individuelle statistiquement évidente, ces notions sont délaissées et c'est l'ensemble de la dynamique familiale qui est finalement prise en considération.

En 1956, l'anthropologue G. Bateson* publie, avec ses collaborateurs de l'école de Palo Alto*, la théorie du double lien. (→ double lien ou double bind.) Dans une telle situation, l'enfant est «victime» d'un message contradictoire à deux niveaux d'abstraction différents, qu'il ne peut briser, car ils sont coiffés d'une troisième injonction négative à un niveau encore supérieur aux deux précédents. En 1964, cependant, Bateson élargit ce concept en admettant que cette description de type bourreau-victime doit en fait être transposée dans l'ensemble du contexte familial; d'autant que, à son tour, l'enfant va émettre des messages paradoxaux. Certains auteurs voient dans le double lien un facteur étiologique de la psychose, d'autres, de l'ensemble de la pathologie mentale; d'autres encore admettent que ce mode relationnel existe mais qu'il n'est cependant pas plus répandu dans les «familles pathologiques» que dans les «familles normales». Quoi qu'il en soit, la description de ce type de dysfonctionnement a été un point de départ important à de nombreux travaux portant sur les troubles de la communication dans les systèmes familiaux.

Les écrits du linguiste R. Jakobson peuvent également être considérés comme étant à l'origine de ces recherches, en particulier ceux figurant dans *Linguistique et théorie de la communication*. Il accorde une grande importance à la présence physique du récepteur et pense qu'«il y a sans aucun doute feedback entre la parole et l'écoute mais [que] la hiérarchie des deux processus s'inverse quand on passe de l'encodeur au décodeur [...]; ces deux aspects distincts du langage [...] doivent être regardés comme complémentaires.» Tout comme l'ingénieur des téléphones Shannon, il note que le sens que prendra un message sera lié de façon importante au contexte dans lequel il devra être intégré.

En 1954, D. D. Jakson, lui aussi du groupe de Palo Alto, définit la famille comme un système homéostatique, c'est-à-dire comme un système toujours en équilibre interne grâce à des phénomènes de rétroactions négatives. Il note au cours de psychothérapies individuelles que des modifications du patient lui-même entraînent des changements au niveau des autres membres, d'une part, et au niveau des interactions familiales d'autre part. Il postule alors que c'est le groupe familial qu'il faut prendre en thérapie. Plus tard, il sera de ceux qui «prescrivent le symptôme», suggérant par exemple à des patients paranoïaques d'être plus méfiants. Ces pratiques ont d'abord été plus intuitives qu'élaborées, ne reposant sur aucune base théorique solide. Ce n'est qu'ultérieurement que l'école de Palo Alto puis celle de Milan sauront leur trouver des supports conceptuels.

J. Haley, cosignataire de la publication princeps sur le double lien, propose en 1959 une mise en modèle des règles de dysfonctionnement des familles de schizophrènes. Il observe que chaque membre marque une discordance entre ce qu'il dit et la façon dont il le dit: chacun disqualifie ce que dit l'autre, qui n'aurait pas dû être dit, en tout cas pas de cette façon-là. Il constate qu'aucune autorité n'est définie à l'égard des actes et des responsabilités familiales et qu'aucune alliance claire n'est admise.

Cette façon d'aborder la relation sera reprise et développée, quinze ans plus tard, par Selvini-Palazzoli* et coll. à Milan. Développées aux États-Unis dans les années 1950 à partir de modèles psychanalytiques, les thérapies familiales se sont multipliées, atteignant ensuite le Canada et l'Europe dans les années 1960. En France, on peut admettre qu'elles ont été introduites par J. F. Bargues et M. Demangeat au Congrès de psychiatrie et de neurologie en langue française de Tunis, en 1972.

Classification des thérapies familiales

On peut schématiquement distinguer les thérapies familiales psychanalytiques de celles qui ne le sont pas. Elles recouvrent des théories et des pratiques assez différentes, que seule unit l'abord de toute la famille. Remarquons cependant que certains tentent et poursuivent de difficiles abords synthétiques.

Les thérapies familiales psychanalytiques

Ces thérapies, elles aussi hétérogènes, admettent que le patient porteur de symptômes est en fait l'expression de conflits intrafamiliaux. Il est tenu particulièrement compte des liens qui existent entre la disposition psychique d'un individu et celle du groupe qui fait pression sur lui sans qu'il cesse pour autant de contribuer à la détermination de ce groupe. De même, une importance primordiale est attachée à l'influence qu'ont les processus d'échanges, le plus souvent inconscients, entre proches parents sur la personne atteinte de troubles mentaux, sur le caractère de ces troubles, sur ces symptômes et leur déroulement. «On constate souvent qu'un individu atteint dans son psychisme ne peut guérir tant qu'un profond désordre marque la vie familiale qui l'entoure» (H. E. Richter). La maladie mentale peut faire partie du rôle particulier que le reste de la famille attribue inconsciemment à sa «victime». Cette dernière peut canaliser une tension générale qui risque de devenir insupportable. La psychanalyse classique est tout à la fois une théorie rendant compte du fonctionnement de l'appareil intrapsychique et une méthode d'investigation et de thérapeutique des conflits psychiques.

Le patient en principe est allongé et se livre à des associations libres tandis que l'analyste, placé derrière lui, interprète le matériel livré en séance (transfert, rêves, résistances, silences, etc.) et facilite la prise de conscience. Les séances ont lieu régulièrement, deux à trois fois par semaine, pendant plusieurs années en général. Seulement, si le patient n'est plus «une» personne mais la «famille» tout entière, cela bien sûr n'est plus praticable de la sorte. La famille et le ou les thérapeutes sont assis en cercle et ne peuvent se retrouver plusieurs fois par semaine. D'autre part, ce qui est analysé, ce n'est pas tant les conflits intrapsychiques d'un individu que ceux qui existent entre les différentes personnes. Et si, dans ce type de thérapie, il est tenu compte des conflits d'un membre, c'est avant tout pour la signification qu'ils prennent dans la dynamique familiale. La théorie psychanalytique, qui, classiquement, s'applique au patient isolé, tient compte ici des différents participants.

Au cours des séances, les principes psychanalytiques de base sont donc utilisés, compte tenu de ces modifications, et, là encore, on cherche à faire prendre conscience aux analysants des conflits qui les « opposent tout en les unissant ».

Les thérapies familiales structurales

Ces interventions ont été élaborées essentiellement par S. Minuchin et son école à Philadelphie. La famille est reconnue comme étant la matrice de l'identité, permettant à chacun de ses membres de s'individualiser tout en conservant le sentiment d'appartenance au groupe. La famille est considérée comme un système, c'est-à-dire un ensemble qui comprend un aspect structural (c'est l'organisation spatiale) et un aspect fonctionnel (c'est l'organisation temporelle). Minuchin distingue à l'intérieur du système des unités plus réduites qui constituent les sous-systèmes. Chaque individu appartient à différents sous-systèmes ; on peut alors distinguer, par exemple, le sous-système conjugal, parental, fraternel, etc. Les règles de fonctionnement de chaque sous-système ont pour effet de protéger la différenciation du système tout entier. Ces adaptations inévitables s'exécutent après être passées par des phases transitoires d'indifférenciation et d'anxiété, caractérisant les situations nouvelles.

La famille, en tant que groupe humain, se gouverne à travers des règles et fonctionne selon des patterns transactionnels. Les grandes règles proviennent du milieu social environnant et seront adaptées par la famille en fonction de son histoire propre, de ses croyances, de son mythe (certains parlent alors de métarègles). D'autres auteurs, tels Boszormenyi-Nagy et H. Stierlin, ont plus insisté sur les notions de loyauté, de délégation, de legs, de mérite, de conflits de mission. En quelque sorte, tout se passerait comme si chacun devait rendre compte de ses mérites, présents et passés. Le fait de remplir ou de ne pas remplir les legs (mission confiée à travers les générations) se répercute sur « l'état du compte des mérites » de chaque membre du groupe. « Au cours de la thérapie, le thérapeute s'affilie à la famille avec l'objectif de changer l'organisation familiale d'une façon telle que le vécu des membres de la famille change. En facilitant l'usage d'autres modalités de transactions entre les membres de la famille, le thérapeute utilise la matrice familiale pour le processus de guérison » (Minuchin). Et, toujours pour cet auteur, « la thérapie familiale structurale est une thérapie d'action. Il s'agit de modifier le présent. La cible d'intervention est le système familial. »

L'étude des transactions, des alliances de coalitions doit permettre ensuite d'y apporter des modifications qui, à leur tour, se répercutent sur la structure et le fonctionnement de la famille.

Les thérapies familiales systémiques

Sous leurs formes les plus élaborées, ces abords ont surtout été conceptualisés par Selvini-Palazzoli et coll. au « Centre pour l'étude de la famille » de Milan. Ces thérapies se fondent sur un certain nombre de travaux et d'hypothèses.

La famille est considérée comme un système autorégulé, c'est-à-dire comme un ensemble d'éléments en interactions, se gouvernant à partir de ses propres règles. Ce groupe naturel, biologique et social, s'organise à travers des essais, des transactions et des rétroactions correctives. Seules les règles permises dans la relation sont maintenues. Chaque groupe, ainsi, à partir de son histoire et du contexte où il se développe, se forge son propre code. Les règles ainsi conservées se manifesteront alors dans les transactions des membres de la famille entre eux. Ces transactions ont un caractère de communication tant au plan verbal qu'au plan non verbal. Pour une famille donnée, les conduites pathologiques de l'un ou de plusieurs de ses membres peuvent alors être considérées comme des transactions particulières, ne visant qu'à maintenir des règles spécifiques. Identifier puis modifier une règle fondamentale permet donc d'obtenir une rétrocession de la symptomatologie.

À la suite des travaux de C. Bernard et de W. B. Cannon, des théoriciens décrivent à tout système deux propriétés fondamentales, à savoir, d'une part, une tendance homéostatique et, d'autre part, une capacité de transformation. Dans les systèmes pathologiques, c'est la tendance à l'homéostasie qui prédomine nettement. Par ailleurs, chaque élément du système agit sur le système tout en étant à son tour influencé par les communications qui lui arrivent du système. Chaque membre de la famille influence les autres membres et est aussi influencé par eux.

Les systémiciens ont laissé de côté la vision réductionniste, mécaniste et causaliste de la science classique pour adopter la vision circulaire des phénomènes. Selon Selvini-Palazzoli, « l'acte de décrire une situation exige, du fait même que l'on emploie le langage, un avant et un après, un sujet et un objet, enfin un postulat de cause à effet [...] ; le langage est linéaire. Mais le langage n'est pas la réalité. La réalité vivante est circulaire. » L'approche systémique est une conceptualisation « acausaliste », qui s'appuie sur la perception globale et considère les effets des interactions plutôt que leur nature.

Pour B. Russell, nous pouvons dire : cette chose est ronde, rouge et ainsi de suite. Par contre, si nous disons : cette chose est plus grande que celle-là, nous attribuons non seulement une qualité à celle-ci, mais encore une relation entre celle-ci et l'autre. C'est pourquoi les propositions qui établissent une certaine relation entre deux choses ont une forme différente des propositions du type sujet-attribut.

Les auteurs du double lien se sont également fondés sur la théorie des types logiques de Russell, qui veut qu'une classe ne puisse être membre d'elle-même et qu'un des membres ne puisse représenter cette classe. L'hypothèse de G. Bateson et coll. a été que, dans la schizophrénie, la discontinuité entre ces deux niveaux d'abstraction différents n'est pas respectée. Les travaux de l'école de Palo Alto fournissent en outre des « instruments » adéquats pour l'analyse de la communication, qui sont le concept de contexte comme matrice du signifié, la notion de ponctuation dans l'interaction, la notion de position symétrique ou complémentaire dans la relation, la coexistence chez l'homme des deux langages, analogique et digital ; il faut encore y ajouter la nécessité de définir la relation et les différents niveaux verbaux et non verbaux sur lesquels une telle définition peut avoir lieu et les notions fondamentales de paradoxe symptomatique et de paradoxe thérapeutique (Selvini-Palazzoli). Selon les théoriciens de la communication et en particulier A. Daigremont et coll., on peut décrire à tout message verbal : un contenu littéral ; un contexte auquel il se réfère ; un affect qui l'accompagne ; une métacommunication portée par les éléments du message et qui est une communication sur le sens du message lui-même, une sorte de qualification sur le contenu ; une information sur le type de relation entre l'émetteur et le récepteur. Il est le résultat d'un composé polymodal, qui associe plusieurs types comportementaux d'expression : tonal, postural, contextuel, verbal... chacun d'eux spécifiant le sens des autres. Les divers éléments qui entrent dans ce composé sont passibles de permutations variées allant de la congruence à l'incongruence et au paradoxe. Les principales déductions thérapeutiques proposées par l'école de Milan sont les suivantes.

1. *La prescription précoce*. Elle est la demande que les thérapeutes formulent à la famille, dès la fin de la première séance, pour qu'elle exécute une tâche déterminée avant le second entretien.
2. *Les rituels familiaux*. Ils sont également des tâches mais qui tiennent compte, dans les séances ultérieures, des symptômes, des croyances familiales et des règles de fonctionnement du groupe familial. Il s'agit donc d'une prescription de comportement, c'est-à-dire de la prescription d'un langage analogique.
3. *La connotation positive*. Ce principe thérapeutique a commencé à être utilisé par l'école de Milan afin d'accéder à « la famille en tant qu'unité systémique ». « Les thérapeutes, après avoir deviné le jeu, ne l'expliquent pas, ne l'interprètent pas, ne critiquent en rien la famille en paraissant ne rien vouloir y changer. Ils l'acceptent en se mettant consciemment de son côté, comme gérants de sa poursuite. Cependant, ce faisant, ils annulent secrètement une règle du système : ils métacommuniquent sur le jeu, le mettant à découvert, l'exagèrent pour le rendre à la fin acceptable » (Selvini-Palazzoli).

Indications

Les séances, qui incluent le patient et sa famille, se pratiquent une fois par mois en présence d'un ou de deux thérapeutes et parfois d'un superviseur derrière une glace sans tain. Du matériel d'enregistrement vidéo est fréquemment utilisé pour l'étude a posteriori. Miroir et matériel d'enregistrement sont montrés aux participants au cours de la première séance et présentés comme outils de travail indispensables dont le contenu restera confidentiel. Des contrats de 5 à 10 séances sont fixés à l'avance et renouvelés le cas échéant. Ces techniques nouvelles nécessitent des équipes bien formées et suffisamment pourvues en matériel.

Par ailleurs, ces pratiques, consommant beaucoup de temps et de soignants, doivent voir leurs indications judicieusement posées. Il semble, de ce point de vue, qu'il faille retenir particulièrement les cas où se posent des conduites alcooliques ou toxicophiles, les affections psychosomatiques (asthme, ulcère gastro-duodénal, etc.) et les schizophrénies à leur début. Ces thérapeutiques sont centrées sur le comment et non sur le pourquoi. Le passé n'a d'importance que s'il a une incidence directe sur le « hic et nunc ».

Un génogramme, sorte d'arbre généalogique, est vite reconstitué au fil des séances. Il permet de replacer le patient dans l'histoire de sa famille et d'essayer de saisir les mythes et les croyances qui se véhiculent à travers les différentes générations. Il arrive en effet que les symptômes « miment » un membre de la famille, mort ou encore en vie. Les thérapies familiales sont de plus en plus pratiquées, surtout, comme cela se conçoit, dans le secteur public (services hospitaliers, dispensaires, centres médico-psychologiques). Leur pratique n'exclut pas d'autres niveaux d'intervention : médicamenteux, intrapsychique, social. M. G.

BIBLIOGRAPHIE

Benoît, J.-C., Malarewicz, J.A., et alii, 1988, *Dictionnaire clinique des thérapies familiales systémiques*, Paris, Editions E.S.F.

Minuchin, S., 1979, *Familles en thérapie*, Paris, J. P. Delarge.

Richter, H. E., 1971, *Psychanalyse de la famille*, Paris, Mercure de France.

Selvini-Palazzoli, M., et coll., 1979, *Paradoxe et contre-paradoxe*, Paris, E.S.F.

Watzlawick, P., et coll., 1972, *Une logique de la communication*, Paris, Le Seuil.

thermogenèse

n.f. (angl. Thermogenesis)

Production de chaleur par l'organisme.

La chaleur est libérée par l'oxydation des nutriments au cours du métabolisme cellulaire. Celui-ci peut être accentué, d'un côté, par des facteurs endocriniens (catécholamines de la médullosurrénale et du système orthosympathique, hormones thyroïdiennes, glucocorticoïdes de la corticosurrénale), de l'autre par la mise en jeu volontaire ou réflexe de la musculature (exercice musculaire ; tonus de préfrisson ; frisson thermique). J.-M. C.

thermorécepteur

n.m. (angl. Thermoreceptor)

Récepteur sensoriel sensible à la température et à ses variations.

La morphologie de ces récepteurs n'est pas connue : il s'agirait dans la plupart des cas, de terminaisons nerveuses libres. Chez les Primates, l'enregistrement des fibres afférentes a permis de distinguer trois catégories de thermorécepteurs : 1. des récepteurs au froid, les plus nombreux, présentant une activité de repos pour des températures inférieures à la température normale de la peau, activité accrue par un refroidissement, diminuée par un réchauffement, non affectée par une stimulation mécanique légère ; ces récepteurs sont innervés par des fibres myélinisées du groupe III (Aδ) ; 2. des récepteurs au chaud, présentant une activité de repos pour une température proche de la température interne du corps, activité accrue par une élévation de température jusqu'à la limite de la douleur, vers 45 °C, non modifiée par une stimulation mécanique légère ; ces récepteurs sont innervés par des fibres amyéliniques du groupe IV (C) ; 3. des mécanorécepteurs à adaptation lente, innervés par des fibres du groupe II (Aβ) et présentant une faible sensibilité au froid. Les deux premières catégories sont seules impliquées dans les discriminations de température. J.-M. C.

thêta (rythme)

(angl. Theta Rhythm)

Rythme cérébral dont la fréquence est comprise entre 4 et 7 hertz et l'amplitude d'environ 50 microvolts.

G. Walter fut le premier à identifier ce rythme qui, normal chez l'enfant, a souvent, chez l'adulte, une signification pathologique. Au niveau sous-cortical, le rythme thêta est caractéristique de l'activité de la structure hippocampique. P. L.

Thorndike (Edward Lee)

Psychologue américain (Williamsburg, Massachusetts, 1874-Montrose, New York, 1949).

Ses travaux dans le domaine du comportement (*Animal Intelligence*, 1898-1901) et de l'apprentissage ont beaucoup contribué au développement de la psychologie expérimentale (*An Introduction to the Theory of Mental and Social Measurements*, 1904). Professeur de psychologie de l'enseignement à l'université Columbia de New York, il a marqué de son influence la pédagogie américaine (*Educational Psychology*, 1913-14 ; *Psychology of Wants, Interests and Attitudes*, 1935). R. L.

Thurstone (Louis Leon)

Psychologue américain (Chicago 1887-Chapel Hill, Caroline du Nord, 1955).

Professeur à Chicago et fondateur du Psychometric Laboratory de l'université de Caroline du Nord à Chapel Hill, il a apporté de nombreuses et importantes contributions à la psychologie différentielle. Les plus anciennes concernent la théorie et la technique des échelles de mesure. Mais les plus importantes portent sur les méthodes de l'analyse factorielle. Celles de ces méthodes qui permettaient de réaliser de telles analyses avant l'avènement des moyens automatiques de calcul (méthode centroïde, méthodes graphiques de rotation) ne représentent plus guère d'intérêt aujourd'hui, si ce n'est au plan pédagogique. Mais les apports théoriques de Thurstone à l'analyse factorielle gardent toute leur valeur : interprétations en termes de facteurs communs et non de composantes ou facteurs principaux, organisation des analyses à partir de l'hypothèse d'une « structure simple » dans laquelle chaque facteur doit avoir de fortes saturations sur certains tests et des corrélations faibles ou nulles sur les autres. Thurstone, qui polémiqua avec Ch. Spearman, n'a cependant accueilli qu'avec réticence l'idée que les corrélations entre ses facteurs d'aptitudes primaires étaient explicables par un facteur général de second ordre ressemblant beaucoup au facteur général *g* de Spearman. Thurstone construisit de nombreux tests, notamment ceux qui mesurent les aptitudes mentales primaires issues de ses analyses. Parmi les nombreuses publications de Thurstone, on peut citer *Primary Mental Abilities* (1938) *Multiple Factor Analysis* (1947). M. R.

thymie

n.f. (angl. Mood)

Disposition affective fondamentale déterminant les réactions émotionnelles et instinctives d'un sujet et donnant à ses cénesthésies et à ses sentiments de vécu corporel une tonalité agréable ou désagréable.

Presque synonyme d'« humeur », la thymie peut passer d'un état d'élation et de gaieté à un état de ralentissement et de tristesse selon une évolution oscillante en rapport avec les cycles normaux de la vie biologique. Lorsque ces états s'exagèrent, devenant alors pathologiques, on parle, pour le premier, d'*hyperthymie*, ou excitation maniaque, et, pour le second, d'*hypothymie*, ou dépression. La cyclothymie est caractérisée par une alternance pathologique de l'humeur, telle qu'on la voit dans la psychose maniaco-dépressive bipolaire. Lorsque les accès se font toujours dans le même sens, on parle de psychose périodique unipolaire.

Les troubles thymiques représentent donc des tableaux cliniques extrêmement variés. Depuis la psychose maniaco-dépressive dans son aspect unipolaire ou, au contraire, bipolaire jusqu'aux états dépressifs dits « névrotiques » ou « réactionnels », on trouve une symptomatologie d'une gravité extrêmement variable. Les progrès réalisés ces dernières années dans les connaissances biologiques ont permis de déterminer des anomalies biologiques, objectivées dans les troubles de l'humeur par différents tests ou dosages. H. Lôo a décrit 5 types de facteurs biologiques que l'on retrouve dans ces troubles thymiques. Ils concernent les monoamines cérébrales, qu'il s'agisse de noradrénaline, de sérotonine ou de dopamine ; les activités enzymatiques, dont certaines touchent les monoamines sans leur être spécialement liées ; ils concernent également les systèmes neuroendocriniens, la répartition et les mouvements hydro-électrolytiques, la physiologie de la membrane avec l'apparition récente des notions de sites de liaison et des récepteurs. Mais c'est surtout la sérotonine* qui semble jouer un rôle considérable dans les dysfonctionnements thymiques. De nombreuses études ont montré que ces derniers pouvaient être, la plupart du temps, assimilés à des syndromes hyposérotoninergiques. B. Shopsin a ainsi mis en évidence la relation directe entre l'activité d'un tricyclique, l'imipramine, sur l'état thymique et son activité sur la sérotonine (5-HT), dont il facilite la présence au niveau des synapses cérébrales. On a pu également préciser par différentes études biologiques que le risque de survenue d'un trouble thymique était directement lié à un déficit de la fonction sérotoninergique. D'ou le grand intérêt d'utiliser des médicaments antidépresseurs* à activité hypersérotoninergique non seulement dans le traitement curatif des dépressions mais aussi, à titre préventif, pour éviter une rechute. J. P.

thymorégulateur

n.m. (angl. Mood Stabilizer)

Médicament ayant pour effet de limiter les fluctuations excessives de l'humeur.

En plus du lithium*, deux produits sont actuellement utilisés couramment.

La carbamazépine

Synthétisée en 1953, elle est commercialisée en 1963 comme anticomitial (notamment dans l'épilepsie temporale) puis comme traitement d'états douloureux paroxystiques. Son effet sur l'humeur est très rapidement observé chez les épileptiques traités, mais le rôle thymorégulateur n'est objectivé par des études contrôlées qu'à partir de 1970.

Les indications de la carbamazépine recouvrent celles du lithium, dont elle représente l'alternative essentielle en cas de résistance ou de contre-indication. Les deux produits peuvent aussi être associés pour obtenir une synergie d'action. La carbamazépine serait supérieure au lithium dans certaines formes de psychose maniaco-dépressive (dites « à cycles rapides ») et dans les schizophrénies dysthymiques. Les effets secondaires sont rares (mais peuvent être graves : hépatite, aplasie médullaire).

Le mode d'action de la carbamazépine fait l'objet d'une modélisation théorique intéressante : le « kindling » est une sensibilisation excessive de structures sous-corticales, expliquant la survenue de crises d'épilepsie pour des stimulus subliminaux ; or on a montré que cocaïne et amphétamine, qui créent des psychoses expérimentales, induisent ce phénomène. Par contre, la carbamazépine l'antagonise et cela expliquerait les deux effets thérapeutiques du produit.

Le dipropylacétamide

Utilisé comme thymorégulateur dès 1966, son effet n'a jamais réellement été objectivé par des études contrôlées. Il est utilisé comme substitut aux autres thymorégulateurs s'ils sont contre-indiqués ou mal tolérés. Il peut être associé au lithium. La tolérance est excellente. L'action physiologique se ferait au niveau de l'amygdale cérébrale. B. D.

tic

n.m. (angl. Tic)

Mouvement involontaire, brusque, soudain, répété à intervalles variables et qui atteint un ou plusieurs groupes de muscles en liaison fonctionnelle.

Les tics apparaissent comme la reproduction intempestive et incomplète d'un mouvement sans nécessité objective. Ils n'ont pas d'utilité (S. Lebovici). Ils surviennent de façon inattendue, furtivement. Ils ne peuvent être cachés et donnent à voir ou à entendre au moment le moins opportun. Le tiqueur attire l'attention sur lui alors qu'il craint d'être découvert. Les tics de la face sont les plus fréquents, surtout des paupières, de la bouche et de la langue. Les haussements d'épaule, les tressautements et les mouvements des mains et des pieds sont fréquents. Ces tics peuvent être isolés ou associés à des toussotements, des reniflements, des gloussements ou des aboiements. Le tic est précédé d'un état pénible de tension qui va en augmentant, équivalent d'une véritable gêne physique et mentale, accaparant la pensée et troublant la communication. La survenue du tic soulage la tension mais suscite un malaise lié à la gêne de son apparition. Cette séquence peut se reproduire comme une alternance de tension douloureuse et de décharge. L'accalmie survient plus ou moins rapidement. Les tics ne surviennent pas avant l'âge de 6/7 ans. Ils sont parfois accompagnés d'autres éléments d'immaturité psycho-motrice, comme des mouvements d'accompagnements musculaires de l'autre membre, ou d'une hypertonie avec hypersensibilité à un stimulus inattendu (sursaut). La respiration peut être irrégulière, l'enfant donnant la sensation d'être en alerte, instable, incapable de se détendre. Il faut distinguer les tics des mouvements anormaux neurologiques, de la chorée, des rythmies diverses et de certaines habitudes motrices réalisant un mouvement complet. Les tics sont d'origine corticale, impliquant le psychisme, alors que les spasmes intéressent les structures sous-corticales. Les tics passagers, transitoires apparaissent souvent réactionnels à des circonstances particulières (rentrée des classes, naissance d'un puîné). Le tic peut aussi être un symptôme d'état névrotique. Il s'intègre alors à une organisation de la personnalité de type obsessionnel. Dans de nombreux cas, l'enfant tiqueur est en contact avec un modèle familial avec lequel il s'identifie inconsciemment. L'entourage est fréquemment exigeant avec l'enfant, qui est soumis à une certaine pression psychologique pour satisfaire les idéaux de développement précoce de certaines fonctions (propreté) ou de l'autonomie. Actuellement, il semble dangereux de chercher la disparition du symptôme sans étudier la personnalité du patient. Certains auteurs utilisent la relaxation, avec ou sans psychothérapie. D'autres préconisent les techniques comportementales, visant à inverser les habitudes, en apprenant par exemple au sujet le mouvement inverse du tic. La thérapeutique médicamenteuse, surtout neuroleptique, est utilisée essentiellement dans la maladie de Gilles* de La Tourette. J.-M. C.

Bibliographie

Dugas, M., 1982, « Tics », in Koupernik, C., Lôo, H., et Zarifian, E., *Précis de psychiatrie*, Paris, Flammarion.

timbre

n.m. (angl. Timbre)

Caractère de la sensation auditive qui permet de distinguer les sons selon plusieurs dimensions (par exemple épais/pointu, compact/diffus, coloré/sans couleur, plein/vide) et qui diffère des dimensions de la hauteur et de la sonie.

Le timbre dépend lui-même de plusieurs facteurs, en particulier la distribution de l'énergie parmi les composantes fréquentielles ainsi que le décours temporel de l'énergie lors de l'établissement et de l'extinction des différentes composantes. Les différences de timbre permettent de distinguer les différentes voyelles et de reconnaître les instruments musicaux. M.-C. B.

Tinbergen (Nikolaas)

Éthologiste britannique d'origine néerlandaise (La Haye 1907-Oxford 1988).

Il est avec K. Lorenz cofondateur de l'éthologie classique objectiviste. Ses travaux sur l'orientation des Insectes et sur la communication chez les Oiseaux lui ont valu le prix Nobel de médecine en 1973 avec K. Lorenz et K. von Frisch. Parmi ses écrits, il faut citer *Étude de l'instinct* (1951), *la Vie sociale des animaux* (1953), *l'Univers du goéland argenté* (1954). R. C.

→ éthologie, objectivisme.

Titchener (Edward Bradford)

Psychologue américain d'origine britannique (Chichester 1867-Ithaca, New York, 1927).

Élève de Wundt, professeur à l'université Cornell d'Ithaca, il est le principal représentant de la psychologie expérimentale aux États-Unis (*Experimental Psychology*, 1901-1905; *A Textbook of Psychology*, 1910). Dans l'étude de la sensation, de l'attention, de la perception (*Feeling and Attention*, 1908; *Thought Process*, 1909), il recherche les supports physiologiques de la conscience.

R. L.

Tolman (Edward Chace)

Psychologue américain (West Newton, Massachusetts, 1886-Berkeley, Californie, 1959).

Il enseigne la psychologie à Berkeley toute sa vie sauf de 1950 à 1953, période pendant laquelle il est démis de ses fonctions pour opposition au maccartisme.

Spécialiste de l'apprentissage chez l'Animal (il étudie notamment son comportement dans les labyrinthes de laboratoire), Tolman, sans se démarquer totalement du béhaviorisme, en modifie le projet par l'usage qu'il propose de la notion d'*intentionnalité* (angl. Purposiveness). Pour Tolman, le comportement est un phénomène molaire, qui permet à un être, par des moyens choisis, d'atteindre un objet-but; ce qui implique une référence nécessaire à des variables intermédiaires de types motivationnel et cognitif (définies objectivement). Il a écrit notamment *Purposive Behavior in Animals and Men* (1932).

A. G.

→ attente, cognition animale, intentionnalité.

tonalité chromatique

(angl. Hue)

Attribut d'une sensation lumineuse correspondant à la couleur perçue. (Syn. teinte.)

La tonalité s'exprime par des dénominations de couleurs telles que « bleu », « vert », « jaune », « orange », « rouge », « pourpre », etc., et correspond généralement à la longueur d'onde dominante de la stimulation.

C. B.

tonique

adj. (angl. Tonic)

1. **Relatif au tonus musculaire.** 2. **Se dit d'une structure anatomique ou d'un phénomène dont l'activité est permanente ou maintenue de façon régulière durant toute la durée de la stimulation.**

On distingue les récepteurs sensitifs, dont l'activité électrique se maintient pendant toute la durée de la stimulation (récepteurs toniques), et les récepteurs phasiques, qui ne détectent que les changements de stimulation. Dans le système nerveux, les neurones toniques ont une activité permanente et régulière par rapport aux neurones phasiques, dont l'activité est faite de bouffées brèves. On qualifie également de « toniques » certaines fonctions caractérisées par leur durée et leur régularité : le maintien d'une posture est une activité tonique, à l'opposé du mouvement.

F. J.

→ article suivant.

tonus

n.m. (angl. Tone)

État de légère tension résiduelle des muscles au repos, qui se traduit par la résistance plus ou moins importante qu'oppose le muscle lorsqu'on l'étire.

La tension du muscle est entretenue par l'activité de contraction permanente de certaines fibres musculaires commandées par des motoneurones dont l'activité est tonique. Cette activité, par opposition à l'activité phasique, présente les caractéristiques suivantes : 1. il s'agit d'un tétanos à basse fréquence ; 2. l'activité tonique n'est génératrice ni de mouvement ni de déplacement; 3. elle est persistante; 4. elle est peu sensible aux effets de fatigue; 5. enfin, sa dépense énergétique est faible.

Essentiellement impliqué dans la création et le maintien de la posture, le tonus a des rôles multiples. C'est lui qui établit les rapports statiques et réciproques entre les différents segments corporels et fixe les pièces articulées du squelette dans des positions solidaires les unes des autres (l'attitude). C'est également lui qui, par son action antigravitaire, permet le maintien de la station verticale. Par les modifications continuelles de sa répartition au niveau musculaire, il contribue aux mécanismes d'équilibration et à leur maintien au cours des déplacements actifs ou passifs du corps. Le tonus contrôle la disponibilité des muscles aboutissant à la réalisation d'un geste ou d'un mouvement et régule la précision des actes volontaires ou des actes réflexes (tout particulièrement ceux de la locomotion). Tout mouvement s'effectue en effet à partir d'une posture pour se terminer dans une autre posture. Les activités musculaires toniques et phasiques sont donc liées : il n'y a pas plus d'activité tonique isolée que de contraction phasique d'un seul muscle. Un des mécanismes fondamentaux impliqués dans la régulation du tonus musculaire est le réflexe myotatique. La stimulation des fuseaux neuromusculaires et des corpuscules tendineux de Golgi par l'étirement des muscles (essentiellement provoqué par la pesanteur) met en jeu les motoneurones alpha situés dans la moelle épinière. Cette stimulation induit une réponse tonique et antigravitaire des muscles. Les corpuscules de Golgi exercent une action inhibitrice sur l'activité alpha. Cette régulation a pour fonction d'éviter une contraction musculaire trop importante ou inadaptée lors d'un mouvement ou d'un changement de posture. La boucle gamma, née des motoneurones médullaires gamma, intervient également dans la contraction musculaire en assurant une régulation de la tension des fuseaux destinée à amortir les effets de l'étirement ou du relâchement des muscles. La proprioception, mise en jeu par les changements de positions des articulations lors d'un geste ou d'un mouvement, est aussi impliquée dans le contrôle du tonus. Le système vestibulaire agit par la voie vestibulo-spinale : les informations vestibulaires participent au réflexe myotatique et renforcent le tonus des muscles extenseurs de la tête, de la nuque et des membres. Le système vestibulaire a une action directe sur la régulation du tonus musculaire antigravitaire et le contrôle de la posture. Enfin, les informations sensorielles extéroceptives modifient le tonus musculaire en permettant l'adoption de postures favorables à un traitement des informations issues du milieu environnant.

Le tonus musculaire dépend avant tout de la sensibilité proprioceptive des muscles. L'intensité du tonus dans chaque muscle et sa répartition locale ou globale sont réglées par des circuits réflexes multiples dont les centres se trouvent à différents niveaux du système nerveux central. Cette dispersion explique que des atteintes variées du névraxe, ou des différences de maturation, perturbent l'activité tonique (hypo- ou hypertonie) mais ne l'abolissent jamais complètement. Le tonus musculaire n'est pas uniquement la résultante de facteurs endogènes contrôlés par des mécanismes centraux. Essentiellement au service de la motricité de relation avec l'environnement, le tonus musculaire est perpétuellement modifié par des facteurs exogènes qui vont régler la précision de son ajustement dans les activités motrices. Les réflexes spinaux d'étirement sont présents dès la naissance. Leur organisation est néanmoins différente de celle qui est observée chez le nourrisson plus âgé et chez l'adulte. L'activité synergique entre muscles agonistes et antagonistes est très marquée durant les premiers mois de la vie. De même, jusqu'à l'âge de six mois, il n'existe pas d'activation réciproque entre muscles fléchisseurs et muscles extenseurs impliqués dans les réponses à l'étirement. Enfin, les structures nerveuses responsables de l'inhibition de la contraction musculaire et du mouvement ne semblent pas actives avant l'âge de deux mois. Cette organisation spécifique du tonus musculaire est en grande partie responsable des postures qui sont adoptées par le bébé. L'hypertonicité des muscles fléchisseurs, l'absence de mécanismes inhibiteurs et l'hypotonie du tonus axial imposent des postures asymétriques en flexion comme la position de l'escrimeur, décrite initialement par André-Thomas.

Cette organisation posturale est également liée à la prédominance des réponses archaïques (→ archaïque [réflexe]) durant les débuts de la vie. Les réflexes proprioceptifs du cou, qu'ils soient symétriques ou asymétriques, interviennent dans la régulation tonico-posturale. L'extension de la tête (par rapport au plan des épaules) provoque une extension des bras et une flexion des membres inférieurs. À l'opposé, la flexion de la tête induit une flexion des membres supérieurs et une extension des jambes. De même, la rotation de la tête entraîne une extension des membres ipsilatéraux (quand la tête tourne vers la gauche, cela entraîne une extension du bras et de la jambe gauche) et une flexion des membres contralatéraux (c'est-à-dire dans notre exemple du bras et de la jambe droite). Ces réponses toniques archaïques imposent par leur organisation les modes de traitement des informations extéroceptives. Ainsi, la poursuite visuelle du nouveau-né est sous la dépendance des postures corporelles. Avec le déclin des réponses archaïques, les réponses précoces de redressement apparaissent; elles vont former la base de l'équilibration. Ces réactions apparaissent dans un ordre déterminé (redressement de la tête, du tronc et du corps dans son ensemble), obéissent aux lois de Coghill de développement céphalocaudal et proximodistal (→ développement psychomoteur) et vont permettre l'acquisition des mécanismes sophistiqués de régulation tonique de la station verticale et de la locomotion.

F. J., J. P. et M. B.

tonus cortical

(angl. Cortical Alertness)

Intensité des processus nerveux dont une structure nerveuse est le siège.

Le tonus cortical désigne également les conséquences de cette activité nerveuse sur le comportement. Dans le cas du cortex, une activité tonique intense (ou vigilance corticale) se traduit par une excitabilité élevée, assurant une réactivité optimale aux stimulus du milieu.

La fréquence de décharge des neurones corticaux est maximale au cours des états vigiles, minimale au cours du sommeil lent et élevée au cours du sommeil paradoxal, avec une organisation temporelle particulière. J.-C. R.

→ vigilance.

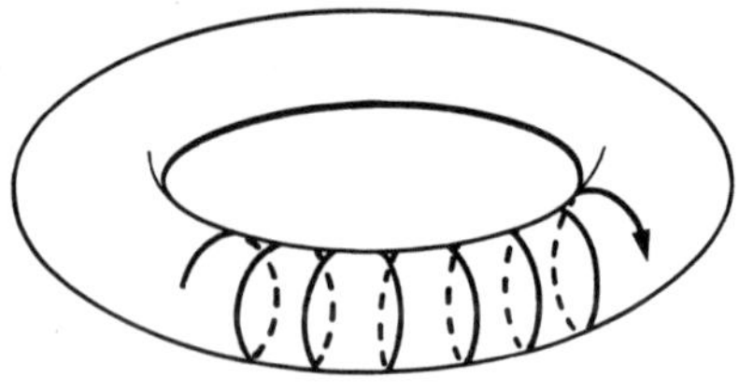

Figure 1. Le tore.

tonus réticulaire

(angl. Reticular Tonic Activity)

Ensemble des effets activateurs toniques que le système réticulaire du tronc cérébral exerce sur la vigilance du cortex et sur les systèmes moteurs et végétatifs.

La formation réticulée présente, chez le sujet éveillé, une activité tonique qui participe au maintien de la vigilance générale de l'organisme, lequel se trouve ainsi prêt à réagir de manière adaptée aux stimulations du milieu. Le tonus réticulaire est entretenu en particulier par les afférences sensorielles provenant du monde extérieur (dynamogénie sensorielle) et du milieu intérieur. Cette tension se relâche au cours des baisses de vigilance. J.-C. R.

→ vigilance.

topique

n.f. (angl. Topography; allem. Topik)

PSYCHAN. **Mode théorique de représentation du fonctionnement psychique comme un appareil ayant une disposition spatiale.**

Devant la nécessité de représenter le psychisme comme une interaction dynamique d'instances, souvent fortement conflictuelle, S. Freud propose de représenter ces instances par un appareil psychique réparti dans l'espace. Il introduit une première topique (1900) dans laquelle les instances sont l'inconscient, la perception-conscience, le préconscient. En 1920, dans une seconde topique, Freud corrige la précédente en lui ajoutant le ça, le surmoi, le moi. Ces deux topiques ne se recoupent pas. R. L.

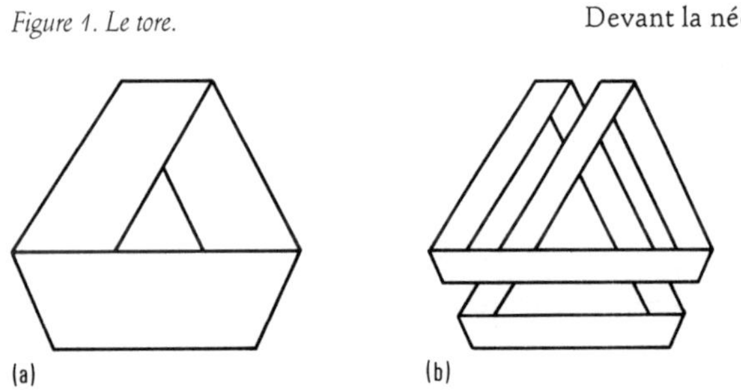

Figure 2. La coupure de la bande de Möbius. À gauche (a), bande de Möbius; à droite (b), bande de Möbius bipartie. Cette bande comporte deux bords et deux faces alors que la bande de Möbius n'a qu'une seule face et un seul bord.

topologie

n.f. (angl. Topology)

Géométrie souple qui traite en mathématiques des questions de voisinage, de transformation continue, de frontière et de surface sans faire intervenir nécessairement la distance métrique.

En psychanalyse, le terme *topologie* se réfère essentiellement aux élaborations de J. Lacan. (→ mathème.) À partir de 1962, Lacan a développé dans le séminaire *l'Identification* la topologie du tore, de la bande de Möbius et du Cross Cap. Celle-ci est résumée dans le texte *l'Étourdit* de 1972. Le tore, qui est comparable à la surface d'une chambre à air, représente l'enchaînement du désir au désir de l'Autre (Figure 1). En effet, le signifiant de la demande se répète en faisant sur le tore une coupure qui tourne à la fois autour du « trou circulaire » du tore et autour du trou central. C'est-à-dire que la demande semble tourner autour d'un objet mais elle rate le véritable objet du désir, qui se situe ailleurs, dans le trou central. Il faut alors se représenter le tore du grand Autre enchaîné avec le premier de telle sorte que

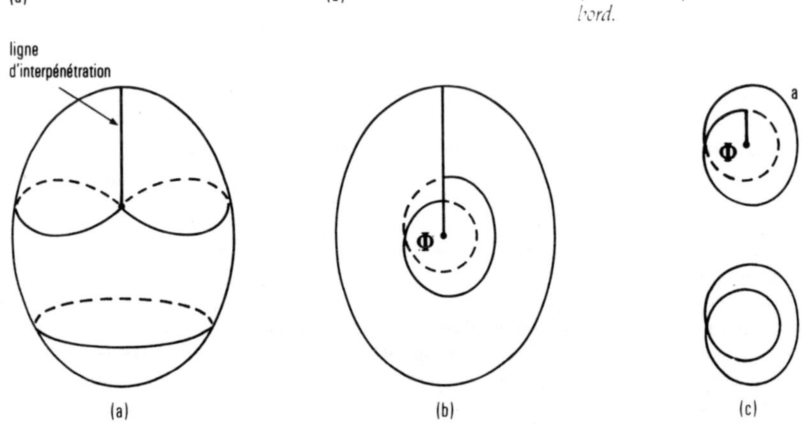

Figure 3. La topologie du Cross Cap. À gauche (a), le Cross Cap; au centre (b), la coupure en double boucle du Cross Cap; à droite (c), la bande de Möbius. La rondelle de l'objet a *ferme la bande de Möbius pour constituer le Cross Cap.*

demande et désir se situent ici de façon inversée. Ainsi, le désir du sujet névrosé représenté dans ces tores a pour objet la demande de l'Autre et, inversement, ce que le sujet demande, c'est l'objet de l'Autre. Dans la bande de Möbius, par contre, la coupure représentée par le bord unique de la bande cerne un objet *a* (Figure 2). La bande de Möbius peut être illustrée par une ceinture qu'on a refermée après avoir effectué une demi-torsion. Cette surface curieuse a la propriété de ne posséder qu'une seule face et qu'un seul bord. Cette bande, où l'endroit rejoint l'envers, représente bien le rapport de l'inconscient au discours conscient. Cela signifie que l'inconscient est à l'envers mais qu'il peut surgir dans le conscient en tout point du discours. Il est possible de figurer l'interprétation comme une coupure médiane de cette bande, qui la transformerait alors en une autre bande munie de deux faces et de deux bords. C'est-à-dire que l'interprétation analytique mettrait en évidence l'inconscient comme envers du discours dans le même temps où cet inconscient se désisterait comme tel.

Lacan montre dans *l'Étourdit* la transformation du tore névrotique en bande de Möbius par la coupure interprétative. Le bord unique de la bande de Möbius est l'équivalent d'un cercle, si bien que ce bord peut servir de frontière à un disque qui viendrait ainsi fermer la bande de Möbius. Cette opération ne peut s'imaginer dans l'espace à trois dimensions qu'en admettant un artifice, c'est-à-dire que les surfaces puissent se traverser. La surface ainsi formée n'a plus de bord. Elle ressemble à une sphère mais, comme la bande de Möbius, elle n'a qu'une seule face, c'est-à-dire que l'intérieur communique avec l'extérieur. C'est le Cross Cap, un modèle du plan projectif (Figure 3). Le disque, la rondelle fermant la bande de Möbius, constitue l'objet a. Cet objet a, qui échappe donc au niveau du tore, se découpe sur le Cross Cap. Cette topologie soutient le mathème du fantasme ($ ◇ a), où la coupure du sujet est représentée par la bande de Möbius alors que l'objet a est figuré par la rondelle.

Nœud borroméen

La distinction du réel, du symbolique et de l'imaginaire est essentielle dès les premiers séminaires de Lacan. En montrant que l'inconscient est structuré comme un langage, le rôle déterminant du symbolique a été souligné et en particulier sa primauté sur l'imaginaire. L'imaginaire est lié à l'image du corps et à la relation spéculaire du moi au petit autre. Quant au réel, il se distingue de la réalité, qui n'est qu'un réel apprivoisé par le symbolique et l'imaginaire. Il ne peut se définir que par la butée de l'impossible, comme ce qui échappe justement au symbolique et à l'imaginaire. (→ Lacan, Figure 1.) Dans le nœud borroméen, utilisé par Lacan dès 1972, réel, symbolique et imaginaire consistent en trois anneaux absolument distincts dans le sens où ils sont libres deux à deux. Ils ne font pas chaîne l'un avec l'autre. Le nœud réalise le lien de ces trois dimensions sans qu'aucune d'elle ne s'enchaîne à aucune autre. La coupure d'une des trois libère les deux autres.

Le nœud borroméen permet alors une nouvelle écriture des mathèmes au niveau des points de coincement du nœud. Ainsi, Lacan situe le sens au niveau où le symbolique recouvre l'imaginaire ; le sens est bien un effet du symbolique dans l'imaginaire mais le nœud montre que le réel intervient également si bien que l'effet de sens de l'interprétation analytique peut être aussi réel. L'objet *a* trouve sa place au niveau central ; la jouissance phallique (JΦ) et la jouissance de l'Autre (JA) sont également situées sur le nœud. À partir de là, la clinique illustre les différents modes de nouage du nœud, c'est-à-dire la façon singulière pour un sujet de faire tenir ensemble ces différentes dimensions, éventuellement grâce à un quatrième cercle, celui du symptôme.

M. D.

Bibliographie

Darmon, M., 1990, *Essais sur la topologie lacanienne*, Paris, Édition de l'Association freudienne, Distique.

Lacan, J., 1966, *Écrits*, Paris, Le Seuil.

Lacan, J., 1973, *l'Étourdit*, Paris, Le Seuil.

Lacan, J., 1979, « Réel, symbolique, imaginaire, 1974-75 », in *Ornicar?*, Paris, Le Seuil.

toucher

n.m. (angl. Touch)

L'un des cinq sens extéroceptifs décrits classiquement chez l'Homme, avec la vue, l'ouïe, l'odorat et le goût, et constituant l'ensemble des sensibilités cutanées, musculaires et articulaires qui permettent l'exploration, par la surface du corps, des caractéristiques de forme, de taille, de texture, de température, de position et de mouvement des objets.

Neurobiol. On distingue un *toucher protopathique*, impliqué dans la perception diffuse de la présence d'un objet et de ses propriétés nociceptives ou thermiques, et un *toucher discriminatif*, ou *épicritique*.

Les récepteurs cutanés du toucher sont des mécanorécepteurs, des nocicepteurs et des thermorécepteurs. Les récepteurs articulaires et, plus encore, les récepteurs proprioceptifs musculaires (fuseaux neuromusculaires) participent à la perception des formes solides : ces derniers codent les étirements des muscles qui accompagnent la palpation et la préhension. Les messages proprioceptifs et tactiles épicritiques empruntent, dans la moelle, la voie des colonnes dorsales et, pour les seconds, certains faisceaux des cordons dorsolatéraux (faisceau spinocervicothalamique) et antérolatéraux (faisceau néospinothalamique). Les messages protopathiques sont véhiculés par les faisceaux spinothalamique et spinoréticulaire du cordon antérolatéral. Après relais bulbaire puis thalamique, les messages tactiles aboutissent sur le cortex pariétal antérieur (aires somesthésiques primaire S1 et secondaire S2) et sur le cortex pariétal postérieur.

La discrimination tactile est fonction de facteurs liés à la réception, à la conduction et à l'intégration centrale des messages cutanés : 1. nature des récepteurs (champ récepteur étroit ou étendu, adaptation lente ou rapide) ; 2. inhibition latérale, par laquelle des afférences sensorielles d'origine voisine s'inhibent mutuellement, ne laissant transiter que les plus intenses et les plus synchrones ; ce mécanisme d'accentuation des contrastes assure la conservation de la résolution spatiale et des caractéristiques dynamiques du récepteur ; 3. filtrage sensoriel exercé par les commandes motrices contrôlant l'exploration tactile ; 4. organisation des aires réceptrices.

Les projections somesthésiques s'organisent sur S1 selon l'origine des afférences (somatotopie) et selon leurs sous-modalités. La surface corticale dévolue à l'analyse sensorielle d'une région donnée du corps est fonction de la densité des récepteurs dans cette région et de la taille de leur champ récepteur (ainsi, la représentation des doigts sur S1 est 100 fois plus étendue que celle du tronc). Les différentes aires de S1 procèdent à une analyse hiérarchisée des caractéristiques du stimulus. Les neurones analysant les caractéristiques élémentaires transmises par les récepteurs s'articuleraient avec des neurones aux propriétés plus complexes, capables par exemple de détecter un déplacement du stimulus sur la peau dans une direction donnée, ou encore l'arête d'un objet posé sur la peau selon une orientation particulière.

Un degré plus élevé d'intégration est réalisé par le cortex pariétal postérieur, où convergent des informations déjà traitées par S1, des messages liés aux mouvements, d'autres enfin issus des centres gouvernant les comportements motivés. Cette région du cortex jouerait un rôle important dans l'attention ou dans les mouvements dirigés vers les stimulus tactiles qui sont momentanément un centre d'intérêt.

Quant à S2, qui intègre des afférences issues des deux côtés du corps, des informations relayées par S1 et éventuellement par le cortex pariétal postérieur, elle pourrait participer à l'identification et à la mémorisation des objets.

J.-M. C.

Génér. et Dévelop. Contrairement à ce qu'on observe dans les autres modalités, les récepteurs cutanés (terminaisons nerveuses libres, corpuscules de Meisner, corpuscules de Pacini) ne sont pas regroupés dans la face mais sont répartis sur toute la surface du corps. Ces récepteurs de contact réagissent à la déformation mécanique de la peau et leur densité varie beaucoup d'une région à l'autre. Par exemple, le pouvoir discriminatif est de 1,8 à 2 mm dans la bouche, autour des lèvres et sur la pulpe de l'index et seulement de 67 mm sur la face antérieure de la cuisse.

Le toucher est *passif* lorsque la stimulation sensorielle est reçue par un segment corporel qui est immobile et au repos. Il est *actif* si ce segment est mobilisé activement à la recherche de la stimulation (mouvements spécifiques d'exploration perceptive). Dans ce dernier cas, les récepteurs sensoriels profonds situés dans les tendons, articulations, etc., sont excités en même temps que les récepteurs cutanés de la peau. On parle alors de perceptions *tactilo-kinesthésiques* (angl. Haptic) pour souligner la participation de la proprioception à ce processus. Plus encore que dans les autres modalités sensorielles, les perceptions tactiles sont bien plus riches et fines lorsque des mouvements d'exploration sont effectués par les organes sensoriels que lorsqu'il s'agit de perception passive. Ces mouvements permettent en effet d'augmenter la taille du champ perceptif tactile, qui est toujours limité à la zone de contact.

Les régions du corps qui sont les plus efficaces dans le domaine tactilo-kinesthésique sont donc nécessairement celles qui sont à la fois le plus richement dotées en récepteurs sensoriels et aussi les plus mobiles. Dans les premiers mois de la vie, la fonction perceptive tactile est assurée surtout par la bouche et les lèvres. Ensuite, la main devient l'organe perceptif tactilo-kinesthésique principal.

Le toucher nous renseigne sur les propriétés spatiales de l'environnement (formes, grandeurs, localisation spatiale en direction et en distance, orientation) et sur ses propriétés physiques : qualité des matériaux, texture des surfaces, poids, température, etc. C'est un système perceptif moins performant que la vision dans le domaine spatial, mais capable cependant de remplacer celle-ci en grande partie en cas de défaillance temporaire (dans l'obscurité) ou définitive (cécité). Même des bébés de 2-3 mois discriminent tactilement par la bouche, mais aussi par les mains, certaines formes géométriques qu'ils ne peuvent pas voir (Stréri, 1987). Il y a donc une certaine vicariance fonctionnelle des deux systèmes bien que leur organisation anatomophysiologique soit très différente. C'est pourquoi on s'est demandé, depuis des siècles, si la vision et le toucher donnaient accès à la même connaissance du monde et si les aveugles-nés opéraient sur le même type d'espace que les voyants. Les travaux contemporains (Hatwell, 1966, 1986; Warren, 1978) conduisent à donner une réponse affirmative à cette question, même si les enfants aveugles de naissance construisent les représentations et concepts spatiaux plus lentement et difficilement que les voyants.

Le toucher se coordonne à la vision chez les personnes disposant des deux systèmes perceptifs. (→ transfert intermodal.) Chez les voyants, le toucher reste cependant subordonné à la vision pour l'accès aux connaissances spatiales car, dans ce domaine, les capacités discriminatives de l'œil sont nettement supérieures à celles de la main. Les perceptions tactilo-kinesthésiques manuelles jouent par contre un rôle essentiel dans les discriminations de texture et dans la régulation des activités motrices de la main (une anesthésie partielle d'un doigt désorganise les gestes les plus automatisés). C'est pourquoi on essaie aujourd'hui de doter les prothèses des membres et certains robots industriels de capteurs sensoriels tactiles permettant de recréer une boucle sensori-motrice augmentant l'efficacité du système. Y. H.

BIBLIOGRAPHIE

Hatwell, Y., 1966, *Privation sensorielle et intelligence*, Paris, P.U.F.

Hatwell, Y., 1986, *Toucher l'espace. La main et la perception tactile de l'espace*, Lille, Presses universitaires de Lille.

Klatzky, R. L., et Lederman, S. J., 1987, « The Intelligent Hand » dans *The Psychology of Learning and Motivation*, vol. 21, New York, Academic Press.

Montagu, A., 1986, *Touching: the Human Significance of the Skin*, New York, Cambridge, Mass., Philadelphie, Harper and Row.

Schiff, W., et Foulke, E., 1982, *Tactual Perception : a Sourcebook*, Cambridge, Londres, New York, Cambridge University Press.

Streri, A., 1987, « Tactile Discrimination of Shape and Intermodal Transfer in 2- to 3-Month-old Infants » dans *British Journal of Developmental Psychology*, *5*, 213-220.

Warren, D. H., 1977, *Blindness and Early Childhood Development*, New York. American Foundation for the Blind.

Tourette (maladie de Gilles de La)

→ Gilles de La Tourette (maladie de).

tous et quelques (réglage du)

GÉNÉR. et DÉVELOP. **Mise au point de la « liaison fondamentale unissant une sous-classe, caractérisée par l'extension *quelques*, à sa classe emboîtante, caractérisée par l'extension *tous*, ces quelques et ces tous étant eux-mêmes déterminés par un certain nombre de qualités ou de relations en compréhension ».** (J. Piaget et B. Inhelder.)

Ce réglage est un ajustement réciproque et adéquat entre la compréhension (prédicat) et l'extension (quantification des termes auxquels s'applique ce prédicat).

DÉVELOP. L'acquisition des notions de tous et de quelques a été étudiée grâce à un questionnement portant sur divers matériels qualifiés par trois propriétés, une commune à tous les objets présentés (des fleurs par exemple), les deux autres avec chacune deux valeurs, des tulipes ou des roses, jaunes ou blanches. Les questions portent sur le nombre relatif des éléments composant une classe et une de ses sous-classes (quantification extensive). Avant 5 ans, les enfants n'ont pas plus la notion de « tous » que celle de « quelques ». Vers 5 à 6 ans, ils manient correctement le « tous » lorsque 2 sous-classes seulement sont en présence (roses blanches et tulipes jaunes). Mais ils donnent à « quelques » un sens absolu : « quelques » est assimilé à un petit nombre ; par exemple, il y a plus de tulipes que de fleurs parce qu'il y a beaucoup de tulipes et peu de roses. Admettre que le même ensemble de fleurs puisse à la fois être « toutes les tulipes » et « quelques fleurs » est impossible. C'est seulement à la période des opérations concrètes que l'enfant maîtrise la notion de « tous », à 7 ans, et celle de « quelques », à 8-9 ans, et cela seulement sur un matériel concret disposé devant lui. E. V.

→ quantification.

tout

n.m. (allem. Ganzheit)

Figure ou objet pris dans son entier.

Un des principes de la théorie de la forme est que la perception du tout précède ou tout au moins accompagne celle de ses parties.

RELATION ENTRE UN TOUT ET SES PARTIES

Le tout a des propriétés à lui qui ne se réduisent pas à la somme des propriétés de

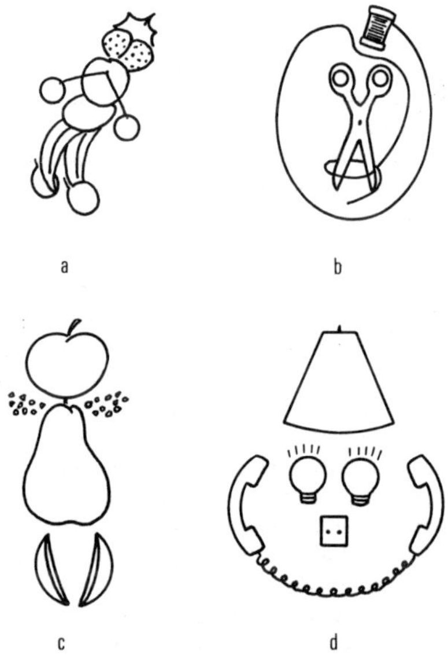

Figure 1. Tout. Relation d'un tout et de ses parties. Échantillon de dessins ambigus identifiables d'après la forme du tout ou d'après celle des détails. Références bibliographiques *:*
— pour dessins a et b*: Dworetzki, G., 1939, « le Test de Rorschach et l'évolution de la perception. Étude expérimentale »,* Archives de psychologie, Genève*, 27, 233-296.*
— pour les dessins c et d*: Elkind, D., Koegler, R. R., et Go, E., 1964, « Studies in Perceptual Development, II Part-whole Perception,* Child Development*, 35, 81-90.*

ses parties. Celles-ci sont articulées entre elles par un ensemble de relations dynamiques qui en déterminent la structure. Les parties sont subordonnées au tout à un degré plus ou moins fort. Lorsque la forme du tout est forte, les parties lui sont totalement soumises, l'organisation est très stable. Si les parties ont des formes fortes alors que le tout a une forme faible, l'organisation devient instable. Une partie n'a pas la même forme perçue lorsqu'elle appartient à un tout, à un autre ou qu'elle est isolée. La modification d'une partie se répercute sur la forme perçue des autres parties et du tout. Dans le cas de transposition, le tout garde la même forme alors que toutes les parties ont changé à condition que les relations entre parties aient été conservées.

DÉVELOP. Jusqu'à 7 à 8 ans, les performances des enfants, dans des tâches de différenciation et d'identification, sont très sensibles à la manière dont ceux-ci organisent les objets ou dessins qu'on leur propose. R. Meili a interprété notamment le syncrétisme perceptif par une soumission excessive aux lois de la forme. Les propriétés structurales d'un dessin (ou objet) déterminent la force relative du tout et de ses parties et, en conséquence, si ce dessin sera perçu, et identifié, comme un ensemble unique (le tout) ou comme la juxtaposition de détails (les parties). Lorsqu'un dessin complexe est construit de telle sorte que le tout et chacune des parties ont une signification, plusieurs identifications deviennent possibles. Par exemple, un skieur dont les jambes sont des bananes, les pieds des prunes, les bâtons une boucle de cerises, etc., est identifié par un adulte comme « un skieur fait de fruits » : les deux niveaux d'organisation sont perçus et emboîtés. Ce n'est pas le cas pour les enfants de moins de 8 ans. Même s'ils sont capables de percevoir et d'identifier le tout, ou les parties, à des moments différents, les deux identifications sont exclusives : si c'est une banane, cela ne peut pas être en même temps une jambe.

Le tout et les parties ne sont pas encore articulés et cela est vrai aussi bien pour les figures géométriques que pour des dessins significatifs. Si le tout a une forme forte, c'est lui qui est de préférence identifié (Figure 1) ; si ce sont les parties qui ont une forme forte, l'identification porte sur elles.

E. V.

→ gestaltthéorie, perceptive (organisation), syncrétisme.

toxicomanie

n.f. (angl. Drug Addiction)

Relation de dépendance aliénante à une drogue plus ou moins toxique, tendant à subordonner toute l'existence du sujet à la recherche des effets du produit.

LE PROBLÈME TERMINOLOGIQUE

Pour les experts de l'Organisation mondiale de la santé, les termes de *toxicomanie* ou d'*assuétude* doivent être remplacés par celui, plus objectif, de *pharmacodépendance* (instauration d'une dépendance psychique ou physique à la drogue, induisant des effets nocifs pour l'individu et la collectivité).

C. Olievenstein avait proposé de la toxicomanie une définition descriptive : est toxicomane « quiconque, à partir d'un produit de base, fait l'escalade vers un ou d'autres produits et l'utilise quotidiennement ou quasi quotidiennement ».

De fait, si les descriptions cliniques de différentes formes de toxicomanie sont généralement concordantes, il n'y a guère accord entre les auteurs quant à une définition simple. Le concept d'escalade, devenu mythe explicatif, est fort critiqué. La notion de dépendance est centrale en toxicomanie, mais ne le résume pas : la dépendance instaurée « de l'extérieur », ou la dépendance expérimentale chez des animaux de laboratoire, ne suffit pas à rendre compte de l'appétence pour le toxique (la « toxicophilie »), ni de la quête même de dépendance chez certains sujets, constituant la « passion » particulière pour les *drogues*, la toxicomanie.

Le caractère aliénant de la dépendance, souvent vécue subjectivement comme un processus morbide échappant à la volonté du sujet, distingue la toxicomanie d'autres formes d'*usage de drogues*. Tant au niveau de la définition que de la recherche des causes de la toxicomanie, il existe un certain consensus pour considérer cette entité comme complexe et multifactorielle : la nécessaire « rencontre d'une personnalité, d'un produit, d'un moment socioculturel » (Olievenstein) comme les trois pôles « Set, Setting, Substance » (N. Zinberg) montrent la difficulté à aborder le problème sous un éclairage unique. La psychologie, la pharmacologie mais aussi l'histoire, les approches sociales, culturelles, juridiques ont leur rôle à jouer en la matière : mal de notre temps, la toxicomanie met en cause la médecine et la recherche scientifique, interroge l'ensemble des sciences humaines...

HISTORIQUE

Au cours du XIXe siècle, avec les œuvres de T. de Quincey, de Ch. Baudelaire et de bien d'autres, l'*opium* puis le *haschisch*, devenus objets de littérature, allaient fonder le mythe de la *drogue*. Les premières descriptions d'une toxicomanie moderne devaient être celles du *morphinisme* (Levinstein). S'y retrouvent en effet tous les éléments cliniques des descriptions actuelles : phase initiale de plaisir, la « lune de miel » succédant parfois à un véritable « coup de foudre ». Puis évolution « morbide » vers un besoin obsédant, le sujet ne vivant plus que pour pouvoir se procurer sa drogue et éviter les souffrances du *manque* : la primauté de ce besoin sur tous les autres investissements du sujet entraîne la déchéance sociale, morale, physique et fait du drogué l'image de la chute, le symbole de la *dégénérescence*. Un premier glissement sémantique devait faire substituer au morphinisme la morphinomanie, au cocaïnisme la cocaïnomanie, etc. Les premières formulations concernaient des intoxications chroniques, le processus morbide découlant des effets du produit. La *monomanie* pour une drogue souligne le caractère recherché, volontaire, de l'intoxication : ainsi, Chambard distingue les « morphinisés », devenus accidentellement dépendants après une prescription médicale, des « morphinomanes », en quête de drogue pour des raisons de névrose, de perversion, bref de dégénérescence. Il est remarquable que le mot *manie* soit resté en vigueur jusqu'à nos jours alors que le modèle en fut la dipsomanie, aujourd'hui remplacée par l'*alcoolisme*.

La mode et les progrès de la médecine favorisant l'usage de produits nouveaux, il apparut rapidement que certains sujets devenaient dépendants de plusieurs produits, notamment en cherchant à utiliser une drogue pour mettre fin à l'habitude contractée avec une autre : les morphinomanes devinrent héroïnomanes, parfois héroïno-cocaïnomanes, etc. La quête du médicament idéal chez les médecins comme la quête de la drogue ultime entraînent donc la succession ou la coexistence de dépendances à des produits différents : de ce constat naquit, à la fin du XIXe siècle, le terme générique de *toxicomanie*.

LES TOXICOMANIES ACTUELLES

Objet de nombreux travaux médicaux, la toxicomanie apparaissait au début du siècle comme un fléau social majeur. Pourtant, la vogue actuelle des toxicomanies, remontant à la fin des années 1960, a été perçue comme un phénomène tout à fait nouveau, pour deux ordres de raisons.

Tout d'abord, par l'effet des premières législations (1916 en France), l'usage de drogues constitue un champ nouveau d'infractions. Le caractère transgressif, antisocial des toxicomanies actuelles est bien plus accusé que dans les toxicomanies « historiques ».

Par ailleurs, le recours aux drogues est vécu comme une expression du malaise de la jeunesse ou du conflit des générations, succédant aux problèmes posés par les bandes d'adolescents, les mouvements hippy ou psychédélique.

Les consultants en centres spécialisés pour toxicomanes présentent depuis plusieurs années un profil relativement stable : il s'agit de jeunes gens de 22 à 24 ans, de toutes les classes sociales, avec trois fois plus de garçons que de filles. Le premier usage de « drogue dure » a lieu aux alentours de 18 ans. Pour l'immense majorité, la drogue principale est l'héroïne, généralement utilisée en « shoot », parfois en « sniff ». Les estimations raisonnables situent le nombre de toxicomanes en France entre 80 000 et 120 000.

Parallèlement aux soins pour toxicomanes (la désintoxication) et aux efforts de prévention, nombre d'actions tendent aujourd'hui à limiter les conséquences des toxicomanies : en premier lieu, lutte contre l'échange des seringues, facteur de diffusion du sida, d'hépatites, etc. Mais aussi accompagnement de mères toxicomanes pendant et après la grossesse, soutien aux familles... L'idée de mettre fin à ce fléau par des mesures simples apparaît donc de plus en plus utopique.

Les modèles explicatifs

Modèle de maladie ?

Le premier « modèle de maladie » des toxicomanies remonte sans doute aux travaux de B. Rush (1790) sur l'intempérance alcoolique. Jusque-là, l'ivrognerie n'était qu'un vice, un péché, une faute. Tant en matière d'alcoolisme que de toxicomanies, des recherches fondamentales (biologie, pharmacologie, génétique...) tentent d'étayer cette conception d'un processus morbide, essentiellement dû à l'action des drogues sur des sujets prédisposés. Cette vision s'oppose à un abord purement moral ou juridique mais, instituée en modèle et non en simple métaphore, elle a pu conduire (cf. par exemple Szasz) à des propositions radicales en matière de soins ou de santé publique : la « maladie », échappant au sujet lui-même, peut légitimer l'idée de traitements obligatoires, voire des propositions d'enfermement généralisé pour enrayer une « épidémie ». L'importance historique du concept de dégénérescence en psychiatrie montre de fait qu'être considéré comme un malade n'évite ni le jugement moral ni des sanctions sociales dignes du traitement des criminels.

Les législations actuelles (loi du 31 décembre 1970) montrent que la société tend à considérer le toxicomane *à la fois* comme un malade et un délinquant.

Mal de civilisation ?

Dans une approche globale du phénomène, la toxicomanie a pu être interprétée comme la démarche sacrificielle d'une partie de la jeunesse (par exemple par J. M. Oughourlian). Ce sacrifice des junkies succéderait à l'échec de la contestation des hippies en constituant la caricature suicidaire d'une société de consommation individualiste.

Comme pour toutes les déviances d'adolescents, la pensée psychologique est souvent influencée par des approches socioculturelles permettant le parallèle entre ces déviances et les rites de passage en œuvre dans certaines cultures. L'usage de cette métaphore initiatique se situe à l'intérieur d'une réflexion sur le « désenchantement du monde », la perte de repères sacrés, de valeurs universellement admises par le groupe. Le parallèle entre l'usage des drogues et une démarche mystique a été fait depuis longtemps (P. de Félice, 1936).

Problème psychologique ?

Dans une optique comportementaliste, la toxicomanie peut se comprendre comme un comportement autorenforcé (béhaviorisme skinnerien ou conditionnement opérant). S'y ajoutent des phénomènes de conditionnement répondant (pavlovien) expliquant par exemple les « retours de manque » ou l'envie de drogue dans des situations comportant un stimulus conditionnel : dans cette optique, il n'est donc guère de différences entre la pharmacodépendance humaine et celle obtenue sur des animaux de laboratoire.

Plus complexe, un abord cognitiviste tente de faire la part de ce qui est appris dans la toxicomanie : le plaisir de la drogue, le manque, la dépendance sont l'effet d'un apprentissage où entrent en jeu des facteurs d'environnement, de pression du groupe : il est de fait que ce que l'on sait — ou croit savoir — d'une drogue a souvent autant d'importance que ses propriétés pharmacologiques. À de telles approches s'opposent radicalement les discours psychanalytiques dans lesquels le choix de la dépendance, l'engagement dans la toxicomanie ne peuvent se réduire à un comportement. Derrière le besoin de drogue, il faut rechercher cette quête de dépendance et même, si la toxicomanie constitue une tentative de s'effacer comme sujet, y voir un effet du désir. L'accent est donc souvent mis non sur les effets de la drogue, mais sur l'appétence toxicophilique. Malgré certains efforts pour cerner une « toxicomanie sans drogues » (Fenichel) ou une *structure* toxicomaniaque, il est en fait difficile de proposer une interprétation unique des conduites toxicomaniaques (comme de la *psychopathie*).

Assimiler toutes les formes de toxicomanie à une *perversion* ne serait qu'une façon de reformuler la question. Peu d'auteurs soutiennent que tous les toxicomanes présentent une structure perverse.

Après S. Rado, H. Rosenfeld a rapproché la problématique toxicomaniaque de troubles *maniaco-dépressifs*. L'utilisation de la drogue comme « antidépresseur », mais aussi comme toxique, moyen de suicide, fait la force de cette métaphore maniaco-dépressive.

C. Durand opposait les toxicomanes « compulsifs » névrotiques aux toxicomanes « impulsifs », pervers ou psychopathes. J. Bergeret insiste sur l'importance de la dépressivité et de l'anaclitisme en la matière et souligne qu'il n'existe pas de structure psychologique propre aux toxicomanes : aux névrosés, pervers, psychotiques, il oppose les « toxicomanes non structurés », à rapprocher des états limites. (Ce concept a été d'ailleurs utilisé par Glover pour caractériser les toxicomanies.)

La clinique des toxicomanes

La psychanalyse se heurte de fait au caractère agi de ces conduites ainsi qu'à l'importance de la drogue pour le sujet. Si l'usage de drogues peut souvent s'interpréter comme un symptôme, où la drogue garde valeur signifiante, la toxicomanie constitue un bouleversement de la vie du sujet : pour certains, création d'un « néo-besoin », elle devient opaque à une analyse dont les toxicomanes ne sont que rarement demandeurs. La prise en charge des toxicomanes a le plus souvent lieu dans le cadre d'institutions spécialisées, et la clinique en est souvent élaborée en termes phénoménologiques (Olievenstein).

Plus qu'une opposition entre béhaviorisme et psychanalyse, les différents modes de désintoxication relèvent de modèles implicites différents : d'un côté « modèle de maladie », où l'abstinence est but et moyen du traitement, de l'autre « modèle adaptatif », dans lequel l'usage de drogue constitue un compromis, une solution inventée par le sujet dans sa quête de bien-être et de bonheur.

Dans le discours des patients, les effets de la drogue, le vécu du *flash*, de la planète, se trouvent longtemps au premier plan.

Une des questions centrales est donc dans la relation du toxicomane au plaisir : plaisir réel, violent, voire « supérieur à un orgasme », et de plus apparemment maîtrisé, contrôlé par le sujet. Puis plaisir « négatif », suppression du manque afin de se sentir simplement normal : éprouver la réalité à travers la souffrance corporelle est aussi un élément clé de toute toxicomanie. Maîtrise du plaisir, de la souffrance, la toxicomanie est aussi à travers la poursuite de l'anesthésie tentative de mise à distance, de contrôle des relations érogènes, voire de ses propres fantasmes.

Un autre versant des toxicomanies, qui permet d'en éclairer le caractère scandaleux et provocant, est la relation du sujet à la transgression, au risque, à la mort.

Pathologie mise en acte et auto-infligée, la toxicomanie s'inscrit souvent dans une démarche délibérément transgressive. Les « conduites associées » que sont la délinquance, la prostitution, etc., sont trop souvent vécues comme une simple conséquence du besoin de se procurer une drogue fort onéreuse. Le lien à la délinquance est en fait plus complexe et ces conduites associées, qui ont parfois précédé l'usage de drogue, doivent plutôt être interprétées comme relevant d'une causalité commune à la toxicomanie.

La prise de risque, le jeu avec la mort ne sont pas non plus simplement une conséquence accidentelle de l'usage de drogues. Ni suicide délibéré ni « inconscience » absolue, la dimension ordalique y est souvent présente : l'expérience est ressentie par le sujet comme une épreuve, tentative paradoxale à la fois de s'autoengendrer, de renaître totalement libre et de s'en remettre entièrement à l'Autre.

FLÉAU SOCIAL OU MAL DE VIVRE ?

La recherche active de la transgression et du risque rend illusoires bien des campagnes de prévention : assimiler la drogue à un poison, la présenter comme le danger suprême, ne peut avoir aucun impact sur des sujets prêts à s'engager dans des épreuves dangereuses. Nombre d'auteurs remettent actuellement en question l'utilité de la prohibition des drogues en même temps qu'une vision de la toxicomanie comme fléau social. Dans l'optique d'une société individualiste, responsabiliser au plus tôt les sujets, les laisser libres de leurs choix et de leurs prises de risque paraîtrait plus adapté. À travers la prévention de l'abus des drogues, ce sont en fait toutes les conceptions de la culture, de l'éducation, des relations de l'individu au groupe qui se trouvent mises en cause. M. V.

BIBLIOGRAPHIE

Bergeret, J., 1982, *Toxicomanie et personnalité*, Paris, P.U.F., « Que sais-je ? ».
Brisson, P., 1988, *l'Usage des drogues et la toxicomanie*, Montréal, Gaëtan Morin.
De Felice, P., 1936, *Poisons sacrés. Ivresses divines*, Paris, Albin Michel.
Ferbos, C., et Magoudi, A., 1986, *Approche psychanalytique des toxicomanes*, Paris, P.U.F.
Olievenstein, C., 1978, *la Drogue et écrits sur la toxicomanie*, Paris, Gallimard.
Olievenstein, C., 1982, *la Vie du toxicomane*, Paris, P.U.F.
Olievenstein, C., 1987, *la Clinique du toxicomane*, Paris, Éd. universitaire.
Oughourlian, J. M., 1974, *la Personne du toxicomane*, Toulouse, Privat.
Zinberg, N., 1984, *Drugs, Set and Setting*, Yale University Press.

toxicopathie

n.f. (angl. Toxicopathy)

Ensemble des états pathologiques induits par l'usage de produits psychotropes.

Toxicomanies et alcoolisme peuvent être nosologiquement regroupés sous ce terme. Malgré leurs différences aux niveaux opérationnels et cliniques, ces affections possèdent en commun au niveau conceptuel le phénomène fondamental de la dépendance. P. F.

toxitude

n.f. (angl. Toxitude)

Habitude admise socialement d'user d'une substance psychotrope sans dommage et sans dépendance.

Le tabagisme a été considéré longtemps comme une toxitude. Il le reste pour une partie des fumeurs, mais peut devenir une authentique toxicomanie pour d'autres.

Le fait de consommer du vin à table, au cours des repas, est une toxitude pour la majorité des Français, mais la limite entre cet usage sans péril et la zone d'apparition de la dépendance est particulièrement variable et incertaine. P. F.

trace (conditionnement de)

(angl. Trace Conditioning)

Dans un conditionnement pavlovien, établissement d'une réponse conditionnelle dont la caractéristique est de n'apparaître qu'un certain temps après le début du stimulus conditionnel, ce dernier cessant d'être présenté.

C'est ce dernier point qui distingue le conditionnement de trace du conditionnement retardé. Le délai d'apparition de la réponse conditionnelle s'ajuste à celui du stimulus inconditionnel. P. L.

→ conditionnement.

trace mnésique ou trace

(angl. Memory Trace)

Modification de l'état du système nerveux central à la suite d'un apprentissage. (Syn. engramme.)

Une conception ancienne de la trace mnésique renvoie à la notion de trace organique possédant un contenu informationnel et caractérisée par son aspect local et stable. Il s'agit là d'une notion sans doute trop restrictive. En effet, il est désormais admis qu'un apprentissage modifie un ensemble complexe de processus biochimiques et nerveux et que chaque information est « représentée » par des configurations particulières d'activités nerveuses. La trace mnésique n'est donc pas strictement locale ; elle n'est, par ailleurs, véritablement stable que tant que de nouveaux apprentissages ne remettent pas en cause la structure mnésique existante. P. L.

→ mémoire.

training autogène

(angl. Autogenic Training)

Méthode de relaxation proposée en 1932 par le médecin berlinois J. H. Schultz et qui, introduite en France quelque vingt ans après, est à l'origine de nombreuses thérapies par la relaxation.

L'apprentissage du training autogène comporte deux cycles : inférieur et supérieur.

Dans le premier, nécessitant 8 à 12 séances, le sujet est invité à concentrer son attention sur certaines parties de son corps. Il obtient cette concentration sans aucun effort musculaire en se répétant mentalement des phrases prononcées par le relaxateur, qui évoque successivement un état de calme intérieur, la pesanteur des membres (la phrase à répéter est alors, par exemple : « mon bras droit est lourd, très lourd ») et de tout le corps, puis la chaleur. Les consignes suivantes concernent les battements cardiaques puis le rythme respiratoire. Le travail porte également sur l'évocation de la chaleur dans la région abdominale et se poursuit par celle de la fraîcheur du front. La séance se termine par des mouvements de flexion et d'extension des membres suivis d'inspirations et d'expirations profondes. Les séances peuvent se faire en groupe d'une dizaine de personnes. Celles-ci, au début du training autogène, sont allongées sur le dos. Elles peuvent ensuite s'entraîner en position assise (position du cocher). On a souvent évoqué, dans cette méthode, un état hypnoïde autoinduit par le sujet. Schultz s'étant antérieurement intéressé à l'hypnose, mais son but, ici, n'est pas une hypnothérapie. L'état de calme intérieur que le training autogène permet d'acquérir et la relaxation musculaire indirectement induite sont tout particulièrement bénéfiques pour les sujets souffrant de tension nerveuse ou d'anxiété. Cependant, la méthode reste déconseillée chez certains patients atteints, par exemple, de maladies cardiaques ou de schizophrénie.

Le cycle supérieur est à visée psychothérapique et sa conduite présente des analogies avec celle du rêve éveillé. Il peut aboutir à des améliorations symptomatiques et ouvrir la voie à une psychothérapie plus en profondeur. Le training autogène a donné lieu à de nombreuses recherches sur la modification des paramètres physiologiques qui lui sont concomitants : apparition ou augmentation des ondes cérébrales de repos, élévation de la température cutanée des membres, par exemple, ce qui lui confère une valeur exceptionnelle en tant que méthode de relaxation. M. A.

→ relaxation.

BIBLIOGRAPHIE

Schultz, J. H., 1932, *Das Autogenes Training*; trad. et adaptation fr. : Durant de Bousingen, R., et Becker, Y., 1965, *le Traitement autogène. Méthode de relaxation par autodéconcentration concentrative*, Paris, P.U.F.

1. trait

n.m. (angl. Feature)

GÉNÉR. **Composant hypothétique d'une représentation cognitive.**

Il est bien établi qu'existent dans la rétine et le cortex visuel des *détecteurs de traits* dont la fonction est de détecter, lors des stades initiaux de la perception, des particularités élémentaires des stimulus (segments, angles, etc.), à partir desquelles sera construit le percept. (→ perception.)

Dans les théories dites « componentielles » ou « compositionnelles », on suppose également, bien qu'on n'en ait jusqu'à présent aucune preuve empirique directe, que les représentations cognitives sont analysables en «composants». Ce sont ceux-ci qui peuvent être appelés des «traits» ou, plus spécifiquement, des «traits sémantiques», ou encore, avec quelques idées additionnelles, des «primitives».

Parmi les auteurs qui acceptent la notion de trait, il règne une grande variété de conceptions. Les plus simples sont celles qui identifient traits et propriétés des objets; dans une version plus élaborée, mais voisine, on préférera dire que ce sont les représentations des propriétés qui constituent les traits. Cette façon de voir peut être raffinée en prenant en considération séparément des attributs et des valeurs de ces attributs.

Dans les théories les plus sophistiquées, on pense être en mesure d'énoncer une liste fermée de *traits primitifs* (ou *primitives*), au moyen desquels on devrait pouvoir reconstruire toutes les significations existantes. J.-F. L. N.

→ componentiel, perception, primitive, représentation mentale, sémantique, trait distinctif.

2. trait

n.m. (angl. Trait)

DIFFÉR. **Caractéristique psychologique susceptible d'être mesurée de façon univoque à l'échelle individuelle.**

Le mot est employé de préférence pour désigner les dimensions de la personnalité mais peut être pris dans un sens général. R. B. Cattell distingue des «traits de surface», *groupements* (angl. Clusters) de comportements habituels observables chez un individu, et des «traits de source», dimensions sous-jacentes (facteurs) pouvant expliquer la formation et les liaisons des traits de surface. M. R.

→ dimension.

trait distinctif

(angl. Distinctive Feature)

GÉNÉR. et DÉVELOP. **Dimension bipolaire sur laquelle chaque objet d'un ensemble particulier est affecté de l'une ou de l'autre valeur.**

La bipolarité d'un trait distinctif est déterminée soit par des valeurs opposées sur une même dimension (par exemple court ou long), soit par la présence ou l'absence d'un détail (par exemple bec ou pas de bec sur un dessin). Décrire un objet en termes de traits distinctifs, c'est utiliser un codage qui le définit à partir de ce qui permet de le différencier des autres objets de l'ensemble. Introduite par R. Jakobson et M. Halle pour décrire les phénomènes d'une langue, la notion de trait distinctif a été appliquée à la perception par E. J. Gibson. E. V.

→ trait 1.

trait unaire

Concept introduit par J. Lacan, à partir de S. Freud, pour désigner le signifiant sous sa forme élémentaire et pour rendre compte de l'identification symbolique du sujet.

Selon Freud, lorsque l'objet est perdu, l'investissement qui se portait sur lui est remplacé par une identification qui est «partielle, extrêmement limitée et [qui] n'emprunte qu'*un trait* (allem. einziger Zug) à la personne objet» (*Psychologie collective et analyse du moi,* 1921). À partir de cette notion freudienne d'identification à un trait unique, et en s'appuyant sur la linguistique de F. de Saussure, Lacan élabore le concept de trait unaire.

Selon Saussure, la langue est constituée d'éléments discrets, d'unités qui ne valent que par leur différence. C'est pourquoi Lacan parle de «ce un auquel se réduit en dernière analyse la succession des éléments signifiants, le fait qu'ils soient distincts et qu'ils se succèdent». Le trait unaire est le signifiant en tant qu'il est une unité et en tant que son inscription réalise une trace, une marque. Quant à sa fonction, elle est indiquée par le suffixe «-aire» puisque celui-ci évoque d'une part le comptage (il sert à former des noms de valeur numérale) et de l'autre la différence (les linguistes parlent de «traits distinctifs binaires», «tertiaires»).

Pour expliquer comment le trait unaire entre en jeu, Lacan utilise l'exemple suivant: il a observé au musée de Saint-Germain-en-Laye une côte d'animal préhistorique couverte d'une série de traits dont il suppose qu'ils ont été tracés par un chasseur et que chacun représente une bête tuée. «Le premier signifiant, c'est la coche, par où il est marqué par exemple que le sujet a tué une bête, moyennant quoi il ne s'embrouillera pas dans sa mémoire quand il en aura tué dix autres. Il n'aura pas à se souvenir de laquelle est laquelle, et c'est à partir de ce trait unaire qu'il les comptera» (séminaire *les Quatre Concepts fondamentaux de la psychanalyse,* 1964).

Que chaque bête, quelles que soient ses particularités, soit comptée comme une unité signifie que le trait unaire introduit un registre qui est au-delà de l'apparence sensible. Dans ce registre qui est celui du symbolique, la différence et l'identité ne se fondent plus sur l'apparence, c'est-à-dire sur l'imaginaire. L'identité des traits tient à ce qu'ils sont lus comme des *uns,* quelles que soient les irrégularités de leur tracé. Quant à la différence, elle est introduite par la sériation des traits: les uns sont différents parce qu'ils n'occupent pas la même place. Cette différence du signifiant à lui-même lorsqu'il se répète est considérée par Lacan comme une de ses propriétés fondamentales. Elle fait que la répétition signifiante (le concept freudien de répétition) n'est pas un éternel retour.

Le trait unaire, parce qu'il permet le comptage, est le support de l'identification du sujet. L'enfant en effet ne compte pas seulement des objets, il se compte lui-même et très tôt. «Le sujet, lorsqu'il opère avec le langage, se compte, c'est sa position primitive.» Il est impliqué «de façon radicalement constituante» dans une activité inconsciente de comptage (séminaire *l'Identification*). Ainsi, si le jeune enfant s'inclut au nombre de ses frères en disant par exemple: «J'ai trois frères: Paul, Ernest et moi», c'est parce qu'«avant toute formation d'un sujet, d'un sujet qui pense, qui s'y situe, ça compte, c'est compté et dans le compté le comptant y est déjà» (*les Quatre Concepts* [...]). Ce n'est que dans un deuxième temps qu'il se reconnaît comme comptant et qu'il peut, dès lors, se décompter. Ces opérations, et particulièrement sa capacité à se décompter, font que le sujet s'identifie comme un.

On peut citer comme exemple des rapports entre comptage et identification un passage des *Histoires du bon Dieu* de R. M. Rilke. Une femme termine ainsi la lettre adressée au narrateur: «Moi et encore cinq enfants, c'est-à-dire parce que je suis comptée avec.» Le narrateur lui répond: «Moi qui ne suis aussi un que parce que je suis compté avec.»

Le sujet n'est donc pas un au sens où le cercle ou bien la sphère symbolisent l'unification, mais un comme le «vulgaire bâton» qu'est le trait. L'unification, du point de vue psychanalytique, est un fantasme, et l'identification n'a rien à faire avec elle. Il est à noter que l'élaboration du trait unaire est concomitante du travail de Lacan sur des surfaces aux propriétés topologiques différentes de celles de la sphère: tore, Cross Cap, etc. (*l'Identification,* 1961-1962).

L'identification au trait unaire est l'identification majeure. Freud, on l'a vu, montre que le sujet s'identifie à un trait unique de l'objet perdu. Lacan ajoute que, si l'objet est réduit à un trait, cela est dû à l'intervention du signifiant. Le trait unaire n'est donc pas seulement ce qui subsiste de l'objet, il est aussi ce qui l'a «effacé» (à cet égard, il est l'incarnation du signifiant phallique, il en est d'ailleurs aussi l'image). L'identification au trait unaire, qui est donc corrélative de la castration et de la mise en place du fantasme, constitue la colonne vertébrale du sujet.

Identifié au trait unaire, le sujet est un *un,* identique en cela à tous ceux qui sont passés par la castration, inclus avec eux dans le même ensemble. Mais il a aussi acquis la capacité (dont en règle il ne se prive pas d'user) de se distinguer des autres en faisant valoir sa singularité par un seul trait, un trait quelconque. C'est le «narcissisme de la petite différence» décrit par Freud.

Le trait unaire, repère symbolique, soutient l'identification imaginaire. L'image du corps est certes donnée à l'enfant dans l'expérience du miroir mais, pour qu'il puisse se l'approprier, l'intérioriser, il faut que le trait unaire entre en jeu. Cela nécessite qu'il puisse être saisi dans le champ de l'Autre. Lacan donne de cette saisie une représentation imagée en évoquant le moment où l'enfant qui se regarde dans le miroir se retourne vers l'adulte à la recherche d'un signe qui viendra authentifier son image. Ce signe donné par l'adulte fonctionne comme trait unaire. C'est à partir de lui que se constituera l'idéal* du moi. V. N.

traitement

n.m. (angl. Processing)

GÉNÉR. **Transformation ou suite de transformations de l'information.**

La théorie du traitement de l'information constitue la base de la psychologie cognitive. Elle suppose que les organismes vivants reçoivent de l'information et la saisissent de façon sélective par leurs organes récepteurs ; cette information est alors transformée et conduit à certains comportements.

Chez les organismes supérieurs, et particulièrement chez l'Homme, ces transformations deviennent très complexes. Elles donnent lieu à des formes diverses de stockage de l'information ; la plus élaborée est celle qui, par structuration, constitue des représentations à long terme de l'environnement et de ses parties. Le traitement de l'information se présente alors sous la forme d'une suite de transformations de représentations transitoires en des représentations plus complexes grâce à l'incorporation aux premières informations venues de la mémoire.

Le *traitement du langage* est un ensemble de transformations des énoncés. On les classe généralement en traitements phonologiques, traitements morphologiques, ou morpho-lexicaux, traitements syntaxiques et grammaticaux, traitements sémantiques.

Le *traitement sériel* est un traitement consistant en une suite de transformations successives, chaque sortie d'une opération servant d'entrée à la suivante. Les ordinateurs classiques, qui ne comportent qu'un seul processeur, procèdent de cette façon. Ce n'est sans doute pas le cas des activités cognitives des êtres vivants.

Le *traitement parallèle* est un traitement qui comporte des transformations simultanées. Les nouveaux ordinateurs en cours de conception comportent une multiplicité de processeurs, qui fonctionnent de façon simultanée et se partagent les traitements. S'il existe un grand nombre d'opérations simultanées, on parle de « traitement massivement parallèle ».

On considère souvent, sans en avoir de preuve directe, que le fonctionnement cognitif humain repose sur des traitements parallèles.

On appelle *traitement parallèle réparti* (angl. Parallel Distributed Processing, ou PDP) la théorie due à J. L. McClelland, D. E. Rumelhart et G. E. Hinton (1986), qui repose sur l'idée d'une interaction entre des unités nerveuses fonctionnant simultanément et dépourvues de localisation cérébrale bien déterminée. Cette théorie est la plus représentative du néoconnexionnisme de la fin des années 1980.

Le *traitement des données* est une transformation de la structure ou de la présentation de données numériques qui vise à les rendre plus compactes, plus facilement comparables et mieux interprétables : le calcul d'une moyenne ou une analyse de la variance sont des traitements de données.

Temps de traitement → temps de —.

J.-F. L. N.

→ cognitive (psychologie), cognitivisme, information, néoconnexionnisme, représentation mentale, sériel, statistique, temps de —.

traitement moral

(angl. Moral Therapy)

Forme de psychothérapie rationnelle de la folie, fondée sur la bienveillance, la douceur et la persuasion, préconisée à la fin du XVIIIe siècle par W. Tuke en Grande-Bretagne et par P. Pinel en France.

Ce que proposait ce dernier s'opposait radicalement aux attitudes antérieures que les médecins adoptaient avec les fous, considérés comme « insensés », c'est-à-dire complètement dépourvus de raison. Pour P. Pinel, le malade mental n'était qu'un « aliéné » provisoirement privé d'une partie de sa raison, avec qui la communication restait donc possible. Il suffisait seulement de lui « parler avec douceur », de « compatir à ses maux » et de lui « donner l'espoir consolant d'un sort plus heureux » pour le voir généralement quitter son « emportement » et sa dangerosité (mémoire sur le traitement moral des aliénés, présenté à la Société médicale d'émulation, en l'an VII). Le « parler avec douceur » représentait la condition nécessaire à tout entretien thérapeutique et à toute relation confiante et sécurisante, qui exigeait d'ailleurs l'abandon au moins partiel de la contrainte et des moyens de contention (d'où la légende de l'enlèvement des chaînes à l'hospice de Bicêtre). « Compatir aux maux » de l'aliéné, c'était créer, littéralement parlant, un climat de sympathie et une sorte d'empathie, que préconisera près de deux siècles plus tard C. Rogers avec son « écoute empathique ». (→ psychothérapie.) Si « l'espoir consolant d'un sort plus heureux » était sans doute le moteur de cette relation thérapeutique, il en était aussi le piège. En effet, il va donner au patient la foi en sa guérison devenue possible, mais aussi le convertir au système de croyances du thérapeute. La persuasion de ce dernier doit finalement s'imposer au malade ; et elle se pratique dans un jeu de séductions narcissiques où se fait jour une agressivité du thérapeute qui deviendra particulièrement violente avec F. Leuret, dernier grand praticien de cette psychothérapie (*le Traitement moral de la folie*, 1840). Car l'autorité morale et la raison du médecin doivent toujours l'emporter sur la raison fragile et défaillante de l'aliéné. D'où la nécessité, déjà préconisée par Pinel, d'une attitude autoritaire et de toute-puissance médicale du praticien imposant sa « logique » et tout son système de valeurs à son patient. Comme l'a bien montré R. Castel, cela entraîne le traitement moral à être « immédiatement pris dans le cadre d'une analogie pédagogique ». C'est ce qu'avait rapidement constaté E. Georget, qui va en parler comme d'une véritable « éducation médicale » (*De la folie*, 1820).

Le traitement moral tombera en désuétude dès le milieu du XIXe siècle. Il deviendra, avec l'augmentation considérable du nombre des pensionnaires dans les asiles, un simple « traitement administratif » (Ch. Lasègue) réglant le travail et les conditions de vie collective des malades dans l'institution psychiatrique. Il faudra attendre *À la découverte de l'inconscient*, de H. Ellenberger, pour qu'un nouveau traitement psychique apparaisse, ne se situant plus comme le précédent au niveau rationnel conscient (où la « raison médicale du plus fort » l'emporte forcément sur la « raison affaiblie » de l'aliéné). Avec la psychanalyse, une véritable psychothérapie devient possible car c'est maintenant la folie qui est reconnue par le thérapeute au sein même de son inconscient. C'est une nouvelle alliance thérapeutique qui rétablit enfin l'égalité entre les deux partenaires du traitement moral.

J. P.

BIBLIOGRAPHIE

Georget, E., 1820, *De la folie*, réédit. Toulouse, Privat.

Postel, J., 1979, « Naissance et décadence du traitement moral pendant la première moitié du XIXe siècle », *Évolution psychiatrique*, *44*, 3, 585-616.

tranquillisant

n.m. (angl. Tranquillizer)

Une des substances psychotropes à structures chimiques variées ayant son principal effet thérapeutique sur les manifestations psychiques et somatiques de l'anxiété.

Le terme *tranquillisant* a été consacré en France par la classification de J. Delay et P. Deniker.

Il semble actuellement préférable de parler de « tranquillisants mineurs » afin d'éviter toute ambiguïté avec la nomenclature anglo-saxonne, qui confond, sous le terme de *tranquillisant* (angl. Tranquillizer), les *neuroleptiques* (angl. Major Tranquillizer) et les substances qui font l'objet de cet article.

Le principal symptôme visé par la prescription de tranquillisants étant l'anxiété, on parle souvent de médicaments anxiolytiques.

Il se dégage en fait deux effets thérapeutiques complémentaires : un effet anxiolytique et un effet sédatif. Une classification de ces médicaments est basée sur une prévalence de l'une ou de l'autre de ces deux actions principales.

Deux grandes classes de substances sont le plus souvent utilisées pour leurs propriétés anxiolytiques : les benzodiazépines et les carbamates.

On s'accorde généralement à classer aussi parmi les tranquillisants des médicaments appartenant à d'autres groupes pharmacologiques, parmi lesquels certains neuroleptiques, les antihistaminiques, la morphine, les ß-bloquants et même l'éthanol, dont le profil d'action est tout à fait superposable à celui des benzodiazépines. Il est d'ailleurs clair que son utilisation chez l'homme est parfois liée à la recherche d'un effet anxiolytique.

S'il existe une hétérogénéité chimique des médicaments tranquillisants, on peut définir cependant certains points d'impact pharmacologiques. À doses élevées, les tranquillisants exercent un effet sédatif qui se manifeste par une diminution de l'activité locomotrice des animaux et une potentialisation des dépresseurs du système nerveux central (hypnotiques, alcool, etc.). Toutes ces substances, mais plus particulièrement les benzodiazépines, exercent des effets anticonvulsivants faciles à mettre en évidence.

À doses faibles ou modérées, les benzodiazépines et, à un moindre degré, le méprobamate exercent des effets qui paraissent plus en rapport avec leur activité thérapeutique. On assiste ainsi, chez l'animal, à une suppression des réponses émotionnelles conditionnées. Les animaux, au cours d'un conditionnement, ne peuvent continuer leur activité normale (motrice ou alimentaire) lorsque le stimulus conditionnel les avertit de l'imminence d'une punition inéluctable; sous l'influence des tranquillisants, ces animaux peuvent poursuivre normalement leur activité. L'autre test concerne l'inhibition du comportement suppressif: lorsque l'on crée chez l'animal une situation conflictuelle (partage entre désir d'une récompense et peur d'une punition), la peur de la punition peut entraîner une suspension de toute activité. Sous l'influence des tranquillisants, l'animal reprend une activité sans que l'on puisse affirmer qu'il s'agisse d'une sous-estimation de la punition ou d'une surestimation de la récompense. F. H.

transactionnelle (analyse)

(angl. Transactional Analysis)

Technique psychothérapique fondée sur une conception assez schématique, empruntée en partie à la psychanalyse freudienne, de la communication et de la relation.

Dans cette technique, les interactions entre deux partenaires peuvent se réduire à des unités transactionnelles facilement analysables et repérables, où chacun se présente avec son «moi adulte» lorsque la transaction est normale, avec son «moi infantile» (correspondant en partie au ça de la topique freudienne) ou son «moi parental» (correspondant en partie au surmoi) lorsqu'elle est perturbée. Le travail thérapeutique aura pour but essentiel de rétablir chez le patient la possibilité de maintenir une relation «moi adulte» dans sa communication et ses échanges avec autrui.

Son fondateur, E. Berne (1910-1970), après des études médicales et psychologiques dans sa ville natale, Montréal, devint psychanalyste et s'installa aux États-Unis, où il se fit naturaliser à la fin de la Seconde Guerre mondiale. C'est à San Francisco, puis à Carmel, qu'il abandonna l'orthodoxie psychanalytique pour créer l'analyse transactionnelle, dont il développa les principes dans un livre qui le rendit célèbre, *Games People Play: The Psychology of Human Relationships*, publié en 1964 (traduit en français en 1966 sous le titre *Des jeux et des hommes. Psychologie des relations humaines*).

E. Berne décrit donc trois états du moi: «l'état enfant, l'état adulte, l'état parent», que chaque sujet peut adapter selon les circonstances, et selon ses dispositions névrotiques. Les transactions avec autrui se feront normalement sur un mode complémentaire, en particulier «adulte-adulte»; elles entretiennent alors une communication harmonieuse. Mais celle-ci peut être «croisée» si l'état émetteur du stimulus n'est pas l'état récepteur de réaction, ou bien l'état récepteur du stimulus n'est pas l'émetteur de réaction, et, en ce cas, la communication est conflictuelle et discordante; «à double fond» ou «voilée» lorsqu'il y a action simultanée de plus de deux états du moi, et c'est sur ce type de transactions que se fondent les «jeux», ensemble de transactions piégées. Au-delà des jeux, l'individu a également un projet de vie d'une plus grande portée, pas nécessairement clairement conscient: le scénario (N. Sinelnikoff). La thérapie va aider les patients à se débarrasser du besoin de ces jeux pour les remplacer par les vraies satisfactions que procure l'intimité. Une analyse transactionnelle bien menée devrait aboutir à l'abandon du scénario et au retour à une vie affective véritablement «adulte».

Si l'analyse transactionnelle a permis de traiter avec succès des alcooliques et des névrosés ayant des problèmes de couple, elle n'a pas eu avec les psychotiques les mêmes succès. Inspirée de la psychanalyse, elle est en fait une simple psychothérapie du moi, assez directive (et même éducationnelle). Elle peut obtenir certains remaniements de la personnalité des patients mais elle ne se substitue pas à une cure véritablement psychanalytique. Elle centre en fait le travail du thérapeute sur la plainte du client et l'aide seulement à se soulager de certains symptômes. Elle peut aussi lui faire abandonner certains «scénarios existentiels infantiles» qu'il se complaisait à répéter indéfiniment au mépris d'une réussite de sa vie d'adulte. Mais beaucoup de patients refusent ce changement et préfèrent rester tels quels sans rien changer à leur mode de vie.

C'est surtout dans le travail social que l'analyse transactionnelle a connu une grande extension. Elle permet en effet d'analyser rapidement les relations de couple et de famille, la communication dans les groupes et les milieux professionnels et rend de grands services aux responsables des ressources humaines dans les entreprises. Son aspect schématique et un peu simpliste (Berne disait qu'il suffit de retenir les cinq notions de «parent, adulte, enfant, jeu et scénario» pour connaître et pratiquer son analyse) explique à la fois sa grande popularité et ses limites. J. P.

BIBLIOGRAPHIE

Berne, E., 1964, trad. fr., 1966, *Des jeux et des hommes*, Paris, Stock.

Jaoni, G., 1979, *le Triple Moi*, Paris, Laffont.

Krack, M., et coll., 1981, *l'Analyse transactionnelle, méthodes d'application en travail social et en psychologie clinique*.

Sinelnikoff, N., 1987, *les Psychothérapies*, Paris, Édition M.A.

transductif, ive

adj.

Relatif à la transduction (1 et 2). R. L.

1. transduction

n.f. (angl. Transduction)

NEUROBIOL. **Processus par lequel une modification du potentiel membranaire — le plus souvent une dépolarisation — est générée au niveau d'un récepteur sensoriel à partir de l'énergie fournie par un stimulus adéquat.**

La première manifestation de la transduction est l'apparition d'un potentiel de récepteur qui a deux caractéristiques: 1. son amplitude est graduée; elle est directement liée à l'intensité du stimulus; 2. il reste localisé au récepteur. Si l'amplitude de la dépolarisation atteint une valeur seuil, il y a naissance d'un message nerveux propagé, qui prend généralement la forme d'une décharge répétitive de potentiels d'action. G. S.

2. transduction

n.f. (angl. Transductive Reasoning)

DÉVELOP. **Selon A. Stern, puis J. Piaget, qui reprend le terme, mode de raisonnement observé chez les enfants de 2 à 4 ans et qui consiste à établir des relations par analogie immédiate.**

À caractère symbolique, imagé, ce raisonnement permet de transposer des actions en pensée et peut donc réussir dans la pratique mais il manque de généralité, comme les préconcepts, employés aux mêmes âges. Il procède par analogies immédiates: deux objets ou événements sont fusionnés en un schème unique du fait qu'ils sont perçus en même temps; l'enfant invoque l'existence d'un élément pour expliquer ou justifier la raison d'être de l'autre. L'absence de nécessité logique est une des caractéristiques du raisonnement transductif. E. V.

transe

n.f. (angl. Trance)

État modifié de conscience, caractérisé par une réduction de la sensibilité aux stimulations, une altération ou même une perte transitoire du contact avec le milieu extérieur, la substitution de comportements automatiques à une activité volontaire et une fréquente exaltation avec euphorie donnant au sujet l'impression qu'il est transporté hors de lui-même et du monde réel.

Décrit depuis longtemps comme une manifestation collective au cours de certaines cérémonies religieuses (ectasie), en particulier dans le culte vaudou, cet état se retrouve à la fois dans l'hystérie et dans l'hypnose. C'est dans le somnambulisme provoqué que A. M. J. de Chastenet de Puységur l'avait déjà remarqué (à partir d'ailleurs de ses premières observations sur les malades traités par son maître A. Mesmer au cours de la « crise magnétique ») en 1784.

Avec G. Lapassade, on peut en distinguer cinq types principaux :
1. la transe néoténique, qui peut se produire chez le nourrisson dans des moments de détresse (G. Boyesen) ;
2. la transe exomatique, ou *expérience de hors-corps* (angl. Out of the Body-Experience), « dans laquelle une personne paraît percevoir le monde à partir d'une position située hors de son corps physique » (S. Blackmore) ; ce serait l'état dans lequel se mettraient certains chamans qui sont devenus maîtres des « techniques archaïques de l'extase » (M. Éliade) ;
3. la transe onirique, ou rêve lucide (F. Van Eeden), état où le « corps de rêve » devient « corps astral » et que cherchent à atteindre les spécialistes de la parapsychologie et les « médiums » ;
4. la transe orgasmique, qui serait celle de l'état hypnotique et des « foules en délire » décrites par G. Le Bon ; c'est celle-ci que recherchait W. Reich dans ses psychothérapies « bioénergétiques » ;
5. les états de mort imminente. On sait que déjà au Moyen Âge on appelait « transe » le dernier passage (transit) sur le chemin de la vie à la mort. R. Moody a bien étudié ces états chez des rescapés ayant connu l'épreuve d'une mort imminente. Il les rapproche de certaines expériences d'isolement prolongé chez des explorateurs solitaires ou des naufragés ayant survécu seuls pendant une longue période avant d'être secourus.

Mais, la plupart du temps, ces états sont directement induits par des suggestions hypnotiques, l'absorption de certaines drogues ou la pratique assidue du yoga ou de la méditation zen. J. P.

1. transfert

n.m. (angl. Transfer)

GÉNÉR. **Ensemble des processus psychologiques grâce auxquels une activité est facilitée par une autre qui lui est analogue et qui l'a précédée ; il peut se faire que la seconde activité soit perturbée par la première : on dit alors qu'il y a transfert négatif ou interférence.**

Le transfert d'apprentissage

Dès 1892, E. L. Thorndike, dans ses études psychologiques de l'apprentissage, avait mis l'accent sur l'importance de la similitude des tâches dans l'apprentissage. Il s'appuyait d'une part sur des données d'observation en pédagogie et d'autre part sur des faits expérimentaux. Dans ce cadre, le transfert d'apprentissage a été ensuite conçu comme dérivant d'une généralisation dans un conditionnement : une réponse, acquise dans une situation particulière avec des caractéristiques bien définies, est également produite par l'individu quand il est placé dans une nouvelle situation qui présente les mêmes caractéristiques que la situation initiale. La séquence d'acquisition n'est pas à refaire dans sa totalité et on observe une facilitation dans la production des réponses chez les individus qui avaient été soumis à un premier apprentissage, comparativement à des individus qui n'avaient pas subi d'apprentissage initial.

L'étude du transfert d'apprentissage s'est faite dans des situations relativement simplifiées, fort éloignées de celles, plus complexes, qui préoccupaient à l'origine les psychologues : les situations d'acquisition de connaissances pragmatiques ou conceptuelles. Ainsi, toute une série d'études expérimentales rigoureuses ont été conduites qui décrivent ces transferts d'apprentissage dans des tâches aussi variées que les tâches de discrimination sensorielle, de discrimination perceptive ou des tâches motrices. Dans ce type de recherches, on retrouve quasiment toujours la même séquence expérimentale, dite « A-B » : les sujets sont soumis à un apprentissage perceptif ou moteur (A) ; une fois cet apprentissage terminé, ils sont soumis à la même tâche mais ce sont d'autres récepteurs ou d'autres effecteurs qui sont sollicités (B). Par exemple, un enfant voyant apprend à reconnaître le braille de sa main droite, puis il doit le reconnaître avec sa main gauche ; on observe un très net effet de transfert, c'est-à-dire une facilitation dans le second apprentissage par rapport à une situation de contrôle (rien-B). Il en est ainsi de l'expérience classique du tracé en miroir, où les sujets apprennent à dessiner en miroir une étoile avec leur main dominante puis réalisent un essai avec leur autre main. Une exploration systématique des déterminants du transfert a permis de souligner, outre le rôle important de similitude (du stimulus, de la réponse ou de la liaison stimulus-réponse), sont liés à la solidité du premier apprentissage et à l'intervalle qui sépare les deux apprentissages : le transfert est d'autant plus efficace que le premier apprentissage est plus solide et que l'intervalle temporel entre les deux apprentissages est plus faible.

La plupart des expériences sur le transfert d'apprentissage sont restées assez dépendantes des théorisations relatives à l'apprentissage qui se sont développées jusqu'aux années 1970. À partir de cette date, la problématique du transfert s'est modifiée dans le vaste mouvement qui a bouleversé la psychologie et c'est dans les termes de la psychologie cognitive et des modèles de représentation et de traitement de l'information qu'ont été reformulées les questions relatives au transfert. De nouvelles notions émergent ou ont été précisées, telles celles de transfert sémantique et de transfert analogique.

Le transfert sémantique

C'est dans le domaine des apprentissages de significations que l'on peut constater l'impact de l'évolution théorique de la psychologie. En effet, l'étude de ces apprentissages avait été opérationnalisée dans les situations simplifiées d'apprentissage verbal ; les phénomènes de facilitation étaient intégrés dans ces études avec les mêmes procédures expérimentales que celles utilisées pour d'autres apprentissages : après un premier apprentissage d'un matériel (A) constitué d'items verbaux (liste de mots ou de phrases), le sujet était soumis à un second apprentissage d'une liste (B) de mots ou d'énoncés. Selon les caractéristiques du matériel, on observait soit des effets de facilitation soit des effets d'interférence. Mais on ne disposait pas d'explication satisfaisante pour décrire les processus psychologiques responsables de ces effets. Ce n'est que lorsqu'on a pu modéliser la nature et l'organisation des signifiés dans la mémoire humaine que des hypothèses cohérentes sur les processus sous-jacents au transfert sémantique ont été élaborées puis validées.

Dans ces nouvelles perspectives, chaque signifié est considéré comme étant d'une part composé d'unités de significations, les traits sémantiques, ou sèmes, et d'autre part lié aux autres signifiés par des relations sémantiques ; on rend alors compte des transferts de signification par l'analyse des relations qui unissent les signifiés ainsi que des sèmes qui les composent. Une série d'études expérimentales a été conduite dans ces situations de transfert sémantique et a montré que les temps d'études de phrases étaient moins longs lorsque leur apprentissage avait été précédé par un apprentissage de phrases semblables sémantiquement : dans ces expériences, le lien qui unissait les mots composant les phrases était la relation de spécificité/généralité. Cependant, ces effets de transfert étaient affectés par l'intervalle temporel qui séparait les apprentissages : si l'intervalle était trop long, l'effet de transfert disparaissait. D'autre part, si le sujet n'opérait pas la mise en correspondance des relations sémantiques existant entre les différents matériels à apprendre, on n'observait pas de transfert sémantique. Ce sont donc à la fois les caractéristiques sémantiques du matériel et les activités psychologiques de mise en relation opérées par le sujet qui permettent et assurent ce transfert sémantique.

Le transfert analogique

En un certain sens, on peut dire que le transfert analogique est une forme étendue du transfert sémantique. En effet, il s'agit non plus de transporter les propriétés sémantiques d'un signifié à un autre signifié mais de transporter les propriétés structurelles d'un champ sémantique ou d'une situation à un autre champ sémantique ou à une autre situation dont on aura reconnu les aspects de ressemblance avec les précédents. Les premières observations ont porté sur le transfert analogique dans la résolution de problèmes, qu'il s'agisse de problèmes de la vie quotidienne ou de problèmes de type scolaire comme les problèmes de mathématiques ou de physique. Ce qu'il y a de commun entre ces situations-problèmes, c'est leur indépendance les unes vis-à-vis des autres. Les relations entre les situations disparaissent; par contre, on assiste à l'émergence d'activités communes de résolution adoptées par les sujets: face à une situation nouvelle ou face à un problème nouveau et en l'absence de réponses disponibles et certaines, le «résolveur» recherche dans sa mémoire et dans son expérience des situations analogues, similaires auxquelles il a déjà répondu de manière adaptée; il adapte ses réponses en fonction de l'analyse des caractéristiques partagées entre les situations anciennes et les situations nouvelles. Cette comparaison des situations n'est pas nécessairement délibérée et consciente. Il s'agit donc de processus supérieurs complexes qui interviennent indépendamment de la conscience que le sujet qui résout un problème peut en avoir.

Depuis peu, on s'intéresse au transfert analogique dans les acquisitions de connaissances. Dans ces deux champs de recherches, la résolution de problèmes et l'acquisition de connaissances, les étapes du transfert analogique ont été dans un premier temps modélisées, puis les conditions définies.

LES ÉTAPES DU PROCESSUS DE TRANSFERT ANALOGIQUE

Ces étapes sont décrites à partir d'un modèle représentationnel de l'information stockée dans la mémoire humaine: les situations et les connaissances sont représentées en mémoire sous la forme de réseaux de propositions dans lesquels les arguments qui jouent le rôle de nœuds du réseau sont définis par leurs attributs ou propriétés (prédicats à une place d'arguments) et par leurs relations placées sur les arcs (modélisant les prédicats à deux places).

La première étape pour le sujet consiste à construire une représentation mentale de la situation nouvelle (la cible) à laquelle il est confronté. Cette construction revient à élaborer mentalement le réseau propositionnel caractérisant l'information contenue dans la situation nouvelle. La seconde étape nécessite la récupération du réseau propositionnel de la situation ancienne (la source), qui est alors considérée par le sujet comme une situation analogue pertinente pour la cible. À ce moment, la troisième étape peut se dérouler: la source est projetée sur la cible. Il s'agit, à ce point du processus, de ne retenir et de ne conserver que la structure relationnelle des arguments de la situation source d'une part et celle de la situation cible. Ce qui importe donc dans l'étape de projection, ce ne sont pas les arguments ou les concepts qui constituent un champ de connaissances ou un problème mais bien les liens qui unissent ces concepts. Au cours de la quatrième étape, la projection est utilisée pour choisir la solution convenable pour la situation cible ou pour élaborer la structure définitive des connaissances nouvelles qui seront stockées dans la mémoire. En général, on assiste à une facilitation dans la résolution de problèmes ou dans l'acquisition de nouvelles connaissances lorsque, préalablement à ces tâches, le «résolveur» ou l'«appreneur» a résolu un problème analogue ou appris des notions analogues.

Cependant, comme pour le transfert sémantique, un certain nombre de conditions sont requises.

LES CONDITIONS DU TRANSFERT ANALOGIQUE

La première des conditions est celle relative au stockage et à la mise en mémoire des situations sources (problèmes ou connaissances): ces dernières doivent être solidement ancrées et organisées dans la mémoire, sans erreur ni confusion. La structure ainsi représentée ne peut être erronée ou lacunaire: si elle l'est, le recours à celle-ci conduit inévitablement à des erreurs de résolution ou à des erreurs d'interprétation. Le transfert, même s'il est déclenché, ne peut aboutir.

La seconde condition est relative à l'état cognitif de l'individu qui résout un problème ou qui construit une nouvelle connaissance. En effet, il ne suffit pas qu'il ait stocké, dans sa mémoire, des représentations structurées de situations, de problèmes ou de connaissances; il doit être capable de sélectionner, dans ce vaste ensemble, les situations analogues et de les utiliser pour résoudre des problèmes et comprendre de nouvelles informations. L'activité psychologique de mise en relation des connaissances et des situations anciennes et analogues aux situations présentes se trouve donc largement sous la dépendance des capacités d'abstraction; celles-ci seules permettent de dégager, à partir des aspects spécifiques et particuliers des situations, les structures formelles qui les décrivent et les résument.

M.-D. G.

BIBLIOGRAPHIE

Ellis, H., 1965, *The Transfer of Learning*, New York, Londres, McMillan.

Holyoak, K., 1985, «The Pragmatics of Analogical Transfer» in *The Psychology of Learning and Motivation*, 19, 59-87.

Oléron, G., 1964, «le Transfert» in Fraisse, P., et Piaget, J. (Eds), *Traité de psychologie expérimentale*, t. IV, 117-177, Paris, P.U.F.

Singley, M. K., Anderson, J. R., 1989, *The Transfer of Cognitive Skill*, Cambridge, (Mass.), Londres, Harvard University Press.

2. transfert

n.m. (angl. Transference; allem. Übertragung)

PSYCHAN. **Lien affectif intense s'instaurant de façon automatique et actuelle du patient à l'analyste et témoignant de ce que l'organisation subjective du patient est commandée par un objet, appelé par J. Lacan objet a.**

C'est à l'occasion de l'échec du traitement cathartique d'Anna O. avec J. Breuer que S. Freud a été amené à découvrir et à prendre en compte le phénomène du transfert et c'est ce qui l'a amené à renoncer à l'hypnose.

CARACTÉRISTIQUES DU TRANSFERT

L'établissement de ce lien affectif intense est automatique, incontournable et indépendant de tout contexte de réalité. Il peut arriver que certaines personnes soient «inaptes» au transfert mais, de ce fait, elles ne font pas de demande d'analyse, demande qui, en soi, comporte d'emblée une dimension transférentielle: le patient s'adresse à quelqu'un à qui il suppose un savoir.

En dehors du cadre de l'analyse, le phénomène de transfert est constant, omniprésent dans les relations, que ce soient des relations professionnelles, hiérarchiques, amoureuses, etc. Dans ce cas, la différence avec ce qui se passe dans le cadre d'une analyse consiste en ce que les deux partenaires sont en proie chacun de son côté à leur propre transfert, ce dont ils n'ont le plus souvent pas conscience; et de ce fait n'est pas ménagée la place d'un interprète, tel que l'incarne l'analyste dans le cadre de la cure analytique. En effet, l'analyste, par son analyse personnelle, est supposé être à même de savoir de quoi sont tissées ses relations personnelles aux autres, de façon à ne pas venir interférer avec ce qu'il en est du côté du patient. En outre, il s'agit là d'une condition sine qua non pour que l'analyste soit disponible et à l'écoute de son patient.

Il importe, et cela d'emblée, que l'analyste puisse repérer quelle figure il vient incarner pour son patient. Par exemple, c'est dans l'insistance même de Freud à vouloir amener Dora à reconnaître un désir inavoué pour Monsieur K. que Freud se fourvoie et provoque l'arrêt du traitement. Que s'est-il produit? Freud, à son insu, a été mis par Dora à cette place de Monsieur K. L'insistance même de Freud témoigne de ce qu'il ne s'en est pas rendu compte et n'a fait que reprendre l'insistance qui a été celle de Monsieur K. De ce fait, Freud n'occupait plus la place d'interprète qui lui aurait permis d'interpréter ce qui était mis là en acte.

Que sont les phénomènes de transfert? Dans l'analyse du cas Dora (*Fragments d'une analyse d'hystérie*, 1905), Freud dit: «Ce sont de nouvelles éditions, des copies des tendances et des fantasmes qui doivent être éveillés et rendus conscients par les progrès de l'analyse, et dont le trait caractéristique est de remplacer une personne antérieurement connue par la personne de l'analyste.»

Le caractère inévitable et automatique du transfert s'accompagne pour le patient, au moment de la reviviscence de tel ou tel affect, d'un total aveuglement. Le patient oublie complètement que la réalité du cadre analytique n'a rien à voir avec la situation vécue autrefois, qui avait suscité alors cet affect. C'est en ce point que l'intervention de l'analyste est décisive, même si elle est limitée parfois à un silence attentif, mais qui, d'une façon ou d'une autre, rend compte de ce que l'analyste a compris à quelle place le met le patient (père, mère, etc.). Par ailleurs, l'analyste sait qu'il ne fait que se prêter à ce rôle. Cet écart maintenu par l'analyste permet au patient, dans l'après-coup, d'analyser ce transfert et du même coup de progresser.

Transfert positif et transfert négatif

Par ailleurs, Freud, parlant du transfert, distingue le transfert positif et le transfert négatif. Il a été amené à faire cette distinction lorsqu'il a constaté que le transfert pouvait devenir la plus forte résistance opposée au traitement et lorsqu'il s'est demandé pourquoi. Cette distinction répond à la nécessité, selon Freud, de traiter différemment ces deux sortes de transfert. Le transfert positif se compose de sentiments amicaux et tendres conscients, et d'autres dont les prolongements se trouvent dans l'inconscient et qui s'avèrent avoir constamment un fondement érotique. À l'opposé, le transfert négatif concerne l'agressivité à l'endroit de l'analyste, la méfiance, etc. Pour Freud (*la Dynamique du transfert*, 1912), « le transfert sur la personne de l'analyste ne joue le rôle d'une résistance que dans la mesure où il s'agit d'un transfert négatif, ou bien d'un transfert positif composé d'éléments érotiques refoulés ».

Par contre, le transfert positif, par la mise en confiance du patient, lui permet de parler plus facilement de choses difficilement abordables dans un autre contexte. Il est bien sûr évident que tout transfert est constitué simultanément d'éléments positifs et négatifs.

Transfert et résistance

Le transfert se présente donc comme une arme à double tranchant : d'une part, il est ce qui permet au patient de se sentir en confiance et d'avoir envie de parler, de chercher à découvrir et à comprendre ce qui se passe en lui ; d'autre part, il peut être le lieu des résistances les plus obstinées au progrès de l'analyse. En effet, de la même façon que dans les rêves, le patient en analyse donne aux affects qu'il est amené à revivre un caractère d'actualité et de réalité, et cela contre toute raison, sans tenir aucun compte de ce qu'il en est réellement. Dans *la Technique psychanalytique*, Freud dit : « Rien n'est plus difficile en analyse que de vaincre les résistances, mais n'oublions pas que ce sont justement ces phénomènes-là qui nous rendent le service le plus précieux en nous permettant de mettre en lumière les émois amoureux secrets et oubliés des patients et en conférant à ces émois un caractère d'actualité, car il faut se rappeler que nul ne peut être tué in abstentia ou in effigie. »

C'est parce que le transfert est le lieu et l'occasion de la reproduction de ces tendances, de ces fantasmes que Freud dit que le transfert n'est qu'un fragment de répétition et que « la répétition est le transfert du passé oublié non seulement à la personne du médecin mais aussi à tous les autres domaines de la situation présente » (*Écrits techniques*). C'est ici qu'intervient le rôle de la résistance : plus la résistance à se souvenir est grande, plus la mise en actes, c'est-à-dire la compulsion de répétition, va s'imposer. C'est par le biais du maniement du transfert que peu à peu cette compulsion à la répétition va se transformer en une raison de se souvenir et permettre ainsi progressivement au patient de se réapproprier son histoire.

Le contre-transfert

Un autre élément indissociable du transfert, dont il est une sorte d'accompagnement obligé, est ce que nous appelons le contre-transfert de l'analyste pour son patient. Il consiste pour l'analyste à repérer quels affects son patient suscite en lui et à savoir en tenir compte dans sa façon d'interpréter le transfert de son patient. Encore une fois, cela suppose que l'analyste soit à même d'analyser ce qui constitue ce contre-transfert, de façon que celui-ci ne vienne pas interférer dans le fonctionnement de l'analyse du patient mais permette cependant à l'analyste de se situer convenablement au regard du déroulement de la cure.

Lacan nous a appris à prendre en compte le fait que, lorsqu'un patient s'adresse à un analyste, il lui suppose d'emblée un savoir sur ce qu'il cherche en lui-même. L'analyste est mis d'emblée en position d'être celui qui sait, appelé le grand Autre par Lacan, qui nous rappelle qu'il ne peut y avoir de parole proférée ni même de pensée élaborée sans cette référence à un grand Autre auquel implicitement nous nous adressons et qui serait là le garant d'un bon ordre des choses. Il en résulte que le transfert n'existe qu'en tant que phénomène qui accompagne l'exercice de la parole. Sans exercice de la parole, il n'y aurait pas de transfert possible.

Résolution du transfert

La résolution du transfert correspond au dégagement de ce lieu du manque de l'analysant, qui n'est jamais rien d'autre que le point où s'origine son désir, point qui correspond à l'absence de réponse dernière de l'Autre, qui est non pas refus de réponse, mais inaptitude foncière, fondatrice, à répondre à la demande du sujet. La persistance du transfert témoigne de ce que le sujet continue à espérer que cet Autre finira par se décider à lui répondre. Tant que le sujet reste aux prises avec cet espoir, ou si au contraire cet espoir se transforme en déception, le transfert n'est pas résolu. Il s'agit pour le sujet, à travers l'expérience du transfert, de déchiffrer quels sont les termes de cette demande qu'il adresse à l'Autre, puis de consentir à ce que cette demande reste sans réponse, et cela non pas du fait d'une défaillance ou d'une mauvaise volonté de cet Autre mais du strict fait de son rapport au langage en tant que sujet parlant, qui le confronte irréductiblement au manque de signifiant dans l'Autre.

J. L.

transfert intermodal

(angl. Intermodal ou Cross-Modal Transfer)

Communication à d'autres modalités sensorielles des informations acquises à travers l'une d'elles.

Le transfert intermodal a un grand rôle fonctionnel puisqu'il conduit à une connaissance unifiée et cohérente du monde et qu'il permet une économie de l'apprentissage. Expérimentalement, ces transferts sont mis en évidence dans des situations d'appariement intermodal (un objet présenté dans une modalité doit ensuite être reconnu dans une autre modalité) ou des situations de transfert d'apprentissage. Par exemple, si nous avons appris à discriminer visuellement deux caractères chinois, un transfert intermodal de la vision au toucher se sera produit si, sans autre apprentissage spécifique, nous sommes aussi devenus capables de discriminer tactilement (et sans les voir) ces mêmes caractères chinois présentés en relief.

Comment une telle transmission des informations est-elle possible à travers des modalités si différentes les unes des autres sur le plan anatomique et neurophysiologique ? L'origine et les processus impliqués dans ces transferts, dont l'existence est évidente chez l'adulte, ont fait l'objet de controverses depuis le début des années 1960. Jusque-là, en effet, le point de vue dominant était celui issu de la philosophie empiriste du XVIIIe siècle (J. Locke, G. Berkeley, etc.), selon laquelle, à la naissance, les différents systèmes sensoriels sont indépendants et incapables de communication intermodale.

Dans cette conception, voir un cube et toucher ce cube sont pour le bébé des événements distincts et non reliés. C'est seulement au cours du développement, grâce aux expériences multimodales simultanées (voir, toucher et entendre en même temps un même objet), que ces perceptions visuelles, tactiles et auditives s'associent pour former une sorte de « dictionnaire intermodal » autorisant le passage de l'information d'une modalité à l'autre. De nombreuses observations sur les nourrissons, et en particulier celles de J. Piaget (1936, 1937), ont apporté en leur temps une confirmation à ce point de vue en constatant par exemple que, avant 5-6 mois, le bébé ne met pas en relation ses perceptions visuelles et tactiles d'un même objet (l'enfant n'essaie pas de saisir manuellement un jouet visible et n'essaie pas de regarder le jouet tenu dans les mains). C'est progressivement que, selon Piaget, se mettent en place les coordinations intermodales permettant la construction d'une connaissance unifiée du monde extérieur.

Ce point de vue a été complètement remis en question par T. G. R. Bower (1974) et de nombreux chercheurs contemporains. Selon eux, et parce que les perceptions sont « amodales » (→ amodalité), les systèmes perceptifs sont coordonnés dès la naissance et permettent donc des transferts intermodaux très précoces. Grâce aux méthodes modernes d'observation des nourrissons, Bower (1974) puis C. von Hofsten (1982) ont ainsi montré que, contrairement aux idées anciennes, le nouveau-né tend son bras en direction d'un objet visible, sans toutefois pouvoir l'atteindre. De même, le bébé tourne les yeux ou la tête en direction d'une source sonore dès la naissance.

De nombreux transferts intermodaux innés ou d'apparition très précoce ont ainsi été mis en évidence ces dernières années. Certains d'entre eux (comme la coordination vision-préhension ou vision-audition) disparaissent après quelques semaines ou quelques mois de vie puis réapparaissent plus tardivement sous une forme plus souple, plus élaborée et plus flexible (Bower, 1974). Mais, bien que la signification de cette disparition ne soit pas encore claire, il est certain que la conception classique décrivant le bébé comme un être recevant des impressions sensorielles incohérentes est dépassée. Il faut noter cependant que, si personne ne met en doute aujourd'hui l'existence de transferts intermodaux précoces, leur explication par l'« amodalité » des perceptions n'est pas acceptée par tous et d'autres interprétations sont proposées. Y. H.

BIBLIOGRAPHIE

Bower, T. G. R., 1974, *Development in Infancy*, San Francisco, Freeman and Co.

Hofsten, C. von, 1982, « Eye-Hand Coordination in the Newborn », in *Developmental Psychology*, *18*, 450-461.

Piaget, J., 1936, *la Naissance de l'intelligence chez l'enfant*, Neuchâtel, Delachaux et Niestlé.

Piaget, J., 1937, *la Construction du réel chez l'enfant*, Neuchâtel, Delachaux et Niestlé.

transfert de mémoire

(angl. Memory Transfer)

Méthode visant à transmettre la mémoire par l'administration d'extraits de cerveau entraîné.

Dans le cadre des recherches sur le *code chimique de la mémoire*, certains auteurs ont pensé que le meilleur moyen de prouver que la mémoire avait une base chimique était de la transférer d'un animal à l'autre par des extraits de système nerveux appropriés. Le principe de ces expériences était le suivant. On apprenait une tâche à des animaux, qualifiés de « donneurs ». On préparait ensuite un extrait à partir de leur système nerveux et on l'administrait à des animaux receveurs. Les performances de ces derniers dans la tâche apprise par les donneurs étaient ensuite estimées en comparaison avec des receveurs de système nerveux non entraîné. L'amélioration des performances des receveurs de système nerveux entraîné pouvait alors être comprise comme un transfert de molécules portant l'information mémorisée par les donneurs.

Les premiers travaux effectués dans ce domaine sont ceux du groupe de McConnell, aux États-Unis, sur de petits Vers plats, les Planaires. Ces animaux, sensibles à la lumière, sont capables de consommer des fragments de leurs congénères (cannibalisme). McConnell affirma leur avoir appris des conditionnements*. Des Planaires non entraînées cannibales de Planaires entraînées s'avéraient capables des mêmes performances que leurs victimes, d'où l'idée d'un « transfert de mémoire par cannibalisme », que McConnell interpréta ensuite comme un transfert des A.R.N. messagers. (→ protéique [synthèse].) Des travaux ultérieurs ont montré que des biais importants existaient dans ces expériences, qui n'ont plus aujourd'hui qu'un intérêt historique.

Plusieurs groupes cherchèrent alors des phénomènes semblables chez les Vertébrés et tentèrent de transférer la mémoire par des injections des A.R.N.* ou des protéines* cérébrales. Le travail le plus important est celui de G. Ungar, aux États-Unis. Ungar a appris à des Rats à éviter une boîte noire et transféré cette « peur du noir » à des Souris par des extraits de cerveau. Il a pu isoler et analyser l'agent responsable, un peptide*, qu'il a appelé « scotophobine » (c'est-à-dire « qui provoque la peur de l'obscurité »). Malgré ces résultats spectaculaires, l'action de la scotophobine a pu être interprétée ultérieurement de façon plus globale comme une réduction de l'émotivité des receveurs, qui, par suite, passeraient moins de temps dans la boîte noire. Il s'agirait donc d'une molécule de l'émotion plus que d'une molécule de la mémoire. G. C.

transition

n.f. (angl. Transition)

DÉVELOP. **Passage d'un état à un autre.**

La notion de transition est une notion fondamentale des études du développement. Selon les modèles proposés, elle est prise pour synonyme de changement et caractérise le moment d'une émergence, d'une transformation ou d'une extinction : ainsi, l'émergence de la fonction sémiotique est considérée comme une transition entre les conduites sensori-motrices et le langage ; ou bien la transition caractérise une période intermédiaire entre deux stades ou états d'équilibre successifs, ce qui lui confère le sens d'état instable. H. B.

transition (réseau de)

(angl. Transition Network)

Réseau utilisé pour le traitement par automate de l'information, et notamment du langage, dans lequel les arcs correspondent à des changements d'état (transition) et les nœuds à des étapes successives de ces changements.

Parmi les plus connus des dispositifs de traitement automatique du langage se trouvent les *réseaux de transition augmentés* (angl. Augmented Transition Networks), en abrégé ATN. L'analyse procède par pas dans le texte de mot en mot (de nœud en nœud dans le réseau). Pour chaque mot sont examinées un certain nombre de conditions (morphologiques, syntaxiques, sémantiques). Une fois qu'un certain nombre de ces conditions sont satisfaites, le système stocke l'information correspondante, qui est incorporée à la représentation en machine du texte. Puis le système passe au mot (au nœud) suivant. Si aucune condition n'est satisfaite, le système revient en arrière.

Ce procédé, basé sur des transitions de nœud en nœud, peut donner lieu à des réseaux extrêmement complexes et variés, construits conformément à des grammaires diverses. J.-F. L. N.

transitionnel (objet)

(angl. Transitional Object; allem. Übergangsobjekt)

Selon D. W. Winnicott, premier objet matériel possédé en propre par le nourrisson, que celui-ci ne reconnaît pourtant pas comme appartenant à la réalité extérieure, bien qu'il ne fasse pas partie de son corps propre.

L'hypothèse de base de cette proposition théorique a été formulée par Winnicott dans un exposé présenté à la Société psychanalytique britannique le 30 mai 1951. Il s'agit d'une étude de la première « possession non-moi » : il apparaît nécessaire de souligner avec Winnicott ce terme de possession qui n'est pas possession d'objet, le premier objet non-moi étant le sein. La séquence qui commence par le fait, pour le nouveau-né, d'utiliser sa bouche en y mettant les doigts et qui se termine par l'attachement très vif de l'enfant pour un ours ou une poupée, un objet dur ou un objet moelleux est celle qui permet d'étudier la nature de cette possession ; c'est la capacité pour l'enfant à reconnaître un objet comme non-moi, à le placer au-dehors, au-dedans ou à la limite du dehors et du dedans. C'est aussi la capacité qu'a un enfant de créer, d'imaginer, d'inventer, de concevoir un objet et d'instituer avec lui une relation de type affectueux.

Objets et phénomènes transitionnels désignent alors l'aire intermédiaire d'expérience qui permet cette séquence, cette aire qui se situe entre le subjectif et ce qui est objectivement perçu. C'est son intérêt pour l'expérience culturelle qui a permis à Winnicott de s'intéresser à cette aire, espace potentiel, aire de l'illusion. Dans sa préface à *Jeu et réalité* (1971) [édition française, 1975], il évoque la controverse sur la transsubstantiation, c'est-à-dire l'utilisation en théologie du changement de toute la substance du pain et du vin en toute la substance du corps et du sang de Jésus-Christ, ce qu'il étudie comme rapport entre l'objet transitionnel et le symbolisme. Il existe un paradoxe pour lui dans l'utilisation faite par le petit enfant de cet objet; ce paradoxe accepté, toléré, il faut admettre qu'il ne soit pas résolu. C'est-à-dire admettre cette idée que ce n'est pas tant à l'objet lui-même qu'à son utilisation que l'enfant a recours. C'est la capacité d'une personne à vivre dans une sphère qui serait intermédiaire entre le rêve et la réalité, aire intermédiaire d'expérience entre le pouce et l'ours en peluche, entre l'érotisme oral et la relation d'objet, entre l'activité créatrice primaire et la projection de ce qui a été introjecté, entre l'ignorance primaire de la dette et la reconnaissance de celle-ci.

Cela peut être pour un enfant un phénomène ou quelque chose de particulier: un bouchon de laine, tiré des fils d'une couverture, le coin de cette couverture ou d'un édredon, un mot, une mélodie ou un geste habituel. C'est ce que l'enfant utilisera au moment de s'endormir, comme défense contre l'angoisse, de type dépressif insiste Winnicott. Ce peut être aussi quelque chose qui deviendra sale, sentira mauvais mais que l'enfant emportera partout avec lui en voyage.

Ces premiers stades de l'utilisation de l'illusion sont à l'œuvre dans le chevauchement entre l'apport de la mère et ce que l'enfant peut concevoir; il n'y a pas d'échange entre mère et enfant remarque Winnicott. L'enfant prend à un sein ce qui est partie de lui-même et la mère donne du lait à une partie d'elle-même, son enfant. Ainsi, nous sommes d'emblée dans ce que Lacan nommait «manque de l'objet», non pas au sens négatif mais au sens du ressort même de la relation du sujet au monde, essentiel dans toute la pratique psychanalytique. Tous ces objets du jeu de l'enfant peuvent alors être nommés «transition d'objet». Ces objets, qui interviennent dans le champ du désir humain, ne sont donc pas pensables dans une dialectique telle qu'elle est incarnée dans deux acteurs réels mère et enfant. C'est le caractère de cession de l'objet que traduit la fabrication d'objets humains; l'objet transitionnel supporte cette position du sujet dans sa confrontation signifiante, à savoir qu'un signifiant représente le sujet pour un autre signifiant. L'objet dans ce cas supplée le sujet. Il s'agit du sujet mythique primitif, celui que nous ne saisissons jamais. Le sujet reste marqué par cette substitution primitive et sa réémergence est au-delà de cet objet. Winnicott indique que ce n'est pas l'objet qui est transitionnel mais qu'il représente la transition. C'est ce que montre la perte progressive de toute signification de ces phénomènes, associée au désinvestissement de l'objet. En clinique, Winnicott a recours au *jeu du squiggle*, qui désigne un *tracé libre* (angl. Squiggle) que fait le thérapeute (n° 1), que l'enfant reprend (n° 2); le thérapeute en fait un autre (n° 3), etc., dans une série d'échanges ludiques. Winnicott travaille ainsi la relation thérapeutique face à la séparation et à la perte. A. P.-P.

transitionnel (phénomène)

(angl. Transitional Phenomenon)

Babillage, manipulation élective d'un objet matériel que le bébé surajoute à l'autoérotisme oral et qu'il utilise contre l'angoisse dépressive. R. L.

transitivisme

n.m. (angl. Transitivism)

Mécanisme délirant observé dans la schizophrénie qui fait que le patient projette une part de lui-même sur une autre personne ou sur un objet du monde extérieur.

Sa pensée, ses actions, ses hallucinations sont vécues par le malade comme étant l'expérience de l'autre. L'AMDP, Arbeitsgemeinschaft für Methodik und Dokumentation in der Psychiatrie, est une association d'origine allemande, créée dans les années 1960, et en 1977 à Liège pour la section francophone. L'AMDP propose un système de documentation et d'évaluation de la psychopathologie fondé sur les conceptions psychiatriques allemande et française. L'AMDP oppose le transitivisme à l'«appropriation». Dans l'*appropriation* (allem. Appersonierung), le patient introjette des phénomènes venant du monde extérieur. L'AMDP donne l'exemple d'un patient regardant battre un tapis et se plaignant d'être battu (appropriation). Un autre malade voit une ombre. Il prend peur, pousse un cri, puis s'étonne que l'ombre ait crié (transitivisme). A. G.

transitivité

n.f. (angl. Transitivity)

Propriété d'une relation lorsqu'on peut dire qu'elle est transitive sur un ensemble E si, toutes les fois que cette relation est vraie pour les couples (x, y) et (y, z), x, y, z étant des éléments de l'ensemble, elle est vraie pour le couple (x, z).

Ainsi, la relation «plus petit que» est transitive; en effet si $x<y$ et $y<z$, alors $x<z$. Sont également transitives les relations «être égal à», «être antérieur à» et «implique». Par contre, la relation «être le père de» n'est pas transitive; en effet, si x est le père de y et si y est le père de z, x est le grand-père de z et non son père. C'est la propriété de transitivité qui assure la validité d'une inférence et qui la distingue d'une simple relation empirique de consécution. Pour Piaget, la compréhension du caractère transitif de certaines relations ne serait possible qu'avec le développement, aux alentours de 7-8 ans, de la structure opératoire de «groupement» (J. Piaget et J. B. Grize, *Essai de logique opératoire*, 1972), qui est caractéristique du niveau dit «des opérations concrètes»; ainsi, transitivité et conservation des quantités ne seraient que deux aspects d'un même groupement. Cependant, transitivité et conservation ne s'appliquent pas d'emblée à n'importe quel contenu: par exemple, l'une et l'autre sont acquises plus tardivement pour les poids que pour les longueurs. G. P.-L. B.

transparence

n.f. (angl. Transparency)

DÉVELOP. **Procédé graphique consistant à dessiner un objet masqué à la vue par un autre comme si ce dernier était transparent.**

Par exemple, il arrive qu'un enfant dessine les jambes du conducteur en les faisant apparaître à travers la portière de l'auto, les œufs dans le ventre d'une poule. E. V.

→ réalisme.

transport

n.m. (angl. Transport)

GÉNÉR. et DÉVELOP. **Activité perceptive consistant à relier par le regard un point d'un élément à un point d'un autre élément.**

La fonction des transports est de permettre des comparaisons. J. Piaget, qui a introduit cette notion, distingue deux variétés de transport, selon que les comparaisons portent sur des dimensions ou sur des directions. Une forme particulière de transport est la transposition qui reporte non seulement la dimension et la direction d'un élément mais aussi un ensemble de relations, par exemple une différence entre 2 éléments. Le plus souvent spatio-temporels, transports et transpositions peuvent parfois être purement temporels, dans le cas par exemple où des figures apparaissent successivement en un même emplacement. E. V.

→ perceptive (activité).

transposée (analyse factorielle)

(angl. Transposed Factor Analysis)

Analyse factorielle en plan Q, transposée par rapport à l'analyse factorielle en plan R des mêmes données. M. R.

→ plan d'analyse factorielle.

transposition

n.f. (angl. Transposition)

GÉNÉR. 1. **Phénomène perceptif en vertu duquel une relation ou une structure, identifiées dans un stimulus complexe, peuvent être retrouvées dans un second stimulus complexe alors que les éléments constitutifs en sont très différents du premier.**

Les meilleurs exemples de transposition perceptive concernent l'identification d'une mélodie, qui peut facilement être reconnue en dépit du changement des notes individuelles, ou l'identification d'une forme, qui se retrouve en dépit du changement des éléments constitutifs, de la taille, de la couleur, de l'angle de vision, etc.

Ce phénomène tient une grande place dans la gestalthéorie, où il sous-tend la notion d'isomorphisme. (→ perception.)

GÉNÉR. 2. **Apprentissage discriminatif qui s'applique aux relations plutôt qu'aux valeurs absolues des stimulus.**

Un phénomène très voisin peut être retrouvé dans l'apprentissage, particulièrement dans les apprentissages discriminatifs.

Supposons qu'un Singe ait appris à faire une discrimination entre deux boîtes renversées, l'une gris clair, qu'il soulève toujours parce qu'il trouve sous elle un grain de raisin, et une autre, gris moyen, qu'il ne soulève jamais, parce qu'il n'y a jamais rien trouvé. Que se passera-t-il si on lui présente maintenant deux boîtes dont l'une est semblable et l'autre différente, par exemple gris moyen et gris foncé ? S'il choisit celle qui est gris moyen, comme précédemment, c'est une indication que l'Animal a appris des valeurs absolues de la variable expérimentale : pour lui, la boîte « correcte » est celle qui est gris moyen. S'il choisit l'autre, c'est une indication qu'il a opéré une transposition et, par conséquent, un apprentissage relationnel : pour lui, la boîte « correcte » est ce qu'un humain décrit, au moyen du langage, comme « la boîte la plus claire ». Les transpositions sont fréquentes chez le Singe. On en trouve aussi des exemples (mais avec une fréquence décroissante) chez des Animaux situés plus bas dans l'échelle biologique. Koehler a montré que leur existence est possible chez des Poules, et ce fait a alimenté de nombreuses discussions entre gestaltistes et béhavioristes. Parmi ces derniers, Spence et Hull ont présenté une interprétation de la transposition en termes de généralisation du stimulus et de forces relatives de la tendance à répondre ; cette interprétation rend convenablement compte des faits et a permis des prédictions qui ont été vérifiées.

Toutefois, il n'est pas exclu que le phénomène de transposition puisse relever de processus différents suivant les espèces et les individus concernés.

Il est en outre certain que, chez les individus humains (en particulier chez les enfants), l'utilisation du langage facilite la transposition : des expressions comme « plus clair que », ou « le plus clair » en sont une bonne illustration. J.-F. L. N.

→ apprentissage, discrimination, perception.

transsexualisme

n.m. (angl. Transsexualism)

Véritable conviction quasi délirante d'appartenir au sexe opposé à celui que la nature lui a donné chez un sujet, qui va donc désirer continuellement et tenter d'obtenir par tous les moyens (en particulier endocrinologiques et chirurgicaux) son changement de sexe.

Si E. Esquirol avait déjà décrit le cas d'un « homme âgé de 26 ans, d'une taille élevée, d'une belle stature, d'une jolie figure, qui aimait revêtir des habits de femmes [...] et se persuada qu'il était femme et chercha à en convaincre tout le monde, même les membres de sa famille » (1838), ce n'est que vers 1950 que ce syndrome apparaît comme relativement fréquent, dans une population ne présentant pas de pathologie mentale manifeste par ailleurs. Le DSM III en propose les critères diagnostiques suivants :

« — sentiment d'inconfort et d'inadéquation quant à son sexe anatomique ;
— désir d'être débarrassé de ses organes génitaux et de vivre comme un sujet de l'autre sexe ;
— la perturbation a duré d'une façon continue pendant au moins deux ans ;
— absence d'ambiguïté sexuelle organique ou d'anomalie génétique ;
— non dû à un autre trouble mental, comme la schizophrénie. »

Il faut distinguer le transsexualisme masculin du féminin. Dans le premier, cinq à six fois plus fréquent, des tendances homosexuelles se sont souvent manifestées dès avant la puberté. L'attirance vers certaines professions est habituelle ainsi que la fréquentation de milieux particuliers, l'étape ultérieure habituelle du traitement hormonal et l'existence d'une situation ambiguë et socialement marginale, souvent très prolongées, pouvant aboutir à la réalisation de transformations anatomiques par interventions chirurgicales.

Chez la femme, si les androgènes favorisent les modifications et s'il y a des demandes de transformation anatomique, il n'existe pas de marginalité sociale ; au contraire, une recherche du rôle viril social et professionnel et l'adoption d'une responsabilité sociale et d'un habitus masculin conduisent souvent à une bonne insertion professionnelle.

Au cours de sa trajectoire biographique, le transsexuel n'est presque jamais pris en charge : le comportement dans l'enfance attire rarement l'attention, non plus que celui de la puberté. Ultérieurement, le traitement hormonal représente une étape et il est souvent autoadministré. La transformation anatomique n'est pas constante et elle est souvent progressive à l'aide d'interventions mineures encouragées par le conjoint.

La demande de changement d'état civil est l'étape ultime à laquelle tente d'arriver le transsexuel, qui est rarement suivi sur le plan psychothérapique. On voit depuis peu s'officialiser les changements d'état civil. Cependant, ces cas restent isolés et une population marginale se développe. Le véritable déni subjectif a peut-être une part d'origine biologique. Les études récentes convergent vers une différenciation ultraprécoce des cerveaux masculin et féminin du point de vue fonctionnel (F. Hartmann). De toute façon, la décision de changement juridique du sexe ne devrait intervenir qu'à la suite d'une expertise médico-psychiatrique confiée à une équipe interdisciplinaire qualifiée (F. Sutton). J. P.

transsexuel, elle

adj. et n.

Se dit d'une personne atteinte de transsexualisme. R. L.

transversale (méthode)

(angl. Cross-Section Method)

Méthode d'étude du développement consistant à examiner plusieurs groupes d'enfants, chaque groupe étant composé d'enfants d'un âge déterminé.

Cette méthode est distinguée de la méthode longitudinale consistant à examiner plusieurs fois les mêmes enfants à des dates successives. M. R.

→ longitudinale (méthode).

transvestisme

n.m. (angl. Transvestism)

Synonyme de travestisme. J. P.

traumatisme psychique

(angl. Trauma)

Événement subi par un sujet qui en ressent une très vive atteinte affective et émotionnelle, mettant en jeu son équilibre psychologique et entraînant souvent une décompensation de type psychotique ou névrotique ou diverses somatisations.

La névrose traumatique avait servi à S. Freud comme premier modèle de sa conception de la psychogenèse de l'hystérie et de la névrose phobique, accompagnant sa théorie de la séduction sexuelle de l'enfant par l'adulte. Le terme est maintenant réservé à la description des atteintes névrotiques et psychosomatiques qui sont la conséquence directe de violentes émotions à la suite d'accidents, d'agressions dramatiques, de catastrophes (accidents de chemin de fer, incendies, naufrages, tremblements de terre).

Lorsque les traumatismes psychiques sont relativement minimes, mais répétés, ils peuvent entraîner un état de stress. Une forme particulière de traumatisme psychique est représentée par l'événement de vie dont les effets psychopathologiques sont souvent retardés par rapport à la date de survenue de ce dernier (J. Guyotat). C'est en particulier le cas des états dépressifs se produisant à la suite d'un deuil ou d'une séparation. J. P.

→ névrose post-traumatique, stress.

travail (mémoire de)

(angl. Working Memory)

Dispositif cognitif hypothétique, dont la double fonction est de conserver l'information et de la traiter.

Cette notion hypothétique s'est substituée partiellement à celle de mémoire à court terme en portant l'accent sur les transformations de l'information. On suppose alors que cette dernière est conservée aussi longtemps que cela est nécessaire pour son traitement.

Il existe deux grandes conceptions de la mémoire de travail : dans la première, on la considère à l'instar de la mémoire à court terme, comme une sorte de registre mnémonique dans laquelle l'information entre et est traitée, puis dont cette information est en général extraite par transfert dans la mémoire à long terme; dans la seconde conception, la mémoire de travail est considérée comme la partie active (ou activée) de la mémoire à long terme.

J.-F. L. N.

→ mémoire, terme (mémoire à long, à court), traitement.

travail (psychologie du)

(angl. Occupational Psychology)

Discipline de recherche et d'intervention de la psychologie qui a pour objet d'étude l'ensemble des facteurs individuels, sociaux et structurels influençant les conduites au travail.

Cette notion de conduite qui fait référence explicitement à l'homme (opérateur) permet de mieux distinguer la psychologie du travail de l'ergonomie et rend compte de son caractère de discipline transversale. En effet, la conduite, non réductible à l'activité, renvoie à ce qui est directement observable (conduites d'exécution dans leurs dimensions sensorielles et motrices et comportements sociaux) et à ce qui peut être inféré grâce à l'analyse des actions mais aussi des verbalisations (orales et écrites), à savoir les processus de recherche et de sélection de l'information et les procédures de raisonnement et d'anticipation de l'action. L'analyse de la conduite permet de redéfinir la tâche telle qu'elle est appréhendée, comprise et exécutée et aboutit par conséquent à distinguer la tâche prescrite de la tâche effective.

Sont alors pris en compte les aspects cognitifs, affectifs, sociaux et contextuels professionnels mais aussi extra-professionnels de la situation de travail. Il convient dès lors de concevoir la psychologie du travail comme étant, dans un contexte particulier, le lieu de rencontre des autres disciplines de la psychologie (psychologie sociale, psychologie différentielle, psychologie cognitive, psychologie des organisations) mais aussi de la psychophysiologie, de la médecine et de l'ergonomie.

Les domaines intégrés à la psychologie du travail

Le rapport homme-machine

La psychologie du travail était autrefois dénommée psychologie industrielle ainsi qu'en atteste le titre d'un des premiers ouvrages écrits par Myers, en 1925. Dans le contexte de développement économique et d'industrialisation moderne du début du XXe siècle, cette application des connaissances psychologiques à un domaine particulier avait pour but premier de favoriser la recherche des meilleures conditions de production. Il s'agissait plutôt d'une psychologie ergonomique axée sur l'adaptation et l'amélioration des outils et des machines. L'aspect humain a longtemps été réduit aux problèmes posés par le recrutement. La conception, la validation de méthodes ou d'instruments de sélection grâce aux méthodes d'évaluation des aptitudes individuelles issues de la psychométrie et de la psychotechnique et leur administration constituaient alors une part importante de l'activité du psychologue en entreprise.

De nos jours, le champ et les méthodes de la psychologie du travail se sont largement étendus. La psychologie du travail est devenue à la fois discipline de recherche et d'intervention directe sur le terrain. Ce dernier n'est plus seulement l'atelier ou le bureau mais il englobe aussi l'école, l'exploitation agricole, les moyens de transport, etc. Il a fallu par exemple pour appréhender l'impact des nouvelles technologies (informatique, conception assistée par ordinateur, robotique, bureautique) sur les conduites de l'homme au travail tenir compte des recherches fondamentales en psychologie cognitive. Les connaissances acquises sur la perception, la mémoire et les activités intellectuelles de résolution de problèmes et de prise de décision inspirent largement les concepteurs de nouveaux instruments et outils de recherche et d'analyse d'informations. Pour que l'utilisation des banques de données, des systèmes experts d'aide au diagnostic et à la décision et d'aide à la conception soit compatible avec les modes de pensée et de fonctionnement des utilisateurs, il est nécessaire que les logiciels et les moyens d'accès à l'information soient le plus possible proches des processus cognitifs naturels de la conservation des informations et du raisonnement humain.

La psychologie des organisations

Une autre discipline a également été intégrée à la psychologie du travail: celle traitant des rapports psychosociaux interindividuels sous la dépendance des facteurs structurels qu'analyse la psychologie des organisations, appelée autrefois « psychosociologie du travail ». La psychologie des organisations se propose d'étudier l'interaction sociale sous l'influence des facteurs organisationnels. Ces derniers concernent par exemple l'organisation hiérarchique et institutionnelle qui structure le temps de travail et impose le partage des tâches.

Dans ce domaine, l'action conjuguée des psychologues et des médecins du travail mais aussi des physiologistes et des ergonomes a permis une diminution notable des contraintes temporelles d'organisation. Le succès puis l'abandon de l'organisation scientifique du travail (O.S.T.), qui est l'une des manifestations les plus connues du taylorisme en tant que système d'analyse et d'aménagement du travail, sont à cet égard illustratifs. L'O.S.T. visait à réduire tout problème au sein de l'unité de travail à un problème organisationnel, pour lequel il n'existe qu'une bonne solution, excluant la prise en compte des facteurs humains. Ce point de vue a trouvé son expression la plus exacerbée dans la parcellisation des tâches et des actions, réduites à leurs dimensions temporelles et motrices (un même geste dont la durée est mesurée, contrôlée et imposée), mais aussi dans l'utilisation du salaire à la tâche, dont la fonction s'apparente à un programme de renforcement (« Fixed Ratio ») tel qu'il a été analysé et défini par la théorie du conditionnement opérant (B. F. Skinner).

Ce type d'organisation a été largement rejeté à la suite des critiques qu'il a suscitées. Dans le même ordre d'idées, l'amélioration des systèmes alternants du travail posté* peut être rattachée au courant de la psychologie des organisations. Cette dernière s'intéresse également à la vie des groupes dans le contexte du travail; les groupes d'expression, les cercles de qualité, qui permettent de renforcer l'interaction sociale entre les partenaires d'un projet économique et par conséquent d'accroître la fiabilité du système de production, représentent des approches novatrices des problèmes humains et économiques au sein de l'entreprise. Enfin, les réseaux et les cheminements formels et informels de l'information au sein d'une unité de travail constituent aussi un ensemble de facteurs organisationnels influençant les pratiques professionnelles.

Les conduites de l'homme au travail

La psychologie du travail a donc étendu son champ d'étude à tous les aspects des conduites de l'homme au travail. Quatre grands domaines d'étude sont explorés:

Les conditions de travail

L'ensemble des relations homme-machine et homme-environnement implique l'analyse des conditions de travail que la psychologie du travail partage avec l'ergonomie et la médecine lorsqu'il s'agit d'étudier par exemple les astreintes au travail, les effets des contraintes matérielles et environnementales, l'adéquation des postes, les dysfonctionnements et les accidents. L'analyse des conséquences immédiates ou différées des conditions de travail sur l'individu (absentéisme, pathologies générales ou spécifiques à un métier) et sur la vie hors travail peut être rattachée à ce premier domaine. Récemment, la convergence des progrès en psychologie cognitive, de l'évolution des technologies et de la prise en compte des aspects mentaux dans l'analyse globale de l'activité a suscité l'émergence d'une psychologie cognitive du travail. Il s'agit d'un champ d'investigation qui appréhende les aspects cognitifs du travail dans une perspective descriptive et explicative mais qui a également une finalité d'aménagement (conception et correction).

La psychologie cognitive du travail concerne essentiellement l'ensemble des activités mentales liées au recueil des informations pertinentes, à leur analyse et parfois à leur maintien en mémoire, aboutissant à une prise de décision, suivie éventuellement d'une action appropriée, dans l'exécution d'une tâche. L'analyse de ces différents aspects cognitifs du travail implique de considérer non seulement l'individu seul mais aussi, selon la situation, l'individu en relation avec d'autres. On peut de cette façon analyser les processus mis en jeu dans les stratégies et les modes opératoires, les dysfonctionnements, l'apprentissage des procédures, la planification de l'action.

Cette démarche d'analyse peut être complétée par des propositions d'aménagement des situations et des procédures de travail concernant notamment la prise d'informations (aménagement des dispositifs délivrant des informations sur un processus de fabrication automatisé), l'analyse et le traitement de ces informations (aide au diagnostic), la représentation mentale d'un ensemble complexe (modélisation, aide à la décision, systèmes experts) et enfin le stockage de l'information sur des supports informatisés (réseaux, mémoires en treillis, scripts pour les banques de données).

Communication, hiérarchie, motivation

Le deuxième thème d'étude de la psychologie du travail concerne la dimension sociale et structurelle du travail, qui influence les communications, les rapports d'autorité et hiérarchiques, le degré de motivation, de satisfaction et d'implication dans le travail et à laquelle on peut rattacher la résolution des conflits par la négociation et la concertation. Les psychologues ont largement contribué à démonter que la motivation au travail ne pouvait être réduite à la recherche d'avantages financiers. Le besoin de réussir sa vie professionnelle sans mettre en question les aspirations maritales et familiales, le besoin de se réaliser avec un minimum de liberté sont autant d'éléments à considérer dans la définition des fonctions au sein de l'entreprise.

On sait aujourd'hui que l'accomplissement de soi, la reconnaissance par autrui, le désir d'avoir une responsabilité effective, la nécessité de progresser dans son travail sont des facteurs motivateurs qui seront d'autant mieux satisfaits que les attributs de la tâche (variété, autonomie, identité, etc.) seront diversifiés. S'agissant des communications au sein de l'unité de travail (mais aussi à l'extérieur de cette dernière), il a été démontré qu'elles constituaient un élément important permettant non seulement la transmission des informations nécessaires à l'exécution des tâches à tous les niveaux mais encore d'assurer et de renforcer la cohérence et la cohésion entre les différents acteurs. Dans ce domaine, on distingue classiquement la communication verticale (ascendante ou descendante), impliquant plusieurs niveaux hiérarchiques, et la communication horizontale entre personnes de même niveau. On retrouve dans ces deux exemples liés à la motivation et à la communication le cadre social du travail, à savoir ce qui relève de l'organisation formelle et informelle, des rapports hiérarchiques et de l'expression des salariés.

Les temps forts d'une vie professionnelle

Le troisième champ d'étude concerne tout ce qui constitue les temps forts de la carrière professionnelle des salariés (orientation, recrutement, formation interne et externe, départ à la retraite, chômage). Il s'agit en fait de ce qu'on appelle désormais la « gestion des ressources humaines ». Celle-ci implique évidemment une bonne connaissance du contexte de travail et des fonctions assumées par l'ensemble des travailleurs mais aussi l'utilisation conjointe de méthodes d'évaluation et de transmission des connaissances et des instruments de mesure des aptitudes et de description de la personnalité. L'évolution technologique et socio-économique s'accélérant, il convient de veiller constamment à ce que chacun occupe la fonction correspondant à ses compétences présentes ou en devenir mais aussi à ses aspirations, compte tenu de l'ensemble des contraintes matérielles, financières et économiques de l'unité de travail. Pour atteindre cet objectif, le psychologue du travail fait largement appel aux méthodes et connaissances de la psychologie de l'apprentissage (formation), de la personnalité et de la psychologie différentielle (recrutement, orientation) et enfin de la psychologie des organisations (définition des fonctions et des tâches).

Les effets du changement

Le dernier thème est centré sur l'analyse des changements sociaux et techniques produits par l'évolution générale des métiers, par les nouvelles méthodes de production et de gestion et par l'émergence des nouvelles technologies. L'introduction de l'informatique dans le monde du travail a provoqué une véritable révolution dont il importe d'apprécier les effets bénéfiques et négatifs pour qu'elle puisse être véritablement un facteur d'amélioration des conditions de travail et non une cause supplémentaire d'astreintes diverses. L'analyse doit évidemment porter sur l'ensemble des conséquences aux plans matériels, humains, sociaux et structurels. En définitive, ce thème illustre la nécessité et la richesse de l'approche multivariée qui constitue la caractéristique essentielle de la psychologie du travail contemporaine. A. L.

→ cognitive (psychologie), ergonomie, sociale (psychologie).

Bibliographie

Fouchard, R., 1989, « la Psychologie dans l'entreprise », numéro spécial du *Journal des psychologues*.

Jardillier, P., 1986, *le Développement humain dans l'entreprise. Manuel de psychologie du travail appliqué*, Paris, P.U.F.

Landy, F. J., 1983, *The Measurement of Work Performance : Methods, Theory, Applications*, Orlando, San Diego, New York, Academic Press.

Leplat, J., et Cuny, X., 1977, *Introduction à la psychologie du travail*, Paris, P.U.F.

Lévy-Leboyer, C., et Sperandio, J. C., 1988, *Traité de psychologie du travail*, Paris, P.U.F.

Michel, S., 1989, *Peut-on gérer les motivations ?*, Paris, P.U.F.

Neff, W. S., 3e éd., 1985, *Work and human Behavior*, New York, Aldine.

O'Brien, G. E., 1986, *Psychology of Work and Unemployment*, Chichester, New York, Brisbane, John Wiley.

Steers, R. M., 3e éd., 1983, *Motivation and Work Behavior*, New York, Saint Louis, San Francisco, Mc Graw-Hill Book.

travail du deuil

(angl. Work of Mourning; allem. Trauerarbeit)

Processus par lequel le sujet lutte contre la réaction dépressive, entraînée chez lui par la perte d'un être cher. J. P.

→ deuil.

travestisme

n.m. (angl. Transvestism)

Adoption par certains sujets de l'habitus vestimentaire et social du sexe opposé, pouvant aller parfois jusqu'à la nécessité de porter des vêtements de celui-ci pour obtenir une jouissance sexuelle. (Syn. transvestisme.)

D'abord décrit chez l'homme par Havelock Ellis sous le terme d'*éonisme**, il apparaît aussi chez la femme, quoique plus rarement (R. Stoller). Il ne s'agit pas du simple degré, mineur, d'une inversion sexuelle, comme le pensaient les sexologues du début du XXe siècle. Le psychanalyste A. Hesnard (1886-1969) a montré que la pulsion sexuelle chez les hommes transvestistes était bien orientée vers la femme, à la fois désirée et menaçante et, donc, mise à distance. Dans son échec à la posséder pleinement par un acte sexuel restant difficile (l'impuissance et l'éjaculation précoce sont fréquentes chez de tels patients), le transvestiste s'approprie sa partenaire en s'identifiant à elle par ce qui la représente le mieux sur le plan imaginaire et symbolique : ses vêtements et son rôle social (si possible). En se travestissant, il ne deviendrait donc pas un objet sexuel pour un autre homme mais le resterait pour lui-même dans une position narcissique. D'autres auteurs ont plutôt insisté sur les aspects fétichistes du travestissement, particulièrement évidents dans les cas où le plaisir sexuel ne peut être obtenu que par la manipulation et le port de vêtements de l'autre sexe. J. P.

→ éonisme.

triangulation

n.f. (angl. Triangulation)

Dans l'approche systémique que fait la thérapie institutionnelle (J. Haley, S. Minuchin, M. Bowen), système que forme l'enfant avec ses parents, cachant un conflit dans lequel l'enfant est pris.

Chaque parent demande à l'enfant de prendre son parti contre l'autre, si bien que l'enfant, étant pris dans leur conflit, sent qu'à chaque fois il intervient comme un attaquant soit de l'un soit de l'autre. Dès lors, l'enfant est comme paralysé. L'objet de la thérapie est alors de briser cette triangulation. R. L.

trichotillomanie

n.f. (angl. Trichomania ou Trichotelomania)

Compulsion à s'arracher des cheveux, des poils ou même des sourcils.

Le sujet lutte difficilement contre cette manie, qui devient, particulièrement durant son temps libre, véritablement obsédante. Elle a parfois à son origine une affection du cuir chevelu mais persiste après sa guérison. L'ampleur des zones dénudées de cheveux qui en résulte fait évoquer une alopécie. M. A.

tricyclique

n.m. (angl. Tricyclic)

Substance chimique qui possède des propriétés antidépressives, caractérisée par un noyau de trois chaînes fermées, soit deux cycles phényl et un cycle central cycloheptadiène (ou cycloheptatriène).

C'est le psychiatre suisse R. Kuhn qui a découvert en 1957 les effets antidépresseurs du premier de ces tricycliques synthétisés, l'imipramine, dont le cycle central a sept sommets comportant un hétéro-atome d'azote avec une chaîne latérale se terminant par une fonction amine terminale. D'autres tricycliques allaient suivre, susceptibles eux aussi d'avoir un effet curatif chez les déprimés : tricycliques à cycle central saturé comme l'amitriptyline, la butriptyline ou la nortriptyline, ou à cycle central insaturé comme la protriptyline ; avec un seul hétéro-atome comme la désipramine ou la doxepine ; et avec plusieurs hétéroatomes comme la dibenzipine et l'amoxapine.

Toutes ces substances agissent essentiellement sur les systèmes neurotransmetteurs, dont le dysfonctionnement serait responsable des troubles de l'humeur. Elles augmentent en particulier la neurotransmission sérotoninergique et inhibent la recapture de la sérotonine au niveau des synapses cérébrales. J. P.

→ antidépresseur, psychose maniaco-dépressive.

trip

n.m. (angl. Trip)

« Voyage », ou expérience induite par la prise d'un hallucinogène.

Le « Bad Trip » est une expérience désagréable avec angoisse, voire réaction psychotique. M. V.

trisomie 21 ou mongolisme

(angl. Down's Syndrom ou Mongolism)

Maladie décrite en 1866 par le médecin anglais John Haydon Down (1828-1896) et qui associe des anomalies morphologiques particulières et une déficience mentale.

C'est la découverte d'un chromosome 21 surnuméraire par J. Lejeune, en 1959, qui a permis de déterminer l'étiologie de cette maladie et d'inaugurer de nombreuses recherches sur la cause d'autres maladies congénitales.

On compte environ une trisomie 21 pour 600 naissances. Le risque de survenue est directement lié à l'âge de la mère : c'est dire qu'il augmente fortement après 45 ans. Actuellement, on propose systématiquement une amniocentèse à toutes les femmes enceintes âgées de plus de 35 ans pour tenter de dépister l'anomalie génétique ; et de pratiquer une interruption de grossesse si elles le désirent. Le risque de survenue d'un nouvel enfant trisomique après un premier dépend du type d'anomalie génétique. S'il s'agit d'un chromosome surnuméraire entier, le risque de récidive pour une mère de moins de trente ans est d'environ 1 %. S'il s'agit d'une interversion de deux chromosomes, le risque est 10 fois plus élevé si c'est la mère qui transmet l'anomalie. L'enfant trisomique 21 est reconnaissable assez tôt après la naissance par l'association d'un faciès asiatique avec des fentes palpébrales obliques, un repli cutané à l'angle interne de l'œil, appelé *épicanthus*. La forme du crâne est aplatie, la langue plicaturée et fréquemment extériorisée. Les mains sont caractéristiques, avec anomalies des plis de la paume et des doigts courts. La taille est petite. Il existe souvent une cataracte et des malformations cardiaques. Le retard de développement psychomoteur est constant, mais de degré variable. La majorité des enfants trisomiques 21 ont un quotient intellectuel compris entre 30 et 65, ce qui définit la déficience intellectuelle profonde (un cinquième des déficients intellectuels profonds sont trisomiques) et moyenne.

Les conditions dans lesquelles les parents apprennent le handicap de leur enfant semblent très importantes pour la qualité ultérieure de leur relation avec celui-ci. Pour la majorité des auteurs, l'accompagnement des parents et de l'enfant doit commencer très précocement, par exemple dans un centre médico-social ou une équipe de santé mentale infantile. Le soutien d'une association de parents est souvent précieux. La majorité des enfants trisomiques ne pouvant s'intégrer dans le cours habituel de la scolarité primaire, il est souhaitable de les intégrer dans des centres spécialisés, tels les externats médico-pédagogiques, puis externats médico-professionnels dans lesquels ils pourront trouver une réponse adaptée à leurs besoins et possibilités. Dans ce type d'établissement, la ségrégation des jeunes mongoliens peut être évitée par la coexistence avec d'autres enfants présentant des problèmes différents. L'enseignement peut y être adapté et associe les apprentissages scolaires, les rééducations orthophoniques et psychomotrices souvent nécessaires. Les autres

noyau tricyclique des antidépresseurs			
caractéristiques du noyau		structure chimique	exemples
noyau sans hétéro-atome	cycle central saturé	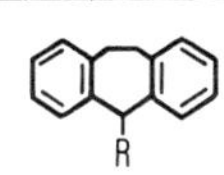	amitriptyline butriptyline nortriptyline
	cycle central insaturé	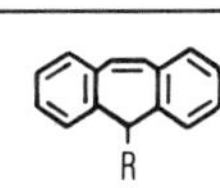	protriptyline
noyau avec hétéro-atome(s)	un seul hétéro-atome	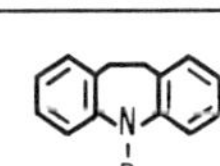	imipramine trimipramine quinupramine opipramol désipramine
		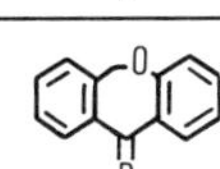	doxépine
	plus d'un hétéro-atome	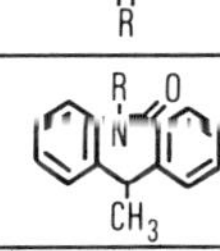	dibenzépine
		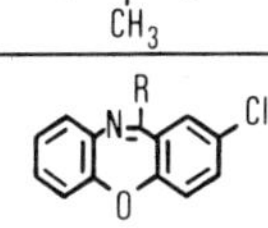	amoxapine

Figure 1. Tricyclique. Classement selon que le noyau possède ou non un hétéro-atome.

activités permettent aussi des progrès dans l'acquisition de l'autonomie et des contacts sociaux en fonction des possibilités de chaque enfant. Ce type de prise en charge peut permettre, chez certains trisomiques, un apprentissage professionnel. Il nécessite de toute façon une collaboration étroite avec la famille. J.-M. C.

BIBLIOGRAPHIE

Lambert, J. L., et Rondal, J. A., 1979, *le Mongolisme*, Bruxelles, Mardaga.

Rondal, J. A., 1986, *le Développement du langage chez l'enfant trisomique 21 : manuel pratique d'aide et d'intervention*, Bruxelles, Mardaga.

tronc cérébral

(angl. Brain Stem)

Isthme de l'encéphale situé entre le cerveau et la moelle épinière.

Dans le sens rostro-caudal, il comprend le mésencéphale, la protubérance annulaire, ou pont de Varole, et le bulbe rachidien. Les pédoncules cérébraux et les tubercules quadrijumeaux (collicules) occupent respectivement les faces ventrale et dorsale du mésencéphale. La face dorsale du tronc cérébral est limitée par le cervelet (→ encéphale, Figure 1). Les nerfs crâniens III à XII émergent du tronc cérébral (les nerfs I et II sont reliés au cerveau). De l'intérieur vers la périphérie, le tronc cérébral comprend: 1. une cavité qui, suivant le niveau, est l'aqueduc de Sylvius (étage mésencéphalique) ou le quatrième ventricule (étage ponto-bulbaire); 2. de nombreux noyaux gris, plus ou moins bien individualisés (noyaux des nerfs crâniens, noyaux propres, amas nucléaires de la formation réticulée); 3. de la substance blanche (grandes voies ascendantes et descendantes, voies cérébelleuses). Contrairement à ce que l'on observe à la périphérie des hémisphères cérébraux et cérébelleux, il n'y a pas ici de cortex. G. S.

tropisme

n.m. (angl. Tropism)

ÉTHOL. **Chez les Végétaux fixés, réaction d'orientation vis-à-vis d'une source de stimulation, physique ou chimique, externe.**

Le tropisme est dit «positif» s'il tend à rapprocher l'organisme de la source (exemple: courbure d'une plante vers la lumière); «négatif» s'il l'en éloigne.

Les tropismes sont désignés d'après la nature des agents excitateurs: le *phototropisme* est un déplacement provoqué par la lumière, le *géotropisme* est provoqué par la pesanteur, le *galvanotropisme* par des courants électriques, le *chimiotropisme* par des substances chimiques diffusant dans le milieu, le *thigmotropisme* par le contact d'une paroi, etc.

Les zoopsychologues (G. Viaud, 1951; J. Hirsch, 1967) ont longtemps regroupé sous le terme de *tropismes animaux* toutes sortes de réactions d'orientation: directe, indirecte, transverse, accomplies par des Animaux libres ou fixés. On préfère utiliser aujourd'hui le terme de *taxie*.

J. M. et J.-M. C.

→ taxie.

tubercules quadrijumeaux

(angl. Corpora Quadrigemina)

Éminences arrondies, ou «petites collines» (*collicules*), occupant la face dorsale du mésencéphale des Mammifères.

Les deux tubercules quadrijumeaux antérieurs ou supérieurs (collicules supérieurs) sont des relais sur les voies visuelles. (→ encéphale, Figure 1.) Les deux tubercules quadrijumeaux postérieurs ou inférieurs (collicules inférieurs) sont des relais sur les voies auditives. Les Vertébrés autres que les Mammifères ne possèdent que des *tubercules bijumeaux*. G. S.

tunnel optique

(angl. Optical Tunnel)

Dispositif destiné à l'étude des perceptions visuelles en l'absence de tout repère ou contexte spatial.

Le modèle du tunnel optique est le tunnel imaginé par J. J. Gibson, Purdy et Lawrence (1955): il s'agissait d'une suite de panneaux parallèles, alternativement peints en noir et en blanc, placés verticalement l'un derrière l'autre, tous percés en leur centre d'un trou circulaire identique. Les ouvertures doivent être rigoureusement de même taille et en face les unes des autres. Elles sont ajustées à la vision monoculaire d'un observateur, invité à coller son œil dans l'ouverture du premier panneau et à demeurer immobile, la tête fixée.

Quand les panneaux sont équidistants les uns des autres, l'observateur perçoit un cylindre rayé ou, en perspective un tronc de cône. Quand ils sont diversement écartés, mais que les ouvertures se trouvent sous le même angle visuel, une majorité d'individus (75%) perçoit encore un cylindre, mais de profondeur réduite. Une image ou un objet placé dans la dernière ouverture apparaît à l'observateur sans repère de distance qu'il puisse estimer. Si, de plus, on couvre l'ouverture, dans laquelle apparaît le stimulus d'un écran translucide, de texture indiscernable, qu'on éclaire en lumière diffuse, on estompe la texture physique du stimulus et on élimine ainsi la possibilité d'un gradient de distance. Une version simplifiée du tunnel de Gibson, un tuyau aux parois uniformes, noires, dans lequel le stimulus est faiblement éclairé en lumière diffuse, a été largement utilisée.

Les réponses requises d'un observateur placé devant un tunnel optique peuvent être des jugements de taille, de forme, de distance ou d'inclinaison. Le tunnel optique a été employé pour évaluer l'importance de la taille et de la forme rétiniennes dans les constances perceptives. H. B.

tutelle

n.f. (angl. Tutelage)

Mesure de protection prononcée vis-à-vis de certains mineurs ainsi que des majeurs qui, en raison d'une altération de leurs facultés personnelles, ont besoin d'être représentés d'une manière continue dans les actes de la vie civile.

La tutelle des majeurs, sous sa forme actuelle, a été instaurée par la loi du 3 janvier 1968 portant réforme du droit des incapables majeurs. Certaines personnes ne sont plus en état de défendre au mieux leurs intérêts, de pratiquer les actes élémentaires de la vie civile. Tel est le cas d'un certain nombre de malades mentaux ou encore de personnes présentant des infirmités corporelles, tous troubles empêchant l'expression de la volonté ou le discernement des choses. Avant la loi de 1968, seuls les malades faisant l'objet d'un internement étaient dessaisis de la gestion de leur patrimoine pendant toute la durée de l'hospitalisation. À la sortie, ils retrouvaient aussitôt tous leurs droits civils. Depuis la loi de 1968, le médical et le juridique se trouvent séparés; ainsi, par exemple, un patient suivi en ambulatoire peut faire l'objet d'une tutelle alors qu'un autre, hospitalisé en psychiatrie, conservera sa capacité juridique (pouvoir de mettre en œuvre soi-même ses droits et ses obligations). La loi de 1968 énonce le principe général de la nullité des actes juridiques en cas d'insanité d'esprit et institue trois grands régimes de protection: la sauvegarde de justice, la curatelle et la tutelle. La sauvegarde de justice est une mesure d'urgence alors que la curatelle est une mesure d'incapacité partielle.

La tutelle est prononcée par le juge des tutelles, au niveau du tribunal d'instance, saisi à la requête d'un des proches; le juge aussi peut se saisir d'office sur avis d'un tiers. Il procède alors à l'instruction de l'affaire: audition de l'intéressé et de la famille, avis du médecin traitant, certificat d'un spécialiste inscrit sur la liste du procureur de la République. En ouvrant la tutelle, ou par jugement postérieur, le juge peut énumérer les actes que la personne aura la capacité de faire elle-même, soit seule, soit avec l'assistance du tuteur ou de la personne qui en tient lieu. Le tuteur est le conjoint, un membre de la famille, une association tutélaire agréée ou le préposé ès qualités de l'établissement de soins («gérant de tutelle»). Dans les tutelles complètes, il est également désigné un subrogé tuteur et un conseil de famille. Le majeur en tutelle perd sa capacité civile, ses droits civiques et politiques. Tous les actes postérieurs au jugement sont nuls de droit; les actes antérieurs sont annulables sous certaines conditions. Le mariage, le divorce, les donations ne sont possibles qu'avec l'accord du conseil de famille et l'avis du médecin traitant. Un recours contre le jugement ouvrant la tutelle, ou refusant la tutelle, est possible devant le tribunal de grande instance.

La tutelle cesse, avec les causes qui l'ont déterminée, par un jugement de mainlevée après les mêmes formalités que celles prévues pour son ouverture. Dans certains cas, le juge peut prononcer un jugement par lequel il ouvre une curatelle. M. G.

tutoriel

n.m. (angl. Tutorial)

Programme informatique destiné à l'enseignement assisté par ordinateur et orienté vers l'individualisation de l'enseignement.

On pourrait traduire *tutor* par « personne qui donne des leçons particulières ». Un tutoriel est donc un programme destiné à particulariser l'enseignement, à la fois par la façon dont il est dispensé et par les exercices ou problèmes qui en sont une part intégrante.

On parle aussi de « tutoriels intelligents » pour marquer que ces programmes incorporent des connaissances en intelligence artificielle. Un certain nombre d'entre eux sont conçus comme des « systèmes experts », qui reposent sur trois sources de connaissances :
1. les connaissances relatives à la matière ou au domaine à enseigner ;
2. des connaissances relatives au fonctionnement de l'élève, parfois appelées « modèle de l'élève » ; on pourrait s'attendre à ce qu'elles incluent de la psychologie, mais ce n'est pas toujours le cas ;
3. des connaissances expertes relatives à l'art d'enseigner ou à la didactique de la discipline considérée. J.-F. L. N.

Tyler (Leona E.)

Psychologue américaine (Iron Range, Minnesota, 1906).

Les activités de L. Tyler ont été centrées sur l'étude des différences individuelles, notamment en ce qui concerne la mesure des intérêts. À côté de son travail de recherches et de son enseignement à l'université de l'Oregon, elle a pratiqué le conseil psychologique. Elle a présidé l'American Psychological Association en 1972-1973. Son ouvrage le plus connu s'intitule *The Psychology of Human Differences* (1965, 3e éd.). M. R.

type

n.m. (angl. Type)

DIFFÉR. et GÉNÉR. **Représentation d'un individu, choisie pour fournir une référence à la description d'individus concrets.**

La notion de type peut prendre deux contenus très différents.

Le type peut être *idéal*, construction abstraite d'une personne qui a pu n'être jamais observée. Ce type idéal peut présenter tous les caractères, dont certains d'entre eux, éventuellement différents d'une personne à une autre, suffisent pour définir une catégorie de personnes. Exemple : l'ensemble des symptômes, dont quelques-uns suffisent pour qu'une certaine maladie soit diagnostiquée. Dans une population de sujets définie par une seule dimension, des types idéaux peuvent être imaginés aux deux extrémités de cette dimension même si aucun sujet réel n'occupe ces extrémités (on trouvera plus loin un exemple). Dans des cas de ce genre (uni- ou multidimensionnels), les types idéaux peuvent être appelés aussi des types polaires.

En un sens très différent, le type peut être *empirique* et représenter alors le mode ou la moyenne d'un groupe de personnes relativement peu différentes les unes des autres et relativement nombreuses dans la population. Il arrive souvent, dans une population définie par une dimension (la taille par exemple), que de nombreux individus se rassemblent autour de la valeur modale, qui peut être aussi la valeur moyenne. Le type empirique est alors défini par le mode ou cette moyenne et il peut aussi être appelé « type modal ». Il en va de même si la population est définie par plusieurs dimensions.

L'usage de la notion a beaucoup évolué en psychologie différentielle. Les types idéaux ne sont plus guère invoqués. Des types empiriques observables dans la population générale ne sont plus guère recherchés. On s'intéresse seulement à des groupements d'individus beaucoup plus limités, présentant des profils voisins dans une population particulière. La présence de tels groupes est recherchée ou vérifiée par des méthodes beaucoup plus précises. Chaque individu, étant évalué sur plusieurs variables, peut être représenté par un point dans l'espace de ces variables. On peut alors chercher s'il existe dans cet espace des agglomérats relativement distincts formés autour de « maxima de densité » (modes multidimensionnels). C'est une analyse en *groupes* (angl. Clusters) de personnes qui s'opère en utilisant les distances entre les points représentant les personnes (distances entre profils). On peut aussi aborder le problème sous un angle voisin en utilisant l'analyse factorielle entre personnes. Des corrélations entre personnes peuvent, à certaines conditions, être calculées, chaque personne étant représentée par la série des mesures qui la caractérisent dans un certain ensemble de variables, le même pour toutes les personnes. L'analyse de ces corrélations fournit des facteurs de personnes : de même que la corrélation entre deux variables peut être « expliquée » par leur régression sur un facteur de variable qui leur est commun, de même la ressemblance entre deux personnes peut être « expliquée » par leur ressemblance commune avec une personne théorique, le facteur de personnes. Ce facteur est comparable à un type empirique : c'est un profil de notes dont chacune est la moyenne pondérée des notes obtenues par des sujets observés. Mais, contrairement au type empirique défini par un groupe d'observations, rien ne prouve que plusieurs personnes réelles se grouperont autour du facteur de personnes. L'observation des personnes réelles dans l'espace des facteurs de personnes peut ou non révéler de tels groupements, qui, s'ils existent, pourront servir à localiser par rotation les facteurs de personnes. Si l'on procède ainsi, ces facteurs deviendront alors les axes de faisceaux de personnes.

L'analyse en classes latentes est un autre moyen de rechercher dans une population des classes relativement homogènes d'individus. On peut se représenter une classe latente comme un groupe d'individus ayant tous les mêmes notes dans un système de variables latentes comparables aux facteurs de variables de l'analyse factorielle. Toutes ces méthodes permettent d'explorer un ensemble d'observations en vue d'y découvrir d'éventuels types empiriques. On peut aussi avoir une hypothèse sur la présence de tels groupes de sujets et chercher à vérifier cette hypothèse. La méthode des fonctions discriminantes peut être comprise comme représentant une telle démarche. Dans l'espace des variables mesurées sur les sujets, on cherche quel est le degré de discrimination qui s'établit en fait entre les groupes dont on a posé qu'ils étaient distincts.

On peut citer quelques exemples de types (au sens restreint de groupements de personnes observables dans une population et des conditions déterminées) découverts ou vérifiés par ces méthodes. De tels types se sont manifestés en ce qui concerne les préférences esthétiques, les formes prises par la consommation d'alcool, les formes de délinquance, les attitudes religieuses, les activités professionnelles, les maladies mentales. M. R.

GÉNÉR. **Classe de mots, de représentations, etc., par opposition à occurrence.**

On a établi initialement en linguistique une distinction qui porte sur les mots et leurs formes. Si l'on veut compter le nombre de mots que comporte un texte, on constate immédiatement que certains mots sont utilisés plusieurs fois, soit sous une forme unique, soit sous diverses formes (par exemple tantôt au singulier, tantôt au pluriel ou à des formes de conjugaison pour un verbe).

On peut donc faire deux décomptes distincts. Dans le premier, chaque apparition est comptée pour un mot : on dira alors que l'on compte les mots *occurrences*. Dans le second, ce qui est compté pour un mot, c'est une multiplicité d'apparitions d'une même unité lexicale : on dira alors que l'on compte les mots *types*. Ce sont ceux-ci qui sont présentés dans un dictionnaire.

Cette distinction est parfois utilisée par analogie en psychologie cognitive : elle peut être appliquée, par exemple, au domaine des représentations. On considérera alors qu'une représentation en mémoire à long terme (par exemple, la représentation imagée qu'une personne possède de la Joconde) est une *représentation type*. Par contraste, on dira, à propos de chaque occasion dans laquelle cette personne se représente de façon actuelle l'image mentale de la Joconde, qu'il s'agit là d'une *représentation occurrence*. Une autre façon d'exprimer la même distinction consiste à dire que les représentations occurrences correspondent à des *événements* mentaux alors que les représentations types correspondent à des *structures* mnémoniques ou cognitives.

MATH. et LOG. **Sous-catégorie d'entité abstraite.**

En mathématiques ou en logique, certaines entités abstraites — par exemple des ensembles — peuvent être classées en différents types. En psychologie, on distingue parfois aussi plusieurs types de connaissances (par exemple déclaratives ou procédurales), plusieurs types de représentations (par exemple propositionnelles ou analogiques), plusieurs types de raisonnements, etc. J.-F. L. N.

→ représentation mentale.

type A et type B ou TABP

(angl. Type A Behavior Pattern)

Type A : ensemble des sujets ayant en commun un ensemble bien structuré de comportements qui caractérise leur façon d'appréhender leur vie quotidienne, comportements marqués notamment par l'esprit de compétition et le désir de réussite sociale ou professionnelle, l'hyperactivité, l'impatience, le sentiment de l'urgence du temps et une tension qui se traduit sur la mimique faciale et qui peut être interprétée comme traduisant de l'hostilité vis-à-vis des autres ; le type B représente l'opposé du type A. M. A.

LES FONDEMENTS DE CETTE DISTINCTION

Les maladies cardio-vasculaires représentent une cause majeure de mortalité dans les pays industrialisés. Les facteurs de risque de ces maladies ont, pendant longtemps, été exclusivement associés à des caractéristiques génétiques et physiologiques comme l'âge, la présence de cholestérol dans le sang, l'hypertension artérielle et l'obésité. Même si le rôle de ces facteurs n'est pas discutable, ils n'expliquent pas tous les cas de pathologie cardio-vasculaire. Deux cardiologues américains, M. Friedman et R. H. Rosenman, ont constaté que les patients souffrant d'accidents coronariens et ne présentant pas ces risques traditionnels avaient en commun des traits comportementaux qu'ils ont proposé de regrouper sous le sigle de TABP (« Type A Behavior Pattern »), schéma de comportement de type A. Cette composante psychosociale qui favorise le développement des maladies cardio-vasculaires n'est donc ni un trait de personnalité spécifique, ni le résultat d'une exposition importante à des stress sociaux et environnementaux, ni même la capacité (ou l'incapacité) de s'adapter à ces stress. C'est un style de comportement, une manière de réagir dans les situations stressantes.

Selon les termes de Rosenman (1978), les personnes de type A « s'engagent dans une lutte chronique pour atteindre des objectifs en général inépuisables, cela le plus rapidement possible et malgré l'opposition d'autres individus ou des circonstances ». C'est une lutte constante pour essayer de faire et de réaliser de plus en plus de choses, de plus en plus vite et souvent en compétition avec les autres.

Le concept de type A a tout d'abord été présenté dans le cadre d'une hypothèse tirée de l'observation clinique et selon laquelle il serait possible de diagnostiquer précocement le type de comportement représentant un risque d'accident cardiovasculaire. Pour vérifier cette hypothèse, il fallait disposer de méthodes permettant de mesurer le type A, c'est-à-dire de coter les conduites individuelles sur une échelle de conformité au pattern A. Rosenman et Friedman ont tout d'abord élaboré un entretien structuré qui comporte un guide d'entretien précis et un système de cotation tenant compte non seulement des réponses du sujet mais également de son comportement dans des situations standardisées. Ainsi, les sujets de type A parlent vite et fort, font des gestes vigoureux, ignorent les interruptions éventuelles, ont tendance à interrompre l'interviewer ou à parler à sa place si celui-ci est lent ou fait semblant d'hésiter.

L'entretien structuré est long et ne peut être employé que pour un sujet à la fois. Pour réaliser des études épidémiologiques sur des grands échantillons, Jenkins a construit un questionnaire, dont la validité de contenu a été vérifiée par rapport à l'entretien structuré et qui a été modifié à plusieurs reprises de manière à obtenir une corrélation aussi forte que possible entre les résultats de l'entretien et le score au questionnaire. Les analyses factorielles faites sur les résultats du questionnaire de Jenkins ont permis d'identifier quatre facteurs indépendants, le type A proprement dit, l'impatience, l'implication dans le travail et la compétitivité. Questionnaire et entretien fournissent un diagnostic identique dans environ 70% des cas.

D'autres questionnaires, encore plus courts et plus faciles à dépouiller, ont été construits ensuite (l'échelle de Bortner et l'échelle de Framingham). Mais l'échelle de Bortner corrèle médiocrement avec l'entretien et avec le questionnaire de Jenkins, et les résultats obtenus avec l'échelle de Framingham montrent que les différentes mesures du type A n'ont qu'un faible recouvrement.

LES RECHERCHES ÉPIDÉMIOLOGIQUES

L'intérêt du concept nouveau que représente le type A, l'originalité des recherches auxquelles médecins et psychologues ont collaboré dès le départ et l'attention croissante portée aux facteurs psychologiques des maladies somatiques expliquent le très grand nombre de recherches utilisant l'une de ces méthodes. En fait, deux types de recherches ont été effectuées, les unes destinées à confirmer l'hypothèse de départ — à savoir l'existence d'un risque cardio-vasculaire associé au type A —, les autres orientées vers l'analyse de la signification psychologique du type A.

L'étude épidémiologique la plus connue a commencé en 1965 et a concerné, pendant 8 ans, 3 524 sujets indemnes de toute affection cardiaque au début de la recherche. Elle a permis de montrer que le fait d'avoir un comportement de type A doublait le risque d'accident cardio-vasculaire et cela indépendamment des facteurs traditionnels de ce risque. D'autres recherches ont suivi, notamment en Belgique, en Pologne et à Hawaï. Elles ont toutes confirmé les résultats de la première étude et ont, en outre, montré que le questionnaire de Jenkins permettait de prédire la récurrence de l'infarctus et le degré de sévérité de l'artériosclérose. En outre, des comparaisons internationales ont permis de montrer que la fréquence des « type A » était variable selon les pays et les régions et que cette variation expliquait, au moins en partie, les taux différents d'occurrence des accidents cardiaques.

Le point de départ de ces recherches épidémiologiques est essentiellement empirique. D'où l'intérêt attaché à la signification de cet ensemble de comportements et à leurs éventuels corrélats physiologiques, qui expliqueraient le risque observé. La tâche est rendue difficile par le fait que les quatre techniques utilisées pour mesurer le type A ne donnent pas des résultats identiques. Cependant, les recherches faites avec le questionnaire de Jenkins sont de loin les plus nombreuses et permettent de dégager un tableau cohérent. Les sujets de type A ont des performances plus élevées que les B dans les situations fatigantes, exigeant de l'attention et des réponses contrôlées. La dimension « contrôle de la situation » est particulièrement importante pour les sujets de type A. Ils sont perturbés lorsqu'ils ont le sentiment de ne pas avoir ce contrôle et ils cherchent des moyens pour le regagner. Dans des situations expérimentales frustrantes, ils se montrent plus agressifs que les B. Dans la vie réelle, ils travaillent plus, réussissent souvent mieux, agissent rapidement, ignorent les distractions et, surtout, soutiennent leur effort en dépit des difficultés.

Les recherches récentes (Rosenman, 1985) tentent d'affiner la composante de cet ensemble de comportements qui serait la plus fortement responsable des risques cardio-vasculaires, de leur gravité et de leur récidive. Deux tendances se font jour : d'une part, l'importance attachée à la notion d'hostilité, accompagnant notamment l'acharnement dans les situations compétitives, et, d'autre part, la présence de la colère, de ses diverses expressions et surtout de sa répression. C. L.-L.

Les thérapies

En complément aux traitements médicaux, les méthodes psychologiques utilisées en thérapie comportementale sont recommandées pour prévenir l'apparition ou l'aggravation des troubles : relaxation, biofeedback, techniques d'apprentissage des compétences sociales, de gestion du stress, etc. Leur action sur les plans cognitif et émotionnel est particulièrement bénéfique pour ces sujets. C'est tout un mode de vie, autant qu'une philosophie, qu'il faudrait pouvoir leur apprendre à modifier en favorisant l'exercice physique, l'hygiène de vie, alimentaire et autre, et parfois en incitant également leurs proches à changer leurs attitudes vis-à-vis d'eux. Quand il s'avère possible d'avoir recours à ces stratégies, les résultats évalués à l'aide de questionnaires pourraient égaler ceux de traitements médicamenteux (anxiolytiques, sédatifs, bêta-bloquants, etc.) et, par surcroît, être plus durables. M. A.

Bibliographie

Chesney, M. A., et Rosenman, R. H., 1985, *Anger and Hostility in Cardio-Vascular and Behavioral Disorders*, Washington, Hemisphere.

typicalité

n.f. (angl. Typicality)

Propriété caractérisant la représentativité d'une catégorie à l'égard d'une catégorie qui lui est surordonnée.

Dans la conception aristotélicienne de la catégorisation, l'appartenance d'une catégorie à une catégorie surordonnée est strictement déterminée par le fait que cette catégorie possède un ensemble défini de propriétés. Dès lors, les mêmes critères d'appartenance valent pour toutes les catégories et celles-ci sont considérées comme ayant le même statut à l'égard de la catégorie surordonnée. Les recherches ethnobiologiques (B. Berlin) et les travaux menés en psychologie cognitive (E. Rosch) remettent en cause la validité de ce modèle, en particulier dans le domaine des catégories dites « naturelles ». Ils attestent que toutes les catégories ne sont pas également représentatives de la catégorie qui leur est surordonnée.

Un tel gradient de représentativité fut initialement mis en évidence dans le domaine des couleurs. Par exemple, il existe certaines valeurs de rouge que les individus jugent plus représentatives que d'autres de la couleur rouge. Par la suite, le développement de la notion de typicalité s'est trouvé principalement lié aux études sur la catégorisation des objets naturels. Ces travaux font apparaître, par exemple, que « moineau » ou « hirondelle » sont généralement considérés comme de meilleurs représentants (des représentants plus « typiques ») de la catégorie des oiseaux que ne le sont « poule » ou « autruche ». De fait, les catégories les plus typiques possèdent les propriétés jugées dominantes de la catégorie surordonnée. En outre, il existe un recouvrement important des propriétés caractérisant les catégories les plus typiques.

Il est possible, en s'appuyant sur différentes méthodes (production d'exemples représentatifs, jugements de représentativité, etc.), d'établir des normes de typicalité et de définir, pour diverses catégories, un gradient de typicalité à l'égard de la catégorie surordonnée. Dans certains domaines catégoriels, la validité de ces normes est étroitement liée au groupe culturel à l'intérieur duquel elles sont établies. Cependant, à l'intérieur de ce groupe, les gradients de typicalité recueillis dans différentes études présentent généralement une grande stabilité. Les recherches sur le développement cognitif révèlent également que les catégories apparaissent et se développent chez l'enfant dans un ordre qui est lié à leur degré de typicalité.

Les effets de la typicalité sur différentes conduites cognitives sont aujourd'hui bien établis. Ainsi, dans les tâches de décision, le statut cognitif différent des différents éléments d'une catégorie est attesté par le fait que, par exemple, une tulipe est plus rapidement classée dans la catégorie « fleurs » que ne l'est une capucine. D'autre part, les éléments les plus typiques d'une catégorie paraissent posséder un relief cognitif (ou « saillance cognitive ») qui permet de rendre compte des biais de raisonnement susceptibles d'affecter la conduite d'inférences. Enfin, dans les tâches de mémorisation, les éléments typiques d'une catégorie sont généralement mieux rappelés que les autres.

La mise en évidence des faits de typicalité n'est pas limitée aux catégories d'objets naturels. Elle s'étend également à des entités plus abstraites (activités humaines, algorithmes, événements, relations de localisation, etc.). M. D.

typologie

n.f. (angl. Typology)

Système de classification des individus en types physiques ou/et psychologiques où, le plus souvent, des correspondances sont établies entre des types physiques et des types psychologiques, les premiers étant supposés prédéterminer les seconds.

Les typologies qui sont encore employées aujourd'hui sont celle de E. Kretschmer et celle de G. Heymans et E. Wiersma (1909), divulguée en France par R. Le Senne (1945).

La typologie de Kretschmer (1921) distingue les types physiques suivants : athlétique, pycnique, leptosome et dysplastique. Il existerait une corrélation entre le type leptosome et le type de tempérament schizothymique ; de même, entre le type pycnique et le type de tempérament cyclothymique.

La typologie de Heymans et Wiersma est davantage une caractérologie* puisqu'elle est surtout centrée sur la détermination des types psychologiques. À partir de trois traits de caractère (émotivité, activité, retentissement), huit types de caractères sont définis. Ce sont respectivement, émotif actif primaire (colérique) ; émotif actif secondaire (passionné) ; émotif non-actif primaire (nerveux) ; émotif non-actif secondaire (sentimental) ; non-émotif actif primaire (sanguin) ; non-émotif actif secondaire (flegmatique) ; non-émotif non-actif primaire (amorphe) ; non émotif non-actif secondaire (apathique).

Les typologies constituent des systèmes d'investigation morphopsychologiques très peu fiables en raison du caractère souvent trop arbitraire et systématique aussi bien des déterminants qui en soutiennent le principe que des corrélations somato-psychiques qu'elles établissent. Elles présupposent, par ailleurs, un déterminisme radicalement organiciste de la personnalité, ce qu'aucun fait d'observation ou d'expérience n'est vraiment susceptible de corroborer, pas même sur le plan de l'étiologie psychopathologique, comme le laisseraient entendre certaines corrélations établies dans la typologie de Kretschmer (schizothymique et cyclothymique). R. L.

Bibliographie

Bordet, J.P., et Kokosowski, A., 1982, *Analyse multidimensionnelle et typologie*, Issy-les-Moulineaux, Editions EAP.

Vannier, L., 1976, *la Typologie et ses applications thérapeutiques*, Paris, Douin.

U

Uexküll (Jakob von)

Biologiste et psychophysiologiste allemand (Gut Keblas, Estonie, 1864 -Capri 1944).

Il publie d'abord des articles sur la physiologie comparée des Invertébrés et fonde ensuite « l'Institut für Umweltforschung » (Institut pour l'étude du milieu) à Hambourg. Dans son œuvre maîtresse, *Streifzüge durch die Umwelten von Tieren und Menschen; Bedeutungslehre*, 1934 (trad. fr., 1956, *Mondes animaux et monde humain*), l'auteur souligne l'ensemble des interactions réciproques entre l'Animal et son monde, qui sont figurées sous la forme de cycles fonctionnels. Dans le cadre du concept général d'Umwelt, le comportement apparaît dépendant du milieu mais aussi généralement dirigé vers lui. L'Animal subit les actions de l'environnement, qui s'exercent au travers des systèmes neurosensoriels caractéristiques de l'espèce à laquelle il appartient, mais il y réagit à son tour par un système d'actions également spécifique. L'univers subjectif est alors partagé en un monde perceptif (*Merkwelt*) et un monde d'actions (*Wirkwelt*). G. B.

→ Umwelt.

ultradien (rythme)

(angl. Ultradian Rhythm)

Rythme dont la fréquence est supérieure à celle du jour.

Les rythmes ultradiens ont une période comprise entre 30 minutes et 20 heures. Par extension, on désigne aussi parfois sous l'appellation d'« ultradiens » les rythmes de haute fréquence (ceux dont la période est inférieure à 30 minutes). Le rythme ultradien le plus connu est celui de l'alternance des différents états de sommeil au cours de la nuit, dont la périodicité est d'environ 90 minutes. On retrouve cette périodicité dans les fluctuations de la vigilance et des performances au cours de la journée. P. L.

→ rythme biologique, rythme psychologique.

Umwelt

n.m. (angl. Umwelt)

ÉTHOL. **Selon J. von Uexküll (1919), le monde tel qu'il est vécu par chaque espèce animale.**

Ce monde est composé d'un monde de perception et d'un monde d'action spécifique pour chaque espèce. Les animaux sont, de ce fait, définis comme des sujets (et non comme des machines). A. G.

uncinée (crise)

(angl. Uncinate Fit)

Variété de crise d'épilepsie temporale dont le foyer se situe dans l'uncus du gyrus de l'hippocampe (partie antéro-interne du lobe temporal).

Elle se manifeste cliniquement par un état d'obnubilation de la conscience plus ou moins onirique, avec de fréquentes illusions ou hallucinations olfactives et, parfois, des sentiments de déjà-vu. J. P.

unicité

n.f. (angl. Unicity)

En analyse factorielle, fraction de la variance d'une variable observée dont les facteurs communs ne rendent pas compte.

Elle se décompose théoriquement en spécificité et erreur. M. R.

unilatérale (épreuve ou test de signification)

(angl. One-Sided ou One-Tailed Test)

Épreuve statistique portant sur une différence dont l'hypothèse mise à l'épreuve prévoit le signe (positif ou négatif). M. R.

→ signification (test ou épreuve de).

unipolaire

adj. (angl. Monopolar)

Synonyme de monopolaire. J. P.

unité motrice

(angl. Motor Unit)

Ensemble constitué d'un motoneurone et des fibres musculaires qu'il innerve.

Le nombre et la nature de ces fibres conditionnent le niveau de tension maximal développé par l'unité, sa vitesse de contraction maximale et la précision des gestes auxquels elle participe. Les petits muscles rapides, dont le contrôle est précis, sont dotés d'unités motrices composées d'une dizaine de fibres musculaires (musculature extraoculaire par exemple); à l'inverse, les muscles volumineux, dont la commande nécessite moins de précision (muscles posturaux par exemple), sont dotés d'unités motrices pouvant contenir jusqu'à plusieurs centaines de fibres musculaires. Il existe souvent un chevauchement entre unités motrices adjacentes, qui permet une harmonisation de la contraction musculaire. J. P. et M. B.

unité pour malades difficiles

(angl. Unity for Difficult Patients)

Service de psychiatrie à vocation interrégionale, implanté en centre hospitalier spécialisé, admettant certains malades dangereux.

Ces unités assurent l'hospitalisation à temps complet des patients présentant pour autrui un danger tel que les soins, la surveillance et les mesures de sûreté ne peuvent être mis en œuvre dans une autre structure. Le premier service de sûreté des hôpitaux psychiatriques a été créé en 1910 à Villejuif (Val-de-Marne). Actuellement, l'appellation ayant changé en 1986, il existe quatre unités pour malades difficiles sur l'ensemble du territoire français. Outre celle déjà mentionnée, les autres se situent à Sarreguemines (Moselle), à Cadillac (Gironde) et à Montfavet (Avignon) [Vaucluse].

La circulaire du 5 juin 1950 avait recommandé la création de ces services interdépartementaux pour recevoir des malades de la catégorie 3, les catégories étant ainsi définies :

— catégorie 1 : malades agités perturbant les services ;

— catégorie 2 : déséquilibrés antisociaux difficilement supportés par les autres malades ;

— catégorie 3 : grands déséquilibrés antisociaux, généralement médico-légaux, pouvant présenter des réactions criminelles préméditées et complotées.

En fait, ces services ne devraient principalement recevoir que des malades des deux premières catégories, la troisième correspondant peu au champ psychiatrique. Depuis l'arrêté du 14 octobre 1986, les sujets concernés sont ceux qui présentent « pour autrui un danger tel qu'ils nécessitent des protocoles thérapeutiques intensifs adaptés et des mesures de sûreté particulières ».

Ce même arrêté instaure une Commission du suivi médical, composée de trois psychiatres hospitaliers et du médecin inspecteur départemental de la Santé. Cette commission est chargée de formuler un avis sur le maintien et la sortie des personnes hospitalisées dans l'unité. Seuls les patients internés en placement d'office peuvent être admis dans une telle structure. Dès que les causes de leur transfert ont cessé, ils sont renvoyés sur leur service d'origine. Ces unités se distinguent encore des services ordinaires par leur architecture visant à prévenir les évasions (moyens de type carcéral, murs, sauts-de-loup, grillages) et les complots (petites unités pavillonnaires). Les patients proviennent pour 50% des services ordinaires, pour 25% des services médico-psychologiques régionaux des prisons, pour 25% d'une application de l'article 64 du Code pénal (délinquants reconnus irresponsables en raison d'un «état de démence» au temps de l'action).

M. G.

univers de contenu

(angl. Universe of Content)

Ensemble théorique des conditions d'observation portant sur un certain objet auquel peuvent être étendus les résultats obtenus à partir d'observations effectivement pratiquées sur cet objet dans certaines conditions définies.

Par exemple, les résultats obtenus avec un test composé de certaines questions verbales valent à certaines conditions et dans une certaine mesure pour un ensemble d'autres questions verbales (connues ou à créer), qui constituent ici l'univers de contenu dont on considère que les questions effectivement utilisées ont été extraites; la structure factorielle observée sur un certain groupe de tests verbaux, numériques et spatiaux est considérée comme une représentation plus ou moins approchée de la structure que l'on obtiendrait si l'on pratiquait l'analyse sur l'univers de contenu constitué par l'ensemble des épreuves verbales, numériques et spatiales connues ou concevables.

Le problème consistant à extraire d'un univers de contenu un échantillon de variables représentatif ou au moins raisonné rappelle celui qui consiste à extraire un échantillon de personnes d'une population. Mais il est beaucoup plus difficile à formuler, les variables n'étant pas des unités d'échantillonnage disjointes comme le sont les personnes. (→ échantillonnage.) Devant un certain échantillon de variables, le problème de la généralisabilité des résultats qu'il permet d'obtenir se pose donc. C'est l'un des aspects du problème de la généralisabilité*.

M. R.

universaux

n.m. pl. (angl. Universals)

Éléments qui sont propres à toutes les langues humaines à l'exclusion de tous les autres langages imaginables. (On dit aussi «universaux du langage».)

C'est ainsi que toutes les langues comportent une double articulation: un niveau d'organisation de la chaîne parlée en phonèmes et un agencement de ces phonèmes en unités de niveau supérieur, les morphèmes, porteurs de signification.

Sous l'influence de la linguistique issue de N. Chomsky ont été remises à l'ordre du jour la question des universaux et celle de la grammaire universelle. Les grammaires génératives proposent une analyse où le langage est articulé en une structure profonde et une structure de surface, assignant à la théorie linguistique la tâche d'identifier les universaux formels et substantiels. Les premiers renvoient à la nature des règles et les seconds au système des catégories et fonctions, l'hypothèse avancée dans ce cadre étant que les composants de la structure profonde (par exemple la relation sujet-prédicat) se retrouveraient dans toutes les langues.

En faisant de la linguistique une branche de la psychologie, la théorie de la grammaire universelle offre une caractérisation des propriétés de la connaissance linguistique que tout être humain posséderait avant même d'être exposé aux données d'une langue particulière, autrement dit de façon innée. Selon ce point de vue, le nouveau-né serait équipé d'un outillage universel prêt à servir. Une fois le dispositif génétique mis en œuvre, il suffirait de certains réglages déterminés par l'environnement (la langue à acquérir) pour que l'enfant s'engage dans la reconnaissance des sons et leur production. C'est principalement l'acquisition du langage qui suscite les controverses sur la nature et le statut des universaux. Sont-ils le résultat de contraintes linguistiques autonomes ou de contraintes cognitives générales? Ces contraintes sont-elles innées? À la position chomskyenne, les tenants d'un point de vue fonctionnaliste soutiennent qu'il n'est pas nécessaire d'invoquer l'existence de capacités innées spécialisées pour rendre compte de l'acquisition d'une langue: celle-ci peut être expliquée par des généralisations de mécanismes d'apprentissage très puissants dépendant du fonctionnement cognitif. L'étude comparative de l'acquisition de langues de structures diverses a mis clairement en échec l'hypothèse d'un ordre naturel et universel des mots qui, reflétant l'ordre de la pensée, organiserait l'acquisition du langage dès le début et cela y compris dans des langues où l'ordre des mots n'informe en rien de leur fonction.

M. K.

urgence psychiatrique

(angl. Psychiatric Emergency)

Situation dangereuse et critique dans laquelle un malade mental doit être le plus rapidement possible pris en charge par une équipe psychiatrique spécialisée.

Il faut pouvoir d'emblée évaluer le degré de l'urgence et établir un diagnostic pour que l'intervention soit à la fois bien indiquée, rapide et efficace. L'urgence pourra en effet tenir tantôt à la gravité de l'état morbide du patient, tantôt à la situation critique dans laquelle ce dernier se trouve vis-à-vis de son milieu et de ses interactions avec ses proches. Dans le premier cas, il s'agira d'une «urgence nosologique». L'intervention pourra être sollicitée du fait de l'agitation avec ou sans agressivité vis-à-vis de l'entourage, d'extériorisation d'idées délirantes, d'états dépressifs avec idées ou véritables tentatives de suicide. Selon une statistique de l'infirmerie psychiatrique de la préfecture de police de Paris (J. F. Reverzy, 1978), on retrouve, pour 3 000 personnes reçues en urgence, les diagnostics suivants:
- alcoolisme, 35,5%, avec psychose aiguë alcoolique (7,3%) et décompensation psychiatrique au cours d'une ivresse (28,2%);
- schizophrénie, 16,8%;
- psychopathie, 12,3%;
- délire chronique, 9,2%;
- bouffée délirante, 7%;
- accès maniaque, 4,6%;
- troubles névrotiques, 3%;
- démences tardives, 2,3%;
- troubles psycho-organiques, 2,7%.

Les états dépressifs avec tentatives de suicide n'apparaissent pas dans cette statistique car les malades suicidants ont été directement hospitalisés dans des services médico-chirurgicaux d'urgence, en particulier de réanimation.

À côté de cet aspect nosographique des urgences psychiatriques, il y a l'autre aspect, situationnel, où l'état de crise est lié à tout un contexte sociofamilial. Là, il sera avant tout nécessaire de dédramatiser la situation, d'écarter le public, d'isoler provisoirement le patient dans un centre d'accueil et de crise. Dans certains cas, c'est dans le cadre d'une hospitalisation à domicile que peut s'intégrer le service d'urgence (M. Woodbury). L'intervention de l'équipe spécialisée s'organise alors au domicile même du malade, de telle sorte que l'hospitalisation dans une institution psychiatrique peut être souvent évitée ou, au moins, retardée lorsqu'elle s'avère finalement nécessaire.

J. P.

usager récréatif

(angl. Recreative Drug User)

Personne utilisant des drogues de façon occasionnelle, sans effets nuisibles pour elle-même, son entourage ou la société.

La notion d'usage récréatif de drogues s'est imposée, au fil des années 1970, du fait de la diffusion d'une pratique dépassant de loin le cadre des toxicomanies. Elle concernait en premier lieu l'utilisation conviviale, occasionnelle, chez des étudiants ou des groupes d'adolescents, de drogues douces, particulièrement le cannabis, voire d'autres substances dites *psychédéliques*. Le caractère exceptionnel de vraies toxicomanies revêtu par ces drogues, alors que leur usage est très répandu, reste un argument sérieux en faveur de la légalisation de certaines substances interdites. Mais il existe aussi un usage récréatif ou occasionnel des drogues « dures » (héroïne, cocaïne...). Nombre d'auteurs (T. Szasz, N. Zinberg, Peele, etc.) en tirent argument pour dénoncer la rigidité des lois et des politiques de santé publique en matière de toxicomanie.

Contre ces conceptions sont invoqués plusieurs arguments:

— le risque d'escalade, passage d'une drogue à une plus dure aboutissant à une toxicomanie; la plupart des auteurs pensent qu'il faut renoncer à cette notion, qui correspond simplement en clinique à un engagement dans une conduite marginale, quelles qu'en soient les modalités initiales;

— les risques sociaux imprévisibles d'un usage très répandu; les méfaits de l'alcool sont patents et dépassent les coûts dus aux troubles de grands alcooliques avérés; de même, le tabagisme représente une forme de fléau social sans être vécu comme une toxicomanie;

— surtout ce concept apparaît dangereux à certains, qui soutiennent que l'abstinence absolue est le seul traitement possible de toute toxicomanie; laisser croire à la possibilité d'un usage récréatif, occasionnel, contrôlé pourrait faire rechuter bien des abstinents en ébranlant ce dogme.

Reste que les toxicomanes ne constituent qu'une frange extrême, « pathologique », des usagers de drogues. Parallèlement, l'usage de psychotropes dans la société dépasse largement leurs indications psychiatriques ou médicales strictes. Les médicaments sont de plus en plus utilisés pour des raisons de confort. L'usager récréatif de drogues illicites réalise donc la caricature d'une société en quête du médicament miracle ou de la « pilule du bonheur ». M. V.

V

V (facteur)

1. Facteur verbal. 2. Facteur de compréhension verbale.

On retrouve les facteurs V dans la plupart des épreuves comportant une part verbale importante. M. R.

→ verbal.

vaginisme

n.m. (angl. Vaginismus)

Trouble se manifestant par des contractions involontaires et spasmodiques de la partie inférieure du vagin.

Ces spasmes peuvent se produire alors que cet organe est intact. Ils sont à l'origine d'une douleur qui gêne considérablement le coït. Le vaginisme peut exister en l'absence de troubles d'origine psychologique mais leur est souvent relié. M. A.

valence

n.f. (angl. Valence)

Propriété d'un stimulus ou d'un objet qui fait qu'il est recherché ou fui, ou encore ressenti comme plaisant ou déplaisant.

L'un des premiers utilisateurs de ce mot a été K. Lewin. Mais il a été largement suivi depuis lors, sans que cela implique une adhésion entière à ses vues théoriques. « Valence » sert notamment de synonyme plus spécialisé de « valeur » et d'équivalent à « valeur affective », « valeur motivatrice », « valeur renforçatrice », « valeur incitatrice », etc.

Dans les trois derniers cas, le mot se rapporte à un effet du stimulus sur le comportement ou sur l'apprentissage. Dans le premier, il fait référence à un effet subjectif, ressenti par un individu, humain ou animal, et qui est supposé servir de déterminant aux effets précédents.

On attribue aux valences deux pôles, positif ou négatif. Le premier est caractérisé soit par des comportements de recherche, d'approche et de consommation, soit par de l'agrément ressenti ; le second est caractérisé soit par des comportements de fuite ou de rejet, soit par du désagrément ressenti.

Outre sa polarité, toute valence comporte un degré. On se contente généralement dans les estimations psychologiques d'un petit nombre d'échelons (par exemple cinq), situés de part et d'autre du point neutre ; les capacités discriminatives des sujets sont en effet relativement faibles sur cette dimension. J.-F. L. N.

→ incitation, motivation, valeur.

valeur

n.f. (angl. Value)

Génér. **Propriété d'un stimulus ou d'un objet qui fait qu'il est recherché.**

Ce sens est très proche de l'utilisation familière ; toutefois, il exclut en principe l'utilisation monétaire. Le souci d'employer un mot qui soit spécifique à la psychologie fait qu'on lui préfère souvent *valence*. Le mot spécialisé correspondant en économie et dans la théorie de la décision est *utilité* (appelée antérieurement « valeur d'usage »).

En psychologie, on emploie souvent *valeur* avec un adjectif : « valeur renforçatrice », « valeur motivatrice », « valeur incitatrice », « valeur affective ». On peut également parler de « valeur négative », en tenant compte de la bipolarité inhérente au concept.

Log. et Ling. **Modalité d'une variable et notamment d'un attribut.**

Toute variable est conçue comme un ensemble de valeurs possibles : « 4 », « 28 », « 2 498 » sont des valeurs de la variable « nombre entier naturel ».

De la même façon, un attribut dans une représentation cognitive est aussi conçu comme un ensemble de valeurs possibles, qui peuvent être qualitatives ou abstraites : « vert », « rouge », « bleu », « jaune », etc., sont autant de valeurs de l'attribut général « couleur » et celui-ci peut en comporter au total un très grand nombre. En revanche, on considère généralement qu'une représentation d'objet porte avec elle la gamme de ses valeurs possibles : par exemple, la représentation de « pomme » inclut la connaissance qu'il en existe des vertes, des jaunes, des rouges, des grises, etc., mais non des bleues ou des violettes.

Par contraste, avec ces attributs à multiples valeurs (« multivalents »), certains attributs ont seulement, par leur structure même, deux valeurs : ils sont « bivalents ». Par exemple, « sexe » (« genre » en grammaire) a seulement les deux valeurs, « mâle » et « femelle » (ou « masculin » et « féminin »). Il en va de même pour un attribut comme, par exemple, la « solubilité », qui a les deux valeurs « soluble » et « insoluble ». Dans un autre ordre d'idées, on a également, pour la vérité considérée dans la logique standard, deux valeurs, « vrai » et « faux ». J.-F. L. N.

→ attribut, valence.

valeur par défaut

→ défaut.

valeur sélective

(angl. Fitness)

Éthol. **Dans le cadre de la théorie synthétique de l'évolution, probabilité conférée à un individu, par telle ou telle de ses caractéristiques génétiques propres, de transmettre une partie de ses chromosomes à la génération suivante, donc de contribuer au « pool génique » de la population.**

Une des problématiques importantes, en génétique comportementale, est précisément de rechercher si des variables de l'ordre du comportement sont susceptibles de contribuer à la valeur adaptative d'un individu. Par exemple (E. Boesiger, 1958), est-ce que, au-delà des propriétés biologiques de fécondité et de fertilité potentielles, la « vigueur sexuelle » déployée par les mâles de Drosophile, au cours de la parade nuptiale qui prélude à l'accouplement, contribue à la pérennité d'une partie de leur bagage génétique ? La même question pourrait être posée à propos des modalités propres de la communication acoustique mises en œuvre par les Grillons ou par certains Oiseaux chanteurs (mais non ceux qui utilisent le chant de leur père comme un modèle). J. M.

validation

n.f. (angl. Validation)

Démarche par laquelle une théorie, un modèle, une hypothèse, un concept, un test, etc., se trouve confronté avec des données empiriques en vue de mettre à l'épreuve sa validité.

La validation est une démarche du même type que la vérification. Mais, alors que cette dernière s'applique par définition à des énoncés (et notamment à des hypothèses unitaires) dont on désire savoir s'ils sont « vrais » en un sens convenable à ce dernier mot, la validation s'applique plus largement à des entités théoriques complexes : des théories, des modèles, des concepts, des indicateurs, des tests, etc.

La psychologie scientifique se caractérise par le fait qu'elle s'est donné historiquement des *règles de validation*, sur lesquelles existe un large accord général. Autrement dit, même s'il peut exister des désaccords, éventuellement profonds, entre deux théories ou modèles qui se réclament l'une et l'autre de la « scientificité », il existe en général un accord sur les conditions dans lesquelles on pourrait trancher entre ces deux théories ou qui permettraient de les reformuler pour trancher entre elles. J.-F. L. N.

→ méthode, modèle, validité, vérité.

validité

n.f. (angl. Validity)

GÉNÉR. **Propriété d'un modèle, d'un énoncé général, d'un concept, d'un indicateur, d'un test, etc., qui correspond de façon appropriée à ce dont il est censé rendre compte.**

Dans ce sens, ce mot renvoie à la relation qui existe entre la théorie, ou tout élément théorique (modèle, hypothèse, concept, instrument, test, etc.), et la réalité empirique qu'elle est supposée représenter.

Si on prend l'exemple des modèles, on peut dire qu'ils ont des caractéristiques ou des qualités qui leur sont propres (cohérence, simplicité, fécondité, etc.). Mais ils doivent d'autre part entretenir une relation convenable avec les données empiriques : c'est cela qu'on appelle « être valide ».

Cette notion a une parenté étroite avec celle de « vrai », quelle que soit par ailleurs la façon dont on interprète ce dernier mot. Dire qu'un modèle est valide, c'est en effet dire, d'une part, que les entités qu'il utilise (par exemple des « processus », des « représentations », des « motivations », des « stades », des « complexes », etc.) ont une certaine forme de « réalité » et, d'autre part, que les énoncés qu'il contient (par exemple « le niveau de motivation modifie la rapidité des processus de perception » ou « le complexe d'Œdipe est constitutif de la personnalité de tous les individus ») sont « vrais ».

Il revient à chaque auteur ou utilisateur de modèle, en fonction du cadre épistémologique dans lequel il se situe, de s'inscrire sous une définition de ces termes théoriques et de fixer du même coup les conditions auxquelles il prétend disposer d'un modèle valide.

La même idée s'applique de façon plus simple aux hypothèses élémentaires, qui sont généralement des énoncés et qui relèvent du jugement « vrai/faux » avec les degrés de plausibilité ou d'approximation qu'on peut légitimement désirer leur associer. Elle s'applique aussi aux concepts, dont l'extension et la compréhension doivent être définies. Elle s'applique enfin aux instruments de mesure, aux indicateurs et aux tests. Pour ces derniers, les conditions standards de validité sont en général définies en termes de valeur prédictive, c'est-à-dire, concrètement, au moyen d'une valeur de la corrélation avec ce à quoi ils sont censés de rapporter (« intelligence », niveau de développement, trait de personnalité, capacité dans une tâche ou un métier, etc.).

Il est bien clair que la notion de validité est centrale pour la psychologie scientifique. Il n'est pas exagéré de dire que les psychologues se divisent en deux catégories : ceux qui se préoccupent de la validité de leurs affirmations, de celle de leurs théories, de leurs modèles, de leurs concepts, de leurs instruments, etc., et ceux qui ne s'en préoccupent pas et se contentent d'assertions.

Toutes les notions théoriques sont en fait justiciables d'une validation continue, dans laquelle ils sont confrontés à des données. Les règles de la méthodologie fixent, sur des bases rationnelles, les exigences auxquelles doit se plier une validation systématique. Les éléments théoriques peuvent, dans ce processus, être à tout moment soit rejetés comme non valides, soit améliorés, soit acceptés comme provisoirement valides (jusqu'à plus ample confrontation).

LOG. **Propriété d'un raisonnement qui conserve la valeur de vérité de ses prémisses.**

En logique, le mot *valide*, appliqué à un raisonnement, ne concerne, au contraire, pas du tout les relations au réel, aux données empiriques, des énoncés qu'il contient : ces relations sont décrites par la sémantique (au sens logique de ce mot). « Valide » qualifie un raisonnement particulier qui se déroule « salva veritate », c'est-à-dire « en sauvegardant la vérité ». En principe, les règles de cette sauvegarde sont purement formelles. Le mot *valide* s'applique encore plus directement aux schémas de raisonnement, entièrement formels, qui garantissent que la vérité sera sauvegardée. J.-F. L. N.

DIFFÉR. **Justification de l'interprétation qui est donnée à un test.**

La validité a été longtemps définie comme la qualité d'un test mesurant effectivement ce qu'il est censé mesurer. On préfère maintenant définir la notion de validité par référence à l'interprétation qui est donnée des résultats d'un test (ou d'un indicateur quelconque). C'est cette interprétation qui est valide (c'est-à-dire fondée) ou non. On pourra dire qu'un test est valide dans la mesure où les résultats qu'il fournit ont bien la signification que leur attribue l'utilisateur. Si le test est destiné par exemple à évaluer le niveau global en mathématiques d'élèves de la classe de seconde, ses questions doivent porter sur l'ensemble du programme de cette classe (*validité de contenu* [angl. Content Validity]). Si le test est interprété comme fournissant une *indication relative à un certain critère* (angl. Criterion-Related Validity), par exemple la note scolaire, il devra se trouver en corrélation suffisante avec ce critère évalué au même moment (*validité concourante* [angl. Concurrent Validity]), ou avec la valeur prise par le critère postérieurement à l'examen par test (*validité prédictive* [angl. Predictive Validity]). La validité prédictive d'un instrument (test ou batterie de tests) composé des éléments qui se sont révélés les plus prédictifs sur un premier échantillon de sujets doit être vérifiée sur un second échantillon (*contre-validation* [angl. Cross-Validation]) : elle pourrait être due à des particularités du premier. Si l'utilisation du test a pour objet de mettre à l'épreuve une certaine hypothèse sur une caractéristique individuelle, il faudra que des conséquences observables puissent être déduites de cette hypothèse et soumises à vérification empirique (*validité hypothético-déductive* [angl. Construct Validity]). Un cas particulier de validation hypothético-déductive consiste à vérifier que des instruments mesurant par hypothèse des traits différents n'ont entre eux qu'une corrélation faible (*validité discriminante* [angl. Discriminant Validity]) et que des instruments mesurant par hypothèse le même trait ont entre eux une corrélation élevée (*validité convergente* [angl. Convergent Validity]). Ces deux vérifications peuvent s'opérer simultanément par l'analyse de matrices de *corrélations multitraits-multiméthodes* (angl. Multitrait-Multimethod Matrices). M. R.

→ différentielle (psychologie), psychométrie.

BIBLIOGRAPHIE

Matalon, B., 1988, *Décrire, expliquer, prévoir : démarches expérimentales et terrain*, Paris, Colin.

variable

n.f. (angl. Variable)

Entité abstraite qui est supposée servir de support à une multiplicité de valeurs.

Les variables les plus familières sont numériques et elles sont largement utilisées en méthodologie psychologique.

On appelle *variable indépendante*, en psychologie expérimentale, la ou les variable(s) que manipule ou que fixe l'expérimentateur.

On appelle *variable dépendante* la ou les variable(s) qu'observe l'expérimentateur et qui donne(nt) lieu à une mesure ou à un décompte. En principe, elle concerne toujours un comportement.

On appelle *variable intermédiaire* la variable hypothétique qui était supposée : 1. être fonction d'une variable de l'environnement; 2. déterminer directement une variable de comportement. Par exemple, la force de la motivation (« Drive » chez Hull et les théoriciens de la même famille) était supposée d'une part être une fonction directe de la durée de la privation (par exemple de nourriture, de boisson, etc.) et, d'autre part, déterminer aussi de façon directe la vigueur du comportement.

Un changement conceptuel considérable a été réalisé quand on a commencé à avoir l'idée de *variables non numériques*, appelées aussi « symboliques ». Certaines ont une grande importance en psychologie. Par exemple, on regarde généralement un attribut d'un concept comme une variable non numérique, qui peut avoir des valeurs qualitatives. Ainsi, l'attribut « couleur » est une variable dont les valeurs sont « bleu », « rouge », « vert », etc. L'attribut « longueur » est une variable dont les valeurs psychologiques peuvent être « très court », « court », « moyen », « long », « très long ». On peut changer le nombre et la liste de ces valeurs en utilisant d'autres adverbes. On peut aussi « projeter » cette variable non numérique sur diverses structures mathématiques, notamment sur des variables numériques qui donneront lieu à une mesure proprement dite (« qui a un centimètre », « deux centimètres », etc.). Les concepts eux-mêmes peuvent être conçus comme des variables. Ceux qui correspondent à des catégories naturelles, c'est-à-dire à des ensembles d'objets, d'êtres vivants, etc., ont pour valeur des individus. Ainsi, le concept de « chien » peut-il être regardé comme une variable, dont les chiens concrets particuliers, Médor, Snoopy, etc., constituent des valeurs (ou des « instances »). J.-F. L. N.

→ classe, instance, méthode, valeur.

variance

n.f. (angl. Variance)

Caractéristique de dispersion d'un ensemble de *n* mesures effectuées sur une échelle d'intervalles.

La variance de cet ensemble est égale à la moyenne des carrés des écarts à la moyenne. Si l'on considère cet ensemble comme un échantillon extrait d'une population, l'estimation de la variance de la population à partir des *n* mesures effectuées est égale à la somme des carrés des écarts à la moyenne divisée par $n - 1$. M. R.

variance (analyse de la)

(angl. Analysis of Variance, ou ANOVA)

Marche méthodique de calculs dissociant la covariance en une somme de termes dont chacun représenterait l'influence d'une certaine cause sur la variabilité des données provenant d'un ensemble d'observations ou d'expériences.

Lorsqu'on a mesuré une variable dépendante (échelle d'intervalles) sur plusieurs groupes de sujets ne différant systématiquement que sur un seul caractère (variable indépendante), on peut se demander si les différences entre les moyennes des groupes peuvent être attribuées pour une part à cette différenciation systématique sur la variable indépendante ou si elles peuvent être entièrement expliquées par les différences aléatoires qui s'observent entre plusieurs estimations de la même moyenne à partir d'échantillons pris au hasard, extraits de la même population. L'analyse de la variance est une méthode permettant de décider, en prenant un risque d'erreur déterminé à l'avance, si cette seconde hypothèse (hypothèse nulle) peut être rejetée ou non. La méthode s'applique aussi à des groupes de sujets différant systématiquement sur plusieurs caractères (plusieurs variables indépendantes) pouvant être considérés indépendamment les uns des autres. Formellement, la méthode s'applique au traitement de données d'observation (enquêtes par exemple) comme au traitement de données expérimentales. Mais il est plus difficile de constituer avec des données d'observation des groupes de mesures ne différant les uns des autres que par un caractère précis (ou par une combinaison précise de caractères indépendants) : il est impossible d'affecter les sujets au hasard aux différentes modalités d'un caractère (la profession par exemple) ou aux différentes combinaisons de modalités de plusieurs caractères. Des groupes de sujets de sexes différents ou exerçant des professions différentes diffèrent à la fois par plusieurs caractères indissociables. Ce sont donc de tels ensembles de caractères qui constituent, pour des données d'observation, les variables indépendantes. L'expérimentation en laboratoire ne permet pas en général d'aborder les problèmes pouvant être étudiés sur des données d'observation. Mais, dans ses limites, elle permet de préciser beaucoup mieux la nature des variables indépendantes et d'affecter les sujets au hasard aux différentes modalités ou niveaux de ces variables. Aussi l'analyse de la variance est-elle surtout employée pour traiter des données recueillies par la méthode expérimentale. L'analyse de la variance joue, surtout depuis les travaux de R. Fisher, un rôle essentiel dans l'organisation des expériences et dans l'interprétation de leurs résultats. (→ expérience [plan d'].)

Supposons qu'une variable indépendante Y ait été mesurée sur 90 sujets répartis au hasard en trois groupes de 30. Chacun des groupes a été mesuré sous l'une des modalités a_1, a_2, a_3 d'une variable indépendante A, une hypothèse psychologique conduisant à attendre que A aura un effet sur Y. Si cette hypothèse psychologique est vraie, le chercheur devra être conduit à rejeter, à un seuil de signification fixé à l'avance, une hypothèse nulle : celle selon laquelle les moyennes en Y des trois groupes sont trois estimations de la même moyenne, autrement dit qu'elles ne diffèrent pas significativement. Le premier objectif de l'analyse de la variance est de permettre cette épreuve d'hypothèse nulle.

Considérons l'une des mesures Y_1 du groupe a_2 par exemple. Son écart à la moyenne générale M_Y des 90 mesures peut se décomposer en deux parties. La première est l'écart de Y_1 à la moyenne m_2 du groupe auquel elle appartient. Puisque tous les membres du groupe ont été mesurés sous la même modalité expérimentale, cet écart ne dépend pas de A. On peut dire qu'il constitue une « erreur » : il apparaît comme aléatoire aux yeux de l'expérimentateur (qui ne s'intéresse pas ici aux différences individuelles dans ce qu'elles peuvent avoir de stable et d'explicable). On peut dire aussi qu'il constitue un « résidu » après que l'on a tenu compte de la variabilité de Y liée à A. La seconde partie de l'écart entre Y_1 et M_y est l'écart entre la moyenne en Y du groupe a_2, m_2, et la moyenne générale M_Y. Cet écart peut s'expliquer en partie par l'erreur d'échantillonnage qui affecte m_2, estimation de M_Y sur un échantillon de 30 sujets ; et en partie par l'effet éventuel de A sur Y (la condition a_2 a pu susciter des réponses Y plus élevées ou moins élevées en moyenne que ne l'ont fait les conditions a_1 et a_3).

L'analyse de la variance va permettre de savoir si cet effet de A sur Y est significatif ou non et d'évaluer son importance. On calcule deux quantités appelées « carrés moyens » (ce sont des moyennes d'écarts élevés au carré), l'une à partir des écarts à l'intérieur des groupes, l'autre à partir des écarts (pondérés par le nombre de sujets par groupe) entre les moyennes des groupes et la moyenne générale. La première (carré moyen intragroupe) est indépendante de l'effet éventuel de A sur Y. La seconde (carré moyen intergroupe) s'accroît si A augmente les écarts entre moyennes des groupes, c'est-à-dire si A a un effet sur Y. Ces deux quantités sont deux estimations indépendantes de la variance de Y si l'hypothèse nulle (absence d'effet de A sur Y) est vraie. C'est pourquoi l'expression « estimations de la variance » est parfois employée au lieu de « carrés moyens », celle-là ayant l'avantage de ne pas préjuger de la vérité de l'hypothèse nulle. Le rapport entre le carré moyen intergroupe et le carré moyen intragroupe ne sera donc pas significativement supérieur à 1 si l'hypothèse nulle est vraie. S'il prend une valeur significativement supérieure à 1 au seuil de signification choisi, on rejettera l'hypothèse nulle. Ce rapport est appelé F de Snedecor et l'on dispose d'une table permettant de savoir à partir de quelle valeur il peut être considéré comme significativement supérieur à 1 (à un seuil donné et pour des nombres donnés de degrés de liberté).

L'exemple ci-dessus correspond à une analyse de variance simple, c'est-à-dire n'utilisant qu'une seule variable indépendante pour subdiviser les sujets en groupes. À certaines conditions (→ expérience [plan d']), on peut organiser des expériences dans lesquelles la variable dépendante est susceptible d'être affectée de façon distincte par plusieurs variables indépendantes. On peut dans ce cas tester, par des calculs appropriés de F, plusieurs hypothèses nulles relatives à l'effet éventuel de chacune de ces variables indépendantes (effets principaux) et les effets éventuels de leurs interactions (l'effet conjoint de deux variables indépendantes peut être différent de celui qui aurait été prévu en les considérant séparément l'une de l'autre).

Ce qui vient d'être dit concerne l'effet global d'une variable indépendante sur une variable dépendante. L'expérimentateur peut avoir besoin de procéder à des comparaisons analytiques portant sur les effets éventuels de certaines modalités ou combinaisons de modalités de la variable indépendante. Dans notre exemple, il en serait ainsi si a_2 concernait un certain traitement, a_2 un autre traitement et a_3 une absence de tout traitement (groupe contrôle). On pourrait alors souhaiter savoir non plus seulement si la variable A ainsi constituée a un effet sur Y, mais si chacune des différences entre a_1 et a_3, a_2 et a_3, a_1 et a_2 est significative ou non; ou bien encore si une différence significative se manifeste entre les sujets qui n'ont reçu aucun traitement (a_3) et ceux qui en ont reçu un quel qu'il soit ($a_1 + a_2$). Il existe plusieurs tests de signification permettant de répondre, à certaines conditions, à ce type de questions.

Cependant, les épreuves de signification sont souvent mal adaptées, ici comme partout ailleurs, aux questions pertinentes pour le psychologue. En particulier, elles conduisent à rejeter l'hypothèse nulle d'autant plus facilement que l'effectif est plus nombreux: un effet important peut être qualifié de non significatif par une épreuve n'utilisant qu'un petit nombre de données; un effet minime, évidemment dépourvu de sens pour le psychologue, pourra être qualifié de significatif si l'effectif est élevé. (→ inférence fiduciaire.) Il est donc important d'évaluer la grandeur de l'effet auquel on s'intéresse. On pourra le faire subjectivement sur un tableau numérique ou sur un graphique en évaluant l'écart entre les moyennes des groupes par référence à ce que l'on sait par ailleurs du phénomène étudié. On pourra en outre calculer un coefficient évaluant cette grandeur. Plusieurs de ces coefficients existent. Ils consistent, de façon générale, à évaluer la fraction de la variance attribuable à un certain effet par référence à une autre fraction de variance (ou à la variance totale) constituant un terme de comparaison pertinent pour répondre à la question précise que l'expérimentateur se pose.

On remarquera qu'une parenté existe entre cette évaluation de la grandeur de l'effet d'une variable A sur une variable Y et la notion de corrélation interprétée en termes de régression de Y sur A. (→ régression.) M. R.

BIBLIOGRAPHIE

Hoc, J.-M., 1983, *l'Analyse planifiée des données en psychologie*, Paris, P.U.F.

variation (coefficient de)

(angl. Coefficient of Variation)

Rapport de l'écart type à la moyenne.

M. R.

vection

n.f. (angl. Vection, Self-Motion)

Sensation de déplacement du corps de l'observateur d'origine vestibulaire et/ou visuelle.

La présentation d'un mouvement visuel de l'environnement peut engendrer chez un sujet immobile une sensation de mouvement exocentrique, ou vection, comme dans l'illusion du train en gare. Cette sensation de déplacement du corps propre est «normalement» déclenchée par une stimulation vestibulaire, mais le système visuel peut suppléer temporairement ou définitivement à l'absence d'afférences vestibulaires. C. B.

→ vestibulaire (système).

v: ed (facteur)

L'un des grands facteurs de groupe mis en évidence par des psychologues britanniques comme P. E. Vernon au cours d'analyses factorielles hiérarchiques après élimination du facteur général.

Le facteur v: ed concerne le plus souvent les *épreuves verbales* (angl. Verbal Factor) numériques et *de connaissances scolaires* (angl. Educational Factor). M. R.

végétatif (système nerveux)

(angl. Autonomic Nervous System)

→ nerveux végétatif (système).

veille (cycle de veille - sommeil)

→ sommeil.

verbale, e, aux

adj. (angl. Verbal)

Se dit d'un test portant sur un matériel de la communication parlée.

La plupart des tests composites d'intelligence (Binet-Simon, WISC, WAIS), comportent une part verbale plus ou moins importante. Les épreuves portant sur l'utilisation du langage présentent entre elles des corrélations qui leur sont propres et que l'analyse factorielle explique par un *facteur verbal* (angl. Verbal Factor). Ce facteur se subdivise en deux facteurs plus limités au moins: un facteur de *compréhension verbale* (angl. Verbal Comprehension, ou V), présent notamment dans les épreuves de vocabulaire ou d'analogies verbales; un facteur de *fluidité verbale* (angl. Word Fluency, ou W), d'aisance dans la recherche de mots, répondant à certaines exigences symboliques ou structurelles (exemples: mots désignant un objet rond, mots de quatre lettres, etc.). M. R.

verbalisation

n.f. (angl. Verbalization)

Partie de la production de parole reposant sur l'utilisation du système des oppositions, phonologiques, syntaxiques et sémantiques, pertinentes pour le fonctionnement d'une langue.

De cette activité sont issus des segments linguistiques (phonèmes, lexèmes, morphèmes), aussi qualifiés de verbaux. Dans la communication parlée, l'activité verbale se distingue de l'activité vocale, cette dernière sous-tendant des phénomènes relevant de l'intonation. La locution *langage verbal* désigne la production linguistique par contraste avec les formes de communication animales ou humaines autre que linguistiques. M.-L. L. R.

verbalisme

n.m. (angl. Verbalism)

Utilisation d'éléments du langage sans véritable compréhension de leur sens.

Le verbalisme a été étudié dans les reproductions que donnent les jeunes enfants de mots entendus, soit pour mettre en évidence les aspects sociaux de l'acquisition du langage (ce qui a souligné l'importance de l'écholalie, qui précéderait l'imitation réelle), soit comme témoignage d'une pensée «amorphe» ou désorganisée.

La psycholinguistique et les études psychologiques ont montré que le sens n'est pas surajouté aux qualités physiques des sons de parole, mais qu'il en est une dimension intrinsèque. Avant même d'accéder au langage, le babil du bébé recèle une sémantique. Des cris ou onomatopées sont systématiquement répétés dans des situations précises. Par exemple, un bébé de 9-10 mois prononce «mememen» à l'apparition de nourriture.

On a pu montrer que le comportement «échoïque» — c'est-à-dire le fait qu'un jeune enfant répète en écho des mots de la langue parlée autour de lui sans les comprendre ou sans tenir compte de leur signification —, qui, selon B. F. Skinner, serait le moteur du développement du langage, ne se présente pas avec une fréquence suffisante pour expliquer des changements aussi rapides que le signalent les observations.

On admet aujourd'hui qu'«un enfant peut commencer à utiliser une forme linguistique en lui donnant un sens avant d'être capable de comprendre ce qu'elle signifie» (Slobin, 1973). La distinction de deux codes successifs: un code «restreint», ou centripète, et un code «diffus», ou élaboré et décentré, qui permet une extension sémantique, reflète en partie cette idée. Toutefois, l'accès au second code serait plus ou moins facile selon l'appartenance sociale. H. B.

verbigération

n.f. (angl. Verbigeration)

Grave altération de l'expression verbale caractérisée par un dévidage automatique de mots ou de phrases sans suite, dans la plus complète incohé-

rence, apparaissant surtout dans les démences arrivées à un stade avancé de leur évolution.

Appelée parfois « cataphasie », cette atteinte du langage peut aussi se rencontrer dans la schizophrénie et même dans les délires chroniques. Ce serait, pour P. Guiraud, la « litanie déclamatoire » décrite par Ph. Chaslin chez certains catatoniques.

J. P.

vérification

n.f. (angl. Checking Behaviour)

Activité par laquelle une personne s'assure, à propos d'une chose qu'elle a faite, qu'elle est conforme avec une autre chose en la confrontant avec ce qui peut servir de preuve.

Lorsqu'elles sont répétées à maintes reprises sans que cette répétition soit justifiée, les vérifications sont des comportements compulsifs, qu'ils soient manifestes ou purement mentaux. Au même titre que les rites obsessionnels, elles font partie de la symptomatologie des troubles obsessionnels-compulsifs. Comme eux, elles s'effectuent dans un climat d'anxiété intense. Le vérificateur vit dans un doute permanent : celui d'avoir oublié quelque chose, de n'avoir pas bien fait ce qu'il devait faire. Il craint également que les autres n'aient commis ces oublis ou ces erreurs dont les conséquences pourraient être graves et se sent responsable de celles-ci. Il ne peut cependant pas toujours préciser la nature des événements catastrophiques qui surviendraient s'il ne vérifie pas. Ces vérifications, lorsqu'elles se multiplient, devenant des « vérifications de vérification », lui font perdre un temps considérable. Parfois, elles s'enchaînent suivant un ordre immuable et s'érigent en véritables rituels obsessionnels.

M. A.

vérité

n.m. (angl. Truth)

GÉNÉR. et LOG. **Propriété d'un énoncé ou d'une proposition, et qui consiste soit dans sa conformité à des règles logiques, soit dans sa correspondance avec le réel.**

On considère assez généralement qu'il existe deux grandes sortes de vérités, qu'on peut appeler « analytique » et « synthétique » (ou « empirique »). La première sorte appartient aux domaines des mathématiques, de la logique, de l'informatique théorique et, en général, des sciences formelles. Un exemple de vérité analytique est, en langage non formel : non (P*a* et non-P*a*). Autrement dit : on ne peut affirmer simultanément à propos d'une chose (ici « *a* ») un prédicat (ici « P ») et son contraire (ici « non-P »). Concrètement, on ne peut dire en même temps d'un objet déterminé (par exemple ce cendrier-ci) qu'il est noir et non noir.

La seconde sorte de vérité est empirique. Il existe plusieurs théories à son propos. L'une des plus répandues, dite « de la vérité par correspondance », considère qu'un énoncé est vrai s'il « correspond » au réel. Bien que cette phrase puisse elle-même recevoir plusieurs interprétations, on admet souvent que cela implique la détermination préalable de « conditions de vérité » : par exemple que la réalité des entités nommées dans l'énoncé est convenablement assurée et que l'on a défini comment séparer les assertions vraies à leur sujet des assertions fausses. Les règles de la méthodologie scientifique en psychologie ont été élaborées pour venir à l'appui de telles conditions de vérité.

On peut assortir la notion de vérité de correcteurs modaux tels que la plausibilité, la probabilité, l'approximation. Les concepts de la méthodologie statistique, par exemple, permettent à la psychologie expérimentale un maniement assez raffiné de ces modalités, appliquées à l'induction.

J.-F. L. N.

→ méthode, modèle, valeur.

Vernon (Philip E.)

Psychologue britannique (Oxford 1905).

Professeur de psychologie éducative à Londres puis au Canada, il a publié plusieurs ouvrages consacrés aux tests, à l'analyse factorielle, à l'évaluation de la personnalité. Il s'est intéressé aux effets des facteurs de milieu sur le développement intellectuel, notamment dans *The Structure of Human Abilities* (1950).

M. R.

verticale (illusion de la)

Illusion optico-géométrique qui consiste en ce que l'on surestime un segment de droite vertical par rapport à un segment horizontal de même longueur.

E. V.

→ illusion.

vésanie

n.f. (angl. Vesania)

Égarement, dérèglement de l'esprit.

Ce terme ancien a été progressivement remplacé à partir de 1850 par celui de *psychose**. Il a surtout été utilisé par W. Cullen, puis par P. Pinel et ses élèves, dans la description de « l'ordre des vésanies » ou « des égarements de l'esprit non fébriles » (*Nosographie philosophique*, 1798). Ce dernier comprenait alors l'hypocondrie, la mélancolie, la manie et l'hystérie. Mais, dès 1799, Pinel en retirait l'hypocondrie et l'hystérie (mise dans les « affections spasmodiques ») pour donner sa classification quasi définitive des vésanies, telle qu'on la retrouvera dans les deux éditions successives de son *Traité médico-philosophique sur l'aliénation mentale* (1800 et 1809) : mélancolie, ou délire sur un seul objet, manie avec fureur mais sans délire, manie avec délire général, démence*, ou abolition de la pensée, et enfin idiotisme*, ou oblitération des facultés intellectuelles ou affectives (naturel ou acquis). On sait que cette classification sera modifiée par ses élèves, E. Esquirol, qui créera à partir de la mélancolie le groupe des monomanies*, et E. Georget, qui fera de l'idiotisme acquis la stupidité, future confusion mentale primitive de Ph. Chaslin.

On qualifiera jusqu'à la fin du XIXe siècle de l'adjectif « vésanique » certains états d'affaiblissement psychique ou d'asilisme* apparaissant dans la période tardive de l'évolution des psychoses chroniques, appelés sans nuance « démences vésaniques ».

J. P.

vestibulaire (système)

(angl. Vestibular System)

Système sensoriel qui contrôle les mouvements du corps et l'orientation dans l'espace.

Les récepteurs vestibulaires sont situés dans deux organes localisés dans l'oreille interne. Ils comprennent les canaux semi-circulaires et les sacs vestibulaires (l'utricule et le saccule).

Les *canaux semi-circulaires* sont au nombre de trois. Ils sont orientés approximativement selon trois plans orthogonaux de l'espace (horizontal, vertical, ou frontal, et sagittal). Emplis d'endolymphe, ils comportent à leur base un renflement, l'ampoule, qui contient les récepteurs. L'organe récepteur, appelé *crête ampullaire*, est constitué d'une cupule faite d'une matière gélatineuse dans laquelle baignent des cils des cellules réceptrices. C'est le mouvement de ces cils qui déclenche l'excitation des récepteurs. Les canaux semi-circulaires réagissent aux accélérations et aux décélérations angulaires. Le *saccule* et l'*utricule* contiennent chacun un organe récepteur, la *macula*. Là encore, c'est l'inclinaison des cils des cellules réceptrices qui est à l'origine de l'excitation. Utricule et saccule répondent aux accélérations linéaires et aux modifications de leur verticale par rapport à la verticale gravitaire.

Les récepteurs vestibulaires envoient leurs informations au tronc cérébral via la branche vestibulaire du huitième nerf crânien. La majorité des fibres nerveuses issues des récepteurs projettent sur les noyaux vestibulaires. De là, il y a des connexions sur les noyaux oculomoteurs. D'autres fibres se projettent au niveau cortical sur des neurones recevant aussi des afférences visuelles.

C. B.

→ sensation.

vicariance

n.f. (angl. Vicariation)

Capacité d'une zone du système nerveux central de prendre en charge, partiellement ou totalement, une fonction habituellement assurée par une zone adjacente qui a été lésée.

Cette possibilité de suppléance représente une condition favorable au développement d'une certaine restauration fonctionnelle. G. S.

vicariant (apprentissage)

(angl. Vicarious Learning)

Comportement d'apprentissage qui est substitué à un autre.

L'apprentissage vicariant sur essais et erreurs. Dans les premières théories cognitives de l'apprentissage animal, on a développé cette notion, qui constitue une sorte de compromis entre les conceptions stimulus-réponse et stimulus-stimulus (S.-R. et S.-S.): elle suppose qu'un Animal peut, au lieu de faire l'essai d'une suite de comportements réels et de corriger des erreurs réelles, se contenter de comportements de substitution (« vicariants »). Par exemple, arrivé à un point de choix dans un labyrinthe, un Rat peut aller à gauche, constater si la nourriture est présente, puis, en cas d'erreur, aller à droite. On constate en fait que l'Animal, dans beaucoup de cas où il commence à avoir une certaine familiarité avec le dispositif, regarde plusieurs fois successivement à gauche et à droite; en d'autres termes, il hésite. Ce comportement est interprété comme un substitut des essais et erreurs.

Dans les théories cognitives modernes, on élargit beaucoup cette conception. On considère de façon générale que les activités cognitives ont pour fonction de substituer à nombre de comportements réels des opérations purement mentales, qu'on pourrait appeler « vicariantes » mais qu'on préfère aujourd'hui nommer « symboliques »: par exemple, on peut faire sur une image mentale beaucoup d'opérations cognitives (l'explorer, établir des relations d'ordre, estimer des distances, réaliser des déplacements ou des rotations, résoudre des problèmes, etc.) que l'on fait normalement sur une perception; de même, « additionner mentalement » peut être regardé comme un substitut de « mettre physiquement ensemble deux ensembles d'objets ».

Activités vicariantes. Dans le cas d'atteintes cérébrales d'origine neurologique, on constate parfois que certaines capacités disparaissent puis que, après un certain temps, elles réapparaissent ou sont susceptibles de rééducation.

Si on met de côté les facteurs purement neurobiologiques qui peuvent être à l'origine de certaines de ces récupérations, d'autres semblent clairement dues à des activités vicariantes: c'est-à-dire au fait qu'un résultat cognitif qui était précédemment atteint par le jeu de certaines opérations l'est désormais par le moyen de certaines autres. Un exemple familier est celui où un individu a des difficultés de *rappel* direct d'un nom, d'une date, etc. Il développe alors des activités de recherche dans lesquelles il passe en revue une série de souvenirs qu'il sait être associés à celui qu'il cherche, puis, si celui-ci se présente, il le *reconnaît* comme correct. J.-F. L. N.

→ essais et erreurs (apprentissage par), neuropsychologie, symbole.

vicariants (processus)

(angl. Vicarious Processes)

Processus différents susceptibles de se substituer les uns aux autres et permettant à un sujet placé devant un problème adaptatif de le résoudre.

Si l'on considère l'un de ces processus, on constate que sa probabilité d'utilisation varie d'un sujet à un autre et, de ce point de vue, la notion concerne la psychologie différentielle. Ce modèle a été utilisé notamment pour expliquer les différences individuelles dans l'accès à la pensée formelle, dans la perception de la verticale, dans une décision simple (adéquation d'un dessin et d'une phrase). M. R.

BIBLIOGRAPHIE

Reuchlin, M., 1978, *Journal de psychologie*, n° 2, 133-145.

victimologie

n.f. (angl. Victimology)

Étude de la personnalité des victimes de délits ou de crimes, de leur statut psychosocial et de leurs relations affectives avec leur agresseur.

Cette branche de la criminologie est apparue au début des années 1950, après le livre de H. von Hentig, paru en 1958 (*The Criminal and his Victim*), qui, pour la première fois, étudiait le rôle des victimes dans la criminogenèse. Jusque-là, on n'avait vu que l'aspect passif et malchanceux de ce rôle. Avec H. von Hentig, puis R. Mendelsohn (1958) et A. El Fattah, on va décrire les prédispositions victimogènes. La victime latente est celle sur laquelle va peser un potentiel de victimité, caractérisé par trois séries de facteurs: les premiers, d'ordre physique, où l'on retrouve un âge s'écartant de la moyenne du groupe (personnes âgées ou au contraire très jeunes), des singularités morphologiques ou physiques (handicap sensori-moteur, gigantisme ou nanisme, laideur, maladie chronique); ensuite, des facteurs psychologiques du type médiocrité intellectuelle, faiblesse de jugement, naïveté ou mentalité fruste, « hypoculturée »; enfin, des facteurs sociaux comme la différence culturelle, l'appartenance à un groupe minoritaire dans la société (immigrants, nouveaux citadins, membres d'une religion ou d'une ethnie marginales) ou à une classe socio-économique extrême (richesse ou au contraire grande pauvreté). Sont aussi prédisposants la possession d'un patronyme ou d'un surnom ridicules et l'exercice par les parents d'une profession décriée.

On a tenté d'individualiser une victimenée ayant une personnalité particulièrement névrotique, avec des caractéristiques masochistes et un comportement d'échec habituel; et le criminel-victime capable de devenir successivement ou simultanément criminel et victime. Ces sujets, dont la structure névrotique est de type sadomasochiste, ont souvent un puissant sentiment inconscient de culpabilité et vont trouver un grand soulagement lorsqu'ils pourront rattacher leur culpabilité à un événement réel. On ne peut d'ailleurs séparer l'agresseur de sa victime lorsqu'on étudie des comportements de persécution. Il y a entre les deux tout un complexe de réactions symétriques, complémentaires et répétitives, formant un véritable « ensemble victimogène insécable » (J. Boulé). J. P.

vidéothérapie

n.f. (angl. Video-Therapy)

Toute technique psychothérapique utilisant les moyens audiovisuels d'enregistrement vidéo.

Avec les progrès réalisés dans la fabrication du matériel vidéo (camescopes de plus en plus légers et d'emploi particulièrement simple, reproduction immédiate des enregistrements), cette technique a peu à peu envahi les institutions psychiatriques. Alors qu'au début la vidéo n'était utilisée que pour enregistrer les entretiens et examens de malades pour les présenter aux étudiants dans un but didactique, elle est maintenant le médium et parfois l'instrument privilégié de nombreuses psychothérapies individuelles et familiales.

Il faut distinguer deux approches thérapeutiques différentes: dans l'une, l'image du patient est au centre de l'action thérapeutique. C'est le cas de la méthode, largement répandue aux États-Unis, de M. M. Berger, où on recherche spécialement la confrontation autoscopique entre le sujet et son image en utilisant au maximum les possibilités du Caméscope (changement d'angle et de plan, arrêt sur l'image, ralenti, etc.). Dans l'autre, la vidéo est seulement une technique pour contrôler le processus thérapeutique, comme dans les thérapies* familiales, où elle a généralement remplacé la glace sans tain derrière laquelle se tenait l'observateur. Elle permet d'exercer une *action de retour* (angl. Feedback) dans les contextes thérapeutiques les plus divers.

En France, G. Bleandonu a préconisé ces enregistrements au cours de cures d'inspiration psychanalytique. Il a en particulier mis au point les techniques originales de vidéoconfrontation, photovidéoscopie, vidéopsyclip et vidéodrame (1986). J.-P. Thenot, en revanche, a insisté sur la nécessité de réduire au minimum la part technique et d'éviter toute manipulation des images qui serait « préjudiciable à l'intégrité de l'image du corps ». La caméra fixe et ouverte sur un large champ, sans opérateur derrière elle, doit seulement enregistrer à la fois l'image du patient ou du groupe des patients (vidéodrame) et celle du thérapeute, occupant en quelque sorte une position tierce, neutre. Elle permet ainsi au patient d'exprimer ce qu'il ressent non seulement face à sa représentation, mais aussi face au psychothérapeute, « à travers la présence médiatisante de la vidéo » (1989). Même si elle valorise trop les conflits narcissiques et les investissements de l'image de soi, cette nouvelle technique a réellement apporté une dimension nouvelle à de nombreuses psychothérapies, qu'elles soient d'inspiration analytique ou d'inspiration comportementaliste. J. P.

BIBLIOGRAPHIE

Bleandonu, G., 1986, *la Vidéo en thérapie*, Paris, E.S.F.

Thenot, J.-P., 1989, *Vidéothérapie. L'image qui fait renaître*, Paris, Éd. Greco.

vieillesse

n.f. (angl. Old Age)

Dernière période de la vie, correspondant à l'aboutissement normal de la sénescence.

Le terme s'oppose parfois à celui de *sénilité**, qui en serait l'aspect pathologique. Mais il faut bien reconnaître que l'extrême vieillesse ne se distingue en rien de cette dernière. En revanche, il est certain que la vieillesse apparaît et va s'aggraver plus ou moins vite selon les individus. Et la gérontologie différentielle (F. Bourlière) a longuement étudié les causes et facteurs de ces différences. (→ sénescence.)

Classiquement, pour l'Organisation mondiale de la santé (O.M.S.), l'âge moyen s'étend de 45 à 59 ans, celui des personnes âgées de 60 à 74 ans, celui des vieillards de 75 à 90 ans et celui des grands vieillards au-delà de 90 ans. Dans les conceptions médico-sociales françaises actuelles, on parle plutôt de « troisième âge » à partir de 65 ans, âge de la retraite, et de « quatrième âge » à partir de 80 ans. Mais ces chiffres n'ont qu'une valeur très relative puisque tout dépend des processus de sénescence biologique et psychologique.

Il ne faut pas oublier que le comportement du vieillard sera surtout fonction de sa personnalité antérieure. Si celle-ci est équilibrée, la personne âgée supportera plus facilement de vieillir et pourra même y gagner si, repoussant les nombreuses exigences et invitations de la vie de personnes plus jeunes, elle sait rester sage. En revanche, les personnalités psychopathiques voient s'accentuer leurs traits caractériels.

De nombreuses difficultés avec les vieillards naissent d'un comportement qui est moins la conséquence de leur âge qu'un trait de caractère qui déjà autrefois rendait la vie difficile en leur compagnie. Ceux qui ont souffert d'une névrose plus ou moins grave auront une tout autre attitude à l'approche de la vieillesse que les personnalités mûres. Ils ne pourront par exemple supporter la pensée qu'une certaine résignation est nécessaire. Il n'est pas rare de rencontrer des névrosés qui ont dans leurs rapports avec leurs enfants les mêmes difficultés qu'ils avaient eues, étant jeunes, avec leurs parents. Chez bien des névrosés, les symptômes de leur névrose vont s'accentuer à l'approche de la vieillesse, avec la tendance à rester passifs et à se laisser soigner, en se mettant dans une position de plus en plus régressive. Parfois, les sujets « petits paranoïaques » vont devenir en vieillissant de véritables tyrans domestiques, réagissant par de violentes colères à la moindre frustration, à la plus petite désobéissance de leurs enfants ou de leurs soignants. Ils peuvent aussi se montrer particulièrement agressifs et intolérants vis-à-vis de leur entourage, refusant tout changement, toute innovation en raison de leur misonéisme. Dans les cas plus graves, ils vont présenter de véritables troubles psychotiques (→ sénilité) du type paranoïa sénile ou paraphrénie tardive. Et c'est à partir de la soixantaine qu'apparaissent les démences*, qui sont devenues, avec l'allongement considérable de la durée de la vie dans le monde occidental, la véritable « peste noire » de la fin de notre siècle. J. P.

BIBLIOGRAPHIE

Herfray, Ch., 1988, *la Vieillesse, une interprétation psychanalytique*, Paris, Desclée de Brouwer-Epi.

Thevenet, A., 1989, *le Quatrième Âge*, Paris, P.U.F., « Que sais-je ? ».

vieillissement

n.m. (angl. Aging)

Ensemble des transformations qui affectent la dernière période de la vie et qui constituent un processus.

Celui-ci se marque ainsi : fléchissement de la vitalité, modifications organiques par réduction des échanges, déshydratation des tissus, atrophie musculaire, ralentissement des fonctions et baisse générale des performances concourent à limiter progressivement les capacités d'adaptation. En ce sens, le vieillissement offre apparemment l'image inversée du développement et a pu être décrit comme une involution. L'allongement de la durée moyenne de vie, dans de nombreux pays dits « développés » (elle a plus que doublé, en France, du XVIIᵉ siècle à nos jours), a conduit à s'intéresser de plus en plus au vieillissement humain et à chercher les moyens d'en corriger ou d'en ralentir le décours. Les buts avoués, en dehors de la connaissance désintéressée, sont à la fois humanitaires et socio-économiques.

En ce qui concerne les buts humanitaires, il s'agit de rendre au vieillard (terme proscrit au bénéfice de l'expression moins négativement connotée de « personne âgée ») respect de soi et confiance car l'affaiblissement de la vieillesse, idée reçue, intériorisée et confirmée par les changements de statut social (par exemple la mise à la retraite), est souvent mal vécu. Les buts socio-économiques sont d'améliorer le rendement, ou de réduire les coûts sociaux, de la part non négligeable de population que forment les individus démographiquement classés dans les troisième et quatrième âges. La science du vieillissement, appelée « gérontologie », n'a pris son essor que depuis les années 1960 (A. T. Welford, *Vieillissement et aptitudes humaines*, 1958). Elle réunit les contributions de plusieurs disciplines : la biologie, la psychologie, la sociologie et l'économie.

Révélé avec brutalité par la détérioration des performances aux tests, notamment aux tests mosaïques d'intelligence, le vieillissement psychique a d'abord été considéré comme un phénomène naturel qu'il était malséant ou inutile de vouloir élucider malgré l'appel lancé par D. Wechsler en 1935 (*Range of Human Capacities*). Aujourd'hui, on applique avec succès à l'étude du vieillissement les méthodes d'étude du développement : suivis longitudinaux et comparaisons transversales. On y a diversifié les objets d'étude suivant la détermination des domaines et les rythmes de changement repérés ou subsumés, l'influence des facteurs d'expérience, la prise en compte des conditions de vie et des différences interindividuelles. Le vieillissement ne peut plus être considéré comme un processus uniquement involutif et ne se réduit plus à une décadence globale : l'inventaire des changements comportementaux dus à l'âge dans les grandes fonctions mentales (la perception, la mémoire, la résolution de problèmes, l'émotivité) a fait apparaître quelques gains, des permanences et des compensations qui s'opposent à une réduction cependant notable des capacités. Comme dans l'étude du développement, l'intérêt actuel porté aux stratégies révèle un nombre de potentialités utilisables plus grand qu'on ne le supposait, le maintien d'une plasticité nerveuse plus étendue et une flexibilité comportementale plus grande que ne le laissaient voir les études de performances et les tests psychométriques.

La réduction du nombre des neurones et l'appauvrissement des connexions synaptiques n'affectent pas identiquement toutes les structures et régions cérébrales. Ces caractères différentiels et hétérochrones se retrouvent dans les comportements. Le maintien de l'attention focalisée, la mémorisation à court et à long terme, les discriminations perceptives, la fluidité verbale, le raisonnement ne se détériorent pas au même taux ni au même rythme.

Les pathologies du vieillissement constituent aujourd'hui un champ de recherche étendu. C'est surtout la maladie d'Alzheimer, autrefois appelée « démence sénile », qui retient l'attention. Mais les amnésies de fixation, qui entraînent des troubles de la mémoire à court terme, les amnésies dites « rétrogrades » (le patient se rappelle plus facilement les souvenirs les plus anciens que les plus récents), les troubles spatiaux et les troubles de la personnalité liés à l'âge font aussi l'objet d'études plus systématiques que par le passé. Ces études alimentent un débat renouvelé sur les rapports du normal et du pathologique, dont l'enjeu déborde les domaines de la gérontologie. H. B.

BIBLIOGRAPHIE

Birren, J. E., et Bengtson, V. L., 1988, *Emergent Theories of Aging*, New York, Springer Publisher.

McGaugh, J. L., et Kiesler, S. B., 1981, *Aging: Biology and Behavior*, New York, Londres, Toronto, Academic Press.

Whitbourne, S. K., 1985, *The Aging Body: Physiological Changes and Psychological Consequences*, New York, Berlin, Heidelberg, Springer Verlag.

Vienne

Ville natale de la psychanalyse, dont le nom reste désormais attaché à celui de Freud, malgré les sentiments ambivalents que celui-ci put lui porter, et où fut créée la première société de psychanalyse.

C'est à Vienne que Freud passa la quasi-totalité de sa vie, excepté quelques années dans sa petite enfance (il est né à Freiberg, en Moravie, en 1856, et sa famille y résida jusqu'en 1859 puis séjourna quelques mois à Leipzig) et également la toute dernière année de son existence, lorsque, chassé par les persécutions nazies, il dut se réfugier à Londres.

La ville

La jeunesse et la maturité de Freud sont contemporaines du règne de François-Joseph (1848-1916). C'est une époque de développement considérable de la ville et, d'abord, d'un développement démographique sans précédent (900 000 habitants environ en 1869, plus de 2 millions en 1910). C'est une période d'essor de l'industrie et de la banque. C'est également l'époque où eurent lieu les transformations les plus considérables du cadre urbain lui-même, avec la substitution aux anciens remparts d'un boulevard circulaire, le Ring, où devaient alterner édifices publics monumentaux (musées, Opéra, Parlement, université) et riches demeures privées. C'est surtout, sans doute, une époque de développement culturel considérable, tant sur le plan scientifique que littéraire ou musical. La psychanalyse apparut donc dans un monde où les besoins vitaux de la population commençaient à être mieux assurés, dans un monde également où les aspirations intellectuelles elles-mêmes pouvaient trouver une certaine satisfaction. Peut-être cela constituait-il une condition nécessaire pour que puisse enfin être interrogée la question du désir, si l'on veut bien ici la distinguer de celle du besoin, fût-il besoin spirituel.

Il faut bien dire cependant que, malgré ce climat assez favorable, nombreux parmi les intellectuels viennois de l'époque furent ceux qui critiquèrent la vie culturelle de la grande cité, parfois dans des termes très durs. Certains, comme Musil, reprochèrent à Vienne sa dépendance par rapport à Berlin, notamment sur le plan éditorial. D'autres, comme Hofmannsthal, critiquèrent sévèrement certains côtés étriqués de la pensée viennoise : « Intellectuellement, écrit-il, nous sommes comme des cocottes qui ne se nourrissent que de salade française et de sorbet. » Il faut dire que, pour considérable qu'il fût, le développement culturel pouvait paraître souvent manquer d'authenticité, d'originalité, soit par exemple que, dans l'architecture de la fin du XIXe siècle, on pastichât les styles antérieurs (antique, gothique, renaissant), soit que l'on s'inspirât de formes et de concepts empruntés à d'autres grandes capitales européennes et, en particulier, à Berlin. Ainsi, Vienne offrait, vers la fin du XIXe siècle, ce caractère conventionnel que d'une certaine façon la psychanalyse remet en cause dans l'existence individuelle. Il est vrai que les premières décennies du XXe siècle devaient voir le surgissement de formes artistiques nouvelles : la « sécession » en architecture, le symbolisme d'un Klimt dans la peinture ; en musique, surtout, l'évolution annoncée par Bruckner ou Mahler se voit confirmée par Schönberg, Berg, Webern. Il est vrai aussi que les lendemains de la Grande Guerre font apparaître mieux une profondeur, voire une gravité que les valses de Strauss et le goût viennois pour l'opérette dissimulaient dans la période antérieure : il suffit de penser ici à Hofmannsthal ou à Schnitzler. Mais, précisément à ce moment, le public viennois ne trouvait pas pour autant l'occasion de se rassurer spirituellement. L'époque était plutôt à l'inquiétude, inquiétude sur les limites de la civilisation que les décennies ultérieures devaient tragiquement confirmer.

La société psychologique du mercredi

Freud, en tout cas, fut toujours ambivalent à l'égard de Vienne. Certes, il y résida pendant soixante-dix-neuf ans et n'accepta pas volontiers d'en partir même lorsque l'occupation de l'Autriche le mit en danger. Mais il ne cessa durant sa vie de la critiquer ni d'envisager la possibilité d'aller s'installer ailleurs, par exemple à Rome, comme il le confia dans une lettre à sa femme datant de septembre 1907.

Cette ambivalence (on a même pu parler d'une véritable haine) était due en partie à ce caractère un peu provincial de Vienne ; mais davantage sans doute à la forme du pouvoir politique, puisque la modernisation de la société s'était assortie, curieusement, du maintien d'une monarchie néoabsolutiste. Et, surtout, elle était due à l'antisémitisme presque officiel qui régnait à Vienne. Si, vers douze ans, Freud peut s'entendre prédire qu'il sera ministre sans que cela étonne son entourage à l'époque du « ministère bourgeois », les choses ont bien changé au moment de sa maturité et l'on sait les difficultés qu'il aura à obtenir un poste de professeur à l'université, poste qu'il ne devait d'ailleurs jamais occuper pleinement.

À tout cela faut-il encore ajouter le temps que Freud mit à être reconnu dans sa propre ville ? On sait que, pendant presque dix ans, au moment où il introduisit la théorie de l'étiologie sexuelle des névroses, Freud connut l'isolement et l'incompréhension.

C'est pourtant à Vienne, bien sûr, que commencèrent à se réunir, à partir de 1902, ses premiers disciples. Il s'agit au début d'un tout petit groupe. Deux médecins qui avaient eu l'occasion d'entendre des conférences de Freud, M. Kahane et R. Reitler, un autre qui avait été traité par Freud pour une affection névrotique, W. Stekel, A. Adler enfin constituèrent avec Freud le premier noyau. Ce fut « la société psychologique du mercredi », ainsi nommée parce que le groupe prit l'habitude de se réunir chaque semaine, le mercredi, dans le salon d'attente de Freud. Dans les années qui suivirent, d'autres se joignirent à eux, parfois de manière transitoire. En 1906, la première réunion de l'année rassemble dix-sept personnes, mais généralement une dizaine de membres seulement assistent à cette époque aux séances et il faut attendre 1910 pour que le groupe atteigne un nombre trop important pour continuer à se réunir chez Freud. Il a pris entre-temps, en 1908, le nom de « Société psychanalytique de Vienne ».

Les comptes rendus détaillés des réunions, qui depuis 1906 étaient établis par O. Rank, ont été conservés (*les Premiers Psychanalystes. Minutes de la Société psychanalytique de Vienne*). Ils nous montrent bien la composition, le travail, le fonctionnement de ce petit groupe. Très vite, il ne se limita pas à des médecins, inclut des enseignants, des écrivains, un musicologue. Durant les premières années, de toute façon, c'est Freud, seul ou presque, qui pouvait faire bénéficier le groupe de son expérience de la psychanalyse. Mais les autres sont loin d'être seulement réceptifs. On les voit s'intéresser à tout, analyser les ouvrages importants qui paraissent, qu'il s'agisse de littérature, d'histoire, d'ethnologie. On les voit discuter franchement, sans se ménager les uns les autres, ce qui ne sera pas toujours le cas dans les sociétés de psychanalyse. On les voit parfois évoquer leur propre vie, comme lorsque Urbantschitsch décrit son existence sexuelle jusqu'à son mariage. Freud intervient toujours, même lorsqu'il ne fait pas d'exposé : il rectifie ce qui lui paraît erroné mais ne manque jamais de souligner la qualité des interventions.

Le comité

En bref, la société du mercredi, puis la Société psychanalytique de Vienne furent des lieux de réelle activité intellectuelle où des personnalités diverses mais souvent originales commencèrent à reprendre des mains de Freud la théorie et la pratique de la psychanalyse. Curieusement, pourtant, le groupe des premiers disciples témoigna souvent d'une insatisfaction à l'égard de Freud, accusé plus ou moins explicitement de leur préférer ceux qui, de l'étranger, commençaient à adhérer aux thèses du maître viennois. Ce fut en particulier le cas lorsque Freud décida de confier la présidence de l'Association psychanalytique internationale à C. G. Jung, idée qui se révéla en effet mauvaise puisque celui-ci, très vite, critiquant les thèses de Freud, en particulier quant à l'étiologie sexuelle des névroses, devait négliger totalement sa fonction de président pour développer ses propres options et se séparer finalement du groupe freudien.

On a cru pouvoir expliquer la confiance excessive que Freud fit à Jung à partir de quelques remarques de Freud lui-même : il aurait été soucieux avant tout de ne pas voir la psychanalyse rester confinée dans un milieu assez restreint, juif viennois, et le fait que Jung, célèbre praticien de Zurich, se soit rallié à la psychanalyse pouvait paraître constituer un début éclatant de reconnaissance officielle. Mais une telle explication est sans doute tout à fait insuffisante.

Il est probable plutôt que Freud ait ressenti les difficultés auxquelles pouvaient mener les relations à l'intérieur d'un groupe lorsqu'elles tendent à annuler toute différence, chacun se reconnaissant trop complètement dans l'autre parce que tous cherchent à être absolument conformes au maître. Assurément, Freud était soucieux de préserver les thèses essentielles qu'il avait introduites et il ne manquait pas d'élever sa voix lorsqu'il lui semblait que ses disciples y renonçaient. Mais il encourageait ceux qui le suivaient à défricher eux-mêmes, à leur façon, le terrain qu'il ouvrait, plutôt que de rechercher une conformité absolue avec lui. C'est ce qu'il écrit par exemple à Ferenczi en février 1924 : « Quant à votre désir de rester parfaitement en accord avec moi [...], j'estime que ce but n'est ni souhaitable ni facile à atteindre [...]. Pourquoi alors n'auriez-vous pas le droit d'essayer de voir si les choses ne fonctionneraient pas d'une façon autre que celle à laquelle j'ai moi-même pensé ? Si ce faisant vous vous égarez, vous vous en apercevrez seul [...] ou bien je prendrai la liberté de vous le faire remarquer aussitôt que j'en serai certain. »

On peut rendre compte de cette difficulté à la lumière de la psychanalyse elle-même. Lorsque la personnalité d'un maître domine de façon considérable celle de ses disciples, ceux-ci n'ont le plus souvent d'autre recours que de tenter de s'inscrire dans une filiation, avec tous les avatars qui menacent alors : soit de rechercher une conformité totale à celui qui représente le père, soit de se révolter contre son autorité, les diverses élaborations « théoriques » venant donner prétexte à la rébellion. Cela ne pouvait manquer de se produire dans l'entourage de Freud.

Comment alors éviter cela ? Le recours à quelque personnalité extérieure s'avérant insuffisant, comme cela se voit à travers l'épisode Jung, E. Jones eut l'idée du « comité », soit d'un petit groupe d'amis fidèles, une sorte de « vieille garde » autour de Freud, qui lui aurait donné l'assurance que son œuvre serait prolongée. Les membres s'engageraient seulement à ne pas remettre publiquement en cause un des principes fondamentaux de la psychanalyse, comme l'inconscient ou la sexualité infantile, avant d'en avoir discuté avec les autres. Le comité se réunit effectivement pour la première fois en mai 1913 et Freud donna à cet événement un poids symbolique particulier en offrant à chacun de ceux qui le composèrent avec lui (K. Abraham, S. Ferenczi, Rank, Sachs, plus tard Eitingon) une intaille grecque que chacun fit monter en chevalière.

S'il avait pour but d'éviter le retour de formes déplaisantes de conflits, telles que celles qui avaient eu lieu avec Jung ou Adler, il est certain que le comité faillit à sa tâche. Les années suivantes virent encore la défection de Rank et elle ne se passa même pas dans les formes tempérées que Jones avait imaginées pour les désaccords éventuels à venir. Mais l'essentiel n'est peut-être pas là. L'idée du comité témoigne sans doute d'une question essentielle pour la psychanalyse. Si la cure analytique, à laquelle chaque analyste se soumet, amène chacun à soutenir son désir en étant moins sensible peut-être aux formes conventionnelles de la vie sociale, peut-on imaginer qu'une forme nouvelle de lien social réponde dans le groupe analytique à ce qui, dans la cure, permet de prêter attention à ce qui est ailleurs refoulé ? La question reste posée aujourd'hui aux diverses associations d'analystes, comme elle s'était déjà posée à la Société psychologique du mercredi ou à la Société psychanalytique de Vienne.

R. C.

BIBLIOGRAPHIE

Jones, E., 1969, *la Vie et l'œuvre de Sigmund Freud*, Paris, P.U.F.

Le Rider, J., 1990, *Modernité viennoise et crises de l'identité*, Paris, P.U.F.

Collectif, 1976 (trad. fr.) *les Premiers Psychanalystes. Minutes de la société psychanalytique de Vienne*, éd. par Herman Nunberg et Ernst Federn, Paris, Gallimard.

vigilance

n.f. (angl. Vigilance)

État d'éveil, qui est la conséquence au plan comportemental des différents niveaux d'activités cérébrales et qui permet au sujet d'être prêt à toute stimulation ayant pour son vécu quotidien une importance particulière.

HISTOIRE DE LA NOTION DE VIGILANCE

C'est H. Head qui introduisit, en 1923, la notion de vigilance en neurologie. Il supposait que l'on pouvait définir différents états du fonctionnement nerveux, ayant chacun une certaine valeur adaptative au plan du comportement. Pour Head, la vigilance recouvre à la fois l'état fonctionnel du système nerveux et le niveau d'efficacité comportementale qui lui correspond. Il faut donc plutôt parler de « niveaux de vigilance ». Le niveau de vigilance le plus bas correspond au sommeil profond, le plus élevé à un état d'excitation extrême. Le passage d'un niveau de vigilance au niveau supérieur nécessite une activation nerveuse.

La notion de vigilance se rapporte à l'efficience physiologique générale du système nerveux (B. Cardu). À la suite de la découverte des fonctions de la formation réticulée ascendante du tronc cérébral par H. W. Magoun et G. Moruzzi, et de la formulation de la théorie de l'activation par D. O. Hebb, cette efficience peut se représenter par des décharges optimales dans les réseaux neuroniques de l'ensemble du cortex cérébral, ainsi constamment « activés », particulièrement dans les états d'éveil et d'alerte.

Contrairement à un usage fréquent en psychologie, il convient de ne pas confondre la notion de vigilance et celle d'attention. Un comportement attentif requiert, dans une situation donnée, un certain niveau de vigilance pour que la performance soit optimale ; un niveau inférieur ou supérieur entraînera une performance moins bonne.

LES TESTS PHYSIOLOGIQUES ET SUBJECTIFS

Plusieurs outils sont utilisés pour apprécier le niveau de vigilance d'un sujet à un moment donné : outre le recueil d'indices physiologiques tels que l'activité électroencéphalographique, le tonus musculaire, l'activité végétative (réaction électrodermale, rythme cardiaque...), les chercheurs emploient volontiers le test itératif d'endormissement et le questionnaire d'autoestimation de la vigilance. Le test itératif d'endormissement consiste à proposer au sujet de s'endormir à différents moments au cours de la journée ; une latence courte d'apparition du stade 1 de sommeil est l'indicateur d'une propension à dormir et donc d'un bas niveau de vigilance. Quant au questionnaire d'autoestimation de la vigilance, deux formes ont été élaborées : la « Stanford Sleepiness Scale », où le sujet estime son niveau de somnolence sur une échelle en 7 points (de très éveillé à endormissement proche), et l'échelle de Thayer, qui comporte 19 adjectifs pour lesquels le sujet doit dire s'ils correspondent plus ou moins à son état (pour chaque adjectif tel que « actif, somnolent, éveillé, tranquille, fatigué... », quatre niveaux sont proposés) et qui, après cotation, donne un niveau subjectif de vigilance.

Les tests psychologiques

Les psychologues utilisent en expérimentation plusieurs tests de vigilance, qui, contrairement à la démarche des psychophysiologistes, superposent les notions d'attention et de vigilance.

— *Le test des carrés type R. Zazzo.* C'est un test de reconnaissance qui évalue l'attention sélective et aussi le temps de réaction. Les formes à reconnaître sont des carrés agrémentés d'un trait sur leur périmètre extérieur, soit perpendiculaire au milieu d'un des quatre côtés, soit en prolongement de la diagonale d'un des quatre angles. La tâche consiste à appuyer le plus vite possible soit sur la touche « oui », soit sur la touche « non » dès que l'on a identifié le signe apparu sur l'écran, qu'un nouveau signe vient remplacer immédiatement après la réponse.

— *Le test des classements de chiffres.* C'est un test de raisonnement numérique appréciant la vigilance et la concentration intellectuelle. Il consiste à classer dans l'ordre croissant des séries de chiffres présentées sur l'écran dans un ordre aléatoire.

— *Le test du Batman.* C'est un test qui explore l'attention et le temps de réaction dans une tâche mettant en jeu la latéralisation. Il s'agit d'un bonhomme qui se présente avec un drapeau rouge dans une main, un drapeau bleu dans l'autre. Il faut reconnaître dans quelle main il tient le drapeau de la même couleur que le socle sur lequel il est placé (socle qui sera soit bleu, soit rouge). Le bonhomme se présente soit la tête en haut, de dos ou de face, soit la tête en bas, de dos ou de face.

— *Le test taches-sons.* C'est un test de charge mentale explorant à la fois l'attention, la mémoire visuelle et la mémoire auditive en situation de surcharge d'information. Le test consiste à repérer, parmi une population de N petites taches rectangulaires de dimensions et de couleurs variables apparaissant une à une à des endroits divers de l'écran, où elles subsistent (réalisant une surcharge progressive d'information), celles qui ont été précédées d'un signal composé d'un nombre variable de sons brefs. Le patient doit répondre par le clavier aux deux questions : couleur de la tache, nombre de sons du signal.

Les troubles de la vigilance

Les troubles de la vigilance apparaissent au moment de l'endormissement et pendant le sommeil, ainsi que sous l'effet de nombreuses drogues et médicaments psychotropes. Ils sont aussi la conséquence de multiples lésions du cerveau et, en particulier, des traumatismes du tronc cérébral. On distinguera des états de confusion*, d'obtusion, d'obnubilation, d'ivresse, de syncope et de coma*, pouvant aller du coma vigile au coma le plus profond avec absence totale de réactivité. J. P. et P. L.

Bibliographie

Coblentz, A., 1989, *Vigilance and Performance in Automatized Systems*, Dordrecht, Boston, Londres, Kluwer.

Davies, D., et Parasuraman, R., 1980, *The Psychology of Vigilance*, Londres, New York, Paris, Academic Press.

Mackie, R. R., 1977, *Vigilance. Theory, Operational Performance and Physiological Correlates*, New York, Londres, Plenum Press.

village (test du)

(angl. Village Test)

Test projectif dans lequel le sujet est prié de construire un village en disposant à son gré les éléments qui, selon lui, le constituent.

Imaginé par le Dr Arthus, repris et élaboré de manière plus rigoureuse par son élève le Dr Mabille, il est composé de dix-huit maisons portant une inscription révélant leur fonction sociale (épicerie, boucherie, mairie, école, gendarmerie, café, etc.), de maisons individuelles à construire, de ponts, de barrières pour animaux, de personnages. Le sujet testé doit construire le village de son choix et répondre à une série de questions portant, en particulier, sur divers aspects de ce village. L'interprétation du test du village est à la fois symbolique, s'inspirant notamment de la symbolique de l'espace en graphologie, et formelle : différents types de village sont associés à des types de personnalité. R. L.

Bibliographie

Monod, M., 1970, *Test du village, technique projective non verbale. Recherche méthodologique sur les techniques de codification du test*, Neuchâtel, Delachaux et Niestlé.

Nguyen, K.C., 1978, *la Pratique du test du village : matériel mobile*, Paris, P.U.F.

viol

n.m. (angl. Rape)

Attentat sexuel grave se caractérisant par un acte de pénétration génitale (de quelque nature qu'il soit) commis sur la personne d'autrui par violence, contrainte ou surprise.

À part certains viols de guerre, ou de rites socioreligieux, cet attentat obéit généralement aux mêmes tabous que l'acte sexuel, c'est-à-dire qu'il se déroule le plus souvent dans un lieu discret, caché, dérobé, échappant à des témoignages neutres. Cela rendra parfois difficile sa qualification et le jugement du violeur, qui relève en France de l'article 332 du Code pénal et dont les sanctions prévues sont particulièrement sévères. Le témoignage de la victime — qui peut, seule, donner à l'acte sexuel accompli au cours de l'attentat sa véritable dimension de violence et de non-consentement — a souvent été contesté, en particulier par la défense, à tel point qu'un expert psychiatre peut être désigné pour préciser la « crédibilité » de ce qui est donc à la fois plainte et témoignage. On en arrive à ce que certains considèrent comme véritablement scandaleux : c'est à la victime, parfois gravement choquée, de donner des preuves et de subir examens et interrogatoires soupçonneux et minutieux, comme dans une mise en accusation. D'où la demande de supprimer cette expertise de crédibilité soutenue par beaucoup de féministes et de psychologues, qui ne résout pas pour autant le problème des plaintes non justifiées et de leurs redoutables conséquences possibles sur celui qui aurait été ainsi faussement dénoncé (G. Benoit et C. Bardet-Giraudon, 1983).

Le viol peut être commis par un sujet normal. Mais, assez souvent, la personnalité des violeurs est caractérisée par une immaturité affective et culturelle (P. Scherrer). Leur acte est alors le signe d'une réponse de type agressif à une frustration réelle ou imaginaire sur un fond de vie affectivo-sexuelle particulièrement pauvre et/ou régie par de nombreux interdits familiaux et infantiles. Parfois, le violeur est un déséquilibré, un psychopathe, un épileptique, un alcoolique ou un véritable psychotique. Le viol peut alors s'accompagner d'homicide. Il peut rester isolé dans l'histoire du patient ou, au contraire, se reproduire d'une manière répétitive, s'accompagnant parfois de rituels (dans le registre sado-masochiste par exemple) ou prenant une allure stéréotypée.

Certains viols sont collectifs, souvent perpétrés par des bandes d'adolescents, mal organisées, sous forme de rassemblements occasionnels (P. Parrot et M. Gueneau, *les Bandes d'adolescents*, 1959). C'est un grave problème de délinquance sociale, dont la prévention reste difficile.

On ne s'est intéressé qu'assez récemment aux victimes du viol, dont le retentissement psycho-affectif peut être dramatique. Une des premières études est celle de M. Amir (1967), mettant l'accent sur les interactions entre l'auteur et la victime dans une perspective victimologique et balayant un certain nombre de préjugés trop favorables aux violeurs. Le livre de S. Brownmiller (1975) montre les conséquences graves du viol sur le plan mental et sexuel : dépressions anxieuses réactionnelles, névroses traumatiques, inhibition, frigidité et dyspareunies sont fréquentes dans les suites de cet attentat. Celles-ci peuvent être particulièrement graves pour de jeunes adolescents, en particulier lorsque le viol s'accompagne d'inceste, provoquant des névroses ou même des psychoses à l'âge adulte (D. Jehu, 1988). J. P.

→ victimologie.

BIBLIOGRAPHIE
Benoit, G., et Bardet-Giraudon, C., 1983, *le Viol*, Paris, Masson.
Brownmiller, S., 1975, *Against our Will. Men, Women and Rape*, New York, Simon and Schuster.
Jehu, D., 1988, *Beyond Sexual Abuse. Therapy with Women who were Childhood Victims*, Chichester (Sussex) et New York, J. Wiley.

violence

n.f. (angl. Violence)

Force brutale qu'un être impose à d'autres, pouvant aller jusqu'à la contrainte exercée par l'intimidation ou la terreur.

Elle est aussi représentée par toutes les conduites agressives qu'un sujet plus fort physiquement ou moralement fait subir à un plus faible : mauvais traitements (enfants maltraités), sévices sur le conjoint (femmes battues) ou même actions criminelles pouvant aller jusqu'au viol et au meurtre. Par extension, les comportements violents vont se retrouver aussi bien dans le domaine de la délinquance* que dans celui de la dangerosité*.

On sait que tout malade mental susceptible de devenir violent va être considéré comme dangereux et que sa violence, manifeste ou (plus souvent) potentielle, servira généralement d'argument pour justifier son internement.

On a pu dire aussi, en particulier dans le courant antipsychiatrique des années 1960, que les institutions et, en particulier, l'hôpital psychiatrique exerçaient une violence, une contrainte terrorisante sur les malades. Et, pour F. Basaglia comme pour D. Cooper ou R. Laing, l'asile était une des « institutions de la violence » sur lesquelles s'est fondée la société occidentale. La relation thérapeutique elle-même « n'agit-elle pas — en fait — comme une nouvelle violence, comme une relation politique tendant à l'intégration, dès lors que le psychiatre — délégué de la société — a mandat de soigner les malades par les actes thérapeutiques dont la seule signification est de les aider à s'adapter à leur condition d'objets de violence ? » (F. Basaglia).

C'est surtout dans les situations de crise que la violence peut se manifester chez les malades mentaux. Avec A. Gorceix, on peut distinguer une violence élémentaire et une violence remaniée. La première est liée aux états de déstructuration confusionnels et son traitement peut obéir à quelques règles : prescription mono- ou paucithérapeutique poursuivant le plus souvent le choix du sédatif initialement prescrit en urgence et qui est habituellement diazépam, neuroleptiques ou méprobamate, la modification se faisant secondairement et progressivement dans le service de crise. Il faudra aussi savoir compenser des situations fréquentes de manque : méprobamate chez l'alcoolique, clonazépam ou clonidine chez le toxicomane.

Dans la violence remaniée, la place des sédatifs est plus délicate et le dénouement de la crise reste au premier plan dans la conduite à tenir. Il nécessite une bonne analyse de ce dont se plaint le patient, en particulier dans ses relations avec l'entourage, dont l'intolérance ou l'agressivité sont bien souvent les inducteurs de la crise. J. P.

visage (reconnaissance du)

(angl. Face Perception)

Comportement par lequel le très jeune enfant distingue le visage d'un autre objet et un visage d'un autre visage.

La reconnaissance des visages par le très jeune enfant joue un grand rôle dans l'établissement de ses premières relations sociales : le nouveau-né est sensible à bien d'autres aspects de ses congénères (odeur, état tonique, etc.), mais les manifestations de reconnaissance visuelle sont, pour les différentes personnes de l'environnement de l'enfant, un renforcement puissant à interagir.

Dans le processus d'identification d'un visage, deux aspects peuvent être distingués : d'une part, la *catégorisation*, qui sépare les visages des autres objets, et, d'autre part, l'*individualisation*, qui distingue entre items à l'intérieur de la catégorie. L'objet « visage » constitue dès la naissance une cible visuelle très attirante, qui provoque la fixation et la poursuite. La forme du contour paraît très importante, ainsi que son orientation générale, puisqu'avant 2 mois les bébés réagissent de la même façon à un visage schématique « normal » et à une configuration ayant le même contour mais dont les éléments sont disposés au hasard (visage « bouleversé »). Certains éléments — les yeux, la bouche — doivent être présents, même schématiquement. On a fait l'hypothèse qu'il existait des mécanismes innés spécifiques au traitement des visages, dont le rôle adaptatif serait évident. Il semble actuellement qu'une interprétation en termes de fréquences spatiales, dans laquelle le visage humain est constitué de fréquences particulièrement décelables par le système visuel immature, soit davantage vérifiée par les données expérimentales utilisant divers types de stimulus. S'agissant de la distinction entre visages, elle paraît à peine moins précoce que la catégorisation puisque, lorsqu'on leur présente simultanément deux photographies, des bébés de 3 mois regardent plus la photo de leur mère que celle d'un étranger. Ici encore, le contour du visage est un aspect déterminant puisque la préférence n'apparaît pas si on neutralise cet aspect.

La distinction entre visages familiers et visages non familiers correspond à des mécanismes différents : appréhension de la configuration dans le premier cas, analyse des éléments dans le second, ce qui apparaît dans les réponses à des visages présentés dans l'orientation habituelle, ou inversés. Les études expérimentales de la perception des visages montrent donc que les capacités perceptives en ce domaine sont très précoces, même si ces stimulus sont bidimensionnels et schématiques. Si d'autres indices perceptifs (voix, mouvement, odeur, etc.) sont également disponibles, l'identification n'en est que plus facile. Toutefois, il ne faut pas conclure de l'identification perceptive à l'établissement d'une relation objectale, qui implique une possibilité de représentation de l'objet absent. M.-G. P.

BIBLIOGRAPHIE
Bruyer, R., 1987, *les Mécanismes de reconnaissance des visages*, Grenoble, Presses Universitaires de Grenoble.
Davies, G., Ellis, H., et Sheper, D. J., 1981, *Perceiving and Remembering Faces*, Londres, New York, Toronto, Academic Press.
Young, A. W., et Ellis, H., 1989, *Handbook of Research on Face Processing*, Amsterdam, New York, Oxford, North-Holland.

visibilité

n.f. (angl. Visibility)

Propriété perceptive résultant de la sensibilité différentielle du système visuel à diverses caractéristiques d'une stimulation ou des composantes de cette stimulation.

Ce terme sert à définir l'efficacité des stimulations visuelles lorsque l'on prend en compte la sensibilité du système visuel aux contrastes de luminance ou de tonalité, aux fréquences spatiales, aux fréquences temporelles, etc. « Plus visible » signifie alors « contraste apparent plus élevé », par exemple. C. B.

vision

n.f. (angl. Vision)

Distinction de différences dans le monde extérieur par les impressions sensorielles dues au rayonnement que l'œil reçoit.

Cette définition est celle de la Commission internationale de l'éclairage (C.I.E.).

Le terme de *vision*, parfois pris comme synonyme de « perception visuelle », concerne tous les aspects sensoriels de la perception relatifs à la seule modalité visuelle. (→ sensation.) L'étude de la vision commence par des aspects purement optiques permettant de connaître l'information réellement disponible au niveau de l'image rétinienne. Elle implique aussi une connaissance de la physiologie de l'œil et du système nerveux visuel et doit être complétée par des études psychophysiques.

La lumière visible est une énergie électromagnétique dont la longueur d'onde est comprise entre approximativement 400 et 700 nanomètres. Les photons sont absorbés par les récepteurs rétiniens : cônes et bâtonnets. L'énergie absorbée entraîne une décomposition des pigments de ces récepteurs et conduit à la naissance de potentiels d'action. Les récepteurs, partiellement reliés entre eux par des cellules amacrines, sont connectés à des cellules bipolaires, elles-mêmes reliées aux cellules ganglionnaires. Des liaisons, assurées par les cellules horizontales, existent entre cellules ganglionnaires. Les axones de ces dernières forment le nerf optique.

On distingue deux voies principales des fibres en provenance de la rétine. L'une, dite « rétino-mésencéphalique », conduit les fibres au colliculus supérieur. L'autre, dite « rétino-géniculo-striée », conduit les fibres d'abord aux corps genouillés latéraux puis au cortex occipital. De là, certaines projections vont vers le cortex pariétal et d'autres vers le cortex temporal.

En raison de la séparation physiologique et fonctionnelle de leurs mécanismes, on peut distinguer plusieurs fonctions séparées dans la voie géniculo-striée. (→ sensation.) La première concerne le codage des caractéristiques spatiales des stimulations visuelles et porte sur des caractéristiques comme l'orientation des contours et les fréquences spatiales ainsi que sur le traitement des différences de profondeur. Ce dernier repose sur le fait que de nombreuses cellules corticales reçoivent des afférences binoculaires et codent le degré de disparité rétinienne, base de la vision stéréoscopique. La deuxième fonction concerne le traitement des informations de couleurs. La troisième concerne le traitement des informations modulées temporellement et particulièrement le mouvement. C. B.

→ perception, sensation.

BIBLIOGRAPHIE

Buser, P., et Imbert, M., 1987, *Neurophysiologie fonctionnelle*, tome IV : *Vision*, Paris, Hermann.

De Valois, R. L., et De Valois, K. K., 1988, *Spatial Vision*, New York, Oxford, University Press.

Grossberg, S., 1987, *The Adaptative Brain*, Amsterdam, New York, Oxford, North-Holland.

Hildreth, E. C., 1984, *The Measurement of Visual Motion*, Cambridge (Mass.), Londres, M.I.T. Press.

Uttal, W. R., 1988, *On Seeing Forms*, Hillsdale, Hove, Londres, Lawrence Erlbaum.

Watt, R. J., 1988, *Visual Processing: Computational, Psychophysical and Cognitive Research*, Hove, Londres, Hillsdale, Lawrence Erlbaum.

visuo-proprioception

n.f. (angl. Visual Proprioception)

Selon J. J. Gibson, perception du déplacement du corps propre en tant qu'elle est prioritairement constituée par les informations d'origine visuelle.

L'expansion totale de l'*environnement optique* (angl. Visual Array), structuré à partir d'un point fixe, spécifie le déplacement de l'observateur dans la direction du foyer de l'expansion. En simulant cette transformation visuelle devant un observateur stationnaire, on induit chez lui une sensation trompeuse de déplacement du corps propre.

Cet effet illusoire a été étudié à l'aide du dispositif suivant. Un observateur immobile est placé dans une petite chambre mobile (vers l'avant ou vers l'arrière) mais dont le plancher est fixe et indépendant de la pièce. Lorsque cet observateur regarde le mur qui constitue le fond de la pièce, et que celle-ci se déplace vers lui, il perçoit l'expansion du champ visuel et enregistre une information spécifiant son approche du mur. Il attribue l'origine de la transformation perçue à son propre déplacement et modifie sa posture en conséquence. Ce changement postural, inadapté à la réalité, entraîne un déséquilibre qui se solde par un titubement ou une chute totale.

Le déséquilibre entraîne toujours le corps dans la direction du mouvement réel de la pièce : si le mur regardé s'éloigne de l'observateur, ce dernier tombe en avant, si le mur s'approche il tombe en arrière. Le phénomène de compensation posturale d'un déplacement illusoire du corps propre s'observe aussi bien chez l'adulte que chez le bébé, assis ou debout, sans appui. Il est d'autant plus fort que le sujet est jeune et que la vitesse de déplacement de la pièce est élevée. L'ajustement postural n'est ni volontaire ni acquis. E. V.

BIBLIOGRAPHIE

Vurpillot, E., 1972, *le Monde visuel du jeune enfant*, Paris, P.U.F.

vitesse

n.f. (angl. Speed)

Distance parcourue par unité de temps.

De nombreuses recherches (celles de J. Piaget et d'autres auteurs utilisant le même paradigme) ont étudié comment se développe chez l'enfant et l'adolescent la compréhension des relations temps-espace-vitesse. La situation type d'étude est une situation dans laquelle deux objets se déplacent sur des chemins parallèles. Une des étapes clefs de l'élaboration des concepts de temps et de vitesse est celle où l'enfant maîtrise la relation inverse temps-vitesse, à savoir moins vite = plus de temps, plus vite = moins de temps. Certains chercheurs ont également analysé le développement chez l'enfant de la compréhension des relations métriques entre les trois dimensions, temps-espace-vitesse. On peut citer par exemple les expériences où l'on a astucieusement utilisé des images d'animaux pour représenter à des enfants de 5 ans différents niveaux de vitesse : tortue, cobaye et chat. V. P.

→ temps.

vocabulaire (test du)

Test conçu par Binois et Pichot et permettant d'apprécier le niveau intellectuel des adultes, employé en psychopathologie conjointement avec le test D. 48 pour mesurer la détérioration mentale.

Le test du vocabulaire comporte 44 items. Chaque item consiste en un terme auquel le sujet doit trouver un synonyme parmi une liste de six éventualités. Chaque bonne réponse crédite d'un point. La note brute ainsi obtenue dépend beaucoup du niveau culturel du sujet. Elle résiste mieux à toutes les formes de détérioration mentale que les notes obtenues à partir de tests comme le test des dominos*. La cotation du test du vocabulaire permet d'établir une différence entre un sujet possédant le certificat d'études primaires et un sujet licencié de même âge qui a obtenu la même note brute. Le premier aura une note finale (note pondérée) plus élevée que celle du second. Le test du vocabulaire reflète le niveau actuel du sujet correspondant à son niveau antérieur le plus élevé. Si l'on possède à la fois la note obtenue par un sujet au test du vocabulaire et celle qui est obtenue au test des dominos, il est alors aisé de calculer par différence un indice de la détérioration mentale du sujet. M. R.

→ D. 48 (test).

vocalisations préverbales

(angl. Preverbal Vocalisations)

Ensemble d'activités vocales non verbales telles que cris, gazouillements, babillage, etc., observables avant les débuts du langage proprement dit.

Pendant les premières semaines, les cris sont les seules manifestations vocales du nourrisson. La complexité et la composition acoustique des autres productions changent beaucoup au cours de la première année et certains auteurs distinguent deux périodes dans cette évolution. La première, qui débute à la fin du deuxième mois, serait celle du gazouillement, la seconde serait marquée par l'apparition du babillage, appelé aussi « babil » ou « lallation ». Les enfants sourds commencent à gazouiller au même âge que les entendants et continuent à le faire jusqu'au sixième mois, mais ne babillent pas. Ces diverses activités vocales ont fonction d'expression mais aussi de communication. E. V.

→ babillage, gazouillement.

voisinage (relation de)

GÉNÉR. **Relation spatiale topologique, appelée aussi « relation de proximité ».**

Deux objets sont dits « voisins » lorsqu'ils sont proches l'un de l'autre et qu'aucun objet ne s'interpose entre eux. Le voisinage est le rapport spatial le plus élémentaire. Il joue sans doute un rôle primordial dans l'organisation d'éléments discrets en structures perceptives. E. V.

→ ordre, proximité (loi de).

volition

n.f. (angl. Volition)

Toute activité de l'homme où sa volonté joue un rôle déterminant et, par extension, toute conduite dans laquelle celui-ci se propose un dessein et engage pour l'accomplir les ressources de son savoir et de son énergie (J. Sutter).

À l'opposé des comportements instinctifs et automatiques, l'acte volontaire suppose la préexistence d'une idée, d'une réflexion et d'un engagement. Il y aurait donc d'abord conception d'un projet puis délibération intérieure (pour choisir l'action la meilleure et la plus adaptée au but recherché), décision et enfin exécution de l'action, celle-ci restant contrôlée par la conscience jusqu'à son achèvement. Ce schéma doit cependant être atténué par la présence de certains déterminismes, en particulier inconscients et sociaux, auxquels le sujet ne peut prétendre échapper, son « libre arbitre » n'étant parfois qu'une illusion. Mais cela n'empêche pas que son engagement et son acte volontaire puissent garder une véritable authenticité. Les troubles de la volonté vont se manifester dans les névroses, en particulier obsessionnelles ou psychasthéniques, sous forme d'aboulie, d'inhibition, de perte de toute spontanéité. Dans la dépression mélancolique, ils peuvent aller jusqu'à la stupeur. C'est dans certaines schizophrénies particulièrement graves qu'ils revêtent la forme du négativisme et de l'apragmatisme, conduisant le malade à la clinophilie et parfois à un état d'incurie complète. J. P.

voyage pathologique

Déplacement d'une personne sans but objectif et sans raison autre que psychopathologique.

Le voyage pathologique constitue le symptôme inaugural ou évolutif d'une pathologie neuropsychiatrique. Il se différencie des fugues réactionnelles ou délictueuses (même si ces éléments peuvent y être inclus) ainsi que des errances (où domine une dimension confusionnelle).

Certains états psycho-organiques (avec confusion et amnésie) peuvent cependant être à l'origine de voyages pathologiques : épilepsie à automatisme dit « eupraxique », traumatismes crâniens, prises de toxiques, lésions organiques. On trouve aussi des états anxieux et névrotiques (en particulier l'état crépusculaire hystérique).

Mais, le plus souvent, il s'agit d'un état morbide psychotique, maniaque ou mélancolique (avec risque d'issue suicidaire) ; de psychoses délirantes, surtout (qu'il s'agisse de fuir des persécuteurs, de rejoindre l'objet d'amour érotomaniaque, d'obéir à une intuition ou à une hallucination, ces voyages sont reliés au vécu délirant qui les sous-tend) ; de voyages de schizophrènes, enfin, qui paraissent plus incompréhensibles, obéissant à une logique obscure, imprévisible.

Les voyages d'adolescents (« la route ») sont à resituer dans leur contexte familial et culturel et ne renvoient donc pas forcément à une personnalité pathologique. F. H.

voyeurisme

n.m. (angl. Voyeurism)

Anomalie du comportement caractérisée par la recherche du plaisir sexuel en regardant ou en épiant des personnes se déshabillant ou se livrant à des activités sexuelles ou physiologiques (miction, défécation), à leur insu le plus souvent.

Cette anomalie fait partie des paraphilies. Chez certains voyeurs, le plaisir est seulement obtenu par le regard, qui reste pour eux la seule activité sexuelle. D'autres vont atteindre l'orgasme en se masturbant pendant qu'ils épient. Il faut que les impulsions sexuelles et les fantasmes d'excitation voyeuristes se poursuivent d'une manière répétitive, et pendant plus de six mois, pour que le diagnostic soit retenu (DSM III R). J. P.

vulnérabilité

n.f. (angl. Vulnerability)

En alcoologie, degré de sensibilité aux effets des boissons alcooliques.

La vulnérabilité à l'alcool varie considérablement d'un sujet à l'autre en raison de nombreux facteurs génétiques et circonstanciels. Les femmes sont, à égalité de poids et de consommation, plus vulnérables que les hommes. La vulnérabilité chez un même sujet varie au cours de sa vie : très marquée dans l'enfance, elle diminue à l'âge adulte pour augmenter de nouveau lors de la vieillesse.

La vulnérabilité varie avec les conditions physiques (le froid, la fatigue, la malnutrition, la vacuité stomacale l'augmentent ainsi que les traumatismes crâniens, l'épilepsie, la gastrectomie, etc.) ; les conditions psychiques (des facteurs émotionnels intenses [joie ou tristesse], l'anxiété, les troubles névrotiques ou psychotiques l'accroissent) ; les conditions sociales (pressions collectives lors d'ivresses rituelles ou, à l'inverse, solitude et clandestinité peuvent être des facteurs de majoration). P. F.

Vygotski (Lev Semenovitch)

Psychologue soviétique (Orcha, Biélorussie, 1896-Moscou 1934).

Originaire d'une famille juive aisée et très cultivée de Gomel, il mena à la fois des études de médecine, de droit, de philosophie, de psychologie, de langues anciennes et modernes ainsi que de littérature. Après la révolution d'octobre 1917, il fut un temps député de l'Armée rouge ; mais, surtout, il commença à développer une grande activité d'enseignement, à la fois pour les adultes ouvriers et pour les jeunes, créant à l'Institut pédagogique de Gomel un laboratoire de psychologie pour l'étude du jeune enfant. En 1924, le rapport qu'il présenta au deuxième Congrès de psycho-neurologie de Leningrad amena Kornilov, nouveau directeur de l'Institut de psychologie de Moscou, à lui proposer de venir travailler dans cet établissement. Avec A. N. Leontiev et A. R. Luria, il entreprend alors de « reformuler les théories psychologiques sur des bases marxistes » et il cherche à inventer une pédagogie adaptée à la lutte contre l'analphabétisme. En 1925, il crée un laboratoire de psychologie pour l'enfance anormale (défectologie et retard mental) et, en même temps, il contribue à la formation de pédagogues et de psychologues dans les nombreuses universités d'U.R.S.S. où il séjourne. Menant de front une intense activité d'enseignant et un important travail expérimental avec ses élèves, il élabore sa théorie historico-culturelle du psychisme. Mais, en 1934, la tuberculose, contre laquelle il lutte depuis 15 ans, s'aggrave et c'est sur son lit de mort qu'il termine son œuvre la plus connue, *Pensée et langage*, sorte de bilan à la fois de sa démarche théorique et de ses travaux expérimentaux.

Son but fut l'élaboration d'une théorie des « fonctions psychiques supérieures » grâce à la méthode génétique, conçue comme une « histoire sociale » : l'intelligence se développerait grâce à certains outils psychologiques que l'enfant trouverait, tout d'abord, dans son environnement social, parmi lesquels le langage, qui est l'outil fondamental ; ainsi, l'activité pratique serait intériorisée en activités mentales de plus en plus complexes grâce aux mots, sources de la formation des concepts. Le langage dit « égocentrique » de l'enfant, que Vygotski, contrairement à J. Piaget, considère comme ayant un caractère social et qui se transformera ensuite en langage intérieur chez l'adulte, serait un médiateur nécessaire dans le développement et le fonctionnement de la pensée.

Ce fut un homme d'une très grande culture et d'une très grande ouverture d'esprit. Ses idées ont joué un rôle important dans la réflexion théorique en psychologie et en pédagogie, même si, en U.R.S.S., ses travaux furent pendant un temps victimes de la censure comme antimarxistes et antiprolétariens. G. P.-L. B.

BIBLIOGRAPHIE

Bronckart, J. P., et alii, 1985, *Vygotsky aujourd'hui*, Neuchâtel, Delachaux et Niestlé.

W - X - Y - Z

W (facteur)

Facteur de fluidité verbale, présent dans de nombreux tests portant sur l'utilisation du langage. M. R.

→ verbal.

WAIS ou Wechsler Adult Intelligence Scale

→ Wechsler (échelles d'intelligence de).

Wallon (Henri)

Philosophe, médecin et homme politique français (Paris 1879-*id.* 1962).

La vie de Wallon

Élève à l'École normale supérieure, où il obtient l'agrégation de philosophie en 1902, il entreprend ensuite des études de médecine, qu'il achève en 1908 avec une spécialité de neurologie. L'influence des neurosciences a guidé la conception de sa thèse d'État sur *l'Enfant turbulent.* Cet ouvrage, prêt en 1914, n'a été publié qu'en 1925, après avoir subi de profonds remaniements suscités par l'expérience en pathologie cérébrale acquise durant la guerre.

Au cours des années 1930, ses responsabilités se multiplient et se diversifient. Neuropédiatre, il affirme son intérêt pour la psychologie fondamentale comme science biologique en fondant le Laboratoire de psycho-biologie de l'enfant, encore aujourd'hui axé sur cette perspective. Dans le même temps, il exerce des fonctions influentes dans les cercles d'Éducation nouvelle. Il publie plusieurs ouvrages, durant cette période, parmi lesquels *les Origines du caractère chez l'enfant* (1934). Ce livre propose une conception originale du développement social de l'enfant, où l'émotion tient la place centrale, ce qui rencontre nos hypothèses les plus modernes dans ce champ. Wallon en fait d'ailleurs l'ossature de son enseignement au Collège de France lorsque est créée pour lui, en 1937, la chaire de psychologie et éducation de l'enfant. La Seconde Guerre mondiale déclenche son engagement politique en tant que marxiste : il est secrétaire général de l'Éducation nationale, député de Paris, président de la Commission de réforme de l'enseignement en 1946. On lui doit l'expérience pilote des classes nouvelles dans les lycées et la création de la psychologie scolaire. C'est aussi durant cette période que paraissent ses plus grands livres consacrés à sa conception de l'évolutionnisme : *l'Évolution psychologique de l'enfant* (1941) et *De l'acte à la pensée* (1942), ainsi qu'à sa conception du développement cognitif : *les Origines de la pensée chez l'enfant* (1945). Enfin, préoccupé de la diffusion des connaissances, il fonde un an avant de se retirer, en 1948, la revue *Enfance,* qui reste aujourd'hui un support essentiel de publication des recherches francophones sur l'enfant.

Ces mentions suffisent pour souligner l'envergure de l'influence exercée par Wallon dans des cercles très divers de biologistes, d'éducateurs, de psychologues, de philosophes marxistes et de militants politiques.

Pourtant, l'œuvre est très méconnue et, lorsqu'elle est évoquée, c'est généralement par comparaison avec celle de J. Piaget, à laquelle elle s'oppose. Or il est possible de définir la conception du développement élaborée par Wallon en termes plus positifs. Et cela est d'autant plus important que certaines de ses idées sont non seulement très modernes mais encore heuristiques, comme celles qui concernent le développement de la communication et l'acquisition de la notion d'identité.

L'évolutionnisme de Wallon et la notion de milieu

Wallon offre une perspective intégrant l'évolutionnisme de Darwin et l'évolutionnisme sociologique marxiste. Il adhère, premier des psychologues francophones de son temps, à la grande révolution darwinienne sur la définition du milieu : le premier milieu des vivants est le milieu des autres vivants et non le milieu physique. Radicale différence avec Piaget, pour qui l'adaptation au monde physique précède l'adaptation au monde social, ce qui motive leurs plus profonds désaccords. Pour Darwin, ainsi que l'explique G. Canguilhem (1952), « le rapport biologique fondamental est un rapport de vivants à d'autres vivants [...]. Le premier milieu dans lequel vit un organisme, c'est un entourage de vivants, qui sont pour lui des ennemis ou des alliés, des proies ou des prédateurs. » Darwin pense la vie en termes d'interdépendance (cf. les écosystèmes) et, sous son influence, Wallon définit le milieu vivant comme le milieu primordial pour l'être humain. Mais la dette directe de Wallon à l'égard des options de Darwin s'arrête là.

C'est sur l'examen critique du darwinisme par les biologistes marxistes des années 1930 à 1950 que Wallon organise sa propre conception de l'évolution et, donc, de l'adaptation. Selon l'analyse marxiste, il faut marquer, pour les humains, une spécification du concept darwinien d'interdépendance entre êtres vivants. Pour la survie de l'espèce humaine, et son évolution, la solidarité est plus vitale que la compétition. Cette vision s'impose d'autant plus à Wallon qu'il considère l'immaturité biologique de l'enfant humain, longtemps incapable de subvenir seul à ses besoins essentiels (y compris les changements de posture) et sans moyens d'action sur les choses qui l'environnent : « C'est donc par des échanges interindividuels que s'ouvre sa vie, et ces rapports devancent de loin les rapports avec le monde physique. » Le milieu humain constitue de ce fait un relais initial, médiatisant les rapports du bébé avec le monde physique : c'est le premier milieu auquel le bébé humain doit s'adapter.

Wallon complète sa conception du milieu de l'homme en intégrant les analyses de Marx et d'Engels sur le rôle de la production dans le développement des sociétés humaines. La production est vue comme une caractéristique décisive de l'espèce, qui crée ainsi ses propres moyens d'existence et, par la même, son propre monde, un monde technique superposé au monde physique. Or, en agissant sur la nature en dehors de lui, l'homme se modifie lui-même : prenant en compte l'historicité du milieu humain, Wallon conçoit l'ontogenèse comme le véhicule de la psychogenèse de l'espèce. Il aboutit ainsi à considérer les conditions symboliques et idéologiques comme un milieu pour l'homme. À l'ère de la télévision et de l'informatique, plus que jamais s'impose cet élargissement de la notion de milieu. Et, on le comprend, ce milieu symbolique est lui aussi engendré par l'homme car la vie intellectuelle suppose la vie sociale. D'où cette déclaration : « Scinder l'homme de la société, c'est lui décortiquer le cerveau. »

L'émotion

Durant les premiers mois de la vie du bébé, son incapacité à effectuer aucun des actes les plus nécessaires à sa subsistance contraste avec la maturation précoce de ses manifestations affectives : les premiers signes observables de vie psychique sont émotionnels. Par l'intermédiaire des réactions qui l'expriment, l'émotion du bébé devient l'émotion de l'entourage, et inversement, sans qu'il soit besoin d'un autre motif que ces réactions elles-mêmes, car l'émotion établit une communion interindividuelle immédiate en dehors de toute relation intellectuelle. Les signaux émotionnels constituent donc un système d'expression précoce, propice à l'instauration d'un dialogue de type fusionnel. Cinquante ans plus tard, c'est en ces mêmes termes qu'on décrit les compétences sociales précoces du bébé : notamment, ses capacités d'expression et de discrimination des émotions militent en faveur de l'hypothèse wallonienne d'un système biologique de communication très précocement fonctionnel.

Les stades du développement

Dans *l'Enfant turbulent,* Wallon utilise l'étude des déficiences mentales sévères comme moyen pour rechercher les séquences par lesquelles se constitue la vie mentale. Cette utilisation de la pathologie est fondée sur l'hypothèse d'une continuité entre le développement pathologique et le développement normal, qui continue de se montrer féconde aujourd'hui. Wallon dégage ainsi une succession de stades, parmi lesquels le stade émotionnel, situé entre 3 et 9 mois, avec un apogée à 6 mois.
J. N.

Bibliographie

Jalley, E., 1981, *Wallon lecteur de Freud et Piaget : trois études suivies d'un texte de Wallon sur la psychanalyse,* Paris, Éditions sociales.
Nadel, J., et Best, F., 1980, *Wallon aujourd'hui,* Paris, Edition du Scarabée.
Tran-thong, 1969, *la Pensée pédagogique d'Henri Wallon (1879-1962),* Paris, P.U.F.
Zazzo, R., 1975, *Psychologie et marxisme : la vie et l'œuvre de Henri Wallon,* Paris, Denoël/Gonthier.

Ward-Hovland (phénomène de)

(angl. Ward-Hovland Phenomenon)

Amélioration d'une performance de rappel avec le temps. J.-F. L. N.

→ consolidation mnésique (période de), réminiscence.

Watson (John Broadus)

Psychologue américain (Greenville, Caroline du Sud, 1878-New York 1958).

Professeur à l'université Johns Hopkins de 1908 à 1920, il a été le principal théoricien du béhaviorisme : on fait généralement partir ce mouvement de son article « Psychology as the Behaviorist Views it », paru dans la *Psychological Review* en 1913. Il y exprime l'idée que la psychologie ne peut être fondée que sur l'étude du comportement et son opposition à toute forme d'introspection, y compris à celle qu'avait pratiquée l'école issue de W. Wundt. Il accorde une grande importance aux travaux de I. P. Pavlov et mène lui-même, avec sa femme Rayner, quelques travaux sur les conditionnements émotionnels. Ses principaux ouvrages sont *Behavior* (1914) et *Behaviorism* (1925). R. L.

Watzlawick (Paul)

Philosophe et psychothérapeute autrichien (Vienne 1922).

Docteur en philosophie de l'université de Venise, il acquiert ultérieurement une formation psychanalytique et psychothérapique. Il est engagé en 1962 au Mental Research Institute de Palo Alto, en Californie. Il s'est rendu célèbre par la publication de nombreux ouvrages traitant de la communication humaine normale et pathologique, des relations pathologiques, de thérapies familiales non psychanalytiques. Son livre le plus connu en France a été traduit sous le titre *Une logique de la communication* (1967 ; trad. fr. 1972). M. G.

Weber (Ernst Heinrich)

Physiologiste et anatomiste allemand (Wittenberg 1795-Leipzig 1878).

Il a travaillé à l'université de Leipzig. On lui doit la notion d'échelon différentiel. Il a établi la loi dite *loi de Weber**. En 1831, Weber vérifia pour des soupèsements de poids que le seuil différentiel relatif, aussi appelé *fraction de Weber**, était le même pour différents poids. En 1846, il généralisa ce résultat en une loi de la sensibilité connue sous son nom grâce à Fechner. C. B.

Weber (fraction de)

(angl. Weber's Fraction)

Rapport W entre le seuil différentiel (*sd*) et la valeur du stimulus étalon (S), exprimé en pourcentage.

$W = (sd/S)^* \, 100.$ C. B.

Weber (loi de) ou loi de Bouguer-Weber

(angl. Weber's Law)

Loi de la sensation selon laquelle, pour un continuum sensoriel donné, le rapport entre le seuil différentiel et la valeur de l'étalon reste constant. C. B.

Wechsler (David)

Psychologue américain d'origine roumaine (Lespedi, Roumanie, 1896 — New York 1981).

Il a été directeur de l'hôpital psychiatrique Bellevue à New York de 1932 à 1967. Son apport théorique essentiel a été marqué par le rejet d'une conception idéale de l'intelligence au profit d'une conception statistique. L'intelligence dite « normale » est définie pour lui comme la valeur centrale d'une courbe statistique (Laplace-Gauss), formée par les sommes des points obtenus par les membres d'un groupe de personnes d'un âge défini lors de la passation d'une série de tests de niveau, ou *échelle.*

Il a publié une des plus importantes batteries de tests, le *Wechsler-Bellevue Intelligence Scale* (1939), dont il a tiré d'autres échelles, notamment le *Wechsler Intelligence Scale for Children* (1949), puis le *Wechsler Adult Intelligence Scale* (1955). Il a écrit également *The Range of Human Capacities* (1955). R. L.

Wechsler (échelles d'intelligence de)

(angl. Wechsler Intelligence Scales)

D. Wechsler a établi plusieurs échelles d'intelligence largement utilisées. La première en date (*Wechsler-Bellevue Scale*) a été publiée en 1939, puis révisée en 1955 sous le titre *Wechsler Adult Intelligence Scale,* ou WAIS (échelle d'intelligence de Wechsler pour adultes). Elle comprend six épreuves verbales et cinq épreuves de performance (non verbales). Les résultats sont notés en tenant compte de l'âge des sujets (de 16 à 60 ans et plus). Elle permet d'obtenir trois Q.I. (déviation par rapport à la moyenne, sans référence à un « âge mental ») : le Q.I. global, analysé en Q.I. verbal et Q.I. performance. Wechsler a publié ultérieurement des échelles de même type adaptées à des sujets plus jeunes : l'*échelle d'intelligence de Wechsler pour enfants* (angl. Wechsler Intelligence Scale for Children, ou WISC), pour sujets de 5 à 16 ans (1949) ; l'*échelle d'intelligence de Wechsler pour la période préscolaire et primaire* (angl. Wechsler Preschool and Primary School Scale of Intelligence, ou WPPSI), pour sujets de 4 à 6 ans (1972). M. R.

Wechsler Preschool and Primary School Scale of Intelligence ou WPPSI

Échelle d'intelligence pour la période préscolaire et primaire, due à D. Wechsler, qui complète la WISC et est applicable de 4 à 6 ans.

Il en existe une version française. M. R.

→ Wechsler (échelles d'intelligence de).

Wernicke (Carl)

Neuropsychiatre allemand (Tarnowitz, Silésie, 1848-Thüringer Wald 1905).

Il a donné son nom à un type d'aphasie.

C'est à la fin de ses études de médecine, accomplies à Breslau, et de neuropsychiatrie, effectuées à Vienne dans le service de

Th. Meynert, qu'il soutient sa remarquable thèse *Das aphasische Symptomen-Complex* (le Complexe symptomatique de l'aphasie), où il décrit la forme aphasique sensorielle (due à une atteinte de la réception du langage) qui va porter son nom. Nommé ensuite professeur de neuropsychiatrie à Breslau, il va décrire une polio-encéphalopathie carentielle souvent d'origine alcoolique qui va porter également son nom associé à celui d'un ophtalmologiste lyonnais, A. Gayet (1833-1904). C'est aussi chez les alcooliques qu'il individualise une « hallucinose des buveurs », caractérisée par des hallucinations auditives chez un sujet non confus. Convaincu de l'organogenèse intégrale des maladies mentales, il va défendre un organicisme sans faille dans les trois tomes de son *Traité de psychiatrie*, paru en 1894, dont des extraits ont été traduits en français dans la *Revue de psychologie clinique* (1898-1900). C'est vraiment l'exemple de cet « organo-mécanicisme anatomo-localisateur en psychiatrie » qu'allait critiquer H. Ey, avec tant de virulence, quarante ans plus tard. J. P.

Wernicke (aire de)

(angl. Wernicke's Area)

Aire corticale située sur la face externe de l'hémisphère cérébral dominant, à la partie postérieure de la première circonvolution temporale.

La destruction de cette aire entraîne une aphasie sensorielle ou de compréhension dénommée *aphasie de Wernicke*. Le discours des patients atteints de ce type d'aphasie est phonétiquement voire grammaticalement correct, mais il est sémantiquement incohérent. G. S.

→ dominance cérébrale.

Wernicke (maladie de) ou maladie de Gayet-Wernicke

(angl. Wernicke's Encephalopathy)

Affection carentielle (avitaminose B1) pouvant survenir chez un alcoolique lourdement intoxiqué et caractérisée au point de vue anatomo-pathologique par des lésions de la substance grise autour des IIIe et IVe ventricules et des tubercules mamillaires.

Cliniquement, le début est marqué par des troubles de la conscience (obnubilation, ralentissement idéique, désorientation, somnolence), suivis de troubles de l'équilibre avec paralysies oculomotrices.

Si un traitement d'apport vitaminique et protidique n'est pas institué, l'évolution vers la cachexie et la mort est rapide. Une psychose de Korsakov* peut aussi succéder à cette encéphalopathie et devenir chronique. P. F.

Winnicott (Donald Woods)

Pédiatre et psychanalyste britannique (Plymouth 1896-Londres 1971).

Il a travaillé pendant une quarantaine d'années à partir de 1923 au Paddigton Green Childrens Hospital comme médecin pédiatre, commença une analyse personnelle dans les années 1930. Il devint en 1935 membre de la Société britannique de psychanalyse, dont il fut président de 1956 à 1959 puis de 1965 à 1968.

Il a écrit *Through Pediatrics to Psycho-Analepsis* (1957 ; trad. fr. avec adjonction d'articles ultérieurs, 1969, *De la pédiatrie à la psychanalyse*), *The Child and the Family* (1957 ; trad. fr., 1971, *l'Enfant et sa famille*), *The Child and the Outside World* (1957 ; trad. fr., 1972, *l'Enfant et le monde extérieur*), *The Maturational Processes and the Facilitating Environment* (1965 ; trad. fr., 1970, *Processus de maturation chez l'enfant*), *Playing and Reality* (1971 ; trad. fr., 1975, *Jeu et réalité : l'espace potentiel*), *Therapeutic Consultations in Child Psychiatry* (1971 ; trad. fr., 1972, *la Consultation thérapeutique et l'enfant*) et *Fragment of an Analysis* (trad. fr., 1975, *Fragment d'une analyse*).

L'intérêt de Winnicott pour la convulsion utilisée comme traitement (électrochocs), qu'il aborde dans le *British Medical Journal*, est moins connu. Il publia en 1947 une conférence qu'il avait faite devant la section médicale de la British Psychological Society. Il était très réticent, pour ainsi dire opposé, à ces traitements. Ses objections étaient que, d'une part, il n'accepterait pas de subir lui-même un tel traitement, que ce dernier attire en psychiatrie des médecins n'ayant pas la formation qui convient, qu'il nuit à l'esprit scientifique médical et que l'on peut s'en servir dans le traitement de la dépression, qui touche souvent des gens de grande valeur. Ses nombreuses interventions dans le *British Medical Journal*, en 1943, 1944, 1945 et 1947, argumentèrent sa position. Celle-ci était celle d'un psychanalyste voulant apporter une contribution nouvelle à la position psychiatrique.

Dans l'étude de ce que la psychanalyse peut apporter à la classification, il s'appuyait beaucoup sur l'œuvre de S. Freud : relation du patient à la réalité, symptôme, étiologie. Ainsi, pour lui, l'anamnèse dérive du matériel révélé au cours de la psychothérapie. Les troubles des psychonévroses, au centre desquels se trouvent l'angoisse de castration et le complexe d'Œdipe, s'inscrivent alors dans ce qu'il appelle chez Freud « l'hypothèse structurale de la personnalité ». Des concepts comme ceux du moi, du ça et de la censure, du surmoi, de qualité et de quantité des processus, l'idée de régression à des points de fixation sont par lui évoqués, de même que ce qu'il appelle l'organisation de défenses d'un degré ou d'une nature pathologiques. Il parle aussi de l'idée de dépendance, de faiblesse et de force du moi, des possibilités de décrire les cas limites et les troubles du caractère. Pour l'étude des psychoses, il se réfère à S. Ferenczi d'abord, à M. Klein ensuite.

Son souci d'une adaptation particulière de la technique psychanalytique apparaît alors. Le moi du nourrisson, dépendant d'un soutien du moi, adaptation fournie par la mère ou la figure maternelle, lui permet de développer le processus intéressant de l'absorption des éléments des soins maternels, ce qu'aussi, dans son article sur la distorsion du moi en fonction du vrai et du faux self, il étudiera comme la mère qui est suffisamment bonne et celle qui n'est pas suffisamment bonne. L'idée intéressante qu'il y développe, qu'il indique d'ailleurs comme étant une partie très importante de sa théorie, est que le vrai self ne devient que s'il est la conséquence d'une réussite répétée des réponses de la mère, soit au geste spontané du nourrisson, soit à son hallucination sensorielle, ce qui peut se dire réalisation symbolique, suivant l'expression qu'il indique comme étant celle de Mme Sechehaye. Selon lui, le geste ou l'hallucination étant rendus réels, la capacité d'utiliser un symbole suit, en est la conséquence. Ainsi, l'enfant peut jouir de sa capacité d'illusion; il a pu croire que la réalité extérieure se comportait comme par magie et d'une manière qui ne heurtait pas son omnipotence, à laquelle, de ce fait, il peut renoncer. Il peut jouer et imaginer. C'est le premier cas : les fondements de la formation symbolique se constituent. Si, entre l'objet partiel maternel et le nourrisson, ce quelque chose, quelque activité ou sensation, sépare au lieu de lier, la formation symbolique est bloquée. Ce second cas aboutit à un tableau clinique qui présente une instabilité généralisée et divers troubles, dont ceux de la nutrition; un faux self se met en place, qui se soumet par nécessité aux exigences de l'environnement, soumission et imitation en sont la spécialité. Il se peut qu'une vie personnelle existe au travers de l'imitation, que l'enfant joue un rôle, celui du vrai self, comme il le ferait s'il avait existé. Ainsi, ce faux self est une défense, défense à un défaut d'identification de la mère avec son nourrisson. Le vrai self est selon lui étroitement lié à l'idée du processus primaire, il est simplement primaire. Il dit aussi que le vrai self apparaît dès qu'il existe une quelconque organisation mentale de l'individu et qu'il n'est pas beaucoup plus que la somme de la vie sensori-motrice. Par la suite, des ruptures dans l'existence de ce vrai self, des expériences réactionnelles de faux self seront possibles ; également pourront se présenter ce à quoi il donne de l'importance chez l'enfant, les doutes quant au self. Le faux self amènera aussi des possibilités de compromis dans la conduite sociale. Ces compromis seront remis en question par l'adolescent. Cette notion de faux self a des conséquences importantes dans la pratique psychanalytique : analyse interminable car le travail se fait à partir du faux self, et, lors du passage du contact avec le vrai self du patient, la dépendance extrême qui amène l'entourage à soigner ce patient met l'analyste en position de fonctionner comme faux self. Si, par contre, le praticien comprend immédiatement ce qui est nécessaire, il y a retrait, maintien du self, régression. Le psychanalyste *maintient* (angl. Holds) et joue un rôle dans une relation où le patient est régressé et dépendant. Plus le psychanalyste accepte cette régression et y fait face, moins il est probable que le patient ait recours à une maladie d'allure régressive.

« Agression » est le terme employé par Winnicott pour l'étude de ce que nous appelons *agressivité*. Quelque chose se passe dans l'individu, qui n'entraîne pas obligatoirement des changements de comportement, quelque chose du domaine d'une fonction partielle, de l'expression primitive de la libido. Corps et idées s'enrichissent et accomplissent l'idéation, la réalisation symbolique dont il a déjà été question à propos du self. Ainsi, il y a diverses étapes de l'agressivité, à différents stades du développement : l'inquiétude, ce qui la précède, la colère. Ces étapes appartiennent au stade de la personnalité totale ; elles trouvent leurs sources dans des moments très précoces de cruauté d'avant l'intégration de la personnalité, où la pulsion trouve sa satisfaction dans la destruction. La racine de l'élément destructeur se trouve dans la pulsion libidinale primitive (le ça) ; cet élément est lié à la motricité. Cependant, quelle que soit cette qualité d'un environnement suffisamment bon, Winnicott remarque que les éléments agressifs et les éléments libidinaux ne sont pas nécessairement fusionnés. D'où cette idée d'une agressivité qui précède l'intégration du moi, intégration qui rend possible la colère devant une frustration instinctuelle et qui fait que l'expérience érotique est une expérience vécue. La thèse de Winnicott est alors que l'impulsivité et l'agressivité amènent l'enfant à rechercher un objet externe.

Aussi a-t-il introduit la notion d'*objets transitionnels*, de phénomènes transitionnels pour indiquer ce point de première possession d'un objet, à une place particulière, ni au dehors ni dedans, à la limite du dehors et du dedans ; tous ces sons, ces objets qui ne font pas partie du corps de l'enfant et qu'il ne reconnaît pas pourtant comme faisant partie de la réalité extérieure. Penser et fantasmer peuvent se rattacher à ces expériences. L'origine du symbolisme pourrait selon Winnicott se trouver sur ce chemin qui passe du subjectif à l'objectif et que traduit l'objet transitionnel. Ces objets et ces phénomènes appartiennent au domaine de l'illusion, possibilité ultérieure de l'art ou du religieux (*Jeu et réalité*).

C'est dire encore, comme il l'écrit dans *Communication et non-communication*, que l'objet est créé et non pas trouvé. Lorsque cet objet se transforme, le subjectif est perçu objectivement. Mère environnement, humaine, et mère objectale, chose, mettent en évidence pour l'enfant l'expérience d'une inconstance d'une part et d'une constance de l'autre. C'est-à-dire que l'objet peut être capable de le satisfaire même s'il reconnaît qu'il n'a pas réussi à le faire d'une façon satisfaisante. Lorsque s'effectue son développement, l'enfant dispose alors de trois modes de communication : un qui ne cessera jamais d'être silencieux, self central qui ne communique pas, inaccessible au principe de réalité, pour toujours silencieux ; un explicite, indirect, l'emploi du langage ; un intermédiaire, qui du jeu passe à la vie culturelle.

Enfin, Winnicott a analysé chez l'enfant les catégories de dépendance absolue, de dépendance relative et de voie qui mène à l'indépendance. Ces catégories reprennent les positions qui sont les siennes concernant l'évolution du moi, du self, la position maternelle qu'il appelle préoccupation maternelle primaire, le *holding*, la possibilité pour l'enfant d'être un créateur du monde où vie extérieure et vie intérieure peuvent consister en un échange continu.

Une des dernières contributions de Winnicott fut *Fear of Breakdown* (la Crainte de l'effondrement) ; il y reprend sa thèse des premiers stades du développement affectif ; *holding, handling, présentation d'objet* (angl. Object Presenting) permettent un développement qui va de l'intégration à la relation d'objet. L'angoisse, la détresse, la lutte face à ce qui ne permet pas à ce développement de se construire autrement que comme une organisation défensive, suscitent cette crainte d'un effondrement qui a déjà eu lieu, causé par cette agonie originelle que le moi ne peut faire entrer dans sa propre expérience. A. P.-P.

BIBLIOGRAPHIE

Moscovici, M., 1990, *l'Ombre de l'objet*, Paris, Éd. du Seuil.

Phillips, A., 1980, *Winnicott*, Londres, Fontana Press.

WISC ou Wechsler Intelligence Scale for Children

→ Wechsler (échelles d'intelligence de).

Witkin (Herman)

Psychologue américain (New York 1916-*id.* 1979).

L'œuvre de Witkin a commencé dans les années 1940 par des études portant sur la perception de la verticale dans l'espace. Le constat qu'il fit de l'existence d'importantes différences individuelles dans ce domaine orienta tout le reste de sa carrière vers la psychologie différentielle. Lorsque des indices visuels d'une part, proprioceptifs et intéroceptifs d'autre part sont en conflit en ce qui concerne la verticalité, certains sujets utilisent préférentiellement les premiers (sujets « dépendants du champ visuel ») et d'autres sujets les seconds (sujets « indépendants du champ visuel »). [→ dépendance-indépendance à l'égard du champ.]

Une longue série de travaux réalisés par Witkin et de nombreux élèves et collaborateurs a mis en évidence la liaison entre cette diversification interindividuelle et beaucoup d'autres se manifestant dans les domaines cognitif (« styles cognitifs »), émotionnel, social, neuropsychologique. L'indépendance à l'égard du champ fut plus tard considérée par Witkin comme une manifestation d'une certaine « différenciation » intervenant à l'échelle intra-individuelle et dans les rapports entre l'individu et son milieu. Parmi les épreuves proposées par Witkin pour évaluer l'indépendance à l'égard du champ, les plus employées sont la *baguette dans le cadre* (angl. Rod and Frame Test, ou RFT) et les *figures intriquées* (angl. Embedded Figure Test, ou EFT). [→ dépendance - indépendance à l'égard du champ.] Entre autres ouvrages, Witkin a écrit avec plusieurs collaborateurs *Psychological Differenciation : Studies of Development* (1962). M. R.

Witz

n.m. (angl. Witz)

En psychanalyse, mot d'esprit jouant sur la consonance d'un mot avec un autre et induisant un glissement de sens que l'auteur du mot d'esprit n'a pas voulu. (Le mot allemand Witz n'a pas d'équivalent en français ni en anglais.) R. L.

WPPSI

→ Wechsler Preschool and Primary School Scale of Intelligence.

Wundt (Wilhelm)

Psychologue et physiologiste allemand (Neckarau, auj. à Mannheim, 1832-Grossbothen, près de Leipzig, 1920).

Il devint professeur de physiologie à Heidelberg en 1864, fut auxiliaire de H. Helmholtz, professeur de philosophie à Zurich (1874) puis à Leipzig (1875). Il est généralement considéré comme le créateur du premier laboratoire de psychologie dans le monde (en tout cas de l'un des deux premiers, en concurrence avec W. James) aux alentours de 1876-77. Il employait à ce propos l'expression de *psychologie physiologique*.

Il s'est proposé de créer trois choses durant sa vie : une psychologie expérimentale, une métaphysique scientifique et enfin une psychologie sociale. C'est dans la première perspective qu'il a écrit *Éléments de psychologie physiologique* (1873-74), qu'il a créé en 1879 l'Institut de psychologie à Leipzig et qu'il a édité une revue de recherche, les *Philosophische Studien*. Il a réussi sa deuxième tâche en publiant une *Logique* (1880) et une *Éthique* (1886). Il avait soixante-huit ans quand il attaqua la troisième, la création d'une psychologie sociale. (→ sociale [psychologie].) C'est dans ce troisième but qu'il a publié sa *Völkerpsychologie* en dix volumes, parus entre 1900 et 1920. Il est mort la même année, quelques jours après avoir rédigé une brève autobiographie.

Le deuxième de ses objectifs a beaucoup gêné ses contemporains positivistes : créer une métaphysique scientifique était une tâche contradictoire dans les termes ; pour eux, créer une science pour remplacer la métaphysique était un signe de progrès.

glossaire anglais-français

A

abandonment *abandon*
abandonment complex *abandonnisme*
ability *aptitude, capacité*
aboulia ou abulia *aboulie*
abreaction *abréaction*
absence *absence*
absent-mindedness *distraction*
absinthe *absinthe*
abstainer *abstème, abstinent*
abstemious *abstème; abstinent, e*
abstinence *abstinence*
abstraction *abstraction*
abulic *aboulique*
acalculia *acalculie*
accommodation *accommodation*
acetylcholine *acétylcholine*
achieved status *statut acquis*
achievement *accomplissement, degré de réussite*
achievement motivation *motivation à réussir*
achievement need, need to achieve, need for achievement, N Ach *besoin de performance, besoin d'accomplissement*
achievement test *épreuve normalisée de connaissances*
achromatopsia *achromatopsie*
acmesthesia *acmesthésie*
acquired taste aversion *aversion gustative conditionnée*
acquiring the escape reflex *apprentissage d'échappement*
acquisition of language *acquisition du langage*
acrophase *acrophase*
actile period *période actile*
action *action*
action potential *potentiel d'action*
action research *recherche-action*
activated sleep *sommeil agité*
activation *activation*
active minority *minorité agissante*
activity *activité*
activity box *cage d'activité*
actogram *actogramme*
actograph *actographe*
actuarial *actuariel, elle ou actuarial, e*
acuity *acuité*
acute event *événement aigu*
adaptation *adaptation*
addiction *addiction ou assuétude*
addictive drug *drogue*
additional content *contenu additionnel*
adjustment *ajustement, régulation*
adolescence *adolescence*
adoption *adoption*
adrenergic beta-blocker *bêtabloquant*
adreno-cortico-trophic-hormone *ACTH*
adualism *adualisme*
affect *affect*
affective flattening *indifférence affective*
affective schizophrenia *psychose dysthymique*
affective symbiosis *symbiose affective*
affectivity *affectivité*
afferent system *afférence*
affiliation need, need for affiliation, N Aff *besoin d'affiliation*
affinity *affinité*
affordance *affordance*
afterbrain *myélencéphale, métencéphale*
afterdischarge *postdécharge*
after-effect *effet consécutif*
after image *image consécutive, rémanence*
age *âge*
agency *instance*
agenesis *agénésie*
agent *agent*
ageusia *agueusie*
aggression *agression*
aggressivity, aggressiveness *agressivité*
aging *vieillissement, sénescence*
agitation *agitation*
agnosia *agnosie*
agnosic *agnosique*
agonistic *agonistique*
agoraphobia *agoraphobie*
agrammatism *agrammatisme*
agraphia *agraphie*
agrypnia *agrypnie*
akinesia *akinésie*
alcoholism *alcoolisme, éthylisme*
alcohology *alcoologie*
alcoholitis *alcoolite*
alcoholopathy *alcoolopathie*
alcoholosis *alcoolose*
alert *alerte*
Alexander's scale *échelle d'Alexander*
alexia *alexie*
alexithymia *alexithymie*
alienated *aliéné*
alienist *aliéniste*
alimentary rhythms *rythmes alimentaires*
alliance *alliance*
allometric relationship *rapport allométrique*
allometry *allométrie*
alpha-adrenoceptor *récepteur alpha*
alpha rhythm *rythme alpha*
alternate-form reliability *fidélité par équivalence*
alternate-form tests *tests parallèles*
alternate function *alternance fonctionnelle*
alternation *alternance*
alternation behaviour, amér. behavior *comportements d'alternance*
alternative hypothesis *hypothèse alternative*
altruism *altruisme*
Alzheimer's disease *maladie d'Alzheimer*
amacrine cell *cellule amacrine*
ambiequal *ambiéqual, e, aux*
ambiguity *ambiguïté*
ambivalence *ambivalence*
amblyopia *amblyopie*
amimia *amimie*
amnesia *amnésie*
amodality *amodalité*
amok *amok*
amphetamine *amphétamine*
amphetamine abuse ou addiction, amphetamine dependancy *amphétaminomanie*
amplitude *amplitude*
amusia *amusie*
amygdala *amygdale*
anaclisis *étayage*
anaclitic depression *dépression anaclitique*
analgesia *analgésie*
analogy *analogie*
anal stage *stade anal*
analysis *analyse*
analysis of variance ou ANOVA *analyse de la variance*
analyzer *analyseur*
anamnesis *anamnèse*
anancastic *anancastique*
anarthria *anarthrie*
anchor effect *effet d'ancrage*
androgyny *androgynie*
anesthesia *anesthésie*
animal *animal*
animal cognition *cognition animale*
animal migration *migration animale*
animal model of mental disorders *modèle animal de pathologie mentale*
animal psychoethology *psychoéthologie animale*
animism *animisme*
anomia *anomie*
anorectic agent *anorexigène*
anorexia nervosa *anorexie*
anosmia *anosmie*
anosognosia *anosognosie*
ANOVA → analysis of variance
anterograde amnesia *amnésie antérograde, amnésie de fixation*
antibiotic *antibiotique*
anticipation *anticipation*
antidepressant *antidépresseur*
antidromic conduction *conduction antidromique*
antiepileptic *antiépileptique*
antihistaminic *antihistaminique*
antiparkinsonian drug *antiparkinsonien*
anti-psychiatry *antipsychiatrie*
antisocial *asocial, e, aux*
anxiety *angoisse, anxiété*
anxiety neurosis *névrose d'angoisse*
anxiety questionnaire *questionnaire d'anxiété*
anxiogenous *anxiogène*
anxiolytic *anxiolytique*
apgar *apgar*
aphasia *aphasie*
aphasic *aphasique*
aphemia *aphémie*
aphemic *aphème*
apparent motion ou movement *mouvement apparent*
approach gradient *gradient d'approche*
apragmatism *apragmatisme*
apraxia *apraxie*

aprosexia *aprosexie*
apsychognosy *apsychognosie*
argumentation *argumentation*
arithmomania *arithmomanie*
arousal *éveil, activation, réaction d'éveil*
arrest *inhibition*
arsonist *incendiaire*
articulation *articulation*
artificialism *artificialisme*
art-therapy *art-thérapie*
asomatognosia *asomatognosie*
assertion *assertion*
assertiveness *assertivité*
assimilation *assimilation*
association *association*
association by contiguity *association par contiguïté*
association by contrast *association par contraste*
association by similarity *association par ressemblance*
associationism *associationnisme*
associative strength *force de l'association*
assumption *hypothèse*
astasia-abasia *astasie-abasie*
astereognosis *astéréognosie*
asthenia *asthénie*
astigmatism *astigmatisme*
asylar *asilaire*
asylum *asile, asile d'aliénés*
asylum dementia *asilisme*
atavism theory *théorie de l'atavisme*
ataxia *ataxie*
athetosis *athétose*
atmosphere effect *effet d'atmosphère*
atomism *atomisme*
attachment *attachement*
attack *raptus*
attention *attention*
attention seeking *captativité*
attenuation *atténuation*
attitude *attitude*
attribute *attribut*
attribution *attribution*
A-type personality *type A (TABP)*
audiogram *audiogramme*
audiometry *audiométrie*
auditory localization *localisation auditive*
auditory nerve *nerf auditif*
augmented transition network *réseau de transition augmenté ou ATN*
authoritarian personality *personnalité autoritaire*
authoritarianism *autoritarisme*
authority *autorité*
authorization *autorisation*
autism *autisme*
autistic *autiste, autistique*
auto-erotic *autoérotique*
auto-erotism *autoérotisme*
autogenic training *training autogène*
autokinetic motion *mouvement autocinétique*
automatic *automatique*
automatic institutionalisation *placement d'office*
autonomic nervous system *système nerveux végétatif*
automatism *automatisme*
autosuggestion *autosuggestion*
autotopoagnosia *autotopoagnosie*
average *moyenne*
average deviation *écart moyen*
aversion *aversion*
avoidance *évitement*
avoidance gradient *gradient d'évitement*
avoidance learning *apprentissage d'évitement*
awakening *éveil*
awareness *conscience*
axis *axe*
axon *axone*

B

babble *babil, babillage, gazouillement, gazouillis*
backward *rétrograde*
backwardness *arriération mentale*
bad trip *mauvais voyage*
balance *équilibration*
Balint group *groupe Balint*
Ballard phenomenon *phénomène de Ballard*
ballistic gesture *geste balistique*
banging *ballant, e*
barbiturate *barbiturique*
barbiturate dependence *barbiturisme*
baroreceptor *barorécepteur*
basal ganglia *ganglions de la base*
battered child *enfant maltraité*
Bayley scales of infant development *échelles de Bayley*
behaviour, amér. behavior *comportement*
behavioural, amér. behavioral awakening *éveil comportemental*
behavioural, amér. behavioral ecology *écologie comportementale*
behavioral, angl. behavioural genetics *génétique du comportement, génétique comportementale*
behavioural, amér. behavioral repertory *répertoire comportemental*
behaviourism, amér. behaviorism *béhaviorisme*
behaviour therapy, amér. behavior therapy *thérapie comportementale*
belief *croyance*
belief-disbelief system *système de croyance/non-croyance*
benzodiazepine *benzodiazépine*
bereavement *deuil*
beta rhythm *rythme bêta*
between-brain *diencéphale*
bias *biais*
biased scanning *biais d'examen*
bilateralness *bilatéralité*
binary structure of thought *pensée par couple*
binaural *binaural, e, aux*
binaurality *binauralité*
Binet-Simon scale *échelle Binet-Simon*
binocular convergence *convergence binoculaire*
binocular rivalry *rivalité binoculaire*
binomial distribution, law, variable *distribution, loi, variable, binomiale*
biochemical code of information *code biochimique de l'information*
biogenetic law *loi de biogénétique fondamentale*
biological clock *horloge biologique*
biological marker in psychiatry *marqueur biologique en psychiatrie*
biological rhythm *rythme biologique*
biological significance *signification biologique*
biomechanical constraint *contrainte biomécanique*
bipolar *bipolaire*
bipolar factor *facteur bipolaire*
bipolar variable *variable bipolaire*
birth fantasm *fantasme de la naissance*
birth trauma *traumatisme de la naissance*
biserial correlation *corrélation bisériale*
biserial correlation coefficient *r bisérial*
bivariate distribution *distribution bivariée*
bivariate normal distribution *distribution normale bivariée*
blind *aveugle*
blindness *cécité*
blind rotation *rotation aveugle*
blob *oblong*
blood alcohol concentration ou BAC *alcoolémie*
body schema *schéma corporel*
bond *liaison*
borderline *état limite*
borderline case *cas limite*
borderline psychosis *prépsychose*
born-blind *aveugle-né*
bottom up *ascendant*
bovarism *bovarysme*
bradykinesia *bradykinésie*
bradypsychism *bradypsychie*
brain *cerveau, encéphale*
brain localization *localisation cérébrale*
brain maturation *maturation cérébrale*
brain stem *tronc cérébral*
brainstorming *brainstorming*
Bravais-Pearson correlation coefficient *coefficient de corrélation de Bravais-Pearson*
breakdown *break-down*
Brentano's optical illusions *figures de Brentano*
brief delusional and schizophreniform disorder *bouffée délirante*
brief therapy *thérapie brève*
brightness *brillance, luminosité*
Broca's area *aire de Broca*
brown sugar *brown sugar*
Brunet-Lézine scale *échelle de Brunet-Lézine*
Brunswik index *indice de Brunswik*
B-type personality *type B (TABP)*
bulb *bulbe ou bulbe rachidien*
bulimia *boulimie*
burst of sucks *train de succions*
bystander intervention *intervention du spectateur*
bystander involvement *implication du spectateur*

C

cacophagia *cacophagie*
cancerophobia *cancérophobie*
candela *candela*
cannabism ou cannabis addiction *cannabisme*
canonical analysis *analyse canonique*
canonical correlation *corrélation canonique*
capacity *compétence*
capture *capture*
cardinal points reflex *réflexe des points cardinaux*
carpentered world effect *effet d'environnements charpentés*
case *cas*
caste *caste*
castration complex *complexe de castration*
catalepsy *catalepsie*
cataplexy *cataplexie*
catastrophe theory *théorie des catastrophes*
catatonia *catatonie*
catchment area *secteur de psychiatrie/sectorisation*
catecholamine *catécholamine*
categorial thought *pensée catégorielle*
categorization *catégorisation*
categorize *catégoriser*
category *catégorie*
cathartic method *méthode cathartique*
cathexis *investissement*
cause *cause*
ceiling *plafond*
cenesthesia *cénesthésie*
censorship *censure*
centilation *centilage*
centile *centile*
central nervous system *système nerveux central*
central tendency *tendance centrale*
central value *valeur centrale*
centration *centration*
centration field *champ de centration*
centre, amér. center of gravity *centre de gravité*

centroid factor method *analyse factorielle centroïde*
cerebellar hemisphere *hémisphère cérébelleux*
cerebellar peduncle *pédoncule cérébelleux*
cerebellar syndrome *syndrome cérébelleux*
cerebellum *cervelet*
cerebral dominance *dominance cérébrale*
cerebral field *champ cérébral*
cerebral fissure *scissure cérébrale*
cerebral hemisphere *hémisphère cérébral*
cerebral localization *localisation cérébrale*
cerebral palsy *infirmité motrice cérébrale*
cerebral peduncle *pédoncule cérébral*
change measurement *mesure du changement*
character *caractère*
characterial *caractériel, elle*
characterology *caractérologie*
checking behaviour, amér. behavior *vérification*
chemoreception *chémoréception*
chemoreceptor *chémorécepteur*
child *enfant*
child guidance *guidance infantile*
child guidance clinic *centre médico-éducatif ou C.M.E.*
childhood *enfance*
child in danger *enfant en danger*
child psychiatry *pédopsychiatrie*
child psychology *psychologie de l'enfant*
chi square ou chi squared *chi carré ou chi deux* (χ^2)
choice *choix*
choice reaction time *temps de réaction de choix*
chorea *chorée*
chronaxy *chronaxie*
chronic animal *animal chronique*
chronic hallucinatory psychosis *psychose hallucinatoire chronique*
chronicity *chronicité*
chronobiology *chronobiologie*
chronometric method *méthode chronométrique*
chronopathology *chronopathologie*
chronopharmacology *chronopharmacologie*
chronopsychology *chronopsychologie*
chronoscope *chronoscope*
chronosensibility *chronosensibilité*
cinetic image *image cinétique*
cingulum *cingulum*
circadian rhythm *rythme circadien*
circularity *circularité*
circular reaction *réaction circulaire*
circumplex *circumplex*
class *classe*
classical conditional reaction *réaction conditionnelle classique*
clastic *clastique*
claustromania *claustromanie*
claustrophobia *claustrophobie*
claustrophobic *claustrophobe*
Clérambault's syndrome *automatisme mental*
client-centered *centrée sur le client*
clinic psychology *psychologie clinique*
clinophilia *clinophilie*
clonia *clonie*
closed system *système de variables*
closure *clôture, structuration perceptive*
closure law *loi de clôture*
cluster *grappe, groupement, groupe*
cluster analysis *analyse en groupes*
cluster sampling *échantillonnage par grappes*
coadaptation *coadaptation*
coalition *coalition*
coarctate *coarté, e*
cocaine *cocaïne*
cocaine addict *cocaïnomane*
cocainism *cocaïnisme*
cocainomania *cocaïnomanie*
cochlea *cochlée*
coefficient of variation *coefficient de variation*
coenesthesia *cénesthésie*
coenesthopathy *cénesthopathie*
coffee dependence, coffee addiction *caféisme*
cognition *cognition*
cognitive *cognitif, ive*
cognitive abilitie *aptitude cognitive*
cognitive dissonance *dissonance cognitive*
cognitive map *carte cognitive*
cognitive mapping *mise en carte cognitive*
cognitive psychology *psychologie cognitive*
cognitive sciences *sciences cognitives*
cognitive therapy *thérapie cognitive*
cognitivism *cognitivisme*
coherent motion *mouvement cohérent*
cohesion, cohesiveness *cohésion*
collateral sprouting *surnuméraire collatérale*
collection *collection*
collective unconscious *inconscient collectif*
colliculus *collicule*
colour, amér. color *couleur*
colourblindness *daltonisme*
Columbia mental maturity scale *échelle de maturité mentale de Columbia*
coma *coma*
combinative *combinatoire*
commensal *commensal, e, aux*
commensalism *commensalisme*
commitment *engagement*
common and unic factors *facteurs communs et uniques*
communality *communauté*
communication *communication*
communication network *réseau de communication*
community *communauté*
commutation *commutation*
comparative psychology *psychologie animale*
comparator *comparateur*
compass orientation *orientation à la boussole*
competence *compétence*
competition *compétition*
complementarity *complémentarité*
complex *complexe*
compliance *soumission*
componential *componentiel, elle*
componential analysis *analyse componentielle*
1. comprehension *compréhension*
2. comprehension *intension, inclusion*
compromise-formation *formation de compromis*
compulsion *compulsion*
concentration *concentration*
concept *concept*
concept-dependent *dépendant des représentations*
concept driven *guidé par nos concepts*
concrete intelligence *intelligence pratique*
concrete operation *opération concrète*
concurrent validity *validité concourante d'un test*
condensation *condensation*
condition *condition*
conditional *conditionnel, elle*
conditional inhibitor *inhibiteur conditionnel*
conditioned *conditionné, e*
conditioning *conditionnement*
conduct *conduite*
confabulation *confabulation*
confidence interval *intervalle de confiance*
configuration *configuration*
confinement *internement*
confirmatory factor analysis *analyse factorielle confirmatoire*
conflict *conflit*
confused *confus, e*
confusional *confusionnel, elle*
connectedness *connexité*
connection *connexion*
connexionism *connexionnisme*
connexionist *connexionniste*
conscience *conscient*
conscious *conscient, e*
consciousness *conscience*
consent *consentement*
conservation *conservation*
consistency *cohérence, consistance*
constancy of size *constance des grandeurs*
constraint *contrainte*
constructivism *constructivisme*
construct validity *validation hypothético-déductive, validité hypothéticodéductive*
content analysis *analyse de contenu*
content validity *validité de contenu*
context *contexte*
contiguity *contiguïté*
contingency table *table de contingence*
contour *contour*
contour orientation *orientation des contours*
contralateral *contralatéral, e, aux*
contrast *contraste*
contrast sensitivity function *fonction de sensibilité au contraste*
contribution *contribution*
control *contrôle*
controlled *délibéré, e*
convergent production *production convergente*
convergent thinking *pensée convergente*
convergent validity *validité convergente*
conversion hysteria *hystérie de conversion*
convulsant *convulsivant*
convulsion *convulsion*
convulsive therapy *convulsivothérapie*
cooperation *coopération*
coordination *coordination*
coordination of perspectives, coordination of viewpoints *coordination des points de vue*
coprolalia *coprolalie*
coprophagy *coprophagie*
coprophilia *coprophilie*
corollary discharge *décharge corollaire*
corpora quadrigemina *tubercules quadrijumeaux*
corpus callosum *corps calleux*
correlation *corrélation*
correlation ratio *rapport de corrélation*
correspondence analysis *analyse des correspondances*
cortex *cortex*
cortical alertness *tonus cortical*
cortical area *aire corticale*
cortical inhibitory control *frein cortical*
corticosteroid *corticostéroïde*
cortisol *cortisol*
Cosinor analysis *analyse Cosinor*
cot death *mort subite du nourrisson*
cotherapy *cothérapie*
counselling *conseil*
counter-transference *contre-transfert*
courtship *parade*
couvade *couvade*
covariance *covariance*
covert *interne*
crack *crack*
craving *état de manque*
creative thinking *pensée créative*
creativity *créativité*
cretin *crétin, e*
cretinism *crétinisme*
Creutzfeldt-Jakob disease *maladie de Creutzfeldt-Jakob*
crisis *crise*
criterion *critère*

criterion analysis, criterion rotation *analyse ou rotation critérielle*
criterion-related validity *validité relative à un certain critère*
critical flicker frequency ou CFF *papillotement*
critical period *période critique*
cross-cultural approach *approche interculturelle*
cross-modal transfer *transfert intermodal*
cross-modality matching *méthode d'égalisation intermodalitaire, égalisation intermodalitaire*
cross-section method *méthode transversale*
cross-sequential *transversal séquentiel*
cross-validation *contre-validation*
crowd *foule*
cry *cri*
crystallized intelligence *intelligence cristallisée*
cue *indice*
cultural conserve *rôle stéréotypé*
culture-free test, culture-fair test *test indépendant de la culture*
cumulative effects *effets cumulatifs*
curare *curare*
curarisation *curarisation*
curatelage *curatelle*
cybernetics *cybernétique*
cycle *cycle*
cyclothymia *cyclothymie*
cyclothymic *cyclothymique*

D

dactylology *dactylologie*
daltonism *daltonisme*
dangerosity, dangerousness *dangerosité*
dangerous alcoholic *alcoolique dangereux*
dangerous state *état dangereux*
day hospital *hôpital psychiatrique de jour*
day-nursery, day-care centre, amér. center *crèche*
deactivation *déactivation*
deafferentation *déafférentation*
deafness *surdité*
death instinct *pulsion de mort*
decalage *décalage*
decentration *décentration*
decerebrate rigidity *rigidité de décérébration*
decerebration *décérébration*
decilation *décilage*
decile *décile*
decision *décision*
decision criterion *critère de décision*
decision time *temps de décision*
decoding *décodage*
deconditioning *déconditionnement*
decussation *décussation*
deduction *déduction*
default *défaut*
defective *déficitaire*
defence *défense*
deficiency *carence, déficit fonctionnel*
definition *définition*
degeneration *dégénérescence*
degrees of freedom *degrés de liberté*
delayed conditioning *conditionnement retardé*
delayed reaction *réaction conditionnelle*
delinquency *délinquance*
delirious *confuso-onirique*
delirium tremens *delirium tremens*
delocalisation *délocalisation*
delta rhythm *rythme delta*
delusion *délire*
delusion of filiation *délire de filiation*
delusion of influence *délire d'influence*
delusion of persecution *délire de persécution*
delusion of possession *délire de possession*
delusional conviction *conviction délirante*
delusional experience *expérience délirante*
delusional imagination *délire d'imagination*
delusional revendication *délire de revendication*
dement, demented person *dément, e*
dementia *démence*
dementia praecox *démence précoce*
demonomania *démonomanie*
demonopathy *démonopathie*
demutitation *démutisation*
dendrite *dendrite*
denial *déni, dénégation*
dependence analysis *analyse de dépendance*
dependency *dépendance*
dependent variable *variable dépendante*
depersonalization *dépersonnalisation*
depolarization *dépolarisation*
depressed *déprimé, e*
depression *dépression*
depressive *dépressif, ive*
deprivation *privation*
deprivation time *temps de privation*
depth *profondeur, relief*
dereistic *déréel, elle*
derelict *abandonnique*
derival of reality *scotomisation*
derivative of the unconscious *rejeton de l'inconscient*
descriptive analysis *statistique descriptive*
desensitization *désensibilisation*
design of factor analysis *plan d'analyse factorielle*
designated patient *patient désigné*
destructuralization *déstructuration*
desynchronized EEG *E.E.G. désynchronisé*
development *développement*
development of constancies *développement des constances*
development spiral *spirale du développement*
developmental continuity *continuité développementale*
developmental dysharmonia *dysharmonie évolutive*
developmental quotient *quotient de développement ou Q.D.*
developmental retardation *retard de développement*
deviance *déviance*
deviate *déviant, e*
deviation *écart*
deviation from the mean *écart à la moyenne*
deviation score from the mean *variable centrée*
diachronic *diachronique*
diachrony *diachronie*
Diagnostic and statistical manual of mental disorders *DSM ou Manuel diagnostique et statistique des troubles mentaux*
dichoptic *dichoptique*
dichotic *dichotique*
didactics *didactique*
diencephalon *diencéphale*
differential psychology *psychologie différentielle*
differentiation *différenciation*
diffluency *diffluence*
diffusion *diffusion*
dimension *dimension*
diopter *dioptrie*
diplopia *diplopie*
dipsomania *dipsomanie*
direct approach *approche directe*
directive *directif*
disability *incapacité*
disablement *inadaptation*
disalienism *désaliénisme*
disambiguation *désambiguïsation*
disavowal *déni*
disconfirmation *disconfirmation*
discordance *discordance*
discourse *discours*
discourse analysis *analyse du discours*
discriminal dispersion *dispersion discriminative*
discriminal process *processus discriminatif*
discriminant analysis *analyse discriminante*
discriminant function *fonction discriminante*
discriminant rotation *rotation discriminante*
discriminant validity *validité discriminante*
discriminating fineness *sensibilité d'un test*
discriminating power *pouvoir discriminant ou pouvoir classant*
discrimination *discrimination*
discriminative learning *apprentissage discriminatif*
discriminative reaction time *temps de réaction discriminative*
discriminative stimulus *stimulus discriminatif*
disgust *dégoût*
dishabituation *déshabituation*
disinhibiting treatment *désinhibiteur*
disinhibition *désinhibition*
disinstitutionalization *désinstitutionnalisation*
disintoxication treatment *cure de désintoxication*
disorganized *désorganisé*
dispersion *dispersion*
displacement *déplacement*
display rule *règle spécifique d'émission*
disqualification *disqualification*
dissociation *dissociation*
dissociative *dissociatif, ive*
distance *distance*
distinctive feature *trait distinctif*
distractor *distracteur*
distress *détresse*
distributed *distribué, e*
distribution *distribution*
divergent production *production divergente*
divergent thinking *pensée divergente*
DNA, desoxyribonucleic acid *A.D.N., acide désoxyribonucléique*
docimologia *docimologie*
dogmatism *dogmatisme*
doll's eye reflex *œil de poupée*
dolorimeter *algésimètre*
dominance *dominance*
dominoes test *test des dominos*
don't hold test *test qui ne tient pas*
doodle *gribouillage*
door-in-the-face *porte-au-nez*
dopamine *dopamine*
double bind *double lien ou double bind*
Down's syndrome *mongolisme, trisomie 21, syndrome de Down*
DQ *Q.D. (quotient de développement)*
dream *rêve*
dreamy states *états de rêve, de rêverie*
drive *mobile, pulsion, tension*
drive reduction *réduction de tension*
drowsiness *somnolence*
drug *drogue*
drug addiction *toxicomanie*
drug dependence *dépendance ou pharmacodépendance*
drug habituation *accoutumance*
drunkenness *ivresse*
dual personality *dédoublement de la personnalité*
dualism *dualisme*
dummy *placebo*
dyad *dyade*
dysarthria *dysarthrie*
dysbasia *dysbasie*
dysbulia *dysboulie*

dyscalculia *dyscalculie*
dysesthesia *dysesthésie*
dysgraphia *dysgraphie*
dyskinesia *dyskinésie*
dyslexia *dyslexie*
dyslexic *dyslexique*
dysmorphophobia *dysmorphophobie*
dysorthographia *dysorthographie*
dyspareunia *dyspareunie*
dysphagia *dysphagie*
dysphasia *dysphasie*
dyspraxia *dyspraxie*
dysthymia *dysthymie*
dystonia *dystonie*

E

earliness *précocité*
early behaviour, amér. behavior *comportement précoce*
echo de pensée *écho de la pensée*
echolalia, echophrasia *écholalie*
ecmnesia *ecménésie*
eco-ethology *écoéthologie*
ecosystem *écosystème*
education *éducation*
educational factor *épreuve de connaissances scolaires*
educative help *assistance éducative*
eduction of correlate *éduction de corrélat*
eduction of relation *éduction de relation*
effect *effet*
effect of parallax *effet de parallaxe*
efferent system *efférence*
ego *ego, moi*
egocentric *égocentrique*
egocentrism *égocentrisme*
ego ideal *idéal du moi*
ego identity disorders *troubles de l'identité*
ego-involvement *engagement de soi*
ego psychology *égopsychologie*
ego splitting *clivage du moi*
eight month anxiety *angoisse du 8e mois*
elective forgetting *oubli électif*
electrocardiography *électrocardiographie*
electrodermal *électrodermal, e, aux*
electrodermal activity *activité électrodermale*
electrodermography *électrodermographie*
electroencephalography *électroencéphalographie*
electromyography *électromyographie*
electro-oculography *électro-oculographie*
electrophysiology *électrophysiologie*
electroshock *électrochoc*
eliminative reductionism *réductionnisme éliminatif*
Elpenor's syndrome *syndrome d'Elpénor*
embedded figures test ou EFT *test de figures intriquées*
embedding *encastrement*
emotion *émotion*
emotional *émotif, ve*
emotional expressivity *expression émotionnelle*
emotional stability *stabilité émotionnelle*
emotionalism *émotivité*
empathy *empathie*
empirical validity *validité empirique*
enactive representation *représentation qui porte sur des actions*
encephalopathy *encéphalopathie*
encopresis *encoprésie*
end-brain *télencéphale*
end button *bouton terminal*
endocrine glands *glandes endocrines*
endogenous, endogenic *endogène*
endogenous rhythm *rythme endogène*
endorphine *endorphine ou endomorphine*
energy *énergie*
engram *engramme*
enjoyment *jouissance*
enneachoric coefficient *coefficient ennéachorique*
enneachoric correlation coefficient *coefficient de corrélation ennéachorique*
entropy *entropie*
enuresis *énurésie*
enuretic *énurétique*
environment *environnement, milieu*
eonism *éonisme*
epidemiology *épidémiologie*
epigenesis *épigenèse*
epilepsy *comitialité, épilepsie*
epileptic *comitial, e, aux; épileptique*
epileptogenic *épileptogène*
epileptoid *glischroïde*
epileptoidic *épileptoïde*
episodic memory *mémoire épisodique*
equilibration *équilibration*
equilibrium *équilibre des structures*
equivalence reliability *fidélité par équivalence*
equivalent forms of a test *formes équivalentes d'un test*
equivalent test *test parallèle*
ereuthrophobia *éreuthrophobie*
ergograph *ergographe*
ergometer *ergomètre*
ergometry *ergométrie*
ergonomics *ergonomie*
erogenic *érogène*
Eros *Éros*
erotomania *érotomanie*
error *erreur*
error factor *facteur d'erreur*
error of estimation *erreur d'estimation*
error of measurement *erreur de mesure ou d'observation*
error of the first kind *erreur de première espèce*
error of the second kind *erreur de seconde espèce*
erythrophobia *érythrophobie*
esthesiometer *esthésiomètre*
estimation, estimate *estimation*
estimator *estimateur*
etherism *éthéromanie*
ethnocentrism *ethnocentrisme*
ethnopsychiatry *ethnopsychiatrie*
ethogenesis *éthogenèse*
ethogram *éthogramme*
ethology *éthologie*
Euler's diagram *figures de Euler*
euphoria *euphorie*
evoked potential, event-related potential *potentiel évoqué*
evolution *évolution*
evolutionary convergence *convergence évolutive*
exaltation *exaltation*
exceptionally gifted (child, person) *surdoué, e*
excitability *excitabilité*
excitation *excitation*
excitatory potential *potentiel excitatif*
exhibitionism *exhibitionnisme*
exogenous, exogenic *exogène*
exogenous rhythm *rythme exogène*
expectancy *expectation*
expectation *attente*
experience *expérience vécue*
experimental design *plan d'expérience*
experimental group *groupe expérimental*
experimental method *méthode expérimentale*
experimental neurosis *névrose expérimentale*
experimental psychology *psychologie expérimentale*
expert *expert*
expert appraisement, expertise *expertise*
exploration *exploration*
exploratory behaviour, amér. behavior *conduite d'exploration*
expressed emotion *émotion exprimée*
extensibility *extensibilité*
extension *extension*
external effect *effet d'externalité*
externality *externalité*
exteroceptive *extéroceptif, ive*
exteroceptor *extérocepteur*
extinction *extinction*
extrapyramidal system *système extrapyramidal*
extraversion-introversion *extraversion-introversion*
extrovert *extraverti, e*
eye movement *oculomotricité*
eye speech span *écart oculo-verbal*
Eysenck personality inventory ou EPI *questionnaire d'inventaire de personnalité d'Eysenck ou EPI*

F

fabrication, fabulation *fabulation*
face perception *reconnaissance du visage*
facet *facette*
facial expression *mimique*
facial feed-back *réverbération faciale*
facilitation *facilitation, frayage*
facilitative *facilitateur, trice*
factitious disorder *pathomimie*
factor *facteur*
factor analysis *analyse factorielle*
factorial design *plan factoriel*
factor measurement *mesure en facteur*
factor rotation *rotation de facteur*
factor score *note en facteur*
false self *soi artificiel*
familial placing *placement familial*
familiarization *familiarisation*
family card *carte familiale*
family myth *mythe familial*
family resemblances *air de famille*
family romance *roman familial*
family therapy *thérapie familiale*
fantastic delusion *délire fantastique*
fantasy *fantasme*
fatigue *fatigue*
faulty act *acte manqué*
fear *peur*
feature *trait*
feature detector *détecteur de caractéristiques*
feature of maturity *trait de maturité*
Fechner's law *postulat et loi de Fechner*
Fechner's scales *échelles de Fechner*
feedback *rétroaction, action de retour, feedback*
feeding *nourrissage*
feeding behaviour, amér. behavior *comportement alimentaire*
feeling of strangeness *sentiment d'étrangeté*
feigning *simulation*
femininity *féminité*
fetal development *développement fœtal*
fetishism *fétichisme*
fetishistic cross-dressing *travestissement fétichiste*
fetus *fœtus*
fiducial guarantee *garantie fiduciaire*
fiducial inference *inférence fiduciaire*
field-dependance *dépendance à l'égard du champ*
field dependence-independence *dépendance-indépendance à l'égard du champ*
field effects *effets de champ*
field-independence *indépendance à l'égard du champ*
fight or flight *combat ou fuite*
figurative *figural, e, aux; figuratif, ive*
figure/ground relationship *relations figure/fond*
filiation *filiation*

filtering *filtrage*
finalism *finalisme*
finger-thumb opposition *pince*
fitness *valeur sélective*
fixation *fixation*
fixed action pattern ou FAP *séquence stéréotypée d'actes instinctifs*
flash *flash*
flattening *rabattement*
flattening of affect *indifférence affective*
flavour *flaveur*
flexibility *flexibilité*
flexibility of closure ou Cf *souplesse de structuration perceptive, flexibilité de structuration perceptive*
flexion reflex *réflexe de flexion*
flicker *flicker*
flight of ideas *fuite des idées, tachypsychie*
flip, flip out *flipper*
flooding *immersion*
floor *plancher*
fluency *fluidité*
fluid intelligence *intelligence fluide*
focusing *focalisation*
foot-in-the-door *pied-dans-la-porte*
forced choice *choix forcé*
forced choice method *méthode du choix forcé*
forebrain *prosencéphale*
forecast *pronostic*
foreclosure *forclusion*
forgetting *oubli*
form *forme*
formal operation *opération formelle*
formal thinking *pensée formelle*
fornix *fornix*
fourfold correlation coefficient *r tétrachorique*
fourfold point correlation coefficient *r tétrachorique ponctuel*
Fourier analysis *analyse de Fourier*
Fourier transform *transformée de Fourier*
fovea *fovéa*
foveal vision *vision fovéale*
fragile person *personne à risque*
frame *frame*
frame of reference *cadre de référence*
free association method *méthode de libre association*
free-basing *prise de cocaïne base*
free nerve ending *terminaison nerveuse libre*
free service *service libre*
frequency *fréquence*
frigidity *frigidité*
frontal syndrome *syndrome frontal*
frotteurism *frotteurisme*
frustration *frustration*
fugue *fugue*
function *fonction*
functional asymmetry principle *principe d'asymétrie fonctionnelle*
functional autonomy *autonomie fonctionnelle*
functional domination *prépondérance fonctionnelle*
functional integration *intégration fonctionnelle*
functional practice *exercice fonctionnel*
functionalism *fonctionnalisme*
fundamental error *erreur fondamentale*
fundamental rule *règle fondamentale*
fuzzy *flou, e*

G

GABA *gaba ou GABA*
gain from illness *bénéfice de la maladie*
galvanic skin reflex *réflexe psychogalvanique*
game *jeu*
gamma loop *boucle gamma*
ganglion *ganglion nerveux*
gate control theory *théorie du contrôle d'entrée*
gender *sexe, genre*
gender identity *identité sexuelle*
general factor ou g *facteur général ou g*
general psychology *psychologie générale*
general systems theory *théorie générale des systèmes*
generality *généralité*
generalizability *généralisabilité*
generalization *généralisation*
generalization gradient *gradient de généralisation*
generic image *image générique*
genetic coding *codage génétique*
genetic epistemology *épistémologie génétique*
genetic psychiatry *psychiatrie génétique*
genetic psychology *psychologie génétique*
geniculate bodies *corps genouillés*
geniculated tract *faisceau géniculé*
genogram *génogramme*
genotype *génotype*
geon *géon*
geophagia *géophagie*
gerontology *gérontologie*
gerontopsychiatry *gérontopsychiatrie*
Gesell developmental schedules *inventaire ou échelle de développement de Gesell*
gestalt psychotherapy *gestaltthérapie*
gestalt theory *gestaltthéorie*
Gilles de la Tourette's syndrom *maladie de Gilles de la Tourette*
glare *éblouissement*
globalism *globalisme*
glossodynia *glossodynie*
glossolalia *glossolalie*
glue sniffing *action de respirer de la colle*
gluttony *gloutonnerie*
goal *but*
goal gradient *gradient de but*
goal oriented *orienté vers un but*
Grace Arthur performance scale *échelle de performance de Grace Arthur*
gradient *gradient*
gradient of growth *gradient de croissance*
gradient of reinforcement *gradient de renforcement*
grain *grain*
graphology *graphologie*
graphomania *graphomanie*
graphorrhea *graphorrhée*
grasping *agrippement, préhension*
grasping with the whole hand *prise digito-palmaire*
gregariousness *grégarisme*
grey matter *substance ou matière grise*
grey nucleus *noyaux gris centraux*
group *groupe*
group dynamics *dynamique des groupes*
group effect *effet de groupe*
group factor *facteur de groupe*
group scale of intellectual level *échelle collective de niveau intellectuel ou E.C.N.I.*
group test *test collectif, épreuve collective*
group therapy *thérapie de groupe*
grouping *groupement*
growth *croissance*
guidance *guidage*
Guilford-Zimmerman temperament survey *inventaire de personnalité de Guilford-Zimmerman*
gustation *gustation*
Guthrie's test *test de Guthrie*
Guttman scale *échelle hiérarchique ou échelle de Guttman*

H

habit *habitude*
habituation *habituation*
hallucination *hallucination*
hallucinogens, hallucinogenic drug *hallucinogène*
hallucinosis *hallucinose*
halo effect *effet de halo*
handicap *handicap*
handicapped *handicapé, e*
handling *handling*
handwriting learning *apprentissage de l'écriture*
haptic *tactilo-kinesthésique*
hashish *haschisch*
head *tête*
head banging *ballottement*
hearing *audition*
hebephrenia *hébéphrénie*
hebetude *hébétude*
helping alliance *alliance thérapeutique*
helping behaviour, amér. behavior *aide à autrui, comportement d'aide*
hemiplegia *hémiplégie*
heredity *hérédité*
heredity of mental illnesses *hérédité des maladies mentales*
heredoalcoholism *hérédoalcoolisme*
heredodegeneration *hérédodégénérescence*
heredosyphilis *hérédosyphilis*
heroin *héroïne*
heroin addiction *héroïnomanie*
hierarchical factor analysis *analyse factorielle hiérarchique*
hierarchy *hiérarchie*
hippocampus *hippocampe*
histogram *histogramme*
histrionism *histrionisme*
hold test *test qui tient*
holding *holding*
homeostasis *homéostasie*
home range *domaine vital*
homing *retour au gîte*
homolateral *homolatéral, e*
homology *homologie*
homophily *effet de similarité*
homoscedasticity *homoscédasticité*
horde of brothers *horde primitive*
hormonal cycle *cycle hormonal*
hormone *hormone*
hospitalism *hospitalisme*
hue *tonalité chromatique*
human ethology *éthologie humaine*
hunger *faim*
hyperesthesia *hyperesthésie*
hyperextensibility *hyperextensibilité*
hypermnesia *hypermnésie*
hyperphagia *hyperphagie*
hyperphrasia *logorrhée*
hypersomnia *hypersomnie*
hypertonic *hypertonique*
hypertony *hypertonie*
hypnagogic state *état hypnagogique*
hypnogram *hypnogramme*
hypnoidal *hypnoïde*
hypnosis *hypnose*
hypnotic *hypnotique*
hypnotism *hypnotisme*
hypochondriac *hypocondriaque*
hypochondriasis *hypocondrie*
hypoesthesia *hypoesthésie*
hypoextensibility *hypoextensibilité*
hypomania *hypomanie*
hypothalamus *hypothalamus*
hypothetical construct *concept hypothétique*
hypothetico-deductive reasoning *raisonnement hypothético-déductif*
hypotonia *hypotonie*
hypotonic *hypotonique*
hysteria *hystérie*

I

iatrogenic *iatrogène*
iatrogenicity *iatrogénie*

icon *icône*
id *ça*
ideal ego *moi idéal*
ideation *idéation*
ideational fluency *fluidité idéationnelle*
identification *identification*
identity *identité*
ideology *idéologie*
ideopraxia *idéopraxie*
idiocy *idiotie*
idiot *idiot, e*
idiotic state *idiotisme*
I. E. scale *échelle de contrôle interne/externe*
ikonic representation *structure imagée*
illuminance, illumination *éclairement lumineux*
illusion of « déjà vu » *illusion de « déjà vu »*
imagery *imagerie*
imaginary *imaginaire*
imago *imago*
imbecility *imbécillité*
imitation *imitation*
immaturity *immaturation, immaturité*
impairment *déficience*
implication *implication*
implicit theories of personality *théories implicites de personnalité*
impotence *impuissance*
impression formation *formation d'impression*
imprinting *empreinte, imprégnation*
impulsion *impulsion*
impulsiveness, impulsivity *impulsivité*
incapable major (adj.) *incapable majeur*
incentive *motivation, incitateur*
incentive motivation *incitation, motivation incitatrice*
incest *inceste*
incidental learning *apprentissage incident*
incitement *stimulation*
inclusion *inclusion*
inclusive fitness *valeur adaptative globale*
incorporation *incorporation*
increment threshold *seuil d'incrément*
independent variable *variable indépendante*
index *indicateur, indice*
induced movement *mouvement induit*
inducer *inducteur*
induction *induction*
induction factor *facteur d'induction ou facteur I*
inedia *inédie*
infant *nourrisson*
infant behaviour, amér. behavior record *feuille d'observations normalisée*
infant test *baby-test*
infantilism *infantilisme*
inference *inférence*
inferiority complex *complexe d'infériorité*
informal logic *logique naturelle*
information *information*
infraclass *infraclasse*
infraconscious *subconscient*
infraconscious *subconscient, e*
infradian rhythm *rythme infradien*
infraliminary *infraliminaire*
infralogic *infralogique*
ingroup *intra-groupe*
inheritance *héritage*
inhibition *inhibition*
inhibitor *inhibiteur*
initiality effect *effet d'initialité*
innate *inné, e*
inneism *innéisme*
inner self *soi profond et authentique*
input *entrée*
insane *aliéné, e*
insanity *aliénation mentale*
insensitiveness *inaffectivité*
insomnia *insomnie*
instability *instabilité*
instance *exemplaire*
instinct *instinct*
instinctive behaviour, amér. behavior *comportement instinctif*
institutional analysis *analyse institutionnelle*
institutional behaviour, amér. behavior *comportement institutionnel*
institutional neurosis *névrose institutionnelle*
institutional pedagogy *pédagogie institutionnelle*
institutional therapy *thérapie institutionnelle*
instruction *consigne*
instructional programme, amér. program *didacticiel*
instrumental conditioning *conditionnement instrumental*
insulin comatherapy *cure d'insuline*
integration *intégration*
integron *intégron*
intellect *intellect*
intelligence *intelligence*
intelligence quotient ou IQ *quotient d'intelligence ou Q.I.*
intensity *intensité*
intention *intention*
intentional *intentionnel, elle*
intentional learning *apprentissage intentionnel*
intentionality *intentionnalité*
interaction *interaction*
interest *intérêt*
interference *interférence*
intergroup relations *intergroupe*
interhemispheric commissures *commissures interhémisphériques*
interiorisation *intériorisation*
intermittent reinforcement *renforcement intermittent*
intermodal transfer *transfert intermodal*
internality *internalité*
interoceptive *intéroceptif, ive*
interoceptor *intérocepteur*
interpersonal attraction *attraction interpersonnelle*
interpretation *interprétation*
interpretative delusion *délire d'interprétation*
interval estimation *estimation par intervalle*
interval scale *échelle d'intervalles*
intonation *intonation*
intraclass correlation coefficient *coefficient de corrélation intraclasse*
introjection *introjection*
introspection *introspection*
introversion *introversion*
introverted, adj. ; introvert, n. *introverti, e*
intuitive thought *pensée intuitive*
invariance *invariance*
inverse factor analysis *analyse factorielle inverse*
investigation reaction *réaction d'investigation*
involution *involution*
ipsative *ipsatif, ive*
ipsilateral *ipsilatéral, e, aux*
IQ *Q.I. ou quotient d'intelligence*
irradiance *éclairement énergétique*
irritability *irritabilité*
isolation *isolement thérapeutique*
isometric *isométrique*
isometric/isotonic contraction *isométrie/isotonie*
isotonic *isotonique*
item *item*
item bank *banque d'items*

J

jacksonism *jacksonisme*
jargonaphasia *jargonaphasie*
jealousy *jalousie*
JND, just noticeable difference *échelon différentiel*
joining *affiliation*
joint *joint*
joint attention *attention conjointe*
judgment *jugement*
junkie, junky *junky, junkie*

K

Kamin effect *effet Kamin*
kicking *pédalage*
kinesis *cinèse*
kinesthesia *kinesthésie*
kinetic depth effect *effet cinétique de profondeur*
kinetic occlusion *occlusion cinétique*
kleptomania *cleptomanie*
kleptomaniac *cleptomane*
Klinefelter's syndrome *syndrome de Klinefelter*
Kohs block designs *test des cubes de Kohs*
Korsakosis *psychose ou syndrome de Korsakov*
Korte's laws *lois de Korte*
Kuder vocational preference record *inventaire des préférences professionnelles de Kuder*
Kuder-Richardson formulae *formule de Kuder-Richardson*

L

label *étiquette*
labelled association *association étiquetée*
labelled line *ligne étiquetée*
labelling theory *théorie de l'étiquetage*
lability *labilité*
lack of affectivity *inaffectivité*
lacunary *lacunaire*
landmark *repère*
Landolt circles *anneaux de Landolt*
language *langage*
language disorder *trouble du langage*
Larcebeau interest inventories *questionnaire d'intérêts de Larcebeau*
latency *latence*
latency period *période de latence*
latent *latent, e*
latent addition *addition latente*
latent class analysis *analyse en classes latentes*
latent learning *apprentissage latent*
latent structure *structure latente*
latent structure analysis *analyse en structures latentes*
latent variable *variable latente*
laterality *latéralité*
lateralization *latéralisation*
lateralized *latéralisé, e*
latin square *carré latin*
law of alternations *loi des alternances*
law of cephalo-caudal progression *loi de progression céphalo-caudale*
law of effect *loi de l'effet*
law of proximity *loi de proximité*
law of relative fixations *loi des centrations relatives*
leadership *leadership*
learned helplessness *désespoir appris, impuissance apprise, impuissance acquise*
learning *apprentissage*
lecture of experience *lecture de l'expérience*
left-handed *gaucher, ère*
left-handedness *gaucherie*
lethargy *léthargie*
leucotomy *leucotomie*
level *niveau*
level of aspiration *niveau d'aspiration*
level of expectation *niveau d'expectation*
level of explanation *niveau d'explication*
level of processing *niveau de traitement*

level of significance *seuil ou niveau de signification*
lexicon *lexique*
liability *responsabilité*
libido *libido*
life cycle *cycle de vie*
life instinct *pulsion de vie*
likeness *ressemblance*
limbic system *système limbique*
liminal *liminaire; liminal, e, aux*
linear trend *tendance linéaire*
link *arc*
lisp *zézaiement*
list *liste*
lithium *lithium*
loading *saturation*
lobe *lobe cérébral*
lobotomy *lobotomie*
localization, location *localisation*
locomotion *locomotion*
locus caeruleus *locus caeruleus*
locus niger *locus niger*
locus of control *contrôle interne vs externe*
logatom *logatome*
loneliness *isolement social perçu*
loneliness scale *échelle d'isolement*
longitudinal method *méthode longitudinale*
long-lasting potentiation *potentialisation à long terme*
long-term memory *mémoire à long terme*
looming *expansion d'un stimulus visuel*
loop *boucle*
loudness *sonie*
low-ball *amorçage*
lower-lower class *prolétariat des bidonvilles*
L.S.D. ou lysergid acid *L.S.D.*
luminance *luminance*
luminosity, amér. brightness *luminosité*
luminous flux *flux lumineux*
luminous intensity *intensité lumineuse*
lunatic *aliéné*
lunchdecrement *creux méridien ou creux postprandial*
lycanthropy *lycanthropie*

M

machiavellianism *machiavélisme*
macropsia *macropsie*
madness *folie*
magico-phenomenism *magicophénoménisme*
magic thinking *pensée magique*
magnitude estimation *estimation des grandeurs*
major incapable (n.) *incapable majeur*
major tranquillizer *tranquillisant majeur, neuroleptique*
maladjusted childhood *enfance inadaptée*
maladjustment *inadaptation*
mania *manie*
maniac *maniaque*
manic-depressive psychosis *psychose maniaco-dépressive*
manifest anxiety scale ou MAS *échelle d'anxiété manifeste*
MAOI *IMAO*
Marchiafava-Bignami disease *maladie de Marchiafava-Bignami*
marginal *marginal, e, aux*
marijuana *marihuana ou marijuana*
marital therapy *thérapie de couple*
marked *marqué, e*
Marlowe-Crowne social desirability scale *échelle de désirabilité sociale de Marlowe-Crowne*
masculinity-femininity scale *échelle de masculinité-féminité*
masking *masquage*
masochism *masochisme*
massed learning *apprentissage massé*
masturbation *masturbation*
matching *appariement*
materialism *matérialisme*
materning *maternage*
maturation *maturation*
maze *labyrinthe*
mean *moyenne*
meaning *sens, signification*
means-end *moyens-but*
measurement *mesure*
mechanical factor *facteur mécanique*
median *médian*
median deviation *écart médian, écart probable*
mediated *médiat, e*
mediator *médiateur*
medico-psychological centre, amér. center *centre médico-psychologique ou C.M.P.*
medico-psychological examination *examen médico-psychologique*
medullary brain *myélencéphale*
megalomania *mégalomanie*
megalomaniac *mégalomaniaque*
megalomanic delusion *délire de grandeur*
melancholia *mélancolie*
melancholic *mélancolique*
membership *adhésion, appartenance*
memory *mémoire*
memory consolidation period *période de consolidation mnésique*
memory factor *facteur mémoire ou facteur M*
memory trace *trace mnésique ou trace*
memory transfer *transfert de mémoire*
menotaxy *ménotaxie*
mental age *âge mental*
mental block *blocage*
mental confusion *confusion mentale*
mental contagion *contagion mentale*
mental defect *déficit intellectuel*
mental deficiency *débilité, déficience mentale*
mental deficient *débile*
mental deterioration *détérioration mentale*
mental energy *énergie mentale*
mental handicap *handicap mental*
mental health *santé mentale*
mental hygiene *hygiène mentale*
mental illness *maladie mentale*
mental image *image ou image mentale*
mental imbalance *déséquilibre*
mental impairment *déficience mentale*
mental load *charge mentale*
mental process *activité intellectuelle*
mental representation *représentation mentale*
mental retardation, mental deficiency *arriération mentale*
mental scale *échelle mentale*
mentism *mentisme*
mericysm *méricysme*
meridian trough *creux postprandial ou creux méridien*
mescalin *mescaline*
mesencephalon *mésencéphale*
mesopic *mésopique*
mesor *mésor*
message *message*
meta-knowledge *métaconnaissance*
meta-language *métalangage*
metamorphopsia *métamorphopsie*
metaphor *métaphore*
metencephalon *métencéphale*
method *méthode*
method of anticipation *méthode d'anticipation*
micro-electrode *microélectrode*
micrographia *micrographie*
micropsia *micropsie*
microtremor *micronystagmus*
midbrain *mésencéphale*
milieu *milieu*
mimicry *mimétisme*
mind altering (drug) *psychotrope*
mind-expanding (drug) *hallucinogène*
minimal brain dysfunction *dysfonctionnement cérébral minimal, désordre cérébral mineur*
minor tranquillizer *tranquillisant mineur*
mirror image *image en miroir*
mirror self-image *hallucination spéculaire*
mirror stage *stade du miroir*
misidentification *fausse reconnaissance*
mnemic decay *déclin mnésique*
mnemic store *magasin mnésique*
mnemotaxis *mnémotaxie*
mobbing *mobbing*
modal *modal, e, aux*
modality *modalité*
mode *mode*
1. model *leurre*
2. model *modèle*
modelling, amér. modeling *modelage*
mongolism *mongolisme*
mono-ideism *monoïdéisme*
monomania *monomanie*
monomaniac *monomaniaque*
monopolar *monopolaire, unipolaire*
monotonic *monotone*
mood *humeur, thymie*
mood stabilizer *thymorégulateur*
moral insanity *folie morale*
moral therapy *traitement moral*
morningness-eveningness scale *échelle de matinalité-vespéralité*
Moro reflex *réflexe de Moro*
morphine *morphine*
morphine addiction, morphinomania *morphinomanie*
mosaic test *test mosaïque de R. Gille*
motion after-effect *mouvement consécutif*
motion parallax *parallaxe de mouvement*
motivation *motivation*
motor development *développement moteur*
motor function *motricité*
motor plate *plaque motrice*
motor programme, amér. program *programme moteur*
motor scale *échelle motrice*
motor type classification *classement en moteur type*
motor unit *unité motrice*
mourning *deuil*
movement *mouvement*
MPTP *M.P.T.P. ou métyl-phényl-tétrahydropiridine*
multidimensional space *espace multidimensionnel*
multifactor inheritance *hérédité multifactorielle*
multi-infarct-dementia, MID *démence vasculaire*
multiphasic *multiphasique*
multiple addiction, multiple drug abuse *polytoxicomanie*
multiple birth *naissances multiples*
multiple choice *choix multiple*
multiple choice test *questionnaire à choix multiple ou Q.C.M.*
multiple correlation *corrélation multiple*
multiple correlation coefficient *coefficient de corrélation multiple R*
multiple-factor *multifactoriel, elle*
multiple-factor analysis *analyse multifactorielle*
multiple personality disorder *personnalité multiple*
multitrait-multimethod matrices *matrices de corrélations multitraits-multiméthodes*
multitrait-multimethod matrix *matrice multitraits-multiméthodes*
multivariate distribution *distribution multivariée*
Munchhausen's syndrome *syndrome de Münchhausen*
muscle *muscle*
muscle spindle *fuseau neuro-musculaire*
musicotherapy *musicothérapie*

mussitation *mussitation*
mutism *mutisme*
mutualism *symbiose*
myelencephalon *myélencéphale*
myelin *myéline*
myelinisation *myélinisation*
mystic delusion *délire mystique*
mythomania *mythomanie*

N

N Ach → achievement need, need for achievement
nap *sieste*
narcissism *narcissisme*
narcissistic type *type narcissique*
narcoanalysis *narcoanalyse*
narcolepsy *narcolepsie*
narcotherapy *narcothérapie*
narcotic *narcotique, stupéfiant*
nativism *nativisme*
natural *naturel, elle*
natural logic *logique naturelle*
need *besoin*
need for achievement score ou N Ach Score *score du besoin d'accomplissement*
need for approval *besoin d'approbation sociale*
need for punishment *besoin de punition*
negation *dénégation, négation*
negative reinforcer *renforçateur négatif*
negativism *négativisme*
negotiation *négociation*
neo-associationism *néoassociationnisme*
neo-connectionism *néoconnexionnisme*
neojacksonism *néojacksonisme*
neologism *néologisme*
neonate *nouveau-né*
neonatology *néonatologie*
neotic *néotique*
nerve *nerf*
nerve conduction *conduction nerveuse*
nerve degeneration *dégénérescence nerveuse*
nerve ending *terminaison nerveuse*
nerve fibre, amér. fiber *fibre nerveuse*
nerve growth factor *facteur de croissance nerveux ou NGF*
nerve impulse *influx nerveux*
nerve regeneration *régénération nerveuse*
nerve sprouting *bourgeonnement nerveux*
nervous message *message nerveux*
nervous plasticity *plasticité nerveuse*
nervous programme, amér. program *programme nerveux*
nested sets *ensembles emboîtés*
network *réseau*
neural encoding of information *codage nerveux de l'information*
neural network *réseau neuromimétique, réseau de neurones formels*
neural noise *bruit neural*
neurasthenia *neurasthénie*
neurasthenic *neurasthénique*
neuroendocrinology *neuro-endocrinologie*
neuroethology *neuroéthologie*
neuroglia *névroglie*
neuroleptic *neuroleptique*
neurolinguistics *neurolinguistique*
neuron, neurone *neurone*
neuronal network *réseau neuronique*
neuropathy *névropathie*
neuropeptide *neuropeptide*
neuropharmacology *neuropharmacologie*
neurophysiology *neurophysiologie*
neuropsychiatry *neuropsychiatrie*
neuropsychoimmunology *neuropsycho-immunologie*
neuropsychology *neuropsychologie*
neuroscience *neuroscience*
neurosis *névrose*
neurotic *névrosé, e, névrotique*
neurotic decompensation *décompensation névrotique*
neuroticism *névrosisme*
neurotransmitter *neuromédiateur, neurotransmetteur*
neutral *neutre*
new born child *nouveau-né*
new metric intelligence scale *N.E.M.I. ou nouvelle échelle métrique de l'intelligence*
nicotinism *tabagisme*
night terrors *terreurs nocturnes*
nociceptive *nociceptif, ive*
nociceptor *algorécepteur, nocicepteur*
node *nœud*
noegenetic law *loi noégénétique*
noise *bruit*
nominal categorization *catégorisation nominale*
nominal scale *échelle nominale*
nondirective *non-directif, ive*
nondirective interview *entretien non-directif*
nondirective technique *non-directivité*
non-parametric test *test non-paramétrique*
non-restraint *non-restraint*
nonsense word *mot sans signification*
nonverbal scale *échelle non verbale*
nonverbal test *test non verbal*
non-word *non-mot*
norm *norme*
normal law *loi normale ou loi de Laplace-Gauss*
normal variable *variable normale*
normality *normalité*
normalization *normalisation*
nosologia *nosologie*
nosology *nosographie*
notable *notable*
novelty *nouveauté*
novelty reaction *réaction à la nouveauté*
null hypothesis *hypothèse nulle*
number *nombre*
number test *test numérique*
numerical ability *aptitude numérique*
nycthemer *nycthémère*
nymphomania *nymphomanie*
nystagmus *nystagmus*

O

obedience *obéissance*
object *objet*
objectivation *objectivation*
objectivism *objectivisme*
object presenting *présentation d'objet*
oblique factor *facteur oblique*
obnubilation *obnubilation*
observation *observation*
observational learning *apprentissage par observation*
obsession *obsession*
obsessional *obsessionnel, elle; obsidional, e*
obsessional neurosis *névrose obsessionnelle*
obsessional ritual *rite obsessionnel*
obstruction *obstruction, barrage*
obverse factor analysis *analyse factorielle obverse*
occupational psychology *psychologie du travail*
ocular fixation *fixation oculaire*
oculomotor activity *activité oculomotrice*
odd-even *pair-impair*
odour, amér. odor sensitivity *olfaction*
Œdipus complex *complexe d'Œdipe*
old age *vieillesse*
olfaction *olfaction*
olfactory receptor *récepteur olfactif*
oligophrenia *oligophrénie*
oneiroid *oniroïde*
one-sided ou one-tailed test *épreuve ou test de signification unilatérale*
one-trial learning *apprentissage en un essai*
onirism *onirisme*
on-off fibre, amér. fiber *fibre on-off*
ontogenetic adjustment *ajustement ontogénétique*
ontogeny, ontogenesis *ontogenèse*
open door *porte ouverte*
operant conditioning *conditionnement opérant*
operation *opération*
operational *opératoire*
operational definition *définition opérationnelle*
operational theory *théorie opératoire*
operationalization *opérationnalisation*
operationism *opérationnalisme ou opérationnisme*
operative *opératif, ive*
operatively removed human fetuses survival *fœtus en état de survie prolongée*
opiate *opiacé*
opiate addiction *opiomanie*
opinion *opinion*
opium *opium*
optic array *flux visuel*
optic chiasm *chiasma optique*
optic nerve *nerf optique*
optical texture *texture optique*
optical tunnel *tunnel optique*
oral reflex *ouverture de la bouche*
oral stage *stade oral*
order *ordre*
order effect *effet de position*
ordinal scale *échelle ordinale*
ordination *ordination*
organ of Corti *organe de Corti*
organized state cycles *cycles d'états*
organogenesis *organogenèse*
orientation *orientation*
orienting response *réaction d'orientation*
orthogonal factors *facteurs orthogonaux*
orthophony *orthophonie*
other *autre*
out of the body-experience *expérience de hors-corps*
outgroup *hors-groupe*
outpatients' department *dispensaire*
overachiever *surréalisateur, trice*
overdose *overdose*
overlearning overtraining *surapprentissage*
overpopulation effect *effet de masse*
overt *manifeste*
own body *corps propre*

P

pacemaker *oscillateur*
pain *douleur*
pain in the tongue *glossodynie*
pain relieving *antalgique*
paired *apparié*
paired associates *paires associées*
paired comparison *comparaison par paires*
pairing *appariement*
palilalia *palilalie*
panaddiction *polytoxicomanie*
panel *panel*
panel design, panel study *étude sur panel*
panic attack *attaque de panique*
paper-and-pencil test *test papier-crayon*
Papez' circuit *circuit de Papez*
parabolic *parabolique*
paradigm *paradigme*
paradigmatic *paradigmatique*
paradoxical intention *injonction paradoxale*
paradoxical sleep *sommeil paradoxal*
paraesthesia *paresthésie*
parallel distributed processing ou PDP *traitement parallèle réparti*
paramnesia *paramnésie*
paranoia *paranoïa*

paranoid *paranoïaque, paranoïde*
paraphasia *paraphasie*
paraphilia *paraphilie*
paraphrenia *paraphrénie*
parental authority *autorité parentale*
parietal lobe *lobe pariétal*
Parkinson's disease *maladie de Parkinson*
partial correlation coefficient *coefficient de corrélation partielle* $r_{xy.z}$
partial regression coefficient *coefficient de régression partielle*
participation *participation*
partile *quantile*
partile division *interquantile*
Passalong *Passalong*
path analysis *analyse des (ou en) pistes causales, analyse de parcours*
path coefficient *coefficient de piste*
path diagram *diagramme de pistes causales*
pathological rationalism *rationalisme morbide*
pathomimesus *pathomimie*
patient *patient*
pattern *modèle, pattern, profil*
pattern matching *appariement*
pavlovian *pavlovien, enne*
pavor nocturnus *terreurs nocturnes*
pedagogy *pédagogie*
pedigree *pedigree*
pedophilia *pédophilie*
peduncular hallucinosis *hallucinose pédonculaire*
peer group *groupe de pairs*
peptide *peptide*
percentile *percentile*
percept *percept*
perception *perception*
perceptron *perceptron*
perceptual activity *activité perceptive*
perceptual constancy *constance perceptive*
perceptual development *développement perceptif*
perceptual organization *organisation perceptive*
perceptual span *écart oculoverbal*
perforant path *faisceau perforant*
performance *performance*
performance scale *échelle de performance*
performance test *test de performance*
perinatal period *période périnatale*
period *période d'un rythme*
period of grace *période de grâce*
periodic syndrome *syndrome périodique*
peripheral nervous system *système nerveux périphérique*
peripheral vision *vision périphérique*
permanent-object *permanence de l'objet*
perseveration *persévération*
persistence *persistance*
person born blind *aveugle-né*
personal equation *équation personnelle*
personalism *personnalisme*
personality *personnalité*
personality inquiry *enquête de personnalité*
personality sphere *sphère de personnalité*
perspective *perspective*
perspective taking coordination *coordination des perspectives*
perverse *pervers, e*
perversion *perversion*
perversity, perverseness *perversité*
peyotl *peyotl*
phallic stage *stade phallique*
phallus *phallus*
phantasy *fantasme*
phantom limb *membre fantôme*
pharmacomania *pharmacomanie*
pharmacopsychology *pharmacopsychologie*
phase *phase, phase d'un rythme*
phase-shift *décalage de phase*
phasic activity of sleep *activité phasique du sommeil*
phenobarbital *phénobarbital*
phenotype *phénotype*
pheromone *phéromone*
phobia *phobie*
phone *phone*
photokinesis *photocinèse*
photometry *photométrie*
photopic *photopique*
photopsia *photopsie*
photosensibility *photosensibilité*
phrenology *phrénologie*
phylogenesis *phylogenèse*
physiological index *indice physiologique*
piagetian scales *échelles de développement de la pensée logique*
piagetian task *épreuve piagétienne, épreuve de la pensée logique*
pica *pica*
Pick's disease *maladie de Pick*
pictorial representation *dessin enfantin*
pitch *hauteur*
pithiaticism *pithiatisme*
pituitary gland *hypophyse*
placebo *placebo*
place learning *apprentissage locatif*
plan *plan*
1. planned change *intervention psychosociologique*
2. planned change *changement volontaire*
Plateau's method *méthode de Plateau*
play *jeu*
play-therapy *jeu en thérapie*
pleasure principle *principe de plaisir*
pneumograph *pneumographie*
point biserial correlation coefficient *r bisérial ponctuel*
point correlation *corrélation ponctuelle*
point estimation *estimation ponctuelle*
pointillism *pointillisme*
polarization *polarisation*
political psychology *psychologie politique*
polyethism *polyéthisme*
polygraphy *polygraphie*
polyhandicapped *polyhandicapé, e*
polymorphism *polymorphisme*
poorly lateralized *sujet mal latéralisé*
population *population*
positive connotation *connotation positive*
postconcussion syndrome *syndrome postcommotionnel*
postpartum psychosis *psychose puerpérale*
post-synaptic potential *potentiel postsynaptique*
post-traumatic epilepsy *épilepsie post-traumatique*
posture *positionnement, posture*
potential *potentiel*
potomania *potomanie*
power *pouvoir*
practical group of displacement *groupe pratique des déplacements*
pragmatics *pragmatique*
praxia *praxie*
pre-causality *précausalité*
precocity *précocité*
preconcept *préconcept*
pre-conditioning *préconditionnement*
preconscious *préconscient*
predicate *prédicat*
predication *prédication*
prediction *prédiction, pronostic*
predictive validity *validité prédictive*
predictor *prédicteur*
preferendum *preferendum*
preferential-looking method *méthode des préférences*
preformation *préformation*
pregnance *Prägnanz, prégnance*
prejudice *préjugé*
pre-learning *préapprentissage*
prematurity, prematureness *prématurité*
preoedipal *préœdipien, enne*
preoperatory period *période préopératoire*
preparatory *préparatoire*
pre-perceptive *préperceptif, ive*
prepsychotic *prépsychotique*
presbyopia *presbytie*
presbyophrenia *presbyophrénie*
presenescence *présénescence*
pressure to uniformity *pression à l'uniformité*
preterm infant, premature baby *prématuré, e*
prevention *prévention*
preverbal period *période préverbale*
preverbal vocalisation *vocalisation préverbale*
primacy *primauté*
primal scene *scène primitive ou scène originaire*
primal scream *cri primal*
primary *primaire*
primary factor *facteur primaire*
primary mental ability *aptitude mentale primaire*
primary reinforcement *renforcement primaire*
prime *amorce*
priming *amorçage*
primitive *primitive*
primitive reflex *réflexe archaïque*
principal components analysis *analyse en composantes principales*
principle of constance *principe de constance*
principle of reality *principe de réalité*
prison psychosis *psychose carcérale*
prisoner's dilemma game *dilemme des prisonniers*
proactive *proactif, ive*
probabilities learning *apprentissage de probabilités*
problems box *boîte à problèmes*
procedure *procédure*
process *processus*
processing *traitement*
procrastination *procrastination*
procrustean rotation *rotation procustéenne*
product moment correlation coefficient *coefficient de corrélation linéaire*
profile *pattern, esquisse*
progressive matrices ou PM 38 *test des matrices progressives*
projection *projection*
projective line *droite projective*
projective test *test projectif*
propaganda *propagande*
propagation *propagation*
proportionality *proportionnalité*
proposition *proposition*
propositional attitude *attitude propositionnelle*
proprioception *proprioception*
proprioceptive *proprioceptif, ive*
proprioceptor *propriocepteur*
prosencephalon *prosencéphale*
prosopagnosia *prosopagnosie*
protein *protéine*
protein synthesis *synthèse protéique*
protocol *protocole*
prototype *prototype*
proximal stimulus *stimulus proximal visuel*
proxy *mandataire*
pseudo-bulbar syndrome *syndrome pseudobulbaire*
pseudo-hostility *pseudohostilité*
pseudomutuality *pseudomutualité*
pseudophobia *pseudophobie*
psychasthenia *psychasthénie*
psychedelic *psychédélique*
psychiatric aftercare *postcure*
psychiatric emergency *urgence psychiatrique*
psychiatric hospital *hôpital psychiatrique*
psychiatry *psychiatrie*

psychic apparatus *appareil psychique*
psychic automatism *automatisme psychique*
psychic failure *défaillance psychique*
psychic pain *douleur morale*
psychic pregnancy *grossesse nerveuse*
psychic recovery *guérison psychique*
psychical conflict *conflit psychique*
psychism *psychisme*
psychoanalysis *psychanalyse*
psychoanalytic technique *technique psychanalytique*
psychodrama *psychodrame*
psychogenesis *psychogenèse*
psycholinguistics *psycholinguistique*
psychological reactance *réactance psychologique*
psychological rhythm *rythme psychologique*
psychologization *psychologisation*
psychology *psychologie*
psychology of masses *psychologie des masses*
psychology of religion *psychologie de la religion*
psychometrics *psychométrie*
psychomotility *psychomotricité*
psychomotor *psychomoteur, trice*
psychomotor development *développement psychomoteur*
psychoneurosis *psychonévrose*
psychopathic personality *personnalité psychopathique*
psychopathology *psychopathologie*
psychopathy *psychopathie*
psychopharmacology *psychopharmacologie*
psychophysics *psychophysique*
psychophysiology *psychophysiologie*
psychosensory *psychosensoriel, elle*
psychosis *psychose*
psychosociology *psychosociologie*
psychosomatic *psychosomatique*
psychosurgery *psychochirurgie*
psychotechnics *psychotechnique*
psychotherapy *psychothérapie*
psychotic *psychotique*
psychotism *psychotisme*
psychotonic *psychotonique*
psychotropic drug *psychotrope*
puberty *puberté*
punishment *punition*
purposive *intentionnel*
purposiveness *intentionnalité*
pyromania *pyromanie*

Q

quantification *quantification*
quantile *quantile*
quartile *quartile*
quartile deviation *écart (ou intervalle) interquartile*
quasi-need *quasi-besoin*
querulousness *quérulence*
quiet sleep *sommeil calme*
quota sampling *échantillonnage par quotas*

R

racism *racisme*
radex *radex*
radiance *luminance énergétique*
radiant flux *flux énergétique*
radiant intensity *intensité énergétique*
random error *erreur aléatoire*
randomization *variation aléatoire*
random sampling *échantillonnage au hasard*
range *étendue, marge, registre*
rape *viol*
rapid eye movement *mouvement oculaire rapide*
rapid eye movement sleep *sommeil à mouvements oculaires rapides, sommeil paradoxal*
rating scale *échelle d'évaluation, d'estimation*
ratio *indice*
ratio estimation *estimation des rapports*
ratio scale *échelle de rapport*
rational *rationnel, elle*
rationalization *rationalisation*
reaching *approche manuelle*
reaction *réaction*
reaction-formation *formation réactionnelle*
reaction potential *potentiel de réaction*
reaction psychosis *psychose réactionnelle*
reaction time *temps de réaction*
reactive psychosis *psychose réactionnelle*
reading *lecture*
reading acquisition *apprentissage de la lecture*
realism *réalisme*
reality *réel*
reasoning *raisonnement*
recall/recognition *rappel/reconnaissance*
receiver operating characteristic (curve) *courbe ROC*
recency effect *effet de récence*
receptive field *champ récepteur*
receptor *récepteur*
reciprocal interweaving *entrelacement réciproque*
recognition *reconnaissance*
recollection *recherche en mémoire*
recreational drug user *usager récréatif*
recruitment *réponse recrutante*
recursive *récursif, ive*
reductionism *réductionnisme*
reference *référence*
reference group *groupe de référence*
referent *référent*
reflex *réflexe*
reflex irradiation *irradiation*
reflexivity *réflexivité*
reflexology *réflexologie*
refractory period *période réfractaire*
register *registre*
regression *régression*
regulation *régulation*
rehabilitation *réhabilitation, réadaptation*
rehearsal *révision*
reinforcement *renforcement*
reinforcement schedule *programme de renforcement*
reinforcer *renforçateur*
reinsertion *réinsertion*
relation of continuity *relation de continuité*
relationship *relation de causalité*
relationship of envelopment *relation d'enveloppement*
relative deviate *variable normée*
relaxation *relaxation*
relearning *réapprentissage*
releaser *déclencheur*
releaser effect *effet déclencheur*
releasing mechanism *mécanisme de déclenchement*
relevant *pertinent, e*
reliability *crédibilité, fidélité*
REM sleep *sommeil paradoxal*
reminiscence *réminiscence*
repercussion *retentissement*
repetition *répétition*
representativity *représentativité*
repressed *refoulé*
repression *refoulement*
reproduction *reproduction*
repudiation *forclusion*
residual *rémanent, e*
resistance *résistance*
respondent *répondant*
response *réponse*
response frequency *fréquence de réponses*
response generalization *généralisation de la réponse*
resting potential *potentiel de repos*
restraint *contrainte*
retention *rétention*
retest reliability *constance*
reticular formation *formation réticulée*
reticular tonic activity *tonus réticulaire*
retinal disparity *disparation rétinienne, disparité rétinienne*
retinal illuminance *éclairement rétinien*
retinal projection *projection rétinienne*
retinal receptor *récepteur rétinien*
retinex theory *théorie rétinex*
retrieval *recouvrement ou récupération en mémoire*
retroactive *rétroactif, ve*
retrograde amnesia *amnésie rétrograde*
return of the repressed *retour du refoulé*
reverberating circuits *circuits réverbérants*
reversibility *réversibilité*
revolving door syndrome *syndrome de la porte-tambour*
reward *récompense*
rhinencephalon *rhinencéphale*
rhombencephalon *rhombencéphale*
rhythm *rythme*
right-handed *droitier, ère*
ritual *rituel*
ritualisation *ritualisation*
RNA, ribonucleic acid *A.R.N., acide ribonucléique*
robustness *robustesse*
rod and frame test ou RFT *épreuve de la baguette et du cadre*
role *rôle*
role construct repertory test *test répertoriant les concepts de rôles*
role playing *jeu de rôle*
rooting reflex *réflexe de fouissement*
rotating shift-work *système alternant*
rotation *rotation*
roundabout way *conduite de détour*
route-map *chemin*
routine *routine*
rule of abstinence *règle d'abstinence*
rumour *rumeur*
running away from home *fugue*

S

saccade *saccade oculaire*
sadism *sadisme*
sadomasochism *sadomasochisme*
saliancy *saillance*
salience *relief*
salient *saillant, e*
sample *échantillon*
sampling *échantillonnage*
sampling design *plan d'échantillonnage*
sampling error *erreur d'échantillonnage*
sampling unit *unité d'échantillonnage ou de sondage*
satiation *satiation*
satisfaction *satisfaction*
saturation *saturation ou saturation chromatique*
scale *échelle*
scale of measurement *échelle de mesure*
scanning *balayage*
scapegoat *bouc émissaire*
scatter *dispersion*
scenario *scénario*
schedule of reinforcement *programme de renforcement*
schema *schème, représentation*
scheme *schéma, projet*
schematization *schématisation*
schizoid *schizoïde*
schizoid personality *prépsychose*
schizoidia, schizoidism *schizoïdie*
schizomania *schizomanie*
schizonoia *schizonoïa*

schizophasia *schizophasie*
schizophrenia *schizophrénie*
schizophreniac, schizophrenic *schizophrène*
schizophrenic *schizophrénique*
schizothymia *schizothymie*
schizothymic *schizothymique*
scholastic and educational ergonomics *ergonomie scolaire et éducative*
scholastic rhythm *rythme scolaire*
score *note ou note observée*
scotomization *scotomisation*
scotopic vision *vision scotopique*
scream *cri*
screen-memory *souvenir-écran*
scribed status *statuts imposés*
script *script*
search in memory *recherche en mémoire*
secundary *secondaire*
secondary reinforcement *renforcement secondaire*
segmentation *segmentation*
selection *sélection*
selective *sélectif, ive*
selective forgetting *oubli sélectif*
self *self, soi*
self-accusation *autoaccusation*
self-analysis *autoanalyse*
self-consciousness *conscience de soi*
self-consciousness scale *échelle de conscience de soi*
self-depreciation *autodépréciation*
self-destruction *autolyse*
self differentiation *différenciation du soi*
self-esteem *estime portée à soi-même, estime de soi*
self-evaluation *autoévaluation*
self-monitoring of expressive behaviour, amér. behavior *contrôle de l'expression*
self-monitoring scale *échelle de contrôle de l'expression*
self-motion *vection*
self-mutilation *automutilation*
self-presentation *présentation de soi*
self-punishment *autopunition*
self-rating *autoévaluation*
self-regulation *autorégulation*
self regulatory fluctuation *fluctuation autorégulatrice*
self-reinforcement *autorenforcement*
self-serving bias *biais égocentrique*
self-stimulation *autostimulation*
semantics *sémantique*
semantic component *composant sémantique*
semantic differential *différenciateur sémantique*
semantic network *réseau sémantique*
semeiotics *sémiotique*
semiology *sémiologie*
semiotics *sémiotique*
senescence *sénescence*
senility *sénilité*
sensation *sensation*
sense *sens*
sense of guilt *sentiment de culpabilité*
sense of touch *tact*
sensitive delusion of reference *délire des sensitifs*
sensitive period *période sensible*
sensitivity *sensibilité*
sensitization *sensibilisation*
sensorimotor development *développement sensori-moteur*
sensorimotor intelligence *intelligence sensori-motrice*
sensorimotor learning *apprentissage sensori-moteur*
sensory *sensoriel, elle*
sensory conditioning *conditionnement sensoriel*
sensory deprivation *privation sensorielle*
sensory gating *filtrage sensoriel*
sensory mechanisms *sensibilité*
sensory receptor *récepteur sensoriel*
sequential analysis *analyse séquentielle*
serial *sériel, elle*
seriation *sériation*
series *série*
serotonin *sérotonine*
set *attitude*
setting upright reflex *réflexe de redressement*
sex *sexe*
sexual *sexué, e*
sexual abuse *sévices sexuels*
sexual behavior *comportement sexuel*
sexuality *sexualité*
sexuation *sexuation*
shade *teinte*
shape *forme*
shaping *modelage*
sheltered workshop *atelier protégé*
shift-work *travail posté*
shock *choc psychique*
shock therapy *traitement de choc*
short-term memory *mémoire à court terme*
sibling *fratrie*
sign *signe*
signal *signal*
signal detection *détection du signal*
signalling *signalisation*
significance *signification*
significant *signifiant*
signified, signifié *signifié*
similarity *similarité*
simple structure *structure simple*
simplex *simplex*
simultaneous eye movement *conjugaison oculaire*
sinistrality *gaucherie*
sinistrosis *sinistrose*
sismotherapy *sismothérapie*
sitiomania *sitiomanie*
sitiophobia *sitiophobie*
sitting position *station assise*
situation *situation*
situation psychosis *psychose réactionnelle*
sixteen personality factor questionnaire *questionnaire des seize facteurs de personnalité ou 16 PF*
size constancy *constance des grandeurs*
skill *habileté motrice*
Skinner box *boîte de Skinner*
skinnerian conditioning *conditionnement skinnerien*
slant *inclinaison*
sleep *sommeil*
sleep cycle *cycle de sommeil*
sleep deprivation *privation de sommeil*
sleep onset *endormissement*
sleep spindle *fuseau du sommeil*
sleep stage *stade de sommeil*
sleep-wake cycle *cycle veille-sommeil*
slip *lapsus*
slow sleep *sommeil lent*
slow wave sleep *sommeil à ondes lentes*
slowing down *ralentissement*
smell *odorat*
smiling, smile *sourire*
smoothness *flexibilité*
sociability *sociabilité*
sociability in children *sociabilité chez l'enfant*
social *social*
social analysis *intervention psychosociologique*
social approval *approbation sociale*
social cognition *cognition sociale*
social comparison *comparaison sociale*
social desirability *désirabilité sociale*
social identity *identité sociale*
social impact theory *théorie de l'impact social*
social influence *influence sociale*
social interaction *interaction ou interaction sociale*
social learning *socialisation*
social loafing *inaction sociale*
social marking *marquage social*
social movement *mouvement social*
social perception *perception sociale*
social psychology *psychologie sociale*
social representation *représentation sociale*
social science in relation to mental illness *sociologie des maladies mentales*
socialization *socialisation*
society *société humaine ou société animale*
socioanalysis *socioanalyse*
sociobiology *sociobiologie*
sociodrama *sociodrame*
socio-ecology *socioécologie*
sociogenesis of mental diseases *sociogenèse des maladies mentales*
sociogram *sociogramme*
sociomatrix *sociomatrice*
sociometry *sociométrie*
softening of the brain *ramollissement cérébral*
solvent *solvant*
somathesthesia, somesthesia *somatognosie*
somatization *somatisation*
somatotopy *somatotopie*
somesthesis *somesthésie*
somnambulism *somnambulisme*
sophrologia *sophrologie*
sorting *classification*
sound spectrogram *sonagramme*
space *espace*
space factor *facteur spatial*
spaced learning *apprentissage espacé*
span *empan*
span of apprehension *champ d'appréhension*
spasmophilia *spasmophilie*
spatial aptitude *aptitude spatiale*
spatial frequency *fréquence spatiale*
spatial reference system, spatial frame of reference *référentiel spatial*
special education *éducation spéciale*
specific *spécifique*
specific encoding *encodage spécifique*
specific factor *facteur spécifique*
specificity *spécificité*
spectral analysis *analyse spectrale*
speech act *acte de parole*
speech disorder *trouble du langage*
speech therapy *orthophonie*
speed *rapidité, vitesse*
speed ball *speed ball*
speed freak *amphétaminomane*
speed of closure ou Cs *vitesse de structuration perceptive*
speed/preciseness conflict *conflit rapidité/précision*
spinal cord *moelle épinière*
spirometer *spiromètre*
spleen *rate*
split brain *split brain*
split halves *partage par moitiés*
splitting *dislocation (des processus intérieurs)*
splitting of the object *clivage de l'objet*
spontaneous *spontané, e*
spontaneous recovery *récupération spontanée*
spreading depression *dépression envahissante*
spread of activation *diffusion de l'activation*
squiggle *tracé libre*
stabilimeter *stabilimètre*
stability *stabilité*
stage *stade*
standard *étalon*
standard deviation *écart type, écart quadratique moyen*

standard regression analysis *standard de la régression*
standard score *écart réduit ou z*
standardization *standardisation, normalisation*
standardized partial regression coefficient ou beta coefficient *coefficient de régression partielle réduit*
standardized variable *variable réduite*
state-dependent learning *apprentissage dépendant de l'état (physiologique)*
statistical inference *inférence statistique*
statistics *statistique*
status *statut*
stepping *marche automatique*
stepwise regression analysis *analyse séquentielle de la régression*
stereoacuity *acuité stéréoscopique*
stereognosis *stéréognosie*
stereogram *stéréogramme*
stereopsia *stéréopsie*
stereotaxy *stéréotaxie*
stereotype *stéréotype*
stereotypy *stéréotypie*
Stevens scale *échelles de Stevens*
stimulation *stimulation*
stimulator *stimulateur*
stimulus *stimulus*
stimulus bound *déclenché par un stimulus*
stimulus dependent *dépendant du stimulus*
stimulus driven *guidé par le stimulus*
storage *stockage*
strabismus *strabisme*
strait jacket *camisole de force*
strangeness feeling *sentiment d'étrangeté*
strategy *stratégie*
stress *stress*
stress without distress *stress sans détresse*
stroboscope *stroboscope*
stroboscopic motion *mouvement stroboscopique*
Strong vocational interest bank *inventaire d'intérêts professionnels de Strong*
structural equation *équation structurale*
structural model *modèle structural*
structural modelling, amér. modeling *modélisation structurale*
structure *structure*
study *étude*
stupor *stupeur*
stuttering *bégaiement*
subception *subception*
subconscious *subconscient*
subconscious *subconscient, e*
subject *sujet*
subjective *subjectif, ve*
subjective scale *échelle subjective*
sublimation *sublimation*
subliminal *subliminaire; subliminal, e*
submission *soumission*
substantia grisea *substance grise*
substitution *substitution*
sucking *succion*
suggestibility *suggestibilité*
suggestion *suggestion*
suicide *suicide*
summation *sommation*
summoning attention *attention prosexigène*
superconstancy *surconstance*
superego *surmoi*
supine position *decubitus dorsal*
suppression *répression*
surgency-desurgency *surgence-désurgence*
survey *enquête*
survey-map *configuration*
suspended attention *attention flottante*
sweeping *balayage*
symbol *symbole*
symbolic *symbolique*
symbolism *symbolisme*
symmetry *symétrie*
symptom *symptôme*
synapse *synapse*
synaptic button, knob *bouton synaptique*
synaptic neurotransmitter *médiateur synaptique*
synchronic *synchronique*
synchronized electroencephalogram *électroencéphalogramme synchronisé*
synchronizer *synchroniseur*
syncinesia *syncinésie*
syncretism *syncrétisme*
syndrome of doubles *illusion des doubles*
synergia, synergy *synergie*
synesthesia *synesthésie*
syntagm *syntagme*
syntagmatic *syntagmatique*
syntax *syntaxe*
systemic *systémique*
system of reference *référentiel*
Szondi test *test de Szondi*

T

tachistoscope *tachistoscope*
tachylalia *tachyphémie*
tadpole man *bonhomme-têtard*
tail *queue*
target *cible*
task *tâche*
taste *goût*
taste buds *bourgeons du goût*
taxis *taxie*
Taylor Manifest Anxiety Scale ou MAS *échelle d'anxiété manifeste de Taylor*
technical team *équipe technique*
tectum *tectum*
teetotalism *néphalisme*
teetotalist *néphaliste*
telencephalon *télencéphale*
temperament *tempérament*
temperament survey, schedule, inventory *enquête, inventaire de personnalité*
temperance *tempérance*
temporal frequency *fréquence temporelle*
temporal planum *planum temporal*
tension release *réduction de tension*
Terman-Merrill test *échelle ou test de Terman-Merrill*
territory *territoire*
test *épreuve, test*
test battery *batterie de tests*
test of significance *test de signification*
test-retest reliability *stabilité de l'épreuve*
tetrachoric correlation *corrélation tétrachorique*
text *texte*
texton *texton*
texture *texture*
thalamus *thalamus*
theatricalism *théâtralisme*
theory of games *théorie des jeux*
theory of identity *théorie de l'identité*
theory of mediation *théorie de la médiation*
therapeutic apartment *appartement thérapeutique*
therapeutic community *communauté thérapeutique*
therapeutic injunction *injonction thérapeutique*
therapy conditioning *thérapie par conditionnement*
thermogenesis *thermogenèse*
thermoreceptor *thermorécepteur*
theta rhythm *rythme thêta*
thirst *soif*
thought blocking *barrage*
three-mode factor analysis *analyse factorielle à trois modes*
threshold *seuil*
tic *tic*
timbre *timbre*
time *temps*
time isolation *isolement temporel*
tobacco abuse *tabagisme*
token economy *économie de jetons*
tone *tonus*
tongue protrusion *protrusion de la langue*
tonic *tonique*
tonsil *amygdale*
top down *descendant*
topography *topique*
topology *topologie*
touch *toucher*
touch corpuscle *corpuscule du tact*
toxicopathy *toxicopathie*
toxitude *toxitude*
trace conditioning *conditionnement de trace*
tracking *poursuite*
tracking eye movement *poursuite oculaire*
training analysis *analyse didactique*
trait *trait*
tramp *clochard*
trance *transe*
tranquillizer *tranquillisant*
transactional analysis *analyse transactionnelle*
transcendantal meditation *méditation transcendantale*
transduction *transduction*
transductive reasoning *transduction*
transfer, transference *transfert*
transition *transition*
transitional object *objet transitionnel*
transitional phenomenon *phénomène transitionnel*
transition network *réseau de transition*
transitivism *transitivisme*
transitivity *transitivité*
transparency *transparence*
transport *transport*
transposed factor analysis *analyse factorielle transposée*
transposition *transposition*
transsexualism *transsexualisme*
transvestism *travestisme*
trauma *traumatisme psychique*
traumatic neurosis *névrose post-traumatique*
traumatic psychosis *psychose post-traumatique*
tree test *test de l'arbre*
trend *tendance générale*
trial *essai*
trial and error learning *apprentissage par essais et erreurs*
trichomania, trichotelomania *trichotillomanie*
tricyclic *tricyclique*
trip *trip*
tropism *tropisme*
truth *vérité*
T-score *score T*
tutelage *tutelle*
tutorial *tutoriel*
twilight state *état crépusculaire*
twins *jumeaux*
two-alternative forced choice ou 2AFC *choix forcé à alternative temporelle*
two-sided ou two-tailed test *épreuve bilatérale, test bilatéral, épreuve de signification bilatérale*
two-stage sampling *échantillonnage à deux degrés*
type *type*
type A behavior pattern *type A et type B ou TABP*
typical feature *détail caractéristique*
typical image *image type*
typicality *typicalité*
typology *typologie*

U

ulnar palmar grasp *prise cubito-palmaire*
ultradian rhythm *rythme ultradien*
Umwelt *Umwelt*

unbiased estimation *estimation non biaisée*
uncertainty analysis *analyse de l'incertitude*
uncinate fit *crise uncinée*
unconditional *inconditionnel, elle*
unconditioned *inconditionné, e*
unconscious *inconscient*
unconscious formations *formations de l'inconscient*
underachiever *sous-réalisateur*
unicity *unicité*
unit for difficult patients *unité pour malades difficiles*
universals *universaux*
universe of content *univers de contenu*
universe score *note d'univers*
unlability *irresponsabilité*
upper-upper class *aristocratie*

V

vaginismus *vaginisme*
valence *valence*
validation *validation*
validity *validité*
value *valeur*
variable *variable*
variance *variance*
vection *vection*
verbal *verbale, e, aux*
verbal and nonverbal communication *communication verbale et non verbale*
verbal comprehension *compréhension verbale*
verbal factor *facteur verbal*
verbalism *verbalisme*
verbalization *verbalisation*
verbal learning *apprentissage verbal*
verbigeration *verbigération*
veridical perception *perception correcte*
vesania *vésanie*
vestibular system *système vestibulaire*
vicariation *vicariance*
vicarious learning *apprentissage vicariant*
vicarious processes *processus vicariants*
vicinity effect *effet de voisinage*
victimology *victimologie*
video-therapy *vidéothérapie*
vigilance *vigilance*
village test *test du village*
violence *violence*
visibility *visibilité*
vision *vision*
visual acuity *acuité visuelle*
visual after-effect *effet consécutif visuel*
visual angle illusion *illusion des angles*
visual array *environnement optique*
visual cliff *falaise visuelle*
visual field *champ visuel*
visual illusion *illusion*
visual proprioception *visuo-proprioception*
vital event *événement vital*
vividness *vivacité*
vocal contagion *contagion vocale*
voice onset time ou VOT *temps d'attaque vocal*
volition *volition*
volontary institutionalisation *placement volontaire*
voyeurism *voyeurisme*
vulnerability *vulnérabilité*

W

waking dream *rêve éveillé*
walking *marche*
Ward-Hovland phenomenon *phénomène de Ward-Hovland*
warming-up *échauffement*
warming-up process *processus d'échauffement*
warm-up *mise en train*
weaning *sevrage*
Weber's fraction *fraction de Weber*
Weber's law *loi de Weber ou loi de Bouguer-Weber*
Wechsler intelligence scales *échelles d'intelligence de Wechsler*
weighting *pondération*
well lateralized *bien latéralisé*
Wernicke's area *aire de Wernicke*
Wernicke's encephalopathy *maladie de Wernicke ou maladie de Gayet-Wernicke*
wiggling movements *gigotement*
wildchild, wolfchild *enfant sauvage*
wish *désir*
wish-fulfilment *accomplissement de désir*
witchcraft *sorcellerie*
withdrawal *sevrage*
withdrawal syndrome *état de manque*
withdrawal treatment *cure de désintoxication*
Witz *Witz*
word fluency *fluidité verbale*
word salad *salade de mots*
work of mourning *travail du deuil*
work shift *poste de travail*
work therapy *ergothérapie*
working memory *mémoire de travail*
working-through *perlaboration*
writer's cramp *crampe des écrivains*
writing *écriture*

Y

Yerkes-Dodson law *loi de Yerkes-Dodson*
yielding *acceptation*
yoga *yoga*

Z

Zeigarnik effect *effet Zeigarnik*
zoopathy *zoopathie*
zoopsia *zoopsie*
z-score *écart réduit ou z*
z-transformation for r *z transformation du coefficient de correlation* r

Liste des articles

A

A (type) *Maurice Reuchlin*
abandonnique *Rédaction Larousse*
abandonnisme *Jacques Postel*
aboulie *Jacques Postel*
aboulique *Jacques Postel*
Abraham (Karl) *Rédaction Larousse*
abréaction *Rédaction Larousse*
absence *Jacques Postel*
absinthe *Pierre Fouquet*
abstème *Pierre Fouquet*
abstinence *Pierre Fouquet*
abstinence (règle d') *Roland Chemama*
abstinent, e *Pierre Fouquet*
abstraction *Jean-François Le Ny*
acalculie *Jacques Postel*
accommodation *Claude Bonnet, Gérard Schmaltz, Éliane Vurpillot, Rédaction Larousse*
accomplissement (besoin d') *Maurice Reuchlin, Giovanna Nigro*
accomplissement de désir *Rédaction Larousse*
accoutumance *Marc Valleur*
acétylcholine *Claude Parada*
achromatopsie *Claude Bonnet*
acmesthésie *Claude Bonnet*
acrophase *Pierre Leconte*
acte manqué *Rédaction Larousse*
ACTH *Rédaction Larousse*
actile (période) *Alain Lancry*
acting-out *Choula Emerich*
action *Jean-François Richard*
activation *Jean-François Le Ny, Pierre Leconte*
actives (méthodes) *Rédaction Larousse*
1. activité *Rédaction Larousse*
2. activité *Rédaction Larousse*
activité (cage d') *Jean-François Le Ny*
activité oculomotrice *Éliane Vurpillot*
activité phasique du sommeil *Pierre Leconte*
activités intellectuelles *Jean-François Richard*
actogramme *Rédaction Larousse*
actographe *Rédaction Larousse*
actuariel, elle ou actuarial, e *Maurice Reuchlin*
acuité *Claude Bonnet, Éliane Vurpillot*
acuité visuelle *Éliane Vurpillot*
adaptation *Éliane Vurpillot, Claude Bonnet*
addiction *Marc Valleur*
addition latente *Gérard Schmaltz*
adhésion *Birgitta Orfali*
Adler (Alfred) *Rédaction Larousse*
A.D.N. (acide désoxyribonucléique) *Gérard Schmaltz*
adolescence *Hector Rodriguez-Tomé*
adoption *Michel Godfryd*
adualisme *Henriette Bloch*
affect *Choula Emerich*
affectivité *Rédaction Larousse*
afférence *Jean Pailhous, Mireille Bonnard*
affiliation *Michel Godfryd*
affiliation (besoin d') *Maurice Reuchlin*
affinité *Jean Maisonneuve*
affordance *Éliane Vurpillot*
âge *Éliane Vurpillot*
âge mental *Maurice Reuchlin, Éliane Vurpillot*
agénésie *Pierre Leconte*
agent *Jean-François Le Ny*
agitation *Jacques Postel*
agnosie *Jacques Postel, Xavier Seron*
agnosique *Jacques Postel*
agonistique *Jacques Gervet*
agoraphobie *Mélinée Agathon*
agrammatisme *Jacques Postel*
agraphie *Jacques Postel*
agression *Jacques Gervet*
agressivité *Blandine Didier, Maurice Reuchlin, Rédaction Larousse*
agrippement *Éliane Vurpillot*
agueusie *Jacques Postel*
Aichhorn (August) *Rédaction Larousse*
aide sociale à l'enfance ou A.S.E. *Michel Godfryd*
aire corticale *Gérard Schmaltz*
Ajuriaguerra (Julien de) *Rédaction Larousse*
ajustement *Jean-François Le Ny*
ajustement ontogénétique *Henriette Bloch*
akinésie *Rédaction Larousse*
alcoolémie *Pierre Fouquet*
alcoolique dangereux *Michel Godfryd*
alcoolisme *Pierre Fouquet*
alcoolite *Pierre Fouquet*
alcoologie *Pierre Fouquet*
alcoolopathie *Pierre Fouquet*
alcoolose *Pierre Fouquet*
alerte *Pierre Leconte*
Alexander (Franz) *Rédaction Larousse*
Alexander (échelle d') *Maurice Reuchlin*
alexie *Jacques Postel*
alexithymie *Jacques Postel*
algésimètre *Jean-Marie Coquery*
aliénation mentale *Jacques Postel*
aliéné, e *Jacques Postel*
aliéniste *Jacques Postel*
alimentaire (comportement) *Jean-Marie Coquery*
alimentaires (rythmes) *Claire Lambert*
alliance *Michel Godfryd*
alliance thérapeutique *Jacques Postel*
allocation aux adultes handicapés *Michel Godfryd*
allocation d'éducation spéciale *Michel Godfryd*
allométrie *Henriette Bloch*
allométrique (rapport) *Henriette Bloch*
Allport (Gordon Willard) *Rédaction Larousse*
alpha (rythme) *Pierre Leconte*
Alpha Test Army *Maurice Reuchlin*
alternance *Jean-François Le Ny, Georges Chapouthier*
alternances (loi des) *Éliane Vurpillot*
alternances fonctionnelles *Henriette Bloch*
alternant (système) *Alain Lancry*
altruisme *Jacques Gervet, Maurice Reuchlin*
Alzheimer (maladie d') *Jacques Postel*
amacrines (cellules) *Claude Bonnet*
ambiéqual, e, aux *Rédaction Larousse*
ambiguïté *Jean-François Le Ny*
ambivalence *Rédaction Larousse*
amblyopie *Claude Bonnet*
amimie *Rédaction Larousse*
amnésie *Jacques Postel*
amodalité *Yvette Hatwell*
amok *Jacques Postel*
1. amorçage *Jean-François Le Ny*
2. amorçage *Robert-Vincent Joule*
amorce *Jean-François Le Ny*
amphétamine *Marc Valleur*
amphétaminomanie *Marc Valleur*
amplitude *Pierre Leconte*
amusie *Jacques Postel*
amygdale *Gérard Schmaltz*
anaclitique (dépression) *Rédaction Larousse*
anal (stade) *Rédaction Larousse*
analgésie *Jean-Marie Coquery*
analogie *Nicole Cadieu*
analyse *Jean-François Le Ny*
analyse séquentielle *Bernard Thon*
analyseur *Jean-François Le Ny, Rédaction Larousse*
anamnèse *Jacques Postel*
anancastique *Jacques Postel*
anarthrie *Jacques Postel*
Anastasi (Anne) *Maurice Reuchlin*
ancrage (effet d') *Claude Bonnet*
androgynie *Willem Doise*
anesthésie *Jean-Marie Coquery*
angles (illusion des) *Rédaction Larousse*
angoisse *Jacques Postel, Choula Emerich*
angoisse (névrose d') *Jacques Postel*
angoisse du 8e mois *Marie-Germaine Pêcheux*
Animal *Nicole Cadieu*
animale (psychologie) *Jean Médioni*
animisme *Éliane Vurpillot*
Anna O (Bertha Pappenheim, dite) *Rédaction Larousse*
anomie *Jean-Marc Monteil*
anorexie *Jean-Michel Cruanes, Rédaction Larousse*
anorexigène *Marc Valleur*
anosmie *Jacques Postel*
anosognosie *Jacques Postel*
ANOVA *Maurice Reuchlin*
antalgique *Jean-Marie Coquery*
antibiotique *Gérard Schmaltz*
anticipation *Henriette Bloch*
anticipation (méthode d') *Jean-François Le Ny*
antidépresseur *André Galinowski*
antidromique (conduction) *Gérard Schmaltz*
antiépileptique *Jacques Postel*
antihistaminique *Jacques Postel*
antiparkinsonien *André Galinowski*
antipsychiatrie *Jacques Postel*
anxiété *Jean-François Le Ny, Mélinée Agathon, Maurice Reuchlin*
anxiété (questionnaire d') *Jacques Postel*
anxiogène *Jean-François Le Ny*
anxiolytique *André Galinowski*
apgar *Éliane Vurpillot*
aphasie *Xavier Seron*
aphasique *Rédaction Larousse*

aphème *Jacques Postel*
aphémie *Jacques Postel*
appareil psychique *Jean-Paul Hiltenbrand*
appariement *Jean-François Le Ny*
appariés *Jean-François Le Ny*
appartement thérapeutique *Jacques Postel*
appartenance *Éliane Vurpillot, Jean-François Le Ny*
appartogramme *Michel Godfryd*
appréhension (champ d') *Claude Bonnet*
apprentissage *Christian George, Georges Chapouthier, Jean Médioni, Maurice Reuchlin*
apprentissage verbal *Christian George*
approbation sociale *Ida Galli, Giovanna Nigro*
approche directe *Éliane Vurpillot*
approche manuelle *Henriette Bloch*
apragmatisme *Jacques Postel*
apraxie *Jacques Postel, Xavier Seron*
aprosexie *Jacques Postel*
apsychognosie *Pierre Fouquet*
aptitude *Maurice Reuchlin*
aptitude mentale primaire *Maurice Reuchlin*
arbre (test de l') *Rédaction Larousse*
arc *Jean-François Le Ny*
archaïque (réflexe) *François Jouen*
argumentation *Michael Billig, trad. de Birgitta Orfali*
arithmomanie *Jacques Postel*
A.R.N. (acide ribonucléique) *Gérard Schmaltz*
arriération mentale *Maurice Reuchlin, Jacques Postel*
articulation *Jacques Ardoino*
artificialisme *Éliane Vurpillot*
art-thérapie *Didier A. Chartier*
asilaire *Jacques Postel*
asile ou asile d'aliénés *Jacques Postel*
asilisme *Jacques Postel*
asocial, e, aux *Rédaction Larousse*
asomatognosie *Jacques Postel*
aspiration (niveau d') *Maurice Reuchlin*
assertion *Jean-François Le Ny*
assertivité *Mélinée Agathon*
assimilation *Éliane Vurpillot*
assise (station) *Jacqueline Fagard*
assistance éducative *Michel Godfryd*
association *Jean-François Le Ny*
association (méthode de libre) *Rédaction Larousse*
associationnisme *Jean-François Le Ny*
assuétude *Marc Valleur*
astasie-abasie *Jacques Postel*
astéréognosie *Jacques Postel*
asthénie *Jacques Postel*
astigmatisme *Claude Bonnet*
asymétrie fonctionnelle (principe d') *François Jouen*
atavisme (théorie de l') *Éliane Vurpillot*
ataxie *Jacques Postel*
ataxie mentale (ou psychique) *Jacques Postel*
atelier protégé *Michel Godfryd*
athétose *Jacques Postel*
atmosphère (effet d') *Jean-François Le Ny*
atomisme *Éliane Vurpillot*
attachement *Marie-Germaine Pêcheux*
attente *Alain Gallo*
attention *Jean-François Richard, Jean-Marie Coquery*
attention conjointe *Jacqueline Nadel*
attention flottante *Rédaction Larousse*
atténuation *Maurice Reuchlin*
attitude *Jean-François Le Ny, Maurice Reuchlin, Germaine de Montmollin*
attraction interpersonnelle *Jean Maisonneuve*
attribut *Jean-François Le Ny*
attribution *Jean-Claude Deschamps*
Aubert (effet) *Jean-François Le Ny*
audiogramme *Rédaction Larousse*
audiométrie *Marie-Claire Botte*
audition *Marie-Claire Botte*
autisme *Pierre Ferrari*
autiste *Jacques Postel*
autistique *Jacques Postel*
autoaccusation *Jacques Postel*
autoanalyse *Rédaction Larousse*
autocinétique (mouvement) *Jean-François Le Ny*
autodépréciation *Jacques Postel*
autoérotique *Rédaction Larousse*
autoérotisme *Rédaction Larousse*
autoévaluation *Maurice Reuchlin*
autolyse *Jacques Postel*
automatique *Jean-François Le Ny, Claude Bonnet*
automatique *Claude Bonnet*
automatisme mental *Jacques Postel*
automatisme psychique *Jacques Postel*
automutilation *Jacques Postel*
autonomie fonctionnelle *Henriette Bloch*
autopunition *Jacques Postel*
autorenforcement *Jean-François Le Ny*
autorisation *Jacques Ardoino*
autoritarisme *Maurice Reuchlin*
autorité *Eugène Enriquez*
autorité parentale *Michel Godfryd*
autostimulation *Pierre Leconte*
autosuggestion *Jacques Postel*
autotopoagnosie *Jacques Postel*
autre, Autre *Roland Chemama*
aversion *Mélinée Agathon*
aversion gustative conditionnée *Pierre Leconte*
aveugle *Henriette Bloch*
aveugle (rotation) *Maurice Reuchlin*
aveugle-né *Henriette Bloch*
axone *Gérard Schmaltz*

B

babillage *Éliane Vurpillot*
baby-test *Roger Lécuyer*
balayage *Éliane Vurpillot*
Baldwin (James Mark) *Henriette Bloch*
Balint (Michael) *Rédaction Larousse*
Balint (groupe) *Rédaction Larousse*
balistique (geste) *Éliane Vurpillot*
ballant *François Jouen*
ballant, e *François Jouen*
Ballard (phénomène de) *Jean-François Le Ny*
ballottement *François Jouen*
banque d'items *Maurice Reuchlin*
barbiturique *Marc Valleur*
barbiturisme *Marc Valleur*
barorécepteur *Gérard Schmaltz*
barrage *Jacques Postel*
Bateson (Gregory) *Michel Godfryd*
batterie de tests *Maurice Reuchlin*
Bayley (échelles de) *Maurice Reuchlin*
Bechterev (Vladimir Mikhaïlovitch) *Rédaction Larousse*
bégaiement *Jacques Postel*
béhaviorisme *Jean-François Le Ny, Jean Médioni*
bénéfice *Rédaction Larousse*
benzodiazépine *François Hartmann*
besoin *Jean-Marie Coquery*
bêta (rythme) *Pierre Leconte*
bêtabloquant *Gérard Schmaltz*
Bettelheim (Bruno) *Rédaction Larousse*
biais *Claude Bonnet, Maurice Reuchlin, Germaine de Montmollin*
bilatérale (épreuve), bilatéral (test) *Maurice Reuchlin*
bilatéralité *Jacqueline Fagard*
binaural, e, aux *Rédaction Larousse*
binauralité *Rédaction Larousse*
Binet (Alfred) *Maurice Reuchlin*
Binet-Simon (échelle) *Maurice Reuchlin*
binomiale (loi, variable) *Maurice Reuchlin*
Binswanger (Ludwig) *Jacques Postel*
biofeedback *Mélinée Agathon*
biogénétique fondamentale (loi de) *Éliane Vurpillot*
Bion (Wilfred Ruprecht) *Rédaction Larousse*
bipolaire *Jacques Postel*
bipolaire (facteur) *Maurice Reuchlin*
bipolaire (variable) *Maurice Reuchlin*
bisériale (corrélation) *Maurice Reuchlin*
Bleuler (Eugen) *Jacques Postel*
blocage *Rédaction Larousse*
boîte à problèmes *Jean-François Le Ny*
boîte de Skinner *Christian George*
Bonaparte (Marie) *Rédaction Larousse*
bonhomme (test du) *Rédaction Larousse*
bonhomme-têtard *Éliane Vurpillot*
Bonnardel (Raymond) *Maurice Reuchlin*
borderline *Jacques Postel*
bouc émissaire *Michel Godfryd*
boucle *Pierre Leconte*
bouffée délirante *Jacques Postel*
Bouguer (Pierre) *Claude Bonnet*
boulimie *Jean-Michel Cruanes*
bourgeonnement nerveux *Gérard Schmaltz*
bourgeons du goût *André Holley*
bouton synaptique *Gérard Schmaltz*
bovarysme *Jacques Postel*
Bower (Thomas G. R.) *Éliane Vurpillot*
Bowlby (John) *Marie-Germaine Pêcheux*
bradykinésie *Jacques Postel*
bradypsychie *Jacques Postel*
brainstorming *Dominique Oberlé*
Bravais-Pearson (coefficient de corrélation de) *Maurice Reuchlin*
break-down *Jacques Postel*
Brentano (figures de) *Rédaction Larousse*
Breuer (Josef) *Rédaction Larousse*
brillance *Claude Bonnet*
Broca (aire de) *Gérard Schmaltz*
brown sugar *Marc Valleur*
bruit *Jean-François Le Ny*
bruit neural *Gérard Schmaltz*
Bruner (Jerome Seymour) *Éliane Vurpillot*
Brunet-Lézine (échelle de) *Maurice Reuchlin*
Brunswik (indice de) *Henriette Bloch*
bulbe ou bulbe rachidien *Rédaction Larousse*
Burt (Sir Cyril Lodowic) *Maurice Reuchlin*
but *Jean-François Le Ny*

C

ça *Catherine Péquignot-Desprats*
cacophagie *Jacques Postel*
cadre de référence *Jean-Léon Beauvois*
caféisme *Marc Valleur*
calleux (corps) *Jacques Postel, Gérard Schmaltz*
camisole de force *Jacques Postel*
cancérophobie *Mélinée Agathon*
candela *Claude Bonnet*
cannabisme *Marc Valleur*
canonique (analyse) *Maurice Reuchlin*
capacité *Maurice Reuchlin, Jean-François Le Ny*
captativité *Rédaction Larousse*
capture *Éliane Vurpillot*
caractère *Henriette Bloch, Maurice Reuchlin*
caractériel, elle *Jacques Postel*
caractérologie *Rédaction Larousse*
carcérale (psychose) *Jacques Postel*
carence *Éliane Vurpillot*
carré latin *Maurice Reuchlin*
carte cognitive *Marie-Germaine Pêcheux*
carte familiale *Michel Godfryd*
cas *Jean-François Le Ny*
case-work *Rédaction Larousse*
caste *Jean-Pierre Suzzoni*
castration (complexe de) *Valentin Nusinovici*
catalepsie *André Galinowski*

cataplexie *André Galinowski*
catastrophes (théorie des) *Rédaction Larousse*
catatonie *Jacques Postel*
catécholamine *François Hartmann*
catégorie *Michel Denis*
catégorielle (pensée) *Henriette Bloch*
catégorisation *Willem Doise, Éliane Vurpillot*
catégoriser *Jean-François Le Ny*
cathartique (méthode) *Rédaction Larousse*
Cattell (James McKeen) *Maurice Reuchlin*
Cattell (Raymond Bernard) *Maurice Reuchlin*
causalité (relation de) *Henriette Bloch*
cause *Jean-François Le Ny*
cécité *Henriette Bloch*
cénesthésie *Jean-Marie Coquery*
cénesthopathie *Jacques Postel*
censure *Rédaction Larousse*
centilage *Rédaction Larousse*
centile ou percentile *Maurice Reuchlin*
centrale (valeur) *Maurice Reuchlin*
centration *Éliane Vurpillot*
centrations relatives (loi des) *Éliane Vurpillot*
centre d'aide par le travail ou C.A.T. *Michel Godfryd*
centre d'hébergement et de réadaptation sociale ou C.H.R.S. *Pierre Fouquet*
centre hospitalier spécialisé ou C.H.S. *Michel Godfryd*
centre d'hygiène alimentaire et d'alcoologie ou C.H.A.A. *Michel Godfryd*
centre médico-éducatif ou C.M.E. *Michel Godfryd*
centre médico-psychologique ou C.M.P. *Michel Godfryd*
centre médico-psycho-pédagogique ou C.M.P.P. *Jean-Michel Cruanes*
centre de traitement et de réadaptation sociale ou C.T.R.S. *Jacques Postel*
centrée (variable) *Maurice Reuchlin*
centroïde (analyse factorielle) *Maurice Reuchlin*
céphalo-caudale (loi de progression) *Éliane Vurpillot*
cérébelleux (pédoncule) *Rédaction Larousse*
cérébelleux (syndrome) *Jean Pailhous, Mireille Bonnard*
cerveau *Isabelle Amado-Boccara*
cervelet *Gérard Schmaltz*
champ (effets de) *Éliane Vurpillot*
champ de centration *Éliane Vurpillot*
champ cérébral *Éliane Vurpillot*
champ récepteur *Claude Bonnet*
champ visuel *Claude Bonnet, Éliane Vurpillot*
changement (mesure du) *Maurice Reuchlin*
Charcot (Jean Martin) *Jacques Postel*
charge mentale *Alain Lancry*
chémorécepteur *Gérard Schmaltz*
chémoréception *Rédaction Larousse*
chi carré ou chi deux (χ^2) *Maurice Reuchlin*
chiasma optique *Gérard Schmaltz*
Children's Apperception Test ou CAT *Rédaction Larousse*
choc (traitement de) *Jacques Postel*
choc psychique *Jacques Postel*
choix *Claude Bonnet*
choix (temps de réaction de) *Jean-François Le Ny*
choix forcé *Jean-François Le Ny, Maurice Reuchlin*
choix forcé (méthode du) *Claude Bonnet*
choix multiple *Maurice Reuchlin, Jean-François Le Ny*
chorée *Jacques Postel*
chronaxie *Claude Bonnet*
chronicité *Jacques Postel*
chronique (animal) *Pierre Leconte*
chronobiologie *Pierre Leconte*
chronométrique (méthode) *Jean-François Le Ny*
chronopathologie *Pierre Leconte*
chronopharmacologie *Pierre Leconte*
chronopsychologie *Pierre Leconte, Yvon Quenniec*
chronoscope *Jean-François Le Ny*
chronosensibilité *Pierre Leconte*
cible *Jean-François Le Ny*
cinèse *Guy Beugnon*
cingulum *Jacques Postel*
circadien (rythme) *Pierre Leconte*
circuits réverbérants *Gérard Schmaltz*
circulaire (réaction) *Éliane Vurpillot*
circularité *Michel Godfryd*
circumplex *Maurice Reuchlin*
Claparède (Édouard) *Gilberte Piéraut-Le Bonniec*
classe *Maurice Reuchlin*
classification *Jean-François Le Ny*
classique (réaction conditionnelle) *Jean-François Le Ny*
clastique *Jacques Postel*
claustromanie *Jacques Postel*
claustrophobe *Mélinée Agathon*
claustrophobie *Mélinée Agathon*
cleptomane *Rédaction Larousse*
cleptomanie *Jacques Postel*
Clérambault (Gaëtan Gatian de) *Jacques Postel*
clinique (psychologie) *Rédaction Larousse*
clinophilie *Jacques Postel*
clivage de l'objet *Rédaction Larousse*
clivage du moi *Rédaction Larousse*
clochard *Jacques Postel*
clonie *François Jouen*
clôture *Maurice Reuchlin*
clôture (loi de) *Éliane Vurpillot, Maurice Reuchlin*
coadaptation *Jean Médioni*
coalition *Michel Godfryd*
coarté, e *Rédaction Larousse*
cocaïne *Marc Valleur*
cocaïnomane *Rédaction Larousse*
cocaïnomanie *Marc Valleur*
cochlée *Marie-Claire Botte*
codage génétique *Gérard Schmaltz*
codage nerveux de l'information *Jean-Claude Roy*
code biochimique de l'information *Georges Chapouthier*
cognitif, ive *Rédaction Larousse*
cognition *Jean-François Le Ny*
cognition animale *Alain Gallo*
cognition sociale *Germaine de Montmollin*
cognitive (psychologie) *Jean-François Le Ny, Maurice Reuchlin*
cognitive (thérapie) *Mélinée Agathon*
cognitives (aptitudes) *Maurice Reuchlin*
cognitives (sciences) *Jean-François Le Ny*
cognitivisme *Jean-François Le Ny, Alain Gallo*
cohérence *Rédaction Larousse*
cohésion *Jean Maisonneuve*
collectif (test), collective (épreuve) *Maurice Reuchlin*
collection figurale, non figurale *Éliane Vurpillot*
Columbia (échelle de maturité mentale de) *Maurice Reuchlin*
coma *Jacques Postel*
combinatoire *Henriette Bloch*
comitial, e, aux *Jacques Postel*
commensal, e, aux *Jean-Pierre Suzzoni*
commensalisme *Jean-Pierre Suzzoni*
commission départementale d'éducation spéciale ou C.D.E.S. *Michel Godfryd*
commissures interhémisphériques *Jacques Postel*
1. communauté *Rédaction Larousse*
2. communauté *Maurice Reuchlin*
communauté thérapeutique *Jacques Postel*
communication *Michèle Kail, Jacqueline Nadel, Mireille Campan*
communication verbale et non verbale *Bernard Rimé*
commutation *Jean-François Le Ny*
comparaison par paires *Maurice Reuchlin*
comparaison sociale *Jean-Marc Monteil*
comparateur *Jean-François Le Ny*
1. compétence *Henriette Bloch*
2. compétence *Jean-François Le Ny*
compétition *Jean-Claude Abric*
complémentarité *Michel Godfryd*
complexe *Rédaction Larousse*
componentiel, elle *Jean-François Le Ny*
comportement *Jean-François Le Ny, Alain Gallo*
comportementale (thérapie) *Mélinée Agathon*
comportementalisme *Rédaction Larousse*
comportements précoces *Éliane Vurpillot*
composant sémantique *Rédaction Larousse*
composantes principales (analyse en) *Maurice Reuchlin*
compréhension *Jean-François Le Ny*
compromis (formation de) *Rédaction Larousse*
compulsion *Jacques Postel*
concentration *Jean-François Le Ny*
concept *Jean-François Le Ny*
concrètes (opérations) *Éliane Vurpillot*
condensation *Rédaction Larousse*
condition *Jean-François Le Ny*
conditionné, e *Jean-François Le Ny*
conditionnel, elle *Jean-François Le Ny*
conditionnement *Pierre Leconte, Viviane Pouthas*
conditionnement (thérapie par) *Mélinée Agathon*
conduction nerveuse *Gérard Schmaltz*
conduite *Jean-François Le Ny*
confabulation *Jacques Postel*
confiance (intervalle de) *Maurice Reuchlin*
configuration *Maurice Reuchlin*
conflit *Jean-François Le Ny*
conflit psychique *Rédaction Larousse*
confus, e *Jacques Postel*
confusion mentale *Jacques Postel*
confusionnel, elle *Rédaction Larousse*
confuso-onirique *Jacques Postel*
conjugaison oculaire *Éliane Vurpillot*
connaissances (épreuves normalisées de) *Maurice Reuchlin*
connexion *Jean-François Le Ny*
connexionnisme *Rédaction Larousse*
connexionniste *Claude Bonnet*
connexité *Claude Bonnet*
connotation positive *Michel Godfryd*
conscience *Rédaction Larousse, Angela Jesuino-Ferretto, Denise Sainte Fare Garnot*
conscience de soi *Éliane Vurpillot, Maurice Reuchlin*
conscient, e *Jean-François Le Ny*
conscient *Rédaction Larousse*
consécutif (effet) *Claude Bonnet*
consécutif visuel (effet) *Claude Bonnet*
consentement *Michel Godfryd*
conservation *Yvette Hatwell*
consigne *Jean-François Le Ny, Maurice Reuchlin*
consistance *Rédaction Larousse*
consolidation mnésique (période de) *Pierre Leconte*
constance *Maurice Reuchlin*
constance (principe de) *Rédaction Larousse*
constance perceptive *Henriette Bloch*
constances (développement des) *Henriette Bloch*
constructivisme *Henriette Bloch*
contagion mentale *Jacques Postel*
contagion vocale *Éliane Vurpillot*

D

discriminatif (stimulus) *Jean-François Le Ny*

discrimination *Jean-François Le Ny, Claude Bonnet*

discriminative (temps de réaction) *Jean-François Le Ny*

disparité rétinienne *Claude Bonnet*

dispensaire *Jacques Postel*

dispersion *Maurice Reuchlin*

disqualification *Michel Godfryd*

dissociatif, ive *Jacques Postel*

dissociation *Jacques Postel*

dissociation (phénomène de) *Pierre Leconte*

dissonance cognitive (théorie de la) *Jean-Léon Beauvois*

distance *Jean-François Le Ny, Maurice Reuchlin*

distracteur *Jean-François Le Ny*

distraction *Jean-François Le Ny*

distribué, e *Jean-François Le Ny*

distribution *Maurice Reuchlin*

divergente (pensée) *Maurice Reuchlin*

docimologie *Maurice Reuchlin*

dogmatisme *Jean-Pierre Deconchy, Maurice Reuchlin*

Dolto (Françoise) *Rozenn Le Duault*

domaine vital *Raymond Campan*

dominance *Jean-François Le Ny, Jacques Gervet*

dominance cérébrale *Isabelle Amado-Boccara, Jean-Claude Roy*

dominos (test des) *Rédaction Larousse*

dopamine *François Hartmann*

Dora *Rédaction Larousse*

double lien ou double bind *Michel Godfryd, Rédaction Larousse*

doubles (illusion des) *Jacques Postel*

douleur *Jean-Marie Coquery*

douleur morale *Jacques Postel*

drogue *Marc Valleur*

droite projective *Éliane Vurpillot*

droitier, ère *Rédaction Larousse*

DSM ou Manuel diagnostique et statistique des troubles mentaux *Jacques Postel*

dualisme *Jean-François Le Ny*

durée utile *Rédaction Larousse*

dyade *Éliane Vurpillot*

dynamique des groupes *Jean Maisonneuve*

dysarthrie *Jacques Postel*

dysbasie *Jacques Postel*

dysboulie *Jacques Postel*

dyscalculie *Jacques Postel*

dysesthésie *Jacques Postel*

dysfonctionnement cérébral minimal *Jean-Michel Cruanes*

dysgraphie *Jacques Postel*

dysharmonie évolutive *Jean-Michel Cruanes*

dyskinésie *Jacques Postel*

dyslexie *Pierre Lecocq*

dyslexique *Rédaction Larousse*

dysmorphophobie *Jacques Postel*

dysorthographie *Jean-Michel Cruanes*

dyspareunie *Jacques Postel*

dysphagie *Jacques Postel*

dysphasie *Rédaction Larousse*

dyspraxie *Jacques Postel*

dyssocial, e, aux *Rédaction Larousse*

dyssocialité *Rédaction Larousse*

dysthymie *Jacques Postel*

dysthymique (psychose) *Jacques Postel*

dystonie *Jacques Postel*

E

Ebbinghaus (Hermann) *Rédaction Larousse*

éblouissement *Claude Bonnet*

écart *Maurice Reuchlin*

échantillon *Maurice Reuchlin*

échantillonnage *Maurice Reuchlin*

échantillonnage (plan d') *Maurice Reuchlin*

échappement (apprentissage d') *Jean-François Le Ny*

échauffement *Jean-François Le Ny*

échelle *Claude Bonnet, Maurice Reuchlin*

échelle de mesure *Maurice Reuchlin*

écho de la pensée *Jacques Postel*

écholalie *Jacques Postel*

éclairement rétinien *Claude Bonnet*

ecménésie *Jacques Postel*

E.C.N.I. (échelle collective de niveau intellectuel) *Maurice Reuchlin*

écoéthologie *Raymond Campan*

écologie comportementale *Raymond Campan*

écosystème *Michel Godfryd*

écriture *Jean Pailhous, Mireille Bonnard*

écriture (apprentissage de l') *Alain Savoyant*

éducation *Marie-Germaine Pêcheux*

éducation spéciale *Michel Godfryd*

Educational Testing Service (ETS) *Maurice Reuchlin*

éduction de corrélat *Maurice Reuchlin*

éduction de relation *Maurice Reuchlin*

effectif *Maurice Reuchlin*

efférence *Jean Pailhous, Mireille Bonnard*

effet *Maurice Reuchlin*

effet (loi de l') *Jean-François Le Ny*

égalisation d'intervalles (méthode d') *Rédaction Larousse*

ego *Rédaction Larousse*

égocentrique *Rédaction Larousse*

égocentrisme *Jean-Claude Lepecq*

égopsychologie *Rédaction Larousse*

éjectif (stade) *Éliane Vurpillot*

électif (oubli) *Jean-François Le Ny*

électrocardiographie *Pierre Leconte*

électrochoc *Blandine Didier*

électrodermal, e, aux *Jean-Claude Roy*

électrodermographie *Jean-Claude Roy*

électroencéphalographie *Pierre Leconte*

électromyographie *Pierre Leconte, Jean Pailhous, Mireille Bonnard*

électro-oculographie *Pierre Leconte*

électrophysiologie *Jean-Claude Roy*

éliminatif (réductionnisme) *Jean-François Le Ny*

Elpénor (syndrome d') *Jacques Postel*

emboîtés (ensembles) *Éliane Vurpillot*

émotif, ve *Rédaction Larousse*

émotion *Bernard Rimé*

émotion exprimée *Jacques Postel*

émotionnel (stade) *Éliane Vurpillot*

émotivité *Rédaction Larousse*

empan *Jean-François Le Ny*

empathie *Maurice Reuchlin*

empirique (validité) *Maurice Reuchlin*

empreinte *Georges Chapouthier, Jacques Gervet*

encastrement *Henriette Bloch*

encéphale *Gérard Schmaltz*

encéphalopathie *Pierre Fouquet*

encodage ou encodage spécifique *Jean-François Le Ny*

encoprésie *Jean-Michel Cruanes*

encoprétique *Rédaction Larousse*

endogène *Jean-François Le Ny, Jacques Postel*

endogène (rythme) *Pierre Leconte*

endormissement *Pierre Leconte*

endorphine ou endomorphine *François Hartmann*

énergie *Jean-Marie Coquery*

énergie mentale *Maurice Reuchlin*

enfance *Éliane Vurpillot*

enfant *Dominique Weil*

enfant (psychologie de l') *Henriette Bloch, Roger Lécuyer*

enfant en danger *Michel Godfryd*

enfant maltraité *Michel Godfryd*

engagement *Robert-Vincent Joule*

engramme *Rédaction Larousse*

ennéachorique (coefficient) *Maurice Reuchlin*

enquête *Maurice Reuchlin*

enquête de personnalité *Michel Godfryd*

entrée *Jean-François Le Ny*

entrelacement réciproque *Éliane Vurpillot*

entropie *Maurice Reuchlin*

énurésie *Jean-Michel Cruanes*

énurétique *Rédaction Larousse*

enveloppement (relation d') *Éliane Vurpillot*

environnement *Claude Lévy-Leboyer, Éliane Vurpillot*

éonisme *Jacques Postel*

épidémiologie *Jacques Postel*

épigenèse *Raymond Campan*

épilepsie *Jacques Postel*

épilepsie post-traumatique *Michel Godfryd*

épileptique *Rédaction Larousse*

épileptogène *Rédaction Larousse*

épileptoïde *Rédaction Larousse*

épisodique (mémoire) *Jean-François Le Ny*

épistémologie génétique *Henriette Bloch*

épreuve *Jean-François Le Ny*

équation personnelle *Jean-François Le Ny*

1. équilibration *Yvette Hatwell*

2. équilibration *Jean Pailhous, Mireille Bonnard*

équilibre des structures *Yvette Hatwell*

équipe technique *Michel Godfryd*

équivalentes d'un test (formes) *Maurice Reuchlin*

éreuthrophobie ou érythrophobie *Mélinée Agathon*

ergographe *Rédaction Larousse*

ergomètre *Rédaction Larousse*

ergométrie *Rédaction Larousse*

ergonomie *Alain Lancry*

ergonomie scolaire et éducative *Claire Lambert*

ergothérapie *Jacques Postel*

Erikson (Erik) *Rédaction Larousse*

érogène *Rédaction Larousse*

Éros *Roland Chemama*

érotomanie *Jacques Postel*

erreur *Jean-François Le Ny, Maurice Reuchlin*

erreur fondamentale *Jacques-Philippe Leyens*

espace *Éliane Vurpillot*

espacé (apprentissage) *Jean-François Le Ny*

Esquirol (Étienne, Jean, Dominique) *Jacques Postel*

essai *Jean-François Le Ny*

essai (apprentissage en un) *Jean-François Le Ny*

essais et erreurs (apprentissage par) *Jean-François Le Ny*

esthésiomètre *Jean-Marie Coquery*

estimation *Maurice Reuchlin*

estimation (échelle d') *Maurice Reuchlin*

estime de soi *Maurice Reuchlin*

étalon *Éliane Vurpillot*

étalonnage *Maurice Reuchlin*

état limite *Jean-Michel Cruanes, Jacques Postel*

étayage *Rédaction Larousse*

étendue *Maurice Reuchlin*

éthéromanie *Marc Valleur*

ethnocentrisme *Willem Doise*

ethnopsychiatrie *Jacques Postel*

éthogenèse *Raymond Campan*

éthogramme *Raymond Campan*

éthologie *Raymond Campan*

éthologie humaine *Raymond Campan*

éthylisme *Pierre Fouquet*

étiquetée (association) *Jean-François Le Ny*

étiquette *Jean-François Le Ny*

F

G

H

I

J

K

L

M

matrices progressives (test des) *Maurice Reuchlin*
maturation *Jean Médioni, Henriette Bloch*
maturation cérébrale *Jean-Marie Coquery*
maturité (trait de) *Éliane Vurpillot*
MAVA *Maurice Reuchlin*
Mead (George Herbert) *Rédaction Larousse*
mécanique (facteur) *Maurice Reuchlin*
médian *Maurice Reuchlin*
médiat, e *Jean-François Le Ny*
médiateur *Jean-François Le Ny*
médiation (théorie de la) *Jean-François Le Ny*
méditation transcendantale *Mélinée Agathon*
mégalomaniaque *Jacques Postel*
mégalomanie *Jacques Postel*
mélancolie *Jacques Postel*
mélancolique *Rédaction Larousse*
mémoire *Pierre Lecocq, Pierre Leconte*
mémoire (facteur) ou facteur M *Maurice Reuchlin*
ménotaxie *Rédaction Larousse*
mentisme *Jacques Postel*
méricysme *Jean-Michel Cruanes*
mescaline *Rédaction Larousse*
mésencéphale *Gérard Schmaltz*
mésopique *Claude Bonnet*
mésor *Pierre Leconte*
message *Mireille Campan*
message nerveux *Rédaction Larousse*
mesure *Maurice Reuchlin, Éliane Vurpillot*
métaconnaissance *Jean-François Le Ny*
métalangage *Liliane Sprenger-Charolles*
métamorphopsie *Jacques Postel*
métaphore *Catherine Ferron*
métaphore et métonymie *Catherine Ferron*
métencéphale *Gérard Schmaltz*
méthode *Jean-François Le Ny*
métonymie *Catherine Ferron*
Meyer (Adolf) *Jacques Postel*
microélectrode *Pierre Leconte*
micrographie *Jacques Postel*
micronystagmus *Claude Bonnet*
migration animale *Guy Beugnon*
milieu *Maurice Reuchlin*
mimétisme *Jean-Pierre Suzzoni*
mimique *Marie-Germaine Pêcheux*
minorité agissante *Birgitta Orfali*
Minuchin (Salvador) *Michel Godfryd*
miroir (images en) *Éliane Vurpillot*
miroir (stade du) *Edmonde Salducci*
Mitscherlich (Alexander) *Rédaction Larousse*
MMPI *Maurice Reuchlin*
mnémotaxie *Rédaction Larousse*
mobbing *Rédaction Larousse*
mobile *Jean-François Le Ny*
modal, e, aux *Jean-François Le Ny*
modalité *Jean-François Le Ny*
mode *Maurice Reuchlin*
modes (analyse factorielle à trois) *Maurice Reuchlin*
1. modelage *Jean-François Le Ny*
2. modelage *Jacqueline Nadel*
modèle *Maurice Reuchlin, Jacqueline Nadel*
modèle animal de pathologie mentale *André Galinowski*
modèle social *Jean Maisonneuve*
moelle épinière *Jean Pailhous, Mireille Bonnard*
moi *Edmonde Salducci*
moi idéal *Rédaction Larousse*
moitiés (partage par) *Maurice Reuchlin*
monoïdéisme *Jacques Postel*
monomaniaque *Rédaction Larousse*
monomanie *Jacques Postel*
monopolaire *Jacques Postel*
monotone *Jean-François Le Ny*
Montessori (Maria) *Rédaction Larousse*
Morel (Bénédict-Augustin) *Jacques Postel*
Moreno (Jacob Levy) *Jean Maisonneuve*
Moro (réflexe de) *Éliane Vurpillot*
morphine *Marc Valleur*
morphinomanie *Marc Valleur*
mosaïque de R. Gille (test) *Maurice Reuchlin*
moteurs types (classement en) *Éliane Vurpillot*
motivation *Jean-Marie Coquery, Daniel Martins*
motricité *Jean Pailhous, Mireille Bonnard*
mouvement *Jean Pailhous, Mireille Bonnard, Daniel Mellier*
mouvement apparent *Claude Bonnet*
mouvement cohérent *Claude Bonnet*
mouvement consécutif *Claude Bonnet*
mouvement oculaire rapide *Pierre Leconte*
mouvement social *Birgitta Orfali*
moyenne *Maurice Reuchlin*
M.P.T.P. *André Galinowski*
multidimensionnel (espace) *Maurice Reuchlin*
multifactoriel, elle *Maurice Reuchlin*
multiphasique *Rédaction Larousse*
multiréférentialité *Jacques Ardoino*
multiréférentielle des situations sociales (analyse) *Jacques Ardoino*
multitraits-multiméthodes (matrice) *Maurice Reuchlin*
Münchhausen (syndrome de) *Jacques Postel*
muscle *Jean Pailhous, Mireille Bonnard*
musicothérapie *Jacques Postel*
mussitation *Jacques Postel*
mutisme *Jacques Postel*
myélencéphale *Gérard Schmaltz*
myéline *Gérard Schmaltz*
myélinisation *Gérard Schmaltz, Henriette Bloch*
mystique (délire) *Jacques Postel*
mythe familial *Michel Godfryd*
mythomanie *Jacques Postel*

N

naissance (fantasme de la) *Rédaction Larousse*
naissance (traumatisme de la) *Henriette Bloch*
naissances multiples *Henriette Bloch*
narcissique (type) *Maurice Reuchlin*
narcissisme *Brigitte Balbure*
narcoanalyse *Claude Parada*
narcolepsie *Jacques Postel*
narcothérapie *Claude Parada*
narcotique *Marc Valleur*
nativisme *Jean-François Le Ny*
naturel, elle *Jean-François Le Ny*
négatif (renforçateur) *Jean-François Le Ny*
négation *Jean-François Le Ny*
négativisme *Jacques Postel*
négociation *Hubert Touzard*
néguentropie *Rédaction Larousse*
N.E.M.I. ou nouvelle échelle métrique de l'intelligence *Maurice Reuchlin*
néoconnexionnisme *Jean-François Le Ny*
néologisme *Jacques Postel*
néonatologie *Henriette Bloch*
néotique *Jean Médioni*
néphalisme *Pierre Fouquet*
néphaliste *Pierre Fouquet*
nerf *Rédaction Larousse*
nerf auditif *Claude Bonnet*
nerf optique *Claude Bonnet*
nerveux central (système) *Jean-Marie Coquery*
nerveux périphérique (système) *Gérard Schmaltz*
nerveux végétatif (système) *Jean-Claude Roy*
neurasthénie *Jacques Postel*
neurasthénique *Rédaction Larousse*
neuro-endocrinologie *André Galinowski*
neuroéthologie *Raymond Campan*
neuroleptique *André Galinowski*
neurolinguistique *Pierre Marcie*
neuromédiateur *Isabelle Amado-Boccara*
neurone *Gérard Schmaltz*
neuropeptide *André Galinowski*
neuropharmacologie *Gérard Schmaltz*
neurophysiologie *Pierre Leconte*
neuropsychiatrie *André Galinowski*
neuropsycho-immunologie *André Galinowski*
neuropsychologie *Xavier Seron*
neuroscience *Pierre Leconte*
neurotransmetteur *André Galinowski*
neutre *Jean-François Le Ny*
névroglie *Gérard Schmaltz*
névropathie *Jacques Postel*
névrose *Jacques Postel*
névrose expérimentale *Pierre Leconte*
névrose institutionnelle *Jacques Postel*
névrose obsessionnelle *Charles Melman*
névrose post-traumatique *Michel Godfryd*
névrosé, e *Jacques Postel*
névrosisme *Maurice Reuchlin*
névrotique *Jacques Postel*
niveau *Jean-François Le Ny*
niveaux d'explication *Willem Doise*
nocicepteur *Jean-Marie Coquery*
nociceptif, ive *Jean-François Le Ny*
noégénétique (loi) *Maurice Reuchlin*
nœud *Jean-François Le Ny*
nombre *Éliane Vurpillot*
Nom-du-Père *Jean-Paul Hiltenbrand*
nominale (catégorisation) *Jean-François Le Ny*
nominale (échelle) *Maurice Reuchlin*
non-directif, ive *Rédaction Larousse*
non-directivité *Edmond-Marc Lipiansky*
non-émotif, ive *Rédaction Larousse*
non-émotivité *Rédaction Larousse*
non-mot *Jean-François Le Ny*
non-paramétrique (test) *Maurice Reuchlin*
non-restraint *Jacques Postel*
non verbal (test), non verbale (échelle) *Maurice Reuchlin*
normale (loi) ou loi de Laplace-Gauss *Maurice Reuchlin*
normalisation *Maurice Reuchlin, Rédaction Larousse*
normalité *Maurice Reuchlin*
norme *Jean-François Le Ny*
normée (variable) *Maurice Reuchlin*
nosographie *Jacques Postel*
nosologie *Jacques Postel*
notable *Maurice Reuchlin*
note *Maurice Reuchlin*
note en facteur ou mesure en facteur *Maurice Reuchlin*
nourrisson *Éliane Vurpillot*
nourrisson (mort subite du) *Henriette Bloch*
nouveau-né *Éliane Vurpillot*
nouveauté *Jean-François Le Ny*
nouveauté (réaction à la) *Éliane Vurpillot*
numérique (test) *Maurice Reuchlin*
nycthémère *Pierre Leconte*
nymphomanie *Jacques Postel*
nystagmus *François Jouen, Claude Bonnet*

O

obéissance *Rédaction Larousse*
objectivation *Henriette Bloch*
objectivisme *Raymond Campan*
objet *Bernard Vandermersch*
objet a *Bernard Vandermersch*
obliques (facteurs) *Maurice Reuchlin*
obnubilation *Rédaction Larousse*
observation *Jean-François Le Ny*
observation (apprentissage par) *Jean Médioni, Jean-François Le Ny*
obsession *Jacques Postel*
obsessionnel, elle *Jacques Postel*
obsidional, e *Jacques Postel*
obstruction *Jean-François Le Ny*

P

prédicteur *Jean-François Le Ny, Maurice Reuchlin*
prédiction *Jean-François Le Ny*
préférences (méthode des) *Éliane Vurpillot*
preferendum *Guy Beugnon*
préformation *Henriette Bloch*
prégnance *Claude Bonnet, Éliane Vurpillot*
prégnant, e *Rédaction Larousse*
préhension *Jean Pailhous, Mireille Bonnard, Éliane Vurpillot*
préjugé *Denise Jodelet*
prématuré, e *Daniel Mellier*
prématurité *Daniel Mellier*
préœdipien, enne *Rédaction Larousse*
préopératoire (période) *Éliane Vurpillot*
préparatoire *Jean-François Le Ny*
préperceptif, ive *Jean-François Le Ny*
prépondérance fonctionnelle *Éliane Vurpillot*
prépsychose *Jean-Michel Cruanes*
prépsychotique *Rédaction Larousse*
presbyophrénie *Jacques Postel*
presbytie *Claude Bonnet*
présénescence *Jacques Postel*
pression à l'uniformité *Jean-Marc Monteil*
prestance (réactions de) *Éliane Vurpillot*
prévention *Jacques Postel*
préverbale (période) *Jacqueline Nadel*
primaire *Rédaction Larousse*
primaire (facteur) *Maurice Reuchlin*
primal (cri) *Rédaction Larousse*
primauté *Jean-François Le Ny*
primitive *Jean-François Le Ny*
prise-précision *Éliane Vurpillot*
prise-puissance *Éliane Vurpillot*
privation *Jean-François Le Ny*
privation sensorielle *Claude Bonnet*
privation de sommeil *Pierre Leconte*
proactif, ive *Jean-François Le Ny*
probabilités (apprentissage de) *Jean-François Le Ny*
problème *Jean-François Richard*
procédure *Christian George*
processus *Jean-François Le Ny, Jacques Postel*
procrastination *Jacques Postel*
procubitus *Éliane Vurpillot*
procustéenne (rotation) *Maurice Reuchlin*
profil *Maurice Reuchlin, Éliane Vurpillot*
profond (arriéré) *Rédaction Larousse*
profond (sommeil) *Jacques Postel*
profondeur *Claude Bonnet, Éliane Vurpillot*
programme moteur *Jean Pailhous, Mireille Bonnard*
programme nerveux *Jean-Marie Coquery*
programme de renforcement *Jean-François Le Ny*
projectif (stade) *Éliane Vurpillot*
projectif (test) *Rédaction Larousse*
projection *Rédaction Larousse*
projection rétinienne *Éliane Vurpillot*
pronostic *Maurice Reuchlin*
propagande *Michel-Louis Rouquette*
propagation *Michel-Louis Rouquette*
proportionnalité *Gilberte Piéraut-Le Bonniec*
proposition *Jean-François Le Ny*
propriocepteur *Jean Pailhous, Mireille Bonnard*
proprioceptif, ive *Jean-François Le Ny*
proprioception *Jean Pailhous, Mireille Bonnard*
prosencéphale *Gérard Schmaltz*
prosexigène *Jean-Marie Coquery*
prosopagnosie *Jacques Postel*
protection maternelle et infantile ou P.M.I. *Rédaction Larousse*
protéine *Georges Chapouthier*
protéique (synthèse) *Georges Chapouthier*
protocole *Jean-François Richard*
prototype *Michel Denis, Gün Semin, trad. de Birgitta Orfali*
protrusion de la langue *Éliane Vurpillot*
proximité (loi de) *Éliane Vurpillot, Claude Bonnet*
proximo-distal (principe) *Éliane Vurpillot*
pseudobulbaire (syndrome) *Jacques Postel*
pseudohostilité *Jacques Postel*
pseudomutualité *Jacques Postel*
pseudophobie *Mélinée Agathon*
psychanalyse *Rédaction Larousse*
psychanalytique (technique) *Roland Chemama*
psychasthénie *Jacques Postel*
psychédélique *Marc Valleur*
psychiatrie *Jacques Postel*
psychisme *Rédaction Larousse*
psychochirurgie *Blandine Didier*
psychodrame *Jean Maisonneuve*
psycho-éthologie animale *Alain Gallo*
psychogalvanique (réflexe) *Jean-Claude Roy*
psychogenèse *Jacques Postel*
psycholinguistique *Michèle Kail*
psychologie (histoire de la) *Séverine Casalis*
psychologisation *Stamos Papastamou*
psychométrie *Maurice Reuchlin*
psychomoteur, trice *Maurice Reuchlin*
psychomotricité *Rédaction Larousse*
psychonévrose *Rédaction Larousse*
psychopathie *Jacques Postel*
psychopathologie *Jacques Postel*
psychopharmacologie *André Galinowski*
psychophysiologie *Pierre Leconte*
psychophysique *Claude Bonnet*
psychoplasticité *Rédaction Larousse*
psychorigidité *Rédaction Larousse*
psychose *Jacques Postel, Nicole Anquetil*
psychose maniaco-dépressive *Marie-France Poirier-Littré*
psychose post-traumatique *Michel Godfryd*
psychose puerpérale *Jacques Postel*
psychosensoriel, elle *Jacques Postel*
psychosociologie *Rédaction Larousse*
psychosomatique *Jacques Postel*
psychotechnique *Rédaction Larousse*
psychothérapie *Jacques Postel*
psychotique *Jacques Postel*
psychotisme *Maurice Reuchlin*
psychotonique *Rédaction Larousse*
psychotrope *Marc Valleur*
puberté *Henriette Bloch*
pulsion *Brigitte Balbure*
pulsion de mort *Brigitte Balbure*
pulsion de vie *Brigitte Balbure*
punition *Jean-François Le Ny*
punition (besoin de) *Rédaction Larousse*
Pygmalion (effet) *Rédaction Larousse*
pyramidal (faisceau) *Rédaction Larousse*
pyromanie *Jacques Postel*

Q

Q (analyse factorielle en plan) *Maurice Reuchlin*
Q sort *Maurice Reuchlin*
quale *Jean-François Le Ny*
quantification *Éliane Vurpillot*
quantile *Maurice Reuchlin*
quartile *Maurice Reuchlin*
quasi-besoin *Jean-François Le Ny*
quérulence *Jacques Postel*
questionnaire à choix multiple ou Q.C.M. *Jean-François Le Ny, Maurice Reuchlin*
queue *Jean-François Le Ny*
quotient de développement ou Q. D. *Maurice Reuchlin, Roger Lécuyer*
quotient d'intelligence ou Q.I. *Maurice Reuchlin*

R

R (analyse factorielle en plan) *Maurice Reuchlin*
rabattement *Éliane Vurpillot*
racisme *Michael Billig*
radex *Maurice Reuchlin*
radio-digitale (prise) *Éliane Vurpillot*
radioécologie *Rédaction Larousse*
radiotracking *Rédaction Larousse*
raisonnement *Christian George*
raisonnement par défaut *Jean-François Le Ny*
raisonnement hypothético-déductif *Henriette Bloch*
ralentissement *Jacques Postel*
ramollissement cérébral *Jacques Postel*
Rank (Otto Rosenfeld, dit Otto) *Rédaction Larousse*
rapidité *Jean-François Le Ny*
rapidité/précision (conflit) *Jean-François Le Ny*
rappel/reconnaissance *Pierre Lecocq*
rapport (échelle de) *Maurice Reuchlin*
raptus *Jacques Postel*
râteau (prise en) *Éliane Vurpillot*
rationalisation *Robert-Vincent Joule*
rationalisme morbide *Jacques Postel*
rationnel, elle *Jean-François Le Ny*
réactance psychologique *Jean-Léon Beauvois*
réaction *Jean-François Le Ny, Jacques Postel*
réaction d'éveil *Pierre Leconte*
réaction d'orientation *Jean-Marie Coquery*
réactionnelle (formation) *Rédaction Larousse*
réactionnelle (psychose) *Jacques Postel*
réadaptation *Jacques Postel*
réafférence *Pierre Leconte*
réalisme *Éliane Vurpillot*
réalité (principe de) *Roland Chemama*
réapprentissage *Jean-François Le Ny*
récence (effet de) *Jean-François Le Ny*
récepteur *Isabelle Amado-Boccara*
récepteur alpha *Gérard Schmaltz*
récepteur olfactif *André Holley*
récepteur rétinien *Claude Bonnet*
récepteur sensoriel *Gérard Schmaltz*
recherche en mémoire *Pierre Lecocq*
recherche-action *Rédaction Larousse*
récompense *Jean-François Le Ny*
reconnaissance (fausse) *Jacques Postel*
recouvrement ou récupération en mémoire *Pierre Lecocq*
recrutante (réponse) *Rédaction Larousse*
récupération spontanée *Jean-François Le Ny*
récursif, ive *Jean-François Le Ny*
redressement (réflexe de) *Éliane Vurpillot, Rédaction Larousse*
1. réduction de tension *Jean-François Le Ny*
2. réduction de tension *Jean-Marie Coquery*
réductionnisme *Jean-François Le Ny*
réduit (écart) *Maurice Reuchlin*
réduite (variable) *Maurice Reuchlin*
réel *Pierre-Christophe Cathelineau*
référence *Jean-François Le Ny*
référent *Rédaction Larousse*
référentiel *Éliane Vurpillot*
référentiel spatial *Jean-Claude Lepecq*
réflexe *Jean Pailhous, Mireille Bonnard*
réflexivité *François Jouen*
réflexologie *Jean-François Le Ny*
reformulation *Rédaction Larousse*
refoulé *Rédaction Larousse*
refoulement *Pierre-Christophe Cathelineau*
réfractaire (période) *Jean-Marie Coquery*
régénération nerveuse *Gérard Schmaltz*
1. registre *Jean-François Le Ny*
2. registre *Jean-François Le Ny*
règle fondamentale *Rédaction Larousse*
1. régression *Henriette Bloch, Rédaction Larousse*
2. régression *Maurice Reuchlin*
régulation *Jean-Marie Coquery, Éliane Vurpillot, Jacques Gervet*
réhabilitation *Jacques Postel*
Reich (Wilhelm) *Rédaction Larousse*
Reik (Theodor) *Rédaction Larouse*
réinsertion *Jacques Postel*
rejeton de l'inconscient *Rédaction Larousse*
relaxation *Jacques Postel*

1. relief *Claude Bonnet*
2. relief *Jean-François Le Ny*
religion (psychologie de la) *Jean-Pierre Deconchy*
rémanence *Rédaction Larousse*
rémanent, e *Rédaction Larousse*
réminiscence *Jean-François Le Ny, Pierre Leconte*
renforçateur *Jean-François Le Ny*
renforcement *Jean-François Le Ny*
renforcement primaire *Jean-François Le Ny*
renforcement secondaire *Jean-François Le Ny*
répertoire comportemental *Raymond Campan, Pierre Leconte*
1. répétition *Jean-François Le Ny*
2. répétition *Brigitte Balbure*
répondant *Jean-François Le Ny*
réponse *Jean-François Le Ny*
représentation mentale *Michel Denis*
représentation sociale *Denise Jodelet*
représentativité *Maurice Reuchlin*
répression *Rédaction Larousse*
reproduction *Jean-François Le Ny*
1. réseau *Jean-François Le Ny*
2. réseau *Rédaction Larousse*
réseau de communication *Hubert Touzard*
réseau de neurones formels *Claude Bonnet*
réseau neuronique *Gérard Schmaltz*
réseau sémantique *Jean-François Le Ny*
1. résistance *Jean-François Le Ny*
2. résistance *Roland Chemama*
responsabilité *Michel Godfryd*
ressemblance (association par) *Jean-François Le Ny*
restauration fonctionnelle *Rédaction Larousse*
retardé (conditionnement) *Pierre Leconte*
rétention *Jean-François Le Ny*
retentissement *Rédaction Larousse*
réticulée (formation) *Gérard Schmaltz*
rétinex (théorie) *Claude Bonnet*
retour du refoulé *Rédaction Larousse*
rétroactif, ve *Jean-François Le Ny*
rétroaction *Pierre Leconte, Jean-François Le Ny*
rétroantérograde *Rédaction Larousse*
rétrograde *Jean-François Le Ny*
rétrograde (amnésie) *Jacques Postel*
rêve *Catherine Ferron, Pierre Leconte*
rêve éveillé *Mélinée Agathon*
revendication (délire de) *Jacques Postel*
réversibilité *Rédaction Larousse*
révision *Jean-François Le Ny*
rhinencéphale *Gérard Schmaltz*
rhombencéphale *Gérard Schmaltz*
Ribot (Théodule) *Rédaction Larousse*
risque (personne à) *Henriette Bloch*
rite obsessionnel *Mélinée Agathon*
ritualisation *Alain Gallo*
rituel *Jacqueline Nadel*
rivalité binoculaire *Claude Bonnet*
robustesse *Maurice Reuchlin*
ROC (courbe) *Claude Bonnet*
Rogers (Carl) *Rédaction Larousse*
Róheim (Géza) *Rédaction Larousse*
rôle *Jean Maisonneuve*
roman familial *Rédaction Larousse*
Rorschach (test ou psychodiagnostic de) *Rédaction Larousse*
Rosenzweig (test de frustration de) *Rédaction Larousse*
rotation *Maurice Reuchlin*
routine *Viviane Pouthas*
rumeur *Michel-Louis Rouquette*
rythme *Viviane Pouthas, Jean-François Le Ny*
rythme biologique *Pierre Leconte*
rythme psychologique *Pierre Leconte*

S

saccade oculaire *Claude Bonnet*
sadisme *Rédaction Larousse*
sadomasochisme *Rédaction Larousse*
saillance *Jean-François Le Ny*
saillant, e *Jean-François Le Ny*
Sakel (cure de) *Jacques Postel*
salade de mots *Jacques Postel*
santé mentale *Jacques Postel*
satiation *Jean-François Le Ny*
satisfaction *Jean-François Le Ny*
1. saturation *Maurice Reuchlin*
2. saturation ou saturation chromatique *Claude Bonnet*
sauvage (enfant) *Henriette Bloch*
sauvegarde de justice *Michel Godfryd*
scénario *Jean-François Le Ny*
scène primitive ou scène originaire *Rédaction Larousse*
schéma *Jean-François Le Ny, Germaine de Montmollin*
schéma corporel *Jean Pailhous, Mireille Bonnard, François Jouen, Jacques Postel*
schématisation *Éliane Vurpillot*
schème *Éliane Vurpillot*
schizoïde *Jacques Postel*
schizoïdie *Jacuqes Postel*
schizomanie *Jacques Postel*
schizonoïa *Jacques Postel*
schizophasie *Jacques Postel*
schizophrène *Rédaction Larousse*
schizophrénie *Jacques Postel*
schizophrénique *Jacques Postel*
schizothymie *Jacques Postel*
schizothymique *Rédaction Larousse*
Schneider (Kurt) *Jacques Postel*
Schneirla (Theodore) *Raymond Campan*
Schreber (Daniel Paul, dit « le président » ou Paul) *Rédaction Larousse*
scissure cérébrale *Gérard Schmaltz*
scolaire (rythme) *Claire Lambert*
scotomisation *Rédaction Larousse*
scotopique (vision) *Claude Bonnet*
script *Jean-Marc Monteil, Michel Fayol*
secondaire *Rédaction Larousse*
secteur de psychiatrie/sectorisation *Michel Godfryd*
segmentation *Marie-Louise Le Rouzo*
sélectif, ive *Jean-François Le Ny*
sélection *Jean-François Le Ny, Maurice Reuchlin*
self *Annick Pétraud-Périn*
Selvini-Palazzoli (Mara) *Michel Godfryd*
sémantique *Michel Charolles*
sémiologie *Jacques Postel*
sémiotique *Gilberte Piéraut-Le Bonniec*
sénescence *Jacques Postel*
sénilité *Jacques Postel*
1. sens *Rédaction Larousse*
2. sens *Jean-François Le Ny*
sensation *Claude Bonnet*
sensibilisation *Jean-François Le Ny*
1. sensibilité *Claude Bonnet*
2. sensibilité *Jean-Marie Coquery*
sensibilité d'un test *Maurice Reuchlin*
sensitifs (délire des) *Jacques Postel*
sensoriel, elle *Rédaction Larousse*
sensoriel (conditionnement) *Jean-François Le Ny*
sensori-moteur (apprentissage) *Christian George*
sensori-moteur (développement) *Henriette Bloch*
sensori-motrice (intelligence) *Roger Lécuyer*
sensori-motricité *Rédaction Larousse*
sensori-tonique *Rédaction Larousse*
séparabile (minimum) *Rédaction Larousse*
séparation (relation de) *Éliane Vurpillot*
sériation *Éliane Vurpillot*
série *Jean-François Le Ny*
sériel, elle *Jean-François Le Ny*
sérotonine *Marie-France Poirier-Littré*
service libre *Michel Godfryd*
seuil *Claude Bonnet*
sévices sexuels *Mélinée Agathon*
1. sevrage *Rédaction Larousse*
2. sevrage *Marc Valleur*
sexes (différences entre les) *Maurice Reuchlin*
sexualité *Rédaction Larousse*
sexuation *Roland Chemama*
sexué, e *Jean-Pierre Suzzoni*
sexuel (comportement) *Jean-Marie Coquery*
shoot *Marc Valleur*
sieste *Pierre Leconte*
signal *Jean-François Le Ny, Raymond Campan*
signal (détection du) *Claude Bonnet*
signalisation *Jean-François Le Ny*
signe *Marie-Louise Le Rouzo*
signifiant *Jean-François Le Ny, Roland Chemama*
1. signification *Jean-François Le Ny*
2. signification *Jean-François Le Ny*
signification (seuil ou niveau de) *Maurice Reuchlin*
signification (test ou épreuve de) *Maurice Reuchlin*
signification biologique *Jean Médioni*
signifié *Jean-François Le Ny*
similarité *Claude Bonnet*
simplex *Maurice Reuchlin*
simulation *Michel Godfryd*
sinistrose *Michel Godfryd*
sismothérapie *Jacques Postel*
sitiomanie *Jacques Postel*
sitiophobie *Rédaction Larousse*
situation *Jean-François Le Ny*
Skinner (Burrhus Frederic) *Rédaction Larousse*
skinnerien (conditionnement) *Pierre Leconte*
S.M.P.R. (Service médico-psychologique régional) *Michel Godfryd*
sniff *Marc Valleur*
sociabilité *Marie-Germaine Pêcheux*
social *Jacques Gervet*
sociale (psychologie) *Rédaction Larousse*
sociale (histoire de la psychologie) *Robert Farr, trad. de Birgitta Orfali*
sociale appliquée (psychologie) *Claude Lévy-Leboyer*
1. socialisation *Éliane Vurpillot, Marie-Germaine Pêcheux*
2. socialisation *Jean-Marc Monteil*
société *Rédaction Larousse*
société animale ou société *Jacques Gervet*
socioanalyse *Rédaction Larousse*
sociobiologie *Jacques Gervet, Benjamin Matalon*
sociodrame *Jean Maisonneuve*
socioécologie *Jacques Gervet*
sociogenèse des maladies mentales *Jacques Postel*
sociogramme *Rédaction Larousse*
sociologie des maladies mentales *Jacques Postel*
sociomatrice *Rédaction Larousse*
sociométrie *Jean Maisonneuve*
soi *Rédaction Larousse*
soif *Jean-Marie Coquery*
solvant *Marc Valleur*
somalcoolose *Pierre Fouquet*
somatisation *Jacques Postel*
somatognosie *Rédaction Larousse*
somatotopie *Gérard Schmaltz*
somesthésie *Jean-Marie Coquery*
sommation *Jean-Marie Coquery*
sommeil *Pierre Leconte, André Galinowski*
sommeil agité *Pierre Leconte*
sommeil calme *Pierre Leconte*
sommeil à ondes lentes *Pierre Leconte*
sommeil paradoxal *Pierre Leconte, Jacques Postel*
somnambulisme *Jacques Postel*
somnolence *Pierre Leconte*
sonagramme *Pierre Lecocq*
sonie *Marie-Claire Botte*
sophrologie *Jacques Postel*

sorcellerie *Cécile Imbert-Collée*
1. soumission *Jean-Léon Beauvois*
2. soumission *Jacques Gervet*
sourire *Éliane Vurpillot*
sous-réalisateur *Maurice Reuchlin*
souvenir-écran *Rédaction Larousse*
spasmophilie *Jacques Postel*
spatial (facteur) *Maurice Reuchlin*
Spearman (Charles Edward) *Maurice Reuchlin*
Spearman-Brown (formule de) *Maurice Reuchlin*
spécificité *Jean-François Le Ny, Maurice Reuchlin*
spécifique *Jean-François Le Ny*
spectrale (analyse) *Pierre Leconte*
spéculaire (hallucination) *Jacques Postel*
speed ball *François Hartmann*
spirale du développement *Éliane Vurpillot*
spiromètre *Jean-Marie Coquery*
Spitz (René Arpad) *Rédaction Larousse*
split brain *André Galinowski*
spontané, e *Jean-François Le Ny*
stabilimètre *Rédaction Larousse, Éliane Vurpillot*
stabilité *Maurice Reuchlin*
stabilité émotionnelle *Maurice Reuchlin*
stade *Éliane Vurpillot, Jean Bergès*
stade de sommeil *Pierre Leconte*
statistique *Rédaction Larousse*
statut *Jean Maisonneuve*
Steiner (Rudolf) *Rédaction Larousse*
Stekel (Wilhelm) *Rédaction Larousse*
stéréognosie *Éliane Vurpillot*
stéréogramme *Claude Bonnet*
stéréopsie *Claude Bonnet*
stéréotaxie *Jean-Claude Roy*
stéréotype *Jean Maisonneuve*
stéréotypie *Jacques Postel*
Stern (William) *Rédaction Larousse*
Stevens (Stanley Smith) *Claude Bonnet*
Stevens (échelles de) *Claude Bonnet*
stimulateur *Rédaction Larousse*
stimulation *Rédaction Larousse*
stimulus *Jean-François Le Ny, Raymond Campan*
stimulus proximal visuel *Éliane Vurpillot*
stockage *Jean-François Le Ny*
strabisme *Claude Bonnet*
stratégie *Christian George*
stress *André Galinowski*
stroboscope *Claude Bonnet*
stroboscopique (mouvement) *Claude Bonnet*
Strong (inventaire d'intérêts professionnels de) *Maurice Reuchlin*
structural (modèle) *Maurice Reuchlin*
structuration perceptive *Maurice Reuchlin*
structure *Rédaction Larousse*
structure latente *Maurice Reuchlin*
structure simple *Maurice Reuchlin*
stupéfiant *Marc Valleur*
stupeur *Jacques Postel*
subception *Jean-Marie Coquery*
subconscient *Rédaction Larousse*
subconscient, e *Rédaction Larousse*
subjectif, ve *Jean-François Le Ny*
subjective (échelle) *Jean-François Le Ny*
sublimation *Catherine Péquignot-Desprats*
subliminaire *Jean-François Le Ny*
subliminal, e *Jean-François Le Ny*
substitution *Jean-François Le Ny*
succion *Viviane Pouthas*
suggestibilité *Jacques Postel*
suggestion *Rédaction Larousse*
suicide *Jacques Postel*
sujet *Jean-François Le Ny, Bernard Vandermersch*
surapprentissage *Christian George*
surconstance *Rédaction Larousse*
surdité *Éliane Vurpillot*
surdoué, e *Roger Lécuyer*
surgence-désurgence *Maurice Reuchlin*
surmoi *Jean Périn*
surréalisateur, trice *Maurice Reuchlin*
surstimulation *Rédaction Larousse*
survie prolongée (fœtus en état de) *Éliane Vurpillot*
symbiose *Jean-Pierre Suzzoni*
symbiose affective *Éliane Vurpillot*
symbole *Marie-Louise Le Rouzo, Jean-François Le Ny*
symbolique *Jean-Paul Hiltenbrand*
symbolisme *Jean-François Le Ny*
symétrie *Michel Godfryd*
symptôme *Rédaction Larousse*
synapse *Gérard Schmaltz, Isabelle Amado-Boccara*
synchronique *Rédaction Larousse*
synchronisé (électroencéphalogramme) *Pierre Leconte*
synchroniseur *Pierre Leconte*
syncinésie *Jacqueline Fagard*
syncrétisme *Éliane Vurpillot*
syndrome postcommotionnel *Michel Godfryd*
synergie *Jacqueline Fagard, Jean Pailhous, Mireille Bonnard*
synesthésie *Jean-Marie Coquery*
syntagmatique *Rédaction Larousse*
syntagme *Rédaction Larousse*
syntaxe *Michèle Kail*
systèmes (théorie générale des) *Jacques Gervet*
systémique *Michel Godfryd*
Szasz (Thomas Stephen) *Rédaction Larousse*
Szondi (test de) *Rédaction Larousse*

T

T (scores) *Maurice Reuchlin*
t de Student-Fisher (loi) *Maurice Reuchlin*
tabagisme *Marc Valleur*
TABP (sigle de Type A Behavior Pattern) *Rédaction Larousse*
tâche *Jean-François Le Ny*
tachistoscope *Claude Bonnet*
tachyphémie *Jacques Postel*
tachypsychie *Jacques Postel*
tact *Rédaction Larousse*
Tarde (Gabriel de) *Rédaction Larousse*
taxie *Jean Médioni, Jean-Marie Coquery*
tectum *Gérard Schmaltz*
teinte *Claude Bonnet*
télencéphale *Gérard Schmaltz*
tempérament *Jacqueline Nadel*
tempérance *Pierre Fouquet*
temps *Pierre Leconte, Viviane Pouthas*
temps de – *Jean-François Le Ny*
temps de réaction *Claude Bonnet, Jean Pailhous, Mireille Bonnard*
tendance centrale *Maurice Reuchlin*
tendance générale *Maurice Reuchlin*
tension *Jean-François Le Ny*
Terman (Lewis Madison) *Maurice Reuchlin*
Terman-Merrill (échelle ou test de) *Rédaction Larousse*
terme (mémoire à long, à court) *Jean-François Le Ny*
terminaison nerveuse *Gérard Schmaltz*
terreurs nocturnes *Jean-Michel Cruanes*
territoire *Raymond Campan*
test *Maurice Reuchlin*
tête *Jean-François Le Ny*
tétrachorique (corrélation) *Maurice Reuchlin*
texte *Liliane Sprenger-Charolles, Michel Charolles*
texton *Claude Bonnet*
texture ou texture optique *Éliane Vurpillot, Claude Bonnet*
thalamus *Gérard Schmaltz*
théâtralisme *Jacques Postel*
Thematic Apperception Test ou TAT *Rédaction Larousse*
thérapie brève *Michel Godfryd*
thérapie comportementale *Mélinée Agathon*
thérapie familiale *Michel Godfryd*
thermogenèse *Jean-Marie Coquery*
thermorécepteur *Jean-Marie Coquery*
thêta (rythme) *Pierre Leconte*
Thorndike (Edward Lee) *Rédaction Larousse*
Thurstone (Louis Leon) *Maurice Reuchlin*
thymie *Jacques Postel*
thymorégulateur *Blandine Didier*
tic *Jean-Michel Cruanes*
timbre *Marie-Claire Botte*
Tinbergen (Nikolaas) *Raymond Campan*
Titchener (Edward Bradford) *Rédaction Larousse*
Tolman (Edward Chace) *Alain Gallo*
tonalité chromatique *Claude Bonnet*
tonique *François Jouen*
tonus *François Jouen, Jean Pailhous, Mireille Bonnard*
tonus cortical *Jean-Claude Roy*
tonus réticulaire *Jean-Claude Roy*
topique *Rédaction Larousse*
topologie *Marc Darmon*
toucher *Jean-Marie Coquery, Yvette Hatwell*
tous et quelques (réglage du) *Éliane Vurpillot*
tout *Éliane Vurpillot*
toxicomanie *Marc Valleur*
toxicopathie *Pierre Fouquet*
toxitude *Pierre Fouquet*
trace (conditionnement de) *Pierre Leconte*
trace mnésique ou trace *Pierre Leconte*
training autogène *Mélinée Agathon*
1. trait *Jean-François Le Ny*
2. trait *Maurice Reuchlin*
trait distinctif *Éliane Vurpillot*
trait unaire *Valentin Nusinovici*
traitement *Jean-François Le Ny*
traitement moral *Jacques Postel*
tranquillisant *François Hartmann*
transactionnelle (analyse) *Jacques Postel*
transductif, ive *Rédaction Larousse*
1. transduction *Gérard Schmaltz*
2. transduction *Éliane Vurpillot*
transe *Jacques Postel*
1. transfert *Marie-Dominique Gineste*
2. transfert *Jacqueline Légaut*
transfert intermodal *Yvette Hatwell*
transfert de mémoire *Georges Chapouthier*
transition *Henriette Bloch*
transition (réseau de) *Jean-François Le Ny*
transitionnel (objet) *Annick Pétraud-Périn*
transitionnel (phénomène) *Rédaction Larousse*
transitivisme *André Galinowski*
transitivité *Gilberte Piéraut-Le Bonniec*
transparence *Éliane Vurpillot*
transport *Éliane Vurpillot*
transposée (analyse factorielle) *Maurice Reuchlin*
transposition *Jean-François Le Ny*
transsexualisme *Jacques Postel*
transsexuel, elle *Rédaction Larousse*
transversale (méthode) *Maurice Reuchlin*
transvestisme *Jacques Postel*
traumatisme psychique *Jacques Postel*
travail (mémoire de) *Jean-François Le Ny*
travail (psychologie du) *Alain Lancry*
travestisme *Jacques Postel*
triangulation *Rédaction Larousse*
trichotillomanie *Mélinée Agathon*
tricyclique *Jacques Postel*
trip *Marc Valleur*
trisomie 21 ou mongolisme *Jean-Michel Cruanes*
tronc cérébral *Gérard Schmaltz*
tropisme *Jean Médioni, Jean-Marie Coquery*
tubercules quadrijumeaux *Gérard Schmaltz*
tunnel optique *Henriette Bloch*
tutelle *Michel Godfryd*
tutoriel *Jean-François Le Ny*
Tyler (Leona E.) *Maurice Reuchlin*
type *Maurice Reuchlin, Jean François Le Ny*

Photocomposition OPTIGRAPHIC – Bruxelles

Impression MAURY – Malesherbes
Dépôt légal Mars 1991. N° de série Éditeur 16008.
IMPRIMÉ EN FRANCE *(Printed in France).* – 501030 – Mars 1991.